혜택 2 독끝 NCS 전과목 무료 수강권 추가 제공!

강의를 더 듣고 싶다면 필독!
NCS 전영역 인기강의를 추가로 지원합니다.

혜택 ❷ 받으러 가기

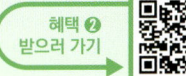

공기업 NCS 시험을 준비하는 모든 분들에게
반드시 필요한 기초 + 심화 강좌 모두, 1위 독끝 NCS가 무료로 배포합니다.

혜택 3 독끝 NCS 온라인 무료스터디 제공!

독학이 힘든 분을 위해,
학습 동기부여 + 공부자극 스터디를 지원합니다.

NCS 기본(개념/유형) 익히기

STEP 1 NCS 통합 기본서

① NCS 영역별로 어떠한 유형의 문제들이 출제되는지 빠르게 1회독
② 필수 출제영역인 의사·수리·문제·자원관리 PSAT+모듈 위주로 선행학습
※ 틀린 문제도 이해가 안 가면 과감히 넘기기
※ 나머지 영역(정보/기술·조직이해·대인관계·자기개발·직업윤리 등)은 시험 1~2달 전 모듈형 학습

STEP 2 NCS 수리·기초수학

① 수포자를 위한 기초(중등) 수학 93개념
② 빠른 풀이를 위한 시간단축 팁+빈출 유형별 풀이팁
※ 실전에 강한 수리 전문가 〈박수웅〉 강사가 전달하는 수리 기초+실전팁!

스터디 종료 후 2~3주 기본서 회독 추가학습

NCS 실전 문제풀이 연습

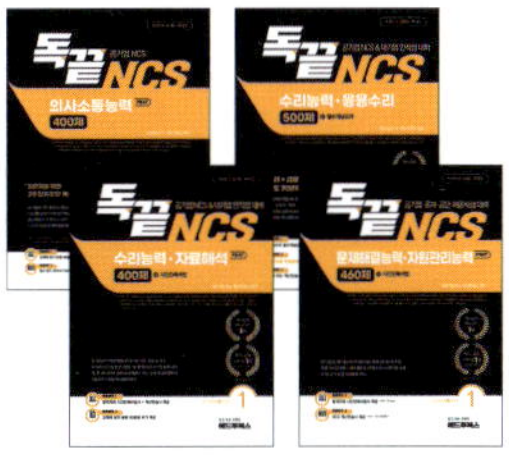

실전문제 풀이 일일 권장 학습량
- 의사소통 : 일 3~5문제
- 자료해석 : 일 5~10문제
- 응용수리 : 일 10~15문제
- 문제해결/자원관리: 일 5~7문제

스터디 종료 후 2~3개월 문풀+오답 회독 추가학습

혜택 ❸ 받으러 가기

공기업 NCS 4주 완성, 지금 바로 참여하세요!

N 지금 바로 검색창에서 "독끝 NCS"를 검색하세요!

독학으로 끝내는 시리즈

독끝 NCS

공기업·공사·공단 채용시험 대비

문제해결능력·자원관리능력 PSAT

460제 + 시간단축비법

길잡이연구소·애드투북스 공저

시간단축비법 + 문항편

1

독끝

CONSTRUCTION & FEATURES

구성 및 활용

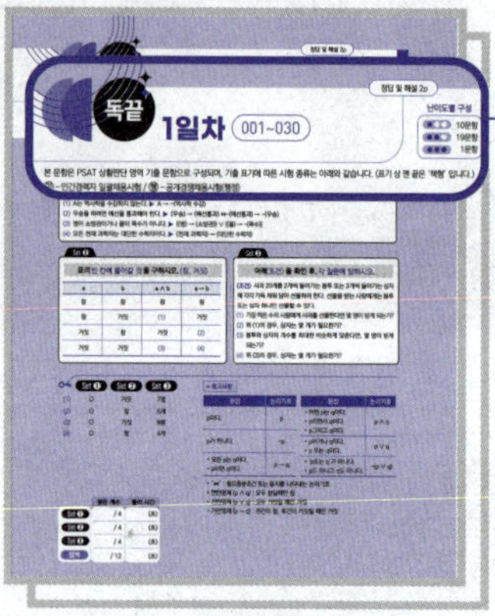

1 15일간! 매일 푸는 명제 + 수리 Quiz

- 명제유형 풀이에 필요한 논리기호 변환, 참·거짓유형 및 수리 Quiz에 대한 일일연습으로 실전에서의 풀이속도를 높여줍니다.
- 연습 종료 후 정답 수 및 풀이시간을 체크하여 매일 문제풀이 실력 향상을 목표로 하세요!

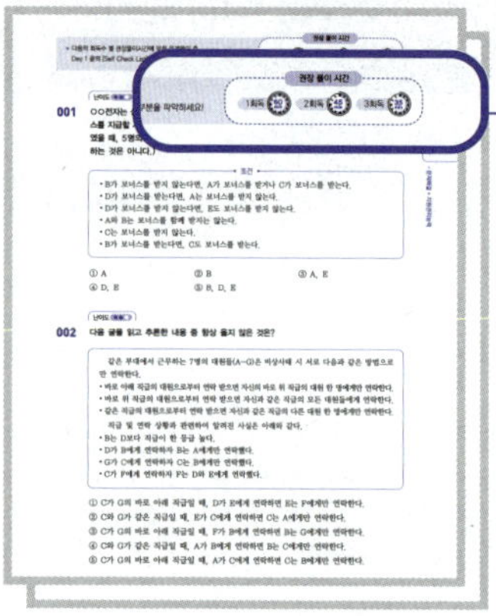

2 독끝 1일차 시작!

- 각 회독 수 별 권장 풀이시간에 맞추어서 일차 별로 문제풀이를 시작하세요!
- 기 학습자라면, 2회독 기준의 권장 풀이시간으로 학습을 시작하시고, 최종적으로는 30문제를 약 35분 이내로 풀 수 있게 학습해 주세요!

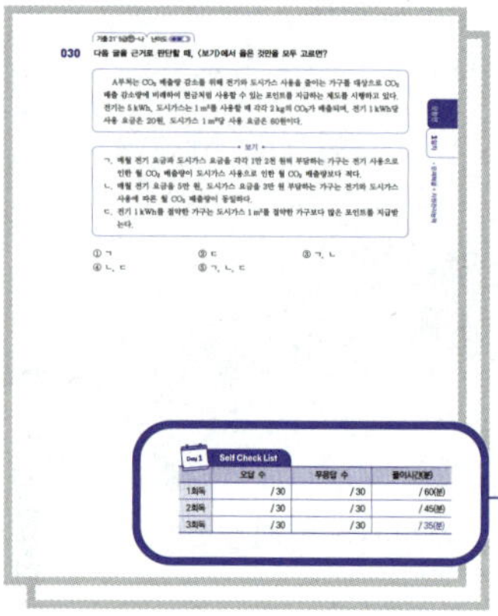

3 잊지 말고 Self Check!

- 일차 별 문제 풀이 종료 후, 말미의 체크리스트를 작성하여 나의 약점이 어떤 부분인지 확인해요!
- "무응답 수"는 권장 풀이시간 내 풀지 못한 문항 개수입니다. 체크 결과 오답수가 어느정도 줄었다면, 다음 스텝에서는 무응답 수를 최소화 하도록 해요!

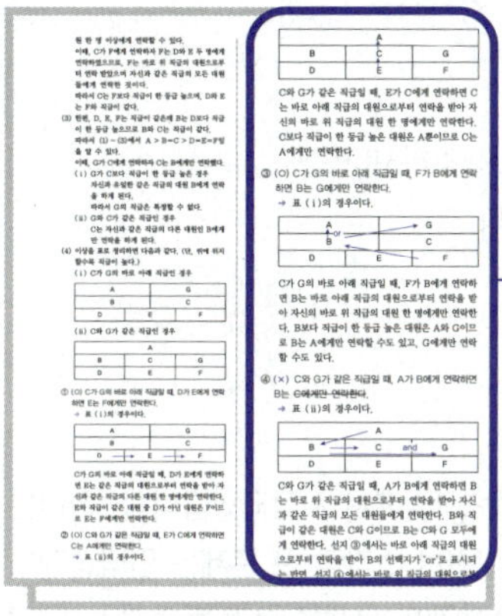

4 상세 해설 확인하기!

초보자도 이해하기 쉽도록 삽화와 함께 상세하게 제시된 해설을 활용해요!

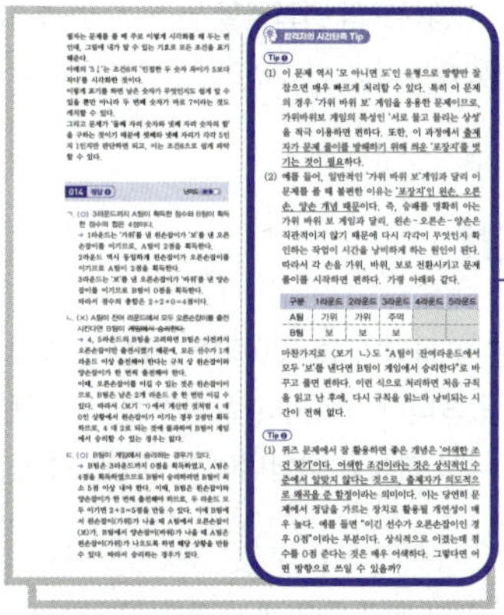

5 합격자의 실전 노하우 전수

메이저 공기업 합격자와 행시 합격자들이 제시하는 '합격자의 시간단축 TIP'을 활용하여 더욱 빠르게 문제의 답을 찾는 연습을 할 수 있어요!

독끝 GUIDE

공기업 길잡이의 이야기

들어가며

여러분들은 PSAT 문제해결, 자원관리 파트가 공부하면 실력이 느는 과목이라고 생각하시나요?
저는 확실하게 **"그렇다"**라고 답변드릴 수 있습니다. 혹자는 이렇게 되물을 겁니다.

"처음에는 좀 늘긴 하는데 일정 기간 지나면 더는 안 늘던데요?"
"문제해결 파트는 아이큐 높은 사람만 잘 푸는거 아닌가요?"

제가 이 문제집을 제작한 계기 또한 이러한 고민을 한 번에 해결해 주고자 하는 바람에서 시작되었습니다. 여러분들의 실력이 일정 기간 이후 늘지 않는 것은 **"잘못된 풀이방법"**을 사용하기 때문이며, 가장 큰 문제는 안타깝게도 **"올바른 풀이방법"**을 알려주는 문제집이 없었다는 것입니다. 시간을 들여서 어떻게든 문제를 풀긴 풀었지만, 해당 문제를 "어떻게" 풀어야 하는지는 전혀 배운 것이 없을 것입니다. 이제는 제가 겪은 시행착오의 결과물을 담아, 수험생의 시점에서 적합한 현실적이고 효율적인 풀이를 여러분께 전달하고자 이 책을 만들었습니다.

실력을 늘릴 수 있는 "마음가짐" 갖추기

❶ 공부를 시작하기 전 문제해결, 자원관리 파트는 올바른 방법으로 공부하면 분명 실력이 늘 것이라는 확신과 함께 스스로 자신감을 갖추시길 바랍니다. 해당 파트는 여러분들의 강점이 될 수 있습니다. "역시나 실력이 안 오르겠지"와 같은 걱정은 스스로 최선을 다해서 이 문제집에 수록된 문제를 다 풀고 나서 하시길 바랍니다. (그때는 저(공기업길잡이)에게 개인 상담 주셔도 됩니다.)

❷ 이 교재에 수록되어 있는 460제를 무난히 풀 수 있다면 공기업 수준의 문제는 전부 쉽게 풀어낼 수 있다고 자신 있게 단언할 수 있습니다.

❸ 단, 정말로 실력을 키우고 싶다면 평소 자신이 사용하던 풀이방법을 전부 버리고, 새롭게 배운다는 생각으로 공부하시길 바랍니다. 분명 오랫동안 습관처럼 사용해오던 풀이방법을 바꾸는 것은 쉽지 않으며 매우 귀찮은 일이기도 합니다. 하지만 그 잘못된 습관 때문에 그동안 실력이 늘지 않은 것임을 인지하고, 시간이 오래 걸리더라도, 조금 힘들더라도 해설지에서 권장하는 풀이 방법을 익히시길 바랍니다. **이때 익힌다는 것은 그냥 외우는 것이 아닌 시험장에서 무의식적으로 바로 사용할 수 있을 정도로 연습하는 것입니다.**

공기업 길잡이 교재 100% 활용하기

교재 100% 활용하기

① 문제해결+자원관리능력 시간단축비법을 가볍게 읽어주세요.

문제해결과 자원관리 파트는 PSAT 자료해석만큼 이론이 중요하게 작용하지는 않습니다. 따라서 이론을 전부 암기하는 대신 가볍게만 읽어 주시고, 본인이 모르는 이론들만 숙지하시길 바랍니다. 어느 정도 기본기가 있는 분들은 이론을 건너뛰시고, 문제를 푸시다가 헷갈리는 개념이 있으면 그때 시간단축비법에서 해당 개념을 읽어보시길 바랍니다.

② 풀이 방법의 적용 연습을 위해 문항 230번까지를 활용합니다.

230번까지는 비교적 쉬운 난이도로 구성한 만큼 초기 연습에 탁월한 문항입니다. 이때, 앞서 확인한 [시간단축비법]의 방법을 수험생 나름대로 최대한 적용하여 풀어본 후, 본인이 사용한 방법과 해설이 사용한 방법을 비교해보는 것이 좋습니다. 또한 본인의 방법과 해설의 방법이 달랐다면, 그 다음 회차를 풀 때는 의도적으로 해설의 방법을 이용해서 풀어야 합니다. PSAT 공부는 '지식'을 쌓는 것이 아니라, '사고 과정'을 변화시키는 과정입니다. 따라서 본인이 하던 방법을 버리고, 억지로라도 다른 방법을 활용하는 연습을 해야 비로소 실력이 향상할 수 있습니다. 이 부분이 많은 수험생으로 하여금 "PSAT은 해도 해도 안 늘어"라는 생각을 하도록 만든 이유라 생각합니다. 즉 많은 시간을 투자했지만, 사고 과정을 바꾸지 않고 풀던 대로 푸는 것만 반복한 결과 성적이 늘지 않는다고 착각한 것입니다. 물론 사고 과정을 바꾸는 것은 어렵고 매우 귀찮은 일입니다. 하지만 귀찮다고 피하면 절대 성적이 오를 수 없습니다. 본인의 실력이 합격권을 충분히 넘어서는 순간까지는 본인만의 방법을 고집하지 않고, 새로운 방법을 받아들여야 합니다. 이를 반복하다 보면 분명 어느 순간 사고 과정 자체가 바뀌었음을 몸소 느낄 수 있을 것입니다.

③ 231번 문제를 풀기 전에 230번까지의 풀이 방식을 재점검합니다.

230번까지 다 풀었다면, 곧장 231번을 푸는 것보다는 230번까지 문항을 다시 보는 것이 효율적입니다. 이때 전 문항을 다시 푸는 것은 지나치게 시간 소모가 길기 때문에 추천하지 않습니다. 이보다는 문제와 해설지를 나란히 두고, 여기서는 어떤 방법을 활용했는지를 마치 '암기 카드'를 확인하듯이 점검하는 것이 좋습니다.

④ 231번부터는 실전과 같은 마음으로 풉니다.

이전엔 '정확하게 푼다'에 좀 더 초점이 맞춰져 있었다면, 231번 부터는 앞선 연습을 통해 풀이 방법은 어느 정도 체화가 되었을 것이므로 '정해진 시간 내에 푼다'에 초점이 있다고 생각하시면 됩니다. 마치 운동할 때 '구분 동작'으로 천천히 연습한 후, 익숙해지면 빠르게 전체 동작을 연결해서 하는 것과 같은 원리입니다. 이때 이전과 동일하게 부족한 부분이 있다면 [시간단축비법]의 해당 파트를 정독하고 다시 연습하는 것을 반복합니다. 마지막으로 전 문항을 전체적으로 재점검합니다. 앞서 한 것과 같이 이 문제에서는 어떤 방법을 사용하는지 빠르게 검토하면 됩니다. 이전과는 달리 사고 과정 자체가 많이 변해 있는 것을 느끼실 수 있으리라 생각합니다.

독끝

STUDY PLAN

학습 플랜 & NCS 학습 커리큘럼

→ 문제해결 · 자원관리능력 460제 15일 완성 학습 플랜

일차	학습범위	난이도 구성 ●○○	난이도 구성 ●●○	난이도 구성 ●●●
1일차	001~030번	10문항	19문항	1문항
2일차	031~060번	7문항	22문항	1문항
3일차	061~090번	12문항	15문항	3문항
4일차	091~120번	18문항	10문항	2문항
5일차	121~150번	18문항	9문항	3문항
6일차	151~180번	16문항	11문항	3문항
7일차	181~212번	23문항	9문항	0문항
8일차	213~245번	11문항	19문항	3문항
9일차	246~275번	13문항	14문항	3문항
10일차	276~305번	13문항	14문항	3문항
11일차	306~335번	10문항	17문항	3문항
12일차	336~365번	8문항	19문항	3문항
13일차	366~395번	7문항	20문항	3문항
14일차	396~427번	3문항	27문항	2문항
15일차	428~460번	1문항	30문항	2문항

→ 독끝 NCS 학습 커리큘럼

학습 단계 / 유형	STEP ① 이론 학습	STEP ② 문제 풀이	STEP ③ 응용 학습
PSAT형 NCS	독끝 공기업 NCS 통합 기본서	독끝 PSAT형 문제집	독끝 기업별 문제집으로 실전연습 + 교재에서 권장하는 풀이시간 기준 N회독
모듈형 NCS	독끝 공기업 NCS 통합 기본서	독끝 공기업 NCS 통합 기본서 모듈형 실전문제	독끝 기업별 문제집으로 실전연습 + 교재에서 권장하는 풀이시간 기준 N회독

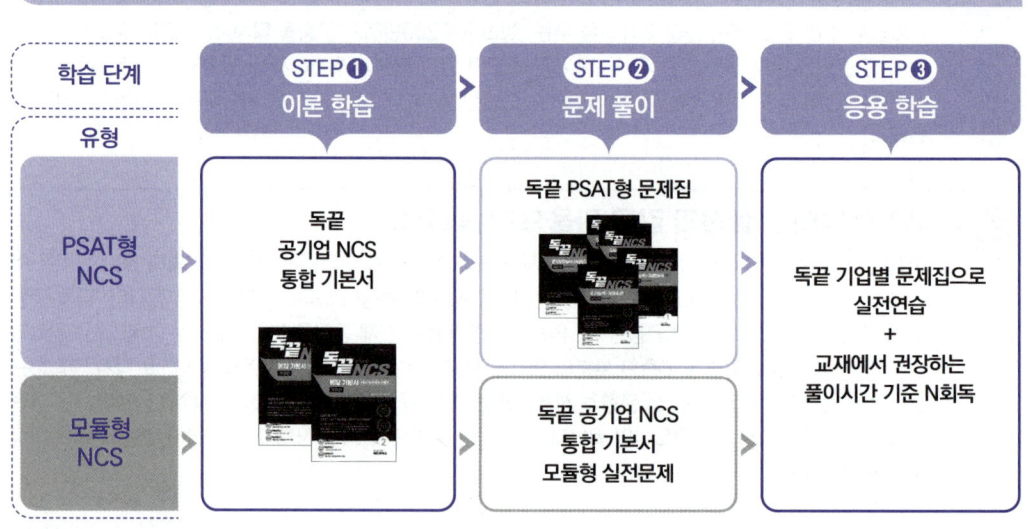

독끝

CONTENTS

차례

PART 1 시간단축비법

PART 2 문항편 독끝 Daily 460제

독학으로 끝내는 PSAT 문제해결 • 자원관리능력

독끝

시간단축비법

PART 1

CHAPTER 01 논리퍼즐 개관

1 명제

그 내용의 참 또는 거짓을 명확하게 판별할 수 있는 문장이나 식

① 참인 명제: 항상 참이라고 판단할 수 있는 명제
② 거짓인 명제: 한 가지라도 참이 아닌 경우가 있는 명제

'한국은 아시아 대륙에 있다'와 같이, 옳고 그름을 명확히 판단할 수 있어야 한다. 반면 '$x+2=10$'은 참·거짓이 확실하지 않으므로 명제라고 할 수 없다.

Tip ❶ '좋아한다', '싫어한다', '가깝다', '멀다' 등 주관적인 기준에 따라 참·거짓 여부가 달라지는 문장의 경우에도 명제라고 할 수 없다. 만약 이런 문장들이 문제에 출제된다면, 당연히 문장 하나만 가지고는 참·거짓을 가려낼 수 없으므로 다른 문장들이 함께 주어진다. 그리고 문장들 간의 논리관계를 파악하여 참·거짓을 판단하는 구조의 문제가 된다.

Tip ❷ 이런 유형의 문제에서, 주관적인 표현이 사용된 문장들은 '진술'이라고 할 수 있지만 '명제'라 할 수는 없다. 다만, 사설 문제집이나 모의고사의 경우 '명제'라는 표현을 사용하기도 한다. 이는 논리학 개념을 오용한 것이지만, 문제 해결에는 아무 영향을 주지 않는 오류이므로 수험생 입장에서는 편의상 명제라고 두고 문제를 풀도록 하자.

Tip ❸ 명제는 '그 판단이 성립하도록 하는 상황의 집합'이라고 정의되기도 한다. 이에 따라 명제의 내용은 집합관계로 전환하여 표현할 수 있다. 이는 3. 명제의 기호화와 벤 다이어그램에서 보다 자세히 다룰 내용이다. 또한 여집합, 교집합, 합집합 등 집합의 다양한 표현 관계를 통해 어떠한 명제의 옳고 그름을 판단할 수도 있다.

2 명제의 종류

(1) 정언명제

어떤 대상 또는 상황에 대해 어떠한 조건의 붙임이 없이 단언하는 명제

기본형식	모든 p는 q이다.	예 모든 사람은 동물이다. (전칭명제)
	어떤 p는 q이다.	예 어떤 사람은 동물이다. (특칭명제)

정언명제는 주어가 되는 대상에 '모든'이나 '어떤'이라는 수식어를 붙여 표현한다. 이때, '모든'이 붙은 경우를 '전칭명제', '어떤'이 붙은 경우를 '특칭명제'라 한다.

(2) 가언명제(조건명제)

어떤 대상 또는 상황에 대해 조건을 붙여 조건문의 형식으로 말하는 명제

기본형식 p이면 q이다. 예 고양이라면, 포유류이다.

이때, p를 전건(前件), q를 후건(後件)이라 한다.
전칭명제는 의미가 같은 가언명제(조건명제)로 바꾸어 쓸 수 있다. 이때, 정언명제의 p와 q는 각각 가언명제(조건명제)의 p와 q가 된다.

예시

모든 사람은 동물이다. = 사람이라면 모두 동물이다.

(3) 연언명제

둘 이상의 대상 또는 명제를 **'그리고'**나 그 동의어로 연결한 명제

기본형식 p 그리고 q
예 가영이는 수학이 1등급이고 나영이는 고등학생이다.

둘 이상의 대상 또는 명제가 동일한 주어 혹은 목적어를 포함하고 있는 경우 이를 하나의 명제로 만들 수 있다.

예시

❶ 주어가 동일한 경우: 가영이는 수학이 1등급이고 가영이는 영어가 9등급이다.
= 가영이는 수학이 1등급이고 영어가 9등급이다.
❷ 목적어가 동일한 경우: 가영이는 수학이 1등급이고 나영이도 수학이 1등급이다.
= 가영이와 나영이는 수학이 1등급이다.

(4) 선언명제

둘 이상의 대상 또는 명제를 **'또는'**이나 그 동의어로 연결한 명제

기본형식 p 또는 q
예 가영이는 수학이 1등급이거나 나영이는 고등학생이다.

둘 이상의 대상 또는 명제가 동일한 주어 혹은 목적어를 포함하고 있는 경우 이를 하나의 명제로 만들 수 있다.

예시

❶ 주어가 동일한 경우: 가영이는 수학이 1등급이거나 가영이는 영어가 1등급이다.
= 가영이는 수학이나 영어가 1등급이다.
❷ 목적어가 동일한 경우: 가영이가 수학이 1등급이거나 나영이가 수학이 1등급이다.
= 가영이나 나영이는 수학이 1등급이다.

3 명제의 기호화와 벤 다이어그램

여러 개의 명제가 중첩되는 경우, 문장 상태의 명제들을 한꺼번에 처리하기에는 지나치게 복잡할 수 있다. 뿐만 아니라 문제를 풀 때 문장으로 된 명제 전체를 반복하여 쓰는 것은 시간이 많이 소모되는 등 효율적인 풀이라고 할 수 없다. 따라서 명제를 기호화하거나, 벤 다이어그램으로 나타내어 간략하게 표현하는 것은 필수적이다. 이를 통해 명제들 간의 포함 관계가 한 눈에 드러나도록 나타낼 수 있으며, 명제의 참·거짓 여부 또한 빠르게 파악할 수 있다.

명제의 유형에 따라 논리기호 및 벤 다이어그램으로 나타내는 방법은 다음과 같다. 이때, p, q는 명제에서 주어진 조건이며, 이 조건 p, q가 참이 되게 하는 모든 원소의 집합을 조건 p의 **진리집합**이라 하며 일반적으로 각각 P, Q와 같이 나타낸다. (단, 전체집합을 U로 나타낸다.)

명제			집합	
문장		논리기호	기호	벤 다이어그램
명제와 그 부정	p이다.	p	P	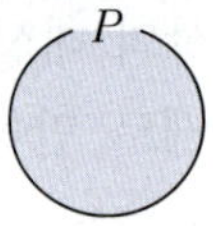 집합 P이다. (집합 P의 원소이다.)
	p가 아니다.	$\sim p$	P^C	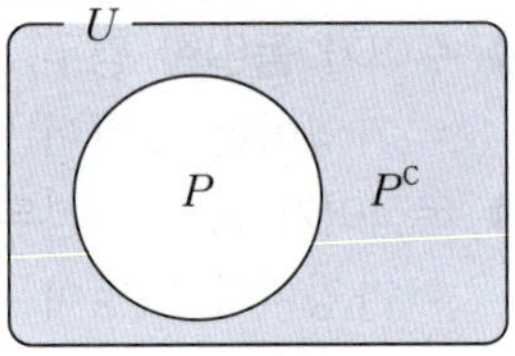 P의 여집합이다.
정언 명제와 그 부정	모든 p는 b이다.	$p \rightarrow q$	$P \subset Q$	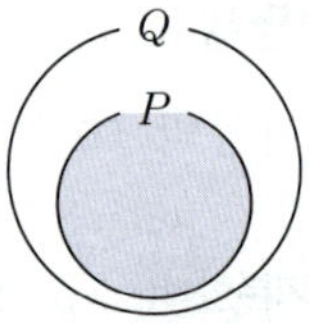 집합 P는 집합 Q에 포함된다.
	모든 p는 q가 아니다. = 어떤 p도 q가 아니다.	$p \rightarrow \sim q$	$P \subset Q^C$, $P \cap Q = \phi$	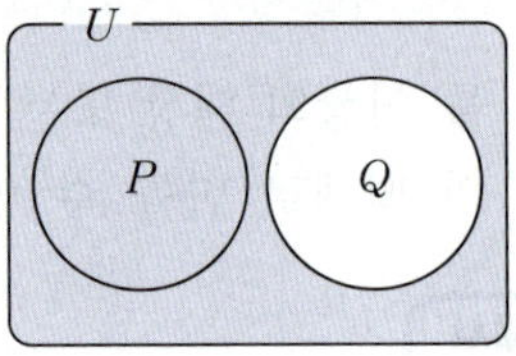 집합 P는 Q의 여집합에 포함된다. = P와 Q의 교집합은 공집합이다.

	어떤 p는 q이다.	$p \wedge q$	$P \cap Q$	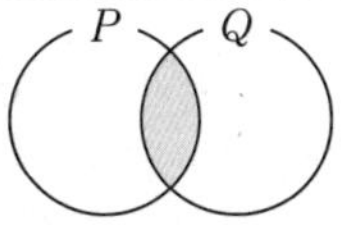 P집합의 원소 중 Q집합에 속하는 것이 있다.
	어떤 p는 q가 아니다. = 모든 p가 q는 아니다.	$p \wedge \sim q$	$P \cap Q^{C}$ $= P - Q$	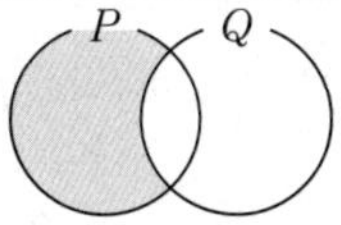 P집합의 원소 중 Q집합에 속하지 않는 것이 있다.
가언 명제와 그 부정	p이면 q이다.	$p \rightarrow q$	$P \subset Q$	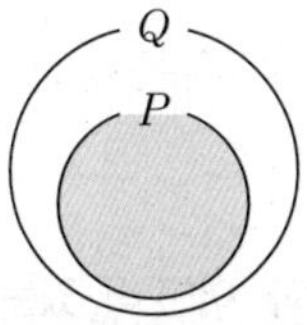 집합 P는 집합 Q에 포함된다.
	p이면 q가 아니다.	$p \rightarrow \sim q$	$P \subset Q^{C}$, $P \cap Q = \phi$	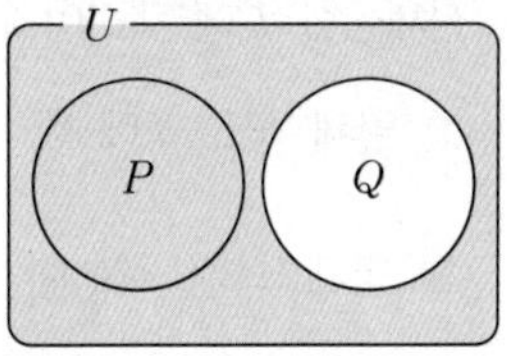 집합 P는 Q의 여집합에 포함된다. = P와 Q의 교집합은 공집합이다.
연언 명제와 그 부정	p이면서 q이다. = p 그리고 q이다.	$p \wedge q$	$P \cap Q$	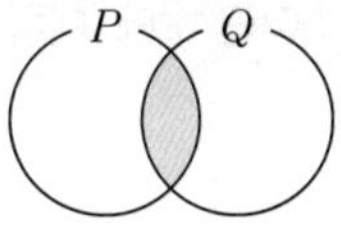 P와 Q의 교집합이다.
	드 모르간의 법칙			
	'p이면서 q'인 것은 아니다. = p가 아니거나 q가 아니다.	$\sim(p \wedge q)$ $= \sim p \vee \sim q$	$(P \cap Q)^{C}$, $= P^{C} \cup Q^{C}$	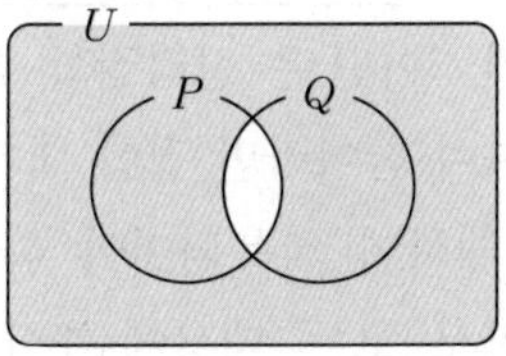 P와 Q의 교집합의 여집합이다.
	p이지만 q는 아니다.	$p \wedge \sim q$	$P \cap Q^{C}$ $= P - Q$	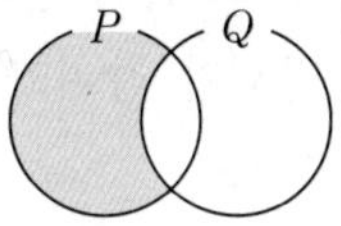 P에 대한 Q의 차집합이다. = P집합의 원소 중 Q집합에 속하지 않는 것이 있다.

선언 명제와 그 부정	p이거나 q이다. = p 또는 q이다.	$p\vee q$	$P\cup Q$	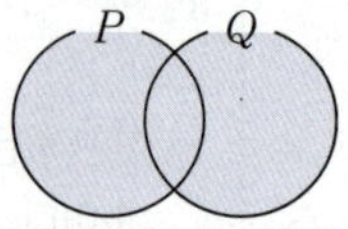 P와 Q의 합집합이다.
	드 모르간의 법칙			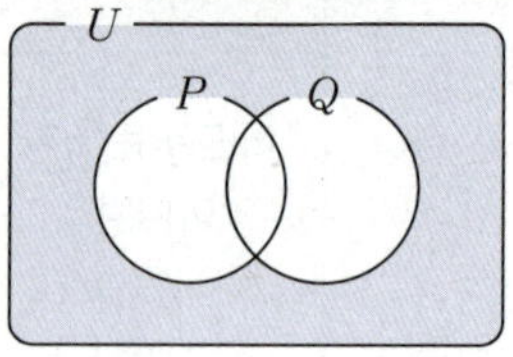
	‘p 또는 q’가 아니다. = p도 아니고 q도 아니다.	$\sim(p\vee q)$ $=\sim p\wedge\sim q$	$(P\cup Q)^C$ $=P^C\cap Q^C$	P와 Q의 합집합의 여집합이다.

이는 가장 기본적인 방법이므로 반드시 숙지하도록 하자.

[‘모든’과 ‘어떤’이 있는 명제]

1. ‘모든’이나 ‘어떤’이 있는 명제의 참, 거짓

전체집합 U에 대하여 x는 U의 임의의 원소이고, 조건 p의 진리집합을 P라 할 때,

(1) 명제 ‘모든 x에 대하여 p이다.’는 $\begin{cases} P=U\text{이면 참} \\ P\neq U\text{이면 거짓} \end{cases}$ **(전칭명제)**

(2) 명제 ‘어떤 x에 대하여 p이다.’는 $\begin{cases} P\neq\phi\text{이면 참} \\ P=\phi\text{이면 거짓} \end{cases}$ **(특칭명제)**

2. ‘모든’이나 ‘어떤’이 있는 명제의 부정

(1) ‘모든 x에 대하여 p이다.’의 부정 → ‘어떤 x에 대하여 $\sim p$이다.’

(2) ‘어떤 x에 대하여 p이다.’의 부정 → ‘모든 x에 대하여 $\sim p$이다.’

‘모든’의 판단 대상은 진리집합 전체이므로, 어떤 명제가 ‘모든’ 대상에 대하여 참이라면 이 명제는 진리집합 내 모든 원소에 대해 적용된다.

반면, ‘어떤’은 진리집합 전체에 대하여 판단할 필요는 없으므로, 어떤 명제가 ‘어떤’ 대상에 대하여 참이라면 집합 내 단 하나의 원소에 대하여 적용되어도 충분하며, 집합 내 모든 원소에 대하여 적용되어야 하는 것은 아니다.

따라서 ‘모든’ 대상에 대한 명제(전칭명제)가 참이라면, 같은 내용의 ‘어떤’ 대상에 대한 명제(특칭명제)도 참이 된다. 다만, 반대의 경우는 성립할 수도 있고, 성립하지 않을 수도 있다. 즉 특칭명제가 참이라고 해서 전칭명제가 반드시 참이 되지는 않는다. 아래의 예시를 통해 이해해 보자.

예시

❶ ‘모든 김씨는 한국인이다.’(전칭명제)가 참이면, ‘어떤 김씨는 한국인이다.’(특칭명제)도 참이다.

❷ ‘한국인은 모두 김씨이다.’(전칭명제)가 참이면, ‘어떤 한국인은 김씨이다.’(특칭명제)도 참이다.

❸ '모든 김씨는 한국인이고, 한국인은 모두 김씨이다.'는 명제가 참이면, '어떤 김씨는 한국인이다.'는 명제도 참이다.

❹ '어떤 한국인은 김씨이다.'(특칭명제)가 참일 때, '모든 한국인은 김씨이다.'(전칭명제)가 반드시 참이라고는 할 수 없다.

위의 예시는 '어떤'은 '모든'을 포함하는 개념이라는 점을 이용해 아래와 같이 벤 다이어그램으로 나타낼 수 있다. (단, ϕ표시가 있는 영역에는 원소가 존재하지 않는다.)

명제		벤 다이어그램	
		A형	B형
①	모든 김씨는 한국인이다.	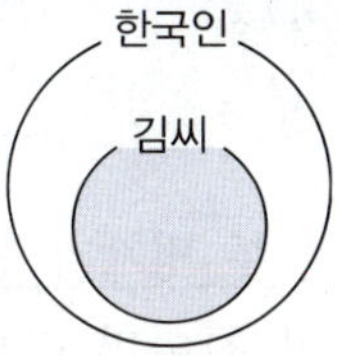	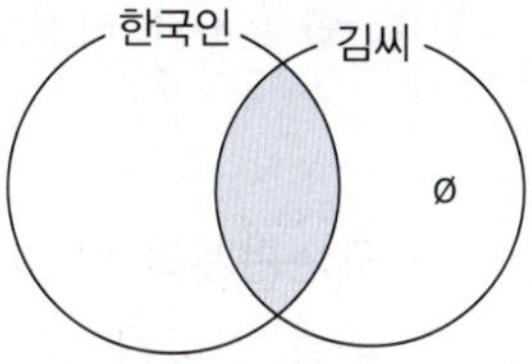
②	한국인은 모두 김씨이다.	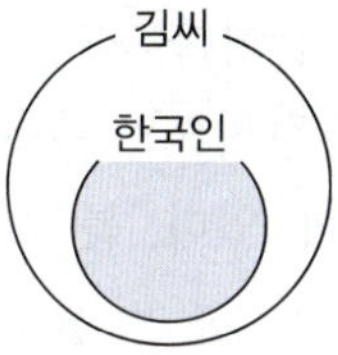	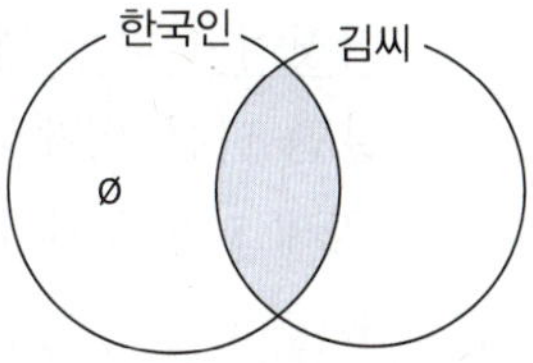
③	모든 김씨는 한국인이고, 한국인은 모두 김씨이다.	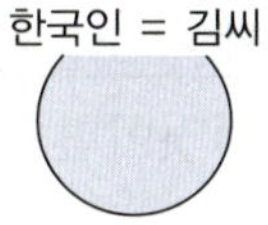	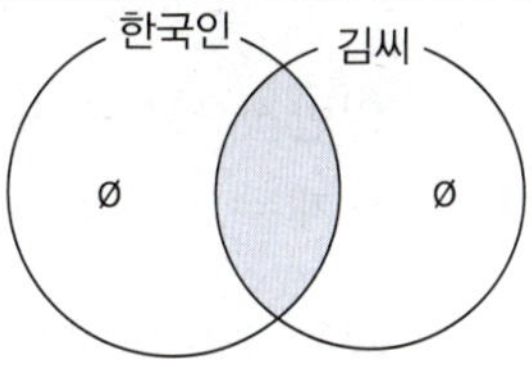
④	어떤 한국인은 김씨이다.		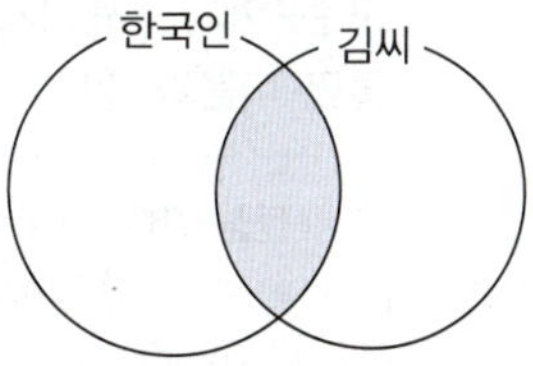

일반적으로 전칭명제는 A형과 같이 집합들 간의 포함관계를 나타내는 벤 다이어그램으로 나타나고, 특칭명제는 B형과 같이 집합들 간에 겹치지 않는 부분이 존재하는 벤 다이어그램으로 나타난다. 하지만, 위의 표와 같이 전칭명제는 B형으로도 표현이 가능하지만, 특칭명제는 A형으로 표현이 불가능하다.

시험에서는 많은 문제에서 전칭명제와 특칭명제가 함께 출제되므로, 우리는 전칭명제와 특칭명제의 구분 없이 모든 명제를 B형으로 나타내는 것이 좋다.

4 명제의 부정과 모순관계

(1) 명제의 부정

명제 p에 대하여 'p가 아니다.'를 명제 p의 **부정**이라 하고, 기호로 $\sim\boldsymbol{p}$와 같이 나타낸다.
(이때, '$\sim p$'는 'p가 아니다' 또는 'not p'라 읽는다.)

(2) 명제와 그 부정의 관계는 모순관계이다.

① 명제 p가 참 → 명제 $\sim p$가 거짓
② 명제 p가 거짓 → 명제 $\sim p$가 참
③ $\sim p$의 부정은 p이다. 즉, $\sim(\sim p)=p$이다.

① 모순관계와 부정명제: '모순'이란 두 명제가 동시에 참일 수도, 거짓일 수도 없는 경우를 말한다. 즉, 하나의 명제가 참이면 다른 명제는 반드시 거짓이고, 한 명제가 거짓이면 다른 명제는 반드시 참이다. 따라서 모순관계에서는 한 명제의 진릿값을 알면 다른 명제의 진릿값을 확정적으로 추론할 수 있다.

'명제 p와 명제 q는 모순관계에 있다.'를 기호로 나타내면 '$p \veebar q$'*이다.

※ '$\veebar$'은 주어진 2개의 명제 중 1개만 참일 경우를 나타내는 논리 연산으로 '배타적논리합'이라고 하며, 약칭으로 XOR이라고도 쓴다.

일반적으로 한 명제와 그 부정명제는 모순관계이다. 즉, 어떤 명제가 참이면 그 부정명제는 거짓이며, 어떤 명제가 거짓이면 그 부정명제는 참이 된다.

Tip [예외] '모든'이 포함된 전칭명제와 '어떤'이 포함된 특칭명제에 있어서는 명제와 부정명제 간의 모순관계가 성립하지 않으므로, 부정명제와 모순되는 명제를 혼동하지 않도록 주의하여야 한다. 예를 들면 다음과 같다.

- **(전칭명제)** '모든 김씨는 한국인이다.' 와 그 부정명제 '모든 김씨는 한국인이 아니다.'
  → 한국인인 김씨와 한국인이 아닌 김씨가 모두 존재하는 경우, 두 명제가 모두 거짓이 되므로 모순관계가 아니다.
- **(가언명제)** '김씨라면 한국인이다.'와 그 부정명제 '김씨라면 한국인이 아니다.'
  → 전칭명제와 가언명제는 표현만 다를 뿐 그 의미는 동일하므로 모순관계가 아니다.
- **(특칭명제)** '어떤 김씨는 한국인이다.'와 그 부정명제인 '어떤 김씨는 한국인이 아니다.'
  → 한국인인 김씨와 한국인이 아닌 김씨가 모두 존재하는 경우, 두 명제가 모두 참이 되므로 모순관계가 아니다.

그렇다면 이들과 모순관계에 있는 명제는 무엇인가?
전칭명제와 모순관계에 있는 명제는 특칭명제의 부정형이며, 특칭명제와 모순관계에 있는 명제는 전칭명제의 부정형이다. 즉, 전칭명제의 경우 '모든'을 '어떤'으로, 특칭명제의 경우 '어떤'을 '모든'으로 바꾼 후 각각을 부정한 명제와 모순관계에 있다.

앞의 예시에서 전칭명제인 '모든 김씨는 한국인이다.'와 모순관계에 있는 명제는 특칭명제의 부정형인 '어떤 김씨도 한국인이 아니다.'이다. 마찬가지로 특칭명제인 '어떤 김씨는 한국인이다.'와 모순관계에 있는 명제는 전칭명제의 부정형인 '모든 김씨는 한국인이 아니다.'이다. (※ '모든'과 '어떤'이 있는 명제 참고)

② **대표적인 모순관계**: 명제의 대표적인 모순관계들을 정리하면 다음과 같다. 단순히 암기하는 것에서 그치지 않고, 벤 다이어그램을 그리며 명제의 의미를 이해하도록 하자.

명제		모순관계의 명제	
문장	기호	문장	기호
p이다.	p	p가 아니다.	$\sim p$
p이면 q이다.	$p \rightarrow q$	어떤 p는 q가 아니다.	$p \wedge \sim q$
모든 p는 q이다.		p이면서 q가 아닌 것이 있다.	
어떤 p는 q이다.	$p \wedge q$	모든 p는 q가 아니다.	$p \rightarrow \sim q$
		p이면서 q인 것은 없다.	
p이면서(그리고) q이다.		p가 아니거나 q가 아니다.	$\sim p \vee \sim q = \sim(p \wedge q)$
		p이면서 q인 것은 없다.	
p이거나(또는) q이다.	$p \vee q$	p도 아니고 q도 아니다.	$\sim p \wedge \sim q = \sim(p \vee q)$
		p나 q, 둘 다 아니다.	

이상의 표에서 제시된 모순관계들을 만드는 규칙들을 간단히 정리해 보자.

- 첫째, 전칭명제는 특칭명제로, 특칭명제는 전칭명제로 바꾼다.
- 둘째, 연언명제는 선언명제로 바꾼다.
- 셋째, 어미를 부정형으로 바꾼다.

③ **모순관계와 반대관계**: 수험생들이 헷갈리는 대표적인 개념이 모순관계와 반대관계이다. 상황판단 또는 언어논리 과목의 논리퀴즈 유형에서는 일견 상충되는 명제들이 등장하는 경우가 종종 있다. 이때, 이 명제들의 관계가 모순관계인지, 반대관계인지 정확히 파악하지 못한다면 오답으로 직행할 확률이 크다.

반대관계란 **동시에 참일 수 없는 관계**를 말한다. 즉, 적어도 하나의 명제는 거짓이어야 한다. 이를 바탕으로 '명제 p와 q는 반대관계에 있다'를 기호화하면 '$\sim p \vee \sim q$' 또는 '$p \rightarrow \sim q$'가 된다. 앞서 살펴본 바와 같이 모순관계에 있는 두 명제는 모두 거짓일 수 없으나, 반대관계에 있는 두 명제는 모두 거짓일 수 있다.

모순관계와 반대관계에서 가능한 상황을 표로 정리하면 다음과 같다.

p / q	모순관계		반대관계	
	참	거짓	참	거짓
참	불가능	가능	불가능	가능
거짓	가능	불가능	가능	가능

예를 들어 '바다의 색깔은 파란색이다'라는 명제와 '바다의 색깔은 초록색이다'라는 명제는 동시에 참이 될 수 없다. 바다의 색깔이 파란색이면서 동시에 초록색일 수는 없기 때문이다. 그러나 바다의 색깔이 빨간색이라면 두 명제는 동시에 거짓이 된다. 즉, 한 명제가 참이면 다른 하나는 반드시 거짓이 되지만, 한 명제가 거짓이라고 해서 다른 하나가 반드시 참이 되는 것은 아니다. 이러한 경우 두 명제는 반대 관계에 있다고 한다.

따라서 모순관계의 두 명제를 기호화할 때 반대관계를 나타내는 '$p \rightarrow \sim q$'로 나타낸다면 정답을 도출할 수 없는 경우가 대부분이다. 이러한 문제를 발생시키지 않으려면 모순관계를 기호화할 때 '$p \veebar q$' 또는 '$(p \rightarrow \sim q) \wedge (\sim p \rightarrow q)$'로 표기하여야 한다.

Tip 반대관계와 모순관계를 구별함에 있어 중간개념을 기준으로 판단할 수도 있다. 흑색과 백색처럼 서로 상반되는 의미를 가지나 그 사이에 회색과 같은 중간개념이 가능한 경우 반대관계, 삶과 죽음처럼 중간개념이 허용되지 않는 경우 모순관계가 되는 것이다. 그러나 이 방법은 실전에서 활용하는 것을 추천하지 않는다. 중간개념이 존재할 수 있는지 여부를 고민하는 것에 시간이 낭비될 수 있기 때문이다. 특히 문장 간의 관계를 구분할 때 더욱 어렵다. 따라서 되도록이면 두 명제가 동시에 거짓이 될 수 있는지 여부를 기준으로 반대관계와 모순관계를 판단하여야 한다.

5 명제의 참 · 거짓

명제는 정의상 참과 거짓을 판별할 수 있는 진술이므로, 모든 명제는 '참인 명제'와 '거짓인 명제' 중 하나이다. '참인 명제'와 '거짓인 명제'의 의미는 각각 다음과 같다.

① '참인 명제'는 그 내용이 항상 옳은 명제이다.
② '거짓인 명제'는 그 내용에 대하여 한 가지 이상의 반례가 존재하는 명제이다.

단, 논리퍼즐 문항에 출제되는 명제들은 대부분 그 자체만으로 참인지 거짓인지 판별할 수 없다. 예를 들어, '1모둠 학생들은 국어가 1등급이다.'라는 명제에 대한 참·거짓을 판별하기 위해서는 1모둠 학생들의 국어 점수와 국어 등급표라는 추가적인 정보가 필요하다. 따라서 명제가 등장하는 문제의 경우 참·거짓이 확실히 밝혀져 있거나, 참·거짓을 밝힐 수 있는 명제들을 통해 또 다른 명제의 참·거짓을 밝히는 형태로 출제된다.

명제 p와 q가 있고 두 명제가 각각 참 또는 거짓인 경우, 이 명제들의 관계에 따른 참과 거짓은 다음과 같이 판단한다.

(1) 부정명제

명제 p가 참이면 그 부정명제는 반드시 거짓이다. 반면 명제 p가 거짓이면 그 부정명제는 반드시 참이다. 이는 한 명제와 그 부정명제가 모순관계에 있기 때문이다.

p	$\sim p$
참	거짓
거짓	참

(2) 연언명제

둘 이상의 명제가 '그리고' 또는 '~한 동시에'로 연결된 연언명제의 경우, 각 명제들이 모두 참인 경우에만 참이 된다.

p	q	$p \wedge q$
참	참	참
참	거짓	거짓
거짓	참	거짓
거짓	거짓	거짓

(3) 선언명제

둘 이상의 명제가 '또는', '~거나'로 연결된 선언명제의 경우, 각 명제들이 모두 거짓인 경우에만 거짓이 된다.

p	q	$p \vee q$
참	참	참
참	거짓	참
거짓	참	참
거짓	거짓	거짓

(4) 가언명제

가언명제의 경우 전건이 참이고 후건이 거짓인 경우에만 전체가 거짓이 된다.

p	q	$p \to q$
참	참	참
참	거짓	거짓
거짓	참	참
거짓	거짓	참

표에 따르면 p가 거짓인 경우 $p \to q$는 반드시 참이며, q가 참인 경우 $p \to q$는 반드시 참이다. 즉, p가 거짓이거나 q가 참이라면 $p \to q$는 참이다. 명제 'p가 거짓이거나 q가 참이다.'를 기호화하면 '$\sim p \vee q$'이다. 따라서 $\sim p \vee q$이면 $p \to q$이다. 그런데 표를 보면 $p \to q$가 참인 경우 p가 거짓이거나 q가 참이다. $p \to q$가 참인데 p가 참이고 q가 거짓인 경우, 즉 $p \wedge \sim q$인 경우는 없다. 이러한 상황을 명제 $p \to q$와 $\sim p \vee q$가 동치 관계에 있다고 한다. 동치 관계에 있는 명제들은 완전히 같은 의미를 가지므로, 어느 상황이건 자유롭게 호환 가능하다. 동치 관계를 기호로 나타내면 '$p \to q \Rightarrow \sim p \vee q$'이다.

Tip 전건이 참이고 후건이 거짓인 경우에만 명제가 거짓이 되기 때문에, 일반적으로 문제에서 가언명제가 나올 경우 전건이 거짓임에도 명제 전체는 거짓이 아니라는 사실이 중요한 역할을 한다.

6 가언명제(조건명제)의 역, 이, 대우

(1) 가언명제 $p \to q$에서 전건 p와 후건 q의 위치를 바꾸거나 혹은 부정하여 만든 새로운 가언명제들을 기존 가언명제의 역, 이, 대우라 한다.

① **명제의 역:** 명제 $p \to q$에서 전건 p와 후건 q를 서로 바꾸어 놓은 명제 $\boldsymbol{q \to p}$를 명제 $p \to q$의 **역**이라 한다.
② **명제의 이:** 명제 $p \to q$에서 전건 p와 후건 q를 각각 부정한 명제 $\boldsymbol{\sim p \to \sim q}$를 명제 $p \to q$의 **이**라 한다.
③ **명제의 대우:** 명제 $p \to q$에서 전건 p와 후건 q를 부정한 후, 서로 바꾸어 놓은 명제 $\boldsymbol{\sim q \to \sim p}$를 명제 $p \to q$의 **대우**라 한다.

가언명제와 그 역, 이, 대우의 관계를 도식화하면 다음과 같다.

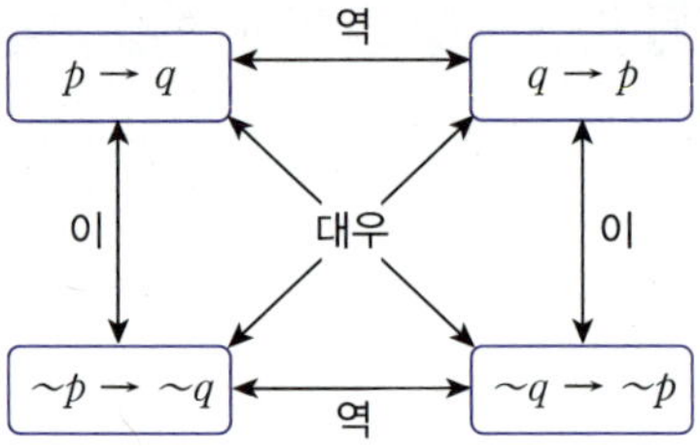

(2) 명제와 그 대우의 참, 거짓

① 어떤 명제가 참이면 그 대우도 참이고, 대우가 참이면 원래 명제도 참이다.
② 어떤 명제와 그 대우의 참, 거짓은 항상 일치한다.

역과 이는 원래의 명제와 진릿값이 같을 수도, 다를 수도 있다. 반면, 대우는 원래의 명제와 언제나 동일한 진릿값을 가진다. 따라서 가언명제가 참임을 보여야 하는 문제의 경우, 그 대우가 참임을 보이는 방법으로 활용하는 풀이가 매우 높은 빈도로 사용된다.

7 삼단논법

삼단논법이란 2개의 명제를 전제로 사용하여 제3의 명제를 결론으로 도출하는 추론 방법이다.

세 조건 p, q, r에 대하여 $p \Rightarrow q$이고 $q \Rightarrow r$이면 $p \Rightarrow r$이다.
※ 명제 $p \to q$가 참일 때, 기호 $p \Rightarrow q$와 같이 나타낸다.

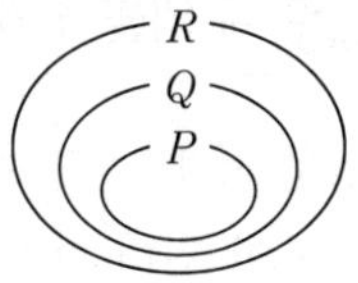

세 조건 p, q, r의 진리집합 P, Q, R에 대하여
$p \Rightarrow q$에서 $P \subset Q$, $q \Rightarrow r$에서 $Q \subset R$이다.
즉, $P \subset Q \subset R$에서 $P \subset R$이다.
따라서 $p \Rightarrow r$, 즉, $p \rightarrow r$는 참이다.

즉, 전제로 사용되는 2개의 명제의 진릿값이 참인 경우, 두 명제로 도출되는 제3의 명제도 참이 된다. 삼단논법은 전제가 모두 '참'인 경우 결론을 '참'으로 확정하는 목적으로 사용된다. 삼단논법은 논리퍼즐 문제에서 참인 명제를 찾아내는 방법으로 쓰이며, 후술할 대응관계, 위치관계 등의 유형에서 숨겨진 정보를 찾는 데에도 많이 활용된다. 삼단논법의 유형에는 전제로 사용되는 명제의 성격에 따라 정언삼단논법, 가언삼단논법, 선언삼단논법의 세 가지가 있다.

(1) 정언삼단논법

[전제 1]	a는 b이다.	$a \rightarrow b$
[전제 2]	b는 c이다.	$b \rightarrow c$
[결론]	따라서 a는 c이다.	$\therefore\ a \rightarrow c$

(2) 가언삼단논법

[전제 1]	a는 b이다.	$a \rightarrow b$
[전제 2]	a이다.	a
[결론]	따라서 b이다.	$\therefore\ b$

(3) 선언삼단논법

[전제 1]	a 또는 b이다.	$a \vee b$
[전제 2]	a는 아니다.	$\sim a$
[결론]	따라서 b이다.	$\therefore\ b$

* 각 유형의 이름을 정확히 암기할 필요는 없다. 그러나 위 3가지 모두가 논리퍼즐 문항에서 자주 사용되는 중요한 문제풀이 도구이므로, 문제상황에서 자연스럽게 활용할 수 있도록 숙지해 두자.

8 주의를 요하는 표현들

문장 또는 명제로 표현된 형태가 조금씩 다르더라도, 그 논리적 의미는 완전히 동일한 명제들이 있다. 이러한 명제들을 '이음동의' 관계에 있다고 한다. 명제의 종류 및 그 의미를 단순 암기식으로 공부하는 경우 '이음동의' 관계를 활용할 수 없다. 자주 사용되는 '이음동의' 관계 명제들은 다음과 같다.

(1) p인 경우에만 q이다. $\Leftrightarrow$ q이면 p이다.

오직 p인 경우에만 q이므로 p가 아닌데 q인 경우는 존재하지 않는다. 따라서 q이면 무조건 p이다. 이를 간단한 상황을 통해 살펴보자.

상황		벤 다이어그램	표기
①	우리 반에는 여학생과 남학생이 모두 있다.	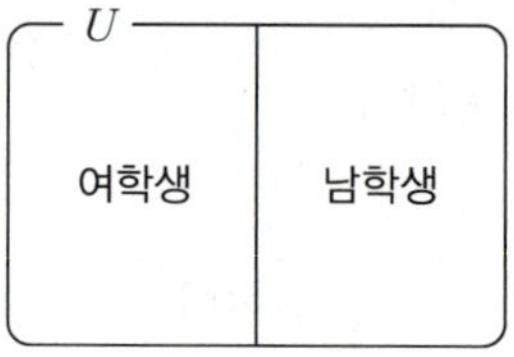	• 여학생: 여 • 남학생: 남 • 김씨인 학생: 김
②	여학생 중에는 김씨가 있지만, 남학생 중에는 김씨가 없다.	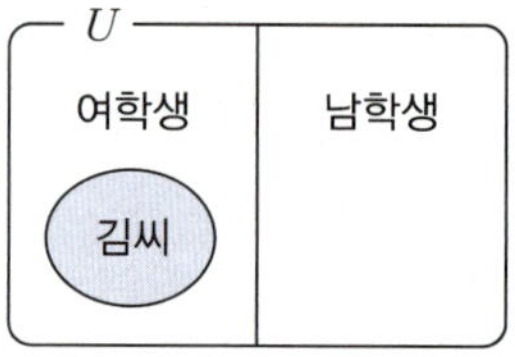	• 집합: 김⊂여 • 명제: 김→여
명제	(우리 반 학생 중에) 김씨인 학생은 모두 여학생이다. = 김씨라면 모두 여학생이다. (김 → 여, 김 ⊂ 여) = 김씨인 모든 학생은 여학생이다. = 어떤 학생이 김씨라면 반드시 여학생이다. = 김씨인 학생 중 여학생이 아닌 학생은 없다. = 여학생이 아닌 학생은 김씨가 아니다. = 여학생이 아닌 학생 중 김씨인 학생은 없다. = 여학생인 경우에만 김씨이다.		

Tip 위의 상황에서는 생물학적 성별의 범주를 여성과 남성의 두 가지로 구분하였음을 전제로 하고 있음을 주의하자. 즉, 이를 명제로 나타내면 '모든 학생은 여자 또는 남자이다.'이며 기호화할 경우 (학생) → (여) ∪ (남)이다.

한편, 만약 상황 ①과 ②에서 '여학생과 남학생'이 각각 '김씨와 박씨'라는 두 성씨로 대체된다면, '우리 반'이라는 전체집합 안에 수많은 성씨 중 '김씨와 박씨'라는 두 성씨만 존재한다는 것을 반드시 언급해 주어야 한다.

(2) 어떤 p도 q가 아니다. ⇔ 모든 p는 q가 아니다. ⇔ p이면 q가 아니다.

특칭명제 '어떤 p는 q가 아니다.'와 달리, 명제 '어떤 p도 q가 아니다.'의 의미는 p인 것 중에 q인 것은 없다는 것이다. 이는 전칭명제 '모든 p는 q가 아니다.'와 동치다.

예시

> 수행평가를 본 25명의 학생 중 어떤 학생도 B를 맞지 않았다.
> = 수행평가를 본 25명의 학생 모두 B를 맞지 않았다.
> = 수행평가를 봤다면 B를 맞지 않았다.

(3) p와 q ⇔ p나 q: 연언명제와 선언명제가 구별되지 않는 경우

이는 한국어의 뉘앙스에 의하여 발생하는 현상이며 명제 그 자체로는 드러나지 않는다. 이를 살펴보기 위해 구체적인 예시를 통하여 살펴보자.

예시

> 가영이나 나영이 중 적어도 한 사람은 박씨이다.
> = 가영이와 나영이 중 적어도 한 사람은 박씨이다.

위의 예시에서 기호화에 중요한 역할을 담당하는 말은 교집합에서 주로 사용되는 조사인 '나' 또는 합집합에서 주로 사용되는 조사인 '와'가 아니라 '적어도 한 사람'이다. 즉 가영이만 박씨일 수도, 나영이만 박씨일 수도 있으며 가영이와 나영이 모두 박씨일 수도 있다. 따라서 명제 p를 '가영이가 박씨이다', 명제 q를 '나영이가 박씨이다'로 규정할 경우 이를 기호화하면 '$p \lor q$'이다. 이는 어떤 조사가 사용되는지와 무관하게 합집합의 의미를 갖는다. 또 다른 예시를 통하여 이를 살펴보자.

예시

> 사자를 구경하지 않은 학생은 펭귄이나 호랑이도 구경하지 않았다.
> = 사자를 구경하지 않은 학생은 펭귄과 호랑이도 구경하지 않았다.

마찬가지로 위의 예시에서 기호화에 중요한 역할을 담당하는 말은 조사 '나', '과'가 아니라 교집합을 의미하는 조사인 '도'이다. 즉, 사자를 구경하지 않은 학생은 펭귄을 구경하지 않았고 호랑이를 구경하지 않았다.

(4) p는 q이며, 오직 p한 경우에만 q다. ⇔ p와 q는 서로의 필요충분조건이다. ⇔ p와 q는 동치이다.

예시

사유할 수 있을 때, 그리고 오직 그 때만 행위를 할 수 있다.
= 사유할 수 있다면 행위를 할 수 있으며, 행위할 수 있다면 사유를 할 수 있다.

첫 번째 명제를 전개하면 다음과 같다. "사유할 수 있을 때 행위를 할 수 있다. 그리고 사유할 수 있을 때에만 행위를 할 수 있다." 명제 p를 '사유할 수 있다.', 명제 q를 '행위할 수 있다.'로 규정할 경우 이를 기호화하면 '$p \Rightarrow q$이고, $q \Rightarrow p$'이며 이는 '$p \Leftrightarrow q$'로 나타낼 수 있다.

필요충분조건 또는 동치란, 두 명제가 서로의 필요조건이자 충분조건임을 의미한다. 즉, 두 명제가 정확히 동일한 의미를 갖는다. 이러한 필요충분조건을 논리기호로 나타내면 $p \Leftrightarrow q = (p \Rightarrow q) \wedge (q \Rightarrow p)$이다.

이를 진리집합들 간의 논리관계로 나타내면 $P = Q \Leftrightarrow P \subset Q$이고 $Q \subset P$이다.

연습문제

01 다음 문장을 논리기호로 나타내시오.

① B는 역사학을 수강하지 않는다.

② 우승을 하려면 예선을 통과해야 한다.

③ 병이 소방관이거나 을이 목수가 아니다.

④ 모든 천재 과학자는 대단한 수학자이다.

⑤ 가영과 나영 중에 적어도 한 명은 찬성하였다.

⑥ 나는 국어는 잘하지만 독어는 못한다.

⑦ 사랑하는 사람이 있거나 직업이 있다면, 삶의 안정감을 느끼게 된다.

⑧ 정치학과 사회학을 둘 다 수강하는 학생은 모두 경제학도 수강한다.

⑨ C가 진실이면, D와 E 중 최소 한 가지는 진실이다.

⑩ 영이가 원만한 성격의 소유자인 경우에만 석이는 영이와 친구가 된다.

⑪ 1번 버튼이 작동될 경우, 오직 그 경우에 한해서만 3번 버튼이 작동된다.

해설

① B →~(역사)(단, '역사'는 역사학을 수강함을 의미한다.)

② (우승)→(예선통과) ⇔ ~(예선통과) →~(우승)

③ {(병)→(소방관)} ∨ {(을)→~(목수)}

④ (천재 과학자)→(대단한 수학자)

⑤ (가영)∨(나영)⇔~{~(가영)∧~(나영)} (단, '가영'은 가영이 찬성함을 의미한다.)

⑥ (나)→{(국어)∧~(독어)} (단, '국어'는 국어를 잘함을 의미한다.)

⑦ {(사랑)∨(직업)}→(안정감)⇔{(사랑)→(안정감)}∧{(직업)→(안정감)}

⑧ {(정치)∧(사회)}→(경제)⇔~(경제)→{~(정치)∨~(사회)}(단, '정치'는 정치학을 수강함을 의미한다.)

⑨ C→(D∨E)⇔(~D∧~E)→~C (단, 'C'는 C가 진실임을 의미한다.)

⑩ (친구)→(영이)→(원만)⇔(영이)→~(원만)→~(친구)

⑪ (1→3) ∧ (3→1) ⇔1↔3(단, '1'은 1번 버튼이 작동함을 의미한다.)

Tip 연습문제를 풀면서 고개를 갸우뚱한 수험생이 있을 수 있다. 논리퍼즐 단원의 맨 앞부분에서 명제는 참인지 거짓인지 명백히 판단할 수 있는 문장이라 배운 바 있다. 그런데 연습문제에 나온 문장 중에는 주관적인 표현이 사용된 문장들이 있다. 예를 들어, ⑥번 '나는 국어는 잘하지만 독어는 못한다.'는 배운 바에 따르면 명제에 해당하지 않는다. 이처럼 명제라 볼 수 없는 문장도 논리 기호로 나타내야 하는 것일까? 정답은 '그렇다'이다. 엄밀히 명제라 할 수 없음에도 실제 PSAT에 출제되는 문장들이 종종 있다.

다음은 2019년 5급 공채 PSAT 언어논리 가책형 32번으로 출제된 다섯 개의 문장이다.

> (ㄱ) 수학과 사회적 규약이라는 서로 다른 영역에 속한 위 두 명제들의 진리 표현은 서로 다른 진리를 나타낸다.
> (ㄴ) 진리 표현은 명제가 속한 영역에 따라서 다른 진리를 나타낸다는 주장은 진리가 진정한 속성일 때에만 성립한다.
> (ㄷ) 진리가 진정한 속성이다.
> (ㄹ) 언어 사용을 통해 어떤 속성에 대한 모든 것을 알 수 있다면, 그것은 진정한 속성이 아니다.
> (ㅁ) 우리는 언어 사용을 통해 진리에 관한 모든 것을 알 수 있다.

위 문장들은 모두 명제라 할 수 있는가? 확실히 아닌 문장들이 눈에 띌 것이다. 예를 들면 (ㄷ)의 '진리가 진정한 속성이다.'는 주관적 표현을 사용하였으므로 명제라고 할 수 없다.

그렇다면 우리는 이 문장들이 명제가 아니므로, 논리 기호로 나타내는 것을 포기해야 할까? 그렇지 않다. 빠르고 정확한 풀이를 위해서는 명제라 할 수 없는 문장도 논리 기호로 나타내는 것이 효과적이다. 예를 들면, (ㄷ)의 '진리가 진정한 속성이다.'는 '(진리) → (진정한 속성)'으로 나타내어 간단히 표현할 수 있다. 주관적 표현이 사용된 문장들도 문장 간의 논리 관계를 활용해 참·거짓을 판단 가능하도록 만드는 것이 논리퍼즐 문제다.

즉, 문제를 풀면서 집중해야 할 것은 '이 문장이 명제인가?'가 아니다. '이 문장이 나타내는 논리 관계는 무엇인가?'다. 주어진 문장 또는 진술이 명제인지 여부를 묻는 문제는 출제된 바 없다. 무엇이 중요하며 무엇이 중요하지 않은지 판단하는 능력은 PSAT 고득점에 핵심이다. 지금부터 차근차근 익혀 가도록 하자.

02 **다음 명제를 벤 다이어그램으로 나타내시오. (단, 명제에서 제공하지 않은 정보는 고려하지 않는다.)**

① 몸에 좋은 음식은 입에 쓰다.

② 교회에 간 사람 중에 도서관에도 간 사람이 있다.

③ 중국에 가 본 사람 중에서 미국에 가 본 사람이 있는 한편, 미국에 가 본 사람은 모두 일본에도 가 보았다.

해설

① 몸에 좋은 음식은 입에 쓴 음식에 포함된다.

② 교회에도 갔고 도서관에도 간 사람이 있다. (단, 각 집합의 원소는 해당 집합에 간 사람을 의미한다.)

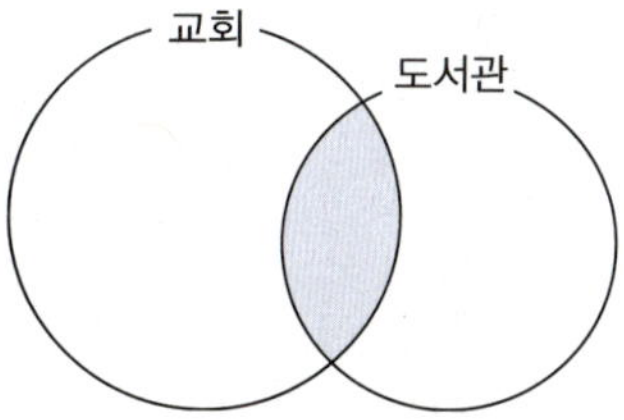

③ 중국에 가 본 사람 중에서 미국에 가 본 사람이 있다, 한편, 미국에 가 본 사람은 모두 일본에도 가 보았으므로 다음과 같다. (단, 각 집합의 원소는 해당 집합에 가 본 사람을 의미한다.)

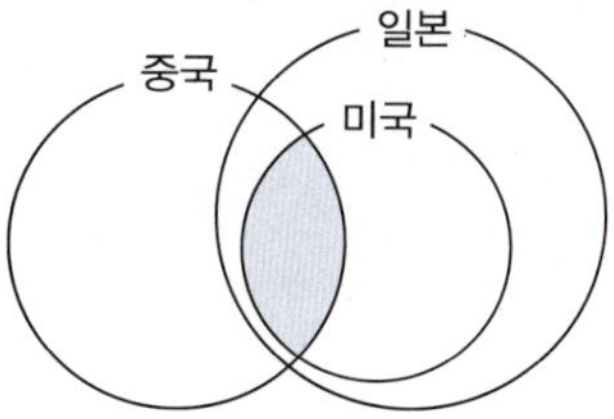

03 다음 표의 빈칸에 들어갈 것을 구하시오.

a	b	$a \wedge b$	$a \vee b$	$a \rightarrow b$	$b \rightarrow a$
참	참	참	참	참	참
참	거짓	(　　)	(　　)	거짓	(　　)
거짓	참	거짓	(　　)	(　　)	(　　)
거짓	거짓	(　　)	거짓	(　　)	(　　)

해설

a	b	$a \wedge b$	$a \vee b$	$a \rightarrow b$	$b \rightarrow a$
참	참	참	참	참	참
참	거짓	(거짓)	(참)	거짓	(참)
거짓	참	거짓	(참)	(참)	(거짓)
거짓	거짓	(거짓)	거짓	(참)	(참)

04 다음 각 명제가 참일 때, 반드시 거짓인 명제는?

① 1반 학생은 모두 여자다.

② 4반 학생 중 어떤 사람은 정씨다.

③ 국어 교재와 수학 교재는 모두 할인 중이다.

④ 경제학 강의가 종강했으면, 정치학 강의도 종강했다.

해설

모순 관계에 있는 명제를 묻고 있다.

① '모든 1반 학생은 여자다'라는 전칭명제가 참이라면, 전칭명제를 거짓으로 만드는 경우가 거짓이 된다. 전칭명제를 거짓으로 만드는 경우는 특칭명제의 부정형이며, 이를 의미하는 명제는 '어떤 1반 학생은 남자다'이다.

② '어떤 4반 학생은 정씨다'라는 특칭명제가 참이라면, 특칭명제를 거짓으로 만드는 경우가 거짓이 된다. 특칭명제를 거짓으로 만드는 경우는 전칭명제의 부정형이며, 이를 의미하는 명제는 '4반 학생은 모두 정씨가 아니다'이다.

③ 해당 명제를 기호화하면 '(국어)∧(수학)'이다. (단, '국어'는 국어 교재가 할인중임을 의미한다.) 연언명제가 참이라면 그 부정형이 거짓이 된다. 연언명제의 부정형은 '~(국어)∨~(수학)'이며, 이를 의미하는 명제는 '국어 교재와 수학 교재 중 적어도 하나는 할인 중이 아니다.'이다.

④ 해당 명제를 기호화하면 '(경제학)→(정치학)'이다. (단, '경제학'은 경제학 강의가 종강했음을 의미한다.) 조건명제가 참이라면, 조건명제를 거짓으로 만드는 경우가 거짓이 된다. 조건명제를 거짓으로 만드는 경우는 전건이 참이고 후건이 거짓인 경우로서, 이는 '(경제학)∧~(정치학)'이다. 이를 의미하는 명제는 '경제학 강의는 종강했으나, 정치학 강의는 종강하지 않았다.'이다.

CHAPTER | 02 논리퍼즐 기본형

논리퍼즐 기본형은 여러 개의 명제가 제시되고, 이들을 논리적으로 연결하여 새로운 사실을 밝혀내도록 하는 유형의 문제이다. '기본형'이라 함은 특별한 풀이 방법이나 알고리즘을 요하지 않고, 앞서 배운 논리학의 기본 규칙들을 응용함으로써 풀 수 있음을 의미한다. 다음은 논리퍼즐 기본형 문제들을 풀 때 유의해야 할 사항이다.

(1) 문장으로 제시된 논리명제를 기호화해 간단하게 정리하는 것은 모든 논리퍼즐 문항에서 쌓아야만 하는 기초이다. 문제가 너무나 간단해서 굳이 기호화할 필요가 없어 보이더라도 기호화하자. 기호화는 실수를 방지할 뿐만 아니라 쉬운 문제라도 있을 수 있는 함정을 막아주는 역할을 한다.

(2) 가언명제를 소재로 하는 문제의 경우 해당 명제의 대우를 활용하는 문제가 대부분이다. 가언명제가 등장하면 원래 명제와 함께 대우까지 한번에 기호화하는 것도 좋은 방법이다.

(3) 정언명제 및 삼단논법을 소재로 하는 문제의 경우, 벤 다이어그램을 그려 복잡한 논리관계를 빠르게 파악할 수 있다. 원칙적으로는 논리학에서 사용되는 것처럼 음영 표시와 X 표시로 해당 집합의 원소의 존재 여부를 나타내야 한다. 그러나 우리는 논리학을 공부하는 것이 아니라 수험에 활용하는 것이므로 편의상 벤 다이어그램에 O 또는 X 표시를 이용해도 무방하다.

(4) 기호화, 벤 다이어그램 외에도 표를 그림으로써 가능한 상황들을 가독성 좋게 정리할 수 있다. 표를 사용한 문제풀이는 추후 서술할 대응관계 유형에서 학습할 수 있다.

이외에도 직접 문제를 풀어 보면서 자신만의 팁을 발전시킬 수 있을 것이다.

CHAPTER 03 참 · 거짓 유형

참·거짓 유형은 제시된 명제들 간의 관계로부터 진릿값을 구해야 하는 유형이다. 여러 개의 명제 중 참인 명제와 거짓인 명제의 개수를 알려주고 이를 통해 선지의 진릿값을 판단하도록 한다. 즉, 참·거짓 유형의 문제에는 진릿값이 확정된 명제가 없다. 다만 명제들 간의 관계로부터 절대 참일 수 없거나, 절대 거짓일 수 없는 새로운 정보를 도출하게 된다. 이 유형의 풀이는 다음과 같다.

(1) 기준이 되는 명제 하나를 정한 후 해당 명제를 참 또는 거짓이라고 가정한다. 기준명제로 선택하기 좋은 명제는 다음의 특징을 갖는다.

- 명제를 기호화하기 용이하다.
- 동일한 대상에 대해 진술하는 다른 명제들이 있다.
- 특정한 요소로 서로 연결된 명제가 존재한다.
- 문제에 주어진 추가적인 조건을 통해 참·거짓을 명확히 추론할 수 있다.
- 해당 명제를 기준명제로 선택함으로써 확정 지을 수 있는 정보가 많다.

(2) 기준명제와의 관계에 따라 다른 명제들의 진릿값을 판단한다. 기준명제를 참으로 가정한 경우, 해당 명제와 동치(필요충분조건)관계에 있거나 이를 바탕으로 타당하게 추론 가능한 명제들도 참이 되며, 기준명제와 모순 관계에 있는 명제들은 거짓이 된다. 기준명제를 거짓으로 가정한 경우 그 반대이다.

(3) 문제에 제시된 모든 명제들의 진릿값이 모순 없이 확인되면 풀이가 완료된 것이다. 만약 명제들 간에 모순이 발생했다면 기준명제의 참·거짓을 바꾸어 가정한 후 (2)를 반복한다. 일반적으로 기준명제가 참이라고 가정했을 때 모순이 발생한다면 해당 명제는 거짓이다. 따라서 기준명제를 거짓으로 가정했을 때에도 모순이 발생한다면 기호화를 잘못하였는지, 문장을 잘못 이해했는지 등을 확인해 보자. 다만 기준명제가 참이라고 가정한 상황에서 또 다른 명제의 참·거짓 여부를 가정해야 하는 경우, 해당 명제는 참도 아니고 거짓도 아닌 결과가 도출될 수 있다. 이는 기준명제 자체에 이미 모순이 발생하고 있기 때문이다.

(4) 이외에 숙지해 둘 만한 상황은 다음과 같다.

① 동일한 대상에 대해 같거나 모순되는 진술을 하는 명제들이 있는지 먼저 찾는다. 이 경우 한 명제의 참·거짓을 가정함으로써 자동으로 다른 명제의 진릿값도 확정되기 때문에 풀이가 빨라진다.

② 명제들이 제시되는 지문뿐만 아니라 문제의 발문도 꼼꼼히 읽는다. 발문에서 문제풀이에 필수적인 조건을 제시하는 경우가 있기 때문이다.

예시 2016 행외시 언어논리 4책형 29번

사무관 A는 국가공무원인재개발원에서 수강할 과목을 선택하려 한다. A가 선택할 과목에 대해 갑~무가 다음과 같이 진술하였는데 이 중 한 사람의 진술은 거짓이고 나머지 사람들의 진술은 모두 참으로 밝혀졌다. A가 반드시 수강할 과목만을 모두 고르면?

위 문제의 밑줄 친 부분은 해결에 필수적인 정보로써, 갑~무의 진술에 포함되지 않고 발문에 포함되어 있다. 발문을 읽는 데에 소홀했다가는 이러한 문제에서 큰 실수를 할 수 있으므로 주의하자.

③ 모든 문제에서 항상 명제의 진위 여부가 결정되는 것은 아니다. 이 경우 진위 여부가 결정된 명제가 참인지 또는 거짓인지 물어보는 선지와, 진위 여부가 결정되지 않은 명제가 참인지 또는 거짓인지 물어보는 선지로 구성될 것이다. 이 경우 진위 여부가 결정되지 않은 명제는 항상 참도 아니고 항상 거짓도 아니지만, 참일 가능성도 있고 거짓일 가능성도 있다.

④ 기준명제, 즉 참·거짓을 가정해야 하는 명제가 항상 1개인 것은 아니다. 기준명제가 2개 이상인 문제들은 등장 빈도가 낮은 대신, 가능한 경우의 수가 많아 난이도는 높으므로 주의해야 한다. 시간 관리 차원에서 일단 패스하는 것도 좋은 전략이다.

앞서 살펴본 기출문제를 예제로서, 기준명제 고르는 법을 대략적으로 연습해 보자. 위 문제의 경우 4명이 참이라고 가정하는 것보다 특정한 한 사람의 진술을 거짓이라고 가정하는 것이 좋다. 만약 문제에서 4명이 거짓이고 한 사람이 참이라고 주어진다면 특정한 한 사람의 진술을 참이라고 가정하는 것이 좋다. 이러한 경우 한 사람만 기준을 잡으면 나머지 모든 사람의 참·거짓이 정해지게 되므로 문제를 더 수월하게 풀 수 있다. 이때, 모순되는 명제 한 쌍이 보인다면 그 한 쌍 중 하나는 거짓, 하나는 참이므로 그 명제들을 우선 살펴보도록 하자.

CHAPTER 04 대응관계

대응관계 유형의 문제에서는 단편적인 정보들을 제시하여, 이로부터 도출되는 사실을 가지고 두 개 이상의 그룹에 속한 개체들을 짝지을 것을 요구한다. 실제 PSAT에 출제된 대응관계 유형 문항들은 다음과 같은 그룹들을 서로 연결하도록 한 바 있다.

- '도형 A, B, C, D, E' –'모양 삼각형, 사각형, 오각형, 육각형, 원' (2016 행외시 4책형 12번)
- '좀쇠, 작은놈, 어인놈, 상득, 정월쇠' – '김씨, 김씨, 이씨, 박씨, 윤씨' – '목수, 단청공, 벽돌공, 대장장이, 미장공' (2014 행외시 A책형 15번)
- '플루트, 클라리넷, 오보에, 바순, 호른' – '자리 1번, 2번, 3번, 4번, 5번' (2012 행외시 인책형 36번)

이처럼 대응관계 유형은 우리가 예상하지 못한 다양한 개체들을 서로 연결하도록 한다. 보통은 2개 그룹이지만, 2014년 행외시 기출문제와 같이 3개 이상의 그룹이 출제되는 경우도 있다. 이로부터 알 수 있듯, 대응관계 유형은 일반적으로 정보량이 많다. 정보량이 많은 문제를 빠르고 정확하게 풀기 위해서는 다음과 같은 단계를 수행한다.

첫째, 문제에 제시된 정보를 정확하게 처리하여야 한다.
둘째, 문제에서 알려주지 않은 정보는 논리관계를 통해 추론해 내야 한다.

각 단계를 보다 자세히 알아보자.

1 제시된 정보를 처리하기

대응관계 유형에서는 여러 개체들 간 관계에 대하여 단편적인 정보들이 한꺼번에 많이 제시된다. 따라서 제시된 정보를 처리할 때에는 헷갈려서 실수를 하지 않도록 깔끔하고 정확하게 하는 것이 중요하다. 아래 예제를 통해 정보를 처리하는 대표적인 방안인 대응표 그리기, 짝짓기, 대칭표 그리기를 알아보자.

(1) 대응표 그리기

대응표 그리기는 대응관계 유형에서 가장 많이 사용되는 풀이 방법으로, 서로 대응관계에 있는 그룹들 간에 표를 그려 정보를 취합한다. 여기에서는 그룹이 2개일 때 사용할 수 있는, 이른바 '2단 대응표'를 소개한다. 편의상 대응표의 각각의 칸에는 해당 칸의 행과 열을 조합한 정보가 옳은 정보일 경우 'O' 표시를, 잘못된 정보일 경우 '×' 표시를 나타낸다.

예제

빌라 주민인 甲, 乙, 丙, 丁은 각각 101, 102, 201, 202호에 살고 있다. 빌라의 주민에 대한 〈조건〉이 모두 진실일 때, 甲, 乙, 丙, 丁이 각 몇호에 사는지 구하여라.

〈빌라 배치도〉

201호	202호
101호	102호

• 조건 •

① 甲은 201호에 살지 않는다.
② 丙은 1층 주민이다.
③ 乙은 丙의 옆집에 산다.
④ 丙은 층간소음 문제로 丁에게 항의한 바 있다.

해설

위의 조건을 바탕으로 2단 대응표를 그리면 다음과 같다.

	101호	102호	201호	202호
甲			× (∵ ①)	
乙			× (∵ ③)	× (∵ ③)
丙			× (∵ ②)	× (∵ ②)
丁	× (∵ ④)	× (∵ ④)		

위 대응표에서는 가로축에 호수를, 세로축에 주민을 나열하여 두 그룹 간의 대응관계를 표시하였다. 대응표는 1:1 대응관계에 기반하므로, 모든 열과 행에는 1개의 O만이 표시된다. 따라서 한 칸에 O를 표시하면, 그 칸을 지나는 열과 행의 남은 칸들은 모두 X로 표시해야 한다. 201호에는 甲, 乙, 丙이 모두 살지 않으므로 자동적으로 남은 丁이 201호 주민이라는 것이 도출되며, 이를 바탕으로 나머지 칸을 모두 채울 수 있다.
호수 또는 주민만을 기준으로 하는 표를 그려 접근해도 좋다. 만일 주민을 기준으로 생각해본다면, 丙은 1층 주민이며 乙은 丙의 옆집에 살고 있으므로 두 주민의 이름이 적힌 칸의 아래 행에 들어갈 호수는 101/102호이다. 남은 호수는 201호와 202호뿐인데, 甲은 201호에 살지 않는다. 따라서 甲의 이름이 적힌 칸의 아래 행에 들어갈 호수는 202호이며 丁의 이름이 적힌 칸의 아래 행에 들어갈 호수는 201호이다. 이를 표로 나타내면 다음과 같다. 호수를 기준으로 하는 대응표는 직접 그려보자.

甲	乙	丙	丁
202호	101/102호	101/102호	201호

이처럼 적절한 표를 그린다면 앞서 도출한 5×5 대응표에 비해 간략하게 정보를 처리할 수 있다. 이러한 표는 위의 예제와 같이 정보의 양이 상대적으로 적은 경우 사용하면 좋다. 위의 예제에서는 乙과 丙의 호수로 가능한 것이 각각 두가지로 한정되었다는 특징이 있었다. 반대로 정보의 양이 많아 여러 가짓수를 고려해야 하는 경우 간략한 대응표보다는 전체 경우의 수를 고려하는 대응표가 더 적합하다.

※ 심화: 그룹이 3개인 경우 정보 처리 방법

① 3단 대응표 그리기: 그룹이 3개일 때는 '3단 대응표'를 사용할 수 있다. 3단 대응표를 나타내면 아래와 같으며, 그룹 A, B, C가 있다면 'A-B', 'A-C', 'B-C'를 각각 잇는 3개의 독립된 대응표를 연결해 도출한다.
아래는 집합 A(원소 1, 2, 3, 4), B(원소 가, 나, 다, 라), C(원소 甲, 乙, 丙, 丁)을 다루는 3단 대응표이다. 제1사분면의 대응표는 집합 A와 C, 제2사분면의 대응표는 A와 B, 제3사분면의 대응표는 B와 C를 각각 연결하였다.

	가	나	다	라	甲	乙	丙	丁
1								
2								
3								
4								
甲								
乙								
丙								
丁								

예제

출석번호 1, 2, 3, 4번 중 하나인 학생 甲, 乙, 丙, 丁은 각각 가군, 나군, 다군, 라군 중 하나의 대학에 지원하였다. 학생들의 출석번호와 지원한 대학은 아래 〈조건〉을 따른다. 이때, 甲~丁의 출석번호와 지원한 대학은 각각 무엇인가?

조건

- 甲의 출석번호는 가장 뒷번호이며, 甲은 가군 또는 라군의 대학에 지원하였다.
- 乙의 출석번호는 짝수이며, 乙은 가군의 대학에 지원하지 않았다.
- 丙의 출석번호는 乙보다 뒷번호이며, 丙은 다군의 대학에 지원하였다.
- 丁은 다군 또는 라군의 대학에 지원하였다.

다음 예제를 읽고, 어떻게 3단 대응표로 나타낼 수 있는지 알아보자. 3단 대응표도 기본적인 원리는 2단 대응표와 같다. 모든 행과 열에 'ㅇ' 표시는 단 1개여야 한다. 직접 대응표를 그려 정보를 표시한 뒤, 아래 해답과 비교해 보자.

해설

乙의 출석번호는 짝수이므로 2번 또는 4번인데, 甲의 출석번호가 가장 뒷번호인 4번이므로 乙의 출석번호는 2번이다. 이때, 丙의 출석번호는 乙보다 뒷번호이므로 丙의 출석번호는 3번이며, 따라서 남은 丁의 출석번호는 1번이다.
한편, 丁은 다군 또는 라군의 대학에 지원하였는데, 丙이 다군의 대학에 지원하였으므로 丁은 라군의 대학에 지원했다. 이때, 甲은 가군 또는 라군의 대학에 지원하였는데, 丁이 라군의 대학에 지원하였으므로 甲은 가군의 대학에 지원했다. 따라서 남은 乙은 나군의 대학에 지원했다.

	가	나	다	라	甲	乙	丙	丁
1	×	×	×	○	×	×	×	○
2	×	○	×	×	×	○	×	×
3	×	×	○	×	×	×	○	×
4	○	×	×	×	○	×	×	×
甲	○	×	×	×				
乙	×	○	×	×				
丙	×	×	○	×				
丁	×	×	×	○				

이때, 甲은 출석번호 4번-가군, 乙은 출석번호 2번-나군, 丙은 출석번호 3번-다군, 丁은 출석번호 1번-라군이다.

3단 대응표를 익혀 두면 그룹이 3개인 대응관계 유형의 문제에서 어렵지 않게 사용할 수 있다. 다만 3단 대응표는 표를 그리는 데에 시간이 많이 걸린다는 단점이 있다. 3단 대응표를 적용할 수 있는, 즉 그룹이 3개가 존재하는 문제의 경우 기본적으로 난이도가 있는 유형이므로 이를 활용할 경우 시간 관리에 더욱 유의하자.

---

② **1:1:1 단순표 그리기:** 두 번째 방법으로, 3단 대응표를 그리는 것이 어려운 경우 앞서 살펴본 것처럼 한 가지만을 기준으로 하는 표를 활용할 수도 있다. 위의 문제에서 세 가지 그룹 중 학생을 기준으로 정보를 처리하면 다음과 같다.

甲	乙	丙	丁
4번	2번	3번	1번
가군	나군	다군	라군

만일 이 문제에서 학생이 아닌 출석번호나 지원 대학을 기준으로 삼아 표를 그렸다면 학생을 기준으로 삼을 때보다 시간이 더 많이 소모된다. 따라서 이러한 단순표를 그려 접근하고자 할 때에는 가장 많은 정보를 정리할 수 있는 것을 기준으로 택할 수 있어야 한다.

③ **2단 대응표에 덧붙이기:** 세 번째 방법으로, 2단 대응표를 그리되 하나의 그룹을 가로나 세로줄에 붙여 표기하는 방법도 있다. 일반적으로 문제에 제시된 조건 혹은 선지에 나온 그룹의 활용도를 판단하여 표를 그린다. 활용도가 높은 두 그룹을 각각 행과 열의 변수로 설정한 뒤 나머지 한 그룹을 행 또는 열의 변수 옆에 괄호로 더한다. 이를 나타내면 다음과 같다. 이때, 숫자를 사람 옆에 (　　)로 둔 이유는 문제에서 등수와 직접적으로 연관이 된 변수가 사람이기 때문이다.

이름 / 대학	甲(4)	乙(2)	丙(3)	丁(1)
가	○			
나		○		
다			○	
라				○

④ **2단 대응표의 ○ 대신 표기하기**: 네 번째 방법으로, 2단 대응표를 그리되 표에 '○', '×'를 표시하는 대신 그룹의 변수를 각각 표에 표시하는 방법이 있다. 일반적으로 사람의 이름을 주로 표에 표시한다. 이는 몇 행 몇 열이 해당 인물의 변수인지 파악하기 위함이다. 2단 대응표에 덧붙이기 방법은 괄호에 들어갈 숫자가 오름차순 또는 내림차순으로 정렬되어 있지 않아 불편할 수 있으나, 이 방법은 그렇지 않다. 이를 나타내면 다음과 같다.

출석번호 / 대학	1	2	3	4
가				甲
나		乙		
다			丙	
라	丁			

실제 풀이를 할 때에는 표의 나머지 부분에 × 표시를 하거나 표의 오른쪽 및 아래쪽에 원소를 표시할 수 있다. 예컨대 甲의 출석번호는 가장 뒷번호이므로 甲은 범주를 제외한 표의 4열에 위치한다. 따라서 출석번호 4번인 학생은 甲이라는 의미로 4행 4열의 아래쪽에 '甲'이라고 적는다. 또한 甲은 가군 또는 라군의 대학에 지원하였으므로, 출석번호가 4번이면서 지원한 대학이 나 또는 다인 학생은 없다는 의미에서 2행 4열, 3행 4열에 '×' 표시를 한다.

지금까지 제시된 여러 풀이방법들을 연습해 보고, 가장 자신 있는 방법을 선택하여 문제를 풀도록 한다.

(2) 짝짓기

짝짓기는 일대일 관계를 갖는 그룹들을 각각 한 줄로 평행하게 나열한 뒤, 선을 그어서 관계를 시각화하는 방법이다. 위에 제시된 예제를 짝짓기 방법으로 표현하면 다음과 같다.

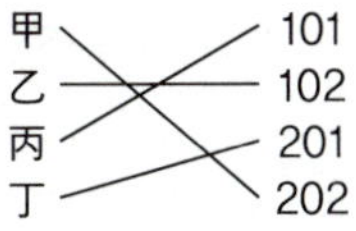

짝짓기 방법은 문제의 구성요소가 비교적 적고, 난이도가 낮은 대응관계 문제에서 유용하게 사용될 수 있다. 다만, 복잡한 문제에서는 제시되지 않은 정보를 추론하기 어렵기 때문에 활용도가 낮다. 또한 그룹이 3개 이상인 경우에도 사용하기 곤란하다.

(3) 대칭표 그리기

대칭표란, 표의 세로축과 가로축의 구성이 동일한 표를 의미한다. 대칭표는 모든 유형에 적용할 수 있는 것은 아니고, 개체들 간 특정한 관계를 다루는 문제에서 유용하게 쓰인다. '어울림, 거래, 편지, 친구' 등의 표현이 등장하는 경우 대칭표의 사용을 검토해볼 수 있다.

대칭표의 특징은 다음과 같다.

첫째, 대칭표를 그리는 문제들은 일반적으로 항목 간의 관계를 고려하고 항목 내의 관계가 존재하지 않는다. 이 경우 대칭표를 그릴 때 하향 대각선을 사용해 행과 열이 같은 칸을 지우고 시작한다. 그러나 항목 간의 관계가 '변화'를 의미하는 경우 항목 내의 변화도 존재할 수 있으므로 행과 열이 같은 칸을 지우지 않는다. 이때, 행과 열이 같은 칸의 원소는 변화가 없음을 나타내며, 이는 문제 해결에 있어 중요한 역할을 한다.

둘째, 대응표와는 달리 항목 간의 관계를 고려하는 대칭표는 하나의 행 또는 열에 원소가 반드시 1개만 존재하는 것은 아니다. 하나도 없을 수도 있고, 둘 이상의 원소가 존재할 수도 있으며, 존재 여부가 불확실한 원소가 있을 수도 있다.

셋째, 일반적으로 대칭표는 하향 대각선을 중심으로 대칭을 이룬다. 즉 a행 b열의 원소와 b행 a열의 원소는 동일하다. 다만 항목 간의 관계가 '변화'를 의미하거나 '이동'을 의미하는 경우 반드시 대칭을 이루지는 않는다.

이렇듯 대칭표에는 여러 가지 유형이 존재하므로 일률적으로 판단하지 말고 문제의 형태에 따라 유연하게 접근해야 한다. 다음 예제를 통해 대칭표를 연습해 보자.

예제 2012 행시 상황판단 인책형 36번

다음 〈조건〉에 따라 악기를 배치하고자 할 때, 옳지 않은 것은? (단, 1번 자리가 가장 왼쪽이며 5번 자리가 가장 오른쪽이다.)

• 조건 •

- 목관5중주는 플루트, 클라리넷, 오보에, 바순, 호른 각 1대씩으로 이루어진다.
- 최상의 음향효과를 위해서는 음색이 서로 잘 어울리는 악기는 바로 옆자리에 놓아야 하고, 서로 잘 어울리지 않는 악기는 바로 옆자리에 놓아서는 안 된다.
- 오보에와 클라리넷의 음색은 서로 잘 어울리지 않는다.
- 플루트와 클라리넷의 음색은 서로 잘 어울린다.
- 플루트와 오보에의 음색은 서로 잘 어울린다.
- 호른과 오보에의 음색은 서로 잘 어울리지 않는다.
- 바순의 음색과 서로 잘 어울리지 않는 악기는 없다.
- 바순은 그 음이 낮아 제일 왼쪽 자리에는 놓일 수 없다.

1번	2번	3번	4번	5번

해설

해당 예제에서 서로 대응되는 그룹은 악기(플루트, 클라리넷, 오보에, 바순, 호른)와 자리(1, 2, 3, 4, 5번)이다. 그러나, 자세히 보면 이 문제의 대응관계를 찾기 위해서는 악기 그룹 내부의 '어울림·안 어울림' 관계를 먼저 파악해야 함을 알 수 있다. 서로 어울리지 않는 악기들끼리 옆자리에 둘 수 없기 때문이다. 주어진 〈조건〉을 바탕으로 악기들 간의 관계를 대칭표로 나타내면 다음과 같다.

	플루트	클라리넷	오보에	바순	호른
플루트		○	○	○	
클라리넷	○		×	○	
오보에	○	×		○	×
바순	○	○	○		○
호른			×	○	

대칭표에서 'ㅇ' 표시가 된 악기들은 바로 옆자리에 둘 수 있는 관계이며, '×' 표시가 된 악기들은 옆자리에 둘 수 없는 관계이다. 아무런 표시가 없는 원소는 해당 행의 악기와 열의 악기의 음색이 잘 어울리는지 여부가 확정되지 않았음을 의미한다.

이외에도 벤 다이어그램과 유사한 도형을 이용하여 대응관계를 시각화하는 방법, 선지에 대응관계가 제시된 경우 불가능한 선지부터 하나씩 소거해 가는 방법, 제시된 표를 활용하여 조건에 따라 표에 해당하는 자리에 직접 악기를 채워 넣는 방법 등이 있다. 따라서 다양한 대응관계 유형의 문제들을 접해 보고, 각 문제의 특성을 고려하여 가장 적절한 방법을 고르는 요령을 키우도록 하자.

2 제시되지 않은 정보를 추론하기

대다수 대응관계 유형의 문제들은 문제에서 제공하는 정보만으로는 해답을 찾아내기 부족하다. 따라서 앞서 일목요연하게 정리된 정보를 바탕으로, 문제가 알려주지 않은 것을 찾아내는 추론 단계가 필요하다. 이때, 사용해야 하는 도구 또는 표지들은 다음과 같다.

(1) 개수

다음 예시를 통해 자세히 살펴보자.

예시 2018 행외시 상황판단 나책형 13번 변형

> 다음 글을 근거로 판단할 때, 사과 사탕 1개와 딸기 사탕 1개를 함께 먹은 사람과 戊가 먹은 사탕을 옳게 짝지은 것은?

사과 사탕, 포도 사탕, 딸기 사탕이 각각 2개씩 있다. 다섯 명의 사람(甲~戊) 중 **한 명**이 사과 사탕 1개와 딸기 사탕 1개를 함께 먹고, 다른 **네 명**이 남은 사탕을 각각 1개씩 먹었다.

대응관계를 추론할 수 있는 표지로서, 문제의 지문 또는 발문에 '개수'가 등장하는 경우가 있다. 위의 기출문제와 같이, 개수 조건을 고려해야만 대응관계를 찾아낼 수 있는 경우가 있으므로 유의하자.

(2) 명제, 논리

- 제시된 정보가 가언명제의 형태인 경우, 그 대우를 이용한다.
- 삼단논법을 이용하여 숨겨진 정보를 추론한다.

3 기타 유의사항

대응관계 유형 또한 참·거짓 유형처럼 문제풀이의 출발점이 필요하다. 참·거짓 유형에서 해당 출발점을 기준명제라고 설정한 것과 동일하게, 조건 또는 정보들이 나열되는 대응관계 유형에서 출발점이 되는 조건을 기준조건이라 하자. 참·거짓 유형의 기준명제를 설정하는 방법과 유사하게, 다루는 정보의 폭이 좁아 가능한 경우의 수가 적게 나오는 조건을 기준조건으로 설정하자.

PSAT은 서술형이 아닌 선다형인 만큼, 모든 대응관계를 파악하려 하지 않아도 되고 5개의 선택지 중 홀로 옳거나 틀린 것을 고르면 족하다. 자료해석 과목과는 달리, 상황판단 과목에서 대응관계 문제들은 종종 '가능한 것'을 묻기도 한다. 이 경우 선지에 주어진 상황 이외에도 성립되는 상황이 존재한다. 다만 정답은 1개이므로 해당 상황들은 선지에 주어지지는 않는다. 따라서 조건을 처리하면서 정답이 아닌 선지를 바로 처리하는 것도 방법이 될 수 있다.

눈여겨 보아야 할 다른 표지로는 '반드시', '항상' 등이 있다. 예시로 아래의 한 기출문항의 일부를 살펴보자.

예시 2008 행외시 상황판단 창책형 14번 변형

다음 그림과 같이 각 층에 1인 1실의 방이 4개 있는 3층 호텔에 A~I 총 9명이 투숙해 있다. 주어진 〈조건〉 하에서 **반드시** 옳은 것은?

	301호	302호	303호	304호	
좌	201호	202호	203호	204호	우
	101호	102호	103호	104호	

이 문제의 전체 경우의 수는 '12개 객실 중 9개'를 골라 - '투숙객 A~I' 9명을 연결하는 경우의 수로, 만약 이를 대응표를 이용하여 구한다고 한다면 표를 작성해야 하므로 매우 번거롭다.

하지만 위 예제는 발문에 '반드시'라는 표현이 붙어있으므로 경우의 수 중에서 〈조건〉을 모두 만족시키는 여러 가지 투숙 방법들이 공통으로 충족되는 선지를 찾는 문제로 확인된다. 이 경우 단순히 가능한 경우를 도출하는 것이 아니라 그 어떠한 경우에도 성립하는, 즉 반례가 존재하지 않는 것은 무엇인지 살펴보아야 한다.

더하여, 위 문항과 같이 대응관계가 모두 정리되지 않은 상황에서 해결 가능한 문제들도 종종 있다. 따라서 문제풀이 중간중간 선지를 체크해, 해결이 가능하다면 바로 풀어 시간을 절약하자. 이미 오답이 확정된 선지를 소거하거나, 5개의 선지 중 2~3개의 선지를 추린 상황에서 해당 선지를 대입하는 등의 방식을 활용할 수 있다.

또한 1:1이 아닌 n:1의 대응관계를 요구하거나, 수리적 요소를 섞어 '인원수', '경우의 수', '최솟값, 최댓값' 등을 묻는 변형된 형태가 있다. 이러한 형태의 문제들은 순서관계 유형에서 접해볼 수 있다. 이 경우에 주목해야 할 것은 개수와 관련된 조건이다. 또한, 이후 수리퍼즐 파트에서 자주 등장하는 짝수, 홀수의 특성을 활용하는 등의 수리적 센스를 활용하여야 한다.

주어진 그림이나 선택지 등 주변 환경을 적극적으로 이용해 문제를 풀자. 문제에 표 또는 그림이 주어져 있다면 여백에 따로 필기를 하는 것이 아니라, 문제 바로 위에 혹은 겹쳐서 메모를 하는 것이 시간관리에 효과적이다. 다만 특정 상황을 가정하고 시작해야 할 때에는 여백에 동일한 표를 만들어 문제를 풀어야 한다.

연습문제

01 **다음 〈조건〉을 읽고, 각 학생들이 가입한 스포츠 클럽을 표 또는 선으로 연결하여 정리하라.**

조건

- 甲, 乙, 丙, 丁 네 학생은 방과 후에 축구부, 야구부, 농구부, 수영부 중 한 가지 클럽에 참여하며, 네 학생의 스포츠 클럽은 모두 다르다.
- 甲은 축구부 부원이다.
- 乙은 농구부에 가입하지 않았다.
- 丙은 수영부 부원이다.

해설

간단한 문제인 만큼 다양한 풀이가 가능하다. 여러 방법을 직접 시도해 보며 익숙해지자.

(1) 대응표를 통한 해결

주어진 정보를 정리하면 다음과 같다.

	축구	야구	농구	수영
甲	○	×	×	×
乙	×		×	×
丙	×	×	×	○
丁	×			×

주어지지 않은 정보까지 추론하면 다음과 같다.

	축구	야구	농구	수영
甲	○	×	×	×
乙	×	○	×	×
丙	×	×	×	○
丁	×	×	○	×

(2) 짝짓기를 통한 해결

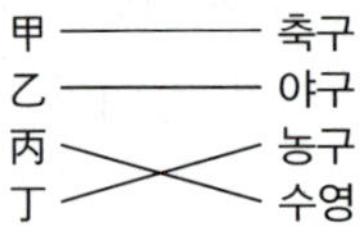

(3) 삼단논법을 통한 해결

문제에서 주어진 정보로 甲 – 축구, 丙 – 수영임이 확정되었다. 이후 주어지지 않은 정보를 추론하는 단계에서 삼단논법을 연속적으로 사용해 범위를 좁힐 수 있다.

(ⅰ) 乙은 축구부, 야구부, 농구부, 수영부 중 하나에 가입하였다.
乙은 농구부에 가입하지 않았다.
→ 乙은 축구부, 야구부, 수영부 중 하나에 가입하였다.

(ⅱ) (대전제: 네 학생은 모두 다른 스포츠클럽에 가입하였다.)
乙은 축구부, 야구부, 수영부 중 하나에 가입하였다.
甲은 축구부에 가입하였다.
→ 乙은 야구부, 수영부 중 하나에 가입하였다.

(ⅲ) (대전제: 네 학생은 모두 다른 스포츠클럽에 가입하였다.)
乙은 야구부, 수영부 중 하나에 가입하였다.
丙은 수영부에 가입하였다.
→ 乙은 야구부에 가입하였다.

(ⅳ) 네 학생은 모두 다른 스포츠클럽에 가입하였다.
甲은 축구부, 乙은 야구부, 丙은 수영부에 가입하였다.
→ 丁은 농구부에 가입하였다.

이상의 세 가지 방법을 모두 활용하여 이 예제를 풀어야 한다는 것은 아니다. 본인이 편한 방법, 그리고 시간을 단축할 수 있는 방법을 적절하게 선택해 문제를 풀 수 있도록 연습하자.

CHAPTER | 05 위치관계, 순서관계

위치관계 및 순서관계 유형의 문제는 넓게 보면 대응관계 유형에 속한다고 할 수 있다. 다만, 대응관계를 갖는 그룹 일방이 '위치, 순서, 순위' 등이다. 이 유형은 일대일 대응관계를 찾아내야 하지만, 그 과정에서 지도, 표, 그래프 등 시각적·지리적인 풀이를 사용한다는 점이 특징이다.

1 제시된 정보를 정리하기

(1) 위치관계

위치관계 유형의 소재는 '위치'이므로, 장소, 지리 등을 나타내는 그림이 문제에 제공되는 경우가 많고, 그렇지 않다고 하더라도 우리가 직접 그림을 그려 위치를 파악할 수 있어야 한다. 위치관계 유형에서 그림은 상대적인 위치 정보들을 한눈에 파악할 수 있기에 중요하다. 대응관계 유형과 마찬가지로 위치관계, 순서관계 유형에서도 단편적인 정보들이 여러 개 제공되는데, 이를 오류 없이 파악하려면 그림 또는 그래프의 형태로 정리하는 것이 좋다. 그러므로 문제에 그림이 제시된 경우 이를 적극적으로 활용하여 그 위에 가능한 정보를 표시해주고, 그림이 제시되지 않은 경우에는 그림을 정확하게 그릴 수 있도록 연습해야 한다. 이때, 그림을 그릴 때에는 표, 수평선 등 유형에 상관없이 기준이 되는 점 또는 선을 설정하는 것이 가장 중요함을 잊지 말자.

① **표 그리기**: 표는 위치정보를 단시간에 가독성 좋게 정리할 수 있는 방법이다. 문제에 위치정보가 표의 형태로 제시된 경우에도 활용할 수 있으며, 주어진 조건을 어떻게 배열할 것인지에 대해서도 쉽게 파악할 수 있다. 다음 예제를 통해 살펴보자.

예제 2015 입시 상황판단 가책형 30번 변형

다음 〈비행기 좌석〉과 〈조건〉을 고려할 때, 승객 중 빈자리 바로 옆자리에 좌석을 배정받을 수 있는 사람은? ('바로 옆자리'란 같은 열에 있는 좌석들만을 칭한다.)

〈비행기 좌석〉

1열	A	B	C
2열	D	E	F
3열	G	H	I

조건

- 승객은 가연, 나윤, 다솜, 라니, 마영, 바준, 사훈의 7명이다.
- 바준의 좌석은 3열이다.
- 다솜의 자리는 라니의 바로 옆이며, 빈자리 바로 옆이기도 하다.
- 라니는 가연의 바로 뒷자리에 앉아 있다.
- 마영과 사훈은 같은 열에 배정받았으며, 가연과 같은 열에 배정받지 않았다.

① 나윤 ② 라니 ③ 마영
④ 바준 ⑤ 사훈

해설

주어진 비행기 좌석 표의 형태로 가연~사훈의 좌석 정보를 정리해보면 다음과 같다.

(1) 다솜의 자리는 라니의 바로 옆이며, 빈자리 바로 옆이다.

	다	라

또는

라	다	

(2) 라니는 가연의 바로 뒷자리에 앉아 있다.

		가
	다	라

또는

가		
라	다	

(3) 바준의 좌석은 3열이다.

		가
	다	라
바		

또는

가		
라	다	
바		

(4) 마영과 사훈은 같은 열에 배정받았으며, 가연과 같은 열에 배정받지 않았다.

		가
	다	라
마, 바, 사		

또는

가		
라	다	
마, 바, 사		

이상의 결과를 종합하여 가능한 경우를 구하면 다음과 같이 4가지이다.

(i)

나		가
	다	라
마, 바, 사		

(ii)

가		나
라	다	
마, 바, 사		

(iii)

	나	가
	다	라
마, 바, 사		

(iv)

가	나	
라	다	
마, 바, 사		

따라서 빈자리 바로 옆자리에 좌석을 배정받을 수 있는 것은 가연, 나윤, 다솜이다. 이 중에서 선지에 있는 것을 고르면 ① 나윤이다.

Tip 위 예제에서는 표의 사용법을 익히기 위하여 가능한 경우의 수를 모두 정리해 보았으나, 실제로 문제를 풀 때에는 그럴 필요가 없다. 문제풀이 과정에서 빈자리 옆에 앉을 수 없는 라니, 바준, 마영, 사훈을 제거하면 빠르게 정답을 찾을 수 있다.

---

② 수평선에 위치 표시하기: 수평선은 축이 1개인 1차원 공간에서 위치관계를 파악하기 위한 용도이다. 아래의 예제를 통해 이를 살펴보자.

예제

다음 〈조건〉을 근거로 판단할 때, 동쪽에서 3번째에 위치한 건물은?

조건

- 문구점, 학교, 수영장, 영화관, 아파트는 일직선상에 위치해 있다.
- 가장 서쪽에 위치해 있는 것은 아파트이다.
- 영화관은 아파트와 학교 사이에 위치한다.
- 아파트와 학교 사이의 거리는 4km, 학교와 영화관 사이의 거리는 3km, 수영장과 문구점 사이의 거리는 3km, 수영장과 영화관 사이의 거리는 6km이다.
- 둘 이상의 건물이 같은 지점에 위치할 수는 없다.

해설

예제에서 시작점은 두 번째 조건에 의해 가장 서쪽이라는 절대적인 위치가 주어진 '아파트'이다. 아파트를 다루는 조건들부터 시작하여, 모든 정보를 수평선으로 나타내어 보자.

(1) 가장 먼저 아파트와의 거리가 명시되어 있는 학교를 그린 후, 학교와 영화관 간의 거리에 따라 아파트와 학교 사이에 위치한 영화관의 위치를 표시한다. 아파트와 학교 사이의 거리가 4km이고, 학교와 영화관 사이의 거리는 3km이므로 임의상 한 칸의 길이를 1km로 표시하고 아파트, 영화관, 학교의 위치관계를 나타내면 다음과 같다.

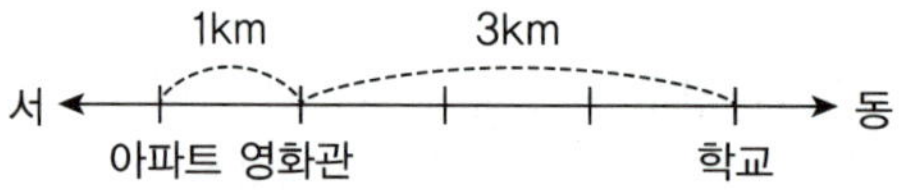

(2) 다음 수영장의 위치를 살펴보자. 수영장과 영화관 사이의 거리가 6km 떨어져 있다고 하였는데, 만약 수영장이 영화관의 서쪽에 위치하면 이는 가장 서쪽에 위치해 있는 것이 아파트라는 두 번째 조건에 모순된다. 따라서 수영장은 영화관에서 동쪽으로 6km 떨어진 곳에 위치하게 되며, 이때 학교와 수영장의 거리는 3km이다.

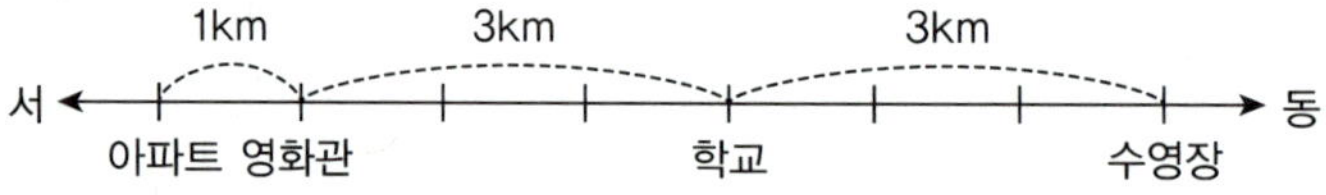

(3) 마지막으로 문구점의 위치를 살펴보자. 수영장과 문구점 사이의 거리가 3km 떨어져 있다고 하였다. 만약 문구점이 수영장의 서쪽에 위치하면 학교와 같은 지점에 있게 되어 둘 이상의 건물이 같은 지점에 위치할 수 없다는 다섯 번째 조건에 모순된다. 따라서 문구점은 수영장에서 동쪽으로 3km 떨어진 곳에 위치하게 된다.

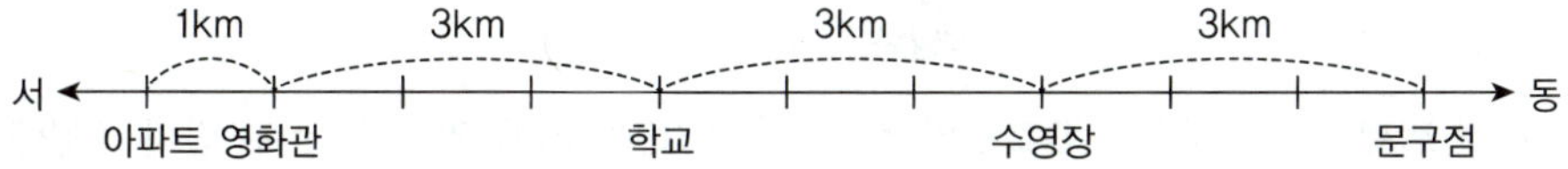

③ **그림 그리기:** 여기서 그림이란, 축이 2개인 2차원 공간에서 위치관계를 파악하기 위해 그리는 것을 말한다. 4개 사분면으로 구성된 좌표평면, 동서남북의 방향을 표시한 그림 등 형식에는 제한이 없다. 개인의 취향과 문제의 특성에 맞추어 자유롭게 그리면 된다. 다음 예제를 통해 살펴보자.

예제 2018 행외시 상황판단 나책형 16번 변형

다음 글을 근거로 판단할 때, A에서 가장 멀리 떨어진 도시는?

- 甲지역에는 6개의 도시(A~F)가 있다.
- E, F는 정남북 방향으로 일직선상에 위치하며, B는 C로부터 정동쪽으로 250km 떨어져 있다.
- C는 A로부터 정남쪽으로 150km 떨어져 있다.
- D는 B의 정북쪽에 있으며, B와 D 간의 거리는 120km이다.
- F는 D로부터 정동쪽으로 350km 거리에 위치해 있으며, A의 정동쪽에 위치한 도시는 E가 유일하다.

※ 모든 도시는 동일 평면상에 있으며, 도시의 크기는 고려하지 않는다.

해설

가장 먼저 해야 할 것은 기준점을 잡는 것이다. 위 문항의 경우, A에서 가장 멀리 떨어진 도시를 구해야 하므로 A를 기준점으로 잡으면 좋다. 그 다음, 문항에서 정남북 방향 또는 정동쪽 방향 등으로 표현하였으므로 이를 쉽게 표현하기 위해선 좌표평면 위의 원점에 A를 놓고 각 조건에 따라 나머지 도시의 위치를 좌표평면 위에 나타내는 것이 좋다.

먼저, 세 번째 조건에서 C는 A에서 정남쪽으로 150km 떨어져 있다고 하였고, 두 번째 조건에서 B는 C로부터 정동쪽으로 250km 떨어져 있다고 하였다. 또한, 네 번째 조건에서 D는 B에서 정북쪽으로 120km 떨어져 있다고 하였으므로 도시 A, B, C, D의 위치관계를 좌표평면에 나타내면 다음과 같다.

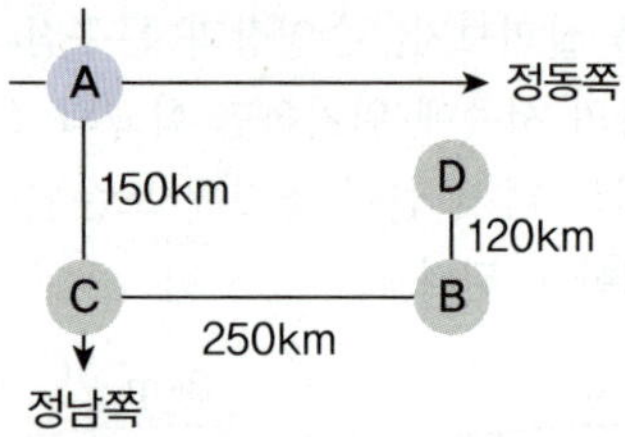

다음, 다섯 번째 조건에서 F는 D로부터 정동쪽으로 350km에 위치하고, 두 번째 조건에서 E와 F는 정남북 방향으로 일직선상에 위치한다. 또한, 다섯 번째 조건에서 A의 정동쪽에 위치한 도시는 E가 유일하다고 하였으므로 이를 좌표평면에 나타내면 다음과 같다.

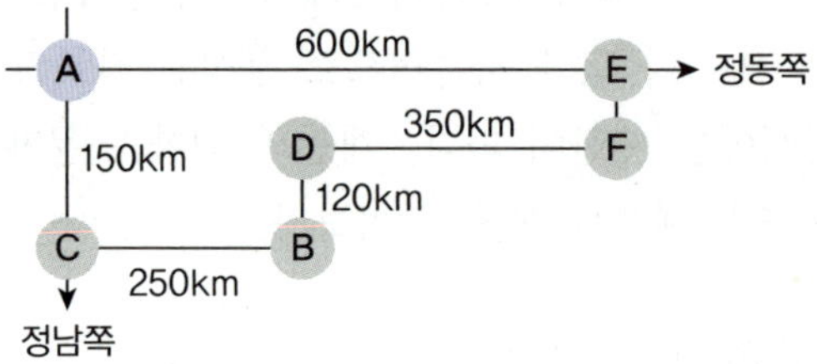

위의 그림에 따르면 A와 가장 먼 도시는 E보다 남쪽에 있으며 D보다 동쪽에 있는 F이다. A와 F의 정확한 거리는 $\sqrt{600^2+30^2} \approx 601$km이나, 문제에서 요구하는 것은 A와 F의 정확한 '거리'가 아닌, A로부터 가장 멀리 떨어져 있는 '도시'이다. 따라서 정확한 거리를 도출하기 위해 불필요한 시간을 소모하지 말자.

(2) 순서관계

순서관계 유형에서 주로 제시되는 소재는 '시대, 시간, 점수, 개수, 순위' 등이다. 아래 예제를 통해 순서를 정리하는 다양한 방법을 알아보자.

예제 2015 행외시 상황판단 인책형 14번 변형

다음 편지를 근거로 추론할 때, 언급된 작품 중 완성시점이 두 번째로 빠른 것은?

• 편지 •

재작년 완성한 「감자 먹는 사람들」 이후로는 알맞은 모델을 구할 수 없었어. 작년에는 「장미와 해바라기가 있는 정물」을 완성하면서 색채에 익숙해질 수 있었단다. 그 덕에 올 여름 「아시니에르의 음식점」을 완성하면서 과거보다 많은 색을 볼 수 있었어. – 1887년 여름

이제 막 다 그린 「씨 뿌리는 사람」을 보내네. 「별이 빛나는 밤」은 언제쯤이면 완성할 수 있을까? –1888년 6월

근래 아프기는 했지만 「수확하는 사람」을 드디어 완성했어. 이 그림은 「씨 뿌리는 사람」과는 반대의 그림이라 해야겠지. –1889년 9월 5일

해설

(1) 개체의 단순 나열

가장 단순한 방법이며, 적용 가능한 문제의 범위가 넓다. 아래에서 소개할 수직선, 부등호와 같은 도구들이 곧바로 떠오르지 않는 경우, 고민하느라 시간을 쓰기보다는 단순 나열을 택하는 것이 좋다. 단, 별다른 도구가 없기 때문에 정보들을 정리하다 헷갈려 실수할 수 있으니 주의하자.

「감자~」 – 「장미와~」 – 「아시니에르~」 – 「씨 뿌리는~」 – 「수확하는~」
* 「별이~」

* 「별이 빛나는 밤」과 「수확하는 사람」의 선후관계는 확정되지 않았다.

(2) 수직선에 순서 표시하기

수직선은 위 예제와 같이 연도 또는 역사적 사실을 테마로 한 문제에 잘 어울린다. 한편, 수직선을 활용하는 풀이는 거리 테마의 문제에서도 유용하다.

수직선에 순서를 표시하는 방법은 연표를 떠올리면 쉽다. 수직선의 위와 아래에는 서로 다른 항목을 적는 것이 시각화하기에 좋다. 다만, 위 예제의 「별이 빛나는 밤에」와 같이 시기가 특정되지 않은 개체는 따로 표시하여야 한다. 표시는 본인이 잘 알아볼 수 있는 방법으로 한다.

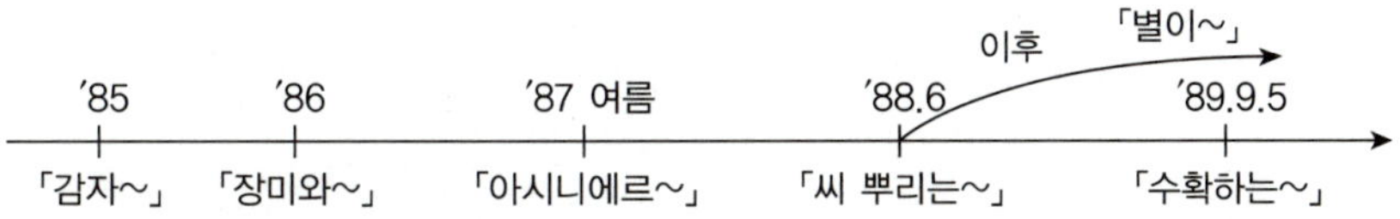

(3) 부등호를 이용한 정리

부등호는 점수, 개수, 순위를 테마로 한 문제에 잘 어울린다. 연도 문제에도 사용할 수 있지만, 수직선을 다른 방식으로 표현한 형태에 가깝다.

「감자~」 (85) < 「장미와~」 (86) < 「아시니에르~」 (87) < 「씨 뿌리는~」 (88.6) < 「수확하는~」 (89.9)
< 「별이~」 (88.6. 이후)

2 제시되지 않은 정보를 추론하기

(1) 제시된 정보가 가언명제의 형태인 경우, 그 대우를 이용한다.

(2) 삼단논법을 이용하여 숨겨진 정보를 추론한다.

3 유의사항

(1) 위치관계 유형에서는 시각적·지리적 요소, 순서관계 유형에서는 수리적 요소가 더해지는 경우가 많다.

(2) 문제풀이의 출발점이 되는 기준조건으로는, 조건에 따를 때 가능한 경우의 수가 한 가지 또는 두 가지뿐인 조건을 기준으로 삼는 것이 좋다.

(3) 문제의 순서 또는 위치관계를 항상 완벽하게 알아내려 할 필요는 없다. 확정되지 않은 채로도 문제에서 원하는 바를 충분히 구할 수 있다. 만약 문제를 끝까지 풀었는데 답이 하나로 딱 떨어지지 않는다면, 현재까지 도출된 정보를 선지에 대입해 보자. 정답 이외의 선지의 경우 대입했을 때 모순이 발생할 것이다.

CHAPTER 06 가중평균(Weighted Mean)

1 개념

가중평균이란 자료 값의 중요도, 영향, 가치 등에 해당하는 '가중치'를 반영하여 구한 평균값을 말한다. 이때, 가중치가 모두 동일한 평균이 우리가 앞서 배웠던 산술평균이다.
예를 들어, 국어, 수학, 영어 성적이 각각 90, 86, 94이고 각 교과목의 단위수가 각각 5, 4, 6일 때 세 교과목의 평균은 다음과 같이 구해야 한다.

$$(\text{국어, 수학, 영어 성적의 평균})=\frac{5\times90+4\times86+6\times94}{5+4+6}\fallingdotseq 90.5$$

이때, 각 과목의 성적(자료 값)의 중요도는 단위수로 반영되며, 이 수치를 **가중치**라 한다.
가중평균의 공식은 다음과 같다.

자료 값 $x_1, \cdots, x_n$에 대하여 x_i의 가중치가 $\omega_i(>0)$일 때, 가중평균은 다음과 같이 정의한다.

$$\bar{x}=\frac{\omega_1x_1+\cdots+\omega_nx_n}{\omega_1+\cdots+\omega_n}=\frac{\sum_{k=1}^{n}\omega_kx_k}{\sum_{k=1}^{n}\omega_k}$$

※ 산술평균은 가중치가 $\omega_i=1$인 가중평균과 일치한다.

다음 예제를 통해 확인해보자.

예제

농도 10%의 소금물 150g과 농도 20%의 소금물 100g을 섞은 소금물의 농도를 구하여라.

해설

자료 값을 농도, 가중치를 소금물의 양으로 두고 가중평균을 구하면 다음과 같다.

$$\frac{10\%\times150+20\%\times100}{150+100}=14\%$$

섞기 전 두 소금물에 녹아 있는 소금의 양은 각각 $10\%\times150\text{g}=15\text{g}$, $20\%\times100\text{g}=20\text{g}$이므로 섞은 후의 소금물 250g에는 $15+20=35\text{g}$의 소금이 녹아 있다. 따라서 구하는 소금물의 농도는 $\frac{35(\text{g})}{250(\text{g})}=14\%$이다.

Tip 만일 두 농도의 값을 산술평균 한다면 10%와 20%의 평균인 15%가 되겠지만, 실제 농도는 그렇지 않다. 농도가 다른 두 소금물의 양이 다르므로 그 양의 차이를 반영해야 하기 때문이다.
농도 10%의 소금물이 농도 20%의 소금물보다 소금물의 양이 더 많으므로 섞은 후의 소금물의 농도는 10%에 좀 더 가깝다. 즉, 가중치가 되는 값(위 예제의 경우 소금물의 양)의 크기가 클수록 가중평균은 해당 자료값에 더 가까워진다.

2 실전 활용법: 가중치와 거리 간 교차 관계 활용하기

실전에서는 위의 공식처럼 모든 가중치를 더해 나누는 형태로 푸는 경우가 적다. 그보다는 '가중치와 거리 간 교차 관계'를 이용해 푸는 것이 일반적이다. 여기서 '거리'는 가중평균과 각 자료값 간의 차이를 의미한다. 이해를 돕기 위해 간단한 예시를 들어보자.
다음 그림과 같이 긴 막대의 양쪽에 무게가 모두 동일한 구슬을 올려 양쪽의 무게가 같아 평행이 되도록 하는 무게중심을 맞추려고 한다. 구슬을 왼쪽에는 2개, 오른쪽에는 4개를 올렸을 때, 무게중심은 어디에 위치할까?

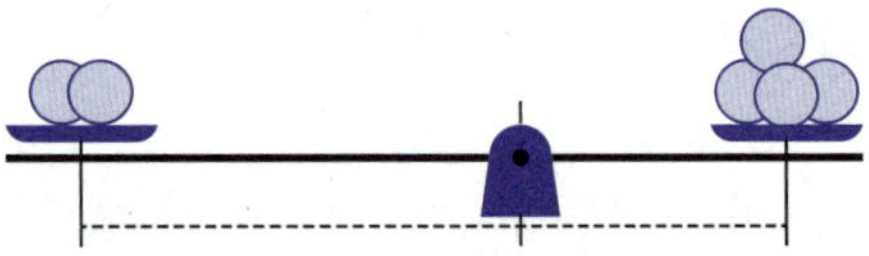

양쪽의 무게의 비가 1:2이므로 무게중심은 각 물체와의 거리의 비가 2:1인 지점이 된다.

양쪽의 무게를 각각 W_1, W_2, 무게중심과 각 물체와의 거리를 각각 d_1, d_2라 할 때, 지렛대의 원리를 이용한 공식은 다음과 같다.

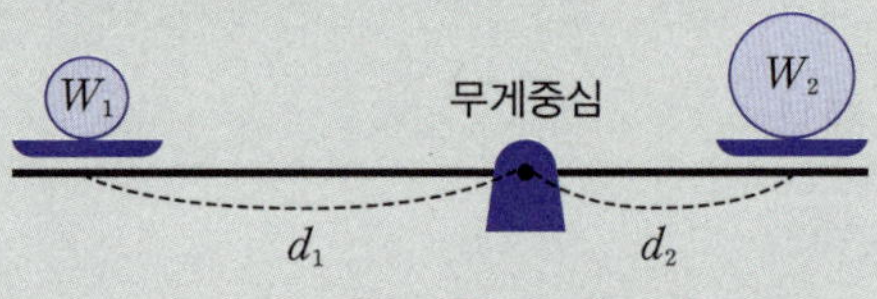

$$W_1 : W_2 = d_2 : d_1$$

위의 예시와 같이 가중치의 상대비와 거리의 상대비는 교차 관계를 가지고 있다. 가중치의 상대비가 A:B이면, 거리의 상대비는 B:A가 된다. 이 개념을 활용하여 다음 유형을 살펴보자.

3 활용

(1) 가중평균 도출 유형

실제 시험에서는 가중평균을 도출하라고 직접적으로 묻지 않는다. 대신 가중치가 있는 특정 값을 주고, 간접적으로 가중평균을 활용하도록 요구한다. 따라서 언제 가중평균을 사용해야 하는지 판단하는 것이 중요하다. 다음의 예제를 통해 가중평균에 대하여 살펴보자.

예제 2018 행외시 자료해석 나책형 28번

인턴 경험	해외연수 경험	합격 여부		합격률
		합격	불합격	
있음	있음	53	414	11.3
	없음	11	37	22.9
없음	있음	0	16	0.0
	없음	4	139	2.8

※ 합격률(%) $= \frac{\text{합격자수}}{\text{합격자수}+\text{불합격자수}} \times 100$

ㄴ. 인턴 경험이 있는 지원자가 인턴 경험이 없는 지원자보다 합격률이 높다.

해설

보기 ㄴ은 옳은 선지이다. 왜냐하면 가중평균도 결국 두 자료값의 중간에서 결정되는데, 인턴 경험이 있는 경우 해외연수 경험에 따른 합격률의 최솟값이 11.3인 반면, 인턴 경험이 없는 경우 해외연수 경험에 따른 합격률의 최댓값이 2.8이다. 따라서 인턴 경험이 있는 경우의 합격률이 인턴 경험이 없는 경우의 합격률보다는 반드시 높다. 이하에서 구체적인 가중평균의 값을 도출하여 살펴보자.

각각의 합격률에서 인턴 경험의 유무에 따른 합격률을 도출하려면 우선 가중치를 파악해야 한다. 가중평균의 공식에 의하면 분모에 위치한 것이 가중치로 사용되는데, 주어진 각주에 따라 합격률의 가중치는 '합격자수+불합격자수', 즉 지원자의 수이다. 따라서 해외연수 경험 유무에 따른 지원자의 수가 많을수록 해당 합격률이 전체 합격률의 가중평균 값과 가깝다.

인턴경험이 있는 경우, 해외연수 경험이 있는 지원자의 수는 467명이고, 해외연수 경험이 없는 지원자의 수는 48명이다. 이때, 해외연수 경험 유무에 따른 가중치의 상대비는 467:48≈10:1이고, 거리비는 그 반대인 1:10이다. 그런데 해외연수 경험 유무에 따른 합격률의 차이는 11.6이며 이를 1:10의 거리비로 나눌 경우 약 1.05:10.55이다. 따라서 가중평균은 약 12.35가 된다.

한편, 인턴경험이 없는 경우, 해외연수 경험이 있는 지원자의 수는 16명이고, 해외연수 경험이 없는 지원자의 수는 143명이다. 이때, 해외연수 경험 유무에 따른 가중치의 상대비는 16:143≈1:9이고, 거리비는 그 반대인 9:1이다. 그런데 해외연수 경험 유무에 따른 합격률의 차이는 2.8이며 이를 9:1의 거리비로 나눌 경우 2.52:0.28이다. 따라서 가중평균은 2.52이다.

(2) 모수 상대비 도출 유형

이미 가중평균이 주어져 있을 때 역으로 모수의 상대비를 도출하도록 요구하는 문제도 자주 출제된다. 일반적으로 이 유형은 '설문조사 결과' 등의 형태로 출제된다. 설명의 편의를 위해 예제와 함께 살펴보자.

예제

〈표〉 성별 설문 응답 비율

남성	여성	전체
85%	40%	65%

※ 응답비율 = 설문 대상자 중 응답자의 비율

① 설문 대상 남성 수는 여성 수보다 25% 많다.
② 설문에 응답한 남성 수는 여성 수보다 25% 많다.

해설

① 각주에 의하면 가중치는 설문 대상자, 즉 남성과 여성 대상자의 수다. 먼저 각 성별의 응답비율과 전체의 응답비율 간 거리를 살펴보면 남성의 경우 85 − 65 = 20이고 여성은 65 − 40 = 25이므로, 거리비는 20:25 = 4:5이다. 이때, 교차 관계에 있는 '모수 상대비'의 경우 5:4가 되는데, 가중치가 설문 대상자이므로 이는 남성 설문 대상자와 여성 설문 대상자의 비가 5:4라는 말과 동일하다. 여성 설문 대상자를 1로 놨을 때 남성 설문 대상자는 1.25로, 남성 설문 대상자의 수는 여성 설문 대상자의 수보다 25% 많다.

② 이는 남성 응답자와 여성 응답자의 수, 즉 응답자의 수가 가중치인지 물어보는 질문이다. 각주에 의하면 응답자는 분자에 위치해 있는데, 이는 가중치가 아니라 자료값과 가중치를 곱한 값이다. 따라서 이는 옳지 않다. 이렇듯 가중평균 문제는 가중치를 잘못 파악하면 틀리기 쉬운 문제 유형이다.

한편, 성별에 따른 응답자 수의 비율을 도출하면 다음과 같다. 앞서 설문 대상자 중 남성과 여성의 비가 5:4임을 도출하였는데, 편의상 전체 설문 대상자를 $900x$라고 하자. 이때, 설문 대상자 중 남성과 여성의 수는 각각 $500x$, $400x$이다. 남성의 응답 비율은 85%이므로 남성 응답자의 수는 남성 설문 대상자 $500x$의 85%인 $425x$이고, 여성의 응답 비율은 40%이므로 여성 응답자의 수는 여성 설문 대상자 $400x$의 40%인 $160x$이다. 따라서 응답자 중 남성과 여성의 비율은 $425x:160x$ = 85:32이며, 설문에 응답한 남성 수는 여성 수보다 약 166% 더 많다.

(3) 가중평균 도출 및 비교 유형

다음은 가중평균이 높은 순서대로 나열할 것 등을 요구하는 유형으로, 실제로 가중평균을 도출하여 순서를 구하지 않고 차이 값으로 확인하는 것이 효율적이다. 보다 구체적인 설명을 위해 예제를 살펴보자.

예제 2013 외교관 후보자 자료해석 인책형 29번

(단위: 점)

후보지 \ 평가항목	경제성	사업안정도	지역낙후도
A	85	60	75
B	95	60	80
C	75	70	85
D	75	80	85
E	95	80	75
평균	85	70	80
범위	20	20	10

※ 가중표준지수가 높을수록 고속도로 입지 후보지 우선순위가 높음.

후보지 사업성 가중표준지수 산정규칙

- 각 후보지의 개별 평가항목에 대한 표준지수$=\dfrac{\text{평가지수}-\text{평균}}{\text{범위}}$
- 후보지별 가중표준지수
  $=(0.4\times \text{경제성 표준지수})+(0.4\times \text{사업안정도 표준지수})+(0.2\times \text{지역낙후도 표준지수})$

해설

'개별 평가항목에 대한 표준지수'의 가중치는 범위인데, 가중치인 범위가 주어져 있고 정확한 가중평균의 값을 도출하는 문제가 아니기 때문에 가중표준지수를 조금 더 단순화해 보자.

경제성, 사업안정도, 지역낙후도의 범위는 각각 20, 20, 10이므로 범위의 비를 간단한 자연수의 비로 나타내면 2:2:1이다. 한편 각 평가항목별 표준지수 앞의 계수는 경제성, 사업안정도, 지역낙후도 순으로 각각 0.4, 0.4, 0.2이며 이를 간단한 자연수의 비로 나타내면 2:2:1이다. 분모에는 가중치가, 분자에는 계수가 각각 동일한 비율로 포함되어 있기 때문에 이를 약분할 수 있다. 따라서 후보지별 고려해야 할 항목은 '평가점수 − 평균'의 값으로, 문제를 해결하는 과정에서 가중평균을 계산하지 않는 것을 알 수 있다.

4 다중 가중평균(번외)

(1) 개념

일반적인 가중평균은 가중치가 다른 두 값을 대상으로 구하는 평균인데 반해, 다중 가중평균은 가중치가 다른 3가지 이상의 값을 대상으로 구하는 평균이다.

(2) 풀이: 다중 가중평균의 단순화

문제당 3분 이하로 풀어내야 하는 시험에서 다중 가중평균을 도출하는 것은 효율적인 풀이방법이 아니다. 3가지 이상의 가중치에 대하여 거리비를 활용하는 것은 상당한 수학적 직관을 요구하고, 공식을 이용한다 해도 계산이 복잡하거나 가중치가 주어지지 않는 경우도 있기 때문이다.

따라서 다중 가중평균을 일반적인 가중평균의 형식으로 변형시키는 작업이 필요한데, 이러한 작업에는 두 가지 방법이 있다. 하나는 연립방정식을 푸는 것처럼 식을 겹쳐 변수를 소거하는 방법이고, 다른 하나는 동일한 값을 가진 변수끼리 한 덩어리로 묶어 처리하는 방법이다.

예제 2016 행외시 자료해석 4책형 18번

다음 표를 보고 업무, 여가, 쇼핑 통행자 수를 많은 순서대로 나열하면?

〈표〉 일일 통행 횟수의 통행목적에 따른 시간대별 비율

(단위: %)

통행목적 / 시간대	업무	여가	쇼핑	전체통행
00:00~03:00	3.00	1.00	1.50	2.25
03:00~06:00	4.50	1.50	1.50	3.15
06:00~09:00	40.50	1.50	6.00	24.30
09:00~12:00	7.00	12.00	30.50	14.80
12:00~15:00	8.00	9.00	31.50	15.20
15:00~18:00	24.50	7.50	10.00	17.60
18:00~21:00	8.00	50.00	14.00	16.10
21:00~24:00	4.50	17.50	5.00	6.60
계	100.00	100.00	100.00	100.00

해설

위 문제는 업무, 여가, 쇼핑이라는 3가지 항목의 통행목적으로 구성된 다중 가중평균 문제다. 이를 일반적인 가중평균 문제로 변형시켜 해결하는 방법은 다음과 같다.

(1) 03:00~06:00 시간대를 보면, 통행목적이 여가인 사람들 중 해당 시간대에 통행한 사람의 비율과 통행목적이 쇼핑인 사람들 중 해당 시간대에 통행한 사람의 비율이 1.5%로 동일한 것을 알

수 있다. 이들을 하나로 묶어도 그 비율은 1.5%로 변하지 않을 것이므로 동일한 값을 가지는 변수끼리 묶어 처리하는 방법을 활용할 수 있다.

편의상 해당 시간대에 통행목적이 업무인 사람들을 '업무', 통행목적이 여가와 쇼핑인 사람들을 '나머지'라고 하자. 업무와 전체 평균 사이의 거리는 1.35, 나머지와 전체 평균 사이의 거리는 1.65이다. 따라서 업무와 나머지의 전체 평균과의 거리비는 1.35:1.65이며, 업무와 나머지의 구성비는 그 역인 1.65:1.35이다. 나머지보다 업무의 구성비가 더 높으므로 통행자 수가 가장 많은 통행목적은 업무이다.

(2) 한편, 12:00~15:00, 18:00~21:00의 두 시간대를 보면, 통행목적이 업무인 사람들 중 해당 시간대에 통행한 사람의 비율은 8%로 동일하다. 따라서 해당 시간대에 전체통행의 비율이 차이가 나는 것은 통행목적이 여가와 쇼핑인 사람들의 비율 차이 때문임을 알 수 있다. 이때, 연립방정식과 같이 소거법을 활용할 수 있다.

편의상 12:00~15:00 시간대를 '오후', 18:00~21:00 시간대를 '저녁', 통행목적이 여가인 사람들을 '여가', 통행목적이 쇼핑인 사람들을 '쇼핑'이라고 하자. 같은 통행목적 안에서 시간대별 비율은 분모가 '통행목적이 쇼핑 또는 여가로 동일한 사람들의 일일 통행 횟수'로 동일하므로 단순 계산이 가능하다. 따라서 여가는 오후보다 저녁이 41%p 더 많고, 쇼핑은 저녁보다 오후가 17.5%p 더 많다.

이때, 여가와 쇼핑의 일일 통행 횟수가 비슷하다면 저녁에 더 많은 사람들이 통행했어야 한다. 그러나 전체통행은 저녁이 오후에 비해 고작 0.9%p 더 많다. 즉, 여가 목적 통행이 저녁에 41%p 더 많았음에도 불구하고 저녁의 통행 총량과 오후의 통행 총량은 거의 같다. 이는 여가가 쇼핑보다 적기 때문에 더 많은 %p를 차지했음에도 불구하고 비율에 반영되지 않았음을 의미한다.

이를 종합하면, 일일 통행자 수는 업무, 쇼핑, 여가 순서대로 많다.

(3) 한편, 구체적인 일일 통행자 수의 비율을 도출하면 다음과 같다. 앞서 도출한 업무와 나머지의 구성비를 간단한 자연수의 비로 나타내면 33:27이며, 따라서 일일 통행자 중 통행목적이 업무인 사람의 비율은 $\frac{33}{33+27} \times 100 = 55\%$이다. 이때, 00:00~03:00 시간대를 보면 해당 시간대에 통행한 인원은 2.25%인데 그 중 업무가 $\frac{3}{100} \times 55\% = 1.65\%$ 만큼을 차지하므로 나머지는 0.6% 만큼을 차지한다. 이때, 여가의 비율은 x%라고 하면 쇼핑의 비율은 $(45-x)$%이고, $\frac{1}{100} \times x + \frac{1.5}{100} \times (45 - x) = 0.6$이 성립하며 이를 계산하면 $x = 15(\%)$이다. 즉 일일 통행자 중 통행목적이 여가인 사람의 비율은 15%이며 따라서 통행목적이 쇼핑인 사람의 비율은 30%이다. 그러나 구체적인 비율을 요구하는 것이 아니라 통행자 수의 대소관계를 요구하기 때문에 이를 도출하는 것은 시간낭비라고 할 수 있겠다.

5 일부를 제외한 가중평균(번외)

일부를 제외한 가중평균 유형은 가중평균을 구해야 하는 2개의 그룹을 다시 소그룹들로 세분화하여, 일부 소그룹을 제외하고 다시 가중평균을 구하도록 하는 유형이다. 즉 전체의 가중평균과 일부만의 가중평균이 별개로 존재한다. 이 유형의 문제가 나오는 경우 '제외하는 일부'와 '나머지' 간의 가중평균으로 문제를 생각하면 좋다. 예제를 통해 설명하면 다음과 같다.

예제

다음 〈그림〉과 〈표〉는 A중학교 학생들의 성별 평균 도서 대출 권수에 대한 자료이다. 도서를 2개 이상 대출한 남학생, 여학생 간의 평균 도서 대출 권수의 차이는 얼마인가?

〈그림〉 A중학교 학생들의 성별 평균 도서 대출 권수

(단위: 권/명)

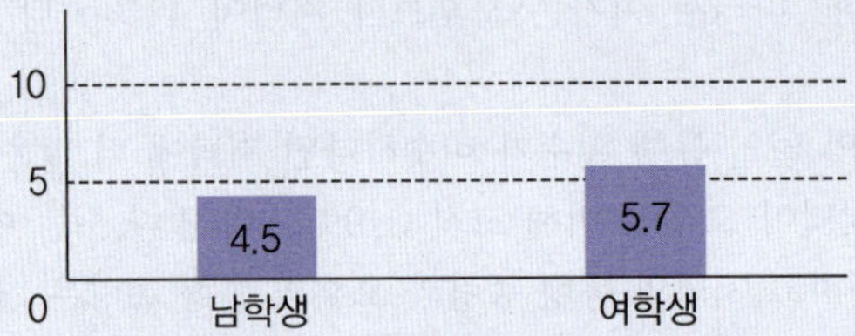

〈표〉 학생들의 성별 도서 대출 권수 분포

(단위: %)

	남학생	여학생
1권	20.0	25.0
2권	(　　)	14.3
3권	13.3	(　　)
4권	33.5	46.8
5권 이상	8.1	5.9
합계	100.0	100.0

※ 대출을 1권이라도 받은 학생만 대상으로 집계하였음.

해설

평균 도서 대출 권수는 대출 권수를 학생수로 나눈 값으로, 이때 가중치는 학생수가 된다. 문제에 따라 현재 남학생과 여학생을 1권만 대출한 학생과 2권 이상 대출한 학생들로 나눌 수 있는데, 1권만 대출한 학생과 2권 이상 대출한 학생들의 대출 권수에 대해 가중평균을 구하면 각 성별 평균 도서 대출 권수가 도출될 것이다.

편의상 1권만 대출한 남학생을 A, 2권 이상 대출한 남학생을 B라고 하자. 1권만 대출한 남학생은 전체 남학생의 20%이므로 A:B = 1:4이므로 남학생의 평균 대출 권수인 4.5권과의 거리비는 그 반대인 4:1이다. A의 평균 대출 권수는 1권이며 B의 평균 대출 권수를 x라고 하면, A와 B의 4.5와의 거리는 각각 3.5와 $(x-4.5)$이다. 따라서 $3.5:(x-4.5)=4:1$이 성립하고 이를 계산하면 $x=5.375$이다.

동일한 방식으로 1권만 대출한 여학생을 C, 2권 이상 대출한 여학생을 D라고 하자. 1권만 대출한 여학생은 전체 여학생의 25%이므로 C:D = 1:3이므로 여학생의 평균 대출 권수인 5.7권과의 거리비는 그 반대인 3:1이다. C의 평균 대출 권수는 1권이며 D의 평균 대출 권수를 y라고 하면, C와 D의 5.7과의 거리는 각각 4.7과 $(y-5.7)$이다. 따라서 $4.7 : (y-5.7)=3:1$이 성립하고 이를 계산하면 $y=\frac{109}{15}\approx 7.267$이다.

따라서 도서를 2개 이상 대출한 남학생, 여학생 간의 평균 도서 대출 권수의 차이는 $y-x=1.892$로 **약 1.9권**이다.

Tip 위의 예제에서는 남학생과 여학생 간의 대출 권수 차이를 묻고 있으므로, 방정식을 이용한 계산이 불가피하다. 그렇다면, 이처럼 복잡한 계산 없이도 구할 수 있는 내용은 없을까? 만일 가중평균의 개념이 잘 정리되어 있다면, 굳이 계산하지 않고도 2권 이상 빌린 남학생과 여학생 중 어느 쪽이 평균 대출 권수가 더 많은지 알 수 있다. 현재 남학생과 여학생 중 1권씩만 빌린 학생은 각각 20%, 25%로 여학생이 더 크다. 즉, 2권 이상 빌린 학생들의 평균 대출 권수가 여학생과 남학생이 동일하다면, 1권을 빌린 학생의 비율이 더 높은 여학생의 전체 평균 권수가 남학생보다 더 낮았을 것이다. 그러나 표에 주어진 남학생의 평균 대출 권수(4.5권)는 여학생(5.7권)보다 적으므로, 2권 이상 빌린 여학생의 평균 대출 권수 역시 남학생보다 월등히 높았을 것이라는 점을 알 수 있다.

---

6 가중평균 연습문제

(1) 가중평균 도출 유형

예제

전체 가구의 절대적 빈곤율과 상대적 빈곤율을 각각 도출하라. (단, 도시 가구와 농촌 가구의 상대비는 4:1이다.)

	절대적 빈곤율(%)	상대적 빈곤율(%)
전체 가구	(　　)	(　　)
도시 가구	7.5	10.0
농촌 가구	4.5	8.0

해설

(1) 정석적인 가중평균 도출 방식은 가중치를 곱해 나누어 구하는 것이다. 즉 가구별 빈곤율과 전체 가구에서 차지하는 비중을 곱하면 절대적 빈곤율은 $\frac{4}{5}\times 7.5+\frac{1}{5}\times 4.5=6.9(\%)$, 상대적 빈곤율은 $\frac{4}{5}\times 10.0+\frac{1}{5}\times 8.0=9.6(\%)$이다. 하지만 이보다는 도시 가구의 빈곤율과 농촌 가구의 빈곤율의 거리를 구한 후 전체 가구의 빈곤율과의 거리비를 이용해 이를 도출하는 것이 보다 효과적인 방법이라고 할 수 있다. 편의상 전체 가구, 도시 가구, 농촌 가구의 빈곤율을 각각 '전체', '도시', '농촌'이라고 하자.

(2) 먼저 절대적 빈곤율의 경우, 도시와 농촌 간의 거리는 7.5 − 4.5 = 3.0이며, 도시 가구와 농촌 가구의 상대비는 4:1이므로 거리비는 그 반대인 1:4이다.

따라서 전체와 도시 간의 거리는 $3.0 \times \frac{1}{5} = 0.6$이며, 전체와 농촌 간의 거리는 $3.0 \times \frac{4}{5} = 2.4$이다. 이때, 전체 가구의 절대적 빈곤율은 **(6.9%)**이다.

(3) 다음으로 상대적 빈곤율의 경우, 도시와 농촌의 거리비는 동일하며 도시와 농촌 간의 거리는 10.0−8.0=2.0이다. 따라서 전체와 도시 간의 거리는 $2.0 \times \frac{1}{5} = 0.4$이며, 전체와 농촌 간의 거리는 $2.0 \times \frac{4}{5} = 1.6$이다. 이때, 전체 가구의 절대적 빈곤율은 **(9.6%)**이다.

(2) 가중평균을 이용한 모수 도출 유형

예제

농촌 가구의 절대적 빈곤율과 상대적 빈곤율을 각각 도출하라. (단, 도시 가구와 농촌 가구의 상대비는 3:2이다.)

	절대적 빈곤율(%)	상대적 빈곤율(%)
전체 가구	6.9	9.2
도시 가구	7.5	10.0
농촌 가구	( )	( )

해설

(1) 상대비, 가중평균, 다른 모수가 주어져 있다면, 모수를 매우 간단하게 도출할 수 있다. 마찬가지로 편의상 전체 가구, 도시 가구, 농촌 가구의 빈곤율을 각각 '전체', '도시', '농촌'이라고 하자.

(2) 먼저 절대적 빈곤율의 경우, 도시 가구와 농촌 가구의 상대비는 3:2이므로 거리비는 그 반대인 2:3이다. 그런데 도시와 전체 간의 거리는 7.5 − 6.9 = 0.6이다. 따라서 농촌과 전체 간의 거리는 0.9이고, 농촌 가구의 절대적 빈곤율은 6.9 − 0.9 = **6.0(%)**이다.

(3) 다음으로 상대적 빈곤율의 경우, 도시와 농촌의 거리비는 동일하며 도시와 전체 간의 거리는 10.0−9.2 = 0.8이다. 따라서 농촌과 전체 간의 거리는 1.2이고, 농촌 가구의 상대적 빈곤율은 9.2 − 1.2 = **8.0(%)**이다.

(3) 모수 상대비 도출 유형

예제

다음 〈표〉는 A수업을 듣는 학생들의 성별에 따른 만족도이다. 이때, A수업을 듣는 학생들 중 남학생과 여학생 간의 비율은?

〈표〉 학생 성별 A수업 만족도(10점 만점)

남학생	여학생	평균
5.81	7.16	6.56

해설

(1) 모수의 상대비는 거리비와의 교차 관계를 이용해 구하는 것이 좋다. 편의상 A 수업을 듣는 전체 학생, 남학생, 여학생의 A수업 만족도를 각각 '전체', '남학생', '여학생'이라고 하자.

(2) 먼저 전체와 남학생, 여학생의 거리를 도출하면, 남학생은 $6.56-5.81=0.75$이고 여학생은 $7.16-6.56=0.6$이다. 즉 남학생과 여학생의 거리비는 $0.75:0.6=5:4$이므로 남학생의 수와 여학생의 수의 상대비는 그 반대인 $4:5$이다.

(3) 단, 이때 우리가 알 수 있는 것은 A수업을 듣는 남학생과 여학생 수의 상대비일 뿐이다. 따라서 전체 남학생과 여학생의 상대비나, 남학생과 여학생의 실제 수 등은 도출할 수 없다는 점에 주의하자. 무엇을 도출할 수 있고 무엇을 도출할 수 없는지를 고려하지 않으면 함정에 빠지기 쉬우므로 꼭 체크하자.

(4) 가중평균 간 대소 비교 유형

예제

다음 중 기업 성과 평가에서 가장 높은 점수를 받는 기업은?

〈표〉 2020년 기업 성과 평가

	A기업	B기업	C기업	가중치
경영역량	10	8	8	0.3
관리역량	9	10	7	0.3
지속성	4	3	8	0.1
사회기여	5	7	6	0.2
혁신성	2	1	7	0.1

해설

(1) 여러 지표와 여러 주체가 있는 경우의 가중평균 대소 비교는 크게 3가지를 생각해 두고 접근하는 것이 좋다. 첫번째로, 하나의 기준을 정해 **각 항목별로 차이 값을 비교**하는 것이 좋다. 두번째로, 가중치는 소수점으로 보지 않고, **비율을 유지하면서도 계산하기 편한 값으로 형태를 바꾼다.** 가령 각 가중치에 10을 곱해 3, 1, 2로 바꿔 생각한다. 세 번째로, **동일한 가중치끼리 묶어 비교**한다. 예를 들어, 동일한 가중치가 부여된 경영역량과 관리역량을 하나로 묶어 처리한다.

(2) 먼저 A기업과 B기업을 비교해 보자. 이때, A기업을 기준으로 두고 B기업과의 평가점수의 차이를 계산한다. 각 가중치에 10을 곱했을 때 가중치가 3으로 동일한 경영역량과 관리역량 부문의 합은 A기업과 B기업이 각각 19점, 18점이다. 따라서 두 부문에서 B기업의 총점은 A기업에 비해 1점×가중치 3=3점 낮다.

(3) 동일한 방식으로 나머지 부문을 계산하자. 가중치가 1로 동일한 지속성과 혁신성 부문에서 B기업의 총점은 A기업에 비해 2점×가중치 1=2점 낮으며, 가중치가 2인 사회기여 부문에서 B기업의 총점은 A기업에 비해 2점×가중치 2=4점 높다. 이를 종합하면 B기업의 총점은 A기업에 비해 1점 낮다.

(4) 동일한 방식으로 B기업과 C기업, C기업과 A기업 간의 점수를 비교할 수 있다. 다만 설문에서는 가장 높은 점수를 받는 기업을 물어보고 있으므로, 이미 B기업이 가장 높은 점수를 받는 기업이 아닌 상황에서 B기업과 C기업의 점수 비교를 할 이유는 없다. 한편 C기업과 A기업 간의 총점을 비교하면 A기업이 C기업에 비해 1점 높다. 따라서 가장 높은 점수를 받은 기업은 A다.

Tip 구체적인 가중평균의 값을 도출하도록 요구하는 문제는 거의 없다. 따라서 실제 값을 도출하려 하지 말고, 위와 같이 상대적인 차이 값으로 비교하자.

CHAPTER 07 경우의 수

상황판단 영역은 자료해석 영역과 같이 큰 수의 복잡한 계산을 요하기보다는, 단순한 경우의 수를 헤아리도록 하는 문제들이 주로 출제된다. 따라서 우리는 주어진 상황에서 빠르고 정확하게 경우의 수를 찾아야 할 필요성이 존재한다.

1 사전식 배열법

(1) 정해진 순서가 있다.

경우의 수 문제에서 '사전식 배열법'은 실수를 막고 때로는 문제풀이 시간을 단축할 수 있는 가장 기본적인 접근법이다. 이는 '정해진 순서'에 따라 경우의 수를 헤아리는 방법을 말한다. 이때, 순서는 배열해야 하는 항목에 따라 달라질 수 있다. 예를 들어, 주어진 문제가 편의점에서 음료수, 과자, 빵과 같은 상품들을 구매하는 상황이라고 하자. 이 경우 우리에게 가장 익숙한 가나다 순서, 즉 백과사전식 나열을 바탕으로 정리하는 것이 앞서 언급한 '정해진 순서'가 될 수 있다. 다음 예제를 살펴보자.

예제

3명의 관광객이 A박물관, B공원, C테마파크 중 한 곳을 방문하고자 한다. 각 관광객에게 이용권을 발급하는 경우의 수는?

해설

해설의 편의를 위해 A박물관, B공원, C테마파크를 각각 'A', 'B', 'C'라고 하자. 이때, 각 관광객에게 이용권을 발급하는 경우의 수를 나열하면 다음과 같다.

경우의 수	A	B	C
1	3	0	0
2	2	1	0
3	2	0	1
4	1	2	0
5	1	1	1
6	1	0	2
7	0	3	0
8	0	2	1
9	0	1	2
10	0	0	3

따라서 각 관광객에게 이용권을 발급하는 경우의 수는 **10가지**이다.

Tip 문제에서 A박물관, B공원, C테마파크라고 나오더라도 실제 문제풀이를 할 때에는 꼭 필요한 '핵심 부분'인 A, B, C만 실제로 작성하고, 나머지 부분은 생략하는 것이 시간 관리에 유리하다. 지금부터 '핵심 부분'만 작성하는 습관을 들이도록 하자.

---

(2) 수형도

위 예제에서 우리는 알파벳을 A-B-C 순으로 배열하고, 가장 앞에 배열한 A에 이용권을 3장부터 내림차순으로 정리하였다. 사전식 배열법의 경우 앞서 예제의 해설처럼 표를 사용할 수도, 아래와 같은 수형도를 사용할 수도 있다. 어느 방법을 사용하더라도 상관없지만, 중요한 것은 문제를 푸는 우리의 눈에 가독성이 높아야 한다는 것이다. 수형도를 그리는 방법 역시 표를 그릴 때와 마찬가지로 가장 앞에 배열한 항목에 큰 수부터 내림차순으로 나타낸다.

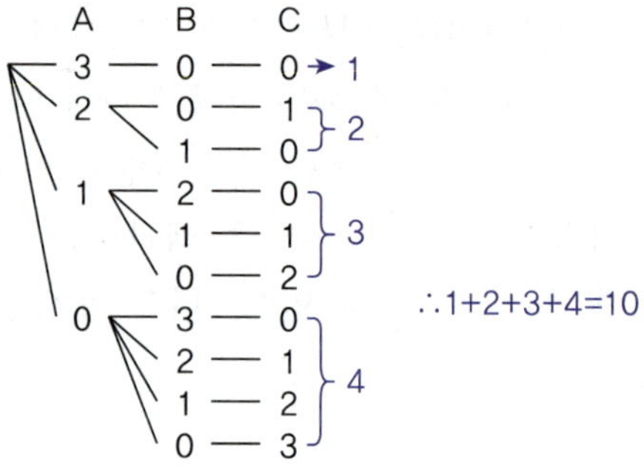

(3) 내림차순 배열

어떠한 상품을 구매하기 위해 지갑에서 돈을 꺼내는 상황이 문제로 출제되었다면 어떨까? 이때, 우리가 배열해야 하는 항목은 50,000원, 10,000원, 5,000원, 100원 등의 화폐 단위일 것이다. 여기서 '정해진 순서'는 수의 대소관계가 된다. 수의 대소관계에는 작은 수에서 큰 수의 순서대로 정리하는 오름차순과 큰 수에서 작은 수의 순서대로 정리하는 내림차순이 있는데, 화폐 단위의 경우에는 일반적으로 내림차순을 사용한다.

예제

27,000원짜리 책을 10,000원, 5,000원, 1,000원의 지폐로 구매하는 경우의 수는? (단, 지불할 수 있는 각 화폐의 수는 최대 10장이다.)

해설

가능한 모든 경우의 수를 표로 나타내면 다음과 같다.

경우의 수	10,000원(장)	5,000원(장)	1,000원(장)
1	2	1	2
2	2	0	7
3	1	3	2
4	1	2	7
5	0	5	2
6	0	4	7

따라서 10,000원, 5,000원, 1,000원의 지폐로 책을 구매하는 경우의 **수는 6가지**이다.

위 예제에서 우리는 지폐를 **내림차순으로 배열**하고, 가장 앞에 배열한 10,000원에 2장부터 내림차순으로 정리하였다. 지폐를 내림차순으로 배열하는 이유는 경우의 수를 보다 간단히 나누어 쉽게 셀 수 있기 때문이다. 이는 '화폐' 라는 문제의 특성과 관련이 있다.

만약 1,000원를 내는 경우부터 센다고 가정하자. 1,000원짜리 지폐를 최대 10장 지불할 수 있는데 10장을 모두 지불할 경우 10,000원짜리와 5,000원짜리로 17,000원을 만들 수 없으므로 1,000원으로 낼 수 있는 최대금액은 7,000원이다. 이와 같이 지불할 수 없는 경우를 모두 고려해야 하므로 매우 복잡해진다. 따라서 경우를 나누기 쉬운 큰 금액부터 내림차순으로 배열하여 경우의 수를 보다 쉽게 셀 수 있게 만들어주는 것이다. 〈예제 1〉과 달리 〈예제 2〉에서는 각 화폐의 수를 10장으로 제한하는 조건이 주어졌으므로, 헷갈리지 않으려면 '1,000원' 단위의 열 위에 총 장수를 적어 놓고 풀이해 주자.

Tip 위 예제와 같이 금액이나 무게 등의 문제가 출제될 경우 큰 값부터 내림차순으로 고려하는 것이 문제 해결에 유리하다.

2 합의 법칙과 곱의 법칙

(1) 합의 법칙

합의 법칙은 서로 연관성이 없는 사건들의 경우의 수를 더하는 것이다. 두 사건 A, B가 동시에 일어나지 않을 때, 사건 A와 B가 일어나는 경우의 수가 각각 a, b이면, 사건 A 또는 B가 일어나는 경우의 수는 $(a+b)$가 된다.

Tip 합의 법칙은 어느 두 사건도 동시에 일어나지 않는 셋 이상의 사건에 대해서도 성립한다.

예제 1

은지는 음료로 커피, 콜라, 오렌지 주스와 디저트로 컵케이크, 도너츠 중 하나를 간식으로 고르려 한다. 은지가 간식을 선택할 수 있는 경우의 수는?

해설

음료를 고르는 경우와 디저트를 고르는 경우의 수는 각각 3가지와 2가지이다. 음료와 디저트는 동시에 고를 수 없으므로 은지가 간식을 선택할 수 있는 총 경우의 수는 $3+2=$**5가지**이다.

예제 2

주사위를 던져 2의 배수 또는 3의 배수가 나오는 경우의 수는?

해설

2의 배수가 나오는 경우의 수는 2, 4, 6의 3가지이고 3의 배수가 나오는 경우의 수는 3, 6의 2가지이다. 그런데 두 경우의 수 중에서 6이 중복으로 나타나므로 1가지를 제외해 주어야 한다. 즉, 2의 배수와 3의 배수 모두를 충족시키는 6의 배수가 나오는 경우의 수를 전체에서 빼주어야 하므로 구하는 2의 배수 또는 3의 배수가 나오는 경우의 수는 $3+2-1=$**4가지**이다.

---

(2) 곱의 법칙

곱의 법칙은 동시에 또는 연이어 발생하는 사건들의 경우의 수를 곱하는 것이다. 사건 A가 발생하는 경우의 수가 m, 사건 B가 발생하는 경우의 수가 n일 때, 두 사건 A와 B가 동시에 또는 잇달아 발생하는 경우의 수는 $(m\times n)$이다.

Tip 곱의 법칙은 잇달아 일어나는 셋 이상의 사건에 대해서도 성립한다.

예제 1

은지는 음료로 커피, 콜라, 오렌지 주스와 디저트로 컵케이크, 도너츠 중에서 음료와 디저트를 각각 하나씩 간식으로 고르려 한다. 은지가 간식을 선택할 수 있는 경우의 수는?

해설

음료를 고르는 경우와 디저트를 고르는 경우의 수는 각각 3가지와 2가지이다. 음료 중 하나를 고르는 경우와 디저트 중 하나를 고르는 경우는 동시에 일어나므로 은지가 간식을 선택할 수 있는 총 경우의 수는 $3\times2=$**6가지**이다.

예제 2

A시와 B시 사이에 버스 노선이 3개, 기차 노선이 2개 있다.

① A시에 사는 지수가 기차로 B시에 갔다가 버스로 돌아오는 경우의 수는?
② B시에 사는 수호가 A시에 갔다가 돌아오는 경우의 수는?

해설

① A시에 사는 지수가 기차로 B시에 가는 경우의 수는 2가지이며, 버스로 A시에 돌아오는 경우의 수는 3가지이다. 기차로 B시에 갔다가 버스로 돌아오는 것은 잇달아 발생하므로, A시에 사는 지수가 기차로 B시에 갔다가 버스로 돌아오는 경우의 수는 $2\times3=$**6가지**이다.
② B시에 사는 수호가 A시에 가는 경우의 수는 버스 3가지와 기차 2가지로 총 $3+2=$**5가지**이며, B시에 다시 돌아오는 경우의 수도 동일하게 버스 3가지와 기차 2가지로 총 5가지이다. A시에 갔다가 B시에 돌아오는 것은 잇달아 발생하므로, B시에 사는 수호가 A시에 갔다가 돌아오는 경우의 수는 $5\times5=$**25가지**이다.

Tip ②에서는 합의 법칙과 곱의 법칙을 모두 사용하도록 요구하고 있다. 한 도시에서 다른 도시로 가는 이동수단으로서 버스와 기차는 서로 연관성이 없는 수단이므로 합의 법칙을 사용한다. 그러나 B시에서 A시로 가는 사건과 다시 A시에서 B시로 돌아오는 사건은 잇달아 발생하므로 곱의 법칙을 사용한다.
이처럼 상황판단 영역은 아주 간략한 조건 하나만으로 문제의 난이도와 풀이 방법이 달라지므로, 문제를 읽을 때 지문 한 단어도 놓치지 않도록 항상 주의하자.

3 순열과 조합

순열과 조합은 경우의 수 문제에서 가장 기본적인 공식이다.

(1) 순열

순열이란 서로 다른 n개 중에서 $r(0<r\leq n)$개를 택하여 일렬로 나열하는 것을 n개에서 r개를 택하는 **순열**이라고 하며, 이 순열의 수를 기호로 다음과 같이 나타낸다.

$$ {}_n\boldsymbol{P}_r = n\times(n-1)\times(n-2)\times\cdots\times\{n-(r-1)\} \quad (\text{단, } 0<r\leq n)$$
$$ = n\times(n-1)\times(n-2)\times\cdots\times\{n-r+1\}$$

위의 정의에 따라 순열은 다음의 성질을 갖는다.

순열의 성질

① ${}_nP_n=n!$, $0!=1$, ${}_nP_0=1$

② ${}_nP_r=\dfrac{n!}{(n-r)!}$(단, $0\leq r\leq n$)

③ ${}_nP_r=n\times{}_{n-1}P_{r-1}$

위 순열의 성질 중 ③의 경우에는 서로 다른 개에서 한 개를 우선 택하고, 그 각각에 대하여 남은 $(n-1)$개에서 $(r-1)$개를 택하여 일렬로 나열하는 경우의 수와 같으므로 ${}_nP_r = n\times{}_{n-1}P_{r-1}$이 성립한다. 즉,

$$n\times\ {}_{n-1}P_{r-1} = n\times\frac{(n-1)!}{\{(n-1)-(r-1)\}!} = \frac{n!}{(n-r)!} = \ {}_nP_r$$

(2) 조합

조합이란 서로 다른 n개 중에서 순서를 생각하지 않고 $r(0<r\leq n)$개를 택하는 것을 n개에서 r개를 택하는 **조합**이라고 하며, 이 조합의 수를 기호로 다음과 같이 나타낸다.

$$\begin{aligned}{}_n\boldsymbol{C}_r &= \frac{{}_nP_r}{r!} = \frac{n\times(n-1)\times\cdots\times\{n-(r-1)\}}{r!} \\ &= \frac{n\times(n-1)\times\cdots\times(n-r+1)\times(n-r)\times(n-r-1)\times\cdots\times3\times2\times1}{r!\times(n-r)\times(n-r-1)\times\cdots\times3\times2\times1} \\ &= \frac{n!}{r!(n-r)!}\ \ (\text{단, } 0<r\leq n)\end{aligned}$$

일반적으로 서로 다른 n개 중에서 r개를 택하는 조합의 수는 ${}_nC_r$이고 그 각각에 대하여 r개를 일렬로 나열하는 방법의 수는 $r!$이다. 그런데 서로 다른 n개에서 r개를 택하는 순열의 수는 ${}_nP_r$이므로 ${}_nC_r\times r! = {}_nP_r$이다. 위의 정의에 따라 조합은 다음의 성질을 갖는다.

조합의 성질

① ${}_nC_n=1,\ {}_nC_0=1,\ {}_nC_1=n$

② ${}_nC_r={}_nC_{n-r}$

③ ${}_nC_r={}_{n-1}C_r+{}_{n-1}C_{r-1}$

위 조합의 성질에서 ②를 보자면, 서로 다른 n개에서 $r(0<r\leq n)$개를 택하면 $(n-r)$개가 남는다. 또 서로 다른 n개에서 $(n-r)$개를 택하면 r개가 남으므로 r개를 택하는 방법의 수와 $(n-r)$개를 택하는 방법의 수는 같다. 즉,

$${}_nC_{n-r} = \frac{n!}{(n-r)!\{n-(n-r)\}!} = \frac{n!}{(n-r)!r!} = \ {}_nC_r$$

따라서 ${}_nC_r={}_nC_{n-r}$이 성립한다.

또한, 위 조합의 성질에서 ③을 설명하자면, 서로 다른 n개에서 순서 상관없이 r개를 택하는 방법은 다음 두 가지의 경우로 나눌 수 있다.

(ⅰ) 특정한 A가 포함되는 경우

A를 제외한 $(n-1)$개 중에서 $(r-1)$개를 택하는 경우이므로 그 경우의 수는

$_{n-1}C_{r-1}$이다.

(ii) 특정한 A가 포함되지 않는 경우

A를 제외한 $(n-1)$개 중에서 r개를 택하는 경우이므로 그 경우의 수는 $_{n-1}C_r$이다.

(i), (ii)는 동시에 일어나지 않으므로 합의 법칙에 의하여 $_nC_r = {}_{n-1}C_r + {}_{n-1}C_{r-1}$이 성립한다.

이것을 수식으로 증명하면 다음과 같다.

$$\begin{aligned} & {}_{n-1}C_r + {}_{n-1}C_{r-1} \\ &= \frac{(n-1)!}{r!(n-1-r)!} + \frac{(n-1)!}{(r-1)!(n-r)!} \\ &= \frac{(n-r)(n-1)!}{r!(n-r)!} + \frac{r(n-1)!}{r!(n-r)!} \\ &= \frac{n(n-1)!}{r!(n-r)!} = \frac{n!}{r!(n-r)!} \\ &= {}_nC_r \end{aligned}$$

* 사실 위의 증명방법은 전혀 중요하지 않다.
다만, 위의 성질을 얼마나 잘 활용하여 문제를 해결하는지가 중요하다.

(3) 예제 풀이

순열과 조합은 뽑은 것들의 순서를 고려하는가의 여부에 따라 다르게 풀어야 한다. 아래 예제를 통해 각각 어느 경우에 순열과 조합을 사용해야 하는지 알아보자.

예제 1

甲, 乙, 丙, 丁, 戊 중 3명을 골라 순서대로 발표시키는 방법의 수는?

해설

5명 중 3명을 뽑는 순서대로 발표를 시켜야 하므로 순열이 사용되어야 한다. 따라서 5명 중 3명을 택하는 순열의 수는 $_5P_3 = 5 \times 4 \times 3 = 60$이다.

예제 2

甲, 乙, 丙, 丁, 戊 중 3명을 뽑아 조를 구성하는 방법의 수는?

해설

5명 중 3명을 순서를 고려하지 않고 뽑으면 되므로 조합이 사용되어야 한다. 따라서 5명 중 순서 상관없이 3명을 뽑는 조합의 수는 $_5C_3 = \frac{_5P_3}{3!} = \frac{5 \times 4 \times 3}{3 \times 2 \times 1} = 10$이다.

예제 3

甲, 乙, 丙, 丁, 戊이 일렬로 서려 할 때, 甲이 정중앙에 서도록 자리를 배치하는 방법의 수는?

해설

甲을 포함하여 5명을 한 줄로 배치할 때, 일렬로 줄을 세우는 순서가 있으므로 순열이 사용되어야 한다. 甲은 위치가 이미 정해져 있으므로 나머지 4명을 일렬로 세우는 방법의 수는 ${}_4P_4 = 4! = 4\times3\times2\times1 = \mathbf{24}$이다.

예제 4

여학생 5명과 남학생 4명이 가입한 동아리에서 봉사단을 뽑고자 한다. 여학생 3명과 남학생 3명으로 봉사단을 구성하는 경우의 수는?

해설

여학생 5명 중 3명을 뽑는 경우와 남학생 4명 중 3명을 뽑는 경우는 각각 서로의 간섭 없이 독립적으로 일어나며 동시에 발생하므로 각각의 경우의 수를 구한 다음 곱의 법칙을 이용해야 한다. 즉, 여학생 5명 중 3명을 뽑는 방법의 수는 ${}_5C_3$이고, 남학생 4명 중 3명을 뽑는 방법의 수는 ${}_4C_3$이므로 여학생 3명과 남학생 3명으로 봉사단을 구성하는 경우의 수는

$${}_5C_3\times{}_4C_3=\frac{5\times4\times3}{3\times2\times1}\times\frac{4\times3\times2}{3\times2\times1}=\mathbf{40}\text{이다.}$$

Tip ❶ 〈조합의 성질〉 ②에서 ${}_nC_r={}_nC_{n-r}$이라 하였으므로 위의 식을 다음과 같이 변형하여 더 쉽게 계산할 수 있다.

$${}_5C_3\times{}_4C_3={}_5C_2\times{}_4C_1=\frac{5\times4}{2\times1}\times4=40$$

Tip ❷ 만약 문제가 여자 2명 **또는** 남자 3명으로 봉사단을 구성하는 경우의 수를 묻는다면, 곱의 법칙이 아닌 **합의 법칙**을 사용하여 문제를 해결할 수 있다. 이처럼 상황판단 영역의 경우의 수 문제에서는 다양한 기초 개념을 숙지한 후, 문제에서 묻고 있는 개념을 빠르고 정확하게 찾아내야 할 것이다.

4 확률

(1) 경우의 수를 확률로 변환하기

표본 공간이 S인 어떤 시행에서 사건 A가 일어날 가능성을 수로 나타낸 것을 **사건 A의 확률**이라고 하며, 이것을 기호로 $P(A)$와 같이 나타낸다.

$$P(A)=\frac{(\text{사건 }A\text{가 발생하는 경우의 수})}{(\text{전체 사건 }S\text{가 발생하는 경우의 수})}=\frac{n(A)}{n(S)}$$

확률은 다음과 같은 기본 성질을 갖는다.

확률의 기본 성질

표본공간이 S인 어떤 시행에서

① 임의의 사건 A에 대하여 $0 \le P(A) \le 1$

② 반드시 일어나는 사건 S*에 대하여 $P(S)=1$ *S = 전사건

③ 절대로 일어나지 않는 사건 ϕ*에 대하여 $P(\phi)=0$ *ϕ = 공사건

(2) 확률의 덧셈정리

확률의 덧셈정리는 유한 집합의 원소의 개수를 구하는 과정과 같다.

확률의 덧셈정리

표본공간 S의 두 사건 A, B에 대하여

$P(A \cup B) = P(A) + P(B) - P(A \cap B)$

특히 두 사건 A, B가 서로 배반사건*이면

$P(A \cup B) = P(A) + P(B)$

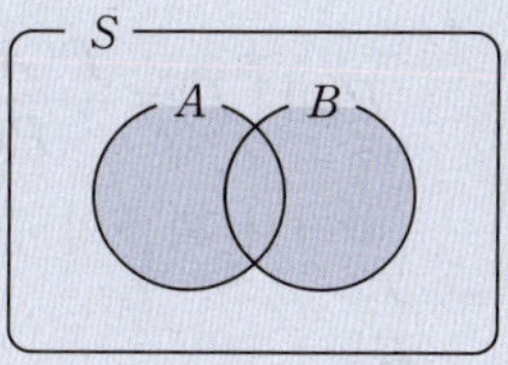

* **배반사건**: 사건 A와 사건 B가 동시에 일어나지 않을 때, 즉 $A \cap B = \phi$일 때, 사건 A와 사건 B의 관계를 서로 배반사건이라고 한다.

Tip 세 사건 A, B, C에 대하여 $P(A \cup B \cup C)$는 다음과 같다.

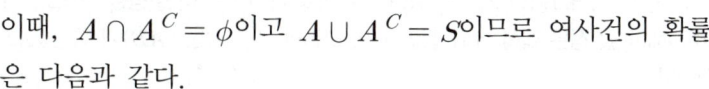

$P(A \cup B) = P(A) + P(B) + P(C) - P(A \cap B) - P(B \cap C) - P(C \cap A) + P(A \cap B \cap C)$

(3) 여사건의 확률

사건 A에 대하여 A가 일어나지 않는 사건을 **A의 여사건**이라고 하며, 이것을 기호로 A^C와 같이 나타낸다.

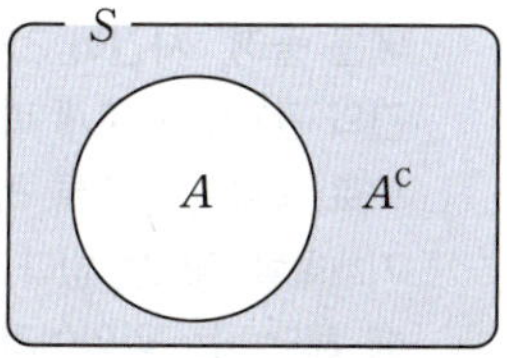

이때, $A \cap A^C = \phi$이고 $A \cup A^C = S$이므로 여사건의 확률은 다음과 같다.

$P(A^C) = 1 - P(A)$

(증명) $A \cap A^C = \phi$이므로 A와 그 여사건 A^C는 서로 배반사건이다. 따라서 확률의 덧셈정리에 의하여 $P(A \cup A^C) = P(A) + P(A^C)$이고, $P(A \cup A^C) = P(S) = 1$이므로 $P(A) + P(A^C) = 1$이 된다. 즉, $P(A^C) = 1 - P(A)$가 성립한다.

(4) 조건부확률

두 사건 A, B에 대하여 사건 A가 발생했음을 전제로 할 때 사건 B가 발생할 확률을 사건 A가 일어났을 때 사건 B의 **조건부확률**이라고 하여 이것을 기호로 $P(B \mid A)$와 같이 나타낸다.

사건 A가 발생했음을 전제로 할 때 사건 B가 발생하는 경우는 사건 A가 일어났을 때, 사건 A와 B가 동시에 일어나는 경우를 의미하므로 다음과 같이 나타낼 수 있다.

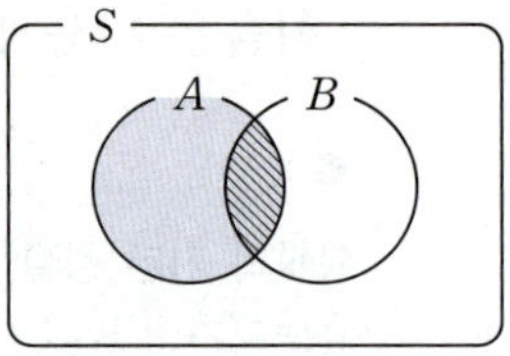

$P(B \mid A) = \dfrac{P(A \cap B)}{P(A)}$ (단, $P(A) > 0$)

(5) 확률의 곱셈정리

사건 A와 B가 서로 독립일 때, 즉 각 사건이 서로에게 영향을 주지 않을 때, $P(A \cap B)$는 조건부확률을 이용하여 다음과 같이 구할 수 있다.

$P(B \mid A) = \dfrac{P(A \cap B)}{P(A)}$의 양변에 $P(A)$를 곱하면 $P(A \cap B) = P(A) \times P(B \mid A)$가 성립한다. 마찬가지로 $P(A \mid B)$에서도 다음이 성립한다.

$P(A \mid B) = \dfrac{P(A \cap B)}{P(B)}$에서 $P(B)$를 곱하면 $P(A \cap B) = P(B) \times P(A \mid B)$

따라서 확률의 곱셈정리는 다음과 같다.

확률의 곱셈정리

두 사건 A, B에 대하여 $P(A) > 0$, $P(B) > 0$일 때,

$$P(A \cap B) = P(A) \times P(B \mid A)$$
$$= P(B) \times P(A \mid B)$$

Tip 위의 공식들을 반드시 공식의 형태로 암기해야 하는 것은 아니다. 실전에서 공식이 빠르게 생각나지 않는 경우, 억지로 떠올리려고 애쓰기보다는 벤 다이어그램을 그려 직관적으로 풀이하는 것도 유용한 방법이다. 예를 들어, 사건이 3개일 때 확률의 덧셈정리가 필요한 경우, 아래 그림과 같이 벤 다이어그램을 그려 항목들 간의 관계를 빠르게 파악할 수 있다. 상황판단 영역뿐만 아니라 자료해석 영역에서도 종종 일어날 수 있는 상황이므로 숙지해 두도록 하자. 아래 벤 다이어그램의 기호는 이해의 편의를 돕기 위하여 설정한 것으로, 아래와 같이 기호화할 필요는 없다. 단, 주의해야 할 점은 집합 A와 집합 B의 교집합 $A \cap B$는 (AB)가 아닌 $(AB + ABC)$에 해당하는 영역이라는 점이다.

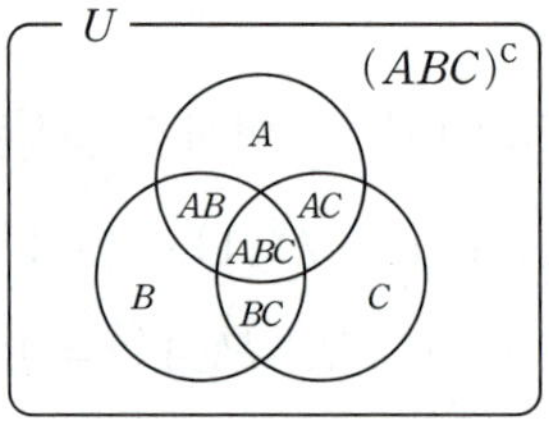

연습문제

01 **0~5까지의 숫자가 쓰인 6개의 버튼으로 구성된 자물쇠가 있다. 자물쇠의 안전성은 자물쇠를 풀기 위해 가능한 비밀번호의 경우의 수가 많을수록 높아진다.**

① 버튼을 누르는 순서와 상관없이, 비밀번호로 설정된 숫자를 모두 누르면 잠금이 해제된다고 할 때 자물쇠의 안전성을 극대화하는 비밀번호는 몇 자리인가?

② 이제 자물쇠가 버튼을 누르는 순서까지 고려한다고 가정하자. 자물쇠의 안전성이 극대화되었을 때, 비밀번호로서 가능한 경우의 수는 몇 가지인가?

해설

① 버튼을 중복 없이 누르며, 버튼을 누르는 순서와는 무관하므로 조합을 사용하여 해결한다. 경우의 수가 많아질수록 비밀번호를 맞출 확률이 줄어들어 안전성이 높아진다. 비밀번호의 자릿수에 따라 경우의 수를 계산하면 다음과 같다.

(i) 1자리로 설정하는 경우의 수: ${}_6C_1 = 6$

(ii) 2자리로 설정하는 경우의 수: ${}_6C_2 = 15$

(iii) 3자리로 설정하는 경우의 수: ${}_6C_3 = 20$

(iv) 4자리로 설정하는 경우의 수: ${}_6C_4 = 15$

(v) 5자리로 설정하는 경우의 수: ${}_6C_5 = 6$

(vi) 6자리로 설정하는 경우의 수: ${}_6C_6 = 1$

따라서 비밀번호를 **3자리**로 설정할 때 경우의 수가 20가지로 자물쇠의 안전성이 극대화될 것이다.

② 버튼을 중복 없이 누르며, 버튼을 누르는 순서까지 고려하므로 순열을 사용하여 해결한다. 마찬가지로 경우의 수가 많아질수록 비밀번호를 맞출 확률이 줄어들어 안전성이 높아진다. 비밀번호의 자릿수에 따라 경우의 수를 계산하면 다음과 같다.

(i) 1자리로 설정하는 경우의 수: ${}_6P_1 = 6$가지

(ii) 2자리로 설정하는 경우의 수: ${}_6P_2 = 30$가지

(iii) 3자리로 설정하는 경우의 수: ${}_6P_3 = 120$가지

(iv) 4자리로 설정하는 경우의 수: ${}_6P_4 = 360$가지

(v) 5자리로 설정하는 경우의 수: ${}_6P_5 = 720$가지

(vi) 6자리로 설정하는 경우의 수: ${}_6P_6 = 720$가지

비밀번호가 5자리 또는 6자리일 때 경우의 수가 각각 720가지로 안전성이 극대화된다. 비밀번호가 5자리인 경우의 수와 6자리인 경우의 수는 서로 연관성이 없으므로, 비밀번호로서 가능한 경우의 수는 합의 법칙에 따라 720+720=**1,440**이다.

Tip 이러한 풀이는 중복되는 버튼이 없기 때문에 가능한 풀이이다. 만약 두 개 이상의 숫자가 동일할 경우, 순열 개념과 조합 개념이 동시에 사용되어야 한다.

(1) 가령 자물쇠에 쓰인 숫자가 '1, 2, 3, 4, 5, 5'라면 두 개의 5는 서로 구별되지 않으므로 순서가 어떠하든 상관이 없다. 이해를 돕기 위해 두 개의 5를 5a, 5b로 구분하고 가능한 경우의 수를 순열로 구하면 서로 다른 6개의 수를 순서를 생각하여 일렬로 나열하는 방법의 수이므로 6!이다. 이때, 5a와 5b는 원래 동일한 숫자였으므로 두 숫자가 중복되는 순서를 제거하기 위하여 2!로 나눈다.

(2) 한번 더 응용해 보자. 만일 '1, 2, 3, 5, 5, 5'처럼 자물쇠 버튼의 숫자 3개가 동일해 구분되지 않는 경우라면 어떻게 할까? 세 숫자가 중복되는 순서를 제거하기 위하여 3!로 나눈다.

이를 공식으로 정리하면 다음과 같다. n개의 숫자 중 동일한 숫자가 m개 존재하는 경우, 숫자를 배열하는 경우의 수는 $\frac{{}_nP_n}{m!}=\frac{n!}{m!}$이다. (단, $n \geq m$)

한편, n개의 숫자 중 동일한 숫자가 m개 존재하고 또 다른 숫자가 l개 존재하는 경우, 숫자를 배열하는 경우의 수는 $\frac{{}_nP_n}{m!\times l!}=\frac{n!}{m!\times l!}$이다. (단, $n \geq m+l$)

CHAPTER 08 수리퍼즐

1 자연수의 분해

(1) 합분해

합분해란, 어떤 자연수를 분해하여 그보다 작은 자연수들의 합으로 나타내는 것을 말한다. 일반적으로 합분해는 사물의 개수나 작업의 횟수 등 전체를 구성하는 작은 요소들의 개수를 파악하는 데에 활용된다. 다음 예제를 통하여 실제 문제에서 합분해가 어떤 식으로 활용될 수 있는지 알아보자.

예제

사과 20개를 2개씩 들어가는 봉투 또는 3개씩 들어가는 상자에 각각 가득 채워 담아 선물하려 한다. 선물을 받는 사람에게는 봉투 또는 상자 하나만 선물할 수 있다.

① 가장 적은 수의 사람에게 사과를 선물한다면 몇 명이 받게 되는가? 이 경우 상자는 몇 개가 필요한가?

② 봉투와 상자의 개수를 최대한 비슷하게 맞춘다면 몇 명이 받게 되는가? 이 경우 상자는 몇 개가 필요한가?

해설

① 가장 적은 수의 사람에게 사과를 선물하려면 2개씩 들어가는 봉투보다는 3개씩 들어가는 상자를 가능한 한 많이 사용해야 한다.

$\frac{20}{3}=6 \cdots$ 나머지 2

이므로 상자 6개에 사과를 3개씩 담고 남은 사과 2개는 봉투에 담아 총 **7명**에게 선물을 줄 수 있다. 이때, 상자는 **6개**가 사용된다.

② 만약 봉투와 상자를 각각 1개씩 선물할 경우 선물하게 되는 사과의 개수는 $2+3=5$개이다. 전체 사과의 개수가 20개이므로 봉투와 상자를 각각 4개씩 선물할 경우, 즉 사과를 2개씩 담은 봉투 4개, 사과를 3개씩 담은 상자 4개를 선물할 경우 $2\times4+3\times4=20$으로 사과 20개를 모두 선물할 수 있다. 이때, 선물을 받는 사람은 총 8명이다.

Tip ❶ 20을 2와 3으로 합분해하는 경우의 수를 나타내면 다음과 같다.

경우의 수	합분해 방법	봉투 개수	상자 개수	사람 수
(i)	2 + 2 + 2 + 2 + 2 + 2 + 2 + 2 + 2 + 2	10	0	10
(ii)	2 + 2 + 2 + 2 + 2 + 2 + 2 + 3 + 3	7	2	9
(iii)	2 + 2 + 2 + 2 + 3 + 3 + 3 + 3	4	4	8
(iv)	2 + 3 + 3 + 3 + 3 + 3 + 3	1	6	7

〈예제〉 ①은 '사람 수'가 가장 적은 경우를 묻고 있으므로, 경우 (iv)에 해당한다. 또한, ②는 '봉투 개수'와 '상자 개수'의 차이가 가장 적은 경우를 묻고 있으므로, 경우 (iii)에 해당한다.

Tip ❷ 여러 가지 경우의 수 중에서 조건에 맞는 것을 구하는 문제의 경우, 처음부터 조건에 집중하기보다는 가능한 경우의 수를 모두 적어 본 후 조건과 맞는지 골라내는 방법이 쉬울 수 있다. 이때, 경우의 수를 체계적으로 정리할 수 있는 도구가 표 작성이다. 위와 같이 표를 작성하여 정리하면 경우의 수가 다양하거나, 조건이 복잡한 문제 상황에서 실수를 줄일 수 있다. 표를 작성할 때에는 앞서 '사전식 배열법'에서 학습한 것처럼 오름차순이나 내림차순으로 작성하여 빠지는 경우의 수가 없도록 유의해야 한다.
다만, 가능한 경우의 수가 너무 많은 경우에는 적절히 답이 될 가능성이 높은 것들을 추려서 적는 과정이 필요하다. 즉, 문제에서 요구하는 것과는 거리가 먼 경우의 수는 배제하는 것이다.
가령 〈예제〉 ②에서는 '봉투 개수'와 '상자 개수'의 차이가 가장 적은 경우를 묻고 있으므로, 봉투나 상자가 최대한으로 쓰이는 경우는 답이 될 가능성이 극히 드물다. 즉, 경우 (i)과 같이 봉투만 10개를 선물하거나, 경우 (iv)와 같이 봉투는 1개만 선물하고 상자를 6개나 선물하는 것은 사실상 문제에서 요구하는 것이 아니므로 고려하지 않는다. 따라서 표를 만드는 습관을 들이되, 표 작성 자체에 지나치게 시간을 뺏기지 않도록 조심하자.

(2) 곱분해(= 인수분해)

곱분해 또는 인수분해란 자연수를 그보다 작은 자연수들의 곱으로 분해하는 것을 말한다. 또한 각 인수(因數)들이 모두 소수인 경우 이를 소인수분해라 한다. 곱분해의 활용도는 합분해만큼 높지는 않으나, 구체적으로 소인수분해를 요구하는 유형의 문제들, 혹은 경우의 수 문제를 풀 때에도 필요할 수 있으므로 숙지할 필요가 있다.

예제 1

168을 소인수분해하라.

해설

$168 = 2^3 \times 3 \times 7$

예제 2

42를 서로 다른 3개 자연수의 곱으로 나타내어라.

해설

$42 = 2 \times 3 \times 7 = 1 \times 6 \times 7 = 1 \times 3 \times 14 = 1 \times 2 \times 21$

2 짝수와 홀수

자연수의 연산을 빠른 속도로 처리하는 것은 상황판단 영역에서도 필수적이다. 다만 상황판단 영역에서는 자료해석 영역만큼 복잡한 계산을 요구하는 것이 아니라, 수감각 또는 센스를 이용하여 수를 분류 또는 비교하는 문제들이 주로 등장한다.
자주 이용하는 방법 중 하나로 짝수와 홀수의 특성을 응용하는 방법이 있다. 이는 대부분 우리가 그동안 접해왔던 특성들이지만, 시간적인 압박을 받는 실전에서 이를 막힘없이 떠올리고 자유자재로 활용하기 위해서는 반복적인 노력이 필요하다.

(1) 일의 자리

짝수는 2로 나누어 떨어지는 정수를 의미하며, $2n$(단, n은 정수)의 꼴을 갖는다. 짝수를 가장 처음 접했을 때에는 자연수가 아닌 정수를 알지 못하는 상태였기 때문에 '2의 배수', '2로 나누어 떨어지는 자연수' 등으로 배웠을 것이다. 이렇게 정의하기도 하지만 일반적으로 2로 나누어 떨어지는 정수를 짝수라고 하며, 이에 따라 0, −2 등의 수도 짝수에 포함된다. 한편 짝수가 아닌 정수를 홀수라고 하며, 홀수는 2로 나누어 떨어지지 않는 정수이고 $2n+1$(단, n은 정수)의 꼴을 갖는다.
그러나 상황판단영역에서 음의 정수를 사용하는 경우는 거의 없고, 대부분 비밀번호나 특정 수의 일의 자리를 물어보는 경우가 많다. 따라서 일반적인 상황에서 짝수라 함은 일의 자리가 0, 2, 4, 6, 8인 수, 홀수라 함은 일의 자리가 1, 3, 5, 7, 9인 수를 의미한다고 간주하여도 무방하다. 다만 이것이 언제나 적용되는 것은 아니므로 상황에 따라 판단하도록 하자.

(2) 합, 차

① 짝수 개의 홀수를 합하면 반드시 짝수가 된다.

$$\sum_{i=1}^{2n}(2i+1)=2n(2n+2)\ (\text{단, } n\text{은 자연수})$$

② 홀수 개의 홀수를 합하면 반드시 홀수가 된다.

$$\sum_{i=1}^{2n-1}(2i+1)=(2n+1)(2n-1)=4n^2-1\ (\text{단, } n\text{은 자연수})$$

③ 짝수와 홀수의 합은 다음과 같다.

(i) (홀수) + (홀수) = (짝수)
(ii) (홀수) + (짝수) = (홀수)
(iii) (짝수) + (짝수) = (짝수)
(iv) (짝수) + (홀수) = (홀수)

④ 짝수와 홀수의 차도 합의 원리를 동일하게 적용할 수 있다. 짝수와 홀수의 차는 다음과 같다.

(ⅰ) (홀수) − (홀수) = (짝수)

(ⅱ) (홀수) − (짝수) = (홀수)

(ⅲ) (짝수) − (짝수) = (짝수)

(ⅳ) (짝수) − (홀수) = (홀수)

(3) 곱

① 짝수끼리의 곱은 반드시 짝수가 된다.

$2n \times 2m = 2 \times 2nm$ (단, n, m은 자연수)

② 홀수끼리의 곱은 반드시 홀수가 된다.

$(2n-1) \times (2m-1) = 2 \times (2mn-n-m)+1$ (단, n, m은 자연수)

③ 짝수항이 하나만 있어도 그 곱의 결과 값은 항상 짝수이다.

(ⅰ) (홀수) × (홀수) = (홀수)

(ⅱ) (홀수) × (짝수) = (짝수)

(ⅲ) (짝수) × (짝수) = (짝수)

(ⅳ) (짝수) × (홀수) = (짝수)

예제

다음 연산의 결과값은 홀수인가, 짝수인가?

① 13 + 27 + 6 + 98 + 1,485

② 5 × 27 × 553 × 48 × 57

③ 88 − 23 + 40 + 2 × 5

해설

설문의 경우, 결과값의 일의 자리가 1, 3, 5, 7, 9이면 홀수, 2, 4, 6, 8 ,0이면 짝수이다. 따라서 구체적인 계산이 요구되지 않고 각 항의 일의 자리만 떼어내서 계산해도 무방하다. 이하에서는 편의상 각 항의 일의 자리가 홀수이면 '홀', 짝수이면 '짝'이라고 표기한다.

① 홀 + 홀 + 짝 + 짝 + 홀 = 홀 → 홀수

② 홀 × 홀 × 홀 × 짝 × 홀 = 짝 → 짝수

③ 짝 − 홀 + 짝 + (짝 × 홀) = 짝 − 홀 + 짝 + 짝 = 홀 → 홀수

Tip ❶ 곱으로 이루어진 연산의 경우, 짝수항이 하나라도 있다면 무조건 결과 값은 짝수이다.

Tip ❷ 자료해석 영역에서는 예제와 같은 연산에 대한 정확한 결과값을 구해야 하는 경우가 많다. 그러나 상황판단 영역에서는 복잡한 계산을 수행하기보다는 수에 대한 센스로 결과를 분류해야 하는 경우가 대부분이다. 따라서 우리는 가장 먼저 문제에서 묻는 바가 무엇인지 파악해야 한다. '정확한 결과값'일 수도, '홀수, 짝수 구분'일 수도, '배수, 약수'일 수도 있다.

3 양수, 음수

(1) 합

양수와 음수의 합은 뺄셈으로 나타낼 수 있다. 양수와 음수의 절댓값 중 큰 수에서 작은 수를 빼고, 절댓값이 큰 수의 부호를 해당 수 앞에 붙인 것이 연산의 결과값이다.

정수의 합은 좌표를 이용한 이동 문제와 떨어질 수 없는 개념이다. 이외에도 서로 상쇄되는 특성을 갖는 개념군이 등장하는 경우, 양수와 음수로 치환하여 쉽게 해결할 수 있다.

예제

8×8 체스판의 ★칸에서 출발한 말은 〈행마법〉에 따라 〈경로〉와 같이 움직였다. 다음 중 말이 도착한 곳은?

〈행마법〉

A: ←	E: ↖	말이 동일한 행마법을 연속으로 사용하는 경우,
B: →	F: ↘	연속된 횟수만큼 앞에 숫자를 붙인다.
C: ↑	G: ↙	행마법 사이에는 띄어쓰기를 하지 않는다.
D: ↓	H: ↗	예시) AC3E2G: ←↑↖↖↖↙↙

〈경로〉

2G4B5C3FA3DEF5C

〈8×8 체스판〉

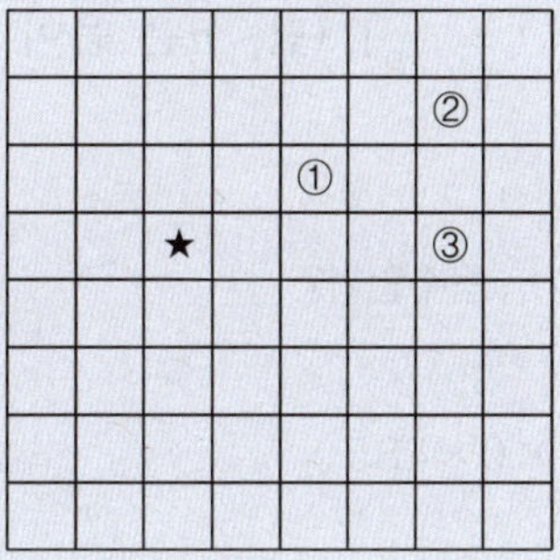

해설

행마법 A-B, C-D, E-F, G-H는 각각 한 번씩 사용하는 경우 아무 일도 없었던 것과 같다. 즉, 이들은 각각 서로를 상쇄하여 0이 되는 관계이다. 이를 감안하여 〈경로〉를 정리할 수 있다. 구별을 위해 행마법들 사이에 슬래시(/)를 넣은 후, 상쇄되는 행마법들을 제거하면 다음과 같다.

2G/4B/5C/3F/A/3D/E/F/5C
→ 2G/3B/5C/3F/3D/E/F/5C (A-B를 상쇄)
→ 2G/3B/7C/3F/E/F (C-D를 상쇄, 2개의 C를 통합)
→ 2G/3B/7C/3F (E-F를 상쇄)

따라서 〈경로〉는 2G/3B/7C/3F와 동일하다. 단순하게 ★칸에서 시작해 말을 움직여 보면 정답은 ②이다. 이 과정에서 8 × 8칸 바깥으로 빠져나가는 상황이 발생할 수 있으나, 이는 〈경로〉를 변형한 관계로 발생하는 상황으로, 실제로 〈경로〉의 행마법을 순서대로 따라가 보면 칸 바깥으로 빠져나가지 않음을 알 수 있다.

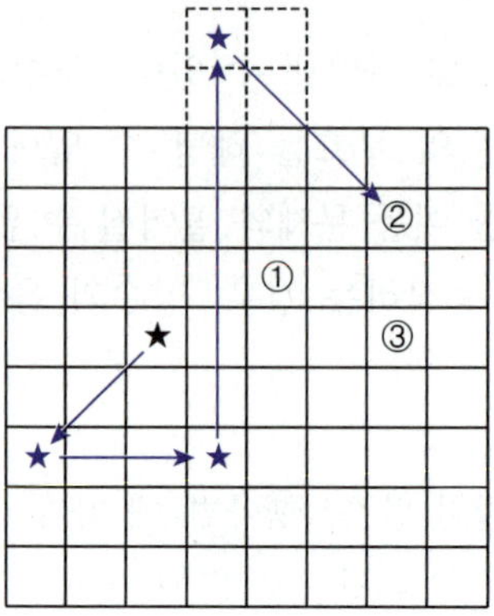

〈경로〉 2G/3B/7C/3F

---

(2) 곱

① 양수끼리의 곱은 반드시 양수가 된다.
② 음수끼리 짝수 번 곱하면 반드시 양수가 된다.
③ 음수끼리 홀수 번 곱하면 반드시 음수가 된다.
∵ $(-1)^{2n}=1$, $(-1)^{2n+1}=-1$ (단, n은 음이 아닌 정수)

예제

다음 연산의 결과값은 양수인가, 음수인가?

① $36\times(-3)\times649\times34\times(-59)$
② $477\times92\times(-21)\times304\times0\times485$

해설

−의 개수가 홀수 개이면 음수, 짝수 개이면 양수이므로
① − 가 2개 있으므로 **양수**이다.
② 0이 곱해져 있으므로 결과값은 0이며, 0은 **양수도 음수도 아니다.**

---

4 약수, 배수

(1) 약수

어떤 수를 나누어 딱 떨어지는 수를 그 수의 약수라 한다. 자연수 $a = b \times c$일 때, b와 c는 a의 약수이다. 앞서 소개한 소인수분해가 약수를 구하는 방법이다.
약수와 관련해서 출제될 수 있는 주제로는 약수의 개수가 있다. 상황판단영역에서는 약수의 개수, 공약수, 공배수 등을 빠르게 파악하도록 하는 문제들이 종종 출제된다. 그렇다고 모든 수의 약수의 개수를 암기하고 있어야 한다는 것은 아니고 그 특징을 알아 두자.

① **약수의 개수**: 소인수분해를 통해 구할 수 있다.
자연수 $x = a^n \times b^m \times c^l$(단, a, b, c는 소수)일 때, 약수의 개수는 $(n+1)(m+1)(l+1)$개이다.

② **소수**: 1보다 큰 자연수 중 약수가 1과 자기 자신뿐인 것을 소수라 한다. 소수에는 2, 3, 5, 7 등이 있으며 소수 중 짝수는 2가 유일하다.

③ **제곱수**: 어떤 자연수를 두 번 곱해서 나오는 정수를 제곱수라 한다. 1~30까지의 제곱수는 다음과 같다.

1~10의 제곱	1	4	9	16	25	36	49	64	81	100
11~20의 제곱	121	144	169	196	225	256	289	324	361	400
21~30의 제곱	441	484	529	576	625	676	729	784	841	900

제곱수는 일의 자리에 0, 1, 4, 5, 6, 9 중 하나가 쓰인다는 특징이 있다. 즉, 우리는 일의 자리가 7인 수를 보고 제곱수가 될 수 없음을 곧바로 떠올려야 한다.

예제

사물함 50개가 일렬로 늘어서 있다. 출석번호 1번부터 50번까지의 학생들이 자기 출석번호의 배수에 해당하는 사물함에 자신의 출석번호가 쓰인 스티커를 하나씩 붙인다고 하자.

① 모든 학생들이 스티커를 붙이고 난 후에, 붙어 있는 스티커의 개수가 2개인 사물함은 총 몇 개인가?
② 모든 학생들이 스티커를 붙이고 난 후에, 붙어 있는 스티커의 개수가 홀수인 사물함은 총 몇 개인가?
③ 붙어 있는 스티커의 개수가 3개인 사물함은 총 몇 개인가?

해설

① 출석번호 1번 학생은 모든 사물함에 스티커를 붙인다. 또한, 모든 학생이 자신의 사물함에 스티커를 붙인다. 따라서 붙어 있는 스티커의 개수가 2개인 사물함은, 1번 학생과 사물함의 주인만이 스티커를 붙인 경우를 의미한다.

한편, 한 학생이 어느 사물함에 스티커를 붙인다는 것은 해당 출석번호가 자신의 출석번호의 배수임을 의미하고, 반대로 어느 사물함에 한 학생의 스티커가 붙어 있다는 것은 해당 출석번호가 그 학생의 출석번호의 약수임을 의미한다. 이때, 1과 자신의 번호 스티커만 붙어 있다는 것은 해당 출석번호가 1과 자신만을 약수로 가지는 소수임을 의미한다. 1부터 50 사이의 소수는 2, 3, 5, 7, 11, 13, 17, 19, 23, 29, 31, 37, 41, 43, 47로 총 **15개**이다.

Tip 소수의 경우 판정법이 복잡하므로, 1부터 30 사이의 소수는 떠올리는 데에 시간을 낭비하지 않도록 미리 숙지해두자.

② 앞서 언급하였듯 한 학생이 어느 사물함에 스티커를 붙인다는 것은 해당 출석번호가 자신의 출석번호의 배수임을 의미하고, 반대로 어느 사물함에 한 학생의 스티커가 붙어 있다는 것은 해당 출석번호가 그 학생의 출석번호의 약수임을 의미한다. 이때, 붙어 있는 스티커의 개수가 홀수라는 것은 그 수가 제곱수임을 나타낸다.

이는 공배수 관계를 통해 확인할 수 있다. 제곱수가 아닌 자연수는 서로 쌍을 이루는 짝수 개의 약수들을 가진다. 그런데 제곱수는 특정 수를 두 번 곱한 수이므로, 해당 수는 쌍을 이루지 않는다. 따라서 제곱수의 약수의 개수는 항상 홀수이다. (공배수와 공약수는 다음 소단원에서 더 자세히 다루어 보자.)

잘 와닿지 않는다면 직접 예를 들어 확인해 보자.

제곱수가 아닌 12의 경우, (1-12), (2-6), (3-4)가 각각 쌍을 이루어 약수가 짝수 개다. 반면 제곱수 16의 경우, (1-16), (2-8)은 짝을 이루지만 4가 쌍을 이루지 않으므로 약수가 홀수 개다.

12 = ⓵ × ⑫	16 = ⓵ × ⑯
= ⓶ × ⓺	= ⓶ × ⓼
= ⓷ × ⓸	= ⓸ × 4
∴ 약수 6개	∴ 약수 5개

1부터 50까지의 수 중에서 제곱수는 1, 4, 9, 16, 25, 36, 49로 총 **7개**이다.

③ 3도 홀수이므로 붙어 있는 스티커의 개수가 3개인 사물함은 제곱수 중에 있다. 약수가 3개라는 것은 1과 자기 자신 외에 단 하나의 약수만 존재한다는 뜻이다. 그 하나의 약수는 제곱수의 제곱근이며, 해당 제곱근도 자연수로써 약수를 가진다는 것을 고려할 때 그 수는 소수여야 한다. 따라서 1부터 50까지의 수 중에서 소수의 제곱수는 4, 9, 25, 49로 총 **4개**이다.

Tip 이상의 예제를 보고, 붙어 있는 스티커의 개수가 4개인 경우를 도출하는 방법도 궁금한 수험생이 있을 것이다. 그러나 상황판단영역이 출제되는 의도를 감안할 때, 해당 예제는 스티커의 개수가 아니라 소수, 제곱수, 소수의 제곱수를 물어보는 것이므로 붙어 있는 스티커의 개수가 4개인 경우를 물어볼 일은 없다. 따라서 스티커에 집착하기보다 문제의 접근법을 이해하자.

(2) 배수

자연수 $a=b\times c$일 때, a는 b와 c의 배수이다. 배수와 관련된 문제에서 주의해야 할 경우는 세 자리 이상의 큰 수를 다루는 경우이다. 이때, 가장 위험한 방법은 암산으로 약수를 찾아내는 것이다. 웬만큼 자신이 있지 않은 이상 암산으로 처리하지 말자. 그보다 나은 방법은 곱분해 또는 소인수분해를 통해 오류 없이 답을 찾는 것이다.

가장 좋은 방법은 배수 판정법을 통해 간편하게 해결하는 것이다. 배수 판정법은 제대로 활용한다면 많은 시간을 절약할 수 있는 방법이다. 복잡한 판정법의 경우 신경써서 정확하게 기억해 두도록 하자.

	자연수	배수 판정법
끝수	2	끝수가 0, 2, 4, 6, 8
	4	끝 두 자리가 00 또는 4의 배수 (100이 4의 배수임을 이용)
	5	끝수가 0, 5
	8	끝 세 자리가 8의 배수 (1,000이 8의 배수임을 이용)
	10	끝수가 0
숫자의 합	3	각 자리 숫자의 합이 3의 배수
	9	각 자리 숫자의 합이 9의 배수
기타	6	2의 배수와 3의 배수 조건을 동시에 충족
	7	'(일의 자리를 제외한 수)−(일의 자리 숫자)×2'가 7의 배수
	11	'(홀수 자리 숫자의 합)−(짝수 자리 숫자의 합)'이 0 또는 11의 배수

Tip (홀수자리 숫자의 합)−(짝수자리 숫자의 합)이 0일 경우 11의 배수가 되는 이유를 간단한 증명을 통해 살펴보자. 4자리 숫자의 천의 자리, 백의 자리, 십의 자리, 일의 자리 수를 각각 a, b, c, d라고 하자. 이때, 위 조건을 만족시키기 위해서는 $(a+c)-(b+d)=0$, 즉 $a+c=b+d$가 성립하여야 한다.
한편, 4자리 수 '$abcd$'의 값은 $1{,}000a+100b+10c+d$이다. 이때, $a+c=b+d$를 활용해 $d=a+c-b$를 위 값에 대입하면, $1{,}000a+100b+10c+d==1{,}001a+99b+11c$가 된다. 그런데 11 / 99 / 1,001은 각각 11의 배수이므로 $1{,}001a+99b+11c$ 또한 11의 배수이고, 따라서 4자리 수 '$abcd$' 또한 11의 배수이다.

예제

① 469는 7의 배수인가?
② 3619는 11의 배수인가?

해설

① 배수 판정법에 의하면 $46-(9\times2)=28=7\times4$이므로 **469는 7의 배수**이다.
② 배수 판정법에 의하면 $(6+9)-(3+1)=11$이므로 **3,619는 11의 배수**이다.

5 최소공배수, 최대공약수

(1) 최소공배수

공배수란 여러 자연수가 공통적으로 갖는 배수를 말한다. 공배수는 무한히 많이 존재하므로 가장 큰 공배수를 뜻하는 최대공배수는 의미 없는 개념이나, 가장 작은 공배수를 뜻하는 최소공배수는 1개로 유일하다. 또한 두 수의 최소공배수의 배수는 두 수의 공배수가 된다.

최소공배수는 자연수들을 소인수분해한 후, 공통인 소인수 중에서 거듭제곱의 지수가 큰 것을 선택하여 곱하고, 마지막으로 공통이 아닌 소인수를 모두 곱하여 도출한다.

한편, 연속하는 두 자연수 n과 $n+1$은 공통인 인수가 1밖에 없으므로, n과 $n+1$의 최소공배수는 두 수의 곱인 $n(n+1)$이다.

(2) 최대공약수

공약수란 여러 자연수가 공통적으로 갖는 약수를 말한다. 가장 작은 공약수를 뜻하는 최소공약수는 언제나 1이며, 가장 큰 공약수를 뜻하는 최대공약수는 1개로 유일하다. 또한 두 수의 최대공약수의 약수는 두 수 각각의 약수이다.

최대공약수는 자연수들을 소인수분해한 후, 공통인 소인수 중에서 거듭제곱의 지수가 작은 것을 선택하고 이를 곱하여 도출한다.

한편, 연속하는 두 자연수 n과 $n+1$은 공통인 인수가 1밖에 없으므로, n과 $n+1$의 최대공약수는 1이다.

예제 1

78과 126의 최소공배수와 최대공약수는?

해설

$78=2\times3\times13$이고 $126=2\times3^2\times7$이므로, 최소공배수는 $2\times3^2\times7\times13=\mathbf{1,638}$이며, 최대공약수는 $2\times3=\mathbf{6}$이다.

예제 2

5일마다 열리는 5일장과 6일마다 열리는 6일장에서 물건을 파는 상인이 있다. 장날이 겹치는 경우 상인은 5일장과 6일장에 번갈아 가며 참가한다. 이번 주 수요일에 장날이 겹쳐서 상인은 5일장에 참가했다. 다음으로 장날이 겹쳐서 5일장에 참가하게 되는 날은 무슨 요일인가?

해설

5일장과 6일장이 겹치는 주기를 찾기 위해서 최소공배수를 활용한다. 5와 6의 최소공배수는 이들의 곱인 30이다. 따라서 5일장과 6일장은 30일에 한 번씩 겹친다. 이번 주 수요일에 장날이 겹쳐서 5일장에 참가한 경우, 30일 후에 장날이 겹칠 때에는 6일장에 참가하며, 60일 후에 장날이 겹칠 때에는 다시 5일장에 참가할 것이다.
이후 요일 파트에서 나오겠지만, 설문의 경우 날짜가 아닌 요일을 물어보고 있다. 일주일은 7일이므로 7일마다 똑같은 요일이 반복된다. 앞서 구한 일수를 7로 나눈 나머지만큼 현재 요일에 더하면 해당 일수만큼 지난 뒤의 요일을 도출할 수 있다. 60(일)을 7로 나누면 몫이 8이고 나머지가 4이므로, 수요일에 4만큼 더한다. 따라서 다음으로 장날이 겹쳐서 5일장에 참가하게 되는 날은 **일요일**이다.

6 주기(週期)와 시법(時法)

(1) 주기(週期)

최소공배수와 최대공약수는 주기와 관련된 문제에 사용된다. 문제에 출제될 수 있는 대표적인 주기로는 60간지(干支)가 있다.

① 60간지: 60간지는 전통적으로 연도에 사용된 기간 단위이다. 천간(天干) 10개와 지지(地支) 12개를 갑자부터 순서대로 조합하여 만든 간지 60개로 구성된다. 지지가 5번 돌아 60년이 지나면 다시 갑자가 되는데, 이것을 '환갑(還甲)'이라고 한다.

천간	갑	을	병	정	무	기	경	신	임	계

지지	자	축	인	묘	진	사	오	미	신	유	술	해

첫 번째 간지는 갑자, 두 번째는 을축, 세 번째는 병인 … 이러한 순서를 거쳐 마지막 60번째 간지는 계해다. 60간지의 특징은 모든 천간과 지지가 한 번씩 조합되지는 않는다는 것이다. 간지의 개수가 10×12가 아니라, 10과 12의 최소공배수인 60개이기 때문이다.
한편, 천간과 지지는 각각 2개를 최소단위로 하여 순환한다. 이는 10과 12의 최대공약수가 2이기 때문이다. 첫 번째 간지가 갑자이므로, 홀수 번째 천간은 홀수 번째 지지와, 짝수 번째 천간은 짝수 번째 지지와만 조합된다. 예를 들어, 첫 번째 천간인 갑은 첫 번째 지지인 자와는 조합되지만, 두 번째 지지인 축과는 조합되지 않는다. 즉 60간지에 갑자는 존재하지만 갑축은 존재하지 않는다.
한편, 천간의 명칭을 따서 사람 이름에 쓰는 경우가 있는데, 특히 PSAT이나 NCS 등 시험문제에서 많이 활용된다. 주로 갑, 을, 병, 정, 무, 기의 5~6가지 천간이 활용되며, 이들은 甲, 乙, 丙, 丁, 戊, 己의 한문으로도 표기되니 이를 눈에 익혀 두자.

② **나머지를 활용한 60간지 계산법**: 나머지란 나누어 떨어지지 않고 남은 수를 말한다. 이 때의 '수'는 자연수이며, 나머지는 몫보다 반드시 작다. 나머지를 활용하여 60간지를 계산하는 방법은 다음과 같다.

(ⅰ) 구하고자 하는 서기(西紀)해를 10으로 나눈 후, 그 나머지에 따라 천간을 구한다. 즉, 서기해의 천간은 해당 서기해의 일의 자릿수를 통해 파악할 수 있다. 나머지, 즉 서기해의 일의 자릿수에 따른 천간은 다음과 같다.

나머지	0	1	2	3	4	5	6	7	8	9
천간	경	신	임	계	갑	을	병	정	무	기

(ⅱ) 구하고자 하는 서기해를 12로 나눈 후, 그 나머지에 따라 지지를 구한다. 서기해를 12로 나눈 나머지에 따른 지지는 다음과 같다.

나머지	0	1	2	3	4	5	6	7	8	9	10	11
지지	신	유	술	해	자	축	인	묘	진	사	오	미

(ⅲ) 1단계와 2단계에서 나온 천간과 지지를 합치면 그 해의 60간지를 구할 수 있다.

예제

1592년이 임진년임을 60간지 계산법을 통해 보여라.

해설

1592년을 60간지 계산법을 통해 10과 12로 각각 분해하면 다음과 같다.

$1592 = 159 \times 10 + 2 = 132 \times 12 + 8$

10으로 나눈 나머지는 2, 12로 나눈 나머지는 8이다. 따라서 서기 1592년의 천간은 임, 지지는 진이 된다.

Tip 60간지의 경우 특수한 연도 계산법이므로, 상식의 범위라고 보기는 어렵다. 따라서 천간이나 지지의 순서, 60간지 계산법 등을 반드시 달달 외울 필요는 없다. 문제가 출제된다 하더라도 참고할 수 있도록 제시문이 주어질 것이기 때문이다. 60간지를 구할 때 앞자리(천간)와 뒷자리(지지)의 주기가 각각 10년과 12년이라는 것만 기억해 두자.

(2) 시법(時法)

시법이란 특정한 시점을 기준으로 경과한 시간을 식별하고, 시의 단위를 정하는 제도를 말한다. 시법은 어떤 구간대의 시간의 길이를 일정한 단위로 쪼개고, 그보다 작은 하위 단위들로 다시 쪼개는 것이 특징이다. 시법 문제에서 우리는 여러 단위를 빠르게 파악하고, 이를 곱하거나 더하여 해당 구간대의 시간의 길이를 찾아낸다. 현대시에서는 시, 분, 초 등이 이 단위에 해당한다.

전통적인 시법의 경우 현대의 24시간, 60분, 60초로 구성된 시제와 괴리가 커 출제되었을 때 체감 난이도가 높다. 이하에서는 조선시대의 시법인 12진과 5경 제도를 소개하고자 한다. 이미 수 차례 출제된 바 있는 주제들이지만, 여기서 다루는 이유는 이러한 시법들을 눈에 익혀 향후 동일하거나 유사한 문제와 맞닥뜨려도 당황하지 않기 위함이다. 그러므로 이를 달달 외우는 것이 아니라, 읽어 보며 내용을 이해하는 정도로도 충분하다. 게다가 실전에서 해당 유형의 문제가 출제되었을 때에는 관련된 내용에 대한 정보를 제시해 줄 것이기 때문에 외울 필요도 없다.

① **12진**: 12진은 고대 중국에서 시작되어 동양에서 폭넓게 통용된 시법이다. 하루를 12등분한 것을 시(時)라 하고, 전술한 12지지에 따라 이름을 붙였다. 앞서도 언급하였지만 외울 필요가 없다.

진	자시	축시	인시	묘시	진시	사시	오시	미시	신시	유시	술시	해시
현대시	23:00 ~ 01:00	01:00 ~ 03:00	03:00 ~ 05:00	05:00 ~ 07:00	07:00 ~ 09:00	09:00 ~ 11:00	11:00 ~ 13:00	13:00 ~ 15:00	15:00 ~ 17:00	17:00 ~ 19:00	19:00 ~ 21:00	21:00 ~ 23:00

시(時)의 하위 단위로는 24반지시법이 있다. 12시의 각 시를 초(初)와 정(正)으로 이등분하여 하루를 총 24반시로 보는 것이다. 각 시의 전반부가 시작되는 시각을 초(初)로, 후반부가 시작되는 시각을 정(正)으로 하였다. 예를 들어, 진초(辰初)의 경우 현대시로는 07시 정각, 진정(辰正)의 경우 08시 정각이 된다.

또 다른 하위 단위로는 시를 8등분한 각(刻)이 있다. 각은 현대의 개념으로 약 15분에 해당하며 정각, 일각, 이각, 삼각, 반각, 오각, 육각, 칠각으로 나뉘었다. 즉 하루는 12시로 나뉘며, 한 시는 8각으로 구성된다. 아래는 진시(辰時) 정각부터 사시 정각까지의 1시진을 각으로 나타낸 것이다.

12진	진시 정각	진시 일각	진시 이각	진시 삼각	진시 반각	진시 오각	진시 육각	진시 칠각	사시 정각
현대시	07:00	07:15	07:30	07:45	08:00	08:15	08:30	08:45	09:00

② **5경(更)**: 5경은 조선시대 야간의 시법인 경점법에 따른 시간 단위이다. 경점법에서는 밤시간을 5등분하여 초경, 이경, 삼경, 사경, 오경으로 불렀다. 경의 하위단위로는 경을 5등분한 점(點)이 있다.

경점법의 특징은 시간의 길이가 정해져 있지 않은 부정시법이라는 것으로, 일몰부터 일출까지의 밤시간이 계절에 따라 다른 점을 반영하였다. 밤의 길이는 여름보다 겨울이 더 길기 때문에 여름의 1경보다 겨울의 1경이 더 길다.

예제 2014 행외시 상황판단 A책형 19번 변형

> 조선 후기에는 시헌력을 따라 하루를 96각(刻) 또는 12진으로 나누었다. 밤 시간에는 12진법과 5경(更)제를 병행하였는데, 춘분에 밤 시간은 48각, 동지에는 60각, 하지에는 36각이었다고 한다.

위의 글을 근거로 추론할 때, 춘분과 동지의 1경은 현대의 시간으로 몇 분이나 차이가 나는가?

해설

춘분에 밤 시간은 48각이며 이는 5경과 같으므로 춘분의 1경은 9.6각에 해당한다. 반면 동지에 밤 시간은 60각이며 이는 5경과 같으므로 동지의 1경은 12각이다. 따라서 춘분에 비해 동지의 1경은 2.4각 길다.

시헌력에 따라 하루는 96각과 같은데, 현대시에 의하면 하루는 $24\times60=1,440$분이다. 따라서 96각과 1,440분이 동일하며, 이때, 1각은 $1,440\div96=15$분이고, 2.4각은 $15\times2.4=$**36분**이다.

7 방정식과 부등식

(1) 방정식

방정식이란 미지수가 포함된 식으로서, 미지수의 값에 따라 참 또는 거짓이 결정되는 식을 의미한다. 이때, 방정식을 성립하게 하는 특정한 값을 해 또는 근이라 한다. 상황판단 영역에서 출제되는 문제는 대부분 미지수의 최고차항의 계수가 1인 일차방정식이다. 다음은 방정식 문제에서 우리가 유의해야 할 점이다.

① 지문을 꼼꼼히 읽으며 미지수를 찾는다. 이때, 미지수의 개수는 최소한으로 한다.
② 주어진 조건을 활용하여 미지수가 포함된 일차방정식을 구한다. 이때, 원칙적으로 방정식의 해를 도출하기 위해서는 식의 개수가 미지수의 개수보다 같거나 많아야 한다.
③ 미지수의 개수가 방정식의 개수보다 많다면 미지수의 범위를 특정해 주는 조건이 주어져 있는지 찾아본다. 만약 방정식만으로 해가 도출되지 않을 때에는 선지를 활용하면 도출되는 경우도 많다.
④ 일차방정식 문제에서도 주어진 조건이나 출제 의도에 따라 해가 반드시 하나로 떨어지지 않을 수도 있다.

(2) 부등식

부등식이란 말 그대로 등식이 아닌 식이다. 즉 좌변과 우변 중 어느 한 쪽이 크거나 작음을 나타낸다. 이외에도 어느 한 쪽이 같거나 큰 경우(≥), 같거나 작은 경우(≤)도 부등식에 포함된다. 상황판단 영역에서 부등식은 방정식 문제의 조건으로서 이용되는 경우가 많다. 즉, 방정식의 해를 일정 범위 내로 제한하는 역할을 주로 맡는다.

부등식 문제를 풀 때는 '이상－초과', '이하－미만' 등의 단어에 집중한다. 절대 헷갈리지 않도록 주의하자.

예제 1

가은, 나영, 다민이 상자 안에 담긴 사탕을 나눠 갖기로 하였다. 나영은 가은보다 3개 더 가져갔고, 다민은 나영보다 5개 덜 가져갔다. 상자 안 사탕이 40개 초과 50개 이하의 짝수 개였다면, 다민은 사탕 몇 개를 가져갔는가?

해설

(1) 문제를 읽고 미지수가 몇 개인지 확인한다.
→ 미지수는 사탕의 개수로 1개이다.

(2) 가은, 나영, 다민 중 누구의 사탕 개수를 미지수 x로 둘 것인지 결정한다.
→ 설문의 경우 어떤 사람을 선택하든 무방하다. 사전식 배열법에 따라 가은의 사탕 개수를 x라고 하자.

(3) 나영과 다민의 사탕 개수를 x에 대해 나타낸다.
→ 나영은 가은보다 3개 더 가져갔으므로 나영이 가져간 사탕은 $(x+3)$개이고, 다민은 나영보다 5개 덜 가져갔으므로 다민이 가져간 사탕은 $(x-2)$개이다.

(4) 사탕 수의 합을 부등식으로 나타낸다.
→ 상자 안 사탕은 $(3x+1)$개이며, 상자 안 사탕이 40개 초과 50개 이하이므로 $40 < 3x+1 \leq 50$이 성립한다.

(5) 문제에서 주어진 조건에 따라 x의 범위를 좁히거나 x를 구한다.
→ 상자 안 사탕이 짝수 개이므로 사탕의 개수로 가능한 것은 42, 44, 46, 48, 50이며, 동시에 가은의 사탕의 개수 x는 자연수이다. 이를 동시에 만족하는 사탕의 개수는 46개이며, 이때, 가은의 사탕의 개수는 15개이다.

(6) 문제에서 묻는 바에 답한다.
→ 따라서 다민의 사탕의 개수는 **13개**이다.

예제 2

가은, 나영, 다민은 〈**예제 1**〉과 같은 개수의 사탕을 나눠 가졌다. 상자 안 사탕이 40개 이상 50개 미만의 짝수 개였다면, 다음 중 다민이 가져갈 수 있는 사탕의 개수가 아닌 것은?

① 11개 ② 12개 ③ 13개

해설

〈예제 1〉과 달리 〈예제 2〉에서 주어진 상자 안 사탕의 범위는 $40 \leq 3x+1 < 50$이다. 이때, 상자 안 사탕이 짝수 개이므로 사탕의 개수로 가능한 것은 40, 42, 44, 46, 48이며, 동시에 가은의 사탕의 개수 x는 자연수이다. 이를 동시에 만족하는 사탕의 개수는 40개 또는 46개이며, 이때 가은의 사탕의 개수는 13개 또는 15개이다. 따라서 다민이 가져갈 수 있는 사탕의 개수는 **11개 또는 13개이다**. 따라서 보기 중 다민이 가져갈 수 있는 사탕의 개수가 아닌 것은 ②이다.

8 진법(進法)

진법 또는 위치적 기수법은 숫자의 위치와 계수를 이용하여 수를 시각적으로 나타내는 방법이다. 현대 사회에서는 주로 10진법을 사용한다. 그 외에도 디지털 신호에 사용되는 2진법, 시간 및 각도 체계에 사용되는 60진법 등이 있다. 마야 문명의 20진법, 그리스 문명의 기수법, 바빌로니아 문명의 60진법 등도 문제로 출제될 수 있다.

(1) 10진법 외의 진수를 10진수로 변환하는 경우

아래와 같이 표를 작성한 후 해당 자리의 10진수 값을 모두 더함으로써 구할 수 있다. 다음은 2진수 1011010을 10진수로 변환하는 과정을 나타낸 것이다.

2진수	1	0	1	1	0	1	0
자릿수	2^6	2^5	2^4	2^3	2^2	2^1	2^0
10진수	64	32	16	8	4	2	1

$$1011010(2) = 2^6\times1+2^5\times0+2^4\times1+2^3\times1+2^2\times0+2^1\times1+2^0\times0=90(10)$$

Tip 진법 변환 문제에서는 해당 수가 어떤 진법의 수인지를 표시하기 위하여 수 뒤에 진법을 나타내기도 한다.

(2) 10진수를 10진법 외의 진수로 변환하는 경우

10진수를 해당 진수로 더 이상 나누어지지 않을 때까지 나누어, 마지막으로 도출된 몫과 나머지를 역순으로 나열함으로써 구할 수 있다. 다음은 10진수 743을 5진수로 변환하는 과정을 나타낸 것이다.

```
5 | 743
5 | 148  … 3 ↑
5 |  29  … 3 |
5 |   5  … 4 |
      1  … 0 |
```

∴ 743(10) = 10433(5)

(3) 진법 문제에서 유의해야 하는 사항

① 계수는 기수보다 항상 작다. 이때, 계수는 해당 진수의 각 자리의 수를 의미하며, 기수는 해당 진수의 진법에 사용된 숫자를 의미한다. 예를 들어, 2진법에 따라 표기된 수, 2진수의 기수는 2이다. 당연한 사실이지만 막상 복잡한 문제를 풀다 보면 헷갈릴 수 있으니 주의하자. 예를 들어 2진법에서는 각 자리에 2 이상의 수가 들어갈 수 없다.

② 어떤 수의 기수를 알아낼 때 계수가 단서가 될 수 있다. 기수는 적어도 계수보다 크기 때문이다.

③ 어떤 수의 가장 낮은 수 단위는 진법과 무관하게 항상 1이다. 즉, n진법으로 표현된 수에서 가장 우측의 숫자가 m이라 할 때, m(n)은 $m \times n^0 = m \times 1 = m(10)$로 10진법의 1과 동일하다.

예제

7진법 나라 A국에 사는 a, 9진법 나라 B국에 사는 b는 각 나라의 가구수를 자신의 나라의 진법에 따라 계산하였다. 이들은 모두 자국의 진법으로 대화가 진행되고 있다고 생각하며 다음과 같은 대화를 나누었다.

> a: 우리나라의 가구수는 2,514가구야.
> b: 우리나라 가구수와 합하면 총 3,654가구네.

이 경우, 두 국가의 실제 가구수의 합을 10진법으로 나타내면?

해설

A국의 가구수는 2514(7)가구이다. 한편 b는 A국의 가구수를 자국의 진법인 9진법으로 생각하고 대화를 하였으므로, B국의 가구수는 3654(9) - 2514(9) = 1140(9)가구이다. 이때, A국과 B국의 가구수를 10진법으로 변환하면 다음과 같다.

• A국: $2514(7) = 2 \times 7^3 + 5 \times 7^2 + 1 \times 7^1 + 4 \times 7^0 = 942(10)$

• B국: $1140(9) = 1 \times 9^3 + 1 \times 9^2 + 4 \times 9^1 = 846(10)$

따라서 두 국가의 실제 가구수의 합을 10진법으로 나타내면 942+846=**1,788**가구이다.

Tip 진법 계산 문제에서 가장 중요한 것은 자릿수를 맞추는 것이다. 우리가 일반적으로 하는 사칙연산은 10진법을 전제로 하고 있는 반면, 10진법이 아닌 다른 진법에서는 계산이 다소 달라질 수 있다. 설문의 경우 모두 큰 수에서 작은 수를 뺀 형태였기 때문에 문제가 되지 않았으나, 작은 수에서 큰 수를 빼는 경우 달라질 수 있다.

(1) 예컨대 1011(2)−110(2)의 경우, 2^2자리의 숫자가 앞 수는 0, 뒤 수는 1로 작은 수에서 큰 수를 빼는 형태가 발생한다. 이 경우 그보다 하나 큰 2^3자리에서 1(2)을 하나 당겨쓰는 것은 동일하나, 2진법의 기수는 2이므로 당겨쓸 경우 10(10)이 아닌 2(10)가 내려온다.
따라서 1011(2)는 0′2′11(2)와 본질적으로 같은 수다.
이처럼 자릿수를 맞춰준 후 계산하면 211(2)−110(2)=101(2)이 도출된다. (단, 작은 따옴표는 실제로 2진법에서 존재할 수 없는 계수를 이해를 돕기 위해 표기하였다는 의미이다.)

(2) 마찬가지로 3526(7)−1254(7)의 경우에도 7^1자리가 앞 숫자는 2, 뒤 숫자는 5로 작은 수에서 큰 수를 빼는 형태가 발생한다. 따라서 자릿수 조정을 통해 계산하면
3526(7)−1254(7)=34′9′6(7)−1254(7)=2242(7)가 도출된다.
(단, 작은 따옴표는 실제로 7진법에서 존재할 수 없는 계수를 이해를 돕기 위하여 표기하였다는 의미이다.)

9 점수계산

시험, 게임 등에서 점수를 계산하는 유형의 문제들이 있다. 게임의 경우 (승, 무, 패), 시험의 경우 (정답, 오답) 등으로 결과가 나뉘는 유형이다. 이러한 유형은 간단한 일차방정식에 불과한 문제부터 면밀한 주의를 요하는 복잡한 문제까지 난이도가 다양하다. 따라서 우리는 가장 먼저 몇 가지 결과가 존재하는지 파악한 후, 가능하다면 결과들을 소거하여 문제를 최대한 간단하게 만들어야 한다.

예제 1

가영이 10문제로 구성된 쪽지시험을 친다. 한 문제를 맞힐 때마다 5점이 주어지고, 틀릴 때마다 3점이 감점된다. 가영이 6문제를 틀렸다면, 받게 되는 점수는?

해설

(정답, 오답)으로 2가지 결과가 존재하는 시험 상황이다. 따라서 가영이 6문제를 틀렸다면 맞힌 문제는 4문제이다. 이때, 다음의 두 가지 방법의 풀이가 가능하다.

① 방법 1: **식을 세워 해결**

$5\times4+(-3)\times6=20-18=2$

② 방법 2: **만점을 구한 뒤 감점하여 해결**

만약 가영이 10문제를 전부 맞았다면 받게 되는 점수는 50점이다. 1문제를 틀릴 때마다 그 문제에서 받을 수 있었던 5점도 잃고, 추가로 틀림에 따라 3점이 감점된다. 따라서 1문제를 틀릴 경우 50점에서 깎이게 되는 점수는 8점이다. 이때, 가영이 6문제를 틀렸다면 $8\times6=48$점을 잃게 되고, 가영의 점수는 $50-48=$**2점**이다.

방법 2와 같이 문제를 다 맞았다고 가정한 점수인 만점을 세운 뒤, 틀렸을 때 감점되는 점수에 더해 정답 시 얻을 수 있는 점수까지 감안하여 그만큼 감점하는 방법도 알아 두자.

예제 2

가영이 컴퓨터 프로그램과 가위바위보를 10회 한다. 가위바위보에서 승리할 때마다 5점이 주어지고, 패배할 때마다 3점이 감점된다. 무승부의 경우 아무 일도 일어나지 않는다. 가영이 6번 패배했다면, 받을 수 있는 점수를 모두 나열하라.

해설

가영이 6번 패배했다면 가영이 승리하거나 무승부를 거둔 횟수는 총 4번이다. 이때, 가영이 승리한 횟수가 정해지면 저절로 무승부를 거둔 횟수도 정해진다. 승리한 횟수에 따라 받을 수 있는 점수를 각각 도출하면 다음과 같다.

(ⅰ) 승리 횟수가 0회인 경우: $5\times0+0\times4+(-3)\times6=-18$

(ⅱ) 승리 횟수가 1회인 경우: $5\times1+0\times3+(-3)\times6=-13$

(ⅲ) 승리 횟수가 2회인 경우: $5\times2+0\times2+(-3)\times6=-8$

(ⅳ) 승리 횟수가 3회인 경우: $5\times3+0\times1+(-3)\times6=-3$

(v) 승리 횟수가 4회인 경우: $5\times4+0\times0+(-3)\times6=2$
따라서 가영이 받을 수 있는 점수는 **−18점, −13점, −8점, −3점, 2점**이다.

예제 3

가영이 컴퓨터 프로그램과 가위바위보를 10회 한다. 이 프로그램은 가위, 바위, 보 중 무슨 전략을 택하는가에 따라 점수 득실이 달라지는 구조로, 이는 〈표〉와 같다. 가영이 6번 패배했다면, 얻을 수 있는 점수 중 두 번째로 큰 값은?

〈표〉

가영 \ 컴퓨터	가위	바위	보
가위	0	−2	+5
바위	+5	0	−3
보	−5	+5	0

해설

가영이 6번 패배했다면 가영이 승리하거나 무승부를 거둔 횟수는 총 4번이다. 그런데 가영이 무엇을 내는지와 무관하게 가위바위보에서 이길 경우 5점을 얻고, 비길 경우 0점을 얻는다. 한편 가영이 가위를 내고 질 경우 2점, 바위를 내고 질 경우 3점, 보를 내고 질 경우 5점을 각각 잃는다.
이때, 가영의 점수가 높으려면 얻는 점수를 최대한으로 하고 잃는 점수를 최소한으로 하여야 한다. 얻는 점수를 최대한으로 하는 방법은 비기는 것보다는 이기는 것이고, 잃는 점수를 최소한으로 하는 방법은 가위를 내고 지는 것이다. 따라서 가영이 얻을 수 있는 가장 높은 점수는 패배한 횟수를 제외한 총 4번의 가위바위보에서 모두 이겨 20점을 얻고, 6번 패배한 가위바위보에서 모두 가위를 내고 져 12점을 잃을 때의 8점이다.
한편, 가영이 얻을 수 있는 점수 중 두 번째로 큰 값은 가장 높은 점수에서 어떤 것을 바꾸어야 하는지 살펴보자. 먼저 가영이 승리한 4번의 가위바위보 중 1번이 무승부였을 경우, 즉 승리 1번이 무승부 1번으로 바뀔 경우 가영은 5점을 덜 얻는다(잃는다). 다음으로 가영이 가위를 내고 패배한 6번의 가위바위보 중 1번이 바위를 내고 진 경우로 바뀔 경우 가영은 1점을 잃는다. 마지막으로 가영이 가위를 내고 패배한 6번의 가위바위보 중 1번이 보를 내고 진 경우로 바뀔 경우 가영은 3점을 잃는다.
따라서 잃는 점수를 최소화하는 경우는 4번 승리하고, 가위를 내어 5번 패배하고, 바위를 내어 1번 패배하는 경우로, 이때 가영은 얻을 수 있는 점수 중 두 번째로 큰 값인 **7점**을 얻는다.

10 사칙연산

사칙연산을 활용하여 규칙성 등을 발견하도록 유도하는 문제들도 출제된다. 당연하지만, 사칙연산 순서를 잘 지키도록 하자. 괄호가 있으면 괄호 안의 계산을 먼저 처리하고, 곱하기와 나누기를 처리한 후 더하기와 빼기를 처리한다. 당연하게 알고 있는 개념일수록 실수하기 쉬우니, 다시 한번 점검해 두자.

예제

다음의 등식이 성립하기 위해 ㉠, ㉡, ㉢에 알맞은 사칙연산 부호는?

① 38 ㉠ 5 ㉡ 6 = 68

② 12 ㉠ 3 ㉡ 40 ㉢ 11 = 33

해설

① ㉠ : +, ㉡ : ×

② ㉠ : ÷, ㉡ : +, ㉢ : −

11 집합의 원소의 개수

집합의 원소의 개수는 경우의 수 중에서 확률의 덧셈정리에 사용된 원리와 유사하게 도출할 수 있다. 집합 두 개와 세 개일 때 원소의 개수를 세는 공식을 도출하면 다음과 같다. 각각의 집합의 원소의 개수를 더한 후 중복되는 부분을 제외하며, 집합 세 개의 경우 중복되는 부분을 제외함에 따라 있어야 할 부분이 추가로 빠지게 되어 다시 더해주는 모습이다.

$n(A \cup B) = n(A) + n(B) - n(A \cap B)$

$n(A \cup B \cup C) = n(A) + n(B) + n(C) - n(A \cap B) - n(B \cap C) - n(C \cap A) + n(A \cap B \cap C)$

한편, 이러한 집합의 원소의 개수는 벤 다이어그램을 통해서 시각화가 가능하다.

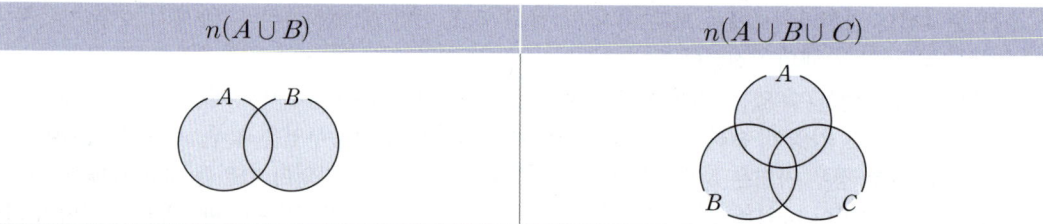

$n(A \cup B)$	$n(A \cup B \cup C)$
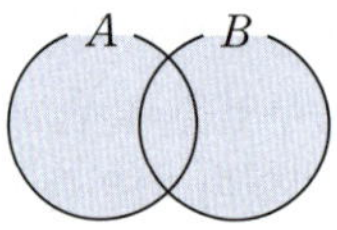	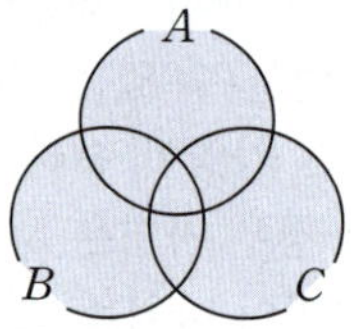

예제

2학년 1반 학생들은 축구, 배드민턴, 수영 경기를 관람할 수 있다. 축구 경기를 관람하는 학생은 총 23명이며, 수영 경기를 관람하는 학생은 총 20명이다. 축구와 배드민턴 경기만 관람하는 학생은 2명, 축구와 수영 경기만 관람하는 학생은 6명이다. 배드민턴과 수영 경기만 관람하는 학생은 7명이며, 모든 경기를 관람하는 학생은 4명이다. 그리고 아무 경기도 관람하지 않는 학생은 3명이다. 배드민턴 경기만 관람하는 학생은 수영 경기만 관람하는 학생보다 6명이 많다고 한다.

(1) 축구 경기만 관람하는 학생의 수는?

(2) 배드민턴 경기를 관람하지만 축구 경기는 관람하지 않는 학생의 수는?

(3) 2학년 1반의 전체 학생 수는?

해설

해설의 편의를 위하여 이하에서는 축구 경기를 관람하는 학생의 집합을 A, 배드민턴 경기를 관람하는 학생의 집합을 B, 수영 경기를 관람하는 학생의 집합을 C라 한다.

(1) 축구 경기만 관람하는 학생의 수는 축구 경기를 관람하는 학생의 수에서 축구 경기와 다른 경기를 함께 관람하는 학생의 수를 빼면 구할 수 있다. 이를 도출하면 다음과 같다.

$n(A\cap B^C\cap C^C)=n(A)-n(A\cap B)-n(A\cap C)+n(A\cap B\cap C)=23-6-10+4=11$

따라서 축구 경기만 관람하는 학생은 11명이다.

(2) 배드민턴 경기만 관람하는 학생의 수를 b명이라고 하면 수영 경기만 관람하는 학생은 $(b-6)$명이다. 이때, 수영 경기만 관람하는 학생의 수는 다음과 같이 도출할 수 있다.

$n(A^C\cap B^C\cap C)=n(C)-n(A\cap C)-n(B\cap C)+n(A\cap B\cap C)=20-10-11+4=3$

즉, $b-6=3$에서 $b=9$이므로 배드민턴 경기만 관람하는 학생은 9명이며, 배드민턴 경기를 관람하지만 축구 경기는 관람하지 않는 학생의 수는 배드민턴 경기만 관람하는 학생의 수와 배드민턴과 수영 경기를 관람하는 학생의 수를 더하면 구할 수 있다. 이를 도출하면 다음과 같다.

$n(A^C\cap B)=n(A^C\cap B\cap C^C)+n(A^C\cap B\cap C)=b+7=16$

따라서 배드민턴 경기를 관람하지만 축구 경기는 관람하지 않는 학생의 수는 16명이다.

(3) 2학년 1반의 전체 학생 수는 A, B, C 세 개의 집합의 원소의 개수에 세 집합 모두에도 속하지 않는 원소의 개수, 즉 아무 경기도 관람하지 않는 3명을 더하면 구할 수 있다. 이를 도출하면 다음과 같다.

$n(U)=n(A\cup B\cup C)+n(A^C\cap B^C\cap C^C)$

$=n(A)+n(B)+n(C)-n(A\cap B)-n(A\cap C)-n(B\cap C)+n(A\cap B\cap C)$

$\quad+n(A^C\cap B^C\cap C^C)$

$=23+22+20-6-10-11+4+3=45$

따라서 2학년 1반의 전체 학생 수는 45명이다.

Tip 수식으로 나타내면 복잡하지만, 벤 다이어그램으로 나타내면 보다 직관적으로 풀이할 수 있다. 아래 벤 다이어그램은 문제에서 주어진 정보를 정리한 것이다. 예제의 (1), (2), (3)에서 묻고 있는 것을 표시한 후에, 빠르게 구할 수 있는 값부터 구하도록 한다.

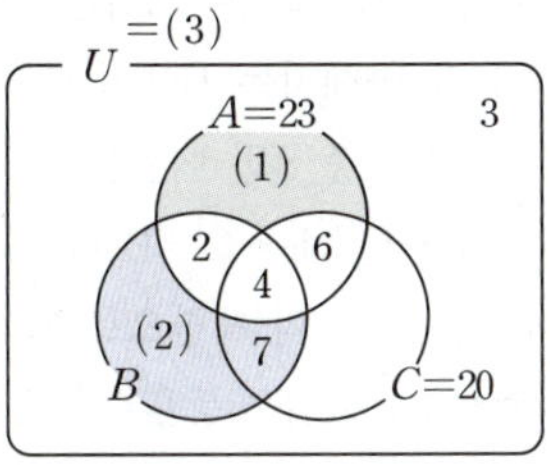

연습문제

2008년 행외시 조책형 18번 변형

01 다음 〈그림〉은 데이터의 흐름도이다. 주어진 〈조건〉을 바탕으로 A에 1이 입력되었을 때 C에서의 결과가 가장 크게 되는 값은?

그림

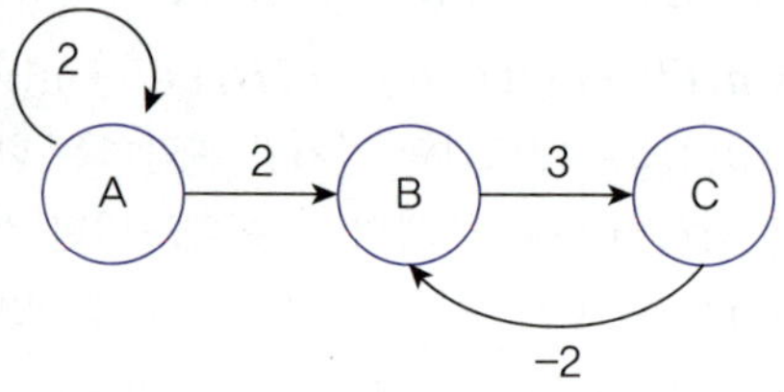

조건

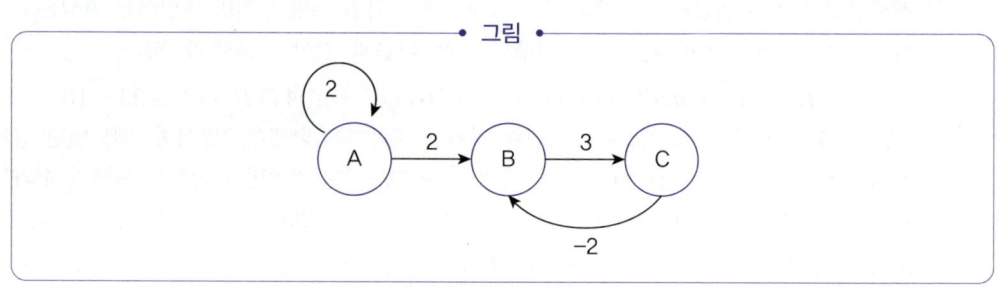

- 데이터는 화살표 방향으로만 이동할 수 있으며, 같은 경로를 여러 번 반복하여 이동할 수 있다.
- 화살표 아래 숫자는 그 경로를 통해 데이터가 1회 이동할 때마다 데이터에 곱해지는 값을 의미한다.
- 데이터는 각 경로를 통해 이동할 때마다 1시간이 소요되며, 총 이동시간은 8시간이다.

① 432 ② 864 ③ 1,296

해설

데이터가 A에서 B로 이동할 경우 이 데이터는 B와 C만 반복한다. 이때, C에서 B로 이동하는 상황에서 음수(−2)가 곱해지므로, 결과값이 가장 크기 위해서는 C에서 B로의 이동횟수가 짝수여야 한다. 여기에 더해, 절댓값이 가장 큰 수(3)가 곱해지는 B에서 C로의 이동횟수가 최대한 많아야 한다.

한편, 세 번째 조건에 의하면 데이터는 총 8번 이동할 수 있는데, 처음 데이터가 A에서 B로 이동하면 데이터의 이동경로는 A−B−C−B−C−B−C−B−C가 되며 음수인 −2가 곱해지는 C에서 B로의 이동이 총 3번으로 홀수가 된다. 이동횟수의 제한으로 인하여 C에서 B로의 이동횟수를 늘리지는 못하므로, 이를 해결하기 위해서는 C에서 B로의 이동횟수를 2번으로 줄여야 한다. 이는 처음에 A에서 B로 이동하는 것이 아닌 A에서 A로의 순환이동을 통해 해결할 수 있다.

따라서 처음에 A에서 A로의 순환이동을 하면서 B에서 C로의 이동횟수를 최대화하는 데이터의 이동경로는 A−A−A−B−C−B−C−B−C이며, 이때 데이터의 값은 $1 \times 2 \times 2 \times 2 \times 3 \times (-2) \times 3 \times (-2) \times 3 = 864$이다. 즉, 답은 ②이다.

02 가로 360cm, 세로 240cm의 직사각형 모양 원단을 이용해 머리띠를 만들고자 한다. 하나의 머리띠는 본체 1장, 장식 1장으로 만들어지며, 본체와 장식의 모양은 다음과 같다.

- 본체를 만들기 위해서는 20cm×60cm 넓이의 직사각형 원단이 필요하다.
- 장식을 만들기 위해서는 30cm×40cm 넓이의 직사각형 원단이 필요하다.

이를 근거로 판단할 때, 주어진 원단으로 만들 수 있는 머리띠의 최대 개수는?

해설

직사각형 모양 원단의 가로와 세로의 길이의 최대공약수는 120(cm)이므로, 전체 원단을 〈그림 1〉과 같이 120cm×120cm의 정사각형 모양 6개로 나누어 생각해 보자.

〈그림 1〉

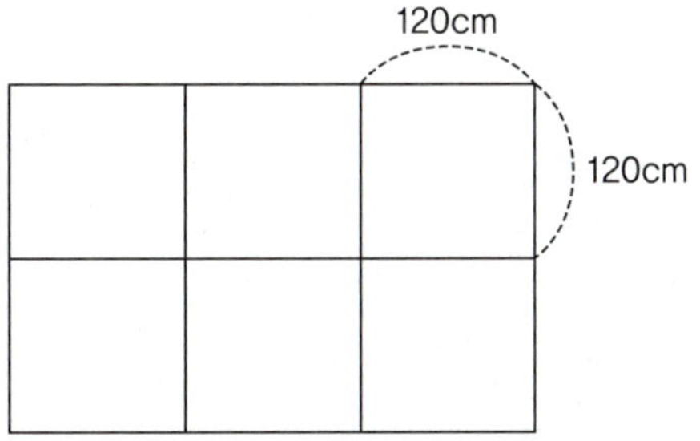

120cm×120cm 정사각형 모양 원단에 20cm가 6번, 60cm가 2번 들어가므로 20cm×60cm 넓이의 본체 원단은 총 12장 들어간다. 이를 나타낸 것이 〈그림 2〉이다.

한편, 120cm×120cm 정사각형 모양 원단에 30cm가 4번, 40cm가 3번 들어가므로 30cm×40cm 넓이의 장식 원단도 총 12장 들어간다. 이를 나타낸 것이 〈그림 3〉이다.

〈그림 2〉

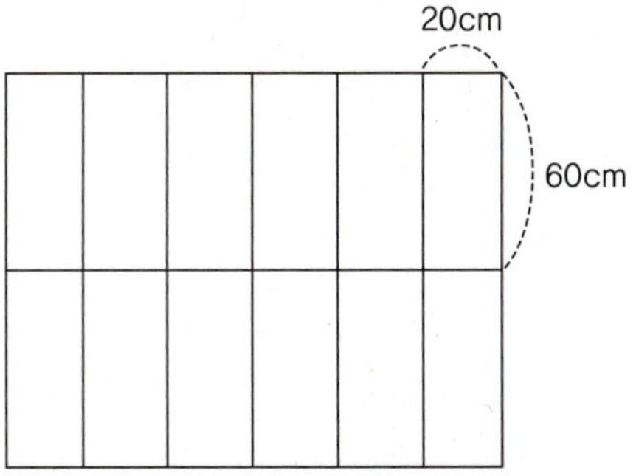

〈그림 3〉

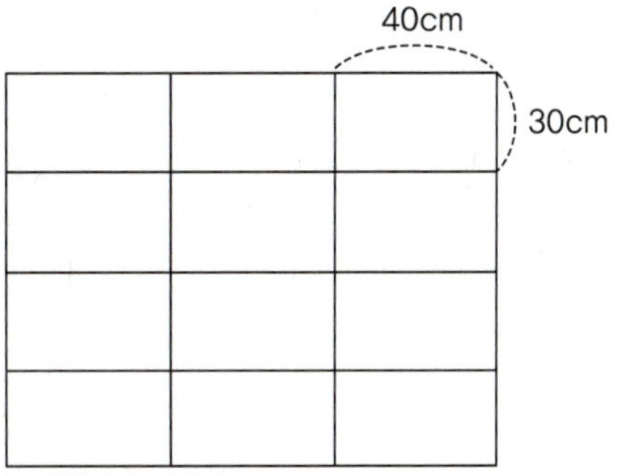

정사각형 모양 원단 1개로 만들 수 있는 본체와 장식의 개수는 동일하며, 하나의 머리띠는 본체 1장과 장식 1장으로 만들어지므로 정사각형 모양 원단 2개로 본체와 장식을 각각 12개씩 만들어 머리띠를 총 12개 만들 수 있다. 이러한 정사각형 모양 원단이 총 6개이므로 주어진 원단으로 만들 수 있는 머리띠의 최대 개수는 12×3=**36개**이다.

Tip 주의할 점은, 단위 면적을 사용하는 위의 접근법은 '나머지'가 발생하지 않을 경우에만 가능하다는 것이다. 본체와 장식의 가로, 세로의 길이는 모두 120cm×120cm크기의 원단의 한 변의 길이인 120cm의 약수이므로 나머지가 존재하지 않는다. 만약 나머지가 발생하는 경우, 주어진 면적 전체를 하나의 단위로 두고 본체와 장식의 넓이를 동시에 고려해야 한다.

2013 외시 인책형 30번 변형

03 다음 글을 근거로 판단할 때, 〈보기〉의 ㉠, ㉡이 옳게 짝지어진 것은?

신라는 시간 계산 체계로 백각법(百刻法)과 12시신(時辰) 제도를 배합하여 사용했다. 백각법은 하루의 길이를 100각으로 나누는 시간 계산법이었다. 또한 12시신 제도는 하루를 12시신으로 균등하게 나누는 제도였다. 그런데 100각은 12시신의 정수배가 되지 않으므로 1각을 60분으로 나누어 사용하였다. 다만, 역법(曆法) 계산 시에는 각 역마다 사용되는 수가 다르므로 분법도 달라졌다. 예를 들어, 선명력(宣明曆)에서는 1일을 100각, 1각을 84분으로 정했다.

한편, 야각의 계산에 있어서는 밤 시간을 5경으로 나누고, 1경을 다시 5점으로 나누는 경점(更點) 제도도 사용되었다.

보기

- 신라의 일반적 시간 계산에 따르면, 2시신은 (㉠)이다.
- 하루 중 밤 시간이 7시신이었다면, 선명력에 따르면 1경은 (㉡)에 해당한다.

	㉠	㉡
①	16각 40분	10각 56분
②	16각 40분	11각 56분
③	16각 44분	12각 56분

해설

(㉠) 신라의 일반적 시간계산법에 따르면, 1일은 100각 또는 6,000분이다. 12시신 제도는 하루를 12등분하는 제도이므로 6,000분을 12로 나누면 1시신 = 500분이 도출된다. 이때, 1각은 60분이므로, 1시신 = 500분 = 8각 20분이다. 따라서 2시신은 **16각 40분**이다.

(㉡) 선명력에 따르면, 1일은 100각 또는 8,400분이다. 이때, 1시신은 하루를 12등분한 것으로서 1시신 = 700분이 된다. 하루 중 7시신이 밤 시간이었다면 밤 시간은 7×700 = 4,900분이다. 1경은 밤 시간을 5등분한 것이므로 1경은 4,900÷5 = 980분이다. 선명력에서 1각은 84분이므로, 1경 = 980분 = **11각 56분**이다.

따라서 ㉠, ㉡을 모두 만족시키는 답은 ②이다.

CHAPTER 09 계산, 비교

상황판단영역의 계산, 비교형 문항은 일견 자료해석영역과 닮았으며, 긴 제시문들이 등장한다는 점에서는 언어논리영역과의 유사성도 있다. 계산, 비교형 문항은 퀴즈형 문항과는 달리 창의적인 아이디어나 사고력을 요하지는 않는다. 수리퍼즐 문항처럼 생소한 주제가 출제되지도 않는다. 단지 주어진 자료를 빠르고 오류 없이 처리하는 것으로 족하다. 최근 10년간 행외시 기출문제에 출제된 문항들을 통해 계산, 비교형 문항에는 어떤 종류가 있는지, 어떻게 접근해야 하는지 알아보도록 하자.

1 단순계산형과 비교, 선택형

계산, 비교형 문항은 단순계산형과 비교, 선택형으로 나눌 수 있다.

(1) 단순계산형

단순계산형은 계산 규칙과 문제상황을 제시하고, 주어진 규칙을 상황에 대입하여 계산값을 도출하는 문제이다. 별다른 센스나 아이디어를 요하지 않고 문제에서 제시하는 대로 따르는 유형이므로, 전반적인 난이도가 높지 않다. 단순계산형에서 주의할 점은 '신속+정확'이다. 신속이란, 이런 유형에서 시간을 아껴서 까다로운 문제에 써야 한다는 것을 의미한다. 정확이란, 문제를 토씨 하나 빠뜨리지 않고 읽은 뒤 그대로 따라해야 한다는 것을 의미한다. 가끔 계산식이 복잡하거나 수험생이 이해하기에 다소 까다로운 경우 문제에 예시가 주어져 있기 때문에, 만약 이해가 어렵다면 주어진 예시를 참고해 그 틀을 그대로 따라하면서 문제를 풀 수도 있다.

예제 1 2018 행외시 상황판단 나책형 11번 변형

다음 글을 근거로 판단할 때, 선수 A와 B의 합계점수의 합은?

스키점프는 스키를 타고 급경사면을 내려오다가 도약대에서 점프하여 착지하는 스포츠로, 착지의 기준점을 뜻하는 K점에 따라 경기 종목이 구분된다. 도약대로부터 K점까지의 거리가 75m 이상 99m 이하이면 '노멀힐', 100m 이상이면 '라지힐' 경기이다. 예를 들어 '노멀힐 K-98'의 경우 도약대로부터 K점까지의 거리가 98m인 노멀힐 경기를 뜻한다.
출전선수의 점수는 거리점수와 자세점수를 합산하여 결정되며, 이를 합계점수라 한다. 거리점수는 도약대로부터 K점을 초과한 비행거리 1m당 노멀힐은 2점, 라지힐의 경우 1.8점이 기본점수 60점에 가산된다. 반면 K점에 미달하는 비행거리 1m당 가산점과 같은 점수가 기본점수에서 차감된다. 자세점수는 날아가는 동안의 자세, 균형 등을 고려하여 5명의 심판이

각각 20점 만점을 기준으로 채점하며, 심판들이 매긴 점수 중 가장 높은 것과 가장 낮은 것을 하나씩 제외한 나머지를 합산한 점수이다.
다음은 선수 A와 B의 경기결과이다.

출전 종목	선수	비행거리(m)	자세점수(점)				
			심판1	심판2	심판3	심판4	심판5
노멀힐 K-98	A	100	17	15	18	19	17
라지힐 K-125	B	123	20	17	20	19.5	17.5

① 229.4 ② 229.6
③ 320.4 ④ 320.6

해설

정석적으로 풀이하면 지문이 제시하는 계산 방법을 그대로 따라 각 선수의 총점을 모두 계산한다. 선수 A와 B의 결과를 통해 거리점수와 자세점수를 각각 계산한 후 이를 바탕으로 합계점수를 도출하면 다음과 같다.

출전 종목	선수	비행 거리 (m)	거리점수(점)	자세점수(점)					자세 점수 (점)	합계 점수 (점)
				1	2	3	4	5		
노멀힐 K-98	A	100	60+2×(100−98)=64	17		18		17	52	116
라지힐 K-125	B	123	60−1.8×(125−123) =56.4	20			19.5	17.5	57	113.4

따라서 A와 B의 합계점수의 합은 116+113.4=229.4이다.
그러나 이런 문제를 실전에서 위와 같이 풀 경우 시간이 불필요하게 소모된다. 다음은 어림을 이용하여 시간을 단축하는 풀이이다.
먼저 거리점수는 60점을 기준으로 기준 거리에서 멀어질수록 점수가 변동한다. 그런데 A는 기준 거리에서 2m를 초과하였으며, B는 기준 거리에서 2m 미달하였다. 1m당 가감되는 점수가 노멀힐은 2점, 라지힐은 1.8점이므로 60점에서 크게 차이가 나지 않을 것이라고 예측할 수 있다. 따라서 A와 B의 거리점수의 합은 약 120점이다.
한편, 자세점수는 자세점수 5개 중 최고점과 최저점을 제외한 3개 점수의 합으로 구성되며, 각 심판이 부여할 수 있는 최고 점수가 20점이므로 각 선수가 얻을 수 있는 자세점수는 최대 60점이다. 따라서 A와 B의 자세점수의 합은 최대 120점이다.
이를 종합하면, A와 B의 합계점수의 합은 많아봐야 240점 정도에 불과하다. 따라서 320점 전후인 선지 3번과 4번은 저절로 제외된다. 한편 A와 B의 자세점수는 모두 정수이며, A와 B의 거리점수는 120점을 기준으로 노멀힐 종목의 A가 기준 거리에서 2m를 초과해 2×2=4점이 가산되고, 라지힐 종목의 B가 기준 거리에서 2m 미달해 2×1.8=3.6점이 감산된다. 이때, 구체적으로 120점에서 0.4점이 가산되어 A와 B의 거리점수의 합이 120.4점이라고 계산할 수도 있으나, 선지의 구성상 소수 첫째자리에 따라 정답이 나뉘므로, B에서 0.6점을 감산해 소수 첫째자리가 4가 된다는 것만 파악하면 된다.

Tip ❶ 5지선다형인 PSAT 문제에서는 5개 선지 중 2~3개씩 값이 비슷한 '선지군'이 주어지는 경우가 많다. '선지군'이 등장하는 문제에서는 어림을 통해 답이 확실히 아닌 선지들을 처음부터 제외하고, 꼭 필요한 계산만 수행하여 간단히 문제를 해결할 수 있다.

Tip ❷ 다만, 단순계산형에서 '빠른 풀이'가 필수는 아니다. 설문의 경우에도 대략적으로 푼다면 결국 선지 1번과 2번이 남아 거리점수를 계산해야 한다. 따라서 굳이 선지군을 소거할 아이디어를 떠올리려고 애쓸 필요는 없다.

예제 2 2013 행시 상황판단 인책형 40번 변형

다음 글을 읽고 물음에 답하시오.

> 15세기 후반 왕실의 도자기 수요량이 증가하자 국가가 도자기 제조를 직접 관리하게 되었다. 광주분원은 왕실에 필요한 도자기를 구워내기 위해 경기도 광주군에 설치한 관요(官窯)였다. 광주군 일대는 질 좋은 소나무 숲이 많아 관요에 필요한 연료를 공급하는 시장절수처(柴場折受處)로 지정되었다.
>
> 예로부터 백자가마에서는 숯이나 재가 남지 않고 충분한 열량을 낼 수 있는 소나무를 연료로 사용했다. 불티가 남지 않는 소나무는 백자 표면에 입힌 유약을 매끄럽게 해 질 좋은 백자를 굽는 데 최상의 연료였다. 도자기를 굽는 데는 많은 땔감이 필요하였다. 한 가마에서 백자 1,500개를 생산하기 위해서는 50짐의 소나무 장작이 필요했다. 장작 1거(車)는 5~6태(駄)를 말하며 1태는 2짐에 해당하는 분량이었다.
>
> 분원은 소나무 땔감을 안정적으로 공급받기 위하여 시장절수처 내의 수목이 무성한 곳을 찾아 약 10년에 한번 꼴로 장소를 이동하였다. 분원이 설치되어 땔나무를 다 채취한 곳은 소나무가 무성해질 때까지 기다렸다가 다시 그곳에 분원을 설치하여 수목을 채취하는 것이 원칙이었다. 질 좋은 소나무 확보가 중요했기 때문에 시장절수처로 지정된 곳의 소나무는 관요에 필요한 땔감으로만 사용하고 다른 관청의 사용을 전면 금지하였다.

광주분원 2,000가마에서 450만 개의 백자를 생산하는 데 필요했던 장작의 양은? (단, 장작 1거는 5태로 계산한다.)

해설

2문단 네 번째 줄과 다섯 번째 줄에 따라 한 가마에서 백자 1,500개를 생산하기 위해서는 50짐의 소나무 장작이 필요한데, 장작 1거는 5태이며 1태는 2짐이므로 장작 1거는 10짐이다. 따라서 한 가마에서 백자 1,500개를 생산하기 위해서는 5거가 필요하다.

광주분원 2,000가마에서 450만 개의 백자를 생산하기 위해서는 한 가마당 $\frac{4,500,000}{2,000}=2,250$개의 백자를 생산해야 한다. 그런데 백자 1,500개를 생산하기 위하여 장작 5거가 필요하므로 한 가마에서 백자 2,250개를 생산하기 위하여는 $5\times\frac{2,250}{1,500}=7.5$거의 장작이 필요하다. 따라서 광주분

원 2,000가마에서 450만 개의 백자를 생산하기 위해서는 7.5×2,000=**15,000개**의 장작이 필요하다.

Tip 단순계산형 중에서는 설문과 같이 계산 자체는 간단하지만, 긴 지문 중에 숨겨진 단서를 찾아내야 하는 유형이 존재한다. 이러한 유형은 보통 20번 또는 40번으로 출제되는데, 시간적 압박만 없다면 무난히 해결 가능하며 지문을 전부 다 읽기보다는 발췌해서 풀어도 문제없는 경우가 많다. 그러므로 긴 지문에 당황하지 말고 침착하게 접근하자.

(2) 비교, 선택형

비교, 선택형은 주어진 대상들의 계산값을 서로 비교하여 최댓값, 최솟값 또는 n번째로 크거나 작은 값을 찾는 문제이다. 경영 상황에서 비용과 시간을 최소화하거나, 이익을 극대화한 값을 묻기도 한다. 풀이는 하나의 계산 알고리즘을 파악하고, 이를 여러 번 반복하여 결과값들을 비교하는 순서로 전개된다. 비교, 선택형에서는 '정확+신속'이 중요하다. 정확이란, 계산 알고리즘을 실수 없이 똑바로 이해하는 것을 의미한다. 신속이란, 이해한 알고리즘을 빠르게 적용하는 것을 의미한다.

예제 1 2016 행외시 상황판단 4책형 18번 변형

다음 〈맛집 정보〉와 〈평가 기준〉을 근거로 판단할 때, 총점이 가장 높은 음식점은?

〈맛집 정보〉

평가항목 / 음식점	음식 종류	이동거리	가격 (1인 기준)	맛 평점
자금성	중식	150m	7,500원	★★
샹젤리제	양식	170m	8,000원	★★★
경복궁	한식	80m	10,000원	★★★★
도쿄타워	일식	300m	12,000원	★★★★★

평가기준

- 평가 항목 중 이동거리, 가격, 맛 평점에 대해 각 항목별로 4, 3, 2, 1점을 각각의 음식점에 하나씩 부여한다.
  - 이동거리가 짧은 음식점일수록 높은 점수를 준다.
  - 가격이 낮은 음식점일수록 높은 점수를 준다.
  - 맛평점이 높은 음식점일수록 높은 점수를 준다.
- 평가 항목 중 음식종류에 대하여 일식 4점, 한식 3점, 양식 2점, 중식 1점을 부여한다.

해설

설문은 가장 난이도가 낮은 비교, 선택형 문항으로, 단순계산형의 연장선에 있다고 할 수 있다. 이런 문제에서 얼마나 시간을 아끼는지, 쓸데없는 실수를 저질러 점수를 깎이지 않는지가 시험 전체의 시간 분배와 흐름을 결정한다.

〈평가 기준〉에 따라 각 항목별 점수와 총점을 도출하면 다음과 같다.

음식점 \ 평가항목	음식 종류	이동거리	가격 (1인 기준)	맛 평점	총점
자금성	중식	150m	7,500원	★★	9점
	1점	3점	4점	1점	
샹젤리제	양식	170m	8,000원	★★★	9점
	2점	2점	3점	2점	
경복궁	한식	80m	10,000원	★★★★	12점
	3점	4점	2점	3점	
도쿄타워	일식	300m	12,000원	★★★★★	10점
	4점	1점	1점	4점	

따라서 총점이 가장 높은 음식점은 **경복궁**이다.

예제 2 2017 행외시 상황판단 가책형 11번 변형

다음 〈휴양림 요금규정〉과 〈조건〉에 근거할 때, 〈상황〉에서 甲, 乙 일행이 각각 지불한 총요금의 차이는?

• 휴양림 요금규정 •

• 휴양림 입장료(1인당 1일 기준)

구분	요금(원)	입장료 면제
어른	1,000	• 동절기(12월~3월) • 다자녀 가정
청소년(만 13세 이상~19세 미만)	600	
어린이(만 13세 미만)	300	

※ '다자녀 가정'은 만 19세 미만의 자녀가 3인 이상인 가족을 말한다.

• 야영시설 및 숙박시설(시설당 1일 기준)

구분		요금(원)		비고
		성수기(7~8월)	비수기(7~8월 외)	
야영시설 (10인 이내)	캐빈(동)	30,000		휴양림 입장료 별도
숙박시설	3인용(실)	45,000	24,000	휴양림 입장료 면제
	5인용(실)	85,000	46,000	

※ 일행 중 '장애인'이 있거나 '다자녀 가정'인 경우 비수기에 한해 야영시설 및 숙박시설 요금의 50%를 할인한다.

• 조건 •

- 총요금=(휴양림 입장료)+(야영시설 또는 숙박시설 요금)
- 휴양림 입장료는 머문 일수만큼, 야영시설 및 숙박시설 요금은 숙박 일수만큼 계산함.
  예 2박 3일의 경우 머문 일수는 3일, 숙박 일수는 2일

• 상황 •

- 甲(만 45세)은 아내(만 45세), 자녀 3명(각각 만 17세, 15세, 10세)과 함께 휴양림에 7월 중 3박 4일간 머물렀다. 甲 일행은 5인용 숙박시설 1실을 이용하였다.
- 乙(만 25세)은 어머니(만 55세, 장애인), 아버지(만 58세)를 모시고 휴양림에서 12월 중 6박 7일간 머물렀다. 乙 일행은 캐빈 1동을 이용하였다.

해설

설문은 주어진 규칙, 조건, 상황이 매우 장황해 시간을 뺏기기 쉬운 문제다. 그에 비해 풀이법은 특별할 것이 없다. 지문의 핵심을 파악해 빠르게 알고리즘을 만드는 것이 중요하다. 〈상황〉에 따라 甲, 乙 일행의 (휴양림 입장료)+(야영시설 또는 숙박시설 요금)을 각각 정리하면 다음과 같다.

		甲 일행	乙 일행
휴양림 입장료	구분	어른 2, 청소년 2, 어린이 1	어른 3
	머문 일수	4일	7일
	면제 해당사항	• 다자녀 가정 (자녀 3) • 숙박시설 이용	• 동절기 (12월)
	요금	0원	0원
야영시설 또는 숙박시설 요금	구분	5인용 숙박시설×1	캐빈×1
	숙박 일수	3박	6박
	기본요금	85,000	30,000
	할인 해당사항	• 다자녀 가정 • 성수기이므로 해당 ×	• 장애인 할인 50%
	최종요금	85,000 × 3=255,000	30,000 × 0.5 × 6 = 90,000
총요금		255,000	90,000

따라서 甲, 乙 일행이 지불한 총요금의 차이는 **165,000원**이다.

Tip 주어진 규칙, 조건, 상황을 빠른 시간 내에 파악해 비교하기가 어렵다는 생각이 든다면, 빠르게 문제를 넘어가고 다른 문제를 우선으로 해결하는 것도 좋은 방법이다. 그러나 넘어가기 전략은 다양한 유형의 문제들을 충분히 접해, 자신이 어느 유형에 강하고 어느 유형에 약한지 파악한 후에 사용하여야 의미가 있다. 즉, 개념서를 풀고 있는 지금의 여러분에게는 시기상조다.

예제 3 2018 행외시 상황판단 나책형 9번 변형

다음 〈조건〉을 근거로 판단할 때, 〈보기〉에서 옳은 것만을 모두 고르면?

• 조건 •

- 평가대상기관은 甲, 乙, 丙, 丁 4개 기관이다.
- 평가요소 가, 나, 다, 라에 대해 각각 100점씩 4개 평가대상기관에 배분하며, 평가대상기관이 받는 평가요소별 최소점수는 3점이다.
- 4개 평가요소의 점수를 기관별로 합산하여 총점이 높은 순서로 평가순위를 매긴다. 평가 결과 2위 기관까지 인센티브가 주어진다.
- 4개 기관의 평가 결과는 아래와 같다.

(단위: 점)

평가요소 / 기관	가	나	다	라
甲	30	40	A	25
乙	20	B	30	25
丙	10	C	40	20
丁	40	30	D	30
합계	100	100	100	100

• 보기 •

ㄱ. 丙은 인센티브를 받을 수 있다.
ㄴ. B가 27이고 D가 25 이상이면 乙이 2위가 된다.
ㄷ. C가 5이고 D가 25 초과이면 甲은 2위가 될 수 있다.

해설

설문은 비교, 선택형의 일부 정보를 미지수로 두고 추론을 요하는 유형이다. 미지수가 있는 비교, 선택형의 경우, 문제의 길이는 짧으나 숨겨진 정보들을 직접 알아내야 해 풀이에 시간이 걸린다. 깔끔하게 해결하기 위해서는 우선 나머지 정보들을 소거 및 정리하여 미지수만 남긴다. 그 방법은 다음과 같다.

(1) 평가 결과를 바탕으로 기관별 총점을 구한다.

기관	甲	乙	丙	丁
총점	$95+A$	$75+B$	$70+C$	$100+D$

(2) 평가요소별로 100점을 4개의 평가대상기관에 배분하므로, $B+C=30$, $A+D=30$이다.

(3) 평가대상기관이 받는 평가요소별 최소 점수는 3점이므로, $3 \le A, B, C, D \le 27$이다.

(4) 이를 따라 4개 평가대상기관의 총점의 최솟값과 최댓값을 구할 수 있다. 또한, 소거를 통해 가능한 순위도 구해진다. 예를 들어, 乙의 최댓값 102는 丁의 최솟값 103보다 무조건 작으므로, 乙은 1위가 될 수 없다.

기관	甲	乙	丙	丁
총점	$95 + A$	$75 + B$	$70 + C$	$100 + D$
범위	98 ≤ 甲 ≤ 122	78 ≤ 乙 ≤ 102	73 ≤ 丙 ≤ 97	103 ≤ 丁 ≤ 127
순위	1, 2, 3위	2, 3, 4위	3, 4위	1, 2위

이를 바탕으로 각 선지를 분석하면 다음과 같다.

ㄱ. (×) 丙은 3위 또는 4위이므로 인센티브의 대상이 될 수 없다.

ㄴ. (○) $B+C=30$에서 $B=27$이면 $C=3$이고, $A+D=30$에서 $D \geq 25$이면 $A \leq 5$이다. 이를 반영하여 다시 총점의 최솟값과 최댓값을 구하면 다음과 같다. 따라서 乙은 2위가 된다.

기관	甲	乙	丙	丁
총점	$95 + A$	$75 + B$	$70 + C$	$100 + D$
범위	98 ≤ 甲 ≤ 100	102	73	125 ≤ 丁 ≤ 127
순위	3위	2위	4위	1위

ㄷ. (×) $B+C=30$에서 $C=5$면 $B=25$이고, $A+D=30$에서 $D > 25$이면 $A < 5$이다. 이를 반영하여 다시 총점의 최솟값과 최댓값을 구하면 다음과 같다. 따라서 甲은 2위가 될 수 없다.

기관	甲	乙	丙	丁
총점	$95 + A$	$75 + B$	$70 + C$	$100 + D$
범위	98 ≤ 甲 < 100	100	75	125 < 丁 ≤ 127
순위	3위	2위	4위	1위

Tip 해설에서는 정석 풀이로써 가능한 모든 순위를 도출한 다음 각 선지를 살펴보았지만, 실전에서는 효율적인 풀이를 위해 각 보기의 정오를 개별적으로 판단하는 방식을 활용하는 것이 좋다. 풀이는 다음과 같다.

ㄱ. 丙이 인센티브를 받기 위해서는 최소한 2위를 해야 한다. 가능성을 높이기 위해서는 C의 점수가 최대한 높아야 하며, B+C=30이고 최소 점수는 3점이므로 B가 3점일 때 C가 27점으로 최고점일 것이다. C가 27점인 경우 丙의 점수는 97점이다. 그러나 다른 기관의 점수를 살펴보면 甲은 A를 제외하고서 95점이며 A는 최소 3점 이상이므로 甲의 점수는 무조건 丙보다 높다. 또한, 丁 역시 D를 제외하고서도 이미 97점을 초과하므로 丙이 최고점을 받는다 하더라도 2등은 할 수 없다. 따라서 해당 보기는 옳지 않다.

ㄴ. B가 27점이면 乙의 점수는 102점이다. D가 25 이상이라는 것은 丁의 점수가 매우 높다는 뜻이다. 주어진 점수들을 비교해 보았을 때 굳이 더해보지 않더라도 丁의 점수가 가장 높다는 것을 알 수 있는데, D까지 25점을 받게 된다면 거의 최고점을 받은 것이므로 ($A+D$=30점이며 A는 최소 3점이기 때문에) 丁의 점수가 가장 높을 것임을 짐작할 수 있다.
그렇다면 乙이 2등이기 위해서는 乙보다 점수가 높은 사람이 더 이상 없어야 한다. 丙의 경우 C를 제외한 나머지 점수가 이미 乙보다 낮다(이를 판단할 때에는 더해서 비교해도 좋지만, 비슷한 점수끼리 소거하는 방식으로 파악해도 좋다. 乙의 20점과 丙의 20점을 소거하면 乙은 55점, 丙은 50점이 남으므로 乙의 점수가 더 높다). 또한 B 역시 주어진 조건에 따라 C보다 당연히 높으므로 乙의 점수가 丙보다 높다는 것을 알 수 있다. 마지막으로 甲의 경우 D가 25 이상이므로 A는 5점 이하이기 때문에 역시 乙보다 점수가 낮을 수밖에 없다. 따라서 乙은 2등이다.

ㄷ. ㄴ과 유사한 방식으로 접근하면 된다. D가 25점을 초과한다는 뜻은 마찬가지로 丁의 점수가 가장 높다는 뜻이다. 이때, 甲이 2등이기 위해서는 丁을 제외한 나머지의 점수가 甲보다 낮아야 하는데, 乙과 丙 중 乙에 초점을 두어야 한다. 丙의 경우 C가 5점인 관계로 점수가 높을 가능성이 낮기 때문이다. C가 5점이면 B는 25점이므로 乙의 점수는 (20, 25, 30, 25)이고 甲의 점수는 (30, 40, 5점 미만, 25)이다. 25와 30을 각각 소거하면 乙은 45, 甲은 45 미만으로 乙이 더 높다. 따라서 甲은 2등일 수 없다.

이상의 풀이를 처음 접했을 경우 표를 정리해서 푸는 것보다 복잡하게 느껴질 수 있으나, 익숙해지면 단순계산을 최소화하면서 문제를 효율적으로 풀 수 있는 방법이므로 시간을 단축할 수 있다.
이때, 가장 주요한 포인트는 계산을 최소화하기 위해 유사한 수들을 미리 소거하는 것이다. 동일한 수들끼리의 소거라면 가장 좋고, 동일한 숫자가 없다면 큰 자릿수부터(즉, 이 경우 십의 자리가 같거나 두 점수 합의 십의 자리가 같을 경우 소거할 수 있다.) 소거할 경우 계산을 최소화할 수 있다. 또는 이 과정이 번거롭다 생각한다면, 위의 문제와 같이 주어진 수가 단순한 경우에는 문제 풀이를 시작하기 전에 제시되어 있는 점수들의 합을 각 기관 옆에 적어 두고 시작하는 것도 좋은 방법이다. 위 풀이를 반복적으로 읽어보며, 점수들끼리 비교하는 방법을 체화해 보자.

---

2 빈출 소재 및 구조

계산, 비교형 문제는 특별한 해법이 있기보다는 문제의 지시를 착실하게 따르면 되는 경우가 많다. 다만, 종종 출제되는 규칙 또는 원리들은 존재하므로 이하의 빈출 소재 및 구조를 파악해 두자.

(1) 분수

문제에 제시되거나, 제시문을 해석해 구한 수식이 분수 형태인 경우 분자와 분모의 관계가 주 소재가 된다. 즉, 분수에서 분모가 감소하거나 분자가 증가하면 전체 값이 증가하고, 분모가 증가하거나 분자가 감소하면 전체 값이 감소한다는 관계이다.
이는 비례 또는 반비례 관계로 응용되기도 한다. 분수의 전체 값과 분모는 반비례 관계이며, 전체 값과 분자는 비례 관계이다. 두 가지 이상의 값들이 서로 비례 또는 반비례하는 관계를 이용하여 출제되는 경우이다.

$\frac{A}{B} = C$ 일 때,

① $\frac{A\uparrow}{B} = C\uparrow$ $\frac{A\downarrow}{B} = C\downarrow$, 즉 A와 C는 **정비례관계**이다.

② $\frac{A}{B\downarrow} = C\uparrow$ $\frac{A}{B\uparrow} = C\downarrow$, 즉 B와 C는 **반비례관계**이다.

예제 2013 행시 상황판단 인책형 29번 변형

다음 글과 〈조건〉에 따를 때, ○○부가 채택하기에 적합하지 않은 정책 대안은?

올해 전력수급현황은 다음과 같다.

- 총공급전력량: 7,200만kW
- 최대전력수요: 6,000만kW

이에 따라 ○○부는 내년도 전력수급기본계획을 마련하고, 정책목표를 다음과 같이 설정하였다.

- 정책목표: 내년도 전력예비율을 30% 이상으로 유지한다.
- $\text{전력예비율(\%)} = \dfrac{\text{총공급전력량} - \text{최대전력수요}}{\text{최대전력수요}} \times 100$

• 조건 •

- 발전소를 하나 더 건설하면 총공급전력량이 100만kW 증가한다.
- 전기요금을 a% 인상하면 최대전력수요는 a% 감소한다.

※ 발전소는 즉시 건설, 운영되는 것으로 가정하고 이외의 다른 변수는 고려하지 않는다.

① 발전소를 1개 더 건설하고, 전기요금을 12% 인상한다.
② 발전소를 3개 더 건설하고, 전기요금을 3% 인상한다.
③ 발전소를 10개 더 건설하고, 전기요금을 동결한다.

해설

정석 풀이는 각 선지에서 제시된 상황에 따라 전력예비율을 도출하는 것으로, 이는 다음과 같이 풀이할 수 있다.

① $\dfrac{7{,}200+100-6{,}000\times0.88(\text{만kW})}{6{,}000\times0.88(\text{만kW})}\times100=\text{약 }38.2\%$

② $\mathbf{\dfrac{7{,}200+300-6{,}000\times0.97(\text{만kW})}{6{,}000\times0.97(\text{만kW})}\times100=\text{약 }28.9\%}$

③ $\dfrac{7{,}200+1{,}000-6{,}000(\text{만kW})}{6{,}000(\text{만kW})}\times100=\text{약 }36.6\%$

따라서 전력예비율이 30% 미만인 ②가 ○○부가 선택하기에 적합하지 않은 정책 대안이다.

Tip 그러나 이를 일일이 계산하기엔 시간이 너무 많이 소모된다. 계산이 아니라 상황판단을 요하는 문제이기 때문에 계산하는 것이 출제의도가 아니다. 따라서 전력예비율 공식을 통해 분모, 분자의 비례관계를 파악하는 것이 좋은 풀이가 될 수 있다.

전력예비율 공식은 $\left(\dfrac{\text{총공급전력량}}{\text{최대전력수요}}-1\right)\times100(\%)$으로 나타낼 수 있다.

현재 전력예비율은 $\left(\dfrac{7{,}200}{6{,}000}-1\right)\times100=20\%$로, 정책목표인 30%를 달성하기 위해서는 분수의 전체값이 증가해야 한다. 이를 위해서는 분자인 총공급전력량이 증가하거나 분모인 최대전력수요가 감소해야 한다. 주어진 선지들이 두 가지 중 어디에 해당하는지, 그리고 분자의 증가폭 또는 분모의 감소폭을 도출하면 다음과 같다.

선지	선택한 방법	증감폭
①	분자 ↑, 분모 ↓	분자 : 100 ↑ 분모 : 12%p ↓
②	분자 ↑, 분모 ↓	분자 : 300 ↑ 분모 : 3%p ↓
③	분자 ↑	분자 : 1,000 ↑ 분모 : -

선지 ①은 분모를 대폭 감소시키는 방법으로, 선지 ③은 분자를 대폭 증가시키는 방법으로 전력예비율을 증가시킴을 알 수 있다. 그에 비해 선지 ②는 분자의 증가폭과 분모의 감소폭 모두 상대적으로 작다. 즉, 선지 ②는 주어진 선지들 중 가장 '의심스러운 선지'이다. 따라서 선지 ②가 조건을 충족하는지 우선적으로 살펴보는 것이 좋다.

이처럼, 분수의 값을 증가 또는 감소시키는 문제에서는 분자와 분모의 비례-반비례 관계를 통해 먼저 처리할 선지의 우선순위를 파악할 수 있다.

(2) 단위 읽기

길이, 무게, 넓이 등의 단위에서는 배수 관계가 일정하게 반복된다. 이러한 단위들은 일상생활에서 쉽게 찾아볼 수 있지만, 이를 문제풀이에 빠르게 응용하기 위해서는 미리 준비해야 한다.

① **국제 표준 수 체계**: 한국에서 사용하는 수 체계와 국제 표준의 수 체계가 다르기 때문에, 수를 보고 한국 체계로 해석하는 데에 시간이 걸릴 수 있다. 한국은 일 → 만 → 억 → 조 → 경 등으로 이어지는 만(10,000) 기준 체계인 데에 비해, 서양에서 전래된 국제 표준은 1 → 1,000 → 1,000,000 등으로 이어지는 천(1,000) 기준 체계이기 때문이다. 따라서 큰 수가 등장할 경우 이를 곧바로 읽기 어려울 수 있다. 국제 표준 수 체계에 맞추어 '일 → 천 → 백만 → 십억 → 조'의 단위 정도는 기억해 두자. 이를 시각적으로 나타내면 다음과 같다.

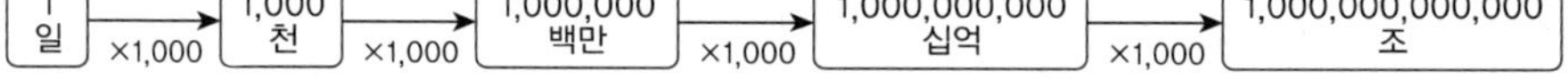

② **생활 속 단위들**: 이하에서는 생활 속에서 자주 사용되는 무게, 거리, 넓이 단위들의 배수 관계를 살펴보도록 한다. 가장 큰 단위에서 시작하여 같은 값의 작은 단위로 변환한다. 문제에서 단위 변환을 제시해 줄 가능성이 높으나, 주어지지 않는 경우도 있으며 주어지더라도 그를 참고하여 문제를 푸는 것보다는 기본적인 변환은 바로 적용하는 습관을 들이면 좋다.

• 무게:

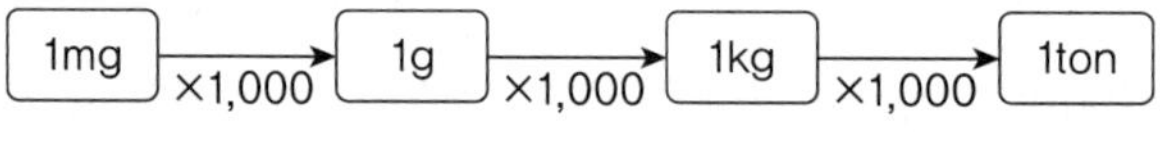

• 거리:

1mm →(×10) 1cm →(×100) 1m →(×1,000) 1km

• 넓이:

$1cm^2$ →($\times100^2$) $1m^2$ →($\times1{,}000^2$) $1km^2$ = 1ha = 100a

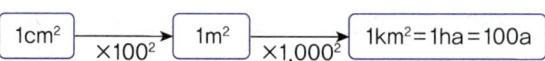

Tip 거리 단위의 배수관계에 제곱을 하면 넓이 단위의 배수관계가 된다. 즉, 1m = 100cm이므로 $1m^2 = (100cm)^2 = 10{,}000cm^2$이다. 같은 방법으로 1km = 1,000m이므로 $1km^2 = (1{,}000m)^2 = 1{,}000{,}000m^2$이다.

• 시간:

1초 →(×60) 1분 →(×60) 1시간 →(×24) 1일

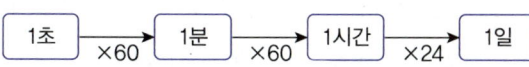

예제 2016 행외시 상황판단 4책형 24번 변형

다음 글을 근거로 판단할 때, 〈보기〉에서 옳은 것만을 모두 고르면?

특정 물질의 치사량은 주로 동물 연구와 실험을 통해 결정한다. 치사량의 단위로는 주로 LD50을 사용하는데, 'LD'는 Lethal Dose의 약어로 치사량을 의미하고, '50'은 물질 투여 시 실험 대상 동물의 50%가 죽는 것을 의미한다. 이런 이유로 LD50을 반수(半數) 치사량이라고도 한다. LD50 값을 표기할 때는 보통 실험 대상 동물의 몸무게 1kg을 기준으로 하는 mg/kg 단위를 사용한다.

독성이 강하다는 보톡스의 LD50 값은 1ng/kg으로 복어 독보다 1만 배 이상 강하다. 일상에서 쉽게 접할 수 있는 카페인의 LD50 값은 200mg/kg이며 니코틴의 LD50 값은 1mg/kg이다. 커피 1잔에는 평균적으로 150mg의 카페인이 들어 있으며 담배 1개비에는 평균적으로 0.1mg의 니코틴이 함유되어 있다.

※ 1ng(나노그램) = 10^{-6}mg = 10^{-9}g

• 보기 •

ㄱ. 복어 독의 LD50 값은 0.01mg/kg 이상이다.
ㄴ. 몸무게가 15kg인 실험 대상 동물의 50%가 즉시 치사하는 카페인 투여량은 3.0g이다.
ㄷ. 몸무게가 60kg인 실험 대상 동물의 50%가 즉시 치사하는 니코틴 투여량은 1개비당 니코틴 함량이 0.1mg인 담배 60개비에 들어있는 니코틴의 양에 상응한다.

해설

ㄱ: (○) 1문단 두번째 문장과 2문단 첫번째 문장이 근거이다. LD50은 치사량의 단위로서, 독성이 강할수록 그 수치가 커지는 것이 아니라 작아진다. 보톡스가 복어 독보다 1만 배 이상 강하므로 복어 독의 LD50 값은 보톡스의 1만 배 이상이다. 따라서 복어 독의 LD50 값은 1ng/kg× 10,000 = 10^4ng/kg = $10^4 \times 10^{-6}$mg/kg = 10^{-2}mg/kg = 0.01mg/kg 이상이다.

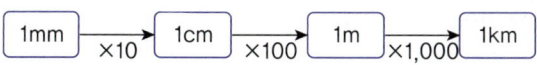

ㄴ: (○) 2문단 두번째 문장이 근거이다. 카페인의 LD50 값은 200mg/kg이므로, 몸무게가 15kg인 실험 대상 동물의 50%가 즉시 치사하는 투여량은 200mg/kg × 15kg=3,000mg=3.0g이다.

ㄷ: (×) 2문단 두번째 문장이 근거이다. 니코틴의 LD50 값은 1mg/kg이므로, 몸무게가 60kg인 실험 대상 동물의 50%가 즉시 치사하는 투여량은 1mg/kg×60kg=60mg이다. 1개비당 니코틴 함량이 0.1mg인 담배 60개비에 들어있는 니코틴의 양은 0.1mg/kg×60=6mg이다. 따라서 두 값은 동일하지 않다.

---

(3) A의 m%의 n%

전체를 작은 부분으로 나누고, 그 부분을 더 작은 부분으로 나누는 구조의 문항이 종종 출제된다. 수리 퍼즐 챕터에서도 다룬 바 있는 약수관계를 이용하는 유형이다. 자료해석 영역에서는 부분과 부분 간의 관계를 파악해 비율 또는 퍼센트(%)를 구하는 고난도 문항에 종종 등장하는 소재지만, 상황판단영역에서는 그만큼 복잡한 계산을 요하지는 않는다. 다만, 각각의 퍼센트를 구할 때의 기준, 즉 분모가 무엇인지 헷갈리지 않도록 한다.

예제 2014 행외시 상황판단 A책형 14문 변형

주스 제조 공장에서는 A회사의 물과 B회사의 물을 정화하여 사용한다. A회사의 물에는 A균, B회사의 물에는 B균이 1,000마리/리터(L)씩 균일하게 존재한다. A균은 70°C 이상에서 10분간 가열하면 90%가 죽지만, B균은 40°C 이상이 되면 즉시 10% 증식한다. 필터로 이용해 10분간 거르면 A균은 30%, B균은 80%가 걸러진다. 또한 자외선을 이용해 물을 10분간 살균하면 A균은 90%, B균은 80%가 죽는다.

• 물 처리공정 •

물 처리공정 1회 가동 시 (1)~(2)의 공정이 20분간 연속으로 이루어지며, 각각의 공정은 독립적으로 이루어져 서로 영향을 미치지 않는다. 이때 공정 (2-1)과 (2-2)는 동시에 이루어진다.

- 공정 (1) 1번 컨테이너에서 A회사의 물을, 2번 컨테이너에서 B회사의 물을 자외선에 10분간 살균한다.
- 공정 (2-1) 1번 컨테이너에서 A회사의 물을 100°C 이상에서 10분간 가열한다.
- 공정 (2-2) 2번 컨테이너에서 B회사의 물을 10분간 필터로 거른다.

공정 (2)를 거친 후 1번 컨테이너의 물 온도는 95°C이며, 2번 컨테이너의 물 온도는 60°C이다. 처리공정 1회 가동 직후 각 컨테이너의 물에 존재하는 균의 리터(L)당 마리 수를 합하면? (단, 다른 조건은 고려하지 않는다.)

해설

각 공정이 완료된 후 각 컨테이너의 물에 남아있는 리터(L)당 세균 수는 다음과 같다.

(단위: 마리/리터(L))

		1번 : A(회사-균)	2번 : B(회사-균)
최초 세균 수		1,000	1,000
공정 (1)	효과	자외선을 통해 10분간 살균	
	세균 수	1,000 × 10% = 100	1,000 × 20% = 200
공정 (2)	효과	100℃ 이상에서 10분간 가열	10분간 필터로 거름
	세균 수	100 × 10% = 10	200 × 20% = 40
최종 세균 수		변동 없음	40℃ 이상에서 10% 증식
		10	40 × 110% = 44

따라서 처리공정 1회가 완료된 후 두 컨테이너에는 리터 당 각각 (A균) 10마리, (B균) 44마리가 존재하므로, 이를 합하면 **54마리/L(리터)**가 된다.

응용

간단한 응용 문제를 풀어보자. 컨테이너 1번에서 처리공정 1회를 거친 후 살아남은 A균은 공정 전의 몇 퍼센트인가?

해설

정답은 1%이다. 곧바로 떠오르면 좋겠지만, 떠오르지 않는다면 아래의 도식을 참고하도록 하자. 본 문제에서 1번 컨테이너의 세균 수를 'A의 m%의 n%' 구조로 나타내면 다음과 같다. 1,000마리에서 공정 (1)을 거치며 1,000마리의 10%인 100마리가 살아남았고, 공정(2)을 거치며 100마리의 10%인 10마리가 살아남았다. 따라서 최종적으로 살아남은 A균은 10%×10%=1%가 되는 것이다. 도식에서 회색으로 칠한 칸이 이를 나타낸다. 반면 처리공정을 통해 사멸한 A균은 나머지 칸에 해당하며, 전체의 99%이다.

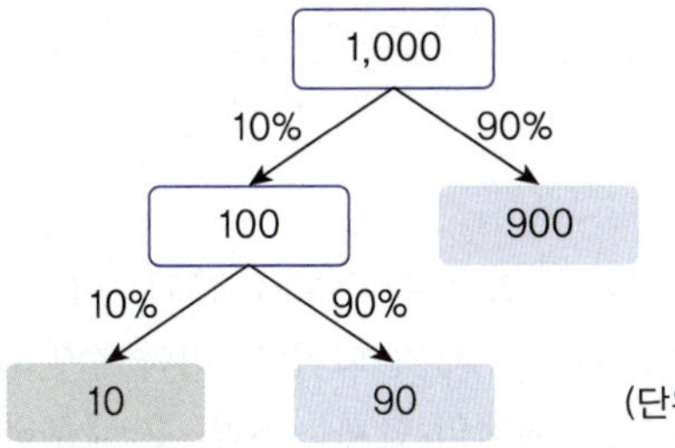

(단위: 마리/L)

Tip 본 문제에서는 처리공정을 1회만 거쳤지만, 같은 공정을 2회 이상 거치도록 할 수도 있다. 만약 동일한 처리공정을 연속하여 3회 거친다면 컨테이너 1의 세균의 생존율은 $(1\%)^3 = 10^{-6} = 0.0001\%$이다.

(4) 세금 등의 계산

세액을 계산하는 문제도 종종 출제되는데, 계산이 어려운 유형이라기 보다는 복잡한 지문의 구조를 잘 이해하는 것이 중요한 유형이다. 지문을 잘 따라서 식을 세우면 계산 자체가 어렵진 않으나, 문제를 해결하기까지 기본적으로 시간이 많이 소모되는 유형이라고 할 수 있다.

예제 2007 행시 상황판단 무책형 32번 변형

종합부동산세에 관한 다음의 법률규정을 근거로 판단할 때, 각 선지가 참인지 거짓인지 판단하라.

> 제○○조(납세의무자) 과세기준일 현재 주택분 재산세의 납세의무자로서 국내에 있는 재산세 과세대상인 주택의 공시가격을 합산한 금액(개인의 경우 세대별로 합산한 금액)이 10억원을 초과하는 자는 종합부동산세를 납부할 의무가 있다.
> 제○○조(과세표준) 주택에 대한 종합부동산세의 과세표준은 납세의무자별로 주택의 공시가격을 합산한 금액에서 10억원을 공제한 금액으로 한다.
> 제○○조(세율 및 세액)
> ① 주택에 대한 종합부동산세는 과세표준에 다음의 세율을 적용하여 계산한 금액을 그 세액으로 한다.
>
> | 과세표준 | 세율 |
> |---|---|
> | 5억 원 이하 | 1천분의 10 |
> | 5억 원 초과 10억 원 이하 | 1천분의 15 |
> | 10억 원 초과 100억 원 이하 | 1천분의 20 |
> | 100억 원 초과 | 1천분의 30 |
>
> ② 주택분 종합부동산세액을 계산함에 있어 2008년부터 2010년까지의 기간에 납세의무가 성립하는 주택분 종합부동산세에 대하여는 제1항의 규정에 의한 세율별 과세표준에 다음 각 호의 연도별 적용비율과 제1항의 규정에 의한 세율을 곱하여 계산한 금액을 각각 당해 연도의 세액으로 한다.
> 1. 2008년: 100분의 70
> 2. 2009년: 100분의 80
> 3. 2010년: 100분의 90

ㄱ. 각각 단독세대주인 갑(공시가격 25억 원 주택소유)과 을(공시가격 30억 원 주택소유)이 2008년 5월 31일 혼인신고 하여 부부가 되었다. 만약 혼인하지 않았다면 갑과 을이 각각 납부하였을 2008년 종합부동산세액의 합계는 혼인 후 납부하는 세액과 동일하다. (　　)

ㄴ. 2008년 12월 31일 현재 A의 세대별 주택공시가격의 합산액이 15억 원일 경우 재산변동이 없다면 다음 해의 종합부동산세액은 400만 원이다. (　　)

해설

법조문 형식의 세금 계산 문제이다. 기본적인 종합부동산세의 세율은 표를 통해 제시되었으며, 2008년부터 2010년까지의 특례사항이 부가되는 구조이다. 표에서 보듯 종합부동산세 세율이 누진세율의 형식은 아니므로, 비교적 난도가 낮은 문제이다.

ㄱ. (×) 두 번째 조문이 근거이다. 종합부동산세의 과세표준은 (납세의무자별 주택의 공시가격의 합) −10억 원이다. 따라서 혼인하지 않았을 시 과세표준은 (25−10)+(30−10)=35억 원인 반면, 혼인 시 과세표준은 25+30−10=45억 원이다. 과세표준이 다르므로 과세표준에 세 번째 조문에 따른 세율을 적용하여 계산한 금액인 종합부동산세액도 다를 것임을 알 수 있다.

ㄴ. (○) 세 번째 조문 제2항이 근거이다. 제2항에 따라 2009년의 종합부동산세는 (과세표준)×80%×(세율)이 된다. 여기에 A의 세대별 주택공시가격의 합산액 15억 원을 대입하면 과세표준은 15−10=5억 원이며 그에 따른 종합부동산세액은 5×(1천분의 10)×100분의 80=0.04억 원=400만 원이다.

(5) 편익의 극대화

편익이란 재화 또는 용역의 사용으로 인한 만족감을 금전적으로 표시한 것이다. 상황판단영역에서는 경제학의 기본적인 원리를 빌려와, 편익에서 비용을 뺀 순편익을 극대화하는 방법을 묻는 유형의 문제들이 등장한다.

다만 상황판단 영역에서 편익, 효용, 후생, 수익, 수입, 매출 등의 용어를 엄밀하게 구분하거나 암기할 필요는 없다. 문제에서 제시하는 용어에 따르면 그만이다. '비용을 최소화하고 효용이나 매출을 극대화해야 한다'라는 방향 정도만 숙지하면서 단어에 익숙해지는 것만으로도 충분하다.

예제 2010 행외시 상황판단 선택형 37번 변형

다음 〈조건〉에 따라 2010년 5월 중에 스킨과 로션을 각각 1병씩 살 때, 총 비용이 가장 적게 드는 경우는? (단, 2010년 5월 1일 현재 스킨과 로션은 남아있으며, 다 썼다는 말이 없으면 그 화장품은 남아있다고 가정한다.)

조건

- 화장품 정가는 스킨 1만 원, 로션 2만 원이다.
- 화장품 가게에서는 매달 15일 전 품목 20% 할인 행사를 한다.
- 화장품 가게에서는 달과 날짜가 같은 날(1월 1일, 2월 2일 등)에 A사 카드를 사용하면 정가의 10%를 할인해 준다.
- 총 비용이란 화장품 구매 가격과 체감 비용(화장품을 다 써서 느끼는 불편)을 합한 것이다.
- 체감 비용은 스킨과 로션 모두 하루에 500원씩으로, 체감 비용을 계산할 때 화장품을 다 쓴 당일은 포함하고 새로 구매한 날은 포함하지 않는다. 또한 화장품이 남은 상태에서 새 제품을 구입해도 체감 비용은 없다.

① 3일에 스킨만 다 써서, 5일에 A사 카드로 스킨과 로션을 살 경우
② 3일에 스킨만 다 써서 당일 스킨을 사고, 13일에 로션을 다 써서 15일에 로션만 살 경우
③ 3일에 스킨만 다 써서 5일에 B사 카드로 스킨을 사고, 14일에 로션을 다 써서 15일에 로션만 살 경우

해설

설문에서 총 비용을 최소화하는 선지를 묻고 있고, 〈조건〉에서 총 비용은 (구매가격)+(체감비용)의 합임을 알 수 있다. 이를 기반으로 표를 그려 총 비용을 정리하면 다음과 같다.

(단위: 원)

구매가격	체감비용	총비용
10,000+20,000×0.9	500×2	27,000+1,000=28,000
10,000+20,000×0.8	500×2	26,000+1,000=27,000
10,000+20,000×0.8	500×3	26,000+1,500=27,500

따라서 총 비용을 최소화하는 선지는 27,000원을 지출하는 ②이다.

(6) 환율

환율이란 환전 시, 즉 서로 다른 국가들의 화폐를 교환할 때 성립하는 교환비율이다. 예를 들어 외환시장에서 1달러가 1,100원에 교환된다면, 1달러와 1,100원은 현재 동일한 가치를 가지고 있다는 것이다. 이때 ① 달러당 원화 환율은 1,100원이라고 하거나, ② 원/달러 환율이 1,100원이라고 표현할 수 있다. 이는 모두 1달러를 기준으로 나타낸 것이다. 다만 이는 우리나라에서 쓰는 기준일 뿐, 반대의 경우로 원화를 기준으로 하거나 아예 새로운 두 화폐를 가지고 환율을 표시하는 경우도 문제로 출제된다. 이때, 처음 보는 환율이라 보다 어색하여 문제가 낯설 수 있으나 기본적인 개념은 동일하므로 기준이 어떤 화폐인지를 정확하게 파악하는 것이 중요하다.

상황판단영역에서는 원화와 달러화 간의 환전뿐 아니라, 셋 이상의 화폐 간의 환전 상황도 종종 출제된다. 이때, 중요한 것은 어떤 화폐를 기준으로 삼을지 확실히 정한 뒤, 풀이 내내 헷갈리지 않는 것이다.

예제 2013 외시 상황판단 인책형 10번 변형

다음 글을 근거로 판단할 때, 〈사례〉에서 발생한 슬기의 손익은?

- 甲은행이 A가격(원/달러)에 달러를 사고 싶다는 의사표시를 하고, 乙은행이 B가격(원/달러)에 달러를 팔고 싶다고 의사표시를 하면, 중개인은 달러 고시 가격을 A/B로 고시한다.
- 만약 달러를 즉시 사거나 팔려면, 그것을 팔거나 사려는 측이 제시하는 가격을 받아들일 수밖에 없다.
- 환전수수료 등의 금융거래비용은 없다.

〈사례〉

- 현재 달러 고시 가격은 1,204.00/1,204.10이다. 슬기는 당장 달러를 사고 싶었고, 바로 100달러를 샀다.
- 1시간 후 달러 고시 가격은 1,205.05/1,205.30으로 움직였다. 슬기는 바로 100달러를 팔았다.

해설

달러 고시 가격 A와 B를 정리하면 다음과 같다.

- A: (달러 구매자의 지불용의)=(바로 달러를 판매할 수 있는 가격)
- B: (달러 판매자의 수취용의)=(바로 달러를 구매할 수 있는 가격)

따라서 〈사례〉에서 슬기가 바로 100달러를 구매한 가격은 1,204.00 / 1,204.10 중 뒷부분에 해당하는 1,204.10(원/달러)이다. 1시간 후에 슬기가 바로 100달러를 판매한 가격은 1,205.05 / 1,205.30 중 앞부분에 해당하는 1,205.05(원/달러)이다. 결국 슬기는 달러 거래를 통해 (1,205.05−1,204.10)×100=**95원의 이익**을 얻었다.

CHAPTER 10 최적화

1 짝표

앞서 논리퍼즐 파트의 대응관계 유형에서 짝표를 다룬 바 있다. 이때, 짝표는 그룹에 속한 개체들 간의 1:1 관계를 시각화하는 도구였다.

최적화 유형에서 사용되는 짝표 또한 기본적인 용법은 같으나 문제에서 요구하는 것이 다르다. 대응관계 유형에서는 개체들을 짝짓도록 한다면, 최적화 유형에서는 개체들 간에 오고 간 거래 등의 구체적인 수치를 묻는 것이 일반적이다. 최적화 유형에서 짝표의 사용을 검토해볼 만한 표지로는 '수출－수입, 전출－전입, 출발지－도착지, 경기 승－패' 등이 있다.

예제 1

가, 나, 다의 3개 축구팀이 각각 다른 두 팀과 1번씩만 경기를 한 결과, 다음 〈표〉와 같은 골 득실을 기록했다. 이를 읽고 질문에 답하라.

〈표〉 경기 결과

상대팀 팀	가	나	다
가		승 3 : (㉡)	(㉠) 6 : 0
나	패 2 : 3		무 2 : (㉢)
다	패 0 : 6	무 (㉣)	

① 총 경기수는 (　　　)경기이며, 이러한 경기 방식을 (　　　)라 한다.
② 빈칸 ㉠, ㉡, ㉢, ㉣를 채우시오.
③ 축구팀 가~다 중 총득점이 가장 높은 팀은 어디인가? 몇 점을 기록하였는가?
④ 축구팀 가~다 중 득실차의 절댓값이 가장 큰 팀은 어디인가? 몇 점을 기록하였는가?

해설

〈예제 1〉은 스포츠 경기의 결과를 짝표로 나타낸 문제이다. 경기 진행 방식 중 모든 개체들이 서로와 동일한 수의 경기를 치르는 리그 방식이 짝표로 나타내기 적합하며, 그 반대의 이유로 토너먼트는 적합하지 않다.

① 총 경기수는 (3)경기이며, 이러한 경기 방식을 (**리그**)라 한다.

Tip n개 팀이 다른 모든 팀과 1경기씩 치르는 리그전의 총 경기수는 ${}_nC_2 = \frac{n(n-1)}{2}$

② 짝표의 성질인 선대칭을 이용하여 빈칸 ㉠, ㉡을 채울 수 있으며, 무승부라는 특성을 이용하여 빈칸 ㉢, ㉣을 채울 수 있다. 따라서 〈표〉의 빈칸을 채우면 다음과 같다.

팀 \ 상대팀	가	나	다
가		승	(승)
		3 : (2)	6 : 0
나	패		무
	2 : 3		2 : (2)
다	패	무	
	0 : 6	(2 : 2)	

Tip 스포츠 경기 결과에서 리그 전체를 기준으로 각 팀의 승리한 경기수의 합과 패배한 경기수의 합은 같으며, 무승부가 없다면 이는 총 경기수와 동일하다.

③ 총득점이란 얻은 점수를 의미한다. 구체적인 점수를 구하기 위해서는 기존의 짝표에 득점, 실점을 합산한 열을 추가하는 방법이 간단하다.

팀 \ 상대팀	가	나	다	총득점	총실점
가		승	승	9	2
		3 : 2	6 : 0		
나	패		무	4	5
	2 : 3		2 : 2		
다	패	무		2	8
	0 : 6	2 : 2			
계				15	15

따라서 가~다 중 총득점이 가장 높은 팀은 9점을 득점한 '가'이다.

Tip 스포츠 경기 결과에서 리그 전체를 기준으로 각 팀의 총득점의 합과 총실점의 합은 언제나 같다.

④ 득실차란 각 팀의 득점에서 실점을 뺀 것을 의미한다. 득실차 또한 열을 추가함으로써 정리할 수 있다.

팀 \ 상대팀	가	나	다	총득점	총실점	득실차
가		승	승	9	2	7
		3 : 2	6 : 0			
나	패		무	4	5	−1
	2 : 3		2 : 2			
다	패	무		2	8	−6
	0 : 6	2 : 2				
계				15	15	0

따라서 가~다 중 득실차의 절댓값이 가장 큰 팀은 '가'이다. '가'의 득실차는 7로, 득점이 실점보다 7 많다.

Tip 스포츠 경기 결과에서 리그 전체를 기준으로 총득점의 합과 총실점의 합은 언제나 같으므로, 득실차의 합도 당연히 0이다.
다만, 총득점, 총실점, 득실차 등의 정보를 기존의 표 옆에 추가할 경우 지나치게 표가 커져 오히려 가시성을 떨어뜨릴 위험이 있다. 그러므로 처음 표를 그린 이후에 새로운 정보가 추가되는 경우 팀 이름 옆에 그 정보를 적는다든지, 제시된 표나 그림을 활용하는 식으로 정리하는 등 최대한 간단하게 표시하여 표를 그리는 의미를 최대한 살릴 수 있도록 하자.

예제 2

다음 〈그림〉은 전체 300가구인 갑 지역의 작년 A, B, C 통신사의 가입자를 기준으로 올해 통신사를 이동한 비율을 조사한 결과이다. 작년 갑 지역의 A, B, C 통신사의 가입자가 1:1:1이었을 때, 올해 A, B, C 통신사의 가입자 비율을 구하시오.

〈그림〉

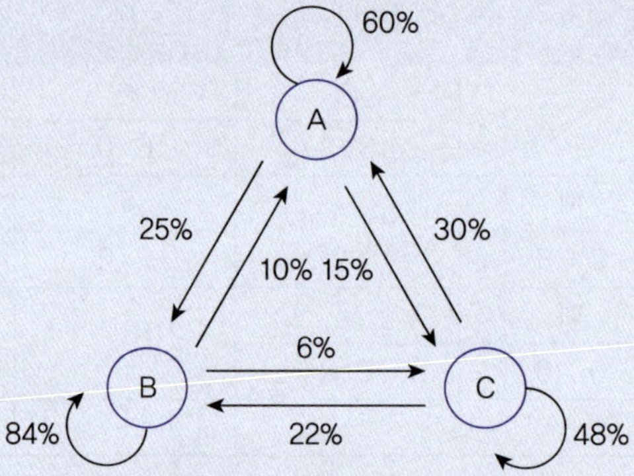

※ 1) 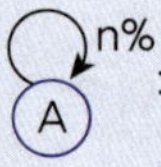 : 작년 A 통신사 가입자 중 n%가 올해 A 통신사에 잔류하였음을 나타냄.

2) 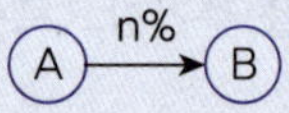 : 작년 A 통신사 가입자 중 n%가 올해 B 통신사로 이동하였음을 나타냄.

3) 작년에서 올해까지 통신사 신규 가입자나 탈퇴자는 없음.
4) 모든 사용자는 A~C 중 1개의 통신사에만 가입하였으며, 최대 1회 통신사를 교체하였음.
5) 갑 지역의 전체 가구 수 변동은 없다.

해설

작년 갑 지역이 300가구로 구성되었고, A, B, C 통신사의 가입자가 각각 100가구씩이었으므로 〈그림〉의 퍼센트(%)는 그대로 가구 수로 치환 가능하다. (예 100×25%=25(가구))
따라서 이를 짝표에 채우면 다음과 같다. 이때, 각 통신사에 '잔류'하는 경우가 존재하므로 이는 대각선에 채워야 한다.

(단위: 가구)

작년＼올해	A	B	C	계
A	60	25	15	100
B	10	84	6	100
C	30	22	48	100
계	100	131	69	300

따라서 구하는 올해 A, B, C 통신사의 가입자 수의 비는 **100 : 131 : 69**이다.

Tip 짝표를 채우다 보면, 〈그림〉에서 모든 화살표가 채워지지 않았어도 표로 옮길 수 있음을 깨닫게 될 것이다. 작년 한 통신사에 가입한 가구는 올해 같은 통신사에 잔류하거나 다른 통신사로 이동했기 때문이다. 위 표처럼 대각선을 기준으로 대칭이 아닌 표도 얼마든지 존재한다. 그러므로 세로축과 가로축에 들어가는 항목이 같은 짝표의 형태일지라도 여러 형태의 표가 나올 수 있다는 점을 알아 두자. 다만, 실전에서 짝표를 그릴 때 모든 칸을 완성하지 않아도 문제를 해결할 수 있다. 따라서 어느 부분을 채워야 하는지를 우선 확인하도록 한다.

2 수형도

수형도(樹型圖)란 나뭇가지와 유사한 형태를 가진 그래프를 의미하며, 그 형태는 다음과 같다.

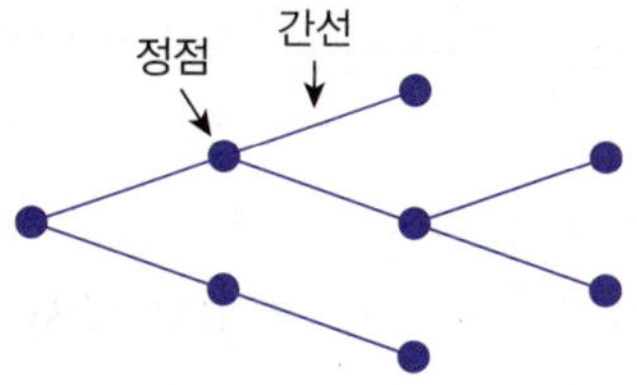

수형도의 특징은 '순환고리가 없다'는 것이다. 즉, 수형도 상의 모든 정점은 직, 간접적으로 연결되어 있지만, 두 개의 정점을 서로 연결하는 길은 단 하나만 존재한다. 또한, n개의 정점으로 구성되는 수형도에서 간선은 $(n-1)$개가 된다. 위의 수형도의 경우, 정점이 8개이며 간선은 7개이다.

3 PERT 도표

PERT 도표란, 작업의 순서 및 진행방법을 한눈에 파악할 수 있도록 작성한 그래프를 말한다. PERT 도표에는 작업에 요구되는 단계와 각 단계에 소요되는 시간이나 비용 등이 병기된다. PERT 도표가 소재인 문제에서는 일반적으로 작업을 완수하는 최소 시간 또는 비용을 요구한다.

〈PERT 도표〉

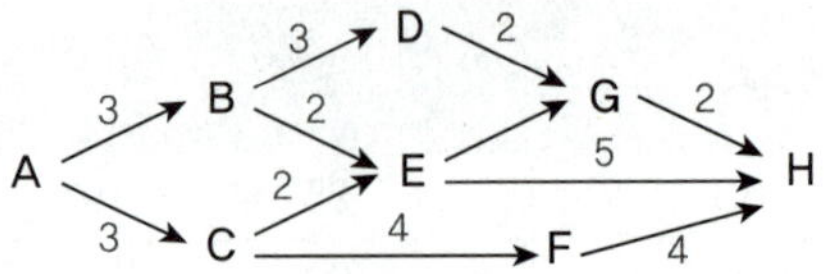

※ 화살표는 단위업무를, 화살표 위의 숫자는 그 업무를 수행하는 데 소요되는 일수를 나타낸다.

※ 화살표 좌우의 알파벳은 각각 단위업무의 시작과 끝을 나타내고, 선행하는 화살표가 나타내는 업무는 후속하는 화살표가 나타내는 업무보다 먼저 수행되어야 한다.

제시된 PERT 도표의 경우 작업은 최대 5단계로 이루어지게 되며, B와 C가 같은 2단계, D와 E가 같은 3단계, G와 F가 같은 4단계의 작업으로 구분된다. 일반적으로 A에서 시작해 H까지 업무를 마무리하기 위한 최단 작업 기간은 며칠인지 물어보는 문제가 출제되는데, 이때, 'A → B → E → H'의 경로는 성립할 수 없다고 생각했다면 착각을 범한 것이다. PERT 도표에서 제시된 모든 작업을 수행해야 하는 것이 아니라, 첫 업무인 A 업무에서 화살표를 따라 마지막 업무인 H 업무까지 마치고 작업을 끝내기까지 걸리는 최소 시간을 찾는 것이기 때문이다. 해설의 편의상 도표를 1~5단계로 구분하였으나, 업무 수행에 소요되는 일수를 구할 때에는 도표에 주어진 화살표의 연결만 고려하면 되는 것이다.

이러한 특징으로 인해, 화살표 위의 숫자가 크다고 해당 경로를 배제하면 안된다. A 업무에서 시작하여 H 업무까지 도달하는 경로가 모두 동일한 개수의 업무를 수행하는 것이 아니기 때문이다. 따라서 이러한 PERT 도표 유형의 문제를 풀 때에는, 시간이 걸리더라도 가능한 모든 경로를 하나씩 고려해보는 것이 좋은 풀이 방법이 될 수 있다.

보통 PERT 도표가 주어지거나 도표를 그릴 수 있는 문제들은, 가능한 경로의 모든 경우의 수가 그렇게 많지 않다. 따라서 눈이나 손으로 따라가면서도 충분히 풀 수 있으며, 헷갈릴 경우에는 경로를 직접 적어가며 풀어보자. 참고로 앞서 제시된 PERT 도표의 최단 작업 기간은 'A → B → E → H' 또는 'A → B → D → G → H' 순서로 각각 10일이다.

예제

다음 〈상황〉을 PERT 도표로 나타내어라.

상황

- 프로젝트는 가~바까지 6개의 작업으로 구성된다.
- 가장 먼저 거쳐야 하는 가 작업은 2시간이 소요된다.
- 가 작업을 마치면 나, 다, 라 작업을 각각 시작할 수 있으며, 세 작업은 동시에 진행 가능하다. 나 작업은 4시간, 다 작업은 1시간, 라 작업은 5시간이 소요된다.
- 나 작업과 다 작업을 모두 마친 후에 마 작업을 시작할 수 있으며, 2시간이 소요된다.
- 프로젝트의 가장 마지막 작업인 바 작업은 앞선 모든 작업을 마친 후에 시작할 수 있으며, 8시간이 소요된다.

해설

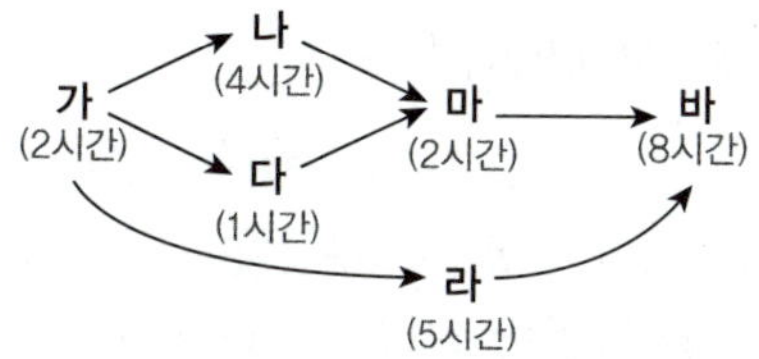

예제의 PERT 도표는 가, 나, 다 등의 지점이 '작업시점'이 아닌 '단위작업'을 나타낸다. 따라서 작업 수행에 걸리는 시간도 경로가 아닌 지점에 표기한다. 각 상황이 설명하는 바를 그대로 그림으로 옮긴 결과이므로 어렵게 생각할 필요가 없다.

4 Gantt Chart(간트 차트)

Gantt Chart란 <u>①목적</u>, <u>②시간</u>이라는 두 기본적 요소를 기록하는 바 형태의 그래프이다. PERT 도표와 같이 Gantt Chart도 프로젝트의 일정 관리를 위하여 사용되며, 각 공정의 순서 및 소요되는 시간을 파악할 수 있다.

〈Gantt Chart〉

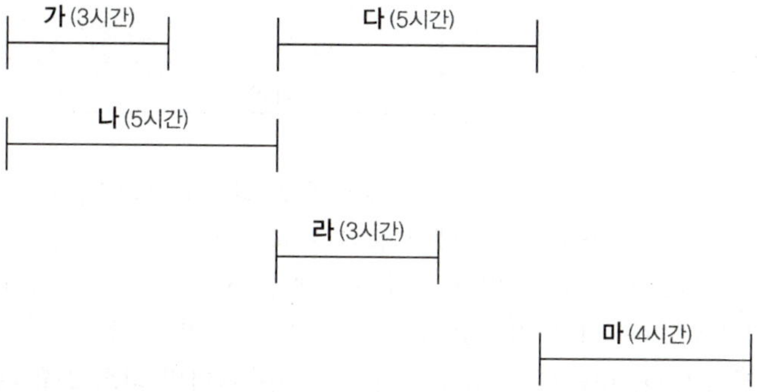

PERT 도표에 비하여 Gantt Chart의 장점은 바의 길이만으로 작업의 소요시간을 비교할 수 있으며, 작업들 사이에 남는 시간, 즉 유휴시간을 파악할 수 있다는 것이다. 또한 전체 소요시간도 한눈에 파악할 수 있다. 위 〈Gantt Chart〉에서 전체 작업의 최소 소요시간은 5+5+4=14시간이다.

다만, 단점으로는 작업들 간 선후관계를 파악할 수 없다는 것을 들 수 있다. 위의 Gantt Chart에서 나 작업은 라 작업보다 먼저 시작되고 먼저 끝나지만, Gantt Chart만으로는 라 작업 이전에 나 작업이 반드시 선행되어야 하는 것인지 아니면 선후관계가 없는지 등을 확인할 수 없다.

예제

다음 〈상황〉을 Gantt Chart로 나타내어라.

상황

- 프로젝트는 가~바까지 6개의 작업으로 구성된다.
- 가장 먼저 거쳐야 하는 가 작업은 2시간이 소요된다.
- 가 작업을 마치면 나, 다, 라 작업을 각각 시작할 수 있으며, 세 작업은 동시에 진행 가능하다. 나 작업은 4시간, 다 작업은 1시간, 라 작업은 5시간이 소요된다.
- 나 작업과 다 작업을 모두 마친 후에 마 작업을 시작할 수 있으며, 2시간이 소요된다.
- 프로젝트의 가장 마지막 작업인 바 작업은 앞선 모든 작업을 마친 후에 시작할 수 있으며, 6시간이 소요된다.

해설

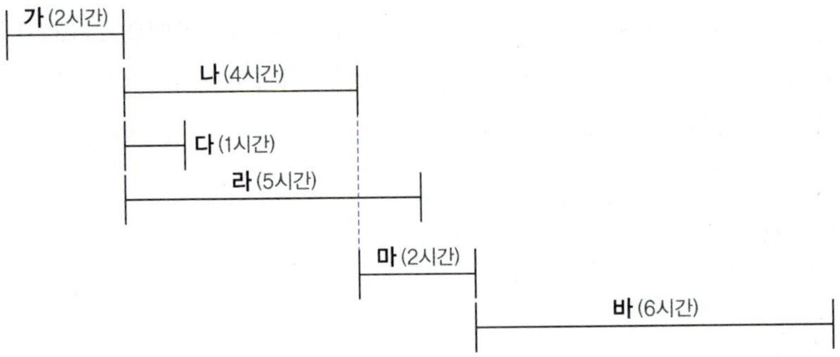

앞서 PERT 파트에서 살펴본 예제와 같은 상황을 Gantt Chart로 나타내는 예제이므로 비교하면서 살펴보면 좋을 것이다. PERT 파트에서 살펴본 표는 '나, 다 작업을 마친 후 마 작업을 시작할 수 있다.'와 같은 선후관계의 가시적인 표현이 용이했다. 하지만 Gantt Chart의 경우 이러한 선후관계를 파악하기가 어렵다. 다만 PERT 표에 비해 Gantt Chart는 각 단계별로 소요 시간이 한눈에 보인다는 장점이 있다. 따라서 Gantt Chart를 이용한다면 최소 소요 시간을 묻는 문제를 특별한 계산 없이도 쉽게 풀 수 있다.

Tip Gantt Chart를 그릴 때 주의해야 할 점은 일의 선후 관계를 고려해야 하며, 상대적인 길이를 확실하게 나타내야 한다는 것이다.

5 A당 B

최적화 유형에서는 경영 상황에서 비용이나 시간을 최소화하거나 이익을 극대화하는 방법을 묻는다. 이때, 각 방법들 간의 단위가 통일되지 않은 경우 문제의 난이도를 높인다. 이런 상황에서 서로 다른 용량, 시간 등의 가치를 비교할 때 'A당 B'를 사용한다.

예제 1

두 종류의 물감 중 어떤 묶음을 구입해야 더 이익인가?

종류	A	B
개당 무게	14g	13g
묶음당 개수	12개	10개
가격	35,000원	30,000원

해설

'이익'이라는 표현은 곧 어떤 것을 사는 것이 소비자 입장에서 이득인지, 즉 가성비가 좋은 쪽인 어디인지를 묻는 것이라 볼 수 있다. 이 문제의 경우, 물감 A, B 자체에 대한 소비자의 선호도가 동일하다 할 때, g(그램)당 가격이 낮은 물감 혹은 가격을 기준으로 1원 당 무게가 큰 물감이 소비자 입장에서 이득이다. 따라서 사용 가능한 물감의 총량을 가격으로 나눈 값, 즉 $\left(\frac{(\text{묶음당 개수})\times(\text{개당 무게})}{\text{가격}}\right)$(g/원)를 계산하여, 그 값이 더 큰 쪽을 골라야 함을 알 수 있다.

- A묶음: $\frac{14\times12}{35,000}=0.0048$(g/원)
- B묶음: $\frac{13\times10}{30,000}=$ 약 0.0043(g/원)

따라서 **A묶음**을 구입하는 것이 더 이익이다. 이때, 기준을 가격, 무게 등 어느 것에 두는지에 따라 구하는 값은 달라질 수 있으나, 어느 기준을 적용하더라도 정답은 동일하다는 것을 유념하자.

예제 2

다음 〈표〉는 5개 도시 간 거리에 관한 자료이다.

〈표〉 도시 간 거리

(단위: km)

	A	B	C	D	E
A		7	10	8	6
B	7		5	7	9
C	10	5		5	4
D	8	7	5		6
E	6	9	4	6	

A~E의 5개 도시를 연결하는 통신망을 설치하고자 한다. A와 B사이를 직접 연결하는 통신망이 설치되어 있지 않다고 해도, A와 C를 직접 연결하는 통신망이 있고 C와 B를 직접 연결하는 통신망이 있다면 A와 B는 간접적으로 연결된 것으로 본다. 통신망 1km를 설치하는 데 하루가 걸릴 때, 통신망 설치에 걸리는 최소 기간은?

해설

〈예제 2〉를 해결하는 방법은 다양하며, 이하에서는 두 가지 방법으로 문제를 분석하도록 한다.

(1) 표에서 직접 찾기

	A	B	C	D	E
A		7	10	8	6
B	7		5	7	9
C	10	5		5	4
D	8	7	5		6
E	6	9	4	6	

첫 번째는 문제에서 제시한 표를 그대로 이용하는 방법이다. 표에서 행별로, 또는 열별로 최솟값을 우선 찾은 후, 5개 도시를 모두 연결할 수 있는지 검토한다. 해설에서는 열별로 각 도시에서 가장 가까운 도시를 도출하였다. 만약 이러한 방법으로 5개 도시가 연결되지 않는다면 두번째로 작은 값을 대입하는 방법으로 풀이한다.

	A	B	C	D	E
A		7	10	8	6
B	7		5	7	9
C	10	5		5	4
D	8	7	5		6
E	6	9	4	6	

이에 따르면 통신망 설치에 걸리는 최소 기간은 5+5+6+4=20일이며, A와 E가 직접적으로 연결되어 있고 E와 C가 직접적으로 연결되어 있으며 C와 B, D가 직접적으로 연결되어 있으므로 5개 도시가 모두 연결된다.

이 방법은 필기를 최소화할 수 있다는 점에서 바람직하다. 단, 체계적으로 정리하기 어려워 실수의 위험이 있으므로 주의하자.

(2) 수형도 그리기

표에 정리된 상황을 그림으로 나타내면 다음과 같으며, 최솟값부터 찾아 순환고리가 없는 수형도로 만들 수 있다.

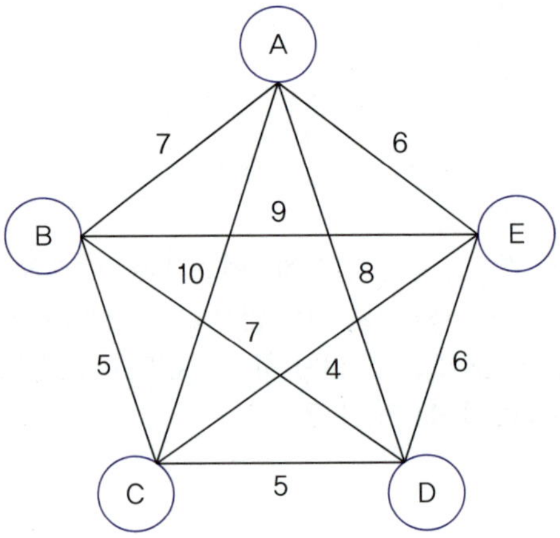

(ⅰ) 최솟값 간선 선택 → 4

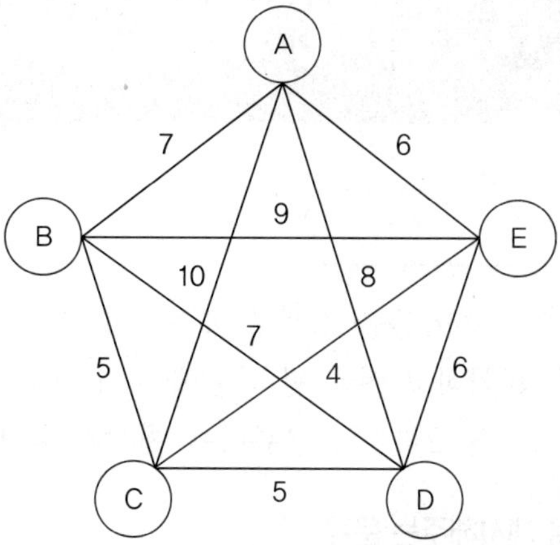

(ⅱ) 두 번째로 작은 간선 선택 → 5 (2개)

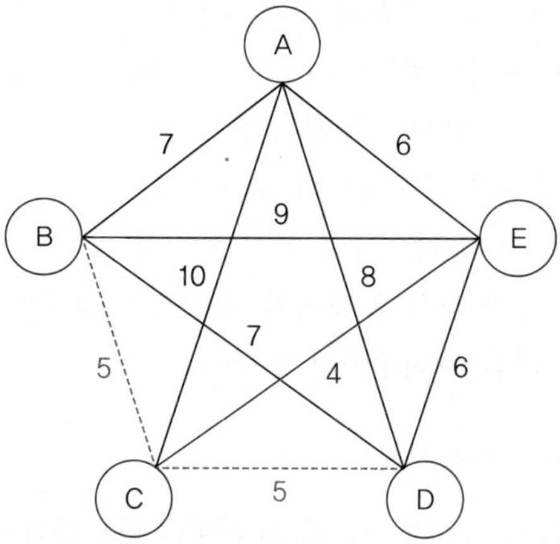

(ⅲ) 남은 A를 연결하는 간선 중 최솟값 선택 → 6

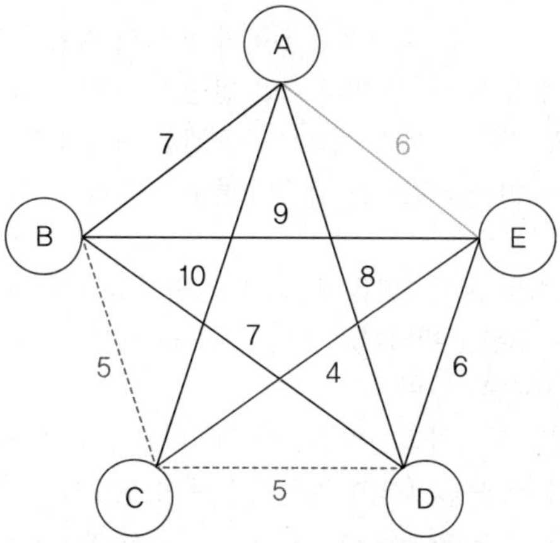

이로써 모든 정점의 연결이 완료되었다. 따라서 통신망 설치에 걸리는 최소 기간은 20일이다.

CHAPTER | 11 달력, 요일, 시차

1 달력, 요일

연, 월, 주, 요일, 일, 시간 등을 소재로 하는 유형의 문제들은 계산이 복잡하지는 않지만, 날짜 계산의 규칙을 파악하고 여러 번 적용해야 하기에 시간이 오래 걸리는 경우가 일반적이다. 달력, 요일 유형을 2가지로 분류하여 예제와 함께 파악해보자.

(1) 달력 또는 규칙을 제시해주는 문제

문제에서 시각 자료로 달력을 제시하는 경우, 이를 활용하여 달력 위에 필기하는 것이 좋다. 달력, 요일, 시차 유형의 문제들은 빠른 풀이법이나 요령을 부리려고 하다가 실수할 위험이 높다. 따라서 이 유형에서는, 어찌 보면 미련할 만큼 정공법을 사용하는 것을 추천한다. 날짜를 세어야 하는데 헷갈린다면 손으로 한 칸 한 칸 직접 세어도 좋다. 이 유형에서는 정확성이 신속성보다 중요하다.

만약 달력이 주어지지 않는다면 여백에 직접 써보자. 이때, 도해해야 할 달력의 크기는 문제마다 다르다. 따라서 문제에서 요구하는 규칙이나 상황을 모두 나타낼 수 있도록 충분한 일수를 직접 그려주어야 한다.

예제 2014 행외시 상황판단 A책형 18번 변형

다음 글을 근거로 판단할 때, 9월 17일(토)부터 책을 대여하기 시작한 甲이 마지막 편을 도서관에 반납하는 날과 그 요일은? (단, 다른 조건은 고려하지 않는다.)

> 甲은 10편으로 구성된 위인전을 완독하기 위해 다음과 같이 계획하였다.
> 책을 빌리는 첫째 날은 1권만 빌려 다음 날 반납하고, 반납한 날 2권을 빌려 당일 포함 2박 3일이 되는 날 반납한다. 이런 식으로 도서관을 방문할 때마다 대여하는 책의 수는 한 권씩 증가하지만, 대여 일수는 빌리는 책 권수를 n으로 했을 때 2권 이상일 경우 $(2n-1)$의 규칙으로 증가한다.
> 예를 들어, 3월 1일(월)에 1편을 빌렸다면 3월 2일(화)에 1편을 반납하고 2, 3편을 빌린다. 3월 4일(목)에 2, 3편을 반납하고 4, 5, 6편을 빌린다. 3월 8일(월)에 4, 5, 6편을 반납하고 그날 7, 8, 9, 10편을 빌린다.
> 도서관은 일요일만 휴관하고, 이날은 반납과 대여가 불가능하므로 다음날인 월요일에 반납과 대여를 한다. 이 경우에 한하여 일요일은 대여 일수에 포함되지 않는다.

해설

甲은 총 10편의 위인전을 빌리므로 총 4번 대여하고 반납하게 된다.

(1) 9월 17일(토)에 빌린 1편은 다음날인 9월 18일(일)에 반납해야 하지만, 일요일에는 반납할 수 없으므로 다음날인 9월 19일(월)에 반납한다.

(2) 2번째로 빌린 2, 3편은 2박 3일이 되는 날인 9월 21일(수)에 반납한다.

(3) 3번째로 빌린 4, 5, 6편은 4박 5일이 되는 날인 9월 25일(일)에 반납해야 하지만, 일요일에는 반납할 수 없으므로 다음 날인 9월 26일(월)에 반납한다.

(4) 마지막으로 빌린 7, 8, 9, 10편은 6박 7일이 되는 날인 10월 2일(일)에 반납해야 하지만, 일요일에는 반납할 수 없으므로 다음 날인 10월 3일(월)에 반납한다.

따라서 정답은 **10월 3일(월)**이다. 이를 달력을 그려 나타내면 다음과 같다.

		일	월	화	수	목	금	토
1주								9/17
	대여							1
	반납							
2주			9/19		9/21			
	대여		2,3		4,5,6			
	반납	不	1		2,3			
3주			9/26					
	대여		7,8,9,10					
	반납	不	4,5,6					
4주			10/3					
	대여							
	반납	不	7,8,9,10					

(2) 날짜와 요일 변화의 규칙성을 이해해야 하는 문제

이 유형은 특정 날짜의 요일을 주고 다른 날짜의 요일을 추론하도록 한다. PSAT에서 직접적으로 묻는 경우는 적지만, 만약 출제되었을 때 숙지한 수험생과 숙지하지 못한 수험생의 차이가 극명한 부분이다. 특히 4년에 1번 있는 윤년의 경우, 2월 29일을 전후해 요일이 달라지는 규칙은 미리 알아 두지 않으면 시험 상황에서 찾아내기 까다로우므로 익혀 두자. 참고로 현재 윤년은 4의 배수가 되는 연도이다. (2016년, 2020년, 2024년 등)

① 1주 = 7일

② 1달 = 4주(28일) + α 일

③ 1년

A. 평년의 경우: 1년 = 52주 + 1일 = 365일

개월	1월	2월	3월	4월	5월	6월	7월	8월	9월	10월	11월	12월
일수	31	28	31	30	31	30	31	31	30	31	30	31
α 일	3	0	3	2	3	2	3	3	2	3	2	3

B. 윤년의 경우: 1년 = 52주 + 2일 = 366일

개월	1월	2월	3월	4월	5월	6월	7월	8월	9월	10월	11월	12월
일수	31	29	31	30	31	30	31	31	30	31	30	31
α 일	3	1	3	2	3	2	3	3	2	3	2	3

- **평년에서 평년으로 넘어가는 경우**

  1주가 52번 반복되고 1일이 더해지므로 같은 날짜는 전년에 비해 요일이 한 칸 늦춰진다.

  예 2018년 5월 9일(수) → 2019년 5월 9일(목)

- **평년에서 윤년으로 넘어가는 경우**

  ① 2월 29일 이전의 날짜는 평년에서 평년으로 넘어가는 경우와 마찬가지로 전년에 비해 요일이 한 칸 늦춰진다.

  예 2019년 1월 3일(목) → 2020년 1월 3일(금)

  ② 2월 29일 이후의 날짜는 1주가 52번 반복되고 윤년을 포함하여 2일이 더해지므로 요일이 두 칸 늦춰진다.

  예 2019년 6월 1일(토) → 2020년 6월 1일(월)

- **윤년에서 평년으로 넘어가는 경우**

  ① 2월 29일 이전의 날짜는 마찬가지로 1주가 52번 반복되고 윤년을 포함하여 2일이 더해지므로 요일이 두 칸 늦춰진다.

  예 2020년 1월 3일(금) → 2021년 1월 3일(일)

  ② 2월 29일 이후의 날짜는 더 이상 윤년의 영향을 받지 않아 요일이 한 칸 늦춰진다.

  예 2020년 6월 1일(월) → 2021년 6월 1일(화)

예제

다음 문장의 빈칸을 채우라.

① 5월 1일이 화요일이라면 같은 해 6월 1일은 (　　)요일이다.

② 2020년 1월 30일이 목요일이라면 2021년 2월 2일은 (　　)요일이다.

해설

① 5월은 31일이며, 31=7×4+3이므로 화요일에서 요일이 3칸 늦춰진 (**금요일**)이다.

② 2020년은 윤년이다. 1월 30일은 2월 29일 이전이므로, 윤년에서 평년으로 넘어가는 사이에 366(=7×52+2)일이 지나 요일이 2칸 늦춰진다. 따라서 2021년 1월 30일은 토요일이다. 2021년 2월 2일은 2021년 1월 30일에서 3일 후이므로 (**화요일**)이다.

예제 2016 행외시 상황판단 4책형 34번

다음 글을 근거로 판단할 때, 2015년 9월 15일이 화요일이라면 2020년 이후 A국 ○○제가 처음으로 18일 동안 개최되는 해는? (단, 모든 날짜는 양력 기준이다.)

1년의 개념은 지구가 태양을 한 바퀴 도는 데 걸리는 시간으로, 그 시간은 정확히 365일이 아니라 그보다 조금 긴 약 365.2422일이다. 따라서 다음과 같은 규칙을 순서대로 적용하여 1년이 366일인 윤년을 정한다.

[규칙 1] 연도가 4로 나누어 떨어지는 해는 윤년으로 한다. (2004년, 2008년, …)
[규칙 2] [규칙 1]의 연도 중에서 100으로 나누어 떨어지는 해는 평년으로 한다. (2100년, 2200년, 2300년, …)
[규칙 3] [규칙 2]의 연도 중에서 400으로 나누어 떨어지는 해는 윤년으로 한다. (1600년, 2000년, 2400년, …)

A국 ○○축제는 매년 9월 15일이 지나고 돌아오는 첫 번째 토요일에 시작해, 10월 첫 번째 일요일에 끝난다. 다만 10월 1일 또는 2일이 일요일인 경우, 축제를 A국 국경일인 10월 3일까지 연장한다. 따라서 축제는 최단 16일에서 최장 18일간 열린다.

해설

우선 앞서 알아본 연도와 요일 변경 규칙을 다시 한번 정리하자.

(i) 평년에서 평년으로 넘어가는 경우
1주가 52번 반복되고 1일이 더해지므로 같은 날짜는 전년에 비해 요일이 한 칸 늦춰진다.

(ii) 평년에서 윤년으로 넘어가는 경우
① 2월 29일 이전의 날짜는 평년에서 평년으로 넘어가는 경우와 마찬가지로 전년에 비해 요일이 한 칸 늦춰진다.
② 2월 29일 이후의 날짜는 1주가 52번 반복되고 윤년을 포함하여 2일이 더해지므로 요일이 두 칸 늦춰진다.

(iii) 윤년에서 평년으로 넘어가는 경우
① 2월 29일 이전의 날짜는 마찬가지로 1주가 52번 반복되고 윤년을 포함하여 2일이 더해지므로 요일이 두 칸 늦춰진다.

② 2월 29일 이후의 날짜는 더 이상 윤년의 영향을 받지 않아 요일이 한 칸 늦춰진다.
2번째 지문에 의하면 ○○축제는 16일 동안 열리는데, 10월 1일 또는 2일이 일요일인 경우 축제가 하루 내지 이틀 연장된다. 따라서 축제가 18일 동안 열리려면 10월 1일이 일요일이어야 한다. 그리고 10월 1일의 요일을 추론할 자료로 문제에서는 9월 15일을 주고 있다. 9월 15일은 2월 29일 이후이므로 윤년인 9월 15일의 경우에 한하여 요일이 두 칸 늦춰진다. 2015년 9월 15일은 화요일이라고 하였으므로, 2016년 이후 9월 15일의 요일들은 다음과 같다.

연도	2015	2016	2017	2018	2019	2020	2021	2022	2023
윤년 여부		O				O			
9월 15일	화	목 (+2)	금 (+1)	토 (+1)	일 (+1)	화 (+2)	수 (+1)	목 (+1)	금 (+1)

10월 1일이 일요일이면 같은 해 9월 15일은 금요일이다. 따라서 2020년 이후 ○○축제가 처음으로 18일 동안 개최되는 해(즉 2020년 이후 처음으로 9월 15일이 금요일인 해)는 **2023년**이다.

2 시차

(1) 시차의 기본 공식

시차를 소재로 하는 문제에서는 다음의 공식을 무조건 떠올리자.

(소요시간) ± (시차)

즉, ① 주어진 과제의 소요시간에 ② 장소 변경으로 인한 시차를 반영하여야 한다. 시차 유형의 문제에서는 무조건 이 두 가지를 파악하는 것이 풀이의 원칙이다.
시차 문제의 경우 표현 방식에 익숙해질 필요가 있다. '시간이 빠르다'라는 것은 시간 상 앞서 있다는 뜻으로, 이 경우 시차만큼을 더해야 한다. 반대로 '시간이 느리다'라는 것은 시간 상 뒤쳐져 있다는 뜻으로, 이 경우 시차만큼을 빼야 한다.

(2) 그림의 활용

시차 문제는 대부분 현재 세계시로, 런던을 기점으로 하는 UTC(Universal Time Coordinated, 협정세계시) 또는 GMT(Greenwich Mean Time, 그리니치 평균시)에 따라 출제된다. 현재 세계적으로 공인된 것은 UTC이나, 이는 GMT와 단지 초의 소수점 정도만 차이가 있으므로 일상 생활에서 통용 가능하다.
즉, 문제에서도 한국은 런던보다 9시간이 빠르고, 뉴욕보다 14시간이 빠르다. 가상의 국가 및 시차를 설정하는 문제는 상대적으로 출제빈도가 낮으므로, 아래에 제시되는 그림들의 용법뿐 아니라 그 안에 담긴 내용도 숙지해 두도록 하자. 참고로 1시간 차이는 경도 15도 차이와 동일하다.

① 지도(UTC 표시)

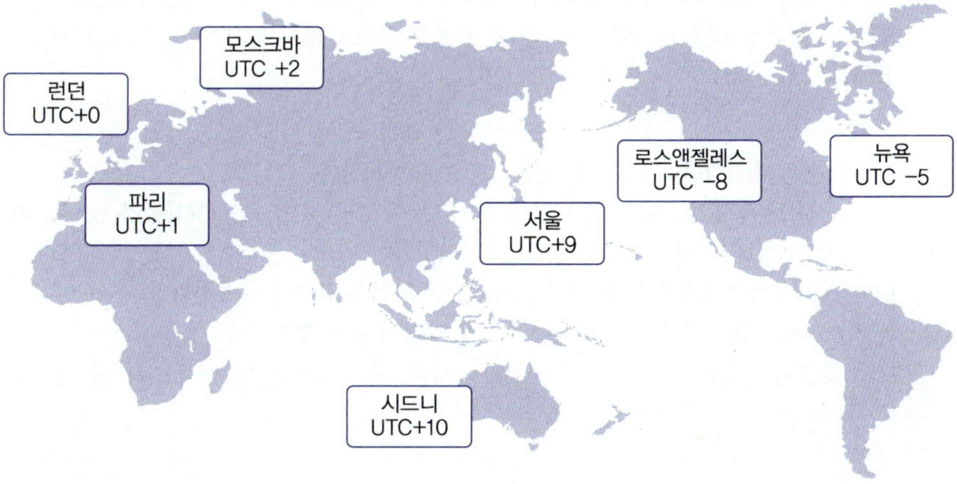

② 수직선(UTC 기준)

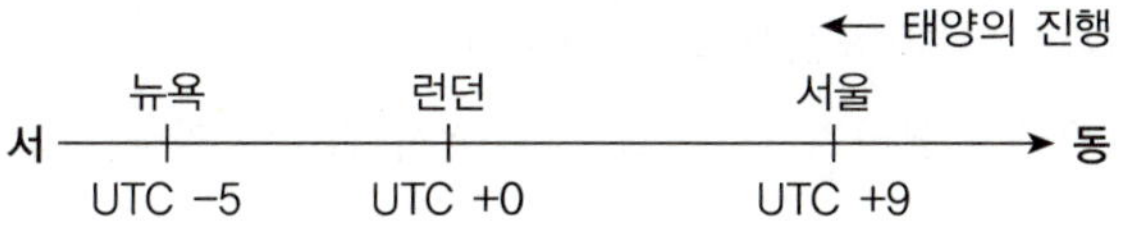

③ 수직선(시차 기준)

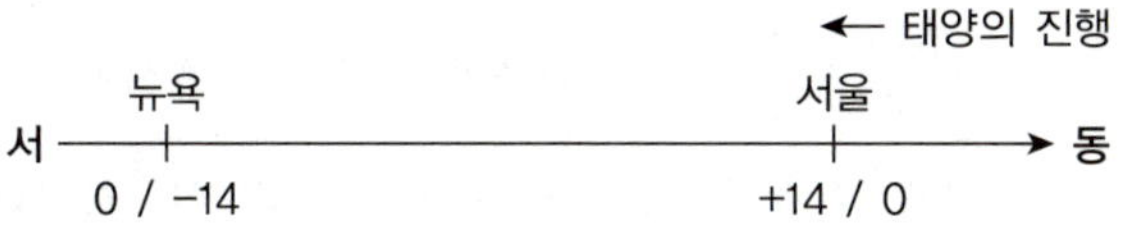

예제 1

파리가 5월 3일 오후 5시일 때 서울의 시각은?

해설

파리보다 서울이 8시간 빠르다. 따라서 파리의 시각에서 8시간이 지난 **5월 4일 오전 1시**가 서울의 시각이다.

예제 2 2012 행시 상황판단 인책형 34번

△△년 5월 10일 A시의 일출 시각은 A시 시각으로 05:30이다. 다음 〈조건〉을 근거로 판단할 때, △△년 5월 12일 B시의 일출 시각은 B시 시각으로 몇 시인가? (단, 〈조건〉 외의 다른 요인은 고려하지 않는다.)

조건

- 지구는 매시간마다 15도씩 서에서 동으로 자전한다.
- A시는 동경 125도에 위치하고, 동경 135도의 표준시※를 사용한다(동경 125도: 지구의 본초 자오선을 기준으로 동쪽으로 125도인 선).
  B시는 동경 115도에 위치하고, 동경 105도의 표준시를 사용한다.
- △△년 5월 A시와 B시의 일출 시각은 매일 2분씩 빨라진다.

※ 표준시: 경도를 달리하는 각지 사이의 시차를 통일하려고 일정한 지점의 시각을 그 근처에 있는 일정한 구역 안의 표준으로 하는 시각

해설

(1) 5월 10일 A시 위치의 일출 시각은 A시 표준시로 05:30이다.

(2) A시와 B시의 일출 시각은 매일 2분씩 빨라지므로 5월 12일 A시 위치의 일출 시각은 A시 표준시로 05:26이다.

(3) A시는 동경 125도, B시는 동경 115도에 위치하므로 A시와 B시는 경도 10도 차이가 나고, 경도 15도가 1시간이므로 경도 10도는 $1\times\frac{10°}{15°}=\frac{2}{3}$시간=40분이다. 따라서 A시의 일출 시각은 B시의 일출 시각보다 40분 빠르다. 이때, 5월 12일 A시 위치의 일출 시각은 A시 표준시로 05:26이므로, 5월 12일 B시 위치의 일출 시각은 A시 표준시로 06:06이다.

(4) A시의 표준시는 동경 135도, B시의 표준시는 동경 105도이므로 A시와 B시의 표준시는 경도 30도 차이가 나고, 경도 15도가 1시간이므로 경도 30도는 2시간이다. 따라서 A시의 표준시는 B시의 표준시보다 2시간 빠르다. 이때, 5월 12일 B시 위치의 일출 시각은 A시 표준시로 06:06이므로, B시 표준시로는 **04:06**이다.

이해를 돕기 위해 이를 수직선으로 나타내 보자.

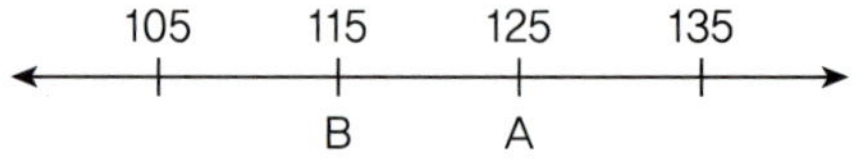

Tip 한국은 동경 127.5° 쯤에 위치해 있으나, 도쿄와 같은 동경 135°에 맞춘 GMT +9를 표준시로 사용하고 있다. 즉 한국은 표준시에 따른 시각이 지리적 시각보다 약 30분 빠르다. 문제에 언제든지 활용될 수 있는 소재이므로 숙지해 두자.

3 시계

12시(간)－60분－60초 체계를 사용하는 시계의 특성을 주제로 하는 유형이다. 시침－분침－초침의 위치를 묻는 문제, 시계가 고장 났거나 실제 시간과 다르게 맞춰진 상황 등을 제시한다. 과거 행외시 기출문제에서는 찾아보기 어렵지만, 최근 2021년 시험에서 시계를 테마로 한 문항이 2문제 출제되었으므로 앞으로 유사한 문항들이 등장할 여지가 있다.
이 유형은 달력, 요일 유형이나 시차 유형보다 직접적으로 수리적 감각을 요구한다. 아래 예제들의 해결 과정을 어려움 없이 자연스럽게 받아들일 수 있다면, 이러한 유형이 있다는 정도로 가볍게 이해하고 넘어가면 된다. 그러나 이해하기 까다롭다고 느껴진다면 특히 주의하여 시계의 특성을 숙지해 두자.

예제 1

다음 질문에 답하라.

① 3시부터 4시 사이에 시계의 시침과 분침이 겹쳐지는 시각은?
② 7시부터 8시 사이에 시계의 시침과 분침이 반대 방향으로 일직선을 이루는 시각은?
③ 시계의 시침과 분침은 하루에 몇 번 겹쳐지는가?

해설

일차방정식으로 간단하게 해결할 수 있는 문제이다. 시침은 12시간에 360°, 분침은 1시간에 360°씩 움직인다. 따라서 시침은 1분에 0.5°, 분침은 6° 움직인다. 이를 바탕으로 설문을 분석하면 다음과 같다. 단, 이때 각도는 12시를 기준으로 움직인 정도를 말한다.

① 구하는 시각을 3시＋분이라 하자. 먼저 시침은 3시와 4시 사이에 위치하며 3시 정각에 시침은 90°에 위치해 있으므로, 시침이 움직인 각도는 $(90+0.5t)°$이다. 다음으로 분침이 움직인 각도는 $6t°$이다. 시침과 분침이 겹쳐지는 시각에 시침이 움직인 각도와 분침이 움직인 각도가 동일하므로, $90+0.5t=6t$이다.

$5.5t=90 \quad \therefore t=\frac{180}{11}$°

따라서 시침과 분침은 **3시 $\frac{180}{11}$**분에 겹쳐진다.

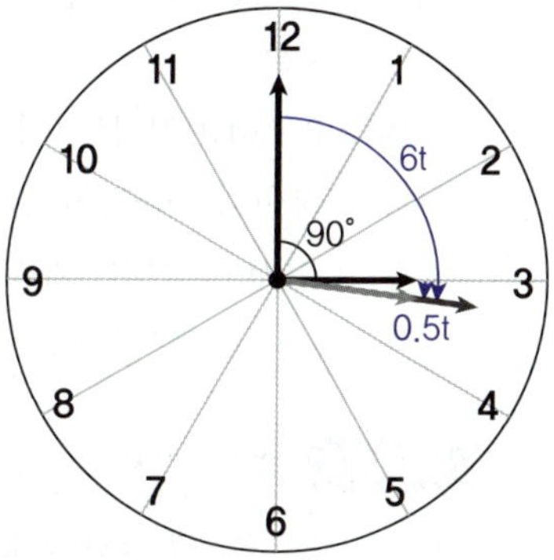

90°＋0.5t＝6t

② 구하는 시각을 7시 x분이라 하자. 먼저 시침은 7시와 8시 사이에 위치하며 7시 정각에 시침은 210°에 위치해 있으므로, 시침이 움직인 각도는 $(210+0.5x)$이다. 다음으로 분침이 움직인 각도는 $6x°$이다. 시침과 분침이 반대 방향으로 일직선을 이루기 위해서는 시침과 분침이 180° 차이가 나야

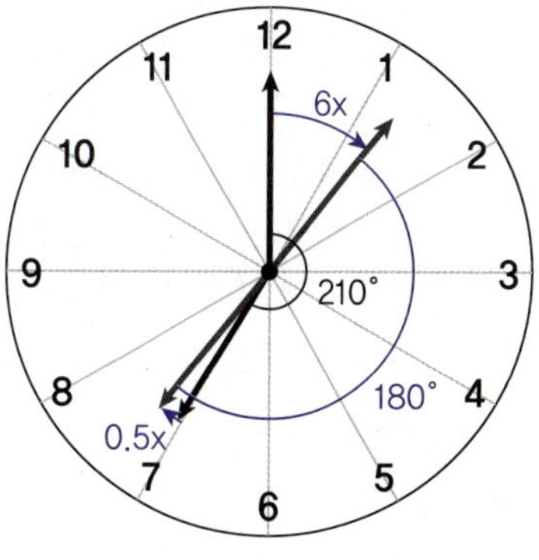

$210°+0.5x=6x+180°$

하며, 시침이 180° 이상을 갔으므로 시침의 각도가 분침의 각도보다 크다. 따라서 $210+0.5x=6x+180$이다.

$5.5x=30 \quad \therefore x=\frac{60}{11}$。

따라서 시침과 분침은 **7시 $\frac{60}{11}$분**에 일직선을 이룬다.

③ 분침은 한 시간에 한 바퀴씩 돌아가므로 하루에 24바퀴를 돌고, 시침은 하루에 2바퀴를 돈다. 하루를 오전 12시, 즉 00:00을 시작으로 24:00 전까지 분침이 한 바퀴를 도는 매시간마다 경우를 나누어 각각 횟수를 구해보면 다음과 같다.

[00:00(이상)~01:00(미만)] 시침과 분침이 이미 겹쳐져 있는 상태에서 분침이 먼저 출발하여 한 바퀴를 돌 때까지 시침과 분침이 겹치는 순간은 00:00으로 1회이다.

[01:00~02:00] 분침이 한 바퀴 도는 동안 1과 2 사이에 있던 시침과 한 번 겹친다.

[02:00~03:00] 분침이 한 바퀴 도는 동안 2와 3 사이에 있던 시침과 한 번 겹친다.

⋮

[11:00~12:00] 분침이 한 바퀴 돌아 다시 12에 올 때 시침도 11에서 출발하여 12에 동시에 도착한다. 하지만 12:00은 포함하지 않으므로 시침과 분침이 겹치는 순간은 없다.

[12:00~13:00] 시침과 분침이 이미 겹쳐져 있는 상태에서 분침이 먼저 출발하여 한 바퀴를 돌 때까지 시침과 분침이 겹치는 순간은 12:00으로 1회이다.

[13:00~14:00] 분침이 한 바퀴 도는 동안 1과 2 사이에 있던 시침과 한 번 겹친다.

⋮

[23:00~24:00] 분침이 한 바퀴 돌아 다시 12에 올 때 시침도 11에서 출발하여 12에 동시에 도착한다. 하지만 24:00은 포함하지 않으므로 시침과 분침이 겹치는 순간은 없다.

즉, 11:00~12:00, 23:00~24:00를 제외한 매시간마다 시침과 분침이 한 번씩 겹치게 되므로, 만 하루동안 시침과 분침이 겹치는 횟수는 **총 22회**이다.

예제 2 2021 행외시 상황판단 가책형 13번

다음 글을 근거로 판단할 때, 가장 먼저 교체될 시계와 가장 나중에 교체될 시계는?

甲부서에는 1~12시 눈금표시가 된 5개의 벽걸이 시계(A~E)가 있다. 그런데 A는 시침과 분침이 모두 멈춰 더 이상 작동하지 않는 상태다. B는 정확한 시계보다 하루에 1분씩 느려지는 시계다. C는 정확한 시계보다 하루에 1시간씩 느려지는 시계다. D는 정확한 시계보다 하루에 2시간씩 빨라지는 시계다. E는 정확한 시계보다 하루에 5분씩 빨라지는 시계다.

甲부서는 5개의 시계를 순차적으로 교체하려 한다. 앞으로 1년 동안 정확한 시계와 일치하는 횟수가 적을 시계부터 순서대로 교체한다.

※ B~E는 각각 일정한 속도로 작동한다.

해설

가장 먼저 교체되는 시계는 앞으로 1년 동안 정확한 시계와 일치하는 횟수가 가장 '적은' 것이다.

(1) 시계 A는 고정된 시각에 멈추어 있으므로 오전과 오후 각 1번씩, 하루에 총 2번 정확한 시계와 일치한다.

(2) 시계 B~E는 모두 하루에 일정 시간씩 오차가 발생해 느려지거나 빨라진다. 이때, 느려지는지 빨라지는지는 중요하지 않고, 그 오차의 절댓값이 정확한 시계와 일치하는 횟수를 결정한다. 시계 B~E 모두 느려지거나 빨라지는 한 방향으로 오차가 누적된다. 누적된 오차가 12시간의 사이클을 한 바퀴 돌면 정확한 시계와 일치하게 된다. 다시 말하면, 오차가 몇 번 쌓여야 12시간(720분)을 채워서 정확한 시계와 일치하는지가 문제 해결의 관건이 된다. 각 시계별로 이를 살펴보면 다음과 같다.

① 시계 D는 하루에 2시간씩 빨라지므로, 오차가 6번 쌓여 12시간이 된다. 따라서 6일에 한 번씩 정확한 시계와 일치한다.

② 시계 C는 하루에 1시간씩 느려지므로, 오차가 12번 쌓여 12시간이 된다. 따라서 12일에 한 번씩 정확한 시계와 일치한다.

③ 시계 E는 하루에 5분씩 빨라지므로, 오차가 144번 쌓여 12시간이 된다. 따라서 144일에 한 번씩 정확한 시계와 일치한다.

④ 시계 B는 하루에 1분씩 느려지므로, 오차가 720번 쌓여 12시간이 된다. 따라서 720일에 한 번씩 정확한 시계와 일치한다.

(3) 따라서 **가장 먼저 교체되는 시계**는 앞으로 1년 동안 정확한 시계와 한 번도 일치하지 않을 수도 있는 B, **가장 나중에 교체되는 시계**는 하루에 두 번, 1년에 730번 또는 732번(윤년의 경우) 정확한 시계와 일치하는 A이다.

Tip 여기서 주의할 것은 오차가 작을수록 정확한 시계와의 일치 횟수도 적어진다는 것이다. 오차가 작으면 24시간의 사이클을 채우는 데 오래 걸리기 때문이다. 따라서, 시계 B~E가 며칠에 한 번 정확한 시계와 일치하는지는 사실 중요하지 않다. 시계 B~E의 오차의 절댓값의 크기를 비교하면 빠르게 문제를 해결할 수 있다. 다만 '오차의 절댓값의 크기를 비교'하는 방법으로 문제를 해결하기 위해서는 이러한 스킬을 숙지하고 있을 만큼 숙련도가 높아야 한다. 따라서 상황판단영역의 퀴즈 유형 중 가장 어려운 축에 속하는 시계 유형의 숙련도를 끌어올리려 하기 보다는 정석적인 풀이, 즉 정확한 시계와 처음 만나는 데 얼마나 걸리는지를 도출하여 이를 각 시계에 적용하는 것이 때로는 현명한 선택이 될 수 있음을 생각하자.

독학으로 끝내는 PSAT 문제해결·자원관리능력

독끝

Daily 460제

PART 2

정답 및 해설 2p

독끝 1일차 (001~030)

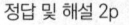

난이도별 구성

●○○	10문항
●●○	19문항
●●●	1문항

본 문항은 PSAT 상황판단 영역 기출 문항으로 구성되며, 기출 표기에 따른 시험 종류는 아래와 같습니다. (표기 상 맨 끝은 '책형' 입니다.)
㉤ – 민간경력자 일괄채용시험 / ⓗ – 공개경쟁채용시험(행정)

1일차 일일연습

Set ❶

다음 문장을 논리기호로 표현한 것이 맞으면 O, 틀리면 X로 표시하세요.

(1) A는 역사학을 수강하지 않는다. ▶ A → ~(역사학 수강)
(2) 우승을 하려면 예선을 통과해야 한다. ▶ (우승) → (예선통과) ⇔~(예선통과) → ~(우승)
(3) 병이 소방관이거나 을이 목수가 아니다. ▶ {(병) → (소방관)} ∨ {(을) → ~(목수)}
(4) 모든 천재 과학자는 대단한 수학자이다. ▶ (천재 과학자) → (대단한 수학자)

Set ❷

표의 빈 칸에 들어갈 것을 구하시오. (참, 거짓)

a	b	a ∧ b	a → b
참	참	참	참
참	거짓	(1)	거짓
거짓	참	거짓	(2)
거짓	거짓	(3)	(4)

Set ❸

아래〈조건〉을 확인 후, 각 질문에 답하시오.

〈조건〉 사과 20개를 2개씩 들어가는 봉투 또는 3개씩 들어가는 상자에 각각 가득 채워 담아 선물하려 한다. 선물을 받는 사람에게는 봉투 또는 상자 하나만 선물할 수 있다.

(1) 가장 적은 수의 사람에게 사과를 선물한다면 몇 명이 받게 되는가?
(2) 위 (1)의 경우, 상자는 몇 개가 필요한가?
(3) 봉투와 상자의 개수를 최대한 비슷하게 맞춘다면, 몇 명이 받게 되는가?
(4) 위 (3)의 경우, 상자는 몇 개가 필요한가?

	Set ❶	Set ❷	Set ❸
(1)	O	거짓	7명
(2)	O	참	6개
(3)	O	거짓	8명
(4)	O	참	4개

※ 참고사항

문장	논리기호	문장	논리기호
p이다.	p	• 어떤 p는 q이다. • p이면서 q이다. • p그리고 q이다.	p ∧ q
p가 아니다.	~p	• p이거나 q이다. • p 또는 q이다.	p ∨ q
• 모든 p는 q이다. • p이면 q이다.	p → q	• 'p또는 q'가 아니다. • p도 아니고 q도 아니다.	~(p ∨ q)

• "⇔" : 필요충분조건 또는 동치를 나타내는 논리기호
• 연언명제 (p ∧ q) : 모두 참일때만 참
• 선언명제 (p ∨ q) : 모두 거짓일 때만 거짓
• 가언명제 (p → q) : 전건이 참, 후건이 거짓일 때만 거짓

	맞은 개수	풀이 시간
Set ❶	/ 4	(초)
Set ❷	/ 4	(초)
Set ❸	/ 4	(초)
합계	/ 12	(초)

* 다음의 회독수 별 권장풀이시간에 맞춰 문제풀이 후, Day 1 끝의 [Self Check List]를 기입하여 부족한 부분을 파악하세요!

권장 풀이 시간

1회독 60 min 2회독 45 min 3회독 35 min

난이도 ●●○

001 ㅇㅇ전자는 상반기의 높은 실적에 대한 보상으로 직원들에게 보너스를 지급할 예정이다. 보너스를 지급할 사원은 사원 A, B, C, D, E 중에서 선정한다. 아래 제시된 〈조건〉을 모두 고려하였을 때, 5명의 사원 중 보너스를 지급받은 사원은? (단, 보너스를 꼭 한 명에게만 지급해야 하는 것은 아니다.)

• 조건 •

- B가 보너스를 받지 않는다면, A가 보너스를 받거나 C가 보너스를 받는다.
- D가 보너스를 받는다면, A는 보너스를 받지 않는다.
- D가 보너스를 받지 않는다면, E도 보너스를 받지 않는다.
- A와 B는 보너스를 함께 받지는 않는다.
- C는 보너스를 받지 않는다.
- B가 보너스를 받는다면, C도 보너스를 받는다.

① A ② B ③ A, E
④ D, E ⑤ B, D, E

난이도 ●●○

002 다음 글을 읽고 추론한 내용 중 항상 옳지 않은 것은?

같은 부대에서 근무하는 7명의 대원들(A~G)은 비상사태 시 서로 다음과 같은 방법으로만 연락한다.

- 바로 아래 직급의 대원으로부터 연락 받으면 자신의 바로 위 직급의 대원 한 명에게만 연락한다.
- 바로 위 직급의 대원으로부터 연락 받으면 자신과 같은 직급의 모든 대원들에게 연락한다.
- 같은 직급의 대원으로부터 연락 받으면 자신과 같은 직급의 다른 대원 한 명에게만 연락한다.

직급 및 연락 상황과 관련하여 알려진 사실은 아래와 같다.

- B는 D보다 직급이 한 등급 높다.
- D가 B에게 연락하자 B는 A에게만 연락했다.
- G가 C에게 연락하자 C는 B에게만 연락했다.
- C가 F에게 연락하자 F는 D와 E에게 연락했다.

① C가 G의 바로 아래 직급일 때, D가 E에게 연락하면 E는 F에게만 연락한다.
② C와 G가 같은 직급일 때, E가 C에게 연락하면 C는 A에게만 연락한다.
③ C가 G의 바로 아래 직급일 때, F가 B에게 연락하면 B는 G에게만 연락한다.
④ C와 G가 같은 직급일 때, A가 B에게 연락하면 B는 C에게만 연락한다.
⑤ C가 G의 바로 아래 직급일 때, A가 C에게 연락하면 C는 B에게만 연락한다.

난이도 ●●●

003 ○○학교 3학년 갑순이, 을순이, 병돌이, 정돌이, 무돌이 5명은 함께 수시모집을 하고 있는 4개의 학과에 모두 지원하였다. 4개의 학과 중 2개는 자연과학계열, 2개는 공학계열이었다. 5명의 지원 결과가 다음의 〈조건〉과 같다고 할 때, 반드시 거짓인 것은? (단, 수시모집 지원자는 갑순이, 을순이, 병돌이, 정돌이, 무돌이 뿐이다.)

조건

㉠ 각 학과별 합격 인원은 2명 혹은 3명이다.
㉡ 1개 학과에만 합격한 학생은 1명이고, 나머지 4명은 2개 이상의 학과에 합격했다.
㉢ 학생회장을 했던 1명만이 4개의 학과 모두에 합격했다.
㉣ 을순이는 갑순이와 단둘만 합격한 하나의 공학계열 학과 외에 다른 학과에는 모두 불합격했다.
㉤ 병돌이와 정돌이가 함께 합격한 학과는 자연과학계열 1개 학과뿐이다.
㉥ 자연과학계열 학과 2곳 모두에 합격한 학생은 2명이다.

① 갑순이는 학생회장을 했었다.
② 2명이 합격한 학과는 1개이다.
③ 병돌이가 합격한 학과 중에 갑순이와 무돌이도 함께 합격한 학과가 있다.
④ 정돌이는 3개의 학과에 합격하였다.
⑤ 무돌이가 합격한 학과 중에 정돌이와 함께 합격한 학과가 있다.

기출 19' 5급㉥-나　난이도 ●●○

004 다음 글을 근거로 판단할 때, B구역 청소를 하는 요일은?

甲레스토랑은 매주 1회 휴업일(수요일)을 제외하고 매일 영업한다. 甲레스토랑의 청소시간은 영업일 저녁 9시부터 10시까지이다. 이 시간에 A구역, B구역, C구역 중 하나를 청소한다. 청소의 효율성을 위하여 청소를 한 구역은 바로 다음 영업일에는 하지 않는다. 각 구역은 매주 다음과 같이 청소한다.

- A구역 청소는 일주일에 1회 한다.
- B구역 청소는 일주일에 2회 하되, B구역 청소를 한 후 영업일과 휴업일을 가리지 않고 이틀 간은 B구역 청소를 하지 않는다.
- C구역 청소는 일주일에 3회 하되, 그 중 1회는 일요일에 한다.

① 월요일과 목요일　② 월요일과 금요일
③ 월요일과 토요일　④ 화요일과 금요일
⑤ 화요일과 토요일

난이도 ●●○

005 **다음 글에 따라 갑, 을, 병 세 사람이 부담해야 할 비용에 대한 진술로 옳은 것은?**

갑, 을, 병 세 사람이 함께 이용할 수 있는 회원권을 구매하려면 총 15만 원이 든다. 또한, 갑과 을만 사용할 수 있는 회원권은 12만 원이 들고 을과 병만 이용할 수 있는 회원권은 10만 원이 들며, 갑과 병만 이용할 수 있는 회원권은 11만 원이 든다. 그리고 어느 한 사람만 이용할 수 있는 회원권은 8만 원이다.

이러한 상황을 고려하여 세 사람이 함께 이용할 수 있는 회원권을 구매하기로 하고, 그 비용 15만 원을 세 사람이 나누어 부담하기 위해 비용 분담 원칙에 관하여 논의해 왔으며, 최종적으로 아래의 두 원칙 중 하나를 채택하여 적용할 예정이다.

- **원칙 1**: 세 사람이 함께 이용할 수 있는 회원권을 구매할 때 한 사람이 부담하는 비용(X)은 그 사람만 이용할 수 있는 회원권을 구매하는 비용(Y)보다 적어야 하며, 그 차이(Y-X)는 어느 사람에 대해서나 같아야 한다.
- **원칙 2**: 세 사람이 함께 이용할 수 있는 회원권을 구매할 때 두 사람이 부담하는 비용의 합(Z)은 그 두 사람만 이용할 수 있는 회원권을 구매하는 비용(W)보다 적어야 하며, 이 차이(W-Z)는 어느 두 사람에 대해서나 같아야 한다.

① 원칙 1 대신 원칙 2가 적용되면 을이 부담할 비용이 늘어난다.
② 원칙 1 대신 원칙 2가 적용되면 갑이 부담할 비용이 줄어든다.
③ 원칙 2가 적용되면 병이 갑이나 을보다 적은 비용을 부담한다.
④ 원칙 1이 적용되면 갑이 을이나 병보다 적은 비용을 부담한다.
⑤ 원칙 1 대신 원칙 2가 적용되어도 병이 부담할 비용은 변함없다.

난이도 ●●○

006 **○○기업의 축구 동호회의 회원은 총 42명이며, 모든 회원은 공격을 좋아하는 팀, 또는 수비를 좋아하는 팀 중 하나에 속해 있다. 각 팀은 능력과 경력에 따라 프로경기부, 아마추어부로 나뉜다. 〈조건〉을 모두 고려하였을 때, 수비를 좋아하는 팀의 프로경기부 회원 수로 가능한 것은?**

조건

- 모든 부에는 1명 이상의 회원이 있다.
- 공격을 좋아하는 팀은 프로경기부와 아마추어부의 회원 수가 같고, 수비를 좋아하는 팀은 아마추어부가 프로경기부보다 회원 수가 더 많다.
- 수비를 좋아하는 팀의 프로경기부 회원 수는 공격을 좋아하는 팀의 프로경기부 회원 수의 절반 이하이다.
- 수비를 좋아하는 팀의 아마추어부 회원 수는 공격을 좋아하는 팀의 아마추어부 회원 수와 같다.

① 6명　　② 7명　　③ 8명
④ 9명　　⑤ 10명

기출 15' 5급㉯-재 난이도 ●○○

007 다음 글을 근거로 판단할 때 옳은 것은?

○○리그는 10개의 경기장에서 진행되는데, 각 경기장은 서로 다른 도시에 있다. 또 이 10개 도시 중 5개는 대도시이고 5개는 중소도시이다. 매일 5개 경기장에서 각각 한 경기가 열리며 한 시즌 당 각 경기장에서 열리는 경기의 횟수는 10개 경기장 모두 동일하다.

대도시의 경기장은 최대수용인원이 3만 명이고, 중소도시의 경기장은 최대수용인원이 2만 명이다. 대도시 경기장의 경우는 매 경기 60 %의 좌석 점유율을 나타내고 있는 반면 중소도시 경기장의 경우는 매 경기 70 %의 좌석 점유율을 보이고 있다. 특정 경기장의 관중수는 그 경기장의 좌석 점유율에 최대수용인원을 곱하여 구한다.

① ○○리그의 1일 최대 관중수는 16만 명이다.

② 중소도시 경기장의 좌석 점유율이 10 %p 높아진다면 대도시 경기장 한 곳의 관중수보다 중소도시 경기장 한 곳의 관중수가 더 많아진다.

③ 내년 시즌부터 4개의 대도시와 6개의 중소도시에서 경기가 열린다면 ○○리그의 한 시즌 전체 누적 관중수는 올 시즌 대비 2.5 % 줄어든다.

④ 대도시 경기장의 좌석 점유율이 중소도시 경기장과 같고 최대수용인원은 그대로라면, ○○리그의 1일 평균 관중수는 11만 명을 초과하게 된다.

⑤ 중소도시 경기장의 최대수용인원이 대도시 경기장과 같고 좌석 점유율은 그대로라면, ○○리그의 1일 평균 관중수는 11만 명을 초과하게 된다.

기출 16' 5급㉯-6 난이도 ●●○

008 **다음 글을 근거로 판단할 때, 사자바둑기사단이 선발할 수 있는 출전선수 조합의 총 가짓수는?**

- 사자바둑기사단과 호랑이바둑기사단이 바둑시합을 한다.
- 시합은 일대일 대결로 총 3라운드로 진행되며, 한 명의 선수는 하나의 라운드에만 출전할 수 있다.
- 호랑이바둑기사단은 1라운드에는 甲을, 2라운드에는 乙을, 3라운드에는 丙을 출전시킨다.
- 사자바둑기사단은 각 라운드별로 이길 수 있는 확률이 0.6 이상이 되도록 7명의 선수(A~G) 중 3명을 선발한다.
- A~G가 甲, 乙, 丙에 대하여 이길 수 있는 확률은 다음 〈표〉와 같다.

〈표〉

선수	甲	乙	丙
A	0.42	0.67	0.31
B	0.35	0.82	0.49
C	0.81	0.72	0.15
D	0.13	0.19	0.76
E	0.66	0.51	0.59
F	0.54	0.28	0.99
G	0.59	0.11	0.64

① 18가지 ② 17가지 ③ 16가지
④ 15가지 ⑤ 14가지

기출 21' 5급㉯-나 난이도 ●●○

009 **다음 글을 근거로 판단할 때, 7월 1일부터 6일까지 지역 농산물 유통센터에서 판매된 甲의 수박 총 판매액은?**

- A시는 농산물의 판매를 촉진하기 위하여 지역 농산물 유통센터를 운영하고 있다. 해당 유통센터는 농산물을 수확 당일 모두 판매하는 것을 목표로 운영하며, 당일 판매하지 못한 농산물은 판매가에서 20 %를 할인하여 다음 날 판매한다.
- 농부 甲은 7월 1일부터 5일까지 매일 수확한 수박 100개씩을 수확 당일 A시 지역 농산물 유통센터에 공급하였다.
- 甲으로부터 공급받은 수박의 당일 판매가는 개당 1만 원이며, 매일 판매된 수박 개수는 아래와 같았다. 단, 수확 당일 판매되지 않은 수박은 다음 날 모두 판매되었다.

날짜(일)	1	2	3	4	5	6
판매된 수박(개)	80	100	110	100	100	10

① 482만 원 ② 484만 원 ③ 486만 원
④ 488만 원 ⑤ 490만 원

기출 20' 5급㉥-가 | 난이도 ●●○

010 다음 글을 근거로 판단할 때, 〈보기〉에서 옳은 것만을 모두 고르면?

△△부처는 직원 교육에 사용할 교재를 외부 업체에 위탁하여 제작하려 한다. 업체가 제출한 시안을 5개의 항목으로 평가하고, 평가 점수의 총합이 가장 높은 시안을 채택한다. 평가 점수의 총합이 동점일 경우, 평가 항목 중 학습내용 점수가 가장 높은 시안을 채택한다. 5개의 업체가 제출한 시안(A~E)의 평가 결과는 다음과 같다.

(단위: 점)

평가 항목(배점) \ 시안	A	B	C	D	E
학습내용(30)	25	30	20	25	20
학습체계(30)	25	(㉠)	30	25	20
교수법(20)	20	17	(㉡)	20	15
학습평가(10)	10	10	10	5	10
학습매체(10)	10	10	10	10	10

보기

ㄱ. D와 E는 채택되지 않는다.
ㄴ. ㉡의 점수와 상관없이 C는 채택되지 않는다.
ㄷ. ㉠이 23점이라면 B가 채택된다.

① ㄱ ② ㄷ ③ ㄱ, ㄴ
④ ㄴ, ㄷ ⑤ ㄱ, ㄴ, ㄷ

기출 20' 5급㉥-가 | 난이도 ●○○

011 다음 글을 근거로 판단할 때, 2019년의 무역의존도가 높은 순서대로 세 국가(A~C)를 나열한 것은?

A, B, C 세 국가는 서로 간에만 무역을 하고 있다. 2019년 세 국가의 수출액은 다음과 같다.

- A의 B와 C에 대한 수출액은 각각 200억 달러와 100억 달러였다.
- B의 A와 C에 대한 수출액은 각각 150억 달러와 100억 달러였다.
- C의 A와 B에 대한 수출액은 각각 150억 달러와 50억 달러였다.

A, B, C의 2019년 국내총생산은 각각 1,000억 달러, 3,000억 달러, 2,000억 달러였고, 각 국가의 무역의존도는 다음과 같이 계산한다.

$$\text{무역의존도} = \frac{\text{총 수출액} + \text{총 수입액}}{\text{국내총생산}}$$

① A, B, C ② A, C, B ③ B, A, C
④ B, C, A ⑤ C, A, B

기출 20' 5급㉤-가 난이도 ●●○

012 **다음 글을 근거로 판단할 때, 숫자코드가 될 수 있는 것은?**

숫자코드를 만드는 규칙은 다음과 같다.

- 그림과 같이 작은 정사각형 4개로 이루어진 큰 정사각형이 있고, 작은 정사각형의 꼭짓점마다 1~9의 번호가 지정되어 있다.

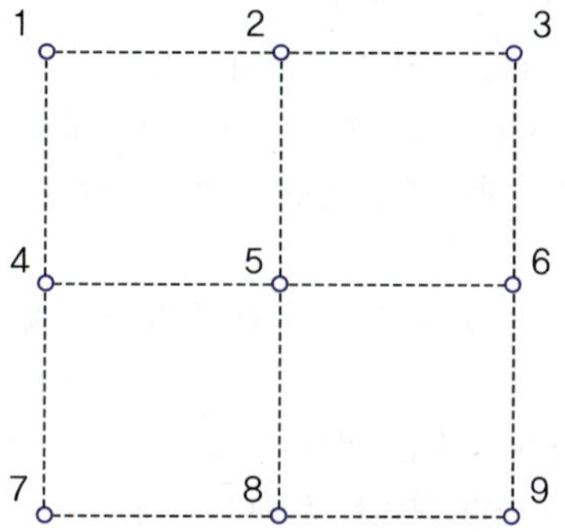

- 펜을 이용해서 9개의 점 중 임의의 하나의 점에서 시작하여(이하 시작점이라 한다) 다른 점으로 직선을 그어 나간다.
- 다른 점에 도달하면 펜을 종이 위에서 떼지 않고 또 다른 점으로 계속해서 직선을 그어 나간다. 단, 한번 그은 직선 위에 또 다른 직선을 겹쳐서 그을 수 없다.
- 시작점을 포함하여 4개 이상의 점에 도달한 후 펜을 종이 위에서 뗄 수 있다. 단, 시작점과 동일한 점에서는 뗄 수 없다.
- 펜을 종이에서 뗀 후, 그어진 직선이 지나는 점의 번호를 순서대로 모두 나열한 것이 숫자코드가 된다. 예를 들어 1번 점에서 시작하여 6번, 5번, 8번 순으로 직선을 그었다면 숫자코드는 1658이다.

① 596

② 15953

③ 53695

④ 642987

⑤ 9874126

기출 20' 5급㉯-가 난이도 ●●○

013 **다음 글을 근거로 판단할 때, 비밀번호의 둘째 자리 숫자와 넷째 자리 숫자의 합은?**

> 甲은 친구의 자전거를 빌려 타기로 했다. 친구의 자전거는 다이얼을 돌려 다섯 자리의 비밀번호를 맞춰야 열리는 자물쇠로 잠겨 있다. 각 다이얼은 0~9 중 하나가 표시된다. 자물쇠에 현재 표시된 숫자는 첫째 자리부터 순서대로 3 – 6 – 4 – 4 – 9이다. 친구는 비밀번호에 대해 다음과 같은 힌트를 주었다.
>
> • 비밀번호는 모두 다른 숫자로 구성되어 있다.
> • 자물쇠에 현재 표시된 모든 숫자는 비밀번호에 쓰이지 않는다.
> • 현재 짝수가 표시된 자리에는 홀수가, 현재 홀수가 표시된 자리에는 짝수가 온다. 단, 0은 짝수로 간주한다.
> • 비밀번호를 구성하는 숫자 중 가장 큰 숫자가 첫째 자리에 오고, 가장 작은 숫자가 다섯째 자리에 온다.
> • 비밀번호 둘째 자리 숫자는 현재 둘째 자리에 표시된 숫자보다 크다.
> • 서로 인접한 두 숫자의 차이는 5보다 작다.

① 7 ② 8 ③ 10

④ 12 ⑤ 13

기출 20' 5급㉯-가 | 난이도 ●●○

014 **다음 글과 〈상황〉을 근거로 판단할 때, 〈보기〉에서 옳은 것만을 모두 고르면?**

A팀과 B팀은 다음과 같이 게임을 한다. A팀과 B팀은 각각 3명으로 구성되며, 왼손잡이, 오른손잡이, 양손잡이가 각 1명씩이다. 총 5라운드에 걸쳐 가위바위보를 하며 규칙은 아래와 같다.

- 모든 선수는 1개 라운드 이상 출전하여야 한다.
- 왼손잡이는 '가위'만 내고 오른손잡이는 '보'만 내며, 양손잡이는 '바위'만 낸다.
- 각 라운드마다 가위바위보를 이긴 선수의 팀이 획득하는 점수는 다음과 같다.
  - 이긴 선수가 왼손잡이인 경우: 2점
  - 이긴 선수가 오른손잡이인 경우: 0점
  - 이긴 선수가 양손잡이인 경우: 3점
- 두 팀은 1라운드를 시작하기 전에 각 라운드에 출전할 선수를 결정하여 명단을 제출한다.
- 5라운드를 마쳤을 때 획득한 총 점수가 더 높은 팀이 게임에서 승리한다.

〈상황〉

다음은 3라운드를 마친 현재까지의 결과이다.

구분	1라운드	2라운드	3라운드	4라운드	5라운드
A팀	왼손잡이	왼손잡이	양손잡이		
B팀	오른손잡이	오른손잡이	오른손잡이		

※ 각 라운드에서 가위바위보가 비긴 경우는 없다.

〈보기〉

ㄱ. 3라운드까지 A팀이 획득한 점수와 B팀이 획득한 점수의 합은 4점이다.
ㄴ. A팀이 잔여 라운드에서 모두 오른손잡이를 출전시킨다면 B팀이 게임에서 승리한다.
ㄷ. B팀이 게임에서 승리하는 경우가 있다.

① ㄴ　② ㄷ　③ ㄱ, ㄴ
④ ㄱ, ㄷ　⑤ ㄱ, ㄴ, ㄷ

기출 19' 5급(민)-나 | 난이도 ●●○

015 다음 〈재난관리 평가지침〉과 〈상황〉을 근거로 판단할 때 옳은 것은?

재난관리 평가지침

순위산정 기준

- 최종순위 결정
  - 정량평가 점수(80점)와 정성평가 점수(20점)의 합으로 계산된 최종점수가 높은 순서대로 순위 결정
- 동점기관 처리
  - 최종점수가 동점일 경우에는 정성평가 점수가 높은 순서대로 순위 결정

정성평가 기준

- 지자체 및 민간분야와의 재난안전분야 협력(10점 만점)

평가	상	중	하
선정비율	20 %	60 %	20 %
배점	10점	6점	3점

- 재난관리에 대한 종합평가(10점 만점)

평가	상	중	하
선정비율	20 %	60 %	20 %
배점	10점	5점	1점

상황

일부 훼손된 평가표는 아래와 같다. (단, 평가대상기관은 5개이다)

기관 \ 평가	정량평가 (80점 만점)	정성평가 (20점 만점)
A	71	20
B	80	11
C	69	11
D	74	
E	66	

① A기관이 2위일 수도 있다.
② B기관이 3위일 수도 있다.
③ C기관이 4위일 가능성은 없다.
④ D기관이 3위일 가능성은 없다.
⑤ E기관은 어떠한 경우에도 5위일 것이다.

016 다음 글을 근거로 판단할 때, 〈보기〉에서 옳은 것만을 모두 고르면?

사슴은 맹수에게 계속 괴롭힘을 당하자 자신을 맹수로 바꾸어 달라고 산신령에게 빌었다. 사슴을 불쌍하게 여긴 산신령은 사슴에게 남은 수명 중 n년(n은 자연수)을 포기하면 여생을 아래 5가지의 맹수 중 하나로 살 수 있게 해주겠다고 했다.

사슴으로 살 경우의 1년당 효용은 40이며, 다른 맹수로 살 경우의 1년당 효용과 그 맹수로 살기 위해 사슴이 포기해야 하는 수명은 아래의 〈표〉와 같다. 예를 들어 사슴의 남은 수명이 12년일 경우 사슴으로 계속 산다면 12×40 = 480의 총 효용을 얻지만, 독수리로 사는 것을 선택한다면 (12 − 5)×50 = 350의 총 효용을 얻는다.

사슴은 여생의 총 효용이 줄어드는 선택은 하지 않으며, 포기해야 하는 수명이 사슴의 남은 수명 이상인 맹수는 선택할 수 없다. 1년당 효용이 큰 맹수일수록, 사슴은 그 맹수가 되기 위해 더 많은 수명을 포기해야 한다. 사슴은 자신의 남은 수명과 〈표〉의 '?'로 표시된 수를 알고 있다.

〈표〉

맹수	1년당 효용	포기해야 하는 수명(년)
사자	250	14
호랑이	200	?
곰	170	11
악어	70	?
독수리	50	5

보기

ㄱ. 사슴의 남은 수명이 13년이라면, 사슴은 곰을 선택할 것이다.
ㄴ. 사슴의 남은 수명이 20년이라면, 사슴은 독수리를 선택하지는 않을 것이다.
ㄷ. 호랑이로 살기 위해 포기해야 하는 수명이 13년이라면, 사슴의 남은 수명에 따라 사자를 선택했을 때와 호랑이를 선택했을 때 여생의 총 효용이 같은 경우가 있다.

① ㄴ ② ㄷ ③ ㄱ, ㄴ
④ ㄴ, ㄷ ⑤ ㄱ, ㄴ, ㄷ

기출 18' 5급(민)-가 난이도 ●●○

017 다음 글을 근거로 판단할 때, 〈보기〉에서 옳은 것만을 모두 고르면?

• 甲 시청은 관내 도장업체(A~C)에 청사 바닥(면적: 60m²) 도장공사를 의뢰하려 한다.

〈관내 도장업체 정보〉

업체	1 m²당 작업시간	시간당 비용
A	30분	10만 원
B	1시간	8만 원
C	40분	9만 원

• 개별 업체의 작업속도는 항상 일정하다.
• 여러 업체가 참여하는 경우, 각 참여 업체는 언제나 동시에 작업하며 업체당 작업시간은 동일하다. 이때 각 참여 업체가 작업하는 면은 겹치지 않는다.
• 모든 업체는 시간당 비용에 비례하여 분당 비용을 받는다.
(예 A가 6분 동안 작업한 경우 1만 원을 받는다)

보기

ㄱ. 작업을 가장 빠르게 끝내기 위해서는 A와 C에게만 작업을 맡겨야 한다.
ㄴ. B와 C에게 작업을 맡기는 경우, 작업 완료까지 24시간이 소요된다.
ㄷ. A, B, C에게 작업을 맡기는 경우, B와 C에게 작업을 맡기는 경우보다 많은 비용이 든다.

① ㄱ ② ㄴ ③ ㄷ
④ ㄱ, ㄴ ⑤ ㄴ, ㄷ

기출 21' 5급(민)-나 난이도 ●○○

018 다음 글을 근거로 판단할 때, A에게 전달할 책의 제목과 A의 연구실 번호를 옳게 짝지은 것은?

• 5명의 연구원(A~E)에게 책 1권씩을 전달해야 하고, 책 제목은 모두 다르다.
• 5명은 모두 각자의 연구실에 있고, 연구실 번호는 311호부터 315호까지이다.
• C는 315호, D는 312호, E는 311호에 있다.
• B에게 「연구개발」, D에게 「공공정책」을 전달해야 한다.
• 「전환이론」은 311호에, 「사회혁신」은 314호에, 「복지실천」은 315호에 전달해야 한다.

	책 제목	연구실 번호
①	「전환이론」	311호
②	「공공정책」	312호
③	「연구개발」	313호
④	「사회혁신」	314호
⑤	「복지실천」	315호

기출 20' 5급(민)-가 | 난이도 ●●○

019 다음 〈상황〉과 〈기준〉을 근거로 판단할 때, A기관이 원천징수 후 甲에게 지급하는 금액은?

상황

○○국 A기관은 甲을 '지역경제 활성화 위원회'의 외부위원으로 위촉하였다. 甲은 2020년 2월 24일 오후 2시부터 5시까지 위원회에 참석해서 지역경제 활성화와 관련한 내용을 슬라이드 20면으로 발표하였다. A기관은 아래 〈기준〉에 따라 甲에게 해당 위원회 참석수당과 원고료를 지급한다.

기준

• 참석수당 지급기준액

구분	단가
참석수당	- 기본료(2시간): 100,000원 - 2시간 초과 후 1시간마다 50,000원

• 원고료 지급기준액

구분	단가
원고료	10,000원 / A4 1면

※ 슬라이드 2면을 A4 1면으로 한다.

• 위원회 참석수당 및 원고료는 기타소득이다.
• 위원회 참석수당 및 원고료는 지급기준액에서 다음과 같은 기타소득세와 주민세를 원천징수하고 지급한다.
  – 기타소득세: (지급기준액 − 필요경비) × 소득세율(20 %)
  – 주민세: 기타소득세 × 주민세율(10 %)

※ 필요경비는 지급기준액의 60 %로 한다.

① 220,000원
② 228,000원
③ 256,000원
④ 263,000원
⑤ 270,000원

기출 19' 5급㉯-나 난이도 ●○○

020 다음 글과 〈상황〉을 근거로 판단할 때, 甲이 납부해야 할 수수료를 옳게 짝지은 것은?

특허에 관한 절차를 밟는 사람은 다음 각 호의 수수료를 내야 한다.

1. 특허출원료
   가. 특허출원을 국어로 작성된 전자문서로 제출하는 경우: 매 건 46,000원. 다만 전자문서를 특허청에서 제공하지 아니한 소프트웨어로 작성하여 제출한 경우에는 매 건 56,000원으로 한다.
   나. 특허출원을 국어로 작성된 서면으로 제출하는 경우: 매 건 66,000원에 서면이 20면을 초과하는 경우 초과하는 1면마다 1,000원을 가산한 금액
   다. 특허출원을 외국어로 작성된 전자문서로 제출하는 경우: 매 건 73,000원
   라. 특허출원을 외국어로 작성된 서면으로 제출하는 경우: 매 건 93,000원에 서면이 20면을 초과하는 경우 초과하는 1면마다 1,000원을 가산한 금액
2. 특허심사청구료: 매 건 143,000원에 청구범위의 1항마다 44,000원을 가산한 금액

〈상황〉

甲은 청구범위가 3개 항으로 구성된 총 27면의 서면을 작성하여 1건의 특허출원을 하면서, 이에 대한 특허심사도 함께 청구한다.

	국어로 작성한 경우	외국어로 작성한 경우
①	66,000원	275,000원
②	73,000원	343,000원
③	348,000원	343,000원
④	348,000원	375,000원
⑤	349,000원	375,000원

난이도 ●○○

021 **전제가 참일 때 결론이 반드시 참인 논증을 펼친 사람만을 모두 고르면?**

가은: 갑이 어제 영화를 봤다면, 을도 어제 영화를 봤어. 그런데 을은 어제 영화를 보지 않았어. 그러므로 갑도 어제 영화를 보지 않았어.
나연: 갑이 어제 영화를 봤다면, 을도 어제 영화를 봤어. 그런데 을이 오늘이 아닌 어제 영화를 봤어. 따라서 갑은 어제 영화를 봤어.
다희: 갑이 어제 영화를 보지 않았거나, 을과 병이 어제 영화를 봤어. 그런데 갑이 어제 영화를 봤어. 그러므로 을과 병 모두 어제 영화를 봤어.

① 가은
② 나연
③ 가은, 나연
④ 가은, 다희
⑤ 나연, 다희

난이도 ●○○

022 **영희는 유럽 여행을 계획하면서 영국, 프랑스, 이탈리아, 독일 중 어느 국가를 여행할지 고민 중에 있다. 영희가 다음의 〈규칙〉에 따라 네 국가 중 어디를 여행할지 결정한다고 할 때, 반드시 참이라고 할 수 없는 것은?**

규칙

- 영국을 여행한다면, 프랑스도 여행한다.
- 이탈리아를 여행한다면, 독일도 여행한다.
- 영국과 이탈리아 중 적어도 한 국가는 여행한다.

① 적어도 두 국가는 여행한다.
② 영국을 여행하지 않기로 결정한다면, 여행하게 되는 국가는 정확히 두 개이다.
③ 프랑스를 여행하지 않기로 결정한다면, 이탈리아는 여행한다.
④ 이탈리아를 여행하지 않기로 결정한다면, 프랑스는 여행한다.
⑤ 독일을 여행하지 않기로 결정한다면, 다른 세 국가를 여행할지 여부도 모두 정해진다.

난이도 ●●○

023 제시된 2개의 전제를 통해 도출되는 결론으로 반드시 옳은 것은?

> [전제 1] 뮤지컬을 좋아하는 모든 사람은 예술을 좋아한다.
> [전제 2] 뮤지컬을 좋아하는 어떤 사람은 영화를 좋아한다.
> [결 론] (______________________________)

① 영화를 좋아하는 모든 사람은 뮤지컬을 좋아한다.
② 예술을 좋아하는 모든 사람은 영화를 좋아한다.
③ 영화를 좋아하는 어떤 사람은 예술을 좋아하지 않는다.
④ 예술을 좋아하는 어떤 사람은 뮤지컬과 영화를 모두 좋아한다.
⑤ 뮤지컬과 영화를 좋아하는 모든 사람은 예술을 좋아하지 않는다.

기출 21' 5급㉯-나 | 난이도 ●○○

024 다음 글을 근거로 판단할 때, 마지막에 송편을 먹었다면 그 직전에 먹은 떡은?

> 원 쟁반의 둘레를 따라 쑥떡, 인절미, 송편, 무지개떡, 팥떡, 호박떡이 순서대로 한 개씩 시계방향으로 놓여 있다. 이 떡을 먹는 순서는 다음과 같은 규칙에 따른다. 특정한 떡을 시작점(첫 번째)으로 하여 시계방향으로 떡을 세다가 여섯 번째에 해당하는 떡을 먹는다. 떡을 먹고 나면 시계방향으로 이어지는 바로 다음 떡이 새로운 시작점이 된다. 이 과정을 반복하여 떡이 한 개 남게 되면 마지막으로 그 떡을 먹는다.

① 무지개떡
② 쑥떡
③ 인절미
④ 팥떡
⑤ 호박떡

기출 21' 5급㉤-나 | 난이도 ●○○

025 다음 글과 〈대화〉를 근거로 판단할 때, 丙이 받을 수 있는 최대 성과점수는?

- A과는 과장 1명과 주무관 4명(甲~丁)으로 구성되어 있으며, 주무관의 직급은 甲이 가장 높고, 乙, 丙, 丁 순으로 낮아진다.
- A과는 프로젝트를 성공적으로 마친 보상으로 성과점수 30점을 부여받았다. 과장은 A과에 부여된 30점을 자신을 제외한 주무관들에게 분배할 계획을 세우고 있다.
- 과장은 주무관들의 요구를 모두 반영하여 성과점수를 분배하려 한다.
- 주무관들이 받는 성과점수는 모두 다른 자연수이다.

대화

甲: 과장님이 주시는 대로 받아야죠. 아! 그렇지만 丁보다는 제가 높아야 합니다.

乙: 이번 프로젝트 성공에는 제가 가장 큰 기여를 했으니, 제가 가장 높은 성과점수를 받아야 합니다.

丙: 기여도를 고려했을 때, 제 경우에는 상급자보다는 낮게 받고 하급자보다는 높게 받아야 합니다.

丁: 저는 내년 승진에 필요한 최소 성과점수인 4점만 받겠습니다.

① 6 ② 7 ③ 8
④ 9 ⑤ 10

기출 21' 5급㉯-나 | 난이도 ●●●

026 **다음 글과 〈상황〉을 근거로 판단할 때, 수질검사빈도와 수질기준을 둘 다 충족한 검사지점만을 모두 고르면?**

□□법 제○○조(수질검사빈도와 수질기준) ① 기초자치단체의 장인 시장·군수·구청장은 다음 각 호의 구분에 따라 지방상수도의 수질검사를 실시하여야 한다.

1. 정수장에서의 검사
   가. 냄새, 맛, 색도, 탁도(濁度), 잔류염소에 관한 검사: 매일 1회 이상
   나. 일반세균, 대장균, 암모니아성 질소, 질산성 질소, 과망간산칼륨 소비량 및 증발잔류물에 관한 검사: 매주 1회 이상
   단, 일반세균, 대장균을 제외한 항목 중 지난 1년간 검사를 실시한 결과, 수질기준의 10퍼센트를 초과한 적이 없는 항목에 대하여는 매월 1회 이상
2. 수도꼭지에서의 검사
   가. 일반세균, 대장균, 잔류염소에 관한 검사: 매월 1회 이상
   나. 정수장별 수도관 노후지역에 대한 일반세균, 대장균, 암모니아성 질소, 동, 아연, 철, 망간, 잔류염소에 관한 검사: 매월 1회 이상
3. 수돗물 급수과정별 시설(배수지 등)에서의 검사
   일반세균, 대장균, 암모니아성 질소, 동, 수소이온 농도, 아연, 철, 잔류염소에 관한 검사: 매 분기 1회 이상

② 수질기준은 아래와 같다.

항목	기준	항목	기준
대장균	불검출/100 mL	일반세균	100 CFU/mL 이하
잔류염소	4 mg/L 이하	질산성 질소	10 mg/L 이하

상황

甲시장은 □□법 제○○조에 따라 수질검사를 실시하고 있다. 甲시 관할의 검사지점(A~E)은 이전 검사에서 매번 수질기준을 충족하였고, 이번 수질검사에서 아래와 같은 결과를 보였다.

검사지점	검사대상	검사결과	검사빈도
정수장 A	잔류염소	2 mg/L	매일 1회
정수장 B	질산성 질소	11 mg/L	매일 1회
정수장 C	일반세균	70 CFU/mL	매월 1회
수도꼭지 D	대장균	불검출/100 mL	매주 1회
배수지 E	잔류염소	2 mg/L	매주 1회

※ 제시된 검사대상 외의 수질검사빈도와 수질기준은 모두 충족한 것으로 본다.

① A, D　　② B, D　　③ A, D, E
④ A, B, C, E　　⑤ A, C, D, E

기출 21' 5급㉥-나 | 난이도 ●●○

027 다음 글을 근거로 판단할 때, 甲이 통합력에 투입해야 하는 노력의 최솟값은?

- 업무역량은 기획력, 창의력, 추진력, 통합력의 4가지 부문으로 나뉜다.
- 부문별 업무역량 값을 수식으로 나타내면 다음과 같다.

부문별 업무역량 값=(해당 업무역량 재능×4)+(해당 업무역량 노력×3)

※ 재능과 노력의 값은 음이 아닌 정수이다.

- 甲의 부문별 업무역량의 재능은 다음과 같다.

기획력	창의력	추진력	통합력
90	100	110	60

- 甲은 통합력의 업무역량 값을 다른 어떤 부문의 값보다 크게 만들고자 한다. 단, 甲이 투입 가능한 노력은 총 100이며 甲은 가능한 노력을 남김없이 투입한다.

① 67 ② 68 ③ 69
④ 70 ⑤ 71

기출 21' 5급㉥-나 | 난이도 ●●○

028 다음 글을 근거로 판단할 때, 甲이 구매하려는 두 상품의 무게로 옳은 것은?

○○마트에서는 쌀 상품 A~D를 판매하고 있다. 상품 무게는 A가 가장 무겁고, B, C, D 순서대로 무게가 가볍다. 무게 측정을 위해 서로 다른 두 상품을 저울에 올린 결과, 각각 35 kg, 39 kg, 44 kg, 45 kg, 50 kg, 54 kg으로 측정되었다. 甲은 가장 무거운 상품과 가장 가벼운 상품을 제외하고 두 상품을 구매하기로 하였다.

※ 상품 무게(kg)의 값은 정수이다.

① 19 kg, 25 kg
② 19 kg, 26 kg
③ 20 kg, 24 kg
④ 21 kg, 25 kg
⑤ 22 kg, 26 kg

기출 21' 5급㉯-나 난이도

029 다음 글과 〈상황〉을 근거로 판단할 때, 〈보기〉에서 옳은 것만을 모두 고르면?

□□부서는 매년 △△사업에 대해 사업자 자격 요건 재허가 심사를 실시한다.

• 기본심사 점수에서 감점 점수를 뺀 최종심사 점수가 70점 이상이면 '재허가', 60점 이상 70점 미만이면 '허가 정지', 60점 미만이면 '허가 취소'로 판정한다.

 – 기본심사 점수: 100점 만점으로, ㉮~㉱의 4가지 항목(각 25점 만점) 점수의 합으로 한다. 단, 점수는 자연수이다.

 – 감점 점수: 과태료 부과의 경우 1회당 2점, 제재 조치의 경우 경고 1회당 3점, 주의 1회당 1.5점, 권고 1회당 0.5점으로 한다.

• 상황 •

2020년 사업자 A~C의 기본심사 점수 및 감점 사항은 아래와 같다.

사업자	기본심사 항목별 점수			
	㉮	㉯	㉰	㉱
A	20	23	17	?
B	18	21	18	?
C	23	18	21	16

사업자	과태료 부과횟수	제재 조치 횟수		
		경고	주의	권고
A	3	–	–	6
B	5	–	3	2
C	4	1	2	–

• 보기 •

ㄱ. A의 ㉱ 항목 점수가 15점이라면 A는 재허가를 받을 수 있다.
ㄴ. B의 허가가 취소되지 않으려면 B의 ㉱ 항목 점수가 19점 이상이어야 한다.
ㄷ. C가 2020년에 과태료를 부과받은 적이 없다면 판정 결과가 달라진다.
ㄹ. 기본심사 점수와 최종심사 점수 간의 차이가 가장 큰 사업자는 C이다.

① ㄱ ② ㄴ ③ ㄱ, ㄴ
④ ㄴ, ㄷ ⑤ ㄷ, ㄹ

기출 21' 5급㉯-나 난이도 ●●○

030 다음 글을 근거로 판단할 때, 〈보기〉에서 옳은 것만을 모두 고르면?

A부처는 CO_2 배출량 감소를 위해 전기와 도시가스 사용을 줄이는 가구를 대상으로 CO_2 배출 감소량에 비례하여 현금처럼 사용할 수 있는 포인트를 지급하는 제도를 시행하고 있다. 전기는 5 kWh, 도시가스는 1 m^3를 사용할 때 각각 2 kg의 CO_2가 배출되며, 전기 1 kWh당 사용 요금은 20원, 도시가스 1 m^3당 사용 요금은 60원이다.

보기

ㄱ. 매월 전기 요금과 도시가스 요금을 각각 1만 2천 원씩 부담하는 가구는 전기 사용으로 인한 월 CO_2 배출량이 도시가스 사용으로 인한 월 CO_2 배출량보다 적다.

ㄴ. 매월 전기 요금을 5만 원, 도시가스 요금을 3만 원 부담하는 가구는 전기와 도시가스 사용에 따른 월 CO_2 배출량이 동일하다.

ㄷ. 전기 1 kWh를 절약한 가구는 도시가스 1 m^3를 절약한 가구보다 많은 포인트를 지급받는다.

① ㄱ ② ㄷ ③ ㄱ, ㄴ
④ ㄴ, ㄷ ⑤ ㄱ, ㄴ, ㄷ

Day 1 Self Check List

	오답 수	무응답 수	풀이시간(분)
1회독	/ 30	/ 30	/ 60(분)
2회독	/ 30	/ 30	/ 45(분)
3회독	/ 30	/ 30	/ 35(분)

독끝 2일차 (031~060)

정답 및 해설 40p

난이도별 구성

●○○	7문항
●●○	22문항
●●●	1문항

본 문항은 PSAT 상황판단 영역 기출 문항으로 구성되며, 기출 표기에 따른 시험 종류는 아래와 같습니다. (표기 상 맨 끝은 '책형' 입니다.)
㉤ – 민간경력자 일괄채용시험 / ㉻ – 공개경쟁채용시험(행정)

2일차 일일연습

Set ❶

다음 문장을 논리기호로 표현한 것이 맞으면 O, 틀리면 X로 표시하세요.

(1) A가 진실이면, B와 C중 최소 한 가지는 진실이다. ▶ A → (B∨C) ⇔ (~B∨~C) → ~A
(2) 찬영과 아영 중에 적어도 한 명은 찬성하였다. ▶ (찬영) ∨ (아영) ⇔ ~{~(찬영) ∧ ~(아영)}
(3) 사랑하는 사람이 있거나 직업이 있다면, 삶의 안정감을 느끼게 된다. ▶ {(사랑) ∨ (직업)} → (안정감) ⇔ {(사랑) → (안정감)} ∧ {(직업) → (안정감)}
(4) 나는 국어는 잘하지만 독일어는 못한다. ▶ (나) → {(국어) ∨ ~(독일어)}

Set ❷

표의 빈 칸에 들어갈 것을 구하시오. (참, 거짓)

a	b	a ∨ b	b → a
참	거짓	참	(1)
(2)	(3)	거짓	참
참	참	참	참
거짓	참	(4)	거짓

Set ❸

아래〈조건〉을 확인 후, 각 질문에 답하시오.

〈조건〉 3명씩 앉을 수 있는 작은 의자 또는 7명씩 앉을 수 있는 긴 의자에 50명이 앉으려 한다. 이때, 작은 의자 또는 긴 의자는 최소 1개 이상은 사용하며, 못 앉는 인원은 없다.

(1) 빈 자리 없이 앉으려면 작은 의자를 최소 몇 개 쓰는가?
(2) 위 (1)의 경우, 긴 의자는 몇 개가 필요한가?
(3) 작은 의자를 최대한 사용하면, 여분 좌석은 몇 자리인가?
(4) 위 (3)의 경우, 작은 의자는 몇 개가 필요한가?

	Set ❶	Set ❷	Set ❸
(1)	X	참	5개
(2)	O	거짓	5개
(3)	O	거짓	1자리
(4)	X	참	17개

＊ 참고사항

문장	논리기호	문장	논리기호
p이다.	p	• 어떤 p는 q이다. • p이면서 q이다. • p그리고 q이다.	p ∧ q
p가 아니다.	~p	• p이거나 q이다. • p 또는 q이다.	p ∨ q
• 모든 p는 q이다. • p이면 q이다.	p → q	• 'p또는 q'가 아니다. • p도 아니고 q도 아니다.	~(p ∨ q)

• "⇔" : 필요충분조건 또는 동치를 나타내는 논리기호
• 연언명제 (p ∧ q) : 모두 참일때만 참
• 선언명제 (p ∨ q) : 모두 거짓일 때만 거짓
• 가언명제 (p → q) : 전건이 참, 후건이 거짓일 때만 거짓

	맞은 개수	풀이 시간
Set ❶	/ 4	(초)
Set ❷	/ 4	(초)
Set ❸	/ 4	(초)
합계	/ 12	(초)

난이도 ●○○

031 자동차 면허와 관련하여 갑, 을, 병이 〈보기 1〉과 같이 주장했다. 이들 3명은 각각 하나의 주장에서는 진실을 말하고, 다른 하나의 주장에서는 거짓을 말하고 있다. 〈보기 2〉의 진술 중 옳은 진술로만 묶인 것은?

보기 1

갑: "나는 자동차 면허가 없다. 병도 자동차 면허가 없다."
을: "나는 자동차 면허가 있다. 갑은 자동차 면허가 없다."
병: "나는 자동차 면허가 없다. 갑도 자동차 면허가 없다."

보기 2

ㄱ. 한 사람만 자동차 면허가 있는 경우는 없다.
ㄴ. 두 사람만 자동차 면허가 있는 경우는 없다.
ㄷ. 모두가 자동차 면허가 있는 경우는 없다.

① ㄱ ② ㄴ ③ ㄷ
④ ㄱ, ㄷ ⑤ ㄱ, ㄴ, ㄷ

난이도 ●○○

032 다음으로부터 바르게 추론한 것은?

새로 건축된 상가 건물에는 101호, 102호, 201호, 202호 총 네 개의 빈 호수에 상점이 들어설 예정이다. 입점 후보자는 갑, 을, 병, 정, 무 다섯 명이며, 이 중 네 명만이 입점 가능하다. 이들은 심사 결과를 기다리며 다음과 같은 대화를 나누었다.
갑: "을이 101호에 입점하고 병은 입점하지 못할 것이다."
을: "병이 201호에 입점하고 정은 102호에 입점할 것이다."
병: "정은 202호가 아닌 다른 호수에 입점할 것이다."
정: "무가 202호에 입점할 것이다."
무: "을의 말은 거짓일 것이다."

이후 심사 결과와 대화 내용을 비교해보니 이 중 한 명은 거짓만을 진술하였고, 나머지는 진실만을 진술하였음이 드러났다.

① 갑은 101호에 입점한다. ② 을은 202호에 입점한다.
③ 병은 입점하지 못한다. ④ 정은 102호에 입점한다.
⑤ 무는 201호에 입점한다.

난이도 ●●○

033 A~F는 같은 대학을 다니는 친구들이다. 그들은 다음 정보에 따라 이번 학기에 심리학 과목을 수강하거나 수강하지 않는다. 이때, 심리학 과목을 수강하는 학생을 고르면?

- D가 심리학 과목을 수강한다면, F도 심리학 과목을 수강할 것이다.
- A가 심리학 과목을 수강하지 않는다면, B 또는 D가 심리학 과목을 수강할 것이다.
- A가 심리학 과목을 수강한다면, C는 심리학 과목을 수강하지 않을 것이다.
- B가 심리학 과목을 수강한다면, D 또는 E가 심리학 과목을 수강할 것이다.
- E와 F는 심리학 과목을 수강하지 않을 것이다.

① A　② B　③ C
④ A, B　⑤ B, D

기출 21' 5급㉧-나　난이도 ●●○

034 다음 글을 근거로 판단할 때, A 괘종시계가 11시 정각을 알리기 위한 마지막 종을 치는 시각은?

A 괘종시계는 매시 정각을 알리기 위해 매시 정각부터 일정한 시간 간격으로 해당 시의 수만큼 종을 친다. 예를 들어 7시 정각을 알리기 위해서는 7시 정각에 첫 종을 치기 시작하여 일정한 시간 간격으로 총 7번의 종을 치는 것이다. 이 괘종시계가 정각을 알리기 위해 2번 이상 종을 칠 때, 종을 치는 시간 간격은 몇 시 정각을 알리기 위한 것이든 동일하다. A 괘종시계가 6시 정각을 알리기 위한 마지막 6번째 종을 치는 시각은 6시 6초이다.

① 11시 11초　② 11시 12초　③ 11시 13초
④ 11시 14초　⑤ 11시 15초

기출 21' 5급㉧-나　난이도 ●●○

035 다음 글을 근거로 판단할 때, 현재 시점에서 두 번째로 많은 양의 일을 한 사람은?

A부서 주무관 5명(甲~戊)은 오늘 해야 하는 일의 양이 같다. 오늘 업무 개시 후 현재까지 한 일을 비교해 보면 다음과 같다.

甲은 丙이 아직 하지 못한 일의 절반에 해당하는 양의 일을 했다. 乙은 丁이 남겨 놓고 있는 일의 2배에 해당하는 양의 일을 했다. 丙은 자신이 현재까지 했던 일의 절반에 해당하는 일을 남겨 놓고 있다. 丁은 甲이 남겨 놓고 있는 일과 동일한 양의 일을 했다. 戊는 乙이 남겨 놓은 일의 절반에 해당하는 양의 일을 했다.

① 甲　② 乙　③ 丙
④ 丁　⑤ 戊

기출 20' 5급㉥-가 | 난이도 ●●○

036 다음 글과 〈상황〉을 근거로 판단할 때, 甲의 말이 최종적으로 위치하는 칸은?

• 참가자는 그림과 같이 A~L까지 12개의 칸으로 구성된 게임판에서, A칸에 말을 놓고 시작한다.

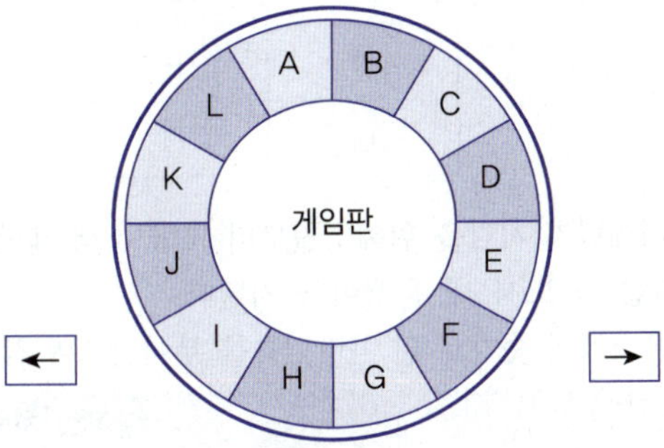

• 참가자는 [←] 또는 [→] 버튼을 누를 수 있다.

• 버튼을 맨 처음 누를 때, [←] 버튼을 누르면 말을 반시계방향으로 1칸 이동하고 [→] 버튼을 누르면 말을 시계방향으로 1칸 이동한다.

• 그 다음부터는 매번 버튼을 누르면, 그 버튼을 누르기 직전에 누른 버튼에 따라 아래와 같이 말을 이동한다.

누른 버튼	직전에 누른 버튼	말의 이동
[←]	[←]	반시계방향으로 2칸 이동
	[→]	움직이지 않음
[→]	[←]	움직이지 않음
	[→]	시계방향으로 2칸 이동

• 참가자는 버튼을 총 5회 누른다.

상황

甲은 다음과 같이 버튼을 눌렀다.

누른 순서	1	2	3	4	5
누른 버튼	[←]	[→]	[→]	[←]	[←]

① A칸 ② C칸 ③ H칸
④ J칸 ⑤ L칸

기출 20' 5급㉡-가 | 난이도 ●●○

037 다음 글을 근거로 판단할 때, 〈보기〉에서 옳은 것만을 모두 고르면?

• 다음과 같이 9개의 도시(A~I)가 위치하고 있다.

A	B	C
D	E	F
G	H	I

• A~I시가 미세먼지 저감을 위해 5월부터 차량 운행 제한 정책을 시행함에 따라 제한 차량의 도시 진입 및 도시 내 운행이 금지된다.

• 모든 차량은 4개의 숫자로 된 차량번호를 부여받으며 각 도시의 제한 요건은 아래와 같다.

도시	제한 차량	
A, E, F, I	홀수일	차량번호가 홀수로 끝나는 차량
	짝수일	차량번호가 짝수로 끝나는 차량
B, G, H	홀수일	차량번호가 짝수로 끝나는 차량
	짝수일	차량번호가 홀수로 끝나는 차량
C, D	월요일	차량번호가 1 또는 6으로 끝나는 차량
	화요일	차량번호가 2 또는 7로 끝나는 차량
	수요일	차량번호가 3 또는 8로 끝나는 차량
	목요일	차량번호가 4 또는 9로 끝나는 차량
	금요일	차량번호가 0 또는 5로 끝나는 차량
	토·일요일	없음

※ 단, 0은 짝수로 간주한다.

• 도시 간 이동 시에는 도시 경계선이 서로 맞닿아 있지 않은 도시로 바로 이동할 수 없다. 예컨대 A시에서 E시로 이동하기 위해서는 반드시 B시나 D시를 거쳐야 한다.

보기

ㄱ. 甲은 5월 1일(토)에 E시에서 차량번호가 1234인 차량을 운행할 수 있다.
ㄴ. 乙은 5월 6일(목)에 차량번호가 5639인 차량으로 A시에서 D시로 이동할 수 있다.
ㄷ. 丙은 5월 중 어느 하루에 동일한 차량으로 A시에서 H시로 이동할 수 있다.
ㄹ. 丁은 5월 15일(토)에 차량번호가 9790인 차량으로 D시에서 F시로 이동할 수 있다.

① ㄱ, ㄴ　② ㄱ, ㄷ　③ ㄱ, ㄹ
④ ㄴ, ㄷ　⑤ ㄴ, ㄹ

기출 20' 5급ⓜ-가 난이도 ●●○

038 **다음 글을 근거로 판단할 때, 〈보기〉에서 옳은 것만을 모두 고르면?**

키가 서로 다른 6명의 어린이를 다음 그림과 같이 한 방향을 바라보도록 일렬로 세우려고 한다. 그림은 일렬로 세운 하나의 예이다. 한 어린이(이하 甲이라 한다)의 등 뒤에 甲보다 키가 큰 어린이가 1명이라도 있으면 A방향에서 甲의 뒤통수는 보이지 않고, 1명도 없으면 A방향에서 甲의 뒤통수는 보인다. 반대로 甲의 앞에 甲보다 키가 큰 어린이가 1명이라도 있으면 B방향에서 甲의 얼굴은 보이지 않고, 1명도 없으면 B방향에서 甲의 얼굴은 보인다.

보기

ㄱ. A방향에서 보았을 때 모든 어린이의 뒤통수가 다 보이게 세우는 방법은 1가지뿐이다.
ㄴ. 키가 세 번째로 큰 어린이를 5번 자리에 세운다면, A방향에서 보았을 때 그 어린이의 뒤통수는 보이지 않는다.
ㄷ. B방향에서 2명의 얼굴만 보이도록 어린이들을 세웠을 때, A방향에서 6번 자리에 서 있는 어린이의 뒤통수는 보이지 않는다.
ㄹ. B방향에서 3명의 얼굴이 보인다면, A방향에서 4명의 뒤통수가 보일 수 없다.

① ㄱ, ㄴ ② ㄷ, ㄹ ③ ㄱ, ㄴ, ㄷ
④ ㄱ, ㄷ, ㄹ ⑤ ㄴ, ㄷ, ㄹ

기출 21' 5급㉯-나 난이도 ●●○

039 **다음 글을 근거로 판단할 때, 아기 돼지 삼형제와 각각의 집을 옳게 짝지은 것은?**

- 아기 돼지 삼형제는 엄마 돼지로부터 독립하여 벽돌집, 나무집, 지푸라기집 중 각각 다른 한 채씩을 선택하여 짓는다.
- 벽돌집을 지을 때에는 벽돌만 필요하지만, 나무집은 나무와 지지대가, 지푸라기집은 지푸라기와 지지대가 재료로 필요하다. 지지대에 소요되는 비용은 집의 면적과 상관없이 나무집의 경우 20만 원, 지푸라기집의 경우 5만 원이다.
- 재료의 1개당 가격 및 집의 면적 1 m^2당 필요 개수는 아래와 같다.

구 분	벽돌	나무	지푸라기
1개당 가격(원)	6,000	3,000	1,000
1 m^2당 필요 개수	15	20	30

- 첫째 돼지 집의 면적은 둘째 돼지 집의 2배이고, 셋째 돼지 집의 3배이다. 삼형제 집의 면적의 총합은 11 m^2이다.
- 모두 집을 짓고 나니, 둘째 돼지 집을 짓는 재료 비용이 가장 많이 들었다.

	첫째	둘째	셋째
①	벽돌집	나무집	지푸라기집
②	벽돌집	지푸라기집	나무집
③	나무집	벽돌집	지푸라기집
④	지푸라기집	벽돌집	나무집
⑤	지푸라기집	나무집	벽돌집

기출 21' 5급㉯-나 | 난이도 ●●○

040 다음 〈A기관 특허대리인 보수 지급 기준〉과 〈상황〉을 근거로 판단할 때, 甲과 乙이 지급받는 보수의 차이는?

A기관 특허대리인 보수 지급 기준

- A기관은 특허출원을 특허대리인(이하 '대리인')에게 의뢰하고, 이에 따라 특허출원 건을 수임한 대리인에게 보수를 지급한다.
- 보수는 착수금과 사례금의 합이다.
- 착수금은 대리인이 작성한 출원서의 내용에 따라 〈착수금 산정 기준〉의 세부항목을 합산하여 산정한다. 단, 세부항목을 합산한 금액이 140만 원을 초과할 경우 착수금은 140만 원으로 한다.

〈착수금 산정 기준〉

세부항목	금액(원)
기본료	1,200,000
독립항 1개 초과분(1개당)	100,000
종속항(1개당)	35,000
명세서 20면 초과분(1면당)	9,000
도면(1도당)	15,000

※ 독립항 1개 또는 명세서 20면 이하는 해당 항목에 대한 착수금을 산정하지 않는다.

- 사례금은 출원한 특허가 '등록결정'된 경우 착수금과 동일한 금액으로 지급하고, '거절결정'된 경우 0원으로 한다.

상황

- 특허대리인 甲과 乙은 A기관이 의뢰한 특허출원을 각각 1건씩 수임하였다.
- 甲은 독립항 1개, 종속항 2개, 명세서 14면, 도면 3도로 출원서를 작성하여 특허를 출원하였고, '등록결정'되었다.
- 乙은 독립항 5개, 종속항 16개, 명세서 50면, 도면 12도로 출원서를 작성하여 특허를 출원하였고, '거절결정'되었다.

① 2만 원 ② 8만 5천 원 ③ 123만 원
④ 129만 5천 원 ⑤ 259만 원

난이도 ●○○

041 A의 자전거를 같은 아파트에 사는 갑, 을, 병, 정, 무 중 한 명이 몰래 훔쳐 갔다. 이 5명 모두 누가 범인인지를 알고 있으며, 경찰서에서 다음과 같이 진술했다. 이들 중 단 1명만이 진실을 말한 것으로 밝혀졌을 때, 자전거를 훔쳐간 사람은 누구인가?

> 갑: 을이 자전거를 훔쳤다.
> 을: 정이 자전거를 훔쳤다.
> 병: 나는 자전거를 훔치지 않았다.
> 정: 을은 거짓말을 하고 있다.
> 무: 갑이 자전거를 훔쳤다.

① 갑 ② 을 ③ 병
④ 정 ⑤ 무

난이도 ●○○

042 다음 〈상황〉에 근거할 때, 갑~정이 신은 신발로 옳게 짝지어진 것은?

상황

> 아침에 갑, 을, 병, 정은 모두 다른 신발을 신었다. 이들이 신은 신발의 색과 종류에 대한 정보는 다음과 같다.
> - 그들이 신은 신발의 색은 갈색, 흰색, 검은색, 빨간색 중 하나였다. 모두 다른 색의 신발을 신었다.
> - 을의 신발은 운동화였고, 그녀의 신발 색은 갈색이나 흰색이 아니었다.
> - 로퍼는 흰색이 아니다.
> - 슬리퍼는 빨간색이다.
> - 갑은 로퍼나 슬리퍼를 신지 않는다.
> - 병의 신발은 갈색이 아니다.

	로퍼	운동화	구두	슬리퍼
①	정	을	갑	병
②	정	을	병	갑
③	병	을	갑	정
④	갑	을	병	정
⑤	갑	을	정	병

난이도 ●●○

043 다음에서 추론한 것으로 옳은 것만을 〈보기〉에서 있는 대로 고른 것은?

세 명의 학생 갑, 을, 병은 다음 조건을 만족한다.

- 갑, 을, 병 중 적어도 한 명은 여학생이다.
- 갑이 여학생이고 을이 남학생이라면 병은 여학생이다.
- 병이 여학생이라면 세 학생 중 두 명 이상이 여학생이다.
- 갑과 병 중 적어도 한 명은 남학생이다.

보기

ㄱ. 갑이 여학생이라면 을도 여학생이다.
ㄴ. 을이 여학생이라면 갑과 병 중 적어도 한 명은 여학생이다.
ㄷ. 병이 여학생이라면 을도 여학생이다.

① ㄱ ② ㄴ ③ ㄱ, ㄷ
④ ㄴ, ㄷ ⑤ ㄱ, ㄴ, ㄷ

기출 20' 5급(민)-가 | 난이도 ●●○

044 다음 글과 〈상황〉을 근거로 판단할 때, 갑돌이가 할 수 없는 행위는?

'AD카드'란 올림픽 및 패럴림픽에서 정해진 구역을 출입하거나 차량을 탑승하기 위한 권한을 증명하는 일종의 신분증이다. 모든 관계자들은 반드시 AD카드를 패용해야 해당 구역에 출입하거나 차량을 탑승할 수 있다. 아래는 AD카드에 담긴 정보에 대한 설명이다.

〈AD카드 예시〉

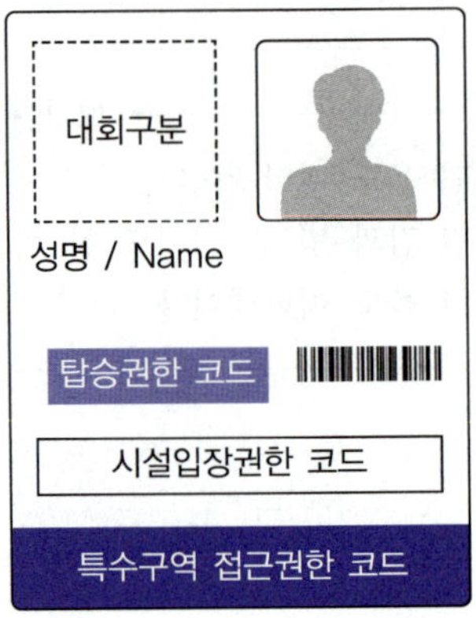

대회구분

- 올림픽 AD카드에는 다섯 개의 원이 겹쳐진 '오륜기'가, 패럴림픽 AD카드에는 세 개의 반달이 나열된 '아지토스'가 부착된다.
- 올림픽 기간 동안에는 올림픽 AD카드만이, 패럴림픽 기간 동안에는 패럴림픽 AD카드만이 유효하다.
- 두 대회의 기간은 겹치지 않는다.

탑승권한

- AD카드 소지자가 탑승 가능한 교통서비스를 나타낸다. 탑승권한 코드는 복수로 부여될 수 있다.

코드	탑승 가능 교통서비스
T1	VIP용 지정차량
TA	선수단 셔틀버스
TM	미디어 셔틀버스

시설입장 권한

- AD카드 소지자가 입장 가능한 시설을 나타낸다. 시설입장권한 코드는 복수로 부여될 수 있다.

코드	입장 가능 시설
IBC	국제 방송센터
HAL	알파인 경기장
HCC	컬링센터
OFH	올림픽 패밀리 호텔
ALL	모든 시설

특수구역 접근권한	• AD카드 소지자가 시설 내부에서 접근 가능한 특수구역을 나타낸다. 특수구역 접근권한 코드는 복수로 부여될 수 있다.

코드	접근 가능 구역
2	선수준비 구역
4	프레스 구역
6	VIP 구역

• 상황 •

갑돌이는 올림픽 및 패럴림픽 관계자이다. 다음은 갑돌이가 패용한 AD카드이다.

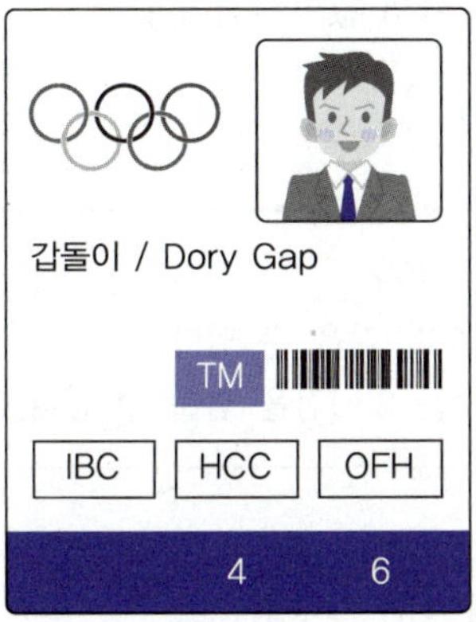

① 패럴림픽 기간 동안 알파인 경기장에 들어간다.

② 패럴림픽 기간 동안 VIP용 지정차량에 탑승한다.

③ 올림픽 기간 동안 올림픽 패밀리 호텔에 들어간다.

④ 올림픽 기간 동안 컬링센터 내부에 있는 선수준비 구역에 들어간다.

⑤ 올림픽 기간 동안 미디어 셔틀버스를 타고 이동한 후 국제 방송센터에 들어간다.

기출 19' 5급㉯-나 난이도 ●●○

045 **다음 〈조건〉을 근거로 판단할 때, 〈보기〉에서 옳은 것만을 모두 고르면?**

조건

- 한글 단어의 '단어점수'는 그 단어를 구성하는 자음으로만 결정된다.
- '단어점수'는 각기 다른 자음의 '자음점수'를 모두 더한 값을 그 단어를 구성하는 자음 종류의 개수로 나눈 값이다.
- '자음점수'는 그 자음이 단어에 사용된 횟수만큼 2를 거듭제곱한 값이다. 단, 사용되지 않는 자음의 '자음점수'는 0이다.
- 예를 들어 글자 수가 4개인 '셋방살이'는 ㅅ 3개, ㅇ 2개, ㅂ 1개, ㄹ 1개의 자음으로 구성되므로 '단어점수'는 $(2^3+2^2+2^1+2^1)/4$의 값인 4점이다.

※ 의미가 없는 글자의 나열도 단어로 인정한다.

보기

ㄱ. '각기'는 '논리'보다 단어점수가 더 높다.
ㄴ. 단어의 글자 수가 달라도 단어점수가 같을 수 있다.
ㄷ. 글자 수가 4개인 단어의 단어점수는 250점을 넘을 수 없다.

① ㄴ ② ㄷ ③ ㄱ, ㄴ
④ ㄱ, ㄷ ⑤ ㄱ, ㄴ, ㄷ

기출 19' 5급㉯-나 | 난이도 ●●○

046 다음 글과 〈상황〉을 근거로 판단할 때, 〈보기〉에서 옳은 것만을 모두 고르면?

K국에서는 모든 법인에 대하여 다음과 같이 구분하여 주민세를 부과하고 있다.

구분	세액(원)
• 자본금액 100억 원을 초과하는 법인으로서 종업원 수가 100명을 초과하는 법인	500,000
• 자본금액 50억 원 초과 100억 원 이하 법인으로서 종업원 수가 100명을 초과하는 법인	350,000
• 자본금액 50억 원을 초과하는 법인으로서 종업원 수가 100명 이하인 법인 • 자본금액 30억 원 초과 50억 원 이하 법인으로서 종업원 수가 100명을 초과하는 법인	200,000
• 자본금액 30억 원 초과 50억 원 이하 법인으로서 종업원 수가 100명 이하인 법인 • 자본금액 10억 원 초과 30억 원 이하 법인으로서 종업원 수가 100명을 초과하는 법인	100,000
• 그 밖의 법인	50,000

상황

법인	자본금액(억 원)	종업원 수(명)
甲	200	?
乙	20	?
丙	?	200

보기

ㄱ. 甲이 납부해야 할 주민세 최소 금액은 20만 원이다.
ㄴ. 乙의 종업원이 50명인 경우 10만 원의 주민세를 납부해야 한다.
ㄷ. 丙이 납부해야 할 주민세 최소 금액은 10만 원이다.
ㄹ. 甲, 乙, 丙이 납부해야 할 주민세 금액의 합계는 최대 110만 원이다.

① ㄱ, ㄴ　② ㄱ, ㄷ　③ ㄱ, ㄹ
④ ㄴ, ㄷ　⑤ ㄴ, ㄹ

문항편 · 2일차 · 문제해결 + 자원관리능력

기출 19' 5급㉯-나 난이도 ●●○

047 다음 글을 근거로 판단할 때, 〈가락〉을 연주하기 위해 ㉳를 누른 상태로 줄을 튕기는 횟수는?

> 줄이 하나인 현악기가 있다. 이 악기는 줄을 누를 수 있는 지점이 ㉮부터 ㉸까지 총 11곳 있고, 이 중 어느 한 지점을 누른 상태로 줄을 튕겨서 연주한다. ㉮를 누르고 줄을 튕기면 A음이 나고, ㉯를 누르고 줄을 튕기면 A음 보다 반음 높은 소리가 난다. 이런 식으로 ㉮~㉸ 순으로 누르는 지점을 옮길 때마다 반음씩 더 높은 소리가 나며, 최저 A음부터 최고 G음까지 낼 수 있다.
>
> 이들 음은 다음과 같은 특징이 있다.
>
> • 반음 차이 두 개의 합은 한음 차이와 같다.
>
> • A음보다 B음이, C음보다 D음이, D음보다 E음이, F음보다 G음이 한음 높고, 둘 중 낮은 음보다 반음 높은 음은 낮은 음의 이름 오른쪽에 #을 붙여 표시한다.
>
> • B음보다 C음이, E음보다 F음이 반음 높다.

가락

E D# E D# E B D C A A A A B E G B C

① 0　② 1　③ 2

④ 3　⑤ 4

048 다음 글과 〈상황〉을 근거로 판단할 때, 〈보기〉에서 옳은 것만을 모두 고르면?

K대학교 교과목 성적 평정(학점)은 총점을 기준으로 상위 점수부터 하위 점수까지 A^+, A^0, B^+~F 순으로 한다. 각 등급별 비율은 아래 〈성적 평정 기준표〉를 따르되, 상위 등급의 비율을 최대 기준보다 낮게 배정할 경우에는 잔여 비율을 하위 등급 비율에 가산하여 배정할 수 있다. 예컨대 A등급 배정 비율은 10~30 %이나, 만일 25 %로 배정한 경우에는 잔여 비율인 5 %를 하위 등급 하나에 배정하거나 여러 하위 등급에 나누어 배정할 수 있다. 한편 A, B, C, D 각 등급 내에서 +와 0의 비율은 교수 재량으로 정할 수 있다.

〈성적 평정 기준표〉

등급	A		B		C		D		F
학점	A^+	A^0	B^+	B^0	C^+	C^0	D^+	D^0	
비율(%)	10~30		20~35		20~40		0~40		0~40

※ 평정대상 총원 중 해당 등급 인원 비율

• 상황 •

〈△△교과목 성적산출 자료〉

성명	총점	순위	성명	총점	순위
양다경	99	1	양대원	74	11
이지후	97	2	권치원	72	12
이태연	93	3	김도윤	68	13
남소연	89	4	권세연	66	14
김윤채	86	5	남원중	65	15
엄선민	84	6	권수진	64	16
이태근	79	7	양호정	61	17
김경민	78	8	정호채	59	18
이연후	77	9	이신영	57	19
엄주용	75	10	전희연	57	19

※ 평정대상은 총 20명임

• 보기 •

ㄱ. 평정대상 전원에게 C^+ 이상의 학점을 부여할 수 있다.
ㄴ. 79점을 받은 학생이 받을 수 있는 가장 낮은 학점은 B^0이다.
ㄷ. 5명에게 A등급을 부여하면, 최대 8명의 학생에게 B^+학점을 부여할 수 있다.
ㄹ. 59점을 받은 학생에게 부여할 수 있는 학점은 C^+, C^0, D^+, D^0, F 중 하나이다.

① ㄱ, ㄴ　② ㄱ, ㄹ　③ ㄷ, ㄹ
④ ㄱ, ㄷ, ㄹ　⑤ ㄴ, ㄷ, ㄹ

기출 19' 5급㉯-나 | 난이도 ●○○

049 다음 글을 근거로 판단할 때, 〈상황〉의 ㉠과 ㉡을 옳게 짝지은 것은?

채용에서 가장 중요한 점은 조직에 적합한 인재의 선발, 즉 필요한 수준의 기본적 직무적성·태도 등 전반적 잠재력을 가진 지원자를 선발하는 것이다. 그러나 채용 과정에서 적합한 사람을 채용하지 않거나, 적합하지 않은 사람을 채용하는 경우도 있다. 적합한 지원자 중 탈락시킨 지원자의 비율을 오탈락률이라 하고, 적합하지 않은 지원자 중 채용한 지원자의 비율을 오채용률이라 한다.

상황

甲회사의 신입사원 채용 공고에 1,200명이 지원하여, 이 중에 360명이 채용되었다. 신입사원 채용 후 조사해보니 1,200명의 지원자 중 회사에 적합한 지원자는 800명이었고, 적합하지 않은 지원자는 400명이었다. 채용된 360명의 신입사원 중 회사에 적합하지 않은 인원은 40명으로 확인되었다. 이에 따르면 오탈락률은 (㉠)%이고, 오채용률은 (㉡)%이다.

	㉠	㉡
①	40	5
②	40	10
③	55	10
④	60	5
⑤	60	10

050 다음 글을 근거로 판단할 때, 국제행사의 개최도시로 선정될 곳은?

甲사무관은 대한민국에서 열리는 국제행사의 개최도시를 선정하기 위해 다음과 같은 〈후보도시 평가표〉를 만들었다. 〈후보도시 평가표〉에 따른 점수와 〈국제해양기구의 의견〉을 모두 반영하여, 합산점수가 가장 높은 도시를 개최도시로 선정하고자 한다.

〈후보도시 평가표〉

구분	서울	인천	대전	부산	제주
1) 회의 시설 1,500명 이상 수용가능한 대회의장 보유 등	A	A	C	B	C
2) 숙박 시설 도보거리에 특급 호텔 보유 등	A	B	A	A	C
3) 교통 공항접근성 등	B	A	C	B	B
4) 개최 역량 대규모 국제행사 개최 경험 등	A	C	C	A	B

※ A: 10점, B: 7점, C: 3점

• 국제해양기구의 의견 •

- 외국인 참석자의 편의를 위해 '교통'에서 A를 받은 도시의 경우 추가로 5점을 부여해 줄 것
- 바다를 끼고 있는 도시의 경우 추가로 5점을 부여해 줄 것
- 예상 참석자가 2,000명 이상이므로 '회의 시설'에서 C를 받은 도시는 제외할 것

① 서울 ② 인천 ③ 대전
④ 부산 ⑤ 제주

난이도 ●○○

051 어떤 수업에서 조모임을 하기 위해 9명의 학생을 세 명씩 나누어 '가', '나', '다' 총 세 조를 만들고자 한다. 그런데 9명의 학생 중 4명(A, B, C, D)은 행정학과이고, 나머지 5명(E, F, G, H, I)은 경제학과이다. 다음의 〈조건〉을 바탕으로 조가 구성될 때, 만일 C와 E가 '나' 조에 속한다면 '가' 조에 속해야 할 학생들은?

조건

- 각 조에는 적어도 한 명의 행정학과 학생이 포함되어야 한다.
- A는 반드시 두 명의 경제학과 학생과 같은 팀에 속해야 한다.
- F는 반드시 '다' 조에 속해야 한다.
- H는 반드시 '가' 조에 속해야 한다.
- A, D, G 중 누구도 F와 같은 조에 속해서는 안 된다.

① A, D, H　② A, G, H　③ A, H, I
④ D, G, H　⑤ D, H, I

난이도 ●○○

052 다음 〈표〉의 승합차 자리와 〈조건〉을 고려할 때, 인원 중 빈자리 바로 옆자리에 앉을 수 있는 사람은?

〈표〉 승합차 자리

첫째 줄			
둘째 줄			
셋째 줄			

조건

- 승객은 가은, 나연, 다희, 리정, 미연, 보라, 서연 총 일곱 명이다.
- 서로 같은 줄에 있는 자리끼리만 바로 옆자리일 수 있다.
- 보라의 자리는 셋째 줄에 있다.
- 다희의 자리는 리정의 바로 옆자리이며 또한 빈자리 바로 옆이기도 하다.
- 리정의 자리는 가은의 자리 바로 뒷자리다.
- 미연이나 서연은 누구도 가은의 바로 옆자리에 앉지 않았다.
- 미연과 서연은 같은 줄의 자리에 앉아 있다.

① 나연　② 리정　③ 미연
④ 보라　⑤ 서연

난이도 ●●○

053 다음 글을 근거로 판단할 때, (가)~(마)에 해당하는 과일을 옳게 짝지은 것은?

5명의 학생은 5개의 과일 (가)~(마)의 색을 맞히는 게임을 하고 있다. 5개의 과일은 모두 서로 다른 색을 가지며 딸기(빨간색), 블루베리(보라색), 오렌지(주황색), 바나나(노란색), 청포도(초록색) 중 하나에 해당한다. 학생들에게 아주 짧은 시간 동안 5개의 과일을 보여준 후 과일의 색을 2개씩 진술하게 하였다. 학생들이 진술한 과일의 색은 다음과 같고, 모두 하나씩만 정확하게 맞혔다.

- 주원: (다) = 빨간색, (라) = 보라색
- 지호: (나) = 주황색, (마) = 보라색
- 우석: (다) = 초록색, (라) = 주황색
- 가영: (가) = 노란색, (마) = 보라색
- 서연: (가) = 노란색, (나) = 빨간색

① (가) = 바나나, (라) = 블루베리
② (나) = 오렌지, (다) = 딸기
③ (가) = 딸기, (마) = 블루베리
④ (다) = 오렌지, (라) = 청포도
⑤ (라) = 오렌지, (마) = 바나나

기출 18' 5급㉧-가 | 난이도 ●●○

054 다음 글을 근거로 판단할 때, 〈보기〉에서 옳은 것만을 모두 고르면?

소아기 예방접종 프로그램에 포함된 백신(A~C)은 지속적인 항체 반응을 위해서 2회 이상 접종이 필요하다.

최소 접종연령(첫 접종의 최소연령) 및 최소 접종간격을 지켰을 때 적절한 예방력이 생기며, 이러한 예방접종을 유효하다고 한다. 다만 최소 접종연령 및 최소 접종간격에서 4일 이내로 앞당겨서 일찍 접종을 한 경우에도 유효한 것으로 본다. 그러나 만약 5일 이상 앞당겨서 일찍 접종했다면 무효로 간주하고 최소 접종연령 및 최소 접종간격에 맞춰 다시 접종하여야 한다.

다음은 각 백신의 최소 접종연령 및 최소 접종간격을 나타낸 표이다.

종류	최소 접종연령	최소 접종간격			
		1, 2차 사이	2, 3차 사이	3, 4차 사이	4, 5차 사이
백신 A	12개월	12개월	–	–	–
백신 B	6주	4주	4주	6개월	–
백신 C	6주	4주	4주	6개월	6개월

다만 백신 B의 경우 만 4세 이후에 3차 접종을 유효하게 했다면, 4차 접종은 생략한다.

보기

ㄱ. 만 2세가 되기 전에 백신 A의 예방접종을 2회 모두 유효하게 실시할 수 있다.
ㄴ. 생후 45개월에 백신 B를 1차 접종했다면, 4차 접종은 반드시 생략한다.
ㄷ. 생후 40일에 백신 C를 1차 접종했다면, 생후 60일에 한 2차 접종은 유효하다.

① ㄱ　② ㄴ　③ ㄷ
④ ㄱ, ㄴ　⑤ ㄱ, ㄷ

기출 18' 5급㉯-가 | 난이도 ●●○

055 **다음 글과 〈상황〉을 근거로 판단할 때, A 복지관에 채용될 2명의 후보자는?**

A 복지관은 청소년업무 담당자 2명을 채용하고자 한다. 청소년업무 담당자들은 심리상담, 위기청소년지원, 진학지도, 지역안전망구축 등 4가지 업무를 수행해야 한다. 채용되는 2명은 서로 다른 업무를 맡아 4가지 업무를 빠짐없이 분담해야 한다.

4가지 업무에 관련된 직무역량으로는 의사소통역량, 대인관계역량, 문제해결역량, 정보수집역량, 자원관리역량 등 5가지가 있다. 각 업무를 수행하기 위해서는 반드시 해당 업무에 필요한 직무역량을 모두 갖춰야 한다. 아래는 이를 표로 정리한 것이다.

업무	필요 직무역량
심리상담	의사소통역량, 대인관계역량
위기청소년지원	의사소통역량, 문제해결역량
진학지도	문제해결역량, 정보수집역량
지역안전망구축	대인관계역량, 자원관리역량

상황

- A 복지관의 채용후보자는 4명(甲, 乙, 丙, 丁)이며, 각 채용후보자는 5가지 직무역량 중 3가지씩을 갖추고 있다.
- 자원관리역량은 丙을 제외한 모든 채용후보자가 갖추고 있다.
- 丁이 진학지도업무를 제외한 모든 업무를 수행하려면, 의사소통역량만 추가로 갖추면 된다.
- 甲은 심리상담업무를 수행할 수 있고, 乙과 丙은 진학지도업무를 수행할 수 있다.
- 대인관계역량을 갖춘 채용후보자는 2명이다.

① 甲, 乙　② 甲, 丙　③ 乙, 丙
④ 乙, 丁　⑤ 丙, 丁

문항편 2일차 • 문제해결 + 자원관리능력

기출 18' 5급㉯-가 | 난이도 ●●○

056 **다음 글을 근거로 판단할 때, 〈보기〉의 각 괄호 안에 들어갈 숫자의 합은?**

A 부처와 B 부처에 소속된 공무원 수는 각각 100명이고, 모두 소속된 부처에 있었다. 그런데 A 부처는 국가 행사를 담당하게 되어 B 부처에 9명의 인력지원을 요청하였다. B 부처는 소속 공무원 100명 중 9명을 무작위로 선정해서 A 부처에 지원 인력으로 보냈다. 얼마 후 B 부처 역시 또 다른 국가 행사를 담당하게 되어 A 부처에 인력지원을 요청하였다. A 부처는 B 부처로부터 지원받았던 인력을 포함한 109명 중 9명을 무작위로 선정해서 B 부처에 지원 인력으로 보냈다.

보기

ㄱ. A 부처와 B 부처 간 인력지원이 한 차례씩 이루어진 후, A 부처에 B 부처 소속 공무원이 3명 남아있다면 B 부처에는 A 부처 소속 공무원이 (　　)명 있다.

ㄴ. A 부처와 B 부처 간 인력지원이 한 차례씩 이루어진 후, B 부처에 A 부처 소속 공무원이 2명 남아있다면 A 부처에는 B 부처 소속 공무원이 (　　)명 있다.

① 5　② 8　③ 10
④ 13　⑤ 15

기출 21' 5급㊞-나 | 난이도 ●●●

057 다음 글과 〈지원대상 후보 현황〉을 근거로 판단할 때, 기업 F가 받는 지원금은?

□□부는 2021년도 중소기업 광고비 지원사업 예산 6억 원을 기업에 지원하려 하며, 지원대상 선정 및 지원금 산정 방법은 다음과 같다.

- 2020년도 총매출이 500억 원 미만인 기업만 지원하며, 우선 지원대상 사업분야는 백신, 비대면, 인공지능이다.
- 우선 지원대상 사업분야 내 또는 우선 지원대상이 아닌 사업분야 내에서는 '소요 광고비 ×2020년도 총매출'이 작은 기업부터 먼저 선정한다.
- 지원금 상한액은 1억 2,000만 원이나, 해당 기업의 2020년도 총매출이 100억 원 이하인 경우 상한액의 2배까지 지원할 수 있다. 단, 지원금은 소요 광고비의 2분의 1을 초과할 수 없다.
- 위의 지원금 산정 방법에 따라 예산 범위 내에서 지급 가능한 최대 금액을 예산이 소진될 때까지 지원대상 기업에 순차로 배정한다.

〈지원대상 후보 현황〉

기업	2020년도 총매출(억 원)	소요 광고비 (억 원)	사업분야
A	600	1	백신
B	500	2	비대면
C	400	3	농산물
D	300	4	인공지능
E	200	5	비대면
F	100	6	의류
G	30	4	백신

① 없음
② 8,000만 원
③ 1억 2,000만 원
④ 1억 6,000만 원
⑤ 2억 4,000만 원

기출 20' 5급㉻-라 | 난이도 ●●○

058 **다음 글을 근거로 판단할 때, 1차 투표와 2차 투표에서 모두 B안에 투표한 주민 수의 최솟값은?**

○○마을은 새로운 사업을 추진하기 위해 주민 100명을 대상으로 투표를 실시하였다. 주민들에게 사업안 A, B, C 중 하나를 선택하도록 하였다. 사전 자료를 바탕으로 1차 투표를 한 후, 주민들끼리 토론을 거쳐 2차 투표로 최종안을 결정하였다. 1차와 2차 투표 모두 투표율은 100 %였고, 무효표는 없었다. 투표 결과는 다음과 같다.

구분	1차 투표	2차 투표
A안	30명	(　　)명
B안	50명	(　　)명
C안	20명	35명

1차 투표와 2차 투표에서 모두 A안에 투표한 주민은 20명이었고, 2차 투표에서만 A안에 투표한 주민은 5명이었다.

① 10　② 15　③ 20　④ 25　⑤ 30

059 다음 글을 근거로 판단할 때, 〈보기〉에서 옳은 것만을 모두 고르면?

K국의 「영유아보육법」은 영유아가 안전하고 쾌적한 환경에서 건강하게 성장할 수 있도록 다음과 같이 어린이집의 보육교사 최소 배치 기준을 규정하고 있다.

연령	보육교사 대 영유아비율
(1) 만 1세 미만	1 : 3
(2) 만 1세 이상 만 2세 미만	1 : 5
(3) 만 2세 이상 만 3세 미만	1 : 7

위와 같이 각 연령별로 반을 편성하고 각 반마다 보육교사를 배치하되, 다음 기준에 따라 혼합반을 운영할 수 있다.

혼합반 편성	보육교사 대 영유아비율
(1)과 (2)	1 : 3
(2)와 (3)	1 : 5
(1)과 (3)	편성 불가능

보기

ㄱ. 만 1세 미만 영유아 4명, 만 1세 이상 만 2세 미만 영유아 5명을 보육하는 어린이집은 보육교사를 최소 3명 배치해야 한다.

ㄴ. 만 1세 이상 만 2세 미만 영유아 6명, 만 2세 이상 만 3세 미만 영유아 12명을 보육하는 어린이집은 보육교사를 최소 3명 배치해야 한다.

ㄷ. 만 1세 미만 영유아 1명, 만 2세 이상 만 3세 미만 영유아 2명을 보육하는 어린이집은 보육교사를 최소 1명 배치해야 한다.

① ㄱ　② ㄴ　③ ㄷ
④ ㄱ, ㄴ　⑤ ㄱ, ㄷ

기출 20' 5급㉯-가 | 난이도 ●●○

060 다음 〈지정 기준〉과 〈신청 현황〉을 근거로 판단할 때, 신청병원(甲~戊) 중 산재보험 의료기관으로 지정되는 것은?

〈지정 기준〉

- 신청병원 중 인력 점수, 경력 점수, 행정처분 점수, 지역별 분포 점수의 총합이 가장 높은 병원을 산재보험 의료기관으로 지정한다.
- 전문의 수가 2명 이하이거나, 가장 가까이 있는 기존 산재보험 의료기관까지의 거리가 1 km 미만인 병원은 지정 대상에서 제외한다.
- 각각의 점수는 아래의 항목별 배점 기준에 따라 부여한다.

항목	배점 기준
인력 점수	전문의 수 7명 이상은 10점
	전문의 수 4명 이상 6명 이하는 8점
	전문의 수 3명 이하는 3점
경력 점수	전문의 평균 임상경력 1년당 2점(단, 평균 임상경력이 10년 이상이면 20점)
행정처분 점수	2명 이하의 의사가 행정처분을 받은 적이 있는 경우 10점
	3명 이상의 의사가 행정처분을 받은 적이 있는 경우 2점
지역별 분포 점수	가장 가까이 있는 기존 산재보험 의료기관이 8 km 이상 떨어져 있을 경우, 인력 점수와 경력 점수 합의 20 %에 해당하는 점수
	가장 가까이 있는 기존 산재보험 의료기관이 3 km 이상 8 km 미만 떨어져 있을 경우, 인력 점수와 경력 점수 합의 10 %에 해당하는 점수
	가장 가까이 있는 기존 산재보험 의료기관이 3 km 미만 떨어져 있을 경우, 인력 점수와 경력 점수 합의 20 %에 해당하는 점수 감점

〈신청 현황〉

신청 병원	전문의 수	전문의 평균 임상경력	행정처분을 받은 적이 있는 의사 수	가장 가까이 있는 기존 산재보험 의료기관까지의 거리
甲	6명	7년	4명	10 km
乙	2명	17년	1명	8 km
丙	8명	5년	0명	1 km
丁	4명	11년	3명	2 km
戊	3명	12년	2명	500 m

① 甲 ② 乙 ③ 丙
④ 丁 ⑤ 戊

Day 2 Self Check List

	오답 수	무응답 수	풀이시간(분)
1회독	/ 30	/ 30	/ 60(분)
2회독	/ 30	/ 30	/ 45(분)
3회독	/ 30	/ 30	/ 35(분)

정답 및 해설 67p

독끝 3일차 (061~090)

난이도별 구성

●○○	12문항
●●○	15문항
●●●	3문항

본 문항은 PSAT 상황판단 영역 기출 문항으로 구성되며, 기출 표기에 따른 시험 종류는 아래와 같습니다. (표기 상 맨 끝은 '책형' 입니다.)
㉤ – 민간경력자 일괄채용시험 / ㉥ – 공개경쟁채용시험(행정)

3일차 일일연습

Set ❶

다음 문장을 논리기호로 표현한 것이 맞으면 O, 틀리면 X로 표시하세요.

(1) 정치학과 사회학을 둘 다 수강하는 학생은 모두 경제학도 수강한다. ▶ {(정치) ∧ (사회)} → (경제) ⇔ ~(경제) → {~(정치) ∨ ~(사회)}
(2) 영이가 원만한 성격의 소유자인 경우에만 석이는 영이와 친구가 된다. ▶ (친구) → (영이) → (원만) ⇔ (영이) → ~(원만) → ~(친구)
(3) 1번 버튼이 작동될 경우, 오직 그 경우에 한해서만 3번 버튼이 작동된다. ▶ (1 → 3) ∨ (3 → 1) ⇔ 1 ↔ 3
(4) 경제학 강의가 종강했으면, 정치학 강의도 종강했다. ▶ (경제학) → (정치학) ⇔ ~(경제학) → ~(정치학)

Set ❷

표의 빈 칸에 들어갈 것을 구하시오. (참, 거짓)

a	b	a ∧ b	a ∨ b
거짓	참	거짓	참
참	(1)	참	(2)
참	거짓	(3)	참
거짓	(4)	거짓	거짓

Set ❸

아래〈조건〉을 확인 후, 각 질문에 답하시오.

〈조건〉 0~5까지 숫자 버튼으로 구성된 자물쇠가 있다. 자물쇠의 안전성은 자물쇠를 풀기 위해 가능한 비밀번호의 경우의 수가 많을수록 높아진다.

(1) 버튼을 누르는 순서와 상관없을 때, 자물쇠의 안전성을 극대화하는 비밀번호 자리 수는?
(2) 위 (1)의 경우, 비밀번호 경우의 수는?
(3) 버튼을 누르는 순서까지 고려될 때, 위 (1)의 경우보다 자물쇠의 안전성이 높아지는 건 비밀번호를 몇 자리로 설정할 때부터인가?
(4) 위 (3)의 경우, 비밀번호 경우의 수는?

	Set ❶	Set ❷	Set ❸
(1)	O	참	3자리
(2)	O	참	20가지
(3)	X	거짓	2자리
(4)	X	거짓	30가지

＊참고사항

문장	논리기호	문장	논리기호
p이다.	p	• 어떤 p는 q이다. • p이면서 q이다. • p그리고 q이다.	p ∧ q
p가 아니다.	~p	• p이거나 q이다. • p 또는 q이다.	p ∨ q
• 모든 p는 q이다. • p이면 q이다.	p → q	• 'p또는 q'가 아니다. • p도 아니고 q도 아니다.	~(p ∨ q)

• "⇔" : 필요충분조건 또는 동치를 나타내는 논리기호
• 연언명제 (p ∧ q) : 모두 참일때만 참
• 선언명제 (p ∨ q) : 모두 거짓일 때만 거짓
• 가언명제 (p → q) : 전건이 참, 후건이 거짓일 때만 거짓

	맞은 개수	풀이 시간
Set ❶	/ 4	(초)
Set ❷	/ 4	(초)
Set ❸	/ 4	(초)
합계	/ 12	(초)

*다음의 회독수 별 권장풀이시간에 맞춰 문제풀이 후,
Day 3 끝의 [Self Check List]를 기입하여 부족한 부분을 파악하세요!

권장 풀이 시간
1회독 60 min 2회독 45 min 3회독 35 min

난이도 ●○○

061 다음 〈상황〉을 근거로 판단할 때 왼쪽으로부터 4번째에 위치하는 것은?

상황

- 약국, 병원, 우체국, 빵집, 백화점은 일직선상에 위치하는 각기 다른 건물에 들어서 있다.
- 약국은 맨 왼쪽(왼쪽에서부터 1번째)에 위치하고 있다.
- 약국과 병원 사이의 거리는 5km, 병원과 백화점 사이의 거리는 4km, 우체국과 빵집 사이의 거리는 9km, 우체국과 백화점 사이의 거리는 6km이다.
- 바로 옆에 붙어 있는 두 건물의 최대 거리는 5km 이내이다.
- 우체국은 약국과 병원 사이에 위치하고 있다.

① 약국 ② 병원 ③ 우체국
④ 빵집 ⑤ 백화점

난이도 ●○○

062 A, B, C, D, E는 같은 반 학생들이다. 이들이 어떤 순서로 학교에 등교했는지 알아보기 위해 그들과 같은 반인 다른 친구들에게 물어보았다. 모든 진술이 참이라고 할 때, 네 번째로 등교한 학생은?

갑: B가 D보다 먼저 등교했다면, C가 E보다 먼저 등교했을 것이다.
을: A는 B와 E(또는 E와 B) 사이에 등교했다.
병: C는 A와 D(또는 D와 A) 사이에 등교했다.
정: D가 가장 마지막에 등교하지는 않았다.
무: A와 C는 연이어 등교하지 않았다.

① A ② B ③ C
④ D ⑤ E

난이도 ●●○

063 다음으로부터 추론한 것으로 항상 옳은 것은?

갑, 을, 병, 정은 각자 하나 이상의 운동 동호회에 속해 있으며, 이에 대해서 다음의 사실이 알려져 있다.

- 갑은 축구, 병은 농구, 정은 탁구 동호회에 각각 속해 있다.
- 을은 야구 동호회에 속해 있지 않다.
- 갑이 속해 있는 동호회에는 을도 속해 있다.
- 갑과 병은 같은 동호회에 속해 있지 않다.
- 갑, 을, 병, 정 각각은 두 가지 이상의 운동 동호회에 속해 있다.
- 갑, 을, 병, 정은 축구, 농구, 야구, 탁구 동호회 외의 운동 동호회에 속해 있지 않다.

① 을은 축구 동호회에 속해 있지 않다.
② 을과 병이 공통으로 속해 있는 동호회가 있다.
③ 병은 속해 있지 않지만 정이 속해 있는 동호회가 있다.
④ 3명이 공통으로 속해 있는 동호회는 없다.
⑤ 세 개의 운동 동호회에 속해 있는 사람은 없다.

기출 18' 5급㉷-가 난이도 ●●○

064 다음 글을 근거로 판단할 때, 〈보기〉에서 옳은 것만을 모두 고르면?

- 손글씨 대회 참가자 100명을 왼손으로만 필기할 수 있는 왼손잡이, 오른손으로만 필기할 수 있는 오른손잡이, 양손으로 모두 필기할 수 있는 양손잡이로 분류하고자 한다.
- 참가자를 대상으로 아래 세 가지 질문을 차례대로 하여 해당하는 참가자는 한 번만 손을 들도록 하였다.
  [질문 1] 왼손으로만 필기할 수 있는 사람은?
  [질문 2] 오른손으로만 필기할 수 있는 사람은?
  [질문 3] 양손으로 모두 필기할 수 있는 사람은?
- 양손잡이 중 일부는 제대로 알아듣지 못해 질문 1, 2, 3에 모두 손을 들었고, 그 외 모든 참가자는 올바르게 손을 들었다.
- 질문 1에 손을 든 참가자는 16명, 질문 2에 손을 든 참가자는 80명, 질문 3에 손을 든 참가자는 10명이다.

보기

ㄱ. 양손잡이는 총 10명이다.
ㄴ. 왼손잡이 수는 양손잡이 수보다 많다.
ㄷ. 오른손잡이 수는 왼손잡이 수의 6배 이상이다.

① ㄱ ② ㄴ ③ ㄱ, ㄴ
④ ㄱ, ㄷ ⑤ ㄴ, ㄷ

기출 20' 5급㉯-가 | 난이도 ●●●

065 **다음 글과 〈상황〉을 근거로 판단할 때, 공기청정기가 자동으로 꺼지는 시각은?**

- A학교 학생들은 방과 후에 자기주도학습을 위해 교실을 이용한다.
- 교실 안에 있는 학생 각각은 매 순간 일정한 양의 미세먼지를 발생시켜, 10분마다 5를 증가시킨다.
- 교실에 설치된 공기청정기는 매 순간 일정한 양의 미세먼지를 제거하여, 10분마다 15를 감소시킨다.
- 미세먼지는 사람에 의해서만 발생하고, 공기청정기에 의해서만 제거된다.
- 공기청정기는 매 순간 미세먼지 양을 표시하며 교실 내 미세먼지 양이 30이 되는 순간 자동으로 꺼진다.

상황

15시 50분 현재, A학교의 교실에는 아무도 없었고 켜져 있는 공기청정기가 나타내는 교실 내 미세먼지 양은 90이었다. 16시 정각에 학생 두 명이 교실에 들어와 공부를 시작하였고, 40분 후 학생 세 명이 더 들어와 공부를 시작하였다. 학생들은 모두 18시 정각에 교실에서 나왔다.

① 18시 50분
② 19시 00분
③ 19시 10분
④ 19시 20분
⑤ 19시 30분

기출 21' 5급㉻-가 | 난이도 ●●○

066 **다음 글을 근거로 판단할 때, 甲과 乙이 가진 4장의 숫자 카드에 적힌 수의 합으로 가능한 것은?**

1부터 9까지 서로 다른 자연수가 하나씩 적힌 9장의 숫자 카드 1세트가 있다. 甲과 乙은 여기에서 각각 2장씩 카드를 뽑았다. 카드를 뽑고 보니 甲이 가진 카드에 적힌 숫자의 합과 乙이 가진 카드에 적힌 숫자의 합이 같았다. 또한 甲이 첫 번째 뽑은 카드에 3을 곱한 값과 두 번째 뽑은 카드에 9를 곱한 값의 일의 자리 수가 서로 같았다. 乙도 같은 방식으로 곱하여 얻은 두 값의 일의 자리 수가 서로 같았다.

① 18
② 20
③ 22
④ 24
⑤ 26

067 **다음 글을 근거로 판단할 때, 하나의 단어를 표현하는 가장 긴 코드의 길이는?**

일반적으로 대화에는 약 18,000개의 단어가 사용된다. 항공우주연구소는 화성에 보낸 우주비행사와의 통신을 위해 아래의 〈원칙〉에 따라 단어를 코드로 바꾸어 교신하기로 하였다.

〈원칙〉

- 하나의 코드는 하나의 단어만을 나타낸다.
- 26개의 영어 알파벳 소문자를 사용하여 왼쪽에서부터 오른쪽으로 일렬로 나열한 코드를 만든다.
- 코드 중 가장 긴 것의 길이를 최소화한다.
- 18,000개의 단어를 표현할 수 있어야 한다.

〈단어-코드 변환의 예〉

코드	단어	코드	단어
a	우주비행사	aa	지구
b	우주정거장	ab	외계인
⋮	⋮	⋮	⋮

※ 코드의 길이는 코드에 표시된 글자의 수를 뜻한다.

① 1　② 2
③ 3　④ 4
⑤ 5

기출 21' 5급㉻-가 난이도 ●○○

068 다음 글과 〈상황〉을 근거로 판단할 때, 甲이 보고할 내용으로 옳은 것은?

대규모 외환거래는 런던, 뉴욕, 도쿄, 프랑크푸르트, 싱가포르 같은 금융중심지에서 이루어진다. 최근 들어 세계 외환거래 규모는 급증하고 있다. 하루 평균 세계 외환거래액은 1989년에 6천억 달러 수준이었는데, 2019년에는 6조 6천억 달러로 크게 늘어났다.

은행 간 외환거래는 대부분 미국 달러를 통해 이루어진다. 달러는 이처럼 외환거래에서 중심적인 역할을 하기 때문에 기축통화라고 불린다. 기축통화는 서로 다른 통화를 사용하는 거래 참여자가 국제거래를 위해 널리 사용하는 통화이다. 1999년 도입된 유럽 유로는 달러와 동등하게 기축통화로 발전할 것으로 예상되었으나, 2020년 세계 외환거래액의 32 %를 차지하는 데 그쳤다. 이는 4년 전보다는 2 %p 높아진 것이지만 10년 전보다는 오히려 8 %p 낮아진 수치이다.

• 상황 •

2010년과 2016년의 하루 평균 세계 외환거래액은 각각 3조 9천억 달러와 5조 2천억 달러였다. ○○은행 국제자본이동분석팀장 甲은 2016년 유로로 이루어진 하루 평균 세계 외환거래액을 2010년과 비교(달러 기준)하여 보고하려 한다.

① 10억 달러 감소
② 10억 달러 증가
③ 100억 달러 감소
④ 100억 달러 증가
⑤ 변화 없음

069 다음 글을 근거로 판단할 때, 甲~戊 중 가장 많은 지원금을 받는 신청자는?

A국은 신재생에너지 보급 사업 활성화를 위하여 신재생에너지 설비에 대한 지원 내용을 공고하였다. 〈지원 기준〉과 〈지원 신청 현황〉은 아래와 같다.

〈지원 기준〉

구분		용량(성능)	지원금 단가
태양광	단독주택	2 kW 이하	kW당 80만 원
		2 kW 초과 3 kW 이하	kW당 60만 원
	공동주택	30 kW 이하	kW당 80만 원
태양열	평판형·진공관형	10 m^2 이하	m^2당 50만 원
		10 m^2 초과 20 m^2 이하	m^2당 30만 원
지열	수직밀폐형	10 kW 이하	kW당 60만 원
		10 kW 초과	kW당 50만 원
연료전지	인산형 등	1 kW 이하	kW당 2,100만 원

- 지원금은 '용량(성능)×지원금 단가'로 산정
- 국가 및 지방자치단체 소유 건물은 지원 대상에서 제외
- 전월 전력사용량이 450 kWh 이상인 건물은 태양열 설비 지원 대상에서 제외
- 용량(성능)이 〈지원 기준〉의 범위를 벗어나는 신청은 지원 대상에서 제외

〈지원 신청 현황〉

신청자	설비 종류	용량(성능)	건물 소유자	전월 전력사용량	비고
甲	태양광	8 kW	개인	350 kWh	공동주택
乙	태양열	15 m^2	개인	550 kWh	진공관형
丙	태양열	5 m^2	국가	400 kWh	평판형
丁	지열	15 kW	개인	200 kWh	수직밀폐형
戊	연료전지	3 kW	개인	500 kWh	인산형

① 甲 ② 乙 ③ 丙
④ 丁 ⑤ 戊

기출 17' 5급㉣-라 난이도 ●○○

070 다음 글과 <상황>을 근거로 판단할 때, A사무관이 3월 출장여비로 받을 수 있는 총액은?

- 출장여비 기준
  - 출장여비는 출장수당과 교통비의 합이다.
  1) 세종시 출장
     - 출장수당: 1만 원
     - 교통비: 2만 원
  2) 세종시 이외 출장
     - 출장수당: 2만 원(13시 이후 출장 시작 또는 15시 이전 출장 종료 시 1만 원 차감)
     - 교통비: 3만 원
- 출장수당의 경우 업무추진비 사용 시 1만 원이 차감되며, 교통비의 경우 관용차량 사용 시 1만 원이 차감된다.

• 상황 •

A사무관 3월 출장내역	출장지	출장 시작 및 종료 시각	비고
출장 1	세종시	14시~16시	관용차량 사용
출장 2	인천시	14시~18시	
출장 3	서울시	09시~16시	업무추진비 사용

① 6만 원 ② 7만 원 ③ 8만 원
④ 9만 원 ⑤ 10만 원

난이도 ●●○

071 K씨는 최대 15kg까지 반입이 가능한 기내용 캐리어를 들고 비행기에 타려고 한다. 다음은 여행에 필요한 물건과 그 물건의 무게 및 K씨가 인식하는 가치를 나타낸 것이다. 캐리어에 kg당 가치가 높은 물건부터 담으려 할 때, 캐리어에 담지 못하는 물건을 모두 고르면?

구분	생필품	보조배터리	카메라	옷	구급약	수영용품
무게(kg)	3	2	5	8	2	2
가치(점)	6	3	3	4	5	2

① 보조배터리, 수영용품 ② 카메라, 옷
③ 카메라, 수영용품 ④ 보조배터리, 구급약
⑤ 옷

난이도 ●○○

072 다음은 S대 경제학과 1학년 학생들의 일주일 동안의 시간 활용을 조사한 결과이다. 〈보기〉의 설명 중 항상 옳은 것을 모두 고르면? (단, 각 항목들은 서로 배타적이며 중복이 일어나지 않는다.)

〈S대 경제학과 1학년 학생들의 시간 활용〉

(단위: 시간)

학습활동	전공 및 교양 수업	20~45
	과제 및 회의	4~15
교내활동	과 모임 및 동아리 활동	8~22
	경제학과 행사	3~5
	축제 준비	3~6
	등·하교	6~9
교외활동	아르바이트	9~13
	개인 취미활동	4~13
	사교활동	4~12
	휴식	3~5

보기

ㄱ. 경제학과 1학년 학생들은 교외활동보다 교내활동에 더 많은 시간을 할애한다.
ㄴ. 경제학과 1학년 학생들은 아르바이트보다 전공 및 교양수업에 더 많은 시간을 할애한다.
ㄷ. 경제학과 1학년 학생들은 휴식보다 등·하교에 더 많은 시간을 할애한다.
ㄹ. 경제학과 1학년 학생들은 교외활동보다 학습활동에 더 많은 시간을 할애한다.
ㅁ. 경제학과 1학년 학생들은 축제 준비보다 과 모임 및 동아리 활동에 더 많은 시간을 할애한다.

① ㄱ, ㄷ, ㄹ ② ㄱ, ㄹ, ㅁ ③ ㄴ, ㄷ, ㄹ
④ ㄴ, ㄷ, ㅁ ⑤ ㄴ, ㄹ, ㅁ

난이도 ●●○

073 A는 과제를 위해 한 달 후 있을 대선의 후보 X, Y에 대한 5개의 언론사(갑~무)의 태도를 다음과 같이 메모하였다. 다음 〈메모〉를 근거로 삼아 추론할 때 옳은 것은? (단, 각 언론사의 태도는 '선호', '중립', '비선호' 중 어느 하나이며, '비선호', '중립', '선호' 순으로 부정적이다.)

메모

- **갑 언론사:** X 후보에 대한 태도는 병 언론사의 Y 후보에 대한 태도와 같고, Y 후보에 대한 태도는 병 언론사의 X 후보에 대한 태도와 같음. 단, 갑 언론사와 정 언론사 간 동일한 태도를 취한 후보는 없음.
- **을 언론사:** X 후보에 대해 중립이고, 어느 후보에 대해서도 갑 언론사보다 부정적임.
- **병 언론사:** 한 명의 후보에 대해서는 선호하고, 다른 후보에 대해서는 중립임.
- **정 언론사:** X, Y 후보에 대한 태도는 같음.
- **무 언론사:** X 후보에 대해 중립이며, Y 후보에 대해서는 정 언론사의 태도와 같음.

① 두 후보에 대해 가장 부정적인 언론사는 갑 언론사이다.
② Y 후보에 대해 언론사 과반수가 선호한다.
③ 두 후보 모두를 선호하는 언론사는 없다.
④ X 후보에 대해 언론사 과반이 비선호한다.
⑤ X 후보에 대해 같은 태도를 보인 언론사는 2개이다.

기출 21' 5급㉠-나 | 난이도 ●○○

074 다음 글을 근거로 판단할 때, 〈보기〉에서 옳은 것만을 모두 고르면?

A지역에는 독특한 결혼 풍습이 있다. 남자는 4개의 부족인 '잇파이·굼보·물으리·굿피'로 나뉘어 있고, 여자도 4개의 부족인 '잇파타·뿌타·마타·카포타'로 나뉘어 있다. 아래 〈표〉는 결혼을 할 수 있는 부족과 그 사이에서 출생하는 자녀가 어떤 부족이 되는지를 나타낸다. 예컨대 '잇파이' 남자는 '카포타' 여자와만 결혼할 수 있고, 그 사이에 낳은 아이가 남아면 '물으리', 여아면 '마타'로 분류된다. 모든 부족에게는 결혼할 수 있는 서로 다른 부족이 1 : 1로 대응하여 존재한다.

〈표〉

결혼할 수 있는 부족		자녀의 부족	
남자	여자	남아	여아
잇파이	카포타	물으리	마타
굼보	마타	굿피	카포타
물으리	뿌타	잇파이	잇파타
굿피	잇파타	굼보	뿌타

보기

ㄱ. 물으리와 뿌타의 친손자는 뿌타와 결혼할 수 있다.
ㄴ. 잇파이와 카포타의 친손자는 굿피이다.
ㄷ. 굼보와 마타의 외손녀는 카포타이다.
ㄹ. 굿피와 잇파타의 친손녀는 물으리와 결혼할 수 있다.

① ㄱ　② ㄱ, ㄹ　③ ㄷ, ㄹ
④ ㄱ, ㄴ, ㄷ　⑤ ㄴ, ㄷ, ㄹ

기출 17' 5급㉯-라 | 난이도 ●●○

075 **다음 글과 〈A여행사 해외여행 상품〉을 근거로 판단할 때, 세훈이 선택할 여행지는?**

인희: 다음 달 셋째 주에 연휴던데, 그때 여행갈 계획 있어?

세훈: 응, 이번에는 꼭 가야지. 월요일, 수요일, 금요일이 공휴일이잖아. 그래서 우리 회사에서는 화요일과 목요일에만 연가를 쓰면 앞뒤 주말 포함해서 최대 9일 연휴가 되더라고. 그런데 난 연가가 하루밖에 남지 않아서 그렇게 길게는 안 돼. 그래도 이번엔 꼭 해외여행을 갈 거야.

인희: 어디로 갈 생각이야?

세훈: 나는 어디로 가든 상관없는데 여행지에 도착할 때까지 비행기를 오래 타면 너무 힘들더라고. 그래서 편도 총비행시간이 8시간 이내면서 직항 노선이 있는 곳으로 가려고.

인희: 여행기간은 어느 정도로 할 거야?

세훈: 남은 연가를 잘 활용해서 주어진 기간 내에서 최대한 길게 다녀오려고 해. A여행사 해외여행 상품 중에 하나를 정해서 다녀올 거야.

〈A여행사 해외여행 상품〉

여행지	여행기간 (한국시각 기준)	총비행시간 (편도)	비행기 환승 여부
두바이	4박 5일	8시간	직항
모스크바	6박 8일	8시간	직항
방콕	4박 5일	7시간	1회 환승
홍콩	3박 4일	5시간	직항
뉴욕	4박 5일	14시간	직항

① 두바이 ② 모스크바 ③ 방콕
④ 홍콩 ⑤ 뉴욕

기출 17' 5급(민)-라 | 난이도 ●●○

076 다음 글과 〈표〉를 근거로 판단할 때, 백설공주의 친구 7명(A~G) 중 왕자의 부하는 누구인가?

- A~G 중 2명은 왕자의 부하이다.
- B~F는 모두 20대이다.
- A~G 중 가장 나이가 많은 사람은 왕자의 부하가 아니다.
- A~G 중 여자보다 남자가 많다.
- 왕자의 두 부하는 성별이 서로 다르고, 국적은 동일하다.

〈표〉

친구	나이	성별	국적
A	37살	?	한국
B	28살	?	한국
C	22살	여자	중국
D	?	여자	일본
E	?	?	중국
F	?	?	한국
G	38살	여자	중국

① A, B　② B, F　③ C, E
④ D, F　⑤ E, G

문항편 3일차 · 문제해결 + 자원관리능력

기출 17' 5급㉯-라 | 난이도 ●●○

077 **다음 글을 근거로 판단할 때, 甲연구소 신입직원 7명(A~G)의 부서배치 결과로 옳지 않은 것은?**

甲연구소에서는 신입직원 7명을 선발하였으며, 신입직원들을 각 부서에 배치하고자 한다. 각 부서에서 요구한 인원은 다음과 같다.

정책팀	재정팀	국제팀
2명	4명	1명

신입직원들은 각자 원하는 부서를 2지망까지 지원하며, 1, 2지망을 고려하여 이들을 부서에 배치한다. 먼저 1지망 지원부서에 배치하는데, 요구인원보다 지원인원이 많은 경우에는 입사성적이 높은 신입직원을 우선적으로 배치한다. 1지망 지원부서에 배치되지 못한 신입직원은 2지망 지원부서에 배치되는데, 이때 역시 1지망에 따른 배치 후 남은 요구인원보다 지원인원이 많은 경우 입사성적이 높은 신입직원을 우선적으로 배치한다. 1, 2지망 지원부서 모두에 배치되지 못한 신입직원은 요구인원을 채우지 못한 부서에 배치된다.

신입직원 7명의 입사성적 및 1, 2지망 지원부서는 아래와 같다. A의 입사성적만 전산에 아직 입력되지 않았는데, 82점 이상이라는 것만 확인되었다. 단, 입사성적의 동점자는 없다.

신입직원	A	B	C	D	E	F	G
입사 성적	?	81	84	78	96	80	93
1지망	국제	국제	재정	국제	재정	정책	국제
2지망	정책	재정	정책	정책	국제	재정	정책

① A의 입사성적이 90점이라면, A는 정책팀에 배치된다.
② A의 입사성적이 95점이라면, A는 국제팀에 배치된다.
③ B는 재정팀에 배치된다.
④ C는 재정팀에 배치된다.
⑤ D는 정책팀에 배치된다.

기출 19' 5급㉯-나 | 난이도 ●●●

078 다음 글을 근거로 판단할 때, 〈보기〉에서 옳은 것만을 모두 고르면?

甲은 결혼 준비를 위해 스튜디오 업체(A, B), 드레스 업체(C, D), 메이크업 업체(E, F)의 견적서를 각각 받았는데, 최근 생긴 B업체만 정가에서 10 % 할인한 가격을 제시하였다. 아래 〈표〉는 각 업체가 제시한 가격의 총액을 계산한 결과이다.
(단, A~F 각 업체의 가격은 모두 상이하다)

〈표〉

스튜디오	드레스	메이크업	총액
A	C	E	76만 원
이용 안함	C	F	58만 원
A	D	E	100만 원
이용 안함	D	F	82만 원
B	D	F	127만 원

보기

ㄱ. A업체 가격이 26만 원이라면, E업체 가격이 F업체 가격보다 8만 원 비싸다.
ㄴ. B업체의 할인 전 가격은 50만 원이다.
ㄷ. C업체 가격이 30만 원이라면, E업체 가격은 28만 원이다.
ㄹ. D업체 가격이 C업체 가격보다 26만 원 비싸다.

① ㄱ　　② ㄴ　　③ ㄷ
④ ㄴ, ㄷ　　⑤ ㄷ, ㄹ

기출 17' 5급㉯-라 난이도 ●●○

079 다음 〈상황〉을 근거로 판단할 때, 준석이가 가장 많은 식물을 재배할 수 있는 온도와 상품가치의 총합이 가장 큰 온도는? (단, 주어진 조건 외에 다른 조건은 고려하지 않는다)

상황

- 준석이는 같은 온실에서 5가지 식물(A~E)을 하나씩 동시에 재배하고자 한다.
- A~E의 재배가능 온도와 각각의 상품가치는 다음과 같다.

식물 종류	재배가능 온도(°C)	상품가치(원)
A	0 이상 20 이하	10,000
B	5 이상 15 이하	25,000
C	25 이상 55 이하	50,000
D	15 이상 30 이하	15,000
E	15 이상 25 이하	35,000

- 준석이는 온도만 조절할 수 있으며, 식물의 상품가치를 결정하는 유일한 것은 온도이다.
- 온실의 온도는 0°C를 기준으로 5°C 간격으로 조절할 수 있고, 한 번 설정하면 변경할 수 없다.

	가장 많은 식물을 재배할 수 있는 온도	상품가치의 총합이 가장 큰 온도
①	15°C	15°C
②	15°C	20°C
③	15°C	25°C
④	20°C	20°C
⑤	20°C	25°C

기출 17' 5급㉯-라 | 난이도 ●●○

080 다음 글을 근거로 판단할 때, 2017학년도 A대학교 ○○학과 입학 전형 합격자는?

- A대학교 ○○학과 입학 전형
  - 2017학년도 대학수학능력시험의 국어, 수학, 영어 3개 과목을 반영하여 지원자 중 1명을 선발한다.
  - 3개 과목 평균등급이 2등급(3개 과목 등급의 합이 6) 이내인 자를 선발한다. 이 조건을 만족하는 지원자가 여러 명일 경우, 3개 과목 원점수의 합산 점수가 가장 높은 자를 선발한다.
- 2017학년도 대학수학능력시험 과목별 등급－원점수 커트라인

(단위: 점)

과목 \ 등급	1	2	3	4	5	6	7	8
국어	96	93	88	79	67	51	40	26
수학	89	80	71	54	42	33	22	14
영어	94	89	85	77	69	54	41	28

※ 예를 들어, 국어 1등급은 100~96점, 국어 2등급은 95~93점

- 2017학년도 A대학교 ○○학과 지원자 원점수 성적

(단위: 점)

지원자	국어	수학	영어
甲	90	96	88
乙	89	89	89
丙	93	84	89
丁	79	93	92
戊	98	60	100

① 甲　② 乙　③ 丙
④ 丁　⑤ 戊

기출 20' 5급㉻-라 | 난이도 ●●○

081 다음 〈상황〉과 〈자기소개〉를 근거로 판단할 때 옳지 않은 것은?

상황

5명의 직장인(甲~戊)이 커플 매칭 프로그램에 참여했다.
- 남성이 3명이고 여성이 2명이다.
- 5명의 나이는 34세, 32세, 30세, 28세, 26세이다.
- 5명의 직업은 의사, 간호사, TV드라마감독, 라디오작가, 요리사이다.
- 의사와 간호사는 성별이 같다.
- 라디오작가는 요리사와 매칭된다.
- 남성과 여성의 평균 나이는 같다.
- 한 사람당 한 명의 이성과 매칭이 가능하다.

자기소개

甲: 안녕하세요. 저는 32세이고 의료 관련 일을 합니다.
乙: 저는 방송업계에서 일하는 남성입니다.
丙: 저는 20대 남성입니다.
丁: 반갑습니다. 저는 방송업계에서 일하는 여성입니다.
戊: 제가 이 중 막내네요. 저는 요리사입니다.

① TV드라마감독은 乙보다 네 살이 많다.
② 의사와 간호사 나이의 평균은 30세이다.
③ 요리사와 라디오작가는 네 살 차이이다.
④ 甲의 나이는 방송업계에서 일하는 사람들 나이의 평균과 같다.
⑤ 丁은 의료계에서 일하는 두 사람 중 나이가 적은 사람보다 두 살 많다.

난이도 ●●○

082

수현이는 네 자리 숫자의 사물함 비밀번호를 잊어버려, 처음 비밀번호를 설정할 때 고려했던 조건을 통해 비밀번호를 기억해내려고 한다. 조건이 다음과 같을 때, 수현이의 비밀번호에 대한 설명으로 옳지 않은 것은?

〈비밀번호 설정 조건〉

㉠ 비밀번호를 구성하고 있는 각 자리의 어떤 숫자도 소수가 아니어야 한다.
㉡ 6과 8 중에 하나의 숫자만 비밀번호에 포함되어야 한다.
㉢ 비밀번호는 짝수로 시작한다.
㉣ 네 개의 숫자는 큰 수부터 차례로 나열된 형태로 만들어야 한다.
㉤ 비밀번호에 같은 숫자가 두 번 이상 들어가지 않아야 한다.

① 비밀번호는 짝수다.
② 비밀번호의 앞에서 두 번째 숫자는 4이다.
③ 〈비밀번호 설정 조건〉을 모두 만족하는 비밀번호는 모두 세 개가 있다.
④ 〈비밀번호 설정 조건〉을 모두 만족하는 비밀번호 중 가장 작은 수는 6410이다.
⑤ 비밀번호를 구성하는 네 개의 숫자 중 홀수는 한 개다.

난이도 ●●○

083

갑~무가 자신을 제외한 나머지 학생들의 발표점수를 매겼으며 그 결과가 다음과 같다고 할 때, 반드시 옳은 것은?

가. 갑은 2명에게 만점을 주고 2명에게 만점을 받았지만, 무에게는 만점을 주지 않았다.
나. 을은 1명에게 만점을 주고 3명에게 만점을 받았다.
다. 을에게 만점을 받은 사람은 병에게 만점을 주었다.
라. 정은 3명에게 만점을 주었지만 누구에게도 만점을 받지 못했다.
마. 갑~무 5명은 모두, 자신이 만점을 준 상대로부터는 만점을 받지 못했다.

① 갑은 병에게 만점을 받았다.
② 을은 무에게 만점을 받았다.
③ 정은 무에게 만점을 주었다.
④ 병은 한 사람에게만 만점을 주었다.
⑤ 무는 두 사람에게 만점을 받았다.

기출 20' 5급㉯-가 | 난이도 ●○○

084 다음 글을 근거로 판단할 때 옳은 것은?

A국은 다음 5가지 사항을 반영하여 특허법을 제정하였다.

(1) 새로운 기술에 의한 발명을 한 사람에게 특허권이라는 독점권을 주는 제도와 정부가 금전적 보상을 해주는 보상제도 중, A국은 전자를 선택하였다.

(2) 특허권을 별도의 특허심사절차 없이 부여하는 방식과 신청에 의한 특허심사절차를 통해 부여하는 방식 중, A국은 후자를 선택하였다.

(3) 새로운 기술에 의한 발명인지를 판단하는 데 있어서 전세계에서의 새로운 기술을 기준으로 하는 것과 국내에서의 새로운 기술을 기준으로 하는 것 중, A국은 후자를 선택하였다.

(4) 특허권의 효력발생범위를 A국 영토 내로 한정하는 것과 A국 영토 밖으로 확대하는 것 중, A국은 전자를 선택하였다. 따라서 특허권이 부여된 발명을 A국 영토 내에서 특허권자의 허락없이 무단으로 제조·판매하는 행위를 금지하며, 이를 위반한 자에게는 손해배상의무를 부과한다.

(5) 특허권의 보호기간을 한정하는 방법과 한정하지 않는 방법 중, A국은 전자를 선택하였다. 그리고 그 보호기간은 특허권을 부여받은 날로부터 10년으로 한정하였다.

① A국에서 알려지지 않은 새로운 기술로 알코올램프를 발명한 자는 그 기술이 이미 다른 나라에서 널리 알려진 것이라도 A국에서 특허권을 부여받을 수 있다.

② A국에서 특허권을 부여받은 날로부터 11년이 지난 손전등을 제조·판매하기 위해서는 발명자로부터 허락을 받아야 한다.

③ A국에서 새로운 기술로 석유램프를 발명한 자는 A국 정부로부터 그 발명에 대해 금전적 보상을 받을 수 있다.

④ A국에서 새로운 기술로 필기구를 발명한 자는 특허심사절차를 밟지 않더라도 A국 내에서 다른 사람이 그 필기구를 무단으로 제조·판매하는 것을 금지시킬 수 있다.

⑤ A국에서 망원경에 대해 특허권을 부여받은 자는 다른 나라에서 그 망원경을 무단으로 제조 및 판매한 자로부터 A국 특허법에 따라 손해배상을 받을 수 있다.

기출 16' 5급㉯-6 | 난이도 ●●○

085 다음 글을 근거로 판단할 때, 〈사례〉에서 甲이 乙에게 지급을 청구하여 받을 수 있는 최대 손해배상액은?

채무자가 고의 또는 과실로 인하여 채무의 내용에 따른 이행을 하지 않으면 채권자는 채무자에게 손해배상을 청구할 수 있다. 채권자가 채무불이행을 이유로 채무자로부터 손해배상을 받으려면 손해의 발생사실과 손해액을 증명하여야 하는데, 증명의 어려움을 해소하기 위해 손해배상액을 예정하는 경우가 있다.

손해배상액의 예정은 장래의 채무불이행 시 지급해야 할 손해배상액을 사전에 정하는 약정을 말한다. 채권자와 채무자 사이에 손해배상액의 예정이 있으면 채권자는 실손해액과 상관없이 예정된 배상액을 청구할 수 있지만, 실손해액이 예정액을 초과하더라도 그 초과액을 배상받을 수 없다. 그리고 손해배상액을 예정한 사유가 아닌 다른 사유로 발생한 손해에 대해서는 손해배상액 예정의 효력이 미치지 않는다. 따라서 이로 인한 손해를 배상받으려면 별도로 손해의 발생사실과 손해액을 증명해야 한다.

사례

甲과 乙은 다음과 같은 공사도급계약을 체결하였다.

- 계약당사자: 甲(X건물 소유주) / 乙(건축업자)
- 계약내용: X건물의 리모델링
- 공사대금: 1억 원
- 공사기간: 2015. 10. 1.~2016. 3. 31.
- 손해배상액의 예정: 공사기간 내에 X건물의 리모델링을 완료하지 못할 경우, 지연기간 1일당 위 공사대금의 0.1 %를 乙이 甲에게 지급

그런데 乙의 과실로 인해 X건물 리모델링의 완료가 30일이 지연되었고, 이로 인해 甲은 500만 원의 손해를 입었다. 또한 乙이 고의로 불량자재를 사용하여 부실공사가 이루어졌고, 이로 인해 甲은 1,000만 원의 손해를 입었다. 甲은 각각의 손해발생사실과 손해액을 증명하여 乙에게 손해배상을 청구하였다.

① 500만 원
② 800만 원
③ 1,300만 원
④ 1,500만 원
⑤ 1,800만 원

기출 19' 5급ⓜ-나 | 난이도 ●●●

086 **다음 글과 〈상황〉을 근거로 판단할 때, 甲, 乙, 丙의 자동차 번호 끝자리 숫자의 합으로 가능한 최댓값은?**

- A사는 자동차 요일제를 시행하고 있으며, 각 요일별로 운행할 수 없는 자동차 번호 끝자리 숫자는 아래와 같다.

요일	월	화	수	목	금
숫자	1, 2	3, 4	5, 6	7, 8	9, 0

- 미세먼지 비상저감조치가 시행될 경우 A사는 자동차 요일제가 아닌 차량 홀짝제를 시행한다. 차량 홀짝제를 시행하는 날에는 시행일이 홀수이면 자동차 번호 끝자리 숫자가 홀수인 차량만 운행할 수 있고, 시행일이 짝수이면 자동차 번호 끝자리 숫자가 홀수가 아닌 차량만 운행할 수 있다.

상황

A사의 직원인 甲, 乙, 丙은 12일(월)부터 16일(금)까지 5일 모두 출근했고, 12일, 13일, 14일에는 미세먼지 비상저감조치가 시행되었다. 자동차 요일제와 차량 홀짝제로 인해 자동차를 운행할 수 없는 경우를 제외하면, 3명 모두 자신이 소유한 자동차로 출근을 했다. 다음은 甲, 乙, 丙이 16일에 출근한 후 나눈 대화이다.

- **甲**: 나는 12일에 내 자동차로 출근을 했어. 따져보니 이번 주에 총 4일이나 내 자동차로 출근했어.
- **乙**: 저는 이번 주에 이틀만 제 자동차로 출근했어요.
- **丙**: 나는 이번 주엔 13일, 15일, 16일만 내 자동차로 출근할 수 있었어.

※ 甲, 乙, 丙은 자동차를 각각 1대씩 소유하고 있다.

① 14 ② 16 ③ 18
④ 20 ⑤ 22

기출 21' 5급㉻-가 난이도 ●●●

087 다음 글과 〈상황〉을 근거로 판단할 때, 〈보기〉에서 옳은 것만을 모두 고르면?

제00조 ① 급식은 유아의 교육을 위하여 설립·운영되는 국립·공립·사립 유치원을 대상으로 실시한다.

② 제1항에도 불구하고 원아수 50명 미만의 사립 유치원은 급식 대상에서 제외한다. 다만 교육감이 필요하다고 인정하는 경우 급식 대상에 포함시킬 수 있다.

③ 교육감은 제2항에 따라 급식 대상에서 제외되는 유치원의 명칭과 주소를 매년 1월말까지 공시하여야 한다.

제00조 ① 유치원에 두는 영양교사의 배치기준은 다음 각 호와 같다.

1. 급식을 실시할 유치원에는 영양교사 1명을 둔다.
2. 제1호에도 불구하고 같은 교육지원청의 관할구역에 있는 원아수 각 200명 미만인 유치원은 2개 이내의 유치원에 순회 또는 공동으로 영양교사를 둘 수 있다.

② 교육감은 급식을 위한 시설과 설비를 갖춘 유치원 중 원아수 100명 미만의 유치원에 대하여 영양관리, 식생활 지도 등의 업무를 지원하기 위하여 교육지원청에 전담직원을 둘 수 있다. 이 경우 교육지원청의 지원을 받는 유치원에는 영양교사를 둔 것으로 본다.

상황

• 현재 유치원 현황은 다음과 같다.

유치원	분류	원아수	관할 교육지원청
A	공립	223	甲
B	사립	152	乙
C	사립	123	乙
D	사립	74	丙
E	공립	46	丙

보기

ㄱ. A유치원은 급식을 실시하기 위하여 영양교사 1명을 배치해야 한다.

ㄴ. B유치원과 C유치원은 공동으로 영양교사 1명을 배치할 수 있다.

ㄷ. 급식을 위한 시설과 설비를 갖춘 D유치원이 丙교육지원청의 전담직원을 통하여 영양관리, 식생활 지도 등의 업무를 지원받고 있다면, D유치원은 영양교사를 둔 것으로 본다.

ㄹ. E유치원은 급식 대상에서 제외되는 유치원으로 그 명칭과 주소가 매년 1월말까지 공시되어야 한다.

① ㄱ, ㄴ ② ㄱ, ㄹ ③ ㄷ, ㄹ
④ ㄱ, ㄴ, ㄷ ⑤ ㄴ, ㄷ, ㄹ

기출 21' 5급㉻-가 | 난이도 ●○○

088 다음 글을 근거로 판단할 때, 〈보기〉에서 옳은 것만을 모두 고르면?

- 3개의 과일상자가 있다.
- 하나의 상자에는 사과만 담겨 있고, 다른 하나의 상자에는 배만 담겨 있으며, 나머지 하나의 상자에는 사과와 배가 섞여 담겨 있다.
- 각 상자에는 '사과 상자', '배 상자', '사과와 배 상자'라는 이름표가 붙어 있다.
- 이름표대로 내용물(과일)이 들어 있는 상자는 없다.
- 상자 중 하나에서 한 개의 과일을 꺼내어 확인할 수 있다.

〈보기〉

ㄱ. '사과와 배 상자'에서 과일 하나를 꺼내어 확인한 결과 사과라면, '사과 상자'에는 배만 들어 있다.
ㄴ. '배 상자'에서 과일 하나를 꺼내어 확인한 결과 배라면, '사과 상자'에는 사과와 배가 들어 있다.
ㄷ. '사과 상자'에서 과일 하나를 꺼내어 확인한 결과 배라면, '배 상자'에는 사과만 들어 있다.

① ㄱ ② ㄴ ③ ㄱ, ㄷ
④ ㄴ, ㄷ ⑤ ㄱ, ㄴ, ㄷ

089 다음 〈조건〉과 〈상황〉을 근거로 판단할 때, 甲이 향후 1년 간 자동차를 유지하는 데 소요될 총 비용은?

조건

1. 자동차 유지비는 연 감가상각비, 연 자동차 보험료, 연 주유비용으로 구성되며 그 외의 비용은 고려하지 않는다.
2. 연 감가상각비 계산 공식
   연 감가상각비 = (자동차 구매비용−운행가능기간 종료 시 잔존가치) ÷ 운행가능기간(년)
3. 연 자동차 보험료

(단위: 만 원)

구 분			차 종		
			소형차	중형차	대형차
보험 가입시	운전경력	1년 미만	120	150	200
		1년 이상 2년 미만	110	135	180
		2년 이상 3년 미만	100	120	160
		3년 이상	90	105	140

※ 차량 구매 시 보험 가입은 필수이며 1년 단위로 가입
※ 보험 가입 시 해당 차량에 블랙박스가 설치되어 있으면 보험료 10 % 할인

4. 주유비용
   1리터당 10 km를 운행할 수 있으며, 리터당 비용은 연중 내내 1,500원이다.

상황

- 甲은 1,000만 원에 중형차 1대를 구입하여 바로 운행을 시작하였다.
- 차는 10년 동안 운행가능하며, 운행가능기간 종료 시 잔존가치는 100만 원이다.
- 자동차 보험 가입 시, 甲의 운전 경력은 2년 6개월이며 차에는 블랙박스가 설치되어 있다.
- 甲은 매달 500 km씩 차를 운행한다.

① 192만 원　② 288만 원　③ 298만 원
④ 300만 원　⑤ 330만 원

기출 17' 5급㉯-라 난이도 ●●○

090 **다음 <상황>을 근거로 판단할 때, 짜장면 1그릇의 가격은?**

• 상황 •

- A중식당의 각 테이블별 주문 내역과 그 총액은 아래 <표>와 같다.
- 각 테이블에서는 음식을 주문 내역별로 1그릇씩 주문하였다.

<표>

테이블	주문 내역	총액(원)
1	짜장면, 탕수육	17,000
2	짬뽕, 깐풍기	20,000
3	짜장면, 볶음밥	14,000
4	짬뽕, 탕수육	18,000
5	볶음밥, 깐풍기	21,000

① 4,000원 ② 5,000원 ③ 6,000원
④ 7,000원 ⑤ 8,000원

Day 3 Self Check List

	오답 수	무응답 수	풀이시간(분)
1회독	/ 30	/ 30	/ 60(분)
2회독	/ 30	/ 30	/ 45(분)
3회독	/ 30	/ 30	/ 35(분)

정답 및 해설 91p

독끝 4일차 (091~120)

난이도별 구성

●○○	18문항
●●○	10문항
●●●	2문항

본 문항은 PSAT 상황판단 영역 기출 문항으로 구성되며, 기출 표기에 따른 시험 종류는 아래와 같습니다. (표기 상 맨 끝은 '책형' 입니다.)
㉠ – 민간경력자 일괄채용시험 / ㉡ – 공개경쟁채용시험(행정)

4일차 일일연습

Set ❶

다음 문장을 논리기호로 표현한 것이 맞으면 O, 틀리면 X로 표시하세요.

(1) F는 경영지원팀이 아니고, G는 행정팀이다. ▶ {(F) → ~(경영지원)} ∨ {(G) → (행정)}
(2) 어떤 작가는 인문학 전공이 아니다. ▶ (작가) ∧ ~(인문학전공)
(3) B와 C가 모두 거짓이면, A는 진실이다. ▶ (~B∧~C) → A ⇔ ~A → (B∨C)
(4) 민수와 진호가 모두 찬성했다면, 승철이는 찬성하지 않는다. ▶ {(민수) ∧ (진호)} → ~(승철) ⇔ (승철) → {~(민수) ∧ ~(진호)}

Set ❷

표의 빈 칸에 들어갈 것을 구하시오. (참, 거짓)

a	b	a → b	b → a
거짓	거짓	참	참
참	(1)	거짓	(2)
거짓	참	(3)	거짓
참	(4)	참	참

Set ❸

아래〈조건〉을 확인 후, 각 질문에 답하시오.

〈조건〉 사과 38개를 3개씩 들어가는 봉투 또는 4개씩 들어가는 상자에 각각 가득 채워 담아 선물하려 한다. 선물을 받는 사람에게는 봉투 또는 상자 하나만 선물할 수 있다.

(1) 가장 적은 수의 사람에게 사과를 선물한다면 몇 명이 받게 되는가?
(2) 위 (1)의 경우, 상자는 몇 개가 필요한가?
(3) 봉투와 상자의 개수를 최대한 비슷하게 맞춘다면, 몇 명이 받게 되는가?
(4) 위 (3)의 경우, 봉투는 몇 개가 필요한가?

	Set ❶	Set ❷	Set ❸
(1)	X	거짓	9명
(2)	O	참	9개
(3)	O	참	11명
(4)	X	참	6개

※ 참고사항

문장	논리기호
p이다.	p
p가 아니다.	~p
• 모든 p는 q이다. • p이면 q이다.	p → q
• 어떤 p는 q이다. • p이면서 q이다. • p그리고 q이다.	p ∧ q
• p이거나 q이다. • p 또는 q이다.	p ∨ q
• 'p또는 q'가 아니다. • p도 아니고 q도 아니다.	~(p ∨ q)

• "⇔" : 필요충분조건 또는 동치를 나타내는 논리기호
• 연언명제 (p ∧ q) : 모두 참일때만 참
• 선언명제 (p ∨ q) : 모두 거짓일 때만 거짓
• 가언명제 (p → q) : 전건이 참, 후건이 거짓일 때만 거짓

	맞은 개수	풀이 시간
Set ❶	/ 4	(초)
Set ❷	/ 4	(초)
Set ❸	/ 4	(초)
합계	/ 12	(초)

* 다음의 회독수 별 권장풀이시간에 맞춰 문제풀이 후, Day 4 끝의 [Self Check List]를 기입하여 부족한 부분을 파악하세요!

권장 풀이 시간: 1회독 60 min / 2회독 45 min / 3회독 35 min

난이도 ●○○

091 ○○식품회사에서 직장인 100명을 대상으로 기호식품을 조사한 결과 아래의 명제가 성립할 때, 다음 중 거짓인 것은?

명제

㉠ 파스타를 좋아하면 된장찌개를 좋아하지 않는다.
㉡ 피자를 좋아하면 파스타를 좋아한다.
㉢ 닭볶음탕을 좋아하면 된장찌개를 좋아한다.
㉣ 짜장면을 좋아하지 않으면 닭볶음탕을 좋아한다.

① 피자를 좋아하면 짜장면을 좋아한다.
② 짜장면을 좋아하지 않으면 된장찌개를 좋아한다.
③ 닭볶음탕을 좋아하면 피자도 좋아한다.
④ 된장찌개를 좋아하지 않으면 짜장면을 좋아한다.
⑤ 파스타를 좋아하면 닭볶음탕을 싫어한다.

난이도 ●○○

092 다음 [결론]이 참이 되는 [전제1]로 가장 적절한 것은?

- [전제1] (　　　　　　　　　　　　　　)
- [전제2] 결혼을 한 모든 직원은 A대학을 졸업하지 않았다.
- [결 론] 따라서 결혼을 한 직원 중에 K회사 인턴을 했던 직원은 없다.

① K회사 인턴을 했던 직원 중에 A대학을 졸업하지 않은 직원도 있다.
② K회사 인턴을 했던 어떤 직원은 A대학을 졸업했다.
③ K회사 인턴을 했던 모든 직원은 A대학을 졸업했다.
④ K회사 인턴을 하지 않았던 어떤 직원은 A대학을 졸업했다.
⑤ A대학을 졸업한 어떤 직원은 결혼을 하지 않았다.

난이도 ●●○

093 다음 글의 내용과 부합하는 것은?

A 나라는 B 나라의 북쪽에 있으며, A 나라에는 일곱 개의 소도시가 형성되어 있다. 이들 일곱 개 소도시의 면적은 동일하지만 인구는 각자 다르다. 가장 인구가 많은 소도시인 '갑'은 B 나라에 접해 있고, 그 다음으로 많은 '을'은 '갑'의 북쪽에 있다. 세 번째로 인구가 많은 '병'은 '을'의 북동쪽에 있고, 네 번째로 많은 '정'은 '을'의 동쪽에 있다. 다섯 번째로 인구가 많은 '무'는 '정'의 동쪽에 있고, 여섯 번째로 많은 '기'는 '병'의 북서쪽에 있으며, 가장 인구가 적은 '경'은 '갑'의 동쪽에 있다.

① '을'은 '무'의 서쪽에 있다.
② '기'는 '경'의 동쪽에 있다.
③ '경'은 '정'의 북쪽에 있다.
④ '병'은 '갑'의 북서쪽에 있다.
⑤ '병'은 B 나라에 인접해 있다.

기출 18' 5급㉤-가 | 난이도 ●○○

094 **다음 글을 근거로 판단할 때, 〈보기〉에서 옳은 것만을 모두 고르면?**

1부터 5까지 숫자가 하나씩 적힌 5장의 카드와 3개의 구역이 있는 다트판이 있다. 甲과 乙은 다음 방법에 따라 점수를 얻는 게임을 하기로 했다.

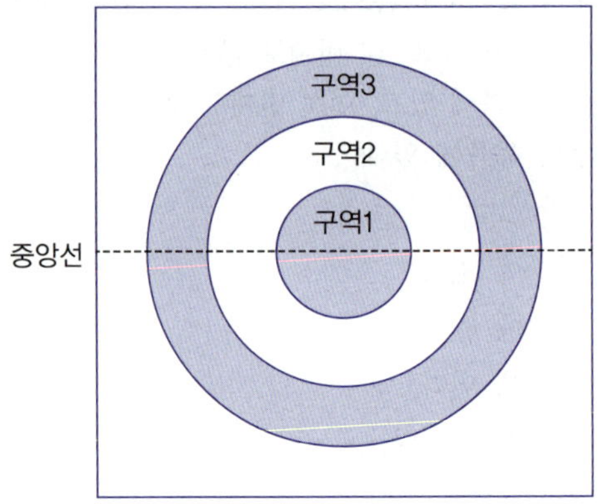

- 우선 5장의 카드 중 1장을 임의로 뽑고, 그 후 다트를 1차 시기와 2차 시기에 각 1번씩 총 2번 던진다.
- 뽑힌 카드에 적혀 있는 숫자가 '카드점수'가 되며 점수를 얻는 방법은 다음과 같다.

1차 시기 점수 산정 방법
- 다트가 구역1에 꽂힐 경우: 카드점수 × 3
- 다트가 구역2에 꽂힐 경우: 카드점수 × 2
- 다트가 구역3에 꽂힐 경우: 카드점수 × 1
- 다트가 그 외 영역에 꽂힐 경우: 카드점수 × 0

2차 시기 점수 산정 방법
- 다트가 다트판의 중앙선 위쪽에 꽂힐 경우: 2점
- 다트가 다트판의 중앙선 아래쪽에 꽂힐 경우: 0점

최종점수 산정 방법
- 최종점수: 1차 시기 점수 + 2차 시기 점수

※ 다트판의 선에 꽂히는 경우 등 그 외 조건은 고려하지 않는다.

보기

ㄱ. 甲이 짝수가 적힌 카드를 뽑았다면, 최종점수는 홀수가 될 수 없다.
ㄴ. 甲이 숫자 2가 적힌 카드를 뽑았다면, 가능한 최종점수는 8가지이다.
ㄷ. 甲이 숫자 4가 적힌 카드를, 乙이 숫자 2가 적힌 카드를 뽑았다면, 가능한 甲의 최종점수 최댓값과 乙의 최종점수 최솟값의 차이는 14점이다.

① ㄱ　② ㄷ　③ ㄱ, ㄴ
④ ㄱ, ㄷ　⑤ ㄴ, ㄷ

095 다음 글과 <상황>을 근거로 판단할 때 옳은 것은?

K국의 현행법상 상속인으로는 혈족상속인과 배우자상속인이 있다. 제1순위 상속인은 피상속인의 직계비속이며, 직계비속이 없는 경우 직계존속이 상속인이 된다. 태아는 사산되어 출생하지 못한 경우를 제외하고 상속인이 된다. 배우자는 직계비속과 동순위로 공동상속인이 되고, 직계비속이 없는 경우에 피상속인의 직계존속과 공동상속인이 되며, 피상속인에게 직계비속과 직계존속이 없으면 단독상속인이 된다. 현행 상속분 규정은 상속재산을 배우자에게 직계존속·직계비속보다 50%를 더 주도록 정하고 있다. 예를 들어 상속인이 배우자(X)와 2명의 자녀(Y, Z)라면, '1.5(X) : 1(Y) : 1(Z)'의 비율로 상속이 이루어진다.

그런데 K국에서는 부부의 공동재산 기여분을 보장하기 위한 차원에서 상속법 개정을 추진하고 있다. '개정안'은 상속재산의 절반을 배우자에게 우선 배분하고, 나머지 절반은 현행 규정대로 배분하는 내용을 골자로 한다. 즉, 피상속인이 사망하였을 경우 상속재산의 50%를 그 배우자에게 먼저 배분하고, 이를 제외한 나머지 50%에 대해서는 다시 현행법상의 비율대로 상속이 이루어진다.

• 상황 •

甲은 심장마비로 갑자기 사망하였다. 甲의 유족으로는 어머니 A, 배우자 B, 아들 C, 딸 D가 있고, B는 현재 태아 E를 임신 중이다. 甲은 9억 원의 상속재산을 남겼다.

① 현행법에 의하면, E가 출생한 경우 B는 30% 이하의 상속분을 갖게 된다.
② 개정안에 의하면, E가 출생한 경우 B는 6억 원을 상속받게 된다.
③ 현행법에 의하면, E가 사산된 경우 B는 3억 원을 상속받게 된다.
④ 개정안에 의하면, E가 사산된 경우 B는 4억 원을 상속받게 된다.
⑤ 개정안에 의하면, E의 사산여부에 관계없이 B가 상속받게 되는 금액은 현행법에 의할 때보다 50% 증가한다.

기출 19' 5급㉯-나 | 난이도 ●●●

096 다음 글을 근거로 판단할 때, 방에 출입한 사람의 순서는?

방에는 1부터 6까지의 번호가 각각 적힌 6개의 전구가 다음과 같이 놓여있다.

왼쪽 ← → 오른쪽

전구 번호	1	2	3	4	5	6
상태	켜짐	켜짐	켜짐	꺼짐	꺼짐	꺼짐

총 3명(A~C)이 각각 한 번씩 홀로 방에 들어가 자신이 정한 규칙에 의해서만 전구를 켜거나 끄고 나왔다.

- A는 번호가 3의 배수인 전구가 켜진 상태라면 그 전구를 끄고, 꺼진 상태라면 그대로 둔다.
- B는 번호가 2의 배수인 전구가 켜진 상태라면 그 전구를 끄고, 꺼진 상태라면 그 전구를 켠다.
- C는 3번 전구는 그대로 두고, 3번 전구를 기준으로 왼쪽과 오른쪽 중 켜진 전구의 개수가 많은 쪽의 전구를 전부 끈다. 다만 켜진 전구의 개수가 같다면 양쪽에 켜진 전구를 모두 끈다.

마지막 사람이 방에서 나왔을 때, 방의 전구는 모두 꺼져 있었다.

① A − B − C
② A − C − B
③ B − A − C
④ B − C − A
⑤ C − B − A

097 다음 글을 근거로 판단할 때, 규칙 위반에 해당하는 것은?

〈드론 비행 안전 규칙〉

드론을 비행하려면 다음 요건을 갖추어야 한다.

구 분		기체 검사	비행 승인	사업 등록	구 분		장치 신고	조종 자격
이륙중량 25 kg 초과	사업자	○	○	○	자체중량 12 kg 초과	사업자	○	○
	비사업자	○	○	×		비사업자	○	×
이륙중량 25 kg 이하	사업자	×	△	○	자체중량 12 kg 이하	사업자	○	×
	비사업자	×	△	×		비사업자	×	×

※ ○: 필요, ×: 불필요
△: 공항 또는 비행장 중심 반경 5 km 이내에서는 필요

① 비사업자인 甲은 이륙중량 20 kg, 자체중량 10 kg인 드론을 공항 중심으로부터 10 km 떨어진 지역에서 비행승인 없이 비행하였다.

② 비사업자인 乙은 이륙중량 30 kg, 자체중량 10 kg인 드론을 기체검사, 비행승인을 받아 비행하였다.

③ 사업자인 丙은 이륙중량 25 kg, 자체중량 12 kg인 드론을 사업등록, 장치신고를 하고 비행승인 없이 비행장 중심으로부터 4 km 떨어진 지역에서 비행하였다.

④ 사업자인 丁은 이륙중량 30 kg, 자체중량 20 kg인 드론을 기체검사, 사업등록, 장치신고, 조종자격을 갖추고 비행승인을 받아 비행하였다.

⑤ 사업자인 戊는 이륙중량 20 kg, 자체중량 13 kg인 드론을 사업등록, 장치신고, 조종자격을 갖추고 비행승인 없이 비행장 중심으로부터 20 km 떨어진 지역에서 비행하였다.

기출 21' 5급㉻-가 | 난이도 ●○○

098 **다음 글과 〈대화〉를 근거로 판단할 때, 인영이가 현장답사 대상으로 선정한 기업은?**

- 인영은 기업 현장답사 계획안을 작성해야 한다.
- 현장답사 할 기업을 먼저 선정해야 하는데, 기업 후보를 5개 받았으며 이 가운데에서 한 기업을 골라야 한다. 현장답사 후보 기업 관련 정보는 다음과 같다.

기업	업종	직원수	실내/실외 여부	근접역 유무 및 역과의 거리
A	제조	80명	실외	있음, 20 km
B	서비스	500명	실내	있음, 10 km
C	서비스	70명	실외	있음, 12 km
D	서비스	100명	실내	없음
E	제조	200명	실내	있음, 8 km

- 인영은 서연에게 도움을 요청했고, 다음 〈대화〉를 바탕으로 현장답사 대상 기업을 선정하였다.

〈대화〉

인영: 서연아, 예전에 기업 현장답사 계획한 적 있었지? 나도 이번에 계획안을 작성해야 하는데, 현장답사 기업을 선정할 때 어떤 업종이 좋을까?

서연: 응, 했었지. 얼마 전 있었던 현장답사 기업이 제조기업이었으니, 이번에는 서비스기업에 가는 것이 좋겠어.

인영: 그렇구나, 기업의 위치는 어떤 곳이 좋을까?

서연: 아무래도 일정이 바쁜 사람이 많을 테니 근접역과의 거리가 15 km 이내면 좋겠어. 그리고 기업의 규모도 중요할텐데, 관련한 조건은 없었어?

인영: 그러고 보니 이번에는 직원수가 100명 이하인 곳이어야 해. 그런데 근접역이 없으면 아예 답사 대상에서 제외되는 거야?

서연: 아니야. 근접역이 없을 때는 차량지원이 나오기 때문에 답사 대상으로 선정 가능해.

인영: 그렇구나, 또 고려해야 할 것은 없어?

서연: 답사 예정 날짜를 보니 비 예보가 있네. 그러면 실외는 안 되겠다.

① A ② B ③ C
④ D ⑤ E

099 **다음 글과 〈필요 물품 목록〉을 근거로 판단할 때, ○○부 아동방과후교육 사업에서 허용되는 사업비 지출품목만을 모두 고르면?**

> ○○부는 아동방과후교육 사업을 운영하고 있다. 원칙적으로 사업비는 사용목적이 '사업 운영'인 경우에만 지출할 수 있다. 다만 다음 중 어느 하나에 해당하면 예외적으로 허용된다. 첫째, 품목당 단가가 10만 원 이하로 사용목적이 '서비스 제공'인 경우에 지출할 수 있다. 둘째, 사용연한이 1년 이내인 경우에 지출할 수 있다.

〈필요 물품 목록〉

품목	단가(원)	사용목적	사용연한
인형탈	120,000	사업 운영	2년
프로그램 대여	300,000	보고서 작성	6개월
의자	110,000	서비스 제공	5년
컴퓨터	950,000	서비스 제공	3년
클리어파일	500	상담일지 보관	2년
블라인드	99,000	서비스 제공	5년

① 프로그램 대여, 의자
② 컴퓨터, 클리어파일
③ 클리어파일, 블라인드
④ 인형탈, 프로그램 대여, 블라인드
⑤ 인형탈, 의자, 컴퓨터

기출 14' 5급㉢-C 난이도 ●●○

100 다음 <기준>과 <현황>을 근거로 판단할 때, 지방자치단체 A~D 중 중점관리대상만을 모두 고르면?

기준

• 지방재정위기 사전경보지표

(단위: %)

경보 구분 \ 지표	통합재정 수지적자 비율	예산대비 채무비율	채무 상환비 비율	지방세 징수액 비율	금고잔액 비율	공기업 부채비율
주의	25 초과 50 이하	25 초과 50 이하	12 초과 25 이하	25 이상 50 미만	10 이상 20 미만	400 초과 600 이하
심각	50 초과	50 초과	25 초과	25 미만	10 미만	600 초과

• 중점관리대상 지방자치단체 지정기준
  – 6개의 사전경보지표 중 '심각'이 2개 이상이면 중점관리대상으로 지정
  – '주의' 2개는 '심각' 1개로 간주

현황

(단위: %)

지방 자치단체 \ 지표	통합재정 수지적자 비율	예산대비 채무비율	채무 상환비 비율	지방세 징수액 비율	금고잔액 비율	공기업 부채비율
A	30	20	15	60	30	250
B	40	30	10	40	15	350
C	15	20	6	45	17	650
D	60	30	30	55	25	150

① A, C　　② A, D　　③ B, C
④ B, D　　⑤ B, C, D

난이도 ●○○

101 ○○리조트 1층에서는 돌림판 경품행사가 진행중이다. 이 돌림판은 4분할로 되어 있으며 각 분할에는 2장의 상품권이 경품으로 들어있다. 조식식사권 4장과 수영장입장권 4장을 다음의 〈조건〉을 반영하여 돌림판에 분배할 때, 항상 옳은 것은?

> **조건**
>
> ㉠ 돌림판의 각 분할의 색은 모두 다르며, 흰색, 검정색, 빨간색, 파란색 중 하나이다.
> ㉡ 각 상품권은 1인용과 2인용이 각각 2장씩 구성되어 있다.
> ㉢ 흰색 분할에는 수영장입장권이 경품으로 들어있지 않다.
> ㉣ 검정색과 빨간색 분할에는 2인용 상품권이 경품으로 들어있지 않다.
> ㉤ 검정색과 빨간색 분할의 경품 구성은 동일하다.

① 흰색 분할에는 1인용 상품권이 경품으로 들어있다.
② 파란색 분할에는 1인용 상품권이 경품으로 들어있다.
③ 검정색 분할에는 조식식사권이 경품으로 들어있지 않다.
④ 빨간색 분할에는 수영장입장권이 경품으로 들어있지 않다.
⑤ 파란색 분할에는 수영장입장권이 경품으로 들어있다.

난이도 ●○○

102 다음 [결론]을 참으로 하는 [전제2]로 가장 적절한 것은?

> • [전제1] 어떤 변리사는 약학대학을 졸업했다.
> • [전제2] (   )
> • [결 론] 어떤 변리사는 물리학 과목을 이수했다.

① 약학대학을 졸업한 어떤 사람은 변리사이다.
② 약학대학을 졸업한 모든 사람은 물리학 과목을 이수했다.
③ 물리학 과목을 이수한 모든 사람은 약학대학을 졸업했다.
④ 물리학 과목을 이수한 어떤 사람은 약학대학을 졸업했다.
⑤ 약학대학을 졸업한 어떤 사람은 물리학 과목을 이수했다.

난이도 ●●○

103 **다음의 상담 순서에 따라 A, B, C, D, E, F가 대학 입시 상담을 하게 된다. 이때, 두 번째 순서에 상담할 수 있는 학생을 모두 고르면?**

> 한 번에 오직 한 명의 학생만 상담을 할 수 있고, 이들은 각각 한 번만 상담하게 된다. 상담 순서는 다음의 규칙을 따라 정해진다.
> - A는 B 다음의 어느 순서에 상담한다.
> - D는 C 다음의 어느 순서에 상담한다.
> - E는 C 보다 먼저 상담하며 E와 C 사이에는 두 명의 학생이 상담한다.
> - B는 첫 번째 또는 세 번째 순서에 상담한다.

① E ② F ③ A, F
④ E, F ⑤ A, E, F

기출 16' 5급㉤-6 난이도 ●○○

104 **다음 글을 근거로 판단할 때, A에 해당하는 숫자는?**

> - △△원자력발전소에서 매년 사용후핵연료봉(이하 '폐연료봉'이라 한다)이 50,000개씩 발생하고, 이를 저장하기 위해 발전소 부지 내 2가지 방식(습식과 건식)의 임시저장소를 운영
>   1. 습식저장소
>   원전 내 저장수조에서 물을 이용하여 폐연료봉의 열을 냉각시키고 방사선을 차폐하는 저장방식으로 총 100,000개의 폐연료봉 저장 가능
>   2. 건식저장소
>   – X 저장소: 원통형의 커다란 금속 캔에 폐연료봉을 저장하는 방식으로 총 300기의 캐니스터로 구성되고, 한 기의 캐니스터는 9층으로 이루어져 있으며, 한 개의 층에 60개의 폐연료봉 저장 가능
>   – Y 저장소: 기체로 열을 냉각시키고 직사각형의 콘크리트 내에 저장함으로써 방사선을 차폐하는 저장방식으로 이 방식을 이용하여 저장소 내에 총 138,000개의 폐연료봉 저장 가능
> - 현재 습식저장소는 1개로 저장용량의 50 %가 채워져 있고, 건식저장소 X, Y는 각각 1개로 모두 비어 있는 상황
> - 따라서 발생하는 폐연료봉의 양이 항상 일정하다고 가정하면, △△원자력발전소에서 최대 (A)년 동안 발생하는 폐연료봉을 현재의 임시저장소에 저장 가능

① 3 ② 4 ③ 5
④ 6 ⑤ 7

기출 16' 5급ⓜ-6 난이도 ●●○

105 다음 글과 〈상황〉을 근거로 판단할 때, 甲이 둘째 딸에게 물려주려는 땅의 크기는?

> 한 도형이 다른 도형과 접할 때, 안쪽에서 접하는 것을 내접, 바깥쪽에서 접하는 것을 외접이라고 한다. 이를테면 한 개의 원이 다각형의 모든 변에 접할 때, 그 다각형은 원에 외접한다고 하며 원은 다각형에 내접한다고 한다. 한편 원이 한 다각형의 각 꼭짓점을 모두 지날 때 그 원은 다각형에 외접한다고 하며, 다각형은 원에 내접한다고 한다. 정다각형은 반드시 내접원과 외접원을 가지게 된다.

상황

> 甲은 죽기 전 자신이 가진 가로와 세로가 각각 100 m인 정사각형의 땅을 다음과 같이 나누어 주겠다는 유서를 작성하였다.
> "내 전 재산인 정사각형의 땅에 내접하는 원을 그리고, 다시 그 원에 내접하는 정사각형을 그린다. 그 내접하는 정사각형에 해당하는 땅을 첫째 딸에게 주고, 나머지 부분은 둘째 딸에게 물려준다."

① 4,000 m^2 ② 5,000 m^2 ③ 6,000 m^2
④ 7,000 m^2 ⑤ 8,000 m^2

기출 19' 5급ⓜ-나 난이도 ●●●

106 다음 〈상황〉과 〈대화〉를 근거로 판단할 때 6월생은?

상황

> • 같은 해에 태어난 5명(지나, 정선, 혜명, 민경, 효인)은 각자 자신의 생일을 알고 있다.
> • 5명은 자신을 제외한 나머지 4명의 생일이 언제인지는 모르지만, 3월생이 2명, 6월생이 1명, 9월생이 2명이라는 사실은 알고 있다.
> • 아래 〈대화〉는 5명이 한 자리에 모여 나눈 대화를 순서대로 기록한 것이다.
> • 5명은 〈대화〉의 진행에 따라 상황을 논리적으로 판단하고, 솔직하게 대답한다.

대화

> **민경**: 지나야, 네 생일이 5명 중에서 제일 빠르니?
> **지나**: 그럴 수도 있지만 확실히는 모르겠어.
> **정선**: 혜명아, 네가 지나보다 생일이 빠르니?
> **혜명**: 그럴 수도 있지만 확실히는 모르겠어.
> **지나**: 민경아, 넌 정선이가 몇 월생인지 알겠니?
> **민경**: 아니, 모르겠어.
> **혜명**: 효인아, 넌 민경이보다 생일이 빠르니?
> **효인**: 그럴 수도 있지만 확실히는 모르겠어.

① 지나 ② 정선 ③ 혜명
④ 민경 ⑤ 효인

기출 20' 5급(행)-라 난이도 ●○○

107 **다음 글을 근거로 판단할 때, 〈보기〉에서 옳은 것만을 모두 고르면?**

甲국은 출산장려를 위한 경제적 지원 정책으로 다음과 같은 세 가지 안(A~C)을 고려 중이다.

- A안: 18세 이하의 자녀가 있는 가정에 수당을 매월 지급하되, 자녀가 둘 이상인 경우에 한한다. 18세 이하의 자녀에 대해서 첫째와 둘째는 각각 15만 원, 셋째는 30만 원, 넷째부터는 45만 원씩의 수당을 해당 가정에 지급한다.
- B안: 18세 이하의 자녀가 있는 가정에 수당을 매월 지급한다. 다만 자녀가 18세를 초과하더라도 재학 중인 경우에는 24세까지 수당을 지급한다. 첫째와 둘째는 각각 20만 원, 셋째는 22만 원, 넷째부터는 25만 원씩의 수당을 해당 가정에 지급한다.
- C안: 자녀가 중학교를 졸업할 때(상한 연령 16세)까지만 해당 가정에 수당을 매월 지급한다. 우선 3세 미만의 자녀가 있는 가정에는 3세 미만의 자녀 1명 당 10만 원을 지급한다. 3세부터 초등학교를 졸업할 때까지는 첫째와 둘째는 각각 8만 원, 셋째부터는 10만 원씩 해당 가정에 지급한다. 중학생 자녀의 경우, 일률적으로 1명 당 8만 원씩 해당 가정에 지급한다.

〈보기〉

ㄱ. 18세 이하 자녀 3명만 있는 가정의 경우, 지급받는 월 수당액은 A안보다 B안을 적용할 때 더 많다.
ㄴ. A안을 적용할 때 자녀가 18세 이하 1명만 있는 가정은 월 15만 원을 수당으로 지급받는다.
ㄷ. C안의 수당을 50 % 증액하더라도 중학생 자녀 2명(14세, 15세)만 있는 가정은 A안보다 C안을 적용할 때 더 적은 월 수당을 지급받는다.
ㄹ. C안을 적용할 때 한 자녀에 대해 지급되는 월 수당액은 그 자녀가 성장하면서 지속적으로 증가하는 특징이 있다.

① ㄱ, ㄷ
② ㄱ, ㄹ
③ ㄴ, ㄹ
④ ㄱ, ㄴ, ㄷ
⑤ ㄴ, ㄷ, ㄹ

기출 20' 5급㉻-라 난이도 ●○○

108 **다음 글을 근거로 판단할 때, 창렬이가 결제할 최소 금액은?**

• 창렬이는 이번 달에 인터넷 면세점에서 가방, 영양제, 목베개를 각 1개씩 구매한다. 각 물품의 정가와 이번 달 개별 물품의 할인율은 다음과 같다.

구분	정가(달러)	이번 달 할인율(%)
가방	150	10
영양제	100	30
목베개	50	10

• 이번 달 개별 물품의 할인율은 자동 적용된다.
• 이번 달 구매하는 모든 물품의 결제 금액에 대해 20 %를 일괄적으로 할인받는 '이달의 할인 쿠폰'을 사용할 수 있다.
• 이번 달은 쇼핑 행사가 열려, 결제해야 할 금액이 200달러를 초과할 때 '20,000원 추가 할인 쿠폰'을 사용할 수 있다.
• 할인은 '개별 물품 할인→이달의 할인 쿠폰→20,000원 추가 할인 쿠폰' 순서로 적용된다.
• 환율은 1달러 당 1,000원이다.

① 180,000원 ② 189,000원 ③ 196,000원
④ 200,000원 ⑤ 210,000원

기출 13' 5급(민)-인 난이도 ●○○

109 다음 〈축제 안내문〉과 〈조건〉을 근거로 판단할 때, 甲이 공연을 볼 수 있는 최대 일수는?

축제 안내문

- **공연장소:** A도시 예술의 전당
- **축제기간:** 4월 1일부터 4월 14일까지
- **공연시간:** 오후 7시(공연 시작 이후 공연장 입장은 불가합니다)
- **참고사항:** 모든 곡은 〈작품별 공연개시일〉에 표시된 날부터 연속하여 총 3일 동안 공연되고, 브루크너의 곡은 하루만 공연됩니다.

〈작품별 공연개시일〉

4/1(월)	4/2(화)	4/3(수)	4/4(목)	4/5(금)	4/6(토)	4/7(일)
• 드보르작 – 교향곡 제9번	• 쇼팽 – 즉흥 환상곡	• 브람스 – 바이올린 협주곡	• 파가니니 – 바이올린 협주곡 제1번	• 시벨리우스 – 교향시 〈핀란디아〉 서곡	• 바흐 – 요한수난곡	• 브람스 – 교향곡 제3번
• 베르디 – 리골레토 서곡	• 드보르작 – 교향곡 제8번	• 생상스 – 교향곡 제1번	• 베토벤 – 전원 교향곡	• 닐센 – 오페라 〈사울과 다윗〉	• 베를리오즈 – 환상 교향곡	• 멘델스존 – 엘리야

4/8(월)	4/9(화)	4/10(수)	4/11(목)	4/12(금)	4/13(토)	4/14(일)
• 베를리오즈 – 로마의 카니발 서곡	• 비발디 – 사계 중 봄	• 슈만 – 사육제	• 브람스 – 교향곡 제11번	• 바흐 – 브란덴브르크 협주곡	• 브루크너 – 교향곡 제6번	• 브루크너 – 교향곡 제9번
• 라벨 – 볼레로	• 바그너 – 탄호이저 서곡	• 브람스 – 교향곡 제2번	• 헨델 – 스페인 칸타타	• 쇼팽 – 야상곡	• 브루크너 – 교향곡 제3번	

조건

- 甲은 매주 토요일 오후 2시에 B도시를 출발하여 주말을 A도시에서 보내고, 월요일 아침에 B도시로 돌아간다.
- 甲은 레슨이 있는 날을 제외하고 평일에는 B도시에서 오전 9시부터 오후 6시까지 수업을 듣는다.
- 레슨은 A도시에서 매주 수요일 오후 2시에 시작하여 오후 6시에 종료된다.
- 레슨 장소에서 예술의 전당까지 이동시간은 30분이며, B도시에서 예술의 전당까지 이동시간은 3시간이다.
- 甲은 베토벤 또는 브람스의 곡이 최소한 1곡이라도 공연되는 날짜에만 공연을 본다.

① 2일 ② 3일 ③ 4일
④ 5일 ⑤ 6일

기출 13' 5급(민)-인 난이도 ●●○

110 다음 〈규칙〉과 〈결과〉에 근거하여 판단할 때, 甲과 乙 중 승리한 사람과 甲이 사냥한 동물의 종류 및 수량으로 가능한 조합은?

규칙

- 이동한 거리, 채집한 과일, 사냥한 동물 각각에 점수를 부여하여 합계 점수가 높은 사람이 승리하는 게임이다.
- 게임시간은 1시간이며, 주어진 시간 동안 이동을 하면서 과일을 채집하거나 사냥을 한다.
- 이동거리 1미터 당 1점을 부여한다.
- 사과는 1개 당 5점, 복숭아는 1개 당 10점을 부여한다.
- 토끼는 1마리 당 30점, 여우는 1마리 당 50점, 사슴은 1마리 당 100점을 부여한다.

조건

- 甲의 합계점수는 1,590점이다. 甲은 과일을 채집하지 않고 사냥에만 집중하였으며, 총 1,400미터를 이동하는 동안 모두 4마리의 동물을 잡았다.
- 乙은 총 1,250미터를 이동했으며, 사과 2개와 복숭아 5개를 채집하였다. 또한 여우를 1마리 잡고 사슴을 2마리 잡았다.

	승리한 사람	甲이 사냥한 동물의 종류 및 수량
①	甲	토끼 3마리와 사슴 1마리
②	甲	토끼 2마리와 여우 2마리
③	乙	토끼 3마리와 여우 1마리
④	乙	토끼 2마리와 여우 2마리
⑤	乙	토끼 1마리와 사슴 3마리

문항편 4일차 • 문제해결 + 자원관리능력

난이도 ●○○

111 다음 [결론]을 참으로 하는 [전제1]로 가장 적절한 것은?

- [전제1] (   )
- [전제2] 어떤 독서동호회 학생은 문과이다.
- [결 론] 문과인 어떤 독서동호회 학생은 독서를 좋아한다.

① 모든 독서동호회 학생은 독서를 좋아한다.
② 어떤 독서동호회 학생은 독서를 좋아한다.
③ 모든 독서동호회 학생은 문과이다.
④ 모든 독서를 좋아하는 학생은 독서동호회 학생이다.
⑤ 모든 독서동호회 학생은 국어국문학과에 지원 예정이다.

난이도 ●○○

112 다음 제시된 두 가지 전제를 통해 도출되는 [결론]으로 가장 적절한 것은?

- [전제1] 수영을 좋아하는 모든 사람은 물을 좋아한다.
- [전제2] 수영을 좋아하는 어떤 사람은 바다를 좋아한다.
- [결 론] (   )

① 수영을 좋아하는 모든 사람은 바다를 좋아한다.
② 바다와 수영을 좋아하는 어떤 사람은 물을 좋아하지 않는다.
③ 수영을 좋아하는 어떤 사람은 물과 바다를 좋아한다.
④ 물과 바다를 좋아하는 모든 사람은 수영을 좋아한다.
⑤ 바다를 좋아하는 모든 사람은 물을 좋아한다.

113 **다음 글을 근거로 판단할 때, 위계에 의한 공무집행방해죄에 해당하는 것을 〈보기〉에서 모두 고르면?**

A. 직무를 집행하는 공무원에 대하여 폭행 또는 협박한 자, 공무원에 대하여 그 직무상의 행위를 강요 또는 저지하거나 그 직(職)을 사퇴하게 할 목적으로 폭행 또는 협박한 자는 '공무집행방해죄'로 처벌된다. 여기서 직무란 공무원의 직무인 이상 그 종류 및 성질을 가리지 않는다. 다만 공무원의 직무는 적법한 것이어야 한다.

B. 위계(僞計)로써 공무원의 직무집행을 방해하는 자는 '위계에 의한 공무집행방해죄'로 처벌된다. 위계에 의한 공무집행방해죄도 공무집행방해죄와 마찬가지로 공무원의 적법한 직무집행의 보호를 그 목적으로 하지만, 그 행위수단이 '위계'라는 점에서 '폭행 또는 협박'을 그 행위수단으로 하는 공무집행방해죄와 구별된다. 여기에서 위계라 함은 사람을 착오에 빠지게 하는 기망이나 유혹 등 널리 사람의 판단을 그르치게 하는 술책을 말한다. 위계의 상대방에는 직무를 집행하는 공무원 외에 제3자도 포함된다. 따라서 제3자를 기망하여 공무원의 직무를 방해하는 경우도 당해 죄를 구성한다.

보기

ㄱ. 시험감독자를 속이고 국가시행의 자동차운전면허시험에 타인을 대리하여 응시한 경우

ㄴ. 수산업협동조합 조합장이 조합관련 비리를 수사하고 있는 해양경찰서 경찰공무원에게 전화로 폭언하며 협박한 경우

ㄷ. 출입국관리공무원이 甲회사의 사업장 관리자를 기망하여 그 사업장에 진입한 후, 불법체류자 단속업무를 실시한 경우

ㄹ. 타인의 소변을 자신의 소변인 것으로 속여 수사기관에 건네주어 필로폰 음성반응이 나오게 한 경우

① ㄱ, ㄴ　　② ㄱ, ㄹ　　③ ㄴ, ㄷ

④ ㄷ, ㄹ　　⑤ ㄱ, ㄷ, ㄹ

기출 15' 5급㉯-재 | 난이도 ●○○

114 **다음 글을 근거로 판단할 때, 사용자 아이디 KDHong의 패스워드로 가장 안전한 것은?**

- 패스워드를 구성하는 문자의 종류는 4가지로, 알파벳 대문자, 알파벳 소문자, 특수문자, 숫자이다.
- 세 가지 종류 이상의 문자로 구성된 경우, 8자 이상의 패스워드는 10점, 7자 이하의 패스워드는 8점을 부여한다.
- 두 가지 종류 이하의 문자로 구성된 경우, 10자 이상의 패스워드는 10점, 9자 이하의 패스워드는 8점을 부여한다.
- 동일한 문자가 연속되어 나타나는 패스워드는 2점을 감점한다.
- 아래 〈키보드〉 가로열 상에서 인접한 키에 있는 문자가 연속되어 나타나는 패스워드는 2점을 감점한다.

  예 [^ 6]과 [& 7]은 인접한 키로, 6과 7뿐만 아니라 ^와 7도 인접한 키에 있는 문자이다.
- 사용자 아이디 전체가 그대로 포함된 패스워드는 3점을 감점한다.
- 점수가 높을수록 더 안전한 패스워드이다.

※ 특수문자는 !, @, #, $, %, ^, &, *, (,) 뿐이라고 가정한다.

〈키보드〉

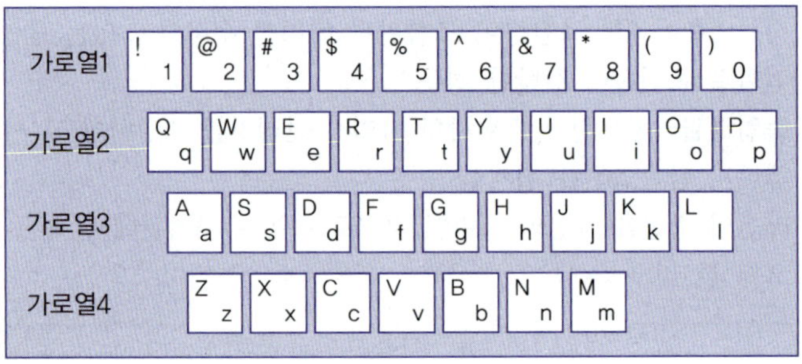

① 10H&20Mzw

② KDHong!

③ asjpeblove

④ SeCuRiTy*

⑤ 1249dhqtgml

기출 16' 5급㉯-6 난이도 ●●○

115 다음 글을 근거로 판단할 때, 1단계에서 甲이 나눈 두 묶음의 구슬 개수로 옳은 것은?

甲은 아래 세 개의 단계를 순서대로 거쳐 16개의 구슬을 네 묶음으로 나누었다. 네 묶음의 구슬 개수는 각각 1개, 5개, 5개, 5개이다.

- 1단계: 16개의 구슬을 두 묶음으로 나누어, 한 묶음의 구슬 개수가 다른 묶음의 구슬 개수의 n배(n은 자연수)가 되도록 했다.
- 2단계: 5개 이상의 구슬이 있던 한 묶음에서 다른 묶음으로 5개의 구슬을 옮겼다.
- 3단계: 두 묶음을 각각 두 묶음씩으로 다시 나누어 총 네 묶음이 되도록 했다.

① 8개, 8개　② 11개, 5개　③ 12개, 4개
④ 14개, 2개　⑤ 15개, 1개

기출 20' 5급㉻-라 난이도 ●●○

116 다음 글을 근거로 판단할 때, 〈보기〉에서 옳은 것만을 모두 고르면?

A과에 근무하고 있는 인원은 4급 과장 1명, 5급 사무관 3명, 6급 주무관 6명이다. A과의 내선번호는 253[?]네 자리로 이루어져 있으며, 맨 뒷자리 번호는 0~9 중에서 하나씩 과원에게 배정된다.

맨 뒷자리 번호 배정규칙은 다음과 같다. 먼저 직급 순으로 배정한다. 따라서 과장에게 0, 사무관에게 1~3, 주무관에게 4~9를 배정한다. 다음으로 동일 직급 내에서는 여성에게 앞 번호가 배정된다. 성별도 같은 경우, 나이가 많은 사람에게 앞 번호가 배정된다. 나이도 같은 경우에는 소속 팀명의 '가', '나', '다' 순으로 앞 번호가 배정된다.

〈A과 조직도〉

과장: 50세, 여성

가팀	나팀	다팀
사무관1: 48세, 여성	사무관2: 45세, 여성	사무관3: 45세, ( )
주무관1: 58세, 여성 주무관2: 39세, 남성	주무관3: ( ), ( ) 주무관4: 27세, 여성	주무관5: 44세, 남성 주무관6: 31세, 남성

보기

ㄱ. 사무관3이 배정받는 내선번호는 그의 성별에 따라서 달라지지 않는다.
ㄴ. 여성이 총 5명이라면, 배정되는 내선번호가 확정되는 사람은 4명뿐이다.
ㄷ. 주무관3이 남성이고 31세 이상 39세 이하인 경우, 모든 과원의 내선번호를 확정할 수 있다.
ㄹ. 사무관3의 성별과 주무관3의 나이와 성별을 알게 된다면, 현재의 배정규칙으로 모든 과원의 내선번호를 확정할 수 있다.

① ㄱ, ㄴ　② ㄱ, ㄷ　③ ㄴ, ㄹ
④ ㄱ, ㄷ, ㄹ　⑤ ㄴ, ㄷ, ㄹ

기출 20' 5급㉻-라 | 난이도 ●○○

117 **다음 글을 근거로 판단할 때, 〈보기〉에서 옳은 것만을 모두 고르면?**

- 甲과 乙은 총 10장의 카드를 5장씩 나누어 가진 후에 심판의 지시에 따라 게임을 한다.
- 카드는 1부터 9까지의 서로 다른 숫자가 하나씩 적힌 9장의 숫자카드와 1장의 만능카드로 이루어진다.
- 이 중 6 또는 9가 적힌 숫자카드는 9와 6 중에서 원하는 숫자카드 하나로 활용할 수 있다.
- 만능카드는 1부터 9까지의 숫자 중 원하는 숫자가 적힌 카드 하나로 활용할 수 있다.

보기

ㄱ. 심판이 가장 큰 다섯 자리의 수를 만들라고 했을 때, 가능한 가장 큰 수는 홀수이다.
ㄴ. 상대방보다 작은 두 자리의 수를 만들면 승리한다고 했을 때, 乙이 '12'를 만들었다면 승리한다.
ㄷ. 상대방보다 큰 두 자리의 수를 만들면 승리한다고 했을 때, 甲이 '98'을 만들었다면 승리한다.
ㄹ. 심판이 10보다 작은 3의 배수를 상대방보다 많이 만들라고 했을 때, 乙이 3개를 만들었다면 승리한다.

① ㄱ, ㄴ　② ㄱ, ㄷ　③ ㄷ, ㄹ
④ ㄱ, ㄴ, ㄹ　⑤ ㄴ, ㄷ, ㄹ

기출 20' 5급㉻-라 | 난이도 ●○○

118 **다음 글을 근거로 판단할 때, 우수부서 수와 기념품 구입 개수를 옳게 짝지은 것은?**

A기관은 탁월한 업무 성과로 포상금 5,000만 원을 지급받았다. 〈포상금 사용기준〉은 다음과 같다.

〈포상금 사용기준〉

- 포상금의 40 % 이상은 반드시 각 부서에 현금으로 배분한다.
  - 전체 15개 부서를 우수부서와 보통부서 두 그룹으로 나누어 우수부서에 150만 원, 보통부서에 100만 원을 현금으로 배분한다.
  - 우수부서는 최소한으로 선정한다.
- 포상금 중 2,900만 원은 직원 복지 시설을 확충하는 데 사용한다.
- 직원 복지 시설을 확충하고 부서별로 현금을 배분한 후 남은 금액을 모두 사용하여 개당 1만 원의 기념품을 구입한다.

	우수 부서수	기념품 구입 개수
①	9개	100개
②	9개	150개
③	10개	100개
④	10개	150개
⑤	11개	50개

기출 13' 5급㉤-인 | 난이도 ●●○

119 다음 〈규칙〉을 근거로 판단할 때, '도토리'와 '하트'를 각각 가장 많이 획득할 수 있는 꽃은?

• 규칙 •

- 게임 시작과 동시에 주어지는 12개의 물방울을 가지고 1시간 동안 한 종류만의 꽃을 선택하여 재배·수확을 반복한다.
- 12개의 물방울은 재배·수확이 끝나면 자동 충전된다.
- 꽃을 1회 재배·수확하기 위해서는 꽃 종류별로 각각 일정한 '재배·수확시간'과 '물방울'이 필요하다.
- 재배·수확된 꽃은 '도토리'나 '하트' 중 어느 하나를 선택하여 교환할 수 있다.
- 이외의 조건은 고려하지 않는다.

구분	재배·수확시간 (회 당)	물방울 (송이 당)	도토리 (송이 당)	하트 (송이 당)
나팔꽃	3분	2개	2개	1개
무궁화	5분	4개	3개	5개
수선화	10분	2개	5개	10개
장미	12분	6개	10개	15개
해바라기	20분	4개	25개	20개

예 나팔꽃 1송이를 재배·수확하는데 필요한 물방울은 2개이므로 12개의 물방울로 3분 동안 6송이의 나팔꽃을 재배·수확하여 도토리 12개 또는 하트 6개로 교환할 수 있다.

	도토리	하트
①	해바라기	수선화
②	해바라기	해바라기
③	무궁화	장미
④	나팔꽃	해바라기
⑤	나팔꽃	수선화

기출 13' 5급(민)-인 | 난이도 ●●○

120 다음 〈상황〉에서 기존의 승점제와 새로운 승점제를 적용할 때, A팀의 순위로 옳게 짝지어진 것은?

상황

- 대회에 참가하는 팀은 총 13팀이다.
- 각 팀은 다른 모든 팀과 한 번씩 경기를 한다.
- A팀의 최종성적은 5승 7패이다.
- A팀과의 경기를 제외한 12팀 간의 경기는 모두 무승부이다.
- 기존의 승점제는 승리시 2점, 무승부시 1점, 패배시 0점을 부여한다.
- 새로운 승점제는 승리시 3점, 무승부시 1점, 패배시 0점을 부여한다.

	기존의 승점제	새로운 승점제
①	8위	1위
②	8위	8위
③	13위	1위
④	13위	5위
⑤	13위	13위

Day 4 Self Check List

	오답 수	무응답 수	풀이시간(분)
1회독	/ 30	/ 30	/ 60(분)
2회독	/ 30	/ 30	/ 45(분)
3회독	/ 30	/ 30	/ 35(분)

독끝 5일차 (121~150)

정답 및 해설 122p

난이도별 구성

●○○	18문항
●●○	9문항
●●●	3문항

본 문항은 PSAT 상황판단 영역 기출 문항으로 구성되며, 기출 표기에 따른 시험 종류는 아래와 같습니다. (표기 상 맨 끝은 '책형' 입니다.)
㉤ – 민간경력자 일괄채용시험 / ㉥ – 공개경쟁채용시험(행정)

5일차 일일연습

Set ❶

다음 문장을 논리기호로 표현한 것이 맞으면 O, 틀리면 X로 표시하세요.

(1) 과학을 수강하거나, 수학을 수강하는 학생은 모두 사회학도 수강한다. ▶ {(과학) ∨ (수학)} → (사회) ⇔ ~(사회) → {(과학) ∧ (수학)}
(2) 어떤 철학자도 인문학자가 아니다. ▶ (철학자) → ~(인문학자) ⇔ (인문학자) → ~(철학자)
(3) 모든 직장인이 이직을 준비하는 것은 아니다. ▶ (직장인) ∧ ~(이직준비)
(4) 자격증이 없으면 요리사가 될 수 없다. ▶ ~(자격증) → ~(요리사) ⇔ (요리사) → (자격증)

Set ❷

표의 빈 칸에 들어갈 것을 구하시오. (참, 거짓)

a	b	a ∧ b	b → a
참	(1)	참	참
참	거짓	(2)	참
거짓	참	(3)	거짓
거짓	거짓	거짓	(4)

Set ❸

아래〈조건〉을 확인 후, 각 질문에 답하시오.

〈조건〉 3명씩 앉을 수 있는 작은 의자 또는 8명씩 앉을 수 있는 긴 의자에 68명이 앉으려 한다. 이때, 작은 의자 또는 긴 의자는 최소 1개 이상은 사용하며, 못 앉는 인원은 없다.
(1) 빈 자리 없이 앉으려면 작은 의자를 최소 몇 개 쓰는가?
(2) 위 (1)의 경우, 긴 의자는 몇 개가 필요한가?
(3) 작은 의자를 최대한 사용하면, 여분 좌석은 몇 자리인가?
(4) 위 (3)의 경우, 작은 의자는 몇 개가 필요한가?

	Set ❶	Set ❷	Set ❸
(1)	X	참	4개
(2)	O	거짓	7개
(3)	O	거짓	1자리
(4)	O	참	23개

※ 참고사항

문장	논리기호	문장	논리기호
p이다.	p	• 어떤 p는 q이다. • p이면서 q이다. • p그리고 q이다.	p ∧ q
p가 아니다.	~p	• p이거나 q이다. • p 또는 q이다.	p ∨ q
• 모든 p는 q이다. • p이면 q이다.	p → q	• 'p또는 q'가 아니다. • p도 아니고 q도 아니다.	~(p ∨ q)

• "⇔" : 필요충분조건 또는 동치를 나타내는 논리기호
• 연언명제 (p ∧ q) : 모두 참일때만 참
• 선언명제 (p ∨ q) : 모두 거짓일 때만 거짓
• 가언명제 (p → q) : 전건이 참, 후건이 거짓일 때만 거짓

	맞은 개수	풀이 시간
Set ❶	/ 4	(초)
Set ❷	/ 4	(초)
Set ❸	/ 4	(초)
합계	/ 12	(초)

*다음의 회독수 별 권장풀이시간에 맞춰 문제풀이 후,
Day 5 끝의 [Self Check List]를 기입하여 부족한 부분을 파악하세요!

권장 풀이 시간

1회독 60 min　2회독 45 min　3회독 35 min

난이도 ●○○

121 도난 사건 현장에 있던 용의자 甲, 乙, 丙, 丁 4명 중 물건을 훔친 사람은 1명이며, 이들이 경찰 조사에서 다음과 같이 진술하였다. 이 중 1명만 진실을 말하고 있을 때, 물건을 훔친 사람은 누구인가?

> 甲: 나는 물건을 훔치지 않았어.
> 乙: 물건을 훔친 사람은 丙이 확실해.
> 丙: 乙은 거짓말을 하고 있어.
> 丁: 乙이 물건을 훔친 게 확실해.

① 甲　② 乙　③ 丙
④ 丁　⑤ 알 수 없다.

난이도 ●○○

122 A~D 4명은 2명씩 팀을 이루어 볼링경기를 하면서, 두 사람의 개인순위의 합이 적은 팀이 이기는 것으로 경기의 규칙을 정하였다. 경기 후에 4명이 다음과 같은 진술을 하였다고 할 때, 반드시 참인 것은? (단, 개인순위는 점수가 높은 순서대로 1위~4위를 정하며, A~D 모두 진실만을 말한다.)

> A: 나는 B보다 점수가 높다.
> B: 각 팀에서 팀원들의 개인순위의 합은 같다.
> C: 내가 A를 개인순위에서 앞서기에는 역부족이었다.
> D: 내가 우리 팀 파트너보다 점수가 낮아 팀의 승리에 걸림돌이 되었다.

① A와 C는 한 팀이다.
② D는 4위를 했다.
③ B는 3위를 했다.
④ C는 2위를 했다.
⑤ A는 1위를 했다.

기출 21' 5급㉥-나 | 난이도 ●○○

123 다음 글과 〈상황〉을 근거로 판단할 때, 〈보기〉에서 옳은 것만을 모두 고르면?

- 지방자치단체는 공립 박물관·미술관을 설립하려는 경우 ㅁㅁ부로부터 설립타당성에 관한 사전평가(이하 '사전평가')를 받아야 한다.
- 사전평가는 연 2회(상반기, 하반기) 진행한다.
  - 신청기한: 1월 31일(상반기), 7월 31일(하반기)
  - 평가기간: 2월 1일~4월 30일(상반기), 8월 1일~10월 31일(하반기)
- 사전평가 결과는 '적정' 또는 '부적정'으로 판정한다.
- 지방자치단체가 동일한 공립 박물관·미술관 설립에 대해 3회 연속으로 사전평가를 신청하여 모두 '부적정'으로 판정받았다면, 그 박물관·미술관 설립에 대해서는 향후 1년간 사전평가 신청이 불가능하다.
- 사전평가 결과 '적정'으로 판정되는 경우, 지방자치단체는 부지매입비를 제외한 건립비의 최대 40%를 국비로 지원받을 수 있다.

상황

아래의 〈표〉는 지방자치단체 A~C가 설립하려는 공립 박물관·미술관과 건립비를 나타낸 것이다.

〈표〉

지방자치단체	설립 예정 공립 박물관·미술관	건립비(원)	
		부지매입비	건물건축비
A	甲미술관	30억	70억
B	乙박물관	40억	40억
C	丙박물관	10억	80억

보기

ㄱ. 甲미술관을 국비 지원 없이 설립하기로 했다면, A는 사전평가를 거치지 않고도 甲미술관을 설립할 수 있다.
ㄴ. 乙박물관이 사전평가에서 '적정'으로 판정될 경우, B는 최대 32억 원까지 국비를 지원받을 수 있다.
ㄷ. 丙박물관이 2019년 하반기, 2020년 상반기, 2020년 하반기 사전평가에서 모두 '부적정'으로 판정된 경우, C는 丙박물관에 대한 2021년 상반기 사전평가를 신청할 수 없다.

① ㄱ　② ㄷ　③ ㄱ, ㄴ
④ ㄴ, ㄷ　⑤ ㄱ, ㄴ, ㄷ

기출 11' 5급㉯-인 난이도 ●○○

124 다음 글을 근거로 판단할 때, 〈비행기 좌석표〉의 주어진 5개 좌석 중 생존가능성이 가장 높은 좌석은?

A국 항공담당 부처는 비행기 화재사고 시 좌석에 따른 생존가능성을 조사하였다. 그 결과 다음과 같이 좌석의 조건에 따라 생존가능성이 다르게 나타났다.

- 각 비상구에서 앞뒤로 두 번째 열 이내에 앉은 승객은 그렇지 않은 승객에 비해 생존할 가능성이 높다.
- 복도(통로)측 좌석 승객이 창측 승객보다 생존할 가능성이 높다.
- 기내의 가운데 열을 기준으로 앞쪽과 뒤쪽으로 나누어 볼 때 앞쪽 승객이 뒤쪽 승객보다 생존할 가능성이 높다.

비행기 좌석표

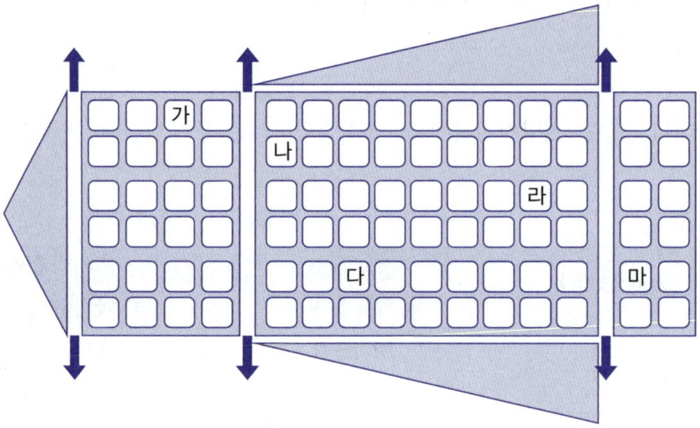

※ 화살표는 비상구를 나타내며, 그림의 왼쪽이 비행기의 앞쪽 방향이다. 또한, 비행기 좌석은 총 15열이다.

① 가 ② 나 ③ 다
④ 라 ⑤ 마

기출 16' 5급㉥-6 | 난이도 ●●○

125 **다음 글을 근거로 판단할 때, 〈보기〉에서 옳은 것만을 모두 고르면?**

- '○○코드'는 아래 그림과 같이 총 25칸(5 × 5)으로 이루어져 있으며, 각 칸을 흰색으로 채우거나 검정색으로 채우는 조합에 따라 다른 코드가 만들어진다.

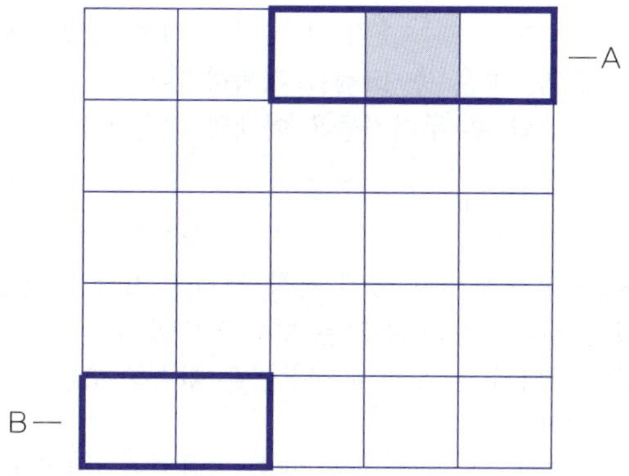

- 상단 오른쪽의 3칸(A)은 항상 '흰색－검정색－흰색'으로 ○○코드의 고유표시를 나타낸다.
- 하단 왼쪽의 2칸(B)은 코드를 제작한 지역을 표시하는 것으로 전 세계를 총 4개의 지역으로 분류하고, 甲지역은 '흰색－흰색'으로 표시한다.

※ 코드를 회전시키는 경우는 고려하지 않는다.

〈보기〉

ㄱ. 甲지역에서 만들 수 있는 코드 개수는 100만 개를 초과한다.
ㄴ. 甲지역에서 만들 수 있는 코드와 다른 지역에서 만들 수 있는 코드는 최대 20칸이 동일하다.
ㄷ. 각 칸을 기존의 흰색과 검정색뿐만 아니라 빨간색과 파란색으로도 채울 수 있다면, 만들 수 있는 코드 개수는 기존보다 100만 배 이상 증가한다.
ㄹ. 만약 상단 오른쪽의 3칸(A)도 다른 칸과 마찬가지로 코드 만드는 것에 사용토록 개방한다면, 만들 수 있는 코드 개수는 기존의 6배로 증가한다.

① ㄱ, ㄴ
② ㄱ, ㄷ
③ ㄴ, ㄹ
④ ㄱ, ㄷ, ㄹ
⑤ ㄴ, ㄷ, ㄹ

기출 18' 5급㉿-가 | 난이도 ●●●

126 **다음 글과 〈대화〉를 근거로 판단할 때 대장 두더지는?**

- 甲은 튀어나온 두더지를 뿅망치로 때리는 '두더지 게임'을 했다.
- 두더지는 총 5마리(A~E)이며, 이 중 1마리는 대장 두더지이고 나머지 4마리는 부하 두더지이다.
- 대장 두더지를 맞혔을 때는 2점, 부하 두더지를 맞혔을 때는 1점을 획득한다.
- 두더지 게임 결과, 甲은 총 14점을 획득하였다.
- 두더지 게임이 끝난 후 두더지들은 아래와 같은 〈대화〉를 하였다.

〈대화〉

두더지 A: 나는 맞은 두더지 중에 가장 적게 맞았고, 맞은 횟수는 짝수야.
두더지 B: 나는 두더지 C와 똑같은 횟수로 맞았어.
두더지 C: 나와 두더지 A, 두더지 D가 맞은 횟수를 모두 더하면 모든 두더지가 맞은 횟수의 3/4이야.
두더지 D: 우리 중에 한 번도 맞지 않은 두더지가 1마리 있지만 나는 아니야.
두더지 E: 우리가 맞은 횟수를 모두 더하면 12번이야.

① 두더지 A　② 두더지 B　③ 두더지 C
④ 두더지 D　⑤ 두더지 E

기출 20' 5급㉻-라 | 난이도 ●○○

127 **다음 글을 근거로 판단할 때, ○○공장에서 4월 1일과 4월 2일에 작업한 최소 시간의 합은?**

○○공장은 작업반 A와 B로 구성되어 있고 제품 X와 제품 Y를 생산한다. 다음 표는 각 작업반이 1시간에 생산할 수 있는 각 제품의 수량을 나타낸다. 각 작업반은 X와 Y를 동시에 생산할 수 없고 작업 속도는 일정하다.

〈작업반별 시간당 생산량〉

(단위: 개)

구분	X	Y
작업반 A	2	3
작업반 B	1	3

○○공장은 4월 1일 오전 9시에 X 24개와 Y 18개를 주문받았으며, 4월 2일에도 같은 시간에 동일한 주문을 받았다. 당일 주문받은 물량은 당일에 모두 생산하였다.

4월 1일에는 작업 여건상 두 작업반이 같은 시간대에 동일한 종류의 제품만을 생산해야 했지만, 4월 2일에는 그러한 제약이 없었다. 두 작업반은 매일 동시에 작업을 시작하며, 작업 시간은 작업 시작 시점부터 주문받은 물량 생산 완료 시점까지의 시간을 의미한다.

① 19시간　② 20시간　③ 21시간
④ 22시간　⑤ 23시간

기출 20' 5급(행)-라 | 난이도 ●○○

128 다음 글과 〈상황〉을 근거로 판단할 때, 〈보기〉에서 옳은 것만을 모두 고르면?

甲~戊로 구성된 A팀은 회식을 하고자 한다. 회식메뉴는 다음의 〈메뉴 선호 순위〉와 〈메뉴 결정 기준〉을 고려하여 정한다.

〈메뉴 선호 순위〉

팀원＼메뉴	탕수육	양고기	바닷가재	방어회	삼겹살
甲	3	2	1	4	5
乙	4	3	1	5	2
丙	3	1	5	4	2
丁	2	1	5	3	4
戊	3	5	1	4	2

〈메뉴 결정 기준〉

- 기준1: 1순위가 가장 많은 메뉴로 정한다.
- 기준2: 5순위가 가장 적은 메뉴로 정한다.
- 기준3: 1순위에 5점, 2순위에 4점, 3순위에 3점, 4순위에 2점, 5순위에 1점을 부여하여 각각 합산한 뒤, 점수가 가장 높은 메뉴로 정한다.
- 기준4: 기준3에 따른 합산 점수의 상위 2개 메뉴 중, 1순위가 더 많은 메뉴로 정한다.
- 기준5: 5순위가 가장 많은 메뉴를 제외하고 남은 메뉴 중, 1순위가 가장 많은 메뉴로 정한다.

상황

- 丁은 바닷가재가 메뉴로 정해지면 회식에 불참한다.
- 丁이 회식에 불참하면 丙도 불참한다.
- 戊는 양고기가 메뉴로 정해지면 회식에 불참한다.

보기

ㄱ. 기준1과 기준4 중 어느 것에 따르더라도 같은 메뉴가 정해진다.
ㄴ. 기준2에 따르면 탕수육으로 메뉴가 정해진다.
ㄷ. 기준3에 따르면 모든 팀원이 회식에 참석한다.
ㄹ. 기준5에 따르면 戊는 회식에 참석하지 않는다.

① ㄱ, ㄴ ② ㄴ, ㄷ ③ ㄷ, ㄹ
④ ㄱ, ㄴ, ㄹ ⑤ ㄱ, ㄷ, ㄹ

문항편 | 5일차 • 문제해결＋자원관리능력

기출 12' 5급㉥-인 | 난이도 ●●○

129 甲이 다음의 〈조건〉과 〈기준〉에 근거할 때 구입할 컴퓨터는?

조건

항목 / 컴퓨터	램 메모리 용량 (Giga Bytes)	하드 디스크 용량 (Tera Bytes)	가격 (천 원)
A	4	2	500
B	16	1	1,500
C	4	3	2,500
D	16	2	2,500
E	8	1	1,500

기준

- 컴퓨터를 구입할 때, 램 메모리 용량, 하드 디스크 용량, 가격을 모두 고려한다.
- 램 메모리와 하드 디스크 용량이 크면 클수록, 가격은 저렴하면 저렴할수록 선호한다.
- 각 항목별로 가장 선호하는 경우 100점, 가장 선호하지 않는 경우 0점, 그 외의 경우 50점을 각각 부여한다. 단, 가격은 다른 항목보다 중요하다고 생각하여 2배의 점수를 부여한다.
- 각 항목별 점수의 합이 가장 큰 컴퓨터를 구입한다.

① A ② B ③ C
④ D ⑤ E

기출 12' 5급㉥-인 | 난이도 ●●○

130 甲은 ○○주차장에 4시간 45분 간 주차했던 차량의 주차 요금을 정산하려고 한다. 이 주차장에서는 총 주차 시간 중 최초 1시간의 주차 요금을 면제하고, 다음의 〈주차 요금 기준〉에 따라 요금을 부과한다. 甲이 지불해야 할 금액은?

〈주차 요금 기준〉

구분	총 주차 시간	
	1시간 초과~3시간인 경우	3시간 초과인 경우
요금	• 30분마다 500원	• 1시간 초과~3시간: 30분마다 500원 • 3시간 초과: 30분마다 2,000원

※ 주차 요금은 30분 단위로 부과되고, 잔여시간이 30분 미만일 경우 30분으로 간주한다.

① 5,000원 ② 9,000원 ③ 10,000원
④ 11,000원 ⑤ 20,000원

난이도 ●○○

131 ○○대학교 축구동아리 신입 5명(갑수, 을동, 병수, 정호, 무영)은 나이, 고향, 전공이 서로 다르다. 이들 중 3명은 20살이고 2명은 21살이다. 이들의 고향은 서울, 강릉, 충주, 부산, 광주 중 하나이며, 전공은 경영학, 정치외교학, 신문방송학, 컴퓨터공학, 건축학 중 하나이다. 아래 대화에서 네 사람의 발언은 모두 참이며, 한 사람의 발언은 모두 거짓이다. 대화를 바탕으로 할 때, 거짓을 말한 사람의 고향은?

- 갑수: 나는 신문방송학, 컴퓨터공학 전공이 아니고, 고향이 강릉인 20살이야.
- 을동: 나는 21살이고, 경영학 전공이고 광주에서 왔어.
- 병수: 나는 21살이고, 컴퓨터공학 전공이야. 우리집은 서울이야.
- 정호: 나는 건축학 전공인 20살이야. 내 고향은 부산 또는 서울이야.
- 무영: 나는 21살이고 전공은 정치외교학인데 고향이 부산은 아니야.

① 광주 ② 부산 ③ 충주
④ 강릉 ⑤ 서울

난이도 ●○○

132 다음 〈조건〉의 명제가 모두 참이라고 할 때, 반드시 거짓인 것을 고르면?

조건

- 흐린 날을 좋아하는 사람은 비 오는 날도 좋아한다.
- 눈 오는 날을 좋아하지 않는 사람은 맑은 날을 좋아한다.
- 눈 오는 날을 좋아하는 사람은 천둥·번개치는 날을 좋아하지 않는다.
- 맑은 날을 좋아하는 사람은 비 오는 날을 좋아하지 않는다.

① 흐린 날을 좋아하는 사람은 눈 오는 날을 좋아하지 않는다.
② 비 오는 날을 좋아하는 사람은 천둥·번개치는 날을 좋아하지 않는다.
③ 맑은 날을 좋아하는 사람은 천둥·번개치는 날을 좋아한다.
④ 맑은 날을 좋아하는 사람은 흐린 날을 좋아하지 않는다.
⑤ 눈 오는 날을 좋아하는 사람은 비 오는 날을 좋아한다.

기출 20' 5급㉺-가 | 난이도 ●○○

133 **다음 글과 〈국내이전비 신청현황〉을 근거로 판단할 때, 국내이전비를 지급받는 공무원만을 모두 고르면?**

청사 소재지 이전에 따라 거주지를 이전하거나, 현 근무지 외의 지역으로 부임의 명을 받아 거주지를 이전하는 공무원은 다음 요건에 모두 부합하는 경우 국내이전비를 지급받는다.

첫째, 전임지에서 신임지로 거주지를 이전하고 이사화물도 옮겨야 한다. 다만 동일한 시(특별시, 광역시 및 특별자치시 포함)·군 및 섬(제주특별자치도 제외) 안에서 거주지를 이전하는 공무원에게는 국내이전비를 지급하지 않는다. 둘째, 거주지와 이사화물은 발령을 받은 후에 이전하여야 한다.

〈국내이전비 신청현황〉

공무원	전임지	신임지	발령 일자	이전 일자	이전여부	
					거주지	이사화물
甲	울산광역시 중구	울산광역시 북구	'20.2.13.	'20.2.20.	○	○
乙	경기도 고양시	세종특별자치시	'19.12.3.	'19.12.5.	○	×
丙	광주광역시	대구광역시	'19.6.1.	'19.6.15.	×	○
丁	제주특별자치도 서귀포시	제주특별자치도 제주시	'20.1.2.	'20.1.13.	○	○
戊	서울특별시	충청북도 청주시	'19.9.3.	'19.9.8.	○	○
己	부산광역시	서울특별시	'20.4.25.	'20.4.1.	○	○

① 甲, 乙　② 乙, 丁　③ 丙, 己
④ 丁, 戊　⑤ 戊, 己

134 **정부포상 대상자 추천의 제한요건에 관한 다음 규정을 근거로 판단할 때, 2011년 8월 현재 정부포상 대상자로 추천을 받을 수 있는 자는?**

1) 형사처벌 등을 받은 자
   가) 형사재판에 계류 중인 자
   나) 금고 이상의 형을 받고 그 집행이 종료된 후 5년을 경과하지 아니한 자
   다) 금고 이상의 형의 집행유예를 받은 경우 그 집행유예의 기간이 완료된 날로부터 3년을 경과하지 아니한 자
   라) 금고 이상의 형의 선고유예를 받은 경우에는 그 기간 중에 있는 자
   마) 포상추천일 전 2년 이내에 벌금형 처벌을 받은 자로서 1회 벌금액이 200만 원 이상이거나 2회 이상의 벌금형 처분을 받은 자
2) 공정거래관련법 위반 법인 및 그 임원
   가) 최근 2년 이내 3회 이상 고발 또는 과징금 처분을 받은 법인 및 그 대표자와 책임 있는 임원 (단, 고발에 따른 과징금 처분은 1회로 간주)
   나) 최근 1년 이내 3회 이상 시정명령 처분을 받은 법인 및 그 대표자와 책임 있는 임원

① 금고 1년 형을 선고 받아 복역한 후 2009년 10월 출소한 자
② 2011년 8월 현재 형사재판에 계류 중인 자
③ 2010년 10월 이후 현재까지, 공정거래관련법 위반으로 3회 시정명령 처분을 받은 기업의 대표자
④ 2010년 1월, 교통사고 후 필요한 구호조치를 하지 않아 500만 원의 벌금형 처분을 받은 자
⑤ 2009년 7월 이후 현재까지, 공정거래관련법 위반으로 고발에 따른 과징금 처분을 2회 받은 기업

기출 15' 5급㉾-재 난이도 ●●○

135 다음 <규칙>을 근거로 판단할 때, <보기>에서 옳은 것만을 모두 고르면?

규칙

- △△배 씨름대회는 아래와 같은 대진표에 따라 진행되며, 11명의 참가자는 추첨을 통해 동일한 확률로 A부터 K까지의 자리 중에서 하나를 배정받아 대회에 참가한다.

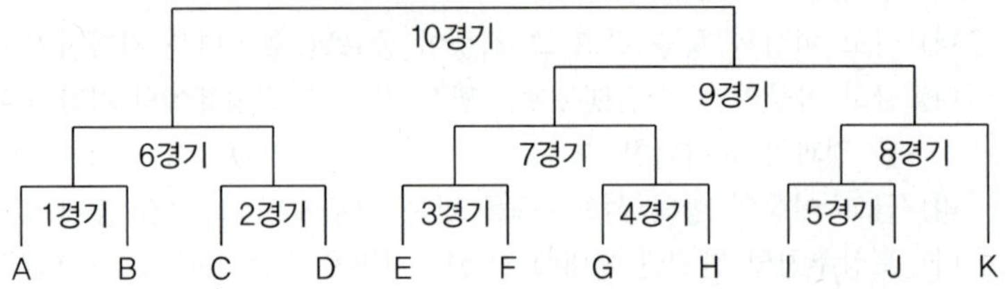

- 대회는 첫째 날에 1경기부터 시작되어 10경기까지 순서대로 매일 하루에 한 경기씩 쉬는 날 없이 진행되며, 매 경기에서는 무승부 없이 승자와 패자가 가려진다.
- 각 경기를 거듭할 때마다 패자는 제외시키면서 승자끼리 겨루어 최후에 남은 두 참가자 간에 우승을 가리는 승자 진출전 방식으로 대회를 진행한다.

보기

ㄱ. 이틀 연속 경기를 하지 않으면서 최소한의 경기로 우승할 수 있는 자리는 총 5개이다.

ㄴ. 첫 번째 경기에 승리한 경우 두 번째 경기 전까지 3일 이상을 경기 없이 쉴 수 있는 자리에 배정될 확률은 50% 미만이다.

ㄷ. 총 4번의 경기를 치러야 우승할 수 있는 자리에 배정될 확률이 총 3번의 경기를 치르고 우승할 수 있는 자리에 배정될 확률보다 높다.

① ㄱ ② ㄴ ③ ㄷ
④ ㄱ, ㄷ ⑤ ㄴ, ㄷ

기출 18' 5급㉯-가 난이도 ●●●

136 다음 글을 근거로 판단할 때, 〈보기〉에서 옳은 것만을 모두 고르면?

엘로 평점 시스템(Elo Rating System)은 체스 등 일대일 방식의 종목에서 선수들의 실력을 표현하는 방법으로 물리학자 아르파드 엘로(Arpad Elo)가 고안했다.

임의의 두 선수 X, Y의 엘로 점수를 각각 E_X, E_Y라 하고 X가 Y에게 승리할 확률을 P_{XY}, Y가 X에게 승리할 확률을 P_{YX}라고 하면, 각 선수가 승리할 확률은 다음 식과 같이 계산된다. 무승부는 고려하지 않으므로 두 선수가 승리할 확률의 합은 항상 1이 된다.

$$P_{XY}=\frac{1}{1+10^{-(E_X-E_Y)/400}} \qquad P_{YX}=\frac{1}{1+10^{-(E_Y-E_X)/400}}$$

두 선수의 엘로 점수가 같다면, 각 선수가 승리할 확률은 0.5로 같다. 만약 한 선수가 다른 선수보다 엘로 점수가 200점 높다면, 그 선수가 승리할 확률은 약 0.76이 된다.

경기 결과에 따라 각 선수의 엘로 점수는 변화한다. 경기에서 승리한 선수는 그 경기에서 패배할 확률에 K를 곱한 만큼 점수를 얻고, 경기에서 패배한 선수는 그 경기에서 승리할 확률에 K를 곱한 만큼 점수를 잃는다(K는 상수로, 보통 32를 사용한다). 승리할 확률이 높은 경기보다 승리할 확률이 낮은 경기에서 승리했을 경우 더 많은 점수를 얻는다.

보기

ㄱ. 경기에서 승리한 선수가 얻는 엘로 점수와 그 경기에서 패배한 선수가 잃는 엘로 점수는 다를 수 있다.

ㄴ. K=32라면, 한 경기에서 아무리 강한 상대에게 승리해도 얻을 수 있는 엘로 점수는 32점 이하이다.

ㄷ. A가 B에게 패배할 확률이 0.1이라면, A와 B의 엘로 점수 차이는 400점 이상이다.

ㄹ. A가 B에게 승리할 확률이 0.8, B가 C에게 승리할 확률이 0.8이라면, A가 C에게 승리할 확률은 0.9 이상이다.

① ㄱ, ㄴ　　② ㄴ, ㄹ

③ ㄱ, ㄴ, ㄷ　　④ ㄱ, ㄷ, ㄹ

⑤ ㄴ, ㄷ, ㄹ

문항편 5일차 • 문제해결 + 자원관리능력

기출 20' 5급㉑-라 난이도 ●●●

137 다음 글을 근거로 판단할 때, 甲이 출연할 요일과 프로그램을 옳게 짝지은 것은?

甲은 ○○방송국으로부터 아래와 같이 프로그램 특별 출연을 요청받았다.

매체	프로그램	시간대	출연 가능 요일
TV	모여라 남극유치원	오전	월, 수, 금
	펭귄극장	오후	화, 목, 금
	남극의 법칙	오후	월, 수, 목
라디오	지금은 남극시대	오전	화, 수, 목
	펭귄파워	오전	월, 화, 금
	열시의 펭귄	오후	월, 수, 금
	굿모닝 남극대행진	오전	화, 수, 금

甲은 다음주 5일(월요일~금요일) 동안 매일 하나의 프로그램에 출연하며, 한 번 출연한 프로그램에는 다시 출연하지 않는다. 또한 동일 매체에 2일 연속 출연하지 않으며, 동일 시간대에도 2일 연속 출연하지 않는다.

요일	프로그램
① 월요일	펭귄파워
② 화요일	굿모닝 남극대행진
③ 수요일	열시의 펭귄
④ 목요일	펭귄극장
⑤ 금요일	모여라 남극유치원

기출 20' 5급㉻-라 | 난이도 ●○○

138 다음 〈대화〉와 〈품질인증서번호 부여 규칙〉을 근거로 판단할 때, 乙이 발급받은 품질인증서번호는?

• 대화 •

甲: 안녕하세요? '품질인증서' 발급을 신청하러 오셨나요?
乙: 토목분야로 예전에 품질인증서를 발급받은 적이 있어요. 재발급받으려 합니다.
甲: 인증서 유효기간은 발급일로부터 2년까지입니다. 선생님께선 2017년 11월 20일에 발급받으셨네요. 오늘 접수하시면 유효기간 만료일로부터 30일이 지난 겁니다.
乙: 그렇군요. 저희가 2019년 11월에 본사와 공장을 전부 이전해서 주소가 바뀌었어요. 본사는 대전으로 이전했고, 공장은 중동에서 베트남으로 이전해 있어요. 이러한 내용으로 발급해 주세요.
甲: 접수되었습니다. 품질인증서는 접수일로부터 3주 후에 발급됩니다.

• 품질인증서번호 부여 규칙 •

품질인증서번호는 부여 규칙(가~라)에 따라 아래와 같이 ㉠~㉣란에 숫자 또는 코드가 기재된다.

㉠	㉡	㉢	㉣

가. ㉠란에 발급연도의 3, 4번째 숫자를 기재한다.
나. ㉡란에 아래의 신청유형별 코드를 기재한다.

신청유형	코드	신청유형	코드
신규신청	1A	재발급(기간만료 후)	4B
연장신청(기간만료 전)	2A	재발급(양도)	5C
규격확인 신청	3B	재발급(공장주소변경)	6C

※ 2개 이상의 신청유형에 해당되는 경우에는 해당 코드를 모두 기재하되, 각 코드에 포함된 숫자가 큰 코드를 먼저 기재한다.

다. ㉢란에 아래의 분야별 코드를 기재한다.

분야명	코드	분야명	코드
기계	AA	에너지	CC
전기·전자	AB	토목	CD
정보·통신	BB	의료기기	DD

라. ㉣란에 아래의 지역구분 코드를 기재한다.
(단, 지역구분 코드는 발급연도를 기준으로 공장소재지에 따른다)

국내	코드	국외	코드
서울·인천·경기	DA	아시아	FA
대전·세종·충남·충북	DB	미주	FB
광주·전남·전북·제주	DC	유럽	FC
부산·울산·경남	DD	중동	FD
대구·경북	DE	아프리카	FE
강원	DF	기타지역	FF

① 196C4BCDFA ② 194B6CCCDB ③ 196C4BCDFD
④ 204B6CCDDB ⑤ 206C4BCDFA

기출 12' 5급㉠-인 난이도 ●●○

139 **다음 글과 〈사례〉에 근거할 때, 〈보기〉의 금액으로 바르게 연결된 것은?**

감세에 따른 세수 감소 총액을 계산하는 방식은 다음과 같은 두 가지가 사용될 수 있다.

- A방식: 감세안이 시행된 해부터 매년 전년도와 비교했을 때, 발생하는 감소분을 누적적으로 합계하는 방식
- B방식: 감세안이 시행된 해의 직전 연도를 기준년도로 하여 기준년도와 비교했을 때, 매년 발생하는 감소분을 누적적으로 합계하는 방식

사례

정부는 경기활성화를 위해 감세안을 만들어 2013년부터 시행하고자 한다. 감세 효과 파악을 위해 2015년까지 감세안에 따른 세수 변화 규모를 추산했다.

〈연도별 세수 총액〉

(단위: 원)

연도	세수 총액
2012	42조 5,000억
2013	41조 8,000억
2014	41조 4,000억
2015	41조 3,000억

보기

ㄱ. A방식에 따라 계산한 2013년의 세수 감소액은?
ㄴ. B방식에 따라 계산한 2014년까지의 세수 감소 총액은?
ㄷ. A방식, B방식에 따라 각각 계산한 2015년까지의 세수 감소 총액의 차이는?

	ㄱ	ㄴ	ㄷ
①	3,000억 원	1조 1,000억 원	1조 2,000억 원
②	3,000억 원	1조 8,000억 원	1조 8,000억 원
③	7,000억 원	1조 1,000억 원	1조 2,000억 원
④	7,000억 원	1조 8,000억 원	1조 2,000억 원
⑤	7,000억 원	1조 8,000억 원	1조 8,000억 원

140 다음 글에 근거할 때, 〈보기〉에서 옳게 추론한 것을 모두 고르면?

- LOFI(Little Out From Inside)는 한 지역 내에서 생산된 제품이 그 지역 내에서 소비된 비율을 의미한다. LOFI가 75 % 이상이면 해당 지역은 독립적인 시장으로 본다.
- A도, B도, C도, D도에는 각각 자도(自道)소주인 a소주, b소주, c소주, d소주를 생산하는 회사가 도별로 1개씩만 있다. 각 회사는 소주를 해당 도 내에서만 생산하지만, 판매는 다른 도에서도 할 수 있다.
- 다음 그림은 전체 지역의 지난 1년 간 도별 소주 생산량과 각 도 사이의 물류량을 표시한 것이다. 동그라미 안의 숫자는 각 도별 소주 생산량을 의미하고, 화살표는 이동의 방향을 나타낸다. 그리고 화살표 옆의 숫자는 소주의 이동량을 의미한다. 예를 들어 A도에서 B도를 향한 화살표의 40은 a소주의 이동량을 나타낸다.

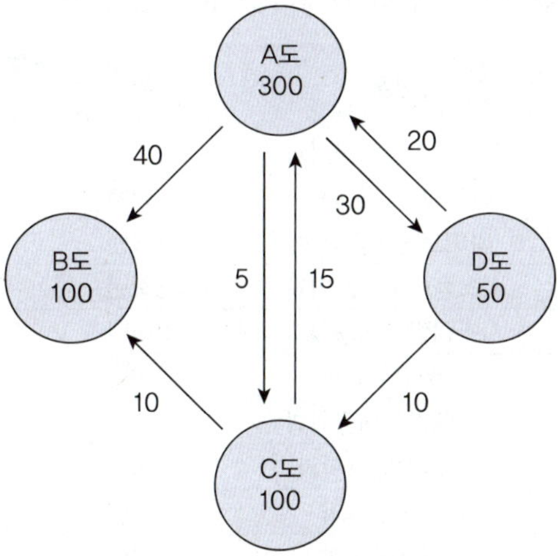

- 다만 D도의 d소주가 A도를 거쳐 B도에서 판매되는 것과 같이 2번 이상의 이동은 일어날 수 없다. 또한 1년 간 생산된 소주는 그 해에 모두 소비된다고 가정한다. 이 경우 자도소주의 LOFI를 구하는 공식은 다음과 같다.

$$\text{LOFI}_{\text{자도소주}}(\%) = \frac{\text{해당 도내 자도소주 소비량}}{\text{해당 도의 자도소주 생산량}} \times 100$$

〈보기〉

ㄱ. A도에서는 소주의 생산량보다 소비량이 더 많다.
ㄴ. A도와 B도가 하나의 도라면, 그 도는 독립적인 시장으로 볼 수 있다.
ㄷ. C도는 독립적인 시장으로 볼 수 없다.

① ㄱ ② ㄴ ③ ㄷ
④ ㄱ, ㄴ ⑤ ㄴ, ㄷ

난이도 ●○○

141 **○○대학교 공과대학에서는 다음 자료를 바탕으로 해외 교환학생 인원을 선정하려고 한다. 해외 교환학생 인원에 포함되지 않는 학생을 고르면?**

• 해외 교환학생을 다녀올 2, 3학년 학생은 총 4명이다.
• 1차 선발된 교환학생 신청자 중 직전학기 총학점 백분율이 높은 학생 순으로 2차 선발하되, 아래 조건을 모두 만족해야 한다.
 – 3학년 학생이 적어도 한 명 교환학생 인원에 포함되어야 한다.
 – 2학년이 선정되는 경우 같은 전공 3학년 학생이 같이 교환학생을 가야 한다.
 – 같은 전공의 3학년 학생이 2명 이상 교환학생을 갈 수 없다.
 – 외국어 능력 평가를 위해 TOEFL 점수가 70점 이상인 경우에만 선정될 수 있고, 교환학생을 가는 학생 중 적어도 한 명의 TOEFL 점수가 100점 이상이어야 한다.
 – 1차 선발된 교환학생 신청자의 정보는 다음과 같다.

학생	전공	학년	직전학기 총학점 백분율	TOEFL 점수
A	시스템반도체공학과	3학년	85점	72
B	바이오산업공학과	2학년	89점	65
C	바이오산업공학과	3학년	94점	79
D	시스템반도체공학과	3학년	82점	112
E	시스템반도체공학과	2학년	86점	82
F	천문우주학과	2학년	90점	103
G	시스템반도체공학과	2학년	91점	85
H	바이오산업공학과	2학년	95점	62
I	천문우주학과	3학년	93점	71
J	천문우주학과	3학년	92점	94

① A　　② C　　③ D
④ G　　⑤ I

난이도 ●○○

142 어느 대회에서는 참가자들에게 접수번호가 주어지는 데, 접수 순서대로 서로 다른 5개의 문자 가, 나, 다, 라, 마를 '가나다라마'부터 '마라다나가'까지 순서로 사전식 배열을 하여 부여하였다. 참가자들에게 부여된 접수번호는 〈접수번호 부여 현황〉과 같다.

접수번호 부여 현황

접수순서	접수번호
1	가나다라마
2	가나다마라
3	가나라다마
⋮	⋮
11	가다마나라
⋮	⋮
90	(ㄱ)
⋮	⋮

이때, 빈칸 (ㄱ)에 들어갈 접수번호를 고르면?

① 라나마가다　② 라나마다가　③ 라다가마나
④ 라다마가나　⑤ 라다마나가

기출 16' 5급㉿-6　난이도 ●○○

143 다음 〈설명〉을 근거로 〈수식〉을 계산한 값은?

설명

연산자 A, B, C, D는 다음과 같이 정의한다.

A: 좌우에 있는 두 수를 더한다. 단, 더한 값이 10 미만이면 좌우에 있는 두 수를 곱한다. (예 2 A 3 = 6)

B: 좌우에 있는 두 수 가운데 큰 수에서 작은 수를 뺀다. 단, 두 수가 같거나 뺀 값이 10 미만이면 두 수를 곱한다.

C: 좌우에 있는 두 수를 곱한다. 단, 곱한 값이 10 미만이면 좌우에 있는 두 수를 더한다.

D: 좌우에 있는 두 수 가운데 큰 수를 작은 수로 나눈다. 단, 두 수가 같거나 나눈 값이 10 미만이면 두 수를 곱한다.

※ 연산은 '( )', '{ }'의 순으로 한다.

수식

{(1 A 5) B (3 C 4)} D 6

① 10　② 12　③ 90
④ 210　⑤ 360

기출 11' 5급㉯-인 | 난이도 ●○○

144 **A국에서는 부동산을 매매·상속 등의 방법으로 취득하는 사람은 취득세, 농어촌특별세, 등록세, 지방교육세를 납부하여야 한다. 다음 글을 근거로 할 때, 자경농민인 甲이 공시지가 3억 5천만 원의 농지를 상속받아 주변농지의 시가 5억 원으로 신고한 경우, 甲이 납부하여야 할 세금액은? (단, 신고불성실가산세, 상속세, 증여세 등은 고려하지 않는다)**

• 부동산 취득시 납부하여야 할 세금의 산출방법 •

- 취득세는 부동산 취득 당시 가액에 2 %의 세율을 곱하여 산정한다. 다만 자경농민이 농지를 상속으로 취득하는 경우에는 취득세가 비과세된다. 그리고 농어촌특별세는 결정된 취득세액에 10 %의 세율을 곱하여 산정한다.
- 등록세는 부동산 취득 당시 가액에 0.8 %의 세율을 곱하여 산정한다. 다만 자경농민이 농지를 취득하는 때 등록세의 세율은 상속의 경우 취득가액의 0.3 %, 매매의 경우 1 %이다. 그리고 지방교육세는 결정된 등록세액에 20 %의 세율을 곱하여 산정한다.
- 부동산 취득 당시 가액은 취득자가 신고한 가액과 공시지가(시가표준액) 중 큰 금액으로 하며, 신고 또는 신고가액의 표시가 없는 때에는 공시지가를 과세표준으로 한다.

① 75만 원

② 126만 원

③ 180만 원

④ 280만 원

⑤ 1,280만 원

기출 15' 5급㉯-재 | 난이도 ●●○

145 **다음 글과 〈상황〉을 근거로 판단할 때, 甲과 乙의 최대 배상금액으로 모두 옳은 것은?**

A국의 층간소음 배상에 대한 기준은 아래와 같다.

• 층간소음 수인(受忍)한도
- 주간 최고소음도: 55 dB(A)
- 야간 최고소음도: 50 dB(A)
- 주간 등가소음도: 40 dB(A)
- 야간 등가소음도: 35 dB(A)

• 층간소음 배상 기준금액: 수인한도 중 하나라도 초과 시

피해기간	피해자 1인당 배상 기준금액
6개월 이내	500,000원
6개월 초과~1년 이내	650,000원
1년 초과~2년 이내	800,000원

• 배상금액 가산기준
(1) 주간 혹은 야간에 최고소음도와 등가소음도가 모두 수인한도를 초과한 경우에는 30 % 이내에서 가산
(2) 최고소음도 혹은 등가소음도가 주간과 야간에 모두 수인한도를 초과한 경우에는 30 % 이내에서 가산
(3) 피해자가 환자, 1세 미만 유아, 수험생인 경우에는 해당 피해자 개인에게 20 % 이내에서 가산

• 둘 이상의 가산기준에 해당하는 경우 기준금액을 기준으로 각각의 가산금액을 산출한 후 합산
예 피해기간은 3개월이고, 주간의 최고소음도와 등가소음도가 수인한도를 모두 초과하였고, 피해자가 1인이며 환자인 경우 최대 배상금액:
500,000원+(500,000원×0.3)+(500,000원×0.2)

※ 등가소음도: 변동하는 소음의 평균치

상황

• 아파트 위층에 사는 甲이 10개월 전부터 지속적으로 소음을 발생시키자, 아래층 부부는 문제를 제기하였다. 소음을 측정한 결과 주간과 야간 모두 최고소음도는 수인한도를 초과하지 않았으나, 주간 등가소음도는 45 dB(A)였으며, 야간 등가소음도는 38 dB(A)였다. 아래층 피해자 부부는 모두 가산기준 (3)에 해당되지 않는다.
• 아파트 위층에 사는 乙이 1년 6개월 전부터 야간에만 지속적으로 소음을 발생시키자, 아래층에 사는 가족은 문제를 제기하였다. 야간에 소음을 측정한 결과 등가소음도는 42 dB(A)였으며, 최고소음도는 52 dB(A)이었다. 아래층 피해자 가족은 4명이며, 그 중 수험생 1명만 가산기준 (3)에 해당된다.

	甲	乙
①	1,690,000원	4,320,000원
②	1,690,000원	4,160,000원
③	1,690,000원	3,840,000원
④	1,300,000원	4,320,000원
⑤	1,300,000원	4,160,000원

기출 15' 5급㉑-재 | 난이도 ●●○

146 다음 글을 근거로 판단할 때, 〈보기〉에서 방정식 $x^3+4x+2=0$의 표현으로 옳은 것만을 모두 고르면?

과거에는 방정식을 현재의 표현 방식과는 다르게 표현하였다.

카르다노는 x를 reb⁹라고 쓰고 x^3을 cub⁹라고 했으며 +를 p :과 같이 써서 $x^3+6x=18$을

cub⁹ p : 6reb⁹ aeq̄lis 18

이라고 했다.

스테빈은 $x^3+3=2x+6$을

1③ +3 egales á 2① +6

이라고 썼다. 여기서 egales á는 =를 나타낸다.

기랄드는 x를 (1), x^2을 (2), x^3을 (3)과 같이 사용했다.

즉, $x^3+21x^2+4=0$을

$$1(3)+21(2)+4=0$$

이라고 쓴 것이다.

헤리웃은 $x^3+3x=0$을

$$xxx+3\cdot x=0$$

과 같이 표현했다.

보기

ㄱ. 카르다노는 cub⁹ p : 4reb⁹ p : 2 aeq̄lis 0이라고 썼을 것이다.

ㄴ. 스테빈은 1③ +4① +2 egales á 0이라고 썼을 것이다.

ㄷ. 기랄드는 $1(2)+4(1)+2=0$이라고 썼을 것이다.

ㄹ. 헤리웃은 $xxx+4\cdot x+2=0$이라고 썼을 것이다.

① ㄱ, ㄷ

② ㄴ, ㄹ

③ ㄱ, ㄴ, ㄷ

④ ㄱ, ㄴ, ㄹ

⑤ ㄴ, ㄷ, ㄹ

147 다음 글과 〈상황〉을 근거로 판단할 때, 〈보기〉에서 옳은 것만을 모두 고르면?

여러 가지 성분으로 구성된 물질을 조성물이라고 한다. 조성물을 구성하는 각 성분의 양은 일정한 범위 내에 있고, 이는 각 성분의 '중량%' 범위로 표현할 수 있다. 중량% 범위의 최솟값을 최소성분량, 최댓값을 최대성분량이라고 한다.

다음 중 어느 하나에라도 해당되는 조성물을 '불명확'하다고 한다.

- 모든 성분의 최소성분량의 합이 100 중량%를 초과하는 경우
- 모든 성분의 최대성분량의 합이 100 중량%에 미달하는 경우
- 어느 한 성분의 최소성분량과 나머지 모든 성분의 최대성분량의 합이 100 중량%에 미달하는 경우
- 어느 한 성분의 최대성분량과 나머지 모든 성분의 최소성분량의 합이 100 중량%를 초과하는 경우

〈상황〉

조성물 甲은 성분 A, B, C, D, E만으로 구성되어 있고, 각각의 최소성분량과 최대성분량은 다음과 같다.

(단위: 중량%)

성분	최소성분량	최대성분량
A	5	10
B	25	30
C	10	20
D	20	40
E	x	y

〈보기〉

ㄱ. x가 4이고 y가 10인 경우, 조성물 甲은 불명확하다.
ㄴ. x가 10이고 y가 20인 경우, 조성물 甲은 불명확하다.
ㄷ. x가 25이고 y가 26인 경우, 조성물 甲은 불명확하다.
ㄹ. x가 20이고 y가 x보다 크고 40보다 작은 경우, 조성물 甲은 불명확하지 않다.

① ㄱ, ㄴ
② ㄱ, ㄷ
③ ㄴ, ㄹ
④ ㄱ, ㄷ, ㄹ
⑤ ㄴ, ㄷ, ㄹ

기출 19' 5급㉻-다 난이도 ●○○

148 다음 〈국내 대학(원) 재학생 학자금 대출 조건〉을 근거로 판단할 때, 〈보기〉에서 옳은 것만을 모두 고르면? (단, 甲~丙은 국내 대학(원)의 재학생이다)

〈국내 대학(원) 재학생 학자금 대출 조건〉

구분		X학자금 대출	Y학자금 대출
신청 대상	신청 연령	• 35세 이하	• 55세 이하
	성적 기준	• 직전 학기 12학점 이상 이수 및 평균 C학점 이상(단, 장애인, 졸업학년인 경우 이수학점 기준 면제)	• 직전 학기 12학점 이상 이수 및 평균 C학점 이상(단, 대학원생, 장애인, 졸업학년인 경우 이수학점 기준 면제)
	가구소득 기준	• 소득 1~8분위	• 소득 9, 10분위
	신용 요건	• 제한 없음	• 금융채무불이행자, 저신용자 대출 불가
대출 한도	등록금	• 학기당 소요액 전액	• 학기당 소요액 전액
	생활비	• 학기당 150만 원	• 학기당 100만 원
상환 사항	상환 방식 (졸업 후)	• 기준소득을 초과하는 소득 발생 이전: 유예 • 기준소득을 초과하는 소득 발생 이후: 기준소득 초과분의 20 %를 원천 징수 ※ 기준소득: 연 □천만 원	• 졸업 직후 매월 상환 • 원금균등분할상환과 원리금균등분할상환 중 선택

보기

ㄱ. 34세로 소득 7분위인 대학생 甲이 직전 학기에 14학점을 이수하여 평균 B학점을 받았을 경우 X학자금 대출을 받을 수 있다.

ㄴ. X학자금 대출 대상이 된 乙의 한 학기 등록금이 300만 원일 때, 한 학기당 총 450만 원을 대출받을 수 있다.

ㄷ. 50세로 소득 9분위인 대학원생 丙(장애인)은 신용 요건에 관계없이 Y학자금 대출을 받을 수 있다.

ㄹ. 대출금액이 동일하고 졸업 후 소득이 발생하지 않았다면, X학자금 대출과 Y학자금 대출의 매월 상환금액은 같다.

① ㄱ, ㄴ　　② ㄱ, ㄷ

③ ㄷ, ㄹ　　④ ㄱ, ㄴ, ㄹ

⑤ ㄴ, ㄷ, ㄹ

기출 11' 5급㉥-인 | 난이도 ●●○

149 다음 규정과 서울에서 대전으로 출장을 다녀온 〈甲의 지출내역〉에 근거하였을 때, 甲이 정산받는 여비의 총액은?

제00조(여비의 종류) 여비는 운임·숙박비·식비·일비 등으로 구분한다.

1. 운임: 여행 목적지로 이동하기 위해 교통수단을 이용함에 있어 소요되는 비용을 충당하기 위한 여비
2. 숙박비: 여행 중 숙박에 소요되는 비용을 충당하기 위한 여비
3. 식비: 여행 중 식사에 소요되는 비용을 충당하기 위한 여비
4. 일비: 여행 중 출장지에서 소요되는 교통비 등 각종 비용을 충당하기 위한 여비

제00 조(운임의 지급) ① 운임은 철도운임·선박운임·항공운임으로 구분한다.
② 국내 철도운임은 [별표 1]에 따라 지급한다.

제00조(일비·숙박비·식비의 지급) ① 국내 여행자의 일비·숙박비·식비는 [별표 1]에 따라 지급한다.
② 일비는 여행일수에 따라 지급한다.
③ 숙박비는 숙박하는 밤의 수에 따라 지급한다. 다만, 출장기간이 2일 이상인 경우에 지급액은 출장기간 전체의 총액한도 내 실비로 계산한다.
④ 식비는 여행일수에 따라 지급한다.

[별표 1] 국내 여비 지급표

(단위: 원)

철도 운임	선박 운임	항공 운임	일비 (1일당)	숙박비 (1박당)	식비 (1일당)
실비 (일반실)	실비 (2등급)	실비	20,000	실비 (상한액: 40,000)	20,000

〈甲의 지출내역〉

(단위: 원)

항 목	1일차	2일차	3일차
KTX 운임(일반실)	20,000		20,000
대전 시내 버스요금	5,000	10,000	2,000
대전 시내 택시요금			10,000
식비	10,000	30,000	10,000
숙박비	45,000	30,000	

① 182,000원
② 187,000원
③ 192,000원
④ 230,000원
⑤ 235,000원

기출 11' 5급㉯-인 | 난이도 ●●○

150 다음 〈관세 관련 규정〉에 따를 때, 甲이 전자기기의 구입으로 지출한 총 금액은?

관세 관련 규정

- 물품을 수입할 경우 과세표준에 품목별 관세율을 곱한 금액을 관세로 납부해야 한다. 단, 과세표준이 15만 원 미만이고, 개인이 사용할 목적으로 수입하는 물건에 대해서는 관세를 면제한다.
- 과세표준은 판매자에게 지급한 물품가격, 미국에 납부한 세금, 미국 내 운송료, 미국에서 한국까지의 운송료를 합한 금액을 원화로 환산한 금액으로 한다. 단, 미국에서 한국까지의 운송료는 실제 지불한 운송료가 아닌 다음의 〈국제선편요금〉을 적용한다.

〈국제선편요금〉

중량	0.5 kg~1 kg미만	1 kg~1.5 kg미만
금액(원)	10,000	15,000

- 과세표준 환산 시 환율은 관세청장이 정한 '고시환율'에 따른다.
(현재 고시환율: ₩1,100 / $)

甲의 구매 내역

한국에서 甲은 개인이 사용할 목적으로 미국 소재 인터넷 쇼핑몰에서 물품가격과 운송료를 지불하고 전자기기를 구입했다.

- 전자기기 가격: $120
- 미국에서 한국까지의 운송료: $30
- 지불시 적용된 환율: ₩1,200 / $
- 전자기기 중량: 0.9 kg
- 전자기기에 적용되는 관세율: 10 %
- 미국 내 세금 및 미국 내 운송료는 없다.

① 142,000원
② 156,200원
③ 180,000원
④ 181,500원
⑤ 198,000원

Day 5 **Self Check List**

	오답 수	무응답 수	풀이시간(분)
1회독	/ 30	/ 30	/ 60(분)
2회독	/ 30	/ 30	/ 45(분)
3회독	/ 30	/ 30	/ 35(분)

정답 및 해설 150p

독끝 6일차 (151~180)

난이도별 구성
- ●○○ 16문항
- ●●○ 11문항
- ●●● 3문항

본 문항은 PSAT 상황판단 영역 기출 문항으로 구성되며, 기출 표기에 따른 시험 종류는 아래와 같습니다. (표기 상 맨 끝은 '책형' 입니다.)
㉺ – 민간경력자 일괄채용시험 / ㉻ – 공개경쟁채용시험(행정)

6일차 일일연습

Set ❶

다음 문장을 논리기호로 표현한 것이 맞으면 O, 틀리면 X로 표시하세요.

(1) 외교부 직원은 국어는 못하고, 영어는 잘한다. ▶ (외교부직원) → {~(국어) ∧ (영어)} ⇔ {(국어) ∨ ~(영어)} → ~(외교부직원)
(2) A가 졸업하면 B도 졸업하고, B가 졸업하면 A도 졸업한다. ▶ (A → B) ∧ (B → A) ⇔ A ↔ B
(3) 부자이면서, 가족이 있다면, 행복을 느끼게 된다. ▶ {(부자) ∧ (가족)} → (행복) ⇔ {(부자) → (행복)} ∧ {(가족) → (행복)}
(4) 나는 동물도 아니고 식물도 아니다. ▶ (나) → {~(동물) ∨ ~(식물)} ⇔ {(동물) ∧ (식물)} → ~(나)

Set ❷

표의 빈 칸에 들어갈 것을 구하시오. (참, 거짓)

a	b	a ∧ b	a → b
참	(1)	거짓	거짓
거짓	거짓	거짓	(2)
참	(3)	참	참
거짓	참	(4)	참

Set ❸

아래〈조건〉을 확인 후, 각 질문에 답하시오.

〈조건〉 9~15까지 숫자 버튼으로 구성된 자물쇠가 있다. 자물쇠의 안전성은 자물쇠를 풀기 위해 가능한 비밀번호의 경우의 수가 많을수록 높아진다.

(1) 버튼을 누르는 순서와 상관없을 때, 자물쇠의 안전성을 극대화하는 비밀번호 자리 수는?
(2) 위 (1)의 경우, 비밀번호 경우의 수는?
(3) 버튼을 누르는 순서까지 고려될 때, 위 (1)의 경우보다 자물쇠의 안전성이 높아지는 건 비밀번호를 몇 자리로 설정할 때부터인가?
(4) 위 (3)의 경우, 비밀번호 경우의 수는?

	Set ❶	Set ❷	Set ❸
(1)	O	거짓	3 또는 4자리
(2)	O	참	35가지
(3)	X	참	2자리
(4)	X	거짓	42가지

※ 참고사항

문장	논리기호	문장	논리기호
p이다.	p	• 어떤 p는 q이다. • p이면서 q이다. • p그리고 q이다.	p ∧ q
p가 아니다.	~p	• p이거나 q이다. • p 또는 q이다.	p ∨ q
• 모든 p는 q이다. • p이면 q이다.	p → q	• 'p또는 q'가 아니다. • p도 아니고 q도 아니다.	~(p ∨ q)

• "⇔" : 필요충분조건 또는 동치를 나타내는 논리기호
• 연언명제 (p ∧ q) : 모두 참일때만 참
• 선언명제 (p ∨ q) : 모두 거짓일 때만 거짓
• 가언명제 (p → q) : 전건이 참, 후건이 거짓일 때만 거짓

	맞은 개수	풀이 시간
Set ❶	/ 4	(초)
Set ❷	/ 4	(초)
Set ❸	/ 4	(초)
합계	/ 12	(초)

* 다음의 회독수 별 권장풀이시간에 맞춰 문제풀이 후, Day 6 끝의 [Self Check List]를 기입하여 부족한 부분을 파악하세요!

권장 풀이 시간: 1회독 60 min / 2회독 45 min / 3회독 35 min

난이도 ●○○

151 **다음 [표]와 〈조건〉은 선수들의 현황과 경기 출전에 관한 자료이다. 이를 바탕으로 함께 단체전 경기에 출전할 수 있는 선수의 조합으로 가능한 것을 고르면?**

[표]

선수	경력	출전경험	경기 당일 개인 경기	특이사항
보배	10년 이상	2016올림픽	없음	부상 있음
진혁	10년 이상	없음	16시 20분	없음
혜진	5~10년	2016올림픽	16시 50분	없음
우진	5~10년	2017세계선수권	16시 40분	없음
안산	5년 미만	2017세계선수권	16시 35분	부상 있음

조건

- 5명의 선수 중 3명이 단체전 경기에 출전을 하며, 8시에 숙소에서 출발하여 8시간 후에 숙소에 복귀한다.
- 숙소 복귀 시간보다 이른 시간에 개인 경기에 출전하는 선수는 단체전 경기에 출전할 수 없다.
- 출전 인원 중 적어도 한 명은 올림픽 출전경험이 있어야 한다.
- 출전 인원에 부상이 있는 선수가 포함되면 숙소 복귀 시간이 30분 늦춰진다.
- 출전 인원에는 10년 이상 경력 선수가 적어도 한 명 포함되어야 한다.
- 5~10년 경력 선수가 출전을 하면 5년 미만 경력 선수도 반드시 출전을 해야 한다.
- 주어진 〈조건〉 외에는 고려하지 않는다.

① 보배, 진혁, 안산
② 보배, 혜진, 안산
③ 진혁, 혜진, 우진
④ 진혁, 우진, 안산
⑤ 혜진, 우진, 안산

난이도

152 어느 초등학교의 방과 후 수업은 피아노, 발레, 축구, 미술, 코딩 5 가지로, 학생들은 이 중에서 하나 이상을 신청해야 한다. 다음 〈조건〉의 명제가 모두 참일 때, 항상 옳은 것을 고르면?

조건

- 피아노 수업을 신청한 학생은 축구 수업을 신청하지 않았다.
- 미술 수업을 신청한 학생은 발레 수업을 신청하였고, 코딩 수업은 신청하지 않았다.
- 미술 수업을 신청하지 않은 학생은 피아노를 신청하였다.

① 코딩 수업을 신청한 학생은 축구 수업을 신청하지 않았다.
② 발레 수업을 신청한 학생은 축구 수업을 신청하였다.
③ 미술 수업을 신청한 학생은 축구 수업을 신청하지 않았다.
④ 발레 수업을 신청한 학생은 코딩 수업을 신청하지 않았다.
⑤ 코딩 수업을 신청한 학생은 피아노 수업을 신청하지 않았다.

기출 19' 5급㉷-나 난이도 ●●○

153 **다음 글과 〈상황〉을 근거로 판단할 때 옳은 것은?**

○○시는 A정류장을 출발지로 하는 40인승 시내버스를 운영하고 있다. 승객은 정류장에서만 시내버스에 승·하차할 수 있다. 또한 시내버스는 좌석제로 운영되어 버스에 빈 좌석이 없는 경우 승객은 더 이상 승차할 수 없으며, 탑승객 1인은 1개의 좌석을 차지한다.

한편 ○○시는 애플리케이션을 통해 시내버스의 구간별 혼잡도 정보를 제공한다. 탑승객이 0~5명일 때는 '매우쾌적', 6~15명일 때는 '쾌적', 16~25명일 때는 '보통', 26~35명일 때는 '혼잡', 36~40명일 때는 '매우혼잡'으로 표시된다.

구간별 혼잡도는 시내버스의 한 정류장에서 다음 정류장까지 탑승객의 수를 측정하여 표시한다. 예를 들어 'A – B' 구간의 혼잡도는 A정류장에서 출발한 후 B정류장에 도착하기 전까지 탑승객의 수에 따라 표시된다.

※ 버스기사는 고려하지 않는다.

상황

A정류장에서 07:00에 출발한 시내버스의 〈승·하차내역〉과 〈구간별 혼잡도 정보〉는 다음과 같다.

〈승·하차내역〉

정류장	승차(명)	하차(명)
A	20	0
B	(㉠)	10
C	5	(　　)
D	(　　)	10
E	15	(　　)
F	0	(　　)

※ 승·하차는 동시에 이루어진다.

〈구간별 혼잡도 정보〉

구간	표시
A – B	(㉡)
B – C	매우혼잡
C – D	매우혼잡
D – E	(㉢)
E – F	보통

① C정류장에서 하차한 사람은 아무도 없다.

② E정류장에서 하차한 사람은 10명 이하이다.

③ ㉠에 들어갈 수 있는 최솟값과 최댓값의 합은 55이다.

④ ㉡은 혼잡이다.

⑤ ㉢은 혼잡 또는 매우 혼잡이다.

기출 12' 5급㉥-인 난이도 ●○○

154 다음 〈표〉를 근거로 할 때, 〈보기〉에서 옳은 것을 모두 고르면?

〈표〉 원산지 표시방법

구분	표시방법
(가) 돼지고기, 닭고기, 오리고기	육류의 원산지 등은 국내산과 수입산으로 구분하고, 다음 항목의 구분에 따라 표시한다. 1) 국내산의 경우 괄호 안에 '국내산'으로 표시한다. 다만 수입한 돼지를 국내에서 2개월 이상 사육한 후 국내산으로 유통하거나, 수입한 닭 또는 오리를 국내에서 1개월 이상 사육한 후 국내산으로 유통하는 경우에는 '국내산'으로 표시하되, 괄호 안에 축산물명 및 수입국가명을 함께 표시한다. [예시] 삼겹살(국내산), 삼계탕 국내산(닭, 프랑스산), 훈제오리 국내산(오리, 일본산) 2) 수입산의 경우 수입국가명을 표시한다. [예시] 삼겹살(독일산) 3) 원산지가 다른 돼지고기 또는 닭고기를 섞은 경우 그 사실을 표시한다. [예시] 닭갈비(국내산과 중국산을 섞음)
(나) 배달을 통하여 판매·제공되는 닭고기	1) 조리한 닭고기를 배달을 통하여 판매·제공하는 경우, 그 조리한 음식에 사용된 닭고기의 원산지를 포장재에 표시한다. 2) 1)에 따른 원산지 표시는 위 (가)의 기준에 따른다. [예시] 찜닭(국내산), 양념치킨(브라질산)

※ 수입국가명은 우리나라에 축산물을 수출한 국가명을 말한다.

보기

ㄱ. 국내산 돼지고기와 프랑스산 돼지고기를 섞은 돼지갈비를 유통할 때, '돼지갈비(국내산과 프랑스산을 섞음)'로 표시한다.

ㄴ. 덴마크산 돼지를 수입하여 1개월 간 사육한 후 그 삼겹살을 유통할 때, '삼겹살 국내산(돼지, 덴마크산)'으로 표시한다.

ㄷ. 중국산 훈제오리를 수입하여 2개월 후 유통할 때, '훈제오리 국내산(오리, 중국산)'으로 표시한다.

ㄹ. 국내산 닭을 이용하여 양념치킨으로 조리한 후 배달 판매할 때, '양념치킨(국내산)'으로 표시한다.

① ㄱ, ㄴ　② ㄱ, ㄹ　③ ㄴ, ㄷ
④ ㄱ, ㄷ, ㄹ　⑤ ㄴ, ㄷ, ㄹ

기출 15' 5급㉤-재 | 난이도 ●●○

155 다음 〈정렬 방법〉을 근거로 판단할 때, 〈정렬 대상〉에서 두 번째로 위치를 교환해야 하는 두 수로 옳은 것은?

정렬 방법

아래는 정렬되지 않은 여러 개의 서로 다른 수를 작은 것에서 큰 것 순으로 정렬하는 방법이다.

(1) 가로로 나열된 수 중 가장 오른쪽의 수를 피벗(pivot)이라 하며, 나열된 수에서 제외시킨다.

예 나열된 수가 5, 3, 7, 1, 2, 6, 4라고 할 때, 4가 피벗이고 남은 수는 5, 3, 7, 1, 2, 6이다.

(2) 피벗보다 큰 수 중 가장 왼쪽의 수를 찾는다.

예 5, 3, 7, 1, 2, 6에서는 5이다.

(3) 피벗보다 작은 수 중 가장 오른쪽의 수를 찾는다.

예 5, 3, 7, 1, 2, 6에서는 2이다.

(4) (2)와 (3)에서 찾은 두 수의 위치를 교환한다.

예 5와 2를 교환하여(첫 번째 위치 교환) 2, 3, 7, 1, 5, 6이 된다.

(5) 피벗보다 작은 모든 수가 피벗보다 큰 모든 수보다 왼쪽에 위치할 때까지 (2)~(4)의 과정을 반복한다.

예 2, 3, 7, 1, 5, 6에서 7은 피벗 4보다 큰 수 중 가장 왼쪽의 수이며, 1은 피벗 4보다 작은 수 중 가장 오른쪽의 수이다. 이 두 수를 교환하면(두 번째 위치 교환) 2, 3, 1, 7, 5, 6이 되어, 피벗 4보다 작은 모든 수는 피벗 4보다 큰 모든 수보다 왼쪽에 있다.

⋮

(후략)

정렬 대상

15, 22, 13, 27, 12, 10, 25, 20

① 15와 10

② 20과 13

③ 22와 10

④ 25와 20

⑤ 27과 12

기출 15' 5급㉤-재 | 난이도 ●●○

156 다음 글을 근거로 판단할 때, 〈보기〉에서 옳은 것만을 모두 고르면?

거짓말 탐지기는 진술 내용의 참, 거짓을 판단하는 장치이다. 거짓말 탐지기의 정확도(%)는 탐지 대상이 되는 진술이 참인 것을 [참]으로, 거짓인 것을 [거짓]으로 옳은 판단을 내릴 확률을 의미하며, 참인 진술과 거짓인 진술 각각에 대하여 동일한 정확도를 나타낸다. 甲이 사용하는 거짓말 탐지기의 정확도는 80 %이다.

〈보기〉

ㄱ. 탐지 대상이 되는 진술이 총 100건이라면, 甲의 거짓말 탐지기는 20건에 대하여 옳지 않은 판단을 내릴 가능성이 가장 높다.
ㄴ. 탐지 대상이 되는 진술 100건 가운데 참인 진술이 20건이라면, 甲의 거짓말 탐지기가 이 100건 중 [참]으로 판단하는 것은 총 32건일 가능성이 가장 높다.
ㄷ. 탐지 대상이 되는 진술 100건 가운데 참인 진술이 10건인 경우, 甲이 사용하는 거짓말 탐지기의 정확도가 높아진다면 이 100건 중 [참]으로 판단하는 진술이 많아진다.
ㄹ. 거짓말 탐지기의 정확도가 90 %이고 탐지 대상이 되는 진술 100건 가운데 참인 진술이 10건인 경우, 탐지기가 18건을 [참]으로 판단했다면 그 중 거짓인 진술이 9건일 가능성이 가장 높다.

① ㄱ, ㄴ
② ㄱ, ㄷ
③ ㄱ, ㄴ, ㄹ
④ ㄱ, ㄷ, ㄹ
⑤ ㄴ, ㄷ, ㄹ

157 다음 글을 근거로 판단할 때 옳은 것은?

전문가 6명(A~F)의 〈회의 참여 가능 시간〉과 〈회의 장소 선호도〉를 반영하여, 〈조건〉을 충족하는 회의를 월~금요일 중 개최하려 한다.

〈회의 참여 가능 시간〉

전문가 \ 요일	월	화	수	목	금
A	13:00~16:20	15:00~17:30	13:00~16:20	15:00~17:30	16:00~18:30
B	13:00~16:10	–	13:00~16:10	–	16:00~18:30
C	16:00~19:20	14:00~16:20	–	14:00~16:20	16:00~19:20
D	17:00~19:30	–	17:00~19:30	–	17:00~19:30
E	–	15:00~17:10	–	15:00~17:10	–
F	16:00~19:20	–	16:00~19:20	–	16:00~19:20

※ –: 참여 불가

〈회의 장소 선호도〉

(단위: 점)

장소 \ 전문가	A	B	C	D	E	F
가	5	4	5	6	7	5
나	6	6	8	6	8	8
다	7	8	5	6	3	4

조건

- 전문가 A~F 중 3명 이상이 참여할 수 있어야 회의 개최가 가능하다.
- 회의는 1시간 동안 진행되며, 회의 참여자는 회의 시작부터 종료까지 자리를 지켜야 한다.
- 회의 시간이 정해지면, 해당 일정에 참여 가능한 전문가들의 선호도를 합산하여 가장 높은 점수가 나온 곳을 회의 장소로 정한다.

① 월요일에는 회의를 개최할 수 없다.
② 금요일 16시에 회의를 개최할 경우 회의 장소는 '가'이다.
③ 금요일 18시에 회의를 개최할 경우 회의 장소는 '다'이다.
④ A가 반드시 참여해야 할 경우 목요일 16시에 회의를 개최할 수 있다.
⑤ C, D를 포함하여 4명 이상이 참여해야 할 경우 금요일 17시에 회의를 개최할 수 있다.

158 **다음 글을 근거로 판단할 때 옳은 것은?**

□□학과는 지망자 5명(A~E) 중 한 명을 교환학생으로 추천하기 위하여 각각 5회의 평가를 실시하고, 그 결과에 바탕을 둔 추첨을 하기로 했다. 평가 및 추첨 방식과 현재까지 진행된 평가 결과는 아래와 같다.

- 매 회 100점 만점으로 10점 단위의 점수를 매기며, 100점을 얻은 지망자에게는 5장의 카드, 90점을 얻은 지망자에게는 2장의 카드, 80점을 얻은 지망자에게는 1장의 카드를 부여한다. 70점 이하를 얻은 지망자에게는 카드를 부여하지 않는다.
- 5회차 평가 이후 각 지망자는 자신이 받은 모든 카드에 본인의 이름을 적고, 추첨함에 넣는다. 다만 5번의 평가의 총점이 400점 미만인 지망자는 본인의 카드를 추첨함에 넣지 못한다.
- □□학과장은 추첨함에서 한 장의 카드를 무작위로 뽑아 카드에 이름이 적힌 지망자를 □□학과의 교환학생으로 추천한다.

〈평가 결과〉

(단위: 점)

구분	1회	2회	3회	4회	5회
A	90	90	90	90	
B	80	80	70	70	
C	90	70	90	70	
D	70	70	70	70	
E	80	80	90	80	

① A가 5회차 평가에서 80점을 얻더라도 다른 지망자의 점수에 관계없이 추천될 확률이 가장 높다.
② B가 5회차 평가에서 90점을 얻는다면 적어도 D보다는 추천될 확률이 높다.
③ C가 5회차 평가에서 카드를 받지 못하더라도 B보다는 추천될 확률이 높다.
④ D가 5회차 평가에서 100점을 받고 다른 지망자가 모두 80점을 받는다면 D가 추천될 확률은 세 번째로 높다.
⑤ E가 5회차 평가에서 카드를 받지 못하더라도 E는 추첨 대상에 포함될 수 있다.

기출 16' 5급㉥-6 난이도 ●●○

159 다음 글과 〈평가 결과〉를 근거로 판단할 때, 〈보기〉에서 옳은 것만을 모두 고르면?

X국에서는 현재 정부 재정지원을 받고 있는 복지시설(A~D)을 대상으로 다섯 가지 항목(환경개선, 복지관리, 복지지원, 복지성과, 중장기 발전계획)에 대한 종합적인 평가를 진행하였다.

평가점수의 총점은 각 평가항목에 대해 해당 시설이 받은 점수와 해당 평가항목별 가중치를 곱한 것을 합산하여 구하고, 총점 90점 이상은 1등급, 80점 이상 90점 미만은 2등급, 70점 이상 80점 미만은 3등급, 70점 미만은 4등급으로 한다.

평가 결과, 1등급 시설은 특별한 조치를 취하지 않으며, 2등급 시설은 관리 정원의 5 %를, 3등급 이하 시설은 관리 정원의 10 %를 감축해야 하고, 4등급을 받으면 정부의 재정지원도 받을 수 없다.

〈평가 결과〉

평가항목 (가중치)	A시설	B시설	C시설	D시설
환경개선 (0.2)	90	90	80	90
복지관리 (0.2)	95	70	65	70
복지지원 (0.2)	95	70	55	80
복지성과 (0.2)	95	70	60	60
중장기 발전계획 (0.2)	90	95	50	65

보기

ㄱ. A시설은 관리 정원을 감축하지 않아도 된다.

ㄴ. B시설은 관리 정원을 감축해야 하나 정부의 재정지원은 받을 수 있다.

ㄷ. 만약 평가항목에서 환경개선의 가중치를 0.3으로, 복지성과의 가중치를 0.1로 바꾼다면 C시설은 정부의 재정지원을 받을 수 있다.

ㄹ. D시설은 관리 정원을 감축해야 하고 정부의 재정지원도 받을 수 없다.

① ㄱ, ㄴ
② ㄴ, ㄹ
③ ㄷ, ㄹ
④ ㄱ, ㄴ, ㄷ
⑤ ㄱ, ㄷ, ㄹ

기출 16' 5급㉯-6 난이도 ●●●

160 **다음 글을 근거로 판단할 때 옳지 않은 것은?**

甲은 〈가격표〉를 참고하여 〈조건〉에 따라 동네 치킨 가게(A~D)에서 치킨을 배달시켰다.

• 조건 •

조건 1. 프라이드치킨, 양념치킨, 간장치킨을 한 마리씩 주문한다.
조건 2. 동일한 가게에 세 마리를 주문하지 않는다.
조건 3. 주문금액(치킨 가격 + 배달료)의 총 합계가 최소가 되도록 한다.

〈가격표〉

(단위: 원)

동네 치킨 가게	치킨 가격 (마리당 가격)			배달료	배달가능 최소금액
	프라이드치킨	양념치킨	간장치킨		
A	7,000	8,000	9,000	0	10,000
B	7,000	7,000	10,000	2,000	5,000
C	5,000	8,000	8,000	1,000	7,000
D	8,000	8,000	8,000	1,000	5,000

※ 배달료는 가게당 한 번만 지불한다.

① A가게에는 주문하지 않았다.
② 총 주문금액은 23,000원이다.
③ 주문이 가능한 경우의 조합은 총 네 가지이다.
④ B가게가 휴업했더라도 총 주문금액은 달라지지 않는다.
⑤ '조건 2'를 고려하지 않는다면 총 주문금액은 22,000원이다.

문항편 6일차 • 문제해결 + 자원관리능력

난이도 ●○○

161 어느 회의 시간에 5명의 직원 중 2명이 지각을 하였고, 이 상황에 대하여 다음 〈대화〉와 같이 이야기를 나누고 있다. 5명의 직원 중 3명은 반드시 참을, 2명은 반드시 거짓을 말한다고 할 때, 지각을 하고 참을 말하는 직원을 고르면?

• 대화 •

- 일순: 오환은 지각을 하지 않았어.
- 이수: 나와 일순은 지각을 하지 않았어.
- 삼식: 일순은 거짓을 말하고 있고, 사림이 지각을 했어.
- 사림: 일순이가 지각을 했어.
- 오환: 나는 지각을 했어.

---

① 일순
② 이수
③ 삼식
④ 사림
⑤ 오환

기출 14' 5급(민)-C 난이도 ●○○

162 다음 숫자 배열 (가)~(다)의 공통적인 특성만을 〈보기〉에서 모두 고르면?

(가) 2, 3, 6, 7, 8
(나) 1, 4, 5, 6, 9
(다) 6, 5, 8, 3, 9

• 보기 •

ㄱ. 홀수 다음에 홀수가 연이어 오지 않는다.
ㄴ. 짝수 다음에 짝수가 연이어 오지 않는다.
ㄷ. 동일한 숫자는 반복하여 사용되지 않는다.
ㄹ. 어떤 숫자 바로 다음에는 그 숫자의 배수가 오지 않는다.

① ㄱ, ㄴ
② ㄴ, ㄷ
③ ㄴ, ㄹ
④ ㄷ, ㄹ
⑤ ㄱ, ㄷ, ㄹ

기출 18' 5급㉥-가 | 난이도 ●●○

163 다음 <상황>을 근거로 판단할 때, <보기>에서 옳은 것만을 모두 고르면?

상황

- A 위원회는 12명의 위원으로 구성되며, 위원 중에서 위원장을 선출한다.
- 12명의 위원은 자신을 제외한 11명 중 서로 다른 2명에게 1표씩 투표하여 최다 득표자를 위원장으로 결정한다.
- 최다 득표자가 여러 명인 경우 추첨을 통해 이들 중 1명을 위원장으로 결정한다.

※ 기권 및 무효표는 없다.

보기

ㄱ. 득표자 중 5표를 얻은 위원이 존재하고 추첨을 통해 위원장이 결정되었다면, 득표자는 3명 이하이다.

ㄴ. 득표자가 총 3명이고 그 중 1명이 7표를 얻었다면, 위원장을 추첨으로 결정하지 않아도 된다.

ㄷ. 득표자 중 최다 득표자가 8표를 얻었고 추첨 없이 위원장이 결정되었다면, 득표자는 4명 이상이다.

① ㄴ　② ㄷ　③ ㄱ, ㄴ
④ ㄱ, ㄷ　⑤ ㄴ, ㄷ

기출 12' 5급㉯-인 | 난이도 ●●●

164 **다음의 〈커피의 종류〉, 〈은희의 취향〉 및 〈오늘 아침의 상황〉으로 판단할 때, 오늘 아침에 은희가 주문할 커피는?**

〈커피의 종류〉

에스프레소		카페 아메리카노	
	• 에스프레소		• 에스프레소 • 따뜻한 물
카페 라떼		**카푸치노**	
	• 에스프레소 • 데운 우유		• 에스프레소 • 데운 우유 • 우유거품
카페 비엔나		**카페 모카**	
	• 에스프레소 • 따뜻한 물 • 휘핑크림		• 에스프레소 • 초코시럽 • 데운 우유 • 휘핑크림

• 은희의 취향 •

- 배가 고플 때에는 데운 우유가 들어간 커피를 마신다.
- 다른 음식과 함께 커피를 마실 때에는 데운 우유를 넣지 않는다.
- 스트레스를 받으면 휘핑크림이나 우유거품을 추가한다.
- 피곤하면 휘핑크림이 들어간 경우에 한하여 초코시럽을 추가한다.

• 오늘 아침의 상황 •

출근을 하기 위해 지하철을 탄 은희는 꽉 들어찬 사람들 사이에서 스트레스를 받으며 내리기만을 기다리고 있었다. 목적지에 도착한 은희는 커피를 마시며 기분을 달래기 위해 커피 전문점에 들렀다. 아침식사를 하지 못해 배가 고프고 고된 출근길에 피곤하지만, 시간 여유가 없어 오늘 아침은 커피만 마실 생각이다. 그런데 은희는 요즘 체중이 늘어 휘핑크림은 넣지 않기로 하였다.

① 카페 라떼
② 카페 아메리카노
③ 카푸치노
④ 카페 모카
⑤ 카페 비엔나

기출 21' 5급㉻-가 | 난이도 ●●○

165 다음 글을 근거로 판단할 때, ㉠과 ㉡을 옳게 짝지은 것은?

• 甲회사는 재고를 3개의 창고 A, B, C에 나누어 관리하며, 2020년 1월 1일자 재고는 A창고 150개, B창고 100개, C창고 200개였다.
• 2020년 상반기 입·출고기록은 다음 표와 같으며, 재고는 입고 및 출고에 의해서만 변화한다.

입고기록				출고기록			
일자 \ 창고	A	B	C	일자 \ 창고	A	B	C
3월 4일	50	80	0	2월 18일	30	20	10
4월 10일	0	25	10	3월 27일	10	30	60
5월 11일	30	0	0	4월 13일	20	0	15

• 2020년 5월 25일 하나의 창고에 화재가 발생하여 그 창고 안에 있던 재고 전부가 불에 그을렸는데, 그 개수를 세어보니 150개였다.
• 화재 직후인 2020년 5월 26일 甲회사의 재고 중 불에 그을리지 않은 것은 [㉠]개였다.
• 甲회사는 2020년 6월 30일 상반기 장부를 정리하던 중 두 창고 [㉡]의 상반기 전체 출고기록이 맞바뀐 것을 뒤늦게 발견하였다.

	㉠	㉡
①	290	A와 B
②	290	A와 C
③	290	B와 C
④	300	A와 B
⑤	300	A와 C

난이도 ●●○

166 하나, 두리, 세라, 네로 네 사람은 각각 자동차, 오토바이, 자전거, 전동킥보드의 이동수단 4종 중 2개씩 보유하고 있다. 다음 〈조건〉을 바탕으로 항상 옳지 않은 것을 고르면?

조건

• 하나와 두리가 동시에 보유한 이동수단은 없다.
• 전동킥보드는 1명이 보유하고 있다.
• 세라가 보유한 이동수단 중 한 가지를 하나가 보유하고 있다.
• 네로가 보유한 이동수단은 모두 하나가 보유하고 있다.
• 두리는 자전거를 보유하고 있지 않다.

① 세라는 전동킥보드를 보유하고 있다.
② 세라는 자동차를 보유하고 있다.
③ 두리는 오토바이를 보유하고 있다.
④ 하나는 자전거를 보유하고 있다.
⑤ 네로가 보유하고 있는 이동수단을 세라가 보유하고 있다.

기출 19' 5급㉻-다 난이도 ●●○

167 다음 글을 근거로 판단할 때, 〈보기〉에서 옳은 것만을 모두 고르면?

- 정부 □□청사 신축 시 〈화장실 위생기구 설치기준〉에 따라 위생기구(대변기 또는 소변기)를 설치하고자 한다.
- 남자 화장실에는 위생기구 수가 짝수인 경우 대변기와 소변기를 절반씩 나누어 설치하고, 홀수인 경우 대변기를 한 개 더 많게 설치한다. 여자 화장실에는 모두 대변기를 설치한다.

〈화장실 위생기구 설치기준〉

기준	각 성별 사람 수(명)	위생기구 수(개)
A	1~9	1
	10~35	2
	36~55	3
	56~80	4
	81~110	5
	111~150	6
B	1~15	1
	16~40	2
	41~75	3
	76~150	4
C	1~50	2
	51~100	3
	101~150	4

보기

ㄱ. 남자 30명과 여자 30명이 근무할 경우, A기준과 B기준에 따라 설치할 위생기구 수는 같다.
ㄴ. 남자 50명과 여자 40명이 근무할 경우, B기준에 따라 설치할 남자 화장실과 여자 화장실의 대변기 수는 같다.
ㄷ. 남자 80명과 여자 80명이 근무할 경우, A기준에 따라 설치할 소변기는 총 4개이다.
ㄹ. 남자 150명과 여자 100명이 근무할 경우, C기준에 따라 설치할 대변기는 총 5개이다.

① ㄱ, ㄴ　② ㄴ, ㄷ
③ ㄷ, ㄹ　④ ㄱ, ㄴ, ㄹ
⑤ ㄱ, ㄷ, ㄹ

기출 19' 5급㉻-다 난이도 ●○○

168 다음 글을 근거로 판단할 때 옳은 것은?

• 가뭄 예·경보는 농업용수 분야와 생활 및 공업용수 분야로 구분하여 발령한다.
• 예·경보 발령은 '주의', '심함', '매우심함' 3단계로 구분하며, '매우심함'이 가장 심각한 단계이다.
• 가뭄 예·경보는 다음에서 정한 날에 발령한다.
  – 주의: 해당 기준에 도달한 매 월 10일
  – 심함: 해당 기준에 도달한 매 주 금요일
  – 매우심함: 해당 기준에 도달한 매 일마다 수시

〈가뭄 예·경보 발령 기준〉

주의	농업용수	영농기(4~9월)에 저수지 저수율이 평년의 70 % 이하 또는 밭 토양 유효수분율이 60 % 이하에 해당되는 경우
	생활 및 공업용수	하천여유수량을 감량 공급하는 상황에서 현재 하천유지유량이 고갈되거나, 장래 1~3개월 후 하천 및 댐 등에서 농업용수 공급이 어려울 것으로 판단되는 경우
심함	농업용수	영농기(4~9월)에 저수지 저수율이 평년의 60 % 이하 또는 밭 토양 유효수분율이 40 % 이하에 해당되는 경우
	생활 및 공업용수	하천유지유량을 감량 공급하는 상황에서 현재 하천 및 댐 등에서 농업용수 공급이 부족하거나, 장래 1~3개월 후 생활 및 공업용수 공급이 어려울 것으로 판단되는 경우
매우 심함	농업용수	영농기(4~9월)에 저수지 저수율이 평년의 50 % 이하 또는 밭 토양 유효수분율이 30 % 이하에 해당되는 경우
	생활 및 공업용수	현재 하천 및 댐 등에서 농업용수, 생활 및 공업용수 공급이 부족하고, 장래 1~3개월 후 생활 및 공업용수 공급에도 차질이 발생할 것으로 판단되는 경우

※ 단, 상황이 여러 기준에 모두 해당되는 경우 더 심각한 단계에 해당되는 것으로 판단

① 영농기에 저수지 저수율이 평년의 50 %라면 농업용수 가뭄 예·경보 기준의 심함에 해당한다.

② 영농기에 밭 토양 유효수분율이 70 %일 경우 농업용수 가뭄 예·경보를 그 달 10일에 발령한다.

③ 하천유지유량을 감량 공급하는 상황에서 현재 하천 및 댐 등에서 농업용수 공급이 부족한 경우, 농업용수 가뭄 예·경보 기준의 심함에 해당한다.

④ 12월 23일 금요일에 저수지 저수율이 평년의 60 % 이하이거나 밭 토양 유효수분율이 40 % 이하이면 농업용수 가뭄 예·경보가 발령될 것이다.

⑤ 5월 19일 목요일에 생활 및 공업용수 가뭄 예·경보가 발령되었다면, 현재 하천 및 댐 등에서 농업용수, 생활 및 공업용수 공급이 부족하고, 장래 1~3개월 후 생활 및 공업용수 공급에도 차질이 발생할 것으로 판단되는 경우일 것이다.

기출 17' 5급㉥-라 | 난이도 ●●●

169 다음 〈조건〉과 〈관광지 운영시간 및 이동시간〉을 근거로 판단할 때, 〈보기〉에서 옳은 것만을 모두 고르면?

조건

- 하루에 4개 관광지를 모두 한 번씩 관광한다.
- 궁궐에서는 가이드투어만 가능하다. 가이드투어는 10시와 14시에 시작하며, 시작 시각까지 도착하지 못하면 가이드투어를 할 수 없다.
- 각 관광에 소요되는 시간은 2시간이며, 관광지 운영시간 외에는 관광할 수 없다.

관광지 운영시간 및 이동시간

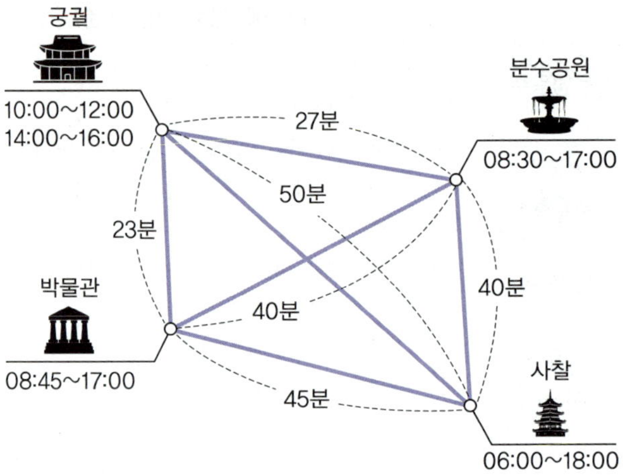

보기

ㄱ. 사찰에서부터 관광을 시작해야 한다.
ㄴ. 마지막 관광을 종료하는 시각은 16시 30분 이후이다.
ㄷ. 박물관과 분수공원의 관광 순서가 바뀌어도 무방하다.

① ㄴ
② ㄷ
③ ㄱ, ㄴ
④ ㄱ, ㄷ
⑤ ㄱ, ㄴ, ㄷ

기출 14' 5급㊉-C 난이도 ●●●

170 **다음 글을 근거로 판단할 때, 〈표〉의 화장 단계 중 7개만을 선택하였을 경우 甲의 최대 매력 지수는?**

- 아침마다 화장을 하고 출근하는 甲의 목표는 매력 지수의 합을 최대한 높이는 것이다.
- 화장 단계별 매력 지수와 소요 시간은 아래의 〈표〉와 같다.
- 20분 만에 화장을 하면 지각하지 않고 정시에 출근할 수 있다.
- 회사에 1분 지각할 때마다 매력 지수가 4점씩 깎인다.
- 화장은 반드시 '로션 바르기 → 수분크림 바르기 → 썬크림 바르기 → 피부화장 하기' 순으로 해야 하며, 이 4개 단계는 생략할 수 없다.
- 피부화장을 한 후에 눈썹 그리기, 눈화장 하기, 립스틱 바르기, 속눈썹 붙이기를 할 수 있으며, 이 중에서는 어떤 것을 선택해도 상관없다.
- 동일 화장 단계는 반복하지 않으며, 2개 이상의 화장 단계는 동시에 할 수 없다.

〈표〉

화장 단계	매력 지수(점)	소요 시간(분)
로션 바르기	2	1
수분크림 바르기	2	1
썬크림 바르기	6	1.5
피부화장 하기	20	7
눈썹 그리기	12	3
눈화장 하기	25	10
립스틱 바르기	10	0.5
속눈썹 붙이기	60	15

① 53점 ② 61점 ③ 76점
④ 129점 ⑤ 137점

기출 14' 5급㉯-C | 난이도 ●○○

171 **다음 글을 근거로 판단할 때, 〈사례〉의 甲국과 乙국의 한 선거구에서 당선에 필요한 최소 득표율은?**

- 민주주의 국가는 대표를 선출하기 위한 다양한 형태의 선거제도를 운용하고 있다. 이 중 '제한 투표제'는 한 선거구에서 여러 명의 대표를 선출하는 제도이다. 이 제도에서 유권자는 해당 선거구의 의석수보다 적은 수의 표를 갖게 된다. 예를 들어 한 선거구에서 4명의 대표를 선출한다면, 유권자에게 4표보다 적은 2표 혹은 3표를 부여하여 투표하도록 하는 제도이다.
- 학자 A는 이 같은 선거제도에서 당선에 필요한 최소 득표율을 다음 공식으로 구할 수 있다고 주장한다.

$$\text{최소 득표율(\%)} = \frac{\text{유권자 1인당 투표수}}{\text{유권자 1인당 투표수} + \text{선거구당 의석수}} \times 100$$

〈사례〉

- 甲국: 한 선거구에서 3명의 의원을 선출하며, 유권자는 2표를 행사한다.
- 乙국: 한 선거구에서 5명의 의원을 선출하며, 유권자는 3표를 행사한다.

	甲국	乙국
①	20 %	32.5 %
②	20 %	37.5 %
③	40 %	27.5 %
④	40 %	32.5 %
⑤	40 %	37.5 %

기출 14' 5급㉯-C 난이도 ●○○

172 다음 글을 근거로 판단할 때, 신장 180 cm, 체중 85 kg인 甲의 비만 정도를 옳게 짝지은 것은?

과다한 영양소 섭취와 적은 체내 에너지 소비로 인한 에너지 대사의 불균형으로 지방이 체내에 지나치게 축적되어 체중이 과다해지는 것을 비만이라 한다.

비만 정도를 측정하는 방법은 Broca 보정식과 체질량 지수를 이용하는 것이 대표적이다. Broca 보정식은 신장과 체중을 이용하여 비만 정도를 측정하는 간단한 방법이다. 이 방법에 의하면 신장(cm)에서 100을 뺀 수치에 0.9를 곱한 수치가 '표준체중(kg)'이며, 표준체중의 110 % 이상 120 % 미만의 체중을 '체중과잉', 120 % 이상의 체중을 '비만'이라고 한다.

한편 체질량 지수는 체중(kg)을 '신장(m)'의 제곱으로 나눈 값을 의미한다. 체질량 지수에 따른 비만 정도는 다음 〈표〉와 같다.

〈표〉

체질량 지수	비만 정도
18.5 미만	저체중
18.5 이상~23.0 미만	정상
23.0 이상~25.0 미만	과체중
25.0 이상~30.0 미만	경도비만
30.0 이상~35.0 미만	중등도비만
35.0 이상	고도비만

	Broca 보정식	체질량 지수
①	체중과잉	경도비만
②	표준체중	정상
③	비만	과체중
④	체중과잉	정상
⑤	비만	경도비만

기출 21' 5급㉯-나 난이도 ●○○

173 다음 글을 근거로 판단할 때, ㉠에 해당하는 수는?

○○부처의 주무관은 모두 20명이며, 성과등급은 4단계(S, A, B, C)로 구성된다. 아래는 ○○부처 소속 직원들의 대화 내용이다.

甲주무관: 乙주무관 축하해! 작년에 비해 올해 성과등급이 비약적으로 올랐던데? 우리 부처에서 성과등급이 세 단계나 변한 주무관은 乙주무관 외에 없잖아.

乙주무관: 고마워. 올해는 평가방식을 많이 바꿨다며? 작년이랑 똑같은 성과등급을 받은 주무관은 우리 부처에서 한 명밖에 없어.

甲주무관: 그렇구나. 우리 부처에서 작년에 비해 성과등급이 한 단계 변한 주무관 수는 두 단계 변한 주무관 수의 2배라고 해.

乙주무관: 그러면 우리 부처에서 성과등급이 한 단계 변한 주무관은 (㉠)명이네.

① 4 ② 6 ③ 8
④ 10 ⑤ 12

기출 12' 5급㉯-인 난이도 ●○○

174 다음 글을 근거로 판단할 때, 〈보기〉에서 옳은 것을 모두 고르면?

- A학자는 청소년들이 폭력성이 강한 드라마를 자주 보면 폭력성향이 강해지고, 이것이 청소년 폭력행위의 증가로 이어진다고 주장한다. 따라서 텔레비전에서 폭력성이 강한 드라마가 방영되는 것에 대해 심각한 우려를 표명하고 있다.
- B학자는 폭력성이 강한 드라마가 일부 청소년들 사이에서 인기가 높고, 청소년들의 폭력행위도 늘어나고 있다는 사실을 인식하고 있다. 하지만 폭력성향이 강한 청소년들은 폭력을 일삼는 드라마에 더 끌리는 경향이 있을 뿐, 이를 시청한다고 해서 청소년 폭력행위가 증가하는 것은 아니라고 주장한다.

보기

ㄱ. A의 주장에 따르면, 텔레비전에서 폭력물을 방영하는 것을 금지한다면 청소년 폭력행위는 줄어들 것이다.
ㄴ. A의 주장에 따르면, 남성 청소년들은 여성 청소년들보다 폭력물에서 보이는 세계가 현실이라고 믿는 경향이 더 강하다.
ㄷ. B의 주장에 따르면, 폭력물을 자주 본다는 것은 강한 폭력성향의 원인이 아니라 결과이다.
ㄹ. A와 B의 주장에 따르면, 청소년 폭력성향과 폭력물 시청은 상관관계가 있다.

① ㄱ ② ㄱ, ㄷ ③ ㄴ, ㄹ
④ ㄱ, ㄷ, ㄹ ⑤ ㄴ, ㄷ, ㄹ

기출 14' 5급㉯-C 난이도 ●●○

175 **다음 글을 근거로 판단할 때, 〈보기〉에서 옳은 것만을 모두 고르면? (단, 다른 조건은 고려하지 않는다)**

다양한 무게의 짐 12개를 아래의 방법에 따라 최소 개수의 상자에 넣으려고 한다. 각각의 짐 무게는 아래와 같고, 좌측부터 순서대로 도착했다. 하나의 짐을 분리하여 여러 상자에 나누어 넣을 수 없으며, 포장된 상자에는 짐을 추가로 넣을 수 없다.

6, 5, 5, 4, 2, 3, 6, 5, 4, 5, 7, 8 (단위: kg)

- 방법 1: 도착한 순서대로 짐을 상자에 넣는다. 짐을 상자에 넣어 10 kg이 넘을 경우, 그 짐을 넣지 않고 상자를 포장한다. 그 후 짐을 다음 상자에 넣는다.
- 방법 2: 모든 짐을 무게 순으로 재배열한 후 무거운 짐부터 순서대로 상자에 넣는다. 짐을 상자에 넣어 10 kg이 넘을 경우, 그 짐을 넣지 않고 상자를 포장한다. 그 후 짐을 다음 상자에 넣는다.

보기

ㄱ. 방법 1과 방법 2의 경우, 필요한 상자의 개수가 다르다.
ㄴ. 방법 1의 경우, 10 kg까지 채워지지 않은 상자들에 들어간 짐의 무게의 합은 50 kg이다.
ㄷ. 방법 2의 경우, 10 kg이 채워진 상자의 수는 2개이다.

① ㄴ ② ㄷ ③ ㄱ, ㄴ
④ ㄱ, ㄷ ⑤ ㄴ, ㄷ

난이도 ●●○

176 **함께 골프를 치고 있는 A~H는 이번 홀에서 골프채의 종류인 드라이버, 우드, 아이언 중 하나를 골라 치기로 했다. 골프를 치는 순서와 각자 택할 골프채를 다음 주어진 〈조건〉에 따라 정한다고 할 때, 옳지 않은 것은?**

조건

- 드라이버와 우드는 세 명이 선택했고, 아이언은 두 명이 선택했다.
- 드라이버를 선택한 사람 바로 다음에 우드를 선택한 사람이 골프를 친다.
- 우드를 선택한 사람은 연속해서 칠 수 없다.
- 아이언을 선택한 사람은 연속해서 친다.
- B는 아이언을 선택했다.
- G와 H는 드라이버를 선택하지 않았고, G 바로 다음으로 H가 친다.
- E는 드라이버를 선택했고, A보다 늦게 골프를 친다.
- 여섯 번째로 골프를 치는 사람은 C이다.
- D는 B 바로 다음으로 골프를 친다.

① D는 다섯 번째로 친다. ② H는 아이언을 선택했다.
③ 가장 마지막으로 치는 사람은 E이다. ④ F는 우드를 선택했다.
⑤ A 바로 다음에 G가 친다.

문항편 6일차 • 문제해결 + 자원관리능력

기출 19' 5급㉑-다 | 난이도 ●○○

177 **다음 글을 근거로 판단할 때, A학자의 언어체계에서 표기와 그 의미를 연결한 것으로 옳지 않은 것은?**

A학자는 존재하는 모든 사물들을 자연적인 질서에 따라 나열하고 그것들의 지위와 본질을 표현하는 적절한 기호를 부여하면 보편언어를 만들 수 있다고 생각했다.

이를 위해 A학자는 우선 세상의 모든 사물을 40개의 '속(屬)'으로 나누고, 속을 다시 '차이(差異)'로 세분했다. 예를 들어 8번째 속인 돌은 순서대로 아래와 같이 6개의 차이로 분류된다.

(1) 가치 없는 돌
(2) 중간 가치의 돌
(3) 덜 투명한 가치 있는 돌
(4) 더 투명한 가치 있는 돌
(5) 물에 녹는 지구의 응결물
(6) 물에 녹지 않는 지구의 응결물

이 차이는 다시 '종(種)'으로 세분화되었다. 예를 들어, '가치 없는 돌'은 그 크기, 용도에 따라서 8개의 종으로 분류되었다.

이렇게 사물을 전부 분류한 다음에 A학자는 속, 차이, 종에 문자를 대응시키고 표기하였다.

예를 들어, 7번째 속부터 10번째 속까지는 다음과 같이 표기된다.

7) 원소: de
8) 돌: di
9) 금속: do
10) 잎: gw

차이를 나타내는 표기는 첫 번째 차이부터 순서대로 b, d, g, p, t, c, z, s, n을 사용했고, 종은 순서대로 w, a, e, i, o, u, y, yi, yu를 사용했다. 따라서 'di'는 돌을 의미하고 'dib'는 가치 없는 돌을 의미하며, 'diba'는 가치 없는 돌의 두 번째 종을 의미한다.

① ditu – 물에 녹는 지구의 응결물의 여섯 번째 종
② gwpyi – 잎의 네 번째 차이의 네 번째 종
③ dige – 덜 투명한 가치 있는 돌의 세 번째 종
④ deda – 원소의 두 번째 차이의 두 번째 종
⑤ donw – 금속의 아홉 번째 차이의 첫 번째 종

기출 19' 5급㉻-다 | 난이도 ●○○

178 다음 글을 근거로 판단할 때, 길동이가 오늘 아침에 수행한 아침 일과에 포함될 수 없는 것은?

길동이는 오늘 아침 7시 20분에 기상하여, 25분 후인 7시 45분에 집을 나섰다. 길동이는 주어진 25분을 모두 아침 일과를 쉼없이 수행하는 데 사용했다.

아침 일과를 수행하는 데 정해진 순서는 없으며, 같은 아침 일과를 두 번 이상 수행하지 않는다. 단, 머리를 감았다면 반드시 말리며, 각 아침 일과 수행 중에 다른 아침 일과를 동시에 수행할 수는 없다. 각 아침 일과를 수행하는 데 소요되는 시간은 아래와 같다.

아침 일과	소요 시간
샤워	10분
세수	4분
머리 감기	3분
머리 말리기	5분
몸치장 하기	7분
구두 닦기	5분
주스 만들기	15분
양말 신기	2분

① 세수
② 머리 감기
③ 구두 닦기
④ 몸치장 하기
⑤ 주스 만들기

난이도 ●●○

179 **다음은 ○○리조트의 사우나와 수영장의 이용요금과 수진이의 가족 구성원을 나타낸 것이다. 가족이 함께 사우나 및 수영장을 이용한다고 할 때의 설명으로 옳지 않은 것은?**

〈사우나 및 수영장의 이용요금〉

(단위: 원)

구분	성인 (만 19세 이상)	청소년 (만 14세 이상 ~19세 미만)	어린이 (만 4세 이상 ~14세 미만)
사우나 이용권	18,000	15,000	12,000
주말 수영장 자유이용권	30,000	26,000	24,000
주중 수영장 자유이용권	28,000	24,000	22,000
연간회원권	100,000	100,000	78,000

* 만 65세 이상 및 국가유공자의 경우 사우나 무료입장, 자유이용권과 연간회원권은 50% 할인 구매
* 만 4세 미만 유아는 사우나 및 수영장 무료입장
* 연간회원권 소지자는 연간 사우나 무료입장 및 수영장 자유이용

• 수진이의 가족 구성원 •

- 할아버지: 만 73세
- 아버지: 만 45세(국가유공자)
- 어머니: 만 39세
- 오빠: 만 17세
- 나(수진): 만 13세
- 동생: 만 3세

① 할아버지와 동생을 제외한 가족이 모두 주중 자유이용권을 구매하여 수영장을 이용할 경우 총 88,000원을 지불한다.

② 오빠와 수진이가 리조트를 연간 4회 방문할 때, 이 중 3회는 주중 자유이용권을 구매하여 이용하고 1회는 수영장을 이용하지 않고 사우나만 이용하는 것이 연간회원권을 구매하는 것보다 더 저렴하다.

③ 할아버지와 아버지 그리고 동생은 사우나 이용권만 구매하고, 어머니, 오빠, 수진이는 주말 자유이용권을 구매하여 수영장을 이용할 경우 지불하는 총 금액은 수진이의 연간회원권을 구매하는 금액보다 저렴하다.

④ 수진이네 가족이 모두 사우나를 이용하기 위해서는 40,000원 이상의 요금을 지불해야 한다.

⑤ 아버지, 오빠, 수진이가 수영장을 연간 3회 방문할 때, 주말 자유이용권을 구매하는 것이 연간회원권을 구매하는 것보다 더 저렴하다.

난이도 ●●○

180 **어느 오피스텔 건물의 에너지 효율을 위하여 각 층별 에어컨의 수와 종류를 조정하려고 한다. 전기료 예산과 시설 낙후 비율을 모두 충족시키기 위해 두 가지 조건을 순서대로 적용하여 에어컨의 수를 조정할 때, 건물 전체에서 구입해야 할 신형 에어컨의 수는? (단, 두 가지 조건을 모두 적용한 결과 어느 하나라도 충족하지 못할 경우에는 조건을 모두 충족시킬 때까지 처음부터 반복하여 적용한다.)**

〈에너지 효율 조정 방안〉

적용 순서	조건	세부 내용	미충족 시 조정 방안
1	전기료 예산	층별 월 전기료 60만 원 이하	구형 기기 폐기
2	시설 낙후 비율	층별 구형 기기 대비 신형 기기 비율 50% 이상 유지	신형 기기 구입

* 구형 기기 1대의 월 전기료는 4만 원이다.
* 신형 기기 1대의 월 전기료는 3만 원이며, 전기료 외에 신형 기기 구입비 및 유지비는 고려하지 않는다.
* 에어컨은 폐기 또는 구입만이 가능하며, 한 층의 에어컨을 다른 층으로 옮기는 것은 불가능하다.
* 에어컨은 가능한 최소한도로 폐기 또는 구입한다. 예컨대, 어떤 층의 월 전기료가 64만 원일 경우 구형 기기 1대를 폐기하면 월 전기료는 60만 원이 되어 전기료 예산 조건의 세부 내용을 충족하므로, 해당 층의 구형 기기 1대만 폐기한다.

〈건물 내 에어컨 현황〉

구분	지하	1층	2층	3층	4층	5층
구형	9대	15대	12대	8대	13대	10대
신형	5대	7대	6대	3대	4대	5대

① 1대 ② 2대 ③ 3대
④ 4대 ⑤ 5대

Day 6 Self Check List

	오답 수	무응답 수	풀이시간(분)
1회독	/ 30	/ 30	/ 60(분)
2회독	/ 30	/ 30	/ 45(분)
3회독	/ 30	/ 30	/ 35(분)

정답 및 해설 179p

독끝 7일차 (181~212)

난이도별 구성

●○○	23문항
●●○	9문항
●●●	0문항

본 문항은 PSAT 상황판단 영역 기출 문항으로 구성되며, 기출 표기에 따른 시험 종류는 아래와 같습니다. (표기 상 맨 끝은 '책형' 입니다.)
㉯ – 민간경력자 일괄채용시험 / ㉱ – 공개경쟁채용시험(행정)

7일차 일일연습

Set ❶

다음 문장을 논리기호로 표현한 것이 맞으면 O, 틀리면 X로 표시하세요.

(1) 병은 학생이 아니고, 을은 직장인이 아니다. ▶ {(병) → ~(학생)} ∧ {(을) → ~(직장인)}
(2) 프랑스를 여행하면 영국과 이탈리아 중 적어도 한 국가는 여행한다. ▶ (프랑스) → {(영국) ∨ (이탈리아)}
(3) B와 C가 영어를 수강하지 않는다면, A는 영어를 수강할 것이다. ▶ (~B ∧ ~C) → A ⇔ ~A → (B ∨ C)
(4) 미영과 소진 모두 인턴경험이 있는 것은 아니다. ▶ ~{(미영) ∧ (소진)} ⇔ ~(미영) ∨ ~(소진)

Set ❷

표의 빈 칸에 들어갈 것을 구하시오. (참, 거짓)

a	b	a ∨ b	a → b
거짓	참	(1)	참
참	참	참	(2)
참	거짓	참	(3)
거짓	거짓	(4)	참

Set ❸

아래〈조건〉을 확인 후, 각 질문에 답하시오.

〈조건〉 사과 62개를 6개씩 들어가는 봉투 또는 11개씩 들어가는 상자에 각각 가득 채워 담아 선물하려 한다. 선물을 받는 사람에게는 봉투 또는 상자 하나만 선물할 수 있다.
(1) 가장 적은 수의 사람에게 사과를 선물한다면 몇 명이 받게 되는가?
(2) 위 (1)의 경우, 상자는 몇 개가 필요한가?
(3) 봉투와 상자의 개수를 최대한 비슷하게 맞춘다면, 몇 명이 받게 되는가?
(4) 위 (3)의 경우, 상자는 몇 개가 필요한가?

	Set ❶	Set ❷	Set ❸
(1)	O	참	6명
(2)	O	참	5개
(3)	O	거짓	7명
(4)	O	거짓	4개

＊참고사항

문장	논리기호	문장	논리기호
p이다.	p	• 어떤 p는 q이다. • p이면서 q이다. • p그리고 q이다.	p ∧ q
p가 아니다.	~p	• p이거나 q이다. • p 또는 q이다.	p ∨ q
• 모든 p는 q이다. • p이면 q이다.	p → q	• 'p또는 q'가 아니다. • p도 아니고 q도 아니다.	~(p ∨ q)

• "⇔" : 필요충분조건 또는 동치를 나타내는 논리기호
• 연언명제 (p ∧ q) : 모두 참일때만 참
• 선언명제 (p ∨ q) : 모두 거짓일 때만 거짓
• 가언명제 (p → q) : 전건이 참, 후건이 거짓일 때만 거짓

	맞은 개수	풀이 시간
Set ❶	/ 4	(초)
Set ❷	/ 4	(초)
Set ❸	/ 4	(초)
합계	/ 12	(초)

기출 14' 5급㉯-C 난이도 ●●●

181 **다음 글과 〈표〉를 근거로 판단할 때, 여섯 사람이 서울을 출발하여 대전에 도착할 수 있는 가장 이른 예정시각은? (단, 다른 조건은 고려하지 않는다)**

아래 여섯 사람은 서울 출장을 마치고 같은 고속버스를 타고 함께 대전으로 돌아가려고 한다. 고속버스터미널에는 은행, 편의점, 화장실, 패스트푸드점, 서점 등이 있다.

다음은 고속버스터미널에 도착해서 나눈 대화내용이다.

가은: 버스표를 사야하니 저쪽 은행에 가서 현금을 찾아올게.
나중: 그럼 그 사이에 난 잠깐 저쪽 편의점에서 간단히 먹을 김밥이라도 사올게.
다동: 그럼 난 잠깐 화장실에 다녀올게. 그리고 저기 보이는 패스트푸드점에서 햄버거라도 사와야겠어. 너무 배고프네.
라민: 나는 버스에서 읽을 책을 서점에서 사야지. 그리고 화장실도 들러야겠어.
마란: 그럼 난 여기서 바솜이랑 기다리고 있을게.
바솜: 지금이 오전 11시 50분이니까 다들 각자 볼일 마치고 빨리 돌아와.

각 시설별 이용 소요시간은 은행 30분, 편의점 10분, 화장실 20분, 패스트푸드점 25분, 서점 20분이다.

〈표〉

서울 출발 시각	대전 도착 예정시각	잔여좌석 수
12 : 00	14 : 00	7
12 : 15	14 : 15	12
12 : 30	14 : 30	9
12 : 45	14 : 45	5
13 : 00	15 : 00	10
13 : 20	15 : 20	15
13 : 40	15 : 40	6
14 : 00	16 : 00	8
14 : 15	16 : 15	21

① 14 : 15
② 14 : 45
③ 15 : 00
④ 15 : 20
⑤ 16 : 15

기출 13' 5급ⓜ-인 난이도 ●○○

182 다음 〈근대 문물의 수용 연대〉를 근거로 판단할 때, 〈A 사건〉이 발생한 해에 볼 수 있었던 광경으로 옳게 추론한 것은?

〈근대 문물의 수용 연대〉

신문	한성순보(1883년 개간/1884년 폐간)
교통	• 철도: 경인선(1899년), 경부선(1905년) • 전차: 서대문~청량리(1898년)
의료	광혜원(1885년), 세브란스 병원(1904년)
건축	독립문(1897년), 명동성당(1898년)
전기통신	전신(1885년), 전등(1887년 경복궁 내), 전화(1896년)

• A 사건 •

경복궁 내에 여러 가지 기계가 설치되었다. 궁내의 큰 마루와 뜰에 등롱(燈籠) 같은 것이 설치되어 서양인이 기계를 움직이자 연못의 물이 빨아 올려져 끓는 소리와 우렛소리와 같은 시끄러운 소리가 났다. 그리고 얼마 있지 않아 가지 모양의 유리에 휘황한 불빛이 대낮 같이 점화되어 모두가 놀라움을 금치 못했다. 궁궐에 있는 궁인들이 이 최초의 놀라운 광경을 구경하기 위해 내전 안으로 몰려들었다.

① 광혜원에서 전화를 거는 의사
② 독립문 준공식을 보고 있는 군중
③ 서대문에서 청량리 구간의 전차를 타는 상인
④ 〈A 사건〉을 보도한 한성순보를 읽고 있는 관리
⑤ 전신을 이용하여 어머니께 소식을 전하는 아들

기출 20' 5급ⓜ-가 난이도 ●○○

183 다음 글을 근거로 판단할 때, A서비스를 이용할 수 있는 경우는?

A서비스는 공항에서 출국하는 승객이 공항 외의 지정된 곳에서 수하물을 보내고 목적지에 도착한 후 찾아가는 신개념 수하물 위탁서비스이다.

A서비스를 이용하고자 하는 승객은 ○○호텔에 마련된 체크인 카운터에서 본인 확인과 보안 절차를 거친 후 탑승권을 발급받고 수하물을 위탁하면 된다. ○○호텔 투숙객이 아니더라도 이 서비스를 이용할 수 있다.

○○호텔에 마련된 체크인 카운터는 매일 08:00~16:00에 운영된다. 인천공항에서 13:00~24:00에 출발하는 국제선 이용 승객을 대상으로 A서비스가 제공된다. 단, 미주노선(괌/사이판 포함)은 제외된다.

	숙박호텔	항공기 출발 시각	출발지	목적지
①	○○호텔	15:30	김포공항	제주
②	◇◇호텔	14:00	김포공항	베이징
③	○○호텔	15:30	인천공항	사이판
④	◇◇호텔	21:00	인천공항	홍콩
⑤	○○호텔	10:00	인천공항	베이징

기출 12' 5급(민)-인 | 난이도 ●○○

184 다음 글에 근거할 때, 〈보기〉의 암호문을 해석하여 찾아낸 원문으로 옳은 것은?

아래의 〈암호표〉를 이용하여 암호문을 만드는 방법은 다음과 같다. 암호문은 암호화하고자 하는 원문의 알파벳과 암호 변환키의 알파벳을 조합하여 만든다. 먼저 원문 알파벳을 표의 맨 왼쪽 줄에서 찾고, 암호 변환키의 알파벳을 표의 맨 위쪽 줄에서 찾아 그 교차점에 있는 알파벳을 암호문으로 한다.

〈암호표〉

→ 암호 변환키

↓ 원문

	A	B	C	D	E	F	G	H	I	J	K	L	M	N
A	A	B	C	D	E	F	G	H	I	J	K	L	M	N
B	B	C	D	E	F	G	H	I	J	K	L	M	N	A
C	C	D	E	F	G	H	I	J	K	L	M	N	A	B
D	D	E	F	G	H	I	J	K	L	M	N	A	B	C
E	E	F	G	H	I	J	K	L	M	N	A	B	C	D
F	F	G	H	I	J	K	L	M	N	A	B	C	D	E
G	G	H	I	J	K	L	M	N	A	B	C	D	E	F
H	H	I	J	K	L	M	N	A	B	C	D	E	F	G
I	I	J	K	L	M	N	A	B	C	D	E	F	G	H
J	J	K	L	M	N	A	B	C	D	E	F	G	H	I
K	K	L	M	N	A	B	C	D	E	F	G	H	I	J
L	L	M	N	A	B	C	D	E	F	G	H	I	J	K
M	M	N	A	B	C	D	E	F	G	H	I	J	K	L
N	N	A	B	C	D	E	F	G	H	I	J	K	L	M

〈예시〉

원문	F	A	C	E
암호 변환키	C	E	G	I
암호문	H	E	I	M

보기

암호 변환키	BHEMGI
암호문	IBNMIE

① HIJACK ② HIDDEN ③ HANDLE

④ JINGLE ⑤ JACKIE

문항편

7일차

• 문제해결 + 자원관리능력

기출 13' 5급㉤-인 | 난이도 ●●○

185 다음 글과 〈조건〉을 근거로 판단할 때, 2순위와 4순위가 옳게 짝지어진 것은?

심야에 오토바이 폭주족들이 굉음을 내고 도로를 질주하여 주민들이 잠을 잘 수가 없다는 민원이 경찰청에 끊임없이 제기되고 있다. 경찰청은 이 문제를 해결하기 위해 대책을 논의하였다. 그 결과 안전그물 설치, 전담반 편성, CCTV 설치, 처벌 강화, 시민자율 방범의 5가지 대안을 마련하였고, 그 대안별 우선순위를 알고자 한다.

조건

평가기준 \ 대안	(ㄱ) 안전그물 설치	(ㄴ) 전담반 편성	(ㄷ) CCTV 설치	(ㄹ) 처벌 강화	(ㅁ) 시민자율 방범
효과성	8	5	5	9	4
기술적 실현가능성	7	2	1	6	3
경제적 실현가능성	6	1	3	8	1
행정적 실현가능성	6	6	5	5	5
법적 실현가능성	6	5	5	5	5

- 우선순위는 각 대안별 평가기준 점수의 합계가 높은 순으로 정한다.
- 합계점수가 같은 경우에는 법적 실현가능성 점수가 높은 대안이 우선순위가 높고, 법적 실현가능성 점수도 같은 경우에는 효과성 점수, 효과성 점수도 같은 경우에는 행정적 실현가능성 점수, 행정적 실현가능성 점수도 같은 경우에는 기술적 실현가능성 점수가 높은 대안 순으로 우선순위를 정한다.

	2순위	4순위
①	ㄱ	ㄴ
②	ㄴ	ㄹ
③	ㄹ	ㄴ
④	ㄹ	ㄷ
⑤	ㄹ	ㅁ

난이도 ●●○

186 다음은 검사 A, B, C에 대한 설명이다. 이를 바탕으로 옳은 것을 〈보기〉에서 모두 고르면? (단, 52주 = 12개월 = 1년으로 본다.)

암 수술 후 재발 또는 전이 여부의 확인을 위해 하는 검사 A, B, C는 보다 정확한 검사결과를 위하여 각 2회 이상 실시해야 한다. 수술 후 최초 검사시기 및 최소 검사간격을 지켰을 때 적절한 검사결과가 나오며, 이러한 검사결과를 유효하다고 한다. 다만 최초 검사시기 및 최소 검사간격에서 4일 이내로 앞당겨서 일찍 검사를 한 경우에도 유효한 것으로 본다. 그러나 만약 5일 이상 앞당겨서 일찍 검사했다면 무효로 간주하고, 최초 검사시기 및 최소 검사간격을 맞춰 다시 검사하여야 한다. 다음은 각 검사의 최초 검사시기 및 최소 검사간격을 나타낸 자료이다. 이때, 최초 검사시기란 수술 후 해당 검사를 하기 위해 지나야 하는 최소 시간이다.

종류	최초(1차) 검사시기	최소 검사간격			
		1, 2차 사이	2, 3차 사이	3, 4차 사이	4, 5차 사이
A	12개월	12개월	–	–	–
B	6주	4주	4주	6개월	–
C	6주	4주	4주	6개월	6개월

※ 단, 검사 B의 경우 암 수술 후 만 4년이 지난 다음 3차 검사를 유효하게 했다면, 4차 검사는 반드시 생략함.

보기

㉠ 암 수술 후 103주가 되기 전에 검사 A를 2회 모두 유효하게 실시할 수 있다.
㉡ 암 수술 후 47개월에 검사 B를 1차 실시하고, 2, 3차 검사도 유효하게 실시하였다면, 4차 검사는 반드시 생략한다.
㉢ 암 수술 후 40일에 검사 C를 1차 실시했다면, 수술 후 70일에 한 2차 검사는 유효하다.

① ㉠
② ㉡
③ ㉠, ㉡
④ ㉡, ㉢
⑤ ㉠, ㉡, ㉢

기출 19' 5급㉑-다 | 난이도 ●○○

187 다음 글과 〈상황〉을 근거로 판단할 때, 출장을 함께 갈 수 있는 직원들의 조합으로 가능한 것은?

A은행 B지점에서는 3월 11일 회계감사 관련 서류 제출을 위해 본점으로 출장을 가야 한다. 08시 정각 출발이 확정되어 있으며, 출발 후 B지점에 복귀하기까지 총 8시간이 소요된다. 단, 비가 오는 경우 1시간이 추가로 소요된다.

- 출장인원 중 한 명이 직접 운전하여야 하며, '운전면허 1종 보통' 소지자만 운전할 수 있다.
- 출장시간에 사내 업무가 겹치는 경우에는 출장을 갈 수 없다.
- 출장인원 중 부상자가 포함되어 있는 경우, 서류 박스 운반 지연으로 인해 30분이 추가로 소요된다.
- 차장은 책임자로서 출장인원에 적어도 한 명 포함되어야 한다.
- 주어진 조건 외에는 고려하지 않는다.

상황

- 3월 11일은 하루 종일 비가 온다.
- 3월 11일 당직 근무는 17시 10분에 시작한다.

직원	직급	운전면허	건강상태	출장 당일 사내 업무
甲	차장	1종 보통	부상	없음
乙	차장	2종 보통	건강	17시 15분 계약업체 면담
丙	과장	없음	건강	17시 35분 고객 상담
丁	과장	1종 보통	건강	당직 근무
戊	대리	2종 보통	건강	없음

① 甲, 乙, 丙
② 甲, 丙, 丁
③ 乙, 丙, 戊
④ 乙, 丁, 戊
⑤ 丙, 丁, 戊

기출 19' 5급㉻-다 | 난이도 ●●○

188 **다음 글을 근거로 판단할 때 옳은 것은?**

○○기업은 5명(甲~戊)을 대상으로 면접시험을 실시하였다. 면접시험의 평가기준은 가치관, 열정, 표현력, 잠재력, 논증력 5가지 항목이며 각 항목 점수는 3점 만점이다. 이에 따라 5명은 항목별로 다음과 같은 점수를 받았다.

〈면접시험 결과〉

(단위: 점)

구분	甲	乙	丙	丁	戊
가치관	3	2	3	2	2
열 정	2	3	2	2	2
표현력	2	3	2	2	3
잠재력	3	2	2	3	3
논증력	2	2	3	3	2

종합점수는 각 항목별 점수에 항목가중치를 곱하여 합산하며, 종합점수가 높은 순으로 등수를 결정했다. 결과는 다음과 같다.

〈등수〉

1등	乙
2등	戊
3등	甲
4등	丁
5등	丙

① 잠재력은 열정보다 항목가중치가 높다.
② 논증력은 열정보다 항목가중치가 높다.
③ 잠재력은 가치관보다 항목가중치가 높다.
④ 가치관은 표현력보다 항목가중치가 높다.
⑤ 논증력은 잠재력보다 항목가중치가 높다.

난이도 ●●○

189 A, B, C, D 네 국가가 참여한 어느 올림픽의 스피드 스케이팅이 진행되고 있다. 다음 〈순위 결정 기준〉과 각 팀의 현재까지 〈득점 현황〉에 근거하였을 때, 〈보기〉의 추론 중 항상 옳은 것을 모두 고르면?

〈순위 결정 기준〉

- 각 종목의 1위에게는 4점, 2위에게는 3점, 3위에게는 2점, 4위에게는 1점을 준다.
- 각 종목에서 획득한 점수를 합산한 총점이 높은 순으로 종합 순위를 결정한다.
- 총점에서 동점이 나올 경우에는 1위를 한 종목이 많은 국가가 높은 순위를 차지한다.
  - 1위 종목 수가 같은 경우에는 2위 종목 수가 많은 국가가 높은 순위를 차지한다.
  - 1위 종목 수가 같고, 2위 종목 수도 같은 경우에는 공동 순위로 결정한다.

* 단, 종목별 순위는 반드시 결정되고, 동순위는 나오지 않음. 또한 스피드 스케이팅의 종목으로는 500m, 1,000m, 1,500m, 5,000m, 10,000m가 있다.

〈득점 현황〉

종목명 \ 국가	A	B	C	D
500m	4	3	2	1
1,000m	2	1	3	4
1,500m	3	1	2	4
5,000m	2	4	1	3
10,000m				

보기

ㄱ. A국이 10,000m 종목에서 1위를 한다면 종합 순위 1위가 된다.
ㄴ. B국이 10,000m 종목에서 C국보다 순위가 낮다면 종합 순위에서도 C국보다 순위가 낮다.
ㄷ. C국은 10,000m 종목의 결과와 관계없이 종합 순위에서 최하위가 된다.
ㄹ. D국이 10,000m 종목에서 2위를 한다면 종합 순위 1위가 된다.

① ㄱ ② ㄹ ③ ㄱ, ㄴ
④ ㄴ, ㄷ ⑤ ㄷ, ㄹ

난이도 ●●○

190 **○○시에서는 지속적인 강수량 증가 추세에 따라 홍수 피해에 대비하여 댐 건설을 계획하고 있으며, 이 사업은 K사가 담당하기로 되어 있다. 아래의 자료를 통해 도출할 수 있는 결론으로 적절하지 않은 것은?**

> 댐 건설비용은 100억 원으로 예상되며 완공 이후 K사의 수익은 장래에 예상되는 ○○시의 홍수 피해량과 투자방식에 영향을 받는다. K사에서는 홍수 피해량과 투자방식에 따른 자사의 이익을 아래와 같이 예상하였다.
>
> 먼저 홍수 피해량이 향후 20년 동안 50% 이상 증가했을 때 K사가 댐 건설비용을 전액 부담하는 경우 K사에게 150억 원의 수익이 예상되며, 외국 자본을 30% 투자 받아 댐을 건설하는 경우 130억 원의 수익이 예상된다. 다음으로 홍수 피해량이 향후 20년 동안 50% 미만 증가했을 때 K사가 댐 건설비용을 전액 부담하는 경우 K사에게 100억 원의 수익이 예상되며, 외국 자본을 30% 투자 받아 댐을 건설하는 경우 120억 원의 수익이 예상된다. 마지막으로 홍수 피해량이 향후 20년 동안 감소했을 때 K사가 댐 건설비용을 전액 부담하는 경우 K사에게 400억 원의 손실이 예상되며, 외국 자본을 30% 투자 받아 댐을 건설하는 경우 200억 원의 손실이 예상된다.
>
> 한편 재난관리전문가가 예상한 ○○시의 향후 20년간 홍수 피해량의 증가 확률과 K사의 예상 순이익 계산식은 다음과 같다.
>
> - 재난관리전문가가 예상한 ○○시의 향후 20년간 홍수 피해량 증가 확률
>   - (홍수 피해량이 50% 이상 증가할 확률) = 0.6
>   - (홍수 피해량이 50% 미만 증가할 확률) = 0.35
>   - (홍수 피해량이 감소할 확률) = 0.05
> - K사의 예상 순이익 계산식
>
>   (예상 순이익) = (K사의 기대 수익) − (K사가 지불한 댐 건설비용)

① K사에서 건설비용을 전액 부담하는 경우, K사의 예상 순이익은 5억 원이다.

② K사에서 건설비용을 전액 부담하는 경우, K사의 예상 순이익은 외국 자본을 30% 투자 받을 때의 예상 순이익보다 많다.

③ 향후 20년간 홍수 피해량이 감소했을 때, K사의 순이익은 항상 적자이다.

④ 향후 20년간 홍수 피해량이 50% 이상 증가했을 때, K사가 댐 건설비용을 전액 부담한 경우가 외국 자본을 30% 투자 받은 경우에 비해 순이익이 적다.

⑤ 재난관리전문가가 홍수 피해량의 증가 확률을 잘못 계산하였으며, 홍수 피해량이 50% 이상 증가할 정확한 확률이 0.5, 50% 미만 증가할 확률이 0.4, 감소할 확률이 0.1이라고 한다. 이때 K사가 가장 큰 예상 순이익을 얻는 건설비용 부담 비율은 변하지 않는다.

기출 13' 5급㉯-인 | 난이도 ●○○

191 **다음 글을 근거로 판단할 때, 〈보기〉의 甲~丁이 권장 시기에 맞춰 정기검진을 받는다면 첫 정기검진까지의 기간이 가장 적게 남은 사람부터 순서대로 나열한 것은? (단, 甲~丁은 지금까지 건강검진을 받은 적이 없다)**

암 검진은 암을 조기 발견하여 생존률을 높일 수 있기 때문에 매우 중요하다. 일반적으로 권장하는 정기검진의 시작 시기와 주기는 위암은 만 40세부터 2년 주기, 대장암은 만 50세부터 1년 주기, 유방암은 만 40세부터 2년 주기 등이다. 폐암은 흡연자인 경우 만 40세부터 1년 주기로, 비흡연 여성도 만 60세부터 검진을 받아야 한다. 간경변증을 앓고 있는 사람이거나 B형 또는 C형 간염 바이러스 보균자는 만 30세부터 6개월 간격으로 간암 정기검진을 받아야 한다.

그런데 많은 암환자들이 가족력을 가지고 있는 것으로 알려져 있다. 우리나라 암 사망 원인 1위인 폐암은 부모나 형제자매 가운데 해당 질병을 앓은 사람이 있으면 발병 확률이 일반인의 1.95배나 된다. 대장암 환자의 30 %도 가족력이 있다. 부모나 형제자매 중에 한 명의 대장암 환자가 있으면 발병 확률은 일반인의 2~3배가 되고, 두 명이 있으면 그 확률은 4~6배로 높아진다. 우리나라 여성들이 많이 걸리는 유방암도 가족력이 큰 영향을 미친다. 따라서 가족력이 있으면 대장암은 검진 시기를 10년 앞당겨야 하며, 유방암도 검진 시기를 15년 앞당기고 검사 주기도 1년으로 줄여야 한다.

보기

ㄱ. 매운 음식을 자주 먹는 만 38세 남성 甲의 위암 검진
ㄴ. 대장암 가족력이 있는 만 33세 남성 乙의 대장암 검진
ㄷ. 유방암 가족력이 있는 만 25세 여성 丙의 유방암 검진
ㄹ. 흡연자인 만 36세 여성 丁의 폐암 검진

① 甲, 乙, 丙, 丁
② 甲, 丙, 丁, 乙
③ 丙, 甲, 丁, 乙
④ 丙, 丁, 乙, 甲
⑤ 丁, 乙, 丙, 甲

기출 13' 5급ⓜ-인 | 난이도 ●○○

192 **다음 글을 근거로 판단할 때, A~E 중 유통이력 신고의무가 있는 사람은?**

甲국의 유통이력관리제도는 사회안전 및 국민보건을 위해 관세청장이 지정하는 수입물품(이하 "지정물품"이라 한다)에 대해 유통단계별 물품 거래내역(이하 "유통이력"이라 한다)을 추적·관리하는 제도이다. 유통이력에 대한 신고의무가 있는 사람은 수입자와 유통업자이며, 이들이 지정물품을 양도(판매, 재판매 등)한 경우 유통이력을 관세청장에게 신고하여야 한다. 지정물품의 유통이력 신고의무는 아래 〈표〉의 시행일자부터 발생한다.

- 수입자: 지정물품을 수입하여 세관에 신고하는 자
- 유통업자: 수입자로부터 지정물품을 양도받아 소매업자 또는 최종소비자에게 양도하는 자(도매상 등)
- 소매업자: 지정물품을 최종소비자에게 판매하는 자
- 최종소비자: 지정물품의 형체를 변형해서 사용하는 자를 포함하는 최종단계 소비자(개인, 식당, 제조공장 등)

〈표〉 유통이력신고 대상물품

시행일자	지정물품
2009.8.1.	공업용 천일염, 냉동복어, 안경테
2010.2.1.	황기, 백삼, 냉동고추, 뱀장어, 선글라스
2010.8.1.	구기자, 당귀, 곶감, 냉동송어, 냉동조기
2011.3.1.	건고추, 향어, 활낙지, 지황, 천궁, 설탕
2012.5.1.	산수유, 오미자
2013.2.1.	냉동옥돔, 작약, 황금

※ 위의 〈표〉에서 제시되지 않은 물품은 신고의무가 없는 것으로 간주한다.

① 수입한 선글라스를 2009년 10월 안경전문점에 판매한 안경테 도매상 A
② 당귀를 수입하여 2010년 5월 동네 한약방에 판매한 한약재 전문 수입자 B
③ 구기자를 수입하여 2012년 2월 건강음료 제조공장에 판매한 식품 수입자 C
④ 도매상으로부터 수입 냉동복어를 구입하여 만든 매운탕을 2011년 1월 소비자에게 판매한 음식점 주인 D
⑤ 수입자로부터 냉동옥돔을 구입하여 2012년 8월 음식점에 양도한 도매상 E

문항편 7일차 • 문제해결 + 자원관리능력

기출 18' 5급ⓜ-가 난이도 ●○○

193 다음 〈측량학 수업 필기〉를 근거로 판단할 때, 〈예제〉의 괄호 안에 들어갈 수는?

측량학 수업 필기

- **축척**: 실제 수평 거리를 지도상에 얼마나 축소해서 나타냈는지를 보여주는 비율. 1/50,000, 1/25,000, 1/10,000, 1/5,000 등을 일반적으로 사용함
  예 1/50,000은 실제 수평 거리 50,000 cm를 지도상에 1 cm로 나타냄
- **등고선**: 지도에서 표고가 같은 지점들을 연결한 선
  표고: 표준 해면으로부터 지표의 어느 지점까지의 수직 거리
  축척 1/50,000 지도에서는 표고 20 m마다, 1/25,000 지도에서는 표고 10 m마다, 1/10,000 지도에서는 표고 5 m마다 등고선을 그림
  예 축척 1/50,000 지도에서 등고선이 그려진 모습

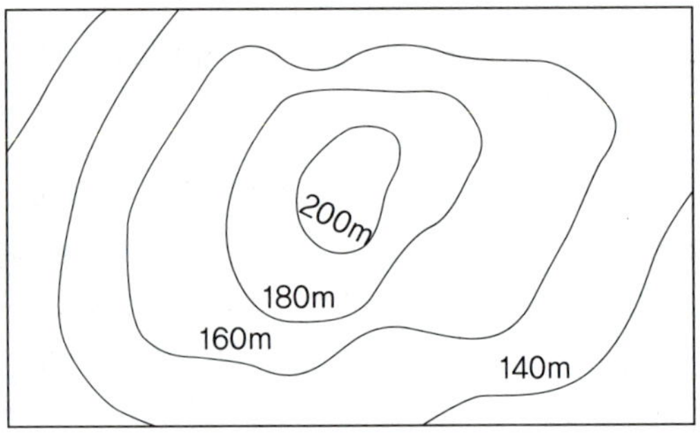

- **경사도**: 어떤 두 지점 X와 Y를 잇는 사면의 경사도는 다음의 식으로 계산

$$경사도 = \frac{두\ 지점\ 사이의\ 표고\ 차이}{두\ 지점\ 사이의\ 실제\ 수평\ 거리}$$

예제

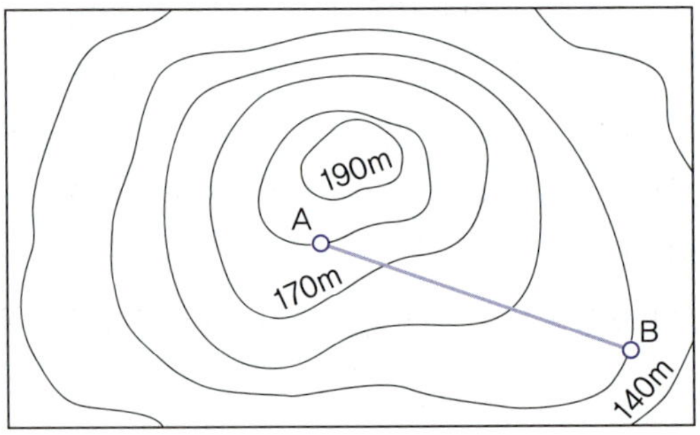

위의 지도는 축척 1/25,000로 제작되었다. 지도상의 지점 A와 B를 잇는 선분을 자로 재어 보니 길이가 4 cm였다. 이때 두 지점 A와 B를 잇는 사면의 경사도는 (　　)이다.

① 0.015　② 0.025　③ 0.03
④ 0.055　⑤ 0.7

기출 12' 5급㉯-인 난이도 ●○○

194 甲은 키보드를 이용해 숫자를 계산하는 과정에서 키보드의 숫자 배열을 휴대폰의 숫자 배열로 착각하고 숫자를 입력하였다. 휴대폰과 키보드의 숫자 배열이 다음과 같다고 할 때, 〈보기〉에서 옳은 것을 모두 고르면?

〈휴대폰의 숫자 배열〉

1	2	3
4	5	6
7	8	9
@	0	#

〈키보드의 숫자 배열〉

7	8	9
4	5	6
1	2	3
0		.

보기

ㄱ. '46 × 5'의 계산 결과는 옳게 산출되었다.
ㄴ. '789+123'의 계산 결과는 옳게 산출되었다.
ㄷ. '159+753'의 계산 결과는 옳게 산출되었다.
ㄹ. '753+951'의 계산 결과는 옳게 산출되었다.
ㅁ. '789−123'의 계산 결과는 옳게 산출되었다.

① ㄱ, ㄴ, ㄷ
② ㄱ, ㄴ, ㄹ
③ ㄱ, ㄷ, ㅁ
④ ㄴ, ㄷ, ㄹ
⑤ ㄴ, ㄹ, ㅁ

기출 13' 5급㉯-인 | 난이도 ●●○

195 다음 〈상황〉과 〈대화〉를 근거로 판단할 때, 〈보기〉에서 옳은 것만을 모두 고르면?

상황

지구와 거대한 운석이 충돌할 것으로 예상되자, A국 정부는 인류의 멸망을 막기 위해 甲, 乙, 丙 세 사람을 각각 냉동캡슐에 넣어 보존하기로 했다. 운석 충돌 후 시간이 흘러 지구에 다시 사람이 살 수 있는 환경이 조성되자, 3개의 냉동캡슐은 각각 다른 시점에 해동이 시작되어 하루 만에 완료되었다. 그 후 甲, 乙, 丙 세 사람은 2120년 9월 7일 한 자리에 모여 다음과 같은 〈대화〉를 나누었다.

대화

甲: 나는 2086년에 태어났습니다. 19살에 냉동캡슐에 들어갔고, 캡슐에서 해동된 지는 정확히 7년이 되었어요.

乙: 나는 2075년생입니다. 26살에 냉동캡슐에 들어갔고, 캡슐에서 해동된 것은 지금으로부터 1년 5개월 전입니다.

丙: 난 2083년 5월 17일에 태어났어요. 21살이 되기 두 달 전에 냉동캡슐에 들어갔고, 해동된 건 일주일 전이에요.

※ 이들이 밝히는 나이는 만 나이이며, 냉동되어 있는 기간은 나이에 산입되지 않는다.

보기

ㄱ. 甲, 乙, 丙이 냉동되어 있던 기간은 모두 다르다.
ㄴ. 대화를 나눈 시점에 甲이 丙보다 나이가 어리다.
ㄷ. 가장 이른 연도에 냉동캡슐에 들어간 사람은 甲이다.

① ㄱ
② ㄱ, ㄴ
③ ㄱ, ㄷ
④ ㄴ, ㄷ
⑤ ㄱ, ㄴ, ㄷ

난이도 ●●○

196 주차단속 중인 경찰은 차량 5대 중 한 대가 불법주차 중인 것을 확인하였다. 각 차량주가 아래의 〈대화〉와 같이 해명을 하였는데, 2명은 거짓을 말하였고 3명은 참을 말하였다. 이때, 다음 중 불법주차 중인 차량을 고르면?

대화

- A차량주: E차량은 불법주차 차량이 아니다.
- B차량주: 불법주차를 한 차주는 거짓을 말하고 있다.
- C차량주: D차량은 불법주차 차량이 아니다.
- D차량주: B차량은 불법주차 차량이다.
- E차량주: A차량은 불법주차 차량이다.

① A차량 ② B차량 ③ C차량
④ D차량 ⑤ E차량

기출 13' 5급㉻-재 난이도 ●○○

197 다음 글과 〈○○시의 도로명 현황〉을 근거로 판단할 때, ○○시에서 발견될 수 있는 도로명은?

도로명의 구조는 일반적으로 두 개의 부분으로 나누어지는데 앞부분을 전부요소, 뒷부분을 후부요소라고 한다.

전부요소는 대상물의 특성을 반영하여 이름붙인 것이며 다른 곳과 구분하기 위해 명명된 부분이다. 즉, 명명의 배경이 반영되어 성립된 요소로 다양한 어휘가 사용된다. 후부요소로는 '로, 길, 골목'이 많이 쓰인다.

그런데 도로명은 전부요소와 후부요소만 결합한 기본형이 있고, 후부요소에 다른 요소가 첨가된 확장형이 있다. 확장형은 후부요소에 '1, 2, 3, 4…' 등이 첨가된 일련번호형과 '동, 서, 남, 북, 좌, 우, 윗, 아래, 앞, 뒷, 사이, 안, 중앙' 등의 어휘들이 첨가된 방위형이 있다.

○○시의 도로명 현황

○○시의 도로명을 모두 분류한 결과, 도로명의 전부요소로는 한글고유어보다 한자어가 더 많이 발견되었고, 기본형보다 확장형이 많이 발견되었다. 확장형의 후부요소로는 일련번호형이 많이 발견되었고, 일련번호는 '로'와만 결합되었다. 그리고 방위형은 '골목'과만 결합되었으며 사용된 어휘는 '동, 서, 남, 북'으로만 한정되었다.

① 행복1가 ② 대학2로 ③ 국민3길
④ 덕수궁뒷길 ⑤ 꽃동네중앙골목

기출 13' 5급㉻-재 | 난이도 ●○○

198 **다음 글과 〈설문 결과〉에 근거하여 판단할 때 옳지 않은 것은?**

A부는 민간고용서비스 종사자 교육 프로그램 운영을 계획 중이다. 교육내용을 선택하기 위해 민간고용서비스 종사자들에게 설문조사를 실시하여 보리치(Borich) 계수를 도출하였다. 보리치 계수가 높을수록 교육 우선순위는 높아진다.

$$\text{보리치 계수} = \frac{\{\Sigma(\text{RCL} - \text{PCL}) \times \overline{\text{RCL}}\}}{\text{N}}$$

※ RCL(Required Competence Level): 필요한 역량수준
※ PCL(Present Competence Level): 현재의 역량수준
※ $\overline{\text{RCL}}$: 필요한 역량수준의 평균값
※ N: 응답자 수

〈설문 결과〉

교육내용	Σ(RCL−PCL)	$\overline{\text{RCL}}$	보리치 계수
교육·훈련상담	221	3.43	1.52
직업적응상담	205	3.45	1.41
직업진로선택상담	192	3.41	1.31
직업검사 실시 및 해석	241	3.25	1.57
취업지원프로그램 운영	301	3.32	2.00
취업지원프로그램 개발	300	3.30	1.98
채용행사 개최	236	2.93	1.38

※ N=500

① 교육 우선순위가 가장 높은 것은 '취업지원프로그램 운영'이다.
② 민간고용서비스 종사자들이 평균적으로 가장 높은 역량수준이 필요하다고 보는 것은 '직업적응상담'이다.
③ '채용행사 개최'는 필요한 역량수준과 현재의 역량수준의 차이가 '교육·훈련상담'보다 크므로 교육 우선순위도 '교육·훈련상담'보다 높다.
④ 민간고용서비스 종사자들은 평균적으로 '직업검사 실시 및 해석'보다 '취업지원프로그램 개발'에 필요한 역량수준이 더 높다고 보고 있다.
⑤ 민간고용서비스 종사자들은 평균적으로 '직업진로선택상담'에 필요한 역량수준이 '취업지원프로그램 운영'보다 높다고 생각하지만, 교육 우선순위는 '취업지원프로그램 운영'이 더 높다.

기출 13' 5급㉻-재 | 난이도 ●○○

199 다음 글을 근거로 판단할 때, 〈보기〉에서 옳은 것을 모두 고르면?

P공단에는 甲과 乙 두 개의 공장만 있으며 공장 소유주는 동일인이다. 현재 두 공장 모두 각각 60단위의 오염물질이 발생하고 있다. 정화비용은 오염물질 단위당 甲 공장에서는 100만 원이 들고, 乙 공장에서는 200만 원이 들어간다. P공단의 오염물질 배출을 규제하는 방식에는 다음 (가)와 (나) 두 가지가 있다.

(가) 각 공장별 오염물질 배출허용기준은 최대 50단위로 설정되어 있고, 각 공장은 오염물질 배출허용기준을 준수하여야 한다. 따라서 각 공장은 허용기준을 초과한 오염물질을 정화처리하여 배출하여야 한다.

(나) 각 공장별 오염물질 배출허용기준은 설정되어 있지 않고, 공단 전체가 배출할 수 있는 총 오염물질의 양이 최대 100단위로 설정되어 있다. 공단은 오염물질 배출허용기준을 준수하여야 하며, 따라서 허용기준을 초과한 오염물질을 정화처리하여 배출하여야 한다.

〈보기〉

ㄱ. (가)의 방식을 적용할 때, P공단이 오염물질 배출허용기준을 준수하기 위해서는 최소 3,000만 원의 비용이 소요된다.

ㄴ. 공장 소유주의 입장에서 오염물질 배출허용기준을 준수하기 위해서는 최소 2,000만 원의 비용이 소요된다.

ㄷ. 공장 소유주가 비용을 최소화하려고 한다면, (가)의 방식보다 (나)의 방식이 P공단의 전체 오염물질 배출량을 더 줄일 수 있다.

ㄹ. (나)의 방식을 적용할 때, 공장 소유주가 비용을 최소화하고자 하면 甲 공장의 오염물질 배출량이 乙 공장의 오염물질 배출량보다 더 적어진다.

① ㄱ, ㄴ
② ㄷ, ㄹ
③ ㄱ, ㄴ, ㄷ
④ ㄱ, ㄴ, ㄹ
⑤ ㄴ, ㄷ, ㄹ

기출 13' 5급㉻-재 난이도 ●○○

200 다음 글과 〈표〉에 근거할 때, 〈보기〉에서 옳게 추론한 것을 모두 고르면?

- 한 국가의 선거제도를 평가함에 있어 '비례성'이라는 개념이 있다. 대의기관인 의회를 구성하는데 있어 선거제도가 유권자의 의사를 잘 반영할수록 그 제도의 비례성은 높다고 할 수 있다.
- 학자 X는 한 정당이 획득한 득표율과 그 정당의 의회내 의석률이 근접하도록 하는 선거제도는 비례성이 높다고 주장했다. 즉, 각 정당들의 득표율과 의석률 차이의 절대값의 합인 x지수가 작다면, 그 선거제도의 비례성이 높다고 평가할 수 있다는 것이다. 반면 x지수가 크다면 그 선거제도의 비례성은 낮을 것이라고 한다.

$$x\text{지수} = \Sigma \mid \text{득표율} - \text{의석률} \mid$$

- 학자 Y는 의회 내에서의 정당 수와 정당 크기에 기초하여 의회 내 유효 정당 수를 측정하는 y지수를 개발했으며, 그 공식은 다음과 같다.

$$y\text{지수} = \frac{1}{\text{의회 내 각 정당의 의석률을 제곱한 값의 합}}$$

그에 따르면 y지수가 큰 국가일수록 비례성이 높은 선거제도를 운용하고 있을 가능성이 높고, 반면 y지수가 작은 국가일수록 비례성이 낮은 선거제도를 운용하고 있을 가능성이 높다.

〈표〉 각 국 의회 내 정당의 득표율(%)과 의석률(%)

	A 정당		B 정당		C 정당		D 정당	
	득표율	의석률	득표율	의석률	득표율	의석률	득표율	의석률
甲국	30	30	30	25	20	25	20	20
乙국	20	10	25	10	15	20	40	60
丙국	40	50	20	10	20	20	20	20
丁국	30	40	30	40	20	10	20	10

※ 甲, 乙, 丙, 丁국의 각 정당명은 A~D로 동일하다고 가정한다.

보기

ㄱ. x지수에 의하면 丙국보다 丁국 선거제도의 비례성 정도가 낮을 것이다.
ㄴ. y지수에 의하면 甲국보다 丙국 선거제도의 비례성 정도가 높을 것이다.
ㄷ. 甲국은 x, y지수 모두에서 선거제도의 비례성 정도가 4개국 중 가장 높을 것이다.
ㄹ. 乙국은 x, y지수 모두에서 선거제도의 비례성 정도가 4개국 중 가장 낮을 것이다.

① ㄱ, ㄴ　② ㄱ, ㄹ　③ ㄴ, ㄷ
④ ㄱ, ㄷ, ㄹ　⑤ ㄴ, ㄷ, ㄹ

기출 13' 5급㉥-인 난이도 ●○○

201 다음 글을 근거로 판단할 때, 〈보기〉에서 옳지 않은 것만을 모두 고르면?

> 맥아음료 중 일정 비율을 초과한 알코올을 함유하고 있는 것을 맥주라고 한다. 수입 맥아음료에 대한 관세율 및 주세율은 다음과 같다.
>
> • 관세의 부과기준 및 관세율
>
> 가. 알코올을 함유하지 않은 맥아음료(알코올 함유량 100분의 0.5 이하 포함): 8 %
>
> 나. 맥주(알코올 함유량 100분의 0.5 초과): 30 %
>
> • 주세의 부과기준 및 주세율
>
> 알코올 함유량이 100분의 1 이상인 맥주: 72 %

보기

ㄱ. 알코올 함유량이 1 %인 수입 맥아음료는 30 %의 관세와 72 %의 주세를 모두 납부해야 한다.

ㄴ. 주세 납부 대상이지만 관세는 내지 않아도 되는 수입 맥아음료가 있다.

ㄷ. 알코올 함유량이 0.8 %인 수입 맥아음료는 8 %의 관세를 납부해야 한다.

① ㄱ ② ㄴ

③ ㄱ, ㄷ ④ ㄴ, ㄷ

⑤ ㄱ, ㄴ, ㄷ

문항편 7일차 • 문제해결 + 자원관리능력

기출 13' 5급(민)-인 난이도 ●●●

202 다음 글을 근거로 판단할 때, 〈보기〉에서 같이 사용하면 부작용을 일으키는 화장품의 조합만을 모두 고르면?

화장품 간에도 궁합이 있다. 같이 사용하면 각 화장품의 효과가 극대화 되거나 보완되는 경우가 있는 반면 부작용을 일으키는 경우도 있다. 요즘은 화장품에 포함된 모든 성분이 표시되어 있으므로 기본 원칙만 알고 있으면 제대로 짝을 맞춰 쓸 수 있다.

- 트러블의 원인이 되는 묵은 각질을 제거하고 외부 자극으로부터 피부 저항력을 키우는 비타민 B 성분이 포함된 제품을 트러블과 홍조 완화에 탁월한 비타민 K 성분이 포함된 제품과 함께 사용하면, 양 성분의 효과가 극대화되어 깨끗하고 건강하게 피부를 관리하는데 도움이 된다.
- 일반적으로 세안제는 알칼리성 성분이어서 세안 후 피부는 약알칼리성이 된다. 따라서 산성에서 효과를 발휘하는 비타민 A 성분이 포함된 제품을 사용할 때는 세안 후 약산성 토너로 피부를 정리한 뒤 사용해야 한다. 한편 비타민 A 성분이 포함된 제품은 오래된 각질을 제거하는 기능도 있다. 그러므로 각질관리 제품과 같이 사용하면 과도하게 각질이 제거되어 피부에 자극을 주고 염증을 일으킨다.
- AHA 성분은 각질 결합을 느슨하게 해 묵은 각질이나 블랙헤드를 제거하고 모공을 축소시키지만, 피부의 수분을 빼앗고 탄력을 떨어뜨리며 자외선에 약한 특성도 함께 지니고 있다. 따라서 AHA 성분이 포함된 제품을 사용할 때는 보습 및 탄력관리에 유의해야 하며 자외선 차단제를 함께 사용해야 한다.

보기

ㄱ. 보습기능이 있는 자외선 차단제와 AHA 성분이 포함된 모공축소 제품
ㄴ. 비타민 A 성분이 포함된 주름개선 제품과 비타민 B 성분이 포함된 각질관리 제품
ㄷ. 비타민 B 성분이 포함된 로션과 비타민 K 성분이 포함된 영양크림

① ㄱ ② ㄴ ③ ㄷ
④ ㄱ, ㄴ ⑤ ㄴ, ㄷ

기출 16' 5급㉷-6 난이도 ●○○

203 다음 글과 〈상황〉을 근거로 판단할 때, 〈보기〉에서 옳은 것만을 모두 고르면?

A국 사람들은 아래와 같이 한 손으로 1부터 10까지의 숫자를 표현한다.

숫자	1	2	3	4	5
펼친 손가락 개수	1개	2개	3개	4개	5개
펼친 손가락 모양		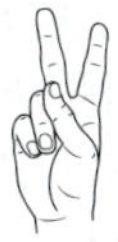			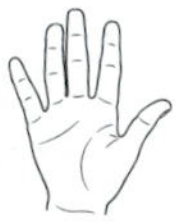
숫자	6	7	8	9	10
펼친 손가락 개수	2개	3개	2개	1개	2개
펼친 손가락 모양				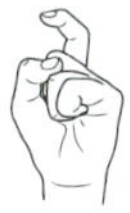	

상황

A국에 출장을 간 甲은 A국의 언어를 하지 못하여 물건을 살 때 상인의 손가락을 보고 물건의 가격을 추측한다. A국 사람의 숫자 표현법을 제대로 이해하지 못한 甲은 상인이 금액을 표현하기 위해 펼친 손가락 1개당 1원씩 돈을 지불하려고 한다. (단, 甲은 하나의 물건을 구매하며, 물건의 가격은 최소 1원부터 최대 10원까지라고 가정한다)

보기

ㄱ. 물건의 가격과 甲이 지불하려는 금액이 일치했다면, 물건의 가격은 5원 이하이다.
ㄴ. 상인이 손가락 3개를 펼쳤다면, 물건의 가격은 최대 7원이다.
ㄷ. 물건의 가격과 甲이 지불하려는 금액이 8원 만큼 차이가 난다면, 물건의 가격은 9원이거나 10원이다.
ㄹ. 甲이 물건의 가격을 초과하는 금액을 지불하려는 경우가 발생할 수 있다.

① ㄱ, ㄴ　　② ㄷ, ㄹ　　③ ㄱ, ㄴ, ㄷ
④ ㄱ, ㄷ, ㄹ　　⑤ ㄴ, ㄷ, ㄹ

기출 12' 5급㉿-인 난이도 ●○○

204 **A회사의 월차 및 월차수당에 관한 다음 글에 근거할 때 옳지 않은 것은?**

> • 어느 월(月)에 12일 이상 근무한 근로자에게 1일의 유급휴일을 부여하며, 이를 '월차'라 한다. 월차는 발생 다음 월부터 같은 해 말일까지 사용할 수 있으며, 합산하여 사용할 수도 있다. 다만 해당 연도의 월차는 그 다음 해로 이월되지 않는다.
> • 해당 연도 마지막 월까지 사용하지 않은 월차는 그 해 마지막 월의 급여 지급일에 월차 1일당 1일분의 급여로 지급하는데, 이를 '월차수당'이라 한다. 근로자가 퇴직하는 경우, 퇴직일까지 사용하지 않은 월차는 퇴직일에 월급여와 함께 월차수당으로 지급한다. 다만 매년 12월 또는 퇴직한 월의 근무로 인해 발생한 월차는 유급휴일로 사용할 수 없고, 월차수당으로만 지급한다.

※ '월'은 매월 1일부터 말일까지이며, '월급여'는 매월 말일에 지급한다.

① 甲이 7월 20일에 퇴직한다면 7월 말일에 월급여와 월차수당을 함께 지급받는다.
② 乙이 6월 9일에 퇴직한다면 6월의 근무로 발생한 6월분의 월차수당을 받을 수 없을 것이다.
③ 丙이 3월 12일 입사하여 같은 해 7월 20일에 퇴직할 때까지 결근 없이 근무하였다면 최대 4일의 월차를 사용할 수 있다.
④ 1월 초부터 같은 해 12월 말까지 결근 없이 근무한 근로자 丁은 최대 11일의 월차를 사용할 수 있다.
⑤ 9월 20일에 입사하여 같은 해 12월 31일까지 매월 발생된 월차를 한 번도 사용하지 않고 결근 없이 근무한 戊는 최대 3일분의 월차수당을 받을 수 있다.

기출 13' 5급(민)-인 | 난이도 ●●○

205 다음 〈그림〉처럼 Ⓟ가 1회 이동할 때는 선을 따라 한 칸 움직인 지점에서 우측으로 45도 꺾어서 한 칸 더 나아가는 방식으로 움직인다. 하지만 Ⓟ가 이동하려는 경로 상에 장애물(☒)이 있으면 움직이지 못한다. 〈보기〉 A~E에서 Ⓟ가 3회 이하로 이동해서 위치할 수 있는 곳만을 옳게 묶은 것은?

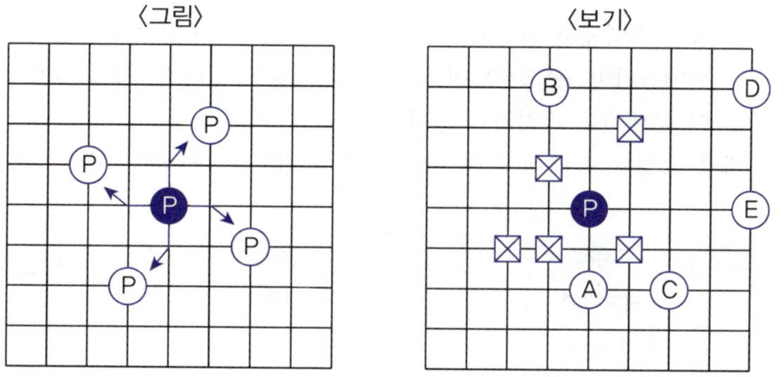

① A, B ② B, D ③ A, C, E
④ B, D, E ⑤ C, D, E

난이도 ●●○

206 다음은 OO기업 이사회의 이사장 선출방식의 〈조건〉에 대한 설명이다. 〈보기〉 중 옳은 것을 모두 고르면?

조건

- 이사회는 12명의 사내이사로 구성되며, 그 중 1명을 이사장으로 선출한다.
- 12명의 사내이사는 자신을 제외한 11명 중 서로 다른 2명에게 1표씩 투표하여 최다 득표자를 이사장으로 결정한다.
- 최다 득표자가 여러 명인 경우 추첨을 통해 이들 중 1명을 이사장으로 결정한다.
- 기권 및 무효표는 없다.

보기

㉠ 득표자의 수는 최소 2명에서 최대 12명까지 가능하다.
㉡ 득표자가 총 3명이고 그 중 1명이 7표를 얻었다면, 이사장을 추첨으로 결정하지 않아도 된다.
㉢ 득표자 중 최다 득표자가 8표를 얻었고 추첨 없이 이사장이 결정되었다면, 득표자는 4명 이상이다.

① ㉡ ② ㉢ ③ ㉠, ㉡
④ ㉠, ㉢ ⑤ ㉡, ㉢

문항편 7일차 • 문제해결 + 자원관리능력

기출 15' 5급㉻-재 | 난이도 ●○○

207 다음 〈조건〉을 근거로 판단할 때, 〈보기〉에서 옳은 것만을 모두 고르면?

조건

- A사와 B사는 신제품을 공동개발하여 판매한 총 순이익을 아래와 같은 기준에 의해 분배하기로 약정하였다.
  (가) A사와 B사는 총 순이익에서 각 회사 제조원가의 10 %에 해당하는 금액을 우선 각자 분배받는다.
  (나) 총 순이익에서 위 (가)의 금액을 제외한 나머지 금액에 대한 분배기준은 연구개발비, 판매관리비, 광고홍보비 중 어느 하나로 결정하며, 각 회사가 지출한 비용에 비례하여 분배액을 정하기로 한다.
- 신제품 개발과 판매에 따른 비용과 총 순이익은 다음과 같다.

(단위: 억 원)

구분	A사	B사
제조원가	200	600
연구개발비	100	300
판매관리비	200	200
광고홍보비	300	150
총 순이익	200	

보기

ㄱ. 분배받는 순이익을 극대화하기 위한 분배기준으로, A사는 광고홍보비를, B사는 연구개발비를 선호할 것이다.
ㄴ. 연구개발비가 분배기준이 된다면, 총 순이익에서 B사가 분배받는 금액은 A사의 3배이다.
ㄷ. 판매관리비가 분배기준이 된다면, 총 순이익에서 A사와 B사가 분배받는 금액은 동일하다.
ㄹ. 광고홍보비가 분배기준이 된다면, 총 순이익에서 A사가 분배받는 금액은 B사보다 많다.

① ㄱ, ㄴ ② ㄱ, ㄷ ③ ㄱ, ㄹ
④ ㄴ, ㄹ ⑤ ㄷ, ㄹ

기출 22' 5급㉻-나 | 난이도 ●○○

208 〈여성권익사업 보조금 지급 기준〉과 〈여성폭력피해자 보호시설 현황〉을 근거로 판단할 때, 지급받을 수 있는 보조금의 총액이 큰 시설부터 작은 시설 순으로 바르게 나열된 것은? (단, 4개 보호시설의 종사자에는 각 1명의 시설장(長)이 포함되어 있다)

〈여성권익사업 보조금 지급 기준〉

1. 여성폭력피해자 보호시설 운영비
   - 종사자 1~2인 시설: 240백만 원
   - 종사자 3~4인 시설: 320백만 원
   - 종사자 5인 이상 시설: 400백만 원

   ※ 단, 평가등급이 1등급인 보호시설에는 해당 지급액의 100%를 지급하지만, 2등급인 보호시설에는 80%, 3등급인 보호시설에는 60 %를 지급한다.
2. 여성폭력피해자 보호시설 사업비
   - 종사자 1~3인 시설: 60백만 원
   - 종사자 4인 이상 시설: 80백만 원
3. 여성폭력피해자 보호시설 종사자 장려수당
   - 종사자 1인당 50백만 원

   ※ 단, 종사자가 5인 이상인 보호시설의 경우 시설장에게는 장려수당을 지급하지 않는다.
4. 여성폭력피해자 보호시설 입소자 간식비
   - 입소자 1인당 1백만 원

〈여성폭력피해자 보호시설 현황〉

보호시설	종사자 수(인)	입소자 수(인)	평가등급
A	4	7	1
B	2	8	1
C	4	10	2
D	5	12	3

① A − C − D − B
② A − D − C − B
③ C − A − B − D
④ D − A − C − B
⑤ D − C − A − B

문항편
7일차
• 문제해결 + 자원관리능력

기출 22' 5급㉻-나 | 난이도 ●○○

209 다음 글을 근거로 추론할 때, 언급된 작품 중 완성시점이 두 번째로 빠른 것은?

반 고흐가 여동생 윌에게

재작년 누에넨에서 완성한 「감자 먹는 사람들」이 내가 그린 그림 중 제일 낫다고 생각해. 그 후로는 알맞은 모델을 구할 수 없었어. 그 대신 색채 문제를 고민할 기회를 가질 수 있었지.

작년에는 「장미와 해바라기가 있는 정물」을 완성하면서 분홍색, 노란색, 주황색, 찬란한 빨간색에 익숙해질 수 있었단다. 그 덕에 올 여름 「아시니에르의 음식점」을 완성하면서 과거보다 더 많은 색을 볼 수 있었어.

– 1887년 여름 –

반 고흐가 베르나르에게

이제 막 다 그린 「씨 뿌리는 사람」을 보내네. 태양만큼이나 환한 그림일세. 「별이 빛나는 밤」은 언제쯤이면 완성할 수 있을까? 완벽한 자연의 아름다움 앞에서 아무리 큰 무력감을 느끼더라도 우선 노력은 해야겠다고 다짐하네.

– 1888년 6월 –

반 고흐가 동생 테오에게

근래 아프기는 했지만 「수확하는 사람」을 드디어 완성했어. 수확하느라 뙤약볕에서 온 힘을 다하고 있는 흐릿한 인물에서 나는 죽음의 이미지를 발견하곤 해. 그래서 「씨 뿌리는 사람」과는 반대의 그림이라 해야겠지.

– 1889년 9월 5일 –

테오가 형 반 고흐에게

앵데팡당 전(展)이 열렸어. 올 초에 받은 형의 두 작품 「장미와 해바라기가 있는 정물」과 「별이 빛나는 밤」도 그곳에 전시되었어. 멀리서도 시선을 확 잡아끄는 아름다운 그림이야.

– 1889년 9월 12일 –

※ 단, 반 고흐의 작품은 위 글에 언급된 작품 외에는 없는 것으로 가정한다.

① 감자 먹는 사람들
② 별이 빛나는 밤
③ 수확하는 사람
④ 씨 뿌리는 사람
⑤ 장미와 해바라기가 있는 정물

기출 22' 5급㉻-나 | 난이도 ●●●

210 **우주센터는 화성 탐사 로봇(JK3)으로부터 다음의 〈수신 신호〉를 왼쪽부터 순서대로 받았다. 〈조건〉을 근거로 판단할 때, JK3의 이동경로로 옳은 것은?**

• 수신 신호 •

010111, 000001, 111001, 100000

• 조건 •

JK3은 출발 위치를 중심으로 주변을 격자 모양 평면으로 파악하고 있으며, 격자 모양의 경계를 넘어 한 칸 이동할 때마다 이동 방향을 나타내는 6자리 신호를 우주센터에 전송한다. 그 신호의 각 자리는 0 또는 1로 이루어진다. 전송 신호는 4개뿐이며, 각 전송 신호가 의미하는 이동 방향은 아래와 같다.

전송 신호	이동 방향
000000	북
000111	동
111000	서
111111	남

JK3이 보낸 6자리의 신호 중 한 자리는 우주잡음에 의해 오염된다. 이 경우 오염된 자리의 숫자 0은 1로, 1은 0으로 바뀐다.

※ JK3은 동서남북을 인식하고, 이 네 방향으로만 이동한다.

①
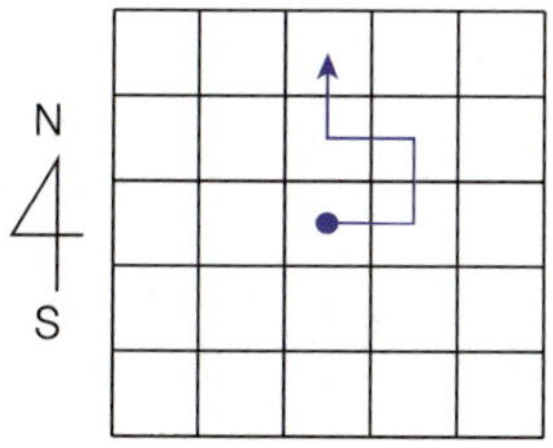

②
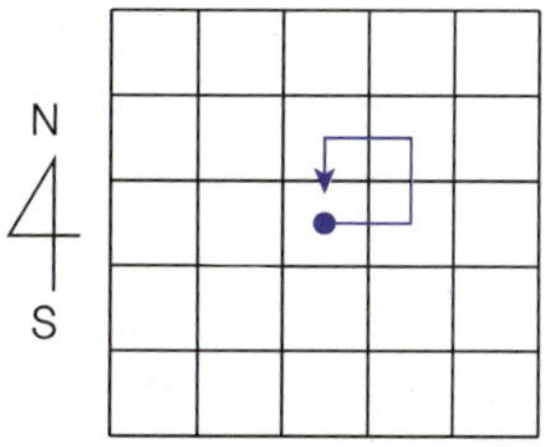

③
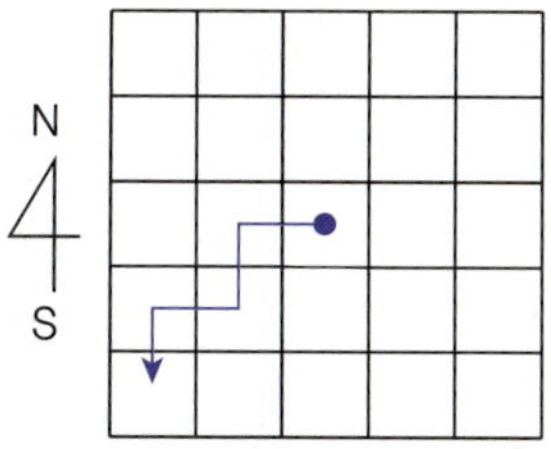

④
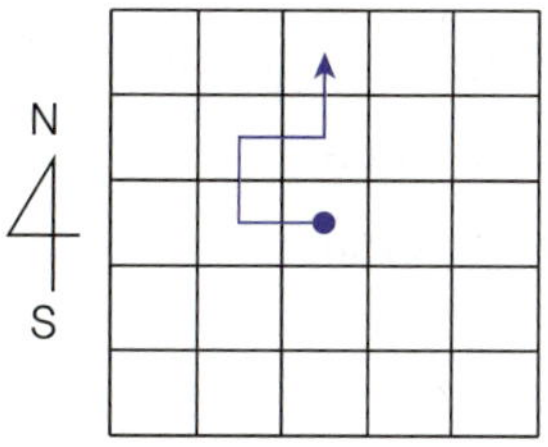

⑤
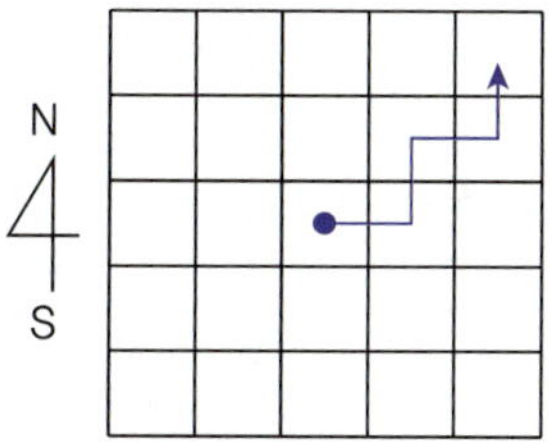

기출 13' 5급㉺-인 | 난이도 ●○○

211 **다음 글을 근거로 판단할 때, 〈보기〉의 빈칸에 들어가는 것을 옳게 짝지은 것은?**

A국에서는 1~49까지 숫자를 셀 때 다음과 같은 명칭과 규칙을 사용한다. 1~5는 아래와 같이 표현한다.

1 → tai
2 → lua
3 → tolu
4 → vari
5 → luna

6에서 9까지의 수는 위 명칭에 '새로운'이라는 뜻을 가진 'o'를 앞에 붙여 쓰는데, 6은 otai(새로운 하나), 7은 olua(새로운 둘), 8은 otolu(새로운 셋), …(으)로 표현한다.

10은 5가 두 개 더해진 것이므로 '두 개의 다섯'이란 뜻에서 lualuna(2×5), 15는 '세 개의 다섯'이란 뜻에서 toluluna(3×5), 20은 variluna(4×5), …(으)로 표현한다. 즉, 5를 포함하는 두 개 숫자의 곱이다.

11부터는 '더하기'라는 뜻을 가진 'i'를 중간에 넣고, 그 다음에 1~4 사이의 숫자 하나를 순서대로 넣어서 표현한다. 따라서 11은 lualuna i tai(2×5+1), 12는 lualuna i lua(2×5+2), …, 16은 toluluna i tai(3×5+1), 17은 toluluna i lua(3×5+2), …(으)로 표현한다.

보기

ㄱ. 30은 (　　)로 표현한다.
ㄴ. ovariluna i tolu는 숫자 (　　)이다.

	ㄱ	ㄴ
①	otailuna	48
②	otailuna	23
③	lualualuna	48
④	tolulualuna	17
⑤	tolulualuna	23

기출 12' 5급㉠-인 | 난이도 ●○○

212 다음 글에 근거할 때, <보기>의 甲, 乙 각각의 부양가족 수가 바르게 연결된 것은? (단, 위 각 세대 모든 구성원은 주민등록표상 같은 주소에 등재되어 있고 현실적으로 생계를 같이하고 있다)

부양가족이란 주민등록표상 부양의무자와 세대를 같이하는 사람으로서 해당 부양의무자의 주소에서 현실적으로 생계를 같이하는 다음 중 어느 하나에 해당하는 사람을 말한다.

1. 배우자
2. 본인 및 배우자의 60세(여성인 경우에는 55세) 이상의 직계존속과 60세 미만의 직계존속 중 장애의 정도가 심한 사람
3. 본인 및 배우자의 20세 미만의 직계비속과 20세 이상의 직계비속 중 장애의 정도가 심한 사람
4. 본인 및 배우자의 형제자매 중 장애의 정도가 심한 사람

※ '장애의 정도가 심한 사람'이란 다음 중 어느 하나에 해당하는 사람을 말한다.
가. 장애등급 제1급부터 제6급까지
나. 상이등급 제1급부터 제7급까지
다. 장해등급 제1급부터 제6급까지

보기

ㄱ. 부양의무자 甲은 배우자, 75세 아버지, 15세 자녀 1명, 20세 자녀 1명, 장애 6급을 가진 39세 처제 1명과 함께 살고 있다.
ㄴ. 부양의무자 乙은 배우자, 58세 장인과 56세 장모, 16세 조카 1명, 18세 동생 1명과 함께 살고 있다.

	甲	乙
①	4명	2명
②	4명	3명
③	5명	2명
④	5명	3명
⑤	5명	4명

Day 7 Self Check List

	오답 수	무응답 수	풀이시간(분)
1회독	/ 32	/ 32	/ 65(분)
2회독	/ 32	/ 32	/ 50(분)
3회독	/ 32	/ 32	/ 40(분)

독끝 8일차 (213~245)

정답 및 해설 205p

난이도별 구성

●○○	11문항
●●○	19문항
●●●	3문항

본 문항은 PSAT 상황판단 영역 기출 문항으로 구성되며, 기출 표기에 따른 시험 종류는 아래와 같습니다. (표기 상 맨 끝은 '책형' 입니다.)
㉠ – 민간경력자 일괄채용시험 / ㉡ – 공개경쟁채용시험(행정)

8일차 일일연습

Set ❶

다음 문장을 논리기호로 표현한 것이 맞으면 O, 틀리면 X로 표시하세요.

(1) 물을 좋아하거나 바다를 좋아한다면, 수영도 잘하게 된다. ▶ {(물) ∨ (바다)} → (수영) ⇔ {(물) → (수영)} ∨ {(바다) → (수영)}
(2) 일도 잘하고, 외모가 출중한 사람은 내가 아니다. ▶ {(일) ∧ (외모)} → ~(나)
(3) 정치학과 또는 사회학을 수강하는 학생은 모두 경제학도 수강한다. ▶ {(정치) ∨ (사회)} → (경제) ⇔ ~(경제) → {~(정치) ∧ ~(사회)}
(4) A가 부자인 경우에만 A와 친구가 된다. ▶ (친구) → A → (부자) ⇔ ~A → ~(부자) → ~(친구)

Set ❷

표의 빈 칸에 들어갈 것을 구하시오. (참, 거짓)

a	b	a ∧ b	b → a
거짓	거짓	거짓	참
참	거짓	거짓	참
(1)	(2)	거짓	거짓
(3)	(4)	참	참

Set ❸

아래〈조건〉을 확인 후, 각 질문에 답하시오.

〈조건〉 5명씩 앉을 수 있는 작은 의자 또는 6명씩 앉을 수 있는 긴 의자에 71명이 앉으려 한다. 이때, 작은 의자 또는 긴 의자는 최소 1개 이상은 사용하며, 못 앉는 인원은 없다.
(1) 빈 자리 없이 앉으려면 작은 의자를 최소 몇 개 쓰는가?
(2) 위 (1)의 경우, 긴 의자는 몇 개가 필요한가?
(3) 긴 의자를 최대한 사용하면, 여분 좌석은 몇 자리인가?
(4) 위 (3)의 경우, 긴 의자는 몇 개가 필요한가?

	Set ❶	Set ❷	Set ❸
(1)	X	거짓	1개
(2)	O	참	11개
(3)	O	참	1자리
(4)	X	참	12개

※ 참고사항

문장	논리기호
p이다.	p
p가 아니다.	~p
• 모든 p는 q이다. • p이면 q이다.	p → q

문장	논리기호
• 어떤 p는 q이다. • p이면서 q이다. • p그리고 q이다.	p ∧ q
• p이거나 q이다. • p 또는 q이다.	p ∨ q
• 'p또는 q'가 아니다. • p도 아니고 q도 아니다.	~(p ∨ q)

• "⇔" : 필요충분조건 또는 동치를 나타내는 논리기호
• 연언명제 (p ∧ q) : 모두 참일때만 참
• 선언명제 (p ∨ q) : 모두 거짓일 때만 거짓
• 가언명제 (p → q) : 전건이 참, 후건이 거짓일 때만 거짓

	맞은 개수	풀이 시간
Set ❶	/ 4	(초)
Set ❷	/ 4	(초)
Set ❸	/ 4	(초)
합계	/ 12	(초)

＊다음의 회독수 별 권장풀이시간에 맞춰 문제풀이 후,
Day 8 끝의 [Self Check List]를 기입하여 부족한 부분을 파악하세요!

권장 풀이 시간
1회독 65 min 2회독 50 min 3회독 40 min

기출 15' 5급㉥-재 난이도

213 다음 글과 〈상황〉을 근거로 판단할 때, 주택(A~E) 중 관리대상주택의 수는?

○○나라는 주택에 도달하는 빛의 조도를 다음과 같이 예측한다.

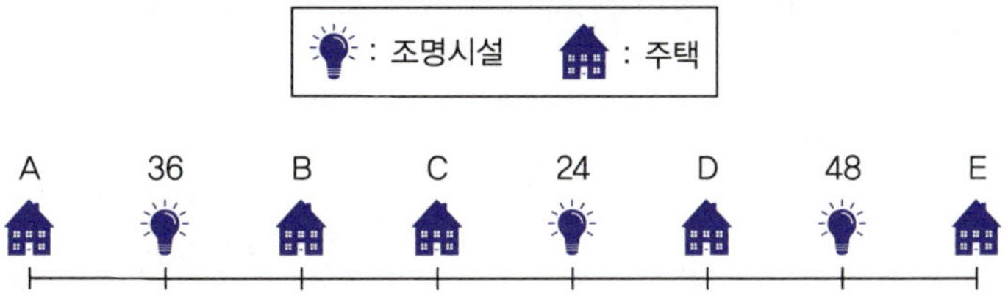

1. 각 조명시설에서 방출되는 광량은 그림에 표시된 값이다.
2. 위 그림에서 1칸의 거리는 2이며, 빛의 조도는 조명시설에서 방출되는 광량을 거리로 나눈 값이다.
3. 여러 조명시설로부터 동시에 빛이 도달할 경우, 각 조명시설로부터 주택에 도달한 빛의 조도를 예측하여 단순 합산한다.
4. 주택에 도달하는 빛은 그림에 표시된 세 개의 조명시설에서 방출되는 빛 외에는 없다고 가정한다.

〈상황〉

빛공해로부터 주민생활을 보호하기 위해, 주택에서 예측된 빛의 조도가 30을 초과할 경우 관리대상주택으로 지정한다.

① 1 채 ② 2 채 ③ 3 채
④ 4 채 ⑤ 5 채

기출 13' 5급㉥-인 난이도 ●●○

214 **다음 글을 근거로 판단할 때, 〈보기〉에서 옳은 것만을 모두 고르면?**

8개 국가의 장관이 회담을 위해 ○○에 모였다. 각국의 장관은 자신이 사용하는 언어로 의사소통을 하려고 한다. 그런데 회담이 갑자기 개최되어 통역관을 충분히 확보하지 못한 상황이다. 따라서 의사소통을 위해서는 여러 단계의 통역을 거칠 수도 있고, 2개 이상의 언어를 사용하는 장관이 통역관의 역할을 겸할 수도 있다.

현재 회담에 참여하는 장관과 배석 가능한 통역관은 다음과 같다.

장관	사용언어
A	네팔어
B	영어
C	우즈베크어, 러시아어
D	카자흐어, 러시아어
E	영어, 스와힐리어
F	에스파냐어
G	스와힐리어
H	한국어

통역관	통역 가능한 언어
甲	한국어, 우즈베크어
乙	영어, 네팔어
丙	한국어, 에스파냐어
丁	한국어, 영어, 스와힐리어

보기

ㄱ. A장관이 F장관과 의사소통을 하기 위해서는 최소한 3명의 통역관이 배석하여야 한다.
ㄴ. 통역관이 丁밖에 없다면 H장관은 최대 3명의 장관과 의사소통을 할 수 있다.
ㄷ. 통역관 丁이 없으면 G장관은 어느 장관과도 의사소통을 할 수 없다.
ㄹ. 8명의 장관과 4명의 통역관이 모두 회담에 참석하면 모든 장관들은 서로 의사소통이 가능하다.

① ㄱ, ㄴ
② ㄱ, ㄷ
③ ㄱ, ㄴ, ㄹ
④ ㄱ, ㄷ, ㄹ
⑤ ㄴ, ㄷ, ㄹ

기출 13' 5급㉯-인 | 난이도 ●●○

215 **다음 글을 근거로 판단할 때, 〈보기〉에서 옳은 것만을 모두 고르면?**

전 세계 벼 재배면적의 90 %가 아시아에 분포한다. 현재 벼를 재배하는 면적을 나라별로 보면, 인도가 4,300헥타르로 가장 넓고, 중국이 3,300헥타르로 그 다음을 잇고 있으며, 인도네시아, 방글라데시, 베트남, 타이, 미안마, 일본의 순으로 이어지고 있다. A국은 일본 다음이다.

반면 쌀을 가장 많이 생산하고 있는 나라는 중국으로 전 세계 생산량의 30 %를 차지하고 있으며, 그 다음이 20 %를 생산하는 인도이다. 단위면적 당 쌀 생산량을 보면 A국이 헥타르 당 5.0톤으로 가장 많고 일본이 헥타르 당 4.5톤이다. A국의 단위면적 당 쌀 생산량은 인도의 3배에 달하는 수치로 현재 A국의 단위면적 당 쌀 생산능력은 세계에서 제일 높다.

보기

ㄱ. 중국의 단위면적 당 쌀 생산량은 인도의 약 2배이다.
ㄴ. 일본의 벼 재배면적이 A국보다 400헥타르가 크다면, 일본의 연간 쌀 생산량은 A국보다 많다.
ㄷ. 인도의 연간 쌀 생산량은 11,000톤 이상이다.

① ㄱ ② ㄴ ③ ㄷ
④ ㄱ, ㄴ ⑤ ㄴ, ㄷ

난이도 ●●○

216 **수학교육과 4학년 동기 A~E 5명은 이번에 임용고시를 함께 치르고 방금 결과를 확인하였다. 5명 중 2명은 임용고시에 합격하였고 나머지 3명은 불합격하였으며, 이들 중 3명은 항상 참을 말했고 2명은 항상 거짓을 말했다. 다음 〈대화〉를 바탕으로 할 때, 임용고시에 합격한 사람을 모두 고른 것은?**

대화

- A: C는 임용고시에 합격하지 못했어.
- B: 나는 임용고시에 불합격했어. E는 임용고시에 합격했어.
- C: 나는 임용고시에 합격했어. A는 임용고시에 불합격했어.
- D: 나는 임용고시에 합격하지 못했어. A도 임용고시에 합격하지 못했어.
- E: D는 임용고시에 불합격했어.

① A, D ② B, C ③ B, E
④ C, D ⑤ D, E

기출 15' 5급㉻-재 | 난이도 ●○○

217 다음 글과 〈A기관 벌점 산정 기초자료〉를 근거로 판단할 때, 두 번째로 높은 벌점을 받게 될 사람은?

A기관은 업무처리시 오류 발생을 줄이기 위해 2015년 1월부터 벌점을 부과하여 인사고과에 반영하려 한다. 이를 위해 매달 직원별로 오류 건수를 조사하여 다음과 같은 〈벌점 산정 방식〉에 따라 벌점을 부과한다. 2015년 1월 한 달 동안 직원들의 업무처리 건수는 1인당 100건으로 동일하다.

〈벌점 산정 방식〉

- 일반 오류는 1건당 10점, 중대 오류는 1건당 20점씩 오류 점수를 부과하여 이를 합산한다.
- 전월 우수사원으로 선정된 경우, 합산한 오류 점수에서 80점을 차감하여 월별 최종 오류 점수를 계산한다.
- 벌점 부과 대상은 월별 최종 오류 점수가 400점 이상인 동시에 월별 오류 발생 비율이 30 % 이상인 직원이다.
- 월별 최종 오류 점수 1점당 벌점 10점을 부과한다.

※ 오류 발생 비율(%) $= \frac{\text{오류 건수}}{\text{업무처리 건수}} \times 100$

〈A기관 벌점 산정 기초자료〉

(2015. 1. 1.~2015. 1. 31.)

직원	오류 건수(건)		전월 우수사원 선정 여부
	일반 오류	중대 오류	
甲	5	20	미선정
乙	10	20	미선정
丙	15	15	선정
丁	20	10	미선정
戊	30	10	선정

① 甲　　② 乙　　③ 丙
④ 丁　　⑤ 戊

기출 15' 5급㉻-재 | 난이도 ●○○

218 **다음 글을 근거로 판단할 때, 〈보기〉에서 옳은 것만을 모두 고르면?**

甲은 정육면체의 각 면에 점을 새겨 게임 도구를 만들려고 한다. 게임 도구는 다음의 규칙에 따라 만든다.

• 정육면체의 모든 면에는 반드시 점을 1개 이상 새겨야 한다.
• 한 면에 새기는 점의 수가 6개를 넘어서는 안 된다.
• 각 면에 새기는 점의 수가 반드시 달라야 할 필요는 없다.

보기

ㄱ. 정육면체에 새긴 점의 총 수가 10개라면 점 6개를 새긴 면은 없다.
ㄴ. 정육면체에 새긴 점의 총 수가 21개인 방법은 1가지밖에 없다.
ㄷ. 정육면체에 새긴 점의 총 수가 24개라면 각 면에 새긴 점의 수는 모두 다르다.
ㄹ. 정육면체에 새긴 점의 총 수가 20개라면 3개 이하의 점을 새긴 면이 4개 이상이어야 한다.

① ㄱ　② ㄱ, ㄴ　③ ㄴ, ㄷ
④ ㄷ, ㄹ　⑤ ㄱ, ㄷ, ㄹ

기출 15' 5급㉻-재 난이도 ●○○

219 **다음 글을 근거로 판단할 때, 〈보기〉에서 모든 방청객이 심사규칙을 정확하게 이해하고 투표했다면 탈락자 또는 우승자가 바뀔 수 있는 것만을 모두 고르면?**

- 5명(甲~戊)이 노래경연대회에 참가하였다.
- 참가자들은 총 3회전에 걸친 노래경연을 하며, 심사는 방청객 50명의 투표를 통해 이루어진다.
- 방청객은 매 회전 정해진 시간 내에 투표를 마쳐야 한다.
- 1회전과 2회전에서는 노래를 가장 못 불렀다고 생각하는 1명에게 투표하여 가장 많은 표를 얻은 사람이 1명씩 탈락자가 된다.
- 3회전에서는 남은 3명 중 노래를 가장 잘 불렀다고 생각하는 1명에게 투표하여 가장 많은 표를 얻은 사람이 우승자가 된다.
- 가장 많은 표를 얻은 사람이 2명 이상일 경우, 해당하는 사람들끼리 재대결하여 탈락자 또는 우승자를 결정한다.
- 투표결과는 아래와 같다.

경연	甲	乙	丙	丁	戊	기권	심사결과
1회전	12	11	7	6	14	0	戊 탈락
2회전	14	15	9	10	╳	2	乙 탈락
3회전	13	╳	20	17	╳	0	丙 우승

보기

ㄱ. 방청객 2명이 심사규칙을 이해하지 못하여 1~3회전 모두 노래를 가장 못 불렀다고 생각한 甲에게 투표했다.

ㄴ. 방청객 2명이 심사규칙을 이해하지 못하여 1~3회전 모두 노래를 가장 잘 불렀다고 생각한 丁에게 투표했다.

ㄷ. 방청객 2명이 1회전에서만 심사규칙을 이해하지 못하여 노래를 가장 잘 불렀다고 생각한 戊에게 투표했다.

ㄹ. 방청객 2명이 2회전에서 한 명은 甲, 한 명은 乙에게 투표하려 했으나, 투표시기를 놓쳐 기권으로 처리됐다.

① ㄱ, ㄴ　　② ㄱ, ㄷ　　③ ㄴ, ㄷ
④ ㄴ, ㄹ　　⑤ ㄷ, ㄹ

기출 16' 5급㉻-5 난이도 ●○○

220 다음 〈맛집 정보〉와 〈평가 기준〉을 근거로 판단할 때, 총점이 가장 높은 음식점은?

〈맛집 정보〉

평가 항목 / 음식점	음식종류	이동거리	가격 (1인 기준)	맛평점 (★ 5개 만점)	방 예약 가능 여부
자금성	중식	150 m	7,500원	★★☆	○
샹젤리제	양식	170 m	8,000원	★★★	○
경복궁	한식	80 m	10,000원	★★★★	×
도쿄타워	일식	350 m	9,000원	★★★★☆	×
광화문	한식	300 m	12,000원	★★★★★	×

※ ☆은 ★의 반 개다.

평가 기준

- 평가 항목 중 이동거리, 가격, 맛평점에 대하여 각 항목별로 5, 4, 3, 2, 1점을 각각의 음식점에 하나씩 부여한다.
  - 이동거리가 짧은 음식점일수록 높은 점수를 준다.
  - 가격이 낮은 음식점일수록 높은 점수를 준다.
  - 맛평점이 높은 음식점일수록 높은 점수를 준다.
- 평가 항목 중 음식종류에 대하여 일식 5점, 한식 4점, 양식 3점, 중식 2점을 부여한다.
- 방 예약이 가능한 경우 가점 1점을 부여한다.
- 총점은 음식종류, 이동거리, 가격, 맛평점의 4가지 평가항목에서 부여 받은 점수와 가점을 합산하여 산출한다.

① 자금성 ② 샹젤리제 ③ 경복궁
④ 도쿄타워 ⑤ 광화문

기출 13' 5급㉻-재 난이도 ●●●

221 **다음 〈연주 규칙〉에 근거할 때 옳지 않은 것은?**

연주 규칙

1~2구간의 흰 건반 10개만을 사용하여 '비행기'와 '학교종' 두 곡을 연주한다. 왼손과 오른손을 나란히 놓고, 엄지, 검지, 중지, 약지, 새끼 다섯 종류의 손가락을 사용한다. 손가락 번호와 일치하는 건반 한 개만 칠 수 있으며, 각 노래에 사용되는 음은 아래와 같다.

- 비행기: 한 구간 내의 '도, 레, 미' 음만 사용
- 학교종: 한 구간 내의 '도, 레, 미, 솔, 라' 음만 사용

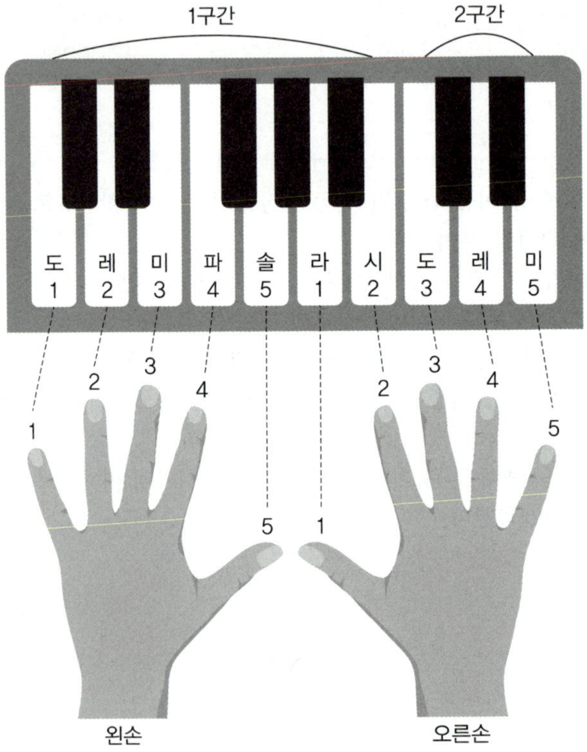

① '비행기'는 어느 구간에서 연주하든 같은 종류의 손가락을 사용한다.
② '비행기'는 어느 구간에서 연주하든 같은 번호의 손가락을 사용한다.
③ '학교종'을 연주할 때는 검지 손가락을 사용하지 않는다.
④ '비행기'는 한 손만으로도 연주할 수 있다.
⑤ '학교종'은 한 손만으로 연주할 수 없다.

기출 13' 5급㉻-재 | 난이도 ●○○

222 다음 〈상황〉에 근거하여 〈점수표〉의 빈칸을 채울 때, 민경과 혜명의 최종점수가 될 수 있는 것은?

상황

민경과 혜명은 0점, 3점, 5점이 그려진 과녁에 화살을 쏘아 과녁 맞히기를 하고 있다. 둘은 각각 10개의 화살을 쐈는데, 0점을 맞힌 화살의 개수만 〈점수표〉에 기록을 했다. 최종점수는 각 화살이 맞힌 점수의 합으로 한다. 둘이 쏜 화살 중 과녁 밖으로 날아간 화살은 하나도 없다. 이 때 민경과 혜명이 5점을 맞힌 화살의 개수는 동일하다.

〈점수표〉

점수	민경의 화살 수	혜명의 화살 수
0점	3	2
3점		
5점		

	민경의 최종점수	혜명의 최종점수
①	25	29
②	26	29
③	27	30
④	28	31
⑤	29	31

문항편 8일차 • 문제해결 + 자원관리능력

기출 13' 5급㉻-재 | 난이도 ●○○

223 다음 글과 〈상황〉에 근거할 때, 〈보기〉에서 옳은 것을 모두 고르면?

공공도서관이 갖추어야 하는 시설과 도서관 자료의 구비 기준은 다음과 같다.

〈공공도서관 시설 및 도서관 자료 구비 기준〉

봉사대상 인구(명)	시설		도서관 자료	
	건물면적(m^2)	열람석(석)	기본장서(권)	연간증서(권)
⋮	⋮	⋮	⋮	⋮
10만 이상 ~30만 미만	1,650 이상	350 이상	30,000 이상	3,000 이상
30만 이상 ~50만 미만	3,300 이상	800 이상	90,000 이상	9,000 이상
50만 이상	4,950 이상	1,200 이상	150,000 이상	15,000 이상

1. 봉사대상 인구란 도서관이 설치되는 해당 시의 인구를 말한다. 연간증서(年間增書)는 설립 다음 해부터 매년 추가로 늘려야 하는 장서로서 기본장서에 포함된다.
2. 전체 열람석의 10% 이상을 노인과 장애인 열람석으로 할당하여야 한다.
3. 공공도서관은 기본장서 외에 다음 각 목에서 정하는 자료를 갖추어야 한다.
   가. 봉사대상 인구 1천 명당 1종 이상의 연속간행물
   나. 봉사대상 인구 1천 명당 10종 이상의 시청각자료

• 상황 •

○○부는 신도시인 A시에 2014년 상반기 개관을 목표로 공공도서관 건설을 추진 중이다. A시의 예상 인구 추계는 다음과 같다.

구분	2012년	2015년	2020년	2030년
예상 인구(명)	13만	15만	30만	50만

※ A시 도서관은 예정대로 개관한다.
※ 2012년 인구는 실제 인구이며, 인구는 해마다 증가한다고 가정한다.

• 보기 •

ㄱ. A시 도서관 개관 시 확보해야 할 최소 기본장서는 30,000권이다.
ㄴ. A시의 예상 인구 추계자료와 같이 인구가 증가한다면, 2015년에는 노인 및 장애인 열람석을 2014년에 비해 35석 추가로 더 확보해야 한다.
ㄷ. A시의 예상 인구 추계자료와 같이 인구가 증가하고, 2015년~2020년에 매년 같은 수로 인구가 늘어난다면, 2018년에는 최소 240종 이상의 연속간행물과 2,400종 이상의 시청각자료를 보유해야 한다.
ㄹ. 2020년 실제 인구가 예상 인구의 80% 수준에 불과하다면, 개관 이후 2020년 말까지 추가로 보유해야 하는 총 연간증서는 최소 18,000권이다.

① ㄱ, ㄴ　　② ㄱ, ㄷ　　③ ㄴ, ㄹ
④ ㄱ, ㄷ, ㄹ　　⑤ ㄴ, ㄷ, ㄹ

기출 13' 5급㉻-재 | 난이도 ●○○

224 甲 사무관은 자동차의 공회전 발생률과 공회전 시 연료소모량이 적은 차량 운전자에게 현금처럼 쓸 수 있는 탄소포인트를 제공하는 정책을 구상하고 있다. 甲 사무관은 동일 차량 운전자 A~E를 대상으로 이 정책을 시범 시행하였다. 다음 〈산출공식〉과 〈자료〉를 근거로 할 때, 공회전 발생률과 공회전 시 연료소모량에 따라 A~E 운전자가 받을 수 있는 탄소포인트의 총합이 큰 순서대로 나열된 것은?

산출공식

- 공회전 발생률(%) $= \frac{\text{총공회전시간(분)}}{\text{주행시간(분)}} \times 100$
- 공회전 시 연료소모량(cc) $=$ 총공회전시간(분) $\times \omega$(cc/분)

※ 산출공식은 A~E 운전자에게 각각 동일하게 적용되며, A~E 운전자에 대한 다른 조건은 모두 동일하다.
※ ω는 어떤 차량의 공회전 1분당 연료소모량으로 A~E 운전자의 경우 $\omega=20$이다.

자료

- 차량 시범 시행 결과

운전자	주행시간(분)	총공회전시간(분)
A	200	20
B	30	15
C	50	10
D	25	5
E	50	25

- 공회전 발생률에 대한 구간별 탄소포인트

공회전 발생률(%)	20미만	20이상 40미만	40이상 60미만	60이상 80미만	80이상
탄소포인트(p)	100	80	50	20	10

- 공회전 시 연료소모량에 대한 구간별 탄소포인트

공회전 시 연료소모량(cc)	100미만	100이상 200미만	200이상 300미만	300이상 400미만	400이상
탄소포인트(p)	100	75	50	25	0

※ 〈자료〉 이외의 다른 조건은 고려하지 않는다.

① D > C > A > B > E
② D > C > A > E > B
③ D > A > C > B > E
④ A > D > B > E > C
⑤ A > C > D > B > E

기출 20' 5급㉻-라 | 난이도 ●●○

225 다음 글과 〈진술 내용〉을 근거로 판단할 때, 첫 번째 사건의 가해차량 번호와 두 번째 사건의 목격자를 옳게 짝지은 것은?

- 어제 두 건의 교통사고가 발생하였다.
- 첫 번째 사건의 가해차량 번호는 다음 셋 중 하나이다.

99★2703, 81★3325, 32★8624

- 어제 사건에 대해 진술한 목격자는 甲, 乙, 丙 세 명이다. 이 중 두 명의 진술은 첫 번째 사건의 가해차량 번호에 대한 것이고 나머지 한 명의 진술은 두 번째 사건의 가해차량 번호에 대한 것이다.
- 첫 번째 사건의 가해차량 번호는 두 번째 사건의 목격자 진술에 부합하지 않는다.
- 편의상 차량 번호에서 ★ 앞의 두 자리 수는 A, ★ 뒤의 네 자리 수는 B라고 한다.

〈진술 내용〉

- 甲: A를 구성하는 두 숫자의 곱은 B를 구성하는 네 숫자의 곱보다 작다.
- 乙: B를 구성하는 네 숫자의 합은 A를 구성하는 두 숫자의 합보다 크다.
- 丙: B는 A의 50배 이하이다.

	첫 번째 사건의 가해차량 번호	두 번째 사건의 목격자
①	99★2703	甲
②	99★2703	乙
③	81★3325	乙
④	81★3325	丙
⑤	32★8624	丙

기출 20' 5급㉻-라 | 난이도 ●●○

226 다음 〈상황〉과 〈대화〉를 근거로 판단할 때 乙의 점수는?

〈상황〉

- 甲, 乙, 丙이 과제를 제출하여 각자 성적을 받았다.
- 甲, 乙, 丙의 점수는 서로 다른 자연수로서 세 명의 점수를 합하면 100점이 되며, 甲, 乙, 丙은 이 사실을 알고 있다.
- 甲, 乙, 丙은 자신의 점수는 알지만 다른 사람의 점수는 모르고 있다.

〈대화〉

甲: 내가 우리 셋 중에 가장 높은 점수를 받았어.
乙: 甲의 말을 들으니 우리 세 사람이 받은 점수를 확실히 알겠네.
丙: 나도 이제 우리 세 사람의 점수를 확실히 알겠어.

① 1 ② 25 ③ 33
④ 41 ⑤ 49

기출 20' 5급㉻-라 난이도 ●●●

227 다음 글을 근거로 판단할 때, 〈보기〉에서 옳은 것만을 모두 고르면?

- A청은 업무능력 평가를 통해 3개 부서(甲~丙) 중 평가항목별 최종점수의 합계가 높은 2개 부서를 포상한다.
- 4명의 평가위원(가~라)은 문제인식, 실현가능성, 성장전략으로 구성된 평가항목을 5개 등급(최상, 상, 중, 하, 최하)으로 각각 평가하여 점수를 부여한다.
- 각 평가항목의 등급별 점수는 다음과 같다.

구분	최상	상	중	하	최하
문제인식	30	24	18	12	6
실현가능성	30	24	18	12	6
성장전략	40	32	24	16	8

- 평가항목별 최종점수는 아래의 식에 따라 산출한다. 단, 최고점수 또는 최저점수가 복수인 경우 각각 하나씩만 차감한다.

$$\frac{\text{평가항목에 대한 점수 합계}-(\text{최고점수}+\text{최저점수})}{\text{평가위원 수}-2}$$

- 평가결과는 다음과 같다.

구분	평가위원	점수		
		문제인식	실현가능성	성장전략
甲	가	30	24	24
	나	24	30	24
	다	30	18	40
	라	ⓐ	12	32
乙	가	6	24	32
	나	12	24	ⓑ
	다	24	18	16
	라	24	18	32
丙	가	12	30	ⓒ
	나	24	24	24
	다	18	12	40
	라	30	6	24

보기

ㄱ. ⓐ값에 관계없이 문제인식 평가항목의 최종점수는 甲이 제일 높다.
ㄴ. ⓑ=ⓒ>16이라면, 성장전략 평가항목의 최종점수는 乙이 丙보다 낮지 않다.
ㄷ. ⓐ=18, ⓑ=24, ⓒ=24일 때, 포상을 받게 되는 부서는 甲과 丙이다.

① ㄴ ② ㄷ ③ ㄱ, ㄴ
④ ㄱ, ㄷ ⑤ ㄱ, ㄴ, ㄷ

기출 20' 5급㉻-라 | 난이도 ●●○

228 **다음 글을 근거로 판단할 때, 태은이의 만족도 점수의 합은?**

태은이는 모처럼의 휴일을 즐길 계획을 세우고 있다. 예산 10만 원을 모두 사용하여 외식, 전시회 관람, 쇼핑을 한 번씩 한다. 태은이는 만족도 점수의 합이 최대가 되도록 항목별로 최대 6만 원까지 1만 원 단위로 지출한다. 다음은 항목별 지출에 따른 태은이의 만족도 점수이다.

구분	1만 원	2만 원	3만 원	4만 원	5만 원	6만 원
외식	3점	5점	7점	13점	15점	16점
전시회 관람	1점	3점	6점	9점	12점	13점
쇼핑	1점	2점	6점	8점	10점	13점

① 23점 ② 24점 ③ 25점
④ 26점 ⑤ 27점

기출 20' 5급㉻-라 | 난이도 ●●○

229 **다음 글을 근거로 판단할 때, 甲과 乙이 콩을 나누기 위한 최소 측정 횟수는?**

甲이 乙을 도와 총 1,760 g의 콩을 수확한 후, 甲은 400 g을 가지고 나머지는 乙이 모두 가지기로 하였다. 콩을 나눌 때 사용할 수 있는 도구는 2개의 평형접시가 달린 양팔저울 1개, 5 g짜리 돌멩이 1개, 35 g짜리 돌멩이 1개뿐이다. 甲과 乙은 양팔저울 1개와 돌멩이 2개만을 이용하여 콩의 무게를 측정한다. 양팔저울의 평형접시 2개가 평형을 이룰 때 1회의 측정이 이루어진 것으로 본다.

① 2 ② 3 ③ 4
④ 5 ⑤ 6

기출 20' 5급㉻-라 | 난이도 ●●○

230 **다음 글을 근거로 판단할 때, 甲~丁 4명이 모두 외출 준비를 끝내는 데 소요되는 최소 시간은?**

甲~丁 4명은 화장실 1개, 세면대 1개, 샤워실 2개를 갖춘 숙소에 묵었다. 다음날 아침 이들은 화장실, 세면대, 샤워실을 이용한 후 외출을 하려고 한다.

- 화장실, 세면대, 샤워실 이용을 마치면 외출 준비가 끝난다.
- 화장실, 세면대, 샤워실 순서로 1번씩 이용한다.
- 화장실, 세면대, 각 샤워실은 한 번에 한 명씩 이용한다.

〈개인별 이용시간〉

(단위: 분)

구분	화장실	세면대	샤워실
甲	5	3	20
乙	5	5	10
丙	10	5	5
丁	10	3	15

① 40분 ② 42분 ③ 45분
④ 48분 ⑤ 50분

난이도 ●●○

231 **한 사내식당에서는 직원들이 기호에 따라 선택해서 식사할 수 있도록 식단을 〈메뉴〉와 같이 다섯 종류로 나누어, 매일 각 종류마다 메뉴 1개씩 5개의 메뉴를 제공하고 있다. 〈조건〉에 따라 월요일부터 금요일까지 식단표를 짠다고 할 때, 반드시 참인 것은?**

〈메뉴〉

- 한식: 비빔밥, 된장찌개, 김치찌개, 설렁탕, 육개장
- 양식: 파스타, 피자, 스테이크, 리조또, 햄버거
- 일식: 우동, 소바, 초밥, 라멘, 하이라이스
- 중식: 자장면, 짬뽕, 잡채덮밥, 마파두부덮밥, 자장볶음밥
- 그 외: 쌀국수, 나시고랭, 똠양꿍, 인도커리, 브리또

조건

㉠ 하루에 모든 종류의 메뉴가 하나씩 들어가야 하며, 한 번 나온 메뉴는 다시 나오지 않는다.
㉡ 김치찌개는 월요일, 스테이크는 화요일, 우동은 수요일에 나와야 한다.
㉢ 파스타가 나오는 날에는 소바도 나오고 파스타가 나오는 바로 다음 날에 피자가 나온다.
㉣ 비빔밥이 나오는 날에 리조또도 나온다.
㉤ 햄버거는 쌀국수와 함께 나오며, 자장면이 나오는 전날 혹은 바로 다음 날에 나온다.
㉥ 똠양꿍은 하이라이스가 나오는 바로 다음 날에 나온다.

① 비빔밥은 우동과 함께 나온다.
② 쌀국수는 하이라이스와 함께 나온다.
③ 스테이크는 나시고랭과 함께 나온다.
④ 하이라이스는 자장면과 함께 나온다.
⑤ 똠양꿍은 파스타와 함께 나온다.

난이도 ●●●

232 같은 대학교 출신인 수현, 지혜, 석준, 하나, 민지 5명의 사원 중 2명은 인문대학을, 나머지 3명은 공과대학을 졸업하였다. 이 중 공과대학을 졸업한 3명은 각각 화학공학과, 기계공학과, 융합생명공학과를 전공하였다. 이들 5명의 사원에 대해 A~E가 말한 2개의 진술 중 하나는 참이고 다른 하나는 거짓이라고 할 때, 다음 중 공과대학을 졸업한 3명의 이름과 학과를 바르게 연결한 것은?

A: 수현은 인문대학을 졸업하였다. 지혜와 석준은 기계공학과를 전공하였다.
B: 지혜는 기계공학과를 전공하였다. 석준 또는 하나는 인문대학을 졸업하였다.
C: 석준은 융합생명공학과를 전공하였다. 수현 또는 민지는 화학공학과를 전공하였다.
D: 하나는 인문대학을 졸업하였다. 지혜 또는 민지는 인문대학을 졸업하였다.
E: 민지는 융합생명공학과를 전공하였다. 수현 또는 지혜는 기계공학과를 전공하였다.

	화학공학과	기계공학과	융합생명공학과
①	수현	석준	하나
②	지혜	하나	민지
③	석준	수현	지혜
④	하나	지혜	석준
⑤	민지	석준	수현

기출 18' 5급㉯-가 난이도 ●●●

233 **다음 글을 근거로 판단할 때, 〈그림 2〉의 정육면체 아랫면에 쓰인 36개 숫자의 합은?**

정육면체인 하얀 블록 5개와 검은 블록 1개를 일렬로 붙인 막대를 30개 만든다. 각 막대의 윗면에는 가장 위에 있는 블록부터, 아랫면에는 가장 아래에 있는 블록부터 세어 검은 블록이 몇 번째 블록인지를 나타내는 숫자를 쓴다. 이런 규칙에 따르면 〈그림 1〉의 예에서는 윗면에 2를, 아랫면에 5를 쓰게 된다.

다음으로 검은 블록 없이 하얀 블록 6개를 일렬로 붙인 막대를 6개 만든다. 검은 블록이 없으므로 윗면과 아랫면 모두에 0을 쓴다.

이렇게 만든 36개의 막대를 붙여 〈그림 2〉와 같은 큰 정육면체를 만들었더니, 윗면에 쓰인 36개 숫자의 합이 109였다.

〈그림 1〉

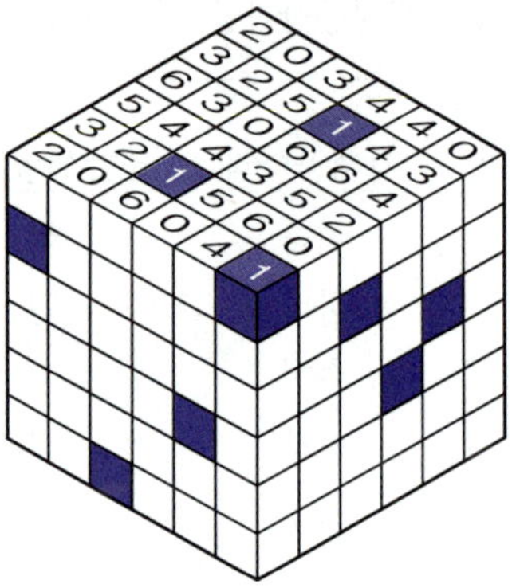
〈그림 2〉

① 97
② 100
③ 101
④ 103
⑤ 104

기출 20' 5급㉯-가 | 난이도 ●●●

234 **다음 글을 근거로 판단할 때 옳은 것은?**

> 네 사람(甲~丁)은 각각 주식, 채권, 선물, 옵션 중 서로 다른 하나의 금융상품에 투자하고 있으며, 투자액과 수익률도 각각 다르다.
>
> • 네 사람 중 투자액이 가장 큰 50대 주부는 주식에 투자하였다.
> • 30대 회사원 丙은 네 사람 중 가장 높은 수익률을 올려 아내와 여행을 다녀왔다.
> • 甲은 주식과 옵션에는 투자하지 않았다.
> • 40대 회사원 乙은 옵션에 투자하지 않았다.
> • 60대 사업가는 채권에 투자하지 않았다.

① 채권 투자자는 甲이다.

② 선물 투자자는 사업가이다.

③ 투자액이 가장 큰 사람은 乙이다.

④ 회사원은 옵션에 투자하지 않았다.

⑤ 가장 높은 수익률을 올린 사람은 선물 투자자이다.

기출 13' 5급㉻-재 | 난이도 ●●○

235 □□국은 넓이는 같지만 모양은 다른 甲, 乙, 丙 3개의 섬으로 이루어진 국가이다. 최근 새로운 바이러스가 크게 유행하면서 □□국 보건총괄책임자는 각각의 섬을 면밀히 관찰하여 상황에 따라 재난경보를 발령하려고 한다. 다음 〈조건〉과 〈그림〉에 따를 때, 가장 먼저 재난경보를 발령해야 하는 상황은?

조건

- 위의 그림 구역에서 발병자가 발생하면 하루 만에 상·하·좌·우 각각 한 구역씩 바이러스가 전염된다. 새롭게 전염된 구역에서 다시 하루 만에 상·하·좌·우 각각 한 구역씩 전염된다. 바이러스는 이러한 방식으로 섬 전역으로 확산된다.
- 바다로 인해 섬 간에는 바이러스가 전염되지 않는다.
- □□국 보건총괄책임자는 각각의 섬 내 전체 구역에 바이러스가 전염된 경우 재난경보를 발령한다.

그림

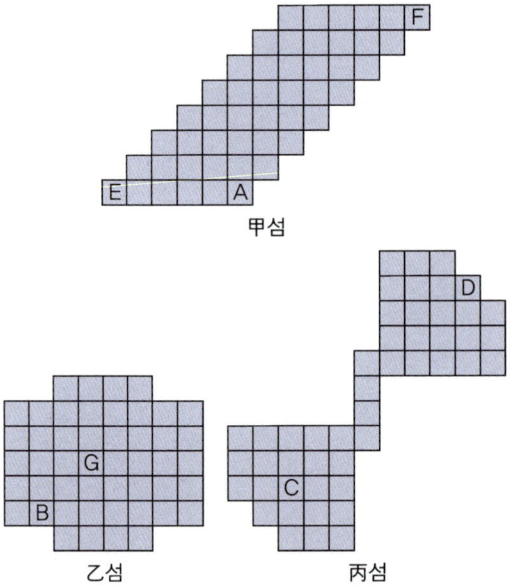

	섬	발병 구역	발병 날짜
① 상황 1:	甲	A	2월 13일
② 상황 2:	乙	B	2월 16일
③ 상황 3:	丙	C, D 동시 발병	2월 19일
④ 상황 4:	甲	E, F 동시 발병	2월 19일
⑤ 상황 5:	乙	G	2월 19일

기출 13' 5급㉻-재 | 난이도 ●●○

236 다음 〈면접방식〉으로 면접을 진행할 때, 심층면접을 할 수 있는 최대 인원수와 마지막 심층면접자의 기본면접 종료 시각을 옳게 짝지은 것은?

면접방식

- 면접은 기본면접과 심층면접으로 구분된다. 기본면접실과 심층면접실은 각 1개이고, 면접대상자는 1명씩 입실한다.
- 기본면접과 심층면접은 모두 개별면접의 방식을 취한다. 기본면접은 심층면접의 진행 상황에 관계없이 10분 단위로 계속되고, 심층면접은 기본면접의 진행 상황에 관계없이 15분 단위로 계속된다.
- 기본면접을 마친 면접대상자는 순서대로 심층면접에 들어간다.
- 첫 번째 기본면접은 오전 9시 정각에 실시되고, 첫 번째 심층면접은 첫 번째 기본면접이 종료된 시각에 시작된다.
- 기본면접과 심층면접 모두 낮 12시부터 오후 1시까지 점심 및 휴식 시간을 가진다.
- 각각의 면접 도중에 점심 및 휴식 시간을 가질 수 없고, 1인을 위한 기본면접 시간이나 심층면접 시간이 확보되지 않으면 새로운 면접을 시작하지 않는다.
- 기본면접과 심층면접 모두 오후 1시에 오후 면접 일정을 시작하고, 기본면접의 일정과 관련 없이 심층면접은 오후 5시 정각에는 종료되어야 한다.

※ 면접대상자의 이동 및 교체 시간 등 다른 조건은 고려하지 않는다.

	인원수	종료 시각
①	27명	오후 2시 30분
②	27명	오후 2시 40분
③	28명	오후 2시 30분
④	28명	오후 2시 40분
⑤	28명	오후 2시 50분

기출 18' 5급㉻-라 난이도 ●●○

237 **다음 글을 근거로 판단할 때, 〈보기〉에서 옳은 것만을 모두 고르면?**

- 甲, 乙, 丙은 12장의 카드로 게임을 하고 있다.
- 12장의 카드 중에는 봄, 여름, 가을, 겨울 4가지 종류의 계절 카드가 각각 3장씩 있는데, 카드 뒷면만 보고는 어느 계절 카드인지 알 수 없다.
- 참가자들은 게임을 시작할 때 무작위로 4장씩 카드를 나누어 갖는다.
- 참가자들은 자신의 카드를 확인한 후 1대 1로 카드를 각자 2장씩 맞바꿀 수 있다. 맞바꿀 카드는 상대방의 카드 뒷면만 보고 무작위로 동시에 선택한다.
- 가장 먼저 봄, 여름, 가을, 겨울 카드를 모두 갖게 된 사람이 우승한다.
- 게임을 시작하여 4장의 카드를 나누어 가진 직후에 참가자들은 자신들이 가진 카드에 대해 아래와 같이 사실을 말했다.
  甲 : 겨울 카드는 내가 모두 갖고 있다.
  乙 : 나는 봄과 여름 2가지 종류의 계절 카드만 갖고 있다.
  丙 : 나는 여름 카드가 없다.

보기

ㄱ. 게임 시작시 3가지 종류의 계절 카드를 받은 사람은 1명이다.
ㄴ. 게임 시작시 참가자 모두 봄 카드를 받았다면, 가을 카드는 모두 丙이 갖고 있다.
ㄷ. 첫 번째 맞바꾸기에서 甲과 乙이 카드를 맞바꿔서 甲이 바로 우승했다면, 게임 시작시 丙은 봄 카드를 2장 받았다.

① ㄱ ② ㄴ ③ ㄱ, ㄴ
④ ㄱ, ㄷ ⑤ ㄴ, ㄷ

기출 19' 5급㉻-다 난이도 ●●○

238 **다음 글을 근거로 판단할 때, ○○백화점이 한 해 캐롤 음원이용료로 지불해야 하는 최대 금액은?**

○○백화점에서는 매년 크리스마스 트리 점등식(11월 네 번째 목요일) 이후 돌아오는 첫 월요일부터 크리스마스(12월 25일)까지 백화점 내에서 캐롤을 틀어 놓는다(단, 휴점일 제외). 이 기간 동안 캐롤을 틀기 위해서는 하루에 2만 원의 음원이용료를 지불해야 한다. ○○백화점 휴점일은 매월 네 번째 수요일이지만, 크리스마스와 겹칠 경우에는 정상영업을 한다.

① 48만 원 ② 52만 원 ③ 58만 원
④ 60만 원 ⑤ 66만 원

기출 13' 5급㉻-재 | 난이도 ●●○

239 다음 글과 〈조건〉에 따를 때, ○○부가 채택하기에 적합하지 않은 정책 대안은?

- 올해의 전력수급현황은 다음과 같다.
  - 총공급전력량: 7,200만 kW
  - 최대전력수요: 6,000만 kW

  이에 따라 ○○부는 내년도 전력수급기본계획을 마련하고, 정책목표를 다음과 같이 설정하였다.
  - 정책목표: 내년도 전력예비율을 30 % 이상으로 유지한다.

$$\text{전력예비율}(\%) = \frac{\text{총공급전력량} - \text{최대전력수요}}{\text{최대전력수요}} \times 100$$

조건

- 조건 1: 발전소를 하나 더 건설하면 총공급전력량이 100만 kW 증가한다.
- 조건 2: 전기요금을 α % 인상하면 최대전력수요는 α % 감소한다.

※ 발전소는 즉시 건설·운영되는 것으로 가정하고 이외의 다른 변수는 고려하지 않는다.

① 발전소를 1개 더 건설하고, 전기요금을 10 % 인상한다.
② 발전소를 3개 더 건설하고, 전기요금을 3 % 인상한다.
③ 발전소를 6개 더 건설하고, 전기요금을 1 % 인상한다.
④ 발전소를 8개 더 건설하고, 전기요금을 동결한다.
⑤ 발전소를 더 이상 건설하지 않고, 전기요금을 12 % 인상한다.

기출 19' 5급㉻-다 난이도 ●●○

240 **다음 글을 근거로 판단할 때, 〈보기〉에서 철수가 구매한 과일바구니를 확실히 맞힐 수 있는 사람만을 모두 고르면?**

- 철수는 아래 과일바구니(A~E) 중 하나를 구매하였다.
- 甲, 乙, 丙, 丁은 각자 철수에게 두 가지 질문을 하여 대답을 듣고 철수가 구매한 과일바구니를 맞히려 한다.
- 모든 사람은 〈과일바구니 종류〉와 〈과일의 무게 및 색깔〉을 정확히 알고 있으며, 철수는 거짓말을 하지 않는다.

〈과일바구니 종류〉

종류	바구니 색깔	바구니 구성
A	빨강	사과 1개, 참외 2개, 메론 1개
B	노랑	사과 1개, 참외 1개, 귤 2개, 오렌지 1개
C	초록	사과 2개, 참외 2개, 귤 1개
D	주황	참외 1개, 귤 2개
E	보라	사과 1개, 참외 1개, 귤 1개, 오렌지 1개

〈과일의 무게 및 색깔〉

구분	사과	참외	메론	귤	오렌지
무게	200 g	300 g	1,000 g	100 g	150 g
색깔	빨강	노랑	초록	주황	주황

보기

甲: 바구니에 들어 있는 과일이 모두 몇 개니? 바구니에 들어 있는 과일의 무게를 모두 합치면 1 kg 이상이니?

乙: 바구니의 색깔과 같은 색깔의 과일이 포함되어 있니? 바구니에 들어 있는 과일이 모두 몇 개니?

丙: 바구니에 들어 있는 과일이 모두 몇 개니? 바구니에 들어 있는 과일의 종류가 모두 다르니?

丁: 바구니에 들어 있는 과일의 종류가 모두 다르니? 바구니에 들어 있는 과일의 무게를 모두 합치면 1 kg 이상이니?

① 甲, 乙 ② 甲, 丁 ③ 乙, 丙
④ 甲, 乙, 丁 ⑤ 乙, 丙, 丁

난이도 ●●○

241 **어떤 기획부서에서 다음 주부터 매주 1회씩 총 5주 동안 2명씩 짝지어 다음 〈조건〉과 같이 시장조사를 나가기로 하였을 때, 옳은 것을 고르면? (단, 각 직원들은 시장조사를 반드시 한 번씩만 나간다.)**

조건

- 이 기획부서에는 인턴(A, B, C), 사원(D, E, F), 대리(G, H), 차장(I), 부장(J)이 있다.
- 인턴은 반드시 대리 이상 직급의 직원과 함께 시장조사를 나가야 한다.
- 차장은 B와 함께 첫 번째 주에 시장조사를 나갔다.
- J는 마지막 주에 시장조사를 나가지 않는다.
- 두 번째 주에는 인턴이 시장조사를 나가지 않고, G가 시장조사를 나간다.
- 세 번째 주에는 F가 시장조사를 나간다.
- A는 H와 함께 시장조사를 나간다.
- D는 G와 함께 시장조사를 나가지 않는다.

① 마지막 주에 대리와 사원이 함께 시장조사를 나간다.
② 사원은 모두 다른 주에 시장조사를 나간다.
③ 네 번째 주에 C와 J가 함께 시장조사를 나간다.
④ E는 세 번째 주에 시장조사를 나간다.
⑤ H는 D와 함께 시장조사를 나간다.

난이도 ●●○

242 A~H 8명은 카페에 도착하여 각자 음료를 시키고 다음 〈조건〉에 따라 원형테이블에 둘러앉았다. 다음 중 〈조건〉에 따르면 옳지 않은 것은? (단, 〈조건〉의 방향은 테이블에 앉은 사람을 기준으로 한다.)

조건

- 음료가 나온 순서대로 시계방향으로 앉았다.
- G의 음료는 세 번째로 나왔다.
- C와 D는 이웃해서 앉았다.
- B의 오른쪽에는 D가 앉았다.
- A의 양 옆에는 F, G가 앉았다.
- G의 왼쪽에는 H가 앉았다.
- G의 맞은편에는 C 또는 D가 앉았다.
- B의 음료는 E보다 늦게 나왔다.

① F의 맞은편에는 E가 앉았다.
② H와 E는 이웃하여 앉았다.
③ B의 음료가 가장 마지막에 나왔다.
④ C의 맞은편에는 F가 앉았다.
⑤ F의 음료가 가장 먼저 나왔다.

기출 18' 5급㉻-라 난이도 ●●○

243 다음 글을 근거로 판단할 때, A에서 가장 멀리 떨어진 도시는?

- 甲지역에는 7개의 도시(A~G)가 있다.
- E, F, G는 정남북 방향으로 일직선상에 위치하며, B는 C로부터 정동쪽으로 250 km 떨어져 있다.
- C는 A로부터 정남쪽으로 150 km 떨어져 있다.
- D는 B의 정북쪽에 있으며, B와 D 간의 거리는 A와 C 간의 거리보다 짧다.
- E와 F 간의 거리는 C와 D 간의 직선거리와 같다.
- G는 D로부터 정동쪽으로 350 km 거리에 위치해 있으며, A의 정동쪽에 위치한 도시는 F가 유일하다.

※ 모든 도시는 동일 평면상에 있으며, 도시의 크기는 고려하지 않는다.

① B ② D ③ E
④ F ⑤ G

기출 17' 5급㉻-다 난이도 ●●○

244 **다음 글을 근거로 판단할 때, 2017년 3월 인사 파견에서 선발될 직원만을 모두 고르면?**

- △△도청에서는 소속 공무원들의 역량 강화를 위해 정례적으로 인사 파견을 실시하고 있다.
- 인사 파견은 지원자 중 3명을 선발하여 1년 간 이루어지고 파견 기간은 변경되지 않는다.
- 선발 조건은 다음과 같다.
  - 과장을 선발하는 경우 동일 부서에 근무하는 직원을 1명 이상 함께 선발한다.
  - 동일 부서에 근무하는 2명 이상의 팀장을 선발할 수 없다.
  - 과학기술과 직원을 1명 이상 선발한다.
  - 근무 평정이 70점 이상인 직원만을 선발한다.
  - 어학 능력이 '하'인 직원을 선발한다면 어학 능력이 '상'인 직원도 선발한다.
  - 직전 인사 파견 기간이 종료된 이후 2년 이상 경과하지 않은 직원을 선발할 수 없다.
- 2017년 3월 인사 파견의 지원자 현황은 다음과 같다.

직원	직위	근무 부서	근무 평정	어학 능력	직전 인사 파견 시작 시점
A	과장	과학기술과	65	중	2013년 1월
B	과장	자치행정과	75	하	2014년 1월
C	팀장	과학기술과	90	중	2014년 7월
D	팀장	문화정책과	70	상	2013년 7월
E	팀장	문화정책과	75	중	2014년 1월
F	–	과학기술과	75	중	2014년 1월
G	–	자치행정과	80	하	2013년 7월

① A, D, F　② B, D, G　③ B, E, F
④ C, D, G　⑤ D, F, G

기출 16' 5급㉻-5 | 난이도 ●●●

245 다음 〈조건〉과 〈전투능력을 가진 생존자 현황〉을 근거로 판단할 때, 생존자들이 탈출할 수 있는 경우는? (단, 다른 조건은 고려하지 않는다)

조건

- 좀비 바이러스에 의해 甲국에 거주하던 많은 사람들이 좀비가 되었다. 건물에 갇힌 생존자들은 동, 서, 남, 북 4개의 통로를 이용해 5명씩 팀을 이루어 탈출을 시도한다. 탈출은 통로를 통해서만 가능하며, 한 쪽 통로를 선택하면 되돌아올 수 없다.
- 동쪽 통로에 11마리, 서쪽 통로에 7마리, 남쪽 통로에 11마리, 북쪽 통로에 9마리의 좀비들이 있다. 선택한 통로의 좀비를 모두 제거해야만 탈출할 수 있다.
- 남쪽 통로의 경우, 통로 끝이 막혀 탈출할 수 없지만 팀에 폭파전문가가 있다면 다이너마이트를 사용하여 막힌 통로를 뚫고 탈출할 수 있다.
- '전투'란 생존자가 좀비를 제거하는 것을 의미하며 선택한 통로에서 일시에 이루어진다.
- '전투능력'은 정상인 건강상태에서 해당 생존자가 전투에서 제거하는 좀비의 수를 의미하며, 질병이나 부상상태인 사람은 그 능력이 50% 줄어든다.
- 전투력 강화제는 건강상태가 정상인 생존자들 중 1명에게만 사용할 수 있으며, 전투능력을 50% 향상시킨다. 사용 가능한 대상은 의사 혹은 의사의 팀 내 구성원이다.
- 생존자의 직업은 다양하며, 아이(들)와 노인(들)은 전투능력과 보유품목이 없고 건강상태는 정상이다.

〈전투능력을 가진 생존자 현황〉

직업	인원	전투능력	건강상태	보유품목
경찰	1명	6	질병	–
사냥꾼	1명	4	정상	–
의사	1명	2	정상	전투력 강화제 1개
무사	1명	8	정상	–
폭파전문가	1명	4	부상	다이너마이트

탈출 통로	팀 구성 인원
① 동쪽 통로	폭파전문가 – 무사 – 노인(3)
② 서쪽 통로	사냥꾼 – 경찰 – 아이(2) – 노인
③ 남쪽 통로	사냥꾼 – 폭파전문가 – 아이 – 노인(2)
④ 남쪽 통로	폭파전문가 – 사냥꾼 – 의사 – 아이(2)
⑤ 북쪽 통로	경찰 – 의사 – 아이(2) – 노인

Day 8 Self Check List

	오답 수	무응답 수	풀이시간(분)
1회독	/ 33	/ 33	/ 60(분)
2회독	/ 33	/ 33	/ 50(분)
3회독	/ 33	/ 33	/ 40(분)

정답 및 해설 242p

독끝 9일차 (246~275)

난이도별 구성

●○○	13문항
●●○	14문항
●●●	3문항

본 문항은 PSAT 상황판단 영역 기출 문항으로 구성되며, 기출 표기에 따른 시험 종류는 아래와 같습니다. (표기 상 맨 끝은 '책형' 입니다.)
㉦ - 민간경력자 일괄채용시험 / ㉧ - 공개경쟁채용시험(행정)

9일차 일일연습

Set ❶

다음 문장을 논리기호로 표현한 것이 맞으면 O, 틀리면 X로 표시하세요.

(1) 미영이 취업하는 경우에만 영숙이도 취업한다. ▶ {(미영) → (영숙)} ∧ {(영숙) → (미영)} ⇔ (미영) ↔ (영숙)
(2) 경제학과 정치학을 좋아하는 모든 사람은 공부를 좋아한다. ▶ (경제학) ∧ (정치학) → (공부) ⇔ ~(공부) → ~{(경제학) ∧ (정치학)}
(3) A대학의 모든 학생은 역사학을 수강하지 않는다. ▶ ~(역사학 수강) → (A대 학생)
(4) 의대를 가려면 과학이나 수학이 1등급이어야 한다. ▶ (의대) → {(과학1) ∨ (수학1)} ⇔ ~{(과학1) ∧ (수학1)} → ~(의대)

Set ❷

표의 빈 칸에 들어갈 것을 구하시오. (참, 거짓)

a	b	a ∧ b	a ∨ b
참	(1)	참	참
참	(2)	거짓	참
거짓	참	거짓	(3)
거짓	거짓	거짓	(4)

Set ❸

아래〈조건〉을 확인 후, 각 질문에 답하시오.

〈조건〉 2~15까지 숫자 버튼으로 구성된 자물쇠가 있다. 자물쇠의 안전성은 자물쇠를 풀기 위해 가능한 비밀번호의 경우의 수가 많을수록 높아진다.
(1) 버튼을 누르는 순서와 상관없을 때, 자물쇠의 안전성을 극대화하는 비밀번호 자리 수는?
(2) 위 (1)의 경우, 비밀번호 경우의 수는?
(3) 버튼을 누르는 순서까지 고려될 때, 위 (1)의 경우보다 자물쇠의 안전성이 높아지는 건 비밀번호를 몇 자리로 설정할 때부터인가?
(4) 위 (3)의 경우, 비밀번호 경우의 수는?

	Set ❶	Set ❷	Set ❸
(1)	O	참	7자리
(2)	O	거짓	3432가지
(3)	X	참	4자리
(4)	X	거짓	24024가지

※ 참고사항

문장	논리기호
p이다.	p
p가 아니다.	~p
• 모든 p는 q이다. • p이면 q이다.	p → q

문장	논리기호
• 어떤 p는 q이다. • p이면서 q이다. • p그리고 q이다.	p ∧ q
• p이거나 q이다. • p 또는 q이다.	p ∨ q
• 'p또는 q'가 아니다. • p도 아니고 q도 아니다.	~(p ∨ q)

• "⇔" : 필요충분조건 또는 동치를 나타내는 논리기호
• 연언명제 (p ∧ q) : 모두 참일때만 참
• 선언명제 (p ∨ q) : 모두 거짓일 때만 거짓
• 가언명제 (p → q) : 전건이 참, 후건이 거짓일 때만 거짓

	맞은 개수	풀이 시간
Set ❶	/ 4	(초)
Set ❷	/ 4	(초)
Set ❸	/ 4	(초)
합계	/ 12	(초)

*다음의 회독수 별 권장풀이시간에 맞춰 문제풀이 후, Day 9 끝의 [Self Check List]를 기입하여 부족한 부분을 파악하세요!

권장 풀이 시간: 1회독 60 min / 2회독 45 min / 3회독 35 min

기출 16' 5급㉻-5 | 난이도 ●○○

246 **다음 글과 〈자료〉를 근거로 판단할 때, 甲이 여행을 다녀온 시기로 가능한 것은?**

- 甲은 선박으로 '포항→울릉도→독도→울릉도→포항' 순으로 여행을 다녀왔다.
- '포항→울릉도' 선박은 매일 오전 10시, '울릉도→포항' 선박은 매일 오후 3시에 출발하며, 편도 운항에 3시간이 소요된다.
- 울릉도에서 출발해 독도를 돌아보는 선박은 매주 화요일과 목요일 오전 8시에 출발하여 당일 오전 11시에 돌아온다.
- 최대 파고가 3 m 이상인 날은 모든 노선의 선박이 운항되지 않는다.
- 甲은 매주 금요일에 술을 마시는데, 술을 마신 다음날은 멀미가 심해 선박을 탈 수 없다.
- 이번 여행 중 甲은 울릉도에서 호박엿 만들기 체험을 했는데, 호박엿 만들기 체험은 매주 월·금요일 오후 6시에만 할 수 있다.

〈자료〉

㉯: 최대 파고(단위: m)

일	월	화	수	목	금	토
16 ㉯ 1.0	17 ㉯ 1.4	18 ㉯ 3.2	19 ㉯ 2.7	20 ㉯ 2.8	21 ㉯ 3.7	22 ㉯ 2.0
23 ㉯ 0.7	24 ㉯ 3.3	25 ㉯ 2.8	26 ㉯ 2.7	27 ㉯ 0.5	28 ㉯ 3.7	29 ㉯ 3.3

① 16일(일)~19일(수)
② 19일(수) ~22일(토)
③ 20일(목)~23일(일)
④ 23일(일)~26일(수)
⑤ 25일(화)~28일(금)

기출 15' 5급㉻-재 | 난이도 ●●○

247 **다음 글과 〈조건〉을 근거로 판단할 때, A부에서 3인 4각 선수로 참가해야 하는 사람만을 모두 고르면?**

甲사에서는 부서 대항 체육대회를 개최한다. 甲사의 A부는 종목별로 아래 인원이 참가하기로 했다.

오래달리기	팔씨름	3인 4각	공굴리기
1명	4명	3명	4명

A부는 종목별 선수 명단을 확정하려고 한다. 선수 후보는 가영, 나리, 다솜, 라임, 마야, 바다, 사랑이며, 개인별 참가 가능 종목은 아래와 같다.

종목 \ 선수 후보	가영	나리	다솜	라임	마야	바다	사랑
오래달리기	○	×	○	×	×	×	×
팔씨름	○	×	○	○	○	×	×
3인 4각	×	○	○	○	○	×	○
공굴리기	○	×	○	×	○	○	○

※ ○: 참가 가능, ×: 참가 불가능

※ 어떤 종목도 동시에 진행되지 않는다.

조건

- 한 사람이 두 종목까지 참가할 수 있다.
- 모든 사람이 한 종목 이상 참가해야 한다.

① 가영, 나리, 바다
② 나리, 다솜, 마야
③ 나리, 다솜, 사랑
④ 나리, 라임, 사랑
⑤ 다솜, 마야, 사랑

기출 15' 5급㉻-재 난이도 ●○○

248 다음 글을 근거로 판단할 때, 〈보기〉에서 옳은 것만을 모두 고르면?

- 甲과 乙은 각각 5개의 구슬을 가지고 놀이를 시작한다.
- 매 경기마다 출제자는 자신이 가진 구슬 중 원하는 만큼을 상대방이 보지 못하게 한 손에 쥔다. 이 때 구슬은 1개 이상 쥐어야 한다. 답변자는 출제자가 손에 쥔 구슬의 개수가 홀수인지 짝수인지 말한다.
- 답변자가 홀수인지 짝수인지를 맞추어 이기면 출제자는 자신이 손에 쥔 개수만큼의 구슬을 답변자에게 준다. 맞추지 못하여 지면 반대로 답변자는 그만큼의 구슬을 출제자에게 준다. 다만 주어야 할 구슬이 부족하다면 가진 구슬을 모두 준다.
- 구슬놀이가 시작되면 첫 번째 경기는 甲이 출제자이고 乙이 답변자이며, 두 번째 경기부터는 번갈아 출제자와 답변자가 된다.
- 한 명의 구슬이 모두 없어질 때까지 경기를 계속하며, 구슬놀이 결과 상대방의 구슬을 모두 가져온 사람이 최종 우승자가 된다.
- 甲과 乙은 자신이 최종 우승자가 되려고 최선을 다한다.

보기

ㄱ. 甲이 첫 번째 경기에서 구슬 4개 또는 5개를 쥐어 이기면, 甲이 최종 우승자가 된다.
ㄴ. 甲이 첫 번째 경기에서 구슬 3개를 쥐어 이기고 두 번째 경기에서도 이긴다면, 甲이 최종 우승자가 된다.
ㄷ. 甲과 乙이 매 경기마다 구슬 1개씩만 손에 쥔다면, 최종 우승자를 결정하기 위한 최소 경기 횟수는 6회이다.
ㄹ. 甲과 乙이 매 경기마다 구슬 2개씩만 손에 쥔다면, 최종 우승자를 결정하기 위한 최소 경기 횟수는 3회이다.

① ㄱ, ㄴ
② ㄱ, ㄹ
③ ㄱ, ㄴ, ㄷ
④ ㄱ, ㄷ, ㄹ
⑤ ㄴ, ㄷ, ㄹ

기출 19' 5급㉻-다 | 난이도 ●○○

249 다음 글과 〈표〉를 근거로 판단할 때, A사무관이 선택할 4월의 광고수단은?

• 주어진 예산은 월 3천만 원이며, A사무관은 월별 광고효과가 가장 큰 광고수단 하나만을 선택한다.
• 광고비용이 예산을 초과하면 해당 광고수단은 선택하지 않는다.
• 광고효과는 아래와 같이 계산한다.

$$\text{광고효과} = \frac{\text{총 광고 횟수} \times \text{회당 광고노출자 수}}{\text{광고비용}}$$

• 광고수단은 한 달 단위로 선택된다.

〈표〉

광고수단	광고 횟수	회당 광고노출자 수	월 광고비용 (천 원)
TV	월 3회	100만 명	30,000
버스	일 1회	10만 명	20,000
KTX	일 70회	1만 명	35,000
지하철	일 60회	2천 명	25,000
포털사이트	일 50회	5천 명	30,000

① TV ② 버스 ③ KTX
④ 지하철 ⑤ 포털사이트

기출 19' 5급㉻-다 | 난이도 ●●○

250 **다음 글과 〈자기소개〉를 근거로 판단할 때, 대학생, 성별, 학과, 가면을 모두 옳게 짝지은 것은?**

대학생 5명(A~E)이 모여 주말에 가면파티를 하기로 했다.
- 남학생이 3명이고 여학생이 2명이다.
- 5명은 각각 행정학과, 경제학과, 식품영양학과, 정치외교학과, 전자공학과 재학생이다.
- 5명은 각각 늑대인간, 유령, 처녀귀신, 좀비, 드라큘라 가면을 쓸 것이다.
- 본인의 성별, 학과, 가면에 대해 한 명은 모두 거짓만을 말하고 있고 나머지는 모두 진실만을 말하고 있다.

• 자기소개 •

A: 식품영양학과와 경제학과에 다니지 않는 남학생인데 드라큘라 가면을 안 쓸 거야.
B: 행정학과에 다니는 남학생인데 늑대인간 가면을 쓸 거야.
C: 식품영양학과에 다니는 남학생인데 처녀귀신 가면을 쓸 거야.
D: 정치외교학과에 다니는 여학생인데 좀비 가면을 쓸 거야.
E: 전자공학과에 다니는 남학생인데 드라큘라 가면을 쓸 거야.

	대학생	성별	학과	가면
①	A	여	행정학과	늑대인간
②	B	여	경제학과	유령
③	C	남	식품영양학과	좀비
④	D	여	정치외교학과	드라큘라
⑤	E	남	전자공학과	처녀귀신

난이도 ●●●

251 **○○기업은 이번에 새로 지은 5층짜리 신사옥 건물로 이사하려고 한다. ○○기업에는 경영지원, 연구개발, 영업마케팅, 기술/설비, 소프트웨어, 디자인 6개의 부서가 있으며, 이들 부서의 위치를 〈조건〉에 따라 배치하려고 한다. 이때, 발생할 수 없는 경우는?**

조건

㉠ 각 층에는 최대 2개 부서를 배치할 수 있다.
㉡ 경영지원 부서는 연구개발 부서나 소프트웨어 부서와 같은 층에 배치할 수 없다.
㉢ 연구개발 부서는 반드시 1층 또는 2층에 배치해야 한다.
㉣ 기술/설비 부서는 다른 부서와 같은 층에 배치할 수 없다.
㉤ 기술/설비 부서가 위치한 층의 바로 위층에는 어떠한 부서도 위치하지 않는다.
㉥ 영업마케팅 부서는 다른 부서와 함께 배치해야 하며, 연구개발 부서가 위치한 층의 바로 위층에 배치해야 한다.

① 연구개발 부서와 소프트웨어 부서는 다른 부서와 같은 층에 배치된다.
② 기술/설비 부서와 디자인 부서는 다른 부서와 같은 층에 배치되지 않는다.
③ 경영지원 부서와 디자인 부서는 다른 부서와 같은 층에 배치된다.
④ 기술/설비 부서와 소프트웨어 부서는 다른 부서와 같은 층에 배치되지 않는다.
⑤ 경영지원 부서와 연구개발 부서는 다른 부서와 같은 층에 배치되지 않는다.

난이도 ●●○

252 **대학교 1학년 동기 甲, 乙, 丙, 丁 4명이 신청한 교양강좌가 다음의 〈조건〉과 같다고 할 때, 반드시 참인 것은?**

조건

㉠ 4명이 신청한 교양강좌는 문학과 철학, 기초중국어, 테니스, 패션과 미디어 네 과목 중에 있다.
㉡ 4명 중 2명은 두 개의 교양강좌를 신청했고, 다른 2명은 세 개의 교양강좌를 신청했다.
㉢ 4명 중 문학과 철학을 신청한 사람은 3명이고, 기초중국어를 신청한 사람은 2명이다.
㉣ 甲은 기초중국어를 신청하지 않았다.
㉤ 丙이 신청한 교양강좌는 甲도 신청하고, 기초중국어를 신청한 사람은 문학과 철학도 신청했다.

① 신청한 교양강좌의 수는 甲이 丙보다 많다.
② 신청한 교양강좌의 수는 乙이 丙보다 많다.
③ 甲은 테니스를 신청하지 않았다.
④ 乙은 기초중국어를 신청하지 않았다.
⑤ 丁은 테니스를 신청하지 않았다.

기출 11' 5급ⓜ-인 난이도 ●●○

253 두 개의 직육면체 건물이 아래와 같다고 할 때, (나)건물을 페인트칠 하는 작업에 필요한 페인트는 최소 몇 통인가? (단, 사용되는 페인트 통의 용량은 동일하다.)

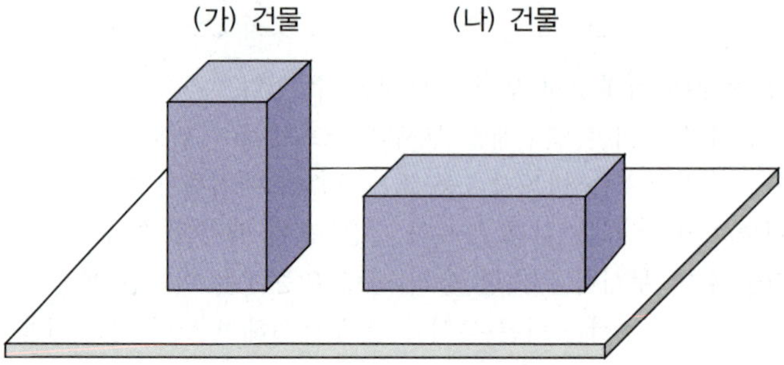

- (가)건물 밑면은 정사각형이며, 높이는 밑면 한 변 길이의 2배이다.
- (나)건물은 (가)건물을 그대로 눕혀놓은 것이다.
- 페인트는 각 건물의 옆면 4개와 윗면에 (가)와 (나)건물 모두 같은 방식으로 칠한다.
- (가)건물을 페인트칠 하는 작업에는 최소 36통의 페인트가 필요했다.

① 30통 ② 32통 ③ 36통
④ 42통 ⑤ 45통

254 **甲, 乙, 丙, 丁이 공을 막대기로 쳐서 구멍에 넣는 경기를 하였다. 다음 〈규칙〉과 〈경기결과〉에 근거하여 판단할 때, 〈보기〉에서 옳은 것을 모두 고르면?**

규칙

- 경기 참가자는 시작점에 있는 공을 막대기로 쳐서 구멍 안에 넣어야 한다. 참가자에게는 최대 3회의 기회가 주어지며, 공을 넣거나 3회의 기회를 다 사용하면 한 라운드가 종료된다.
- 첫 번째 시도에서 공을 넣으면 5점, 두 번째 시도에서 공을 넣으면 2점, 세 번째 시도에서 공을 넣으면 0점을 얻게 되며, 세 번째 시도에서도 공을 넣지 못하면 −3점을 얻게 된다.
- 총 2라운드를 진행하여 각 라운드에서 획득한 점수를 합산하여 높은 점수를 획득한 참가자 순서대로 우승, 준우승, 3등, 4등으로 결정한다.
- 만일 경기결과 동점이 나올 경우, 1라운드 고득점 순으로 동점자의 순위를 결정한다.

경기결과

아래는 네 명이 각 라운드에서 공을 넣기 위해 시도한 횟수를 표시하고 있다.

구분	1라운드	2라운드
甲	3회	3회
乙	2회	3회
丙	2회	2회
丁	1회	3회

보기

ㄱ. 甲은 다른 선수의 경기결과에 따라 3등을 할 수 있다.
ㄴ. 乙은 다른 선수의 경기결과에 따라 준우승을 할 수 있다.
ㄷ. 丙이 우승했다면 1라운드와 2라운드 합쳐서 네 명이 구멍 안에 넣은 공은 최소 5개 이상이다.
ㄹ. 丁이 우승했다면 획득한 점수는 5점이다.

① ㄱ, ㄷ　② ㄴ, ㄷ　③ ㄱ, ㄹ
④ ㄱ, ㄴ, ㄹ　⑤ ㄴ, ㄷ, ㄹ

기출 13' 5급㉻-재 | 난이도 ●○○

255 **K부서는 승진후보자 3인을 대상으로 한 승진시험의 채점 방식에 대해 고민 중이다. 다음 〈자료〉와 〈채점 방식〉에 근거할 때 옳지 않은 것은?**

자료

- K부서에는 甲, 乙, 丙 세 명의 승진후보자가 있으며 상식은 20문제, 영어는 10문제가 출제되었다.
- 채점 방식에 따라 점수를 계산한 후 상식과 영어의 점수를 합산하여 고득점 순으로 전체 등수를 결정한다.
- 각 후보자들이 정답을 맞힌 문항의 개수는 다음과 같고, 그 이외의 문항은 모두 틀린 것이다.

	상식	영어
甲	14	7
乙	10	9
丙	18	4

채점 방식

- A 방식: 각 과목을 100점 만점으로 하되 상식은 정답을 맞힌 개수 당 5점씩을, 영어는 정답을 맞힌 개수 당 10점씩을 부여함
- B 방식: 각 과목을 100점 만점으로 하되 상식은 정답을 맞힌 개수 당 5점씩, 틀린 개수 당−3점씩을 부여하고, 영어의 경우 정답을 맞힌 개수 당 10점씩, 틀린 개수 당−5점씩을 부여함
- C 방식: 모든 과목에 정답을 맞힌 개수 당 10점씩을 부여함

① A 방식으로 채점하면, 甲과 乙은 동점이 된다.
② B 방식으로 채점하면, 乙이 1등을 하게 된다.
③ C 방식으로 채점하면, 丙이 1등을 하게 된다.
④ C 방식은 다른 방식에 비해 상식 과목에 더 큰 가중치를 부여하는 방식이다.
⑤ B 방식에서 상식의 틀린 개수당 점수를 −5, 영어의 틀린 개수당 점수를 −10으로 한다면, 甲과 乙의 등수는 A 방식으로 계산한 것과 동일할 것이다.

[256~257] 어느 유치원에서는 월요일부터 목요일까지 매일 간식으로 과일과 우유를 각각 1가지씩 준다고 한다. 유치원에는 현재 4가지(사과, 포도, 오렌지, 수박)의 과일과 4가지 맛(일반, 초콜릿, 딸기, 바나나) 우유가 있으며, 각 간식들을 줄 때는 아래의 〈조건〉과 같은 제약 사항이 있다고 한다. 각 물음에 답하시오.

• 조건 •

㉠ 매일 다른 간식을 주어야 한다.
㉡ 수박은 포도 이전에 주어야 한다.
㉢ 초콜릿맛 우유는 수요일에 줄 수 없다.
㉣ 포도와 일반 우유는 같이 줄 수 없다.
㉤ 일반 우유는 딸기맛 우유와 바나나맛 우유 이후에 주어야 한다.
㉥ 수박은 오렌지보다 앞서 주어야 한다.
㉦ 초콜릿맛 우유는 딸기맛 우유 이후에 주어야 한다.
㉧ 사과는 포도를 준 바로 다음 날 주어야 한다.

난이도 ●●○

256 만일 간식으로 오렌지와 초콜릿맛 우유를 같은 날 줄 수 없다면, 다음 중 목요일에 주어야 하는 간식은 각각 무엇인가?

① 사과와 일반 우유
② 오렌지와 일반 우유
③ 사과와 초콜릿맛 우유
④ 수박과 초콜릿맛 우유
⑤ 오렌지와 바나나맛 우유

난이도 ●●○

257 만일 간식으로 오렌지를 포도보다 앞서 주어야 한다면, 다음 중 수요일에 주어야 하는 간식은 각각 무엇인가?

① 오렌지와 일반 우유
② 포도와 일반 우유
③ 수박과 일반 우유
④ 포도와 바나나맛 우유
⑤ 오렌지와 바나나맛 우유

기출 11' 5급㉯-인 난이도 ●●●

258 **다음 글을 근거로 판단할 때, 〈보기〉에서 옳은 것을 모두 고르면?**

○○축구대회에는 모두 32개 팀이 참가하여 한 조에 4개 팀씩 8개 조로 나누어 경기를 한다. 각 조의 4개 팀이 서로 한 번씩 경기를 하여 승점－골득실차－다득점－승자승－추첨의 순서에 의해 각 조의 1, 2위 팀이 16강에 진출한다. 각 팀은 16강에 오르기까지 총 3번의 경기를 치르게 되며, 매 경기마다 승리한 팀은 승점 3점을 얻게 되고, 무승부를 기록한 팀은 승점 1점, 패배한 팀은 0점을 획득한다.

그 중 1조에 속한 A, B, C, D팀은 현재까지 각 2경기씩 치렀으며, 그 결과는 A : B=4 : 1, A : D=1 : 0, B : C=2 : 0, C : D=2 : 1이었다. 아래의 표는 그 결과를 정리한 것이다. 내일 각 팀은 16강에 오르기 위한 마지막 경기를 치르는데, A팀은 C팀과, B팀은 D팀과 경기를 갖는다.

〈마지막 경기를 남겨 놓은 각 팀의 전적〉

	승	무	패	득/실점	승점
A팀	2	0	0	5/1	6
B팀	1	0	1	3/4	3
C팀	1	0	1	2/3	3
D팀	0	0	2	1/3	0

• 보기 •

ㄱ. A팀이 C팀과의 경기에서 이긴다면, A팀은 B팀과 D팀의 경기 결과에 상관없이 16강에 진출한다.

ㄴ. A팀이 C팀과 1 : 1로 비기고 B팀이 D팀과 0 : 0으로 비기면 A팀과 B팀이 16강에 진출한다.

ㄷ. C팀과 D팀이 함께 16강에 진출할 가능성은 전혀 없다.

ㄹ. D팀은 마지막 경기의 결과에 관계없이 16강에 진출할 수 없다.

① ㄱ, ㄴ　② ㄱ, ㄹ　③ ㄷ, ㄹ

④ ㄱ, ㄴ, ㄷ　⑤ ㄴ, ㄷ, ㄹ

259 다음 글을 근거로 판단할 때 옳은 것은?

○○국 의회의 의원 정수는 40명이다. 현재는 4개의 선거구(A~D)로 이루어져 있고 각 선거구에서 10명씩 의원을 선출한다. 정당은 각 선거구별로 정당별 득표율에 따라 의석을 배분받는다. 각 선거구에서 정당별 의석수는 정당별 득표율에 그 선거구의 총 의석수를 곱한 수에서 소수점 이하를 제외한 정수만큼 의석을 각 정당에 배분하고, 잔여 의석은 소수점 이하가 큰 순서대로 1석씩 차례로 배분한다. 그런데 유권자 1표의 가치 차이를 조정하기 위해 선거 제도를 개편할 필요성이 제기되었고, X안이 논의 중이다.

X안은 현재의 4개 선거구를 2개의 선거구로 통합하되, 이 경우 두 선거구 유권자수가 1 : 1이 되도록 A, C선거구와 B, D선거구를 각각 통합한다. 이때 통합된 A·C선거구와 B·D선거구의 의석수는 각각 20석이다. 선거구별 정당 의석 배분 방식은 현행제도와 동일하다. 다음은 ○○국에서 최근 실시된 의원 선거의 각 선거구별 유권자수와 정당 득표수이다.

〈선거구별 유권자수〉

(단위: 천 명)

선거구	A	B	C	D	합계
유권자수	200	400	300	100	1,000

〈선거구별 정당 득표수〉

(단위: 천 표)

정당 \ 선거구	A	B	C	D
甲	80	120	150	40
乙	60	160	60	40
丙	40	40	90	10
丁	20	80	0	10
합계	200	400	300	100

※ 특정 선거구 '유권자 1표의 가치'는 해당 선거구 의원 의석수를 해당 선거구 유권자수로 나눈 값임

① 최근 실시된 의원 선거에서 유권자 1표의 가치가 가장 큰 곳은 B선거구이다.
② 최근 실시된 의원 선거의 결과에 X안을 적용할 경우, 丁정당의 의석수는 현행제도보다 늘어난다.
③ 최근 실시된 의원 선거의 결과에 X안을 적용할 경우, 甲정당의 의석수는 현행제도와 차이가 없다.
④ 최근 실시된 의원 선거의 결과에 X안을 적용할 경우, A선거구 유권자 1표의 가치가 현행제도보다 커진다.
⑤ 최근 실시된 의원 선거의 결과에 X안을 적용할 경우, 乙정당과 丙정당은 의석수에 있어서 현행제도가 X안보다 유리하다.

기출 21' 5급㉻-가 난이도 ●○○

260 다음 글과 〈상황〉을 근거로 판단할 때, 수질 개선 설비 설치에 필요한 최소 비용은?

- 용도에 따른 필요 수질은 다음과 같다.
  - 농업용수: 중금속이 제거되고 3급 이상인 담수
  - 공업용수: 중금속이 제거되고 2급 이상인 담수
  - 생활용수: 중금속이 제거되고 음용이 가능하며 1급인 담수
- 수질 개선에 사용하는 설비의 용량과 설치 비용은 다음과 같다.

수질 개선 설비	기능	처리 용량 (대당)	설치 비용 (대당)
1차 정수기	5~4급수를 3급수로 정수	5톤	5천만 원
2차 정수기	3~2급수를 1급수로 정수	1톤	1억 6천만 원
3차 정수기	음용 가능 처리	1톤	5억 원
응집 침전기	중금속 성분 제거	3톤	5천만 원
해수담수화기	염분 제거	10톤	1억 원

- 3차 정수기에는 2차 정수기의 기능이 포함되어 있다.
- 모든 수질 개선 설비는 필요 용량 이상으로 설치되어야 한다. 예를 들어 18톤의 해수를 담수로 개선하기 위해 해수담수화기가 최소 2대 설치되어야 한다.
- 수질 개선 전후 수량 변화는 없는 것으로 간주한다.

상황

○○기관은 중금속이 포함된 4급에 해당하는 해수 3톤을 정수 처리하여 생활용수 3톤을 확보하려 한다. 이를 위해 필요한 설비를 갖추어 수질을 개선하여야 한다.

① 16억 원
② 16억 5천만 원
③ 17억 원
④ 18억 6천만 원
⑤ 21억 8천만 원

난이도 ●●○

261 **지원자 A, B, C, D의 채용 여부를 두고 한 기업은 다음과 같은 기본방침을 정했다. 제시된 기본방침을 모두 고려하였을 때, 옳지 않은 것은?**

〈기본방침〉

㉠ A를 채용한다면, B도 채용한다.
㉡ C를 채용한다면, D도 채용한다.
㉢ A나 C 가운데 적어도 한 지원자는 채용한다.

① A를 채용하지 않기로 한다면, 채용하는 인원은 정확히 두 명이다.
② B를 채용하지 않기로 한다면, C는 채용한다.
③ C를 채용하지 않기로 한다면, B는 채용한다.
④ D를 채용하지 않기로 한다면, 다른 세 지원자의 채용여부도 모두 정해진다.
⑤ A를 채용하지 않고 C를 채용하기로 한다면, 채용여부가 확정되지 않는 지원자가 있다.

난이도 ●●○

262 **다음 표는 2018년에 신축된 어떤 상가건물에 2018년부터 2020년까지 입주해 있는 총 매장 수와 입주 매장당 평균 연 매출액을 나타낸 것이다. 이 상가건물에 입주한 매장들의 연 매출액이 아래의 조건을 만족할 때, 2020년 기준 연 매출액이 가장 많은 매장과 가장 적은 매장이 입주한 년도를 순서대로 나열한 것은? (단, 이 기간 동안 철수한 매장은 없다.)**

구분	2018	2019	2020
총 매장 수(개)	2	3	5
입주 매장당 평균 연 매출액(백만 원)	200	220	220

• 조건 •

• 같은 해에 입주한 매장의 연 매출액은 동일하다.
• 홀수 해에 입주한 매장의 연 매출액은 변하지 않는다.
• 짝수 해에 입주한 매장의 연 매출액은 매년 천만 원씩 증가한다.

① 2020년, 2018년
② 2019년, 2018년
③ 2019년, 2020년
④ 2018년, 2019년
⑤ 2018년, 2020년

기출 11' 5급㉯-인 난이도 ●●○

263 다음 〈조건〉을 근거로 판단할 때, 〈보기〉에서 옳은 것을 모두 고르면?

조건

• 생산성 유형별로 일일 근로시간과 생산량은 다음과 같다.

〈A유형〉

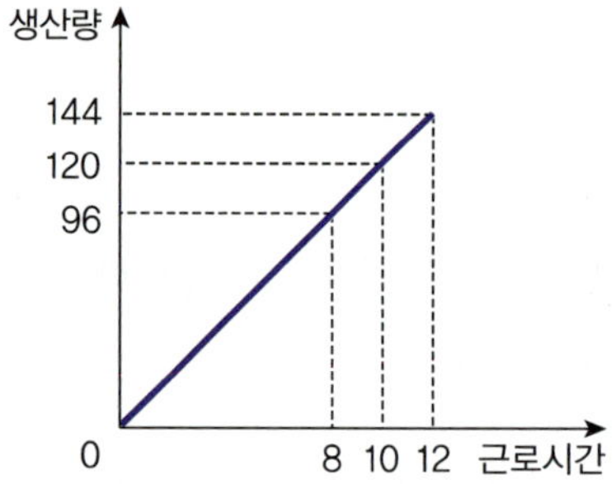

〈B유형〉

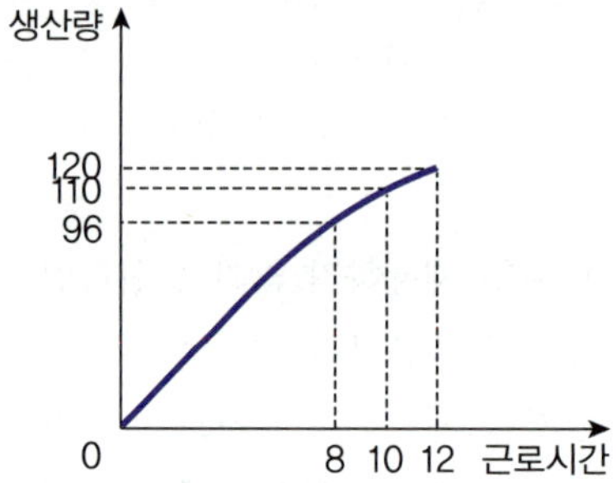

〈C유형〉

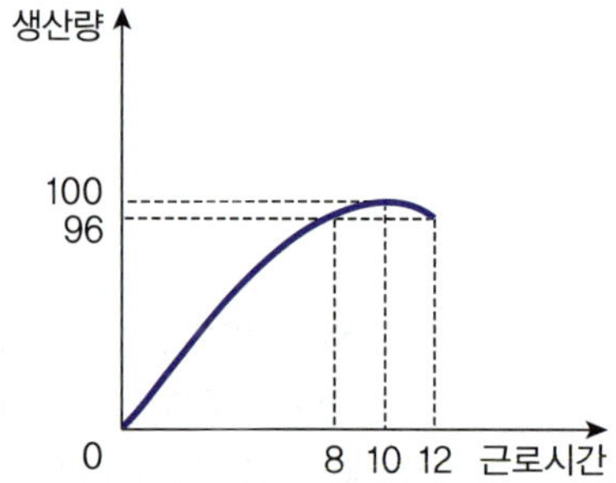

• 일일 기본 근로시간은 8시간이고, 일일 최대 4시간까지 초과근무할 수 있다.
• 생산성=생산량/근로시간이다.

보기

ㄱ. 기본 근로시간만 근무할 때, 세 가지 유형의 일일 생산성은 같다.
ㄴ. 초과근무 시간이 증가함에 따라 B유형의 생산성은 하락하지 않으나, C유형의 생산성은 하락한다.
ㄷ. B유형 근로자가 이틀 동안 10시간씩 근무하는 경우의 총생산량은 첫째 날 12시간, 둘째 날 8시간 근무하는 경우의 총생산량보다 많다.
ㄹ. 초과근무 시 최초 두 시간 동안의 생산성은 A유형 > B유형 > C유형 순으로 나타난다.

① ㄱ, ㄴ ② ㄱ, ㄷ ③ ㄴ, ㄹ
④ ㄱ, ㄷ, ㄹ ⑤ ㄴ, ㄷ, ㄹ

기출 14' 5급㉻-C 난이도 ●○○

264 다음 〈배드민턴 복식 경기방식〉을 따를 때, 〈경기상황〉에 이어질 서브 방향 및 선수 위치로 가능한 것은?

배드민턴 복식 경기방식

- 점수를 획득한 팀이 서브권을 갖는다. 다만 서브권이 상대팀으로 넘어가기 전까지는 팀 내에서 같은 선수가 연속해서 서브권을 갖는다.
- 서브하는 팀은 자신의 팀 점수가 0이거나 짝수인 경우는 우측에서, 점수가 홀수인 경우는 좌측에서 서브한다.
- 서브하는 선수로부터 코트의 대각선 위치에 선 선수가 서브를 받는다.
- 서브를 받는 팀은 자신의 팀으로 서브권이 넘어오기 전까지는 팀 내에서 선수끼리 서로 코트 위치를 바꾸지 않는다.

※ 좌측, 우측은 각 팀이 네트를 바라보고 인식하는 좌, 우이다.

경기상황

- 甲팀(A · B)과 乙팀(C · D)간 복식 경기 진행
- 3 : 3 동점 상황에서 A가 C에 서브하고 甲팀(A · B)이 1점 득점

점수	서브 방향 및 선수 위치	득점한 팀
3 : 3	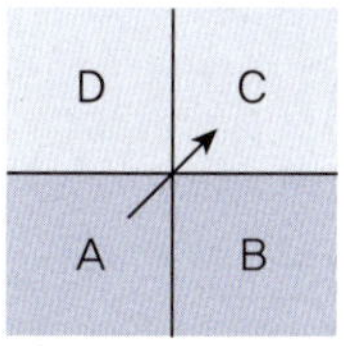	甲

① 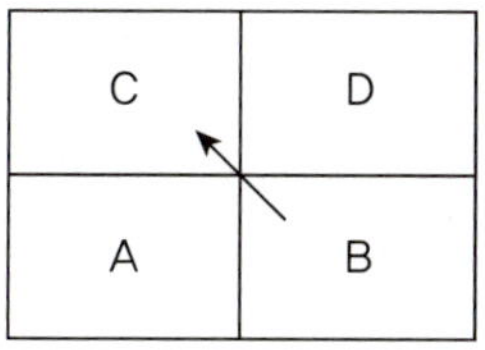

② 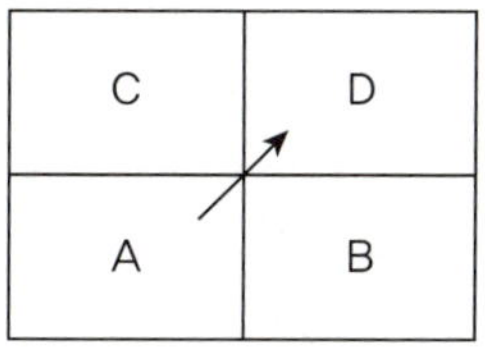

③ 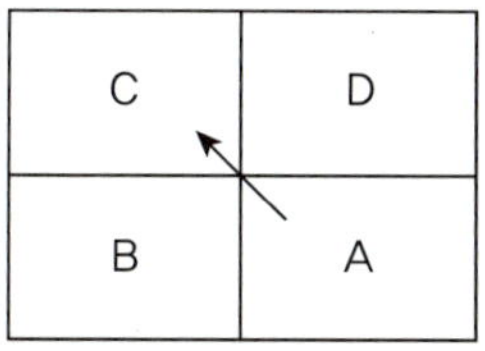

④ 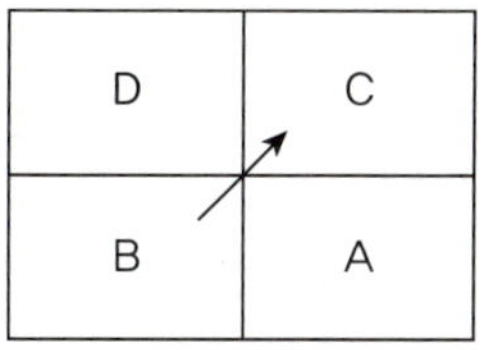

⑤ 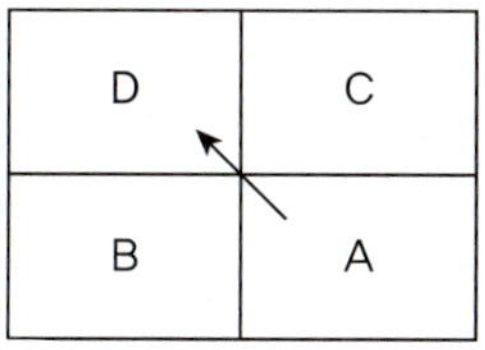

기출 14' 5급㉾-C 난이도 ●○○

265 **다음 글을 근거로 판단할 때, 김과장이 단식을 시작한 첫 주 월요일부터 일요일까지 한 끼만 먹은 요일(끼니때)은?**

김과장은 건강상의 이유로 간헐적 단식을 시작하기로 했다. 김과장이 선택한 간헐적 단식 방법은 월요일부터 일요일까지 일주일 중에 2일을 선택하여 아침 혹은 저녁 한 끼 식사만 하는 것이다. 단, 단식을 하는 날 전후로 각각 최소 2일간은 정상적으로 세 끼 식사를 하고, 업무상의 식사 약속을 고려하여 단식일과 방법을 유동적으로 결정하기로 했다. 또한 단식을 하는 날 이외에는 항상 세 끼 식사를 한다.

간헐적 단식 2주째인 김과장은 그동안 단식을 했던 날짜를 기록해두기 위해 아래와 같이 최근 식사와 관련된 기억을 떠올렸다.

- 2주차 월요일에는 단식을 했다.
- 지난주에 먹은 아침식사 횟수와 저녁식사 횟수가 같다.
- 지난주 월요일, 수요일, 금요일에는 조찬회의에 참석하여 아침식사를 했다.
- 지난주 목요일에는 업무약속이 있어서 점심식사를 했다.

① 월요일(저녁), 목요일(저녁)
② 화요일(아침), 금요일(아침)
③ 화요일(아침), 금요일(저녁)
④ 화요일(저녁), 금요일(아침)
⑤ 화요일(저녁), 토요일(아침)

난이도 ●●○

266 어떤 채용박람회에서는 한 코너에 다음 그림과 같이 하나의 복도를 사이에 두고 8개의 부스를 배치하려고 한다. 8개의 부스 중 4개는 공공기관으로 한국전력공사, 도로교통공단, 한국교육과정평가원, 한국주택금융공사가 있다. 나머지 4개는 사기업으로 ○○은행, ○○건설, ○○식품, ○○자동차이다. 아래의 〈배치 계획〉에 따라 부스의 위치를 결정할 때 옳지 않은 것은?

〈배치 계획〉

(가) D부스는 ○○자동차로 내정되어 있다.
(나) 한국교육과정평가원 부스와 도로교통공단 부스는 복도를 기준으로 같은 쪽에 위치한다.
(다) ○○자동차 부스와 ○○식품 부스는 복도를 기준으로 같은 쪽에 위치한다.
(라) 도로교통공단 부스의 정면에는 ○○식품이 위치한다.
(마) 모든 공공기관 부스의 정면 및 양 옆에는 공공기관 부스가 위치할 수 없다.

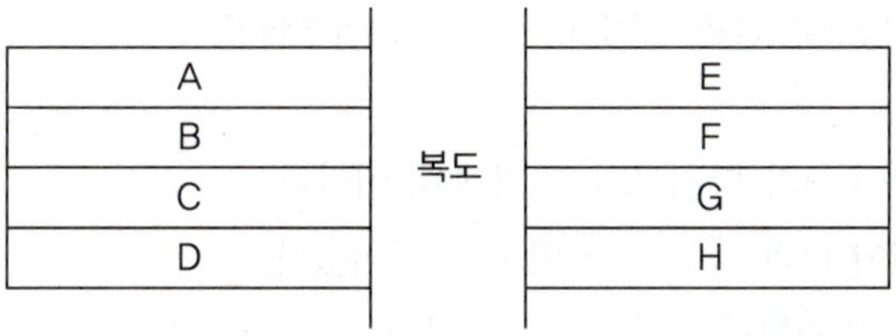

① ○○건설 부스와 한국교육과정평가원 부스는 복도를 기준으로 같은 쪽에 위치한다.
② ○○은행 부스와 한국주택금융공사 부스는 복도를 기준으로 같은 쪽에 위치한다.
③ ○○식품 부스 옆에는 한국주택금융공사 부스가 위치한다.
④ ○○은행 부스 옆에는 도로교통공단 부스가 위치한다.
⑤ 한국전력공사 부스 옆에는 ○○식품 부스가 위치한다.

난이도 ●●○

267 LH공사 직원 가씨는 얼마 전 진행했던 청년주택 청약 추첨에서 7명(A, B, C, D, E, F, G)의 청약 관련 서류를 당첨 순으로 정리하던 중 몇 개의 서류를 잃어버렸다. 가씨는 잃어버리지 않은 서류의 〈단서〉를 근거로 7명의 청약 당첨 순서를 유추하려고 하며, 그가 지금까지 모은 정보는 아래와 같다. 한 가지 단서를 추가할 경우 7명의 청약 당첨 순서를 정확하게 파악할 수 있다고 할 때, 다음 중 청약 당첨 순서를 확실히 할 수 있는 단서는?

단서

(가) B의 당첨이 F의 당첨보다 먼저 이루어졌다.
(나) G의 당첨이 D의 당첨보다 먼저 이루어졌고, E의 당첨, F의 당첨보다는 나중에 이루어졌다.
(다) B가 가장 먼저 당첨된 것은 아니다.
(라) D의 당첨이 A의 당첨보다 먼저 이루어졌다.
(마) C의 당첨은 G의 당첨보다 나중에 이루어졌다.

① E의 당첨이 B의 당첨보다 먼저 이루어졌다.
② B의 당첨이 G의 당첨보다 먼저 이루어졌다.
③ C가 가장 마지막에 당첨된 것은 아니다.
④ D의 당첨은 A의 당첨과 인접하여 이루어지지 않았다.
⑤ F의 당첨은 D의 당첨과 인접하여 이루어지지 않았다.

기출 11' 5급㉺-인 | 난이도 ●●●

268 A, B, C, D 네 팀이 참여하여 체육대회를 하고 있다. 다음 <순위 결정 기준>과 각 팀의 현재까지 <득점 현황>에 근거하여 판단할 때, 항상 옳은 추론을 <보기>에서 모두 고르면?

순위 결정 기준

- 각 종목의 1위에게는 4점, 2위에게는 3점, 3위에게는 2점, 4위에게는 1점을 준다.
- 각 종목에서 획득한 점수를 합산한 총점이 높은 순으로 종합 순위를 결정한다.
- 총점에서 동점이 나올 경우에는 1위를 한 종목이 많은 팀이 높은 순위를 차지한다.
  - 만약 1위 종목의 수가 같은 경우에는 2위 종목이 많은 팀이 높은 순위를 차지한다.
  - 만약 1위 종목의 수가 같고, 2위 종목의 수도 같은 경우에는 공동 순위로 결정한다.

〈득점 현황〉

종목명 \ 팀명	A	B	C	D
가	4	3	2	1
나	2	1	3	4
다	3	1	2	4
라	2	4	1	3
마	?	?	?	?
합계	?	?	?	?

※ 종목별 순위는 반드시 결정되고, 동순위는 나오지 않는다.

보기

ㄱ. A팀이 종목 마에서 1위를 한다면 종합 순위 1위가 확정된다.
ㄴ. B팀이 종목 마에서 C팀에게 순위에서 뒤지면 종합 순위에서도 C팀에게 뒤지게 된다.
ㄷ. C팀은 종목 마의 결과와 관계없이 종합 순위에서 최하위가 확정되었다.
ㄹ. D팀이 종목 마에서 2위를 한다면 종합 순위 1위가 확정된다.

① ㄱ ② ㄹ ③ ㄱ, ㄴ
④ ㄴ, ㄷ ⑤ ㄷ, ㄹ

기출 20' 5급㉻-라 | 난이도 ●○○

269 다음 글을 근거로 판단할 때, 〈보기〉에서 〈A사업의 상황별 대안의 기대이익〉에 대한 설명으로 옳은 것만을 모두 고르면?

기준Ⅰ, 기준Ⅱ, 기준Ⅲ을 이용하여 불확실한 상황에서 대안을 비교·평가할 수 있다.

기준Ⅰ은 최상의 상황이 발생할 것이라는 가정에서 최선의 대안을 선택하는 것이다. 〈표 1〉에서 각 대안의 최대 기대이익을 비교하여, 그 중 가장 큰 값을 갖는 '대안1'을 선택하는 것이다. 기준Ⅱ는 최악의 상황이 발생할 것이라는 가정에서 최선의 대안을 선택하는 것이다. 〈표 1〉에서 각 대안의 최소 기대이익을 비교하여, 그 중 가장 큰 값을 갖는 '대안3'을 선택하는 것이다.

〈표 1〉 ○○사업의 상황별 대안의 기대이익

구분	상황1	상황2	상황3	최대 기대이익	최소 기대이익
대안1	30	10	−10	30	−10
대안2	20	14	5	20	5
대안3	15	15	15	15	15

기준Ⅲ은 최대 '후회'가 가장 작은 대안을 선택하는 것이다. 후회는 일정한 상황에서 특정 대안을 선택함으로써 최선의 대안을 선택하였더라면 얻을 수 있는 기대이익을 얻지 못해 발생하는 손실을 의미한다. 〈표 1〉의 상황별 최대 기대이익에서 각 대안의 기대이익을 차감하여 〈표 2〉와 같이 후회를 구할 수 있다. 이후 각 대안의 최대 후회를 비교하여, 그 중 가장 작은 값을 갖는 '대안2'를 선택하는 것이다.

〈표 2〉 ○○사업의 후회

구분	상황1	상황2	상황3	최대 후회
대안1	0	5	25	25
대안2	10	1	10	10
대안3	15	0	0	15

A사업의 상황별 대안의 기대이익

구분	상황S_1	상황S_2	상황S_3
대안A_1	50	16	−9
대안A_2	30	19	5
대안A_3	20	15	10

보기

ㄱ. 기준Ⅰ로 대안을 선택한다면, 대안A_2를 선택하게 된다.
ㄴ. 기준Ⅱ로 대안을 선택한다면, 대안A_3을 선택하게 된다.
ㄷ. 상황S_2에서 대안A_2의 후회는 11이다.
ㄹ. 기준Ⅲ으로 대안을 선택한다면, 대안A_1을 선택하게 된다.

① ㄱ, ㄴ　　② ㄱ, ㄷ　　③ ㄴ, ㄹ
④ ㄷ, ㄹ　　⑤ ㄴ, ㄷ, ㄹ

기출 20' 5급행-라 | 난이도 ●○○

270 **다음 글과 〈상황〉을 근거로 판단할 때 옳지 않은 것은?**

甲국은 국가혁신클러스터 지구를 선정하고자 한다. 산업단지를 대상으로 〈평가 기준〉에 따라 점수를 부여하고 이를 합산한다. 지방자치단체(이하 '지자체')의 육성 의지가 있는 곳 중 합산점수가 높은 4곳의 산업단지를 국가혁신클러스터 지구로 선정한다.

〈평가 기준〉

• 산업단지 내 기업 집적 정도

산업단지 내 기업 수	30개 이상	10~29개	9개 이하
점수	40점	30점	20점

• 산업단지의 산업클러스터 연관성

업종	연관 업종	유사 업종	기타
점수	40점	20점	0점

※ 연관 업종: 자동차, 철강, 운송, 화학, IT
유사 업종: 소재, 전기전자

• 신규투자기업 입주공간 확보 가능 여부

입주공간 확보	가능	불가
점수	20점	0점

• 합산점수가 동일할 경우 우선순위는 다음과 같은 순서로 정한다.
1) 산업클러스터 연관성 점수가 높은 산업단지
2) 기업 집적 정도 점수가 높은 산업단지
3) 신규투자기업의 입주공간 확보 가능 여부 점수가 높은 산업단지

• 상황 •

산업단지(A~G)에 관한 정보는 다음과 같다.

산업 단지	산업단지 내 기업 수	업종	입주공간 확보	지자체 육성 의지
A	58개	자동차	가능	있음
B	9개	자동차	가능	있음
C	14개	철강	가능	있음
D	10개	운송	가능	없음
E	44개	바이오	가능	있음
F	27개	화학	불가	있음
G	35개	전기전자	가능	있음

① B는 선정된다.
② A가 '소재'산업단지인 경우 F가 선정된다.
③ 3곳을 선정할 경우 G는 선정되지 않는다.
④ F는 산업단지 내에 기업이 3개 더 있다면 선정된다.
⑤ D가 소재한 지역의 지자체가 육성 의지가 있을 경우 D는 선정된다.

난이도 ●●○

271 같은 부서에 일하는 직원 A, B, C, D, E는 이번 주부터 5주 동안 한 주에 한 명씩 여름휴가를 쓰기로 하였다. 아래의 〈규칙〉을 모두 고려하여 쉬는 순서를 정할 때, 항상 옳은 것은?

• 규칙 •

(1) D는 E 바로 앞이나 바로 뒤의 순서에서 쉬지 않는다.
(2) A는 D보다 정확히 2주 전에 쉰다.

① A가 세 번째로 쉬면 C는 네 번째로 쉬어야 한다.
② B가 네 번째로 쉬면 A는 세 번째로 쉬어야 한다.
③ C가 세 번째로 쉬면 E는 첫 번째로 쉬어야 한다.
④ D가 세 번째로 쉬면 B는 두 번째로 쉬어야 한다.
⑤ E가 두 번째로 쉬면 B는 첫 번째로 쉬어야 한다.

난이도 ●●○

272 ○○기업 해외영업부 부장 K씨는 해외지사의 영업관리 및 시장조사 등의 업무 차 5개의 나라 A, B, C, D, E를 방문해야 하는 출장 일정이 생겼다. 각 나라 간의 이동 비용이 아래와 같을 때, 모든 나라를 한 번씩만 방문하기 위한 최소 이동 비용은 얼마인가? (단, 출장은 반드시 A에서 시작하여 E에서 끝나야 한다.)

(단위: 만 원)

출발＼도착	A	B	C	D	E
A	0	60	70	40	20
B	60	0	90	50	30
C	70	90	0	10	40
D	40	50	10	0	80
E	20	30	40	80	0

① 150만 원　② 160만 원　③ 170만 원
④ 180만 원　⑤ 190만 원

기출 11' 5급㉥-인 | 난이도 ●●○

273 **다음 글을 근거로 판단할 때, 적극적 다문화주의 정책에 해당하는 것을 <보기>에서 모두 고르면?**

한 사회 내의 소수집단을 위한 정부의 정책 가운데 다문화주의 정책은 크게 소극적 다문화주의 정책과 적극적 다문화주의 정책으로 구분할 수 있다. 소극적 다문화주의 정책은 소수집단과 그 구성원들에 대한 차별적인 대우를 철폐하는 것이다. 한편 적극적 다문화주의 정책은 이와 다른 정책을 그 내용으로 하는데, 크게 다음 네 가지로 구성된다. 첫째, 소수집단의 고유한 관습과 규칙이 일반 법체계에 수용되도록 한다. 둘째, 소수집단의 원활한 사회진출을 위해 특별한 지원을 제공한다. 셋째, 소수집단의 정치참여의 기회를 확대시킨다. 넷째, 일정한 영역에서 소수집단에게 자치권을 부여한다.

보기

ㄱ. 교육이나 취업에서 소수집단 출신에게 불리한 차별적인 규정을 폐지한다.
ㄴ. 의회의원 비례대표선거를 위한 각 정당명부에서 소수집단 출신 후보자의 공천비율을 확대한다.
ㄷ. 공무원 시험이나 공공기관 입사 시험에서 소수집단 출신에게 가산점을 부여한다.
ㄹ. 특정 지역의 다수 주민을 이루는 소수집단에게 그 지역의 치안유지를 위한 자치경찰권을 부여한다.

① ㄱ, ㄷ　② ㄴ, ㄷ　③ ㄴ, ㄹ
④ ㄱ, ㄴ, ㄹ　⑤ ㄴ, ㄷ, ㄹ

기출 14' 5급㉻-C | 난이도 ●●○

274 다음 〈민간위탁 교육훈련사업 계약〉을 근거로 판단할 때, 〈보기〉에서 계약 위반행위만을 모두 고르면?

• 민간위탁 교육훈련사업 계약 •

(가) 계약금액(사업비)은 7,000만 원이고, 계약기간은 1월 1일부터 12월 31일까지이다.
(나) 甲은 乙에게 사업비의 50 %에 해당하는 금액을 반기(6개월)별로 지급하며, 乙이 청구한 날로부터 14일 이내에 지급하여야 한다.
(다) 乙은 하반기 사업비 청구시 상반기 사업추진실적과 상반기 사업비 사용내역을 함께 제출하여야 하며, 甲은 이를 확인한 후 지급한다.
(라) 乙은 사업비를 위탁받은 교육훈련 이외의 다른 용도로 사용하여서는 안 된다.
(마) 乙은 상·하반기 사업비와는 별도로 매 분기(3개월) 종료 후 10일 이내에 관련 증빙서류를 구비하여 甲에게 훈련참여자의 취업실적에 따른 성과인센티브의 지급을 청구할 수 있다.
(바) 甲은 (마)에 따른 관련 증빙서류를 확인한 후 인정된 취업실적에 대한 성과인센티브를 취업자 1인당 10만 원씩 지급한다.

• 보기 •

ㄱ. 乙은 9월 10일 교육훈련과 관련없는 甲의 등산대회에 사업비에서 100만 원을 협찬하였다.
ㄴ. 乙은 1월 25일에 상반기 사업비 지급을 청구하였으며, 甲은 2월 10일에 3,500만 원을 지급하였다.
ㄷ. 乙은 8월 8일에 하반기 사업비 지급을 청구하면서 상반기 사업추진실적 및 사업비 사용내역을 제출하였다.
ㄹ. 乙은 10월 9일에 관련 증빙서류를 구비하여 성과인센티브의 지급을 청구하였으나, 甲은 증빙서류의 확인을 거부하고 지급하지 않았다.

① ㄱ, ㄷ　② ㄴ, ㄹ　③ ㄱ, ㄴ, ㄷ
④ ㄱ, ㄴ, ㄹ　⑤ ㄴ, ㄷ, ㄹ

기출 14' 5급㉻-C 난이도 ●●●

275 다섯 개의 숫자로 이루어진 비밀번호를 다음 〈숫자→암호문 변환 절차〉에 따라 〈암호표〉를 사용하여 암호문으로 변환하였다. 〈완성된 암호문〉이 의미하는 비밀번호로 옳은 것은?

숫자→암호문 변환 절차

1. 비밀번호의 숫자를 세로로 쓰고 〈암호표〉에서 해당하는 숫자의 오른쪽에 나열된 알파벳(6개)을 〈예시〉의 과정1과 같이 숫자 순서대로 나열한다.
2. 1의 과정을 통해 순서대로 나열된 알파벳을 〈예시〉의 과정2와 같이 왼편부터 한 열씩 세로로 읽어나가면 완성된 암호문이 된다.

〈암호표〉

1	T	H	P	Q	B	I
2	H	C	O	X	D	V
3	N	S	P	S	S	E
4	W	H	O	W	E	C
5	A	D	I	N	K	T
6	N	R	E	M	V	J
7	F	G	X	Z	C	B
8	E	S	X	V	B	J
9	W	E	I	P	Y	K
0	H	C	J	U	U	I

예시 : 비밀번호 '10675'의 암호 변환 과정

• 과정1

1	T	H	P	Q	B	I
0	H	C	J	U	U	I
6	N	R	E	M	V	J
7	F	G	X	Z	C	B
5	A	D	I	N	K	T

• 과정2

THNFA HCRGD PJEXI QUMZN BUVCK IIJBT

완성된 암호문

HEWHT CSECH OXIJP XVPUQ DBYUB VJKII

① 08401 ② 08425 ③ 28425

④ 28901 ⑤ 28921

Day 9 Self Check List

	오답 수	무응답 수	풀이시간(분)
1회독	/ 30	/ 30	/ 60(분)
2회독	/ 30	/ 30	/ 45(분)
3회독	/ 30	/ 30	/ 35(분)

정답 및 해설 275p

독끝 10일차 (276~305)

난이도별 구성
- ●○○ 13문항
- ●●○ 14문항
- ●●● 3문항

본 문항은 PSAT 상황판단 영역 기출 문항으로 구성되며, 기출 표기에 따른 시험 종류는 아래와 같습니다. (표기 상 맨 끝은 '책형' 입니다.)
㉤ – 민간경력자 일괄채용시험 / ㉻ – 공개경쟁채용시험(행정)

6일차 일일연습

Set ❶

다음 문장을 논리기호로 표현한 것이 맞으면 O, 틀리면 X로 표시하세요.

(1) 어떤 천재는 대단한 수학자이다. ▶ (천재) ∧ (대단한 수학자)
(2) B와 C중 최소 한 가지는 진실이면, A도 진실이다. ▶ (B∨C) → A ⇔ ~A → (~B ∨ ~C)
(3) 찬영이는 천재이지만, 수학을 잘하는건 아니다. ▶ (찬영) → {(천재) ∨ ~(수학)}
(4) 취미가 있거나 연인이 있다면, 삶이 행복하다고 느끼게 된다. ▶ {(취미) ∨ (연인)} → (행복) ⇔ {(취미) → (행복)} ∧ {(연인) → (행복)}

Set ❷

표의 빈 칸에 들어갈 것을 구하시오. (참, 거짓)

a	b	a → b	b → a
참	(1)	거짓	참
거짓	거짓	참	(2)
참	참	참	참
(3)	참	(4)	거짓

Set ❸

아래〈조건〉을 확인 후, 각 질문에 답하시오.

〈조건〉 사과 58개를 3개씩 들어가는 봉투 또는 9개씩 들어가는 상자에 각각 가득 채워 담아 선물하려 한다. 선물을 받는 사람에게는 봉투 또는 상자 하나만 선물할 수 있다.

(1) 가장 적은 수의 사람에게 사과를 선물한다면 몇 명이 받게 되는가?
(2) 위 (1)의 경우, 봉투는 몇 개가 필요한가?
(3) 봉투와 상자의 개수를 최대한 비슷하게 맞춘다면, 몇 명이 받게 되는가?
(4) 위 (3)의 경우, 봉투는 몇 개가 필요한가?

	Set ❶	Set ❷	Set ❸
(1)	O	거짓	7명
(2)	X	참	1개
(3)	X	거짓	9명
(4)	O	참	4개

＊참고사항

문장	논리기호
p이다.	p
p가 아니다.	~p
• 모든 p는 q이다. • p이면 q이다.	p → q

문장	논리기호
• 어떤 p는 q이다. • p이면서 q이다. • p그리고 q이다.	p ∧ q
• p이거나 q이다. • p 또는 q이다.	p ∨ q
• 'p또는 q'가 아니다. • p도 아니고 q도 아니다.	~(p ∨ q)

- "⇔" : 필요충분조건 또는 동치를 나타내는 논리기호
- 연언명제 (p ∧ q) : 모두 참일때만 참
- 선언명제 (p ∨ q) : 모두 거짓일 때만 거짓
- 가언명제 (p → q) : 전건이 참, 후건이 거짓일 때만 거짓

	맞은 개수	풀이 시간
Set ❶	/ 4	(초)
Set ❷	/ 4	(초)
Set ❸	/ 4	(초)
합계	/ 12	(초)

* 다음의 회독수 별 권장풀이시간에 맞춰 문제풀이 후,
Day 10 끝의 [Self Check List]를 기입하여 부족한 부분을 파악하세요!

권장 풀이 시간

1회독 60 min 2회독 45 min 3회독 35 min

난이도 ●●○

276 서울에 사는 기자 A씨는 체코 프라하에서 공연 중인 B씨와 화상인터뷰를 진행하기 위해 인터뷰 시각을 정하려고 한다. 아래의 〈조건〉을 모두 고려할 때 적절한 인터뷰 시각은 언제인가?

조건

- 서울과 프라하의 시차는 7시간이다. 즉 서울이 오전 11시일 때 프라하는 오전 4시이다.
- A씨의 근무 시간은 오전 8시 30분부터 오후 6시 30분까지이며, B씨의 근무 시간은 현지 시각으로 오전 9시부터 오후 6시까지이다.
- 근무 시간 내에 인터뷰를 진행할 것을 원칙으로 한다.
- A씨와 B씨 모두 각각 현지 시각으로 오후 12시부터 1시까지 점심시간이며, 이 시간대에는 인터뷰 진행이 불가능하다.
- B씨는 오전 업무를 시작하고 1시간이 경과한 이후부터 인터뷰 진행이 가능하다.
- 인터뷰 소요시간은 약 1시간으로 예상되며, 1시간을 초과하지는 않는다.

① 인터뷰 시각을 서울 시각으로 오전 10시로 정한다.
② 인터뷰 시각을 프라하 시각으로 오전 10시로 정한다.
③ 인터뷰 시각을 서울 시각으로 오후 3시 30분으로 정한다.
④ 인터뷰 시각을 프라하 시각으로 오후 1시로 정한다.
⑤ 인터뷰 시각을 서울 시각으로 오후 4시 30분으로 정한다.

난이도 ●●○

277 수현이는 6개 과목(국어, 수학, 영어, 사회, 과학, 제2외국어)의 문제지를 푸는 순서를 결정하려고 한다. 각 과목은 1단계 문제지를 모두 푼 다음 2단계 문제지를 풀어야 하며, 아래의 표는 단계별 문제지 풀이 소요시간을 나타내고 있다. 〈문제지 풀이 순서 결정 규칙〉에 따라 결정된 과목 풀이 순서를 올바르게 나열한 것은?

〈단계별 문제지 풀이 소요시간〉

(단위: 시간)

구분	국어	수학	영어	사회	과학	제2외국어
1단계	5	4	8	2	6	12
2단계	4	3	9	7	8	15

〈문제지 풀이 순서 결정 규칙〉

[첫 번째] 아직 순서가 결정되지 않은 과목 중 1단계 소요시간이 가장 적은 과목과 2단계 소요시간이 가장 적은 과목을 찾는다. 두 단계에서 찾은 과목이 동일한 경우 그 과목의 문제지를 택하고, 상이한 경우 각각 선택된 단계의 소요시간을 비교하여 더 적은 과목의 문제지를 택한다.

예를 들어, 1단계에서 국어가 선택되고 2단계에서 사회가 선택될 경우, 국어의 1단계 문제지 풀이 소요시간은 5시간이며 사회의 2단계 문제지 풀이 시간은 7시간이므로 소요시간이 더 적은 국어 과목의 문제지를 택한다.

[두 번째] [첫 번째]에서 택한 문제지에 해당하는 과목의 단계별 문제지 풀이 소요시간을 비교한다. 1단계의 소요시간이 2단계보다 적을 경우 남은 순서 중에서 해당 과목을 가장 먼저 풀기로 결정하고, 1단계의 소요시간이 2단계보다 많을 경우 남은 순서 중에서 해당 과목을 가장 나중에 풀기로 결정한다.

예를 들어, [첫 번째]에서 국어 과목의 문제지를 택했을 때, 국어 과목의 1단계 소요시간은 5시간이며 2단계 소요시간은 4시간이다. 2단계의 소요시간이 1단계보다 적으므로 남은 순서 중에서 국어를 가장 나중에 풀기로 결정한다.

모든 과목의 순서가 결정될 때까지 [첫 번째]와 [두 번째]를 반복한다.

① 수학 – 국어 – 제2외국어 – 영어 – 과학 – 사회
② 사회 – 수학 – 국어 – 과학 – 영어 – 제2외국어
③ 사회 – 영어 – 과학 – 국어 – 제2외국어 – 수학
④ 사회 – 과학 – 영어 – 제2외국어 – 국어 – 수학
⑤ 사회 – 영어 – 국어 – 과학 – 제2외국어 – 수학

기출 14' 5급㉯-C 난이도 ●●●

278 다음 글을 근거로 판단할 때, B 전시관 앞을 지나가거나 관람한 총인원은?

- 전시관은 A→B→C→D 순서로 배정되어 있다. 〈행사장 출입구〉는 아래 그림과 같이 두 곳이며 다른 곳으로는 출입이 불가능하다.
- 관람객은 〈행사장 출입구〉 두 곳 중 한 곳으로 들어와서 시계 반대 방향으로 돌며, 모든 관람객은 4개의 전시관 중 2개의 전시관만을 골라 관람한다.
- 자신이 원하는 2개의 전시관을 모두 관람하면 그 다음 만나게 되는 첫 번째 〈행사장 출입구〉를 통해 나가기 때문에, 관람객 중 일부는 반 바퀴를, 일부는 한 바퀴를 돌게 되지만 한 바퀴를 초과해서 도는 관람객은 없다.
- 〈행사장 출입구〉 두 곳을 통해 행사장에 입장한 관람객 수의 합은 400명이며, 이 중 한 바퀴를 돈 관람객은 200명이고 D 전시관 앞을 지나가거나 관람한 인원은 350명이다.

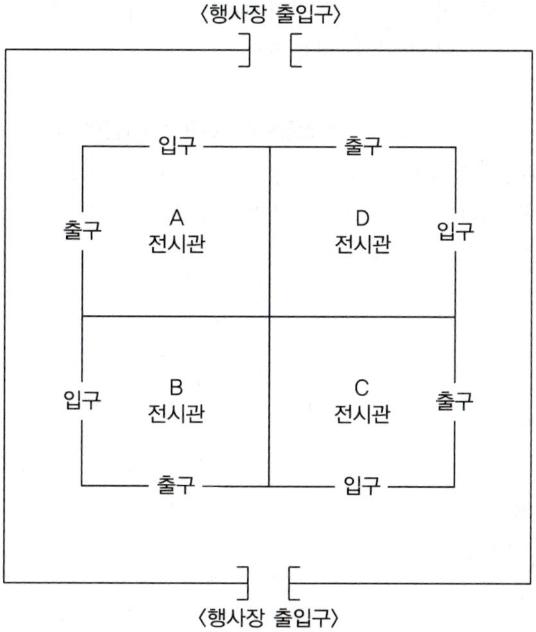

① 50명 ② 100명 ③ 200명
④ 250명 ⑤ 350명

279 다음 글을 근거로 판단할 때, 甲이 구매해야 할 재료와 그 양으로 옳은 것은?

甲은 아내, 아들과 함께 짬뽕을 만들어 먹기로 했다. 짬뽕요리에 필요한 재료를 사기 위해 근처 전통시장에 들른 甲은 아래 〈조건〉을 만족하도록 재료를 모두 구매한다. 다만 짬뽕요리에 필요한 각 재료의 절반 이상이 냉장고에 있으면 그 재료는 구매하지 않는다.

〈조건〉

- 甲과 아내는 각각 성인 1인분, 아들은 성인 0.5인분을 먹는다.
- 매운 음식을 잘 먹지 못하는 아내를 고려하여 '고추'라는 단어가 들어간 재료는 모두 절반만 넣는다.
- 아들은 성인 1인분의 새우를 먹는다.

냉장고에 있는 재료

면 200 g, 오징어 240 g, 돼지고기 100 g, 양파 100 g, 청양고추 15 g, 고추기름 100 ml, 대파 10 cm, 간장 80 ml, 마늘 5 g

짬뽕요리 재료(성인 1인분 기준)

면 200 g, 해삼 40 g, 소라 30 g, 오징어 60 g, 돼지고기 90 g, 새우 40 g, 양파 60 g, 양송이버섯 50 g, 죽순 40 g, 고추기름 20 ml, 건고추 8 g, 청양고추 10 g, 대파 10 cm, 마늘 10 g, 청주 15 ml

① 면 200 g
② 양파 50 g
③ 새우 100 g
④ 건고추 7 g
⑤ 돼지고기 125 g

280 다음 〈통역경비 산정기준〉과 〈상황〉을 근거로 판단할 때, A사가 甲시에서 개최한 설명회에 쓴 총 통역경비는?

통역경비 산정기준

통역경비는 통역료와 출장비(교통비, 이동보상비)의 합으로 산정한다.

- 통역료(통역사 1인당)

구분	기본요금 (3시간까지)	추가요금 (3시간 초과시)
영어, 아랍어, 독일어	500,000원	100,000원/시간
베트남어, 인도네시아어	600,000원	150,000원/시간

- 출장비(통역사 1인당)
  - 교통비는 왕복으로 실비 지급
  - 이동보상비는 이동 시간당 10,000원 지급

상황

A사는 2019년 3월 9일 甲시에서 설명회를 개최하였다. 통역은 영어와 인도네시아어로 진행되었고, 영어 통역사 2명과 인도네시아어 통역사 2명이 통역하였다. 설명회에서 통역사 1인당 영어 통역은 4시간, 인도네시아어 통역은 2시간 진행되었다. 甲시까지는 편도로 2시간이 소요되며, 개인당 교통비는 왕복으로 100,000원이 들었다.

① 244만 원　② 276만 원　③ 288만 원
④ 296만 원　⑤ 326만 원

난이도 ●●○

281 A대학교 학생들을 대상으로 선호하는 음악장르에 대한 설문조사를 실시하였다. 다음 〈조건〉의 명제가 모두 참이라고 할 때, 항상 참인 것은?

조건

- 클래식을 선호하는 학생은 트로트를 선호하지 않는다.
- R&B를 선호하는 학생은 재즈를 선호한다.
- 발라드를 선호하는 학생은 트로트를 선호한다.
- 발라드를 선호하지 않는 학생은 R&B를 선호한다.

① 트로트를 선호하지 않는 학생은 재즈를 선호하지 않는다.
② 발라드를 선호하는 학생은 클래식을 선호하지 않는다.
③ R&B를 선호하는 학생은 클래식을 선호한다.
④ 재즈를 선호하지 않는 학생은 발라드를 선호하지 않는다.
⑤ 트로트를 선호하는 학생은 R&B를 선호하지 않는다.

난이도 ●●○

282 ○○기업에서는 이번에 새 제품을 출시하기 위해 타사 제품 5종을 이용하는 사람들을 대상으로 만족도 조사를 실시하였다. 아래 〈조건〉의 명제가 모두 참이라고 할 때, 다음 중 항상 참인 것은?

조건

- A사 제품에 만족한 사람은 B사 제품에 만족하지 않는다.
- C사 제품에 만족한 사람은 D사 제품에도 만족한다.
- E사 제품에 만족한 사람은 B사 제품에도 만족한다.
- A사 제품에 만족하지 않은 사람은 D사 제품에도 만족하지 않는다.

① A사 제품에 만족한 사람은 C사 제품에도 만족한다.
② D사 제품에 만족한 사람은 E사 제품에도 만족한다.
③ B사 제품에 만족하지 않은 사람은 C사 제품에 만족한다.
④ E사 제품에 만족한 사람은 A사 제품에 만족하지 않는다.
⑤ D사 제품에 만족하지 않은 사람은 B사 제품에 만족한다.

기출 11' 5급㉯-인 | 난이도 ●●○

283 **다음 글을 근거로 판단할 때, 〈보기〉에서 옳은 것을 모두 고르면?**

최근 가창력이 뛰어난 가수들이 매주 공연을 한 뒤, 청중 투표를 통해 탈락자를 결정하는 프로그램이 인기를 얻고 있다. 100명의 청중평가단이 가수 4명의 공연을 보고, 본인의 선호에 따라 가장 마음에 드는 가수 1명에게 투표를 한다. 이 결과를 토대로 득표수가 가장 적은 사람이 탈락하는 방식이다.

그러나 기존 투표 방식에 문제가 있다는 지적이 계속되자, 제작진은 가수 4명의 공연이 끝난 뒤 청중평가단에게 선호도에 따라 1위부터 4위까지의 순위를 매겨 제출하도록 하였다. 그 결과는 다음 표와 같다.

〈선호도 조사결과〉

(단위: 명)

가수 \ 선호순위	1	2	3	4
A	10	50	30	10
B	20	30	20	30
C	30	10	20	40
D	40	10	30	20

※ 위 표의 청중평가단 선호순위는 어떤 투표방식 하에서도 동일하며, 청중평가단은 그 선호순위에 따라 투표한다.

보기

ㄱ. 기존의 탈락자 선정방식은 청중평가단 선호도의 1순위만을 반영하기 때문에 다수의 청중평가단이 2순위로 선호하는 가수도 탈락할 수 있다.

ㄴ. 가장 선호하는 가수 한 명에게만 투표하는 기존의 방식을 그대로 적용하게 되면 탈락자는 A가 된다.

ㄷ. 4순위 표가 가장 많은 사람을 탈락시킬 경우, 탈락자는 C가 된다.

ㄹ. 가장 선호하는 가수 두 명의 이름을 우선순위 없이 적어서 제출하는 방식으로 투표할 경우, 최저득표자는 A가 된다.

① ㄱ, ㄴ ② ㄱ, ㄹ ③ ㄷ, ㄹ
④ ㄱ, ㄴ, ㄷ ⑤ ㄴ, ㄷ, ㄹ

기출 14' 5급㉻-C 난이도 ●○○

284 **다음 〈조건〉과 〈정보〉를 근거로 판단할 때, 곶감의 위치와 착한 호랑이, 나쁜 호랑이의 조합으로 가능한 것은?**

조건

- 착한 호랑이는 2마리이고, 나쁜 호랑이는 3마리로 총 5마리의 호랑이(甲~戊)가 있다.
- 착한 호랑이는 참말만 하고, 나쁜 호랑이는 거짓말만 한다.
- 곶감은 꿀단지, 아궁이, 소쿠리 중 한 곳에만 있다.

정보

甲: 곶감은 아궁이에 있지.
乙: 여기서 나만 곶감의 위치를 알아.
丙: 甲은 나쁜 호랑이야.
丁: 나는 곶감이 어디 있는지 알지.
戊: 곶감은 꿀단지에 있어.

	곶감의 위치	착한 호랑이	나쁜 호랑이
①	꿀단지	戊	丙
②	소쿠리	丁	乙
③	소쿠리	乙	丙
④	아궁이	丙	戊
⑤	아궁이	甲	丁

기출 16' 5급㉻-5 난이도 ●●●

285 **다음 글을 근거로 판단할 때 참말을 한 사람은?**

A동아리 5명의 학생 각각은 B동아리 학생들과 30회씩 가위바위보 게임을 했다. 각 게임에서 이길 경우 5점, 비길 경우 1점, 질 경우 −1점을 받는다. 게임이 모두 끝나자 A동아리 5명의 학생들은 자신이 얻은 합산 점수를 다음과 같이 말했다.

태우: 내 점수는 148점이야
시윤: 내 점수는 145점이야
성헌: 내 점수는 143점이야
빛나: 내 점수는 140점이야
은지: 내 점수는 139점이야

이들 중 한 명만이 참말을 하고 있다.

① 태우 ② 시윤 ③ 성헌
④ 빛나 ⑤ 은지

난이도 ●●●

286 **5인조 밴드부의 부원 익준, 송화, 준완, 정원, 석형은 공연 연습 관련 이슈를 모임 내에서만 공유하고 있다. 아래의 〈표〉는 부원들 간에 이슈를 공유하는 현황을 나타낸 것이다. 이들은 부원 외에 다른 사람들과 이슈 공유를 하지 않을 때, 〈보기〉의 설명 중 옳지 않은 것을 모두 고르면?**

〈표〉 부원 간 이슈 전달 현황

구분		전달받는 사람				
		익준	송화	준완	정원	석형
전달하는 사람	익준	–	0	1	1	0
	송화	0	–	1	1	0
	준완	0	0	–	1	0
	정원	1	0	0	–	1
	석형	1	1	0	0	–

* 전달하는 사람 기준으로 0은 이슈를 직접 전달하지 않음을, 1은 직접 전달함을 의미함

보기

ㄱ. 송화는 전달받은 이슈를 다른 사람을 거쳐 익준에게 전달할 수 없다.
ㄴ. 가장 많은 사람으로부터 직접 이슈를 전달받는 사람은 정원이다.
ㄷ. 준완은 석형이 전달하는 이슈를 송화를 통해서만 전달받을 수 있다.
ㄹ. 석형이 전달하는 이슈는 송화와 준완을 순서대로 거쳐 정원에게 전달될 수 있다.
ㅁ. 정원과 석형을 제외하고는 익준에게 직접 이슈를 전달하는 사람이 없다.

① ㄱ, ㄷ ② ㄱ, ㄹ ③ ㄴ, ㅁ
④ ㄱ, ㄴ, ㄷ ⑤ ㄴ, ㄹ, ㅁ

난이도 ●●○

287 다음은 O, ×로 표기하는 진위형 시험에 응시한 갑돌이, 을순이 두 학생의 답안지이다. 시험은 총 다섯 문제로 문제의 배점은 각 문제의 번호와 같다. (예를 들어, 1번 문제를 맞히면 1점, 2번 문제를 맞히면 2점이 부여된다. 그러나 문제를 틀렸을 때의 추가 감점은 없다.) 을순이의 답안지 일부가 훼손되어, 이를 채우기 위해 을순이의 정답 개수와 시험 점수를 알고 있는 A, B, C 세 친구에게 아래와 같은 질문을 했다. 단, A, B, C 중 진실만 말하는 사람은 한 명이다. 을순이의 시험 점수가 갑돌이보다 높다고 할 때, 을순이의 4, 5번 문제 답안과 다섯 문제의 정답을 순서대로 나열한 것은?

문제 번호	1	2	3	4	5
갑돌이	○	○	○	×	○
을순이	×	○	○	?	?

• 질문 •

㉠ A와 B에게 을순이의 정답 개수를 물었을 때, A는 3개, B는 4개라고 답하였다.
㉡ B와 C에게 을순이의 시험 점수를 물었을 때, B는 7점, C는 8점이라고 답하였다.
㉢ 마지막으로 A와 C에게 을순이의 정답 개수를 물었을 때, 둘 다 2개라고 답하였다.

	①	②	③	④	⑤
을순이의 4, 5번 문제 답안	○○	○×	×○	××	○×
다섯 문제 정답	○×○×○	○○××○	×○○××	○×○○×	×××○×

기출 15' 5급㉯-재 | 난이도 ●●●

288 다음 글을 근거로 판단할 때 ○○년 8월 1일의 요일은?

○○년 7월의 첫날 甲은 자동차 수리를 맡겼다. 甲은 그 달 마지막 월요일인 네 번째 월요일에 자동차를 찾아가려 했으나, 사정이 생겨 그 달 마지막 금요일인 네 번째 금요일에 찾아갔다.

※ 날짜는 양력 기준

① 월요일 ② 화요일 ③ 수요일
④ 목요일 ⑤ 금요일

기출 19' 5급㉻-다 | 난이도 ●○○

289 다음 〈감독의 말〉과 〈상황〉을 근거로 판단할 때, 甲~戊 중 드라마에 캐스팅되는 배우는?

감독의 말

안녕하세요 여러분. '열혈 군의관, 조선시대로 가다!' 드라마 오디션에 지원해 주셔서 감사합니다. 잠시 후 오디션을 시작할 텐데요. 이번 오디션에서 캐스팅하려는 역은 20대 후반의 군의관입니다. 오디션 실시 후 오디션 점수를 기본 점수로 하고, 다음 채점 기준의 해당 점수를 기본 점수에 가감하여 최종 점수를 산출하며, 이 최종 점수가 가장 높은 사람을 캐스팅합니다.

첫째, 28세를 기준으로 나이가 많거나 적은 사람은 1세 차이당 2점씩 감점하겠습니다. 둘째, 이전에 군의관 역할을 연기해 본 경험이 있는 사람은 5점을 감점하겠습니다. 시청자들이 식상해 할 수 있을 것 같아서요. 셋째, 저희 드라마가 퓨전 사극이기 때문에, 사극에 출연해 본 경험이 있는 사람에게는 10점의 가점을 드리겠습니다. 넷째, 최종 점수가 가장 높은 사람이 여럿인 경우, 그 중 기본 점수가 가장 높은 한 사람을 캐스팅하도록 하겠습니다.

상황

- 오디션 지원자는 총 5명이다.
- 오디션 점수는 甲이 76점, 乙이 78점, 丙이 80점, 丁이 82점, 戊가 85점이다.
- 각 배우의 오디션 점수에 각자의 나이를 더한 값은 모두 같다.
- 오디션 점수가 세 번째로 높은 사람만 군의관 역할을 연기해 본 경험이 있다.
- 나이가 가장 많은 배우만 사극에 출연한 경험이 있다.
- 나이가 가장 적은 배우는 23세이다.

① 甲　　② 乙　　③ 丙
④ 丁　　⑤ 戊

기출 19' 5급㉻-다 | 난이도 ●●●

290 다음 글을 근거로 판단할 때 옳지 않은 것은?

A구와 B구로 이루어진 신도시 甲시에는 어린이집과 복지회관이 없다. 이에 甲시는 60억 원의 건축 예산을 사용하여 아래 〈건축비와 만족도〉와 〈조건〉 하에서 시민 만족도가 가장 높도록 어린이집과 복지회관을 신축하려고 한다.

〈건축비와 만족도〉

지역	시설 종류	건축비(억 원)	만족도
A구	어린이집	20	35
	복지회관	15	30
B구	어린이집	15	40
	복지회관	20	50

조건

1) 예산 범위 내에서 시설을 신축한다.
2) 시민 만족도는 각 시설에 대한 만족도의 합으로 계산한다.
3) 각 구에는 최소 1개의 시설을 신축해야 한다.
4) 하나의 구에 동일 종류의 시설을 3개 이상 신축할 수 없다.
5) 하나의 구에 동일 종류의 시설을 2개 신축할 경우, 그 시설 중 한 시설에 대한 만족도는 20 % 하락한다.

① 예산은 모두 사용될 것이다.
② A구에는 어린이집이 신축될 것이다.
③ B구에는 2개의 시설이 신축될 것이다.
④ 甲시에 신축되는 시설의 수는 4개일 것이다.
⑤ 〈조건〉 5)가 없더라도 신축되는 시설의 수는 달라지지 않을 것이다.

기출 21' 5급㉻-가 | 난이도 ●●○

291 다음 글과 〈상황〉을 근거로 판단할 때 옳은 것은?

> 甲은 상자를 운반하려고 한다. 甲은 상자를 1회 운반할 때마다 다음 규칙 중 하나를 선택하여 적용한다.
>
> ㉠ 남아 있는 상자 중 가장 무거운 것과 가장 가벼운 것의 총 무게가 17 kg 이하이면 함께 운반한다. 가장 무거운 것과 가장 가벼운 것의 총 무게가 17 kg 초과이면 가장 무거운 것만 운반한다.
>
> ㉡ 남아 있는 상자 중 총 무게가 17 kg 이하인 상자 3개를 함께 운반한다.
>
> ㉢ 남아 있는 상자를 모두 운반한다. 단, 운반하려는 상자의 총 무게가 17 kg 이하여야 한다.

〈상황〉

> 甲이 운반하는 상자는 10개(A~J)이다. 상자는 A가 20 kg으로 가장 무겁고 알파벳순으로 2 kg씩 가벼워져 J가 가장 가볍다. 甲은 첫 번째로 A를, 두 번째로 [ⓐ]·I·J를 운반한다.

① D는 다른 상자와 같이 운반된다.

② 두 번째 운반 후에 ㉠은 적용되지 않는다.

③ ⓐ가 G라면 이후에 ㉢은 적용될 수 없다.

④ 두 번째 운반부터 상자를 모두 옮길 때까지 운반 횟수를 최소로 하려면 ⓐ가 H여서는 안 된다.

⑤ 상자를 모두 옮길 때까지 전체 운반 횟수를 최소로 하기 위해서는 두 번째 운반에 ㉠을 적용해야 한다.

난이도 ●●○

292 어느 고등학교 테니스부는 가은, 나연, 다솜, 라니, 마진, 바훈, 사란, 아윤 8명의 부원을 중간 테스트 성적 순위에 따라 1등과 8등은 A팀, 2등과 7등은 B팀, 3등과 6등은 C팀, 4등과 5등은 D팀에 배정하였다. 배정된 팀은 다음 〈조건〉을 모두 만족할 때, 바훈과 같은 팀인 부원은?

〈조건〉

> - 나연과 다솜은 같은 팀이고, 나연이 다솜보다 순위가 높다.
> - 마진은 3등이고, 다솜은 꼴찌가 아니다.
> - 라니는 B팀에 배정되었다.
> - 아윤은 A팀이 아니고, 라니보다 순위가 높다.
> - 사란은 아윤보다 순위가 높고, 가은도 아윤보다 순위가 높다.
> - 가은은 라니와 같은 팀이 아니다.

① 가은 ② 라니 ③ 마진

④ 사란 ⑤ 아윤

기출 12' 5급(민)-인 난이도 ●●○

293 **甲과 乙이 아래 〈조건〉에 따라 게임을 할 때 옳지 않은 것은?**

조건

- 甲과 乙은 다음과 같이 시각을 표시하는 하나의 시계를 가지고 게임을 한다.

0	9	:	1	5

- 甲, 乙 각자가 일어났을 때, 시계에 표시된 4개의 숫자를 합산하여 게임의 승패를 결정한다. 숫자의 합이 더 작은 사람이 이기고, 숫자의 합이 같을 때에는 비긴다.
- 甲은 반드시 오전 6시에서 오전 6시 59분 사이에 일어나고, 乙은 반드시 오전 7시에서 오전 7시 59분 사이에 일어난다.

① 甲이 오전 6시 정각에 일어나면, 반드시 甲이 이긴다.
② 乙이 오전 7시 59분에 일어나면, 반드시 乙이 진다.
③ 乙이 오전 7시 30분에 일어나고, 甲이 오전 6시 30분 전에 일어나면 반드시 甲이 이긴다.
④ 甲과 乙이 정확히 1시간 간격으로 일어나면, 반드시 甲이 이긴다.
⑤ 甲과 乙이 정확히 50분 간격으로 일어나면, 甲과 乙은 비긴다.

기출 16' 5급㉻-5 난이도 ●○○

294 다음 <규칙>을 근거로 판단할 때, <보기>에서 옳은 것만을 모두 고르면?

규칙

- 직원이 50명인 A회사는 야유회에서 경품 추첨 행사를 한다.
- 직원들은 1명당 3장의 응모용지를 받고, 1~100 중 원하는 수 하나씩을 응모용지별로 적어서 제출한다. 한 사람당 최대 3장까지 원하는 만큼 응모할 수 있고, 모든 응모용지에 동일한 수를 적을 수 있다.
- 사장이 1~100 중 가장 좋아하는 수 하나를 고르면 해당 수를 응모한 사람이 당첨자로 결정된다. 해당 수를 응모한 사람이 없으면 사장은 당첨자가 나올 때까지 다른 수를 고른다.
- 당첨 선물은 사과 총 100개이고, 당첨된 응모용지가 n장이면 당첨된 응모용지 1장당 사과를 $\frac{100}{n}$개씩 나누어 준다.
- 만약 한 사람이 2장의 응모용지에 똑같은 수를 써서 당첨된다면 2장 몫의 사과를 받고, 3장일 경우는 3장 몫의 사과를 받는다.

보기

ㄱ. 직원 甲과 乙이 함께 당첨된다면 甲은 최대 50개의 사과를 받는다.
ㄴ. 직원 중에 甲과 乙 두 명만이 사과를 받는다면 甲은 최소 25개의 사과를 받는다.
ㄷ. 당첨된 수를 응모한 직원이 甲밖에 없다면, 甲이 그 수를 1장 써서 응모하거나 3장 써서 응모하거나 같은 개수의 사과를 받는다.

① ㄱ ② ㄷ ③ ㄱ, ㄴ
④ ㄱ, ㄷ ⑤ ㄴ, ㄷ

기출 16' 5급㉻-5 난이도 ●○○

295 다음 <상황>을 근거로 판단할 때, 36개의 로봇 중 가장 빠른 로봇 1, 2위를 선발하기 위해 필요한 최소 경기 수는?

상황

- 전국 로봇달리기 대회에 36개의 로봇이 참가한다.
- 경주 레인은 총 6개이고, 경기당 각 레인에 하나의 로봇만 배정할 수 있으나, 한 경기에 모든 레인을 사용할 필요는 없다.
- 배정된 레인 내에서 결승점을 먼저 통과하는 순서대로 순위를 정한다.
- 속력과 시간의 측정은 불가능하고, 오직 경기 결과에 의해서만 순위를 결정한다.
- 로봇별 속력은 모두 다르고 각 로봇의 속력은 항상 일정하다.
- 로봇의 고장과 같은 다른 요인은 경기 결과에 영향을 미치지 않는다.

① 7 ② 8 ③ 9
④ 10 ⑤ 11

난이도 ●●○

296 A씨는 퇴직금으로 5,000만 원을 받았으며, 이를 부동산에 3년간 투자하려고 한다. 각 부동산의 투자상품은 다음과 같다. 신문을 보니 부동산 경기가 좋을 확률이 0.3, 경기가 보통일 확률이 0.5, 경기가 좋지 않을 확률이 0.2라는 분석이 지배적일 때, 다음 중 옳지 않은 것은?

〈투자 상품〉

- 부동산 ㉠은 경기에 큰 영향을 받지 않기 때문에 경기가 좋지 않을 때는 300만 원의 이익을 얻고, 경기가 보통일 때는 700만 원의 이익을 얻으며, 경기가 좋을 때는 900만 원의 이익을 얻는다.
- 부동산 ㉡은 경기의 흐름과 반대로 움직이기 때문에 경기가 좋을 때는 200만 원의 손해를 보고, 경기가 보통일 때는 700만 원의 이익을 얻으며, 경기가 좋지 않을 때는 오히려 1,500만 원의 이익을 얻는다.
- 부동산 ㉢은 경기에 큰 영향을 받기 때문에 경기가 좋지 않을 때는 500만 원의 손해를 보고, 경기가 보통일 때는 700만 원의 이익을 얻으며, 경기가 좋을 때는 2,000만 원의 이익을 얻는다.

① 신문기사 내용과 상관없이 앞으로 3년간 경기가 좋을 것이라고 예상한다면 부동산 ㉢에 투자하는 것이 바람직하다.

② 경기에 관한 신문기사를 전적으로 신뢰하여 최대한의 기대이익을 얻으려 한다면 부동산 ㉠에 투자하는 것은 최악의 선택이 된다.

③ A씨가 경기 변동이 자신에게 언제나 불리하게 작용할 것이라고 생각한다면 부동산 ㉠에 투자하는 것이, 경기 변동이 자신에게 언제나 유리하게 작용할 것이라고 생각한다면 부동산 ㉢에 투자하는 것이 합리적인 선택이 된다.

④ 신문기사 내용과 상관없이 3년간 경기가 보통일 것이라고 예상한다면 어떤 부동산에 투자해도 상관없다.

⑤ 신문기사를 믿지 않고 경기에 관한 확률이 모두 동일하다고 생각한다면 부동산 ㉢에 투자하는 것이 합리적인 선택이 된다.

난이도 ●●○

297 ○○시 축구연합회에서는 연합회 소속 동호회들의 친목도모와 운영비 마련을 위해 축구대회를 처음으로 개최하기로 하였다. 연합 대표자 회의에서 〈표 1〉과 같은 세 가지 안건을 제출하였으며, 이를 토대로 각 동호회 회장들에게 안건에 대한 지지 여부를 묻는 설문 조사를 실시하여, 그 결과에 따라 대회를 진행하기로 하였다. 아래의 자료를 모두 고려하였을 때, 다음 중 옳은 설명은 모두 몇 개인가? (단, 대회 기간은 10일을 넘기지 않도록 하고 한 팀이 하루에 여러 경기를 할 수 있다고 한다. 또한, 〈표 2〉는 지난 회의에서 이미 확정된 내용이다.)

〈표 1〉

구분	참가팀 수	예선 조 편성	본선 진출팀 수	경기 진행 방식	
				예선	본선
1안	24팀	각 조 6개팀	각 조 4개팀 16강 진출	리그 방식 (각 조 내에서 각 팀별로 한 번씩만 경기함)	토너먼트 방식 (3, 4위전은 생략)
2안	48팀	각 조 3개팀	각 조 1개팀 16강 진출		
3안	48팀	각 조 6개팀	각 조 2개팀 16강 진출		

〈표 2〉

참가팀 한 팀당 참가비	(20만 원)×(예선 경기 횟수)
한 경기당 주최 측의 지출 경비	10만 원
참가팀 한 팀당 제공 받는 기념품비	5만 원
하루에 최대로 진행할 수 있는 경기 횟수	10경기

보기

ㄱ. 참가팀 한 팀당 예선전 경기 횟수는 1안, 2안, 3안 모두 동일하지는 않다.
ㄴ. 참가팀 한 팀당 대회 참가비는 세 개의 안건 중 2안이 가장 적다.
ㄷ. 총 경기 횟수가 가장 많은 안건은 2안이다.
ㄹ. 본선 경기 횟수는 1안, 2안, 3안 모두 동일하다.
ㅁ. 1안, 2안, 3안 모두 제약 조건에 위배되지 않는다.

① 1개　② 2개　③ 3개
④ 4개　⑤ 5개

기출 15' 5급㊞-재 난이도 ●●●

298 **다음 〈조건〉을 근거로 판단할 때, 초록 모자를 쓰고 있는 사람과 A 입장에서 왼편에 앉은 사람으로 모두 옳은 것은?**

조건

- A, B, C, D 네 명이 정사각형 테이블의 각 면에 한 명씩 둘러앉아 있다.
- 빨강, 파랑, 노랑, 초록 색깔의 모자 4개가 있다. A, B, C, D는 이 중 서로 다른 색깔의 모자 하나씩을 쓰고 있다.
- A와 B는 여자이고 C와 D는 남자이다.
- A 입장에서 왼편에 앉은 사람은 파란 모자를 쓰고 있다.
- B 입장에서 왼편에 앉은 사람은 초록 모자를 쓰고 있지 않다.
- C 맞은편에 앉은 사람은 빨간 모자를 쓰고 있다.
- D 맞은편에 앉은 사람은 노란 모자를 쓰고 있지 않다.
- 노란 모자를 쓴 사람과 초록 모자를 쓴 사람 중 한 명은 남자이고 한 명은 여자이다.

	초록 모자를 쓰고 있는 사람	A 입장에서 왼편에 앉은 사람
①	A	B
②	A	D
③	B	C
④	B	D
⑤	C	B

기출 19' 5급㉳-다 난이도 ●○○

299 **다음 글을 근거로 판단할 때, 甲이 지불할 관광비용은?**

- 甲은 경복궁에서 시작하여 서울시립미술관, 서울타워 전망대, 국립중앙박물관까지 관광하려 한다. '경복궁 → 서울시립미술관'은 도보로, '서울시립미술관 → 서울타워 전망대' 및 '서울타워 전망대 → 국립중앙박물관'은 각각 지하철로 이동해야 한다.
- 입장료 및 지하철 요금

경복궁	서울시립미술관	서울타워 전망대	국립중앙박물관	지하철
1,000원	5,000원	10,000원	1,000원	1,000원

※ 지하철 요금은 거리에 관계없이 탑승할 때마다 일정하게 지불하며, 도보 이동시에는 별도 비용 없음

- 관광비용은 입장료, 지하철 요금, 상품가격의 합산액이다.
- 甲은 관광비용을 최소화하고자 하며, 甲이 선택할 수 있는 상품은 다음 세 가지 중 하나이다.

상품	가격	혜택				
		경복궁	서울시립 미술관	서울타워 전망대	국립중앙 박물관	지하철
스마트 교통카드	1,000원	–	–	50 % 할인	–	당일 무료
시티 투어A	3,000원	30 % 할인	30 % 할인	30 % 할인	30 % 할인	당일 무료
시티 투어B	5,000원	무료	–	무료	무료	–

① 11,000원
② 12,000원
③ 13,000원
④ 14,900원
⑤ 19,000원

기출 18' 5급㉻-라 | 난이도 ●○○

300 **다음 글을 근거로 판단할 때 옳지 않은 것은?**

• 甲부서에서는 2018년도 예산을 편성하기 위해 2017년에 시행되었던 정책(A~F)에 대한 평가를 실시하여, 아래와 같은 결과를 얻었다.

〈정책 평가 결과〉

(단위: 점)

정책	계획의 충실성	계획 대비 실적	성과지표 달성도
A	96	95	76
B	93	83	81
C	94	96	82
D	98	82	75
E	95	92	79
F	95	90	85

• 정책 평가 영역과 각 영역별 기준 점수는 다음과 같다.
  – 계획의 충실성: 기준 점수 90점
  – 계획 대비 실적: 기준 점수 85점
  – 성과지표 달성도: 기준 점수 80점

• 평가 점수가 해당 영역의 기준 점수 이상인 경우 '통과'로 판단하고 기준 점수 미만인 경우 '미통과'로 판단한다.

• 모든 영역이 통과로 판단된 정책에는 전년과 동일한 금액을 편성하며, 2개 영역이 통과로 판단된 정책에는 전년 대비 10 % 감액, 1개 영역만 통과로 판단된 정책에는 15 % 감액하여 편성한다. 다만 '계획 대비 실적' 영역이 미통과인 경우 위 기준과 상관없이 15 % 감액하여 편성한다.

• 2017년도 甲부서의 A~F 정책 예산은 각각 20억 원으로 총 120억 원이었다.

① 전년과 동일한 금액의 예산을 편성해야 하는 정책은 총 2개이다.

② 甲부서의 2018년도 A~F 정책 예산은 전년 대비 9억 원이 줄어들 것이다.

③ '성과지표 달성도' 영역에서 '통과'로 판단된 경우에도 예산을 감액해야 하는 정책이 있다.

④ 예산을 전년 대비 15 % 감액하여 편성하는 정책들은 모두 '계획 대비 실적' 영역이 '미통과'로 판단되었을 것이다.

⑤ 2개 영역이 '미통과'로 판단된 정책에 대해서만 전년 대비 2018년도 예산을 감액하는 것으로 기준을 변경하는 경우에는 총 1개의 정책만 감액해야 한다.

난이도 ●○○

301 함께 여행을 가기로 한 진석, 하영, 경호 세 친구는 각각 일정을 나누어 여행계획을 세우기로 했다. 3명 중 자신이 맡은 일정을 계획하지 않은 사람은 거짓을 말하고, 자신이 맡은 일정을 계획한 사람은 진실을 말했다고 할 때, 주어진 〈진술〉을 바탕으로 자신이 맡은 일정을 계획하지 않은 사람을 모두 나열한 것은?

진술

진석: 우리 세 사람 중 거짓말을 하는 사람은 2명 이상이야.
하영: 우리 세 사람 중 거짓말을 하는 사람은 1명 이상이야.
경호: 진석과 하영 중 한 명만 거짓말을 하고 있어.

① 진석 ② 경호 ③ 진석, 하영
④ 진석, 경호 ⑤ 하영, 경호

난이도 ●●○

302 A~F 6명이 먹을 점심으로 햄버거집 메뉴를 주문 받기로 하였다. 주문 목록이 다음의 〈조건〉과 같을 때, 주문 목록이 동일할 수 있는 사람의 조합으로 옳은 것은?

조건

㉠ 햄버거를 주문한 사람은 5명이고 치즈스틱을 주문한 사람은 1명이다.
㉡ 콜라는 3명이 주문했으며, 주문한 사람 중에 D는 없다.
㉢ 감자튀김은 B, D, F만 주문하였다.
㉣ E와 F는 콜라와 치킨 4조각을 주문하였다.
㉤ 6명이 각각 주문한 메뉴는 3가지 이하이며, D는 2가지만 주문하였다.
㉥ 햄버거집 메뉴는 햄버거, 치즈스틱, 콜라, 감자튀김, 치킨 4조각으로 구성되어 있다.

① A와 B ② B와 D ③ C와 F
④ D와 F ⑤ E와 F

기출 12' 5급㉯-인 | 난이도 ●●○

303 **다음 글에 근거할 때, 甲이 내년 1월 1일부터 12월 31일까지 아래 작물(A~D)만을 재배하여 최대로 얻을 수 있는 소득은?**

甲은 각 작물별 재배 기간과 재배 가능 시기를 고려하여 작물 재배 계획을 세우고자 한다. 아래 〈표〉의 네 가지 작물 중 어느 작물이든 재배할 수 있으나, 동시에 두 가지 작물을 재배할 수는 없다. 또한 하나의 작물을 같은 해에 두 번 재배할 수도 없다.

〈표〉 작물 재배 조건

작물	1회 재배 기간	재배 가능 시기	1회 재배로 얻을 수 있는 소득
A	4개월	3월 1일~11월 30일	800만 원
B	5개월	2월 1일~11월 30일	1,000만 원
C	3개월	3월 1일~11월 30일	500만 원
D	3개월	2월 1일~12월 31일	350만 원

① 1,500만 원
② 1,650만 원
③ 1,800만 원
④ 1,850만 원
⑤ 2,150만 원

기출 17' 5급㉑-다 | 난이도 ●○○

304 다음 〈복약설명서〉에 따라 甲이 두 약을 복용할 때 옳은 것은?

복약설명서

가나다정	ABC정
1. 약품명: 가나다정 2. 복용법 및 주의사항 – 식전 15분에 복용하는 것이 가장 좋으나 식전 30분부터 식사 직전까지 복용이 가능합니다. – 식사를 거르게 될 경우에 복용을 거릅니다. – 식이요법과 운동요법을 계속하고, 정기적으로 혈당(혈액 속에 섞여 있는 당분)을 측정해야 합니다. – 야뇨(夜尿)를 피하기 위해 최종 복용시간은 오후 6시까지로 합니다. – 저혈당을 예방하기 위해 사탕 등 혈당을 상승시킬 수 있는 것을 가지고 다닙니다.	1. 약품명: ABC정 2. 복용법 및 주의사항 – 매 식사 도중 또는 식사 직후에 복용합니다. – 복용을 잊은 경우 식사 후 1시간 이내에 생각이 났다면 즉시 약을 복용하도록 합니다. 식사 후 1시간이 초과되었다면 다음 식사에 다음 번 분량만을 복용합니다. – 씹지 말고 그대로 삼켜서 복용합니다. – 정기적인 혈액검사를 통해서 혈중 칼슘, 인의 농도를 확인해야 합니다.

① 식사를 거르게 될 경우 가나다정만 복용한다.
② 두 약을 복용하는 기간 동안 정기적으로 혈액검사를 할 필요는 없다.
③ 저녁식사 전 가나다정을 복용하려면 저녁식사는 늦어도 오후 6시 30분에는 시작해야 한다.
④ ABC정은 식사 중에 다른 음식과 함께 씹어 복용할 수 있다.
⑤ 식사를 30분 동안 한다고 할 때, 두 약의 복용시간은 최대 1시간 30분 차이가 날 수 있다.

기출 17' 5급㉻-다 | 난이도 ●○○

305 다음 글과 〈선거 결과〉를 근거로 판단할 때 옳은 것은?

○○국 의회의원은 총 8명이며, 4개의 선거구에서 한 선거구당 2명씩 선출된다. 선거제도는 다음과 같이 운용된다.

각 정당은 선거구별로 두 명의 후보 이름이 적힌 명부를 작성한다. 유권자는 해당 선거구에서 모든 정당의 후보 중 한 명에게만 1표를 행사하며, 이를 통해 개별 후보자의 득표율이 집계된다.

특정 선거구에서 각 정당의 득표율은 그 정당의 해당 선거구 후보자 2명의 득표율의 합이다. 예를 들어 한 정당의 명부에 있는 두 후보가 각각 30 %, 20 % 득표를 했다면 해당 선거구에서 그 정당의 득표율은 50 %가 된다. 그리고 각 후보의 득표율에 따라 소속 정당 명부에서의 순위(1번, 2번)가 결정된다.

다음으로 선거구별 2개의 의석은 다음과 같이 배분한다. 먼저 해당 선거구에서 득표율 1위 정당의 1번 후보에게 1석이 배분된다. 그리고 만약 1위 정당의 정당 득표율이 2위 정당의 정당 득표율의 2배 이상이라면, 정당 득표율 1위 정당의 2번 후보에게 나머지 1석이 돌아간다. 그러나 1위 정당의 정당 득표율이 2위 정당의 정당 득표율의 2배 미만이라면 정당 득표율 2위 정당의 1번 후보에게 나머지 1석을 배분한다.

〈선거 결과〉

○○국의 의회의원선거 제1~4선거구의 선거 결과를 요약하면 다음과 같다. 수치는 선거구별 득표율(%)이다.

	제1선거구	제2선거구	제3선거구	제4선거구
A정당	41	50	16	39
1번 후보	30	30	12	20
2번 후보	11	20	4	19
B정당	39	30	57	28
1번 후보	22	18	40	26
2번 후보	17	12	17	2
C정당	20	20	27	33
1번 후보	11	11	20	18
2번 후보	9	9	7	15

① A정당은 모든 선거구에서 최소 1석을 차지했다.
② B정당은 모든 선거구에서 최소 1석을 차지했다.
③ C정당 후보가 당선된 곳은 제3선거구이다.
④ 각 선거구마다 최다 득표를 한 후보가 당선되었다.
⑤ 가장 많은 당선자를 낸 정당은 B정당이다.

Day 10 Self Check List

	오답 수	무응답 수	풀이시간(분)
1회독	/ 30	/ 30	/ 60(분)
2회독	/ 30	/ 30	/ 45(분)
3회독	/ 30	/ 30	/ 35(분)

정답 및 해설 305p

독끝 11일차 (306~335)

난이도별 구성

●○○	10문항
●●○	17문항
●●●	3문항

본 문항은 PSAT 상황판단 영역 기출 문항으로 구성되며, 기출 표기에 따른 시험 종류는 아래와 같습니다. (표기 상 맨 끝은 '책형' 입니다.)
㉥ – 민간경력자 일괄채용시험 / ㉻ – 공개경쟁채용시험(행정)

11일차 일일연습

Set ❶

다음 문장을 논리기호로 표현한 것이 맞으면 O, 틀리면 X로 표시하세요.

(1) 나는 요리는 못 하지만 청소는 잘한다. ▶ (나) → {~(요리) ∨ (청소)}
(2) 닭볶음탕을 못한다면, 볶음밥도 못하거나, 라면도 못 끓인다. ▶ ~(닭볶음탕) → {~(볶음밥) ∨ ~(라면)} ⇔ {(볶음밥) ∧ (라면)} → (닭볶음탕)
(3) 한국어와 일본어 중 하나만 할 수 있다면 취업할 수 없다. ▶ {(한국어) ∨ (일본어)} → ~(취업)
(4) 요리를 잘한다고 밥을 할 수 있고, 라면을 끓일 수 있는 건 아니다. ▶ (요리) → ~{(밥) ∧ (라면)} = (요리) → {~(밥) ∧ ~(라면)}

Set ❷

표의 빈 칸에 들어갈 것을 구하시오. (참, 거짓)

a	b	a ∧ b	a → b
거짓	참	거짓	참
(1)	(2)	참	(3)
참	거짓	거짓	(4)
거짓	거짓	거짓	참

Set ❸

아래〈조건〉을 확인 후, 각 질문에 답하시오.

〈조건〉 2명씩 앉을 수 있는 작은 의자 또는 9명씩 앉을 수 있는 긴 의자에 97명이 앉으려 한다. 이때, 작은 의자 또는 긴 의자는 최소 1개 이상은 사용하며, 못 앉는 인원은 없다.

(1) 빈 자리 없이 앉으려면 작은 의자를 최소 몇 개 쓰는가?
(2) 위 (1)의 경우, 긴 의자는 몇 개가 필요한가?
(3) 큰 의자를 최대한 사용하면, 여분 좌석은 몇 자리인가?
(4) 위 (3)의 경우, 긴 의자는 몇 개가 필요한가?

	Set ❶	Set ❷	Set ❸
(1)	X	참	8개
(2)	O	참	9개
(3)	O	참	2자리
(4)	X	거짓	11개

＊참고사항

문장	논리기호	문장	논리기호
p이다.	p	• 어떤 p는 q이다. • p이면서 q이다. • p그리고 q이다.	p ∧ q
p가 아니다.	~p	• p이거나 q이다. • p 또는 q이다.	p ∨ q
• 모든 p는 q이다. • p이면 q이다.	p → q	• 'p또는 q'가 아니다. • p도 아니고 q도 아니다.	~(p ∨ q)

• "⇔" : 필요충분조건 또는 동치를 나타내는 논리기호
• 연언명제 (p ∧ q) : 모두 참일때만 참
• 선언명제 (p ∨ q) : 모두 거짓일 때만 거짓
• 가언명제 (p → q) : 전건이 참, 후건이 거짓일 때만 거짓

	맞은 개수	풀이 시간
Set ❶	/ 4	(초)
Set ❷	/ 4	(초)
Set ❸	/ 4	(초)
합계	/ 12	(초)

*다음의 회독수 별 권장풀이시간에 맞춰 문제풀이 후,
Day 11 끝의 [Self Check List]를 기입하여 부족한 부분을 파악하세요!

권장 풀이 시간

1회독 60 min 2회독 45 min 3회독 35 min

[306~307] L씨는 A, B, C, D의 순서로 인접한 4개의 양식장을 운영한다. 1년차에 양식장 A, B, C에는 각각 광어, 장어, 우럭을 키웠으며 양식장 D에는 아무것도 키우지 않았다. 이 양식장들을 운영할 때 다음과 같은 원칙이 적용된다고 한다. 각 물음에 답하시오.

원칙

㉠ 하나의 양식장에는 한 종류의 어종만 키워야 하며, 키울 수 있는 어종은 광어, 우럭, 장어, 새우, 전복의 다섯 종이다.
㉡ 같은 해에 양식장 두 곳 이상에서 같은 어종을 키우지 못하며, 한 양식장에 같은 어종을 2년 연속으로 키우지도 못한다.
㉢ 아무것도 키우지 않는 양식장이 매년 한 군데 존재하며, 각 양식장에 아무것도 키우지 않는 해(이하 휴식년이라 한다)는 4년 주기로 반복된다.
㉣ 전년도에 장어를 키운 양식장에는 반드시 광어를 키우거나 아무것도 키우지 않아야 하며 A, B, C, D 모두 우럭을 키우지 않은 해의 다음 해에는 반드시 우럭을 키우는 양식장이 있어야 한다.
㉤ 다음 해에는 전년도에 키우지 않았던 어종 중 하나 이상을 반드시 키워야 하며, 광어와 우럭을 인접한 양식장에 키울 수는 없다.

난이도 ●○○

306 내년(2년차)에 아무것도 키우지 않은 양식장이 C라면, 나머지 양식장에 키울 수 있는 어종의 조합으로 옳지 않은 것은?

	A	B	D
①	장어	광어	전복
②	전복	광어	장어
③	전복	광어	새우
④	우럭	광어	새우
⑤	새우	광어	장어

난이도 ●○○

307 양식장 운영 3년차에 아래와 같은 운영 규칙이 추가되었을 때, 다음 중 3년차에 양식장별로 키울 수 있는 어종이 바르게 짝지어진 것은?

> 휴식년 직전연도에 광어를 키웠던 양식장의 경우, 휴식년 바로 다음 해에는 반드시 장어를 키우고, 반대로 휴식년 직전연도에 장어를 키웠던 경우, 휴식년 바로 다음 해에는 반드시 광어를 키워야 수질이 악화되지 않는다. 한편, 2년차에는 우럭을 키우지 않았다.

	A	B	C	D
①	광어	장어	우럭	×
②	광어	×	전복	우럭
③	×	광어	새우	전복
④	광어	새우	×	전복
⑤	광어	장어	×	우럭

기출 16' 5급㉯-6 난이도 ●●●

308 다음 글을 근거로 판단할 때, 〈보기〉에서 옳은 것만을 모두 고르면?

甲과 乙이 '사냥게임'을 한다. 1, 2, 3, 4의 번호가 매겨진 4개의 칸이 아래와 같이 있다.

1	2	3	4

여기에 甲은 네 칸 중 괴물이 위치할 연속된 두 칸을 정하고, 乙은 네 칸 중 화살이 명중할 하나의 칸을 정한다. 甲과 乙은 동시에 자신들이 정한 칸을 말한다. 그 결과 화살이 괴물이 위치하는 칸에 명중하면 乙이 승리하고, 명중하지 않으면 甲이 승리한다.

예를 들면 甲이 [1][2], 乙이 [1] 또는 [2]를 선택한 경우 괴물이 화살에 맞은 것으로 간주하여 乙이 승리한다. 만약 甲이 [1][2], 乙이 [3] 또는 [4]를 선택했다면 괴물이 화살을 피한 것으로 간주하여 甲이 승리한다.

보기

ㄱ. 괴물이 위치할 칸을 甲이 무작위로 정할 경우 乙은 [1] 보다는 [2]를 선택하는 것이 승리할 확률이 높다.

ㄴ. 화살이 명중할 칸을 乙이 무작위로 정할 경우 甲은 [2][3] 보다는 [3][4]를 선택하는 것이 승리할 확률이 높다.

ㄷ. 이 게임에서 甲이 선택할 수 있는 대안은 3개이고 乙이 선택할 수 있는 대안은 4개이므로 乙이 이기는 경우의 수가 더 많다.

① ㄱ ② ㄴ ③ ㄷ

④ ㄱ, ㄴ ⑤ ㄱ, ㄷ

기출 18' 5급㉗-라 | 난이도 ●○○

309 다음 글을 근거로 판단할 때, 甲이 구매하게 될 차량은?

甲은 아내 그리고 자녀 둘과 함께 총 4명이 장거리 이동이 가능하도록 배터리 완전충전시 주행거리가 200 km 이상인 전기자동차 1대를 구매하려고 한다. 구매와 동시에 집 주차장에 배터리 충전기를 설치하려고 하는데, 배터리 충전시간(완속 기준)이 6시간을 초과하지 않으면 완속 충전기를, 6시간을 초과하면 급속 충전기를 설치하려고 한다.

한편 정부는 전기자동차 활성화를 위하여 전기자동차 구매 보조금을 구매와 동시에 지원하고 있는데, 승용차는 2,000만 원, 승합차는 1,000만 원을 지원하고 있다. 승용차 중 경차는 1,000만 원을 추가로 지원한다. 배터리 충전기에 대해서는 완속 충전기에 한하여 구매 및 설치 비용을 구매와 동시에 전액 지원하며, 2,000만 원이 소요되는 급속 충전기의 구매 및 설치 비용은 지원하지 않는다.

이러한 상황을 감안하여 甲은 차량 A~E 중에서 실구매 비용(충전기 구매 및 설치 비용 포함)이 가장 저렴한 차량을 선택하려고 한다. 단, 실구매 비용이 동일할 경우에는 아래의 '점수 계산 방식'에 따라 점수가 가장 높은 차량을 구매하려고 한다.

차량	A	B	C	D	E
최고속도(km/h)	130	100	120	140	120
완전충전시 주행거리(km)	250	200	250	300	300
충전시간(완속 기준)	7시간	5시간	8시간	4시간	5시간
승차 정원	6명	8명	2명	4명	5명
차종	승용	승합	승용(경차)	승용	승용
가격(만 원)	5,000	6,000	4,000	8,000	8,000

• 점수 계산 방식
- 최고속도가 120 km/h 미만일 경우에는 120 km/h를 기준으로 10 km/h가 줄어들 때마다 2점씩 감점
- 승차 정원이 4명을 초과할 경우에는 초과인원 1명당 1점씩 가점

① A　② B　③ C
④ D　⑤ E

기출 18' 5급㉻-라 난이도 ●●○

310 다음 글을 근거로 판단할 때, 평가대상기관(A~D) 중 최종순위 최상위기관과 최하위기관을 고르면?

〈공공시설물 내진보강대책 추진실적 평가기준〉

• 평가요소 및 점수부여

– $\text{내진성능평가지수} = \dfrac{\text{내진성능평가실적건수}}{\text{내진보강대상건수}} \times 100$

– $\text{내진보강공사지수} = \dfrac{\text{내진보강공사실적건수}}{\text{내진보강대상건수}} \times 100$

– 산출된 지수 값에 따른 점수는 아래 표와 같이 부여한다.

구 분	지수 값 최상위 1개 기관	지수 값 중위 2개 기관	지수 값 최하위 1개 기관
내진성능평가점수	5점	3점	1점
내진보강공사점수	5점	3점	1점

• 최종순위 결정

– 내진성능평가점수와 내진보강공사점수의 합이 큰 기관에 높은 순위를 부여한다.

– 합산 점수가 동점인 경우에는 내진보강대상건수가 많은 기관을 높은 순위로 한다.

〈평가대상기관의 실적〉

(단위: 건)

구분	A	B	C	D
내진성능평가실적	82	72	72	83
내진보강공사실적	91	76	81	96
내진보강대상	100	80	90	100

	최상위기관	최하위기관
①	A	B
②	B	C
③	B	D
④	C	D
⑤	D	C

난이도 ●●○

311 철수는 내일 있을 행사의 최종 점검을 위해 하루 동안 가, 나, 다, 라, 마, 바, 사 7개 구역을 점검하려고 한다. 7개 구역은 모두 흡연구역 또는 식사구역 중 하나이고, 점검은 한 번에 한 구역만 실시하며, 점검을 끝낸 구역은 중복해서 점검하지 않는다. 철수가 아래와 같은 조건에 따라 점검을 하고, '마' 구역이 세 번째로 점검을 받았다면, 다음 중 반드시 흡연구역인 곳은?

조건

ㄱ. 식사구역을 2회 이상 연속해서 점검하지 않는다.
ㄴ. '바' 구역을 점검한 후에 '나' 구역과 '라' 구역을 점검한다.
ㄷ. '사' 구역은 '다' 구역보다 먼저 점검 받는다.
ㄹ. '가' 구역은 여섯 번째로 점검 받는다.
ㅁ. '바' 구역보다 먼저 점검하는 구역 중 두 곳은 식사구역이다.

① 가 ② 나 ③ 다
④ 라 ⑤ 마

문항편 11일차 • 문제해결 + 자원관리능력

난이도 ●●○

312 다음 글을 근거로 판단할 때, 〈보기〉에서 최종 투표 결과로 가능한 것을 모두 고르면?

영미네 고등학교는 학교 이전 여부를 학생들의 투표를 통해 결정하고자 한다.

종래의 계획대로 학교를 이전하자는 '원안', 학교 내부만 수리하자는 '수정안', 그대로 두자는 '보존안'의 세 가지 대안 중, 다음과 같은 투표 방식을 통해 하나의 대안을 선택하려고 한다.

투표 방식은 1차 투표와 2차 투표의 2단계로 구성된다. 1차 투표에서는 세 가지 대안 중 임의로 선정된 두 대안을 대상으로 투표를 실시하고, 2차 투표에서는 1차 투표에서 선택된 대안과 1차 투표에 오르지 않은 나머지 대안을 대상으로 최종 투표를 진행한다. 다음은 투표에 참가하는 각 집단의 선호 순위와 구성비율이다.

집단	선호 순위			구성비율(%)
	1	2	3	
가	보존안	수정안	원안	10
나	수정안	원안	보존안	45
다	원안	보존안	수정안	45

※ 구성비율은 전체에서 각 집단이 차지하는 비율을 의미한다.
※ 집단구성원은 동일한 선호 순위를 가지며 선호 순위에 따라 투표한다.
※ 투표율은 100%이고 무효표는 없다고 가정한다.

보기

ㄱ. 원안이 보존안에 대하여 90%의 지지율로 선택된다.
ㄴ. 수정안이 원안에 대하여 55%의 지지율로 선택된다.
ㄷ. 수정안이 보존안에 대하여 55%의 지지율로 선택된다.

① ㄱ ② ㄴ ③ ㄷ
④ ㄱ, ㄴ ⑤ ㄱ, ㄷ

기출 12' 5급㉷-인 | 난이도 ●●○

313 다음은 9개 구역으로 이루어진 〈A지역〉과 그 지역을 구성하는 〈구역 유형별 유권자 수〉이다. A지역을 〈조건〉에 따라 유권자 수가 동일한 3개의 선거구로 나누려고 할 때 가능한 경우의 수는?

〈A지역〉

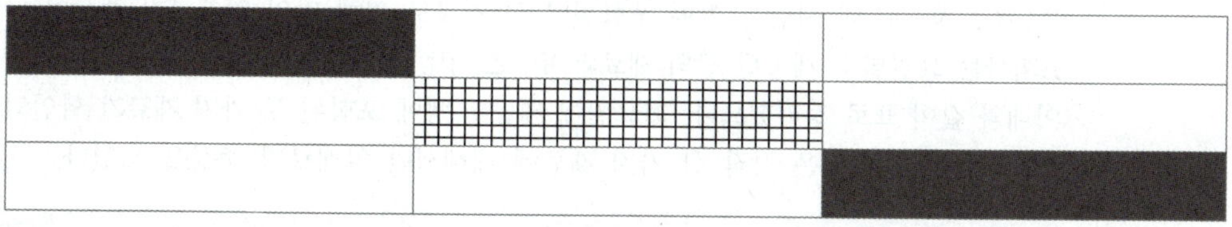

〈구역 유형별 유권자 수〉

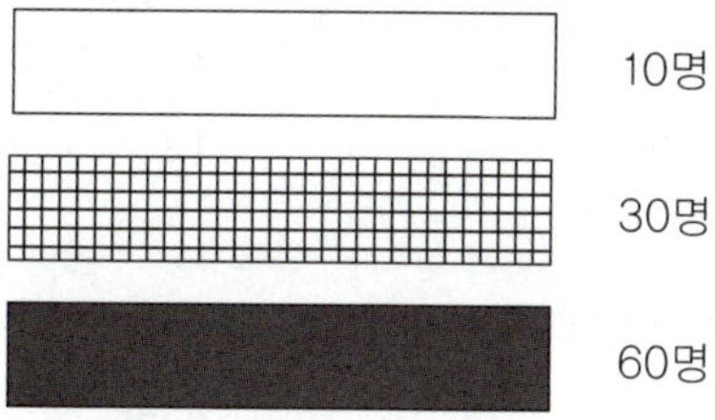

• 조건 •

같은 선거구에 속하는 구역들은 사각형의 한 변이 적어도 그 선거구에 속하는 다른 한 구역의 사각형의 한 변과 맞닿아 있어야 한다.

① 1가지 ② 2가지 ③ 3가지
④ 4가지 ⑤ 5가지

기출 17' 5급㉻-다 | 난이도 ●○○

314 **다음 글을 근거로 판단할 때, 〈보기〉에서 옳은 것만을 모두 고르면? (단, 주어진 조건 외에 다른 조건은 고려하지 않는다.)**

A회사의 모든 직원이 매일 아침 회사에서 요일별로 제공되는 빵을 먹었다. 직원 가운데 甲, 乙, 丙, 丁 네 사람은 빵에 포함된 특정 재료로 인해 당일 알레르기 증상이 나타났다. A회사는 요일별로 제공된 빵의 재료와 甲, 乙, 丙, 丁에게 알레르기 증상이 나타난 요일을 아래와 같이 표로 정리했으나, 화요일에 제공된 빵에 포함된 두 가지 재료가 확인되지 않았다. 甲, 乙, 丙, 丁은 각각 한 가지 재료에 대해서만 알레르기 증상을 보였다.

구분	월	화	수	목	금
재료	밀가루, 우유	밀가루, ?, ?	옥수수가루, 아몬드, 달걀	밀가루, 우유, 달걀	밀가루, 우유, 달걀, 식용유
알레르기 증상 발생자	甲	丁	乙, 丁	甲, 丁	甲, 丙, 丁

※ 알레르기 증상은 발생한 당일 내에 사라진다.

보기

ㄱ. 甲이 알레르기 증상을 보인 것은 밀가루 때문이다.
ㄴ. 甲, 乙, 丙은 서로 다른 재료에 대하여 알레르기 증상을 보였다.
ㄷ. 화요일에 제공된 빵의 확인되지 않은 재료 중 한 가지는 달걀이다.
ㄹ. 만약 화요일에 제공된 빵에 포함된 재료 중 한 가지가 아몬드였다면, 乙의 알레르기 증상은 옥수수가루 때문이다.

① ㄱ, ㄷ ② ㄴ, ㄹ ③ ㄷ, ㄹ
④ ㄱ, ㄴ, ㄹ ⑤ ㄴ, ㄷ, ㄹ

기출 17' 5급㉻-다 난이도 ●○○

315 다음 글을 근거로 판단할 때, 〈보기〉에서 옳은 것만을 모두 고르면?

- 甲과 乙은 다음 그림과 같이 번호가 매겨진 9개의 구역을 점령하는 게임을 한다.

1	2	3
4	5	6
7	8	9

- 게임 시작 전 제비뽑기를 통해 甲은 1구역, 乙은 8구역으로 최초 점령 구역이 정해졌다.
- 甲과 乙은 가위바위보를 해서 이길 때마다, 자신이 이미 점령한 구역에 상하좌우로 변이 접한 구역 중 점령되지 않은 구역 1개를 추가로 점령하여 자신의 구역으로 만든다.
- 만약 가위바위보에서 이겨도 더 이상 자신이 점령할 수 있는 구역이 없으면 이후의 가위바위보는 모두 진 것으로 한다.
- 게임은 모든 구역이 점령될 때까지 계속되며, 더 많은 구역을 점령한 사람이 게임에서 승리한다.
- 甲과 乙은 게임에서 승리하기 위하여 최선의 선택을 한다.

보기

ㄱ. 乙이 첫 번째, 두 번째 가위바위보에서 모두 이기면 게임에서 승리한다.

ㄴ. 甲이 첫 번째, 두 번째 가위바위보를 이겨서 2구역과 5구역을 점령하고, 乙이 세 번째 가위바위보를 이겨서 9구역을 점령하면, 네 번째 가위바위보를 이긴 사람이 게임에서 승리한다.

ㄷ. 甲이 첫 번째, 세 번째 가위바위보를 이겨서 2구역과 4구역을 점령하고, 乙이 두 번째 가위바위보를 이겨서 5구역을 점령하면, 게임의 승자를 결정하기 위해서는 최소 2번 이상의 가위바위보를 해야 한다.

① ㄴ ② ㄷ ③ ㄱ, ㄴ

④ ㄱ, ㄷ ⑤ ㄴ, ㄷ

난이도 ●●○

316 **미영, 예라, 주란, 혁수 4명이 다음의 〈조건〉에 따라 경영학, 정치외교학, 심리학, 언론정보학을 전공한다고 할 때, 항상 옳은 것은?**

조건

㉠ 4명은 각각 적어도 1개의 학문을 전공해야 하며, 최대 3개까지 복수 전공할 수 있다.
㉡ 경영학을 전공하는 사람은 1명, 정치외교학과 심리학을 전공하는 사람은 각각 2명, 언론정보학을 전공하는 사람은 모두 3명이다.
㉢ 미영과 주란 중 1명은 심리학을 전공한다.
㉣ 미영이나 혁수가 전공하는 학문은 주란이 전공하지 않는다.
㉤ 주란이 전공하는 학문은 예라가 전공하지 않는다.
㉥ 미영이 전공하는 학문은 예라도 모두 전공하고 있다.
㉦ 예라가 전공하는 학문 중 미영은 전공하고 있지만 혁수는 전공하지 않는 학문이 있다.

① 혁수는 2개의 학문을 전공한다.
② 주란은 2개의 학문을 전공한다.
③ 혁수는 심리학, 언론정보학을 전공한다.
④ 예라는 정치외교학, 심리학, 언론정보학을 전공한다.
⑤ 미영은 경영학, 정치외교학, 심리학을 전공한다.

난이도 ●●○

317 한 여행사는 다음 제시된 5개의 지역권에 있는 〈우리나라 관광지〉로 전국일주 추천코스 A~E 5가지를 짠다고 할 때, 반드시 참인 것은?

〈우리나라 관광지〉

- 강원권: 춘천 남이섬, 설악산, 강릉 경포대, 대관령 양떼목장, 고성 통일전망대
- 충청권: 단양8경, 태안 안면도, 공주 무령왕릉, 보령 머드축제, 충주호
- 전라권: 전주 한옥마을, 임실 치즈마을, 여수 엑스포해양공원, 보성 녹차밭, 담양 죽농원
- 경상권: 안동 하회마을, 경주 불국사·석굴암, 부산 태종대, 울릉도와 독도, 합천 해인사
- 제주권: 성산일출봉, 비자림·사려니숲길, 우도, 섭지코지, 서귀포 올레시장

보기

㉠ 한 코스에 모든 지역권의 관광지가 하나씩 들어가야 한다.
㉡ 강릉 경포대는 A, 공주 무령왕릉은 B, 전주 한옥마을은 C 코스에 들어가야 한다.
㉢ 단양8경을 가는 코스에는 임실 치즈마을이 들어있고, E코스에는 태안 안면도가 들어있다.
㉣ 춘천 남이섬을 가는 코스에는 보령 머드축제도 있다.
㉤ 충주호는 성산일출봉과 같은 코스에 들어있으며, A 또는 C 코스에 들어있다.
㉥ 우도와 안동 하회마을은 B코스에 들어있고, 담양 죽농원은 A코스에 들어있다.

① 춘천 남이섬은 전주 한옥마을과 같은 코스에 있다.
② 성산일출봉은 보성 녹차밭과 같은 코스에 있다.
③ 공주 무령왕릉은 비자림·사려니숲길과 같은 코스에 있다.
④ 담양 죽농원은 안동 하회마을과 같은 코스에 있다.
⑤ 우도는 단양8경과 같은 코스에 있다.

318 **다음 〈조건〉을 따를 때, 5에 인접한 숫자를 모두 더한 값은? (단, 숫자가 인접한다는 것은 숫자가 쓰인 칸이 인접함을 의미한다.)**

• 조건 •

- 1~10까지의 자연수를 모두 사용하여, 〈숫자판〉의 각 칸에 하나의 자연수를 쓴다. 단, 6과 7은 〈숫자판〉에 쓰여 있다.
- 1은 소수와만 인접한다.
- 2는 모든 홀수와 인접한다.
- 3에 인접한 숫자를 모두 더하면 16이 된다.
- 5는 가장 많은 짝수와 인접한다.
- 10은 어느 짝수와도 인접하지 않는다.

※ 소수: 1과 자신만을 약수로 갖는 자연수

〈숫자판〉

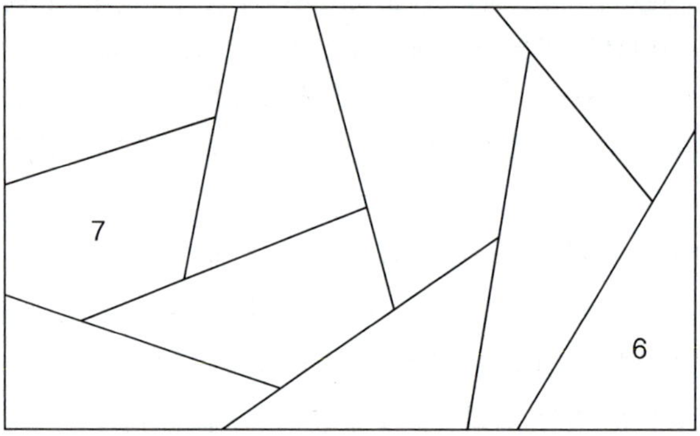

① 22　　② 23　　③ 24
④ 25　　⑤ 26

319 **다음 글을 근거로 판단할 때, 〈보기〉에서 옳은 것만을 모두 고르면?**

- 평가대상기관은 甲, 乙, 丙, 丁 4개 기관이다.
- 평가요소는 국정과제, 규제개혁, 정책성과, 홍보실적 총 4개이다. 평가요소별로 100점을 4개 평가대상기관에 배분하며, 평가대상기관이 받는 평가요소별 최소점수는 3점이다.
- 4개 평가요소의 점수를 기관별로 합산하여 총점이 높은 순서로 평가순위를 매긴다. 평가결과 2위 기관까지 인센티브가 주어진다.
- 4개 기관의 평가 결과는 아래와 같다.

(단위: 점)

기관 \ 평가요소	국정과제	규제개혁	정책성과	홍보실적
甲	30	40	A	25
乙	20	B	30	25
丙	10	C	40	20
丁	40	30	D	30
합계	100	100	100	100

※ 특정 평가요소에 가중치를 n배 줄 경우 해당 평가요소점수는 n배가 된다.

보기

ㄱ. 丙은 인센티브를 받을 수 있다.
ㄴ. B가 27이고 D가 25이상이면 乙이 2위가 된다.
ㄷ. 국정과제에 가중치를 2배 준다면 丁은 인센티브를 받을 수 없다.
ㄹ. 국정과제에 가중치를 3배 준다면 丁은 1위가 된다.

① ㄱ, ㄴ
② ㄱ, ㄹ
③ ㄴ, ㄷ
④ ㄴ, ㄹ
⑤ ㄴ, ㄷ, ㄹ

320 다음 글과 〈선정 방식〉을 근거로 판단할 때, 〈보기〉에서 옳은 것만을 모두 고르면?

△△기업은 3개 신문사(甲~丙)를 대상으로 광고비를 지급하기 위해 3가지 선정 방식을 논의 중이다. 3개 신문사의 정보는 다음과 같다.

신문사	발행부수(부)	유료부수(부)	발행기간(년)
甲	30,000	9,000	5
乙	30,000	11,500	10
丙	20,000	12,000	12

※ 발행부수 = 유료부수 + 무료부수

선정 방식

- 방식 1: 항목별 점수를 합산하여 고득점 순으로 500만 원, 300만 원, 200만 원을 광고비로 지급하되, 80점 미만인 신문사에는 지급하지 않는다.

평가항목	항목별 점수			
발행부수(부)	20,000 이상	15,000~19,999	10,000~14,999	10,000 미만
	50점	40점	30점	20점
유료부수(부)	15,000 이상	10,000~14,999	5,000~9,999	5,000 미만
	30점	25점	20점	15점
발행기간(년)	15 이상	12~14	9~11	6~8
	20점	15점	10점	5점

※ 항목별 점수에 해당하지 않을 경우 해당 항목을 0점으로 처리한다.

- 방식 2: A등급에 400만 원, B등급에 200만 원, C등급에 100만 원을 광고비로 지급하되, 등급별 조건을 모두 충족하는 경우에만 해당 등급을 부여한다.

등급	발행부수(부)	유료부수(부)	발행기간(년)
A	20,000 이상	10,000 이상	10 이상
B	10,000 이상	5,000 이상	5 이상
C	5,000 이상	2,000 이상	2 이상

※ 하나의 신문사가 복수의 등급에 해당할 경우, 그 신문사에게 가장 유리한 등급을 부여한다.

- 방식 3: 1,000만 원을 발행부수 비율에 따라 각 신문사에 광고비로 지급한다.

보기

ㄱ. 乙은 방식 3이 가장 유리하다.
ㄴ. 丙은 방식 1이 가장 유리하다.
ㄷ. 방식 1로 선정할 경우, 甲은 200만 원의 광고비를 지급받는다.
ㄹ. 방식 2로 선정할 경우, 丙은 甲보다 두 배의 광고비를 지급받는다.

① ㄱ, ㄴ ② ㄱ, ㄷ ③ ㄴ, ㄷ
④ ㄴ, ㄹ ⑤ ㄷ, ㄹ

난이도 ●●○

321 ○○부대 간부인 A, B, C, D, E는 월요일에서 금요일까지 일정한 규칙에 따라 당직근무를 한다. 하루에 한 사람만 당직을 서며, A~E 모두가 한 번씩 당직을 선다. 아래에 제시된 조건을 모두 고려하였을 때, 반드시 옳은 것은?

조건

- A는 월요일과 금요일에는 당직을 설 수 없다.
- B는 월요일이나 수요일에 당직을 서야 한다.
- C는 월요일과 화요일에는 당직을 설 수 없다.
- D는 반드시 금요일에 당직을 서야 한다.
- E는 수요일이나 금요일에 당직을 서야 한다.

① B는 수요일에 당직을 선다.
② A는 화요일에 당직을 선다.
③ C는 금요일에 당직을 선다.
④ C는 목요일에 당직을 설 수 없다.
⑤ B는 월요일에 당직을 설 수 없다.

난이도 ●●○

322 기업 A의 인턴 재술이는 매주 기업 A를 제외한 기업 B부터 G까지 〈그림〉의 모든 기업을 한 곳씩 방문하여 인터뷰를 하려고 한다. 재술이는 인터뷰가 끝나는 즉시 다시 기업 A로 돌아와야 하고, 그 다음 주에 다른 기업을 방문한다. 모든 기업에서는 한 번씩만 인터뷰를 하며, 각 기업을 방문할 때 이동 거리를 최소화해야 한다. 여섯 기업의 인터뷰를 마쳤을 때, 〈보기〉의 설명 중 옳은 것을 모두 고르면?

〈그림〉 기업 A~G 및 기업 간 거리

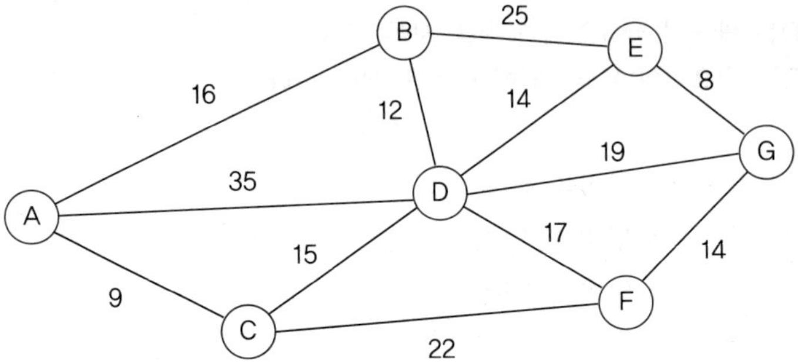

* 기업 간 연결선상의 숫자는 각 기업 간 거리(km)를 의미함.

보기

ㄱ. 재술이가 인터뷰를 하기 위해 6주 동안 이동한 총 거리는 161km이다.
ㄴ. 재술이는 기업 E를 방문할 때, 기업 A를 출발하여 기업 B를 거쳐 도착한다.
ㄷ. 재술이는 기업 G를 방문할 때, 기업 A를 출발하여 기업 C와 D를 순차적으로 거쳐 도착한다.
ㄹ. 재술이가 기업 E를 방문할 때의 이동 거리는 기업 F를 방문할 때의 이동 거리보다 길다.

① ㄱ, ㄴ　② ㄱ, ㄷ　③ ㄴ, ㄷ
④ ㄴ, ㄹ　⑤ ㄷ, ㄹ

기출 12' 5급㉥-인 | 난이도 ●●○

323 甲, 乙, 丙, 丁이 다음과 같은 경기를 하였을 때, 평균속력이 가장 빠른 사람부터 순서대로 나열한 것은?

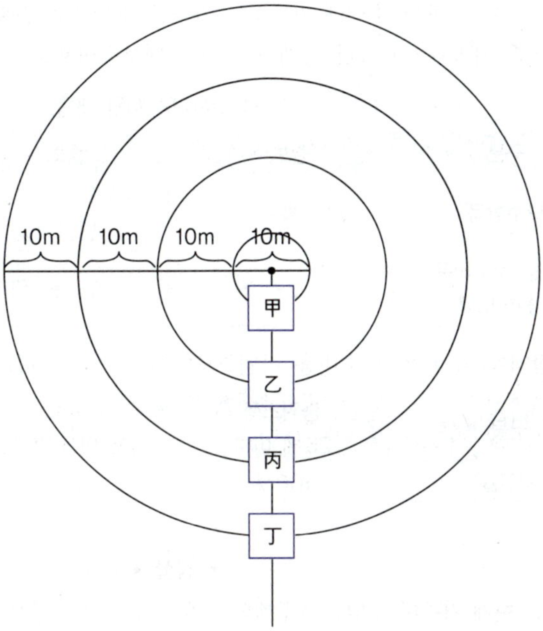

- 甲, 乙, 丙, 丁은 동심원인 위의 그림과 같이 일직선상의 출발선에서 경기를 시작한다.
- 甲, 乙, 丙, 丁은 위의 경기장에서 각자 자신에게 정해진 원 위를 10분 동안 걷는다.
- 甲, 乙, 丙, 丁은 정해진 원 이외의 다른 원으로 넘어갈 수 없다.
- 甲, 乙, 丙, 丁이 10분 동안에 각자 걸었던 거리는 다음과 같다.

甲	乙	丙	丁
7바퀴	5바퀴	3바퀴	1바퀴

① 乙, 丙, 甲, 丁
② 丙, 乙, 丁, 甲
③ 乙 = 丙, 甲 = 丁
④ 甲, 丁 = 乙, 丙
⑤ 甲, 丁, 乙, 丙

기출 17' 5급㉻-다 난이도 ●○○

324 다음 글과 〈상황〉을 근거로 판단할 때, 미란이가 지원받을 수 있는 주택보수비용의 최대 액수는?

• 주택을 소유하고 해당 주택에 거주하는 가구를 대상으로 주택 노후도 평가를 실시하여 그 결과(경·중·대보수)에 따라 아래와 같이 주택보수비용을 지원

〈주택보수비용 지원 내용〉

구분	경보수	중보수	대보수
보수항목	도배 혹은 장판	수도시설 혹은 난방시설	지붕 혹은 기둥
주택당 보수비용 지원한도액	350만 원	650만 원	950만 원

• 소득인정액에 따라 위 보수비용 지원한도액의 80~100 %를 차등지원

구분	중위소득 25 % 미만	중위소득 25 % 이상 35 % 미만	중위소득 35 % 이상 43 % 미만
지원율	100 %	90 %	80 %

• 상황 •

미란이는 현재 거주하고 있는 A주택의 소유자이며, 소득인정액이 중위소득 40 %에 해당한다. A주택의 노후도 평가 결과, 지붕의 수선이 필요한 주택보수비용 지원 대상에 선정되었다.

① 520만 원
② 650만 원
③ 760만 원
④ 855만 원
⑤ 950만 원

기출 17' 5급㉻-다 | 난이도 ●○○

325 **다음 글과 〈상황〉을 근거로 판단할 때, 甲정당과 그 소속 후보자들이 최대로 실시할 수 있는 선거방송 시간의 총합은?**

- △△국 의회는 지역구의원과 비례대표의원으로 구성된다.
- 의회의원 선거에서 정당과 후보자는 선거방송을 실시할 수 있다. 선거방송은 방송광고와 방송연설로 이루어진다.
- 선거운동을 위한 방송광고는 비례대표의원 후보자를 추천한 정당이 방송매체별로 각 15회 이내에서 실시할 수 있으며, 1회 1분을 초과할 수 없다.
- 후보자는 방송연설을 할 수 있다. 비례대표의원 선거에서는 정당별로 비례대표의원 후보자 중에서 선임된 대표 2인이 각각 1회 10분 이내에서 방송매체별로 각 1회 실시할 수 있다. 지역구의원 선거에서는 각 후보자가 1회 10분 이내, 방송매체별로 각 2회 이내에서 실시할 수 있다.

상황

- △△국 방송매체로는 텔레비전 방송사 1개, 라디오 방송사 1개가 있다.
- △△국 甲정당은 의회의원 선거에서 지역구의원 후보 100명을 출마시키고 비례대표의원 후보 10명을 추천하였다.

① 2,070분　② 4,050분　③ 4,070분
④ 4,340분　⑤ 5,225분

난이도 ●●○

326 **어느 건물 외벽 간판에는 간판의 불을 켤 수 있는 7개의 스위치가 있으며. 각각의 스위치는 빨강, 주황, 노랑, 초록, 파랑, 남색, 보라의 7가지 색으로 이루어져 있다. 〈조건〉에 따라 간판의 스위치를 가능한 한 많이 켠다고 할 때, 몇 개의 스위치를 켤 수 있는가?**

조건

㉠ 빨강 스위치를 켜면, 파랑 스위치도 켠다.
㉡ 초록 스위치를 켜면, 보라 스위치는 켜지 않는다.
㉢ 주황 혹은 파랑 스위치를 켜면, 초록 스위치도 켠다.
㉣ 노랑 스위치를 켜지 않으면, 빨강 스위치도 켜지 않는다.
㉤ 남색 스위치를 켜지 않으면, 보라 스위치는 켠다.
㉥ 보라 스위치는 항상 켠다.

① 1개　② 2개　③ 3개
④ 4개　⑤ 5개

난이도 ●●○

327 가랑, 나연, 다솜, 라준, 마진 5명이 어떤 사건의 용의자로 지목되었다. 이들 중 1명이 범인이며, 용의자들은 누가 범인인지 알고 있다. 5명은 각각 두 개 또는 세 개의 진술을 하였는데 각자는 참인 진술을 적어도 하나 이상 말했다고 할 때, 범인은 누구인가?

> 가랑: 나는 범인이 아니다. 다솜이 범인이다.
> 나연: 나와 라준은 범인이 아니다. 라준은 사건현장에 있었다.
> 다솜: 나는 범인이 아니다. 라준은 사건현장에 있지 않았다. 라준은 범인이 아니다.
> 라준: 나는 사건현장에 있지 않았다. 가랑 또는 다솜이 범인이다.
> 마진: 나와 라준이는 사건현장에 있었다. 나연이 범인이다.

① 가랑 ② 나연 ③ 다솜
④ 라준 ⑤ 마진

기출 13' 5급㉻-재 | 난이도 ●●●

328 7명의 여행자(A~G)가 5인승 승용차 3대에 나눠 타고 여행을 떠난다. 다음 〈여행자 특성〉과 〈원칙〉을 선택적으로 적용할 때 옳지 않은 것은?

〈여행자 특성〉

	나이	성별	면허보유기간	운전기간	키
A	33	남	4년	4년	큼
B	32	남	7년	7년	큼
C	30	남	5년	0년	작음
D	28	남	3년	3년	작음
E	26	여	5년	2년	큼
F	31	여	8년	3년	큼
G	25	남	1년	1년	작음

• 원칙 •

ㄱ. 운전자는 운전기간이 긴 사람을 우선으로 선택한다.
ㄴ. 모든 차량의 앞쪽 좌석에는 키 큰 사람이 1명 이상 승차한다.
ㄷ. 다른 성별끼리 같은 차량에 타지 않는다.
ㄹ. 여성이 운전하는 차량이 1대 이상이 되도록 한다.
ㅁ. 운전자는 면허보유기간이 긴 사람을 우선으로 선택한다.
ㅂ. 운전자만 승차하는 차량이 존재한다.
ㅅ. 여성이 탄 차량에는 반드시 남성 두 명이 타도록 한다.
ㅇ. 앞쪽 좌석에는 운전자만 승차한다.

① ㄱ→ㄹ→ㄷ→ㅂ의 순서로 원칙을 적용하는 경우 C, D, G는 같은 차량에 승차한다.
② ㄱ→ㄷ의 순서로 원칙을 적용하는 경우 F가 운전하게 된다.
③ ㄹ→ㅅ→ㅂ의 순서로 원칙을 적용하는 경우 남성 운전자 혼자 타는 차량이 존재한다.
④ ㄷ 원칙을 우선 적용하면, ㄱ과 ㅁ 중 어떤 원칙이 적용되어도 F가 운전하는 차량이 존재한다.
⑤ ㅁ→ㅇ→ㄴ→ㅅ의 순서로 원칙을 적용하는 경우 F의 차량에는 4명이 승차한다.

기출 18' 5급㉻-라 난이도 ●●○

329 다음 〈상황〉을 근거로 판단할 때, 〈대안〉의 월 소요 예산 규모를 비교한 것으로 옳은 것은?

상황

- 甲사무관은 빈곤과 저출산 문제를 해결하기 위한 대안을 분석 중이다.
- 전체 1,500가구는 자녀 수에 따라 네 가지 유형으로 구분할 수 있는데, 그 구성은 무자녀 가구 300가구, 한 자녀 가구 600가구, 두 자녀 가구 500가구, 세 자녀 이상 가구 100가구이다.
- 전체 가구의 월 평균 소득은 200만 원이다.
- 각 가구 유형의 30 %는 맞벌이 가구이다.
- 각 가구 유형의 20 %는 빈곤 가구이다.

대안

A안: 모든 빈곤 가구에게 전체 가구 월 평균 소득의 25 %에 해당하는 금액을 가구당 매월 지급한다.

B안: 한 자녀 가구에는 10만 원, 두 자녀 가구에는 20만 원, 세 자녀 이상 가구에는 30만 원을 가구당 매월 지급한다.

C안: 자녀가 있는 모든 맞벌이 가구에 자녀 1명당 30만 원을 매월 지급한다. 다만 세 자녀 이상의 맞벌이 가구에는 일률적으로 가구당 100만 원을 매월 지급한다.

① A < B < C

② A < C < B

③ B < A < C

④ B < C < A

⑤ C < A < B

기출 17' 5급㉻-다 난이도 ●○○

330 **다음 글을 근거로 판단할 때, A팀이 최종적으로 선택하게 될 이동수단의 종류와 그 비용으로 옳게 짝지은 것은?**

4명으로 구성된 A팀은 해외출장을 계획하고 있다. A팀은 출장지에서의 이동수단 한 가지를 결정하려 한다. 이 때 A팀은 경제성, 용이성, 안전성의 총 3가지 요소를 고려하여 최종점수가 가장 높은 이동수단을 선택한다.

- 각 고려요소의 평가결과 '상' 등급을 받으면 3점을, '중' 등급을 받으면 2점을, '하' 등급을 받으면 1점을 부여한다. 단, 안전성을 중시하여 안전성 점수는 2배로 계산한다. (예: 안전성 '하' 등급 2점)
- 경제성은 각 이동수단별 최소비용이 적은 것부터 상, 중, 하로 평가한다.
- 각 고려요소의 평가점수를 합하여 최종점수를 구한다.

〈이동수단별 평가표〉

이동수단	경제성	용이성	안전성
렌터카	?	상	하
택시	?	중	중
대중교통	?	하	중

〈이동수단별 비용계산식〉

이동수단	비용계산식
렌터카	(렌트비 + 유류비)×이용 일수 – 렌트비 = $ 50/1일(4인승 차량) – 유류비 = $ 10/1일(4인승 차량)
택시	거리 당 가격($ 1/1마일) × 이동거리(마일) – 최대 4명까지 탑승가능
대중교통	대중교통패스 3일권($ 40/1인) × 인원수

〈해외출장 일정〉

출장 일정	이동거리(마일)
11월 1일	100
11월 2일	50
11월 3일	50

	이동수단	비용
①	렌터카	$ 180
②	택시	$ 200
③	택시	$ 400
④	대중교통	$ 140
⑤	대중교통	$ 160

난이도 ●●○

331 가민, 나민, 다민 3명은 각자 전공을 2가지씩 가지고 있으며, 이들이 가질 수 있는 전공은 총 6가지(경영학, 회계학, 재무학, 경제학, 물리학, 행정학)로 한정된다. 아래에 제시된 조건을 모두 고려하였을 때, 다민의 전공은? (단, 서로의 전공은 중복되지 않는다.)

조건

- 경영학 전공자는 재무학 전공자로부터 과외를 받았다.
- 행정학 전공자, 물리학 전공자, 가민 세 명은 같은 아파트에 산다.
- 나민은 물리학 전공자로부터 생일 선물을 받았다.
- 나민과 다민, 그리고 경영학 전공자는 같은 회사에 근무한다.
- 행정학 전공자는 경제학 전공자와 어제 만났다.
- 경제학 전공자는 경영학 전공자의 부모님과 아는 사이이다.

① 회계학, 물리학　② 행정학, 재무학　③ 경제학, 물리학
④ 회계학, 재무학　⑤ 물리학, 행정학

난이도 ●●○

332 다음 글에 따라 간호사들의 첫 당직시간 배정 후 두 번의 재배정을 한 결과, 승환이는 18시~24시까지 근무하는 중이다. 다음 중 당직 중인 간호사와 최종 배정된 당직시간을 바르게 연결한 것은?

어떤 병원 응급실에서는 24시간 응급환자를 진료하기 위해 4명의 간호사를 두고 6시간씩 당직을 서기로 하였다. 당직을 서기로 한 간호사는 두 명의 여자 간호사 수현과 주아, 그리고 두 명의 남자 간호사 승환과 재협이다. 처음 4일 동안 수현은 00시~06시, 승환은 06시~12시, 주아는 12시~18시, 재협은 18시~24시에 각각 당직으로 근무했다. 그 후 두 번의 당직 시간 재배정을 통해서 간호사들은 다른 시간대에도 근무하는 중이다. 당직시간을 재배정 할 때마다 아래의 세 가지 원칙 중 한 가지만 적용되었고, 한 번 적용된 원칙은 다시 적용되지 않았다.

[원칙1] 00시~06시에 근무한 간호사와 06시~12시에 근무한 간호사를 서로 교체하고, 12시~18시에 근무한 간호사와 18시~24시에 근무한 간호사를 서로 교체한다.
[원칙2] 06시~12시에 근무한 간호사와 18시~24시에 근무한 간호사만 서로 교체한다.
[원칙3] 여자 간호사만 서로 교체한다.

① 수현 - 00시~06시　② 주아 - 12시~18시
③ 수현 - 18시~24시　④ 재협 - 12시~18시
⑤ 재협 - 06시~12시

333 다음 글을 근거로 판단할 때, 〈보기〉에서 옳은 것을 모두 고르면?

- 첫차는 06:00에 출발하며, 24:00 이내에 모든 버스가 운행을 마치고 종착지에 들어온다.
- 버스의 출발지와 종착지는 같고 한 방향으로만 운행되며, 한 대의 버스가 1회 운행하는 데 소요되는 총 시간은 2시간이다. 이 때 교통체증 등의 도로사정은 고려하지 않는다.
- 출발지를 기준으로 시간대별 배차 간격은 아래와 같다. 예를 들면 평일의 경우 버스 출발지를 기준으로 한 버스 출발 시간은 …, 11:40, 12:00, 12:30, … 순이다.

구분	A시간대 (06 : 00~12 : 00)	B시간대 (12 : 00~14 : 00)	C시간대 (14 : 00~24 : 00)
평일	20분	30분	40분
토요일	30분	40분	60분
일요일(공휴일)	40분	60분	75분

보기

ㄱ. 공휴일인 어린이날에는 출발지에서 13 : 00에 버스가 출발한다.
ㄴ. 막차는 출발지에서 반드시 22 : 00 이전에 출발한다.
ㄷ. 일요일에 막차가 종착지에 도착하는 시간은 23 : 20이다.
ㄹ. 출발지에서 09 : 30에 버스가 출발한다면, 이 날은 토요일이다.

① ㄱ, ㄴ
② ㄱ, ㄷ
③ ㄷ, ㄹ
④ ㄱ, ㄴ, ㄹ
⑤ ㄴ, ㄷ, ㄹ

기출 17' 5급㉻-다 난이도 ●○○

334 **다음 글과 〈설립위치 선정 기준〉을 근거로 판단할 때, A사가 서비스센터를 설립하는 방식과 위치로 옳은 것은?**

- 휴대폰 제조사 A는 B국에 고객서비스를 제공하기 위해 1개의 서비스센터 설립을 추진하려고 한다.
- 설립방식에는 (가)방식과 (나)방식이 있다.
- A사는 {(고객만족도 효과의 현재가치) − (비용의 현재가치)}의 값이 큰 방식을 선택한다.
- 비용에는 규제비용과 로열티비용이 있다.

구분		(가)방식	(나)방식
고객만족도 효과의 현재가치		5억 원	4.5억 원
비용의 현재 가치	규제 비용	3억 원 (설립 당해년도만 발생)	없음
	로열티 비용	없음	• 3년간 로열티비용을 지불함 • 로열티비용의 현재가치 환산액: 설립 당해년도는 2억 원, 그 다음 해부터는 직전 년도 로열티비용의 1/2씩 감액한 금액

※ 고객만족도 효과의 현재가치는 설립 당해년도를 기준으로 산정된 결과이다.

〈설립위치 선정 기준〉

- 설립위치로 B국의 甲, 乙, 丙 3곳을 검토 중이며, 각 위치의 특성은 다음과 같다.

위치	유동인구(만 명)	20~30대 비율(%)	교통혼잡성
甲	80	75	3
乙	100	50	1
丙	75	60	2

- A사는 {(유동인구) × (20~30대 비율)/(교통혼잡성)} 값이 큰 곳을 선정한다. 다만 A사는 제품의 특성을 고려하여 20~30대 비율이 50% 이하인 지역은 선정대상에서 제외한다.

	설립방식	설립위치
①	(가)	甲
②	(가)	丙
③	(나)	甲
④	(나)	乙
⑤	(나)	丙

기출 18' 5급(행)-라 | 난이도 ●○○

335 다음 〈조건〉을 근거로 판단할 때, 〈보기〉에서 옳은 것만을 모두 고르면?

조건

- 인공지능 컴퓨터와 매번 대결할 때마다, 甲은 A, B, C 전략 중 하나를 선택할 수 있다.
- 인공지능 컴퓨터는 대결을 거듭할수록 학습을 통해 각각의 전략에 대응하므로, 동일한 전략을 사용할수록 甲이 승리할 확률은 하락한다.
- 각각의 전략을 사용한 횟수에 따라 각 대결에서 甲이 승리할 확률은 아래와 같고, 甲도 그 사실을 알고 있다.

〈전략별 사용횟수에 따른 甲의 승률〉

(단위: %)

전략별 사용횟수 / 전략종류	1회	2회	3회	4회
A전략	60	50	40	0
B전략	70	30	20	0
C전략	90	40	10	0

보기

ㄱ. 甲이 총 3번의 대결을 하면서 각 대결에서 승리할 확률이 가장 높은 전략부터 순서대로 선택한다면, 3가지 전략을 각각 1회씩 사용해야 한다.
ㄴ. 甲이 총 5번의 대결을 하면서 각 대결에서 승리할 확률이 가장 높은 전략부터 순서대로 선택한다면, 5번째 대결에서는 B전략을 사용해야 한다.
ㄷ. 甲이 1개의 전략만을 사용하여 총 3번의 대결을 하면서 3번 모두 승리할 확률을 가장 높이려면, A전략을 선택해야 한다.
ㄹ. 甲이 1개의 전략만을 사용하여 총 2번의 대결을 하면서 2번 모두 패배할 확률을 가장 낮추려면, A전략을 선택해야 한다.

① ㄱ, ㄴ
② ㄱ, ㄷ
③ ㄴ, ㄹ
④ ㄱ, ㄷ, ㄹ
⑤ ㄴ, ㄷ, ㄹ

Day 11 Self Check List

	오답 수	무응답 수	풀이시간(분)
1회독	/ 30	/ 30	/ 60(분)
2회독	/ 30	/ 30	/ 45(분)
3회독	/ 30	/ 30	/ 35(분)

정답 및 해설 333p

독끝 12일차 (336~365)

난이도별 구성

●○○	8문항
●●○	19문항
●●●	3문항

본 문항은 PSAT 상황판단 영역 기출 문항으로 구성되며, 기출 표기에 따른 시험 종류는 아래와 같습니다. (표기 상 맨 끝은 '책형' 입니다.)
㉤ – 민간경력자 일괄채용시험 / ㉹ – 공개경쟁채용시험(행정)

12일차 일일연습

Set ❶

다음 문장을 논리기호로 표현한 것이 맞으면 O, 틀리면 X로 표시하세요.

(1) 경영학을 좋아하지 않으면, 군사학은 좋아한다. ▶ ~(경제학) → (군사학) ⇔ ~(군사학) → (경제학)
(2) A는 심리학자 이면서 철학자이다. ▶ A → {(심리학자) ∧ (철학자)} ⇔ ~{(심리학자) ∧ (철학자)} → ~A
(3) 예선을 통과하지 못해야 패자부활전에 오른다. ▶ ~(예선통과) → (패자부활전) ⇔ (패자부활전) → (예선통과)
(4) 병이 소방관이 아니거나 을이 경찰관이다. ▶ {(병) → ~(소방관)} ∧ {(을) → (경찰관)}

Set ❷

표의 빈 칸에 들어갈 것을 구하시오. (참, 거짓)

a	b	a ∨ b	b → a
거짓	거짓	(1)	참
참	거짓	참	(2)
거짓	참	(3)	거짓
참	참	참	(4)

Set ❸

아래〈조건〉을 확인 후, 각 질문에 답하시오.

〈조건〉 4~13까지 숫자 버튼으로 구성된 자물쇠가 있다. 자물쇠의 안전성은 자물쇠를 풀기 위해 가능한 비밀번호의 경우의 수가 많을수록 높아진다.

(1) 버튼을 누르는 순서와 상관없을 때, 자물쇠의 안전성을 극대화하는 비밀번호 자리 수는?
(2) 위 (1)의 경우, 비밀번호 경우의 수는?
(3) 버튼을 누르는 순서까지 고려될 때, 위 (1)의 경우보다 자물쇠의 안전성이 높아지는 건 비밀번호를 몇 자리로 설정할 때부터인가?
(4) 위 (3)의 경우, 비밀번호 경우의 수는?

	Set ❶	Set ❷	Set ❸
(1)	O	거짓	5자리
(2)	O	참	252가지
(3)	X	참	3자리
(4)	X	참	720자리

	맞은 개수	풀이 시간
Set ❶	/ 4	(초)
Set ❷	/ 4	(초)
Set ❸	/ 4	(초)
합계	/ 12	(초)

＊참고사항

문장	논리기호	문장	논리기호
p이다.	p	• 어떤 p는 q이다. • p이면서 q이다. • p그리고 q이다.	p ∧ q
p가 아니다.	~p	• p이거나 q이다. • p 또는 q이다.	p ∨ q
• 모든 p는 q이다. • p이면 q이다.	p → q	• 'p또는 q'가 아니다. • p도 아니고 q도 아니다.	~(p ∨ q)

- "⇔" : 필요충분조건 또는 동치를 나타내는 논리기호
- 연언명제 (p ∧ q) : 모두 참일때만 참
- 선언명제 (p ∨ q) : 모두 거짓일 때만 거짓
- 가언명제 (p → q) : 전건이 참, 후건이 거짓일 때만 거짓

* 다음의 회독수 별 권장풀이시간에 맞춰 문제풀이 후,
Day 12 끝의 [Self Check List]를 기입하여 부족한 부분을 파악하세요!

권장 풀이 시간
1회독 60 min 2회독 45 min 3회독 35 min

[336~337] 다음은 대학생 1,000 명을 대상으로 취업 직업군 6곳에 대한 2018년, 2019년 선호도를 조사한 결과와 2년간 선호도 변화 양상을 나타낸 자료이다. 이를 토대로 다음의 물음에 답하시오.

〈표〉 대학생 취업 선호도 조사결과

(단위: %)

구분	2018년	2019년
자영업	8.6	8.8
국가기관	?	24.3
전문직기업	9.9	12.5
외국계기업	12.6	12.4
대기업	15.2	13.2
공기업	?	28.8
계	100	100

※ 조사는 2018년과 2019년에 각 1번씩 천 명의 동일한 응답자를 대상으로 진행하였으며, 무응답자는 없음.
※ 응답자는 6곳 중 자신이 가장 선호하는 직업군 1곳만 선택함

〈그림〉 2018년 대비 2019년 응답자의 직업군 선호도 변화

(단위: 명)

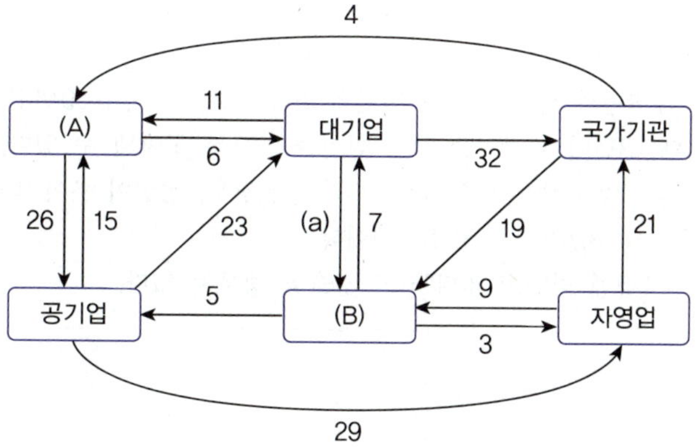

난이도 ●●○

336 제시된 자료에 따라 (A)에 들어갈 직업군과 (a)에 들어갈 인원 수를 바르게 나열한 것은?

	(A)	(a)
①	전문직기업	13
②	전문직기업	14
③	전문직기업	15
④	외국계기업	13
⑤	외국계기업	14

난이도 ●●○

337 대학생 취업 선호도 조사 결과에 따라 2019년의 선호도가 2018년에 비해 가장 많이 감소한 직업군을 중심으로 보안정책을 마련하고자 할 때, 대상 직업군으로 가장 적절한 것은?

① 자영업 ② 국가기관 ③ 외국계기업
④ 대기업 ⑤ 공기업

기출 16' 5급㉻-5 난이도 ●●●

338 다음 글을 근거로 판단할 때, 〈보기〉에서 옳은 것만을 모두 고르면?

- 9명의 참가자는 1번부터 9번까지의 번호 중 하나를 부여 받고, 동시에 제비를 뽑아 3명은 범인, 6명은 시민이 된다.
- '1번의 오른쪽은 2번, 2번의 오른쪽은 3번, …, 8번의 오른쪽은 9번, 9번의 오른쪽은 1번'과 같이 번호 순서대로 동그랗게 앉는다.
- 참가자는 본인과 바로 양 옆에 앉은 사람이 범인인지 시민인지 알 수 있다.
- "옆에 범인이 있다"라는 말은 바로 양 옆에 앉은 2명 중 1명 혹은 2명이 범인이라는 뜻이다.
- "옆에 범인이 없다"라는 말은 바로 양 옆에 앉은 2명 모두 범인이 아니라는 뜻이다.
- 범인은 거짓말만 하고, 시민은 참말만 한다.

보기

ㄱ. 1, 4, 6, 7, 8번의 진술이 "옆에 범인이 있다"이고, 2, 3, 5, 9번의 진술이 "옆에 범인이 없다"일 때, 8번이 시민임을 알면 범인들을 모두 찾아낼 수 있다.
ㄴ. 만약 모두가 "옆에 범인이 있다"라고 진술한 경우, 범인이 부여 받은 번호의 조합은 (1, 4, 7) /(2, 5, 8)/(3, 6, 9) 3가지이다.
ㄷ. 한 명만이 "옆에 범인이 없다"라고 진술할 경우는 없다.

① ㄴ ② ㄷ ③ ㄱ, ㄴ
④ ㄱ, ㄷ ⑤ ㄱ, ㄴ, ㄷ

기출 17' 5급㉻-다 난이도 ●●●

339 **다음 글과 〈표〉를 근거로 판단할 때, 〈보기〉에서 옳은 것만을 모두 고르면?**

- 수현과 혜연은 결혼을 준비하는 예비부부이고, 결혼까지 준비해야 할 항목이 7가지 있다.
- 결혼 당사자인 수현과 혜연은 준비해야 할 항목들에 대해 선호를 가지고 있으며, 양가 부모 또한 선호를 가지고 있다. 이 때 '선호도'가 높을수록 우선순위가 높다.
- '선호도'는 '투입 대비 만족도'로 산출한다.
- '종합 선호도'는 각 항목별로 다음과 같이 산출한다.

$$\text{종합 선호도} = \frac{\{(\text{결혼 당사자의 만족도}) + (\text{양가 부모의 만족도})\}}{\{(\text{결혼 당사자의 투입}) + (\text{양가 부모의 투입})\}}$$

〈표〉

항목	결혼 당사자		양가 부모	
	만족도	투입	만족도	투입
예물	60	40	40	40
예단	60	60	80	40
폐백	40	40	30	20
스튜디오 촬영	90	50	10	10
신혼여행	120	60	20	40
예식장	50	50	100	50
신혼집	300	100	300	100

보기

ㄱ. 결혼 당사자와 양가 부모의 종합 선호도에 따른 우선순위 상위 3가지에는 '스튜디오 촬영'과 '신혼집'이 모두 포함된다.
ㄴ. 결혼 당사자의 우선순위 상위 3가지와 양가 부모의 우선순위 상위 3가지 중 일치하는 항목은 '신혼집'이다.
ㄷ. '예물'과 '폐백' 모두 결혼 당사자의 선호도보다 양가 부모의 선호도가 더 높다.
ㄹ. 양가 부모에게 우선순위가 가장 낮은 항목은 '스튜디오 촬영'이다.

① ㄱ, ㄴ
② ㄴ, ㄷ
③ ㄷ, ㄹ
④ ㄱ, ㄴ, ㄹ
⑤ ㄱ, ㄷ, ㄹ

기출 17' 5급㉻-다 난이도 ●●●

340 다음 〈조건〉과 〈표〉를 근거로 판단할 때, 화령이가 만들 수 있는 도시락으로 옳은 것은?

조건

- 화령이는 아래 〈표〉의 3종류(탄수화물, 단백질, 채소)를 모두 넣어서 도시락을 만들려고 한다.
- 열량은 500 kcal 이하, 재료비는 3,000원 이하로 한다. (단, 양념은 집에 있는 것을 사용하여 추가 재료비가 들지 않는다)
- 도시락 반찬은 다음의 재료를 사용하여 만든다.
  - 두부구이: 두부 100 g, 올리브유 10 ml, 간장 10 ml
  - 닭불고기: 닭가슴살 100 g, 양파 1개, 올리브유 10 ml, 고추장 15 g, 설탕 5 g
  - 돼지불고기: 돼지고기 100 g, 양파 1개, 올리브유 10 ml, 간장 15 ml, 설탕 10 g
- 도시락 반찬의 열량은 재료 열량의 합이다.

〈표〉

종류	품목	양	가격(원)	열량(kcal)
탄수화물	현미밥	100 g	600	150
	통밀빵	100 g	850	100
	고구마	1개	500	128
단백질	돼지고기	100 g	800	223
	닭가슴살	100 g	1,500	109
	두부	100 g	1,600	100
	우유	100 ml	450	50
채소	어린잎	100 g	2,000	25
	상추	100 g	700	11
	토마토	1개	700	14
	양파	1개	500	20
양념	올리브유	10 ml	–	80
	고추장	15 g	–	30
	간장	30 ml	–	15
	설탕	5 g	–	20

① 현미밥 200 g, 닭불고기
② 돼지불고기, 상추 100 g
③ 현미밥 300 g, 두부구이
④ 통밀빵 100 g, 돼지불고기
⑤ 고구마 2개, 우유 200 ml, 토마토 2개

난이도 ●●○

341 **○○편의점의 물건이 도난당하는 사건이 발생했다. 범인은 이날 근무했던 4명의 직원 甲, 乙, 丙, 丁 중 1명이다. 직원들의 진술은 아래와 같으며, 4명의 직원 중 3명은 진실만을 말하고, 1명만이 거짓이 포함된 말을 하고 있다. 다음 중 참인 진술은?**

> 甲: 나는 훔치지 않았다. 乙도 훔치지 않았다. 丙이 훔쳤다
> 乙: 나는 훔치지 않았다. 丙도 훔치지 않았다. 丁도 훔치지 않았다.
> 丙: 나는 훔치지 않았다. 丁도 훔치지 않았다. 甲이 훔쳤다.
> 丁: 나는 훔치지 않았다. 乙도 훔치지 않았다. 丙도 훔치지 않았다.

① 甲은 물건을 훔치지 않았다.
② 乙은 물건을 훔쳤다.
③ 丙은 물건을 훔치지 않았다.
④ 乙과 丁 중 한 명은 거짓이 포함된 말을 했고, 한 명은 진실을 말했다.
⑤ 丁은 거짓이 포함된 말을 하고 있다.

난이도 ●●○

342 **다음은 ○○회사에서 제작한 A제품을 납품하는 K씨의 상황을 가정한 글이다. K씨가 이윤 극대화를 추구할 때, 〈보기〉 중 K씨가 취할 행동으로 옳지 않은 것은?**
(단, 손실이 발생할 경우, A제품을 납품하지 않는다.)

> ○○회사에서 제작한 A제품은 특허로 등록되어 있으며, 이 제품의 납품을 원하는 B, C 기업이 있다.
> K씨는 납품 시 이윤이 더 높은 기업에게 A제품을 납품하려고 한다.
> ○○회사에서 A제품 1개의 생산비용은 20,000원이다. ○○회사에서 B기업까지의 거리는 50km이고, 운송수단으로는 1톤 트럭만 가능하며, 제품 1개당 운송비는 200원/km이다.
> ○○회사에서 C기업까지의 거리는 80km이고, 운송수단은 10톤 트럭만 가능하며, 제품 1개당 운송비는 300원/km이다.
> 운송수단의 차이에 따른 추가비용은 발생하지 않고, 아직 제작된 A제품은 하나도 없으며, 두 기업에 A제품을 납품함으로 인한 다른 모든 조건은 동일하다고 가정한다.

보기

ㄱ. A제품 1개의 가격이 50,000원일 경우 제품을 제작하여 B기업에 납품할 것이다.
ㄴ. 10톤 트럭의 운송비는 변하지 않고, 1톤 트럭의 운송비만 100원/km으로 감소하면, 제품 1개의 가격이 30,000원일 경우에도 제품을 제작하여 B기업에 납품할 것이다.
ㄷ. 1톤 트럭의 운송비는 변하지 않고, 10톤 트럭의 운송비가 100원/km로 감소하면, 제품 1개당 가격이 30,000원일 경우라도 제품을 제작하여 B기업에 납품할 것이다.
ㄹ. 제품 1개의 가격이 25,000원일 경우 제품을 제작하여 B기업에 납품할 것이다.

① ㄱ, ㄴ　② ㄱ, ㄷ　③ ㄴ, ㄷ
④ ㄴ, ㄹ　⑤ ㄷ, ㄹ

기출 12' 5급㉯-인 난이도 ●●○

343 **5명(A~E)이 다음 규칙에 따라 게임을 하고 있다. 4→1→1의 순서로 숫자가 호명되어 게임이 진행되었다면 네 번째 술래는?**

- A→B→C→D→E 순으로 반시계방향으로 동그랗게 앉아있다.
- 한 명의 술래를 기준으로, 술래는 항상 숫자 3을 배정받고, 반시계방향으로 술래 다음 사람이 숫자 4를, 그 다음 사람이 숫자 5를, 술래 이전 사람이 숫자 2를, 그 이전 사람이 숫자 1을 배정받는다.
- 술래는 1~5의 숫자 중 하나를 호명하고, 호명된 숫자에 해당하는 사람이 다음 술래가 된다. 새로운 술래를 기준으로 다시 위의 조건에 따라 숫자가 배정되며 게임이 반복된다.
- 첫 번째 술래는 A다.

① A ② B ③ C
④ D ⑤ E

기출 18' 5급㉻-라 난이도 ●○○

344 **다음 글을 근거로 판단할 때, 선수 A와 B의 '합계점수'를 더하면?**

스키점프는 스키를 타고 급경사면을 내려오다가 도약대에서 점프하여 날아가 착지하는 스포츠로, 착지의 기준점을 뜻하는 K점에 따라 경기 종목이 구분된다. 도약대로부터 K점까지의 거리가 75 m 이상 99 m 이하이면 '노멀힐', 100 m 이상이면 '라지힐' 경기이다. 예를 들어 '노멀힐 K-98'의 경우 도약대로부터 K점까지의 거리가 98 m인 노멀힐 경기를 뜻한다.

출전선수의 점수는 '거리점수'와 '자세점수'를 합산하여 결정되며, 이를 '합계점수'라 한다. 거리점수는 도약대로부터 K점을 초과한 비행거리 1 m당 노멀힐의 경우 2점이, 라지힐의 경우 1.8점이 기본점수 60점에 가산된다. 반면 K점에 미달하는 비행거리 1 m당 가산점과 같은 점수가 기본점수에서 차감된다. 자세점수는 날아가는 동안의 자세, 균형 등을 고려하여 5명의 심판이 각각 20점 만점을 기준으로 채점하며, 심판들이 매긴 점수 중 가장 높은 것과 가장 낮은 것을 각각 하나씩 제외한 나머지를 합산한 점수이다.

다음은 선수 A와 B의 경기 결과이다.

〈경기 결과〉

출전종목	선수	비행거리(m)	자세점수(점)				
			심판1	심판2	심판3	심판4	심판5
노멀힐 K-98	A	100	17	16	17	19	17
라지힐 K-125	B	123	19	17	20	19.5	17.5

① 226.6 ② 227 ③ 227.4
④ 364 ⑤ 364.4

기출 18' 5급㉾-라 | 난이도 ●○○

345 다음 글을 근거로 판단할 때, 〈보기〉에서 옳은 것만을 모두 고르면?

- 甲국의 1일 통관 물량은 1,000건이며, 모조품은 1일 통관 물량 중 1%의 확률로 존재한다.
- 검수율은 전체 통관 물량 중 검수대상을 무작위로 선정해 실제로 조사하는 비율을 뜻하는데, 현재 검수율은 10%로 전문 조사 인력은 매일 10명을 투입한다.
- 검수율을 추가로 10%p 상승시킬 때마다 전문 조사 인력은 1일당 20명이 추가로 필요하다.
- 인건비는 1인당 1일 기준 30만 원이다.
- 모조품 적발시 부과되는 벌금은 건당 1,000만 원이며, 이 중 인건비를 차감한 나머지를 세관의 '수입'으로 한다.

※ 검수대상에 포함된 모조품은 모두 적발되고, 부과된 벌금은 모두 징수된다.

보기

ㄱ. 1일 평균 수입은 700만 원이다.
ㄴ. 모든 통관 물량에 대해 전수조사를 한다면 수입보다 인건비가 더 클 것이다.
ㄷ. 검수율이 40%면 1일 평균 수입은 현재의 4배 이상일 것이다.
ㄹ. 검수율을 30%로 하는 방안과 검수율을 10%로 유지한 채 벌금을 2배로 인상하는 방안을 비교하면 벌금을 인상하는 방안의 1일 평균 수입이 더 많을 것이다.

① ㄱ, ㄴ
② ㄴ, ㄷ
③ ㄱ, ㄴ, ㄹ
④ ㄱ, ㄷ, ㄹ
⑤ ㄴ, ㄷ, ㄹ

난이도 ●●○

346 한 대학교 앞 오피스텔 건물에는 A~F 6명의 학생이 거주 중이며, 이 중 3명은 여자, 나머지 3명은 남자이다. A~F는 대학교 1학년, 2학년, 3학년 중 하나이며 한 학년은 여자 1명과 남자 1명으로 구성되어 있다. 이들은 각자의 성별 및 학년에 대하여 다음과 같은 진술을 하였는데, 여자는 참말을 하였고 남자는 거짓말을 하였다. 다음 중 2학년 남자 학생은 누구인가?

> A : D는 남자이다.
> B : C는 여자이다.
> C : 나는 A와 같은 학년이다.
> D : F와 B의 학년이 같다.
> E : B는 2학년이다.
> F : C는 2학년이다.

① A ② B ③ C
④ D ⑤ E

난이도 ●●○

347 A~E 5명의 학생 중 수학시험 점수가 가장 낮은 학생과 두 번째로 낮은 학생은 내일 재시험을 보기로 했다. 이들의 진술 중 점수가 가장 높은 학생의 진술만이 참이고 나머지 학생들의 진술은 모두 거짓이라고 할 때, 내일 재시험을 볼 두 학생은 누구인가?
(단, 이 시험에서 동점자는 없다.)

> A : 나는 C보다 점수가 낮다.
> B : A의 점수가 가장 낮다.
> C : B는 나보다 점수가 낮다.
> D : A는 점수가 가장 높다.
> E : D는 C보다 점수가 낮다.

① A, B ② B, C ③ C, D
④ D, E ⑤ E, A

기출 18' 5급㉻-라 난이도 ●●●

348 **다음 글을 근거로 판단할 때, 하이디와 페터가 키우는 양의 총 마리 수와 ㉠~㉣ 중 옳게 기록된 것만을 짝지은 것은?**

- 하이디와 페터는 알프스의 목장에서 양을 키우는데, 목장은 4개의 구역(A~D)으로 이루어져 있다. 양들은 자유롭게 다른 구역을 넘나들 수 있지만 목장을 벗어나지 않는다.
- 하이디와 페터는 양을 잘 관리하기 위해 구역별 양의 수를 파악하고 있어야 하는데, 양들이 계속 구역을 넘나들기 때문에 양의 수를 정확히 헤아리는 데 어려움을 겪고 있다. 고민 끝에 하이디와 페터는 시간별로 양의 수를 기록하되, 하이디는 특정 시간 특정 구역의 양의 수만을 기록하고, 페터는 양이 구역을 넘나들 때마다 그 시간과 그때 이동한 양의 수를 기록하기로 하였다.
- 하이디와 페터가 같은 날 오전 9시부터 오전 10시 15분까지 작성한 기록표는 다음과 같으며, ㉠~㉣을 제외한 모든 기록은 정확하다.

하이디의 기록표			페터의 기록표		
시간	구역	마리 수	시간	구역 이동	마리 수
09:10	A	17마리	09:08	B → A	3마리
09:22	D	21마리	09:15	B → D	2마리
09:30	B	8마리	09:18	C → A	5마리
09:45	C	11마리	09:32	D → C	1마리
09:58	D	㉠ 21마리	09:48	A → C	4마리
10:04	A	㉡ 18마리	09:50	D → B	1마리
10:10	B	㉢ 12마리	09:52	C → D	3마리
10:15	C	㉣ 10마리	10:05	C → B	2마리

※ 구역 이동 외의 양의 수 변화는 고려하지 않는다.

① 59마리, ㉡, ㉣
② 59마리, ㉢, ㉣
③ 60마리, ㉠, ㉢
④ 61마리, ㉠, ㉡
⑤ 61마리, ㉡, ㉣

문항편 · 12일차 · 문제해결 + 자원관리능력

기출 17' 5급㉻-다 | 난이도 ●●○

349 다음 〈지원계획〉과 〈연구모임 현황 및 평가결과〉를 근거로 판단할 때, 연구모임 A~E 중 두 번째로 많은 총지원금을 받는 모임은?

지원계획

- 지원을 받기 위해서는 한 모임당 6명 이상 9명 미만으로 구성되어야 한다.
- 기본지원금
  한 모임당 1,500천 원을 기본으로 지원한다. 단, 상품개발을 위한 모임의 경우는 2,000천 원을 지원한다.
- 추가지원금
  연구 계획 사전평가결과에 따라,'상' 등급을 받은 모임에는 구성원 1인당 120천 원을, '중' 등급을 받은 모임에는 구성원 1인당 100천 원을, '하' 등급을 받은 모임에는 구성원 1인당 70천 원을 추가로 지원한다.
- 협업 장려를 위해 협업이 인정되는 모임에는 위의 두 지원금을 합한 금액의 30 %를 별도로 지원한다.

〈연구모임 현황 및 평가결과〉

모임	상품개발 여부	구성원 수	연구 계획 사전평가결과	협업 인정 여부
A	○	5	상	○
B	×	6	중	×
C	×	8	상	○
D	○	7	중	×
E	×	9	하	×

① A ② B ③ C
④ D ⑤ E

기출 17' 5급㉻-다 | 난이도 ●●○

350 다음 〈휴양림 요금규정〉과 〈조건〉에 근거할 때, 〈상황〉에서 甲, 乙, 丙 일행이 각각 지불한 총 요금 중 가장 큰 금액과 가장 작은 금액의 차이는?

휴양림 요금규정

• 휴양림 입장료(1인당 1일 기준)

구분	요금(원)	입장료 면제
어른	1,000	• 동절기(12월~3월) • 다자녀 가정
청소년(만 13세 이상~19세 미만)	600	
어린이(만 13세 미만)	300	

※ '다자녀 가정'은 만 19세 미만의 자녀가 3인 이상 있는 가족을 말한다.

• 야영시설 및 숙박시설(시설당 1일 기준)

구분		요금(원)		비고
		성수기 (7~8월)	비수기 (7~8월 외)	
야영시설 (10인 이내)	황토데크(개)	10,000		휴양림 입장료 별도
	캐빈(동)	30,000		
숙박시설	3인용(실)	45,000	24,000	휴양림 입장료 면제
	5인용(실)	85,000	46,000	

※ 일행 중 '장애인'이 있거나 '다자녀 가정'인 경우 비수기에 한해 야영시설 및 숙박시설 요금의 50 %를 할인한다.

조건

• 총요금 = (휴양림 입장료) + (야영시설 또는 숙박시설 요금)
• 휴양림 입장료는 머문 일수만큼, 야영시설 및 숙박시설 요금은 숙박 일수만큼 계산함.
(예 2박 3일의 경우 머문 일수는 3일, 숙박 일수는 2일)

상황

• 甲(만 45세)은 아내(만 45세), 자녀 3명(각각 만 17세, 15세, 10세)과 함께 휴양림에 7월 중 3박 4일간 머물렀다. 甲 일행은 5인용 숙박시설 1실을 이용하였다.
• 乙(만 25세)은 어머니(만 55세, 장애인), 아버지(만 58세)를 모시고 휴양림에서 12월 중 6박 7일간 머물렀다. 乙 일행은 캐빈 1동을 이용하였다.
• 丙(만 21세)은 동갑인 친구 3명과 함께 휴양림에서 10월 중 9박 10일 동안 머물렀다. 丙 일행은 황토데크 1개를 이용하였다.

① 40,000원 ② 114,000원 ③ 125,000원
④ 144,000원 ⑤ 165,000원

난이도 ●●○

351 철수는 이번 어린이날 선물로 A, B, C, D 4개 중 어떤 선물을 고르고, 어떤 선물을 포기할지를 고민하고 있다. 결정 과정에서 아래와 같은 〈조건〉들이 모두 충족되어야 할 때, 다음 중 항상 옳지 않은 것은?

조건

- A선물을 고르면, B선물과 C선물을 모두 고를 수는 없다.
- C선물과 D선물을 모두 고르면, B선물을 포기해야 한다.
- A선물이나 B선물을 고르면, D선물도 골라야 한다.

① B선물을 고르지 않고 C선물을 고르면, A선물을 고를 수 있다.
② A선물을 고르면, C선물도 같이 고를 수 있다.
③ A선물과 B선물을 모두 포기해도, D선물을 고를 수 있다.
④ B선물을 고르면, C선물도 같이 고를 수 있다.
⑤ C선물을 고르면, D선물도 같이 고를 수 있다.

난이도 ●●○

352 P건설사는 6채(A~F)의 건물 리모델링 공사를 진행하려고 한다. 공사가 개시되는 오늘을 포함하여 30일 이내에 리모델링 공사를 마무리할 계획이며 하루에 최대로 투입 가능한 근로자 수는 100명이다. 〈P 건설사 공정표〉를 근거로 할 때, 〈보기〉의 설명 중 옳은 것을 모두 고르면? (단, 두 채 이상의 건물의 공사를 동시에 진행할 수 있지만, 각 근로자는 자신이 투입된 건물의 공사가 끝나야만 다른 건물의 공사에 투입될 수 있다.)

〈P 건설사 공정표〉

건물	소요기간	1일 필요 근로자 수	수익
A	5일	20명	15억 원
B	10일	30명	20억 원
C	10일	50명	40억 원
D	15일	40명	35억 원
E	15일	60명	45억 원
F	20일	70명	85억 원

* 1일 필요 근로자 수가 충족되지 않으면 작업은 진행되지 않으며, 필요 근로자 수 이상의 근로자가 투입되더라도 리모델링 공사의 소요기간은 변하지 않는다.

보기

ㄱ. P건설사가 리모델링 공사를 완료할 수 있는 건물의 수는 최대 4채이다.
ㄴ. P건설사가 벌어들일 수 있는 수익은 최대 160억 원이다.
ㄷ. 계획한 기간이 15일 연장된다면 기간 내에 모든 건물의 리모델링 공사를 마칠 수 있다.
ㄹ. 하루 최대투입가능 근로자 수를 120명으로 증가시킨다면 계획한 기간 내에 모든 건물의 리모델링 공사를 마칠 수 있다.

① ㄱ, ㄴ ② ㄱ, ㄷ ③ ㄴ, ㄷ
④ ㄴ, ㄹ ⑤ ㄷ, ㄹ

기출 18' 5급㉻-라 난이도 ●●●

353 다음 글을 근거로 판단할 때, 〈보기〉에서 옳은 것만을 모두 고르면?

- 甲회사는 A기차역에 도착한 전체 관객을 B공연장까지 버스로 수송해야 한다.
- 이때 甲회사는 아래 표와 같이 콘서트 시작 4시간 전부터 1시간 단위로 전체 관객 대비 A기차역에 도착하는 관객의 비율을 예측하여 버스를 운행하고자 한다. 단, 콘서트 시작 시간까지 관객을 모두 수송해야 한다.

시각	전체 관객 대비 비율(%)
콘서트 시작 4시간 전	a
콘서트 시작 3시간 전	b
콘서트 시작 2시간 전	c
콘서트 시작 1시간 전	d
계	100

- 전체 관객 수는 40,000명이다.
- 버스는 한 번에 대당 최대 40명의 관객을 수송한다.
- 버스가 A기차역과 B공연장 사이를 왕복하는 데 걸리는 시간은 6분이다.

※ 관객의 버스 승·하차 및 공연장 입·퇴장에 소요되는 시간은 고려하지 않는다.

보기

ㄱ. a = b = c = d = 25라면, 甲회사가 전체 관객을 A기차역에서 B공연장으로 수송하는 데 필요한 버스는 최소 20대이다.

ㄴ. a = 10, b = 20, c = 30, d = 40이라면, 甲회사가 전체 관객을 A기차역에서 B공연장으로 수송하는 데 필요한 버스는 최소 40대이다.

ㄷ. 만일 콘서트가 끝난 후 2시간 이내에 전체 관객을 B공연장에서 A기차역까지 버스로 수송해야 한다면, 이때 甲회사에게 필요한 버스는 최소 50대이다.

① ㄱ ② ㄴ ③ ㄱ, ㄴ
④ ㄱ, ㄷ ⑤ ㄴ, ㄷ

354 다음 글을 근거로 판단할 때, 〈보기〉에서 옳은 것만을 모두 고르면?

甲국의 공무원연금공단은 다음 기준에 따라 사망조위금을 지급하고 있다. 사망조위금은 최우선 순위의 수급권자 1인에게만 지급한다.

〈사망조위금 지급기준〉

사망자	수급권자 순위	
공무원의 배우자·부모 (배우자의 부모 포함)·자녀	해당 공무원이 1인인 경우	해당 공무원
	해당 공무원이 2인 이상인 경우	1. 사망한 자의 배우자인 공무원 2. 사망한 자를 부양하던 직계비속인 공무원 3. 사망한 자의 최근친 직계비속인 공무원 중 최연장자 4. 사망한 자의 최근친 직계비속의 배우자인 공무원 중 최연장자 직계비속의 배우자인 공무원
공무원 본인	1. 사망한 공무원의 배우자 2. 사망한 공무원의 직계비속 중 공무원 3. 장례와 제사를 모시는 자 중 아래의 순위 가. 사망한 공무원의 최근친 직계비속 중 최연장자 나. 사망한 공무원의 최근친 직계존속 중 최연장자 다. 사망한 공무원의 형제자매 중 최연장자	

보기

ㄱ. A와 B는 비(非)공무원 부부이며 공무원 C(37세)와 공무원 D(32세)를 자녀로 두고 있다. 공무원 D가 부모님을 부양하던 상황에서 A가 사망하였다면, 사망조위금 최우선 순위 수급권자는 D이다.

ㄴ. A와 B는 공무원 부부로 비공무원 C를 아들로 두고 있으며, 공무원 D는 C의 아내이다. 만약 C가 사망하였다면, 사망조위금 최우선 순위 수급권자는 A이다.

ㄷ. 공무원 A와 비공무원 B는 부부이며 비공무원 C(37세)와 비공무원 D(32세)를 자녀로 두고 있다. A가 사망하고 C와 D가 장례와 제사를 모시는 경우, 사망조위금 최우선 순위 수급권자는 C이다.

① ㄱ ② ㄴ ③ ㄷ
④ ㄱ, ㄴ ⑤ ㄱ, ㄷ

기출 14' 5급㉻-C | 난이도 ●●○

355 **다음 〈상황〉과 〈대화〉를 근거로 판단할 때, 丁의 성적으로 가능한 것은?**

상황

- 가영, 나리, 다해, 라라, 마철은 올해 활약이 뛰어났던 4명의 투수(甲~丁) 중에서 최우수 투수를 선정하였다.
- 가영, 나리, 다해, 라라, 마철은 투수 중에서 1명씩 선택하여 투표하였고, '丁'만 2명의 선택을 받아서 최우수 투수로 선정되었다.
- 甲~丁의 올해 시즌 성적은 아래와 같다.

항목 / 선수	평균 자책점	승리한 경기 수	패배한 경기 수	탈삼진 수	완투한 경기 수
甲	1.70	15	10	205	10
乙	1.95	21	8	150	5
丙	2.20	15	8	170	13
丁	2.10	?	?	?	?

대화

가영: 평균 자책점이 가장 낮은 선수를 뽑았어.
나리: 승리한 경기 수가 가장 많은 선수를 뽑았어.
다해: 완투한 경기 수가 가장 많은 선수를 뽑았어.
라라: 탈삼진 수가 가장 많은 선수를 뽑았어.
마철: 승률이 가장 높은 선수를 뽑았어.

※ 승률 = $\frac{\text{승리한 경기 수}}{\text{승리한 경기 수 + 패배한 경기 수}}$

	승리한 경기 수	패배한 경기 수	탈삼진 수	완투한 경기 수
①	23	3	210	14
②	20	10	220	12
③	20	5	210	10
④	20	5	200	8
⑤	23	3	210	6

난이도 ●●○

356 ○○회사 직원 A~F 6명의 입사 시기는 A, B, C, D, E, F 순이며, 이들의 전공은 경영학, 행정학, 통계학, 건축학, 토목공학, 도시공학으로 각자 다르다. 각 직원의 전공에 대해 다음과 같은 정보가 제시되었다고 할 때, 〈보기〉에서 반드시 참인 진술만을 모두 고른 것은?

- A의 전공은 도시공학이 아니다.
- B의 전공은 건축학도, 토목공학도 아니다.
- D의 전공은 토목공학이 아니다.
- 건축학, 토목공학, 도시공학을 전공한 직원은 모두 직원 E보다 입사시기가 빠르다.
- 도시공학을 전공한 직원은 토목공학을 전공한 직원보다 입사시기가 빠르다.

보기

ㄱ. 건축학을 전공한 직원은 경영학을 전공한 직원보다 입사시기가 빠르다.
ㄴ. A, E, F 중 누군가는 경영학을 전공하였다.
ㄷ. C, D는 도시공학을 전공하지 않았다.

① ㄱ ② ㄴ ③ ㄷ
④ ㄱ, ㄴ ⑤ ㄴ, ㄷ

난이도 ●●○

357 ○○기업에서는 이번에 신규 프로젝트를 기획하면서 A~I 9명의 직원들에게 3명씩 세 개의 팀으로 나누어 TF팀을 구성하라고 하였다. 세 개의 팀을 아래 〈조건〉에 따라 구성할 때, 다음 중 가능한 팀 구성은?

조건

㉠ 직원 A, B, C는 해외영업부, D, E, F는 연구개발부, G, H, I는 생산관리부 소속이다.
㉡ 모든 팀은 3명으로 구성되어 있다.
㉢ 1팀에는 A를 포함한 해외영업부 직원 2명이 포함되어야 한다.
㉣ A와 I는 같은 팀에 배치해야 한다.
㉤ H가 속한 팀은 모두 다른 부서 직원들로 구성되어야 한다.

	1팀	2팀	3팀
①	A, B, E	D, G, I	C, F, H
②	A, B, I	C, D, G	E, F, H
③	A, C, I	B, F, H	D, E, G
④	B, C, H	D, E, F	A, G, I
⑤	B, E, H	A, C, I	D, F, G

기출 18' 5급㉻-라 | 난이도 ●●●

358 다음 〈상황〉을 근거로 판단할 때, 〈보기〉에서 옳은 것만을 모두 고르면?

〈상황〉

- 체육대회에서 8개의 종목을 구성해 각 종목에서 우승 시 얻는 승점을 합하여 각 팀의 최종 순위를 매기고자 한다.
- 각 종목은 순서대로 진행하고, 3번째 종목부터는 각 종목 우승 시 받는 승점이 그 이전 종목들의 승점을 모두 합한 점수보다 10점 더 많도록 구성하였다.

※ 승점은 각 종목의 우승 시에만 얻을 수 있으며, 모든 종목의 승점은 자연수이다.

〈보기〉

ㄱ. 1번째 종목과 2번째 종목의 승점이 각각 10점, 20점이라면 8번째 종목의 승점은 1,000점을 넘게 된다.
ㄴ. 1번째 종목과 2번째 종목의 승점이 각각 100점, 200점이라면 8번째 종목의 승점은 10,000점을 넘게 된다.
ㄷ. 1번째 종목과 2번째 종목의 승점에 상관없이 8번째 종목의 승점은 6번째 종목 승점의 네 배이다.
ㄹ. 만약 3번째 종목부터 각 종목 우승 시 받는 승점이 그 이전 종목들의 승점을 모두 합한 점수보다 10점 더 적도록 구성한다면, 1번째 종목과 2번째 종목의 승점에 상관없이 8번째 종목의 승점은 6번째 종목 승점의 네 배보다 적다.

① ㄱ, ㄷ
② ㄱ, ㄹ
③ ㄴ, ㄷ
④ ㄱ, ㄴ, ㄹ
⑤ ㄴ, ㄷ, ㄹ

기출 17' 5급(행) 난이도 ●●○

359 다음 〈조건〉과 〈2월 날씨〉를 근거로 판단할 때, 2월 8일과 16일의 실제 날씨로 가능한 것을 옳게 짝지은 것은?

조건

- 날씨 예측 점수는 매일 다음과 같이 부여한다.

실제＼예측	맑음	흐림	눈·비
맑음	10점	6점	0점
흐림	4점	10점	6점
눈·비	0점	2점	10점

- 한 주의 주중(월~금) 날씨 예측 점수의 평균은 매주 5점 이상이다.
- 2월 1일부터 19일까지 요일별 날씨 예측 점수의 평균은 다음과 같다.

요일	월	화	수	목	금
날씨 예측 점수 평균	7점 이하	5점 이상	7점 이하	5점 이상	7점 이하

〈2월 날씨〉

	월	화	수	목	금	토	일
날짜			1	2	3	4	5
예측			맑음	흐림	맑음	눈·비	흐림
실제			맑음	맑음	흐림	흐림	맑음
날짜	6	7	8	9	10	11	12
예측	맑음	흐림	맑음	맑음	맑음	흐림	흐림
실제	흐림	흐림	?	맑음	흐림	눈·비	흐림
날짜	13	14	15	16	17	18	19
예측	눈·비	눈·비	맑음	눈·비	눈·비	흐림	흐림
실제	맑음	맑음	맑음	?	눈·비	흐림	눈·비

※ 위 달력의 같은 줄을 한 주로 한다.

	2월 8일	2월 16일
①	맑음	흐림
②	맑음	눈·비
③	눈·비	흐림
④	눈·비	맑음
⑤	흐림	흐림

문항편 12일차 • 문제해결 + 자원관리능력

360 다음 글과 〈반 편성 기준〉을 근거로 판단할 때, 〈보기〉에서 옳은 것만을 모두 고르면?

- 학생 6명(A~F)의 외국어반 편성을 위해 쓰기, 읽기, 듣기, 말하기 등 4개 영역에 대해 시험을 실시한다.
- 영역별 점수는 시험 결과에 따라 1점 이상 10점 이하로 부여한다.
- 다음 〈반 편성 기준〉에 따라 등수를 매겨 상위 3명은 심화반에, 하위 3명은 기초반에 편성한다.
- 동점자가 발생할 경우, 듣기 점수가 더 높은 학생을 상위 등수로 간주하고, 듣기 점수도 같은 경우에는 말하기 점수, 말하기 점수도 같은 경우에는 읽기 점수, 읽기 점수도 같은 경우에는 쓰기 점수가 더 높은 학생을 상위 등수로 간주한다.
- A~F의 영역별 점수는 다음과 같고, F의 쓰기와 말하기 영역은 채점 중이다.

(단위: 점)

학생	쓰기	읽기	듣기	말하기
A	10	10	6	3
B	7	8	7	8
C	5	4	4	3
D	5	4	4	6
E	8	7	6	5
F	?	6	5	?

반 편성 기준

아래 두 가지 기준 중 하나를 채택하여 반을 편성한다.

- (기준1) 종합적 외국어능력을 반영하기 위해 4개 영역의 점수를 합산한 총점을 기준으로 편성한다.
- (기준2) 수업 중 원어민 교사와의 원활한 소통을 위해 듣기와 말하기 점수의 합을 기준으로 편성한다.

보기

ㄱ. B와 D는 어떤 경우에도 같은 반이 될 수 없다.

ㄴ. 채점 결과 F의 말하기 점수가 5점 이하라면, 어떤 기준에 따라 반을 편성하더라도 F는 기초반에 편성된다.

ㄷ. 채점 결과 F의 말하기 점수가 6점 이상이라면, 어떤 기준에 따라 반을 편성하더라도 C와 D는 같은 반에 편성된다.

① ㄱ ② ㄷ ③ ㄱ, ㄴ

④ ㄱ, ㄷ ⑤ ㄴ, ㄷ

난이도 ●●○

361 한 설문대행업체는 선거를 앞두고 5,000명의 시민을 대상으로 3인의 후보자에 대한 선호도 조사를 실시하였다. 설문조사는 부동산, 복지, 경제, 교육, 외교 및 안보 등 5가지 평가기준에 가중치를 매기기 위한 중요도 조사와, 5개 평가기준별 후보자들에 대한 선호도 조사로 구성된다. 시민 5,000명의 응답 평균으로 산출된 조사결과는 다음과 같다. 이를 근거로 〈보기〉에서 옳은 것을 모두 고르면?

〈조사 결과〉

가중치 조사		후보자 선호도 조사		
평가기준	가중치	A후보자	B후보자	C후보자
부동산	0.2	0.6	0.2	0.2
복지	0.1	0.5	0.3	0.2
경제	0.5	0.6	0.2	0.2
교육	0.1	0.8	0.1	0.1
외교 및 안보	0.1	0.2	0.5	0.3
종합점수		0.57	0.23	0.20

* (종합점수) = $\sum$(가중치)×(선호도)
* 선호도 값이 1에 가까울수록 선호도가 높으며, 종합점수 값이 높을수록 순위가 높다.

보기

ㄱ. 평가기준 중 외교 및 안보 측면에서 후보자 선호도 값을 비교하면 C-A-B 순서로 높다.
ㄴ. 교육은 B와 C 두 후보자 간의 종합점수 순위에 영향을 주지 않는다.
ㄷ. 평가기준 중 복지를 제외하고, 복지 가중치를 부동산 가중치에 합산하여 종합점수를 계산하면 A-C-B 순서로 높다.
ㄹ. 5,000명의 시민들은 경제가 후보자 선택의 가장 중요한 요소라고 판단하고 있다.
ㅁ. 가중치를 고려하지 않는다면 후보자 B와 C의 경우 외교 및 안보 측면에서 선호도가 높은 편이고, A의 경우 교육의 측면에서 선호도가 가장 높다.

① ㄱ, ㄴ, ㄷ ② ㄴ, ㄹ, ㅁ ③ ㄷ, ㄹ, ㅁ
④ ㄴ, ㄷ, ㄹ ⑤ ㄴ, ㄷ, ㄹ, ㅁ

난이도 ●●○

362 수현이는 일요일부터 4일간 경주의 관광명소를 관람하려고 한다. 경주시는 주요 관광명소를 관람할 수 있는 자유이용권인 시티 투어 패스(City Tour Pass)를 판매하고 있다. 다음 〈관광명소 정보〉 및 〈시티 투어 패스권 가격〉과 〈조건〉에 근거할 때, 수현이가 아래 7곳의 관광명소를 모두 관람하는 데 필요한 최소 금액은 얼마인가?

〈관광명소 정보〉

<table>
<tr><th colspan="2">관광명소</th><th>관람료(원)</th><th>휴관일</th><th>패스 사용 가능 여부</th></tr>
<tr><td colspan="2">안압지</td><td>900</td><td>화요일</td><td>가능</td></tr>
<tr><td colspan="2">불국사</td><td>800</td><td>월요일</td><td>가능</td></tr>
<tr><td colspan="2">석굴암</td><td>900</td><td>없음</td><td>불가능</td></tr>
<tr><td colspan="2">국립경주박물관</td><td>800</td><td>없음</td><td>가능</td></tr>
<tr><td colspan="2">보문관광단지</td><td>700</td><td>일요일</td><td>불가능</td></tr>
<tr><td colspan="2">무열왕릉</td><td>800</td><td>없음</td><td>가능</td></tr>
<tr><td rowspan="3">경주역사
유적지구</td><td>내물왕릉</td><td>1,300</td><td rowspan="3">없음</td><td rowspan="3">가능
(단, 첨성대에는 사용 불가)</td></tr>
<tr><td>첨성대</td><td>800</td></tr>
<tr><td>국립박물관</td><td>1,000</td></tr>
</table>

〈시티 투어 패스권 가격〉

구분	2일 패스권	4일 패스권	6일 패스권
가격(원)/매	3,200	4,800	6,400

조건

- 하루에 최대 2곳의 관광명소를 관람할 수 있다.
- 시티 투어 패스권은 개시일로부터 연속으로 사용해야 한다.
- 내물왕릉, 첨성대, 국립박물관이 속한 경주역사유적지구는 하나의 관광명소로 고려되며, 경주역사유적지구를 관람하는 날에는 다른 명소를 관람할 수 없다.
- 경주시는 내물왕릉, 첨성대, 국립박물관의 관람료를 한 번에 지불할 수 있는 경주역사유적지구 1일권을 별도로 판매하고 있다. (1일권 가격: 월~금 2,100원, 토~일 2,500원)

① 6,900원
② 7,000원
③ 7,100원
④ 7,200원
⑤ 7,300원

기출 18' 5급㉻-라 | 난이도 ●○○

363 다음 글을 근거로 판단할 때, 〈보기〉에서 옳은 것만을 모두 고르면?

甲, 乙, 丙이 바둑돌을 손가락으로 튕겨서 목표지점에 넣는 게임을 한다. 게임은 총 5라운드까지 진행하며, 라운드마다 바둑돌을 목표지점에 넣을 때까지 손가락으로 튕긴 횟수를 해당 라운드의 점수로 한다. 각 라운드의 점수가 가장 낮은 사람이 해당 라운드의 1위가 되며, 모든 라운드의 점수를 합산하여 그 값이 가장 작은 사람이 게임에서 우승한다.

아래의 표는 각 라운드별로 甲, 乙, 丙의 점수를 기록한 것이다. 4라운드와 5라운드의 결과는 실수로 지워졌는데, 그 중 한 라운드에서는 甲, 乙, 丙 모두 점수가 같았고, 다른 한 라운드에서는 바둑돌을 한 번 튕겨서 목표지점에 넣은 사람이 있었다.

	1라운드	2라운드	3라운드	4라운드	5라운드	점수 합
甲	2	4	3			16
乙	5	4	2			17
丙	5	2	6			18

〈보기〉

ㄱ. 4라운드와 5라운드만을 합하여 바둑돌을 튕긴 횟수가 가장 많은 사람은 甲이다.
ㄴ. 바둑돌을 한 번 튕겨서 목표지점에 넣은 사람은 乙이다.
ㄷ. 丙의 점수는 라운드마다 달랐다.
ㄹ. 만약 각 라운드에서 단독으로 1위를 한 횟수가 가장 많은 사람이 우승하는 것으로 규칙을 변경한다면, 丙이 우승한다.

① ㄱ, ㄴ ② ㄱ, ㄷ ③ ㄴ, ㄹ
④ ㄱ, ㄷ, ㄹ ⑤ ㄴ, ㄷ, ㄹ

기출 18' 5급㉻-라 난이도 ●○○

364 다음 글을 근거로 판단할 때, 〈보기〉에서 옳은 것만을 모두 고르면?

- 甲과 乙은 책의 쪽 번호를 이용한 점수 게임을 한다.
- 책을 임의로 펼쳐서 왼쪽 면 쪽 번호의 각 자리 숫자를 모두 더하거나 모두 곱해서 나오는 결과와 오른쪽 면 쪽 번호의 각 자리 숫자를 모두 더하거나 모두 곱해서 나오는 결과 중에 가장 큰 수를 본인의 점수로 한다.
- 점수가 더 높은 사람이 승리하고, 같은 점수가 나올 경우 무승부가 된다.
- 甲과 乙이 가진 책의 시작 면은 1쪽이고, 마지막 면은 378쪽이다. 책을 펼쳤을 때 왼쪽 면이 짝수, 오른쪽 면이 홀수 번호이다.
- 시작 면이나 마지막 면이 나오게 책을 펼치지는 않는다.

※ 쪽 번호가 없는 면은 존재하지 않는다.
※ 두 사람은 항상 서로 다른 면을 펼친다.

보기

ㄱ. 甲이 98쪽과 99쪽을 펼치고, 乙은 198쪽과 199쪽을 펼치면 乙이 승리한다.
ㄴ. 甲이 120쪽과 121쪽을 펼치고, 乙은 210쪽과 211쪽을 펼치면 무승부이다.
ㄷ. 甲이 369쪽을 펼치면 반드시 승리한다.
ㄹ. 乙이 100쪽을 펼치면 승리할 수 없다.

① ㄱ, ㄴ ② ㄱ, ㄷ ③ ㄱ, ㄹ
④ ㄴ, ㄷ ⑤ ㄴ, ㄹ

기출 14' 5급㉑-C | 난이도 ●●○

365 다음 〈상황〉과 〈조건〉을 근거로 판단할 때 옳은 것은?

상황

A대학교 보건소에서는 4월 1일(월)부터 한 달 동안 재학생을 대상으로 금연교육 4회, 금주교육 3회, 성교육 2회를 실시하려는 계획을 가지고 있다.

조건

- 금연교육은 정해진 같은 요일에만 주 1회 실시하고, 화, 수, 목요일 중에 해야 한다.
- 금주교육은 월요일과 금요일을 제외한 다른 요일에 시행하며, 주 2회 이상은 실시하지 않는다.
- 성교육은 4월 10일 이전, 같은 주에 이틀 연속으로 실시한다.
- 4월 22일부터 26일까지 중간고사 기간이고, 이 기간에 보건소는 어떠한 교육도 실시할 수 없다.
- 보건소의 교육은 하루에 하나만 실시할 수 있고, 토요일과 일요일에는 교육을 실시할 수 없다.
- 보건소는 계획한 모든 교육을 반드시 4월에 완료하여야 한다.

① 금연교육이 가능한 요일은 화요일과 수요일이다.
② 금주교육은 같은 요일에 실시되어야 한다.
③ 금주교육은 4월 마지막 주에도 실시된다.
④ 성교육이 가능한 일정 조합은 두 가지 이상이다.
⑤ 4월 30일에도 교육이 있다.

Day 12 **Self Check List**

	오답 수	무응답 수	풀이시간(분)
1회독	/ 30	/ 30	/ 60(분)
2회독	/ 30	/ 30	/ 45(분)
3회독	/ 30	/ 30	/ 35(분)

정답 및 해설 364p

독끝 13일차 (366~395)

난이도별 구성
- ●○○ 7문항
- ●●○ 20문항
- ●●● 3문항

본 문항은 PSAT 상황판단 영역 기출 문항으로 구성되며, 기출 표기에 따른 시험 종류는 아래와 같습니다. (표기 상 맨 끝은 '책형' 입니다.)
㉿ – 민간경력자 일괄채용시험 / ㉻ – 공개경쟁채용시험(행정)

13일차 일일연습

Set ❶

다음 문장을 논리기호로 표현한 것이 맞으면 O, 틀리면 X로 표시하세요.

(1) A램프가 꺼지는 경우에만 B램프가 켜진다. ▶ (A꺼짐 → B켜짐) = (B켜짐 → A꺼짐) ⇔ (A꺼짐) ↔ (B켜짐)
(2) 모든 학생은 여자 또는 남자이다. ▶ (학생) → {(여자) ∧ (남자)} ⇔ {~(여자) ∨ ~(남자)} → ~(학생)
(3) 한국인 중 일부는 김씨와 박씨이다. ▶ {(김씨) ∧ (박씨)} → (한국인)
(4) 모든 김씨는 한국인이면서, 한국인은 모두 김씨이다. ▶ (한국인) = (김씨)

Set ❷

표의 빈 칸에 들어갈 것을 구하시오. (참, 거짓)

a	b	a ∧ b	b → a
(1)	거짓	거짓	참
거짓	(2)	거짓	참
참	참	(3)	참
거짓	참	거짓	(4)

Set ❸

아래〈조건〉을 확인 후, 각 질문에 답하시오.

〈조건〉 사과 97개를 7개씩 들어가는 봉투 또는 12개씩 들어가는 상자에 각각 가득 채워 담아 선물하려 한다. 선물을 받는 사람에게는 봉투 또는 상자 하나만 선물할 수 있다.

(1) 가장 적은 수의 사람에게 사과를 선물한다면 몇 명이 받게 되는가?
(2) 위 (1)의 경우, 봉투는 최대 몇 개가 필요한가?
(3) 봉투와 상자의 개수를 최대한 비슷하게 맞춘다면, 몇 명이 받게 되는가?
(4) 위 (3)의 경우, 상자는 몇 개가 필요한가?

	Set ❶	Set ❷	Set ❸
(1)	O	참	8명
(2)	X	거짓	1개
(3)	X	참	10명
(4)	O	거짓	5개

※ 참고사항

문장	논리기호	문장	논리기호
p이다.	p	• 어떤 p는 q이다. • p이면서 q이다. • p그리고 q이다.	p ∧ q
p가 아니다.	~p	• p이거나 q이다. • p 또는 q이다.	p ∨ q
• 모든 p는 q이다. • p이면 q이다.	p → q	• 'p또는 q'가 아니다. • p도 아니고 q도 아니다.	~(p ∨ q)

- "⇔" : 필요충분조건 또는 동치를 나타내는 논리기호
- 연언명제 (p ∧ q) : 모두 참일때만 참
- 선언명제 (p ∨ q) : 모두 거짓일 때만 거짓
- 가언명제 (p → q) : 전건이 참, 후건이 거짓일 때만 거짓

	맞은 개수	풀이 시간
Set ❶	/ 4	(초)
Set ❷	/ 4	(초)
Set ❸	/ 4	(초)
합계	/ 12	(초)

난이도 ●●○

366 소민, 정현, 주혁, 재훈 4명은 이번에 본 시험 점수에 대해 다음과 같이 진술했다. 나중에 확인해보니 자신보다 점수가 낮은 사람에 대한 진술은 참이지만, 자신보다 점수가 높은 사람에 대한 진술은 거짓이었다. 4명 중 1명의 진술만이 참이었다고 할 때, 4명 중 점수가 가장 높은 사람과 가장 낮은 사람을 순서대로 나열한 것은? (단, 이번 시험에서 동점자는 없다.)

소민: 주혁은 우리들 중에서 점수가 가장 낮거나 두 번째로 높다.
정현: 재훈은 우리들 중에서 점수가 가장 높거나 세 번째로 높다.
주혁: 정현은 우리들 중에서 점수가 가장 높거나 두 번째로 높다.
재훈: 소민은 우리들 중에서 점수가 두 번째로 높거나 세 번째로 높다.

① 소민, 주혁 ② 소민, 재훈 ③ 주혁, 재훈
④ 주혁, 정현 ⑤ 정현, 소민

난이도 ●●○

367 ○○기업 면접에 참여한 갑순, 을동, 병수, 정한, 무현 5명은 면접 결과에 대해 다음과 같이 진술하였다. 불합격한 2명은 거짓을 말했고, 합격을 한 3명은 진실을 말했다고 할 때, 합격한 3명을 바르게 나열한 것은?

갑순: 무현은 면접에 불합격했다.
을동: 정한은 면접에 합격했다.
병수: 나는 면접에 합격했다.
정한: 병수는 면접에 불합격했다.
무현: 을동은 면접에 불합격했다.

① 갑순, 을동, 정한
② 갑순, 병수, 무현
③ 을동, 병수, 정한
④ 을동, 정한, 무현
⑤ 병수, 정한, 무현

기출 21' 5급㉑-가 난이도 ●●●

368 **다음 글을 근거로 판단할 때, 〈보기〉에서 옳은 것만을 모두 고르면?**

> 아르키메데스는 대장장이가 만든 왕관이 순금인지 알아내기 위해 질량 1 kg인 왕관을 물이 가득 찬 용기에 완전히 잠기도록 넣었을 때 넘친 물의 부피를 측정하였다.
> 이 왕관은 금, 은, 구리, 철 중 1개 이상의 금속으로 만들어졌고, 밀도는 각각 20, 10, 9, 8 g/cm^3이다.
> 밀도와 질량, 부피 사이의 관계는 아래 식과 같다.
>
> $$\text{밀도}(g/cm^3) = \frac{\text{질량}(g)}{\text{부피}(cm^3)}$$

※ 각 금속의 밀도, 질량, 부피 변화나 금속 간의 반응은 없고, 둘 이상의 금속을 합해 만든 왕관의 질량(또는 부피)은 각 금속의 질량(또는 부피)의 합과 같다.

〈보기〉

ㄱ. 대장장이가 왕관을 금으로만 만들었다면, 넘친 물의 부피는 50 cm^3이다.
ㄴ. 넘친 물의 부피가 80 cm^3이고 왕관이 금과 은으로만 만들어졌다면, 왕관에 포함된 은의 부피는 왕관에 포함된 금 부피의 3배이다.
ㄷ. 넘친 물의 부피가 80 cm^3이고 왕관이 금과 구리로만 만들어졌다면, 왕관에 포함된 구리의 부피는 왕관에 포함된 금 부피의 3배 이상이다.
ㄹ. 넘친 물의 부피가 120 cm^3보다 크다면, 왕관은 철을 포함하고 있다.

① ㄱ, ㄴ ② ㄴ, ㄷ ③ ㄷ, ㄹ
④ ㄱ, ㄴ, ㄹ ⑤ ㄱ, ㄷ, ㄹ

기출 16' 5급(행)-5 | 난이도 ●○○

369 다음 글과 〈평가표〉를 근거로 판단할 때 옳은 것은?

1년 이상 A국에 합법적으로 체류 중인 전문인력 외국인 중 〈평가표〉에 의한 총점이 80점 이상인 경우, A국에서의 거주자격을 부여 받게 된다. '점수제에 의한 거주자격 부여 제도'는 1년 이상 A국에 합법적으로 체류 중인 전문 인력 외국인으로서 가점을 제외한 연령·학력·A국 어학능력·연간소득 항목에서 각각 최소의 점수라도 얻을 수 있는 자(이하 '대상자'라 한다)를 대상으로 한다. 평가표 기준(단, 가점 제외)에 해당하지 않는 자는 '점수제에 의한 거주자격 부여 제도'의 대상자에 포함될 수 없다. 예를 들어, 기본적인 의사소통도 불가능한 사람은 이 제도를 통하여 거주자격을 부여 받을 수 없다.

아래 〈평가표〉에서 연령·학력·A국 어학능력·연간소득의 항목별 점수를 합산하고, 가점 항목에 해당하는 경우 가점도 합산하여 총점을 구한다.

평가표

• 연령

연령대	18~24세	25~29세	30~34세	35~39세	40~44세	45~50세	51세 이상
점수	20점	23점	25점	23점	20점	18점	15점

• 학력

최종 학력	박사학위 2개 이상	박사학위 1개	석사학위 2개 이상	석사학위 1개	학사학위 2개 이상	학사학위 1개	2년제이상 전문대학 졸업
점수	35점	33점	32점	30점	28점	26점	25점

• A국 어학능력

A국 어학능력	사회생활에서 충분한 의사소통	친숙한 주제 의사소통	기본적인 의사소통
점수	20점	15점	10점

• 연간소득

연간소득 (원)	3천만 미만	3천만 이상~ 5천만 미만	5천만 이상 ~ 8천만 미만	8천만 이상~ 1억 미만	1억 이상
점수	5점	6점	7점	8점	10점

• 가점

가점항목	A국 유학경험					A국 사회봉사활동			해외전문분야 취업경력		
세부 항목	어학 연수	전문 학사	학사	석사	박사	1년 미만	1~2년 미만	2년 이상	1년 미만	1~2년 미만	2년 이상
점수	3점	5점	7점	9점	10점	1점	3점	5점	1점	3점	5점

※ A국 유학경험 항목의 경우, 2개 이상의 세부항목에 해당된다면 가장 높은 점수만을 부여한다.

① 평가표에 의할 때 대상자가 받을 수 있는 최저점수는 70점이다.
② 평가표에 의할 때 대상자가 가점으로 받을 수 있는 최고점수는 52점이다.
③ 가점항목을 제외한 4개의 항목 중 배점이 두 번째로 작은 항목은 연령이다.
④ 대상자 甲은 가점을 획득하지 못해도 연령, 학력, A국 어학능력에서 최고점을 받는다면, 연간소득 항목에서 최저점수를 받더라도 거주자격을 부여 받을 수 있다.
⑤ 박사학위를 소지한 33세 대상자 乙은 A국 대학에서 다른 분야의 박사학위를 취득하고 기본적인 의사소통을 한다면 거주자격을 부여 받지 못한다.

기출 16' 5급㉻-5 난이도 ●○○

370 다음 글을 근거로 판단할 때, A시가 '창의 테마파크'에서 운영할 프로그램은?

A시는 학생들의 창의력을 증진시키기 위해 '창의 테마파크'를 운영하고자 한다. 이를 위해 다음과 같은 프로그램을 후보로 정했다.

분야	프로그램명	전문가 점수	학생 점수
미술	내 손으로 만드는 동물	26	32
인문	세상을 바꾼 생각들	31	18
무용	스스로 창작	37	25
인문	역사랑 놀자	36	28
음악	연주하는 교실	34	34
연극	연출노트	32	30
미술	창의 예술학교	40	25
진로	항공체험 캠프	30	35

- 전문가와 학생은 후보로 선정된 프로그램을 각각 40점 만점제로 우선 평가하였다.
- 전문가 점수와 학생 점수의 반영 비율을 3 : 2로 적용하여 합산한 후, 하나밖에 없는 분야에 속한 프로그램에는 취득점수의 30%를 가산점으로 부여한다.
- A시는 가장 높은 점수를 받은 프로그램을 최종 선정하여 운영한다.

① 연주하는 교실
② 항공체험 캠프
③ 스스로 창작
④ 연출노트
⑤ 창의 예술학교

난이도 ●●○

371 다음 글은 ○○백화점 상품권에 기재된 이용 안내문이다. 2012년 2월 1일 현재, K씨가 가지고 있는 이 상품권을 사용하고자 할 때의 설명으로 옳은 것은?

- 본 상품권은 오프라인 ○○백화점 및 온라인 ○○쇼핑몰 또는 ○○인터넷면세점에서 사용하실 수 있습니다.
- 본 상품권은 현금교환이 불가합니다. 단, 권면금액의 80% 이상 사용하신 경우 그 잔액을 돌려받으실 수 있습니다. 이는 오프라인 ○○백화점 및 온라인 ○○쇼핑몰, ○○인터넷면세점에서 동일하게 적용됩니다.
- 상품권의 도난, 분실 등에 대하여 회사는 책임지지 않으며, 상품권이 훼손되어 식별 불가능할 경우 사용하실 수 없습니다.
- 홈페이지 또는 앱(APP)에 접속하여 [○○ 포인트로 전환] 신청 후 '우체국 유가증권등기 접수' 방법을 통해 접수하면 온라인 ○○쇼핑몰 또는 ○○인터넷면세점에서 사용 가능합니다.

  * 자세한 안내는 홈페이지를 참조하시기 바랍니다.
- 포인트 전환 후 오프라인 ○○백화점에서 사용할 수 없습니다.
- 본 상품권의 유효기간은 발행일로부터 5년입니다.

금액	발행일	현재 포인트 전환 여부
10,000원	2007년 3월 1일	전환 안 됨
10,000원	2009년 5월 10일	전환됨
5,000원	2006년 9월 20일	전환 안 됨
5,000원	2010년 12월 15일	전환됨
5,000원	2011년 9월 10일	전환 안 됨

① ○○백화점 식품관에서 10,000원이 적힌 상품권을 사용하여 9,000원짜리 식사를 하면 1,000원은 돌려받지 못한다.

② 현재 갖고 있는 ○○백화점 상품권만으로는 ○○백화점에서 최대 20,000원밖에 사용하지 못한다.

③ 현재 갖고 있는 ○○백화점 상품권만으로는 온라인○○쇼핑몰 또는 00인터넷면세점에서 최대 15,000원밖에 사용하지 못한다.

④ 현재 갖고 있는 ○○백화점 상품권 가운데 2015년 12월 16일에 온라인○○쇼핑몰에서 사용할 수 있는 상품권은 없다.

⑤ 현재 갖고 있는 ○○백화점 상품권 2매로 온라인 ○○쇼핑몰에서 가격이 15,500원인 제품을 사면 잔액을 돌려받지 못한다.

난이도 ●●○

372 A리조트에서는 가, 나, 다, 라의 4가지 이벤트를 실행하려고 한다. 다음 〈조건〉을 근거로 A리조트의 비용 대비 매출이 가장 큰 이벤트 실시 순서를 바르게 나열한 것은?

조건 1

가, 나, 다, 라 네 가지 개별 이벤트의 비용과 매출의 크기는 모두 a원으로 동일하다. 다만, 이는 〈조건 2〉에 따라 달라질 수 있다.

조건 2

- 가 이벤트를 나 이벤트 이후에 실시하면 가 이벤트의 매출이 절반으로 줄어든다.
- 라 이벤트를 가 이벤트 이전에 실시하면 라 이벤트의 매출은 0이 된다.
- 가 이벤트와 나 이벤트를 바로 이어서 실시하면 두 이벤트의 비용이 각각 두 배가 된다.
- 가 이벤트와 다 이벤트를 바로 이어서 실시하면 두 이벤트의 비용이 각각 절반으로 줄어든다.
- 가 이벤트와 라 이벤트를 다른 이벤트 하나를 사이에 두고 실시하면 두 이벤트의 매출이 각각 두 배가 된다.

① 가 – 나 – 다 – 라
② 가 – 다 – 라 – 나
③ 나 – 다 – 라 – 가
④ 다 – 가 – 라 – 나
⑤ 다 – 라 – 나 – 가

[373~374] 다음 글을 읽고 물음에 답하시오.

○○프로그램에서 하나의 명령문은 cards, input 등의 '중심어'로 시작하고 반드시 세미콜론(;)으로 끝난다. 중심어에는 명령문의 지시 내용이 담겨있는데, cards는 그 다음 줄부터 input 명령문에서 이용할 일종의 자료집합인 레코드(record)가 한 줄씩 나타남을 의미한다. 〈프로그램 1〉에서 레코드는 '701102'와 '720508'이다.

input은 레코드를 이용하여 변수에 수를 저장하는 것을 의미한다. 첫 번째 input은 첫 번째 레코드를 이용하여 명령을 수행하고, 그 다음부터의 input은 차례대로 그 다음 레코드를 이용한다. 예를 들어 〈프로그램 1〉에서 첫 번째 input 명령문의 변수 a에는 첫 번째 레코드 '701102'의 1~3번째 위치에 있는 수인 '701'을 저장하고, 변수 b에는 같은 레코드의 5~6번째 위치에 있는 수인 '02'에서 앞의 '0'을 빼고 '2'를 저장한다. 두 번째 input 명령문의 변수 c에는 두 번째 레코드 '720508'의 1~2번째 위치에 있는 수인 '72'를 저장한다. 〈프로그램 2〉와 같이 만약 input 명령문이 하나이고 여러 개의 레코드가 있을 경우 모든 레코드를 차례대로 이용한다. 한편 input 명령문이 다수인 경우, 어느 한 input 명령문에 @가 있으면 바로 다음 input 명령문은 @가 있는 input 명령문과 같은 레코드를 이용한다. 이후 input 명령문부터는 차례대로 그 다음 레코드를 이용한다.

print는 input 명령문에서 변수에 저장한 수를 결과로 출력하라는 의미이다. 다음은 각 프로그램에서 변수 a, b, c에 저장한 수를 출력한 〈결과〉이다.

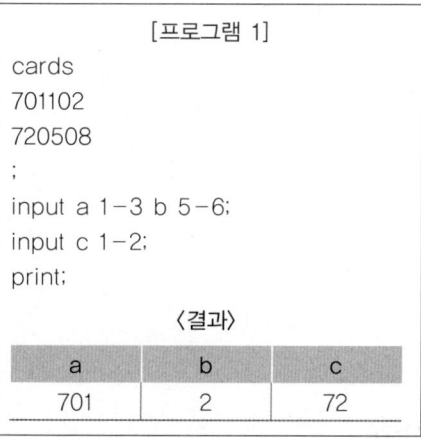

[프로그램 1]

```
cards
701102
720508
;
input a 1-3 b 5-6;
input c 1-2;
print;
```

〈결과〉

a	b	c
701	2	72

[프로그램 2]

```
cards
701102
720508
;
input a 1-6 b 1-2 c 2-4;
print;
```

〈결과〉

a	b	c
701102	70	11
720508	72	205

기출 20' 5급㉻-라 난이도

373 윗글을 근거로 판단할 때, 〈보기〉에서 옳은 것만을 모두 고르면?

보기

ㄱ. input 명령문은 레코드에서 위치를 지정하여 변수에 수를 저장할 수 있다.
ㄴ. 두 개의 input 명령문은 같은 레코드를 이용하여 변수에 수를 저장할 수 없다.
ㄷ. 하나의 input 명령문이 다수의 레코드를 이용하여 변수에 수를 저장할 수 있다.

① ㄴ ② ㄷ ③ ㄱ, ㄴ
④ ㄱ, ㄷ ⑤ ㄱ, ㄴ, ㄷ

기출 20' 5급㉻-라 난이도

374 윗글을 근거로 판단할 때, 다음 〈프로그램〉의 〈결과〉로 출력된 수를 모두 더하면?

프로그램

```
cards
020824
701102
720508
;
input a 1-6 b 3-4;
input c 5-6@;
input d 3-4;
input e 3-5;
print;
```

〈결과〉

a	b	c	d	e

① 20895 ② 20911 ③ 20917
④ 20965 ⑤ 20977

375 다음 글을 근거로 판단할 때, 〈보기〉에서 옳은 것만을 모두 고르면?

甲, 乙, 丙은 미팅에서 짝을 정하려고 한다. 짝을 결정하는 방식은 아래와 같다.

- 미팅 상대방 A, B, C는 각자의 이름을 자신의 쪽지에 적는다.
- 그 쪽지 세 장을 무작위로 甲, 乙, 丙에게 한 장씩 나누어 준다.
- 각자가 받은 쪽지에 이름이 적힌 사람이 자신의 짝 후보가 된다.
- 甲, 乙, 丙 순으로 각자의 〈성향〉에 따라 짝 후보를 거절하거나 수락한다.
- 만일 한 명이라도 거절할 경우, 그 즉시 세 장의 쪽지를 무작위로 다시 나누어 주어 甲, 乙, 丙 순으로 거절하거나 수락한다. 예를 들어 甲이 수락한 후 乙이 거절한 경우, 丙의 선택을 묻지 않고 세 장의 쪽지를 무작위로 다시 나누어 주게 된다.
- 모두가 수락할 경우 짝이 확정된다.

〈성향〉

甲	B만 내 짝이 아니면 된다고 생각한다. 단, 네 번 이상 거절하지 않는다.
乙	내 짝으로 삼고 싶은 사람은 A뿐이다. 단, 세 번 이상 거절하지 않는다.
丙	내 짝으로 삼고 싶은 사람은 C뿐이다. 단, 두 번 이상 거절하지 않는다.

보기

ㄱ. 짝이 확정되기 위한 최소의 거절 횟수와 최대의 거절 횟수를 합하면 총 7회이다.
ㄴ. 甲, 甲, 乙, 乙 순으로 거절한 이후 짝이 확정되었다면 乙의 짝은 A이다.
ㄷ. 甲, 乙, 丙, 甲 순으로 거절한 이후 짝이 확정되었다면 丙의 짝은 B이다.
ㄹ. 甲, 乙, 甲, 丙 순으로 거절한 이후 짝이 확정되었다면, 丙이 거절했을 당시 甲의 짝 후보는 A이었을 것이다.

① ㄱ, ㄷ ② ㄱ, ㄹ ③ ㄴ, ㄷ
④ ㄴ, ㄹ ⑤ ㄷ, ㄹ

문항편 13일차 • 문제해결 + 자원관리능력

난이도 ●●○

376 **편집자 가인, 나은, 다솜 3명은 1권부터 5권까지 순차적으로 개발하는 시리즈물에서 각각 두 권의 개발에 참여하였다. 다음 〈조건〉에 따라 개발이 이루어졌다고 할 때, 소요기간이 가장 긴 책과 가장 짧은 책을 바르게 나열한 것은?**

조건

㉠ 한 권을 개발하는 데 소요된 기간은 1개월, 2개월, 3개월, 4개월, 6개월로 모두 달랐다.
㉡ 두 권의 개발에 연속으로 참여한 편집자는 없다.
㉢ 2권은 4권을 개발하는 데 소요된 기간의 절반이, 1권은 개발하는 데 소요된 기간이 가장 짧은 책의 2배가 소요되었다.
㉣ 1권 개발에 가인이 참여하였다.
㉤ 가인과 다솜이 3권 개발에 공동 참여한 경우 외에 2명 이상의 편집자가 개발에 공동 참여하는 책은 없었다.
㉥ 각 편집자가 시리즈물 개발에 참여한 총 기간은 가인이 다솜보다 더 길었다.

	소요된 기간이 가장 긴 책	소요된 기간이 가장 짧은 책
①	2권	1권
②	3권	1권
③	3권	5권
④	4권	1권
⑤	4권	5권

난이도 ●●○

377 **한 패션쇼에서는 빨강, 주황, 노랑, 초록, 파랑, 남색, 보라 옷을 입은 7명의 모델이 아래의 〈조건〉에 따른 순서로 쇼에 서야 한다고 한다. 다음 중 옳지 않은 것은?**

조건

㉠ 빨강 옷을 입은 모델과 주황 옷을 입은 모델 사이에는 3명의 모델이 서야 한다. 이때, 빨강 옷을 입은 모델은 주황 옷을 입은 모델보다 먼저 쇼에 선다.
㉡ 노랑 옷을 입은 모델은 세 번째로 쇼에 선다.
㉢ 파랑 옷을 입은 모델은 네 번째 또는 다섯 번째로 쇼에 선다.
㉣ 파랑 옷을 입은 모델은 초록 옷을 입은 모델보다 먼저 쇼에 선다.
㉤ 남색 옷을 입은 모델은 보라 옷을 입은 모델보다 먼저 쇼에 선다.
㉥ 보라 옷을 입은 모델은 마지막으로 쇼에 설 수 없다.

① 초록 옷을 입은 모델은 마지막 순서이다.
② 남색 옷을 입은 모델은 첫 번째 또는 두 번째 순서이다.
③ 노랑 옷을 입은 모델은 남색 옷을 입은 모델 바로 다음 순서가 아니다.
④ 파랑 옷을 입은 모델은 남색 옷을 입은 모델 바로 다음 순서가 아니다.
⑤ 빨강 옷을 입은 모델은 보라 옷을 입은 모델 바로 다음 순서가 아니다.

기출 21' 5급㉻-가 난이도 ●●●

378 **다음 글을 근거로 판단할 때, 甲이 잃어버린 인물카드의 수는?**

甲은 이름, 성별, 직업이 기재된 인물카드를 모으고 있다. 며칠 전 그 중 몇 장을 잃어버렸다. 다음은 카드를 잃어버리기 전과 후의 상황이다.

〈잃어버리기 전〉
- 남성 인물카드를 여성 인물카드보다 2장 더 많이 가지고 있다.
- 가지고 있는 인물카드의 직업은 총 5종류이며, 인물카드는 직업별로 최대 2장이다.
- 가수 직업의 인물카드는 1장만 가지고 있다.

〈잃어버린 후〉
- 잃어버린 인물카드 중 2장은 직업이 소방관이다.
- 가수 직업의 인물카드는 잃어버리지 않았다.
- 인물카드는 총 5장 가지고 있으며, 직업은 4종류이다.

① 2장 ② 3장 ③ 4장
④ 5장 ⑤ 6장

기출 16' 5급㉻-5 난이도 ●●○

379 **다음 글을 근거로 판단할 때, 〈보기〉에서 옳은 것만을 모두 고르면?**

'올해의 체육인상' 후보에 총 5명(甲~戊)이 올랐다. 수상자는 120명의 기자단 투표에 의해 결정되며 투표규칙은 다음과 같다.

- 투표권자는 한 명당 한 장의 투표용지를 받고, 그 투표용지에 1순위와 2순위 각 한 명의 후보자를 적어야 한다.
- 투표권자는 1순위와 2순위로 동일한 후보자를 적을 수 없다.
- 투표용지에 1순위로 적힌 후보자에게는 5점이, 2순위로 적힌 후보자에게는 3점이 부여된다.
- '올해의 체육인상'은 개표 완료 후, 총 점수가 가장 높은 후보자가 수상하게 된다.
- 기권표와 무효표는 없다.

현재 투표까지의 중간집계 점수는 아래와 같다.

〈중간집계〉

후보자	점수
甲	360점
乙	15점
丙	170점
丁	70점
戊	25점

보기

ㄱ. 현재 투표한 인원은 총 투표인원의 64 %를 넘는다.
ㄴ. 중간집계 결과로 볼 때, '올해의 체육인상'을 받을 수 있는 사람은 甲뿐이다.
ㄷ. 중간집계 결과로 볼 때, 8명이 丁을 1순위로 적었다면 최대 60명이 甲을 1순위로 적었을 것이다.

① ㄱ ② ㄱ, ㄴ ③ ㄱ, ㄷ
④ ㄴ, ㄷ ⑤ ㄱ, ㄴ, ㄷ

기출 15' 5급㉻-재 | 난이도 ●○○

380 다음 글과 〈2014년 아동안전지도 제작 사업 현황〉을 근거로 판단할 때, 〈보기〉에서 옳은 것만을 모두 고르면?

가. 아동안전지도 제작은 학교 주변의 위험·안전환경 요인을 초등학생들이 직접 조사하여 지도화하는 체험교육과정이다. 관할행정청은 각 시·도 관내 초등학교의 30% 이상이 아동안전지도를 제작하도록 권장하는 사업을 실시하고 있다.

나. 각 초등학교는 1개의 아동안전지도를 제작하며, 이 지도를 활용하여 학교 주변의 위험환경을 개선한 경우 '환경개선학교'로 등록된다.

다. 1년 동안의 아동안전지도 제작 사업을 평가하기 위한 평가점수 산식은 다음과 같다.

평가점수 = 학교참가도 × 0.6 + 환경개선도 × 0.4

- 학교참가도 $= \frac{\text{제작학교 수}}{\text{관내 초등학교 수} \times 0.3} \times 100$

※ 단, 학교참가도가 100을 초과하는 경우 100으로 간주

- 환경개선도 $= \frac{\text{환경개선학교 수}}{\text{제작학교 수}} \times 100$

〈2014년 아동안전지도 제작 사업 현황〉

(단위: 개)

시	관내 초등학교 수	제작학교 수	환경개선학교 수
A	50	12	9
B	70	21	21
C	60	20	15

보기

ㄱ. A시와 C시의 환경개선도는 같다.
ㄴ. 아동안전지도 제작 사업 평가점수가 가장 높은 시는 C시이다.
ㄷ. 2014년에 A시 관내 3개 초등학교가 추가로 아동안전지도를 제작했다면, A시와 C시의 학교참가도는 동일했을 것이다.

① ㄱ　② ㄴ　③ ㄷ
④ ㄱ, ㄴ　⑤ ㄱ, ㄷ

난이도 ●○○

381 다음 글과 〈표〉를 근거로 판단할 때, 여섯 사람이 일본을 출발하여 인천에 도착할 수 있는 가장 이른 시각은 언제인가? (단, 다른 조건은 고려하지 않는다.)

> 아래 여섯 사람은 일본 출장을 마치고 같은 비행기를 타고 함께 인천으로 돌아가려고 한다. 공항 라운지에는 면세점, 카페, 화장실, 빵집, 약국 등이 있다.
>
> 다음은 공항 라운지에 도착해서 나눈 대화 내용이다.
>
> 소은: 나는 면세점에서 선물 살 게 있어서 갔다 올게.
>
> 다인: 그럼 그 사이에 난 잠깐 저기 카페에서 음료수를 사 올게.
>
> 주현: 나는 저기 보이는 빵집에서 다 같이 간단히 먹을 샌드위치라도 사 올게. 너무 배고프다. 그리고 화장실도 들러야지.
>
> 하늘: 그럼 난 저기 보이는 약국에서 약을 사러 갔다 와야겠다. 배가 좀 아프네. 그리고 잠깐 화장실에 다녀올게.
>
> 주완: 그럼 난 여기서 혁재랑 기다리고 있을게.
>
> 혁재: 지금이 오전 11시 50분이니까 다들 각자 볼일 마치고 빨리 돌아와.
>
> 각 시설별 이용 소요시간은 면세점 30분, 카페 10분, 화장실 20분, 빵집 25분, 약국 20분이다.

〈표〉 일본발 인천행 항공편 잔여 좌석 수

일본 출발 시각	인천 도착 예정시각	잔여 좌석 수 (개)
12:00	14:00	7
12:15	14:15	12
12:30	14:30	9
12:45	14:45	5
13:00	15:00	10
13:20	15:20	15
13:40	15:40	6
14:00	16:00	8
14:15	16:15	21

① 14:15　② 14:45　③ 15:00
④ 15:20　⑤ 16:15

난이도 ●●○

382 다음 글과 〈조건〉을 근거로 판단할 때, P씨가 두 번째로 전화를 걸 대상으로 가장 적절한 것은?

국내 전염병의 빠른 확산에 따라 질병관리본부는 각 분야별 전문가를 모아 회의를 진행하기로 하였다. 회의진행 담당자 P씨는 다음 〈전문가 명단〉을 보고 모든 전문가에게 직접 전화를 걸어 참석여부를 확인하려 한다.

〈전문가 명단〉

성명	소속	분야	참석경험 유무
가	A병원	감염내과	있음
나	B대학	감염내과	없음
다	C연구소	국가재난대응	없음
라	C연구소	응급의학과	있음
마	D학회	국가재난대응	없음
바	A병원	응급의학과	없음

• 조건 •

㉠ 같은 소속이면 참석경험이 있는 전문가에게 먼저 전화를 건다.
㉡ 같은 분야면 참석경험이 있는 전문가에게 먼저 전화를 건다.
㉢ 같은 소속의 전문가에게 연이어 전화를 걸지 않는다.
㉣ 같은 분야의 전문가에게 연이어 전화를 걸지 않는다.
㉤ 참석경험이 있는 전문가에게 연이어 전화를 걸지 않는다.
㉥ 명단에 있는 모든 전문가에게 1회씩만 전화를 건다.

① 나　　② 다　　③ 라
④ 마　　⑤ 바

문항편 13일차 • 문제해결 + 자원관리능력

기출 13' 5급㉻-재 | 난이도 ●●○

383 **다음 글을 근거로 판단할 때 옳은 것은?**

사회통합프로그램이란 국내 이민자가 법무부장관이 정하는 소정의 교육과정을 이수하도록 하여 건전한 사회구성원으로 적응·자립할 수 있도록 지원하고 국적취득, 체류허가 등에 있어서 편의를 주는 제도이다. 프로그램의 참여대상은 대한민국에 체류하고 있는 결혼이민자 및 일반이민자(동포, 외국인근로자, 유학생, 난민 등)이다.

사회통합프로그램의 교육과정은 '한국어과정'과 '한국사회이해과정'으로 구성된다. 신청자는 우선 한국어능력에 대한 사전평가를 받고, 그 평가점수에 따라 한국어과정 또는 한국사회이해과정에 배정된다.

일반이민자로서 참여를 신청한 자는 사전평가 점수에 의해 배정된 단계로부터 6단계까지 순차적으로 교육과정을 이수하여야 한다. 한편 결혼이민자로서 참여를 신청한 자는 4~5단계를 면제받는다. 예를 들어 한국어과정 2단계를 배정받은 결혼이민자는 3단계까지 완료한 후 바로 6단계로 진입한다. 다만 결혼이민자의 한국어능력 강화를 위하여 2013년 1월 1일부터 신청한 결혼이민자에 대해서는 한국어과정 면제제도를 폐지하여 일반이민자와 동일하게 프로그램을 운영한다.

〈과정 및 이수시간〉

(2012년 12월 현재)

구분 \ 단계		1	2	3	4	5	6
과정		한 국 어					한국사회 이해
		기초	초급 1	초급 2	중급 1	중급 2	
이수시간		15시간	100시간	100시간	100시간	100시간	50시간
사전 평가 점수	일반 이민자	0점~10점	11점~29점	30점~49점	50점~69점	70점~89점	90점~100점
	결혼 이민자	0점~10점	11점~29점	30점~49점	면 제		50점~100점

① 2012년 12월에 사회통합프로그램을 신청한 결혼이민자 A는 한국어과정을 최소 200시간 이수하여야 한다.

② 2013년 1월에 사회통합프로그램을 신청하여 사전평가에서 95점을 받은 외국인근로자 B는 한국어과정을 이수하여야 한다.

③ 난민 인정을 받은 후 2012년 11월에 사회통합프로그램을 신청한 C는 한국어과정과 한국사회이해과정을 동시에 이수할 수 있다.

④ 2013년 2월에 사회통합프로그램 참여를 신청한 결혼이민자 D는 한국어과정 3단계를 완료한 직후 한국사회이해과정을 이수하면 된다.

⑤ 2012년 12월에 사회통합프로그램을 신청하여 사전평가에서 77점을 받은 유학생 E는 사회통합프로그램 교육과정을 총 150시간 이수하여야 한다.

기출 13' 5급㉻-재 | 난이도 ●●○

384 어느 날 甲 과장은 부서원들에게 예정에 없는 회식을 제안했다. 다음 〈조건〉에 근거할 때 옳은 것은?

조건

- 부서원은 A를 포함하여 5명이고, 편익을 극대화하기 위한 의사결정을 한다.
- 과장은 부서원 중 참석 희망자가 3명 이상이면 이들만을 대상으로 회식을 실시한다.
- 참석 희망 여부는 한 번 결정하면 변경이 불가능하고, 현재 A는 다른 사람이 어떤 결정을 내릴 것인지 알지 못한다.
- A는 12만큼의 편익을 얻을 수 있는 선약이 있다. A가 회식참석을 결정하면 선약을 미리 취소해야 하고, 회식불참을 결정하면 선약은 지켜진다.
- A의 편익은 아래의 〈표〉와 같다.
  - A가 회식참석을 결정하고 회식이 실시되면, A의 편익은 (참석자 수) × 3이다. 그러나 A가 회식참석을 결정했을지라도 회식이 취소되면, A의 편익은 0이다.
  - A가 회식불참을 결정했으나 회식이 실시되면, A의 편익은 12 − (참석자 수)이다. 그러나 A가 회식불참을 결정하고 회식도 취소되면, A의 편익은 12가 된다.

〈표〉

A의 행동 \ 회식 실시 여부	실시	취소
회식참석·선약취소	(참석자 수) × 3	0
회식불참·선약실행	12 − (참석자 수)	12

※ 부서원 수 및 참석자 수에는 과장이 포함되지 않는다.

① A의 최대편익과 최소편익의 차이는 12이다.
② 다른 부서원들의 결정과 무관하게 불참을 결정하는 것이 A에게 유리하다.
③ A의 편익이 최대가 되는 경우는 불참을 결정하고 회식도 취소되는 경우이다.
④ 다른 부서원 2명이 회식에 참석하겠다고 결정하면, A도 참석하는 것이 유리하다.
⑤ 다른 부서원 3명 이상이 회식에 참석하겠다고 결정하면, A도 참석하는 것이 유리하다.

난이도 ●●○

385 ○○체육센터에서는 경기가 열리기 전 4일동안 A~G 7개 팀의 연습을 위해 훈련실을 개방하고 훈련일정을 다음 〈조건〉과 같이 짠다고 한다. 마지막 날에 훈련하는 팀을 모두 나열한 것은?

조건

㉠ 각 팀의 훈련은 1회씩만 하며, 훈련 일정은 서로 겹치지 않게 한다.
㉡ 훈련은 오전과 오후로 나누어 하루에 최대 2팀이 훈련할 수 있다.
㉢ F팀의 훈련과 G팀의 훈련은 같은 날에 한다.
㉣ B팀의 훈련은 A팀 보다 나중에 하고, C팀, D팀, E팀 보다는 먼저 한다.
㉤ F팀보다 E팀이 훈련을 먼저 한다.
㉥ G팀의 훈련이 마지막 날에 있다면, A팀의 훈련은 두 번째 날에 있다.
㉦ 두 번째 날에는 1회의 훈련만 있다.

① B, C ② C, D ③ C, E
④ D, E ⑤ F, G

기출 15' 5급㉻-재 | 난이도 ●●○

386 甲과 乙은 둘이서 승경도놀이를 하고 있다. 다음 글을 근거로 판단할 때, 〈보기〉에서 옳은 것만을 모두 고르면?

승경도놀이란 조선시대 양반들이 하였던 윷놀이의 일종이다. 이 놀이에서는 윤목을 굴려 나온 수대로 말을 이동시킨다. 윤목은 각 면마다 1, 2, 3, 4, 5가 하나씩 새겨진 5각 기둥 모양의 나무막대로 1은 '도', 2는 '개', 3은 '걸', 4는 '윷', 5는 '모'를 의미한다.

승경도놀이를 시작하기 전에 우선 자신의 말을 선택하고, 가위바위보를 하여 이긴 쪽이 먼저 윤목을 굴린다. 말이 있는 자리에서 윤목을 굴려 나온 숫자에 해당하는 자리로 말을 이동시킨다. 예를 들어 말이 〈우의정〉에 있는데 윤목을 굴려 '걸'이 나왔으면 〈좌의정〉 자리로 이동시킨다. 한 자리에 두 개의 말이 같이 있을 수 있으며 상대방의 말을 잡는 일은 없다.

〈우의정〉					〈좌의정〉					〈영의정〉				
도	개	걸	윷	모	도	개	걸	윷	모	도	개	걸	윷	모
5	파직	좌의정	영의정	영의정	4	파직	영의정	사궤장	사궤장	5	파직	사궤장	봉조하	퇴임

〈사궤장〉					〈봉조하〉					〈파직〉				
도	개	걸	윷	모	도	개	걸	윷	모	도	개	걸	윷	모
5	파직	봉조하	퇴임	퇴임	5	파직	퇴임	퇴임	퇴임	사약	파직	파직	환용	환용

〈파직〉 이외의 자리에서 윤목을 굴려 '도'가 나오면 벌칙으로 '도'에 해당하는 숫자의 횟수만큼 그 자리에 머무른다. 예를 들어 〈우의정〉에서 '도'가 나오면 자신은 5회 동안 윤목을 굴리지 않고, 상대방은 연속하여 윤목을 굴려 말을 이동시킨다.

〈파직〉에 말이 있을 때 윤목을 굴려 '도'가 나오면 사약을 받게 되고, '개' 또는 '걸'이 나오면 〈파직〉에 머무른다. 그러나 이곳에서 '윷'이나 '모'가 나와 환용이 되면 〈파직〉으로 이동하기 전의 자리로 돌아간다. 예를 들어 〈좌의정〉에서 〈파직〉으로 이동했다가 환용이 나오면 〈좌의정〉으로 돌아가는 것이다.

놀이에서 이기는 방법은 두 가지가 있다. 자신이 먼저 퇴임하거나 상대방이 사약을 받으면 이긴다.

보기

ㄱ. 甲의 말이 〈우의정〉에, 乙의 말이 〈봉조하〉에 있고 甲이 윤목을 굴릴 차례이다. 甲이 먼저 퇴임하기 위해서는 윤목을 최소한 2회 이상 굴려야 한다.

ㄴ. 甲의 말이 〈좌의정〉에, 乙의 말이 〈사궤장〉에 있고 乙이 윤목을 굴릴 차례이다. 乙이 이번 차례와 다음 차례에 굴려 나온 값의 합이 3 이하라면 甲이 이기는 경우도 있다.

ㄷ. 甲의 말이 〈좌의정〉에, 乙의 말이 〈사궤장〉에 있고 乙이 윤목을 굴릴 차례이다. 乙이 이번 차례와 다음 차례에 굴려 나온 값의 합이 6 이상이라면 乙이 이긴다.

① ㄱ　② ㄷ　③ ㄱ, ㄴ　④ ㄴ, ㄷ　⑤ ㄱ, ㄴ, ㄷ

기출 15' 5급㉻-재 난이도 ●●○

387 甲과 乙이 가위바위보 경기를 했다. 다음 〈규칙〉과 〈상황〉을 근거로 판단할 때, 〈보기〉에서 옳은 것만을 모두 고르면?

규칙

- A규칙은 일반적인 가위바위보 규칙과 같다.
- B규칙은 가위, 바위, 보를 숫자에 대응시켜 더 큰 숫자 쪽이 이기며, 숫자가 같으면 비긴다. 이 때 가위는 2, 바위는 0, 보는 5를 나타낸다.
- C규칙은 가위, 바위, 보를 숫자에 대응시켜 더 작은 숫자 쪽이 이기며, 숫자가 같으면 비긴다. 이 때 가위는 2, 바위는 0, 보는 5를 나타낸다.

상황

- 甲과 乙은 총 3번 경기를 하였고, 3번의 경기가 모두 끝날 때까지는 각 경기에 어떤 규칙이 적용되었는지 알 수 없었다.
- 모든 경기가 종료된 후에 각 규칙이 한 번씩 적용되었음을 알 수 있었다.
- 甲은 보를 3번 냈으며, 乙은 가위-바위-보를 순서대로 냈다.

보기

ㄱ. 甲이 1승 1무 1패를 한 경우, 첫 번째 경기에 A규칙 또는 C규칙이 적용되었다.
ㄴ. 甲이 2승 1무를 한 경우, 두 번째 경기에 A규칙이 적용되었다.
ㄷ. 甲은 3번의 경기 중 최소한 1승은 할 수 있다.
ㄹ. 만약 乙이 세 번째 경기에서 보가 아닌 가위나 바위를 낸다고 해도 甲은 3승을 할 수 없다.

① ㄱ, ㄷ　　② ㄴ, ㄷ　　③ ㄴ, ㄹ
④ ㄱ, ㄴ, ㄹ　　⑤ ㄱ, ㄷ, ㄹ

난이도 ●●●

388 A~F 6명 중 3명은 여자, 3명은 남자이다. 남녀 각 한 명씩 2명은 대기업, 2명은 중소기업, 2명은 스타트업에 근무 중이며, 여자는 진실만을 말하고 남자는 거짓만을 말한다고 한다. 이때 6명의 진술이 다음과 같다면, 중소기업에 다니는 남자는 누구인가? (단, 직원 수와 기업 규모는 비례하며 대기업, 중소기업, 스타트업 순으로 기업 규모가 크다.)

진술

A : D는 남자이다.
B : C는 여자이다.
C: 내가 근무하는 회사의 직원 수는 A가 근무하는 회사의 직원 수와 같다.
D: F가 근무하는 회사의 직원 수는 B가 근무하는 회사의 직원 수와 같다.
E : B가 근무하는 회사는 중소기업이다.
F : C가 근무하는 회사는 중소기업이다.

① A ② B ③ C
④ D ⑤ E

기출 14' 5급㉻-C 난이도 ●○○

389 A회사는 甲, 乙, 丙 중 총점이 가장 높은 업체를 협력업체로 선정하고자 한다. 〈업체 평가기준〉과 〈지원업체 정보〉를 근거로 판단할 때, 〈보기〉에서 옳은 것만을 모두 고르면?

• 업체 평가기준 •

〈평가항목과 배점비율〉

평가항목	품질	가격	직원규모	계
배점비율	50 %	40 %	10 %	100 %

〈가격 점수〉

가격(만 원)	500 미만	500~549	550~599	600~649	650~699	700이상
점수	100	98	96	94	92	90

〈직원규모 점수〉

직원 규모(명)	100 초과	100~91	90~81	80~71	70~61	60 이하
점수	100	97	94	91	88	85

〈지원업체 정보〉

업체	품질 점수	가격(만 원)	직원규모(명)
甲	88	575	93
乙	85	450	95
丙	87	580	85

※ 품질 점수의 만점은 100점으로 한다.

• 보기 •

ㄱ. 총점이 가장 높은 업체는 乙이며 가장 낮은 업체는 丙이다.
ㄴ. 甲이 현재보다 가격을 30만 원 더 낮게 제시한다면, 乙보다 더 높은 총점을 얻을 수 있을 것이다.
ㄷ. 丙이 현재보다 직원규모를 10명 더 늘린다면, 甲보다 더 높은 총점을 얻을 수 있을 것이다.
ㄹ. 丙이 현재보다 가격을 100만 원 더 낮춘다면, A회사는 丙을 협력업체로 선정할 것이다.

① ㄱ, ㄴ ② ㄱ, ㄹ ③ ㄴ, ㄷ
④ ㄷ, ㄹ ⑤ ㄱ, ㄴ, ㄹ

390 다음 글과 〈상황〉에 근거할 때, 〈보기〉에서 옳은 것만을 모두 고르면?

A시에서는 친환경 건축물 인증제도를 시행하고 있다. 이는 건축물의 설계, 시공 등의 건설과정이 쾌적한 거주환경과 자연환경에 미치는 영향을 점수로 평가하여 인증하는 제도로, 건축물에 다음 〈표〉와 같이 인증등급을 부여한다.

〈표〉 평가점수별 인증등급

평가점수	인증등급
80점 이상	최우수
70점~80점 미만	우수
60점~70점 미만	우량
50점~60점 미만	일반

또한 친환경 건축물 최우수, 우수 등급이면서 건축물 에너지효율 1등급 또는 2등급을 추가로 취득한 경우, 다음 〈표〉와 같은 취·등록세액 감면 혜택을 얻게 된다.

〈표〉 취·등록세액 감면 비율

	최우수 등급	우수 등급
에너지효율 1등급	12 %	8 %
에너지효율 2등급	8 %	4 %

상황

- 甲은 A시에 건물을 신축하고 있다. 현재 이 건물의 예상되는 친환경 건축물 평가점수는 63점이고 에너지효율은 3등급이다.
- 친환경 건축물 평가점수를 1점 높이기 위해서는 1,000만 원, 에너지효율 등급을 한 등급 높이기 위해서는 2,000만 원의 추가 투자비용이 든다.
- 甲이 신축하고 있는 건물의 감면 전 취·등록세 예상액은 총 20억 원이다.
- 甲은 경제적 이익을 극대화하고자 한다.

※ 경제적 이익 또는 손실 = 취·등록세 감면액 − 추가 투자액.
※ 기타 비용과 이익은 고려하지 않는다.

보기

ㄱ. 추가 투자함으로써 경제적 이익을 얻을 수 있는 최소 투자금액은 1억 1,000만 원이다.
ㄴ. 친환경 건축물 우수 등급, 에너지효율 1등급을 받기 위해 추가 투자할 경우 경제적 이익이 가장 크다.
ㄷ. 에너지효율 2등급을 받기 위해 추가 투자하는 것이 3등급을 받는 것보다 甲에게 경제적으로 더 이익이다.

① ㄱ ② ㄷ ③ ㄱ, ㄴ
④ ㄴ, ㄷ ⑤ ㄱ, ㄴ, ㄷ

난이도 ●●○

391 한 동호회에서 단합을 위해 여행을 가기로 했다. 차량이동을 위해 9명의 회원은 세 명씩 나누어 자동차 A, B, C에 타기로 했다. 9명의 회원 중 4명(수현, 아라, 지현, 혜인)은 여자이고, 나머지 5명(재혁, 주한, 형식, 준성, 승인)은 남자이다. 모든 회원은 반드시 세 자동차 중 어느 하나에 탑승해야 하고, 탑승을 위한 멤버 구성은 아래의 〈조건〉을 모두 만족해야 한다. 만일 B자동차에 지현과 재혁이 탑승한다면, A자동차에 탑승할 회원은 누구인가?

조건

㉠ 각 자동차에는 적어도 한 명의 여자 회원이 포함되어야 한다.
㉡ 수현은 반드시 두 명의 남자 회원과 같은 자동차에 탑승해야 한다.
㉢ 주한은 C 자동차를 운전해야 하므로 반드시 C자동차에 탑승해야 한다.
㉣ 준성은 A 자동차를 운전해야 하므로 반드시 A자동차에 탑승해야 한다.
㉤ 수현, 혜인, 형식 중 누구도 주한과 같은 차량에 탑승하지 않는다.

① 수현, 형식, 준성
② 수현, 준성, 승인
③ 혜인, 형식, 준성
④ 혜인, 준성, 승인
⑤ 아라, 형식, 준성

난이도 ●●○

392 아래에 제시된 〈조건〉을 모두 고려하여 A, B, C, D, E, F, G 일곱 국가의 국내총생산(GDP)이 높은 국가부터 낮은 국가 순으로 순위를 매긴 후, 그 순위대로 배열하려 한다. 일곱 국가 모두 빠짐없이 순위를 매겨 배열하기 위해서 추가로 필요한 정보로 적절한 것은?

조건

㉠ GDP가 같은 국가는 없다.
㉡ C국의 GDP는 D국의 GDP보다 낮다.
㉢ F국의 GDP는 G국의 GDP보다 낮다.
㉣ C국과 F국은 GDP 순위에서 바로 인접해 있다.
㉤ B국의 GDP가 가장 높고, E국의 GDP가 가장 낮다.
㉥ C국의 GDP는 A국과 F국의 GDP를 합친 것보다 높다.

① A국의 GDP가 G국의 GDP보다 낮다.
② C국과 D국은 GDP 순위에서 바로 인접해 있다.
③ D국의 GDP는 F국보다 높고 B국보다 낮다.
④ G국의 GDP는 C 국의 GDP보다 높다.
⑤ A국과 F국은 GDP 순위에서 바로 인접해 있다.

기출 13' 5급㉻-재 | 난이도 ●●○

393 '홀로섬'에 사는 석봉이는 매일 삼치, 꽁치, 고등어 중 한 가지 생선을 먹는다. 다음 1월 달력과 〈조건〉에 근거할 때, 〈보기〉에서 옳은 것을 모두 고르면?

1 월						
일	월	화	수	목	금	토
			1	2	3	4
5	6	7	8	9	10	11
12	13	14	15	16	17	18
19	20	21	22	23	24	25
26	27	28	29	30	31	

• 조건 •

- 같은 생선을 연속해서 이틀 이상 먹을 수 없다.
- 매주 화요일은 삼치를 먹을 수 없다.
- 1월 17일은 꽁치를 먹어야 한다.
- 석봉이는 하루에 1마리의 생선만 먹는다.

• 보기 •

ㄱ. 석봉이가 1월 한 달 동안 먹을 수 있는 꽁치는 최대 15마리이다.
ㄴ. 석봉이가 1월 한 달 동안 먹을 수 있는 삼치는 최대 14마리이다.
ㄷ. 석봉이가 1월 한 달 동안 먹을 수 있는 고등어는 최대 14마리이다.
ㄹ. 석봉이가 1월 6일에 꽁치를 먹어야 한다는 조건을 포함하면, 석봉이는 1월 한 달 동안 삼치, 꽁치, 고등어를 1마리 이상씩 먹는다.

① ㄱ, ㄴ　② ㄱ, ㄷ　③ ㄴ, ㄷ
④ ㄴ, ㄹ　⑤ ㄷ, ㄹ

기출 13' 5급㉻-재 난이도 ●●○

394 다음 〈규칙〉에 근거할 때, 〈보기〉에서 옳은 것을 모두 고르면?

규칙

- 9장의 카드에는 1부터 9까지의 숫자 중 각각 다른 하나의 숫자가 적혀 있다.
- 9장의 카드 중 4장을 동시에 사용하여 네 자리 수를 만든다.
- 천의 자리에 있는 숫자와 백의 자리에 있는 숫자를 곱한 값이 십의 자리 숫자와 일의 자리 숫자가 된다. 예를 들어 '7856'은 가능하지만 '7865'는 불가능하다.

보기

ㄱ. 만들 수 있는 가장 큰 수에서 가장 작은 수를 뺀 값은 7158이다.
ㄴ. 천의 자리가 5이거나 일의 자리가 5인 네 자리 수는 만들 수 없다.
ㄷ. 천의 자리에 9를 넣을 때 만들 수 있는 네 자리 수의 개수는 천의 자리에 다른 어떤 수를 넣을 때 보다 많다.
ㄹ. 숫자 1이 적힌 카드가 한 장 추가되어도 만들 수 있는 네 자리 수의 총 개수에는 변화가 없다.
ㅁ. 숫자 9가 적힌 카드가 한 장 추가되어도 만들 수 있는 네 자리 수의 총 개수에는 변화가 없다.

① ㄱ, ㄴ, ㄷ
② ㄱ, ㄴ, ㄹ
③ ㄱ, ㄷ, ㅁ
④ ㄱ, ㄹ, ㅁ
⑤ ㄴ, ㄷ, ㅁ

난이도 ●●○

395 어느 해의 수학 올림피아드 시험장 중 수험번호가 1011~1018인 학생들의 자리배치가 다음 그림과 같으며, 이 시험장에서 학생 A~H가 시험을 치렀다. 각 학생들의 자리배치가 아래 〈조건〉과 같을 때, 옳지 않은 것을 고르면?

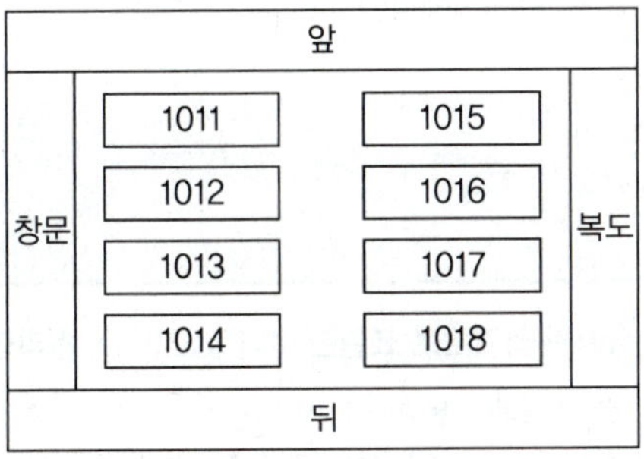

• 조건 •

- A~H의 수험번호는 서로 다르며, 각각 1011~1018 중 하나이다.
- 시험을 보는 학생들은 가형, 나형, 다형 시험지 중 하나를 받았고, 가형 시험지는 3명, 나형 시험지는 3명, 다형 시험지는 2명이 받았다.
- 다형 시험지를 받은 학생의 자리는 모두 복도 쪽이다.
- 나형 시험지를 받은 학생의 앞자리는 모두 가형 시험지를 받았다.
- 가장 앞자리에 앉은 학생은 모두 가형 시험지를 받았다.
- A는 다형 시험지를 받았다.
- C의 수험번호는 1013이다.
- D는 창가 자리에 앉고, 가형 시험지를 받지 않았다.
- F는 G의 바로 뒷자리에 앉았다.
- B는 다형 시험지를 받았고, H의 오른쪽에 앉았다.

① A는 C의 오른쪽에 앉는다.
② B는 가장 뒷자리에 앉는다.
③ D의 수험번호는 1014이다.
④ E는 가형 시험지를 받았다.
⑤ F는 나형 시험지를 받았다.

Day 13 Self Check List

	오답 수	무응답 수	풀이시간(분)
1회독	/ 30	/ 30	/ 60(분)
2회독	/ 30	/ 30	/ 45(분)
3회독	/ 30	/ 30	/ 35(분)

정답 및 해설 394p

독끝 14일차 (396~427)

난이도별 구성
- ●○○ 3문항
- ●●○ 27문항
- ●●● 2문항

본 문항은 PSAT 상황판단 영역 기출 문항으로 구성되며, 기출 표기에 따른 시험 종류는 아래와 같습니다. (표기 상 맨 끝은 '책형' 입니다.)
㉤ – 민간경력자 일괄채용시험 / ㉥ – 공개경쟁채용시험(행정)

14일차 일일연습

Set ❶

다음 문장을 논리기호로 표현한 것이 맞으면 O, 틀리면 X로 표시하세요.

(1) A가 학생이면, B와 C중 최소 한 명은 학생이다. ▶ A → (B ∨ C) ⇔ (~B ∧ ~C) → A
(2) 게임과 만화를 둘 다 좋아하는 학생은 모두 책을 좋아하지 않는다. ▶ {(게임) ∧ (만화)} → ~(책) ⇔ (책) → {~(게임) ∨ ~(만화)}
(3) 영미가 활발한 성격의 소유자인 경우에만 기업은 영미를 채용한다. ▶ (채용) → (영이) → (활발) ⇔ (영미) → ~(활발) → ~(채용)
(4) 찬영이는 수학대회에서 우승했지만, 공부를 잘하는건 아니다. ▶ (찬영) → {(우승) ∨ ~(공부)} ⇔ {~(우승) ∧ (공부)} → ~(찬영)

Set ❷

표의 빈 칸에 들어갈 것을 구하시오. (참, 거짓)

a	b	a ∨ b	a → b
거짓	거짓	(1)	참
참	거짓	참	(2)
거짓	(3)	참	참
(4)	참	참	참

Set ❸

아래〈조건〉을 확인 후, 각 질문에 답하시오.

〈조건〉 3명씩 앉을 수 있는 작은 의자 또는 7명씩 앉을 수 있는 긴 의자에 50명이 앉으려 한다. 이때, 작은 의자 또는 긴 의자는 최소 1개 이상은 사용하며, 못 앉는 인원은 없다.
(1) 빈 자리 없이 앉으려면 긴 의자를 최소 몇 개 쓰는가?
(2) 위 (1)의 경우, 작은 의자는 몇 개가 필요한가?
(3) 작은 의자를 최대한 사용하면, 여분 좌석은 몇자리 인가?
(4) 위 (3)의 경우, 작은 의자는 몇 개가 필요한가?

	Set ❶	Set ❷	Set ❸
(1)	X	거짓	6개
(2)	O	거짓	5개
(3)	O	참	0자리
(4)	X	참	12개

＊참고사항

문장	논리기호
p이다.	p
p가 아니다.	~p
• 모든 p는 q이다. • p이면 q이다.	p → q

문장	논리기호
• 어떤 p는 q이다. • p이면서 q이다. • p그리고 q이다.	p ∧ q
• p이거나 q이다. • p 또는 q이다.	p ∨ q
• 'p또는 q'가 아니다. • p도 아니고 q도 아니다.	~(p ∨ q)

- "⇔" : 필요충분조건 또는 동치를 나타내는 논리기호
- 연언명제 (p ∧ q) : 모두 참일때만 참
- 선언명제 (p ∨ q) : 모두 거짓일 때만 거짓
- 가언명제 (p → q) : 전건이 참, 후건이 거짓일 때만 거짓

	맞은 개수	풀이 시간
Set ❶	/ 4	(초)
Set ❷	/ 4	(초)
Set ❸	/ 4	(초)
합계	/ 12	(초)

* 다음의 회독수 별 권장풀이시간에 맞춰 문제풀이 후, Day 14 끝의 [Self Check List]를 기입하여 부족한 부분을 파악하세요!

권장 풀이 시간: 1회독 65 min / 2회독 50 min / 3회독 40 min

기출 15' 5급㉻-재 | 난이도 ●●○

396 다음 〈귀농인 주택시설 개선사업 개요〉와 〈심사 기초 자료〉를 근거로 판단할 때, 지원대상 가구만을 모두 고르면?

귀농인 주택시설 개선사업 개요

- 사업목적: 귀농인의 안정적인 정착을 도모하기 위해 일정 기준을 충족하는 귀농가구의 주택 개·보수 비용을 지원
- 신청자격: △△군에 소재하는 귀농가구 중 거주기간이 신청마감일(2014. 4. 30.) 현재 전입일부터 6개월 이상이고, 가구주의 연령이 20세 이상 60세 이하인 가구
- 심사기준 및 점수 산정방식
  - 신청마감일 기준으로 다음 심사기준별 점수를 합산한다.
  - 심사기준별 점수
    (1) 거주기간: 10점(3년 이상), 8점(2년 이상 3년 미만), 6점(1년 이상 2년 미만), 4점(6개월 이상 1년 미만)
    ※ 거주기간은 전입일부터 기산한다.
    (2) 가족 수: 10점(4명 이상), 8점(3명), 6점(2명), 4점(1명)
    ※ 가족 수에는 가구주가 포함된 것으로 본다.
    (3) 영농규모: 10점(1.0 ha 이상), 8점(0.5 ha 이상 1.0 ha 미만), 6점(0.3 ha 이상 0.5 ha 미만), 4점(0.3 ha 미만)
    (4) 주택노후도: 10점(20년 이상), 8점(15년 이상 20년 미만), 6점(10년 이상 15년 미만), 4점(5년 이상 10년 미만)
    (5) 사업시급성: 10점(매우 시급), 7점(시급), 4점(보통)
- 지원내용
  - 예산액: 5,000,000원
  - 지원액: 가구당 2,500,000원
  - 지원대상: 심사기준별 점수의 총점이 높은 순으로 2가구. 총점이 동점일 경우 가구주의 연령이 높은 가구를 지원. 단, 하나의 읍·면당 1가구만 지원 가능

〈심사 기초 자료〉

(2014. 4. 30. 현재)

귀농 가구	가구주 연령 (세)	주소지 (△△군 소재 읍·면)	전입일	가족 수 (명)	영농 규모(ha)	주택 노후도(년)	사업 시급성
甲	49	A	2010. 12. 30.	1	0.2	17	매우 시급
乙	48	B	2013. 5. 30.	3	1.0	13	매우 시급
丙	56	B	2012. 7. 30.	2	0.6	23	매우 시급
丁	60	C	2013. 12. 30.	4	0.4	13	시급
戊	33	D	2011. 9. 30.	2	1.2	19	보통

① 甲, 乙　② 甲, 丙　③ 乙, 丙
④ 乙, 丁　⑤ 丙, 戊

기출 16' 5급㉻-5 | 난이도 ●●○

397 다음 글을 근거로 판단할 때, <보기>에서 인증이 가능한 경우만을 모두 고르면?

○○국 친환경농산물의 종류는 3가지로, 인증기준에 부합하는 재배방법은 각각 다음과 같다. 1) 유기농산물의 경우 일정 기간(다년생 작물 3년, 그 외 작물 2년) 이상을 농약과 화학비료를 사용하지 않고 재배한다. 2) 무농약농산물의 경우 농약을 사용하지 않고, 화학비료는 권장량의 2분의 1 이하로 사용하여 재배한다. 3) 저농약농산물의 경우 화학비료는 권장량의 2분의 1 이하로 사용하고, 농약은 살포시기를 지켜 살포 최대횟수의 2분의 1 이하로 사용하여 재배한다.

〈농산물별 관련 기준〉

종류	재배기간 내 화학비료 권장량 (kg/ha)	재배기간 내 농약살포 최대횟수	농약 살포시기
사과	100	4	수확 30일 전까지
감귤	80	3	수확 30일 전까지
감	120	4	수확 14일 전까지
복숭아	50	5	수확 14일 전까지

※ 1 ha=10,000 m^2, 1 t=1,000 kg

• 보기 •

ㄱ. 甲은 5 km^2의 면적에서 재배기간 동안 농약을 전혀 사용하지 않고 20 t의 화학비료를 사용하여 사과를 재배하였으며, 이 사과를 수확하여 무농약농산물 인증신청을 하였다.

ㄴ. 乙은 3 ha의 면적에서 재배기간 동안 농약을 1회 살포하고 50 kg의 화학비료를 사용하여 복숭아를 재배하였다. 하지만 수확시기가 다가오면서 병충해 피해가 나타나자 농약을 추가로 1회 살포하였고, 열흘 뒤 수확하여 저농약농산물 인증신청을 하였다.

ㄷ. 丙은 지름이 1 km인 원 모양의 농장에서 작년부터 농약을 전혀 사용하지 않고 감귤을 재배하였다. 작년에는 5 t의 화학비료를 사용하였으나, 올해는 전혀 사용하지 않고 감귤을 수확하여 유기농산물 인증신청을 하였다.

ㄹ. 丁은 가로와 세로가 각각 100 m, 500 m인 과수원에서 감을 재배하였다. 재배기간 동안 총 2회(올해 4월 말과 8월 초) 화학비료 100 kg씩을 뿌리면서 병충해 방지를 위해 농약도 함께 살포하였다. 丁은 추석을 맞아 9월 말에 감을 수확하여 저농약농산물 인증신청을 하였다.

① ㄱ, ㄹ　　② ㄴ, ㄷ　　③ ㄱ, ㄴ, ㄹ
④ ㄱ, ㄷ, ㄹ　　⑤ ㄴ, ㄷ, ㄹ

난이도 ●●●

398 다음 그림과 같이 위치한 8개의 방이 있다. 이들 방은 크기에 따라 2인실, 4인실, 6인실 중 하나이고 각 방의 위치가 다음의 〈조건〉과 같다고 할 때, 반드시 참인 것은?

101호	102호	103호	104호
통로			
105호	106호	107호	108호

조건

㉠ 맞은편이 아닌 바로 옆에 이웃한 방 간의 크기는 서로 다르다.
㉡ 6인실의 맞은편 방은 6인실이 아니다.
㉢ 2인실의 맞은편이 아닌 바로 옆에 이웃한 방 중에는 4인실이 적어도 하나 있다.
㉣ 102호는 2인실이고 107호는 6인실이다.
㉤ 101호는 4인실이 아니다.

① 104호는 6인실이다.
② 105호는 4인실이다.
③ 106호는 2인실이다.
④ 8개의 방 중에서 4인실은 3개이다.
⑤ 8개의 방 중에서 2인실은 3개이다.

기출 14' 5급ⓗ-C 난이도 ●●○

399 다음 글을 근거로 판단할 때, 9월 17일(토)부터 책을 대여하기 시작한 甲이 마지막 편을 도서관에 반납할 요일은? (단, 다른 조건은 고려하지 않는다.)

甲은 10편으로 구성된 위인전을 완독하기 위해 다음과 같이 계획하였다.

책을 빌리는 첫째 날은 한 권만 빌려 다음날 반납하고, 반납한 날 두 권을 빌려 당일 포함 2박 3일이 되는 날 반납한다. 이런 식으로 도서관을 방문할 때마다 대여하는 책의 수는 한 권씩 증가하지만, 대여 일수는 빌리는 책 권수를 n으로 했을 때 두 권 이상일 경우 (2n −1)의 규칙으로 증가한다.

예를 들어 3월 1일(월)에 1편을 빌렸다면 3월 2일(화)에 1편을 반납하고 그날 2, 3편을 빌려 3월 4일(목)에 반납한다. 4일에 4, 5, 6편을 빌려 3월 8일(월)에 반납하고 그날 7, 8, 9, 10편을 대여한다.

도서관은 일요일만 휴관하고, 이날은 반납과 대여가 불가능하므로 다음날인 월요일에 반납과 대여를 한다. 이 경우에 한하여 일요일은 대여 일수에 포함되지 않는다.

① 월요일 ② 화요일 ③ 수요일
④ 목요일 ⑤ 금요일

기출 13' 5급㉺-재 | 난이도 ●○○

400 **甲은 가격이 1,000만 원인 자동차 구매를 위해 A, B, C 세 은행에서 상담을 받았다. 다음 상담 내용에 따를 때, 〈보기〉에서 옳은 것을 모두 고르면? (단, 총비용으로는 은행에 내야 하는 금액과 수리비만을 고려하고, 등록비용 등 기타 비용은 고려하지 않는다.)**

- A은행: 고객님이 자동차를 구입하여 소유권을 취득하실 때, 저희 은행이 자동차 판매자에게 즉시 구입금액 1,000만 원을 지불해 드립니다. 그리고 그 날부터 매월 1,000만 원의 1%를 이자로 내시고, 1년이 되는 시점에 1,000만 원을 상환하시면 됩니다.
- B은행: 저희는 고객님이 원하시는 자동차를 구매하여 고객님께 전달해 드리고, 고객님께서는 1년 후에 자동차 가격에 이자를 추가하여 총 1,200만 원을 상환하시면 됩니다. 자동차의 소유권은 고객님께서 1,200만 원을 상환하시는 시점에 고객님께 이전되며, 그 때까지 발생하는 모든 수리비는 저희가 부담합니다.
- C은행: 저희는 고객님이 원하시는 자동차를 구매하여 고객님께 임대해 드립니다. 1년 동안 매월 90만 원의 임대료를 내시면 1년 후에 그 자동차는 고객님의 소유가 되며, 임대기간 중에 발생하는 모든 수리비는 저희가 부담합니다.

보기

ㄱ. 자동차 소유권을 얻기까지 은행에 내야 하는 총금액은 A은행의 경우가 가장 적다.
ㄴ. 1년 내에 사고가 발생해 50만 원의 수리비가 소요될 것으로 예상한다면 총비용 측면에서 A은행보다 B, C은행을 선택하는 것이 유리하다.
ㄷ. 최대한 빨리 자동차 소유권을 얻고 싶다면 A은행을 선택하는 것이 가장 유리하다.
ㄹ. 사고 여부와 관계없이 자동차 소유권 취득 시까지의 총비용 측면에서 B은행보다 C은행을 선택하는 것이 유리하다.

① ㄱ, ㄴ
② ㄴ, ㄷ
③ ㄷ, ㄹ
④ ㄱ, ㄴ, ㄹ
⑤ ㄱ, ㄷ, ㄹ

난이도 ●●○

401 다음은 정부에서 시행하는 공적마스크 5부제에 대한 규칙과 한 가족 구성원 A, B, C, D의 생년월일이다. 이 규칙을 준수하며 A, B, C, D가 공적마스크를 구매한다고 할 때, 제시된 〈보기〉의 설명 중 항상 옳지 않은 것을 모두 고르면?

〈공적마스크 5부제 적용 규칙〉

- 공적마스크는 전국의 약국에서 구매할 수 있다.
- 날짜를 5로 나눈 나머지가 1인 날에는 태어난 년도 끝자리 수가 1 또는 6인 사람은 구매할 수 없다.
- 날짜를 5로 나눈 나머지가 2인 날에는 태어난 년도 끝자리 수가 2 또는 7인 사람은 구매할 수 없다.
- 날짜를 5로 나눈 나머지가 3인 날에는 태어난 년도 끝자리 수가 3 또는 8인 사람은 구매할 수 없다.
- 날짜를 5로 나눈 나머지가 4인 날에는 태어난 년도 끝자리 수가 4 또는 9인 사람은 구매할 수 없다.
- 날짜를 5로 나눈 나머지가 0인 날에는 태어난 년도 끝자리 수가 5 또는 0인 사람은 구매할 수 없다.
- 부모는 자녀의 공적마스크를 대리구매 할 수 있다.
- 단, 5부제는 매달 1~30일까지만 시행되며, 31일에는 시행되지 않는다.

〈생년월일〉

A(부)	B(모)	C(자녀)	D(자녀)
730726	760215	010519	081102

보기

ㄱ. A와 C는 5월 27일에 함께 약국에 방문하여 각자의 공적마스크를 구매하였다.
ㄴ. B는 7월 31일에 혼자 약국에 들러 공적마스크를 구매하였다.
ㄷ. C는 2월 13일에 D의 공적마스크를 대리구매 하였다.
ㄹ. 5부제로 인해 D의 공적마스크를 구매하지 못하는 날에는 A가 공적마스크를 구매하여 이용하였다.
ㅁ. 어느 날 B가 자신의 공적마스크를 구매하면서 C의 공적마스크도 대리구매 하였다.

① ㄴ, ㄷ
② ㄷ, ㄹ
③ ㄷ, ㄹ, ㅁ
④ ㄹ, ㅁ
⑤ ㄱ, ㄴ, ㅁ

문항편 14일차 • 문제해결 + 자원관리능력

난이도 ●●○

402 아래의 지문을 고려할 때, 〈보기〉 중 옳은 것을 모두 고른 것은?

편집자 K씨는 고객사 A, B, C로부터 동영상 편집을 의뢰 받아 업무를 진행한다. 고객사로부터의 모든 편집 의뢰는 매일 아침 업무 시작 전에 접수된다. 세 고객사가 처음 의뢰하는 날짜는 동일하고, K씨는 매일 업무 시간 동안 10시간 분량의 동영상을 편집할 수 있다. 고객사들은 다음과 같이 일정한 주기로 일정한 분량의 동영상 편집을 의뢰하고, 모든 의뢰에는 각각의 제출 기한이 있다.

- 고객사 A는 3일 주기로 10시간 분량의 동영상 편집을 의뢰하고, 의뢰 후 제출 기한까지의 기간은 3일이다.
- 고객사 B는 4일 주기로 20시간 분량의 동영상 편집을 의뢰하고, 의뢰 후 제출 기한까지의 기간은 4일이다.
- 고객사 C는 5일 주기로 10시간 분량의 동영상 편집을 의뢰하고, 의뢰 후 제출 기한까지의 기간은 5일이다.

편집자 K씨는 다음 원칙에 따라 우선순위를 정하여 업무를 진행한다.

- 제출 기한까지 남은 기간이 짧은 동영상을 먼저 편집한다.
- 제출 기한까지 남은 기간이 같으면 먼저 의뢰 받은 동영상을 먼저 편집한다.

보기

ㄱ. K씨는 첫 번째 의뢰를 받은 날부터 5일째 되는 날에 고객사 A의 두 번째 동영상을 편집한다.

ㄴ. K씨는 첫 번째 의뢰를 받은 날부터 8일째 되는 날에 고객사 C의 동영상을 편집한다.

ㄷ. K씨는 첫 번째 의뢰를 받은 날부터 60일째 되는 날, 그날까지 고객사 A, B, C로부터 의뢰 받은 모든 동영상의 편집을 완료할 수 있다.

① ㄱ ② ㄴ ③ ㄱ, ㄴ

④ ㄱ, ㄷ ⑤ ㄴ, ㄷ

기출 13' 5급㉻-재 난이도 ●●○

403 **다음 글을 근거로 할 때, 생태계보전협력금의 1회분 분할납부금 액으로 가장 적은 것은? (단, 부과금을 균등한 액수로 최대한 분할납부하며, 甲~戊의 사업은 모두 생태계보전협력금 납부대상 사업이다.)**

생태계보전협력금 부과 · 징수 방법

1. 부과 · 징수 대상
   - 자연환경 또는 생태계에 미치는 영향이 현저하거나 생물다양성의 감소를 초래하는 사업을 하는 사업자
2. 부과금액 산정 방식
   - 생태계보전협력금 = 생태계 훼손면적×단위면적당 부과금액×지역계수
   - 단위면적($1m^2$)당 부과금액: 250원
   - 단, 총 부과금액은 10억 원을 초과할 수 없다.
3. 토지용도 및 지역계수
   - 토지의 용도는 생태계보전협력금 부과대상 사업의 인가 · 허가 또는 승인 등 처분시 토지의 용도(부과대상 사업의 시행을 위하여 토지의 용도를 변경하는 경우에는 변경 전의 용도를 말한다)에 따른다.
   - 지역계수

     가. 주거지역: 1

     나. 상업지역: 2

     다. 녹지지역: 3

     라. 농림지역: 4

     마. 자연환경보전지역: 5
4. 분할납부
   - 생태계보전협력금의 부과금액은 3년 이내의 기간을 정하여 분할납부한다.
   - 분할납부의 횟수는 부과금액이 2억 원 이하인 경우 2회, 2억 원을 초과하는 경우 3회로 한다. 다만 국가 · 지방자치단체 및 공공기관의 분할납부의 횟수는 2회 이하로 한다.

※ 사업대상 전 지역에서 생태계 훼손이 발생하는 것으로 가정한다.

① 상업지역 35만 m^2에 레저시설을 설치하려는 개인사업자 甲

② 농림지역 20만 m^2에 골프장 사업을 추진 중인 건설회사 乙

③ 녹지지역 30만 m^2에 관광단지를 조성하려는 공공기관 丙

④ 주거지역 20만 m^2와 녹지지역 20만 m^2를 개발하여 새로운 복합주거상업지구를 조성하려는 지방자치단체 丁

⑤ 주거지역 25만 m^2와 자연환경보전지역 25만 m^2를 묶어 염전체험박물관을 건립하려는 개인사업자 戊

문항편 14일차 · 문제해결 + 자원관리능력

기출 13' 5급㉻-재 | 난이도 ●●○

404 다음 〈표〉에 근거하여 추론할 때, 〈보기〉에서 옳은 것을 모두 고르면?

〈표〉 작물별 살포농약의 특성 및 잔류허용기준

작물	농약	살포 직후의 잔류량 (mg/kg)	반감기 (일)	잔류허용기준 (mg/kg)
상추	A	54.19	2.8	5.0
	B	6.63	2.0	5.0
사과	C	0.11	2.9	0.1
	D	0.97	8.4	0.5
포도	E	0.41	27.2	1.0
	F	1.48	7.5	5.0
	G	0.45	7.1	2.0

※ 농약살포량과 그 외 조건은 일정하며, 잔류허용기준을 초과하지 않는 작물만 수확한다.
※ 반감기는 농약 잔류량이 반으로 줄어드는 데에 걸리는 시간을 의미한다. (1일 = 24시간)

보기

ㄱ. 상추에 살포되는 농약들은 사과나 포도에 살포되는 농약들보다 초기 잔류량은 많지만, 농약 잔류량이 절반이 되기까지의 시간은 짧다.
ㄴ. 상추에 B를 살포하고 2일 후에 한 번 더 B를 살포한 경우, 그로부터 2일이 지났다면 수확할 수 있다.
ㄷ. 상추에는 A를, 사과에는 D를 동시에 살포했다면, 사과보다 상추를 더 일찍 수확할 수 있다.
ㄹ. 포도는 농약 살포 직후에 수확하더라도 농약 잔류량이 허용기준을 초과할 가능성은 없다.

① ㄱ, ㄴ
② ㄴ, ㄷ
③ ㄷ, ㄹ
④ ㄱ, ㄴ, ㄹ
⑤ ㄱ, ㄷ, ㄹ

난이도 ●●○

405 ○○전자의 판매 매장에서는 이번에 식기세척기 구매자에게 사은품을 한 가지씩 증정하기로 하였다. 다음 〈조건〉을 바탕으로 할 때, 항상 옳은 것은?

• 조건 •

- ○○전자 식기세척기는 화이트, 블랙, 메탈, 인디언핑크, 스카이블루의 5가지 색상이 있고, A~E는 모두 다른 색상을 구매하였다.
- 사은품으로는 커피머신, 청소기, 안마기, 에어프라이어, 그릇세트가 있고, A~E는 모두 다른 사은품을 선택하였다.
- A가 화이트 색상의 식기세척기를 구매하면 C는 메탈 색상의 식기세척기를 구매한다.
- 그릇세트를 사은품으로 선택한 사람은 화이트 색상의 식기세척기를 구매하지 않았다.
- D는 인디언핑크 색상의 식기세척기를 구매하였고 사은품으로 에어프라이어를 선택하였다.
- E는 블랙 색상의 식기세척기를 구매하였다.
- 메탈 색상의 식기세척기를 구매한 사람은 A가 아니다.
- C가 화이트 색상의 식기세척기를 구매하면 B는 스카이블루 색상의 식기세척기를 구매한다.
- 스카이블루 색상의 식기세척기를 구매한 사람은 사은품으로 안마기를 선택하지 않았다.
- 블랙 색상의 식기세척기를 구매한 사람은 사은품으로 청소기를 선택하였다.

① A는 화이트 색상의 식기세척기를 구매하였다.
② 메탈 색상의 식기세척기를 구매한 사람은 사은품으로 안마기를 선택하지 않았다.
③ 스카이블루 색상의 식기세척기를 구매한 사람이 사은품으로 그릇세트를 선택하면 블랙 색상의 식기세척기를 구매한 사람은 사은품으로 커피머신을 선택한다.
④ E가 사은품으로 청소기를 선택하면 C는 사은품으로 커피머신을 선택한다.
⑤ 화이트 색상의 식기세척기를 구매한 사람이 사은품으로 커피머신을 선택하면 스카이블루 색상의 식기세척기를 구매한 사람은 사은품으로 그릇세트를 선택한다.

406 다음 글을 근거로 판단할 때, 〈보기〉에서 옳은 것만을 모두 고르면?

○○국에서는 배구가 인기 스포츠이고 매년 1월 프로배구 결승전이 5전 3선승제로 열려 우승팀을 가린다. 단, 각 경기에서 무승부는 존재하지 않는다. 올해는 甲팀과 乙팀이 결승전에 진출하자, 다음과 같은 기사가 나왔다.

> 1차전 승리한 팀의 우승확률 A %!!
> 1·2차전 모두 승리한 팀의 우승확률 B %!!
>
> - △△일보 -

위와 같은 기사에 흥미를 느낀 누리는 △△일보 기자에게 우승확률을 어떻게 산출하였는지 물었다. 기자는 과거 20년간 매년 치러진 결승전의 모든 진출팀들과 결승전 결과를 아래와 같은 계산식에 적용하였다고 대답하였다.

$$A = \frac{\text{1차전 승리한 팀이 우승한 횟수}}{\text{1차전 승리한 팀이 우승한 횟수} + \text{1차전 패배한 팀이 우승한 횟수}} \times 100$$

$$B = \frac{\text{1·2차전 모두 승리한 팀이 우승한 횟수}}{\text{1·2차전 모두 승리한 팀이 우승한 횟수} + \text{1·2차전 모두 패배한 팀이 우승한 횟수}} \times 100$$

보기

ㄱ. A를 구하는 계산식의 분모는 20이다.
ㄴ. A와 B 모두 50보다 작을 수는 없다.
ㄷ. A > B가 될 수는 없다.
ㄹ. △△일보 기사에 따르면, 1·2차전을 모두 패배한 팀의 우승확률은 (100 − B) %이다.

① ㄱ, ㄷ
② ㄱ, ㄹ
③ ㄴ, ㄷ
④ ㄱ, ㄴ, ㄹ
⑤ ㄱ, ㄷ, ㄹ

기출 16' 5급(행)-5 난이도 ●●○

407 **다음 글을 근거로 판단할 때, 도형의 모양으로 옳게 짝지은 것은?**

5명의 학생은 5개 도형 A~E의 모양을 맞히는 게임을 하고 있다. 5개의 도형은 모두 서로 다른 모양을 가지며 각각 삼각형, 사각형, 오각형, 육각형, 원 중 하나의 모양으로 이루어진다. 학생들에게 아주 짧은 시간 동안 5개의 도형을 보여준 후 도형의 모양을 2개씩 진술하게 하였다. 학생들이 진술한 도형의 모양은 다음과 같고, 모두 하나씩만 정확하게 맞혔다.

지영:	C = 삼각형,	D = 사각형
종형:	B = 오각형,	E = 사각형
미석:	C = 원,	D = 오각형
길원:	A = 육각형,	E = 사각형
수연:	A = 육각형,	B = 삼각형

① A = 육각형, D = 사각형
② B = 오각형, C = 삼각형
③ A = 삼각형, E = 사각형
④ C = 오각형, D = 원
⑤ D = 오각형, E = 육각형

난이도 ●●●

408 **A, B, C, D 4명은 각자 다른 색의 붓을 들고 각 1면씩 4면의 기둥에 서로 다른 색을 칠하려고 한다. 이들이 칠한 위치와 색이 다음의 〈조건〉과 같다고 할 때, 옳은 것은?**

• 조건 •

㉠ 4명이 각각 칠한 색은 빨간색, 노란색, 초록색, 파란색 중 하나로 모두 다르다.
㉡ A, B는 여자이고 C, D는 남자이다.
㉢ A가 칠한 면의 바로 왼쪽 면을 칠한 사람은 노란색을 칠했다.
㉣ B가 칠한 면의 바로 왼쪽 면을 칠한 사람은 파란색을 칠하지 않았다.
㉤ C가 칠한 면의 반대쪽 면을 칠한 사람은 빨간색을 칠했다.
㉥ D가 칠한 면의 반대쪽 면을 칠한 사람은 초록색을 칠하지 않았다.
㉦ 초록색을 칠한 사람과 파란색을 칠한 사람 중 한 명은 여자이고 다른 한 명은 남자이다.

① A는 초록색을 칠했다.
② B는 파란색을 칠했다.
③ C는 노란색을 칠했다.
④ D의 바로 왼쪽 면을 칠한 사람은 B이다.
⑤ A의 바로 왼쪽 면을 칠한 사람은 C이다.

기출 13' 5급㉻-재 난이도 ●●○

409 〈품목별 가격과 칼로리〉와 〈오늘의 행사〉에 따라 물건을 구입하려고 한다. 10,000원의 예산 내에서 구입하려고 할 때, 다음 중 칼로리의 합이 가장 높은 조합은?

〈품목별 가격과 칼로리〉

품목	피자	돈가스	도넛	콜라	아이스크림
가격(원/개)	2,500	4,000	1,000	500	2,000
칼로리(kcal/개)	600	650	250	150	350

• 오늘의 행사 •

1. 피자 두 개 한 묶음을 사면 콜라 한 캔이 덤으로!
2. 돈가스 두 개 한 묶음을 사면 돈가스 하나가 덤으로!
3. 아이스크림 두 개 한 묶음을 사면 아이스크림 하나가 덤으로!

단, 물량 제한으로 1~3의 행사는 한 품목당 한 묶음까지만 적용됩니다.

① 피자 2개, 아이스크림 2개, 도넛 1개
② 돈가스 2개, 피자 1개, 콜라 1개
③ 아이스크림 2개, 도넛 6개
④ 돈가스 2개, 도넛 2개
⑤ 피자 4개

기출 21' 5급㉾-가 | 난이도 ●●○

410 **다음 글을 근거로 판단할 때 옳지 않은 것은?**

> 도시 O, A, B, C는 순서대로 동일 직선상에 배치되어 있으며 도시 간 거리는 각각 30 km로 동일하다. ($\overline{OA}$: 30 km, $\overline{AB}$: 30 km, $\overline{BC}$: 30 km)
> A, B, C가 비용을 분담하여 O에서부터 A와 B를 거쳐 C까지 연결하는 직선도로를 건설하려고 한다. A, B, C 주민은 O로의 이동을 위해서만 도로를 이용한다. 도로 1 km당 건설비용은 동일하다. 비용 분담안으로 다음 세 가지 안이 논의되고 있다.
> • I안: 각 도시가 균등하게 비용을 부담
> • II안: 각 도시가 이용 구간의 길이에 비례하여 비용을 부담
> • III안: 도로를 $\overline{OA}$, $\overline{AB}$, $\overline{BC}$로 나누어 해당 구간을 이용하는 도시가 해당 구간 건설비용을 균등하게 부담

① A에게는 III안이 가장 부담 비용이 낮다.
② B의 부담 비용은 I안과 II안에서 같다.
③ II안에서 A와 B의 부담 비용의 합은 C의 부담 비용과 같다.
④ I안에 비해 부담 비용이 낮아지는 도시의 수는 II안보다 III안에서 더 많다.
⑤ C의 부담 비용은 III안이 I안의 2배 이상이다.

난이도 ●●○

411 **사범대 동기 수현, 지혜, 호연, 서윤, 정호 5명은 이번에 함께 임용고시를 치르게 되었는데 이들 중 1명 이상이 임용고시에 합격하였다. 합격 여부에 대해 5명이 다음과 같이 진술했는데, 이 중 1명만 진실을 말하고 나머지 4명은 거짓을 말했다. 이때, 합격이 확실한 사람만을 모두 고른 것은?**

> 수현: 나는 이번 임용고시에 겨우 합격했어.
> 지혜: 임용고시에 합격한 사람은 내가 아니야.
> 호연: 나는 안타깝게도 이번 임용고시에 합격하지 못했어.
> 서윤: 임용고시 합격자 중에 정호가 있어.
> 정호: 지혜는 임용고시에 합격했지.

① 정호　② 호연　③ 서윤
④ 수현, 지혜　⑤ 지혜, 호연

난이도 ●●○

412 ○○의대 기숙사에 하선빈, 추민하, 장겨울, 안치홍, 용석민 5명은 같은 7층에 신규 배정되었다. 7층에는 다음과 같이 왼쪽 엘리베이터에서 오른쪽 끝의 계단실까지 일렬로 5개의 방이 배열되어 있으며, 이들의 전공은 각각 신경외과, 산부인과, 소아청소년과, 마취통증의학과, 재활의학과로 서로 다르다. 이들이 배정받은 방은 다음의 〈조건〉과 같다고 할 때, 항상 옳지 않은 것은?

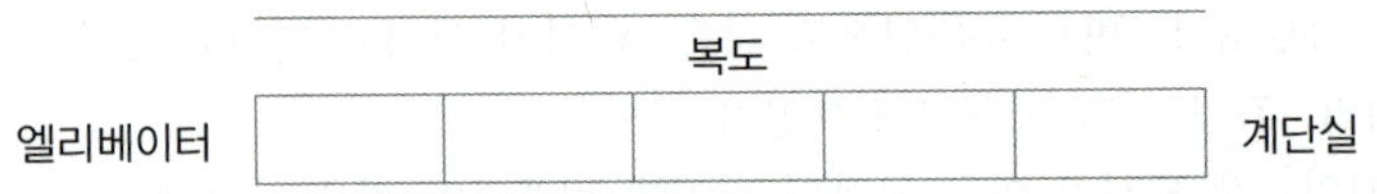

조건

㉠ 5명 중에서 마취통증의학과 전공자의 학기 성적이 가장 높고, 용석민의 학기 성적이 두 번째로 높다.
㉡ 하선빈이 배정받은 방은 안치홍이 배정받은 방 바로 옆이다.
㉢ 안치홍이 배정받은 방은 계단실과 가장 가까운 방이다.
㉣ 추민하가 배정받은 방은 장겨울이 배정받은 방과 용석민이 배정받은 방 사이에 있다.
㉤ 학기 성적이 가장 낮은 학생이 배정받은 방은 학기 성적이 두 번째로 높은 학생이 배정받은 방과 두 번째로 낮은 학생이 배정받은 방 사이에 있다.
㉥ 계단실과 가장 가까운 방에 학기 성적이 세 번째로 높은 학생이 배정되었다.
㉦ 엘리베이터와 가장 가까운 방에 학기 성적이 두 번째로 낮은 학생이 배정되었다.

① 학기 성적이 가장 높은 학생은 하선빈이다.
② 학기 성적이 가장 낮은 학생은 추민하이다.
③ 추민하가 배정받은 방은 하선빈이 배정받은 방보다 엘리베이터에 더 가깝다.
④ 엘리베이터에 두 번째로 가까운 방에 배정된 학생은 용석민이다.
⑤ 계단실에 두 번째로 가까운 방에 배정된 학생은 마취통증의학과이다.

기출 13' 5급㉻-재 난이도 ●●○

413 다음 〈상황〉에 근거할 때, 약사 甲이 4명의 환자에게 조제한 약을 옳게 짝지은 것은?

상황

오늘 아침 甲의 약국에 희경, 은정, 소미, 정선 4명의 손님이 방문하였다. 甲은 이들로부터 처방전을 받아 A~D네 봉지의 약을 조제하였는데, 약을 조제한 후 처방전을 분실하여 누구의 약인지 알지 못한다. 다만 甲은 다음과 같은 몇 개의 정보만 기억하고 있다.

- 오늘 아침 방문한 환자들의 병명은 몸살, 배탈, 치통, 피부병이었다.
- 은정의 처방전은 B에 해당하는 것이었고, 그녀는 몸살이나 배탈 환자가 아니었다.
- A는 배탈 환자에 사용되는 약이 아니다.
- D는 연고를 포함하고 있는데, 이 연고는 피부병에만 사용된다.
- 희경은 임산부이고, A와 D에는 임산부가 먹어서는 안 되는 약품이 사용되었다.
- 소미는 몸살 환자가 아니었다.

	A	B	C	D
①	정선	은정	희경	소미
②	정선	은정	소미	희경
③	소미	은정	희경	정선
④	희경	은정	소미	정선
⑤	희경	은정	정선	소미

기출 13' 5급㉻-재 난이도 ●●○

414 다음 〈조건〉에 근거할 때, 〈보기〉에서 옳은 것을 모두 고르면?

조건

- 영어 알파벳 26자에 한정하여 생각한다.
- 순서를 반대로 뒤집어도 철자순서가 같은 것을 pop라고 한다. 예를 들어 'kk', 'bob', 'did', 'cddc', 'abcba', 'aaabaaa' 등은 모두 pop이다.

※ 단어가 가진 원래의 뜻은 고려하지 않는다.

보기

ㄱ. 세 글자인 pop는 모두 26×26개이다.
ㄴ. 네 글자인 pop가 세 글자인 pop보다 많다.
ㄷ. 다섯 글자인 pop 개수는 세 글자인 pop 개수의 25배 이상이다.
ㄹ. 모든 알파벳을 사용할 경우의 세 글자 pop 개수는 알파벳 13자만 사용하여 만든 다섯 글자 pop 개수보다 많다.

① ㄱ, ㄴ ② ㄱ, ㄷ ③ ㄱ, ㄹ
④ ㄴ, ㄷ ⑤ ㄷ, ㄹ

난이도 ●●○

415 ○○기업의 기획부, R&D부, 생산품질부, 영업마케팅부, 디자인부, 경영지원부 6개의 부서는 이번에 6층 건물의 신사옥으로 이전하면서 부서별로 서로 다른 층에 배정되었다. 다음 〈조건〉을 바탕으로 기획부의 바로 아래층에 배정된 부서를 고르면?

조건

- 디자인부는 기획부보다 아래층에 배정되었다.
- 경영지원부는 1층에 배정되었다.
- 영업마케팅부는 생산품질부와 한 층 차이다.
- R&D부 바로 위층에는 영업마케팅부가 배정되었다.
- 기획부는 생산품질부보다 아래층에 배정되었다.

① 생산품질부
② 영업마케팅부
③ 디자인부
④ 경영지원부
⑤ R&D부

기출 16' 5급㉻-5 난이도 ●●○

416 재적의원이 210명인 ○○국 의회에서 다음과 같은 〈규칙〉에 따라 안건 통과 여부를 결정한다고 할 때, 〈보기〉에서 옳은 것만을 모두 고르면?

규칙

- 안건이 상정된 회의에서 기권표가 전체의 3분의 1 이상이면 안건은 부결된다.
- 기권표를 제외하고, 찬성 또는 반대의견을 던진 표 중에서 찬성표가 50 %를 초과해야 안건이 가결된다.

※ 재적의원 전원이 참석하여 1인 1표를 행사하였고, 무효표는 없다.

보기

ㄱ. 70명이 기권하여도 71명이 찬성하면 안건이 가결된다.
ㄴ. 104명이 반대하면 기권표에 관계없이 안건이 부결된다.
ㄷ. 141명이 찬성하면 기권표에 관계없이 안건이 가결된다.
ㄹ. 안건이 가결될 수 있는 최소 찬성표는 71표이다.

① ㄱ, ㄴ　② ㄱ, ㄷ　③ ㄴ, ㄷ
④ ㄴ, ㄹ　⑤ ㄷ, ㄹ

기출 16' 5급㉻-5 난이도 ●●○

417 다음 글을 근거로 판단할 때, 〈보기〉에서 옳은 것만을 모두 고르면?

혜민이와 은이는 ○×퀴즈를 풀었다. 문제는 총 8개(100점 만점)이고 분야별 문제 수와 문제당 배점은 다음과 같다.

분야	문제 수	문제당 배점
역사	6	10점
경제	1	20점
예술	1	20점

문제 순서는 무작위로 정해지고, 혜민이와 은이가 각 문제에 대해 'O' 또는 'X'를 다음과 같이 선택했다.

문제	혜민	은
1	○	○
2	×	○
3	○	○
4	○	×
5	×	×
6	○	×
7	×	○
8	○	○
총점	80	70

〈보기〉

ㄱ. 혜민이와 은이 모두 경제 문제를 틀린 경우가 있을 수 있다.
ㄴ. 혜민이만 경제 문제를 틀렸다면, 예술 문제는 혜민이와 은이 모두 맞혔다.
ㄷ. 혜민이가 역사 문제 두 문제를 틀렸다면, 은이는 예술 문제와 경제 문제를 모두 맞혔다.

① ㄴ ② ㄷ ③ ㄱ, ㄴ
④ ㄱ, ㄷ ⑤ ㄴ, ㄷ

기출 21' 5급㉻-가 | 난이도 ●●○

418 **다음 글을 근거로 판단할 때, A물건 1개의 무게로 가능한 것은?**

甲이 가진 전자식 체중계는 소수점 이하 첫째 자리에서 반올림하여 kg 단위의 자연수로 무게를 표시한다. 甲은 이 체중계를 아래와 같이 이용하여 A물건의 무게를 추정하고자 한다.
- 甲이 체중계에 올라갔더니 66이 표시되었다.
- 甲이 A물건을 2개 들고 체중계에 올라갔지만 66이 그대로 표시되었다.
- 甲이 A물건을 3개 들고 체중계에 올라갔더니 67이 표시되었다.
- 甲이 A물건을 4개 들고 체중계에 올라갔을 때에도 67이 표시되었다.
- 甲이 A물건을 5개 들고 체중계에 올라갔더니 68이 표시되었다.

① 200 g ② 300 g ③ 400 g
④ 500 g ⑤ 600 g

난이도 ●○○

419 **K씨는 일 년 동안 제주도에 있는 회사로 파견을 가게 되어 그 동안 묵을 숙소를 구하려고 한다. 주어진 자료를 바탕으로 K씨가 구할 숙소를 고르면?**

K씨는 일 년 동안 묵을 숙소를 알아보고 있다. K씨는 숙소 후보 A~E 중에서 항목별로 점수를 매겨 가장 점수가 높은 숙소를 선택하려고 한다.
각 항목별로 1~5점을 중복되지 않게 부여했으며, 연식이 오래되지 않을수록, 월세가 적을수록, 회사와의 거리가 짧을수록 높은 점수를 부여했다. 옵션은 개수마다 1점씩 매겼다. 만약 총점이 동일한 경우에는 일 년간 총 납입할 금액의 총합이 가장 저렴한 숙소를 고르려고 한다.

〈표〉 숙소 정보

구분	연식	회사와의 거리	옵션	월세	보증금
A	2017년 9월 준공	4.2 km	냉장고, 에어컨	44만 원	140만 원
B	2014년 12월 준공	6.4 km	냉장고	38만 원	200만 원
C	2018년 7월 준공	7.5 km	냉장고, 에어컨, 전자레인지	42만 원	150만 원
D	2012년 3월 준공	6.0 km	냉장고, 에어컨	35만 원	220만 원
E	2015년 4월 준공	5.6 km	냉장고, 에어컨	40만 원	180만 원

① A ② B ③ C
④ D ⑤ E

난이도 ●○○

420 유명 가수 P씨는 올해 크리스마스 콘서트를 전국투어로 진행할 예정이다. 집에서 출발하여 공연장 A~F를 거쳐 다시 집으로 돌아오는 일정을 짜려고 할 때, 다음 [그림]과 [표]를 바탕으로 P씨가 갈 수 있는 최단거리를 고르면?
(단, A~F를 모두 거쳐야 하고, 각 공연장은 한 번만 지날 수 있다.)

[그림] 각 공연장의 연결망 지도

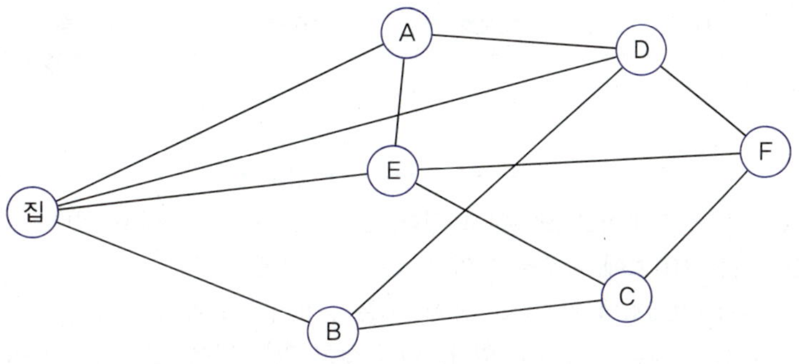

[표] 각 지점 간 거리

(단위: km)

구분	집	A	B	C	D	E	F
집	–	80	150	–	170	160	–
A	80	–	–	–	100	60	–
B	150	–	–	40	140	–	–
C	–	–	40	–	–	90	20
D	170	100	140	–	–	–	50
E	160	60	–	90	–	–	110
F	–	–	–	20	50	110	–

※ 단, 표에 거리가 주어지지 않은 경우 다른 지점을 거쳐서 가야 함을 의미한다. 예컨대 집에서 공연장 C로 바로 갈 수 없으며, 다른 공연장을 거쳐서 가야 한다.

① 580km ② 600km ③ 620km
④ 650km ⑤ 680km

난이도 ●●○

421 A~E 5명은 다음 그림과 같이 101~105호까지 나란히 위치한 세대에 거주하고 있다. 5명 모두 차량을 1대씩 소유하고 있으며 보유차량은 승용차 3대, 트럭 1대, 오토바이 1대 중 하나이다. 각 세대는 보유하고 있는 차량 조사를 위한 질문에서 각 거주 중인 호수 및 보유 차량에 대해 다음과 같이 진술했는데, 5명 중 1명은 거짓만을 말하고 나머지 4명은 진실만을 말했다고 한다. 이때, 거짓만을 말한 사람이 보유한 차량과 거주 중인 호수를 바르게 연결한 것은?

101호	102호	103호	104호	105호

← 왼쪽　　　　오른쪽 →

진술

A : C는 오토바이를 보유하고 있다. E는 103호에 거주하고 있다.
B : 나는 101호에 거주하고 있고, C는 105호에 거주하고 있다.
C : 나는 105호에 거주하고 있다. B는 승용차를 보유하고 있다.
D: 나는 트럭을 보유하고 있다. 내가 살고 있는 방은 A의 바로 왼쪽에 위치해 있다.
E : 나는 승용차를 보유하고 있다. A는 내가 거주하고 있는 방보다 왼쪽인 102호에 거주하고 있다.

	보유차량	호수
①	승용차	102호
②	트럭	103호
③	오토바이	103호
④	승용차	104호
⑤	트럭	104호

난이도 ●●○

422 수현, 주아, 한성, 제혁 4명이 각각 경영학과, 통계학과, 경제학과, 심리학과 중 2가지 이상을 다음의 〈조건〉과 같이 복수 전공하였다고 할 때, 항상 옳은 것은?

조건

㉠ 수현은 경영학과, 한성은 통계학과, 제혁은 경제학과를 전공하였다.
㉡ 수현과 한성의 전공은 겹치지 않는다.
㉢ 수현이 전공한 과는 주아도 전공하였다.
㉣ 주아는 심리학과를 전공하지 않았다.
㉤ 경영학과와 심리학과를 전공한 사람은 각각 2명씩이다.

① 수현은 심리학과를 전공하였다.
② 주아는 통계학과를 전공하였다.
③ 한성은 경제학과를 전공하였다.
④ 제혁은 경영학과를 전공하지 않았다.
⑤ 수현은 경제학과를 전공하지 않았다.

기출 13' 5급ⓗ-재 | 난이도 ●●○

423 다음 〈숫자를 만드는 규칙〉과 〈놀이규칙〉에 따라 놀이를 할 때, 〈보기〉에서 가장 높은 점수를 받게 되는 경우부터 순서대로 나열한 것은?

• 숫자를 만드는 규칙 •

- 막대를 활용해 숫자를 만든다.
- 각 숫자를 만들 때는 아래 정해진 형태로만 만들어야 하며 정해진 개수만큼의 막대를 사용해야 한다.

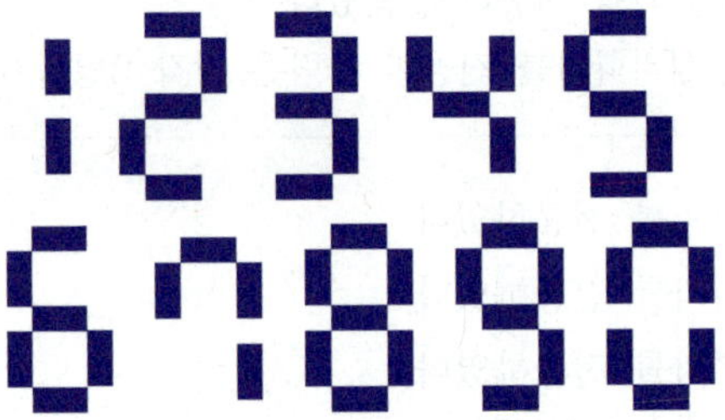

- 각 숫자를 만드는데 필요한 막대의 개수는 아래의 표와 같다.

숫자	1	2	3	4	5	6	7	8	9	0
필요한 막대 개수	2	5	5	4	5	6	4	7	6	6

• 놀이규칙 •

공식: □□ − □□ = ?

(두 자리수 빼기 두 자리수의 값)

- 주어진 개수의 막대를 사용하여 □ 안에 들어갈 4개의 숫자를 만든다.
- 주어진 개수의 막대를 모두 활용하여야 하며 막대를 남기거나 더 사용하면 안 된다.
- 각 □ 안에는 하나의 숫자만 들어가야 하며 각 숫자는 1회만 사용해야 한다.
- 두 자리수를 만들어야 하므로 각 숫자의 앞자리에는 0이 들어갈 수 없다.
- 공식에 의하여 나온 가장 높은 값을 점수로 매긴다.

• 보기 •

ㄱ. 18개의 막대 사용
ㄴ. 19개의 막대 사용
ㄷ. 20개의 막대 사용
ㄹ. 21개의 막대 사용

① ㄱ > ㄴ > ㄷ > ㄹ
② ㄱ > ㄹ > ㄴ > ㄷ
③ ㄹ > ㄱ > ㄴ > ㄷ
④ ㄹ > ㄱ > ㄷ > ㄴ
⑤ ㄹ > ㄷ > ㄴ > ㄱ

424 **甲, 乙, 丙이 다음 〈조건〉에 따라 게임을 할 때, 〈보기〉에서 옳은 것만을 모두 고르면?**

조건

- 게임은 1부터 7까지의 숫자가 각각 적힌 7장의 카드 3벌(21장)을 섞어서 3명이 7장씩 나누어 가지고 시작한다.
- 게임은 甲부터 시작하여 甲→乙→丙→甲→乙→丙→…의 차례로 진행된다.
- 차례에 따라 손에 든 카드를 1장씩 내며, 이때 바로 전 사람이 낸 카드의 숫자와 같거나 더 큰 숫자의 카드만 낼 수 있다.
- 이미 낸 카드는 다시 가져올 수 없다.
- 자신의 차례에 낼 카드가 손에 없으면 게임에서 빠지며, 남은 사람은 계속 이어서 게임을 진행하고, 가장 늦게까지 게임에 남아 있는 사람이 우승자가 된다.
- 甲, 乙, 丙은 우승하기 위해 최선을 다한다.
- 甲이 받은 카드는 [1][1][3][5][6][6][7]이다.

보기

ㄱ. 누구든 [7]카드를 2장 갖고 있으면 반드시 우승할 수 있다.
ㄴ. 甲이 게임 시작과 동시에 [7]카드를 냈을 때 우승할 확률은 약 33 %이다.
ㄷ. 甲이 게임 시작과 동시에 [6]카드를 냈을 때 우승할 확률은 약 33 %이다.

① ㄱ
② ㄴ
③ ㄱ, ㄴ
④ ㄴ, ㄷ
⑤ ㄱ, ㄴ, ㄷ

기출 16' 5급㉻-5 난이도 ●●○

425 다음 글과 〈3년간 인증대학 현황〉을 근거로 판단할 때, 〈보기〉에서 옳은 것만을 모두 고르면? (단, 다른 조건은 고려하지 않는다)

- 대학의 외국인 유학생 관리·지원 체계 및 실적 등을 평가하여 인증을 부여하는 제도가 2013년에 처음 시행되었다.
- 신규 인증을 신청한 대학이 1단계 핵심지표평가 및 2단계 현장평가 결과 일정 기준을 충족할 경우, 신규 인증대학으로 선정되고 인증의 유효기간은 3년이다.
- 매년 2월 인증대학을 선정하며 인증은 당해 연도 3월 1일부터 유효하다.
- 기존 인증대학에 대해서는 매년 2월 핵심지표평가만을 실시하고, 기준을 충족하지 못하는 경우 당해 연도 3월 1일부터 인증이 취소된다.
- 인증이 취소된 대학은 그 다음 해부터 신규 인증을 신청하여 신규 인증대학으로 다시 선정될 수 있다.

〈3년간 인증대학 현황〉

구분	2013년 3월	2014년 3월	2015년 3월
신규 인증대학	12	18	21
기존 인증대학	–	10	25
합계	12	28	46

보기

ㄱ. 2013년에 신규 인증대학으로 선정된 A대학이 2016년에 핵심지표평가만을 받는 경우는 없다.
ㄴ. 2015년 3월까지 인증대학으로 1번 이상 선정된 대학은 최대 51개이다.
ㄷ. 2015년 3월까지 인증대학으로 1번 이상 선정된 대학은 최소 46개이다.
ㄹ. 2016년 2월 현재 23개월 이상 인증을 유지하고 있는 대학은 25개이다.

① ㄱ, ㄷ
② ㄴ, ㄷ
③ ㄴ, ㄹ
④ ㄱ, ㄴ, ㄹ
⑤ ㄴ, ㄷ, ㄹ

기출 16' 5급㉻-5 | 난이도 ●●○

426 다음 〈규칙〉을 근거로 판단할 때, A와 B가 한 번의 게임에서 얻은 점수 합계의 최댓값과 최솟값은?

규칙

- A와 B는 상자 안에 든 1~9까지의 숫자가 적힌 아홉 개의 공을 번갈아가며 하나씩 뽑는다. 단, 하나의 공에는 하나의 숫자만 적혀 있고, 중복되거나 누락된 숫자는 없다.
- 뽑은 공은 상자 안에 다시 넣지 않는다.
- 공은 A가 먼저 뽑고, 공을 모두 뽑으면 게임은 종료된다.
- 득점방식은 다음과 같다.
  - (n−1)번째 뽑은 공에 적힌 숫자와 n번째 뽑은 공에 적힌 숫자를 더한다. (n=2, 3, 4, 5, 6, 7, 8, 9)
  - 위 합산 값의 일의 자리 수가 n번째 공을 뽑은 사람의 득점이 된다. 즉 n이 홀수일 때 A가 득점하고, n이 짝수일 때 B가 득점한다.
  - A는 자신이 뽑은 첫 번째 공으로 득점할 수 없다.

	최댓값	최솟값
①	61	3
②	61	4
③	61	5
④	67	4
⑤	67	5

기출 16' 5급㉻-5 | 난이도 ●●○

427 **다음 글을 근거로 판단할 때, 2015년 9월 15일이 화요일이라면 2020년 이후 A국 ○○축제가 처음으로 18일 동안 개최되는 해는? (단, 모든 날짜는 양력 기준이다.)**

> 1년의 개념은 지구가 태양을 한 바퀴 도는 데에 걸리는 시간으로, 그 시간은 정확히 365일이 아니다. 실제 그 시간은 365일보다 조금 긴 약 365.2422일이다. 따라서 다음과 같은 규칙을 순서대로 적용하여 1년이 366일인 윤년을 정한다.
> - **규칙 1**: 연도가 4로 나누어 떨어지는 해는 윤년으로 한다. (2004년, 2008년, …)
> - **규칙 2**: '규칙 1'의 연도 중에서 100으로 나누어 떨어지는 해는 평년으로 한다. (2100년, 2200년, 2300년, …)
> - **규칙 3**: '규칙 2'의 연도 중에서 400으로 나누어 떨어지는 해는 윤년으로 한다. (1600년, 2000년, 2400년, …)

※ 평년: 윤년이 아닌, 1년이 365일인 해

> A국 ○○축제는 매년 9월 15일이 지나고 돌아오는 첫 번째 토요일에 시작하여 10월 첫 번째 일요일에 끝나는 일정으로 개최한다. 다만 10월 1일 또는 2일이 일요일인 경우, 축제를 A국 국경일인 10월 3일까지 연장한다. 따라서 축제는 최단 16일에서 최장 18일 동안 열린다.

① 2021년　② 2022년　③ 2023년
④ 2025년　⑤ 2026년

Day 14 Self Check List

	오답 수	무응답 수	풀이시간(분)
1회독	/ 32	/ 32	/ 60(분)
2회독	/ 32	/ 32	/ 50(분)
3회독	/ 32	/ 32	/ 40(분)

정답 및 해설 423p

독끝 15일차 (428~460)

난이도별 구성

●○○	1문항
●●○	30문항
●●●	2문항

본 문항은 PSAT 상황판단 영역 기출 문항으로 구성되며, 기출 표기에 따른 시험 종류는 아래와 같습니다. (표기 상 맨 끝은 '책형' 입니다.)
㉤ - 민간경력자 일괄채용시험 / ㉥ - 공개경쟁채용시험(행정)

15일차 일일연습

Set ❶

다음 문장을 논리기호로 표현한 것이 맞으면 O, 틀리면 X로 표시하세요.

(1) B와 C가 모두 진실이면, A도 진실이다. ▶ (B ∧ C) → A ⇔ ~A → (~B ∨ ~C)
(2) 동물을 좋아하고 식물을 좋아한다면, 관찰도 잘하게 된다. ▶ {(동물) ∧ (식물)} → (관찰) ⇔ ~(관찰) → ~{(동물) ∧ (식물)}
(3) A와 B가 모두 진실을 말하는 것은 아니다. ▶ ~(A ∧ B) ⇔ (~A ∧ ~B)
(4) 수학이 1등급인 고등학생은 가영이 뿐이다. ▶ (가영이) → {(수학1) ∧ (고등학생)} ⇔ {(수학1) ∧ (고등학생)} → (가영이)

Set ❷

표의 빈 칸에 들어갈 것을 구하시오. (참, 거짓)

a	b	a ∧ b	b → a
거짓	참	(1)	(2)
참	참	참	참
참	거짓	(3)	(4)
거짓	거짓	거짓	참

Set ❸

아래〈조건〉을 확인 후, 각 질문에 답하시오.

〈조건〉 5~16까지 숫자 버튼으로 구성된 자물쇠가 있다. 자물쇠의 안전성은 자물쇠를 풀기 위해 가능한 비밀번호의 경우의 수가 많을수록 높아진다.
(1) 버튼을 누르는 순서와 상관없을 때, 자물쇠의 안전성을 극대화하는 비밀번호 자리 수는?
(2) 위 (1)의 경우, 비밀번호 경우의 수는?
(3) 버튼을 누르는 순서까지 고려될 때, 위 (1)의 경우보다 자물쇠의 안전성이 높아지는 건 비밀전호를 몇 자리로 설정할 때부터인가?
(4) 위 (3)의 경우, 비밀번호 경우의 수는?

	Set ❶	Set ❷	Set ❸
(1)	O	거짓	6자리
(2)	O	거짓	924가지
(3)	X	거짓	3자리
(4)	O	참	1320자리

※ 참고사항

문장	논리기호	문장	논리기호
p이다.	p	• 어떤 p는 q이다. • p이면서 q이다. • p그리고 q이다.	p ∧ q
p가 아니다.	~p	• p이거나 q이다. • p 또는 q이다.	p ∨ q
• 모든 p는 q이다. • p이면 q이다.	p → q	• 'p또는 q'가 아니다. • p도 아니고 q도 아니다.	~(p ∨ q)

• "⇔" : 필요충분조건 또는 동치를 나타내는 논리기호
• 연언명제 (p ∧ q) : 모두 참일때만 참
• 선언명제 (p ∨ q) : 모두 거짓일 때만 거짓
• 가언명제 (p → q) : 전건이 참, 후건이 거짓일 때만 거짓

	맞은 개수	풀이 시간
Set ❶	/ 4	(초)
Set ❷	/ 4	(초)
Set ❸	/ 4	(초)
합계	/ 12	(초)

* 다음의 회독수 별 권장풀이시간에 맞춰 문제풀이 후,
Day 15 끝의 [Self Check List]를 기입하여 부족한 부분을 파악하세요!

권장 풀이 시간

1회독 65 min 2회독 50 min 3회독 40 min

난이도 ●●●

428 로나, 제니, 은별, 석훈, 민혁은 아이스크림 가게에서 딸기맛, 초코맛, 바닐라맛, 커피맛의 4가지 맛 중 각자 2가지씩 선택하여 주문을 했다. 다음 〈조건〉을 바탕으로 이들의 상황을 바르게 추론한 것은?

조건

- 아무도 선택하지 않은 메뉴는 없다.
- 석훈이 선택한 메뉴는 민혁도 선택했다.
- 로나는 바닐라맛을 선택하지 않았다.
- 로나가 딸기맛을 선택하면 은별은 바닐라맛을 선택한다.
- 커피맛은 2명이 선택했고, 딸기맛은 4명이 선택했다.
- 제니는 초코맛을 선택하지 않았다.
- 로나와 은별이 동시에 선택한 메뉴는 한 가지이다.

① 로나만 초코맛을 선택하면 제니는 커피맛을 선택한다.
② 은별이 초코맛을 선택하면 초코맛을 선택한 사람은 3명이다.
③ 은별이 커피맛을 선택하면 제니는 커피맛을 선택한다.
④ 로나가 초코맛, 커피맛을 선택하면 은별은 바닐라맛을 선택한다.
⑤ 석훈이 커피맛을 선택하면 제니는 바닐라맛을 선택한다.

난이도 ●○○

429 2019년 정부에서 정책자금을 지원했던 A~E 5개의 중소기업을 대상으로 아래의 기준에 따라 평가를 하여 2021년에 추가로 지원자금을 결정하려고 한다. 주어진 기준을 바탕으로 할 때, 2021년 지원자금이 두 번째로 많은 기업의 지원자금은?

A~E 기업의 재무구조, 기술평가, 사업경제성에 따라 각각 100점 만점으로 점수를 부여한다. 재무구조 점수, 기술평가 점수, 사업경제성 점수의 합을 총점으로 하여 총점이 가장 높은 기업은 다음 해에 4억 원 증액하고, 두 번째로 높은 기업은 3억 원, 세 번째로 높은 기업은 2억 원, 네 번째로 높은 기업은 1억 원을 각각 증액하며, 가장 낮은 기업은 동결한다. 총점 순위에 관계없이 90점 이상을 달성한 영역이 1개 이하인 경우, 산정된 지원자금에서 1억 원을 추가로 감액하고, 모든 영역에서 90점 이상을 달성하였으면 산정된 지원자금에서 1억 원 추가로 증액한다.

구분	2019년 지원자금	재무구조 점수		기술평가 점수		사업경제성 점수	
		2019년	2020년	2019년	2020년	2019년	2020년
A	20억 원	90점	89점	91점	88점	90점	93점
B	18억 원	92점	96점	91점	95점	85점	91점
C	15억 원	93점	92점	92점	94점	88점	93점
D	19억 원	90점	80점	92점	88점	82점	89점
E	17억 원	89점	91점	88점	88점	92점	90점

① 21억 원　② 22억 원　③ 23억 원
④ 24억 원　⑤ 25억 원

난이도 ●●○

430 투자 가능성이 있는 단위사업 또는 투자계획을 투자안이라 하며, 투자 대안이란 투자안을 대상으로 하는 일련의 조치를 의미하는 의사결정안이다. 하나의 투자 대안은 여러 가지 투자안의 집합을 구성하거나, 어떤 투자안도 선택하지 않는 행위를 말한다. 올해 서울시에서 진행하는 최대 100억 원 규모의 관광사업에 대해서 아래와 같은 5개의 투자안이 존재할 때, 투자안의 예상비용과 기대수익 및 선택기준을 고려하여 구성한 서울시의 투자 대안에 대한 설명으로 적절한 것은?

투자안	Project A	Project B	Project C	Project D	Project E
예상비용	42억 원	45억 원	12억 원	53억 원	14억 원
기대수익	39억 원	42억 원	14억 원	52억 원	12억 원

〈선택기준〉

㉠ 투자 대안은 각 투자안을 한 번씩만 선택하여 구성해야 한다.

㉡ Project A와 Project B는 상호배타적인 투자안이다. 즉, Project A와 Project B는 동시에 선택할 수 없다.

㉢ Project C는 Project A에 의존적인 투자안이다. 즉, Project C를 채택하기 위해서는 Project A도 채택되어야 한다.

㉣ 대안의 효과는 (총 기대수익) − (총 예상비용)이며, 효과가 가장 큰 투자 대안을 선택한다.

① 어떤 투자안도 선택하지 않는 것이 최선의 투자 대안이다.

② Project A, Project B, Project E를 선택하여 투자 대안을 구성하였다.

③ Project C, Project D, Project E를 선택하여 투자 대안을 구성하였다.

④ 손해가 없는 투자 대안을 구성하기 위하여 Project A, Project C, Project E를 선택하였다.

⑤ 손해를 보는 투자 대안 중 가장 적은 손해를 낳는 것은 Project A, Project C, Project D이다.

난이도 ●●●

431 ○○기업에 새로 입사한 수영, 하늘, 재호, 경석 4명은 각각 김씨, 박씨, 최씨, 이씨 중 서로 다른 하나의 성을 가졌다. 출근 첫날 도착한 순서가 다음의 〈조건〉과 같다고 할 때, 회사에 두 번째, 세 번째로 도착한 사람을 순서대로 나열한 것은?

• 조건 •

㉠ 4명 중에 회사에 동시에 도착한 사람은 없다.
㉡ 회사에 가장 먼저 도착한 사람의 성은 최씨가 아니다.
㉢ 경석이 도착한 바로 다음에 재호가 도착했다.
㉣ 하늘은 수영 바로 다음에 도착했지만, 4명 중 이씨 성을 가진 사람보다 먼저 도착했다.
㉤ 김씨 성을 가진 사람이 최씨 성을 가진 사람보다 나중에 도착했다.
㉥ 최씨 성을 가진 사람과 이씨 성을 가진 사람은 연달아 도착하지 않았다.

① 최하늘, 김경석
② 박수영, 이재호
③ 김하늘, 이경석
④ 최경석, 박재호
⑤ 김수영, 박하늘

난이도 ●●●

432 가연, 아윤, 다현, 하준 4명의 전공은 정치외교학과, 과학교육과, 건축학과, 무용학과로 서로 다르고, 졸업한 대학도 A~D로 서로 다르다. 4명이 각각 졸업한 대학과 전공에 대한 정보가 다음의 〈조건〉과 같다고 할 때, 반드시 참인 것은?

• 조건 •

㉠ 아윤의 전공은 과학교육과이며, 졸업한 대학은 B가 아니다.
㉡ 정치외교학과는 B대학에 존재하지 않는다.
㉢ 무용학과를 전공한 사람은 D대학을 졸업하였다.
㉣ 가연의 전공은 정치외교학과도 아니고 무용학과도 아니다.
㉤ 다현은 A대학을 졸업하지 않았다.

① 가연은 정치외교학과를 전공하였다.
② 다현은 무용학과를 전공하였다.
③ 가연은 B대학을 졸업하였다.
④ 아윤은 A대학을 졸업하였다.
⑤ 하준은 D대학을 졸업하였다.

기출 14' 5급㉻-C 난이도 ●●○

433 다음 글과 〈조건〉을 근거로 판단할 때, 처리공정 1회 가동 후 바로 생산된 물에는 A균과 B균이 리터(L)당 각각 몇 마리인가? (단, 다른 조건은 고려하지 않는다.)

보란이와 예슬이는 주스를 제조하는 공장을 운영하고 있으며, 甲회사의 물과 乙회사의 물을 정화한 후 섞어서 사용한다. 甲회사의 물에는 A균이, 乙회사의 물에는 B균이 리터(L)당 1,000마리씩 균일하게 존재한다. A균은 70℃ 이상에서 10분간 가열하면 90%가 죽지만, B균은 40℃ 이상이 되면 즉시 10% 증식한다. 필터를 이용해 10분간 거르면 A균은 30%, B균은 80%가 걸러진다. 또한 자외선을 이용해 물을 10분간 살균하면 A균은 90%, B균은 80%가 죽는다.

〈물 처리공정〉

- 공정 (1)　　甲회사의 물과 乙회사의 물을 각각 자외선을 이용하여 10분간 살균한다.
- 공정 (2-1) 甲회사의 물을 100℃ 이상에서 10분간 가열한다.
- 공정 (2-2) 乙회사의 물을 10분간 필터로 거른다.
- 공정 (3)　　甲회사의 물과 乙회사의 물을 1 : 1의 비율로 배합한다.

조건

- 물 처리공정 1회 가동시 (1)~(3)의 공정이 20분 동안 연속으로 이루어진다.
- 각각의 공정은 독립적이며, 서로 영향을 미치지 않는다.
- 공정 (2-1)과 공정 (2-2)는 동시에 이루어진다.
- 공정 (3)을 거친 물의 온도는 60℃이다.
- 모든 공정에서 물의 양은 줄어들지 않는다.
- 모든 공정에 소요되는 시간은 물의 양과는 상관관계가 없다.

	A균	B균
①	10	44
②	10	40
③	5	44
④	5	22
⑤	5	20

기출 14' 5급㉻-C 난이도 ●●○

434 다음 글과 〈조건〉을 근거로 판단할 때, 甲이 두 번째로 전화를 걸 대상은?

○○국은 자문위원 간담회를 열 계획이다. 담당자 甲은 〈자문위원 명단〉을 보고 모든 자문위원에게 직접 전화를 걸어 참석여부를 확인하려 한다.

〈자문위원 명단〉

성명	소속	분야	참석경험 유무
A	가 대학	세계경제	○
B	나 기업	세계경제	×
C	다 연구소	경제원조	×
D	다 연구소	경제협력	○
E	라 협회	통상	×
F	가 대학	경제협력	×

조건

- 같은 소속이면 참석경험이 있는 자문위원에게 먼저 전화를 건다.
- 같은 분야면 참석경험이 있는 자문위원에게 먼저 전화를 건다.
- 같은 소속의 자문위원에게 연이어 전화를 걸 수 없다.
- 같은 분야의 자문위원에게 연이어 전화를 걸 수 없다.
- 참석경험이 있는 자문위원에게 연이어 전화를 걸 수 없다.
- 명단에 있는 모든 자문위원에게 1회만 전화를 건다.

① A ② B ③ C
④ D ⑤ E

문항편 15일차 • 문제해결 + 자원관리능력

기출 17' 5급㉻-다 | 난이도 ●●○

435 **다음 글과 〈상황〉을 근거로 판단할 때, 〈보기〉에서 옳은 것만을 모두 고르면?**

국가공무원인재개발원은 신임관리자과정 입교 예정자를 대상으로 사전 이러닝제도를 운영하고 있다. 이는 입교 예정자가 입교 전에 총 9개 과목을 온라인으로 수강하도록 하는 제도이다.

- 이러닝 교과목은 2017년 4월 10일부터 수강하며, 하루 최대 수강시간은 10시간이다.
- 필수Ⅰ 교과목은 교과목별로 정해진 시간의 강의를 모두 수강하는 것을 이수조건으로 한다.
- 필수Ⅱ 교과목은 교과목별로 정해진 시간의 강의를 모두 수강하고 온라인 시험에 응시하는 것을 이수조건으로 한다. 온라인 시험은 강의시간과 별도로 교과목당 반드시 1시간이 소요되며, 그 시험시간은 수강시간에 포함된다.
- 신임관리자과정 입교는 2017년 5월 1일이다.
- 2017년 4월 30일 24시까지 교과목 미이수시, 필수Ⅰ은 교과목당 3점, 필수Ⅱ는 교과목당 2점을 교육성적에서 감점한다.

교 과 목	강의시간	분류
• 사이버 청렴교육	15시간	필수 I
• 행정업무 운영제도	7시간	
• 공문서 작성을 위한 한글맞춤법	8시간	
• 공무원 복무제도	6시간	
• 역사에서 배우는 공직자의 길	8시간	필수 II
• 헌법정신에 기반한 공직윤리	5시간	
• 판례와 사례로 다가가는 헌법	6시간	
• 공무원이 알아야 할 행정법 사례	7시간	
• 쉽게 배우는 공무원 인사실무	5시간	
계	67시간	

※ 교과목은 순서에 상관없이 여러 날에 걸쳐 시간 단위로만 수강할 수 있다.

상황

신임관리자과정 입교를 앞둔 甲은 2017년 4월 13일에 출국하여 4월 27일에 귀국하는 해외여행을 계획하고 있다. 甲은 일정상 출·귀국일을 포함하여 여행기간에는 이러닝 교과목을 수강하거나 온라인 시험에 응시할 수 없는 상황이며, 여행기간을 제외한 시간에는 최대한 이러닝 교과목을 이수하려고 한다.

보기

ㄱ. 甲은 계획대로라면 교육성적에서 최소 3점 감점을 받을 것이다.
ㄴ. 甲이 하루 일찍 귀국하면 이러닝 교과목을 모두 이수할 수 있을 것이다.
ㄷ. '판례와 사례로 다가가는 헌법', '쉽게 배우는 공무원 인사실무'를 여행 중 이수할 수 있다면, 출·귀국일을 변경하지 않고도 교육성적에서 감점을 받지 않을 것이다.

① ㄱ ② ㄴ ③ ㄷ
④ ㄱ, ㄷ ⑤ ㄴ, ㄷ

기출 17' 5급㉻-다 | 난이도 ●●○

436 다음 〈조건〉과 〈상황〉을 근거로 판단할 때 옳지 않은 것은?

조건

민우의 스마트폰은 아래 사항 중 어느 하나라도 위배되면 자동으로 전원이 종료된다.

- 3개 이상의 메신저 애플리케이션이 동시에 실행 중일 수 없다.
- 총 메모리 사용량이 메모리의 용량을 초과할 수 없다.
  (단, 기본 메모리 용량은 1.5 GB이나, 1.6 GB로 확장할 수 있다)
- 실행 중인 애플리케이션 이름의 글자 수 합이 22자를 초과할 수 없다.
- 서로 종류(메신저, 게임, 지도, 뱅킹)가 다른 4가지의 애플리케이션이 동시에 실행 중일 수 없다.

상황

- 민우의 스마트폰에는 총 9개의 애플리케이션이 아래와 같이 설치되어 있다.

이름	종류	메모리 사용량(MB)
바나나톡	메신저	400
나인	메신저	300
모노그램	메신저	150
쿠키워크	게임	350
레일런	게임	150
녹색지도	지도	300
고글지도	지도	100
컨트리은행	뱅킹	90
구한은행	뱅킹	260

- 현재 민우의 스마트폰은 전원이 켜져 있다.
- 현재 민우의 스마트폰에서는 총 6개의 애플리케이션이 실행 중이다.
- 현재 민우의 스마트폰에서는 '바나나톡', '구한은행'이 실행 중이다.

※ 1 GB는 1,024 MB이다.
※ 총 메모리 사용량은 실행 중인 개별 애플리케이션 메모리 사용량의 합이다.

① 현재 '나인'은 실행 중이다.
② 현재 '컨트리은행'은 실행되지 않고 있다.
③ 현재 게임 애플리케이션은 모두 실행 중이다.
④ 현재 '고글지도'는 실행되지 않고 있다.
⑤ 민우의 스마트폰은 메모리가 확장되어 현재 1.6 GB인 상태이다.

기출 17' 5급㉖-다 난이도 ●●○

437 **위의 글과 다음 <상황>을 근거로 판단할 때, A도시 시간 기준으로 甲이 C도시에 도착할 수 있는 가장 빠른 시각은?**

• 상황 •

- A도시는 B도시보다 40분 먼저 정오가 되고, C도시보다는 10분 늦게 정오가 된다.
- '○○레일웨이'는 A도시의 시간을 기준으로 열차를 운행한다. A도시 발 B도시 행 '○○레일웨이' 열차는 매시 정각과 30분에 출발하며 운행시간은 3시간이다.
- '△△캐리어'는 C도시의 시간을 기준으로 열차를 운행한다. B도시 발 C도시 행 '△△캐리어' 열차는 매시 15분과 45분에 출발하며 운행시간은 4시간 30분이다.
- 甲은 A도시의 역에 A도시 시간을 기준으로 오전 7시 40분에 도착하여 '○○레일웨이' 열차로 B도시에 가서 '△△캐리어' 열차를 타고 C도시까지 간다.

※ 열차를 갈아타는 데 걸리는 이동시간은 고려하지 않는다.

① 15시 10분　② 15시 15분　③ 15시 25분
④ 15시 35분　⑤ 15시 55분

난이도 ●●●

438 **이번 ○○올림픽에서는 미국, 중국, 영국, 일본, 러시아, 독일, 대한민국 총 7팀이 토너먼트로 양궁 경기를 하게 되었다. 최종 경기 결과가 다음 <조건>과 같을 때, 반드시 거짓인 것을 고르면? (단, 부전승은 1회이며, 승이나 패로 여기지 않는다.)**

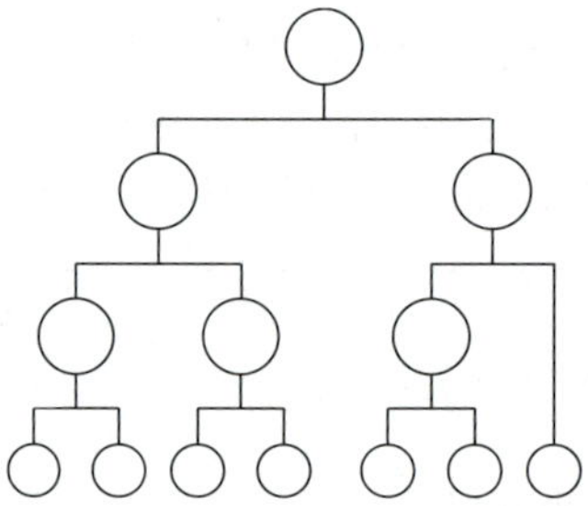

• 조건 •

- 미국은 0승 1패하였고 대한민국에 패배한 나라에게 패배하였다.
- 영국은 1승 1패하였고 대한민국에 패배하였다.
- 독일은 1승 1패하였다.
- 중국은 1승 1패하였고 대한민국에 패배하였다.

① 미국은 독일과 경기를 하였다.　② 중국은 부전승으로 올라갔다.
③ 대한민국이 우승하였다.　④ 독일은 일본과 경기를 하였다.
⑤ 영국과 대한민국은 4강에서 만났다.

기출 17' 5급㉠-다 | 난이도 ●●○

439 다음 글을 근거로 판단할 때, 甲금속회사가 생산한 제품 A, B를 모두 판매하여 얻을 수 있는 최대 금액은?

- 甲금속회사는 특수구리합금 제품 A와 B를 생산 및 판매한다.
- 특수구리합금 제품 A, B는 10 kg 단위로만 생산된다.
- 제품 A의 1 kg당 가격은 300원이고, 제품 B의 1 kg당 가격은 200원이다.
- 甲금속회사는 보유하고 있던 구리 710 kg, 철 15 kg, 주석 33 kg, 아연 155 kg, 망간 30 kg 중 일부를 활용하여 아래 표의 질량 배합 비율에 따라 제품 A를 300 kg 생산한 상태이다. (단, 개별 금속의 추가구입은 불가능하다)
- 합금 제품별 질량 배합 비율은 아래와 같으며 배합 비율을 만족하는 경우에만 제품이 될 수 있다.

(단위: %)

구분	구리	철	주석	아연	망간
A	60	5	0	25	10
B	80	0	5	15	0

※ 배합된 개별 금속 질량의 합은 생산된 합금 제품의 질량과 같다.

① 195,000원
② 196,000원
③ 197,000원
④ 198,000원
⑤ 199,000원

문항편 15일차 · 문제해결 + 자원관리능력

기출 17' 5급㉻-다 | 난이도 ●●○

440 다음 글과 〈조건〉을 근거로 판단할 때, A 매립지에서 8월에 쓰레기를 매립할 셀은?

A 매립지는 셀 방식으로 쓰레기를 매립하고 있다. 셀 방식은 전체 매립부지를 일정한 넓이의 셀로 나누어서 각 셀마다 쓰레기를 매립한다. 이 방식에 따르면 쓰레기를 매립할 셀을 지정해서 개방한 후, 해당 셀이 포화되면 순차적으로 다른 셀을 개방한다. 이는 쓰레기를 무차별적으로 매립하는 것을 방지하고 매립과정을 쉽게 감시하기 위한 것이다.

조건

- A 매립지는 4 × 4 셀로 구성되어 있다.
- 각 행에는 1, 2, 3, 4 중 서로 다른 숫자 1개가 각 셀에 지정된다.
- A 매립지는 효율적인 관리를 위해 한 개 이상의 셀로 이루어진 구획을 설정하고, 조감도에 두꺼운 테두리로 표현한다.
- 두 개 이상의 셀로 구성되는 구획에는 각 구획을 구성하는 셀에 지정된 숫자들을 모두 곱한 값이 다음 예와 같이 표현되어 있다.

예

(24*)		

'(24*)'는 구획을 구성하는 셀에 지정된 숫자를 모두 곱하면 24가 된다는 의미이다. 1, 2, 3, 4 중 서로 다른 숫자를 곱하여 24가 되는 3개의 숫자는 2, 3, 4밖에 없으므로 위의 셀 안에는 2, 3, 4가 각각 하나씩 들어가야 한다.

- A 매립지는 하나의 셀이 한 달마다 포화되고, 개방되는 셀은 행의 순서와 셀에 지정된 숫자에 의해 결정된다. 즉 1월에는 1행의 1이 쓰인 셀, 2월에는 2행의 1이 쓰인 셀, 3월에는 3행의 1이 쓰인 셀, 4월에는 4행의 1이 쓰인 셀에 매립이 이루어진다. 5월에는 1행의 2가 쓰인 셀, 6월에는 2행의 2가 쓰인 셀에 쓰레기가 매립되며, 이와 같은 방식으로 12월까지 매립이 이루어지게 된다.

〈A 매립지 조감도〉

(24*)	3	㉤	(3*) 1
(4*) ㉣	1	(12*) 4	3
1	㉢	3	(8*) 4
3	(4*) 4	㉡	㉠

① ㉠ ② ㉡ ③ ㉢
④ ㉣ ⑤ ㉤

난이도 ●●○

441 A~F 6명이 회의실에서 업무회의를 끝내고 각자의 팀 사무실에 가기 위해 다 함께 복도를 걸어가고 있다. 다음 그림과 같이 팀 사무실이 나란히 위치해 있고 6명이 소속된 팀 위치 정보가 다음의 〈조건〉과 같을 때, 항상 참인 것은? (단, A~F가 속한 회사에는 개발팀, 영업팀, 총무팀, 회계팀, 마케팅팀, 생산팀만이 존재하며, A~F의 걸음 속도는 동일하다.)

회의실	개발팀	영업팀	총무팀	회계팀	마케팅팀	생산팀

복도

조건

㉠ A, B, C, D, E, F는 서로 다른 팀에 소속되어 있다.
㉡ D가 팀 사무실에 도착한 이후에 두 명이 사무실에 도착했다.
㉢ C는 영업팀 또는 회계팀 또는 생산팀이다.
㉣ A와 F는 연달아서 사무실에 도착했다.
㉤ C는 F보다 먼저 사무실에 도착했다.

① B는 총무팀이다.
② C가 두 번째로 사무실에 도착했다.
③ F는 생산팀이다.
④ E가 가장 나중에 도착할 수 있다.
⑤ A가 가장 먼저 도착할 수 있다.

난이도 ●●○

442 A~D 출판사는 각 1권의 책을 출판하였다. 책 분야는 인문, 사회·정치, 수험서, 여행으로 서로 다르고, 출간 횟수도 1쇄, 2쇄, 3쇄, 5쇄로 서로 다르다. 4개의 출판사에서 출판한 책 분야 및 출간 횟수가 다음의 〈조건〉과 같을 때, C출판사가 출판한 책 분야와 출간 횟수를 바르게 연결한 것은?

조건

㉠ 인문 분야 책은 A출판사의 책보다 먼저 출간되었고, B출판사의 책보다는 나중에 출간되었다.

㉡ C출판사에서 출판한 책의 출간 횟수는 수험서 분야 책보다 많고 여행 분야 책보다는 적다.

㉢ C출판사의 책과 D출판사의 책의 출간 횟수는 3쇄 차이가 난다.

㉣ 인문 분야 책은 C출판사의 책보다 먼저 출간되었고, 수험서 분야 책보다 나중에 출간되었다.

	책 분야	출간 횟수
①	인문	2쇄
②	인문	5쇄
③	사회·정치	1쇄
④	사회·정치	2쇄
⑤	사회·정치	5쇄

기출 14' 5급㉻-C　난이도 ●●○

443 다음 글을 근거로 판단할 때, 〈상황〉의 (㉠)에 해당되는 수는?

〈양성평등채용목표제〉

1. 채용목표인원
   - 성별 최소 채용목표인원(이하 '목표인원')은 시험실시단계별 합격예정인원에 30 %(다만 검찰사무직렬은 20 %)를 곱한 인원수로 함
2. 합격자 결정방법

   가. 제1차시험
   - 각 과목 만점의 40 % 이상, 전 과목 총점의 60 % 이상 득점한 자 중에서 전 과목 총득점에 의한 고득점자 순으로 선발예정인원의 150 %를 합격자로 결정함
   - 상기 합격자 중 어느 한 성(性)의 합격자가 목표인원에 미달하는 경우에는 각 과목 만점의 40 % 이상, 전 과목 총점의 60 % 이상 득점하고, 전 과목 평균득점이 합격선 −3점 이상인 해당 성의 응시자 중에서 고득점자 순으로 목표미달인원만큼 당초 합격예정인원을 초과하여 추가합격 처리함

   나. 제2차시험 및 최종합격자 결정
   - 제1차시험에서 어느 한 성을 추가합격시킨 경우 일정인원을 선발예정인원에 초과하여 최종합격자로 결정함

〈7급 국가공무원 공개경쟁채용시험 공고〉

- 선발예정인원

직렬(직류)	선발예정인원
검찰사무직(검찰사무)	30명

※ 7급 국가공무원 공개경쟁채용시험은 양성평등채용목표제가 적용됨.

상황

검찰사무직 제1차시험에서 남성이 39명 합격하였다면, 제1차시험의 합격자 수는 최대 (㉠) 명이다.

① 42　② 45　③ 48
④ 52　⑤ 53

기출 14' 5급㉻-C 난이도 ●●○

444 **다음 글을 근거로 판단할 때, 〈보기〉에서 옳은 것만을 모두 고르면?**

아마존 탐사대가 깊은 숲 속에서 새로운 개구리를 발견하여 실험실에서 조사를 시작했다. 그 결과 개구리들은 복잡한 생식방식과 혈액형 유전 양상을 보였다.

- 개구리의 혈액형은 Q, W, E형(QWE기준)으로 구분되며 각 혈액형은 α, β, γ 형($\alpha\beta\gamma$ 기준)으로 다시 구분된다.
- α 형은 수컷 혹은 암컷의 성별을 띠며 유성생식만 가능하고 그 결과로 50%는 α 형, 50%는 γ 형을 낳는다. β 형은 양성을 띠어 유성생식과 무성생식 모두 가능하고, 유성생식의 결과로 α 형을 낳고 무성생식의 결과로 β 형을 낳는다. γ 형의 경우는 성별이 없어 무성생식만 가능하며 그 결과로 50%는 β 형, 50%는 γ 형을 낳는다. $\alpha\beta\gamma$ 기준으로 동일 혈액형간에만 생식이 가능하다.
- 무성생식 시, 자식은 부모세대의 Q, W, E형 혈액형을 그대로 물려받는다. 유성생식 시에는 Q-W 조합은 E형, Q-E 조합은 W형, W-E 조합은 Q형 자식을 낳는다. QWE기준으로 동일 혈액형간 유성생식 조합은 부모세대와 같은 혈액형의 자식을 낳는다.
- 현재 실험실에 있는 개구리의 혈액형과 성별은 아래와 같다.

	QWE기준	$\alpha\beta\gamma$ 기준	성별
개구리1	Q	α	수컷
개구리2	Q	α	암컷
개구리3	W	γ	무성
개구리4	W	β	양성
개구리5	E	γ	무성

※ 유성생식: 암수가 합쳐서 새로운 개체를 만드는 생식 방법.
※ 무성생식: 암수의 어울림이 없이 그 자체에서 새로운 개체를 만드는 생식 방법.

보기

ㄱ. Wβ (양성)형의 경우 매 세대 존재할 수 있다.
ㄴ. 개구리5의 자식과 개구리4의 생식의 결과로 Qα (암컷)형이 가능하다.
ㄷ. 실험실에 개구리3과 개구리5 두 마리만 있다면, 더 이상 α 형 개구리는 실험실 내에서 만들어낼 수 없다.

① ㄱ
② ㄱ, ㄴ
③ ㄱ, ㄷ
④ ㄴ, ㄷ
⑤ ㄱ, ㄴ, ㄷ

기출 17' 5급㉻-다 | 난이도 ●●○

445 **다음 글을 근거로 판단할 때, 〈보기〉에서 옳은 것만을 모두 고르면?**

- 甲~丁은 다음 그림과 같은 과녁에 각자 보유한 화살을 쏜다. 과녁은 빨간색, 노란색, 초록색, 파란색의 칸으로 4등분이 되어 있다. 화살은 반드시 4개의 칸 중 하나의 칸에 명중하며, 하나의 칸에 여러 개의 화살이 명중할 수 있다.

- 화살을 쏜 사람은 그 화살이 명중한 칸에 쓰인 점수를 받는다.
- 화살의 색깔과 화살이 명중한 칸의 색깔이 일치하면 칸에 쓰인 점수보다 1점을 더 받는다.
- 노란색 화살이 파란색 칸에 명중하는 경우에만 칸에 쓰인 점수보다 1점을 덜 받는다.
- 甲~丁이 보유한 화살은 다음과 같으며, 각자가 보유한 화살을 전부 쏘아 얻은 점수를 합하여 최종 점수를 계산한다. 단, 각 화살은 한 번씩만 쏜다.

사람	보유 화살
甲	빨간색 화살 1개, 노란색 화살 1개
乙	초록색 화살 2개
丙	노란색 화살 1개, 초록색 화살 1개
丁	초록색 화살 1개, 파란색 화살 1개

보기

ㄱ. 乙의 최종 점수의 최댓값과 丁의 최종 점수의 최댓값은 같다.
ㄴ. 甲과 丙의 최종 점수가 10점으로 같았다면, 노란색 화살들은 모두 초록색 칸에 명중한 것이다.
ㄷ. 乙의 최종 점수의 최솟값은 甲의 최종 점수와는 다를 것이다.
ㄹ. 丙과 丁의 화살 4개가 모두 같은 칸에 명중했고 최종 점수가 같았다면, 그 칸은 파란색일 수 있다.

① ㄱ, ㄷ
② ㄴ, ㄷ
③ ㄴ, ㄹ
④ ㄱ, ㄴ, ㄹ
⑤ ㄱ, ㄷ, ㄹ

기출 17' 5급㉻-다 | 난이도 ●●○

446 다음 〈관람 위치 배정방식〉과 〈상황〉을 근거로 판단할 때 옳은 것은?

• 관람 위치 배정방식 •

• 공연장의 좌석은 총 22개이며 좌측 6개석, 중앙 10개석, 우측 6개석으로 구성된다.

<table>
<tr><td></td><td colspan="13">무대</td></tr>
<tr><td></td><td colspan="3">좌</td><td></td><td colspan="5">중앙</td><td></td><td colspan="3">우</td></tr>
<tr><td>앞줄</td><td></td><td></td><td></td><td rowspan="2">계단</td><td></td><td></td><td></td><td></td><td>A</td><td rowspan="2">계단</td><td></td><td></td><td></td></tr>
<tr><td>뒷줄</td><td></td><td></td><td></td><td></td><td></td><td></td><td></td><td></td><td></td><td></td><td>B</td></tr>
</table>

• 입장은 공연일 정오에 마감되며, 해당 시점까지 공연장에 도착한 관람객을 대상으로 관람 위치를 배정한다.
• 좌석배정은 선착순으로 이루어지며, 가장 먼저 온 관람객부터 무대에 가까운 앞줄의 맨 좌측 좌석부터 맨 우측 좌석까지, 그 후 뒷줄의 맨 우측 좌석부터 맨 좌측 좌석까지 순서대로 이루어진다.
• 관람객이 22명을 초과할 경우, 초과인원 중 먼저 도착한 절반은 좌측 계단에, 나머지 절반은 우측 계단에 순서대로 앉힌다.

• 상황 •

• 공연장에 가장 먼저 온 관람객은 오전 2:10에 도착하였다.
• 오전 4:30까지는 20분 간격으로 관람객이 공연장에 도착하였다.
• 오전 4:30부터 오전 6:00까지는 10분 간격으로 관람객이 공연장에 도착하였다.
• 오전 6:00 이후에는 30분 간격으로 관람객이 공연장에 도착하였다.
• 공연장에 가장 마지막으로 온 관람객은 오전 11:30에 도착하였다.
• 관람객은 공연장에 한 명씩 도착하였다.

※ 위 상황은 모두 공연일 하루 동안 발생한 것이다.

① 우측 계단에 앉은 관람객이 중앙 좌석에 앉기 위해서는 지금보다 적어도 3시간, 최대 4시간은 일찍 도착해야 한다.
② 공연일 오전 9:00부터 공연일 오전 10:00까지 도착한 관람객은 모두 좌측 계단에 앉는다.
③ A에 앉은 관람객과 B에 앉은 관람객의 도착시간은 50분 차이가 난다.
④ 공연일 오전 6:00에 도착한 관람객은 앞줄 좌석에 앉는다.
⑤ 총 30명의 관람객이 공연장에 도착하였다.

기출 18' 5급㉻-라 난이도 ●●○

447 **다음 글을 근거로 판단할 때, 사과 사탕 1개와 딸기 사탕 1개를 함께 먹은 사람과 戊가 먹은 사탕을 옳게 짝지은 것은?**

> 사과 사탕, 포도 사탕, 딸기 사탕이 각각 2개씩 있다. 다섯 명의 사람(甲~戊) 중 한 명이 사과 사탕 1개와 딸기 사탕 1개를 함께 먹고, 다른 네 명이 남은 사탕을 각각 1개씩 먹었다. 이 사실만을 알고 甲~戊는 차례대로 다음과 같이 말했으며, 모두 진실을 말하였다.
>
> 甲: 나는 포도 사탕을 먹지 않았어.
> 乙: 나는 사과 사탕만을 먹었어.
> 丙: 나는 사과 사탕을 먹지 않았어.
> 丁: 나는 사탕을 한 종류만 먹었어.
> 戊: 너희 말을 다 듣고 아무리 생각해봐도 나는 딸기 사탕을 먹은 사람 두 명 다 알 수는 없어.

① 甲, 포도 사탕 1개
② 甲, 딸기 사탕 1개
③ 丙, 포도 사탕 1개
④ 丙, 딸기 사탕 1개
⑤ 戊, 사과 사탕 1개와 딸기 사탕 1개

기출 18' 5급(행)-라 | 난이도 ●●○

448 **다음 글을 근거로 판단할 때, 〈보기〉에서 옳은 것만을 모두 고르면?**

△△국 농구리그에는 네 팀(甲~丁)이 참여하고 있다. 이 리그의 2019 시즌 신인선수 선발은 2018 시즌 종료 후 1·2라운드로 나누어 다음과 같이 진행한다.

- 1라운드: 2018 시즌 3, 4등에게 무작위 추첨을 통해 신인선수 선발 권한 1, 2순위를 부여하는데, 2018 시즌 3, 4등은 이 추첨에 반드시 참여하여야 한다. 2018 시즌 2등은 3순위로, 2018 시즌 1등은 마지막 순위로 선수를 선발한다.
- 2라운드: 1라운드에서 부여된 신인선수 선발 순위의 역순으로 선수를 선발한다.
- 각 팀은 희망 선수 선호도에 따라 선수를 라운드당 1명씩 선발해야 한다.

2018 시즌에는 팀당 60경기를 치르며, 경기에서 무승부는 없다. 승수가 많을수록 등수가 높다. 2018년 3월 10일 현재 각 팀별 성적 및 희망 선수 선호도는 다음과 같다.

현재등수	팀명	승	패	희망 선수 선호도
1	甲	50	9	A-B-C-D-E-F-G-H
2	乙	30	29	H-G-C-A-E-B-D-F
3	丙	29	29	H-A-C-D-F-E-B-G
4	丁	8	50	A-B-F-H-D-C-E-G

※ 희망 선수 선호도는 오른쪽에서 왼쪽으로 갈수록 더 높으며, 2019 시즌 신인선수 선발 종료 시점까지 변하지 않는다.

※ 시즌 종료시 최종 등수가 같은 경우는 나오지 않는다.

보기

ㄱ. 甲팀은 2라운드에서 가장 먼저 선수를 선발할 것이다.
ㄴ. 乙팀이 2등으로 2018 시즌을 종료할 경우, H선수를 선발할 것이다.
ㄷ. 丙팀이 2등으로 2018 시즌을 종료할 경우, C선수와 F선수를 선발할 것이다.
ㄹ. 丁팀은 남은 경기의 결과에 따라 1라운드 1순위 선발 권한을 확보하기 위한 추첨에 참여하지 못할 수도 있다.

① ㄱ, ㄴ
② ㄱ, ㄷ
③ ㄴ, ㄹ
④ ㄱ, ㄷ, ㄹ
⑤ ㄴ, ㄷ, ㄹ

기출 18' 5급㉻-라 | 난이도 ●●○

449 **다음 글과 〈표〉를 근거로 판단할 때, 〈보기〉에서 세 사람 사이의 관계가 '모호'한 것만을 모두 고르면?**

- 임의의 두 사람 사이의 관계는 '동갑'과 '위아래' 두 가지 경우로 나뉜다.
  - 두 사람이 태어난 연도가 같은 경우 초등학교 입학년도에 상관없이 '동갑' 관계가 된다.
  - 두 사람이 태어난 연도가 다른 경우 '위아래' 관계가 된다. 이때 생년이 더 빠른 사람이 '윗사람', 더 늦은 사람이 '아랫사람'이 된다.
  - 두 사람이 태어난 연도가 다르더라도 초등학교 입학년도가 같고 생년월일의 차이가 1년 미만이라면 '동갑' 관계가 된다.
- 두 사람 사이의 관계를 바탕으로 임의의 세 사람(A~C) 사이의 관계는 '명확'과 '모호' 두 가지 경우로 나뉜다.
  - A와 B, A와 C가 '동갑' 관계이고 B와 C 또한 '동갑' 관계인 경우 세 사람 사이의 관계는 '명확'하다.
  - A와 B가 '동갑' 관계이고 A가 C의 '윗사람', B가 C의 '윗사람'인 경우 세 사람 사이의 관계는 '명확'하다.
  - A와 B, A와 C가 '동갑' 관계이고 B와 C가 '위아래' 관계인 경우 세 사람 사이의 관계는 '모호'하다.

〈표〉

이름	생년월일	초등학교 입학년도
甲	1992. 4. 11.	1998
乙	1991. 10. 3.	1998
丙	1991. 3. 1.	1998
丁	1992. 2. 14.	1998
戊	1993. 1. 7.	1999

보기

ㄱ. 甲, 乙, 丙　　ㄴ. 甲, 乙, 丁
ㄷ. 甲, 丙, 丁　　ㄹ. 乙, 丁, 戊

① ㄱ, ㄴ
② ㄱ, ㄷ
③ ㄴ, ㄹ
④ ㄱ, ㄷ, ㄹ
⑤ ㄴ, ㄷ, ㄹ

기출 19' 5급㉑-다 | 난이도 ●●○

450 다음 글을 근거로 판단할 때, 〈보기〉에서 옳은 것만을 모두 고르면?

A부족과 B부족은 한쪽 손의 손모양으로 손가락 셈법(지산법)을 사용하여 셈을 한다.

- A부족의 손가락 셈법에 따르면, 손모양을 보아 손바닥이 보이면 펴져 있는 손가락 개수만큼 더하고, 손등이 보이면 펴져 있는 손가락 개수만큼을 뺀다.
- B부족의 손가락 셈법에 따르면, 손모양을 보아 엄지가 펴져 있으면 엄지를 제외하고 펴져 있는 손가락 개수만큼 더하고, 엄지가 접혀 있으면 펴져 있는 손가락 개수만큼 뺀다.

보기

ㄱ. 손바닥이 보이는 채로, 손가락 다섯 개가 세 번 모두 펴져 있으면, 셈의 합은 A부족이 15이고 B부족은 12일 것이다.

ㄴ. B부족의 셈법에 따르면, 세 번 다 엄지만이 펴져 있는 것의 셈의 합과 세 번 다 주먹이 쥐어져 있는 것의 셈의 합은 동일하다.

ㄷ. 손바닥이 보이는 채로, 첫 번째는 엄지·검지·중지만이 펴져 있고, 두 번째는 엄지가 접혀 있고 검지·중지만 펴져 있고, 세 번째는 다른 손가락은 접혀 있고 엄지만 펴져 있다. 이 경우 셈의 합은 A부족이 6이고 B부족은 3일 것이다.

ㄹ. 세 번 동안 손가락이 몇 개씩 펴져 있는지는 알 수 없으나 세 번 내내 엄지는 꼭 펴져 있었다. 이를 A부족, B부족 각각의 셈법에 따라 셈을 하였을 때, 셈의 합이 똑같이 9가 나올 수 있다.

① ㄱ, ㄴ

② ㄴ, ㄷ

③ ㄷ, ㄹ

④ ㄱ, ㄴ, ㄹ

⑤ ㄱ, ㄷ, ㄹ

451 다음 글을 근거로 판단할 때, 〈보기〉에서 옳은 것만을 모두 고르면?

- 甲과 乙은 민원을 담당하는 직원으로 각자 한 번에 하나의 민원만 접수한다.
- 민원은 'X민원'과 'Y민원' 중 하나이고, 민원을 접수한 직원은 'X민원' 접수 시 기분이 좋아져 감정도가 10 상승하지만 'Y민원' 접수 시 기분이 나빠져 감정도가 20 하락한다.
- 甲과 乙은 오늘 09:00부터 18:00까지 근무했다.
- 09:00에 甲과 乙의 감정도는 100이다.
- 매시 정각 甲과 乙의 감정도는 5씩 상승한다. (단, 09:00, 13:00, 18:00 제외)
- 13:00에는 甲과 乙의 감정도가 100으로 초기화된다.
- 18:00가 되었을 때, 감정도가 50 미만인 직원에게는 1일의 월차를 부여한다.
- 甲과 乙이 오늘 접수한 각각의 민원은 아래 〈민원 등록 대장〉에 모두 기록됐다.

〈민원 등록 대장〉

접수 시각	접수한 직원	민원 종류
09:30	甲	Y민원
10:00	乙	X민원
11:40	甲	Y민원
13:20	乙	Y민원
14:10	甲	Y민원
14:20	乙	Y민원
15:10	甲	㉠
16:10	乙	Y민원
16:50	乙	㉡
17:00	甲	X민원
17:40	乙	X민원

보기

ㄱ. ㉠, ㉡에 상관없이 18:00에 甲의 감정도는 乙의 감정도보다 높다.
ㄴ. ㉡이 'Y민원'이라면, 乙은 1일의 월차를 부여받는다.
ㄷ. 12:30에 乙의 감정도는 125이다.

① ㄱ
② ㄴ
③ ㄱ, ㄷ
④ ㄴ, ㄷ
⑤ ㄱ, ㄴ, ㄷ

기출 19' 5급(행)-다 | 난이도 ●●○

452 아래의 글을 근거로 판단할 때, 〈상황〉의 ㉠~㉣에 들어갈 수의 합은? (단, 쌀 1말의 가치는 5냥이며, 주어진 조건 외에는 고려하지 않는다.)

> 도지(賭地)란 조선 후기에 도지권을 가진 소작농이 일정한 사용료, 즉 도조(賭租)를 내고 빌려서 경작했던 논밭을 말한다. 지주는 도지를 제공하고 그 대신 도조를 받았다. 도지권을 가진 소작농은 농작물을 수확하여 도조를 치른 후 나머지를 차지하였다. 도지계약은 구두로 하는 것이 보통이고, 문서를 작성하는 경우는 드물었다.
>
> 도조를 정하는 방법에는 수확량을 고려하지 않고 미리 일정액을 정하는 방식과 매년 농작물을 수확하기 직전에 지주가 간평인(看坪人)을 보내어 수확량을 조사하고 그 해의 도조를 결정하는 방식이 있었다. 후자의 경우에 수확량에 대한 도조의 비율은 일정하였다. 특히 논밭을 경작하기 전에 도조를 미리 지급하고 경작하는 경우의 도지를 선도지(先賭地)라고 하였다.
>
> 도지권을 가진 소작농은 그 도지를 영구히 경작할 수 있었고, 지주의 승낙이 없어도 임의로 도지권을 타인에게 매매, 양도, 임대, 저당, 상속할 수 있었다. 도지권의 매매 가격은 지주의 소유권 가격의 1/2이었으며, 도지의 전체 가격은 소작농의 도지권 가격과 지주의 소유권 가격의 합이었다. 도조는 수확량의 약 1/4에서 1/3 정도에 불과하여 일반적인 소작지의 소작료보다 훨씬 저렴하였기 때문에, 도지권을 가진 소작농은 도지를 다른 소작농에게 빌려주고 그로부터 일반 소작료를 받아 지주에게 납부해야 할 도조를 제외한 다음 그 차액을 가지기도 하였다. 지주가 이러한 사실을 알더라도 그것은 당연한 도지권의 행사이기 때문에 간섭하지 않았다.
>
> 지주가 도지권을 소멸시키거나 다른 소작농에게 이작(移作)시키려고 할 때에는 도지권을 가진 소작농의 동의를 구하고 도지권의 가격만큼을 지급하여야 하였다. 다만 도지권을 가진 소작농이 도조를 납부하지 않는 상황에는 지주가 소작농의 동의를 얻은 뒤 도지권을 팔 수 있었다. 이 경우 지주는 연체된 도조를 빼고 나머지는 소작농에게 반환하여야 하였다.
>
> 도지권은 일제가 실시한 토지조사사업에 의하여 그 권리가 부정됨으로써 급격히 소멸하게 되었다. 일제의 토지조사사업으로 부분적 소유권으로서의 소작농의 도지권은 부인되었고 대신 소작기간 20년 이상 50년 이하의 소작권이 인정되었다. 이것은 원래의 도지권 성격과는 크게 다른 것이었으므로 도지권을 소유한 소작농들은 도지권 수호운동을 전개하였으나, 일제의 무력탄압으로 모두 좌절되고 말았다.

상황

甲 소유의 논 A는 1년에 한 번 수확하고 수확량은 매년 쌀 20말이다. 소작농 乙은 A 전부를 대상으로 매년 수확량의 1/4을 甲에게 도조로 납부하는 도지계약을 甲과 체결한 상태이다. A의 전체 가격은 甲, 乙의 도지계약 당시부터 올해 말까지 변동 없이 900냥이다.
재작년 乙은 수확 후 甲에게 정해진 도조 액수인 (㉠)냥을 납부하였다.
작년 초부터 큰 병을 얻은 乙은 더 이상 농사를 지을 수 없게 되자, 乙은 매년 (㉡)냥을 받아 도조 납부 후 25냥을 남길 생각으로 丙에게 A를 빌려주었다.
그러나 乙은 약값에 허덕여 작년과 올해분의 도조를 甲에게 납부하지 못했다. 결국 甲은 乙의 동의를 얻어 丁에게 A에 대한 도지권을 올해 말 (㉢)냥에 매매한 후, 乙에게 (㉣)냥을 반환하기로 하였다.

① 575 ② 600 ③ 625
④ 750 ⑤ 925

기출 19' 5급(행)-다 | 난이도 ●●○

453 다음 글을 근거로 판단할 때, 〈보기〉에서 옳은 것만을 모두 고르면?

- 4종류(A, B, C, D)의 세균을 대상으로 세균 간 '관계'에 대한 실험을 2일 간 진행한다.
- 1일차 실험에서는 4종류의 세균 중 2종류의 세균을 짝지어 하나의 수조에 넣고, 나머지 2종류의 세균을 짝지어 다른 하나의 수조에 넣어 관찰한다.
- 2일차 실험에서는 1일차 실험의 수조에서 각 종류의 세균을 분리하여 채취한 후 짝을 바꾸어 1일차와 같은 방식으로 진행한다.
- 4종류의 세균 간에는 함께 보관 시에 아래와 같이 공생, 독립, 기피, 천적의 4가지 관계가 존재한다.
  - A와 B: 독립관계
  - A와 C: 기피관계
  - A와 D: 천적관계(A강세, D약세)
  - B와 C: 기피관계
  - B와 D: 공생관계
  - C와 D: 천적관계(C강세, D약세)
- 2종류의 세균을 짝을 지어 하나의 수조에 보관했을 때 생존지수는 1일마다 각각의 관계에 따라 아래와 같이 일정하게 변화한다.
  - 공생관계: 각각 3만큼 증가
  - 독립관계: 불변
  - 기피관계: 각각 2만큼 감소
  - 천적관계: 강세측은 불변, 약세측은 4만큼 감소
- 각 세균의 1일차 실험시작 직전 초기 생존지수와 2일차 실험이 종료된 후의 생존지수는 아래와 같다.

구분	A	B	C	D
초기 생존지수	10	20	30	40
2일차 실험종료 후 생존지수	8	21	26	39

보기

ㄱ. 실험기간 동안 천적관계에 있는 세균끼리 짝을 지어 하나의 수조에서 실험한 적은 없다.
ㄴ. 실험기간 동안 독립관계에 있는 세균끼리 짝을 지어 하나의 수조에서 실험한 적은 없다.
ㄷ. 1일차와 2일차 모두 적어도 1개의 수조에는 기피관계에 있는 세균끼리 짝을 지어 실험했다.
ㄹ. 한 종류의 세균에 대해서는 1일차와 2일차 모두 동일한 '관계'에 있는 세균끼리 짝을 지어 실험했다.

① ㄱ, ㄴ　② ㄴ, ㄷ　③ ㄱ, ㄴ, ㄷ
④ ㄱ, ㄷ, ㄹ　⑤ ㄴ, ㄷ, ㄹ

454 다음 글을 근거로 판단할 때 옳지 않은 것은?

- 甲과 乙은 조선시대 왕의 계보를 외우는 놀이를 한다.
- 甲과 乙은 번갈아가며 직전에 나온 왕의 다음 왕부터 순차적으로 외친다.
- 한 번에 최소 1명, 최대 3명의 왕을 외칠 수 있다.
- 甲이 제1대 왕 '태조'부터 외치면서 놀이가 시작되고, 누군가 마지막 왕인 '순종'을 외치면 놀이가 종료된다.
- '조'로 끝나는 왕 2명 이상을 한 번에 외칠 수 없다.
- 반정(反正)에 성공한 왕은 해당 반정으로 폐위(廢位)된 왕과 함께 외칠 수 없다.
  - 중종 반정: 연산군 폐위
  - 인조 반정: 광해군 폐위

〈조선시대 왕의 계보〉

1	태조	10	연산군	19	숙종
2	정종	11	중종	20	경종
3	태종	12	인종	21	영조
4	세종	13	명종	22	정조
5	문종	14	선조	23	순조
6	단종	15	광해군	24	헌종
7	세조	16	인조	25	철종
8	예종	17	효종	26	고종
9	성종	18	현종	27	순종

① 甲이 '명종'까지 외쳤다면, 甲은 '인조'를 외칠 수 없다.
② 甲과 乙이 각각 6번씩 외치는 것으로 놀이가 종료될 수 있다.
③ 甲이 '인종, 명종, 선조'를 외쳤다면, '연산군'은 甲이 외친 것이다.
④ 甲이 첫 차례에 3명의 왕을 외친다면, 甲은 자신의 다음 차례에 '세조'를 외칠 수 있다.
⑤ '순종'을 외치는 사람이 지는 게임이라면, 甲이 '영조'를 외쳤을 때 乙은 甲의 선택에 관계없이 승리할 수 있다.

기출 21' 5급㉻-가 | 난이도 ●●○

455 다음 글을 근거로 판단할 때, 18시에서 20시 사이에 보행신호가 점등된 횟수는?

- A시는 차량통행은 많지만 사람의 통행은 적은 횡단보도에 보행자 자동인식시스템을 설치하였다.
- 보행자 자동인식시스템이 횡단보도 앞에 도착한 보행자를 인식하면 1분 30초의 대기 후에 보행신호가 30초간 점등되며, 이후 차량통행을 보장하기 위해 2분간 보행신호는 점등되지 않는다. 점등 대기와 보행신호 점등, 차량통행 보장 시간 동안에는 보행자를 인식하지 않는다.

점등 대기		보행신호 점등		차량통행 보장
1분 30초	➡	30초	➡	2분

- 보행신호가 점등되기 전까지 횡단보도 앞에 도착한 사람만 모두 건넌다.
- 다음은 17시 50분부터 20시까지 횡단보도 앞에 도착한 사람의 수와 도착 시각을 정리한 것이다.

도착 시각	인원	도착 시각	인원
18 : 25 : 00	1	18 : 44 : 00	3
18 : 27 : 00	3	18 : 59 : 00	4
18 : 30 : 00	2	19 : 01 : 00	2
18 : 31 : 00	5	19 : 48 : 00	4
18 : 43 : 00	1	19 : 49 : 00	2

① 6　② 7　③ 8
④ 9　⑤ 10

기출 21' 5급㉺-가 난이도 ●●○

456 다음 글을 근거로 판단할 때, 가장 먼저 교체될 시계와 가장 나중에 교체될 시계를 옳게 짝지은 것은?

> 甲부서에는 1~12시 눈금표시가 된 5개의 벽걸이 시계(A~E)가 있다. 그런데 A는 시침과 분침이 모두 멈춰버려서 더 이상 작동하지 않는 상태다. B는 정확한 시계보다 하루에 1분씩 느려지는 시계다. C는 정확한 시계보다 하루에 1시간씩 느려지는 시계다. D는 정확한 시계보다 하루에 2시간씩 느려지는 시계다. E는 정확한 시계보다 하루에 5분씩 빨라지는 시계다.
>
> 甲부서는 5개의 시계를 순차적으로 교체하려고 한다. 앞으로 1년 동안 정확한 시계와 일치하는 횟수가 적을 시계부터 순서대로 교체한다.

※ B~E는 각각 일정한 속도로 작동한다.

	가장 먼저 교체될 시계	가장 나중에 교체될 시계
①	A	C
②	B	A
③	B	D
④	D	A
⑤	D	E

기출 21' 5급㉻-가 | 난이도 ●●○

457 다음 글을 근거로 판단할 때, 〈보기〉에서 옳은 것만을 모두 고르면?

甲: 안녕? 나는 지난 주말 중 하루에 당일치기로 서울 여행을 다녀왔는데, 서울에는 눈이 예쁘게 내려서 너무 좋았어. 너희는 지난 주말에 어디 있었니?
乙: 나는 서울과 강릉을 하루에 모두 다녀왔는데, 두 곳 다 눈이 예쁘게 내리더라.
丙: 나는 부산과 강릉에 하루씩 있었는데 하늘에서 눈을 보지도 못했어.
丁: 나도 광주에 하루 있었는데, 해만 쨍쨍하고 눈은 안 왔어. 그날 뉴스를 보니까 부산에도 광주처럼 눈은 커녕 해가 쨍쨍하다고 했더라고.
甲: 응? 내가 서울에 있던 날 뉴스를 봤는데, 광주에도 눈이 내리고 있다고 했어.

※ 지난 주말(토요일과 일요일) 각 도시에 눈이 내린 날은 하루 종일 눈이 내렸고, 눈이 내리지 않은 날은 하루 종일 눈이 내리지 않았다.

〈보기〉

ㄱ. 광주에는 지난 주말 중 하루만 눈이 내렸다.
ㄴ. 지난 주말 중 하루만 서울에 눈이 내렸다면 부산에도 지난 주말 중 하루만 눈이 내렸다.
ㄷ. 지난 주말 중 하루만 부산에 눈이 내렸다면 甲과 乙이 서울에 있었던 날은 다른 날이다.
ㄹ. 지난 주말 중 하루만 서울에 눈이 내렸다면 丙이 부산에 있었던 날과 丁이 광주에 있었던 날은 다른 날이다.

① ㄱ, ㄴ
② ㄱ, ㄷ
③ ㄴ, ㄹ
④ ㄱ, ㄷ, ㄹ
⑤ ㄴ, ㄷ, ㄹ

기출 21' 5급㉻-가 난이도 ●●○

458 다음 글과 〈대화〉를 근거로 판단할 때 옳지 않은 것은?

• A부서의 소속 직원(甲~戊)은 법령집, 백서, 판례집, 민원 사례집을 각각 1권씩 보유하고 있었다.
• A부서는 소속 직원에게 다음의 기준에 따라 새로 발행된 도서(법령집 3권, 백서 3권, 판례집 1권, 민원 사례집 2권)를 나누어 주었다.
 – 법령집: 보유하고 있던 법령집의 발행연도가 빠른 사람부터 1권씩 나누어 주었다.
 – 백서: 근속연수가 짧은 사람부터 1권씩 나누어 주었다.
 – 판례집: 보유하고 있던 판례집의 발행연도가 가장 빠른 사람에게 주었다.
 – 민원 사례집: 민원업무가 많은 사람부터 1권씩 나누어 주었다.

※ 甲~戊는 근속연수, 민원업무량에 차이가 있고, 보유하고 있던 법령집, 판례집은 모두 발행연도가 다르다.

대화

甲: 나는 책을 1권만 받았어.
乙: 나는 4권의 책을 모두 받았어.
丙: 나는 법령집은 받았지만 판례집은 받지 못했어.
丁: 나는 책을 1권도 받지 못했어.
戊: 나는 丙이 받은 책은 모두 받았고, 丙이 받지 못한 책은 받지 못했어.

① 법령집을 받은 사람은 백서도 받았다.
② 甲은 丙보다 민원업무가 많다.
③ 甲은 戊보다 많은 도서를 받았다.
④ 丁은 乙보다 근속연수가 길다.
⑤ 乙이 보유하고 있던 법령집은 甲이 보유하고 있던 법령집보다 발행연도가 빠르다.

기출 21' 5급㉻-가 | 난이도 ●●○

459 다음 글을 근거로 판단할 때, A시 예산성과금을 가장 많이 받는 사람은?

〈A시 예산성과금 공고문〉

- 제도의 취지
  - 예산의 집행방법과 제도 개선 등으로 예산을 절감하거나 수입을 증대시킨 경우 그 일부를 기여자에게 성과금(포상금)으로 지급함으로써 예산의 효율적 사용 장려
- 지급요건 및 대상
  - 자발적 노력을 통한 제도 개선 등으로 예산을 절감하거나 세입원을 발굴하는 등 세입을 증대한 경우
  - 예산절감 및 수입증대 발생시기: 2020년 1월 1일~2020년 12월 31일
  - A시 공무원, A시 사무를 위임(위탁) 받아 수행하는 기관의 임직원
  - 예산낭비를 신고하거나, 지출절약이나 수입증대에 관한 제안을 제출하여 A시의 예산절감 및 수입증대에 기여한 국민
- 지급기준
  - 1인당 지급액

구분	예산절감		수입증대
	주요사업비	경상적 경비	
지급액	절약액의 20 %	절약액의 50 %	증대액의 10 %

  - 타 부서나 타 사업으로 확산 시 지급액의 30 %를 가산하여 지급

① 사업물자 계약방법을 개선하여 2019년 12월 주요사업비 8천만 원을 절약한 A시 사무관 甲
② 제도 개선을 통해 2020년 5월 주요사업비 3천 5백만 원을 절약하여 개선된 제도가 A시청 전 부서에 확대 시행되는 데 기여한 A시 사무관 乙
③ A시 지역축제에 관한 제안을 제출하여 2020년 7월 8천만 원의 수입증대에 기여한 국민 丙
④ A시 위임사무를 수행하면서 제도 개선을 통해 2020년 8월 경상적 경비 1천 8백만 원을 절약한 B기관 이사 丁
⑤ A시장의 지시를 받아 사무용품 조달방법을 개선하여 2020년 9월 경상적 경비 1천만 원을 절약한 A시 사무관 戊

기출 21' 5급㉻-가 난이도 ●●○

460 다음 글을 근거로 판단할 때, 甲이 귀가했을 때의 정확한 시각은?

> 甲은 집에 있는 시계 X의 건전지가 방전되어 새 건전지로 갈아 끼웠다. 甲은 정확한 시각을 알 수 없어서 일단 X의 시각을 정오로 맞춘 직후 일정한 빠르기로 걸어 친구 乙의 집으로 갔다. 乙의 집에 당일 도착했을 때 乙의 집 시계 Y는 10시 30분을 가리키고 있었다. 甲은 乙과 1시간 동안 이야기를 나눈 후 집으로 출발했다. 집으로 돌아올 때는 갈 때와 같은 길을 2배의 빠르기로 걸었다. 집에 도착했을 때, X는 14시 정각을 가리키고 있었다. 단, Y는 정확한 시각보다 10분 느리게 설정되어 있다.

※ X와 Y는 시각이 부정확한 것 외에는 정상 작동하고 있다.

① 11시 40분
② 11시 50분
③ 12시 00분
④ 12시 10분
⑤ 12시 20분

Day 15 **Self Check List**

	오답 수	무응답 수	풀이시간(분)
1회독	/ 33	/ 33	/ 65(분)
2회독	/ 33	/ 33	/ 50(분)
3회독	/ 33	/ 33	/ 40(분)

독학으로 끝내는 시리즈

독끝

공기업·공사·공단 채용시험 대비

해설편 2

독끝 1일차 (001~030)

정답

001	①	002	④	003	④	004	①	005	③
006	①	007	③	008	④	009	③	010	⑤
011	②	012	⑤	013	②	014	④	015	⑤
016	④	017	②	018	④	019	②	020	④
021	④	022	②	023	④	024	①	025	②
026	③	027	①	028	③	029	④	030	③

001 정답 ① 난이도 ●●●

문제의 〈조건〉을 구분하기 위해, 위에서부터 순서대로 조건 ㄱ~ㅂ라 하자.

각 조건을 명제의 논리 기호를 사용해 기호화하면 다음과 같다.

> ㄱ. B가 보너스를 받지 않는다면, A가 보너스를 받거나 C가 보너스를 받는다. ⇒ **~B → (A∨C)**
> ㄴ. D가 보너스를 받는다면, A는 보너스를 받지 않는다. ⇒ **D → ~A**
> ㄷ. D가 보너스를 받지 않는다면, E도 보너스를 받지 않는다. ⇒ **~D → ~E**
> ㄹ. A와 B는 보너스를 함께 받지는 않는다. ⇒**~A∨~B**
> ㅁ. C는 보너스를 받지 않는다. ⇒ **~C**
> ㅂ. B가 보너스를 받는다면, C도 보너스를 받는다. ⇒**B → C**

(1) 조건 ㅁ에서 ~C 이므로 조건 ㅂ의 대우명제 ~C → ~B 에서 ~B 이다.
(2) ~B 이므로 조건 ㄱ의 ~B→(A∨C) 에서 A 또는 C 이다. 이때, ~C 이므로 A 이다.
(3) A 이므로 조건 ㄴ의 대우명제 A→~D 에서 ~D 이다.
(4) ~D 이므로 조건 ㄷ의 ~D→~E 에서 ~E 이다.

따라서 보너스를 받는 것은 A 뿐이다.

합격자의 시간단축 Tip

Tip ① 명제 문제는 논리 기호로 나타내어 풀면 보다 빠르고 헷갈리지 않게 풀 수 있다. 다양한 논리 공식들이 존재하나 여기에서는 문제에서 사용되었던, 혹은 알아두면 좋을 내용만 살펴보도록 하겠다.

(1) 명제의 부정(not)
명제 p에 대하여 'p가 아니다.'를 명제 p의 부정이라 하고, 기호로 ~p와 같이 나타낸다.

(2) 명제 p→q
두 조건 p, q로 이루어진 명제 **'p이면 q이다.'**를 기호로 **p → q**와 같이 나타내고, 조건 p를 **가정**, 조건 q를 **결론**이라 한다.

(3) 명제 p→q의 역, 대우
① 명제의 역: 명제 p→ q에서 가정과 결론을 서로 바꾸어 놓은 명제 **q→ p**를 명제 p→q의 **역**이라 한다.
② 명제의 대우: 명제 p→q에서 가정과 결론을 부정하여 서로 바꾸어 놓은 명제 **~q→~p**를 명제 p→q의 **대우**라 한다.

(4) 명제와 그 대우의 참, 거짓
① 어떤 명제가 참이면 그 대우도 참이고, 대우가 참이면 원래 명제도 참이다.

$$p \to q \Leftrightarrow \sim q \to \sim p$$

② 어떤 명제와 그 대우의 참, 거짓은 항상 일치한다. 따라서 어떤 명제가 참임을 보일 때, 그 대우가 참임을 보여도 된다.
한편, 명제 p→q가 참이더라도, 그 역 q→p는 참이 아닐 수도 있다.

(5) '또는', '그리고'와 그 부정
논리학에서 '또는'은 ∨로, '그리고'는 ∧으로 표현한다. 따라서 명제 p 또는 q를 기호로 나타내면 p∨q 이고, 이것을 부정하면 ~(p∨q)이다.
그리고 이 괄호는 분배법칙을 이용하여 다음과 같이 풀 수 있다. 이때, 주의할 점은 '또는(∨)'의 부정은 '그리고(∧)'이고, '그리고(∧)'의 부정은 '또는(∨)'이다.

$$\sim(p \lor q) \Leftrightarrow \sim p \land \sim q$$

* 이 내용을 토대로 하면 ~B→(A∨C)는 대우명제 (~A∧~C)→B와 동일하다.

Tip ② 논리퀴즈는 숙달될수록 정확도와 속도가 올라가는 유형이다. 이 문제 역시 보다 빨리 풀기 위해서는 명제들 간의 관계 정리가 바로바로 되어야 할 것이다. 가령 조건 ㅁ 'C는 보너스를 받지 않는다'를 본 순간, 조건 ㅂ 'B가 보너스를 받는다면, C도 보너스를 받는다'

의 대우명제 'C가 보너스를 받지 않는다면, B도 보너스를 받지 않는다'로 보여야 풀이가 빨라진다.

조건 ㄴ과 ㄷ도 마찬가지다. ㄴ의 대우명제는 'A가 보너스를 받는다면, D는 보너스를 받지 않는다.'이고, 이 명제의 결론 'D는 보너스를 받지 않는다'는 ㄷ의 가정과 동일하다. 이것을 기호화 하면 A → ~D → ~E 이다. 즉, 문제의 〈조건〉을 논리기호로 나타낸 다음, 연결되는 항목들에 무엇이 있는지 찾아 풀면 보다 효율적인 풀이가 될 것이다.

Tip ❸ 기호화를 활용하는 방법이 익숙하지 않은 경우, 논리 기호를 사용하지 않아도 문제를 풀 수는 있다. 다만, 시간이 조금 더 소모될 것이다.

(1) 우선 이와 같은 논리 문제에서는 주어진 조건 중 **'쉽게 확정할 수 있는 정보'**가 무엇인지를 파악하는 것이 중요하다. 문제의 경우 쉽게 확정할 수 있는 정보는 조건 ㅁ의 'C는 보너스를 받지 않는다'라는 정보이다.

A	B	C	D	E
		×		

(2) 다음, C가 X인 상황에서 확정적인 정보가 나올 수 있는 조건을 찾는다. 조건 ㅂ의 대우명제에서 C가 보너스를 받지 않는다면, B는 보너스를 받을 수 없다. 이 결과는 다음 표와 같다.

A	B	C	D	E
	×	×		

(3) 세 번째는 조건 ㄱ 'B가 보너스를 받지 않는다면, A가 보너스를 받거나 C가 보너스를 받는다'를 사용한다. B가 보너스를 받지 않는 경우 C가 보너스를 받지 않기 때문에 자동적으로 A가 보너스를 받을 수밖에 없다. 이는 아래 표와 같다.

A	B	C	D	E
○	×	×		

(4) 네 번째는 조건 ㄴ 'D가 보너스를 받는다면, A는 보너스를 받지 않는다'의 대우명제를 사용한다. A가 보너스를 받으므로 D가 보너스를 받지 않아야 조건이 성립한다.

A	B	C	D	E
○	×	×	×	

(5) 마지막으로는 조건 ㄷ 'D가 보너스를 받지 않는다면, E도 보너스를 받지 않는다'를 이용해 E가 보너스를 받지 않음을 도출한다.

A	B	C	D	E
○	×	×	×	×

기호화를 하면 편하겠지만 기호화가 익숙해지지 않는 경우도 있다. 기호 없이도 문제를 풀 수 있으므로 논리 기호를 꼭 사용해야 한다는 부담감을 느끼지 않도록 한다.

Tip ❹ 정답과 거리가 먼 선지부터 하나씩 차례로 소거하는 것 또한 현실적인 풀이법이다.

〈선지〉

① A	② B
③ A, E	④ D, E
⑤ B, D, E	

(i) 조건 ㅁ과 조건 ㅂ로부터 ~C, ~B가 도출된다. → 선지 ②, ⑤ 소거

(ii) 조건 ㄱ로부터 A가 도출된다. → 선지 ④ 소거

(iii) 조건 ㄴ, ㄷ로부터 ~E가 도출된다. → 선지 ③ 소거, 정답 ①

따라서 선지를 소거하면서 문제를 풀면, 모든 〈조건〉을 검토하지 않고도 빠르게 정답을 찾을 수 있다.

＊ 실제 PSAT에는 본 문제보다 복잡한 문제가 출제될 것이다. 예를 들어, 사원의 수는 A~G로 보다 많아질 수 있고, 단순히 보너스를 지급받는 사원이 아니라 모든 경우에서 보너스를 지급받지 못하는 사원 등 조건이 추가된 문제를 생각해볼 수 있다.
물론 아직 기호화 연습이 부족하거나 이러한 유형이 익숙하지 않을 경우, 내가 이런 문제를 시험장에서 풀 수 있을까? 라는 걱정이 들기 마련이다. 하지만 분명 반복해서 연습하다 보면 기계적으로 쉽게 풀 수 있으니 너무 걱정하지는 말자. 이를 위해 **Tip**으로 제시된 기호화, 표, 선지 소거 방법 등 다양한 풀이 방법을 유연하게 사용할 수 있도록 충분히 연습해 두자.

002 정답 ④ 난이도 ●●○

7명의 대원들의 직급을 도출하면 다음과 같다.

(1) 우선 B는 D보다 직급이 한 등급 높으므로, D가 B에게 연락할 경우 B는 바로 아래 직급의 대원으로부터 연락을 받아 자신의 바로 위 직급의 대원 한 명에게만 연락한다.
그런데 B는 A에게만 연락했으므로 A는 B보다 직급이 한 등급 높다.

(2) 다음으로, 바로 아래 또는 같은 직급의 대원으로부터 연락 받으면 다른 대원 한 명에게만 연락하며, 바로 위 직급의 대원으로부터 연락 받으면 다른 대

원 한 명 이상에게 연락할 수 있다.
이때, C가 F에게 연락하자 F는 D와 E 두 명에게 연락하였으므로, F는 바로 위 직급의 대원으로부터 연락 받았으며 자신과 같은 직급의 모든 대원들에게 연락한 것이다.
따라서 C는 F보다 직급이 한 등급 높으며, D와 E는 F와 직급이 같다.

(3) 한편, D, E, F는 직급이 같은데 B는 D보다 직급이 한 등급 높으므로 B와 C는 직급이 같다.
따라서 (1) ~ (3)에서 A > B=C > D=E=F임을 알 수 있다.
이때, G가 C에게 연락하자 C는 B에게만 연락했다.
(ⅰ) G가 C보다 직급이 한 등급 높은 경우
자신과 유일한 같은 직급의 대원 B에게 연락을 하게 된다.
따라서 G의 직급은 특정할 수 없다.
(ⅱ) G와 C가 같은 직급인 경우
C는 자신과 같은 직급의 다른 대원인 B에게만 연락을 하게 된다.

(4) 이상을 표로 정리하면 다음과 같다. (단, 위에 위치할수록 직급이 높다.)
(ⅰ) C가 G의 바로 아래 직급인 경우

A		G
B		C
D	E	F

(ⅱ) C와 G가 같은 직급인 경우

A		
B	C	G
D	E	F

① (O) C가 G의 바로 아래 직급일 때, D가 E에게 연락하면 E는 F에게만 연락한다.
➜ 표 (ⅰ)의 경우이다.

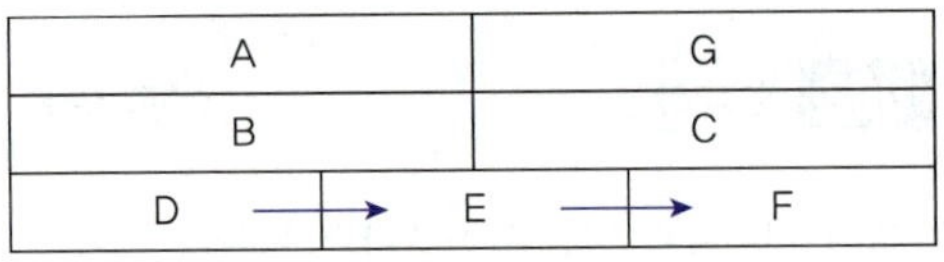

C가 G의 바로 아래 직급일 때, D가 E에게 연락하면 E는 같은 직급의 대원으로부터 연락을 받아 자신과 같은 직급의 다른 대원 한 명에게만 연락한다. E와 직급이 같은 대원 중 D가 아닌 대원은 F이므로 E는 F에게만 연락한다.

② (O) C와 G가 같은 직급일 때, E가 C에게 연락하면 C는 A에게만 연락한다.
➜ 표 (ⅱ)의 경우이다.

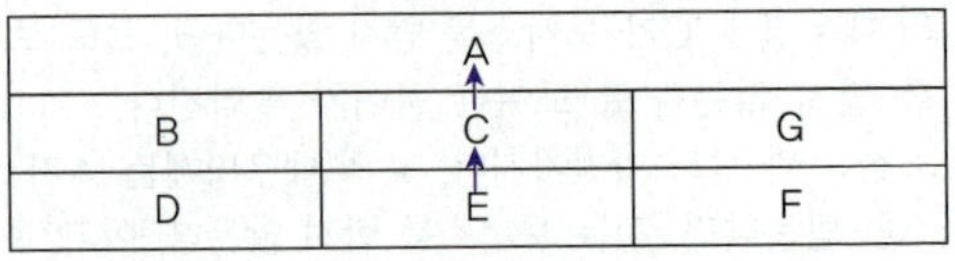

C와 G가 같은 직급일 때, E가 C에게 연락하면 C는 바로 아래 직급의 대원으로부터 연락을 받아 자신의 바로 위 직급의 대원 한 명에게만 연락한다. C보다 직급이 한 등급 높은 대원은 A뿐이므로 C는 A에게만 연락한다.

③ (O) C가 G의 바로 아래 직급일 때, F가 B에게 연락하면 B는 G에게만 연락한다.
➜ 표 (ⅰ)의 경우이다.

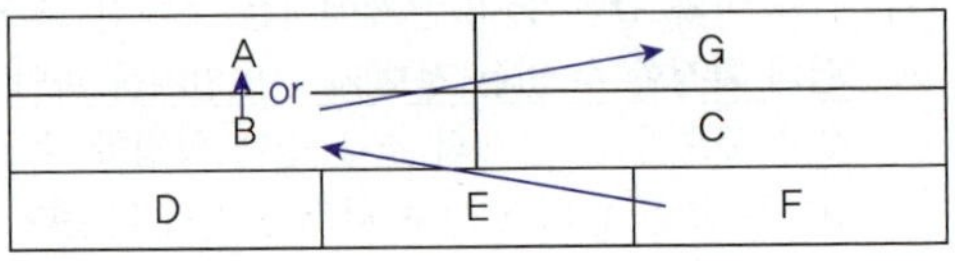

C가 G의 바로 아래 직급일 때, F가 B에게 연락하면 B는 바로 아래 직급의 대원으로부터 연락을 받아 자신의 바로 위 직급의 대원 한 명에게만 연락한다. B보다 직급이 한 등급 높은 대원은 A와 G이므로 B는 A에게만 연락할 수도 있고, G에게만 연락할 수도 있다.

④ (×) C와 G가 같은 직급일 때, A가 B에게 연락하면 B는 ~~C에게만 연락한다~~.
➜ 표 (ⅱ)의 경우이다.

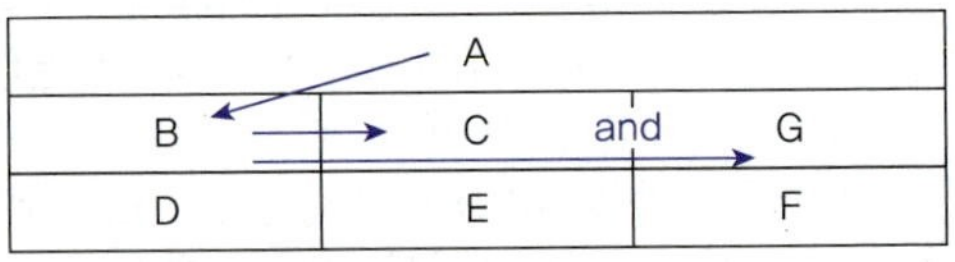

C와 G가 같은 직급일 때, A가 B에게 연락하면 B는 바로 위 직급의 대원으로부터 연락을 받아 자신과 같은 직급의 모든 대원들에게 연락한다. B와 직급이 같은 대원은 C와 G이므로 B는 C와 G 모두에게 연락한다. 선지 ③에서는 바로 아래 직급의 대원으로부터 연락을 받아 B의 선택지가 'or'로 표시되는 반면, 선지 ④에서는 바로 위 직급의 대원으로부터 연락을 받았으므로 선택지가 'and'로 표시된다.

⑤ (O) C가 G의 바로 아래 직급일 때, A가 C에게 연락하면 C는 B에게만 연락한다.
➜ 표 (ⅰ)의 경우이다.

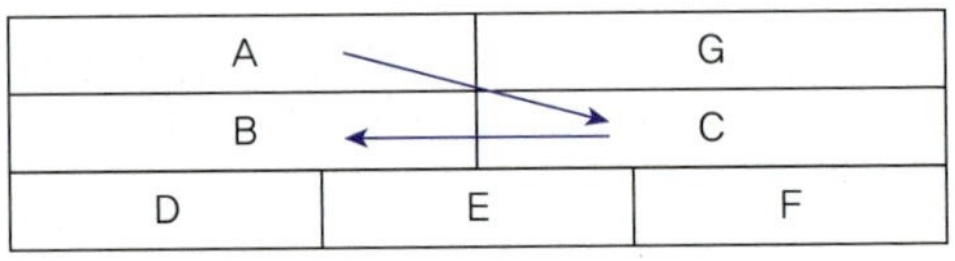

C가 G의 바로 아래 직급일 때, A가 C에게 연락하면 C는 바로 위 직급의 대원으로부터 연락을 받아 자신과 같은 직급의 모든 대원들에게 연락한다. C와 직급이 같은 대원은 B이므로 C는 B에게만 연락한다.

합격자의 시간단축 Tip

Tip ❶ 확정적인 조건부터 살펴보자.

(1) 가장 먼저 첫 번째 사실에 따라 B가 D보다 한 등급 높다는 것이 확정된다. 그 외의 조건들을 살펴보아야 하는데, 두 번째 연락 방법과 세 번째 연락 방법은 모두 같은 직급의 대원에게 연락을 하는 반면, 첫 번째 연락 방법만 자신의 바로 위 직급의 대원에게 연락을 하게 된다.
또, 두 번째 연락 방법만 동시에 두 명 이상에게 연락을 할 수 있다. 이로부터

① 자신의 바로 위 직급의 대원에게 연락을 하는 경우
② 동시에 두 명 이상의 같은 직급에게 연락을 하는 경우

에는 직급을 확정 지을 수 있음을 알 수 있다.
그 외에 가령 같은 직급의 대원 한 명에게만 연락한 경우, 얼핏 보면 세 번째 연락 방법이 적용되었다고 확정할 수 있을 듯하나, 실제로는 같은 직급의 다른 대원이 한 명뿐이라서 두 번째 연락 방법에 따라 같은 직급 대원 모두에게 연락을 했음에도 불구하고 한 명에게만 연락을 한 결과가 나올 수 있다.
실제로 문제의 네 번째 사실에서 두 번째 연락방법이 한 번 사용되었기 때문에, 이후 두 번째 연락방법이 적용되는 상황을 고려하지 않는 등 헷갈릴 수 있으니 유의해야 한다. 이상의 정보에 따라 직급을 확정할 수 있는 대원들 간 관계는 다음과 같다.

<table>
<tr><td colspan="6" align="center">A</td></tr>
<tr><td colspan="3" align="center">B</td><td colspan="3" align="center">C</td></tr>
<tr><td colspan="2" align="center">D</td><td colspan="2" align="center">E</td><td colspan="2" align="center">F</td></tr>
</table>

(2) 여기까지 확정 지은 후 확정된 직급만을 가지고 우선 소거할 수 있는 선지가 있는지 확인한다. 이때, 가정을 하지 않고도 풀리는 선지들이 있는지 확인하기 위해서는 선지의 뒷부분부터 읽어 내려가면 된다.

선지 ① 뒷부분에서 D가 E에게 연락하면 E는 F에게 연락한다는 것은 확정되지 않은 G의 위치와는 무관하게 성립하는 것으로, 곧바로 옳은 선지임을 알 수 있다.

선지 ② 뒷부분에서 E가 C에게 연락하면 C는 위 직급 대원 중 한 명에게 연락하게 되므로, A에게만 연락하는 것이 가능하다.

선지 ③ 뒷부분에서 F가 B에게 연락하면 B는 위 직급 대원 중 한 명에게 연락하게 되므로 G가 B보다 위 직급에 해당하는지 살펴보아야 한다. 이를 위해서는 앞의 가정문을 확인해야 하며, C가 G의 바로 아래 직급이라고 가정했으므로 G는 B보다 위 직급에 해당한다. 따라서 해당 선지는 옳다.

선지 ④ 뒷부분에서 A가 B에게 연락하면 B는 같은 직급의 모든 대원들에게 연락을 해야 하므로 C가 B와 직급이 같은 유일한 대원인지 여부를 확인하면 된다. 이를 위해서는 앞의 가정문을 확인해야 하며, C와 G가 동일한 직급이라고 가정하고 있으므로 C와 직급이 같은 대원은 C, B 외에 G도 있어 해당 선지는 옳지 않다.

선지 ⑤ A가 C에게 연락한 경우 C는 같은 직급의 모든 대원에게 연락을 해야 하므로 B가 C와 직급이 같은 유일한 대원인지 여부를 확인하면 된다. 이를 위해서는 앞의 가정문을 확인해야 하며, C와 G가 다른 직급이라고 가정하고 있으므로 해당 선지는 옳다.

Tip ❷ 선지를 순서대로 검토하지 않아도 된다.
각 선지가 C와 G의 관계를 어떻게 가정하는지에 따라 ①, ③, ⑤ 혹은 ②, ④의 2가지 경우로 구분된다. 이때 동일한 유형으로 구분된 선지들을 한 번에 검토하는 것이 실수를 방지하는 데 도움이 될 수 있다.

> * 해설과 같이 두 명에게 연락할 수 있는 경우는 두 번째 연락 방법뿐임을 이용하는 풀이 방식을 한 번에 떠올리지 못했다고 해서 좌절할 필요는 전혀 없다. 첫 번째 조건부터 차근차근 풀어간다 해도 시간에 큰 차이는 없다. 따라서 우선 첫 번째 조건부터 확인하여 문제를 풀되, 특이한 조건이 제시된 경우 해설과 같이 먼저 접근하는 방식을 꼭 알아두도록 하자.

Tip ❸ 설문의 경우 '항상' 옳지 않은 것을 고르는 문제이기 때문에 선지를 활용하는 것도 좋은 방법이 될 수 있다. 예컨대 선지 ③의 경우 대입했을 때 B가 G에게 연락하는 것이 가능하므로 정답이 아닌 것이다.
반면, 항상 옳은 것을 고르는 문제의 경우 반례가 존재하는지 살펴보면 문제를 쉽게 풀 수 있다. 그러므로 선지를 적극적으로 활용하거나 반례를 찾는 기술을 계속 연습하여 익혀 두자.

003 정답 ④ 난이도 ●●●

주어진 〈조건〉을 바탕으로 5명이 합격한 학과를 표로 정리하면 다음과 같다. 단, 편의상 자연과학계열 두 개

의 학과를 자연과학계열1과 자연과학계열2, 공학계열 두 개의 학과를 공학계열1과 공학계열2로 구분한다.

	갑순이 (학생회장)	을순이	병돌이	정돌이	무돌이
자연과학계열1	○	×	○	○	×
자연과학계열2	○	×	○ / ×	× / ○	○
공학계열1	○	○	×	×	×
공학계열2	○	×	× / ○	○ / ×	○

① (○) 갑순이는 학생회장을 했었다.

➜ 〈조건〉 ㉡과 ㉣에 의하면 1개 학과에만 합격한 1명은 을순이다. 그런데 〈조건〉 ㉣에 따라 을순이와 갑순이가 합격한 하나의 공학계열 학과에 병돌이, 정돌이, 무돌이는 불합격했으며 을순이는 4개의 학과 모두에 합격하지 않았다. 따라서 〈조건〉 ㉢에 따라 4개의 학과 모두에 합격한 사람은 갑순이이며 따라서 갑순이는 학생회장을 했다.

② (○) 2명이 합격한 학과는 1개이다.

➜ 공학계열1 학과에만 2명이 합격하였으며, 나머지 세 개의 학과에는 3명이 합격하였다.

③ (○) 병돌이가 합격한 학과 중에 갑순이와 무돌이도 함께 합격한 학과가 있다.

➜ 병돌이가 자연과학계열2 학과에 합격한 경우 갑순이와 무돌이도 함께 합격했다. 반면 병돌이가 자연과학계열2 학과에 불합격한 경우 공학계열2 학과에 합격했으며, 이 경우에도 갑순이와 무돌이는 병돌이와 함께 합격했다.

④ (×) 정돌이는 3개의 학과에 합격하였다.

➜ 정돌이가 자연과학계열2 학과에 합격한 경우 공학계열2 학과에 불합격했으며 이 경우 정돌이는 자연과학계열1, 자연과학계열2의 2개의 학과에 합격했다. 반면 정돌이가 자연과학계열2 학과에 불합격한 경우 공학계열2 학과에 합격했으며, 이 경우에도 정돌이는 자연과학계열1, 공학계열2의 2개의 학과에 합격했다.

⑤ (○) 무돌이가 합격한 학과 중에 정돌이와 함께 합격한 학과가 있다.

➜ 무돌이는 자연과학계열2 학과와 공학계열2 학과에 합격했다. 그런데 정돌이는 자연과학계열1 학과, 그리고 자연과학계열2 학과와 공학계열2 학과 중 하나의 학과에 합격했다. 정돌이가 자연과학계열2 학과에 합격한 경우 무돌이와 정돌이는 자연과학계열2 학과에 함께 합격했으며, 정돌이가 공학계열2 학과에 합격한 경우 무돌이와 정돌이는 공학계열2 학과에 함께 합격했다.

합격자의 시간단축 Tip

Tip ❶ 문제의 핵심이 되는 병돌과 정돌에 대해 여러 조건이 적용되어야 하는 문제이다.
따라서 조건을 차근차근 적용하여 실수하지 않도록 하는 것이 중요하다.

Tip ❷ 조건 ㉠ 같은 경우, 반대해석을 자유자재로 할 수 있어야 한다. 각 학과별 합격 인원은 2명 혹은 3명이므로, 3명의 합격 인원을 구한 경우 다른 2명은 그 학과에 무조건 불합격임을 생각할 수 있어야 한다.

Tip ❸ 해설의 표가 도출된 과정을 구체적으로 설명하면 다음과 같다.
편의상 두 개의 자연과학계열 학과는 자1, 자2로, 두 개의 공학계열 학과는 공1, 공2로 표기하도록 하겠다.

(1) 조건 ㉣에서 을순이는 갑순이와 단둘만 합격한 공학계열 학과(공1이라고 가정) 외에 다른 학과는 불합격했으므로 ㉡에서 말하는 1개 학과에만 합격한 한 명의 학생은 을순이이다.
또한, 공 1에는 갑순이와 을순이 단둘만 합격했으므로 병돌이, 정돌이, 무돌이는 모두 공 1에 불합격했다. ㉤에서 병돌이와 정돌이가 함께 합격한 학과는 자연과학계열 1개 학과뿐이므로(자1이라고 가정) 이를 표에 표시하면 다음과 같다.

	갑순이	을순이	병돌이	정돌이	무돌이
자1		×	○	○	
자2		×			
공1	○	○	×	×	×
공2		×			

(2) ㉢에서 학생회장을 했던 한 명은 4개의 학과에 모두 합격하였는데, 앞서 살펴보았듯 병돌이, 정돌이, 무돌이는 최소 한 개 이상의 학과에서 불합격하였다. 따라서 갑순이가 유일하게 4개의 학과에 모두 합격한 사람임을 알 수 있다.

	갑순이 (학생회장)	을순이	병돌이	정돌이	무돌이
자1	○	×	○	○	
자2	○	×			
공1	○	○	×	×	×
공2	○	×			

(3) ㉠에서 각 학과별 합격 인원은 두 명 또는 세 명이라고 했으므로, 이미 합격생이 세 명인 자1에 무돌이는 불합격했음을 알 수 있다. 또한, ㉡에서 을순

이를 제외한 나머지 학생들은 최소 두 곳 이상에 합격했는데, 무돌이는 이미 자1과 공1에서 불합격했으므로 남은 자2와 공2에는 모두 합격했을 것이다.

	갑순이(학생회장)	을순이	병돌이	정돌이	무돌이
자1	○	×	○	○	×
자2	○	×			○
공1	○	○	×	×	×
공2	○	×			○

(4) 마지막으로 ㉥에서 자연과학계열 학과 2곳에 모두 합격한 학생은 두 명이라고 했으므로, 갑순을 제외하고 병돌이와 정돌이 중 한 명은 자연과학계열 학과 2곳에 모두 합격했을 것이며 다른 한 명은 그렇지 않을 것이다. 또한, ㉤에서 병돌이와 정돌이는 자1을 제외하고 다른 학과에 동시에 합격하지 않았으므로, 만일 병돌이가 공2에 합격했다면 정돌이는 합격하지 않았을 것이다. 거꾸로도 성립 가능하다. 다만, 이때 ㉡에 모순이 발생하지 않기 위해서는 병돌이와 정돌이 중 자2에 합격하지 않은 학생이 공2에 합격할 것이다.

	갑순이(학생회장)	을순이	병돌이	정돌이	무돌이
자1	○	×	○	○	×
자2	○	×	○ / ×	× / ○	○
공1	○	○	×	×	×
공2	○	×	× / ○	○ / ×	○

(5)

	갑순이(학생회장)	을순이	병돌이	정돌이	무돌이
자1	○	×	○	○	×
자2	○	×			○
공1	○	○	×	×	×
공2	○	×			○

해설과 같이 모든 표를 채우지 않고 **Tip ❸**의 (3)까지만 표를 채웠어도, 선지 ④번과 같이 정돌이가 3개의 학과에 합격하였을 경우 (표의 자2, 공2가 모두 ○인 경우), 조건 ㉡과 ㉤을 동시에 만족시키지는 못함을 알 수 있다. 이처럼 표를 채워 나가는 과정에서 선택지를 확인함으로써, 문제풀이에 소요되는 시간을 절약할 수 있다.

***** 두 개의 변수 매칭 문제는 자주 나오는 문제이다. 이런 경우에는 위 해설처럼 표를 그려서 문제를 푸는 것이 좋으므로 문제를 풀면서 최대한 표를 그려 시각화하는 연습이 필요하다.
이때, 해당 문제의 경우 어떤 학과인지 구체적으로 제시되어 있지 않고, 단지 자연과학계열, 공학계열으로만 나왔으므로 표를 만들 때 해설이나 **Tip**처럼 자1, 자2, 공1, 공2 등으로 나눠야겠다는 판단 능력이 필요하다. 이외에도 자연과학계열은 자와 연, 공학계열은 공과 학 등으로 얼마든지 다르게 표현할 수 있다.

004 정답 ❶ 난이도 ●●○

주어진 정보에 따라 확정적인 정보를 나열하면 다음과 같다. 단, 구역 앞에 붙은 '~' 표시는 해당 구역 청소가 불가능함을 의미한다. 가령, ~A는 A구역 청소가 불가능하다는 의미이다.

(1) C구역 청소를 일요일에 하므로, 그 전날과 다음날인 토요일과 월요일은 C구역 청소를 할 수 없다. 또한, 하루에 한 구역만 청소할 수 있으므로 일요일에 A, B구역은 청소할 수 없다.

일	월	화	수	목	금	토
C,~A, ~B	~C		휴업일			~C

(2) B구역의 경우 영업일과 휴업일을 가리지 않고 한 번 청소를 하면 이틀동안 청소할 수 없다. 따라서 월요일과 화요일 중 하루, 목요일부터 토요일 중 하루에 B구역 청소를 하게 된다.
만약 화요일에 B구역 청소를 하게 될 경우 월요일에는 A구역 청소를 할 수밖에 없다. 그런데 C구역 청소는 일주일에 3회 해야 하고, 토요일에는 C구역 청소가 불가능하므로 이는 목요일과 금요일에 연속으로 C구역 청소를 한다는 것을 의미하므로 불가능함을 알 수 있다.
즉, 월요일과 화요일 중에 B구역 청소를 하게 되는 날은 월요일이다. 따라서 이전 이틀인 토요일과 일요일, 이후 이틀인 화요일과 수요일에는 B구역 청소를 할 수 없다. 이를 표에 정리하면 다음과 같다.

일	월	화	수	목	금	토
C	B	~B	휴업일			~B, ~C

(3) 토요일의 경우 B구역과 C구역 모두 불가능하므로 A구역일 수밖에 없다. A구역 청소는 일주일에 1회 하므로 화요일에는 C구역 청소를 하게 된다. 화요일에 C구역 청소를 하므로 다음 영업일인 목요일에 C구역 청소를 할 수 없어 목요일에는 B구역을 청소하게 된다. 이를 최종적으로 정리하면 다음과 같다.

일	월	화	수	목	금	토
C	B	C	휴업일	B	C	A

(4) 따라서 B구역은 월요일, 목요일에 진행하므로 선지 ①이 정답이다.

합격자의 시간단축 Tip

Tip ❶ '영업일'이라는 개념이 나오면 매우 주의를 기울여야 한다. 영업일은 주로 택배, 은행 등이 활용되는 퀴즈에서 나오는 개념으로, 우리가 일반적으로 생각하는 일수 계산과는 다르다.
특히 영업일, 휴업일 등의 개념이 혼합되어 문제로 출제되는 경우 실수 가능성이 훨씬 크므로 더욱 주의해야 한다.
이 문제의 경우에도,
i) 청소를 한 구역은 바로 다음 '영업일'에 하지 않지만,
ii) B구역은 청소를 한 후 영업일과 휴업일을 가리지 않고 산정한다.
개념이 혼동되지 않도록 조심해야 한다.

(1) **'의심스러운 부분 파헤치기'** 방법을 활용하기 좋은 형태이다.
이 문제에서 가장 의심스러운 부분은 'B구역'이다. 다른 구역과는 달리 유일하게 영업일, 휴업일을 가리지 않고 이틀의 간격을 요구한다는 점에서 '경우의 수'를 줄여줄 가능성이 매우 높기 때문이다. **항상 조건 간 강약조절을 바탕으로 실마리가 되는 조건으로부터 출발하는 연습**을 하도록 하자.
(2) **'선지 활용법'**을 익혀두는 것도 좋다. (일명 '귀류법'이라 부르기도 한다.)
선지를 활용하는 방법은 다양한데, 가장 쉬운 방법은 순서대로 대입을 해본 후 모순이 없는지 확인하는 방식이다. 이 문제의 경우 공교롭게도 선지 ①이 곧바로 답이지만, 그렇지 않은 경우에도 몇 번 대입하다 보면 문제 이해도가 높아져 빠르게 감을 잡을 수 있다.
문제를 정확히 이해하지 못한 경우라면, 선지를 대입해보면서 풀어보도록 하자.
다만 이 방식을 사용하려면 문제를 잘 읽어야 한다. 만일 한 가지 이상의 답이 나올 수 있는 문제의 경우에는 대입한 후 해당 답안이 유일한 답안인지 확인하는 절차가 한 번 더 필요하다.

Tip ❷ 혹은 선지에서 이틀 간의 간격이 존재하지 않는 선지 ③을 가장 먼저 소거한 후 선지를 대입해 문제를 푸는 방법도 있다. B구역의 경우 이틀의 텀을 두어야 하는데, 선지 ③의 월, 토의 경우, 토요일에서 월요일로 넘어갈 때 이틀의 텀이 생기지 않기 때문이다.
선지를 하나하나 대입하기 막막하다면 일단 어느 정도 단계까지 진행한 후 선지를 대입하는 방법도 있다. 이 문항의 경우, 해설의 **Tip ❶**의 (2)까지 도출한 후 월요일이 들어가 있는 선지 ①과 선지 ②만을 대입해서 정답을 확인해도 될 것이다.

* 문제에서 날짜가 연속되는지가 중요 조건인 경우 실수하기 좋은 부분 중 하나가 일주일의 시작과 끝 역시 연속된다는 점이다. 해설의 경우 일요일부터 시작하여 한 주의 마무리를 토요일로 하고 있으며, 혹은 월요일부터 시작하여 일요일이 한 주의 마무리가 되는 경우에도 시작일과 끝일 역시 연속된다는 점을 절대 놓쳐서는 안 된다.

Tip ❸
(1) 위의 방법들이 익숙하지 않다면 다음과 같이 표를 그려서 풀 수도 있다. 해설에서는 각 요일에 청소하는/할 수 없는 구역을 표시하고 있다면, 이번에는 구역별로 행을 나누어 표시해보자.

	일	월	화	수	목	금	토
A	×			×			
B	×			×			
C	○	×		×			×

해설의 표를 보다 확장하여 그리면 위와 같다. 우선 C가 일요일에 청소를 하므로 동그라미를 쳐주고 다음 영업일에는 청소를 하지 않으므로 일요일 앞, 뒤인 토요일과 월요일에 X를 쳐준다. 휴업일도 위 표와 같이 표기해준다.
(2) 이때, C는 일주일에 청소를 3번 해야하기 때문에 필연적으로 화요일에 청소를 할 수밖에 없다. 또한, 휴업일에 대한 특별한 기준은 없기 때문에 화요일에 청소를 한 뒤 바로 '다음 영업일'인 목요일에는 C구역의 청소를 할 수 없다. 그러므로 자동적으로 금요일에 청소를 하게 된다.

	일	월	화	수	목	금	토
A	×		×	×		×	
B	×		×	×		×	
C	○	×	○	×	×	○	×

(3) 이제 B의 선택지는 월요일, 목요일, 토요일 중 이틀을 고르면 된다. 이때, 하루 청소할 때마다 이틀을 쉬어야 하므로 목요일과 토요일은 될 수 없으며, 월요일과 토요일의 경우 토요일에 청소를 하고 이틀인 일요일, 월요일을 쉬어야 하기 때문에 안 된다. 따라서 자동으로 정답은 월요일과 목요일이 된다.

	일	월	화	수	목	금	토
A	×	×	×	×	×	×	○
B	×	○	×	×	○	×	×
C	○	×	○	×	×	○	×

목요일, 토요일의 경우는 사실 감안할 필요가 없는데, 선지에는 월요일과 목요일, 월요일과 토요일만 선지에 존재하기 때문이다.
이때, 선지를 보고 둘 중 뭐가 안 될지를 살펴보는 것이 더 빠를 수 있다.

005 정답 ③ 난이도 ●●○

(1) 원칙 1에 따라 회원권을 구매할 경우
갑, 을, 병 중 한 사람만 이용할 수 있는 회원권은 모두 8만 원으로 가격이 동일하다. 즉, Y=8로 모두 동일하므로 Y−X가 일정하기 위해서는 X 역시 동일해야 한다. 세 사람이 함께 이용할 수 있는 회원권은 15만 원이며 한 사람이 부담하는 비용(X)은 모두 동일해야하므로 갑, 을, 병은 각각 $\frac{15}{3}=5$만 원을 부담해야 된다.

(2) 원칙 2에 따라 회원권을 구매할 경우
세 사람이 함께 이용할 수 있는 회원권을 구매할 때 갑, 을, 병이 부담하는 비용을 각각 a, b, c라고 하면 $a+b+c=15$이다. 이때, 세 사람이 함께 이용할 수 있는 회원권을 구매할 때 두 사람이 부담하는 비용의 합(Z), 두 사람만 이용할 수 있는 회원권을 구매하는 비용(W), 그 차이(W−Z)는 다음과 같다.

	Z	W	W−Z
갑, 을	a+b	12	12−(a+b)
을, 병	b+c	10	10−(b+c)
병, 갑	c+a	11	11−(c+a)

W와 Z의 차이는 어느 두 사람에 대해서나 같아야 하므로 다음이 성립한다.
$12-(a+b)=10-(b+c)=11-(c+a)$
$12-(a+b)=10-(b+c) \rightarrow c=a-2$ ……(i)
$10-(b+c)=11-(c+a) \rightarrow b=a-1$ ……(ii)
이때, $a+b+c=15$이므로 (i), (ii)를 대입하여 정리하면
$a=6,\ b=5,\ c=4$
즉, 원칙 2에 따라 회원권을 구매할 경우 갑, 을, 병이 부담하는 비용은 각각 6만 원, 5만 원, 4만 원이다.

① (×) 원칙 1 대신 원칙 2가 적용되면 을이 부담할 비용이 ~~늘어난다~~.
➜ 을이 부담할 비용은 원칙 1과, 원칙 2 모두 5만 원으로 동일하다.

② (×) 원칙 1 대신 원칙 2가 적용되면 갑이 부담할 비용이 ~~줄어든다~~.
➜ 갑이 부담할 비용은 원칙 1에서 5만 원, 원칙 2에서 6만 원으로 원칙2가 적용될 경우 갑이 부담할 비용은 늘어난다.

③ (○) 원칙 2가 적용되면 병이 갑이나 을보다 적은 비용을 부담한다.
➜ 원칙 2가 적용되면 4만 원을 부담하는 병이 6만 원을 부담하는 갑과 5만 원을 부담하는 을보다 적은 비용을 부담한다.

④ (×) 원칙 1이 적용되면 갑이 을이나 병보다 ~~적은 비용을~~ 부담한다.
➜ 원칙 1이 적용되면 갑, 을, 병은 모두 5만 원씩 동일하게 부담한다.

⑤ (×) 원칙 1 대신 원칙 2가 적용되어도 병이 부담할 비용은 ~~변함없다~~.
➜ 병이 부담할 비용은 원칙 1에서 5만 원, 원칙 2에서 4만 원으로 원칙 2가 적용될 경우 병이 부담할 비용은 줄어든다.

합격자의 시간단축 Tip

Tip ❶ 아마 대부분의 수험생이 원칙 1의 적용은 수월하게 하는 반면 원칙 2의 적용은 어려워했을 것이다. 원칙 1의 경우 갑, 을, 병을 한 단위로 인지하기가 상당히 쉽다는 점, 그리고 한 명이 구매할 때의 금액이 8만 원으로 모두 동일하다는 점 때문에 적용이 어렵지 않다. 그에 비해 원칙 2에서는 두 명씩 묶어 회원권을 판매하고 있어 파악이 어렵다.
따라서 이에 접근할 때는 두 명씩 묶여 있는 걸 하나의 덩어리로 인식하고 최대한 같은 덩어리의 형태를 유지할 수 있도록 식을 변형해주어야 한다.
두 명이 사용할 수 있는 회원권이 '갑+을', '을+병', '갑+병'의 형태로 제공되고 있으므로 '갑+을+병'으로 이루어진 세 명이 이용할 수 있는 이용권에서도 세 덩어리가 나올 수 있도록 식을 변형해주어야 하며, '갑+을', '을+병', '갑+병'에서 각각 두 번씩 중복해서 나오고 있기 때문에 '갑+을+병'을 두 배 해주어서 세 덩어리로 나누어 보는 등의 시도를 생각해볼 수 있다.

Tip ❷
(1) 해설과 같은 정석 풀이도 익혀두되, 숫자 감각으로 보다 빠르게 접근하는 방법 또한 참고하면 좋다. 원칙 2의 경우 (W−Z)가 어느 두 사람이나 같다고 주어져 있다. 이 값을 A로 두면 세 사람이 이용할 수 있는 회원권의 각 부담비용(Z)는 다음과 같다.

원칙2	두 사람만 이용할 수 있는 회원권 구매비용(W)	세 사람이 함께 이용할 수 있는 회원권 부담비용(Z)	W－Z
갑＋을	12만 원	(12－A)만 원	A만 원
을＋병	10만 원	(10－A)만 원	
갑＋병	11만 원	(11－A)만 원	

(2) 이제 앞선 **Tip ❶**을 활용하면 문제는 쉽게 풀린다.
(갑＋을)＋(을＋병)＋(병＋갑)＝2×(갑＋을＋병)
＝2×15＝30이므로
$(12-A)+(10-A)+(11-A)=2\times15$
$33-3A=30,\ 3A=3\quad \therefore A=1$
다시 정리하면 다음과 같다.

	두 사람만 이용할 수 있는 회원권 구매 비용(W)	세 사람이 함께 이용할 수 있는 회원권 부담 비용(Z)	W－Z
갑＋을	12만 원	(12－A)＝11만 원	1만 원
을＋병	10만 원	(10－A)＝9만 원	
갑＋병	11만 원	(11－A)＝10만 원	

(3) 이처럼 각 사람의 부담 비용을 구하는 정석적인 방법은 연립방정식이지만, 문제가 쉬울 때는 직접 대입해봐도 괜찮다.
갑, 을, 병 중 두 사람의 부담비용을 더한 값이 10 내외이므로, 대략 4, 5 정도의 값부터 대입해보는 것이다. 복잡한 문제가 아니기에 큰 시행착오 없이 답을 구할 수 있다.

＊ **Tip ❷**의 풀이가 다소 길어 보이지만, 실제 흐름을 따라서 풀면 시간이 많이 걸리지 않을 것이다. 특히 위에서는 표를 이용하여 설명했지만, 이 방법에 익숙해질 경우 W의 값에 관한 방정식만 보아도 Z에 관한 방정식의 관계를 쉽게 도출할 수 있을 것이다.

Tip ❸

(1) **Tip ❷**의 풀이에서 더 나아가, 원칙 1과 원칙 2에서 부담하는 비용이 달라지는 경향만을 파악해 문제를 풀 수도 있다. 두 사람만 이용할 수 있는 회원권을 구매하는 비용을 정리하면 다음과 같은 관계가 성립한다. (단위: 만 원)
(갑)＋(을)＝12, (을)＋(병)＝10, (갑)＋(병)＝11

(2) 위 세 개의 식에 따르면 각 사람의 부담 비용을 구체적으로 구하지 않아도, 식 간의 비교를 통해 (갑 > 을 > 병)의 대소관계를 가짐을 쉽게 알 수 있다.
원칙 1과 원칙 2의 총 비용이 15만 원으로 동일한 상황에서, 원칙 2의 경우 갑 > 을 > 병 순서대로 비용이 점차 작아질 것이고 원칙 1은 세 사람이 부담하는 비용이 전부 동일해야 한다.

(3) 따라서 원칙 1에 비해 갑은 부담하는 비용이 무조건 증가하고 병은 부담하는 비용이 무조건 감소할 것임을 알 수 있다.
이 정도 경향성만 우선 파악한 후 선지를 보면 바로 답이 ③임을 도출할 수 있다. 다만 선지가 보다 구체적인 비용 값을 물어보는 경우에는 **Tip ❶**과 **Tip ❷**와 같이 직접 계산해야 한다.

＊ **Tip ❸**에 제시된 3개의 식을 비교하는 방법을 구체적으로 설명하면 다음과 같다.
(갑)＋(을)＝12, (갑)＋(병)＝11이다. 두 식의 좌변에 '갑'이 동일하게 들어있으므로 '갑'의 값만 제외하고 판단하면 '을'이 '병'보다 1만큼 큰 값임을 알 수 있다.
이와 같이 중복되는 요소를 제거하고 차이나는 요소의 값만 비교하는 방법을 활용하여, 다른 식에 대해서도 판단하면 된다.

006 정답 ①

난이도 ●●○

문제의 〈조건〉을 구분하기 위해, 위에서부터 순서대로 조건 ㄱ~ㄹ이라 하자.

> ㄱ. 모든 부에는 1명 이상의 회원이 있다.
> ㄴ. 공격을 좋아하는 팀은 프로경기부와 아마추어부의 회원 수가 같고, 수비를 좋아하는 팀은 아마추어부가 프로경기부보다 회원 수가 더 많다.
> ㄷ. 수비를 좋아하는 팀의 프로경기부 회원 수는 공격을 좋아하는 팀의 프로경기부 회원 수의 절반 이하이다.
> ㄹ. 수비를 좋아하는 팀의 아마추어부 회원 수는 공격을 좋아하는 팀의 아마추어부 회원 수와 같다.

(1) 공격을 좋아하는 팀의 프로경기부 회원 수를 a라 할 때 각 부의 회원 수를 표로 나타내면 다음과 같다.

	프로경기부	아마추어부
공격을 좋아하는 팀	a	a
수비를 좋아하는 팀	0.5a↓	a

(2) 이때 〈조건〉 ㄱ에 따라 $a \geq 1$이고 총회원수는 42명이므로, 가능한 a의 값은 13과 12이다. 각각의 경우에 각 부의 회원 수를 표로 나타내면 다음과 같다.

(ⅰ) a＝13	프로경기부	아마추어부
공격을 좋아하는 팀	13	13
수비를 좋아하는 팀	3	13

(ii) a=12	프로경기부	아마추어부
공격을 좋아하는 팀	12	12
수비를 좋아하는 팀	6	12

(3) 따라서 정답은 ①이다.

합격자의 시간단축 Tip

Tip ❶ 반드시 해설과 같이 공격을 좋아하는 팀의 프로경기부 회원 수를 미지수로 둘 필요는 없다. 수비를 좋아하는 팀의 프로경기부 회원 수를 a라고 했을 때, 조건에 맞추어 각 팀의 회원 수를 표로 나타내면 다음과 같다.

	프로경기부	아마추어부
공격을 좋아하는 팀	2a↑	2a↑
수비를 좋아하는 팀	a	2a↑

수비를 좋아하는 팀의 프로경기부 회원 수가 최대가 되기 위해서는 나머지 세 팀의 회원 수는 최소여야 하며, 이는 각 팀의 회원 수가 2a인 경우를 의미한다. 2a+2a+2a+a=7a=42일 때 a=6이므로, a는 최대 6명이다. 그런데 선지에 주어진 숫자들은 모두 6 이상으로 이 중 a 값으로 가능한 것은 6밖에 없어 답은 ①이다.
이처럼 문제를 읽고 편한 그룹을 미지수로 두고 다른 그룹들을 해당 미지수를 활용해 나타낼 수 있다면, 그 그룹이 무엇인지는 중요하지 않다. 한 문제를 다양한 방법으로 푸는 법을 연습하고, 자신에게 가장 편한 방법을 찾아보자.

Tip ❷

(1) 수비를 좋아하는 팀의 프로경기부 회원 수(이하 a)는 다른 팀의 회원 수보다 절반 이하이다. '이하'라는 뜻은 a가 다른 팀의 회원 수의 딱 절반일 때 최댓값이 된다는 의미이다. 이를 파악했다면 **Tip ❶**과 같이 곧바로 식을 세워 a의 최댓값을 우선 구해야 한다.

(2) 실전에서는 이러한 숫자 계산이 헷갈릴 수 있다. 그러나 기준을 단순하게 적용시켜 2a, 2a, 2a, a를 각 회원 수로 가정하고 a를 계산해보면 6이 나온다는 것을 알 수 있는데, 선지에서는 모두 이보다 크다는 것을 알 수 있다.

(3) 여기서 판단해야 할 것은 과연 a가 6보다 클 수 있는지 여부인데, 이는 a에 7을 대입해서 계산해보면 총 회원수가 42를 초과하여, 곧바로 불가능하다는 것을 알 수 있을 것이다. 이러한 방법으로 6보다 큰 숫자들은 모두 조건을 만족하지 못한다는 점을 파악하여 ①을 선택해도 좋다.

Tip ❸ 부등식을 이용해 풀이할 수도 있다.

	프로경기부	아마추어부
공격을 좋아하는 팀	a	a
수비를 좋아하는 팀	b	a

이때, 전체 회원 수가 42명이기 때문에 3a+b=42이며 조건 ㄷ으로부터 $b \le \frac{a}{2}$로 표기할 수 있다.
두 식을 a, b 좌표평면에 나타내면 다음과 같다.

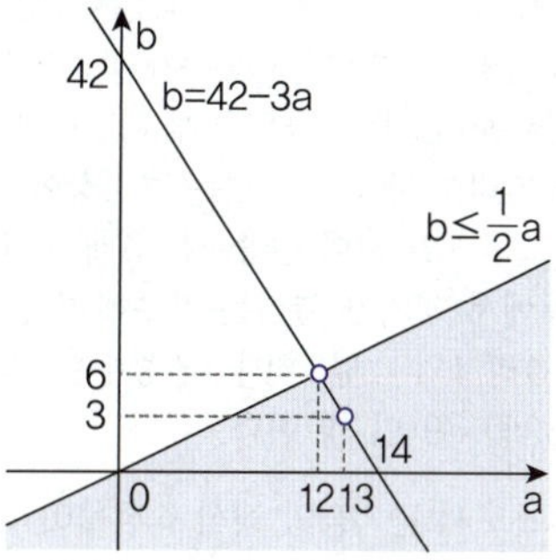

따라서 $b \le \frac{a}{2}$를 만족하는 부등식의 영역에서 b=42−3a를 만족하는 순서쌍 (a, b)는 (12, 6), (13, 3)뿐이다.
부등식을 다음과 같이 계산하여 풀 수도 있다.
우리는 b를 구하는 것이므로 a에 대하여 정리한 후 대입하여 풀면

$$\begin{cases} a=\frac{1}{3}(42-b) \\ b \le \frac{1}{2}a \end{cases}$$

$b \le \frac{1}{2} \times \frac{1}{3}(42-b)$, $6b \le 42-b$

$7b \le 42 \quad \therefore b \le 6$

따라서 바로 선지 ①을 선택할 수 있다. 하지만 그렇게 구체적인 계산을 하지 않아도 b가 최대한 작아야 $b \le \frac{a}{2}$ 조건이 성립한다는 것만 캐치해 선지 ①의 6을 b에 대입해보면 바로 답을 구할 수 있다.

Tip ❹ 선지를 적극적으로 활용하는 다른 방법도 있다. 구하고자 하는 부의 회원 수를 제외한 나머지 부의 회원 수가 동일하기 때문에, 선지를 대입해서 전체 42명에서 뺀 후 3으로 나눴을 때 ① 자연수가 되면서 ② 2배 이상인 값이 나오면 된다. 선지 ①부터 적용했을 때, 42−6=36을 3으로 나누면 12가 되므로 바로 정답이 도출된다.

007 정답 ③ 난이도 ●●○

대도시와 중소도시의 경기장 당 관중수는 (경기장 최대수용인원)×(경기장 좌석점유율)이므로 다음과 같다.

(대도시 경기장 당 관중수) = 3(만 명/개) × 60% = 1.8(만 명/개)

(중소도시 경기장 당 관중수) = 2(만 명/개) × 70% = 1.4(만 명/개)

① (×) ○○리그의 1일 최대 관중수는 ~~16만 명이다~~.

➜ 대도시의 경기장 당 관중수가 중소도시의 경기장 당 관중수보다 많다. 매일 5개 경기장에서 각각 한 경기가 열리며 대도시에 있는 경기장이 5개이므로, ○○리그의 1일 최대 관중수는 5개의 대도시 경기장 모두에서 경기가 열리는 경우에 발생한다. 따라서 ○○리그의 1일 최대 관중수는 1.8(만 명/개) × 5(개) = 9(만 명)이다.

② (×) 중소도시 경기장의 좌석 점유율이 10%p 높아진다면 대도시 경기장 한 곳의 관중수보다 중소도시 경기장 한 곳의 관중수가 ~~더 많아진다~~.

➜ 중소도시 경기장의 좌석 점유율이 10%p 높아질 경우 중소도시의 경기장 당 관중수는 2(만 명) × 80% = 1.6(만 명/개) 이다. 이는 대도시의 경기장 당 관중수인 1.8(만 명/개) 보다 적다. 따라서 중소도시 경기장의 좌석 점유율이 10%p 높아지더라도 여전히 대도시 경기장 한 곳의 관중수가 중소도시 경기장 한 곳의 관중수보다 더 많다.

③ (○) 내년 시즌부터 4개의 대도시와 6개의 중소도시에서 경기가 열린다면 리그의 한 시즌 전체 누적 관중수는 올 시즌 대비 2.5% 줄어든다.

➜ 올 시즌 5개의 대도시와 5개의 중소도시에서 1경기씩 진행할 경우 관중수는 1.8(만 명/개) × 5(개) + 1.4(만 명/개) × 5(개) = 16(만 명)이다. 한 시즌 당 각 경기장에서 열리는 경기의 횟수는 10개 경기장 모두 동일하므로, 이를 A라고 했을 때 올 시즌 전체 누적 관중수는 16A(만 명)이다.

내년 시즌 4개의 대도시와 6개의 중소도시에서 1경기씩 진행할 경우 관중수는 1.8(만 명/개) × 4(개) + 1.4(만 명/개) × 6(개) = 15.6(만 명)

이다. 한 시즌 당 각 경기장에서 열리는 경기의 횟수는 10개 경기장 모두 동일하므로, 이를 올 시즌과 동일한 A라고 했을 때 내년 시즌 전체 누적 관중수는 15.6A (만 명)이다.

따라서 내년 시즌 ○○리그의 한 시즌 전체 누적 관중수의 감소율은 $\frac{(16A-15.6A)}{16A}\times100=\frac{0.4}{16}\times100=2.5\%$로, 누적 관중수는 올 시즌 대비 2.5% 줄어든다.

④ (×) 대도시 경기장의 좌석 점유율이 중소도시 경기장과 같고 최대수용인원은 그대로라면, ○○리그의 1일 평균 관중수는 11만 명을 초과하게 된다.

➜ 대도시 경기장의 좌석 점유율이 중소도시 경기장과 같고 최대수용인원은 그대로인 경우 대도시의 경기장 당 관중수는 3(만 명) × 70% = 2.1(만 명/개) 이다.

이때 5개의 대도시와 5개의 중소도시에서 1경기씩 진행할 경우 관중수는

2.1(만 명/개) × 5(개) + 1.4(만 명/개) × 5(개) = 17.5(만 명)

이고, 한 시즌 당 각 경기장에서 열리는 경기의 횟수는 10개 경기장 모두 동일하므로, 이를 A라고 했을 때 시즌 전체 누적 관중수는 17.5A(만 명)이다.

한편, 한 시즌 당 각 경기장에서 열리는 경기의 횟수가 A일 때 전체 경기수는 10A이며, 매일 5경기가 열리므로 한 시즌의 경기일수는 10A ÷ 5 = 2A(일)이다. 따라서

$$(\text{1일 평균 관중수})=\frac{(\text{시즌 전체 누적 관중수})}{(\text{한 시즌의 경기일수})}=\frac{17.5A(\text{만 명})}{2A(\text{일})}=8.75(\text{만 명/일})$$

이다. 따라서 11만 명을 초과하지 않는다.

⑤ (×) 중소도시 경기장의 최대수용인원이 대도시 경기장과 같고 좌석 점유율은 그대로라면, ○○리그의 1일 평균 관중수는 11만 명을 ~~초과하게 된다~~.

➜ 중소도시 경기장의 최대수용인원이 대도시 경기장과 같고 좌석 점유율이 그대로인 경우 중소도시의 경기장 당 관중수는 3(만 명) × 70% = 2.1(만 명/개) 이다.

이때 5개의 대도시와 5개의 중소도시에서 1경기씩 진행할 경우 관중수는 1.8(만 명/개) × 5(개) + 2.1(만 명/개) × 5(개) = 19.5(만 명)이고, 한 시즌 당 각 경기장에서 열리는 경기의 횟수는 10개 경기장 모두 동일하므로, 이를 A라고 했을 때 시즌 전체 누적 관중수는 19.5A(만 명)이다.

한편, 한 시즌 당 각 경기장에서 열리는 경기의 횟수가 A일 때 전체 경기수는 10A이며, 매일 5경기가 열리므로 한 시즌의 경기일수는 10A ÷ 5 = 2A(일)이다. 따라서

$$(\text{1일 평균 관중수})=\frac{(\text{시즌 전체 누적 관중수})}{(\text{한 시즌의 경기일수})}=\frac{19.5A(\text{만 명})}{2A(\text{일})}=9.75(\text{만 명/일})$$

이다. 즉, 11만 명을 초과하지 않는다.

합격자의 시간단축 Tip

하루에 5개 경기장에서만 경기가 열린다는 점에 주의하면 큰 문제없이 해결할 수 있는 문제다. 만약 이 부분을 착각할 경우

1.8(만 명/개)×5(개)+1.4(만 명/개)×5(개)=16(만 명)

과 같이 풀어 선지 ① 번을 정답으로 판단하고 문제를 틀리게 된다.

출제자 역시 선지 ① 번을 해당 부분을 이용해 구성한 것으로 보아, 실수 가능성이 높다고 판단한 것으로 보인다. 이처럼 규칙이 보기 좋게 정리되지 않고, 줄글로 주어진 경우 중요한 규칙을 놓칠 개연성이 높으므로 더욱 꼼꼼히 읽을 필요성이 있다.

또한 ① 번을 보면 출제자가 어떻게 함정을 구성하는지를 알 수 있다. 그러므로 다른 문제를 풀 때에도 오답의 원리를 분석해보면 출제자가 해당 문제에 심어 놓은 함정이 무엇인지를 파악해볼 수 있다.

선지 ① 위에서 언급했듯 '매일 5개 경기장'이라는 부분은 '의심스러운 부분'에 해당한다.

따라서 ①번을 읽을 때 대도시 경기장이 100% 수용하더라도 3(만 명)×5=15(만 명)이므로 선지의 16만 명은 말도 안 된다는 것을 가볍게 확인하면 된다. 중소도시까지 다시 구해서 이중으로 확인할 필요는 없다. → 의심스러운 부분이므로 구체적인 값은 구하지 않고 간단히 처리한다.

선지 ③ 대도시 경기장 하나가 줄어들고 중소도시 경기장 하나가 늘어나므로, 관중 수 차이 값인 0.4만 명을 바로 도출해 분자에 대입할 수 있다. 이때, 대도시 경기장과 중소도시 경기장이 모두 다섯 개일 때 관중 수는 1.8(만 명/개)×5(개)+1.4(만 명/개)×5(개)= 3.2(만 명/개)×5(개)=16(만 명)으로 계산하면 보다 빠르게 계산 가능하다.

선지 ④ **선지 ⑤** 해당 선지를 풀 때, 정확하게 8.75만 명, 9.75만 명을 도출해 11만 명이 되지 않음을 확인한다면 비효율적 풀이가 된다. 왜냐하면 11만 명은 말도 안 되는 숫자이기 때문이다.

방향에 따라 풀이가 2개로 나눠질 수 있지만 <u>기본적인 원리는 평균 도출 전에 '큰 값을 기준으로도 11만 명이 안됨을 확인</u>'하는 것이다. 다음은 선지 ④ 번을 예시로 적용해보겠다.

[방법 1] 11만 명과 비교하는 방법

대도시의 값이 더 크므로, 대도시의 경기당 관중수를 확인하면 2.1(만 명/개)로, 매일 5개의 대도시 경기장에서만 경기가 열린다고 할 때 1일 관중수는 총 2.1(만 명/개)×5(개)=10.5(만 명)이다.

그러나 큰 값이 이미 11만 명보다 작기 때문에 전체의 평균은 11만 명을 초과할 수 없다.

[방법 2] 1개 도시 당 평균값으로 비교하는 방법

11만 명을 5개 도시로 나눠, 1개 도시당 평균 관중수를 도출하면 2.2(만 명/개)다.

그러나 대도시 값을 확인하면 경기당 관중수가 2.1(만 명/개)이므로 그 평균은 당연히 2.2(만 명/개)를 초과할 수 없다. 중소도시 또한 최대수용인원이 2만 명이므로 당연히 2.2(만 명/개)를 초과할 수 없다.

> * 이처럼 '평균' 문제가 나왔을 때, 평균 도출 전에 그를 구성하는 값과의 대소비교로 선지를 처리하는 방법은 자주 활용되는 방법이므로 알아 두는 것이 좋다.
> 만약 반대로 '평균은 A보다 작다'라고 물었다면 '구성 요소 중 작은 값'과 비교하면 된다.

008 정답 ④ 　　　난이도 ●●○

(1) 1라운드 출전 가능 선수
'甲'을 이길 확률이 0.6 이상인 사람은 C, E이다.

(2) 2라운드 출전 가능 선수
'乙'을 이길 확률이 0.6 이상인 사람은 A, B, C이다.

(3) 3라운드 출전 가능선수
'丙'을 이길 확률이 0.6 이상인 사람은 D, F, G이다.

(4) 선별할 수 있는 출전선수 조합의 가짓수는 다음과 같다.

C, A, D	C, A, F	C, A, G	C, B, D	C, B, F
C, B, G	E, A, D	E, A, F	E, A, G	E, B, D
E, B, F	E, B, G	E, C, D	E, C, F	E, C, G

따라서 총 15가지이다.

합격자의 시간단축 Tip

Tip ① 경우의 수 문제는 3단계로 접근하면 된다.

(1) **1단계**: 상황 별로 가능한 경우의 수를 정리한다.
예를 들어, 위 해설에서 (1) ~ (3)까지의 작업이 1단계에 해당한다.

(2) **2단계**: 정리해 둔 경우의 수를 계산한다.
이때 필요한 개념은 2가지이다.
① 조합: 서로 다른 n개에서 순서를 생각하지 않고 r ($0 < r \le n$)개를 택하는 것을 n개에서 r개를 택하는 조합이라 하며 Combination의 약자 C로 표현하고 ${}_nC_r$로 나타낸다.

$${}_nC_r = \frac{n!}{r!(n-r)!} \text{ (단, } 0 < r \le n)$$

② 곱의 법칙: 두 사건 A, B에 대하여 사건 A가 일어나는 경우의 수가 m이고, 그 각각에 대하여 사건 B가 일어나는 경우의 수가 n이면, 두 사건 A, B가 잇달아(동시에, 연이어) 일어나는 경우의 수는 $m \times n$ 이다.

(3) **3단계**: 2단계에서 구한 값 중 제외되는 값들을 처리한다.
정리의 예외에 해당되는 경우가 있을 것이므로 해당 부분을 조정해줘야 한다.

(4) 이 3단계를 이용해 이 문제를 풀면 다음과 같다.
① 1단계로 위 해설 (1) ~ (3)의 값을 도출한다.
② 2단계로 게임 상황을 보면 1, 2, 3 라운드의 전후 관계를 가지게 되므로 '조합'과 '곱의 법칙'를 활용한다.
즉, 1라운드의 2가지(C, E) 중 순서 상관없이 1개를 뽑는 방법의 수는 ${}_2C_1$, 2라운드의 3가지(A, B, C) 중 순서 상관없이 1개를 뽑는 방법의 수는 ${}_3C_1$, 3라운드의 3가지(D, F, G) 중 순서 상관없이 1개를 뽑는 방법의 수는 ${}_3C_1$이므로 이것을 모두 곱하면
${}_2C_1 \times {}_3C_1 \times {}_3C_1 = 2 \times 3 \times 3 = 18$이다.
③ 3단계로 조정할 값이 있는지 확인하면, 유일하게 C가 1, 2라운드 모두에 있는 것을 알 수 있다. 따라서 앞선 18가지에서 C가 포함된 경우의 수를 제외해야 한다.
이때, 문제되는 것은 1, 2단계가 모두 C인 (C, C, D), (C, C, F), (C, C, G)의 경우이므로, ②에서 구한 값에서 3을 빼면 된다. 따라서 정답은 $18-3=15$이다.
이처럼 풀이 시 경우의 수를 일일이 세지 않고 풀 수 있다.

Tip ❷ 유의할 점은 모든 경우의 수 문제가 위처럼 풀리지 않는다는 것이다. 이 문제의 경우 2단계까지 했을 때 도출되는 숫자 18이 선지에 주어진 숫자들과 큰 차이가 없기 때문에 제거해야 하는 가짓수가 많지 않음을 알 수 있다.
이런 경우에는 예외사항들을 생각해서(즉, 여집합을 고려하여) 그만큼을 차감해주는 방식이 유용하다. 그러나 만일 2단계까지 했을 때 도출되는 숫자가 선지에 나와 있는 수와 차이가 아주 크거나, 선지에 나와 있는 수가 아주 작다면(한 자리수), 해당되는 경우를 일일이 세는 것이 더 나을 수도 있다.

Tip ❸
(1) 경우의 수 문제는 복잡하게 풀리는 경우가 대다수이다. 후순위로 푸는 것을 추천한다. 다만 만약 풀게 된다면 "시작점"을 잘 정하는 것이 중요하다. 사람마다 기준은 다를 수 있지만 핵심은 가장 쉽고 정확하게 풀 수 있는 기준을 설정하는 것을 연습해야 한다.
(2) 위 해설 (1)~(3)의 값에 따르면, 甲에 상대 가능한 선수가 2명인 것을 알 수 있다. 따라서 C와 E를 기준으로 경우의 수를 센다고 접근하는 것이 좋다.
또는 상대할 수 있는 선수로 C가 중복되는 경우가 甲과 乙이기 때문에, 둘 중 상대할 수 있는 선수가 적은 甲을 기준으로 계산하는 것이 좋다.
(ⅰ) 甲과 C가 상대할 경우: [乙 상대가능자 2명(A, B)]×[丙 상대가능자 3명(D, F, G)]=6가지
(ⅱ) 甲과 E가 상대할 경우: [乙 상대가능자 3명(A, B, C)]×[丙 상대가능자 3명(D, F, G)]=9가지
(ⅰ), (ⅱ)에서 $6+9=15$가지이다.
이렇게 보면 경우의 수 구성이 보다 명확하게 보일 것이다.
이것은 **Tip ❶**의 방법과 상당히 유사하나, 곱셈정리의 예외 부분을 고려하여 계산하기 때문에 총 2단계로 풀이 과정을 줄일 수 있다.

* 이 문제의 경우 C만이 甲과 乙을 상대 가능하여 중복되는 경우이므로 중복되는 경우를 골라내기가 쉽다. 그러나 만약 이렇게 중복되는 경우가 많은 경우 섣불리 공식이나 곱셈 등으로 접근했다가는 실수하기 쉽다.
따라서 설문과 같이 여러 경기에 출전할 수 있는 선수의 수가 적은 경우 공식을 활용하는 것이 유리하고, 여러 경기에 출전할 수 있는 선수의 수가 많은 경우 시간이 조금 걸리더라도 나뭇가지 그림으로 불리는 수형도를 그려 문제를 푸는 것이 정확한 답을 도출할 수 있다.

009 정답 ③ 난이도 ●●○

각 날짜 별로 판매된 수박의 판매액은 다음과 같다.

날짜	1일		2일		3일		4일		5일		6일	
판매된 수박(개)	80		100		110		100		100		10	
당일 판매된 수박(개)	이월	당일	이월	당일	이월	당일	이월	당일	이월	당일	이월	당일
	0	80	20	80	20	90	10	90	10	90	10	0
판매액 (만 원)	0	80	16	80	16	90	8	90	8	90	8	0
총 판매액 (만 원)	80		96		106		98		98		8	

• 1일: 당일 甲에게 공급받은 수박 100개 중 80개를 판매한 금액은
80(개)×1(만 원)=80(만 원)
• 2일: 1일에 판매하지 못한 수박 20개와 당일 공급받은 수박 80개, 총 100개를 판매한 금액은
20×8(천 원)+80×1(만 원)=96(만 원)
(당일 공급받은 수박 중 20개 남음)
• 3일: 2일에 판매하지 못한 수박 20개와 당일 공급받은 수박 90개, 총 110개를 판매한 금액은
20×8(천 원)+90×1(만 원)=106(만 원)
(당일 공급받은 수박 중 10개 남음)
• 4일: 3일에 판매하지 못한 수박 10개와 당일 공급받은 수박 90개, 총 100개를 판매한 금액은
10×8(천 원)+90×1(만 원)=98(만 원)
(당일 공급받은 수박 중 10개 남음)
• 5일: 4일에 판매하지 못한 수박 10개와 당일 공급받은 수박 90개, 총 100개를 판매한 금액은
10×8(천 원)+90×1(만 원)=98(만 원)
(당일 공급받은 수박 중 10개 남음)
• 6일: 5일에 판매하지 못한 수박 10개를 판매한 금액은
10×8(천 원)=8(만 원)
이를 모두 합하면 80+96+106+98+98+8=486만 원이므로 답은 ③이다.

합격자의 시간단축 Tip

Tip ❶ 해설의 표를 단순화하여 시각화 해보면 다음과 같다.

날짜(일)	1	2	3	4	5	6
수확한 수박(개)	100	100	100	100	100	100
판매된 수박(개)	80	100	110	100	100	10
이월 수박(개)	0	20	20	10	10	10
당일 판매(개)	80	80	90	90	90	0
잔여 수박(개)	20	20	10	10	10	100

표의 내용을 작성할 때, 계산을 보다 간단하게 정리하면 다음과 같다.
(1) (수확한 수박)−(당일 판매수박)=(잔여 수박)
(2) (전날의 잔여 수박)=(당일의 이월 수박)
(3) (판매된 수박)−(이월 수박)=(당일 판매수박)

이때, 판매액 계산 시 8천 원을 0.8만 원이라고 쓰면 단위 환산 등에 있어서 편리하다.
(이월 수박 판매액)=
(20+20+10+10+10)×0.8=56(만 원)
(당일 수박 판매액)=
(80+80+90+90+90)×1=430(만 원)

일일이 1일차, 2일차, 3일차, 4일차를 구해서 더하는 방법도 있지만 이렇게 전체적으로 이월되어 할인된 수박과 당일 판매된 수박의 총 합을 나누어 구하는 방법도 있다. 계산 실수할 확률도 줄어들고 이월 수박과 당일 판매 수박을 헷갈릴 가능성도 낮아진다.

Tip ❷ 문제에 따르면 당일 판매하지 못한 농산물은 판매가에서 균일하게 20%가 할인되며, 다음 날 모두 판매된다. 따라서 각 날짜 별로 수박 판매액을 구하는 대신 할인 금액을 빼는 방식으로 계산이 가능하다.

(1) 만일 甲에게 공급받은 수박을 당일에 모두 팔았다면, 갑은 1일부터 5일까지 총 500개를 공급했으므로 총 판매액은 500만 원이었을 것이다.
(2) 몇 개의 수박이 다음 날 판매되었는지를 구해야 한다. 1일에서 2일로 넘어간 수박이 20개라는 사실은 쉽게 알 수 있다. 그 이후에 각 날짜에 판매될 수 있는 최대 수박 개수는 (전날 넘어온 수박의 개수)+100개일 것이다. 문제의 조건에 따라 전날 넘어온 수박은 무조건 모두 판매되므로, 만일 당일 공급된 수박의 개수와 팔린 수박의 개수가 모두 100개라면 이는 전날 넘어온 수박의 개수만큼 당일 공급된 수박이 다음날로 넘어갔음을 의미한다. 이에 따라 2일에서 3일로 넘어가는 수박 개수는 20개이다.
(3) 반면 3일의 경우, 110개가 판매되어 당일 새로 공급받은 수박보다 10개를 더 팔았다. 넘어온 수박 20개와 당일 공급받은 100개 총 120개 중 110개를 판매하였으므로 4일로 넘어가는 수박은 10개이다. (당일 공급받은 수박보다 더 많이 팔았다는 것은 2일에서 3일로 넘어온 수박 개수보다 3일에서 4일로 넘어가는 수박 개수가 더 적다는 것을 의미한다. 이러한 방식으로 사고하면, 전날에서 넘어온 수박 20개보다 10개 적은 10개가 넘어갈 것이라고 생각해도 좋다.)
(4) 이후 4일, 5일은 각각 100개씩 판매하므로 계속해서 전날 넘어온 수박을 모두 팔고 그만큼의 개수를 다시 다음날로 넘긴다는 것을 알 수 있다. 따라서 4일에서 5일로 10개가, 5일에서 6일로 10개가 넘어갈 것이다.
(5) 이를 총 합하면 20+20+10+10+10=70개가 넘어가며, 70개의 수박이 20%씩 할인되면 총 할인 금액은 14만 원이다. 500−14=486만 원이므로 답은 ③번이다.

* 이렇게 줄글로 풀어서 쓰면 정석 풀이보다 길고 어려워 보일 수 있으나, 막상 실전에서는 후자의 풀이가 전자의 해설보다 훨씬 빠를 수 있다. 해당 문제처럼 할인을 받은 금액을 구하는 문제의 경우 할인 전 금액(500만 원)과 선지에 주어진 값들의 차이가 크지 않을 가능성이 크며, 이 때에는 전체에서 할인 받은 금액만큼 감해서 답을 구하는 것이 훨씬 효율적이다.

** 또 하나의 포인트는 넘어가는 수박의 개수를 구하는 방법이다.

① 이해가 잘 되지 않는다면 각 날짜별로 (전날 넘어온 수박)+100개에서 당일 판매한 수박 개수를 빼서 다음 날로 넘어가는 수박 개수를 구해도 좋지만, 가능하다면 덧셈 없이 100개를 기준으로 해서 당일 판매된 수박이 100개보다 많은 경우, 100개인 경우 각각 다음 날로 넘어가는 수박 개수는 어떻게 변화하는지 고민해보면 많은 도움이 될 것이다.

② 생각을 돕기 위해 예를 들자면, 만일 3일에 판매된 수박이 110개가 아니라 80개인 경우 3일에서 4일로 넘어가는 수박 개수는 전날 넘어온 수박 개수인 20에 20을 더한 40개일 것이다.
또, 이 상태에서 4일에 110개가 판매됐다면, 4일에서 5일로 넘어가는 수박 개수는 전날 넘어온 수박 개수인 40개에서 10개를 뺀 30개인 것이다. 이처럼 원리를 이해하면 보다 빠르고 쉽게 계산할 수 있을 것이다.

Tip ❸ 객관식 시험이므로 보기를 최대한 활용하는 것도 가능하다. 이 문항의 경우, 선지 다섯 개 모두 일의 자리 숫자가 다르다는 것을 알 수 있다. 따라서, 굳이 구체적 값을 도출하지 않더라도 일의 자리 숫자만을 파악하면 문제를 풀 수 있다.

(1) 그날 생산해 그날 판매하는 수박은 1만 원에 판매하고, 판매된 수박이 10단위로 끝나는 것으로 미루어 보아 그날 판매된 수박이 최소 10개 단위로 팔렸을 것이므로 그날 생산해 그날 판매하는 수박은 굳이 계산할 필요가 없다. 그날 생산해 그날 판매하는 수박 가격은 10만 원 단위일 것이기 때문이다.

(2) 따라서 20% 할인되어 8천 원이 최소 단위인 '그날 생산해 다음날 판매하는 수박'의 개수만 도출하면 된다. 계산해보면 다음날 판매하는 수박이 총 70개이고 70×0.8=56이므로, 일의 자리 숫자가 6이며 나머지는 일의 자리에 영향이 없는 10의 단위로 계산된다. 따라서 일의 자리가 6인 보기는 ③밖에 없으므로 구체적 계산 없이 답을 도출할 수 있다.

010 정답 ⑤ 난이도 ●●○

모든 시안의 평가 점수를 계산해보면 다음과 같다.

- A: 25+25+20+10+10=90
- B: 30+㉠+17+10+10=㉠+67
- C: 20+30+㉡+10+10=㉡+70
- D: 25+25+20+5+10=85
- E: 20+20+15+10+10=75

ㄱ. (O) D와 E는 채택되지 않는다.
→ D와 E의 평가 점수는 A보다 작다.
평가 점수의 총합이 가장 높은 시안을 선택하므로 B와 C는 고려할 필요 없이 D와 E가 채택되지 않음을 알 수 있다.

ㄴ. (O) ㉡의 점수와 상관없이 C는 채택되지 않는다.
→ C의 평가 점수 총합은 ㉡+70인데 이때 ㉡의 평가 항목인 교수법은 최대 배점이 20점이다. ㉡의 점수와 무관하게 채택되지 않는다는 것은 ㉡의 점수가 가장 높을 때도 채택되지 않음을 의미한다. 따라서 ㉡의 점수를 최대 배점인 20점으로 가정할 때 C의 평가 점수의 총합은 20+70=90점이다. 이는 A의 평가 점수 총합과 동일한데, "총합이 동점일 경우, 평가 항목 중 학습내용 점수가 가장 높은 시안을 채택"해야 하므로 C에 비해 학습 내용 점수가 높은 A를 채택하게 된다. 따라서 C는 채택되지 않는다.

ㄷ. (O) ㉠이 23점이라면 B가 채택된다.
→ ㉠이 23점이라면 B의 평가 점수의 총합은 ㉠+67=23+67= 90이 된다.
이는 A의 평가 점수의 총합과 동점이며, ㉡이 가능한 최대 점수인 20점일 경우 C의 평가 점수 총합 역시 90점으로 동점이다.
동점일 경우 학습내용 점수가 가장 높은 시안을 채택한다 하였으므로, A, B, C의 학습내용 점수를 비교해보면 30(B) > 25(A) > 20(C)로 B가 가장 높은 점수를 받았으므로 B가 채택된다.

합격자의 시간단축 Tip

Tip ❶ 문제 풀이에 앞서 이 유형은 비교적 나중에 풀어야 하는 유형이다. 빈 칸으로 인해 불확정 값이 있어 다양한 경우의 수를 가정할 수 있고, 전체 값들을 비교해야 하므로 상대적으로 시간 소모가 있을 수밖에 없기 때문이다. 따라서 빠른 비교를 해낼 자신이 없다면 먼저 다른 유형을 푼 후에, 마지막에 시간이 남을 때 푸는 것이 좋은 시간 활용 전략이다.

Tip ❷ 불행 중 다행으로 단순 합산 비교 형태이다. 이때까지의 기출을 보면 난이도가 높아지면, 가중치가 부여된 합산 비교를 요구하고 있다. 단순 합산인 경우, 본인이 자신만 있다면 빠르게 더하고 비교해도 되지만, 난이도가 높은 경우를 대비하기 위해 언제든 활용할 수 있는 방법을 알아 두면 좋다.
일반적으로 활용성이 가장 좋은 방법은 '구성요소 차이 값 비교'이다. 이는 동일한 구성요소 값들은 매칭하여 상쇄시키고, 나머지 값들의 차이 값만 비교하는 방법이다. 예를 들어, A와 D를 비교하면, 학습내용, 학습체계, 교수법, 학습매체는 값이 동일하므로 상쇄된다. 유일하게 값이 다른 학습평가는 A > D이므로 총합 역시 A가 더 크다는 것을 알 수 있다.

보기 ㄱ. D와 E가 채택되지 않는다는 것을 다른 말로 표현하면, "D와 E는 평가 점수 총합이 가장 큰 시안이 아니다"가 된다. 이때, 실제로 총합이 가장 큰 시안이 무엇인지는 전혀 알 필요가 없다. 단지 D와 E보다 큰 값이 단 하나라도 있으면 D와 E는 가장 큰 값이 아니기 때문에 채택되지 않는다는 것을 간단히 알 수 있다.
이때, '구성요소 차이 값 비교'를 활용해 보자.

① 우선 위에서 언급한 예시처럼 A가 D보다 크기 때문에 D는 채택되지 않는다는 것을 확인할 수 있다.
② 다음으로 A와 E를 비교해보면 학습평가, 학습매체는 동일하여 상쇄되며, 나머지 평가 항목은 단 하나도 빠짐없이 A > E라는 것을 눈으로 확인할 수 있다. 당연히 총합 역시 A가 더 크다는 것을 알 수 있다.
③ 즉, D와 E 모두 가장 큰 값이 아니므로 옳은 보기이다.

* 물론 A가 가장 큰 값인지도 알 필요가 없다. A가 가장 크지 않더라도 D와 E가 가장 큰 값이 아니라는 사실은 변하지 않기 때문이다.

보기 ㄴ.
① 불확정 값이 포함된 계산이다. 이러한 경우, 최악의 상황을 가정했음에도 반례가 없다는 것을 확인해야 옳은 보기라고 판단할 수 있다.
② 이때, 한 가지 센스를 발휘하면 효율적인 풀이가 가능하다. 앞서 〈보기 ㄱ〉에서 모든 값을 A와 비교했었고, D와 E보다 크다는 것을 확인했다. 즉 A가 가장 큰 지는 알 수 없지만, 적어도 '제법 큰 값'이라는 것은 알 수 있다. (A > D, E)
따라서 C와 A를 가장 먼저 비교해야겠다는 판단을 하면 좋다.
③ 최악의 상황으로 ㉡을 가장 큰 값인 20으로 설정한 후, A와 C를 '구성요소 차이 값 비교'를 통해 비교해 보면 교수법, 학습평가, 학습매체는 모두 동일하므로 상쇄된다. 남은 두 평가 항목을 비교할 때 둘 다 합은 25+25=20+30=50이므로 A와 C의 총합이 동일하다는 것을 알 수 있다.
④ 이때, 알아 두면 좋은 사고 과정이 있다. 문제를 풀다 보면 선지 ③과 같이 총합이 동일한 경우를 제법 자주 마주할 수 있다. 가장 좋은 방법은 본문을 읽으면서 '동점인 경우'에 동그라미 등 표시를 해두는 것이지만, 만약 '동일할 때는 ~하게 한다'는 본문의 글을 확인하지 못했다 하더라도, 총합이 동일한 예외적 상황을 발견하면 다시 본문으로 돌아가 이에 대한 언급이 있는지 확인하는 습관을 지니는 것이 좋다. 이러한 습관만 있다면 조건을 놓쳐 틀리는 일은 거의 없을 것이다.
⑤ A와 C의 총합이 동일하므로 본문을 확인하면, 학습내용 점수가 가장 높은 시안을 채택한다는 것을 알 수 있다. 따라서 A가 채택되고 C는 채택되지 않으므로 〈보기 ㄴ〉은 옳다.

보기 ㄷ. 〈보기 ㄴ〉과 동일한 방식으로 해결하면 된다.
① 〈보기 ㄱ〉과 〈보기 ㄴ〉을 통해 A가 C, D, E보다 크다는 것을 확인했다. 따라서 당연히 B도 A하고만 비교하면 된다.
② ㉠을 23으로 두고 A와 B를 비교하면, 학습평가와 학습매체는 동일하므로 상쇄된다. 이때 학습내용은 B가 +5, 학습체계는 A가 +2, 교수법은 A가 +3이므로 A와 B의 총합 역시 같다는 것을 알 수 있다.

* 참고로 차이 값 비교 과정에서 실수를 방지하고 조금 더 안정적인 비교를 위해서는 '어느 한 값을 기준으로 확인하는 방법'도 좋다. 즉, 위와 같이 'B가 얼마, A가 얼마 크다' 식으로 비교 시, 자칫 이 값이 어느 쪽이 더 크다는 것을 나타내는지 풀다 보면 헷갈릴 수 있다. 따라서 어느 한 값을 기준으로 하면 이와 같은 실수를 예방할 수 있다.
예를 들어, 〈보기 ㄷ〉에서 B를 기준으로 볼 경우 학습내용 +5, 학습체계 -2, 교수법 -3으로 5−2−3=0이 되어 동일하다는 것을 쉽게 알 수 있다.

Tip ❸ 총합만 대소비교 하면 되기 때문에, 최대한 같은 숫자들은 미리 소거하는 방법으로 문제를 풀 수도 있다.

(1) 우선 학습매체는 모두 10점이므로 소거하고, 학습평가에서 D만 5점이 모자라므로 모두 소거 후 옆에 -5라고 표기해 둔다. 그 다음으로는 20점을 지울 것인데, 어떠한 항목인지는 고려하지 않고 20점을 1개씩 지우도록 한다. 즉 A와 D는 교수법의 20점을, C와 E는 학습내용의 20점을 지운 후, B는 교수법이 17점이므로 옆에 -3을 표기한 후 소거한다.
(2) 같은 방법으로 25를 소거할 것인데, A의 학습체계 25점, D의 학습체계 25점을 소거하고, B의 학습

1일차 • 문제해결 + 자원관리능력

내용 30점 열에는 +5점을, C의 학습체계 열에도 +5점을, E의 학습체계 열에는 −5점을 작성한 후 소거한다. 그러면 남은 점수는 A의 25점, B의 ㉠ +2(학습내용의 +5와 교수법의 -3)점, C의 ㉡ + 5(학습체계의 +5)점, D의 20(학습내용의 +25와 학습평가의 −5)점, E의 10(교수법의 +15와 학습체계의 −5)점이다. 이들을 가지고 ㄱ, ㄴ, ㄷ을 풀게 되면 훨씬 더 빠른 계산이 가능하며, 결과는 위의 정석 풀이와 동일하다.

(3) 이러한 방식으로 소거할 때는 기준이 중요하다. 반드시 소거하는 숫자를 동일한 항목으로 한정할 필요가 없다는 점과 A를 기준으로 해서 최대한 많은 수를 소거한다는 점을 기준점으로 둘 경우 계산을 단축시킬 수 있다.

Tip ❹ 소거법도 좋은 방법이지만 체화되지 못한다면 오히려 합산으로 풀고 〈보기〉 ㄱ, ㄴ, ㄷ을 푸는 것이 실수를 줄이고 시간도 단축시킬 수 있다. 합을 이하와 같이 표 아래 여백에 기입해두면 좋다.

	A	B	C	D	E
…	…	…	…	…	…
학습매체 (10)	10	10	10	10	10
"총합"	90	㉠+67	㉡+70	85	75

또한, ㉠과 ㉡의 최대 점수가 각각 30, 20이므로
㉠ ≤ 30 → ㉠+67 ≤ 97
㉡ ≤ 20 → ㉡+70 ≤ 90
과 같이 표기해두는 것도 좋다.
점수 계산에 있어서도 B의 17점을 제외하고는 5의 배수로 끊어지기 때문에 계산이 엄청 복잡하지는 않을 것이다.
만약 덧셈이 오래 걸릴 것으로 판단된다면 **만점에서 점수가 얼마나 차감되는 지를 기준으로 비교**할 수도 있다. 일례로, A의 경우 학습 내용과 학습 체계에서 각각 5점씩 감점되므로, 총점을 −10으로 두고 풀어도 되는 것이다.

011 정답 ❷

난이도 ●○○

(1) 주어진 값들을 그림으로 정리하면 아래와 같다. 단, **A의 B에 대한 수출액은 B의 A에 대한 수입액**이 된다. 이때, 이하에서 단위는 1억 달러이다.

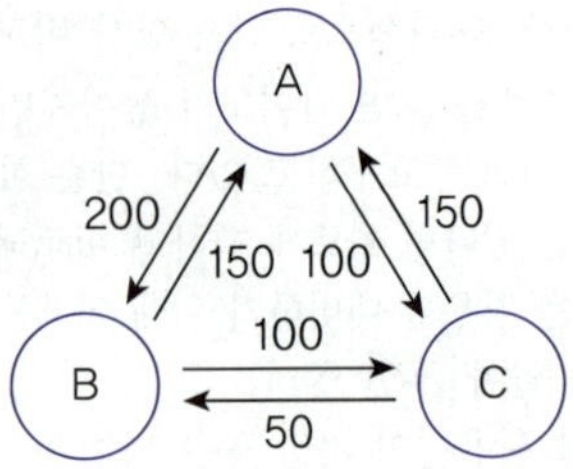

(2) $(\text{무역의존도}) = \dfrac{(\text{총수출액})+(\text{총수입액})}{(\text{국내총생산})}$이므로 각국의 무역의존도를 계산해보면

• (A국의 무역의존도)
$= \dfrac{(200+100)+(150+150)}{1{,}000}$
$= \dfrac{3}{5} = 0.6$

• (B국의 무역의존도)
$= \dfrac{(150+100)+(200+50)}{3{,}000}$
$= \dfrac{1}{6} \approx 0.167$

• (C국의 무역의존도)
$= \dfrac{(150+50)+(100+100)}{2{,}000}$
$= \dfrac{1}{5} = 0.2$

(3) 2019년의 무역의존도가 높은 순서대로 세 국가를 나열해보면 A(0.6) > C(0.2) > B(0.167)이므로 정답은 ② 번이다.

합격자의 시간단축 Tip

Tip ❶

(1) 문제에서는 '순서'를 요구하고 있을 뿐, 실제 값이 얼마인지는 묻고 있지 않다. 따라서 무역의존도를 정확히 계산할 필요 없이 대소만 비교하면 된다. 이 문제의 경우 귀찮은 계산을 하도록 유도하는 장치가 있다. 바로 '분모의 존재'이다. 분자 값은 단순 덧셈이라 괜찮지만, 분모 값의 존재 때문에 우리는 분수 값 비교를 해야 한다.
다행히 출제자는 친절하게 A, B, C의 국내총생산을 1,000억, 3,000억, 2,000억이라는 쉬운 숫자로 주었으므로 '000'과 '억'을 떼고 $\dfrac{1}{1} : \dfrac{1}{3} : \dfrac{1}{2}$이라는 비례관계만 남겨보자.
그러나 $\dfrac{1}{1} : \dfrac{1}{3} : \dfrac{1}{2}$로 분자의 값을 나누는 것도

귀찮은 작업이기 때문에 우리가 초등학생 때 배운 '통분' 개념을 이용하여 곱셈구조로 전환하면 좀더 간단해진다.

1, 3, 2의 최소공배수는 6이므로 각 항에 6을 곱하면 6 : 2 : 3의 비례 관계가 만들어진다. 즉, 분자 값에 6 : 2 : 3을 곱하면 직접 나누지 않아도 무역의존도의 크기를 비교할 수 있다.

(2) 이제 분자를 보자. 굳이 큰 값을 더할 필요가 없으므로 모든 수출액을 10으로 나눈다고 생각한 후 더해 보자. 이때 총 수출액은 해당 국가의 주어진 값을 그대로 더하면 된다. 예를 들어, A국의 수출액은 A국 옆에 적힌 20과 10을 더하면 된다. 이 값이 어느 국가로의 수출액인지는 전혀 알 필요가 없으므로 신경 쓰지 않아도 된다.

다음으로 총 수입액은 다른 국가의 해당 국가에 대한 수출액의 합과 같은 뜻이므로, 다른 국가에 대해 주어진 값 중 해당 국가에 위치한 값을 더하면 된다. 예를 들어 A국의 수입액은 B국과 C국의 첫 번째 숫자인 15와 15를 더한 30이 된다. 이처럼 수출액이라는 틀에서 벗어나 단순히 '그림 맞추기'처럼 접근하면 훨씬 편하다.

(3) 마지막으로 앞선 과정을 합쳐보면

- A: $6\times(20+10+15+15)=6\times60=360$
- B: $2\times(15+10+20+5)=2\times50=100$
- C: $3\times(15+5+10+10)=3\times40=120$

따라서 A > C > B가 됨을 알 수 있다.

(4) 설명을 위해 길게 나열했지만, 실제로는 (3)으로 바로 가면 된다. 몇 번 연습해보면 매우 자연스럽게 주어진 공식을 변형해 곧장 풀고 있는 모습을 확인할 수 있을 것이다.

또한, 수출, 수입 구조는 매우 자주 활용되는 구조이므로 익숙해지는 것이 좋다. 즉 일국의 수출을 타국의 수입과 같다고 인식하는 것이 자연스러울수록 빠른 풀이가 가능하다.

Tip ❷ 무역의존도의 값을 비교할 때 분수의 특성을 활용하면 비교도 용이하며 시간 절약에 좋다.

(1) (A국의 무역의존도) $=\dfrac{600}{1,000}=\dfrac{3}{5}$

(2) (B국의 무역의존도) $=\dfrac{500}{3,000}=\dfrac{1}{6}$

(3) (C국의 무역의존도) $==\dfrac{400}{2,000}=\dfrac{1}{5}$

이다. A와 C를 비교하면 분모는 같으나 분자의 값은 A가 더 크므로 A의 무역의존도가 더 높음을 알 수 있다. C와 B를 비교하면 분자는 같으나 분모의 값은 C가 더 작으므로 C의 무역의존도가 더 높음을 알 수 있다. 이처럼 분수 비교 시 적절히 약분을 활용하면 소수로 바꾸지 않아도 간단하게 대소비교가 가능하다.

Tip ❸ 약간은 위험한 발상일 수 있으나 다음과 같은 생각도 가능하다.

(1) A, B, C의 국내총생산을 서로 비교해보면 B는 A의 3배, C는 A의 2배이다. 국내총생산은 무역의존도의 분모에 들어가므로 국내총생산이 클수록 무역의존도는 낮아진다.

그런데 위의 수출액 및 수입액으로 주어진 숫자들은 서로 비슷한 반면 세 국가의 국내총생산은 2배, 3배씩 차이가 난다. 즉, B의 무역의존도가 A와 같아지기 위해서는 수출액과 수입액의 합이 A의 그것보다 세 배 커야 한다.

주어진 숫자를 보건대, 이럴 가능성은 적으므로 국내총생산이 작을수록 무역의존도가 클 가능성이 높다고 가정하면 A, C, B 순서대로 무역의존도가 높을 것이며 곧바로 ② 번을 고를 수도 있다.

(2) 만일 이러한 과감한 방법이 불안하다면 한 단계를 더 거쳐 총 수출액과 총 수입액까지 검토해볼 수 있다. 계산해보면 A는 600, B는 500, C는 400으로, 서로 2~3배씩 차이가 났던 분모와 달리, 각 값들 간의 차이가 극히 작은 것을 알 수 있다. 따라서 굳이 무역의존도를 도출하거나 정교한 비교를 하지 않고도 국내총생산의 역순으로 무역의존도가 클 것을 빠르게 추측할 수 있다.

이런 방식의 사고 과정을 몇 번 연습하다 보면 실제 시험장에서 접근하지 못한 문제들에 대한 답을 빠르게 찍고 넘어가야 할 때 유용하게 활용할 수 있으니 참고하길 바란다.

> * 다만, 이처럼 극단적인 풀이방식은 실전에서 시간이 없을 때만 예외적으로 사용하는 것이 좋다는 것을 유념하자. 연습 시에는 다양한 방법을 사용해보며 자신에게 맞는 풀이방법을 찾아보는 것이 중요하다
>
> ** 그림을 그릴 수 있는 문제라면 풀 때 상황을 시각화하는 연습을 하는 것이 중요하다. 위 해설처럼 간단하게 그림을 그려보면 정답을 파악하기 쉽고 검토도 용이하다. 문제를 많이 풀어보면서 이를 인지하고 그림 그리는 연습을 해보는 것이 좋다.

012 정답 ⑤ 난이도 ●●○

[규칙의 정리]

(1) 첫 번째 규칙: '한 붓 그리기'처럼 한 점에서 다른 점으로 이동하되, 직선이 겹칠 수 없다.

(2) 두 번째 규칙: 4개 이상의 점에 도달해야 중지할 수 있다. 다만 시작점(원점)에서 중지할 수는 없다.

(3) 세 번째 규칙: 직선이 지나는 점들을 순서대로 나열한 값을 숫자코드라 한다.

위 규칙에 따라 숫자코드를 각각 검토하면 다음과 같다.

① (×) 596
숫자코드가 3자리라는 것은 3개의 점만 이동했다는 뜻이므로 두 번째 규칙에 반한다.

② (×) 15953
1→5→9→5→3의 이동 경로에서 보듯, 5와 9 사이를 왕복하므로 첫 번째 규칙에 반한다.

③ (×) 53695
5에서 시작해서 5로 마무리되므로 두 번째 규칙의 단서에 반한다.

④ (×) 642987
6에서 출발하여 4에 도착하기 위해서는 반드시 5를 지날 수 밖에 없다. 그럼에도 불구하고 숫자코드에 5가 없으므로 세 번째 규칙에 반한다. 또한, 2에서 9를 가는 과정에서 6과 4를 연결한 직선 위를 겹칠 수밖에 없어 첫 번째 규칙 단서에도 반한다.

⑤ (○) 9874126
1~3번째 규칙 모두 반하지 않는다.

합격자의 시간단축 Tip

Tip ❶

(1) '한 붓 그리기'와 '격자'의 조합을 볼 때, 문제 풀이 경험이 있는 수험생이라면 당연히 점선 위로만 다닐 것이라고 착각하기 쉬운 구조이다. 즉, 문제 그 자체의 난이도가 높다기보다는 일반적인 문제 형태를 변형해서 만든 문제라는 점에서 이해하는데 방해가 될 수 있는 유형이다. 이처럼 관행적으로 풀던 방식에 매몰되어 도리어 문제를 못 풀 수 있으므로 언제나 규칙은 고정 관념 없이 새롭게 읽도록 해야 한다.
물론 현실적으로 살면서 축적된 경험을 배제하는 것이 쉬운 것은 아니며 그것이 꼭 바람직한 것도 아니다. 설문의 경우에도 규칙을 통해 대각선 방향으로 갈 수 있다는 것을 바로 알아내기는 어렵다.

(2) 이때, 답이 도출되지 않는다고 당황하지 말고 사고의 전환을 시도한다면 충분히 해결할 수 있다. 필자도 마지막 규칙의 예시를 제대로 보지 않고 문제를 풀었는데 답이 도출되지 않자 '대각선으로 가는 것이 가능한가?' 생각을 하였고 선지 ④번과 ⑤번을 다시 확인한 후 문제를 해결할 수 있었다.
문제의 경우, 마지막 규칙에서 예시를 주어 실수를 방지할 수 있도록 힌트를 주고 있다. 문제의 조건이 이해되지 않을 때는 이러한 예시를 통해 이해를 높일 수 있으므로 주의 깊게 읽어보아야 한다. 이러한 조건들만 제대로 파악했다면 그 후에는 각 선지들이 조건을 위반하는지 여부만 파악하면 되므로 난이도가 굉장히 내려간다.

Tip ❷

(1) '규칙이 있는 퀴즈'는 당연하게도 규칙의 이해가 우선이다. 이때, 중요한 것은 규칙을 있는 그대로 받아들이지 않고 본인에게 편한 형태(=문제 풀이에 좋은 형태)로 변형해서 이해하는 것이다. 예를 들어 다음과 같이 규칙을 정리할 수 있다.

- 첫 번째 규칙: 다른 점으로 직선을 긋되 겹치면 안 된다.
- 두 번째 규칙: 숫자코드는 4글자 이상이고, 첫 번째 자리와 마지막 자리는 달라야 한다.

이와 같이 정리할 경우 훨씬 직관적으로 처리된다. 특히 두 번째 규칙과 같이 정리하는 것이 핵심이다. 또한, 규칙을 순서대로 적용하지 않고 [두 번째 규칙]→[첫 번째 규칙] 순으로 적용하는 것이 좋다. 왜냐하면 두 번째 규칙은 4글자 이상인지, 자릿수가 다른지와 같이 눈으로 빠르게 확인 가능한 내용이기 때문이다. 두 번째 규칙을 적용해 직접 그려보지 않아도 선지 ①번과 ③번을 소거할 수 있다. 이처럼 확인하기 쉬운 순으로 처리해야 보다 효율적으로 문제를 해결할 수 있다.

(2) 이때, 기출을 분석해보면 주어진 규칙을 단순히 적용하는 문제는 뒷부분에 정답이 있을 개연성이 크다. 일반적으로 수험생들은 규칙이 주어진 경우, 규칙을 적용해보기 위해 순차적으로 확인하는 경향이 있다. 이를 위해 출제자 역시 ①, ②번에 비교적 쉬운 값을 주는 경우가 많다.
따라서 이를 역이용하면 뒷부분에 정답이 배치될 가능성이 높으므로, ⑤번부터 적용해보는 것이 좋다. 물론, 이를 위해서는 본인이 규칙을 차분하게 잘 파악할 자신이 있어야 한다. 실전에서 자신감 있게 뒷부분부터 확인할 수 있게 충분한 연습을 하기 바란다.

(3) 뒷부분인 ⑤번부터 확인해 보자. 먼저 적용하기 쉬운 두 번째 규칙을 확인하면, 4글자 이상이고 첫 번째 자리와 마지막 자리가 9와 6으로 달라 위반되지 않는다.

다음으로 첫 번째 규칙을 확인하면 9 → 8 → 7 → 4 → 1 → 2 → 6을 눈으로 따라갈 때 겹치는 부분이 없는 것을 알 수 있다. 즉, ⑤ 번은 모든 규칙에 위배되지 않는다.

013 정답 ②   난이도 ●●●

문제에 주어진 조건을 조건1~조건6이라 하자.

(1) 조건2에 따라 현재 표시된 숫자들은 비밀번호에 쓰이지 않으므로, 가능한 숫자들은 다음과 같다.
→ 0, 1, 2, 5, 7, 8

(2) 조건3에 따라 표시된 값의 짝수, 홀수가 반대로 되어야 하므로, 정리하면 다음과 같다.

	1번째 자리	2번째 자리	3번째 자리	4번째 자리	5번째 자리
현재 표시된 숫자	홀수(3)	짝수(6)	짝수(4)	짝수(4)	홀수(9)
비밀번호	짝수	홀수	홀수	홀수	짝수
가능한 목록	0, 2, 8	1, 5, 7	1, 5, 7	1, 5, 7	0, 2, 8

조건1에 따라 모두 다른 숫자로 구성되어 있으므로, 2번째, 3번째, 4번째 자리에 올 수 있는 숫자 1, 5, 7는 모두 사용될 것이다. 또한, 조건4에 따라 1번째 자리에 가장 큰 숫자가 와야 한다. 이때, 1번째 자리로 가능한 숫자는 0, 2, 8로, 비밀번호를 구성하는 숫자 중 가장 큰 숫자가 될 수 있는 것은 8이다. 만약 0이나 2가 오게 될 경우, 다른 자리에 1, 5, 7이 올 수 없기 때문이다.
동일한 원리로, 5번째 자리에 가장 작은 숫자가 오기 위해서는 1보다 작은 0이 와야 한다.

(3) 조건5에 따라 현재 표시된 2번째 자리 값인 6보다 더 큰 값은 1, 5, 7 중 7이므로, 2번째 자리는 7이 된다.

(4) 조건6에 따라 5번째 자리의 0과 4번째 자리 숫자의 차이는 5보다 작아야 하므로, 가능한 1과 5 중 1이 4번째 자리에 와야 한다.
3번째 자리에 5가 오게 되면, 조건1과 조건6은 자동적으로 만족된다.
따라서 비밀번호는 87510이므로 2, 4번째 자리 숫자의 합은 7+1=8이다.

합격자의 시간단축 Tip

Tip ❶ 이 문제와 같이 규칙에 따라 올바른 값을 찾도록 요구하는 유형은 모든 조건을 활용해야만 풀 수 있다. 즉 필연적으로 시간이 소모될 수밖에 없다. 실수하지 않고 비교적 빠르게 풀기 위해서는 가능한 경우의 수를 체계적으로 정리해가면서 풀어야 한다.
이를 위해 위 해설처럼 각 자릿수 별로 가능한 값을 정리하는 등의 풀이 방식을 추천한다.

Tip ❷ 홀수, 짝수와 같은 대칭적인 특징들은 눈여겨 보는 게 좋다. 조건3에 따라 비밀번호에 사용되는 수는 홀수가 3개, 짝수가 2개이다. 이때, 남은 수들의 구성 또한 홀짝으로 구분하면 정확히 3개씩 남는다는 것을 알 수 있다

(홀수: 1, 5, 7, 짝수: 0, 2, 8)

따라서 홀수는 모든 수가 사용된다. 그렇다면 조건5에 따라 두 번째 자리 수는 6보다 큰 7이 들어가며, 조건6에 따라 (3번째 자리)는 1이 불가능하다.
따라서 (3번째, 4번째 자리)는 차례대로 (5, 1)이 된다는 것을 쉽게 파악할 수 있다.

Tip ❸ 문제에서 비밀번호의 2번째 자리 숫자와 4번째 자리 숫자의 합을 구하라고 했으므로, 5번째 자리 숫자를 구체적으로 도출하지 않아도 정답을 구할 수 있다. 조건3까지만 읽어도, 2번째, 4번째 자리에는 홀수가 오는 것을 알 수 있다. 따라서 답은 짝수가 되어야 하므로 ①, ⑤가 소거된다.
또한, 올 수 있는 홀수로는 7, 5, 1이 있는데, 이 숫자들의 조합으로 만들 수 있는 두 숫자의 합은 6, 8, 12이다. 따라서 선지 ③이 소거된다. 이때, 2번째 자리에 올 수 있는 수는 7임을 조건5를 통해 알 수 있으며, 조건6에 의해 3번째 자리에 1은 올 수 없으므로 4번째 자리의 수가 1이다. 따라서 ②가 답이다.

Tip ❹ 문제를 시각화해서 풀어나가는 방법을 추천한다. 혼돈을 방지하기 위해 위에 0~9까지 숫자를 적어놓고 해당되지 않는 숫자는 × 표기를 하면서 남은 숫자를 확인하는 것도 좋다. 또한, 비밀번호가 5자리이므로 아래와 같이 시각적으로 접근하기 쉽게 세팅할 수 있다.

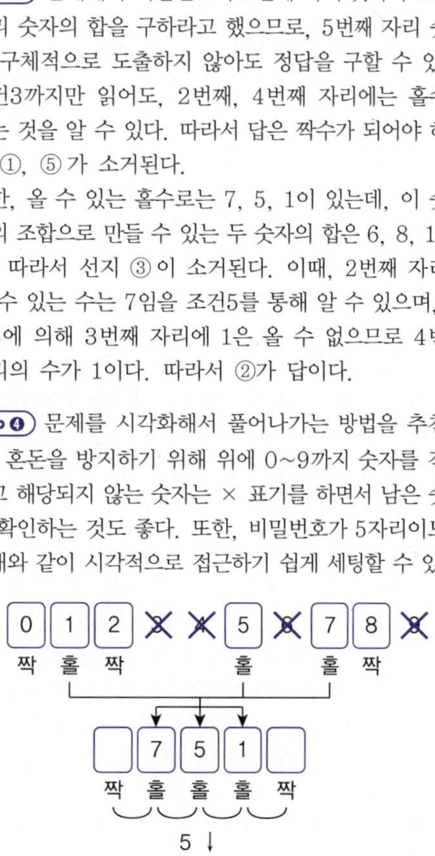

필자는 문제를 풀 때 주로 이렇게 시각화를 해 두는 편인데, 그림에 내가 알 수 있는 기호로 모든 조건을 표기해준다.
아래의 '5↓'는 조건6의 '인접한 두 숫자 차이가 5보다 작다'를 시각화한 것이다.
이렇게 표기를 하면 남은 숫자가 무엇인지도 쉽게 알 수 있을 뿐만 아니라 두 번째 숫자가 바로 7이라는 것도 캐치할 수 있다.
그리고 문제가 '둘째 자리 숫자와 넷째 자리 숫자의 합'을 구하는 것이기 때문에 셋째와 넷째 자리가 각각 5인지 1인지만 판단하면 되고, 이는 조건6으로 쉽게 파악할 수 있다.

014 정답 ④ 난이도 ●●○

ㄱ. (O) 3라운드까지 A팀이 획득한 점수와 B팀이 획득한 점수의 합은 4점이다.
→ 1라운드는 '가위'를 낸 왼손잡이가 '보'를 낸 오른손잡이를 이기므로, A팀이 2점을 획득한다.
2라운드 역시 동일하게 왼손잡이가 오른손잡이를 이기므로 A팀이 2점을 획득한다.
3라운드는 '보'를 낸 오른손잡이가 '바위'를 낸 양손잡이를 이기므로 B팀이 0점을 획득한다.
따라서 점수의 총합은 2+2+0=4점이다.

ㄴ. (×) A팀이 잔여 라운드에서 모두 오른손잡이를 출전시킨다면 B팀이 ~~게임에서 승리한다.~~
→ 4, 5라운드의 B팀을 고려하면 B팀은 이전까지 오른손잡이만 출전시켰기 때문에, 모든 선수가 1개 라운드 이상 출전해야 한다는 규칙 상 왼손잡이와 양손잡이가 한 번씩 출전해야 한다.
이때, 오른손잡이를 이길 수 있는 것은 왼손잡이이므로, B팀은 남은 2개 라운드 중 한 번만 이길 수 있다. 따라서 〈보기 ㄱ〉에서 계산한 것처럼 4 대 0인 상황에서 왼손잡이가 이기는 경우 2점만 획득하므로, 4 대 2로 되는 것에 불과하여 B팀이 게임에서 승리할 수 있는 경우는 없다.

ㄷ. (O) B팀이 게임에서 승리하는 경우가 있다.
→ B팀은 3라운드까지 0점을 획득하였고, A팀은 4점을 획득하였으므로 B팀이 승리하려면 B팀이 최소 5점 이상 내야 한다. 이때, B팀은 왼손잡이와 양손잡이가 한 번씩 출전해야 하므로, 두 라운드 모두 이기면 2+3=5점을 만들 수 있다. 이에 B팀에서 왼손잡이(가위)가 나올 때 A팀에서 오른손잡이(보)가, B팀에서 양손잡이(바위)가 나올 때 A팀은 왼손잡이(가위)가 나오도록 하면 해당 상황을 만들 수 있다. 따라서 승리하는 경우가 있다.

합격자의 시간단축 Tip

Tip ①

(1) 이 문제 역시 '모 아니면 도'인 유형으로 방향만 잘 잡으면 매우 빠르게 처리할 수 있다. 특히 이 문제의 경우 '가위 바위 보' 게임을 응용한 문제이므로, 가위바위보 게임의 특성인 '서로 물고 물리는 상성'을 적극 이용하면 편하다. 또한, 이 과정에서 출제자가 문제 풀이를 방해하기 위해 씌운 '포장지'를 벗기는 것이 필요하다.

(2) 예를 들어, 일반적인 '가위 바위 보'게임과 달리 이 문제를 풀 때 불편한 이유는 '포장지'인 왼손, 오른손, 양손 개념 때문이다. 즉, 승패를 명확히 아는 가위 바위 보 게임과 달리, 왼손-오른손-양손은 직관적이지 않기 때문에 다시 각각이 무엇인지 확인하는 작업이 시간을 낭비하게 하는 원인이 된다. 따라서 각 손을 가위, 바위, 보로 전환시키고 문제 풀이를 시작하면 편하다. 가령 아래와 같다.

구분	1라운드	2라운드	3라운드	4라운드	5라운드
A팀	가위	가위	주먹		
B팀	보	보	보		

마찬가지로 〈보기 ㄴ〉도 "A팀이 잔여라운드에서 모두 '보'를 낸다면 B팀이 게임에서 승리한다"로 바꾸고 풀면 편하다. 이런 식으로 처리하면 처음 규칙을 읽고 난 후에, 다시 규칙을 읽느라 낭비되는 시간이 전혀 없다.

Tip ②

(1) 퀴즈 문제에서 잘 활용하면 좋은 개념은 '어색한 조건 찾기'이다. 어색한 조건이라는 것은 상식적인 수준에서 알맞지 않다는 것으로, 출제자가 의도적으로 왜곡을 준 함정이라는 의미이다. 이는 당연히 문제에서 정답을 가르는 장치로 활용될 개연성이 매우 높다. 예를 들면 "이긴 선수가 오른손잡이인 경우 0점"이라는 부분이다. 상식적으로 이겼는데 점수를 0점 준다는 것은 매우 어색하다. 그렇다면 어떤 방향으로 쓰일 수 있을까?

(2) 대표적인 방법은 바로 '반례'이다. 극단적인 값을 만드는 곳에 활용되기 좋은 형태이므로, 반례를 만들 때 '오른손잡이'를 적절히 이용하면 큰 계산 없이 곧장 처리할 수 있게 된다.
예를 들어, 〈보기〉에 'ㄹ. A팀은 게임에서 항상 6점 이상을 획득한다.' 와 같이 확실한 정보의 옳고 그름을 묻는 보기가 있다면, 반례를 생각해보면서 'A팀의 오른손잡이가 이겨 0점을 받는 경우'를 활용하는 방식 등이 이에 해당한다.

〈상황〉의 경우에는 1라운드 ~ 3라운드가 정해져 있어서 적극적으로 활용하기 어렵지만, 만약 1라운드만 정해져 있는 등과 같이 직접 가정할 만한 요소가 많은 경우 사용이 가능할 것이다.

* 이처럼 '어색한 조건 찾기'는 퀴즈의 정수라고 느껴지는 부분으로 연습하면 할수록 더 많이 활용할 수 있는 좋은 방법이다. 반드시 연습하는 것을 추천한다.

** 참고로 실질적으로 '어색한 조건 찾기'만 잘 이용한다면 문제를 푸는 데 지장이 없다. 즉 앞서 설명한 수많은 방법들은 결국 어색한 조건 찾기에 편입되는 방법들로, 충분히 능숙해진 후에는 출제자의 의도가 매우 사소한 부분에서도 보이게 되어 퀴즈 문제가 가장 쉬운 유형으로 바뀐다. 어색한 조건 찾기를 연습하기 가장 좋은 방법은 '퀴즈에서 오답을 어떻게 만들었는가'를 분석하는 것이다. 즉 기출을 분석하면서 어떤 점을 함정으로 오답을 만들었는지 정리하다 보면, '포장지'만 다를 뿐 결국 일정한 패턴 하에 문제가 만들어지고 있음을 느낄 수 있을 것이다.

015 정답 ⑤ 난이도 ●●○

점수를 정리하면 다음과 같다.

	정량평가 (80)	정성평가 (20)	최종점수 (100)	순위
A	71	20	91	공동 1위
B	80	11	91	공동 1위
C	69	11	80	
D	74	?	?	
E	66	?	?	

(1) 정성평가는 **'지자체 및 민간분야와의 재난안전분야 협력'** 분야 및 **'재난관리에 대한 종합평가'** 분야 모두 20%만큼 '상'을, 60%만큼 '중'을, 20%만큼 '하'를 부여한다. 그런데 현재 평가대상기관이 5개이므로 '상', '중', '하'를 받는 기관의 수는 각각 1개, 3개, 1개이다.

(2) 한편, A기관의 경우 정성평가가 20점 만점에 20점으로 두 분야 모두 10점을 받았음을 알 수 있다. 따라서 A기관은 정성평가의 두 분야 모두에서 '상' 등급을 받았다. '상'을 받을 수 있는 기관은 각각 1개씩이므로 A기관 외에 '상'을 받은 기관은 없다. 또한, B기관과 C기관의 정성평가 점수는 11점인데, 두 기관 모두 '상'을 받을 수 없으므로 **'지자체 및 민간분야와의 재난안전분야 협력'**분야에서 '중' 등급(6점) 및 **'재난관리에 대한 종합평가'**분야에서 '중' 등급(5점)을 받을 경우만 가능하다.

(3) 정성평가 점수가 훼손되어 알 수 없는 D기관과 E기관은 두 분야 각각에서 '중' 등급 1개, '하' 등급 1개씩을 나누어 받았으며, 이들이 정성평가에서 받을 수 있는 점수는
• 중(6) + 중(5) = 11점
• 하(3) + 중(5) = 8점
• 중(6) + 하(1) = 7점
• 하(3) + 하(1) = 4점
중 하나이다.

① (×) A기관이 ~~2위~~일 수도 있다.
➜ A기관은 C기관보다 최종점수가 높으며, B기관과는 최종점수가 같으나 최종점수가 동점일 경우에는 정성평가 점수가 높은 순서대로 순위를 결정한다는 규칙에 따라 A기관이 높은 순위가 된다. 한편, D기관과 E기관이 정성평가에서 받을 수 있는 최고점수는 11점이며, 이 경우 각각 85점, 77점의 최종점수를 받게 되어 A기관보다 최종점수가 반드시 낮다. 따라서 A기관은 다른 기관의 점수와 상관없이 1위일 수밖에 없다.

② (×) B기관이 ~~3위~~일 수도 있다.
➜ B기관은 A기관과 최종점수가 91점으로 같으나 최종점수가 동점일 경우에는 정성평가 점수가 높은 순서대로 순위를 결정한다는 규칙에 따라 A기관보다 낮은 순위가 된다. 한편, B기관은 C기관보다 최종점수가 높으며, D기관과 E기관이 받을 수 있는 가장 높은 최종점수는 각각 85점, 77점이다.
따라서 B기관은 다른 기관의 점수와 상관없이 2위이다.

③ (×) C기관이 4위일 ~~가능성은 없다~~.

④ (×) D기관이 3위일 ~~가능성은 없다~~.
➜ A기관과 B기관의 최종순위는 각각 1위와 2위이다. 따라서 D기관과 E기관 중에서 C기관보다 최종점수가 높은 기관이 1개 존재할 경우 C기관은 4위가 된다.
만약 D기관이 정성평가의 두 분야 모두에서 '중' 등급을 받을 경우 정성평가 점수는 11점이 되어 최종점수는 85점으로 C기관보다 높다.
이때, E기관은 자동적으로 정성평가의 두 분야 모두에서 '하' 등급을 받아 정성평가 점수는 4점이 되어 최종점수는 70점으로 C기관보다 낮다. 이 경우 D기관이 3위, C기관이 4위, E기관이 5위를 차지하게 된다.

⑤ (○) E기관은 어떠한 경우에도 5위일 것이다.
➜ E기관이 정성평가의 두 분야 모두에서 '중' 등급을 받을 경우 정성평가 점수는 11점이 되어 최종점

수는 77점이 된다. 이때, D기관은 자동적으로 정성평가의 두 분야 모두에서 '하' 등급을 받아 정성평가 점수는 4점이 되어 최종점수는 78점이 된다.

91(A)=91(B) > 80(C) > 78(D) > 77(E)로 E기관이 5위가 된다.

즉, E기관이 정성평가에서 받을 수 있는 최고 점수인 11점을 받더라도 5위를 차지하게 된다.

합격자의 시간단축 Tip

Tip ❶ 가능성이 있는지 여부를 묻는 경우나 가능성이 없다고 단정하는 경우 모두 가능한 경우가 단 하나라도 있는지를 확인하는 방식으로 접근한다. 전자의 경우 하나라도 가능한 경우가 존재할 경우 옳은 선지가 되는 반면(예시 찾기로 ①, ②는 예시가 없다), 후자의 경우 단정적인 선지로 반례를 확인하기 위해 가능한지 여부를 확인하게 되는 것이다. (예외 찾기로 ③, ④는 예외가 없다.)

Tip ❷ 선지가 모두 '가능성'을 묻는 경우, 서로 설명하는 내용이 겹치는 경우가 많다.

따라서 이를 적절히 활용하면 한 번에 여러 선지를 처리할 수 있다는 장점이 있다.

이때, 활용되는 경우의 수는 크게 2가지이다.

(1) 계산하지 않더라도 답이 아닌 경우

예를 들어, ③, ④는 (①, ②에 의해 A와 B가 1등 또는 2등이라는 것을 안 상태에서) 어느 하나가 틀릴 경우 다른 하나도 틀리고, 어느 하나가 맞으면 다른 하나도 맞는 경우에 해당한다. 즉, ③, ④는 절대 답이 될 수 없으므로 처음부터 소거하고 시작하면 된다.

(2) 계산 시 한 번에 처리할 수 있는 경우

예를 들어, 선지 ①, ②는 한 번의 계산으로 동시에 처리할 수 있다. 두 값이 모두 맞다고 가정하면 A기관이 2위, B기관이 3위라는 것은 제 3의 기관이 1위가 될 수 있다는 의미이다. 따라서 다른 기관이 1위가 될 수 있는지 확인할 때, 1위가 될 수 있는 기관이 없다면 곧장 ①, ②번은 동시에 틀린 선지로 소거된다. (단, 한 번에 처리할 수 있는 이유는 A와 B의 점수가 동일하고, D와 E의 최종점수가 91점이 아닐 것이기 때문이다. 만일 A와 B의 점수가 다를 경우 A가 1등, B가 3등, 제3의 기관이 2등을 차지하여 선지 ①은 틀리고 ②는 맞는 경우가 생길 수도 있다. 따라서 이러한 예외적인 경우가 아니라면 각각 확인해보는 것이 가장 좋다.)

이처럼 확인 시 계산 없이 ③, ④를 소거, 한 번의 계산으로 ①, ②를 소거함으로써 문제를 풀 수 있다는 장점이 있다.

Tip을 응용한 필자의 풀이 방식

필자는 위 **Tip ❷**를 이용하여 매우 간단하게 문제를 처리하였다. 하지만 **Tip ❷**를 어떻게 활용하느냐에 따라 더욱 간단해질 수 있다.

1차원적으로 보면, 위와 같이 문제를 풀면 선지 ①~④를 소거하여 쉽게 풀 수 있는 것으로 보일 것이다. 그러나 이를 조금 더 생각해보면 ①~④는 답이 아닐 가능성이 높다는 의미이다. 즉, 애초에 ⑤를 바로 확인하면 한 번에 답을 도출할 수 있다.

따라서 만약 한 선지를 제외한 나머지 선지가 모두 '겹치는 경우'라면 유일하게 겹치지 않는 선지가 답이 될 가능성이 높으므로, 해당 선지를 먼저 확인하는 것이 바람직하다고 생각한다.

* 이 문제의 경우 이와 유사한 유형의 문제를 풀어봤을 경우 쉽게 접근할 수 있을 것이다. 다만 조금 다르게 다가올 수 있는 점은 정성평가에 있어 선정비율이 정해져 있다는 점이다. 따라서 만약 D의 정성평가 최대점을 20점으로 두고 풀어버리면 답을 틀리게 된다. 이처럼 유사한 유형에 자신감이 있다 해도 혹 다른 조건이 없는지를 주의해야 한다.

016 정답 ④ 난이도 ●●●

ㄱ. (×) 사슴의 남은 수명이 13년이라면, 사슴은 곰을 ~~선택할 것이다.~~

➜ 사슴의 남은 수명이 13년일 경우 사슴으로 계속 산다면 13×40=520의 총 효용을 얻는다. 한편, 곰으로 사는 것을 선택한다면 (13−11)×170=340의 총 효용을 얻는다. 사슴은 여생의 총 효용이 줄어드는 선택은 하지 않으므로 곰을 선택하지 않는다.

ㄴ. (○) 사슴의 남은 수명이 20년이라면, 사슴은 독수리를 선택하지는 않을 것이다.

➜ 사슴의 남은 수명이 20년일 경우 사슴으로 계속 산다면 20×40=800의 총 효용을 얻는다. 한편, 독수리로 사는 것을 선택한다면 (20−5)×50=750의 총 효용을 얻는다. 사슴은 여생의 총 효용이 줄어드는 선택은 하지 않으므로 독수리를 선택하지 않는다.

ㄷ. (○) 호랑이로 살기 위해 포기해야 하는 수명이 13년이라면, 사슴의 남은 수명에 따라 사자를 선택했을 때와 호랑이를 선택했을 때 여생의 총 효용이 같은 경우가 있다.

➜ 남은 수명을 n이라 할 때, 호랑이로 사는 것을 선택한다면 (n−13)×200=200n−2,600의 총 효용을 얻으며, 사자로 사는 것을 선택한다면 (n−14)×250=250n−3,500의 총 효용을 얻는다.

200n−2,600=250n−3,500에서
50n=900 ∴ n=18
즉, 남은 수명이 18년이라면 두 경우의 총 효용이 200×18−2600=1,000으로 같다.

합격자의 시간단축 Tip

Tip ❶ 설명만 장황할 뿐 난이도도 낮고 소모되는 시간도 짧은 유형이다. 어떤 문제를 풀고, 어떤 문제는 풀지 않을지 정할 때, 외형에 속아 이 문제와 같은 유형을 패스하게 되는 안타까운 상황에 직면하지 않으려면 '문제를 간 보는 연습'을 하는 것이 좋다.
가장 편리한 방법은 애초에 처음부터 패스하기로 결정해야 하는 문제를 제외하면, **약 20초 가량 문제의 규칙을 읽어보면서 풀만한지 확인**하는 방식이다. 예를 들어, 확인하는 과정에서 '아 조금 귀찮겠다' 싶으면 적어도 첫 번째에 풀 문제는 아닌 것이며, '무슨 의미이지?'라는 생각이 들면 두 번째에도 풀 문제가 아닌 것이다. 다만 각자 판단하는 근거는 다를 수 있으므로 다양한 유형을 접하면서 본인에게 무엇이 편한지 확인하는 작업을 반복하는 것이 좋다.

Tip ❷

보기 ㄱ. 보기 ㄴ. 이 문제에서 재밌는 점은 수험생의 대부분은 '효용'이라는 단어를 보면 경제학과 같이 '효용극대화'를 생각할 텐데, 정작 규칙은 효용극대화를 요구하고 있지 않다는 것이다.
우리가 쉽게 행할 수 있는 비효율적 풀이는 〈보기 ㄱ〉처럼 '사슴은 곰을 선택할 것이다'를 보고는 곰이 Max효용인지 검토하는 것이다. 하지만 이 문제의 경우 단순히 현상유지(사슴으로 살기)보다 높은지만 비교하면 되므로 빠르게 사슴으로 사는 효용만 계산하여 확인하면 된다.
이처럼 일반적인 상식과 다른 유형이 주어진 경우 오히려 상식보다 쉬운 문제일 수도 있으므로 규칙을 꼼꼼히 읽어 확인하는 습관을 지녀야 한다.

* 단, 유의할 점이 있다. 해당 문제에서는 선명하게 주어져 있지 않지만 〈보기 ㄱ〉의 경우 문제에 따라 함정이 될 수 있다. ㄱ은 '사슴은 곰을 선택할 것이다'라고 하고 있는데, 설사 사슴이 곰을 선택했을 시의 효용이 사슴보다 크더라도 곰이 아닌 사자나 호랑이를 선택할 여지가 없다고 할 수는 없다.
따라서 문제에 따라 다르겠지만, 만일 가장 높은 효용의 맹수를 반드시 선택한다는 조건이 명시적으로 주어진 경우에는 우선 곰을 선택할 시 효용이 사슴보다 큰지를 확인한 후, 큰 경우에는 사자나 호랑이의 효용이 이보다 더 큰지 역시 확인해 주어야 한다.
물론 이 경우에도 곧바로 사자나 호랑이의 효용까지 계산하는 것이 아니라 가장 먼저 곰의 효용과 사슴의 효용을 비교하여야 한다.

Tip ❸

보기 ㄷ.

[방법 1]
보기 ㄷ의 경우 숫자 감각을 익히면 더 좋다. 다음과 같이 접근이 가능하다.
남은 수명을 n이라 할 때,
- 호랑이를 선택 시 효용: (n−13)×200
- 사자를 선택 시 효용: (n−14)×250

여기서 250이 200보다 1/4 배 더 큰 수라는 것을 알 수 있다. 각각의 효용이 같기 위해서는 (n−13)이 (n−14)보다 1/4 배 더 큰 수이면 된다. 따라서 (n−14)가 4이고 (n−13)이 5인 경우 두 효용이 같다는 걸 쉽게 알 수 있다.
또는 200 : 250=4 : 5 이므로, (n−13) : (n−14)=5 : 4가 되어야 한다고 표현할 수도 있다.

[방법 2]
호랑이를 선택한 경우 사자를 선택한 경우보다 남게 되는 수명이 1년 더 많고, 이때 호랑이의 효용은 200, 사자의 효용은 250이라면 다음과 같이 표현할 수도 있다.
이때 n은 남게 되는 수명을 의미한다.
- 호랑이 선택 시 효용: (n+1)×200
- 사자 선택 시 효용: n×250

숫자 감각이 있는 수험생이라면 여기에서 바로 n=4일 경우 두 효용이 같아진다는 것을 직관적으로 파악할 수 있을 것이다. 숫자 감각이 부족하더라도, 두 식을 50으로 약분해 호랑이의 경우 (n+1)×4, 사자의 경우 n×5로 정리해 n=4인 경우를 도출할 수도 있을 것이다.

017 정답 ② 난이도 ●●○

시간당 작업 면적을 도출하면 다음과 같다.

업체	시간당 작업 면적
A	$\frac{1시간}{30분}\times 1m^2 = 2m^2$
B	$\frac{1시간}{1시간}\times 1m^2 = 1m^2$
C	$\frac{1시간}{40분}\times 1m^2 = 1.5m^2$

ㄱ. (×) 작업을 가장 빠르게 끝내기 위해서는 ~~A와 C에게~~만 작업을 맡겨야 한다.
➜ 참여 업체 수와 비용에 제한이 없으므로 A, B, C 세 업체 모두에게 맡기는 것이 가장 빠르다.

ㄴ. (○) B와 C에게 작업을 맡기는 경우, 작업 완료까지 24시간이 소요된다.

→ B와 C가 동시에 작업할 때 시간당 $2.5m^2$만큼 도장이 된다.

따라서 전체 $60m^2$인 청사 바닥 도장공사를 완료하는 데 걸리는 시간은 $60m^2 \div 2.5m^2 = 24$시간이다.

ㄷ. (×) A, B, C에게 작업을 맡기는 경우, B와 C에게 작업을 맡기는 경우보다 ~~많은 비용이 든다~~.

(ⅰ) A, B, C에게 작업을 맡기는 경우 시간당 $4.5m^2$의 면적만큼 작업이 되며, 시간당 $8+9+10=27$만 원의 비용이 든다. 이 경우 $60m^2$인 청사 바닥 도장공사를 완료하는 데 걸리는 시간은 $60m^2 \div 4.5m^2 = \frac{40}{3}$ 시간, 즉 13시간 20분이다.

모든 업체는 시간당 비용에 비례하여 분당 비용을 받으므로 전체 작업에 드는 비용은 27(만 원/시간)$\times \frac{40}{3}$(시간)$=360$만 원이다.

(ⅱ) B, C에게 작업을 맡기는 경우 시간당 $2.5m^2$의 면적만큼 작업이 되며, 시간당 $8+9=17$만 원의 비용이 든다. 이 경우 $60m^2$인 청사 바닥 도장공사를 완료하는 데 걸리는 시간은 $60m^2 \div 2.5m^2 = 24$시간이다.

따라서 전체 작업에 드는 비용은 17(만 원/시간)$\times$24(시간)$=408$만 원이다.

(ⅲ) 그러므로 A, B, C에게 작업을 맡기는 경우 360만 원으로, B와 C에게 작업을 맡기는 경우의 408만 원보다 적은 비용이 든다.

합격자의 시간단축 Tip

Tip ❶

보기 ㄱ. 원리만으로 푸는 보기이다. 일반적인 경우와 달리, 작업에 단계가 있어 이전 단계를 완료해야 다음 단계로 넘어갈 수 있는 유형도 아니며, 서로 작업이 겹쳐서 효율이 떨어지는 구조도 아니다. 또한 비용의 제한도 없다. 따라서 일부 특정 업체에만 맡기는 것은 당연히 전체 업체들이 참여하는 작업보다 더 빠를 수가 없다.

보기 ㄴ. 해설과 같이 B와 C의 시간당 작업 면적을 계산하여, 작업 완료에 소요되는 시간을 도출하는 것은 비효율적이다. 이보다는 〈보기 ㄴ〉에서 준 '24시간'을 그대로 대입하여 모순이 생기는지 확인하는 **'대입 – 모순 확인법'**이 효율적이다.

24시간을 대입하면, B는 $\frac{24(\text{시간})}{1(\text{시간}/m^2)} = 24m^2$이고

C는 $\frac{24(\text{시간})}{\frac{2}{3}(\text{시간}/m^2)} = 24 \times \frac{3}{2} = 36m^2$이다.

따라서 $24m^2 + 36m^2 = 60m^2$로 모순이 발생하지 않음을 매우 간단하게 확인할 수 있다.

* 분수계산에서 분모와 분수의 시간단위를 통일하여 계산하는 것이 좋다. 40 분 = $\frac{2}{3}$시간이므로

$\frac{24(\text{시간})}{40(\text{분}/m^2)} = \frac{24(\text{시간})}{\frac{2}{3}(\text{시간}/m^2)} = 24 \times \frac{3}{2} = 36$

으로 간단히 계산할 수 있다.

** 해당 문제에서는 **반비례 관계를 이용**해서 생각하는 것도 좋다. 1 m^2 당 작업시간을 비교해보면 B : C = 3 : 2이므로, 동일한 시간 동안 작업할 경우 작업량은의 비는 2 : 3이 된다.

직관적으로 이해하기 어렵다면 6시간을 동일하게 일할 경우와 같이 생각하기 가장 쉬운 경우를 생각한 다음 계산해보면 된다. B는 $6m^2$를 작업할 수 있는 반면, C는 $9m^2$를 작업할 수 있음을 알 수 있다. **작업시간이 짧을수록 작업효율이 좋다**는 것을 의미하며, 작업 효율이 좋을수록 그에 비례하여 동일 시간 내에 할 수 있는 업무량은 많아지게 된다. 따라서 이 경우에도 작업량의 비율이 2 : 3으로 고정되므로, 24시간 내에 B가 $24m^2$를 작업한다면 비례 관계에 따라 C는 $36m^2$ 작업하게 될 것임을 알 수 있다.

또는, 총 면적 $60m^2$를 곧바로 2 : 3의 비율로 나누어 B에게 할당되는 면적이 $24m^2$이므로 24시간이 걸릴 것이라고 생각해도 좋다.

*** 이러한 비례 관계를 계산 없이 곧바로 생각해내는 것이 처음에는 힘들 수 있으나, 시간과 연결된 문제(예: 운행 거리, 연비, 작업 효율 등)에서 이러한 **비례 관계는 자주 등장**하는 소재이다. 따라서 시간과 관련된 문제가 나올 때마다 이러한 비례 관계를 떠올리면 문제의 실마리를 쉽게 찾을 수 있다.

보기 ㄷ. 〈보기 ㄴ〉과 달리 시간당 비용이 주어져 있으므로 단위의 전환이 불필요하다.

따라서 시간을 적절히 이용하면 편하게 해결할 수 있다.

① 이미 〈보기 ㄴ〉에서 24시간이 소요된다는 사실을 확인했으므로 먼저 B와 C를 확인해보면 24(시간)$\times(8+9)$(만 원/시간)$=24\times17=408$ 만 원이다.

② 이때, A, B, C를 직접 도출하지 않고 〈보기 ㄴ〉처럼 **'대입 – 모순 확인법'**으로 해결하기 위해 A, B, C에게 작업을 맡길 경우에 B, C에게 작업을 맡긴 경우만큼의 비용이 든다고 가정해보자.

이 경우 A, B, C의 시간당 비용인 27만 원으로 408만 원을 나눠보면 대략 15시간 정도 된다. B, C를 고용하여 작업하는데 든 비용인 408만 원으로 A, B, C를 고용할 경우 15시간만큼 일을 시킬 수 있다는 의미인데, 이것이 옳다고 가정하면 15×(2

+1+1.5)=15×4.5 > 60= 15×4이므로 작업이 필요한 면적($60m^2$)보다 더 넓은 면적에 작업할 수 있음을 알 수 있다.

거꾸로 해석하면 $60m^2$를 작업하는데 15시간보다 적은 시간이 필요하다는 걸 의미하며, 이는 다시 말해 408만 원보다 적은 돈으로도 작업을 완료할 수 있다는 의미이다. 따라서 모순되므로 틀린 선지이다.

(심화) 〈보기 ㄷ〉의 경우 시간을 고려하지 않고 '비용'이 더 큰 지만을 묻고 있으므로, **1 m^2 당 비용이 적은 사람을 고용할수록 비용이 적게 소모**될 것임을 알아차리는 것이 문제의 핵심이다.

1 m^2 당 작업시간 비율은 A : B : C=3 : 6 : 4이며, 앞서 살펴 보았듯 작업시간과 시간당 가능한 작업 면적(즉, 작업 효율)은 반비례한다. 즉, 동일한 시간 내 가능한 작업 면적은

$$A : B : C = \frac{1}{3} : \frac{1}{6} : \frac{1}{4} = 4 : 2 : 3$$

이다. 시간당 비용은 현재 각각 10만 원, 8만 원, 9만 원이므로, 작업 면적당 비용은 A : B : C=2.5 : 4 : 3이다. 이때, **작업 면적당 비용은 A가 가장 낮아, A를 새로이 투입할 경우 총 작업 비용은 당연히 내려**가게 된다.

* 여기서 비용은 시간당 비용인데 왜 이것을 작업 면적당 비용으로 바꾸는지에 대한 의문이 있을 수 있다. 여기서의 작업 면적이란 동일한 시간 내에 각각이 작업할 수 있는 면적을 의미한다. 따라서 문제에서는 시간당 비용으로 주어졌지만 **동일한 시간 내에 A는 4의 면적만큼, B는 2의 면적만큼 작업할 수 있기 때문에 A가 1의 면적을 작업하는데 2.5만 원, B는 4만 원이 들었다고 해석**할 수도 있는 것이다.

** 혹은 바로 면적당 비용을 도출해 비교할 수도 있다. $1m^2$당 작업시간과 시간당 비용이 주어져 있으므로 둘을 곱하면 $1m^2$당 비용이 도출된다.

$\frac{(\text{작업 시간})}{1m^2} \times \frac{(\text{비용})}{(\text{작업 시간})} = \frac{(\text{비용})}{1m^2}$ 이기 때문이다.

이때, 문제의 경우 $1m^2$당 비용을 계산하면, A는 5만 원, B는 8만 원, C는 6만 원이므로, 가장 적게 비용이 드는 A까지 고용한다면 비용이 더 적어질 것임을 알 수 있다. 이해가 가지 않는다면 이렇게 생각해보자. 전체 작업해야 하는 면적은 $60m^2$로 동일하다. 이때, $1m^2$ 작업에 드는 비용을 평균 낸다고 하면, **B와 C만 일하는 경우에는 6만 원에서 8만 원 사이**의 값으로 도출될 것이다. 그러나 A, B, C가 모두 일하는 경우에는 **5만 원의 비용이 드는 A의 추가적인 투입으로 $1m^2$ 작업에 드는 비용이 보다 낮아질 것**이다. 따라서 A까지 투입 시에 비용이 더 적어진다는 것이다.

*** 처음에는 이러한 생각을 직관적으로 떠올리기 어려울 수 있다. 그러나 문제 풀이 후 분석 시에 문제의 조건들을 더 적극적으로 활용할 수 있는 방법들을 찾아보는 과정에서, 위 방법의 체화를 통해 새로운 문제를 열린 시각에서 접근할 수 있도록 연습하면 실력 향상에 도움이 될 것이다.

Tip ❷ C업체와 같은 경우는 해설이나 여러 방법들처럼 분수나 비율로 접근할 수도 있지만, 보다 단순하게 생각한다면 2시간에 얼마의 작업을 할 수 있는지로 접근하는 것도 좋다. 2시간으로 정한 이유는 그것이 세 업체의 단위면적당 작업시간의 최소공배수이기 때문이다. 이 경우, 2시간당 작업면적은 A업체는 $4m^2$, B업체는 $2m^2$, C업체는 $3m^2$가 된다.

Tip ❸ 〈보기 ㄴ〉 을 처리하기 위해 시간 당 작업 면적을 도출하였다면, 〈보기 ㄷ〉 을 처리하기 위해 다음과 같은 풀이를 활용해도 좋다.

(1) A, B, C에게 작업을 맡길 경우 시간당 $4.5m^2$의 면적으로 시간당 27만 원이 발생한다.
반면, B, C에게 작업을 맡길 경우 시간당 $2.5m^2$의 면적으로 시간당 17만 원이 발생한다. 여기서 면적당 비용을 계산하는 것이다. 어차피 시간 제한도 없으며 총 작업량은 $60m^2$로 동일하므로 $1m^2$당 비용이 저렴한 것을 선택하면 된다.

(2) 자료해석 영역에서 사용하는 분수비교 스킬을 이용해 어림셈으로 계산해 보자. 둘을 비교해 보면, 전자와 후자의 시간당 면적은 2배 가까이 차이나는 반면, 전자와 후자의 시간당 비용은 1.5배가 조금 넘으나 2배에는 많이 미치지 못한다. 따라서 A, B, C에게 작업을 맡기는 것이 비용상으로 이득이다. 이를 구체적으로 계산하면, 전자의 $1m^2$당 비용은 $\frac{27\text{만 원}}{4.5\ m^2}$ = 6만 원/m^2 이며 후자의 $1m^2$당 비용은 $\frac{17\text{만 원}}{2.5\ m^2}$=6.8만 원/$m^2$로 전자가 더 저렴한 것을 확인할 수 있다.

이 방법은 전체 비용을 구하는 과정에서 $\times 60m^2$의 과정을 뺀 것으로, 분수 및 곱셈 계산에 자신이 있다면 이 방법을 사용하는 것도 풀이 시간 단축에 도움이 될 것이다.

018 정답 ④

난이도 ●●●

주어진 정보를 정리하면 다음과 같다.

311호	312호	313호	314호	315호
E	D			C
『전환이론』	『공공정책』		『사회혁신』	『복지실천』

네 번째 조건에서 B에게 『연구개발』을 전달해야 한다고 했으므로, 314호에는 B가 들어갈 수 없다. 따라서 B는 313호에 들어가게 된다. 그렇다면 남은 314호에는 A가 들어가야 하며, A는 『사회혁신』을 전달받게 된다. 따라서 정답은 ④이다.

합격자의 시간단축 Tip

Tip ❶ 굳이 표를 그리지 않아도 풀 수 있는 문제이다. 주목해야 할 것은 A에게 전달할 책의 제목 및 그의 연구실 번호이므로, 주어진 조건을 따라가면서 이미 다른 사람과 짝지어진 책 또는 연구실 번호를 소거한다. 세 번째 조건에 따라 C, D, E는 각각 315호, 312호, 311호에 있으므로 ①, ②, ⑤번이 소거되며, 네 번째 조건에 따라 『연구개발』은 B에게 전달해야 하므로 ③번을 소거한다. 남은 선지는 ④번으로 곧바로 체크하고 넘어간다. 굳이 모든 빈 칸을 채우려 하지 말고, 묻는 바를 찾는 데에만 충실하면 되는 것이다.

* 항상 문제를 분석하면서 제시된 조건들의 강약을 판단하다 보면, 실제 시간 압박 속에 문제를 풀게 되더라도 풀이의 핵심 조건과 부수적인 조건을 구별할 수 있어 시간 절약에 용이하다.

Tip ❷ 위 문제는 표를 그리지 않아도 쉽게 풀 수 있는 문제이지만 연습으로 문제를 풀 때는 줄글을 시각적인 표로 표현하는 연습을 하는 것이 중요하다. 대부분의 매칭 문제는 표를 그려서 푸는 것이 시간 단축 및 실수 방지에도 도움이 되기 때문에, 표 없이 문제를 풀 수 있는 방법도 익히되 표로 일목요연하게 정리해 답을 도출하는 연습도 필요하다.

Tip ❸ 책 제목과 연구실 번호 중 어느 것에 초점을 맞춰 문제를 해결할 것인지 선택할 수 있다. 책 제목에 초점을 맞출 경우, 네 번째 조건에 따라 A가 아닌 다른 사람에게 전달하는 책을 배제하여 선지 ②번과 ③번을 소거할 수 있다. 반대로 연구실 번호에 초점을 맞출 경우, 세 번째 조건에 따라 A가 아닌 다른 사람들의 연구실 번호를 배제하여 ①, ②, ⑤번을 소거할 수 있다. 이렇듯 두 가지를 동시에 처리하는 것보다 제목이면 제목, 번호면 번호 한 가지를 집중적으로 처리하는 것이 시간을 단축하는 방법이 될 수 있다.

019 정답 ②

난이도 ●●●

지급하는 금액은 참석수당과 원고료 총 2가지로, 기타소득세와 주민세를 원천징수하고 남은 금액이 지급된다.

(1) 원천징수 전 지급기준액

① 참석수당: 오후 2시부터 5시까지 참석하여 총 3시간 참석하였으므로, (기본료 2시간)+(초과 1시간) 수당을 받아 100,000+50,000=150,000원이다.

② 원고료: 슬라이드 20면을 발표하였고, 〈기준〉의 각주에 따라 슬라이드 2면은 A4의 1면과 같으므로

$$10(\text{면}/A4)\times\frac{10{,}000(\text{원})}{1(\text{면}/A4)}=100{,}000(\text{원})$$이다. 따라서 지급기준액은 두 값을 더한 150,000+100,000=250,000(원)이다.

(2) 기타소득세와 주민세

① (기타소득세)
=｛(지급기준액)−(필요경비)｝×(소득세율)
=｛(지급기준액)−(지급기준액)×60%｝×20%
=(지급기준액)×40%×20%
=(지급기준액)×8%
=250,000×8%
=20,000(원)

② (주민세)=(기타소득세)×(주민세율)
=20,000×10%
=2,000(원)

(3) 원천징수 후 지급액
(원천징수 후 지급액)
=(지급기준액)−(기타소득세)−(주민세)
=250,000−20,000−2,000
=228,000(원)

따라서 정답은 ②번이다.

합격자의 시간단축 Tip

Tip ❶

(1) 기타소득세와 주민세를 보면, 앞에 주어진 값들을 이용하는 공식으로 구성되어 있다. 이와 같은 구조의 경우 공식을 처음에 정리해두고 푸는 것이 가장 효율적이다. 불필요한 계산을 최소화할 수 있기 때문이다. 예를 들어, **원천징수액**을 정리하면 다음과 같다.

(원천징수액)
= (기타소득세) + (주민세)
= (기타소득세) + (기타소득세) × 10%
= (기타소득세) × 110%
= {(지급기준액) − (필요경비) × 20%} × 110%
= {(지급기준액) − (지급기준액) × 60%} × 20% × 110%
= (지급기준액) × 40% × 20% × 110%
= (지급기준액) × 8% × 110%
= (지급기준액) × 8.8%
∴ (원천징수 후 지급액) = (지급기준액) − (원천징수액) = (지급기준액) × 91.2%
(주민세) = (기타소득세) × 10% 이고, (기타소득세) = (지급기준액) × 8%으로 정리되므로, 지급준비액만 구한다면 甲에게 지급하는 금액을 쉽게 구할 수 있다.

(2) 91.2%를 계산할 때도 구체적으로 정확한 계산을 할 필요가 없다. 선지 중 한 값이 정답이므로 어림셈한 후 가장 가까운 값을 답으로 처리하면 된다. 예를 들어, 250,000 × 91.2% 중 1.2%는 귀찮은 부분에 해당하므로 90%만 계산해보자.
250,000 × 90% = 250,000(1 − 0.1) = 250,000 − 25,000 = 225,000
이는 ① 번보다는 크고 ② 번보다는 살짝 작은 값으로 당연히 91.2%는 ② 번일 수밖에 없다.

(3) 구체적으로 답을 구하는 과정은 다음과 같이 간단하게 정리될 수 있다.
지급기준액은 250,000원이다. 25 × 4 = 100 이므로, 25 × 8 = 200 임을 쉽게 알 수 있다.
따라서 기타소득세 및 원천징수액은 다음과 같이 도출된다.
(기타소득세) = 250,000 × 8% = 20,000
∴ (원천징수액) = (기타소득세) + (기타소득세) × 10% = 20,000 + 20,000 × 10% = 22,000
따라서 원천징수 후 甲에게 지급될 금액은 250,000 − 22,000 = 228,000(원)이다.

Tip ❷ 선지의 값을 모두 살펴보면 1,000원 단위 금액이 모두 다르므로, 1,000원 단위 금액만 파악하면 답을 도출할 수 있다. 25 × 4 = 100이라는 것을 알고 있다면, 25 × 8 = 200이라는 것 역시 쉽게 알 수 있다. 설문의 경우, 기타소득세 및 원천징수액으로 인해 지급기준액에서 8.8%가 감소해야 한다. 이때, 1,000원 단위에 영향을 미치는 것은 0.8%이므로, 0.8%인 2,000원이 감소한다면 1,000원 단위가 8,000원이 될 것이고, 따라서 정답은 ② 번임을 알 수 있다.

Tip ❸

(1) 지급기준액을 도출했을 때 250,000원이 나왔다면 이미 선지 ③, ④, ⑤ 번은 제외된다.
이는 기본료를 1시간으로 생각하고 초과된 2시간의 수당을 100,000원이라고 두어 지급기준액이 300,000원으로 도출되었을 때 오답을 유도한 것이다. (물론 이 경우 엄밀하게 하려면 300,000원의 91.2%인 273,600원이 있었어야 한다.)

(2) 이후 답을 도출할 때, 세후 수취요금을 계산해도 좋지만 '세액' 자체를 계산하는 것도 좋다. 지급기준액이 250,000원이므로 선지 ① 번은 세액이 30,000원이며 선지 ② 번은 세액이 22,000원이라는 의미다. 그런데 주민세가 기타소득세의 10%이므로 기타소득세의 1.1배가 세액이 된다. 따라서 1.1의 배수인 22,000원이 정답이 될 수밖에 없다. (11로 나누어질 수 있는 수여야 한다는 것과 동일한 의미이다.)

(3) '세율'로 계산할 경우 다음과 같다. 세금이 30,000원일 경우 세율은 12%이며 세금이 22,000원일 경우 세율은 8.8%이다. 그런데 주민세가 기타소득세의 10%니까 기타소득세율의 1.1배가 총세율이 된다. 따라서 1.1의 배수인 8.8%가 정답이 될 수밖에 없다.
이처럼 세금과 관련된 문제의 경우 부가가치세 또는 설문과 같이 주민세가 나오는 경우를 유심히 지켜봐야 한다. 이를 통해 선지플레이를 할 수 있기 때문이다.
이들은 기준세액의 10%를 징수하기 때문에 '세액'을 물을 경우 선지는 반드시 1.1배를 한 금액, 즉 1.1의 배수여야 한다. 또한, 설문과 같이 '세후 수취요금'을 물을 경우 세전 수취금액 또는 기준금액을 구한 뒤 선지의 세후 수취금액을 빼서 각 선지별 세액을 도출할 때 그것이 1.1배를 한 금액이어야 한다. (단, 이해가 되지 않을 경우 위 해설을 이해하려 애쓰기 보다는 신경 쓰지 않는 것이 낫다.)

020 정답 ④ 난이도 ●●●

(1) 국어로 작성한 경우
- 특허출원료: 국어로 작성하되 27면의 서면을 제출한 경우 〈1. 나.〉에 따라
66,000원(1건) + 7면(20면을 초과한) × 1,000(원/면) = 73,000원
- 특허심사청구료: 건과 항을 구별하여 〈2.〉에 따라 계산하면
143,000원(1건) + 3(항) × 44,000(원/항) = 275,000원

• 납부수수료: 특허출원료와 특허심사청구료를 합한 값이므로 73,000+275,000=348,000원이다.

(2) 외국어로 작성한 경우

• 특허출원료: 외국어로 작성하되 27면의 서면을 제출한 경우 〈1. 라.〉에 따라
93,000원(1건)+7면(20면을 초과한)×1,000(원/면)=100,000원

• 특허심사청구료: 건과 항을 구별하여 〈2.〉에 따라 계산하면
143,000원(1건) + 3(항)×44,000(원/항)
=275,000원

• 납부수수료: 특허출원료와 특허심사청구료를 합한 값이므로 100,000+275,000=375,000원이다.

따라서 정답은 ④다.

합격자의 시간단축 Tip

Tip ❶ 이 문제와 같은 수리 계산형 문제에서 많은 수험생들이 하는 비효율적 풀이는 '기준'을 다 읽는 것이다. 〈상황〉이 주어진다는 것은 그 상황에 해당되는 정보만 골라서 확인하는 [핀셋형 풀이] 또는 [크림 스키밍형 풀이]가 가장 적합하다.

(1) 예컨대 이 문제의 경우, '국어와 외국어로 작성'+'서면', '3개항 27면 1건'이 중요할 뿐 그 외의 정보는 불필요한 정보이다. 항상 문제에서 제시된 조건들 중 핵심조건과 부수조건을 구별하여 강약 조절 연습을 하면 시간을 절약함과 동시에 실수를 줄일 수 있다.
이처럼 적절하게 대응하기 위해서는 문제 유형을 잘 파악하는 것이 필요하다.

(2) 또한, 항상 **차이점**을 중심으로 파악하는 스킬이 필요하다. 이 문제의 경우 특허출원료 기준을 읽으면서
① '가'와 '나'는 국어로 작성된 것/'다'와 '라'는 외국어로 작성된 것이라는 차이점
② '가'와 '다'는 전자문서로 작성된 것/'나'와 '라'는 서면으로 작성된 것이라는 차이점을 파악하여 〈상황〉에서 요구하는 조건을 바로 적용할 수 있도록 해야 한다. 이때, '나'와 '다' 사이에 크게 구분선을 긋는 등 시각적인 구분을 하는 것도 좋은 방법이다. 또한, '가'와 '나', '다'와 '라'도 서면과 전자문서로 나눠지므로 서면의 경우는 동그라미를, 전자문서의 경우는 네모를 치는 것도 좋은 방법이다.
〈상황〉은 서면이므로 동그라미 친 부분만을 빠르게 찾아 문제에 적용하면, 다시 조항을 읽는 수고를 들이지 않아도 된다.

Tip ❷ 필자의 실제 풀이 방법

(1) 필자 개인적으로는 이 문제의 기준과 선지 구조를 확인 후, 직접 값을 도출할 필요가 전혀 없다는 것을 알 수 있었다. 먼저 기준을 보면 '특허출원료'만 다르고 '특허심사청구료'는 동일하다.
다음으로 선지를 보면 국어와 외국어로 작성한 값의 차이가 모두 다른 것을 알 수 있다.
따라서 '특허출원료의 차이 값과 선지의 차이 값이 일치'하면 정답이다.

(2) 먼저 특허출원료의 차이 값을 보면, 20면 초과 금액이 동일하므로 건당 금액만 고려하면 된다.
즉, 93,000−66,000=27,000원만큼의 차이가 난다.
이를 선지에 대입해보면 ④번만 348,000+27,000=375,000원이 되는 것을 확인할 수 있다. 여기에서 한 발 더 나아가 전체적인 계산을 하지 않고 국어로 작성한 경우 값의 천의 자리에 7을 더해 외국어로 작성한 경우 값이 나오는지를 확인하는 방법을 사용할 수 있다. 이 역시 ④번만 8+7=15 로 천의 자리가 5를 만족함을 알 수 있다. 따라서 정답은 ④다.

(3) 이처럼 문제의 구조와 선지의 구조를 잘 이용하면 단 한 줄의 계산(93−66=27)만으로도 문제를 풀 수 있다.

Tip ❸ 혹여나 숫자를 적었더라도 모두 덧셈을 하는 것은 비효율적이다. 우선 '천의 자리' 부터 먼저 더해본다. 가령 국어작성의 경우 특허출원료와 특허심사청구료를 계산하면 66,000+7,000+143,000+132,000=348,000이 나온다. 이걸 다 더하기 보다는 '천의 자리' 자리에 해당하는 부분을 더하면 6+7+3+2=18이 나온다는 걸 알 수 있다.
그렇다면 정답은 어차피 천의 자리가 8인 선지 ③, ④가 될 수 밖에 없다. 똑같이 외국어 작성의 경우를 계산하면 '천의 자리' 숫자가 5가 나온다는 것을 쉽게 알 수 있을 것이다. 항상 1) **객관식의 특징인 선지를 활용**하며 2) **자릿수**, 3) **차이값**을 자유자재로 활용할 수 있도록 연습하면 유용하다.

* 이 문제의 경우, 국어로 작성한 경우의 선지에 348,000원과 349,000원이 있는 것을 보면 초과하는 1면마다 1,000원을 가산한 금액이라는 것에서 오는 실수를 유발하려는 것임을 알 수 있다. 이러한 선지 구성을 발견하게 된다면, 해당 부분을 보다 정확하게 계산하도록 주의해야 한다.

021 정답 ④ 난이도 ●○○

A가 어제 영화를 봤다면 'A', A가 어제 영화를 보지 않았다면 '~A'로 표기할 때, 각 논증을 기호화하여 살펴보면 다음과 같다.

(1) 가은
- [전제1] 갑 → 을
- [전제2] ~을
- [결론] ~갑

[전제1]의 대우는 '~을 → ~갑'이며 [전제2]가 참이라면 '~을'이므로 [전제1]에 따라 '~갑'이 성립한다. 따라서 가은은 전제가 참일 때 결론이 반드시 참인 논증을 펼쳤다.

(2) 나연
- [전제1] 갑 → 을
- [전제2] 을
- [결론] 갑

[전제2]가 참이라면 [전제1]의 후건이 참인데, 후건이 참이면 해당 명제는 전건의 참 또는 거짓 여부와 무관하게 참이다. 이 경우 '~갑'이 성립할 수 있어 나연은 전제가 참일 때 결론이 반드시 참인 논증을 펼치지 않았다.

(3) 다희
- [전제1] ~갑 ∨ (을 ∧ 병)
- [전제2] 갑
- [결론] 을∧병

[전제1]이 참이므로 '~갑'이거나 '을 ∧ 병'이다. 그런데 [전제2]가 참이므로 '갑'이며 '~갑'은 거짓이고, 이 경우 [결론]인 '을 ∧ 병'이 도출된다. 따라서 다희는 전제가 참일 때 결론이 반드시 참인 논증을 펼쳤다.

합격자의 시간단축 Tip

각 논증은 두 개의 전제와 한 개의 결론으로 이루어져 있으며, 위의 풀이에서 나눈 논증의 세 단계 중 1단계와 2단계가 전제에, 3단계가 결론에 해당한다. 논증이 줄글로 주어진 경우 이를 최대한 빨리 기호화하여 단순하게 나타내는 것이 문제 풀이의 핵심이다.

022 정답 ② 난이도 ●○○

주어진 규칙을 기호화하면 다음과 같다. 단, 여행한 국가를 해당 국가의 이름으로 나타낸다.

- 영국 → 프랑스
- 이탈리아 → 독일
- 영국 ∨ 이탈리아

① (O) 적어도 두 국가는 여행한다.

➜ 세 번째 규칙에 따라 영국과 이탈리아 중 적어도 한 국가는 여행한다. 만약 영국을 여행한다면 첫 번째 규칙에 따라 프랑스를 여행하며, 이 경우 영희는 적어도 영국과 프랑스 두 국가를 여행한다. 만약 이탈리아를 여행한다면 두 번째 규칙에 따라 독일을 여행하며, 이 경우 영희는 적어도 이탈리아와 독일의 두 국가를 여행한다.
만약 영국과 이탈리아를 모두 여행한다면 첫 번째 규칙과 두 번째 규칙에 따라 영희는 영국, 프랑스, 이탈리아, 독일의 네 국가를 모두 여행한다. 따라서 영희는 적어도 두 국가는 여행한다.

② (×) 영국을 여행하지 않기로 결정한다면, 여행하게 되는 국가는 ~~정확히 두 개이다~~.

➜ '~영국'이라면 세 번째 규칙에 따라 이탈리아를 여행하며, 이때 두 번째 규칙에 따라 독일을 여행한다. 한편, '~영국'이라면 프랑스인지 여부는 알 수 없으므로 프랑스는 여행할 수도 있고, 여행하지 않을 수도 있다. 따라서 영국을 여행하지 않기로 결정한다면 여행하게 되는 국가는 이탈리아, 독일 두 국가 또는 프랑스, 이탈리아, 독일 세 국가이다.

③ (O) 프랑스를 여행하지 않기로 결정한다면, 이탈리아는 여행한다.

➜ '~프랑스'라면 첫 번째 규칙의 대우에 따라 '~프랑스 → ~영국'이므로 영국은 여행하지 않으며, 이때 세 번째 규칙에 따라 이탈리아를 여행한다.

④ (O) 이탈리아를 여행하지 않기로 결정한다면, 프랑스는 여행한다.

➜ '~이탈리아'라면 세 번째 규칙에 따라 영국을 여행하며, 이때 첫 번째 규칙에 따라 프랑스를 여행한다.

⑤ (O) 독일을 여행하지 않기로 결정한다면, 다른 세 국가를 여행할지 여부도 모두 정해진다.

➜ '~독일'이라면 두 번째 규칙의 대우에 따라 '~독일 → ~이탈리아'이므로 이탈리아는 여행하지 않는다. 이때, 세 번째 규칙에 따라 영국을 여행하며, 영국을 여행하므로 첫 번째 규칙에 따라 프랑스를 여행한다. 따라서 영희는 영국과 프랑스를 여행하며, 독일과 이탈리아를 여행하지 않는다.

합격자의 시간단축 Tip

Tip ❶

(1) 선언명제란 둘 이상의 대상을 '또는'으로 연결한 명제로, 포함 기호로 나타내면 '$A \vee B$'의 꼴을 갖는다. 이 문제와 같이 주어진 명제들의 전제 두 개 이상이 별도의 선언명제로 묶여 있는 경우, 그 후건들 역시 선언명제로 묶을 수 있다.

(2) 어떠한 명제가 전제를 갖기 위해서는 가언명제의 형태를 띠어야 한다.
즉, 'A 이면 B 이다' 논리 기호로 나타내면 '$A \rightarrow B$'의 꼴이어야 한다.
가언명제의 전건인 A 가 전제가 되는 것이다. 모든 명제의 전건이 전제가 되는 것이 아니라, <u>가언명제의 전건만을 전제라 부를 수 있음을</u> 꼭 숙지해 두자.

(3) 여기까지 이해했다면 위의 (1), (2) 를 묶어서 정리해보자. 둘 이상의 가언명제가 있으며, 그 가언명제들의 전건, 즉 전제가 별도의 선언명제를 통해 묶여 있는 경우, 선언명제로 묶인 가언명제들의 후건들 또한 새로운 선언명제로 묶을 수 있다. 여행국가를 각각 '영국'=A, '프랑스'=B, '이탈리아'=C, '독일'=D로 두고 이를 논리 기호로 나타내면 다음과 같다.

- 명제 ① $A \rightarrow B$
- 명제 ② $C \rightarrow D$
- 명제 ③ $A \vee C$
- 명제 ④ ____________

명제 ①과 ②는 전건으로 각각 A와 C, 후건으로 각각 B와 D를 가진 가언명제다. 그리고 두 가언명제의 전건, 즉 전제들을 선언명제인 명제 ③은 '또는'으로 묶여 있다.
위의 내용에 따른다면 명제 ④의 빈칸에는 무엇이 들어갈 수 있겠는가?
명제 ①과 ②의 후건들을 '또는'으로 묶은 '$B \vee D$'가 들어갈 것임을 쉽게 예측할 수 있다.
이러한 원리는 본 문제에도 적용 가능하다. 즉, 주어진 세 조건을 바탕으로 네 번째 조건으로 '프랑스 ∨ 독일'을 만들 수 있다.

(4) 이 원리는 둘 이상의 대상을 '그리고'로 묶는 연언명제의 경우에도 똑같이 적용된다.
예를 들어, 주어진 명제들의 전제가 연언명제로 묶여 있는 경우 후건들 역시 연언명제로 묶을 수 있다. 이를 포함 기호로 나타내면 다음과 같다. 빈칸에 들어갈 명제는 쉽게 채울 수 있을 것이다.

- 명제 (1) $A \rightarrow B$
- 명제 (2) $C \rightarrow D$
- 명제 (3) $A \wedge C$
- 명제 (4) ____________

(5) 이를 본 문제에 적용하는 것도 간단하다. 즉, 만약 세 번째 조건이 '영국 ∧ 이탈리아'인 경우, 네 번째 조건은 '프랑스 ∧ 독일'이 된다는 것이다.
이와 같은 원리들을 활용하면 문제를 보다 빠르게 풀 수 있다.

Tip ❷ 명제에서 후건이 부정되는 경우 대우로 인해 전건이 부정되지만, 전건이 부정되는 경우 후건은 부정되지 않는다. 즉, 어떤 명제의 전건이 부정되는 경우 명제가 시작하지도 않았기 때문에 해당 명제는 후건의 긍정 또는 부정과 상관없이 항상 참이다.
예를 들어, 선지 ②에서 영국을 여행하지 않기로 결정했다면, 이는 첫번째 조건이 참임을 위배하지 않으나 후건인 프랑스를 여행하는지 여부는 결정되지 않는다. 이와 같이 전건을 부정하며 후건이 부정되는지 묻는 문제는 빈출 유형 중 하나이므로 기억해 두도록 하자.

023 정답 ❹ 난이도 ●●○

주어진 두 전제를 벤 다이어그램으로 표현해 보면 다음과 같다.

[전제 1] 뮤지컬을 좋아하는 모든 사람은 예외 없이 예술을 좋아하므로, 뮤지컬을 좋아하는 사람의 그룹은 예술을 좋아하는 사람의 그룹 안에 포함된다.
즉, 뮤지컬을 좋아하는 것은 예술을 좋아하는 것의 충분조건이다.

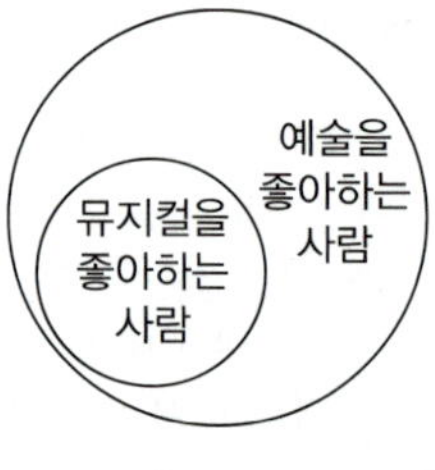

[전제 2] 뮤지컬을 좋아하는 어떤 사람은 영화를 좋아한다. 즉, 뮤지컬을 좋아한다고 해서 반드시 영화를 좋아하는 것은 아니며, 다만 둘 간의 교집합이 존재한다는 사실만 확실히 알 수 있다. 따라서 오른쪽 그림과 같다.

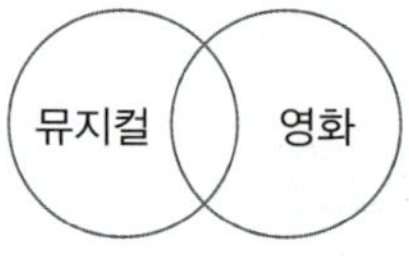

'예술'=A, '뮤지컬'=B, '영화'=C라 하고, 두 전제를 나타내는 벤 다이어그램을 합하면 다음 그림과 같다.

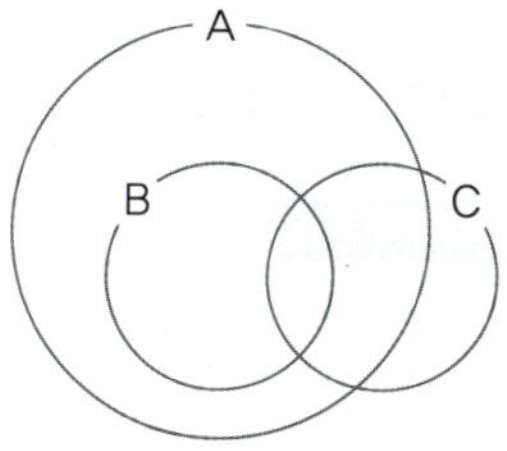

[전제 1]은 $B \subset A$임을 의미하며, [전제 2]는 $B \cap C \neq \varnothing$, 즉 $B \cap C$가 존재함을 의미한다. 따라서 두 전제에 따라 확정지을 수 있는 사실은 $\exists(A \cap B \cap C)$이다.

① (×) 영화를 좋아하는 모든 사람은 ~~뮤지컬을 좋아한다~~.
➜ $C \subset B$ 인지 여부를 묻고 있다. 주어진 전제만으로는 $C \subset B$ 인지 알 수 없다.

② (×) 예술을 좋아하는 모든 사람은 ~~영화를 좋아한다~~.
➜ $A \subset C$인지 여부를 묻고 있다. 주어진 전제만으로는 $A \subset C$ 인지 알 수 없다.

③ (×) 영화를 좋아하는 어떤 사람은 ~~예술을 좋아하지 않는다~~.
➜ $C-A \neq \varnothing$, 즉 $C-A$가 존재하는지 여부를 묻고 있다.
주어진 전제만으로는 $C-A \neq \varnothing$ 인지 알 수 없다.

④ (○) 예술을 좋아하는 어떤 사람은 뮤지컬과 영화를 모두 좋아한다.
➜ $A \cap B \cap C \neq \varnothing$, 즉 $A \cap B \cap C$가 존재하는지 여부를 묻고 있다. [전제 1]의 $B \subset A$에서 $A \cap B = B$이므로 $A \cap B \cap C = B \cap C$ 이다. [전제 2]에서 $B \cap C \neq \varnothing$이므로 선지 ④는 옳다.

⑤ (×) 뮤지컬과 영화를 좋아하는 모든 사람은 ~~예술을 좋아하지 않는다~~.
➜ $B \cap C$이 존재하는 어느 원소도 A에 포함되지 않음을 의미한다. (배반사건) 즉, $(B \cap C) \cap A = \varnothing$임을 묻고 있다. 선지 ④에서 $A \cap B \cap C = B \cap C \neq \varnothing$이므로 선지 ⑤는 반드시 틀린 선지이다.

합격자의 시간단축 Tip

Tip ❶ 선지별로 어떤 반례를 찾아야 하는지 파악하는 것이 가장 중요하다.
'모든'과 같은 전칭명제를 부정하기 위해서는 단 하나의 반례라도 성립하는지 확인하면 되지만, '어떤'과 같은 특칭명제를 부정하기 위해서는 그 어떠한 반례도 성립하지 않는다는 것을 확인해야 한다.
이는 거꾸로 말하면 전칭명제는 하나의 성립하는 예시가 있다고 하더라도 증명되었다고 할 수 없는 반면, 특칭명제는 단 하나의 예시만으로도 충분히 증명이 가능하다는 의미이다.
정리하면, **'모든'**과 같은 전칭명제가 반드시 옳은지 판단하기 위해서는 <u>해당 명제에 반례가 존재하는지 살펴 판단</u>하는 것이 쉽고, **'어떤'**과 같은 특칭명제가 반드시 옳은지 판단하기 위해서는 <u>해당 명제에 해당하는 예시가 있는지 살피는 것</u>이 쉽다.

Tip ❷ 주어진 전제에 의거할 때 우리가 알 수 있는 사실은 ① <u>뮤지컬을 좋아하는데 예술을 좋아하지 않는 사람은 없다</u>는 사실과 ② <u>뮤지컬을 좋아하는 사람 중 영화를 좋아하는 사람이 있다</u>는 사실뿐이다. 그러나 위의 표시된 각 카테고리마다 해당하는 예시가 존재할 수 있다는 정도만 인지하고 문제에 접근해도 충분하다.

* 해설과 같이 벤 다이어그램을 모두 정확히 그려야 할 필요는 없다. 벤 다이어그램은 보다 복잡한 문제에서 그려서 문제를 파악하는 용으로 사용하는 것이 좋지, 모든 문제에 벤 다이어그램을 그려야 하는 것은 아니다.

024 정답 ❶ 난이도 ●○○

오른쪽 그림과 같이 배치된 떡 여섯 개를 가정해보자. 이 중 가장 위에 있는 떡을 임의의 출발점으로 잡고 먹는 순서를 구해보면 다음과 같다. (단, 동그라미 안의 숫자는 떡 배치가 아닌 떡을 먹는 순서이다.)

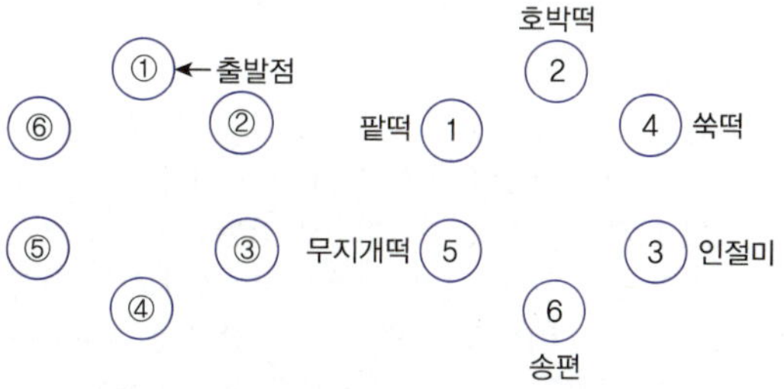

문제에서 마지막에 송편을 먹었다고 했으므로 6번 자리에는 송편이 자리하게 되며, 그 직전에 먹은 떡 자리인 5번에는 송편 다음 떡인 무지개떡이 위치하게 될 것이다. 따라서 답은 ①이다.

합격자의 시간단축 Tip

이러한 원형 배치 문제의 경우 어떤 것이 출발점이 되는지를 먼저 알아내는 것은 중요하지 않다. 이 문제 역시 무슨 떡이 출발점일 때, 송편이 마지막인지를 찾는 것이 아니라, 먼저 먹는 순서의 배열이 어떻게 되는지를 구한 다음 해당 배치 상에서 떡들이 어떻게 배치되어 있는지를 확인하는 방식으로 문제에 접근해야 한다.
그러한 배치를 확인하기 위해서 규칙을 찾는 것도 좋지만, 애써 규칙을 찾으려고 하기보다는 직접 순서를 찾아보는 것도 좋다. 원 여섯 개를 해설과 같이 그린 후 하나를 정해 1번이라고 두고, 이후 1번부터 하나씩 세면서 먹는 순서에 따라 알맞은 번호를 원 안에 적어보는 것이다.

* 물론 직접 해보지 않고 원리를 파악해서 규칙을 찾아내는 것이 가장 좋겠지만 이는 시험장에서 생각나지 않으면 낭패를 겪을 수 있다. 그러므로 무리하게 규칙을 먼저 찾아내려 하기 보다는, 적어도 3~4단계 정도를 직접 해보면서 규칙을 도출해내는 것이 안전한 풀이법이라고 생각한다. 본 문제의 경우 동일한 유형의 문제 중에서도 상당히 쉬운 편이기 때문에, 직접 그림을 그려 푸는 것이 오히려 효율적인 방법이 된다.

025 정답 ❷ 난이도 ●●●

(1) 주무관 4명의 직급 순서는 첫 번째 조건에 따라 甲 > 乙 > 丙 > 丁이다. 주어진 〈대화〉를 근거로 각각의 성과점수 크기를 비교하면 다음과 같다.
첫째, 甲의 발언에 따라 甲 > 丁 크기로 분배 받는다.
둘째, 乙의 발언에 따라 乙은 가장 높은 성과점수를 받는다.
셋째, 丙의 발언에 따라 甲, 乙 > 丙 > 丁 크기로 분배 받는다.
넷째, 丁은 4점만 받는다.
이를 종합하면 분배 받는 성과점수는 乙, 甲, 丙, 丁 순서대로 크다.

(2) 한편, 丁의 성과점수는 4점이므로 丁을 제외한 甲, 乙, 丙의 성과점수의 합은 26점이 되며 이들은 각기 다른 자연수를 성과점수로 받는다.
丙의 성과점수는 丁의 성과점수인 4점보다 크며, 甲 > 乙 > 丙 이므로 세 명 중 가장 작은 성과점수를 받는 丙의 성과점수를 최대로 하기 위해서는 甲과 乙에게 최소한의 성과점수를 부여하여야 한다.
이를 위해서 甲과 乙에게 丙보다 각각 1점, 2점이 높은 성과점수를 부여할 수 있다. 즉, 乙, 甲, 丙의 성과점수가 연속하는 세 자연수인 경우, 丙의 성과점수가 최대일 수 있는 경우이다.

(3) 그러나 세 사람의 성과점수가 연속된 자연수일 경우는 $8+9+10=27$로 (2)에서 구한 조건인 세 사람의 점수의 합이 26임을 만족시키지 못한다. 따라서 甲, 乙, 丙 중 한 명의 성과점수를 1점 감소시켜야 하며 모두 다른 자연수라는 조건에 의하여 甲과 乙의 성과점수를 감소시킬 수는 없다.

(4) 결국 丙의 점수를 7점으로 감소시키면 세 명의 성과점수를 분배할 수 있으며 이때가 丙이 받을 수 있는 최대 성과점수가 된다.

합격자의 시간단축 Tip

Tip ❶

(1) 기호화해서 생각할 경우 보다 편리하게 丙이 받을 수 있는 최대 점수를 도출할 수 있다.
乙 > 甲 > 丙의 크기 순서에서 중간에 있는 甲의 점수를 a, 丙의 점수를 $a-1$, 乙의 점수를 $a+1$로 두어 가장 근소한 차이일 때를 가정한다면, 이 셋의 합은 $3a$이다.
이때, $a=9$인 경우 세 명 점수의 합은 27점으로 남은 성과점수인 26점에 가장 가까우나, 1점 더 크기 때문에 a는 9보다는 작다는 것을 알 수 있다.

(2) 그 다음으로 가능한 값인 $a=8$인 경우를 가정해 丙의 점수는 7임을 바로 알 수 있다.
물론, $a=8$인 경우 셋의 합은 24로 문제 조건을 충족하지 않는다.
그러나 이는 甲이나 乙의 점수를 조정해서 맞출 수 있기 때문에 실전에서는 고민하지 않아도 된다. 즉, 점수차가 1점인 경우를 가정했을 때 문제의 조건을 벗어나지 않는 최대의 a만 구하면 되며 그 외의 것은 나머지의 점수를 바꾸어 만족시키면 된다는 뜻이다.

Tip ❷ 또 다른 풀이로는 <u>선지를 대입</u>하는 방법이 있다. 문제에서는 丙이 받을 수 있는 최대 성과 점수를 묻고 있으므로, 선지 ⑤부터 거꾸로 대입해보는 것이 타당하다. 그러나 선지 ⑤, ④ 의 경우 선지의 값을(각각 10과 9) 3배를 한 값이 이미 26점을 넘기 때문에 절대 답이 될 수 없다.
(3배를 하는 이유는, 점수차를 고려하지 않더라도 <u>甲, 乙, 丙 세 명의 점수 합은 최소 丙을 세 번 합한 것보다는 클 것이 확실하기 때문</u>이다.)
따라서 선지 ③ 번부터 대입해 가능한 경우가 있는지 여부를 고려하면 된다. 선지 ③의 경우 丙=8, 甲=9, 乙=10인 경우가 최소인데, 이 때의 합이 27점으로 조건을 만족하지 않으므로 선지 ③ 역시 소거될 것이다.

* 최댓값을 묻거나, 최솟값을 묻는 문제 혹은 경우의 수를 묻는 문제에서 본인이 구한 답이 정답인지에 대한 확신은 매우 중요하다. 만약 확신이 없는 경우 불필요한 시간낭비를 발생시키는 주범이기 때문이다.
그러나 실제로는 확신까지 가지기 어려운 경우가 많으므로 나름의 근거를 가지고 답을 도출한 경우 일단 답을 결정한

뒤 나머지 문제를 다 풀고 시간이 남을 때 다시 문제를 검토하는 것이 전략적으로 옳다.

** Tip ❷에서 최댓값이나 최솟값을 당연하게 푸는 경우가 종종 있는데, 연습으로 문제를 풀 때에 이를 적용하는 것은 적절하지 않다. 아무리 이러한 문제를 잘 푸는 사람이라도 최대, 최소를 묻는 문제에서는 무언가를 놓칠 수 있기 때문에 항상 주의해야 한다.
(단, 최댓값을 구하는데 선지 중 제일 큰 수가 답이거나, 최솟값을 구하는데 선지 중 제일 작은 수가 답인 두 가지 경우는 예외이다.)

026 정답 ❸ 난이도 ●●●

각 검사지점이 수질검사빈도 및 수질기준을 충족하는지 여부를 따져보면 다음과 같다.

(1) 정수장 A: 제 ① 항 제 1호 가목에 따라 잔류염소에 관한 검사는 매일 1회 이상 해야 하며, 잔류염소의 수질기준은 제 ②항에 따라 4mg/L 이하이다. 따라서 정수장 A는 이 둘을 모두 충족한다.

(2) 정수장 B: 제 ① 항 제1호 나목에 따라 질산성 질소에 관한 검사는 매주 1회 이상 해야 하며, 단서의 조건을 맞출 경우 매월 1회 이상 해야 한다. 질산성 질소의 수질기준은 제 ② 항에 따라 10mg/L 이하이다. 따라서 정수장 B는 수질검사빈도는 충족하나 수질기준은 충족하지 못한다.

(3) 정수장 C: 제 ① 항 제1호 나목에 따라 일반세균에 관한 검사는 매주 1회 이상 해야 한다.(단서에 따르더라도 일반세균은 제외된다) 일반세균의 수질기준은 제 ② 항에 따라 100 CFU/mL 이하이다. 따라서 정수장 C는 수질기준은 충족하나, 수질검사빈도는 충족하지 못한다.

(4) 수도꼭지 D: 제 ① 항 제2호에 따라 대장균에 관한 검사는 매월 1회 이상 해야 한다.(가목이나 나목 중 어떤 것에 따르더라도 이는 동일하다) 대장균의 수질기준은 제 ② 항에 따라 불검출/100mL이다. 따라서 수도꼭지 D는 이 둘을 모두 충족한다.

(5) 배수지 E: 제 ① 항 제3호에 따라 잔류염소에 관한 검사는 매 분기 1회 이상 해야 한다. 잔류염소의 수질기준은 제 ② 항에 따라 4mg/L 이하이다. 따라서 배수지 E는 이 둘을 모두 충족한다.

따라서 두 기준을 모두 충족하는 경우는 정수장 A, 수도꼭지 D, 배수지 E이므로 답은 ③ 이다.

합격자의 시간단축 Tip

Tip ❶ 각 검사지점별로 살펴보는 것보다 각 조건별로 살펴보는 것이 훨씬 효율적인 풀이이다.
수질기준이 수질검사빈도보다 훨씬 단순히 검토가 가능하므로 이를 먼저 살펴보면 정수장 B가 기준을 만족하지 못해 소거될 것이다. 따라서 선지 ②, ④ 번이 소거된다. 남은 선지에 A, D는 공통으로 들어가 있으므로 이 둘은 검토하지 않고 C와 E만 검토하면 된다. C는 수질검사빈도를 만족하지 못하고 E는 만족하므로 답은 ③ 이다.

* 문제 풀이 시 꼭 순서대로 조건을 검토할 필요는 없다. 직관적으로 검토가 더 편한 구분이 있다면 먼저 적용해 오지선다를 제거하고 검토해야할 사항을 최대한 줄이는 것이 중요하다.
위 문제의 경우에는 수질기준이 표로 잘 정리되어 나타나 있기 때문에 직관적으로 바로 비교가 가능했다. 반면, 수질검사빈도의 경우에는 (정수장에서의 검사)/(수도꼭지에서의 검사)/(배수지 등에서의 검사)의 구분을 거쳐 가목/나목에 해당하는지까지 확인해야 하기 때문에 상대적으로 복잡하다. 따라서 **Tip ❶**에서는 수질기준을 먼저 검토해 B를 소거하고 남은 나머지 선지 중 최소한으로 검토해야할 것들을 추려낸 것이다.

Tip ❷ 이러한 문제는 단서가 매우 중요하게 작용한다. 제①항 제1호 나목의 단서에서 일반세균과 대장균은 제외하고 있어 이 둘은 예외의 예외에 해당한다. 이러한 부분을 놓치면 실수하는 경우가 생기도록 대부분의 문제가 설계되어 있기 때문에, 문제를 보자마자 단서 부분은 꼭 별도로 표시해둔 다음 문제를 풀도록 한다.

Tip ❸ A, B, C가 제 ① 항 1호에 적용되며, D가 2호에 적용되며, E는 3호에 적용된다.
각 검사지점별로 살펴보는 경우, 출제자가 의도한 '단서 조건'과 관련된 B를 우선 판별해도 된다. 다만 본 문제는 병렬적 구조 및 선지의 구성 상 E부터 판별해도 정답을 수월하게 도출할 수 있는 문제이다.

Tip ❹ 선지 네 개에 동일한 보기가 포함된 경우 해당 보기는 옳다고 믿고 넘어가자는 원칙은 대부분의 문제에서 성립한다. 물론 예외가 존재할 수는 있으나 만약 시간이 급박한 상황이라면 과감해질 필요가 있다. 따라서, A와 D가 각각 4개 포함되었으므로 따져보지 않고도 수질검사빈도와 수질기준을 둘 다 충족하였다고 추정할 수 있어 바로 ②, ④ 번을 소거하고 C와 E만 판단하면 된다. 물론 이 방법은 문제를 정확하게 풀 시간이 없을 때에만 제한적으로 사용하고, 일반적으로는 **Tip ❶**에서와 같이 선지가 소거되어야 하는 이유를 정확하게 구해주는 것이 좋다.

＊ 이 문제에서는 사용되지 않는 단서조건(예외적용 문장)이 있다. 보통의 경우 단서가 핵심적인 조건이기 때문에 이를 활용하지 않고 문제가 풀리면 오히려 당황하게 되는 경우가 있다.
그러나 함정을 위해 여러 단서를 제공하는 경우도 종종 있으므로 지나치게 집착하지 않도록 해야 한다. 다만 예외적용 문장이 사용되지 않는 경우는 극히 예외적이니, 시간이 허용되는 한 정말 사용되지 않았는지 두 번까지는 확인해도 괜찮다.

027 정답 ①

난이도 ●●○

각 부문별 (해당 업무역량 재능)×4의 값은 다음과 같다.
- 기획력: 90×4=360
- 창의력: 100×4=400
- 추진력: 110×4=440
- 통합력: 60×4=240

(1) 甲이 통합력의 업무역량 값을 다른 어떤 부문의 값보다 크게 만들기 위해서는 두 가지 조건이 필요하다. **첫 번째 조건**은 통합력의 업무역량 값이 추진력의 440보다 커야 하며, **두 번째 조건**은 통합력에 투입하고 남은 노력을 나머지 부문에 적절하게 분배하였을 때 통합력의 업무역량 값보다 높은 부문이 나타나지 않아야 한다는 것이다.

(2) (1)의 〈첫 번째 조건〉에 따라 통합력에 투입한 노력을 x라 할 때, 통합력의 업무역량 값이 440보다 커야 하므로 $3x+240>440$

$3x>200 \quad \therefore x>\frac{200}{3}≒66.7$

따라서 자연수 x의 최솟값은 67이며, 이는 통합력에 67 이상의 노력을 투입하여야 달성할 수 있음을 뜻한다.
(통합력의 업무역량 값)=60×4+67×3=240+201=441

(3) 甲이 투입 가능한 노력은 총 100이며 甲은 가능한 노력을 남김없이 투입하므로, 통합력에 투입하고 남은 노력인 100−67=33의 노력을 다른 부문에 분배해야 한다. (1)의 〈두 번째 조건〉에 따르면 통합력 외 나머지 부문의 최종 업무역량 값 모두 통합력의 업무역량 값인 441보다 작아야 한다.

	기획력	창의력	추진력	통합력
(재능)×4	360	400	440	240
(노력)×3	80↓	40↓	0	67×3=201
업무역량 값	440			441

(4) (기획력 노력)×3 ≤ 80, (기획력 노력) ≤ $\frac{80}{3}$ ≒ 26.6 ∴(기획력 노력) ≤ 26

(창의력 노력)×3 ≤ 40, (창의력 노력) ≤ $\frac{80}{3}$ ≒ 13.3 ∴(창의력 노력) ≤ 13

따라서 기획력에 투입할 수 있는 최대 노력은 26이고 창의력에 투입할 수 있는 최대 노력은 13이다. 기획력과 창의력에 투입할 수 있는 최대 노력이 39인 반면, 분배해야 하는 노력은 33이므로 적절하게 분배할 수 있다. 따라서 甲이 통합력에 투입해야 하는 노력의 최솟값은 67이다.

합격자의 시간단축 Tip

Tip ①

(1) 문제에서는 甲이 통합력에 투입해야 하는 노력의 최솟값을 묻고 있으므로, 통합력을 기준으로 잡고 생각하는 것이 효율적이다.
따라서 부문별 업무역량 값을 계산할 때 전체를 계산하려고 하기보다 통합력을 기준으로 각 부문별 업무역량의 재능이 얼마나 큰지를 구한 다음, 그 차이 값을 활용해 통합력의 업무역량 노력이 얼마나 더 커야 하는지 고려하는 것이 보다 빠른 풀이이다. 구체적인 값을 물어보지 않는 한 비교하는 문제라면 차이 값을 사용하는 것이 낫다.

(2) 예를 들어, 업무역량 재능만 반영한 부문별 업무역량의 값을 구하면 해설과 같이 (기획력, 창의력, 추진력, 통합력)=(360, 400, 440, 240)이다.
이때 통합력의 업무역량 값을 기준으로 차이 값을 계산하면 (기획력, 창의력, 추진력, 통합력) = (120, 160, 200, 0)이 된다.

따라서 통합력에 투입 가능한 노력은 적어도 $\frac{200}{3}$ 보다 커야 한다는 것이 해설에서 서술하고 있는 첫 번째 조건이 되며, 이하 풀이는 해설과 동일하다. 차이 값을 이용하는 방식으로 풀 경우, 숫자의 단위가 조금이나마 줄기 때문에 계산이 간단해 보인다는 장점이 있다.

Tip ② 숫자가 해설에 명시된 마지막 조건만 충족하면 답이 도출되도록 짜여진 평이한 문제이다. 만약 분배해야 하는 노력인 33에 비해 기획력과 창의력에 투입할 수 있는 최대 노력이 적을 경우 난이도가 상승한다. 이 경우 통합력에 67보다 더 많은 노력을 투입해서, 분배해야 하는 노력을 줄이고 동시에 다른 부문에 투입할 수 있는 업무역량 값의 상한을 높이는 방향으로 답을 도출해 나가야 한다. 이 경우 난이도가 급상승하므로, 본 문제는 출제자가 값의 배치를 의도적으로 설정해 놓은 것으로 보인다.

Tip ❸ 검토를 위해, 해설과 같이 모순이 발생하지 않는 임의의 사례를 빠르게 만들어보는 '예시찾기' 연습을 하는 것이 도움이 될 수 있다. 예를 들어, 통합력에 투입해야 하는 노력을 67, 기획력의 경우 20, 창의력의 경우 13의 노력을 투입할 수 있다 적어 놓고, 이후 시간 여유가 있을 때 간단한 산수 계산으로 검토하면 본 문제를 맞게 풀었다는 확신과 안정감을 얻을 수 있다.

028 정답 ③ 난이도 ●●○

지문의 두 번째 문장에 따르면 각 상품의 무게는 A > D > C > B 이다. 서로 다른 두 상품을 합했을 때의 나올 수 있는 모든 조합은 A+D, A+C, A+B, D+C, D+B, C+B의 6가지가 있다.
이 중 두 상품 무게의 합이 가장 큰 값은 A+D=54kg, 그 다음 값은 A+C=50kg 일 것이다. 반대로 두 상품 무게의 합이 가장 작은 경우는 B+C=35kg, 그 다음으로 작은 경우는 B+D=39kg이다. 확정할 수 없는 값은 그 중간의 무게로, A+B와 C+D 중 어떤 것이 더 클지는 알 수 없다.
이때, 풀이는 다음과 같다.

① (×) C=19kg, D=25kg일 경우 B+C=35kg이라는 조건에 따라 B=16kg인데, B+D=39kg이라는 조건에 따라 B=14kg가 되어 모순이다.
② (×) C=19kg, D=26kg일 경우 B+C=35kg이라는 조건에 따라 B=16kg인데, B+D=39kg이라는 조건에 따라 B=13kg가 되어 모순이다.
③ (○) C=20kg, D=24kg일 경우 B+C=35kg이라는 조건에 따라 B=15kg이 되며 이는 B+D=39kg이라는 조건에 부합한다. 한편, A+D=54kg이라는 조건에 따라 A=30kg이 되며 이는 A+C=50kg이라는 조건에 부합한다. 따라서 모순이 발생하지 않는다.
④ (×) C=21kg, D=25kg일 경우 C+D=46kg이 되는데 이는 저울에서 측정한 값에 존재하지 않아 모순이다.
⑤ (×) C=22kg, D=26kg일 경우 C+D=48kg이 되는데 이는 저울에서 측정한 값에 존재하지 않아 모순이다.

합격자의 시간단축 Tip

Tip ❶ 문제를 잘 읽어야 한다. B, C, D 순서대로 무게가 '가볍다'고 했으므로, B가 가장 가볍고, 그 다음 C, 그 다음은 D이다. 헷갈리지 않도록 한다. (다만, 이 문제의 경우 사실 알파벳은 아무 영향이 없다. 그러므로 만약 이러한 표현이 헷갈림을 유발하는 문제의 경우 숫자 1~4 등을 활용하므로 시험장에서는 이를 유의 깊게 볼 필요가 있다.)

Tip ❷ 선지에 C와 D의 무게가 제시되어 있기 때문에, 직접 C와 D의 값을 구하는 것 보다 선지를 적극적으로 소거하는 방법이 시간 단축에 유리하다. 본 문제에서 선지를 소거할 수 있는 다양한 방법들을 소개한다.

(1) A+D=54kg, A+C=50kg이므로 C와 D의 무게는 4kg 만큼 차이 난다. 선지에 주어진 두 무게 간 차이가 4kg인 것을 고르면 ③, ④, ⑤ 번이 해당되므로, 이 선지들만 고려하면 된다. 순서대로 대입하면 다음과 같다.
선지 ③부터 대입해보면 D=24kg, C=20kg이므로, A+D=54kg에서 A=30kg, B+C=35kg에서 B=15kg이다. 따라서 A+B=45kg, C+D=44kg으로 문제에 주어진 값이 모순 없이 도출된다. 따라서 ③이 답이 된다.
(2) B와 D의 무게를 구체적으로 구하지 않고 ④, ⑤번을 쉽게 소거할 수 있다.
④번의 경우 두 상품 무게의 합은 46kg이며, ⑤의 경우는 48kg이다. A, B, C, D 중 서로 다른 두 상품을 저울에 올릴 수 있는 모든 경우는 조건에 제시된 6가지에 불과하여 위 값은 만들어 질 수 없는 무게이다. 따라서 ④, ⑤ 번은 불가능한 경우이므로 소거 가능하다.
(3) 해설의 A+B와 C+D의 크기를 비교하는 부분에서, C+D의 값이 될 수 있는 무게는 44kg과 45kg이다. 따라서 C와 D의 값을 구체적으로 구하기 이전에, 선지에 제시된 무게 중 그 합이 44kg과 45kg이 아닌 것들을 소거할 수 있다. 이 경우 ④, ⑤ 번이 소거되고, ①, ②, ③ 번만 고려하면 된다.

Tip ❸
(1) 선지 간 비교를 통해 정답을 구할 수도 있다. 만일 선지 ⑤ 처럼 D=26kg, C=22kg 인 경우, A+D=54의 식에서 A=28kg, B+C=35의 식에서 B=13kg일 것이다.
이때, A+B=41kg으로, 이는 문제에 주어지지 않은 값이다.
(2) A+B가 44kg 또는 45kg여야 하므로, A+B는 지금보다 3kg 또는 4kg 더 커야 하며, (A+B)+(C+D)=(A+D)+(C+B)= 54kg+35kg=89kg으로 일정하다.

(3) 따라서 A+B가 커지기 위해서는 해당 값이 커지는 만큼 C와 D의 합은 더 작아져야 하는데, 선지를 살펴보면 ⑤ 번에서 ④ 번으로 갈 때 D와 C가 1씩 감소, ⑤ 번에서 ③ 번으로 갈 때 각각 2씩 감소한다. 각 경우에 A+B는 2만큼 커지거나 4만큼 커질 것이므로, 후자인 ③ 번이 정답일 것이다. 이때, A+B=45kg가 됨을 알 수 있다.

029 정답 ④ 난이도 ●○○

A의 ㉱ 점수를 a, B의 ㉱ 점수를 b라 놓고 주어진 〈상황〉에서의 기본심사 점수 및 감점 점수를 구해보면 다음과 같다.

(1) A
- (기본심사 점수)=20+23+17+a=60+a
- (감점 점수)=3×2+6×0.5=9

따라서 A의 점수는 51+ a이다.

(2) B
- (기본심사 점수)=18+21+18+b=57+b
- (감점 점수)=5×2+3×1.5+2×0.5=15.5

따라서 B의 점수는 41.5+b이다.

(3) C
- (기본심사 점수)=23+18+21+16=78
- (감점 점수)=4×2+1×3+2×1.5=14

따라서 C의 점수는 64이다.

ㄱ. (×) A의 ㉱ 항목 점수가 15점이라면 A는 재허가를 ~~받을 수 있다~~.
➜ A의 ㉱ 항목 점수가 15점이라면, 즉 a=15이면 A의 점수는 51+15=66점으로 60점 미만 70점 미만에 해당하여 '허가 정지'로 판정될 것이다. 따라서 A는 재허가를 받을 수 없으므로 해당 보기는 옳지 않다.

ㄴ. (O) B의 허가가 취소되지 않으려면 B의 ㉱ 항목 점수가 19점 이상이어야 한다.
➜ B의 허가가 취소되지 않으려면 B의 점수는 60점 이상이어야 한다. 현재 점수는 41.5+b이므로
$41.5+b \geq 60$
$\therefore b \geq 8.5$
기본심사 점수는 자연수이므로 ㉱ 항목 점수는 19점 이상이어야 한다. 따라서 해당 보기는 옳다.

ㄷ. (O) C가 2020년에 과태료를 부과받은 적이 없다면 판정 결과가 달라진다.
➜ C가 2020년에 과태료를 부과 받은 적이 없다면 감점 점수는 14점이 아니라 6점일 것이다. 이 경우 C의 점수는 78−6=72점이 되며, 재허가 판정을 받을 것이다. 기존 점수로는 허가 정지 판정을 받았을 것이므로, C가 과태료를 부과 받은 적이 없다면 판정 결과가 달라진다는 말은 옳다고 할 수 있다. 따라서 해당 보기는 옳다.

ㄹ. (×) 기본심사 점수와 최종심사 점수 간의 차이가 가장 큰 사업자는 ~~C이다~~.
➜ 기본심사 점수와 최종심사 점수 간의 차이는 감점 점수가 클수록 커진다. 점수가 가장 큰 사업자는 B이므로, B의 기본심사 점수와 최종심사 점수 간 차이가 가장 클 것이다. 따라서 해당 보기는 옳지 않다.

〈보기 ㄴ〉과 〈보기 ㄷ〉이 옳으므로, 답은 ④ 이다.

합격자의 시간단축 Tip

기본심사 항목별 최대 점수는 25점이다. 따라서 각 사업자의 기본심사 항목별 점수를 곧바로 더하는 대신 25점과의 차이를 구해 이를 더하는 방식도 가능하다.
가령 A 사업자의 경우 ㉮ 에서 5점, ㉯ 에서 2점, ㉰ 에서 8점 모자라며 만일 ㉱ 항목이 15점이라면 25점에서 10점 모자라므로 총 25점이 모자란다. 다음으로 감점 점수를 살펴보면 과태료 부과횟수가 3회로 이미 6점이 감점되기 때문에, 여기까지만 더했을 때 A는 30점 이상 감점되어 70점 미만일 것임을 알 수 있다. 따라서 〈보기 ㄱ〉은 옳지 않다.
이처럼 25점과의 차이를 구해 더하는 방식은 얼핏 보면 계산을 두 번 해야 해서 더 번거로워 보일 수 있으나, 계산되는 값들이 작기 때문에 실수할 여지가 더 적어 빠른 풀이가 가능할 수 있으므로 해당 방식도 익혀 두면 좋다.

* 문제에 〈상황〉과 같은 표가 나오면 그 표를 적극 활용해야 한다. 선지 옆이나 아래에 각 사업자의 감점 점수를 따로 정리하는 것도 좋지만, 이 문제의 경우 특히 여백이 넓지 않아 실수가 유발되기 쉽다. 그러므로 과태료 부과 횟수와 제재 조치 횟수에 대한 표 옆에 감점 점수를 숫자로 기입하는 등 표를 적극적으로 활용하는 것이 좋은 방법이다. 혹은 감점 점수 항목별로 감점 폭을 적어 두는 것도 좋다. 예컨대 아래 표에서 '과태료 부과 횟수' 위에 −2를 쓰는 것이다. 이러한 방법은 〈보기 ㄷ〉 과 같이 감점 횟수가 달라질 경우에 유용하다.

030 정답 ③ 난이도 ●●○

ㄱ. (O) 매월 전기 요금과 도시가스 요금을 각각 1만 2천 원씩 부담하는 가구는 전기 사용으로 인한 월 CO_2 배출량이 도시가스 사용으로 인한 월 CO_2 배출량보다 적다.

➜ 전기 1kWh당 사용 요금은 20원이므로, 전기 요금이 1만 2천 원씩 나올 때의 전기 사용량은 $\frac{12,000}{20}$=600kWh이다.

그런데 전기 5kWh를 사용할 때 2kg의 CO_2가 배출되므로 전기 600kWh(=5kWh×120) 사용 시 월 CO_2 배출량은 2kg×120=240kg이다. 도시가스 $1m^3$당 사용 요금은 60원이므로, 도시가스 요금이 1만 2천 원씩 나올 때의 도시가스 사용량은 $\frac{12,000}{60}$=$200m^3$이다. 그런데 도시가스 $1m^3$를 사용할 때 2kg의 CO_2가 배출되므로 도시가스 $200m^3$ 사용 시 월 CO_2 배출량은 2kg×200=400kg이다. 전기 사용에 의한 월 CO_2 배출량보다 더 많으므로 해당 보기는 옳다.

ㄴ. (○) 매월 전기 요금을 5만 원, 도시가스 요금을 3만 원 부담하는 가구는 전기와 도시가스 사용에 따른 월 CO_2 배출량이 동일하다.

➜ 전기 요금을 5만 원 낼 경우의 전기 사용량은 $\frac{50,000}{20}$=2,500kWh이다. 그런데 전기 5kWh를 사용할 때 2kg의 CO_2가 배출되므로 전기 2,500kWh(=5kWh×500) 사용 시 월 CO_2 배출량은 2kg×500=1,000kg이다.

한편, 도시가스 요금을 3만 원 낼 경우의 도시가스 사용량은 $\frac{30,000}{60}$=$500m^3$이다. 그런데 도시가스 $1m^3$를 사용할 때 2kg의 CO_2가 배출되므로 도시가스 $500m^3$ 사용 시 월 CO_2 배출량은 2kg×500=1,000kg이다.

전기와 도시가스의 월 CO_2 배출량은 동일하므로 해당 보기는 옳다.

ㄷ. (×) 전기 1kWh를 절약한 가구는 도시가스 $1m^3$를 절약한 가구보다 많은 포인트를 지급받는다.

➜ 전기 5kWh 당 2kg의 CO_2가 배출되므로 전기 1kWh를 절약할 경우 2kg의 $\frac{1}{5}$인 0.4kg만큼 CO_2 배출량이 절감될 것이다.

반면, 도시가스 $1m^3$를 절약할 경우 2kg만큼 CO_2 배출량이 절감될 것이다. 따라서 후자가 더 많은 포인트를 지급받을 것이므로 해당 보기는 옳지 않다.

따라서 보기 ㄱ과 ㄴ은 옳고, ㄷ은 틀리므로 답은 ③이다.

합격자의 시간단축 Tip

Tip ❶ 가장 쉬운 보기를 골라 순차적으로 공략하는 것도 나름의 전략이 될 수 있다. 해당 문제의 경우 〈보기 ㄷ〉이 가장 짧으며(물론 길이가 짧다고 항상 쉬운 선지는 아니다.) 비교도 쉽기 때문에 먼저 풀어 선지 ②, ④, ⑤번을 소거한 후, 〈보기 ㄴ〉을 판단해 답을 도출하는 것이 효율적이다.

Tip ❷ 계산 없이 비례식만을 가지고 접근할 수 있다. 〈보기 ㄱ〉과 〈보기 ㄴ〉에서 묻는 바는 'CO_2와 요금의 상관관계'를 알면 쉽게 풀리기 때문에, 주어진 '전기와 도시가스 사용량 당 CO_2'와 '전기와 도시가스 사용량 당 사용 요금'을 바탕으로 '동일한 양의 CO_2 당 요금'의 비례식을 도출해주면 되는 것이다.

문제에서 동일한 양의 CO_2를 배출하는 전기와 도시가스의 비율은 5 : 1이다. 전기는 1kWh 당 20원, 도시가스는 $1m^3$ 당 60원이므로, 동일한 2kg의 CO_2를 배출하는 전기와 도시가스의 사용 요금을 비율로 나타내면 20×5 : 60=100 : 60=5 : 3일 것이다.

이를 활용해서 〈보기 ㄱ〉과 〈보기 ㄴ〉을 풀면 다음과 같다.

보기 ㄱ. 앞서 살펴본 것처럼 동일한 양의 CO_2를 배출하는 전기와 도시가스의 요금 비율은 5 : 3이므로, 전기 요금과 도시가스 요금이 동일하다면 실질적으로 도시가스에 의해 배출되는 CO_2가 더 많다는 의미이다.

보기 ㄴ. 앞서 살펴본 5 : 3의 사용요금 비율에 따르면, 매월 전기 요금을 5만 원, 도시가스 요금을 3만 원 부담하는 가구는 전기와 도시가스 사용에 따른 월 CO_2 배출량이 동일할 것이다.

보기 ㄷ. 조건에 따라 전기 5kWh와 도시가스 $1m^3$ 사용 시 배출되는 CO_2는 동일하다. 전기 1kWh는 5kWh보다 적으므로, 당연히 절감되는 CO_2 배출량도 그보다 적을 것이다. 계산하지 않아도 도시가스 $1m^3$를 절약하는 것이 더 많은 CO_2 배출량 절감을 가져올 것임을 알 수 있다.

Tip ❸ 〈보기 ㄱ〉 과 〈보기 ㄴ〉의 경우에는 월 요금을 월 사용량으로 변환한 후 이를 다시 월 이산화탄소 배출량으로 변환하는 작업을 거쳐야 한다. 변환을 2번 해야 한다는 점에서 계산 실수가 나올 여지가 있다. 필자의 경우 전기요금 문제를 선호하지 않기 때문에 일반적으로 풀지 않고 넘어가는 편이다. 그러나 진입하였을 경우, 전기요금 문제는 시간을 절약하겠다 생각하지 말고 반드시 맞추고 넘어가겠다 생각하며 정확하게 풀도록 하자. 또한, **Tip ❷**의 비례식의 경우에는 실전에서 활용하다가 자칫 헷갈릴 수 있으므로 본인에게 익숙하지 않은 개념인 경우 사용하지 않도록 하자.

정답

031	③	032	③	033	①	034	②	035	③
036	⑤	037	③	038	③	039	⑤	040	③
041	③	042	①	043	③	044	④	045	③
046	③	047	⑤	048	④	049	⑤	050	②
051	②	052	①	053	①	054	①	055	②
056	①	057	④	058	①	059	①	060	①

031 정답 ③ 난이도 ●○○

〈보기 1〉에서 갑의 첫 번째 주장, 을의 두 번째 주장, 병의 두 번째 주장은 모두 '갑은 자동차 면허가 없다'로 동일하다.

따라서 ①'갑은 자동차 면허가 없다'가 진실일 경우 갑의 두 번째 주장, 을의 첫 번째 주장, 병의 첫 번째 주장은 각각 거짓이며, ②'갑은 자동차 면허가 없다'가 거짓일 경우 갑의 두 번째 주장, 을의 첫 번째 주장, 병의 첫 번째 주장은 각각 진실이다.

ㄱ. (×) 한 사람만 자동차 면허가 있는 경우는 ~~없다~~.
→ 만약 '갑은 자동차 면허가 없다'가 진실일 경우, 즉 ①의 경우 갑의 두 번째 주장, 을의 첫 번째 주장, 병의 첫 번째 주장은 각각 거짓이다.
갑의 두 번째 주장과 병의 첫 번째 주장에 따라 병은 자동차 면허가 있으며, 을의 첫 번째 주장에 따라 을은 자동차 면허가 없다. 따라서 이 경우 병 한 사람만 자동차 면허가 있다.

ㄴ. (×) 두 사람만 자동차 면허가 있는 경우는 ~~없다~~.
→ 만약 '갑은 자동차 면허가 없다'가 거짓일 경우, 즉 ②의 경우 갑의 두 번째 주장, 을의 첫 번째 주장, 병의 첫 번째 주장은 각각 진실이다.
갑의 두 번째 주장과 병의 첫 번째 주장에 따라 병은 자동차 면허가 없으며, 을의 첫 번째 주장에 따라 을은 자동차 면허가 있다. 따라서 이 경우 갑, 을 두 사람만 자동차 면허가 있다.

	갑	을	병
①	×	×	○
②	○	○	×

ㄷ. (○) 모두가 자동차 면허가 있는 경우는 없다.
→ '갑은 자동차 면허가 없다'가 진실일 경우 병 한 사람만 자동차 면허가 있으며, '갑은 자동차 면허가 없다'가 거짓일 경우 갑, 을 두 사람만 자동차 면허가 있다.
따라서 갑, 을, 병 모두가 자동차 면허가 있는 경우는 없다.

합격자의 시간단축 Tip

이러한 유형의 문제에서 가장 자주 활용되는 방법은 '가정'하는 방법이다. 갑의 첫 번째 진술이 참이라고 가정하거나, 혹은 을의 두 번째 진술이 참이라고 가정한다면 등으로 불확실한 경우를 확실한 경우로 바꿔주는 것이다. 이때, 중요한 것은 모든 경우의 수를 고려해야 한다는 것이다. 예를 들어, 이 문제에서는 두 진술 중 하나가 참이면 반드시 다른 하나의 진술은 거짓이다. 그러므로 하나의 진술을 참이라고 가정했다면, 그 다음으로 고려해야 하는 경우는 그 진술이 거짓인 경우일 것이다. 그래야만 모든 경우의 수를 빠짐없이 검토할 수 있다.
이때, 가정의 기준을 누구로 하는지에 대한 정답은 없다. 자신이 가장 빠르게 정할 수 있거나 풀이가 쉬워 보이는 사람을 기준으로 두는 것이 시간 단축의 길이 될 것이다.

032 정답 ③ 난이도 ●○○

갑과 을은 '병의 입점 여부'에 대하여 모순되는 진술을 하고 있다. 따라서 갑과 을 중 한 명은 진실만을, 한 명은 거짓만을 진술하였다. 나머지 병, 정, 무는 모두 진실만을 진술하였으며 무의 진술에 따라 을의 말은 거짓이다. 이때, 갑의 진술에 따라 을은 101호에 입점하고 병은 입점하지 못하며, 정의 진술에 따라 무는 202호에 입점한다. 또한, 을의 진술은 거짓이므로 병과 정은 각각 201호와 102호에 입점하지 못한다. 따라서 이를 종합하면 101호와 202호에는 각각 을과 무가 입점하므로 정은 201호에 입점하며, 갑은 남은 102호에 입점한다.

호수	101	102	201	202	입점X
심사결과	을	갑	정	무	병

① (×) 갑은 ~~101호~~에 입점한다.
→ 갑은 102호에 입점한다.

② (×) 을은 ~~202호~~에 입점한다.
→ 을은 101호에 입점한다.

③ (○) 병은 입점하지 못한다.
→ 갑의 진술에 따라 병은 입점하지 못한다.

④ (×) 정은 ~~102호~~에 입점한다.
→ 정은 201호에 입점한다.

⑤ (×) 무는 ~~201호~~에 입점한다.
→ 무는 202호에 입점한다.

합격자의 시간단축 Tip

참, 거짓을 판별하는 문제에서 '~의 말은 참/거짓이다' 라는 진술을 먼저 검토하는 것, 또한 효율적인 풀이이다. 이 문제의 경우 무의 진술이 그에 해당되며, 무의 진술이 참 또는 거짓이라고 가정할 때 을의 진술이 거짓 또는 참임이 곧바로 결정되므로 한 번에 두 명의 진술에 대한 참/거짓 여부를 가정할 수 있다. 그 후에는 해설과 같이 갑, 병, 정의 진술이 참임을 바탕으로 문제를 풀어 나가면 된다.

033 정답 ①

난이도 ●●○

주어진 정보를 순서대로 ①~⑤라 하고 논리기호로 나타내면 다음과 같다. 이때, 동치인 대우명제를 함께 나타내면 다음과 같다.

① D→F	⇔	~F→~D
② ~A→(B∨D)	⇔	~B∧~D→A
③ A→~C	⇔	C→~A
④ B→(D∨E)	⇔	~D∧~E→~B
⑤ ~E∧~F		

① 명제의 대우는 ~F→~D이며 ⑤ 명제에 따라 ~F이므로 ~D가 성립한다.
④ 명제의 대우는 ~D ∧ ~E→~B이며 ~D, ~E이므로 ~B가 성립한다.
② 명제의 대우는 ~B ∧ ~D→A이며 ~B, ~D이므로 A가 성립한다.
A이므로 ③ 명제에 따라 ~C가 성립한다.
따라서 심리학 과목을 수강하는 학생은 A이다.

~ E∧~F → ~D → ~B → A → ~C
⑤ ①의 대우 ④의 대우 ②의 대우 ③

합격자의 시간단축 Tip

Tip ① 확정적 정보인 다섯 번째 조건부터 시작하는 것이 좋다. 또한, 논리퀴즈에 수월하게 접근하기 위해서는 각 명제와 그 대우명제를 자유자재로 활용할 수 있어야 한다. ∨를 부정하면 ∧이 되고, ∧는 부정하면 반대로 ∨이 된다는 점을 기억하자.

Tip ② 해설과 같이 기호화 하는 방법 이외에, 표를 그려서도 문제를 해결할 수 있다. 이때, 표의 가로축에 사람 이름을, 세로축에 심리학 과목을 수강하는지 여부를 설정한다.
확정적인 정보를 주는 다섯 번째 조건을 먼저 활용하여 나머지의 내용을 채울 수 있다.

이름	A	B	C	D	E	F
수강 여부					×	×

그리고 첫 번째 조건에 따를 때, D가 심리학 과목을 수강하면 F도 수강해야 하므로 모순이 생긴다. 따라서 D는 심리학 과목을 수강하지 않는다.

이름	A	B	C	D	E	F
수강 여부				×	×	×

마찬가지로 네 번째 조건에 따르면 B가 심리학 과목을 수강하면 D 또는 E를 수강해야 하므로 모순이 생긴다. 따라서 B 역시 심리학 과목을 수강하지 않는다.
두 번째 조건에 따라 A가 심리학 과목을 수강하지 않는다면 B 또는 D를 수강해야 해서 모순이 생기므로 A는 심리학 과목을 수강하고, 세 번째 조건에 따라 C는 심리학 과목을 수강하지 않는다. 이를 정리하면 아래와 같다.

이름	A	B	C	D	E	F
수강 여부	○	×	×	×	×	×

물론 위 과정에서 활용한 방식은 사실상 대우 명제를 함께 활용한 것과 같다. 그러나 최대한 논리학을 사용하지 않고도 표를 그려 문제를 푸는 방법도 숙지하는 것이 좋다.

034 정답 ②

난이도 ●●○

(1) 문제에 주어진 바에 따르면 6번 종을 치는데 총 6초가 걸린다.
6시 정각에 첫 종을 치기 시작하므로, 이를 제외하고 6초 동안 5번의 종을 치게 된다.

(2) 따라서 종을 치는 과정에서 5개의 시간 간격이 생기므로, 종을 치는 시간 간격은 $\frac{6}{5}$ 초이다.

(3) 11시에는 총 11번의 종을 쳐야 한다. 따라서 동일한 원리로 종을 치는 시간 간격은 총 10개가 생기므로, 마지막 종을 치기까지 걸리는 시간은 $\frac{6}{5}\times10$ =12초이다. 따라서 답은 ②이다.

합격자의 시간단축 Tip

Tip ❶ 6시 6초에 6번째 종이 치므로 1초 당 한 번씩으로 계산하여 ① 번을 답으로 고르지 않아야 한다. 만일 1초 당 한 번씩 종을 친다면, 6시 0초에 한 번, 1초에 두 번, 2초에 세 번, …, 6초에 일곱 번 치게 되어 총 7번 종을 칠 것이기 때문에 이렇게 계산하는 것은 옳지 않다.
첫 종은 각 시간의 정각에 치기 시작한다는 것에 유의하자.

Tip ❷

(1) 구체적인 시간 간격을 구하지 않아도 된다. 6번의 종을 치는 과정에서 5개의 시간 간격이 생기며, 여기에 5번을 더 쳐 총 11번 종을 치기 위해서는 시간 간격이 10개가 된다. 이는 6번 종을 치는 것의 두 배이므로, 6초의 두 배인 12초가 걸릴 것이라고 결론 내릴 수 있다.

(2) 또 다른 방법으로 문제의 함정을 역이용하는 것이 있다. 앞서 살펴보았듯 해당 문제는 1초에 한 번씩 종을 치는 것으로 오판하여 선지 ①을 고르도록 유도하고 있다.
그러나 6시 0초부터 종을 치기 때문에 실제 종을 치는 시간 간격은 1초보다 길게 될 것이다. 1초에 한 번씩 치게 되면 6번보다 많이 치게 되기 때문이다. 따라서 시간 간격은 1.xx 일 텐데, 문제의 답이 되는 선지에는 어디에도 소수점이 보이지 않는다. 시간 간격은 소수이지만 그의 곱은 자연수여야 하기 때문에, 문제에서 주어진 '6초'를 활용하여, 6의 배수로 답이 나올 것임을 짐작할 수 있다. 따라서 유일한 6의 배수인 선지 ②를 찍고 넘어가는 것도 방법이다.

Tip ❸ 지문이 이해가 가지 않을 경우 과감하게 넘어가도 괜찮다. 물론 처음부터 다 넘어가라는 것이 아니라, 공부를 어느 정도 한 상태에서 지문이 이해가 가지 않는 것은 내가 부족해서가 아니기 때문에 다른 문제를 먼저 풀어도 괜찮다는 것이다. 설문의 경우에도 '정각에 종이 울리는데 6번째 종을 치는 시각이 6초라면 간격이 소수라는 것인가?' 생각이 들고 어떻게 풀어야 할지 막막하다고 느꼈다면 주저없이 다음 문제로 넘어가자. 이 문제는 아이디어를 떠올려 즉각적으로 해결하는 유형이지, 시간을 투자한다고 깨닫기는 쉽지 않다.

035 정답 ③

난이도 ●●○

주어진 글은 각 주무관이 한 일의 양과 하지 못한 일(남겨 놓고 있는 일)의 양을 비교하고 있다. 따라서 각각을 미지수로 변환해서 비교해보면 다음과 같다.

첫째, 丙이 하지 못한 일의 양을 2a라고 할 때, 甲이 한 일의 양은 a이다.

둘째, 丁이 하지 못한 일의 양을 b라고 할 때, 乙이 한 일의 양은 2b이다.

셋째, 丙이 하지 못한 일의 양은 2a인데, 이는 자신이 현재까지 했던 일의 절반에 해당하므로 丙은 4a만큼 일을 했을 것이다. 따라서 丙이 하루에 해야 하는 총 일의 양은 2a+4a=6a이다.
주어진 글에 따르면 주무관 5명은 오늘 해야 하는 일의 양이 모두 같다고 했으므로 甲~戊이 각각 오늘 해야 하는 일의 양은 6a이다.

넷째, 丁은 甲이 하지 못한 일의 양과 동일한 양의 일을 했다. 甲이 한 일의 양은 a이고 오늘 해야 하는 총 일의 양은 6a이므로, 甲이 하지 못한 일의 양은 5a임을 알 수 있다. 따라서 丁이 한 일의 양은 5a이다. 이때, 둘째에서 丁이 하지 못한 일의 양은 b라고 했으므로, 5a+b=6a이며 b=a라는 것을 알 수 있다.

다섯째, 戊는 乙이 남겨 놓은 일의 절반에 해당하는 양의 일을 했다. 乙이 한 일의 양은 2b이며, 이는 2a와 같으므로 乙이 남겨 놓은 일의 양은 4a이다. 戊는 이의 절반에 해당하는 양의 일을 했으므로 총 2a만큼 일했음을 알 수 있다.

이상의 정보를 표로 정리하면 다음과 같다.

	甲	乙	丙	丁	戊
한 일의 양	a	2a(=2b)	4a	5a	2a
하지 못한 일의 양	5a	4a	2a	a(=b)	4a

따라서 현재 시점에서 두 번째로 많은 양의 일을 한 사람은 4a만큼 일한 丙이다.

합격자의 시간단축 Tip

Tip ❶ 얼핏 보면 복잡한 연립방정식 문제 같지만, 주어진 제시문의 글을 차근차근 따라가다 보면 미지수가 하나로 통일되는 문제이다. 오늘 해야 하는 일의 양이 모두 동일하다는 조건을 힌트로 삼아 a=b임을 최대한 빨리 알아내는 것이 관건이다.
또한, 해당 문제에서는 두 번째로 많은 양의 일을 '한' 사람을 묻고 있다. 즉, 하지 않은 일의 양은 최대한 구할 필요가 없으며 필요할 때만 구하면 된다. 발문을 정확히 읽고 구해야 하는 것에 초점을 맞추어 풀이 과정을 최소화하는 것이 중요하다.

> * 분수나 소수가 나오면 계산 과정에서 실수가 유발되기 쉽다. 그러므로 이를 유의해서 미지수를 설정하는 것이 좋다. 예를 들어 갑은 병이 아직 하지 못한 일의 절반에 해당하는 일을 했는데, 만약 병이 아직 하지 못한 일의 양을 미지수 a로 놓게 되면, 갑이 이미 한 일은 0.5a나 $\frac{a}{2}$가 되어 소수나 분수가 등장하게 된다.
> 따라서 최대한 정수만이 등장하게끔 미지수를 설정하는 것이 실수를 줄이는 데에 도움이 된다.

Tip ❷

(1) 문제의 지문 두번째 문단을 다음과 같이 정리해보자.

① 甲은 丙이 아직 하지 못한 일의 절반에 해당하는 양의 일을 했다.

② 乙은 丁이 남겨 놓고 있는 일의 2배에 해당하는 양의 일을 했다.

③ 丙은 자신이 현재까지 했던 일의 절반에 해당하는 일을 남겨 놓고 있다.

④ 丁은 甲이 남겨 놓고 있는 일과 동일한 양의 일을 했다.

⑤ 戊는 乙이 남겨 놓은 일의 절반에 해당하는 양의 일을 했다.

(2) 이렇게 조건에 숫자를 붙일 때, ③을 제외한 나머지 조건들은 미지수가 2개이지만 ③은 丙의 일이라는 하나의 미지수만으로 구성되어 있음을 알 수 있으므로 이를 이용한다.
오늘 해야 하는 전체 일의 양을 1로 가정하고 丙이 현재까지 했던 일을 a로 가정한다면, $a\times\frac{1}{2}=1-a$의 식이 되며 a는 $\frac{2}{3}$가 된다.

(3) 이를 토대로 丙이 포함되어 있는 조건 ①에서 甲이 한 일의 양인 $\frac{1}{6}$을 구하고 그 다음은 甲이 포함된 조건 ④에서 丁이 한 일의 양 $\frac{5}{6}$를, 그 다음은 丁이 포함된 조건 ②에서 乙이 한 일의 양 $\frac{1}{3}$을, 마지막으로 乙이 포함된 조건 ⑤를 이용해 戊가 한 일의 양 $\frac{1}{3}$을 구할 수 있다.

(4) 이러한 방식으로 문제를 풀 때, 다른 사람이 아닌 丙을 기준으로 하면 끊기지 않고 문제가 풀림을 알 수 있다. 丙과 같은 기축적인(pivotal) 인물이 존재하는지 여부에 유의하고, 만약 있다면 그 조건부터 풀이를 시작하는 것이 좋다.

Tip ❸ 설문의 경우 지문이 줄글 형식이 아닌 조건 형식으로 제시되었다면 쉽게 해결되었을 것이다. 그러나 줄글 형식으로 제시됨으로써 甲이 일하고 남은 일의 양을 다시 乙이 일하는 방식으로 연관되어 있다는 등으로 착각하게 만든다. 문제를 풀 때에는 **Tip ❷**와 같이 다른 사람이 연관되어 있지 않은 丙을 기준으로 풀어가는 것이 좋다. 미지수 a로 놓고 풀어도 되지만 자신이 있다면 분수 형태로 처리하는 방법이 비교하기 쉽고 깔끔하다.

036 정답 ⑤ 난이도 ●●○

규칙에 따라 말의 위치를 순서대로 확인하면 다음과 같다.

- 순서 1: '[←]' 버튼을 한 번 누르면 반시계 방향으로 한 칸 이동하므로, A ⇒ L로 이동한다.
- 순서 2: '[→]' 버튼을 누르면, 표의 규칙에 따라 [←]+[→]는 움직이지 않으므로 그대로 L에 있는다.
- 순서 3: '[→]' 버튼을 누르면, 표의 규칙에 따라 [→]+[→]는 시계방향으로 2칸 이동해야 하므로 L ⇒ B로 이동한다.
- 순서 4: '[←]' 버튼을 누르면, 표의 규칙에 따라 [→]+[←]는 움직이지 않으므로 그대로 B에 있는다.
- 순서 5: '[←]' 버튼을 누르면, 표의 규칙에 따라 [←]+[←]는 반시계 방향으로 2칸 이동해야 하므로 B ⇒ L로 이동한다.

따라서 정답은 ⑤번이다.

합격자의 시간단축 Tip

Tip ❶ 규칙이 주어진 게임의 경우, 익숙한 게임의 규칙과 상이한 경우를 조심해야 한다.
예를 들어 이 문제의 경우, 상식적으로는 '[→]' 버튼을 한 번 누르면 시계방향으로 한 칸 이동해야 할 것 같지만, 실제로는 직전에 누른 버튼의 영향을 받도록 설계되어 있어 움직이지 않거나 2칸을 이동할 수도 있다는 점에서 상식과는 배치된다.
다만, 이 문제의 경우 위와 같이 착각해도 동일한 결과가 나오게 되어 있다. 왜냐하면 정확하게 대칭되어 상쇄되게 구성되어 있으므로 규칙을 잘못 따르더라도 정답이기 때문이다. 따라서 출제자의 배려가 느껴지는 문제라 할 수 있다.

Tip ❷ 규칙에 따라 게임을 진행하는 유형은 '규칙을 얼마나 잘 이용하는가'에 따라 1분도 안 걸려 해결하는 문제가 될 수도 있고 3분 넘게 걸리는 문제가 될 수도 있다. 특히 기출 문제를 분석해보면, 활용되는 규칙은 겉모습만 다를 뿐 그 특성은 일정한 패턴을 띠고 있으므로 잘 정리해 두면 효과적으로 접근할 수 있다.

예를 들어 이 문제의 경우, 규칙을 정리한 〈표〉를 보면 '대칭 구조'를 가지고 있다. 즉, 시계 방향인지 반시계 방향인지 무관하게 2칸 이동하거나 움직이지 않는 형태로 구성되어 있다. 이러한 특성을 이용하면 다음과 같은 접근 방법으로 1분도 채 걸리지 않고 문제를 해결할 수 있다.

(1) 대칭 구조를 활용하기 위해 말을 단계적으로 이동하지 않고, 한 번에 처리해 보자.
따라서 현재 주어진 값을 나열해보면
① 움직이지 않는 경우(0): 순서 2, 순서 4로 총 2번
② 반시계 방향으로 2칸 이동하는 경우(−2): 순서 5로 총 1번
③ 시계 방향으로 2칸 이동하는 경우(+2): 순서 3으로 총 1번

(2) 위 값들을 종합하면 $0+0-2+2=0$이므로 이동하지 않는다. 따라서 순서 1에서 이동한 L에 그대로 멈춰 있다는 것을 알 수 있다.
이처럼 '대칭 구조'를 활용하면 정말 간단한 문제로 변형되므로, 유사한 형태의 문제가 나오면 응용할 수 있도록 잘 정리해두길 바란다.

Tip ❸ 처음에 한 칸 이동하고 이후에는 두 칸 씩 이동하므로, 甲의 말이 위치할 수 있는 곳은 12칸 중 B, D, F, H, J, L의 6칸밖에 존재하지 않는다.
선지 ①, ② 번은 처음부터 답이 될 수 없었던 것이다. 상황이 주어지지 않은 채 단순히 甲의 말이 최종적으로 위치할 수 있는 칸을 물어보는 문제로 출제되었다면 난이도가 높았을 것이다.

037 정답 ③ 난이도 ●●○

ㄱ. (○) 甲은 5월 1일(토)에 E시에서 차량번호가 1234인 차량을 운행할 수 있다.
→ E시의 경우 1일(홀수일)에는 차량번호가 짝수로 끝나는 차량만 운행할 수 있으므로 차량번호가 4로 끝나는 1234인 차량은 운행할 수 있다. 따라서 옳은 보기이다.

ㄴ. (×) 乙은 5월 6일(목)에 차량번호가 5639인 차량으로 A시에서 D시로 ~~이동할 수 있다~~.
→ A시에서 D시로 이동할 때는 다른 도시를 지날 필요는 없으므로, 두 시에서 운행이 가능한지만 확인하면 된다.
(1) A시의 경우 6일(짝수일)에는 차량번호가 홀수로 끝나는 차량만 운행할 수 있으므로 차량번호가 9로 끝나는 5639인 차량을 운행할 수 있다.
(2) D시의 경우 목요일에는 차량번호가 4 또는 9로 끝나는 차량은 운행할 수 없으므로 차량번호가 9로 끝나는 5639인 차량은 운행할 수 없다. 따라서 틀린 보기이다.

ㄷ. (×) 丙은 5월 중 어느 하루에 동일한 차량으로 A시에서 H시로 ~~이동할 수 있다~~.
→ A시에서 H시로 이동하는 경로는 여러 가지가 있다. 그 경로를 확인하기 전에 최소한 A시와 H시에선 동시에 운행할 수 있어야 한다. 그러나 A시와 H시는 차량 운행 제한 정책이 정반대로 운영되는 도시로, 동시에 운행이 불가능하다.
즉, D시에서는 차량번호가 5639인 차량은 운행할 수 없으므로 틀린 보기이다.

ㄹ. (○) 丁은 5월 15일(토)에 차량번호가 9790인 차량으로 D시에서 F시로 이동할 수 있다.
(1) 먼저 D시와 F시가 동시에 운행 가능한지 확인해보면, D시의 경우 토요일엔 차량 운행 제한이 없으므로 가능하며, F시의 경우 15일(홀수일)에는 차량번호가 짝수로 끝나는 차량만 운행할 수 있으므로 차량번호가 0으로 끝나는 9790인 차량은 운행할 수 있다.
(2) 이때, D시에서 F시로 이동할 때 가장 가까운 경로는 D → E → F이며 E시는 F시와 같은 정책을 취하고 있으므로 당연히 운행 가능하다.
즉, 차량번호가 9790인 차량으로 D, E, F시에서 모두 운행이 가능하므로 옳은 보기이다.

합격자의 시간단축 Tip

Tip ❶ 문제를 꾸며주는 수식어를 제외하고 보면 모든 문제가 단순화될 수 있다. 예를 들어, 이 문제의 경우 '차량 운행 제한 정책'이라는 수식어를 제외하고, 단순히 매칭형 문제로 전환해 고려하면 된다. 매칭형 문제로 볼 때 활용하면 좋은 아이디어는 다음과 같다.
(1) A~I로 나누어 보지 않고, 묶음으로 처리한다. 예를 들어 A, E, F, I 한 묶음, B, G, H 한 묶음, C, D 한 묶음으로 보면 된다.
(2) 〈보기 ㄹ〉에 적용 시 E와 F는 같은 묶음에 들어가기 때문에 D와 F만 확인하면 된다.
(3) 〈보기 ㄷ〉도 묶음으로 확인하면, 반대 방향의 묶음(한 묶음에서 운행 가능한 차량은 반드시 다른 묶음에서는 운행이 제한된다)이므로 서로 양립할 수 없다고 확인하면 된다.

* 묶음을 주어진 그림에 구분이 잘 되도록 도형 등으로 표기하는 방법이 있다. A, E, F, I의 경우 동그라미를 치고 C, D에는 세모를 치는 등의 방법을 통해 시각적으로 묶음을 확인한다면 문제를 더 빠르게 풀 수 있다.

Tip ❷ 문제해결 파트에서 많이 활용되는 '대칭규칙'이 적용되고 있다. A, E, F, I와 B, G, H를 보면, 홀수일과 짝수일에 제한되는 차량이 정확히 반대라는 사실을 알 수 있다.
즉, 주어진 날짜에서 A, E, F, I 를 통행할 수 있다면, B, G, H는 통행할 수 없다는 것을 의미한다. 반대로 A, E, F, I 를 통행할 수 없다면 B, G, H를 통행할 수 있다. 이렇듯 주어진 규칙이 대칭을 이룬다는 점을 인식한다면, 한층 더 정확하고 빠르게 해결할 수 있을 것이다.

Tip ❸ 〈보기 ㄷ〉의 경우 5월 중 이동할 수 있는 날짜가 있는지 물어보고 있다. 다른 보기와 달리 날짜와 차량번호가 정해지지 않았다. 이 경우 고려할 것이 더 많아지므로 다른 보기를 우선적으로 처리하는 것이 좋다. 만약 〈보기 ㄹ〉이 틀린 보기였을 경우, 〈보기 ㄷ〉은 확인하지 않아도 맞는 보기가 된다.
물론 설문의 경우에는 시작점과 끝점이 정반대의 조건을 가지고 있기 때문에 절대 이동할 수 없다는 것이 도출되나 이렇게 열려 있는(날짜도 차량번호도 정해지지 않은) 보기는 우선 넘어가는 것이 용이할 수 있다.

038 정답 ③ 난이도 ●●○

ㄱ. (O) A방향에서 보았을 때 모든 어린이의 뒤통수가 다 보이게 세우는 방법은 1가지뿐이다.
➜ A방향에서 모든 뒤통수가 보이게 세우려면, 키가 작은 사람부터 큰 사람까지 순서대로 세우는 방법 밖에 없다. 따라서 옳은 보기이다.

ㄴ. (O) 키가 세 번째로 큰 어린이를 5번 자리에 세운다면, A방향에서 보았을 때 그 어린이의 뒤통수는 보이지 않는다.
➜ 키가 세 번째로 크다는 것은 더 큰 사람이 2명 있다는 의미이다. 그러나 그 2명을 5번보다 앞에 세우려고 해도 6번 한 자리 밖에 없으므로, 당연히 세 번째로 큰 사람보다 더 큰 사람이 그 뒤를 막고 있을 것이다. 따라서 옳은 보기이다.

ㄷ. (O) B방향에서 2명의 얼굴만 보이도록 어린이들을 세웠을 때, A방향에서 6번 자리에 서 있는 어린이의 뒤통수는 보이지 않는다.
➜ A방향에서 6번 자리에 서 있는 어린이의 뒤통수가 보이기 위해서는 6번 자리의 어린이가 가장 큰 키의 어린이여야 한다. 그러나 6번 자리 어린이가 가장 큰 키라면, B방향에서는 2명의 얼굴이 아닌 1명의 얼굴만 보일 수밖에 없다. 따라서 B 방향에서 2명의 얼굴만 보이도록 하려면, 가장 큰 어린이는 6번 자리가 아닌 1~5번 자리 중 하나에 서게 되며, 이 경우 A방향에서 6번 자리에 서 있는 어린이의 뒤통수를 볼 수 없다. 따라서 옳은 보기이다.

ㄹ. (X) B방향에서 3명의 얼굴이 보인다면, A방향에서 4명의 ~~뒤통수가 보일 수 없다~~.
➜ 키가 작은 사람부터 큰 사람을 순서대로 1, 2, 3, 4, 5, 6이라 해보자.
그리고 예를 들어 1-2-3-6-5-4로 서있다고 가정하면, B 방향에서 6, 5, 4 총 3명의 얼굴이 보이지만 A 방향에서는 1, 2, 3, 6 총 4명의 뒤통수가 보인다. 따라서 틀린 보기이다.

합격자의 시간단축 Tip

Tip ❶ 그림이 주어지거나, 길이가 매우 짧은 퀴즈가 주어지는 경우 이른바 '모 아니면 도'인 유형이라 생각하면 편하다. 즉, 방향만 잘 잡으면 정말 빠르게 풀 수 있으나, 방향을 잡지 못하면 헤매게 되는 유형이다. 따라서 이러한 유형에 대해 문제를 최대한 단순화시키려고 고민하는 시간을 가지는 것이 연습에 큰 도움이 된다.
예를 들어 이 문제의 경우, '하나라도 더 크다면 그 이하의 값들은 알 수 없다'라는 부분이 가장 큰 단순화 포인트가 된다. 이를 이용해 각 보기를 풀면 다음과 같다.

보기 ㄱ. 모든 어린이 뒤통수가 보이기 위해서는 순서가 작은 값→큰 값으로 유지되어야 한다. 즉, 단 하나라도 역전되면 안 보이는 사람이 발생하기 때문에 경우의 수는 단 하나일 수밖에 없다.

보기 ㄴ. 세번째로 큰 어린이가 5번 자리에 있다면 그 앞은 6번 밖에 없으므로 그보다 큰 한 명은 적어도 A와 5번 자리 사이에 있다. 따라서 그 어린이는 볼 수 없다.

보기 ㄷ. B입장에서 얼굴이 2명만 보인다는 것은 "보이는 2명 중 앞의 사람(6번)보다 뒷사람(1~5번 중 적어도 한 명)이 크다"라는 것을 의미한다. 당연히 A방향에서 6번은 뒷사람에 가려서 보이지 않는다.

보기 ㄹ. 〈보기 ㄷ〉과 마찬가지로 B입장에서 3명의 얼굴만 보인다면, "가장 뒤(4번) 사람의 키가 보이는 3명 중 가장 크다"는 의미이다.

즉, 4번 사람이 5, 6번보다 크기만 하다면 1, 2, 3번의 키에는 제한이 없으므로 1~4번을 키가 점점 커지는 순으로 배치할 수 있으므로 반례를 곧장 떠올릴 수 있다.

Tip ② 이렇게 <보기>에 ~한다면, ~한다(or ~할 것이다) 와 같은 가정형 문장은 자주 나오는 유형이다. 이런 경우에는 ~한다면까지는 확정 사실처럼 규정한 뒤, 그 뒤의 결과물과 반대 되는 상황(즉, 반례)이 가능한지를 살펴봐야 한다.
예를 들어, <보기 ㄴ>의 경우 키가 세 번째로 큰 어린이를 5번 자리에 세우는 것을 확정 사실처럼 하고 A 방향에서 보았을 때 그 어린이의 뒤통수가 보이는 경우를 찾는 접근이 필요하다.

Tip ③ 이렇게 순서가 있고 여러 경우가 있는 것처럼 보이는 문제에서 실마리가 무엇일까 고민하는 습관이 필요하다고 생각한다. 문제의 실마리는 **가장 키가 큰 어린이가 어느 자리에 있는가**이다. 이를 통해 <보기 ㄱ>과 <보기 ㄷ>을 쉽게 판별할 수 있어 바로 정답이 도출되므로 출제자 역시 이를 핵심으로 묻고 있음을 알 수 있다.

(1) <보기 ㄱ>의 경우 가장 키가 큰 어린이가 6번에 있어야 하며, 이러한 원리가 1번 자리까지 차례대로 적용되어 1가지 방법 밖에 없음을 알 수 있다.
(2) <보기 ㄷ> 역시 6번에 가장 큰 어린이가 올 수 없으므로 1~5번 자리에 있으며, 이에 따라 A방향에서는 6번 자리의 뒤통수를 볼 수 없다는 것을 파악할 수 있다.

039 정답 ⑤ 난이도 ●●○

(1) 각 재료별로 $1m^2$당 들어가는 비용을 구하면
(벽돌) = 6,000×15 = 9만 원
(나무) = 3,000×20 = 6만 원
(지푸라기) = 1,000×30 = 3만 원

(2) 셋째 돼지 집의 면적을 2a라고 하면, 첫째 돼지 집의 면적은 6a일 것이다. 이는 둘째 돼지 집의 2배이므로 둘째 돼지 집의 면적은 3a일 것이다.
따라서 첫째 돼지, 둘째 돼지, 셋째 돼지의 집의 면적의 비는 6a : 3a : 2a = 6 : 3 : 2이며, 이들 집 면적의 총합은 $11m^2$이므로, a = 1이 된다.
이를 대입하면 첫째 돼지 집의 면적은 $6m^2$, 둘째 돼지 집의 면적은 $3m^2$, 셋째 돼지 집의 면적은 $2m^2$가 된다.

(3) 이를 바탕으로 아기 돼지 삼형제 집 종류별 건설 재료 비용을 표로 정리하면 다음과 같다.

	벽돌집	나무집	지푸라기집
첫째 돼지	$6(m^2)$× 9(만 원/m^2) =54만 원	$6(m^2)$× 6(만 원/m^2) +20(만 원) =56만 원	$6(m^2)$× 3(만 원/m^2) +5(만 원) =23만 원
둘째 돼지	$3(m^2)$× 9(만 원/m^2) =27만 원	$3(m^2)$× 6(만 원/m^2) +20(만 원) =38만 원	$3(m^2)$× 3(만 원/m^2) +5(만 원) =14만 원
셋째 돼지	$2(m^2)$× 9(만 원/m^2) =18만 원	$2(m^2)$× 6(만 원/m^2) +20(만 원) =32만 원	$2(m^2)$× 3(만 원/m^2) +5(만 원) =11만 원

(4) 첫째 돼지가 벽돌집이나 나무집을 지을 경우, 어떠한 경우에도 둘째 돼지 집을 짓는 재료 비용이 가장 많이 들 수는 없다.
따라서 첫째 돼지가 지푸라기집을 지어야 한다. 한편, 남은 벽돌집과 나무집 중에서, 셋째 돼지가 나무집을 지을 경우 32만 원으로 둘째 돼지가 벽돌집을 지을 때의 27만 원보다 많다.
이를 정리하면, 둘째 돼지 집을 짓는 재료 비용이 가장 많이 들기 위해서는 첫째 돼지가 지푸라기집을, 둘째 돼지가 나무집을, 셋째 돼지가 벽돌집을 지어야 한다.

합격자의 시간단축 Tip

Tip ① 해설의 ④에서 비용을 비교할 때 반드시 첫째 또는 셋째의 나무집 비용을 구해야 하는 것은 아니다. 둘째가 벽돌집을 지을 때의 비용은 27만 원이다. 나무집을 짓는다면 지지대 가격 때문에 최소 20만 원을 쓰게 되는데, 집을 짓기 위해서 드는 나무 비용은 $1m^2$당 6만 원이 들기 때문에 누가 짓든지 그 비용은 무조건 7만 원을 초과할 것이므로, 값을 구해보지 않아도 첫째의 비용이 더 높을 것임을 알 수 있다.

Tip ② 가장 큰 면적의 집을 짓는 첫째의 집을 우선 결정하는 방식으로 문제에 접근해도 좋다.
첫째의 집은 $6m^2$이므로 가장 낮은 단가의 집인 지푸라기집을 짓는다고 가정하고, 둘째가 벽돌집을 짓는 경우와 나무집을 짓는 경우를 각각 구해 모순이 생기지 않는 경우가 어느 것인지 구하는 방법이다.
첫째의 집 면적이 가장 넓기 때문에 집을 짓는 비용 역시 가장 높아질 가능성이 크고, 둘째가 사용한 비용보다 커질 가능성을 최소화하기 위해서는 첫째가 지푸라기집을 짓는 경우를 가정하는 게 타당하다는 생각을 이용한 것이다.

Tip ❸ 선지를 소거하는 방법으로 문제를 풀면 다음과 같다.

(1) 각 재료별로 $1m^2$당 들어가는 비용과 각 돼지의 집의 면적을 구한 후, 선택지를 확인한다.
$1m^2$당 들어가는 비용은 벽돌이 가장 크기 때문에 집의 면적이 가장 넓은 첫째 돼지가 벽돌집을 지을 수는 없을 것이라고 생각하여서 ①, ② 번을 제외하였다.
③ 번의 경우, 유일하게 첫째가 나무집을 짓는다고 하였으므로, 임시로 제외하고 ④, ⑤ 번을 우선 확인한다. **④ 번**의 경우, 둘째가 벽돌집을 지을 때 비용이 27만 원인데 셋째가 나무집을 지을 때 비용이 32(=20+12)만 원이므로 제외하였다. 구체적인 계산을 하지 않고 ①, ②, ③ 번을 제외하였기 때문에 **⑤ 번**이 옳은지 여부를 명확히 계산해야 한다.

(2) 첫째가 지푸라기집을 지을 때 비용은 23(=5+18)만 원이고 셋째가 벽돌집을 지을 때 비용은 18만 원인데 비하여, 둘째가 나무집을 지을 때 비용이 최소 20만 원+@이므로 ⑤번이 옳다는 것을 알 수 있다. 혹은 구체적인 계산을 하지 않더라도 둘째의 벽돌집과 지푸라기집 재료 비용을 비교해 더 큰 비용이 드는 집을 선택해 4번 혹은 5번을 선택하면 된다. 왜냐하면 답은 하나이기 때문에 '둘째 돼지 집을 짓는 재료 비용이 가장 많이 들었다'를 생각해 보았을 때 벽돌집과 지푸라기집 중 더 비싼 비용이 드는 집이 정답일 것이기 때문이다.

(3) 둘째의 벽돌집과 나무집 $1m^2$당 재료의 가격이 벽돌은 9만 원, 나무는 6만 원이므로, $1m^2$당 재료에서는 3만 원 차이가 난다. 이때 둘째의 집이 $3m^2$이므로 총 9만 원 차이가 난다.
하지만 나무집은 지지대 재료비가 20만 원 더 드므로 결과적으로 나무집이 더 비싸다는 것을 쉽게 계산할 수 있다.

＊ 면적에 대한 미지수를 설정하는 과정에서 소수와 분수가 등장하지 않게끔 한 번에 설정하는 것이 좋다. 만약 첫째 돼지 집의 면적을 미지수 a로 설정하면 분수가 등장하게 된다. 따라서 무작정 미지수를 설정하기 전에 조건을 읽어보고 2와 3의 최소공배수인 6을 이용해 미지수를 설정하는 것이 좋다. 이 경우 해설과 같이 첫째의 면적을 6a, 둘째의 면적을 3a, 셋째의 면적을 2a로 표시할 수 있다.

040 정답 ③ 난이도 ●●○

(1) 甲의 보수
① 착수금 : 착수금 산정 기준에 따른 세부항목별 금액은 다음과 같다.

기본료	120만 원
독립항 1개 초과분	0원 (〈착수금 산정 기준〉 표 하단의 단서에 따라)
종속항	35,000×2=7만 원
명세서 20면 초과분	0원 (〈착수금 산정 기준〉 표 하단의 단서에 따라)
도면	15,000×3=4만 5천 원

따라서 甲의 착수금은
120만 원+7만 원+4만 5천 원=131만 5천 원이다.
② 사례금: 사례금은 출원한 특허가 '등록결정'된 경우 착수금과 동일한 금액으로 지급되므로, 甲의 사례금은 131만 5천 원이다. 이상에서 甲의 보수는 131만 5천 원×2=263만 원임을 알 수 있다.

(2) 乙의 보수
① 착수금 : 착수금 산정 기준에 따른 세부항목별 금액은 다음과 같다.

기본료	120만 원
독립항 1개 초과분	4×100,000=40만 원
종속항	35,000×16=56만 원
명세서 20면 초과분	9,000×30=27만 원
도면	15,000×12=18만 원

따라서 乙의 착수금은 120+40+56+27+18=261만 원인데, 보수 지급 기준의 세 번째 조건에 따르면 세부항목을 합산한 금액이 140만 원을 초과할 경우 착수금은 140만 원으로 한다고 했으므로 乙의 착수금은 140만 원이다.

합격자의 시간단축 Tip

Tip ❶

(1) 설문의 경우 〈A기관 특허대리인 보수 지급 기준〉을 먼저 읽고 〈상황〉을 처리하는 것이 좋다. 상황에서 독립항, 종속항, 명세서, 도면, 등록결정 등이 나오는데 이것들이 무엇을 의미하는지 알 수 없기 때문이다.

(2) 〈보수 지급 기준〉을 읽는 구체적인 상황을 생각해 보자. 세 번째 조건에서 '단' 이하의 단서 조항을 보

았을 때 착수금이 140만 원이 되는 상황이 벌어지겠구나 생각을 하게 된다.

그런데 〈착수금 산정 기준〉을 보니 기본료가 120만 원이어서 기준에 따르면 독립항이 3개만 있어도 140만 원이 되겠다는 생각을 하게 된다.

(3) 그런데 을의 경우 독립항이 5개이므로 이미 착수금은 140만 원 고정이 되며, '거절결정' 되므로 사례금도 존재하지 않는다. 이렇게 목적의식을 갖고 문제를 접근할 경우 답이 쉽게 도출될 수 있다. 출제되는 문제는 아무 의미 없는 문장을 포함하지 않으므로 모든 문장을 챙길 수 있도록 하며, 특히 '단', '다만' 등으로 시작하는 예외 적용 문장은 대부분 반영되므로 여기에 집중하여 문제를 풀면 보다 쉽게 정답을 찾아낼 수 있다.

(4) 한편, 갑의 경우 을보다 착수금은 8만 5천 원 적으나 '등록결정' 되어 착수금의 2배가 보수가 된다. 이는 140만 원의 2배인 280만 원에서 8만 5천 원의 2배인 17만 원을 뺀 금액과 같다. 따라서 갑과 을의 보수 차이는

(280－17)－140 =123 만 원이 된다.

계산에 자신이 있으면 이 방식을 사용해도 되나, 그렇지 않다면 어설프게 **Tip**을 따라하려 하기 보다는 정확하게 풀고 넘어가는 것이 좋다.

> * 문제의 단서 조건은 "단, 세부항목을 합산한 금액이 140만 원을 초과할 경우 착수금은 140만 원으로 한다" 및 당구장 표시의 "※ 독립항 1개 또는 명세서 20면 이하는 해당 항목에 대한 착수금을 산정하지 않는다"이다. 이 두 문장은 출제자가 반드시 활용하라고 준 내용이라 생각하고, 헷갈리지 않기 위해 읽자 마자 **바로 〈상황〉으로 내려가** 대입하거나 크게 표시를 해두는 것이 실수를 줄이는데 도움이 된다.

Tip ❷ 甲과 乙의 착수금을 구할 때 기본료가 동일하게 들어가므로 이를 처음부터 소거하고 비교를 했을 수 있다. 이러한 풀이 자체는 매우 좋은 풀이에 해당하나, 이 문제의 경우 착수금의 상한선이 존재한다. 따라서 기본료를 소거할 때 '140만 원'에서 120만 원을 뺀 값인 '20만 원'으로 낮추어 생각할 필요가 있다.

즉, 乙의 착수금을 계산할 때 독립항 1개 초과분 항목의 금액이 이미 40만 원으로 20만 원을 넘기 때문에 乙의 착수금은 20만 원임을 알 수 있다. 또한, 甲의 사례금을 계산할 때 기본료를 잊으면 안 된다. 따라서 甲의 착수금을 구할 때 기본료를 고려하지 않고 11만 5천 원이라고 구했다면, 甲의 사례금은 이에 120만 원을 더한 값일 것이다. 이러한 여러 가지 예외 사항 때문에, 해당 문제에서는 기본료를 소거하지 않고 푸는 것이 더 효율적인 계산 방법이다. 만일 기본료를 더하는 것이 번거롭다면 (120만 원+11만 5천 원)처럼 식의 형태로 유지해주는 것도 좋은 방법이 될 수 있다. 그렇게 할 경우 갑의 보수는

(120만 원 +11만 5천 원)×2 － (120만 원 +20만 원)

이 되므로, 보다 간편히 계산할 수 있다는 장점이 있다.

Tip ❸

(1) 문제를 분석하면서 최대한 계산을 줄이는 방법이 없는지 고민해보는 것이 실력 향상에 도움이 된다. 우선 〈상황〉에서 甲과 乙의 숫자들을 훑어보면 乙의 세부항목이 甲에 비해 상당히 많아 먼저 乙을 구해보려 할 것이다.

〈착수금 산정 기준〉에 따라 기본료와 독립항 1개 초과분 항목의 금액만 구해도 총합이 140만 원이 넘으므로, 단서 조건이 적용되어 乙의 착수금은 140만 원임을 알 수 있다.

그리고, '거절결정'에 따라 사례금이 0원이어서 乙가 지급받는 보수는 140만 원이 된다는 것을 구체적인 계산 없이 파악할 수 있다.

(2) 그리고 **선지를 최대한 활용**하여 甲의 보수를 계산하지 않고 답을 도출할 수 있다.

'등록결정'이 된 甲의 보수는 최종적으로 착수금의 2배로 240만 원보다 크고 280만 원 보다는 작을 것이다. 따라서, 乙과의 차이를 고려하면 ③ 또는 ④가 정답이 될 것이다.

또한, 甲의 명세서는 14면으로 〈착수금 산정 기준〉이 적용되지 않고 도면의 경우 5천 원 단위로 계산되어도 사례금 계산시 ×2가 적용되어 甲의 보수는 만 원 단위가 된다. 따라서 甲과 乙의 차이 값이 5천 원 단위인 ④ 번은 답이 될 수 없어, 甲의 보수에 대한 구체적인 계산 없이 정답은 ③ 임을 알 수 있다.

> * 설명을 위해 비교적 상세하게 서술하였지만 실제로는 생각을 통해 과정을 단축할 수 있다. 다만, 위와 같은 방식은 이러한 유형이 어느 정도 자신이 있거나 충분히 연습한 사람만 시도하기 바란다. 또 하나의 새로운 풀이 전략을 활용할 수 있는 수준은 되어야 한다.
> 초보자인데 문제의 핵심을 계산하지 않고 답을 찾으려 하면 자신의 풀이에 대한 자신감이 떨어질 뿐만 아니라 정석적인 풀이를 활용할 수 있는 능력이 길러지지 않는다.

041 정답 ③ 난이도 ●○○

(1) 정의 진술이 거짓이라면 정의 진술에 따라 을의 진술은 참이며 나머지 갑, 병, 무의 진술은 거짓이다. 이때, 을의 진술에 따르면 자전거를 훔쳐간 사람은

정이며, 병의 진술에 따르면 자전거를 훔쳐간 사람은 병이다.

(2) 이는 자전거를 훔쳐간 사람이 1명이라는 사실에 모순된다. 따라서 정의 진술은 참이다.

(3) 정의 진술이 참이므로 나머지 갑, 을, 병, 무의 진술은 거짓이다. 이때, 병의 진술에 따라 자전거를 훔쳐간 사람은 병이다.

합격자의 시간단축 Tip

Tip ❶ 이 문제 역시 마찬가지로 다른 사람의 발언에 대한 참/거짓 여부를 포함하는 진술로부터 시작하는 것이 효율적인 풀이 방법이다.
물론 해당 문제는 그 특성상 범인이 한 명이고 진실을 말한 사람도 한 명이기 때문에 '~이 자전거를 훔쳤다' 형태의 진술 중 무작위로 골라 참이라고 가정하고 문제를 풀더라도 참/거짓 여부를 포함하는 진술로부터 시작하는 것과 동일하게 효율적으로 풀 수 있다.
그러나 이와 같은 문제의 특징을 빠르게 파악하는 것은 쉽지 않기 때문에, 비슷한 유형의 문제에 범용적으로 적용할 수 있는 규칙을 만들어 놓는 것을 우선으로 하는 것이 좋다.

> * 해설에서 정의 진술을 기준으로 활용하고 있는 것을 보고, 왜 정의 진술이 기준인지가 의문인 수험생이 있을 수 있을 것이다.
> 이는 정의 진술이 참인지 거짓인지를 확정지으면 그만큼 정해지는 정보가 많기 때문이다.
> 즉, 어떤 조건을 기준으로 하여 문제를 해결하는 경우에 그 조건은 불확실한 경우를 최대한 많이 줄일 수 있는 조건이어야 한다는 점을 명심하도록 하자.

Tip ❷ 진실을 말할 수 있는 사람의 후보가 정해진다면 그 외의 다른 사람들의 진술은 모두 거짓이라고 보고, 이상에서 확정된 정보만 가지고도 답을 찾을 수 있는지 파악하는 것이 시간 단축에 유리하다.
위 문항의 경우, 정이 '을은 거짓을 말하고 있다'고 했으므로, 을 혹은 정 중에 한 명만이 진실을 말했을 것이다. 따라서 갑, 병, 무의 진술을 모두 거짓으로 치환한 후 선지를 본다면, 바로 답이 ③임을 알 수 있다.

042 정답 ❶ 난이도 ●●●

(1) 운동화는 갈색과 흰색이 아니며, 슬리퍼가 빨간색이므로 운동화는 검은색이다. 따라서 을은 검은색 운동화를 신었다. 한편, 갑은 로퍼와 슬리퍼를 신지 않았으며, 운동화는 을이 신었으므로 갑은 구두를 신었다.

(2) 그런데 로퍼와 운동화, 슬리퍼는 흰색이 아니므로 구두는 흰색이고, 따라서 갑은 흰색 구두를 신었다. 이때, 병의 신발은 갈색이 아니므로 병은 빨간색 슬리퍼를 신었으며, 정은 갈색 로퍼를 신었다.
각 인물이 신은 신발의 색과 종류를 표로 정리하면 다음과 같다.

색 / 종류	갈색	흰색	검은색	빨간색
로퍼	정	×	×	×
운동화	×	×	을	×
구두	×	갑	×	×
슬리퍼	×	×	×	병

따라서 답은 ①이다.

합격자의 시간단축 Tip

(1) 찾아야 하는 정보가 인물, 신발의 색, 신발의 종류로 3가지이기 때문에 표를 그리는 것이 부담스러울 수 있다. 이 경우 선지를 활용하는 방법도 있다. 운동화를 신은 사람은 을이라는 사실이 이미 밝혀졌으므로 그 외의 신발들을 살펴보면, 다섯 번째 조건에서 갑은 로퍼나 슬리퍼를 신지 않는다고 했으므로 로퍼와 갑이 짝지어진 선지 ④, ⑤와 슬리퍼와 갑이 짝지어진 선지 ②이 소거된다. 남은 선지는 ①과 ③으로 임의로 하나를 정해 대입하여 모순이 생기는지 여부를 확인하면 된다.

(2) 선지 ③을 먼저 가정하면, 을의 신발과 병의 신발 모두 갈색이 아니라고 했으므로(두 번째, 마지막 조건) 갑 또는 정의 신발이 갈색일 것이다. 그런데 네 번째 조건에서 슬리퍼는 빨간색이라고 했으므로 슬리퍼를 신은 정의 신발은 빨간색일 것이고 갑의 구두는 갈색일 것이다. 남은 신발 색은 흰색과 검은색인데, 운동화가 흰색이 아니므로(두 번째 조건) 로퍼가 흰색이어야 한다. 그런데 세 번째 조건에서 로퍼는 흰색이 아니라고 했으므로 이는 모순이다. 따라서 선지 ③은 성립할 수 없다.

(3) 해당 문제의 선지는 사람과 신발의 종류를 짝짓고 있으므로, 모순을 확인하고자 하는 경우에는 아직 확인되지 않은 조건인 색과 짝지어보면서 모순 여부를 확인하는 것이 가장 좋다.

043 정답 ❸ 난이도 ●●●

주어진 조건을 기호화하면 다음과 같다. 단, 여학생을 해당 학생의 이름으로 나타내고, 남학생은 여학생이 아니라는 의미인 '~' 표시를 붙여 나타낸다. 또한, 동치인 대우명제로 함께 나타내면 다음과 같다.

- 갑 ∨ 을 ∨ 병
- (갑 ∧ ~을) → 병 ⇔ ~병 → (~갑 ∨ 을)
- 병 → (갑 ∨ 을) ⇔ (~갑 ∧ ~을) → ~병
- ~갑 ∨ ~병

ㄱ. (O) 갑이 여학생이라면 을도 여학생이다.

➜ '갑'이라면 네 번째 조건에 따라 '~병'이다. 병은 남학생이므로 두 번째 조건의 대우에 따라 '~갑 ∨ 을'인데, 갑은 여학생이므로 을도 여학생이다.

ㄴ. (×) 을이 여학생이라면 갑과 병 중 적어도 한 명은 ~~여학생이다~~.

➜ 을이 여학생이라면 첫 번째 조건을 만족하며 세 번째 조건은 항상 참이다. 이때, 네 번째 조건에 따라 갑과 병 중 적어도 한 명은 남학생이다. 병이 남학생이라면 두 번째 조건의 대우에 따라 '~갑 ∨ 을' 인데, 을은 여학생이므로 갑은 남학생일 수도 있고 여학생일 수도 있다.

갑이 여학생이라면 갑과 병 중 한 명은 여학생이지만, 갑이 남학생이라면 갑과 병 모두 남학생이다.

ㄷ. (O) 병이 여학생이라면 을도 여학생이다.

➜ '병'이면 첫 번째 조건을 만족하며 두 번째 조건은 항상 참이다. 이때, 네 번째 조건에 따라 '~갑'이다. 또한, 세 번째 조건에 따라 '갑 ∨ 을'인데, '~갑' 이므로 을은 여학생이다.

합격자의 시간단축 Tip

Tip ❶ 보기 ㄴ을 판단할 때는 해당 보기의 반례인 을이 여학생이고 갑과 병 모두 남학생인 경우를 가정하고 모든 조건을 만족하는지 확인해보면 된다.
을이 여학생인 경우 확정되는 정보는 '을' 하나뿐인데, 이것만 가지고 조건을 통해 추가적으로 확정할 수 있는 정보가 없어, 반례를 가정하여 가지고 있는 조건을 확장해주는 것이 보다 효율적인 풀이다.
보기 ㄷ에서는 병이 여학생일 때 을이 남학생인 반례를 가정하고 풀어 모순이 있음을 확인해도 좋고, 위의 해설처럼 조건을 순차적으로 살펴보다가 을이 남학생일 수 없음을 증명해도 좋다.

Tip ❷ 위의 해설에서는 일괄적으로 모든 조건을 기호화하는 것을 보여주기 위해 세 번째 조건도 기호화하여 나타냈다. 그러나 실전에서 직관적으로 이해하는 것이 기호화하는 것보다 편리한 경우에는 기호화하지 않는 것이 보다 효율적일 것이다.
또한, 기호화를 할 때는 자신이 보다 간단하다고 생각하는 방향을 선택하는 것이 좋다. 이때, '여자 - 남자'와 같이 하나를 택하면 자연히 다른 하나가 부정되는 조건의 경우, '긍정-부정'으로 치환하여 기호화하는 것이 훨씬 편리하다. 위의 해설에서는 여학생인 경우를 긍정문, 남학생인 경우를 부정문으로 두고 기호화하였다. 이와 반대로 여학생인 경우를 부정문, 남학생인 경우를 긍정문으로 두고 기호화해도 전혀 문제가 되지 않는다.

Tip ❸ 두 번째 조건과 세 번째 조건과 같은 조건명제에서, 후건이 참이거나 전건이 거짓일 경우 해당 명제는 항상 참이라는 것을 알아 두자.

Tip ❹ 〈보기〉를 각각 분석하는 방법도 있지만, 먼저 조건을 바탕으로 경우의 수를 나열한 후에 반례가 성립하는지 확인하는 방법도 있다. 을이 남학생일 경우 첫 번째 조건에 따라 갑과 병 중 적어도 한 명은 여학생이며, 네 번째 조건에 따라 갑과 병 중 적어도 한 명은 남학생이다.
따라서 갑과 병의 성별은 다르다. 그런데 을이 남학생이므로 두 번째 조건에 따라 갑이 여학생이면 병도 여학생이며, 세 번째 조건에 따라 병이 여학생이면 갑도 여학생이다. 즉, 갑과 병의 성별은 같아야 하는데 이는 모순이다. 따라서 을은 여학생임이 확정된다.
이를 바탕으로 조건을 분석하면 다음과 같은 세 가지 경우가 도출된다.

	여학생	남학생
경우 1	을, 병	갑
경우 2	을	갑, 병
경우 3	갑, 을	병

경우 2에 따라 보기 ㄴ은 거짓이고, 갑과 병이 여학생인 경우는 각각 경우 3과 경우 1 한 가지인데, 이때 을은 여학생이다. 또한 앞에서 이미 을은 여학생임이 확정되었으므로, 보기 ㄱ과 보기 ㄷ은 후건이 참이어서 항상 참인 명제가 된다.

044 정답 ④ 난이도 ●●○

① (O) 패럴림픽 기간 동안 알파인 경기장에 들어간다.
➜ 패럴림픽 AD카드에 ALL이 있으므로 모든 시설에 입장 권한이 있다.

② (O) 패럴림픽 기간 동안 VIP용 지정차량에 탑승한다.
➜ 패럴림픽 AD카드에 T1이 있으므로 VIP용 지정차량에 탑승할 수 있다.

③ (O) 올림픽 기간 동안 올림픽 패밀리 호텔에 들어간다.
➜ 올림픽 AD카드에 OFH가 있으므로 올림픽 패밀리 호텔에 들어갈 수 있다.

④ (×) 올림픽 기간 동안 컬링센터 내부에 있는 ~~선수준비 구역에 들어간다~~.

→ 올림픽 AD카드에 HCC가 있어 컬링센터는 들어갈 수 있으나, 2번 코드가 없어 선수준비 구역에는 들어갈 수 없다.

⑤ (○) 올림픽 기간 동안 미디어 셔틀버스를 타고 이동한 후 국제 방송센터에 들어간다.

→ 올림픽 AD카드에 TM이 있어 미디어 셔틀버스를 탈 수 있으며, IBC가 있어 국제 방송센터에도 들어갈 수 있다.

합격자의 시간단축 Tip

Tip ❶ 기본적으로 매우 단순한 유형이다. 다만, 수험생이 주의해야 할 점은 올림픽과 패럴림픽의 AD카드가 상이하다는 것이다. 이를 제대로 인식하지 못하면, 둘 다 권한이 복수 부여되는 것으로 올림픽과 패럴림픽에 동시 활용이 가능하다고 착각하기 쉽다. 따라서 여러 상황이 주어지는 경우, 각각의 상황을 명확하게 인지하는 것이 중요하다.

Tip ❷ 규칙을 다 이해할 필요가 없다. "할 수 없는" 것만 찾으면 된다. 따라서 올림픽과 패럴림픽의 경우를 나눠서 허용되는 것만 확인하고 그와 상관없는 선지를 고르면 된다.
즉, 규칙을 모두 숙지한 후에 문제를 푸는 것이 아니라, 두 개의 카드가 각각 올림픽인지 패럴림픽 카드인지만 기재 후, 오지선다를 확인해 정답을 구분하는데 필요한 정보만 파악하고 지문과 〈상황〉에서 해당되는 정보를 추출하면 된다.

045 정답 ③ 난이도 ●●○

ㄱ. (○) '각기'는 '논리'보다 단어점수가 더 높다.

(1) '각기'의 자음 종류는 총 1개로 'ㄱ'이 3번 사용되었다.

따라서 ('각기'의 단어점수) $=\frac{2^3}{1}=8$ 이다.

(2) '논리'의 자음 종류는 총 2개로 'ㄴ'이 2번, 'ㄹ'이 1번 사용되었다.

따라서 ('논리'의 단어점수) $=\frac{2^2+2^1}{2}=3$ 이다.

(3) 따라서 '각기'의 단어점수가 '논리'의 단어점수보다 높다.

ㄴ. (○) 단어의 글자 수가 달라도 단어점수가 같을 수 있다.

(1) 점수에 '글자 수'는 영향이 없다. 즉, 단어점수의 핵심은 자음 종류의 개수와 각 자음이 사용된 횟수이므로 이것만 맞추면 같은 단어점수를 만들 수 있다.

(2) 예를 들어, '각각'과 '가가가가'는 글자 수는 2와 4로 달라도, 자음은 'ㄱ' 1종류이고, 사용된 횟수도 4로 동일하다. 따라서 단어점수는 16으로 동일하므로 옳은 선지이다.

ㄷ. (×) 글자 수가 4개인 단어의 단어점수는 ~~250점을 넘을 수 없다~~.

(1) 각주에 따라 의미가 없는 글자의 나열도 단어로 인정되므로 한 글자에 자음을 2개씩 넣어 만들어보면, '각각각각'은 'ㄱ' 한 종류가 총 8번 활용되었다.

(2) 따라서 '각각각각'의 단어점수는 $2^8=256$ 점으로 250점을 넘는 값이므로 반례가 된다.

합격자의 시간단축 Tip

Tip ❶ 수험생들은 일반적으로 처음보는 규칙이나 게임을 보면 지레 겁을 먹고 풀지 않는 경향이 있다. 그러나 어색한 퀴즈가 나오면 이해하는 데에 다소 시간은 걸릴 수 있으나, 그 난이도는 낮은 경우가 대부분이다. 오히려 익숙한 퀴즈가 나왔다면, 매우 어려운 문제일 가능성이 높으므로 주의해야 한다.
이 문제도 마찬가지이다. 단어점수, 자음점수와 같이 처음 보는 단어와 '거듭제곱'의 활용 등 거부감이 드는 조건들이 총집합된 형태이지만 실제 난이도는 매우 낮다. 따라서 두려워하지 말고 차분히 접근하는 태도를 가지는 것이 좋다.
또한, 본 문제의 경우 '셋방살이'의 예시를 주었는데, 〈조건〉이 이해가 안된다면 이렇게 주어지는 예시를 활용해보면서 이해해도 된다. 종종 조건을 주면서 이처럼 예시를 주는 경우가 있으니, 상황에 따라 적극적으로 예시를 활용하도록 하자.

Tip ❷ 처음 보는 유형에서는 첫 번째 보기가 큰 역할을 한다. 쉽게 생각하면, 출제자가 수험생에게 친절히 제공한 힌트라고 볼 수 있다.
가령 보기 ㄱ의 아이디어 하나만 가지고도 문제를 풀 수 있다. 위 해설에서 보듯, '각기'라는 단어가 매우 큰 힌트이다. '종류'가 한 개로 통일되면, 나누는 값이 없어지고 거듭제곱수도 커지므로 큰 값을 만들기 좋다.
주어진 예시를 활용해 보기 ㄴ에서는 '각각'과 '가가가가'를 비교하고, 보기 ㄷ에서는 '각각각각'으로 반례를 만들었다.
이처럼 첫 번째 보기에서 주는 아이디어로 문제를 충분히 풀 수 있으므로, 첫 번째 보기를 '푸는 것'에 급급하지 말고 '나에게 주는 힌트(원리)가 무엇일까'를 생각해 보면서 풀기 바란다.

Tip ❸ 보기 ㄷ의 '글자 수 4개'와 '단어점수 250점'을 보면서 익숙함을 느꼈다면, 매우 좋은 접근을 하고 있는 것이다. 딱 보자마자 "출제자가 쉽게 풀기를 바라면서 숫자를 조정했구나"라는 생각이 들면 어느 정도 출제자의 의도를 파악하였다고 볼 수 있다.
한 글자에 2개의 동일한 자음을 넣으면 최대치를 넣은 것이므로, 글자수 4개는 자음 8개를 의미한다. 즉, $2^8=256$임을 이용하라는 힌트를 제공한 것이다. 더욱이 출제자는 수험생이 이 부분을 못 떠올릴 것을 걱정하여 단어점수를 250점으로 주어, 256점을 떠올리길 바란 것이라 할 수 있다.

Tip ❹ 이 문제의 포인트는 결국 **같은 자음이 최대한 반복되도록 하는 것이 단어점수를 높이는 방법임**을 빨리 깨달았는지 여부에 있다. 만일 처음에 '각기'와 '논리'라는 글자를 보고 곧바로 동일한 개수의 자음이 있을 때 무조건 같은 자음이 반복된 것이 유리하다는 것을 깨달았다면 이후 풀이가 수월했을 것이다. 이는 거듭제곱을 활용하는 문제의 특징이다. 두 글자 모두 자음이 세 번 들어가므로 어떠한 형태로든 2를 세 번 곱하거나 더할 텐데, 곱셈을 통해 숫자가 커지는 속도를 덧셈은 절대 따라잡을 수 없다. (2^2과 2+2는 제외) 따라서 굳이 끝까지 계산해보지 않아도 '각기'의 자음점수를 계산하는 과정에서는 덧셈이 없는 반면 '논리'의 자음점수 계산 과정에는 덧셈이 포함될 것이므로, 무조건 후자의 점수가 더 작을 것임을 알 수 있다.

046 정답 ③

난이도 ●●○

ㄱ. (O) 甲이 납부해야 할 주민세 최소 금액은 20만 원이다.
➜ 종업원 수가 미지수 상태이므로, 종업원 수가 단 1명이어도 가능한 기준이라는 가정하에 고려하면 된다. 자본금액은 200억 원이므로 자본금액이 맞춰지는 기준 중 종업원수가 1명이어도 가능한 경우는 "자본금액 50억 원을 초과하는 법인으로서 종업원 수가 100명 이하인 법인"에 해당하므로 20만 원이 최소 금액이다.

ㄴ. (×) 乙의 종업원이 50명인 경우 ~~10만 원~~의 주민세를 납부해야 한다.
➜ 위 가정에 따라 '을'은 자본금액 20억 원, 종업원 50명의 상황이다. 그러나 이에 부합하는 기준이 없으므로, '그 밖의 법인'에 해당하여 5만 원의 주민세를 납부해야 한다.

ㄷ. (×) 丙이 납부해야 할 주민세 최소 금액은 ~~10만 원이다~~.
➜ 먼저 종업원 기준이 부합하는 '종업원 수가 100명을 초과하는 법인' 위주로 찾아보면 최소한 자본금액이 10억 원을 초과해야 기준에 부합할 수 있다. 그렇다면 병의 자본금액이 10억 원 이하이면 '그 밖의 법인'이 될 것이므로 최소 금액은 5만 원이 된다.

ㄹ. (O) 甲, 乙, 丙이 납부해야 할 주민세 금액의 합계는 최대 110만 원이다.
(1) '갑'의 경우 자본금액이 200억 원이고 종업원 수가 미지수이므로 만약 100명이 넘는다면 납부해야 할 주민세액은 최대 50만 원이다.
(2) '을'의 경우 자본금액이 20억 원이고 종업원 수가 미지수이므로 만약 100명이 넘는다면 납부해야 할 주민세액은 최대 10만 원이다.
(3) '병'의 경우 자본금액이 미지수이고 종업원 수가 200명이므로 만약 자본금액이 100억을 초과한다면 납부해야 할 주민세액은 최대 50만 원이다.
따라서 甲, 乙, 丙이 최대로 납부해야 할 주민세 금액은 50+10+50=110만 원이다.

합격자의 시간단축 Tip

Tip ❶ 이 유형은 실수 유발 및 시간 소모 유도 문제로 난이도 자체는 낮은 편이다. 따라서 <u>실수를 방지하고 빠른 시간 내에 풀기 위해서는 '변수'를 명확히</u> 하는 것이 좋다. 이 문제의 경우, 변수는 자본금액과 종업원 수이므로 2가지 변수를 명확히 나누어 확인하면 실수 없이 처리할 수 있다.
(1) <u>특히, 미지수에 해당하는 부분은 신경 쓰지 않고 처리하는 것</u>이 중요하다. 예를 들어 '갑'의 경우 자본금액이 200억 원이라는 것만 신경 쓰면 되지, 종업원 수는 전혀 고려할 필요가 없다. 왜냐하면 미지수 부분은 본인이 원하는 기준에 부합한다고 가정하면 그만이기 때문이다. 즉, 최댓값을 고려하는 상황이라면, 미지수가 아닌 부분에만 부합하면 바로 옳다고 봐도 무관하다.
(2) 이러한 사고가 가장 잘 적용되는 보기는 ㄹ이다. 해당 보기에서 각 법인이 지불해야 하는 최대 주민세를 도출할 때, 미지수는 고려하지 않은 채 주어진 숫자가 해당되는 카테고리만 신경 쓰면 된다. 가령 갑의 경우, 자본금액이 200억 원이므로 포함될 수 있는 가장 높은 주민세액은 50만 원이며, 그 이후 종업원 수 변화에 따른 주민세 변화는 선지를 해결하는 데 더 이상 고려하지 않아도 된다.

Tip ❷ 보기 ㄴ을 처리할 때 종업원이 50명인 경우 얼마의 주민세를 납부하는지 도출하는 것이 아니라 10만 원을 내면 되는 것인지 확인하는 것이 좋다. 원칙적으로는 위에 서술한 바와 같이 자본금액 20억 원, 종업원 50명인 상황에서는 5만 원을 내야 하는 것이므로 틀렸다라고 확인해야 하지만 이렇게 답을 도출하고자 하는 경우 시간이 소모될 수 있다.
따라서, 10만 원의 주민세를 납부하는 것이 타당한지 확인하기 위해 10만 원을 내야 하는 두 가지 기준에 '자본금액 20억 원'+'종업원 50명'의 상황이 해당하는지 여부만 확인한 후, 옳지 않으면 곧바로 틀렸다고 체크하고 넘어가는 것이 좋다. 어려운 문제일수록 사소한 풀이 노하우를 활용한다면 많은 시간을 단축할 수 있다.

Tip ❸ 문제를 빨리 풀기 위한 **Tip**은 아니지만, 문제의 구조를 분석하면 문제를 이해하는데 도움이 될 것이다.

(1) 첫 번째 구분으로서 **'자본금액 100억 원을 초과하는 법인으로서 종업원 수가 100명을 초과하는 법인'**이 주어질 경우, 두 번째 구분으로 **'자본금액 100억 원 이하인 법인으로서 종업원 수가 100명을 초과하는 법인'** 및 **'자본금액 100억 원을 초과하는 법인으로서 종업원 수가 100명 이하인 법인'**의 두 가지를 동시에 제시하는 경우가 일반적이다.
(2) 그런데 설문의 경우 두 번째 구분으로 전자는 주어졌으나 후자는 주어지지 않았다. 후자의 경우 세 번째 구분에서 **'자본금액 50억 원을 초과하는 법인으로서 종업원 수가 100명 이하인 법인'**에 동시에 묶인 것이며 세 번째 구분부터는 자본금액과 종업원 수가 맞물리면서 구분되는 것을 확인할 수 있다.
(3) 따라서 이러한 원리에 따르면 그 밖의 법인은 **'자본금액 30억 원 이하 법인으로서 종업원 수가 100명 이하인 법인'**과 **'자본금액 10억 원 이하 법인으로서 종업원 수가 100명을 초과하는 법인'**이 포함된다는 것을 알 수 있다. 물론 설문을 풀 때에는 그 밖의 법인을 도출하지 않고 문제를 해결하는 것이 가능하므로 이를 구할 필요는 없으나 이런 식으로 맞물린다는 것을 잘 알아 두면 비슷한 유형의 문제를 풀 때 도움이 될 것이다.

Tip ❹ 미지수 부분은 오히려 정답을 찾기 위해 여러 가지 가정을 할 수 있다는 뜻이므로 문제를 풀기에 유리한 측면이 있을 수 있다는 생각을 가지는 것이 자신감 측면에서도 좋다. 쉽게 가정을 하려면 법인을 해당하는 구분 옆에다가 적어주는 것이 좋다.
예를 들면 甲의 경우 자본 금액이 200억 원이라는 사실은 고정인데, 그럼 '자본금액 100억 원을 초과하는 법인으로서 종업원 수가 100명을 초과하는 법인', '자본금액 50억 원을 초과하는 법인으로서 종업원 수가 100명 이하인 법인'에 해당될 수 있다. 이 옆에 각각 甲을 적어준다면 종업원 수를 가정해 세액을 구할 때 시간단축이 가능하다.

047 정답 ⑤ 난이도 ●●○

규칙에 따라 음 별로 튕기는 줄은 다음과 같다.

가	나	다	라	마	바	사	아	자	차	카
A	A#	B	C	C#	D	D#	E	F	F#	G

위 〈표〉에 따라 〈가락〉을 연주하면, 튕기는 줄은 아래와 같다.

E	D#	E	D#	E	B	D	C	A	A	A	A	B	E	G	B	C
아	사	아	사	아	다	바	라	가	가	가	가	다	아	카	다	라

따라서 ㉻는 총 4번 튕기므로, 정답은 ⑤다.

합격자의 시간단축 Tip

Tip ❶ 가장 주의해야 하는 부분은 '마지막 조건'이다. 반음 올라가는 것을 #으로 표시한다는 것은 직관적이지만, 음에 대한 상식이 없는 대다수의 수험생에게 B음보다 C음이, E음보다 F음이 반음 높다는 것은 직관적이지 않다. 따라서 실수할 수 있으므로 조심해야 한다.

Tip ❷ 많은 수험생들이 **'반대 해석'**을 자료해석에서는 잘 활용하는 반면, 문제해결 파트에서는 잘 활용하지 않는 경향이 있다. 그러나 반대 해석 방법은 문제해결 파트에서도 매우 유용하다.

(1) 예를 들어, 처음 ㉻의 음이 무엇인지 찾을 때 반대 해석을 적용하면 좋다. ㉻는 뒤에서부터 카－차－자－아로 4번째에 위치한다. 따라서 G－F#－F－E 순이므로 ㉻는 E이다.
(2) 그러나 이 경우 G부터 내려오다가 일반음과 높은 음을 순간적으로 헷갈릴 수 있으므로 주의를 요한다. 설문의 경우 E#이 없기 때문에 G－F#－F－E 순이든 G－F－F#－E순이든 동일한 결과를 발생시키지만 뒤에서부터 5번째일 경우 D#을 D로 착각할 우려가 있으니 본인이 자신있는 경우에만 활용하도록 하자.

Tip ❸ 목표 지향적 풀이가 필요하다. 이 문제의 경우 ㉻의 횟수만 알면 된다. 즉, ㉻를 제외한 '음'은 전혀 알 필요가 없는 정보이다. 따라서 ㉻가 E라는 것을 앞에서 반대 해석을 통해 확인했다면 〈가락〉에서 E의 개수만 세면 된다.

＊ 종합하면, 반대해석을 이용해 ㉻를 빠르게 확인 후, E의 개수만 세면 된다. 이와 같이 풀면 시간이 많이 소요되지 않으므로 적재적소에 활용할 수 있도록 연습하는 것이 좋다.

** 낯선 소재의 문제가 나오는 경우 당황하는 수험생이 많을 것이다. 그러나 오히려 낯선 소재의 문제는 본인이 알고 있는 지식을 잘못 활용하는 경우가 없어 실수할 가능성이 적다. 따라서 낯선 소재의 문제가 나오는 경우 차라리 시간을 조금 더 활용해서 꼼꼼히 읽자는 생각을 하고 문제를 푼다면 오히려 점수를 안정적으로 획득할 수 있을 것이다.

048 정답 ④ 난이도 ●●○

ㄱ. (O) 평정대상 전원에게 C^+ 이상의 학점을 부여할 수 있다.

➜ 배정 비율은 범위 내에서 자유롭게 배정하고, 잔여 비율은 하위 등급에 배정할 수 있다. 〈성적 평정 기준표〉에 따르면 A등급에 최대 30%, B등급에 최대 35%, C등급에 최대 40%까지 부여할 수 있다. 전체 평정대상이 20명이므로 A등급을 최대 6명, B등급을 최대 7명, C등급을 최대 8명까지 받을 수 있다. 따라서 평정대상 전원이 C등급 이상을 받을 수 있다.

한편, 각 등급 내에서 +와 0의 비율은 교수 재량으로 정할 수 있으므로, C등급을 받은 학생 모두에게 C^+ 학점을 부여한다면 평정대상 전원에게 C^+ 이상의 학점을 부여할 수 있다.

ㄴ. (×) 79점을 받은 학생이 받을 수 있는 가장 낮은 학점은 B^0이다.

➜ 만약 등급별로 최소 비율만 채워 학점을 부여할 경우 A등급과 B등급을 각각 전체 평정대상의 10%와 20%만큼 부여할 수 있다. 이에 해당하는 학생 수는 각각 2명과 4명이다.

이때, 79점을 받은 학생의 순위는 7등이므로, 7등부터는 C등급을 받을 수 있다.

한편, 각 등급 내에서 +와 0의 비율은 교수 재량으로 정할 수 있으므로, C등급을 받은 학생 모두에게 C^0 학점을 부여할 경우 79점을 받은 학생이 받을 수 있는 가장 낮은 학점은 C^0이다.

ㄷ. (O) 5명에게 A등급을 부여하면, 최대 8명의 학생에게 B+학점을 부여할 수 있다.

➜ 각 등급별 비율은 〈성적 평정 기준표〉를 따르되, 상위 등급의 비율을 최대 기준보다 낮게 배정할 경우에는 잔여 비율을 하위 등급 비율에 가산하여 배정할 수 있다.

5명에게 A등급을 부여할 경우 전체 평정대상의 25%가 A등급을 받으며, A등급은 최대 30%까지 받을 수 있다. 이때, 잔여 비율인 5%를 B등급에 배정할 경우 최대 40%의 학생들에게 B등급을 부여할 수 있다. 전체 평정대상이 20명이므로, 이때 B등급을 받을 수 있는 학생은 최대 8명이다.

한편, 각 등급 내에서 +와 0의 비율은 교수 재량으로 정할 수 있으므로, B등급을 받은 학생 모두에게 B^+학점을 부여한다면 최대 8명의 학생에게 B^+학점을 부여할 수 있다.

ㄹ. (O) 59점을 받은 학생에게 부여할 수 있는 학점은 C^+, C^0, D^+, D^0, F 중 하나이다.

➜ 59점을 받은 학생의 순위는 18등이다. 이 학생이 받을 수 있는 최대 등급과 최소 등급은 다음과 같다.

먼저 이 학생이 받을 수 있는 최대 등급은 등급별로 주어진 최대 비율을 채워서 부여할 때 나타난다. 〈성적 평정 기준표〉에 따르면 A등급에 최대 30%, B등급에 최대 35%까지 부여할 수 있으므로 20×65%=13등을 기록한 학생까지 B등급 이상을 받을 수 있다.

C등급에는 최대 40%까지 부여할 수 있으며, 전체 평정대상은 20명이므로 C등급을 받을 수 있는 최대 인원은 8명이다. 따라서 18등인 이 학생이 받을 수 있는 최고 학점은 C등급이고, 각 등급 내에서 +와 0의 비율은 교수 재량으로 정할 수 있으므로 이 학생은 C^+ 학점 또는 C^0 학점을 받을 수 있다.

다음으로 이 학생이 받을 수 있는 최소 등급은 등급별로 주어진 최소 비율을 채워서 부여할 때 나타난다. 〈성적 평정 기준표〉에 따르면 A등급에 최소 10%, B등급에 최소 20%, C등급에 최소 20% 이상 부여해야 한다.

전체 평정대상은 20명이므로 최소 비율을 채워서 부여할 때 C등급 이상을 받는 인원은 10명이다. D등급과 F등급에 부여해야 하는 비율은 최소 0%에서 최대 40%이다.

따라서 18등인 이 학생은 D등급 또는 F등급을 받을 수 있고, 각 등급 내에서 +와 0의 비율은 교수 재량으로 정할 수 있으므로 이 학생은 D^+학점, D^0학점, F학점을 받을 수 있다.

합격자의 시간단축 Tip

Tip ① 범위 값이 주어지는 경우, 실수만 주의하면 매우 빠르게 문제를 풀 수 있다. 왜냐하면 범위 값 문제는 주로 '**극단값을 찾는 방법**'만 활용하면 간단하게 처리 가능하기 때문이다.

이 문제의 경우도 마찬가지다.

보기 ㄱ. 전원에게 C^+ 이상 부여할 수 있다는 것은 극단적으로 C등급 까지의 최대 비율 값을 합했을 때 100% 이상인지 묻는 것과 같다.

보기 ㄴ. 가장 낮은 학점이라는 것은 각 등급을 극단적으로 최소로 부여했을 때의 값이다.
각 등급에 해당하는 비율을 최소로 할수록 더 많은 학생이 더 낮은 학점을 받게 되기 때문이다.

보기 ㄷ. B학점을 최대로 준다는 것은, A의 잔여비율과 B를 극단적으로 최대 부여한 비율을 합했을 때의 값이다.

보기 ㄹ. A와 B를 극단적으로 크게 더했을 때 59점 학생의 등수가 포함되지 않는지 묻는 것이다. 극단적으로 큰 비율을 부여한다는 것은 곧 최대한 많은 학생들이 A와 B를 받을 수 있게 한다는 의미인데, 만일 이 경우에도 59점 학생의 등수가 포함되지 않는다면 어떠한 경우에도 A와 B를 받을 수 없음을 의미하기 때문이다.

＊ 이 문제에서 +와 0의 비율을 교수 재량으로 정할 수 있게 한 조건은 자칫 함정으로 읽힐 수 있으나 실은 각 등급에서 +와 0의 구분을 무차별하게 만드는 조건이다. 마지막 줄에 나온 조건은 항상 이를 통해 답을 구별할 수 있는 조건인 것은 아니다. 물론 이 문제의 경우에도 문제 풀이에 도움을 주긴 하나 핵심 조건은 오히려 그보다 윗줄인 '예컨대~' 이므로 제시문을 읽을 때에 지나치게 원칙을 세워 읽는 것은 위험할 수 있다.

Tip ❷ 위와 같이 확실한 기준이 주어지지 않고 범위가 주어져 문제를 푸는 사람이 직접 가정해야 하는 경우가 있다. 이 경우 오히려 주어진 범위 안에서 자신이 문제를 풀기에 유리한 방향으로 가정하면 된다. 이때, 가정은 각 〈보기〉에서의 **반례**가 되는 가정이어야 한다.

(1) 예를 들면, ㄱ의 경우 한 명이라도 받는 학점이 C^+ 미만인 사람이 있는지를 중심으로 검토한다. 이때, A, B, C 등급을 최대한의 비율로 맞췄을 때를 가정한다. 그래야 남은 비율이 있다면 필연적으로 D를 받을 것이기 때문이다.
(2) 반대로 만약 지금 보기에는 없지만 최고 학점 등을 물어본다면 비율을 최소의 비율로 맞추는 것이 좋다. 그래야 보기에서 말한 학점보다 더 높은 학점을 받을 수 있는지 혹은 정말로 보기의 학점이 최대인지를 알 수 있기 때문이다. 범위의 최소, 최대 극단값을 문제 보기에 따라 자유롭게 사용하는 연습을 해보도록 한다.

049 정답 ⑤ 　 난이도 ●●●

주어진 〈상황〉을 정리하면 다음과 같다.

	적합(명)	부적합(명)	합계(명)
전체 지원자(명)	800	400	1,200
채용(명)	320	40	360
탈락(명)	480	360	840

(1) $(\text{오탈락률})=\dfrac{(\text{적합 중 탈락한 지원자})}{(\text{적합한 지원자})}\times100$

$=\dfrac{480}{800}\times100=60\ (\%)$이다.

(2) $(\text{오채용률})=\dfrac{(\text{부적합 중 채용한 지원자})}{(\text{적합하지 않은 지원자})}\times100$

$=\dfrac{40}{400}\times100=10\ (\%)$이다.

따라서 정답은 ⑤ 번이다.

합격자의 시간단축 Tip

Tip ❶ 그리는 시간이 소모되긴 하겠지만, 빠른 풀이를 위해서는 위의 〈표〉를 그리고 시작하는 것이 좋다. 물론 본인이 표를 그리지 않더라도 숫자 관계가 보인다면 안 그리고 곧장 풀어도 되지만, 일반적으론 〈표〉를 그렸을 때 더 빠르게 풀 수 있다. 다만, 표를 그리라는 것이 선을 그려 완벽한 표를 완성하라는 것이 아니므로 범주만이라도 확실하게 표현하도록 하자.

Tip ❷ 풀이에 필요한 빈칸만 추려 채우는 것이 중요하다.

	적합	부적합	합계
전체	800	400	1,200
채용	A	B(=40)	360
탈락	C	D	E

주어진 숫자만 채워보면 위와 같은 표가 도출된다. 이때, "오탈락률"은 적합한 지원자 중 탈락시킨 지원자의 비율이므로 C를 알아야 도출 가능하고, "오채용률"은 적합하지 않은 지원자 중 채용한 지원자의 비율이므로 B를 알아야 도출 가능하다. B의 경우 〈상황〉에서 '채용된 신입사원 중 회사에 적합하지 않은 인원'으로 40을 제시하였다. 문제는 C인데, C를 구하는 방법은 두 가지가 있다.

(1) $A=360-B=320$, $C=800-320=480$ 처럼 두 번의 계산을 거쳐서 구해도 되고
(2) $A+B=360$과 $A+C=800$에서 A는 겹치고 B와 C가 차이 나는데 합계의 차이가 440이므로 B와 C의 차이 역시 440임을 알 수 있다. 따라서 $C=440+40=480$임을 알 수 있다.
이는 겹치는 숫자(A)가 있는 행과 열을 활용하는

방법이다. (특히 이러한 방법은 B가 주어지지 않은 상태에서 B와 C의 차이를 묻는 문제에서 많이 활용되는 방식이다.)
두 가지 방법 중 절대적으로 우월한 방법은 없으며, 본인의 스타일 혹은 주어진 숫자에 따라 더 쉬운 계산 방법을 활용하면 된다. 만일 B가 40이 아니라 37처럼 뺄셈이 용이하지 않은 숫자인 경우에는 두 번째 방법이 훨씬 활용하기 수월할 것이다.

* 이 문제의 경우 제시문에서 마지막 줄을 제외하고는 문제 풀이에 큰 도움이 되지 않는다. 그러므로 읽을 때 강약을 조절하며 읽는 것이 중요하다. 예를 들어, 처음 부분은 가볍게 읽다가 '오탈락률'과 '오채용률' 부분이 나올 때 정독하는 것이다.

050 정답 ②

난이도 ●●○

점수를 정리하면 다음과 같다.

구분	서울	인천	대전	부산	제주
1) 회의시설	10	10	3	7	3
2) 숙박시설	10	7	10	10	3
3) 교통	7	10	3	7	7
4) 개최 역량	10	3	3	10	7
5) 가점/제외		5+5	×	5	5/×
합산점수	37	40	×	39	×

이때, 〈국제해양기구의 의견〉에 따라 회의 시설에서 C를 받은 대전과 제주를 제외하면, 40점으로 가장 높은 점수를 받은 '인천'이 개최도시로 선정된다.

합격자의 시간단축 Tip

Tip ❶ 평가 점수를 환산한 후 최종 합이 n등인 곳을 도출하도록 요구하는 유형은 자주 출제되는 빈출 유형이다. 이러한 유형의 문제를 푸는 방법은 어느 정도 정형화되어 있다.

(1) 제외되는 곳을 가장 먼저 확인한다. **(단서 조건 바로 처리)**
이 유형의 문제점은 난이도보단 '시간 소모'이다. 따라서 시간 소모를 줄이려면 비교 대상이 되는 항목을 최대한 줄이는 것이 핵심이다. 이를 위해 '~~한 경우 제외된다'는 규칙을 빠르게 확인하여 소거시키는 것이 좋다.
이 문제의 경우, 〈국제해양기구의 의견〉의 '회의시설에서 C를 받은 도시를 제외할 것'을 이용하여 대전과 제주를 빠르게 소거하면 된다.

(2) 비교할 때는 [매칭 비교법]이나 [차이 값 비교법]으로 비교한다.
정말 특이한 경우가 아닌 한 정확한 값을 요구하는 문제는 나오지 않는다. 가장 크거나, 특정 순위를 구하는 형식으로 대소 관계만을 요구한다. 따라서 숫자로 주어지는 경우 구성요소끼리 비교하는 **[차이 값 비교법]**을, 기호나 대체값으로 주어지는 경우 동일한 기호끼리 상쇄시키는 **[매칭 비교법]**을 활용하는 것이 좋다.
이 문제의 경우 A, B, C라는 대체값을 이용하는 문제이므로 **[매칭 비교법]**을 활용하면 된다. 가령 서울과 부산을 비교해보면, 서울은 A 3개, B 1개로 구성되어 있으나 부산은 A 2개, B 2개이므로 서울은 부산보다 (A−B)만큼 크다. 즉, 10−7=3만큼 서울이 큰 상황이다. 그러나 부산은 바다를 끼고 있어 5점의 추가점수를 얻으므로, 합산 점수는 서울이 2만큼 작다는 것(3−5=−2)을 정확한 계산 없이도 알 수 있다.

(3) 이 외에도 **차이 값**을 활용한 문제풀이는 다양하다.
이 문제에서는 서울과 인천, 부산에 가장 자주 나오는 점수값이 A이므로 A를 0점으로 두면 B를 -3점, C는 -7점으로 환산할 수 있다. 가점을 제외하고 각 도시의 점수를 계산해보면 서울 -3점, 인천 -10점, 부산 -6점이고, 이에 각 가점을 더하면 보다 빠르게 점수를 비교할 수 있다.
이처럼 차이 값을 활용해 대소비교를 할 경우에는 가장 많이 반복되는 항목을 0점으로 둘수록 계산이 용이하며, 이 문제와 같이 반복되는 횟수가 동일하다면(서울, 인천, 부산 모두 A를 두 번씩 지울 수 있다.) 이를 소거한 후 남은 값들만 더해주는 것 역시 좋은 방법이다.

* 이상의 방법은 이 문제에서 가중치가 적용되지 않았기에 가능한 방법이다. 만약 가중치가 적용되어 있다면 각 도시의 총점을 계산하는 것이 보다 확실한 방법이 될 수 있다.

Tip ❷ PSAT은 보통 배경지식을 요하지 않지만, 문제의 "바다를 끼고 있는 도시"가 '인천'과 '부산', 그리고 '제주'라는 점은 응시자가 당연히 알고 있을 것이라 생각하고 출제한 것임을 알 수 있다.

Tip ❸ 문제에서는 단순히 '국제행사의 개최도시로 선정될 곳'을 물어봤으나, 지문에 따르면 '합산점수가 가장 높은 도시'가 개최도시로 선정된다. 이와 같이 '가장 높은 한 곳'을 고르는 문제에서는 대부분 힌트가 될 만한 것이 존재한다.
설문의 경우, 〈후보도시 평가표〉에서 A를 많이 받은 서울은 유력한 개최도시 후보에 들며, C가 많은 대전과

A가 없는 제주는 개최도시가 아닐 가능성이 크다. 또한, 〈국제해양기구의 의견〉은 일종의 가산점으로, 가산점이 많은 도시도 개최도시일 가능성이 크다. 인천은 가산점 항목 2가지에 모두 해당하므로 유력한 개최도시 후보에 든다. 따라서 서울과 인천을 비교하여 더 높은 점수를 받은 도시가 개최도시가 될 확률이 상당히 높음을 추론할 수 있다.

051 정답 ②

난이도 ●○○

(1) 〈조건〉 네 번째와 다섯 번째에 따라 A, D, G, H는 F와 같은 조가 아니며, C와 E가 '나' 조에 속한다면 '다' 조에 속한 F와 같은 조가 아니다.
따라서 F와 함께 '다' 조에 속하는 학생은 B, I이다.

(2) 이때, 〈조건〉 두 번째에 따라 A는 두 명의 경제학과 학생과 같은 팀에 속해야 하는데, A가 '나' 조에 속한다면 한 명의 경제학과 학생과 같은 팀에 속하게 되므로 A는 '가' 조에 속한다. 또한 '가' 조는 경제학과 학생이 두 명이어야 하므로 경제학과 학생인 G가 '가' 조에 속하며 행정학과 학생인 D는 '나' 조에 속한다.

(3) 이상의 결과를 표로 정리하면 다음과 같다.

조	'가' 조	'나' 조	'다' 조
학생	A, G, H	C, D, E	B, F, I

합격자의 시간단축 Tip

(1) 선지를 적극적으로 활용한다면 보다 효율적으로 문제에 접근할 수 있다. C와 E가 '나'조에 속한다고 하였으므로 네 번째 조건과 두 번째 조건에 따라 '가'조에 A와 H가 포함된다는 것을 알았다면, 선지 ①, ②, ③ 중에 답이 있을 것임을 알 수 있다. 이때, 선지 ①은 두 번째 조건에 위배되므로 소거하면 선지 ②와 ③이 남는다.
(2) 그 중 하나를 임의로 대입하여 모순되는 조건이 생기지 않는지 살펴보고 모순이 생기지 않는다면 해당 선지가 답, 모순이 생긴다면 남은 선지가 답일 것이다. 가령 선지 ③번을 대입하면 남는 학생은 B, D, G이다.
그러나 마지막 조건에서 D, G는 F와 같은 조에 속할 수 없다고 했으므로 남은 학생 중 '다'조에 속할 수 있는 학생은 B뿐이어서 문제의 조건에 위배된다는 것을 알 수 있다.
(3) 이렇게 문제에 접근할 경우 굳이 선제적으로 표의 모든 칸을 채우지 않더라도 쉽게 문제를 풀 수 있기 때문에 시간을 단축할 수 있다.

052 정답 ①

난이도 ●○○

문제에서 제공한 것과 같이 승합차 자리표를 이용하여 문제를 풀 수 있다. 실제로 문제를 푸는 경우, 번거롭게 새로운 표를 그리기보다는 문제 위에 그대로 필기하는 편이 효율적일 것이다.

첫째 줄			
둘째 줄			
셋째 줄			

(1) 확정적인 정보부터 먼저 표시하자. 〈조건〉 세 번째에 따르면 보라의 자리는 셋째 줄에 있다.

첫째 줄			
둘째 줄			
셋째 줄(보라)			

해설에서는 줄은 확정되었으나, 정확한 자리를 모르는 승객을 괄호 안에 표기하였다.

(2) 〈조건〉 네 번째에 따라 다희와 리정은 같은 줄에 앉아 있으며 해당 줄에는 빈자리도 있다. 따라서 어떤 줄에는 다희와 리정만 앉아 있다. 그런데 〈조건〉 다섯 번째에 따라 리정의 자리는 가은의 자리 뒷자리이므로 리정의 자리는 첫째 줄이 될 수가 없다.
또한, 〈조건〉 세 번째에 따라 셋째 줄에는 보라가 앉아 있으므로 다희와 리정만 앉을 수가 없다.
따라서 다희와 리정은 둘째 줄에 앉아 있다. 이때, 다희의 양 옆은 리정과 빈자리이므로 다희는 가운데 앉아 있으며, 빈자리 바로 옆자리에 앉을 수 있다. 이상을 표로 나타내면 다음과 같다.

첫째 줄			
둘째 줄	리정 or 빈자리	다희	빈자리 or 리정
셋째 줄(보라)			

여기까지 주어진 정보만으로 리정과 빈자리의 위치는 확정할 수 없다.

(3) 한편, 〈조건〉 다섯 번째에 따라 리정의 앞자리에 앉은 가은의 자리는 첫째 줄이다. 그런데, 〈조건〉 여섯 번째와 일곱 번째에 따라 미연과 서연의 자리는 같은 줄이며 가은의 옆자리가 아니다. 따라서 미연과 서연의 자리는 셋째 줄이며 셋째 줄에는 빈 자리가 없다.
따라서 마지막으로 남은 나연은 첫째 줄이며 이상을 표로 나타내면 다음과 같다.

첫째 줄	가은(리정 앞), 나연, 빈자리		
둘째 줄	리정 or 빈자리	다희	빈자리 or 리정
셋째 줄	미연, 서연, 보라		

(4) 주어진 정보만으로는 가능한 경우의 수가 매우 많음을 알 수 있다. 이럴 때, 우리는 문제에서 무엇을 묻고 있는지, 무엇이 유의미한 정보인지 파악해야 한다. 우선, 문제에서 무엇을 묻고 있는가? '빈자리 바로 옆에 앉을 수 있는 사람'을 묻고 있다.
그렇다면 무엇이 유의미한 정보인가? 같은 줄에 빈자리가 있는 승객만이 유의미한 정보이다.
즉, 3명이 앉은 셋째 줄의 승객들은 문제 해결에 아무런 의미가 없는 정보인 것이다. 따라서 지금부터는 아래와 같이 두 줄짜리 표로 풀이를 이어갈 수 있다.

첫째 줄	가은(리정 앞), 나연, 빈자리		
둘째 줄	리정 or 빈자리	다희	빈자리 or 리정

또한, 리정이 다희의 왼쪽에 앉는지 오른쪽에 앉는지는 의미가 없는 정보이다. 어차피 리정은 빈자리 옆에 앉을 수 없고, 다희는 앉을 수 있기 때문이다. 임의로 리정을 다희의 왼쪽에 배치해 보자. 그러면 〈조건〉 다섯 번째로부터 가은의 자리도 확정된다.

첫째 줄	가은		
둘째 줄	리정	다희	빈자리

여기서 문제가 무엇을 묻는지 다시 한번 상기하자. 빈자리 바로 옆자리에 앉을 수 있는 사람, 즉 가능한 경우를 모두 묻고 있다. 다희의 앞자리를 빈자리로 두면 가은과 나연 모두 빈자리 바로 옆자리에 앉게 된다. 이를 표로 나타내면 다음과 같다.

첫째 줄	가은	빈자리	나연
둘째 줄	리정	다희	빈자리

그러므로 인원 중 빈자리 바로 옆자리에 앉을 수 있는 사람은 가은, 나연, 다희이다.

합격자의 시간단축 Tip

Tip ❶

(1) 위의 해설은 문제의 완전한 해결을 위하여 가능한 모든 단계를 밟은 것이다. 하지만, 현장에서 해설과 같이 ①부터 ④까지 단계를 거치는 것은 비효율적이다. 실제로 문제를 푼다면, ③에서 그린 표만으로도 첫째 줄에서 가은과 나연, 둘째 줄에서 다희를 찾아내 풀이를 종결하는 것이 이상적이다.

(2) 문제에 그려진 좌석표에 사람 이름을 일일이 채워가는 방식은 오히려 문제 풀이 시간을 늘리는 원인이 된다. 유일한 정답을 묻는 것이 아니라, 가능한 경우 여러 개를 모두 찾아내도록 하는 유형의 문제이기 때문이다. 따라서 각 좌석에 앉는 사람이 누구인지 구체적으로 파악하기 보다는, 각 줄 오른쪽에 괄호를 쳐 누가 앉을 것인지만을 적어 두는 정도가 적당할 것이다.

(3) 각 인물이 어디에 앉는지를 정확히 파악하려고 하기보다 세 줄 중 어느 줄에 빈자리가 생길 가능성이 있는지 위주로 파악하는 것이 더 효율적인 문제 풀이 방법이다.
다만 어떤 사람의 옆자리가 비었다는 것을 알았다 해도 이때 빈자리가 오른쪽인지, 왼쪽인지가 불확실하기 때문에, 이런 경우에는 임의로 자리를 배치할 만한 사람을 한 명 고른 뒤 그 사람을 기준으로 새로운 좌석표를 그려 나가는 것이 좋다. 해설에서 리정을 임의로 다희 왼쪽에 배치한 것이 예이다.

Tip ❷ 선지 소거법으로 접근할 수도 있다. 〈조건〉 네 번째에 따라 리정이 소거되며, 〈조건〉에 따라 셋째 줄에 미연, 보라, 서연이 앉게 된다는 것을 구하면 바로 정답이 ① 임을 알 수 있다.

053 정답 ❶ 난이도 ●●○

(1) 모든 학생은 과일의 모양과 색에 대해 2개의 진술을 했으며, 그 중 1개는 참, 1개는 거짓이다. 이로부터 두 가지 논리 관계를 도출할 수 있다.
① 한 학생의 진술 2개는 서로 모순 관계에 있다. 즉, 두 진술의 진릿값은 항상 다르다.
② 어떠한 과일의 색에 대한 한 학생의 진술이 참인 경우, 해당 과일에 대해 진술한 다른 학생들의 진술의 진릿값이 자동으로 결정된다.
이러한 관계를 기본적인 방향으로 두고, 문제풀이의 출발점을 찾아보자. 전건과 후건 모두 동일한 진술 두 쌍이 눈에 띌 것이다. '(가)=노란색'이라는 가영의 첫 번째 진술과 서연의 첫 번째 진술이 한 쌍이고, '(마)=보라색'이라는 지호의 두 번째 진술과 가영의 두 번째 진술도 한 쌍이다.
둘 중 무엇으로 시작하든 무방하므로, 해설에서는 전자를 택하겠다.

(2) 가영의 첫 번째 진술과 서연의 첫 번째 진술이 '(가)=노란색'으로 동일하므로, 먼저 '(가)=노란색'이 거짓이라고 가정해 보자. 그러면, 논리 관계 ①로부터 가영의 두 번째 진술과 서연의 두 번째 진술이 참이 된다. 즉 '(마)=보라색'과 '(나)=빨간색'이 참이다.

이상을 표로 나타내면 다음과 같다. (단, '~노란색'은 노란색이 아니라는 뜻이다.)

과일	가	나	다	라	마
색상	~노란색	빨간색			보라색

'(마)=보라색'이므로 논리 관계 ②로부터 주원의 두 번째 진술 '(라)=보라색'이 거짓이 된다. 따라서 논리 관계 ①로부터 주원의 첫 번째 진술은 참이 되어 '(다)=빨간색'이다. 그런데 5개의 과일은 서로 다른 색을 가지므로 이는 '(나)=빨간색'이라는 서연의 두 번째 진술과 모순된다.
따라서 가영의 첫 번째 진술과 서연의 첫 번째 진술은 거짓일 수 없으므로, 참이다.

(3) '(가)=노란색'은 '참'으로 확정된다.

과일	가	나	다	라	마
색상	노란색				

논리 관계 ①에 따라 가영의 두 번째 진술은 거짓인데, 이는 지호의 두 번째 진술과 동일하므로 지호의 두 번째 진술도 거짓이 된다. 이에 논리 관계 ①에 따라 지호의 첫 번째 진술은 참이므로, '(나)=주황색'이다.

과일	가	나	다	라	마
색상	노란색	주황색			

'(나)=주황색'이므로 논리 관계 ②에 따라 우석의 두 번째 진술 '(라)=주황색'은 거짓이고, 논리 관계 ①에 따라 우석의 첫 번째 진술은 참이 된다. 따라서 '(다)=초록색'이다. 이때, 논리 관계 ②에 따라 주원의 첫 번째 진술 '(다)=빨간색'은 거짓이다. 논리 관계 ①에 따라 두 번째 진술은 참이 된다. 즉, '(라)=보라색'이다.

과일	가	나	다	라	마
색상	노란색	주황색	초록색	보라색	

따라서 마지막으로 남은 과일 (마)는 마지막 색상인 빨간색이 된다.

(4) 여기까지 어떠한 모순이나 논리적 오류가 발생하지 않았는지 확인해 보자. 표로 정리하면 다음과 같다.

	명제 1		명제 2	
주원	(다)=빨간색	거짓	(라)=보라색	참
지호	(나)=주황색	참	(마)=보라색	거짓
우석	(다)=초록색	참	(라)=주황색	거짓
가영	(가)=노란색	참	(마)=보라색	거짓
서연	(가)=노란색	참	(나)=빨간색	거짓

과일	가	나	다	라	마
색상	노란색	주황색	초록색	보라색	빨간색
종류	바나나	오렌지	청포도	블루베리	딸기

(5) 모든 학생은 참인 명제 1개와 거짓인 명제 1개를 진술하였으며 과일과 색상의 일대일 대응관계가 성립하므로, 정답을 찾았음을 알 수 있다.
위의 표에 따르면 참이 되는 선지는 ① (가)=바나나, (라)=블루베리이다.

합격자의 시간단축 Tip

사소한 팁이지만, 실전에서 해당 문제를 푼다면 따로 표를 그리지 않고 주어진 조건에 곧바로 ○, × 표시를 하면서 푸는 것이 가장 효율적이다. 즉, 참으로 확정된 진술 위에는 ○표, 거짓으로 확정된 진술 위에 ×표를 하는 식이다.
또한, ○, × 표시를 하면서 동시에 대응표를 채워 나가는 방법도 시각적으로 도움이 된다. 다른 사람의 발언이 거짓인지를 바로바로 확인할 수 있기 때문이다. 이때, 과일 옆에는 색도 간략하게 적어주도록 한다.

	가	나	다	라	마
딸기(빨)	×				
블루베리(보)	×				
오렌지(주)	×				
바나나(노)	○	×	×	×	×
청포도(초)	×				

이렇게 표를 만들어주고 해설처럼 '(가)=노란색'을 가정하고 표를 채워 나간다. 위 표는 '(가)=노란색'을 가정했을 때의 표의 시작 부분을 보여준 것이다. 해설에 따라 표를 채워 나가면 시각적으로 각 과일과 색상의 일대일 대응관계를 더 쉽게 볼 수 있다.

054 정답 ① 난이도 ●●○

ㄱ. (O) 만 2세가 되기 전에 백신 A의 예방접종을 2회 모두 유효하게 실시할 수 있다.
➜ 만 2세는 24개월으로 주어진 〈표〉 그대로 진행 시 12개월 +12개월=24개월이 된다.
이때, 최소 접종연령 및 최소 접종간격에서 각 4일 이내로 앞당겨 진행해도 된다 하였으므로 2회 모두 앞당겨 접종할 경우, 24개월에서 최대 8일 일찍 예방접종을 모두 유효하게 실시할 수 있다.

ㄴ. (×) 생후 45개월에 백신 B를 1차 접종했다면, 4차 접종은 반드시 ~~생략한다~~.

➜ 백신 B의 4차 접종을 생략하는 것은 만 4세 이후에 3차 접종을 유효하게 한 경우에 한한다. 따라서 만 4세 이전에 3차 접종을 유효하게 한 경우 4차 접종을 생략할 수 없다.

백신 B의 1, 2차 사이 및 2, 3차 사이 최소 접종간격은 4주이므로 4주보다 조금 긴 1개월 주기로 접종할 경우 생후 46개월에 2차 접종을, 생후 47개월에 3차 접종을 하게 되어 만4세(48개월) 이전에 3차 접종이 가능하다. 따라서 이 경우에는 4차 접종을 생략할 수 없다.

ㄷ. (×) 생후 40일에 백신 C를 1차 접종했다면, 생후 60일에 한 2차 접종은 ~~유효하다~~.

➜ 백신 C의 최소 접종연령은 6주로 일수로 전환 시 42일이다. 이때, 생후 40일에 1차 접종했다면 최소 접종연령보다 2일 앞당겨 접종한 것으로 유효한 것으로 본다.

한편, 생후 60일에 2차 접종을 한다면, 1차 접종 후 60 - 40 = 20일 만에 접종한 것이 된다. 이는 1, 2차 사이의 '최소 접종간격'인 4주, 즉 28일보다 8일을 앞당겨 접종한 것으로 무효로 간주된다.

합격자의 시간단축 Tip

Tip ❶ '의심스러운 부분을 파고드는 방법'을 적용하기 좋은 문제이다. 단순히 '일정 기간을 준수해야 한다'는 유형은 정말 많지만 이 문제처럼 '4일 정도는 준수하지 않아도 문제없다' 식의 문제는 흔치 않다. 따라서 4일 범위의 오차를 만들어도 된다는 점에 집중하여 문제를 접근하면 간단하다. 예를 들면 다음과 같다.

(1) 보기 ㄱ: 좋은 풀이는 24개월 미만인지 질문했을 때 기준 값의 합이 12개월+12개월=24개월이라는 것을 보고 곧장 옳다고 판단하는 것이다. 왜냐하면 '4일의 오차'를 허락한 문제이므로 선지의 값과 동일하다는 것은 당연히 그 미만이 된다는 의미이기 때문이다.
이는 위의 정석 풀이처럼 최대한 당겼을 때 며칠 내로 유효하게 실시할 수 있는지는 확인하지 않아도 된다는 뜻이기도 하다. 즉, 〈보기〉에서 구체적으로 며칠을 단축할 수 있는지를 물어보는 경우에만 해설과 같이 정확한 풀이가 요구되는 것이다. 이러한 유형을 **"예시 찾기"**로 분류해 기억하면 좋다.

(2) 보기 ㄴ: 해당 보기의 경우 4일 오차와 관계 있는 것은 아니지만 의심을 통해 풀기 전에 이미 오답임을 짐작할 수 있다. 해당 보기에서는 '4차 접종은 **반드시** 생략한다'라고 강조하고 있는데, 이는 하나의 반례가 있다면 옳지 않다는 것을 의미한다. 이럴 경우에는 해당 보기가 틀릴 가능성이 높다는 것을 염두에 두고 한 가지라도 예외가 보이면 곧바로 넘어가면 된다.
만일 이와 반대로 '4차 접종은 생략할 수 있다' 와 같이 넓은 범주로 보기가 주어졌을 경우에는 옳은 보기일 가능성이 높을 것이다. 이러한 유형을 **"예외 찾기"**라 분류해 기억하면 좋다.

(3) 보기 ㄷ: 좋은 풀이는 'A일 때 B이다' 구조를 풀 때 B부터 확인하는 풀이이며, 이때, 오차를 더해 같은지 확인하면 된다. 즉, 60 - 40 = 20일에 오차인 4일을 더한 24일보다 작거나 같은지 확인하면 된다. 확인 시 '24일 < 4주'이므로 당연히 유효하지 않다는 것을 알 수 있다.

Tip ❷ **'반드시'/ '무조건'과 같은 확정적인 표현이 들어있는 보기는 옳지 않을 가능성**이 있다. 하나의 반례만 존재하더라도 옳지 않게 되기 때문이다.
따라서 이러한 표현이 포함된 〈보기 ㄴ〉의 경우 극단적인 사고를 통해 출제자가 의도하는 반례를 신속히 찾아야 한다. 물론 이러한 반례가 없는 경우도 있음을 주의하여야 할 것이다.

Tip ❸ 설문의 경우 문제 해결에 영향을 주지는 않았으나, 4주와 1개월은 차이가 있음을 항상 염두에 두자. 4주는 28일이며 1개월은 해당 월에 따라 28일, 29일, 30일, 31일 중 하나와 같다.

055 정답 ② 난이도 ●●○

상황에 따라 각 채용후보자의 직무역량을 정리하면 다음과 같다.

	의사소통 역량	대인관계 역량	문제해결 역량	정보수집 역량	자원관리 역량
甲	○	○	×	×	○
乙	×	×	○	○	○
丙	○	×	○	○	×
丁	×	○	○	×	○

이에 따라 각 업무에 대한 필요 직무역량을 모두 충족하고 있는 채용후보자를 정리하면 다음과 같다.

업무	담당자
심리상담	甲
위기청소년지원	丙
진학지도	乙, 丙
지역안전망구축	甲, 丁

심리상담 업무와 위기청소년지원 업무를 수행할 수 있는 채용후보자는 각각 甲, 丙으로 유일하므로 이 두 사람을 채용해야 한다.

업무	담당자
심리상담	甲
위기청소년지원	丙
진학지도	丙
지역안전망구축	甲

따라서 정답은 ② 번이다.

합격자의 시간단축 Tip

Tip ❶ 기능, 역할, 역량, 업무 등을 **매칭**하는 문제로 빈출되는 유형이다. 이때, 핵심은 '유일하게 그 업무를 담당할 수 있는 사람 찾기'이다. 이 경우 여러 값을 고려할 필요 없이 경우의 수를 극단적으로 줄일 수 있다. 예컨대, 심리상담은 甲, 위기청소년지원은 丙만 담당할 수 있다. 따라서 甲을 기준으로 생각할 때 선지에서 乙을 먼저 검토하게 되는데, 乙은 의사소통역량이 없어 "위기청소년지원" 업무를 못하므로 곧바로 ①을 소거하고 ②를 고르면 된다.
즉, 경우의 수를 줄이는 것을 넘어, 유일하게 업무를 담당할 수 있는 사람만으로 답을 도출할 수 있다.

＊ 참고로 해당 유형이 고난도 문제로 나오는 경우, 1명만이 담당할 수 있는 업무를 1개만 주거나, 아예 주지 않는다. 그렇다 해도 푸는 방식은 동일하다. 즉 '해당 업무를 담당할 수 있는 사람이 가장 적은 업무 찾기'를 하면 된다. 예를 들어 2명만이 담당 가능한 업무가 담당자가 가장 적은 업무라면, 해당 업무를 중심으로 선지를 검토하면 된다.

Tip ❷ 풀이과정이 복잡하기 때문에 목표의식을 분명히 하지 않으면 실수하기 쉽다. 즉 후보자 별 필요직무역량을 정리한다 해도, 각각 어떤 업무를 맡을 수 있는지 한번 더 정리가 필요하다. 중요한 건 '2명이서 나누게 될 업무'이다.
이때, '각 후보자는 직무역량 중 3가지씩 갖추고 있다'는 점에 주의해야 한다. 4가지 업무를 2명이서 맡으려면 각자 2개 이상은 도맡아야 한다. 따라서 "필요직무역량"이 겹치는 업무끼리 묶어, 3개의 역량을 가진 개인 한 명이 두 개의 업무를 볼 수 있도록 분배하는 것이 중요하다. 예컨대,

(1) '심리상담'+'위기청소년지원' 묶음: 의사소통, 대인관계, 문제해결 → 가능
동시에 충족해야 하는 '진학지도'+'지역안전망구축' 묶음: 문제해결, 정보수집, 대인관계, 자원관리 → 불가능

(2) '심리상담'+'진학지도' 묶음: 의사소통, 대인관계, 문제해결, 정보수집 → 불가능

(3) '심리상담'+'지역안전망구축' 묶음: 의사소통, 대인관계, 자원관리 → 가능
동시에 충족해야 하는 '위기청소년지원'+'진학 지도' 묶음: 의사소통, 문제해결, 정보수집 → 가능
정리한 것과 같이 4개의 역량이 필요한 묶음은 불가능하다. 이에 따라 가능한 업무 묶음을 생각하면 (3)의 '심리상담'+'지역안전망구축'("대인관계역량" 중복)과 '위기청소년지원'+'진학지도'("문제해결역량" 중복) 조합만 된다는 것을 알 수 있다.
길게 적어 복잡해 보이지만 중복되는 필요직무역량을 중심으로 경우의 수를 따지면 실질적으로 한두 번 만에 끝난다는 것을 알 수 있다.
따라서 구해야 할 역량 후보자는 (의사소통, 대인관계, 자원관리)와 (의사소통, 문제해결, 정보수집)역량을 갖춘 사람이다. 해설과 같이 직무역량을 정리하고 업무가능성을 따지기보다, 먼저 업무가능성을 따지고 직무역량을 정리하는 방식의 접근도 시도해 보는 것을 추천한다.

Tip ❸ 해설처럼 **표를 그려** 접근하는 것도 좋다. 왜냐하면 시각화할 수 있어야 문제를 전체적으로 쉽게 파악하며 실수의 가능성을 줄일 수 있기 때문이다.
따라서 이러한 유형의 경우 주저하지 말고 표를 그리는 연습을 몇 번 하다 보면 생각보다 큰 시간 소모 없이 해결이 가능할 수 있다.

＊ 보통의 경우 해설의 표를 그리는 것에서 문제 풀이가 끝나고 그를 바탕으로 선지를 푸는 문제가 대부분이다. 그러나 이 문제의 경우 표를 그려 각 채용후보자가 어떤 역량을 보유하고 있는지를 파악한 뒤 가능한 채용구성을 조합하는 것까지 해결해야 한다.
이렇게 여러 단계를 요구하는 문제일수록 각 단계를 확실하게 구분하면서 문제를 푸는 것이 필요하다. 예를 들어, 1단계는 표를 그리는 것, 2단계는 선지에 따라 파악하는 것으로 나눌 수 있다.

056 정답 ①

난이도 ●●○

ㄱ. A부처와 B부처 간 인력지원이 한 차례씩 이루어진 후, A부처에 B부처 소속 공무원이 3명 남아있다면 B부처에는 A부처 소속 공무원이 (　　)명 있다.
(1) 첫 인력지원으로 A부처에 9명의 B부처 소속 공무원이 업무를 지원하였다.
(2) 만약 다시 B부처에 지원 인력을 보냈을 때 B부처의 소속 공무원이 3명 남았다면, 총 6명의 B

부처 공무원이 다시 B부처로 돌아간 것이므로, 9－6＝3명만큼의 A부처 사람이 지원되었음을 알 수 있다.

(3) 따라서 〈보기 ㄱ〉의 괄호 안에 들어갈 숫자는 3이다.

ㄴ. A부처와 B부처 간 인력지원이 한 차례씩 이루어진 후, B부처에 A부처 소속 공무원이 2명 남아있다면 A부처에는 B부처 소속 공무원이 (　　)명 있다.

(1) 첫 인력지원으로 A부처에 9명의 B부처 소속 공무원이 업무를 지원하였다.

(2) 만약 다시 B부처에 지원 인력을 보냈을 때 A부처의 소속 공무원이 B부처에 2명 남았다면, 9－2＝7명만큼의 B부처 사람이 B부처로 지원된 것이므로 9－7＝2만큼의 B부처 소속 공무원이 A부처에 남아있음을 알 수 있다.

(3) 따라서 〈보기 ㄴ〉의 괄호 안에 들어갈 숫자는 2이다.

따라서 정답은 ① 번이다.

합격자의 시간단축 Tip

'목표 지향적'으로만 확인하면 간단하게 해결할 수 있다. 즉, 문제가 복잡하다고 생각이 될 때도 '그래서 구하고자 하는 것이 무엇인가?'를 생각하면 된다. 목표에 집중한다면 답을 도출하기 더 쉬울 것이다.

(1) 문제의 목표는, 〈보기 ㄱ〉과 〈보기 ㄴ〉 모두 타부처에 가 있는 공무원 수이다. 결국 상대 부처에 해당 부처 공무원이 몇 명이 있는지만 알면 된다.

(2) 공무원 수는 합해서 언제나 A부처에 100명, B부처에 100명이며, 두 부처간 동일한 수의 인력지원이 이루어졌기 때문에, 이는 몇 명의 이동이 있었는지와 무관하게 항상 성립한다. 따라서 만일 A부처에 B부처 3명이 있다면 거꾸로 B부처에는 B부처 사람이 97명 있다는 뜻으로, 나머지 3명은 A부처 사람일 수밖에 없다.

(3) 보다 확장해서 생각해보면, A부처에 있는 B 부처 인원과 B부처에 있는 A부처 인원은 항상 같게 된다. 따라서 〈보기〉의 ㄱ, ㄴ에 주어진 3과 2는 각각 괄호'(　　)'의 인원이 되어, 두 수를 합친 5가 곧바로 정답이 된다.

＊ 난이도 자체는 상당히 쉬운 문제다. 그러나 시험장에서 만나면 순간적으로 잘못 읽어 틀릴 여지가 있는 문제이므로 구하고자 하는 것이 무엇인지를 정확히 파악해야 한다. 예를 들어, A부처에서 B부처로 보낸 공무원 중 A부처 소속이 몇 명인지, B부처 소속이 몇 명인지 등 여러 개의 구성이 나올 수 있다.

057 정답 ④ 　　난이도 ●●●

첫째, 총매출이 500억 원 미만인 기업만 지원하므로 지원하는 기업은 C, D, E, F, G이다. 그 중 우선 지원대상 사업분야에 해당하는 기업은 D, E, G이다.

(1) D, E, G 간의 지원금 배분을 살펴보면, (소요 광고비)×(2020년도 총매출)이 작은 순서대로 선정한다고 했으므로 G, E, D 순서대로 선정될 것이다. G는 2020년도 총매출이 30억 원으로 100억 원 이하이기 때문에 최대 2억 4,000만 원까지 지원할 수 있으나, 소요 광고비의 2분의 1인 2억 원까지만 지원 가능하므로 2억 원을 지원받게 될 것이다. 각 기업은 지급 가능한 최대 금액을 배정받으며 지원금 상한액은 1억 2,000만 원이므로 E, D는 모두 1억 2,000만 원을 지원받고, 도합 4억 4,000만 원이 세 기업에게 배정된다.

(2) 다음으로, 지원대상이나 우선지원 대상은 아닌 사업분야인 C, F중에서는 (소요 광고비)×(2020년도 총매출)이 더 작은 F를 먼저 지원하게 된다. 이때, F 역시 2020년도 총매출액이 100억 원 이하이므로 최대 2억 4,000만 원을 지원받을 수 있으며, 소요 광고비의 2분의 1은 3억 원이므로 지원금 상한액보다 높다.
따라서 전체 예산 6억 원에서 G, E, D를 지원하고 남은 1억 6,000만 원의 지원금 전부가 F에 배정된다.
따라서 정답은 ④ 이다.

합격자의 시간단축 Tip

Tip ①

(1) F는 우선 지원대상 사업이 아니기 때문에, 그보다 무조건 먼저 지원받게 되는 우선 지원대상 사업 간의 지원 순서는 중요하지 않다. 물어보고자 하는 것은 결국 '기업 F가 받는 지원금'이므로 D, E, G가 어떤 순서로 지원받는지를 알기 위해 (소요 광고비)×(2020년도 총매출)을 계산할 필요는 없으며, 총합이 4억 4,000만 원이라는 것만 알면 된다.
4억 4,000만 원을 지원하면 선지 ⑤번의 2억 4,000만 원을 더했을 때 6억 원을 초과하므로 해당 선지는 소거된다.

(2) 다음으로 우선 지원대상이 아닌 사업분야로 F와 C 중 F가 먼저 지원받게 된다는 것을 알았을 때, F의 2020년도 총매출액은 100억원 이하이므로 상한액은 기존 지원금 상한액의 2배인 2억 4천만 원임을 알 수 있다. 따라서 선지 ③ 번의 1억 2,000만 원보다는 큰 금액의 지원금을 받게 될 것이므로, 답은 ④ 일 수밖에 없다.

물론 두 번째 부분에서 4억 4,000만 원에 1억 6,000만 원을 더한 값이 6억 원을 초과하지 않는다는 것을 간단하게 확인하는 과정은 거쳐야 한다.

(3) 그러나 해당 문제보다 계산이 복잡한 경우, 선지 내에서 가능하지 않은 것들을 소거하면서 답이 될 수 있는 것들의 범위를 줄여가다 보면 계산 없이도 답을 도출해낼 수 있으므로 미리 체화해두면 좋다.

Tip ❷ "다만, 단"과 같은 표현이 있거나 제약이 되는 **'단서 조건'**은 **'바로 처리'**하는 것이 실수를 줄이고 정답률을 올릴 수 있는 방법이다.

(1) 문제의 경우 단서 조건은 첫째, "해당 기업의 2020년도 총 매출이 100억 원 이하인 경우 상한액의 2배까지 지원할 수 있다"와 둘째, "지원금은 소요 광고비의 2분의 1을 초과할 수 없다"와 같이 2개로 파악된다.

(2) 이러한 단서 조건이 나오면 곧바로 〈지원대상 후보 현황〉의 상황을 보고 그때 그때 적용하여야 실수가 줄 수 있다. 따라서, 첫째 단서조건을 적용해 D, E의 소요 광고비 옆에 "1.2↓", 더 엄격한 둘째 단서 조건이 적용되는 G의 소요 광고비 옆에 "2↓"와 같은 필기를 해 두면 헷갈리지 않고 해결할 수 있다.

058 정답 ①

난이도 ●●○

1차, 2차 투표를 정리하면 다음과 같다.

1차 \ 2차	A안	B안	C안	합계
A안	20	㉣		30
B안	㉯	㉮	㉰	50
C안		㉤		20
합계	25	40	35	100

현재 최소로 만들어야 할 값은 ㉮이다. 이에 ㉮를 최소로 만들기 위해서는 ㉯+㉰ 또는 ㉣+㉤를 최대한 크게 배정하여야 한다. 따라서 각 값의 최댓값을 살펴보면 다음과 같다.

(1) ㉯+㉰의 값이 최대인 경우

㉯: 25−20=5가 최댓값이다.

㉰: 35가 최댓값이다.

따라서 ㉮=50−㉯−㉰=50−5−35=10 이다.

(2) ㉣+㉤의 값이 최대인 경우

㉣: 30−20=10이 최댓값이다.

㉤: 20이 최댓값이다.

따라서 ㉮=40−㉣−㉤=40−10−20=10 이다.

따라서 ㉮의 최솟값은 10이다.

합격자의 시간단축 Tip

Tip ❶ 최소, 최대 문제는 아이러니하게도 질문한 것의 반대를 도출하는 유형이다.

즉 최솟값을 질문한 경우 그 주변 값의 최댓값을 묻는 것과 같고, 최댓값을 질문한 경우 그 주변 값의 최솟값을 묻는 것과 같다. 한마디로 최솟값, 최댓값을 물어보는 경우, 그 반대 경우의 가장 극단적인 상황을 가정하면 된다.

Tip ❷ 위 해설처럼 〈3×3 표〉를 만들어 문제를 풀 필요는 없다. **Tip ❶**의 원리와 합쳐 실전 문제 풀이를 생각해보면 다음과 같다.

구분	1차 투표	2차 투표
A안	30명	(　)명
B안	50명	(　)명
C안	20명	35명

1, 2차 모두 B안에 투표한 주민을 물었으므로, 그와는 반대로 2차에 A, C안을 투표한 주민을 고려하면 된다. 즉, 1차 투표에 B안을 투표한 50명이 최대한 2차 투표에서 다른 안에 투표하도록 만들면 된다. 2차 투표에서 다른 안에 투표한 사람이 많아질수록 2차 투표에서 똑같이 B안을 투표한 사람 수가 적어진다는 의미이기 때문이다.

(1) 먼저 A안의 경우 2차 투표에서만 A안에 투표한 주민이 5명이므로, 그 5명을 모두 1차 투표에서 B안을 선택한 사람들로 채우면 된다.

(2) C안의 경우 35명에 제한이 별도로 없으므로, 그 35명을 모두 1차 투표에서 B안을 선택한 사람들로 채우면 된다.

(3) 따라서 50명−5명−35명=10명임을 쉽게 알 수 있다.

Tip ❸ 설문과 같은 유형은 풀지 않고 넘겨도 합격에 전혀 지장이 없는 유형이라고 할 수 있다. 해설이 이해되지 않는다면 패스하는 유형으로 체크해 둘 것. 다만, 두 가지 체크할 부분이 있다.

첫 번째는 의외로 빈칸을 채우는 것은 매우 쉽다는 것이다. 마지막 문장을 읽어보면, 1차 투표에서 A안에 투표한 주민 20명, 1차 투표에서 B안과 C안에 투표한 주민 5명이 2차 투표에서 A안에 투표했다는 말이 된다. 따라서 2차 투표에서 A안에 투표한 인원은 25명이고, 2차 투표에서 B안에 투표한 인원은 40명이 된다.

두 번째는, 이 문제를 풀기로 하여 빈칸을 채웠는데 아이디어가 떠오르지 않는다면, 최솟값을 물어보는 문제이므로 선지 1번부터 대입하여 계산하는 방법이 있다. 예컨대 1차 투표와 2차 투표에서 모두 B안에 투표한 주민이 10명이라면, 1차 투표에서 B안에 투표했으나 2차 투표에서 B안에 투표하지 않은 주민이 40명이라는 의미이고, 이것이 가능한지 확인한다. 1차 투표에서 A안에 투표한 10명, B안에 투표한 10명, C안에 투표한 20명이 2차 투표에서 B안에 투표하는 것이 가능하므로 ① 번이 정답이다. 만약 불가능하다면 ②번의 15명이라고 생각하고 풀어본다.

059 정답 ①　　난이도 ●●○

ㄱ. (○) 만 1세 미만 영유아 4명, 만 1세 이상 만 2세 미만 영유아 5명을 보육하는 어린이집은 보육교사를 최소 3명 배치해야 한다.

(ⅰ) 혼합반 없이 단일반으로만 편성할 경우
단일반 (1)의 보육교사 대 영유아비율은 1 : 3이므로 '만 1세 미만' 영유아 4명에게는 최소 2개의 반이 편성되어야 한다. 마찬가지로 단일반 (2)의 보육교사 대 영유아비율은 1 : 5이므로 '만 1세 이상 만 2세 미만' 영유아 5명에게는 최소 1개의 반이 편성되어야 한다. 즉, 총 3개의 반이 편성되어야 하므로 따라서 보육교사도 최소 3명이 필요하다.

(ⅱ) 혼합반으로만 편성할 경우
혼합반 (1)+(2)의 보육교사 대 영유아비율은 1 : 3이고 이 반에 배정될 영유아 수는 총 4+5=9명이므로 최소 3개의 혼합반이 편성되어야 한다. 따라서 보육교사도 최소 3명이 필요하다.

(ⅰ), (ⅱ)에서 보육교사는 최소 3명 배치해야 한다.

ㄴ. (×) 만 1세 이상 만 2세 미만 영유아 6명, 만 2세 이상 만 3세 미만 영유아 12명을 보육하는 어린이집은 보육교사를 ~~최소 3명~~ 배치해야 한다.

(ⅰ) 혼합반 없이 단일반으로만 편성할 경우
단일반 (2)의 보육교사 대 영유아비율은 1 : 5이므로 '만 1세 이상 만 2세 미만' 영유아 6명에게는 최소 2개의 반이 편성되어야 한다. 마찬가지로 단일반 (3)의 보육교사 대 영유아비율은 1 : 7이므로 '만 2세 이상 만 3세 미만' 영유아 12명에게는 최소 2개의 반이 편성되어야 한다. 즉, 총 4개의 반이 편성되어야 하므로 따라서 보육교사도 최소 4명이 필요하다.

(ⅱ) 혼합반으로만 편성할 경우
혼합반 (2)+(3)의 보육교사 대 영유아비율은 1 : 5이고 이 반에 배정될 영유아 수는 총 6+12=18명이므로 최소 4개의 혼합반이 편성되어야 한다. 따라서 보육교사도 최소 4명이 필요하다.

(ⅲ) 단일반을 우선 편성한 후, 혼합반을 추가 편성할 경우
단일반 (2)의 보육교사 대 영유아비율은 1 : 5이므로 '만 1세 이상 만 2세 미만' 영유아 6명 중 5명을 단일반에 편성하면 1명이 남는다. 마찬가지로 단일반 (3)의 보육교사 대 영유아비율은 1 : 7이므로 '만 2세 이상 만 3세 미만' 영유아 12명 중 7명을 단일반에 편성하면 12−7=5명이 남는다. 단일반을 편성하고 남은 영유아는 총 6명이므로 혼합반 (2)+(3)은 2개가 필요하다. 따라서 단일반 2개, 혼합반 2개가 편성되어야 하므로 필요한 보육교사는 최소 4명이다.

(ⅰ), (ⅱ), (ⅲ) 에서 보육교사는 최소 4명 배치해야 한다.

ㄷ. (×) 만 1세 미만 영유아 1명, 만 2세 이상 만 3세 미만 영유아 2명을 보육하는 어린이집은 보육교사를 ~~최소 1명~~ 배치해야 한다.

(ⅰ) 혼합반 없이 단일반으로만 편성할 경우
단일반 (1)의 보육교사 대 영유아비율은 1 : 3이므로 '만 1세 미만' 영유아 1명에게는 최소 1개의 반이 편성되어야 한다. 마찬가지로 단일반 (3)의 보육교사 대 영유아비율은 1 : 7이므로 '만 2세 이상 만 3세 미만' 영유아 2명에게는 최소 1개의 반이 편성되어야 한다. 즉, 총 2개의 반이 편성되어야 하므로 따라서 보육교사도 최소 2명이 필요하다.

(ⅱ) 혼합반으로만 편성할 경우
혼합반으로 (1)과 (3)은 편성이 불가능하므로 고려할 필요가 없다.

(ⅰ), (ⅱ)에서 보육교사는 최소 2명 배치해야 한다.

합격자의 시간단축 Tip

Tip ① 보육교사의 수는 반 편성 수와 같으므로 문제의 조건에 따라 최소 몇 개의 반이 편성될 수 있는지 구하면 된다. 이때, 고려해보아야 하는 부분은 '혼합반'의 유무이다.

(1) 각 반에서 보육교사 대 영유아비율의 배수만큼의 영유아 수가 주어진 경우에는 혼합반의 여부와 관계없이 편성될 수 있는 단일반의 개수만 구하면 된다. 가령, 만 1세 미만의 영유아가 3명, 만 1세 이상 만 2세 미만 영유아가 5명이라면 단일반으로 (1)과 (2) 각각 1개씩 총 2개의 반이 편성되므로 보육교사도 최소 2명 필요하다.

(2) 그러나 보육교사 대 영유아비율보다 크면서 배수가 아닌 경우, 단일반을 우선 편성한 후 남은 인원끼리 모아 혼합반을 편성할 수 있는 경우가 생긴다. 〈보

기〉의 ㄴ이 그러한 경우이다.

(3) 일반적으로 추론해보면 혼합반으로만 편성하는 것보다 단일반을 우선 편성할 경우 보육교사가 더 적게 필요한 경우가 생긴다. 왜냐하면 같은 연령대에서 혼합반이 보육교사 대 영유아비율이 같거나 더 적은 비율로 반 편성이 되기 때문이다. 예를 들어 '만 1세 이상 만 2세 미만' 영유아의 경우, 단일반으로 편성된다면 1 : 5의 비율로 반편성이 되지만 혼합반 (1)+(2)에 편성되면 1 : 3의 비율로 반편성이 되기 때문이다.

(4) 예를 들어, '만 1세 미만' 영유아가 4명, '만 1세 이상 만 2세 미만' 영유아가 6명이 있다고 하자. 혼합반으로만 편성한다면 혼합반 (1)+(2)의 보육교사 대 영유아비율은 1 : 3이고 이 반에 배정될 영유아 수는 총 4+6=10명이므로 최소 4개의 반이 편성되어야 한다. 즉, 보육교사도 최소 4명이 필요하다.
하지만 단일반을 우선 편성하고 다음 혼합반을 추가 편성할 경우 단일반 (1)의 비율은 1 : 3이므로 '만 1세 미만' 영유아 4명 중 3명을 단일반에 편성하면 1명이 남고, 단일반 (2)의 비율은 1 : 5이므로 '만 1세 이상 만 2세 미만' 영유아 6명 중 5명을 단일반에 편성하면 1명이 남는다. 즉, 단일반을 편성하고 남은 총 2명의 영유아는 혼합반 (1)+(2)에 편성 가능하다. 따라서 단일반 2개, 혼합반 1개의 반이 편성되어야 하므로 필요한 보육교사는 최소 3명이다.

Tip ❷ (1)과 (3)이 혼합반으로 구성 가능할 것처럼 질문한 선지를 먼저 확인하는 것이 좋다. 함정으로 활용되기 좋은 부분이므로 이를 먼저 확인하는 것이다.
예를 들어, 〈보기 ㄷ〉에서 (1)과 (3)을 묻고 있는데 '최소 1명'이라는 것은 당연히 혼합이 가능하다는 가정 하에 설정될 수 있는 값이다. 왜냐하면 단일반이면 각 반에 최소 1명씩 배정하여, 총 2명이 최솟값이기 때문이다. 따라서 계산할 필요 없이 바로 틀렸다고 처리하면 된다.

Tip ❸ 조건이 긴 경우 가장 핵심이 되는 것부터 읽는 습관이 좋다. 이 경우 '보육교사 배치'가 해결 대상이며, 이를 위해서는 '영유아 수'가 핵심이다.
따라서 글을 읽을 때도 '만 1세 미만' 부분보다는 '몇 명' 인지를 먼저 파악하고, 그 다음 조건을 확인하는 순서로 읽으면 훨씬 문제가 쉬워 보일 것이다.

060 정답 ①　　난이도 ●●○

(1) 〈지정 기준〉에 따라 〈신청 현황〉을 정리하면 다음과 같다.

신청 병원	인력 점수	경력 점수	행정처분 점수	지역별 분포점수	총합
甲	8	14	2	4.4	28.4
乙	3	20	10	4.6	37.6
丙	10	10	10	- 4	26
丁	8	20	2	- 5.6	24.4
戊	3	20	10	- 4.6	28.4

(2) 두 번째 지정 기준을 확인 시, 전문의 수가 2명 이하이거나 가장 가까이 있는 기존 의료기관 까지의 거리가 1km 미만인 병원은 제외된다. 따라서 乙 병원과 戊 병원은 제외된다.

(3) 가장 총합이 높은 병원은 乙과 戊를 제외 시 28.4점을 받은 甲 병원이다. 따라서 정답은 ① 번이다.

합격자의 시간단축 Tip

Tip ❶ 비교적 후순위에 풀어야 하는 문제이다. 점수를 환산해야 하기 때문에 효율적으로 풀더라도 다른 문제에 비해서는 필연적으로 시간이 소모될 수밖에 없으므로, 처음에는 다른 문제를 먼저 푼 후 남는 시간에 푸는 것이 좋은 풀이 전략이다.

Tip ❷ 지정 기준, 평가 기준, 점수 환산 기준 등이 주어진 유형의 경우 비교해야 할 대상을 줄이는 것이 핵심이다. 이를 위해 단서, 제외 조항 등을 가장 먼저 찾는 것이 좋다.
제외 조항 등은 출제 의도 상 수험생들이 이를 놓칠 것을 고려한 '함정 장치'에 해당하지만, 처음부터 제외 조항을 찾아 활용할 경우 빠른 풀이를 도와주는 '보조 장치'로 전환된다.
예를 들어, 두 번째 지정 기준인 '전문의 수'와 '기존 의료기관까지의 거리'를 이용하여 먼저 乙 병원과 戊 병원을 제외하고 시작하면 甲, 丙, 丁만 비교하면 되므로 훨씬 수월하게 문제를 처리할 수 있다.

Tip ❸ **Tip ❷**와 같이 대상을 줄이더라도 어느 정도의 시간이 소모되는데, 그 이유는 '점수 환산' 때문이다. 아무래도 점수 환산은 직관적이지 않기 때문에 〈배점 기준〉↔〈신청 현황〉을 번갈아 보는 과정에서 시간이 낭비될 수밖에 없다. 따라서 한 기준을 외우고 한 번에 처리하는 것이 좋다.
예를 들어, 甲의 전문의 수 점수를 환산하고, 다시 乙의 전문의 수를 환산하는 식으로 처리하는 것이 아니라 '인력 점수'의 "전문의 수 7명 이상은 10점"을 외우고 7명 이상을 한 번에 처리하는 것이 빠른 방법이다. 이처럼 처리하면 번갈아 확인하는 횟수를 많이 줄일 수 있어서 보다 효율적인 풀이가 가능하다.

Tip ❹ 지역별 분포 점수와 같이 복잡한 항목의 계산은 최대한 후순위로 미루는 것이 좋다. 지역별 분포 점수를 정확하게 계산하지 않은 상태에서 甲, 丙, 丁의 점수를 곱셈으로 표현해보면 甲은 24+22 × 0.2, 丙은 30-20×0.2, 丁은 30-28×0.2이다.
丙과 丁이 30으로 총합이 같은 상황에서, 깎이는 값은 丁이 더 크므로, 丙과 丁 중에는 丙이 더 큰 값임을 알 수 있다. 따라서 丙과 甲 만을 비교하면 답이 도출된다.

Tip ❺

(1) 일반적으로 설문과 같이 최고 점수를 선정하는 유형의 경우 힌트가 될 만한 기준이 존재한다. 필자는 〈행정처분 점수〉를 생각했는데, 낙오자인 乙과 戊를 제외한 3명 중 점수 차이가 크게 나지 않는 인력 점수와 달리 행정처분 점수의 경우 10점과 2점으로 큰 차이가 나기 때문이었다. 그러나 경력 점수에서 차이가 좁혀지고 지역별 분포 점수의 가산점과 감점 항목에서 조정이 일어나면서 남은 3명의 점수를 모두 계산해야 문제가 풀리는 구조가 되었다. 즉, 이 문제의 경우 꽤나 귀찮은 문제라고 할 수 있다.

(2) 乙과 戊를 제외한 후 넘어갈 수도 있으나, 만약 끝까지 풀기로 결심하였다면 시간을 투입한 만큼 정확하게 계산하여 반드시 맞추고 넘어갈 수 있도록 하자. 이미 진입했으니 시간을 조금 더 투자해도 상관없다. 시간 낭비가 되는 것은 문제의 아이디어를 찾지 못했는데도 계속 붙잡고 있는 경우이지, 단순 계산에 시간을 투입하는 것을 낭비라고 생각하면 안 된다.

정답

061	⑤	062	①	063	③	064	③	065	③
066	④	067	③	068	⑤	069	④	070	⑤
071	⑤	072	④	073	③	074	①	075	①
076	③	077	⑤	078	②	079	③	080	②
081	⑤	082	③	083	④	084	①	085	③
086	④	087	④	088	①	089	②	090	③

061 정답 ⑤ 난이도 ●○○

〈상황〉 두 번째 문장에 따라 약국은 맨 왼쪽에 있다고 하였으므로 약국을 기준으로 두고 다른 건물이 왼쪽에서부터 몇 번째에 위치해 있는지 순서만 구하면 된다. 이때, 약국과 병원 사이의 거리는 5km이고 병원과 백화점 사이의 거리는 4km라 하였으므로 다음과 같이 백화점이 병원의 왼쪽 또는 오른쪽에 위치할 수 있는 두 가지의 경우가 나타난다.

(1) 

(2) 

이때, 우체국과 백화점 사이의 거리는 6km라 하였고, 우체국은 약국과 병원 사이에 위치하고 있다고 하였으므로 (2)의 경우는 성립하지 않는다. 따라서 (1)의 경우를 생각하면 네 건물의 위치를 왼쪽부터 나열하면 다음과 같이 약국, 우체국, 병원, 백화점 순이다.

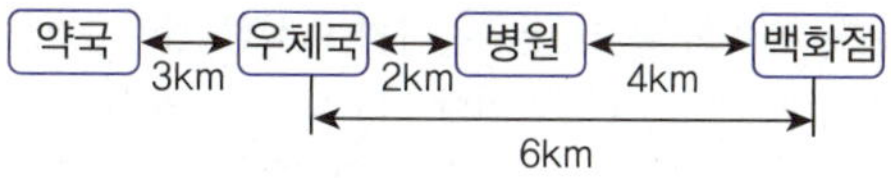

한편, 우체국과 빵집 사이의 거리는 9km라 하였다. 빵집이 우체국의 왼쪽에 있다면 약국이 맨 왼쪽에 위치한다는 조건이 성립하지 않으므로 빵집은 우체국의 오른쪽에 있다.

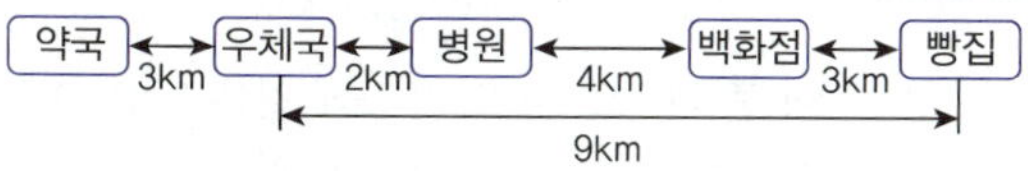

따라서 다섯 건물의 위치를 왼쪽부터 나열하면 약국, 우체국, 병원, 백화점, 빵집 순이므로 왼쪽으로부터 4번째에 위치하는 것은 백화점이다.

합격자의 시간단축 Tip

Tip ❶ 문제에서는 건물 간의 거리를 묻고 있지 않고 순서만을 묻고 있으므로, 우선 순서를 확정하는데 중점을 두고 문제에 접근하다가 필요한 경우에 한하여 거리를 표시해도 충분하다.
또한, 우체국이 약국과 병원 사이에 위치해 있다고 하였으나, 이것이 곧 세 건물이 연이어 있다는 것을 의미하지는 않는다는 것에 유의해야 한다.

Tip ❷ 그림을 그릴 때 일직선을 그린 뒤 시각적으로 거리를 표시하면서 문제를 푸는 것도 좋은 방법이다. 일직선을 그리고 약국이 가장 왼쪽에서 첫번째에 있기 때문에 약국부터 적으며 다른 건물들을 일직선상에 표기하도록 한다.

062 정답 ❶ 난이도 ●○○

(1) 을과 병의 진술에 따라 A는 B와 E 사이에, C는 A와 D 사이에 각각 등교했으므로 A와 C는 첫 번째 또는 다섯 번째로 등교하지 않았다. 또한, 무의 진술에 따라 A와 C는 연이어 등교하지 않았으므로 A와 C는 한 명이 두 번째, 한 명이 네 번째로 등교하였다.

(2) 만약 A가 두 번째로 등교하였다면 C는 네 번째로 등교하였는데, 이때 병의 진술에 따라 C는 A와 D 사이에 등교했으므로 D는 C가 등교한 이후인 다섯 번째로 등교해야 한다.
이는 D가 마지막으로 등교하지는 않았다는 정의 진술에 모순된다.

(3) 따라서 C가 두 번째로 등교하였으며 A는 네 번째로 등교하였다.

합격자의 시간단축 Tip

Tip ❶ 발문을 언제나 주의해서 기억하도록 한다. 네 번째로 등교하는 학생을 묻고 있기 때문에 C와 A가 각각 두 번째, 네 번째로 등교한다는 사실을 알았다면 더 이상 문제를 풀지 않고 곧바로 답을 체크하도록 한다. B와 E의 구체적인 등교 순서 등은 구하지 않아도 된다. 물론 정답을 정확히 구하는 것이 중요하지만, 중간에 확정되지 않은 정보가 있더라도 답을 도출할 수 있다면 바로 답을 체크하고 다음 문제로 넘어가는 것이 중요하다. 실전에서는 시간이 부족하고 많은 문제를 풀어야하기 때문에 최단 과정으로 문제에 접근하는 것이 필요하다.

Tip ❷ 갑의 진술 'B가 D보다 먼저 등교했다면, C가 E보다 먼저 등교했을 것이다.'에서 전건이 거짓인 경우 명제는 처음부터 참·거짓을 판단할 수 없으므로 후건의 참 또는 거짓과 상관없이 이 명제는 항상 참이다. 즉, 만약, B가 D보다 먼저 등교하지 않았다면 C와 E의 순서는 알 수 없고 이 명제는 고려할 필요가 없어진다. 실제 풀이에서는 이 명제로 어떠한 순서도 확정 지을 수 없으므로 우선 나머지 명제를 가지고 해설의 (3)까지 풀어내고 나면 다음과 같이 순서가 확정된다.

첫 번째	두 번째	세 번째	네 번째	다섯 번째
D	C		A	

이때, 갑의 진술의 전건 'B가 D보다 먼저 등교했다면'이 이미 거짓이 되므로 이 명제는 고민할 필요없이 참이 된다.

063 정답 ③

난이도 ●●○

(1) 첫 번째 사실에 따라 갑은 축구, 병은 농구, 정은 탁구 동호회에 속해 있다. 세 번째 사실에 따라 갑이 속해 있는 동호회에는 을도 속해 있으므로 을은 축구 동호회에 속해 있다.

(2) 두 번째 사실에 따라 을은 야구 동호회에 속해 있지 않은데, 세 번째 조건의 대우에 따라 을이 속해 있지 않은 동호회에는 갑도 속해 있지 않으므로 갑도 야구 동호회에 속해 있지 않다.
또한, 네 번째 조건에 따라 병이 속해 있는 동호회에는 갑이 속해 있지 않으므로 갑은 병이 속해 있는 농구 동호회에 속해 있지 않다.

(3) 그런데 다섯 번째 사실에 따라 갑은 두 가지 이상의 동호회에 속해 있으므로 갑은 축구와 탁구 동호회에 속해 있다. 이때, 세 번째 사실에 따라 을도 축구와 탁구 동호회에 속해 있으며, 네 번째 사실에 따라 병은 탁구 동호회에 속해 있지 않다.

(4) 이를 표로 정리하여 나타내면 다음과 같다. 단, 속해 있는 경우 ○, 속해 있지 않은 경우 ×로 표시하며 알 수 없는 경우 -로 표시한다.

	갑	을	병	정
축구 동호회	○	○	×	-
농구 동호회	×	-	○	-
야구 동호회	×	×	○	-
탁구 동호회	○	○	×	○

① (×) 을은 축구 동호회에 ~~속해 있지 않다.~~
→ 을은 축구 동호회에 속해 있다.

② (×) 을과 병이 공통으로 속해 있는 동호회가 ~~있다.~~
→ 을이 농구 동호회에 속해 있다면 을과 병은 농구 동호회에 공통으로 속해 있다. 반면, 을이 농구 동호회에 속해 있지 않다면 을과 병이 공통으로 속해 있는 동호회는 없다.

③ (○) 병은 속해 있지 않지만 정이 속해 있는 동호회가 있다.
→ 병은 탁구 동호회에 속해 있지 않지만 정은 탁구 동호회에 속해 있다.

④ (×) 3명이 공통으로 속해 있는 동호회는 ~~없다.~~
→ 탁구 동호회에는 갑, 을, 정 3명이 공통으로 속해 있다.

⑤ (×) 세 개의 운동 동호회에 속해 있는 사람은 ~~없다.~~
→ 을이 농구 동호회에 속해 있다면 을은 축구, 농구, 탁구 세 개의 운동 동호회에 속해 있다. 또한, 정이 축구, 농구, 야구 동호회 중 두 개의 동호회에 속해 있다면 정은 탁구 동호회와 더불어 총 세 개의 운동 동호회에 속해 있다.

합격자의 시간단축 Tip

Tip ❶ 주어진 정보를 최대한 활용할 수 있어야 한다. 세 번째 조건의 경우 흔히 익숙한 명제의 형태로 주어지지는 않았으나, 실제로는 명제와 다를 바 없는 문장이라는 것을 파악하고 반대로 해석할 수도 있어야 한다. 다만, 위 문항에서 함정으로 주어지지는 않았으나, '갑이 속해 있는 동호회에는 을도 속해 있다'는 세 번째 조건은 대우명제인 '을이 속해 있지 않은 동호회는 갑도 속해 있지 않다.' 도 참임을 알아야 한다. 즉, 세 번째 조건을 해석할 때, '갑이 속해 있지 않은 동호회에는 을도 속해 있지 않다'는 해석은 틀린 것이므로 유의해야 한다.

Tip ❷ 이 문제를 다른 논리퀴즈형 문제처럼 논리학 기호를 활용해 풀게 되는 경우, 혼란에 빠지기 쉽다. 사람 이름과, 동호회 종류라는 두 가지 확실한 범주가 제시되어 있기 때문에, 이를 논리학 기호로 모두 표현하기에는 한계가 있기 때문이다. 따라서 이 문제는 해설과 같이 표를 작성하여 푸는 것이 보다 바람직하다.

064 정답 ③

난이도 ●●○

(1) 양손잡이 중 제대로 알아듣지 못해 질문 1, 2, 3에 모두 손을 든 사람의 수를 x라고 하자.
[질문 1]에 손을 든 참가자는 16명인데 이 중 양손잡이 x명이 포함되어 있으므로 왼손잡이는 총 (16 - x)명이다.

(2) [질문 2]에 손을 든 참가자는 80명인데 이 중 양손잡이 x명이 포함되어 있으므로 오른손잡이는 총 (80－x)명이다.

(3) [질문 3]에 손을 든 참가자는 10명인데 오른손잡이와 왼손잡이 참가자는 올바르게 손을 들었으므로 이들은 모두 양손잡이다.

(4) 왼손잡이, 오른손잡이, 양손잡이의 합은 100명이므로 (16－x)＋(80－x)＋10＝100이 성립한다.
이를 풀면
$106-2x=100$
$2x=6 \quad \therefore x=3$

즉, 양손잡이 중 제대로 알아듣지 못해 질문 1, 2, 3에 모두 손을 든 사람은 총 3명이다.
따라서 왼손잡이, 오른손잡이, 양손잡이는 각각 13명, 77명, 10명이다.

ㄱ. (O) 양손잡이는 총 10명이다.
→ 양손잡이는 총 10명이 맞다.

ㄴ. (O) 왼손잡이 수는 양손잡이 수보다 많다.
→ 왼손잡이 수는 13명으로 양손잡이의 10명보다 많다.

ㄷ. (×) 오른손잡이 수는 왼손잡이 수의 6배 이상이다.
→ 오른손잡이 수는 77명으로 왼손잡이 수인 13명의 6배인 78보다 작다.

합격자의 시간단축 Tip

Tip ❶

(1) 수험생들이 가장 하기 쉬운 실수는 '양손잡이 중 손을 모두 들은 사람은 6명이다'고 판단하는 것이다. 왜냐하면 〈질문 1〉과 〈질문 2〉의 합(16＋80＝96명)과 올바르게 들었을 경우(100－10＝90명)의 차이를 통해 양손잡이를 도출할 수 있다는 판단까지는 어느 정도 연습한 수험생이라면 할 수 있겠으나, 이 값이 두 번 더한 값임을 까먹기 쉽기 때문이다.
(2) 세 번째 조건에서 양손잡이 중 일부가 〈질문 1, 2, 3〉 모두에 손을 들었다고 했는데, 이는 양손잡이 x명이 1과 2 모두에 한 번씩 손을 들었다는 의미이다. 올바르게 들었을 경우의 값보다 잘못 들었을 때의 합이 6 크다는 것은 x＝6이라는 게 아니라, 양손잡이 x명이 1번 질문뿐만 아니라 2번 질문에 대해서도 손을 들어서 총 2번 들었다는 의미이므로 2x＝6이 성립한다.
즉, 96－90＝6명을 2로 나누어 3명이라 판단해야 함을 주의해야 한다.

＊위 내용이 이해가 되지 않는다면 직접 대입해 알아보자.
만일 6명의 양손잡이가 잘못 들었다면, 실제 왼손잡이는 10명, 오른손잡이는 74명, 양손잡이는 10명으로 총 인원수가 94명이어야 한다.
즉, 총 인원수가 100명이라는 문제의 가정과 모순된다.

Tip ❷ 지문을 읽고 보기를 처리하는 유형과 보기를 읽고 지문에서 바로 처리하는 유형 중, 설문의 경우 대표적으로 지문을 읽어 모든 정보를 처리한 뒤 보기를 해결하는 유형이다. 따라서 후자로 문제를 접근할 경우 시간이 보다 많이 소모될 것이다.
이를 어떻게 구분하냐고 반문할 수도 있으나, 설문의 경우 보기를 보면 왼손잡이, 오른손잡이, 양손잡이의 수만 물어보고 있으며 항목도 단 3개에 불과하기 때문에 처음부터 〈지문〉에서 다 구하고 시작하면 〈보기〉를 5초만에 처리할 수 있을 것이라고 짐작할 수 있다.

065 정답 ③

난이도 ●●●

시간 순에 따라 정리하면 다음과 같다.
(1) 공기청정기를 15 : 50에 가동하는 순간 바로 미세먼지가 감소하는 것이 아니라 10분 뒤부터 감소한다.

(2) 학생들이 16 : 00에 교실에 들어온다고 바로 미세먼지가 증가하는 것이 아니라 10분 뒤부터 증가한다.

시간	학생 수	증가하는 미세먼지 양 (학생수×5)	감소하는 미세먼지 양(15)	미세먼지 양
15 : 50	0	0	0	90
16 : 00	2	0	−15	75
16 : 10	2	+10	−15	70
16 : 20	2	+10	−15	65
16 : 30	2	+10	−15	60
16 : 40	5	+10	−15	55
16 : 50	5	+25	−15	65
17 : 00	5	+25	−15	75
~				
18 : 00	0	+25	−15	135
~				
19 : 00	0	0	−15	45
19 : 10	0	0	−15	30

추가로 3명이 더 들어온 16시 40분에 미세먼지의 양이 75일 때, 18시 정각에 미세먼지의 양을 확인해보자. 10분마다 증가하는 미세먼지의 양은 25이고 감소하는 미세먼지의 양은 15이므로 10분마다 변화하는 미세먼

지의 양은 + 25 − 15 = +10이다. 따라서 1시간, 즉 60분동안 변화하는 미세먼지의 양은 6×10 = 60이므로 18시 정각에 미세먼지의 양은 75 + 60 = 135이다.
한편, 18시 정각에 학생들이 모두 나왔으므로 증가하는 미세먼지의 양은 0이고 공기청정기에 의하여 10분마다 15씩 계속 감소한다. 따라서 1시간, 즉 60분동안 감소하는 미세먼지의 양은 6×15 = 90이므로 19시 정각에 미세먼지의 양은 135 − 90 = 45이다.
따라서 19 : 10이 되면 미세먼지 양이 30이 되어 자동으로 꺼진다.

합격자의 시간단축 Tip

Tip ❶ 정말 자주 출제되는 유형이다. 규칙 하에 시간의 경과에 따라 상황이 어떻게 변하는지 확인하는 유형으로 난이도가 올라갈 수록 규칙의 변형이 많아진다. 최고난이도로 나오는 경우, 규칙이 아닌 '비정형적 변형'이 나타나 일일이 확인해줘야 하기도 한다.
이 문제의 경우 규칙 하에 일정한 형태로 움직이므로 빠르게 처리할 수 있다. 그 방법은 다음과 같다. (참고로 조건이 변형될 때마다 **구간을 나눠**주면 편하다. 이 문제의 경우 학생 수가 바뀔 때가 구간이 나뉘는 지점이 된다.)

[풀이 순서]

(1) 학생이 들어오기 전인 16:00까지는 10분마다 15씩 줄어드므로 16:00에 90 − 15 = 75가 된다.
(2) 2명의 학생이 들어오고 나면, 10분마다 5×2 − 15 = −5로 5만큼씩 줄어든다. 이를 고려하여 3명의 학생이 더 들어오기 전 16:40(40분 후)까지 계산하면 75 − 5×4 = 55이다.
(3) 5명의 학생이 되면 10분마다 5×5 − 15 = 10으로 10만큼씩 증가한다. 이를 고려하여 학생이 다 나가는 18:00(80분 후)까지 계산하면 55 + 80 = 135이다.
(4) 학생이 나간 후에 미세먼지의 양이 135에서 30이 될 때까지 걸린 시간을 구해야 하므로 135 − 30 = 105로 이를 공기청정기의 15로 나누면 7으로 18:00로부터 70분 후, 즉 19:10에 30이 됨을 알 수 있다.

Tip ❷ 의외로 많은 수험생들이 빠지는 함정은 패턴이 있는 유형에서 마무리되는 값이 0, 100과 같이 딱 떨어지는 숫자가 아닐 때, 이를 잊고 0이나 100과 같은 값을 만드는 실수이다.
예를 들어, 미세먼지가 30이 될 때 마무리해야 하지만, 0을 만들 개연성이 매우 높다. 실제로 선지 ⑤번이 미세먼지가 0이 되는 때로, ⑤번을 답으로 고르는 수험생이 많을 것이다. 이 실수가 안타까운 점은 푸는 방법을 정확히 인지하고 다 풀었으나, 마지막에 작은 실수로 오답을 도출한다는 점이다. 이와 같은 조건이 있는 경우 매우 큰 별표를 치는 등의 방식으로 실수를 최대한 방지하는 습관을 지니는 것이 좋다.

Tip ❸ 특정 시점을 기준으로 정화해야 할 미세먼지의 총량을 구한 후, 그것을 정화할 때 까지 걸리는 시간을 구하는 방법으로도 답을 구할 수 있다.
16:00을 기준으로, 교실 내 미세먼지의 양은 75이다. 학생들이 18시까지 발생시키는 미세먼지의 양은 두 명이 40분 동안 발생시킨 40과 다섯 명이 80분 동안 발생시킨 200을 더한 240이다. 따라서 미세먼지의 총량은 75 + 240 = 315 이고 정화해야 할 양은 315 − 30 = 285이다.
공기청정기는 10분마다 15를 감소시키므로, 위의 값을 15로 나누면, $\frac{285}{15}$ = 19이다.
즉, 10분이 19번 필요하다는 의미이므로 190분, 즉 3시간 10분이 필요하다. 이를 기준시각이였던 16시에 더해주면 19:10이 도출된다.

066 정답 ④ 난이도 ●●○

1부터 9까지의 숫자에 3을 곱해 나오는 일의 자리 수는 순서대로 3, 6, 9, 2, 5, 8, 1, 4, 7이다. 한편, 1부터 9까지의 숫자에 9를 곱해 나오는 일의 자리 수는 순서대로 9, 8, 7, 6, 5, 4, 3, 2, 1이다.
이를 바탕으로 뽑은 두 개의 카드의 합을 정리하면 다음과 같다. 단, 일의 자리 수가 5일 경우 첫 번째 뽑은 카드와 두 번째 뽑은 카드가 모두 5가 나와야 하므로 불가능하다.

뽑은 카드 / 일의 자리 수	첫 번째 뽑은 카드	두 번째 뽑은 카드	두 카드의 합
1	7	9	16
2	4	8	12
3	1	7	8
4	8	6	14
6	2	4	6
7	9	3	12
8	6	2	8
9	3	1	4

甲이 가진 두 카드에 적힌 숫자의 합과 乙이 가진 두 카드에 적힌 숫자의 합이 동일하므로 각각 뽑은 두 장의 카드에 적힌 숫자의 합은 8 또는 12이다.

따라서 甲과 乙이 가진 4장의 숫자 카드에 적힌 수의 합으로 가능한 것은 8인 경우의 16과 12인 경우의 24이다.

합격자의 시간단축 Tip

Tip ❶ 선지를 활용하면 후보군을 보다 좁힐 수 있다. 이 문제는 '4장의 숫자 카드에 적힌 수의 합으로 가능한 것'에 대해 묻고 있다. 글에서 甲의 카드에 적힌 숫자의 합과 乙의 카드에 적힌 숫자의 합이 동일하다고 주어졌으므로, 각 선지를 2로 나눈 것이 甲과 乙 각각의 카드에 적힌 숫자의 합이 될 수 있는 후보임을 파악할 수 있다. 즉, 선지에서 후보로 주어진 합은 각각, 9, 10, 11, 12, 13인 것이다. 따라서 해설의 표와 같이 가능한 일의 자리 수를 나열한 뒤, 12만 존재하므로 정답을 바로 ④로 찾을 수 있는 것이다.

* 모든 경우의 수를 고려하기 위해서는 해설과 같이 푸는 것이 맞다. 그러나 이를 시험장에서 실제로 다 쓰다 보면 불안감에 휩싸이기 쉽다. 그러므로 일정 부분만을 적어 놓고 규칙성을 찾아간다든지, 머릿속으로 계산할 수 있는 부분이 있다면 직접 쓰지 않는다든지 등 심리적 불안감을 줄이는 방법 역시 필요하다.

Tip ❷

(1) 경우의 수가 많지 않으므로 일일이 도출하는 것이 나쁜 방법은 아니다. 규칙성을 찾을 경우 다음과 같으나, 이렇게 찾는 시간에 일일이 도출하는 것이 더 빠를 수 있다.
어떤 카드를 A라고 하자. A가 짝수라면, A에 3을 곱한 값은 짝수이고 A에 9를 곱한 값도 짝수이다. 반면 A가 홀수라면, A에 3을 곱한 값은 홀수이고 A에 9를 곱한 값도 홀수이다. 일의 자리 수가 서로 같다는 말은 하나가 짝수면 다른 하나도 짝수이고, 하나가 홀수면 다른 하나도 홀수여야 한다는 말과 동일하다.

(2) 만약 첫 번째 뽑은 카드에 3을 곱한 값이 짝수라면 두 번째 뽑은 카드에 9를 곱한 값도 짝수여야 하고, 이는 첫 번째 뽑은 카드와 두 번째 뽑은 카드가 모두 짝수임을 의미한다. 이 경우 자신이 가진 카드에 적힌 숫자의 합은 (짝수)+(짝수)=(짝수) 이다. 한편 첫 번째 뽑은 카드에 3을 곱한 값이 홀수라면 두 번째 뽑은 카드에 9를 곱한 값도 홀수여야 하고, 이는 첫 번째 뽑은 카드와 두 번째 뽑은 카드가 모두 홀수임을 의미한다. 이 경우 자신이 가진 카드에 적힌 숫자의 합은 (홀수)+(홀수)=(짝수) 이다.

(3) 따라서 자신이 뽑은 두 장의 카드의 합은 어느 경우에도 짝수이다. **Tip ❶**과 연계하여 생각해 보면, 각 개인이 뽑은 카드의 합이 9, 10, 11, 12, 13으로 주어졌기 때문에 선지 ①, ③, ⑤ 번은 애초에 정답이 될 수 없다. 이 경우 10으로 가능한지 확인해 보고, 가능하면 선지 ②가 정답이며 불가능하면 선지 ④가 정답임을 알 수 있다.

067 정답 ③

난이도 ●●●

알파벳은 26개이므로 한 자리 코드는 26개, 두 자리 코드는 각 자리에 26개의 알파벳이 들어갈 수 있으므로 26^2개, 세 자리 코드는 26^3개, …가 만들어질 것이다. 이를 차례대로 계산해보면 $26^2=676$, $26^3=17,576$이므로 $26+26^2+26^3=26+676+17,576>18,000$
따라서 〈원칙〉에 따라 하나의 단어를 표현하는 가장 긴 코드의 길이는 3이다.

합격자의 시간단축 Tip

Tip ❶ 계산 시 익숙한 제곱수를 활용한다. $26=2\times13$이므로, $26^2=2^2\times13^2=4\times169$이다.
빠른 계산을 위해 12~19의 제곱수 정도는 외우고 있는 것이 좋다.

Tip ❷ 만약에 단어를 표현하는 코드 알파벳이 중복되면 안된다는 조항이 있을 경우 두 자리 코드는 26×26이 아니라 26×25가 된다. 하지만 본 문제는 중복이 되기 때문에 해설처럼 풀이할 수 있는데, 그 이유는 〈예〉에서 aa가 지구를 가리킨다고 나와있기 때문이다. 이로 인해 알파벳 중복이 가능하다는 것을 추측할 수 있다.

* 문제의 생김새는 복잡하고 어려워 보이지만, 사실상 곱셈만 정확히 하면 실수하지 않고 풀 수 있는 문제다. 이 문제를 읽고 해설의 풀이를 떠올릴 수 있어야 하므로, 사후적으로라도 연습을 꼭 하도록 하자.
** 실제로 이 문제가 시험장에 나왔을 때, 26의 세제곱이 18,000을 넘지 않아 4번을 정답으로 한 수험생이 많았다. 예시로도 코드가 한 자리나, 두 자리인 경우를 제공하고 있으나 문제의 의미를 파악했다는 것에 안도한 나머지 실수를 하는 경우가 있을 수 있다. 그러므로 구하고자 하는 것이 어떤 것인지 확실히 표시해 놓는 것이 좋다.

Tip ❸ 영어 알파벳은 26개, 한글 자음은 14개, 한글 모음은 10개이다. 이 정도는 외워 두도록 하자. 추가로, 1년=365일 (윤년 제외), 1일=24시간, 1시간=60분, 1분=60초, 1L=1,000ml, 1ton=1,000kg 등의 자주 출제되는 단위를 익혀 두면 좋다.

068 정답 ⑤ 난이도 ●●●

(1) 두 번째 문단에 따르면, 유럽의 유로는 2020년에는 세계 외환거래액의 32%를, 2016년에는 그보다 2%p 낮은 30%를, 2010년에는 그보다 8%p 높은 40%를 차지했다.
〈상황〉에서 2010년 하루 평균 세계 외환거래액을 3조 9천억 달러라고 했으므로 2010년 유로로 이루어진 하루 평균 세계 외환거래액은 3조 9천억 달러×40%=1조 5천6백억 달러에 해당한다.

(2) 또한, 2016년 하루 평균 세계 외환거래액은 5조 2천억 달러이므로 2016년 유로로 이루어진 하루 평균 세계 외환 거래액은 5조 2천억 달러×30%=1조 5천6백억 달러에 해당한다.
따라서 2010년과 2016년에 각각 유로로 이루어진 세계 외환거래액은 동일하며, 답은 ⑤이다.

합격자의 시간단축 Tip

Tip ❶ 계산 과정에서 단위를 생략하는 것이 문제를 푸는 과정에서 헷갈리지 않을 수 있는 방법이다. 3조 9천억 원의 40%가 얼마인지를 정확히 구하는 대신 3.9에 4를 곱하고, 마찬가지로 5조 2천억 원의 30%가 얼마인지를 정확히 구하는 대신 5.2에 3을 곱해 둘을 우선 비교하는 것이 보다 효율적이라고 할 수 있다.

Tip ❷ 본 문제의 경우 대부분 줄글로 내용이 적시되어 있고 〈상황〉이 주어져 있어, 글의 내용을 상황에 대입하는 형식의 문제이다. 이때, 먼저 구하고자 하는 것을 〈상황〉에서 가볍게 파악한 다음 줄글에서 읽어야할 부분만 찾아 읽으면 된다. 필요한 부분만 정독하며 나머지 부분은 정독할 필요가 없다. 줄글을 읽을 때 강약을 조절하는 것이 필요하다.

* 이 문제를 처음 접한 경우에, 여러 나라가 나오고, 달러 기준으로 금액이 표시되고 동시에 유로에 대한 설명이 나오는 것을 읽은 대부분의 수험생은 환율 변화 문제라고 예상했을 것이다.
그러나 실제로는 환율과 전혀 관련이 없는 문제로 〈상황〉에서 친절하게 '달러 기준'이라고 제시해 줬으므로 헷갈리지 않도록 하자.

Tip ❸ 구체적인 계산 없이도 답을 구할 수 있는 문제이다. 다음과 같은 방법을 생각해 보자.
3조 9천억 달러와 5조 2천억 달러는 각각 39천억 달러와 52천억 달러이다. 이를 봤을 때 39와 52는 13의 배수이자 3:4의 비율임을 알 수 있을 것이다. 그런데 유로가 차지하는 비중은 각각 40%와 30%으로 4:3의 비율임을 알 수 있다. 따라서 이들을 각각 곱한 값은 전자와 후자가 동일하다.
한편, 39천억 달러와 52천억 달러 기준에서 10억 달러는 1/1000보다 적으며 100억 달러는 1/100보다 적다. 즉 10억 달러 변화는 0.1%p보다 적은 변화이며 100억 달러 변화는 1%p보다 적은 변화이다. 그런데 39천억 달러와 52천억 달러의 30% 또는 40%는 10%p 변화폭을 유도하는 크기이지 1%p보다 적은 변화를 유도하는 크기라고 생각하기는 힘들다. 따라서 숫자의 단위만 잘 보더라도 변화가 없을 것 같다는 생각이 들고, 이렇게 방향을 잘 설정할 경우 정답을 도출하는 것이 수월해진다.

069 정답 ④ 난이도 ●●●

지원금을 정리하면 다음과 같다.

신청자	용량	지원금 단가	지원금
甲	8kW	80만 원/kW	640만 원
乙	해당 없음		
丙	해당 없음		
丁	15kW	50만 원/kW	750만 원
戊	해당 없음		

이때, 국가가 소유한 건물인 丙, 전월 전력 사용량이 450kWh 이상이고 태양열 설비인 乙, 용량(성능)이 연료전지의 지원 기준인 1kW이하에 해당되지 않는 戊는 제외된다.
따라서 남은 지원자 중 丁이 750만 원으로 가장 많은 지원금을 지원받는다.

합격자의 시간단축 Tip

Tip ❶

(1) '지원 대상을 찾는 유형(또는 1, 2위 찾기)'은 필연적으로 어느 정도의 시간 소모가 있을 수밖에 없는 유형이다. 따라서 시간 소모를 최소화하기 위해서는 비교 대상 자체를 소거하는 것이 좋다. 다행히 '지원 대상을 찾는 유형'은 모두 함정용으로 〈제외 규정〉이 주어져 있다. 원래는 실수를 유도하기 위한 장치지만, 처음부터 이를 이용하겠다고 마음먹고 접근하면 도리어 큰 힌트가 되는 장치이다.

(2) 따라서 항상 제외 규정부터 찾는 습관을 지니는 것이 좋다. 그리고 이러한 **단서 조건**의 경우 읽자 마자 바로 상황(문제의 경우 〈지원 신청 현황〉)으로 내려가 **바로 처리**해 버리는 습관이 중요하다. 예를 들어 이 문제의 경우에도 2, 3, 4번째 조건을 통해 乙, 丙, 戊를 제거하여 사실상 甲과 丁만 비교하면

되는 문제로 단순화된다.
반대로 생각하면 대부분의 수험생이 이를 활용하여 소거된 이후의 경우만을 계산하므로, 모든 경우를 다 계산한 수험생이 있다면 시간 낭비를 하고 있다는 것이므로 제외 규정에 집중하도록 하자.

* 아주 가끔씩, 제외되는 규정에도 불구하고 해당되는 사람이나 업체가 존재하지 않는 경우도 있으나, 일반적으로 제외규정 하나 당 한 사람이나 업체가 제외된다. 따라서 제외규정이 3개나 있다는 것은 3개를 지우고 2개만 비교하라는 의미이므로 반드시 제외하고 시작해야 한다. 설문의 경우 연료전지가 kW당 2,100만 원으로 다른 항목들과 눈에 띄게 차별이 되나, 제외규정으로 인해 연료전지를 설치한 戊가 제외되므로 눈에 띄게 부각되는 항목도 없다.

070 정답 ⑤ 난이도 ●○○

출장여비를 정리하면 다음과 같다.

	출장 수당	교통비	차감 사항	출장 여비
출장1	1만 원	2만 원	관용차량 사용-1만 원	2만 원
출장2	2만 원	3만 원	13시 이후 출장시작-1만 원	4만 원
출장3	2만 원	3만 원	업무추진비 사용-1만 원	4만 원

따라서 3월 출장여비는 2+4+4=10만 원이다.

합격자의 시간단축 Tip

Tip ❶ '의심스러운 부분 찾기' 방법을 통해 푸는 시간을 줄일 수 있다.

(1) 이 문제에서 특이한 부분은 필자의 생각으로는 '차감만 될 뿐 기본 구조는 고정되었다는 점'이 가장 의심스러운 부분이다. 일반적으로 시간당 출장수당이 결정되는 등 출장의 내용에 따라 출장비가 변동되는 경우가 많지만(가령 시간당 1만 원), 이 문제는 지역에 따라 고정된 수당을 지급하는 형태를 띠고 있다.

(2) 따라서 가장 효율적인 방법은 <u>고정된 부분은 미리 합해두고, 차감은 마지막에 한 번에 처리하는 방법</u>이다. 왜냐하면 우리는 결국 합을 구해야 하는 것이지, 각 출장 별로 출장 여비가 얼마인지는 알 필요가 없기 때문이다.

① 먼저 고정 수당을 합치면, 세종시(1+2=3만 원) 1곳과 세종시 이외 지역(2+3=5만 원) 2곳이므로, 3+5×2=13만 원이다.

② 차감항목을 확인하면 관용차량, 13시 이후, 업무 추진비 사용으로 총 3개이므로 3만 원이 차감 된다. 따라서 13-3=10만 원이다.

(3) 또한, 문제의 조건에서는 출장수당과 교통비가 구분되어 서술되고 있으나, 문제에서 요구하는 답은 전체 출장여비라는 점에 주의하자. 각 출장별로 출장수당과 교통비를 구분하여 차감, 계산할 필요도 없다는 것이다.

Tip ❷ 조건에서 세종시와 세종시 이외로 출장비가 나뉘고 있다. 그렇기 때문에 출장 1과 출장 2, 3 사이에 크게 구분선을 그어 구별하는 것도 좋은 방법이다.

071 정답 ⑤ 난이도 ●●○

각 물건의 (kg 당 가치)=$\frac{(가치)(점)}{(무게)(kg)}$를 구하면 다음과 같다.

구분	생필품	보조 배터리	카메라	옷	구급약	수영용품
kg 당 가치	2	1.5	0.6	0.5	2.5	1

K씨는 캐리어에 kg당 가치가 높은 물건부터 담으려고 하므로 구급약, 생필품, 보조배터리, 수영용품, 카메라, 옷 순서대로 캐리어에 담는다.
카메라까지 담았을 때의 무게가 2+3+2+2+5=14kg으로, 8kg의 옷은 캐리어에 담지 못한다.

합격자의 시간단축 Tip

(1) 비교 기준을 세우는 것이 좋다. 물건을 크게 두 그룹으로 나누면, 무게보다 가치가 크거나 같은 물건과 무게보다 가치가 작은 물건으로 나눌 수 있다. 무게보다 가치가 크거나 같은 물건, 즉 kg당 가치가 1보다 크거나 같은 물건의 그룹에는 생필품, 보조배터리, 구급약, 수영용품이 있고, 무게보다 가치가 작은 물건, 즉 kg당 가치가 1보다 작은 물건의 그룹에는 카메라, 옷이 있다.

(2) 굳이 이러한 분류를 하는 이유는 계산 없이 무게와 가치 간의 직관적인 대소비교를 통한 분류가 가능하기 때문이다. 이때, 첫 번째 그룹의 kg당 가치를 구체적으로 계산하지 않고 무게를 모두 더해보면 9kg이다.
여기까지 더했을 때 남은 물건은 카메라와 옷으로 답은 선지 ②와 ⑤ 중 하나일 텐데, 카메라의 무게당 가치는 옷보다 크다는 것을 쉽게 알 수 있으므로 답은 ⑤다.

* 난이도 자체는 상당히 낮은 문제이다. 그러므로 이 문제를 맞힌 것에서 그치지 않고, PSAT문제에서 자주 쓰이는 '단위 ○○당 ○○'를 활용해보는 연습을 해야 한다.
이 문제의 경우 단위 '무게당 가치'라는 개념 자체를 발문에서 제시하고 있으나, 보다 난이도를 높이자면 이러한 표현 자체를 숨길 수 있고 그런 경우에도 스스로 단위 무게 당 가치가 높은 순으로 캐리어에 담아야 한다는 점을 파악할 수 있어야 한다.

072 정답 ④ 난이도 ●●●

ㄱ. (×) 경제학과 1학년 학생들은 교외활동보다 교내활동에 ~~더 많은 시간을 할애한다~~.
→ 경제학과 1학년 학생들이 교내활동에 할애하는 시간은 최소 20시간에서 최대 42시간이며, 교외활동에 할애하는 시간은 최소 20시간에서 최대 43시간이다. 따라서 구체적인 시간이 주어지지 않는다면 교내활동과 교외활동 중 어느 활동에 더 많은 시간을 할애하는지 알 수 없다.

ㄴ. (○) 경제학과 1학년 학생들은 아르바이트보다 전공 및 교양수업에 더 많은 시간을 할애한다.
→ 경제학과 1학년 학생들이 아르바이트에 할애하는 시간은 최대 13시간인 반면, 전공 및 교양수업에 할애하는 시간은 최소 20시간이다. 따라서 경제학과 1학년 학생들은 어떠한 경우에도 아르바이트보다 전공 및 교양수업에 더 많은 시간을 할애한다.

ㄷ. (○) 경제학과 1학년 학생들은 휴식보다 등교 및 하교에 더 많은 시간을 할애한다.
→ 경제학과 1학년 학생들이 휴식에 할애하는 시간은 최대 5시간인 반면, 등·하교에 할애하는 시간은 최소 6시간이다. 따라서 경제학과 1학년 학생들은 어떠한 경우에도 휴식보다 등·하교에 더 많은 시간을 할애한다.

ㄹ. (×) 경제학과 1학년 학생들은 교외활동보다 학습활동에 ~~더 많은 시간을 할애한다~~.
→ 경제학과 1학년 학생들이 학습활동에 할애하는 시간은 최소 24시간에서 최대 60시간이며, 교외활동에 할애하는 시간은 최소 20시간에서 최대 43시간이다. 따라서 구체적인 시간이 주어지지 않는다면 교외활동과 학습활동 중 어느 활동에 더 많은 시간을 할애하는 지 알 수 없다.

ㅁ. (○) 경제학과 1학년 학생들은 축제 준비보다 과 모임 및 동아리 활동에 더 많은 시간을 할애한다.
→ 경제학과 1학년 학생들이 축제 준비에 할애하는 시간은 최대 6시간인 반면, 과 모임 및 동아리 활동에 할애하는 시간은 최소 8시간이다. 따라서 경제학과 1학년 학생들은 어떠한 경우에도 축제 준비보다 과 모임 및 동아리 활동에 더 많은 시간을 할애한다.

합격자의 시간단축 Tip

Tip ❶ 보기 ㄱ에서 교외활동에 할애하는 시간과 교내활동에 할애하는 시간을 비교할 때 그 합을 구체적으로 구하지 않아도 된다. 교외활동에 할애하는 시간의 최대합은 13+13+12+5이고, 교내활동에 할애하는 시간의 최소합은 8+3+3+6이다.
여기서 각각을 비교하면 13 > 8, 13 > 6, 12 > 3, 5 > 3으로 교외활동을 구성하는 각 시간이 교내활동을 구성하는 각 시간들 보다 크다는 것을 알 수 있다. 이는 굳이 숫자를 직접 합해보지 않아도 전자가 후자보다 큼을 의미한다.
보기 ㄹ 역시 마찬가지로 13+13+12+5와 20+4를 비교할 때, 후자는 합이 24인 반면, 전자는 앞의 두 숫자만 합해도 26으로 이미 후자보다 크다는 것을 알 수 있어 더 이상 계산을 하지 않고 곧바로 해당 보기가 옳지 않다는 것을 알 수 있다.

Tip ❷ 보기 조합형의 문제는 모든 보기의 정오를 판단하지 않아도 된다. 따라서 쉬운 보기부터 확인하면 시간을 줄일 수 있다. 이 문제는 보기 ㄱ, 보기 ㄹ은 합을 구해야 하지만 보기 ㄴ, 보기 ㄷ, 보기 ㅁ은 눈으로만 확인해도 되는 보기이므로 이를 먼저 확인하는 것이 좋다.

* 본 문제는 사실상 보기 ㄱ~ㅁ이 모두 같은 것을 물어보는 구성이어서 문제의 난이도가 낮다. 혹 새로운 활동을 추가하는 경우의 시간 비교나, (예: 학습 활동에 '교수님과의 상담' 등의 활동 추가 시 교외 활동과 시간 비교) 2학년이 되어서 기존의 활동이 빠지게 되는 경우의 시간 비교 등의 문제가 출제된다면 난이도가 올라갈 수 있으므로, 연습할 때 표에서 최소/최대 시간을 계산하는 풀이에 익숙해지도록 하자.

Tip ❸ 위와 같이 주어진 표의 시간이 불확실하지만 〈보기〉가 확정적인 정답을 요구하는 경우, 중간의 값을 가정할 필요 없이 양극단의 값을 가정한다고 생각하면 문제를 풀기 쉬워진다. '~한다'의 문장의 경우 반례가 단 하나라도 존재할 시 틀린 문장이 되기 때문이다. 예를 들어, 보기 ㄱ(경제학과 1학년 학생들은 교외활동보다 교내활동에 더 많은 시간을 할애한다)의 경우 (교내활동 시간)>(교외활동 시간)을 주장한다.

이 경우 반례가 있는지 찾기 위해서는 더 큰 쪽의 최솟값과 더 작은 쪽의 최댓값을 비교해야 한다. 즉 교내활동 시간 최솟값과 교외활동 시간 최댓값을 비교하는 경우에도 전자가 더 큰지 구하면 된다.
이때, 교내활동 시간 최솟값은 $8+3+3+6=20$, 교외활동 시간 최댓값은 $13+13+12+5=43$으로 $20 < 43$이므로 보기 ㄱ은 틀렸음을 알 수 있다.

073 정답 ③ 난이도 ●●○

(1) 갑과 병 언론사에 대한 메모에 따라 병 언론사는 한 명의 후보에 대해서는 선호하고 다른 한 명의 후보에 대해서는 중립이므로 갑 언론사는 한 명의 후보에 대해서는 중립이고 다른 한 명의 후보에 대해서는 선호한다.
그런데 을 언론사는 어느 후보에 대해서도 갑 언론사보다 부정적이다. 을 언론사의 X 후보에 대한 태도는 '중립'이므로 갑 언론사는 그보다 긍정적인 태도를 보이며, 따라서 갑 언론사의 X 후보에 대한 태도는 '선호'이다.

(2) 이에 따라 갑 언론사의 Y 후보에 대한 태도, 병 언론사의 X 후보와 Y 후보에 대한 태도는 각각 '중립', '중립', '선호'가 된다. 이때, 을 언론사는 갑 언론사보다 Y 후보에 대한 태도가 부정적이므로 을 언론사의 Y 후보에 대한 태도는 '비선호'이다.

(3) 한편, 정 언론사의 각 후보에 대한 태도는 동일하며, 갑 언론사와 정 언론사 간 동일한 태도를 취한 후보는 없다. 따라서 정 언론사의 각 후보에 대한 태도는 '비선호'이다. 이때, 무 언론사의 Y 후보에 대한 태도는 정 언론사의 Y 후보에 대한 태도와 같으므로, 무 언론사의 Y 후보에 대한 태도는 '비선호'이다.

(4) 이상의 결과를 표로 정리하면 다음과 같다.

언론사	갑	을	병	정	무
X 후보	선호	중립	중립	비선호	중립
Y 후보	중립	비선호	선호	비선호	비선호

① (×) 두 후보에 대해 가장 부정적인 언론사는 ~~갑 언론사이다~~.
➜ 두 후보에 대해 가장 부정적인 언론사는 두 후보에 대해 각각 '비선호'의 태도를 갖는 정 언론사이다.

② (×) Y 후보에 대해 언론사 ~~과반수가 선호한다~~.
➜ Y 후보에 대한 태도가 '선호'인 언론사는 병 언론사 1곳이다.

③ (○) 두 후보 모두를 선호하는 언론사는 없다.
➜ X 후보를 선호하는 언론사는 갑 언론사 1곳이며, Y 후보를 선호하는 언론사는 병 언론사 1곳이다.

④ (×) X 후보에 대해 언론사 ~~과반이 비선호한다~~.
➜ X 후보를 비선호하는 언론사는 정 언론사 1곳이다.

⑤ (×) X 후보에 대해 같은 태도를 보인 ~~언론사는 2개이다~~.
➜ X 후보에 대해 같은 태도를 보인 언론사는 을 언론사, 병 언론사, 무 언론사 3곳으로 모두 '중립'이다.

합격자의 시간단축 Tip

(1) 실전에서 해당 문제를 풀 경우, 표를 그리고 시작하는 것이 좋다. 또한, 〈메모〉의 내용을 읽어가면서 적절한 기호를 활용해 동일한 태도를 보이는 언론사들을 표시해 두어야 헷갈리지 않고 문제를 풀 수 있다. 가령 갑 언론사의 X 후보에 대한 태도와 병 언론사의 Y 후보에 대한 태도가 같으므로 두 칸에 각각 동그라미를 그려 넣는 식으로 표시할 수 있다.
(2) 그러나 이보다 먼저 을 언론사의 태도를 읽고 곧바로 갑 언론사의 태도를 채워갈 수 있다면 그것이 가장 좋은 접근일 것이다.
X 후보에 대해 중립적이라는 정보와 어느 후보에 대해서도 갑 언론사보다 부정적이라는 정보를 합치면 곧바로 갑 언론사의 X 후보에 대한 태도를 알 수 있기 때문이다.
따라서 첫 번째 메모를 읽으면서 동일한 태도를 보이는 언론사들을 기호로 표시하고 있었다 하더라도, 두 번째 메모를 읽은 직후에는 다시 갑 언론사 칸으로 돌아가 X 후보를 선호한다는 표시를 하는 것이 효율적인 방법이다.
(3) 이를 표시한 후에는 정보들을 따라가면서 추가로 확정할 수 있는 부분이 있는지 살펴야 할 것이며, 이때 위의 해설에서 볼 수 있듯 더 이상의 동그라미/세모 표시를 하지 않고도 줄줄이 채워 넣을 수 있는 칸들이 생기게 된다.
따라서 이 문제의 핵심은 을 언론사의 메모에 있다고 할 수 있을 것이다.

074 정답 ① 난이도 ●○○

ㄱ. (○) 물오리와 뿌타의 친손자는 뿌타와 결혼할 수 있다.
➜ 물오리와 뿌타의 아들은 잇파이 부족이며, 잇파이의 아들은 물오리 부족이다. 따라서 물오리와 뿌타의 친손자는 물오리이며, 물오리는 뿌타와 결혼할 수 있다. 해당 보기는 옳다.

ㄴ. (×) 잇파이와 카포타의 친손자는 ~~굿피이다~~.

➜ 잇파이와 카포타의 아들은 물으리 부족이며, 물으리의 아들은 잇파이 부족이다. 따라서 잇파이와 카포타의 친손자는 잇파이이므로 해당 보기는 옳지 않다.

ㄷ. (×) 굼보와 마타의 외손녀는 ~~카포타이다~~.

➜ 굼보와 마타의 딸은 카포타 부족이며, 카포타의 딸은 마타 부족이다. 따라서 굼보와 마타의 외손녀는 마타이므로 해당 보기는 옳지 않다.

ㄹ. (×) 굿피와 잇파타의 친손녀는 ~~물으리와 결혼할 수 있다~~.

➜ 굿피와 잇파타의 아들은 굼보 부족이며, 굼보의 딸은 카포타 부족이다. 따라서 굿피와 잇파타의 친손녀는 카포타이며 카포타는 잇파이와 결혼한다. 해당 보기는 옳지 않다.

따라서 옳은 보기는 ㄱ 뿐이며, 답은 ① 이다.

합격자의 시간단축 Tip

Tip ① 친손자는 아들의 아들, 외손녀는 딸의 딸, 친손녀는 아들의 딸이다. '친, 외, 자, 녀'와 같은 단어 한 글자 한 글자를 주의 깊게 구분해서 읽으면 해결의 실마리를 찾을 수 있다

Tip ②

(1) 손녀 또는 손자를 구할 때는 그 어머니 혹은 아버지가 누구와 결혼하는지는 고려하지 않아도 된다. 가령 〈보기 ㄱ〉에서 물으리와 뿌타의 아들은 잇파이 부족이고 잇파이는 카포타와 결혼하게 될 것이다. 그러나 잇파이가 결혼할 수 있는 부족에 관한 정보는 그 아들이 어떤 부족인지를 결정하는 요소가 아니다. 문제를 풀 때에는 결혼할 수 있는 부족에서 잇파이를 찾고 곧바로 자녀의 부족이 어떻게 되는지만을 살피면 된다.

(2) 또한, 위 풀이에서는 모든 선지를 살펴보았으나 실전에서는 그럴 필요가 없다. 보기 ㄱ 과 ㄹ 은 친손자 또는 친손녀가 누구와 결혼할 수 있는지 여부를 묻고 있는 반면, 보기 ㄴ과 ㄷ은 친손자 또는 외손녀가 누구인지를 묻고 있다.
전자보다는 후자가 구하기 쉽기 때문에, 우선 후자를 검토하여 ③, ④, ⑤ 번을 소거한 후 〈보기 ㄹ〉만 해결하여 답을 고르면 된다.

Tip ③

(1) 보기 ㄱ, ㄴ, ㄷ 중 어느 하나를 풀다 보면 규칙을 발견할 수 있는데, 친손자의 경우 할아버지와, 외손녀의 경우 할머니와 부족이 같아진다는 것이다. 즉, 같은 성별에 한해서 한 대를 건너 뛰고 부족이 동일하게 된다.
예를 들어, 남자의 경우, 할아버지, 아버지, 아들 순으로 **잇파이-물으리-잇파이**이며, 여자의 경우, 할머니, 어머니, 딸 순으로 **카포타-마타-카포타**로 반복되는 것이다. 모든 부족 간에 이러한 규칙이 나타난다.

(2) 보기 ㄱ, ㄴ, ㄷ 중 하나를 풀다가 이 규칙을 발견하게 된다면 보다 쉽게 다른 선지들을 풀이할 수 있다. 예를 들어, 〈보기 ㄴ〉의 경우, 잇파이와 카포타의 친손자는 잇파이일 것이므로 바로 틀린 선지라고 판단 가능한 것이다.
다만, 처음부터 이러한 규칙을 무리하게 발견하려 하지는 말자. 예시를 하나하나 처리해 나가다가 자연스레 규칙을 발견하게 되는 것이 보통이다.

075 정답 ①

난이도 ●●○

세훈이의 조건을 정리하면 다음과 같다.

[조건 1] 토, 일, 월, 수, 금, 토, 일이 휴일이며, 연가는 하루만 쓸 수 있다.
즉 화요일에 연가를 내면 토, 일, 월, 화, 수로 5일의 휴가를 갈 수 있으며, 목요일에 연가를 내면 수, 목, 금, 토, 일로 5일의 휴가를 갈 수 있다. 따라서 연가를 무슨 요일에 사용하는지와 무관하게 휴가일수는 최대 5일이다.

[조건 2] 편도 총비행시간이 8시간 이내이면서, 직항 노선이 있어야 한다.

[조건 3] 가능한 최대한 길게 가되, A여행사 상품을 이용한다.
A여행사 상품 중 조건에 위배되는 것들을 표시하면 다음과 같다.

여행지	여행기간	총비행시간	비행기 환승 여부
두바이	4박 5일	8시간	직항
모스크바	6박 8일 ([조건 1] 위배)	8시간	직항
방콕	4박 5일	7시간	1회 환승 ([조건 2] 위배)
홍콩	3박 4일	5시간	직항
뉴욕	4박 5일	14시간 ([조건 2] 위배)	직항

이때, 남은 두바이와 홍콩 중 여행 기간이 더 긴 여행지는 두바이이다.

합격자의 시간단축 Tip

Tip ❶ '의심스러운 부분' 찾기 방법을 통해 푸는 시간을 줄일 수 있다.

필자의 생각에 가장 의심스러운 부분은 '최대 5일 휴가가 가능'하다는 [조건 1] 이다. 이때 다른 요건이 문제되지 않는 한, 세훈은 4박 5일 여행하는 상품을 선택할 것이다.

따라서 처음부터 두바이, 방콕, 뉴욕만 목록에 두고 확인하면 매우 효율적으로 풀 수 있다.

홍콩을 포함시키지 않는 이유는 세훈의 마지막 말에서 '최대한 길게 다녀오려고 해' 때문이다.

이 경우 방콕과 뉴욕이 [조건 2]로 한 번에 소거되고, 두바이는 따로 위배되는 조건이 없으므로 별 무리 없이 두바이가 정답임을 바로 알 수 있다.

Tip ❷ 어떤 조건을 먼저 사용할 것인지는 개인의 선택에 달려있다. 조건을 사용할 때는 자신이 가장 직관적으로 판단할 수 있는 조건을 순서대로 대입해 문제를 해결하면 된다.

예를 들면, [조건 2]인 '총비행시간이 8시간 이내면서 직항 노선'이 있는 경우 특별한 가정이나 계산 없이 표에서 바로 직접 확인할 수 있다.

[조건 1]의 경우는 한 번에 소거하기가 어려우므로 [조건 2] 뒤에 적용하는 것이 좋다.

이렇게 가장 직관적으로 계산되거나 생각 없이 사용할 수 있는 조건을 우선 적용해 최대한 선지를 제거하는 연습이 필요하다.

* 해설지와 **Tip**에서 제시하는 여러 간편한 방법들을 받아들여 활용하는 것도 물론 좋은 방법이다. 그러나 이러한 방법들이 항상 모든 문제에 적용되는 것은 아니므로, 정석적인 풀이로 세훈의 첫 번째 말부터 적용해보면서 해당되는 반례들은 선을 그어 제거해 나가는 풀이법을 빠르고 정확하게 사용할 수 있도록 연습해둬야 한다.

076 정답 ③ 　　난이도 ●●○

(1) 2, 3번째 조건에 따라 가장 나이가 많은 G는 왕자의 부하가 아니다.

(2) 4번째 조건에 따라, 이미 여자가 3명 있으므로 나머지 친구들은 모두 남자여야 한다.

(3) 5번째 조건에 따라 두 부하의 성별이 다르므로 C와 D 중 한 명은 부하여야 한다.

(4) 또한, 5번째 조건에 따라 두 부하의 국적이 동일해야 하는데, 국적이 일본인 사람은 한 명 밖에 없으므로 D는 왕자의 부하가 될 수 없다. 따라서 C는 왕자의 부하이다.

여자 C의 국적은 중국이므로 중국인 남자인 E가 왕자의 부하이다. 따라서 정답은 ③ 번이다.

친구	나이	성별	국적
A	37살	남자	한국
B	28살	남자	한국
C	22살	여자	중국
D	? (20대)	여자	일본
E	? (20대)	남자	중국
F	? (20대)	남자	한국
G	38살	여자	중국

합격자의 시간단축 Tip

Tip ❶ 문제를 푸는 과정에서 선지를 활용하는 방법도 있다.

(1) 2, 3번째 조건에 따라 G는 왕자의 부하가 아니다. 따라서 ⑤ 번이 소거된다.

(2) 4, 5번째 조건에 따라 C와 D 중 한 명은 부하여야 하므로 ③, ④ 번만 확인하면 된다.

(3) 그러나 ④ 번은 국적이 다르므로 굳이 확인하지 않더라도 ③ 번이 정답임을 알 수 있다.

* 본 문제 또한 객관식이기 때문에, 선지에 '왕자의 부하' 조합이 주어질 수밖에 없다. 선지 또한 조건 이외에 주어지는 정보의 일종이기 때문에, 조건을 활용하여 선지를 최대한 지워 나가는 것이 가장 효율적인 풀이이다. 선지를 활용할 수 있으면 최대한 활용하도록 하자.

Tip ❷ 이런 문제 유형에서 가장 피해야 할 태도는, 모든 나이와 성별을 다 채우려 하는 것이다. 문제에서 물어보는 것을 구하기 위해 필요한 정보만을 찾도록 하자. 특히 설문의 경우 D, E, F의 구체적인 나이를 도출할 수 없다. 여기에 시간 낭비를 하지 않도록 하자.

077 정답 ⑤ 　　난이도 ●●○

① (O) A의 입사성적이 90점이라면, A는 정책팀에 배치된다.

→ A의 입사성적이 90점인 상태에서 1지망을 배치해 보면 다음과 같다.

	정책팀(2명)	재정팀(4명)	국제팀(1명)
1지망 지원자	F	C, E	A, B, D, G
1지망 배치	F	C, E	G
남은 자리 수	1	2	0

정책팀과 재정팀은 모두 요구인원보다 지원인원이 적으므로 이 두 팀에 1지망으로 지원한 F와 C, E는 각각 정책팀과 재정팀에 배치된다. 또한, 요구인원보다 지원인원이 많은 경우에는 입사성적이 높은 신입직원을 우선적으로 배치하므로, G가 국제팀에 배치된다.

한편, 2지망을 배치해 보면 다음과 같다.

	정책팀(2명)	재정팀(4명)	국제팀(1명)
1지망 합격자	F	C, E	G
2지망 지원자	A, D	B	-
최종 배치	A, F	B, C, D, E	G

요구인원보다 지원인원이 많은 경우에는 입사성적이 높은 신입직원을 우선적으로 배치하므로, A가 정책팀에 배치된다.

② (O) A의 입사성적이 95점이라면, A는 국제팀에 배치된다.

➜ A의 입사성적이 95점인 상태에서 1지망을 배치해 보면 다음과 같다.

	정책팀(2명)	재정팀(4명)	국제팀(1명)
1지망 지원자	F	C, E	A, B, D, G
1지망 배치	F	C, E	A

요구인원보다 지원인원이 많은 경우에는 입사성적이 높은 신입직원을 우선적으로 배치하므로, A가 국제팀에 배치된다.

③ (O) B는 재정팀에 배치된다.

➜ A의 입사점수와 관계없이 B는 G보다 입사점수가 낮으므로 1지망인 국제팀에는 배치되지 못하고 2지망인 재정팀에 배치된다.

④ (O) C는 재정팀에 배치된다.

➜ C는 A의 지망부서에 재정팀이 없으므로 A의 입사점수와 관계없이 재정팀에 배치된다.

⑤ (×) D는 ~~정책팀에~~ 배치된다.

➜ 1지망을 배치해 보면 다음과 같다.

	정책팀	재정팀	국제팀
1지망 지원자	F	C, E	A, B, D, G
1지망 배치	F	C, E	A 또는 G
남은 자리 수	1	2	0

재정팀에서 요구한 인원은 4명인데, 1지망에 재정팀을 지원한 신입직원은 C, E의 2명이므로 이들은 모두 재정팀에 배치된다. 따라서 C는 재정팀에 배치된다.

B와 D는 1지망으로 국제팀을 지원했으나, 요구인원보다 지원인원이 많은 경우에는 입사성적이 높은 신입직원을 우선적으로 배치하므로 A 또는 G보다 입사성적이 낮은 B와 D는 국제팀에 배치되지 못한다.

한편, 2지망을 배치해 보면 다음과 같다.

	정책팀	재정팀	국제팀
1지망 합격자	F	C, E	A 또는 G
2지망 지원자	G 또는 A, D	B	-
2지망 배치	G 또는 A, F	B, C, E	A 또는 G
남은 자리 수	0	1	0

재정팀에 남은 자리는 2자리인데, 2지망에 재정팀을 지원한 신입직원은 B 1명이므로 B는 재정팀에 배치된다. D는 2지망으로 정책팀을 지원했으나, 요구인원보다 지원인원이 많은 경우에는 입사성적이 높은 신입직원을 우선적으로 배치하므로 국제팀에 1지망에서 배치되지 못한 G 또는 A보다 입사성적이 낮은 D는 정책팀에 배치되지 못한다.

1, 2지망 지원부서 모두에 배치되지 못한 신입직원은 요구인원을 채우지 못한 부서에 배치된다. D는 1, 2지망 지원부서 모두에 배치되지 못했으며 재정팀은 요구인원을 채우지 못했다.

따라서 D는 재정팀에 배치된다.

이를 정리하면 다음과 같다.

	정책팀	재정팀	국제팀
최종 배치	G 또는 A, F	B, C, D, E	A 또는 G

합격자의 시간단축 Tip

Tip ❶ 이 문제의 경우, 자료와 선지를 잘 읽을 수 있다면 한 번에 처리할 수 있는 문제이다.

이 문제의 상황을 보면 T.O가 충분하지 않은 상황이므로 점수로 경쟁하는 상황이 필연적일 수밖에 없다.

이때, 자료를 보면 D는 가장 점수가 낮아서 원하는 곳에 배치될 가능성이 적다. 따라서 정답은 ⑤번임을 짐작할 수 있다. 다만 이를 시험장에서 바로 알아차리기 어려울 수 있으므로, 이러한 풀이 방법이 있다는 점 정도만을 인지하는 것이 좋겠다.

Tip ❷ 이와 같이 우선순위를 따지는 문제를 풀 때에는, 조건이 여러 가지가 주어져서 어디서부터 손을 대야 하는지 헷갈리는 경우가 많다. 한 번에 의심스러운 곳이 보이지 않는 경우에는 문제의 조건에 따라서 확정적으로 정해지는 부분을 고정시켜 놓고, 차근차근 경우의 수를 적어보는 것이 정석적인 풀이이다.

가령 1지망으로 미달된 정책, 재정팀에서는 1지망으로 지원한 자가 확정될 것이다.
따라서 C, E, F는 부서를 확정시키고, 남은 자리에 대한 경우의 수를 판단하는 것이 보다 바람직하다.
이때, 확정된 부서와 신입직원의 경우에는 잘 보이게 동그라미를 치는 등 표기를 해놓도록 한다.

078 정답 ② 난이도 ●●●

ㄱ. (×) A업체 가격이 26만 원이라면, ~~E업체 가격이 F업체 가격보다~~ 8만 원 비싸다.
(1) A업체 가격이 26만 원이라면 C업체와 E업체 가격의 합은 76−26=50만 원이다.
(2) 한편, C업체와 F업체 가격의 합은 58만 원이므로 메이크업만 E업체를 F업체로 변경할 경우 8만 원이 추가로 발생한다.
(3) 따라서 F업체 가격이 E업체 가격보다 8만 원 비싸다.

ㄴ. (○) B업체의 할인 전 가격은 50만 원이다.
(1) B업체, D업체, F업체 가격의 합은 127만 원이며 D업체와 F업체 가격의 합은 82만 원이므로 B업체 가격은 127−82=45만 원이다.
(2) 이때, B업체는 최근 생긴 업체로서 정가에서 10% 할인가를 제시하였다. 45만 원은 10% 할인된 가격이므로, B업체의 할인 전 가격은 $45\times\frac{10}{9}=50$만 원이다.

ㄷ. (×) C업체 가격이 30만 원이라면, E업체 가격은 ~~28만 원~~이다.
(1) C업체의 가격이 30만 원이라면, A업체와 E업체 가격의 합은 46만 원이며 F업체 가격은 28만 원이다.
(2) 그러나 구할 수 있는 정보는 여기까지이며, 주어진 정보만으로는 E업체의 가격만을 분리해서 알아낼 수 없다.

ㄹ. (×) D업체 가격이 C업체 가격보다 ~~26만 원~~ 비싸다.
(1) C업체와 F업체 가격의 합은 58만 원이며, D업체와 F업체의 가격은 82만 원이다. C업체를 D업체로 변경할 경우 82−58=24만 원이 추가로 발생한다.
(2) 따라서 D업체 가격이 C업체 가격보다 24만 원 비싸다.

합격자의 시간단축 Tip

Tip ① 연립해야 하는 미지수가 세 개 이상인 연립방정식 문제는 최대한 풀지 않거나 마지막에 푸는 것이 좋다. 그러나 해당 문제의 보기는 대부분 가정적인 보기들이다. 즉, 문제의 의도는 A부터 F 까지를 도출하라(혹은 무엇을 도출할 수 있는지 없는지 구분하라)는 것이 아니라 보기들을 어떻게 활용해서 값을 **비교**할 것인지의 문제로 볼 수 있다.
(1) 보기 ㄱ은 다음과 같은 방법으로 확인이 가능하다.
A업체 가격이 26만 원이고 E업체 가격이 F업체보다 8만 원 비싸다고 가정하는 경우, 〈표〉에서 첫 번째 조합(A+C+E)은 두 번째 조합(C+F)보다 26+8=34만 원 비싸야 한다. 그러나 76−58 < 34이므로 해당 보기는 옳지 않다는 것을 알 수 있다.
(2) 보기 ㄴ 역시 마찬가지로 귀류법을 활용할 수 있다.
B 업체의 할인 전 가격이 50만 원이라면 할인 후 가격은 45만 원으로, 〈표〉에서 네 번째 조합(D+F)이 다섯 번째 조합 (B+D+F)보다 45만 원 저렴한지 확인해보면 해당 보기에 모순이 없음을 알 수 있다.
즉, 겉모습이 연립방정식인 문제라 하더라도 이와 같이 보기 또는 선지에서 조건들을 제공하는 경우에는 곧바로 연립방정식을 풀어 가기보다 〈보기〉의 **조건들을 적극 활용**해서 정합성을 판단하는 방식으로 접근하는 것이 좋다.

Tip ② 보기 ㄷ은 PSAT에서 도출될 수 있는 보기 중 난이도가 높은 편이다. 보기 ㄷ이 틀린 이유는 '특정할 수 없는 값을 특정하였다'는 점이다. 따라서, **알 수 없는** 유형에 해당한다. 문제해결 파트의 경우 종종 모든 조건을 조합해도 보기의 내용들을 확정할 수 없는 문제가 존재한다. 이런 경우 당황하지 말고, 알 수 없는 정보라고 판단한 뒤 과감하게 정오를 판별하는 연습이 중요하다.
(1) 먼저 특정할 수 없다는 것은 그 값은 '범위로 주어진 값'이라는 의미이다. 이 문제의 경우 연립방정식으로 주어져 있다 보니 직관적이지 않아 이해가 안 될 수도 있지만, 단순화해보면 다음과 같다.
예를 들어, 'X라는 미지수가 50보다는 크고 100보다는 작다'는 조건문이 있을 때, 누군가 "X는 무조건 75야"라고 한다면 "75가 아닐 수도 있어. 따라서 알 수 없어"라고 말해줄 수 있다.
따라서 특정할 수 없는 값을 특정하면 틀린 보기이다.
(2) 출제자의 표현을 통해 깨닫는 방법도 있다. 〈보기〉를 보면 "A업체 가격이 26만 원이라면~", "C업체 가격이 30만 원이라면~" 등의 표현이 있다. 즉, 특정되지 않는 값이 있을 수 있다는 반증이다. 모두

특정될 수 있는 경우라면 "B업체의 가격은 50만 원이다" 같이 확정적인 선지가 주어진다. 따라서 **'가정'**하는 보기가 주어진다면 불특정 값이 있을 수 있다는 것을 염두에 두고 문제를 푸는 것이 좋다.

* 이처럼 각 구성요소의 값을 모르는 경우에 요소별 크기를 비교할 때에는 해당 요소를 제외한 나머지 요소가 모두 동일한 두 경우를 비교해야 한다. 예를 들어, 〈보기 ㄱ〉의 경우 E와 F의 비교를 위해서는 E와 F를 제외한 스튜디오와 드레스는 동일한 두 가지 경우가 존재해야 한다. 그러나 이는 존재하지 않기 때문에, 문제에서 이러한 경우를 만들어주기 위해 A의 가격을 제시해줬다고 생각하면, 어떤 항목을 비교해야 하는지가 보다 명확해진다.

079 정답 ③ 난이도 ●●○

(1) 가장 많은 식물을 재배할 수 있는 온도

온도	재배되는 식물	재배되는 식물 수
0 이상 5 미만	A	1
5 이상 15 미만	A, B	2
15	A, B, D, E	4
15 초과 20 이하	A, D, E	3
20 초과 25 미만	D, E	2
25	C, D, E	3
25 초과 30 이하	C, D	2
30 초과	C	1

→ 따라서 15°C일 때 가장 많은 식물을 재배할 수 있다.

(2) 상품가치의 총합이 가장 클 때의 온도

온도	재배되는 식물	상품가치의 총합
0 이상 5 미만	A	10,000
5 이상 15 미만	A, B	35,000
15	A, B, D, E	85,000
15 초과 20 이하	A, D, E	60,000
20 초과 25 미만	D, E	50,000
25	C, D, E	100,000
25 초과 30 이하	C, D	65,000
30 초과	C	50,000

→ 따라서 25°C일 때 가장 상품가치의 총합이 크다.

합격자의 시간단축 Tip

Tip ① 정석적인 풀이는 위 해설과 같이 구간을 나누어 확인하는 방법이다. 그러나 구간을 나누는 작업은 숙련되지 않으면 실수할 가능성도 높고, 시간도 오래 걸린다. 따라서 직접 구간을 나눠 도출하지 않고, 선지의 값을 이용해 **'모순 - 대입 확인법'**으로 처리하는 것이 효율적이다. 예를 들어 이 문제에 적용해보면 다음과 같다.

(1) 가장 많은 식물을 재배할 수 있는 온도
① 15°C를 적용해보면 A, B, D, E로 4가지 식물이 재배된다.
② 20°C를 적용해보면 A, D, E로 3가지 식물이 재배된다. 따라서 15°C가 가장 많은 식물을 재배할 수 있는 온도가 된다.

(2) 상품가치의 총합이 가장 큰 온도
① (1)과는 다르게 먼저 상품가치를 계산할 필요가 없다. 구성 요소가 겹치는 상황에서 어느 하나가 구성 요소가 더 많다면 당연히 더 상품가치가 클 것이기 때문이다.
② (1)에 따라 15°C는 A, B, D, E이고 20°C는 A, D, E이므로, 당연히 B가 하나 더 있는 15°C가 더 상품가치의 총합이 크다.
③ 추가적으로 25°C는 C, D, E로 15°C와 비교할 때 D, E는 겹쳐 15°C는 A, B가, 25°C는 C가 더 있는 상황이다. 따라서 (A+B) vs C를 해보면 35,000 vs 50,000이므로 25°C가 더 크다는 것을 쉽게 알 수 있다.

* 이러한 문제를 풀 때는 답을 구하는 것이 1순위이다. 그렇기 때문에 오지선다를 최대한 활용해서 문제를 푸는 것이 좋다. 본 문제의 경우에는 선지의 값을 활용해 15°C와 20°C로 범위를 좁혀준 뒤, 위 **Tip**처럼 푸는 것이 시간 측면에서 효율적인 방법이 될 것이다.
** 위 풀이에서는 활용할 필요가 없지만 구간을 나누는 연습은 해 두는 것이 좋다. 난이도가 높은 문제의 경우 필연적으로 구간을 나눠야 하는 경우가 있으므로 문제 풀이와는 별도로 해설처럼 나눠보길 바란다.

Tip ②
(1) 상품가치의 총합을 계산할 때, 우선 상품가치가 유별나게 높은 식물이 존재하는지 확인하는 것도 좋다. 상품가치가 특별히 높은 식물이 존재한다면 그 식물이 포함되어야 상품가치의 총합이 클 것이고, 그렇지 않다면 재배되는 식물이 많을수록 상품가치의 총합 역시 커질 것이기 때문이다.
(2) 이 문제의 경우, 다른 식물에 비해 C가 50,000원으로 가장 상품가치가 크고, A, B, D 등 낮은 상품가치를 가진 식물들의 합과 C의 상품가치가 동일할 정도로 C가 현저히 높은 상품가치를 가지고 있음을 알 수 있다. 따라서 우선 C가 포함되는 동시에 다른 식물들이 더 포함되는 25°C를 확인해보는 것이 좋다.
(3) 이때, 첫 번째와 두 번째로 높은 상품가치를 가진 C와 E가 모두 포함되고, 다른 식물들의 상품가치는 현저히 낮으므로 C, D, E가 포함되는 25°C일 때 상품가치의 총합이 제일 클 것이라는 판단이 가능하다.

080 정답 ②

난이도 ●●○

각 지원자의 등급을 정리하면 다음과 같다.

지원자	국어	수학	영어	평균 등급
甲	3	1	3	~~2.333~~
乙	3	1	2	2
丙	2	2	2	2
丁	4	1	2	~~2.333~~
戊	1	4	1	2

'甲'과 '丁'은 3개 과목 평균등급이 2등급을 초과하므로 선발 대상에서 제외된다.

3개 과목 평균등급이 2등급 이내인 지원자가 여러 명일 경우 3개 과목 원점수의 합산 점수가 가장 높은 자를 선발하므로, 3개 과목 평균등급이 2등급 이내인 乙, 丙, 戊의 3개 과목 원점수를 합산하면 다음과 같다.

- 乙: 89+89+89=267
- 丙: 93+84+89=266
- 戊: 98+60+100=258

따라서 乙 > 丙 > 戊로 乙이 가장 크므로, A대학교 OO학과 입학 전형 합격자는 '乙'이다.

합격자의 시간단축 Tip

Tip ① '등급'을 조금이라도 빠르게 확인하는 방법은 <u>한 과목씩 한 번에 등급을 처리하는 방법</u>이다. 만약 지원자 별로 각 과목의 등급을 확인하면, 매번 등급 값을 확인해야 하여 비효율적이다.

따라서 과목 별로 모든 지원자를 한 번에 처리한다면 이미 확인한 등급 값을 이용해 여러 지원자의 등급을 동시에 처리할 수 있어 효율적이다.

Tip ② '평균 등급'의 경우 나누는 값이 모두 동일하므로 굳이 평균 등급을 구하지 않고, 등급의 합산만으로 처리하는 것이 좋다. 이 문제의 경우 출제자가 친절히 '등급의 합이 6'임을 주었으나 난이도가 조금 더 올라갈 경우 이 값을 주지 않을 것이다. 따라서 그런 정보가 없더라도 <u>항상 평균보다는 총합 비교가 편하다는 점</u>을 기억해두면 좋다.

즉, '3개 과목 평균등급이 2등급'이라는 사항만 주어지더라도 자동적으로 과목 등급의 총합은 6이라는 것을 생각하고 문제에 접근하려는 노력이 필요하다는 것이다.

Tip ③ '3개 과목 원점수의 합산 점수'의 경우 직접 값을 도출하여 비교하지 않고, '차이 값 비교'를 하는 것이 좋다. 예를 들어, 乙과 丙을 비교할 경우, 과목 순서대로 乙의 丙보다-4, +5, 0이므로 총합 +1로 乙이 더 크다는 것을 알 수 있다. 마찬가지로 乙과 戊를 비교할 때 과목 순서대로 乙이 戊보다 -9, +29, -11이므로 총합 +9로 乙이 더 크다는 것을 알 수 있다.

이처럼 차이 값 비교를 하는 경우, 직접 값을 더하는 것보다 더 빠르게 처리할 수 있다.

Tip ④ 문제에서 주어진 사항에 자신의 주관을 넣어 확대해석하지 않는 것도 중요하다. 가령 등급이 높으면 점수도 높을 것이라는 추측은 자신의 주관이 들어간 억측일 가능성이 높다. 등급을 주었다면 오로지 확인된 사실인 등급만을 가지고 문제에 접근해야 한다.

Tip ⑤ 수시 최저등급을 맞춰 보려는 노력을 해 본 사람이라면 이 문제에 접근하는 것은 어렵지 않았을 것이다. 등급합을 맞출 때 가장 중요한 것은, 특정 과목만 뛰어나게 잘하는 것 보다는 여러 과목을 평균적으로 잘하는 것이 중요하다.

(1) 먼저 戊의 경우 국어와 영어는 각각 98점과 100점으로 뛰어난 성적이지만 수학이 60점이다. 이를 통해 등급합 기준을 충족할 경우 원점수의 합에서 굉장히 불리할 것임을 짐작할 수 있다. 실제로 등급합 기준을 충족한 지원자 중 원점수의 합이 가장 낮은 지원자가 戊다.

(2) 다음으로 丁의 경우 국어 점수가 79점으로 4등급인데, 3과목 등급합 6에서 한 과목에 4등급을 받을 경우 대부분 등급합을 충족하지 못한다. 물론 戊와 같이 나머지 과목에서 특출나게 뛰어난 성적을 받은 경우 예외적으로 등급합을 충족하나 丁의 수학과 영어 점수는 그 정도로 높은 점수는 아니다. 또한, 등급합 기준을 충족하더라도 다른 지원자에 비해 국어 점수는 많이 낮은 반면, 수학과 영어 점수는 큰 차이가 나지 않으므로 원점수의 합에서 1등을 기록하지 못할 것임을 짐작할 수 있다.

(3) 물론 이렇게 문제의 틀만 보고 확인할 지원자를 짐작하며 골라내는 스킬을 실전에서 활용하려면 많은 연습이 필요하다. 따라서 문제해결 파트 공부를 막 시작한 사람보다는 어느 정도 실력을 쌓은 사람들에게 추천한다.

081 정답 ⑤

난이도 ●●○

주어진 〈자기소개〉를 정리하면 다음과 같다.

	나이	성별	직업
甲	32세		의료 관련
乙		남성	방송 관련
丙	20대	남성	
丁		여성	방송 관련
戊	26세		요리사

이제, 〈상황〉의 내용에 따라 빈칸을 채워보자.

- **2번째 상황**: 20대는 총 2명이므로 戊가 막내로 26세라면, 병은 당연히 28세이다.
- **3번째 상황**: 의료 관련 직업은 의사와 간호사로 총 2명이므로, 직업에 대해 언급하지 않은 丙은 의료 관련 직업에 종사하고 있다.
- **4번째 상황**: 의사와 간호사는 성별이 같으므로, 의료 관련 직업에 종사하고 있는 甲은 丙과 같은 남성이다.
- **1번째 상황**: 남성은 3명, 여성은 2명이므로 성별을 밝히지 않은 戊는 여성임을 알 수 있다.
- **5, 7번째 상황**: 이성과만 매칭이 되고, 라디오작가와 요리사는 매칭되므로 여성 요리사인 戊는 방송 관련 종사자 중 남성인 乙과 매칭된다. 따라서 乙은 라디오 작가이고, 丁은 TV드라마감독이다.
- **6번째 상황**: 성별 간 평균 나이는 같으므로, 여성 중 1명이 막내로 26세임을 고려할 때 최고령자가 여성이어야 두 성별의 평균이 같을 수 있을 가능성이 높다.

이를 확인해 보면 다음과 같다.

$\frac{26+34}{2}=30$, $\frac{32+30+28}{3}=30$

따라서 乙은 30세, 丁은 34세임을 알 수 있다. 이를 총 정리하면 다음과 같다.

	나이	성별	직업
甲	32세	남성	의료 관련
乙	30세	남성	라디오 작가
丙	28세	남성	의료 관련
丁	34세	여성	TV드라마감독
戊	26세	여성	요리사

① (O) TV드라마감독은 乙보다 네 살이 많다.
→ TV드라마감독인 丁은 34세로, 30세인 乙보다 4살이 많다.

② (O) 의사와 간호사 나이의 평균은 30세이다.
→ 의료 관련 종사자인 甲과 丙의 평균 나이는 $\frac{32+28}{2}=30$세이다.

③ (O) 요리사와 라디오작가는 네 살 차이이다.
→ 요리사인 戊(26세)는 라디오 작가인 乙(30세)과 30－26＝4살 차이 난다.

④ (O) 甲의 나이는 방송업계에서 일하는 사람들 나이의 평균과 같다.
→ 방송 업계 종사자는 乙과 丁으로 평균 나이는 $\frac{30+34}{2}=32$세이다.
이때, 甲의 나이는 32세이므로 양자는 동일하다.

⑤ (×) 丁은 의료계에서 일하는 두 사람 중 나이가 적은 사람보다 ~~두 살 많다~~.
→ 의료계 종사자는 甲과 丙으로 이 중 나이가 적은 丙은 28세이다. 그러나 丁은 34세로 丙보다 6살 많으므로 틀린 선지이다.

합격자의 시간단축 Tip

Tip ❶ 침착하게 주어진 정보를 따라가기만 하면 해결할 수 있는 간단한 문제이다.
다만 빈 칸을 채워야 문제를 풀 수 있고, 각 빈 칸은 서로 연결되어 있어 앞서 어떤 빈 칸을 채워야 그 다음 칸을 채울 수 있다는 점에서 필연적으로 시간이 소모되는 유형이다.
따라서 주어진 정보를 '유기적으로 활용'하여 빠르게 빈칸을 채울 수 있도록, 해당 기출과 유사한 문제를 통해 충분히 연습하기 바란다.
또한, 그 과정에서 미리 정오를 판단할 수 있는 선지가 있다면 소거해 나가면서 풀기를 권장한다.

Tip ❷ 이러한 퀴즈에서는 자기만의 기준이 있으면 더 좋다. 필자의 경우 다음과 같은 2가지 풀이 방법을 적용한다.

1. 표 만들기
2. 확정정보 찾기

두 가지만 해도 꽤나 명확하게 풀리는 문제가 다수이다.
이 문제의 경우에도 각 직장인 별로 성별, 나이, 직업을 기준으로 표를 작성하였다. 그 뒤 甲, 丙, 戊의 발언을 통해 甲은 32세, 丙은 28세, 戊는 26세임을 확정해 나이를 적었다.
이후 나이 정보인 "남성과 여성의 평균 나이가 같음"과 "남성이 3명이고 여성이 2명이다"를 통해 전체 평균 값인 30세가 남성이어야 남성 3명과 여성 2명의 나이의 평균이 동일해질 수 있음을 파악하였다. 따라서 28세인 丙이 남자라고 했으므로, (여자: 34, 26), (남자: 32, 30, 28)을 확정 지었다. 따라서 乙은 30, 丙은 28, 丁은 34 라는 것을 쉽게 구할 수 있다.

Tip ❸ 정보를 제공 후 추리 및 매칭을 하는 문제는 자주 나오는 문제다. 산발적인 정보를 한눈에 잘 정리하는 것이 중요한데, 방법처럼 표를 그려 놓고 기본적인 정보를 채워 넣는 것이 오래 걸릴지는 모르겠지만 가장 시간을 단축할 수 있는 방법이다.
우선 표를 그린 후 〈자기소개〉에서 기입할 수 있는 확정 정보를 전부 기입한다. 그 후 〈상황〉에서의 7가지 상황을 번호화 한 뒤 상황을 표에 하나씩 적용하면 된다. 사용한 상황은 빗금을 그어 제거하고 애매한 상황만을 남겨둔 뒤 어느정도 채워진 표를 가지고 오지선다를 풀어나가면 쉽게 문제가 풀릴 수 있을 것이다.
혹은 '옳지 않은 것'의 경우 오지선다를 통해서 정보를 얻어 빈칸을 채울 수도 있으니 우선 표를 만든 후 문제 + 오지선다의 정보를 사용해 유연한 사고로 문제를 풀어나가야 한다.

Tip ❹

(1) 설문의 경우 해설과 같이 사람을 기준으로 정보를 채워 나갈 수도 있고, 문제에서 주어진 나이나 직업을 기준으로 사람을 채워 넣을 수도 있다. 풀이 방식은 빈칸에 알맞은 수를 채워 넣는 스도쿠와 유사하며, 해당 칸 또는 줄에 들어갈 수 있는 후보군을 추려 작게 메모한 뒤 정보를 추가하면서 해당 칸을 완성하는 것이다.
(2) 예를 들어, 나이를 기준으로 나열할 경우, 丙의 자기소개를 통해 丙은 26세 또는 28세라는 것을 알 수 있으므로 해당 나이에 丙이 가능함을 표시하는 것이다.
(3) 이런 유형의 문제를 풀 때 일부 칸을 채운 후 그에 따른 선지를 우선적으로 확인하는 방법이 있으나, 실전에서는 긴장된 상태에서 헷갈릴 수 있기 때문에 모든 칸을 채운 후 선지를 확인하는 방법을 추천한다. 모든 칸을 채운 후에 문제를 푸는 것이 시간이 오래 걸린다는 생각에 걱정될 수 있으나 오히려 실수를 줄이고 확실히 문제를 풀 수 있는 방법인 경우가 많다.

＊ 이번 문제와 같이 '옳지 않은 것'을 구하는 문제의 경우, 문제를 잘못 읽어 '옳은 것'으로 해석하는 실수를 할 수 있다. 혹시 그러한 실수를 한 경험이 있다면, 문제를 본격적으로 풀기 전에 '옳은 것'의 경우 동그라미, '옳지 않은 것'의 경우 세모 표시를 해놓는 방법을 사용해 보자.

082 정답 ❸ 난이도 ●○○

<비밀번호 설정 조건>에 따라 가능한 비밀번호를 찾아내면 다음과 같다.

(1) 비밀번호를 구성하고 있는 각 자리의 어떤 숫자도 소수가 아니어야 하므로 2, 3, 5, 7이 제외되고, 비밀번호로 가능한 숫자는 0, 1, 4, 6, 8, 9이다. 또한, 비밀번호는 큰 수부터 차례로 나열된 형태로 만들어야 하는데 짝수로 시작하므로 9는 비밀번호에 포함될 수 없다.

(2) 이때, 6과 8 중에 하나의 숫자만 비밀번호에 포함되어야 하므로, 남은 숫자인 0, 1, 4는 반드시 네 자리 숫자의 비밀번호에 포함된다.

(3) 따라서 비밀번호로 가능한 것은 6410, 8410의 두 가지로 항상 짝수이다.

① (O) 비밀번호는 짝수이다.
→ 가능한 비밀번호는 6410 또는 8410이므로 짝수이다.

② (O) 비밀번호의 앞에서 두 번째 숫자는 4이다.
→ 가능한 비밀번호의 앞에서 두 번째 숫자는 모두 4이다.

③ (×) <비밀번호 설정 조건>을 모두 만족하는 비밀번호는 모두 ~~세 개~~가 있다.
→ <비밀번호 설정 조건>을 모두 만족하는 비밀번호는 6410, 8410으로 두 개가 있다.

④ (O) <비밀번호 설정 조건>을 모두 만족하는 비밀번호 중 가장 작은 수는 6410이다.

⑤ (O) 비밀번호를 구성하는 네 개의 숫자 중 홀수는 한 개다.
→ 6410과 8410 모두 네 개의 숫자 중 홀수는 1로 한 개다.

합격자의 시간단축 Tip

Tip ❶ 소수는 1과 자기 자신만을 약수로 갖는 수를 의미하므로, 0과 1은 소수에 해당하지 않는다는 것을 유념해야 한다. 이를 염두에 둔다면 나머지 단계는 해설과 같이 진행할 수 있을 것이다.

Tip ❷ 비교적 쉬운 문제다.
선지 ③을 보면 주어진 조건을 모두 만족하는 경우가 하나로 떨어지지 않음을 예측해볼 수 있다. 그러므로 비밀번호에 포함될 수 있는 숫자들을 모두 나열한 후 여러 가지 조합을 구성해볼 필요가 있다.
이때, 0~9부터 숫자를 일렬로 작성한 다음 주어진 조건에 따라 부합하지 않는 숫자를 빠르게 지워 나가면 쉽다. 이런 문제에서 시간을 절약해 다른 문제를 풀 시간을 버는 것이 중요하므로 정답을 맞히는 것에 집중하기보다는 쉬운 문제를 최대한 빠르게 푸는 연습도 하는 것이 좋다.

083 정답 ❹ 난이도 ●●○

(1) 갑은 2명에게 만점을 주었으며 무에게는 만점을 주지 않았는데, 정은 누구에게도 만점을 받지 못했으므로 갑은 정에게 만점을 주지 않았다.

따라서 갑은 을과 병에게 만점을 주었으며 자신이 만점을 준 상대로부터는 만점을 받지 못했으므로 을과 병은 갑에게 만점을 주지 않았다. 갑은 2명에게 만점을 받았으며 을과 병은 갑에게 만점을 주지 않았으므로 정, 무에게 만점을 받았다.
한편, 정은 누구에게도 만점을 받지 못했으므로 여기까지를 표로 정리하면 다음과 같다. (단, 발표점수를 매긴 학생이 받은 학생이게 만점을 주었다면 ○, 만점을 주지 않았다면 ×로 표시한다.)

받은 학생 / 매긴 학생	갑	을	병	정	무
갑		○	○	×	×
을	×			×	
병	×			×	
정	○				
무	○			×	

(2) 을은 1명에게만 만점을 주었는데, 을에게 만점을 받은 사람은 병에게 만점을 주었다고 하였으므로 을에게 만점을 받은 사람은 무이다. (만약, 을이 병에게 만점을 주었다면 병은 자기 자신에게 만점을 주는 상황이 되므로 갑~무 모두 자신에게는 점수를 매기지 않았다는 조건에 위배된다.)
따라서 을에게 만점을 받은 무는 병에게 만점을 주었고 을에게 만점을 주지 않았다. 을은 3명에게 만점을 받았는데 무에게는 만점을 받지 않았으므로 갑, 병, 정에게 만점을 받았다. 또한, 무에게 만점을 받은 병은 무에게 만점을 주지 않았다.
한편, 정은 갑, 을을 포함하여 3명에게 만점을 주었는데, 병과 무 중에서는 누구에게 만점을 주었는지 알 수 없다.

(3) 이상의 결과로 표를 완성하면 다음과 같다.
(단, 알 수 없는 경우 -로 표시한다.)

받은 학생 / 매긴 학생	갑	을	병	정	무
갑		○	○	×	×
을	×		×	×	○
병	×	○		×	×
정	○	○	-		-
무	○	×	○	×	

① (×) 갑은 병에게 ~~만점을 받았다~~.
➜ 갑은 병에게 만점을 주었으므로 병에게 만점을 받지 못했다.

② (×) 을은 무에게 ~~만점을 받았다~~.
➜ 을은 무에게 만점을 주었으므로 무에게 만점을 받지 못했다.

③ (×) 정은 무에게 ~~만점을 주었다~~.
➜ 정은 갑과 을을 포함하여 3명에게 만점을 주었다. 정이 병에게 만점을 주었다면 무에게 만점을 주지 않았으며, 정이 무에게 만점을 주었다면 병에게 만점을 주지 않았다. 즉, 알 수 없다.

④ (○) 병은 한 사람에게만 만점을 주었다.
➜ 갑과 무는 병에게 만점을 주었으므로 병은 갑과 무에게 만점을 주지 않았다. 정은 아무에게도 만점을 받지 못했다 하였으므로 병은 을에게만 만점을 주었다.

⑤ (×) 무는 두 사람에게 ~~만점을 받았다~~.
➜ 정이 병에게 만점을 주었다면 무에게 만점을 주지 않았으며 따라서 무는 을에게만 만점을 받았다. 반면, 정이 무에게 만점을 주었다면 무는 을과 정, 두 사람에게 만점을 받았다. 즉, 알 수 없다.

합격자의 시간단축 Tip

Tip ❶ 표를 그리지 않고는 풀기 쉽지 않은 문제이며, 표를 그린다고 해도 쉽게 헷갈릴 수 있는 문제이다. 실전에서 표를 그리게 될 경우 각 축이 어떤 것을 의미하는지 정확히 표시해두는 것이 중요하며, 다른 조건들에 따라 표를 채워 나갈 때도 〈조건 마〉를 활용하여 더 채울 수 있는 칸은 없는지 수시로 확인하는 것이 중요하다.
특히 표를 그릴 때는, 어느 축이 평가자이고 어느 축이 피평가자인지 초기에 명확히 설정해두고 헷갈리지 않도록 주의한다.

Tip ❷ 표에도 여러 가지 유형이 있는데, 이 경우 〈조건 라〉와 〈조건 마〉 같이 자신은 만점을 주었는데 상대방에게 만점을 받지 못하는 상황이 나오며 이는 한 칸의 결과로 두 칸을 채울 수 있는 1타2피의 효과를 가지고 있다. 예컨대 정은 갑에게 만점을 주었으므로 자연스럽게 갑은 정에게 만점을 주지 않았다는 것을 알 수 있다. 일반적으로 표를 그리지 않으면 풀기 어려운 문제는 드물지만, 이 문제의 경우 표를 그려 해결할 경우 수월하게 해결할 수 있다. 어떤 문제에서 표를 그려서 해결해야 하는지에 대한 대답은 많은 문제를 접하고 체화하는 방법밖에 없다는 것이다.

084 정답 ①　　난이도 ●●●

① (O) A국에서 알려지지 않은 새로운 기술로 알코올램프를 발명한 자는 그 기술이 이미 다른 나라에서 널리 알려진 것이라도 A국에서 특허권을 부여받을 수 있다.
→ (3)에 따라 A국은 국내에서만 새로운 기술일 것을 요구하는 기준을 선택하였으므로 A국에서 알려지지 않은 새로운 기술로 알코올램프를 발명한 경우 새로운 기술에 의한 발명이다.
(1)에 따라 A국은 새로운 기술에 의한 발명을 한 사람에게 특허권이라는 독점권을 주는 제도를 선택하였으므로 A국에서 알려지지 않은 새로운 기술로 알코올램프를 발명한 자는 A국에서 특허권을 부여받을 수 있다. 따라서 옳은 선지이다.

② (×) A국에서 특허권을 부여받은 날로부터 11년이 지난 손전등을 제조·판매하기 위해서는 발명자로부터 ~~허락을 받아야 한다~~.
→ (5)에 따라 A국은 특허권의 보호기간을 특허권을 부여받은 날로부터10년으로 한정하였으므로, 11년이 지난 손전등 기술은 특허권이 소멸되었다. 따라서 틀린 선지이다.

③ (×) A국에서 새로운 기술로 석유램프를 발명한 자는 A국 정부로부터 그 발명에 대해 금전적 ~~보상을 받을 수 있다~~.
→ (1)에 따라 A국은 독점권을 주는 제도를 선택하였으므로 금전적 보상을 받을 수 없다. 따라서 틀린 선지이다.

④ (×) A국에서 새로운 기술로 필기구를 발명한 자는 특허심사절차를 밟지 않더라도 A국 내에서 다른 사람이 그 필기구를 무단으로 제조·판매하는 것을 ~~금지시킬 수 있다~~.
→ (2)에 따라 A국은 신청에 의한 특허심사절차를 통해 특허권을 부여하는 방식을 채택하였으므로, 심사절차를 밟지 않고는 금지시킬 수 없다. 따라서 틀린 선지이다.

⑤ (×) A국에서 망원경에 대해 특허권을 부여받은 자는 다른 나라에서 그 망원경을 무단으로 제조 및 판매한 자로부터 A국 특허법에 따라 ~~손해배상을 받을 수 있다~~.
→ (4)에 따라 A국은 특허권의 효력발생범위를 영토 내로 한정하는 방식을 채택했으므로 다른 나라에서 무단으로 제조, 판매하였다고 하여 손해배상을 받을 수 없다. 따라서 틀린 선지이다.

합격자의 시간단축 Tip

5가지 기준을 주고, 해당하는지 묻는 유형의 경우 각 기준이 한 선지에 대응되는 경우가 대부분이다. 즉, 한 선지를 확인할 때 여러 기준을 자세히 확인하려 하지 않고, 처음부터 기준의 내용이 되는 '변수(키워드)'를 하나만 설정하고 빠르게 처리하면 된다.

(1) 예를 들어, 선지 ① 번에서는, '이미 다른 나라에서 알려진 것'이 핵심 변수가 된다. 따라서 이와 관련된 기준을 찾아보면 (3)에 국내와 전세계라는 단어가 보이므로 (3)에 따라 판단하면 된다고 확신할 수 있다.
(2) 마찬가지로 ② 번은 '11년', ③ 번은 '금전적 보상', ④ 번은 '특허심사절차', ⑤ 번은 '손해배상'이 키워드가 된다. 이처럼 해결 시 문제는 사실상 '그림 맞추기'처럼 단순해져 빠른 풀이가 가능해진다.
(3) 또한, 위와 같은 문제는 조건이 다 사용되는 경우가 대부분이므로 사용했었던 조건보다는 사용하지 않은 조건을 우선순위로 점검하는 것이 정답을 더 빨리 구할 수 있다.
예를 들어, 조건에 (1), (2), (3), (4), (5)가 정해져 있으므로 선지 앞에 사용한 조건 번호를 적어놓거나 조건에 X표시를 해두면 좋다.

085 정답 ③　　난이도 ●●○

(1) 채권자와 채무자 사이에 손해배상액의 예정이 있으면 채권자는 실손해액과 상관없이 예정된 배상액을 청구할 수 있지만, 실손해액이 예정액을 초과하더라도 그 초과액을 배상받을 수 없다. 〈사례〉에서 甲이 채권자, 乙이 채무자이므로 甲은 실손해액과 상관없이 예정된 배상액을 청구할 수 있다. 예정된 배상액은 공사기간 내에 X건물의 리모델링을 완료하지 못할 경우, 지연기간 1일당 위 공사대금의 0.1%를 乙이 甲에게 지급하는 것이다.

(2) X건물 리모델링의 완료가 30일 지연되었으며 공사대금은 1억 원이므로, 30(일)×1(억 원)×0.1(%/1일)=300(만 원)이 예정된 배상액이 된다.
이때, 甲은 실손해액이 예정액을 초과하더라도 그 초과액을 배상받을 수 없으므로, 실손해액이 500만 원임에도 불구하고 예정액 300만 원을 초과하여 배상받을 수 없다.

(3) 손해배상액을 예정한 사유가 아닌 다른 사유로 발생한 손해에 대해서는 손해배상액 예정의 효력이 미치지 않는다. 따라서 이로 인한 손해를 배상받으려면 별도로 손해의 발생사실과 손해액을 증명해야 한다.

〈사례〉에서 乙이 고의로 불량자재를 사용하여 부실공사가 이루어졌고, 이로 인해 甲은 1,000만 원의 손해를 입었다.

(4) 그러나 이는 손해배상액을 예정한 사유가 아니므로 손해배상액 예정의 효력이 미치지 않고, 따라서 별도로 손해의 발생사실과 손해액을 증명해야 한다. 甲은 부실공사의 손해배상사실과 손해액을 증명하여 乙에게 손해배상을 청구하였으므로 부실공사로 인한 손해 1,000만 원을 배상받을 수 있다.

(5) 따라서 최대 손해배상액은 300만 원+1,000만 원=1,300만 원이다.

합격자의 시간단축 Tip

Tip ❶ 지문과 결합한 퀴즈 문제가 출제되는 경우, 시간의 낭비를 방지하기 위해 필요한 부분만 찾아 읽는 '발췌독'을 이용해야 한다.

(1) 일반적으로 읽어야 하는 부분
통상 문제 풀이에 중요한 부분은 '지문의 뒷부분'에 배치되는 경향이 있다. 왜냐하면 지문의 전반부는 일반적으로 문제 상황 설명이기 때문이다. 이 문제의 경우에도 첫 번째 단락은 손해배상과 예정에 대해 설명하는 내용이다. 이러한 내용은 문제 풀이와는 직접적 관련이 없으므로 자세하게 읽을 필요가 없다. 다만 이러한 부분의 경우에도 간혹 핵심적인 키워드를 언급하는 경우가 있으므로, 시간이 허용하는 한 빠르게라도 훑어보도록 하자.

(2) 발췌독의 핵심
문제를 읽고 도출해야 하는 값(항목, 변수)이 무엇인지 확인한 후, 해당 값이 언급된 부분을 마치 '그림 맞추기 놀이'하듯이 눈으로 훑으면서 찾는 것이 중요하다. 처음엔 제대로 찾지 못해 중요한 부분을 놓치거나, 오히려 너무 많은 내용을 확인하는 실수가 나타날 수도 있으나 연습을 하면 할 수록 빠르고 정확하게 찾을 수 있을 것이다.
예를 들어, 문제의 경우 최대 손해배상액을 도출하는 것으로, 〈사례〉를 먼저 읽고 손해배상액에 관한 부분을 발췌독 한다. 〈사례〉를 보면 크게 ① **손해배상액의 예정** ② **손해발생사실과 손해액의 증명**을 키워드로 잡을 수 있다.
이를 지문에서 찾으면, 각각이 정확하게 조건 ①과 조건 ②에 대응하는 것을 알 수 있다. 이때, 손해배상액을 설명하는 과정에서 실손해액과 예정액 간의 관계가 강조되어 있음을 볼 수 있다. 이런 부분은 보통 실수를 유발하기 위해 반드시 문제로 출제되기 때문에 의도적으로 기억해두고 넘어가도록 한다.

Tip ❷

(1) 글에서의 '채무자', '채권자'가 〈사례〉에서 각각 누구에 해당되는지를 빠르게 매칭하는 것이 필요하다. 이처럼 **위의 글에서 일반적인 정보가 나오고 〈사례〉에서는 개별적인 정보가 나오는 문제가 빈출**된다. 이때 위에서 일반적인 정보가 〈사례〉에서 각각 누구에 매칭되는지, 어떤 관계인지를 먼저 파악하고 들어가는 것이 필요하다. 개인적으로 밑에 배치된 〈사례〉나 〈상황〉을 위에 배치된 〈조건〉이나 〈일반적인 정보 글〉에 겹쳐서 표시해두면 시각이 분산되지 않아 실수를 줄일 수 있다고 생각한다. 위 사안의 경우에는 甲이 채권자이며 乙이 채무자이다.

(2) 또한, 위 문제에서는 쉽게 甲이 입은 1,000만 원의 손해를 더해 1,300만 원을 도출할 수 있었지만 이는 '甲이 손해발생사실과 손해액을 증명'했기 때문이다. 원래 계약에서 '손해배상액을 예정한 사유'는 공사 기간 내에 리모델링을 완료하지 못할 경우다. 하지만 위 문제의 경우 고의로 불량자재를 사용해 부실공사가 이루어진 것으로 '손해배상액을 예정한 사유'에 해당되지 않는다. 따라서 甲은 별도로 손해발생 사실과 손해액을 증명해야 한다.

(3) 〈사례〉에서는 증명을 했다고 나와서 쉽게 문제를 풀 수 있었지만, 함정을 판다면 증명을 못한 경우를 제시해 학생들이 1,300만 원을 선택하게 하는 실수를 유도할 수 있으므로 주의해야 한다. 특히 선지에 300만 원이 있었을 경우 문제의 수준이 한 층 올라갔을 것이다.

086 정답 ④ 난이도 ●●●

정리하면 다음과 같다.

	12(월)	13(화)	14(수)	15(목)	16(금)
숫자	-	-	-	7, 8	9, 0
홀짝	짝수 운행	홀수 운행	짝수 운행	-	-
가능한 숫자	2, 4, 6, 8, 0	1, 3, 5, 7, 9	2, 4, 6, 8, 0	1, 2, 3, 4, 5, 6, 9, 0	1, 2, 3, 4, 5, 6, 7, 8

(1) 甲은 차량 홀짝제가 시행된 12일에 자차로 출근하였으므로 차량 끝번호는 2, 4, 6, 8, 0 중 하나이고, 따라서 홀수만 운행할 수 있는 13일(화)는 운행할 수 없다. 이때, 甲은 4일을 자차로 출근했다고 하였으므로 甲이 자차로 출근한 날은 12일(월), 14일(수), 15일(목), 16일(금)이다. 15일(목)에는 7, 8이, 16일(금)에는 9, 0이 출근할 수 없으므로 따

라서 甲의 차량 끝번호는 2, 4, 6 중 하나이다.

(2) 乙은 이틀만 자차로 출근했다. 차량은 홀수 아니면 짝수 중 하나이므로 乙은 홀수차량만 운행할 수 있는 13일(화)에 운행하였고 乙의 차량 끝번호는 1, 3, 5, 7, 9 중 하나이다. 또한, 15일(목), 16일(금) 중 하루만 운행을 할 수 있으므로 운행 가능한 숫자는 7, 8, 9, 0이다. 따라서 乙의 차량 끝번호는 7, 9 중 하나이다.

(3) 丙은 13일(화)에 자차로 출근하였으므로 차량 끝번호는 홀수인 1, 3, 5, 7, 9 중 하나이다. 또한, 15일(목), 16일(금)에 모두 출근하였으므로 이틀 모두 운행 가능한 차량 끝번호는 1, 2, 3, 4, 5, 6이다. 따라서 丙의 차량 끝번호는 1, 3, 5 중 하나이다.

(4) 따라서 끝자리 수의 합으로 가장 큰 것은 6+9+5 =20이다.

합격자의 시간단축 Tip

겹치는 부분과 아닌 부분을 甲, 乙, 丙 각각에 대해 확인해야 하는 유형으로, 시간 소모가 어느 정도 요구된다. 따라서 처음부터 풀 유형은 아니며, 마지막에 시간이 남는 경우 풀기 적당한 문제이다.
이때, 그나마 빠른 풀이를 위해서는 크게 2가지 접근이 있다.

(1) **처음부터 위의 〈표〉를 그리고 시작하는 방법**이다. 표를 그리는 과정에서 시간이 소모되긴 하겠지만, 애초에 표를 그리고 시작하는 것이 풀이 전체적으론 빠를 수 있다.
이 방법으로도 충분히 2~3분 안에 문제를 해결할 수 있으므로 고득점에 지장은 없다.

(2) **원리를 이용하는 방법(추천 방법)**이다. 여기서 핵심은 홀짝제(12일, 13일, 14일)로 차량 끝번호는 홀수 또는 짝수이므로 짝수라면 적어도 2일(12, 14일), 홀수라면 적어도 1일(13일)을 확보하고 시작한다는 의미이다. 이와 동시에 운행하지 않는 날이 확정된다. 짝수의 경우 화요일, 홀수의 경우 월요일과 수요일에는 운행을 하지 않는다.
예를 들어 '을'의 경우 이틀만 자차로 출근하였다. 차량 홀짝제가 시행되지 않는 목요일과 금요일에는 자동차 요일제가 시행되는데 해당 정책 하에서는 요일별로 운전하지 못하는 숫자가 겹치지 않는다. 즉, 이는 목요일과 금요일 중 최소 하루는 반드시 운전을 하게 된다는 의미이다. 따라서 이틀만 자차로 출근하기 위해서는 12~14일 사이에 하루만 운전할 수 있었음을 의미하며, 을은 13일에 운전했을 것이고 차량 번호 끝자리는 홀수일 것임을 알 수 있다. 이때, 홀수 역시 이미 1일을 확보하고 시작하므로 남은 날짜 중 단 하루만 해당하려면 '차량 요일제'에 걸리는 7이나 9일 수밖에 없다는 것을 알 수 있다.

＊ (2)처럼 해결 시 (1)의 풀이보다 훨씬 더 빠르게 풀 수 있다. 따라서 연습 때는 (2)의 방법과 같이 원리로 접근하는 빠른 풀이를 모색해보되, 실전에서 당장 방법이 떠오르지 않는다면 고민하지 말고 (1)과 같이 처리하는 것이 바람직한 전략이라 생각된다.

087 정답 ④ 난이도 ●●●

ㄱ. (O) A유치원은 급식을 실시하기 위하여 영양교사 1명을 배치해야 한다.
→ 제00조 제①항 및 제00조 제①항 제1호에 따르면 원아수 223명인 공립의 A유치원은 급식을 실시하고, 급식을 실시할 유치원에는 영양교사 1명을 두어야 한다.(예외 기준 없음)

ㄴ. (O) B유치원과 C유치원은 공동으로 영양교사 1명을 배치할 수 있다.
→ 제00조 제①항 제2호에 따르면 같은 乙교육지원청의 관할구역에 있는 원아수 각 200명 미만인 B유치원과 C유치원은 공동으로 영양교사를 둘 수 있다.

ㄷ. (O) 급식을 위한 시설과 설비를 갖춘 D유치원이 丙교육지원청의 전담직원을 통하여 영양관리, 식생활 지도 등의 업무를 지원받고 있다면, D유치원은 영양교사를 둔 것으로 본다.
→ 제00조 제②항에 따르면 교육감은 급식을 위한 시설과 설비를 갖춘 원아수 100명 미만인 D유치원에 대하여 영양관리, 식생활 지도 등의 업무를 지원하기 위하여 교육지원청에 전담직원을 둘 수 있다. 이 경우 丙교육지원청의 지원을 받는 D유치원은 영양교사를 둔 것으로 본다.

ㄹ. (×) E유치원은 급식 대상에서 제외되는 유치원으로 ~~그 명칭과 주소가 매년 1월말까지 공시되어야 한다.~~
→ 제00조 제②항 및 제③항에 따르면 원아수 50명 미만의 사립 유치원은 급식 대상에서 제외되고 이 경우 교육감은 해당 유치원의 명칭과 주소를 매년 1월말까지 공시해야 한다. 그러나 E유치원은 원아수 50명 미만의 공립 유치원으로 사립 유치원이 아니다. 따라서 E유치원은 급식 대상에서 제외되지 않는다.

합격자의 시간단축 Tip

Tip ❶ 법조문 문제의 경우 세세한 요건들을 더 눈 여겨 보아야 한다. 그 중에서도 특히 법 적용 대상에 관련된 부분(이 경우 공립인지 사립인지 여부), 적용 주체에 관련된 부분, 예외 기준과 같이 헷갈릴 수 있는 부분에서 출제되는 경우가 많다.

Tip ❷ 법조문 문제의 경우 〈보기〉 당 대응되는 법조문이 있기 때문에, 〈보기〉를 먼저 보고 키워드를 뽑아 그에 대응되는 법조문을 찾아 적용하는 것이 보다 효율적인 경우가 많다. 이 문항의 경우, ㄴ의 '공동으로'의 키워드를 잡아 두 번째 00조 제①항 제2호로 올라가 해당 법조문을 적용할 수 있다. ㄹ의 경우, '공시'의 키워드를 잡아 첫 번째 00조 제③항 및 동조 제②항을 찾아 해당 법조문을 적용하는 식으로 문제 풀이 가능하다.

> * 이때, 문제를 풀면서 각 법조문 옆에 대응되는 〈보기〉가 무엇인지(ㄱ, ㄴ, ㄷ, …) 표시해 두면, 문제를 풀 때 실수를 줄일 수 있고 검토에도 용이하다.

Tip ❸ 법조문 문제의 경우 제 00조 마다 구분선을 그어 내용 구분을 명확히 해주면 시각적으로 도움이 된다. 이때, 법조문 문제의 경우 예외 조항을 확인하는 것이 중요하다. 특히 '제 0항에도 불구하고~'와 같은 조항은 눈여겨볼 필요가 있다. 대체적으로 함정을 예외 조항에서 만들기 때문이다. 본 문제에서도 제00조 제②항에서 '제①항에도 불구하고 원아수 50명 미만의 사립 유치원은 급식 대상에서 제외한다~'와 같은 내용은 '불구하고' 부분에 표기를 해 두는 것이 좋다.

Tip ❹ 설문의 경우 단서가 되는 문장이 제00조 제② 항에 나와 '교육감이 필요하다고 인정한 경우'가 있는지 우선적으로 살펴보게 된다. 그런데 〈보기〉에서 해당 단서를 활용한 보기가 존재하지 않았다. 이 경우 아주 평이한 문제라고 생각하고 처음부터 해결하면 된다. 다만, 개인적으로 단서를 설정하고 문제에 활용하지 않는 것은 완성도가 높은 문제라고 생각하지 않는다.

> * 보통의 경우 법조문 문제 유형은 점수를 획득해야 하는 문제로 인지하고 있을 것이다. 그러나 이 문제의 경우 조건을 법조문으로 제시하였을 뿐, 일치부합 문제가 아닌 일반적인 문제와 크게 다를 바가 없다. 그러므로 같은 법조문 문제라 할지라도 접근 방법을 달리해야 한다.

088 정답 ①　　난이도 ●●●

ㄱ. (O) '사과와 배 상자'에서 과일 하나를 꺼내어 확인한 결과 사과라면, '사과 상자'에는 배만 들어 있다.
→ 이름표대로 내용물이 들어 있는 상자는 없으므로, '사과와 배 상자'에서 과일 하나를 꺼내어 확인한 결과 사과라면 '사과와 배 상자'에는 사과만 들어 있다.
이때, '배 상자'에는 배만 들어 있지 않으므로 '배 상자'에는 사과와 배가 들어 있다. 따라서 남은 '사과 상자'에는 배만 들어 있다.

ㄴ. (×) '배 상자'에서 과일 하나를 꺼내어 확인한 결과 배라면, '사과 상자'에는 ~~사과와 배가 들어 있다~~.
→ 이름표대로 내용물이 들어 있는 상자는 없으므로, '배 상자'에서 과일 하나를 꺼내어 확인한 결과 배라면 '배 상자'에는 사과와 배가 들어 있다.
이때, '사과' 상자에는 사과만 들어 있지 않으므로 '사과 상자'에는 배만 들어 있다.

ㄷ. (×) '사과 상자'에서 과일 하나를 꺼내어 확인한 결과 배라면, '배 상자'에는 ~~사과만 들어 있다~~.
→ '사과 상자'에서 과일 하나를 꺼내어 확인한 결과 배라면, '사과 상자'에는 배만 들어 있을 수도 있고 사과와 배가 들어 있을 수도 있다.
만일 '사과 상자'에 사과와 배가 들어 있다면, 이름표대로 내용물이 들어 있는 상자는 없으므로 '배 상자'에는 사과만 들어 있다.
만일 '사과 상자'에 배만 들어 있다면, 이름표대로 내용물이 들어 있는 상자는 없으므로 '사과와 배 상자'에는 사과만 들어 있다. 이때, '배 상자'에는 사과와 배가 들어 있다.
따라서 '배 상자'에는 사과만 들어 있을 수도 있고, 사과와 배가 들어 있을 수도 있다.

합격자의 시간단축 Tip

Tip ❶ 가장 함정을 만들기 쉬운 것이 사과와 배가 담긴 상자이다. 사과를 꺼내도 배를 꺼내도 사과와 배가 담겨 있을 상자일 가능성이 있기 때문에 이를 고려해 문제에 접근해야 할 것이다. 특히 보기 ㄷ의 경우 '사과 상자'에서 과일 하나를 꺼내어 확인한 결과가 배라면의 문장에서 자칫하면 배상자로 착각할 수 있다. 이때, '사과와 배'와 '오직 배' 이렇게 두 가지 경우가 있음을 인지하고 함정에 빠지지 말아야할 것이다.
반면 ㄱ의 경우는 판단하기가 쉬운데 그 이유는 '사과와 배 상자'에는 사과와 배가 없을 것이므로 사과가 들어 있다면 오직 사과만 들어있을 것이기 때문이다.

Tip ❷ 경우의 수를 다음과 같이 표로 그려 접근한다면 한 눈에 알아보기 쉬워 헷갈리지 않을 수 있다. 이때 바로 경우1과 경우2를 통째로 구하려 하기 보다, 문제에서 주어진 네번째 조건을 토대로 열 별로 표를 채워 나가는 것이 보다 쉬운 접근 방법이다. 예를 들면, 사과 상자의 가능한 경우인 '배'와 '사과와 배'를 먼저 세로로 적어 두고 나머지 경우를 확인해 나가는 식이다,

	사과 상자	배 상자	사과와 배 상자
경우 1	배	사과와 배	사과
경우 2	사과와 배	사과	배

이 방법은 상자가 총 3종류이므로 경우의 수는 총 6가지인데 심지어 이름표대로 들어 있는 상자는 없다는 제약까지 있어서 경우의 수가 총 2가지밖에 존재하지 않는다. 따라서 접근하기도 까다롭지 않고 가짓수도 적어서 가장 추천하는 방법이다.

089 정답 ❷ 난이도 ●●●

주어진 상황에 따라 '연 감가상각비', '연 자동차보험료', '연 주유비용'을 각각 구해보면 다음과 같다.

(1) 연 감가상각비

➜ (연 감가상각비)

$$=\frac{(\text{자동차 구매비용})-(\text{운행가능기간 종료 시 잔존가치})}{(\text{운행가능기간})}$$

$$=\frac{1,000(\text{만 원})-100(\text{만 원})}{10(\text{년})}=90\text{만 원}$$

(2) 연 자동차 보험료

➜ 갑의 차량의 차종은 '중형차'이고, 보험 가입 시 운전 경력은 2년 6개월로 '2년 이상 3년 미만'에 해당하므로 120만 원이다. 이때, 차에 블랙박스가 설치되어 있으므로 10%가 할인되어, 연 자동차 보험료는 120만 원×90%=108만 원이다.

(3) 연 주유비용

➜ 1리터당 10km를 운행할 수 있고, 리터당 비용은 연중 1,500원으로 고정되어 있다.
이때 매달 500km씩 차를 운행하면, 1년동안 500km×12개월=6,000km를 운행한다.
이를 운행하기 위해서는 $\frac{6,000\text{km}}{10\text{km/L}}$=600L가 필요하며, 그 비용은 600(L)×1,500(원/L)=90만 원이 된다.
따라서 (1년간 차량 유지비)=90(만 원)+108(만 원)+90(만 원)= 288만 원이 된다.

합격자의 시간단축 Tip

Tip ❶ 평이한 난이도의 문제이다. 다만 단위를 헷갈리지 않고 빠르게 처리할 수 있어야 효율적인 풀이가 가능하다. 만약 본인이 단위 전환에 자신이 없다면 전체를 한 단위로 통일하는 것이 좋다.

이 문제의 경우 모두 '만 원'과 '1년'으로 통일하면 된다. 문제되는 부분은 4. 주유비용이다.

(1) 리터당 비용의 경우, 1,500원을 0.15만 원으로 바꿀 수 있다. 이때, 100L=15만 원이 된다.

(2) 운행거리의 경우 〈상황〉에서 '1년'이 아닌 '매달'로 주어져 있다는 것에 주의해야 한다.

〈조건〉에서 요구하는 주유비용은 '연 주유비용'이므로, 12를 곱한 6,000km가 연간 운행거리가 된다. 이렇게 미리 단위를 통일시켜 둔다면, 단위에 약하더라도 문제를 쉽게 해결할 수 있을 것이다.

Tip ❷ 〈조건 3〉의 표 아래에 있는 각주를 놓치게 될 경우 오답을 선택할 수 있다. 항상 표 아래에 있는 각주에 유의하여야 한다. 각주 부분을 놓치지 않기 위해서는 각주에 해당하는 부분을 표나 〈상황〉에 미리 기재하거나, 크게 동그라미 등으로 표기를 해 두는 것이 도움이 된다.

Tip ❸ 설문의 경우 지문을 읽고 보기를 처리하는 유형과 보기를 읽고 지문에 대입하는 유형 중 후자에 속하는 문제이다. 이는 주어진 지문인 〈조건〉에서 문제 해결에 필요한 특정 값이 도출되는 것이 아니고, 〈상황〉에서 주어진 값을 〈조건〉에 대입하여 정확한 금액을 도출하는 문제이기 때문이다. 〈상황〉을 하나하나 기억할 필요는 없고, 스캔하면서 어떤 것이 주어져 있는지 대략적으로 살펴보는 정도면 충분하다.

090 정답 ❸ 난이도 ●●●

짜장면=A, 탕수육 =B, 짬뽕=C, 깐풍기=D, 볶음밥=E라고 가정하자.

(1) A+B=17,000
(2) C+D=20,000
(3) A+E=14,000
(4) B+C=18,000
(5) D+E=21,000

먼저 (1) ~ (5)까지 모두 더하면 2A+2B+2C+2D+2E=90,000이다.
따라서 A+B+C+D+E=45,000이다.
이때, (4), (5) 를 더한 B+C+D+E=39,000을 위 식에서 빼면 A=6,000이다.
따라서 짜장면 1그릇의 가격은 6,000원이다.

합격자의 시간단축 Tip

Tip ❶ 기본적으로 연립 방정식 문제는 시간이 오래 걸리므로 가급적 첫 번째 바퀴에는 풀지 않는 것이 좋다. 필자는 통상 2~3번째 바퀴 때 푸는 것이 바람직하다고 생각한다.

* 참고로 PSAT은 순서대로 쭉 푸는 것이 아니라, 여러 바퀴 돌면서 푸는 것이 일반적인 풀이 전략이다. 이는 공기업 시험에도 해당되며 사람마다 차이는 있지만 통상 다음과 같다.

① **첫 번째 바퀴**: 응시자가 가장 강한 유형 및 난이도가 낮은 문제를 먼저 푼다.

② **두 번째 바퀴**: 강한 유형은 아니지만 확실히 풀 수 있는 문제를 푼다.

③ **세 번째 바퀴**: 남은 문제 중 그나마 할 만해 보이는 유형을 푼다.

④ **네 번째 바퀴**: 네 번째 바퀴 때는 시간이 얼마 안 남았을 것이므로, 둘 중 하나로 나뉜다. 남은 문제를 찍는데 시간을 쓰거나, 남은 문제 중 하나를 잡고 마지막까지 푸는 방법이다.

Tip ❷ 이 문제와 같은 유형을 푸는 특이한 방법을 하나 소개한다. 이는 연립방정식에 유난히 약한 수험생을 위한 방법이다. 만약 본인이 연립을 풀 때 '빙빙 돌기만 하고 문제가 안 풀리는 스타일'이라면 아래 방법을 활용해보는 것을 추천한다.

'대입법'이란 보기로 제시된 값 중 하나를 옳다고 가정하고 대입 후 만약 더 커야 한다면 더 큰 보기를, 더 작아야 한다면 더 작은 보기를 대입해보면서 정답을 찾는 방법이다. 따라서 '대입법' 활용 시 주로 가운데 값을 먼저 대입해본다. 그래야 정답을 안정적으로 찾을 가능성이 높기 때문이다.

예를 들어, 이 문제의 경우 가운데 값인 ③번 6,000원을 대입하면 된다.

(1) 테이블 1에 따라
(탕수육) = 17,000 − 6,000 = 11,000

(2) 테이블 3에 따라
(볶음밥) = 14,000 − 6,000 = 8,000

(3) 테이블 4에 따라
(짬뽕) = 18,000 − 11,000 = 7,000

(4) 테이블 5에 따라
(깐풍기) = 21,000 − 8,000 = 13,000

따라서 마지막으로 테이블 2를 확인 시 짬뽕과 깐풍기의 합이 20,000으로 모순이 없으므로 짜장면 그릇은 6,000원임을 알 수 있다.

* 이 방법은 초심자가 활용하기 정말 좋은 방법이나 한 가지 단점을 꼽자면 시간이 많이 소모된다는 것이다. 보통 ③번-④번-②번 순서대로 선지를 확인하는데, 답이 ②번일 경우 대입을 3번 하면서 모든 테이블에 모순이 없는지 확인하여야 하므로 최소한 3분은 쓰게 된다. 설문의 경우 빨리 풀면 1분도 채 걸리지 않기 때문에, 남들과 한 문제에서 2분 이상 차이 날 수 있다.

Tip ❸ 〈표〉를 덩어리로 구분하여 문제를 접근하는 방법이 있다. 테이블 1, 3을 더할 때, '탕수육'+'볶음밥'의 합만 구하면 짜장면의 가격을 찾을 수 있다. 이때, 테이블 4, 5와 2를 이용해 '탕수육'+'볶음밥'을 구할 수 있게 된다.

테이블 4와 5가 '짬뽕'+'탕수육'+'볶음밥'+'깐풍기'이고 테이블 2가 '짬뽕'+'깐풍기'이기 때문에, 두 식을 연립하면 '탕수육'+'볶음밥'만 남는다. 즉,

$(18,000+21,000)-20,000=19,000$,

$\frac{17,000+14,000-19,000}{2}=6,000$

으로 정답이 도출된다.

Tip ❹ 연립방정식은 결국 '고정값'을 찾는 것이 핵심이다. 고정값을 찾을 때 중요한 건 목표값을 찾는 방향이다. 문제에서 구하는 것은 "짜장면 1그릇의 가격" 이다. 이를 알기 위해서는 '탕수육' 또는 '볶음밥'에 대한 정보가 필요하다. 식이 다양하게 나온 문제 같은 경우 "탕수육" 또는 "볶음밥"이 "짬뽕"이나 "깐풍기"로 치환될 수 있다는 것을 눈치채야 한다. 예를 들어, 주어진 문제를 정리하면 다음과 같다.

(1) 테이블 1, 3: (탕수육) = (볶음밥) + 3,000

(2) 테이블 2, 4:
(깐풍기) = (탕수육) + 2,000
= {(볶음밥) + 3,000} + 2,000
위 식을 통해 깐풍기가 탕수육으로 바뀔 수 있다.
그렇다면 테이블 5는 다음과 같다.

(3) 테이블 5:
(볶음밥) + (깐풍기) = (볶음밥) + {(탕수육) + 2,000}
= (볶음밥) + {(볶음밥) + 5,000}
= 21,000

따라서 볶음밥의 가격은 8,000원이므로, 짜장면의 가격은 6,000 원이 된다는 것을 쉽게 알 수 있다. 중요한 건 풀이에 필요한 정보가 "탕수육" 또는 "볶음밥" 이며, 이를 위해서 깐풍기나 짬뽕을 탕수육, 볶음밥으로 바꾸려는 풀이 방향이다.

Tip ❺ 이 방법이 특별히 시간을 단축시켜 주는 것은 아니지만 신선한 방법이라 소개한다.

현재 5종류의 음식이 있는데, 테이블 1, 2, 3을 더하면 5개의 음식이 1번씩 포함되고 짜장면이 하나 더 포함된다. 5개의 음식 전체의 가격을 A라고 하면 A + (짜장면) = 51,000원이다.

한편, 테이블 1, 4, 5를 더하면 5개의 음식이 1번씩 포함되고 탕수육이 하나 더 포함된다. 따라서 이 경우 A + (탕수육) = 56,000원이다. 이로부터 탕수육이 짜장면보다 5,000원 더 비싼 것을 알 수 있다. 그런데 테이블 1의 주문내역이 짜장면과 탕수육이다. 짜장면의 가격을 x라 하면 $x+(x+5,000)=17,000$

이므로 $x=6,000$원임을 도출할 수 있다.

독끝 4일차 (091~120)

정답

091	③	092	③	093	①	094	④	095	②
096	③	097	③	098	④	099	④	100	⑤
101	⑤	102	②	103	④	104	⑤	105	②
106	②	107	①	108	④	109	④	110	①
111	①	112	③	113	②	114	①	115	⑤
116	②	117	④	118	③	119	⑤	120	③

091 정답 ③ 난이도 ●○○

① (○) 피자를 좋아하면 짜장면을 좋아한다.
→ 명제 ㉡에 따라 피자를 좋아하면 파스타를 좋아하고, 명제 ㉠에 따라 파스타를 좋아하면 된장찌개를 좋아하지 않는다. 명제 ㉢의 대우에 따라 된장찌개를 좋아하지 않으면 닭볶음탕을 좋아하지 않고, 명제 ㉣의 대우에 따라 닭볶음탕을 좋아하지 않으면 짜장면을 좋아한다.

② (○) 짜장면을 좋아하지 않으면 된장찌개를 좋아한다.
→ 명제 ㉣에 따라 짜장면을 좋아하지 않으면 닭볶음탕을 좋아하고, 명제 ㉢에 따라 닭볶음탕을 좋아하면 된장찌개를 좋아한다.

③ (×) 닭볶음탕을 좋아하면 ~~피자도 좋아한다~~.
→ 명제 ㉢에 따라 닭볶음탕을 좋아하면 된장찌개를 좋아하고, 명제 ㉠의 대우에 따라 된장찌개를 좋아하면 파스타를 좋아하지 않는다. 명제 ㉡의 대우에 따라 파스타를 좋아하지 않으면 피자를 좋아하지 않는다.

④ (○) 된장찌개를 좋아하지 않으면 짜장면을 좋아한다.
→ 명제 ㉢의 대우에 따라 된장찌개를 좋아하지 않으면 닭볶음탕을 좋아하지 않고, 명제 ㉣의 대우에 따라 닭볶음탕을 좋아하지 않으면 짜장면을 좋아한다.

⑤ (○) 파스타를 좋아하면 닭볶음탕을 싫어한다.
→ 명제 ㉠에 따라 파스타를 좋아하면 된장찌개를 좋아하지 않고, 명제 ㉢의 대우에 따라 된장찌개를 좋아하지 않으면 닭볶음탕을 좋아하지 않는다.

합격자의 시간단축 Tip

Tip ❶ 주어진 〈명제〉를 논리 기호로 정리하면 다음과 같다. 이때, 좋아하는 것은 음식 이름으로, 좋아하지 않는 것은 음식 이름 앞에 부정 기호(~)를 붙여 표시한다.

조건	명제	명제의 대우
㉠	(파스타) → ~(된장찌개)	(된장찌개) → ~(파스타)
㉡	(피자) → (파스타)	~(파스타) → ~(피자)
㉢	(닭볶음탕) → (된장찌개)	~(된장찌개) → ~(닭볶음탕)
㉣	~(짜장면) → (닭볶음탕)	~(닭볶음탕) → (짜장면)

위의 정보들을 서로 연결하여 다음 그림과 같이 정리하면 빠른 풀이가 가능하다.

(피자) → (파스타) → ~(된장찌개) → ~(닭볶음탕) → (짜장면)
㉡ ㉠ ㉢의 대우 ㉣의 대우

한편, 각 명제를 대우명제로 바꾸어 정리하면 다음과 같다.

~(짜장면) → (닭볶음탕) → (된장찌개) → ~(파스타) → ~(피자)
㉣ ㉢ ㉠의 대우 ㉡의 대우

이를 확인한 후, 각 선지도 논리 기호를 활용하여 표현한 후, 항상 참이 되는지 확인해보자.

① 피자를 좋아하면 짜장면을 좋아한다.
→ **(피자) → (짜장면)**
명제 ㉡과 명제 ㉠, 명제 ㉢의 대우, 명제 ㉣의 대우의 조합으로 (피자) → (짜장면)임을 알 수 있으므로, 위 명제는 항상 참이다.

② 짜장면을 좋아하지 않으면 된장찌개를 좋아한다.
→ ~(짜장면) → (된장찌개) ⇔ **~(된장찌개) → (짜장면)**
명제 ㉢의 대우와 명제 ㉣의 대우의 조합으로 ~(된장찌개) → (짜장면)임을 알 수 있으므로, 위 명제는 항상 참이다.

③ 닭볶음탕을 좋아하면 피자도 좋아한다.
→ **(닭볶음탕) → (피자)**
명제 ㉢과 명제 ㉠의 대우, 명제 ㉡의 대우의 조합으로 (닭볶음탕) → ~(피자)임을 알 수 있으므로, 위 명제는 항상 거짓이다.

④ 된장찌개를 좋아하지 않으면 짜장면을 좋아한다.
→ **~(된장찌개) → (짜장면)**
명제 ㉢의 대우와 명제 ㉣의 대우의 조합으로 ~(된장찌개) → (짜장면)임을 알 수 있으므로 위 명제는 항상 참이다.

⑤ 파스타를 좋아하면 닭볶음탕을 싫어한다.
→ **(파스타) → ~(닭볶음탕)**

명제 ㉠, 명제 ㉢의 대우의 조합으로 (파스타) → ~(닭볶음탕)임을 알 수 있으므로 위 명제는 항상 참이다.

> * 논리학 기호로 해설이 제시되어 있어 논리학에 대한 깊은 이해가 필요하다고 오해할 수 있으나, 실제로는 'p이면 q이다'가 참이면 대우 명제인 'q가 아니면 p가 아니다' 역시 참이라는 간단한 논리학 지식만으로도 풀 수 있는 문제다. 만약 본인이 논리학을 따로 공부하지 않았다면 이처럼 문제에 관련 정보가 나올 때마다 학습해 두도록 하자.

092 정답 ③ 난이도 ●●●

(1) [결론]의 표현을 바꿀 경우 '결혼을 한 모든 직원은 K회사 인턴을 하지 않았다.'라는 명제가 된다.

(2) [전제2]의 전건과 [결론]의 전건이 동일하므로 [결론]이 참이 되기 위해서는 [전제2]의 후건과 [결론]의 후건이 연결되어야 한다. 그렇게 되어야 [전제2]와 [전제1]을 연결하여 [결론]이 도출되기 때문이다.

(3) 따라서 [전제1]에 들어갈 명제는 'A대학을 졸업하지 않은 모든 직원은 K회사 인턴을 하지 않았다'이며 해당 명제의 대우는 'K회사 인턴을 했던 모든 직원은 A대학을 졸업했다'이다.

합격자의 시간단축 Tip

Tip ❶ 이 유형은 '삼단논법'의 개념을 알고 있다면 쉽게 풀어낼 수 있다.
'삼단논법'이란 전제가 되는 두 명제로부터 참인 결론을 이끌어내는 방법이다.

> 세 조건 p, q, r 에 대하여 p ⇒ q이고 q ⇒ r이면 p ⇒ r 이다.

이에 따라 지문의 명제를 다음과 같이 논리기호로 변형시킨 후 결론이 참이 되게 하는 [전제1]을 찾아보자.

> • [전제1]
> • [전제2] (결혼) → ~(A대학)
> • [결 론] (결혼) → ~(K인턴)

따라서 참인 결론이 나오려면 [전제1]에는 (K인턴)과 (A대학) 사이에 연결 논리가 필요하다는 것을 확인할 수 있다. 즉, (결혼) → ~(A대학) → ~(K인턴)이라는 논리가 참이 되려면 ~(A대학) → ~(K인턴), 또는 (K인턴) → (A대학)이 필요하다.

Tip ❷ 빈칸 찾기나 숨겨진 전제를 찾는 문제에서는 빈칸에 들어갈 논리구조 ~(A대학) → ~(K인턴)를 미리 찾고 선지에서 해당되는 답을 찾는 방식으로 접근하는 것이 좋다.
선지를 대입하여 결론이 나오는지를 검토하는 방식은 시간이 더 소요되고 헷갈릴 가능성이 높기 때문이다. 물론 이러한 방법은 처음부터 쉽게 활용하기는 어렵다. 그러나 논리학 문제뿐 아니라 PSAT에서 자주 나오는 빈칸형 문제에 대한 훌륭한 해결책이 될 수 있으므로 꼭 학습해 두도록 하자.

093 정답 ① 난이도 ●●●

주어진 내용에 따라 A나라의 각 소도시의 위치를 나타내면 다음과 같다. 괄호 안의 숫자는 인구 순위를 나타낸다.

기(6)		
	병(3)	
을(2)	정(4)	무(5)
갑(1)	경(7)	
B 나라		

① (O) '을'은 '무'의 서쪽에 있다.
→ '정'은 '을'의 동쪽에 있고 '무'는 '정'의 동쪽에 있으므로 '을'은 '무'의 서쪽에 있다.

② (×) '기'는 '경'의 ~~동쪽에 있다~~.
→ '기'는 '경'의 북서쪽에 있다.

③ (×) '경'은 '정'의 ~~북쪽에 있다~~.
→ '경'은 '정'의 남쪽에 있다.

④ (×) '병'은 '갑'의 ~~북서쪽에 있다~~.
→ '병'은 '갑'의 북동쪽에 있다.

⑤ (×) '병'은 B 나라에 ~~인접해 있다~~.
→ '병'은 B 나라에 인접해 있지 않다.

합격자의 시간단축 Tip

Tip ❶ 위와 같은 문제를 풀기 위해 그림을 그릴 때는 정확한 위치에 그리는 것에 유의해야 한다. 가령 동쪽에 위치한다는 조건을 그릴 때에는 정확히 일직선상의 오른쪽에 그릴 수 있도록 한다. 이것만 지킨다면 아주 쉽게 풀 수 있는 문제이다.
이때 동쪽, 동북쪽, 서북쪽 등의 방향으로 각각 일직선을 그어 두고 그 위에 소도시를 표시하는 방식으로 그린다면 그린 후에도 위치를 헷갈리지 않을 것이다.
또는 문제에서 '모든 소도시의 면적은 같다'는 조건을 제공하였으므로, 해설과 같이 격자칸을 그려 한 칸에 도시 하나를 표시해도 좋다.

Tip ❷ 본 문제에서 습득해야 할 중요한 교훈 하나는 '쓸데없는 걸로 고민하지 말자'이다. '을'이 정말 그림처럼 '갑' 바로 위에 있을까? '병'은 '기'와 정확히 얼마나 떨어져 있을까? 그림을 그리다 보면 '병', '정', '경'이 일직선 위에 놓인 것처럼 보이는데, 제대로 그린 걸까? 위의 모든 의문들은 문제에서 준 정보만으로는 답할 수 없다. 따라서 문제에서도 묻지 않을 것이다. 즉, 쓸데없는 의문이다.

(1) 문제해결 문항 중에서는 추상적인 상황을 가정하다 보니 어쩔 수 없이 모호해진 문제들이 존재하며, 본 문제가 그에 속한다. 이런 문제들은 한정된 조건을 제공하며, 이 한정된 영역 안에서 구할 수 있는 정보만을 묻는다. 그 외의 것은 절대 물어보지 않으므로 수험생이 신경 쓸 필요가 없다.

(2) 본 문제의 경우, '도시 간 거리'가 대표적으로 쓸데없는 정보다. 각 소도시가 어느 정도 거리로 떨어져 있는지 그림을 그리면서 망설여질 수 있다. 하지만 만약 거리까지 고려하는 것이었다면, 문제의 발문이나 선지에 거리에 대한 내용이 나왔을 것이다. 하지만 본 문제에서는 거리에 대한 이야기가 없으므로 한 칸 정도를 기준으로 삼고 해설처럼 그림을 그리도록 한다.

(3) 위 사항이 헷갈려 실제 문제를 푸는 과정에서 그림을 그리지 않았다면, 지금이라도 그림을 꼭 그려볼 것을 추천한다. 이 문제는 유사한 문제가 자주 출제된 만큼 다시 출제될 수 있는 유형이기 때문에, 그림을 그리는 방법이 낯설다고 멀리할 것이 아니라 연습해봐야 한다.

094 정답 ④ 난이도 ●●●

ㄱ. (O) 甲이 짝수가 적힌 카드를 뽑았다면, 최종점수는 홀수가 될 수 없다.

➜ 최종 점수가 홀수가 되려면 1차 시기와 2차 시기 중 한 번은 홀수, 한 번은 짝수가 나와야 한다. 甲이 짝수가 적힌 카드를 뽑았다면, 짝수에 어떤 수를 곱해도 짝수가 되므로 1차 시기에 홀수가 나올 수 없다. 2차 시기의 경우 2점과 0점밖에 존재하지 않으므로 2차 시기에도 홀수가 나올 수 없다. 따라서 甲의 최종점수는 홀수가 될 수 없다.

ㄴ. (×) 甲이 숫자 2가 적힌 카드를 뽑았다면, 가능한 최종점수는 ~~8가지이다.~~

➜ 甲이 숫자 2가 적힌 카드를 뽑았다면 1차 시기에서 받을 수 있는 점수는 0, 2, 4, 6이며 2차 시기에서 받을 수 있는 점수는 0, 2이다.

위 조합에 따라 가능한 최종점수는 0, 2, 4, 6, 8로 5가지이다.

ㄷ. (O) 甲이 숫자 4가 적힌 카드를, 乙이 숫자 2가 적힌 카드를 뽑았다면, 가능한 甲의 최종점수 최댓값과 乙의 최종점수 최솟값의 차이는 14점이다.

① '甲'의 최종점수 최댓값은 1차 시기에 다트가 구역1에 꽂혀 4×3=12점을 받고, 2차 시기에 다트가 다트판의 중앙선 위쪽에 꽂혀 2점을 받을 때의 14점이다.

② '乙'의 최종점수 최솟값은 1차 시기에 다트가 그 외 영역에 꽂혀 2×0=0점을 받고, 2차 시기에 다트가 다트판의 중앙선 아래쪽에 꽂혀 0점을 받을 때의 0점이다.

③ 따라서 두 값의 차이는 14−0=14점이다.

합격자의 시간단축 Tip

Tip ❶ **수험생의 일반적인 판단과는 달리 그림도 있고 설명의 길이도 길어 복잡해 보이는 문제들이 오히려 난이도가 낮은 경우가 많다.** 이 문제도 전형적으로 외형에 비해 난이도가 쉬운 유형으로, '굳이 왜 이렇게 열심히 문제를 구성한 것인가'라는 의문이 들 정도로 간단하다. 따라서 어떤 문제를 풀지 판단할 때 외형만 보고 안 푸는 문제로 판단하지 말고, **30초 정도 규칙을 읽어본 후 판단하는 습관**을 지니는 것이 좋다.

보기 ㄱ. **짝수, 홀수의 사칙연산** 결과는 게임에서 자주 활용되는 만큼 정리해두면 좋다.

① (짝수)+(짝수)=(짝수) ↔ (짝수)−(짝수)=(짝수)
② (짝수)+(홀수)=(홀수) ↔ (짝수)−(홀수)=(홀수)
③ (홀수)+(홀수)=(짝수) ↔ (홀수)−(홀수)=(짝수)
④ (짝수)×(아무 숫자)=(짝수)
⑤ (홀수)×(홀수)=(홀수) → 즉, 두 수의 곱이 홀수가 나오는 조합은 (홀수)×(홀수)가 유일하다.

이때, 〈보기 ㄱ〉은 항상 강조하는 "예외 찾기" 유형이다. 문제의 경우 짝수와 홀수의 원리를 알면, 최종점수가 홀수가 되는 예외가 발생할 수 없음을 알 수 있다.

보기 ㄴ. **보기 ㄷ.** **극단값을 이용**하는 유형으로 자주 활용된다. 각 시기별로 ×3 vs ×0, +2 vs +0으로 명확히 구분되어 있으므로 이를 이용하면 된다.

보기 ㄴ. 만일 **1차 시기 점수 가짓수와 2차 시기 점수 가짓수를 곱하는 방식으로 8이라 도출하였다면 숫자의 조합을 고려하지 않은 잘못된 접근이다.** 숫자 2를 뽑게 되면 1차 시기 점수가 2 또는 4 차이가 나는데 2차 시기 점수 역시 2가 차이 나기 때문에 경우의 수가 겹칠

해설편 • 4일차 • 문제해결 + 자원관리능력

수 있음을 짐작할 수 있다. 또는 숫자 2를 뽑을 경우 0점을 제외하고 다트를 1번 던져 받을 수 있는 모든 점수가 2의 배수이기 때문에 어떤 식으로든 겹칠 수밖에 없다.
이러한 생각을 하지 못했더라도 확인하는 과정에서 나올 수 있는 점수를 순서대로 써보다가, 한 점수가 두 가지 방법으로 나온다는 것을 확인하는 순간 바로 틀렸다고 표시하고 넘어가야 한다. 이러한 특성을 역으로 활용하면 더 쉽게 문제를 해결할 수 있다. 1차 시기 점수 가짓수와 2차 시기 점수 가짓수의 곱이 8이고 최종점수가 겹치는 경우가 없어야만 가능한 최종점수가 8가지가 되는 것이므로, 겹치는 경우가 하나라도 발견된다면 해당 선지는 틀렸다고 판단할 수 있다.

보기 ㄷ. 위에 주어진 풀이처럼 갑의 최대 점수와 을의 최소 점수를 각각 도출하여도 좋지만, 보다 빨리 풀 수 있는 방법이 있다. 우선 2차 시기에서 날 수 있는 점수차의 최댓값은 2이므로, 갑의 최댓값과 을의 최솟값의 차이가 14이기 위해서는 1차 시기에 둘의 점수차가 12점이면 된다.
1차 시기 점수 산정 방법에 따라 뽑는 수와 상관없이 점수의 최솟값은 무조건 0이며, 갑은 4를 뽑았으므로 최댓값은 12이다. 따라서 해당 보기는 옳다. 얼핏 보기에는 위의 풀이법과 이러한 풀이법의 차이가 크지 않은 것 같지만,

① 점수차를 실제로 도출하지 않고 14가 맞는지 확인한다는 점
② 계산이 들어가는 1차 시기 점수 산정보다 계산이 필요 없는 2차 시기 점수 산정을 우선 고려한다는 점

에서 조금이나마 풀이 시간을 줄일 수 있다.

095 정답 ②

난이도 ●●○

K국의 현행법을 정리하면 다음과 같다.

(1) 제1순위 상속인은 직계비속과 배우자이고, 직계비속이 없는 경우 직계존속이 배우자와 공동상속인이 되며, 직계존·비속이 없으면 배우자가 단독상속인이 된다.
단, 태아 역시 사산되어 출생하지 못한 경우를 제외하면 상속인이 된다.

(2) 이때, 공동상속인이라 하더라도 배우자에게 직계존·비속보다 50% 더 준다.
이에 따라 상속이 이루어진 경우 E의 출생에 따라 다음과 같이 두 가지 경우가 있다.
- **E가 출생한 경우**: 배우자 1명에 자녀가 3명 있게 되어 상속비율은 1.5(B) : 1(C) : 1(D) : 1(E)이 되며, 따라서 배우자 B가 받을 수 있는 상속분은
$9(억\ 원)\times\frac{1.5}{4.5}=9\times\frac{1}{3}=3(억\ 원)$이다.
- **E가 사산된 경우**: 배우자 1명에 자녀가 2명 있게 되어 상속비율은 1.5(B) : 1(C) : 1(D)이 되며, 따라서 배우자 B가 받을 수 있는 상속분은
$9(억\ 원)\times\frac{1.5}{3.5}=9\times\frac{3}{7}=\frac{27}{7}\fallingdotseq 3.85(억\ 원)$
이다.

한편, K국의 개정법을 정리하면 다음과 같다.
상속재산의 절반을 배우자에게 우선 배분하고, 나머지 절반은 배우자에게 직계존·비속보다 50% 더 주는 형태로 배분한다. 즉, 나머지 절반에 대해서는 현행법과 같다.
이에 따라 상속이 이루어진 경우 E의 출생과 상관없이 배우자 B는 상속분의 50%인 4억5천만 원을 우선배분하고, 나머지 50%인 4억5천만 원을 현행의 상속비율대로 지급하게 된다.

- **E가 출생한 경우**: 배우자 1명과 자녀 3명에게 지급되는 상속분의 비율은 1.5(B) : 1(C) : 1(D) : 1(E)이며, 따라서 배우자 B가 받을 수 있는 상속분은
$9(억\ 원)\times\left(\frac{1}{2}+\frac{1}{2}\times\frac{1}{3}\right)=9\times\frac{2}{3}=6(억\ 원)$이다.

- **E가 사산된 경우**: 배우자 1명과 자녀 2명에게 지급되는 상속분의 비율은 1.5(B) : 1(C) : 1(D)이며, 따라서 배우자 B가 받을 수 있는 상속분은
$9(억\ 원)\times\left(\frac{1}{2}+\frac{1}{2}\times\frac{3}{7}\right)=9\times\frac{5}{7}=\frac{45}{7}$
$\fallingdotseq 6.4(억\ 원)$이다.

① (×) 현행법에 의하면, E가 출생한 경우 B는 30% ~~이하의~~ 상속분을 갖게 된다.
→ 현행법에 의하면 B : C : D : E=1.5 : 1 : 1 : 1의 비율로 상속분이 배분되어 B의 상속액은 총상속분의 $\frac{1}{3}$, 즉 약 33%에 해당한다. 따라서 E가 출생한 경우 B는 30% 이상의 상속분을 갖게 된다.

② (○) 개정안에 의하면, E가 출생한 경우 B는 6억 원을 상속받게 된다.
→ 개정안에 의하면 먼저 상속재산 9억 원의 절반인 4.5억 원을 B가 받는다.
남은 4.5억 원은 현행의 상속비율대로 지급되어 B : C : D : E=1.5 : 1 : 1 : 1의 비율로 상속분이 배분되어
$4.5(억\ 원)\times\frac{1}{3}=1.5(억\ 원)$이다.

따라서 B의 상속액은 4.5억 원+1.5억 원=6억 원 이다.

③ (×) 현행법에 의하면, E가 사산된 경우 B는 ~~3억 원~~을 상속받게 된다.

➜ 현행법에 의하면 B : C : D=1.5 : 1 : 1의 비율로 상속분이 배분되어 B의 상속액은

$9(\text{억 원}) \times \frac{3}{7} = \frac{27}{7} ≒ 3.85(\text{억 원})$ 이다.

따라서 이는 3억 원보다 많다.

④ (×) 개정안에 의하면, E가 사산된 경우 B는 ~~4억 원~~을 상속받게 된다.

➜ 개정안에 의하면 먼저 상속재산 9억 원의 절반인 4.5억 원을 B가 받는다.

남은 4.5억 원은 현행의 상속비율대로 지급되어 B : C : D=1.5 : 1 : 1의 비율로 배분되므로

B의 상속액은 $4.5(\text{억 원}) + 4.5(\text{억 원}) \times \frac{3}{7} = \frac{45}{7}$ ≒ 6.4(억 원)으로, 이는 4(억 원)보다 많다.

⑤ (×) 개정안에 의하면, E의 사산여부에 관계없이 B가 상속받게 되는 금액은 현행법에 의할 때보다 ~~50 % 증가한다~~.

➜ 법안과 사산여부에 따른 상속액을 표로 정리하면 다음과 같다.

	E가 출생	E가 사산
현행법	$9 \times \frac{1}{3} = 3$(억 원)	$9 \times \frac{3}{7} = \frac{27}{7}$(억 원)
개정안	$4.5 + 4.5 \times \frac{1}{3}$ =6(억 원)	$4.5 + 4.5 \times \frac{3}{7}$ $= \frac{45}{7}$(억 원)

E가 출생할 경우 현행법에 비해 개정안의 상속액이 3억 원에서 6억 원으로 100% 증가하며, 사산할 경우 $\frac{27}{7}$억 원에서 $\frac{45}{7}$ 억 원으로 약 67% 증가한다.

합격자의 시간단축 Tip

Tip ❶ '상속'을 주제로 한 문제는 빈출 유형이다. 상속 개념에 대한 이해도가 낮으면 문제를 해결할 때 불필요한 고민이 가중되므로, 기본적인 개념은 상식 차원에서 정리해두는 것이 좋다.

① 상속의 우선순위: 배우자와 직계비속→직계존속→형제자매→4촌 이내의 방계혈족

위 우선순위는 현행 [민법]에 따른 순서로, 대부분의 문제에서는 위 우선순위로 주어진다.

따라서 이 순서를 익혀 두고 문제를 접근하되, 현행법과 다른 점이 있다면 곧바로 '의심스러운 부분'에 해당하므로 순서가 다른 부분 위주로 확인하면 정답을 도출할 가능성이 높다.

[참고 개념]

정확한 법적 정의를 알 필요는 없으므로, 예로만 확인하면 된다.

- 직계비속: 자녀, 손자녀, 현손 등
- 직계존속: 부모, 조부모, 증조부모 등
- 방계혈족: 4촌, 8촌 등

② 상속재산 배분 비율: 배우자가 우선된다는 점을 기억해두면 편하다. 그리고 몇 %를 더 배분한다는 언급이 있으면 위 문제에서 1.5 : 1 : 1로 푼 것처럼 '비례 관계'에 해당 %를 추가하면 된다. 이처럼 문제에서 예시를 주는 경우 해당 예시를 적극적으로 활용하면 도움이 된다. 문제 조건이 이해되지 않을 경우 예시만 가지고도 문제에 접근할 수 있으며, 선지 또는 상황에 접근할 때도 예시에 주어진 상황 또는 숫자 등을 사용하면 더 빠르게 접근할 수 있는 경우가 많다.

이때, 배우자가 받게 되는 비율은 1.5 : 1 : 1 : 1에서 $\frac{1.5}{1.5+1+1+1} = \frac{1.5}{4.5} = \frac{1}{3}$이 됨을 알 수 있다.

만약 소수점이 포함된 계산이 헷갈린다면, 1.5 : 1 : 1 : 1인 경우 3 : 2 : 2 : 2로 변환시킬 수 있다.

이 경우 배우자가 받게 되는 비율은 $\frac{3}{9} = \frac{1}{3}$ 으로 계산된다.

Tip ❷ 선지를 반드시 순서대로 풀 필요는 없다. ①, ③번은 현행법과 관련된 선지이고 ②, ④, ⑤번은 개정안에 관한 이야기이다. 따라서 헷갈리지 않으려면 둘 중 하나를 먼저 풀고 그 다음으로 넘어가는 것이 좋다. 이때, 조건에 주어진 순서대로 현행법 관련 내용을 먼저 푼 후에 개정안 내용을 풀어도 좋지만, 문제의 의도상 개정안에서 답이 나올 확률이 높으므로 개정안 이야기인 ②번부터 시작하는 것이 좋다. 이때 문제의 지문에서 '그런데' 이후의 문단이 개정안에 관한 내용임을 쉽게 알 수 있다.

Tip ❸ ③, ④번과 같은 선지를 처리할 때 구체적으로 계산하기 보다, E가 사산되는 경우 배분되는 금액인 9억 또는 4.5억이 7로 나누어 떨어지지 않으므로 3억 원, 4억 원과 같은 수가 불가능하다는 점만 체크하고 소거하면 보다 빠른 풀이가 가능하다.

Tip ❹ 상속 문제가 나오는 경우에는 그림을 그려 관계를 시각화하면 조금 도움이 될 수 있다. (다만 이는 시간

이 여유가 있을 때에 해당되는 것으로 과하게 시간을 투입하는 것은 위험할 수 있다.)

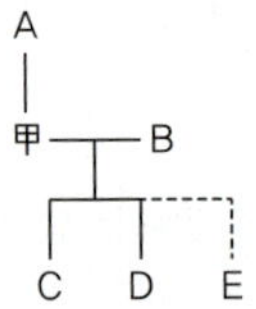

甲을 중심으로 배우자, 직계비속, 직계 존속 간의 상관관계를 시각적으로 표현하였다. 점선의 경우에는 태아를 의미한다. 본 문제는 **일반적인 내용이 위에 있고 〈상황〉과 같은 개별적인 내용이 하단부에 있는 문제**에 해당한다.
이때, 문제 상방의 지문에서 나오는 '직계비속', '직계존속', '배우자', '자녀'의 단어가 〈상황〉에서 각각 누구에 해당하는지 위 그림에 표기해두면 좋다. 그 후에는 글에서 제시된 대로 재산을 배분하면 된다. 접근 시에는 위의 **Tip❷**처럼 '개정안'이 등장하므로, 개정안을 좀 더 염두에 두면서 문제를 풀기 시작하면 된다. 현재 고려해야 하는 것은 개정안 여부와 E의 출생 여부이므로 먼저 '개정안-E의 출생 여부'를 확인하고 '현행법-E의 출생여부'를 따져보도록 한다.

096 정답 ❸ 난이도 ●●●

첫 번째로 B가 방에 들어갔다가 나왔을 때 전구의 상태는 다음과 같다.(켜짐: ○, 꺼짐: ×)

전구 번호	1	2	3	4	5	6
상태	○	×	○	○	×	○

두 번째로 A가 방에 들어갔다가 나왔을 때 전구의 상태는 다음과 같다.

전구 번호	1	2	3	4	5	6
상태	○	×	×	○	×	×

세 번째로 C가 방에 들어갔다가 나왔을 때 전구의 상태는 다음과 같다.

전구 번호	1	2	3	4	5	6
상태	×	×	×	×	×	×

따라서 B－A－C 순서대로 방에 출입할 경우 방의 전구가 모두 꺼지게 된다.

합격자의 시간단축 Tip

Tip❶ 해당 문제에는 두 가지 포인트가 있다.
첫째, 최소공배수다. 전구와 최소공배수, 최대공약수의 조합은 PSAT 문제에서는 일종의 '클리셰' 같은 유형으로 반드시 대비를 해 두어야 한다. 본 문제의 경우, A는 번호가 3의 배수인 전구를 조작하고 B는 번호가 2의 배수인 전구를 조작한다. 그렇다면 A와 B가 모두 조작하는 전구는 2와 3의 최소공배수인 6의 배수를 번호로 갖는 전구가 될 것이다.

둘째, 전구의 상태를 바꾸기 위해서는 한 번 또는 세 번의 조작이 필요하며, 반대로 전구의 상태를 그대로 유지하기 위해서는 0번 또는 두 번의 조작이 필요하다는 사실이다.

가령 C를 배제하고 생각할 때, 2와 3의 최소공배수 6에 대해서 A와 B가 모두 조작을 가할 경우 원래 상태인 꺼져 있는 상태를 유지하는 반면, B만 적용된다면 켜져 있는 상태로 바뀐다는 것을 염두에 두고 문제에 접근해야 한다.

(1) 의심스러운 부분을 활용하는 방법**(추천 방법)**
  ① 원리적으로 의심스러운 부분을 활용하면 매우 편하게 풀 수 있다. 해당 문제를 읽었을 때 가장 이상한 부분은 'A의 경우 꺼진 상태일 때 그대로 둔다'는 점이다. 일반적으로 전구 문제의 경우 켜져 있으면 끄고, 꺼져 있으면 켜는 규칙을 준다는 점에서 이 부분을 파고들면 된다.
  ② A와 B는 2 또는 3의 배수만을 조절할 수 있는 반면, C는 그 외의 전구를 끄거나 켤 수 있다. 현재 켜져 있는 전구는 1번, 2번, 3번인데 이 중 2번과 3번은 A 또는 B로 조절이 가능한 반면, 1번은 조절할 수 없다. 즉, 마지막 사람이 방에서 나왔을 때 1번도 꺼져 있기 위해서는 C가 왼쪽의 전구를 모두 끄거나 모든 전구를 모두 꺼야 한다는 의미이다. 이를 다시 해석하면 C 직전의 상황으로 가능한 것은 다음 두 가지이다.
    (ⅰ) 1번, 2번 중 켜져 있는 전구와 4번, 5번, 6번 중 켜져 있는 전구 수가 같다.
    (ⅱ) 1번, 2번 중 켜져 있는 전구 수가 4번, 5번, 6번 중 켜져 있는 전구 수보다 크고, 4번, 5번, 6번은 모두 꺼져 있다.
  ③ 만일 두 번째 경우가 참이라면, 4번, 5번, 6번은 모두 꺼져 있어야 한다. 그러나 4번은 B에 의해 최소 한 번은 켜지게 되고, 순서와 무관하게 끌 방법이 없으므로 4번, 5번, 6번 중 최소 하나는 켜져 있게 된다. 즉, 두 번째 경우는 성립할 수 없으며 반드시 첫 번째 경우가 성립해야 한다.

④ 첫 번째 경우에서도 마찬가지로 2번은 B에 의해 꺼지게 되며 순서와 무관하게 다시 켤 수 없다. 1번 전구는 끌 수 없으므로 1번은 반드시 켜져 있는 상태이며, 앞서 살펴보았듯 4번 전구 역시 반드시 켜진 상태이다. 3번을 기준으로 양쪽이의 켜진 전구 수가 같기 위해서는 1번과 4번 전구를 제외하고 모든 전구가 꺼져 있어야 한다.

⑤ A와 B의 최소공배수인 6이 마지막에 꺼져 있기 위해서는 B에 의해 켜진 것을 다시 A가 꺼야 한다. (어떤 전구든 현재 상태를 유지하기 위해서는 0번 또는 두 번 조작되어야 한다.) 이때, A의 규칙의 특이한 점을 고려해보면, A가 6의 상태를 변경하기 위해서는 우선 해당 전구가 켜져 있어야 하므로, B-A 순서대로 방에 들어가야 함을 의미한다.(잘 이해되지 않는다면, 단순하게 A-B 순서대로 적용할 경우 6번 전구가 켜진 상태로 있게 됨을 알 수 있다.)

⑥ 이에 B-A-C라는 것을 빠르게 도출할 수 있다.

(2) 시간이 없을 때 처리하는 방법

만약 앞서 다른 문제를 모두 푼 후에 남는 시간에 푸는 상황이라면 아래의 방법이 적절하다.

① 우선 마지막이 C일 가능성이 높다는 것을 인지한다. 왜냐하면 한 번에 켜져 있는 것들을 정리할 수 있는 유일한 사람이 C이기 때문이다. (C 역시 3번 전구는 그대로 두므로 3번 전구가 켜져 있을 수도 있다고 판단할 수도 있지만 3번 전구가 꺼져 있을 때 3번 전구 양 쪽에 켜진 전구의 개수가 같다면 모든 전구가 꺼지게 되므로 이것을 바탕으로 역진추론을 하는 것이다.)

② 결국 선지 구조 상 마지막이 C인 선지는 ①번과 ③번 밖에 없으므로 ①번이나 ③번 중 어느 하나만 대입해 확인 후, 옳지 않다면 다른 하나를 정답으로, 옳다면 당연히 이를 정답으로 처리하면 된다.

＊시간 여유만 있다면 이 문제는 아주 쉬운 문제일 것이다. 선지에 나와 있는 5가지의 경우를 차근차근 해보기만 하면 문제가 풀리기 때문이다. 그러므로 실제로 나머지 문제를 모두 풀고 시간이 남았는데, 문제에 대한 이해가 쉽지 않다면 선지에 있는 순서로 차근차근 해보는 것이 가장 좋다. 그러나 그렇게만 풀다 보면 앞으로도 시간을 많이 소모해야만 이러한 유형의 문제를 풀 수 있게 된다. 그러므로 연습 시에는 원리를 찾아 빠르게 푸는 방법을 꼭 연습해보도록 하자. 그게 어렵다면 선지에 나온 경우를 푸는 과정에서 최대한 원리를 뽑아내는 방법이라도 연습해야만 시간을 줄일 수 있다.

097 정답 ③ 난이도 ●○○

① (×) 비사업자인 甲은 이륙중량 20 kg, 자체중량 10 kg인 드론을 공항 중심으로부터 10 km 떨어진 지역에서 비행승인 없이 비행하였다.
➜ 이륙중량 25kg 이하, 자체중량 12kg 이하인 드론을 비행하는 비사업자는 공항 또는 비행장 중심 반경 5 km 이내에서 비행승인을 받아야 한다. 그러나 甲은 공항 중심으로부터 10km 떨어진 지역에서 비행하여 비행승인을 받을 필요가 없으므로 규칙을 위반하지 않았다.

② (×) 비사업자인 乙은 이륙중량 30 kg, 자체중량 10 kg인 드론을 기체검사, 비행승인을 받아 비행하였다.
➜ 이륙중량 25kg 이상, 자체중량 12kg 이하인 드론을 비행하는 비사업자는 기체검사, 비행승인을 받아야 한다. 乙은 기체검사, 비행승인을 받았으므로 규칙을 위반하지 않았다.

③ (○) 사업자인 丙은 이륙중량 25 kg, 자체중량 12 kg인 드론을 사업등록, 장치신고를 하고 비행승인 없이 비행장 중심으로부터 4 km 떨어진 지역에서 비행하였다.
➜ 이륙중량 25kg 이하, 자체중량 12kg 이하인 드론을 비행하는 사업자는 공항 또는 비행장 중심 반경 5 km 이내에서 비행시 비행승인을 받아야 하고, 사업등록과 장치신고를 하여야 한다. 丙은 사업등록과 장치신고는 하였으나, 비행장 중심 반경 4km 떨어진 지역에서 비행했음에도 불구하고 비행승인을 받지 않았으므로 규칙을 위반했다.

④ (×) 사업자인 丁은 이륙중량 30 kg, 자체중량 20 kg인 드론을 기체검사, 사업등록, 장치신고, 조종자격을 갖추고 비행승인을 받아 비행하였다.
➜ 이륙중량 25kg 초과, 자체중량 12kg 초과인 드론을 비행하는 사업자는 기체검사, 사업등록, 장치신고를 하여야 하고 조종자격을 갖추어야 하며 비행승인도 받아야 한다. 丁은 기체검사, 사업등록, 장치신고, 조종자격을 갖추고 비행승인을 받았으므로 규칙을 위반하지 않았다.

⑤ (×) 사업자인 戊는 이륙중량 20 kg, 자체중량 13 kg인 드론을 사업등록, 장치신고, 조종자격을 갖추고 비행승인 없이 비행장 중심으로부터 20 km 떨어진 지역에서 비행하였다.
➜ 이륙중량 25kg 이하, 자체중량 12kg 초과인 드론을 비행하는 사업자는 공항 또는 비행장 중심 반경 5 km 이내에서 비행시 비행승인을 받아야 하고,

사업등록과 장치신고를 하여야 하며, 조종자격을 갖추어야 한다. 戊는 사업등록, 장치신고, 조종자격을 갖추었으며 공항 중심으로부터 20km 떨어진 지역에서 비행하여 비행승인을 받을 필요가 없으므로 규칙을 위반하지 않았다.

합격자의 시간단축 Tip

Tip ❶ 조건 간 관계를 정확히 구분해야 한다. 이륙중량은 기체검사, 비행승인, 사업등록과 관련되어 있고 자체중량은 장치신고, 조종자격과 관련이 있다.
따라서 문제를 풀 때에는 이 둘을 번갈아 가며 확인하거나, 이륙중량 부분을 우선 확인한 후 규칙 위반이 없으면 자체중량으로 넘어가는 방식으로 선지를 판단할 수도 있다.

Tip ❷ 이 문제의 경우, 선지 ①, ②가 사업자로, 선지 ③, ④, ⑤가 비사업자로 나누어져 있어 순서대로 읽어도 상관없으나, 선지에 사업자와 비사업자가 섞여 있는 경우, 사업자/비사업자 중 어느 하나를 정해 먼저 판단하고, 나머지를 따로 한 번에 판단하는 것이 헷갈리지 않을 수 있는 방법이다. 또한 가장 의심스러운 부분은 〈드론 비행 안전 규칙〉의 표에서 △로 표기된 부분이므로, 특히 그 부분에 유의해 선지를 판단하는 것이 좋다. 즉, 이륙중량 25kg 이하인 甲, 丙, 戊를 우선적으로 확인하는 것이다.

098 정답 ❹ 난이도 ●●●

〈대화〉를 바탕으로 현장답사 대상 기업의 조건을 정리하면 다음과 같다.
① 서비스 업종
② 직원수 100명 이하
③ 근접역과의 거리 15km 이내, 다만 근접역이 없을 경우 차량 지원
④ 실내

이를 바탕으로 후보 기업을 선정하면 다음과 같다.

기업	업종	직원수	실내/실외 여부	근접역 유무 및 역과의 거리
A	제조	80명	실외	있음, 20km
B	서비스	500명	실내	있음, 10km
C	서비스	70명	실외	있음, 12km
D	서비스	100명	실내	없음
E	제조	200명	실내	있음, 8km

따라서 인영이가 현장답사 대상으로 선정한 기업은 D이다.

합격자의 시간단축 Tip

Tip ❶ 쉬운 문제이므로 조건을 임의로 해석해서 실수하는 일이 없도록 한다. 근접역과의 거리가 15km를 초과하면 안 된다는 조건을 근접역이 있어야 한다는 조건으로 해석하여 D를 미리 소거하는 등의 실수를 범해서는 안 된다.
설사 D를 미리 소거했다고 하더라도 끝까지 빠르게 읽어가며 '근접역이 없으면'이라는 표현을 보고 수정할 수 있어야 한다.

Tip ❷ 〈대화〉를 순서대로 따라가면서 선정될 수 없는 기업을 소거하는 방식을 사용하면 빠르게 풀 수 있는 문제이다.
(1) 서연의 첫 번째 발언에 따라 제조기업을 소거하면 A, E가 소거된다.
(2) 서연의 두 번째 발언에 따라 근접역과의 거리가 15km를 초과하는 기업은 소거되어야 하는데, B, C, D 중 그에 해당하는 기업은 없다.
(3) 인영의 세 번째 발언에 따라 직원수가 100명 이하여야 하므로 직원수가 500명인 B는 소거된다.
(4) 서연의 네 번째 발언에 따라 실외는 제외되어야 하므로 C가 소거된다.
따라서 현장답사 대상으로 가능한 기업은 D뿐이며 답은 ④이다.
이때, 〈대화〉에서 포인트가 되는 부분은 동그라미를 치면서 차례대로 확인한다면 문제를 푸는 데 있어 시각적으로 도움이 된다.

099 정답 ❹ 난이도 ●●●

방과후교육 사업에서 허용되는 사업비 지출품목의 기준은
① 사용목적이 '사업 운영'인 경우
② 품목당 단가가 10만 원 이하로 사용 목적이 '서비스 제공'인 경우
③ 사용연한이 1년 이내인 경우
로 총 3가지 경우에 허용된다.
이에 따라 각 품목의 허용 여부를 판단하면 다음과 같다.

품목	단가	사용목적	사용연한
인형탈	12만 원	사업 운영	2년
프로그램 대여	30만 원	보고서 작성	6개월
의자	11만 원	서비스 제공	5년
컴퓨터	95만 원	서비스 제공	3년
클리어파일	500 원	상담일지 보관	2년
블라인드	9.9만 원	서비스 제공	5년

따라서 허용되는 사업비 지출품목은 '인형탈', '프로그램 대여', '블라인드'이므로 정답은 ④ 번이다.

합격자의 시간단축 Tip

Tip ❶ 난이도가 낮은 만큼, 최소한의 시간 내에 가장 효율적으로 풀어야 한다는 점에 방점을 두면 된다. 이와 같은 문제는 구체적인 내용을 이해할 필요 없이 각 품목이 기준에 부합하는지만 기계적으로 파악하고, 선지를 활용해 하나씩 처리하면 된다. 예를 들면 풀이 방식은 다음과 같다.

(1) 첫 번째 기준인 '사업 운영'에 따라 '인형탈'이 지출품목임을 알 수 있다.
따라서 ④, ⑤ 번만 남기고 나머지는 소거한다.

(2) 이때, ④, ⑤ 번을 보면 인형탈을 제외하면 전혀 겹치지 않는다. 따라서 어느 한 값을 택해 가볍게 확인하면 된다.

(3) 예를 들어, 가장 먼저 보이는 '프로그램 대여'를 확인하면, 세 번째 기준에 따라 사업비 지출품목이 되므로 더 이상 확인할 것 없이 바로 ④ 번이 정답임을 알 수 있다.
이처럼 최소한의 기준만 활용하면 더욱 빠르게 처리할 수 있다.

Tip ❷ 이렇게 기준에 부합하는 대상을 선택하는 문제의 경우에는, 선지처럼 품목들의 조합이 주어지면 이를 최대한 활용하는 것이 좋다. '사업비 지출품목만을 모두' 고르는 것이 문제이긴 하지만 주관식이 아니라 객관식인 이상 오지선다 안에 조합이 주어질 것이기 때문이다. 그렇기 때문에 답을 빠르게 고르기 위해서는 선지를 최대한 이용해야 한다.
기준에는 위 문제처럼 '원칙'과 '예외'가 있다. 우선은 원칙에 해당하는 것 먼저 선택한 다음, 예외사항 중 자신이 가장 정답을 빠르게 고를 수 있을 기준을 선택해 활용하는 것이 중요하다.

* 이 문제는 난이도가 낮은 편이라 헷갈릴 여지가 거의 없는 문제에 해당한다. 그러나 만약 프로그램 대여와 블라인드로 구성된 선지가 있다면, 인형탈을 빼먹고 해당 선지를 고른 수험생이 있을 수 있다. 예외에 집중해야 하는 것은 맞으나 '원칙'의 내용 역시 빼먹지 말고 꼭 확인하도록 하자.

100 정답 ⑤ 　　　　난이도 ●●○

〈현황〉을 〈기준〉에 따라 정리하면 다음과 같다.

지자체	통합재정 수지적자 비율	예산 대비 채무 비율	채무 상환비 비율	지방세 징수액 비율	금고 잔액 비율	공기업 부채 비율
A	주의	-	주의	-	-	-
B	주의	주의	-	주의	주의	-
C	-	-	-	주의	주의	심각
D	심각	주의	심각	-	-	-

- A: '주의' 2개⇒'심각' 1개이다. 따라서 중점관리대상이 아니다.
- B: '주의' 4개⇒'심각' 2개이다. 따라서 중점관리대상이다.
- C: '주의' 2개+'심각' 1개⇒'심각' 2개이다. 따라서 중점관리대상이다.
- D: '주의' 1개+'심각' 2개이다. 따라서 중점관리대상이다.

따라서 정답은 B, C, D로 ⑤ 번이다.

합격자의 시간단축 Tip

Tip ❶ 푸는 시간을 그나마 줄이기 위해서는 '전환 시간'을 줄여야 한다.
이를 위해서는 A의 전체 값 확인 후 동일한 방식으로 B→C→D를 처리하기 보다는, 특정 지표를 기준을 한 번에 A, B, C, D를 덩어리로 처리하는 것이 좋다. 왜냐하면 우리가 '전환'할 때 시간이 오래 걸리는 이유는 〈기준〉을 확인하고 현황에 적용하는 과정에서 위아래로 시선을 왔다 갔다 한다는 것에 있으므로, 지표를 덩어리로 처리할 경우 한번 외운 값으로 4가지 값을 한 번에 해결할 수 있어 시간적으로 효율적이기 때문이다.
예를 들어, '통합재정 수지적자 비율'의 경우 25~50, 50초과 두 값을 외운 상태에서 A, B, C, D의 현황을 한 번에 처리하면 된다.

* 다만, 이때 기준을 지나치게 적게 잡는 것은 실수를 유발할 수 있다. 예를 들어, '통합재정 수지적자 비율'의 기준을 50으로 잡아 50보다 크거나 작은 것을 구별하기만 한다면 C의 경우 '주의'로 표시하는 문제가 생길 수 있기 때문이다.

Tip ❷ 심각이 2개 이상인 경우 중점관리대상으로 지정되므로, 심각에 해당되는 지표를 우선적으로 체크한다. 이에 따르면, D의 경우 통합재정수지적자비율, 채무상환비비율이 '심각'에 해당하고, C의 경우 공기업부채비율이 '심각'에 해당함을 알 수 있다.
따라서 D는 당연히 포함되고(선지 ①, ③ 소거), C의 나머지 지표 중에서 '주의'가 2개 이상 있는지를 살펴보면 된다.

이때, 지방세징수액비율과 금고잔액비율이 '주의'에 해당하므로 C도 중점관리대상으로 지정된다. 따라서 선지 ②, ④, ⑤중에서 C, D를 포함하는 ⑤ 번이 정답이다. 이처럼 빠르게 확인하여 답을 고를 수 있는 조건부터(심각을 포함하고 있는지 여부) 찾는 것이 시간단축에 도움된다.

Tip ❸

(1) 〈현황〉의 수치들에 대하여 〈기준〉을 적용할 때 주의해야 하는 것은, 문제에서 항상 일관된 〈기준〉을 제시해주지 않는다는 것이다. 각 지표들을 순서대로 적용하다 보면, 통합재정수지적자비율과 예산대비채무비율, 채무상환비비율의 경우 '주의' 수치보다 '심각' 수치가 크다. 따라서 남은 세 지표에 대해서도 동일한 방식으로 풀게 될 가능성이 있다.

(2) 그러나 실제로는 지방세징수액비율과 금고잔액비율의 경우 '주의' 수치보다 '심각' 수치가 낮은 것으로 제시되어 있다. 이러한 차이를 인식하지 못할 경우 정답과 전혀 다른 답이 도출되므로 주의해서 읽어야 한다.

(3) 또한, 이러한 경향을 정리해보면 지방세 징수액 비율과 금고잔액 비율은 작을수록 '심각'이 될 가능성이 높고, 나머지 지표들은 클수록 '심각'이 될 가능성이 높다. 따라서 지방세 징수액 비율과 금고잔액 비율은 A~D 중 작은 값 위주로, 나머지 지표들은 큰 값 위주로 확인하면 시간을 단축할 수 있다.

* 해설지와 같이 A~D의 모든 항목을 체크하는 경우에는 '주의'의 경우 동그라미, '심각'의 경우 세모 등으로 자신이 알아볼 수 있는 기호로 구분하여 표시하는 습관을 들이면 실수를 줄일 수 있다.

101 정답 ⑤ 난이도 ●●●

(1) 〈조건〉 ㉣과 ㉤에 의하면 검정색과 빨간색 분할에는 1인용 상품권만이 들어있고 검정색과 빨간색 분할의 경품 구성은 동일하다. 각 분할에는 상품권이 2장씩 들어가야 하므로 검정색과 빨간색 분할에는 각각 조식식사권 1인용 1장과 수영장입장권 1인용 1장이 경품으로 들어있다.

(2) 이때, 〈조건〉 ㉢에 따라 흰색 분할에는 수영장입장권이 경품으로 들어있지 않으므로 조식식사권만 2장 들어있다. 이때, 1인용은 2장 모두 검정색과 빨간색 분할에 1장씩 들어있으므로 흰색 분할에는 조식식사권 2인용 2장이 경품으로 들어있다.

(3) 따라서 파란색 분할에는 남은 수영장입장권 2인용 2장이 경품으로 들어있다. 이를 표로 정리하면 다음과 같다.

분할	흰색	검정색	빨간색	파란색
경품	조식식사권 2인용 2장	조식식사권 1인용 1장, 수영장입장권 1인용 1장	조식식사권 1인용 1장, 수영장입장권 1인용 1장	수영장입장권 2인용 2장

① (×) 흰색 분할에는 ~~1인용 상품권~~이 경품으로 들어있다.
➜ 흰색 분할에는 2인용 상품권 2장이 경품으로 들어있다.

② (×) 파란색 분할에는 ~~1인용 상품권~~이 경품으로 들어있다.
➜ 파란색 분할에는 2인용 상품권 2장이 경품으로 들어있다.

③ (×) 검정색 분할에는 조식식사권이 경품으로 ~~들어있지 않다~~.
➜ 검정색 분할에는 조식식사권 1인용 1장이 경품으로 들어있다.

④ (×) 빨간색 분할에는 수영장입장권이 경품으로 ~~들어있지 않다~~.
➜ 빨간색 분할에는 수영장입장권 1인용 1장이 경품으로 들어있다.

⑤ (○) 파란색 분할에는 수영장입장권이 경품으로 들어있다.
➜ 파란색 분할에는 수영장입장권 2인용 2장이 경품으로 들어있다.

합격자의 시간단축 Tip

Tip ❶ 조건 중 가장 확정적인 정보를 얻을 수 있어 보이는 것을 먼저 고려한다. 이 문제의 경우 조건 ㉣과 ㉤ 둘 다 검정색과 빨간색 분할에 관한 정보라서 결합하면 정보가 확정될 확률이 높으므로 먼저 고려한다.

Tip ❷ 돌림판의 4분할을 직접 그림으로 그려 각 분할에 색깔을 표시한 다음 하단부에 조식식사권(1, 2인용), 수영장입장권(1, 2인용)을 표기하거나, 해설과 같이 표를 그려 문제를 풀면 좀 더 일목요연하게 문제를 풀 수 있다.

102 정답 ② 난이도 ●○○

지문의 명제를 다음과 같이 논리기호로 변형시킨 후 결론이 참이 되게 하는 [전제2]을 찾아보자.

- [전제1] ∃(변리사) ∧ (약학)
- [전제2]
- [결 론] ∃ (변리사) ∧ (물리학)

[전제1]과 [결론]의 전건이 동일하므로 [결론]이 참이 되기 위해서는 [전제2]에는 (약학)과 (물리학) 사이에 연결 논리가 필요하다는 것을 확인할 수 있다.
즉, ∃(변리사) ∧ (물리학)이라는 논리가 참이 되려면 (약학) → (물리학)이 필요하다.
따라서 [전제2]에 들어갈 명제는 '모든 약학대학을 졸업한 사람은 물리학 과목을 이수했다'이다.

합격자의 시간단축 Tip

Tip ①

삼단논법 유형에서 비어 있는 전제 또는 결론을 보다 쉽게 도출해내는 공식이 존재한다.

(1) 본 문제를 통해 설명하면, [전제 1]에는 나와 있으나 [결론]에는 나와 있지 않은 조건은 '약학대학 졸업'이다. 이러한 조건은 중간에 매개체로 사용되는 조건으로, 두 개의 전제에서 한 번은 후건으로, 한 번은 전건으로 주어지게 되며 두 개의 전제가 만나면서 소거된다.

(2) 다음으로, 전제에는 나와 있지 않지만 [결론]에는 나와 있는 조건은 '물리학 과목 이수'로, 이러한 조건의 경우 두 전제 중 하나의 전제에서 등장하게 되며 후건으로 등장해야 한다.

(3) 이를 종합해보면 [전제 2]에는 '약학대학 졸업'이 전건으로, '물리학 과목 이수'가 후건으로 나와야 삼단논법이 성립한다.

* 논리학과 관련된 지식이 없더라도 쉽게 풀 수 있는 문제다. 다만 이 문제를 풀었음에 만족하지 말고 이러한 문제를 푸는 체계 자체를 익히는 것을 목표로 하자.
가장 좋은 방법은 선지를 보기 전에 미리 예측해보는 방법이다. 어떤 변리사가 약학대학을 졸업하였는데, 어떤 변리사가 물리학을 이수했다는 결론이 나오기 위해서는 반드시 약학대학과 물리학의 관계에 대한 전제가 필요하다.
이때 가능한 전제를 미리 예측해보는 것이 보다 어려운 난이도의 문제를 만났을 때에도 정답을 맞힐 확률을 높일 것이다.

Tip ② <u>삼단논법을 구성하는 3개의 명제가 모두 '어떤'으로 제한된 특칭명제인 경우 삼단논법이 성립하지 않는다. '모든'을 사용하는 전칭명제가 두 전제 중 최소한 1개 이상 있어야 한다.</u>
이것을 집합관계로 설명해보겠다.
'모든'은 포함관계이고, '어떤'은 교집합이 존재하는 관계이다.

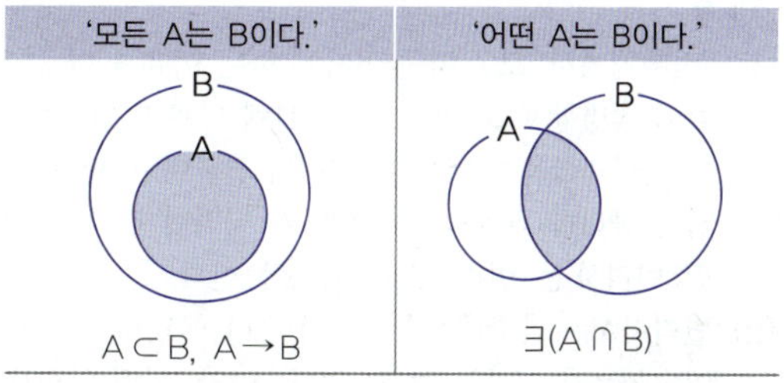

어떤 명제 'A는 B이다.'가 참이 되려면 전건 A를 만족하는 모든 x가 후건 B를 만족해야 하므로 집합관계 A⊂B가 성립해야 한다. 따라서 삼단논법에서 [결론]이 참이 되려면 [전제1] 또는 [전제2] 중에 하나는 이 포함관계가 성립해야 하므로 '모든'이 두 전제 중 하나에는 있어야 한다. 문제를 살펴보자.
문제의 조건을 집합관계로 나타내면 [전제1]과 [결론]은 다음과 같다.

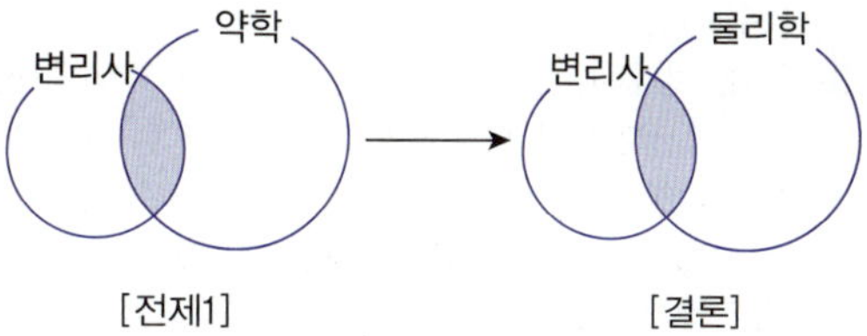

이때, 만약 [전제2]가 '약학대학을 졸업한 어떤 사람은 물리학 과목을 이수했다.'라면 '변리사'와 '물리학'의 논리관계가 성립되기가 어렵다. (다음 그림과 같은 반례가 존재) 따라서 ⑤는 틀린 선지이다.

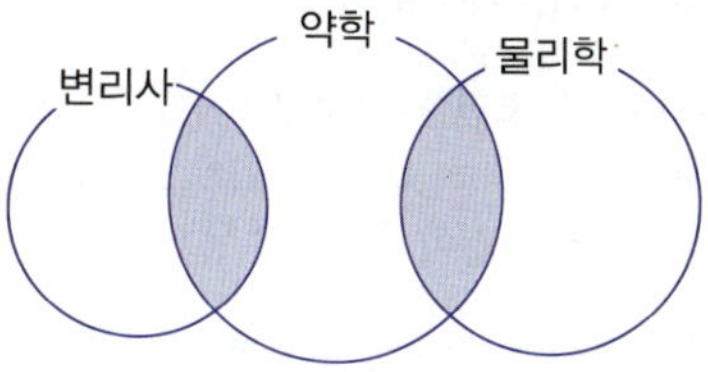

참이 되어야 하는 [결론]은 '어떤 변리사는 물리학 과목을 이수했다.' 이므로 '변리사'와 '물리학'의 교집합이 존재하도록 하는 '약학'와 '물리학'의 관계는 포함관계, 즉 (약학대학) ⊂ (물리학)의 전제가 필요하다.

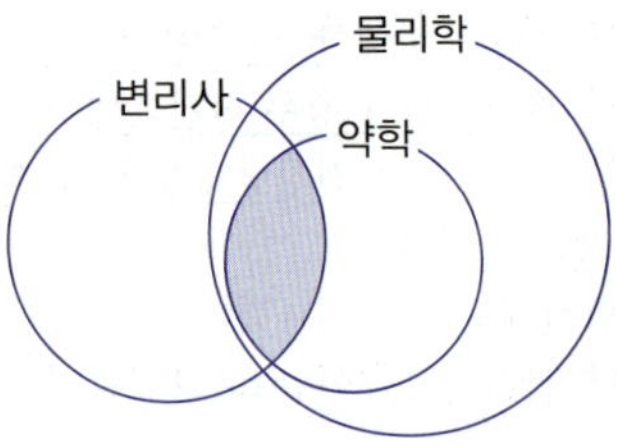

Tip ❸

(1) [전제2]에서 '모든'이 들어가야 하는 이유를 다음이 같이 설명할 수도 있다. [전제1]에 따르면 변리사A는 약학대학을 졸업했다. 그런데 결론이 '어떤 변리사는 물리학 과목을 이수했다'가 되려면 결론의 '어떤 변리사'는 변리사A가 되어야 한다.
(2) 변리사A는 약학대학은 졸업했으나 물리학 과목을 이수했는지 여부는 알 수 없다. 만약 '어떤 약학대학을 졸업한 사람은 물리학 과목을 이수했다'라는 명제가 추가될 경우 어떤 약학대학을 졸업한 사람은 물리학 과목을 이수하지 않았고, 동시에 변리사A가 약학대학을 졸업하고도 물리학 과목을 이수하지 않을 수 있다.
반면 '모든 약학대학을 졸업한 사람은 물리학 과목을 이수했다'라는 명제가 추가될 경우 변리사A는 약학대학을 졸업했기 때문에 반드시 물리학 과목을 이수했다.
(3) 한편, 선지 ③번과 ④번의 경우 결론의 후건이 [전제2]의 전건으로 나오게 되는데 이것으로 바로 오답임을 알 수 있어야 한다. 왜냐하면 삼단논법에서는 전제의 마지막 부분이 결론의 후건으로 나와야 하기 때문이다. 해당 문제의 경우 [전제2]가 전제의 마지막 부분이므로 [전제2]의 후건이 결론의 후건이 되어야 한다.

103 정답 ④ 난이도 ●●○

편의를 위해 각 조건을 순서대로 (1)~(4)로 놓자.
조건 (3)에 따라 E ㅁ ㅁ C 이므로 조건 (4)의 B의 위치에 따라 다음과 같이 두 가지 경우로 나눌 수 있다.

(ⅰ) B가 첫 번째 순서에 상담하는 경우
㉠ B E ㅁ ㅁ C ㅁ
조건(2)에서 D는 C 다음에 상담해야 하므로 D는 여섯 번째 순서로 상담하게 된다. 또한, 조건 (1)에 따라 A는 세 번째, 또는 네 번째 순서로 상담하게 되므로 상담순서로 가능한 경우는 B E A F C D 또는 B E F A C D이다.
㉡ B ㅁ E ㅁ ㅁ C
위 경우는 조건 (2)를 만족하지 못하므로 ㉡의 경우는 성립하지 않는다.
(ⅱ) B가 세 번째 순서에 상담하는 경우
㉢ ㅁ E B ㅁ C ㅁ
조건 (2)에 따라 D는 여섯 번째 순서로 상담하게 되며, 조건(1)에 따라 A는 B 다음에 상담해야 하므로 A는 네 번째 순서로 상담하게 된다. 따라서 남은 F가 첫 번째 순서로 상담하게 된다. 즉, 상담순서로 가능한 경우는 F E B A C D로 유일하다.
㉣ E ㅁ B C ㅁ ㅁ
조건 (1)과 (2)에 따라 A와 D는 다섯 번째 또는 여섯 번째 순서로 상담하게 되며, 따라서 남은 F는 두 번째 순서로 상담하게 된다. 따라서 상담순서로 가능한 경우는 E F B C A D 또는 E F B C D A 이다.

위 내용을 종합하여 표로 나타내면 규칙에 따라 상담순서로 가능한 경우는 다음과 같다.

첫 번째	두 번째	세 번째	네 번째	다섯 번째	여섯 번째
F	E	B	A	C	D
E	F	B	C	A	D
E	F	B	C	D	A
B	E	A	F	C	D
B	E	F	A	C	D

따라서 두 번째 순서에 상담할 수 있는 학생은 E와 F이다.

합격자의 시간단축 Tip

Tip ❶

(1) 발문과 선지의 구성에 유의하며 문제에 접근해야 한다. 문제에서는 두 번째 순서에 상담할 수 있는 학생을 묻고 있으며, 선지에 주어진 선택지는 A, E, F뿐이다. 따라서 각 인물을 두 번째 순서에 위치하도록 설정한 후 주어진 조건들에 모순되지 않도록 모든 학생의 상담 순서를 정할 수 있는지 살펴보는 것이 가장 효율적인 풀이 방법이다.
(2) 이 경우, E 또는 F가 두 번째 순서로 상담할 수 있는 하나의 경우만 발견하면 되기 때문에 모든 경우의 수를 확인하는 것보다 빠르게 문제를 풀 수 있다. 만약 모든 경우의 수를 구하고자 하더라도, 구체적으로 한 명 한 명의 순서까지 생각할 필요는 없다. 예를 들어,

E			C	D	

이런 경우 A는 B가 세 번째에 오기 때문에 자동적으로 두 번째 순서가 안되며, F가 되는구나 하고 생각할 수 있다. 해설과 같이 모든 상담순서에 학생들을 일일이 다 배치해서 구하기 보다, 된다/안 된다 여부만 확인하면 된다.

104 정답 ⑤ 난이도 ●○○

남은 임시저장소 공간을 정리해보자.

(1) 습식저장소: 50%가 채워져 있으므로 100,000개 ×50%= 50,000개의 폐연료봉을 추가로 저장할 수 있다.

(2) X 저장소
- 한 기의 캐니스터에는 9(층)×60(개/층)=540(개)를 저장할 수 있다.
- X 저장소에는 300기의 캐니스터가 있으므로 X 저장소 전체에는 540×300=162,000개의 폐연료봉을 저장할 수 있다.

(3) Y저장소: 138,000개의 폐연료봉을 저장할 수 있다. 따라서 전체 임시저장소에 저장할 수 있는 폐연료봉의 개수는 50,000+162,000+138,000=350,000개이다. △△원자력발전소에서 매년 폐연료봉이 50,000개씩 발생하며 발생하는 폐연료봉의 양이 항상 일정하므로, 최대 $\frac{350,000}{50,000}=7$년 동안 발생하는 폐연료봉을 저장할 수 있다.

합격자의 시간단축 Tip

Tip ① '의심스러운 부분'을 위주로 확인하면 된다. 이 문제의 특이한 점은 여타 문제와 다르게 50,000개를 나눠 담을 수 있다는 점이다. 즉 일반적인 문제들은 한 덩어리로 묶여 있는 경우가 많으나, 이 문제의 경우 특이하게도 제한이 없다.
따라서 '나눠 담을 수 있다는 점'을 이용하면 전체 합산을 구한 후 50,000으로 나눠 끝 자리를 버림하면 최대 연수를 곧장 구할 수 있다. (만일 나머지가 생긴다 해도 이는 50,000보다 적은 자리가 남아 1년간 발생하는 폐연료봉을 모두 저장하지 못한다는 것을 의미하므로 연수 계산 시에는 올림하면 안 된다.)
(전체 합)=50,000+138,000+162,000=350,000이므로 50,000으로 나누면 7이다.
따라서 ⑤번이 정답이다.

Tip ② 숫자 감각을 갖추는 것을 추천한다. 이 문제에서 복잡해 보이는 저장소는 X와 Y다.
계산할 때 해설처럼 일일이 계산하는 것이 어렵다면, 중요한 50,000 이라는 숫자를 기준으로 다음과 같이 계산해볼 것을 추천한다
- X 저장소:
  300×(9×60)=300×540=300×(500+40)
  = 150,000+12,000
- Y 저장소: 138,000=100,000+38,000

저장소 별 저장가능량을 위와 같이 쪼개서 볼 수 있을 경우, 매우 쉽게 (X저장소)+(Y저장소)=300,000이라는 점을 알 수 있다. (다만 효율적인 풀이는 아니므로, 이러한 풀이 방법이 있다는 것만 익혀두길 바란다.)

105 정답 ② 난이도 ●●○

원에 내접하는 정사각형은 여러 방식으로 표현할 수 있으나, 직관적인 이해를 위하여 〈상황〉의 유서 내용을 직접 그려보면 다음과 같다.

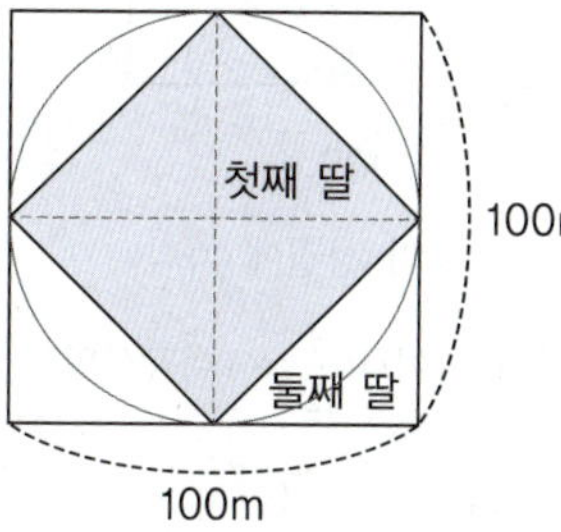

(1) 가장 바깥의 정사각형이 甲이 가진 가로와 세로가 각각 100m인 정사각형의 땅이라고 하면, 가장 안쪽의 정사각형은 첫째 딸에게 물려줄 땅의 크기이다. 따라서 처음 바깥의 정사각형 땅에서 안쪽 정사각형 땅을 제외한 나머지 영역이 둘째 딸에게 물려줄 땅의 크기이다.
(2) 사각형 내부의 점선을 기준으로 4분할하였을 때, 한 분할에서 주황색으로 색칠된 삼각형과 파랑색으로 색칠된 삼각형의 크기는 동일하다.

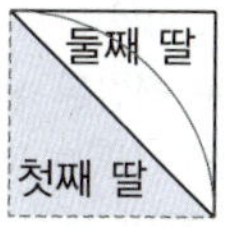

즉, 첫째 딸에게 물려주려는 땅의 크기와 둘째 딸에게 물려주려는 땅의 크기는 동일하다.

(3) 甲이 가진 땅의 크기는 100(m)×100(m)=10,000(m^2)이므로 둘째 딸에게 물려주려는 땅의 크기는 이의 절반인 5,000 m^2이다.

합격자의 시간단축 Tip

Tip ① 해설의 정사각형, 원의 그림을 초등학교 또는 중학교 수학에서 많이 접해보았을 것이다. 해설에서는 단순히 색칠된 사각형의 넓이와 색칠되지 않은 삼각형의 넓이가 같다고 설명하였다. 대부분의 수험생들은 이 원리를 잘 알고 있을 것이지만, 혹시 헷갈리는 수험생을 위해 구체적인 해설을 추가한다. 다음의 원리는 잘 숙지해 두어, 이후 비슷한 문제를 만났을 때, 빠르게 문제를 풀고 넘어갈 수 있도록 해야 한다.

(1) 정사각형과 마름모 넓이의 관계

오른쪽 그림과 같이 한 변의 길이가 100m인 정사각형에 내접하는 원의 지름도 100m이고, 이 원에 내접하는 정사각형의 대각선의 길이도 100m이다.

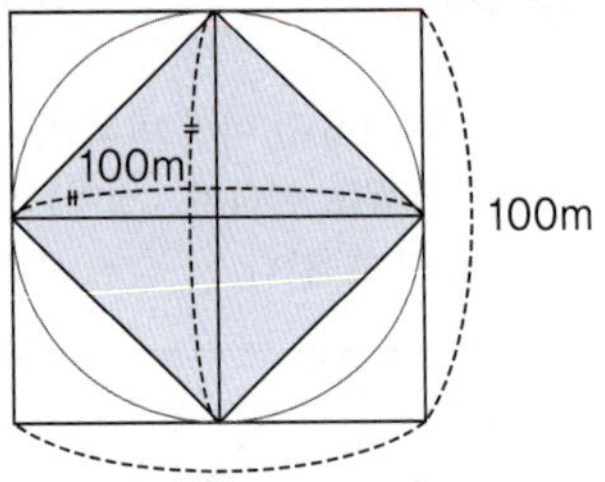

이때, 정사각형의 성질에 따라

(정사각형의 넓이) $=\frac{1}{2}\times$(대각선의 길이)^2 이므로

(원에 내접하는 정사각형의 넓이) $=\frac{1}{2}\times 100^2=$ $5,000(\text{m}^2)$ 이다.

따라서 둘째 딸이 받을 땅의 넓이는

$100^2-\frac{1}{2}\times 100^2=10,000-5,000=5,000$ (m^2) 이다.

(2) 도형의 합동

오른쪽의 그림과 같이, 사각형 내부의 점선을 기준으로 4분할하여 생각해보자. 이때 분리된 사각형은 정사각형으로, 네 변의 길이가 모두 같고 네 각의 크기는 모두 90도이다.

따라서 주황색으로 색칠된 삼각형과 파랑색으로 색칠된 삼각형은 RHA(또는 RHS, SSS 모두 가능) 합동이 되며, 그 넓이 또한 동일하다.

이러한 삼각형이 그림에는 총 4개 주어져 있으므로, 두 도형의 넓이가 모두 같음을 알 수 있다. 따라서 甲이 첫째 딸과 둘째 딸에게 물려주려는 땅의 크기는 동일하다.

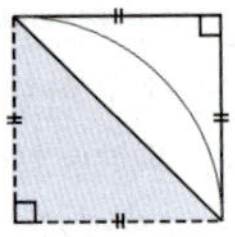

(3) 피타고라스의 정리 활용

① 오른쪽 그림과 같이 직각이등변삼각형이 있다고 할 때, 밑변(높이)의 길이를 a, 빗변의 길이를 b 라 하면 '피타고라스의 정리'에 따라 다음과 같은 관계가 형성된다.

$a^2+a^2=b^2 \rightarrow 2a^2=b^2 \rightarrow b=a\sqrt{2}$

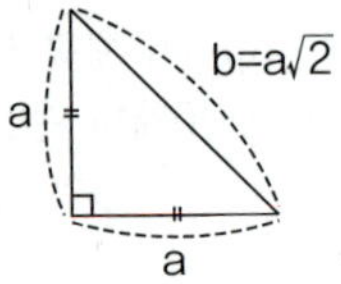

② 이를 문제에 적용해보면, a를 원의 반지름, 즉 (2)의 도형의 한 변의 길이라 하면 b는 내부 사각형의 대각선 길이와 같다. 이때, $a=50$이므로 $b=50\sqrt{2}$가 된다.

이러한 문제가 다시 출제될 수 있으므로, '피타고라스의 정리'는 기억해두는 것이 좋다.

③ 길이비를 알면 넓이비는 제곱만 하면 된다. 따라서 피타고라스 정리를 기억해냈다면 작은 정사각형 한 변의 길이를 정확히 도출하지 않더라도 비례 관계를 통해 답을 도출할 수 있다. 피타고라스 정리에 따르면

(외부 정사각형의 한 변의 길이) : (내부 정사각형의 한 변의 길이)

$=100 : 50\sqrt{2}=\sqrt{2} : 1$ 이므로

(외부 정사각형의 넓이) : (내부 정사각형의 넓이)

$=(\sqrt{2})^2 : 1^2=2 : 1$이다.

따라서 작은 정사각형의 넓이는

$\frac{1}{2}\times$(외부 정사각형의 넓이) $=\frac{1}{2}\times 100^2$

$=5,000\ (\text{m}^2)$이다.

* 이와 같은 문제를 만나게 되면, 혹 앞으로 또 수학 공식을 활용해야 하는 문제가 나오면 어떻게 할지에 대한 고민이 생길 수 있다. 그러나 어떤 공식이 나올지는 아무도 모르며, 지금까지의 경우를 봤을 때 이 문제와 같이 피타고라스 정리나 간단한 비율, 일차방정식 정도의 중학교 수준 공식이 대부분이다. 그러므로 기출문제를 풀며 연습하는 과정에서 혹시 공식이나 필요한 수학 지식이 있다면 그 정도 수준에서만 학습하는 것이 적절해 보인다.

106 정답 ②　　난이도 ●●●

대화의 흐름에 따라 상황을 정리하면 다음과 같다.

(1) 지나가 "네 생일이 5명 중 제일 빠르니?"라는 질문에 "그럴 수도 있지만 확실히는 모르겠어."라고 답했으므로 지나는 3월생이다. 왜냐하면 지나가 6월생 또는 9월생일 경우 지나의 생일은 5명 중 가장 빠를 수 없기 때문이다.

	지나	정선	혜명	민경	효인	생월별 인원
3월	○					2
6월	×					1
9월	×					2

(2) 혜명이 "네가 지나보다 생일이 빠르니?"라는 질문에 "그럴 수도 있지만 확실히는 모르겠어."라고 답했으므로 혜명도 3월생이다. 왜냐하면 혜명이 6월생 또는 9월생일 경우 3월생인 지나보다 생일이 반드시 느리기 때문이다. 즉 지나와 혜명 모두 3월생이다.

	지나	정선	혜명	민경	효인	생월별 인원
3월	○	×	○	×	×	2
6월	×		×			1
9월	×		×			2

(3) 민경이 "넌 정선이가 몇 월생인지 알겠니?"라는 질문에 "아니, 모르겠어."라고 답했으므로 민경은 9월생이다. 왜냐하면 민경이 6월생일 경우, 민경은 지나와 혜명 모두 3월생이라는 것을 아는 상황이므로 정선이 반드시 9월생이 되기 때문이다.

	지나	정선	혜명	민경	효인	생월별 인원
3월	○	×	○	×	×	2
6월	×		×	×		1
9월	×		×	○		2

(4) 효인이 "넌 민경이보다 생일이 빠르니?"라는 질문에 "그럴 수도 있지만 확실히는 모르겠어."라고 답했으므로 효인도 9월생이다. 왜냐하면 효인이 6월생일 경우 효인은 민경이 9월생이라는 것을 아는 상황이므로 반드시 민경보다 생일이 빠르기 때문이다. 즉, 민경과 효인 모두 9월생이다.

	지나	정선	혜명	민경	효인	생월별 인원
3월	○	×	○	×	×	2
6월	×		×	×	×	1
9월	×	×	×	○	○	2

(5) 지나와 혜명은 3월생이며 민경과 효인은 9월생이므로 정선이 6월생이다.

	지나	정선	혜명	민경	효인	생월별 인원
3월	○	×	○	×	×	2
6월	×	○	×	×	×	1
9월	×	×	×	○	○	2

합격자의 시간단축 Tip

Tip ❶ '논리 퀴즈' 유형은 풀이에 시간을 획기적으로 단축하기 어려워, 논리를 차근차근 따라갈 수 밖에 없다. 다만 주어진 논리식을 얼마나 직관적으로 받아들일 수 있는지에 따라 매우 빠르게 풀 수도, 매우 느리게 풀 수도 있다.
예를 들어, 〈대화〉에서 2개씩 세트로 총 4가지 논리식 중 1, 2, 4번째 논리식이 동일한 원리로 구성되어 있다. 만약 본인이 1번째 논리식에서 '그럴 수도 있지만'이라는 표현을 통해 확정할 수 있다는 것을 빠르게 알아챘다면, 사실상 단순 확인처럼 2, 4번째 논리식을 처리할 수 있어 매우 쉬운 문제가 될 수 있다.

Tip ❷ 참고로 이 문제에서 활용된 2가지 방식은 빈출되는 논리 유형이므로 정리해두는 것이 좋다.

(1) 'A보다 B하다는 것을 아는가?' → '그럴 수도 있지만 아닐 수도 있다'
그럴 수도 있다는 것은 A와 질문의 대상 모두 동일한 카테고리에 있다는 의미이다. 즉 별개의 카테고리라면 당연히 비교가 가능할 텐데, 알 수 없다는 것은 동일 카테고리라는 의미가 된다.

(2) A는 1개, B는 2개 이상 남은 경우 'X(다른 대상)의 카테고리를 아는가?' → '알 수 없다'
만약 자신의 카테고리가 A라면 당연히 X가 B라는 것을 알 수 있음에도, 알 수 없다고 대답했다면, 본인이 B라는 의미가 된다.
이처럼 논리 구조를 다양하게 외워 두면, 논리식을 일반 문장처럼 읽을 수 있어 매우 쉽게 풀 수 있을 것이다.

* 이 문제의 경우 대화의 순서에 따라 판단하는 것이 무엇보다 중요하다. 예를 들어 혜명의 대답은 만약 첫 순서로 제시될 경우 아무 의미가 없는 대답이 될 것이지만 지나의 대답 이후에 존재하여 그 의미가 생긴다. 이처럼 이 문제는 뭉뚱그려서 의미를 파악하는 것이 아니라 한 줄 한 줄의 의미를 정확히 파악해야 하는 문제다.
** 이런 유형의 퀴즈를 좋아하는 수험생의 경우 상당히 쉽게 풀리는 문제일 것이다. 그러나 익숙하지 않은 경우 이는 실제로 시간 제한 없이 푸는 경우에도 쉽지 않은 수험생들이 많다. 그러므로 경우에 따라서는 빠르게 넘기는 것이 주요 전략이 될 수 있다.

107 정답 ①　　　난이도 ●○○

ㄱ. (○) 18세 이하 자녀 3명만 있는 가정의 경우, 지급받는 월 수당액은 A안보다 B안을 적용할 때 더 많다.
➜ 18세 이하 자녀가 3명 있는 경우, A안과 B안 모두 수당 지급 대상이 된다.
지급액을 정리하면 다음과 같다.

	첫째	둘째	셋째	총 지급 수당
A안	15만 원	15만 원	30만 원	60만 원
B안	20만 원	20만 원	22만 원	62만 원

따라서 B안을 적용할 때 지급받는 월 수당액이 더 많다.

ㄴ. (×) A안을 적용할 때 자녀가 18세 이하 1명만 있는 가정은 ~~월 15만 원을 수당으로 지급받는다~~.
➜ A안은 첫 번째 문장의 후문에 따라 '18세 이하의 자녀가 둘 이상 있는 가정'에 한하여 수당을 지급한다. 따라서 1명만 있는 가정은 수당을 지급받지 못한다.

ㄷ. (○) C안의 수당을 50% 증액하더라도 중학생 자녀 2명(14세, 15세)만 있는 가정은 A안보다 C안을 적용할 때 더 적은 월 수당을 지급받는다.
➜ 18세 미만의 자녀가 2명 있고 중학생 졸업 전이므로 A안, C안 모두 지급 대상이다.
지급 내용을 정리하면 다음과 같다.

	첫째	둘째	총 지급 수당
A안	15만 원	15만 원	30만 원
C안	12만 원	12만 원	24만 원

따라서 C안을 적용할 때 더 적은 월 수당을 지급받는다.

ㄹ. (×) C안을 적용할 때 한 자녀에 대해 지급되는 월 수당액은 그 자녀가 성장하면서 ~~지속적으로 증가하는 특징이 있다~~.
➜ C안의 두번째 문장과 마지막 문장을 통해 틀린 선지임을 알 수 있다. 3세 미만의 경우 1명 당 10만 원을, 중학생 자녀의 경우 1명 당 8만 원을 지급한다고 규정되어 있다는 점에서 지급되는 수당액이 '지속적으로 증가'하는 특징을 보이지 않는다. 따라서 명백하게 틀린 선지이다.

합격자의 시간단축 Tip

Tip ①

(1) 이러한 유형의 문제는 보통 두 가지 패턴이 존재한다. 첫 번째는 지문을 먼저 분석하고 보기를 풀어가는 패턴이며, 두 번째는 보기를 바탕으로 지문에 적용하여 풀어가는 패턴이다. 두 가지 방법 모두 문제를 풀어낼 수 있으나, 어떤 패턴을 선택하는지에 따라 문제를 푸는 데 걸리는 시간이 차이가 나게 된다. 이러한 문제는 해결에 걸리는 시간의 편차가 가장 많이 나는 영역으로, 고득점을 하려면 적절한 풀이 방법을 선택할 수 있어야 한다. 적절한 풀이방법을 선택하기 위해서는 무작정 읽어 나가기 보다는 문제의 전반적인 틀을 확인하고 시작하는 것이 좋다.

(2) 해당 문제의 경우, 지문은 甲국의 출산장려 정책으로 3가지 보조금 지급 방안을 제시하고 있으며, 보기는 특정 상황이 주어졌을 때 보조금의 크기에 대해서 묻고 있다. 따라서 특정 상황이 주어졌을 때 지문의 3가지 방안에서 보조금의 크기를 계산하는 유형이므로 두번째 패턴으로 적용해야 시간을 단축할 수 있다. 이때, 중요한 것은 지문의 3가지 방안의 세부내용은 읽지 않는다는 것이다. 이것은 풀이 패턴을 정한 다음 들어가는 것이다. 이러한 시도를 많이 해 보지 않은 경우 불안할 수 있으나 동일한 유형의 문제를 여러 번 풀면 체화 할 수 있다.
풀이 패턴을 정했으면 보기로 들어간다.
보기를 푸는 방법은 총 3가지가 있다.

첫 번째, '선지플레이'이다.

선지 플레이란 〈보기 ㄱ〉이 선지 5개 중 3개에 속해 있으므로 〈보기 ㄱ〉을 맞는 보기라고 생각하고 다른 보기부터 보는 방법이다. 〈보기 ㄱ〉이 맞아서 3번과 5번 선지를 지우는 것은 선지 플레이가 아니라 당연히 해야 하는 것이다) 최근 선지 플레이를 막으려는 시도가 곳곳에 있었기 때문에, 찍을 때 말고는 최대한 선지 플레이를 지양하길 바란다.

두 번째, 어떤 보기를 먼저 풀 것인지 선택하는 것이 있다.

〈보기 ㄱ〉과 〈보기 ㄷ〉은 2가지 방안을 비교하는 것이고, 〈보기 ㄴ〉과 〈보기 ㄹ〉은 1가지 방안에서 해결할 수 있는 것이므로 후자를 먼저 시도하는 방법이 있다. 예컨대 〈보기 ㄴ〉을 확인했는데 옳지 않은 보기이므로 정답이 1번과 2번으로 추려지며, 〈보기 ㄹ〉을 확인했는데 옳지 않은 보기이므로 정답은 1번이 도출되고 지문의 B안은 확인조차 하지 않아도 된다. 다만 문제마다 확인할 보기의 순서가 다르기 때문에 추가적인 연습이 필요하며, 이러한 연습을 굳이 하기 싫다면 필자와 같이 〈보기 ㄱ〉을 먼저 확인하고, 남은 선지 1, 2, 4번 중 2개에 걸쳐 있는 〈보기 ㄷ〉을 다음에 확인하고, 남은 선지 1, 4번 중 답을 고르기 위해 〈보기 ㄴ〉을 마지막으로 확인하는 보편적인 방법을 따르면 된다. 때로는 보편적인 방법이 정답 도출에 있어 가장 빠른 방법이 될 수도 있으니 본인이 편한 방식을 선택하면 된다.

세 번째, '보기를 해결'하는 방법으로,

(1) 보기에서 '보조사'와 같이 의미를 한정하는 단어에 주목하는 방법이다. 이 방법은 실전에서는 긴장해서 제 실력을 발휘하지 못하는 사람이 대부분이기 때문에 지속적인 연습을 통해 익혀 놓아야 실제 시험에서 자신도 모르게 문제를 풀게 된다. 설문의 경우 옳은 것을 고르는 문제이므로 해당 보기가 틀리다면 어떻게 냈을지 먼저 생각한다.

(2) 예컨대 〈보기 ㄴ〉의 경우, '이하' 와 '만' 이라는 단어에 주목한다. A안이 보조금을 18세 이하가 아닌 미만에게 지급할 수도 있고, 18세 이하인 자녀가 2명 이상이어야 지급할 수도 있을 것이다. 처음에는 이것을 바로바로 기억하고 골라 내기 어렵기 때문에 '18세 이하 1명만'에 밑줄을 긋는다. '만'이라는 단어에 동그라미를 쳐서 눈에 띄도록 만들어도 좋다.

(3) 그 후 지문으로 가서 "A안을 확인하면, 자녀가 둘 이상인 경우에 한한다."는 단서가 있다. 지문을 먼저 분석할 경우 이미 표시되어 있을 문장이다.
따라서 자녀가 1명 '만' 있을 경우 보조금을 지급받지 못하므로 옳지 않은 선지가 된다.
〈보기 ㄱ〉의 경우, '3명만'과 '보다'에 주목해야 한다. 선지를 급하게 읽다가 '2명' 또는 'A안이 B안보다 많다'로 잘못 읽을 수 있다. 두 항목을 비교하는 선지의 경우, >, <와 같은 부등호를 사용해 'A > B'를 물어보고 있는 선지라는 것을 옆에 표시해두고 푸는 것도 좋은 방법이다.

(4) 〈보기 ㄹ〉의 경우, '지속적으로'에 주목해야 한다. 이 단어는 전반적인 경향성을 가지고 있음을 의미하는 것으로, 다른 방법들에서 설명한 것과 같이 반례를 찾아 '지속적'이지 않음을 증명하면 된다.
만약, 〈보기 ㄷ〉 을 풀게 될 경우, A안에는 변화가 없으므로 A안일 때 받을 수 있는 금액인 30만 원을 먼저 계산한 후, C안의 정확한 값이 아닌 30만 원을 넘는지 넘지 않는지를 판단하여 답을 도출한다.

(5) 그러나 실전이라면 〈보기 ㄷ〉은 풀지 말아야 하는 보기이다. 다른 보기들과 달리 지문에 주어진 수당을 변경해야 하며, 자녀 2명의 구체적인 나이가 14세와 15세로 다르게 주어져 있다. 만일 난이도가 높은 문제였을 경우 14세와 15세에 지급되는 보조금이 달랐을 것이고, 그렇다면 상당히 많은 시간이 소모되어 어렵지만 맞아야 본전인 문제가 되어 버린다.

Tip ❷ 난이도가 낮은 유형으로 선지 자체의 난이도는 비슷하기 때문에, 선지를 어떻게 해결하는지 보다는 어떤 순서로 푸는지가 더 중요하다.

사람마다 다르겠지만 기출을 분석해보면 '의심스러운 조건'을 활용한 선지 → '반례를 찾기 쉬운' 선지 순으로 푸는 것이 경험적으로 좋다고 생각된다.

① '의심스러운 조건'을 활용한 선지: 〈보기 ㄴ〉
➜ 이 문제에서 가장 의심스러운 조건은 A안의 '18세 이하의 자녀가 둘 이상인 경우에 한한다'이다. 다른 안에는 존재하지 않는 유일한 제한 조건으로, 선지로 만들기 좋은 부분이기 때문이다.
이 판단을 바탕으로 〈보기〉를 확인하면 〈보기 ㄴ〉에서 '자녀가 1명만 있는 가정'에 A안을 적용하는 경우를 묻고 있다. 따라서 바로 틀린 선지임을 알 수 있다.
이에 보기 ㄴ이 포함된 ③, ④, ⑤ 번을 소거한다.

② '반례를 찾기 쉬운' 선지: 〈보기 ㄹ〉
➜ 남은 ①, ② 번은 〈보기 ㄷ〉이나 〈보기 ㄹ〉 중 하나를 확인할 것을 요구하고 있다.
이때, 〈보기 ㄷ〉은 구체적인 수당 계산을 요구하여 비교적 번거로운 보기인 반면, 〈보기 ㄹ〉은 '완전한 경향성'을 요구하는 보기로 단 하나의 반례만 보여도 문제가 해결되는 매우 쉬운 선지이다. 따라서 〈보기 ㄹ〉을 확인해 보면, C의 두 번째 문장에서 3세 미만의 경우 10만 원, 중학생 자녀의 경우 8만 원을 지급하므로, 자녀가 성장하면서 월 수당액이 감소하는 경우가 있음을 알 수 있다.
이를 파악했다면 더 이상 검토하지 않고 판단을 마무리하면 된다. 따라서 정답은 ① 번이다.

＊ 위와 같은 순서로 해결 시, 계산을 한 번도 하지 않고도 문제를 풀 수 있다.
이처럼 난이도가 평이한 경우, 가장 효율적인 풀이 순서가 무엇인지 고민해보는 것이 좋다.

Tip ❸ 위와 같은 문제를 풀 땐,

STEP 1: 각 사안의 전제 조건을 파악한다.

위의 문제의 경우
A안 전제조건 ① 18세 이하 자녀 ② 자녀가 둘 이상
B안 전제조건 ① 18세 이하 자녀 ② 18세 초과~24세 재학 중 C안 전제조건 상한 연령 16세이다.
여기에서의 전제 조건이란 급여를 받기 위해서는 기본적으로 당연히 갖춰야하는 조건이며 나이 구간 별 구체적인 액수 같은 것은 신경쓰지 않는다.

STEP 2: 전제 조건만으로도 해결할 수 있는 선지가 있는지 살핀다.

전제 조건은 복잡하게 생각하거나 비교하지 않아도 직관적으로 판단이 가능하기 때문에 전제 조건만으로도 보기 중 최소 하나 이상을 소거할 수 있다.
사안의 경우 ㄴ에서 A안을 적용할 때 자녀가 "18세 이하 1명만 있는 가정"을 전제로 하고 있다. 이 경우

STEP 1에서의 A안 전제조건을 충족하지 못했으므로 구체적인 계산 없이 ㄴ이 들어간 3, 4, 5를 소거할 수 있다.

STEP 3: 나머지 남은 선지 비교

ㄷ의 경우 A안과 C안이라는 두 개의 사안을 비교해야 하지만 ㄹ의 경우 C안 하나만 자체적으로 비교하면 되므로 기본적으로 시간이 덜 걸릴 것이라는 것을 예측할 수 있다. 따라서 ㄹ을 확인해보면 되며, 보기의 '지속적으로'라는 표현 때문에 ㄹ이 오답이라는 것을 알 수 있다. 만약 ㄹ이 정답이어야 한다면, 자녀의 나이가 증가할 때마다 금액 역시 증가하는 '경향'을 보여야 한다. 하지만 C안의 경우 3세 미만의 자녀는 1명 당 10만 원, 초등학생 자녀는 첫째와 둘째의 경우 1명 당 8만 원으로 감소한다. 또한, 셋째부터는 초등학생 자녀의 경우 1명당 10만 원이나, 중학생 자녀의 경우 1명당 8만 원으로 감소함을 알 수 있다.

STEP4: 최종 정답 도출

정답은 ㄴ과 ㄹ을 제거한 ① 번이다. 계산을 하지 않고도 시간을 단축해 효율적으로 문제를 풀 수 있으므로, 위와 같이 조건이 존재하는 문제들의 경우 '~한 가정 중에서', '~하면', '~을 대상으로'와 같이 폭을 좁히는 전제조건이 반드시 존재하므로 전제조건을 먼저 파악하고 보기를 훑어 전제조건만으로도 오답을 체크할 수 있는 보기가 존재하는지를 판단하는 연습을 하는 것이 중요하다.

108 정답 ④ 난이도 ●○○

(1) '개별 물품 할인'을 적용한 가격은 다음과 같다.

	개별 물품 할인 시 가격
가방	150×(1－0.1)＝135달러
영양제	100×(1－0.3)＝70달러
목베개	50×(1－0.1)＝45달러

이때, (할인된 가격의 합)＝135＋70＋45＝250달러이다.

(2) 위 가격에 '이달의 할인 쿠폰'을 적용하면 250(달러)×(100%－20%)＝200달러이다.

(3) 이때, 결제해야 될 금액은 200달러로 '20,000원 추가 할인 쿠폰'은 사용할 수 없다.

따라서 창렬이가 결제할 최소 금액은 200(달러)×1,000 (원/달러)＝200,000원이다.

합격자의 시간단축 Tip

Tip ❶ 비록 '달러'로 표현되어 있지만, 환율이 1,000원/달러로 매우 계산하기 좋게 주어져 있으므로, 전혀 신경 쓰지 않아도 된다. 도리어 평소 문제 풀이 간 편의를 위해 대체 값을 잡을 때, 뒤에 '0'을 제거한 것과 같은 결과가 되므로, 달러로만 계산 후 '앞 3자리 모양이 동일한 값'을 고르면 된다.
즉 이 문제의 마지막 결과값은 200달러인데, 앞 3자리가 200인 ④ 번을 선택하면 된다.

＊ 비단 이 문제뿐만 아니라, 환율이 1,000원으로 주어진 모든 문제에 적용된다.

Tip ❷ 난이도 자체는 매우 낮지만, 계산을 단계적으로 해야 되는 문제로 시간 소모가 수반되는 유형이다. 따라서 가급적 계산을 최소화하여 푸는 것이 중요하다. 예를 들어, '개별 물품 할인'을 도출할 때 가방, 영양제, 목베개를 따로 확인하지 않고, 같은 할인율끼리 묶어서 확인하는 것이 좋다. 왜냐하면 합쳐서 계산하지 않으면 150×90%와 같이 비교적 귀찮은 곱셈으로 남아 있는 경우도 있으며, 나중에 그 합을 또 계산해야 되기에 계산 과정이 길어지기 때문이다.
따라서 가방과 목베개는 할인율이 10%로 동일하므로, (150＋50)×90%＝200×90%＝180달러임을 바로 도출하는 것이 좋다.
또는, 할인율이 계산하기 비교적 간단하다는 점을 활용해도 좋다. 150달러의 10%는 15달러, 100달러의 30%는 30달러, 50달러의 10%는 5달러임은 아주 쉽게 도출된다. 총 할인금액을 더하면 50달러이므로, 가방, 영양제, 목베개를 합한 금액에서 50을 뺀 150＋100＝250이 남는다는 것을 알 수 있다. (특히 목베개가 이미 50달러로 주어져 있어 할인금액과 즉각 소거되므로 계산이 한층 편리하다.) 이처럼, 원래 풀이처럼 90%를 곱해주어도 좋지만 90%보다 10%가 직관적으로 계산하기 용이하다면 이를 활용하는 것도 좋다.

Tip ❸ '할인과 같은 품목'＋'가격 계산' 문제가 나오면 이벤트나 할인이 어떤 품목까지만 적용되는지, 다수의 할인이 나올 경우 할인 순서가 어떻게 되는지를 잘 파악해야 한다.
이번 문제의 경우 창렬이가 모든 물건을 '1개씩' 샀으며 '이달의 할인 쿠폰' 할인이 '모든 물품'이기 때문에 범위에 크게 신경 쓰지 않아도 되었다. 하지만 창렬이가 가방과 영양제만 사거나, 가방 2개, 영양제 1개, 목베개 1개와 같이 구매 개수가 동일하지 않은 경우, '이달의 할인 쿠폰'이 영양제에게만 적용되는 경우 등 예외가 존재하는 상황에서 해당되지 않는 품목까지 할인해 엉뚱

한 답을 도출하지 않도록 주의해야한다.

[참고 사항] 실전에서 빠른 풀이의 방향성

실제로 시험장에서 이 문제를 풀 때 다음과 같이 방향성을 잡을 수도 있다.

(1) 이 문제에서 '가장 의심스러운 부분'은 200달러를 초과할 때만 사용 가능한 20,000원 할인 쿠폰이다. 이에 "만약 내가 출제자라면 이 부분은 함정으로 활용된 장치이므로, (정답에 해당하는 값)−20,000(원)을 선지에 반드시 넣을 것"이라 판단하였다.

(2) 선지를 보았을 때, 딱 20,000원 차이가 나는 것은 ① 번과 ④ 번 밖에 없었다.
그러나 정답이 ④ 번이라면 200달러로 해당 쿠폰이 적용되지 않는 값이므로, ① 번은 함정 오답이며 ④ 번이 정답일 가능성이 매우 높다는 판단 하에, 모순이 없는지 가볍게 확인만 하는 형태로 처리하였다.
물론 이 경우에도 필요한 계산은 수행해야 한다.
예를 들어, 개별 물품 가격을 활용하여 결제 금액으로 가능한 숫자를 추론하는 방법이 있다.
개별 물품 가격은 모두 50달러 단위로 계산될 수 있으며, 할인율 또한 10% 단위로 제시되었으므로, 총 결제 금액(달러)의 끝부분은 0 또는 5로 나타날 수 밖에 없음을 추론할 수 있다. 이때 선지 중 해당되는 것은 ①, ④, ⑤ 이며 선지 ⑤ 번은 20,000원 추가 할인 쿠폰이 적용될 수 있는 금액이므로 정답일 가능성이 낮아 ④ 번을 정답으로 선택하는 것이다.

(3) 이처럼 해결할 경우, 정확한 계산과정을 거친 것이 아니기에 약간의 불안감이 있을 수 있으나, 문제를 보다 빠르게 풀 수 있으며 방향성을 정해 놓고 푸는 것과 그렇지 않은 것은 차이가 크므로 도움이 되는 방법일 것이다.

Tip ❹

(1) 기본적으로 금액을 도출하는 문제는 많은 계산이 수반되기 때문에 어렵거나 시간이 오래 걸리는 경우가 많다. 설문의 경우 가격이 달러로 주어져 있고, 할인이 되며, 원화로 환전까지 되기 때문에 겉보기에는 어려워 보인다. 이 문제를 평이하게 만드는 장치는, 물품의 가격이 50달러 단위로 깔끔하게 떨어져 있으며 할인을 적용하는 것도 어렵지 않으며 결정적으로 환율이 1달러당 1,000원으로 주어져 있다는 것이다.

(2) 문제를 스캔했다면 가장 먼저 해야 할 작업은 원화로 주어진 선지와 2만원 할인 쿠폰의 금액을 달러로 고치는 것으로, 1,000원이 1달러이므로 쉼표 뒤의 '0' 3개를 지운다.
설문과 같이 지문 안에서 모든 것을 해결해야 하는 유형의 경우 반드시 지문에 있는 모든 문장을 사용하게 된다. 따라서 아직 사용하지 않은 문장이 있지는 않은지 확인하기 위하여 각각의 문장 옆에 있는 동그라미에 X표를 치든지 문장에 줄을 긋든지 하여 모든 문장을 사용할 수 있도록 하자.

(3) 특히 4×3 표 위에 혼자 떨어져 있는 첫 번째 문장을 놓치는 경우가 많으므로 주의해야 한다. 또한 표 밑의 두번째 문장도 당연하다고 여기지 말고, 할인된 가격을 표 옆에 계산한 후 차례대로 지워주도록 하자.

109 정답 ④ 　　난이도 ●○○

'甲'이 보고자 하는 베토벤과 또는 브람스의 곡은 다음과 같이 공연된다.

4/1(월)	4/2(화)	4/3(수)	4/4(목)	4/5(금)	4/6(토)	4/7(일)
		① 브람스	② 브람스 ① 베토벤	③ 브람스 ② 베토벤	③ 베토벤	① 브람스

4/8(월)	4/9(화)	4/10(수)	4/11(목)	4/12(금)	4/13(토)	4/14(일)
② 브람스	③ 브람스	① 브람스	① 브람스 ② 브람스	② 브람스 ③ 브람스	③ 브람스	

(1) 평일 중 레슨이 있는 수요일의 경우 오후 6시에 레슨이 마무리된 후 30분을 소요하여 예술의 전당에 도착하면 7시 공연을 볼 수 있다.
반면, 레슨이 없는 월, 화, 목, 금요일의 경우 B도시에서 오후 6시까지 수업을 듣기 때문에, 오후 7시 전까지 예술의 전당에 도착할 수 없다.

(2) 토요일에는 오후 2시에 B도시에서 출발 후 3시간을 소요하여 예술의 전당에 도착하면 오후 5시로, 오후 7시 공연을 볼 수 있다. 일요일에는 A도시에 종일 있기 때문에 공연을 볼 수 있다.

(3) 따라서 브람스나 베토벤만 공연되면 수, 토, 일 모두 공연을 볼 수 있다.

다만, 4월 14일(일)의 경우 베토벤 또는 브람스의 곡이 공연되지 않으므로 甲은 공연을 보지 않는다.
따라서 <조건>을 모두 만족하는 날짜는 4/3, 4/6, 4/7, 4/10, 4/13이므로 甲은 최대 5일 공연을 볼 수 있다.

합격자의 시간단축 Tip

Tip ❶ <축제안내문>의 '참고사항'만 주의하면 난이도가 낮은 문제이다. 그러나 문제를 대충 읽게 되면 공연 개시일 당일에만 공연을 하는 것처럼 보이기 쉽다. 이렇게 판단할 경우 4/3, 4/7, 4/10의 최대 3일 볼 수 있게 되어 ② 번으로 오답을 선택하게 된다.
따라서 언제나 '참고', '단서', '각주' 등은 주의해서 확인해야 한다.

Tip ❷ 실제로 문제를 풀 때는 위 해설처럼 모든 날들을 확인할 필요는 없으며, 甲이 A 도시에 갈 수 있는 '수, 토, 일'의 공연작품들만 확인하면 된다. 이때, '참고사항'의 '3일'을 어떻게 생각하면 편한지에 대해선 사람마다 다르겠지만,

① 수, 토, 일을 기준으로 앞 3칸을 묶음으로 확인하는 방법
② 초일이 산입되는 형태이므로 +2일 했을 때 수, 토, 일이 포함되는지 확인하는 방법
③ 베토벤과 브람스라는 단어에서부터 3칸 길이의 화살표를 긋는 방식

등을 생각해볼 수 있다. 이 중 본인이 편한 방식으로 처리하면 된다.
특별히 익숙한 방식이 없을 경우, ③ 의 방식처럼 시각적으로 한눈에 파악이 가능한 방식을 익혀 두면 직관적으로 문제에 접근하는데 도움이 된다. 필자의 경우 ③ 의 방식을 사용하여 베토벤 또는 브람스의 곡이 공연되는 날짜에 동그라미를 치며 문제를 풀었다.

Tip ❸ 甲이 공연을 볼 수 있는 최대 '일수'를 물어봤기 때문에 공연을 몇 개나 보는지, 무슨 공연을 보는지는 구체적으로 알 필요가 없다. 그러나 이와 비슷한 유형의 문제에서는 총 관람할 수 있는 공연의 수나 관람 가능한 공연의 조합을 물어볼 수도 있다.
만약 공연의 수나 조합을 물어봤다면 '공연을 볼 수 있는 최대 일수'에 더해 추가적으로 공연 총 수나 이름을 구해야 하기 때문에 난이도가 올라가게 된다.

110 정답 ❶ 난이도 ●●○

(1) 乙의 합계점수와 승리한 사람
- 乙은 총 1,250미터를 이동했으며, 이동거리에 따라 미터 당 1점씩 부여하므로 1,250점을 획득한다.
- 채집으로 획득한 점수: 5점(사과)×2개+10점(복숭아)×5개=60점
- 사냥으로 획득한 점수: 50점(여우)×1+100점(사슴)×2=250점
- 따라서 (을의 합계점수)=1,250점+60점+250점=1,560점
- 합계 점수가 높은 사람이 승리하는 게임이므로, 甲(1,590점) > 乙(1,560점)으로 '갑'이 승리한다.

(2) 甲이 사냥한 동물의 종류 및 수량
- 합계점수에서 이동거리에 따른 점수를 제하면 1,590−1,400=190점이다. 즉, 甲이 동물 4마리를 사냥해서 얻은 점수는 190점이다.
- 토끼를 x(마리), 여우를 y(마리), 사슴을 z(마리)라 놓으면

$$\begin{cases} x+y+z=4 \\ 30x+50y+100z=190 \end{cases}$$

$$\begin{cases} 3x+3y+3z=12 \cdots\cdots ㉠ \\ 3x+5y+10z=19 \cdots\cdots ㉡ \end{cases}$$

㉡ 에서 ㉠ 을 빼어 풀면
$2y+7z=7$
이때, x, y, z는 음이 아닌 정수이므로 가능한 (y, z)는 (0, 1)뿐이다. 이것을 대입하여 풀면
$\therefore x=3,\ y=0,\ z=1$
- 따라서 토끼는 3마리 사슴은 1마리여야 한다.

(3) 따라서 정답은 ① 번이다.

합격자의 시간단축 Tip

Tip ❶ '승리한 사람'은 단순 합계 점수만 도출하면 되므로 무리 없이 해결할 수 있을 것이라 생각된다. 다만 여기서 문제되는 것은 '甲이 사냥한 동물의 종류 및 수량'이다.
이때, 甲의 사냥점수는 합계점수 1,590점에서 이동거리 점수를 제한 190점이 된다.

[방법 1] 선지를 활용하는 방법 (추천 방법!)
① 선지를 확인하면 '토끼'를 기본 베이스로 두고, 남은 자리를 다른 동물로 채우는 구조이다.
② 따라서 주어진 토끼 1~3마리를 보면 각각 30점, 60점, 90 점이다. 여우와 사슴은 각각 1마리 당 50점, 100점이므로, 190점을 딱 떨어지게 만들기 위해서는 토끼로 90점을 채워야 한다.
③ 따라서 토끼 3마리를 사냥 후, 남은 100점을 사슴 1마리를 통해 채우면 190점이 딱 떨어지게 된다.

[방법 2] 수를 채워 추론하는 방법
① 첫 번째 방법: 큰 수부터 채우는 방법
- 190점을 4마리로 채우려면 1마리 당 47.5점이 되어야 한다.
- 그러나 구조상 4마리 모두를 47.5점으로 채울 수 없기 때문에 1마리를 매우 큰 값으로 채우고, 잔여 부분을 작은 값으로 채워야 함을 추론할 수 있다.
- 따라서 100점인 사슴 1마리를 먼저 채운 후, 남은 90점은 토끼 3마리를 사냥하여 채울 수 있다.

② 두 번째 방법: 작은 수부터 채우는 방법
- 여우와 사슴은 50점과 100점으로, 십의 자리 부분을 디테일하게 채울 수 없다.
- 따라서 가장 작은 수인 토끼(30점)를 활용하여 남은 수를 50의 배수로 만들면, 토끼 3마리를 활용하여 잔여 값을 100으로 만들 수 있고, 잔여 값 100은 사슴을 통해 채우면 된다.

다만, 문제 풀이 시간을 줄일 수 있는 방법으로 큰 수부터 채우는 방법을 보다 추천한다.

* 승리한 사람'과 '甲이 사냥한 동물의 종류 및 수량'을 구할 때, 무엇을 먼저 구할 지의 순서는 크게 중요하지 않다. 다만 선지를 보면 '승리한 사람'은 甲과 乙이 중복되나, '甲이 사냥한 동물의 종류 및 수량'은 중복되는 항목이 많지 않으므로, 후자를 먼저 구하는 것을 추천한다.
** 문제를 풀면서 190점을 채우는 것에 어려움을 느꼈던 수험생들은 선지에 제시된 동물의 종류와 수량을 직접 하나하나 대입하여 사냥점수를 구했을 수도 있다. 그 방법도 적절한 풀이이나, 본 문제에서는 선지에 중복되는 항목들이 많지 않기 때문에 다소 비효율적인 방법이다. 대입법을 사용해 문제를 풀었다면, **Tip**에 제시된 여러 방법들을 연습해보도록 하자.

Tip ❷ 줄글로 주어진 점수문제는 구도를 잡으면 쉽고 정확하게 풀 수 있다. 제일 좋은 건 표를 떠올리는 방법이다. 〈규칙〉에 따라 정리하면 점수 표는 다음과 같다.

	이동거리	채집한 과일	사냥한 동물	합계 점수
甲	1,400	0		1,590
乙	1,250	사과 2개 복숭아 5개	여우 1마리 사슴 2마리	

이제 구하는 것이 더욱 명확하게 보인다. 문제는 표의 빈칸을 채우는 것이다.
'승리한 사람'을 먼저 구할지, '甲의 사냥 동물'을 먼저 구할지는 개개인에 따라 다를 수 있다.

1. 승리한 사람: 甲의 총계가 1,590점이며, 乙은 이동거리에서 1,250점을 획득하였다. 결국 乙이 나머지 점수에서 '340점'을 획득할 수 있는지가 중요하다. 가장 큰 배점인 사슴이 2마리로 200점이며, 나머지에서 140점을 채울 수 있는지만 확인하면 된다. 여우, 사과, 복숭아의 배점을 고려할 때 140점에 미달하는 것을 쉽게 파악할 수 있다.
2. 甲의 사냥동물: 甲의 합계 점수가 1,590점이므로, 사냥점수에서 190점을 획득해야 한다. 가장 눈에 띄는 방법은 (100점 짜리 1마리)+(30점 짜리 3마리)이며 이는 '토끼 3마리와 사슴 1마리' 임을 쉽게 확인할 수 있다.

111 정답 ❶ 난이도 ●○○

(1) [전제2]의 표현을 바꿀 경우 '문과인 어떤 독서동호회 학생이 있다.'라는 명제가 된다.
[전제2]와 [결론]의 전건이 동일하므로 [결론]이 참이 되기 위해서는 [전제2]와 [결론]의 후건이 연결되어야 한다.

(2) 이때, [전제2]는 독서동호회와 문과라는 두 가지 요소가 존재하므로, 두 가지 요소 중 적어도 하나와 [결론]의 후건이 연결되어야 한다. 또한 [전제2]와 [결론] 모두 전체가 아닌 부분에 대한 명제이므로 [전제2]에서 [결론]이 도출되기 위해서는 부분이 아닌 전체에 대한 명제가 포함되어야 한다.

(3) 따라서 [전제1]에는 '독서동호회 학생은 모두 독서를 좋아한다.', '문과 학생은 모두 독서를 좋아한다.'의 두 가지 명제 중 하나가 들어가야 한다.

합격자의 시간단축 Tip

Tip ❶ 지문의 명제를 다음과 같이 논리기호로 변형시킨 후 집합관계를 이용하여 결론이 참이 되게 하는 [전제1]을 찾아보자.

- [전제1]
- [전제2] ∃(독서동호회) ∧ (문과)
- [결 론] (독서동호회) ∧ (문과) → (독서)

[전제2]와 [결론]의 전건이 동일하므로 [결론]이 참이 되기 위해서는 [전제1]에는 [전제2]와 (독서) 사이에 연결 논리가 필요하다는 것을 확인할 수 있다.
즉, (독서동호회) ∧ (문과) → (독서)라는 논리가 참이 되려면 (독서동호회) → (독서) 또는 (문과) → (독서)가 필요하다.
이를 집합관계로 설명해보겠다.
앞서 102번 해설에서 언급한 내용에 따르면
'어떤 A는 B이다'를 논리기호로 변형시키면 ∃(A ∧ B)이다.
문제의 조건을 집합관계로 나타내면 [전제2]과 [결론]은 다음과 같다.

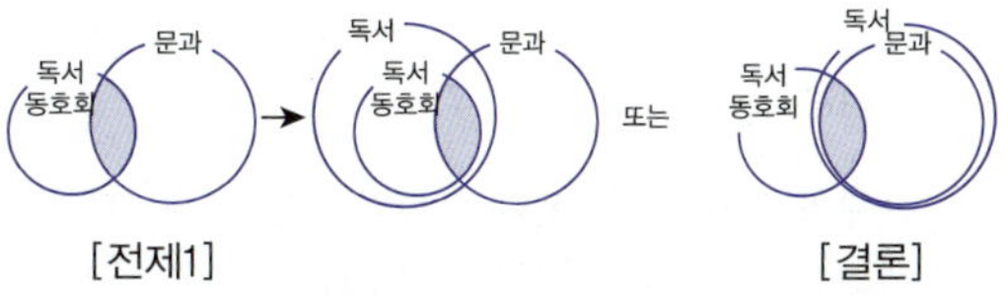

따라서 {(독서동호회) ∩ (문과)} ⊂ (독서)가 참이 되려면 (독서동호회) ⊂ (독서) 또는 (문과) ⊂ (독서)이여야 한다.
즉, [전제1]에 들어가야 할 명제는 (독서동호회) → (독서), 또는 (문과) → (독서)이다.

Tip ❷ '모든'이 들어간 명제는 우리에게 익숙한 명제의 형태로 바꿔 이해할 수 있다.
예를 들어 선지 ①에서 '모든 독서동호회 학생은 독서를 좋아한다' 라고 했을 때, 이는 곧 '독서동호회 학생이라면 독서를 좋아한다', 즉 (독서동호회 학생) → (독서를 좋아함)으로 이해할 수 있다는 것이다.
반면, '어떤'은 곧 '존재한다'로 이해할 수 있다. 선지 ② 에서 '어떤 독서동호회 학생은 독서를 좋아한다' 라고 했을 때, 이는 곧 '독서를 좋아하는 독서동호회 학생이 존재한다'와 동치이다. 따라서 이 경우에는 존재함을 증명할 뿐이지 독서를 좋아하는 것과 독서동호회 학생인 것 간의 필연적인 관계를 입증하지는 않는다.

* 논리학과 관련된 지식이 없더라도 쉽게 풀 수 있는 문제다. 다만 이 문제를 풀었음에 만족하지 말고, 이러한 유형의 문제를 푸는 체계 자체를 익히는 것을 목표로 하자. 가장 좋은 방법은 선지를 보기 전에 미리 예측해보는 방법이다.
예를 들어, 이 문제의 [결론]이 도출되기 위해서는 독서를 좋아한다는 내용이 전제에 꼭 들어가야만 한다. 이처럼 가능한 전제를 미리 예측하는 연습을 하면, 보다 어려운 난이도의 문제를 만났을 때에도 정답을 맞힐 확률을 높일 것이다.

112 정답 ❸

난이도 ●○○

(1) 지문의 명제를 다음과 같이 논리기호로 변형시킨 후 집합관계를 이용하여 결론이 참이 되게 하는 [결론]을 찾아보자.

- [전제1] (수영) → (물)
- [전제2] ∃(수영) ∧ (바다)
- [결 론]

[전제2]에서 (수영) ∧ (바다)가 존재한다고 하였는데 (수영) → (물)이므로 (수영) ∧ (바다) → (물)이 성립한다.

(2) 문제의 조건을 집합관계로 나타내면 [전제1]과 [전제2]는 다음과 같으므로 [결론]은 다음과 같다.

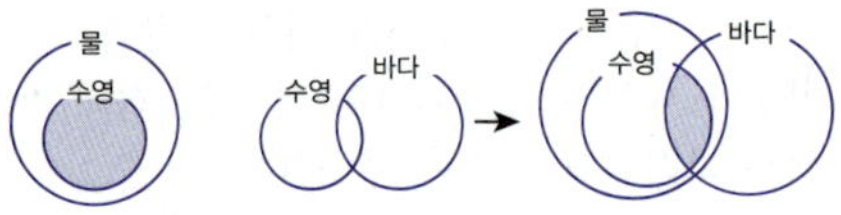

[전제1] [전제2] [결론]

따라서 두 전제를 통해 도출되는 결론은 {(수영) ∩ (바다)} ⊂(물) 이므로 이 상황에 부합하는 선지를 고르면 다음과 같다.

① (×) 수영을 좋아하는 모든 사람은 바다를 좋아한다.
➜ 논리기호로 변형하면 (수영) → (바다)이므로 집합관계로 나타내면 (수영) ⊂ (바다)이다. 따라서 [결론]의 상황에 부합하지 않는다.

② (×) 바다와 수영을 좋아하는 어떤 사람은 물을 좋아하지 않는다.
➜ 논리기호로 변형하면 ∃(바다) ∧ (수영) ∧ ~(물)이므로 집합관계로 나타내면 (바다) ∩ (수영) ∩ (물)^{C}이고 이것이 ∅이므로 [결론]에 부합하지 않는다.

③ (○) 수영을 좋아하는 어떤 사람은 물과 바다를 좋아한다.
➜ 논리기호로 변형하면 ∃(수영) ∧ (물) ∧ (바다)이므로 집합관계로 나타내면 (수영) ∩ (물) ∩ (바다)가 존재하므로 [결론]의 상황에 부합한다.

④ (×) 물과 바다를 좋아하는 모든 사람은 수영을 좋아한다.
➜ 논리기호로 변형하면 (물) ∧ (바다) → (수영) 이므로 집합관계로 나타내면 {(물) ∩ (바다)} ⊂ (수영) 이다. 따라서 [결론]의 상황에 부합하지 않는다.

⑤ (×) 바다를 좋아하는 모든 사람은 물을 좋아한다.
➜ 논리기호로 변형하면 (바다) → (물)이므로 집합관계로 나타내면 (바다) ⊂ (물) 이다. 따라서 [결론]의 상황에 부합하지 않는다.

합격자의 시간단축 Tip

'어떤'의 개념을 '존재한다'의 개념으로 이해할 경우 문제 풀이가 보다 수월할 것이다.
[전제2]에 의하면 수영을 좋아하지만 바다를 좋아하지 않는 사람도 존재한다. 반면, [전제1]에 의하면 수영을 좋아하지만 물을 좋아하지 않는 사람은 존재하지 않는다. 따라서 수영을 좋아하고 바다도 좋아하는 어떤 사람은 물도 좋아한다.
즉, 수영을 좋아하는 어떤 사람은 물과 바다를 좋아한다.

＊가능한 결론을 미리 예측해보는 것이 의미가 있다. 다만 전제를 예측하는 것보다는 그 의미가 덜하다. 왜냐하면 같은 전제를 통해서도 수많은 결론이 도출 가능하기 때문이다.
따라서 전제 간의 관계를 통해 유력해 보이는 결론을 예측하는 선에서 예측을 멈추고 선지를 점검하는 것이 타당하다.

113 정답 ❷ 난이도 ●●●

ㄱ. (○) 시험감독자를 속이고 국가시행의 자동차운전면허시험에 타인을 대리하여 응시한 경우
→ 시험감독자를 기망하여 국가가 시행하는 자동차운전면허시험 직무를 방해하였으므로, 위계에 의한 공무집행방해죄에 해당한다.

ㄴ. (×) 수산업협동조합 조합장이 조합관련 비리를 수사하고 있는 해양경찰서 경찰공무원에게 전화로 폭언하며 협박한 경우
→ 비리 수사 직무를 집행하는 해양경찰서 경찰공무원에게 '협박'을 행위 수단으로 하였으므로, 위계에 의한 공무집행방해죄에 해당하지 않는다.

ㄷ. (×) 출입국관리공무원이 甲회사의 사업장 관리자를 기망하여 그 사업장에 진입한 후, 불법체류자 단속업무를 실시한 경우
→ 단속업무를 집행하고 있는 출입국관리공무원이 사업장 관리자를 기망한 것이지, 직무 집행 중인 공무원이 상대방이거나 제3자에 위계를 가하여 공무원의 직무를 방해하는 경우가 아니기 때문에 공무집행방해죄와 무관하다.

ㄹ. (○) 타인의 소변을 자신의 소변인 것으로 속여 수사기관에 건네 주어 필로폰 음성반응이 나오게 한 경우
→ 자신 의 소변인 것으로 수사기관 공무원을 기망하여 음성반응이 나오도록 하였으므로, 위계에 의한 공무집행방해죄에 해당한다.

합격자의 시간단축 Tip

Tip ❶ 간단한 문제이다. 법과 관련된 퀴즈는 법조문의 특성상 '키워드'만 잡고 처리하면 된다.
이때, PSAT은 법 지식을 요구하지 않기 때문에 '이 표현이 법적으로 타당할까?'라는 의구심 없이 유사한 의미로 보이면 옳다고 처리하면 된다.
가령 이 문제의 '위계'는 "착오에 빠지게 하는 기망이나 유혹 등을 말한다"고 주어져 있는데, '착오', '기망'이 법적으로 정확하게 어떤 의미인지 알 필요가 없으며, 단순히 "폭행과 협박이 아닌 다른 것이구나" 정도로 생각하면 충분하다.

＊위계에 의한 공무집행방해죄'는 B에 해당하므로, A는 정의와 '다만' 문장만 가져가고 B에 해당하는 선지를 고른다.

Tip ❷
(1) 법률형 문제의 경우 ① 법률에서의 행동 주체 및 객체(대상) 과 ② 각 조항에 대한 예외 등이 빈출 포인트이다. 해당 문제 역시 공무집행방해죄의 성립요건으로 '공무원에 대한' 폭행 또는 협박을 규정하고 있는데, 여기서 공무원은 행동 주체가 아니라 행동의 대상(상대방)이 된다. 이 부분이 빈출 포인트라는 점을 인지하고 있다면, 〈보기 ㄷ〉에서 행동 주체가 공무원이며 행동의 대상은 사업장이 되고 있다는 점에서 해당 문제와 무관한 상황이라는 점을 곧바로 눈치챌 수 있다.
(2) 또한, 법률형 문제의 특징은 일반적인 내용이 서두에 있고 〈보기〉에 특수한 상황들이 나열되어 있다는 것이다. 법률형 문제를 쉽게 풀려면 일반적인 법률 용어가 상황에서의 어떤 행동과 매치되는지를 캐치해야 한다. 예를 들면, 〈보기 ㄱ〉의 경우 '감독자를 속이고 타인을 대리해 응시한 경우'를 '위계' 즉 '사람을 착오에 빠지게 하는 기망이나 유혹' 등으로 치환해서 읽으면 된다.

＊이러한 문제에서 주로 나올 수 있는 함정 유형이 어떤 것인지를 미리 파악하는 것도 도움이 된다. A와 B를 비교하며 차이점을 판단해야 하는 경우에 B의 사례를 고르는 문제가 나온 경우의 함정으로는 B처럼 보이는 A가 가장 먼저 예상되나 A도 아니고 B도 아닌 C, 즉 새로운 유형이 나오는 경우 역시 함정이 될 수 있다.
이런 점을 미리 인지하고 문제를 풀면, 〈보기 ㄷ〉과 같이 제시문과 연결되지 않는 선지를 보고도 당황하지 않을 수 있다.

114 정답 ❶ 난이도 ●●●

① 10H&20Mzw
→ 먼저 종류는 숫자, 대문자, 소문자, 특수문자로 총 4가지이며, 9자리이므로 10점에 해당한다.
이때 동일한 문자가 연속되거나, 인접한 키가 사용되는 등의 감점 사항이 없으므로, 최종 점수는 10점이다.

② KDHong!
→ 종류는 대문자, 소문자, 특수문자로 총 3가지이며, 7자리이므로 8점에 해당한다.

이때, 사용자 아이디가 그대로 포함되었으므로 3점이 감점되어, 최종 점수는 8－3=5점이다.

③ asjpeblove

➜ 소문자만 활용되었고 10자리이므로 10점에 해당한다.

이때, a와 s가 연속으로 활용되어 2점이 감점되므로 최종 점수는 10－2=8점이다.

④ SeCuRiTy*

➜ 종류는 대문자, 소문자, 특수문자로 총 3가지이며, 9자리이므로 10점에 해당한다.

이때, t와 y가 연속으로 활용되어 2점 감점되므로 최종 점수는 10－2=8점이다.

⑤ 1249dhqtgml

➜ 종류는 소문자와 숫자로 총 2가지이며, 11자리이므로 10점에 해당한다.

이때, 1과 2가 연속으로 활용되어 2점 감점되므로 최종 점수는 10－2=8점이다.

따라서 정답은 ① 번이다.

합격자의 시간단축 Tip

Tip ❶ 이 문제와 같이 '가장 높은 점수'를 도출하는 유형은 무작정 계산하기 전에 '최댓값'이 얼마인지 확인해두는 것이 좋다. 왜냐하면 특정 선지에서 '최댓값'이 나왔다면 굳이 다른 선지를 확인하지 않더라도 해당 선지가 정답일 것이기 때문이다.

이 문제의 경우에도 마찬가지다. 순서대로 푼다고 가정할 때 선지 ① 번을 풀면 최종 점수가 10점이 나온다. 이때, 가장 최악의 풀이는 계속 문제를 푸는 것이다. 이 문제 구조를 보면 처음 점수가 정해지면 '감점'만 있을 뿐 '가점'이 부여되는 구조가 아니다. 즉 10점이 최대 점수이므로, 그 이상의 점수를 받을 수 있는 방법이 없다. 따라서 ① 번에서 최종 점수가 10점이 나오자마자 답을 체크하고 넘어갈 수 있는 판단이 필요하다.

* 두 번째 조건과 세 번째 조건을 읽고 각각 10점을 얻을 수 있다고 착각하지 말자. 자세히 읽어보면 각 조건은 배타적이다.

Tip ❷ 조건을 읽어보면, 패스워드가 길수록, 더 다양한 문자로 구성되어 있을수록 점수가 높을 것을 예상할 수 있다. 이를 파악했다면 선지를 순서대로 보는 것이 아니라 두 가지 조건을 최대한 만족하는 선지부터 검토하여 최대 점수를 받을 수 있는 경우가 있는지 살펴보아야 한다. 세 가지 문자가 있는 것이 ① 번이며 해당 선지는 길이도 길기 때문에 이부터 확인해보는 것이 좋다.

Tip ❸ 설문과 같이 가장 높은 점수를 도출하는 유형의 경우 감점된 항목이 있다면 정답이 아닐 가능성이 높다. 특히 2점이 감점되는 다른 감점 사항과 달리 사용자 아이디 전체가 그대로 포함된 경우 3점이 감점되므로 이에 해당하는 선지 ② 번은 제외하고 시작해도 무방하다. 만약 감점 사항으로 〈키보드〉 가로열 상에서 인접한 키인지 여부가 잘 보이지 않을 때에는, 실제 키보드로 패스워드를 누른다는 생각으로 풀면 쉽게 접근할 수 있다. 본 문제에서 제시된 〈키보드〉는 실제 키보드와 동일한 배열을 가지고 있기 때문이다.

115 정답 ⑤

난이도 ●●○

3단계가 끝났을 때 네 묶음의 구슬 개수가 주어져 있으므로, 3단계에서 1단계로 거슬러 올라가는 역진추론의 방식을 사용한다.

(1) 3단계: 3단계는 두 묶음을 각각 두 묶음씩으로 나누어 총 네 묶음이 되도록 하는 단계이다.
따라서 주어진 네 묶음을 다시 두 묶음씩 합치면 3단계를 거치기 이전 상태가 된다. 그런데 3단계가 끝났을 때 네 묶음의 구슬 개수는 각각 1개, 5개, 5개, 5개로 네 묶음 중 세 묶음이 동일한 개수의 구슬을 가지고 있다. 따라서 3단계를 거치기 이전의 두 묶음은 각각 6개, 10개이다.

(2) 2단계: 2단계는 5개 이상의 구슬이 있던 한 묶음에서 다른 묶음으로 5개의 구슬을 옮기는 단계이다.
만약 6개가 있는 묶음에서 10개가 있는 묶음으로 구슬을 옮겼을 경우, 2단계를 거치기 이전의 두 묶음은 각각 11개, 5개이다. 반면, 10개가 있는 묶음에서 6개가 있는 묶음으로 구슬을 옮겼을 경우, 2단계를 거치기 이전의 두 묶음은 각각 15개, 1개이다. 따라서 2단계를 거치기 이전, 즉 1단계를 거친 후의 두 묶음의 가능한 조합은 (11개, 5개) 또는 (15개, 1개)이다.

(3) 1단계: 1단계는 한 묶음의 구슬 개수가 다른 묶음의 구슬 개수의 n배(n은 자연수)가 되도록 구슬을 두 묶음으로 나누는 단계이다.
① (11개, 5개) 묶음의 경우 한 묶음의 구슬 개수가 다른 묶음의 구슬 개수의 2.2배로 자연수가 되지 않는다.
② (15개, 1개) 묶음의 경우 한 묶음의 구슬 개수가 다른 묶음의 구슬 개수의 15배로 자연수가 된다.
따라서 1단계에서 甲이 나눈 두 묶음의 구슬 개수는 각각 15개, 1개이다.

합격자의 시간단축 Tip

Tip ❶ 본 문제는 단계별 적용 문제로, 역순으로 단계를 거쳐 정답을 구할 수 있다. 이때, 다음과 같이 시각화하면 훨씬 더 쉽게 접근할 수 있을 것이다.

16개
↓ ………… 1단계
(x, y) ……… x와 y는 배수관계
↓ ………… 2단계
(x+5, y−5)
↓ ………… 3단계
(1,5,5,5)

3단계를 적용하기 전 가능한 경우의 수는 (10, 6) 밖에 없다. 따라서 2단계를 적용하기 전 가능한 조합은 (x, y)=(5, 11), (1, 15) 이다. 문제 조건에서 "한 묶음의 구슬 개수가 다른 묶음의 구슬 개수의 n배가" 되도록 나눴다고 했으니 가능한 조합은 (15, 1) 이다.

Tip ❷ 필자가 문제를 풀 때 사용했던 몇 가지 방법들을 소개해본다.

[방법 1] '의심스러운 부분 이용하기'
'의심스러운 부분'을 위주로 풀면 좋은 문제이다.
이 문제의 경우 2단계에서 '5개 이상의 구슬이 있던 한 묶음에서 다른 묶음으로 5개의 구슬을 옮겼다'는 말을 유의해야 한다. 만약 (8개, 8개)처럼 5개 이상의 구슬이 있는 묶음이 여러 개인 상황이라면 서로 옮기는 것인지 여부가 문제되기 때문이다.
따라서 2개의 주머니 중 하나엔 5개 미만의 구슬이 있을 것이라 보고 문제를 접근하는 것이 좋은 접근이다.

[방법 2] 보기를 이용하는 방법
① 위와 같이 떠오르는 것이 없어도 보기를 잘 이용하면 충분히 잘 해결할 수 있다.
1단계에서 n배가 되도록 배분한다고 하였는데, 보기 중 ②는 배수 관계가 아니다. 따라서 ② 번을 소거한다.
② 남는 값들을 보면 (8, 8), (12, 4), (14, 2), (15, 1)이다. 이 값들에 2단계를 적용하여 나머지 선지 값 중 큰 값에 5를 뺀 값((8, 8)은 제외)을 적어보면 7 vs 8 vs 9 vs 10이다. 이 중 두 묶음으로 나눴을 때 (5, 5)가 나올 수 있는 것은 10밖에 없다. 따라서 정답은 ⑤ 번이다.

* 실제 시험을 치면서 선지를 이용하는 것도 문제풀이 능력에 해당된다. 오히려 방법을 생각하려고 시간을 끈다면 다른 문제를 풀 시간을 잃게 되고 심적으로도 부담이 커질 수 있다. 연습 시에는 해설과 **Tip**에 제시된 방법들을 최대한 활용해서 체화시키되 실전에서 방법이 바로 생각나지 않는다면 선지의 값을 대입해 문제를 푸는 방식도 좋은 방법 중 하나이다. (귀류법)

116 정답 ②

난이도 ●●○

ㄱ. (○) 사무관3이 배정받는 내선번호는 그의 성별에 따라서 달라지지 않는다.
➜ 번호 배정규칙에 따라 동 직급 내에서는 성별→나이→소속 팀명 순으로 배정된다.
① 사무관 3이 남성인 경우
사무관 1, 2는 여성으로 우선되며, 나이에 따라 사무관 1이 1번을, 사무관 2가 2번을 배정받는다. 따라서 사무관 3은 3번을 배정받는다.
② 사무관 3이 여성인 경우
모두 여성이므로, 나이 순으로 배정 시 사무관 1이 1번을 배정받는다.
이때, 사무관 2와 3은 나이가 동일하므로 소속 팀명 순으로 배정하면, 사무관 2가 2번, 사무관 3이 3번을 배정받는다.
따라서 성별과 무관하게 3번을 배정받으므로 옳은 선지이다.

ㄴ. (×) 여성이 총 5명이라면, 배정되는 내선번호가 확정되는 사람은 ~~4명뿐이다.~~
➜ 현재 여성임을 명시적으로 알 수 있는 사람은 과장, 사무관 1, 2와 주무관 1, 4로 총 5명이므로 성별이 확정되지 않은 사무관3과 주무관3이 모두 남성인 경우를 말한다. 이때, 내선번호가 확정되는 사람이 5명 이상인지 여부만 확인하면 된다. 우선 여성의 경우를 확인한다.
① 과장: 과장은 성별과 무관하게 0번을 배정받으므로 확정된다.
② 사무관 1, 2, 3: 사무관 1, 2는 여성으로 우선 배정권을 가지며, 나이가 48세, 45세로 서로 달라 1, 2번으로 확정된다. 이에 따라 사무관3은 3번으로 확정된다.
③ 주무관 1, 4: 여성으로 우선 배정권을 가지며, 나이가 58세, 27세로 서로 달라 4, 5번으로 확정된다.

* 사무관 3의 경우 사무관 1과 2가 각각 1, 2번을 배정받아 자동으로 3번을 배정받으므로 사무관 3은 3번으로 확정된다. 사무관에겐 1~3번 중 한 번호가 배정되기 때문이다. 이는 보기 ㄱ에서 확인한 정보로, 앞선 보기에서의 풀이를 적극 활용할 수 있어야 한다. 이를 먼저 확인했다면

굳이 주무관4를 확정하지 않고 주무관1을 확정한 것만으로 5명이 확정되므로 해당 선지가 틀렸음을 알 수 있으며, 결론적으로 주무관4를 포함하여 총 6명이 확정되므로 틀린 선지이다.

ㄷ. (O) 주무관3이 남성이고 31세 이상 39세 이하인 경우, 모든 과원의 내선번호를 확정할 수 있다.

➜ 과장은 0번으로 확정이며, 보기 ㄱ에서 보듯이 사무관은 모두 내선번호가 확정된다.

따라서 주무관의 번호만 확인하면 된다.

① **주무관 1, 4**: 여성으로 우선 배정되며, 나이가 58세, 27세로 서로 달라 각각 4, 5번으로 확정된다.

② **주무관 2, 3, 5, 6**: 나이를 순서대로 나열해보면 주무관 5(**44**) > 주무관 2(**39**) ≥ 주무관 3(**39~31**) ≥ 주무관 6(**31**)

따라서 주무관 5는 6번으로 확정되며, 주무관 2, 3, 6의 경우 주무관 3의 나이에 따라 나이가 같을 수도 있지만, 그렇다 하더라도 소속 팀명이 가→나→다 순이므로 주무관 2는 7번, 주무관 3은 8번, 주무관 6은 9번으로 확정된다. 따라서 모든 과원의 내선번호를 확정할 수 있다.

ㄹ. (×) 사무관3의 성별과 주무관3의 나이와 성별을 알게 된다면, 현재의 배정규칙으로 모든 과원의 ~~내선번호를 확정할 수 있다~~.

➜ 보기 ㄱ에서 보듯이 사무관 3은 성별과 무관하게 내선 번호가 확정된다.

이때, 주무관 3의 경우 보기 ㄷ에서 보듯 남성이라면 나이가 겹치는 경우에도 소속팀 배치상 내선번호가 확정된다. 그러나 주무관 3이 여성이고 27세라면 주무관 4와 성별, 나이, 소속팀이 모두 동일하여 현재의 규칙으로는 내선번호를 확정할 수 없다. 따라서 틀린 선지이다.

합격자의 시간단축 Tip

Tip ❶ '원리'를 이용해 접근하면 매우 간단한 문제이다. 문제를 푸는 원리가 무엇인지 알아보기 위해 사용할 수 있는 가장 좋은 방법은 '반대로 질문'하는 것이다. 예를 들어, 이 문제의 모든 선지는 결국 '확정되는가?'를 묻고 있으므로 역으로 '언제 확정이 되지 않는가?'를 생각해보자. 최종적으로 확정되지 않으려면, 주어진 기준에 모두 해당하지 않아야 하므로

① 동일 직급→② 동일 성별 내에서→③ 동갑이며→④ 소속 팀이 같은 경우 밖에 없다. 즉, 위 4가지 기준이 다 같은 것이 아니라면 항상 확정된다는 의미이다.

이를 통해 문제를 풀면 다음과 같다.

보기 ㄴ. 현재 여성으로 표기된 5명을 확인할 때, 직급별로 소속팀이 모두 다르다. 따라서 일일이 확인하지 않더라도 5명 모두 확정됨을 알 수 있다.

이때, 다섯 명 이상의 사람이 확정되는지만을 확인하면 되므로, 다섯명의 사람을 확정 지었다면 더 볼 것 없이 보기가 틀렸다고 체크하고 넘어가면 된다.

보기 ㄷ. 모든 여성은 직급별로 팀이 모두 다르고, 주무관 5와 6을 제외한 모든 남성은 직급별로 팀이 다르며, 주무관 5와 6 역시 나이가 다르므로 모든 과원의 번호가 확정됨을 알 수 있다.

쉽게 생각해서, 주무관 3에 대해 주어진 정보로 성별을 확정 지을 수 있으며, 나이 역시 범위로 주어져 순서를 정할 수 있게 되기 때문에 어떠한 순서로 번호가 배정되는지는 고려할 필요 없이 확정할 수 있음을 알 수 있다.

이때, 나이의 범위를 31세 이상 39세 이하를 준 이유를 생각해 볼 수 있다. 검토 시 가장 극단적인 상황인 주무관 3의 나이를 31세 or 39세인 경우로 가정이 가능하므로, 이렇게 가정하여도 팀이 다르기 때문에 결국은 순서가 확정된다. 이외의 31~39세 사이의 나이는 넣어볼 필요가 없다. 주무관 남성의 나이는 31세, 39세, 44세만 주어져 있기 때문이다.

보기 ㄹ. 만약 주무관 3의 나이와 성별이 주무관 4와 동일하게 되면, 직급-성별-나이-소속팀이 모두 동일하므로 확정될 수 없다. 따라서 틀린 선지이다.

특별히 나이나 성별을 정해주지 않고 '알게 된다면'과 같은 가정 사항을 줄 경우 스스로 가정에 제한이 없다는 의미이므로 가장 극단적인 상황을 가정하는 것이 좋다. 주무관 3과 주무관 4가 같은 팀에 있으므로 나이와 성별까지 모든 것이 같은 경우로 가정할 수 있다.

* 이처럼 풀 경우, 가볍게 확인하는 것으로 충분하기 때문에 매우 빠르게 처리할 수 있다. 따라서 '반대로 질문'하는 습관을 지니는 것이 좋다.

** 이 문제뿐만 아니라, 보기 ㄱ부터 ㄹ까지 점검해야 하는 경우에는 앞에 검토한 보기를 이후에도 활용해야 하는 경우가 많다. 이 문제 역시 ㄱ에서 사무관 3의 성별은 내선번호에 영향을 주지 않는다는 사실은 ㄴ에서 활용된다. 또한, ㄹ에서는 '사무관3의 성별을 알게 된다면'이라고 쓰여 있지만 이는 아무 의미가 없음을 이미 파악했으니 주무관3의 나이와 성별에만 초점을 맞추면 된다. 이처럼 각 보기를 확인하는 과정에서, 앞에서 파악한 정보를 활용할 수 있어야 한다.

117 정답 ④ 난이도 ●●●

ㄱ. (O) 심판이 가장 큰 다섯 자리의 수를 만들라고 했을 때, 가능한 가장 큰 수는 홀수이다.

➜ 가능한 가장 큰 수를 만들려면, 큰 자릿수일수록 큰 숫자가 들어가야 한다. 이를 위해 6이 적힌 숫자카드를 9, 만능카드를 9로 전환하면 만들 수 있는 가장 큰 수는 99,987이 된다. 따라서 가능한 가장 큰 수는 홀수이다.

ㄴ. (O) 상대방보다 작은 두 자리의 수를 만들면 승리한다고 했을 때, 乙이 '12'를 만들었다면 승리한다.

➜ 乙이 '12'를 만들었다면, '12'가 나올 수 있는 경우에 따라 甲이 낼 수 있는 가장 작은 두 자리 수를 추론해 볼 수 있다.

(1) 乙이 숫자카드 '1'와 '2'를 가지고 있는 경우
甲이 가질 수 있는 가장 작은 숫자가 적힌 카드는 '3'과 '만능카드'이다. 이것으로 만들 수 있는 가장 작은 두 자리 수는 '13'이므로 乙이 승리한다.

(2) 乙이 숫자카드 '2'와 만능카드를 가지고 있는 경우
甲이 가질 수 있는 가장 작은 숫자가 적힌 카드는 '1'과 '3'이다. 이것으로 만들 수 있는 가장 작은 두 자리 수는 '13'이므로 乙이 승리한다.
즉, (1) ~ (2)에서 甲이 만들 수 있는 가장 작은 두 자리 수는 '13'이므로 乙이 무조건 승리한다.

* 이 경우 만능카드를 숫자카드 1로 바꾸어 놓고 생각하면 쉽다. 즉, 숫자카드 '1'이 두 장 있다고 생각한다면, 乙은 둘 중 하나와 숫자카드 '2'를 가지고 있는 것이라 볼 수 있다. 따라서 甲은 나머지 1장과 '3'을 가질 수 있으므로 甲이 만들 수 있는 가장 작은 두 자리 수는 13이다.

ㄷ. (×) 상대방보다 큰 두 자리의 수를 만들면 승리한다고 했을 때, 甲이 '98'을 만들었다면 ~~승리한다.~~

➜ 甲이 '98'을 만들었다면, '98'이 나올 수 있는 경우에 따라 乙이 낼 수 있는 가장 큰 두 자리 수를 추론해 볼 수 있다.

(1) 甲이 숫자카드 '9'와 '8'을 가지고 있는 경우
乙이 가질 수 있는 가장 큰 숫자가 적힌 카드는 '6'과 '만능카드'이다. 이것으로 만들 수 있는 가장 큰 두 자리 수는 99이므로 乙이 승리한다.

(2) 甲이 숫자카드 '8'과 만능카드를 가지고 있는 경우
乙이 가질 수 있는 가장 큰 숫자가 적힌 카드는 '9'와 '6'이다. 이것으로 만들 수 있는 가장 큰 두 자리 수는 99이므로 乙이 승리한다.

(3) 甲이 숫자카드 '6'과 '8'을 가지고 있는 경우
乙이 가질 수 있는 가장 큰 숫자가 적힌 카드는 '9'와 '만능카드'이다. 이것으로 만들 수 있는 가장 큰 두 자리 수는 99이므로 乙이 승리한다.

즉, (1)과 (3)에서 乙이 만들 수 있는 가장 큰 두 자리 수는 '99'이므로 틀린 선지이다.

* 이 경우 숫자카드 '6'과 만능카드를 모두 숫자카드 '9'로 바꾸어 놓고 생각하면 쉽다. 즉, 숫자카드 '9'가 세 장 있다고 생각한다면, 甲은 셋 중 하나만 가지고 있는 것이라 볼 수 있다. 따라서 乙은 나머지 두 장으로 99를 만들 수 있으므로 乙이 승리할 수 있다.

ㄹ. (O) 심판이 10보다 작은 3의 배수를 상대방보다 많이 만들라고 했을 때, 乙이 3개를 만들었다면 승리한다.

➜ '乙'이 3의 배수를 3개 만들었다면, 乙은 3, 6, 9, 만능카드 중 3장의 카드를 가지고 있는 것이다. 따라서 甲은 乙이 가진 3장의 카드를 제외한 나머지 1장의 카드만 가질 수 있으므로 만들 수 있는 10 이하의 3의 배수는 1개이다. 즉, 乙이 3개를 만들었다면 무조건 승리한다.

합격자의 시간단축 Tip

이 문제는 총 2가지 방향성을 가지고 있으면 쉽고 빠르게 해결할 수 있다.

(1) **'6과 만능카드'이다.**
일반적인 1~9 숫자카드와 차별점인 부분으로, '출제자가 의도적으로 변형을 준 부분'에 해당한다. 따라서 이 부분을 잘 활용하면 풀이를 단순화할 수 있다.

(2) **'경우의 수 문제'가 아닌 '반례 찾기 문제'라는 점이다.**
경우의 수로 접근 시 다양한 경우를 모두 고려해야 하여 시간이 크게 소모되는 문제이지만, 의도적으로 '반례 찾기'로 접근 시 단 하나의 반례의 발견만으로도 해결되는 문제가 된다.
의도적으로 변형을 준 부분은 사용 빈도가 높으므로 보기를 풀 때 언제나 출제자가 의도적으로 변형을 준 '6과 만능카드'의 존재를 상기하면서 이를 중심으로 반례를 찾으면 접근하기가 쉬워진다.

보기 ㄱ. 큰 자릿수에 큰 값을 배치해야 한다.
이때, 9를 만들 수 있는 카드는 6, 9, 만능카드이므로 모두 9로 바꾸어 최고자리수부터 차례대로 채우고, 남은 2자리를 남은 카드 중 큰 숫자 순서대로 채우면 십의 자리와 일의 자리에는 각각 8, 7이 옵니다. 따라서 끝자리가 7로 당연히 홀수가 된다.

보기 ㄴ. '乙'이 12를 만들었다면, 그 반례로 '甲'이 11 또는 12를 만들 수 있는지 확인하면 된다.

그러나 乙이 12를 만들었다는 것은 乙이 숫자카드 '乙'과 함께 숫자카드 '1' 또는 만능카드를 가지고 있다는 것을 파악해야 한다. 따라서 '甲'이 11을 만들려면 1과 만능카드를 가져야 하고, 12를 만들려면 2를 가져야 하지만 그럴 수 없으므로 甲은 11을 만들 수 없다. 따라서 옳은 선지이다.

보기 ㄷ. 보기 ㄴ과 마찬가지로 '乙'이 99를 만들 수 있는지 확인하면 된다.
'甲'이 98을 만들었을 때, '乙'은 9나 6과 만능카드를 이용해 99를 만들 수 있으므로 반례가 존재한다. 따라서 틀린 선지이다.

보기 ㄹ. 쉽게 생각하면 3의 배수는 총 4가지 카드로만 만들 수 있다.
즉, 3, 6, 9, 만능카드로 4가지 밖에 없으므로 이 중 '乙'이 3개를 가져갔다면 '甲'은 자신이 가진 카드 종류(3, 6, 9, 만능)와 무관하게 1개만 만들 수 있다. 따라서 옳은 선지이다.

* 이처럼 풀이 시, 경우의 수를 전혀 따지지 않고 모든 선지를 빠르게 처리할 수 있다.
** 한 자리수의 배수를 판별하는 법은 다음과 같다.
(7의 경우 직접 나눗셈을 해줘야 한다.)
2: 짝수인 경우
3: 각 자리의 숫자를 모두 합한 값이 3의 배수인 경우
4: 10의 자리 이하가 4의 배수인 경우
예 384의 경우 84가 4의 배수이므로 384도 4의 배수
5: 1의 자리가 0이나 5인 경우
6: 각 자리의 숫자를 모두 합한 값이 짝수이며 3의 배수인 경우
8: 100의 자리 이하가 8의 배수인 경우
예 4,184의 경우 184가 8의 배수이므로 4184도 8의 배수
9: 각 자리의 숫자를 모두 합한 값이 9의 배수인 경우

118 정답 ③ 난이도 ●●●

(1) 포상금의 40% 이상은 반드시 각 부서에 현금으로 배분되어야 하므로, 부서별 현금 배분액은 최소 $5,000\times0.4=2,000$만 원이다.
또한, 포상금 중 2,900만 원은 직원 복지 시설 확충에 활용되므로, 부서별 현금 배분액과 기념품 구입액의 합은 $5,000-2,900=2,100$만 원이다.

(2) 이때, 우수부서의 수를 x로 가정하면 보통부서의 수는 $(15-x)$로, 가능한 현금으로 배분된 포상금의 범위는 다음과 같다.
$2,000 \le 150x+100(15-x)=50x+1,500 \le 2,100$
$500 \le 50x \le 600$
$\therefore\ 10 \le x \le 12$
따라서 우수부서의 수는 최솟값인 10이다.

(3) 포상금을 현금으로 배분한 후 남은 금액은 $2,100-(150\times10+100\times5)=100$만 원으로, 1개당 1만원인 기념품을 총 100개 구입할 수 있다.

합격자의 시간단축 Tip

Tip ❶ 정석적으로 풀기보다는 선지를 활용하는 것이 보다 효율적인 유형이다. 선지를 보면, 우수부서 수와 기념품 구입 개수가 주어져 있는데, 결국 두 값은 서로 직접적으로 연관된 값이라는 점에서, 선지를 활용해 '모순 여부'를 확인할 수 있다.

첫 번째, 선지의 '기념품 구입 개수'를 통해 모순을 확인해보자.

(1) 기념품 구입 개수는 그 값이 클 때 포상금 40% 기준을 못 맞출 가능성이 높으므로, 150개를 먼저 검토한다. 이 경우 $2,100-150=1,950$만 원으로 40%인 2,000만 원 미만임에 틀린 값이 된다.
따라서 선지 ②, ④ 번이 소거된다.

(2) 다음으로 기념품 구입 개수가 ①, ③ 번처럼 100개라면 $2,100-100=2,000$만 원의 금액이 남으므로 40%가 넘는다.
이때 대입하기 쉬운 ③ 번의 10개를 대입해보면 $150\times10+100\times5=2,000$만 원으로 모순 없이 일치한다. 따라서 선지 ① 번은 모순된 것으로 틀렸고, 선지 ⑤ 번은 가능한 조합이라 하더라도 이미 선지 ③ 번보다 커, 우수부서 수가 최소가 아니므로 틀린 선지가 된다.
따라서 정답은 ③ 번임을 바로 알 수 있다.

두 번째, 선지의 '우수부서 수'를 확인해보자.

(1) 우선, 포상금의 40% 이상은 반드시 각 부서에 현금으로 배분해야 하므로, 5,000만 원의 40%인 2,000만 원 이상이 각 부서에 현금으로 배분되어야 한다.
이때, 전체 15개 부서이고 선지 ①, ② 의 경우는 우수부서가 9개이므로 보통부서가 6개임을 파악할 수 있다. 우수부서에는 150만 원, 보통부서에는 100만 원을 지급하므로, 전체 부서에 현금으로 배분하는 금액은 $9\times150+6\times100=1,950$ 만 원이다. 즉, 2,000만 원이 되지 않아 선지 ①, ② 는 소거된다.

(2) 이후 선지 ③, ④ 의 우수부서 10개를 확인해보면, 우수부서가 10개고 보통부서가 5개임을 파악할 수 있다. 전체 부서에 $10\times150+5\times100=2,000$

만 원이므로 첫 번째 기준에 부합이 확인된다. 이때, 우수부서는 최소한으로 선정한다고 나와있으므로 우수부서 수가 11개인 ⑤는 별도로 확인하지 않아도 된다.

(3) 따라서 선지 ③, ④에서 2,000만 원 및 직원 복지시설 확충 위한 2,900만 원을 사용했으므로, 5,000만 원−4,900만 원=100만 원이 남는다. 이를 이용해 개당 1만 원의 기념품을 구입하므로 기념품 수는 100개가 된다. 정답은 ③ 번임을 알 수 있다.

* 위와 같이 선지를 통해 [대입-모순 확인법]을 활용할 경우, 굳이 부등식을 만들지 않고도 가볍게 처리할 수 있어 빠른 풀이가 가능하다.

Tip ❷

(1) 끝자리가 50만 원 또는 100만 원이라는 점을 사용해서 계산을 최소화하면 다음과 같이 해설이 가능하다. 우수부서에는 150만 원을, 보통부서에는 100만 원을 현금으로 배분한다. 만일 우수부서가 홀수개라면 현금으로 배분되는 포상금의 총금액은 뒷자리가 50만 원으로 끝나게 된다.
이 경우 포상금 역시 50만 원 단위로 남게 되므로, 기념품은 50개나 150개를 구매해야 한다. 같은 논리로 우수부서가 10개인 경우에는 기념품을 100개 구매하게 된다. 따라서 선지①, ④가 소거된다.

(2) 우수부서가 9개인 경우부터 검토하면 기념품을 150개 샀을 때 현금으로 배분할 수 있는 금액이 1,950만 원으로 포상금의 40%에 달하지 못한다. 이에 따라 선지 ② 번도 소거된다. ③에서 기념품을 100개 구입하면 2,000만 원을 현금으로 지급할 수 있게 되며, 10×150+5×100=2,000이므로 모순이 생기지 않는다.

따라서 답은 ③ 번이다. (우수부서는 최소한으로 선정하기 때문에, 10개일 때 모순이 없는 한 11개가 될 수 있는지 여부는 검토하지 않아도 된다. 따라서 ⑤는 검토할 필요가 없다.)

Tip ❸ (다른 풀이법)

(1) 문제의 경우, 우수부서는 보통부서에 비해 50만 원씩 더 배분한다. 따라서 우수부서가 1개 늘어날 때마다 추가 지출 비용이 50만 원씩 늘어남을 알 수 있다. 일단 15개 부서가 모두 보통 부서인 상황을 가정하면, 1,500만 원이 필요하다. 그런데 주어진 부서별 현금 배분 금액의 최솟값은 2,000만 원으로 500만 원이 아직 남아있으므로, 10개의 우수부서에게 50만 원씩 지급할 수 있음을 알 수 있다. 따라서, 우수부서는 10개, 보통부서는 5개가 된다.

(2) 포상금은 5,000만 원의 40% 이상으로, 딱 2,000만 원으로 떨어지지 않을 수도 있으나, 대부분의 경우 최솟값인 2,000만 원으로 떨어지게 설계된다. 위의 방식으로 풀이가 되지 않는다면, 바로 그 값 위의 개수로 계산해본다.

* 위 문제와 같이 '~이상', '최소' 등 범위 제한이 있는 단어가 사용된 경우 부등식에 익숙하고 빠르게 식을 만들 수 있다면 해설의 방식이 적절하다. 반면, 부등식에 익숙하지 않다면 선지를 활용하여 직접 수를 대입하는 방법으로 문제를 푸는 것이 보다 효율적인 방식일 것이다.

119 정답 ❺ 난이도 ●●○

1시간 동안 한 종류만의 꽃을 선택하여 재배·수확을 반복할 때, 꽃 종류별로 획득할 수 있는 '도토리'와 '하트'는 다음과 같다.

구분	1시간 동안 재배가능한 횟수	회당 재배가능한 꽃송이 수
나팔꽃	60분/3분=20회	12개/2개=6송이
무궁화	60분/5분=12회	12개/4개=3송이
수선화	60분/10분=6회	12개/2개=6송이
장미	60분/12분=5회	12개/6개=2송이
해바라기	60분/20분=3회	12개/4개=3송이

구분	1시간 동안 재배가능한 총 꽃송이 수	모두 도토리로 교환할 경우	모두 하트로 교환할 경우
나팔꽃	20(회)×6(송이) =120송이	**240개**	120개
무궁화	12(회)×3(송이) =36송이	108개	180개
수선화	6(회)×6(송이) =36송이	180개	**360개**
장미	5(회)×2(송이) =10송이	100개	150개
해바라기	3(회)×3(송이) =9송이	225개	180개

따라서 도토리를 가장 많이 획득할 수 있는 꽃은 '나팔꽃'이며, 하트는 '수선화'이다.

합격자의 시간단축 Tip

Tip ❶ 많은 수험생들이 도토리를 계산 후, 하트를 별도로 계산하였을 것이다.
그러나, 사실 도토리와 하트는 '송이당 교환량'만 다를 뿐 그 앞의 값은 동일하다.

따라서 어느 하나를 계산 후, '송이당 교환량'에 따라 비율 조정만 하면 쉽게 해결할 수 있다.
예를 들어, '도토리'를 먼저 계산하였다고 가정하자. '나팔꽃'은 도토리 240개와 교환되는데, 하트는 '송이당 교환량'이 도토리의 50%이므로, 바로 하트가 120개라는 것을 알 수 있다.
마찬가지로 수선화의 경우 도토리 180개로, 하트는 그 2배인 360개임을 바로 알 수 있다. 이처럼 도토리의 경우만 계산하면 하트는 보다 쉽게 계산할 수 있다.

Tip ❷ 필자의 추천 방법

(1) 이 문제의 핵심은 '가장 많이 획득한 꽃'이지 정확하게 '몇 개'인지는 중요하지 않다.

(2) 또한 '시간'은 1시간으로 동일하고, '물방울'은 12개로 동일하다.

(재배 가능한 꽃송이 수) = $\frac{60(\text{분})}{(\text{회당 재배·수확 시간})} \times \frac{12(\text{개})}{(\text{송이당 물방울 수})}$

이므로 원래 정확한 비교를 위해서는

(송이당 도토리 또는 하트 수) × $\frac{60(\text{분})}{(\text{회당 재배·수확 시간})} \times \frac{12(\text{개})}{(\text{송이당 물방울 수})}$을

구해야 하지만,

핵심은 구체적인 수가 아니라 시간당 교환비를 비교하는 것이므로 동일하게 들어가는 값인 60(분)과 12(개)를 무시하고,

$\frac{(\text{송이당 도토리 또는 하트 수})}{(\text{회당 재배·수확 시간}) \times (\text{송이당 물방울 수})}$만

비교하면 된다.

(3) 예를 들어,

(나팔꽃의 도토리 교환가능 수) = $\frac{(\text{나팔꽃 1송이당 도토리 교환가능 수})}{(\text{회당 재배·수확 시간}) \times (\text{송이당 물방울 수})} =$

$\frac{2}{3\times2} = \frac{1}{3}$이다.

(4) 이처럼 비교 시, 구체적 계산 없이도 간단하게 문제를 처리할 수 있다.

* 다만 **Tip ❷**와 같이 식을 변형하는 풀이는 난이도가 낮은 편은 아니기 때문에, 잘 이해가 되지 않는다면 이를 따르지 않아도 무방하다.

120 정답 ③ 난이도 ●●○

(1) 기존의 승점제

① A팀의 점수는 2점(승리)×5+0점(패배)×7=10점이다.

② A를 제외한 팀들 중 A에게 패배한 팀의 전적은 11무 1패이다. 따라서 A에게 패배한 팀의 점수는 1점(무승부)×11+0점(패배)×1=11점이다.

③ A를 제외한 팀들 중 A에게 승리한 팀의 전적은 1승 11무이다. 따라서 A에게 승리한 팀의 점수는 2점(승리) ×1+1점(무승부)×11=13점이다.

④ 이를 랭킹으로 나타내면 다음과 같다.

공동 1위							공동 8위					13위
승리팀	승리팀	승리팀	승리팀	승리팀	승리팀	승리팀	패배팀	패배팀	패배팀	패배팀	패배팀	A팀
13점							11점					10점

⑤ 따라서 기존 승점제에서 A팀은 13위이다.

(2) 새로운 승점제

① A팀의 점수는 3점(승리)×5+0점(패배)×7=15점이다.

② A를 제외한 팀들 중 A에게 패배한 팀의 전적은 11무 1패이므로 A에게 패배한 팀의 점수는 1점(무승부)×11+0점(패배)×1=11점이다.

③ A를 제외한 팀들 중 A에게 승리한 팀의 전적은 1승 11무이므로 A에게 승리한 팀의 점수는 3점(승리)×1+1점(무승부)×11=14점이다.

④ 이를 랭킹으로 나타내면 다음과 같다.

1위	공동 2위							공동 9위				
A팀	승리팀	승리팀	승리팀	승리팀	승리팀	승리팀	승리팀	패배팀	패배팀	패배팀	패배팀	패배팀
15점	14점							11점				

⑤ 따라서 새로운 승점제를 적용하면 A팀은 1위이다.

합격자의 시간단축 Tip

Tip ❶ 공동 순위의 처리 방법이 헷갈리는 수험생이 있을 것이라 생각된다. 방법은 간단하다.
특정 순위(x위)에 있어야 하는 대상이 y개 있다면 공동 x위이고, 그 다음 순위는 (x+y)위가 된다.
예를 들어 공동 1위가 7팀 있게 되면, 그 다음 순위는 1+7=8위가 되는 것이다.

Tip ❷ 푸는 방법만 감이 오면 정말 간단한 문제로, 최대한 시간을 단축해서 풀어야 한다.

① 기존 승점제에서 시간을 줄일 부분
→ 'A팀과의 경기를 제외한 경기는 모두 무승부'라는 것은 11경기가 모두 무승부라는 것이기 때문에, 11점을 베이스에 두고 시작한다고 생각하면 된다. 즉 '기존의 승점제'를 적용한 경우, A의 점수가 10점이므로 승리팀과 패배팀 점수를 구할 필요가 전혀 없이 A가 13위임을 바로 알 수 있다. 여기서 각 점수를 구했다면 시간 낭비에 해당된다.

② 새로운 승점에서 시간을 줄일 부분
→ 앞서 13위임을 도출했으므로 선지는 ③ ~ ⑤번만 남는다. 선지의 가능한 순위는1위, 5위, 13위이다. 승점제의 변화로 승리 시 점수만 1점이 상승하였는데, 이에 따라 팀의 '승수'만큼 점수가 올라간다.
즉 앞서 A팀은 10점이었으므로, 승수인 5를 더한 15점이 된다. (굳이 새로 구할 필요가 없다.)
이때, '승리 시' 점수만 변하였으므로 A팀에 패배한 팀의 점수는 11점으로 그대로이다.
즉, A팀은 더 이상 13위일 수 없어 ⑤ 번이 소거된다.
다음으로, 만일 A팀이 1위가 아닐 경우 A 앞에는 자동으로 A가 패배한 팀, 다시 말해 A에 승리한 팀이 위치하게 될 것이다. 따라서 A팀이 1위가 아니더라도 승리팀 보다 뒤에 있어 1+7=8위여야 하고, 5위는 절대 될 수 없으므로 ④ 번도 소거된다.
따라서 정답은 ③ 번일 수밖에 없다.
이처럼 새로운 승점 부분의 경우 점수를 구할 필요가 전혀 없다. 선지만 활용하면 계산 없이도 정답을 곧바로 도출할 수 있다.

Tip ❸ 자칫하면 A팀 외의 나머지 팀의 점수를 일일이 구해야 하는 것인지에 대해 고민할 수 있지만 문제의 주어진 〈상황〉 속 조건 4를 통해 그러지 않아도 된다는 것을 알 수 있다. 또한 새로운 승점제에서 다른 팀의 점수를 구할 때 무승부를 12점으로 더하는 실수를 하지 않도록 조심해야 한다.

＊ 이 문제에서 '5위'는 어떤 경우에도 불가능한 순위다. A팀에게 이긴 팀이 7팀이고 진 팀이 5팀이며 각각 팀별로 같은 점수임을 고려하면, A팀은 1위, 6위, 8위, 13위 만이 가능하다.

독끝 **5일차** (121~150)

정답

121	①	122	⑤	123	②	124	②	125	②
126	①	127	③	128	④	129	①	130	③
131	③	132	①	133	④	134	⑤	135	③
136	②	137	①	138	⑤	139	⑤	140	②
141	①	142	⑤	143	①	144	③	145	①
146	④	147	④	148	①	149	⑤	150	③

121 정답 ❶

난이도 ●○○

丙의 진술이 진실일 경우 그의 진술에 따라 乙의 진술은 거짓이며, 丙의 진술이 거짓일 경우 乙의 진술은 진실이다. 따라서 乙과 丙의 진술은 모순되므로 두 사람의 진술 중 하나가 진실이고, 1명만 진실을 말하고 있으므로 나머지 甲과 丁의 진술은 거짓이다.

자신이 물건을 훔치지 않았다는 甲의 진술이 거짓이므로 물건을 훔친 사람은 甲이다.

합격자의 시간단축 Tip

Tip ❶

(1) 문제에 제시된 진술 중 단 1명만이 진실을 말하고 있기 때문에, 모순되는 진술을 찾으면 누가 진실을 말하고 있는지 쉽게 알 수 있다.
丙은 乙에 대해 거짓말을 하고 있다고 이야기하고 있으므로, 乙의 진술이 참일 경우 丙의 진술은 거짓, 乙의 진술이 거짓일 경우 丙의 진술은 참이 된다. 따라서 乙 또는 丙을 기준으로 한다면 답을 찾기가 용이하다.

(2) 예를 들어, 乙의 진술이 참이라 가정하자. 乙의 진술은 물건을 훔친 사람이 丙이라는 것이고, 물건을 훔친 사람은 1명이므로 甲의 진술도 참이 된다. 이때, 1명만 진실을 말한다는 것에 모순이 생기므로 丙의 진술이 참이다.
丙의 진술만 참이고, 甲, 乙, 丁의 진술은 거짓이므로 물건을 훔친 사람은 甲이다.

(3) 이처럼 乙과 같이 다른 자의 발언이 거짓 또는 참이라고 하는 진술은 문제의 실마리가 되어줄 가능성이 높으므로 유의해서 살피도록 한다.

＊ 범인이 누구인지를 기준으로 하는 풀이와 누구의 진술이 진실인지를 기준으로 하는 풀이는 큰 차이가 없다. 예컨대 甲의 진술이 진실이라고 가정할 경우 乙의 진술은 거짓이고 이 경우 丙의 진술은 진실이므로 모순이다. 따라서 甲의 진술은 거짓이고 물건을 훔친 사람은 甲이다. 이러한 문제에서 주의해야 할 점은, 물건을 훔친 범인과 진실을 말하는 사람과는 아무런 관계가 없다는 점이다. 이 문제의 경우 진실이 1명, 범인이 1명이라 매칭되는 느낌이 덜하나, 거짓만을 말하는 사람이 1명이고 범인이 1명인 경우 심리상 둘을 동일시하게 되어 실수하는 경우가 생길 수 있으므로 주의하자.

122 정답 ❺

난이도 ●○○

B의 진술에 따라 1위와 4위가 한 팀이고, 2위와 3위가 한 팀이다. 이때, D의 진술에 의하면 D는 파트너보다 점수가 낮으므로 3위 또는 4위다.
한편, A의 진술에 따라 A는 B보다 점수가 높으며, C의 진술에 따라 A는 C보다도 점수가 높다. 즉, A는 B, C, D보다 점수가 높으므로 1위이며 B, C, D의 순위는 확정되지 않는다.

합격자의 시간단축 Tip

Tip ❶

(1) 반드시 참인 것을 찾는 문제이므로, A~D의 진술을 모두 만족하는 여러 경우의 수가 존재할 수 있다. 따라서 선지 중 거짓이라면 A~D의 진술에 모순이 생기는 선지를 찾는 방식으로 접근하면 좋다.

(2) 반드시 참인 것을 찾는 문제는 위에서 설명한대로 어떤 경우에는 참이 되나, 다른 경우에는 거짓이 되는 진술들이 선지에 구성되어 있을 확률이 높다. 그러므로 해설과 같이 확실한 한 가지의 정답을 찾기 어려운 경우라면 가능한 경우를 최대한 많이 추려내어 선지를 소거해 나가는 식으로 접근하는 것이 좋다. 이를 본 문제에 적용해 보자. A~D의 진술로부터 밝혀진 정보를 대응표로 정리하면 아래와 같다. (단, 1위와 4위, 2위와 3위가 각각 한 팀이다.)

	1위	2위	3위	4위
A	○	×	×	×
B	×			
C	×			
D	×	×		

(3) 문제에서 주는 정보로는 A의 순위만 확정할 수 있을 뿐이다. 즉, (1등, 2등, 3등, 4등) 순으로 정리할 때, (A, B, C, D), (A, B, D, C,), (A, C,

D, B) 등 가능한 경우의 수가 많다.
그러나 이 중 어느 경우라도 만족하는 유일한 공통점은 A가 1위라는 것이다.
즉, 선지 ①~④는 어떤 경우에는 참이지만 어떤 경우에는 거짓이 되는 반면, 선지 ⑤(A는 1위를 했다.)는 가능한 어떤 경우에 적용해도 참이 된다.

(4) 실전에서는 본 문제보다 정보량이 많거나, 복잡한 선지들이 등장할 확률이 높지만, 방금 학습한 **'가능한 경우의 수 추리기→공통점 담은 선지 찾기'**의 원리가 적용된다는 점은 같다.

(본 문제는 선지가 단순하여 이러한 접근법을 적용하기가 적합하지 않으나, 연습 차원에서 익혀 두길 바란다.)

123 정답 ❷ 난이도 ●●●

ㄱ. (×) 甲미술관을 국비 지원 없이 설립하기로 했다면, A는 사전평가를 거치지 않고도 甲미술관을 설립할 수 있다.
➜ 첫 번째 조건에 따라 공립 박물관 또는 미술관을 설립하려는 경우 무조건 사전평가를 받아야 한다. 이는 국비 지원 여부와는 관련이 없으므로, 해당 보기는 옳지 않다.

ㄴ. (×) 乙박물관 사전평가에서 '적정'으로 판정될 경우, B는 최대 32억 원까지 국비를 지원받을 수 있다.
➜ 乙 박물관이 사전평가에서 '적정'으로 판정될 경우, 다섯 번째 조건에 따라 부지매입비를 제외한 건립비의 최대 40%를 국비로 지원받을 수 있다. 乙 박물관의 부지매입비를 제외한 건립비, 즉 건물건축비는 40억이므로 B는 최대 40억×40%=16억 원을 지원받을 수 있다. 따라서 해당 보기는 옳지 않다.

ㄷ. (O) 丙박물관이 2019년 하반기, 2020년 상반기, 2020년 하반기 사전평가에서 모두 '부적정'으로 판정된 경우, C는 丙박물관에 대한 2021년 상반기 사전평가를 신청할 수 없다.
➜ 丙 박물관은 3회 연속으로 사전평가를 신청하여 모두 '부적정'으로 판정받았으므로, 네 번째 조건에 따라 향후 1년간 사전평가 신청이 불가능하다. 따라서 해당 보기는 옳다.

따라서 정답은 ②이다.

합격자의 시간단축 Tip

Tip ❶

(1) 〈보기 ㄱ〉과 같이 조건에 제시되어 있는지 불분명하거나 조건의 내용과 무관해 보이는 경우 지나치게 당황하여 근거를 찾으려고 노력하면서 시간을 많이 쓰지는 말자. 조건에 없는 표현인지 다시 확인하고, 이와 같이 무관한 표현을 그럴 듯하게 쓰는 유형의 문제가 종종 있음을 기억해두면 실전에서 조금 더 자신감 있게 보기를 소거할 수 있다.

(2) 다섯 개의 조건을 읽으면서 마지막 두 개의 조건을 조금 더 주의 깊게 읽어야 한다.
이러한 형식의 조건은 〈보기〉로 묻기 좋은 대표적인 유형이다.
네 번째 조건의 사전평가 신청이 불가능한 경우에 해당하는지 또는 마지막 조건에서 '부지매입비를 제외한 건립비' 와 같은 표현을 이용하여 정확한 해석과 계산을 통한 시간 소모를 유도할 수 있다. 그러므로 이와 관련된 〈보기 ㄴ〉과 〈보기 ㄷ〉을 판별하게 하고 싶은 것이 출제자의 의도일 수 있으며, 실제로 〈보기 ㄷ〉→〈보기 ㄴ〉 순서로 판별하면 〈보기 ㄱ〉의 판별 없이도 정답이 도출된다. 이를 통해 **조건 간 강약조절**이 중요함을 알 수 있다.

(3) 다만, 문제해결 파트에 익숙하지 않은 수험생이 조건 간 강약조절을 할 경우, 가장 많이 하는 실수는 중요하지 않아 보이는 조건을 간과하여 틀리는 것이다. 설문의 경우에도 첫 번째 조건처럼 당연하듯 보이는 조건이 〈보기 ㄱ〉을 판단하는 데 중요한 단서가 된다. 이처럼 기본적으로 모든 조건을 챙겨가면서 보기를 처리하되 어느 정도 경험이 쌓인 후 강약조절을 하는 것이 바람직하다.

Tip ❷

(1) 〈보기 ㄴ〉에서 '32억 원'은 마지막 조건의 '부지매입비를 제외한 건립비'를 확인하지 않고 부지매입비를 포함해 80억에 40%를 했을 때 나오는 숫자이며, 문제를 제대로 읽지 않은 수험생은 함정에 빠질 수 있다.
문제를 해설하거나 분석할 때 왜 이 숫자를 주었는지, 출제자가 어떤 함정을 유도한 것인지를 생각하면서 분석하면 실력 향상에 도움이 된다.

(2) 〈보기 ㄷ〉의 경우 '2021 상반기 사전평가를 신청할 수 없다'가 아니고 '2022 상반기 사전평가를 신청할 수 없다'로 선지가 바뀔 수 있다. 물론 2022 상반기 사전평가를 신청할 수 있으려면 조건 4에서 '향후 1년간 사전평가 신청이 불가능하고 그 이후에는 가능하다'와 같이 구체적인 단서가 있어야 한다. 이렇게 변형이 가능하므로, '년도'와 같은 사소한 부분도 주의하며 읽어야 한다.

＊ 〈보기 ㄱ〉부터 순서대로 해결하다 보면, 〈보기 ㄱ〉도 옳지 않고, 〈보기 ㄴ〉도 옳지 않다는 판단을 하게 될 것이다. 이러한 경우는 객관식의 특성상 꽤 많이 발생하는데, 이때 〈보기 ㄷ〉을 점검해야 하는지에 대해 의문인 수험생이 있을 것이다.
정답은 없겠지만 앞서 점검한 〈보기 ㄱ〉과 〈보기 ㄴ〉에 대한 본인의 확신의 정도에 따라 다르다고 생각한다. 만일 확실한 근거를 가지고 틀렸다는 생각이 들면 〈보기 ㄷ〉을 안보고 넘어가도 되겠지만, 만약 헷갈리는 상황에서 틀렸다고 체크를 한 것이라면 바로 2번을 정답으로 하는 것은 오답 가능성이 높기도 하고 스스로 계속 불안할 수 있다. 즉, 본인이 앞서 점검한 보기에 대해 갖는 확신의 정도에 따라 유동적으로 대응하는 것이 중요하다.

124 정답 ② 난이도 ●●○

조건 1을 만족하는 생존할 가능성이 높은 좌석을 검은 선으로, 조건 2를 만족하는 생존할 가능성이 높은 좌석을 색선으로 나타내면 다음과 같다.

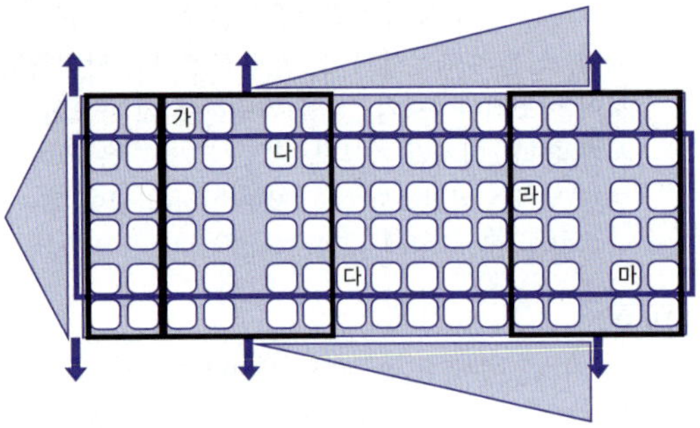

〈비행기 좌석표〉

(1) 조건 1, 2에 모두 부합하는 좌석, 즉 검은선과 색선 모두에 해당하는 좌석은 '나, 라, 마'이다.
(2) 이때, 조건 3에 따르면 기내의 가운데 열을 기준으로 앞쪽 승객이 뒤쪽 승객보다 생존할 가능성이 높으므로, 세 개의 좌석 중 가운데 열을 기준으로 앞쪽에 위치한 좌석인 '나'의 생존가능성이 가장 높다.

합격자의 시간단축 Tip

Tip ① 난이도가 낮은 간단한 문제이므로, 실수 없이 빨리 처리하는 것을 목표로 풀면 된다.
이때, 몇 가지 원칙을 가지고 푸는 것이 좋다.
(1) 조건마다 소거하여, 고려 대상을 계속 줄여 나가야 한다.
실제로 풀 때는 어느 한 조건에 부합하지 않은 값은 그 위에 크게 X표시를 쳐서 다시 고려할 일이 없도록 하는 것이 좋다.
(2) 가급적 많은 수를 한 번에 줄여주는 조건부터 처리한다.
많은 값을 소거할 수 있는 조건을 먼저 처리하면, 앞선 ①에 따를 때 고려할 대상이 한 번에 많이 줄어든다는 의미이므로 보다 효율적이다.
예를 들어, 이 문제의 경우 〈조건 3〉이 가장 먼저 풀 조건에 해당한다. 왜냐하면 좌석표 절반을 잘라 확인하므로, 당연히 고려해야 할 값도 절반으로 만들어줄 조건이기 때문이다.
〈조건 3〉을 잘 읽어보면, 두 승객이 남았을 때 두 승객의 상대적인 자리에 따라 생존율이 높아진다는 의미가 아니며 (가, 나, 다)와 (라, 마)를 분리해주는 조건으로 이해해야 한다. 이제 나머지 조건은 (가, 나, 다) 안에서 비교하면 된다. 〈조건 1〉을 먼저 사용한다면 (가, 나)가 남을 것이고 〈조건 2〉를 통해 쉽게 (나)임을 확인할 수 있다. 만약 〈조건 2〉를 먼저 사용한다면 (나, 다)가 남을 것이고 〈조건 1〉을 통해 쉽게 (나)임을 확인할 수 있다.
이처럼 조건을 순서대로 풀이하기보다는 순서를 바꾸어 고려 대상의 가짓수를 줄이는 것이 시간 단축에 큰 도움이 된다.

＊ 이러한 문제에서 세 가지의 조건 중 두 가지만 충족되는 경우가 여러 개라면 '어떤 것이 답이 되지?'와 같은 의문은 불필요하다.
실제로 처음 문제를 푸는 경우 이와 같은 의문을 가지는 경우가 많은데, 대부분의 PSAT문제 에서는 3가지 조건을 모두 충족하는 경우가 답이 된다.
또한 2가지 조건만 충족하는 경우가 여러 개인 경우에는 반드시 각주를 통해 구별기준을 제공하므로 불필요한 의문을 제기하지 말자.

Tip ② 헷갈리지만 않으면 쉬운 문제이지만, 의외로 헷갈릴 부분이 존재한다. 예를 들어, 본문에서 '열'의 의미는 세로 줄을 의미하는데, 비행기나 기차를 예매할 때의 행·열과 문제에서 의미하는 행·열의 방향이 다르다. 또한, 〈조건 2〉의 복도측 좌석으로 좌석표 가운데 존재하는 두 줄의 좌석이 포함되는지 등도 시험장에서는 헷갈릴 여지가 있다. 이런 경우에는 최대한 문제에 제시된 정보대로만 문제를 풀고 본인이 기존에 가지고 있던 생각을 지나치게 반영해서는 안 된다.

125 정답 ② 난이도 ●●○

ㄱ. (O) 甲지역에서 만들 수 있는 코드 개수는 100만 개를 초과한다.
→ 甲지역으로 한정 시, 고정되어 있는 A와 B를 제

외하면 바꿀수 있는 칸은 총 20칸으로 각 칸은 흰색 또는 검정색의 두 가지 색깔이 될 수 있다. 따라서 甲지역에서 만들 수 있는 코드 개수는 $2^{20}=(2^{10})^2$이다. 이때, $2^{10}>1,000$이므로 $(2^{10})^2>(10^3)^2=10^6$이다. 따라서 코드 개수는 100만 개를 초과한다.

ㄴ. (×) 甲지역에서 만들 수 있는 코드와 다른 지역에서 만들 수 있는 코드는 ~~최대 20칸이 동일하다~~.
➜ 먼저 A와 B를 제외하면 25－5＝20칸이므로 이 칸은 모두 동일하게 만들 수 있다. 다음으로 A는 ○○코드의 고유표시로서, 지역과 무관하게 동일하다. 마지막으로 B는 코드를 제작한 지역을 표시하는 것으로서, '흰색－검정색' 또는 '검정색－흰색' 지역의 경우 '흰색－흰색'인 甲지역과 1칸이 동일하다. 따라서 두 지역에서 만들 수 있는 코드는 최대 20＋3＋1＝24칸이 동일하다.

ㄷ. (○) 각 칸을 기존의 흰색과 검정색뿐만 아니라 빨간색과 파란색으로도 채울 수 있다면, 만들 수 있는 코드 개수는 기존보다 100만 배 이상 증가한다.
➜ 각 칸을 빨간색과 파란색으로도 채울 수 있다면 각 칸은 네 가지 색깔이 될 수 있다. 이 경우 A, B를 제외한 20칸에 네 가지 색을 채워 만들 수 있는 코드의 개수는 $4^{20}=(2^{20})^2$개가 된다.
따라서 기존에 만들 수 있는 코드 개수보다 적어도 2^{20}배, 즉 약 100만 배 이상 증가한다.

ㄹ. (×) 만약 상단 오른쪽의 3칸(A)도 다른 칸과 마찬가지로 코드 만드는 것에 사용토록 개방한다면, 만들 수 있는 코드 개수는 기존의 ~~6배로~~ 증가한다.
➜ 기존에 甲지역에서 만들 수 있는 코드 개수는 2^{20} 개이다. A도 다른 칸과 마찬가지로 코드 만드는 것에 사용토록 개방한다면, 甲지역의 지역코드인 B를 제외한 23칸에 흰색 또는 검정색으로 채울 수 있다.
따라서 甲지역에서 만들 수 있는 코드 개수는 $2^{23}=2^{20}\times2^3$개이다. 즉, A도 코드 만드는 것에 사용토록 개방한다면, 만들 수 있는 코드 개수는 기존의 $2^3=8$배로 증가한다.

합격자의 시간단축 Tip

Tip ❶ 〈보기 ㄱ〉과 〈보기 ㄷ〉은 동일한 보기이다. 아직 계산을 하지 않은 상태에서 보더라도 둘 다 일반적이지 않은 숫자인 '100만 배'인지 묻고 있다는 점에서 답이 될 가능성이 높다고 생각할 수 있다.
구체적인 계산 전에 식만 확인해 보면 〈보기 ㄱ〉은 2^{20}이며 〈보기 ㄷ〉은 $4^{20}=(2^{20})^2$으로, 결국 2^{20}이 100만을 넘는지 확인해야 한다.
이때, 직접 2^{20}을 계산하는 것은 바람직하지 않다. 이를 처리하는 방법은 생각보다 간단하다. 2^{20}을 외운 사람은 없겠지만, 적어도 $2^{10}=1,024$임을 모두 알고 있을 것이다.
이를 1,000이라 볼 때 1,000의 1,000배는 100만이므로 2^{20}은 당연히 100만 이상임을 알 수 있다.

> * 문제해결 파트는 자료해석처럼 구체적인 숫자 계산을 요구하지 않으므로, 1,024×1,024를 계산하도록 문제를 출제하지 않는다는 것을 명심하자.
> ** 숫자에 컴마(,)가 붙는 것(=1,000배)을 기준으로 숫자는 일→천→백만→십억→조이다.
> 이를 이용하면 천의 제곱은 백만임을 쉽게 알 수 있다.

Tip ❷ 경우의 수 연습을 하기 좋은 문제이다. 이 문제에서 보듯, '고정되는 부분'과 '변동하는 부분'을 잘 구분만 해도 경우의 수 대부분은 해결 가능하다.
예를 들어, 앞선 보기 ㄱ, ㄷ을 제외한 나머지 보기를 해결해보면 다음과 같다.

보기 ㄴ. '고정되는 부분'은 A와 B로, 남은 20칸만 '변동하는 부분'임을 알 수 있다.
이때, 고정되는 A는 모두가 동일한 값이다. 따라서 B를 따지지 않더라도 이미 변동 부분인 20칸과 A의 3칸의 합인 23칸은 동일할 수 있으므로 틀린 보기임을 곧장 알 수 있다.
또는 반대로 반드시 달라져야 하는 부분이 어디인지를 확인하여 문제를 풀 수도 있다. 반드시 달라져야 할 부분은 B뿐이므로, 설사 두 칸 모두가 달라진다 하더라도 다른 부분에서는 달라질 필요가 없기 때문에 동일할 수 있는 부분은 23칸 이상임을 알 수 있다. (이러한 접근은 변동이 필요한 부분이 해당 문제처럼 제한되어 있을 경우 활용할 수 있다.)

> * 이때, 정확하게 최대 몇 칸까지 가능한지는 도출할 필요가 없으며 20칸보다 큰 지만 확인하면 된다.

보기 ㄹ. A가 다른 칸처럼 개방되는 경우 만들 수 있는 전체 코드 수가 몇 개인지는 생각할 필요 없다. '고정 부분'이 '변동 부분'으로 개방되는 것이므로 단순히 새로 풀리는 3칸의 영향만 확인하면 된다. $2^3>6$이므로 틀린 보기임을 알 수 있다.

Tip ❸ 문제를 풀 때, 각각의 칸 하나마다 2를 곱해줘야 함을 알 수 있다.
이때, 보기 ㄹ의 경우, 변동되는 칸이 세 칸임을 활용해 2×3＝6을 이용한 함정을 낸 것을 눈치챈다면, 보기를 보자마자 답이 아님을 알 수 있을 것이다.

126 정답 ① 난이도 ●●●

(1) 두더지 A~E가 맞은 횟수를 각각 a~e라고 할 때, 〈대화〉를 정리하면 다음과 같다.

① 두더지 A의 발언에 따르면 a=2이며, a~e 중 1은 존재하지 않는다. (만약 a=4라면 나머지 3마리가 맞은 횟수는 모두 4 초과이다. 4×4=16에서 두더지 E의 발언에 모순되므로 a=2이다.

② 두더지 B의 발언에 따르면 b=c이다.

③ 두더지 E의 발언에 따르면 a+b+c+d+e=12이다.

④ 두더지 C의 발언에 따르면 a+c+d =9이며, ③ 식에서 빼면 b+e = 3이다.

⑤ 두더지 D의 발언에 따르면 a~e 중 0은 존재하며, d ≠ 0이다.

(2) 한 번도 맞지 않은 두더지가 1마리 존재하는데 d ≠ 0이고 a=2, b=c이므로 e=0이다.
한편, b+e=3에서 e=0이므로 b=3이다. 이때, b=c이므로 c=3이고 a+c+d = 9이므로 2+3+d=9에서 d=4이다.
이를 표로 정리하면 아래와 같다.

두더지	A	B	C	D	E
맞은 횟수	2	3	3	4	0

(3) 모든 두더지가 맞은 횟수가 12번인데 甲이 총 14점을 획득했으며 대장 두더지를 맞혔을 때만 유일하게 2점을 획득하므로 대장 두더지를 맞힌 횟수를 x라 두면

$2x+(12-x)=14$

$2x+12-x=14 \quad \therefore x=2$

따라서 甲은 대장 두더지를 2번 맞혔다.

(4) 따라서 대장 두더지는 두더지 A이다.

합격자의 시간단축 Tip

Tip ① 시간을 많이 소모하는 대표적 유형인 논리형과 연립방정식이 결합된 형태이므로, 첫 순서에는 풀기보다 시간이 남는 경우에 고득점을 위해 푸는 것이 바람직하다고 생각한다.

Tip ② '의심스러운 부분 파헤치기' 방법을 통해 시간을 단축할 수 있다. 두더지 A부터 E까지 정보가 많아서 무엇부터 보아야 할지 망설여질 수 있다. 하지만 결국 구하고자 하는 것이 '대장두더지'임을 생각해본다면 주어진 甲의 총점과 대장 두더지, 부하 두더지의 점수가 다르다는 것을 염두해 볼 때 우선 대장 두더지가 몇 번이나 맞았는지를 찾아야 한다.

(1) 甲의 총점이 14점이며 맞은 총 횟수를 알아야 대장 두더지가 몇 번이나 맞았는지를 알 수 있고, 이와 관련한 발언은 〈대화〉의 '두더지 E'의 발언이다. 따라서, '두더지 E'의 발언을 첫 실마리로 이용해 대왕 두더지가 맞은 횟수를 구한 다음 두더지 A를 통해 대왕 두더지를 찾을 수 있다.

(2) 대장 두더지 혼자 2점이라는 점, 총 14점을 획득하였다는 점을 통해 대장 두더지의 맞은 횟수를 도출할 수 있다. 〈대화〉를 통해 총 맞은 횟수의 합산 값을 먼저 찾으면 두더지 E에 따라 12번이다. 12번으로 14점을 맞기 위해서는 1×10+2×2여야 한다. 다시 말해, 대장두더지가 맞은 횟수를 a, 나머지 두더지가 맞은 횟수의 합을 b 라고 한다면

$$\begin{cases} 2a + b = 14 \\ a + b = 12 \end{cases}$$

두식을 연립하여 풀면 a=2가 나오므로 결국 이는 대장 두더지가 두 번 맞았다는 것을 뜻한다.

(3) '대장'을 알아내는데 필요한 〈대화〉만 읽어보면 A는 가장 적게 맞았고 짝수이다. 이는 A가 두 번 맞았음을 의미하며, 따라서 A가 대장 두더지일 수밖에 없다.

* 설명을 위해 논의가 길었으나, 위와 같이 풀 경우 실제로는 논리 위주로 빠르게 해결할 수 있다.
** A두더지가 0번 맞은 두더지인 경우도 있지 않을까 생각한 수험생이 있을 수 있다. 그러나 대화를 자세히 살펴보면 가장 적게 맞았고, 맞은 횟수는 짝수라고만 말한 것이 아니라 '맞은 두더지 중에' 가장 적게 맞았다고 말하고 있다. 즉, 최소 1번은 맞은 상태라는 것이다.
이런 문구는 사실 시험장에서 한 번 안보이기 시작하면 끝까지 못보고 끝나는 경우가 많으므로 문제가 안 풀리면 처음부터 꼼꼼히 다시 조건을 읽어보는 것도 좋은 방법이다.

127 정답 ③ 난이도 ●●●

(1) 4월 1일의 작업 시간

① 4월 1일엔 같은 시간대에 동일한 종류의 제품만 생산해야 한다. 따라서 두 작업반의 시간당 생산량을 합산하면 X는 시간당 3개, Y는 시간당 6개를 생산할 수 있다.

② X는 $\frac{24(개)}{3(개/시간)}$=8(시간), Y는 $\frac{18(개)}{6(개/시간)}$=3(시간) 소요되므로 총 8+3=11시간 동안 작업해야 한다.

(2) 4월 2일의 작업 시간

① X에 있어서는 작업반 A가 시간당 생산량이 더 크며, Y에 있어서는 양자가 동일하다.
따라서 작업반 A가 X를, 작업반 B가 Y를 각자 생산하는 상황을 가정해보자.

② 이때, Y는 $\frac{18(개)}{3(개/시간)}=6(시간)$이 소요된다.
반면, X의 경우 6시간 동안 $2\times6=12$개 생산되었다.

③ 6시간 이후로는 남은 12개를 A와 B가 함께 X를 생산하게 되므로 $\frac{12(개)}{3(개/시간)}=4$ (시간)이 추가로 소요된다.

즉, 총 $6+4=10$시간 동안 작업해야 한다.
(1), (2)에서 최소 $11+10=21$시간이 작업에 필요하다.

합격자의 시간단축 Tip

Tip ❶ 고등학교 때 '비교 우위, 절대 우위' 등의 개념을 들어본 적이 있을 것이다.
이 문제는 '우위' 개념을 적용해 만든 문제로, 해당 개념을 알고 있다면 정말 빠르게 해결할 수 있다.
그 전에 각 개념을 학술적 개념과 무관하게 필요한 수준으로만 확인해보면 다음과 같다.

- 절대 우위: 쉽게 말해, 생산성이 수치적으로 좋은 행위자가 절대 우위에 있다 표현한다.
- 비교 우위: 절대 우위가 없더라도, 상대방이 다른 요소에 대한 생산성이 상대적으로 더 좋아 그 요소에 특화한다면, 남은 요소를 담당하는 행위자는 비교 우위가 있다고 한다.

이해를 위해 이 문제를 예로 들어보자.

(1) X에 대해 작업반 A가 더 많은 생산량을 보이므로, X에 대해 A가 '절대 우위'를 가진다.
Y의 경우 작업반 A와 작업반 B의 시간 당 생산량이 동일하다. 이 경우 절대우위를 가지는 작업반은 없으나, 비교우위는 도출 가능하다. 비교우위는 생산의 '기회비용'을 비교하여 판단한다.
작업반 A는 시간 당 X를 두 개 생산하거나 Y를 세 개 생산한다. 이는 Y 한 개를 만들기 위해 X $\frac{2}{3}$개를 포기해야 한다는 의미이다.

(2) 반면, 작업반 B는 시간 당 X를 한 개 생산하거나 Y를 세 개 생산한다. 이는 Y 한 개를 만들기 위해 X $\frac{1}{3}$개를 포기해야 한다는 의미이다. 즉, Y를 한 개 생산하기 위해 포기해야 하는 X는 B보다 A가 큰 것을 알 수 있는데, 이는 다시 말해 작업반 A가 Y를 생산할 경우 버리게 되는 X가 더 많다는 뜻이다. 따라서 이런 경우 Y 생산에 대한 기회비용이 상대적으로 적은 작업반 B가 Y를 생산하게 되며, 이때, 작업반 B가 Y에 대해 '비교 우위'를 가진다고 말할 수 있다. 동일한 논리로, X의 경우 작업반 A가 비교우위를 가짐을 알 수 있다.
즉, 4월 2일은 제한이 없으므로 '비교 우위'에 따라 A는 X를, B는 Y를 생산하면 된다. 이처럼 비교우위 개념을 이용하면, 경우의 수를 나눌 필요 없이 바로 방향성을 잡을 수 있다.

* 참고로 4월 1일에 11시간으로 '비교 우위'에 따라 작업한 4월 2일보다 시간이 길게 소요된 것은 상대적으로 생산성이 낮은 B가 X를 생산하느라 낭비된 시간이 있기 때문이다.

Tip ❷ 문제 상으로 4월 2일에는 A와 B가 각각 다른 걸 생산한다는 것을 추론할 수 있다. 그 이유는 4월 1일에 이미 '작업 여건상 두 작업반이 같은 시간대에 동일한 종류의 제품을 생산해야 한다'라는 문구가 주어졌기 때문이다. '4월 2일에는 그러한 제약이 없었다'라고 말하는 것을 미루어 보아 4월 2일에는 A와 B가 각각 다른 제품을 생산한다는 것을 유추할 수 있다. 이하는 위의 **Tip ❶**처럼 각자 생산에 비교우위가 있는 제품을 먼저 생산하기 시작하면 된다.

* 또, 4월 2일에 작업반 B가 제품 Y 생산을 마친 뒤에는 다시 작업반 A와 함께 제품 X를 생산할 수 있다는 것을 놓쳐서는 안 된다. 4월 2일에는 각자 다른 제품을 생산한다는 점에 집중해서, 남는 시간에는 다시 함께 생산을 할 수 있다는 점을 놓치기 쉽다.
** **Tip**에서 제시한 절대우위, 비교우위의 개념을 알고 있지 못했다 해도 이 문제를 푸는 데에는 어려움이 없다. 제약이 없는 4월 2일의 경우를 따져볼 때, 생산에 더 유리한 제품을 생산해야 한다는 생각으로 접근해도 충분히 해결할 수 있을 것이다.

128 정답 ④ 난이도 ●○○

각 순위 별로 선정되는 메뉴를 정리하면 다음과 같다.

	기준에 따른 검토	최종 선정 메뉴
기준 1	1순위 개수: 양고기 2개, 바닷가재 3개	바닷가재
기준 2	5순위 개수: 탕수육 0개, 양고기 1개, 바닷가재 2개, 방어회 1개, 삼겹살 1개	탕수육

기준 3	탕수육: 15점, 양고기 : 18점, 바닷가재 : 17점, 방어회 : 10점, 삼겹살: 15점	양고기
기준 4	상위 2개 메뉴: 양고기, 바닷가재 1순위 개수: 양고기 2개, 바닷가재 3개	바닷가재
기준 5	5순위가 가장 많은 바닷가재를 제외하고, 1순위가 가장 많은 요리는 양고기(2개)	양고기

ㄱ. (O) 기준 1과 기준 4 중 어느 것에 따르더라도 같은 메뉴가 정해진다.
→ 기준 1과 기준 4 모두 바닷가재로 선정된다.

ㄴ. (O) 기준 2에 따르면 탕수육으로 메뉴가 정해진다.
→ 기준 2에 따르면 최종 선정 메뉴는 탕수육이다.

ㄷ. (×) 기준 3에 따르면 ~~모든 팀원이~~ 회식에 참석한다.
→ 기준 3에 따르면 양고기를 먹게 되지만, 양고기를 먹을 경우 戊는 불참한다.

ㄹ. (O) 기준 5에 따르면 戊는 회식에 참석하지 않는다.
→ 기준 5에 따르면 양고기를 먹게 되므로 戊는 불참한다.

합격자의 시간단축 Tip

Tip ❶ 매우 쉬운 문제이다. 이때 기준 1과 기준 2는 기준 4와 기준 5에서 활용되므로, 각 기준을 검토하는 과정에서 이미 앞에서 구한 값들을 다시 구하는 일 없이, 그대로 활용하여 시간 낭비 없이 해결하면 된다.

* 계산을 필요로 하는 기준 3, 기준 4를 요구하는 선지는 나중에 보고 기준 1, 2, 5 위주로 문제를 푸는 것이 좋다. 실제로 이 문제는 기준 2와 관련된 보기 ㄴ과 기준 5와 관련된 보기 ㄹ만을 판단함으로써 답을 도출할 수 있다.

Tip ❷

(1) 해당 문제에서는 기준 3을 적용하지 않고 푸는 것이 최선이지만, 문제에 따라 이와 같은 기준을 적용해야 할 경우 시키는 대로 각 순위에 점수를 다시 매기는 것은 비효율적인 풀이이다. 기준 3은 순위의 숫자와 점수가 반비례한다. 즉, 순위의 숫자가 작을수록(순위가 높을수록) 높은 점수를 부여하며, 순위의 숫자가 높을수록(순위가 낮을수록) 낮은 점수를 부여한다.

(2) 따라서 만일 〈메뉴 선호 순위〉에 주어져 있는 메뉴의 순위들을 합한다면, 해당 순위의 합이 높을수록 점수의 합은 낮을 것이고 순위의 합이 낮을수록 점수의 합은 높을 것이다.

이를 적용한다면 번거롭게 점수를 새로 매길 필요 없이 순위의 합을 구한 후 그 합이 가장 작은 메뉴로 정하면 된다.

* 이때 주의할 점은, 이 문제에서는 가중치 점수가 순위와 반대가 되며, 그 차이 값 역시 일정하게 주어졌지만, 특정 순위에 더 큰 가중치를 주는 점수로 주어질 수도 있다는 것이다.
가령 1순위에 7점, 2순위에 5점, 3순위에 3점, 4순위에 2점, 5순위에 1점과 같이 가중치의 간격이 달라진 점수가 주어진다면, 계산을 해야 한다.
이 경우 계산 실수를 방지하기 위해 순위표에 새로운 점수를 직접 적으며 계산하는 것도 한 방법이 된다.

129 정답 ❶ 난이도 ●●○

〈조건〉의 각 항목에 대하여 선호도에 따른 점수를 정리하면 다음과 같다.

	램 메모리 용량	하드 디스크 용량	가격	점수 총합
A	0	50	200	250
B	100	0	100	200
C	0	100	0	100
D	100	50	0	150
E	50	0	100	150

따라서 각 항목별 점수의 합이 가장 큰 A를 구입한다.

합격자의 시간단축 Tip

'의심스러운 부분' 위주로 처리하면 빠르게 풀 수 있는 유형이다.
가장 의심스러운 부분은 "가격은 다른 항목보다 중요하다 생각하여 2배의 점수"라는 부분이다.
지금 항목이 총 3개인데, 가격에서 2배의 점수를 받는다면 나머지 두 항목이 최소한 100이어야 그 합이 가격의 최고점과 동일해진다. 즉, '가격에서 최고점을 받으면 이기기 힘들다'는 것을 알 수 있다. 따라서 '가격'을 먼저 보면 A가 가장 저렴하여 200점을 획득한다.
이때, '비교군'으로 가격에서 100점을 받은 B와 E를 잡고 가볍게 비교하면, 점수의 합이 A를 넘지 못함을 확인할 수 있다. 따라서 정답은 ① 번이다.

* 점수 문제의 경우 위의 '2배 점수를 부여' 같은 특별한 기준이 존재한다.
이러한 특별한 기준을 눈 여겨 본 후 이를 중심에 두고 문제를 풀도록 한다.

** 해설처럼 모든 항목 옆에 해당되는 점수를 적는 방법이 자칫 시간이 오래 걸리고 돌아가는 방법이라고 생각하기 쉽다. 그러나 실제로 해보면 시간이 크게 오래 걸리지 않을 뿐만 아니라 실수를 할 확률이 크게 줄기 때문에, **Tip**과 같은 방법이 숙달되지 않은 경우에는 해설처럼 푸는 것이 보다 정확하고 빠를 수 있다.

130 정답 ③ 난이도 ●●○

(1) 주차시간 1시간 초과 3시간까지
→ 요금은 30분마다 500원이며 최초 1시간의 주차 요금은 면제되므로, 1시간 초과 ~ 3시간까지 2시간동안 500원×4=2,000원이 부과된다.

(2) 주차시간이 3시간을 초과한 부분
→ 30분마다 2,000원씩 부과되며, 잔여시간이 30분 미만일 경우 30분으로 간주한다. 이에 따르면 3시부터 4시 30분까지 1시간 반동안 3회, 4시 30분부터 4시 45분까지 15분의 잔여시간은 30분으로 간주하므로 4시 45분에도 요금이 1회 부과된다. 따라서 주차시간이 3시간을 초과한 부분에 대해서는 2,000원×4(회)=8,000원이 부과된다.

(3) 따라서 甲이 지불해야 할 금액은 2,000원+8,000원 =10,000원이다.

합격자의 시간단축 Tip

구간 별로 요금을 나눠 부과하는 문제는 자주 출제된다. 주로 '주차 요금, 전기세, 소득세' 등의 형태로 출제되며, 접근 방식은 거의 유사하므로 정리해두는 것이 좋다. 이러한 유형에서 가장 중요한 것은 '잔여 시간의 포함 여부'이다. 문제에 따라 포함시키는 경우도 있고, 포함시키지 않는 경우도 있어 가장 주의해야 하는 부분이다. 예를 들어, 각주에 따라 잔여 시간을 30분으로 간주하여 포함시키고 있다. 반면, 비슷한 문제들을 보면 "30분이 채워져야 비로소 요금이 부과된다" 등의 표현으로 잔여 시간이 포함되지 않는 규칙을 부여하는 경우도 있다.

* 잔여시간을 30분으로 간주하였으므로 주차시간을 5시간이라고 생각하고 문제를 풀어도 괜찮다.
** '최초 1시간의 요금을 면제한다'는 초기 조건을 제외하는 실수를 해서는 안 된다. 또한, 4시간 45분 주차인데 1시간 요금 면제라고 해서 전체 주차시간을 3시간 45분으로 생각하고 문제를 풀지 않도록 주의한다.

131 정답 ③ 난이도 ●○○

(1) 을동, 병수, 무영 3명이 21살이라고 하였으나 21살은 2명이므로 거짓을 말한 사람은 을동, 병수, 무영 중 한 명이다. 따라서 갑수와 정호는 참을 말했으므로 갑수와 정호의 발언에 따라 표를 채우면 다음과 같다.

	갑수	을동	병수	정호	무영
나이	20살			20살	
고향	강릉			서울 또는 부산	
전공	경영학 또는 정치외교학			건축학	

(2) 을동, 병수, 무영 중 한 명이 거짓을 말했으므로 다음과 같이 경우를 나누어 표를 채우면서 모순은 없는지 확인한다.

① 을동이 거짓을 말했을 경우: 을동은 20살이고 경영학 전공이 아니며, 고향은 광주가 아니다. 또한, 병수와 무영은 참을 말했으므로 이에 따라 표를 채우면 다음과 같다.

	갑수	을동	병수	정호	무영
나이	20살	20살	21살	20살	21살
고향	강릉	광주X	서울	부산	
전공	경영학	신문 방송학	컴퓨터 공학	건축학	정치 외교학

을동과 무영의 고향은 충주 또는 광주인데, 을동의 고향이 광주가 아니라고 하였으므로 을동과 무영의 고향은 각각 충주와 광주이다.

② 병수가 거짓을 말했을 경우: 병수는 20살이고 컴퓨터 전공이 아니며, 고향은 서울이 아니다. 또한, 을동과 무영은 참을 말했으므로 이에 따라 표를 채우면 다음과 같다.

	갑수	을동	병수	정호	무영
나이	20살	21살	20살	20살	21살
고향	강릉	광주		서울 또는 부산	부산X
전공	경영학 또는 정치외교학	경영학		건축학	정치외 교학

갑수의 발언에 따라 갑수의 전공은 경영학 또는 정치외교학인데, 을동과 무영의 발언에 따르면 을동과 무영의 전공은 각각 경영학, 정치외교학이라 하였으므로 모순된다.

③ 무영이 거짓을 말했을 경우: 무영은 20살이고 정치외교학 전공이 아니며, 고향은 부산이다. 또한, 을동과 정호는 참을 말했으므로 이에 따라 표를 채우면 다음과 같다.

	갑수	을동	병수	정호	무영
나이	20살	21살	21살	20살	20살
고향	강릉	광주	서울	서울 또는 부산	부산
전공	정치외교학	경영학	컴퓨터공학	건축학	신문방송학

정호의 발언에 따라 정호의 고향은 서울 또는 부산인데, 병수와 무영의 발언에 따르면 병수와 무영의 고향은 각각 서울, 부산이라 하였으므로 모순된다.

(3) ①~③에서 거짓을 말한 사람은 을동이므로 그의 고향은 충주이다.

합격자의 시간단축 Tip

Tip ① 을동, 병수, 무영 중 한 명이 거짓말하는 경우를 순서대로 가정했을 때, 처음에 을동이 거짓말하는 것을 가정한 경우 모순이 발생하지 않는 것을 확인했다면, 정답으로 을동의 고향인 충주를 선택하고 넘어갔어야 한다.

만일 다른 학생이 거짓말을 한 경우에 역시 모순이 생기지 않는다고 하더라도 문제가 성립하기 위해서는 여전히 거짓말을 한 학생의 고향은 충주이도록 설계했을 것이기 때문이다.

132 정답 ①

난이도 ●○○

(1) 주어진 〈조건〉을 순서대로 ①~④라 하고 논리기호로 변형하면 다음과 같다.

① (흐린 날) → (비 오는 날)
② ~(눈 오는 날) → (맑은 날)
③ (눈 오는 날) → ~(천둥·번개치는 날)
④ (맑은 날) → ~(비 오는 날)

(2) 위의 조건들을 서로 연결하여 정리하면 다음과 같다.

(흐린 날) → (비 오는 날) → ~(맑은 날) → (눈 오는 날) → ~(천둥·번개치는 날)
(① / ④의 대우 / ②의 대우 / ③)

각 선지도 논리 기호로 변형한 후, 위의 그림을 활용하여 반드시 거짓이 되는 선지를 찾아보자.

① (O) 흐린 날을 좋아하는 사람은 눈 오는 날을 좋아하지 않는다. ⇒ (흐린 날) → ~(눈 오는 날)
➜ 명제 ①에 따라 흐린 날을 좋아하는 사람은 비 오는 날을 좋아하고 명제 ④의 대우에 따라 비 오는 날을 좋아하는 사람은 맑은 날을 좋아하지 않는다. 또한, 명제 ②의 대우에 따라 맑은 날을 좋아하지 않는 사람은 눈 오는 날을 좋아한다. 따라서 흐린 날을 좋아하는 사람은 눈 오는 날을 좋아하므로 반드시 거짓이다.

② (×) 비 오는 날을 좋아하는 사람은 천둥·번개치는 날을 좋아하지 않는다. ⇒ (비 오는 날) → ~(천둥·번개치는 날)
➜ 명제 ④의 대우에 따라 비 오는 날을 좋아하는 사람은 맑은 날을 좋아하지 않고, 명제 ②의 대우에 따라 맑은 날을 좋아하지 않는 사람은 눈 오는 날을 좋아한다. 또한, 명제 ③에 따라 눈 오는 날을 좋아하는 사람은 천둥·번개치는 날을 좋아하지 않는다. 즉, 비 오는 날을 좋아하는 사람은 천둥·번개치는 날을 좋아하지 않으므로 항상 참이다.

③ (×) 맑은 날을 좋아하는 사람은 천둥·번개치는 날을 좋아한다. ⇒ (맑은 날) → (천둥·번개치는 날)
➜ 어떤 명제의 조합으로도 맑은 날을 좋아하는 사람은 천둥·번개치는 날을 좋아하는지 여부를 알 수 없다.

④ (×) 맑은 날을 좋아하는 사람은 흐린 날을 좋아하지 않는다. ⇒ (맑은 날) → ~(흐린 날)
➜ 명제 ④에 따라 맑은 날을 좋아하는 사람은 비 오는 날을 좋아하지 않고, 명제 ①의 대우에 따라 비 오는 날을 좋아하지 않는 사람은 흐린 날을 좋아하지 않는다. 즉, 맑은 날을 좋아하는 사람은 흐린 날을 좋아하지 않으므로 항상 참이다.

⑤ (×) 눈 오는 날을 좋아하는 사람은 비 오는 날을 좋아한다. ⇒ (눈 오는 날) → (비 오는 날)
➜ 어떤 명제의 조합으로도 눈 오는 날을 좋아하는 사람은 비 오는 날을 좋아하는지 여부를 알 수 없다.

* 이처럼 위와 같은 조건들 중 연결 지을 수 있는 조건이 있다면 최대한 연결 짓고 선지를 보는 것이 좋다. 더 빠르고 정확하게 정답을 찾는 데에 도움이 될 것이다.

합격자의 시간단축 Tip

조건문이 반드시 거짓이 되기 위해서는 〈조건〉을 통해 도출되는 명제가 A→B 일 때, A→~B인 조건문 선지를 찾아야 한다는 것을 인식하고 문제풀이에 들어가야 할 것이다.

예를 들면, 흐린 날을 좋아하는 사람은 비 오는 날도 좋아한다는 명제가 참인지 거짓인지 여부를 확인할 때 반드시 거짓임을 확인할 수 있는 명제는 '흐린 날을 좋아하는 사람은 비 오는 날을 좋아하지 않는다'는 명제다.

133 정답 ④

난이도 ●●●

모든 요건에 부합하는 경우에 '국내이전비'를 지급받으며, 충족해야 하는 요건을 정리하면 다음과 같다.

(1) 거주지와 이사화물을 이전한다.

(2) 동일한 시, 군 및 섬 안에서 이전하는 것이 아니어야 한다. 다만, 제주특별자치도는 제외한다.

(3) 발령 받은 이후에 거주지와 이사화물을 이전해야 한다.

이에 따라 각 공무원을 살펴보면 다음과 같다.

공무원	전임지	신임지	발령일자	이전일자	거주지	이사화물
甲	울산광역시 중구	울산광역시 북구	20.2.13.	20.2.20.	○	○
乙	경기도 고양시	세종특별자치시	19.12.3.	19.12.5.	○	×
丙	광주광역시	대구광역시	19.6.1.	19.6.15.	×	○
丁	제주특별자치도 서귀포시	제주특별자치도 제주시	20.1.2.	20.1.13.	○	○
戊	서울특별시	충청북도 청주시	19.9.3.	19.9.8.	○	○
己	부산광역시	서울특별시	20.4.25.	20.4.1.	○	○

위 표는 조건에 반하는 내용을 색깔 글씨로 표시한 것으로 甲, 乙, 丙, 己는 이전비를 받지 못한다.
따라서 丁과 戊만 이전비를 지급받을 수 있다.

합격자의 시간단축 Tip

Tip ❶

(1) 요건에 부합하는 값을 찾는 문제는 매우 빈출되는 유형인 반면, 많은 수험생들이 시간 소모가 많다는 이유로 힘들어하는 유형이기도 하다. 당연하게도 자주 나오는 만큼 대책을 충분히 갖고 있어야 안정적이고 높은 점수를 받을 수 있다.
기본적으로 해당 유형은 2가지 방향성을 가지고 접근하는 것이 좋다.
　① **보기를 최대한 활용**한다. 이 문제의 경우 주어진 甲~己 공무원을 2명씩 묶을 수 있는 여러 조합을 선지에서 단 5개로 줄여 준다. 따라서 이를 적극 이용하는 것이 좋다.
　② **소거법**을 활용한다. 선지를 가장 잘 활용하기 위해서는 어느 한 항목이 제외될 때 이에 해당하는 선지를 소거하는 방식으로 처리하는 것이 좋다. 이를 통해 경우의 수를 최소화할 수 있다.

(2) 위 **Tip ❶**－(1)을 이용해 문제를 풀면 다음과 같다.
　① 첫 번째 조건이면서 시각적으로 확인하기 좋은 '거주지, 이사화물을 모두 이전함'을 검토한다. 이에 따라 乙과 丙이 제외되며, 선지를 보면 ①, ②, ③번이 한 번에 소거된다.
　② 남은 ④, ⑤번을 보면 丁이나 己 중 한 명만 확인하면 된다. 이때, 어떤 조건을 활용해 처리할지 고민될 수 있는데, 극히 예외적인 상황을 제외하고는 '단서 조항'이나 '마지막 조항'을 확인하는 것이 도움될 가능성이 높다.
　이때, 경우를 두 가지로 나눌 수 있다.
　(i) '단서 조항'을 검토할 경우: "제주특별자치도 제외"라는 단서를 확인할 수 있으므로 제주도에 거주하는 丁을 확인한다. 단서에 따라 제주도 내에서의 이전은 국내이전비를 지급받을 수 있으므로, 丁은 동일한 섬 안에서의 거주지 이전임에도 불구하고, 이전비 지급대상에서 제외되지 않는다. 따라서 ④번이 정답이다. 해당 단서에서 제주도는 예외의 예외이므로 출제 포인트가 되기 좋다.
　(ii) '마지막 조항'을 검토할 경우: "발령을 받은 후에 이전"해야 하므로 발령일자와 이전일자를 확인해보면 '己'는 발령일자가 더 늦어 이전비를 지급받을 수 없다. 따라서 정답은 ④번이다.

＊ **Tip ❶**과 같이 처리할 경우, 단 두 번의 검토만으로도 문제를 해결할 수 있다. 절대 시간이 많이 소모되는 유형이 아니므로, 충분한 연습을 통해 본인의 강점이 되는 유형으로 만들 수 있을 것이다.

Tip ❷ 필자는 본 문제가 아직 완성되지 않은 문제라고 생각한다. 정답을 도출하는 데 어려움이 있는 것은 아니나, 문제가 생길 소지가 있다.
거주지와 이사 화물을 모두 이전한 사람들은 거주지와 이사 화물을 같은 날짜에 이전했다는 문장을 추가한다면 보다 완성도 높은 문제가 될 것이다.
그러나 이 정도의 흠결은 답을 구하는 과정에 영향을 주지 않는다. 혹시 이것 때문에 풀면서 헷갈렸다면, 이 정도의 모호함은 빠르게 넘길 수 있도록 의식적으로 노력하는 것이 좋다.

134 정답 ⑤ 난이도 ●●●

① (×) 금고 1년 형을 선고받아 복역한 후 2009년 10월 출소한 자

➜ 제한요건 1) - 나)에 의하면 금고 이상의 형을 받고 그 집행이 종료된 후 5년을 경과하지 아니한 자는 정부포상 대상자로 추천을 받을 수 없다. 금고 1년 형을 선고받아 복역한 후 2009년 10월 출소한 자는 출소한 때인 2009년 10월 집행이 종료되었다. 따라서 2011년 8월 현재는 그 집행이 종료된 후 5년을 경과하지 아니하여 정부포상 대상자로 추천을 받을 수 없다.

② (×) 2011년 8월 현재 형사재판에 계류 중인 자

➜ 제한요건 1) - 가)에 의하면 형사재판에 계류 중인 자는 정부포상 대상자로 추천을 받을 수 없다. 따라서 2011년 8월 현재 형사재판에 계류 중인 자는 정부포상 대상자로 추천을 받을 수 없다.

③ (×) 2010년 10월 이후 현재까지, 공정거래관련법 위반으로 3회 시정명령 처분을 받은 기업의 대표자

➜ 제한요건 2) - 나)에 의하면 최근 1년 이내 3회 이상 시정명령 처분을 받은 법인 및 그 대표자와 책임 있는 임원은 정부포상 대상자로 추천을 받을 수 없다.

2010년 10월 이후 현재까지, 공정거래관련법 위반으로 3회 시정명령 처분을 받은 기업의 대표자는, 2011년 8월 현재 최근 1년 이내 3회 이상 시정명령 처분을 받은 기업의 대표자이다. 따라서 정부포상 대상자로 추천을 받을 수 없다.

④ (×) 2010년 1월, 교통사고 후 필요한 구호조치를 하지 않아 500만 원의 벌금형 처분을 받은 자

➜ 제한요건 1) - 마)에 의하면 포상추천일 전 2년 이내에 벌금형 처벌을 받은 자로서 1회 벌금액이 200만 원 이상이거나 2회 이상의 벌금형 처분을 받은 자는 정부포상 대상자로 추천을 받을 수 없다.

2010년 1월, 교통사고 후 필요한 구호조치를 하지 않아 500만 원의 벌금형 처분을 받은 자는 포상추천일인 2011년 8월 전 2년 이내인 2010년 1월 벌금형 처벌을 받은 자로서 1회 벌금액이 200만 원 이상이다. 따라서 정부포상 대상자로 추천을 받을 수 없다.

⑤ (○) 2009년 7월 이후 현재까지, 공정거래관련법 위반으로 고발에 따른 과징금 처분을 2회 받은 기업

➜ 제한요건 2) - 가)에 의하면 최근 2년 이내 3회 이상 고발 또는 과징금 처분을 받은 법인 및 그 대표자와 책임 있는 임원은 정부포상 대상자로 추천을 받을 수 없다. 이때, 고발에 따른 과징금 처분은 1회로 간주한다.

2009년 7월 이후 현재까지, 공정거래관련법 위반으로 고발에 따른 과징금 처분을 2회 받은 기업은, 최근 2년 이내인 2009년 8월부터 2011년 8월 현재까지 고발에 따른 과징금 처분을 최대 2회에서 최소 0회 받았을 것이다. 이때 최근 2년 이내에 고발에 따른 과징금 처분을 0회 받았다고 가정한다면, '1회 이상'으로 규정하고 있는 제한요건에 해당되지 않을 수 있다. 따라서 이 경우에 한하여 정부포상 대상자로 추천을 받을 수 있다.

합격자의 시간단축 Tip

Tip ❶ 위와 같은 유형에선 연도, 횟수, 금액 정도만 주의하면 큰 문제없이 해결할 수 있다.

참고로 '금고 이상의 형'과 같은 법률 용어는 신경 쓰지 않아도 된다. 왜냐하면 형이 무거운 순이 어떻게 되는지에 대한 지식은 요구하지 않기 때문에, 문제에서 '각주'로 형이 무거운 순이 어떻게 되는지 알려주지 않는 이상, 해당 부분으로 함정이 만들어지지는 않기 때문이다.

* 물론 모든 용어에 대한 구체적인 의미를 파악할 필요는 없다. 그러나 기본적인 용어의 뜻을 모른다면 문제 풀이에 난항을 겪을 수 있으므로 기본적인 용어를 혹 모른다면 학습이 필요하다. 예를 들어, 1)의 가)에서 '계류 중'과 같은 용어가 쉽게 풀이되어 선지에 나올 수 있기 때문에, 모르는 용어가 나오면 대략의 뜻이라도 알아 두는 것이 필요하다.

Tip ❷ 법률형 문제를 잘 풀기 위해서는 주어진 법률의 구조를 최대한 빠르게 파악하여 선지에 필요한 부분만 발췌독 할 수 있어야 한다. 주어진 제한요건에 관한 규정은 크게 1)형사처벌 등을 받은 자와 2)공정거래관련법 위반 법인 및 그 임원으로 나뉘어져 있다. 이를 빠르게 파악한 후

(1) 형사처벌 등을 받은 자에는 대략 금고 이상의 형과 관련된 세부 기준이 나오고

(2) 공정거래관련법 위반 법인 및 그 임원에 대해서는 '최근 ~년 이내 ~번 이상 ~처분을 받은 자'와 같은 세부 기준이 나온다는 정도의 대략적인 부분을 파악한 후에 선지로 내려간다.

선지 ①, ②, ④ 번에서는 '금고형, 형사, 벌금형'의 키워드가 나와 기준 1)만 고려하면 되고, 선지 ③, ⑤ 번에서는 '공정거래관련법' 키워드가 나와 기준 2)만 고려하면 된다.

이와 같이 머릿속에서 어떤 키워드가 나오면 어떤 법률을 적용할 것인지를 미리 정리하고 문제에 접근하면 보다 빠르게 해결할 수 있다.

Tip ❸ 문제에서 현재 2011년 8월이라고 했으므로, 처음 문제를 읽을 때 이 부분에 동그라미를 치는 등 시각적으로 표기해두는 것이 좋다. 혹은 선지 옆에 2011년 8월이라고 적어 두면 시선을 굳이 매번 위로 올릴 필요 없이 계산이 가능하다.
또한 위의 **Tip ❷**처럼 규정이 1)과 2)로 나뉘기 때문에, 선지를 크게 1)와 2)로 생각해 한번에 처리하면서 문제를 풀 수도 있다.

Tip ❹ 법조문 유형을 해결할 때 항상 생각해야 하는 부분은 '단', '다만', '하지만' 등의 단서가 존재하는 부분이다. 단서는 해당 항목의 예외를 의미하는 것으로, 그것이 정답이든 아니든 반드시 선지에 존재하도록 문제가 설정될 것이다. 단서가 존재하는데 그 단서를 선지에 활용하지 않는 것은 문제의 완성도를 떨어뜨리는 것이라 할 수 있다.
또한, 본 문제의 경우 단서가 적용되는 선지 ⑤ 번이 정답이었으나, 반드시 단서와 관련된 선지가 정답으로 도출되는 것은 아니다. 다만 단서가 존재할 경우 확실하게 처리할 수 있는 선지가 존재한다는 점에서 이를 항상 고려하도록 하자.

Tip ❺ 본 문제의 난이도를 높이는 요인들 중 하나는 발문에서 "추천을 받을 수 있는 자"라는 '가능성'에 대한 내용을 물어본 것이다. 실제로 정답인 선지 ⑤ 번을 보면, ⑤ 번의 기업이 항상 정부포상 대상자로 추천을 받을 수 있는 것은 아니며, 최근 2년 이내에 고발에 따른 과징금 처분을 0회 받은 제한적인 경우에만 추천을 받을 수 있다.
따라서 문제와 선지를 대충 검토했다면 정답이 없는 문제라는 느낌을 받았을 것이다. 이처럼 법률형 문제에서는 기간, 횟수 등에 아주 작은 차이를 두면서 정답을 고르라는 문제가 출제될 수 있으므로, 다른 유형의 문제들에 비해 더 꼼꼼하게 문제를 살펴봐야 할 필요가 있다.

135 정답 ③ 난이도 ●●○

ㄱ. (×) 이틀 연속 경기를 하지 않으면서 최소한의 경기로 우승할 수 있는 자리는 ~~총 5개이다~~.
➜ 자리 별로 우승하는데 필요한 경기 수를 정리하면 다음과 같다.

참가자	A, B, C, D	E, F, G, H, I, J	K
필요 경기 수	3	4	3

그런데 E, F, G, H, I, J가 우승하기 위해서는 9경기와 10경기를 연속으로 치러야 하며, K가 우승하기 위해서는 8경기, 9경기, 10경기를 연속으로 치러야 한다. 즉, 이들이 우승하기 위해서는 적어도 이틀 연속 경기를 해야 한다.
따라서 이틀 연속 경기를 하지 않으면서 최소한의 경기로 우승할 수 있는 자리는 A, B, C, D로 총 4개이다.

ㄴ. (×) 첫 번째 경기에 승리한 경우 두 번째 경기 전까지 3일 이상을 경기 없이 쉴 수 있는 자리에 배정될 확률은 50 % ~~미만이다~~.
➜ 자리 별로 첫 번째 경기에서 승리했을 경우 두 번째 경기 전까지의 쉬는 일 수를 정리하면 다음과 같다.

참가자	A, B	C, D	E, F	G, H	I, J	K
경기 사이에 쉬는 일수	4일	3일	3일	2일	2일	0일

총 11자리 중에 첫 번째 경기에 승리한 경우 두 번째 경기 전까지 3일 이상을 경기 없이 쉴 수 있는 자리는 A, B, C, D, E, F의 6자리이므로 이 자리에 배정될 확률은 $\frac{6}{11} \approx 54.5\% > 50\%$이다.

ㄷ. (O) 총 4번의 경기를 치러야 우승할 수 있는 자리에 배정될 확률이 총 3번의 경기를 치르고 우승할 수 있는 자리에 배정될 확률보다 높다.
➜ 자리 별로 우승하는데 필요한 경기 수를 정리하면 다음과 같다.

참가자	A, B, C, D	E, F, G, H, I, J	K
필요 경기 수	3	4	3

① 총 11자리 중에 4번의 경기를 치러야 우승할 수 있는 자리는 E, F, G, H, I, J로 6자리이다. 따라서 총 4번의 경기를 치러야 우승할 수 있는 자리에 배정될 확률은 $\frac{6}{11}$이다.
② 총 11자리 중에 3번의 경기를 치러야 우승할 수 있는 자리는 A, B, C, D, K로 5자리이다. 따라서 총 3번의 경기를 치러야 우승할 수 있는 자리에 배정될 확률은 $\frac{5}{11}$이다.
③ 따라서 총 4번의 경기를 치러야 우승할 수 있는 자리에 배정될 확률 $\frac{6}{11}$이 총 3번의 경기를 치르고 우승할 수 있는 자리에 배정될 확률 $\frac{5}{11}$보다 높다.
$\left(\frac{6}{11} > \frac{5}{11}\right)$

합격자의 시간단축 Tip

Tip ❶ 〈보기 ㄱ〉과 〈보기 ㄷ〉이 묶이고 〈보기 ㄴ〉만 별도의 선지임이 보인다면 더 빠르게 풀 수 있다. 즉, 〈보기 ㄱ〉을 확인한 후 〈보기 ㄷ〉을 바로 같이 푸는 것이 효율적이다.

(1) 〈보기 ㄱ〉을 풀어보면 '이틀 연속' 제한이 없을 경우 최소한의 경기 수로 승리할 수 있는 자리는 A, B, C, D, K로 총 5개다.

(2) 위 결과를 이용하면 〈보기 ㄷ〉을 바로 풀 수 있다. 즉, 분모인 총 경우의 수가 11자리로 동일한 상황에서 3번의 경기로 승리할 수 있는 자리가 5개라면 4번의 경기로 승리할 수 있는 자리는 그 '여집합'인 6개(11－5＝6)이므로, 당연히 6 > 5로 4번 경기의 확률이 더 높다는 것을 알 수 있다. 또는 4번의 경기로 승리할 수 있는 자리는 전체 11자리 중 6자리로 과반에 해당하므로, 바로 〈보기 ㄷ〉이 옳은 보기임을 알 수 있다. 이처럼 보기 간 관계를 잘 이해하면 한 번의 문제 해결로 2개 이상의 보기를 처리할 수 있다.

Tip ❷ 물어보는 것을 늘 간단하게 생각해볼 필요가 있다. 〈보기 ㄱ〉, 〈보기 ㄴ〉의 예시를 통해 보면 다음과 같다.

보기 ㄱ. 이틀 연속 경기를 하지 않는 자리를 파악하는 것이 우선이다. 이틀 연속 경기를 안 한다는 뜻은 가령 '8경기' 이후 '9경기'를 하지 말아야 하는 상황 같은 것이다. 이러한 부분을 빠르게 파악하기 위해서는 대진표에서 유사한 자리끼리 '그룹'을 지을 수 있어야 한다. 두 집단으로 나눈다면 10경기를 하기 전에 마지막으로 6경기를 하는 집단(A~D)과 9경기를 하는 집단(E~K)으로 나눌 수 있을 것이고, 두 번째 집단은 다시 E~J까지와 K로 나눌 수 있을 것이다.

보기 ㄴ. 첫 경기 이후 두 번째 경기 전까지 3일 이상을 쉴 수 있다는 것은, 예를 들어 A, B 자리와 같이 1경기 이후 6경기를 하게 되어 4일을 쉬는 상황을 의미한다. 즉, (두 번째 경기)－(첫 번째 경기)＝3을 초과하는 자리를 찾는 문제이다.
이 점을 고려하면 A~F 까지가 해당되며, 이는 50% 이상임을 알 수 있다.

> * 문제에서 첫 번째 경기와 두 번째 경기라고 했으므로 K의 경우 헷갈리지 않도록 주의한다.
> K는 다른 자리들과 달리 1회전 부전승인 경우로, 8경기가 K의 첫 번째 경기가 되며 그 다음 경기는 9경기이다. 부전승이기에 첫번째 경기는 없고 두번째 경기가 8경기라고 해석하지 않도록 주의하자.

Tip ❸ **총 11명**의 경기자가 있다는 점을 유념해야 한다. 〈보기 ㄴ〉, 〈보기 ㄷ〉의 경우, **50% 확률을 기준**으로 묻고 있다. 총 11명의 경기자이므로 해당되는 경기자가 6명 이상인지를 기준으로 판가름 날 것이라고 예상 가능하다. 따라서 〈보기 ㄴ〉 의 경우, 뒤로 갈수록 경기 간 거리가 가까워지므로, E. F를 기준으로 3일 이상 경기 없이 쉴 수 있는지 판단한다면 쉽게 정답을 도출할 수 있다.
〈보기 ㄷ〉 의 경우, 3번의 경기에 대해 물었으므로, A, B, C, D와 E, F, G, H로 세 경기를 치르는 사람과 네 경기를 치르는 사람이 동일하게 나눠짐을 파악한 후, I, J, K 중 두 명이 네 경기를 치르는 것을 확인한 후에 바로 정답 도출 가능하다.

136 정답 ❷ 난이도 ●●●

ㄱ. (×) 경기에서 승리한 선수가 얻는 엘로 점수와 그 경기에서 패배한 선수가 잃는 엘로 점수는 ~~다를 수 있다~~.
→ 경기에서 승리한 선수는 그 경기에서 패배할 확률에 K를 곱한 만큼 점수를 얻고, 경기에서 패배한 선수는 그 경기에서 승리할 확률에 K를 곱한 만큼 점수를 잃는다. 무승부는 고려하지 않으므로 두 선수가 승리할 확률의 합은 항상 1이 되며, 따라서 승리한 선수가 그 경기에서 패배할 확률은 패배한 선수가 그 경기에서 승리할 확률과 같다. 따라서 동일한 확률에 동일한 K를 곱하므로 그 값은 항상 같게 된다.

ㄴ. (○) K＝32라면, 한 경기에서 아무리 강한 상대에게 승리해도 얻을 수 있는 엘로 점수는 32점 이하이다.
→ 경기에서 승리한 선수는 그 경기에서 패배할 확률에 K를 곱한 만큼 점수를 얻는다. 그런데 패배할 확률은 0 이상 1 이하이므로, 경기에서 승리한 선수가 얻을 수 있는 최대 점수는 K이다. K＝32라면, 얻을 수 있는 엘로 점수는 최대 32점이다.

ㄷ. (×) A가 B에게 패배할 확률이 0.1이라면, A와 B의 엘로 점수 차이는 400점 ~~이상이다~~.
→ A가 B에게 패배할 확률이 0.1이라면 승리할 확률은 0.9이다. 주어진 확률 식에 따라 다음이 성립한다.

$$P_{AB}=\frac{9}{10}=\frac{1}{1+10^{-(E_A-E_B)/400}}$$

양변에 역수를 취해주면

$$\frac{10}{9}=1+10^{-(E_A-E_B)/400},$$

즉 $10^{-(E_A-E_B)/400} = \frac{1}{9} = 9^{-1}$되고, 다시 양변에 역수를 취해주면 $10^{(E_A-E_B)/400} = 9 < 10 = 10^1$ 이 된다.

따라서 $E_A - E_B$는 0보다 크고 400보다 작으며, E_A와 E_B는 각각 A와 B의 엘로 점수를 의미하므로 A와 B의 엘로 점수 차이는 400점 미만이다.

ㄹ. (O) A가 B에게 승리할 확률이 0.8, B가 C에게 승리할 확률이 0.8이라면, A가 C에게 승리할 확률은 0.9 이상이다.

→ A가 B에게 승리할 확률은 0.8이다. 주어진 확률 식에 따라 다음이 성립한다.

$$P_{AB} = \frac{8}{10} = \frac{1}{1+10^{-(E_A-E_B)/400}}$$

양변에 역수를 취해주면

$$\frac{10}{8} = 1 + 10^{-(E_A-E_B)/400}$$

즉 $10^{-(E_A-E_B)/400} = \frac{2}{8} = 4^{-1}$이 되고, 다시 양변에 역수를 취해주면 $10^{(E_A-E_B)/400} = 4 = \sqrt{16} > \sqrt{10} = 10^{\frac{1}{2}}$이 된다.

따라서 $E_A - E_B$는 200보다 크다. B가 C에게 승리할 확률도 0.8로 동일하므로, 동일한 원리에 의하여 $E_B - E_C$는 200 보다 크다.

이를 정리하면, $E_A - E_B$ 는 200보다 크며 $E_B - E_C$ 도 200보다 크므로 $E_A - E_C$ 는 400보다 크다.

한편 주어진 확률 식에 따르면 A가 C에게 승리할 확률은 다음과 같다.

$$P_{AC} = \frac{1}{1+10^{-(E_A-E_C)/400}}$$

$E_A - E_C$ 는 400보다 크므로 $(E_A - E_C)/400$은 1보다 크며,

$10^{-(E_A-E_C)/400} < 10^{-1} = 0.1$이 성립한다.

$$P_{AC} = \frac{1}{1+10^{-(E_A-E_C)/400}} > \frac{1}{1+10^{-1}} = \frac{1}{1.1} =$$

$\frac{10}{11}$이 성립하며 $\frac{10}{11} \approx 0.909 = 90.9\%$이므로 A가 C에게 승리할 확률은 0.9 이상이다.

합격자의 시간단축 Tip

Tip ① 이 문제의 경우 직접 계산하려 한다면, 지나치게 과도한 계산을 해야 한다. 여기서 수험생들이 가장 하면 안 되는 생각은 '이 계산을 할 자신이 없으니 포기하자'와 '한 번 계산 해보자'이다. 절대 PSAT에서는 이와 같은 계산을 요구하지 않으므로 '뭔가 다른 원리로 풀 방법이 있겠지'라고 생각해야 한다.

보기 ㄹ. (O) A가 B에게 승리할 확률이 0.8, B가 C에게 승리할 확률이 0.8이라면, A가 C에게 승리할 확률은 0.9 이상이다.

① 이 보기를 보았을 때 수험생들이 생각하기 쉬운 접근은 A가 B에게, B가 C에게 승리할 확률이 0.8이라는 것을 직접 계산하는 방법이나 조건부 확률처럼 0.8×0.8=0.64를 도출하는 방법이다. 그러나 전자는 계산이 지나치게 어렵기 때문에 도출할 수 없으며, 후자는 잘못된 풀이다.

② 이 보기는 다시 본문을 확인하면 힌트를 얻을 수 있다. **3번째 단락을 보면 "한 선수가 다른 선수보다 엘로 점수가 200점 높다면, 그 선수가 승리할 확률은 약 0.76**이 된다"고 주어져 있다. 즉, 이 값은 **0.8보다 살짝 작은 값이므로 0.8은 적어도 점수 차이가 200점 이상**이라는 의미이다. 이에 A는 B보다 200점, B는 C보다 200점 이상 높다는 의미이므로 **A는 C보다 400점 이상 높다**는 것을 유추할 수 있다.

③ 이때, 400점 이상은 이미 우리가 〈보기 ㄷ〉에서 확인한 값이다. **400점일 경우 0.9보다 크다는 것을 〈보기 ㄷ〉을 통해 확인**하였으므로 당연히 A가 C에게 승리할 확률 역시 0.9 이상이다.

* 이 문제의 고난도 보기는 〈보기 ㄷ〉과 〈보기 ㄹ〉이다. 출제자는 〈보기 ㄷ〉을 통해 지수에 음수가 들어가 분수 계산 방향에 있어 헷갈리도록 의도하였다. 또한, 〈보기 ㄹ〉을 통해 ① 본문의 힌트를 최대한 활용해야 한다는 점과 ② 〈보기 ㄷ〉 과 같이 다른 보기의 결과를 활용해야 한다는 점을 알 수 있다. 다만, 난이도 조절을 위해 〈보기 ㄹ〉을 판단하지 않더라도 정답을 고를 수 있게 선지가 구성되어 있다는 점을 알 수 있다.

** 민경채 문제 중에서 가장 높은 난이도를 보이는 문제라고 판단된다. 간혹 PSAT문제에서 이 문제와 같이 상당히 복잡한 수식을 제시하는 경우가 있다. 그러나 거의 모든 경우에 그런 수식을 직접 계산하는 경우는 없다고 보면 된다. 만약 계산한다고 해도 최대한 단순화시킨 경우의 계산만이 가능하다. 이 문제에서는 각 선수의 엘로 점수가 동일하거나 차가 400인 경우 등의 계산만을 고려하면 될 것이다.

*** 〈보기 ㄹ〉 의 판단에 해설과 같이 제시문의 내용을 활용하는 것은 쉽지 않았을 수 있다. 그러나 제시문에서 '만약 한 선수가 다른 선수보다~ 약 0.76이 된다.'와 같은 특정 수치를 주는 예시의 경우 아무 이유 없이 제시되는 경우는 상당히 적다는 점을 고려하여, 오히려 역으로 이를 활용할 수는 없을까라는 생각을 해볼 수 있을 것이다.

Tip ❷

(1) 이렇게 어려운 수식에도 불구하고, 수식에 따르면 두 선수의 엘로 점수의 차이를 400으로 나누기 때문에 차이가 400이라고 가정하고 먼저 대입해 볼 가치가 있다. 이 경우 엘로 점수가 큰 선수가 승리할 확률은

$\frac{1}{1+10^{-1}}=\frac{1}{1.1}=\frac{10}{11}$이다. 이는 90%보다 큰 수치라는 것을 확인할 수 있다.

따라서 〈보기 ㄹ〉은 앞서 언급한 지문의 표현, 즉 엘로 점수의 차이가 200점인 경우 승리 확률이 0.76이라는 것과 더불어 한 번의 대입을 통하여 문제를 해결할 수 있다.

(2) 수식의 구조가 어렵고 계산이 복잡할수록 그 속에 담긴 원리를 파악하여 문제를 해결해보도록 하자. 물론 필자가 작성한 해설의 방법으로 계산한다면 난이도 상 또는 최상의 문제라고 할 수 있다. 그러나 풀이 아이디어를 생각하고 접근한다면 난이도 중 또는 중상의 문제라고 생각한다. 오히려 경우의 수가 많아 실수하고 틀릴 여지가 많은 것이 난이도가 높은 문제이다. 그러니 어려운 수식에 너무 겁을 먹지 말자.

137 정답 ①

난이도 ●●●

요일과 시간대별로 프로그램을 정리하면 다음과 같다.

요일	시간대(오전)		시간대(오후)	
	TV	라디오	TV	라디오
월	① 남극유치원	① 펭귄파워	① 남극의법칙	① 열시의펭귄
화		① 남극시대 ② 펭귄파워 ③ 남극대행진	① 펭귄극장	
수	① 남극유치원	① 남극시대 ② 남극대행진	① 남극의법칙	① 열시의펭귄
목		① 남극시대	① 펭귄극장 ② 남극의법칙	
금	① 남극유치원	① 펭귄파워 ② 남극대행진	① 펭귄극장	① 열시의펭귄

(1) 동일 매체에 2일 연속 출연하지 않아야 하므로, '라디오 → TV → 라디오 → TV → 라디오'의 형태로 출연하거나, 'TV → 라디오 → TV → 라디오 → TV'의 형태로 출연해야 한다.

(2) 동일 시간대에 2일 연속 출연하지 않아야 하므로, 오전 → 오후 → 오전 → 오후 → 오전의 형태로 출연하거나, 오후 → 오전 → 오후 → 오전 → 오후의 형태로 출연해야 한다.

(3) (1), (2)에서 나올 수 있는 조합은 시작 순서에 따라 '오전 · 라디오', '오전 · TV', '오후 · 라디오', '오후 · TV'의 4가지가 있다. 이때, '오전 · TV'조합과 '오후 · 라디오' 조합은 오전에 하는 TV프로그램이 최소 2개 이상 필요하고, '오후 · TV' 조합은 오후에 하는 TV프로그램이 최소 3개 필요하므로 성립할 수 없다. 따라서 오전엔 라디오, 오후엔 TV는 보아야 하는 조합, 즉 '오전 · 라디오' 조합만 가능하다. 즉, 〈라디오(오전) → TV(오후) → 라디오(오전) → TV(오후) → 라디오(오전)〉 순으로 진행되어야 한다.

(4) 따라서 위 내용을 종합하면 아래와 같이 배치된다.

월	화	수	목	금
펭귄파워	펭귄극장	남극시대	남극의 법칙	남극 대행진

합격자의 시간단축 Tip

Tip ❶ 위 해설과 달리 '확정 정보'를 찾아내어 활용하면 보다 간단하다.

(1) 오전 TV와 오후 라디오는 각각 1개만 있으므로, 해당 시간대와 매체에는 출연할 수 없다.
따라서 '오전 라디오'와 '오후 TV'에 출연해야 함을 알 수 있다.

(2) '오전 라디오'는 3개, '오후 TV'는 2개로 월, 수, 금은 '오전 라디오', '오후 TV'는 화, 목이어야 함을 알 수 있다.

(3) 이때, 월요일 오전 라디오방송은 '펭귄파워'만 존재하기 때문에 ①번이 정답임을 바로 알 수 있다.

Tip ❷ 위와 같은 문제는 접근을 잘못할 경우 풀이에 시간이 오래 걸릴 수 있다. 따라서 시간이 부족하다면 다른 문제를 먼저 접근하는 것이 우월 전략일 수 있다. 하지만 접근하기로 마음을 먹었다면 가장 고정이 편한 항목을 찾아 그 항목을 중심으로 문제를 풀어나가면 좋다.
가령 TV의 경우 오전 시간대가 '모여라 남극유치원' 하나만 존재하며 라디오의 경우 오후 시간대가 '열시의 펭귄'밖에 없으므로, 이를 먼저 파악하고 순서를 유추해 나간다면 문제 풀이가 용이할 것이다.

Tip ❸ 설문과 같은 선지 구성의 경우 일반적으로 대입하여 푸는 것이 좋은 방법이 될 수 있으며 이 문제도 예외는 아니다. 예컨대 월요일, '펭귄파워'가 정답일 경우 이는 〈오전－라디오〉이므로 화요일은 〈오후－TV〉, 수요일은 〈오전－라디오〉, 목요일은 〈오후－TV〉, 금요일은 〈오전－라디오〉가 되어야 하고 이것이 가능한지 확인해 본다. 오답인 ④ 번 선지를 활용해 보면, 목요일 '펭귄극장'이 정답일 경우 이는 〈오후－TV〉이므로 화

요일도 〈오후-TV〉가 되어야 하는데 화요일에 가능한 TV 프로그램이 '펭귄극장' 하나밖에 존재하지 않아 틀린 선지임을 확인할 수 있다.

* 필자가 실제로 이 문제를 풀 때에, TV의 펭귄극장을 펭귄이라고 적어 놓아 문제 푸는 과정에서 수정하게 된 경험이 있다. 이처럼 보통 4글자 이상의 명칭이 나오는 경우 자신만의 줄임말을 쓰는 경우가 많은데, 헷갈릴 만한 줄임말이 없는지 미리 확인해야 불필요한 시간낭비를 줄일 수 있다.

138 정답 ⑤ 난이도 ●○○

(1) ㉠란

① 〈부여 규칙 가〉에 따르면 ㉠에는 발급연도의 3, 4번째 숫자를 기재한다.

② 〈대화〉를 보면, 2017년 11월 20일에 인증서를 발급받았고, 그 유효기간은 발급일로부터 2년이므로 2019년 11월 19일에 만료된다.
이때, '오늘'은 유효기간 만료일로부터 30일이 지났다 하였으므로, 오늘은 2019년 12월 19일이다.

③ 한편, 발급일은 접수일로부터 3주 후이므로 2020년 1월 9일에 다시 발급된다.

④ 따라서 2020년의 3, 4번째 숫자인 '20'을 기재한다.

(2) ㉡란

① 〈부여 규칙 나〉에 따르면 ㉡에는 신청유형별 코드를 기재한다.

② 〈대화〉를 보면 기간만료 후 재발급에 해당하므로 4B 코드가 부여되며, 공장주소변경 내용을 담고 있으므로 6C가 부여된다.

③ 이때, 숫자가 더 큰 코드를 먼저 기재하므로, ㉡란에 '6C4B' 코드를 기재한다.

(3) ㉢란

① 〈부여 규칙 다〉에 따르면 ㉢에 분야별 코드를 기재한다.

② 〈대화〉를 보면 '토목분야'이므로 'CD'를 기재한다.

(4) ㉣란

① 〈부여 규칙 라〉에 따르면 ㉣에 지역구분 코드를 기재한다.

② 〈대화〉를 보면 공장은 '베트남'으로 이전했으므로, 아시아에 해당하여 'FA'를 기재한다.

따라서 종합하면 다음과 같이 코드가 부여된다.

㉠	㉡	㉢	㉣
20	6C4B	CD	FA

합격자의 시간단축 Tip

Tip ❶ 주어진 조건만 정확히 읽으면 쉽게 해결할 수 있는 쉬운 문제이다.
이러한 문제의 핵심은 '전체 품질인증서번호'를 도출하지 않고, '선지'를 적극 활용하는 것이다. 만약 해당 값을 정확히 도출했다면 최악의 풀이에 해당한다. 예를 들어 ㉠란을 먼저 해결하면 20으로 선지 ④, ⑤번이 남는다. 이때 순서대로 따라가기 보다는 한 번에 찾을 수 있는 ㉡이나 ㉣중 하나를 확인하여 바로 처리하는 것이 필요하다. 즉 전체 값은 구하지 않은 채 풀이를 마무리한다.

Tip ❷ 사안의 경우 ㉠란에서 숫자를 19로 착각하지 않도록 주의한다. ㉠란에는 '발급연도'를 기재해야 하며 대화를 통해 품질인증서는 접수일로부터 3주 후에 발급된다는 것을 알 수 있다. 선지의 ㉠에 19와 20 선지가 있으므로 만약 19를 골랐다면 20이 왜 선지로 나왔는지 조금 고민할 필요가 있다. 위와 같은 문제에서는 대화 내용에서 놓치는 것이 없는지, 접수와 발급 등 상황을 착각하진 않았는지 등을 살펴보며 접근하는 것이 중요하다.

* ㉠에는 '발급연도'만을 구하면 되는 것이기 때문에 해설과 같이 구체적인 날짜를 구하지 않고, 11월 20일에서 30일+21일(3주)이 지났으니 연도가 바뀔 것이라는 점만 파악해도 된다.
** PSAT에는 어려워 보이지만 쉬운 문제와, 쉬워 보이지만 어려운 문제가 있다. 특히 문제해결에서 이러한 문제가 자주 나오는데, 이 문제가 대표적으로 어려워 보이지만 쉬운 문제다. 그러므로 어떤 문제를 풀지 말지를 고민할 때, 단순히 문제의 길이나 유형만으로 판단하지 않아야 한다.

139 정답 ⑤ 난이도 ●●○

ㄱ. A방식에 따라 계산한 2013년의 세수 감소액은?
➜ A방식에 따르면 감세안이 시행된 해부터 매년 전년도와 비교하므로, 2013년의 세수 감소액을 도출하기 위해서는 전년도인 2012년과 비교하면 된다. 따라서 세수 감소액은 42조 5,000억 원-41조 8,000억 원=7,000억 원이다.

ㄴ. B방식에 따라 계산한 2014년까지의 세수 감소 총액은?
➜ B방식에 따르면 기준년도는 감세안이 시행된 해인 2013년의 직전 연도인 2012년이다.

이를 기준으로 2014년까지의 연도별 세수 감소액을 계산하면 다음과 같다.

- 2013년: 42조 5,000억 원 − 41조 8,000억 원 = 7,000억 원
- 2014년: 42조 5,000억 원 − 41조 4,000억 원 = 1조 1,000억 원

따라서 2014년까지의 세수 감소 총액은
7,000억 원+1조 1,000억 원=1조 8,000억 원이다.

ㄷ. A방식, B방식에 따라 각각 계산한 2015년까지의 세수 감소 총액의 차이는?

➜ 각 방식의 세수 감소 총액은 다음과 같다.

(단위: 원)

연도	A방식	B방식
2013	7,000억	7,000억
2014	4,000억	1조 1,000억
2015	1,000억	1조 2,000억
총액	1조 2,000억	3조

따라서 세수 감소 총액의 차이는
3조 원−1조 2,000억 원=1조 8,000억 원이다.

합격자의 시간단축 Tip

Tip ❶ A방식과 B방식의 구성원리를 이용하면, A방식을 한 번만 계산하여 보기 ㄱ, ㄴ, ㄷ 모두를 한 번에 처리할 수 있다. 원리를 생각해보면 다음과 같다.

➜ 두 방식의 차이는 '기준년도'이다. B방식은 2012년을 쭉 기준으로 사용하는 반면, A방식은 매년 기준이 전년도로 변하는 방식이다. 즉, A방식으로 도출한 값을 누적합하면 B방식이 된다는 것을 알 수 있다.

위 해설의 보기 ㄷ 표를 보면서 확인해 보자.
2013년은 A방식과 B방식의 기준년도가 같아 동일하다.
2014년을 보면 A방식으로 구한 2013년과 2014년의 누적값은 7,000억 원+4,000억 원=1조 1,000억 원인데, 이것은 B방식으로 구한 2014년 값과 같다.
2015년을 보면 A방식으로 구한 2013년, 2014년, 2015년의 누적값은 1조 1,000억 원+1,000억 원=1조 2,000억 원인데, 이것은 B방식으로 구한 2015년 값과 같다.
이를 풀이에 적용하면 아래와 같다.

보기 ㄱ. 단순 뺄셈 문제로 7,000억 원이다.

보기 ㄴ. A방식의 누적합이므로, 2014년의 감소액은 7,000억 원+4,000 억 원=1조 1,000억 원이다. 따라서 2014 년까지 세수 감소 총액은 7,000억 원+1조 1,000억 원=1조 8000억 원 이다.

보기 ㄷ. A방식과 B방식의 차이 값은 결국 '누적되는 부분'을 도출하는 것이다. B방식의 경우, 2013 ~ 2015년의 3년 간 A방식에 비해 A값으로 계산한 2013년 값이 2번, 2014년 값이 1번 더 더해진다.
따라서 7,000억 원×2+4,000억 원=1조 8,000억 원이 정답이다.

Tip ❷

(1) **Tip ❶**의 설명을 보완하여, 〈보기 ㄴ〉과 〈보기 ㄷ〉의 유사점에 대해 설명해보고자 한다.
단번에 눈치채지 못할 수도 있지만, 〈보기 ㄴ〉과 〈보기 ㄷ〉에 대한 답은 같을 수밖에 없다. B방식에 따라 계산한 2014년까지의 세수 감소 총액은 {(12년)−(13년)}+{(12년)−(14년)}의 값이며, 2015년까지의 세수 감소 총액은 A 방식에 따르면 (12년)−(15년), B 방식에 따르면 {(12년)−(13년)}+{(12년)−(14년)}+{(12년)−(15년)} 이기 때문이다.

(2) 12년~13년, 13년~14년, 14년~15년을 각각 한 구간으로 보면 A 방식은 중복 없이 각 구간을 순차적으로 더해서 계산하는 방식인 반면, B 방식은 2014년의 세수 감소액을 계산할 경우 {(12년)−(13년)}+{(12년)−(14년)}으로 계산되어 12년~13년 구간의 감소분이 두 번 중복 계산되는 형태이다.

(3) 이렇게 계산 과정에서 중복이 발생하는 부분이 생기는 경우에, 출제자는 흔히 각 항목들을 몇 번 계산하게 한 후 〈보기 ㄱ〉, 〈보기 ㄴ〉 이를 활용해서 구할 수 있는 값 〈보기 ㄷ〉을 고르도록 하는 경우가 많다. 따라서 이러한 문제를 처음 마주쳤을 때 선지의 구성을 보고 유사한 숫자들 혹은 보기 간의 덧셈 뺄셈으로 다른 보기의 값을 만들 수 있는 경우인지를 먼저 살펴보는 것도 좋은 방법이다.

* 문제를 다 푼 이후에 다시 문제를 보면 쉽게 파악되겠지만, 실제 시험장에서는 헷갈릴 여지가 큰 문제이다. 그런 경우에는 당황하지 말고 차라리 2013년~2015년에 각 방식에 따른 감소액을 적어 놓는 것이, 시간이 조금 더 걸릴지라도 보다 정확하게 문제에 접근하는 방법이다.
물론 **Tip ❶**과 **Tip ❷**와 같은 접근이 처음부터 가능하다면 그 방법을 사용하는 것이 효율적이다.

Tip ❸ 문제를 한 번 풀어본 이후에는 **Tip ❶, ❷**와 같이, A와 B 방식 각각의 구조를 파악하고,
그 공통점과 차이점을 비교해 〈보기〉에 어떻게 적용되는지를 분석해보면 좋다. 반면, 문제를 풀 때에는 A방식과 B방식을 읽고, 두 방식을 비교할 때 어떤 항목을 물어볼 수 있을지 예측해보는 것이 중요하다.

즉, 문제의 지문에서 '비교했을 때', '누적적으로 합계하는 방식' 등에 착안하여 "기준년도가 중요하고, A방식과 B방식의 연도별 누적 감세액의 차이를 물어볼 수 있겠다"라는 생각을 해보는 것이다. 이 과정을 거치면 풀이 시간을 많이 단축시킬 수 있다.
따라서 시간을 재고 문제를 풀 때는 출제자의 의도를 예측하는 연습을 하고, 다 풀고 분석할 때에는 정답을 도출하는 스킬을 연습해보아야 한다.

140 정답 ②　　난이도 ●●●

각 도에서 1년간 생산된 소주는 그 해 모두 소비된다고 하였으므로 (각 도의 소주 생산량)+(다른 도에서 구매한 총량)=(각 도내 소주 소비량)+(다른 도에서 판매한 총량)이 성립한다.
따라서 (각 도내 소주 소비량)=(각 도의 소주 생산량)+(다른 도에서 구매한 총량)−(다른 도에 판매한 총량)이다.

ㄱ. (×) A도에서는 소주의 생산량보다 소비량이 ~~더 많다.~~
(1) (A도 소주 생산량)=300
(2) (A도가 다른 도에서 구매한 소주의 양)=15(C도)+20(D도)=35
(A도가 다른 도에 판매한 소주의 양)=40(B도)+5(C도)+30(D도)=75
(3) ∴ (A도내 소주 소비량)=(A도의 소주 생산량)+(다른 도에서 구매한 총량)−(다른 도에 판매한 총량)=300+35−75=260
따라서 A도에서는 소주의 생산량보다 소비량이 더 적다.

ㄴ. (O) A도와 B도가 하나의 도라면, 그 도는 독립적인 시장으로 볼 수 있다.
A도와 B도를 하나의 도로 본다면 각 도의 자도소주의 이동량을 다음과 같이 나타낼 수 있다.

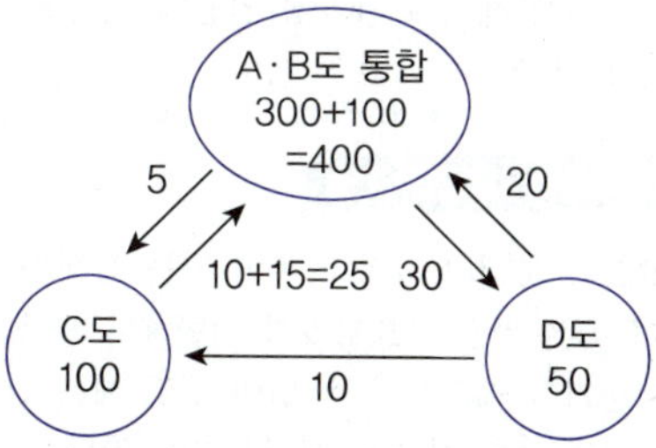

이것을 바탕으로 A·B도의 자도소주 생산량과 소비량을 구해보자.
(1) (A·B도의 통합 자도소주 생산량)=300+100=400
(2) (A·B도내 통합 자도소주 소비량)=(자도소주 생산량)−(다른 도에 판매량)=400−{5(C도)+30(D도)}=365
(3) A·B의 $\text{LOFI}_{\text{자도소주}}(\%)=$

$$\frac{(\text{A·B도내 자도소주 소비량})}{(\text{A·B도의 자도소주 생산량})}\times 100$$

$=\frac{365}{400}\times 100=91.25(\%)$로 75% 이상이므로, 독립적인 시장이다.

ㄷ. (×) C도는 독립적인 시장으로 ~~볼 수 없다.~~
(1) (C도의 자도소주 생산량)=100
(2) (C도내 자도소주 소비량)=(생산량)−(다른 도에 판매량)=100−{15(A도)+10(B도)}=75
(3) $\text{LOFI}_{\text{자도소주}}(\%)=$

$$\frac{(\text{해당 도내 자도소주 소비량})}{(\text{해당 도의 자도소주 생산량})}\times 100=\frac{75}{100}$$

×100=75(%)로 75% 이상이므로, 독립적인 시장이다.

합격자의 시간단축 Tip

Tip ① 문제에서 답이 나뉘는 함정으로 사용되지는 않았지만, 보기 ㄱ의 '소비량'과 보기 ㄴ, ㄷ에서 LOFI 계산에 활용되는 '자도소주 소비량'은 전혀 다른 개념임에 주의해야 한다.
보기 ㄱ에서의 소주 소비량은 자도소주뿐만 아니라 다른 도에서 구매한 소주까지 합하여 총 소비한 소주의 양을 의미하므로 (각 도의 소주 소비량)=(각 도의 자도소주 생산량)+(다른 도에서 구매한 소주의 양)−(다른 도에 판매한 자도소주의 양)이 된다.
한편, $\text{LOFI}_{\text{자도소주}}$ (%)를 구하는 공식에서의 '해당 도의 자도소주 소비량'은 해당 지역에서 생산된 소주에 대하여 해당 지역 내에서의 소비량을 말하므로 다른 도에서 생산된 소주의 양은 관계가 없다. 즉,
(해당 도의 자도소주 소비량)=(각 도의 자도소주 생산량)−(다른 도에 판매한 자도소주의 양)이 된다.
따라서

$$\text{LOFI}_{\text{자도소주}}(\%)=\frac{(\text{해당 도의 자도소주 소비량})}{(\text{해당 도의 자도소주 생산량})}$$

$$=\frac{(\text{해당 도의 자도소주 생산량})-(\text{다른 도에 판매한 자도소주의 양})}{(\text{해당 도의 자도소주 생산량})}$$

$$=1-\frac{(\text{다른 도에 판매한 자도소주의 양})}{(\text{해당 도의 자도소주 생산량})}$$

와 같이 간단히 할 수도 있다.

＊ 이때, 문제의 마지막 동그라미에서 '1년간 생산된 소주는 그 해에 모두 소비된다'고 주어졌기 때문에, 실제 소비 여부는 고려할 필요 없이 단순 생산량, 구매량, 판매량만 계산하면 된다.

Tip ❷ 많은 수험생들이 보기 ㄴ, ㄷ을 풀 때 LOFI 값을 구체적으로 계산했을 것이라 생각한다.
그러나 나눗셈보다는 곱셈이 더 빠르고 쉬운 연산 방법임을 고려할 때 위 풀이는 비효율적이다.
따라서 나눗셈을 곱셈 형태로 변환하기 위해 '대입-모순 확인법'을 활용하는 것이 좋다.
예를 들어, 〈보기 ㄴ〉의 경우 365를 400으로 나누는 것이 아니라, (자도소주 생산량)×75%=400×75%=300으로 365 보다 작다는 것을 확인하고 옳다고 판단하면 된다.
이처럼 풀이 시 계산에 큰 어려움 없이 해결할 수 있어 시간 낭비를 최소화할 수 있다.

Tip ❸ 문제가 길수록 풀이에 필요한 것만 보는 습관을 길러야 한다.

보기 ㄱ. 생산량은 동그라미 안의 숫자로 나와있다. 결국 물어보는 것은 '소비량' 이다. 그렇다면 중요한 것은 소주의 이동량을 의미하는 '화살표'다.
즉, A에서 빠져나가는 화살표 숫자의 합이 큰지, A로 들어오는 화살표 숫자의 합이 큰지를 물어보는 문제이다. 빠져나가는 화살표 합은 (40+5+30=75)이나, 들어오는 화살표의 합은 (15+20=35)로 더 작기 때문에 생산량이 소비량보다 크다는 것을 알 수 있다.
혹은 화살표의 합이 아닌 화살표끼리의 차이 값을 구해 비교하는 방법도 있다. 생산량은 300이고 소비량도 300을 기준으로 화살표에 따라 이동량을 더하고 빼는 것이기 때문에, 화살표의 차이 값이 양수인지 음수인지만 비교하면 된다.
(A도→B도)=−40, (A도↔C도)=+10, (A도↔D도)=−10이므로, 소비량이 300보다 작다는 것을 알 수 있다.

보기 ㄴ. LOFI를 알기 위해서는 (해당 도의 자도소주 생산량) 대비 (해당 도내 자도소주 소비량)이 필요하다. 앞서 말한 것과 같이 생산량은 동그라미 안에 나와 있다. 여기서 핵심은 나가는 화살표만 보면 되는 것이다. (해당 도내 자도소주 소비량)은 (해당 도의 자도소주 생산량)에서 (해당 도내에서 소비하지 않은 자도소주 소비량)을 뺀 것이기 때문이다. 그리고 소비하지 않은 소비량은 바로 "나가는 화살표" 인 것이다. (A+B)도에서 빠져나가는 화살표는 A도에서 빠져나가는 (5+30=35) 밖에 없다. 이는 생산량 400의 10%도 되지 않는다. LOFI 기준 당연히 독립적인 시장이 될 것이다.

＊ 다만 A도에서 B도로 이동하는 40은 보기 ㄴ의 경우 아무 의미가 없는 숫자이므로, 이 값에 혼란을 겪지 않도록 하자.

보기 ㄷ. 보기 ㄴ을 잘 풀었다면 ㄷ은 너무 쉽다. 〈보기 ㄷ〉 역시 C에서 빠져나가는 화살표인 (10+15=25)만 계산해주면 된다. 25는 생산량 100의 25%이므로, C도의 LOFI는 정확히 75%가 된다. 따라서 LOFI 기준 독립적인 시장이 된다.

141 정답 ①

난이도 ●○○

(1) 1차 선발된 교환학생 신청자 중 직전학기 총학점 백분율이 높은 순으로 2차 선발하므로 백분율이 높은 순으로 나열하면 H−C−I−J−G−F−B−E−A−D이다. 그러나 네 번째 조건에 의하면 B와 H는 TOEFL 점수가 70점 미만이므로 교환학생을 갈 수 없다. 따라서 H를 제외하고, C와 I가 각각 첫 번째와 두 번째로 2차 선발된다.

(2) 다음 백분율이 높은 학생은 J인데 세 번째 조건에 따라 천문우주학과인 I와 같은 전공의 3학년 학생 J는 교환학생을 갈 수 없다.

(3) J 다음으로 백분율이 높은 G가 세 번째로 2차 선발되는데, G는 시스템반도체공학과 2학년이므로 두 번째 조건에 따라 같은 전공 3학년 학생이 교환학생을 가야 한다. 따라서 시스템반도체공학과 3학년인 A 또는 D가 교환학생을 가야 한다.

(4) 이때, 네 번째 조건에 따라 적어도 한 명의 TOEFL 점수가 100점 이상이어야 하는데, 기존에 선발된 C, I, G의 TOEFL 점수는 각각 100점 미만이므로 TOEFL 점수가 100점 미만인 A를 제외한 TOEFL 점수가 100점 이상인 D가 선발된다.

(1)~(4)에서 해외 교환학생 인원에 선정된 사람은 C, I, G, D이다.

합격자의 시간단축 Tip

Tip ❶ 이 문제의 가장 기본이 되는 전제는 총학점 백분율이 높은 학생 순으로 2차 선발해야 한다는 것이다. 즉, 누군가를 제외해야 할 일이 생길 때는 언제나 백분율이 가장 낮은 학생을 제외시켜야 한다.

Tip ❷ 선지를 이용해 판단할 수도 있다. 본 문제의 경우 총 4명의 학생이 교환학생으로 선정되고 제시된 5개의 선지에서 교환학생 인원에 포함되지 않는 학생을 고르는 것이기 때문에, A, C, D, G, I 중 가지 못하는 한 명을 찾아내면 되는 것이다. 이 경우 굳이 다른 사람들을 고려해서 문제를 풀 필요가 없다.

우선, 네 번째 조건에 의거하여, TOEFL 100점 이상인 학생이 적어도 한 명 있어야 하기에, A, C, D, G, I 중 유일하게 TOEFL 100점 이상인 D는 무조건 교환학생을 가야 한다.

이때, 세 번째 조건에 따라 같은 전공의 3학년 이상 학생이 2명 이상 교환학생을 갈 수 없으므로, D와 같은 전공인 A는 교환학생을 갈 수 없게 된다. 따라서 답은 ① 이다.

Tip ❸ 네 번째 조건과 같이 절대적인 조건이 주어진 경우, 절대 선발될 수 없는 사람(B, H)과 반드시 선발되어야 하는 사람(D 또는 F)을 우선적으로 고려하면 답을 빠르게 찾을 수 있는 경우가 많다.

142 정답 ⑤ 난이도 ●●●

(1) 가장 먼저 접수번호 첫 번째 자리부터 영역을 나누어 보자. 접수번호의 첫 번째 자리가 동일한 접수번호는 4! =24개이다.

'가'~'마' 5개의 글자 중 첫 번째 자리에 임의로 하나를 배정한 뒤, 두 번째부터 다섯 번째 자리까지 4개 글자를 배열하는 경우의 수이기 때문이다. $_4P_4$ 로도 이해할 수 있다.

따라서 총 120개의 경우의 수가 24개씩 5개의 영역으로 나누어짐을 알 수 있다.

첫 번째 자리 글자	두 번째~다섯 번째 자리 글자	접수순서
가	'나', '다', '라', '마'를 나열하는 방법의 수: 4!=24	1~24번째
나	'가', '다', '라', '마'를 나열하는 방법의 수: 4!=24	25~48번째
다	'가', '나', '라', '마'를 나열하는 방법의 수: 4!=24	49~72번째
라	'가', '나', '다', '마'를 나열하는 방법의 수: 4!=24	73~96번째
마	'가', '나', '다', '라'를 나열하는 방법의 수: 4!=24	97~120번째

문제에서 90번째로 접수한 사람의 접수번호를 묻고 있다. 90번째로 접수한 사람은 '73~96번째로 접수한 사람'의 그룹에 속한다.

따라서 접수번호의 첫 번째 자리는 '라'로 확정된다.

(2) 첫 번째 자리가 '라'이므로 다음 두 번째 자리도 같은 원리로 영역을 나눠 보자. 즉, 접수번호의 첫 번째 자리가 '라'일 때 두 번째 자리가 동일한 접수번호는 3! =6개다.

'가'~'마' 5개의 글자 중 첫 번째 자리에 '라'를 배정한 뒤, 두 번째 자리에 임의의 한 글자를 배정한 후 세 번째부터 다섯 번째 자리까지 남은 3개 글자를 배열하는 경우의 수이기 때문이다. $_3P_3$ 으로도 이해할 수 있다.

따라서 총 24개의 경우의 수가 6개씩 4개의 영역으로 나누어짐을 알 수 있다.

첫 번째 자리 글자	두 번째 자리 글자	세 번째~다섯 번째 자리 글자	접수 순서
라	가	'나', '다', '마'를 나열하는 방법의 수: 3!=6	73~78번째
	나	'가', '다', '마'를 나열하는 방법의 수: 3!=6	79~84번째
	다	'가', '나', '마'를 나열하는 방법의 수: 3!=6	85~90번째
	마	'가', '나', '다'를 나열하는 방법의 수: 3!=6	91~96번째

(3) 위의 표에 따라 90번째로 접수한 사람이 부여받는 접수번호는 첫 번째 자리와 두 번째 자리가 각각 '라'와 '다'이며, 이 중 사전식 배열에서 가장 마지막에 위치한 접수번호이다. 남은 글자는 '가', '나', '마'이므로 이것의 사전식 배열 마지막 순서의 배열은 '마, 나, 가'이다. (사전식 순서를 통해 단순히 나열해도 좋다. 영역에 속한 번호 개수가 6개에 불과하기 때문이다.)

(4) 따라서 90번째로 접수한 사람이 부여받는 접수번호는 '라다마나가'이다.

합격자의 시간단축 Tip

Tip ❶ PSAT에서 일견 낯선 문제를 맞닥뜨렸을 때는 문제에서 제공하는 정보가 있는지, 묻는 것은 무엇인지 파악하는 것이 우선이다. 무엇을 알려주고 있는가? '가나다라마~마라다나가', '사전식 배열', 그리고 〈접수번호 부여 현황〉 표이다.

〈접수순서 부여 현황〉에 따르면 접수 순서 1번의 접수번호가 '가나다라마', 2번은 '가나다마라', 3번은 '가나라다마', 11번은 '가다마나라'이다. 사전식 배열이 정확히 무엇인지 알지 못해도, 표로부터 가나다 순서에 따라 글자 '가'~'마'를 나열하는 것임을 추론할 수 있다.

그렇다면 무엇을 묻고 있는가? 접수 순서가 90번인 참가자의 접수번호를 묻고 있다. 즉, '가'~'마'까지 5개의 글자를 배열 가능한 $_5P_5=5!=120$개의 경우의 수 중

90번째가 무엇인지 구해야 하는 것이다. 이로부터 우리는 본 문제가 전형적인 경우의 수 유형임을 알 수 있다.

Tip ❷ 나열했을 때 발생하는 일정한 규칙을 큰 덩어리로 묶어 몇 개인지 파악하는 것이 핵심이다. 처음에는 '가', '나', '다'로 시작하는 접수번호 개수를 파악한 다음에는 조금 더 작은 덩어리로 다시 나누어 파악해야 한다.

Tip ❸ 간단한 수형도로 나타내면 다음과 같다. 문제에서 90번째를 찾고 있으므로, 첫 번째 자리는 '라', 두 번째 자리는 '다'로 확정되었다.

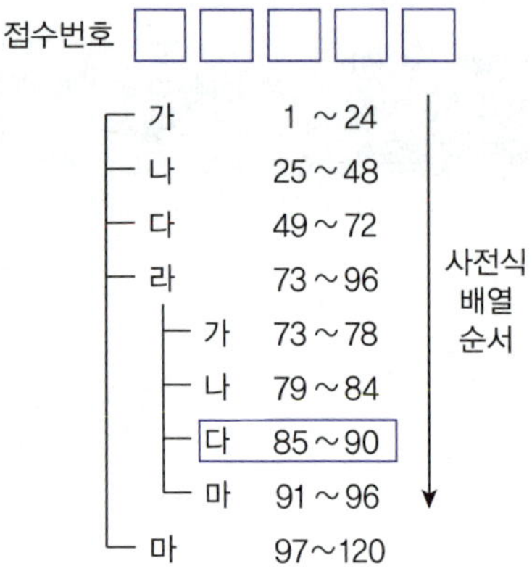

143 정답 ❶ 난이도 ●○○

(1) 〈설명〉을 참고하여 (　　)를 먼저 계산하면
- (1 A 5)=1×5=5
- (3 C 4)=3×4=12

(2) 〈설명〉을 참고하여 {　　}를 계산하면
5 B 12=5×12=60

(3) 마지막으로 60 D 6을 연산하면 60 D 6=60 ÷ 6 =10이다. 따라서 정답은 ①번이다.

합격자의 시간단축 Tip

Tip ❶ 난이도가 낮은 대표적인 유형으로 '**단서** 조항'이나 '순서' 등만 조심하면 되는 문제이다.
다만, 문제풀이의 효율성을 위해 〈설명〉을 자세히 읽은 후 〈수식〉으로 내려가지 말고, 대략적으로 〈설명〉이 연산자에 대한 것임을 파악한 후에는 곧바로 〈수식〉으로 내려가 필요에 따라 순차적으로 〈설명〉의 필요한 부분을 읽도록 한다.
주로 위와 같이 연산자가 주어지거나, 알파벳 규칙을 주는 형태로 출제되는 등 일정한 패턴이 있으므로 해당 유형이 보이면 먼저 푸는 것이 전략적으로 좋다.

＊ 알파벳을 기호로 바꾸어서 푸는 것도 한 방법이 될 수 있다. 이때 〈설명〉의 '단' 조건에 주의하여 기호화 한다.

144 정답 ❸ 난이도 ●○○

① 취득세: 자경농민인 甲은 농지를 상속받았으므로, 단서에 따라 취득세가 비과세된다.
② 농어촌특별세: (취득세액)×10%이나, 취득세가 비과세되므로 농어촌특별세 역시 비과세된다.
③ 등록세: (취득 당시 가액)×0.3%=5(억 원)×0.3% =150만 원
④ 지방교육세: (등록세액)×20%=150(만 원)×20% =30만 원

따라서 甲이 납부하여야 할 세금액은 150(만 원)+30(만 원)=180만 원이다.

합격자의 시간단축 Tip

Tip ❶ 기본적으로 실수만 하지 않는다면 쉽게 풀 수 있는 문제이다. 다만, 주어진 구조를 보면 취득세와 농어촌특별세가 서로 연관되고, 등록세와 지방교육세가 서로 연관된다는 점을 이용하면 조금 더 효율적으로 풀 수 있다.
총 4개의 세금 중 취득세와 농어촌특별세는 함께 비과세되어 대상에서 제외되며,
(등록세)+(지방교육세)=(등록세)+20%×(등록세) =1.2×(등록세)임을 알 수 있다.
즉, 각각을 나누지 않고 묶음으로 처리하면 더 간단하게 해결할 수 있다.

Tip ❷ 먼저, 조건들을 읽기 시작하면 '부동산 취득 당시 가액'에 세율을 곱해서 세금을 산정한다는 내용들이 보인다. 이때, '부동산 취득 당시 가액'은 발문에서 얻을 수 없는 정보이기 때문에, 순간적으로 문제를 이해하지 못하고 헤맬 수 있다.
이 경우 다른 조건들을 훑어보면서 '부동산 취득 당시 가액'이 무엇인지 찾는 것이 우선이 되어야 한다. 세번째 조건을 보면 무엇인지 나와 있으며, 이에 따라 문제를 해결하면 된다.
즉, 조건들을 꼭 주어진 순서대로 읽어 나가기 보다는, 필요한 조건을 찾아 나가는 식으로 접근하는 것이 좋다.

Tip ❸ 세금을 계산하는 문제에 있어서 중요한 것은 ① 비과세/면세대상인지 여부, ② 세율, ③ 세금 부과 기준이다. 문제의 경우 〈조건 1〉에서 비과세/면세대상인지 여부 및 세율을, 〈조건 2〉에서 세율을, 〈조건 3〉에서

세금 부과 기준에 대해서 제시하고 있으므로 각 항목을 빠짐없이 확인하는 것이 중요하다. 또한 확인하는 과정에서 '다만'과 같은 단서부분에는 유의해야 한다.

* 농어촌특별세와 관련하여 헷갈리지 않아야 한다. 취득세는 취득 당시 가액에 2%의 세율을 곱하여 산정한다. 자경농민의 경우 취득세가 비과세되어 취득세를 내지 않음은 쉽게 파악할 수 있다. 다만 농어촌특별세는 '부동산 취득 당시 가액'이 아닌, '결정된 취득세액'에 10%의 세율을 곱하여 산정되므로, 결정된 취득세액이 비과세로 인해 0이므로 농어촌특별세 역시 0임에 주의해야 한다.

145 정답 ①

난이도 ●●○

[첫 번째 〈상황〉]

(1) 아래층 부부가 10개월 간 피해를 입었으므로 이는 6개월 초과~1년 이내의 피해기간에 해당한다. 따라서 피해자 1인당 층간소음 배상 기준 금액은 650,000원이다.

(2) 이때, 등가소음도가 주간과 야간에 모두 수인한도를 초과하였으므로 '배상금액 가산기준 (2)'에 해당하여 30% 이내에서 가산할 수 있다.
따라서 피해자 1인당 최대 배상 금액은 650,000(원)+650,000(원)×0.3=845,000원이다.

(3) 피해자는 아래층 부부로 총 2명이므로 甲의 최대 배상 금액은 845,000(원)×2(명)=1,690,000원이다.

[두 번째 〈상황〉]

(1) 아래층에 사는 가족이 1년 6개월 간 피해를 입었으므로 이는 1년 초과~2년 이내의 피해기간에 해당한다. 따라서 피해자 1인당 층간소음 배상 기준 금액은 800,000원이다.

(2) 이때, 야간에 최고소음도와 등가소음도가 모두 수인한도를 초과하였으므로 '배상금액 가산기준 (1)'에 해당하여 30% 이내에서 가산할 수 있다.
또한, 수험생 1명은 추가적으로 '가산기준 (3)'에 해당하여 해당 피해자 개인에게 20% 이내에서 가산할 수 있다.

(3) 수험생을 제외한 나머지 가족들의 1인당 배상 금액은 800,000+800,000×0.3=1,040,000(원)이다.
한편, 둘 이상의 가산기준에 해당하는 경우 기준금액을 기준으로 각각의 가산금액을 산출한 후 합산하므로, 수험생의 배상 금액은 800,000+800,000×0.3+800,000×0.2=1,200,000 (원)이다.

(4) 피해자는 아래층 가족으로 총 4명이며 그 중 수험생이 1명 포함되어 있으므로 乙의 최대 배상금액은 1,040,000×3(명)+1,200,000×1(명)=4,320,000(원)이다.

합격자의 시간단축 Tip

Tip ❶ 많은 수험생들이 문제의 '예)'처럼 기준금액과 가산기준을 나누어 더해 풀 것이라 생각한다. 그러나 '선지'를 적절히 이용하면 '기준금액' 위주로 풀 수 있어 더욱 효율적으로 풀 수 있다.
이를 적용해보면 다음과 같다.

(1) 첫 번째 상황: 가산기준을 고려하지 않고 기준금액만 확인하면 1인당 배상 기준금액은 650,000원이다. 따라서 2명은 650,000×2=1,300,000원이다. 이때, '가산기준 (2)'에 해당하여 이를 가산하면 1,300,000원보다 큰 값이 될 텐데, 선지를 보면 ①~③은 1,690,000원, ④~⑤는 1,300,000원이므로 당연히 정답은 ①~③번 중 하나가 될 것이다.

(2) 두 번째 상황: 마찬가지로 가산기준을 고려하지 않고 기준금액만 확인하면 1인당 800,000원이다. 따라서 (총 4명의 배상 금액)=800,000×4=3,200,000(원)이다.
이때, '가산기준 (1)'에 해당하며, 수험생 1명만 추가로 '가산기준 (3)'에 해당한다. 이를 각각 계산하지 않고 먼저 %를 더하면 30%×4(명)+20%×1(명)=140%이다. 즉, 800,000의 140%를 더해주면 된다. 140%는 곧 1.4배로, 80만 원의 1.4배는 뒷자리가 ~20,000원으로 끝나게 된다.
이를 파악했다면 더 이상 구체적으로 계산하지 않더라도 선지의 4,320,000원, 4,160,000원, 3,840, 000원 중 140%에 해당할 수 있는 것은 4,320,000원 밖에 없으므로 정답은 ①번임을 알 수 있다.

Tip ❷ 위 문제에서는 친절하게 〈상황〉에서 상황 1,2가 가산기준 (3)에 해당하는지의 여부를 설명하고 있다. 하지만 문제의 경우에 따라 가산기준 (3)의 적용여부도 본인이 직접 파악해야 하는 경우가 있다.
예를 들어, 〈상황 1〉에서 '환자, 1세 미만 유아, 수험생은 없다'라고 주거나 〈상황 2〉에서 '수험생이 1명 있으며 환자, 1세 미만 유아는 없다'와 같이 주어진 경우다. 이때, 가산기준 (1)과 (2)뿐만 아니라 (3)도 유념해서 보아야 한다. 또한, 〈상황〉에 따라 대입이 어렵다면 계산의 사례로 예)가 존재하는데 예)를 참고하는 것도 좋은 방법이다.

＊ **Tip ❷**에서 설명한 것처럼 이 문제는 보다 어렵게 문제를 구성할 장치를 마련해 놓고도 막상 문제 자체는 쉽게 출제되었다. 예를 들어, 주간에는 최고소음도 수인한도를 초과하고, 야간에는 등가소음도 수인한도를 초과하는 경우에는 가산기준에 해당되지 않는다.
그러므로 이 문제를 연습하는 입장에서는 단순히 문제만 풀 것이 아니라 어떻게 헷갈리게 낼 수 있는지를 생각해보면 더 복잡한 문제를 풀 때에 도움이 될 것이다.

146 정답 ④ 난이도 ●●○

ㄱ. (O) 카르다노는 cub⁹ p : 4reb⁹ p : 2 ae$\bar{q}$lis 0이라고 썼을 것이다.
→ 카르다노에 따르면, cub⁹는 x^3이고, p : 은 +이며, 4reb⁹는 4x이고, ae$\bar{q}$lis는 =이다. 상수항은 현재의 표현과 동일하다.
따라서 카르다노에게 cub⁹ p : 4reb⁹ p : 2 ae$\bar{q}$lis 0은 방정식 $x^3+4x+2=0$의 표현이다.

ㄴ. (O) 스테빈은 1③+4①+2 egales á 0이라고 썼을 것이다.
→ 스테빈에 따르면, 1③은 x^3이고, 2①은 2x이며, egales á는 = 이다. +와 상수항은 현재의 표현과 동일하다. 즉, 스테빈의 표현 규칙을 살펴보면, 현재의 항의 계수를 밑으로 나타내며 항의 차수를 지수에 동그라미를 그려 나타낸다. 이 경우 4x는 스테빈에 따르면 4①이다.
따라서 스테빈에게 1③+4①+2 egales á 0은 방정식 $x^3+4x+2=0$의 표현이다.

ㄷ. (×) 기랄드는 ~~1(2)+4(1)+2=0~~이라고 썼을 것이다.
→ 기랄드에 따르면, 1(3)은 x^3이고, 21(2)는 $21x^2$이다. +와 =, 상수항은 현재의 표현과 동일하다. 즉, 기랄드의 표현 규칙을 살펴보면 현재의 항의 계수를 괄호 밖에 나타내며 항의 차수를 괄호 안에 나타낸다. 이 경우 4x는 기랄드에 따르면 4(1)이다.
따라서 기랄드에게 1(2)+4(1)+2=0은 방정식 $x^3+4x+2=0$이 아닌 $x^2+4x+2=0$의 표현이다.

ㄹ. (O) 헤리옷은 xxx+4·x+2=0이라고 썼을 것이다.
→ 헤리옷에 따르면, xxx는 x^3이고, 3·x는 3x이다. +와 =, 상수항은 현재의 표현과 동일하다. 이때, 하나의 항에서 미지수 x의 개수가 현재의 항의 차수를 나타낸다.
따라서 헤리옷에게 xxx+4·x+2=0은 방정식 $x^3+4x+2=0$의 표현이다.

합격자의 시간단축 Tip

Tip ❶ '틀린 그림 찾기'처럼 그림이라 생각하고 푸는 것이 편한 유형이다. 이때 모두가 동일한 풀이 방식을 취한다는 점에서, '어떻게 푸냐' 보다는 '무엇부터 푸는가'가 더 중요하다.
즉, 비교적 직관적인 값을 먼저 확인할 수록 빠른 풀이가 가능하다.
사람마다 다르겠지만, 우리에게 가장 익숙한 기호 x를 사용하는 '기랄드'와 '헤리옷'이 직관적이라고 볼 수 있다. '카르다노'와 '스테빈'은 보기에 매우 어색하여 간단한 문제임에도 시간을 소모할 가능성이 크다.
이에 〈보기 ㄷ〉의 '기랄드'를 먼저 확인하면 틀린 보기이므로 ①, ③, ⑤ 번을 소거한다.
그리고 ②, ④ 번의 유일한 차이인 〈보기 ㄱ〉만 추가로 확인하면 이 문제를 해결할 수 있다.

＊ 표현 방식이 4종류이고 선지도 4개이기 때문에 1대1 방식으로 연결 되어있을 가능성이 크다는 것을 확인한 후 비교하는 것이 좋다. 수식에 대한 이해가 좋은 편이라면 카르다노와 스테빈의 '=' 표시를 먼저 확인해보는 것도 나쁘지 않다.

Tip ❷ reb, cub, egales 등 낯선 단어가 나왔다고 해서 당황할 필요가 없다. 표면적으로는 낯설고 어려운 단어가 나올 수 있지만, 글을 잘 읽어보면 사실은 '치환'의 개념을 활용한 나에게 익숙한 용어인 경우가 대부분이다. 그렇기 때문에 문제를 넘기기보다는 혹시 겉으로만 어려운 용어가 있는 것이 아닌지 의심하면서 문제에 접근하면 오히려 문제를 더 빨리 풀 수 있다.

Tip ❸ 주어진 예시를 최대한 활용하도록 한다. 카르다노의 경우, cub⁹=x^3이고 p : 은 덧셈기호, reb⁹는 x, ae$\bar{q}$lis는 등호 기호로 주어졌다고 해서 하나씩 대입하기 보다는, 주어진 예시 식인 $x^3+6x=18$을 활용해 x^3+6x에서 6만 4로 치환해 틀린 그림 찾기처럼 x^3+4x와 비교하는 방식도 효율적이다.

147 정답 ④ 난이도 ●○○

최소성분량과 최대성분량 각각의 합은 다음과 같다.

최소성분량의 합	최대성분량의 합
60+x	100+y

ㄱ. (O) x가 4이고 y가 10인 경우, 조성물 甲은 불명확하다.
• 기준 ①: 최소성분량의 합은 60+4=64 < 100

이므로 해당하지 않는다.

- 기준 ②: 최대성분량의 합은 100+10=110 > 100 이므로 해당하지 않는다.
- 기준 ③: 최대성분량이 가장 크고, 최소성분량과의 차이가 가장 큰 D를 예로 확인해보면 20+10+30+20+10=90으로 100에 미달하므로 '불명확'하다.

ㄴ. (×) x가 10이고 y가 20인 경우, 조성물 ~~甲은 불명확하다~~.

- 기준 ①: 최소성분량의 합은 60+10=70 < 100 이므로 해당하지 않는다.
- 기준 ②: 최대성분량의 합은 100+20=120 > 100 이므로 해당하지 않는다.
- 기준 ③: 최대성분량이 가장 크고, 최소성분량과의 차이가 가장 큰 D를 예로 확인해보면 20+10+30+20+20=100으로 100에 미달하지 않으므로 해당하지 않는다.
- 기준 ④: 최대성분량이 가장 크고, 최소성분량과의 차이가 가장 큰 D를 예로 확인해보면 40+5+25+10+10=90으로 100을 초과하지 않으므로 해당하지 않는다.

따라서 불명확하지 않다.

ㄷ. (○) x가 25이고 y가 26인 경우, 조성물 甲은 불명확하다.

- 기준 ①: 최소성분량의 합은 60+25=85 < 100 이므로 해당하지 않는다.
- 기준 ②: 최대성분량의 합은 100+26=126 > 100 이므로 해당하지 않는다.
- 기준 ③: 최대성분량이 가장 크고, 최소성분량과의 차이가 가장 큰 D를 예로 확인해보면 20+10+30+20+26=106으로 100에 미달하지 않으므로 해당하지 않는다.
- 기준 ④: 최대성분량이 가장 크고, 최소성분량과의 차이가 가장 큰 D를 예로 확인해보면 40+5+25+10+25=105으로 100을 초과하여 '불명확'하다.

ㄹ. (○) x가 20이고 y가 x보다 크고 40보다 작은 경우, 조성물 甲은 불명확하지 않다.

- 기준 ①: 최소성분량의 합은 60+20=80 < 100 이므로 해당하지 않는다.
- 기준 ②: 최대성분량의 합은 100+y > 100 이므로 해당하지 않는다.
- 기준 ③: 최대성분량이 가장 크고, 최소성분량과의 차이가 가장 큰 D를 예로 확인해보면 20+10+30+20+y=80+y로 100에 미달하지 않으므로 해당하지 않는다.
- 기준 ④: 최대성분량이 가장 크고, 최소성분량과의 차이가 가장 큰 D를 예로 확인해보면 40+5+25+10+20=100으로 100을 초과하지 않으므로 해당하지 않는다.

따라서 불명확하지 않다.

합격자의 시간단축 Tip

Tip ❶ 시간이 소모되는 유형으로 난이도 자체는 매우 간단하다.

<u>**이때, 시간 소모를 최소한으로 하기 위해서는 '반복 작업'을 없애는 것이 핵심이다.**</u>

(1) 보기 ㄱ부터 보기 ㄹ까지 모두 기준 1, 2, 3, 4를 반복적으로 적용해보아야 한다.
<u>즉, x와 y를 제외한 모든 값을 계산해두고 확인하면 매우 빠르게 처리할 수 있다.</u>
예를 들면 다음과 같다.
- 기준 ①: 60+x > 100 → x > 40 이면 불명확하다.
- 기준 ②: 100+y < 100 → y < 0이면 불명확하다.
- 기준 ③: 80+y < 100 → y < 20 이면 불명확하다.
- 기준 ④: 80+x > 100 → x > 20 이면 불명확하다.

이 조건들 중 한 가지에만 해당되어도 불명확하다. (범위의 교집합을 판단하는 것이 아니다.)
즉, 20 < x 이거나 y < 20이면 불명확하다.

(2) 각 선지에 적힌 값이 위 범위에 해당하는지만 확인하면 빠르게 처리할 수 있다.
보기 ㄱ은 y=10 < 20에 해당해서 불명확하며,
보기 ㄴ은 x=10, y=20으로 위 범위에 해당하지 않아 불명확하지 않으며,
보기 ㄷ은 20 < x=25에 해당해서 불명확하며,
보기 ㄹ은 x=20, 20 < y < 40 이므로 범위에 해당하지 않아 불명확하지 않다.
보다시피 매우 간단한 것을 알 수 있다.

Tip ❷

(1) 4가지 조건 중 어려운 조건은 단연 3, 4번째 조건이다. "모든"으로 시작하는 1, 2번째 조건과 달리 "어느 한 성분의 ~" 라고 시작하여 경우의 수가 생기기 때문이다. 따라서 3, 4번째 조건에서의 <u>"극단값"</u>을 찾는 것이 키포인트가 된다. <u>즉, 극단적인 한 경우에도 해당 조건이 성립하면 나머지는 볼 필요가 없는 것이다.</u>

(2) 그리고 여기서 극단값이 되는 것은 <u>"최소성분량과 최대성분량의 차이"</u>가 가장 큰 D가 된다. 3번째 조건을 예로 들면, (최소성분량)+(나머지 최대성분

량의 합) < 100% 인 경우 불명확하다. 이에 따르면, 명확하기 위해서는 2번째 조건인 최대성분량의 합에서 가장 많이 뺄 수 있는 최소성분량을 택하는 경우에도 100%가 넘지 말아야 한다는 것이다. 따라서 "최소성분량" 자체가 작은 것을 고르는 것이 아니라 '최소성분량과 최대성분량의 차이'가 가장 큰 것을 골라야 한다는 것을 빠르게 파악해야 한다.

Tip ❸

(1) 지문에서 주어진 4개의 조건 중 첫 번째, 두 번째 조건으로는 보기를 판단할 수 없다. 결국 세 번째, 네 번째 조건을 이용해 보기를 판단해야 하고 그 말은 보기 하나 당 최대 10번씩 확인해야 한다는 것을 의미한다. 그러나 문제해결 영역은 최대 40번 확인하라는 소위 노가다 문제가 아닌 신속하고 정확한 판단을 요구하는 영역이다. 처음부터 아이디어를 떠올리려면 많은 경험과 자신감이 필요하니 이러한 실력을 다지기 위해 우선 보기 ㄱ을 활용하여 직접 대입해 본다.

(2) x가 4이고 y가 10일 경우, 지문의 세번째 조건을 확인하자. 이를 (a, b)의 형태로 나타내면 다음과 같다.

> (한 성분의 최소성분량, 나머지 모든 성분의 최대성분량의 합)
> → (5, 100), (25, 80), (10, 90), (20, 70), (4, 100)

이상의 5개가 도출되며, 이 중 단 하나의 조합이라도 100 이하가 되면 불명확하다.
이때, 두 값의 합이 가장 작은 것은 (20, 70)으로 90이 되어 100에 미달하므로 〈보기 ㄱ〉의 경우 조성물 甲은 불명확하다.
x가 4이고 y가 10일 경우 **Tip ❷**와 같은 이유로 (20, 70)이 선택된다.

(3) **Tip ❷**의 내용을 구체적인 수식으로 설명하면 다음과 같다.
지문의 세 번째 조건은 **(한 성분의 최소성분량) + (나머지 모든 성분의 최대성분량의 합)**을 찾는 것인데 이는 (5가지 성분의 최대성분량의 합) + (한 성분의 최소성분량) − (해당 성분의 최대성분량)과 같으며, 이 최소값은 100을 초과해야 한다.
이때, (5가지 성분의 최대성분량의 합)은 100 + y = 110으로 고정되어 있다.
따라서 (한 성분의 최소성분량) − (해당 성분의 최대성분량)이 가장 작아야 함을 의미하고 이는 (한 성분의 최대성분량) − (한 성분의 최소성분량) 이 가장 커야 함을 의미한다.
즉, **최대성분량과 최소성분량의 차이가 가장 큰 것**을 고르면 된다.
마찬가지로 지문의 네 번째 조건을 확인하여 패턴을 찾는다면 이후의 보기들도 빠르게 처리할 수 있다.

(4) 이 문제를 열심히 분석하다 보면 결국 모든 보기에서 x와 y의 차이가 20이 되지 않는 것을 확인할 수 있다. 따라서 언제나 성분 D가 지문에서 요구하는 '어느 한 성분'이 됨을 파악할 수 있다.

148 정답 ① 난이도 ●○○

ㄱ. (O) 34세로 소득 7분위인 대학생 甲이 직전 학기에 14학점을 이수하여 평균 B학점을 받았을 경우 X학자금 대출을 받을 수 있다.
➜ X학자금 대출의 신청 대상은
① 신청 연령이 35세 이하이며
② 직전 학기 12학점 이상 이수 및 평균 C학점 이상이며
③ 소득 1~8분위에 해당하는 자이다.
甲은
① 34세로 35세 이하이고
② 직전 학기에 14학점 이수 및 평균 B학점을 받았으며
③ 소득이 7분위이므로
신청 대상자에 해당한다.

ㄴ. (O) X학자금 대출 대상이 된 乙의 한 학기 등록금이 300만 원일 때, 한 학기당 총 450만 원을 대출받을 수 있다.
➜ X학자금 대출 대상자인 乙은 ① 등록금 전액에 해당하는 300만 원과 ② 한 학기 생활비인 150만 원으로 총 300 + 150 = 450만 원까지 대출을 받을 수 있다.

ㄷ. (×) 50세로 소득 9분위인 대학원생 丙(장애인)은 ~~신용 요건에 관계없이 Y학자금 대출을 받을 수 있다.~~
➜ Y학자금 대출은 X학자금 대출과 달리 신용 요건을 요구한다. 이때, 장애인의 경우 면제되는 요건은 이수학점 기준이며, 신용 요건을 면제하는 별도의 기준이 존재하지 않는다.
만약 丙이 금융채무불이행자이거나 저신용자이면 대출받을 수 없다.

ㄹ. (×) 대출금액이 동일하고 졸업 후 소득이 발생하지 않았다면, X학자금 대출과 Y학자금 대출의 ~~매월 상환금액은 같다.~~
➜ 졸업 후 소득이 발생하지 않았다면 X학자금 대출의 경우 '유예'되지만, Y학자금 대출의 경우 졸업

'직후'부터 매월 원금균등분할상환과 원리금균등분할상환 중 하나를 선택하여 상환해야 한다. 따라서 매월 상환금액은 다를 수 있다.

합격자의 시간단축 Tip

Tip ❶ 기준을 적용하기만 하면 되는 매우 간단한 문제이다.

난이도가 낮은 만큼 따로 주의할 것은 없으나, 예외적 상황을 요구하는 경우 별도의 예외 규정이 있는지만 놓치지 않고 확인하면 된다.

또한, 빨리 푸는 것이 중요한 유형이므로 1분에서 1분 30초 이내에는 풀 수 있도록 연습하자.

Tip ❷ 표의 "구분"을 먼저 잘 볼 필요가 있다. 구분을 기준으로 물어보는 것이 다르기 때문이다.

〈보기 ㄱ〉, 〈보기 ㄷ〉은 "신청대상"에 대해, 〈보기 ㄴ〉은 "대출한도"에 대해, 〈보기 ㄹ〉은 "상환사항"에 대해 묻고 있다. 따라서 처음부터 표를 일일이 다 읽기 보다는 큰 틀을 잡고 필요한 부분만 발췌해서 읽는 연습이 요구된다.

Tip ❸ 기준을 적용하는 문제의 경우 빠먹은 기준이 없는지 잘 살펴보는 것이 중요하다.

예를 들어, 가끔씩 아주 기본적인 전제 조건을 함정으로 놓는 경우가 있다.

문제에 주어진 표의 제목은 〈국내 대학(원) 재학생 학자금 대출 조건〉이다. 본 문제의 경우에는 전부 대상이 대학생과 대학원생이어서 갑, 을, 병이 대학(원)생인지를 굳이 신경 쓰지 않아도 되었다. 하지만 가끔 문제에 따라 가장 기본적인 전제 조건을 비트는 경우가 있다. 주의를 기울이지 않으면 실수할 수 있으므로 모든 조건을 꼼꼼하게 고려하는 습관을 들이는 것이 중요하다.

> * 문제에서 묻는 것만을 구하는 습관이 필요하다. 그래야만 시간을 줄일 수 있기 때문이다. 예를 들어, 이 문제의 보기 ㄹ에서 매월 상환금액이 같은지 다른지 만을 구하면 될 뿐이지, 각 대출의 상환방식을 정확히 이해해야 할 필요는 없다.
> 또한, 보기 ㄱ과 보기 ㄴ은 구조는 비슷해 보이나 ㄴ의 경우 정확한 액수를 구해야 하는 것이지만, ㄱ의 경우 대출가능 여부만을 따지면 된다. 이처럼 묻는 것만을 구해야 한다는 점을 항상 인지하며 문제를 풀어야 한다.

Tip ❹

(1) 주어진 표에는 두 개의 학자금 대출 조건이 나와 있으며 보기에는 각각의 상황이 주어져 있다. 따라서 문제를 스캔했을 때 표를 이해한 후 보기를 해결하는 패턴이 아닌 보기를 표에 적용시켜 해결하는 패턴이 시간을 절약하는 방법이 될 수 있다.

(2) 구체적으로 보기를 확인하면, 〈보기 ㄱ〉과 〈보기 ㄴ〉은 X학자금 대출에 대한 보기이며, 〈보기 ㄷ〉은 Y학자금 대출에 관한 보기이고, 〈보기 ㄹ〉은 X학자금 대출과 Y학자금 대출을 비교하는 보기이다. 따라서 두 개의 보기를 한번에 해결할 수 있는 X학자금 대출을 먼저 살펴보는 것이 좋다.

(3) 설문의 경우 '신청 대상'-'성적 기준'에서 이수학점 기준 면제에 대한 평이한 단서 하나만 존재하나, 일반적으로 이러한 유형에서는 성적기준 '예외'의 적용 유무가 정답에 중요한 역할을 하니 항상 고려하도록 하자.

149 정답 ⑤ 난이도 ●●○

여비를 정리하면 다음과 같다.

(단위: 원)

	1일차	2일차	3일차
운임	20,000	-	20,000
숙박비	75,000 (상한액: 40,000×2=80,000)		
식비	20,000	20,000	20,000
일비	20,000	20,000	20,000

따라서 3일 간의 총 여비는 40,000원+75,000원+60,000원+60,000원=235,000원이다.

합격자의 시간단축 Tip

Tip ❶ 이 문제의 가장 큰 함정은 '숙박비 상한액'으로 이 부분만 주의하면 큰 문제없이 해결할 수 있다. 일반적으로는 상한액만 고려하면 되어 많은 수험생들이 1일차의 숙박비를 40,000원으로 계산하게 되나, 문제에서는 '출장기간이 2일 이상인 경우 실비로 계산한다'고 규정하고 있어 틀리기 쉬운 문제이다.

항상 '다만'과 같은 단서 조항은 주의해서 확인해야 하며, '여비'와 같은 익숙한 주제라 하더라도 기존에 풀던 방법으로 풀지 않도록 조심해야 한다.

Tip ❷

(1) 많은 수험생들이 여비를 위 해설처럼 '일차 별'로 확인하였을 것이라 생각한다.
그러나 일차 별로 확인할 경우 각 항목을 어떻게 산정하는지 매번 확인하여야 하여 비효율적이다. 특히 이 문제의 경우 일비와 식비가 일률적으로 1일당 20,000원이므로 '항목 별'로 확인하는 것이 더 좋다.

(2) 꼭 이 문제가 아니더라도 지출 내역 및 여비 지급을 구할 때 항목별로 구하는 것이 효율적이고 실수를

줄이는 방법이다. 예를 들어, 일자별로 구하려면 1일차의 운임비, 숙박비, 식비, 일비를 규정대로 구하고, 또 2일차의 운임비, 숙박비, 식비, 일비를 규정대로 구해야 하지만, 항목별로 총 운임비/총 숙박비/총 식비/총 일비를 구하고 한꺼번에 더하는 것이 간단하다.

본 문제에 적용해보면 아래와 같다.

① 교통비는 1, 3일 차에만 있고 그 합은 40,000원이다.

② 숙박비는 2일 이상일 경우 총액 한도 내 실비로 계산하므로 45,000+30,000=75,000원이다.

③ 식비와 일비는 모두 여행 일수에 따라 지급하므로 (20,000+20,000)×3=120,000원이다. 따라서 40,000+75,000+120,000=235,000(원)임을 알 수 있다.

Tip ❸

(1) 이 문항의 경우 각 선지가 1,000의 단위로 구성되어 있다. [별표1] 국내 여비 지급표와 〈甲의 지출내역〉 또한 1,000원 단위로 표시되어 있기 때문에, 여비 총액을 구할 때 끝의 '000'을 제하고 계산하면 다루는 수의 크기가 작아져 보다 계산이 간단해질 것이다.

(2) 구체적인 여비 총액을 계산하지 않고도 답을 구할 수 있다. [별표1]과 〈甲의 지출내역〉을 고려할 때, 운임, 일비, 식비는 만 원 단위로 계산되고 숙박비만 천 원 단위로 계산된다. 이때, 숙박비 실비인 75,000원만 천 원 단위이기 때문에, 숙박비만 계산해도 문제의 정답이 선지 ⑤ 번임을 알 수 있다.

150 정답 ③ 난이도 ●●○

(1) 과세표준은 판매자에게 지급한 물품가격, 미국에 납부한 세금, 미국 내 운송료, 미국에서 한국까지의 운송료를 합한 금액을 원화로 환산한 금액으로 한다. 이때, 미국에 납부한 세금과 미국 내 운송료는 각각 0이다. 또한, 미국에서 한국까지의 운송료는 〈국제선편요금〉을 적용하므로
(과세표준)=(물품가격)×(현재 고시환율)+(국제선편요금)

(2) 판매자에게 지급한 물품가격은 전자기기 가격인 $120이고, 국제선편요금은 전자기기의 중량이 0.9kg이므로 이는 0.5kg~1kg 미만의 중량에 해당하여 ₩10,000이다. 따라서 이를 합하면 $120+₩10,000이다.
과세표준 환산 시 환율은 관세청장이 정한 '고시환율'에 따르므로, 과세표준을 원화로 환산하면 (과세표준)=$120×₩1,100/$+₩10,000=₩142,000 이다.

(3) 물품을 수입할 경우 과세표준에 품목별 관세율을 곱한 금액을 관세로 납부해야 한다. 단, 과세표준이 15만 원 미만이고, 개인이 사용할 목적으로 수입하는 물건에 대해서는 관세를 면제한다. 설문의 경우 과세표준이 14만 2천 원으로 15만 원 미만이고, 甲은 개인이 사용할 목적으로 전자기기를 수입하므로 전자기기에 대한 관세는 면제된다.

(4) 우리가 구해야 하는 것은 甲이 전자기기의 구입으로 지출한 총 금액이다. 이때, 관세는 면제되므로 (甲이 지불한 총금액)={(물품가격)+(실제운송료)}×(지불 시 적용된 환율)=($120+$30)×(₩1,200)/$=₩180,000 이다.

합격자의 시간단축 Tip

Tip ❶ 본 문제의 경우 관세를 고려하기 전에 '순수 구입비'를 먼저 도출하는 것이 좋다. 왜냐하면 이를 이용하면 甲이 구매한 전자기기의 과세표준 값을 구체적으로 구하지 않고도 선지를 활용하여 보다 간단하게 답을 구할 수 있기 때문이다. 구체적인 내용을 확인해보면 다음과 같다.

(1) (甲이 전자기기의 구입으로 지출한 총 금액)=(전자기기 구입비)+(관세)
(전자기기 구입비)=(전자기기 가격)+(운송료)=($120+$30)×₩1,200/$=₩180,000

(2) 즉, 구입비는 甲의 지출 금액 중 관세를 제한 가격으로, 가능한 최저 지출 금액이라고도 할 수 있다. 따라서 甲이 지출한 총 금액은 18만 원 이상이므로, 그보다 작은 선지 ①, ② 번은 답이 될 수 없다.

(3) 선지 ④, ⑤ 번의 값은 18만 원보다 크므로 관세가 부과된 가격이다. 〈관세 관련 규정〉에 따라 관세가 부과되는 경우에는 과세표준이 최소 15만 원이므로, 전자기기에 관세는 최소 15,000원 부과된다. 따라서 관세가 부과되는 경우, 甲의 최소 지출 금액은 180,000+15,000=195,000원이 된다. 따라서 그보다 작은 선지 ④ 번도 소거된다.

(4) 선지 ⑤ 번의 198,000원은 180,000원에 10%를 더한 금액이므로, 관세는 18,000원이고 과세표준은 180,000원으로 계산된 것이다. 그러나 문제에서 과세표준과 구입비는 각각에 적용되는 환율과 운송료가 다르기 때문에 결코 같을 수 없다. 따라서 ⑤ 번도 소거된다.

(5) 따라서 정답은 ③ 번임을 쉽게 알 수 있다.

Tip ❷ 이 문제에서 가장 중요한 것은 '과세표준'이 아닌 '甲이 지출한 총금액'을 구하는 것임을 빠르게 파악하는 것이다. 즉, 문제를 읽고 우리가 구해야 하는 것이 (甲이 전자기기의 구입으로 지출한 총 금액)＝{(전자기기 가격)＋(운송료)}×(환율)＋(관세)임을 먼저 파악해야 한다. 또한, 언제나 '단서 조항'을 염두에 두어야 한다. 문제의 경우에도 '단, 과세표준이 15만 원 미만이고, 개인이 사용할 목적으로 수입하는 물건에 대해서는 관세를 면제한다'는 조항을 강조한 뒤 상황을 분석하도록 한다. 풀이에서 단서가 이용되는 경우가 많기 때문이다.

＊ 이 문제에서 과세표준을 자세하게 구하고 있다면, 아마 다른 수험생들과 비슷한 시간에 풀기는 어려울 수 있다. 과세표준을 구하기 위해서는 보다 복잡한 기준들을 적용해야 하기 때문이다. 과세표준은 그저 15만 원이 넘는지, 안 넘는지만 파악하면 된다.

독끝 6일차 (151~180)

정답

151	②	152	①	153	⑤	154	②	155	⑤
156	③	157	⑤	158	⑤	159	①	160	③
161	⑤	162	②	163	⑤	164	③	165	⑤
166	①	167	④	168	⑤	169	④	170	③
171	⑤	172	①	173	⑤	174	④	175	⑤
176	③	177	②	178	①	179	③	180	③

151 정답 ❷ 난이도 ●●●

① (×) 보배, 진혁, 안산

➜ 보배, 안산은 부상이 있으므로 〈조건〉 네 번째에 따라 복귀 시간이 30분 늦춰져 16시 30분에 숙소에 복귀한다. 그런데 진혁은 16시 20분에 개인 경기가 있으므로 개인 경기가 숙소 복귀 시간보다 빠르다. 따라서 이 경우 〈조건〉 두 번째에 따라 진혁은 출전할 수 없다.

② (○) 보배, 혜진, 안산

➜ 보배, 안산은 부상이 있으므로 〈조건〉 네 번째에 따라 복귀 시간이 30분 늦춰져 16시 30분에 숙소에 복귀한다. 혜진과 안산의 개인 경기 시간은 숙소 복귀 시간 이후이며, 보배와 혜진은 올림픽 출전경험이 있다. 또한 5~10년 경력 선수인 혜진이 단체전 경기에 출전하므로 5년 미만 경력 선수인 안산도 단체전 경기에 출전하며, 출전 인원에는 10년 이상 경력 선수인 보배가 포함되어 있다. 따라서 주어진 〈조건〉을 모두 만족하여 보배, 혜진, 안산의 조합은 단체전 경기에 출전할 수 있다.

③ (×) 진혁, 혜진, 우진

➜ 5~10년 경력 선수인 혜진과 우진이 출전하므로 〈조건〉 여섯 번째에 따라 5년 미만 경력 선수인 안산도 반드시 출전해야 한다. 그러나 이 경우 안산이 출전하지 않으므로 진혁, 혜진, 우진의 조합은 단체전 경기에 출전할 수 없다.

④ (×) 진혁, 우진, 안산

➜ 안산은 부상이 있으므로 〈조건〉 네 번째에 따라 복귀 시간이 30분 늦춰져 16시 30분에 숙소에 복귀한다. 그런데 진혁은 16시 20분에 개인 경기가 있으므로 개인 경기가 숙소 복귀 시간보다 빠르다. 이 경우 〈조건〉 두 번째에 따라 진혁은 출전할 수 없다.
또한, 〈조건〉 세 번째에 따라 올림픽 출전경험이 있는 선수가 출전인원에 적어도 한 명 포함되어야 하는데, 보배와 혜진 모두 포함되어 있지 않다. 따라서 진혁, 우진, 안산의 조합은 단체전 경기에 출전할 수 없다.

⑤ (×) 혜진, 우진, 안산

➜ 〈조건〉 다섯 번째에 따라 단체전 경기 출전 인원에는 10년 이상 경력선수인 보배와 진혁 중 적어도 한 명 포함되어야 한다. 그러나 이 경우 보배와 진혁 모두 포함되어 있지 않으므로, 혜진, 우진, 안산의 조합은 단체전 경기에 출전할 수 없다.

합격자의 시간단축 Tip

실전에서 문제를 풀 때에는 선지별로 모든 조건을 체크하지 않아야 한다. 하나의 조건만 불충족해도 바로 선지가 소거되기 때문이다. 이때, 먼저 확인하는 조건은 자신이 가장 직관적으로 파악할 수 있는 것으로 정한다. 예를 들어, 〈조건〉 다섯 번째에 따라 출전인원에 보배와 진혁 중 한 명 이상이 포함되어야 함을 알 수 있는데, 이때 선지 ⑤가 이 조건을 불충족하므로 바로 소거하고 이후 다른 조건들을 검토할 때 고려하지 않는다.
이처럼 적절한 조합을 고르는 문제의 경우 선지를 잘 활용해야 한다. 주관식 문제가 아니기 때문에 굳이 조합을 직접 만들 필요가 없으며 선지를 소거해 나가며 빠르게 정답을 고르는 것이 중요하다.

152 정답 ❶ 난이도 ●●●

① (○) 코딩 수업을 신청한 학생은 축구 수업을 신청하지 않았다.

➜ 〈조건〉 두 번째 명제의 대우에 따라 코딩 수업을 신청한 학생은 미술 수업을 신청하지 않았다. 〈조건〉 세 번째 명제에 따라 미술 수업을 신청하지 않은 학생은 피아노 수업을 신청했다. 〈조건〉 첫 번째 명제에 따라 피아노 수업을 신청한 학생은 축구 수업을 신청하지 않았다.
따라서 코딩 수업을 신청한 학생은 축구 수업을 신청하지 않았다.

② (×) 발레 수업을 신청한 학생은 ~~축구 수업을 신청하였다~~.

➜ 〈조건〉 두 번째 명제의 대우에 따라 발레 수업을 신청하지 않은 학생은 미술 수업을 신청하지 않았다. 〈조건〉 세 번째 명제에 따라 미술 수업을 신청하

지 않은 학생은 피아노 수업을 신청했다. 〈조건〉 첫 번째 명제에 따라 피아노 수업을 신청한 학생은 축구 수업을 신청하지 않았다. 따라서 발레 수업을 신청하지 않은 학생은 축구 수업을 신청하지 않았으나, 발레 수업을 신청한 학생이 축구 수업을 신청하였는지는 알 수 없다.

③ (×) 미술 수업을 신청한 학생은 ~~축구 수업을 신청하지 않았다~~.

➜ 〈조건〉 세 번째 명제에 따라 미술 수업을 신청하지 않은 학생은 피아노 수업을 신청했다. 〈조건〉 첫 번째 명제에 따라 피아노 수업을 신청한 학생은 축구 수업을 신청하지 않았다.
따라서 미술 수업을 신청하지 않은 학생은 축구 수업을 신청하지 않았으나, 미술 수업을 신청한 학생이 축구 수업을 신청하였는지는 알 수 없다.

④ (×) 발레 수업을 신청한 학생은 ~~코딩 수업을 신청하지 않았다~~.

➜ 발레 수업을 신청한 학생과 코딩 수업을 신청한 학생의 관계는 알 수 없다.

⑤ (×) 코딩 수업을 신청한 학생은 ~~피아노 수업을 신청하지 않았다~~.

➜ 〈조건〉 두 번째 명제의 대우에 따라 코딩 수업을 신청한 학생은 미술 수업을 신청하지 않았다. 〈조건〉 세 번째 명제에 따라 미술 수업을 신청하지 않은 학생은 피아노 수업을 신청했다. 따라서 코딩 수업을 신청한 학생은 피아노 수업을 신청했다.

합격자의 시간단축 Tip

Tip ❶ 명제를 기호화할 때 분배 법칙은 자주 사용된다. ~(A∧B) 의 경우, 괄호를 생략하는 과정에서 ∧은 ∨으로 바뀌며 각각에 ~이 붙게 된다. 따라서 ~(A∧B) ⇔ ~A∨~B이다. 반대로 ~(A∨B)의 경우, ∨은 ∧로 바뀌며, ~(A∨B) ⇔ ~A∧ ~B가 된다. 그렇다면 ~(~A∧~B)의 괄호를 풀 때 분배 법칙을 적용하면 A∨B가 된다.

Tip ❷ 두 번째 조건과 같이 결론이 ∧(그리고)로 묶인 명제는 처음부터 분리해서 적어주는 것이 좋다. (미술)→(발레)∧~(코딩)은 {(미술)→(발레)} ∧{(미술)→~(코딩)}과 동일하다. 따라서 처음부터 (미술)→(발레)와 (미술)→~(코딩)으로 나누어 적어주면 된다.

Tip ❸ 본 문제의 〈조건〉을 포함 기호를 활용하여 표현하면 다음과 같다. 앞서 복습한 분배 법칙의 원리가 두 번째 조건에 활용됨을 알 수 있다.

조건	명제	명제의 대우
(1)	(피아노)→~(축구)	(축구)→~(피아노)
(2)-1	(미술)→(발레)	~(발레)→~(미술)
(2)-2	(미술)→~(코딩)	(코딩)→~(미술)
(3)	~(미술)→(피아노)	~(피아노)→(미술)

이때, 위의 조건들을 서로 연결하여 다음 그림과 같이 정리하면 문제를 쉽게 풀 수 있다.

~(발레) → ~(미술) → (피아노) → ~(축구)
(2)-1의 대우 ↑ (3) (1)
(코딩) ─┘
(2)-2의 대우

이를 확인한 후, 각 선지도 논리 기호를 활용하여 표현한 후, 항상 참이 되는지 확인해보자.

① 코딩 수업을 신청한 학생은 축구 수업을 신청하지 않았다. ⇒(코딩)→~(축구)
위 명제는 명제 (2)-2의 대우와 명제 (3), 명제 (1)의 조합으로 항상 참이 됨을 확인할 수 있다.

② 발레 수업을 신청한 학생은 축구 수업을 신청하였다.
⇒(발레)→(축구)
따라서 어떤 명제의 조합으로도 위 명제의 참·거짓을 판별할 수 없다.

③ 미술 수업을 신청한 학생은 축구 수업을 신청하지 않았다.
⇒(미술)→~(축구)
따라서 어떤 명제의 조합으로도 위 명제의 참·거짓을 판별할 수 없다.

④ 발레 수업을 신청한 학생은 코딩 수업을 신청하지 않았다.
⇒(발레)→~(코딩)
따라서 어떤 명제의 조합으로도 위 명제의 참·거짓을 판별할 수 없다.

⑤ 코딩 수업을 신청한 학생은 피아노 수업을 신청하지 않았다.
⇒(코딩)→~(피아노)
명제 (2)-2의 대우와 명제 (3)의 조합으로 (코딩)→(피아노)임을 알 수 있으므로 위의 명제는 항상 거짓임을 알 수 있다.

* 여러 조건들이 주어지면 이처럼 미리 연결시킬 수 있는 조건들을 연결시켜 놓고 각 선지별로 가정에 대입해서 결론이 나올 수 있는지 대입시켜보면 쉽게 확인할 수 있다.

153 정답 ⑤ 난이도 ●●○

① (×) C정류장에서 하차한 사람은 ~~아무도 없다.~~

➜ B−C구간과 C−D구간의 혼잡도는 모두 '매우혼잡'이므로 36명 이상 40명 이하의 승객이 탑승해 있을 때 C정류장에서 5명이 승차하고 x명이 하차하여 36명 이상 40명 이하의 승객이 남아있어야 한다. 이때, 처음 36명이 탑승해 있었다면 $36 \le 36+(5-x) \le 40$ … ㉠을 만족해야 하고, 처음에 40명이 탑승해 있었다면

$36 \le 40+(5-x) \le 40$ … ㉡을 만족해야 한다.

부등식 ㉠을 풀면

$36 \le 41-x \le 40$, $-5 \le -x \le -1$

$\therefore 1 \le x \le 5$

부등식 ㉡을 풀면

$36 \le 45-x \le 40$, $-9 \le -x \le -5$

$\therefore 5 \le x \le 9$

따라서 구하는 x의 범위는 $1 \le x \le 9$가 되므로 C정류장에서 최소 1명, 최대 9명이 하차해야 한다.

② (×) E정류장에서 하차한 사람은 ~~10명 이하~~이다.

➜ C−D구간의 혼잡도는 '매우혼잡'이므로 36명 이상 40명 이하의 승객이 탑승해 있다. 또한, E−F구간의 혼잡도는 '보통'이므로 16명 이상 25명 이하여야 한다. D정류장에서 a명이 승차하고 10명이 하차하고, E정류장에서 15명이 승차하고 b명이 하차하여 16명 이상 25명 이하의 승객이 남아있어야 한다. 이때, 처음 36명이 탑승해 있었다면

$16 \le 36+(a-10)+(15-b) \le 25$ … ㉠을 만족해야 하고, 처음에 40명이 탑승해 있었다면 $16 \le 40+(a-10)+(15-b) \le 25$ … ㉡을 만족해야 한다.

부등식 ㉠을 풀면

$16 \le 41+a-b \le 25$

$-25 \le a-b \le -16$

부등식 ㉡을 풀면

$16 \le 45+a-b \le 25$

$-29 \le a-b \le -20$

㉠, ㉡에서 $-29 \le a-b \le -16$이다.

$16 \le b-a \le 29$

$16+a \le b \le 29+a$

이때, $a \ge 0$이므로 E정류장에서 최소 16명 이상 하차해야 한다.

③ (×) ㉠에 들어갈 수 있는 최솟값과 최댓값의 합은 ~~55~~이다.

➜ B−C구간의 혼잡도는 '매우혼잡'이므로 이 구간에서는 36명 이상 40명 이하의 승객이 탑승해 있어야 한다. 따라서 빈 버스에 A정류장에서 20명이 승차하고, B정류장에서 ㉠명이 승차하고 10명이 하차하여 36명 이상 40명 이하의 승객이 탑승해 있어야 한다. 즉, 다음의 부등식이 성립한다.

$36 \le 20+㉠-10 \le 40$

$26 \le ㉠ \le 30$

따라서 ㉠에 들어갈 수 있는 최솟값은 26, 최댓값은 30으로 그 합은 56이다.

④ (×) ㉡은 '~~혼잡~~'이다.

➜ A−B구간은 A정류장에서 승차한 인원이 전부이므로, 20명만 타 있는 상태이다.

따라서 탑승객이 16~25명에 해당하여 A−B 구간의 혼잡도는 '보통'이다.

⑤ (○) ㉢은 '혼잡' 또는 '매우혼잡'이다.

➜ C−D구간의 혼잡도는 '매우혼잡'이므로 36명 이상 40명 이하의 승객이 탑승해 있다. 이때, D정류장에서 t명이 승차하고 10명이 하차하면 D−E구간의 탑승객의 수는 $(26+t)$명 이상 $(30+t)$명 이하가 된다.

이때, 이 시내버스의 정원은 40인승이고 서 있는 사람은 없으므로 $30+t \le 40$이 된다. 즉, $0 \le t \le 10$이므로 D−E구간의 탑승객의 수는 최소 26명, 최대 40명이 된다.

따라서 D−E구간의 탑승객의 수가 26~35명일 때 ㉢은 '혼잡', 36~40명일 때 ㉢은 '매우혼잡'이 될 것이므로 옳은 선지이다.

합격자의 시간단축 Tip

Tip ❶ 문제에서 '범위'가 주어진 경우, 범위를 만족하는 극단값, 즉 최댓값 또는 최솟값을 기준으로 조건을 만족시키는지를 구하는 것이 목적이다. 따라서 선지를 만족하는 극단값만 고려하여 맞는지, 틀린지 확인하는 방법으로 풀면 보다 쉽게 풀 수 있다.

이 문제의 경우도 마찬가지다.

선지 ① 최솟값을 구하는 문제, 즉 하차하는 사람이 아무도 없는 경우도 있는지를 파악하는 것이므로 B−C구간에서 36명이 탑승해 있을 때의 경우만 고려하여 풀이해봐도 된다. C정류장에서 승차한 인원은 5명이므로 $36+5=41$명에서 C−D구간에서 버스에 탑승하고 있는 인원은 36~40명이므로 C정류장에서 최소 1명 이상 하차해야 함을 바로 알 수 있다.

선지 ② 역시 E 정류장에서 하차하는 사람의 최소값만 구하면 된다. 처음 36명이 탑승해 있을 때 D정류장에서 10명이 하차하고 E정류장에서 15명이 승차하면 41명이 된다. 이때 E−F구간에서 탑승해 있어야 하는 인

원은 16~25명이므로 E정류장에서 하차해야 하는 인원은 최소 41－25＝16명이어야 한다.

선지 ③ 승차인원의 최댓값과 최솟값을 모두 구하는 문제로, B－C구간의 탑승인원의 범위(최솟값 36, 최댓값 40)를 알고 있으므로 구하는 승차인원 ㉠을 포함한 부등식을 세워 본 해설과 같이 풀면 된다.

선지 ⑤ C－D구간의 탑승인원은 최솟값 36, 최댓값 40인데 D정류장에서 10명이 하차하면 최솟값 26, 최댓값 30이 된다. 즉, D정류장에서 승차한 인원수의 최댓값, 최솟값에 따라 ㉢의 혼잡도를 정할 수 있을 것이다. 이때, 정원(버스에 탑승 가능한 최댓값)이 40명임을 문제 처음에 체크하고 있었다면 승차인원 수는 최대 40－30＝10명이 됨을 알 수 있을 것이다.

이처럼 문제를 '극단값을 찾는 방법'으로 정리해보면 사실상 4개의 선지가 동일하게 36과 40을 기준으로 질문했음을 알 수 있다. 익숙해지면 쉬운 문제이므로 연습하는 것을 추천한다.

> * 선지를 보고 특정 값을 찾아내는 문제인지, 구간을 찾는 문제인지를 구별해보는 것도 좋다.
> 이 문제의 경우에는 선지에서 10명 이하, 최솟값과 최댓값 등 특정 값이 아닌 범위를 의미하는 내용을 제시하고 있다. 이를 구별해야만 특정한 값을 찾아낼 필요 없이 범위에 초점을 두고 문제를 풀어야겠다는 생각을 할 수 있다.

154 정답 ② 난이도 ●●●

ㄱ. (○) 국내산 돼지고기와 프랑스산 돼지고기를 섞은 돼지갈비를 유통할 때, '돼지갈비(국내산과 프랑스산을 섞음)'로 표시한다.
➜ 구분 (가)의 표시방법 3)에 따라 원산지가 다른 돼지고기를 섞은 경우 그 사실을 표시한다.

ㄴ. (×) 덴마크산 돼지를 수입하여 1개월 간 사육한 후 그 삼겹살을 유통할 때, ~~'삼겹살 국내산(돼지, 덴마크산)'으로 표시한다~~.
➜ 구분 (가)의 표시방법 1)의 단서에 따라 수입한 돼지를 국내에서 '2개월' 이상 사육한 후, 국내산으로 유통할 때 비로소 '삼겹살 국내산(돼지, 덴마크산)'과 같이 표현할 수 있다. 따라서 1개월 간 사육한 후 그 삼겹살을 유통할 경우 '삼겹살 국내산(돼지, 덴마크산)'으로 표시할 수 없다.

ㄷ. (×) 중국산 훈제오리를 수입하여 2개월 후 유통할 때, ~~'훈제오리 국내산(오리, 중국산)'으로 표시한다~~.
➜ 구분 (가)의 표시방법 1)의 단서에 따라 오리를 국내에서 1개월 이상 사육한 후 국내산으로 유통하는 경우에 '훈제오리 국내산(오리, 중국산)'으로 표시할 수 있다. 따라서 국내에서 1개월 이상 사육하지 않고 단순히 상품 자체를 수입하여 2개월 후 유통하는 경우에는 '훈제오리 국내산(오리, 중국산)'으로 표시할 수 없다.

ㄹ. (○) 국내산 닭을 이용하여 양념치킨으로 조리한 후 배달 판매할 때, '양념치킨(국내산)'으로 표시한다.
➜ 국내산 닭을 이용하여 양념치킨으로 조리한 후 배달 판매한다면, 구분 (나)의 표시방법 2)에 따라 '양념치킨(국내산)'으로 표시한다.

합격자의 시간단축 Tip

Tip ❶ 난이도가 매우 낮은 문제이다. 규정이 주어지는 퀴즈 중에는 '변형'이 거의 없어 사실상 단일 규정 하나만으로 푸는 것과 같다. 따라서 빠르게 확인하고 마무리하면 된다.
이때, 그나마 조심해야 하는 부분은 다음과 같다.
① 구분 (가)의 표시방법 1)의 단서에서 돼지는 2개월 vs 닭, 오리는 1개월인 점
② 구분 (가)의 표시방법 1)의 단서에서 '사육 후 유통'이라는 점
③ 구분 (가)의 표시방법 1)의 단서에서 괄호 안의 순서가 '축산물명 → 수입국가명'이라는 점이다. 이처럼 함정이 되기 좋은 부분만 주의하여 확인하면 된다.

> * <표>에서 '개월 수'에 표시를 해 두면 실수를 줄일 수 있다.

Tip ❷ <표>의 '구분'에서 (가)는 돼지고기, 닭고기, 오리고기, (나)는 배달을 통하여 판매·제공되는 닭고기로 분류되어 있다. 그렇기 때문에 보기 ㄱ, ㄴ, ㄷ, ㄹ을 각각 (가)와 (나)에 해당되는 것에 표기해두면, '표시방법'만을 고려하여 문제를 풀 수 있다. 이 경우 다른 '구분'으로 잘못 봐서 실수할 확률이 줄어든다.

> * 크게 헷갈릴 만한 부분이 없는 문제이나, <보기 ㄷ>과 관련하여 '오리를 수입하여 2개월 간 사육한 후 유통할 때'라고 바꾼다면 맞는 말이 된다. 즉, 살아있는 오리를 수입하여 사육을 한 경우에만 국내산이라고 표현할 수 있으므로 훈제오리를 수입한 경우는 사육이 불가하다는 점을 파악해야 한다.

155 정답 ⑤ 난이도 ●●●

<정렬 대상>에서 가로로 나열된 수 중 가장 오른쪽의 수, 즉 피벗은 20이다.

이를 바탕으로 〈정렬 방법〉을 활용하면 다음과 같은 순서로 진행된다.

(1) 피벗을 지우면 15, 22, 13, 27, 12, 10, 25이다.

(2) 피벗보다 큰 수 중 가장 왼쪽의 수는 22이고, 작은 수 중 가장 오른쪽의 수는 10이다.
따라서 22와 10의 위치를 교환하면 다음과 같다.
15, 10, 13, 27, 12, 22, 25

(3) 이제 피벗보다 큰 수 중 가장 왼쪽의 수는 27이고, 작은 수 중 가장 오른쪽의 수는 12이다. 따라서 27과 12의 위치를 교환하면 다음과 같다.
15, 10, 13, 12, 27, 22, 25

(4) 따라서 두 번째로 위치를 교환해야 하는 두 수는 27과 12이다.

합격자의 시간단축 Tip

〈정렬 방법〉에서 시키는 대로 순서를 바꿔가며 비교했다면 '안 좋은 풀이'이다. 대다수의 수험생들이 이러한 방법으로 풀었을 것이라 생각한다. 그러나 주어진 규칙을 조금만 생각해보면 전혀 그럴 필요가 없음을 알 수 있다.

(1) 현재 우리가 구해야 하는 것은 두 번째로 교환해야 하는 숫자이므로 당연하게도 배열된 모습이 어떻게 되는지는 알 필요가 없다.

(2) 이미 한 번 교환된 숫자는 〈정렬 방법〉의 구조 상 위치를 변화시킬 수 없다. 왜냐하면 이미 그 위치는 피벗 값과의 대소 관계대로 재정렬된 것이기 때문이다.

(1), (2)를 종합하면 〈정렬 대상〉만 보고도 바로 정답을 도출할 수 있다.
피벗 값을 제외한 15, 22, 13, 27, 12, 10, 25를 볼 때, '두 번째'로 교환할 숫자는 곧 왼쪽에서 2번째로 20보다 큰 값(22－27－25 순)과 오른쪽에서 2번째로 20보다 작은 값(10－12－13－15 순)일 수밖에 없다.
즉, 왼쪽에서 20보다 2번째로 큰 27과 오른쪽에서 20보다 2번째로 작은 12가 교환 대상이다.
위와 같이 푼다면 1분 안에 해결할 수 있는 간단한 문제가 된다.
이처럼 문제가 시킨 것을 그대로 따라야 한다는 생각을 버리면 더욱 좋은 풀이를 할 수 있다.

* 주의해야 할 점은 어떤 문제의 경우에는 주어진 규칙을 밟아 나가는 것이 가장 빠른 문제 풀이가 될 수 있다는 것이다. 문제 별로 구하고자 하는 것과 주어진 규칙이 무엇인지에 따라 접근 방법이 달라지기 때문이다. 그렇기 때문에 문제가 시킨 것을 그대로 따르지 않으려면, **Tip**의 ❶, ❷와 같이 그에 따른 근거를 확실하게 잡고서 들어가야 한다.

** 이 문제에서 만약 본인이 〈정렬 방법〉 (5)를 이해하기 위해 조금이라도 시간을 투입했다면 다시 한 번 문제를 읽어볼 필요가 있다. 문제에서 묻는 것은 최종 배열이 아닌 두 번째로 위치를 교환해야 하는 두 수이므로 사실 (5)는 과정을 반복한다는 말 외에는 아무런 의미가 없다.
이처럼 문제에서 묻는 조건만을 확실히 이해하는 것이 시간을 줄이는 방법이다.

156 정답 ❸ 난이도 ●●○

ㄱ. (○) 탐지 대상이 되는 진술이 총 100건이라면, 甲의 거짓말 탐지기는 20건에 대하여 옳지 않은 판단을 내릴 가능성이 가장 높다.
➜ 참, 거짓에 대한 정확도는 동일하게 80%이다. 따라서 진술의 참, 거짓과 무관하게 옳지 않을 판단을 내릴 확률은 100%－80%＝20% 이므로, 100(건)×20%＝20건에 대해 옳지 않은 판단을 내릴 가능성이 가장 높다.

ㄴ. (○) 탐지 대상이 되는 진술 100건 가운데 참인 진술이 20건이라면, 甲의 거짓말 탐지기가 이 100건 중 참으로 판단하는 것은 총 32건일 가능성이 가장 높다.
진술 100건 중 참인 진술이 20건이므로 거짓인 진술은 80건이다.
① 참인 진술을 참이라 판단할 가능성
참인 진술을 참이라 판단할 확률 역시 80%이므로 20건×80%＝16건이다.
② 거짓인 진술을 참이라 판단할 가능성
거짓인 진술을 참이라 판단할 확률은 100%－80%＝20% 이다. 즉, 80건×20%＝16건이다.
①, ② 에서 16＋16＝32(건)일 가능성이 가장 높다.

ㄷ. (×) 탐지 대상이 되는 진술 100건 가운데 참인 진술이 10건인 경우, 甲이 사용하는 거짓말 탐지기의 정확도가 높아진다면 이 100건 중 참으로 판단하는 진술이 ~~많아진다~~.
① 참인 진술을 참이라 판단할 가능성: 정확도가 n%라고 가정할 때, 참인 진술을 참이라 판단할 확률 역시 n%이므로 10건×n%만큼의 진술을 참으로 판단할 가능성이 높다.
② 거짓인 진술을 참이라 판단할 가능성: 정확도가 n%일 때 거짓인 진술을 참이라 판단할 확률은 100%－n%이다.
즉, 90건×(100%－n%)＝90－90×n%이다.
①, ②에서 100건 중 참으로 판단하는 진술은 10×n%＋90－90×n%＝90－80×n%이다.
이에 정확도(n%)가 높아질 수록 100건 중 참으로

판단하는 진술은 적어진다.

ㄹ. (O) 거짓말 탐지기의 정확도가 90%이고 탐지 대상이 되는 진술 100건 가운데 참인 진술이 10건인 경우, 탐지기가 18건을 참으로 판단했다면 그 중 거짓인 진술이 9건일 가능성이 가장 높다.

① 참인 진술을 참이라 판단할 가능성: 참인 진술을 참이라 판단할 확률 역시 90%이므로 10건×90%=9건이다.

② 거짓인 진술을 참이라 판단할 가능성: 거짓인 진술을 참이라 판단할 확률은 100%−90%=10%이므로 90건×10%=9건이다.

①, ②에서 따라서 총합인 18건 중 9건은 거짓인 진술일 가능성이 가장 높다.

합격자의 시간단축 Tip

이 문제를 위 '해설'처럼 푼 수험생이 많을 것이라 생각된다. 그러나 해설과 같은 풀이는 출제자가 의도한 함정에 그대로 빠져서 푼 것에 해당한다. 여기서 '함정'이란 문제를 틀리게 하는 장치로서의 함정이 아니라, 정답이 되더라도 시간을 소모하도록 유도한다는 의미에서 함정이다.

(1) 이 문제 역시 '의심스러운 부분 파고들기' 전략을 활용하기 매우 좋다. 많은 수험생들이 생각할 때 "확률이면 확률이지, 왜 정확도를 주었을까?"라는 생각이 들 것이다. 즉 '정확도'가 의심스러운 부분에 해당한다.
여기서 핵심은 '정확도'라는 것은 참인 진술과 거짓인 진술에 동일한 정확도를 가진다는 점이다.
다시 말해 참인 진술이나 거짓인 진술 중 어느 하나만 선택하여 확인하면 되지, 각각을 살펴볼 필요가 없다. 왜냐하면 결국 어떤 진술이던 간에 정확도가 80%로 동일하게 작동할 것이고, 총합은 100건으로 제한되어 있어 대칭 구조를 띨 수밖에 없기 때문이다.
물론, **총합이 100건이 아니라면 대칭 구조가 아닐 수 있으므로 주의해야 한다.**

(2) 조금 더 보완해서 설명하면,

보기 ㄱ. 잘못된 판단을 내릴 확률은 100%−(정확도)로 당연히 20%가 된다는 점에서 옳은 보기가 된다.

보기 ㄴ. 대칭구조라는 점을 파악해야 한다. 즉, 정확도가 80% 인데 거짓인 진술이 80개, 참인 진술이 20개인 상황이다. 이를 계산하면 20(건)×80%+80(건)×20%=32(건)임을 알 수 있다. 따라서 대칭적인 구조를 파악할 경우 참인 진술만 계산하면 20(건)×80%=16(건)으로 대칭 구조이므로 16×2=32건이 정답이 된다.

보기 ㄷ. 참인 진술과 거짓인 진술 중 더 높은 비중을 차지하는 것은 거짓인 진술이므로, 전체 진술에 대한 정확도가 높아지면 참으로 판단하는 진술이 줄어들 것이다.

보기 ㄹ. 참인 진술만 계산하면 10(건)×90%=9(건)으로 남은 9건은 거짓인 진술임을 알 수 있다.

* 이 문제는 통계학이나 확률에 대한 전문적인 지식을 요하는 문제가 아니다. 그러므로 과하게 몰입하여 보기에 제시된 '가능성이 가장 높다'와 같은 표현에 대해 너무 의문을 제기하지 말고 문제를 풀도록 하자.

157 정답 ⑤ 난이도 ●○○

〈조건 1, 2〉를 만족하여 3명 이상이 참여할 수 있는 시간대를 정리하면 다음과 같다.

	월	화	수	목	금
A	13:00~16:20	15:00~17:30	13:00~16:20	15:00~17:30	16:00~18:30
B	13:00~16:10	-	13:00~16:10	-	16:00~18:30
C	16:00~19:20	14:00~16:20	-	14:00~16:20	16:00~19:20
D	17:00~19:30	-	17:00~19:30	-	17:00~19:30
E	-	15:00~17:10	-	15:00~17:10	-
F	16:00~19:20	-	16:00~19:20	-	16:00~19:20

① (×) 월요일에는 회의를 ~~개최할 수 없다~~.
➜ 월요일은 17:00~19:20 사이에 전문가 C, D, F가 회의에 참여할 수 있다. 따라서 3명 이상이 1시간 이상 회의를 진행할 수 있으므로 월요일에 회의를 개최할 수 있다.

② (×) 금요일 16시에 회의를 개최할 경우 회의 장소는 ~~'가'이다~~.
➜ 금요일 16:00에 개최할 경우 A, B, C, F가 회의에 참여할 수 있다.
이때, 회의 장소는 참여 인원의 선호도를 합산하여 가장 높은 점수가 나온 곳으로 정하므로

	A	B	C	F	선호도 합계
가	5	4	5	5	19
나	6	6	8	8	28
다	7	8	5	4	24

선호도 합산 값이 가장 큰 회의 장소 '나'에서 진행하게 된다.

③ (×) 금요일 18시에 회의를 개최할 경우 회의 장소는 ~~'다'이다~~.

➜ 금요일 18:00에 개최할 경우 C, D, F가 회의에 참여할 수 있다.
이때, 회의 장소는 참여 인원의 선호도를 합산하여 가장 높은 점수가 나온 곳으로 정하므로

	C	D	F	선호도 합계
가	5	6	5	16
나	8	6	8	22
다	5	6	4	15

선호도 합산 값이 가장 큰 회의 장소 '나'에서 진행하게 된다.

④ (×) A가 반드시 참여해야 할 경우 목요일 16시에 ~~회의를 개최할 수 있다~~.

➜ 목요일 16 : 00에는 C가 참여할 수 없어 A, E만 참여 가능하므로 회의를 개최할 수 없다.

⑤ (○) C, D를 포함하여 4명 이상이 참여해야 할 경우 금요일 17시에 회의를 개최할 수 있다.

➜ 금요일에 최소 17 : 00~18 : 00에는 참여가 가능한 사람이 C, D를 포함하여 최소 4명 이상인지 확인하여야 한다. 해당 시간대에는 A, B, C, D, F가 참여할 수 있으므로 회의를 개최할 수 있다.

합격자의 시간단축 Tip

Tip ❶ 문제 자체의 난이도는 낮으나, 방향성을 잘 잡아야 빠르게 풀 수 있다.
이 문제의 <u>핵심은 선지를 읽기 전에 〈참여 가능 시간〉을 확인하지 않아야 한다는 점</u>이다. 이러한 유형은 통상 2가지 방식으로 출제되기 때문에, 선지를 먼저 확인해 볼 필요가 있다.

① 가능한 값이 정해져 있는 방식: 이 유형의 경우 답을 도출한 후, 그것에 부합하는 선지를 찾는 문제이다. 이 방식의 경우 선지에서 '~~라면'이라는 가정이 주어져 있지 않아 정확한 답이 있다는 것을 쉽게 알 수 있다.

② 선지의 가정을 적용하는 방식: 이 유형의 경우 선지에서 준 가정을 따랐을 때 모순이 있는지 확인하는 문제이다. 당연하게도 '선지의 가정'을 읽어야 문제를 풀 수 있으므로 문제를 먼저 읽어도 아무런 의미가 없다.

이 문제의 경우 두 번째 유형에 해당하는 것으로 선지를 이용해 풀어야 하므로, 선지를 먼저 확인하여 적용하는 풀이 방식을 취해야 한다.

Tip ❷ 회의 참여 가능 시간의 경우 전문가가 행에 정렬되어 있는 반면, 회의 장소 선호도의 경우 전문가가 열에 정렬되어 있다. 따라서 장소 선정 시 즉각적으로 전환이 될 수 있도록 연습하자. 예컨대 2번 선지에 따라 금요일 16시에 회의가 개최될 경우 참여 가능한 전문가는 A, B, C, F 이므로 회의 장소 선호도에서 확인해야 할 것은 1, 2, 3, 6열이다.

* 선지에서 물어보는 요일이 굉장히 편중되어 있다는 것도 체크하면 좋다. 문제의 경우 3개의 보기가 "금요일"을 묻고 있다. 굳이 다른 요일을 먼저 풀 이유는 없을 것이다.
** 가장 많은 전문가가 참여할 수 있는 날과 장소나, 가장 선호도 점수가 높게 나오는 날과 장소 등은 전혀 구할 필요가 없는 정보다.
보통의 경우 이러한 경우가 선지화되어 꼭 구해야 하는 정보일 때가 많다. 그러나 이 문제에서는 전혀 묻지 않고 있기 때문에 이 점을 유의하여 선지에서 묻는 것만을 구해야 한다.

158 정답 ⑤ 난이도 ●●●

각 지원자가 현재까지 획득한 카드의 개수를 정리하면 다음과 같다.

	1회	2회	3회	4회	총 카드 수	총점
A	2	2	2	2	8	360
B	1	1	0	0	2	300
C	2	0	2	0	4	320
D	0	0	0	0	0	280
E	1	1	2	1	5	330

① (×) A가 5회차 평가에서 80점을 얻더라도 다른 지망자의 점수에 관계없이 ~~추천될 확률이 가장 높다~~.

➜ 만약 A가 80점을 얻는다면 총 카드 수는 8+1=9장이며, 360+80 > 400점이므로, 추첨함에 넣을 수 있다. 이때, 만약 E가 5회차 평가에서 100점을 얻어 5장을 얻는다면, 5+5=10장이며 330+100 > 400점이므로 추첨함에 넣을 수 있다. 따라서 E가 더 많은 카드를 추첨함에 넣어 더 추천될 확률이 높아지므로 A가 다른 지망자 점수에 무관하게 추천될 확률이 가장 높은 것은 아니다.

② (×) B가 5회차 평가에서 90점을 얻는다면 적어도 D보다는 ~~추천될 확률이 높다~~.

➜ B가 5회차 평가에서 90점을 얻는다면 총점 300

+90=390점으로 400점 미만이므로 추천함에 카드를 넣지 못한다. 따라서 카드를 얻지 못한 D와 마찬가지로 추천될 확률은 0으로 동일하다.

③ (×) C가 5회차 평가에서 카드를 받지 못하더라도 B보다는 ~~추천될 확률이 높다~~.

➜ C가 5회차 평가에서 카드를 받지 못했다는 것은 80점보다 작은 점수를 받았다는 의미이다.
즉 받을 수 있는 가장 큰 점수인 70점을 더하더라도 320+70 < 400점이므로 추천함에 넣지 못한다.
따라서 추천될 확률은 0이므로 B보다 높다고 할 수 없다.

④ (×) D가 5회차 평가에서 100점을 받고 다른 지망자가 모두 80점을 받는다면 D가 추천될 확률은 ~~세 번째로 높다~~.

➜ D가 100점, 다른 지망자가 모두 80점을 받은 상황을 가정하면 다음과 같다.

	4회차까지 카드 수	5회차에 받은 카드 수	총 카드 수	총점
A	8	1	9	440
B	2	1	3	380
C	4	1	5	400
D	0	5	5	380
E	5	1	6	410

이때, D는 총점이 380점으로 400점을 넘지 못하므로 추첨함에 넣지 못해 D가 추천될 확률은 0으로 B와 함께 네 번째로 높다. 참고로 이 경우 추천될 확률은 A−E−C−B & D의 순서로 크다.

⑤ (○) E가 5회차 평가에서 카드를 받지 못하더라도 E는 추첨 대상에 포함될 수 있다.

➜ E의 현재 점수는 330점으로 70점만 받아도 400점 이상이 되어 추첨 대상에 포함될 수 있다.
따라서 70점을 받을 경우 카드를 받지는 못하지만 추첨 대상에는 포함될 수 있어 옳은 선지이다.

합격자의 시간단축 Tip

Tip ❶ 이 문제와 같이 불확정 상황에 대해 '가정'을 해서 푸는 문제의 경우 '극단값'과 '제외 규칙'을 얼마나 잘 활용하는지가 중요한 역할을 한다.

(1) 극단값은 반례를 만들기 가장 좋은 값인만큼 잘 활용해야 한다.
이 문제의 경우 100점을 받았을 경우 무려 5장의 카드를 분배하여 90점, 80점과 큰 차이가 있도록 만들어져 있다. **구체적으로 100점 1번의 가치는 (90점 2번)+(80점 1번)의 가치와 같다.** 따라서 '다른 값보다 항상 크다' 등의 표현이 주어져 있다면 다른 값에 5를 더해 더 큰 곳이 있을 수 있는지 확인하면 된다.

(2) 제외 규칙은 선지의 가정이 틀렸음을 확인하는데 중요한 역할을 한다.
제외 규칙의 경우 나머지 값을 확인하지 않아도 그 자체만으로도 곧장 선지를 처리할 수 있어 매우 효율적인 풀이를 가능케하는 장치이다. 이 문제의 경우 400점 미만일 경우 추천함에 들어가지 못한다는 것이 제외 규칙에 해당한다.
이 규칙을 적용해보면 다음과 같다.
선지 ① ㉠을 활용하여 5장을 다른 값에 더해 확인해본다.
선지 ②, ③, ④ ㉡을 활용하여 400점이 안되는지 확인한다.
선지 ⑤ ㉡을 활용하여 400점이 될 수 있는지 확인한다.

Tip ❷ 선지를 푸는 순서도 중요하다. ④번 선지는 D의 점수뿐만 아니라 다른 지망자의 점수도 모두 확인해야 한다. 해당 선지를 빼놓더라도 나머지 네 선지를 풀면 정답이 도출될 것이기 때문에 먼저 풀지 않도록 한다.

* 4회까지의 총점을 계산하여 D가 추첨함에 본인의 카드를 넣지 못한다는 점은 쉽게 파악할 수 있었을 것이다. 그러나 B의 경우 300점으로 5회차에 100점을 받으면 추첨함에 넣을 수 있다고 판단하여 처음부터 지우지는 않았을 것이다.
선지 ②번의 경우 이러한 풀이를 이용한 것으로 보인다. 아예 가능성이 없는 D에 비해 가능성이 있는 B는 조금이라도 확률이 높아 보인다. 그러나 90점을 받을 경우, 둘 모두 확률이 0이므로 B가 더 높다고 할 수 없다. 만약 선지가 '낮지 않다'라고 표현되어 있다면 맞는 선지가 될 수 있으니, 대소비교가 필요한 문제의 경우 다시 한 번 선지를 꼼꼼하게 읽어보자.

159 정답 ①

난이도 ●●○

〈평가 결과〉를 등급으로 전환하면 다음과 같다.

평가항목 (가중치)	A시설	B시설	C시설	D시설
환경개선(0.2)	90	90	80	90
복지관리(0.2)	95	70	65	70
복지지원(0.2)	95	70	55	80
복지성과(0.2)	95	70	60	60
중장기 발전계획(0.2)	90	95	50	65
총점	93	79	62	73
평가 등급	1등급	3등급	4등급	3등급

ㄱ. (O) A시설은 관리 정원을 감축하지 않아도 된다.

→ A시설은 1등급이므로 아무런 조치를 취하지 않아도 된다.

ㄴ. (O) B시설은 관리 정원을 감축해야 하나 정부의 재정지원은 받을 수 있다.

→ B시설은 3등급으로 관리 정원을 10% 감축해야 하지만 여전히 정부의 재정지원은 받을 수 있다.

ㄷ. (×) 만약 평가항목에서 환경개선의 가중치를 0.3으로, 복지 성과의 가중치를 0.1로 바꾼다면 C시설은 정부의 재정 지원을 ~~받을 수 있다~~.

→ 가중치를 바꾸면 C시설의 〈평가 결과〉가 다음과 같이 바뀐다.

$80\times0.3+65\times0.2+55\times0.2+60\times0.1+50\times0.2=24+13+11+6+10=64$

즉, C시설은 평가항목의 가중치를 바꾸더라도 4등급이므로, 여전히 정부의 재정 지원은 받을 수 없다.

ㄹ. (×) D시설은 관리 정원을 감축해야 하고 정부의 재정지원도 ~~받을 수 없다~~.

→ D시설은 3등급이므로 관리 정원을 감축해야 하나, 정부의 재정지원을 받을 수 있다.

합격자의 시간단축 Tip

Tip ❶ 이 문제에서 재밌는 점은 '가중 평균'인 척하지만 가중 평균이 아니라는 점이다.

주어진 가중치를 보면 모두 동일하게 0.2로 사실상 '산술 평균'과 동일하다. (ㄱ과 ㄴ은 산술평균이 아니라 합산으로 구해도 풀린다. 각 등급의 기준은 곧 산술평균이므로 기준별 점수에 5를 곱해 1등급 기준은 총합 450점 이상, 3등급 기준은 350점 이상 400점 미만, 4등급 기준은 350점 미만으로 두면 A는 1등급, B, D는 3등급, C는 4등급이 나온다.)

따라서 **가중치를 바꾼 〈보기 ㄷ〉을 제외하면 나머지는 '산술 평균'**을 사용하는 것과 동일하게 처리해도 된다. 추천하는 풀이 방법은 다음과 같다.

보기 ㄱ. A시설의 경우 모든 값이 90 이상이다. 따라서 당연히 그 평균 역시 90점 이상일 것이므로, A시설은 1등급 시설로 특별한 조치를 취하지 않아도 된다. 즉, A시설의 총점을 구한 수험생이 있다면 시간을 낭비한 것이라고 봐야 한다. 이러한 사소한 풀이 센스 차이로도 합/불이 갈린다는 점을 기억하고 연습하도록 하자.

보기 ㄴ. B시설이 '감축은 해야 하지만 재정지원을 받을 수 있는지' 묻고 있다. 즉, 이를 달리 해석하면 적어도 총점이 70점 이상인지 확인하는 것이 되므로, 70점을 가평균으로 두고 각 평가항목의 점수가 이보다 크거나 같은지 확인하면 매우 빠르게 처리할 수 있다. 실제로 평균이 얼마인지는 확인할 필요가 없다.

B시설의 평가 항목을 차례대로 확인하면 $(90-70)+(70-70)+(70-70)+(70-70)+(95-70)>0$이므로 70점 이상임을 알 수 있다.

따라서 옳은 보기이다. 사실 위와 같은 과정 없이도 모든 평가항목의 점수가 70점 이상이므로 가중 평균을 한 총점 역시 70점 이상일 수밖에 없다.

보기 ㄷ. 〈보기 ㄷ〉은 '가중 평균'이기는 하지만 산술 평균 값을 이용해 도출할 수 있다. 즉 산술 평균을 도출한 후, 가중치가 바뀐 곳만 조정해주면 간단하게 처리된다.

① 〈보기 ㄷ〉의 '재정지원을 받을 수 있다'는 결국 총점이 70점 이상인지 묻는 것과 같으므로 〈보기 ㄴ〉처럼 70점을 기준으로 가평균을 구한다. C시설의 평가 항목을 차례대로 확인하면, $(80-70)+(65-70)+(55-70)+(60-70)+(50-70)=10-5-15-10-20=-40$이다.

② 이때, 환경개선은 0.1만큼 가중치가 올라가고, 복지성과는 가중치가 0.1만큼 내려가는데, 이는 곧 0.2로 동일했던 가중치가 환경개선은 50% 증가하고 복지성과는 50% 감소함을 의미한다. 따라서 이를 반영하려면 각 평가 결과 점수의 절반만큼을 더하고 빼 주면 된다.

즉, 환경개선의 절반인 40은 더하고 복지 성과는 30을 빼면, $-40+(40-30)<0$으로 여전히 음수가 되어 총점이 70점 미만임을 알 수 있다. 따라서 틀린 보기이다.

* 해설과 같이 가중치 변경 이전 C시설의 총점을 62점으로 도출한 경우 〈보기 ㄷ〉을 보다 수월하게 해결할 수 있다. 총점을 8점 올리는 것은 상당한 변화를 요구한다. 가중치가 변하지 않는다면 C시설을 3등급으로 만들기 위해서는 총점 8점이 필요하며, 평가항목 점수로 따지면 모든 평가항목의 가중치가 0.2이므로 40점이 필요하다.

** 평가항목의 점수를 기준으로 판단할 때, **Tip ❶**의 〈보기 ㄷ-②〉와 같이 실제로는 환경개선의 가중치 50% 증가, 복지성과의 가중치 50% 감소로 10점만이 추가되어 필요한 40점에 미달함을 알 수 있다. 또한, 총점을 기준으로 판단할 때, 환경개선의 가중치가 0.1 증가, 복지성과의 가중치가 0.1 감소하여 총점은 8−6=+2 만큼 추가되므로 필요한 8점에 미달함을 알 수 있다.

보기 ㄹ. 〈보기 ㄹ〉은 D시설이 4등급인지 묻는 것과 같다. 따라서 〈보기 ㄴ〉과 같이 70점을 가평균으로 두고 확인하면 된다.

$(90-70)+(70-70)+(80-70)+(60-70)+(65-70)>0$으로 평균이 70점을 넘는다는 것을 알 수 있다.

Tip ❷ **반드시 가평균을 Tip ❶과 동일한 기준으로 둘 필요는 없다.** 원래 4등급의 기준은 70점이지만, C시설의 경우 한 가지 항목 빼고 모두 70점 미만이다. 따라서 계산의 편의를 위해 60으로 두고 계산해도 좋다. 이 경우 편차가 위부터 순서대로 +20, +5, −5, +0, −10으로 편차의 총합이 +10 점이며, 이를 5로 나누면 2이므로 가중치 조절 이전의 가중평균(또는 산술평균)은 62점임을 알 수 있다. 이러한 생각은 특히 점수의 기준을 가평균으로 둘 경우 계산이 어려운 경우에 활용하면 좋다. 4등급 기준이 70점이 아니라 63점처럼 계산이 복잡할 경우 임의의 숫자(보통은 주어진 숫자 중 하나를 가평균으로 정해서 계산해야 편차가 0으로 나오는 항목이 생겨 계산이 편리함)를 가평균으로 두고 계산한 후에 편차를 통해 정확한 평균을 구하는 방법이 보다 효율적일 것이다.

Tip ❸ **눈으로 쉽게 판단할 수 있는 부분은 굳이 계산하지 않고 넘어갈 수 있어야** 한다.

(1) 〈보기 ㄱ〉 뿐 아니라, 〈보기 ㄴ〉역시 평가항목의 가중치가 모두 동일하여 B시설 평가항목 점수의 평균이 70점 이상인지 확인하면 된다. B시설의 점수는 90, 70, 70, 70, 95로, 속성값이 모두 70 이상이므로 당연히 평균한 값 또한 70이상일 것임을 확인 가능하다.

(2) 〈보기 ㄹ〉 의 경우, 가중치가 모두 동일한 상황에서, D시설 평가항목 점수의 평균이 70점 이상인지 이하인지 확인하면 된다. D시설의 점수는 각각 90, 70, 80, 60, 65이다. 이때, 합해서 평균이 70이 되는 수끼리 묶어주면, 복지지원(80점)과 복지성과(60점)의 경우 합해서 평균이 70이 되고, 복지관리(70점) 역시 70이다. 90과 50의 평균이 70이 된다는 점을 고려할 때, 남은 환경개선(90점)과 중장기 발전계획(65점)의 평균은 70 이상임을 알 수 있다. 따라서 D 시설의 총점은 70점 이상이라는 것을 추론할 수 있다.

이처럼 굳이 구체적인 값을 도출하지 않더라도 필요한 숫자를 기준으로 숫자들을 묶어서 계산할 수 있을 것이다.

160 정답 ③

난이도 ●●●

〈조건〉과 〈가격표〉에 따라 주문금액의 총 합계가 최소가 되도록 하는 주문 조합은 다음과 같다.

프라이드치킨	양념치킨	간장치킨	주문 금액	비고
C	B	C	23,000원	
C	C	D	23,000원	
C	D	C	23,000원	
C	C	C	22,000원	조건 2 미충족

① (O) A가게에는 주문하지 않았다.
→ A가게에는 주문을 하지 않았다.

② (O) 총 주문금액은 23,000원이다.
→ 총 주문금액은 23,000원이 맞다.

③ (×) 주문이 가능한 경우의 조합은 총 ~~네 가지이다.~~
→ 주문이 가능한 경우의 조합은 총 세 가지이다.

④ (O) B가게가 휴업했더라도 총 주문금액은 달라지지 않는다.
→ B가게가 휴업했더라도 C가게에서 프라이드치킨과 양념치킨을 주문하고 D가게에서 간장치킨을 주문하거나, 또는 C가게에서 프라이드치킨과 간장치킨을 주문하고 D가게에서 양념치킨을 주문할 경우 총 주문금액은 23,000원으로 달라지지 않는다.

⑤ (O) '조건 2'를 고려하지 않는다면 총 주문금액은 22,000원이다.
→ '조건 2'를 고려하지 않을 경우 C가게에서 모든 치킨을 주문할 수 있고, 이 경우 총 주문금액은 22,000원으로 최소가 된다.

합격자의 시간단축 Tip

Tip ❶

[방법 1] 선지를 활용하는 방법

(1) '경우의 수'+'옳지 않은 것'의 조합은 선지를 활용하기 가장 좋은 방법이다.
왜냐하면 단 하나의 선지를 빼면 모두 옳다는 것이므로 모든 값을 대입해서 모순이 되는 부분만 발견해주면 문제를 해결할 수 있기 때문이다.

(2) 여기서 가장 재밌는 선지는 ①, ④ 번이다. 이 둘을 합치면, C와 D에서 모두 주문했다는 의미이다. 따라서 이 둘이 맞는 선지라 가정하고 C와 D만 보면 프라이드를 제외하면 치킨 가격과 배달료까지 동일하다.

(3) 따라서 가격이 더 싼 C에서 프라이드 치킨 하나와 양념이나 간장 중 하나를 주문하고 D에서 남은 하나를 주문하면, 주문금액의 총 합계는 5,000+8,000+8,000+1,000×2=23,000 원이다.

(4) 이는 보기 ② 번에 부합하며, 보기 ⑤ 번 역시 가격이 똑같다는 점에서 C에서 한 번에 주문하면 D에서 주문하는데 드는 배달료 1,000원이 빠져 주문금액은 23,000−1,000=22,000 원이 된다. 따라서 정답은 ③ 번임을 쉽게 알 수 있다.

(5) 이렇게 적극적으로 선지를 활용하는 문제풀이의 경우 문제를 풀면서 의심이 생기기 쉽다. 그러나 두 선지를 옳다고 가정한 후의 풀이에서 네 선지가 모두 맞았으므로 ③ 번이 틀렸다고 생각하는 것이 타

당하다. 이를 보다 정확히 확인해보고 싶다면 우선 답을 체크한 다음 다른 문제들을 모두 풀고, 시간이 남았을 때 돌아와서 〈방법 2〉처럼 원리적인 측면에서 검산을 하는 것이 바람직하다.

[방법 2] 원리를 활용하는 방법

(1) 이 문제는 가장 작은 값 조합을 찾는 것이므로 항목별로 가장 작은 값이 무엇인지 확인하는 식으로 접근하면 된다.

(2) 프라이드 치킨의 경우 C가 가장 저렴하다. 양념치킨의 경우 배달료가 없는 A는 단품 주문 시 배달가능 최소금액에 미치지 못하며, 배달료를 고려할 때 B, C, D의 가격이 같다고 볼 수 있다. 마지막으로 간장치킨은 C와 D가 가장 저렴하다.

(3) 또한, 배달료는 중복되지 않으므로 배달료가 존재할 경우 해당 가게에서 2마리를 시키면 유리하다. 〈조건 2〉에 따라 한 가게에서 모두 주문할 수 없으므로 두 가게 또는 세 가게에서 주문하여야 한다. 그런데 세 가게에서 주문할 경우 배달비가 추가적으로 발생하기 때문에 치킨 가격이 동일하다면 세 가게에서 주문하기보다는 두 가게에서 주문하는 것이 배달비를 아낄 수 있어 저렴하다. 따라서 C가게를 포함한 두 가게에서 주문하는 방안을 우선적으로 검토하자.

(4) 이 이후로는 방법 1과 동일해진다.

Tip ❷

(1) 위의 두 방법들에서는 배달료를 처음부터 포함시켜 계산하는 방법을 제시하고 있는데, 이러한 문제 유형이 능숙하지 않다면 그것이 더 헷갈릴 수 있어 추천하지 않는다. 왜냐하면 이 방법대로 풀 경우 한 가게에서 두 마리를 주문할 때 첫 번째에는 배달비가 포함되고 두 번째에는 배달비가 포함되지 않기 때문이다. 어차피 배달비가 큰 차이가 나는 것이 아니므로 치킨 가격을 먼저 본 후 배달비를 더하는 것이 오히려 쉽게 느껴질 수 있다.
이런 유형의 문제를 풀 때는 항상 항목별로 가장 저렴한 가게 및 비싼 가게가 어디인지 체크를 하고 이를 중심으로 풀어가는 것이 좋다.

(2) 가장 저렴한 가게를 포함시켜 시작하고, 가장 비싼 가게는 반드시 제외하는 것이다. 설문의 경우 프라이드치킨 중 가장 비싼 D가게의 프라이드치킨과 간장치킨 중 가장 비싼 B가게의 간장치킨은 제외하고, 가장 저렴한 C가게의 프라이드치킨을 중심으로 만들어 본다.
또한 배달가능 최소금액이 존재하므로, C가게의 프라이드치킨을 포함시킬 경우 C가게의 양념치킨이나 간장치킨 역시 포함시켜야 한다.

(3) 그런데 A가게의 배달가능 최소금액은 10,000원으로 최소 두 마리를 주문하여야 한다. 따라서 C가게의 프라이드치킨을 포함시킬 경우 양념치킨은 B가게, C가게, D가게가 가능하며 간장치킨은 C가게, D가게가 가능하다. 이때, 가능한 조합은 3개이다.(C가게에서 두 마리를 주문해야 하므로 가능한 조합이 6개가 아닌 3개이다.) 이 **Tip**을 따라 조합을 만들었다면, 그 3개가 공동으로 최소금액임을 해설에서 확인할 수 있다.

(4) 참고로 총 64개의 조합 중 23,000원인데 배달가능 최소금액을 충족하지 못하는 조합은 (프라이드, 양념, 간장)=(C, D, D), (C, C, A), (C, A, D), (C, A, A)의 4가지이며 22,000원인데 배달가능 최소금액을 충족하지 못하는 조합은 (C, A, C)의 1가지이다.
또한, 가능한 조합 중에 가장 비싼 조합은 (D, C, B)로 30,000원이다.

161 정답 ⑤ 난이도 ●○○

(1) 본 문제에는 외견상 상충되는 진술이 두 쌍 존재한다. 오환의 지각 여부에 대한 일순과 오환의 진술, 일순의 지각 여부에 대한 이수와 사림의 진술이다. 그렇다면 상충되는 진술이 모순 관계에 해당하는지, 반대 관계에 해당하는지 밝혀야 한다.
지문에 따르면 모든 사원들은 지각을 하거나, 지각을 하지 않거나 둘 중 하나이다. 따라서 오환의 지각 여부에 대한 일순과 오환의 진술은 항상 진릿값이 다르다.
일순의 지각 여부에 대한 이수와 사림의 진술 또한 마찬가지다. 두 쌍의 진술은 각각 모순관계에 있다. 따라서 일순과 오환 중 한 명은 참을 말하고 한 명은 거짓을 말한다.
또한, 이수와 사림 중 한 명은 참을 말하고 한 명은 거짓을 말한다.

(2) 그런데 거짓을 말하는 직원은 2명이므로 삼식은 반드시 참을 말한다. 이때, 삼식의 발언에 따라 일순은 거짓을 말하고, 사림은 지각했다.

(3) 일순이 거짓을 말하므로 오환은 참을 말하고, 일순과 오환의 발언에 따라 오환은 지각했다. 지각한 직원은 2명이므로 사림과 오환을 제외한 일순, 이수, 삼식은 지각을 하지 않았다. 이 경우 이수는 참을 말하고 사림은 거짓을 말한다.

(4) 따라서 지각을 하고 참을 말하는 직원은 오환이다.
이상의 내용을 표로 정리하면 아래와 같다.

	일순	이수	삼식	사림	오환
참/거짓	거짓	참	참	거짓	참
지각 여부	-	-	-	지각	지각

합격자의 시간단축 Tip

모든 직원의 지각 여부와 진술의 참/거짓 여부를 반드시 알 필요는 없다. 문제에서는 지각을 하고 참을 말한 사람이 누구인지만을 물었으므로, 해당 직원이 오환이라는 사실을 알았다면 그 이상 문제를 풀 필요 없이 답을 곧바로 고르면 된다.
따라서, 문제를 풀 때 구해야 하는 것을 항상 유의해두고 중간중간 일부 단서를 통해 답을 고를 수 있는 지 확인하는 습관을 들이는 것이 좋다.

162 정답 ❷ 난이도 ●●●

ㄱ. (×) 홀수 다음에 홀수가 ~~연이어 오지 않는다~~.
① (가): 3 다음에 6이, 7 다음에 8이 나와 홀수 다음에 홀수가 연이어 오지 않는다.
② (나): 1 다음에 4가, 5 다음에 6이 나와 홀수 다음에 홀수가 연이어 오지 않는다.
③ (다): 3 다음에 9가 나와 홀수가 연이어 배치되어 있다.
따라서 숫자 배열 (다)의 특성이 아니다.

ㄴ. (○) 짝수 다음에 짝수가 연이어 오지 않는다.
① (가): 2 다음에 3이, 6 다음에 7이 나와 짝수 다음에 짝수가 연이어 오지 않는다.
② (나): 4 다음에 5가, 6 다음에 9가 나와 짝수 다음에 짝수가 연이어 오지 않는다.
③ (다): 6 다음에 5가, 8 다음에 3이 나와 짝수 다음에 짝수가 연이어 오지 않는다.
따라서 숫자 배열 (가)~(다)의 공통적인 특성이다.

ㄷ. (○) 동일한 숫자는 반복하여 사용되지 않는다.
① (가): 2, 3, 6, 7, 8로 총 5가지 숫자가 나와 동일한 숫자 반복이 없다.
② (나): 1, 4, 5, 6, 9로 총 5가지 숫자가 나와 동일한 숫자 반복이 없다.
③ (다): 6, 5, 8, 3, 9로 총 5가지 숫자가 나와 동일한 숫자 반복이 없다.
따라서 숫자 배열 (가)~(다)의 공통적인 특성이다.

ㄹ. (×) 어떤 숫자 바로 다음에는 그 숫자의 ~~배수가 오지 않는다~~.
① (가): 3 다음에 6이 나와 배수가 배치되었다.
② (나): 1 다음에 4가 나와 배수가 배치되었다.
③ (다): 3 다음에 9가 나와 배수가 배치되었다.
따라서 숫자 배열 (가)~(다)의 특성이 아니다.

합격자의 시간단축 Tip

Tip ❶ '단순 반례 찾기 유형'의 경우 다음과 같은 특징이 있다.
① 출제자는 수험생의 시간 소모를 유도하기 위해 뒷부분에 반례를 배치하는 경향이 있다.
② 특정 선지가 옳다면 반드시 모든 값을 확인해야 하므로 시간이 많이 걸릴 수밖에 없다.
이 두 가지 특성을 조합하면 명확한 방향성이 나온다. <u>즉, 제대로 풀기 전에 모든 보기의 '마지막 부분'만 가볍게 확인하는 것이다.</u>
예를 들어, 이 문제의 경우, 숫자 배열 (다)를 〈보기〉에 적용해보면 보기 ㄴ과 ㄷ은 옳으나, 보기 ㄱ과 ㄹ의 반례가 된다. 따라서 바로 보기 ㄱ, ㄹ이 소거되어 정답은 ② 번임을 바로 알 수 있다.

＊만약 이 문제와 달리 바로 정답은 안 나온다 하더라도, 모두 확인해야 할 선지 폭이 줄어드므로 훨씬 효율적으로 풀이할 수 있다.

Tip ❷ 물어보는 것만 보는 시각이 중요하다. 보기 ㄱ, ㄴ 은 홀수, 짝수를 물어보고 있다. 그러면 (가)를 볼 때 '짝홀짝홀짝'으로 빠르게 봐야 문제가 훨씬 수월해진다. (가), (나), (다) 전부 첫 시작하는 숫자만 짝/홀인지 구분한 다음 나머지는 〈보기〉에 부합하기 위해 '짝홀짝홀짝' 또는 '홀짝홀짝홀'에 해당되는지 검토만 하는 방식으로 진행하면 된다.
가령 (나)의 시작은 1이기 때문에 '홀짝홀짝홀'이어야 함을 생각하면서 1, 4, 5, 6, 9를 보면 된다. (다)의 시작은 6이기 때문에 '짝홀짝홀짝'이어야 함을 생각하면서 6, 5, 8, 3, 9를 보면 된다.

163 정답 ❺ 난이도 ●●●

ㄱ. (×) 득표자 중 5표를 얻은 위원이 존재하고 추첨을 통해 위원장이 결정되었다면, 득표자는 ~~3명 이하이다~~.
(1) 12명의 위원이 각각 2표씩 투표하므로 총 표수는 24표이며, 추첨을 통해 위원장이 결정되었다는 것은 최다 득표자가 여러 명이라는 의미이다.
(2) 득표자 중 5표를 얻은 위원이 존재할 경우 남은 표 수는 24−5=19표이다. 5표를 얻은 위원이 최다 득표자라면, 다른 위원이 얻을 수 있는 최대 표 수가 5이므로 최소한 4명은 더 득표하

여야 한다. 따라서 이 경우 득표자는 5명 이상이다.

(3) 5표를 얻은 위원이 최다 득표자가 아니라면, 득표자가 3명 이하이기 위해서는 나머지 두 명의 득표자가 공동으로 최다 득표자여야 한다. 그런데 남은 표 수가 19표이므로 두 명이 동일한 표를 얻을 수 없다. 따라서 이 경우는 해당되지 않는다.

(4) 결과적으로 득표자 중 5표를 얻은 위원이 존재할 경우 득표자는 4명 이상이다.

ㄴ. (O) 득표자가 총 3명이고 그 중 1명이 7표를 얻었다면, 위원장을 추첨으로 결정하지 않아도 된다.

(1) 득표자 중 1명이 7표를 얻었다면 남은 표 수는 24−7=17표이다.

(2) 7표가 1명이라고 가정하면 남은 17표는 홀수이므로 나머지 두 명의 득표자가 동일한 표를 얻을 수 없다. 따라서 추첨으로 결정하지 않아도 된다. 이때, 위원장은 남은 17표 중 더 많은 표를 가져간 위원으로 결정된다.

(3) 7표가 2명이라고 가정하면 남은 표 수는 10표이므로, 10표를 받은 사람이 최다 득표자가 되어 추첨으로 결정하지 않아도 된다.

(4) 따라서 어떤 경우에도 위원장은 추첨으로 결정되지 않는다.

ㄷ. (O) 득표자 중 최다 득표자가 8표를 얻었고 추첨 없이 위원장이 결정되었다면, 득표자는 4명 이상이다.

(1) 득표자 중 최다 득표자가 8표를 얻었고 추첨이 없었다면 최다 득표자는 1명이고, 남은 표 수는 24−8=16표이다. 나머지 득표자가 얻을 수 있는 최대 득표수는 7표이다.

(2) 득표자가 2명일 경우 최다 득표자를 제외한 한 명의 득표자가 받을 수 있는 최대 득표수는 7표이다. 그런데 남은 표 수가 16표이므로 이는 불가능하다.

(3) 득표자가 3명일 경우 최다 득표자를 제외한 두 명의 득표자가 받을 수 있는 최대 득표수는 14표이다. 그런데 남은 표 수가 16표이므로 이는 불가능하다.

(4) 득표자가 4명일 경우 최다 득표자를 제외한 세 명의 득표자가 받을 수 있는 최대 득표수는 21표이다. 그런데 남은 표 수가 16표이므로 이는 가능하다.

(5) 따라서 이 경우 득표자는 4명 이상이다.

합격자의 시간단축 Tip

Tip ❶ 〈보기 ㄷ〉을 풀 때 **반대해석**을 하는 것이 편하다. 즉, 득표자가 3명일 수 있다고 가정하고 반례를 찾는 방식을 사용하는 것이다. 8표가 최다 득표이며 추첨 없이 위원장이 결정될 경우 득표자 수가 최소이기 위해서는 남은 득표자가 모두 7표를 득표해야 한다.
그러나 7+7=14로 남은 득표수인 16보다 작으므로 이는 성립할 수 없으며, 반대해석에 의해 해당 선지는 옳은 선지가 된다. 즉, 마지막 사람이 몇 표를 획득해야 하는지 여부는 알 필요가 없다는 의미이다.
또는, 3×8=24이므로, 3명인 경우에 최다 득표자가 8표를 얻는 경우에는 모두 8표를 받아야만 총 투표수 24표가 성립한다는 것을 알 수 있다. 이로부터 최다 득표자가 8표를 얻고 동일 표를 획득한 사람이 없다면 득표자가 네 명 이상이 된다는 해석 역시 가능하다.

Tip ❷ 이 문제에서는 함정으로 활용되지 않았지만, 일반적인 투표와 달리 '1인 2표제이고, 2표를 서로 다른 사람에게 행사해야 하는 투표'에선 <u>한 사람이 최대한 받을 수 있는 득표수는 얼마인지</u> 도출할 때 주의할 점이 있다.

(1) 가장 단순하게는 24표는 본인에게 투표할 수 없으므로 틀린 답이다.

(2) 그럼 본인 투표 분을 제외한 22표의 경우, 여전히 '서로 다른 사람에게 행사'해야 한다는 부분에 위배된다.

(3) 단순히 본인을 제외한 11명이 모두 본인에게 1표씩 주었을 때와 같으므로 정답은 24표의 절반인 12표에서 본인 투표 분인 1표를 뺀 11표가 정답이다.

이처럼 직관적으로 생각한 것과는 다른 결과가 나타날 수 있으므로 경우의 수를 나눌 때 주의할 필요가 있다.

Tip ❸ 항상 강조하는 "예외 찾기" 유형이 출제되었다. 〈보기 ㄱ〉은 예외가 존재하나, 〈보기 ㄴ〉과 〈보기 ㄷ〉은 예외가 만들어지지 않는다. 이러한 과정에서 〈보기 ㄴ〉의 경우 **<u>17이 홀수</u>**라는 점과 〈보기 ㄷ〉의 경우 극단으로 숫자를 몰아넣는 접근을 활용할 수 있다.

Tip ❹

(1) 누가 누구에게 투표했는지는 중요하지 않다. 〈보기〉에서도 득표자의 표 수를 가정해 문제를 주기 때문에 결국은 총 표 수가 몇 표인지가 중요하다. 만약 한 명씩 다른 사람에게 2표씩 준다고 생각하면 문제가 훨씬 어렵게 느껴질 것이다. 총 표가 24표라는 처음 접근이 쉽게 해결할 수 있는 접근이 될 수 있다.

(2) 또한, 이러한 **<u>가정형 문제의 경우 반례를 찾아</u>**서 〈보기〉를 지운다라는 생각으로 접근해야 한다. 가령 〈보기 ㄴ〉의 경우 득표자가 총 3명이고 그 중 1명이 7표를 얻은 것을 사실로 확정하고, 위원장을 추첨으로 결정하는 경우를 찾아야 한다. 이 때 추첨은 최다 득표자가 여러 명인 경우라고 했으므로 최

다 득표자가 여러 명 나오는 경우를 **극단적으로 가정해 반례를 찾으려고 해야** 한다.

164 정답 ③ 난이도 ●○○

〈은희의 취향〉에 따라 〈오늘 아침의 상황〉을 분석하면 다음과 같다.

> 출근을 하기 위해 지하철을 탄 은희는 꽉 들어찬 사람들 사이에서 **스트레스를 받으며** (=휘핑크림이나 우유거품) 내리기만을 기다리고 있었다. 목적지에 도착한 은희는 커피를 마시며 기분을 달래기 위해 커피전문점에 들렀다. 아침식사를 하지 못해 **배가 고프고**(=데운 우유) 고된 출근길에 **피곤하지만**(=휘핑크림이 들어간 경우 초코시럽 추가) 시간 여유가 없어 오늘 아침은 커피만 마실 생각이다.
> 그런데 은희는 요즘 체중이 늘어 **휘핑크림은 넣지 않기로 하였다**.

위 내용을 종합하면, '휘핑크림'은 넣지 않기로 했으므로 '스트레스'를 풀기 위해 '우유거품'을 넣어야 하며, 배가 고프므로 '데운 우유'가 들어가고, '초코시럽'은 들어가지 않은 커피를 시켜야 한다. 따라서 〈커피의 종류〉 중 '카푸치노'를 주문한다.

합격자의 시간단축 Tip

Tip ①

(1) '의심스러운 부분'을 먼저 확인하는 방법을 활용하면 좋다.
의심스러운 부분이란 쉽게 말해 문제의 핵심 포인트가 될 단서로, 이 문제의 경우 〈오늘 아침의 상황〉 마지막 문장에서 '휘핑크림을 넣지 않는다'고 한 부분에 주목해볼 수 있다.
〈은희의 취향〉에서 휘핑크림에 관련된 조건이 두 가지나 있었으며, 특히 마지막 조건에서 초코시럽은 휘핑크림이 들어간 경우에 '한하여' 추가되는 것이기 때문에 휘핑크림을 넣지 않을 경우에 마실 수 있는 음료 종류가 많이 소거될 것이기 때문이다.

(2) 이에 〈커피의 종류〉 중 '카페 비엔나'와 '카페 모카'를 소거한 상태에서 〈오늘의 아침 상황〉을 확인하면, 가장 먼저 '스트레스'의 해소를 위해 〈은희의 취향〉에 따라 휘핑크림이나 우유거품을 넣어야 한다. 그러나 휘핑크림은 넣지 않기로 하였으므로 '우유거품'이 들어가야 하며, 남은 커피의 종류 중 '카푸치노'만 유일하게 해당된다.
따라서 다른 조건들을 확인하지 않더라도 정답은 ③번임을 바로 알 수 있다.

(3) 이처럼 의심스러운 부분을 확인하면서 선지를 적절히 활용하면 주어진 조건을 모두 활용하지 않더라도 충분히 문제를 해결할 수 있다.

> * 〈오늘 아침의 상황〉 마지막 문장에서 '휘핑크림을 넣지 않는다'고 한 부분이 의심스러운 부분으로 느껴지지 않더라도 먼저 확인하면 좋다. **Tip ①**의 풀이 과정을 따라가보면 알 수 있듯이, 마지막 문장을 이용하면 풀이 과정이 짧아지고, 보다 직관적으로 〈커피의 종류〉를 소거할 수 있기 때문이다. 본 문제를 연습해보면서, 왜 마지막 문장이 "문제의 핵심 포인트"가 되는지에 대해 생각해보도록 하자.

Tip ② 〈은희의 취향〉에서 가정에 해당하는 부분을 미리 체크하면 보다 수월하게 해결할 수 있다. 첫 번째 동그라미에서는 '배고픔', 두 번째 동그라미에서는 '커피+a', 세 번째 동그라미에서는 '스트레스', 네 번째 동그라미에서는 '피곤' 과 같이 본인이 알아볼 수 있게 짧은 단어로 옆에 정리해 두거나, 해당 단어에 네모 등 표시를 해 두는 것이다.
그 후 〈오늘 아침의 상황〉에서 해당되는 조건이 나올 때 표시를 한다.
예컨대 두 번째 줄의 '스트레스'에 동그라미를 치는 것이다.
이 경우 모든 상황이 한 눈에 들어오면서 한 번에 정리할 수 있다.

165 정답 ⑤ 난이도 ●●○

㉠: 2020년 상반기의 입고기록과 출고기록을 비교해보면, 입고된 재고는 총 80+105+10=195개, 출고된 재고 역시 총 60+50+85=195개로 동일하다. 따라서 2020년 5월 25일 화재가 발생했을 때의 총 재고량은 2020년 1월 1일자 총 재고량과 동일하게 150+100+200=450개이다.
따라서 재고 중 불에 그을리지 않은 것은 450−150=300개이다.

㉡: 5월 25일 화재로 인해 불에 그을린 150개의 재고는 한 창고 안에서 발생한 것이므로, 이것이 성립하기 위해서는 장부정리 이후에 재고가 150개인 창고가 있어야 한다. 장부 정리 전후의 2020년 상반기 입·출고기록을 표로 나타내면 다음과 같다.

장부 \ 창고	A	B	C
장부 정리 이전	170	155	125
두 창고 A와 B의 기록이 바뀐 경우	180	145	125
두 창고 A와 C의 기록이 바뀐 경우	145	155	150
두 창고 B와 C의 기록이 바뀐 경우	170	120	160

따라서 상반기 전체 출고기록이 맞바뀐 두 창고는 A와 C이다.

합격자의 시간단축 Tip

Tip ❶ 상반기 입고된 재고 수와 출고된 재고 수를 단순 비교할 때에는 각각을 더하기보단 비슷한 숫자들을 우선 소거하여 계산을 최소화하는 것이 좋다.
입고에서 A의 50과 출고에서 B의 20+30을 지우고, 입고에서 A의 30과 출고에서 A의 30을 지울 수 있다. 이렇게 매치되는 숫자들끼리 소거하다 보면 모든 숫자가 소거되어 입고된 재고 수와 출고된 재고 수가 동일함을 알 수 있다.

Tip ❷ ㉠의 값을 먼저 구했다면, 선지 ①, ②, ③ 번이 소거되어 남은 ④, ⑤ 번만 고려하면 된다. 이때, ㉡을 구하면서 어떠한 것을 바꿔보아야 할지 감이 잡히지 않는다면 남은 선지에 주어진 A와 B, A와 C 중 하나를 바꾸어 보고 150개의 재고가 생기는 창고가 있는지 살피면 된다.
A와 B를 바꾸어 보았을 때 150개의 재고가 생기는 창고가 없다면 A와 C를 바꾸어 볼 필요 없이 ⑤ 번이 답임을 알 수 있다.

Tip ❸ 여기서의 해답 포인트는 개수가 '150개'라는 점이다. '재고 전부'가 불에 그을렸는데 그 개수가 150개인 점은 최종 재고가 150개인 상자가 있다는 점을 시사한다.
직접적으로 최종 재고가 150개라고 말하지 않아도 이런 단서를 통해 150개인 상자가 있다는 것을 추측해야 한다. 해설과 같이 출고기록이 맞바뀐 모든 경우의 수를 구하지 않아도 문제를 풀 수 있다.
입고 기록에는 오류가 없으므로, 상반기 입고기록을 반영한 각 창고의 재고는 다음과 같다.
① A: 150+(50+30)=230
② B: 100+(80+25)=205
③ C: 200+10=210
각 창고의 출고기록을 정리하면, A: 60, B: 50, C: 85 이다.
이때, 입고기록을 반영한 재고와 출고기록을 조합하여, 그 합이 150이 되는 경우를 찾아보면, 눈으로도 C의 재고와 A의 출고기록의 합이 150이 됨을 알 수 있다.
따라서 출고기록이 맞바뀐 창고가 A와 C임이 도출된다.

166 정답 ①

난이도 ●●○

(1) 〈조건〉 다섯 번째에 따라 두리는 자전거를 보유하고 있지 않다. 또한, 〈조건〉 네 번째에 따라 네로가 보유한 이동수단과 하나가 보유한 이동수단은 동일하다. 이때, 네로가 전동킥보드를 보유하고 있다면 하나도 전동킥보드를 보유하고 있는데, 이는 〈조건〉 두 번째에 모순되므로 네로와 하나는 전동킥보드를 보유하고 있지 않다.

(2) 한편, 세라가 전동킥보드를 보유하고 있을 경우 두리는 전동킥보드를 보유하고 있지 않은데, 두리는 2개의 이동수단을 보유하고 있으므로 자동차와 오토바이를 보유하고 있다. 이때, 하나는 전동킥보드를 보유하고 있지 않으므로 자동차와 오토바이 중 적어도 하나를 보유하고 있는데, 이는 하나와 두리가 동시에 보유한 이동수단이 없다는 〈조건〉 첫 번째에 위배된다.
따라서 세라는 전동킥보드를 보유하고 있지 않으며 두리가 전동킥보드를 보유하고 있다.

(3) 이때, 두리는 자동차와 오토바이 중 하나를 보유하고 있으므로 하나는 두리가 보유한 이동수단을 보유하고 있지 않으며, 따라서 하나는 자전거를 보유하고 있다.
하나가 자전거를 보유하고 있으므로 네로도 자전거를 보유하고 있다.

(4) 이를 표로 정리하면 다음과 같다.

이름 \ 이동수단	자동차	오토바이	자전거	전동 킥보드
하나	○ | ×	× | ○	○	×
두리	× | ○	○ | ×	×	○
세라				×
네로	○ | ×	× | ○	○	×

① (×) 세라는 전동킥보드를 ~~보유하고 있다.~~
→ 세라는 전동킥보드를 보유하고 있지 않다. 전동킥보드를 보유하고 있는 한 사람은 두리다.

② (○) 세라는 자동차를 보유하고 있다.
→ 세라가 자동차를 보유하고 있는지 여부는 알 수 없다. 따라서 세라는 자동차를 보유하고 있을 수도 있고, 보유하고 있지 않을 수도 있다.

③ (O) 두리는 오토바이를 보유하고 있다.
→ 두리가 오토바이를 보유하고 있는지 여부는 알 수 없다. 따라서 두리는 오토바이를 보유하고 있을 수도 있고, 보유하고 있지 않을 수도 있다.

④ (O) 하나는 자전거를 보유하고 있다.
→ 하나는 자전거를 보유하고 있다.

⑤ (O) 네로가 보유하고 있는 이동수단을 세라가 보유하고 있다.
→ 〈조건〉 세 번째에 따라 세라가 보유한 이동수단 중 한 가지를 하나가 보유하고 있으므로, 하나와 동일한 이동수단을 보유하고 있는 네로도 세라가 보유한 이동수단 중 한 가지를 보유하고 있다.

합격자의 시간단축 Tip

Tip ❶

(1) 항상 옳은 것 또는 옳지 않은 것을 물을 때는 확정적인 경우를 구하라는 뜻이므로, 조건을 대입하는 중간중간 답에 해당하는 것이 있는지를 확인하면서 문제를 풀어야 한다.
따라서 실전에서는 선지 ①이 답이라는 것을 확인한 후 이하 선지들은 확인하지 않고 곧바로 다음 문제로 넘어가야 한다.
(2) 만일 확정되는 것들을 모두 검토했는데 답이 없다면 그 다음 순서로 다양한 경우들을 검토해야 할 것이다. 항상 옳은 것을 물을 경우, 다양한 경우를 검토하다가 특정 선지의 반례를 찾으면 해당 선지를 바로 소거하는 방식으로 접근한다.
즉 설문의 경우 특정 선지가 '보유하고 있다'라고 물어봤다면, 보유하지 않는다고 가정했을 때 모든 사람의 이동수단 보유 여부가 결정되는 경우가 있다면 틀린 선지가 된다.
(3) 반대로 항상 옳지 않은 것을 물을 경우, 다양한 경우를 검토하다가 특정 선지가 성립하는 경우를 찾으면 해당 선지를 바로 소거하는 방식으로 접근한다.
즉 설문의 경우 특정 선지가 '보유하고 있다'라고 물어봤다면, 보유한다고 가정했을 때 모든 사람의 이동수단 보유 여부가 결정되는 경우가 있다면 틀린 선지가 된다.
(4) 이러한 소거 방식은 모든 경우를 검토하기 이전에 답을 구할 수 있는 방법이기 때문에 보다 효율적인 문제 접근을 가능하게 해준다.

Tip ❷

(1) 조건을 해석할 수 있어야 한다. 하나, 두리, 세라, 네로는 모두 두 개의 이동수단을 보유하고 있고, 네 번째 조건에 따라 네로가 보유한 이동수단은 하나가 보유하고 있으므로, 하나와 네로가 보유한 이동수단은 동일하다.
(2) 첫 번째 조건에 따라 하나와 두리가 동시에 보유한 이동수단은 없으므로, 총 네 개의 이동수단이 존재하는 상황에서 하나가 보유한 것은 두리가 보유하지 않고, 두리가 보유한 것은 하나가 보유하지 않을 것이다.
(3) 마지막으로, 세 번째 조건에서 세라가 보유한 이동수단 중 한가지는 하나가 보유하고 있다고 했으므로, 세라, 하나, 네로가 동일한 이동수단 한 개를 보유하고, 세라, 두리가 동일한 이동수단 하나를 보유할 것임을 알 수 있다.

여기까지 조건을 해석하고 전동킥보드가 단 하나 존재함을 인지한다면, 굳이 경우의 수를 따지지 않더라도 확정된 정보만으로 선지 ①, ④, ⑤를 판단할 수 있다.

167 정답 ④ 난이도 ●●●

ㄱ. (O) 남자 30명과 여자 30명이 근무할 경우, A기준과 B기준에 따라 설치할 위생기구 수는 같다.
(1) A기준
'10~35'에 해당하여 성별 당 2개의 위생기구를 설치하여야 한다. 따라서 총 4개이다.
(2) B기준
'16~40'에 해당하여 성별 당 2개의 위생기구를 설치하여야 한다. 따라서 총 4개이다.
그러므로 A, B기준 모두 4개를 설치해야 하여 동일하다.

ㄴ. (O) 남자 50명과 여자 40명이 근무할 경우, B기준에 따라 설치할 남자 화장실과 여자 화장실의 대변기 수는 같다.
(1) 남자의 경우 '41~75'에 해당하여 3개의 위생기구를 설치해야 한다. 이때, 홀수인 경우 대변기를 1개 더 많게 설치해야 하므로 총 2개의 대변기를 설치해야 한다.
(2) 여자의 경우 '16~40'에 해당하여 2개의 위생기구를 설치해야 한다. 이때, 여자는 남자와 달리 모두 대변기로 설치하므로 2개의 대변기를 설치한다.
(1), (2)에서 남자, 여자 화장실 대변기 수는 동일하다.

ㄷ. (X) 남자 80명과 여자 80명이 근무할 경우, A기준에 따라 설치할 소변기는 ~~총 4개이다.~~
A기준에 따라 80명인 경우 각 성별마다 4개의 위생기구를 설치해야 한다. 이때, 소변기는 남자 화장실에만 설치하게 되는데, 위생기구 수가 짝수이므

해설편 · 6일차 · 문제해결 + 자원관리능력

로 그 절반인 2개의 소변기를 설치해야 한다. 따라서 틀린 선지이다.

ㄹ. (O) 남자 150명과 여자 100명이 근무할 경우, C기준에 따라 설치할 대변기는 총 5개이다.

(1) 남자의 경우 '101~150'에 해당하여 4개의 위생기구를 설치해야 하며, 짝수이므로 그 절반인 2개의 대변기를 설치하면 된다.

(2) 여자의 경우 '51~100'에 해당하여 3개의 위생기구를 설치해야 하며, 이는 모두 대변기이다.

따라서 2+3=5개의 대변기를 설치해야 한다.

합격자의 시간단축 Tip

Tip ❶ 기준이 단순한 형태로 주어진 만큼, 이를 사례에 적용하기 쉬운 문제로 빠르고 실수 없이 푸는 것이 중요하다. 이를 위해서는 '신경 써야 할 부분과 아닌 부분'의 강약 조절이 필요하다.

'남자'는 신경 써야 할 부분에 해당하며, '여자'는 아닌 부분에 해당한다. 왜냐하면 여자는 (위생기구 수)=(대변기 수)로 별도로 구분할 필요가 없지만, 남자는 소변기와 대변기로 나눠기 때문에 용어에 주의해야 하기 때문이다. 따라서 남자에 대해서만 위생기구, 소변기, 대변기 등의 용어를 주의하면 된다. 이를 적용해보면 다음과 같다.

보기 ㄱ. '위생기구'를 묻고 있다. 따라서 남녀 구분 없이 확인하면 된다.
30명에 대해 각 기준이 동일한 위생기구 수를 요구하는지만 확인하면 될 뿐, 성별에 따른 대변기, 소변기 수의 차이 등은 고려할 필요가 없다.

보기 ㄴ. '대변기'를 묻고 있다. 따라서 남자의 값에만 주의하여 확인하면 된다.

보기 ㄷ. '소변기'를 묻고 있다. 따라서 남자만 보면 되고, 소변기가 4개가 되기 위해서는 적어도 위생기구 설치기준에 따른 기구 수가 8개는 되어야 함을 의미한다. 그러나 〈화장실 위생기구 설치기준〉은 어떤 기준으로 하더라도 8개를 요구하고 있지 않다. 따라서 해당 값을 찾지 않더라도 절대 답은 될 수 없다는 것을 바로 알 수 있다.
실전이라면 이미 〈기준〉에 8개는 없다는 것을 기억하고, 읽자마자 틀린 선지로 처리해야 한다.

보기 ㄹ. '대변기'를 묻고 있다. 따라서 남자의 값에만 주의하여 확인하면 된다.

Tip ❷ 문제를 스캔 후 보기를 지문에 적용하는 패턴의 문제라는 것을 파악했다면, 어떤 보기를 해결할지 선택해야 한다. 그런데 다른 보기들과 달리 〈보기 ㄱ〉은 A기준과 B기준을 비교하라고 제시하고 있으므로 이것을 제외한 나머지 보기들을 해결하도록 한다.
한편, 〈보기 ㄹ〉만 유일하게 C 기준을 물어보고 있으나 기준 자체가 난이도가 있는 것은 아니므로 〈보기 ㄹ〉을 제외하기보단 〈보기 ㄱ〉을 먼저 제외하는 것이 시간 단축에 유리하다.

> * **Tip** 을 읽다 보면 눈치챈 수험생도 있겠지만, 설치할 위생기구의 종류가 소변기이든, 대변기이든 관계없이 결국 주의해야 할 것은 남자의 경우다.
> 그러므로 여자는 어떤 구간에 속하는 지만 빠르게 확인하고 남자의 경우에는 대변기, 소변기를 나누어 구체적인 수를 구해주는 것이 실수를 줄일 수 있는 방법이다.

168 정답 ⑤ 난이도 ●○○

① (×) 영농기에 저수지 저수율이 평년의 50%라면 농업용수 가뭄 ~~예·경보 기준의 심함에 해당한다~~.
➜ 영농기에 저수지 저수율이 평년의 50%이면 농업용수 가뭄 예·경보 기준의 '매우 심함'에 해당한다.

② (×) 영농기에 밭 토양 유효수분율이 70%일 경우 농업용수 가뭄 예·경보를 그 달 10일에 ~~발령한다~~.
➜ 영농기에 밭 토양 유효수분율이 70%일 경우 농업용수 주의 기준인 60% 이하보다 높은 상황이므로 '주의' 단계에 해당하지 않는다.

③ (×) 하천유지유량을 감량 공급하는 상황에서 현재 하천 및 댐 등에서 농업용수 공급이 부족한 경우, ~~농업용수 가뭄 예·경보 기준의 심함에 해당한다~~.
➜ 하천유지유량을 감량 공급하는 상황에서 현재 하천 및 댐 등에서 농업용수 공급이 부족한 경우는 생활 및 공업용수 기준의 '심함'에 해당한다.

④ (×) 12월 23일 금요일에 저수지 저수율이 평년의 60 % 이하이거나 밭 토양 유효수분율이 40 % 이하이면 농업용수 ~~가뭄 예·경보가 발령될 것이다~~.
➜ 농업용수에 대한 가뭄 예·경보는 모두 영농기인 4~9월을 대상으로 하고 있다. 따라서 12월 23일의 경우 가뭄 예·경보와 아무런 관련이 없다.

⑤ (O) 5월 19일 목요일에 생활 및 공업용수 가뭄 예·경보가 발령되었다면, 현재 하천 및 댐 등에서 농업용수, 생활 및 공업용수 공급이 부족하고, 장래 1~3개월 후 생활 및 공업용수 공급에도 차질이 발생할 것으로 판단되는 경우일 것이다.
➜ 5월 19일 목요일에 발령되었다면 10일도, 금요일도 아니기 때문에 '매우 심함'에 해당한다.
생활 및 공업용수 매우 심함의 경우, 〈기준〉에 따르

면 현재 하천 및 댐 등에서 농업용수, 생활 및 공업용수 공급이 부족하고, 장래 1~3개월 후 생활 및 공업용수 공급에도 차질이 발생할 것으로 판단되어야 하므로 옳은 선지이다.

합격자의 시간단축 Tip

난이도가 낮은 문제로 다음과 같은 방향성으로 접근하면 실수 없이 빠르게 처리할 수 있다.

(1) 용어에 주의한다.

농업용수 vs 생활 및 공업용수의 구조이므로, 선지를 볼 때 이 용어부터 확인한 다음에 접근하는 것이 바람직하다. 변수부터 확인할 경우 실수할 개연성이 높다.

이를 위해서는 선지를 볼 때 가장 먼저 농업용수인지 생활 및 공업용수인지를 확인하고, 어떠한 기준에 대해 묻고 있는지를 확인한 다음 세부 내용을 파악하는 것이 좋다. 용어를 구분해두는 표시를 해 두어도 좋다. 이를 이용하면 선지 ③에서 의도적으로 속임수를 쓰고 있다는 것을 쉽게 파악할 수 있다.

(2) 범위에 주의한다.

가령 4번의 경우 "12월 23일"이기 때문에 〈가뭄 예, 경보 발령 기준〉에 해당되지 않는다. 이처럼 구체적인 판단 없이도 바로 지울 수 있는 전제조건이 존재한다.

문제를 풀다 보면 당연히 해당된다고 생각하고 문제를 풀기 쉽다. 그럴수록 문제 처음 기준에 필요한 전제조건(대상이나 날짜 등)을 먼저 살펴보고 전제조건만으로도 풀 수 있는 선지가 있는지 살펴볼 수 있다. 전제 조건의 경우 구체적인 계산이나 사고의 흐름이 필요 없어 직관적으로 선지를 배제할 수 있다.

169 정답 ④ 난이도 ●●●

관광 순서는 다음과 같다. 단, 가능한 이른 시간에 관광하는 것으로 가정한다.

(1) 사찰 —(40분)→ 분수공원 —(40분)→ 박물관 —(23분)→ 궁궐

사찰	분수공원	박물관	궁궐
6:00~8:00	8:40~10:40	11:20~1:20	1:43 도착 14:00~16:00 투어

(2) 사찰 —(45분)→ 박물관 —(40분)→ 분수공원 —(27분)→ 궁궐

사찰	박물관	분수공원	궁궐
6:00~8:00	8:45~10:45	11:25~1:25	1:52 도착 14:00~16:00 투어

ㄱ. (O) 사찰에서부터 관광을 시작해야 한다.

➜ 가능한 이른 시간에 관광하므로 사찰에서부터 관광을 시작한다.

ㄴ. (×) 마지막 관광을 종료하는 시각은 ~~16시 30분 이후이다.~~

➜ 마지막 관광을 종료하는 시각은 궁궐 관광이 끝나는 16시이다.

ㄷ. (O) 박물관과 분수공원의 관광 순서가 바뀌어도 무방하다.

➜ 박물관을 관광한 후 분수공원을 관광하는 방법과, 분수공원을 관광한 후 박물관을 관광하는 방법의 두 가지가 가능하다.

합격자의 시간단축 Tip

Tip ①

(1) 설문의 경우, 경우의 수가 많기 때문에 자칫하면 시간은 시간대로 소모하고 제대로 접근하지도 못할 수 있다. 따라서 풀기 전에 방향성을 잡는 것이 좋다. 기본적으로 관광에 소요되는 시간은 2시간이므로, 총 $2 \times 4 = 8$시간이 필요하다. 본 해설에서는 8시간을 기준으로 시작점을 찾아보고자 한다.

(2) 만약 궁궐에서 시작 시 10:00에 8시간만 더해도 18:00로, 이동 시간을 고려하지 못했음에도 가장 늦게 영업이 끝나는 사찰 시간에 마무리되므로 시작점이 될 수 없다.

마찬가지로 분수공원과 박물관의 경우에도 각각의 관광 시작시간인 08:30과 08:45에 8시간을 더하면 각각 16:30과 16:45이 되고, 여기에 이동시간이 가장 짧은 숫자만 더하더라도 $23+27+40=90$분이므로 딱 18:15과 18:00가 되어 딱 맞아떨어진다. 따라서 궁궐의 가이드 시간을 맞추는 것은 고려할 수조차 없으므로, 사찰에서부터 관광을 시작할 수밖에 없다. 이때, 〈보기 ㄱ〉은 옳은 보기이므로 선지에서 ①, ②는 소거된다.

(3) 사찰 투어가 끝난 8:00를 기준으로 궁궐을 바로 가게 되면 이동 시간 50분을 제외한 1시간 10분을 대기해야 하므로 비효율적이다. 따라서 박물관이나 분수공원을 가는 것이 옳다는 것을 알 수 있다.

(4) 여기서 가장 중요한 점은 사찰 이후 어느 곳에 가는지와 무관하게 궁궐은 마지막에 가야 한다는 점이다. 왜냐하면 궁궐은 14:00 시간대만 의미가 있기 때문이다. 사찰 관광 다음에 박물관 또는 분수공원 중 한 곳을 관광한 후 궁궐에 가는 경우, 10시에 있는 궁궐 가이드투어는 할 수 없게 된다. 또한 사찰 관광 후 10시에 있는 궁궐 가이드투어를 1시간 10분 대기하여 관광하는 것은 비효율적이며, 이것이 불가능한 것은 아니라 하더라도 궁궐 관광이 끝난 12시부터 박물관과 분수공원 운영이 종료되는 17시까지는 5시간밖에 남지 않는데, 관광 시간과 이동 시간을 고려할 때 모든 관광지를 둘러볼 수 없

음을 짐작할 수 있다.
반면, 궁궐을 마지막에 가는 경우, '8:00부터 14:00'까지는 무려 6시간의 텀이 있으므로 나머지 두 관광지를 보는 것에 지장이 없다.

(5) 따라서 궁궐이 항상 마지막 관광장소가 될 것이므로 16:00에 관광이 마무리되어 〈보기 ㄴ〉은 틀린 보기가 된다. 따라서 정답은 ④ 번이다.

Tip ❷ 실전 풀이는 조금 더 간단해진다.

(1) 시간이 많이 소모될 수밖에 없는 구조이므로 가장 이른 시간이 시작하는 '사찰'에서 시작할 것이라 생각하고 문제를 접근한다.
(2) 사찰 투어가 끝난 8:00를 기준으로 할 때 어느 곳에 가는지와 무관하게 궁궐은 마지막에 가야한다. 왜냐하면 궁궐은 14:00부터만 의미가 있기 때문이다. 이때 8:00부터 14:00까지는 무려 6시간의 텀이 있으므로 나머지 두 관광지를 보는 것에 지장이 없다.
(3) 따라서 항상 16:00에 관광이 마무리되어 〈보기 ㄴ〉은 틀린 보기가 되어 정답은 ④ 번이다.

Tip ❸

이렇게 각자 다른 시간대가 주어져 있을 때는 사용할 수 있는 범위가 가장 제한적인 시간대를 먼저 눈여겨보는 것이 좋다. 위와 같은 경우는 '궁궐'이 가이드 투어가 10시와 14시 밖에 없고 심지어 시작 시각까지 도착하지 못하면 가이드 투어를 할 수 없다고 나와있기 때문에 관람을 할 때 이 부분을 중심으로 살펴볼 필요가 있다.

(1) 〈보기 ㄱ〉의 경우 '사찰'이 일찍 문을 열기 때문에 사찰부터 관광을 시작할 수 있다는 점을 염두에 두되, 분수공원이나 박물관도 8:30, 8:45에 문을 열기 때문에 사찰이 아닌 분수공원과 박물관에서 시작을 할 수도 있다는 의심을 할 수 있다. 하지만 검토할 때는 '분수공원'만 검토해봐도 충분하다. 박물관은 분수공원보다 시작시간이 느리기 때문에, 분수공원이 안된다면 박물관도 자동으로 안될 확률이 높기 때문이다.
(2) 〈보기 ㄴ〉의 경우는 마지막 관광을 종료하는 시간이 16시 30분 이전에도 가능한지를 생각해봐야 한다. 이때, **Tip ❶**의 방법대로 문제를 푼다면 궁궐이 마지막이므로 16:00에 끝나게 된다.
(3) 〈보기 ㄷ〉의 경우는 박물관과 분수공원의 관광 순서가 관광 시간에 유의미한 영향을 끼치는지를 중심으로 접근한다. 이때, 처음 '사찰'과 마지막 '궁궐'이 이미 고정되어 있기 때문에 분수공원과 박물관의 순서가 크게 의미가 없다. 하지만 이는 [사찰－박물관], [사찰－분수공원]이나 [박물관－궁궐], [박물관－분수공원]의 이동시간 차가 문제처럼 5분, 4분 차이 밖에 안 나기 때문이다. 만약에 각각의 이동시간이 많이 차이 났다면 직접 대입하여 풀어보는 과정이 필요할 것이다.

＊〈보기〉의 구성 역시 문제 풀이에 큰 힌트가 될 수 있다. 예를 들어, 〈보기〉에서 경로를 모두 물어봤거나, 박물관 관람을 마친 정확한 시간을 물어봤다면 보다 까다로운 問題가 됐을 것이다. 그러나 문제에서는 관광 시작점과 종료시간, 박물관과 분수공원의 순서 정도만을 물어봤기에, 애초에 접근 자체를 모든 경로와 시간을 정확하게 구하는 것이 아니라 필요한 부분만을 구해야겠다는 생각으로 해야 한다.

170 정답 ❸ 난이도 ●●●

먼저 필수 화장 단계(로션 → 수분크림 → 썬크림 → 피부화장)를 확인하면 다음과 같다.

매력 지수(점)	소요 시간(분)
2＋2＋6＋20＝30	1＋1＋1.5＋7＝10.5

주어진 〈표〉의 화장단계 중 7개만 선택한다 하였으므로 필수화장 4단계를 제외하면, 남은 4가지 단계 중 3가지를 선택할 수 있다. 이때, 소요시간이 20분이 초과되는 경우 매력지수가 1분당 4점씩 깎인다 하였으므로 가능한 각 조합에 따른 전체 소요 시간과 매력 지수는 다음과 같다.

조합	소요 시간(분)	매력 지수(점)
필수 화장단계 ＋눈썹 그리기 ＋눈화장 하기 ＋립스틱 바르기	10.5＋ (3＋10＋0.5)＝24 →4분 초과	30＋(12＋25＋10) -4×4＝61점
필수 화장단계 ＋눈썹 그리기 ＋눈화장 하기 ＋속눈썹 붙이기	10.5＋ (3＋10＋15)＝38.5 →18.5분 초과	30＋ (12＋25＋60) -18.5 × 4＝53점
필수 화장단계 ＋눈썹 그리기 ＋립스틱 바르기 ＋속눈썹 붙이기	10.5＋(3＋0.5＋ 15)＝29 →9분 초과	30＋ (12＋10＋60) -9×4＝76점
필수 화장단계 ＋눈화장 하기 ＋립스틱 바르기 ＋속눈썹 붙이기	10.5＋(10＋0.5＋ 15)＝36 →16분 초과	30＋(25＋10＋60) －16×4＝61점

따라서 가능한 甲의 최대 매력 지수는 76점이다.

합격자의 시간단축 Tip

Tip ❶ 이 문제를 빨리 풀기 위해서는 먼저 선지를 보는 것이 좋다.
선지를 보면 ①~③ 번과는 달리 ④~⑤ 번이 지나치게 큰 값인 것을 확인할 수 있다. 통상 이러한 유형에서는 특정 값을 최종 값에서 빼야 하는 장치가 있는 경향이 있는데, ④~⑤ 번과 같이 유난히 큰 값은 특정 값을 빼지 않은 값일 가능성이 높다.
따라서 정답은 ①~③ 번에서 나올 가능성이 높으므로 그 중에서 큰 값인 ② 나 ③ 이 문제를 푸는 과정에서 도출된다면 정답의 가능성이 높을 것이다.

Tip ❷ 단위 시간당 매력 지수를 계산하여 푸는 방법도 있다.

(1) 시간이 오버되면 매력 지수가 4점씩 깎인다. 따라서 단위 시간당 매력 지수를 계산하여 큰 화장 단계 위주로 화장을 한다면, 최대 매력 지수가 도출될 가능성이 매우 높을 것이다. 실제로 문제에서 회사에 1분 지각할 때마다 깎이는 매력 지수를 제시한 것이 단위 시간당 매력 지수를 활용하라는 힌트로 작용한다.
(2) 추가 단계인 '눈썹 그리기'부터 '속눈썹 붙이기'까지의 단위 시간당 매력 지수를 나열하면, 순서대로 4, 2.5, 20, 4이다.
(3) 단위 시간당 매력 지수가 1~3위인 눈썹 그리기, 립스틱 바르기, 속눈썹 붙이기를 했을 때 최대 매력 지수가 될 가능성이 높으므로 계산해보면 76점이다.
(4) **Tip ❶**에서 보듯 정답은 ①~③ 중에 도출될 가능성이 매우 높으므로 정답은 ③ 번이다.

* 혹시 ④ 나 ⑤ 에서 도출되면 어떻게 하냐는 걱정이 있을 수 있으나, 이 문제는 정석대로 풀게 되면 시간이 굉장히 오래 소요된다. 따라서 시험시간이 많이 남은 경우가 아니라면 100% 확정적인 풀이보다는, 빠르지만 95%의 확률로 정답을 도출할 수 있는 풀이 방식을 취하는 것이 훨씬 합리적인 전략이라 생각한다.
** 그러므로 우선 도출된 매력 지수가 선지에 있는 경우 이를 답으로 고르는 것이 타당하다.
만약 계산 실수 등으로 74점과 같은 점수가 나왔으면 가장 가까운 답을 고르는 것이 정답 확률을 높일 수 있다.

Tip ❸ 풀이가 복잡할수록 "무엇을 구해야 하는가" 에만 집중해야 한다. 구해야 할 것은 화장 단계 중 "7개만을" 선택하였을 때 매력지수이다. 〈표〉 에 나와있는 화장단계는 8가지이다. 결국 핵심은 필수 단계를 제외한, 나머지 단계 중 제외될 1가지 화장단계를 구하는 것이다. 어떤 화장단계가 소거될지는 문제마다 다르지만, 이 경우 "지각할 때마다 매력지수가 1분당 -4점" 이라는 점에 주의할 필요가 있다.
따라서 분당 효율성(또는 단위시간당 매력지수)이 가장 낮은 '눈화장 하기'가 제외되기 가장 좋다는 것을 염두에 두고 풀면 정답에 훨씬 빠르게 접근할 수 있다.

Tip ❹ 〈조건 3〉에 '20분 만에 화장을 하면 지각하지 않고 정시에 출근할 수 있다'라는 조건이 있기 때문에, 자칫하면 지각을 하면 안된다는 생각에 갇힌 상태로 문제에 접근할 수 있다. 하지만 위 문제의 경우 지각을 하게 될 것이 명확하다.
왜냐하면 필수 화장의 소요 시간이 10.5분이고, 필수 화장의 4가지를 빼면 추가로 3가지 화장을 해야 한다. (문제에서 '7개를 선택했다'라고 했으므로)
이때, 남은 화장 단계 중에서 가장 소요 시간이 적은 단계들만 더하더라도 20분을 초과하므로 결국 지각을 할 수밖에 없다. 문제를 잘 읽고 상황을 잘 보는 능력을 키워야 한다.

* 눈썹 그리기와 속눈썹 붙이기는 단위 시간 당 매력지수가 4점으로 지각 시 깎이는 매력 지수와 동일하므로 문제가 발생하지 않으나, 만약 눈썹 그리기나 속눈썹 붙이기의 단위 시간당 매력 지수가 3점으로 선택을 하지 않는 것이 더 유리한 경우 꼭 주의해야 할 것이 있다.
문제에서는 7개 단계를 무조건 선택해야 한다고 제시되어 있으나, 이를 미리 체크하지 못한 경우 '립스틱 바르기만을 선택한 경우'를 정답으로 도출할 수 있다.
7개까지 선택이 가능한 것인지, 7개를 선택해야만 하는 것인지, 최소 7개 선택이 가능한 것인지 등 문제에서 제시된 조건이 무엇인지를 확실히 체크하도록 하자.

Tip ❺ 만약 7개만을 선택한다는 조건 없이 甲의 최대 매력 지수를 도출한다면 '눈화장 하기' 단계가 추가되어 8개를 다 하게 될까? 또는 시간이 많이 걸리는 '속눈썹 붙이기' 단계를 제외하고 6개만 하게 될까? 정답은 '그렇지 않다'이다.

(1) 먼저 눈화장 하기 단계가 추가되는지 여부를 살펴보자. 현재 7개 화장으로 매력 지수 76점을 얻고 있다. 눈화장이 추가되면 25점을 얻게 되며, 10분 더 지각하므로 40점이 깎인다. 따라서 매력 지수는 61점이 된다.
(2) 한편, 속눈썹 붙이기 단계가 제외되는지 여부를 살펴보자. 현재 7개 화장으로 매력 지수 76점을 얻고 있다. 속눈썹이 제외되면 60점을 잃게 되며, 화장을 14분에 끝내므로 지각하지 않아 36점을 얻게 된다. 따라서 매력 지수는 52점이 된다.
(3) 이것은 **Tip ❶**과 관련이 있다. 지각의 경우 1분당 4점이 깎인다. 그런데 눈화장 하기 단계는 1분당 2.5점을 얻게 되므로 이미 지각한 상태에서 손해가 된다. 또한 속눈썹 붙이기 단계는 1분당 4점이므로

시간을 더 써도 잃는 점수는 0점이고, 시간을 아껴도 얻는 점수는 0점이다. 이 경우 주어진 시간을 초과하는 것은 무방하나 시간을 적게 쓰면 손해가 된다.

(4) 이러한 원리로 똑같이 매력 지수 76점을 얻게 되는 단계가 있다. '눈썹 그리기' 단계를 제외하고 6개만 하는 경우이다. 이 경우 얻는 매력 지수는 100점이며 시간은 26분으로 6분 지각에 따라 잃는 매력 지수는 24점이다. 따라서 매력 지수 76점을 얻게 된다. 눈썹 그리기 단계도 1분당 4점이므로 앞서 언급한대로 시간을 초과하는 것은 무방하기 때문이다.

점수와 시간이 나올 경우에는 항상 1분당 얻을 수 있는 점수 및 1분당 잃는 점수로 계산하게 되는지를 염두에 두자. 도움이 많이 될 것이다.

171 정답 ⑤ 난이도 ●○○

(1) (甲국의 최소 득표율)(%)

$$= \frac{(\text{유권자 1인당 투표수})}{(\text{유권자 1인당 투표수}) + (\text{선거구당 의석수})} \times 100$$

$$= \frac{2}{2+3} \times 100 = 40(\%)$$

(2) (乙국의 최소 득표율)(%)

$$= \frac{(\text{유권자 1인당 투표수})}{(\text{유권자 1인당 투표수}) + (\text{선거구당 의석수})} \times 100$$

$$= \frac{3}{3+5} \times 100 = 37.5(\%)$$

합격자의 시간단축 Tip

Tip ❶ 매우 쉬운 문제다. 따라서 1분 안에 푸는 것이 바람직한 문제로, 시간을 줄이기 위해서는 처음에 지문을 읽는 시간을 최소화해야 한다.

따라서 가급적 발문에서 요구하는 변수를 먼저 읽어본 후, 이해가 되지 않는 경우에만 지문을 추가적으로 읽는 방향으로 접근하면 지문에서 시간을 낭비하는 일이 적어질 것이다.

예를 들어, 발문의 '최소 득표율'을 지문 마지막에서 찾은 후 바로 사례에 적용하면 된다.

Tip ❷ 구하고자 하는 것은 '최소 득표율'이며 최소 득표율의 공식은 눈에 잘 보이는 하단부에 위치해 있다. 최소 득표율의 식만 보고 〈사례〉의 경우를 바로 구해서 답을 적는 것이 시간 단축의 길이다.

이 경우에는 위의 첫 번째 문단과 두 번째 문단의 줄글을 읽을 필요가 없다. 우리는 문제만 풀면 되기 때문에 문제해결에 필요하지 않은 정보는 가볍게 읽고 넘어가거나 skip해도 괜찮기 때문이다. 하지만 모든 문제에서 줄글을 생략하라는 뜻은 아니다. 위 문제 같은 경우는 수식만 보고도 문제를 풀 수 있는데, 이는 예외 사항 등이 없었기에 가능한 것이다. 따라서 문제를 많이 풀면서 문제를 보는 능력을 기르는 것도 중요하다.

또한, 해당 공식을 구성하는 항목은 '투표수'와 '의석수'로, 보편적으로 그 개념을 알 만한 항목들이다. 이 경우에는 바로 문제에 접근해도 틀릴 가능성이 적다.

* 유권자 1인당 투표수와 선거구당 의석수가 핵심 미지수인데, 사례에서 심지어 이 순서마저 동일하게 배열하여 난이도가 상당히 하락하게 됐다. 그런데 난이도가 높은 문제의 경우 이를 섞어서 제시할 가능성이 높으므로 이러한 문제에서는 구해야 하는 값을 도출하기 위해 필요한 미지수에 동그라미나 세모, 네모 등을 표시하여 구별하는 것이 유용할 것이다.

Tip ❸ 본 문제와 같이 비율 등 분수, 소수계산을 함에 있어 다음과 같은 간단한 사례들은 알고 있는 것이 시간 단축에 유리하다.

분수	$\frac{1}{10}$	$\frac{1}{9}$	$\frac{1}{8}$	$\frac{1}{7}$	$\frac{1}{6}$
소수	0.1	약 0.11 (>0.1)	0.125	약 0.14 (<0.15)	약 0.17 (>0.15)
분수	$\frac{1}{5}$	$\frac{1}{4}$	$\frac{1}{3}$	$\frac{3}{8}$	$\frac{5}{8}$
소수	0.2	0.25	약 0.33	0.375	0.675

172 정답 ① 난이도 ●○○

(1) Broca 보정식

- (표준체중)(kg) = {(신장) − 100} × 0.9 = (180 − 100) × 0.9 = 72(kg)이다.
- 이때, 甲의 체중인 85kg을 표준체중과 비교하면 $\frac{85}{72} \times 100 \approx 118(\%)$이다.
- Broca 보정식에 의하면 표준체중의 110% 이상 120% 미만의 체중을 '체중과잉'이라고 하므로, 甲은 Broca 보정식에 따를 때 '체중과잉'에 해당한다.

(2) 체질량 지수

• $(\text{체질량 지수})=\dfrac{(\text{체중})(\text{kg})}{(\text{신장})(\text{m})\times(\text{신장})(\text{m})}$

$=\dfrac{85}{1.8\times1.8}\approx26.2$ 이다.

• 〈표〉에 따르면 체질량 지수가 25.0이상 ~ 30.0 미만인 경우 '경도비만'에 해당한다.

합격자의 시간단축 Tip

Tip ❶ 다소 자료해석 문제와 유사한 유형이다. 최근 들어 이와 같이 세 과목의 경계를 허무는 문제 유형이 많으니 당황하지 않도록 하자.

이 문제는 자료해석과 마찬가지로 얼마나 '어림셈'을 잘 하였는지가 핵심이다.

(1) Broca 보정식

① (표준체중)=72(kg)이라는 것은 매우 쉽게 도출된다.

② 이때, 문제되는 부분은 '85kg이 72kg의 몇 % 인지'이다. 문제에서는 정확히 몇 %인지 도출할 것을 요구하지 않았으므로 '범위 값'을 이용하면 쉽게 처리할 수 있다.

72(kg)×110%=72+7.2 ≒ 79(kg),

72(kg)×120%=72+72×0.2 ≈ 72+70×0.2 ≒ 86(kg)

즉, 79 < 85 < 86으로 '체중과잉'에 해당한다는 것을 알 수 있다.

> * 위는 설명을 위한 것이었으나, 실전이었다면 120%가 약 86kg으로 85kg과 매우 가까움을 고려할 때, 굳이 110%를 계산하지 않아도 이를 넘을 것이라는 게 예측되므로 바로 '체중과잉'으로 처리하면 된다.

③ 소수점 계산이 다소 어렵다면 甲의 체중이 표준체중과 얼마나 차이 나는지를 계산하여 비만여부를 판단할 수 있다. 실제 체중과 표준체중의 차이는 85kg−72kg=13kg이며 13kg은 72kg의 20%가 안되는 값이다. (20%를 초과하는지 여부는 13에 5를 곱하여 확인하면 된다.)

따라서 85kg은 '체중과잉'에 해당한다.

(2) 체질량 지수

① $(\text{체질량 지수})=\dfrac{(\text{체중})(\text{kg})}{[(\text{신장})(\text{m})]^2}=\dfrac{85}{1.8^2}$를 어떻게 처리하는지가 중요하다.

② 대체 값을 잡기 위해 먼저 분모를 확인해보자. 18×18=324를 이용하여 1.8×1.8=3.24를 계산하고, 계산의 편의상 3.24를 3으로 대체하면 좋다.

③ 이때, 처리하는 방법은 총 2가지이다.

[방법 1] 나눗셈으로 푸는 방법

85를 3으로 나누면 28이 되고, 이 값은 25.0 이상 30.0 미만에 해당하여 '경도비만'임을 간단히 알 수 있다.

[방법 2] 곱셈으로 푸는 방법

기본적으로 나눗셈보다는 곱셈이 빠르고 편한 연산 방법이다.

따라서 〈표〉의 범위에 대체 값인 3을 곱해보면 25.0이상~30.0미만→75.0이상~90.0미만이 되어 85가 이 범위에 해당함을 바로 확인할 수 있다.

Tip ❷

이러한 유형의 문제는 숫자 감각이 중요하다.

(1) '체질량 지수'를 구할 때, 85가 3.24의 몇 배인지가 중요한데, 이때 3×25=75 이다.

이제 0.24에서 몇을 곱해야 (85−75)=10을 만들 수 있는지를 구해야 한다. 이때, 0.24 보다는 0.25가 계산이 훨씬 쉽다. 0.25×4=1이므로, 10을 만들기 위해서는 (4×10)=40 정도가 필요함을 알 수 있다. 즉, 25만으로 부족하다.

반면, 3×30=90이므로 85보다 큰 값이 도출된다. 따라서 85는 3.24의 25배 이상이며, 30배까지는 안된다는 것은 쉽게 알 수 있으며 정답은 '경도비만'에 해당한다고 체크하면 된다. 이러한 사고가 익숙하지 않다면 남은 수를 처리하기 위해 대체 값을 범위로 정해서 확인해도 좋다.

(2) 만약 위와 같은 방법을 사용하기에 조금 불안하다면, 보다 구체적으로 계산하면 된다.

예를 들어, 3.24는 3과 3.5의 사이에 존재한다는 특징을 이용하는 것이다. 0.5는 상대적으로 계산하기 쉬운 값이므로, 3으로 계산한 후 시간이 남으면 3.5를 활용해 검산해볼 수 있다.

또한, '체질량 지수'를 구할 때, 1.8의 제곱인 3.24에 30을 곱하면 당연히 85보다 큼을 알 수 있다. 따라서 3.24에 25를 곱하여 이 값이 85보다 작다는 것을 구함으로써 3.24×25 < 85 < 3.24×30 이므로 '경도비만'에 해당함을 알 수도 있다.

173 정답 ⑤ 난이도 ●○○

(1) 성과등급은 총 4단계로 구성되어 있으므로, 작년과 올해의 성과등급을 비교해보면

(A) 성과등급이 똑같은 경우

(B) 한 단계 변한 경우

(C) 두 단계 변한 경우

(D) 세 단계 변한 경우

로 총 네 가지 경우가 있다.

(2) 甲주무관의 첫 번째 진술에 따라 (D)에 속하는 주무관은 한 명이고, 乙주무관의 첫 번째 진술에 따라 (A)에 속하는 주무관도 한 명이라는 것을 알 수 있다. 甲주무관의 두 번째 진술에 따라 (C)에 속하는 주무관을 a명, (B)에 속하는 주무관을 2a명이라고 하면 다음과 같은 식을 세울 수 있다.

$$(A)+(B)+(C)+(D)=1+2a+a+1 = 3a+2=20$$

$3a=18 \quad \therefore a=6$

(3) ㉠은 성과등급이 한 단계 변한 주무관의 수로 (B)의 경우에 해당하며, 2a=12명이다.

따라서 정답은 ⑤ 이다.

합격자의 시간단축 Tip

Tip ❶

(1) 연립방정식 문제이기는 하나 상대적으로 난이도가 낮은 문제이다. 다만 연립방정식 문제를 간단히 하기 위해서는 사용하는 미지수의 개수를 최대한 줄여야 하므로, 주어진 대화 내용에 따라 **(B) 성과등급이 한 단계 변한 경우와 (C) 두 단계 변한 경우**를 동일한 미지수를 사용해 일차방정식으로 나타내는 것이 가장 중요하다.

(2) 문제의 '세 단계나 변한 주무관', '똑같은 성과등급', '성과등급이 한 단계 변한', '두 단계 변한' 등의 표현을 통해 몇 단계 변화였는지가 기준이 된다는 점은 출제자가 의도하였다고 생각한다.
따라서 굳이 왜 이렇게 표현하였을까 고민하고 의심하는 연습, 습관이 필요하다. 이는 출제자의 의도를 더욱 잘 음미할 수 있게 도와주어 장기적으로 시간 단축에 유리할 것이다.

Tip ❷ 성과등급이 총 네 단계라고 주어졌으므로, 성과등급이 변화 가능한 경우의 수가 네 가지라는 점을 먼저 파악할 수 있어야 한다.
이때, 甲과 乙의 대화를 보면 세 단계나 변한 주무관은 1명, 하나도 변하지 않은 주무관은 1명임을 알 수 있다. 또한, 甲 주무관의 두 번째 진술을 통해 한 단계 변한 주무관과 두 단계 변한 주무관 사이의 관계를 구할 수 있다.
(한 단계 변한 주무관 수)+(두 단계 변한 주무관 수)=18명이므로 이 경우 미지수를 활용해 식을 쭉 나열하지 않아도 바로 답을 구할 수 있다.

* 대화가 乙 주무관을 축하하는 것으로부터 시작하므로, 乙 주무관이 세 단계가 변한 것은 C에서 S가 된 것임을 예측해볼 수 있다. 이 문제의 함정은 여기서부터인데, 이를 통해 성과등급이 변했다는 것이 오른 것인지, 낮아진 것인지를 구별해야 하는 것인지를 생각하게 된다는 점이다. 그러나 설문에서 물어보는 것은 '한 단계 오른 또는 내린 주무관'이 아니라 '한 단계 변한 주무관'이다. 즉, 변화 정도를 묻고 있지 그 방향을 묻지 않는다는 것이다. 이처럼 문제의 함정은 어떤 부분에서도 등장할 수 있다. 그러므로 함정이 자주 나온다고 생각하는 부분이 아니어도 집중력을 유지한 채로 읽어야만 한다.

174 정답 ④

난이도 ●○○

ㄱ. (O) A의 주장에 따르면, 텔레비전에서 폭력물을 방영하는 것을 금지한다면 청소년 폭력행위는 줄어들 것이다.
➜ A는 폭력물로 인해 청소년의 폭력행위가 증가한다고 주장하므로, 텔레비전에서 폭력물을 방영하는 것을 금지한다면 청소년 폭력행위는 줄어들 것이다.

ㄴ. (×) A의 주장에 따르면, 남성 청소년들은 여성 청소년들보다 폭력물에서 보이는 세계가 현실이라고 믿는 ~~경향이 더 강하다~~.
➜ A는 성별에 따른 분석을 하지 않았으므로 알 수 없다.

ㄷ. (O) B의 주장에 따르면, 폭력물을 자주 본다는 것은 강한 폭력성향의 원인이 아니라 결과이다.
➜ B는 폭력성향이 강한 청소년이 폭력을 일삼는 드라마에 더 끌린다고 주장하여, 폭력물을 자주 본다는 것은 결과에 해당한다고 보고 있다.

ㄹ. (O) A와 B의 주장에 따르면, 청소년 폭력성향과 폭력물 시청은 상관관계가 있다.
➜ 인과관계에 대한 분석은 서로 반대되지만, 상관관계가 있음에 대해서는 동일하게 판단하고 있다.

합격자의 시간단축 Tip

Tip ❶ 난이도가 낮은 유형으로, 얼마나 빠르게 푸는지가 중요하다.
크게 3가지 방향성에 유의하여 해결하면 좋다.

(1) <u>각 주장의 변수와 인과 관계 정도만 가볍게 확인</u>한다. 디테일한 표현에 신경 쓸 필요는 없다. 어차피 〈보기〉에서 각 표현들은 다르게 각색되어 제공될 것이므로 변수가 무엇인지와 어떤 것이 원인이고 결과인지 파악하는 것으로 충분하다.

(2) 뜬금없는 변수가 〈보기〉에 있는지 확인한다.
문제가 구성될 때 의외로 그 누구도 말하지 않은 변수가 끼어 있는 경우가 많다. 따라서 〈보기〉에서 눈에 띄는 변수가 있는지 가볍게 확인 후 처리하는 것도 좋다.

(3) 선지를 최대한 활용한다.
문제를 빨리 풀어야 하는 문제인 만큼, 옳고 그름을 판단한 후 선지를 계속 소거하여 최대한 빠르게 해결하도록 해야 한다.
위 방법을 활용하여 문제를 풀면 다음과 같다.
(i) (1)의 방법에 따라 각 주장을 보면, A는 폭력물→폭력성향 강화→폭력행위 증가를 주장하며, B는 폭력성향 강한 청소년→폭력물에 더 끌리는 경향을 주장한다.
(ii) (2)의 방법에 따라 뜬금없는 변수가 있는지 보면 〈보기 ㄴ〉에서 갑자기 아무도 주장하지 않은 '성별'이 나오므로 틀린 선지임을 알 수 있다. 따라서 (3)의 방법에 따라 선지 ③, ⑤번을 소거한다.
(iii) 정답 가능성을 고려하여 〈보기 ㄹ〉을 확인하면, 옳은 선지이므로 정답은 ④ 번이다.

Tip ❷ 문제를 보기 전 〈보기〉를 먼저 보는 선택을 할 수도 있다. 〈보기〉를 보면 A의 주장을 묻는 선지가 3개가 있으므로 A학자의 주장을 먼저 읽고 선지의 정오를 판단한 후 B의 주장을 확인하면 빠르게 판단할 수 있다. 또한, A의 주장과 B의 주장을 비교하는 문제이므로 보기 구성을 미리 예측해볼 수 있다.
오답 선지로 가능한 유형은 다음과 같다. A에 대해 B의 특징을 설명하거나, B에 대해 A의 특징을 설명하는 것이다. 또한 이 외에도 **Tip ❶**-(2)와 같이 A나 B에게 A나 B가 아닌 제 3의 유형의 특징을 설명하는 것이다. 이렇게 크게 3가지의 유형이 존재할 수 있으므로, 이를 미리 알고 문제에 접근하면 도움이 될 것이다.

175 정답 ⑤ 난이도 ●●○

각 방법 별로 필요한 상자 개수와 상자 별 무게는 다음과 같다.

방법	상자 별 무게	필요 상자 개수
방법 1	6/(5+5)/(4+2+3)/6/(5+4)/5/7/8	8개
방법 2	8/7/6/6/(5+5)/(5+5)/(4+4)/(3+2)	8개

ㄱ. (×) 방법 1과 방법 2의 경우, 필요한 상자의 개수가 ~~다르다~~.
➜ 방법 1, 방법 2 모두 필요한 상자 개수가 8개로 동일하다.

ㄴ. (○) 방법 1의 경우, 10kg까지 채워지지 않은 상자들에 들어간 짐의 무게의 합은 50kg이다.
➜ 10kg까지 채워지지 않은 상자들의 무게 합은 6+(4+2+3)+6+(5+4)+5+7+8=50(kg)이다.

ㄷ. (○) 방법 2의 경우, 10kg이 채워진 상자의 수는 2개 이다
➜ 10kg이 채워진 상자는 (5+5)와 (5+5)로 총 2개이다.

합격자의 시간단축 Tip

Tip ❶ 〈보기 ㄱ〉은 모든 값을 도출해야 풀 수 있는 선지이지만, 〈보기 ㄴ〉과 〈보기 ㄷ〉은 사실 박스 조합을 확인할 필요가 전혀 없다. 다행히도 선지 구성상 〈보기 ㄱ〉은 풀지 않더라도 〈보기 ㄴ, ㄷ〉만으로 해결할 수 있으므로 이 방법에 대해 살펴보고자 한다.

보기 ㄴ. 눈으로 빠르게 합이 10이 되는 조합만 확인한다. 그러나 대충 보더라도 (5+5)를 제외하면 10kg를 만들 수 있는 경우가 없는 것을 알 수 있다. 따라서 5+5를 제외한 나머지 값만 빠르게 더하면 50kg임을 쉽게 확인할 수 있다.
여기서 중요한 것은 박스를 포장하는 전체 조합은 확인하지 않았다는 것이다. 즉, 도착한 순서대로 짐의 무게를 확인해보면서 10이 되는 조합이 있는지만 가볍게 보면 되기 때문에 풀이 시간이 매우 짧아진다.

보기 ㄷ. 〈방법 2〉는 특성 상 무거운 것부터 순서대로 더하기 때문에 당연하게도 (5+5)를 제외하면 10이 될 수 없다. 이때, 5가 총 4개이므로 상자는 2개임을 바로 알 수 있다.
이 방법 역시 박스를 포장하는 조합이 어떻게 되는지 확인하지 않아도 된다.
즉, 위 풀이처럼 상자 별 무게가 어떻게 되는지는 전혀 모른 채로 풀 수 있다는 장점이 있다. 다만, (6+4) 또한 10이 될 수 있으나 무게 순으로 재배열한 경우 두 수가 순서대로 더해질 수 없는 등의 경우가 있으므로, 문제에 제시된 방법의 '조건'에 유의하며 풀도록 하자.

* 〈선지 ㄱ〉의 경우 별도로 빠르게 푸는 방법이 있다고 보긴 어렵다. 우선 〈방법 1〉은 제시된 숫자들을 이용하여 동그라미를 쳐가며 풀고, 〈방법 2〉는 무게 순으로 다시 숫자를 써보며 푸는 것이 언뜻 보기엔 돌아가는 것 같지만 가장 정확한 풀이일 것이다.

176 정답 ③

난이도 ●●○

첫 번째와 두 번째, 세 번째 조건에 따라 가능한 골프치는 순서의 조합은 다음과 같다.

> ① 아이언 – 아이언 – 드라이버 – 우드 – 드라이버 – 우드 – 드라이버 - 우드
> ② 드라이버 – 우드 – 아이언 – 아이언 – 드라이버 – 우드 – 드라이버 - 우드
> ③ 드라이버 – 우드 – 드라이버 – 우드 – 아이언 – 아이언 – 드라이버 - 우드
> ④ 드라이버 - 우드 – 드라이버 – 우드 - 드라이버 – 우드 – 아이언 – 아이언

(1) 〈조건〉 여섯 번째에 따라 G와 H는 드라이버를 선택하지 않았는데, 〈조건〉 세 번째에 따라 우드를 선택한 사람은 연속해서 칠 수 없으므로 G와 H 중 한 사람은 우드를, 한 사람은 아이언을 선택했다. 그런데 골프를 먼저 치는 G가 아이언이고 다음으로 치는 H가 우드라면 위의 네 가지 경우에 해당되지 않는다. 따라서 골프를 먼저 치는 G가 우드이고 바로 다음으로 치는 H가 아이언이다.

(2) 이때, 〈조건〉 다섯 번째에 따라 B가 아이언을 선택했으며, 〈조건〉 네 번째에 따라 아이언을 선택한 사람은 연속해서 치므로 아이언을 선택한 B는 H 다음으로 골프를 치고, 〈조건〉 아홉 번째에 따라 D는 B 다음으로 골프를 친다. 따라서 아이언을 선택한 H와 B 앞뒤로 골프를 치는 사람이 있으므로, 조합 ② 또는 ③이 가능한 조합이다.

(3) 한편, 〈조건〉 여덟 번째에 따라 여섯 번째로 골프를 치는 사람은 C이며 그는 아이언을 선택하지 않았으므로, 조합 ②만이 가능하여 우드를 선택했을 것이다. 〈조건〉 일곱 번째에 따라 E는 드라이버를 선택하고 일곱 번째에 골프를 치고, 자동적으로 A는 첫 번째, F는 마지막에 골프를 친다.
이상의 정보를 정리하여 표로 나타내면 다음과 같다.

순서	1	2	3	4	5	6	7	8
이름	A	G	H	B	D	C	E	F
골프채	드라이버	우드	아이언	아이언	드라이버	우드	드라이버	우드

① (O) D는 다섯 번째로 친다.
→ D의 순서는 다섯 번째이다.

② (O) H는 아이언을 선택했다.
→ H는 골프채로 아이언을 택했다.

③ (×) 가장 마지막으로 치는 사람은 ~~E이다.~~
→ 가장 마지막으로 치는 사람은 우드를 선택한 F이다.

④ (O) F는 우드를 선택했다.
→ F는 골프채로 우드를 택했다.

⑤ (O) A 바로 다음에 G가 친다.
→ A 바로 다음 2번째 순서로 G가 친다.

합격자의 시간단축 Tip

Tip ❶ 첫 번째, 두 번째, 세 번째 조건에서 성립 가능한 골프채 순서를 미리 구한 후 문제를 푸는 것이 효율적이다. 조건에서는 우드를 선택한 사람은 연속적으로 칠 수 없다고 했을 뿐 드라이버에 대해서는 연속적으로 칠 수 없다고 하지는 않았으나, 두 번째 조건에 따라 드라이버 다음에 곧바로 드라이버가 오는 것은 불가능하므로 이 역시 우드와 마찬가지로 연속적으로 칠 수 없다.

Tip ❷ 첫 번째, 두 번째, 세 번째 조건에 따라 가능한 경우 네 가지를 찾은 것만으로도 바로 정답을 도출할 수 있다.
조합 ①, ②, ③, ④ 모두를 종합해 볼 때 마지막에는 무조건 우드 혹은 아이언이 올 것인데, 일곱 번째 조건에 따라 E는 드라이버를 선택했으므로, 조합 ③이 옳지 않다고 바로 판단이 가능하다.
이처럼 모든 경우를 맞추지 않더라도 중간에 답을 찾을 수 있으므로, 중간중간에 지금까지 도출된 정보로 판단 가능한 선지가 존재하는지 확인하며 문제를 푸는 것이 좋다.

177 정답 ②

난이도 ●○○

제시문을 정리하면 다음과 같다.

속	원소: de, 돌: di, 금속: do, 잎: gw
차이	순서대로 b, d, g, p, t, c, z, s, n
	돌의 경우, 순서대로 별도의 이름이 제시문에 주어져 있음에 유의
종	순서대로 w, a, e, i, o, u, y, yi, yu

① (O) ditu 물에 녹는 지구의 응결물의 여섯 번째 종
→ di+t+u이므로 속은 돌(di)이고 차이는 5번째 차이(t)이며 6번째 종(u)이다.
이때 돌은 차이의 이름이 주어져 있으므로, 5번째 차이를 확인하면 "물에 녹는 지구의 응결물"에 해당하여 옳은 선지이다.

② (×) gwpyi 잎의 네 번째 차이의 ~~네 번째 종~~

➔ gw+p+yi이므로 속은 잎(gw)이고 차이는 4번째 차이(p)이며 8번째 종(yi)이다. 따라서 틀린 선지이다.

③ (○) dige 덜 투명한 가치 있는 돌의 세 번째 종

➔ di+g+e이므로 속은 돌(di)이고 차이는 3번째 차이(g)이며 3번째 종(e)이다.

이때, 돌은 차이의 이름이 주어져 있으므로, 3번째 차이를 확인하면 "덜 투명한 가치 있는 돌"에 해당하여 옳은 선지이다.

④ (○) deda 원소의 두 번째 차이의 두 번째 종

➔ de+d+ a이므로 속은 원소(de)이고 차이는 2번째 차이(d)이며 2번째 종(a)이다. 따라서 옳은 선지이다.

⑤ (○) donw 금속의 아홉 번째 차이의 첫 번째 종

➔ do+ n+ w이므로 속은 금속(do)이고 차이는 9번째 차이(n)이며 1번째 종(w)이다. 따라서 옳은 선지이다.

합격자의 시간단축 Tip

Tip ❶ 난이도가 낮은 문제이다. 다만 각 선지가 속→차이→종의 3단계로 구성되어 있는 만큼 출제자는 수험생의 시간 소모를 유도하기 위해 반례 내지 틀린 부분을 뒷 단계에 배치할 개연성이 크므로, 먼저 '종'을 확인하는 것이 바람직하다.

예를 들어, 이 문제도 정답에 해당하는 선지 ② 번은 속과 차이는 옳지만 '종'이 틀렸다.

Tip ❷ 암호문을 푸는 형식의 문제는 대입-확인만 하면 되기 때문에 난이도가 쉽다. 그렇기 때문에 출제자가 어디에 함정을 둘지 미리 고민해볼 것을 추천한다. 필자의 경우에는 문제를 읽고 다음 2가지를 염두에 두고 풀었다.

① "속": de, di, do가 비슷하므로 "차이"와 합쳐지면서 헷갈릴 수 있음

② "종": i, yi와 u, yu처럼 끝나는 부분이 같은데 다른 종이 있음. 여기서 함정을 둘 수 있음.

Tip ❸ 만약 표기가 잘 이해가 안된다면 아래의 예시를 통해 바로 이해할 수 있다. 이런 제시문 문제의 경우 글의 초반부에는 설명이, 후반부에는 예시를 들어 앞의 내용을 적용해준다. 그러므로 앞에서 내용을 전부 다 이해할 필요 없이 대충 맥락만 파악한 뒤 뒤의 예시를 통해 바로 이해하며 오지선다를 푸는 방법도 있다.

178 정답 ❶ 난이도 ●○○

Tip에 해당하는 풀이를 제외하면, 단순히 모든 경우의 수를 실행해보는 방법 밖에 없기 때문에 **Tip**으로 해설을 갈음한다.

합격자의 시간단축 Tip

Tip ❶ 자칫 어려울 수도 있는 유형이지만, 기본적인 부분에서 답이 도출되어 쉬운 문제가 되었다.

이 문제의 핵심은 총합이 25가 되어야 한다는 점이다. 즉, 합의 구조상 25로 나누어 떨어지기 힘든 숫자는 포함될 수 없으므로 다른 수와의 합이 5나 10의 단위로 표현되지 않는 숫자는 들어갈 수 없다.

따라서 당연히 5, 10, 15분은 들어갈 수 있고, 3분, 8분(머리 감기+말리기), 7분은 서로의 조합으로 10, 15분이 되므로 문제가 없다. 그러나 세수의 4분은 어떻게 조합해도 5, 10분 단위로 계산될 수 없으므로 직관적으로 정답이 됨을 알 수 있다.

Tip ❷ **Tip ❶**의 내용을 구체적으로 살펴보면 다음과 같다.

(1) 이 문제는 계산이 아닌 사고력을 묻는 문제이다. 이 문제를 계산 문제로 접근하는 순간 풀이에 시간이 오래 걸릴 수 있으니 문제의 조건을 정확히 이해하여 먼저 문제의 포장지를 벗겨내는 것이 중요하다. 핵심은 묻는 것에 집중하는 것이다. "길동이가 수행한 아침일과에 포함될 수 없는 것"을 찾는 문제이며, 길동이는 주어진 25분을 '모두' 사용해야 한다. 즉, **더해서 25를 만들 수 없는 경우의 수를 찾으라**는 문제이다. 처음 이 문제를 접할 때 이렇게 포장지를 벗겨내는 일도 쉽지 않을 것이다.

(2) 포장지를 벗겨냈다면 이 문제는 꽤나 쉽다. 왜냐하면 소요시간이 5분, 10분, 15분인 경우가 있기 때문이다. 즉 더해서 5의 배수만 만들 수 있다면 25를 쉽게 만들 수 있다.

5의 배수가 아닌 수는 4분, 3분, 7분, 2분 밖에 없다. 이 중 머리 감기를 할 경우 반드시 말려야 하므로 머리 감기는 3분이 아니라 머리 말리기까지 포함된 8분으로 두고 계산해야 한다.

따라서 보다 정확히는 4분, 8분, 7분, 2분을 중복되지 않고어떻게 더하면 5의 배수를 만들 수 있는지 여부를 알아내야 한다. 이 중 4분을 제외하고는 모두 가능하다. (8+2, 8 +7)

(3) 한편, 4분이 조건을 만족하기 위해서는 1, 4, 6 등의 수가 추가로 필요한데, 남은 수로는 이를 만족할 수 없다. 따라서 4분이 걸리는 세수는 절대 포함될 수 없다.

만일 이러한 생각이 어렵다면 곧바로 각 선지가 포함 가능한지 여부를 살펴보아도 좋다. 예를 들어 세수의 경우 4분이 걸리므로 25분을 남김 없이 사용하기 위해서는 21분을 사용해야 하는데, 어떻게 해도 도출할 수 없다.

Tip ❸ 머리 감기와 머리 말리기가 한세트라는 점을 유념해야 한다. 또한, 위의 **Tip ❷**처럼 생각할 수 없다면 오지선다에서 하나를 딱 잡고 25분에서 그 시간을 뺀 나머지 시간을 다른 일과로 남김없이 채울 수 있는지 확인해보는 것이 가장 시간을 단축하는 방법이 될 것이다. 가령 선지 ② 머리 감기의 경우 25분−(3+5)분=17분이며, 일과에서 조합은 10분(샤워)+7분(몸치장하기)으로 가능하다.
이렇게 되면 선지 ④도 동시에 해결할 수 있다.
이때, 머리 감기와 말리기가 하나의 세트라는 것을 계속 유념해야 하며 문제 풀이 시작 전 꺾쇠([ )를 통해 하나라는 것을 시각적으로 표현해주는 것도 좋은 방법이다.

* 원리를 먼저 파악하는 것은 시험장에서는 쉽지 않을 수 있다. 그러므로 우선은 25분이 만들어지게끔 조합을 구성해보는 것이 좋다. 그 조합에 포함되는 선지들은 미리 소거하면서 접근하는 것이 현실적인 풀이이다.

179 정답 ❸ 난이도 ●●○

① (○) 할아버지와 동생을 제외한 가족이 모두 주중 자유이용권을 구매하여 수영장을 이용할 경우 총 88,000원을 지불한다.
→ 국가유공자의 경우 자유이용권을 50% 할인 구매할 수 있다. 아버지는 국가유공자이므로 주중 수영장 자유이용권의 가격은 28,000×50%=14,000원이다. 만 39세인 어머니의 경우 성인으로서 28,000원, 만 17세인 오빠의 경우 청소년으로서 24,000원, 만 13세인 수진의 경우 어린이로서 22,000원의 주중 수영장 자유이용권 요금이 발생한다.
따라서 이 경우 지불하는 총 금액은
14,000+28,000+24,000+22,000=88,000원이다.

② (○) 오빠와 수진이가 리조트를 연간 4회 방문할 때, 이 중 3회는 주중 자유이용권을 구매하여 이용하고 1회는 수영장을 이용하지 않고 사우나만 이용하는 것이 연간회원권을 구매하는 것보다 더 저렴하다.
→ 오빠와 수진이가 3회는 주중 자유이용권을 구매하고 1회는 사우나만 이용하는 경우 지불하는 총 금액은 (24,000+22,000)×3+(15,000+12,000)×1=165,000원이다.
반면, 연간회원권을 구매하는 경우 지불하는 총 금액은 100,000+78,000=178,000원이다. 따라서 3회는 주중 자유이용권을 구매하여 이용하고 1회는 수영장을 이용하지 않고 사우나만 이용하는 것이 연간회원권을 구매하는 것보다 더 저렴하다.

③ (×) 할아버지와 아버지 그리고 동생은 사우나 이용권만 구매하고, 어머니, 오빠, 수진이는 주말 자유이용권을 구매하여 수영장을 이용할 경우 지불하는 총 금액은 수진이의 연간회원권을 구매하는 금액보다 ~~저렴하다.~~
→ 만 65세 이상, 국가유공자 및 만 4세 미만 유아의 경우 사우나에 무료입장이 가능하므로 어머니, 오빠, 수진의 주말 자유이용권만 구매하면 된다.
만 39세인 어머니의 경우 성인으로서 30,000원, 만 17세인 오빠의 경우 청소년으로서 26,000원, 만 13세인 수진의 경우 어린이로서 24,000원의 주말 수영장 자유이용권 요금만 발생한다.
따라서 이 경우 지급하는 총 금액은 30,000+26,000+24,000=80,000원이다. 이는 수진이의 연간회원권을 구매하는 금액인 78,000원보다 비싸다.

④ (○) 수진이네 가족이 모두 사우나를 이용하기 위해서는 40,000원 이상의 요금을 지불해야 한다.
→ 만 65세 이상, 국가유공자 및 만 4세 미만 유아의 경우 사우나에 무료입장이 가능하므로 어머니, 오빠, 수진의 사우나 이용권만 구매하면 된다. 만 39세인 어머니의 경우 성인으로서 18,000원, 만 17세인 오빠의 경우 청소년으로서 15,000원, 만 13세인 수진의 경우 어린이로서 12,000원의 사우나 이용권 요금이 발생한다. 따라서 수진이네 가족이 모두 사우나를 이용하기 위해서는 18,000+15,000+12,000=45,000원의 비용을 지불해야 한다.

⑤ (○) 아버지, 오빠, 수진이가 수영장을 연간 3회 방문할 때, 주말 자유이용권을 구매하는 것이 연간회원권을 구매하는 것보다 더 저렴하다.
→ 국가유공자의 경우 자유이용권과 연간회원권을 50% 할인 구매할 수 있다. 아버지는 국가유공자이므로 주말 자유이용권과 연간회원권의 가격은 각각 30,000×50%=15,000원과 100,000×50%=50,000원이다. 따라서 아버지, 오빠, 수진이가 주말 수영장 자유이용권을 구매하는 경우 지불하는 총 금액은 15,000+26,000+24,000=65,000원이며 이수영장을 연간 3회 방문할 경우 총 65,000×3=195,000원의 비용이 발생한다.

반면, 아버지, 오빠, 수진이가 연간회원권을 구매할 경우 지불하는 총 금액은 50,000+100,000+78,000=228,000원이다. 따라서 주말 자유이용권을 구매하는 것이 연간회원권을 구매하는 것보다 더 저렴하다.

합격자의 시간단축 Tip

Tip ❶ 끝까지 계산하지 않아도 비교가 가능한 경우, 최대한 계산을 단순화하여 접근한다.

선지 ② 24,000+22,000=46,000=40,000+6,000이다.
따라서 (24,000+22,000)×3=(40,000+6,000) ×3=120,000+ 18,000=138,000이다. 여기에 27,000을 더해야 하는데, 27,000을 반올림하여 30,000이라고 가정하고 138,000과 더해도 178,000원보다 작다. 따라서 정확한 값을 계산하지 않고 곧바로 해당 선지가 옳다고 판단하고 넘어간다.

선지 ④ 18,000+15,000+12,000을 계산할 때, 8,000+2,000=10,000임을 쉽게 알 수 있으므로 우선 18,000과 12,000을 더해 30,000을 도출한다.
그 경우 남은 15,000을 더하면 40,000원이 넘음을 쉽게 알 수 있다.

선지 ⑤ 주말 자유이용권 가격을 합할 때 15,000+26,000+24,000에서 뒤의 두 가지의 뒷자리 합이 10,000이므로 이 역시 먼저 계산하면
15,000+50,000=65,000이다.
다음으로 195,000원과 비교하기 위해 연간회원권 가격을 더할 때 만의 자리만 고려해도 이미 20만 원이 넘으므로 해당 선지가 옳다는 것을 쉽게 판단할 수 있다.
해당 문제의 경우 계산이 복잡하지 않아 큰 차이를 체감할 수 없으나, 이처럼
① 뒷자리가 10 또는 100 단위가 되도록 계산하거나
② 근사값을 활용하여 계산하거나
③ 큰 자릿수부터 계산하는 습관을 들이면 효율적인 계산이 가능하다.

Tip ❷ 계산이 복잡한 문제의 경우, 실제 시험장에서는 시간 부족의 압박을 느낄 수도 있다. 사우나 무료 대상자, 주말, 주중, 연간 회원권과 비롯해 확인해야하는 가족 구성원 수가 많기 때문이다. 그렇기 때문에 실전에서 압박을 느낀다면 문제를 넘기는 것도 하나의 방법이다. 단, 연습 때에는 위의 **Tip ❶**과 같은 방법을 활용해 봄으로써, 이와 유사한 문제가 나올 경우 어떻게 심적 부담 없이 빠르게 접근할 수 있을지를 고민해보는 것이 필요하다.

Tip ❸ 설문의 경우 전형적으로 시간이 많이 걸리는 유형의 문제로, 풀어서 맞추더라도 상당한 시간이 소모되고 심지어는 실수할 가능성도 높은 유형이다. 이러한 문제에서 한 가지 **Tip**은, 선지를 봤을 때 '가족 구성원 중 일부만 입장하는 경우의 요금'을 구하라는 선지가 있을 경우 뒤도 돌아보지 않고 도망치는 것이다. 설문의 경우 선지 ④를 제외한 모든 선지에서 부분입장의 조건이 있으므로, 그 풀이에 상당한 시간이 걸림을 예측할 수 있다.

180 정답 ③ 난이도 ●●○

각 층별로 [에너지 효율 조정 방안]에 따라 에어컨의 수를 조정하면 다음과 같다.
(1) 지하(구형 기기 9대, 신형 기기 5대)
- [조건 1] 월 전기료는 9×4+5×3=51만 원으로, 조건을 충족한다.
- [조건 2] 구형 기기 대비 신형 기기 비율은 $\frac{5}{9}$ ×100(%) ≈ 56%로, 조건을 충족한다.

(2) 1층(구형 기기 15대, 신형 기기 7대)
- [조건 1] 월 전기료는 15×4+7×3=81만 원으로, 조건을 미충족한다. 조건을 충족하기 위해서는 월 전기료가 적어도 81- 60=21만 원 이상 감소해야 한다. 이때, 구형 기기 1대의 월 전기료는 4만 원이므로 조건을 충족하기 위해 폐기해야 하는 구형 기기의 수는 최소 6대(4×6=24 > 21)이다. 폐기 후 1층의 에어컨은 구형 기기 9대, 신형 기기 7대가 된다.
- [조건 2] 구형 기기 대비 신형 기기 비율은 $\frac{7}{9}$ ×100(%) ≈78%로, 조건을 충족한다.

(3) 2층(구형 기기 12대, 신형 기기 6대)
- [조건 1] 월 전기료는 12×4+6×3=66만 원으로, 조건을 미충족한다. 조건을 충족하기 위해서는 월 전기료가 적어도 66−60=6만 원 이상 감소해야 한다. 따라서 조건을 충족하기 위해 폐기해야 하는 월 전기료가 1대에 4만원인 구형 기기의 수는 최소 2대(4×2=8 > 6)이다. 폐기 후 2층의 에어컨은 구형 기기 10대, 신형 기기 6대가 된다.
- [조건 2] 구형 기기 대비 신형 기기 비율은 $\frac{6}{10}$ ×100(%)= 60%로, 조건을 충족한다.

(4) 3층(구형 기기 8대, 신형 기기 3대)

- [조건 1] 월 전기료는 $8\times4+3\times3=41$만 원으로, 조건을 충족한다.
- [조건 2] 구형 기기 대비 신형 기기 비율은 $\frac{3}{8}\times100(\%)=37.5\%$로, 조건을 미충족한다. 구형 기기는 8대이므로 '구형 기기 대비 신형 기기 비율 50% 이상'이라는 조건을 충족하기 위해서 구비되어야 하는 신형 기기의 수는 최소 4대($8\times50\%=4$)이다. 따라서 조건을 충족하기 위해 구입해야 하는 신형 기기의 수는 최소 1대이다. 신형기기 구입 후, 3층의 에어컨은 구형 기기 8대, 신형 기기 4대가 된다.
- [조건 1] 월 전기료는 $8\times4+4\times3=44$만 원으로, 조건을 모두 충족한다.

(5) 4층(구형 기기 13대, 신형 기기 4대)

- [조건 1] 월 전기료는 $13\times4+4\times3=64$만 원으로, 조건을 미충족한다. 조건을 충족하기 위해서는 월 전기료가 적어도 $64-60=4$만 원 이상 감소해야 한다. 따라서 조건을 충족하기 위해 폐기해야 하는 월 전기료가 1대에 4만원인 구형 기기의 수는 최소 1대이다. 폐기 후, 4층의 에어컨은 구형 기기 12대, 신형 기기 4대가 된다.
- [조건 2] 구형 기기 대비 신형 기기 비율은 $\frac{4}{12}\times100(\%)\approx33\%$로, 조건을 미충족한다. 구형 기기는 12대이므로 '구형 기기 대비 신형 기기 비율 50% 이상'이라는 조건을 충족하기 위해서 구비되어야 하는 신형 기기의 수는 최소 6대($12\times50\%=6$)이다. 따라서 조건을 충족하기 위해 구입해야 하는 신형 기기의 수는 최소 2대이다. 신형기기 구입 후, 4층의 에어컨은 구형 기기 12대, 신형 기기 6대가 된다.
- [조건 1] 월 전기료는 $12\times4+6\times3=66$만 원으로, 조건을 미충족한다. 조건을 충족하기 위해서는 월 전기료가 적어도 $66-60=6$만 원 이상 감소해야 한다. 구형 기기 1대의 월 전기료는 4만 원이므로 조건을 충족하기 위해 폐기해야 하는 구형 기기의 수는 최소 2대($4\times2=8>6$)이다. 폐기 후, 4층의 에어컨은 구형 기기 10대, 신형 기기 6대가 된다.
- [조건 2] 구형 기기 대비 신형 기기 비율은 $\frac{6}{10}\times100(\%)=60\%$로, 조건을 충족한다.

(6) 5층(구형 기기 10대, 신형 기기 5대)

- [조건 1] 월 전기료는 $10\times4+5\times3=55$만 원으로, 조건을 충족한다.
- [조건 2] 구형 기기 대비 신형 기기 비율은 $\frac{5}{10}\times100(\%)=50\%$로, 조건을 충족한다.

따라서 건물 전체의 에너지 효율 조건을 충족시키기 위해 구입해야 할 신형 에어컨의 수는 3층 1대, 4층 2대로 총 3대이다.

합격자의 시간단축 Tip

Tip ❶

(1) 본 문제는 신형 기기 구입 대수만을 묻고 있으므로, 〈조건 2〉의 적용에 따른 변화가 있을 것으로 예상되는 층 위주로 검토하면 된다. 아무것도 바꾸지 않은 현 상태에서 〈조건 2〉를 충족할 경우, 설사 〈조건 1〉에 미흡하여 구형 기기를 폐기한다 해도 〈조건 2〉의 충족 여부는 변하지 않을 것이기 때문이다. (오히려 구형 기기의 50%를 충족하기 위한 신형기기의 최소 대수가 적어져 조건을 보다 수월하게 충족할 수 있다.)
따라서 〈조건 2〉를 만족하는 층인 지하, 2층, 5층은 전혀 살펴볼 필요가 없다.

(2) 한편, 1층의 경우 구형 기기의 월 전기료만 계산해도 60만 원이므로 〈조건 1〉에 위배된다. 따라서 구형 기기를 최소 1대 이상 폐기해야 한다. 1대만 폐기해도 구형 기기 대비 신형 기기 비율이 50%가 되므로 그 이후는 고려하지 않아도 된다. 이는 다시 말해 3층과 4층에 대해서만 기준을 구체적으로 적용하면 된다는 의미이다.

Tip ❷

(1) 〈조건 1〉 충족 여부를 구할 때 해설과 다른 방법을 사용할 수 있다. 기준이 되는 월 전기료 60만 원에서 신형 기기의 전기료를 뺀 값을 활용하여, 폐기해야 하는 구형 기기의 수를 구하는 것이다.
예를 들어, 지하의 경우, 기준인 60만 원에서 신형 기기의 총 전기료 $5\times3=15$만 원을 빼면 45만 원이다. 이때, 구형 기기는 9대로, 총 전기료가 $9\times4=36$만 원이기에 지하의 월 전기료는 60만 원 이하임을 알 수 있다.

(2) 반면 1층의 경우, 60만 원에서 신형 기기의 전기료를 빼면 $60-3\times7=39$만 원인데, 이때 가능한 구형 기기의 수는 최대 9대($4\times9=36$)로 6대를 폐기해야 함이 도출된다.
이와 같은 방법은 월 전기료를 구하기 위해 기기별 전기료를 합하는 과정을 거치지 않아도 된다는 점에서 풀이 시간을 단축시킬 수 있을 것이다.

독끝 7일차 (181~212)

정답

181	③	182	⑤	183	④	184	①	185	④
186	⑤	187	④	188	③	189	②	190	②
191	③	192	③	193	③	194	①	195	①
196	①	197	②	198	③	199	④	200	④
201	④	202	②	203	③	204	①	205	②
206	⑤	207	①	208	①	209	⑤	210	①
211	①	212	①						

181 정답 ③ 난이도 ●○○

여섯 사람이 각자 볼일을 마치는데 걸리는 시간은 다음과 같다.

인원	볼일	소요 시간
가은	은행	30분
나중	편의점	10분
다동	화장실+패스트푸드점	20분+25분=45분
라민	서점+화장실	20분+20분=40분
마란	-	-
바솜	-	-

(1) 이들은 모두 오전 11시 50분에 볼일을 보기 시작한다. 따라서 가장 오래 걸리는 다동이 볼일을 마치고 도착하는 시각은 45분이 지난 12시 35분이다.

(2) 이때, 탑승할 수 있는 가장 빠른 고속버스는 서울 출발 시각이 12 : 45인 버스이다.
그러나 12 : 45 버스의 잔여좌석은 5좌석으로 여섯 사람이 같은 버스를 타지 못한다.

(3) 따라서 다음 버스로 서울 출발 시각이 13 : 00인 버스를 탑승하여야 한다.
이 경우 여섯 사람의 대전 도착 예정시각은 15 : 00이다.

합격자의 시간단축 Tip

Tip ❶ 문제의 생김새와 달리 매우 쉽게 출제되었다. 일반적인 형태에서는 '단계 구조'가 있어 소요 시간을 앞 단계가 마무리될 때 그 다음 단계를 더하는 등의 연산이 필요하다.

그러나 이 문제의 경우 모든 작업이 단계 없이 동시에 이루어지기 때문에 가장 시간이 오래 소모된 것만 확인하면 된다. 이때 가장 시간이 긴 것을 찾을 때는 다음의 두 개를 비교하면 된다.

(1) 단일로 가장 긴 것을 찾는다. 이 문제의 경우 은행 30분이 가장 길기 때문에 단일로는 '가은'이 비교 대상이 된다.

(2) 두 개의 합이 가장 긴 것을 찾는다. 이 문제의 경우 다동과 라민이 2개의 볼일이 있는데, 그 중 가장 긴 '다동'이 비교 대상이 된다.

따라서 가은과 다동만 비교하여 처리하면 된다. 이 문제는 비교가 쉬워서 본 풀이의 가치가 **낮아 보일** 수 있으나, 비교 대상이 많은 문제의 경우 매우 효율적인 풀이가 될 것이다.

* 실수 없이 가장 확실하게 푸는 방법은 가은, 나중, 다동, 라민 옆에 각자의 소요시간을 적어 놓는 것이다. 우선은 문제를 확실하게 푸는 방법을 익힌 뒤에 **Tip ❶**과 같은 방식을 사용해보는 것이 좋다.

Tip ❷

(1) 처음 '바솜'을 먼저 읽는 것이 중요하다. 물어보는 것은 여섯 사람이 대전에 도착할 수 있는 가장 이른 시간이다. 〈표〉에는 출발과 도착시간이 나와 있으므로 여기서 얻을 수 있는 중요한 정보는 "출발 시각"이 될 것이다. 이러한 사고를 거쳤다면 글을 처음부터 읽을 필요가 없다. 가장 중요한 현재 시각 11시 50분을 체크하는 게 중요하다.

(2) 또한, 문제에 감이 좋은 사람은 "잔여좌석 수"에 의문을 가질 것이다. 출제자가 불필요하게 "잔여좌석 수"에 대한 정보를 줄리가 없다. 가장 눈에 띄는 좌석수는 서울 출발 시각이 12 : 45인 버스이다. 잔여좌석수가 5명으로 인원 초과이며, 따라서 '의심스러운 부분'에 해당한다. 이 점을 고려한다면 아마 여섯 사람이 볼일을 마치고 돌아오는 시각이 '12 : 30 이상 12 : 45 이하' 정도로 형성될 가능성이 높다는 점을 염두에 두고 문제에 접근할 수 있다.
또한, 다 구하고 함정에 빠지지 않도록 서울 출발 시각이 12:45인 버스는 선을 그어 미리 지워 두는 것도 좋은 방법이다.

* 출제자가 만약 함정을 파기 위해 노력했다면 선지에 13 : 00가 나오는 경우가 있을 수 있다.
문제에서 물어보는 것이 출발 시각이 아닌 도착 예정시각이므로 항상 물어보는 것을 체크해두는 습관이 필요하다.

182 정답 ⑤ 난이도 ●●●

〈A 사건〉을 보면, 경복궁 내에 기계가 설치되면서 가지 모양의 유리에 휘황한 불빛이 대낮 같이 점화되었다고 한다. 이는 전등을 의미하는 것이므로, 〈A사건〉이 발생한 해는 1887년이다.

① (×) 광혜원에서 전화를 거는 의사
→ 광혜원은 1885년에 세워졌으나, 전화는 1896년에 설치되었다.

② (×) 독립문 준공식을 보고 있는 군중
→ 독립문은 1897년에 준공되었다.

③ (×) 서대문에서 청량리 구간의 전차를 타는 상인
→ 해당 구간의 전차는 1898년에 준공되었다.

④ (×) 〈A 사건〉을 보도한 한성순보를 읽고 있는 관리
→ 한성순보는 1883~1884년 사이에만 읽을 수 있다.

⑤ (O) 전신을 이용하여 어머니께 소식을 전하는 아들
→ 전신은 1885년 이후에 이용 가능하다. 따라서 1887년에 전신을 이용한 모습을 확인할 수 있다.

합격자의 시간단축 Tip

Tip ❶ 이 문제는 선지 ① 번을 제외하면 크게 틀릴 일이 없는 쉬운 문제이다. 다만 선지 ① 번의 경우 출제자가 정말 작정하고 판 함정이라 생각된다. 왜냐하면 ①번을 제외한 ②~⑤ 번은 모두 1가지 사건만을 적시해주었는데, 유일하게 ① 번만 '광혜원'과 '전화'라는 2가지 사건을 주어 실수를 유도하고 있기 때문이다. 따라서 언제나 선지가 어떤 '변수'로 구성되어 있는지는 고정 관념 없이 제로 베이스에서 검토해야 한다.

* A사건에서 제시된 정보 중 핵심은 "가지 모양의 유리에 휘황한 불빛"이다. 이를 보고 전등을 예상하는 것은 어렵지 않기에, 기타 부수적인 정보들은 가볍게 확인만 하고 넘어가면 된다. 다만 그 외에 '등롱'이라든지, 서양인이 기계를 움직여서 시끄러운 소리가 나는 등의 정보를 보고 이와 매칭되는 근대 문물을 애써 찾으려 하면 혼란에 빠질 수 있다.
전등을 통해 문제를 해결하지 못하는 경우일 때에 한하여 위와 같은 애매한 내용들에 눈을 돌리도록 하자.
** 문제에서 출제자가 준 힌트로 "경복궁 내"가 있으나, 이것은 때로 헷갈리게 만드는 장치로도 사용될 수 있다. 본 문제에서는 "경복궁 내"를 〈A사건〉에서 발견하자마자 〈근대 문물의 수용 연대〉에서 해당 단어를 찾고, 바로 '전등'이 〈A사건〉과 관련된 것임을 추론할 수 있다. 그러나 일부 문제에서는 경복궁 내에 설치된 근대 문물이라도 〈사건〉과는 관련이 없을 수 있으니, 너무 성급하게 답을 결정하려 하지 말고 문제에 주어진 지문을 끝까지 읽고 푸는 것이 좋다.

183 정답 ④ 난이도 ●●●

(1) 발문을 확인하면 '이용할 수 있는 경우'를 요구하고 있다. 따라서 경우의 수를 제한하는 변수를 확인하면 숙박 호텔, 항공기 출발 시각, 출발지, 목적지로 총 4가지이다.

(2) 두 번째 단락은 숙박 호텔에 관한 것으로, ○○호텔은 투숙객 외에도 이용할 수 있다고 주어져 있다. 따라서 ◇◇호텔도 가능하다. 경우의 수를 제한하지 않기에 숙박 호텔은 고려 대상에서 제외한다.

(3) 세 번째 단락은 나머지 3가지 변수에 관한 것으로, 먼저 '항공기 출발 시각'의 경우 13:00~24:00에 한정된다. 다음으로 '출발지'는 인천공항에 한정되며, '목적지'의 경우 국내선과 괌, 사이판이 제외된다.

(4) 위 상황에 따라 선지를 하나씩 살펴보면 다음과 같다.
- ① 번은 출발지가 김포공항이고 도착지가 국내이기에 틀린 선지이다.
- ② 번은 출발지가 김포공항이기 때문에 틀린 선지이다.
- ③ 번은 목적지가 사이판이기에 틀린 선지이다.
- ④ 번은 모든 변수가 해당되므로 옳은 선지이다.
- ⑤ 번은 항공기 출발 시각이 13:00 이전이어서 틀린 선지이다.

	숙박호텔	항공기 출발 시각	출발지	도착지
①	○○호텔	15:30	김포공항	제주
②	◇◇호텔	14:00	김포공항	베이징
③	○○호텔	15:30	인천공항	사이판
④	◇◇호텔	21:00	인천공항	홍콩
⑤	○○호텔	10:00	인천공항	베이징

위 표는 조건에 반하는 내용을 색으로 표시한 것으로 ①, ②, ③, ⑤ 번은 조건에 반하여 정답이 될 수 없음을 알 수 있다.
따라서 정답은 ④ 번이다.

합격자의 시간단축 Tip

(1) 가능한 경우를 고르도록 하는 문제의 경우, 그것이 반드시 정답이 되는 조합이 단 하나의 경우만 있다

는 것을 의미하지는 않는다. 다시 말해 선지 5개 중에서는 가능한 경우가 단 하나이지만 그것이 지문에 주어진 상황 전체에서 유일한 경우는 아니라는 뜻이다. 예를 들어, [○○호텔, 15:00, 인천공항, 베이징] 조합의 경우 A서비스를 이용할 수 있으나 선지에 포함되어 있지는 않다.

따라서 문제에서 가능한 경우를 찾으라고 한다면 당연히 주어진 '모든' 변수가 맞는지 확인해야 옳은 선지라는 것을 알 수 있다. 즉, 가능한 경우를 찾으려고 접근하는 것은 매우 비효율적일 수밖에 없다. 반대로 옳지 않은 경우의 수를 하나하나 **소거**하는 것이 가장 효율적인 풀이가 된다.

(2) 그럼 어떤 변수부터 제거해 나갈 것인지를 고려해 보자. 이 순서는 상황에 따라 나뉘기도 하고, 수험생의 특성에 따라 다르기도 하다. 일반적으로는 다음과 같은 방법이 있다.

① 순서대로 변수를 소거하는 방법
② 역순으로 뒤에서부터 변수를 소거하는 방법
③ 확인하기 쉬운 변수부터 소거하는 방법

위 방법은 어느 하나가 절대적으로 우월하지 않으니 본인이 편한 방법을 활용하면 된다.

이 문제에서는 방법 ③으로 문제를 풀어보면 다음과 같다.

(3) 가장 먼저 눈에 들어오는 것은 어떤 변수인가? 사람마다 다를 수 있으나 다음 두 가지를 먼저 체크하는 것이 좋다.

첫째, ○○호텔처럼 기호가 들어가거나, 영어 단어가 들어가는 등 가시성이 좋은 변수를 먼저 확인한다. 가시성이 좋을 수록 '어떤 변수를 찾을지 고민하는 시간'이 짧아져서 시간 낭비가 적기 때문이다. 확인해보면 투숙객이 아니어도 이용할 수 있기 때문에 이 변수는 무시해도 된다.

둘째, '단'과 같은 단서를 확인한다. 주로 단서는 마지막에 배치되어 있어 찾기도 쉽고, 보고서에서는 잘 쓰이지 않는 컴마(,)가 있어 가시성이 좋으며, 주로 놓치기 쉬운 함정에 해당하기 때문에 먼저 확인하면 여러모로 장점이 많다. 출제자도 단서가 문제에 제시되어 있는 경우 반드시 해당 단서와 관련된 선지를 하나 이상 제시하는 것이 일반적이다. 가장 뒷부분에 있는 단서를 보면 괌과 사이판이 제외된다고 하였으니 ③번을 제외한다.

(4) 그 다음으로는 시간에 비해 확인하기 편한 출발지를 확인하는 것이 좋다. 왜냐하면 출발지가 비교적 가시성이 높기 때문이다. 따라서 출발지를 확인하면 '인천공항'이라는 단어만 확인되므로 김포공항이 출발지인 ①, ②번은 소거된다.

(5) 마지막으로 남은 ④, ⑤번은 출발 시간에서 결정되는 것이므로 둘 중 하나만 확인하면 된다. 어느 하나가 옳다면 다른 하나는 틀릴 것이기 때문이다. 예를 들어, ④번의 21:00를 기억하고 글을 확인해보면 13:00~24:00 안에 들어가는 값이므로 ⑤번을 보지 않아도 ④번이 정답임을 알 수 있다.

(6) 문제해결 파트에 있어 대체적으로 주어진 조건은 전부 사용된다는 것을 염두 해 두고 문제를 접근해야 한다. 보통 모든 조건은 오지선다를 감별하는 데 있어 최소 한번씩 사용된다. 이때 조건을 사용하는 순서는 자신이 정할 수 있는데, 자신이 가장 편하고 직관적으로 판단할 수 있는 조건이 주로 무엇인지를 알고 문제가 나올 시 그 순서에 따라 본능적으로 접근하는 것이 좋다.

184 정답 ①

난이도 ●●●

〈암호표〉를 이용하여 '암호문' → '암호 변환키' → '원문'의 순서로, 즉 역으로 찾으면 다음과 같다.

→ 암호 변환키

↓ 원문

	A	B	C	D	E	F	G	H	I	J	K	L	M	N
A	A	B	C	D	E	F	G	H	I	J	K	L	M	N
B	B	C	D	E	F	G	H	I	J	K	L	M	N	A
C	C	D	E	F	G	H	I	J	K	L	M	N	A	B
D	D	E	F	G	H	I	J	K	L	M	N	A	B	C
E	E	F	G	H	I	J	K	L	M	N	A	B	C	D
F	F	G	H	I	J	K	L	M	N	A	B	C	D	E
G	G	H	I	J	K	L	M	N	A	B	C	D	E	F
H	H	I	J	K	L	M	N	A	B	C	D	E	F	G
I	I	J	K	L	M	N	A	B	C	D	E	F	G	H
J	J	K	L	M	N	A	B	C	D	E	F	G	H	I
K	K	L	M	N	A	B	C	D	E	F	G	H	I	J
L	L	M	N	A	B	C	D	E	F	G	H	I	J	K
M	M	N	A	B	C	D	E	F	G	H	I	J	K	L
N	N	A	B	C	D	E	F	G	H	I	J	K	L	M

암호문	I	B	N	M	I	E
암호 변환키	B	H	E	M	G	I
원문	H	I	J	A	C	K

〈보기〉의 암호문을 해석하여 찾아낸 원문은 HIJACK이다.

따라서 정답은 ①번이다.

합격자의 시간단축 Tip

Tip ① 종종 출제되는 유형으로 대부분의 수험생들이 해설과 같이 순서대로 따라가는 풀이를 취했을 것이라 생각한다. 그러나 이는 비효율적 풀이이다. 어차피 정답이 갈리는 부분은 선지끼리 서로 다른 값을 표시하고 있는 부분일 것이기 때문이다. 따라서 아래와 같은 순서로 처리하는 것이 좋다.

(1) 모든 선지가 달리 표시하는 것이 있는지 확인 후 있다면 그것만 처리하고

(2) 없다면 그 다음으로 가장 많이 안 겹치는 것을 처리하는 형태로 푸는 것이 바람직하다.

예를 들어, 이 문제의 경우

(1) 모두 안 겹치는 부분은 없으므로

(2) 그 다음으로 안 겹치는 3번째 알파벳을 확인하면, 선지 순서대로 J, D, N, N, C이다.

이때, 3번째 부분은 J이므로, 정답이 ① 번임을 쉽게 알 수 있다.

* 세 번째나 네 번째, 다섯 번째 알파벳 모두 두 개씩만 겹치기 때문에 더 많은 선지를 소거할 가능성이 높다. 따라서 첫 번째 알파벳을 먼저 확인하기보다, 이 중 하나를 먼저 확인해보는 것이 정답을 빠르게 찾을 수 있는 방법이다. 이처럼 선지를 적극적으로 활용해 문제풀이 시간을 단축시키도록 하자.

Tip ② 암호문 해석 유형의 경우, 줄글 설명은 복잡하여 원리 이해에 시간이 소요되는 반면, 예시는 비교적 간단하여 원리 이해가 용이한 경우가 많다. 1~2개의 예시를 통해 원리를 빠르게 이해한 후, 선지를 바로 적용하는 것이 시간단축에 도움이 된다.

즉 이 문제의 경우, 〈암호표〉 상단의 지문에서 암호문을 만드는 방법이 구체적으로 설명되었으나, 그 원리가 이해되지 않는다면 〈예시〉를 활용하는 것이 풀이시간 단축에 유리하다. 〈예시〉에서 암호문 H, E 등을 해석해보며 원문이 무엇인지 찾아내는 과정을 연습한 후 〈보기〉의 암호문을 적용해보면, 문제가 보다 쉽게 느껴질 것이다.

Tip ③ 대부분은 잘 풀어냈겠지만, 간혹 암호문으로 제시된 'IBNMIE'를 '원문'이라고 생각하고 답을 찾아내려는 수험생이 있을 것이다. 물론 6글자를 다 변환하면 선지에 없는 알파벳 조합이 나오지만, 2글자까지만 한 경우엔 JI가 나와 바로 ④ 번을 찍고 넘어가는 경우가 생길 수 있다.

만약 출제자가 의도적으로 함정을 만들면 6글자 모두 맞는 선지를 출제할 수 있으므로, 〈보기〉에 사용되는 '암호문' 등 단어의 표현을 확실히 구별하면서 문제를 풀도록 하자.

* 이는 〈예시〉에서 '원문'-'암호 변환키'-'암호문'의 순서인 반면, 〈보기〉에는 '암호 변환키'-'암호문'의 순서로 되어 있어 헷갈릴 소지를 준 것이다. 난이도가 높지는 않지만, 이처럼 수험생에게 순간적으로 혼란을 줄 수 있는 문제가 좋은 문제라고 생각한다.

185 정답 ④

난이도 ●●○

각 대안별 평가기준 점수의 합계는 다음과 같다.

대안	안전그물 설치	전담반 편성	CCTV 설치	처벌 강화	시민자율 방범
점수 합계	33	19	19	33	18

(1) 33점 동점 간 비교

- 안전그물 설치와 처벌 강화는 33점으로 동일하다.
- 이때 '법적 실현가능성 점수'는 안전그물 설치가 6, 처벌 강화가 5로 안전그물 설치가 더 높으므로 (안전그물 설치) > (처벌 강화)임을 알 수 있다.

(2) 19점 동점 간 비교

- 전담반 편성과 CCTV 설치는 19점으로 동일하다.
- 이때, '법적 실현가능성 점수'는 둘 다 5점으로 동일하고, '효과성 점수'도 5점으로 동일하다.
  그러나 '행정적 실현가능성 점수'의 경우 전담반 편성은 6점, CCTV 설치는 5점으로, (전담반 편성) > (CCTV 설치)임을 알 수 있다.

(3) 순위 정리

순위	1순위	2순위	3순위	4순위	5순위
대안	안전 그물 설치	처벌 강화	전담반 편성	CCTV 설치	시민 자율 방범

(4) 따라서 정답은 ④번이다.

합격자의 시간단축 Tip

Tip ①

[방법 1] 선지 활용법

이 방법으로 풀 경우, 계산을 최소화할 수 있어 효율적으로 문제를 풀 수 있다.

(1) 다른 점수 비교 유형과 달리, 처음 '점수의 합계'는 도출하는 것이 좋다.
통상의 점수 비교 유형은 값을 도출하지 않고 '차이값 비교'를 하는 것이 일반적이겠으나, 이 문제의 경우 두 번째 조건을 통해 '동점이 많을 것'임을 추측할 수 있으므로, 합계를 먼저 빠르게 구해야 쉽게 풀 수 있다.

(2) 합계를 구하고 나면 2순위가 될 수 있는 값은 ㄱ, ㄹ이고 4순위가 될 수 있는 값은 ㄴ, ㄷ임을 알 수 있다. 따라서 선지 ② 번과 선지 ⑤ 번이 소거된다.
(3) 남은 선지는 ①, ③, ④이며, 4순위가 무엇인지 먼저 계산하는 것이 좋다. 이때 4순위가 ㄷ이므로 바로 정답은 ④ 번임을 알 수 있다.

[방법 2]
점수 합계를 계산하지 않고, 표를 보고 직관적으로 (ㄱ, ㄹ)과 (ㄴ, ㄷ, ㅁ)이 한 그룹임을 파악하는 것이 가능하다. 다른 세 가지 대안보다 ㄱ과 ㄹ이 각 기준에서 받은 점수대가 높게 형성되어 있기 때문이다.
(1) 2순위가 될 수 있는 후보로 (ㄹ)처벌 강화가 3개나 제시되어 있으므로 이를 중심으로 본다. ㄹ이 2순위라면, ㄹ보다 점수가 높거나, 동점이면서 우선순위인 대안이 1가지뿐이어야 한다. 일일이 모든 합계를 계산하지 않더라도 ㄱ과 ㄹ만 비교하면 된다는 것을 쉽게 알 수 있다.
이때, 비교는 각 점수의 차이로 계산하는 것이 좋다. 다양한 방법이 있겠으나, ㄹ과 비교할 때 각 항목별로 ㄱ의 편차는 각 -1, +1, -2, +1, +1이고 편차의 합은 0이므로 ㄱ과 ㄹ의 점수의 합계가 같음을 알 수 있다.
(2) 두 대안별 평가기준 점수의 합계가 같으므로, 법적 실현가능성 점수가 높은 ㄱ이 1순위가 된다. 따라서 2순위는 ㄹ이다.
(3) (ㄴ), (ㄷ), (ㅁ) 또한 편차를 활용한 비교를 통해 그 순위를 구할 수 있다.

[방법 3]
〈조건〉의 두 번째 조건으로, 합계점수가 같은 경우의 비교조건을 단순히 줄글로 파악하는 것보다는 미리 조건의 표에 적어 두면 시각적으로 편하게 파악할 수 있다. 예를 들면, 법적 실현가능성 옆에 1, 효과성 옆에 2라고 적는 것이다.

186 정답 ⑤ 난이도 ●●○

ㄱ. (O) 암 수술 후 103주가 되기 전에 검사 A를 2회 모두 유효하게 실시할 수 있다.
➜ 최초 검사시기 및 최소 검사간격에서 4일 이내로 앞당겨서 일찍 검사를 한 경우에도 유효한 것으로 본다. 따라서 최초 검사를 유효하게 받을 수 있는 가장 빠른 날은 암 수술 후 12개월이 지난 날보다 4일 빠른 날이다. 또한, 2차 검사를 유효하게 받을 수 있는 가장 빠른 날은 1차 검사 이후 12개월이 지난 날보다 4일 빠른 날이다.
이를 정리하면 암 수술 후 24개월이 지난 날보다 8일 빠른 날에 검사 A를 2회 모두 유효하게 실시할 수 있다. 24개월은 104주이며, 따라서 암 수술 후 104주보다 8일 빠른 날, 즉 수술 후 103주보다 하루 빠른 날에 검사 A를 2회 모두 유효하게 실시할 수 있다.

ㄴ. (O) 암 수술 후 47개월에 검사 B를 1차 실시하고, 2, 3차 검사도 유효하게 실시하였다면, 4차 검사는 반드시 생략한다.
➜ 검사 B의 2차 검사와 3차 검사를 유효하게 실시할 수 있는 가장 빠른 경우는 각각 4주보다 4일 앞당겨 검사를 받는 경우이다. 암 수술 후 47개월에 검사 B를 1차 실시하였다면 3차 검사를 유효하게 실시하기 위해서는 적어도 47개월에서 8주보다 8일 전, 즉 7주보다 1일 빠른 날에 검사를 실시하여야 한다. 1개월은 대략 4주이므로(발문에 따르면 $\frac{52}{12}=\frac{13}{3}$주로 계산된다.) 3차 검사까지 유효하게 실시하였다면 암 수술 후 48개월, 즉 만 4년이 지났다.
따라서 4차 검사는 반드시 생략한다.

ㄷ. (O) 암 수술 후 40일에 검사 C를 1차 실시했다면, 수술 후 70일에 한 2차 검사는 유효하다.
➜ 암 수술 후 40일에 검사 C를 1차 실시했다면 이는 최초 검사시기보다 2일 앞당겨 일찍 검사를 한 경우로서 유효한 것으로 본다.
이때, 수술 후 70일에 2차 검사를 실시했다면 이는 1차 검사 후 30일이 지난 날로서 1, 2차 사이의 최소 검사간격인 4주를 충족한다. 따라서 수술 후 70일에 한 2차 검사는 유효하다.

합격자의 시간단축 Tip

Tip ❶
(1) 정확한 시기를 구하는 것보다 대략적인 시기만을 파악하여 문제를 푸는 것이 효율적이다. 가령 보기 ㉡에서는 8주에서 8일을 뺀 것이 정확히 7주일 보다 1일 빠른 날임을 알 필요는 없으며, 정오의 기준이 되는 4년(=48개월)에서 47개월이 얼만큼 모자라는 기간인지를 미리 파악하여 모자라는 기간(1개월=4주)보다 8주에서 8일을 뺀 것이 더 긴 기간인지 여부만 확인하면 된다.
(2) 보기 ㉢에서도 마찬가지로 70(일)=7(일)×10(주)이며 수술~1차 검사 기간인 6주와 1차~2차 검사 기간인 4주를 더해도 10주이므로 정확한 시기에만 검사가 이루어져도 70일은 충분한 시간이다. 이미 1차 검사가 수술 후 필요한 기간인 6주보다 조금 짧은 기간을 두고 이루어졌다는 것을 알았으므로 2차까지 필요한 시기 역시 70일보다 짧을 것이다.

(3) 따라서 1차가 유효한지를 확인한 다음에는 2차 검사를 한 시기가 70(일)=7(일)×10(주) 라면 1차~2차 검사 시기 간 간격을 구해볼 필요 없이 2차 검사가 유효한 것을 알 수 있다.

Tip ❷

(1) 1년을 12개월로 보고 52주로 본다는 설정이 문제에 나와 있다. 이러한 유형의 문제는 보통 구체적인 수치까지 주기 때문에 이 점을 놓치고 자신의 생각으로 문제를 풀지 않도록 주의한다.

(2) 그리고 문제에서 "최초 검사시기 및 최소 검사간격에서 4일 이내로 앞당겨서 일찍 검사를 한 경우에도 유효한 것으로 본다. 그러나 만약 5일 이상 앞당겨서 일찍 검사했다면 무효로 간주하고~"와 같은 부분이 나온다면 집중할 필요가 있다.
이와 같이 긴 문장으로 유효 가능한 규칙을 설명해줬다는 것은 문제에서 활용할 확률이 높기 때문이다. 특히 '5일부터는 무효'라는 것에서 '최대 4일로 당겼을 때 검사가 유효한 경우'의 문제가 있을 수 있다는 추측을 하면서 〈보기〉를 판단해야 한다.

(3) 표의 하단에 ※ 표시로 조건이 주어진 경우 거의 대부분 선지에 활용되므로 유의해야 한다.

187 정답 ④ 난이도 ●●●

(1) 조건을 정리하면 크게 다음과 같다.

- 조건 1: 1종 보통 운전면허를 소지한 직원이 포함되어야 한다.
- 조건 2: 차장은 1명 이상 포함되어야 한다.
- 조건 3: 사내 업무가 겹치지 않는 직원만 함께 출장 갈 수 있다.

(2) 8시 정각에 출발 시 예상 복귀 시간을 정리하면 다음과 같다.
① 부상자가 없는 경우: 기본적으로 8시간이 소요되나 비가 오므로 총 9시간이 소요된다. 따라서 17시에 복귀 예정에 있다.
② 부상자가 있는 경우: 부상자가 있으면 추가로 30분이 소요되므로, 17시 30분에 복귀 예정이다.

(3) 특이 사항을 정리하면 다음과 같다.

	특이 사항
甲	차장, 1종 보통, 부상
乙	차장, 17시 15분 사내 업무
丙	17시 35분 사내 업무
丁	1종 보통, 17시 10분 근무
戊	-

① (×) 甲, 乙, 丙
- 조건 1: 甲이 포함되어 충족한다.
- 조건 2: 甲과 乙이 차장이므로 충족한다.
- 조건 3: 甲이 부상자로 17시 30분에 도착 예정이나 乙이 17시 15분에 업무가 있어 미충족한다.

② (×) 甲, 丙, 丁
- 조건 1: 甲이 포함되어 충족한다.
- 조건 2: 甲이 차장이므로 충족한다.
- 조건 3: 甲이 부상자로 17시 30분에 도착 예정이나 丁이 17시 10분에 업무가 있어 미충족한다.

③ (×) 乙, 丙, 戊
- 조건 1: 1종 보통 소지자가 없어 미충족한다.
- 조건 2: 乙이 차장이므로 충족한다.
- 조건 3: 17시 도착 예정이므로 문제없이 충족한다.

④ (○) 乙, 丁, 戊
- 조건 1: 丁이 포함되어 충족한다.
- 조건 2: 乙이 차장이므로 충족한다.
- 조건 3: 17시에 도착 예정이므로 문제없이 충족한다.

⑤ (×) 丙, 丁, 戊
- 조건 1: 丁이 포함되어 충족한다.
- 조건 2: 차장이 없어 미충족한다.
- 조건 3: 17시에 도착 예정이므로 문제없이 충족한다.

합격자의 시간단축 Tip

Tip ❶

(1) 의심스러운 부분을 기준에 두고 순차적으로 모든 선지를 한 번에 처리하는 것이 좋다. 즉, 핵심이 되는 조건들을 바탕으로 선지를 소거하는 형태로 처리하면 된다.
예를 들면 다음과 같다.
① 1종 보통 운전면허 소유자인 甲, 丁 중 1명이라도 없는 선지를 소거한다.
➜ 선지 ③번이 소거된다.
② 차장인 甲, 乙 중 1명이라도 없는 선지를 소거한다.
➜ 선지 ⑤번이 소거된다.
③ 부상자인 甲이 있을 때 17시 30분 전에 업무가 예정된 乙, 丁이 겹치는 선지를 소거한다.
➜ 선지 ①, ②번이 소거된다.
따라서 정답은 ④번이다.

(2) 위의 풀이와 같이 면허 소유자와 차장 포함 여부로 선지를 고른 뒤 다음으로 조금 생각이 필요한 출장 시간을 가지고 정답을 도출해내면 된다. 이때, '부

상자'가 있는 경우와 3월 11일에 비가 온다는 것과 같은 상황들을 빠뜨리지 않고 고려해야 한다. 시간이 조급하면 표의 상황에만 몰두해서 주변에 주어진 조건들을 누락하는 경우가 존재한다. 이때, 초반부에 상황을 읽으면서 특수한 경우에는 동그라미를 크게 쳐 놓으면 누락을 방지할 수 있다.

* 위와 같이 해결하는 방법은 기본적으로 유사한 유형에서는 언제나 적용되는 방법이므로 익혀 두는 것이 좋다. 대체적으로 조합 문제의 경우 되는 조합을 내가 직접 구하는 것이 아니라 선지의 조합을 이용해 소거해 나가는 방법으로 문제를 푸는 것이 시간 단축의 길이다.
이때, 순서는 가장 직관적으로 파악할 수 있는 조건부터 처리하는 것이 좋다. 가령 사안의 경우는 '운전면허 1종 보통' 소지자와 '차장'이 포함되어 있는지 여부가 특별한 계산 없이 가장 직관적으로 파악이 가능하다.

Tip ❷

(1) 보다 단순한 풀이방법이 있다.
乙, 丙, 丁의 경우 특정 시간 내에 회사에 도착해야 하는 반면, 갑의 경우 부상자로서 복귀에 추가적인 시간이 소요된다. 따라서 갑이 출장을 가지 않는다고 우선 가정해 보자.
이 경우 '차장'이 적어도 한 명 포함되어야 하는 조건에 의해 을이 포함되어야 하며, 첫 번째 동그라미로 인해 정이 포함되어야 한다.

(2) 이 둘을 포함한 선지 ④가 가능한지 확인해 보고, 가능하다면 정답을 체크하고 넘어간다. 다른 선지들을 검토하지 않기 때문에 문제 풀이 시간이 크게 단축된다.
하지만 이러한 풀이 방법은 어느 정도의 숙련도를 요구하기 때문에 본인에게 맞지 않을 경우 활용하지 않는 것이 좋다.

188 정답 ③ 난이도 ●●○

가중치를 비교할 수 있기 위해선 비교하고자 하는 두 항목을 제외한 나머지 값이 모두 동일해야 한다. 이를 기준으로 풀이하면 다음과 같다.

① (×) 잠재력은 열정보다 항목가중치가 높다.
➜ 1등인 乙과 2등인 戊의 각 항목별 점수를 비교해 보면 '열정'과 '잠재력'을 제외한 모든 점수가 동일하다. 이때, '열정' 점수는 3점(乙) > 2점(戊) 이고 '잠재력' 점수는 3점(戊) > 2점(乙)로 점수 차가 동일한 반면, 항목별 가중치를 곱한 점수로는 乙이 戊보다 점수가 높다. 따라서 열정이 잠재력보다 항목가중치가 높다는 것을 알 수 있다.

② (×) 논증력은 열정보다 항목가중치가 높다.
➜ 논증력과 열정을 제외한 모든 항목이 동일한 지원자 조합이 없으므로 다른 선지에서 도출된 값을 활용하여 구한다. 선지 ①에서 (열정) > (잠재력)이고 선지 ⑤에서 (잠재력) >(논증력)임을 알 수 있다. 이 두 결과를 연결하면 (열정) > (잠재력) > (논증력)이므로 열정이 논증력보다 항목가중치가 높다는 것을 알 수 있다.

③ (O) 잠재력은 가치관보다 항목가중치가 높다.
➜ 4등인 丁과 5등인 丙의 각 항목별 점수를 비교해 보면 '가치관'과 '잠재력'을 제외한 모든 점수가 동일하다. 이때, '가치관' 점수는 3점(丙) > 2점(丁)이고 '잠재력' 점수는 3점(丁) > 2점(丙)로 점수 차가 동일한 반면, 항목별 가중치를 곱한 점수로는 丁이 丙보다 점수가 높다. 따라서 잠재력이 가치관보다 항목가중치가 높다는 것을 알 수 있다.

④ (×) 가치관은 표현력보다 항목가중치가 높다.
➜ 2등인 戊와 3등인 甲의 각 항목별 점수를 비교해 보면 '가치관'과 '표현력'을 제외한 모든 점수가 동일하다. 이때, '가치관' 점수는 3점(甲) > 2점(戊)이고 '표현력' 점수는 3점(戊) > 2점(甲)로 점수 차가 동일한 반면, 항목별 가중치를 곱한 점수로는 戊가 甲보다 점수가 높다. 따라서 표현력이 가치관보다 항목가중치가 높다는 것을 알 수 있다.

⑤ (×) 논증력은 잠재력보다 항목가중치가 높다.
➜ 3등인 甲과 5등인 丙의 각 항목별 점수를 비교해 보면 '잠재력'과 '논증력'을 제외한 모든 점수가 동일하다. 이때, '잠재력' 점수는 3점(甲) > 2점(丙)이고 '논증력' 점수는 3점(丙) > 2점(甲)로 점수 차가 동일한 반면, 항목별 가중치를 곱한 점수로는 甲이 丙보다 점수가 높다. 따라서 잠재력이 논증력보다 항목가중치가 높다는 것을 알 수 있다.

합격자의 시간단축 Tip

Tip ❶ 〈면접시험 결과〉는 비교 가능성을 위해 모두 합이 동일하게 3점이 2개, 2점이 3개가 되도록 주어져 있다. 이를 역이용하면, 지원자가 어떤 항목에서 3점인지를 통해 가중치의 크기 순서를 확인할 수 있다.
(1) 각 지원자의 3점을 정리하면 다음과 같다.
① 甲: 가치관, 잠재력
② 乙: 열정, 표현력
③ 丙: 가치관, 논증력
④ 丁: 잠재력, 논증력
⑤ 戊: 표현력, 잠재력

(2) 문제에는 정확히 항목별 가중치가 얼마인지에 대해 주어져 있지 않다. 즉, 어떠한 항목이 얼만큼 높을지 모르는 상태이기 때문에 절대적으로 열정과 표현력이 높은 우선순위라고 할 수는 없다. 만일 열정과 표현력보다 다른 항목이 미세하게 더 높은 가중치를 가지고 있으나 그 이외 항목들의 가중치가 지나치게 낮은 경우에도 열정과 표현력이 3점인 乙의 점수가 더 높을 수 있기 때문이다. 따라서 동일한 항목이 있을 때를 비교하는 것이 보다 정확하다.

(3) 이때, 동일한 항목을 가지고 있는 지원자끼리 비교할 경우 나머지 하나의 가중치 크기를 비교할 수 있다. 가령 乙의 경우 열정과 표현력이 3점이며 戊는 표현력과 잠재력이 3점이어서 열정과 잠재력이 다른 항목으로 들어가 있다. 乙이 戊보다 등수가 높으므로 (열정의 항목가중치) > (잠재력의 항목가중치)가 성립한다.

이처럼 3점인 항목들을 미리 정리하여 접근 시 문제를 파악하는 시간을 고려하더라도 1분에서 1분 30초 정도에 불과한 시간 내에 풀 수 있는 문제가 된다.

* 위 풀이가 이해되지 않는다면, 가중 평균에 대해 정리가 필요하다. 여기서는 가볍게만 확인해보자.
가중 평균은 쉽게 생각하면 (가중치)×(해당 값의 합)이다. 그렇다면 모든 지원자의 점수 구조가 동일하게 3점 2개, 2점 3개인 경우, '해당 값'이 동일 구조가 되므로 사실상 '가중치 차이'만 유의미해진다. 따라서 위와 같이 3점을 기준으로 가중치 비교가 가능해지는 것이다.
** 이러한 문제를 처음 접근하다 보면 다소 막막할 수 있다. 하지만 언제나 문제를 풀면서 유념할 것은 물어보는 것 이상의 정보를 알 필요는 없다는 것이다. 가령 문제의 〈면접시험 결과〉에 있어서도 가중치를 알 수 없는데 오지선다에서도 단순히 가중치의 비교만을 한 것으로 보아 가중치가 구체적인 수치로 얼마인지는 굳이 알 필요가 없다는 것을 의미하기도 하다. 구체적인 수치를 구할 수 없는 것은 당연한 것이므로 도출에 너무 집착하기보다는 위의 **Tip**과 같은 접근이 필요하다.
*** 해설의 풀이를 보거나 **Tip**을 보고 이렇게 푸는 것이 정확한 풀이인지 의문이 들 수 있다. 그러나 이 문제 자체가 정확한 수치가 도출되는 유형이 아니므로 애매한 느낌이 드는 문제에도 적응력을 높일 필요가 있다.

189 정답 ❷ 난이도 ●●○

현재까지의 총 득점을 정리하면 다음과 같다.

종목명＼국가	A	B	C	D
500 m	4	3	2	1
1,000 m	2	1	3	4
1,500 m	3	1	2	4
5,000 m	2	4	1	3
총점	11	9	8	12

ㄱ. (×) A국이 10,000m 종목에서 1위를 한다면 종합 순위 ~~1위가 된다~~.
➜ A국이 10,000m 종목에서 1위를 하고 D국이 2위를 할 경우의 종합 순위는 다음과 같다.

종목명＼국가	A	B	C	D
500 m	4	3	2	1
1,000 m	2	1	3	4
1,500 m	3	1	2	4
5,000 m	2	4	1	3
10,000 m	4			3
총점	15			15

A국과 D국은 총점 15점으로 동점이 된다. 총점에서 동점이 나올 경우 1위를 한 종목이 많은 국가가 높은 순위를 차지하는데, 이 경우 A국은 500m, 10,000m의 두 종목에서 1위를 했으며 D국은 1,000m, 1,500m의 두 종목에서 1위를 했으므로 1위 종목 수가 같다. 1위 종목 수가 같은 경우 2위 종목 수가 많은 국가가 높은 순위를 차지하는데, 이 경우 A국은 1,500m의 한 종목에서 2위를 했으며 D국은 5,000m, 10,000m의 두 종목에서 2위를 했으므로 2위 종목 수가 많은 D국이 높은 순위를 차지한다. 따라서 D국이 종합 순위 1위가 된다.

ㄴ. (×) B국이 10,000m 종목에서 C국보다 순위가 낮다면 종합 순위에서도 C국보다 순위가 ~~낮다~~.
➜ B국이 10,000m 종목에서 4위를 하고 C국이 10,000m 종목에서 3위를 할 경우의 종합 순위는 다음과 같다.

종목명＼국가	A	B	C	D
500 m	4	3	2	1
1,000 m	2	1	3	4
1,500 m	3	1	2	4
5,000 m	2	4	1	3
10,000 m		1	2	
총점		10	10	

B국과 C국은 총점 10점으로 동점이 된다. 총점에서 동점이 나올 경우 1위를 한 종목이 많은 국가가 높은 순위를 차지하는데, 이 경우 B국은 5,000m의 한 종목에서 1위를 했으며 C국은 1위를 한 종목이 없으므로 1위 종목수가 많은 B국이 높은 순위를 차지한다.
따라서 이 경우 B국은 C국보다 종합 순위가 높다.

ㄷ. (×) C국은 10,000m 종목의 결과와 관계없이 종합 순위에서 ~~최하위가 된다~~.

➜ C국이 10,000m 종목에서 1위를 하고 B국이 10,000m 종목에서 4위를 할 경우의 종합 순위는 다음과 같다.

종목명 \ 국가	A	B	C	D
500 m	4	3	2	1
1,000 m	2	1	3	4
1,500 m	3	1	2	4
5,000 m	2	4	1	3
10,000 m		1	4	
총점		10	12	

B국은 총점 10점, C국은 총점 12점으로 이 경우 C국은 B국보다 종합 순위가 높다.

ㄹ. (○) D국이 10,000m 종목에서 2위를 한다면 종합 순위 1위가 된다.

➜ D국이 10,000m 종목에서 2위를 한다면 총점 15점이 된다. 이때, B국과 C국은 10,000m 종목에서 1위를 하더라도 총점이 15점보다 작아 종합 순위 1위가 될 수 없다. 한편, A국이 10,000m 종목에서 1위를 할 경우의 종합 순위는 좌측 〈ㄱ〉의 표와 같다.

즉, A국과 D국은 총점 15점으로 동점이 되며, 이 상황은 ㄱ의 상황과 같다. 따라서 D국이 10,000m 종목에서 2위를 한다면 다른 국가의 순위와 관계없이 종합 순위 1위가 된다.

합격자의 시간단축 Tip

Tip ①

(1) 각 나라의 총 득점을 반드시 계산해야 하는 것은 아니다.

가령 보기 ㄱ에서는 A국에 대해 묻고 있는데, 해당 선지가 항상 옳기 위해서는 A국 다음으로 점수가 높은 국가와 비교할 필요가 있다.

D국은 두 항목에서 1등을 하여 점수가 높을 것으로 예상되므로, A국과 D국의 점수를 비교해본다. 이때, 각 국가의 4점이 각 하나씩 지워지고, A국의 2점 두 개와 D국의 4점 하나가, 마지막으로 각 국가의 3점이 지워지면 D국이 A국보다 1점이 더 높은 것을 알 수 있다. 따라서 A국이 1위를 하는 경우라도 D국이 2위를 할 경우, D국이 종합 순위 1위가 됨을 알 수 있다.

(2) 보기 ㄱ을 풀었다면 이미 한 번 계산을 거친 D국이 포함되어 있는 보기 ㄹ을 살펴보는 것이 바람직하다. 이때, D 국은 2위를 한다고 했으므로, 이미 앞서 살펴보았던 경우와 동일함을 알 수 있다. D국이 2위가 될 가능성이 있는지를 살피기 위해 이번에는 반대로 A국이 1위인 경우를 가정하면, 보기 ㄱ에서 보았듯이 이 경우에도 D국이 종합 순위 1위이다. 따라서 곧바로 보기 ㄹ이 옳다는 것을 알 수 있다.

(3) 여기까지 풀었을 때 남는 선지는 ②와 ⑤뿐이므로 보기 ㄷ을 살펴보아야 한다.

C국의 득점과 옆의 B국 득점을 비교해보자. B국의 4점과 C국의 2점 두 개가 지워지고, 각국의 3점이 지워지고, 각 국의 1점이 지워졌을 때, B국이 C국보다 1점이 더 높은 것을 알 수 있다.

이때, C 국이 1,000m 종목에서 4점을 득점하고 B국이 최저점인 1점을 득점한다면 C국의 총 득점이 2점 더 높으므로 C국이 최하위가 아닐 수 있다.

* 이처럼 각 보기의 총점을 해설처럼 구하지는 않아도 된다. 다만 이 문제의 경우 계산이 그리 복잡하지 않으므로 미리 계산을 해놓는 것이 쉬운 문제 풀이에 도움을 줄 수 있다.

Tip ② 문제를 풀 때 점수를 측정하는 문제의 경우 언제나 동점일 때 적용되는 기준을 유념해서 보도록 한다. 총 득점을 계산한 다음 동점일 때 1위 종목 수에 따라 등수가 판가름 나므로 4점에 동그라미를 친다면 시각적으로 도움이 될 것이다. 이러한 사소한 습관이 쌓여야 본인만의 풀이 노하우도 생기고, 자연스레 문제 풀이 시간도 단축된다.

* 문제에서 등수와 득점을 헷갈리지 않도록 하자. 문제의 표는 〈득점 현황〉을 나타내고 있으며, 각 종목에서 순위가 높을수록 높은 점수를 부여하고 있다. 즉 4점을 받은 경우 1등이 될 확률이 높고, 등수가 4등이라면 1점을 받았을 확률이 높다. 점수와 등수가 반비례 관계에 있음을 잊지 않고 풀이에 임하도록 한다.

190 정답 ②

난이도 ●●○

문제의 자료를 정리하면 다음과 같다.

상황	확률	K사에 예상되는 수익(손실)	
(1) 홍수 피해량이 50% 이상 증가	0.6	K사 전액 부담	150억 원
		외국 자본 30% 투자	130억 원
(2) 홍수 피해량이 50% 미만 증가	0.35	K사 전액 부담	100억 원
		외국 자본 30% 투자	120억 원
(3) 홍수 피해량이 감소	0.05	K사 전액 부담	-400억 원
		외국 자본 30% 투자	-200억 원

(K사의 예상 순이익)=(K사의 기대 수익)−(K사가 지불한 댐 건설비용)

(i) (K사의 기대 수익)=(확률)×(K사에 예상되는 수익(손실)의 합)

(ii) (K사가 지불한 댐 건설비용)=100억 원(K사가 댐 건설비용을 전액 부담 시) 또는 70억 원(외국 자본을 30% 투자 받아 댐 건설 시 100억 원 ×70%)

① (○) K사에서 건설비용을 전액 부담하는 경우, K사의 예상 순이익은 5억 원이다.

➜ K사에서 건설비용을 전액 부담하는 경우 (K사의 기대 수익)=0.6×150억 원+0.35×100억 원+0.05×(−400억 원)=105억 원이며 K사가 지불하는 댐 건설비용은 100억 원이다. 따라서 K사의 예상 순이익은 105억 원 − 100억 원 = 5억 원이다.

② (×) K사에서 건설비용을 전액 부담하는 경우, K사의 예상 순이익은 외국 자본을 30% 투자 받을 때의 예상 순이익보다 ~~많다~~.

➜ K사에서 건설비용을 전액 부담하는 경우 (K사의 기대 수익)=0.6×150억 원+0.35×100억 원+0.05×(−400억 원)=105억 원이며 K사가 지불하는 댐 건설비용은 100억 원이다. 따라서 K사의 예상 순이익은 105억 원−100억 원=5억 원이다.

한편, 외국 자본을 30% 투자 받아 댐을 건설하는 경우 (K사의 기대 수익)=0.6×130억 원+0.35×120억 원+0.05×(−200억 원)=110억 원이며 K사가 지불하는 댐 건설비용은 100억 원의 70%인 70억 원이다. 따라서 K사의 예상 순이익은 110억 원−70억 원= 40억 원이다.

따라서 K사가 외국 자본을 30% 투자 받아 댐을 건설하는 경우의 예상 순이익이 건설비용을 전액 부담하는 경우에 비해 많다.

③ (○) 향후 20년간 홍수 피해량이 감소했을 때, K사의 순이익은 항상 적자이다.

➜ 향후 20년간 홍수 피해량이 감소했을 때 K사에서 건설비용을 전액 부담하는 경우 K사에게 400억 원의 손실이 예상되며 K사가 지불하는 댐 건설비용은 100억 원이다. 이때, K사의 순이익은 (−400억 원)−100억 원=−500억 원이다.

한편, 향후 20년간 홍수 피해량이 감소했을 때 외국 자본을 30% 투자 받아 댐을 건설하는 경우 K사에게 200억 원의 손실이 예상되며 K사가 지불하는 댐 건설비용은 100억 원의 70%인 70억 원이다. 이때, K사의 순이익은 (−200억 원)−70억 원=−270억 원이다.

따라서 향후 20년간 홍수 피해량이 감소했을 때 K사의 순이익은 항상 적자이다.

④ (○) 향후 20년간 홍수 피해량이 50% 이상 증가했을 때, K사가 댐 건설비용을 전액 부담한 경우가 외국 자본을 30% 투자 받은 경우에 비해 순이익이 적다.

➜ 향후 20년간 홍수 피해량이 50% 이상 증가했을 때 K사에서 건설비용을 전액 부담하는 경우 K사에게 150억 원의 수익이 예상되며 K사가 지불하는 댐 건설비용은 100억 원이다.

이때, K사의 순이익은 150억 원−100억 원=50억 원이다.

한편, 향후 20년간 홍수 피해량이 50% 이상 증가했을 때 외국 자본을 30% 투자 받아 댐을 건설하는 경우 K사에게 130억 원의 수익이 예상되며 K사가 지불하는 댐 건설비용은 100억 원의 70%인 70억 원이다. 이때, K사의 순이익은 130억 원−70억 원 =60억 원이다.

따라서 K사가 댐 건설비용을 전액 부담한 경우가 외국 자본을 30% 투자 받은 경우에 비해 순이익이 적다.

⑤ (○) 재난관리전문가가 홍수 피해량의 증가 확률을 잘못 계산하였으며, 홍수 피해량이 50% 이상 증가할 정확한 확률이 0.5, 50% 미만 증가할 확률이 0.4, 감소할 확률이 0.1이라고 하자. 이때 K사가 가장 큰 예상 순이익을 얻는 건설비용 부담 비율은 변하지 않는다.

➜ 기존의 확률(0.6, 0.35, 0.05)에서 K사가 (건설비용을 전액 부담하는 경우의 예상 순이익)= {150×0.6+100×0.35+(−400)×0.05}−100=5 (억 원)

반면, (70% 부담하는 경우의 예상 순이익)={130×0.6+120×0.35+(−200)×0.05}−70=40 (억 원)

따라서 기존의 확률에서 K사가 가장 큰 예상 순이익을 얻는 건설비용 부담 비율은 70%이다.

정확한 확률(0.5, 0.4, 0.1)에서 K사가 (건설비용을 전액 부담하는 경우의 예상 순이익) = {150×0.5+100×0.4+(−400)×0.1}−100=−25(억 원)이다. 반면, (70% 부담하는 경우 예상 순이익)= {130×0.5+120×0.4+(−200)×0.1}−70=23(억 원) 이다.

따라서 정확한 확률에서 K사가 가장 큰 예상 순이익을 얻는 건설비용 부담 비율은 여전히 70%이다.

합격자의 시간단축 Tip

Tip ❶ 선지 ②를 확인함에 있어 구체적인 계산을 하지 않아도 된다. 우선, 외국 자본 유치 시 댐 건설비용이 30% 감소하므로 K사가 건설비용을 전액 부담하는 경우에 비해 30억만큼 아낄 수 있음을 알 수 있다.
댐 건설비용이 30억 감소함에도 순이익이 감소하기 위해서는, 외국자본 유치 시 수익에서 30억 이상의 감소가 나타나야 한다. 이때, K사의 수익은 홍수 피해량의 확률에 따라 다르므로, 각각의 경우에서 평균적으로 30억의 수익이 감소해야 한다.
그러나, 홍수 피해량이 50% 이상 증가할 경우에만 20억의 수익 감소가 나타나고, 여타 경우에는 오히려 수익이 증가하게 되므로, 굳이 확률을 곱하여 기대수익을 계산하지 않더라도 외국 자본 유치 시에 순이익이 오히려 증가할 것임을 쉽게 확인할 수 있다.

Tip ❷

(1) 이 문제는 기대 수익을 구해 예상 순이익을 정확하게 도출하는 것이 핵심이다.
기대수익은 해설과 같이 (확률)×(K사에 예상되는 수익(손실))의 합으로 구할 수 있다. 여기에서 확률은 홍수 피해량의 증감에 따라 결정되며, K사에 예상되는 수익(손실)은 K사의 건설비용 부담 비율에 따라 정해진다.
이때, 혹시 문제를 풀 때 선지 ③, ④에서도 확률을 곱했다면 주의하도록 하자.

(2) 문제의 선지 ①, ②, ⑤에서는 K사의 건설비용 부담 비율에 관한 내용만 주어져 있고, ○○시의 향후 20년간 홍수 피해량 정보는 없다.
따라서 기대 수익을 구할 때 홍수 피해량 증감의 3가지 상황을 모두 고려해야 하므로, 각 상황이 발생할 확률에 예상되는 수익(손실)의 값을 곱한 뒤 더해야 한다.

(3) 반면, 선지 ③, ④에서는 문제에 이미 상황이 주어져 있다.
예를 들어 ③의 경우, '향후 20년 간 홍수 피해량이 감소했을 때'라 제시되어 있어 해당 상황에서의 수익(손실)의 값만 살펴보면 된다. 해당 상황이 발생한 것이라 가정하고 있는 것이기 때문에, 홍수 피해량이 감소할 확률은 곱해주지 않는 것이다.
다만 K사의 건설비용 부담 비율 정보는 없으므로, 전액 부담과 외국 자본을 30% 투자 받는 두 가지 경우에 대한 순이익을 모두 살펴보아야 한다.

191 정답 ③ 난이도 ●●●

ㄱ. 매운 음식을 자주 먹는 만 38세 남성 甲의 위암 검진
→ 일반적으로 권장하는 위암 정기검진 시작 시기는 만 40세이다. 甲이 권장 시기에 맞춰 위암 검진을 받을 경우 첫 정기검진까지 남은 기간은 40−38=약 2년이다.

ㄴ. 대장암 가족력이 있는 만 33세 남성 乙의 대장암 검진
→ 일반적으로 권장하는 대장암 정기검진 시작 시기는 만 50세이다. 그러나 가족력이 있으면 대장암은 검진 시기를 10년 앞당겨야 하며, 이 경우 대장암 정기검진 시작 시기는 만 40세이다. 따라서 대장암 가족력이 있는 乙이 권장 시기에 맞춰 대장암 검진을 받을 경우 첫 정기검진까지의 기간은 40−33=약 7년이다.

ㄷ. 유방암 가족력이 있는 만 25세 여성 丙의 유방암 검진
→ 일반적으로 권장하는 유방암 정기검진 시작 시기는 만 40세이다. 그러나 가족력이 있으면 유방암은 검진 시기를 15년 앞당겨야 하며 이 경우 유방암 정기검진 시작 시기는 만 25세이다. 따라서 유방암 가족력이 있는 丙이 권장 시기에 맞춰 유방암 검진을 받을 경우 첫 정기검진까지의 기간은 약 0년이다.

ㄹ. 흡연자인 만 36세 여성 丁의 폐암 검진
→ 일반적으로 권장하는 폐암 정기검진 시작 시기는 흡연자인 경우 만 40세이다. 흡연자인 丁이 권장 시기에 맞춰 폐암 검진을 받을 경우 첫 정기검진까지의 기간은 약 4년이다.

따라서 丙(0년)→甲(2년)→丁(4년)→乙(7년) 순으로 첫 정기검진까지의 기간이 적게 남았다.

합격자의 시간단축 Tip

Tip ❶ 문제 자체는 난이도가 매우 낮다.
다만 '지문과 결합한 퀴즈 문제'가 출제되는 경우, 시간의 낭비를 방지하기 위해 필요한 부분만 찾아 읽는 '발췌독'을 이용해야 한다.

(1) 발췌독의 핵심
문제를 읽고 도출해야 하는 값(항목, 변수)이 무엇인지 확인한 후, 해당 값이 언급된 부분을 마치 '그림 맞추기 놀이'하듯이 눈으로 훑으면서 찾는 것이 중요하다. 처음엔 제대로 찾지 못해 중요한 부분을 놓치거나, 오히려 너무 많은 내용을 확인하는 실수가 나타날 수도 있으나 연습을 하면 할 수록 빠르고 정확하게 찾을 수 있을 것이다.

(2) 예를 들어, 이 문제의 경우 〈보기〉의 문장을 키워드만 남긴 후 찾으면 좋다.
〈보기 ㄱ〉의 경우 '38세', '위암'
〈보기 ㄴ〉은 '대장암', '가족력', '33세'
〈보기 ㄷ〉은 '유방암', '가족력', '25세'
〈보기 ㄹ〉은 '흡연자', '36세', '폐암'
을 키워드로 잡은 후, 〈지문〉에서 해당 키워드를 빠르게 찾으면 된다.

Tip ❷

(1) 선지를 이용하여 비교대상을 줄이는 방법이 있다. 기간이 가장 적게 남았을 가능성이 높은 사람은 甲, 丙, 丁이다. 특히 지문에서 대장암과 유방암은 가족력이 있을 경우 각각 10년, 15년 검진 시기를 앞당긴다고 서술하고 있다. 이러한 부가조건은 검진 시기를 앞당기는 가장 큰 요인이 되기 때문에 첫 정기검진까지의 기간이 가장 적게 남아있을 확률도 그만큼 높다고 예상할 수 있다.
(2) 15년이 앞당겨지는 유방암부터 고려해보면 丙은 만 25세부터 검진을 받아야 하므로 첫 정기검진까지 0년이 남아 무조건 가장 적게 남은 사람이 된다. 그에 따라 답은 ③, ④ 중 하나로 추려지는데, 그 중 甲과 乙 중 누가 더 적게 남았는지 비교하면 된다.
위암과 폐암(흡연자의 경우) 모두 만 40세부터 검진을 받아야 하는데 나이는 甲이 더 많으므로 甲이 乙보다 먼저 위치한 ③ 번이 정답이다.

192 정답 ❸ 난이도 ●●●

① (×) 수입한 선글라스를 2009년 10월 안경전문점에 판매한 안경테 도매상 A
➜ 도매상 A는 '유통업자'로 신고의무가 있는 사람이지만, '선글라스'는 2010. 2. 1부로 지정물품이 되었으므로 2009년 10월에는 신고의무가 없다.

② (×) 당귀를 수입하여 2010년 5월 동네 한약방에 판매한 한약재 전문 수입자 B
➜ 한약재 전문 수입자 B는 '수입자'로 신고의무가 있는 사람이지만, '당귀'는 2010. 8. 1부로 지정물품이 되었으므로 2010년 5월에는 당귀에 대한 신고의무가 없다.

③ (O) 구기자를 수입하여 2012년 2월 건강음료 제조 공장에 판매한 식품 수입자 C
➜ 식품 수입자 C는 '수입자'로 신고의무가 있는 사람이며, '구기자'는 2010. 8. 1부로 지정물품이 되었으므로, 2012년 2월에는 신고의무가 있다.

④ (×) 도매상으로부터 수입 냉동복어를 구입하여 만든 매운탕을 2011년 1월 소비자에게 판매한 음식점 주인 D
➜ 음식점 주인 D는 '최종소비자'로 신고의무가 있는 사람이 아니다.

⑤ (×) 수입자로부터 냉동옥돔을 구입하여 2012년 8월 음식점에 양도한 도매상 E
➜ 도매상 E는 '유통업자'로 신고의무가 있는 사람이지만, '냉동옥돔'은 2013. 2. 1부로 지정물품이 되었으므로 2012년 8월에는 신고의무가 없다.

합격자의 시간단축 Tip

Tip ❶ 이 문제와 같은 유형은 '변수'가 무엇인지 명확하게 파악하는 것이 좋다. 만약 변수를 제대로 못 잡을 경우 변수를 놓쳐 틀리는 실수가 나타날 수도 있고, 변수가 명확히 잡히지 않아 다시 읽는 일이 잦아 시간이 낭비될 수도 있다.
변수를 파악해보면 ① 신고의무가 있는 사람인지 ② 신고 대상 물품인지로 총 2개다.
따라서 선지를 읽을 때도 ①과 ②만 가볍게 확인하는 형태로 처리하면 된다.
예를 들어 선지 ① 번의 경우, '도매상', '선글라스', '2009년 10월' 이라는 것만 확인하고 틀린 선지라 판단하면 된다. 이때, 키워드를 '안경테'로 잘못 잡아 틀리는 일이 없도록 해야 한다.

Tip ❷ 변수가 여러 가지인 문제의 경우, 한 선지마다 두 가지 변수를 모두 체크하고 넘어가기 보다는 먼저 변수 한 가지를 기준으로 선지를 솎아 내면 문제 해결이 빠를 수 있다.
예를 들어 우선 시행일자만을 기준으로 판단하는 경우, 선지 ①, ②, ⑤가 쉽게 소거된다. 하지만 시행일자는 선지의 지정 물품을 찾아야 하고 그 시행일자를 〈표〉에서 찾아 비교하는 복잡한 과정을 거쳐야 한다.
그에 반해 '신고 의무가 있는 사람'의 경우 '수입자'와 '유통업자'만 파악하면 되며, 5개의 선지에서 '수입자'인지 '유통업자(도매상)'인지만 바로바로 비교하면 되므로 상당히 직관적이다. 그렇기 때문에 ④ 번을 먼저 지우고 시행 일자를 비교하는 방법을 추천한다.

Tip ❸ 본 문제에서는 선지의 도매상, 음식점 주인 등이 유통업자인지, 최종소비자인지 여부가 지문에 예시로 주어져 있다. 따라서 A~E에게 신고의무가 있는지 여부를 판별하는데 있어 시간이 오래 걸리지 않는 문제이다.
그러나 불친절한 문제에서는 예시가 주어져 있지 않을 수 있다. 그러한 경우에는 선지의 A~E가 신고의무가 있는 사람인지 여부를 더욱 꼼꼼히 살펴보아야 한다.

예를 들어, 유통업자의 경우에는 '수입자'로부터 지정물품을 양도받았는지, 물품을 소매업자 또는 최종소비자에 양도하는지 여부 등을 모두 검토해야 한다.

193 정답 ③ 난이도 ●○○

주어진 〈예제〉의 내용을 정리하면 다음과 같다.

	표고	실제 수평거리
A	180m	4cm×25,000 =100,000cm=1,000m
B	150m	

위 표에 따라 경사도를 도출하면

$$(\text{경사도})=\frac{(\text{두 지점 사이의 표고 차이})}{(\text{두 지점 사이의 실제 수평 거리})}$$

$$=\frac{180\text{m}-150\text{m}}{1,000\text{ m}}=0.03$$

따라서 정답은 ③번이다.

합격자의 시간단축 Tip

Tip ❶ 많은 수험생들이 할 비효율적 풀이는 위 해설처럼 표고와 실제 수평거리의 **단위**에 주의하면서 푸는 것이다. 특히 단위에 약한 수험생의 경우 실제 수평거리를 cm에서 m로 전환하는 것도 매우 조심스러울 수 있다. 예를 들어, 이 문제는 표고 차이가 180－150＝30이라는 것과 실제 수평거리가 4×25,000로 앞자리가 10xxx라는 것만 확인하면 된다. 자릿수가 어떻게 되는지와 무관하게 3이 들어간 값이 답일 것이므로 정답은 ③ 번이라는 것을 계산 없이도 바로 알 수 있다.

* 다만, 난이도를 조금 더 올린다면 선지에 0.03은 물론 0.3이나 0.003과 같은 선지를 구성하여 함정을 팔 수 있으므로 이후에 연습하는 과정에서는 구체적인 값을 정확히 도출하는 것도 꼭 해볼 필요가 있다.
** 필자의 경우 지리도 어느 정도 아는 만큼 경사도 공식과 예제만으로 문제를 해결하였으나 필자와 같이 할 수 있는 수험생은 극히 드물 것이라고 생각한다. 최소한 표고 정도는 확인했을 것이며 이 경우 등고선의 개념은 아니더라도 등고선 부분을 읽어야 한다.
특히 읽지 않을 정도의 실력을 가진 사람이라면 이 **Tip**을 보지도 않을 것이다. 배경지식이 전혀 없는 사람의 입장에서 문제를 바라볼 경우 축척과 등고선에 대한 정보도 체크하고 넘어가야 한다. 즉, 문제 해결에 도움이 되지 않는 정보가 아니라는 것이다. 본인이 알 경우 읽지 않아도 된다는 것이지 **빠른 해결을 위해 그냥 넘어가도 되는 것은 아니라고** 강조하고 싶다.

Tip ❷ 굳이 A 지점과 B 지점의 표고를 각각 구할 필요 없다. 현재 지도의 축적이 1/25,000이므로 표고 10m 단위마다 등고선이 그려지는 점에 착안하여, A 지점과 B 지점이 3표고만큼 떨어져 있으므로 (두 지점 사이의 표고 차이)=30m임을 쉽게 알 수 있다.

* 이 문제에서 함정을 유발하는 것은 크게 단위와 등고선 표시이다. 단위의 경우 사실 3이 포함된 선지가 0.03뿐이어서 큰 문제가 없으나, 등고선의 경우 정작 필요한 180m와 150m가 표시되어 있지 않아 헷갈릴 여지가 있다. 특히 B의 경우 마치 140m의 지점인 것처럼 의도적으로 표현되어 있어, 이를 헷갈리지 않는 것이 필요하다. 따라서 **Tip ❷**의 방법을 활용하도록 하자.

194 정답 ① 난이도 ●○○

ㄱ. (O) '46×5'의 계산 결과는 옳게 산출되었다.
➜ 4, 6, 5는 휴대폰과 키보드의 배열이 동일하므로 옳게 산출되었다.

ㄴ. (O) '789+123'의 계산 결과는 옳게 산출되었다.
➜ 휴대폰의 789는 키보드의 123과 동일하고, 휴대폰의 123은 키보드의 789와 동일하다.
따라서 789+123=123+789로 옳게 산출되었다.

ㄷ. (O) '159+753'의 계산 결과는 옳게 산출되었다.
➜ 휴대폰의 159는 키보드의 753과 동일하고, 휴대폰의 753은 키보드의 159와 동일하다.
따라서 159+753=753+159로 옳게 산출되었다.

ㄹ. (×) '753+951'의 계산 결과는 ~~옳게 산출되었다~~.
➜ 휴대폰의 753은 키보드의 159와 동일하고, 휴대폰의 951은 키보드의 357과 동일하다.
따라서 753+951 ≠ 159+357로 틀리게 산출되었다.

ㅁ. (×) '789 -123'의 계산 결과는 ~~옳게 산출되었다~~.
➜ 휴대폰의 789는 키보드의 123과 동일하고, 휴대폰의 123은 키보드의 789와 동일하다.
따라서 789－123 ≠ 123－789로 틀리게 산출되었다.

합격자의 시간단축 Tip

보기 ㄱ. 유일하게 배열이 동일한 것은 4, 5, 6이므로 옳다.

보기 ㄴ. **보기 ㅁ.** 사실상 〈보기 ㄴ〉과 〈보기 ㅁ〉은 동일한 선지이다.
789와 123은 휴대폰의 숫자 배열과 키보드의 숫자배열이 대칭적이다. 따라서 덧셈은 순서와 무관하게 계산 결과는 동일하므로 옳은 답이 도출되겠지만, 뺄셈은 순서가 무관하지 않으므로 당연히 같을 수 없다. 따라서 〈보기 ㄴ〉과 〈보기 ㅁ〉을 한 번에 처리하면 된다.

보기 ㄷ. **보기 ㄹ.** 사실상 〈보기 ㄷ〉과 〈보기 ㄹ〉은 동일한 선지이다.
159와 753은 휴대폰과 키보드의 배열이 대칭적이지만, 951과 753은 당연히 대칭적이지 않다.
따라서 〈보기 ㄷ〉과 〈보기 ㄹ〉을 한 번에 처리하면 된다.
이 문제와 같은 유형은 보기들이 사실 같은 내용을 묻고 있는 경우가 많다. 따라서 한 번에 여러 보기를 처리하면, '선지 소거법'을 활용하기 좋으므로 빠르고 효율적으로 해결할 수 있다.

0을 제외한 휴대폰과 키보드의 숫자 배열이 대칭적임을 알아야 한다. (4, 5, 6)을 기준으로 위 아래가 바뀌어 있으므로 대칭 위치에 있는 숫자배열로 되어 있는 수의 계산결과는 옳게 나올 것이다. 이때, 대칭인지 아닌지 여부를 확인하기 위해 시각적으로 표시하는 것도 좋은 방법이다.
예를 들어, 〈보기 ㄹ〉의 경우 대칭인지 여부를 확인하기 위해서 화살표를 그리면서 풀면 덜 헷갈린다.
〈보기 ㄹ〉의 경우 대각선이니까 753, 951이 동일하게 나올 것이라 착각할 수 있는데, 화살표를 그려보면 그 방향이 반대로 나와 대칭이 아니라는 것을 쉽게 알 수 있다.

* 이 문제에서는 결과가 옳게 산출되었는지에 대해서만 묻고 있으므로 갑이 키보드를 이용하는데 휴대폰으로 착각한 것인지, 아니면 반대의 경우인지가 문제되지 않는다. 그러나 만약 보기에서 계산 결과를 구체적으로 묻는다면 문제 역시 꼼꼼하게 읽어 실수를 줄여야 한다. 예를 들어, "갑이 123+456을 한 결과는 579이다."라는 선지가 있다면 이는 갑이 휴대폰 배열로 착각하여 입력한 것이므로 실제 결과는 789+456이 되어 틀린 선지가 된다.

195 정답 ①

난이도 ●●○

(냉동시점)=(태어난 해)+(만 나이)
(냉동된 기간)=2120년−(냉동 시점)−(해동된 기간)
이므로 〈대화〉를 정리하면 다음과 같다.

	냉동 시점	냉동된 기간	현재 나이
甲	2086+19 =2105년	2120−2105−7=8년	26세
乙	2075+26 =2101년	2120−2101−1 =18년	27세 or 28세
丙	2083+21 =2104년	2120−2104 =16년	20세

ㄱ. (O) 甲, 乙, 丙이 냉동되어 있던 기간은 모두 다르다.
➜ 각각 8년, 18년, 16년으로 냉동된 기간은 모두 다르다.

ㄴ. (×) 대화를 나눈 시점에 甲이 丙보다 ~~나이가 어리다.~~
➜ 甲은 26세인 반면, 丙은 20세로 丙의 나이가 더 어리다.

ㄷ. (×) 가장 이른 연도에 냉동캡슐에 들어간 사람은 ~~甲이다.~~
➜ 가장 이른 연도에 냉동캡슐에 들어간 사람은 乙(2101년)이다.

합격자의 시간단축 Tip

Tip ① '만 나이'이므로 단순히 연도를 더하거나 빼면 된다. 왜냐하면 기준 연도가 불포함되기 때문이다. 반대로 한국식 나이면 기준 연도가 포함되므로 1을 더해 주어야 한다.
예를 들어, 2086년에 태어난 甲이 19살일 때의 연도는 출생연도에 19살을 더한 2105년이다.
반면 한국식 나이였다면, 19살에 1살을 더한 20살이 된다.

* '만 나이'는 '월·일'도 중요하다. 그러나 문제를 풀 때 항상 '월·일'을 신경 쓸 필요는 없으며,
① 생년월일이 정확하게 주어지고
② 현재의 연·월·일이 명확히 주어진 상황
에서만 조심하면 된다.
예를 들어, '甲'과 '乙'의 경우 출생 연도만 주어졌으므로 '월·일'을 신경 쓰지 않고 나이를 구하면 되지만, '丙'의 경우 ① 2083년 5월 17일에 태어났다고 주어졌으며, ② 현재가 2120년 9월 7일임이 명확히 주어졌으므로 이를 주의하여 나이를 계산해야 한다.
특히 21살이 되기 두 달 전에 냉동캡슐에 들어갔고, 해동된 건 일주일 전이므로, 여전히 생일을 넘기지 못해 만으로 21살이 되지 못했음을 알 수 있다. (그래도 별로 중요하지 않은 이유는 甲과 乙의 나이가 훨씬 많고 丙의 해동시점이 가장 느리기 때문이다. 丙의 나이를 21살로 보고 풀어도 정확한 丙의 나이를 구해야 하는 문제가 없기 때문에 문제는 풀린다.)
** 그러나 이렇게 중요하지 않은 정보임에도 막상 시험 중에 정확히 구하고자 하면 시간이 오래 걸리고 헷갈리기까지 하다. 그러므로 가장 좋은 것은 '20살이거나 21살이구나' 하고 넘어가는 것이지 정확히 구하는 것이 아니라는 점을 명심하자.
*** '만 나이' 개념은 날짜 문제에서 '초일 산입–불산입' 논의와 동일하다.
초일 산입, 불산입은 곧바로 활용될 정도로 익숙하지 않아, 이를 정확하게 아는 수험생도 잠시 고민의 시간이 필요한

경우가 많다. 그러나 이러한 고민의 시간은 다른 문제를 더 풀 시간이 없도록 만드는 원인이 되므로 '공식'을 외우듯 이 잘 정리해 두는 것이 좋다.

① 산입: (목표 날짜) − (현재 날짜) + 1 = n(일)
단, 'n일 전'은 산입, 불산입 무관하게 (날짜) − n(일)이다. 왜냐하면 하루 전날을 산입이라는 이유로 당일로 처리하기엔 무리가 있기 때문이다.

② 불산입: (목표 날짜) − (현재 날짜) = n(일)
위 내용은 날짜, 연도 계산 모두에 해당되는 내용이므로, 이 문제처럼 '연도'를 셀 때도 그대로 이용하면 된다.

Tip ❷ 〈보기 ㄱ〉은 甲, 乙, 丙 세 사람 모두에 대해서 계산하여야 하고, 〈보기 ㄴ〉은 甲과 丙에 대해서만 계산하면 되므로 〈보기 ㄴ〉부터 점검한다. 甲은 19살에 캡슐에 들어가서 해동된지 7년이 되었으므로 26살이고 丙은 20살에 캡슐에 들어가서 해동된지 일주일 밖에 되지 않았으므로 20살이다. 따라서 丙이 더 어리므로 〈보기 ㄴ〉은 틀리다.
그에 따라 선지 ②, ④, ⑤가 소거되므로, 남은 선지들을 보았을 때, 〈보기 ㄱ〉은 당연히 옳다.
따라서 〈보기 ㄷ〉을 점검하며, 이하는 해설의 풀이와 같다.

Tip ❸

(1) 여기에서 대화를 나눈 시점의 나이를 구하고자 할 때 혹시나 (2120년) − (태어난 시점)으로 생각하지 않도록 주의한다. 냉동되어 있는 기간은 나이에 산입되지 않아 빼야 하므로 차라리 뺄셈이 아닌 덧셈을 하는 것이 실수를 방지할 수 있다. 가령 ㄱ의 경우 19살에 들어가 해동된 지 7년이 되었다 했으므로 간단하게 19 + 7 = 26을 하는 경우이다.
(2) 또한, 丙의 경우 21살이 되기 두 달 전에 냉동 캡슐에 들어갔다는 대화가 있어 냉동 시점을 구할 때 혼란이 올 수 있다. 하지만 〈대화〉에서 丙이 자신은 2083년 5월 17일에 태어났다고 얘기한 것을 보아 21살이 되기 두 달 전에 들어갔더라도 2104년 3월임을 알 수 있다.
(3) 이는 **Tip ❶**에서 언급한 바와 같이 정답에 영향을 줄 수 있는 사항은 아니었으나 충분히 선지로 활용 가능한 부분이다. 문제해결 파트에서 주어지는 조건에는 다 이유가 있다. 丙만 세세하게 태어난 년도, 월, 일을 이야기했다면 그 이유에 대해 생각해 보는 것도 좋다.

196 정답 ①

난이도 ●●○

(1) 불법주차중인 차량은 1대이므로 D 차량주와 E 차량주의 진술은 동시에 참이 될 수 없는 반대관계이다. 한편, A 차량주나 C 차량주의 발언이 거짓이라면 해당 차량주가 언급한 차량은 불법주차 중인데, 이 경우 D 차량주와 E 차량주의 발언은 거짓이 되어 2명이 거짓을 말했다는 사실에 모순된다. 따라서 A 차량주와 C 차량주의 발언은 참이다.
(2) 이때, B 차량주의 발언이 참이라면 D 차량주와 E 차량주의 발언이 거짓이다. 그러나 A 차량주와 C 차량주의 발언에 따라 D 차량과 E 차량은 불법주차 차량이 아닌데, B 차량주의 발언에 의하면 거짓을 말한 D 차량주와 E 차량주 중에 불법주차를 한 차주가 있으므로 모순된다.
따라서 B 차량주의 발언은 거짓이고, D 차량주와 E 차량주는 한 사람은 참을, 한 사람은 거짓을 말하였다.
(3) B 차량주의 발언이 거짓이므로 B 차량주의 발언에 따라 불법주차를 한 차주는 참을 말하고 있다. 그러나 D 차량주의 발언이 참이라면 B차량은 불법주차 차량인데, 이 경우 불법주차를 한 차주인 B는 거짓을 말하고 있으므로 모순된다.
(4) 따라서 D 차량주의 발언은 거짓이며 E 차량주의 발언은 참이다. 이때, E 차량주의 발언에 따라 불법주차중인 차량은 A차량이다.

합격자의 시간단축 Tip

Tip ❶ 모순 관계와 반대 관계의 개념을 혼동하지 말자. 논리퍼즐 개념 파트에서 배웠듯, 두 진술의 진릿값이 항상 다르다면 모순 관계이다. 반면, 두 진술이 동시에 참일 수 없다면 반대 관계이다.
본 문제에서 D 차량주와 E 차량주의 진술은 동시에 참이 될 수 없지만, 동시에 거짓은 될 수 있다는 점에서 반대 관계에 있다. 5명의 차량주 중 거짓을 말한 사람이 2명이기 때문이다.
본 문제의 경우 반대 관계를 모순 관계로 보고 풀었더라도 정답이 도출되지만, 모순처럼 보이는 반대 관계로 함정을 판 문항이 얼마든지 등장할 수 있으므로 주의하여야 한다.

Tip ❷ 이 문제에서 반대관계에 있는 진술을 활용한 풀이는 다음과 같다.

(1) D 차량주와 E 차량주의 발언 중 D 차량주의 것을 기준으로 하자. 만일 D 차량주의 발언이 참이라면 B차량은 불법주차 중이다. 이때, B차량주의 발언이 참이라면 불법주차를 한 차주는 거짓을 말하고 있으므로 불법주차 중인 B 차량주 역시 거짓말을 하고 있어야 한다.
반대로 B 차량주의 발언이 거짓이라면 불법주차를 한 차주는 참을 말하고 있어야 한다. 어느 경우에도 모순이 발생하기 때문에 D 차량주의 말은 참일 수 없으며 B차량은 불법주차가 아니다.

(2) D 차량주의 말이 거짓일 때, 만일 B 차량주의 말이 참이라면 D차량은 불법주차 중일 것이다. 그렇다면 D차량이 불법주차가 아니라고 한 C 차량주의 말은 거짓일 것이며, 나머지 A 차량주, E 차량주의 말은 참일 것이다. E 차량주의 말이 참이라면 A차량은 불법주차 중일 것인데, 이렇게 되면 불법주차 중인 차량이 두 대가 되어 모순이 생긴다.

(3) 따라서 B 차량주의 말은 거짓이며 나머지 A, C, E 차량주는 참을 말하고 있다.
E 차량주의 발언에 따라 A차량이 불법주차 중일 것이며, 답은 ① 이다.

197 정답 ❷ 난이도 ●○○

① (×) 행복1가
➜ 도로명 현황에 따르면 일련번호는 '로'와만 결합된다. 따라서 '가'와 결합된 행복1가는 발견될 수 없다.

② (○) 대학2로
➜ 일련번호가 '로'와 결합되어 있으므로 발견될 수 있다.

③ (×) 국민3길
➜ 도로명 현황에 따르면 일련번호는 '로'와만 결합된다. 따라서 '길'과 결합된 국민3길은 발견될 수 없다.

④ (×) 덕수궁뒷길
➜ 방위형은 '골목'과만 결합되고, 방위는 '동, 서, 남, 북'만 사용된다. 따라서 '뒷'이 '길'과 결합된 덕수궁뒷길은 발견될 수 없다.

⑤ (×) 꽃동네중앙골목
➜ 방위형은 '골목'과는 결합될 수 있으나 '동, 서, 남, 북'만 사용된다. 따라서 '중앙'과 결합된 꽃동네중앙골목은 발견될 수 없다.

합격자의 시간단축 Tip

Tip ❶ 발문에서는 '발견될 수 있는 도로명'을 물었다. 이를 토대로 〈도로명 현황〉을 읽을 때에는 '더 많이 발견되었다.'가 포함된 문장들에서 '더 많이'에는 아무런 의미를 부여할 필요가 없다. 따라서 문장을 읽을 때에는 바로바로 넘어가 줘야 한다. 특정 유형의 도로명이 많고 적고와 관계없이, 존재할 가능성만 있으면 답이 되기 때문이다.

Tip ❷ 〈○○시의 도로명 현황〉에서 "일련번호는 '로'와만 결합되었다. 방위형은 '골목'과만 결합되었으며"를 보고 바로 선택지로 넘어갈 수 있으며, 선택지에서 일련번호와 '로'가 결합된 ② 번을 바로 정답으로 찾을 수 있다.

* 대부분의 수험생이 일련번호는 '로'와만 결합됨을 확인하여 ②번이 정답이 된다는 사실은 빠르게 파악할 수 있었을 것이다. 그러나 차이는 이후의 과정에서 발생한다. 선지 ④번과 ⑤번 역시 정오파악에 있어 많은 시간이 소요되는 것은 아니지만 ②번을 푸는 과정에서 확실한 근거가 있었다면 굳이 ④번과 ⑤번은 점검할 필요가 없다.
그러므로 단순히 이 문제의 정답을 맞히는 것에만 초점을 두지 말고, 스스로가 시험장에서 문제를 풀 때에 선지 ④번과 ⑤번을 점검하지 않음을 통해 시간을 아끼고 다음 문제로 넘어갈 수 있을지를 점검해보는 것이 필요하다.

198 정답 ❸ 난이도 ●○○

① (○) 교육 우선순위가 가장 높은 것은 '취업지원프로그램 운영'이다.
➜ 교육 우선순위는 보리치 계수를 기준으로 판단한다. '취업지원프로그램 운영'의 보리치계수는 2.00으로 다른 교육내용들 중에서 가장 높다. 따라서 '취업지원프로그램 운영'의 교육 우선순위가 가장 높다.

② (○) 민간고용서비스 종사자들이 평균적으로 가장 높은 역량수준이 필요하다고 보는 것은 '직업적응상담'이다.
➜ 필요한 역량수준의 평균값은 $\overline{RCL}$ 값으로 판단한다. $\overline{RCL}$ 값이 가장 큰 것은 '직업적응상담'이므로 옳은 선지이다.

③ (×) '채용행사 개최'는 필요한 역량수준과 현재의 역량수준의 차이가 '교육·훈련상담'보다 크므로 교육 우선순위도 ~~'교육·훈련상담'보다 높다.~~
➜ 교육 우선순위는 보리치 계수만을 기준으로 판단하기 때문에 필요한 역량수준과 현재 역량수준의 차이의 대소관계는 교육 우선순위와 비례하지 않는다. 또한, '채용행사 개최'의 보리치 계수는 1.38로 '교육·훈련상담'의 보리치 계수인 1.52보다 낮으므로 교육 우선순위도 낮다.

④ (○) 민간고용서비스 종사자들은 평균적으로 '직업검사 실시 및 해석'보다 '취업지원프로그램 개발'에 필요한 역량수준이 더 높다고 보고 있다.
➜ '직업검사 실시 및 해석'의 $\overline{RCL}$ 값은 3.25이고 '취업지원 프로그램 개발'의 $\overline{RCL}$ 값은 3.30이므로 옳은 선지이다.

⑤ (○) 민간고용서비스 종사자들은 평균적으로 '직업진로선택상담'에 필요한 역량수준이 '취업지원 프로그램 운영'보다 높다고 생각하지만, 교육 우선순위는 '취업지원프로그램 운영'이 더 높다.

→ '직업진로선택상담'과 '취업지원프로그램 운영'의 $\overline{\text{RCL}}$ 값을 비교하면 각각 3.41 > 3.32이고, 보리치 계수의 값을 비교하면 1.31 < 2.00이다. 따라서 옳은 선지이다.

합격자의 시간단축 Tip

(1) 수식이 나오는 문제에 겁을 먹고 다음 문제로 넘어가는 수험생들이 있는데, 수식이 나왔다고 해서 항상 어려운 문제만 있는 것은 아니다. 오히려 이 문제를 해결하는데 있어서 수식에 관한 이해는 전혀 필요 없다. 그러므로 수식이 나오더라도 문제에서 무엇을 묻고 있는지 파악하는데 시간을 투자하는 것이 좋다. 어렵게 느껴진다면 그 이후에 넘어가도 괜찮다.

(2) 필자는 선지 ③을 판단할 때, 보리치 계수 값이 몇인지 확인하지도 않고 바로 틀리다고 체크했다. 왜냐하면 선지가 〈A이므로 B이다〉라는 구조를 취하고 있는데, 교육 우선순위는 보리치 계수만을 가지고 판단하므로 앞에서 제시된 역량 수준과 관련된 부분이 굉장히 어색하게 느껴졌기 때문이다.
물론 필요한 역량수준과 현재의 역량수준 간 차이도 더 크고 우선순위 역시 더 높을 수 있다. 그러나 그럴 경우 해당 선지는 필요 역량 수준과 현재 역량 수준 간 차이가 곧 우선순위의 높고 낮음을 결정하는 원인이라고 말하는 것과 같으며, 이는 문제 조건에서 주어진 우선순위 결정 방식과 충돌한다. 따라서 이러한 선지의 경우 일부러 모순이 생기는 항목 간 비교를 통해 틀린 선지로 유도할 가능성이 높다.

(3) 선지의 구조를 잘 살펴보면 ①, ②, ④는 비교를 한 번만 수행하면 되고, ③, ⑤는 비교를 두 번 수행해야 한다. 이러한 선지들의 구조가 눈에 들어온 경우에는 어떠한 선지들부터 해결할 지는 개인의 선택이라고 생각한다.
바로 해결이 가능한 선지들부터 처리하는 것도 가능하고, 복잡한 선지에 답이 있을 것이라고 생각하여 두 번 비교를 해야 하는 선지들 먼저 보는 것도 가능하다. 여러 문제들을 풀어보면서 본인에게 맞는 방법을 선택하면 된다.

(4) $\overline{\text{RCL}}$, 보리치 계수 등 주어진 값들이 무엇을 의미하는지 정리해 두고 시작하는 것도 좋다. 화살표 등을 이용해 각주와 표의 각 열을 연결시켜 두거나, 보리치 계수 옆에 우선순위라고 표시해두면 이후 문제 풀이 시 헷갈릴 일이 없을 것이다.

＊ 이 문제는 일반적인 문제들과 조금은 다른 형태로 만들어져 있다. 보통의 수식을 제시하는 문제는 해당 수식을 구성하는 각 요소의 값을 자료로 제시하고 필요한 값을 계산하는 문제가 대부분이다.
그러나 이 문제는 각 요소의 값을 모두 제시해줌과 동시에 핵심 지수인 '보리치 계수'의 값마저 제시하고 있어 수식 문제임에도 난이도가 상당히 낮아졌다. 또한, 각주에서 처음 보는 단어의 의미를 제시하는 것은 흔한 경우이나, 보통은 큰 의미가 없는 것이 대부분인데 이 문제에서는 각주에서 제시하는 단어의 의미가 문제 풀이에 핵심적으로 사용된다.
그러므로 이러한 유형의 문제가 나올 수도 있다는 것을 사전에 파악하는 용도로 이 문제를 활용하도록 하자.

199 정답 ④ 난이도 ●○○

ㄱ. (O) (가)의 방식을 적용할 때, P공단이 오염물질 배출허용 기준을 준수하기 위해서는 최소 3,000만 원의 비용이 소요된다.
→ (가)의 방식을 적용한다면 현재 60단위의 오염물질이 발생하고 있는 각 공장은 최대 50단위의 오염을 배출하고 남은 10단위의 오염물질을 정화해야 한다. 정화비용은 오염물질 단위당 甲공장에서는 100만 원이, 乙공장에서는 200만 원이 들어간다. 따라서 총 정화 비용은 (甲공장의 오염물질 10단위 정화비용)+(乙공장의 오염물질 10단위 정화비용) =10(단위)×100(만 원/단위)+10(단위)×200(만 원/단위)=3,000만 원이다.

ㄴ. (O) 공장 소유주의 입장에서 오염물질 배출허용기준을 준수하기 위해서는 최소 2,000만 원의 비용이 소요된다.
→ (나)방식에 따르면 공단 전체가 배출할 수 있는 오염물질의 양은 100단위이므로 현재 甲공장과 乙공장을 합한 총 오렴물질 60 + 60 =120단위에서 100단위를 뺀 20단위를 정화해야 한다. 이때, 정화 비용이 적게 드는 甲공장에서 오염물질을 20단위 모두 정화하는 선택을 할 경우 비용을 최소화할 수 있다. 이렇게 비용을 최소화한다면 20(단위)×100(만 원/단위) = 2,000만 원이 소요되므로 옳은 선지이다.

ㄷ. (×) 공장 소유주가 비용을 최소화하려고 한다면, (가)의 방식보다 (나)의 방식이 P공단의 ~~전체 오염물질 배출량을 더 줄일 수 있다.~~
→ 오염물질을 정화처리할 경우 비용이 발생하므로, 비용을 최소화하고자 하는 공장 소유주는 어떠한 방식을 선택하든지 배출 허용기준의 최대치만큼

해설편 · 7일차 · 문제해결+자원관리능력

배출하려고 할 것이다. 두 방식의 배출허용기준은 甲공장과 乙공장을 합쳐서 최대 100단위 배출로 설정되어 있다. 따라서 공단의 총 오염물질 배출량은 두 방식 모두 20단위만큼 줄어들 것이다.

ㄹ. (O) (나)의 방식을 적용할 때, 공장 소유주가 비용을 최소화하고자 한다면 甲 공장의 오염물질 배출량이 乙 공장의 오염물질 배출량보다 더 적어진다.
➜ (나)의 방식을 적용할 때, 공장 소유주가 비용을 최소화하고자 한다면 공단이 기준을 초과하여 배출하는 오염물질 20단위를 정화 비용이 더 저렴한 甲공장에서 정화해야 한다. 따라서 甲공장의 오염물질 배출량은 60－20＝40단위, 乙공장의 오염물질 배출량은 60단위가 되므로 옳은 선지이다.

합격자의 시간단축 Tip

Tip ❶

(1) 오염물질 배출권 문제는 현재 배출하고 있는 오염물질과, 각 기준에 따른 오염물질의 최대 배출량을 비교하여, 정화해야 하는 오염물질이 몇 단위인지부터 파악해야 한다.
(2) 이 문제에서는 甲과 乙공장의 소유주가 같으므로, 공장 소유주는 오염물질을 정화하는데 비용이 적게 드는 공장을 선택하여 오염물질을 정화할 수 있다는 것을 파악해야 한다.
(3) 오염물질을 배출할수록 비용이 적게 들고, 오염물질을 정화할수록 비용이 많이 든다. 헷갈려서 잘못 판단하지 않도록 주의해야 한다.

Tip ❷

(1) (가)와 (나) 각각의 규제 방식이 무엇을 의미하는지 파악하는 것이 중요하다. (가)방식의 경우 각 공장의 입장에서 최대 50단위까지 배출할 수 있음을 의미하고, (나)방식의 경우 甲과 乙공장을 모두 소유하고 있는 공장 소유주 혹은 P공단 전체의 입장에서 최대 100단위까지 배출할 수 있음을 의미한다.
(2) 좀더 구체적으로 설명하면 (가)방식에서 각 공장은 각각에 규정된 최대 50단위의 오염물질 배출허용기준을 지킬 수밖에 없으며, 이를 초과하는 오염물질은 배출할 수 없다. 반면, (나)방식은 P공단 전체의 오염물질 배출허용기준량을 규정하고 있으므로, 각 공장은 50단위를 초과하는 오염물질을 배출할 수 있다. 즉, 甲과 乙의 배출량의 합이 100단위를 초과하지만 않으면 되는 것이다.
해당 문제에서 배출허용기준과 정화처리라는 개념이 생소할 수 있으나 이상의 포인트를 잘 파악한다면 문제를 해결하는 데 무리는 없을 것이다.

200 정답 ❹ 난이도 ●●●

	x 지수	y 지수
甲	0+5+5+0=10	$\frac{1}{(900+625+625+400)}=\frac{1}{2,550}$
乙	10+15+5+20=50	$\frac{1}{(100+100+400+3,600)}=\frac{1}{4,200}$
丙	10+10+0+0=20	$\frac{1}{(2,500+100+400+400)}=\frac{1}{3,400}$
丁	10+10+10+10=40	$\frac{1}{(1,600+1,600+100+100)}=\frac{1}{3,400}$

ㄱ. (O) x지수에 의하면 丙국보다 丁국 선거제도의 비례성 정도가 낮을 것이다.
➜ 丙국과 丁국의 x지수는 각각 20, 40이다. x 지수가 클수록 비례성이 낮으므로 옳은 선지이다.

ㄴ. (×) y 지수에 의하면 甲국보다 丙국 선거제도의 비례성 정도가 ~~높을 것이다.~~
➜ 甲국과 丙국의 y지수를 비교하면 $\frac{1}{2,550}>\frac{1}{3,400}$이다. y지수가 클수록 비례성이 높으므로 甲국 선거제도의 비례성이 더 높다. 따라서 틀린 선지이다.

ㄷ. (O) 甲국은 x, y 지수 모두에서 선거제도의 비례성 정도가 4개국 중 가장 높을 것이다.
➜ 甲국은 4개국 중 x지수가 가장 작고, y지수가 가장 크다. 따라서 두 지수 모두에서 선거제도의 비례성 정도가 가장 높다고 할 수 있다.

ㄹ. (O) 乙국은 x, y 지수 모두에서 선거 제도의 비례성 정도가 4개국 중 가장 낮을 것이다.
➜ 乙국은 x지수가 가장 크고, y지수가 가장 작다. 따라서 두 지수 모두에서 선거제도의 비례성 정도가 가장 낮다고 할 수 있다.

합격자의 시간단축 Tip

Tip ❶

(1) 〈보기 ㄹ〉을 판단하기 위해서는 각 의석률을 제곱

하고, 모두 더해서, 이를 비교해야 하는 많은 과정을 거쳐야 한다. 따라서 시간을 단축시키는 방법들 중에서 두 가지를 소개하고자 한다.

한 가지는 단위를 줄이는 것이다. 모든 의석률은 두 자리 수로 되어 있다. 이때, 단위를 하나 줄이고 계산하더라도 대소관계가 변하지 않는다. 예를 들어, 甲국의 정당의 의석률을 제곱한 값의 합을 이와 같이 구하는 것이다. 의석률의 단위를 바꿔서 계산하면, 9+6.25+6.25+4=25.5가 된다.

(2) 다른 한 가지는 제곱의 성질을 이용하는 방법이다. 각 국가들의 의석률들의 합은 100%이다. 100%로 그 합이 정해져 있을 때, 의석률을 구성하는 숫자들 중에서 비중이 큰 숫자가 있을수록 그 제곱합이 더 클 **가능성**이 매우 높다.

구체적으로 설명하자면 甲국은 의석률이 **30**, 25, 25, 20으로 구성되어 있고, 乙국은 10, 10, 20, **60**, 丙국은 **50**, 10, 20, 20, 丁국은 **40**, **40**, 10, 10이다.

이 숫자들을 제곱해서 더한 값들을 비교해야 하는데, 숫자가 큰 수를 제곱하면 다른 수들을 제곱해서 더해도 벌어진 격차를 따라잡기가 어렵다. 가장 간단히 60과 30으로 생각해보면, 60은 30의 두 배이지만 60의 제곱은 30의 제곱의 네 배이다. 즉, 의석률이 60%인 정당이 있는 乙국의 의석률 제곱값을 따라잡기 위해서는 甲국의 모든 정당의 의석률이 30%여야 겨우 한 정당의 의석률의 제곱값에 비할 수 있게 되므로 이는 불가능하다. 이처럼 숫자 감각을 챙겨 놓는다면 대소비교를 빠르게 할 수 있다.

(3) y지수는 제곱합의 역수이다. 따라서 굳이 제곱합의 역수를 가지고 대소관계를 비교하기 보다는 역수를 취하지 않은 채로 대소비교를 해서, 제곱합이 큰 국가일수록 비례성이 낮은 선거제도를 운영한다고 판단하면 된다.

> * 이 문제에서 헷갈리기 쉬운 점은 '비례성'을 평가함에 있어 x지수가 크면 비례성은 낮아지지만, y지수가 작으면 비례성이 낮아진다는 점이다. 물론 y지수의 분모값을 구하고 이를 x지수와 대응시켜 헷갈림을 방지할 수도 있겠지만, 이러한 방법을 아는 것보다 헷갈림을 유발하기 위한 장치가 대놓고 등장할 때 표시 등을 활용하여 헷갈리지 않으려는 시도 자체가 더 중요하다.

201 정답 ④ 난이도 ●○○

ㄱ. (○) 알코올 함유량이 1%인 수입 맥아음료는 30%의 관세와 72%의 주세를 모두 납부해야 한다.

→ 알코올 함유량이 1%인 수입 맥아음료는 알코올 함유량 0.5%를 초과하여 30%의 관세를 내야 하며, 알코올 함유량이 1% 이상이므로 72%의 주세를 납부해야 한다.

ㄴ. (×) 주세 납부 대상이지만 관세는 내지 않아도 되는 수입 ~~맥아음료가 있다.~~

→ 주세 납부 대상이면, 알코올 함유량이 1% 이상이다. 그런데 알코올 함유량이 1% 이상이면 관세의 부과 기준 중 알코올 함유량 0.5% 초과인 맥주에 해당하여 항상 관세를 내야 한다.

ㄷ. (×) 알코올 함유량이 0.8%인 수입 맥아음료는 ~~8%~~의 관세를 납부해야 한다.

→ 알코올 함유량이 0.8%이면, 0.5%를 초과한 값이므로 30%의 관세를 납부해야 한다.

합격자의 시간단축 Tip

매우 간단한 문제이다. 이 정도의 난이도 문제는 최대한 시간 소모를 줄이는 것이 핵심이다.

(1) 먼저 용어의 정의를 명확히 하는 것이 중요하다. 용어가 명확하지 않으면 괜한 고민으로 시간이 낭비되거나 잘못된 판단을 내리는 실수를 할 수도 있다. 예를 들어, 이 문제의 경우 '맥아음료'와 '맥주'가 혼용되므로, 그 정의를 먼저 확인해야 한다.

(2) 문제되는 기준점만 외운 후 선지를 처리한다. 이와 같은 유형에서 시간이 소모되는 이유의 대부분은 선지 → 기준점 → 선지 → 기준점을 눈으로 반복함에 있다. 더욱이 난이도가 낮은 만큼 기준점도 많지 않으므로, 이를 외우고 처리하면 훨씬 빠르게 처리할 수 있다.

예를 들어 '관세'는 0.5%를 기준으로 이하인지, 초과인지 문제되며 '주세'는 1% 이상인지만 문제된다. 이때, 수평선을 그어 0.5%와 1%에 표기를 해주고 관세와 주세 부과를 각각 우측, 좌측에 기재해 주면 된다. 그리고 1%가 넘는 경우 주세와 관세가 같이 부과된다는 것을 가시적으로 확인하면 된다.

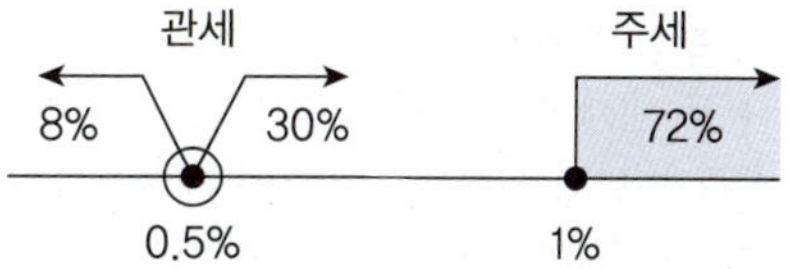

주세와 관세에 따로 표시를 하고 알코올을 함유하지 않은 맥아음료와 맥주에 구분되는 표시를 하면 헷갈림을 방지할 수 있다.

(3) 가장 적은 내용을 포함하고 있는 보기부터 처리한다. 가령 〈보기 ㄱ〉의 경우 관세와 주세를 모두 포함하고 있으나, 〈보기 ㄷ〉은 관세에 대해서만 고려

하면 되므로 ㄷ을 먼저 확인 후, 선지 ③, ④, ⑤를 모두 소거한다.

그 다음으로 ㄱ보다는 ㄴ을 우선 판단하는 것이 좋다. 왜냐하면 관세와 주세의 부과기준을 봤을 때, 관세는 0.5를 기준으로 관세율이 나뉠 뿐이지 관세를 내지 않아도 되는 맥아음료는 없기 때문이다. 이를 인지했다면 ㄴ을 읽자마자 소거할 수 있다. (다만, 이 문제의 경우 각 보기의 난이도가 그렇게 차이 나지 않기 때문에 어떤 것을 먼저 검토해도 큰 문제는 없다.)

* 〈보기 ㄱ〉과 관련하여 관세와 주세가 동시에 부과될 수 있다는 내용의 정보가 제시되지 않았기 때문에 고민한 수험생이 있을 것이다.
그러나 반대로 생각하면 동시에는 부과되지 않는다는 등의 제한이 있지 않으면 당연히 동시에 부과되는 것으로 판단해야 하는 것이므로 오해하지 말자.
보충하자면, 지문에서 '수입 맥아음료에 대한 관세율 및 주세율은 다음과 같다.' 라는 표현에서 '관세율 또는 주세율'로 제시되지 않았으며 '및'이라는 연결어를 통하여 두 가지 모두 부과될 수 있음을 전제할 수 있다.

202 정답 ②

난이도 ●○○

ㄱ. (×) 보습기능이 있는 자외선 차단제와 AHA 성분이 포함된 모공축소 제품
→ 네 번째 단락에 따라 AHA 성분이 포함된 제품을 사용할 때는 자외선 차단제를 함께 사용해야 부작용을 방지할 수 있다.

ㄴ. (○) 비타민 A 성분이 포함된 주름개선 제품과 비타민 B성분이 포함된 각질관리 제품
→ 세 번째 단락에 따라 비타민 A성분이 포함된 제품과 각질관리 제품을 같이 사용하면 피부에 자극을 주고 염증 등 부작용을 일으킨다.

ㄷ. (×) 비타민 B 성분이 포함된 로션과 비타민 K 성분이 포함된 영양크림
→ 두 번째 단락에 따라 비타민 B성분이 포함된 제품과 비타민 K성분이 포함된 제품을 같이 사용하면, 양 성분의 효과가 극대화된다.

합격자의 시간단축 Tip

난이도가 매우 낮은 유형이다. 다음과 같은 특성들을 기억해두면 편하다.

(1) 주로 한 단락(또는 한 조건) 당 하나의 내용을 다루고 있는 경우가 대부분이므로, 단락당 하나의 보기(또는 선지)를 처리한다고 생각하면 된다.
예를 들어, 이 문제도 각 단락이 1가지 보기와 직접 대응되므로, 자세히 읽지 않고 한 보기를 처리할 정도로만 보면 된다.

(2) 변수만 단어로 확인하여 '그림 맞추기 퍼즐'처럼 처리하면 된다. 이 유형은 대단한 함정이 설치되는 문제가 아니기 때문에, 퍼즐을 맞춘다는 생각으로 가볍게 확인하는 것이 좋다.
예를 들어 2번째 단락은 'B성분과 K성분이 긍정 효과', 3번째 단락은 'A성분과 각질 관리가 부작용', 4번째 단락은 'AHA성분과 자외선 차단제가 긍정 효과' 정도만 확인하면 된다.
굳이 그 외의 정보들은 세세히 읽을 필요가 없다. 가령 AHA 성분이 어떤 특성을 가지고 있는지에 관한 내용 등이다.

203 정답 ③

난이도 ●○○

ㄱ. (○) 물건의 가격과 甲이 지불하려는 금액이 일치했다면, 물건의 가격은 5원 이하이다.
→ 금액이 일치하기 위해서는 펼친 손가락 개수와 숫자가 일치하는 5원 이하의 가격이어야 한다.

ㄴ. (○) 상인이 손가락 3개를 펼쳤다면, 물건의 가격은 최대 7원이다.
→ 손가락을 3개 펼치는 경우, 숫자는 3 또는 7이다. 따라서 물건의 가격은 최대 7원이다.

ㄷ. (○) 물건의 가격과 甲이 지불하려는 금액이 8원만큼 차이가 난다면, 물건의 가격은 9원이거나 10원이다.
→ 우선 8원의 차이가 나려면 물건의 가격과 甲이 지불하려는 금액이 각각 9원과 1원, 또는 10원과 2원이어야 한다. 이때, 1과 9는 펼친 손가락 개수가 1개로 동일하고, 2와 10도 펼친 손가락 개수가 2개로 동일하므로 물건의 가격은 9원 또는 10원이다.

ㄹ. (×) 甲이 물건의 가격을 초과하는 금액을 지불하려는 경우가 ~~발생할 수 있다.~~
→ 1~5원은 물건 가격을 그대로 지불한다. 따라서 가격과 지불 금액이 상이하기 위해서는 6~10원이어야 한다. 그러나 6~10원 모두 펼친 손가락 개수는 1~3개이므로 甲은 1~3원을 지불할 것이다. 따라서 甲의 지불액이 물건의 가격을 초과하는 경우는 없다.

합격자의 시간단축 Tip

Tip ① '의심스러운 부분' 위주로 확인하는 방식을 활용하기 좋은 문제이다. 펼친 손가락 모양을 보면 1~5까지는 우리가 일반적으로 활용하는 손 모양이므로, 정답

은 익숙하지 않은 6~10을 이용한 값에서 나오겠다는 것을 쉽게 예상할 수 있다.
이 문제의 경우 난이도가 낮아 위와 같은 예상을 하지 않더라도 문제를 해결할 수 있지만, 난이도가 조금 더 높았다면 위와 같은 예상만으로도 문제 이해도를 높일 수 있다는 장점이 있다.

Tip ❷ 위 문제를 풀면서 가장 빠르게 캐치해야 하는 부분은 '甲은 상인이 금액을 표현하기 위해 펼친 손가락 1개당 1원씩 돈을 지불하려고 한다'라는 점이다. 여기에서 펼친 손가락 개수가 곧 지불 금액이라는 것을 캐치한다면 〈보기〉를 수월하게 풀 수 있다. 문제를 풀 때는 언제나 문제를 풀 수 있는 가장 핵심적인 열쇠가 무엇인지를 빨리 캐치하는 것이 중요하다.

* 애초에 문제를 낸 의도는 펼친 손가락 모양을 보고 문제를 풀게 하려는 것으로 보인다. 다만 그렇게 되는 경우 숫자 9와 같이 그림만으로는 애매한 경우가 생길 수 있어 이를 방지하고자 펼친 손가락 개수를 친절하게 나열해 주었다. 즉, 이 문제에서는 그림은 볼 필요가 없이 펼친 손가락 개수로 제시된 숫자만 원래의 숫자와 비교해주면 된다.

204 정답 ❶

난이도 ●●●

① (×) 甲이 7월 20일에 퇴직한다면 7월 말일에 월급여와 월차수당을 함께 지급받는다.
➜ 2번째 단락의 2번째 문장에 따라, 근로자가 퇴직하는 경우 퇴직일까지 사용하지 않은 월차는 '퇴직일'에 월급여와 함께 월차수당으로 지급받는다. 따라서 甲이 7월 20일에 퇴직한다면 퇴직일인 7월 20일에 월급여와 월차수당을 함께 지급받는다.

② (○) 乙이 6월 9일에 퇴직한다면 6월의 근무로 발생한 6월분의 월차수당을 받을 수 없을 것이다.
➜ 1번째 단락의 1번째 문장에 따라 해당 월에 12일 이상 근무한 근로자에게만 유급휴일이 부여된다. 따라서 乙이 6월 9일에 퇴직한다면 6월에는 12일보다 적게 근무하여 월차가 부여되지 아니하므로, 월차수당 역시 받을 수 없다.

③ (○) 丙이 3월 12일 입사하여 같은 해 7월 20일에 퇴직할 때까지 결근 없이 근무하였다면 최대 4일의 월차를 사용할 수 있다.
➜ 丙이 3월 12일 입사하여 결근 없이 근무하였다면 3월, 4월, 5월, 6월은 모두 12일 이상 근무하였으므로 총 4일의 월차가 부여된다.
한편 丙이 7월 20일에 퇴직한다면, 2번째 단락의 마지막 문장에 따라 퇴직한 7월의 근무로 인해 발생한 월차는 유급휴일로 사용할 수 없고 '월차수당'으로만 지급된다.
따라서 최대 4일의 월차를 사용할 수 있다.

④ (○) 1월 초부터 같은 해 12월 말까지 결근 없이 근무한 근로자 丁은 최대 11일의 월차를 사용할 수 있다.
➜ 2번째 단락의 마지막 문장에 따라 매년 12월의 근무로 인해 발생한 월차는 유급휴일로 사용할 수 없고 '월차수당'으로만 지급된다.
따라서 丁은 1~11월까지의 근무에 따라 부여된 최대 11일의 월차를 사용할 수 있다.

⑤ (○) 9월 20일에 입사하여 같은 해 12월 31일까지 매월 발생된 월차를 한 번도 사용하지 않고 결근 없이 근무한 戊는 최대 3일분의 월차수당을 받을 수 있다.
➜ 戊가 9월 20일에 입사하였다면 결근 없이 근무하더라도 12일 이상 근무할 수 없으므로, 1번째 단락의 1번째 문장에 따라 9월에는 월차가 부여되지 않는다.
한편 10월, 11월은 각각 1일의 월차가 부여되며, 2번째 단락의 마지막 문장에 따라 매년 12월의 근무로 인해 발생한 월차는 유급휴일로 사용할 수 없고 '월차수당'으로만 지급된다.
2번째 단락의 1번째 문장에 따르면, 해당 연도 마지막 월까지 사용하지 않은 월차는 그 해 마지막 월의 급여 지급일에 월차수당으로 지급된다. 戊가 월차를 한 번도 사용하지 않았다면, 戊의 12월 월차수당에 더해, 10월, 11월의 월차가 같은 해 12월 31일에 월차수당으로 지급된다. 따라서 戊는 최대 3일분의 월차수당을 받을 수 있다.

합격자의 시간단축 Tip

Tip ❶ 간단한 문제이지만, 이 문제가 설명하고자 하는 내용이 무엇인지 이해하는 시간은 수험생마다 천차만별일 것으로 생각된다.
읽었을 때 자연스럽게 이해가 되는 수험생이라면 문제가 없겠지만, 만약 읽었을 때 내용이 체계적으로 정리되지 않는다면 '옆에 구조도를 그리면서 푸는 습관'을 지니는 것이 좋다.
예를 들어 첫 번째 단락에서 '12일 이상 근무=1일 유급휴일=1일 월차', 두 번째 단락에서 '사용하지 않은 월차=월차 수당', '퇴직하는 경우 퇴직일에 급여와 월차수당 지급', '12월 또는 퇴직한 월에 유급휴일 사용 불가' 정도를 정리하면서 푼다면 빠른 이해를 할 수 있을 것이다. 물론 이 연습을 반복하다 보면 나중엔 쓰지 않더라도 쉽게 문제를 구조화할 수 있을 것이다.

Tip ❷ 기존에 개인이 가지고 있던 지식의 활용에는 항상 주의를 기울여야 한다. 문제 파악에는 도움이 될 수 있으나, 현실의 규정과는 얼마든지 다르게 출제될 수 있기 때문에 어디까지나 문제에 제시된 정보로만 해결해야 한다. 이 문제에서도 월차 지급이나 월차수당 지급과 관련된 실제 규정을 알고 있다 할지라도, 문제에 제시된 정보에만 의존해야 한다.

* 제시되지 않은 정보에는 신경쓰지 않도록 주의하자. 예를 들어 문제에서 주말에 대해서는 아무런 언급이 없다. 그러므로 선지 ③번에서 丙이 3월 12일 입사하여 3월에 결근 없이 일한 날은 20일이라고 해석해야 한다. 괜히 주말이나 공휴일 등 문제에 언급되지 않은 정보를 고려하지 않도록 주의하자.

205 정답 ❷ 난이도 ●●○

이동 가능한 위치는 다음과 같다.

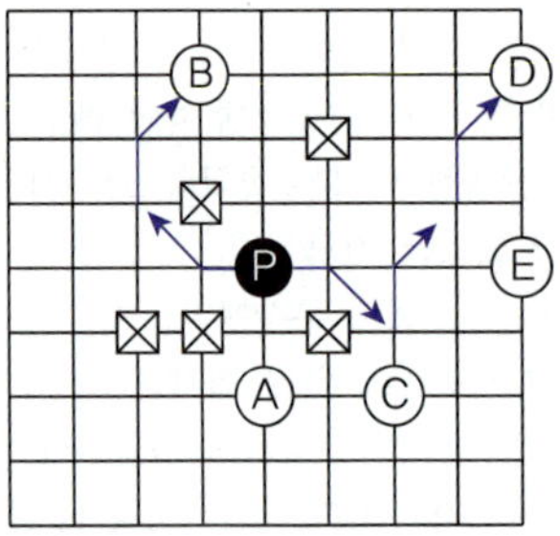

따라서 3회 이하로 이동하는 경우 B와 D만 갈 수 있다.

합격자의 시간단축 Tip

Tip ❶ '선지 소거법'을 활용하는 것이 제일 좋다. 만약 선지를 활용하지 않는다면 모든 값을 다 확인해야 하기 때문에 매우 비효율적인 풀이가 된다.
예를 들어, 'B'는 직관적으로 된다는 것을 쉽게 알 수 있다. 따라서 ③, ⑤ 번을 소거하면 A 또는 D, 그리고 E만 확인하면 된다.

Tip ❷ 이와 같은 문제는 '규칙을 그림으로 기억하는 것'이 좋다. 즉 기억해 둔 모양을 문제의 판 위에 붙여서 확인한다는 느낌으로 처리하면 매우 편하다. 예를 들어, 〈그림〉의 화살표 모양인 ┌↗ 를 기억해 두고, 그림 위에 그 모양 그대로 그리면서 확인하면 좋다.

* 규칙이 적용되는지 〈보기〉에 직접 그려봐도 된다. A의 경우 직관적으로 되지 않는 것을 볼 수 있고 B의 경우 2번의 경로로 갈 수 있다. 그에 따라 선지 ①, ③, ⑤를 제거한 후 E만을 검토하면 된다. 이때, 붙어있는 두 네모 칸의 오른쪽 위 점의 위치만 고려하면, E는 3회 이하로는 이동할 수 없는 위치임을 알 수 있다.

** 경로 상에 장애물이 있으면 아예 움직이지 못하는 것이지, 도중에 막혀서 그 위치에서 머문다는 의미가 아니므로 혼동이 없도록 주의하자.
*** 시험장에서 막상 풀기에 가장 애매한 유형일 수 있다. 시험장에서 본인이 풀었을 때에는 B와 D가 되는 것 같은데 E는 되는지 안 되는지 잘 모르겠는 경우가 종종 생긴다.
이럴 때에는 과도한 시간을 투입하지 말고 조금이라도 더 확률상 높다고 생각되는 것을 빠르게 찍고 넘어가는 것이 좋다. 설사 E가 3회 내로 갈 수 없는 곳이라는 확신이 들게 되더라도 이미 많은 시간을 소모한 이후일 가능성이 높기 때문이다.

206 정답 ❺ 난이도 ●●○

ㄱ. (×) 득표자의 수는 ~~최소 2명~~에서 최대 12명까지 가능하다.
→ 득표자의 수가 두 명이라고 가정할 때, 그 두 명을 각각 A, B라고 하자. 이때, A와 B는 서로 다른 2명에게 1표씩 행사하여야 하는데 자신에게 투표할 수 없다. 만약 A와 B가 서로에게 한 표씩 투표하였다고 하더라도 다른 1명에게 추가로 1표를 행사하여야 한다. 따라서 득표자의 수는 최소 3명이다.

ㄴ. (○) 득표자가 총 3명이고 그 중 1명이 7표를 얻었다면, 이사장을 추첨으로 결정하지 않아도 된다.
→ 12명이 2표씩 행사하므로 총 득표수는 24표이다. 득표자가 총 3명이고 그 중 1명이 7표를 얻었다면 나머지 2명은 총 17표를 나눠 가졌다. 17표는 홀수이므로 2명의 득표수는 동일하지 않으며, 2명 중 더 많은 표를 얻은 사내이사는 적어도 9표를 얻었다. 따라서 이사장을 추첨으로 결정하지 않고 2명 중 더 많은 표를 얻은 사내이사가 이사장으로 결정된다.

ㄷ. (○) 득표자 중 최다 득표자가 8표를 얻었고 추첨 없이 이사장이 결정되었다면, 득표자는 4명 이상이다.
→ 12명이 2표씩 행사하므로 총 득표수는 24표이다. 최다 득표자가 8표를 얻었고 추첨 없이 이사장이 결정되었다면, 나머지 득표자가 얻을 수 있는 표는 최대 7표이다. 그런데 남은 표는 16표이므로 남은 표를 나눠 가지려면 적어도 3명이 필요하다. 따라서 득표자는 4명 이상이다.

합격자의 시간단축 Tip

Tip ❶ 득표자 수가 최대이기 위해서는 일인당 득표수가 최소여야 한다는 점, 반대로 득표자수가 최소이기 위해서는 일인당 득표수가 최대여야 한다는 점을 기억하도록 한다.

Tip ❷ 최대/최소를 구하기 위해서는 가능한 경우 중 가장 극단적인 경우를 가정하여 파악하는 것이 중요하다. 예를 들어, 보기 ⓒ에서도 득표자 수를 최소화하기 위해 최다 득표자의 8표를 제외한 가장 큰 숫자인 7표를 가정하여 득표자가 최소 4명이라는 것을 확인하는 것이다.

Tip ❸ 투표하는 문제의 경우 누가 몇 명에게 투표하는지 자체는 모두가 동일하기 때문에 총 득표수를 중심으로 문제를 푸는 것이 더 용이하다. 누가 누구에게 투표했는지가 중요하지 않다.
특정 사람이 정해져 있지 않은 한 총 득표수를 정하고, 조건에 따라 잔여 득표수를 통해 문제를 추론하도록 한다. 본 문제의 경우 12명이 1인 2표씩 사용할 수 있으므로 총 24표임을 해설처럼 가정하고 시작하는 것이 좋다.

207 정답 ①

난이도 ●○○

ㄱ. (O) 분배받는 순이익을 극대화하기 위한 분배기준으로, A사는 광고홍보비를, B사는 연구개발비를 선호할 것이다.
→ 연구개발비의 지출비용비율은 1 : 3, 판매관리비의 지출비용비율은 1 : 1, 광고홍보비의 지출비용비율은 2 : 1이다. 분배 받는 비율이 높을수록 각 기업의 순이익은 극대화된다. 따라서 A사는 광고홍보비, B사는 연구개발비를 선호한다.

ㄴ. (O) 연구개발비가 분배기준이 된다면, 총 순이익에서 B사가 분배받는 금액은 A사의 3배이다.
→ 연구개발비가 분배 기준일 때, 제조원가 10%에 해당하는 금액을 우선 분배 받으면 A사는 20억, B사는 60억을 분배 받는다. 이를 제외한 순이익은 200−(20+60)=120억이다. 120억을 1 : 3 비율로 분배하면 A사는 30억, B사는 90억을 분배 받는다. 그 결과 총 순이익은 A사가 20+30=50억, B사가 60+90=150억을 분배 받는다. 따라서 총 순이익에서 B사가 분배받는 금액은 A사의 3배이다.

ㄷ. (×) 판매관리비가 분배기준이 된다면, 총 순이익에서 A사와 B사가 분배받는 금액은 ~~동일하다.~~
→ 제조원가에 따른 분배액을 제외한 120억을 1 : 1비율로 분배하면 두 회사는 각각 60억씩을 분배 받는다. 따라서 총 순이익은 A사가 20+60=80억, B사가 60+60=120억을 분배 받으므로, 금액은 동일하지 않다.

ㄹ. (×) 광고홍보비가 분배기준이 된다면, 총 순이익에서 A사가 분배받는 금액은 B사보다 ~~많다.~~
→ 120억을 2 : 1비율로 분배하면 A사는 80억, B사는 40억을 분배 받는다. 그 결과 총 순이익은 A사가 20+80=100억, B사가 60+40=100억을 갖게 되어, A사와 B사가 분배받는 금액은 동일하다.

합격자의 시간단축 Tip

Tip ❶
(1) 〈조건〉에서 핵심적으로 파악해야 할 사항은 '지출한 비용에 비례'하여 분배액이 결정된다는 점이다. 〈보기〉의 구성을 보면 ㄴ~ㄹ은, 각 기준에 따라서 A사와 B사가 분배 받는 금액을 계산할 것을 요구하고 있다. 세 가지 보기가 모두 같은 유형이라고 생각할 수 있지만, 어느 것을 선택하여 해결하는지에 따라서 문제 풀이 속도에 차이가 날 수 있다. 특히, 보기 ㄴ의 경우 B사가 분배 받는 금액이 A사의 3배인지 확인하기 위해서 각 회사가 실제 분배받는 금액을 구하는 대신, 제조원가에 따른 분배 비율과 연구개발비에 따른 분배 비율을 각각 살펴보면 풀이 시간을 극단적으로 줄일 수 있다.
(2) 제조원가의 비율은 1 : 3이다. 만약 남은 총 순이익을 제조원가의 비율과 같은 1 : 3으로 분배 받는다면 순이익 전체가 1 : 3으로 배분된다는 것을 알 수 있다.
연구개발비의 경우 100 : 300=1 : 3이므로 이에 해당한다. 이렇게 접근할 경우 전체 금액을 구체적으로 계산하지 않아도 직관적인 접근이 가능하다는 장점이 있다.

Tip ❷ 분배 시에는 〈조건〉의 (가)의 금액이 제외되고 나머지 금액을 분배한다는 점에 유의해야 한다. 실전에서 문제를 잘 읽지 않는다면 총 순이익에서 분배하는 실수를 저지를 수 있다. 실수를 하지 않으려면 미리 이러한 조건들은 계산을 다 해 두고 여백에 기입해두는 것이 좋다.

208 정답 ①

난이도 ●○○

(단위: 백만 원, 명)

	종사자	평가 등급	운영비	사업비	장려 수당	입소자	간식비	총액
A	4	1	320	80	200	7	7	607
B	2	1	240	60	100	8	8	408
C	4	2	256	80	200	10	10	546
D	5	3	240	80	200	12	12	532

보조금 총액이 큰 순서대로 나열하면 A－C－D－B가 된다.

합격자의 시간단축 Tip

Tip ❶

(1) 선지를 보면 보조금의 총액이 큰 시설이 A 또는 D일 가능성이 높음을 추론할 수 있다. 따라서 A와 D를 우선적으로 비교한다. 또한 보조금 지금기준을 잘 살펴보면 〈기준 4〉에 따라 주어지는 보조금은 〈기준 1~3〉에 따라 주어지는 보조금에 비해 그 크기가 매우 작다. 따라서 〈기준 1~3〉을 중점적으로 검토하도록 한다.

(2) A와 D는 〈기준 1〉과 〈기준 3〉에서 지급되는 보조금액에 차이가 난다. D는 평가등급이 3등급이기 때문에 보호시설 운영비를 240(백만 원)을 받게 되며, 장려수당은 두 시설이 같은 금액을 지급받는다. 따라서 구체적으로 계산하지 않더라도 A가 더 많은 보조금을 받을 것을 알 수 있다. 위의 방법으로 선지 ①, ②가 남는다. 이제 C와 D를 비교해야 하는데, C와 D시설은 사업비와 장려수당이 동일하므로 운영비를 기준으로 비교하면 된다.

(3) 320의 80%를 계산할 때, (100－20)% 라는 것을 감안하여 320－64 라고 생각하는 것도 좋다. 320－64 > 240인 것은 더 쉽게 보일 것이다. 또는 320×0.8 > 300×0.8＝240으로 파악해도 좋다.

자료해석에서도 마찬가지지만, 특히 아주 복잡한 계산은 거의 요구하지 않는 문제해결파트에서는 바로바로 계산하기보다 숫자를 기입해두고 마지막에 필요 시 계산하는 것이 좋다.

이 경우에도 우선 320×0.8이라고 표시해 두었다가 문제를 풀며 필요하다고 생각될 때 계산해주도록 한다. 만일 상대적으로 비교하기 쉬운 것끼리 비교하게 될 경우 굳이 구체적인 숫자를 도출할 필요가 없을 것이기 때문이다.

(4) 지급되는 보조금액이 D보다 C가 큼을 도출하였으면 답은 선지 ①로 간단하게 구할 수 있다. 만약 살펴보지 않은 선지 ③이 헷갈린다면, A와 C만 간단하게 비교하면 된다.

A와 C는 입소자수와 평가등급에서 차이가 나는데, 입소자수를 고려하는 〈기준4〉에서의 보조금액 차이보다 평가등급을 고려하는 〈기준1〉에서의 보조금액 차이가 클 것임은 자명하므로, 구체적인 계산 없이도 정답 도출이 가능하다.

Tip ❷ 문제를 풀 때 ※ 표기는 유념해서 읽을 필요가 있다. ※ 표기가 문제 풀 때 높은 확률로 활용되기 때문이다. 본 문제에서도 "※ 단, 평가등급이 1등급인 보호시설에는 해당 지급액의 100%를 지급하지만, 2등급인 보호시설에는 80%, 3등급인 보호시설에는 60%를 지급한다."와 "※ 단, 종사자가 5인 이상인 보호시설의 경우 시설장에게는 장려수당을 지급하지 않는다."를 유념해서 읽어야 한다. 문제 서두의 "(단, 4개 보호시설의 종사자에는 각 1명의 시설장(長)이 포함되어 있다.)" 부분도 모두 시설장이 포함되어 있기 때문에 문제가 없지만 만약 일부만 시설장이 포함되어 있다면 문제를 잘못 읽을 시 놓칠 수 있는 부분이다.

Tip ❸ 설문의 경우 순서 도출 문제이므로 종사자 수, 입소자 수, 평가등급이 각각 점수에 어떤 방식으로 반영되는지 파악할 필요가 있다. 크게 어렵지 않으니 반드시 맞추도록 하자. 주의해야 할 것은 다음과 같다.

첫 번째로는 문제에 명시된 시설장에 대한 단서를 놓치는 일이 없도록 하자. 이것을 읽지 않고 바로 지급 기준부터 읽기 시작할 경우 지급 기준 3번의 단서를 읽었을 때 시설장이라는 용어에 당황할 수 있다.

두 번째로는 지급 기준 1번과 2번의 경우 시설당 금액인 반면 지급 기준 3번과 4번의 경우 1인당 금액이므로 금액의 단위를 잘 맞추도록 하자. 또한, 설문의 경우 정확한 총액이 아닌 대소 비교를 하기 때문에 관계가 없지만, 우리가 영어 말하기를 잘 하려면 머리에서 번역 작업을 거치지 않고 바로 튀어나와야 하듯 '240(백만 원)'이라고 표기되었더라도 바로 '2억 4천만 원'으로 이해할 수 있어야 한다.

＊이 문제의 경우 모든 금액의 단위가 '백만 원'으로 동일하며, 그 지원 기준에 따른 차이로 문제의 난이도를 높이고 있으며, 많은 수험생들이 단위를 통해 실수를 하는 경우가 상당히 많다.
그러므로 의식적으로 단위를 점검해야 하며 특히 이 문제에서처럼 위에서는 240, 60등의 숫자가 나오다가 갑자기 기준 4에서 1백만 원이 나오는 경우 단위의 차이가 없는지 등을 꼭 체크해야 한다.

209 정답 ⑤ 난이도 ●●●

1887년 여름 편지에서
- 『감자 먹는 사람들』: 1885년
- 『장미와 해바라기가 있는 정물』: 1886년
- 『아시니에르의 음식점』: 1887년

1888년 6월 편지에서
- 『씨 뿌리는 사람』: 1888년
- 『별이 빛나는 밤』: 1888년 이후

1889년 9월 5일 편지에서
• 『수확하는 사람』: 1889년

1889년 9월 12일 편지에서
• 『별이 빛나는 밤』: 1889년 초
이를 시간 순서대로 정리하면 다음과 같다.
『감자 먹는 사람들』(1885) - 『장미와 해바라기가 있는 정물』(1886) - 『아시니에르의 음식점』(1887) - 『씨 뿌리는 사람』(1888) - 『별이 빛나는 밤』(1889) - 『수확하는 사람』(1889)
따라서 두 번째로 완성시점이 빠른 것은 『장미와 해바라기가 있는 정물』 이다.

합격자의 시간단축 Tip

Tip ❶ 첫 번째 편지에서 『감자 먹는 사람들』, 『장미와 해바라기가 있는 정물』의 선후 관계가 나와있기 때문에, 답이 『장미와 해바라기가 있는 정물』이 아닌가 의심하면서 문제에 접근해야 한다. 해당 편지가 쓰인 날짜가 주어진 편지 중 가장 빠르며 순서 역시 『감자 먹는 사람들』에 이은 두 번째 작품이기 때문이다.
이의 진위 여부를 판단하는 과정에서 다른 작품들이 구체적으로 몇 년도에 완성되었는지 판단하는 것은 더 이상 중요하지 않다. 따라서 『장미와 해바라기가 있는 정물』 보다 이른 시점에 완성된 작품이 있는지 만을 염두에 두고 판단하면 빠르게 답을 선택할 수 있다.

Tip ❷ 완성시점을 물어보았기 때문에 첫 일기부터 읽으면서 작품을 시간의 일직선상에 놓는 것도 좋은 방법이다. 처음에 나온 작품을 기준으로 삼아 시간순으로 나열하는 것도 시각적으로 문제를 해결하기에 좋다. 제일 처음으로 『감자 먹는 사람들』이 나왔기 때문에 『감자 먹는 사람들』을 기준으로 하여 시간순으로 작품을 배열하면 된다.

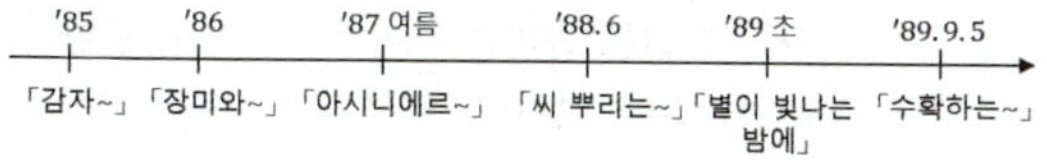

Tip ❸
(1) 『별이 빛나는 밤』과 『수확하는 사람』은 같은 년도에 완성된 작품이지만 그 선후관계가 존재한다. 이처럼 같은 년도에 완성됐으나 미세한 선후 차이가 나는 것들로만 문제를 구성한 경우, 보다 헷갈리는 문제가 될 수 있다.
다만, 이 문제에서는 두 작품의 순서가 중요하지는 않으므로, 선지 옆에 작품의 완성 년도를 작성하는 풀이가 가장 좋은 풀이가 될 것이다.
(2) 문제의 단서에서 '위 글에 언급된 작품 외에는 없는 것으로 가정한다'고 주어졌을 때, 지문의 길이가 길면 선지에 제시된 작품이 전부라고 생각하고 선지의 작품들 만을 비교하는 경우가 있다. 그러나 1887년 여름의 편지에서 언급된 『아시니에르의 음식점』과 같이, 선지에는 없지만 고려해야 하는 작품이 있을 수 있다.
해당 문제의 풀이에는 활용되지 않았지만, 『감자 먹는 사람들』보다 먼저 완성되었지만 선지로 제시되지 않은 작품이 있는 경우 등 복잡한 문제가 나올 수 있으므로 지나치게 선지만을 고려하는 풀이는 지양하자.

210 정답 ①

난이도 ●●●

수신 신호의 오염되어 바뀐 자리는 한 자리이므로 한 자리를 제외하고 모든 자리의 값이 같은 전송신호를 각각 찾아 오류를 교정한 결과는 다음과 같다.

수신 신호	010111	000001	111001	100000
전송 신호	000111 (동)	000000 (북)	111000 (서)	000000 (북)

교정된 전송 신호대로 움직이면 옳은 이동 경로는 ①이다.

합격자의 시간단축 Tip

Tip ❶ 〈조건〉의 전송 신호를 보면, 같은 숫자가 6개 나오거나, 3개, 3개씩 연속되어 나열되어 있다. 이러한 특성을 파악했다면, 〈수신 신호〉에서 오류가 난 한 자리를 쉽게 파악할 수 있다.

Tip ❷
(1) 설문의 경우 선지를 이용하지 않고도 평이하게 해결할 수 있도록 출제되었으나, 설문과 같은 유형에서 조금 더 복잡하게 출제되었을 경우 선지를 이용하는 방식도 가능하다. 예컨대 선지를 보면 처음에 동쪽으로 이동하는 ① 번, ② 번, ⑤ 번 선지와 서쪽으로 이동하는 ③ 번, ④ 번 선지가 있다. 따라서 처음 신호인 010111은 반드시 동쪽 또는 서쪽으로 이동하였다는 신호여야 한다.
(2) 이 경우 동서남북 4가지 방향이 아닌 동서 2가지 방향 중에서 010111이라는 신호와 더 유사한 전송 신호를 선택하면 되는 것이다.
또한, 1번, 2번, 5번 선지로 범위를 좁혔을 경우, 이들은 모두 두 번째에 북쪽으로 이동하므로 두 번째 신호는 확인할 필요가 없다.

211 정답 ❶ 난이도 ●○○

ㄱ. 30은 (　　)로 표현한다.

➜ 십 단위들은 5의 배수로 표현한다.

30은 6×5이므로, 6을 뜻하는 otai와 5를 뜻하는 luna를 합친, otailuna가 된다.

ㄴ. ovariluna i tolu는 숫자 (　　)이다.

➜ ovari는 9, luna는 5이므로, ovariluna는 9×5=45이다.

이때, i는 덧셈의 역할을 하고, tolu는 3이므로 45+3=48이 된다.

합격자의 시간단축 Tip

(Tip ❶) 통상 가상의 언어, 단위가 주어지는 경우 매우 간단한 문제이다.

필요한 부분만 빠르게 확인하고 처리하여 시간을 최대한 아끼도록 해야 한다.

보기 ㄱ. 6×5이므로 완성형을 만들지 않고, 6=otai만 확인하여 ①, ② 번만 남긴다.

즉, 완성형으로 otailuna를 구할 필요가 전혀 없다.

보기 ㄴ. 정확하게 숫자를 구할 필요가 전혀 없다. 48과 23은 그 크기 차이가 크므로, 'i' 앞의 단어만 가볍게 확인하면 ovariluna=45이기 때문에 더 계산할 것도 없이 정답은 ① 번임을 알 수 있다.

(Tip ❷) 익숙하지 않은 단어가 나온다고 해서 두려워할 필요가 없다. 지문 안에서 자세히 살펴보면 그 단어를 우리가 아는 방식으로 정의해준다. 오히려 지문을 세세히 읽어보고 지문이 설명하는 대로만 그대로 한다면 쉽게 답을 도출할 수 있는 경우가 많다.

> * 이러한 문제에서 가장 많이 저지르는 실수는 제시된 정보를 모두 정확히 파악하려는 것이다.
> 〈보기〉에서 구하고자 하는 것만 제시문에서 찾아 파악하려 해야지, 1부터 16까지 하나하나 머리속으로 생각하며 숫자를 만들어 나가면 너무 많은 시간이 소요되고 만다.

212 정답 ❶ 난이도 ●○○

(1) '甲'의 부양가족 수

① 배우자

② 60세 이상의 직계존속인 75세 아버지

③ 20세 미만인 15세 자녀 1명

④ 배우자의 형제자매 중 장애의 정도가 심한 사람에 해당하는 장애 6급의 처제

➜ 총 4명의 부양가족이 있다.

(2) '乙'의 부양가족 수

① 배우자

② 배우자의 55세 이상의 직계존속인 56세 장모

➜ 총 2명의 부양가족이 있다.

따라서 정답은 ① 번이다.

합격자의 시간단축 Tip

(Tip ❶) 단어만 정확하게 읽으면 풀 수 있는 매우 간단한 문제이다. 아래 개념 정도만 정리하면 충분할 것으로 생각된다.

[참고 개념]

정확한 법적 정의를 알 필요는 없으므로, 아래 예시만 확인하여 이해하면 된다.

① 직계비속: 자녀, 손자녀, 현손 등

② 직계존속: 부모, 조부모, 증조부모 등

③ 방계혈족: 4촌, 8촌 등

> * 이 문제 자체는 난이도가 쉽지만 함정을 심어 놓기에 상당히 좋은 문제 유형이다. '장애'와 '장해'의 구별, 자녀와 조카의 구별 등 함정으로 가능한 부분을 미리 체크하며 문제를 읽는 습관을 들인다면 점수 향상에 도움이 될 것이다.

(Tip ❷) 부양가족의 기준 1~4 외에도, 지문의 첫 문장을 조건처럼 활용하는 경우도 많다. 다행히 본 문제에서는 문제의 단서조건에서 '단, 위 각 세대 모든 구성원은 주민등록표상 같은 주소에 등재~'라 제시되어 있어 문제되지 않는다.

그러나 비슷한 유형의 문제에서는 함정으로 사용될 수 있는 부분이므로, 문제의 발문 중 괄호 부분과 지문의 첫 문장을 확실히 읽는 습관을 들여야만 예상치 못한 오답을 방지할 수 있을 것이다.

독끝 8일차 (213~245)

정답

213	②	214	③	215	④	216	②	217	⑤
218	①	219	③	220	③	221	②	222	③
223	④	224	①	225	⑤	226	⑤	227	③
228	④	229	②	230	①	231	①	232	④
233	③	234	②	235	⑤	236	①	237	⑤
238	③	239	②	240	①	214	③	242	④
243	③	244	⑤	245	②				

213 정답 ②

난이도 ●●●

(빛의 조도)$=\frac{\text{(조명시설에서 방출되는 광량)}}{\text{(조명시설과의 거리)}}$이므로 각 주택에서 예측된 빛의 조도를 계산하면 다음과 같다. 이때, 빛의 조도를 좌측의 조명시설부터 차례대로 계산하였다.

주택	예측된 빛의 조도
A	$\frac{36}{2}+\frac{24}{8}+\frac{48}{12}=18+3+4=25$
B	$\frac{36}{2}+\frac{24}{4}+\frac{24}{8}=18+6+6=30$
C	$\frac{36}{4}+\frac{24}{2}+\frac{48}{8}=9+12+8=29$
D	$\frac{36}{8}+\frac{24}{2}+\frac{48}{2}=4.5+12+24=40.5$
E	$\frac{36}{12}+\frac{24}{6}+\frac{48}{2}=3+4+24=31$

주택에서 예측된 빛의 조도가 30을 초과할 경우 관리대상주택으로 지정된다. 주택 A~E 중 예측된 빛의 조도가 30을 초과하는 주택은 D, E의 2채로, 이들이 관리대상주택으로 지정된다.

합격자의 시간단축 Tip

Tip ①

(1) 거리 값이 '2'이라는 것만 조심하면 큰 어려움 없이 해결할 수 있는 문제이다. 이때, 거리 값 '2'는 실수를 유발해 틀리게 하는 함정 장치이기도 하지만, 함정에 빠지지는 않더라도 시간을 오래 걸리도록 유도하는 장치이기도 하다. 따라서 처음부터 현재 적혀 있는 각 조명시설의 '광량'을 거리 '2'로 나누어 이후에는 몇 칸 떨어져 있는지만 고려하는 방법을 추천한다. 즉, 첫 번째 조명은 18, 두 번째 조명은 12, 세 번째 조명은 24로 적어 둔 후 시작하면 훨씬 빠르고 편하게 해결할 수 있을 것이다.

(2) **반대로 빛의 조도가 60을 초과하는 것으로 생각하고 풀어도 좋다.** 어차피 다 구해서 거리 값 2로 나눌 것이기 때문에 2를 나누는 것을 잊지 않기 위해 처음부터 오히려 구하고자 하는 '30초과'에 2를 곱한 '60초과'로 변환하는 방법을 사용할 수 있다. 그렇게 된다면 조명에 적힌 광량을 그대로 사용할 수 있다.

(3) 이 풀이를 일반화하면 '의심스러운 부분 위주로 처리하는 방법'이라 할 수 있다. 풀이에서 항상 언급하는 의심스러운 부분은, 위와 같이 우리를 귀찮게 만드는 장치이기도 하다. '이것만 없으면 쉬울 것 같은데'라는 생각이 드는 장치가 있다면, 이는 출제자가 난이도를 위해 의도적으로 설치한 포장지이므로, 이 포장지를 벗기는 작업을 미리 해준다면 매우 기초적인 난이도의 문제로 바뀔 것이다.

Tip ②

(1) 물론 A, B, C, D, E에서 예측된 조도를 전부 계산해야 답을 구할 수 있지만 꼭 A→B→C→D→E의 순서로 구할 필요는 없다. 3번째 조명시설이 48인 것으로 보아 D와 E는 기본 24를 가지고 시작한다는 것을 알 수 있다.

(2) 특히 D의 경우는 왼쪽에 24인 조명시설도 있으므로 24 + 12=36으로 30이 바로 초과됨을 알 수 있다. 〈상황〉에서 30을 초과하는 주택을 물어봤기 때문에 30만 초과하면 되지 구체적으로 빛의 조도를 계산할 필요가 없기 때문이다.
이렇게 상황에 따라 가장 최적의 방법으로 답을 구하는 것이 중요하다.

(3) 또한, B가 정확히 30의 조도를 가진다는 것이 도출되었다면, B보다 조명시설들과 멀리 떨어져 있어 낮은 조도를 가질 것임이 분명한 A는 굳이 구하지 않더라도 30이 초과되지 않을 것임을 확신할 수 있다. 따라서 A의 경우는 굳이 계산하지 않을 수 있어야 한다.

Tip ③ 이 문제에서 함정에 빠지기 쉬운 것은 가장 가까운 조명시설에서 오는 빛만을 고려하는 경우일 것이다. 예를 들어 A의 경우에는 36의 조명시설에서 오는 빛만을 고려한다거나, C의 경우 36과 24의 조명시설은 고려함에도 48의 조명시설은 고려하지 못하는 경우 등이다. 나눈 값을 고려하는 것이 핵심이므로, **Tip ②**에서 언급된 예외적인 상황 이외에는 조명시설의 위치가 어디이든 모두 고려해줘야 한다.

214 정답 ❸ 난이도 ●●○

ㄱ. (O) A장관이 F장관과 의사소통을 하기 위해서는 최소한 3명의 통역관이 배석하여야 한다.
➜ A장관의 사용언어는 네팔어, F장관은 에스파냐어로, 이 언어들을 담당하는 통역관은 '乙'과 '丙'이다. 이때, 乙과 丙이 사용할 수 있는 언어 중 공통된 언어가 없으므로 두 사람을 잇기 위해선 한국어와 영어를 통역해줄 수 있는 '丁'이 추가로 필요하다. 한편, 장관 중에는 네팔어를 할 수 있는 장관이 없으므로 통역관의 역할을 겸할 수 있는 장관이 없다. 따라서 최소 3명의 통역관이 배석하여야 한다.

ㄴ. (O) 통역관이 丁밖에 없다면 H장관은 최대 3명의 장관과 의사소통을 할 수 있다.
➜ 통역관을 통해서 H장관은 영어만 쓰는 B장관, 영어와 스와힐리어를 쓰는 E장관, 스와힐리어만 쓰는 G장관과 대화할 수 있으므로 최대 3명의 장관과 의사소통 가능하다.

ㄷ. (×) 통역관 丁이 없으면 G장관은 어느 장관과도 의사소통을 ~~할 수 없다.~~
➜ G장관은 스와힐리어만 다룰 수 있으나, 통역관 丁이 없더라도 2개 언어를 사용하는 E장관이 스와힐리어를 다룰 수 있으므로 E장관과의 의사소통이 가능하다. 또한, E장관이 통역관의 역할을 겸할 경우, E장관을 통해 G장관은 B장관과도 의사소통할 수 있다.

ㄹ. (O) 8명의 장관과 4명의 통역관이 모두 회담에 참석하면 모든 장관들은 서로 의사소통이 가능하다.
➜ 모든 통역관과 모든 장관이 회담에 참석하면, 통역관을 통해 한국어, 우즈베크어, 영어, 네팔어, 에스파냐어, 스와힐리어는 통역 가능하다.
또한, 통역관이 담당 못하는 러시아어와 카자흐어의 경우 C장관과 D장관이 서로 러시아어로 소통하고 다시 우즈베크어를 통해 통역관 甲과 이어질 수 있으므로, 모든 장관들은 서로 의사소통이 가능하다.

합격자의 시간단축 Tip

Tip ❶ '장관의 통역관 역할' 부분만 주의하면 조합이 많지 않아 난이도가 낮은 문제이다.
또한, 〈보기〉를 적극적으로 활용하는 것이 좋다.
예를 들어, 〈보기 ㄷ〉은 반례가 있기 매우 좋은, 극단적인 값을 요구하고 있다.
따라서 〈보기 ㄷ〉을 먼저 확인해보면 틀린 선지이며, 선지 ②, ④, ⑤번이 소거되어 〈보기 ㄹ〉만 확인하면 된다.

* 이처럼 반례가 되기 좋은 값, 또는 정답이 되기 좋은 값을 먼저 확인하는 전략도 활용하면 매우 좋다.

Tip ❷ 보기에서 '어느 누구와도 ~할 수 없다.' 또는 '모든 ~ 할 수 있다.'와 같은 극단적인 값이 정답/오답과 관련 있을 가능성이 크다. 따라서 극단적인 값이 포함된 보기 ㄷ과 ㄹ을 우선적으로 점검하는 것이 좋다. 이 문제에서도 보기 ㄷ과 ㄹ만 점검함으로써 정답을 찾을 수 있다.
하지만 그렇다고 해서 이 말을 극단적인 값이 포함된 보기만 점검하라는 의미는 아니다.
문제 접근 시 우선순위를 두라는 뜻이며 그 외의 보기들을 더 살펴보아야 답을 도출할 수 있는 문제도 있다.

215 정답 ❹ 난이도 ●●○

ㄱ. (O) 중국의 단위면적 당 쌀 생산량은 인도의 약 2배이다.
➜ 중국은 전 세계 쌀 생산량의 30%, 인도는 20%이므로 계산의 편의를 위해 전 세계 쌀 생산량을 1,000Y라 하면 중국과 인도의 쌀 생산량은 각각 300Y, 200Y이다. 따라서 단위면적(헥타르) 당 쌀 생산량은 각각 아래와 같다.

$$(\text{중국의 단위면적 당 쌀 생산량})=\frac{300\text{ Y}}{3,300}=\frac{2}{22}\text{Y}$$

$$(\text{인도의 단위면적 당 쌀 생산량})=\frac{200\text{ Y}}{4,300}=\frac{2}{43}\text{Y}$$

$$\fallingdotseq\frac{2}{44}\text{Y}$$

따라서 중국의 단위면적 당 쌀 생산량은 인도의 약 2배이다.

ㄴ. (O) 일본의 벼 재배면적이 A국보다 400헥타르가 크다면, 일본의 연간 쌀 생산량은 A국보다 많다.
➜ A국의 벼 재배면적을 a헥타르라고 하면, 일본의 벼 재배면적은 (400+a)헥타르가 된다.
이때, A국과 일본의 단위면적 당 생산량이 각각 5톤과 4.5톤이므로 연간 쌀 생산량은 각각 아래와 같다.
(A국의 연간 쌀 생산량)=a×5=5a(톤)
(일본의 연간 쌀 생산량)=(400+a)×4.5=(1,800+4.5a)(톤)

$5a \le 1{,}800 + 4.5a$

$0.5a \le 1{,}800 \quad \therefore a \le 3{,}600$

즉, 일본의 벼 재배면적이 $400 + a \le 4{,}000$을 성립할 경우, 일본의 연간 쌀 생산량이 A국보다 많다. 그런데 일본의 벼 재배면적은 3,300헥타르의 중국보다 작다.

따라서 일본의 연간 쌀 생산량은 A국보다 많다.

ㄷ. (×) 인도의 연간 쌀 생산량은 ~~11,000톤 이상이다.~~

→ A국의 단위면적 당 쌀 생산량은 헥타르 당 5.0톤이며 이는 인도의 3배에 달한다.

따라서 인도의 단위면적 당 쌀 생산량은 헥타르 당 $\frac{5}{3}$톤이다. 이때, 인도의 연간 쌀 생산량은 $4{,}300 \times \frac{5}{3} \approx 7{,}166$ (톤)으로 11,000톤 이하이다.

합격자의 시간단축 Tip

'약 n배'라고 질문한 경우 어느 정도가 약 n배인지 헷갈려 하는 경우가 많다. 그러나 '약'이 붙은 경우 대략 그 주변 값이면 n배보다 크든 작든 무관하게 옳은 선지가 된다.

* 만약 1.8배 정도라면 맞는 선지인가? 라는 고민도 사실 할 필요가 없다. 그런 경우는 필기 시험문제에서는 거의 존재하지 않는다.

보기 ㄱ.

(1) 단위면적 당 쌀 생산량은 생산량을 재배면적으로 나눈 값이다. 계산한 값을 비교하지 않고 그 구성요소를 나눠 비교하면 더 편하게 처리할 수 있다.

(2) 먼저 '분모'인 재배면적을 보면 중국은 3,300으로 인도의 4,300보다 1,000만큼 작으므로 대략 인도의 $\frac{3}{4}$ 정도라는 것을 알 수 있다. ($\because 4{,}300 \times \frac{1}{4} \fallingdotseq 1{,}000$) 즉, 분모는 '중국'이 인도의 $\frac{3}{4}$ 배이다.

(3) 다음으로 '분자'인 쌀 생산량을 보면 '중국'은 전세계의 30%로, 인도의 생산량인 전세계 20%의 $\frac{3}{2}$ 배이다.

(4) 즉, 분자-분모의 상대 비율을 보면 $\dfrac{\frac{3}{2}}{\frac{3}{4}} = 2$로, '중국'이 인도의 약 2배임을 알 수 있다.

이처럼 직접 값을 곱해 확인하는 것보다 상대 비율만을 통해 처리하면 계산이 더 간단해진다.

* 직접 값을 곱해 확인하고 싶다면, 인도의 단위면적 당 쌀 생산량에 2를 곱한 값과 중국의 단위면적당 쌀 생산량을 비교하는 것이 더 용이하다. 이경우 중국은 $\frac{30}{3{,}300}$이고 인도는 $\frac{20 \times 2}{4{,}300} = \frac{40}{4{,}300}$이며, 각각 약분하면 $\frac{1}{11}$과 유사하므로 약 2배임을 확인할 수 있다.

보기 ㄴ.

(1) A국의 단위면적 당 쌀 생산량은 일본보다 크다. 따라서 '일본'의 쌀 생산량이 더 많기 위해서는 일본의 재배면적이 더 커야 할 것이다. 재배면적의 범위가 없다면 ㄴ은 틀린 선지가 될 것이다. 그런데 문제의 경우 재배면적 순위를 통해 재배면적의 범위를 간접적으로 제시하고 있다.

이를 생각하면 A국은 절대 중국의 재배면적인 3,300보다 클 수 없으므로, 3,300을 예시로 대입하면 더 쉽게 풀 수 있다.

(2) A국의 재배면적을 3,300으로 가정하면 식은 다음과 같다.

일본$(3{,}300 + 400) \times 4.5 = 16{,}650$으로 A국$(3{,}300) \times 5 = 16{,}500$ 보다 크므로 〈보기 ㄴ〉이 옳다는 것을 알 수 있다.

3,300이 아닌 다른 수를 가정하고 풀어도 결과는 동일하다. 일본이 중국보다 재배면적이 작으므로 그에 해당하는 값 아무거나, 가령 2,000을 넣고 계산해본다면 더 큰 차이로 동일한 결과가 도출되는 것을 알 수 있다.

(3) 일본의 단위당 생산량이 A국의 단위당 생산량보다 작기 때문에, 곱하는 재배면적수가 커질수록 일본이 이를 따라잡기가 힘들다. 따라서 일본과 A가 가질 수 있는 최대의 재배면적을 가정하고 풀었을 때 일본의 생산량이 A국보다 크게 나온다면, 그보다 작은 수를 대입했을 때는 당연히 일본의 생산량이 더 크게 나올 것이다. 물론 A국의 재배면적이 일본보다 작은 경우는 두말할 것도 없이 일본의 생산량이 더 많을 것이다.

(4) 이때, 실제로 풀 땐 위처럼 정확하게 16,650과 16,500을 도출할 필요가 없다. 예를 들어, 등호로 식을 비교할 때, $3{,}300 \times 4.5 + 400 \times 4.5$과 $3{,}300 \times 5$로 양쪽에 $3{,}300 \times 4.5$를 빼면 $(400 \times 4.5) = 1{,}800$ vs $(3{,}300 \times 0.5) = 1{,}650$으로 일본의 경우가 더 크다는 것을 알 수 있다.

보기 ㄷ.

(1) 주어진 '11,000톤'이 옳다고 가정하고 인도의 4,300헥타르로 나누면, 구체적으로 계산하지 않더라도 단위면적 당 쌀 생산량이 2배가 넘는 값임은 당연히 알 수 있다.
(2) 이때, 인도의 단위면적 당 쌀 생산량의 3배가 A국의 단위면적 당 쌀 생산량이라 하였는데, 인도가 (1)에 따라 2배를 넘는다면 A국은 6배가 되어야 하므로 당연히 틀렸다.

이처럼 직접 구하지 않아도 해결할 수 있으므로, 주어진 값을 옳다고 보고 모순되는지 확인하는 '대입-모순 확인법'을 잘 활용할 필요가 있다.

* PSAT공부를 해본 수험생이라면 이 문제를 풀 때에 자료해석 문제와 유사하다는 느낌을 받을 수 있다. 그러나 현재 시험 추세상 과목의 경계를 점점 허무는 듯한 문제유형이 자주 출제되고 있으므로 당황하지 말고 숫자 계산을 차분하게 해주자.

216 정답 ②　　난이도 ●●○

(1) A와 C는 C의 합격 여부에 대하여 모순되는 대화를 하고 있다. 따라서 A와 C 중 한 명은 참을 말했고 한 명은 거짓을 말했다. 만약 A가 참을 말했을 경우 C는 거짓을 말하는데, C가 거짓을 말했으므로 C는 임용고시에 합격하지 못했고 A는 합격했다.

(2) A가 임용고시에 합격했으므로 D의 발언은 거짓이고, D의 발언에 따라 D는 임용고시에 합격했다. D가 임용고시에 합격했으므로 E의 발언도 거짓인데, 이 경우 C, D, E 3명의 발언이 거짓이 되어 2명이 항상 거짓을 말했다는 사실에 모순된다. 따라서 A는 거짓을 말했고 C는 참을 말했다.

(3) C가 참을 말했으므로 C는 임용고시에 합격했고 A는 합격하지 못했다. A가 임용고시에 합격하지 못했으므로 D의 발언은 참이고, D의 발언에 따라 D는 임용고시에 합격하지 못했다. D가 임용고시에 합격하지 못했으므로 E의 발언도 참이고, 그에 따라 B의 발언은 거짓이다. B의 발언이 거짓이므로 B는 임용고시에 합격했고 E는 임용고시에 합격하지 못했다.

(4) 따라서 임용고시에 합격한 사람은 B와 C이다. 이상의 내용을 표로 정리하면 아래와 같다.

	A	B	C	D	E
참/거짓	거짓	거짓	참	참	참
합격/불합격	불합격	합격	합격	불합격	불합격

합격자의 시간단축 Tip

Tip ①

(1) 이러한 유형의 문제의 공통적인 풀이는 모순 혹은 반대되는 발언을 찾는 것부터 시작된다. 본 문제의 경우, A와 C의 진술이 외견상 상충되므로 모순 관계인지 반대 관계인지 파악하여야 한다. C는 임용고시에 합격하였거나 불합격하였다.
(2) 두 가지 이외의 경우는 있을 수 없으므로, 본 문제에서 A와 C의 진술은 항상 진릿값이 다른 모순 관계에 해당한다. 즉, A의 진술이 참이라면 그로부터 C의 진술은 거짓이 되며, 그 역도 성립한다. A와 C의 발언이 서로 모순되므로 둘 중 한 명은 항상 거짓을 말했다. 이때, D와 E가 D의 합격 여부에 관하여 동일한 진술을 하고 있으므로, 만약 둘 모두가 거짓을 말했다면 5명 중 2명만이 항상 거짓을 말했다는 조건에 위배된다.
(3) 따라서 D와 E 모두 항상 참을 말했으며 그 결과 B가 거짓을 말함을 쉽게 알 수 있다. 이처럼 참/거짓 여부를 먼저 파악해두면 보다 효율적으로 문제를 풀 수 있다.

Tip ②

(1) 때에 따라서는 선지를 곧바로 대입하는 방법도 유용하다. 가령 선지 ①을 대입할 경우 A, D가 합격, B, C, E가 불합격했을 것이고 이 경우 B의 발언 중 하나는 참, 하나는 거짓이 되어 모순이 생기므로 옳지 않다. 다만 이 방법은 정답이 뒷부분에 있는 경우 오랜 시간이 걸리는 풀이가 될 수 있다.
(2) 이 문제의 경우 모순되는 발언을 한 사람들을 살펴보았을 때 곧바로 답이 나오므로 **Tip ①**의 접근법이 더 효율적인 풀이지만, 모순되는 발언을 한 사람들을 살펴보았을 때 답이 확정되지 않고 경우의 수만 줄어드는 문제의 경우라면 우선 모순되는 발언들을 통해 소거되는 선지가 있는지 살펴본 다음 선지들을 대입해서 푸는 것이 효율적일 것이다.

217 정답 ⑤ 난이도 ●○○

직원	일반 오류 점수	중대 오류 점수	우수 사원 선정 여부	최종 오류 점수	오류 발생 비율	벌점 부과 대상
甲	50	400	×	450	25%	×
乙	100	400	×	500	30%	○
丙	150	300	○	450－80＝370	30%	×
丁	200	200	×	400	30%	○
戊	300	200	○	500－80＝420	40%	○

우선 오류 발생 비율이 30% 미만인 甲은 벌점 부과 대상에서 제외된다. 또한, 丙은 총점이 450점이지만 전월 우수사원으로 선정되어 80점이 차감되므로 최종 오류 점수가 370점으로 400점 미만이다. 따라서 丙 역시 벌점 부과 대상에서 제외된다.
남은 乙, 丁, 戊의 최종 오류 점수는 각각 500, 400, 420이므로 두 번째로 높은 벌점을 받게 되는 사람은 戊이다.

합격자의 시간단축 Tip

Tip ①

(1) 점수계산 유형에서 여러 항목에 배정된 점수의 총합을 비교하는 경우, 빠른 문제 풀이를 위해서는 계산을 단순화하는 것이 도움이 된다. 일반 오류 1건은 10점, 중대 오류는 1건당 20점이므로 점수로만 비교하면 '중대오류 1건＝일반오류 2건' 이다. 즉, 중대 오류 건수를 일반 오류 건수로 치환하는 것이다. (그 역도 가능하다.)
이에 따라 중대 오류를 일반 오류로 치환하면, 오류 건수의 합은 각각 45, 50, 45, 40, 50이 된다. 일반 오류로 치환하는 이유는, 일반 오류는 1건당 10점이므로 0하나를 떼고 앞의 숫자만 가지고 계산할 수 있기 때문이다. 즉, 단위를 보다 단순화하여, 오류 1건당 1점으로 볼 수 있게 된다.

(2) 이를 문제에 적용해보자. 벌점 부과대상을 판단할 때, 월별 최종 오류점수가 400점 이상이 아닌, 최종 오류 점수가 40점 이상인 경우로 보고 문제를 해결할 수 있다. 또한, 같은 논리를 적용하여 전월 우수사원으로 선정된 경우 합산한 오류 점수에서 8점을 감해주면 된다.
이 문제의 경우 숫자 자체의 크기가 작기 때문에 체감이 크지 않겠지만, 쓸데없는 단위를 제거하는 것이 문제를 단순하게 해주어 문제풀이 시간을 줄이는데 도움을 줄 수 있다.

(3) 또한, 문제에서 '두 번째로 높은 벌점을 받게 될 사람'을 물어봤기 때문에 혹시나 착각하여 가장 벌점이 많은 사람을 선택하지 않도록 주의하도록 한다. 문제에서는 두 번째로 높은 벌점을 받게 될 사람을 물어봤으나, 최종 오류점수가 벌점과 비례하므로 최종 오류 점수가 두 번째로 높은 사람을 고르면 된다고 치환해서 생각할 수 있어야 한다. 또한, 당해 문제와 달리 주어진 자료에서 도출되는 값과 최종 산출 값이 다른 문제가 출제될 수 있으므로 제시된 조건에 충실해야 한다.

Tip ② 가장 높은 벌점을 받게 되는 사람을 묻는 문제였다면 문제에 주어진 것을 활용하여 확인할 선지를 줄일 수 있었을 것이다. 예컨대 벌점 산정 방식 두 번째 조건에 의하면 전월 우수사원의 경우 최종 오류점수에서 무려 80점이나 차감하므로, 전월 우수사원에 선정된 丙이나 戊가 가장 많은 벌점을 받을 확률은 낮다고 할 수 있다.
하지만 설문의 경우 두 번째로 높은 벌점을 받게 되는 사람을 물었으므로 이러한 스킬의 활용도가 떨어진다. 실제로도 전월 우수사원에 선정된 戊가 정답이다.

218 정답 ① 난이도 ●○○

ㄱ. (○) 정육면체에 새긴 점의 총 수가 10개라면 점 6개를 새긴 면은 없다.
➜ 한 면에 점이 6개가 새겨져 있다면, 채워야 할 남은 면은 5개인데, 새길 점의 개수는 4개밖에 남지 않았으므로 이는 불가능한 점의 배치이다. 따라서 점 6개를 새긴 면은 없다.
이를 거꾸로 생각해서 접근해도 결론은 같다. 우선 각 면에 점 하나씩 새긴 경우를 가정한다. 이 경우 남는 점의 수는 네 개로, 남은 점을 최대한 한 면으로 몰아서 찍는다 해도 한 면에 새길 수 있는 최대 점의 수는 다섯 개다.

ㄴ. (×) 정육면체에 새긴 점의 총 수가 21개인 방법은 ~~1가지밖에 없다.~~
➜ (반례) (1, 2, 3, 3, 6, 6), (1, 2, 3, 4, 5, 6) 등 여러 경우의 수가 존재한다.

ㄷ. (×) 정육면체에 새긴 점의 총 수가 24개라면 각 면에 새긴 점의 수는 ~~모두 다르다.~~
➜ 두 번째 규칙에 따라 한 면에 새길 수 있는 점의 최대 개수가 6개이므로, 각 면에 새긴 점의 수가 모두 다른 경우는 (1, 2, 3, 4, 5, 6)밖에 없다. 이때 점의 총 수는 21개이므로 이보다 큰 총합이 나오기 위해서는 반드시 동일한 점의 수를 가진 면이 생길

수밖에 없다. 따라서 보기 ㄷ은 틀린 보기이다.

ㄹ. (×) 정육면체에 새긴 점의 총 수가 20개라면 ~~3개 이하의 점을 새긴 면이 4개 이상이어야 한다.~~

→ (반례) (1, 3, 4, 4, 4, 4)의 경우, 3개 이하의 점을 새긴 면이 2개임에도 점의 총 수가 20개가 될 수 있다.

합격자의 시간단축 Tip

Tip ❶

(1) 이러한 문제 역시 반례를 들 수 있는 능력이 중요하다. 이 문제에 해당하지는 않지만 앞서 살펴본 문제들에서 공부했다시피 반례를 들 때에는 극단적인 값을 가지고 만드는 것이 좋다.

(2) 〈보기 ㄴ, ㄷ〉의 경우, 극단적인 값을 대입하는 방법 외에도, 점의 총 수를 정육면체의 각 면에 분배하는 방법으로 반례를 쉽게 구할 수 있다.

〈보기 ㄴ〉에서 정육면체에 새긴 점의 총 수가 21개인 경우, 이를 전체 면의 수인 6으로 나누면 몫은 3, 나머지는 3이다. 따라서 6개의 면에 각각 3개씩 점을 분배하고, 나머지 3개의 점을 임의로 분배할 경우 점의 총 수는 21개를 만족한다.

이때, 점 3개는 한 면에 모두 부여하거나, 두 면에 (2개, 1개)씩, 혹은 세 면에 (1개, 1개, 1개)씩 부여할 수 있으므로, 적어도 3가지 이상의 방법이 있음을 알 수 있다.

〈보기 ㄷ〉에서 점의 총 수가 24개인 경우, 이를 전체 면의 수인 6으로 나누면 몫은 4이다. 즉, 6개의 면에 각각 4개씩 동일하게 새길 수 있음을 알 수 있다.

(3) 기본적인 시그마 값들을 알고 있다면 매우 빠르게 문제를 해결할 수 있다. 1부터 4까지의 시그마 값은 10, 5까지의 시그마 값은 15, 6까지의 시그마 값은 21이다.

이를 활용하면 〈보기 ㄴ, ㄷ〉이 같은 것을 묻고 있다는 것을 알 수 있다. 문제가 정육면체를 묻고 있으므로, 정육면체에 새긴 점이 모두 다르다면 1부터 6까지의 값이 하나씩 새겨져 있는 것을 의미한다. 따라서 각 면에 새긴 점의 수가 모두 다르다면 그 합은 21이어야한다. 또한, 합이 21인 정육면체라 하더라도 각 면에 새긴 점의 수가 모두 다르다는 조건이 없으면 다른 경우의 수도 가능함을 알 수 있다. (예 1, 2, 3, 3, 6, 6)

Tip ❷ 〈보기 ㄹ〉에서 3개 이하의 점을 새긴 면이 최대한 많기 위해서는, 나머지 면들에 최대한 큰 수가 들어가야 한다. 모든 면이 점 3개를 새겼다면 점의 총 수는 18개에 불과하기 때문이다. 반대로 3개 이하의 점을 새긴 면이 최소한으로 적기 위해서는, 나머지 면들에 최대한 작은 수가 들어가야 한다. 그러나 나머지 면들이 3개 이하의 점을 새긴 경우는 아니어야 하므로, 3보다 큰 수 중 가장 작은 수는 4로, 4개의 점을 새긴 면이 최대한 많은 경우를 생각해보아야 한다.

4×5=20이므로, 반례로써 4로 네 개의 면을 채우고, (2, 2) 혹은 (1, 3)의 조합으로 두 개의 면을 채우는 경우가 있음을 떠올리기 쉬울 것이다.

* 해설의 〈보기 ㄱ〉을 읽으며 어색함이 없어야 한다. 〈보기 ㄱ〉을 읽으며 6개를 새긴 면이 없음을 입증하기 위해서는 6개를 새긴 면이 1개 있는 상황이 가능한지를 확인해야만 한다. 이러한 과정이 자연스럽고 빠르게 될수록, 문제풀이 속도가 빨라지므로 연습해야 한다.

219 정답 ③ 난이도 ●○○

ㄱ. (×) 방청객 2명이 심사규칙을 이해하지 못하여 1~3회전 모두 노래를 가장 못 불렀다고 생각한 甲에게 투표했다.

→ 결과적으로 3회전에서만 잘못 투표한 것이 되는 경우에 해당한다. 3회전에서 두 표가 다른 참가자에게 간다고 하더라도 丙의 20표를 넘지 못해 우승자가 바뀌지 않는다.

ㄴ. (○) 방청객 2명이 심사규칙을 이해하지 못하여 1~3회전 모두 노래를 가장 잘 불렀다고 생각한 丁에게 투표했다.

→ 1회전에서 잘못 투표한 방청객 2명이 만약 甲이 노래를 가장 못 불렀다고 생각하고 제대로 투표했다면, 甲의 득표수는 12+2=14으로 戊의 득표수가 같아져 甲이 탈락할 가능성이 생긴다. 또한, 2회전에서 잘못 투표한 방청객 2명이 만약 甲이 가장 못 불렀다고 생각하고 제대로 투표했다면 甲의 득표수는 14+2=16이므로 탈락자가 甲으로 바뀔 수 있다.

ㄷ. (○) 방청객 2명이 1회전에서만 심사규칙을 이해하지 못하여 노래를 가장 잘 불렀다고 생각한 戊에게 투표했다.

→ 戊에게 간 두표가 甲 또는 乙에 적절히 분배되어 13표 이상이 되는 경우, 탈락자가 甲 또는 乙로 바뀔 수 있다.

ㄹ. (×) 방청객 2명이 2회전에서 한 명은 甲, 한 명은 乙에게 투표하려 했으나, 투표시기를 놓쳐 기권으로 처리됐다.

→ 두 사람이 제대로 투표한다고 하더라도, 甲의 득표수는 15, 乙의 득표수는 16이 되어 참가자들의

득표 수의 대소관계가 변하지 않는다. 따라서 그대로 乙이 탈락하게 된다.

합격자의 시간단축 Tip

Tip ① 참가자들이 심사규칙을 어떻게 잘못 이해했는지는 중요한 것이 아니다. 즉 누가 노래를 잘/못 불렀다고 생각했는지가 아닌, 심사규칙과 반대되게 투표한 사람이 누구인지, 그리고 이동하는지가 중요하다. 각 회전에서는 참가자들 중 가장 많은 표를 얻은 사람이 탈락/우승을 하게 된다. 따라서 주어진 조건에 따라서 득표 수 1등이 바뀔 수 있는지를 중점적으로 판단하면 된다. 예를 들어, ㄱ의 경우 방청객 2명이 심사규칙을 이해하는 경우 3회전에서 甲으로부터 빠진 2표가 다른 참가자들에게 가게 된다. 이때, 2표를 다른 참가자들에게 몰아서 배정할 때 3회전의 결과가 변경될 수 있는지를 체크하는 것이다.

Tip ② 노래경영 1, 2회전과 3회전의 심사규칙은 서로 다르며, 〈보기〉에서도 방청객이 노래를 가장 잘/못 불렀다고 생각한 사람에게 투표했다고 하여 심사 규칙 및 투표기준이 다소 헷갈릴 수 있다. 각 회전의 심사규칙과 〈보기〉의 방청객의 투표 기준을 대응시켜, 심사규칙을 지킨 투표를 하였는지 여부를 정확하게 파악해야 한다. 예를 들어, 〈보기 ㄴ〉의 경우 1, 2회전 모두에서 잘못 투표한 경우가 발생한 것이기 때문에 두 번 모두 판단해 주어야 한다. 반면 나머지 보기는 1~3회전 중 한 번만 잘못 투표한 경우이므로 해당 보기들을 중심으로 정오를 판단하는 것이 좋다.

220 정답 ③ 난이도 ●○○

	음식종류	이동거리	가격	맛평점	방예약	총점
자금성	2	4	5	1	1	13
샹젤리제	3	3	4	2	1	13
경복궁	4	5	2	3	0	14
도쿄타워	5	1	3	4	0	13
광화문	4	2	1	5	0	12

경복궁의 점수가 가장 높으므로 경복궁이 선택된다.

합격자의 시간단축 Tip

Tip ① 평가 기준에 의하여 아예 판단 대상이 되지 않는 음식점도 없이, 모든 음식점의 점수를 단순히 합산하여 답을 도출하는 문제이다. 이 문제에서 실수할 수 있는 부분은 이동거리, 가격 항목에서 숫자가 큰 순서대로 큰 점수를 줄 수 있다는 점이다. 이동거리가 짧을수록, 가격이 낮을수록 높은 점수를 받는다는 것을 염두에 두고 실수하지 않도록 한다.

Tip ② 총점을 반드시 구하지 않고도 풀이가 가능하다. 우선 〈자금성〉을 기준으로 두고 〈샹젤리제〉와 비교하면, 음식종류와 맛 평점은 〈샹젤리제〉가 1점씩 높은 반면 이동거리와 가격은 〈자금성〉이 1점씩 높다. 즉, 두 식당의 총점은 동일한데, 해당 문제에서는 가장 높은 식당 하나를 고르라고 했으므로 두 식당은 답이 아닐 것이다.
두 식당을 소거한 후 〈경복궁〉을 새로운 기준으로 두고 비교한다. 위와 동일한 방법으로 동일한 수를 소거하거나 각 항목의 차이 값을 더해보는 방식으로 비교하면 〈경복궁〉이 가장 높음을 알 수 있다.

Tip ③ 당연하게 들릴 수도 있으나, 이러한 문제의 경우 선지 옆에 카테고리 별로 줄을 맞춰서 점수를 적어 해결한다. (혹은 선지가 아니라 〈맛집 정보〉 표 옆에 바로 숫자를 적어 표시하는 것도 좋다.)
때로는 단순한 방법이 가장 빠른 방법이 될 수 있다. 한편 가점이 없는 선지의 경우 0점을 부여할 수도 있으나, 아예 점수를 적지 않아도 무관하다. 즉 가점이 부여되는 〈자금성〉과 〈샹젤리제〉만 1점을 부여하고 나머지 선지는 비워 놓는 것이다.

221 정답 ② 난이도 ●○○

① (○) '비행기'는 어느 구간에서 연주하든 같은 종류의 손가락을 사용한다.
→ 비행기는 도, 레, 미만을 사용한다. 왼손, 오른손 모두 중지, 약지, 새끼 손가락을 사용하여 도, 레, 미를 연주할 수 있다.

② (×) '비행기'는 어느 구간에서 연주하든 ~~같은 번호의 손가락을 사용한다.~~
→ 왼손의 도, 레, 미는 1, 2, 3번 손가락을 사용한다. 그러나 오른손의 도, 레, 미는 3, 4, 5번 손가락을 사용한다. 따라서 틀린 선지이다.

③ (○) '학교종'을 연주할 때는 검지손가락을 사용하지 않는다.
→ 왼손의 검지손가락은 '파', 오른손의 검지손가락은 '시'를 연주한다. 두 음 모두 '학교종'에 포함되지 않으므로 옳은 선지이다.

④ (○) '비행기'는 한 손만으로도 연주할 수 있다.
→ 비행기는 도, 레, 미 만을 사용하므로 각 손의 중지, 약지, 새끼를 사용하여 한 손으로 연주할 수 있다.

⑤ (O) '학교종'은 한 손만으로 연주할 수 없다.

➜ 왼손은 도, 레, 미, 파, 솔을 연주할 수 있다. 그러나 학교종은 '라'음이 필요하므로 왼손만으로는 연주할 수 없다. 오른손은 라, 시, 도, 레, 미 음을 연주할 수 있다. 그러나 오른손은 '솔'을 연주할 수 없으므로 오른손만으로도 연주할 수 없다. 따라서 옳은 선지이다.

합격자의 시간단축 Tip

특별히 언급할 만한 부분이 없을 정도로 쉬운 문제이다. 하나 눈 여겨 볼 점이 있다면, 선지 ② 번은 '대칭'을 이용한 선지이다. 왼손과 오른손에서 도레미를 치는 손가락은 대칭으로 같지만, 문제에서는 각 손가락에 다른 번호를 부과하고 있다.

이는 일상 속의 고정관념(손가락이 같으므로 숫자도 같을 것이라는 착각)을 활용해서 실수를 유발하기 위한 장치라고 볼 수 있다. 해당 문제는 아주 직관적이기 때문에 설사 이 부분에서 한 번 착각을 했더라도 이를 정정하는데 문제가 없지만, 우리의 고정관념을 활용해 실수를 유발하는 문제장치는 자주 활용되므로 주의하도록 한다.

222 정답 ③ 난이도 ●○○

두 사람이 5점을 맞힌 화살의 개수가 동일하므로 이를 X라고 하자. (단, $0 \leq X \leq 7$)

두 사람이 던진 총 화살의 개수는 10개이므로 민경과 혜명이 3점을 맞힌 화살의 개수는 각각 (7−X), (8−X)개가 된다.

이를 표로 정리하면 다음과 같다.

점수	민경의 화살 수	혜명의 화살 수
0점	3	2
3점	7−X	8−X
5점	X	X
총점	3(7−X)+5X=2X+21	3(8−X)+5X=2X+24

X가 3일 때, 즉 민경과 혜명이 5점을 맞힌 화살의 개수가 3개일 때 민경과 혜명의 최종점수는 각각 27, 30이 될 수 있다.

합격자의 시간단축 Tip

Tip ❶ '가능한 것을 찾는 문제' 유형에서는 안 되는 것을 소거하여 문제를 풀거나, 선지를 대입해서 푸는 것이 빠른 경우가 많다. 이 문제는 안되는 것을 소거하여 문제를 푸는 것이 빠르다. 총점 같이 배점에 따른 숫자를 묻고 있을 때에는 숫자가 가능한 범위 안에 있는지, 짝수인지 홀수인지 등을 파악하여 선지들을 소거해 나가는 것이 좋다.

선지를 활용한 풀이는 다음과 같다. 해설의 표를 참고하면, 민경의 최종점수는 2X+21로, X의 값이 정수임을 고려할 때 최종점수는 홀수여야 한다. 혜명의 최종점수는 2X+24로, 짝수여야 한다. 선지에서 민경의 점수가 홀수, 혜명의 점수가 짝수인 선지가 ③ 뿐이므로, ③ 이 정답이다.

Tip ❷ 선지를 보다 적극적으로 활용하는 방법도 있다. 민경과 혜명이 각각 0점에 맞힌 화살 수는 한 개 차이이며, 5점에 맞힌 화살 수는 동일하다. 이는 3점에 맞힌 화살 수가 하나 차이 난다는 의미로, 총점 역시 3점 차이 날 것이다. 이를 활용해 선지를 소거해보면 ②, ③, ④ 번을 제외한 ①, ⑤는 4점 혹은 2점의 점수차로 소거된다. 따라서 혜명은 29점 혹은 30점 혹은 31점인데, 이 중 만들어질 수 있는 것이 무엇인지 조합해서 구하면 곧바로 답을 고를 수 있다.

Tip ❸ 굳이 선지를 소거하기 보다는 오히려 과감하게 가정하는 방법도 있다. 선지가 대충 20~30 정도가 나오고 있으므로 5점 과녁에 4개 혹은 3개가 맞았다고 가정하는 것이다. 왜냐하면 선지에 나와 있는 것은 결과값이다. 변인으로 따지면 독립변수가 아니라 종속변수인 것이다. 따라서 선지 대입은 마땅한 전략이 아니다. 소거한다 하더라도 어차피 가능한 경우의 수를 도출해야 하므로 처음부터 바로 가정하고 들어가는 것이 효율적일 수 있다.

> * 어차피 문제에서 표에 대입해야 할 숫자는 한 자리 숫자로 계산이 무척이나 간단할 것을 예상할 수 있다. 그러므로 해설과 같이 미지수를 설정하는 것은 지나치게 복잡할 수 있으므로 차라리 5점에 맞힌 화살 수로 가능한 최댓값인 7개부터 대입해 보면서 하나씩 줄여 나가는 것이 오히려 간단할 수 있다. 가능하다면 **Tip**에 소개된 다양한 풀이 방법들을 모두 연습해보고, 자신에게 알맞은 방법이 무엇일지 생각해보자.

223 정답 ④ 난이도 ●○○

ㄱ. (O) A시 도서관 개관 시 확보해야 할 최소 기본장서는 30,000권이다.

➜ 〈공공도서관 시설 및 도서관 자료 구비 기준〉에 따르면 봉사대상인구가 10만 이상~30만 미만인 경우에는 기본 장서가 30,000 이상이어야 한다고 되어 있으므로 옳은 선지이다.

ㄴ. (×) A시의 예상 인구 추계자료와 같이 인구가 증가한다면, 2015년에는 노인 및 장애인 열람석을 2014년에 비해 ~~35석 추가로 더 확보해야 한다.~~

➜ 〈공공도서관 시설 및 도서관 자료 구비 기준〉에 따르면 2014년 개관 기준 A시 도서관의 열람석은 350석 이상이면 된다. 노인 및 장애인 열람석은 전체 열람석의 10%, 즉 35석 이상을 할당하여야 하는 것이다. 2015년에 인구가 증가하였다고 하더라도 봉사대상인구가 30만 이상이 되는 것이 아니므로 열람석 기준은 350석 이상으로 동일하다. 또한, 추가 확보가 아니라 기존 열람석의 일부를 할당하면 된다.

ㄷ. (○) A시의 예상 인구 추계자료와 같이 인구가 증가하고, 2015년~2020년에 매년 같은 수로 인구가 늘어난다면, 2018년에는 최소 240종 이상의 연속간행물과 2,400종이상의 시청각자료를 보유해야 한다.

➜ 해당 기간동안 매년 같은 수로 인구가 늘어난다면 2018년에는 인구가 24만 명이 된다. 〈공공도서관 시설 및 도서관 자료 구비 기준〉의 자료 기준을 보면, 봉사대상인구 1천 명당 기준이 제시되어 있다. 24만 명=240천 명이므로 각 자료에 240을 곱해주면 구하는 값이 도출된다.

ㄹ. (○) 2020년 실제 인구가 예상 인구의 80% 수준에 불과하다면, 개관 이후 2020년 말까지 추가로 보유해야 하는 총 연간증서는 최소 18,000권이다.

➜ 2014년 상반기에 개관하게 되면, 설립 다음 해부터 계산하여 2015, 2016, 2017, 2018, 2019, 2020년의 총 6년간 연간증서가 있어야 한다. 이때 2020년 실제 인구가 예상 인구의 80% 수준에 불과하다면, 0.8×30만 =24만 명에 해당한다. 따라서 총 6년간 매년 3,000권 이상의 연간증서가 있게 되므로 총 연간증서는 최소 3,000(권)×6=18,000(권)이다.

합격자의 시간단축 Tip

이 문제에서 시간이 걸릴 수 있는 포인트는 〈보기 ㄷ〉의 단위변환이라고 생각한다.
'24만 명=240천 명'을 바로 캐치하지 못했다면 몇 번의 곱셈을 통해서 답을 도출했을 것이다. 단위변환에 관한 문제는 자주 출제되므로 기본적인 단위는 바로바로 변환할 수 있도록 연습해두는 것이 좋다.

224 정답 ①

난이도 ●○○

주어진 수식에 따라 공회전 발생률을 계산하고, 그에 따른 탄소포인트 획득량을 표시하면 다음과 같다.

운전자	공회전 발생률	공회전 시 연료 소비량	탄소포인트
A	$\frac{20}{200}\times100=10\%$	20×20=400	100+0=100
B	$\frac{15}{30}\times100=50\%$	15×20=300	50+25=75
C	$\frac{10}{50}\times100=20\%$	10×20=200	80+50=130
D	$\frac{5}{25}\times100=20\%$	5×20=100	80+75=155
E	$\frac{25}{50}\times100=50\%$	25×20=500	50+0=50

이를 큰 순서대로 나열하면 D−C−A−B−E가 된다. 따라서 답은 ① 이다.

합격자의 시간단축 Tip

Tip ❶ 이처럼 단순한 계산만을 요구하는 문제는 출제자가 시간을 쓰라고 출제한 문제이다. 두 가지 조건에 따라 얻게 되는 탄소포인트를 각각 더해야 하므로 각 운전자가 가지고 있는 특성들의 경향 같은 것도 따로 판단할 필요가 없다. 또한, 추가적인 단서나 가정도 없으므로 실수만 하지 않도록 주의한다.

Tip ❷ 다소 과감할 수 있지만 계산을 최소화할 수 있는 방법을 소개하면 다음과 같다.

(1) 공회전 발생률에 대한 구간별 탄소포인트 기준에 따라 운전자를 분류해보면 〈20% 이상 40% 미만〉 구간에 C, D가 해당하고 〈40% 이상 60% 미만〉 구간에 B, E가 해당한다. 다음으로 공회전 시 연료 소모량에 대한 구간별 탄소포인트 기준에 따라 운전자를 분류해보면 〈100 이상 200미만〉에 D, 〈200 이상 300 미만〉에 C, 〈300 이상 400 미만〉에 B, 〈400 이상〉에 A, E가 해당한다.

(2) 이상에서 볼 수 있듯 연료소모량에 대한 구간별 탄소포인트의 편차가 공회전 발생률에 대한 구간별 탄소포인트의 편차보다 크게 나타나고 있는데, 이는 전자에서 높은 점수를 받을수록 총 포인트 역시 높을 가능성이 크다는 것을 의미한다. 선지를 우선 살펴보면 크게 A, C, D의 대소를 비교하고 있고 B, E의 대소를 비교하고 있는데, 빠르게 연료소모량에 대한 구간별 탄소포인트 기준에 따라 획득하

는 탄소포인트 순서대로 각 그룹 내 순위를 매겨보면 D > C > A, B > E이므로 ①번을 답으로 선택하고 넘어간다.

Tip ❸ 연료소모량의 경우 총공회전시간이랑 사실상 같다. ω =20을 곱해줬을 뿐이다.
따라서 〈자료〉의 세번째 표에서 기준인 공회전 시 연료소모량(cc)을 20으로 나누어 구분하면 훨씬 보기 편하다.

Tip ❹ 결국 계산을 해 봐야겠지만 그래도 오지선다를 이용하면 답을 나름 편하게 구할 수 있다. 문제의 경우 제일 큰 순위에 D와 A가 있기 때문에 D와 A를 계산해 비교해 준다. 그 다음에는 C를 계산해 A와 비교해주고 마지막으로 B와 E를 비교해주면 된다.
물론 ABCDE를 다 구하고 나서 답을 구하는 것과 어떤 차이가 있나 하는 물음이 생길 수 있을 것이다. 하지만 ABCDE를 다 구하고 다시 값들을 보며 순서를 정하는 것보다 애초에 오지선다에 주어진 순위를 보면서 비교에 들어간다면 값을 구하고 다시 비교할 필요 없이 바로 답을 구할 수 있다.

Tip ❺ 공식을 주고 값을 대입해 계산하라는 유형의 문제는 자료해석 영역의 경우 난이도가 천차만별이지만 자원관리 영역의 경우 보통 높은 난이도로 출제되지 않는다. 물론 다섯 명의 운전자를 모두 계산하여야 하므로 시간이 다소 걸릴 수는 있다. 그러나 문제해결, 자원관리 영역에서 출제될 경우 반드시 풀고 넘어가자. 절대다수의 문제에서 계산이 어렵거나 복잡하게 나오지 않는다. 퀴즈 문제보다는 이러한 유형이 더 예측 가능하고 확실한 정답을 가져올 수 있기 때문이다.

225 정답 ⑤

난이도 ●●○

각 목격자의 진술을 차량 번호에 적용하고, 가해차량 번호가 목격자 진술에 부합하는지 여부는 다음과 같다.

	99★2703	81★3325	32★8624
갑	9×9 < 2×7×0×3	8×1 < 3×3×2×5	3×2 < 8×6×2×4
	×	○	○
을	9+9 < 2+7+0+3	8+1 < 3+3+2+5	3+2 < 8+6+2+4
	×	○	○
병	99×50 > 2,703	81×50 > 3,325	32×50 > 8,624
	○	○	×

(1) 이때, 첫 번째 사건의 가해차량 번호는 두 번째 사건의 목격자 진술에 부합하지 않으므로, 갑과 을의 진술에만 부합하는 32★8624가 첫 번째 가해차량 번호이다.
(2) 마찬가지로 병의 진술에만 부합하는 99★2703이 두 번째 가해차량 번호이다.

합격자의 시간단축 Tip

Tip ❶ [풀이방법 1]
설문의 경우 진술 내용을 보면 A와 B가 나와 있는데 이것이 무엇인지 알 수 없으므로 지문을 우선적으로 확인한다. 문장이 5개 있으므로 모든 문장을 활용해야 하는 문제이고, 사용한 문장을 잘 체크하면서 풀도록 하자.
(1) 지문을 읽은 후에 얻은 정보는, 교통사고가 2건이며 3명 중 1명의 진술만이 2번째 사건에 대한 것이고, A와 B가 무엇인지에 대한 것이다. 설문과 같이 구체적인 답이 선지에 주어진 경우에는 대입하여 문제를 해결하는 방법이 가장 편리하다. 다만 가해차량의 번호를 먼저 선택할 것인지 아니면 목격자를 먼저 선택할 것인지 선택하여야 한다. 전자의 경우 세 사람의 진술내용에 대입하며 후자의 경우 세 차량의 번호를 적용한다. 사후적으로는 목격자를 먼저 선택하는 것이 편리하지만 실전에서는 이를 판단하는 것이 쉽지 않으므로 두 가지 방법을 모두 사용하여 연습한다.
(2) 목격자를 먼저 선택하기로 결정한 경우, 한번에 2개씩 확인할 수 있는 을과 병을 먼저 확인한다. 예컨대 을이 두 번째 사건의 목격자라면 첫 번째 사건의 가해차량 번호는 을의 진술과 일치하지 않고, 갑과 병의 진술과 일치한다. 이때, 주의할 것은 3번 선지의 81★3325의 경우 을의 진술과 일치하므로 바로 틀린 선지임을 찾아낼 수 있지만, 2번 선지의 99★2703의 경우 을의 진술과 일치하지 않는데 이것으로 바로 정답을 체크하지 말아야 한다. 2번 선지의 가해차량 번호가 을의 진술과 일치하지 않더라도 갑과 병의 진술과 일치하여야 최종적으로 옳은 선지가 되기 때문이다. 설문과 같이 경우의 수가 10개 이하로 한정되어 있는 경우 선지 이면에 정답을 가려내는 장치들이 숨겨진 경우가 많으므로 주의해야 한다.
(3) 가해차량 번호를 먼저 선택하기로 결정한 경우에도 한번에 2개씩 확인할 수 있는 99★2703과 81★3325를 먼저 확인한다. 예컨대 99★2703이 첫 번째 사건의 가해차량 번호라면 갑, 을, 병 중 2명의 진술과 일치하고 1명의 진술과는 일치하지 않는다.

Tip ❷ [풀이방법 2]
기본적으로 위 해설처럼 모든 수치를 계산해보는 것은 추천할 만한 방법은 아니다.

이 문제의 경우 각 진술 내용의 특성을 고려해 의심스러운 값을 지정하는 것이 효율적이다.
각 진술을 보면, 각각
'갑'의 경우 (A 구성 값의 곱) < (B 구성 값의 곱)인지,
'을'의 경우 (A 구성 값의 합) < (B 구성 값의 합)인지,
'병'의 경우 A×50 ≥ B인지에 대한 서술이다.
이를 종합해보면 다음과 같은 방향성을 도출할 수 있다.
① 갑과 을의 진술에서는 부등호 '<'의 왼쪽에 A가 있으나, 병의 경우 왼쪽에 B가 위치한다.
② 차량 번호의 구성 상, **32★8624는 A가 가장 작고 B는 가장 커서 A < B가 될 개연성이 높다.**
따라서 ①과 ②를 결합할 때 32★8624는 1차 가해차량이 될 가능성이 높다.
위 내용을 종합하여 **32★8624**만 검토해보면, 갑과 을의 진술에는 부합하고 병의 진술에는 부합하지 않는다. 따라서 **32★8624**은 첫 번째 사건 가해차량이고, 두 번째 사건 목격자는 '병'이다.

Tip ❸ [풀이방법 3]
가장 확인하기 쉬운 진술 내용부터 검토하는 것 역시 좋은 방법이다. 갑, 을, 병의 진술 중 가장 계산이 용이한 것은 병이다. 따라서 병을 우선 적용해보면 99★2703에서 99는 약 100이므로 이의 50배는 2703보다 훨씬 크며, 81★3325 역시 80의 50배는 4000으로 3325보다 훨씬 크다는 것을 알 수 있다.
이를 유일하게 만족하지 않는 것이 32★8624이다. 이후 32★8624를 가해차량 번호라고 가정하고 갑과 을의 진술 내용을 적용해보면 부합한다는 것을 알 수 있다.

226 정답 ⑤ 난이도 ●●○

〈상황〉과 〈대화〉에 따라 내용을 정리하면 다음과 같다.
(1) '甲'은 남들의 점수를 모름에도 불구하고 셋 중에 가장 높은 점수를 받았다고 말하고 있다.
즉, 50점 이상임을 알 수 있다. 왜냐하면 49점까지는 다른 사람이 50점일 가능성이 있기 때문이다.
그러나 50점부터는 '甲' 보다 더 큰 점수가 있을 수가 없다. (세 사람의 점수는 모두 자연수여야 하기 때문에 甲의 최소 점수는 50점이다.)
(2) '乙'이 '甲'의 말만 듣고 확신하기 위해서는 '乙'의 점수가 49점이어야 한다.
왜냐하면 '乙'이 48점만 되어도, '甲과 丙'이 (50, 2) (51, 1)로 경우의 수가 두 가지로 나뉠 수 있기 때문이다.
(3) 따라서 '乙'은 49점이다.

합격자의 시간단축 Tip

Tip ❶ [풀이방법 1]
위와 같은 유형은 생각보다 값이 극단적으로 형성된다는 점만 기억해도 훨씬 쉽게 접근할 수 있다. 즉, '개구간 형태의 정보'만으로 '확정 정보'를 만들기 위해선, 극단적인 숫자 조합이 될 수밖에 없다. 따라서 이러한 문제를 접했을 때는 매우 특징적인 숫자를 찾는다는 방향성 하에 고민해보면 비교적 쉽게 풀 수 있을 것이다.

* 극단값을 잘 설정하는 것이 중요하다. 위 문제에서도 다음과 같은 실수를 하기 쉽다.
가령 위 문제에서 '甲이 99라면' 이라고 극단값을 잡으면 '乙은 1이니까 세 사람 점수를 확실히 알겠네' 라고 오류를 범하는 것이다. 하지만 乙은 甲의 언급만 알고 있을 뿐, 그 수가 99인줄도 모르며, 문제 조건에서 서로 다른 자연수라 주어졌으므로 丙이 0이 되는 경우의 수는 없을 것이다.
따라서 먼저 "내가 우리 셋 중에 가장 높은 점수를 받았어"의 의미(=50점 이상이다.)를 바로 파악하는 연습이 보다 더 필요하다.
** 극단값을 활용하면 다음과 같다. 甲이 50점 이상임을 파악하였다면 그 후에 乙은 최대 49점이거나 최소 1점이다. 둘 중 하나가 정답이라고 가정하고 유추해보자. 만일 乙이 1점이라면 甲의 점수가 50점 이상을 받았다는 사실을 알았을 때 丙의 점수를 확정 지을 수 없게 된다. 甲과 丙이 합해서 99만 되면 되므로 그 안에서 수많은 경우의 수가 생기기 때문이다.
따라서 乙은 49점이라는 것을 쉽게 알 수 있다. 이는 乙이 49점일 경우 甲과 丙이 가지게 되는 점수 가짓수가 乙이 1점인 때에 비해 훨씬 줄어드는 것과도 관계가 있다.
참고로 49점과 1점 모두 선지에 주어져 있는데, 만일 해당 문제를 가장 마지막까지 풀지 않았더라도 이 두 가지 극단값 중에서 답을 선택할 수 있다면 정답률을 높일 수 있을 것이다.
***** [참고 사항] 총합이 A이고, n개의 구성 요소가 있을 때 특정 요소가 무조건 가장 높은 값이려면?**
구성 요소의 개수와 무관하게 50%×A 이상일 때 항상 가장 높은 값이 된다. 당연하게도 절반 이상이 되면 이보다 큰 값이 나올 수 없기 때문이다.
만약 구성요소 값이 0일 수 있는 상황이고, 50%×A 라 하더라도, 최대 50%×A 로 같은 값이 있을 수 있을 뿐 해당 값이 전체에서 가장 높은 값임에는 변함이 없다.
이는 자료해석에서 자주 활용하던 원리로, 문제해결 파트에도 적용된다.

Tip ❷ [풀이방법 2]
위의 해설이나 **Tip**과 같이 甲의 점수를 바로 50으로 설정하면 좋겠지만, 실제 시험장에서는 그렇지 못할 가능성이 크다. 그런 경우에 어떤 값이 답이 될 수 있는 극단값일지에 대해서 고민하면서 시간을 허비하기 보다는 주어진 상황에 맞춰서 빠르게 가정해보며 푸는 것이 더

좋다. 가정을 통해서 주어진 상황에 대한 이해도가 높아질 수 있기 때문이다. 특히 위 문제의 경우 말의 뉘앙스와 말하는 이의 순서에 주의해야 한다.

(1) 예를 들어, 필자는 실제로 시험에서 甲, 乙, 丙의 점수의 합계가 100점이라는 점에 착안하여 甲은 60점, 乙은 30점, 丙은 10점이라고 가정하였다. 그러나 이 경우에 甲의 말만 듣고서 乙이 바로 세 사람의 점수를 알 수는 없다. (일례로 乙은 자신의 점수만 아는 상황에서 甲과 丙이 각각 59점, 11점 또는 61점, 9점인 상황을 동시에 생각할 수 있기 때문이다.)

(2) 甲의 점수가 60점보다 높아져도 이와 같으므로, 甲의 점수를 낮추어 생각해보아야 한다. 甲의 점수로 59, 58, 57 등을 대입해보고, 甲이 가질 수 있는 가장 작은 점수인 50점인 경우를 생각해보자. 乙의 점수가 30점이면 아직 乙은 세 사람이 받은 점수를 확실히 알 수 없다. 乙의 점수를 29, 28 등으로 낮추어 보거나 31, 32 등으로 높여볼 때, 乙이 받을 수 있는 최대의 점수인 49점인 경우 대화의 내용이 성립함을 알 수 있다.
이처럼 범위를 좁히는 방법은 과감하게 임의의 숫자를 대입해보면서 판단하는 것이 좋다.

Tip ❸ [풀이방법 3]

물론 문제의 취지에 맞게 수의 범위를 세우고 주어진 조건에 맞춰 조정해 나가면 가장 좋겠지만, 그것이 여의치 않을 경우 선지를 활용하는 방법을 활용할 수 있다. 예컨대 乙이 1점이라고 가정해 보면 남은 99점 중에 甲이 가장 높은 점수인 것만 알고, 구체적으로 몇 점인지 알 수 없기 때문에 틀렸다고 판단할 수 있다. 그런데 乙이 49점일 경우 남은 51점 중에 甲이 乙보다 커야 하기 때문에 甲이 50점이고 丙이 1점인 경우가 나올 수 있고, 따라서 5번이 답이 될 수 있는 것이다.

* 해설과 **Tip**의 내용들을 읽어본 경우에도 쉽게 이해가 가지 않는 수험생이 있을 수 있다. 물론 방법 그 자체는 이해가 가겠지만 실제 시험장에서 내가 이런 방법을 생각할 수 있을까 하는 생각이 들 수 있다. 물론 위와 같은 방법이 떠오른다면 이 문제는 정말 빠른 시간 내에 풀 수 있다. 그러나 만약 방법이 쉽게 떠오르지 않는다면 이렇게 문제 자체에 힌트가 별로 없는 문제는 우선 넘어가고 마지막에 푸는 것이 효율적일 수 있다.

227 정답 ❸ 난이도 ●○○

ⓐ, ⓑ, ⓒ가 있는 항목을 각각 A, B, C라 두면 최종점수와 그 합계를 도출하면 다음과 같다.

	문제인식	실현가능성	성장전략	합계
甲	A	21	28	49+A
乙	18	21	B	39+B
丙	21	18	C	39+C

ㄱ. (O) ⓐ값에 관계없이 문제인식 평가항목의 최종점수는 甲이 제일 높다.

(1) ⓐ가 30인 경우: 최고점수인 30과 최저점수인 24가 하나씩 제외되므로 $\frac{30+30}{4-2}=30$(점)

(2) ⓐ가 24인 경우: 최고점수인 30과 최저점수인 24가 하나씩 제외되므로 $\frac{30+24}{4-2}=27$(점)

(3) ⓐ가 24 미만인 경우: 최고점수인 30과 최저점수인 ⓐ가 하나씩 제외되므로 $\frac{30+24}{4-2}=$ 27(점)

즉, A 값은 27 또는 30이므로 ⓐ값에 관계없이 문제인식 평가항목 최종점수는 甲이 가장 높다.

ㄴ. (O) ⓑ=ⓒ > 16이라면, 성장전략 평가항목의 최종점수는 乙이 丙보다 낮지 않다.

(1) ⓑ=ⓒ=24인 경우
- 乙의 최종점수: 최고점수인 32와 최저점수인 16이 제외되므로 $B=\frac{32+24}{4-2}=28$(점)
- 丙의 최종점수: 최고점수인 40과 최저점수인 24가 제외되므로 $C=\frac{24+24}{4-2}=24$(점)

따라서 B > C이다.

(2) ⓑ=ⓒ=32인 경우
- 乙의 최종점수: 최고점수인 32와 최저점수인 16이 제외되므로 $B=\frac{32+32}{4-2}=32$(점)
- 丙의 최종점수: 최고점수인 40과 최저점수인 24가 제외되므로 $C=\frac{32+24}{4-2}=28$(점)

따라서 B > C이다.

(3) ⓑ=ⓒ=40인 경우
- 乙의 최종점수: 최고점수인 40과 최저점수인 16이 제외되므로 $B=\frac{32+32}{4-2}=32$(점)
- 丙의 최종점수: 최고점수인 40과 최저점수인 24가 제외되므로 $C=\frac{40+24}{4-2}=32$(점)

따라서 B=C이다.

(1)~(3)에서 성장전략 평가항목의 최종점수는 乙이 丙보다 크거나 같으므로, 낮지 않다.

ㄷ. (×) ⓐ=18, ⓑ=24, ⓒ=24일 때, 포상을 받게 되는 부서는 甲과 ~~丙이다.~~

ⓐ=18일 때, $A=\frac{24+30}{4-2}=27$(점)

ⓑ=ⓒ=24일 때, 보기 ㄴ의 (1)에서 B=28(점), C=24(점)

따라서 최종점수의 합계는 다음과 같다.

	문제인식	실현가능성	성장전략	합계
甲	27	21	28	76
乙	18	21	28	67
丙	21	18	24	63

② 따라서 포상을 받게 되는 부서는 甲과 乙이다.

합격자의 시간단축 Tip

Tip ❶ 주어진 평가항목별 최종점수 산출식을 보면, 사실상 최댓값, 최솟값을 제외한 나머지 값의 산술평균을 구하는 것과 같으므로, 식을 사용하지 않고 가볍게 산술평균만 암산으로 도출하면 된다.

〈숫자가 2개일 때 산술평균을 비교하는 방법(참고)〉

① 산술평균 도출법: 거리를 이용하는 방법

산술평균은 구성 값 간 거리가 동일하므로, 두 값의 차를 2로 나누어 한쪽에 더한다.

예 24와 40의 산술평균은 40−24=16의 절반인 8을 24에 더한 32이다.

② (추천 방법) 총합 비교법

→ 많은 수험생들이 착각하는 점은 '산술평균 간 비교를 효율적으로 하는 방법'은 산술평균을 효율적으로 도출하는 방법과 같다고 생각하는 것이다. 사실 동일하게 숫자 2개를 비교하는 상황이라면, 굳이 산술로 보지 않고 총합을 그대로 비교해도 무관하다. 왜냐하면 어차피 분모가 '2'로 동일하므로 총합 자체로 비교하는 것이 더 효율적이기 때문이다. 따라서 위 문제를 풀 때 합산 값으로 비교한다면 더 빠른 풀이가 가능하다.

예 30, 24의 평균과 33, 22의 평균을 비교할 때, 30+24=54 < 33+22=55로 비교하면 편하다.

Tip ❷ 문제의 ⓐ, ⓑ, ⓒ 자리의 특징은, 해당 평가항목에서 동일 점수를 준 평가위원이 있다는 점이다. 최고점수와 최저점수를 제외하는 규칙에 따라 중복되는 점수는 무조건 들어가게 된다. 이는 발생할 수 있는 경우의 수를 줄여주는 장치가 된다.

* 이러한 문제의 경우 조건을 꼼꼼히 살펴봐야 한다. 평가위원이 여러 명에게 동일한 점수를 여러 번 줄 수 있는지, 아니면 순위를 정하여 차등으로 점수를 배분하는 것인지를 확인해야 한다.

Tip ❸ 보기 ㄱ과 ㄴ의 경우 경우의 수를 적게 따지거나 아예 따지지 않고도 풀 수 있다.

보기 ㄱ. 'ⓐ 값에 관계없이' 甲이 제일 높은지 여부를 물었으므로, ⓐ에 가장 작은 수를 대입해서 생각한다. ⓐ가 30인 경우, 24인 경우, 6인 경우 각각에 지워지는 숫자가 다를 수는 있으나, ⓐ가 6일 때 甲의 점수가 가장 낮게 나올 가능성이 높기 때문이다. 따라서 경우를 따질 필요 없이 곧바로 ⓐ에 6을 대입한 후 30과 6을 지워서 甲이 가장 높은지 확인한다.

보기 ㄴ. ⓑ=ⓒ > 16 이라고 하였으므로 40, 32, 24 중 하나이다. 즉, 乙의 경우 16이 가장 낮은 점수임이 확정되며, 丙 역시 두 개의 24 중 하나를 소거하게 된다. 丙에서는 40도 추가로 소거하게 되므로 최종점수는 24+ⓒ 이다. (산술평균 과정 제외)

乙의 경우 32가 가장 높은 점수라면 32 하나가 소거되어 32+ⓑ가 최종 점수이며, 32가 가장 높은 점수가 아니라면(즉, ⓑ=ⓒ=40) 32+32가 최종 점수이다. 전자일 경우 계산할 필요 없이 乙이 더 높음을 알 수 있고, 후자인 경우라 해도 ⓒ에 40을 대입하면 24+40 ≤ 32+32임을 알 수 있어 乙의 점수가 더 높음을 알 수 있다.

이처럼 계산할 시 24, 32, 40인 경우 각각을 고려할 필요 없이 40인 경우만 확인해주면 되기 때문에 풀이가 간결하다.

* 설문의 경우 보기 각각이 연관되어 있지 않고 새로운 값을 적용하도록 하고 있다. 이러한 경우 난이도 자체는 하락하나 문제를 푸는 과정에서 스스로 헷갈려 틀리는 경우가 많기 때문에 실수하지 않도록 주의하자. 연습할 때에는 보기별로 다른 색깔을 사용해 푸는 것도 좋은 방법이다.

228 정답 ④ 난이도 ●●○

[풀이 방법] '단위 당 값을 통한 우선 순위 도출'

단위 당 값이 큰 순위로 사용할 경우 제한된 예산 제약 하에 최적의 사용량을 도출할 수 있다.

예를 들어, 이 문제에 적용해 보자. 이 문제의 단위는 '1만 원'으로 '만 원 당 점수'를 도출해보면 다음과 같다.

	1만 원	2만 원	3만 원	4만 원	5만 원	6만 원
외식	3점	2.5점	2.33점	**3.25점**	3점	2.66점
전시회 관람	1점	1.5점	2점	2.25점	**2.4점**	2.167점
쇼핑	1점	1점	2점	2점	2점	**2.167점**

표에서와 같이 외식 항목에서는 4만 원일 때 3.25로 가장 높고, 전시회 관람 항목에서는 5만 원일 때 2.4로 가장높으므로 외식은 4만 원, 전시회 관람은 5만 원을 택한다. 그러면 예산 10만 원에서 1만 원만 남으므로 쇼핑은 1만 원을 택한다. 즉, 외식은 4만 원, 전시회 관람은 5만원, 쇼핑은 1만원을 지출할 때의 태은이의 만족도 점수는 13+12+1=26점이 된다.

* 이때, 단위당 점수 비교 시 외식 5만 원의 경우가 전시회 관람 4만 원의 경우보다 크다는 것을 지적할 수 있으나, 실제 만족도를 계산해보면 외식 4만 원, 전시회 관람 5만 원인 경우의 만족도가 1점 더 높은 것을 간단하게 알 수 있다.
이것은 외식 항목에서 4만원과 5만원의 점수 차(2점)보다 전시회 관람 항목에서 4만원과 5만원의 점수 차(3점)가 1점 더 크기 때문이다.

합격자의 시간단축 Tip

Tip ❶ 답을 찾아가는 과정에서 구간 당 증가분을 제한적으로 활용하여 다음과 같이 구할 수 있다. 각 항목에 대한 지출을 바꾸어 보면서, 줄어드는 만족도보다 늘어나는 만족도가 더 큰 경우가 있는지를 생각해보는 것이다.

(1) 각 항목당 만족도 점수를 단위별로 비교하면 항상 (외식) ≥ (전시회 관람) ≥ (쇼핑)이다.
예산 안에서 만족도 점수가 가장 높은 금액을 써야 하므로 같은 금액 안에서는 만족도가 가장 높은 '외식' 항목이 우선된다.

(2) 먼저 외식이 6만 원일 때, 전시회 관람과 쇼핑을 합하여 4만 원이 되는 최대 만족도 점수는 6+1=7점이므로 총 16+7=23점이 된다.
이때, 외식비를 1만 원 줄이면 만족도 점수는 1점이 줄지만, 전시회 관람과 쇼핑을 합하여 5만 원이 되는 최대 만족도 점수는 전시회 관람이 4만 원으로 증액될 때 만족도 점수가 3점이 늘어 총 만족도 점수가 15+9+1=25점이 된다.
외식비를 또 1만 원 줄이면 만족도 점수는 2점이 줄지만, 전시회 관람과 쇼핑을 합하여 6만 원이 되는 최대 만족도 점수는 전시회 관람이 5만 원으로 증액될 때 만족도 점수가 3점이 늘어 총 만족도 점수가 13+12+1=26점이 된다.

(3) 한번 더 외식비를 1만 원 줄이면 전시회 관람과 쇼핑을 합하여 7만 원이 되는 최대 만족도 점수는 전시회 관람과 쇼핑이 각각 4만 원과 3만 원을 지출할 때이므로 총 만족도 점수는 7+9+6=22점이 된다. 따라서 총 만족도 점수의 최댓값은 26점이 된다.

(4) 쇼핑에 대한 지출을 늘리는 방향으로 고려하지 않는 것은 3만 원에서 4만 원으로 늘어났을 때에 점수가 2점 차이로 전시회 관람보다 점수 증가폭이 작기 때문이다. 즉, 쇼핑의 구간 당 점수 증가분이 전시회 관람의 것보다 작기 때문에 전시회 관람의 지출을 늘리는 것만 고려한다.

Tip ❷ 시중 해설지를 보면 '구간 당 증가분'으로 답을 도출하고 있다. 그러나 이 방법은 원리 상 전혀 적합하지 않은 풀이로 추천하지 않는다.

(1) '구간 당 증가분'은 '단위 값'과는 전혀 다른 개념으로 명확히 구별하는 것이 좋다. 이해를 돕기 위해 이 문제를 통해 적용해보겠다.
(구간당 증가분)=(이전 구간 대비 증가분)=
(현 구간 값)−(이전 구간 값)

(2) '외식'을 '구간 당 증가분'으로 검토하면 다음과 같다.

	1만 원	2만 원	3만 원	4만 원	5만 원	6만 원
외식	3점	5점	7점	13점	15점	16점
구간 당 증가분	0	5−3 =2점	7−5 =2점	13−7 =6점	15−13 =2점	16−15 =1점

① 모든 항목을 '구간 당 증가분'으로 정리하면 다음과 같다.

	1만 원	2만 원	3만 원	4만 원	5만 원	6만 원
외식	−	2점	2점	**6점**	2점	1점
전시회 관람	−	2점	2점	**3점**	**3점**	1점
쇼핑	−	1점	**4점**	2점	2점	3점

② 따라서 가장 큰 점수인 외식의 6점, 다음으로 큰 쇼핑의 4점을 우선 순위에 두어 확정한 후, 남은 10−4−3=3 만 원을 전시회 관람에 지출하게 된다. 이 경우 13+6+6=25 점으로 선지 ③번을 선택하게 되어 틀린 선지를 고르게 된다.

③ 결국 이 방법을 올바르게 적용하기 위해선 '경우의 수'를 나눠야 하는데, 그 경우에 굳이 이 방법을 활용해야 하는지에 대한 의문이 든다.

따라서 이 책의 해설처럼 '단위 값'을 이용해 문제를 푸는 것을 추천한다.

Tip ❸ 설문과 같이 극대화된 점수를 도출하는 문제의 경우 선지 5개 중 가장 큰 점수인 27점이 가능한지 찾아보고 불가능한 경우 그 다음인 26점이 가능한지 찾아보는, 즉 선지를 활용하는 방법을 사용할 수 있다.
또한 선지는 검산을 할 때에도 활용할 수 있다. 필자의 경우 25점을 도출하였으나 선지에서 더 큰 점수인 26점이 가능한지 여부를 살펴 답을 수정한 바 있다.

229 정답 ② 　　난이도 ●●○

(1) 1회차 측정

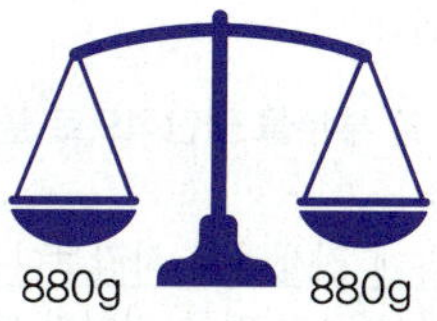

1,760g의 콩을 절반으로 나누어 측정하여 880g을 구한다.

(2) 2회차 측정

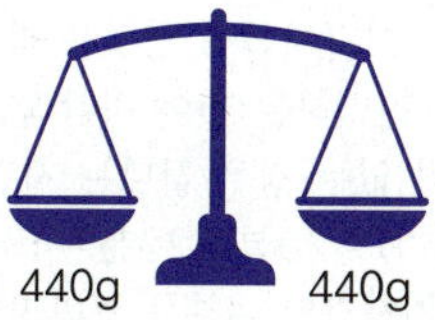

880g의 콩을 절반으로 나누어 측정하여 440g을 구한다.

(3) 3회차 측정

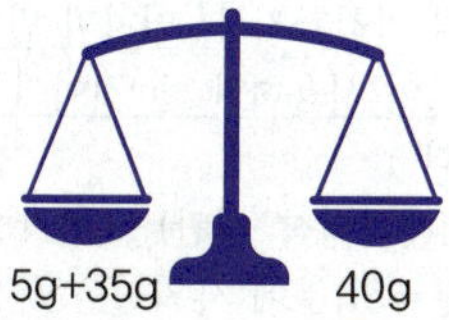

2회차 측정에서 구한 440g 중 일부를 가지고 와 (5g짜리 돌멩이)+(35g짜리 돌멩이)와 일치하도록 측정하면, 이 40g를 빼고 남은 콩은 정확하게 400g이 된다.

따라서 3회의 측정만으로 확인할 수 있다.

합격자의 시간단축 Tip

Tip ① 이 유형에서 가장 주의해야 할 점은 '어떠한 경우에도 도출되는 최소 횟수'를 의미한다는 점이다. 생각보다 많은 수험생들이 '가능한 최소 횟수'로 착각하는 경향이 있으나, 이와는 전혀 거리가 멀다는 것을 조심해야 한다. 즉 상황이 유리하게 잘 풀려서 나올 수 있는 최소 횟수가 아니라, 값을 확정할 수 없는 상황이 반복되었음에도 불구하고 나오는 최소 횟수이다.

Tip ② 양팔저울로 정확하게 측정할 수 있는 것은 '무게가 같다'는 것이다.
처음 총 무게를 알려주었으므로 양팔저울의 양쪽에 동일하게 나누는 측정을 통해 처음의 무게의 $\frac{1}{2^n}$을 측정할 수 있다. 즉, 처음 주어진 1,760g으로 $1{,}760\times\frac{1}{2}=880$g, $880\times\frac{1}{2}=440$g을 측정할 수 있음을 알아야 한다.
따라서 양팔저울이 주어졌을 때는, 정확하게 주어진 무게를 나눌지, 더할지 잘 조합하여 원하는 무게를 만들어 내는 것이 핵심이다.

Tip ③ 숫자감각 또한 중요하다. 필자는 1,760g과 40g(35g+5g)이 주어진 것을 보고 176=4×44 임을 떠올렸다. 따라서 400g을 맞추기 위해서 440을 만든 후 40을 뺀다고 가정을 하면서 풀었다. 이렇듯 숫자를 좀 더 유연하게 본다면 정답에 보다 쉽고 정확하게 접근할 수 있을 것이다.

> * 저울과 35g, 5g과 같은 추가 주어진다면 너무 막막해 하지 않아도 된다. 35g+5g으로 사안의 경우처럼 40g의 콩을 만들 수도 있지만 반대로 5g+(콩30g)=35g 등으로 콩 30g을 측정할 수도 있다. 이렇게 주어진 추로 측정할 수 있는 무게 경우를 생각해보고 이것과 문제로 주어진 40g, 1760g의 숫자가 어떤 상관관계를 가지는지 접근해 본다면 문제를 더 수월하게 풀 수 있을 것이다.

Tip ④ 이런 유형의 문제는 출제 빈도도 낮고 처음 잘 못 시작하면 시간을 훌쩍 잡아먹기 좋다. 따라서 비슷한 유형의 문제를 많이 풀어봤을 경우 빠르게 시작해 마무리하고, 저울 자체가 생소하다 하면 바로 넘기는 것이 고득점에 도움이 될 수 있다.
만약 이러한 문제가 적응되어 있지 않은 경우 본인이 처음 해본 방법으로 나온 횟수가 선지에 있는 경우 답으로 결정하고 다른 문제로 넘어가는 것이 좋다.

230 정답 ① 　　난이도 ●●○

가능한 甲~丁의 이용 순서를 모두 구하면 시간이 지나치게 많이 소요되기 때문에, 각 경우의 수를 알아보는 것은 의미가 없다. 따라서 원리적으로 어떤 방식으로 접근하는 것이 좋은지를 '숙련의 정도'에 따라 살펴보자.

[방법 1] 미숙련자 추천 풀이 (기본적인 해결 방법)
〈개인별 이용시간〉을 보면 화장실 이용시간이 세면대 이용시간보다 모두 길어, 세면대 이용시간은 별도로 고려하지 않아도 된다. 즉, 화장실과 샤워실만 고려하면 된다는 의미이다.

(1) 먼저 각 인원이 준비하는데 걸리는 시간을 확인해 보면,

- 甲: 5+3+20=28분
- 乙: 5+5+10=20분
- 丙: 10+5+5=20분
- 丁: 10+3+15=28분

따라서 가장 긴 시간이 걸리는 甲과 丁이 먼저 시작해야, 겹치는 부분을 최대한 이용하여 소요되는 시간을 줄일 수 있다.

(2) 이때, 丁은 화장실 이용시간이 길어 丁이 먼저 할 경우, 甲이 준비를 시작하는 시간이 늦어지므로 甲→丁 순서로 진행한다고 가정해보자. (또는 샤워실이 2개인데, 甲의 샤워실 이용시간이 가장 길기 때문에 甲이 가장 먼저 샤워실을 이용해야 한다고 생각하고 甲→丁 순서로 진행한다고 가정할 수도 있다.)

- 甲: 0분에 시작하여, 샤워실 1을 이용해 28분에 마무리한다.
- 丁: 0+5=5분에 시작하여, 샤워실 2를 이용해 33분에 마무리한다.

즉, 다음 사람은 28분부터 샤워실 1을, 33분부터 샤워실 2를 사용할 수 있다.

(3) 이때, 남은 인원의 경우 丙의 화장실 이용시간이 길어, 丙이 먼저 사용할 경우 乙이 시작하는 시간이 너무 늦어지는 문제가 있다. 따라서 乙→丙 순서로 진행한다고 가정해보자.
(또는 샤워실이 2개인데, 乙의 샤워실 이용시간이 더 길기 때문에 乙이 먼저 샤워실을 이용해야 한다고 생각하고 乙→丙 순서로 진행한다고 가정할 수도 있다.)

- 乙: 0+5+10=15분에 시작하여 10분 후인 25분에 세면대 이용을 마친다. 아직 사용할 수 있는 샤워실은 없으므로 3분 대기 후 샤워실 1을 이용하여 28+10=38분에 마무리한다.
- 丙: 0+5+10+5=20분에 시작하여 15분 후인 35분에 세면대까지 이용을 마치고, 비어 있는 샤워실 2를 이용하여
35+5=40분에 이용을 마친다.

(4) 따라서 더 확인하지 않더라도 주어진 선지에서 가장 작은 숫자가 40분이므로, 이 값이 최솟값임을 확인할 수 있다.

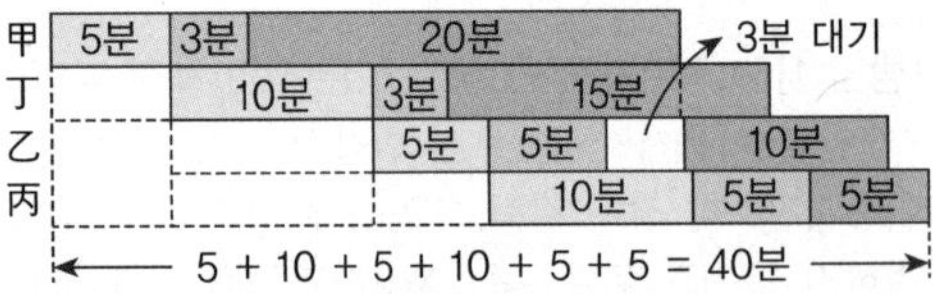

(5) 위의 그림과 같이 총 걸린 시간을 구할 때 중요한 것은 4명이 각각 화장실을 이용하는 데 걸리는 시간입니다. 즉, 전체 걸린 시간이 긴 사람이 먼저, 그 중에서는 화장실 이용시간이 짧은 사람이 먼저 이용하는 것이 4명이 이용하는데 걸린 전체 시간이 최소가 된다.

[방법 2] 신경 쓸 부분을 극단적으로 줄인 풀이 (추천 풀이 방법)

어차피 마지막에 진행하는 사람보다는 앞서 진행한 사람들의 마무리 시간이 빠를 것이기 때문에 다른 인원들의 시간은 신경 쓰지 않아도 된다.
즉, 우리가 확인해야 할 것은 마지막 사람에게 '대기 시간'이 있는지 여부이다.

(1) 단순 이용시간 합산 값이 작은 乙과 丙이 후순위이고, 이 중 시작시간에 영향을 많이 주는 丙이 가장 마지막에 진행하는 것이 바람직함을 고려할 때, 대기 시간이 없는 경우 끝나는 시간은 (시작 시간)+(소요 시간)=20분+20분=40분이다.

(2) 이때, 대기시간의 여부를 보면 甲과 丁은 소요 시간이 28분으로, 앞서 서술한 것과 마찬가지로 시작시간에 영향이 적은 甲이 먼저 시작한다 할 때, 후순위인 丁만 고려하면, (시작 시간)+(소요 시간)=5분+28분=33분에 샤워실이 비게 된다. (앞서 서술한 것과 마찬가지로, 어차피 먼저 시작한 甲의 샤워실은 乙이 사용하게 될 것이기 때문에 확인할 필요가 없다.)

(3) 이때, 丙은 (시작 시간)+(화장실과 세면대)=20분+15분=35분에 샤워실을 사용할 수 있게 되므로, 당연히 대기 시간 없이 진행할 수 있다. 따라서 최소 시간은 40분이다.

(설명을 위해 길게 적었지만, 실제로는 40분, 33분, 35분 총 3가지만 구하면 되어 매우 간단하고 빠르게 도출할 수 있다.)

* 또 다른 방법으로는 화장실과 세면대 사용 시간만 고려하는 것이 있다. 화장실과 세면대가 1개씩 이므로 둘의 사용 시간이 짧은 사람이 먼저 이용하는 것이 준비 시간이 짧게 걸릴 것이다.
이를 기준으로 순서를 정해보면 '甲-乙-丁-丙' 순으로 추론 가능하다.

[참고]
甲-乙-丁-丙 순으로 씻을 경우 다음과 같은 타임라인이 나온다. 시각화를 한번 해보는 것만으로도 나중에 비슷한 문제를 만났을 때 훨씬 더 쉽게 접근할 수 있을 것이다.

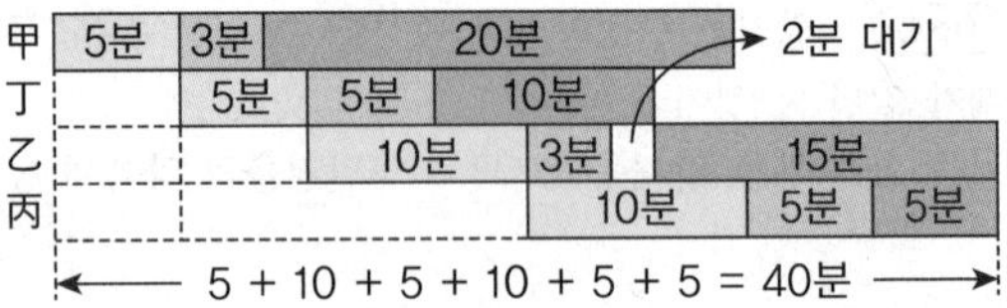

[방법 3]
위와 같은 최소 시간 문제의 경우 특정 구간에서 가장 오래 걸리는 사람을 우선으로 눈여겨보는 것이 좋다. 최소 시간 문제의 경우 **[방법 2]**에서의 접근과 같이 대기시간이 가장 적게 걸려야 한다는 것을 직관적으로 파악할 수 있다.

(1) 이때, 대기시간이 짧으려면 화장실이 적게 걸리면서 샤워실이 오래 걸리는 사람을 우선으로 고려해야 한다. 문제의 경우 甲이 화장실에서 5분이 걸리는 반면 샤워실의 경우 20분이 걸린다. 따라서 甲을 가장 먼저 배치하는 것을 고려해볼 수 있으며 丙의 경우 화장실이 10분, 샤워실이 5분밖에 걸리지 않기 때문에 가장 마지막에 배치하는 것을 고려해 볼 수 있다.

(2) 나머지는 乙과 丁의 배치이므로 굳이 乙과 丁의 순서까지 알지 않아도 마지막 순서인 丙이 (대기 시간)+(화장실)+(세면대)+(샤워실)=20분+10분+5분+5분=40분이므로 최소시간이 40분이라는 것을 알 수 있다. 화장실 시간과 샤워실 시간을 고려해 첫번째와 마지막만 고려한다면 굳이 중간에 乙과 丁의 순서를 정할 필요가 없다. 문제는 사용 순서를 물어본 것이 아닌 소요되는 최소 시간을 물어본 것이기 때문이다.

합격자의 시간단축 Tip

Tip ❶ 이 유형은 '신경 쓸 부분과 안 써도 되는 부분'을 명확히 구별해야 하는 유형이다.
왜냐하면 각 과정들이 병렬적으로 동시에 이루어지므로 필연적으로 겹치는 부분이 생길 수밖에 없고, 겹친다면 해당 부분은 전혀 신경 쓰지 않아도 되기 때문이다.
즉, 서로 겹치지 않는 부분인 '시작과 끝'만 신경 쓰면 큰 문제없이 해결할 수 있다.

Tip ❷ 이러한 유형의 문제는 기본 전제를 놓치는 경우가 종종 발생하니 문제를 차분히 꼼꼼하게 읽는 습관을 가지자. 특히 설문의 경우 지문이 짧아 흰색 동그라미로 된 조건 3개 이외에 첫 번째 문장이 문제 풀이에 있어 핵심적인 역할을 한다. 필자의 경우 실전에서 첫 번째 문장을 제대로 읽지 않고 혼자서 샤워실을 2개가 아닌 1개로 판단하여 풀었다가 답이 도출되지 않아 애를 먹었던 경험이 있다.

* 이 문제는 시간이 오래 걸릴 뿐만 아니라 시간을 많이 투입해도 제대로 풀지 못할 가능성이 높다. 그러므로 무리하게 풀려고 하기보다는 다른 문제로 넘어가는 것이 현명할 수 있다.

231 정답 ① 난이도 ●●○

주어진 〈메뉴〉와 〈조건〉을 바탕으로 요일별 확정된 식단표를 작성하면 다음과 같다.

	월요일	화요일	수요일	목요일	금요일
한식	김치찌개		비빔밥		
양식	햄버거	스테이크	리조또	파스타	피자
일식			우동	소바	
중식		자장면			
그 외	쌀국수				

① (○) 비빔밥은 우동과 함께 나온다.
→ 조건 ㉡에 따라 스테이크는 화요일, 조건 ㉢에 따라 파스타는 목요일, 피자는 금요일에 나온다. 이때, 조건 ㉣에서 리조또가 나오는 날 한식인 비빔밥도 나오므로 김치찌개가 나오는 월요일을 제외하면 양식인 리조또는 수요일에 나온다. 이에 따라 비빔밥은 우동과 함께 수요일에 나온다. 비빔밥은 우동과 함께 수요일에 나온다.

② (×) 쌀국수는 ~~하이라이스와 함께 나온다.~~
→ 〈조건〉 ㉥에 따라 하이라이스가 나오는 바로 다음 날에 똠양꿍이 나와야 하므로 일식인 하이라이스는 월요일 또는 화요일에 나와야 하며, 쌀국수는 월요일에 나온다. 따라서 하이라이스가 월요일에 나올 경우 쌀국수는 하이라이스와 함께 나오지만 하이라이스가 화요일에 나올 경우 쌀국수는 하이라이스와 함께 나오지 않는다.

③ (×) 스테이크는 ~~나시고랭과 함께 나온다.~~
→ 나시고랭의 식단표는 확정되지 않았다. 따라서 나시고랭이 화요일에 나올 경우 스테이크는 나시고랭과 함께 나오지만 나시고랭이 수요일, 목요일 또는 금요일에 나올 경우 스테이크는 나시고랭과 함께 나오지 않는다.

④ (×) 하이라이스는 ~~자장면과 함께 나온다.~~
→ 〈조건〉 ㉥에 따라 하이라이스가 나오는 바로 다음 날에 똠양꿍이 나와야 하므로 일식인 하이라이스는 월요일 또는 화요일에 나와야 한다. 따라서 하이라이스가 화요일에 나올 경우 하이라이스는 자장면과 함께 나오지만 하이라이스가 월요일에 나올 경우 하이라이스는 자장면과 함께 나오지 않는다.

⑤ (×) 똠양꿍은 ~~파스타와 함께 나온다.~~
→ 〈조건〉 ㉥에 따라 하이라이스가 나오는 바로 다음 날에 똠양꿍이 나와야 하므로 일식인 하이라이스는 월요일 또는 화요일에 나와야 하며, 똠양꿍은 화요일 또는 수요일에 나온다.

반면, 파스타는 목요일에 나온다. 따라서 똠양꿍은 파스타와 함께 나오지 않는다.

합격자의 시간단축 Tip

Tip ❶ 칸을 채우면서 풀어가는 문제는 확정되는 것이 있을 때마다 선지에 해당 내용이 있는지 확인하는 것이 좋다. 이 경우 조건 ㉣까지 확인했을 때 정답이 ① 임을 알 수 있으므로, 답을 체크한 후 그 이하의 조건은 확인하지 않아도 좋다. 구체적인 과정은 아래와 같다.

(1) 조건 ㉠과 ㉡에 따라 식단표를 그려보면 다음과 같이 나타낼 수 있다.

	월요일	화요일	수요일	목요일	금요일
한식	김치찌개				
양식		스테이크			
일식			우동		
중식					
그 외					

(2) 조건 ㉢에서 파스타가 나오는 날은 일식인 소바가 나와야 하므로 수요일에는 파스타가 나올 수 없다. 또한, 파스타 바로 다음날 피자가 나와야 하므로, 다음날 양식 메뉴가 정해지지 않은 목요일에만 파스타가 나올 수 있다. 따라서 목요일에는 파스타와 소바가, 금요일에는 피자가 나온다.

	월요일	화요일	수요일	목요일	금요일
한식	김치찌개				
양식		스테이크		파스타	피자
일식			우동	소바	
중식					
그 외					

(3) 조건 ㉣에서 비빔밥이 나오는 날에는 리조또도 나온다고 했으므로, 한식과 양식 메뉴가 모두 정해지지 않은 수요일에 비빔밥과 리조또가 모두 나올 것이다.

	월요일	화요일	수요일	목요일	금요일
한식	김치찌개		비빔밥		
양식		스테이크	리조또	파스타	피자
일식			우동	소바	
중식					
그 외					

이때 선지를 확인해보면, ①이 정답임을 알 수 있다.

(4) 남은 조건들을 확인해보자. 조건 ㉤에서 햄버거가 나올 수 있는 날은 월요일이 유일하므로 쌀국수도 월요일에, 자장면은 그 바로 다음날인 화요일에 나오게 된다.

	월요일	화요일	수요일	목요일	금요일
한식	김치찌개		비빔밥		
양식	햄버거	스테이크	리조또	파스타	피자
일식			우동	소바	
중식		자장면			
그 외	쌀국수				

(5) 조건 ㉥에서 똠양꿍은 하이라이스가 나오는 날 바로 다음날 나온다. 하이라이스는 월요일 또는 화요일 또는 금요일에 가능하지만 똠양꿍이 바로 다음날 나와야 하므로 하이라이스가 금요일에 나오는 것은 불가능하다. 따라서 하이라이스는 월요일 또는 화요일에 나올 것이며, 그에 따라 똠양꿍은 화요일 또는 수요일에 나올 것이다.

* 이 문제를 논리기호를 통해 접근하려고 한 수험생이 있을 것이다. 그러나 그렇게 접근하면 지나치게 복잡해지고 어려워진다. 어떤 문제는 논리기호로 접근하면 편하고, 어떤 문제는 표로 푸는지에 대해 명확한 기준이 있지는 않으나, 이 문제와 같이 문제 내 항목수가 지나치게 많은 경우에는 논리기호를 사용하는 것이 오히려 복잡함을 유발할 수 있다. 또한 메뉴와 요일이라는 명확한 범주가 있다는 점에서 표 풀이를 더 쉽게 만든다는 점 역시 도움이 된다.

Tip ❷ 반드시 참인 것을 물어봤기 때문에 똠양꿍과 하이라이스의 경우는 구체적으로 확인하지 않아도 된다. 둘 모두 확정되지 않기 때문에, 경우의 수를 생각하지 않고 단지 선지에서 신경 쓸 필요가 없겠구나라고 생각하고 문제를 풀면 된다.

232 정답 ④ 난이도 ●●●

(1) 기계공학과를 전공한 사람은 1명이므로 A의 두 번째 진술은 거짓이고, A의 2개의 진술 중 하나는 참이고 다른 하나는 거짓이므로 A의 첫 번째 진술은 참이다. 즉, 수현은 인문대학을 졸업하였다.

(2) 융합생명공학과를 전공한 사람은 1명이므로, C의 첫 번째 진술과 E의 첫 번째 진술은 반대관계에 있다. 반대관계의 경우 가능한 경우의 수가 3가지이므로, 우선 모든 경우를 정리한 후 하나씩 대입해 보는 것이 실수를 줄일 수 있다.

① 민지가 융합생명공학과를 전공한 경우: E의 첫 번째 진술은 참이 된다. C의 첫 번째 진술은 거짓이 되며, 이로부터 C의 두 번째 진술은 참이 된다. 수현이 인문대학을 졸업하였으므로 화학공학과를 전공한 사람은 민지이다. 이것은 민지의 전공이 융합생명공학과라는 가정에 모순되

므로 이 전제는 옳지 않다.

② 석준이 융합생명공학과를 전공한 경우: C의 첫 번째 진술은 참이 된다. E의 첫 번째 진술은 거짓이 되며, 이로부터 E의 두 번째 진술은 참이 된다. 수현이 인문대학을 졸업하였으므로 기계공학과를 전공한 사람은 지혜이다.
결과를 정리하면 다음과 같다.

인문대학	공과대학		
	화학공학과	기계공학과	융합생명공학과
수현		지혜	석준

이로부터 B의 첫 번째 진술은 참이 되며, B의 두 번째 진술은 거짓이 된다. 따라서 하나는 인문대학을 졸업하지 않았으므로 화학공학과를 전공하였다. 마지막으로 남은 인문대학은 민지의 전공이 된다.

인문대학		공과대학		
		화학공학과	기계공학과	융합생명공학과
수현	민지	하나	지혜	석준

이를 적용하면 D의 첫 번째 진술은 거짓이 되고, 두 번째 진술은 참이 된다. 따라서 석준이 융합생명공학과를 전공한 경우 모든 사원의 학과가 대응된다.
단, 세 번째 경우까지 확인하는 것이 좋다. 난이도가 높은 문항의 경우 가능한 경우를 둘 이상으로 두어, 가능한 경우들의 공통점을 선지에서 고르도록 할 수 있기 때문이다.

③ 민지와 석준 모두 융합생명공학과를 전공하지 않은 경우 C와 E의 첫 번째 진술은 거짓이 되며, 이로부터 C와 E의 두 번째 진술은 참이 된다. 수현이 인문대학을 졸업하였으므로 민지는 화학공학과, 지혜는 기계공학과를 졸업하였다. 이로부터 B의 첫 번째 진술은 참이 되며, B의 두 번째 진술은 거짓이 된다.
석준은 융합생명공학과를 전공하지 않았으므로 인문대학을 졸업하였다. 그렇다면 마지막으로 남은 융합생명공학과는 하나의 전공이 된다.
여기까지의 결과를 정리하면 다음과 같다.

인문대학		공과대학		
		화학공학과	기계공학과	융합생명공학과
수현	석준	민지	지혜	하나

하지만 이때, D의 첫 번째 진술과 두 번째 진술이 모두 거짓이므로 모순이 된다. 따라서 ③의 경우는 옳지 않다.

합격자의 시간단축 Tip

Tip ❶ 선지를 적극적으로 활용하는 풀이를 소개한다.

(1) A의 진술에서 곧바로 수현이 인문대학을 졸업했다는 것을 알 수 있으므로, 수현을 포함하고 있는 선지는 옳지 않다.
이에 따라 선지 ①, ③, ⑤가 소거된다. 답은 ② 또는 ④ 중 하나일 것이므로, 둘 중 하나를 옳다고 가정하고 이를 대입하여 각 발언에 모순이 생기는지 여부를 확인한다.
②를 대입할 경우 C의 두 진술이 모두 거짓이 되어 모순이 생기기 때문에 해당 선지가 틀렸음을 알 수 있다.

(2) A의 진술을 통해 수현이가 인문대학을 졸업하였음이 확정되었으므로 이를 기준으로 B~E 발언의 참/거짓을 판단해야 한다. 수현이와 관련된 발언은 C와 E가 하고 있다.
이때, E의 두번째 발언이 참이라고 가정하면, 지혜가 기계공학과를 졸업한 것이 되며, B의 첫 번째 발언이 참이 된다.
따라서 B의 두 번째 발언이 거짓이 되며, 석준이와 하나 모두 공과대학을 졸업한 것이 된다.
이상에서 수현이가 인문대학을 졸업하였음을 통해 ①, ③, ⑤가 소거되고, 지혜가 기계공학과를 졸업하였으며, 석준이와 하나가 공과대학을 졸업한 것을 알 수 있다.
따라서 석준이와 하나가 구체적으로 무슨 과를 졸업했는지와 무관하게 ④가 답이 된다.

(3) 다만 설문의 경우 한 명의 학과만 알면 정답이 도출되도록 선지가 설계되었을 뿐 모든 경우에서 이렇게 도출되는 것은 아니다.

즉 이러한 유형의 문제를 접근할 때 항상 셋 중 한 사람의 전공만 찾고자 노력하여서는 안 될 것이다. 해당 방법은 실전에서 정답을 찾을 때 사용하기 위해 익히는 것이지 연습 때에는 모든 사람의 학과를 도출해 보도록 하자.

* 복잡해 보이는 문제이지만 A의 진술 중 하나를 참으로 가정하고 문제를 풀어나가는 것이 첫 단계가 된다면 쉬운 문제가 된다. 왜 하필 A를 첫 단계로 하는가에 대한 의문이 있는 수험생이 있을 수 있다. 이는 단순히 처음 제시된 진술이기도 하지만, '또는'이 들어간 진술을 참이라고 가정하면 확정적인 정보를 얻기 어려우므로 A의 진술을 기준으로 하는 것이 바람직하다.

Tip ❷ –'와' 그리고 '또는'이 주는 정보를 잘 활용해야 한다.

(1) '와'를 활용하는 경우
예를 들어, '지혜와 석준이는 기계공학과를 전공하

였다.'의 경우 참이라고 가정했을 때 '지혜와 석준이가 기계공학과를 전공하였다'와 같은 확정된 정보를 얻을 수 있다. 반대로 거짓인 경우는
① 지혜만 기계공학과를 전공하는 경우
② 석준이만 기계공학과를 전공하는 경우
③ 둘 다 기계공학과를 전공하지 않는 경우
가 다 포함되기 때문에 복잡하다. 그렇기 때문에 되도록이면 진술이 '참'인 경우를 가정하는 것이 좋다. (다만, 본 문제에서는 기계공학과를 전공한 학생이 1명이기 때문에, A의 두번째 진술을 거짓으로 가정하는 것이 타당하다.)

(2) '또는'을 활용하는 경우
'석준 또는 하나는 인문대학을 졸업하였다.'의 경우 이 문장을 긍정한다면
① 석준이만 인문대학을 졸업하는 경우
② 하나만 인문대학을 졸업하는 경우
③ 석준과 하나 둘 다 인문 대학을 졸업하는 경우
로 나뉠 수 있다. 하지만 거짓의 경우 '석준과 하나는 인문대학을 졸업하지 않았다'의 확정된 정보를 얻을 수 있다. 그렇기 때문에 되도록이면 진술이 '거짓'인 경우를 가정하는 것이 좋다.

233 정답 ③ 난이도 ●●●

문제의 규칙에 따르면 윗면에 0이 나올 때를 제외하고, 윗면에 적힌 숫자와 아랫면에 적힌 숫자를 더한 수가 7임을 알 수 있다. 즉, 윗면에 적힌 숫자와 그에 대응하는 아랫면 숫자는 다음과 같다.

윗면	0	1	2	3	4	5	6
아랫면	0	6	5	4	3	2	1

이에 따라 아랫면을 도출하면 아래와 같다.

	1열	2열	3열	4열	5열	6열	합계
1행	5	0	4	3	3	0	15
2행	4	5	2	6	3	4	24
3행	1	4	0	1	1	3	10
4행	2	3	3	4	2	5	19
5행	4	5	6	2	1	0	18
6행	5	0	1	0	3	6	15
합계	21	17	16	16	13	18	101

따라서 정답은 101이다.

합격자의 시간단축 Tip

Tip ① 위 해설과 달리 각각을 도출해 더할 필요는 없다. 원리를 이용해 푸는 법은 아래와 같다.

특히 **문제와 같이 위아래가 대칭인 경우, 두개를 한꺼번에 고려하는 사고가 중요하다. 여기서는 윗면과 아랫면의 숫자가 일정한 규칙이 있다는 점을 빨리 파악할 필요**가 있다.

(1) **퀴즈 문제들은 대부분 규칙이 존재**하기 때문에, 직접적으로 주어지지 않았다면 규칙을 찾는 것이 문제풀이의 가장 첫 번째 단계가 되어야 한다. 이를 바탕으로, 전체 블록 개수가 6개로 정해져 있기 때문에, 검은색 블록이 없어 0인 경우를 제외하면 윗면과 아랫면의 합은 7일 수밖에 없다. 만일 이를 바로 생각해내기 어려우면 주어진 예시를 활용하면 좋다.

(2) 〈그림 1〉에서 2+5=7이며, 검은색 블록을 옮겨가며 생각해보면 윗면의 숫자가 1이 커질 때마다 아랫면의 숫자는 1이 작아진다는 것을 알 수 있어 둘의 합은 언제나 7이라는 규칙이 도출된다. 이때, 검은 블록 없이 하얀 블록만 6개인 막대는 위아래 모두 0으로 쓴다고 하였으므로 0인 경우는 고려하지 않는다.

(3) 합계가 7임을 이용해 식이 전환되는 방식을 생각해보자.
윗면의 숫자가 n이라 할 때, (윗면의 숫자 n)+(아랫면의 숫자)=7이므로 아랫면의 숫자는 (7−n) 이다. 이를 윗면과 아랫면의 모든 정육면체로 확장하여 생각하면 0을 제외한 숫자가 적힌 정육면체는 30개이므로 (윗면에 쓰인 숫자의 합)+(아랫면에 쓰인 숫자의 합)=30×7=210
이 된다. 따라서 정육면체의 아랫면에 쓰인 숫자의 합은 210−(윗면에 쓰인 숫자의 합)=210−109=101이 된다.
이처럼 원리에 의해 접근하면 아주 가벼운 계산만으로 빠르게 도출할 수 있다.

Tip ② 자칫 시간소모가 많을 수 있는 문제다. 6×6 사이즈의 밑면의 숫자를 모두 구해서 더하라고 출제되었을 리가 없다 생각하고, 문제를 2~30초 정도 보고 아이디어가 떠오르지 않으면 다음 문제로 넘어가야지, 36개를 다 세서 구하는 것은 시간 낭비다.
이 문제를 읽으면서 확인할 부분은 세 가지다.

(1) 첫 번째로 〈그림 2〉는 윗면이 6×6 사이즈로 36개의 막대가 있는데 지문 첫 번째 문장에서는 막대 30개가 등장한다는 것이다. 이것을 통해 '뭔가 다른 규칙이 있겠구나' 짐작할 수 있다.

(2) 두 번째로 숫자 구성이 합이 6이 아닌 7로, 이는 주사위 두 눈의 합(1+6, 2+5, 3+4)의 경우와 유사하다고 볼 수 있다. 이것을 파악하였다면 밑면에 그려질 숫자 패턴을 예측할 수 있을 것이다.

(3) 세 번째로, 두 번째 문단에서 도출할 수 있는 0의 존재다. 0은 검은 블록이 없다는 의미로 윗면이 0이면 당연히 밑면도 0이다. 따라서 처음부터 30개만 고려하면 된다. 이것이 첫 번째로 확인했던 '뭔가 다른 규칙'인 것이다. 즉, 처음부터 '0은 제외하고 숫자 30개만 고려하면 되겠네' 라고 생각하는 것이다.

(4) 아이디어를 얻었다면 답을 도출하는 것은 **Tip ❶**의 내용과 같다. 윗면과 밑면의 합이 7인 것이 30개로 7×30=210 에서 윗면의 합인 109를 빼면 밑면의 합인 101이 도출되므로 어렵지 않을 것이다. 이렇듯 순도 100% 퀴즈형 문제의 경우 곧바로 진입하기보다는 문제를 큰 틀에서 보면서 문제 해결에 필요한 아이디어를 찾는 것이 중요하다. 이 문제에 대한 풀이 방법을 아무리 연습해 봐야 새로운 유형이 나오므로 아이디어를 찾으려는 연습을 하였으면 한다.

* 제시문의 글만 읽어서는 문제가 빠르게 이해되지 않을 수 있다. 예를 들어, 검은색 블록이 위에서 두 번째 칸에 있는 경우 가장 위의 블록을 포함하여 숫자를 세는지 안 세는지 등이 헷갈릴 수 있다. 그러므로 이런 문제의 경우 예시와 그림을 적극적으로 활용하려는 자세가 필수적이다.
** 실수의 여지가 많은 문제다. 물론 선지에 109가 없어 다행이지만 선지에 109가 있는 경우 윗면의 숫자의 합을 제시하지 않고, 함정을 파는 경우가 종종 있다. 또한 혹 윗면에 있는 0의 개수를 직접 센 수험생이 있다면 이는 불필요한 행동이다. 문제에서 0이 쓰인 막대가 6개라고 주었으므로 이러한 정보는 최대한 활용해야 한다.

234 정답 ②

난이도 ●●●

주어진 조건에 따라 투자자별 선택한 금융상품을 정리하면 다음과 같다.

	주식	채권	선물	옵션	나이	기타
甲	×	×	○	×	60대	사업가
乙	×	○	×	×	40대	회사원
丙	×	×	×	○	30대	회사원, 가장 높은 수익률
丁	○	×	×	×	50대	주부, 가장 큰 투자액

① (×) 채권 투자자는 ~~甲이다.~~
→ 아니다. 채권 투자자는 乙 이다.

② (○) 선물 투자자는 사업가이다.
→ 옳다. 선물 투자자는 60대 사업가인 甲 이다.

③ (×) 투자액이 가장 큰 사람은 ~~乙이다.~~
→ 아니다. 투자액이 가장 큰 사람은 丁 이다.

④ (×) 회사원은 옵션에 ~~투자하지 않았다.~~
→ 아니다. 옵션에 투자한 사람은 30대 회사원인 丙 이다.

⑤ (×) 가장 높은 수익률을 올린 사람은 ~~선물 투자자이다.~~
→ 아니다. 가장 높은 수익률을 올린 사람은 옵션에 투자한 丙 이다.

합격자의 시간단축 Tip

Tip ❶ 매칭문제는 아래와 같이 표를 만들어 확정되는 것부터 빈칸을 채운 다음 선지에 해당 내용이 있는지 확인하는 것이 좋다.

(1) 두 번째, 세 번째, 네 번째 조건에 따라 표를 채우면 다음과 같다.

	주식	채권	선물	옵션	나이	기타
甲	×			×		
乙				×	40대	회사원
丙					30대	회사원, 가장 높은 수익률
丁						

(2) 첫 번째 조건에서 주식에 투자한 사람은 50대 주부이므로 丁이다. (甲을 제외한 乙, 丙, 丁 중에서 乙과 丙은 각각 40대와 30대라 하였으므로 주식에 투자한 사람은 丁이 유일하다.)

	주식	채권	선물	옵션	나이	기타
甲	×			×		
乙	×			×	40대	회사원
丙	×				30대	회사원, 가장 높은 수익률
丁	○	×	×	×	50대	주부, 가장 큰 투자액

(3) 다섯 번째 조건의 60대 사업가는 甲이므로 甲은 채권에 투자하지 않았다. 따라서 甲은 선물에 투자하였다.

	주식	채권	선물	옵션	나이	기타
甲	×	×	○	×	60대	사업가
乙	×		×	×	40대	회사원
丙	×		×		30대	회사원, 가장 높은 수익률
丁	○	×	×	×	50대	주부, 가장 큰 투자액

(4) 따라서 을은 채권에 투자하였고 병은 옵션에 투자하였다.

	주식	채권	선물	옵션	나이	기타
甲	×	×	○	×	60대	사업가
乙	×	○	×	×	40대	회사원
丙	×	×	×	○	30대	회사원, 가장 높은 수익률
丁	○	×	×	×	50대	주부, 가장 큰 투자액

Tip ❷ '매칭형' 문제는 자료해석과 달리, 조금 더 가능성이 열려 있는 느낌에 가까워 정말 다양한 방법이 활용 가능하다. 일반적으로 다음과 같은 방법들을 활용한다.

(1) 모순되기 좋아 보이는 부분을 파고드는 방법
충돌되기 쉬운 조건을 활용하면, 확정 정보를 이끌어 낼 수 있다.
예를 들어, 이 문제의 경우 첫 번째, 세 번째, 네 번째 조건이 충돌되기 쉬운 조건이다.
- 甲은 주식과 옵션에 투자하지 않아서 채권이나 선물일 수밖에 없고,
- 주식은 50대 주부로 주어져 있으므로
- 乙 역시 주식과 옵션에 투자할 수 없어 채권이나 선물일 수 밖에 없다.

따라서 甲과 乙은 채권과 선물에서 충돌할 수밖에 없으므로 이 두 값을 확정할 개연성이 높다는 것을 알 수 있다. 그러나 이 문제의 경우 사람의 이름/직업/나이대에 대한 힌트가 산발적으로 주어져 있으므로 이러한 모순을 파악하기 위해서는 반드시 시각화 과정이 필요하다.

(2) 선지 활용법 ①: 선지와 조건의 모순을 파고드는 방법
선지를 활용하는 방법 중 하나로, 선지와 조건이 모순되는 것을 발견하여 선지를 소거하는 방법이다. 당연하게도 선지를 소거할 수 있으면 답을 찾기 훨씬 쉬워진다.
예를 들어, 선지 ③번의 경우 "투자액이 가장 큰 사람은 乙"이라 하고 있는데, 첫 번째 조건을 보면 투자액이 가장 큰 사람은 50대 주부라 하고 있다. 이때, 네 번째 조건을 보면 乙은 40대 회사원이므로, 투자액이 가장 큰 사람을 '乙'일 수 없다. 따라서 선지 ③번은 문제를 풀기 전임에도 틀린 선지임을 알 수 있다. 이 방법의 경우 처음부터 사용하기보다 문제의 조건을 모두 활용했는데도 감이 잡히지 않는 경우 선지를 활용해서 답을 고르기 위해 사용하는 것이 보통이다.

(3) 선지 활용법 ②: 선지를 대입하는 방법(귀류법)
선지를 활용하는 방법 중 '틀린 것을 찾는 문제'에서 활용하는 방법이다. 만약 틀린 것을 찾는 문제라면 선지 5개 중 1개를 제외하면 모두 옳은 선지일 것이다. 따라서 모든 선지를 옳은 것으로 가정하고 조건에 모두 그대로 대입한 후, 모순 및 충돌이 발생하는 부분만 확인하는 형태로 처리하면 매우 빠르게 처리할 수 있다.
'틀린 것을 찾는 매칭 문제'의 경우 가장 자주 사용되는 방법 중 하나인 만큼 이후 해당 유형에서 보다 자세히 적용 예시를 살펴보도록 하겠다.

(4) 조건에 등장하지 않는 값에 집중하는 방법
조건에 유일하게 등장하지 않는 값이 종종 있다. 눈에 띄지 않는 만큼 많은 수험생이 모든 값을 찾은 후에 잔여값으로 처리하는 것이라 생각하는 경향이 있다. 그러나 처음부터 등장하지 않는 값을 도출하면 매우 쉽게 풀 수 있는 경우가 많다.
예를 들어, '丁'은 조건과 선지 모두에서 등장하지 않는다. 그럼 '丁'은 어디에 집어넣을 수 있을까? 바로 나이와 직업 부분이다. 丙은 30대 회사원, 乙은 40대 회사원으로 지정되어 있다. 결국 甲과 자리를 다투게 되는데, 세 번째 조건에서 甲은 주식에 투자하지 않았다.
그렇다면 당연하게도 '丁'은 50대 주부가 된다. 이처럼 조건에 등장하지 않는 값에 집중하면 문제 풀이가 훨씬 쉬워진다. 유의할 점은 반드시 모든 숨겨진 정보를 찾아내 빈칸을 채울 필요는 없다는 것이다. 어렵지 않은 문제일수록 숨겨진 정보에 대해 굳이 묻지 않을 가능성이 높다.

* 실제로 문제를 풀 때는 어느 한 방법만 활용하는 것이 아니라, 위 방법들을 유동적으로 동시에 활용한다. 즉 자연스럽게 활용될 정도로 충분히 익숙해지는 것이 필요하다. 따라서 본인에게 편한 특정 방법만 활용하는 것으로는 실력을 향상시킬 수 없다.
불편해도 다양한 방법들을 억지로라도 이용해보면서 응용력을 키우기 바란다.

Tip ❸ 어떠한 기준을 적어 두고 시각화를 할 것인지가 문제될 수 있다.

(1) 가령 이 문제의 경우 甲, 乙, 丙, 丁으로 카테고리를 나눌 수도 있고, 나이대로 나눌 수도 있으며, 금융상품 이름으로 나눌 수도 있다. 그 중 어떤 것을 기준으로 할 것인지가 한 번에 파악하기 쉽지 않을 수 있는데, 일반적으로는 조건에서 가장 많이 노출된 기준을 가지고 정리하는 것이 좋다.

(2) 해당 문제에서 가장 빨리 파악할 수 있는 기준은 금융상품 이름이지만 다른 방법으로도 정리할 수 있다. 가령 각 조건에서 나이가 몇인지는 확정적으로 주어지고 있는데, 이를 가지고 30대, 40대, 50대, 60대를 기준으로 정보들을 정리하면 곧바로 다음

처럼 정리된다.

나이 대	이름, 직업	금융상품	비고
30대	丙		
40대	乙, 회사원	옵션X	
50대		주식	투자액 1위
60대	사업가	채권X	

(3) 이때, 甲은 주식과 옵션에 투자하지 않으므로 甲이 60대라는 사실을 알 수 있으며, 甲은 주식, 옵션(문제 조건), 채권(60대 사업가 조건)에 모두 투자를 하지 않으므로 선물 투자자일 수밖에 없다. 선물 투자자임이 확정되면 남은 금융상품은 옵션과 채권이며, 40대는 옵션이 아니므로 40대가 채권, 30대가 옵션으로 확정된다. 이처럼 반드시 가장 먼저 주어진 기준으로만 정리할 필요는 없으며, 자신이 정리하기 편한 기준을 활용해서 정리해주면 된다.

Tip ④ 굳이 모든 조건을 다 매칭한 후에 선지를 검토할 필요는 없다. 조건 한 개 또는 두 개 만으로도 선지를 쉽게 소거할 수 있기 때문이다. 이 문제의 경우에도 채권, 선물은 乙이나 丙과 매칭되고, 주식, 옵션은 甲이나 丁과 매칭됨을 파악할 수 있다. 이후 바로 선지를 읽는다면, ①을 빠르게 소거 가능하다.

235 정답 ⑤

난이도 ●●○

① (×) 甲, A, 2월 13일
→ 총 14일의 기간이 소요된다. 따라서 2월 27일 재난 경보를 발령해야 한다.

② (×) 乙, B, 2월 16일
→ 총 10일의 기간이 소요된다. 따라서 2월 26일 재난 경보를 발령해야 한다.

③ (×) 丙, C, D 동시 발생, 2월 19일
→ 총 7일의 기간이 소요된다. 따라서 2월 26일 재난 경보를 발령해야 한다.

④ (×) 甲, E, F 동시 발생, 2월 19일
→ 총 9일의 기간이 소요된다. 따라서 2월 28일 재난 경보를 발령해야 한다.

⑤ (○) 乙, G, 2월 19일
→ 총 6일의 기간이 소요된다. 따라서 2월 25일 재난 경보를 발령해야 한다.

따라서 가장 먼저 재난경보를 발령해야 하는 상황은 ⑤이다.

합격자의 시간단축 Tip

Tip ①

(1) 바이러스가 퍼지는데 기간이 얼마나 걸리는지 셀 때, 첫날을 포함하느냐 하지 않느냐는 이 문제에서 중요한 것이 아니다. 모두 같은 기준으로 세면 되기 때문이다. 또한, 날짜를 셀 때 모든 칸에다가 숫자를 적어가면서 세는 것은 시간 낭비이다. 처음에 셀 때는 숫자를 적어가면서 셀 수 있지만, 몇 번 해보고 난 뒤에는 규칙을 파악해야 한다.

(2) 이 문제의 경우 시작되는 칸으로부터 대각선 방향으로 가장 멀리 있는 구역까지의 칸 수를 세면 마지막 구역이 감염될 때까지의 일수를 구할 수 있다. 직접 숫자를 채워서 같은 숫자들이 어떠한 모양으로 표시되는지 보면 해당 규칙을 보다 잘 이해할 수 있을 것이다.

(3) 가령 A에서 출발하여 甲섬 전체에 바이러스가 확산되는 경로를 살펴보자. 각 칸에 며칠째에 바이러스가 확산되는지를 나타내 보면 아래 그림과 같이 나타낼 수 있다. 이때, A왼쪽 부분, 즉 E로 가는 방향에서는 확산이 5일째 멈추는 반면, F 방향으로는 14일 동안 확산이 일어나는 것을 볼 수 있다. 따라서 경계까지의 거리가 보다 먼 F 방향의 지역들을 같은 날짜에 확산되는 곳끼리 대각선으로 묶어 표현하면 다음과 같이 표현할 수 있다.

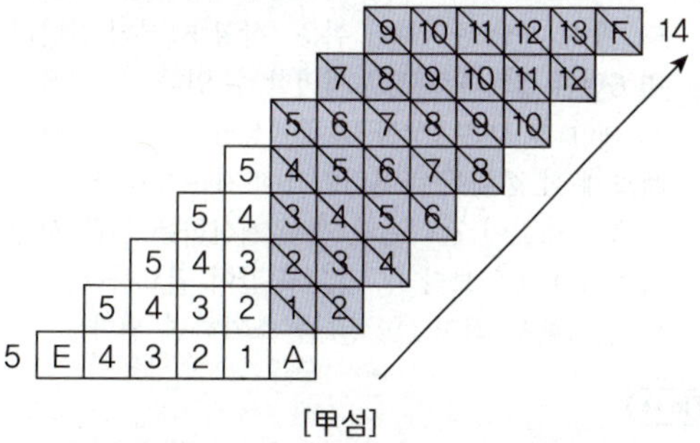

[甲섬]

이렇게 표시할 경우, 숫자를 굳이 쓰지 않아도 빨간 선이 총 14개 그어진다는 것을 알 수 있다.

(4) 같은 방법으로, 이번에는 乙섬에서 G로부터 바이러스가 확산될 경우 걸리는 총 일수를 확인해보자. 곧바로 빨간 대각선을 그어 확인해보면 다음과 같이 총 여섯 개의 대각선이 그려진다는 것을 알 수 있다.

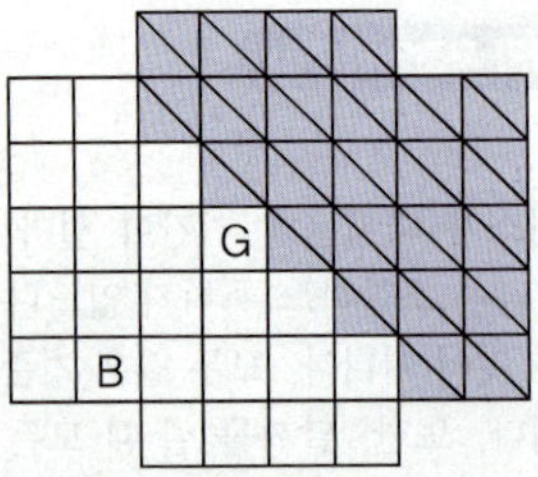

[乙섬]

(5) 이때, 위의 甲섬에서처럼 정확히 같은 날짜에 확산되는 지역에만 빨간 대각선을 긋는 것이 보다 정확하겠지만, 위에서 보았다시피 결국 첫 출발 지역에 가장 근접한 지역에서부터 마지막 경계지역까지 대각선 지역끼리 같은 시기에 확산되는 것은 변치 않으므로, 어디까지 대각선을 긋는지는 굳이 중요하지 않고, 대각선을 총 6개 그릴 수 있기 때문에 완전히 확산되기까지 6일이 걸린다는 사실만 파악할 수 있으면 된다.
〈상황 5〉를 판단할 때, B가 있는 쪽으로는 날짜를 셀 필요가 없다. G를 기준으로 B가 있는 쪽의 반대편이 대각선 방향으로 더 멀리까지 구역이 펼쳐져 있기 때문에, 그 방향으로만 일수를 세면 된다.

(6) 〈상황 3, 4, 5〉는 발병 날짜가 같다. 문제는 '가장 먼저' 재난 경보를 발령해야 할 상황만을 묻고 있으므로 〈상황 3, 4, 5〉만 놓고 비교할 때에는 구체적으로 발병 날짜가 언제인지는 큰 고려대상이 아니다. 우선 가장 판단하기 쉬운 〈상황 5〉부터 판단하면 6일이 걸린다는 것을 파악할 수 있다. 그 다음으로 해야 할 것은 〈상황 3〉과 〈상황 4〉가 '6일보다 빠르게 섬 전체에 바이러스가 퍼지는지'이다. 구체적으로 며칠이 걸리는지 전부 계산하는 것은 시간 낭비이며, 6일보다 더 많은 시간이 필요하다는 것만 파악해서 선지 ③, ④를 소거하면 된다.

Tip ❷

(1) 만일 해당 문제의 규칙을 파악하지 못하여 마지막까지 접근하지 못했다면 몇 가지 근거를 통해 답이 될 확률이 높은 선지를 고를 수 있어야 한다. 이때, 가장 중요한 판단의 기준은 '확산이 시작되는 지역의 위치'이다.
조건에 따르면 확산은 십자가 모양으로 연쇄적으로 발생한다. 즉, 최대한 위, 아래, 양 옆의 지역으로 확산이 일어날 수 있는 경우, 다시 말해 가장자리가 아닌 중앙에 위치하는 지역에서 확산이 시작되는 경우일수록 바이러스는 빠르게 확산될 것이다.

(2) 둘째, 섬의 모양이다. 세 가지 섬 중 丙섬은 가운데 좁은 길목을 두고 대칭으로 이루어져 있다. 즉, 바이러스가 가운데 지역까지 확산되었을 때 위 아래 오른쪽 왼쪽 중 한 방향으로만 확산이 이루어질 것이기 때문에 상대적으로 丙 섬에서의 확산이 가장 느릴 것이라는 걸 짐작할 수 있다. 이와 같은 원리로 위 아래 양 옆으로의 확산이 가장 많이 일어날 수 있는 모양의 섬일수록 빠른 확산에 유리할 것이며, 상대적으로 원형에 가까운 乙섬이 이에 해당함을 알 수 있다.

(3) 이상의 추론을 통해 우리는 乙섬의 G 구역에서 바이러스가 발병할 경우 가장 빠른 확산 속도를 보일 것임을 짐작할 수 있다. 발병 날짜가 동일한 경우(③, ④ 선지)는 곧바로 배제하고 ①, ② 번만 비교해보면 보다 답을 빠르게 고를 수 있을 것이다.

이때, 한 발자국 더 나아가서 2월 16일에 乙의 B 구역에서 발병하는 경우 B에서 G까지 확산되는데 4일이 걸린다는 것을 파악했다면 당연히 〈상황 5〉에서의 확산이 더 빠를 것임을 알 수 있으므로 결국 ①과 ⑤만을 비교해서 답을 도출할 수 있다.

236 정답 ①

난이도 ●●○

(1) 첫 번째 심층면접은 첫 번째 기본면접이 종료된 시각, 즉 오전 9시 10분에 시작되며 한 사람 당 15분이 소요된다. 따라서 오전 9시 10분부터 낮 12시까지 170분 동안 오전 심층면접을 할 수 있는 최대 인원은 11명이며 열한 번째 심층면접은 오전 11시 55분에 종료된다.

(2) 열두 번째 심층면접은 오후 1시에 시작되며, 오후 1시부터 오후 5시까지 240분 동안 오후 심층면접을 할 수 있는 최대 인원은 $\frac{240}{15}$=16명이며 스물일곱 번째 심층면접은 오후 5시에 종료된다.

(3) 심층면접을 할 수 있는 최대 인원수는 오전 11명, 오후 16명으로 총 27명이다.

(4) 오전 9시부터 낮 12시까지 180분 동안 오전 기본면접을 할 수 있는 최대 인원은 18명이다. 19번째 기본면접은 오후 1시부터 시작되며, 27−18=9명이 10분씩 면접을 보면 90분 후인 2시 30분에 마지막 27번째 면접자의 기본면접이 종료된다.

합격자의 시간단축 Tip

Tip ❶

(1) 면접의 구조를 살펴보면 오전/오후의 면접 시작시간대가 약간 다르다. 두 면접의 진행시간이 10분, 15분이라 시간이 깔끔하게 떨어져서 쉽게 생각할

수 있으나, 함정을 조심해야 한다. 기본면접이 끝난 사람이 심층면접을 보게 되므로 심층면접의 첫 시작시간이 9시 10분이라는 것을 주의해야 한다. 최대 면접자수를 구하기 위해서는 보다 긴 시간이 걸리는 경우를 고려해야 하므로, 기본면접이 아닌 심층면접이 최대한 진행될 경우 최대 몇 명까지 면접을 볼 수 있는지를 기준으로 문제에 접근해야 한다.

(2) 또한, 이 문제의 핵심 시간은 '오전'이다. 비교적 접근이 쉬운 오후 시간부터 고려하면, 기본면접의 진행시간이 심층면접의 진행시간보다 짧다. 따라서 기본면접을 본 사람들은 이전사람의 심층면접이 끝나자마자 바로바로 심층면접을 진행하게 되며, 시작시간이 살짝 엇갈리므로 오전의 경우는 따로 살펴보아야 한다. 오후에는 1시 정각에 심층면접이 시작하는데, 기본면접을 기다리느라 심층면접이 시행되지 못하는 일은 없다. 심층면접은 한 시간당 최대 네 명씩 볼 수 있으며, 오후 1시부터 5시까지는 쉼없이 심층면접이 진행될 것이므로 총 16명까지 가능하다.

(3) 오전의 심층면접을 계산할 때, 9 : 10, 9 : 25, 9 : 40, 이런 식으로 시간을 나열하여 인원 수를 세는 방법이 있다. 이러한 방법은 매우 정석적이고 실수할 위험이 적기 때문에 괜찮은 방법이다. 그러나 만약 고려해야 할 시간대가 좀 더 넓거나 15분이라는 주기가 좀 더 애매하게 주어지는 경우에도 활용할 수 있는 방법이 있다. 바로 '분'단위만 가지고 계산하는 것이다.
이 문제로 예를 들면 다음과 같다. 제한 시간은 9시 10분부터 12시 00분 까지다. 시간 간격은 2시간 50분이다. 이를 분으로 환산하면 170분이다. 170분간 15분은 11번 들어갈 수 있으므로 11명이 심층면접을 보게 된다.

(4) 위의 풀이를 통해 총 27명의 사람이 면접을 보게 된다는 것을 알 수 있다. 따라서 27번째 사람이 기본면접을 보는 시간을 구하면 된다. 위와 같은 방법으로 시간대를 나열하여 27번째 사람의 시간대를 직접 구하는 방법도 있을 것이다. 그러나 분단위로 문제를 해결하면 다음과 같이 해결할 수 있다. 27번째 사람이 기본면접을 마칠 때까지 총 270분이 소요되고, 점심 및 휴식시간 60분을 더해주면 시작시간으로부터 330분이 소요된다. 이는 5시간 30분이다. 시작시간이 오전 9시이므로 답은 오후 2시 30분이 된다.

Tip ❷ 복잡해 보일수록 단순하게 생각할 필요가 있다. 특히 이런 문제일수록 "무엇을" 계산해야 하는지 생각을 해봐야 한다. 먼저 "심층면접 최대 인원 수"가 결정되는 것은 결국 오후 5시까지 심층면접이 몇 회 이루어지는지를 묻는 것이다. 1시간=15분×4인 것만 안다면, 오전 면접자 수는 3+4+4=11명, 오후 면접자수는 4+4+4+4=16명임을 쉽게 알 수 있다. 구체적으로 심층면접 시작시간을 나열하면 다음과 같다.

- 오전
  9시: 10분, 25분, 40분, 55분
  10시: 10분, 25분, 40분, 55분
  11시: 10분, 25분, 40분
- 오후
  1시~4시: 0분, 15분, 30분, 45분
  (5시 정각에 종료)

선지 또한 27명 또는 28명으로 나와있다. 심층면접 시작 시간이 9시 10분인 걸 안다면 오전에 12명이 될 수 없다는 것이 명확하다. 따라서 27명을 확신하면 된다.
두 번째로 "종료 시각" 이다. 여기서 복잡하게 생각하는 경우가 종종 있다. 면접 간 시간차이로 얼마나 밀리는지에 초점을 맞추기 때문이다. 그러나 우리가 구해야 할 것은 마지막 심층면접자의 기본면접 종료시간이다. 쉽게 얘기하면 기본면접이 언제 끝나냐 뿐이다. 이러면 문제는 간단해진다. 앞서 구한 최대인원 수에 기본면접 시간을 곱하면 그만이기 때문이다.
그 값은 27×10=270분이며, 오전 9~12시까지 180분+1시 이후 90분을 사용하게 되므로 종료시각은 2시 30분이 된다.

* 실제로 문제를 풀어낸 수험생의 경우 많은 시간 소요 없이 풀어낸 경우도 있을 것이다. 그러나 문제에 대한 정확한 파악 없이 문제를 무작정 풀어나가다 보면 과도한 시간이 소요될 수 있다. 그러므로 기본면접과 심층면접이 두 가지로 구분되어 있고 선후관계가 존재하며, 각 면접의 소요 시간은 10분과 15분으로 다르고 점심시간까지 존재하는 등 여러 장치가 있으므로 이러한 것을 힌트 삼아 다음 문제로 넘기는 것이 좋은 방법이 될 수 있다.
** 해당 문제에서는 사용되지 않았으나, 면접과 면접 사이에 쉬는 시간을 두어야 하거나 여러 곳에서 면접을 동시에 진행할 수 있다는 등 조건이 주어진다면 시간 계산이 보다 복잡해지므로 주의해야 한다.

237 정답 ⑤ 난이도 ●●○

가지고 있는 카드를 정리하면 다음과 같다.

	보유 확정 카드	보유 가능 목록
甲	겨울, 겨울, 겨울	봄, 여름, 가을
乙	봄, 여름	봄, 여름
丙	–	봄, 가을

ㄱ. (×) 게임 시작 시 3가지 종류의 계절 카드를 받은 사람은 ~~1명이다.~~

(1) 甲은 전체 4장의 카드 중 겨울 카드를 3장 가지고 있기 때문에 나머지 한 장만 다른 계절의 카드를 가질 수 있다. 따라서 2종류의 계절만 가질 수 있다.

(2) 乙은 봄, 여름 카드만 가질 수 있기 때문에 2종류의 계절만 가지고 있다.

(3) 丙은 여름 카드가 없고, 겨울 카드는 甲이 모두 가지고 있으므로 봄, 가을 카드만 가질 수 있다. 따라서 2종류의 계절만 가지고 있다.

따라서 3가지 종류의 계절 카드를 받은 사람은 없다.

ㄴ. (○) 게임 시작 시 참가자 모두 봄 카드를 받았다면, 가을 카드는 모두 丙이 갖고 있다.

(1) 모두 봄 카드를 받았다면, 甲은 겨울, 겨울, 겨울, 봄이 된다.

(2) 乙은 봄과 여름 카드만 가질 수 있으므로 가을 카드를 보유하지 않는다.

(3) 따라서 丙이 모든 가을 카드를 보유한다.

ㄷ. (○) 첫 번째 맞바꾸기에서 甲과 乙이 카드를 맞바꿔서 甲이 바로 우승했다면, 게임 시작시 丙은 봄 카드를 2장 받았다.

(1) 甲이 乙과의 첫 번째 맞바꾸기에서 바로 우승하기 위해선, 乙이 봄과 여름 카드만 가지고 있음을 고려할 때 甲이 '가을 카드'를 보유하고 있어야 한다.

(2) 그렇다면 乙은 丙이 여름카드를 보유하지 못함을 고려할 때, 남은 칸을 모두 여름으로 채워야 한다.

(3) 따라서 丙은 남은 봄 카드 2개를 모두 가질 수 밖에 없다.

합격자의 시간단축 Tip

Tip ❶ 기본적으로 3명의 진술은 각각을 확정할 수 있는 충분한 정보가 주어져 있지 않다. 따라서 처음부터 이를 맞추기 위해 노력하기보다는, 바로 선지에서 '추가적인 정보'를 받아 보기 별로 확정하는 것이 바람직하다. 우리가 문제를 풀다 보면 어떤 때는 위에서 확정하고 가는 것이 좋고, 어떤 때는 선지에서 확정하는 것이 맞는 경우가 있는데, '그 기준이 무엇인가?'라는 궁금증이 있을 수 있다.
기본적으로는 주어진 정보의 양이 부족한 것을 느낄 수 있는 것이 가장 좋지만, 이를 느끼지 못하더라도 모든 선지에서 '~하다면' 식의 가정을 주고 있다면 당연하게도 불확정 상태인 경우이다.
따라서 이를 고려하여 풀이 방향성을 잡는 것이 필요하다.

* 일반적으로 카드를 맞바꾸는 문제에서는 1장씩 바꾸기 때문에 헷갈릴 수 있으나, 해당 문제에서는 2장씩 맞바꾼다는 점을 조심하자. 사소해 보일 수 있으나 문제 풀이에 매우 핵심적인 요소이므로, 문제의 지문을 꼼꼼하게 읽도록 하자.

Tip ❷ 표를 그리는 것이 시각적으로도 문제 풀기가 수월할 수 있다. 문제해결 파트의 특성상 게임이 나오는 문제 등 정보가 줄글로 나열되어 있는 경우가 대부분이다. 이때, 표를 그리면서 푸는 경우 시각적으로도 문제 전체를 이해할 수 있을 뿐만 아니라 보기의 상황을 유추 적용하기도 용이하다.

	봄	여름	가을	겨울	참가자 카드
甲				3	4
乙			0	0	4
丙		0		0	4
계절 카드	3	3	3	3	12

〈보기〉를 보기 전에 확정적으로 알 수 있는 정보는 丙의 겨울 카드가 0개라는 것이다.

보기 ㄱ. 3가지 종류의 계절 카드를 받으려면 0개인 카드 종류가 최소 1개여야하는데, 乙, 丙은 카드 개수가 0개인 카드 종류가 최소 2개 이상이며 甲의 경우 4개의 카드 중 3개가 겨울카드이므로 3가지 종류의 계절 카드를 받은 사람이 될 수 없다.

보기 ㄴ. 참가자 모두 봄 카드를 받았다고 가정한다면 세 사람 모두 봄 카드를 하나씩 가지고 있으며 표의 빈칸을 자동적으로 채울 수 있다.

	봄	여름	가을	겨울	참가자 카드
甲	1	0	0	3	4
乙	1	3	0	0	4
丙	1	0	3	0	4
계절 카드	3	3	3	3	12

이때, 가을 카드는 丙이 모두 가지고 있다는 것을 알 수 있다. 모든 칸을 채우지 않아도 丙 부분을 바로 알 수 있다.

보기 ㄷ. 해설의 〈보기 ㄷ〉대로 유추한다면 ㄷ이 참이라는 것을 알 수 있다.

* 물론 실전에서는 이렇게 구체적으로 표를 선으로 일일이 그릴 필요가 없다. 가로와 세로축에 대상만 적시하고 숫자만 기입하면 된다. 표나 그림 같은 경우 그리는데 시간이 들어 기피할 수 있다. 하지만 시각적으로 표현이 가능할 경우 최대한 시각적으로 표현하는 것이 문제를 빠르게 풀 수 있는 방법이며, 검토에 있어서도 효율적이다.

** 표를 그릴 때에 미세한 팁이라면, 실선을 그리지 않는 바람에 영역을 헷갈리는 경우가 있을 수 있으므로 영역 간 거리를 넉넉하게 두어 그리는 것이 좋다.

Tip ❸ **Tip ❷**의 경우 치명적인 단점은, 표를 그리고 〈보기 ㄴ〉을 적용할 경우 사실이 아닌 가정이 포함되었기 때문에 해당 표를 다른 보기에서 활용하기 번거롭다는 것이다.
문제해결에 강점이 있는 사람의 경우 〈보기 ㄷ〉을 생각만으로 해결할 수 있으나, 그렇지 않은 경우 〈보기 ㄷ〉을 해결하기 위해서도 표를 활용하는 것이 좋기 때문이다. 따라서 표를 그리면 최대한 확정된 정보만 기입하는 것이 좋다. 새로 그리거나 재활용하는 경우 그 시간은 온전히 낭비하는 시간이기 때문이다.
(1) 필자가 추천하는 표는 다음과 같다.

	보유 확정 인물	보유 가능 인물
봄	乙, ?, ?	甲, 乙, 丙
여름	乙, ?, ?	甲, 乙
가을	?, ?, ?	甲, 丙
겨울	甲, 甲, 甲	×

(2) 이를 도출할 경우 다음과 같은 확정적인 사실이 도출된다.
① 만약 甲이 가을 카드를 하나 가지고 있다고 해도 가을 카드 2장이 남는다. 따라서 丙은 반드시 가을 카드 2장을 갖고 있다.
② 만약 甲이 여름 카드를 하나 가지고 있다고 해도 여름 카드 1장이 남는다. 따라서 乙은 반드시 여름 카드 2장을 갖고 있다.
이를 바탕으로 표를 채우면 다음과 같다.

	보유 확정 인물	보유 가능 인물
봄	乙, ?, ?	甲, 乙, 丙
여름	乙, 乙, ?	甲, 乙
가을	丙, 丙, ?	甲, 丙
겨울	甲, 甲, 甲	×

(3) 여기에서 보기 ㄴ을 적용할 경우, 丙은 카드 3장이 되며, 카드 1장을 추가로 받아야 하는데 남은 봄 카드가 없다. 따라서 더 이상 표를 채우지 않아도 자동적으로 가을 카드 3장을 모두 갖는다는 결과가 도출된다. 마지막 남은 보기 ㄷ을 처리하기 위해서 표를 채울 수도 있고 표를 채우지 않을 수도 있다. 표를 채우더라도 추가로 해결할 보기가 없기 때문에 무관하다.
이상과 같은 표를 선택한 이유는, 해설의 경우 칸마다 채워야 하는 항목이 4개씩인 반면 이상의 표는 칸마다 채워야 하는 항목이 3개씩이기 때문이다. 여기에 더해 (겨울, 겨울, 겨울)을 작성하는 것보다 (甲, 甲, 甲) 또는 (갑, 갑, 갑)을 작성하는 것이 적은 차이지만 시간을 절약할 수 있기 때문이다.

238 정답 ❸ 난이도 ●●○

규칙에 따르면 11월 4번째 목요일 이후 첫 월요일부터 크리스마스까지 캐롤을 재생해야 한다. 이때 음원이용료가 최대가 되기 위해서는 그 기간이 최대한 길어야 하므로, 11월 1일이 목요일이 되어야 한다. 왜냐하면 12월은 1일부터 25일까지로 정해져 있으므로 사실상 크리스마스 캐롤을 재생하는 11월의 기간(11/26~11/30)을 최대한 길게 확보하는 것이 필요하기 때문이다. 이에 따라 달력을 그려보면 다음과 같다.

일	월	화	수	목	금	토
				11/1	2	3
4	5	6	7	8	9	10
11	12	13	14	15	16	17
18	19	20	21	22	23	24
25	26	27	28 (휴점일)	29	30	12/1
2	3	4	5	6	7	8
9	10	11	12	13	14	15
16	17	18	19	20	21	22
23	24	25	26 (휴점일)	27	28	29
30	31					

따라서 총 29일 동안 캐롤을 틀게 되므로, 29(일)×2(만 원/일)=58만 원이다.

합격자의 시간단축 Tip

Tip ❶ 위 해설에서 보듯 '11월 1일이 목요일'이어야 한다는 점을 깨닫는 것이 핵심이다.
달력 관련 문제는 활용할 수 있는 원리가 정말 다양한 만큼, 관련된 문제를 풀 때마다 원리를 정리하는 것이 좋다.
이때 '요일' 문제를 접근할 때는 몇 가지 부분은 기본적으로 기억하고 있어야 한다.
① 1년은 기본적으로 365일, 52주이지만 윤년의 경우 366일이 된다.
② 365일을 7로 나누면 나머지가 1이 남는다. 따라서 똑같은 월일을 기준으로 1년이 지나면, 요일이 하나 뒤로 밀린다. 예를 들어 특정 연도에 1/1이 월요일이었다면, 그 다음 해 1/1은 화요일이 된다.
③ 해당 달이 28일인 경우 요일이 밀리지 않으나, 30일인 경우 요일이 2개 밀리며, 31일인 경우 요일이

3개 밀린다. 예를 들어 1월은 31일까지 있으므로, 1/1이 월요일이었다면 2/1은 목요일이다.

④ 한 달이 31일인 경우 특정 요일이 4개만 있으려면 '해당 요일이 가장 처음 시작되는 날이 1, 2, 3일'이 아니어야 한다. 즉 특정 요일이 4, 5, 6, 7일 중 하나이면 된다.

위 원리들을 이 문제에 적용하면 다음과 같은 판단이 가능하다

(1) 예를 들어, 11월은 30일까지 있으므로 적어도 목요일이 1, 2일 중 하나여야 목요일이 5개 있게 된다. 다시 말해 처음에 11월 1일이어야 함을 못 깨달았다 하더라도, 이 원리만 이용해도 1, 2일 중 하나로 범위가 좁혀져 답을 예상하기 쉬워진다.

(2) 11/1이 목요일이면 네 번째 목요일은 11/22이며, 돌아오는 월요일은 11/26이 될 것이다. 이때, 30일 뒤 요일이 2개 밀린다는 점을 활용하면 12/1은 토요일, 12/26은 수요일이라는 것을 알 수 있다. (또한, 12/1이 토요일이므로 12/26이 네 번째 수요일이 될 수밖에 없다는 점도 파악할 수 있으면 좋다.)

(3) 12/25는 화요일이며 그 사이에는 네 번째 수요일이 오지 않는다. 즉, 굳이 크리스마스와 휴점일을 겹치지 않아도 캐롤 이용 날짜가 최대가 된다는 점을 알 수 있다.

따라서 캐롤 이용기간 동안 휴점일은 11월 네 번째 수요일 밖에 없으므로 답은 $(30-1)\times2=58$이 될 것이다.

Tip ❷ 처음 문제를 볼 때 캐롤 음원이용료로 지불해야 하는 최대 금액을 물어봤으므로

① 11월 4번째 목요일이 가장 빨리 돌아오는 경우

② 크리스마스가 휴점일과 겹치는 경우를 생각해 볼 수 있다.

①의 경우 11월 1일이 목요일인 경우로 상정하고 위의 방법처럼 문제를 풀면 되고, ②의 경우 12월 25일이 수요일인 경우를 상정하면 된다.

이때, 12월 1일부터 25일까지 백화점 휴점일이 없으므로 12월의 이용료는 25(일)×2(만 원)=50(만 원)이 도출되며, 11월의 네 번째 목요일 이후 돌아오는 첫 월요일만 계산하면 된다. 이때 일주일이 7일이므로 12월의 첫 번째 수요일은 $25-21=4$로 12월 4일이다. 또한, 11월 마지막 수요일은 27일이다. 4주(28일)에 1일 못 미치므로 11월 1일이 금요일임을 알 수 있으며, 11월 28일이 넷째 주 목요일임을 알 수 있다. 그 다음주 돌아오는 월요일(12월)부터 캐롤을 틀기 시작하므로 구체적으로 계산하지 않아도 ①이 더 큰 금액임을 유추할 수 있다.

Tip ❸ 문제해결 영역에서 가장 어려운 유형으로 꼽히는 것이 시차 문제와 설문과 같은 날짜 계산 문제이다. 일반적으로 시차 문제는 풀지 않는 경우가 많으며, 날짜 계산 문제는 시간이 남을 때 푸는 경우가 많다.

(1) 날짜나 시간 계산에 있어 도움이 되는 몇 가지 원칙들을 미리 정리해두면 상당히 쓸모 있을 것이다. 그러나 실전에서 바로 적용하기에 막막할 가능성이 높다. 그러므로 우선은 하나의 예시를 잡아 실제로 해보면서, 문제에 제시된 규칙이 어떻게 적용되는지를 먼저 파악하고 본인만의 원칙을 만들어 나가는 연습을 해봐야 한다.

(2) 이외에도 날짜에 익숙해지는 방법으로는 달력을 많이 보는 방법이 있다. 달력을 보면서 **Tip**에 나타난 요일 계산이 어떤 원리로 이루어지는지 하루에 1분씩이라도 꾸준하게 보며 날짜 계산에 적응할 수 있도록 연습하자.

(3) 추가적으로, 주말과 공휴일을 제외하는 '영업일'이 어떻게 계산되는지도 생각하면 좋다. 예를 들어, 7영업일 이내라고 했을 때 추석 연휴가 끼어 있다면 7영업일이 며칠인지 생각해 보는 것이다.

239 정답 ② 난이도 ●●○

① (○) 발전소를 1개 더 건설하고, 전기요금을 10% 인상한다.

→ 총공급전력량은 7,300만 kW가 되고, 최대전력수요는 10% 감소한 5,400만kW가 된다.

이 경우 전력예비율은 $\left(\frac{7,300}{5,400}-1\right)\times100 ≒ 35.1\%$

이므로 ○○부가 채택하기에 적합한 대안이다.

② (×) 발전소를 3개 더 건설하고, 전기요금을 3% 인상한다.

→ 총공급전력량은 7,500만 kW가 되고, 최대전력수요는 3% 감소한 5,820만 kW가 된다.

이 경우 전력예비율은 $\left(\frac{7,500}{5,820}-1\right)\times100 ≒ 28.9\%$

이므로 ○○부가 채택하기에 적합하지 않다.

③ (○) 발전소를 6개 더 건설하고, 전기요금을 1% 인상한다.

→ 총공급전력량은 7,800만 kW가 되고, 최대전력수요는 1% 감소한 5,940만 kW가 된다.

이 경우 전력예비율은 $\left(\frac{7,800}{5,940}-1\right)\times100 ≒ 31.3\%$

이므로 ○○부가 채택하기에 적합한 대안이다.

④ (O) 발전소를 8개 더 건설하고, 전기요금을 동결한다.

→ 총공급전력량은 8,000만 kW가 되고, 최대전력수요는 6,000만 kW가 된다.

이 경우 전력예비율은 $\left(\frac{8,000}{6,000}-1\right)\times 100 \fallingdotseq 33.3\%$ 이므로 ○○부가 채택하기에 적합한 대안이다.

⑤ (O) 발전소를 더 이상 건설하지 않고, 전기요금을 12% 인상한다.

→ 총공급전력량은 7,200만 kW가 되고, 최대전력수요는 12% 감소한 5,280만 kW가 된다.

이 경우 전력예비율은 $\left(\frac{7,200}{5,280}-1\right)\times 100 \fallingdotseq 36.4\%$ 이므로 ○○부가 채택하기에 적합한 대안이다.

합격자의 시간단축 Tip

Tip ❶

(1) 이 문제를 풀 때 구체적인 값을 모두 계산했다면 시간 낭비이다. 각 선지의 상황에 따른 전력예비율이 30% 이상인지, 아닌 지만 판단하면 되는 문제이다. 나쁘지 않은 풀이는 각 값을 계산하여 맨 앞자리가 3이 되는지 안 되는지를 판단하는 것이지만, 자료해석에서 공부한 내용들을 활용하면 더 좋은 풀이가 가능하다. 분모 분자의 증가량, 증가율을 이용해서 값을 판단하는 방법은 다음과 같다.

(2) 현재 주어진 전력예비율을

$\frac{(총공급전력량)-(최대전력수요)}{(최대전력수요)}$

$=\frac{(총공급전력량)}{(최대전력수요)}-1$로 나타냈을 때,

$\frac{(총공급전력량)}{(최대전력수요)}$는 분자가 7,200이고 분모가 6,000이다. 현재 값이 1.2인데, 여기서 분자, 분모 값에 조정을 줬을 때 그 값이 1.3 이상이 되는지를 확인하면 되는 것이다. (최대전력수요가 변하는 경우 총공급전력량이 변하지 않아도 전력예비율의 분자에서 최대전력수요를 빼기 때문에 분자 값에도 변화가 생긴다. 만일 전력예비율의 식을 주어진 대로 활용할 경우 이러한 추가적인 변화까지 고려하기 어렵기 때문에, **Tip**의 식처럼 변형해서 계산하는 것이 좋다.)

(3) 선지 ①은 분자는 약간 증가하고, 분모가 10% 감소한다. 따라서 전체 값은 10% 이상 증가하여 1.3 이상일 것이다.

선지 ③은 분자가 7,800이 된다. 따라서 분모가 변하지 않아도 그 값이 1.3이 되는데 분모가 감소하였으므로 그 값은 1.3 이상일 것이다.

선지 ④는 선지 ③과 같은 맥락으로 이해하면 된다. 이 역시 그 값이 1.3 이상일 것이다.

선지 ⑤는 분모가 12% 감소하므로 전체 값이 증가할 것이다.

분모의 감소 비율을 고려했을 때, 전체 값은 1.3 이상일 것임을 추측할 수 있다.

Tip ❷ 30%를 만들기 위해 어떤 조작이 필요한지 먼저 생각해보는 것을 추천한다.

(1) 현재 주어진 전력예비율을 $\frac{(총공급전력량)}{(최대전력수요)}-1$로 나타냈을 때, $\frac{(총공급전력량)}{(최대전력수요)}$은 분자가 7,200이고 분모가 6,000으로서, 값이 1.2가 나오게 된다. 먼저 총공급전력량을 올려서 1.3을 만들기 위해서는 (6,000 ×1.3=7,800) 이므로 600만의 공급량이 더 필요하다. 이는 발전소 6개가 더 필요하다는 뜻이다. 따라서 선지 ③, ④는 옳다.

(2) 두 번째로 최대전력수요를 몇 퍼센트 낮춰야 1.3이 될지 생각해 봐야 한다.

하지만 이 부분은 생각보다 감이 쉽게 오지 않을 수 있다. 이럴 때 활용하는 것이 선지이다.

남은 선지 ①, ②, ⑤를 보면 10%가 눈에 띈다는 것을 알 수 있다. 6,000에서 10%를 감소시키면 6,000−600=5,400이 된다. 5,400×1.3 < 7,200인 것은 쉽게 알 수 있을 것이다.

(5,400+1,800=7,200이다. 1,800은 6,000×0.3이므로 당연히 5,400×(1+0.3)은 7,200보다 작다.) 그러므로 전기요금 10% 이상의 증가 정책은 유효하다. 따라서 선지 ①, ⑤가 제외되고 정답은 ②가 된다.

Tip ❸

(1) 올해 전력예비율이 20%이고, 내년 전력예비율을 30% 이상으로 유지하기 위하여 취할 수 있는 조치와 그 정도를 고려하여 생각만으로도 문제를 해결할 수 있으나, 이정도의 실력을 가진 사람이라면 별도의 해설이 필요하지 않을 것이다. 이러한 방법 대신 선지를 분석하는 것도 좋은 방법이다.(물론 실전에서는 즉시 판단해야 하므로 연습할 때 분석하는 것이다.)

(2) 〈조건 1〉은 발전소 건설 시 총공급전력량이 증가하므로 분자를 증가시키는 조건이며, 〈조건 2〉는 전기요금 인상 시 최대전력수요가 감소하므로 분모를 감소시키는 조건이다.

그런데 선지를 보면, ① 번부터 ③ 번까지는 분자와 분모를 동시에 변경하도록 요구하지만 ④ 번과 ⑤

번은 분자와 분모 중 하나만 변경하도록 요구한다. 이 **Tip**을 읽는 독자들도, 이 **Tip**을 작성하는 필자도, 이 문제를 출제한 사람도 ④ 번과 ⑤ 번이 구체적인 수치를 도출하기 보다 쉽다는 것을 안다. 그러니 수험생 입장에서는 ④ 번이나 ⑤ 번을 먼저 풀고 싶어 할 것이며, 출제자 입장에서는 ④ 번이나 ⑤ 번을 정답으로 설정하고 싶지 않을 것이다.

(3) 100문제를 만들면 99문제 이상은 발전소도 건설하며 전기요금도 인상하는 선지 가운데 정답이 도출될 것이다. 주어진 전력예비율 공식에 선지 3개의 조건을 대입해 직접 계산하는 정도는 시간 배분에 크게 지장을 주지 않으니 직접 계산하는 것도 좋다.

* 이러한 수식 문제가 나오는 경우, 수식의 구조를 정확히 파악하거나 선지를 보지 않고 정확한 답을 찾아내려 하는 경우가 많다. 그러나 처음부터 문제의 구조가 정확히 파악된다면 다행이겠으나 그렇지 않다면 괜한 시간 낭비가 되기 쉽다. 그러므로 차라리 선지 ① 번부터 적용하여 계산해 보고 혹 구조가 파악되면 빠르게 답을 도출하는 것이 효율적일 수 있다.

240 정답 ❶ 난이도 ●●○

과일바구니의 구성, 무게, 개수 등을 정리하면 다음과 같다.

	바구니 색깔	과일 개수	같은 종류 과일	같은 색 과일	무게
A	빨강	4	참외 2개	○	1.8kg
B	노랑	5	귤 2개	○	0.85kg
C	초록	5	사과, 참외 각 2개	×	1.1kg
D	주황	3	귤 2개	○	0.5kg
E	보라	4	−	×	0.75kg

甲: (○) 바구니에 들어 있는 과일이 모두 몇 개니? 바구니에 들어 있는 과일의 무게를 모두 합치면 1kg 이상이니?
➜ 1번째 질문인 바구니에 들어 있는 과일 개수대로 확인하면 된다.
① 3개인 경우: D로 확정이다.
② 4개인 경우: A 또는 E이다.
이때, 2번째 질문인 무게를 확인하면 A는 1.8kg로 1kg 이상인 바구니이지만, E는 0.75kg으로 1kg 미만이다. 따라서 확정된다.
③ 5개인 경우: B 또는 C이다.
이때, 2번째 질문인 무게를 확인하면, B는 0.85kg으로 1kg 미만이지만 C는 1.1kg로 1kg 이상이다. 따라서 확정된다.

乙: (○) 바구니의 색깔과 같은 색깔의 과일이 포함되어 있니? 바구니에 들어 있는 과일이 모두 몇 개니?
➜ 1번째 질문에 따라 바구니 색과 같은 색 과일이 포함된 바구니는 A, B, D임을 알 수 있다. 이때, A는 4개, B는 5개, D는 3개의 과일이 들어 있어 확정할 수 있다.
바구니 색과 같은 색 과일이 포함되지 않은 C, E는 각각 5개, 4개의 과일이 들어 있어 확정할 수 있다.

丙: (×) 바구니에 들어 있는 과일이 모두 몇개니? 바구니에 들어 있는 과일의 종류가 모두 다르니?
➜ 1번째 질문인 바구니에 들어 있는 과일 개수대로 확인하면 된다.
① 3개인 경우: D로 확정이다.
② 4개인 경우: A 또는 E이다.
이때, 2번째 질문인 과일 종류를 보면, A는 참외가 겹치지만 E는 종류가 모두 달라 확정된다.
③ 5개인 경우: B 또는 C이다.
이때, 2번째 질문인 과일 종류를 보면, B는 귤이 겹치고 C는 사과와 참외가 겹쳐 확정되지 않는다.
따라서 丙은 확실히 맞힐 수 없다.

丁: (×) 바구니에 들어 있는 과일의 종류가 모두 다르니? 바구니에 들어 있는 과일의 무게를 모두 합치면 1kg 이상이니?
① 1번째 질문인 과일 종류는 E를 제외하면 모두 겹치는 과일이 있다. 따라서 E는 확정된다.
② E를 제외한 나머지 과일의 경우 A, C는 1kg 이상, B와 D는 1kg 미만이므로 확정되지 않는다.
따라서 丁은 확실히 맞힐 수 없다.

합격자의 시간단축 Tip

Tip ❶ 난이도는 평이하지만 〈보기〉에 따라 소요되는 시간의 차이가 있기 때문에, 어떤 보기를 먼저 확인할 것인지를 잘 생각해야 한다.
이 문제의 경우 귀찮은 조건은 '무게'이다. 주어진 각 과일의 무게를 합하는 것은 시간 소모가 필연적이기 때문에 '무게'와 관련된 질문을 던지는 사람을 제외한 나머지 인원들을 먼저 해결하는 것이 좋다. 특히 나머지 질문들은 매우 직관적이어서 시간 소모가 거의 없기 때문에 문제 해결이 용이할 것이다.
이에 무게와 무관한 질문을 한 乙과 丙을 먼저 해결하면, 乙은 판단이 가능함에 ② 번이 소거되고, 丙은 판단할 수 없음에 ③, ⑤ 번이 소거된다. 따라서 마지막으로 丁만 확인하면 문제를 해결할 수 있다. 그 방법은 아래에서 별도로 살펴보자.

Tip ❷

(1) 丁의 두 가지 질문은 모두 '예/아니오'로 대답할 수밖에 없다. 즉, 이러한 질문의 set로는 최대 4(=2×2)가지의 분류만 가능하다. 따라서 5가지 바구니를 모두 구분하여 분류할 수 없다.
위와 같은 추론만으로도 丁은 정답이 아님을 알 수 있으나, 보다 구체적으로 丁의 질문이 타당한지 살펴보면 다음과 같다.

(2) 丁을 확인할 때 보다 복잡한 계산이 필요한 '무게' 부분에 시간을 많이 쓰지 않기 위해서는, 기본적으로 질문 2개로 경우의 수를 확정적으로 좁혀야 한다. 이를 위해서는 각 질문이 경우의 수를 절반 정도는 줄여주는 질문이어야 할 것이다.

(3) 그러나 1번째 질문인 바구니에 들어 있는 과일 종류의 경우 해당되는 것은 E바구니 하나뿐으로, 나머지 4가지 바구니는 서로 구분되지 않는 비효율적인 질문이다.
따라서 2번째 질문인 무게에서 반례가 나오기 쉽다는 것을 인지하고 비교적 무거운 '참외'가 2개나 들어 있는 A와 C가 1kg이 넘을 가능성이 높으므로, A와 C의 무게가 둘 다 1kg이 넘는 지만 빠르게 확인하면 된다.
A는 심지어 그 자체로 1kg인 메론이 들어있어 무조건 1kg을 넘는다.

(4) 이처럼 해결할 경우 무게를 모두 확인할 필요도 없으며, 처음부터 의심해야 할 선지와 아닌 선지가 명확히 구분되어 효율적 풀이가 가능해진다.

Tip ❸ 무게 계산 또한 너무 어렵게 접근할 필요가 없다.

(1) 먼저 기준점을 확인한다. 선지는 1kg를 기준으로 묻고 있다. 그 다음 과일의 무게를 통해 대강의 구성을 생각해보면 된다. 필자의 경우 다음과 같이 판단하였다.
- 메론이 있으면 1kg 이상
- 사과+참외가 500g이니, 각각 2개씩이면 1kg 이상
- 귤+사과가 250g이니, 각각 2개씩 있어도 겨우 500g

무게를 보고 대충 이정도 감만 잡아도 각 바구니가 1kg 이상인지 여부는 쉽게 파악할 수 있을 것이다.

(2) 만일 과일의 무게를 계산하여 접근했다면, 최대한 계산된 무게를 활용하여 문제를 풀어야 한다. 甲에서 바구니에 들어 있는 과일 무게를 합치면 1kg 이상인 바구니를 찾게 되는데, A와 C가 이에 해당한다.
甲이 맞는 보기이기 때문에 乙과 丁을 판단해야 하는데, 그 중 丁이 무게를 언급하고 있기 때문에 이를 먼저 살펴본다. 丁에서 과일의 종류가 모두 다른 것은 E뿐인데, A, B, C, D 중에서 앞서 살펴보았던 것처럼 1kg를 넘는 바구니가 두 개 이상이기 때문에 해당 질문의 대답으로는 철수가 구매한 바구니를 정확하게 알아낼 수 없다.

Tip ❹ 무엇을 묻는지 확실하게 파악할 경우 평이한 수준의 문제이나, 이것이 이해가 가지 않을 경우, 풀지 않고 넘어가도 된다. 오히려 잘못 이해하고 풀기 시작하면 시간은 시간대로 소모하고 오답을 고를 확률이 높다.

(1) 이 문제는 보기 각각의 2가지 질문을 통해 어떠한 경우에도 바구니를 찾을 수 있는지 물어보는 문제이다. 가능성 있는 오독은, 특정한 바구니를 2가지 질문을 통해 찾을 수 있는지 물어보는 문제로 이해하는 것이다.

(2) 예컨대 철수가 구매한 바구니가 D일 경우, 甲의 "바구니에 들어 있는 과일이 모두 몇 개니?"라는 질문을 통해 5개의 바구니 중 D를 특정 지을 수 있으므로 甲을 맞다고 하는 것이다. 그런데 乙과 丙 또한 동일한 질문을 하였으므로 乙과 丙 또한 맞다고 하게 되며, 이 경우 甲, 乙, 丙이 모두 맞게 되어 답을 체크할 수 없게 된다.

이후 당황하면서 문제를 다시 읽고 풀어도 잘 되지 않을 뿐만 아니라, 만약 맞추더라도 이미 상당한 시간이 소모되었을 것이다. 따라서 정확하게 이해가 되지 않을 경우 과감하게 끊고 다음 문제로 넘어가도록 하자.

241 정답 ③ 난이도 ●●○

(1) 〈조건〉 세 번째, 다섯 번째, 여섯 번째에 따라 각 주차별로 시장조사를 나가는 직원을 정리하면 다음과 같다.

주차	첫 번째 주	두 번째 주	세 번째 주	네 번째 주	다섯 번째 주
직원	B, I	G, −	F, −	−, −	−, −

(2) 〈조건〉 첫 번째, 두 번째, 세 번째, 일곱 번째에 의하면 인턴 B는 차장 I와, 인턴 A는 대리 H와 함께 시장조사를 나가므로 남은 인턴 C는 대리 G 또는 부장 J와 함께 시장조사를 나가야 한다. 그런데 〈조건〉 다섯 번째에 따라 C는 두 번째 주에 시장조사를 나가지 않는다.
또한, 〈조건〉 일곱 번째와 여덟 번째에 따라 H와 D는 두 번째 주에 G와 함께 시장조사를 나가지 않는다.

(3) 이때, J가 G와 시장조사를 나갈 경우 인턴 C가 시장조사를 나가지 못하므로 J는 G와 시장조사를 나가지 않는다. 따라서 두 번째 주에 G와 함께 시장조사를 나가는 직원은 E이며 인턴 C는 부장 J와 함께 시장조사를 나간다.
그런데 〈조건〉 네 번째에 따라 J는 마지막 주에 시장조사를 나가지 않으므로 네 번째 주에 시장조사를 나가며, A는 H와 함께 마지막 주에 시장조사를 나간다.

(4) 이상을 표로 정리하면 다음과 같다.

주차	첫 번째 주	두 번째 주	세 번째 주	네 번째 주	다섯 번째 주
직원	B, I	E, G	D, F	C, J	A, H

표의 내용을 바탕으로 선지의 내용을 확인해보자.

① (×) 마지막 주에 대리와 ~~사원이~~ 함께 시장조사를 나간다
→ 마지막 주에 대리 H와 인턴 A가 함께 시장조사를 나간다.

② (×) 사원은 모두 ~~다른 주에~~ 시장조사를 나간다.
→ 사원 D와 F는 세 번째 주에 같이 시장조사를 나간다.

③ (○) 네 번째 주에 C와 J가 함께 시장조사를 나간다.
→ 네 번째 주에 C와 J가 함께 시장조사를 나간다.

④ (×) E는 ~~세 번째 주에~~ 시장조사를 나간다.
→ E는 두 번째 주에 시장조사를 나간다.

⑤ (×) H는 ~~D와 함께~~ 시장조사를 나간다.
→ H는 A와 함께 마지막 주에 시장조사를 나간다.

합격자의 시간단축 Tip

Tip ❶ 숨겨진 정보를 파악하는 것이 중요하다. 먼저 조건에서는 인턴과 대리 이상의 직급이 함께 시장조사를 간다는 내용만 알려주고 있으므로, 인턴이 누구와 시장조사를 가게 되는지를 먼저 조합해볼 수 있다.
그 다음으로, 이를 통해 사원은 누구와 시장조사를 가게 되는지 미리 짐작할 수 있다면 효율적으로 문제를 풀 수 있을 것이다.
시장조사를 나가는 조합을 구하는 구체적인 방법은 아래와 같다.

(1) 〈조건〉 세 번째에 따라 1주는 B, I로 확정된다.

(2) 〈조건〉 두 번째에 따라 인턴은 반드시 대리 이상 직급의 직원과 함께 시장조사를 나가야 하는데 인턴은 3명, 대리 이상 직급의 직원은 4명이다.
또한, 〈조건〉 다섯 번째에서 두 번째 주에 대리인 G가 시장조사를 나가지만 인턴이 시장조사를 나가지 않으므로, G를 제외한 H, I, J가 인턴과 시장조사를 나간다.
인턴 3명 중 앞서 B는 I와 1주로 확정되었고, 〈조건〉 일곱 번째에 따라 A-H가 같이 나가므로 C-J가 함께 시장조사를 나가는 것이 확정된다.

(3) 남은 D, E, F, G는 2주에는 G가 시장조사를 나가고, 3주에는 F가 나가며, D와 G는 함께하지 않으므로 D-F와 E-G가 같이 나감을 알 수 있다.

(4) J는 마지막 주에 시장조사를 나가지 않으므로 C-J가 4주, A-H가 5주임이 확정된다.

Tip ❷ 해설의 풀이와 달리, 표를 그린 뒤 정보를 채워 나가는 풀이방법을 소개한다.

직급	인턴			사원			대리		차장	부장
직원	A	B	C	D	E	F	G	H	I	J
1주	×	○	×	×	×	×	×	×	○	×
2주	×	×	×			×	○		×	
3주		×				○	×		×	
4주		×				×	×		×	
5주		×				×	×		×	×

〈조건〉에 따르면 인턴은 반드시 대리 이상 직급의 직원과 함께 시장조사를 나가야 하므로, 대리 이상부터 화살표를 표기하는 것도 좋은 방법이다.

(1) 확정적인 정보를 먼저 기입한다.
- 차장은 B와 함께 첫 번째 주에 시장조사를 나갔다.
- J는 마지막 주에 시장조사를 나가지 않는다.
- 세 번째 주에는 F가 시장조사를 나간다.
- 두 번째 주에는 인턴이 시장조사를 나가지 않고, G가 시장조사를 나간다.

직급	인턴			사원			대리		차장	부장
직원	A	B	C	D	E	F	G	H	I	J
1주	×	○	×	×	×	×	×	×	○	×
2주	×	×	×	×	○	×	○	×	×	×
3주	×	×	×	○	×	○	×	×	×	×
4주	×	×	○	×	×	×	×	×	×	○
5주	○	×	×	×	×	×	×	○	×	×

(2) 기입된 정보에 나머지 조건을 반영하여 추론한다.
우선 〈조건〉 두 번째에 따라, 3주차에도 인턴은 시장조사를 나가지 않는다. 왜냐하면 인턴은 대리 이상 직급의 직원과 함께 시장조사를 나가야 하는데, 2명 중 한 명이 이미 사원 F로 확정되었으므로 인턴이 시장조사를 갈 수 없다. 또한 4주, 5주에는 인턴 A, C가 시장조사를 나가게 되므로, 사원 D, E는 2주, 3주에 시장조사를 가야 하며 대리 H와 부장 J가 4주, 5주에 시장조사를 가야함을 알 수 있다.

이때, 〈조건〉 일곱 번째와 여덟 번째에 따라 나머지 빈칸을 쉽게 채울 수 있다.
실전에서 위와 같은 6×11표를 그리는 것은 쉽지 않으나, 표 그리기에 익숙해진다면 보다 간단하게 그릴 수 있게 될 것이다. 표를 그려 문제를 풀면 보다 정확하게 답을 구할 수 있으므로, 이 방법을 기억해 두도록 하자.

242 정답 ④ 난이도 ●●○

실전에서 문제를 풀 때에는 직접 원을 그린 후 8명의 자리를 각각 채워가며 푸는 것이 좋다. 단순히 순서를 나열하는 것 보다, 그림을 그리는 것이 '맞은편에 앉은 사람'을 구할 때 시각적으로 도움이 되기 때문이다.

(1) 본 문제는 원형 테이블에 8명이 둘러앉는 상황이므로, 오른쪽 그림과 같이 원을 8등분한 그림을 그려 문제를 해결해 보겠다.

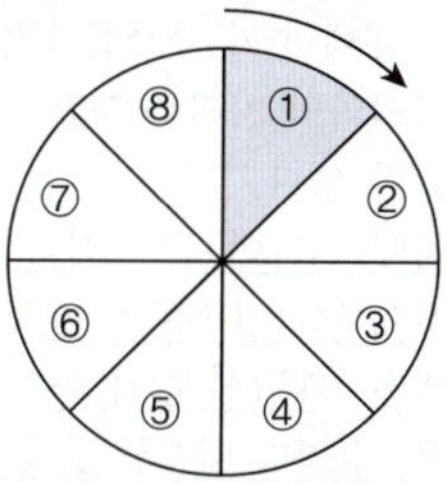

〈조건〉 첫 번째에 의하면 음료가 나온 순서대로 시계방향으로 앉았다. 이때, 각 사람의 절대적인 위치는 중요하지 않다. '누가 누구의 옆에 앉았는가', 즉 상대적인 위치만이 중요하다. 따라서 문제풀이를 시작하기 위해 기준이 되는 칸을 임의로 설정할 수 있다.
오른쪽 그림과 같이, 색칠한 칸을 음료가 1등으로 나온 사람이라고 두자. 헷갈리지 않도록 시계방향 화살표를 표시하면 더욱 효과적이다.
각 사람이 원형테이블에 둘러앉았을 때, 음료가 가장 먼저 나온 사람과 가장 마지막에 나온 사람을 제외하면 자신의 오른쪽에 앉은 사람의 음료가 자신보다 먼저 나왔으며 자신의 왼쪽에 앉은 사람의 음료가 자신보다 나중에 나왔다. 여기까지 숙지하고 본격적인 풀이에 들어가자.

(2) 두 번째 〈조건〉에 의하여 G의 위치는 ③ 번으로 결정되며, 여섯 번째 〈조건〉에 따라 H의 위치도 결정된다. 즉, G와 H는 각각 3등, 4등으로 음료를 받았다. 이를 그림으로 나타내면 다음과 같다.

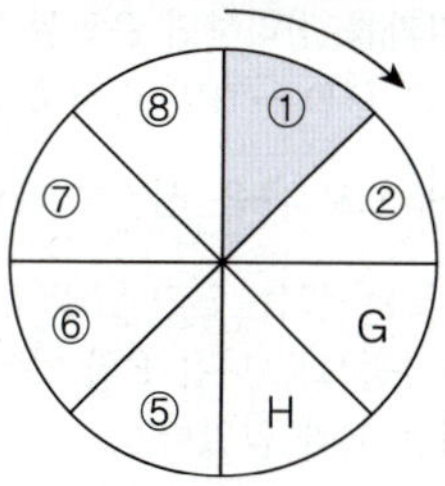

(3) 다섯 번째 〈조건〉에 의하면 A의 옆에 G가 앉았는데, G의 왼쪽에 H가 앉았으므로 A는 G의 오른쪽에 앉았다. 즉, A의 음료는 2등으로 나왔다. 또한, A의 양 옆에 F, G가 앉았으므로 F는 A의 오른쪽에 앉았으며, 따라서 F의 음료가 1등으로 나왔다. 여기까지 그림으로 나타내면 다음과 같다.

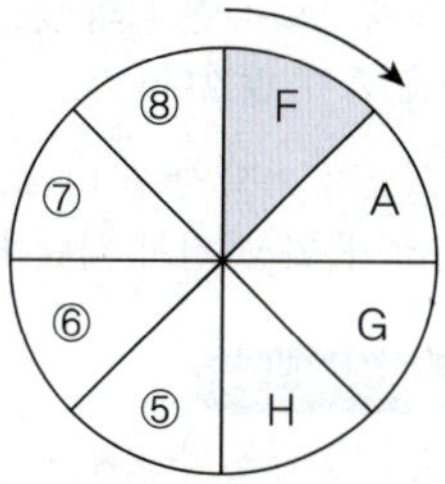

(4) 네 번째 〈조건〉에 따라 B의 오른쪽에는 D가 앉았으며, 세 번째 〈조건〉에 의하면 C와 D는 이웃하여 앉았는데 D의 왼쪽에는 B가 앉았으므로 C는 D의 오른쪽에 앉았다. 즉, 이 3인은 B−D−C 순서로 앉게 되지만, 아직 어디에 앉는지 알 수 없으므로 오른쪽 그림과 같이 별도의 원뿔을 그려 정보를 기록할 수 있다.

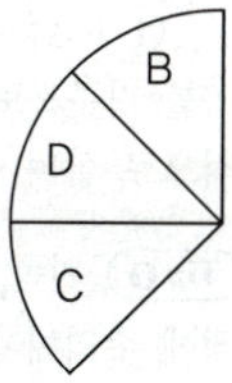

(5) 일곱 번째 〈조건〉에 따르면 G의 맞은편에는 C 또는 D가 앉는다. 이때, 왼쪽으로 D와 B가 있어야 하는 C는 G의 맞은편 자리에 앉을 수 없다. 따라서 G의 맞은편인 7등 자리에는 D가 앉게 됨을 알 수 있다. 원뿔 B−D−C를 배치하고 나서 마지막으로 남은 5등 자리에는 E가 앉게 된다.

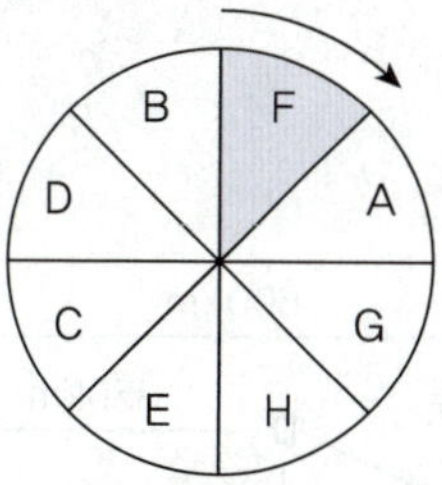

해설편
8일차
• 문제해결 + 자원관리능력

(6) 이상의 결과를 정리하면 음료는 F → A → G → H → E → C → D → B의 순서로 나왔다.

이 정보를 바탕으로 다음 선지를 확인해보자.

① (○) F의 맞은편에는 E가 앉았다.
→ 음료가 1등으로 나온 F의 맞은편에는 음료가 5등으로 나온 E가 앉았다.

② (○) H과 E는 이웃하여 앉았다.
→ 음료가 4등으로 나온 H와 5등으로 나온 E는 이웃하여 앉았다.

③ (○) B의 음료가 가장 마지막에 나왔다.
→ B의 음료가 가장 마지막에 나왔다.

④ (×) C의 맞은편에는 ~~F가 앉았다.~~
→ 음료가 6등으로 나온 C의 맞은편에는 음료가 2등으로 나온 A가 앉았다.

⑤ (○) F의 음료가 가장 먼저 나왔다.
→ F의 음료가 가장 먼저 나왔다.

합격자의 시간단축 Tip

Tip ❶ 확정적인 정보를 기준으로 정보들을 재배치한다. G가 3등에 앉게 된다는 것이 확정적인 정보이므로 이를 기준으로 삼고, G가 포함되어 있는 조건들을 우선적으로 살펴 순서를 확정하는 것이 효율적인 풀이이다.

Tip ❷ 왼쪽, 오른쪽과 같이 방향을 판별할 때에는 관점에 주의해야 한다. 설문에서 앉은 사람을 기준으로 하도록 주어졌으므로, 만약 일렬로 줄을 세우는 방법으로 문제를 풀었다면 이를 특히 주의해야 한다. 반면 원형으로 앉도록 그릴 때에는 자연히 앉은 사람이 기준이 되므로 왼쪽, 오른쪽의 기준이 헷갈리지 않을 수 있다.

243 정답 ③ 난이도 ●●○

도시 A를 기준으로 조건을 만족하는 도시 B, C, D, E, F, G를 좌표상에 나타내면 다음과 같다.

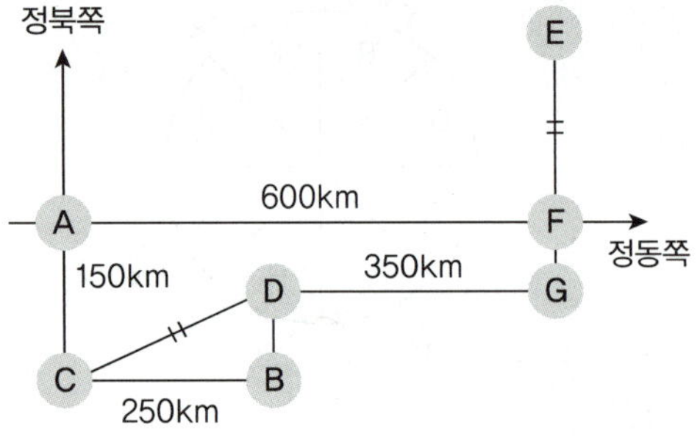

이때, 도시 A를 기준으로 각 도시와의 거리를 구하면 다음과 같다.

(단위: km)

B	C	D	E	F	G
291.55	150	291.55 보다 짧음	650 이상	600	618.47 이하

따라서 A를 기준으로 가장 멀리 있는 도시는 E이다.

합격자의 시간단축 Tip

Tip ❶ 불확정 값(~보다 짧다 등)이 많다는 것에 유의하는 것이 좋다. 따라서 그림을 그릴 때 불확정 값을 고려하여야 하며, 만약 이를 제대로 고려하지 못한 경우 그림이 잘못되어 시각적 효과에 의해 틀린 선지를 고를 가능성이 높다.

Tip ❷ 위 해설에서는 이해의 편의를 위해 '피타고라스 공식'에 따라 삼각형의 대각선 길이 값을 도출하여 모든 도시와의 거리를 도출하였으나 실제로는 전혀 그럴 필요가 없다.
굳이 대각선 값을 직접 구하지 않더라도, 밑변과 높이 값이 크다면 대각선 값도 클 것이므로 비교가 가능하다. 또한, 대각선 값과 높이나 밑변의 직선을 비교하는 경우, 당연히 대각선 값이 더 클 수밖에 없으므로 이 역시 문제가 없다. 예를 들어,

① E와 F를 비교하는 경우, AE는 AF를 밑변으로 하는 삼각형의 대각선에 해당하므로 당연히 더 크다는 것을 알 수 있다.
② E와 G를 비교하는 경우, 밑변 길이는 250+350=600km로 동일하지만, 높이가 E는 250km 이상이나 G는 150km 미만으로 E의 높이가 더 길기 때문에 E가 더 크다는 것을 알 수 있다.

Tip ❸ 위 문제는 그림을 통해 시각적으로 아주 간단하게 풀 수 있다. 다만, 처음 문제를 접하다 보면 정보가 산발적으로 존재해 무엇부터, 어떻게 그림을 그리기 시작해야 할지 난해할 수 있다. 이러한 유형의 경우 기준이 되는 1개의 도시를 정하고, 기준으로부터의 방향을 정한 후 거리를 계산해 정답을 도출하는 방식이 유용하다.
설문의 경우 A에서 가장 멀리 떨어진 도시를 물어봤으므로 A가 기준이 되어야 한다. A를 그린 후 A와 직접적으로 연관된 정보를 먼저 사용해 지도를 그려 나간다.

① 'C는 A로부터 정남쪽으로 150km 떨어져 있다'의 정보를 먼저 활용해 C를 그린다.
② 'B는 C로부터 정동쪽으로 250km 떨어져 있다'를 이용해 B를 그린다.
③ 'D는 B의 정북쪽에 있으며, B와 D 간의 거리는 A와 C 간의 거리보다 짧다'를 이용해 D를 그린다.

④ 'G는 D로부터 정동쪽으로 350km 거리에 위치해 있으며 A의 정동쪽에 위치한 도시는 F가 유일하다'를 이용해 G와 F를 그린다.

⑤ 'E, F, G가 정남북 방향으로 일직선상에 위치한다' & 'E와 F 간의 거리는 C와 D 간의 직선거리와 같다'를 이용해 마지막으로 E를 그린다.

> * 사용한 조건들은 빗금을 그어 놓는다면 헷갈림을 방지할 수 있다. 질문에서 물어보는 도시를 기준으로 확실하게 연결할 수 있는 정보를 차례대로 적용해 나가면 바로 위와 같은 그림을 그릴 수 있으므로 막막함에 문제를 바로 회피하기 보다는 차근차근 풀어나가는 연습을 하는 것이 중요하다.

Tip ❹ 약간의 공간지각력을 요구하는 문제이다. A를 기준으로 하여 그림을 그리면서 각 도시와의 거리를 먼저 또는 동시에 계산하지 않는 이유는, 설문과 같이 구체적인 거리(예를 들면 250km)로 주어지는 경우도 있고 상대적인 거리(예를 들면 짧다, 같다)로 주어지는 경우도 있기 때문이다. 물론 이러한 유형의 문제를 많이 접한 경우에는 방향과 거리를 한번에 처리할 수 있으나 이 문제가 생소한 경우에는 동시에 적용하다 보면 헷갈리기 쉬우므로 주의해야 한다.

> * 해설과 같이 피타고라스 정리를 이용하면 구체적인 거리를 구할 수 있겠지만, 대략의 그림만 그리는 경우에도 A에서 E가 가장 멀다는 것은 쉽게 알 수 있을 것이다. 이때, 두 가지 선택지를 비교할 수 있어야 한다.
> 만약 본인의 느낌이 불안해서 정확한 거리를 구하는 것과, 본인의 느낌이 틀리더라도 일단 E로 정답을 찍고 다른 문제를 푸는 것이 그것이다. 결국 더 많은 문제를 맞히는 것이 중요하므로 시험장에서는 대부분의 경우 후자의 전략이 효율적이다.

244 정답 ⑤

난이도 ●●○

선발 조건에 따라, 선지를 소거해 나가면 다음과 같다.

(1) 과학기술과 직원을 1명 이상 선발한다.
➜ A, C, F가 포함되지 않은 ②를 소거한다.

(2) 근무 평정이 70점 이상인 직원만을 선발한다.
➜ A는 선발될 수 없다. →①을 소거한다.

(3) 어학 능력이 '하'인 직원을 선발한다면 어학 능력이 '상'인 직원도 선발한다.
➜ B가 포함되었으나 D가 포함되지 않은 ③을 소거한다.

(4) 직전 인사 파견 기간이 종료된 이후 2년 이상 경과하지 않은 직원을 선발할 수 없다.
➜ 2014년 7월~2015년 7월 파견되었던 C가 포함된 ④를 소거한다.

따라서 남은 ⑤가 정답이다.

합격자의 시간단축 Tip

Tip ❶ 조건에 따라 선지를 소거하는 순서는 크게 중요하지 않다. 그러나 짧고, 단순한 조건들을 먼저 검토하여 가능한 선지의 경우의 수를 빠르게 줄여 나가는 것이 좋다.

참고하면 도움이 될 수도 있으므로 필자의 판단을 적어보겠다. 먼저 표에 나온 조건들(직위, 근무부서, 근무평정, 어학능력, 직전인사파견 "시작시점") 중 단번에 소거될 수 있는 조건부터 보았다. 이는 "포함해야 한다" 혹은 "불가능하다"는 식의 조건을 먼저 찾는 것이다. 가장 눈에 띄는 두 조건은

- 근무평정이 70점 이상인 직원만을 선발한다. →A제외
- 직전인사파견기간 종료된 이후 2년 이상 ~ 선발할 수 없다. →C제외

이를 통해 ①, ④를 소거하였다. 다음으로 확정적인 조건은 '과학기술과 직원을 1명 이상 선발한다'는 조건이므로 F는 반드시 포함되어야 하며 ②가 소거된다. 남은 ③번과 ⑤번에 남은 조건인 어학능력 조건을 대입해서 모순이 없는지 확인해보면 ③번에서는 B가 '하'인데 '상'인 사람이 없어 모순이 생긴다. 따라서 정답은 ⑤가 된다.

Tip ❷

(1) 위의 **Tip ❶**처럼 접근할 수도 있겠지만 꼭 **Tip ❶**의 접근이 해답은 아니다. 자신이 가장 직관적으로 판단할 수 있는 조건에 먼저 접근해 선지를 제거하면 된다. 문제를 많이 풀어보면서 자신이 어떤 부분에 취약한지 파악해 최대한 취약한 부분을 가장 마지막에 배치해서 판단하는 것이 좋다.

(2) 필자의 경우는 시간 계산이 취약한 편이었다. 그래서 '근무 평정이 70점 이상인 직원만을 선발한다' '과학기술과 직원을 1명 이상 선발한다'를 통해 선지 ①번과 ②번을 제거하였다. 다음으로는 어학능력이 '상'인 직원이 D밖에 없기 때문에 선지 ③, ④, ⑤번 중에서 D가 포함되지 않은 ③번을 제거하였다. 그리고 마지막으로 '직전 인사 파견 기간이 종료된 이후 2년 이상~ 선발할 수 없다' 조건을 사용하여 ④번을 제거하였다. 이렇게 자신이 가장 직관적으로 판단할 수 있는 기준을 중심으로 문제를 풀어나가는 것이 좋다. 이를 위해서는 문제를 많이 풀면서 문제를 분석하는 것이 필요하다.

Tip ❸ 필자가 보기에는 특별히 쉬운 선지는 없으므로 첫 번째 조건부터 순서대로 풀어도 괜찮다. 이에 따르면 다음과 같다.

(1) 선지 ①, ②, ③번이 과장을 선발하였는데, 이 중 선지 ③번은 자치행정과의 B과장이 선발되었으나 동일 부서에 근무하는 직원 G가 선발되지 아니하였으므로 첫 번째 조건을 충족하지 못하는 바 선지 ③번을 제외한다.
(2) 두 번째 조건에 따라 동일 부서에 근무하는 팀장 D와 E가 모두 포함된 선지는 없으므로 제외할 수 있는 선지는 없다.
(3) 세 번째 조건에 따라 과학기술과 직원인 A, C, F가 모두 포함되지 않은 선지 ②번을 제외한다.
(4) 네 번째 조건에 따라 근무 평정이 70점 미만인 직원 A가 포함된 선지 ①번을 제외한다.
이 경우 선지 ④번과 ⑤번에 따라 D와 G는 반드시 선발되고, 다섯 번째 조건에 따라 정답을 선택할 수는 없으며, 여섯 번째 조건에 따라 선지 ⑤번이 선택된다.
(5) 이와 관련하여, 여섯 번째 조건은 "직전 인사 파견 기간이 종료된 이후 2년 이상 경과하지 않은 직원을 선발할 수 없다."라고 하였는데, 선지 ④번과 ⑤번이 남은 상황에서는 2014년 7월 파견된 C와 2014년 1월 파견된 F 2명을 결정짓는 조건이다. 따라서 기간을 계산할 필요 없이, 더 늦게 파견된 직원이 조건에서 반드시 배제된다. 따라서 C와 F가 직전 인사 파견 기간이 종료된 이후 2년 이상 경과하였는지 여부를 살필 필요가 없다.

245 정답 ②

난이도 ●●●

① (×) 동쪽 통로, 폭파전문가 - 무사 - 노인(3)
→ (전투력의 합) = 2(부상) + 8 = 10, 동쪽 통로에는 좀비 11마리가 있으므로 탈출할 수 없다.

② (○) 서쪽 통로, 사냥꾼 - 경찰 - 아이(2) - 노인
→ (전투력의 합) = 4 + 3(질병) = 7, 서쪽 통로에는 좀비 7마리가 있으므로 탈출할 수 있다.

③ (×) 남쪽 통로, 사냥꾼 - 폭파전문가 - 아이 - 노인(2)
→ (전투력의 합) = 4 + 2(부상) = 6, 남쪽 통로에는 좀비 11마리가 있으므로 탈출할 수 없다.

④ (×) 남쪽 통로, 폭파전문가 - 사냥꾼 - 의사 - 아이(2)
→ 전투력 강화제를 사냥꾼에게 사용하면 $4 \times 1.5 = 6$이므로 (전투력의 합) = 2(부상) + 6 + 2 = 10, 남쪽 통로에는 좀비 11마리가 있으므로 탈출할 수 없다.

⑤ (×) 북쪽 통로, 경찰 - 의사 - 아이(2) - 노인
→ 전투력 강화제를 자신에게 사용하면 $2 \times 1.5 = 3$이므로 (전투력의 합) = 3(질병) + 3 = 6, 북쪽 통로에는 좀비 9마리가 있으므로 탈출할 수 없다.

합격자의 시간단축 Tip

Tip ❶

(1) 문제의 핵심은 팀 구성인원의 전투능력의 합과 탈출 통로 좀비 수의 대소관계이다. 이들에 영향을 미치지 않는 노인과 아이는 고려할 필요가 없다. 따라서 아이, 노인을 지우고 생각하면 통로별로 전투가 가능한 인원은 2명이 대다수인 걸 알 수 있다.
이때, 숫자 감각을 가지면 좋은데, 11마리, 9마리, 7마리를 제거하기 위해 필요한 전투능력의 합에 대한 감을 잡으면 답이 보다 빨리 보일 것이다.
가령 현재 〈경찰, 사냥꾼, 의사, 무사, 폭파전문가〉의 전투능력은 순서대로 (3, 4, 2, 8, 2)가 된다. 이때, 11마리를 제거하는데 2명으로 구성하기 위해서는 〈무사〉가 필수적일 것이다.
9마리 제거에도 〈무사〉 없이는 2명으로는 부족하다. 이런 대강의 감만으로도 서쪽통로인 7마리가 가장 현실적이란 판단이 보다 쉽게 내려질 수 있다.
(2) 좀비 수가 비교적 적은 서쪽과 북쪽을 먼저 살펴보는 것이 좋다. 〈폭파전문가〉의 존재를 이유로 남쪽 통로를 먼저 의심할 수 있으나, 생존자 현황표를 보면 〈폭파전문가〉는 전투력이 2에 불과하여 11마리의 좀비를 처리하기 어려울 것임을 짐작할 수 있기 때문이다.
(3) 의사를 사용할 경우 전투력 강화제를 사용할 수 있는데 50% 향상에 유의해야 하며 "정상인 생존자들 중 1명"에게 자유롭게 사용할 수 있다는 조건을 염두해야 한다. 문제의 경우 〈폭파전문가〉와 〈사냥꾼〉에게 전투력 강화제를 생각해 볼 수 있지만 〈폭파전문가〉는 부상을 입었기 때문에 〈사냥꾼〉에게 전투력 강화제를 사용해야 한다. 본 문제의 경우에는 "정상인"의 조건을 사용하지 않아도 문제를 풀 수 있었지만 문제가 좀 더 어렵게 나온다면 "정상인"을 이용해야 할 수도 있으므로 언제나 조건의 정확한 숙지가 필요하다.
(4) 남쪽 통로에 대한 선지인 ③, ④의 경우, 두 선지를 비교해서 살펴보면 팀 구성 인원에서 〈사냥꾼〉, 〈폭파전문가〉가 동일하고 선지 ③의 아이-노인(2)과 보기 ④의 아이(2)의 전투능력이 없다는 것을 고려할 때, 선지 ④에 보기 ③과 달리 〈의사〉가 추가되어 있음을 알 수 있다. 동일한 통로에서 보다 능력치가 뛰어난 선지 ④에서 탈출에 실패한다면 선지 ③에서 자연히 탈출에 실패하게 된다. 즉, 선지 ③과 ④ 중에서는 선지 ④만 보고 넘어가면 된다.

Tip ❷ 일반적으로 부상자가 존재할 경우 부상자가 포함되지 않는 선택지가 정답인 경우가 많다. 그러나 설문의 경우 모든 선택지에 질병 또는 부상인 생존자가 포함되어 있어 어느 하나의 선택지를 배제하기 어렵다. 이하에서는 각각의 조건별로 어떤 점을 고려할 수 있는지 언급하기로 한다.

(1) 〈두 번째 조건〉의 경우, 좀비를 모두 제거해야 탈출할 수 있으므로 좀비가 적은 통로를 선택할수록 탈출 가능성이 높다는 것을 생각할 수 있다.
(2) 〈세 번째 조건〉의 경우, 폭파전문가의 다이너마이트는 남쪽 통로에만 도움이 되므로, 선지 1번과 같이 동쪽 통로에 폭파전문가가 있다면 그는 부상자로서 전투능력이 반으로 감소하는 바 오히려 탈출하는 데 방해가 될 것임을 짐작할 수 있다.
(3) 〈다섯 번째 조건〉의 경우, 질병이나 부상인 사람의 전투능력이 절반으로 감소하므로, 좀비가 많은 통로일수록 더욱 좀비를 제거하기 어려울 것임을 생각할 수 있다.
(4) 〈여섯 번째 조건〉의 경우, 전투능력을 50% 향상시키려면 전투능력이 높은 사람에게 적용하여야 유리하다. 그런데 의사가 포함되어 있는 선지 ⑤ 번의 경우 경찰에게는 사용할 수 없으므로 의사 본인에게 사용하여야 하는데, 의사의 전투능력은 2로 가장 낮으므로 사실상 무의미함을 알 수 있다.
(5) 〈일곱 번째 조건〉의 경우, 선지에서 아이와 노인을 지워도 무방하다는 점에서 **Tip ❶** (4)와 같이 선지 ③ 번을 배제하는 데 도움을 줄 수 있다.

첫 번째 조건과 네 번째 조건의 경우 설문에서는 문제 해결의 조건이라 보다는 문제 구성의 조건이었으나, 모든 조건이 문제 해결의 조건인 경우도 많으므로 주의한다.

* 조건이 상당히 많아서 선뜻 손이 가기 어려워 보이는 문제 유형이다. 물론 막상 문제를 풀게 되면 선지마다 사용되는 조건의 수는 그리 많지 않아 난이도가 높지는 않으나, 이를 시험장에서 구별하기는 쉽지 않을 것이다. 그러므로 이 문제를 넘기자고 결정한 수험생일지라도 손해를 봤다고 생각하기보다는 자신의 전략대로 시험을 풀어나가는 것이 더 좋은 결과라고 생각한다.

독끝 9일차 (246~275)

정답

246	④	247	④	248	②	249	⑤	250	②
251	⑤	252	①	253	②	254	③	255	②
256	②	257	④	258	④	259	②	260	③
261	①	262	③	263	④	264	⑤	265	④
266	②	267	④	268	②	269	③	270	②
271	③	272	②	273	⑤	274	④	275	④

246 정답 ④ 난이도 ●●●

파고가 3m 이상인 날, 금요일에 술을 마셔 다음날 선박을 탈 수 없는 경우, 호박엿을 만들 수 있는 날, 독도를 돌아볼 수 있는 날을 고려하면 다음과 같다.

① (×) 16일(일)~19일(수)
➜ 해당 기간 동안에 독도를 갈 수 있는 날은 18일(화)뿐이나, 18일에는 파고가 3m 이상이므로 선박이 운행되지 않는다. 따라서 甲의 여행기간이 될 수 없다.

② (×) 19일(수)~22일(토)
➜ 21일(금)에 술을 마셨으므로 다음 날인 22일(토)에는 선박을 탈 수 없다. 따라서 甲의 여행기간이 될 수 없다.

③ (×) 20일(목)~23일(일)
➜ 해당 기간에 독도를 갈 수 있는 날은 20일(목)뿐이다. 그러나 이 날은 여행 첫 날로 포항에서 울릉도로 향하는 선박을 타야 되며 오후 1시에 울릉도에 도착하므로 독도를 돌아보는 선박을 탈 수 없다. 따라서 甲의 여행기간이 될 수 없다.

④ (○) 23일(일)~26일(수)
➜ 23일(일) 울릉도행 선박→24일(월) 오후 6시에 호박엿 만들기 체험→25일(화) 독도 방문→26일(수) 포항행 선박 이 가능하므로 甲의 여행기간이 될 수 있다.

⑤ (×) 25일(화)~28일(금)
➜ 28일(금)에는 파고가 3m 이상이므로 선박이 운행되지 않는다. 따라서 甲의 여행기간이 될 수 없다.

합격자의 시간단축 Tip

Tip ❶

(1) 표시하기 쉬운 조건들부터 표시한다. 첫째, 최대 파고가 3m 이상인 날은 모든 노선의 선박이 운항되지 않으므로 18일, 21일, 24일, 28일, 29일은 운항이 불가능하다. 둘째, 술을 마신 다음날에는 선박을 탈 수 없으므로 22일과 29일에는 선박을 타지 못한다.

(2) 많은 조건들 중 핵심적인 조건은 독도 방문이다. 독도 방문은 정해진 날, 정해진 시간에 반드시 해야 하는 조건이기 때문이다. 다른 조건들은 선박 운행이 반드시 필요한 날에 조건에 걸려 선박 운행을 할 수 없는지를 위주로 판단한다.
이를 토대로 접근하면 다음과 같다. 가장 소거하기 쉬운 조건들부터 살펴보면
첫째, 22일 토요일에는 선박을 탈 수 없으므로 돌아갈 수 없어 ② 번을 소거한다.
둘째, 파고가 3m 이상인 날에도 선박 운항이 불가하므로 파고가 3m 이상인 28일 금요일에도 운항이 불가하다. 따라서 ⑤ 번도 소거 가능하다.

(3) 그 다음으로, 독도행 선박은 화요일과 목요일 오전 8시에 출발하며 포항에서 울릉도로 오는 선박은 매일 오전 10시~오후 1시 운항이므로 울릉도에 도착한 날 독도를 가는 것은 불가능하다. 선지 ③은 목요일에 울릉도에 도착하므로 독도를 갈 수 없어 소거된다. 다음으로 선지 ①에서는 유일하게 독도행 선박을 탈 수 있는 화요일에 파고가 3m 이상이어서 독도를 갈 수 없으므로 역시 소거된다. 따라서 답은 ④이다.

Tip ❷ 甲이 여행을 다녀온 시기로 가능한 것은? 이라고 물어봤기 때문에 오지선다에서 해당하는 답을 찾으면 되는 것이지 굳이 여행 가능한 일자들을 직접 다 찾을 필요가 없다. 위의 **Tip ❶**처럼 가장 직관적으로 파악할 수 있는 "최대 파고가 3m 이상인 날"과 같은 조건을 사용해 선지를 빠르게 소거하는 것에 집중하는 것이 좋다.

Tip ❸ 가능한 날짜를 묻는 설문 유형은 최대한 선지를 활용하는 방안이 좋은 선택일 수 있다.

(1) 3박 4일 코스인데, 울릉도로 가는 데 하루, 포항으로 오는 데 하루 잡을 경우 이틀이 남는다. 물론 시간상으로는 화요일과 목요일 오전에 독도를 방문한 뒤 오후에 포항으로 돌아오는 여정을 계획할 수도 있다. 그러나 선지에는 화요일이나 목요일에 돌아오는 여정이 없으므로 마지막 날 독도 여행은 배제하도록 하자.

(2) 한편, 울릉도에서의 이틀은 독도 왕복, 호박엿 만들기의 2가지 작업이 포함되어야 한다. 독도 방문은 화요일 또는 목요일, 호박엿 만들기는 월요일 또는 금요일에 이루어진다. 따라서 가능한 여행 시기는 월요일에 호박엿 만들기 체험을 하고 화요일에 독도를 방문하는 〈일요일~수요일〉 여정, 목요일에 독도를 방문하고 금요일에 호박엿 만들기 체험을 하는 〈수요일~토요일〉 여정의 두 가지가 존재할 것이다. 따라서 선지 ③ 번과 ⑤ 번은 자연스럽게 제외된다.

(3) 여기까지 한 후 남은 선지를 하나씩 확인해 볼 수도 있다. 또는 조건 하나를 추가하여 확인할 선지를 추가적으로 줄일 수 있다. 다섯 번째 조건에 따라 토요일에 선박을 탈 수 없으므로 선지 ② 번 또한 제외된다.

Tip ❹ 선박이 운항되지 않는 요일을 지워서 선지를 배제하는 방법도 있다. 네 번째 조건에 따라 18일, 21일, 24일, 28일, 29일에 선박이 운항되지 않으며 다섯 번째 조건에 따라 22일에는 선박을 탑승할 수 없다. 포항에서 울릉도로 가는 배편, 독도를 방문하는 배편, 울릉도에서 포항으로 돌아오는 배편 등 총 3일을 탑승해야 하므로 가능한 선지는 ① 번과 ④ 번으로 좁혀진다.
선지 ⑤ 번의 경우 3박4일 중 선박을 탑승할 수 없는 날이 하루뿐이나 그것이 마지막 날이므로 불가능함을 알 수 있다.

* 조건 별로 해당하는 날이나 해당하지 않는 날을 표시하여 푸는 방법도 있겠으나, 이 문제는 선지 별로 확인하는 방법이 보다 실수를 줄이는 방법이다. 해당 기간의 모든 날에 선박을 타고, 술을 마시지 않고, 독도를 가야 하는 것이 아니므로, 조건 별로 가능한 날짜를 표시하는 것보다는 선지에 따라 만족하는 조건을 표시하는 것이 효율적인 풀이가 될 수 있다.

247 정답 ④

난이도 ●●○

(1) 바로 확정할 수 있는 정보들을 정리하면, 팔씨름은 가영, 다솜, 라임, 마야가 출전한다. 또한, 나리는 3인 4각에만 출전 가능하고, 바다는 공굴리기에만 출전 가능하므로 각 종목에 출전한다.

(2) 선수 후보는 7명이고 경기에 참가해야 하는 인원은 총 12명이다. 이때, 〈조건〉에서 한 사람이 최소 1종목에서 최대 2종목까지 참가할 수 있다고 하였으므로 12−7=5명은 2종목을 참가하고 나머지 2명은 한 종목만 참가한다. 따라서 사랑이는 3인 4각과 공굴리기에, 라임은 팔씨름과 3인 4각에 출전한다.

따라서 3인 4각 선수로 참가해야 하는 사람은 〈나리, 라임, 사랑〉으로 정해진다.

합격자의 시간단축 Tip

Tip ❶ 선지를 활용하여 푸는 방법

(1) 나리와 바다는 각각 3인 4각과 공굴리기만 참가할 수 있으므로, 참가 종목이 확정된다. 이에 따라 나리가 없는 ⑤ 는 소거되며, 바다가 포함되어 있는 ① 도 소거된다. 다음으로 '다솜'을 살펴볼 필요가 있다. 다솜이는 모든 종목에 참여할 수 있는 사람이다. 따라서 문제의 발문이 3인 4각 선수로 '참가해야 하는 사람'을 고르라고 하였으므로 다솜이가 3인 4각에 '반드시' 참여해야 하는지에 주목하면 문제를 쉽게 접근할 수도 있다.

Tip ❷

(1) 모든 사람들이 어느 종목에 출전하는지 구체적으로 알지 못해도 답을 정하는 데에는 지장이 없다. 꼭 필요한 정보만을 처리하도록 한다. 이것은 실전에서 사용할 팁이고, 연습 때에는 모든 명단을 작성한 후 어떤 부분을 먼저 체크하는 게 문제를 풀기 위한 가장 좋은 방법이었을 지 생각해보는 것을 추천한다.

(2) 실제로 종목별 선수 명단을 확정하면, 오래달리기와 공굴리기 종목에서 가영과 다솜의 참가 여부가 불확실하다. 그러나 이 부분은 답 도출과 전혀 상관이 없으므로, 실전에서는 풀면서 종목별 선수 명단을 확정하기 위해 시간을 소모하지 말자.

Tip ❸ 경우의 수가 많아 보이는 문제에서 필자가 체크하는 것은 3가지이다.
① 총 몇 개인지 ② 확정정보가 무엇인지 ③ 가장 이질적인 조건이 무엇인지이다.
이 문제의 경우 ①, ② 만 파악해도 매우 쉽게 풀 수 있다.

(1) 체육대회를 위해 필요한 인원은 총 1+4+3+4=12명이다. 반면, A부 선수는 7명뿐이다. 이는 12개 자리에 7명을 중복 배치하는 경우에 해당하며, 이 말은 5명은 2경기를 뛰어야 한다는 것이다.

(2) 모든 사람이 한 종목 이상 참가해야 한다는 조건에 따라, 한 종목만 뛰어야 하는 나리, 바다는 자동적으로 출전 종목이 확정된다. 이때, (1)에 따라 나리, 바다를 제외한 5명은 반드시 두 종목을 뛰어야 한다. 비록 〈조건〉에는 한 사람이 두 종목까지 참가할 수 있다고 하여 제한조건처럼 주어져 있으나, 실제로는 반드시 두 종목씩 참석해야 하는 필요조건으로 작동하게 되는 것이다.

이미 여기서 답은 확정된다. 두 종목만 담당할 수 있는 〈라임, 사랑〉 역시 출전 종목이 확정되기 때문이다. 따라서 정답은 〈나리, 라임, 사랑〉 이 된다. (참고로 본 해설처럼 팔씨름 출전 선수 또한 확정된다는 것을 체크할 수 있으면 좋다.)

248 정답 ②　　난이도 ●●●

ㄱ. (O) 甲이 첫 번째 경기에서 구슬 4개 또는 5개를 쥐어 이기면, 甲이 최종 우승자가 된다.
→ 첫 번째 경기에서 甲이 구슬 4개를 쥐어 이기면 乙은 甲에게 구슬 4개를 줘야 한다. 다음 차례에 乙이 출제자가 되지만 乙은 남은 구슬이 1개 밖에 없으므로 손에 쥔 구슬의 개수는 반드시 1개가 되고, 甲 또한 이를 알고 있다. 따라서 甲은 '홀수'라고 대답하여 구슬 10개를 모두 가져올 수 있다.
한편, 첫 번째 경기에서 甲이 구슬 5개를 쥐어 이기면 乙은 甲에게 구슬 5개를 줘야 하며, 바로 경기가 甲의 승리로 끝나게 된다.

ㄴ. (×) 甲이 첫 번째 경기에서 구슬 3개를 쥐어 이기고 두 번째 경기에서도 이긴다면, ~~甲이 최종 우승자가 된다.~~
→ 甲이 첫 번째 경기에서 구슬 3개를 쥐어 이긴다면 甲은 구슬 8개가 되고 乙은 구슬 2개가 남는다. 두 번째 경기에서 乙이 구슬 1개를 쥐고 甲이 이긴다면 甲은 구슬 9개가 되고 乙은 구슬 1개가 남는다. 그러나 세 번째 경기부터 乙이 계속 이긴다면 乙이 최종 우승자가 될 수 있다. 따라서 甲이 첫 번째 경기에서 구슬 3개를 쥐어 이기고 두 번째 경기에서 이기더라도 반드시 甲이 최종 우승자가 되는 것은 아니다.

ㄷ. (×) 甲과 乙이 매 경기마다 구슬 1개씩만 손에 쥔다면, 최종 우승자를 결정하기 위한 최소 경기 횟수는 ~~6회이다.~~
→ 모두 甲이 이긴다고 가정했을 때, 1경기 진행 후 갑이 가진 구슬은 6개, 2경기 진행 후 갑이 가진 구슬은 7개, 3경기 진행 후 갑이 가진 구슬은 8개, 4경기 진행 후 갑이 가진 구슬은 9개, 5경기 진행 후 갑이 가진 구슬은 10개가 된다. 따라서 최소 경기 횟수는 5회이다.

ㄹ. (O) 甲과 乙이 매 경기마다 구슬 2개씩만 손에 쥔다면, 최종우승자를 결정하기 위한 최소 경기 횟수는 3회이다.
→ 모두 甲이 이긴다고 가정했을 때, 1경기 진행 후 갑이 가진 구슬은 7개, 2경기 진행 후 甲이 가진 구슬은 9개, 3경기 진행 후 甲이 가진 구슬은 10개가 된다. 따라서 최소 경기 횟수는 3회이다.

합격자의 시간단축 Tip

Tip ① 승리/패배가 가려지는 게임의 경우 명시적인 승리 조건을 달성하지 않더라도 승리가 확정되는 경우가 있는지를 살펴보아야 한다. 상대방의 구슬을 모두 가져온 사람이 최종 우승자가 되는 것이 명시적인 승리 조건이지만, 꼭 게임을 시행하지 않더라도 현 시점에서 상대가 취할 수 있는 행동이 제한되어 있다면 승리가 확정된다. 체스의 체크메이트나 오목에서 4개의 돌이 막히지 않고 이어져 있는 경우를 생각하면 된다. 해당 문제의 경우 〈보기 ㄱ〉과 같이, 출제자가 구슬을 1개 가지고 있으면 반드시 구슬은 1개 쥐게 되므로 답변자의 승리는 확정된 것으로 볼 수 있다.
선지를 소거하여 빠르게 해결할 수 있다. 우선 ㉠이 4개 있으므로 ㉡부터 판단하면, 선지 ①, ③, ⑤가 소거된다. 따라서 남은 ㉢만 판단하면 된다.

Tip ② 이런 유형의 문제에서 가장 주의해야할 것이 있다. 그것은 경기 순서에 따라 경우의 수가 달라질 수 있다는 것이다. 이를 노리고 구성한 것이 바로 〈보기 ㄱ, ㄴ〉 이다. 〈보기 ㄱ〉을 풀고 나면 자칫 최종우승자 확정 조건이 "구슬의 개수" 라고 착각할 수 있다. 9개의 구슬이 확보되면 이긴다고 착각하는 것이다. 그러나 정확히는 9개의 구슬을 따고 그 다음 경기에서 답변자가 될 때 최종 우승자가 될 수 있는 것이다. 이런 보기의 구성은 종종 나타나는 유형이므로 반드시 경기 순서가 어떻게 되는지 파악하는 것을 습관들여야 한다.

Tip ③

(1) 위 문제처럼 특정 상황을 주고 결과를 가정하는 문제가 문제해결 파트 에서는 많이 나온다. 이때 주어진 조건 이외에는 문제를 푸는 사람이 직접 상황을 가정해야 한다.
처음엔 막막하게 느껴지겠지만 '가장 답을 구하기 쉽게 가정하기'를 염두에 둔다면 오히려 이러한 유형의 문제는 쉽게 느낄 수 있다. 가령 〈보기 ㄱ〉의 경우 甲이 첫 번째 경기에서 구슬 4개 또는 5개를 쥐어 이기면 甲이 최종 우승자가 되지 '못하는 경우'를 최대한 고려하는 것이다.

(2) 또한, 〈조건〉 중 '甲과 乙은 자신이 최종 우승자가 되려고 최선을 다한다'라는 조건이 있는데, 실전에서는 쉽게 지나칠 조건이지만 사실 이 조건은 문제를 푸는 데 있어 중요한 조건이다. 왜냐하면 만약 저 조건이 없다면 〈보기 ㄱ〉의 경우에서 甲이 구슬 4개를 쥐어 이겨도 乙이 출제자가 될 때 甲이 '홀수'를 안 맞출 수도 있기 때문이다. 최종 우승자가 되려

고 최선을 다하기 때문에 乙의 남은 구슬이 1개라는 것을 알면 甲이 최종 우승자가 될 수 있는 것이다.

Tip ❹ 최종 우승자를 결정하기 위한 최소 경기 횟수를 묻는 〈보기 ㄷ〉과 〈보기 ㄹ〉을 풀 때에 최종 우승자가 확실히 정해지는 최소 경기 횟수와 보기에서 묻는 최종 우승자를 결정하기 위한 최소 경기 횟수의 차이를 구별할 수 있어야 한다.
예를 들어 〈보기 ㄷ〉에서 乙이 모든 경기를 이긴다고 가정하는 경우, 4번째 경기를 한 뒤 甲은 1개의 구슬을 가지고 있고 乙은 9개의 구슬을 가지고 있어 〈보기 ㄱ〉에서 점검한 것처럼 반드시 乙이 최종 우승자가 된다. 그러나 이 경우에도 5번째 경기를 진행해야만 乙이 우승자로 결정되는 것이므로, 보기에서 묻는 최소 경기 횟수는 5회가 될 것이다. 이처럼 문제에서의 표현의 의미를 확실히 파악해야 어이없는 실수를 줄일 수 있다.

249 정답 ⑤ 난이도 ●●●

4월은 30일이므로 각 광고수단의 광고효과를 정리하면 다음과 같다.

	월 광고 횟수	회당 광고 노출자 수	월 광고비용 (천 원)	광고효과
TV	월 3회	100만 명	30,000	$\frac{3\times100(\text{만})}{30,000(\text{천})}=0.1$
버스	일 1회 = 월 30회	10만 명	20,000	$\frac{3\times10(\text{만})}{20,000(\text{천})}=0.15$
KTX	일 70회 = 월 2,100회	1만 명	35,000	예산 초과로 활용 안함
지하철	일 60회 = 월 1,800회	2천 명	25,000	$\frac{1,800\times2(\text{천})}{25,000(\text{천})}=0.144$
포털 사이트	일 50회 = 월 1,500회	5천 명	30,000	$\frac{1,500\times5(\text{천})}{30,000(\text{천})}=0.25$

따라서 광고효과가 가장 큰 '포털사이트'를 선택한다.

합격자의 시간단축 Tip

Tip ❶ **단위**를 얼마나 잘 묶어내는지가 중요한 문제이다.
광고횟수는 '월 횟수'로 통일해야 하며, 회당 광고 노출자 수는 만 명과 천 명으로 나뉘어져 있는 만큼 통일할 필요가 있는데 월 광고비용이 천 원인 만큼 광고 노출자 수도 '천 명'으로 맞추는 것이 좋다.
하지만 단순히 대소 비교만 할 때는 각 항목(광고비용, 횟수 등)의 단위만 전체 광고수단에 공통되게 맞추면 되며, 정확한 광고효과의 값을 분모, 분자의 단위를 맞춰 도출할 필요가 없다.
이하의 **Tip**에서 보다 구체적으로 살펴보자.

(1) [분모 통일 방법]
이 문제에서 우리를 귀찮게 하는 것이 무엇인가? 사람마다 다를 순 있겠지만, 필자가 생각하기엔 '광고효과의 분모가 통일되지 않은 점'이라 생각한다. 이를 역으로 활용하면, 단위를 통일하기보단 전체 값의 형태를 통일한다는 생각으로 접근하면 된다. 예를 들면 다음과 같다.

① 광고비용의 (천 원)은 모두에게 동일하게 적용되므로 무시한다.
다만 필수적인 광고횟수는 '월'로 맞추고, 회당 광고노출자 수는 '만'이나 '천'으로 맞춘 후 공통되므로 생략한다. 또한, 편의상 노출자 수를 '십만 명'으로 맞추고, 간단하게 정리하면 아래의 표와 같다.

광고효과	분자		분모
광고수단	광고 횟수(월)	회당 광고 노출자 수 (천 명)	월 광고비용 (백만 원)
TV	3회	1,000	30
버스	30회	100	20
KTX	2,100회	10	35
지하철	1,800회	2	25
포털사이트	1,500회	5	30

② 이때, 분모의 광고비용을 모두 10으로 맞춘다는 생각으로 접근하자.
- TV: 분모의 광고비용이 30이므로 분모, 분자를 각각 3으로 나누면 분모는 10이 되고, 분자는 $\frac{3(\text{회})\times1,000}{3}=1,000$이다.
- 버스: 분모의 광고비용이 20이므로 분자, 분모를 각각 2로 나누면 분모는 10이 된다. 그리고 분자는 $\frac{30(\text{회})\times100}{2}=1,500$이다.
- 지하철: 분모의 광고비용이 25이므로 4를 곱한 후, 10으로 나누면 분모는 10이 된다. 따라서 분자 역시 같은 과정을 거치면 $\frac{1,800(\text{회})\times2\times4}{10}=1,440$이다.
- 포털사이트: 분모의 광고비용이 30이므로, 3으로 나누면 분모는 10이 된다. 따라서 분모와 동일하게 분자를 3으로 나누면 $\frac{1,500(\text{회})\times5}{3}=2,500$이다.

(2) 추천 방법 – [해결 방법 1의 단순화]

① 위 방법도 사실 지나치게 정확한 값을 도출하고 있다. 단순 대소 비교라면 더욱 단순화할 수 있다. 추천 방법의 핵심은 '방향성을 잡는 것'이다.

② '광고 횟수'는 '월' 단위로, '회당 광고노출자 수'는 '1,000명' 단위로 단위를 맞춰주고 분자 값만 정리하면 다음과 같다.

- TV: 3×1,000=3,000
- 버스: 30×100=3,000
- 지하철: 1,800×2=3,600
- 포털사이트: 1,500×5=7,500

③ 분자 값이 가장 큰 포털사이트를 앞에서와 같이 분모를 통일한다고 생각하면(이 경우 월 광고비용의 단위는 '억 원'이 된다), 단순히 3으로만 나누면 된다. 따라서 7,500÷3=2,500이 된다.

④ 이를 기준으로 볼 때 2,500은 아직 나누지도 않은 TV, 버스, 지하철과 값이 비슷하므로 만약 다른 값들이 2,500보다 크기 위해선 2배가 채 안 되는 값으로 나누어야 하나, 그 어느 수단도 광고비용이 20,000보다 작지 않다. 따라서 굳이 계산해보지 않더라도 포털사이트가 가장 큼을 바로 알 수 있다.

＊ 이처럼 '분자가 큰 값을 기준으로 모순이 있는지 확인한다'는 방향성을 잡고 접근하게 되면 계산을 최소화하고 빠르게 비교할 수 있다. 특히 유일한 계산인 '분자 값 계산'은 매우 단순한 곱셈에 불과하여 시간이 크게 소모되지 않는다는 점에서 부담도 적을 것이다.

(3) [숫자 비교 용이하게 하기]

① 광고 횟수가 일별로 주어진 경우, 월 단위로 환산 시 이에 30을 곱해야 한다. 그러나 지하철이나 포털사이트의 경우 일별 광고 횟수가 크기 때문에 30을 곱할 경우 TV나 버스와의 직관적 비교가 어렵다. 따라서 30을 광고 횟수가 아닌 회당 광고노출자 수에 곱해주는 방법을 생각해 볼 수 있다. (동일하게 분자에 들어가는 값들이기 때문에 어디에 곱해주든 무관하다.)
이렇게 할 경우 숫자들을 다음과 같이 변형할 수 있다.

	광고 횟수	회당 광고노출자 수	월 광고비용 (천 원)
TV	3	100만 명	30,000
버스	1	10(만 명)×30 =300만 명	20,000
KTX	제외		
지하철	60	2(천 명)×30 =6만 명	25,000
포털사이트	50	5(천 명)×30 =15만 명	30,000

② 이 다음, 가장 먼저 월 광고비용이 동일한 TV와 포털을 비교해보면 분자 값이 TV는 300만, 포털사이트는 750만으로 포털사이트가 훨씬 커 TV가 소거된다. 다음으로 버스와 포털 사이트를 비교해보면, 포털사이트의 광고 횟수는 50, 버스의 회당 광고노출자 수는 300으로(만 명 생략) 6배인 반면 버스의 광고 횟수는 1, 포털사이트의 회당 광고노출자 수는 15로(만 명 생략) 15배여서 6배의 두 배 이상이다.

③ 즉, 포털사이트의 분자가 두 배 이상 크며, 분모인 월 광고비용은 1.5배 차이 나므로 총 광고효과는 포털사이트가 더 커 버스는 소거된다. 마지막으로 지하철과 포털사이트를 비교해보면, 회당 광고노출자 수에서 포털사이트가 지하철의 두 배 이상이며 나머지는 소소하게 차이 나므로 이 역시 포털사이트가 가장 클 것임을 알 수 있다.
이처럼 곱해지는 값들을 최대한 비교하기 용이하게 만들어 놓고 각개 격파를 하면 구체적인 계산 없이도 답을 도출할 수 있다.

＊ 만약 월 광고비용을 나누어 광고효과의 크기 비교를 보다 정확하게 하고 싶다면, 광고비용의 값을 단순화하는 방법도 있다. 특히 지하철의 경우 '25'라는 나누기 복잡한 값이 포함되어 있기 때문에 이 과정이 도움이 될 것이다. 필자의 경우, 분모에 들어가는 수가 조금 단위가 클 것 같다면 최대공약수로 나누어 문제를 단순화시킨다. 본 문제의 경우 이 과정이 상당히 쉬운데, 우선 '천 원' 단위는 공통되어 있으니 무시하고, 동일하게 붙은 '0'을 모두 생략한다. 그 후 명시적으로 보이는 공약수인 5로 나누어 주면, 모든 계산에서 분모가 1의 자리로 단순화되어, 분수 계산에서 약분이 보다 쉬워지게 된다.

이 과정을 표로 나타내면 다음과 같다. '해결방법3'의 표 우측에 작성할 수 있다.

광고수단	월 광고비용 (천 원)				
		÷1,000		÷5	
TV	30,000	→	30	→	6
버스	20,000	→	20	→	4
지하철	25,000	→	25	→	5
포털사이트	30,000	→	30	→	6

Tip ❷ **단위**가 통일이 되지 않아 계산이 복잡할 것 같은 문제이다. 반대로 얘기하면 단위만 맞춰주면 매우 쉬운 문제가 될 것이다. 사람마다 편한 단위를 쓰면 된다. 필자의 경우 "회당 광고노출자 수"를 "만 명"을 기준으로 보는 것도 쉽다고 판단했다. 그렇다면

- 지하철: 2천 명→0.2만 명
- 포털사이트: 5천 명→0.5만 명

로 판단하면 그만이다. 이를 통해 TV와는 각각 500배, 200배 정도가 차이가 난다는 것을 쉽게 파악할 수 있다. 반대로 광고횟수에서는 몇 배가 차이 날지 생각하면서 접근하는 것이다.

Tip ❸ 문제에서 4월의 광고수단을 물어보았으며, 4월은 30일이므로 금액 계산에 있어 핵심적인 부분이 된다. 따라서 '4월'에 동그라미를 치든 눈에 띄는 표시를 하여 반드시 고려하도록 한다. 계산 실수도 있겠지만 문제 자체에 주어진 단서를 놓쳐 틀리는 경우도 많으니 주의하자.

250 정답 ② 난이도 ●●○

(1) 〈자기소개〉를 정리하면 다음과 같다.

	성별	학과	가면
A	남	~식품영양학과, ~경제학과	~드라큘라
B	남	행정학과	늑대인간
C	남	식품영양학과	처녀귀신
D	여	정치외교학과	좀비
E	남	전자공학과	드라큘라

*(단, ~A는 A가 아니라는 의미이다.)

(2) 이때, A와 E는 반드시 참일 수밖에 없다. 왜냐하면 A가 거짓이라면 드라큘라 가면이 2명이 되어 모순되며, E가 거짓이라면 드라큘라 가면이 없게 되어 모순되기 때문이다.

(3) 또한, C와 D는 각각이 거짓일 경우 식품영양학과가 없거나 여학생이 없게 되어 모순되므로 참일 수밖에 없다.

(4) 따라서 B가 거짓을 말한 학생이 되며, 옳게 배치하면 다음과 같다.

	성별	학과	가면
A	남	행정학과	늑대인간
B	여	경제학과	유령
C	남	식품영양학과	처녀귀신
D	여	정치외교학과	좀비
E	남	전자공학과	드라큘라

합격자의 시간단축 Tip

Tip ❶

(1) 해설처럼 모순 관계를 지문 내에서 확인할 필요 없이 바로 선지를 통해 처리해도 무관하다. 이처럼 할 수 있는 이유는 문제 구조가 **'거짓을 말했으면 모두 거짓, 진실을 말했으면 모두 진실'**인 구조이기 때문이다. 적용해보면 다음과 같다.
   - 선지 ①: 성별이 여성으로 '거짓'을 말한 것이 되지만, 학과와 가면은 '진실'이어서 모순된다.
   - 선지 ②: 성별이 여성으로 '거짓'을 말한 것이 되고, 학과와 가면 역시 거짓이어서 모순되지 않는다.
   - 선지 ③: 성별이 남성으로 '진실'을 말한 것이 되고 학과 역시 진실이지만 가면이 거짓이어서 모순된다.
   - 선지 ④: 성별이 여성으로 '진실'을 말한 것이 되고 학과 역시 진실이지만 가면이 거짓이어서 모순된다.
   - 선지 ⑤: 성별이 남성으로 '진실'을 말한 것이 되고 학과 역시 진실이지만 가면이 거짓이어서 모순된다.

   따라서 정답은 모순되지 않은 선지 ② 번이다.

(2) 이처럼 문제를 해결할 경우 매우 간단하게 풀 수 있다. 앞서 설명한 것과 같이, 모두 진실 or 모두 거짓의 구조일 때는 이 방법을 꼭 활용하도록 하자. 유의할 점은 이러한 문제풀이가 가능한 이유는 조건에서 명확하게 '한 명은 모두 거짓만을 말하고 있다'고 주어졌기 때문이라는 것이다. 만일 해당 조건이 '한 명은 거짓말을 하고 있고'와 같이 주어졌다면, 이하 자기소개 내용에서 성별, 학과, 가면 중 하나만 거짓을 말해도 거짓말을 한 게 되기 때문에 위와 같은 방식으로 접근할 수 없다.

Tip ❷ 이 문제는 어려워 보이지만 설계가 너무 정확하게 되어 있는 문제이다. 따라서 생각보다 쉽게 경우의 수가 제거된다. 2가지가 가장 눈에 띄는데 먼저 A의 발언만 모두 부정문으로 되어있다는 점이다. 즉 "식품영양학과, 경제학과가 아니며"+"여학생이 아니고"(감이 좋은 사람은 이렇게 접근이 가능했을 것이다)+"드라큘라 가면을 쓰지 않은" 학생이다.
눈에 띄는 점은 B, C, D, E 모두 다른 학과와 가면을 언급하고 있다는 것이다. 이를 고려할 때 눈 여겨 볼 사항은
① 학과가 식품영양학과인 학생: C
② 여학생인 학생: D
③ 드라큘라 가면을 쓴 학생: E
이다. 왜냐하면 한 항목이 모든 학생들에게 해당되지 않으면 모순이기 때문이다.
예시를 적용해보면 금방 알 수 있다. 가령 C가 거짓이라고 가정하면, C는 식품영양학과에 다니지 않는다. 이때, 나머지 B, D, E가 각각 행정학과, 정치외교학과, 전자공학과에 다니므로 남은 학과는 식품영양학과와 경제학과이다. 하지만 A와 C가 모두 식품영양학과에 다니지 않으므로 선택지는 경제학과뿐이다.

A와 C가 동시에 경제학과를 다니는 경우는 없으며 더욱이 이 문제의 경우 A가 참이라면, A는 경제학과에 다니지도 않는다. 따라서 모순이다. 여학생인 D와 드라큘라 가면인 E도 똑같은 논리로 거짓이 모순인 결과가 나올 것이다. 문제의 설계를 파악했다면 A가 부정하는 학과, 성별, 가면에 해당하는 C, D, E를 보다 쉽게 제외시킬 수 있었을 것이다.

Tip ❸

(1) 또 다른 접근법으로는 적극적으로 선지를 소거해가며 문제를 해결하는 방법이 있다.
한 명이 거짓이고 나머지는 모두 진실을 말하고 있는 상황에서 남학생이 3명이고 여학생이 2명이므로, ABCDE 중 D가 진실을 말하고 있다는 것을 캐치할 수 있다. 왜냐하면 D가 거짓을 말하는 사람일 경우 ABCDE 전부 남학생이 되는데 그렇게 된다면 주어진 상황과 불일치하기 때문이다.
그러므로 D는 여학생이고 D의 말은 진실이며 ABCE 중 거짓이 있다는 것을 추측할 수 있다. 이때, 선지 4번의 D가 드라큘라 가면이므로 제외되고, D는 좀비 가면을 쓰고 있는데 3번에서 C가 좀비 가면을 쓰므로 3번도 제외된다.

(2) 다음으로, A와 E는 모두 드라큘라 가면을 언급하고 있으며, 서로 상반되는 소개이므로 둘은 동시에 참이거나 동시에 거짓이어야 한다. 이때 단 한 명만이 거짓을 말하고 있으므로, 자동적으로 A와 E는 참을 말한 사람이 된다. 따라서 E는 드라큘라 가면을 쓰므로 ⑤ 번이 제외되며, A는 남학생이므로 1번도 제외된다. 이에 따라, B의 자기소개를 검토하지 않고도 정답은 ② 번임을 알 수 있다.
이처럼 선지를 판별하는 과정에 있어, 한 명만이 거짓을 말하고 있기 때문에 누가 거짓만을 말하고 있는지 가정하는 방법을 사용하면 좋다.

(3) 문제를 풀 때, 남학생 3명, 여학생 2명과 같이 주어진 숫자를 활용하도록 한다. 이때, 한 명을 골리 '거짓이라면~'을 가정하면 나머지는 자동 참이므로 문제를 수월하게 접근할 수 있다.
한 명을 가정할 때는 가장 답을 내기 쉬운 사람을 설정하는 것이 좋다. 문제의 경우는 A의 진실, 거짓 여부가 E의 진실, 거짓 여부까지 결정짓는다. 나머지 B, C, D의 경우 거짓이라 가정한다면 다양한 경우의 수가 나오게 되므로, 최대한 마지막에 검토하는 것이 좋다.
예를 들어, B를 부정하는 경우 '늑대인간 가면을 안 쓸거야~'가 되어버려 나머지 가면의 경우의 수가 다수 존재하게 된다.

* 설문의 경우 연습에서는 해설 또는 **Tip ❷, ❸** 등 다른 풀이로 접근하여 문제에 대한 시각을 넓히는 데에 도움을 줄 수 있으나, 실전에서는 **Tip ❶**과 같이 선지를 활용하는 접근법이 가장 쉽고 빠르며 초보자가 활용하기도 용이한 풀이이다.
다만, 동일한 유형의 모든 문제에 적용되는 것은 아니고, 설문의 경우 모두 옳게 짝지은 것을 묻는 문제 및 한 명이 모두 거짓만을 말하는 상황인 네 번째 동그라미를 통해 선지를 활용하는 것이 가장 효율적이라는 결론이 도출되었다. 따라서 동일한 유형이 출제되었을 때에는 선지 활용을 우선적으로 사용하여서는 안된다.
** 성별과 학과, 그리고 가면의 종류뿐만 아니라 참과 거짓까지 가려야 하는 문제다. 사실 이러한 유형의 퀴즈는 굳이 문제해결 파트가 아니라도 시중에 떠도는 유명한 퀴즈들이 많다.
그래서 그러한 문제를 푸는 것을 좋아한다거나 흥미가 있는 경우라 해도 시험장에서 가장 좋은 판단은 풀지 않고 넘어가는 것이다. 해설의 방법이나 **Tip**은 이 문제를 푸는 경우에 더 빠르게 푸는 방법정도로 새겨 두고 우선은 먼저 넘어가는 것이 옳다고 본다.

251 정답 ⑤ 난이도 ●●●

① (O) 연구개발 부서와 소프트웨어 부서는 다른 부서와 같은 층에 배치된다.
→ 소프트웨어 부서가 영업마케팅 부서와 같은 층에 배치되고, 연구개발 부서가 디자인 부서와 같은 층에 배치될 경우 6개의 부서를 배치할 수 있다. 〈조건〉을 바탕으로 6개 부서의 위치로서 가능한 경우 중 한 가지를 나타내면 다음과 같다.

위치	1층	2층	3층	4층	5층
부서	연구개발 디자인	영업마케팅 소프트웨어	경영 지원	기술/ 설비	–

② (O) 기술/설비 부서와 디자인 부서는 다른 부서와 같은 층에 배치되지 않는다.
→ 기술/설비 부서와 디자인 부서가 각각 다른 부서와 같은 층에 배치되지 않을 경우 〈조건〉 ⓜ에 의하여 나머지 4개의 부서가 2개의 층에 배치되어야 한다. 이때, 〈조건〉 ⓛ, ⓒ, ⓗ에 따라 연구개발 부서와 소프트웨어 부서가 같은 층에 배치되고 영업마케팅 부서와 경영지원 부서가 같은 층에 배치될 경우 6개의 부서를 배치할 수 있다. 〈조건〉을 바탕으로 6개 부서의 위치로서 가능한 경우 중의 한 가지를 나타내면 다음과 같다.

위치	1층	2층	3층	4층	5층
부서	연구개발 소프트웨어	영업마케팅 경영지원	디자인	기술/ 설비	–

③ (○) 경영지원 부서와 디자인 부서는 다른 부서와 같은 층에 배치된다.

→ 경영지원 부서가 영업마케팅 부서와 같은 층에 배치되고, 디자인 부서가 소프트웨어 부서 또는 연구개발 부서와 같은 층에 배치될 경우 6개의 부서를 배치할 수 있다. 〈조건〉을 바탕으로 6개 부서의 위치로서 가능한 경우 중 한 가지를 나타내면 다음과 같다.

위치	1층	2층	3층	4층	5층
부서	소프트웨어 부서 디자인 부서	연구 개발 부서	영업마케팅 부서 경영지원 부서	기술/ 설비 부서	–

④ (○) 기술/설비 부서와 소프트웨어 부서는 다른 부서와 같은 층에 배치되지 않는다.

→ 기술/설비 부서와 소프트웨어 부서가 각각 다른 부서와 같은 층에 배치되지 않을 경우 〈조건〉 ⓜ에 의하여 나머지 4개의 부서가 2개의 층에 배치되어야 한다. 이때, 〈조건〉 ⓛ, ⓒ, ⓗ에 따라 연구개발 부서와 디자인 부서가 같은 층에 배치되고 영업마케팅 부서와 경영지원 부서가 같은 층에 배치될 경우 6개의 부서를 배치할 수 있다. 〈조건〉을 바탕으로 6개 부서의 위치로서 가능한 경우 중 한 가지를 나타내면 다음과 같다.

위치	1층	2층	3층	4층	5층
부서	연구개발 부서 디자인 부서	영업마케팅 부서 경영지원 부서	기술/ 설비 부서	–	소프트 웨어 부서

⑤ (×) 경영지원 부서와 연구개발 부서는 다른 부서와 ~~같은 층에 배치되지 않는다.~~

→ 경영지원 부서와 연구개발 부서가 각각 다른 부서와 같은 층에 배치되지 않을 경우 나머지 4개의 부서가 3개의 층에 배치되어야 한다. 그런데 〈조건〉 ⓡ, ⓜ에 따라 기술/설비 부서는 다른 부서와 같은 층에 배치되지 않으며 기술/설비 부서의 위층에는 어떠한 부서도 위치하지 않으므로 기술/설비 부서를 제외한 나머지 3개의 부서가 1개의 층에 배치되어야 한다. 그러나 〈조건〉 ⓖ에 따라 각 층에는 최대 2개 부서를 배치할 수 있으므로 이는 불가능하다.

합격자의 시간단축 Tip

Tip ❶ 조건에 디자인 부서가 주어지지 않기 때문에 문제를 푸는 과정에서 이를 잊을 수 있어 주의가 필요하다. 따라서 미리 동그라미를 쳐서 표시하는 등의 과정이 필요하다.

Tip ❷ ⓒ에 따라 연구개발 부서는 반드시 1층 또는 2층에 배치해야 하므로, 각 경우로 나누어 검토할 수 있다.

(1) 연구개발 부서가 1층에 배치될 경우

① ⓗ에 따라 연구개발 부서 바로 위층인 2층에는 영업마케팅 부서와 다른 부서가 함께 배치될 것이다. 다음으로, ⓜ에 따라 기술/설비 부서 바로 위층은 반드시 비어 있어야 하므로 해당 부서는 5층에 배치될 수 없다.

만일 기술/설비 부서가 4층에 배치될 경우 5층에는 아무 부서도 배치되지 않을 것이며, ⓡ에 따라 4층에는 해당 부서만 배치될 것이다. ⓛ에 따라 경영지원 부서는 연구개발 부서나 소프트웨어 부서와 함께 배치될 수 없으므로, 경영지원 부서는 3층에 단독으로 배치되거나, 3층에 디자인 부서와 함께 배치되거나, 2층에 영업마케팅 부서와 함께 배치될 수 있다.

이를 표로 나타내면 다음과 같다.

5층	×
4층	기술/설비 부서
3층	(B–경영지원 부서)
2층	영업마케팅 부서, (A–경영지원 부서)
1층	연구개발 부서

② 이때, A와 같이 2층에 영업마케팅 부서와 경영지원 부서가 배치될 경우 디자인 부서와 소프트웨어 부서는 각각 1층 또는 3층에 배치되거나 함께 3층에 배치될 수 있다. 즉, (디자인 부서–3층&소프트웨어 부서–1층), (디자인 부서–1층&소프트웨어 부서–3층), (디자인 부서–3층&소프트웨어 부서–3층)이 가능하다. 이상에서, (디자인 부서–3층&소프트웨어 부서–1층)이라면 연구개발 부서와 소프트웨어 부서가 함께 1층에 배치되므로 선지 ①을 충족한다. 기술/설비 부서와 디자인 부서가 각각 단독으로 배치되므로 선지 ②를 충족한다. (디자인 부서–1층&소프트웨어 부서–3층) 또는 (디자인 부서–3층&소프트웨어 부서–3층)이라면 경영지원 부서는 영업마케팅 부서와 함께 2층에, 디자인 부서는 연구개발 부서 또는 소프트웨어 부서와 같은 층에 배치되므로 선지 ③을 충족한다. (디자인 부서–1층&소프트웨어 부서–3

해설편
9일차
• 문제해결 + 자원관리능력

층)이라면 기술/설비 부서와 소프트웨어 부서가 각각 단독으로 배치되므로 선지 ④를 충족한다. 영업마케팅 부서와 경영지원 부서가 함께 2층에 배치되므로 선지 ⑤는 불가능하다.

③ 이때, B와 같이 3층에 경영지원 부서가 배치될 경우 소프트웨어 부서는 1층 또는 2층에 배치될 수 있고 디자인 부서는 1층, 2층 또는 3층에 배치될 수 있다. 다만, ㉥에 따라 소프트웨어 부서나 디자인 부서 중 하나는 반드시 2층에 배치되어야 한다. 즉, (소프트웨어 부서-1층&디자인 부서-2층), (소프트웨어 부서-2층&디자인 부서-1층), (소프트웨어 부서-2층&디자인 부서-3층)이 가능하다. 이상에서, 어떠한 경우에도 1층 또는 3층에 소프트웨어 부서나 디자인 부서 중 하나는 배치가 되므로 선지 ⑤가 불가능하다.

④ 한편, 만일 기술/설비 부서가 3층에 배치될 경우 4층에는 아무 부서도 배치되지 않을 것이며, 위와 같은 이유로 경영지원 부서는 5층에 배치되거나 2층에 배치될 수 있다. 이를 표로 나타내면 다음과 같다.

5층	(경영지원 부서)
4층	×
3층	기술/설비 부서
2층	영업마케팅 부서, (경영지원 부서)
1층	연구개발 부서

이때, 선지 ⑤를 충족시키는지 여부만 확인하면 되므로, 경영지원 부서가 5층에 배치되었다고 가정한다. 이러한 상황에서 소프트웨어 부서는 1층 또는 2층에 배치될 수 있고 디자인 부서는 1층, 2층 또는 5층에 배치될 수 있다.

⑤ 다만, ㉥에 따라 소프트웨어 부서나 디자인 부서 중 하나는 반드시 2층에 배치되어야 한다. 즉, (소프트웨어 부서-1층&디자인 부서-2층), (소프트웨어 부서-2층&디자인 부서-1층), (소프트웨어 부서-2층&디자인 부서 - 5층)이 가능하다. 이상에서, 어떠한 경우에도 1층 또는 5층에 소프트웨어 부서나 디자인 부서 중 하나는 배치가 되므로 선지 ⑤는 불가능하다.

(2) 연구개발 부서가 2층에 배치될 경우

① ㉥에 따라 연구개발 부서 바로 위층인 3층에는 영업마케팅 부서와 다른 부서가 함께 배치될 것이다. ㉤에 따라 기술/설비 부서 바로 위층은 반드시 비어 있어야 하므로 기술/설비 부서는 4층에 배치되고 5층에는 비어 있을 것이다. ㉡에 따라 경영지원 부서는 연구개발 부서와 같은 층에 배치될 수 없으므로, 1층 또는 3층에 배치될 수 있다. 이를 표로 나타내면 다음과 같다.

5층	×
4층	기술/설비 부서
3층	영업마케팅 부서, (B-경영지원 부서)
2층	연구개발 부서
1층	(A-경영지원 부서)

② 이때, A와 같이 경영지원 부서가 1층에 배치될 경우 소프트웨어 부서는 2층 또는 3층에 배치될 수 있고 디자인 부서는 1층, 2층 또는 3층에 배치될 수 있다. 다만, ㉥에 따라 소프트웨어 부서나 디자인 부서 중 하나는 반드시 3층에 배치되어야 한다. 즉, (소프트웨어 부서-1층&디자인 부서-3층), (소프트웨어 부서-3층&디자인 부서-1층), (소프트웨어 부서- 3층&디자인 부서-2층)이 가능하다.

③ 이상에서, 어떠한 경우에도 1층 또는 2층에 소프트웨어 부서나 디자인 부서 중 하나는 배치가 되므로 선지 ⑤가 불가능하다. 이때, B와 같이 3층에 영업마케팅 부서와 경영지원 부서가 배치될 경우 경영지원 부서가 항상 영업마케팅 부서와 같은 층에 배치되므로 ⑤가 불가능하다. 따라서 정답은 ⑤이다.

* 연구개발 부서를 문제의 시작 단계로 삼은 것에 의문을 갖는 수험생이 있을 수 있다. 그러나 이는 사후적인 풀이가 아니라 확실한 정보를 먼저 채우자는 원칙을 적용한 것이다. 물론 조건 중에서는 어떠한 조건도 특정 부서를 확실하게 특정 층에 고정시키는 조건은 없으나, 1층과 2층이라는 두 가지의 선택지로 좁혀주는 것만으로도 그나마 확실한 정보를 제공해줄 수 있다는 점에서 연구개발 부서가 기준이 되어야 하는 것이다.

**** Tip ❷**의 방법을 따라가며 문제를 풀다 보면, 결과적으로 연구개발 부서가 몇 층에 있어야 하는지, 기술/설비부서가 몇 층에 있어야 하는지가 크게 중요하지 않음을 알 수 있다. 제시된 조건이 무엇인지에 따라 달라질 수는 있으나, 선지에서 묻는 것은 두 부서가 같은 층에 배치되는지 여부 등이며 구체적으로 몇 층에 위치하는지를 묻고 있지는 않기 때문이다.

Tip ❸ 위와 같은 가정 및 표 그리기를 하지 않고도 선지 ⑤는 불가능함을 알 수 있다.
1~5층 중, 2개 층은 기술/설비 부서로 인해서(조건 ㉣, ㉤) 더 이상 다른 부서를 배치할 수 없다. 그럼 3개층과 5개의 부서가 남는데, 한 개층에는 최대 2개의 부서만 배치할 수 있다.
따라서 기술/설비 부서와 그 위층을 제외하면 2개 부서/2개 부서/1개 부서와 같은 배치가 될 것이다. ㉥에 따라서 영업마케팅 부서는 항상 다른 부서와 함께 배치되고 연구개발 부서와는 다른 층에 배치가 되므로 (연구개발 부서 & X 부서/영업마케팅 부서&Y 부서/1개 부서) 또는 (2개 부서/영업마케팅 부서&Y 부서/연구개발 부서)가 될 것이다.

Tip ❷－(1)에서 X 부서가 소프트웨어 부서라면 ①를 충족한다.

X 부서가 소프트웨어 부서이고 Y 부서가 경영지원 부서이며 1개 부서가 디자인 부서라면 ②를 충족한다. X 부서가 디자인 부서이고 Y 부서가 경영지원 부서이며 1개 부서가 소프트웨어 부서라면 ③를 충족한다. X 부서가 디자인 부서이고 Y 부서가 경영지원 부서이며 1개 부서가 소프트웨어 부서라면 ④를 충족한다.

한편, **Tip ❷**－(1)에서 연구개발 부서는 항상 X 부서와 함께 배치되므로 ⑤가 불가능하다. **Tip ❷**－(2)에서 경영지원 부서는 항상 2개 부서가 배치되는 층에 배치되므로 ⑤가 불가능하다. 따라서 ⑤가 정답이다.

> ＊ **Tip ❸**에 따르면 표를 그리지 않아도 풀 수 있으나, 해설과 **Tip ❷**에 제시된 표를 그리는 방법을 적어도 한번은 연습해보도록 하자. 문제의 출제 의도를 이해하는 데에 도움이 될 것이다.

Tip ❹

(1) '칸' 개념을 활용할 수도 있다.

지문과 〈조건〉 ㉠로부터 회사 건물을 아래와 같이 2행 5열로 이루어진 표로 나타낼 수 있다. 이때, 행과 열 중 열만이 유의미한 정보이다. 즉, 각 부서가 어느 행에 위치해 있는지는 문제에서 묻지 않으므로 아무렇게나 표기하여도 무방하다.

이는 신사옥 건물이 총 10칸으로 구성되며 그 중 6개 칸에 부서들이 배치됨을 의미한다.

(2) 〈조건〉 ㉣, ㉤으로부터 기술/설비 부서가 위치한 층과 그 바로 위층, 총 2개 층을 혼자 씀을 알 수 있다. 이는 아래와 같이 2행 2열로 이루어진 표로 나타낼 수 있다. (전술했듯, 기술/설비 부서를 1행 2열에 표기하든, 2행 2열에 표기하든 문제풀이와는 상관이 없다.)

신사옥 건물을 나타낸 2행 5열의 표에 기술/설비 부서를 배치해 보자. 임의로 기술/설비 부서를 4층에 배치한다면 다음과 같다.

기술/설비 부서	

즉, 신사옥 건물의 10칸 중 색칠된 4칸을 기술/설비 부서가 (사실상) 차지하며, 나머지 6칸에 5개 부서들이 배치됨을 의미한다.

(3) 1개 칸에는 1개 부서만 배치될 수 있다. 따라서 나머지 5개 부서 중 경영지원 부서와 연구개발 부서의 2개가 층을 혼자 사용한다는 선지 ⑤는 자연히 틀린 선지가 된다.

이는 **Tip ❸**과 비슷한 방향이지만, 보다 시각적으로 사고하는 풀이이다.

PSAT 문제를 풀면서 어떤 것이 핵심적인 정보인지 파악하고 이것을 시각적으로 나타낼 수 있다면, 문제해결이 더욱 빠르고 정확해질 것이다. 본 문제의 경우 '10칸에 6개를 넣기', '기술/설비 부서가 4칸을 사용함' 정도가 핵심 정보에 해당할 것이다.

252 정답 ❶ 난이도 ●●○

(1) 〈조건〉 ㉣, ㉤에 의하면 甲이 신청하지 않은 교양은 丙도 신청하지 않으므로 丙은 기초중국어를 신청하지 않았다. 그런데 〈조건〉 ㉢에 따라 기초중국어를 신청한 사람은 2명이므로 乙과 丁은 기초중국어를 신청했다. 한편, 〈조건〉 ㉤에 따라 기초중국어를 신청한 사람은 문학과 철학도 신청했으므로 乙과 丁은 문학과 철학을 신청했다.

(2) 이때, 〈조건〉 ㉤에 따라 丙이 신청한 교양은 甲도 신청하는데 만약 丙이 문학과 철학을 신청했다면 甲도 문학과 철학을 신청하므로, 문학과 철학을 신청한 사람이 3명이라는 〈조건〉 ㉢에 위배된다. 따라서 丙은 문학과 철학을 신청하지 않았으며 〈조건〉 ㉢에 따라 甲은 문학과 철학을 신청했다.

(3) 또한, 〈조건〉 ㉡에 따라 4명은 모두 두 개 또는 세 개의 교양을 신청했으므로 丙은 테니스, 패션과 미디어 두 개의 교양을 신청하였으며 〈조건〉 ㉤에 따라 甲도 테니스, 패션과 미디어 두 개의 교양을 신청하였다.

(4) 이상의 결과를 표로 나타내면 다음과 같다.

	문학과 철학	기초 중국어	테니스	패션과 미디어
甲	○	×	○	○
乙	○	○		
丙	×	×	○	○
丁	○	○		

① (○) 신청한 교양의 수는 甲이 丙보다 많다.
➜ 甲은 문학과 철학, 테니스, 패션과 미디어의 총 세 개의 교양을 신청하였으며 丙은 테니스, 패션과 미디어의 총 두 개의 교양을 신청하였다.

② (×) 신청한 교양의 수는 乙이 丙보다 ~~많다.~~
➜ 乙이 테니스, 패션과 미디어 두 개의 교양을 각각 신청하였는지 여부는 알 수 없으며, 〈조건〉 ㉡에 따라 乙은 총 두 개 또는 세 개의 교양을 신청하였다. 한편, 丙은 테니스, 패션과 미디어 총 두 개의 교양을 신청하였다.
따라서 신청한 교양의 수는 乙이 丙보다 많을 수도 있고, 乙과 丙이 동일할 수도 있다.

③ (×) 甲은 테니스를 ~~신청하지 않았다.~~
➜ 〈조건〉 ㉢, ㉣, ㉤에 따라 丙은 기초중국어와 문학과 철학을 신청하지 않아, 테니스와 패션과 미디어를 신청하였다. 따라서 〈조건〉 ㉤에 따라 甲도 테니스를 신청하였다.

④ (×) 乙은 기초중국어를 ~~신청하지 않았다.~~
➜ 〈조건〉 ㉣, ㉤에 따라 甲과 丙은 기초중국어를 신청하지 않았다. 이때, 〈조건〉 ㉢에 따라 기초중국어를 신청한 사람은 2명이므로, 乙과 丁은 기초중국어를 신청하였다.

⑤ (×) 丁은 테니스를 ~~신청하지 않았다.~~
➜ 丁이 테니스를 신청하였는지 여부는 알 수 없다.

합격자의 시간단축 Tip

만일 문학과 철학 수업을 丙은 듣지 않고 甲이 들어야 한다는 사실을 알아냈다면, 더 이상 문제를 풀 필요 없이 답은 ①임을 알 수 있다.
丙과 甲의 관계에서 丙은 충분조건, 甲은 필요조건이기 때문에 丙이 듣고 있다면 甲은 무조건 그 수업을 들을 것이지만 반대는 성립하지 않는다.
따라서 甲은 丙과 듣는 수업의 개수가 같거나 그보다는 많을 수밖에 없으며, 문학과 철학을 甲만 듣는다는 말은 곧 기타의 신청여부와 무관하게 甲이 항상 丙보다 많은 수업을 들을 것이라는 의미이다.

* '丙이 신청한 교양과목은 甲도 신청했다'와 같은 조건은 이러한 유형의 문제에서 흔히 나오는 조건이다. 이로부터 丙이 신청한 과목의 수보다 甲이 신청한 과목의 수가 더 많으며, 甲이 신청하지 않은 교양과목은 丙도 신청하지 않았다는 의미까지 도출할 수 있다.
또한, 이러한 조건은 문제풀이의 핵심이 되는 경우가 많으므로, 이 조건이 나오면 이를 기준으로 푸는 것이 좋다.

253 정답 ②　　　난이도 ●●○

(1) (가) 건물 윗면 한 변의 길이를 a라고 가정하면, 높이는 2a가 된다.
따라서 윗면 1개의 넓이는 $a \times a = a^2$, 옆면 1개의 넓이는 $a \times 2a = 2a^2$ 이다.

(2) (가) 건물을 페인트칠 하는 넓이는 옆면 4개와 윗면 1개로 $2a^2 \times 4 + a^2 = 9a^2$ 이며, 이를 칠하는데 총 36통의 페인트가 필요했다.
따라서 페인트 1통당 칠할 수 있는 넓이는
$\frac{(\text{칠해야 하는 넓이})}{(\text{페인트 사용량})} = \frac{9a^2}{36} = \frac{a^2}{4}$ 이다.

(3) (나) 건물을 페인트칠 해야 하는 넓이는 $2a^2$이 3개와 a^2이 2개이므로 $2a^2 \times 3 + a^2 \times 2 = 8a^2$ 이다.
따라서 필요한 페인트 수는
$\frac{(\text{칠해야 하는 넓이})}{(\text{1통당 칠할 수 있는 넓이})} = \frac{8a^2}{\frac{a^2}{4}} = 32$통이다.

합격자의 시간단축 Tip

Tip ① 해설과 같이 정석적으로 푸는 것은 매우 비효율적이다.
어차피 식의 구조 상 정확한 넓이 값을 도출할 수 없어 비례 관계를 이용해야 하므로, '상대비'가 얼마인지를 중심으로 접근하는 것이 좋다.
이를 적용하면 다음과 같이 풀 수 있다.
먼저 넓이를 비율로 도출하면 윗면의 넓이는 $1 \times 1 = 1$, 옆면의 넓이는 $1 \times 2 = 2$이므로
- (가) 건물의 넓이 $= 2 \times 4 + 1 = 9$
- (나) 건물의 넓이 $= 2 \times 3 + 1 \times 2 = 8$

즉, 건물의 넓이의 비는 $9 : 8 = 36 : x$이므로 비례식을 풀면 x는 32통임을 바로 알 수 있다.

* 해설의 풀이에 적용해보면, $9a^2$ 만큼의 면적을 칠하는데 페인트 36통이 필요하므로 a^2 만큼의 면적을 칠하는 데는 페인트 4통이 필요하다.
** 직육면체의 겉넓이를 구해야 한다고 생각한 후에, 기계적으로 밑면의 면적까지 더하는 실수를 하지 않도록 주의해야 한다. 이 경우 (가) 건물의 겉넓이를 $10a^2$라고 계산하게 된다.

Tip ❷ 윗면인 정사각형을 기본단위로 잡으면 직사각형인 옆면은 정사각형이 2개 있는 것과 동일함을 알 수 있다. 따라서 (가)는 9개의 정사각형으로 이루어져 있고 (나)는 8개의 정사각형으로 이루어져 있음을 구할 수 있다. (가) 건물을 칠할 때 36통의 페인트가 사용되었으므로 정사각형 한 면당 4통의 페인트가 쓰였고, (나) 건물은 4×8=32 통의 페인트를 사용하였다.

* 위 과정을 머리로만 진행하면 헷갈리기 쉬우므로 실제로 시험지 상에서 그림 위에 긴 부분에는 2a라고, 짧은 부분에는 a라고 써 놓고 문제를 풀어나가는 것이 실수를 줄이는데 도움이 된다.

Tip ❸ 설문과 제시문에 '최소'라는 단어가 두 번 사용되므로 오해를 유발하기 쉽다. 혹 헷갈리는 경우에는 선지가 어떻게 구성되어 있는지를 확인하는 것이 좋다. 만약 선지 구성이 1통 단위로 되어있는 경우 '최소'의 의미를 보다 엄밀하게 파악해야 할 필요가 있겠지만 문제와 같이 큰 차이가 나게 선지가 구성된 경우라면 '최소'라는 단어에 큰 의미를 두지 않도록 노력해야 실수를 줄일 수 있다.

254 정답 ③ 난이도 ●○○

시도한 횟수가 3회일 때는 세 번째 시도에서 공을 넣었거나(0점) 세 번째 시도에서도 공을 넣지 못한 경우(-3점)의 두가지가 존재하므로 참가자들이 각 라운드별로 얻을 수 있는 점수와, 가능한 총점을 나열하면 다음과 같다.

구분	1라운드	2라운드	총점
甲	0, -3	0, -3	0, -3, -6
乙	2	0, -3	-1, 2
丙	2	2	4
丁	5	0, -3	2, 5

ㄱ. (O) 甲은 다른 선수의 경기결과에 따라 3등을 할 수 있다.
➔ 甲, 乙, 丙, 丁이 획득한 총점이 각각 (0, -1, 4, 5)이라면 甲은 3등이 된다.

ㄴ. (×) 乙은 다른 선수의 경기결과에 따라 ~~준우승을 할 수 있다.~~
➔ 乙이 준우승하기 위해서는 丙이 4점, 乙, 丁이 2점이어야 가능성이 있다. 그러나 동점이 나올 경우, 1라운드 고득점 순으로 동점자의 순위를 결정한다. 丁의 1라운드 득점은 5점이므로 丁이 준우승을 하게 된다. 따라서 乙은 준우승을 할 수 없다.

ㄷ. (×) 丙이 우승했다면 1라운드와 2라운드 합쳐서 네 명이 구멍 안에 넣은 공은 ~~최소 5개 이상이다.~~
➔ 丙이 우승했다면 丙은 4점이고, 丁은 2점일 것이어야 한다. 이때, 甲이 0개, 乙이 1개, 丙이 2개, 丁이 1개 공을 넣는 경우에도 丙이 우승을 하는 것이 가능하다. 즉, 네 명이 구멍 안에 넣은 공이 4개일 때도 丙이 우승하므로 틀린 선지이다.

ㄹ. (O) 丁이 우승했다면 획득한 점수는 5점이다.
➔ 丙은 확정적으로 4점을 획득하므로 丁이 우승하기 위해서는 반드시 5점이어야 한다.

합격자의 시간단축 Tip

Tip ❶

(1) 얻을 수 있는 점수의 범위를 미리 적어놓고 푸는 것이 실수를 줄일 수 있다. 이 문제의 가장 핵심 포인트는 '세 번째 시도에 공을 넣었는지 여부'이다. 〈규칙〉에서 유일하게 변수가 될 수 있는 부분이기 때문에 해당 부분을 유념하며 문제에 접근해야 한다. 〈경기결과〉에서 역시 1회에는 5점, 2회에는 2점을 적어 두고 3회에는 0점 혹은 -3점이 적힐 수 있음을 인지한 후에 〈보기〉로 내려가야 한다.
① 보기 ㄱ에서는 甲이 다른 선수의 경기결과에 따라 3등을 할 수 있는지 여부를 물었다. 甲은 두 라운드 모두 3회를 시도했기 때문에 점수가 가장 낮을 가능성이 높은 참가자이다. 따라서 나머지 참가자들이 최대한 낮은 점수를 받았을 경우에 甲이 3등할 가능성이 높기 때문에 나머지 乙과 丁의 2라운드 '3회'에 -3을 적어 계산한다.
② 보기 ㄴ에서도 1라운드 점수가 가장 높은 丁의 2라운드 점수를 -3으로 가정하여 乙에게 최상인 상황을 만들어주어야 한다.
③ 보기 ㄷ에서는 丙이 우승하기에 최상인 상황을 만들어주어야 하므로 나머지 '3회'가 적힌 부분들의 점수가 -3점이라고 가정한다.

④ 보기 ㄹ에서는 丁이 우승해야 하므로 丁을 제외한 나머지 '3회'가 모두 −3점이라고 가정한다. 이처럼 규칙에서 변수가 되는 '가장 의심스러운 부분'이 쓰일 확률이 높다는 것을 미리 인지하고 있다면 출제 포인트를 파악할 수 있어 문제 풀이에 적합한 예시를 떠올리는데 수월할 것이다. 또한, 이렇게 문제를 푸는 사람이 직접 점수 등을 가정해야 하는 문제는 가장 답을 구하기 쉬운 방향으로 점수를 설정하면 된다. 즉 극단적으로 점수를 설정하는 것이 도움이 된다.

(2) 점수문제가 나올 때, 동점일 때의 처리가 문제되는 경우가 굉장히 많다. 동점규정이 있을 때에는 동점이 나올 것을 예상하고 바로바로 처리할 수 있어야 한다.

Tip ❷ 설문의 경우 규칙을 먼저 이해하고 문제를 푸는 것이 낫다. 일반적으로 이러한 '경기'나 '게임'이 주어지는 경우, 특별히 예시가 주어지지 않는다면 보기 자체에서 힌트를 얻기보다는 규칙을 이해해야 풀 수 있는 경우가 많으므로 규칙을 먼저 읽으면 좋겠다는 생각을 가지도록 하자.

255 정답 ②

난이도 ●○○

	A방식	B방식	C방식
甲	(14×5)+(7×10) =140	(14×5)+(7×10)− (6×3)−(3×5)=107	(14+7)×10=210
乙	(10×5)+(9×10) =140	(10×5)+(9×10)− (10×3)−(1×5)=105	(10+9)×10=190
丙	(18×5)+(4×10) =130	(18×5)+(4×10)− (2×3)−(6×5)=94	(18+4)×10=220

① (○) A방식으로 채점하면, 甲과 乙은 동점이 된다.
→ 140점으로 동점이 된다.

② (×) B방식으로 채점하면, ~~乙이~~ 1등을 하게 된다.
→ 甲이 107점으로 1등을 하게 된다.

③ (○) C방식으로 채점하면, 丙이 1등을 하게 된다.
→ 220점으로 丙이 1등을 하게 된다.

④ (○) C방식은 다른 방식에 비해 상식 과목에 더 큰 가중치를 부여하는 방식이다.
→ A와 B 방식은 정답을 맞힌 경우 상식은 문제 당 5점, 영어는 10점을 부여한다. 반면 C방식은 문제 당 10점으로 두 과목이 동일하고, 상식의 문제 수가 영어의 2배이므로 총 배점의 비중이 2 : 1이 된다. 따라서 옳은 선지이다.

⑤ (○) B방식에서 상식의 틀린 개수 당 점수를 −5, 영어의 틀린 개수 당 점수를 −10으로 한다면, 甲과 乙의 등수는 A방식으로 계산한 것과 동일할 것이다.
→ 甲은 (14×5)+(7×10)−(6×5)−(3×10)=80점, 乙은 (10×5)+(9×10)−(10×5)−(1×10)=80점, 丙은 (18×5)+(4×10)−(2×5)−(6×10)=60점이 된다.

합격자의 시간단축 Tip

Tip ❶

(1) B방식이 가장 복잡하게 점수 계산을 하고 있다. 이때, ① 복잡한 B방식을 먼저 할 것인지 ② 상대적으로 단순한 A와 C방식을 먼저 할 것인지의 방법을 선택할 수 있다. B방식을 먼저 하는 경우 정답이 복잡한 계산에 걸려 있는 경우가 있으므로 답을 바로 구해낼 수 있고 또 복잡한 계산을 먼저 하고 나서 쉬운 계산을 하면 답을 빠르게 구할 수 있다는 장점이 있으나 복잡한 계산을 틀렸을 때의 심적 압박이 존재할 수 있다. 반면 안정성을 위해서는 A나 C방식 같이 쉬운 방식이 속한 오지선다를 먼저 처리하는 방법도 있다. 이는 실전에서 본인의 선택에 달려있다.

(2) B방식처럼 감점방식으로 점수를 계산할 때, 이런 식으로 계산하면 쉽게 계산할 수 있다. 정답을 맞히면 5점을 얻고 틀리면 −3점을 얻는다. 이를 가만히 생각해보면 모든 문제를 맞히면 100점이다. 그러나 한 문제를 틀리면 92점이 된다. 즉 1문제를 틀렸을 때, 만점에 비해서 8점이 깎이는 것과 마찬가지이다. 얻어야 할 5점을 얻지 못한 부분과 감점 부분이 합쳐져서 이런 결과를 낳게 된다. 이를 활용하여 '총 감점'을 구하는 것이 좋다. 甲은 상식에서 6개를 틀렸다. 즉 총 48점이 감점되어 상식에서 52점을 얻는다. 영어에서는 3개를 틀렸다. 영어에서는 한 문제당 '총 감점'이 −15점이다. 따라서 영어에서는 45점이 감점되어 55점을 얻게 된다. 따라서 甲의 최종 점수는 52+55=107점이다. 이와 마찬가지로 乙, 丙의 총점을 계산하면 105점, 94점이 도출된다.

(3) 선지 ⑤의 경우 등수 선정이 A방식과 같아진다는 점을 눈치채야 한다. 앞서 말한 100점에서 몇 점이 감점되는지에 초점을 두면 간단하다. 변형된 B방식에서 상식은 한 문제 틀리는 경우 사실상 −10점, 영어는 사실상 −20점이다. 영어 1문제 감점이 상식 1문제 감점의 2배이며 이는 A방식에서도 마찬가지다. 맞힌 개수 당 점수를 부여하는 방식은, 100점에서 틀린 문제 당 동일한 점수를 감점하는 것과 사실상 같은 의미이기 때문이다. 따라서 "등

수" 관점에서는 A방식과 변형된 B방식은 같아질 수밖에 없다. 등수 선정을 맞힌 개수로 비교하는 방식은 후술하는 방법을 참고하면 될 것이다.

Tip ❷ 선지 ①번을 판단하기 위해 정확한 총합을 계산할 필요는 없다. A방식에 따르면 상식은 문제 당 5점, 영어는 문제 당 10점으로 영어의 개수 당 점수가 상식의 두 배이다. 甲과 乙이 정답을 맞힌 문항의 개수를 비교해보면 甲은 乙보다 상식 문제를 4문제 더 맞혔고, 乙은 甲보다 영어 문제 2문제를 더 맞혀 문제 수로 보면 甲이 더 맞힌 문제 개수가 두 배이다. 개수 당 점수는 영어가 두 배 더 높으나 甲이 더 맞은 상식 문제 개수가 乙이 더 맞은 영어 문제 개수의 두 배이므로 甲의 상식 점수가 더 높은 만큼 乙의 영어 점수가 더 높아 결국 둘의 점수는 동일할 것이다.

* 이 문제의 경우 요령을 피우려고 하다 보면 오히려 함정에 빠지기 쉽다. 그러므로 해설과 같이 여백에 눈에 잘 띄도록 A~C방식을 표시해 놓고 갑~병의 점수를 적어 놓고 비교하는 것이 오히려 정석이자 헷갈리지 않는 정확한 풀이가 될 수 있다.

256~257 정답 ❷, ❹ 난이도 ●●○

〈조건〉 ㉡과 ㉥에 따라 수박은 포도와 오렌지 이전에 주어야 한다. 그런데 〈조건〉 ㉧에 따라 사과는 포도를 준 바로 다음 날 주어야 하므로 포도 이후에 주어야 한다. 이를 정리하면 네 개의 과일 가운데 수박을 가장 빨리 주어야 하므로 월요일에 수박을 주고, 화～목요일에는 '오렌지－포도－사과' 또는 '포도－사과－오렌지' 순서의 두 가지 방법으로 줄 수 있다.

요일	월	화	수	목
경우 1	수박	오렌지	포도	사과
경우 2	수박	포도	사과	오렌지

(1) 간식으로 오렌지와 초콜릿맛 우유를 같은 날 줄 수 없을 경우 간식의 순서를 도출하면 다음과 같다.

① 경우 1: '수박－오렌지－포도－사과' 순서로 과일을 줄 경우
초콜릿맛 우유는 〈조건〉 ㉦에 의하면 빨라야 화요일에 줄 수 있으며 〈조건〉 ㉢에 따라 수요일에 줄 수 없다. 이때, 오렌지를 주는 화요일에도 초콜릿맛 우유를 줄 수 없으므로 초콜릿맛 우유는 목요일에 주어야 한다. 그런데 〈조건〉 ㉤에 따라 일반 우유는 딸기맛 우유와 바나나맛 우유 이후에 주어야 하므로 일반 우유를 포도와 함께 수요일에 주게 된다. 그러나 이는 포도와 일반 우유를 같이 줄 수 없다는 〈조건〉 ㉣에 위배된다.

② 경우 2: '수박－포도－사과－오렌지' 순서로 과일을 줄 경우
초코렛맛 우유는 〈조건〉 ㉢, ㉦에 의하여 월요일과 수요일에는 줄 수 없고, 오렌지를 주는 목요일에도 줄 수 없으므로 초콜릿맛 우유는 화요일에 주어야 한다. 이 경우 〈조건〉 ㉤에 따라 일반 우유는 딸기맛 우유와 바나나맛 우유 이후에 주어야 하므로 일반 우유를 오렌지와 함께 목요일에 주게 된다. 이를 표로 정리하면 다음과 같다.

요일	월	화	수	목
과일	수박	포도	사과	오렌지
우유	딸기	초콜릿	바나나	일반

따라서 간식으로 오렌지와 초콜릿맛 우유를 같은 날 줄 수 없을 경우, 목요일에는 일반 우유와 오렌지를 주게 되므로 답은 ②이다.

(2) 만일 간식으로 오렌지를 포도보다 앞서 주어야 할 경우, 과일을 주는 순서는 경우 1인 '수박－오렌지－포도－사과'이다. 일반 우유는 〈조건〉 ㉤에 의하면 빨라야 수요일에 줄 수 있으며 〈조건〉 ㉣에 따라 포도를 주는 수요일에 줄 수 없다. 따라서 일반 우유는 목요일에 주어야 한다. 이때, 〈조건〉 ㉢에 따라 초콜릿맛 우유는 수요일에 줄 수 없으므로 초콜릿맛 우유는 월요일 또는 화요일에 주어야 하며, 〈조건〉 ㉦에 따라 딸기맛 우유를 초콜릿맛 우유보다 빨리 주어야 하므로 초콜릿맛 우유는 화요일에 주어야 한다. 이에 따라 딸기맛 우유는 월요일에, 바나나맛 우유는 수요일에 주게 된다. 이를 표로 정리하면 다음과 같다.

요일	월	화	수	목
과일	수박	오렌지	포도	사과
우유	딸기	초콜릿	바나나	일반

따라서 간식으로 오렌지를 포도보다 앞서 주어야 할 경우 수요일에는 바나나맛 우유와 포도를 주게 된다.

합격자의 시간단축 Tip

Tip ❶ 만일 문제에서 주어진 오렌지와 초콜릿맛 우유는 같은 날 주지 않는다는 조건을 적용하지 않는다면 경우 2일 때 과일 간식으로 '바나나맛 우유－딸기맛 우유－일반 우유－초콜릿맛 우유'를 먹는 경우도 생각해볼 수 있다.

그러나 문제에 조건이 주어진 경우 이를 최대한 빨리 적용하여 문제에 접근하는 것이 효율적이므로, 굳이 다른 경우를 생각해내기 보다는 문제의 조건을 대입했을 때 모순이 생기지 않는지 여부를 먼저 파악하는 것이 좋다.

* 설문의 경우 가능한 과일의 순서가 단 2가지밖에 존재하지 않는다. 따라서 경우의 수가 적을 것으로 예상했으나, 막상 문제에 주어진 조건을 적용하지 않을 경우 많은 경우의 수가 발생한다. 이와 같이 문제에서 특정 조건이 추가로 주어질 경우 반드시 이를 적용하고 시작하자. 이미 문제에서 전제를 한 조건이기 때문에 꼬일 여지도 없다.

Tip ❷

(1) 여집합의 개념을 적극적으로 활용할 수 있으면 좋다. 이 문제에서는 남는 자리에 포커스를 두면 보다 해석이 편하다. 가령 "일반우유는 딸기맛 우유와 바나나맛 우유 이후에 주어야 한다"는 조건 ㉤은, 일반우유가 가능한 남는 자리는 수요일 또는 목요일 밖에 없다는 것을 의미한다.
일반우유 앞에 적어도 2개 이상의 자리(요일)가 확보되어야 하기 때문이다. 이러한 해석이 좋은 이유는 방향성을 찾기 좋다는 점이다. 즉 이후 조건들을 볼 때 "수요일, 목요일" 위주의 조건에 포커스를 두며 푸는 것이다. 그러면 보다 조건들이 체계적으로 정리되어 경우의 수가 중구난방으로 나오지 않는다.

(2) 과일의 경우 더 쉽다. 조건 ㉡, ㉥에 따라 수박은 포도와 오렌지 이전이며, 조건 ㉧에 따라 사과는 포도 다음날이므로, 수박은 사과 이전일 것이다. 즉, 수박 이후에는 3개의 과일이 와야 할 것이며, 수박에게 남은 자리는 4자리 중 1자리 밖에 없다. 수박은 월요일이 될 수밖에 없다는 것을 빠르게 도출할 수 있어야 할 것이다.

Tip ❸

(1) 과일이 우유보다 가능성을 확정짓기가 쉽다. 이처럼 문제를 풀 때 변수가 2개라면 조건들을 통해 확정 짓기 쉬운 변수를 먼저 기준점으로 설정해 놓고 그 다음 변수를 조건에 맞게 넣으면 문제의 답을 찾기가 더 쉬워진다.

(2) 해설과 같이 대응표를 그려 각 요일에 해당하는 우유와 과일을 한 번에 적어내는 것은 쉽지 않을 수 있다. 그러므로 이러한 경우 표를 여러 개 그리는 것에 거부감을 갖기 보다는 차라리 표를 두 개 그려서 가로축에는 동일하게 월~목요일을 적어주고, 첫 번째 표의 세로축에는 과일의 종류를, 두 번째 표의 세로축에는 우유의 종류를 적어서 두 개의 표를 차근차근 채워나가는 것이 오히려 편할 수 있다.

(3) 문제에서 주어진 조건을 표로 옮기면 다음과 같다.

〈표1 - 과일〉

	월	화	수	목
사과	×	×		
포도	×			×
오렌지	×			
수박	○	×	×	×

〈표2 - 우유〉

	월	화	수	목
일반	×	×		
초콜릿	×		×	
딸기			×	×
바나나				×

258 정답 ④ 난이도 ●●●

ㄱ. (○) A팀이 C팀과의 경기에서 이긴다면, A팀은 B팀과 D팀의 경기 결과에 상관없이 16강에 진출한다.
➜ A팀이 C팀과의 경기에서 이겼을 때 승점을 도출해보면 다음과 같다.

① B팀이 D팀에 이긴 경우		② D팀이 B팀에 이긴 경우		③ B팀과 D팀이 비긴 경우	
팀	승점	팀	승점	팀	승점
A팀	9	A팀	9	A팀	9
B팀	6	B팀	3	B팀	4
C팀	3	C팀	3	C팀	3
D팀	0	D팀	3	D팀	1

따라서 어떤 경우인지와 무관하게 A팀은 승점 9점으로 1등이 되어 항상 16강에 진출한다.

ㄴ. (○) A팀이 C팀과 1 : 1로 비기고 B팀이 D팀과 0 : 0으로 비기면 A팀과 B팀이 16강에 진출한다.
➜ A팀이 C팀과 1 : 1로 비기고 B팀이 D팀과 0 : 0으로 비긴 경우의 승점·골득실차·득점을 정리하면 다음과 같다.

팀	승점	골득실차	득점
A팀	7	4	6
B팀	4	−1	3
C팀	4	−1	3
D팀	1	−2	1

우선 승점이 가장 높은 A팀이 16강에 진출한다. 이때, B팀과 C팀은 승점 → 골득실차 → 득점 모두 동일하므로, '승자승'으로 비교한다.

마지막 경기 이전에 B팀과 C팀은 경기를 치렀으며, 그 결과는 B : C=2 : 0 으로 B가 C에 대해 승리하였다. 따라서 '승자승'에 따라 B팀이 C팀을 누르고 조 2위로 16강에 진출한다.
따라서 A팀과 B팀이 16강에 진출한다.

보기 ㄷ. (O) C팀과 D팀이 함께 16강에 진출할 가능성은 전혀 없다.
➜ 마지막 경기에서 C팀이 A팀에게, D팀이 B팀에게 각각 승리를 거둘 경우의 승점을 정리하면 다음과 같다.

팀	승점
A팀	6
B팀	3
C팀	6
D팀	3

이 경우 A팀과 C팀이 16강에 진출한다. D팀은 마지막 경기에서 승리하더라도 승점 3점이 되며, A팀은 마지막 경기에서 패배하더라도 승점 6점이 된다. 따라서 D팀이 A팀에 앞서 16강에 진출할 수 없다.

보기 ㄹ. (×) D팀은 마지막 경기의 결과에 관계없이 16강에 ~~진출할 수 없다.~~
➜ 마지막 경기를 진행하기 전 각 팀의 현황을 정리하면 다음과 같다.

팀	승점	골득실차	득점
A팀	6	4	5
B팀	3	−1	3
C팀	3	−1	2
D팀	0	−2	1

마지막 경기에서 A팀이 C팀에게 a : c의 점수로 승리하고, D팀이 B팀에게 d : b의 점수로 승리한 경우의 승점을 정리하면 다음과 같다.

팀	승점	골득실차	득점
A팀	9	4+(a−c)	5+a
B팀	3	−1−(d−b)	3+b
C팀	3	−1−(a−c)	2+c
D팀	3	−2+(d−b)	1+d

이 경우 A팀이 조 1위로 16강에 진출하며, B팀, C팀, D팀은 승점이 동일하므로 골득실차로 16강 진출팀이 결정된다. 그런데 A팀이 C팀에게, D팀이 B팀에게 각각 승리하였으므로 (a−c)와 (b−d)는 각각 1 이상의 정수이다. 이때, B팀과 C팀의 골득실차는 최대 −2이며, D팀의 골득실차는 최소 −1이다. 따라서 이 경우 세 팀 중 골득실차가 가장 높은 D팀이 조 2위로 16강에 진출할 수 있다.

합격자의 시간단축 Tip

Tip ❶ 핵심만 파악하면 위 해설과 같이 구체적인 상황을 고려하여 풀 필요가 없다.
이 문제의 핵심은 'A팀의 승점'이다. A팀이 16강에 진출하지 못하는 경우는 B팀과 C팀이 마지막 경기에 큰 득점으로 승리하여 B, C팀이 함께 올라가는 경우 하나밖에 없다.
즉, 이를 제외하면 항상 A는 16강에 진출한다는 점을 생각하면서 문제를 푸는 것이 좋다.

* 핵심을 파악하기 위한 사고의 흐름
〈보기〉에서 '진출팀'을 묻고 있다. & 진출팀은 2팀이다.
→ 직관적으로, A팀이 가장 유리해 보인다.
→ ★ <u>A팀이 진출 못하는 경우가 있을까?</u>
→ 극단적인 예시 고민: 문제의 경우 B, C팀이 승리하여 승점이 6점으로 A팀과 동률이 되고, A팀이 득실차에서 밀리는 경우가 극단적인 예시이다.
→ 따라서 〈보기 ㄱ〉의 해설처럼 D가 B를 이기는 경우, B와 D가 비기는 경우를 전부 구할 필요가 없다.
** 예 반례를 구할 때는 극단적 수치를 대입해서 생각하는 습관을 들이는 것이 좋다.

보기 ㄱ. Tip ❶에서 보듯 마지막 경기에서 B, C팀이 모두 승리하는 경우를 제외하면 항상 A팀은 진출하므로, A팀이 당연히 16강에 진출한다는 것을 알 수 있다. 실전에서는 이러한 경우를 생각해낼 필요 없이 보기에 주어진 가정대로 A가 C팀과의 경기에서 이긴 경우만 고려해도 상관없다.
이 때 A팀의 승점은 9점이므로, 한 게임에서 얻을 수 있는 최대 승점인 3점을 더해줘도 이를 넘을 수 있는 팀은 없어 A팀이 무조건 조1위가 된다.

보기 ㄴ. 보기 ㄴ의 상황에서, A팀은 Tip ❶에서 보듯 무조건 16강에 진출한다. 따라서 남은 1자리만 고려할 때, 당연히 경쟁 상대가 되는 것은 B, C팀이다. 이때, 승점과 득/실점이 동일하여 골득실차, 다득점은 당연히 동일할 것이므로 고려할 필요가 없으며, '승자승'만 바로 확인하면 된다.
실전에서 Tip ❶의 경우를 미리 생각해내지 못했더라도, 주어진 전제에 따라 A팀의 승점이 7점, C팀의 승점이 4점, B팀이 4점, D팀이 1점이 되었을 때 승점에서 동점이 생기므로 B팀의 16강 진출 여부를 곧바로 확정할 수 없다는 걸 알 수 있다.

보기 ㄷ. Tip ❶에서 보듯 B, C팀의 동시 진출을 제외하면 항상 A팀은 진출한다. 따라서 검토하지 않더라도 C, D 팀이 같이 진출하는 경우는 없음이 확인된다.

Tip ❷ 스포츠 순위 집계 방식의 의미를 잘 모르는 수험생분들은 그 의미를 알아 두면 좋을 것이다. 아래 방법과 순서는 실제로 대회 규정에서 활용되고 있다.

(1) 승점: 승리, 패배, 무승부에 따른 점수를 부여하고, 그 합계를 비교하는 방법이다.

(2) 골득실차: (득점)−(실점)이다. 절댓값 개념이 아니라는 것을 주의해야 한다.

(3) 다득점: 총 득점을 비교하는 방법이다. 득점 합계가 높을수록 높은 순위를 차지한다. 종종 문제에 따라 '한 경기 최대 득점'으로 보는 경우도 있으니 문제에서 별도로 정의를 준다면 잘 읽어보는 것이 좋다. 그러나 별도의 정의가 없다면 '총 득점 수'이니 헷갈려 하지 않아도 된다.

(4) 승자승: 앞선 용어와 달리 '승자승'은 그 의미를 모르는 경우가 많을 것이다.
승자승이란 동률인 팀들 간의 맞대결 전적에서 우위인 팀이 더 높은 순위를 차지하는 방식을 의미한다. 예를 들어, 한국과 일본이 앞선 순위 집계에서 동률일 때, 한일전의 성적이 더 좋은 국가가 상위 순위가 된다.

(5) 추첨: 추첨은 말그대로 제비뽑기와 같은 방식으로 다음 차에 진출할 팀을 정한다는 의미이다.

실제로 야구, 농구, 축구의 대회 규정에 있음에도 단 한 번도 활용된 적 없을 정도로 최후의 방법이다. 따라서 문제에서도 추첨까지 갈 일은 적을 것이며, 만약 활용된다면 '누가 뽑는지' 등을 줄 수밖에 없어 놓칠 일은 적을 것이라 생각된다.

＊ 제시문에 제시된 방법은 실제 국제대회 등에서 활용되고 있어 스포츠에 관심이 있는 학생이라면 알고 있는 방법일 것이다. 그러나 설사 동일하다 해도 꼼꼼히 읽어야만 한다. '각 조의 1,2위 팀이 진출하고 3위 팀은 재경기를 한다'는 등 추가 조건이 얼마든지 제시될 수 있으므로, 본인이 아는 내용이 PSAT 문제에 제시되는 경우에도 반드시 다른 부분이 없는지를 확인해야만 한다.
중요한 것은 문제를 이해하는 데 도움이 되도록 배경지식을 활용하는 것이다. 이와 달리 배경지식을 이용해서 문제를 풀게 되면 그것은 배경지식이 아니라 고정관념이 된다.

259 정답 ❷ 난이도 ●●○

① (×) 최근 실시된 의원 선거에서 유권자 1표의 가치가 가장 큰 곳은 ~~B선거구이다.~~

➜ 유권자 1표의 가치는 '각주'에 따라 $\frac{(\text{의석수})}{(\text{유권자 수})}$이고, 의석수는 모든 선거구가 10석으로 동일하므로 분모가 작을 수록 그 가치가 커진다. 따라서 유권자 수가 가장 작은 D선거구가 유권자 1표의 가치가 가장 큰 선거구이다.

② (○) 최근 실시된 의원 선거의 결과에 X안을 적용할 경우, 丁정당의 의석수는 현행제도보다 늘어난다.
➜ 최근 실시된 의원 선거에 따른 의석 배분을 정리하면 다음과 같다.

	A선거구 (의석수)	B선거구 (의석수)	C선거구 (의석수)	D선거구 (의석수)	총 의석수
甲	4석	3석	5석	4석	16석
乙	3석	4석	2석	4석	13석
丙	2석	1석	3석	1석	7석
丁	1석	2석	0석	1석	4석

이때, X안을 적용할 경우 다음과 같이 바뀌게 된다.

	A+C선거구 (의석수)	B+D선거구 (의석수)	총 의석수
甲	$20\times\frac{230}{500}+0$ = 9석	$20\times\frac{160}{500}+0$ =6석	15석
乙	$20\times\frac{120}{500}+1$ = 5석	$20\times\frac{200}{500}+0$ =8석	13석
丙	$20\times\frac{130}{500}+0$ = 5석	$20\times\frac{50}{500}+0$ =2석	7석
丁	$20\times\frac{20}{500}+1$ =1석	$20\times\frac{90}{500}+1$ = 4석	5석

따라서 丁정당의 의석수는 4석에서 5석으로 늘어난다.

③ (×) 최근 실시된 의원 선거의 결과에 X안을 적용할 경우, 甲정당의 의석수는 ~~현행제도와 차이가 없다.~~
➜ 甲정당은 16석에서 15석으로 의석수가 줄어 들었다.

④ (×) 최근 의원 선거의 결과에 X안을 적용할 경우, A선거구 유권자 1표의 가치가 현행제도보다 ~~커진다.~~
➜ 최근 의원 선거 결과에서 A선거구 유권자 1표의 가치는 $\frac{100}{200}$인 반면, X안을 적용할 경우 (모든 선거구의 유권자 1표 가치)$=\frac{20}{500}$으로 통일된다. 따라서 유권자 1표의 가치는 작아진다.

⑤ (×) 최근 실시된 의원 선거의 결과에 X안을 적용할 경우, 乙정당과 丙정당은 의석수에 있어서 현행제도가 ~~X안보다 유리하다.~~

→ 乙정당과 丙정당 모두 각각 13석, 7석으로 X안 적용 여부와 무관하게 동일하므로 보다 유리할 것이 없다.

합격자의 시간단축 Tip

Tip ❶ 기본적으로 시간이 소모될 수밖에 없는 유형이다. 따라서 이 유형의 핵심은 '어떤 순서로 풀 것인가?'이다. 이를 위해 선지를 먼저 확인하자.
선지를 보면 ②, ③, ⑤번은 의석수의 변화에 대해 이야기하고 있다. (유사선지) 그러나 총 의석수는 40석으로 고정되어 있음에도 불구하고 ②번은 丁정당의 의석수가 증가함을, ③번은 甲정당 의석수가 불변함을, ⑤번은 乙정당과 丙정당 모두 의석수가 증가함을 보이는 문제가 있다. 즉, 40석으로 동일한데도 불구하고 감소하는 곳 없이 증가 또는 불변하는 것으로 나타내고 있으므로 이 중에 정답이 있을 가능성이 높다는 것을 알 수 있다.
따라서 ②번→③번→⑤번 순으로 먼저 푸는 것이 좋은 접근 전략이라 생각한다.
(실제로 정답은 ②번에서 도출된다.)

Tip ❷

(1) 가중평균 개념을 매우 응용해서 낸 문제이다. 접근이 까다로워 보이나 한 번쯤 연습해보면 좋다.
두 선거구가 합쳐졌을 때 최종 득표율은 결국 총 유권자수 비율로 결정된다. 그리고 총 유권자 수가 많은 선거구 쪽과 가깝게 최종 득표율이 형성된다.

(2) 이해를 돕기 위해 甲정당의 B선거구와 D선거구를 예시로 들겠다. 알고 싶은 것은 B선거구와 D선거구가 합쳐졌을 때 甲정당의 득표율이다. 甲 정당이 B와 D선거구에서 각각 30%, 40%의 득표율을 얻고 있다는 것은 쉽게 계산이 될 것이다. 총 유권자 수는 B가 400명, D가 100명 이므로 30%과 40% 사이에서 1 : 4의 거리비에 따라 최종 득표율은 32%가 된다. 이를 도식화하면 다음과 같다.

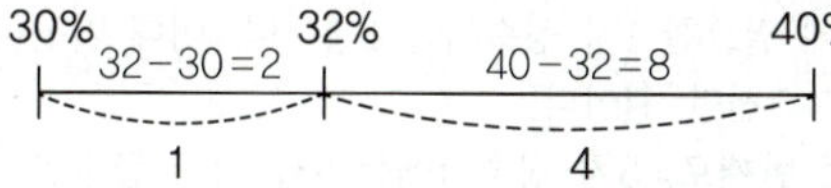

(3) 총 유권자 수가 4 : 1이므로 거리비는 1 : 4를 적용하는 것이다. 우리가 흔히 소금물 농도를 구할 때, 사용하는 가중평균의 원리와 동일하다. 가중평균인 것을 알았다면 B, D 통합 선거구의 최종 득표율은 (갑, 을, 병, 정)=(32%, 40%, 10%, 18%)가 된다는 것을 금방 알 수 있을 것이다. 이해를 돕기 위해 표를 통해 보면 다음과 같을 것이다.

	B 선거구	D 선거구	B+D 선거구	총 의석수
甲	30%	40%	32%	20×0.32=6.4→6석
乙	40%	40%	40%	20×0.4=8→8석
丙	10%	10%	10%	20×0.1=2→2석
丁	20%	10%	18%	20×0.18=3.6→4석

(4) 결국 문제를 풀기 위해 구해야 할 것은 X안 적용 이후 최종 의석수이므로
① 각 선거구 별 현재 득표율
② 통합 선거구의 최종 득표율→거리비 활용
③ (최종득표율)×20→소수점 비교
인 것이다. 과정은 복잡해 보이지만 나온 수나 비율이 간단해서 실제로 연습하면 금방 풀 수 있을 것이다.

Tip ❸ 전혀 계산하지 않고 풀 수 있는 방법도 생각해 보자. 주어진 지문에서는 유권자 1표의 가치에 대해 이야기하고 있다. 유권자 1표의 가치는 해당 선거구의 유권자수에 비해 배정된 의석수가 높을수록 높아진다. 통합되는 선거구 간 표 가치를 비교해보면 B와 D 중에서는 B < D가 성립하며, A와 C 중에서는 A > C가 성립한다.

(1) 유권자 1표 당 가치가 차이 나는 선거구 간 통합이 발생하면, 통합한 이후의 새로운 선거구에서의 유권자 1표 당 가치는 $\frac{20}{500}$으로 통일되는데, 이를 기존의 표 가치와 비교해보면

$$B\left(\frac{10}{400}\right) < \left(\frac{20}{500}\right) < D\left(\frac{10}{100}\right)$$

$$C\left(\frac{10}{300}\right) < \left(\frac{20}{500}\right) < A\left(\frac{10}{200}\right)$$

가 성립한다. 즉, 선거구 통합으로 인해 B, C의 유권자는 기존보다 표당 가치가 증가한 셈이며, 반대로 A, D의 유권자는 기존보다 표당 가치가 감소한 셈이다.

(2) 사실 이러한 부등호 관계가 나타나는 것은 지극히 당연하다. 선거구가 통합된 후의 유권자 표당 가치는 통합되는 선거구의 유권자 표당 가치의 가중평균일 것이다. (이를 생각해내기 어렵다면, B와 D 사이의 값 어딘가에서 형성될 것이라는 건 쉽게 예측 가능하다.) 따라서 통합 이전에 유권자 표당 가치가 낮을수록 통합이 유리할 것이고, 높을수록 통합은 불리할 것이라는 걸 알 수 있다. 더 쉽게 생각해서, 유권자 표당 가치가 이미 형성되어 있는 값들의 최댓값 또는 최솟값을 벗어날 가능성은 없다. 그렇다면 그 사이 어딘가에서 형성이 될 텐데, 그러려면 이미 유권자 표당 가치가 높은 선거구는 자연스

레 표당 가치가 낮아질 것이고 유권자 표당 가치가 낮은 선거구는 자연스레 높아질 것임을 예측할 수 있다.

(3) 이를 통해 정당 별 의석수 변화를 생각해보면 유권자의 표당 가치가 높아진 B, C에서 득표수가 높은 정당일수록 의석수가 증가할 가능성이 높다. 이에 따라 각 선지를 풀면 다음과 같다.

- 선지 ①: 丁의 B에서의 득표율은 A~D 선거구 중 가장 높다. X안을 적용할 경우 B의 선호가 더 크게 반영될 것이므로 계산해보지 않아도 丁의 의석수는 늘어날 것이다.
- 선지 ②: 甲의 의석수가 변하지 않을 가장 확실한 방법은 모든 선거구에서의 甲 정당에 대한 득표율이 동일한 것이다. 그러나 일단 해당 조건은 성립되지 않는다.

  또한, 각 선거구에서의 甲 득표율은 순서대로 0.4, 0.3, 0.5, 0.4인데, A와 C의 통합으로 인해 득표율이 높아질 것으로 예측되기는 하나 그 정도가 B와 D의 통합으로 인해 낮아지는 득표율 정도보다 작을 것이다.

  (C의 유권자수 합계는 300, B의 유권자수 합계는 400으로 B의 영향력이 더 클 수밖에 없으며, 특히 B는 유권자수가 100명밖에 안되는 D와 결합하여 200명인 A와 결합하는 C보다 더 큰 영향력을 행사할 것이다.)

  이로써 현행제도보다 낮아질 것으로 예상할 수 있다. 물론, 의석수 계산 방법의 특성상 구체적으로 계산해보면 소수점에서의 차이에 그쳐 의석수는 유지될 가능성도 있으나 대략적인 방향성을 고려해보았을 때 해당 선지는 틀릴 가능성이 높다.
- 선지 ③: 앞서 언급하였듯 A 유권자의 표당 가치는 통합 후 더 작아진다.
- 선지 ④: 자세한 계산 없이도 乙 정당이 B, C 선거구에서 높은 득표율을 보이고 있는 것에 비추어 보아 현행제도보다 X안이 유리한 것을 알 수 있다.

(4) 정확한 계산을 할 수도 있겠으나, 해당 문제는 자료해석 파트가 아닌 문제해결 파트이기 때문에 고난도의 가중평균 계산을 요구하지는 않을 것이라는 걸 생각해야 한다. 즉, 소수점에서의 변화에 대한 예외로 답이 갈릴 가능성은 희박하다는 뜻이다.
따라서 ③번 선지를 볼 때도, 예외적인 상황이 생길 가능성을 우선 고려하기보다는 문제 전체의 방향성이 B와 C 선거구의 유권자 표당 가치가 높아지기 때문에 해당 선거구에서 선호되는 정당들이 비교적 유리해진다는 데 있다는 것을 활용하여 해당 선지가 틀릴 가능성이 높을 것이라는 정도로만 생각해도 충분하다.

260 정답 ③ 난이도 ●●●

생활용수는 중금속이 제거되고 음용이 가능하며 1급인 담수이다. 따라서 중금속이 포함된 4급에 해당하는 해수를 정수 처리하여 생활용수를 확보하기 위해서는 우선 염분과 중금속을 제거해야 하며, 음용 가능 처리를 해야 하고, 4급수를 1급수로 정수해 주어야 한다. 이를 표로 정리하면 다음과 같다.

필요한 기능	수질 개선 설비	처리 용량 (대당)	설치 비용 (대당)
염분 제거	해수담수화기	10톤	1억 원
중금속 성분 제거	응집 침전기	3톤	5천만 원
음용 가능 처리	3차 정수기	1톤	5억 원
4급수를 3급수로 정수	1차 정수기	5톤	5천만 원
3급수를 1급수로 정수	2차 정수기 (또는 3차 정수기)	1톤	1억 6천만 원 (또는 5억 원)

첫 번째로, 해수담수화기 1대는 10톤을 처리할 수 있다. 따라서 해수 3톤의 염분을 제거하는 데 필요한 해수담수화기는 1대이며, 이때 발생하는 비용은 1억 원이다.
두 번째로, 응집 침전기 1대는 3톤을 처리할 수 있다. 따라서 중금속이 포함된 3톤의 중금속을 제거하는 데 필요한 응집 침전기는 1대이며, 이때 발생하는 비용은 5천만 원이다.
세 번째로, 3차 정수기 1대는 1톤을 처리할 수 있다. 따라서 3톤을 음용 가능 처리하는 데 필요한 3차 정수기는 3대이며, 이때 발생하는 비용은 5억 원×3=15억 원이다.
네 번째로, 1차 정수기 1대는 5톤의 4급수를 3급수로 정수할 수 있다. 따라서 3톤의 4급수를 3급수로 정수하는 데 필요한 1차 정수기는 1대이며, 이때 발생하는 비용은 5천만 원이다.
다섯 번째로, 3차 정수기에는 3급수를 1급수로 정수하는 2차 정수기의 기능이 포함되어 있으므로 3차 정수기 1대는 1톤의 3급수를 1급수로 정수할 수 있다. 따라서 3톤의 3급수를 1급수로 정수하는 데 필요한 3차 정수기는 3대이며 이미 3차 정수기 3대를 설치하였으므로 추가적인 비용은 발생하지 않는다.
따라서 수질 개선 설비 설치에 필요한 최소 비용은 1억 원 + 5천만 원+15억 원+5천만 원=17억 원이다.

합격자의 시간단축 Tip

Tip ❶ 3차 정수기에는 2차 정수기의 기능이 포함되어 있다는 단서를 놓치지 않도록 주의해야 한다.

Tip ❷ 〈상황〉에서 필요한 단어들만 빠르게 포착하여 지문의 용도, 설비용량 등의 기준에 적용할 수 있어야 한다. 〈상황〉의 경우 용도 기준에서 생활용수이며, 중금속이 제거되고 음용이 가능한 1급 담수임을 캐치해야 한다.
또한, 기능과 설비 용량의 경우 4급 해수 3톤을 1급 담수로 바꿔야 하는 것이 중요한 정보가 된다.

261 정답 ❶ 난이도 ●●○

① (×) A를 채용하지 않기로 한다면, 채용하는 인원은 정확히 ~~두 명이다.~~

➜ A를 채용하지 않기로 한다면, 〈기본방침〉 ㉢에 따라 A와 C 가운데 적어도 한 지원자를 채용해야 하므로 C를 채용해야 한다. 이때, 〈기본방침〉 ㉡에 따라 D도 채용한다.
그러나 B의 채용 여부는 결정되지 않는다. 따라서 A를 채용하지 않기로 한다면, 채용하는 인원은 C, D의 두 명 또는 B, C, D의 세 명이다.

② (○) B를 채용하지 않기로 한다면, C는 채용한다.

➜ B를 채용하지 않기로 한다면 〈기본방침〉 ㉠의 대우에 의하여 A도 채용하지 않는다. 그런데 〈기본방침〉 ㉢에 따라 A와 C 가운데 적어도 한 지원자를 채용해야 하므로 C를 채용해야 한다.

③ (○) C를 채용하지 않기로 한다면, B는 채용한다.

➜ C를 채용하지 않기로 한다면 〈기본방침〉 ㉢에 따라 A와 C 가운데 적어도 한 지원자를 채용해야 하므로 A를 채용해야 한다. 이때, 〈기본방침〉 ㉠에 따라 B도 채용한다.

④ (○) D를 채용하지 않기로 한다면, 다른 세 지원자의 채용여부도 모두 정해진다.

➜ D를 채용하지 않기로 한다면 〈기본방침〉 ㉡의 대우에 의하여 C도 채용하지 않는다.
그런데 〈기본방침〉 ㉢에 따라 A와 C 가운데 적어도 한 지원자를 채용해야 하므로 A를 채용하고, 〈기본방침〉 ㉠에 따라 B도 채용한다. 따라서 D를 채용하지 않기로 한다면 A와 B는 채용되고 C는 채용되지 않으므로 세 지원자의 채용여부가 모두 정해진다.

⑤ (○) A를 채용하지 않고 C를 채용하기로 한다면, 채용여부가 확정되지 않는 지원자가 있다.

➜ A를 채용하지 않고 C를 채용하면 〈기본방침〉 ㉢이 만족된다. 이때, 〈기본방침〉 ㉡에 따라 D도 채용한다. 그러나 B의 채용 여부는 확정되지 않는다.

합격자의 시간단축 Tip

Tip ❶ 약간의 차이이지만, 논리기호로 단순화해서 접근할 경우, 보다 명료한 풀이가 가능하다.
주어진 〈기본방침〉을 논리 기호로 나타내면 다음과 같다.

> ㉠ A를 채용한다면, B도 채용한다. ⇒ $A \rightarrow B$
> ㉡ C를 채용한다면, D도 채용한다. ⇒ $C \rightarrow D$
> ㉢ A나 C 가운데 적어도 한 지원자는 채용한다.
> ⇒ $(\sim A \rightarrow C) \wedge (\sim C \rightarrow A)$

위의 정보들을 연결하여 선지의 가정처럼 A, B, C, D를 각각 부정하여 논리를 다음과 같이 정리하면 빠른 풀이가 가능하다.
(1) $\sim A \rightarrow C \rightarrow D$
(2) $\sim B \rightarrow \sim A \rightarrow C \rightarrow D$
(3) $\sim C \rightarrow A \rightarrow B$
(4) $\sim D \rightarrow \sim C \rightarrow A \rightarrow B$
이에 근거해 각 선지를 판단해보도록 하자.

선지 ① A를 채용하지 않기로 한다면 (1)의 경우로, 논리에 따라 C와 D를 채용해야 한다.
하지만 (1)의 경우에서는 B의 채용여부를 확인할 수가 없으므로 채용하는 인원은 두 명일 수도, 세 명일수도 있다. 따라서 해당 선지는 옳지 않으므로 답은 선지 ①이다.

선지 ② B를 채용하지 않기로 한다면, (2)의 경우로, A는 채용하지 않고, C와 D는 채용해야 한다. 따라서 해당 선지는 옳다.

선지 ③ (3)의 경우로, A와 B를 채용해야 한다. 따라서 해당 선지는 옳다.

선지 ④ D를 채용하지 않기로 한다면 (4)의 경우로, C는 채용하지 않고 A와 B는 채용해야 한다. 즉, A, B, C의 채용여부가 모두 정해지므로 해당 선지는 옳다.

선지 ⑤ A를 채용하지 않고 C를 채용하기로 한다면 (1)의 경우로, C와 D는 채용해야 하지만, B의 채용여부는 알 수 없다. 따라서 해당 선지는 옳다.

Tip ❷ 논리 기호를 사용하지 않는 경우 'A를 채용한다면 B도 채용한다'를 다음과 같이 생각해볼 수 있다.
첫 번째, A를 채용한다면 B도 채용하는 것이므로 B가 채용되지 않는다면 A도 채용되지 않는다. 두 번째, B가 채용된다고 해서 꼭 A가 채용되는 것은 아니다. A가 채용되지 않을 때 B의 채용 여부는 추측할 수 없기 때문이다.

Tip ❸ 논리기호를 사용하지 않고 문제를 푼다면, A~D를 나란히 적어 두고 가능한 모든 경우의 수를 적는 방법을 활용할 수 있다. 이때 채용하는 지원자의 이름을 적거나, 아니면 각 지원자의 채용 여부를 ○, ×로 표현할 수도 있다.
〈기본방침〉 ㉢를 활용하여, A만, C만 혹은 A와 C 모두 채용하는 경우로 나누어 풀이를 시작하는 것이 좋다. 이 방법은 논리기호를 사용하는 방법에 비해 보다 직관적으로 문제를 풀 수 있으며, 빠른 검토가 가능하다는 장점이 있다.
채용 여부에 관한 모든 경우의 수를 구하기 위해 표를 그릴 때, 세 가지 경우로 나눈 후 〈기본방침〉에 따라 표를 채우면 아래와 같다.

	A	B	C	D
A만 채용	○	○	X	○
	○	○	X	X
C만 채용	X	○	○	○
	X	X	○	○
A와 C 모두 채용	○	○	○	○

262 정답 ③

난이도 ●●○

〈조건〉을 바탕으로 각 연도별 입주 매장들의 연 매출액을 도출하면 다음과 같다.

(단위: 개, 백만 원)

구분	2018	2019	2020
총 매장 수	2	3	5
신규 입주 매장 수	2	1	2
입주 매장당 평균 연 매출액	200	220	220
총 매출액	200×2 =400	220×3 =660	220×5 =1,100
2018년 입주한 매장들의 매장 별 연 매출액	200	210	220
2019년 입주한 매장들의 매장 별 연 매출액	–	660−210×2 =240	240
2020년 입주한 매장들의 매장 별 연 매출액	–	–	$\frac{1,100-440-240}{2}$ = 210

따라서 2020년 기준 연 매출액이 가장 많은 매장은 2019년 입주한 매장이다. 반면, 가장 매출액이 적은 매장은 2020년 입주한 매장이다. 이에 따라 정답은 ③이다.

합격자의 시간단축 Tip

Tip ❶ 2019년과 2020년에 입주한 매장의 매장 별 연 매출액을 정확하게 구하지 않아도 풀 수 있는 문제이다.

(1) 가장 먼저 2018년에 입주한 두 매장을 살펴보면, 첫 번째와 세 번째 조건에 의해 연 매출액이 2018년에 200백만 원, 2019년에는 210백만 원, 2020년에는 220백만 원이라는 것을 쉽게 알 수 있다.
그 다음으로 2019년을 살펴보면, 추가적으로 입주한 매장은 하나이며, 연 평균 매출액은 220백만 원이다. 그 전에 입주했던 두 매장의 연 매출액은 위에서 볼 수 있듯이 210백만 원으로 2019년 매장당 평균 연 매출액보다 적다는 것을 알 수 있다. 즉, 평균이 220백만 원이기 위해서는 추가적으로 입주한 매장의 연 매출액은 220백만 원보다 많아야 함을 의미한다. 따라서 2019년에 입주한 매장의 연 매출액은 220백만 원보다 많다.

(2) 마지막으로 2020년을 살펴보면, 추가로 입주한 매장은 두 개이나, 첫 번째 조건에 따라 두 매장의 연 매출액은 동일할 것이다.
또한, 2018년에 입주했던 매장의 연 매출액은 220백만 원, 2019년에 입주했던 매장의 연 매출액은 두 번째 조건에 의해 220만 원보다 큰 값으로 유지된다.
이때 계산해보지 않아도 기존 세 매장의 평균은 2020년 연 평균 매출액인 220백만 원보다 크다는 것을 알 수 있다. 따라서 2020년에 새로 입주한 매장들의 매장 별 연 매출액이 220백만 원보다 적어야 최종 평균이 220백만 원이 될 수 있다.

(3) 따라서 2020년 매장 별 매출액을 비교해보면, 2020년에 입주한 매장의 연 매출액은 220백만 원보다 적고, 2019년에 입주한 매장의 연 매출액은 220백만 원보다 많으며, 2018년에 입주한 매장의 연 매출액은 정확히 220백만 원이므로 2019년−2018년−2020년 입주 매장 순으로 연 매출액이 많다는 것을 알 수 있다.

Tip ❷ 매장 별 연 매출액의 정확한 값을 구하고 싶다면, 해설과 같이 총 매출액을 구체적으로 구하는 것 보다는 평균과의 차이 값을 활용하여 계산하는 것이 좋다.
예를 들어, 2019년에 입주한 매장들의 매장 별 연 매출액을 구해보자.
2019년 매장당 평균 연 매출액은 220백만 원으로, 2018년 입주한 매장들의 매장 별 연 매출액인 210백만 원과 10백만 원 차이가 난다.
이때 2018년 입주한 매장들은 총 2개로, 총 매출액의 측면에서 20백만 원이 차이남을 알 수 있다. 따라서 평균 연 매출액 220백만 원이 되기 위해서는, 2019년 입주한 1개 매장이 220+20=240백만 원의 연 매출액이어야 한다.
이와 동일하게 2020년 입주한 매장들의 매장 별 연 매출액을 구할 수 있다.

263 정답 ④ 난이도 ●●○

ㄱ. (○) 기본 근로시간만 근무할 때, 세 가지 유형의 일일 생산성은 같다.
➜ 기본 근로시간인 8시간을 근무할 때 A, B, C유형의 일일 생산성은 모두 $\frac{96}{8}$=12로 모두 동일하다.

ㄴ. (×) 초과근무 시간이 증가함에 따라 B유형의 생산성은 ~~하락하지 않으나,~~ C유형의 생산성은 하락한다.
➜ 주어진 그래프를 이용하여 B유형과 C유형의 초과근무 시간에 따른 생산성을 정리하면 다음과 같다.

초과근무 시간 / 유형	0시간	2시간	4시간
B유형	96/8=12	110/10=11	120/12=10
C유형	96/8=12	100/10=10	96/12=8

따라서 초과근무 시간이 증가함에 따라 B유형과 C유형의 생산성은 모두 하락한다.

ㄷ. (○) B유형 근로자가 이틀 동안 10시간씩 근무하는 경우의 총생산량은 첫째 날 12시간, 둘째 날 8시간 근무하는 경우의 총생산량보다 많다.
➜ 각 경우에 따른 총생산량을 구하면
① 이틀 동안 10시간씩 근무하는 경우: 10시간 근무 시 110의 생산량을 보이므로, 이틀 동안의 총생산량은 110×2=220이다.
② 첫 날은 12시간, 둘째 날은 8시간 근무하는 경우: 12시간 근무 시 120의 생산량을, 8시간 근무 시 96의 생산량을 보이므로, 이틀 동안의 총생산량은 120+96=216이다.
따라서 이틀 동안 10시간씩 근무하는 경우의 총생산량이 더 많다.

ㄹ. (○) 초과근무 시 최초 두 시간 동안의 생산성은 'A유형' > 'B유형' > 'C유형' 순으로 나타난다.
① (A유형의 2시간 동안의 생산성)
$=\frac{120-96}{2}=12$
② (B유형의 2시간 동안의 생산성)
$=\frac{110-96}{2}=7$
③ (C유형의 2시간 동안의 생산성)
$=\frac{100-96}{2}=2$
따라서 생산성은 'A유형' > 'B유형' > 'C유형' 순으로 나타난다.

합격자의 시간단축 Tip

Tip ① 생김새와는 달리 매우 간단한 문제이다. 난이도를 높일 경우 딱딱 떨어지는 8, 10, 12시간 등을 질문하는 것이 아니라, 그 중간 값을 비례 관계를 통해 도출하도록 요구할 수 있다.
그러나 이 문제의 경우 정확한 값만 질문하므로, 가볍게 확인하는 것으로 충분하다.
부가적으로 〈보기〉의 정오를 확인할 때 '생산성'과 '생산량'을 혼동하지 않도록 주의한다.
〈보기 ㄷ〉의 경우, 다른 보기들과 달리 생산성이 아닌 생산량에 관한 내용이다.
B유형의 그래프를 보면 체감(= 증가율이 점점 줄어드는 형태)하고 있으며, 근로시간이 10시간일 때의 생산량이 그래프의 최고점이다.
따라서 구체적인 생산량 값을 계산하지 않아도, 8시간이나 12시간 근무를 하는 것 보다 10시간 근무 시의 생산량이 더 많다는 것을 알 수 있다.
이처럼 해결 시 계산 없이 그래프의 형태만 보고 풀 수 있다.

Tip ② 문제의 각주에서 주어진 생산성이 생산량 (그래프의 y축 변수) 과 근로시간(그래프의 x축 변수)의 비로 나타낼 수 있음을 보고, 그래프의 기울기가 곧 생산성이라고 파악해야 한다.
이것은 자료해석 영역에서 기본적으로 사용되는 테크닉이므로 반드시 알아 두자. 설문의 경우에도 이 테크닉을 사용한다면 계산을 거의 하지 않고 문제를 해결할 수 있으며, 심지어는 눈으로만 해결하는 것도 가능하다.
이를 중심으로 각 보기를 파악하면 다음과 같다.
〈보기 ㄱ〉 기본 근로시간(8시간)까지는 세 유형 모두 그래프의 기울기가 같다. 따라서 옳다.
〈보기 ㄴ〉 B유형의 그래프의 기울기가 감소하므로, 생산성이 하락하지 않는다는 보기는 옳지 않다.
〈보기 ㄹ〉 초과근무 시 최초 2시간 동안의 생산성을 묻고 있으므로, 근로시간 10시간에서의 기울기를 살펴보면 된다. 따라서 옳은 보기이다.

Tip ③ 기본 근로시간(8시간)의 생산량은 A, B, C 모두 동일하다. 따라서 보기 ㄹ에서 초과근무시 최초 2시간 동안의 생산성을 구할 때, 해설과 같이 (10시간의 생산량)−(8시간의 생산량)을 계산하지 않고 10시간의 생산량만 대입해도 된다.

해설편 9일차 • 문제해결 + 자원관리능력

또한, 생산성을 비교할 때 근로시간이 같은 경우에는 생산량만을 비교하여 실수를 줄일 수 있다. 예를 들어, 〈보기 ㄱ〉에서 근로시간이 8로 동일하므로 생산량만을 비교하면 된다.
나눗셈을 통해 정확한 값을 비교하는 것 보다는 단순 숫자 크기 비교만을 통해서 문제를 해결하는 것이 보다 직관적이다.

264 정답 ⑤ 난이도 ●●●

(1) 3 : 3 동점 상황에서 甲팀이 득점했으므로 甲팀의 점수는 4점이 되며, '점수를 획득한 팀이 서브권을 갖는다'라는 경기방식에 따라 甲팀이 서브권을 갖는다.
또한, '서브권이 상대팀으로 넘어가기 전까지는 팀 내에서 같은 선수가 연속해서 서브권을 갖는다'라는 경기방식에 따라 A가 다음 경기에도 서브권을 갖는다.
이때, '서브하는 팀은 자신의 팀 점수가 짝수인 경우는 우측에서 서브한다'라는 경기방식에 따라 A는 우측에서 서브를 하게 된다.

(2) 이때, 서브를 받는 乙팀은 '서브를 받는 팀은 자신의 팀으로 서브권이 넘어오기 전까지는 팀 내에서 선수끼리 서로 코트 위치를 바꾸지 않는다'라는 경기방식에 따라 팀 내에서 선수끼리 코트 위치를 바꾸지 않으므로 서브권을 갖는 A의 관점에서 좌측부터 D−C 순으로 서 있어야 한다.(기존 경기상황 위치 유지)

(3) 위 조건들을 만족하는 서브 방향 및 선수 위치는 ⑤뿐이다.

합격자의 시간단축 Tip

(1) 특정 상황이 주어지는 문제는 상황을 짧게 훑어보고 규칙이나 조건을 읽는 것이 좋다. 처음부터 규칙 또는 조건을 읽게 되면 어느 부분에 초점을 맞춰야 할지 감을 잡지 못하는 경우가 있을 수 있다. 그리고 문제의 열쇠가 되는 규칙이나 조건을 발견했다면 바로바로 선지로 가서 답이 될 수 없는 것들을 소거해주는 것도 좋은 풀이 방법이다.
(2) 주어진 점수는 3 : 3이라고만 적시되어 있으나, 3 : 3 동점 상황에서 甲팀이 득점했으므로 4 : 3 상황이 됐다는 것을 놓치면 안 된다. 그에 따라 서브하는 甲팀의 점수가 짝수가 되면서 우측에서 서브하게 되기 때문이다.
(3) 득점한 팀은 甲팀이며 이를 지문에 표시하면 헷갈림을 방지할 수 있다. 예컨대 〈배드민턴 복식 경기방식〉의 첫 번째 조건에서 '점수를 획득한 팀'에 甲이라고 쓰고, '같은 선수'에 A라고 써 놓는 것이다.

265 정답 ④ 난이도 ●●●

(1) 2주차 월요일에 단식을 했으므로, 1주차 토요일과 일요일은 정상적으로 식사를 해야 한다.

(2) 목요일에는 점심식사를 했으므로 목요일은 단식일이 아니다.

(3) 아침식사 횟수와 저녁식사 횟수가 같으므로, 단식을 한 날 중 하루는 아침, 하루는 저녁을 먹었다. 월요일, 수요일, 금요일에는 아침식사를 했으므로 위와 같은 정보를 정리하면 다음과 같다.

월요일	화요일	수요일	목요일	금요일	토요일	일요일
아침		아침	단식X	아침	단식X	단식X

(4) 단식을 하는 날 전후로 각각 최소 2일간은 정상적인 식사를 해야 하므로 월요일, 화요일, 수요일 중에는 단 하루만 단식을 할 수 있다. 또한, 목요일과 토요일, 일요일은 단식하지 않았고, 일주일 중에 2일을 단식하였으므로 김과장은 1주차 금요일에 단식을 하였다. 그런데 금요일에 조찬회의에 참석하여 아침식사를 하였으므로 금요일에는 아침 한 끼만 먹었음을 알 수 있다.

(5) 금요일에 단식을 하였으므로 단식 2일 전인 수요일에는 단식을 하지 못한다. 또한, 1주차의 나머지 단식을 한 요일에는 저녁을 먹어야 하므로 아침식사를 한 월요일에는 단식을 하지 못한다. 따라서 김과장은 화요일에 단식을 하여 저녁 한 끼만 먹었음을 도출할 수 있다.

(6) 결과적으로 김과장이 단식을 시작한 첫 주 한 끼만 먹은 요일은 화요일(저녁)과 금요일(아침)이다.

합격자의 시간단축 Tip

Tip ❶ 조건을 읽고 숨겨진 정보를 추론할 수 있다면, 선지를 소거하는 풀이를 통해서 문제를 쉽게 해결할 수 있다. 단식일에 식사는 각각 아침에 한번, 저녁에 한번 했다. 따라서 (저녁, 저녁)과 (아침, 아침)인 ①, ②는 소거할 수 있다.
또한, 2주차 월요일에는 단식을 했으므로 토요일에는 정상식사를 해야 한다. 따라서 ⑤를 소거할 수 있다. 남은 것은 ③, ④로 화, 금요일이 단식일인 것이 확정되었다. 조건에서 금요일에 아침을 먹었다고 나와 있으므로 ③은 정답이 될 수 없다. 따라서 남은 ④를 선택하면 된다.

Tip ❷ 보통 일주일~이주일 단위로 조건이 주어지는 문제는 일단 대충이라도 표를 그리고 시작하는 것이 오히려 더 효율적일 수 있다. 실전에서는 구체적으로 표를 그릴 필요 없이 월, 화, 수, … 와 같이 약식으로 적어주면 된다.

주어진 조건들을 표로 도식화하면 아래의 표와 같다.

	월요일	화요일	수요일	목요일	금요일	토요일	일요일
아침	○		○	○	○	○	○
점심				○		○	○
저녁				○		○	○

이때, 정답은 쉽게 구할 수 있는데 '지난주에 먹은 아침식사 횟수와 저녁식사 횟수가 같다'를 통해 쉽게 '화요일(저녁)'이 포함됨을 시각적으로 확인할 수 있다. 왜냐하면 '화요일(아침)'이 되는 경우 7일동안 아침에 식사를 하는데, 주에 이틀은 단식을 했기 때문에 자동적으로 이틀 모두 아침 단식이 될 수밖에 없으므로, 조건에 부합하지 않게 된다.

따라서 화요일(저녁) 단식이므로 ④ 번 혹은 ⑤ 번이 정답이고, 표에 따르면 토요일(아침)이 한 끼만 먹은 요일이 될 수 없으므로 자동적으로 답이 ④ 번이다.

266 정답 ❷ 난이도 ●●○

(1) 〈배치 계획〉 (가)에 따라 ○○자동차의 위치는 D부스이다. 그런데 〈배치 계획〉 (마)에 따라 모든 공공기관 부스의 정면 및 양 옆에는 공공기관 부스가 위치할 수 없으므로, 공공기관 부스의 정면 및 양 옆에는 사기업이 위치해야 한다.
8개의 부스 중 4개가 공공기관, 4개가 사기업이며 각각 부스의 절반씩 차지하므로 사기업 부스의 정면 및 양 옆에는 공공기관 부스가 위치한다. 따라서 사기업인 D부스의 정면인 H부스와 옆인 C부스는 공공기관 부스이다. 동일한 원리로 부스를 결정하면, A, C, F, H부스가 공공기관 부스이고 B, D, E, G 부스가 사기업 부스이다.

(2) 〈배치 계획〉 (다)에 따라 ○○자동차 부스와 ○○식품 부스는 복도를 기준으로 같은 쪽에 위치하는데, ○○자동차 부스는 D부스이며 ○○식품은 사기업이므로 따라서 ○○식품 부스는 B부스이다.

(3) 〈배치 계획〉 (라)에 따라 ○○식품의 정면에는 도로교통공단 부스가 위치하므로 도로교통공단 부스는 F부스이다.

(4) 〈배치 계획〉 (나)에 따라 한국교육과정평가원 부스와 도로교통공단 부스는 복도를 기준으로 같은 쪽에 위치하는데, 도로교통공단 부스는 F부스이며 한국교육과정평가원은 공공기관이다. 따라서 한국교육과정평가원 부스는 H부스이다.

(5) 이를 바탕으로 부스의 위치를 정리하면 다음과 같다.

(공)한국전력공사/ 한국주택금융공사	복도	(사)○○은행/○○건설
(사)○○식품		(공)도로교통공단
(공)한국주택금융공사/ 한국전력공사		(사)○○건설/○○은행
(사)○○자동차		(공)한국교육과정평가원

① (O) ○○건설 부스와 한국교육과정평가원 부스는 복도를 기준으로 같은 쪽에 위치한다.
➜ ○○건설 부스와 한국교육과정평가원 부스 모두 복도를 기준으로 오른쪽에 위치한다.

② (×) ○○은행 부스와 한국주택금융공사 부스는 복도를 기준으로 ~~같은 쪽에 위치한다.~~
➜ ○○은행 부스는 E 또는 G로 복도를 기준으로 오른쪽에 위치하지만, 한국주택금융공사 부스는 A 또는 C로 복도를 기준으로 왼쪽에 위치한다.

③ (O) ○○식품 부스 옆에는 한국주택금융공사 부스가 위치한다.
➜ 한국주택금융공사 부스는 A 또는 C로 B부스인 ○○식품의 왼쪽 또는 오른쪽 부스 중 하나에 위치한다. 따라서 어느 경우에도 한국주택금융공사 부스는 ○○식품 부스 옆에 위치한다.

④ (O) ○○은행 부스 옆에는 도로교통공단 부스가 위치한다.
➜ ○○은행 부스는 E 또는 G로 F인 도로교통공단의 왼쪽 또는 오른쪽 부스 중 하나에 위치한다. 따라서 어느 경우에도 ○○은행 부스는 도로교통공단 부스 옆에 위치한다.

⑤ (O) 한국전력공사 부스 옆에는 ○○식품 부스가 위치한다.
➜ 한국전력공사 부스는 A 또는 C로 B부스인 ○○식품의 오른쪽 또는 왼쪽 부스 중 하나에 위치한다. 따라서 어느 경우에도 한국전력공사 부스는 ○○식품 부스 옆에 위치한다.

합격자의 시간단축 Tip

Tip ❶ 문제에서 가장 핵심이 되는 조건은 〈배치 계획〉 (마)이다. (마) 조건에 따라 복도를 중심으로 오른쪽과 왼쪽 각각에는 공기업이 두 개 이상 배치될 수 없다. 따라서 도로교통공단과 한국교육과정평가원 부스가 우측에, ○○식품과 ○○자동차 부스는 좌측에 배치된다는 것을 알았다면 이는 자연스레 좌측의 남은 칸에는 공공기관이, 우측의 남은 칸에는 사기업이 들어갈 것 역시 알 수 있다.
이상의 정보까지 도출했다면, 곧바로 선지 ②가 틀렸음을 알 수 있다. 구체적으로 ○○식품이나 도로교통공단, 한국교육과정평가원 부스의 위치를 확정 지으려 하지 않아도 된다.
또한, 문제의 선지에서도 확정되지 않은 정보들에 대해서는 '같은 쪽에 위치한다'와 같이 나오기 때문에 직접적으로 부스의 위치를 구할 필요가 없다.

Tip ❷ 조건을 꼭 순서대로 해석할 필요는 없다. 본 해설과 같이 연결되는 순서대로 조건을 해석하는 게 보다 편리하다. 가령 (가)는 ○○자동차 위치에 대한 설명이므로, 그 다음 조건에서 ○○자동차와 관련된 (다)를 먼저 보는 것이다.
혹은 경우의 수가 가장 많이 줄어드는 조건을 먼저 고려해도 된다. (가)에서 ○○자동차의 위치가 정해진 후에, (마)를 통해 A, C, F, H에 공공기관이 위치하고 B, D, E, G에 사기업이 위치할 것임을 바로 파악할 수 있다. (마)의 경우 위치할 수 있는 여덟 가지의 경우를 각 특성에 따라 절반으로 줄여주기에 (마)를 우선적으로 고려하는 방법도 효율적이다.

* 공공기관으로 제시된 기관들의 이름이 상당히 길어 이를 모두 적으며 문제를 풀기는 어렵다. 이때, 가장 앞 두 글자 정도를 따서 적어두는 것이 보통이나, 이 문제에서는 세 기업이 '한국'으로 동일해서 구별되지 않는다. 따라서 한국전력공사는 '전력', 도로교통공단은 '도로', 한국교육과정 평가원은 '교육', 한국주택금융공사는 '주택' 등으로 표시하면 좋다. 그리고 그렇게 하기로 한 이상, 발문에 나와 있는 기관명의 해당 부분에 동그라미를 쳐서 표시해 두면 헷갈리지 않을 것이다.

267 정답 ④ 난이도 ●●○

주어진 단서를 바탕으로 청약 당첨 순서의 선후관계를 정리해보면 다음과 같다.

(가) B > F
(나) E, F > G > D
(라) D > A
(마) G > C

(1) 〈단서〉 (가)에 따라 B의 당첨이 F의 당첨보다 먼저 이루어졌는데 (나)에 따라 F의 당첨이 G의 당첨보다 먼저 이루어졌으므로 B의 당첨이 G의 당첨보다 먼저 이루어졌다.
또한, 〈단서〉 (나)에 따라 G의 당첨이 D의 당첨보다 먼저 이루어졌는데 (라)에 따라 D의 당첨이 A의 당첨보다 먼저 이루어졌으므로 G의 당첨이 A의 당첨보다 먼저 이루어졌다.
이를 정리하면, G를 기준으로 먼저 당첨된 사람은 B, E, F이며 나중에 당첨된 사람은 A, C, D이다. 따라서 G의 청약 당첨 순서는 4번째이다. 이를 표로 정리하면 다음과 같다.

첫 번째	두 번째	세 번째	네 번째	다섯 번째	여섯 번째	일곱 번째
B, E, F (B > F)			G	A, C, D (D > A)		

(2) 한편, G보다 먼저 당첨된 사람 중 〈단서〉 (가)에 따라 B의 당첨이 F의 당첨보다 먼저 이루어졌으므로 가장 먼저 당첨이 될 수 있는 사람은 B 또는 E이다. 그런데 〈단서〉 (다)에 따라 B가 가장 먼저 당첨된 것은 아니므로, 가장 먼저 당첨된 사람은 E이다. 이를 표로 정리하면 다음과 같다.

첫 번째	두 번째	세 번째	네 번째	다섯 번째	여섯 번째	일곱 번째
E	B	F	G	A, C, D		

(3) 〈단서〉 (라)에 따라 D의 당첨이 A의 당첨보다 먼저 이루어졌다. 이때, 선지 ④의 D의 당첨이 A의 당첨과 인접하여 이루어지지 않았다는 단서가 추가될 경우, D의 당첨과 A의 당첨 사이에 누군가 존재하여야 한다. 이 경우 C가 D의 당첨과 A의 당첨 사이에 위치하게 되어 7명의 청약 당첨 순서를 정확하게 파악할 수 있게 된다. 이를 표로 정리하면 다음과 같다.

첫 번째	두 번째	세 번째	네 번째	다섯 번째	여섯 번째	일곱 번째
E	B	F	G	D	C	A

따라서 정답은 ④다.

합격자의 시간단축 Tip

Tip ❶
(1) 경우를 확정 짓기 위해 필요한 추가적인 조건이 무엇인지 묻는 문제의 경우 난이도가 천차만별이다. 앞선 문제의 경우 고려해야 할 선지가 많지 않고 변수 역시 적기 때문에 난이도가 그렇게 높지는 않으나, 만일 선지를 활용하지 않고 어떠한 조건이 추가적으로 있어야 할지 알아내고자 한다면 상대적으로 더 어렵게 느껴질 수 있다.

따라서 해당 유형이 출제될 경우 실제로 필요한 추가 조건이 무엇인지 도출하기보다 최대한 선지를 활용하여 선지의 조건까지 주어졌다고 가정한 후 문제를 푸는 것이 유리하다.

(2) 이때, 선지를 바로 적용하는 것이 빠를지 아니면 조건을 정리한 후 선지를 마지막에 적용하는 것이 빠를지 고민이 될 것이다. 설문의 경우 후자에 해당하는데, 이를 판단하는 방법은 다음과 같다.
문제에서 '주어진 단서는 다음과 같은데, 여기서 1가지 단서를 추가할 경우 순서를 완성할 수 있다'고 하였다. 아무것도 결정된 것이 없는데 1가지 단서를 추가해서 순서가 완성되는 경우는 없다. 1가지를 추가하여 순서가 완성될 경우 이미 어느 정도는 순서가 정리되어 있다는 의미이다.

(3) 따라서 해당 표현과 비슷한 표현이 등장할 경우 주어진 조건을 먼저 정리하도록 하자. 주어진 조건들을 활용해 확정할 수 있는 수는 미리 확정해 놓은 뒤, 나머지 불확정 조건과 선지를 비교해보는 것이다.

Tip ❷ 이 문제의 경우, 주어진 조건을 적용할 때, E→B→F→G의 순서는 정해지고, A, C, D의 순서가 정해지지 않는다. 이를 간단한 순서대로 나타내면 아래와 같다.

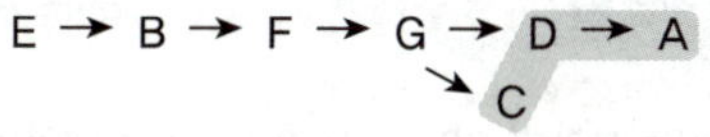

혹은 E→B→F→G 다음의 순서로 D→C→A, D→A→C, C→D→A의 세 가지 경우가 가능하다고 구해놓을 수 있다.
따라서 선지를 확인할 때도 A, C, D의 순서와 관련된 ③, ④를 우선적으로 확인하면 된다.
이때, C 하나에 대해서만 언급하는 ③보다는 A와 D 두 개에 대해서 언급하는 ④를 먼저 확인하는 것이 효율성 측면에서 유리하다. 현재 순서를 정해야 하는 알파벳이 3개나 남아있기 때문이다.

268 정답 ② 난이도 ●●●

ㄱ. (×) ~~A팀이~~ 종목 마에서 1위를 한다면 종합 순위 1위가 확정된다.
➜ 종목 마에서 A팀이 1위, D팀이 2위를 한다면, 최종 득점 현황은 다음과 같다.

종목명 \ 팀명	A	D
가	4	1
나	2	4
다	3	4
라	2	3
마	4	3
합계	15	15

A팀과 D팀이 총점 15점으로 동점이므로, 1위를 한 종목이 많은 팀이 높은 순위를 차지한다. 이때, A팀과 D팀은 각각 2종목에서 1위를 기록했으므로 2위 종목이 많은 팀이 높은 순위를 차지한다. D팀은 2종목에서 2위를 기록한 반면, A팀은 1종목에서 2위를 기록했다.
따라서 이 경우 D팀이 종합 순위 1위가 된다.

ㄴ. (×) B팀이 종목 마에서 C팀에게 순위에서 뒤지면 종합 순위에서도 C팀에게 ~~뒤지게 된다.~~
➜ 종목 마에서 C팀이 3위, B팀이 4위를 한다면, 최종 득점 현황은 다음과 같다.

종목명 \ 팀명	B	C
가	3	2
나	1	3
다	1	2
라	4	1
마	1	2
합계	10	10

B팀과 C팀이 총점 10점으로 동점이므로, 1위를 한 종목이 많은 팀이 높은 순위를 차지한다. 이때, B팀은 1종목에서 1위를 기록한 반면 C팀은 0종목에서 1위를 기록했으므로 이 경우 B팀이 종합 순위 3위가 되고 C팀이 종합 순위 4위가 되어 종합 순위에서 B팀이 C팀보다 높게 된다.

ㄷ. (×) C팀은 종목 마의 결과와 관계없이 종합 순위에서 ~~최하위가 확정되었다.~~
➜ 종목 라까지의 점수는 C팀이 8점, B팀이 9점이다. C팀이 종목 마에서 B팀보다 두 단계 이상 높은 순위를 기록할 경우, C팀의 총점이 B팀의 총점보다 높게 되어 종합 순위에서 최하위를 기록하지 않는다.

ㄹ. (○) D팀이 종목 마에서 2위를 한다면 종합 순위 1위가 확정된다.
➜ D팀이 종목 마에서 2위를 할 경우 총점은 다음과 같이 15점이 된다.

종목명 \ 팀명	A	B	C	D
가	4	3	2	1
나	2	1	3	4
다	3	1	2	4
라	2	4	1	3
마	a	b	c	3
합계	11+a	9+b	8+c	15

이때, B팀과 C팀은 종목 마에서 1위를 하더라도 각각 13점, 12점이 되어 D팀보다 총점이 낮으므로 항상 낮은 순위를 기록한다.

한편, A팀이 종목 마에서 1위를 할 경우, 즉 a=4인 경우 총점은 15점이 되어 D팀과 총점이 동일하다. 총점에서 동점이 나올 경우에는 1위를 한 종목이 많은 팀이 높은 순위를 차지한다는 기준에 따라 1위를 한 종목의 개수를 살펴보면, A팀과 D팀은 모두 2종목에서 1위를 기록하였음을 알 수 있다.

이 경우 2위 종목이 많은 팀이 높은 순위를 차지한다는 기준에 따라 2위를 한 종목의 개수를 살펴보면, D팀은 2종목에서 2위를 기록한 반면 A팀은 1종목에서 2위를 기록하였으므로 D팀이 종합 순위 1위가 된다.(보기 ㄱ의 경우과 같다.)

따라서 D팀이 종목 마에서 2위를 할 경우, 어느 팀이 1위를 하는지와 무관하게 종합 순위 1위가 확정된다.

합격자의 시간단축 Tip

Tip ❶ 이 문제의 발문은 특이하게도 '항상 옳은 추론'을 고르도록 하고 있다.

이는 이름에서 보듯 '반례'를 찾아 풀어야 하는 문제이다. 많은 수험생들이 발문에서 '옳은 것, 옳지 않은 것'만 보는 경향이 있는데, 구체적인 발문의 스타일에 따라 풀이 방식이 크게 달라지므로 언제나 잘 확인해야 한다.

* 반례를 찾아야 하는 문제라는 것을 파악했다면, 어떤 예시가 반례가 될 수 있는지를 구체적으로 생각해야 한다. 또한, 접근하기 쉽도록 문제에서 주로 주어진 정보를 활용할 수 있게 말을 바꿔주는 연습이 필요하다.
예를 들어, 〈보기 ㄱ〉의 반례는 'A팀이 종목 마에서 1위를 하더라도, 종합순위가 1위가 아닌 경우'인데, 이를 'A팀이 4점을 획득하더라도(=A팀의 총점이 15점이더라도), 총점이 가장 높지 않거나(=다른 팀이 16점 이상), 동점일 때 순위 경쟁에서 밀리는 경우(=총점이 15점인 다른 팀과 조건을 따져야 하는 경우)'로 명확하게 구분해서 생각 할 수 있어야 한다.

Tip ❷ 이처럼 원리를 이용하는 문제는 결과적으로 같은 내용을 묻는 선지가 주어지는 경향이 있다. 왜냐하면 원리를 이용하는 특성 상 동일한 것을 물어도 그 원리를 이해하기 전까진 그 선지가 같은 지 알 수 없어, 출제자의 입장에서 '출제 의도대로 원리를 이해한 사람만 빨리 풀 수 있게 하기 좋은 유형'이기 때문이다.

예를 들어, 〈보기 ㄱ〉과 〈보기 ㄹ〉은 동일한 내용을 반대 방향으로 질문하였다. 즉, 어느 하나가 맞으면 다른 하나는 틀릴 수밖에 없는 구조이다. 이러한 부분을 이용하면 훨씬 빠르게 해결할 수 있다.

* 실전적인 풀이와 관련하여 풀이를 깔끔하게 쓰는 것도 도움이 된다. Tip ❷에서 언급하듯이 〈보기 ㄱ〉의 내용을 활용하면 〈보기 ㄹ〉을 쉽게 파악할 수 있는데, 만약 〈보기 ㄹ〉을 풀 때에 〈보기 ㄱ〉을 푼 과정을 활용하지 않는다면 다시 한 번 동일한 과정을 반복하여 시간이 지체될 수밖에 없다.
** 문제에서 제공한 기준을 모두 활용하지 않았다고 해서 이상하게 여기지 말자.
예를 들어, 1위 종목의 수도 같고, 2위 종목의 수도 같은 경우 공동 순위로 결정한다는 조건은 위 해설에서는 활용되지 않았다. 물론 대부분의 조건은 풀이에 모두 활용되지만, 이렇게 활용되지 않는 경우도 있으니 지나치게 조건에 집착하지 않아도 된다.

269 정답 ③ 난이도 ●○○

(후회)=(각 상황별 최대 기대이익)−(각 대안의 기대이익)이므로 상황에 따른 후회와 각 대안의 기준 값을 확인하면 다음과 같다.

	최대 기대 이익	최소 기대 이익	상황S_1	상황S_2	상황S_3	최대 후회
대안 A_1	50	−9	50−50 =0	19−16=3	10−(−9) =19	19
대안 A_2	30	5	50−30 =20	19−19=0	10−5=5	20
대안 A_3	20	10	50−20 =30	19−15=4	10−10 =0	30

ㄱ. (×) 기준 I로 대안을 선택한다면, ~~대안A_2를 선택하게 된다.~~
→ 기준 I은 최대 기대이익이 가장 큰 대안을 선택하므로, 최대 기대이익이 50으로 가장 큰 대안A_1을 선택하게 된다.

ㄴ. (○) 기준II로 대안을 선택한다면, 대안A_3을 선택하게 된다.
→ 기준II는 최소 기대이익이 가장 큰 대안을 선택하므로, 최소 기대이익이 10으로 가장 큰 대안A_3을 선택하게 된다.

ㄷ. (×) 상황S_2에서 대안A_2의 후회는 ~~11이다.~~

➜ 상황S_2에서 대안A_2의 후회는 상황S_2 하에 16, 19, 15를 비교하여 가장 큰 19를 기준으로 나머지를 계산하므로 대안A_2의 후회는 19－19＝0이다.

참고로 보기 ㄷ의 후회 11은 상황을 기준으로 한 것이 아니라, 대안을 기준으로 도출된 값이다. 즉, 대안A_2를 기준으로 30, 19, 5 중 가장 큰 30을 기준으로 계산하여 30－19＝11이라 한 것이다.

ㄹ. (○) 기준III으로 대안을 선택한다면, 대안A_1을 선택하게 된다.

➜ 기준Ⅲ은 최대 후회가 가장 작은 대안을 선택하므로, 최대 후회가 19로 가장 작은 대안A_1을 선택하게 된다.

합격자의 시간단축 Tip

Tip ❶ 난이도가 평이한 문제로, 각 선지를 어떻게 푸는지 보다 어떤 선지를 먼저 푸는지가 더 중요하다. 이 문제의 경우 단순히 주어진 표에 적힌 값을 찾기만 하면 되는 기준 I과 II를 먼저 해결하는 것이 좋다. (주어진 지문에서 기준III에 비해 기준 I과 II에 대한 설명이 간결하여 기준을 이해하는데 부담도 적다.) 따라서 〈보기 ㄱ과 ㄴ〉을 먼저 빠르게 해결하면 ①, ②, ④ 번이 소거되어 〈보기 ㄷ〉만 확인하면 되어 문제 해결이 보다 간단하다.

이 경우 가장 피해야 하는 보기는 기준III을 해결해야 하는 ㄹ이다. 다른 관점에서 보면, 한 가지 기준으로 2가지 보기(ㄷ, ㄹ)를 해결할 수 있는 기준III을 먼저 해결하는 것이 시간을 단축하는 지름길이 될 수도 있다. 실제로 본 문제는 기준III만 적용하여 답을 도출할 수 있는 구조이다.

Tip ❷ 문제를 실제로 풀 때가 아니라면, 연습하는 과정에서 보기 ㄷ의 해설의 참고(#)처럼, "출제자가 왜 이 숫자를 오답 선지로 만들었을까?"를 고려해보는 것도 좋다. 해당 문제의 경우 S_1의 기대이익이 30이므로 급하게 문제를 확인하다가 30을 기준으로 삼는 경우를 고려해 오답을 만들었을 가능성이 높다. (또는, 앞서 예시에서 상황 1의 후회를 계산할 때 30을 기준으로 계산하게 되는데, 일반적으로 첫 번째 대표적인 예시만 보고 넘어가는 경향이 있으므로 이를 고려했을 수도 있다.)

이처럼 문제 내에서 주어진 혹은 이미 활용된/활용할 가능성이 높아 보이는 수를 활용해서 오답을 만드는 경우는 매우 흔하므로 유의해야 한다.

이를 통해 출제자가 생각한 함정이 무엇인지 알 수 있으며, 자주 하다 보면 출제자의 의식 흐름에 익숙해져 '여기서 틀리게 할 가능성이 높겠다'는 감각이 생겨 문제를 쉽게 해결할 수 있다.

＊ 기본적으로 기준이나 대안이 나오는 문제는 나온 기준들이 골고루 쓰인다. 이때 위의 문제처럼 하나의 기준을 물어보는 경우도 있지만, 기준 I로 선택한 대안과 기준II로 선택한 대안의 크기 비교 같이 대소 비교를 물어볼 수도 있다. 이때 문제 해결의 우선 순위는 '비교 개수 최소화' + '간단한 사안'부터 해결하도록 한다.

Tip ❸ 설문은 지문의 3가지 기준을 주어진 표에 적용하여 해결하는 문제이다. 빠르게 스캔했을 때 보기에서 지문으로 찾아가는 유형이라는 것을 파악하면 좋으나, 그렇지 못하고 지문을 먼저 읽었을 경우 지문에서 어떤 얘기를 하는지 잘 이해가 가지 않을 수 있다. 왜냐하면 지문 자체가 임의적인 상황을 적용하였고 우리가 풀어야 하는 상황은 또 다른 상황이기 때문이다.

이러한 경우 지문 이해에 시간이 오래 걸려, 문제에서 물어보는 새로운 상황을 발견했을 때 문제를 푸는 시간이 부족해 당황할 수 있다. 따라서 문제를 풀기 전에 문제 전체를 가볍게 훑어 주어진 표가 있다는 것을 파악하고, 지문의 내용이 이해가 가지 않더라도 '그런 게 있네' 하고 넘긴 후 차분히 보기를 푸는 연습을 하자.

270 정답 ②

난이도 ●●●

주어진 〈평가 기준〉에 따라 〈상황〉을 평가해보면 다음과 같다.

	집적 정도	연관성	입주 공간 확보	지자체 육성	합계	순위
A	40	40	20	○	100	1
B	20	40	20	○	80	3
C	30	40	20	○	90	2
D	30	40	20	×	90	–
E	40	0	20	○	60	6
F	30	40	0	○	70	5
G	40	20	20	○	80	4

① (○) B는 선정된다.

➜ 4위까지 선정되므로, 선정되는 산업단지는 A, B, C, G이다. 따라서 B는 선정된다.

② (×) A가 '소재'산업단지인 경우 ~~F가 선정된다.~~

➜ A가 '소재'산업단지인 경우 연관성 점수가 20점 줄어 합계가 80점이 된다. 이때, C는 90점으로 1순위가 되고, 80점으로 동일한 A, B, G를 비교해야 한다.

그러나 이 경우에도 A는 순위가 몇 위인지와 무관하게 4위 이내에 들어 선정되는 반면, F는 순위 내에 들지 못해 F가 선정될 일은 없다. (이때, 점수가 바뀌는 것은 A뿐이므로, 바뀐 후의 A 점수가 F보다 여전히 높은지 여부만 확인하면 된다.)

③ (O) 3곳을 선정할 경우 G는 선정되지 않는다.
➜ G는 4위이다. 따라서 3곳을 선정할 경우 선정되지 않는다.

④ (O) F는 산업단지 내에 기업이 3개 더 있다면 선정된다.
➜ 만약 F 내에 기업이 3개 더 있었다면, 30개의 기업이 입지해 '집적 정도'에서 40점을 받게 된다. 이 경우 합계 점수가 80점이 되어 B, F, G 간 순위 비교가 필요하다.
이때, 연관성 점수에 있어 B, F는 40점인 반면, G는 20점이어서 G는 탈락한다.
따라서 F는 4위 이내에 들어 선정된다. (참고로 집적 정도에 있어 F가 B보다 높아 F는 3위가 된다.)

⑤ (O) D가 소재한 지역의 지자체가 육성 의지가 있을 경우 D는 선정된다.
➜ 만약 D가 육성 의지가 있다면 총점 90점으로 기존 4위인 G가 탈락하고, 4위 이내에 들게 된다. 따라서 D는 선정된다.

합격자의 시간단축 Tip

Tip ❶ 시간이 소모된다는 점만 제외하면 매우 쉬운 유형이다.
이때, 시간을 그나마 효율적으로 활용하기 위해서는 다음과 같은 부분을 신경 쓰면 좋다.
(1) 〈평가 기준〉에 따라 점수를 메길 때는 항목이 아닌 기준 별로 처리한다.
만약 항목(이 문제는 '산업단지') 별로 처리할 경우, 매번 〈평가 기준〉을 확인하기 위해 시선을 위로 올려야 되어 매우 비효율적이다. 따라서 기준 별로 모든 항목을 한 번에 전환하는 것이 효율적이다.
(2) 순위를 정확하게 도출할 필요가 없다.
여기선 순위를 묻지 않고, 4위 안에 드는지만 묻고 있다. 따라서 점수 상 4위 안에만 든다면 구체적인 순위를 확정할 필요가 전혀 없고, 동점자들 간의 줄 세우기도 전혀 필요하지 않다. 즉, 가장 최악의 풀이는 매 선지마다 1위, 2위, 3위, 4위가 누군인지 확인하는 것이다.
예를 들어, 선지 ① 번의 경우 B가 4위 안에 있다는 것으로 충분하며, 선지 ② 번의 경우, F는 절대 4위 안에 못 든다는 것으로 충분하고, 선지 ③ 번의 경우, G가 3위 안에 못 든다는 것을 확인해야 하며 선지 ④, ⑤ 번의 경우 조건의 변화에 따라 F나 D가 4위 안에 들어올 수 있는지만 확인하면 된다.

Tip ❷ 필자의 경우 점수, 순위 문제에서 항상 "만점"이 몇 점인지를 고려한다. 이 경우 만점은 100점이다. 이러한 기준선이 결정된다면 그 다음은 "우선순위" 조건만 명심하면 문제는 쉽게 풀리게 된다. "연관성 점수"가 가장 중요했으니, 선지 ②, ③ 을 풀 때 "업종" 부분에서 점수가 부족하면 뒤로 밀린다는 것을 인지하고 접근하니 보다 수월하였다.

Tip ❸ 문제 접근 시 가장 직관적으로 제외할 수 있는 조건을 제일 먼저 사용해야한다. 사안의 경우는 첫 문단에 '육성 의지가 있는 곳 중'이라고 했으므로 자동적으로 D가 제외된다. D의 경우는 5번 문항에서만 신경 쓰면 된다. 헷갈리지 않으려면 줄을 긋는 방법도 있다. 그 외는 **Tip ❶**, **❷**처럼 문제를 접근해 나가면 된다. 문제에서 〈평가 기준〉부분이 가장 중요해 보이나, 그 윗부분의 문장을 잊지 말자.

Tip ❹ 이러한 유형의 문제의 경우 지문의 흰색 동그라미 하나 당 상황의 세로 한 줄의 점수를 채워 넣는 구조가 대부분이다. 해당 유형에서 가장 어려운 문제가 난이도 중 정도에 불과하니 반드시 풀고 맞출 수 있도록 연습하는 것을 추천한다. 설문과 같이 일정 범위에 속하면 특정 점수를 주는 패턴도 있고, 1등부터 차례대로 높은 점수를 주는 패턴도 있으나 풀이에 큰 영향을 주지 않는다.
다만, 하나의 기준에서 예외가 되는 조건들이 있을 수 있으니 쉽더라도 꼼꼼하게 확인해야 한다. 또한 지문 마지막에 추가점수를 주는 경우도 있으니 이를 반드시 고려하자. 특히 추가점수를 부여하는 경우 그로 인해 대부분 정답이 달라지므로 실수하지 않도록 주의하자.

* 이러한 유형의 문제에서 자주 등장하는 조건은 높음, 중간, 낮음 등 3가지로 구분하는 방식이다. 이러한 경우에 쓸 수 있는 기호를 미리 정해두는 것이 좋다. 예를 들어, 높음은 동그라미, 중간은 세모, 낮음은 엑스 등으로 표시하는 것이다. 이에 따라 〈상황〉에 표시를 해 두면 시각적으로 한 눈에 정보가 들어와서 보다 파악하기 편리할 것이다. 본 문제의 경우 '지자체 육성 의지' 항목에서 산업단지 D의 '없음'에 X표시를 하여, 순위에 고려하지 않음을 명시할 수 있다.

271 정답 ③ 난이도 ●●○

① (×) A가 세 번째로 쉬면 C는 ~~네 번째로 쉬어야 한다.~~
➜ A가 세 번째로 쉴 경우, 〈규칙〉 (2)에 따라 D는 다섯 번째에 쉬어야 한다.
이때, 〈규칙〉 (1)에 따라 E는 네 번째로 쉬지 않으므로 첫 번째 또는 두 번째에 쉬어야 한다. 따라서 경우에 따라 C는 남은 자리인 첫 번째, 두 번째, 네 번째로 쉴 수 있다.

이상의 상황을 표로 나타내면 아래와 같다. C가 첫 번째, 두 번째 순서에도 들어갈 수 있으므로 선지 ①은 옳지 않다.

순서	1	2	3	4	5
직원	B or C or E		A	B or C	D

② (×) B가 네 번째로 쉬면 A는 ~~세 번째로 쉬어야 한다.~~

➜ B가 네 번째로 쉴 경우, 〈규칙〉 (2)에 따라 A와 D는 첫 번째와 세 번째, 또는 세 번째와 다섯 번째에 쉬어야 한다. 따라서 A는 첫 번째 또는 세 번째로 쉴 수 있다. 이를 표로 나타내면 다음과 같다. 단, 빈칸은 순서가 확정되지 않았음을 나타낸다.

순서	1	2	3	4	5
직원	A		D	B	

순서	1	2	3	4	5
직원			A	B	D

이처럼 A가 세 번째뿐 아니라 첫 번째로도 쉴 수 있으므로 선지 ②는 옳지 않다.

③ (○) C가 세 번째로 쉬면 E는 첫 번째로 쉬어야 한다.

➜ C가 세 번째로 쉴 경우, 〈규칙〉 (2)에 따라 A는 두 번째, D는 네 번째로 쉬게 된다. 이 때 〈규칙〉 (1)에 따라 E가 D 바로 뒤인 다섯 번째로 쉬지 않으므로 E는 첫 번째로 쉬어야 한다.

순서	1	2	3	4	5
직원	E	A	C	D	B

이 경우 E가 들어갈 수 있는 순서가 첫 번째뿐이므로, 선지 ③은 옳다.

④ (×) D가 세 번째로 쉬면 B는 ~~두 번째로 쉬어야 한다.~~

➜ D가 세 번째로 쉴 경우, 〈규칙〉 (2)에 따라 A는 첫 번째로 쉬어야 한다. 이때, 〈규칙〉 (1)에 따라 E가 D 바로 앞인 두 번째나 바로 뒤인 네 번째로 쉬지 않으므로 E는 다섯 번째로 쉬어야 한다. 따라서 B가 남은 자리인 두 번째 또는 네 번째로 쉴 수 있으므로, 선지 ④는 옳지 않다.

순서	1	2	3	4	5
직원	A	B or C	D	C or B	E

⑤ (×) E가 두 번째로 쉬면 B는 ~~첫 번째로 쉬어야 한다.~~

➜ E가 두 번째로 쉴 경우, 〈규칙 2〉에 따라 A와 D는 첫 번째와 세 번째, 또는 세 번째와 다섯 번째에 쉬어야 한다. 이때 〈규칙 1〉에 따라 A는 세 번째, D는 다섯 번째에 쉬어야 하며, 빈 2자리, 즉 첫 번째와 네 번째 자리에 B와 C가 들어간다. B와 C의 순서를 결정지을 별도의 조건이 없으므로 B는 첫 번째 또는 네 번째로 쉴 수 있다. 따라서 선지 ⑤는 옳지 않다.

순서	1	2	3	4	5
직원	B or C	E	A	C or B	D

합격자의 시간단축 Tip

Tip ❶ 〈규칙 2〉에서 A와 D 사이에서 반드시 한 명의 직원이 여름휴가를 사용하게 되는데, 이를 머릿속에서 A와 D를 배치하기 위해서는 세 자리가 있어야 한다고 시각화하여 접근하면 보다 수월하다.

즉, A와 D는 비록 두 명이지만, 배치할 때는 가운데가 빈 세 자리 나무토막처럼 이동하면서 배치가 가능한지 여부를 확인해야 한다.

선지 ③ 같은 경우 C가 세 번째로 쉬면 이 세 자리 나무토막이 C를 포함하지 않고는 앞뒤로 위치할 수 없다는 것을 알 수 있다.

Tip ❷ 반드시 순서대로 선지를 확인하지 않아도 된다. 조건에서는 A, D, E에 대한 정보를 주고 있으므로 해당 직원과 조금이라도 더 직접적 관련이 있는 선지부터 확인하도록 한다.

D가 들어가는 선지는 ④가 유일하므로 해당 선지부터 확인하면 좋다.

이렇게 했을 때 항상 답이 곧바로 나온다고는 할 수 없으나, 이러한 습관을 만들어 놓는다면 비교적 효율적으로 선지를 소거할 수 있을 것이다.

Tip ❸ A, B, C, D, E의 순서(1~5)를 시각화 해 그릴 수도 있다. 이때, 〈규칙 2〉에 따라 A와 D를 기준으로 한다.

〈규칙〉 (1)에 따라 D는 E의 바로 앞이나 바로 뒤에 쉬지 않으므로, D를 B와 C가 감싸고 있는 형태여야 함을 알 수 있다. 또한 A와 D가 2주의 간격을 가지고 있으므로, A와 D의 가능한 조합은 (A, D)=(1, 3), (2, 4), (3, 5) 임을 파악 가능하다.

해설과 달리 순서가 아닌 직원을 기준으로 표를 그릴 때, 각각의 경우를 살펴보면 다음과 같다.

(1) [경우 1]

A가 첫 번째, D가 세 번째로 쉬는 경우, 〈규칙〉 (1)에 따라 B와 C가 두 번째나 네 번째 순서가 된다. 자연히 E는 다섯 번째 순서가 된다. 표로 나타내면 다음과 같다.

A	B	C	D	E
1	2(or 4)	4(or 2)	3	5

여기서 선지 ②와 ④를 소거할 수 있다.

해설편

9일차

• 문제해결 + 자원관리능력

(2) [경우 2]
A가 두 번째, D가 네 번째로 쉬는 경우, 〈규칙〉 (1)에 따라 B와 C가 세 번째나 다섯 번째 순서가 된다. 자연히 E는 첫 번째 순서가 된다. 표로 나타내면 다음과 같다.

A	B	C	D	E
2	3(or 5)	5(or 3)	4	1

(3) [경우 3]
A가 세 번째, D가 다섯 번째로 쉬는 경우, 〈규칙〉 (2)에 따라 E는 첫 번째 또는 두 번째 순서가 된다. E가 첫 번째 순서인 경우 B와 C는 두 번째나 네 번째 순서가 되며, E가 두 번째 순서인 경우 B와 C는 첫 번째나 네 번째 순서가 된다. 표로 나타내면 다음과 같다.

A	B	C	D	E
3	1 or 2 or 4	1 or 2 or 4	5	1 or 2

여기서 선지 ①과 ⑤를 소거할 수 있다. 결과적으로 선지 ③이 답임을 확인할 수 있다.
이상의 세 경우에서 선지 ③의 반례가 나타나지 않았다. 또한, C가 세 번째로 쉬는 경우는 [경우 2]가 유일한데, 이때 E는 반드시 첫 번째로 쉬어야 한다. 즉, 더 이상 선지 ③의 반례가 나타날 여지도 없으므로 선지 ③이 답임을 도출 가능하다.

Tip ❹ 항상 옳은 것을 묻는 유형의 경우 반례가 단 하나라도 나온다면 틀린 선지가 되기 때문에, 각 선지의 반례를 확인하는 방법이 유용할 수 있다. 예컨대 설문의 선지 ②에서 B가 네 번째로 쉴 때 A가 세 번째가 아닌 다른 순서로 들어갈 수 있는지 확인해 보는 것이다. 즉, B가 네 번째이고 A가 첫 번째라고 가정한 후 조건에 따라 나머지 인원을 채워 넣었을 때 모순이 발생하지 않는다면 해당 선지는 정답이 아니다.
다만 본 문제에 이 방법을 사용할 때, 가정할 수 있는 경우가 너무 많아 시간 소모가 우려된다. 정답 여부를 판단하기 어려운 선지에 한하여 사용하도록 하자.

272 정답 ②

난이도 ●●○

출장이 A에서 시작하여 E에서 끝날 때, 각 나라를 방문하는 순서로 가능한 경우와 그 때의 이동 비용을 표로 정리하면 다음과 같다.

순서	이동 비용(만 원)
A→B→C→D→E	60+90+10+80=240
A→B→D→C→E	60+50+10+40=160
A→C→B→D→E	70+90+50+80=290
A→C→D→B→E	70+10+50+30=160
A→D→B→C→E	40+50+90+40=220
A→D→C→B→E	40+10+90+30=170

따라서 모든 나라를 한 번씩만 방문하기 위한 최소 이동 비용은 160만 원이다.

합격자의 시간단축 Tip

Tip ❶ 모든 경우의 수를 고려하는 것은 비효율적인 풀이이므로, 최소한의 기준을 가지고 접근하는 것이 좋다.
(1) 우선 첫 순서와 마지막 순서가 각각 A와 E로 고정되어 있으므로, 그들을 기준으로 두자.
그 중에서도 A보다 E를 우선 고려하는 것이 좋다. A의 경우 각 도시로의 비용이 (곧바로 갈 수 없는 E를 제외하면) 40, 60, 70으로 상대적으로 서로 유사한 반면 E는 각 도시로의 비용이 (역시나 곧바로 갈 수 없는 A를 제외하면) 30, 40, 80으로 E-D 간의 비용이 다른 도시로의 이동보다 압도적으로 높다는 것을 알 수 있다. 따라서 E 앞에 D를 배치하는 경우는 후순위로 둔다.
(2) 만일 E 앞에 C를 배치하는 경우 C와 다른 도시 간의 이동 비용을 고려해야 한다. C에서 E 도시로의 이동 비용을 제외하면 10, 70, 90으로, C와 D 도시 간의 이동 비용이 압도적으로 작기 때문에 C 앞에 D를 배치하는 것이 타당하다.
따라서 최종적으로 A→B→D→C→E가 성립하며, 이 때의 비용은 160만 원임을 알 수 있다.
(3) 만일 E 앞에 B를 배치하는 경우, B와 다른 도시 간의 이동 비용을 고려해야 한다.
B에서 E 도시로의 이동 비용을 제외하면 60, 90, 50으로 앞선 경우처럼 압도적인 크기의 차이는 없으나, 가장 작은 비용을 보이는 D부터 배치해본다. 이 경우 A→C→D→B→E가 성립하여 총 비용은 160만 원이다.

Tip ❷
(1) 설문과 같이 비용이 최소가 되는 경로를 찾는 유형의 경우 항상 갖고 가야 할 전략이 있다. <u>그것은 가장 저렴한 비용이 드는 곳 2군데를 최대한 포함하며, 가장 비싼 비용이 드는 곳 2군데를 최대한 제외해야 한다는 것이다.</u>
따라서 설문에서 가져가야 할 전략은 10만 원의 C-D 구간과 20만 원의 A-E 구간을 지나면서 동시에 90만 원의 B-C 구간과 80만 원의 D-E 구간을 지나지 않는 것이다.

하지만 문제가 항상 전형적으로 출제되는 것이 아니기 때문에 유연한 접근이 필요하다. 설문의 경우 전형적인 패턴과 두 가지가 다르다.

(2) 첫 번째는 가는 방향과 오는 방향의 비용이 동일하다는 것이다. 예컨대 설문의 경우 A에서 B로 가는 비용과 B에서 A로 가는 비용이 60만 원으로 동일하다. 그러나 전형적인 패턴에서는 A에서 B로 가는 비용과 B에서 A로 가는 비용이 달라 우월전략이 존재한다. 동일한 길을 지나가는데 구태여 비싼 비용을 지불할 이유가 없기 때문이다.

(3) 두 번째는 시작점과 목적지가 정해져 있다는 것이다. 이로 인하여 20만 원의 A－E 구간을 지나도록 하는 전략을 사용할 수 없게 된다.

다만 여전히 80만 원의 DE 구간을 지나지 않는 전략은 사용할 수 있기 때문에 E 직전에 D를 방문하지 않을 경우 가능한 경로가 상당히 좁혀진다.

> *** Tip**을 읽어보면 알 수 있겠지만, 해설지와 같이 모든 경우의 수를 고려하지 않는 경우에는 어느 정도의 가능성만으로 문제를 푸는 수밖에 없다.
> 이는 천부적인 감각에서 비롯되는 것이라기 보다는 동일한 유형의 문제를 많이 접해보는 것에서 오는 것이므로, 유사한 문제를 많이 풀어보는 것이 도움이 된다.

273 정답 ⑤ 난이도 ●●○

ㄱ. (×) 교육이나 취업에서 소수집단 출신에게 불리한 차별적인 규정을 폐지한다.

➜ 소수집단과 그 구성원들에 대한 차별적 규정의 폐지는 '소극적 다문화주의 정책'에 해당한다.

ㄴ. (○) 의회의원 비례대표선거를 위한 각 정당명부에서 소수 집단 출신 후보자의 공천비율을 확대한다.

➜ 적극적 다문화주의 정책 중 세 번째 정책으로, 소수집단의 정치참여 기회 확대에 해당한다.

ㄷ. (○) 공무원 시험이나 공공기관 입사 시험에서 소수집단 출신에게 가산점을 부여한다.

➜ 적극적 다문화주의 정책 중 두 번째 정책으로, 소수집단의 원활한 사회진출을 위한 특별한 지원 제공에 해당한다.

ㄹ. (○) 특정 지역의 다수 주민을 이루는 소수집단에게 그 지역의 치안유지를 위한 자치경찰권을 부여한다.

➜ 적극적 다문화주의 정책 중 네 번째 정책으로, 일정한 영역에서 소수집단에게 자치권을 부여하는 것에 해당한다.

합격자의 시간단축 Tip

본 문제에서는 다문화주의 정책 중 소극적 다문화주의 정책과 적극적 다문화주의 정책만을 언급하고 있다. 이처럼 문제의 내용이 2개로 양분되는 형태인 경우, 질문한 값의 반대 값을 찾아 소거하면 문제를 빠르게 풀 수 있다. 왜냐하면 주로 질문한 값의 조건은 다양하고, 그 반대되는 값은 조건이 적어 확인하기 더 쉽기 때문이다.

(1) '소극적 다문화주의 정책' vs '적극적 다문화주의 정책'으로 내용이 구분된다. 문제에서 질문한 값은 적극적 다문화주의 정책이며, 소극적 다문화주의 정책과 달리 유형이 4가지나 주어져 있다.
따라서 '반대해석'으로 〈보기〉에서 소극적 다문화주의 정책을 솎아내면 쉽게 정답을 도출할 수 있다.

(2) '소극적 다문화주의 정책의 키워드'='차별 대우 철폐'로, 이를 〈보기〉에서 찾아보면 〈보기 ㄱ〉만 이에 해당한다. 따라서 바로 선지 ①, ④를 소거할 수 있다. 남은 선지 ②, ④, ⑤는 모두 〈보기 ㄴ〉을 포함하고 있으므로 ㄴ에 대해서는 판단할 필요가 없다.

(3) 가장 정확하고 정석적인 풀이는, 해설과 같이 각 보기가 어떤 정책 유형에 해당되는지 표시하는 것이다. 그러나 시간이 없을 경우에는, ②의 과정을 통해 〈보기〉의 ㄴ, ㄷ, ㄹ이 적극적 다문화주의 정책에 해당될 가능성이 높다는 것을 추론할 수 있으므로 ⑤번을 정답으로 선택할 수 있다.

이때, 다문화주의 정책의 내용이 아닌 제3의 내용이 적혀 있는지만 가볍게 확인해주면 정확도가 올라갈 것이다.

274 정답 ④ 난이도 ●○○

ㄱ. (○) 乙은 9월 10일 교육훈련과 관련 없는 甲의 등산대회에 사업비에서 100만 원을 협찬하였다.

➜ 계약 (라)에 따르면 사업비를 교육훈련 이외의 다른 용도로 사용하여서는 안 된다.
따라서 교육훈련과 관련 없는 등산대회에 사업비에서 협찬하는 행위는 계약 위반 행위이다.

ㄴ. (○) 乙은 1월 25일에 상반기 사업비 지급을 청구하였으며, 甲은 2월 10일에 3,500만 원을 지급하였다.

➜ 계약 (나)에 따르면 乙이 사업비를 청구한 날로부터 14일 이내에 지급하여야 한다. 그러나 2월 10일은 1월 25일로부터 16일이 경과한 후이므로, 기간이 지나서 사업비를 지급한 경우에 해당하여 계약 위반 행위이다.

ㄷ. (×) 乙은 8월 8일에 하반기 사업비 지급을 청구하면서 상반기 사업추진실적 및 사업비 사용내역을 제

출하였다.

➜ 계약 (다)에 따르면 하반기 사업비 청구 시 상반기 사업추진실적과 상반기 사업비 사용내역을 함께 제출해야 한다. 따라서 乙의 행위는 계약 위반 행위가 아니다.

ㄹ. (O) 乙은 10월 9일에 관련 증빙서류를 구비하여 성과 인센티브의 지급을 청구하였으나, 甲은 증빙서류의 확인을 거부하고 지급하지 않았다.

➜ 계약 (마)에 따르면 인센티브는 매 분기(3개월) 종료 후 10일 이내에 관련 증빙서류를 구비하여 청구할 수 있으므로, 乙이 9월이 끝나고 9일 후에 지급을 청구한 것은 계약 위반행위가 아니다.
다만, 계약 (바)에 따르면 甲은 증빙서류를 '확인한 후' 성과인센티브 지급 여부를 결정해야 한다.
따라서 증빙서류의 확인을 거부하는 행위는 계약 위반행위이다.

합격자의 시간단축 Tip

Tip ❶

(1) 항상 강조하는 것이지만 쉬운 문제의 경우 실수하지 않는 것이 가장 중요하다. 이러한 단순한 문제들은 계약 내용들을 먼저 다 읽기보다는 보기를 읽고 해당되는 계약 내용을 찾아가는 것이 빠른 문제풀이에 도움이 된다.
즉 조건이나 계약 내용이 많은 경우, 실수하지 않기 위해서는 간단하게 확인 가능한 선지부터 확인하는 것이 좋다.

(2) 가령 〈보기 ㄴ〉과 (나)처럼 지급 기한을 계산해야 하는 경우 적용 과정에서 실수할 가능성이 높기 때문에 나중에 확인한다. 필자의 경우 〈보기 ㄱ〉과 〈보기 ㄹ〉부터 확인하였다. 관련된 계약 조건은 (라)와 (마)로, 두 조건 모두 '교육훈련 이외 다른 용도', '성과 인센티브' 등의 명확한 키워드가 있기 때문에 곧바로 확인할 수 있다.

Tip ❷ 항상 필요한 부분만 발췌해서 확인하는 것이 능사는 아니다. 설문의 경우 6가지 계약사항 중 단 한 가지라도 위반할 경우 계약 위반이 되므로 이러한 방법으로 문제를 푸는 것이 최선이나, 단서가 많이 존재하거나 "계약을 1개 위반 시 경고, 2개 위반 시 계약해지" 등 여러 가지 위반사항을 요구할 경우에는 모든 조건에 유의하도록 하자.

* 이 문제는 사실상 법조문 유형 문제와 그 풀이가 다르지 않다. 그러므로 문제 풀이의 핵심은 전반적인 흐름을 파악하고 깊은 해석을 하는 것이 아니라, 발췌독을 해가며 필요한 정보만을 뽑아 내어 빠르게 문제를 풀어나가는 것이 중요하다.

275 정답 ④ 난이도 ●●●

완성된 암호문을 변환 절차에 따라 숫자로 돌려 놓으면 다음과 같다. 주어진 암호문을 5글자씩 세로로 나열하고, 각 행에 대응되는 숫자를 〈암호표〉에서 찾으면 된다.

H	C	O	X	D	V	2
E	S	X	V	B	J	8
W	E	I	P	Y	K	9
H	C	J	U	U	I	0
T	H	P	Q	B	I	1

따라서 답은 28901로 ④이다.

합격자의 시간단축 Tip

Tip ❶

(1) 〈예시〉가 주어지는 문제는 예시를 적극적으로 활용하는 것이 좋다. 예시에 나와있는 정보가 직접적으로 활용되는 경우도 있고, 예시를 통해 조건을 빨리 이해할 수도 있다.
예시를 보면 〈과정 2〉에서 알파벳이 5자리씩 띄워져 있는 것을 확인할 수 있다.
그렇다면 첫 번째 단어인 'THNFA'가 무엇인지 찾아보자. 이는 〈과정 1〉의 2열을 적은 것이다.

(2) 또한, 1행에 있는 알파벳들이 〈과정 2〉에서 각 단어들의 첫번째 알파벳과 동일하다는 것을 추론할 수 있다. 이를 발견하였다면 해설과 같이 별도로 표를 그리지 않고 문제를 해결할 수 있다.
예를 들어, 〈완성된 암호문〉의 마지막 두 단어 DBYUB VJKII에서 각 단어의 마지막 알파벳은 BI로, 이를 〈암호표〉에 대입하면 비밀번호의 마지막 숫자가 1임을 알 수 있다.
이후 선지 ①, ④, ⑤만 비교하여 검토하면 된다.

(3) 5자리의 암호를 역으로 밝혀내야 하는 문제인데, 5자리 모두 숫자를 찾을 필요는 없으며, 선지를 소거하면서 필요한 부분만 숫자를 찾아주면 된다. 또한, 숫자를 찾을 때에도 〈암호표〉의 마지막 두자리가 모두 다르므로, 비밀번호의 마지막 두 자리만을 가지고 계산하여 시간을 줄이는 것도 좋은 방법이다. 특히 앞에서 두번째 자리는 모든 선지가 8로 동일하므로, 굳이 이를 밝혀내려고 시간 낭비하지 않는 것이 중요하다.

정답

276	②	277	④	278	④	279	⑤	280	④
281	②	282	④	283	④	284	②	285	④
286	①	287	④	288	⑤	289	④	290	②
291	④	292	①	293	③	294	⑤	295	②
296	②	297	③	298	④	299	②	300	②
301	①	302	②	303	④	304	③	305	⑤

276 정답 ❷ 난이도 ●●○

문제의 〈조건〉을 구분하기 위해, 위에서부터 순서대로 조건 ㉠~㉥이라 하자.

(1) 〈조건〉 ㉡, ㉢, ㉣에 따라 각자의 현지 시간대로 인터뷰 진행이 가능한 시간을 정리하면 다음과 같다.

인물＼시간	오전	오후
A씨	8시 30분~12시	1시~6시 30분
B씨	10시~12시	1시~6시

(2) 이때, B씨의 프라하 시간대를 서울 시간대로 변경하면 오전 10시~12시는 7시간 후인 오후 5시~7시이고, 오후 1시~6시는 7시간 후인 오후 8시~오전 1시이다. 이는 다음과 같다.

인물＼시간	오전	오후
A씨	8시 30분~12시	1시~6시 30분
B씨	0시~1시	5시~7시, 8시~12시

따라서 인터뷰가 가능한 시간은 서울 시간대를 기준으로 오후 5시부터 오후 6시 30분까지이다.

(3) 한편, A씨의 서울 시간대를 프라하 시간대로 변경하면 오전 8시 30분 ~ 12시는 7시간 전인 오전 1시 30분 ~ 5시이고, 오후 1시 ~ 6시 30분은 7시간 전인 오전 6시 ~ 11시 30분이다. 이는 다음과 같다.

인물＼시간	오전	오후
A씨	1시 30분~5시 6시~11시 30분	-
B씨	10시~12시	1시~6시

따라서 인터뷰가 가능한 시간은 프라하 시간대를 기준으로 오전 10시부터 오전 11시 30분까지이다.

(4) 정리하면, 인터뷰가 가능한 시간은 서울 기준 오후 5시~오후 6시 30분, 프라하 기준 오전 10시 ~ 오후 11시 30분이므로, 약 1시간의 인터뷰가 가능한 시각을 나타낸 선지는 ②뿐이다.

합격자의 시간단축 Tip

* 본 해설에서는 용어를 다음과 같은 의미로 정의하였다.

(1) 시각: 특정한 한 시점 (예 오후 0시 0분)

(2) 시간: 어느 한 시각에서 다른 한 시각 사이의 양 (예 인터뷰 소요 시간은 1시간이다).

(3) 시간대: 지역에 따른 시간의 차이 (예 영국 표준 시간대는 한국의 표준 시간대보다 9시간 늦다.)

(4) 시차: 서로 다른 시간대를 가진 지역들 간의 시각 차이(예 영국과 한국의 시차는 9시간이다.) 시각, 시간, 시간대 등 개념들은 일견 유사해 보이나 시차 유형의 문제를 풀 때는 중대한 차이를 갖는다. 이러한 차이를 제대로 인식하지 못해 용어들을 혼동한다면 문제풀이에도 지장이 발생할 수밖에 없다. 따라서 이상의 정의를 천천히 숙지해 두자.

Tip ❶ 'A가 B보다 7시간 빠르다'라는 말이 헷갈릴 수 있다. 이를 공식화해서 기억해두면 시간대가 앞선 지역(A)의 시각에서 시차를 뺀 시각이 시간대 늦는 지역의 시각(B)과 같다.
A의 시간이 B보다 7시간 빠르다는 것은 B에서 아직 오지 않은 시간이 A에서 7시간 먼저 왔다는 뜻이다. 즉, B는 아직 1시인데 A는 벌써 이를 지나 8시에 있다는 의미이므로, 시간대가 이른 지역의 시각을 시간대가 늦는 지역의 시각으로 바꾸고자 할 때는 시차만큼을 빼 주고, 반대의 경우에는 더해주면 된다.

Tip ❷ 문제를 풀 때 기준이 되는 시간대는 편한 대로 선택하면 된다. 서울 시간대든 프라하 시간대든, 둘 사이에 시차 7시간만 정확히 적용해 주면 정답 도출에는 아무런 지장이 없다. 해설에서 표를 통해 간단히 나타낸 시간대 통일의 과정을 보다 상세히 살펴보자.

(1) 먼저 서울 시간대를 기준으로 모든 시각을 맞추어 보자. 기존의 서울 시간대에 따른 시각 정보는 그대로 두고, 프라하 시간대에 따른 시각 정보에는 시차를 반영해 준다.

Tip ❶에서 배운 대로 적용해 보자. 늦는 시간대 지역의 시각에 이른 시간대 지역이 앞서는 시간만큼 더하면 된다.

구체적으로, B씨의 업무 시작 시각 9시에서 7시간을 더하면 16시(오후 4시)가 된다. A씨의 근무시간이 오후 6시 30분까지이므로 인터뷰가 가능한 시간은 서울 시간대 기준 오후 4시 ~ 오후 6시 30분이다. B씨는 오전 업무 시작 1시간이 경과한 이후부터 인터뷰가 가능하므로 16시에서 1시간을 더한 17시(오후 5시)부터 가능하다.

따라서 서울 시간대 기준 인터뷰가 가능한 시간은 오후 5시 ~ 오후 6시 30분이며, 이를 프라하 시간대로 바꾸려면 7시간만 빼 주면 될 것이다.

(2) 반대로도 가능하다. 이번에는 프라하 시간대를 기준으로 모든 시각을 맞추어 보자.

A씨의 근무 시간은 서울 시간대에서 오전 8시 30분부터 오후 6시 30분이므로 시차 7시간을 빼면 프라하 시간대로 오전 1시 30분부터 오전 11시 30분이 된다.

이때 B씨의 근무시간은 프라하 시간대 기준이므로 별도로 손댈 필요가 없다. 근무시간이 오전 9시부터라고 했으므로 겹치는 시간은 오전 9시부터 오전 11시 30분이 된다. 조건 ⓜ을 고려할 때, 9시에서 1시간을 더한 10시부터 인터뷰가 가능하다.

따라서 프라하 시간대 기준 인터뷰가 가능한 시간은 오전 10시 ~ 오전 11시 30분이며, 이는 서울 시간대에서 도출한 값과 7시간 차이남을 알 수 있다. 어느 쪽이든 선택하여 문제를 해결하면 된다.

Tip ❸

(1) **Tip ❶**에서는 두 시간대 중 어느 쪽을 선택해도 본질적으로는 동일한 결과가 나옴을 알아보았다. 그렇다면 여기서 한 발 더 나아가, 문제를 빠르게 해결할 수 있는 방법을 알아보자.

바로 시간대 통일 없이도 정답을 찾아낸다는 아이디어다.

즉, 서울 시간대와 프라하 시간대 중 기준으로 삼을 시간대가 정해진다면 굳이 근무시간을 모두 치환하지 않아도 된다는 것이다.

(2) 예를 들어 서울 시간대를 기준으로 삼는다면, 프라하 시간대가 서울보다 7시간 늦고 서울에 있는 A씨의 근무 시간은 하루 10시간이므로, 프라하의 근무 시작 시각이 서울의 근무 종료 시각보다 먼저일 것임을 알 수 있다.

따라서 인터뷰가 가능한 시각으로는 〈프라하의 근무 시작 시각 ~ 서울의 근무 종료 시각〉 사이를 고려하면 된다. 반대로 프라하 시간대를 기준으로 삼는다면, 〈서울의 점심시간 종료 시각~서울의 근무 종료 시각〉 사이가 프라하의 근무 시각과 겹칠 것이다.

이를 수직선 위에 나타내면 아래와 같다. 색으로 표시된 구간이 서울과 프라하의 근무시간이 겹치는 구간이자, 인터뷰 가능 시간이다.

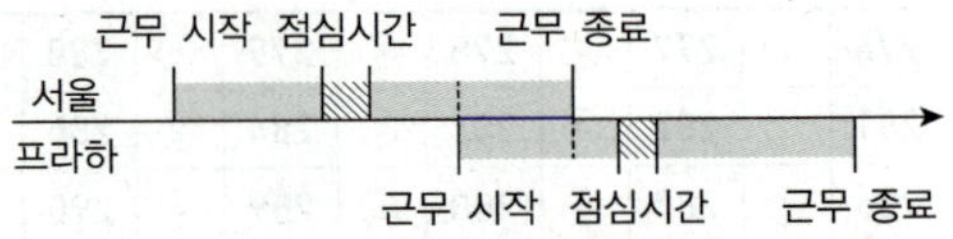

(3) 그렇다면, 수직선 위의 기준 시각들 중 무엇이 필요하고 무엇이 필요하지 않은지도 가려낼 수 있다. 예를 들어 서울의 근무 시작 시각, 점심 시작 시각, 프라하의 근무 종료 시각, 점심 종료 시각 등은 문제 해결에 필요하지 않다.

Tip ❷에서는 시차 반영하는 법을 익히기 위해 일일이 치환했지만, 실제 문제 풀이 시에는 그럴 필요가 없다는 말이다.

반면, 프라하의 근무 시작 시각, 서울의 근무 종료 시각 등은 인터뷰 가능 시간을 결정하므로, 이 시각들을 서울 시간대 또는 프라하 시간대를 기준으로 통일하면 된다.

* 이 문제와 같은 시차 문제의 경우 풀지 않기로 정해 둔 수험생이 있을 수 있다.
그러나 이는 실제 시험장에서의 일이지 연습하는 과정에서는 꼭 풀어보고 해설이나 **Tip**에 제시된 방법들을 익혀 놓는 것이 좋다. 간혹 시차 문제임에도 난이도가 낮은 경우도 존재하고, 다른 문제를 풀고 시간이 남는 경우도 있기 때문이다.

277 정답 ④ 난이도 ●●○

(1) 1단계 소요시간이 가장 적은 과목은 사회이고 2단계 소요시간이 가장 적은 과목은 수학이다. 사회는 1단계에서 2시간이 소요되고 수학은 2단계에서 3시간이 소요되므로 소요시간이 더 적은 사회 과목의 문제지를 택한다. 사회 과목의 1단계의 소요시간은 2시간이며 2단계의 소요시간은 7시간이다. 1단계의 소요시간이 2단계보다 적으므로 남은 순서 중에서 사회를 가장 먼저 풀기로 결정한다. 따라서 사회 과목을 첫 번째로 푼다. 이를 정리하면 다음과 같다.

푸는 순서	첫 번째	두 번째	세 번째	네 번째	다섯 번째	여섯 번째
과목	사회					

(2) 아직 순서가 결정되지 않은 과목 중 1단계에서의 소요시간이 최소인 과목은 수학이고 2단계에서의 소요시간이 최소인 과목도 수학이므로 수학 과목의 문제지를 택한다. 수학 과목의 1단계의 소요시간은 4시간이며 2단계의 소요시간은 3시간이다. 2단계의 소요시간이 1단계보다 적으므로 남은 순서 중에서 수학을 가장 나중에 풀기로 결정한다. 따라서 수학 과목을 여섯 번째로 푼다. 이를 정리하면 다음과 같다.

푸는 순서	첫 번째	두 번째	세 번째	네 번째	다섯 번째	여섯 번째
과목	사회					수학

(3) 아직 순서가 결정되지 않은 과목 중 1단계에서의 소요시간이 최소인 과목은 국어이고 2단계에서의 소요시간이 최소인 과목도 국어이므로 국어 과목의 문제지를 택한다. 국어 과목의 1단계의 소요시간은 5시간이며 2단계의 소요시간은 4시간이다. 2단계의 소요시간이 1단계보다 적으므로 남은 순서 중에서 국어를 가장 나중에 풀기로 결정한다. 따라서 국어 과목을 다섯 번째로 푼다. 이를 정리하면 다음과 같다.

푸는 순서	첫 번째	두 번째	세 번째	네 번째	다섯 번째	여섯 번째
과목	사회				국어	수학

(4) 아직 순서가 결정되지 않은 과목 중 1단계에서의 소요시간이 최소인 과목은 과학이고 2단계에서의 소요시간이 최소인 과목도 과학이므로 과학 과목의 문제지를 택한다. 과학 과목의 1단계의 소요시간은 6시간이며 2단계의 소요시간은 8시간이다. 1단계의 소요시간이 2단계보다 적으므로 남은 순서 중에서 과학을 가장 먼저 풀기로 결정한다. 따라서 과학 과목을 두 번째로 푼다. 이를 정리하면 다음과 같다.

푸는 순서	첫 번째	두 번째	세 번째	네 번째	다섯 번째	여섯 번째
과목	사회	과학			국어	수학

(5) 아직 순서가 결정되지 않은 과목 중 1단계에서의 소요시간이 최소인 과목은 영어이고 2단계에서의 소요시간이 최소인 과목도 영어이므로 영어 과목의 문제지를 택한다. 영어 과목의 1단계의 소요시간은 8시간이며 2단계의 소요시간은 9시간이다. 1단계의 소요시간이 2단계보다 적으므로 남은 순서 중에서 영어를 가장 먼저 풀기로 결정한다. 따라서 영어 과목을 세 번째로 푼다. 이를 정리하면 다음과 같다.

푸는 순서	첫 번째	두 번째	세 번째	네 번째	다섯 번째	여섯 번째
과목	사회	과학	영어		국어	수학

(6) 아직 순서가 결정되지 않은 과목 중 1단계에서의 소요시간이 최소인 과목은 제2외국어이고 2단계에서의 소요시간이 최소인 과목도 제2외국어이므로 제2외국어 과목의 문제지를 택한다. 제2외국어 과목의 1단계의 소요시간은 12시간이며 2단계의 소요시간은 15시간이다. 1단계의 소요시간이 2단계보다 적으므로 남은 순서 중에서 제2외국어를 가장 먼저 풀기로 결정한다. 따라서 제2외국어 과목을 네 번째로 푼다. 이를 정리하면 다음과 같다.

푸는 순서	첫 번째	두 번째	세 번째	네 번째	다섯 번째	여섯 번째
과목	사회	과학	영어	제2외국어	국어	수학

원리를 이해하기 위해 전체 순서에 대하여 해설을 작성하였으나, iii)에서 정답이 도출되므로 실전에서는 그 이후로는 진행하지 않아도 된다.

합격자의 시간단축 Tip

Tip ❶ 이 문제 역시 답을 직접 도출하지 않고 확인하는 방식으로 접근해야 한다.

(1) 규칙에 따라 항상 비어 있는 자리 중 첫 번째 혹은 마지막 순서가 결정된다.
선지를 확인해보면 ②를 제외하고 모두 수학 또는 사회가 해당 자리에 있으므로, 이들 중 어떤 것이 가장 먼저 배치되는지 살펴보아야 한다.
이때, 비록 [첫 번째]에서 규칙은 각 단계별 소요시간을 비교하라고 지시하고 있지만 실질적으로는 1단계인지 2단계인지와 무관하게 가장 적은 시간이 소요되는 과목을 선택하게 된다.
(이 부분은 **Tip ❷**에서 보다 상세히 설명하겠다.)
이를 적용하면 사회의 1단계 소요시간이 2시간으로 가장 적으며, 이에 [두 번째]를 적용하면 사회는 가장 앞에 배치됨을 알 수 있어 선지 ①이 소거된다.

(2) 다음으로 가장 적은 시간이 소요되는 것은 수학의 2단계이다. 따라서 [첫 번째]에서 수학이 선택되며, [두 번째]에 따르면 수학은 2단계 소요시간이 1단계보다 적으므로 가장 마지막에 배치된다. 따라서 선지 ②가 소거된다.

(3) 다시 한 번 가장 적은 시간이 소요되는 과목을 찾아보면 국어 2단계이다. 따라서 [첫 번째]에서 국어가 선택될 것인데, [두 번째] 또는 [다섯 번째] 순서에 국어를 포함하고 있는 선지는 ④뿐이다. 이때, 국어가 정확히 몇 번째 순서에 오는지 알기 위해 [두

번째]를 적용할 필요는 없다. 따라서 답은 ④ 다.

Tip ② [첫 번째]는 1단계에서 가장 소요시간이 적은 과목과 2단계에서 가장 소요시간이 적은 과목을 골라 비교하여, 그 중 소요시간이 더 적은 과목을 고르도록 하고 있다.
결국 이는 두 그룹에서 가장 숫자가 작은 것을 각각 뽑은 후, 이 둘 중에서도 더 작은 것을 뽑는 과정으로 이 과정에서 뽑히는 과목은 1, 2단계를 통틀어 가장 소요시간이 적은 과목일 것이다.

Tip ③ [첫 번째], [두 번째]의 조건을 이해하면 쉬운 문제이나, 조건이 무슨 말인지 몰라서 헤매는 경우가 종종 있다. 이 문제 조건의 경우 빈출되는 유형이기에 익혀두면 좋다. 힌트는 [첫 번째]에서 '아직 순서가 결정되지 않은 과목 중' 부분이다.
이 표현은 조건이 반복적으로 적용된다는 점을 내포한다. 즉 조건에 따라 순서가 하나씩 결정되며, 결정되지 않은 과목들은 처음부터 다시 조건을 적용하여 결정된다는 것이다. 이러한 부분을 인지하고 들어가느냐 아니냐가 풀이 시간의 차이로 나타나므로, 많은 문제를 풀면서 연습하는 것을 추천한다.

278 정답 ④ 난이도 ●●●

(1) 두 곳의 행사장 출입구를 각각 ①, ②라 하면 ①, ② 출입구로 들어온 총 관람객은 400명이다.

(2) 행사장을 반 바퀴 또는 한 바퀴를 돌게 되지만, 한 바퀴를 초과해서 돌 수 없으므로 각 출입구에서 들어온 사람들이 관람 후 출입구로 나가게 되는 각 경우는 오른쪽 그림과 같다. 이때, 각 경우에 해당하는 인원수를 a, b, c, d라 하자

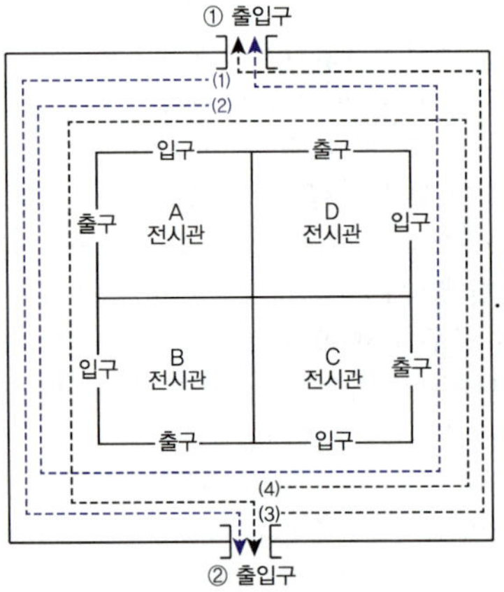

(1) ① 출입구 入→② 출입구 出 : a
(2) ① 출입구 入→① 출입구 出 : b
(3) ② 출입구 入→① 출입구 出 : c
(4) ② 출입구 入→② 출입구 出 : d
따라서 a+b+c+d=400 ⋯⋯ ㉠이 성립한다.

(3) 문제에서 한 바퀴를 돈 관람객은 200명이라 하였으므로 ① 출입구로 들어와서 ① 출입구로 나간 경우와 ② 출입구로 들어와서 ② 출입구로 나간 경우이므로 b+d=200 ⋯⋯ ㉡

(4) D전시관 앞을 지나가거나 관람한 인원은 350명이라 하였다. 이때, D전시관을 무조건 지나가지 못하는 경우, 즉 ① 출입구로 들어와 ② 출입구로 나가는 경우를 제외한 나머지 경우는 모두 D전시관 앞을 지나가거나 관람하므로 b+c+d=350 ⋯⋯ ㉢

(5) ㉠−㉢에서 a=50이고, ㉡−㉢에서 c=150이다.

(6) 문제에서 B전시관 앞을 지나가거나 관람한 인원을 구하라 하였으므로 B전시관을 무조건 지나가지 못하는 경우, 즉 ② 출입구로 들어와 ① 출입구로 나가는 경우를 제외한 나머지 경우를 구하면 된다. 따라서 a+b+d=50+200=250(명)이다.
(한 바퀴를 돈 관람객 200명과 ① 출입구로 들어와 ② 출입구로 나간 관람객 150명을 더하여 200+150=350(명)으로 계산해도 답은 같다.)

합격자의 시간단축 Tip

Tip ① 이하는 필자가 사용한 풀이방법으로, 해설의 풀이방법을 '여집합' 개념을 사용하여 보다 간단하게 정리하면 다음과 같다.

(1) '여집합'으로 생각하면 전체 관람객(400명) 중 D 전시관 앞을 지나가거나 관람한 인원(350명)을 뺀 50명은 A, B 전시관만 관람하고 반 바퀴 돌고 나간 관람객이다. 문제에서 관람객 중 일부는 반 바퀴를, 일부는 한 바퀴를 돌게 된다고 제시되었기 때문이다.

(2) 따라서 50명과 한 바퀴를 다 돈 관람객(200명)을 더한 250명이 정답이다.
이 문제는 'D 전시관 앞을 지나가거나 관람한 인원은 350명'이라는 부분이 가장 의심스러운 부분으로 그 의미를 얼마나 잘 파악하는지에 따라 푸는 속도가 크게 차이 나게 된다.
해설의 풀이는 '정석적인 방법'으로, 가장 정확한 과정을 거쳐 각각의 값을 순차대로 구해 나가는 방법인 반면, **Tip ①**에 제시된 방법의 경우, 'D전시관을 지나가거나 관람한 인원은 350명'의 정반대 의미가 무엇인지를 고려하여 '여집합'을 통해 곧바로 정답을 도출하는 방법이다.
이처럼 일견 복잡해 보이는 문제도, 의심스러운 곳

을 파면 매우 간단해지므로, 연습할 때 관성적으로 풀기보다는 '문제에 어떤 장치가 있을까'를 항상 고민하면서 푸는 것이 좋다.

Tip ❷ **Tip ❶**의 풀이가 상당히 짧게 제시되어 있긴 하나 실제 시험장에서 이 문제를 접한 경우에 정확한 풀이로 한 번에 풀기는 쉽지 않다.
이런 유형의 경우 문제에서 제시하는 원리를 정확히 파악하면 쉽게 문제가 풀리지만 그렇지 않은 경우 시간을 많이 들인다고 해도 문제가 잘 풀리지 않는 경우가 많다. 그러므로 본인만의 시간 제한을 두어 그 시간 내에 문제에 접근하기 어려운 경우 다음 문제로 넘어가는 식의 운영 방법이 필요하다.

279 정답 ⑤ 난이도 ●○○

필요량과 현재 냉장고에 있는 재료를 정리하면 다음과 같다.(단, 편의상 선지에서 질문한 재료만 검토한다.)

	면	양파	새우	건고추	돼지고기
정상 레시피 (2.5인분)	200g×2.5 =500g	60g×2.5 =150g	40g×2.5 =100g	8g×2.5 = 20g	90g×2.5 = 225g
수정 레시피	동일	동일	40g×3 =120g	8g×2.5 $\times\frac{1}{2}$ =10g	동일
냉장고 재료	200g	100g	0g	0g	100g

① (×) 면 200 g
→ (재료 필요량)−(재료 보유량)=500g−200g=300g
필요 재료의 절반 미만 있으므로, 300g을 구매해야 한다.

② (×) 양파 50 g
→ (재료 필요량)−(재료 보유량)=150g−100g=50g
필요 재료의 절반 이상 있으므로 구매하지 않는다.

③ (×) 새우 100 g
→ 아들이 새우에 한정해 1인분을 먹으므로, 정상 레시피와 달리 40×3=120g을 구매해야 한다.

④ (×) 건고추 7 g
→ 아내를 고려하여 건고추는 정상 레시피보다 절반만 넣으므로 10g을 구매해야 한다.

⑤ (○) 돼지고기 125 g
→ (재료 필요량)−(재료 보유량)=225g−100g=125g
필요 재료의 절반 미만 있으므로, 125g을 구매해야 한다.

합격자의 시간단축 Tip

간단한 문제로 빠른 시간 내에 실수 없이 푸는 것이 중요하다. 이를 위해 몇 가지 부분만 주의하면 좋다.
(1) 선지의 재료만 확인한다.
어차피 확인해야 할 내용은 선지에 한정되므로, 선지에서 묻지 않은 다양한 재료를 검토하지 않도록 주의하자.
(2) 단서에 주의한다.
수험생들이 많이 하는 실수 중 하나는 아내와 아들의 취향을 고려하여 사용량을 달리 한다는 〈조건〉에 매몰되는 것이다. 이와 같이 눈에 띄는 조건에 매몰되어, "다만 ~ 절반 이상 냉장고에 있으면 구매하지 않는다"는 단서를 놓치는 경우가 많다. 이는 지문에 주어진 모든 문장을 적용하지 않아서 발생하는 문제이다. 따라서 단서엔 항상 주의하자.

* 정답을 맞혔다 해도 개인별로 시간차가 상당히 날 수 있는 문제다. 이런 문제일수록 문제를 맞힌 것에 그치는 것이 아니라 해설과 **Tip**을 살펴보며 시간을 단축할 수 있는 방법을 생각해보고 적용해봐야 한다.

280 정답 ④ 난이도 ●○○

통역경비는 통역료, 교통비, 이동보상비의 합으로 산정한다.

(1) 총 통역료
- 영어 통역사의 경우 4시간으로 기본요금에 추가요금 1시간 분이 지급되어야 하므로
(영어 통역사 1인당 통역료)
=(기본요금)+(추가요금)
= 500,000(원)+100,000(원)
= 600,000(원)
- 인도네시아어 통역사의 경우 2시간으로 기본요금만 지급되면 되므로
(인도네시아어 통역사 1인당 통역료)
=(기본요금)
= 600,000(원)

따라서 총 통역료는 2×600,000+2×600,000 =2,400,000(원)이다.

(2) 총 교통비
1인당 교통비는 왕복 100,000원이다.
따라서 총 교통비는 100,000(원/명)×4(명)=400,000(원)이다.

(3) 총 이동보상비
1인당 이동보상비는 왕복 4시간이 소요되므로 10,000(원/시간)×4(시간)=40,000(원)이다.
따라서 총 이동보상비는 40,000(원/명)×4(명)=160,000(원)이다.

(4) 총 통역경비
2,400,000+400,000+160,000=2,960,000(원)이다.

합격자의 시간단축 Tip

Tip ❶ '편도 vs 왕복' 표현만 주의하면 큰 문제가 없는 평이한 문제이다.
모든 기준은 '왕복'인 반면, 〈상황〉에서 제시된 값은 '편도'와 '왕복'이 번갈아 사용되어 자칫하면 실수하기 매우 쉬운 부분이다. 따라서 실수를 줄이기 위해 필자의 경우 '구분'이 없는 출장비를 먼저 한 번에 계산하고 통역료를 계산하는 식으로 접근했다.

Tip ❷ 〈통역경비 산정기준〉에서 출장비는 교통비의 경우 '왕복', 이동보상비의 경우 '이동 시간당' 지급이므로 우선 교통비와 이동보상비를 헷갈리지 않게 분리하는 것이 중요하다. 〈상황〉의 경우 개인당 교통비가 왕복으로 10만 원이 들었으므로 굳이 구체적으로 계산할 필요가 없다.
하지만 이동보상비의 경우 이동 시간당 만원이며 甲시까지는 '편도' 2시간이 소요되므로 '편도'에 유의해서 이동보상비를 계산하는 것이 중요하다. 교통비 따로, 이동보상비 따로 계산해서 통째로 인원수를 곱해주었다. 또한, 편한 계산을 위해 1만 원 단위로 바꿔 계산한다면 계산 실수를 방지할 수 있을 것이다.

Tip ❸ 계산을 하는 문제이나 실질적으로는 주어진 상황을 얼마나 정확하게 적용하는지 묻는 문제이다. 이런 문제는 조금 천천히 풀더라도 모든 상황을 반영하여 정확하게 계산해 반드시 맞출 수 있도록 하자.
필자의 경우 통역료와 출장비를 나누어 계산하면서 놓치는 정보가 없도록, 〈상황〉에서 마지막 문장과 그 이전의 문장을 '/' 기호로 구분하고, '2명', '4시간', '편도' 등 헷갈릴 수 있는 정보들에 동그라미를 그려 실수를 최소화하였다.
또한 교통비는 '실비'로 지급한다고 되어 있는데, 실비란 실제로 지불한 비용을 의미하며 이정도 어휘는 각주에 별도의 설명 없이 출제된다. 만약 실비라는 단어를 모를 경우 당황하지 말고, 상황에서 교통비가 왕복으로 10만 원 주어져 있다고 하였으므로 문제에 주어진 것을 활용하자.

281 정답 ❷ 난이도 ●●○

① (×) 트로트를 선호하지 않는 학생은 ~~재즈를 선호하지 않는다.~~
➜ 〈조건〉 세 번째 명제의 대우에 따라 트로트를 선호하지 않는 학생은 발라드를 선호하지 않는다. 〈조건〉 네 번째 명제에 따라 발라드를 선호하지 않는 학생은 R&B를 선호한다.
〈조건〉 두 번째 명제에 따라 R&B를 선호하는 학생은 재즈를 선호한다. 따라서 트로트를 선호하지 않는 학생은 재즈를 선호한다.

② (○) 발라드를 선호하는 학생은 클래식을 선호하지 않는다.
➜ 〈조건〉 세 번째 명제에 따라 발라드를 선호하는 학생은 트로트를 선호한다.
〈조건〉 첫 번째 명제의 대우에 따라 트로트를 선호하는 학생은 클래식을 선호하지 않는다. 따라서 발라드를 선호하는 학생은 클래식을 선호하지 않는다.

③ (×) R&B를 선호하는 학생은 ~~클래식을 선호한다.~~
➜ 〈조건〉 두 번째 명제에 따라 R&B를 선호하는 학생은 재즈를 선호하나, 클래식을 선호하는지는 알 수 없다.

④ (×) 재즈를 선호하지 않는 학생은 ~~발라드를 선호하지 않는다.~~
➜ 〈조건〉 두 번째 명제의 대우에 따라 재즈를 선호하지 않는 학생은 R&B를 선호하지 않는다. 〈조건〉 네 번째 명제의 대우에 따라 R&B를 선호하지 않는 학생은 발라드를 선호한다.
따라서 재즈를 선호하지 않는 학생은 발라드를 선호한다.

⑤ (×) 트로트를 선호하는 학생은 ~~R&B를 선호하지 않는다.~~
➜ 〈조건〉 첫 번째 명제의 대우에 따라 트로트를 선호하는 학생은 클래식을 선호하지 않으나, R&B를 선호하지 않는지는 알 수 없다.

합격자의 시간단축 Tip

Tip ❶ 주어진 명제를 그대로 받아들이는 데에 그치지 않고, 대우 명제를 적극적으로 활용할 수 있어야 한다. 명제 'A→B'의 대우 명제는 '~B→~A'다. 따라서 A

를 대입할 수 있는 명제가 있는지 살필 때, 'A → B' 꼴의 명제뿐 아니라 '~B → ~A' 꼴의 명제가 있는지도 확인해야 한다.

Tip ❷ 본 문제의 〈조건〉을 논리 기호를 활용하여 표현하면 다음과 같다.

조건	명제	명제의 대우
(1)	(클래식) → ~(트로트)	(트로트) → ~(클래식)
(2)	(R&B) → (재즈)	~(재즈) → ~(R&B)
(3)	(발라드) → (트로트)	~(트로트) → ~(발라드)
(4)	~(발라드) → (R&B)	~(R&B) → (발라드)

본 문제와 같이 진릿값이 참인 명제 여러 개가 단편적으로 나열되는 유형의 경우, 주어진 정보들을 서로 연결하여 다음 그림과 같이 정리하면 빠른 풀이가 가능하다.

(클래식) → ~(트로트) → ~(발라드) → (R&B) → (재즈)

(1) (3)의 대우 (4) (2)

이를 확인한 후, 각 선지도 논리 기호를 활용하여 표현한 후, 항상 참이 되는지 확인해보자.

① 트로트를 선호하지 않는 학생은 재즈를 선호하지 않는다.
⇒ ~(트로트) → ~(재즈) ⇔ (재즈) → (트로트)
명제 (3)의 대우명제와 명제 (4), 명제 (2)의 조합으로 ~(트로트) → (재즈)임을 알 수 있으므로, 위 명제는 항상 거짓임을 확인할 수 있다.

② 발라드를 선호하는 학생은 클래식을 선호하지 않는다.
⇒ (발라드) → ~(클래식) ⇔ (클래식) → ~(발라드)
명제 (1)과 명제 (3)의 대우명제의 조합으로 위 명제는 항상 참이 됨을 확인할 수 있다.

③ R&B를 선호하는 학생은 클래식을 선호한다.
⇒ (R&B) → (클래식) ⇔ ~(클래식) → ~(R&B)
따라서 이 명제는 확인할 수 없다.

④ 재즈를 선호하지 않는 학생은 발라드를 선호하지 않는다.
⇒ ~(재즈) → ~(발라드) ⇔ (발라드) → (재즈)
따라서 이 명제는 확인할 수 없다.

⑤ 트로트를 선호하는 학생은 R&B를 선호하지 않는다.
⇒ (트로트) → ~(R&B) ⇔ (R&B) → ~(트로트)
따라서 이 명제는 확인할 수 없다.

위의 풀이와 같이 선지 ② 의 대우명제는 명제 (1)과 명제 (3)의 대우명제의 조합으로 항상 성립함을 확인할 수 있으므로 정답은 ② 이다.
위 방법은 해설과 그 풀이 순서가 동일하나, 논리기호를 활용하여 보다 가시적으로 문제를 구조화하고 정리할 수 있다는 점에서 문제를 빠르게 풀고 검토하는 데에 도움이 될 것이다.

Tip ❸ 이 문제를 논리 기호를 통해 **Tip ❷**와 같이 접근할 수도 있지만 아래와 같이 표를 그려 해결하는 방법도 있다.

(1) 우선 가로축은 음악의 종류로 설정하고 세로축은 선호 여부를 표시하는 표를 그린다.

	클래식	트로트	R&B	재즈	발라드
선호 여부					

(2) 이때, 세 번째 조건과 네 번째 조건에 따르면 가능한 경우의 수는 발라드를 선호하거나, 선호하지 않거나로 나눠볼 수 있다. 이를 표시하기 위해 표를 수정하면 세로축을 가능한 경우로 그릴 수 있다. (이 과정에 처음부터 익숙해지면 바로 세로축을 가능한 경우의 수로 생각하여 표를 그리는 것이 가능해진다.)

	클래식	트로트	R&B	재즈	발라드
경우 1		○			○
경우 2			○		×

(3) 이때, 세 번째 조건에 따라 〈경우 1〉에서 트로트를 선호한다.
첫 번째 조건에 따르면 클래식을 선호하는 학생은 트로트를 선호하지 않아야 하므로 〈경우 1〉에서 클래식은 선호되지 않는다. 그리고 네 번째 조건에 따라 〈경우 2〉에서 R&B를 선호하므로 조건2에 따라 〈경우 2〉에서는 재즈를 선호한다. 이상의 정보를 담아 표를 완성하면 아래와 같다.

	클래식	트로트	R&B	재즈	발라드
경우 1	×	○			○
경우 2			○	○	×

(4) 이제 다음처럼 선지를 풀 수 있다.
- 선지 ①: 트로트를 선호하지 않는 학생은 재즈를 선호하지 않는다
〈경우 1〉은 트로트를 선호하므로, 〈경우 2〉에서만 트로트를 선호하지 않는 경우가 가능하다.
그러나 〈경우 2〉에서는 재즈를 선호하므로 틀린 선지다.
- 선지 ②: 발라드를 선호하는 학생은 클래식을 선호하지 않는다.
발라드를 선호하는 학생의 경우는 〈경우 1〉로 이때 클래식은 선호하지 않으므로 옳은 선지다.
- 선지 ③: R&B를 선호하는 학생은 클래식을 선호한다.
〈경우 1〉은 클래식을 선호하지 않으므로 〈경우 2〉에서 가능한지를 보면, 클래식 선호 여부를 알 수 없으므로 항상 옳다고 할 수 없는 선지다.

- 선지 ④: 재즈를 선호하지 않는 학생은 발라드를 선호하지 않는다.
  〈경우 2〉에서는 재즈를 선호하므로 〈경우 1〉에서만 재즈를 선호하지 않는 경우가 가능하다. 그러나 〈경우 1〉에서는 발라드를 선호하므로 틀린 선지다.
- 선지 ⑤: 트로트를 선호하는 학생은 R&B를 선호하지 않는다.
  〈경우 1〉에서 트로트를 선호하지만 R&B는 주어진 정보만으로 선호 여부를 결정할 수 없으므로, 항상 옳다고 할 수 없는 선지다.

282 정답 ④ 난이도 ●●○

① (×) A사 제품에 만족한 사람은 ~~C사 제품에도 만족한다.~~
➜ 〈조건〉 첫 번째 명제에 따라 A 사 제품에 만족한 사람은 B사 제품에 만족하지 않는다. 〈조건〉 세 번째 명제의 대우에 따라 B사 제품에 만족하지 않는 사람은 E사 제품에도 만족하지 않는다. 따라서 A사 제품에 만족한 사람은 B사와 E사 제품에 만족하지 않으며, C사 제품에 만족하는지는 알 수 없다.

② (×) D사 제품에 만족한 사람은 ~~E사 제품에도 만족한다.~~
➜ 〈조건〉 네 번째 명제의 대우에 따라 D사 제품에 만족한 사람은 A사 제품에도 만족한다. 〈조건〉 첫 번째 명제에 따라 A사 제품에 만족한 사람은 B사 제품에 만족하지 않는다.
〈조건〉 세 번째 명제의 대우에 따라 B사 제품에 만족하지 않는 사람은 E사 제품에도 만족하지 않는다. 따라서 D사 제품에 만족한 사람은 E사 제품에 만족하지 않는다.

③ (×) B사 제품에 만족하지 않은 사람은 ~~C사 제품에 만족한다.~~
➜ 〈조건〉 세 번째 명제의 대우에 따라 B사 제품에 만족하지 않는 사람은 E사 제품에도 만족하지 않으나, C사 제품에 만족하는지는 알 수 없다.

④ (○) E사 제품에 만족한 사람은 A사 제품에 만족하지 않는다.
➜ 〈조건〉 세 번째 명제에 따라 E사 제품에 만족한 사람은 B사 제품에도 만족한다.
〈조건〉 첫 번째 명제의 대우에 따라 B사 제품에 만족한 사람은 A사 제품에 만족하지 않는다. 따라서 E사 제품에 만족한 사람은 A사 제품에 만족하지 않는다.

⑤ (×) D사 제품에 만족하지 않은 사람은 ~~B사 제품에 만족한다.~~
➜ 〈조건〉 두 번째 명제의 대우에 따라 D사 제품에 만족하지 않은 사람은 C사 제품에도 만족하지 않으나, B사 제품에 만족하는지는 알 수 없다.

합격자의 시간단축 Tip

Tip ❶ 선지를 보는 순서를 정할 때, 전건 혹은 후건에 빈번하게 출연한 명제가 존재한다면 이를 기준으로 살펴보는 것이 좋다. 최소한의 조건을 살펴보면서 한 번에 여러 선지를 소거할 가능성이 높기 때문이다.
해당 문제의 경우, 〈조건〉과 선지에 C사 제품과 E사 제품에 관한 내용이 상대적으로 적음을 알 수 있다. 따라서 비교적 많이 언급되는 A사, B사, D사 제품에 관한 선지를 먼저 검토하는 것이 좋다.

Tip ❷ 본 문제의 〈조건〉을 포함 기호를 활용하여 표현하면 다음과 같다.

조건	명제	명제의 대우
(1)	A→~B	B→~A
(2)	C→D	~D→~C
(3)	E→B	~B→~E
(4)	~A→~D	D→A

이때, 위의 조건들을 서로 연결하여 다음 그림과 같이 정리하면 문제를 쉽게 풀 수 있다.

C ⟶ D ⟶ A ⟶ ~B ⟶ ~E
(2) (4)의 대우 (1) (3)의 대우

이를 확인한 후, 각 선지도 논리 기호를 활용하여 표현한 후, 항상 참이 되는지 확인해보자.

① A사 제품에 만족한 사람은 C사 제품에도 만족한다.
➜ A→C ⇔ ~C→~A
따라서 이 명제는 확인할 수 없다.

② D사 제품에 만족한 사람은 E사 제품에도 만족한다.
➜ D→E ⇔ ~E→~D
명제 (4)와 명제 (1), 명제 (3)의 대우명제의 조합으로 D→~E임을 알 수 있다. 따라서 위 명제는 항상 거짓임을 확인할 수 있다.

③ B사 제품에 만족하지 않은 사람은 C사 제품에 만족한다.
➜ ~B→C ⇔ ~C→B
따라서 이 명제는 확인할 수 없다.

④ E사 제품에 만족한 사람은 A사 제품에 만족하지 않는다.
➜ E→~A ⇔ A→~E
따라서 명제 (1)과 명제 (3)의 대우명제의 조합으로 항상 성립함을 확인할 수 있다.

⑤ D사 제품에 만족하지 않은 사람은 B사 제품에 만족한다.
→ ~D → B ⇔ ~B → D
따라서 이 명제는 확인할 수 없다.

위 방법은 해설과 그 풀이 순서가 동일하나, 논리기호를 활용하여 보다 가시적으로 문제를 구조화하고 정리할 수 있다는 점에서 문제를 빠르게 풀고 검토하는 데에 도움이 될 것이다.

* 여러 조건들이 주어지고, 이처럼 미리 연결시킬 수 있는 조건들을 연결시켜 놓고 선지들을 대입해보는 것이 선지별로 가정에 대입해서 결론이 나올 수 있는지 매번 확인하는 것보다 빠를 수도 있다. 다만, 오랜 시간을 들여 조건들을 연결시킨 후 선지를 확인하기보다는 눈에 띄는 것 위주로 2~3개 연결한 후 이를 통해 확인할 수 있는 선지를 우선적으로 검토하면, 그 안에서 답이 나올 경우 시간을 줄일 수 있을 것이다.

283 정답 ④ 난이도 ●●○

ㄱ. (O) 기존의 탈락자 선정방식은 청중평가단 선호도의 1순위만을 반영하기 때문에 다수의 청중평가단이 2순위로 선호하는 가수도 탈락할 수 있다.
→ 가장 마음에 드는 가수에게 투표를 했을 때 득표수가 가장 적은 사람이 탈락하는 기존의 탈락자 선정방식에 따르면, 득표수가 가장 적은 사람이 다수의 청중평가단이 2순위로 선호하는 가수였을 경우 그가 탈락하게 된다.

ㄱ. (O) 가장 선호하는 가수 한 명에게만 투표하는 기존의 방식을 그대로 적용하게 되면 탈락자는 A가 된다.
→ 〈선호도 조사결과〉에 가장 선호하는 가수 한 명에게만 투표하는 기존의 방식을 그대로 적용할 경우 1순위가 가장 적은 사람이 탈락하게 된다.
따라서 1순위의 선호도 순서는 D(40) > C(30) > B(20) >A(10)에 따라 가장 적게 득표한 A가 탈락한다.

ㄷ. (O) 4순위 표가 가장 많은 사람을 탈락시킬 경우, 탈락자는 C가 된다.
→ 4순위의 선호도 순서는 C(40) > B(30) > D(20) > A(10)으로, 가장 많은 4순위 표를 받은 C가 탈락한다.

ㄹ. (×) 가장 선호하는 가수 두 명의 이름을 우선순위 없이 적어서 제출하는 방식으로 투표할 경우, 최저득표자는 ~~A가 된다.~~
→ 가장 선호하는 가수 두 명의 이름을 우선순위 없이 제출하는 방식은 곧 '1, 2순위의 단순 합'을 의미한다. 따라서 1, 2순위의 합에 따른 선호도 순서를 보면 A(60) > B(50)=D(50) > C(40)으로 최저득표자는 C이다.

합격자의 시간단축 Tip

Tip ❶ '투표'는 단골 출제 유형이다. 투표 방식이 다양한 만큼, 문제 역시 다양한 방식으로 출제된다. 그러나 기본적으로 실제 논의되고 있는 방식들을 응용하여 출제되므로 미리 다양한 방식에 익숙해져 두면 좋다. 문제에서 투표 방식을 설명해 주기는 하지만 미리 알고 있으면 문제 풀이 시간을 단축시킬 수 있다.
알아 두면 좋은 방식은 다음과 같으며, 구체적인 내용은 검색해보면 자세하게 확인할 수 있다.
(1) 단순 다수제: 일반적으로 우리가 생각하는 투표 방식으로, 최다득표자를 뽑는 방식이다.
(2) 결선 투표제: 쉽게 생각해 예선전과 결승전을 거치는 방식이다. 1차 선거에서 득표율 50%를 넘는 후보가 나오면 단순 다수와 같이 그대로 마무리하지만, 그렇지 않다면 1, 2위만 다시 투표하는 2차 투표를 한다.
(3) 전면적 선호투표제: 1위부터~n위까지 자신의 선호를 모두 투표하는 형태이다. 구체적인 내용은 검색해보는 것을 추천한다. 이 문제의 경우 전면적 선호투표제를 간단하게 수정한 형태로, 고난도 문제에서 응용되기 좋은 투표 방식이기 때문에 원리를 알아 두면 좋다.

Tip ❷ 〈선호도 조사결과〉의 의미를 모두 파악하려는 것은 지양해야 한다. 실제로 선호순위 3은 아무 의미가 없는 결과인데, 자칫 제시문에 너무 몰입하다 보면 〈보기〉에서 물어보지 않은 정보에마저 시간을 투입하게 되어 풀이시간이 부족할 수 있다.

284 정답 ② 난이도 ●○○

① (X) 꿀단지, 戊, 丙
→ 꿀단지에 곶감이 있다면 甲은 거짓말, 戊는 참말을 하게 된다. 그에 따라 丙은 참말을 하게 되어 착한 호랑이 두 마리가 모두 나오며, 나머지 호랑이는 나쁜 호랑이가 된다.

甲	乙	丙	丁	戊
나쁨	나쁨	착함	나쁨	착함

따라서 丙은 나쁜 호랑이가 아니므로 가능하지 않은 조합이다.

② (O) 소쿠리, 丁, 乙

➜ 소쿠리에 곶감이 있다면 甲과 戊는 거짓말을 하게 된다. 그에 따라 丙은 참말을 하게 된다. 이러한 경우 乙과 丁 중에서 착한 호랑이가 한 마리 나와야 한다. 즉, 乙이 참말을 한다면 丁이 거짓말이 되고, 丁이 참말을 한다면 乙이 거짓말이 된다. 따라서 丁이 착한 호랑이, 乙이 나쁜 호랑이 조합은 가능하다.

甲	乙	丙	丁	戊
나쁨	(착함, 나쁨)	착함	(나쁨, 착함)	나쁨

③ (×) 소쿠리, 乙, 丙

➜ 위의 해설 ②와 동일한 가정이다. 이때, 丙은 착한 호랑이이므로 가능하지 않은 조합이다.

甲	乙	丙	丁	戊
나쁨	(착함, 나쁨)	착함	(착함, 나쁨)	나쁨

④ (×) 아궁이, 丙, 戊

➜ 아궁이에 곶감이 있다면 甲은 참말, 戊는 거짓말을 하게 된다. 그에 따라 丙은 거짓말을 하게 되어 나쁜 호랑이이다. 甲이 곶감의 위치를 알고 있으므로 乙의 말은 거짓말이 된다. 따라서 남은 丁이 착한 호랑이이다.

甲	乙	丙	丁	戊
착함	나쁨	나쁨	착함	나쁨

丙은 나쁜 호랑이이므로 가능하지 않은 조합이다.

⑤ (×) 아궁이, 甲, 丁

➜ 위의 해설 ④와 동일한 가정이다. 丁은 착한 호랑이이므로 가능하지 않은 조합이다.

甲	乙	丙	丁	戊
착함	나쁨	나쁨	착함	나쁨

합격자의 시간단축 Tip

Tip ❶

(1) '조합으로 가능한 것은?'이라는 발문이 나왔을 때는, 일정한 조합을 도출하려고 하기보다는 주어진 선지를 대입해서 가능한지 불가능한지를 판단하는 것이 좋다. 해설의 풀이가 선지를 대입해서 문제를 푸는 방법 중 하나이다.

(2) 곶감의 위치부터 대입해서 문제를 풀 때, 해설보다 구체적으로 풀이하면 다음과 같다.

- 선지 ①: 곶감의 위치가 꿀단지이라면 戊는 참말을 했으므로 착한 호랑이가 될 수 있다. 그렇다면 곶감이 아궁이에 있다고 한 甲은 나쁜 호랑이인데, 丙은 甲이 나쁜 호랑이라고 했으므로 역시 참말을 한 착한 호랑이어야 한다. 따라서 丙을 나쁜 호랑이라고 한 ①은 옳지 않다.
- 선지 ②: 곶감의 위치가 소쿠리인 경우 甲과 戊는 나쁜 호랑이에 해당한다. 해당 선지에서는 乙도 나쁜 호랑이라고 하고 있으므로 나머지 丙과 丁은 착한 호랑이일 것이다. 이와 같이 가정했을 때 모순이 없으므로 선지 ②는 옳다. 이러한 논리로 선지 ③에서 丙을 나쁜 호랑이로 보는 것은 모순임을 알 수 있다.
- 선지 ④: 곶감의 위치가 아궁이인 경우 甲은 착한 호랑이, 戊는 나쁜 호랑이이다. 그렇다면 甲을 나쁜 호랑이라고 한 丙은 나쁜 호랑이이므로 해당 선지는 모순이 생긴다.
- 선지 ⑤: 위의 풀이에 이어 만일 丁이 나쁜 호랑이라고 하면 현재 丙, 丁, 戊는 나쁜 호랑이이며 甲과 乙은 착한 호랑이이다. 그러나 乙은 '나만 곶감의 위치를 알고 있다'고 하고 있는데, 이 경우 丁의 주장과 모순이 생긴다. 따라서 선지 ⑤ 역시 모순이다.

(3) 위의 ②번 방식 외에도, 거꾸로 호랑이부터 대입한 뒤 도출되는 결과 값인 곶감의 위치가 선지와 일치하는지 확인하는 풀이도 가능하다.
예를 들어, 선지 ①, ③에서 丙이 나쁜 호랑이로 제시되는데, 丙이 나쁜 호랑이라면 甲이 착한 호랑이여야 하고, 따라서 곶감은 아궁이에 있어야 한다. 이때 선지 ①은 꿀단지, 선지 ③은 소쿠리라고 제시되어 있으므로, 두 선지 모두 모순이 생겼음을 알고 소거 가능하다. 동시에 선지 ④는 丙을 착한 호랑이라고 제시하면서 곶감의 위치를 아궁이라고 하고 있다. 앞서 살폈듯, 곶감의 위치가 아궁이라면 丙이 나쁜 호랑이이므로, 모순이 생김을 확인해 선지 ④까지 한번에 소거 가능하다.

Tip ❷ 정보에서 제외된 항목을 주의해볼 필요가 있다. 문제를 풀다 보면 얻어지는 감인데, 보통 문제 해결에 핵심이 되는 경우가 많다. 이 문제 역시 꿀단지, 아궁이, 소쿠리 중 "소쿠리"에 대한 정보만 없다는 것이 눈에 띈다. (甲의 경우 아궁이를, 戊의 경우 꿀단지를 언급하고 있다.)
이걸 파악했다고 해서 명쾌하게 답이 나오는 것은 아니지만, 문제 설계 상 제외된 항목에서 답을 만들어내는 경우가 매우 많다. 따라서 시간이 없다면 무엇이 제외되고 있는지 파악하여 답을 선택하는 것도 꽤나 도움이 될 것이다.

Tip ❸ 도식화 또한 문제를 정확하고 빠르게 해결하는 데 도움이 된다. 이 문제의 경우 어떻게 도식화를 해야 할지 감이 안 잡힐 수도 있다. 혹시 도움이 될까 하여 다음 표도 참고사항으로 넣어둔다. 아래 표를 바탕으로 선지의 내용 중 가능한 조합이 있는지 판단하면 된다.

	꿀단지	아궁이	소쿠리①	소쿠리②
甲	나쁨	착함	나쁨	나쁨
乙	나쁨	나쁨	착함	나쁨
丙	착함	나쁨	착함	착함
丁	나쁨	착함	나쁨	착함
戊	착함	나쁨	나쁨	나쁨

Tip ❹ 설문의 경우 선지의 '곶감의 위치'에서 '소쿠리'와 '아궁이'가 각 2개씩 있으므로 이를 먼저 확인하는 것이 좋다.

(1) 예컨대 곶감이 소쿠리에 있다고 가정하고 5마리 호랑이의 발언의 정오를 확인한다. 선지를 활용하여 乙의 발언의 정오를 확인하려고 했는데 곶감이 소쿠리에 있다는 것만으로는 정오가 확정되지 않기 때문에 5마리 호랑이의 발언 모두를 확인해야 알 수 있다.

(2) 한편, 乙과 丁의 발언을 보면, 甲와 戊의 발언이 거짓말일 경우(즉 곶감이 소쿠리에 있을 경우) 여전히 乙와 丁의 발언의 정오가 확정되지 않는다. 다시 말해서 乙이 착한 호랑이고 丁이 나쁜 호랑이일 수도 있고, 乙이 나쁜 호랑이고 丁이 착한 호랑이일 수도 있다. 유일한 조합으로 도출되지 않는다는 것이다. 그렇기 때문에 문제에서는 유일한 조합을 물어보지 않고 조합으로 '가능한 것'을 물어본 것이다.
이는 **Tip ❶**과 같이 발문에서 문제 풀이의 힌트를 얻을 수 있음을 의미한다.

285 정답 ④ 난이도 ●●●

제시된 가위바위보 게임으로 얻을 수 있는 가장 큰 합산 점수는 30회를 모두 이긴 경우인 150점이다. 게임에서 이기거나 비기는 경우, 지는 경우의 조합을 구하여 150보다 낮은 점수로 무엇이 가능한지 계산한다.
학생이 게임에서 이기지 않는다면
게임에서 ① 비기는 경우와 ② 지는 경우의 두 가지가 가능하다.

(1) ①에서 합산 점수의 변화는 $-5+1=-4$ 이므로, 29회 이기고 1회 비기는 경우의 점수는 $150-4=146$ 점이 됨을 알 수 있다.

(2) ②에서 합산 점수의 변화는 $-5-1=-6$ 이므로, 29회 이기고 1회 지는 경우 점수는 $150-6=144$ 점이 된다.

최대 점수인 150점에서 비기거나 지는 경우 점수의 변화 폭은 −4 또는 −6이 되므로, −10 또한 가능한 변화 폭이 된다. (28회 승리, 1회 비김, 1회 패배)
문제의 5명 학생 중 −4와 −6의 조합으로 만들 수 있는 수는 140점이 유일하므로, 빛나만이 참말을 하고 있다.

합격자의 시간단축 Tip

Tip ❶ 해설의 풀이방법은 가장 높은 점수부터 시작하여 점수를 조금씩 내려보는 방법으로, 문제에서 가위바위보 게임의 총점이 150점인 상황에서 5명의 학생들의 점수가 150점에 가까운 수이기에 유용한 방법이다.
해설에서 사용된 −4, −6의 값을 도출하는 과정을 정확하게 이해한다면 다른 비슷한 유형의 점수계산 문제에서도 유연하게 적용하여 문제풀이 시간 단축에 도움이 될 것이다.

Tip ❷

(1) (추가 풀이) 보다 수리적인 풀이로 연립방정식을 이용하는 방법이 있다. 게임에서 이기는 경우를 x, 비기는 경우를 y, 지는 경우를 z, 학생이 얻은 합산 점수를 A라 하면, 주어진 지문에서 두 개의 일차방정식이 도출된다. (단, x, y, z는 0 이상 30이하의 정수)

$$x+y+z=30,\ 5x+y-z=A$$

두 식을 더하면 $6x+2y=30+A$ 로, 좌변의 식이 2로 나누어질 수 있으며 x와 y가 정수이기 때문에 $30+A$의 값 또한 2로 나누어질 수 있는 짝수여야 한다.
따라서 문제의 5명의 학생 중, 홀수 점수를 얻었다고 말한 시윤과 성헌, 은지를 소거할 수 있다.

(2) 다음으로 태우와 빛나의 점수를 직접 대입하여 정답을 도출한다.
태우의 경우, $6x+2y=178$, $3x+y=89$가 되나, 식을 만족하는 x값 중 최댓값인 29를 대입하면 y가 2가 되어 문제의 조건에 모순된다. (이 경우 z가 −1로 계산된다.)
빛나의 경우 $6x+2y=170$, $3x+y=85$가 되며, x의 최댓값으로 28을 대입하면 y가 1이 되므로, z가 1이 되면서 문제의 조건에 부합하는 것을 알 수 있다.

* x의 값 중 최댓값을 대입하는 이유는 다음과 같다. 방정식에서 x의 계수는 3, y의 계수는 1이어서 x의 값이 1씩 작아질수록 y 의 값이 3씩 커지기 때문에, $x+y+z=30$이면서 각각 0 이상인 정수여야 한다는 문제의 조건을 만족하기 어려워지기 때문이다.

** **Tip**의 풀이의 경우, x, y, z의 값이 항상 0 이상 30 이하의 정수여야 함을 유의해야 한다.
부정방정식을 풀어야 하는 문제이기 때문에 단 하나의 해로 도출되지는 않는다. 문제에서도 단순히 참말을 한 사람이 누구인지 묻고 있을 뿐, 학생의 게임 점수가 항상 '몇 점'이 되어야 하는지를 묻고 있지는 않다.

286 정답 ①

난이도 ●●○

ㄱ. (×) 송화는 전달받은 이슈를 다른 사람을 거쳐 익준에게 ~~전달할 수 없다.~~
→ 송화는 준완과 정원에게 직접 이슈를 전달할 수 있으며, 이 중 정원은 익준에게 직접 이슈를 전달할 수 있다. 따라서 송화는 전달받은 이슈를 정원을 거쳐 익준에게 전달할 수 있다.

ㄴ. (○) 가장 많은 사람으로부터 직접 이슈를 전달받는 사람은 정원이다.
→ 정원은 익준, 송화, 준완의 총 3명으로부터 직접 이슈를 전달받으므로 가장 많은 사람으로부터 전달받는다.

ㄷ. (×) 준완은 석형이 전달하는 이슈를 ~~송화를 통해서만 전달받을 수 있다.~~
→ 석형이 송화에게 이슈를 전달할 경우 송화는 준완에게 전달할 수 있으므로, 준완은 석형이 전달하는 이슈를 송화를 통해 전달받을 수 있다. 또한, 석형이 익준에게 이슈를 전달할 경우 익준은 준완에게 전달할 수 있으므로 준완은 석형이 전달하는 이슈를 익준을 통해서도 전달받을 수 있다.

ㄹ. (○) 석형이 전달하는 이슈는 송화와 준완을 순서대로 거쳐 정원에게 전달될 수 있다.
→ 석형은 송화에게 직접 이슈를 전달할 수 있으며, 송화는 준완에게 직접 이슈를 전달할 수 있고, 준완은 정원에게 직접 이슈를 전달할 수 있다. 따라서 석형이 전달한 이슈는 송화와 준완을 거쳐 정원에게 전달될 수 있다.

ㅁ. (○) 정원과 석형을 제외하고는 익준에게 직접 이슈를 전달하는 사람이 없다.
→ 익준은 정원과 석형으로부터 직접 이슈를 전달받을 수 있으나, 송화와 준완으로부터 직접 이슈를 전달받을 수는 없다.

합격자의 시간단축 Tip

Tip ① '~할 수 없다'와 같은 문장이 주어졌을 때 이를 확인하기 위해서는 반례가 존재하는지 여부를 확인하면 되고, '~할 수 있다'와 같은 문장이 주어졌을 때는 실제로 선지 또는 보기에서 언급한 대로의 작용이 가능한지 확인하면 된다.

Tip ② 문제 자체는 어렵지 않다. 다만 "옳지 않은 것은?" 을 보지 못해 실수를 하는 경우가 종종 있다. 선지를 보고 ㄱ이 틀렸다고 바로 보기에서 ㄱ을 소거할 것이 아니라 꼭 한 번 더 옳은 것을 묻고 있는지 아닌지 검토하는 습관을 들여야 할 것이다.
예를 들어, 실수를 미연에 방지하기 위해 문제를 읽자마자 '옳지 않은 것은?'의 문제는 옆에 ×표시를 해 두고, '옳은 것은?'의 문제는 옆에 ○표시를 해 두는 등의 방안도 있다.

Tip ③ 받은 사람을 기준으로 문제를 접근해도 좋다. 가령 ㄱ(송화가 전달받은 이슈를 다른 사람을 거쳐도 익준에게 전달할 수 없다)의 경우 '전달받는 사람'이 익준인 경우를 살핀다.
이때, 정원과 석형이 익준에게 이슈를 전달할 수 있다. 다시 '전달받는 사람'에서 정원과 석형을 보면 송화가 정원에게 이슈를 전달할 수 있다.
따라서 ㄱ은 틀린 선지가 된다.

Tip ④ 그림을 그려 해결하면 간단한 문제이다. 〈표〉를 그림으로 나타내면 다음과 같다. 이때 화살표의 방향은 전달하는 사람→전달받는 사람의 순이다.

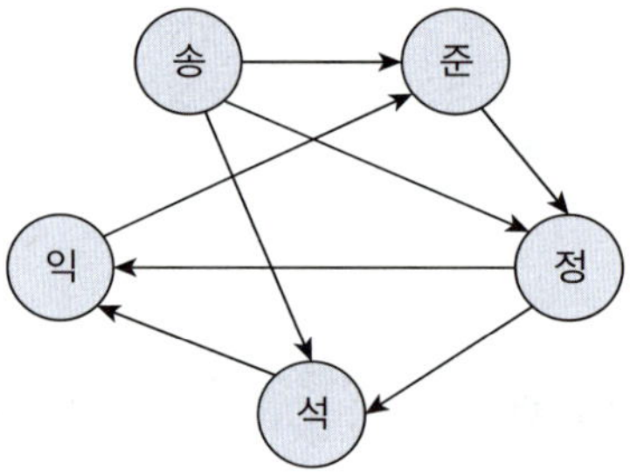

위 그림을 옆에 그려두고 해설을 읽어보자. 보다 빠르게 이해할 수 있을 것이다.

287 정답 ④

난이도 ●●○

(1) 〈질문〉 ㉠에 따라 A는 을순이의 정답 개수를 3개라고 답했는데, ㉢에 따라 A는 을순이의 정답 개수를 2개라고 답하였다. 이는 동시에 참이 될 수 없으므로 A는 참말만을 하는 사람이 아니다.

(2) 만약 B가 참말만을 하는 사람이라면, 〈질문〉 ㉠에 따라 을순이의 정답 개수는 4개이며 ㉡에 따라 을순이의 시험 점수는 7점이다. 그런데 을순이의 정

답 개수가 4개일 때 받을 수 있는 최소 점수는 1~4번 문제를 맞힌 10점이다. 따라서 B는 참말만을 하는 사람이 아니다.

(3) 만약 C가 참말만을 하는 사람이라면 〈질문〉 ㉡에 따라 을순이의 시험 점수는 8점이며 ㉢에 따라 을순이의 정답 개수는 2개이다. 을순이가 3번 문제를 맞혀 3점, 5번 문제를 맞혀 5점을 얻을 경우 문제 2개를 맞히고 8점을 얻는 것이 가능하다. 따라서 C는 참말만을 하는 사람이다.

(4) 이상의 결과를 표로 정리하면 다음과 같다.

문제번호	1	2	3	4	5	점수
갑돌이	○	○	○	×	○	<8
을순이	×	○	○	?	?	8
정답	○	×	○	?	?	–

(5) 4번, 5번 문제의 정답을 모르는 상태에서 갑돌이의 1~3번 문제 답안의 점수는 4점이다. 을순이의 시험 점수가 갑돌이보다 높으므로 갑돌이가 가질 수 있는 최고 점수는 7점이다. 그런데 갑돌이가 4번 또는 5번 문제를 맞힐 경우 8점 이상이 되므로 갑돌이는 4번과 5번 문제를 모두 맞히지 못했다. 따라서 4번과 5번 문제의 정답은 각각 ○, ×이다. 이때 을순이는 4번을 맞히지 못하고 5번을 맞혔으므로, 을순이의 4, 5번 문제 답안은 각각 ×, ×이다.

(6) 이상의 결과를 표로 정리하면 다음과 같다.

문제번호	1	2	3	4	5	점수
갑돌이	○	○	○	×	○	4
을순이	×	○	○	×	×	8
정답	○	×	○	○	×	–

합격자의 시간단축 Tip

Tip ❶ 하나하나 논리적으로 접근해도 좋으나 선지가 두 개 정도 남았을 때는 곧바로 대입해보는 것이 우월전략일 수 있다. 예를 들어, 선지 ②, ③, ⑤가 소거된 상태에서 ①과 ④를 대입했을 때의 결과는 다음과 같다.

(1) 선지 ①

	1번	2번	3번	4번	5번
갑돌이	○	○	○	×	○
을순이	×	○	○	○	○
정답	○	×	○	×	○

갑돌이는 1번, 3번, 5번을 맞혀 총 9점, 을순이는 3번, 5번을 맞혀 총 8점이다. 옳지 않다.

(2) 선지 ④

	1번	2번	3번	4번	5번
갑돌이	○	○	○	×	○
을순이	×	○	○	×	×
정답	○	×	○	×	×

갑돌이는 1번, 3번을 맞혀 총 4점, 을순이는 3번, 5번을 맞혀 총 8점이다. 따라서 답은 ④다.

비록 여기에서는 두 선지만을 대입했으나, 만일 접근 방법이 생각나지 않는다면 모든 선지를 대입해서 푸는 것도 하나의 방법이다. 오히려 논리적인 접근이 어렵게 느껴질 때는 이러한 방법이 더 수월하게 문제를 풀 수 있는 키가 될 것이다.

288 정답 ⑤ 난이도 ●●●

(1) 특정 요일의 마지막이 네 번째라는 것은, 다섯 번째가 없다는 것이다. 7월은 31일까지 있으며, 특정 일자에 따른 특정 요일의 횟수를 도출하면 다음과 같다.

첫 번째 날짜	한 달의 전체 날짜	특정 요일의 횟수
1일	1일, 8일, 15일, 22일, 29일	다섯 번
2일	2일, 9일, 16일, 23일, 30일	다섯 번
3일	3일, 10일, 17일, 24일, 31일	다섯 번
4일	4일, 11일, 18일, 25일	네 번
5일	5일, 12일, 19일, 26일	네 번
6일	6일, 13일, 20일, 27일	네 번
7일	7일, 14일, 21일, 28일	네 번

(2) 즉, 어떠한 요일이 7월달에 네 번 밖에 존재하지 않을 경우, 해당 요일의 첫 번째 날짜는 1일, 2일, 3일이 아닌 4일, 5일, 6일, 7일 중 하나이다.

(3) 설문의 경우 7월 마지막 월요일이 네 번째 월요일이므로 월요일은 1일, 2일, 3일이 아니다.
월요일이 2일이 아니라는 말은 일요일이 1일이 아니라는 말과 동일하며, 월요일이 3일이 아니라는 말은 토요일이 1일이 아니라는 말과 동일하다.

(4) 또한, 7월 마지막 금요일이 네 번째 금요일이므로 금요일은 1일, 2일, 3일이 아니다. 금요일이 2일이 아니라는 말은 목요일이 1일이 아니라는 말과 동일하며, 금요일이 3일이 아니라는 말은 수요일이 1일이 아니라는 말과 동일하다.

(5) 이를 정리하면, 월요일, 수요일, 목요일, 금요일,

토요일, 일요일은 7월 1일이 아니므로 화요일이 7월 1일이다. 이를 바탕으로 7월달 달력과 8월 1일을 나타내면 다음과 같다.

일	월	화	수	목	금	토
		1	2	3	4	5
6	7	8	9	10	11	12
13	14	15	16	17	18	19
20	21	22	23	24	**25**	26
27	**28**	29	30	31	**8/1**	

(6) 따라서 ○○년 8월 1일은 금요일이다.

합격자의 시간단축 Tip

Tip ❶ '달력' 문제는 PSAT의 전형적인 고난도 문제 유형이다. 이러한 유형이 쉬웠던 적을 찾는 것이 더 어려울 정도로 높은 난이도로 출제된다. 따라서 가급적 처음에는 풀지 않는 것이 좋다. 두 번째 바퀴에 풀어야 하는데 풀이가 생각이 나지 않을 경우, 한 달~세 달 정도의 달력까지는 직접 그려서 풀어도 무방하다. 만일 그 이상의 사고가 필요하다면, 연습이 되어 있지 않은 경우 넘기는 것이 좋다.

Tip ❷ '요일' 문제를 접근할 때는 몇 가지 부분은 기본적으로 기억하고 있어야 좋다.

① 1년은 기본적으로 365일, 52주이지만 윤년의 경우 366일이 된다.

② 365일을 7로 나누면 나머지가 1이 남는다. 따라서 똑같은 월일을 기준으로 1년이 지나면, 요일이 하나 뒤로 밀린다. 예를 들어 윤년이 아닌 특정 연도에 1/1이 월요일이었다면 그 다음 해 1/1은 화요일이다.

③ 똑같은 일을 기준으로 볼 때, 해당 달이 28일일 경우 요일이 밀리지 않으나, 30일일 경우 요일이 2개 밀리며, 31일일 경우 요일이 3개 밀린다. 예를 들어, 1월은 31일이므로 1/1이 월요일이었다면 2/1은 목요일이 된다.

Tip ❸ 해설과 같은 표를 그리는 것이 시간이 오래 걸릴 것 같다면, 그와 유사한 필자의 풀이방법을 소개한다. 문제의 핵심은 4, 5, 6, 7일에 해당하는 요일이 무엇인지를 찾는 것이다.

① 한 달이 31일인 경우 특정 요일이 4개만 있으려면 '해당 요일이 1, 2, 3일'이 아니어야 한다. 7일을 기준으로 할 때 31일은 4주+3일이 필요하기 때문에 1, 2, 3일에 해당하는 요일은 그 달에 다섯 번 있을 수밖에 없다. 즉 특정 요일이 4, 5, 6, 7일 중 하나이면 된다.

② 따라서 월요일과 금요일이 모두 4개만 있으려면 금요일이 4일 월요일이 7일이어야 한다.

따라서 7/1은 화요일일 것이므로 **Tip ❷**의 ③에 따라 8/1은 금요일이다. 이 경우 해설의 표와 동일한 결과를 얻을 수 있으며, 푸는데 1분도 채 걸리지 않는 매우 간단한 문제가 된다.
본 문제를 수월하게 풀었던 수험생이라도, 반드시 **Tip ❸**의 풀이 방식을 기억해두길 바란다.

* 월요일과 금요일의 일 수 차이는, 1) 월요일 기준 4일 이후 2) 금요일 기준 3일 이후다.
이 점을 기억해두면 요일이랑 날짜 계산할 때 수적으로 보다 편리하게 접근 가능하다
** 만약 문제에 제시된 달이 30일인 경우, 특정 요일이 5번 있으려면 해당 요일이 1, 2일 중 하나여야 한다. 특정 요일이 4번만 있으려면 3, 4, 5, 6, 7일 중 하나이면 된다. 문제와 동일하게 월요일과 금요일이 4번만 있기 위해서는, (월요일, 금요일)=(3일, 7일), (6일, 3일), (7일, 4일) 과 같이 다수의 조합이 도출되게 된다.

Tip ❹ 달력을 그릴 때도 1일부터 31일까지 다 그릴 필요가 없다. 문제에서 **필요한 요일을 중심**으로, 위 **Tip**들처럼 시작점만 정해 7일씩 적어 내려주면 된다.
그리고 추가적으로 정보가 더 필요하다면 **근처 숫자만 기입**해주면 된다. 위의 경우도 아래의 표와 같이 월, 금요일이 중심이 되기 때문에 월요일을 1일로 두어 수직으로 1, 8, 15, 22, 29 이런 식으로 적고 금요일이 월요일 4일 후라는 것을 이용하는 등의 방법을 사용할 수 있다.

일	월	화	수	목	금	토
	1				5	
	8				12	
	15				19	
	22				**26**	
	29			8/1		

Tip ❺ 만약 7월 1일이 화요일인 경우에 주어진 내용이 적합함에도, 다른 요일에도 되는 것은 아닌지 의문이 생겨 굳이 수요일, 목요일, 금요일 등의 경우를 해본 수험생이 있을 수 있다.
그러나 자신의 풀이에 큰 억지가 없다면 이러한 행동은 시간 낭비가 된다.
왜냐하면 주어진 박스에서 이에 해당하는 요일이 여러 요일인 경우 어떻게 해야하는지에 대한 조건을 제시하지 않았으므로, **하나라도 해당되는 경우를 찾으면** 그 경우가 무조건 답이 될 수밖에 없기 때문이다.

289 정답 ④ 난이도 ●○○

오디션점수와 나이의 합은 모두 같으며, 나이가 가장 적은 배우는 23세이다.
따라서 가장 오디션 점수가 높은 사람의 나이가 23세일 것이므로, 이를 기준으로 다른 사람들의 기본 점수와 나이를 정리하면 다음과 같다.

	甲	乙	丙	丁	戊
오디션 점수	76	78	80	82	85
나이	32	30	28	26	23
합계	108				

위 정보를 바탕으로 〈상황〉을 정리하면 다음과 같다.

	甲	乙	丙	丁	戊
오디션 점수(=기본점수)	76	78	80	82	85
나이 감점	−8	−4	−	−4	−10
군의관 역할 감점			−5		
사극 출연 가점	+10				
최종 점수	78	74	75	78	75

따라서 최종 점수가 가장 높은 사람은 甲과 丁으로, 동점자가 여럿인 상황이다.
2명 중 기본 점수(=오디션 점수)가 82점으로 더 높은 丁이 최종 캐스팅된다.

합격자의 시간단축 Tip

Tip ①

(1) 난이도는 낮으나, 필연적으로 시간 소모가 있을 수 밖에 없는 유형이므로 실수 없이 빠르게 처리하는 것이 중요하다.
그나마 시간을 줄일 수 있는 방법은 처음 '오디션 점수와 나이의 합산이 동일하다'는 조건을 곧장 이해하여 활용하는 것이다. 종종 활용되는 정보 제공 방법이므로 익숙해지는 것이 좋다.

(2) 해당 조건을 보다 쉽게 이용하기 위해 오디션 점수를 간단한 숫자로 환산해주면 좋다. 丙의 점수 80점을 기준으로 삼으면 甲은 −4점, 乙 −2점, 丙 0점, 丁 +2점, 戊 +5점으로 적을 수 있다.
이때, 戊의 나이가 23살이므로, 환산한 점수와 나이를 더하면 28이 된다는 사실을 알 수 있다. 이는 해설에서 기존 오디션점수와 나이의 합인 108을 환산하여 −80을 더한 값이므로, 양자가 동일한 의미를 가지고 있다.
(환산한 오디션 점수)+(나이)=28이므로 (환산한 오디션 점수) = 28−(나이) 임을 의미한다.

(3) 28세를 기준으로 나이가 많거나 적은 사람은 1세 차이당 2점씩 감점한다고 했으므로 환산한 오디션 점수 절댓값의 두 배를 감점한다고 생각하면 된다. 즉, 甲은 −4점이므로(나이는 32살, 28살과 4살 차이로 이 부분을 생략할 수 있다.) 8점이 감점되고, 乙은 4점, 丙은 0점, 丁은 4점, 戊는 10점이 감점된다.
이러한 방법으로 문제를 푼다면 각 배우의 나이를 정확하게 구하는 과정을 생략할 수 있다. 다만 실전에서 바로 이 방법을 생각하기 어려울 수 있기 때문에, 미리 연습을 통해 익숙해지는 것이 좋다.

Tip ② 표를 그리는 것이 시간이 오래 걸린다고 생각될 수도 있으나 오히려 표를 그려서 푸는 것이 시간을 가장 단축하는 효과를 볼 수 있다. 정보가 줄글로 나열된 경우 표를 통해 정보를 일목요연하게 정리하는 것이 가시성도 좋고 답도 바로 도출할 수 있다.
위와 같은 문제의 경우 결국 '캐스팅되는 배우'를 물어본 것이라 필연적으로 점수 계산이 조금이라도 들어갈 수 밖에 없으므로, 표 혹은 자신이 가장 깔끔하게 볼 수 있는 방법으로 정보를 정리해 문제를 푸는 것이 중요하다.

Tip ③ 설문과 같이 총점을 매겨 나열하는 유형의 문제의 경우 스캔하자마자 점수를 부여할 준비를 해야 한다. 설문의 경우 선지 오른쪽 공간에 항목별 점수를 부여하여 계산하는 방법이 유용할 수 있다. 쉬운 문제이고 반드시 맞춰야 하기 때문에 단 하나의 문장도 빠지지 않고 활용한다는 생각으로 풀도록 하자. 다만 후보자 나이의 경우 도출해야 하나 점수 반영은 되지 않으므로 선지 왼쪽에 별도로 적어 두는 것도 한 방법이 될 수 있다.
또한, 실전에서는 표를 다 그릴 시간도 없고 '오디션 점수', '나이 감점' 등의 항목 이름은 전혀 중요하지 않기 때문에 각자의 점수만 줄을 맞춰 잘 표시하면 된다. 이를 반자동적으로 하기 위하여 연습할 때는 표를 그려서 채워 넣는 연습을 하자.

* 보통의 문제의 경우 〈상황〉과 같이 항목별로 조건을 제시하는 경우가 많다. 그러나 이 경우에는 〈감독의 말〉이라는 것을 활용하여 줄글 형태로 조건을 제시하고 있다. 그러나 실제로는 똑같은 문제이므로 첫째 ~ 넷째 조건에 동그라미를 치는 식으로 표시하여 헷갈리지 않도록 하자.
** 〈감독의 말〉에서 채점 기준뿐만 아니라 최종 점수 산출 방법 또한 놓치지 말자. 문제를 풀면서 〈감독의 말〉 마지막 문장에서 '기본 점수'가 무엇인지 몰라 당황했다면, 앞으로는 문제에 주어진 조건을 처음부터 꼼꼼하게 읽는 연습을 해야 한다. 시험 문제에 활용되지 않는 정보는 주어지지 않는다는 점을 명심하자.

290 정답 ② 난이도 ●●●

(1) 각 구의 시설의 만족도, 건축비 등을 정리하면 다음과 같다.

	시설 종류	건축비	1개 건축 시 만족도	2개 건축 시 만족도
A구	어린이집	20	35	35+35×80%=63
	복지회관	15	30	30+30×80%=54
B구	어린이집	15	40	40+40×80%=72
	복지회관	20	50	50+50×80%=90

(2) 이때, 60억의 예산을 모두 사용하는 방법은 (20억, 20억, 20억) 또는 (15억, 15억, 15억, 15억) 밖에 없다. 해당 조합을 모두 도출해보면 다음과 같다.

(20, 20, 20) 조합	(A구 어린이집)×1+(B구 복지회관)×2	35+90=125
	(A구 어린이집)×2+(B구 복지회관)×1	63+50=113
(15, 15, 15, 15) 조합	(A구 복지회관)×2+(B구 어린이집)×2	54+72=126

(3) 다음으로 60억의 예산을 다 쓰지 않는 경우, 비용과 관계없이 최대 3개까지 건축이 가능하므로 1개당 만족도가 높은 순으로 건축해보면
B구 복지회관(50)+B구 어린이집(40)+A구 어린이집(35)=125 이다.

(4) 만족도가 가장 높은 경우는 (15, 15, 15, 15) 조합인 경우이므로 따라서 '갑'시는 A구에 복지회관을 2개, B구에 어린이집을 2개 건축할 것이다.

① (○) 예산은 모두 사용될 것이다.
→ 60억의 예산을 15억+15억+15억+15억으로 모두 사용한다.

② (×) A구에는 ~~어린이집이 신축될 것이다.~~
→ A구에는 복지회관 2개가 신축된다.

③ (○) B구에는 2개의 시설이 신축될 것이다.
→ B구에는 어린이집이 2개 건축될 것이다.

④ (○) 甲시에 신축되는 시설의 수는 4개일 것이다.
→ A구에 복지회관을 2개, B구에 어린이집을 2개 건축하여 총 4개의 시설이 신축된다.

⑤ (○) 〈조건〉 5)가 없더라도 신축되는 시설의 수는 달라지지 않을 것이다.
→ 시설 1개당 만족도가 높은 순으로 건축한 경우는 만족도 125로 불변이므로, 60억 예산을 모두 활용한 방법만 다시 확인해보자.

(20, 20, 20) 조합	(A구 어린이집)×1+(B구 복지회관)×2	35+100=135
	(A구 어린이집)×2+(B구 복지회관)×1	70+50=120
(15, 15, 15, 15) 조합	(A구 복지회관)×2+(B구 어린이집)×2	60+80=140

따라서 여전히 (15, 15, 15, 15)가 선택되어 신축되는 시설의 수는 4개로 동일하다.

합격자의 시간단축 Tip

수험생의 입장에서 외관만 보았을 때 어려운 문제라고 착각할 수도 있지만, 막상 풀어보면 유의미한 경우의 수가 많지 않아(많이 생각해도 4가지) 간단한 문제이다. 따라서 위 해설처럼 60억을 다 쓰는 경우 3가지와 다 쓰지 않는 경우 1가지를 직접 확인하여 비교해도 무방하다.

다만, 앞으로 새로 출제될 문제에서는 이것보다 다양한 경우의 수가 주어질 수 있으므로, <u>원리적으로 접근하는 방법</u>을 생각해보도록 하자.

(1) 먼저 주의할 점은 '단위당 개념'을 활용하지 않아야 한다.
아마 이 팁을 읽은 많은 분들이 "앞에서 비슷한 유형에선 단위당 개념을 활용해서 푸는 것이 좋다고 했는데 왜 이 문제에서는 안 되는가?"라는 의구심을 가질 수 있다고 생각한다.
<u>'단위당 개념'을 활용할 때는 구입할 수 있는 개수가 정해진 경우</u>이다. 즉 동일 개수를 살 때 어떤 물품을 고르는 것이 가장 최적인지를 살펴볼 때는 단위당 개념을 활용하는 것이 좋다.
⇔ 반면 이 문제의 경우 3개를 신축할 수도, 4개를 신축할 수도 있기 때문에 단위당 개념을 적용하기엔 적절하지 않다. <u>왜냐하면 단위당 값이 아무리 커도 개수를 늘려서 증가시키는 효용을 따라가기엔 역부족이기 때문</u>이다.
예를 들어, (A구 복지회관 건축비당 만족도) : (B구 복지회관의 건축비당 만족도)=2 : 2.5로 1.25배 차이가 난다 하더라도, A구 복지회관을 2개 신축한다면 '4 : 2.5'로, A구 복지회관의 총 만족도가 더 커질 수 있다는 점에서 풀이 방법으로 적절하지 않다.
그렇다면 이 문제에서는 어떻게 하면 되는지는 아래에서 알아보자.

(2) '차이 값'을 활용하여 해결한다.

단위당 개념 대신 차이 값을 활용하면 된다. 차이 값을 이용하면, 건축비가 높고 만족도도 높은 것을 1개 사용하는 것과 건축비가 낮고 만족도도 낮은 것을 여러 개 사용하는 것과의 비교를 통해 비교적 쉽게 접근 가능하다.

① 건축비가 20으로 비싼 시설과 건축비가 15로 저렴한 시설 간 만족도 차이 값을 도출해보면, A구는 35－30＝5, B구는 50－40＝10이다. 즉, 추가적인 비용을 들여 얻을 수 있는 추가적인 만족도는 각 5, 10이다. 그러나 유의할 점은 비용이 높은 만큼 추가로 지을 수 있는 시설 수가 줄어든다는 점이다. 즉, 15억 원이 드는 시설 대신 20억 원이 드는 시설을 먼저 지을 경우 만족도는 5(또는 10)만큼 증가하나, 60억 원의 예산을 최대한 활용하는 경우 20억 시설 두 개를 더 건축하거나 15억 시설 두 개, 혹은 20억 시설 한 개와 15억 시설 1개를 더 건축하여 총 3개의 시설을 건축하는 방법밖에 없다.

② 반면, 20억 원 시설을 하나도 짓지 않은 상태(즉, 15억 원짜리 시설만 하나 이상 지은 상태)에서 15억 원짜리 시설을 건축할 경우 최소 만족도 30(A구 복지회관)의 80%인 24만큼의 추가적인 만족도를 얻을 수 있으며, 총 4개의 15억원짜리 시설을 지을 수 있어 높은 건축비를 들인 경우 얻을 수 있는 만족도 차이 값을 훨씬 상회한다. 즉, 20억 시설을 통해 얻을 수 있는 추가적 만족도를 포기하고 15억짜리 시설을 하나 더 중복해서 짓는 것이 만족도 극대화 차원에서 더 유리하다는 뜻이다.

③ 따라서 15억짜리 4개를 신축하는 것이 정답일 가능성이 매우 높다. 이러한 방향성을 가진 채로 가볍게 확인만 하면 매우 빠르게 처리할 수 있을 것이다.

291 정답 ④ 난이도 ●●○

주어진 상황에 따라 10개의 상자 A~J의 무게와 순서를 정리하면 다음과 같다.

A	B	C	D	E	F	G	H	I	J
20kg	18kg	16kg	14kg	12kg	10kg	8kg	6kg	4kg	2kg

순서	첫 번째	두 번째	세 번째	네 번째	다섯 번째	여섯 번째	일곱 번째
무게	20kg	ⓐ+4+2 =ⓐ+6kg					
상자	A	(F, G, H), I, J					

① (×) D는 다른 상자와 ~~같이 운반된다.~~

➜ D는 네 번째로 무거운 상자로 14kg이다. 두 번째로 운반하는 I와 J는 각각 4kg와 2kg이므로, ⓐ가 D라면 총 무게가 20kg로 17kg을 초과한다. 이 경우 빨라야 세 번째 운반부터 D를 운반할 수 있으며, 남아 있는 상자 중 D와 어떤 상자를 더해도 총 무게 17kg 이하가 될 수 없다. 따라서 ㉡이나 ㉢을 적용할 수 없고 ㉠을 적용해야 한다. 이때, 남아 있는 상자 중 D가 가장 무거운 상자일 경우 가장 무거운 D만 운반할 수 있다.

② (×) 두 번째 운반 후에 ~~㉠은 적용되지 않는다.~~

➜ 총 무게가 17kg을 초과할 경우 적용할 수 있는 규칙은 ㉠이 유일하다. 18kg의 B의 경우 상자 하나만으로 17kg을 초과하기 때문에 ㉠을 적용하여 운반해야 한다.

③ (×) ⓐ가 G라면 이후에 ~~㉢은 적용될 수 없다.~~

➜ ⓐ가 G라면 남은 상자는 B, C, D, E, F, H로, 남아 있는 상자 중 가장 무거운 B와 가장 가벼운 H의 총 무게는 24kg으로 17kg를 초과한다. 따라서 세 번째로 ㉠을 적용하여 가장 무거운 B만 운반한다. 동일한 원리로 네 번째, 다섯 번째, 여섯 번째로 각각 ㉠을 적용하여 C, D, E를 운반한다. 남은 상자인 F와 H의 총 무게는 16kg으로 17kg 이하이다. 따라서 마지막으로 ㉢을 적용해 남은 F와 H를 모두 운반할 수 있다.

④ (○) 두 번째 운반부터 상자를 모두 옮길 때까지 운반 횟수를 최소로 하려면 ⓐ가 H여서는 안 된다.

➜ ⓐ가 H일 경우, 남아 있는 여섯 개의 상자 중 가장 가벼운 것은 G로 8kg이다. 이때, 임의의 두 상자의 무게의 합은 항상 17kg을 초과한다. 따라서 ㉡이나 ㉢을 적용할 수 없고 ㉠을 적용하여 가장 무거운 상자 하나씩 운반할 수 있다. 이 경우 운반 횟수는 총 8번이다.

반면, ⓐ가 10kg의 F 또는 8kg의 G일 경우, 남아 있는 여섯 개의 상자 중 가장 가벼운 것은 H로 6kg이다. 이 때 남아 있는 상자 중 가장 무거운 B와 가장 가벼운 H의 총 무게는 24kg으로 17kg를 초과한다.

따라서 세 번째로 ㉠을 적용하여 가장 무거운 B만 운반한다. 동일한 원리로 네 번째, 다섯 번째, 여섯 번째로 각각 ㉠을 적용하여 C, D, E를 운반한다. 남은 상자인 G 또는 F와 H의 총 무게는 14kg 또는 16kg으로 17kg 이하이다.

따라서 마지막으로 ㉢을 적용해 남은 상자를 모두 운반할 수 있다. 이 경우 운반 횟수는 총 7번이다. 그러므로 운반 횟수를 최소로 하려면 ⓐ가 F 또는 G여야 한다.

⑤ (×) 상자를 모두 옮길 때까지 전체 운반 횟수를 최소로 하기 위해서는 ~~두 번째 운반에 ㉠을 적용해야 한다.~~

→ 두 번째 운반에 ㉠을 적용할 경우 남은 상자 중 가장 무거운 것은 18kg의 B, 가장 가벼운 것은 2kg의 J이며, 그 합은 20kg으로 17kg을 초과한다. 따라서 가장 무거운 B만을 운반하게 된다. 이후 전체 운반 횟수를 최소로 하는 방법 중 하나는 다음과 같다.

차례	3	4	5	6	7
규칙	㉠	㉠	㉠	㉠	㉠ 또는 ㉢
운반 상자	C	D, J	E, I	F, H	G
무게	16kg	16kg	16kg	16kg	8kg

즉, 두 번째 운반에 ㉠을 적용할 경우 최소가 되는 운반 횟수는 7회이다.

두 번째 운반에 ㉡을 적용할 경우 2kg의 J, 4kg의 I 그리고 8kg의 G 또는 10kg의 F를 운반하게 되며, 이후 전체 운반 횟수를 최소로 하는 방법 중 하나는 다음과 같다. (단, 이하에서는 두 번째 운반에 10kg의 F를 운반했다고 가정한다.)

차례	3	4	5	6	7
규칙	㉠	㉠	㉠	㉠	㉠ 또는 ㉢
운반 상자	B	C	D	E	G, H
무게	18kg	16kg	14kg	12kg	14kg

즉, 두 번째 운반에 ㉡을 적용할 경우 최소가 되는 운반 횟수는 7회이다.

규칙 ㉢은 남아 있는 상자의 총 무게가 17kg 이하일 때 남아 있는 상자를 모두 운반하는 규칙으로 두 번째 운반에 적용할 수 없다. 따라서 두 번째 운반에 적용 가능한 ㉠과 ㉡을 적용할 경우, 모두 상자를 모두 옮길 때까지 전체 운반 횟수를 최소로 하는 방법은 7회로 동일하다.

합격자의 시간단축 Tip

Tip ❶ 적용이 쉬운 선지부터 판단한다. 선지 ③의 경우 선지 내용에 추가적인 가정이 붙어 있기 때문에 적용이 상대적으로 쉽다. 또한 이를 활용해서 만들어낸 반례를 다른 선지에도 적용할 수 있는지 살펴야 한다. 선지 ①과 ② 모두 ③에서 활용한 반례를 똑같이 적용해서 소거할 수 있으므로 이 점을 적극 활용하도록 한다.

Tip ❷ 규칙의 경향성을 파악한다면 보다 쉽게 선지를 판단할 수 있다. 모든 규칙이 17kg을 기준으로 하고 있으므로, 최소한 상자를 옮기기 위해서는 최대한 17kg이 되는 상자 조합을 만들어 운반해야 함을 알 수 있다. 따라서, 선지 ④의 경우, H, I, J 조합의 무게는 12kg으로, I, J 와 함께 최대한 17kg 근처에 다가갈 수 있는 F 와 합쳐져야 운반을 보다 적은 횟수로 할 수 있음을 알 수 있다.

선지 ①의 경우 역시 굳이 가정이 없이도 쉽게 판단 가능한 선지이다. D의 무게는 14kg으로 17kg 이하의 조합의 경우에만 옮길 수 있는데, 14kg이 다른 상자와 합쳐져 17kg 이하가 되기 위해서는 3kg 이하의 상자가 있어야 한다. 이때, 유일한 3kg 이하 상자인 J는 〈상황〉에 따라 다른 상자들과 옮겨지므로, D는 다른 상자와 같이 옮겨지지 않을 것이다.

Tip ❸ 검토할 때에는, 왜 하필 '17kg'이 주어졌는지 살펴볼 필요가 있다. 연속하는 세 짝수의 합은 6의 배수이다. (이를 간단히 증명해 보자. X가 자연수일 때 가운데 있는 수를 2x라 하면, 연속하는 세 짝수는 각각 $2x-2$, $2x$, $2x+2$가 된다. 이들의 합은 $6x$이므로 연속하는 세 짝수의 합은 6의 배수이다)

따라서 4, 6, 8의 합은 18으로 17을 초과한다. 이것을 기준으로 수를 감소시켜야 하므로 ㉡을 적용하는 데에는 많은 제약이 따른다는 것을 알 수 있다. 특히 상황에서 두 번째로 4kg의 I와 2kg의 J를 운반하였으므로 ㉡은 두 번째 말고는 적용할 수 없음을 확인할 수 있다.

＊ 규칙이 ㉠㉡㉢ 형태로 나와 있어, 자칫 이를 순서대로 적용하는 것으로 오해하기 쉽다.
물론 이 문제의 경우 그렇게 풀게 되면 답이 나오지 않을 것이어서 다시 실수를 고치기 쉽겠지만, 함정을 파는 경우일 수 있기 때문에, 표현에 집중하기보다는 의미에 집중해야만 한다.

292 정답 ①

난이도 ●●○

(1) 〈조건〉 두 번째와 세 번째에 따라 마진과 라니는 각각 C팀과 B팀이다. 그런데 〈조건〉 첫 번째와 두 번째에 따라 나연과 다솜은 같은 팀이며 다솜은 A팀이 아니므로, 나연과 다솜은 D팀이다.

(2) 한편, 〈조건〉 네 번째에 따라 아윤은 A팀이 아니고 라니보다 순위가 높은데, B팀인 라니의 순위가 2등이라면 아윤이 라니보다 순위가 높을 수 없다. 따라서 라니의 순위는 7등이며 그에 따라 아윤의 순위는 2등 또는 6등이다.

(3) 그런데 〈조건〉 다섯 번째에 따라 사란과 가은 모두 아윤보다 순위가 높으므로 아윤의 순위는 6등이다. 이때, 〈조건〉 여섯 번째에 따라 가은은 B팀인 라니와 같은 팀이 아니므로 가은의 순위는 2등이 아니라 1등이며 사란이 2등이 된다.

(4) 따라서 바훈의 중간테스트 성적 순위는 8등이며, A팀인 바훈과 같은 팀인 부원은 1등인 가은이다.

(5) 표로 정리하면 아래와 같다.

A팀		B팀		C팀		D팀	
1등	8등	2등	7등	3등	6등	4등	5등
가은	바훈	사란	라니	마진	아윤	나연	다솜

합격자의 시간단축 Tip

(1) 문제에서는 바훈과 같은 팀이 되는 사람을 물었으므로, 이에 초점을 맞추어 문제에 접근한다. 위와 같은 접근법대로 풀이하면,
첫째, 나연과 다솜이 D팀이라는 것을 찾으면, 그들의 순위는 결정짓지 않아도 된다.
둘째, 가은은 2등이 아니므로 B팀에 들어가지 못하며 C팀에 들어갈 경우 6등으로 6등인 가은과 7등인 라니 사이에 아윤이 낄 수 없어 C팀 역시 들어가지 못하게 된다.
따라서 가은은 A팀에 들어갈 것이며, 이 때 사란 또는 아윤이 A팀이라면 (사란, 가은 > 아윤 > 라니)의 조건에 모순이 생기므로 A팀의 자리는 공석이 된다.
따라서 가은과 같은 팀인 사람은 바훈이다.

(2) 가은은 이미 문제에서 B팀이 아니라는 조건을 명시하였고, C팀 역시 될 수 없음이 명백하므로 A팀으로 고정하기 쉽다. 그 외 사란이나 아윤의 경우, 어디에 들어가야 하는지보다 어디에 들어가지 못하는지에 초점을 맞추어 반드시 비는 팀 하나를 정하는 것이 문제의 핵심이라고 할 수 있다.

* 이 문제에서 묻는 것은 바훈과 같은 팀이 되는 사람이다. 그러므로 **Tip**과 같이 바훈과 같은 팀이 아님이 확실한 경우 구체적인 순위를 구하지 않아도 문제 푸는 것에 큰 무리가 없을 것이다. 그러나 순위를 정해놓는 것이 보다 정확하게 답을 확정 지을 수 있고 이후 검토에도 도움이 되므로, 큰 시간과 노력이 필요하지 않다면 구하는 것이 좋다.

293 정답 ③ 난이도 ●●○

① (O) 甲이 오전 6시 정각에 일어나면, 반드시 甲이 이긴다.
➜ 甲이 오전 6시 정각에 일어나면, 甲의 숫자의 합은 0+6+0+0=6이다. 乙은 가장 일찍 일어나도 오전 7시 정각으로, 乙의 숫자의 합은 0+7+0+0=7이다.
따라서 반드시 甲이 이긴다.

② (O) 乙이 오전 7시 59분에 일어나면, 반드시 乙이 진다.
➜ 乙이 7시 59분에 일어나면 乙의 숫자의 합은 0+7+5+9=21이다.
이때, 甲의 합이 가장 크려면 6시 59분에 일어나야 하므로, 甲의 숫자의 합은 0+6+5+9=20이다.
따라서 반드시 乙이 진다.

③ (×) 乙이 오전 7시 30분에 일어나고, 甲이 오전 6시 30분 전에 일어나면 ~~반드시 甲이 이긴다.~~
➜ 乙이 7시 30분에 일어나면 乙의 숫자의 합은 0+7+3+0=10이다.
만약 甲이 6시 29분에 일어나면 甲의 숫자의 합은 0+6+2 +9=17이므로 甲이 질 수도 있다.

④ (O) 甲과 乙이 정확히 1시간 간격으로 일어나면, 반드시 甲이 이긴다.
➜ 1시간 간격으로 일어난다면, '분'은 동일하다는 의미이다. 즉 차이가 나는 것은 '시' 밖에 없으므로, '분'의 숫자는 고려하지 않는다. 1시간이 차이 날 경우 오전 7시에 일어나는 乙보다 오전 6시에 일어나는 甲의 숫자의 합이 더 작을 수밖에 없다.
따라서 반드시 甲이 이긴다.

⑤ (O) 甲과 乙이 정확히 50분 간격으로 일어나면, 甲과 乙은 비긴다.
➜ 시계에 표시된 4개의 숫자를 각각 첫 번째, 두 번째, 세 번째, 네 번째 숫자라고 하자.
첫 번째 숫자는 甲과 乙 모두 0으로 동일하다. 두 번째 숫자는 甲이 6, 乙이 7으로 乙이 1 크다.
한편 甲과 乙이 정확히 50분 간격으로 일어날 경우, 1시간에서 10분 적은 간격이므로 세 번째 숫자는 乙이 1 작으며, 네 번째 숫자는 甲과 乙이 동일하다.
따라서 첫 번째부터 네 번째 숫자까지 모두 더할 경우 甲과 乙의 숫자의 합은 동일하므로 甲과 乙은 비긴다.

합격자의 시간단축 Tip

Tip ①

(1) 각 선지가 다른 것을 묻고 있는 것 같지만, 풀다 보면 유사한 검토 과정을 거친다는 것을 알 수 있다.
甲과 乙의 기상 시간 중 '시' 부분은 각각 6시와 7시로 숫자 1이 차이 난다.
즉 甲과 乙의 기상 '분' 이 같을 경우(다시 말해 둘의 기상 시간이 정확히 한 시간 차이 날 때) 항상 甲의 숫자의 합이 더 작을 수밖에 없으며, 이 원칙을 활용하면 선지 ①, ②, ④번을 곧바로 지울 수 있다. 이 원칙을 ③번 선지에서 깨고 있는데, 한 시간 미만으로 차이 날 경우에는 '분' 부분이 달라지

면서 숫자 합도 충분히 달라질 수 있기 때문에 오답이 된다.

(2) 반례를 찾을 때는 가장 쉬운 반례 하나만 찾으면 된다. 이 경우 30분 전에 일어나므로 29분을 예시로 대입해서 틀렸음을 확인하고 넘어가면 된다. ⑤ 번 역시 기상 시간 중 '시' 부분에서 차이 나는 1을 '분' 부분에서 채워준다는 것을 생각해낸다면 어렵지 않게 옳다는 것을 알 수 있다.

Tip ❷

(1) 선지의 정오 여부를 확인할 때는 반례를 찾아서 옳고 그름 여부를 확인하는 것이 가장 빠른 방법이다. 반례의 경우 가능한 선에서 가장 극단적인 값을 생각하면 된다. 예를 들어 선지 ① 번의 경우 甲이 오전 6시에 일어나서 숫자의 합이 6이기 때문에, 乙의 경우 '최소한의' 합이 나오려면 몇시에 일어나야 할지를 생각하는 것이다.

(2) 정답인 선지 ③ 번의 경우 乙이 오전 7시 30분에 일어났기 때문에 숫자의 합이 10이므로, 甲이 '반드시' 이기지 않으려면 10보다 높은 숫자가 나오는 경우를 생각하면 된다.
우선 일어나는 시간이 6시이기 때문에 '분'에서 합 4이상이 나오면 되는데, 오전 6시부터 오전 6시 30분 사이에서 합 4이상은 29분, 28분 등으로 쉽게 찾을 수 있다.
혹은 6시 30분 이내의 시간에서 가장 숫자가 큰 시각은 6시 29분임을 직관적으로 알 수 있으므로, 바로 6시 29분의 극단적인 값을 대입해 계산해봐도 된다.

Tip ❸ 이와 같은 유형의 퀴즈에서 질문의 의도가 이해가 되지 않거나, 어떤 방식으로 풀어야 하는지 감이 오지 않는다면 '몇 가지를 시험 삼아 해보는 것'이 중요하다. 조건이나 규칙을 100번 다시 읽는 것보다, 이해가 안 된 상태에서 한 두개 예시를 풀어보는 것이 훨씬 도움된다.
예를 들어 보기 ⑤ 번 해설처럼 예시를 만들어보면 '아 이렇게 푸는 것이구나'하는 감각이 생기게 된다.

＊해설에서는 4개의 숫자를 모두 더한 값을 비교하는 것으로 나와 있으나, 실제 시험에서는 갑자기 덧셈을 하게 되는 경우 단순한 계산이어도 틀리는 경우가 종종 있으므로 굳이 더할 필요 없이 숫자를 모두 써 놓고 숫자 별 크기를 비교하는 것도 실수를 줄일 수 있는 방법이다.

294 정답 ⑤ 난이도 ●○○

ㄱ. (×) 직원 甲과 乙이 함께 당첨된다면 甲은 최대 50개의 사과를 받는다.
➜ 한 사람당 최대 3장까지 응모할 수 있으므로, 甲이 3장 당첨되고 乙이 1장 당첨되는 경우 甲은 $\frac{100}{4}$=25개를 총 3장분 만큼, 최대 75개의 사과를 받는다.

ㄴ. (○) 직원 중에 甲과 乙 두 명만이 사과를 받는다면 甲은 최소 25개의 사과를 받는다.
➜ 보기 ㄱ의 상황을 반대로 생각하면, 甲은 1장만 당첨되고 乙이 3장 당첨되는 경우 甲은 최소 25개의 사과를 받는다.

ㄷ. (○) 당첨된 수를 응모한 직원이 甲밖에 없다면, 甲이 그 수를 1장 써서 응모하거나 3장써서 응모하거나 같은 개수의 사과를 받는다.
➜ 당첨된 응모용지 개수와 상관없이 당첨자가 한 명인 경우, 당첨 선물인 사과 100개를 받게 된다.

합격자의 시간단축 Tip

Tip ❶

(1) 규칙을 상황에 적용하는 문제에서는 각 조건의 핵심적인 사항을 알아보기 쉽게 표시해 놓는 것이 좋다. 규칙이 많을 경우 실수로 규칙을 빼먹고 판단하는 경우가 굉장히 잦다.
〈보기 ㄱ〉과 〈보기 ㄴ〉은 결국 같은 상황에 대하여 묻고 있는 것을 파악할 수 있어야 한다.
즉, ㄱ에 대해 판단하고 나서 ㄴ으로 왔을 때, 당연히 옳다는 판단이 빠르게 되어야 한다.
이 문제의 경우, 상당히 티가 날 정도로 〈보기 ㄱ〉을 활용하여 〈보기 ㄴ〉을 해결하고 있다.
그러나 이 정도는 아니더라도 보통의 경우 대부분 앞선 보기를 활용하는 경우가 많으니 항상 인지하고 있도록 하자.

(2) 당첨자가 한 명뿐인 경우 당첨 용지의 개수는 아무런 의미가 없다는 것을 파악할 수 있어야 한다. 즉, 1장당 $\frac{100}{n}$ 개의 사과를 받을 것인데, 본인만 당첨되는 경우 n개의 응모용지에 해당하는 사과를 받을 것임으로 쉽게 100임을 파악할 수 있어야 할 것이다.

Tip ❷ 자칫하면 응모용지가 아닌 당첨 인원수로 사과를 나누어 오답을 고를 수 있다. 이를 겨냥한 오답이 〈보기 ㄱ〉인데 만약 조건을 제대로 숙지하지 않는다면

甲과 乙이 $\frac{100}{2}$로 50개씩 사과를 가진다고 착각할 수 있다. 만약 ㄱ에서 착각하여 50개의 사과를 맞다고 판단한다면, 〈보기 ㄴ〉에서 25개를 단순히 틀리다고 표기할 것이 아니라 숫자 중에서도 왜 25개라는 숫자가 나온 것인지를 고민해 볼 필요가 있다.

Tip ❸ 설문을 스캔하였을 때, 보기에 구체적인 사례가 제시되지 않고 '사과'가 무엇을 의미하는지도 파악할 수 없기 때문에 〈규칙〉을 먼저 읽고 이해하는 것이 바람직하다.
이 문제에서 **Tip ❶**에 더해 오답을 유발하는 장치는, 응모 용지에는 3장을 넣고 당첨될 때에는 인원수로 사과를 나누는 것이다.
〈보기 ㄴ〉에서도 甲이 1장, 乙이 3장의 응모 용지가 당첨되었을 때 甲이 받는 사과의 개수가 $\frac{1}{4}\times100=25$개로 최소인데, 甲이 3장, 乙이 3장의 응모용지가 당첨되었을 때 $\frac{1}{6}\times100=16.7$개로 최소라고 판단할 경우 오답이 된다.
각각 3장의 응모용지가 당첨된 것이므로, 구해진 값에 ×3을 해야 하는 것이다. 우리가 평소에 n등분이라는 것을 할 때는 사람을 기준으로 하기 때문에 순간적으로 헷갈릴 여지가 있으므로 주의하자.

> * 수험생 중에서 〈보기 ㄷ〉을 푸는 과정에서 33.33⋯ 개를 3번 받는 것이 100개를 받는 것과 같은지에 대한 의문을 가진 수험생이 있을 것이다. 그러나 문제에서는 $\frac{100}{3}$개씩 받는다 했으므로 전혀 오류가 없다. 간혹 시험장에서 문제 자체에 오류가 있는 것은 아닌지 의문이 드는 경우가 있을 수 있다. 그러나 실제 시험 문제에는 오류가 없음을 전제로 하고 문제를 풀어 나가는 것이 합리적이다.

295 정답 ❷ 　　난이도 ●○○

(1) 한 경기당 6개의 로봇을 참가시킬 수 있다.

(2) 로봇을 6개씩 6개의 조로 나누어 각 조의 1등을 뽑는다. (6경기)

(3) 각 조에서 1등한 로봇들(6개)끼리 경주하여 1위를 뽑는다. (7경기)

(4) 1등이 속해 있던 조에서 2등한 로봇을, 각 조에서 1등한 로봇들이 모인 경기에 1위한 로봇 대신 넣고 경기한다. 이 경기의 1등이 전체 2등이 된다. (8경기)

합격자의 시간단축 Tip

필요한 최소 경기 수라고 묻고 있기 때문에 선지를 보고 답이 7경기라고 생각하기 쉽다. 그러나 어느 경우에나 확정적으로 1, 2위가 선발되는 것을 묻는 것으로 이해해야 하므로, 1등을 한 로봇들끼리 경주하여 1위한 조의 2위가 전체에서 2위라고 생각하면 안 된다.
1등한 로봇들 중에서 1위한 로봇과 해당 조의 2위 간의 격차가 아주 큰 경우가 있을 수 있기 때문이다.

> * 이 문제는 이러한 유형의 퀴즈를 좋아하는 학생이라면 사전에 접해본 경험이 있을 정도로 유명한 문제이다. 그래서 정답이나 해결 방법을 미리 알고 있는 경우에는 바로 정답을 구할 수 있을 정도이다.
> 그러나 그렇지 않은 경우에는 본인의 해결 방법이 정확한 방법인지, 최소 해가 맞는지 확신을 가지기 어려우므로 지나치게 시간을 소모하기보다는 다음 문제로 넘어가는 것이 필요하다.

296 정답 ❷ 　　난이도 ●●○

조건에 주어진 부동산 별 이익을 표로 정리하면 다음과 같다.

(단위: 만 원)

투자 상품	경기상황		
	좋을 때	보통일 때	좋지 않을 때
부동산 ㉠	+900	+700	+300
부동산 ㉡	−200	+700	+1,500
부동산 ㉢	+2,000	+700	−500

① (○) 신문기사 내용과 상관없이 앞으로 3년간 경기가 좋을 것이라고 예상한다면 부동산 ㉢에 투자하는 것이 바람직하다.
➜ 앞으로 3년간 경기가 좋을 것이라고 예상한다면, 경기가 좋을 때 이익이 가장 큰 부동산 ㉢에 투자하는 것이 바람직하다.

② (×) 경기에 관한 신문기사를 전적으로 신뢰하여 최대한의 기대이익을 얻으려 한다면 부동산 ~~㉠에 투자하는 것은 최악의 선택이 된다.~~
➜ 경기에 관한 신문기사를 신뢰할 경우 부동산 별 기대이익은 다음과 같다.
• 부동산 ㉠:
$+900\times\frac{3}{10}+700\times\frac{5}{10}+300\times\frac{2}{10}$
$=680$(만 원)

• 부동산 ㉡:

$-200 \times \frac{3}{10} + 700 \times \frac{5}{10} + 1,500 \times \frac{2}{10}$

= 590(만 원)

• 부동산 ㉢:

$+2,000 \times \frac{3}{10} + 700 \times \frac{5}{10} - 500 \times \frac{2}{10}$

= 850(만 원)

따라서 세 부동산 중 기대이익이 가장 낮은 부동산 ㉡에 투자하는 것이 최악의 선택이 된다.

③ (O) A씨가 경기 변동이 자신에게 언제나 불리하게 작용할 것이라고 생각한다면 부동산 ㉠에 투자하는 것이, 경기 변동이 자신에게 언제나 유리하게 작용할 것이라고 생각한다면 부동산 ㉢에 투자하는 것이 합리적인 선택이 된다.

➜ A씨가 경기 변동이 자신에게 언제나 불리하게 작용할 것이라고 생각한다면 최소극대화 전략, 즉 투자에 따라 발생 가능한 손해가 가장 적은 부동산에 투자할 것이다. 부동산 ㉠는 경기가 좋지 않을 때 300만 원의 이익을, 부동산 ㉡은 경기가 좋을 때 200만 원의 손해를, 부동산 ㉢은 경기가 좋지 않을 때 500만 원의 손해를 본다. 따라서 경기 변동이 불리하게 작용하더라도 300만 원의 이익을 보는 부동산 ㉠에 투자하는 것이 합리적인 선택이 된다.

한편, A씨가 경기 변동이 자신에게 언제나 유리하게 작용할 것이라고 생각한다면 극대화 전략, 즉 투자에 따라 발생 가능한 이익이 가장 많은 부동산에 투자할 것이다. 부동산 ㉠는 경기가 좋을 때 900만 원의 이익을, 부동산 ㉡은 경기가 좋지 않을 때 1,500만 원의 이익을, 부동산 ㉢은 경기가 좋을 때 2,000만 원의 이익을 본다. 따라서 경기 변동이 유리하게 작용할 때 2,000만 원의 이익을 보는 부동산 ㉢에 투자하는 것이 합리적인 선택이 된다.

④ (O) 신문기사 내용과 상관없이 3년간 경기가 보통일 것이라고 예상한다면 어떤 부동산에 투자해도 상관없다.

➜ 각 부동산의 경기가 보통일 때 이익은 700만 원으로 동일하다. 따라서 앞으로 3년간 경기가 보통일 것이라고 예상한다면 어떤 부동산에 투자해도 상관없다.

⑤ (O) 신문기사를 믿지 않고 경기에 관한 확률이 모두 동일하다고 생각한다면 부동산 ㉢에 투자하는 것이 합리적인 선택이 된다.

➜ 경기에 관한 확률이 모두 동일하다고 생각할 경우 부동산 별 기대이익은 다음과 같다.

• 부동산 ㉠:

$+900 \times \frac{1}{3} + 700 \times \frac{1}{3} + 300 \times \frac{1}{3}$

$= \frac{1,900}{3}$(만 원)

• 부동산 ㉡:

$-200 \times \frac{1}{3} + 700 \times \frac{1}{3} + 1,500 \times \frac{1}{3}$

$= \frac{2,000}{3}$(만 원)

• 부동산 ㉢:

$+2,000 \times \frac{1}{3} + 700 \times \frac{1}{3} - 500 \times \frac{1}{3}$

$= \frac{2,200}{3}$(만 원)

따라서 세 부동산 중 기대이익이 가장 높은 부동산 ㉢에 투자하는 것이 합리적인 선택이 된다.

합격자의 시간단축 Tip

Tip ❶ 선지 ⑤에서 경기에 관한 확률이 모두 동일할 경우, 기대이익을 구하는 식인

(기대이익)=(경기가 좋을 때 이익)×(경기가 좋을 확률)+(경기가 보통일 때 이익)×(경기가 보통일 확률)+(경기가 나쁠 때 이익)×(경기가 나쁠 확률)

에서 각 확률이 모두 동일하므로 하나로 묶을 수 있게 된다. 따라서 식을 다시 써보면

(기대이익)={(경기가 좋을 때 이익)+(경기가 보통일 때 이익)+(경기가 나쁠 때 이익)}×(확률)

이 되므로, (확률)이 얼마인지 여부는 중요하지 않고 각 상황에서의 이익을 모두 더한 것끼리만 비교하면 된다.

Tip ❷

(1) 선지 ②에서 계산 시, 모든 부동산이 경기가 보통일 때에는 700만 원의 이익을 얻는다고 예상하고 있으므로, 경기가 보통일 때에는 모든 부동산의 예상 이익이 동일함을 알 수 있다.
따라서 경기가 좋지 않을 때와 좋을 때의 경우만을 고려해 우열을 계산하면 된다.
선지 ②의 경우, 부동산 ㉠에 투자하는 것이 최악의 선택인지 물었으므로, 부동산 ㉠과 부동산 ㉡, 부동산 ㉠과 부동산 ㉢을 각각 비교해 모든 경우에 부동산 ㉠이 열위에 있는지 확인하면 된다.

(2) 부동산 ㉠과 부동산 ㉡의 경우를 비교한다면,
• 경기가 좋지 않을 때(확률 0.2): 부동산 ㉡이 +1,200(=1,500−300) 만큼 부동산 ㉠보다 이득이고,
• 경기가 좋을 때(확률 0.3): 부동산 ㉠이 +1,100(=900−(−200))만큼 부동산 ㉡ 보다 이득이다.

0.2×1,200 vs 0.3×1,100 을 비교하면 부동산 ㉠이 더 이익임을 알 수 있다.
따라서 부동산 ㉠과 부동산 ㉢을 비교하지 않더라도 부동산 ㉡ 보다 부동산 ㉠이 우위에 있으므로, 부동산 ㉠이 최악의 선택이 아님을 바로 알 수 있다.

Tip ❸ 해당 문제의 경우, 경기가 좋지 않을 때, 보통일 때, 좋을 때의 3가지 상황으로 구분된다. 〈투자 상품〉에서 부동산 ㉠의 경우 위 순서대로 제시되나, 부동산 ㉡의 경우 그 반대로 '좋을 때'부터 제시된다. 문제를 빠르게 읽으면 이러한 차이를 놓칠 수 있으니, 다양한 상황이 주어지는 문제에서는 '/' 표시 등을 활용하면서 정확히 읽도록 하자.

297 정답 ❸

난이도 ●●○

ㄱ. (O) 참가팀 한 팀당 예선전 경기 횟수는 1안, 2안, 3안 모두 동일하지는 않다.
➜ 예선전 한 조에서 팀의 수는 세 가지 안건이 각각 6개 팀, 3개 팀, 6개 팀이다. 예선전은 리그 방식으로, 각 팀별로 같은 조의 나머지 모든 팀들과 한 번씩만 경기한다. 따라서 예선전 한 조가 6개 팀인 1안과 3안의 참가팀 한 팀당 예선전 경기 횟수는 5회이며, 예선전 한 조가 3팀인 2안의 참가팀 한 팀당 예선전 경기 횟수는 2회이다.

ㄴ. (O) 참가팀 한 팀당 대회 참가비는 세 개의 안건 중 2안이 가장 적다.
➜ 예선전 한 조가 6개 팀인 1안과 3안의 참가팀 한 팀당 예선전 경기 횟수는 5회이며, 따라서 1안과 3안의 참가팀 한 팀당 대회 참가비는 20(만 원)×5 =100만 원이다. 한편, 예선전 한 조가 3팀인 2안의 참가팀 한 팀당 예선전 경기 횟수는 2회이며, 따라서 2안의 참가팀 한 팀당 대회 참가비는 20 (만 원)×2=40만 원이다.

ㄷ. (×) 총 경기 횟수가 가장 많은 안건은 ~~2안이다.~~
➜ 총 경기 횟수를 정리하면 다음과 같다.

구분	예선		본선	합계
	조별 경기 횟수	총 경기 횟수	총 경기 횟수	
1안	$\frac{6\times5}{2}=15$	15×4개 조=60	8+4+2+1 =15	75
2안	$\frac{3\times2}{2}=3$	3×16개 조=48		63
3안	$\frac{6\times5}{2}=15$	15×8개 조=120		135

따라서 총 경기 횟수가 가장 많은 안건은 135경기의 3안이다.

ㄹ. (O) 본선 경기 횟수는 1안, 2안, 3안 모두 동일하다.
➜ 본선은 1안, 2안, 3안 모두 16강으로 진행되며 본선에서의 경기 진행 방식은 토너먼트 방식이다. 따라서 1안, 2안, 3안 모두 본선 경기 횟수는 8+4 +2+1=15회로 동일하다.

ㅁ. (×) 1안, 2안, 3안 모두 제약 조건에 ~~위배되지 않는다.~~
➜ 하루에 최대로 진행할 수 있는 경기 횟수는 10경기이며 대회 기간은 10일을 넘길 수 없다. 따라서 전체 경기 횟수는 100경기를 넘길 수 없다. 그러나 3안의 경우 예선에서 120경기를 진행하며 본선에서 15경기를 진행해 총 135경기를 치러야 한다. 따라서 하루에 최대로 진행할 수 있는 경기 횟수가 10경기로 제한될 경우 3안은 제약 조건에 위배된다.

합격자의 시간단축 Tip

Tip ❶ 굳이 많은 계산을 하지 않아도 풀 수 있는 문제이다.

보기 ㄱ. 참가팀 한 팀당 예선전 경기 횟수를 묻고 있으므로, 예선 조 내 몇 개 팀이 포함되어 있는지만 고려하면 된다. 1안과 3안은 동일하게 6개팀이 포함되어 있으나, 2안은 그렇지 않으므로 참가팀 한 팀당 예선전 경기 횟수는 동일하지 않을 것이다.

보기 ㄴ. 예선 경기 횟수가 많을수록 증가한다. 예선은 리그 방식으로 진행되므로 한 조 내에 포함된 팀이 많을수록 예선 경기 횟수 역시 증가할 것이다. 따라서 예선 조 당 팀 수가 가장 적은 2안이 세 개의 안건 중 참가팀 한 팀당 대회 참가비가 제일 적다.

보기 ㄷ. 본선 경기의 경우 모두 16강짜리 토너먼트를 치르게 되므로 예선전 경기 수만 비교하면 된다.

보기 ㄹ. 본선에서 총 몇 경기가 진행되는지 도출할 필요 없이, 세 가지 안 모두 총 16팀이 동일하게 토너먼트 방식으로 본선을 치르게 되므로 진행되는 경기 수 역시 동일할 것임을 알 수 있다.

보기 ㅁ. 이 역시 굳이 총 경기 수를 구할 필요 없이 〈보기 ㄷ〉에서 3안은 예선 경기가 총 120경기이므로 제약 조건을 위반한다.
또한, 〈보기 ㄷ〉에서 3안의 예선 경기 수를 정확히 구하지 않았더라도 〈보기 ㅁ〉을 판단하기 위해서는 참가팀과 조별 팀 수도 가장 많은 3안만을 확인하는 것이 효율적이다.

Tip ② 토너먼트 경기 수를 묻는 경우 총 참가하게 되는 팀(혹은 선수) 수에서 1을 빼면 된다.
즉, 16강인 경우 총 경기 수는 15번, 64강인 경우 63번 경기가 진행된다.
쉽게 생각하면 3등 4등을 가리지 않는 토너먼트는 최종 1인을 가리기만 하면 되는 경기 방식이므로, 1등을 제외한 나머지 팀들이 모두 한 번씩 질 때까지 경기가 치러지게 된다.
만일 여기에서 3등과 4등을 가린다면 한 번의 경기가 더 진행될 것이므로 1을 더해주면 된다.

298 정답 ④ 난이도 ●●●

(1) 네 번째 조건과 여섯 번째 조건은 다음과 같다.

- 네 번째 조건: A 입장에서 왼편에 앉은 사람은 파랑 모자를 쓰고 있다.

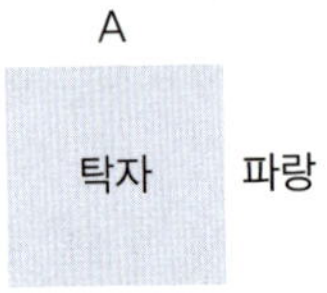

- 여섯 번째 조건: C 맞은편에 앉은 사람은 빨강 모자를 쓰고 있다.

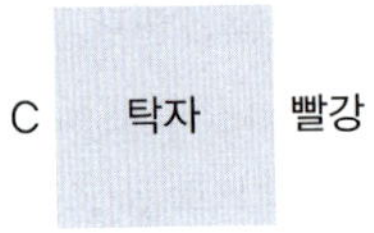

(2) 네 번째 조건과 여섯 번째 조건을 종합하면 C는 A의 오른쪽에 앉지 않았으므로 (1) A 왼편에 앉은 사람이 C이거나 (2) A 맞은편에 앉은 사람이 C이다.
(1) A 왼편에 앉은 사람이 C일 경우

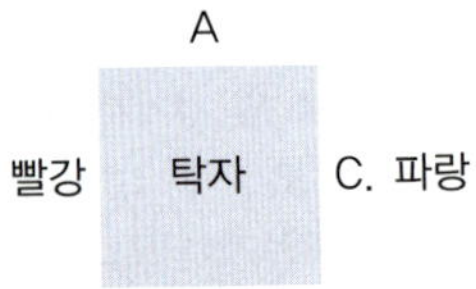

① B가 빨간 모자를 쓴 경우 : D는 A의 맞은편에 앉아 있고, D의 맞은편에 앉은 사람은 노란 모자를 쓰지 않았다(일곱 번째 조건)고 하였으므로 D가 노란 모자를 쓰고 있다. 따라서 A가 초록 모자를 쓰고 있다.

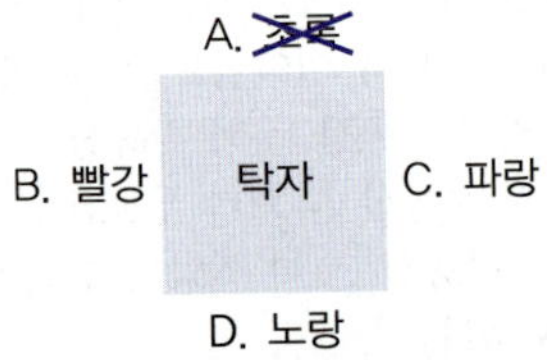

이때, 다섯 번째 조건인 B 입장에서 왼편에 앉은 사람은 초록모자를 쓰고 있지 않다고 하였으므로 이 경우는 모순이 된다.

② D가 빨간 모자를 쓴 경우 : B가 A의 맞은편에 앉아 있고, A와 B가 노란 모자 또는 초록 모자를 쓰게 되는데, 이것은 세 번째 조건인 A와 B가 모두 여자인 조건에 의해서 여덟 번째 조건인 노란 모자를 쓴 사람과 초록 모자를 쓴 사람 중 한 명은 남자이고 한 명은 여자인 조건을 만족시키지 못하므로 이 경우 또한 모순이 된다. 따라서 A 왼편에 앉은 사람은 C가 아니다.

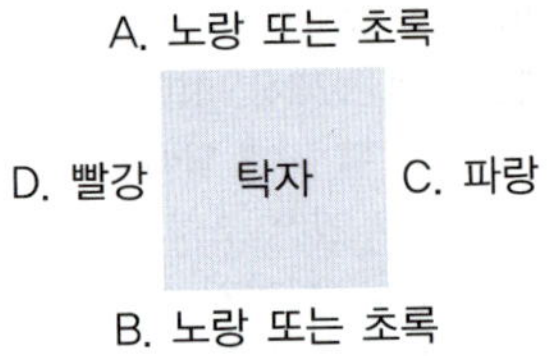

(2) A 맞은편에 앉은 사람이 C일 경우

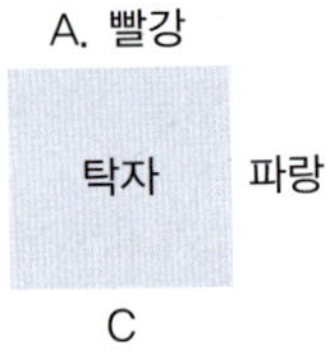

① B가 파란 모자를 쓴 경우: 세 번째 조건에 의하여 A와 B는 모두 여자인데, 여덟 번째 조건에 의하여 빨간 모자를 쓴 사람과 파란 모자를 쓴 사람 중 한 명은 남자이고 한 명은 여자여야 하므로 이 경우는 모순이 된다.

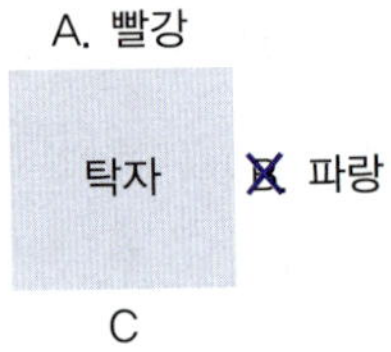

② D가 파란 모자를 쓴 경우: 일곱 번째 조건에 따라 D 맞은편에 앉은 사람은 노란 모자를 쓰고 있지 않으므로 D 맞은편에 앉은 사람은 초록 모자를 쓰고 있고, 그 사람은 바로 B이다. 이 경우 C는 노란 모자를 쓰고 있다.

이상을 정리하면 다음과 같으며, 이는 모든 조건을 충족시킨다. 따라서 구하는 초록 모자를 쓰고 있는 사람은 B이며, A 입장에서 왼편에 앉은 사람은 D이다.

	A. 빨강	
B. 초록	탁자	D. 파랑
	C. 노랑	

합격자의 시간단축 Tip

Tip ❶ '왼편, 맞은편' 등의 표현이 있다면 아래의 '조건 정리'처럼 그림 퍼즐의 형태로 기억하는 것도 좋다. 보다 직관적으로 처리할 수 있기 때문이다.
경우의 수를 따지는 문제의 경우에는 '레고 블럭 쌓는 것' 또는 '테트리스'처럼 끼워 맞추는 느낌으로 푸는 것이 주어진 조건들을 더 빠르게 확인할 수 있는 좋은 방법이다.
* '조건 정리' (단, ~A는 A가 아님을 의미한다.)

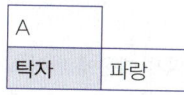

• 4번째 조건

A	
탁자	파랑

• 5번째 조건

	~초록
B	탁자

• 6번째 조건

C
탁자
빨강

• 7번째 조건

D
탁자
~노랑

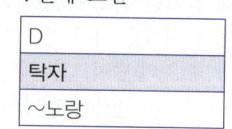

Tip ❷ 해당 유형은 실제로 몇 번 시도를 해봐야 풀 수 있고, 다양한 경우의 수를 고려해야 될 가능성도 높으므로 가급적 첫 번째 바퀴에는 풀지 않는 것이 좋다.
따라서 실전에서 이와 같은 퀴즈 문제를 만난다면, 가장 먼저 해야 할 일은 풀지 않고 넘어가는 것이다. 본인이 이런 유형의 퀴즈를 좋아한다거나 잘 푼다고 해도 우선은 넘어가는 것이 옳다고 본다.
왜냐하면 이런 문제를 풀기 위해 시간을 쏟는 것보다는 재미없어도 잘 풀리는 문제를 풀어야만 점수 획득에 유리하기 때문이다.

Tip ❸ 경우의 수를 가급적 줄이기 위해 선지를 활용하는 것이 좋다. (귀류법)
예를 들어, 이 문제의 경우 초록 모자를 쓰고 있는 사람을 A, B, C로 주고 있고, 이 중 C는 선지가 하나 밖에 없으므로 사실상 정답이 아닐 가능성이 높다는 것을 고려하여 ① A인 경우와 ② B인 경우 확인한다.
결국 우리는 정답만 구하면 되기 때문에 선지에서 힌트를 주고 있다면 최대한 선지의 정보들을 활용하는 것이 중요하다. 초록 모자를 A나 B로 확정시킨 다음 A나 B에 관련된 조건 먼저 순차적으로 해결하다 보면 정답이 도출된다. 정답이 아닌 경우 조건과 조건끼리 모순되는 상황이 발생하게 될 것이다.

299 정답 ② 난이도 ●○○

각 상품 별로 지불할 관광비용은 다음과 같다.

상품	스마트 교통카드	시티투어A	시티투어B
상품가격	1,000	3,000	5,000
경복궁	1,000	1,000×70% =700	–
서울시립 미술관	5,000	5,000×70% =3,500	5,000
서울타워 전망대	10,000×50% =5,000	10,000×70% =7,000	–
국립중앙 박물관	1,000	1,000×70% =700	–
지하철	–	–	1,000×2 =2,000
총 비용	13,000	14,900	12,000

따라서 시티 투어B를 이용하여 12,000원의 관광비용을 지불할 것이다.

합격자의 시간단축 Tip

Tip ❶ 많은 수험생들이 실수할 것으로 생각되는 풀이는 '할인되는 가격만 계산하는 풀이'이다.
총 구매 가격이 정해져 있기에 결국 할인되는 가격만 확인하면 되겠다고 판단하는 것은 수험생 입장에서 효율적인 풀이일 것이라 생각될 수 있겠으나, 이는 '상품 가격'을 누락한 개념이란 점에서 주의해야 한다. 따라서 해당 풀이를 활용할 경우 할인되는 가격을 구한 후 마지막에 상품 가격을 더해주어야 한다.

Tip ❷ **Tip ❶**에 따라 상품 가격을 더해주기만 한다면, 할인되는 가격을 감하는 풀이를 적절히 활용하는 것은 매우 좋은 풀이가 된다.

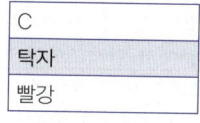

(1) 여기서 가장 의심스러운 것은 '서울타워 전망대'이다. 왜냐하면 서울타워 전망대의 입장료가 지나치게 높아, 서울타워 전망대를 제외한 경복궁, 서울시립미술관, 국립중앙박물관, 2번의 지하철 값을 모두 더한 것보다 값이 크기 때문(10,000원 > 9,000원)이다.
따라서 할인되는 가격을 먼저 보고, 서울타워전망대를 무료로 하는 시티 투어B가 최저가일 가능성이

높다는 방향성을 잡고 문제를 풀 수 있다.

(2) 자세한 계산은 다음과 같다.
할인 전 관광비용의 총합은 19,000원으로 동일하므로, 각 상품별 차이는 할인되는 가격에 상품 가격을 더하여 구한다.
- 스마트 교통카드:
(−5,000)+(−2,000)+1,000=−6,000
- 시티투어 A:
(−300)+(−1,500)+(−3,000)+(−300)+(−2,000)+3,000=−4,100
- 시티투어 B:
(−1,000)+(−10,000)+(−1,000)+5,000=−7,000

상품 가격을 고려하였을 때에도 가장 많이 할인되는 시티투어 B를 선택하여 19,000−7,000=12,000원을 지불한다.

Tip ❸ 보기를 보고 시티투어 A를 마지막에 계산하겠다는 생각도 좋다. 왜냐하면 5개중 4개의 보기가 천원 단위에서 딱 떨어지고 있다. 하지만 시티투어 A의 경우 입장료 전액 30%를 할인하고 있으며, 입장료 할인액은 17,000×30% = 5,100이 나온다.
즉, 100원 단위의 값이 생기는데 이는 보기 ④ 밖에 없다. 그렇다면 다른 상품을 구매했을 때의 총 관광비용 14,900원 보다 낮게 나오면 시티투어 A는 답이 아닐 것이다. 따라서 계산이 제일 복잡할 수 있는 시티투어 A를 제외시키는 것도 시간단축에 도움이 될 것이다.

300 정답 ②

난이도 ●○○

평가 결과에 따른 예산 감액 규모를 정리하면 다음과 같다.

	계획의 충실성	계획 대비 실적	성과지표 달성도	예산 감액 규모
A	통과	통과	미통과	20억×10%=2억
B	통과	미통과	통과	20억×15%=3억
C	통과	통과	통과	−
D	통과	미통과	미통과	20억×15%=3억
E	통과	통과	미통과	20억×10%=2억
F	통과	통과	통과	−
감액 총액				10억

① (O) 전년과 동일한 금액의 예산을 편성해야 하는 정책은 총 2개이다.
→ C, F는 감액되지 않아 동일한 금액의 예산을 편성하게 되어 총 2개이다.

② (×) 甲부서의 2018년도 A~F 정책 예산은 전년 대비 ~~9억 원이 줄어들 것이다.~~
→ 총 10억이 감액된다.

③ (O) '성과지표 달성도' 영역에서 '통과'로 판단된 경우에도 예산을 감액해야 하는 정책이 있다.
→ B의 경우 '성과지표 달성도' 영역에서 통과로 판단되었음에도 불구하고 '계획 대비 실적' 영역에서 '미통과'로 판단되었으므로 예산을 감액해야 한다.

④ (O) 예산을 전년 대비 15% 감액하여 편성하는 정책들은 모두 '계획 대비 실적' 영역이 '미통과'로 판단되었을 것이다.
→ 15%를 감액해야 하는 정책은 B와 D로 모두 '계획 대비 실적' 영역이 '미통과'로 판단되었다.

⑤ (O) 2개 영역이 '미통과'로 판단된 정책에 대해서만 전년 대비 2018년도 예산을 감액하는 것으로 기준을 변경하는 경우에는 총 1개의 정책만 감액해야 한다.
→ 2개 영역이 미통과된 정책은 D정책 하나이다. 따라서 기준이 변경되는 경우 총 1개 정책만 감액해야 한다.

합격자의 시간단축 Tip

Tip ❶ 점수를 계산하지 않아도 되기 때문에 난이도가 낮은 간단한 문제로, 빠르게 통과 여부를 O, X로 표시하여 풀기만 해도 충분하다. 다만 이러한 유형의 경우 언제나 예외를 미리 찾아 두는 것이 실수를 하지 않는 가장 좋은 방법이므로, 평가 기준에서 단서조항인 '다만~' 이후의 내용에 해당하는 정책을 먼저 구분해두는 것이 좋다. 해당 예외에 해당하는 정책으로는 B와 D가 있다.

Tip ❷ 각 정책의 예산 감축액을 구체적으로 도출할 필요는 없다. 어차피 모든 정책의 예산은 20억이기 때문에 %값만 구해도 답을 도출하는데 전혀 지장이 없기 때문이다.
선지 ②를 계산할 때, A~F 정책 예산이 모두 20억 원으로 같으므로 20(억 원)×50%(=15%+15%+10%+10%)=10억 원으로 계산하는 것도 가능하다.

301 정답 ①

난이도 ●○○

(1) 진석이 진실을 말했다면 진석의 〈진술〉에 따라 하영과 경호가 거짓을 말해야 한다. 그런데 이 경우 2명이 거짓을 말했으므로 하영의 〈진술〉은 진실이다. 따라서 진석은 거짓을 말했다.

(2) 진석이 거짓을 말했으므로 하영의 〈진술〉은 진실이다. 따라서 하영은 진실을 말했다.
이 경우 경호의 〈진술〉은 진실이므로 경호도 진실을 말했다.
따라서 거짓을 말한 사람은 진석뿐이며, 자신이 말은 일정을 계획하지 않은 사람은 진석이다.

합격자의 시간단축 Tip

Tip ❶ 진술에서 서로의 진술이 참인지 거짓인지 여부를 언급하고 있는 경우에는, 그 중 하나를 임의로 정해 참 또는 거짓이라고 가정하여 문제에 접근하는 것이 보통이다.
이때 무엇을 기준으로 할 것인가가 문제인데, 해당 진술을 참 또는 거짓이라고 가정할 때 그 외 나머지 진술의 참/거짓이 대부분 결정되는 것을 기준으로 삼는 것이 좋다. 본 문제에서는 진석의 진술이 그러한 역할을 한다. 만약 그러한 진술을 시험장에서 찾지 못했다 하더라도, 당황하지 말고 가장 첫 번째 진술을 기준으로 삼아 과정을 진행하면 된다.

Tip ❷ 해설과 다른 사람의 진술을 기준으로 문제를 해결할 수도 있다.

(1) 하영의 진술을 기준으로 한 풀이
발문에서 자신이 맡은 일정을 계획하지 않은 사람(=거짓을 말하는 사람)을 묻고 있고, 선지에 따라 당연히 최소 한 명 이상이 존재하므로, 하영이는 반드시 진실을 말한다는 것을 먼저 알 수 있다. 하영이 진실을 말한 경우, 진석이 진실을 말한다고 가정하는 것은 진석 자신의 진술과 모순된다. 따라서 진석이 거짓을 말했으므로, 진석과 하영 중 진석만 거짓을 말해 경호의 진술이 참임을 바로 도출할 수 있다. 따라서 정답은 ①이다.

(2) 경호의 진술을 기준으로 한 풀이
경호의 진술의 참/거짓에 따라서 진석과 하영이 모두 참/거짓말을 말하는지, 한 명만 거짓을 말하는지 여부가 결정되므로, 경호의 진술을 기준으로 풀어도 좋다.
만약 경호가 참이라면, 진석과 하영은 진릿값이 항상 다른 반대 관계이다.
따라서 진석이 거짓, 하영이 참이 되므로 모순이 생기지 않는다.
만약 경호가 거짓이라면, 진석과 하영의 진릿값이 같다. 두 사람 모두 참말을 하거나 거짓말을 하여야 하는데, 두 가지 경우 모두 모순이 생긴다.
(진석과 하영 모두 참이라면, 경호만 거짓이므로 진석의 주장과 모순된다. 진석과 하영 모두 거짓이라면, 거짓말을 한 사람이 0명이 되어야 하므로 경호가 거짓이라는 가정과 모순된다.)
따라서 경호가 참을 말했다는 것을 알 수 있다.

302 정답 ❷ 난이도 ●●○

(1) 〈조건〉 ㉢, ㉣에 따라 F는 콜라, 감자튀김, 치킨 4조각을 주문하였고 〈조건〉 ㉤에 따라 F는 최대 3가지 메뉴를 주문할 수 있으므로 햄버거, 치즈스틱을 주문하지 않았다. F가 햄버거를 주문하지 않았으므로 〈조건〉 ㉠에 따라 F를 제외한 A, B, C, D, E는 모두 햄버거를 주문하였다.

(2) 이때, 〈조건〉 ㉢에 따라 D는 감자튀김을 주문하였고 〈조건〉 ㉣에 따라 E는 콜라, 치킨 4조각을 주문하였으므로, 〈조건〉 ㉡, ㉤에 의하면 D는 치즈스틱, 콜라, 치킨 4조각을 주문하지 않았으며 E는 치즈스틱, 감자튀김을 주문하지 않았다. 이때, 〈조건〉 ㉥에 따라, 제시되지 않은 메뉴는 고려하지 않는다.
이상의 결과를 표로 정리하면 다음과 같다.

	A	B	C	D	E	F
햄버거	○	○	○	○	○	×
치즈스틱				×	×	×
콜라				×	○	○
감자튀김	×	○	×	○	×	○
치킨 4조각				×	○	○

① (×) A와 B
➜ A는 감자튀김을 주문하지 않았지만 B는 감자튀김을 주문하였으므로 주문목록이 동일하지 않다.

② (○) B와 D
➜ 〈조건〉 ㉠, ㉡에 의하면 A, B, C 중에서 치즈스틱을 주문한 사람이 1명 있으며 콜라를 주문한 사람이 1명 있다. 그런데 〈조건〉 ㉤에 따라 B는 최대 3가지 메뉴를 주문할 수 있으므로 B는 치즈스틱과 콜라를 동시에 주문할 수는 없다.
만약 치즈스틱과 콜라를 주문한 사람이 A와 C 중에 있을 경우 B는 치즈스틱과 콜라를 주문하지 않았고, 이때 B가 치킨 4조각도 주문하지 않았다면 B와 D는 햄버거, 감자튀김을 주문하여 주문 목록이 동일하다.

③ (×) C와 F
➜ C는 햄버거를 주문하였지만 F는 햄버거를 주문하지 않았으므로 주문 목록이 동일하지 않다.

④ (×) D와 F
➜ D는 햄버거를 주문하였지만 F는 햄버거를 주문하지 않았으므로 주문 목록이 동일하지 않다.

⑤ (×) E와 F

➜ E는 햄버거를 주문하였지만 F는 햄버거를 주문하지 않았으므로 주문 목록이 동일하지 않다.

합격자의 시간단축 Tip

(Tip ❶) 실전에서는 끝까지 문제를 풀 필요 없이 〈조건〉 ㉡, ㉢, ㉣을 대입하여 완성한 표만 활용해 답을 고른 후 빠르게 넘어갈 수 있다.(표를 그리지 않고 선택지와 조건만을 활용해서도 풀이가 가능하다.) 즉, 선지에서 주어진 조합이 조건과 모순이 있는지 확인하여 소거하는 방식으로 접근하면 시간을 줄일 수 있다.
A와 B, C와 F, E와 F는 모두 감자튀김 주문 여부가 다르기 때문에 소거된다.
D와 F는 콜라의 주문 여부가 다르기 때문에 소거된다.
이처럼 〈조건〉과 선지를 잘 조합하여 활용하면, 복잡한 〈조건〉 ㉠을 고려하지 않고서도 정답을 쉽게 구할 수 있다.

(Tip ❷) 표를 그리기만 해도 쉽게 풀리는 문제들이 많이 존재한다. 그렇기 때문에 문제를 풀 때 주어진 정보를 표로 시각화하는 능력을 기르는 것이 중요하다. 대체적으로 두 개의 변수가 나오는 경우 2×2표를 그려 풀이한다.

303 정답 ④ 난이도 ●●○

재배 일자	재배 기간	작물	1회 재배로 얻을 수 있는 소득
2월 1일~6월 30일	5개월	B	1,000만 원
7월 1일~9월 30일	3개월	C	500만 원
10월 1일~12월 31일	3개월	D	350만 원

따라서 甲이 내년 1년 간 최대로 얻을 수 있는 소득은 작물 B, C, D를 순서대로 재배하여 얻는 소득으로, 이는 1,000(만 원)+500(만 원)+350(만 원)=1,850만 원이다.

합격자의 시간단축 Tip

[방법 1] 정석적인 풀이: '단위당' 개념의 활용

➜ '단위당' 개념을 활용하여, '1개월당 얻을 수 있는 소득'이 높은 작물 위주로 재배하는 방법이다. 이는 유사한 유형에서 언제나 활용할 수 있는 개념인 만큼 정리해 두는 것이 좋다.

(1) 먼저 작물별로 1개월당 얻을 수 있는 소득을 계산하면
A: 800만 원/4개월=200만 원/월
B: 1,000만 원/5개월=200만 원/월
C: 500만 원/3개월=약 160만 원/월
D: 350만 원/3개월=약 110만 원/월

(2) 1개월당 소득이 가장 큰 작물은 A와 B이다. 이때, A는 3월부터 재배가 가능하고 B는 2월부터 재배가 가능하므로 무엇을 재배하든 6월에 동일하게 재배가 끝난다. 따라서 이 경우에는 1회 재배로 얻을 수 있는 소득이 더 높은 B를 먼저 5개월 진행하여 1,000만 원을 얻는다.

(3) B가 마무리되면 6월 30일로, 6개월이 남아 있다. 이때, 단위당 소득이 큰 A를 진행할 경우 10월 31일에 재배가 마무리되고, 더 이상 재배할 수 없다. 따라서 이때의 소득은 1,000(만 원)+800(만 원)=1,800만 원이다.

(4) 만약 B만 마무리된 상황(② 의 상황)에서 기간을 더 채우기 위해 C→D 순서로 진행 시, 재배기간은 3(개월)+3(개월)=6개월로 남은 기간을 꽉 채워 재배할 수 있다. 이때의 소득은 1,000(만 원)+500(만 원)+350(만 원)=1,850만 원이다.

(5) 따라서 최대로 얻을 수 있는 소득은 B→C→D순으로 재배한 1,850만 원이다.

[방법 2] 정석적인 풀이의 심화: 문제의 단순화

➜ 이 방법은 기본적으로 앞선 (방법 1)의 풀이와 원리를 공유하나, 문제를 단순화하는 방식이다.

(1) 앞의 풀이처럼 1개월당 얻을 수 있는 소득을 계산한다.

(2) 그 다음으로 (방법 1)과는 달리 '1회 재배 기간'만 고려하여 총 재배기간을 구한다.
(경우 1) B→A: 9개월
(경우 2) B→C→D: 11개월
최대한 11개월을 가득 채운다 가정할 때, 가능한 경우의 수는 2가지만 확인된다.

(3) 각 경우의 총소득을 구해보면 1,800만 원과 1,850만 원이므로 B→C→D가 최대 소득이라는 것을 알 수 있다.

* 이 방법은 기간을 직접 셀 필요 없이 '재배 기간'의 단순 합산으로도 처리할 수 있다는 점을 이용한 방법으로, 기존의 풀이보다 훨씬 효율적이다.

[방법 3] 필자가 추천하는 풀이 방법: 선지를 이용하는 방법

➜ 이와 같은 문제에서 다양한 경우의 수를 생각하기 어렵다면 선지만을 이용해 푸는 것이 좋다. 이해를 위해 풀이와 함께 방법을 설명해보면 다음과 같다.

(1) 문제를 읽기 전에 선지를 보자.
'최대 소득'을 물었으므로 먼저 선지 ⑤ 번을 보면 2,150만 원이다. 이 값은 〈표〉에서 어떻게 만들

수 있을까? 쉽게 확인할 수 있다시피 2,150만 원은 A+B+D의 결과물이다.
그러나 (A+B+D)의 재배기간은 (4+5+3)=12개월로 실현 불가능한 값이다.

(2) ② 다음으로 선지 ④번을 본다. 1,850만 원은 B+C+D의 결과물이다.
(B+C+D)의 재배기간은 (5+3+3)=11개월로 실현 가능한 값이다. 그 외에 재배 가능 시기에 위배되지 않으므로 당연히 최댓값임을 알 수 있다. 따라서 정답은 ④ 번이다.

* 방법3의 풀이 방법은 '내가 구한 것이 최댓값이 맞을까?'에 대한 불안도 없고, 문제를 직접적으로 풀기보단 특정 값을 조합해보고, 이를 검증하는 것에 불과하여 푸는 속도도 매우 빠른 풀이 방법이다. 좋은 방법이니 연습해보길 바란다.
** 해설지에 나온 모든 풀이들을 적용할 수 있으면 가장 좋다. 그런데도 도무지 모르겠다면 역시 구체적인 예를 들어 해결하는 것이 타당하다. 가장 많은 소득을 안겨주는 B를 먼저 재배한다고 가정하고 그 뒤에 A를 재배하면 10월 말에 재배가 마무리되어 C와 D는 재배할 수 없다. 이때, 소득은 1,800만 원이므로 최소 ①번과 ②번은 정답이 아니다.
이런 식으로 경우의 수를 확장시키는 것은, 해설지에 나온 방법 3가지를 적용하지 못하는 경우 최후의 보루로 정답을 맞히기 위한 해결책이 될 수 있을 것이다.

304 정답 ③

난이도 ●●●

① (×) 식사를 거르게 될 경우 ~~가나다정만 복용한다.~~
→ 〈가나다정 복약설명서〉의 2번째 복용법에 따라 식사를 거르게 될 경우 복용을 걸러야 한다.

② (×) 두 약을 복용하는 기간 동안 ~~정기적으로 혈액 검사를 할 필요는 없다.~~
→ 〈가나다정 복약설명서〉의 3번째 복용법에 따라 정기적으로 혈액 속에 섞여 있는 당분인 혈당을 측정해야 하며, 〈ABC정 복약설명서〉의 4번째 복용법에 따라 정기적인 혈액 검사를 통해 혈중 칼슘, 인 농도를 확인해야 한다.

③ (○) 저녁식사 전 가나다정을 복용하려면 저녁식사는 늦어도 오후 6시 30분에는 시작해야 한다.
→ 〈가나다정 복약설명서〉의 1, 4번째 복용법에 따라 식전 30분부터 식사 직전까지 복용 가능하고, 최대 오후 6시까지는 약을 복용해야 하므로 30분 후인 6시 30분에는 저녁식사를 해야 한다.

④ (×) ABC정은 식사 중에 다른 음식과 함께 ~~씹어 복용할 수 있다.~~
→ 〈ABC정 복약설명서〉의 1, 3번째 복용법에 따라 식사 도중이나 식사 직후에는 복용할 수 있으나 씹지 말고 그대로 삼켜 복용해야 한다.

⑤ (×) 식사를 30분 동안 한다고 할 때, 두 약의 복용시간은 ~~최대 1시간 30분 차이가 날 수 있다.~~
→ 식전 30분에 〈가나다정 복약설명서〉의 1번째 복용법에 따라 복용하고, 〈ABC정 복약설명서〉의 2번째 복용법에 따라 식사 후 1시간 이내에 약을 복용할 경우 최소 1시간 30분의 차이가 난다.
즉, 이는 식사 시간이 0분일 때의 논의로, 식사 시간이 1분보다 길 경우 1시간 30분보다 크게 차이 나게 된다. 식사시간이 30분이므로 최대 2시간까지 차이가 날 수 있다.

합격자의 시간단축 Tip

Tip ❶ 규칙에 따라 풀면 되는 간단한 문제이다. 다만 〈복약설명서〉가 약품별로 달리 주어져 있다는 점에 주의해야 한다. 즉 문제의 구조에 대한 이해가 중요한 유형이다. 선지 ③, ⑤는 구체적인 시간을 구해야 하는 선지이므로 키워드를 중심으로 빠르게 훑어서 쉽게 판단할 수 있는 선지 ①, ②, ④를 우선 해결하는 것이 좋다.

Tip ❷ 규칙을 적용할 때 두 약품을 동시에 검토하는 것보다 한 개씩 순차적으로 검토하는 것이 좋다.
(1) 가나다정의 복약설명서 내용을 빠르게 파악한 후, 선지 ① 번을 검토하고, 선지 ② 번에서는 가나다정을 복용할 동안에 정기적으로 혈액검사를 할 필요가 있는지 여부를 검토한다. 해당 문제는 선지 ③ 번이 답이므로 그럴 필요가 없으나, 여기까지 확인한 후에 답이 없다면 그 후에 다시 ABC정의 복약설명서 내용을 빠르게 파악한 후 선지 ② 번, ④ 번, ⑤ 번 순서대로 확인한다.
(2) 선지 ② 의 경우 가나다정과 ABC정에 대해 별개로 확인이 가능하나 ⑤ 번의 경우 가나다정과 ABC정을 동시에 고려해야 하는 선지이므로 가장 마지막에 검토하도록 한다.
(③ 번이 답이 아니라는 가정 하에, ④ 번까지 검토한 후 답이 없다면 ⑤ 번을 판단하지 않고 곧바로 답으로 체크하고 넘어가는 것이 좋다.)

305 정답 ⑤ 난이도 ●●●

	제1선거구	제2선거구	제3선거구	제4선거구
A정당	41(1위)	50(1위)	16	39(1위)
1번 후보	30	30	12	20
2번 후보	11	20	4	19
B정당	39(2위)	30(2위)	57(1위)	28
1번 후보	22	18	40	26
2번 후보	17	12	17	2
C정당	20	20	27(2위)	33(2위)
1번 후보	11	11	20	18
2번 후보	9	9	7	15

① (×) A정당은 ~~모든 선거구에서 최소 1석~~을 차지했다.
→ A정당은 제3선거구에서는 당선자를 배출하지 못했다.

② (×) B정당은 ~~모든 선거구에서 최소 1석~~을 차지했다.
→ B 정당은 제4선거구에서 당선자를 배출하지 못했다.

③ (×) C정당 후보가 당선된 곳은 ~~제3선거구~~이다.
→ C정당 후보는 제4선거구에서 당선되었다.

④ (×) ~~각 선거구마다 최다 득표를 한 후보가 당선~~되었다.
→ 제4선거구에서 최다득표자는 B정당의 1번 후보이지만 B정당의 정당득표율이 낮아 당선되지 못했다.

⑤ (○) 가장 많은 당선자를 낸 정당은 B정당이다.
→ B정당은 4명, A정당은 3명, C정당은 1명의 당선자를 배출했다.

합격자의 시간단축 Tip

Tip ❶ 조건을 해석하면 정당득표율이 1위인 정당에서는 1명 이상의 당선자가 나오고, 정당득표율이 꼴찌인 정당에서는 어떠한 경우에도 당선자를 배출할 수 없다는 것을 알 수 있다. 이를 염두에 두고 문제를 풀면 선지 ①, ②, ④를 빠르게 해결할 수 있다.
①을 해결할 때에는 A정당의 정당득표율이 3위인 선거구가 있는지를 중심으로 살펴보면 된다.
②를 해결할 때에도 B정당의 정당득표율이 3위인 선거구가 있는지를 중심으로 살펴보면 된다.
④를 해결할 때에는 정당득표율이 3위인 정당에 최다득표자가 있는지를 우선적으로 검토하면 된다.

Tip ❷ 제시문이 주어지고 상황이 주어지는 경우 제시문을 일일이 다 정독할 필요가 없다. 오지선다를 보았을 때 가장 중요한 것은 의석수이다. 그러므로 문제의 경우에도 첫 번째 문단, 두 번째 문단은 가볍게 읽으며 세 번째 문단의 의석수 배분 규칙부터 정독이 필요하다. 이때, 가장 유념해야 할 부분은 맨 마지막 문장 "그러나 1위 정당의 정당 ~나머지 1석을 배분한다" 부분이다. 이 부분은 예외 조항으로 문제를 풀 때 거의 높은 확률로 사용되기 때문에 자신이 이 부분을 사용했는지 체크하면서 문제를 푸는 것이 좋다.

Tip ❸ 설문과 같은 정당과 의석수 유형의 문제는 난이도가 높지는 않으나 일반적으로 해결하는 데 시간이 많이 걸리는 경향이 있다. 따라서 본인이 시간이 많이 부족한 스타일이라면 해당 유형을 넘기는 것도 한 방법이 될 수 있다.

* 선거와 관련된 문제는 동일한 상황에서 여러 당선 방식을 비교하는 문제나, 하나의 당선 방식을 여러 상황에서 비교하는 방식의 문제가 있다. 이 문제의 경우 하나의 상황에 하나의 당선 방식을 적용하는 문제로 유형 자체는 쉬운 문제에 속한다.
그러나 보통 이런 식으로 유형 자체가 간단한 문제의 경우 상황을 복잡하게 만들거나 당선 방식을 복잡하게 만드는 식으로 난이도를 높이는 경우가 많다. 그러므로 유형만으로 섣불리 난이도를 예측해서는 안 된다.

독끝

11일차 (306~335)

정답

306	④	307	②	308	①	309	①	310	⑤
311	③	312	④	313	②	314	⑤	315	④
316	④	317	①	318	⑤	319	④	320	④
321	②	322	⑤	323	③	324	③	325	③
326	③	327	③	328	⑤	329	②	330	⑤
331	③	332	⑤	333	④	334	②	335	②

306 정답 ❹ 난이도 ●○○

〈원칙〉 ㉣에 따라 전년도에 장어를 키운 양식장에는 광어를 키우거나 아무것도 키우지 않아야 한다.

그런데 2년차에 아무것도 키우지 않은 양식장이 C라면, 전년도인 1년차에 장어를 키운 양식장 B에는 광어를 키워야 한다.

이때, 〈원칙〉 ㉤에 따라 광어와 우럭을 인접한 양식장에 키울 수는 없으므로 양식장 A에는 우럭을 키울 수 없다.

합격자의 시간단축 Tip

해당 문제의 경우 선지를 활용하는 방법이 편하다. 왜냐하면 2년차에 키워야 하는 어종의 조합이 1가지로 특정된 것이 아니라 열려 있기 때문이다.

특히 설문의 B와 같이 모든 선지가 같은 어종을 키우도록 하는 선지가 존재할 경우 더욱 그렇다. 따라서 키울 수 있는 어종의 조합을 구하는 것이 아니라, 각 선지에 대하여 〈원칙〉을 적용해보면서 가능하지 않은 조합에 해당되는지 여부를 살펴야 한다.

307 정답 ❷ 난이도 ●○○

	A	B	C	D	비고
①	광어	장어	우럭	X	〈원칙〉 ㉢ 위배
②	광어	X	전복	우럭	–
③	X	광어	새우	전복	〈원칙〉 ㉣ 위배
④	광어	새우	X	전복	새 운영규칙+ 〈원칙〉 ㉣ 위배
⑤	광어	장어	X	우럭	새 운영규칙에 위배

합격자의 시간단축 Tip

Tip ❶ 추가적인 규칙이 주어질 경우 이를 곧바로 적용하기보다 이미 익숙해진 기존의 규칙을 우선 적용해 소거가 되는 선지가 있는지 살펴보는 것이 좋다. 또한, 연속적인 문제에서 반드시 이전의 문제에 적용됐던 단서(2년차에 양식장 C가 휴식년이라는 것)가 다음 문제에서도 유지되는 것은 아니라는 점을 잊지 말아야 한다.

* 이와 같이 추가적인 조건이 제시되는 경우, 기존에 제시되었던 조건을 대체하는 것인지 아니면 기존 조건에 더해지는 것인지 항상 우선적으로 확인해야 한다.

Tip ❷ 해당 문제와 같이 하나의 제시문에서 2개의 문제를 푸는 경우에는 어려워 보인다고 생각하여 풀지 않는 수험생이 있을 수 있다.

그러나 보통의 경우 두 문제 중 하나는 난이도가 비교적 낮은 경우가 많으니 꼭 한 문제라도 풀고 넘어가도록 하자.

308 정답 ❶ 난이도 ●●●

ㄱ. (O) 괴물이 위치할 칸을 甲이 무작위로 정할 경우 乙은 1보다는 2를 선택하는 것이 승리할 확률이 높다.

(1) 甲에게는 (1, 2), (2, 3), (3, 4)의 3가지 선택지가 있으며 乙에게는 1, 2, 3, 4의 4가지 선택지가 있다. 괴물이 위치할 칸을 甲이 무작위로 정할 경우 乙의 선택에 따라 승리 확률이 결정된다.

(2) 乙이 1을 선택하는 경우, 甲이 (1, 2)를 선택하면 괴물이 화살에 맞은 것으로 간주하여 乙이 승리하지만, (2, 3) 또는 (3, 4)를 선택하면 괴물이 화살을 피한 것으로 간주하여 甲이 승리한다. 즉, 乙이 게임에서 승리하는 경우의 수는 3가지 중 1가지이다.

따라서 乙이 1을 선택하는 경우 乙이 승리할 확률은 $\frac{1}{3}$이다.

(3) 乙이 2를 선택하는 경우, 甲이 (1, 2) 또는 (2, 3)을 선택하면 괴물이 화살에 맞은 것으로 간주하여 乙이 승리하지만, (3, 4)를 선택하면 괴물이 화살을 피한 것으로 간주하여 甲이 승리한다. 즉, 乙이 게임에서 승리하는 경우의 수는 3가지 중 2가지이다. 따라서 乙이 2를 선택하는 경우 乙이 승리할 확률은 $\frac{2}{3}$ 이다.

(4) 따라서 乙은 1보다는 2를 선택하는 것이 승리할 확률이 높다.

ㄴ. (×) 화살이 명중할 칸을 乙이 무작위로 정할 경우 甲은 (2, 3)보다는 (3, 4)를 선택하는 것이 ~~승리할 확률이 높다.~~

(1) 화살이 명중할 칸을 乙이 무작위로 정할 경우 甲의 선택에 따라 승리 확률이 결정된다.

(2) 甲이 (2, 3)을 선택하는 경우, 乙이 2 또는 3을 선택하면 괴물이 화살에 맞은 것으로 간주하여 乙이 승리하지만, 1 또는 4를 선택하면 괴물이 화살을 피한 것으로 간주하여 甲이 승리한다. 즉 甲이 게임에서 승리하는 경우의 수는 4가지 중 2가지이다. 따라서 甲이 (2, 3)을 선택하는 경우 甲이 승리할 확률은 $\frac{2}{4}=\frac{1}{2}$이다.

(3) 甲이 (3, 4)를 선택하는 경우, 乙이 3 또는 4를 선택하면 괴물이 화살에 맞은 것으로 간주하여 乙이 승리하지만, 1 또는 2를 선택하면 괴물이 화살을 피한 것으로 간주하여 甲이 승리한다. 즉 甲이 게임에서 승리하는 경우의 수는 4가지 중 2가지이다.
따라서 甲이 (3, 4)를 선택하는 경우 甲이 승리할 확률은 $\frac{2}{4}=\frac{1}{2}$이다.

(4) 그러므로 甲은 (2, 3)과 (3, 4) 중 무엇을 선택하든 승리할 확률이 동일하다.

ㄷ. (×) 이 게임에서 甲이 선택할 수 있는 대안은 3개이고 乙이 선택할 수 있는 대안은 4개이므로 乙이 이기는 경우의 수가 ~~더 많다.~~

(1) 甲이 승리하는 경우의 수는 다음과 같다.
- (1, 2)를 선택할 때: 乙이 3 또는 4를 선택
- (2, 3)을 선택할 때: 乙이 1 또는 4를 선택
- (3, 4)를 선택할 때: 乙이 1 또는 2를 선택

따라서 총 6가지 경우의 수가 있다.

(2) 乙이 승리하는 경우의 수는 다음과 같다.
- 1을 선택할 때: 甲이 (1, 2)를 선택
- 2를 선택할 때: 甲이 (1, 2) 또는 (2, 3)을 선택
- 3을 선택할 때: 甲이 (2, 3) 또는 (3, 4)를 선택
- 4를 선택할 때: 甲이 (3, 4)를 선택

따라서 총 6가지 경우의 수가 있다.

(3) 이에 승리하는 경우의 수는 甲과 乙 모두 6가지로 동일하다.

합격자의 시간단축 Tip

Tip ❶

보기 ㄱ. 확률은 해당 경우의 수를 전체 경우의 수로 나눈 값이다. 이때, 전체 경우의 수는 정해져 있으므로 전혀 다른 확률과 비교하는 것이 아니라면 분자인 '해당 경우의 수'만 구해도 충분하다. 따라서 간단하게 생각해 보면 1은 甲의 입장에서 (1, 2) 하나에만 속해 있지만, 2는 甲의 입장에서 (1, 2)와 (2, 3) 두 곳에 속해 있으므로 경우의 수와 확률이 2배라는 것을 알 수 있다.

* 이때, 헷갈려서 안 되는 것은 甲이 무작위로 정한다는 보기의 내용을 甲이 1과 3, 1과 4 등을 고를 수 있다고 이해해서는 안 된다는 점이다. 甲은 '연속된' 두 칸을 정할 수 있을 뿐이다.

보기 ㄴ. 〈보기 ㄱ〉과는 반대되는 내용이다.
수험생의 입장에서 〈보기 ㄱ〉의 '잔상'으로 인해 1과 4의 확률이 동일하고, 2와 3의 확률이 동일하다고 판단하기 쉬우나, 이는 잘못된 판단이다. 〈보기 ㄱ〉은 '乙'의 입장의 확률인 반면, 〈보기 ㄴ〉은 '甲'의 입장의 확률이므로 동일한 구조가 아니다. 수험생들이 위와 같은 실수를 하게 되는 이유는 많은 확률 문제들이 '대칭 구조'를 띄고 있기 때문이다. 대부분의 문제를 대칭 구조로 풀다 보니 자연스럽게 '효율적 풀이'는 대칭성을 이용하는 방법이라 착각하게 되는 것이다.
다시 문제로 돌아오면, '乙'과 달리 '甲'은 그 어떤 선택을 하더라도 자신이 선택한 값 외의 2개 값에 화살이 명중해야 승리하므로 모든 확률은 동일할 수밖에 없다.

보기 ㄷ. 사실 〈보기 ㄷ〉은 〈보기 ㄴ〉을 충분히 이해하고 풀었다면 바로 틀린 보기로 처리해야 한다. 〈보기 ㄴ〉으로 돌아가 "甲은 그 어떤 선택을 하더라도 자신이 선택한 값 외의 2개 값에 화살이 명중해야 승리하므로 모든 확률은 동일할 수밖에 없다."라는 문구를 다시 생각해보면, '甲'의 입장에서 본인이 선택한 값 외의 2개 값에 명중해야 승리한다는 것은 곧 본인이 선택한 2개 값에 명중하면 패배한다는 것이다.
즉, 甲의 입장에서 승리는 乙의 패배이고, 甲의 패배는 乙의 승리임을 고려할 때, '甲'이 특정 값을 선택했을 때 승패가 2 : 2 관계라는 의미이다.
따라서 당연히 甲과 乙이 승리할 경우의 수는 서로 동일하므로 틀린 보기임을 알 수 있다.

Tip ❷

(1) 왜 甲이 무작위로 정할 경우 乙의 선택에 따라 확률이 결정되며, 乙이 무작위로 정할 경우 甲의 선택에 따라 확률이 결정되는가? 이는 X의 선택과 무관하게 Y가 어떤 결정을 할 때 그 결정으로 인하여 승리

할 확률이 도출되기 때문이다. X의 선택이 구체적으로 주어질 경우 모든 확률은 그 선택이 바탕이 된 상태로 결정되지만, 무작위일 경우 우리의 고려 대상이 아니다.

(2) 그렇다면 설문의 확률은 어떻게 도출되는가? 그것은 조건부 확률에 의해 결정된다. 조건부 확률이란

$$P(A \mid B)=\frac{P(A\cap B)}{(P(B))}$$

의 형식으로 나타나는데, P(A | B)는 B라는 사건이 발생했을 때 A라는 사건이 일어날 확률을 의미한다. P(B)는 B라는 사건이 일어날 확률, P(A∩B)는 A라는 사건과 B라는 사건이 동시에 일어날 확률을 의미한다. 설문을 통해 예를 들어 보자.

(3) 〈보기 ㄱ〉 에서 '乙이 1을 선택했을 때 승리할 확률'은 '乙이 1을 선택'이라는 사건이 발생했을 때 '乙이 승리'라는 사건이 일어날 확률이다. 따라서 이 경우 A는 '乙이 승리'이며 B는 '乙이 1을 선택'이다. 한편 甲에게 3가지 선택지가 있고 乙에게 4가지 선택지가 있으므로 '사냥게임'의 전체 경우의 수는 12가지이다.

(4) 이 때 乙이 1을 선택하는 경우의 수는 4가지 중 1가지이므로 P(B), 즉 1을 선택할 확률은 $\frac{1}{4}$이다. 乙이 1을 선택하고 승리하는 경우의 수는 전체 12가지 경우의 수 중에서 甲이 (1, 2)를 선택하고 乙이 1을 선택하는 경우의 수밖에 존재하지 않으므로 P(A∩B), 즉 1을 선택하고 승리할 확률은 $\frac{1}{12}$이다. 이를 주어진 조건부 확률 공식에 대입하면, 乙이 1을 선택했을 때 승리할 확률은

$$P(A \mid B)=\frac{\frac{1}{12}}{\frac{1}{4}}=\frac{4}{12}=\frac{1}{3}\text{이다.}$$

* 실전에서 문제를 풀면서 조건부 확률의 식을 생각해내고, 위 식에 구체적인 값을 대입하면서 답을 구하기란 쉽지 않은 일이다. 시험장에서 사용해야 하는 효율적인 풀이는 해설 또는 **Tip ❶**에서 주어진 것과 같다.
다만 경우의 수와 확률에 관한 문제가 난이도가 높은 문제로 자주 출제되는 만큼, 이번 문제의 분석을 통해 조건부확률의 개념을 정확하게 숙지하고 넘어가도록 하자.

309 정답 ❶ 난이도 ●○○

실구매 비용을 정리하면 다음과 같다.

(단위: 만 원)

차량	A	B	C	D	E
차량 가격	5,000	6,000	4,000	8,000	8,000
구매보조금	2,000	1,000	3,000	2,000	2,000
충전기 비용	2,000	–	2,000	–	–
실구매 비용	5,000	5,000	3,000	6,000	6,000

이때, C의 경우 승차 정원이 2명에 불과하여, 4명이 탑승하고자 하는 취지에 부합하지 않는다.
따라서 C를 제외하면 A, B의 실구매 비용이 가장 낮으므로, 이 두 차량을 추가로 비교해야 한다.
'점수 계산 방식'에 따라 A, B를 비교하면 다음과 같다.

	최고 속도	승차 정원	점수 합계
A	0	+2	+2
B	−4	+4	0

따라서 갑은 점수 합계가 더 높은 A자동차를 구매한다.

합격자의 시간단축 Tip

Tip ❶ 간단한 문제이지만, 지문 첫 줄에 주어진 '총 4명이 장거리 이동이 가능하도록'이란 부분을 놓치기 쉽다는 것이 가장 큰 함정이라 할 수 있다. 실제로 많은 수험생들이 쉬운 문제임에도 불구하고 해당 조건을 놓쳐서 틀렸던 문제이다.
또한, 사안의 경우 4명 외에도 "완충 시 주행거리가 200km 이상인 전기자동차"라는 조건이 주어진 바 문제의 경우에는 이 조건을 사용할 일이 없었지만 '4명' 대신 '200km 이상'의 조건을 활용한 함정을 놓았을 수도 있다.
이처럼 중요한 조건이 종종 '핵심 정보가 일반적으로 주어지지 않는 부분'에 배치되는 경향이 있으므로, 풀면서 적용하지 않은 문장이 없도록 항상 주의를 기울일 필요성이 크다.

Tip ❷ 계산이 들어가는 경우 아무리 간단한 계산이라 하더라도 최대한 단순화하는 것이 좋다. 모든 숫자가 1000 단위이므로 보조금이나 추가 비용을 기록할 경우 천의 자리만 기록을 하는 것이 좋고, 차량 가격 역시 A의 5,000만원을 기준으로 하여 A는 0, B는 1, C는 −1, D와 E는 +3 으로 기록하여 계산하는 것도 좋은 방법이다.

Tip ❸ 위에 제시문으로 정보가 줄글로 적혀 있는 경우 필요 정보를 추출해 ABCDE 위에 단어로 기입해 놓는다면 제시문을 다시 볼 필요가 없다. 가령 완속충전기와

급속충전기의 경우 ABCDE 상단에 각각 완속/급속 인지 여부를 짧게 기입해 놓는 등 최대한 줄글은 한번만 읽도록, 필요한 정보는 시각적인 표에 전부 단어로 옮겨 적도록 한다.

* 이 문제의 경우 점수계산방식에 주어진 조건이 감점과 가점이 아닌 자격 미달이라면 문제가 상당히 쉬워진다. 그러나 이 문제는 감점과 가점으로 조건을 제시하여 모든 계산을 하게 만들어 난이도를 높였다.
이에 더해 제시문 가장 처음에 4명의 이동이라는 조건으로 자격을 설정하고 있다. 따라서 문제를 단순히 맞히고 못 맞히고를 떠나, 다양한 조건을 제공하고 있으므로 연습용으로 아주 좋은 문제라고 생각한다.

310 정답 ⑤ 난이도 ●●○

	내진성능 평가지수	내신성능 평가점수	내진보강 공사지수	내진 보강 공사점수	합산 점수
A	$\frac{82}{100}\times100$ =82	3점	$\frac{91}{100}\times100$ =91	3점	6점
B	$\frac{72}{80}\times100$ =90	5점	$\frac{76}{80}\times100$ =95	3점	8점
C	$\frac{72}{90}\times100$ =80	1점	$\frac{81}{90}\times100$ =90	1점	2점
D	$\frac{83}{100}\times100$ =83	3점	$\frac{96}{100}\times100$ =96	5점	8점

이때, B와 D의 합산 점수가 8점으로 동점이므로, 내진보강대상건수가 많은 기관 순으로 D가 B보다 순위가 앞서게 된다. 따라서 D > B > A > C이므로 정답은 ⑤ 번이다.

합격자의 시간단축 Tip

Tip ① 문제를 해결하기 위해 두 가지 지수를 우선적으로 도출할 필요가 있다.
이때, 이 문제는 백분율(%)로 만들기 좋은 숫자 구조를 의도적으로 구성하고 있어 빠르게 구체적인 값을 도출하는 것이 좋다. '10, 20, 30~80, 90, 100'과 같은 10단위 값들은 그 값을 10이나 100으로 만들어 주기 쉽다.
만약 분모가 10, 100과 같은 형태가 되면 분자 값 그 자체로 % 값을 알 수 있기 때문에 빠른 풀이에 도움이 된다. 예시를 통해 살펴보자.

① A, D: 분모가 100이기 때문에 분자 값이 그대로 백분율 값이 되므로 별도의 계산 없이 도출된다.
② B: 분모가 80이므로 분자를 8로 나누고 끝자리에 0을 붙여주면 곧바로 백분율 값이 된다.
예를 들어, 내진성능평가지수의 경우 분자인 72를 8로 나눈 9에 0을 붙인 90이 백분율이 된다.
③ C: 분모가 90이므로 분자를 9로 나누고 끝자리에 0을 붙여주면 곧바로 백분율 값이 된다.
예를 들어, 내진성능평가지수의 경우 분자인 72를 9로 나눈 8에 0을 붙인 80이 백분율이 된다.
마찬가지로 내진보강공사지수 역시 81을 9로 나눈 9에 0을 붙인 90이 백분율이 된다.

* 이처럼 %값을 보는 것이 익숙해지면, 위와 같은 생각을 굳이 하지 않더라도 곧장 %값을 떠올릴 수 있을 것이다.
** 위 풀이방법에 익숙해진다면, 굳이 백분율(%)로 만든 뒤 비교할 필요가 없다는 것을 알 수 있을 것이다. 내진성능평가점수와 내진보강공사점수는 산출된 지수 값을 '상대적으로' 비교한 후 부여하는 것이기 때문에, 정확한 지수 값이 필요한 것은 아니다. 백분율로 만들기 이전 8, 9 등의 수를 대소비교하여 점수를 부여하면 된다. 다만 문제에 주어진 숫자에서 백분율로 만들기 좋다는 특징을 파악한다면 분수 값을 구하는 것이 크게 어렵지 않다는 것을 알게 되기 때문에, 만약 문제 풀이시 이러한 생각을 하지 않았다면 **Tip**을 참고하여 연습해보자.

Tip ② 평가대상기관의 실적건수가 겉으로 보기에는 지저분해 보이나 실제로는 계산의 편의를 위해 매우 깔끔하게 주어진 것을 알 수 있다. 기관 A, D의 경우 내진보강대상이 100건이므로 실적이 바로 지수가 되며, 기관 B의 경우 실적 건수가 4의 배수, 기관 C의 경우 실적 건수가 9의 배수로 주어져 100점 만점으로 환산하기 좋게 주어져 있다.
자료해석 영역이 아니기 때문에 겉으로는 지저분해 보일 지라도 반드시 깔끔한 숫자로 주어진다는 점을 항상 명심하자. 또한 "합산 점수가 동점인 경우에는 내진보강대상건수가 많은 기관을 높은 순위로 한다"라고 주어져 있기 때문에 동점이 나올 것임을 염두에 두면서 계산하면 실수를 줄일 수 있다.

Tip ③ 중위값 2개는 동점이다. 따라서 각각의 점수 도출 시에도 "최상위"와 "최하위"가 무엇인지 염두해두면서 푸는 것을 추천한다. 가령 "내진성능평가실적"을 구할 때 90%대가 B 밖에 없으므로 "최상위"기관이 될 것이며, A나 D는 쉽게 80% 보다 크다는 것을 확인할 수 있으므로 C가 "최하위"기관이 될 것이다.
따라서 B는 5점, C는 1점, 나머지는 3점 식으로 계산하는 사고가 보다 바람직할 것이다.

Tip ❹

(1) **(빠른 풀이)** 문제에서 묻는 것은 최종순위 최상위 기관과 최하위기관이다. 따라서 구체적인 항목별 순위를 구해보기 이전에 대략적인 경향을 우선 살펴보는 것이 좋다. 이때, 선지에서 최하위기관으로 A를 처음부터 제하고 있으므로 B, C, D 중 어느 기관이 최하위에 해당할지를 먼저 고려한다면 선지를 쉽게 좁힐 수 있다.

(2) 우선 내진성능평가실적에서 내진보강대상이 모두 100인 A와 D를 우선 비교해보면 내진성능평가지수는 D > A이다. 다음, B와 C는 내진성능평가실적은 동일한데 내진보강대상이 C가 더 많으므로 내진성능평가지수는 B > C이다.
내진보강공사실적에서도 내진보강대상이 100으로 동일한 A와 D를 비교해보면 내진보강공사실적이 더 많은 D의 지수가 더 크므로 D > A이다.
C의 내진보강공사지수의 경우, 내진보강대상과 내진보강공사실적을 모두 9로 약분하면 0.9인 반면, B의 내진보강대상 건수인 80에 0.9를 곱하면 72로 B의 내진보강공사실적보다 낮아 B의 내진보강공사지수는 0.9를 초과함을 알 수 있다. 따라서 B > C이다.

(3) 두 지수에서 모두 D > A와 B > C가 성립하는데, 이는 최상위기관이 될 수 있는 기관은 D 또는 B 중 하나이며 최하위기관은 A와 C 중 하나임을 의미한다. 이때, B가 A보다 낮은 가능성, 혹은 D가 C보다 낮은 가능성을 배제할 수 없는 것은 사실이다. 그러나 A와 C는 그보다 지수가 높은 기관이 명백히 존재하는 반면, D나 B는 이를 확정할 수 없기 때문에 최상위기관의 후보로 볼 수 있다. 최하위기관 역시 마찬가지로 D나 B는 그보다 지수가 낮은 기관이 명백히 존재한다는 점에서 이들은 최하위기관의 후보로 절대 볼 수 없으며, A나 C 중 하나가 최하위일 것임을 유추할 수 있다.

(4) 조건을 만족하는 선지는 ② 번, ⑤ 번뿐이므로 최하위기관은 C로 확정된다. 따라서 B와 D 중 최상위기관이 어디인지만 알아내면 된다.

311 정답 ③

난이도 ●●○

(1) 주어진 조건에 따르면 '마' 구역은 세 번째, '가' 구역은 여섯 번째로 순서가 고정되어 있다.

1	2	3	4	5	6	7
		마			가	

(2) '바' 구역의 경우 조건 ㅁ에 따라 '바' 구역 이전에 식사 구역을 최소 두 구역 이상을 점검해야 하고, 조건 ㄱ에서 식사구역은 2회 이상 연속될 수 없으므로 '바' 구역 이전에 최소 세 구역은 점검해야 한다. 또한, 조건 ㄴ에 따라 이후에 최소 '나' 와 '라'의 두 구역을 점검해야 한다.
따라서 '바' 구역은 네 번째로 점검해야 한다.

1	2	3	4	5	6	7
		마	바	나 or 라	가	나 or 라

(3) 남은 구역은 '사' 구역과 '다' 구역인데, 조건 ㄷ에 따라 '사' 구역이 '다' 구역보다 먼저 점검 받으므로 '사' 구역이 첫 번째, '다' 구역이 두 번째 순서로 점검 받게 된다.
이상의 조건을 표로 정리해보면 다음과 같다.

1	2	3	4	5	6	7
사	다	마	바	나 or 라	가	라 or 나

(4) 조건 ㅁ에 따르면 '바' 구역보다 먼저 점검하는 구역 중 두 곳은 식사구역이다.
그런데 조건 ㄱ에 따르면 식사구역을 2회 이상 연속해서 점검하지 않으므로 첫 번째 순서와 세 번째 순서가 식사구역이어야 한다. 따라서 두 번째 순서인 '다' 구역은 반드시 흡연구역이다.

합격자의 시간단축 Tip

Tip ❶ 문제에 주어진 〈조건〉의 '우선 순위'를 정하는 것이 풀이의 첫 번째 단계이다. 이와 같은 논리 퀴즈 문제에서는 확정적인 조건(혹은 단서)을 우선 파악하는 것이 가장 중요하다.

(1) 해당 문제의 경우 세 번째에 '마' 구역, 여섯 번째에 '가' 구역을 점검한다는 것이 확정적인 단서로 주어져 있다. 특히 '마' 구역의 경우 조건문이 아닌 발문에 제시되어 있어 자칫하면 놓칠 가능성이 높다.

(2) 그 다음으로 봐야 할 조건은 가장 빠르게 풀 수 있는 것이어야 한다. 이를 파악하기 위해서는 반복적으로 언급되는 대상이 무엇인지를 중점적으로 살펴봐야 한다. 조건 ㄴ과 조건 ㅁ이 모두 '바' 구역과 관련된 조건으로, 이를 우선 활용해서 '바' 구역의 점검 순서를 확정 지어야 한다.

Tip ❷

(1) **Tip ❶**의 순서에 따라, 아래와 같이 확실하게 주어진 정보를 시각화한다.

1	2	3	4	5	6	7
		마	바		가	

(2) 조건 ㄴ을 통해 '바' 구역 뒤에 '나', '라'의 최소 2개 구역이 있음을 알 수 있다. 또한, 조건 ㄱ과 조건 ㅁ을 통해 '바' 구역 앞에 두 곳의 식사구역을 포함한 최소 3개 구역이 있음을 알 수 있다. 이러한 정보를 표로 옮기면 '바' 구역이 4번째 순서임이 바로 확정된다.
'바' 구역이 확정되면 즉시 표에 기입해 남은 구역과 점검 순서를 보고, 다른 조건들을 어떻게 적용할지 생각해보면 쉽게 답을 구할 수 있다.

312 정답 ④ 난이도 ●●○

ㄱ. (O) 원안이 보존안에 대하여 90%의 지지율로 선택된다.
➜ 1차 투표에서 원안과 수정안을 대상으로 투표를 실시할 경우 '가' 집단과 '나' 집단이 수정안에, '다' 집단이 원안에 투표해 수정안이 55%의 지지율로 선택된다. 이 경우 보기 ㄱ이 성립할 수 없으므로, 1차 투표가 보존안과 수정안을 대상으로 이루어지는 경우를 가정하도록 한다.
보존안과 수정안을 대상으로 1차 투표를 실시할 경우 '나' 집단이 수정안에, '가' 집단과 '다' 집단이 보존안에 투표해 보존안이 55%의 지지율로 선택된다. 2차 투표에서 원안과 보존안이 대상이라면 '가' 집단이 보존안에, '나' 집단과 '다' 집단이 원안에 투표해 원안이 90%의 지지율로 선택된다.

ㄴ. (O) 수정안이 원안에 대하여 55%의 지지율로 선택된다.
➜ 1차 투표에서 보존안과 수정안을 대상으로 투표를 실시할 경우 '나' 집단이 수정안에, '가' 집단과 '다' 집단이 보존안에 투표해 보존안이 55%의 지지율로 선택된다.
이 경우 보기 ㄴ이 성립할 수 없으므로, 1차 투표가 보존안과 원안을 대상으로 이루어지는 경우를 가정하도록 한다.
원안과 보존안을 대상으로 1차 투표를 실시할 경우 '가' 집단이 보존안에, '나' 집단과 '다' 집단이 원안에 투표해 원안이 90%의 지지율로 선택된다.
2차 투표에서 원안과 수정안이 대상이라면 '가' 집단과 '나' 집단이 수정안에, '다' 집단이 원안에 투표해 수정안이 55%의 지지율로 선택된다.

ㄷ. (X) ~~수정안이~~ 보존안에 대하여 55%의 지지율로 선택된다.
➜ 1차 투표에서 원안과 보존안을 대상으로 투표를 실시할 경우 '가' 집단이 보존안에, '나' 집단과 '다' 집단이 원안에 투표해 원안이 90%의 지지율로 선택된다. 이 경우 보기 ㄷ이 성립할 수 없으므로, 1차 투표가 원안과 수정안을 대상으로 이루어지는 경우를 가정하도록 한다.
원안과 수정안을 대상으로 1차 투표를 실시할 경우 '가' 집단과 '나' 집단이 수정안에, '다' 집단이 원안에 투표해 수정안이 55%의 지지율로 선택된다.
2차 투표에서 보존안과 수정안이 대상이라면 '나' 집단이 수정안에, '가' 집단과 '다' 집단이 보존안에 투표해 보존안이 55%의 지지율로 선택된다.

합격자의 시간단축 Tip

Tip ① 해설과 달리, 가능한 모든 투표의 경우를 구해두면 보다 문제를 빨리 해결할 수 있을 것이다. 본 문제에서는 고려되는 대안이 3가지로 한정되므로, 경우의 수가 많지 않아 어렵지 않게 풀 수 있다.
이때, 문제에서 임의의 두 가지 대안을 대상으로 1차 투표를 실시한다고 하였으므로, 가능한 경우는 다음의 세 가지이다.

[경우 1]
1차 투표에서 원안 vs 보존안을 대상으로 투표하는 경우

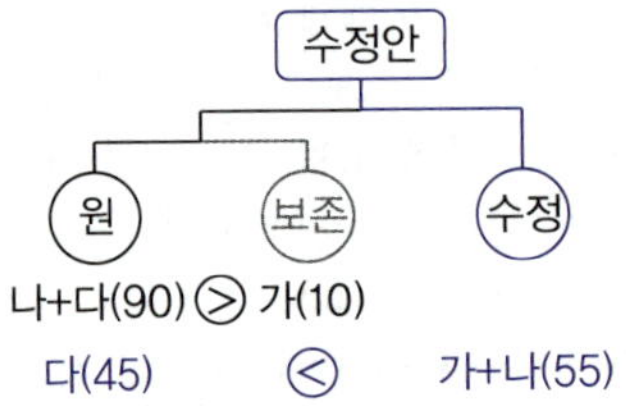

① 1차 투표에서 원안에 대한 선호가 보존안에 대한 선호보다 높은 집단은 '나'와 '다'로 총 90%이다. 따라서 원안이 채택된다.
② 색으로 표시된 2차 투표는 1차 투표에서 채택된 원안과 1차 투표가 진행되지 않았던 수정안에 대해 진행되는데, 원안에 대한 선호가 더 높은 집단은 '다'로 총 45%이다. 따라서 수정안에 대한 선호가 55%로 더 높아 수정안이 최종적으로 채택된다.
따라서 보기 ㄴ은 옳은 보기이다.

[경우 2]

1차 투표에서 원안 vs 수정안을 대상으로 투표하는 경우

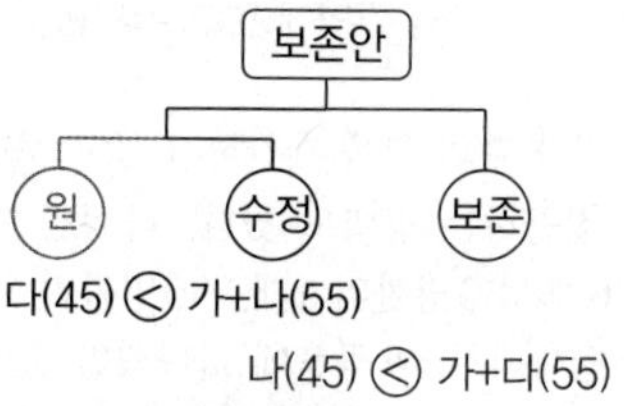

① 1차 투표에서 원안에 대한 선호가 수정안에 대한 선호보다 높은 집단은 '다'로 총 45%이다. 따라서 수정안에 대한 선호가 55%로 더 높아 수정안이 채택된다.

② 2차 투표에서는 수정안과 보존안 사이에서 투표가 진행되며, 수정안에 대한 선호가 보존안에 대한 선호보다 더 높은 집단은 '나' 집단으로 45%이다. 따라서 보존안이 55%의 선호로 채택된다.

따라서 보기 ㄷ은 틀린 보기이다.

[경우 3]

1차 투표에서 보존안vs 수정안을 대상으로 투표하는 경우

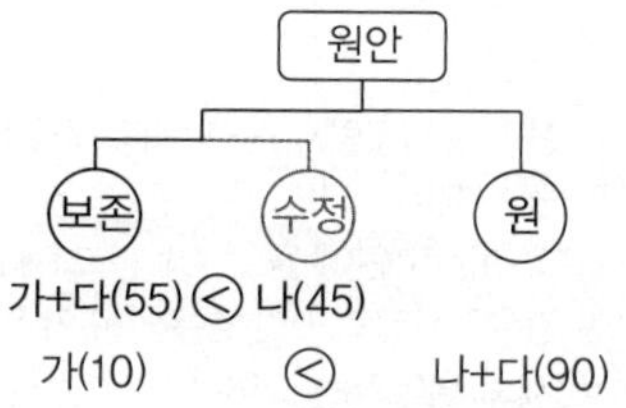

① 1차 투표에서 보존안에 대한 선호가 수정안에 대한 선호보다 높은 집단은 '가'와 '다' 집단으로 총 55%이다. 따라서 보존안이 채택된다.

② 2차 투표에서는 보존안과 원안 사이에서 투표가 진행되며, 보존안에 대한 선호가 원안에 대한 선호보다 더 높은 집단은 '가' 집단으로 10%이다. 따라서 원안이 90%의 선호로 채택된다.

따라서 보기 ㄱ은 옳은 보기이다.

이상에서 보기 ㄱ과 보기 ㄴ은 옳은 보기이므로 답은 ④다.

Tip ❷

(1) 주어진 선호 순위를 살펴보면 원안, 수정안, 보존안 중에서 나머지 두 대안에 대하여 완벽한 우위 또는 열위를 차지하고 있는 대안이 없다. 즉, 임의의 두 대안을 뽑았을 때 모든 집단에서 한 대안이 다른 대안에 대해 항상 덜 선호되거나 더 선호되는 경우가 없다. 이런 경우 2단계의 투표 결과 선택되는 대안이 각 경우에 대하여 모두 달라지게 된다. **Tip ❶**에서 가정한 경우 1), 2), 3)을 보면, 1차 투표의 대상이 어느 두 대안인지에 따라 2차 투표의 결론이 달라진다. 이러한 상황을 어젠다 패러독스(agenda paradox)라 한다.

(2) 조금 더 자세히 설명하기 위해 문제에 제시된 선호 순위를 살짝 바꾸어 보자. 만일 '나' 집단의 선호가 '수정안' > '원안' > '보존안'이 아니라 '보존안' > '원안' > '수정안'이라면 세 집단 모두에서 보존안이 수정안보다 선호된다. 즉 보존안에 대하여 수정안은 절대적 열위에 있는 대안이다.

이 경우 **Tip ❶**의 순서와 같이 1차 투표의 결과를 살펴보면 다음과 같다.

- (경우 1) 원안 vs 보존안: 보존안이 채택되며, 2차 투표는 보존안과 수정안 간 진행된다. 따라서 보존안이 채택된다.
- (경우 2) 원안 vs 수정안: 원안이 채택되며, 2차 투표는 보존안과 원안 간 진행된다. 따라서 보존안이 채택된다.
- (경우 3) 보존안 vs 수정안: 보존안이 채택되며, 2차 투표는 보존안과 원안 간 진행된다. 따라서 보존안이 채택된다.

즉, 앞서 원래 문제와 달리 이 경우에는 투표 결과 수정안이 절대 채택될 수 없다. 이는 수정안이 보존안에 대해 절대적 열위를 갖기에 발생하는 현상이다.

(3) 정리하면, 절대적 열위의 대안이 있다면 그 대안은 최종 투표 결과 반드시 채택될 수 없으며, 절대적 우위의 대안이 있다면 그 대안은 최종 투표 결과 반드시 채택될 것이다.

따라서 이 문제에서 역시 절대적 열위/우위의 대안이 없다는 것을 확인한 후에는, 1차 투표의 결과와 2차 투표로 가능한 경우를 모두 살펴보는 것이 보다 정확한 풀이방법일 것이다.

(4) 만약 절대적 열위/우위의 대안이 있는 문제라면, 〈보기〉에서 구체적인 %를 고려하기 이전에 최종투표에 올라갈 수 있는 대안이 맞는지, 그리고 어떤 대안이 선택되어야 하는지 등을 먼저 검토하는 것이 효율적인 풀이이다.

* **Tip ❷**에서 사용된 논리로, 절대적 우위 혹은 열위에 있는 대안이 없다면 투표 결과가 전부 다르다는 것은 모든 문제에서 통용되는 사항은 아니며, 문제의 조건에 따라 예외가 발생할 수 있다. 본 문제와 같이 선호 순위가 제시된 문제를 풀 경우, 절대적 혹은 과반수의 집단에 우위 혹은 열위에 있는 대안이 있는지 우선 살펴보는 습관을 기르도록 하자.

313 정답 ② 난이도 ●●○

A지역의 유권자 수의 총합은 $60\times2+30\times1+10\times6=210$이므로 한 선거구 당 $\frac{210}{3}=70$명씩으로 나누어야 한다.

(1) 경우 1)

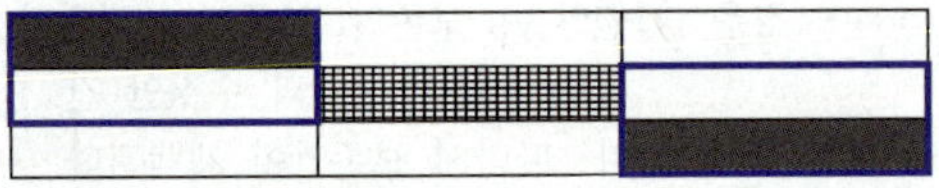

➜ 굵은 선으로 표시한 구역끼리 각각 1개의 선거구가 되고, 굵은 선을 포함하지 않는 나머지 부분이 1개의 선거구가 된다. 이때, 유권자 수는 선거구당 70명으로 동일하다.

(2) 경우 2)

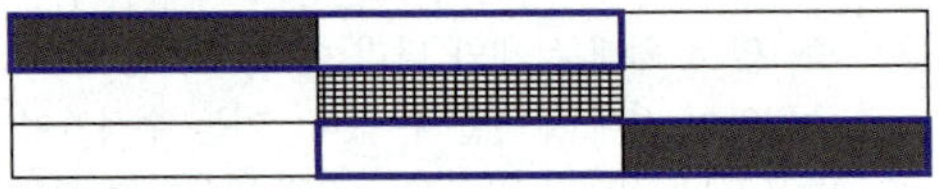

➜ 굵은 선으로 표시한 구역끼리 각각 1개의 선거구가 되고, 굵은 선을 포함하지 않는 나머지 부분이 1개의 선거구가 된다. 이때, 유권자 수는 선거구당 70명으로 동일하다.

따라서 가능한 경우는 총 2가지이다.

합격자의 시간단축 Tip

Tip ① 이와 같은 유형의 핵심은 유권자 수의 '총합'을 먼저 구하는 것이다. 왜냐하면 유권자 수가 동일하도록 나누어야 하는데, 이를 직접 나눠 찾는 것보다는 총합을 나누어 '선거구 당 몇 명이어야 하는지' 알고 접근하면 더 빠르게 풀 수 있기 때문이다.
이를 이용해 문제를 풀면 다음과 같다.

① 총합을 구해보면 $60\times2+30\times1+10\times6=210$명으로, 1개 선거구 당 70명이 된다.
② 가장 직관적으로 생각할 수 있는 것은 60명과 10명의 조합이다. 이 조합은 무조건 있어야 하기 때문에 이를 나눠 놓으면, 나머지는 '잔여 값'이 되므로 자동으로 해결된다.
③ 첫 번째로 생각할 수 있는 것은 60명을 기준으로 위아래로 묶는 것이다. (위 해설 경우1)
④ 두 번째로 생각할 수 있는 것은 60명을 기준으로 좌우로 묶는 것이다. (위 해설 경우 2)
⑤ 이때, 3과 4를 섞어서 하나는 위아래 다른 하나는 좌우로 묶는 경우, 10명이 있는 구역 하나가 끊기게 되어 〈조건〉에 위배되므로 불가능하다. 따라서 가능한 경우의 수는 2가지 밖에 없다.

* 위 풀이에서 '60명만 묶고 판단을 끝내는 것'이 불안할 수도 있으나, 어차피 60명이 잘 묶이고 나면 나머지 부분들은 자연스럽게 묶일 수밖에 없으므로 괜찮다.

Tip ② 유권자 수의 합을 계산하지 않고 보다 직관적으로 문제에 접근하는 방법도 있다. 나눠진 지역을 보면 10명짜리 6개, 30명짜리 1개, 60명짜리 2개로 30명짜리와 60명짜리가 각 묶음에 하나씩만 있어야 한다는 것은 명백하다. 유권자가 60명인 선거구의 경우 10명, 30명과 유권자 수 차이가 크기 때문에 다른 선거구와 묶이는 데 있어 상당한 제약이 있다. 따라서 가장 큰 60명을 기준으로 묶음을 나누는 것이 좋다.
다음으로, 10명짜리 구역 6개를 동일하게 두 개씩 각 묶음에 배치하게 되면 60명이 속해 있는 구역이 당연히 30명이 속해 있는 구역보다 커지기 때문에, 가능한 묶음은 (60명+10명)/(60명+10명)/(나머지)의 경우밖에 없음을 바로 알 수 있다.
'60명이 단일구역이 될 수 없음 역시 명백하다.' 이 방법을 활용할 경우 전체 유권자수를 굳이 계산하지 않아도 된다.

* 이러한 유형의 문제처럼 '가능한 최대 경우의 수'를 구하는 문제를 풀 때에는 '내가 구한 경우 외에 다른 경우가 있으면 어쩌지' 라는 고민이 들 수 있다. 그런데 추천하는 방법은 그런 경우일지라도 구한 경우의 수가 있는 선지를 찍고 다음 문제로 넘어가는 것이다. 추가적인 방법이 혹 있을지라도, 이미 본인이 생각한 방법으로 경우의 수를 모두 구한 후 새로운 방법을 생각해내는 것은 상당히 어렵기도 하고 시간도 많이 걸리므로 비효율적이다.
따라서 본인이 찾은 방법으로 구한 경우의 수를 답으로 정하고 고민 없이 다음 문제로 넘어가는 것이 전반적인 시험 운영 측면에서 효율적이다.

314 정답 ⑤ 난이도 ●○○

ㄱ. (×) 甲이 알레르기 증상을 보인 것은 ~~밀가루 때문이다.~~
➜ 월요일과 화요일 모두 밀가루가 포함되어 있지만, 화요일에는 甲에게 알레르기 증상이 나타나지 않았다. 따라서 甲은 우유에 알레르기 증상을 보인다.

ㄴ. (○) 甲, 乙, 丙은 서로 다른 재료에 대하여 알레르기 증상을 보였다.
➜ 甲, 乙, 丙은 모두 한 가지 재료에 대해서만 알레르기 증상을 보인다. 만일 서로 같은 재료에 대해 알레르기 증상을 가진 사람이 있다면 해당 인물들이 따로 증상을 보이는 날은 없어야 한다. 그런데 표를 확인해보면 월요일, 목요일에는 甲만, 수요일에는

乙만 따로 증상을 보였다.
따라서 이들은 서로 다른 재료에 대하여 알레르기 증상을 보인다.

ㄷ. (O) 화요일에 제공된 빵의 확인되지 않은 재료 중 한 가지는 달걀이다.
➜ 화요일에는 丁만 알레르기 증상을 보인다. 수요일, 목요일, 금요일에 丁이 알레르기 증상을 보이는데, 공통적으로 달걀이 재료로 들어갔으므로 丁은 달걀에 대하여 알레르기 증상을 보인다고 추론할 수 있다. (공통으로 들어간 재료가 달걀뿐이다.) 화요일에도 丁이 알레르기 증상을 보이므로 화요일에 사용된 재료에 달걀이 포함되어 있다.

ㄹ. (O) 만약 화요일에 제공된 빵에 포함된 재료 중 한 가지가 아몬드였다면, 乙의 알레르기 증상은 옥수수가루 때문이다.
➜ 만약 화요일에 아몬드가 들어가 있다고 할 때, 乙은 알레르기 증상을 보이지 않았다. 또한, 乙이 목요일과 금요일에 알레르기 증상을 보이지 않았으므로, 수요일에 사용된 재료 중에서 달걀은 丁에게만 대응된다. 따라서 옥수수가루가 乙에 대응되어야 한다.

합격자의 시간단축 Tip

Tip ❶ 모든 선지를 확인할 필요는 없다. ㄱ의 정오를 판단한 경우 ①, ④가 소거되며, ㄴ, ㄷ에 대하여만 판단하면 되기 때문에 보기 ㄹ을 판단할 필요가 없다. 그리고 이와 같은 유형은 보기에 주어진 정보를 활용하여 쉽게 이해할 수 있는 경우가 많기 때문에, 보기를 직접 적용해보면서 풀이하는 것을 추천한다.

Tip ❷ 한 가지 정보지만 두 가지 의미를 가지는 경우가 있다. 출제자들은 이런 부분을 문제화하는 것을 좋아한다. 이 문제도 마찬가지이다. 조건에서 "甲, 乙, 丙, 丁은 각각 한 가지 재료에 대해서만 증상을 보인다" 고 나와있다. 이 경우 정보해석을 다음과 같이 할 수 있어야 한다. 가령 월요일을 기준으로 말하면

- 甲에게 증상을 유발하는 재료는 밀가루 또는 우유이다.
- 밀가루 또는 우유는 乙, 丙, 丁 에게 증상을 유발하지 않는다. (월요일에 증상을 보이지 않았으므로)

따라서 화요일의 정보로 甲에게 증상을 유발하는 재료가 "우유" 임이 확정되면, 밀가루는 더 이상 볼 필요가 없는 정보가 된다. 이런 부분을 연습하면 풀이과정에서 발생할 수 있는 실수를 줄일 수 있다.

Tip ❸ 주어진 정보의 정리가 헷갈린다면 간단한 표를 만들 수 있다.
가령 甲의 경우 월요일에 '밀가루, 우유'로 알레르기 반응을 보였으며 한 가지 재료에만 알레르기 증상을 보이므로, 자동적으로 나머지 재료에는 알레르기가 없음을 알 수 있다. 또한, 丁의 경우는 화, 수, 목, 금에 알레르기 반응을 보이므로 화, 수, 목, 금에 지속적으로 특정 재료가 언급되어야 한다. 이러한 방식으로 X표시를 해 나간다면 바로 다음과 같은 표를 만들 수 있다.

	밀가루	우유	옥수수	아몬드	달걀	식용유
甲	×	○	×	×	×	×
乙	×	×			×	×
丙	×	×	×	×	×	○
丁	×	×	×	×	○	×

이 방법을 사용한다면 표를 빠르게 채울 수 있으며 〈보기〉의 문제 및 검토도 빠르게 진행할 수 있다. 시간단축을 위해 직접 실선을 그어 자세하게 표를 그릴 필요는 없다.

315 정답 ④

난이도 ●○○

ㄱ. (O) 乙이 첫 번째, 두 번째 가위바위보에서 모두 이기면 게임에서 승리한다.

1	2	3
4	5	6
7	8	9

➜ 乙이 5구역, 2구역 순으로 점령하면 甲은 최대 3개의 구역, 乙은 최소 6개의 구역을 점령할 수 있으므로 乙의 승리이다.

ㄴ. (×) 甲이 첫 번째, 두 번째 가위바위보를 이겨서 2구역과 5구역을 점령하고, 乙이 세 번째 가위바위보를 이겨서 9구역을 점령하면, ~~네 번째 가위바위보를 이긴 사람이 게임에서 승리한다.~~

1	2	3
4	5	6
7	8	9

(1) 甲이 네 번째 가위바위보에서 승리할 경우 4구역, 6구역, 3구역 중 하나를 점령하게 된다. 만일 甲이 6구역을 점령하게 되면 그 이후 乙이 최대로 점령할 수 있는 구역은 4구역과 7구역뿐이며 3구역은 점령할 수 없게 되며, 甲이 3구역을 차지하게 된다.

따라서 甲이 네 번째 가위바위보를 이기게 되면, 甲은 반드시 게임에서 이기게 된다.

(2) 한편, 乙이 네 번째 가위바위보에서 승리할 경우 6구역, 7구역 중 하나를 점령할 수 있다.

① 만약 乙이 네 번째 가위바위보에서 7구역을 점령한 경우 甲이 다섯 번째 가위바위보에서 승리한다면 6구역을 점령할 것이다. 이 경우 甲이 네 번째 가위바위보에서 승리하는 경우와 마찬가지로 甲의 승리가 된다.

② 한편, 乙가 네 번째 가위바위보에서 6구역을 점령한 경우 甲이 다섯 번째 가위바위보에서 승리한다면 甲은 3구역 또는 4구역을 점령할 것이다. 이 경우 다섯 번째 가위바위보에서 승부가 결정되지 않아 여섯 번째 가위바위보를 진행하여야 한다.

따라서 乙은 네 번째 가위바위보에서 이길 경우 6구역을 점령하는 것이 승리할 확률이 더 높으므로 6구역을 점령할 것이다. 하지만 甲이 남은 3개의 구역(3구역, 4구역, 7구역) 중에 2개의 구역을 점령할 경우 甲이 게임에서 승리하게 된다.

따라서 乙이 네 번째 가위바위보를 이기더라도 乙은 게임에서 승리하지 못할 수 있다.

ㄷ. (O) 甲이 첫 번째, 세 번째 가위바위보를 이겨서 2구역과 4구역을 점령하고, 乙이 두 번째 가위바위보를 이겨서 5구역을 점령하면, 게임의 승자를 결정하기 위해서는 최소 2번 이상의 가위바위보를 해야 한다.

1	2	3
4	5	6
7	8	9

→ 보기의 옳고 그름을 판단하기 위해서는 굳이 게임의 승자를 결정하기 위한 최소의 가위바위보 숫자를 찾지 않아도 된다. 한 번의 가위바위보로 게임의 승자가 결정되지 않는다면 게임의 승자를 결정하기 위해 최소 2번 이상의 가위바위보를 해야 할 것이기 때문이다. 따라서 한 번의 가위바위보만으로 승자가 결정되는지를 생각해보면 된다.

(1) 甲이 한 번의 가위바위보를 이긴다면, 甲은 3구역 또는 7구역을 점령할 수 있다. 이것만으로는 甲이 5개의 구역 이상을 확정적으로 확보할 수 없으므로 승자를 결정하기 위해서는 최소 두 번 이상의 가위바위보를 해야 한다.

(2) 乙이 한 번의 가위바위보를 이긴다면, 乙은 6구역 또는 7구역을 점령할 수 있다. 9구역 점령도 가능하긴 하나, 다섯 번째 조건에 의해 乙은 게임에서 승리하기 위하여 최선의 선택을 하고, 승리를 위해서는 9구역 점령 보다 6구역이나 7구역 점령이 효과적이기 때문이다. 乙이 6구역 점령 시 甲은 9구역은 점령하지 못하게 되므로 乙은 6구역을 점령할 수 있는 한 굳이 9구역을 점령하려 하지 않을 것이다. 그러나 乙이 6구역 또는 7구역을 점령하는 것 만으로는 乙이 5개의 구역 이상을 확정적으로 확보할 수 없으므로 승자를 결정하기 위해서는 최소 두 번 이상의 가위바위보를 해야 함을 알 수 있다. 따라서 옳은 선지이다.

합격자의 시간단축 Tip

Tip ❶ 9개의 구역에서 더 많은 구역을 차지하는 사람이 승리하는 게임이므로, 甲과 乙은 5개 이상의 구역을 확보하기 위해 노력할 것임을 파악해야 한다. 또한, 게임 문제는 문제풀이에 핵심적인 역할을 하는 규칙이 반드시 존재한다.

(1) 게임의 규칙3에 따르면 **'상대가 더 이상 영역을 확장하지 못하도록'** 자신의 영역을 확장하는 것이 유리하다. 이를 위해서는 가장 접하고 있는 구역이 많은 5구역을 점령하는 것이 유리하다. (5구역을 점령한다고 해서 반드시 승리하는 것은 아니다.)

(2) 또한, 상대방이 차지하지 못하는 구역을 만들어야 하며 이를 위해서는 상대방의 점령 구역과 접선이 없는 구역을 최대한 넓게 만들어야 한다. 일종의 경계선을 만들 필요가 있는 것이다.
이를 파악하면 문제를 쉽게 해결할 수 있다.

보기 ㄱ. 乙이 접근할 수 없는 지역을 최대한 넓게 만들기 위해서는 정중앙에 경계를 만들 필요가 있다. 따라서 2와 5구역을 차지해야 한다.

보기 ㄴ. 3이나 4구역을 차지할 경우 경계가 생기지 않지만, 6 구역을 차지하는 경우 접근할 수 없는 구역(3 구역)이 생기므로 甲에게 유리하다. 그러나 乙은 그러한 구역을 만들 방법이 없다.

보기 ㄷ. 甲은 더 이상의 경계를 만들 수 없는 입장이다. 반면, 乙은 6을 차지해서 경계를 만들 수는 있으나, 이를 통해 차지 가능한 지역이 네 개밖에 되지 않아 승리가 확실치 않으며 이기기 위해서는 최소 한 구역은 더 차지해야 한다.
차지 가능한 여러 지역을 모두 염두에 두고 풀이를 하는 것과 '경계를 만들어야 한다'는 기준을 가지고 곧바로 어디를 차지해야 유리한지를 알고 풀이하는 것은 다르다. 특히 퀴즈 문제에서는 생각의 기준을 정하는 것이 빠른 풀이의 출발점이다.

Tip ❷ 보기 ㄴ, ㄷ 은 "반례 찾기" 로 접근하면 더 쉬워진다.

보기 ㄴ. 네 번째 이기고도 승리하지 못하는 경우는?

보기 ㄷ. 1번의 가위바위보로 승자가 결정되는 경우는?
위와 같은 질문을 통해 문제를 접근하면 복잡한 생각없이 더 쉽게 결론에 도달할 수 있다.
이러한 반례 찾기를 하는 경우에는 극단적인 경우를 가정하는 것이 좋다. 예를 들어, 보기 ㄴ의 경우 네 번째 가위바위보를 이긴 사람이 그 뒤에 가위바위보는 모두 지는 경우를 가정하는 식이다.

* 문제 파악이 쉽게 된 경우에는, 빠르게 풀 수 있는 문제지만 그렇지 않은 경우 이러한 퀴즈 유형의 문제는 많은 시간을 필요로 할 수 있으므로 우선 넘어가는 것이 현명할 수 있다.
** 문제에 주어진 조건 중 가장 마지막 조건인 최선의 선택을 한다는 조건 역시 문제를 푸는 경우에 핵심적인 조건이다. 간혹 반례를 찾기 위해 극단적인 경우를 찾다 보면 게임에 이기기 위한 최선의 선택이 아닌 경우를 찾게 될 수 있다. 따라서 필요한 조건을 놓치지 않는 훈련이 필요하다.

316 정답 ❹ 난이도 ●●○

(1) 〈조건〉 ㉣의 대우와 ㉤에 의하면 주란이가 전공하는 학문은 미영, 혁수, 예라가 전공하지 않는다. 그런데 〈조건〉 ㉡에 따라 경영학 이외의 나머지 학문을 전공하는 사람이 2명 이상이기 때문에 주란이는 정치외교학, 심리학, 언론정보학을 전공하지 않는다. 따라서 주란이는 경영학만을 전공하며 미영, 혁수, 예라는 모두 언론정보학을 전공한다.

	경영학 (1명)	정치외교학 (2명)	심리학 (2명)	언론정보학 (3명)
미영	×			○
예라	×			○
주란	○	×	×	×
혁수	×			○

(2) 한편, 〈조건〉 ㉢에 따라 미영과 주란 중 1명은 심리학을 전공하는데 주란은 심리학을 전공하지 않으므로 미영이 심리학을 전공한다. 이때, 〈조건〉 ㉥에 따라 예라도 심리학을 전공한다.

(3) 정치외교학의 경우 〈조건〉 ㉡에 따라 2명이 전공하는데, 만약 미영이 정치외교학을 전공할 경우 〈조건〉 ㉥에 따라 예라도 정치외교학을 전공하며, 미영이 정치외교학을 전공하지 않을 경우 예라와 혁수가 정치외교학을 전공한다. 따라서 예라는 반드시 정치외교학을 전공한다.

(4) 이를 종합하여 4명의 전공 여부를 표로 나타내면 다음과 같다.

전공 / 이름	경영학 (1명)	정치외교학 (2명)	심리학 (2명)	언론정보학 (3명)
미영	×	○/×	○	○
예라	×	○	○	○
주란	○	×	×	×
혁수	×	×/○	×	○

① (×) 혁수는 ~~2개의 학문을 전공한다.~~
➜ 혁수는 언론정보학 1개 또는 언론정보학, 정치외교학 2개의 학문을 전공한다.

② (×) 주란은 ~~2개의 학문을 전공한다.~~
➜ 주란은 경영학 1개의 학문을 전공한다.

③ (×) 혁수는 ~~심리학, 언론정보학을 전공한다.~~
➜ 혁수는 언론정보학 1개 또는 언론정보학, 정치외교학 2개의 학문을 전공한다.

④ (○) 예라는 정치외교학, 심리학, 언론정보학을 전공한다.
➜ 예라는 정치외교학, 심리학, 언론정보학을 전공한다.

⑤ (×) 미영은 ~~경영학, 정치외교학, 심리학을 전공한다.~~
➜ 미영은 심리학, 언론정보학 2개 또는 정치외교학, 심리학, 언론정보학 3개의 학문을 전공한다.

합격자의 시간단축 Tip

Tip ❶ 확정할 수 있는 정보를 출발점으로 삼는 것이 좋다. 이 문제의 경우 주란이 전공하는 과목은 나머지 세 명이 전공할 수 없으며, 한 명만 전공하는 과목은 경영학이 유일하다는 것이 그 정보이다.

Tip ❷ 해설과 같이 표를 그려 문제를 풀 수도 있으나, 논리기호를 사용한 방법도 소개한다.
주어진 〈조건〉 중 가능한 것들을 논리 기호로 나타내면 다음과 같다.
㉢ (미영 심리학) ∨ (주란 심리학)
㉣ (미영) ∨ (혁수) → ~주란
㉤ (주란) → ~(예라)
㉥ (미영) → (예라)
㉦ (예라) ∧ (미영) ∧ ~(혁수)를 만족하는 학문 있음

(1) 이를 분석해보면, ㉣의 부정은 (주란) → ~(미영) ∧ ~(혁수) 이므로 주란이 전공하는 과목은 미영, 혁수, 예라(㉤) 중 그 누구도 전공하지 않는다는 것을 알 수 있다. 따라서 주란은 경영을 전공하며, 다른 과목은 전공하지 않는다. 또한, 언론정보학은 세 명이 전공하고 있으므로(㉡) 주란이를 제외한 미영, 예라, 혁수가 전공하고 있음을 알 수 있다.

(2) 남은 전공은 정치외교학과 심리학인데, ㉢에서 미영과 주란 중 한 명은 심리학을 전공해야 한다. 주란은 심리학을 전공할 수 없으므로 미영이 심리학을 전공할 것이며 ㉥에 따라 미영이 전공하는 과목은 예라도 전공하므로 심리학을 전공하는 두 명은 미영과 예라다. 또한, 이 경우 혁수 역시 심리학을 전공하지 않게 되므로 ㉦도 만족하게 된다.

(3) 정치외교학의 경우 미영, 예라, 혁수 중 두 명이 전공을 하게 된다. 만일 미영이 정치외교학을 전공한다면 ㉥에 따라 예라 역시 정치외교학을 전공할 것이고, 정치외교학을 전공하는 사람은 2명이므로 혁수는 정치외교학을 전공하지 않을 것이다. 그러나 미영이 정치외교학을 전공하지 않는다면 예라와 혁수가 정치외교학을 전공할 것이고, 이 경우 위배되는 조건은 없다.

317 정답 ①

난이도 ●●○

주어진 〈우리나라 관광지〉와 〈조건〉을 바탕으로 전국일주 추천코스별 확정된 관광지를 표로 나타내면 다음과 같다.

지역권 \ 전국일주 추천코스	A	B	C	D	E
강원권	강릉 경포대		춘천 남이섬		
충청권	충주호	공주 무령 왕릉	보령 머드 축제	단양8경	태안 안면도
전라권	담양 죽농원		전주 한옥 마을	임실 치즈 마을	
경상권		안동 하회 마을			
제주권	성산 일출봉	우도			

① (O) 춘천 남이섬은 전주 한옥마을과 같은 코스에 있다.
➜ 춘천 남이섬과 전주 한옥마을은 모두 전국일주 추천코스 C코스에 있다.

② (×) 성산일출봉은 보성 녹차밭과 ~~같은 코스에 있다.~~
➜ 성산일출봉은 전국일주 추천코스 A코스에 있으며, 보성 녹차밭은 전국일주 추천코스 B코스 또는 E코스에 있다.

③ (×) 공주 무령왕릉은 비자림·사려니숲길과 ~~같은 코스에 있다.~~
➜ 공주 무령왕릉은 전국일주 추천코스 B코스에 있으며, 제주권인 비자림·사려니숲길은 전국일주 추천코스 C코스, D코스 또는 E코스에 있다.

④ (×) 담양 죽농원은 안동 하회마을과 ~~같은 코스에 있다.~~
➜ 담양 죽농원은 전국일주 추천코스 A코스에 있으며, 안동 하회마을은 전국일주 추천코스 B코스에 있다

⑤ (×) 우도는 단양8경과 ~~같은 코스에 있다.~~
➜ 우도는 전국일주 추천코스 B코스에 있으며, 단양8경은 전국일주 추천코스 D코스에 있다.

합격자의 시간단축 Tip

Tip ❶

(1) 단편적인 정보들이 산재된 형태의 문제이므로, 주어진 조건을 순서대로 검토하기보다는 확정적인 정보를 주는 조건이 무엇인지 파악해야 한다. 본 문제의 경우 조건 ㉡, ㉢, ㉥를 활용하여 표를 우선 채워 넣은 후 다른 조건들을 확인하도록 한다. 구체적인 풀이는 다음과 같다.
조건 ㉠과 ㉡, ㉢, ㉥에 따라 전국일주 코스를 표로 그려보면 다음과 같이 나타낼 수 있다.

	A	B	C	D	E
강원권	강릉 경포대				
충청권		공주 무령 왕릉			태안 안면도
전라권	담양 죽농원		전주 한옥 마을		
경상권		안동 하회 마을			
제주권		우도			

(2) 조건 ㉢에서 단양8경을 가는 코스에는 임실 치즈마을이 들어 있으므로, 단양8경이 속한 충청권과 임실 치즈마을이 속한 전라권이 모두 비어 있는 D에 포함된다.

	A	B	C	D	E
강원권	강릉 경포대				
충청권		공주 무령 왕릉		단양8경	태안 안면도
전라권	담양 죽농원		전주 한옥 마을	임실 치즈 마을	
경상권		안동 하회 마을			
제주권		우도			

(3) 조건 ㉣에 따라 강원권에 속하는 춘천 남이섬과 충청권에 속하는 보령 머드축제는 같은 추천코스에 포함된다. 따라서 강원권과 충청권이 비어 있는 코스 C에 포함된다. 또한, 조건 ㉤에서 충청권인 충주호와 제주권인 성산일출봉은 같은 코스에 포함되어야 하므로, 충청권 관광지가 비어 있는 A 코스에 두 가지 모두 포함될 것이다.

	A	B	C	D	E
강원권	강릉 경포대		춘천 남이섬		
충청권	충주호	공주 무령 왕릉	보령 머드 축제	단양8경	태안 안면도
전라권	담양 죽농원		전주 한옥 마을	임실 치즈 마을	
경상권		안동 하회 마을			
제주권	성산 일출봉	우도			

* Tip에 서술되어 있는 풀이가 지나치게 복잡해 보일 수 있다. 그러나 실제로 표를 간략하게라도 그린 뒤에 설명을 따라가보면 그리 복잡하지 않다는 것을 쉽게 알 수 있다. 중요한 것은 시험장에서 이 과정을 빠르고 정확하게 수행할 수 있어야 한다는 점이다.

318 정답 ⑤ 난이도 ●●●

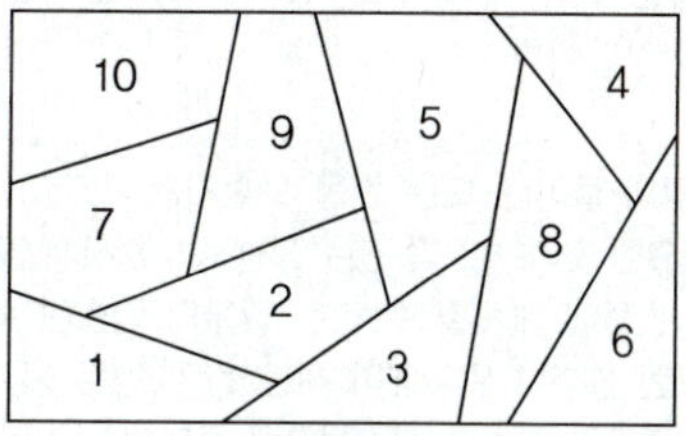

〈숫자판〉

숫자가 인접한다는 것은 숫자가 쓰인 칸이 인접함을 의미하므로, 5에 인접한 숫자는 작은 것부터 순서대로 2, 3, 4, 8, 9이다. 따라서 이를 모두 더한 값은 26이다.

합격자의 시간단축 Tip

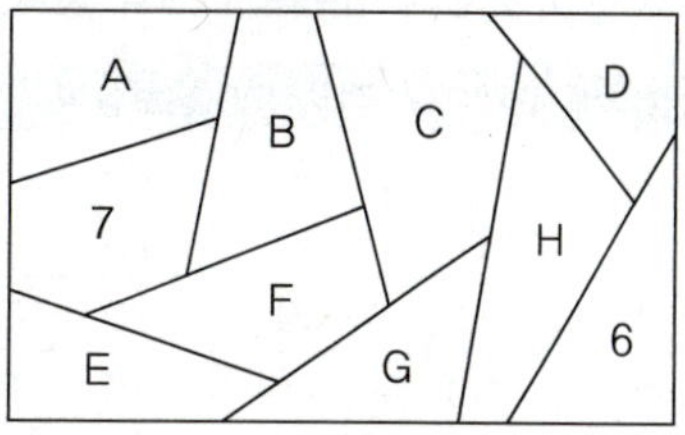

〈숫자판〉

'의심스러운 부분'을 기준으로 빠르게 확인하는 것이 좋다.

(1) 문제에 주어진 조건 중 가장 의심스러운 부분은 '2는 모든 홀수와 인접한다'는 부분이다.
1~10 중 홀수는 1, 3, 5, 7, 9 총 5개로 이 모두에 인접할 수 있는 곳은 하나만 있을 수밖에 없기 때문이다. 즉 이 조건은 '확정 정보를 주는 조건'이 되며 2는 F자리에 위치하게 된다.

* 이처럼 불확실한 조건이 많이 주어진 경우 확정적인 경우를 먼저 채우는 것이 문제 풀이의 핵심이다.

(2) 이때, 5의 위치는 무조건 C일 수밖에 없다. 왜냐하면 홀수는 B, C, E, G에 위치해야 하고, 나머지 위치는 모두 짝수인 상황에서 B, C, E, G 외의 칸과 가장 많이 인접하는 것은 C이기 때문이다. 따라서 B+D+F+G+H를 구해야 하는 상황이다.

(3) 여기서 핵심은 B+D+F+G+H가 각각 무엇인지 알 필요가 없다는 점이다.
A와 E만 도출한 후, 1~10 중 남은 수들의 합을 답으로 처리하면 된다.
이때, '1은 소수와만 인접한다'를 이용하면 1이 소수인 1, 2, 3, 5, 7에만 둘러 쌓이기 위해선 홀수가 갈 수 있는 칸 중 유일하게 소수와 인접한 E에 위치해야 한다. 따라서 1은 E이다.

(4) 마지막으로 '10은 어느 짝수와도 인접하지 않는다' 하였으므로 A이다. 그 외에는 모두 짝수와 인접하기 때문이다. 따라서 2+3+4+8+9=26으로 ⑤번이 정답이다.

** 최악의 풀이는 모든 칸을 도출하는 것이다. 우리는 '합'이 중요한 것이므로 각 칸을 정확히 도출하지 않고 단순히 해당 칸들에 배치될 수 있는 값들의 집합만 확인하면 된다. 또한 홀수가 위치해야 하는 칸인 경우 동그라미를 치는 등 홀수와 짝수를 시각적으로 구분해주면 문제에 더 쉽게 접근할 수 있다.

319 정답 ④ 　　난이도 ●●○

미지수를 고려한 총점의 범위는 다음과 같다.

	국정과제	규제개혁	정책성과	홍보실적	총점
갑	30	40	A	25	98~122
을	20	B	30	25	78~102
병	10	C	40	20	73~97
정	40	30	D	30	103~127
합계	100				

ㄱ. (×) 丙은 인센티브를 ~~받을 수 있다.~~
➜ 병이 받을 수 있는 최고 점수는 97점인 반면, 갑과 정은 받을 수 있는 최저 점수가 98점과 103점으로 더 높다. 따라서 2위 이내에 들 수 없으므로 인센티브를 받을 수 없다.

ㄴ. (○) B가 27이고 D가 25 이상이면 乙이 2위가 된다.
➜ B가 27이면 을의 점수는 102점이 된다. 이때, A+D = 100−30−40=30이므로, D가 25 이상일 경우 A는 5 이하가 된다. 그러므로 갑의 점수는 95+5=100점 이하이다.
따라서 을은 정에 이어 2위가 된다.

ㄷ. (×) 국정과제에 가중치를 2배 준다면 丁은 인센티브를 ~~받을 수 없다.~~
➜ 국정과제에 가중치가 주어질 경우 값은 다음과 같아진다.

	갑	을	병	정
총점	128~152	98~122	83~107	143~167

정이 최저 점수를 받고 갑, 을, 병은 최고 점수를 받는다고 하더라도 정의 최저 점수인 143점은 을의 최고 점수인 122점이나 병의 최고 점수인 107점보다 높은 점수이므로 2위 이내에 든다. 따라서 정은 인센티브를 받는다.

ㄹ. (○) 국정과제에 가중치를 3배 준다면 丁은 1위가 된다.
➜ 국정과제에 가중치가 주어질 경우 값은 다음과 같아진다.

	갑	을	병	정
총점	158~182	118~142	93~117	183~207

정이 최저 점수를 받고 갑, 을, 병은 최고 점수를 받는다고 하더라도 정의 183점은 다른 기관의 최고 점보다도 높은 값이므로 1위를 하게 된다.

합격자의 시간단축 Tip

Tip ❶ 이 문제와 같은 유형은 항목마다 접근 방식을 달리하는 것이 중요하다. 이를 통해 시간 소모를 매우 크게 줄일 수 있기 때문이다. 즉, 설문과 같이 빈칸이 주어져 있고 빈칸에 들어갈 숫자에 따라 등수가 달라지는 유형의 문제에서는 보기를 활용하는 것이 빠른 풀이 방법이 될 수 있다.

(1) 먼저 〈보기〉를 보면 크게 을, 병, 정에 대해 묻고 있다.
① 〈보기 ㄱ〉에서 병이 인센티브를 받을 수 있냐고 묻는 것은, 병이 '최대점수'를 받았을 때 2위 이내에 들 수 있는지를 묻는 것과 같다. 즉, 병은 최댓값만 확인하면 되지 그 이하의 범위는 고려하지 않아도 된다.
② 〈보기 ㄷ과 ㄹ〉은 '정'에 대해 질문한다. 〈보기 ㄷ〉의 경우 인센티브를 받을 가능성에 대한 질문이며 〈보기 ㄹ〉의 경우 1위인지 여부를 물었으므로, '최저 점수인 경우에도 가능한지 여부' 만을 고려하면 된다. ㄷ과 ㄹ 모두 정의 '최솟값' 만 확인하면 되지, 그 이상의 범위는 고려하지 않아도 된다. 따라서 정을 제외한 나머지 기관은 최댓값만 확인하면 된다.

(2) 이 둘을 종합하면 '정'은 최솟값, 나머지 기관은 최댓값만 도출하는 것으로 충분하다.
(〈보기 ㄴ〉의 경우 별도의 가정이 들어가 있으므로 따로 검토해야 한다. 그러나 선지 구조상 〈보기 ㄱ〉을 처리한 순간 〈보기 ㄴ〉은 모든 선지에 포함되어 있어 별도로 검토할 필요는 없을 것이다.)

Tip ❷ 앞선 **Tip ❶**에서 〈보기 ㄱ, ㄷ, ㄹ〉을 한 가지 방향성에 따라 처리하면 된다고 하였다.
이때, 〈보기 ㄷ과 ㄹ〉에서 값을 매번 새로 도출한다면 잘못된 풀이이다.
➜ 사실 가중치라는 것을 쉽게 생각하면, 국정과제라는 과목이 가중치만큼 추가로 생긴다고 볼 수 있다. 예를 들어, 국정과제의 가중치가 2배라는 것은 국정과제 a, 국정과제 b라는 평가요소로 분화되는 것이라고 볼 수 있다.

따라서 〈보기 ㄷ〉은 2배의 가중치이므로 앞서 〈보기 ㄱ〉에서 구한 평가요소 총점에 국정과제 값을 한 번 더 하면 되며, 〈보기 ㄹ〉은 3배의 가중치이므로 국정과제 값을 두 번(또는 〈보기 ㄷ〉 값에 한 번) 더하면 도출된다. 이에 새로 총점을 도출할 필요가 없어 빠르게 처리할 수 있을 것이다.

Tip ❸ **Tip ❶**과 **Tip ❷**를 결합하면 〈보기 ㄷ, ㄹ〉을 더 간단하게 처리할 수 있다.

(1) 우선 ㄷ의 경우 정이 인센티브를 받는 것이 가능한지 여부를 묻고 있다. 丁은 확정된 점수의 합이 값이 가장 높으며 국정과제 점수 또한 네 명 중 가장 높다. 가중치 부여 시 당연히 더욱 유리해진다. 생각해볼 필요도 없이 가능한 후보일 것이다.

(2) 다음으로 ㄹ을 풀기 위해 정의 점수가 최저인 경우를 가정하면, 가중치가 없는 상황에서 '갑'=122, '을'=102, '병'= 97이 최댓값이며, '정'=103이 최솟값이다.

(3) 경쟁자인 갑과 정의 국정과제 차이 값은 40−30=10이다. 앞서 **Tip ❷**에서 살펴보았듯 국정과제에 가중치를 3배 주면 갑에 비해 정의 점수에 10을 두 번 더 더하게 되고, 이로 인해 정의 최솟값이 더 커질 수밖에 없다. 따라서 ㄹ 역시 당연히 옳은 선지가 됨을 알 수 있다.

Tip ❹ 〈보기 ㄹ〉의 풀이는 다음과 같이 접근하는 것도 가능하다. 국정과제 가중치가 3배가 된다면 丁은 국정과제에서 120점을 받게 된다. 이는 다음으로 높은 甲의 90점 보다 30점이나 더 많다. 확정되지 않은 정책성과에서 가장 큰 점수차는 24점 (= 27−3)이다.
이때, 甲은 국정과제를 제외한 (규제개혁, 홍보실적)에서 丁보다 5점이 더 많다.
30 > (24+5=29) 이므로 정책성과에서 가장 큰 점수차를 내도 국정과제에서 벌어진 점수차를 따라잡지 못한다. 따라서 丁이 1위가 될 것이다.

* 문제를 풀 때 문제에서 규정해준 최소 점수나 최대 점수의 경우 크게 동그라미를 치는 것이 좋다. 문제를 풀다 보면 시간에 쫓기기 때문에 문제의 요건을 잘 파악하지 못한 채로 풀어 실수하는 경우들이 있다. 사안의 경우는 '최소점수가 3점'이라는 것을 유념해 문제를 풀어나가는 것이 좋다.
** 계산 실수가 잦은 학생의 경우, 계산 실수를 최소화하기 위해 기관 별 동일한 점수를 소거하면서 총점을 도출할 수 있다. 甲의 국정과제, 乙의 정책성과, 丙의 국정과제와 홍보실적, 丁의 규제개혁이 모두 30점이므로 한꺼번에 소거하는 식이다.
다만, 이 경우 모든 요소별 가중치가 동일하다는 가정이 있어야 함을 잊어서는 안 된다.

320 정답 ④ 난이도 ●●○

각 방식에 따라 지급되는 광고비를 구하면 다음과 같다.

(1) 방식 1

	발행 부수 점수	유료 부수 점수	발행 기간 점수	합산 점수	순위	광고비
甲	50점	20점	0점	70점	3	−
乙	50점	25점	10점	85점	2	300만 원
丙	50점	25점	15점	90점	1	500만 원

(2) 방식 2
이하의 표는 각 항목별로 조건을 충족하는 등급으로 표시하였다.

	발행 부수	유료 부수	발행 기간	부여 등급	광고비
甲	A등급	B등급	B등급	B등급	200만 원
乙	A등급	A등급	A등급	A등급	400만 원
丙	A등급	A등급	A등급	A등급	400만 원

(3) 방식 3

	갑	을	병	총합
발행 부수	30,000	30,000	20,000	80,000
광고비	1,000(만 원) $\times \frac{30,000}{80,000}$ =375만 원	1,000(만 원) $\times \frac{30,000}{80,000}$ =375만 원	1,000(만 원) $\times \frac{20,000}{80,000}$ =250만 원	1,000만 원

(4) 총 정리

	방식 1	방식 2	방식 3
甲	−	200만 원	375만 원
乙	300만 원	400만 원	375만 원
丙	500만 원	400만 원	250만 원

ㄱ. (×) 乙은 방식 ~~3이 가장 유리하다.~~
➜ 乙은 방식 2일 때 400만 원의 광고비를 받아 가장 유리하다.

ㄴ. (○) 丙은 방식 1이 가장 유리하다.
➜ 丙은 방식 1일 때 500만 원의 광고비를 받아 가장 유리하다.

ㄷ. (×) 방식 1로 선정할 경우, 甲은 ~~200만 원의 광고비를 지급받는다.~~
➜ 甲은 방식 1로 선정할 때, 광고비를 지급받지 못한다.

ㄹ. (O) 방식 2로 선정할 경우, 丙은 甲보다 두 배의 광고비를 지급받는다.

→ 방식 2로 선정할 경우 丙은 400만 원을 받아 甲의 광고비인 200만 원의 2배를 지급받는다.

합격자의 시간단축 Tip

Tip ❶ 기본적으로 시간이 오래 걸리는 유형이다. 다만, 한 가지 확실한 것은 방식 별로 광고비의 최댓값이 다르므로, 가장 큰 광고비를 주는 것으로 되어 있는 방식 1을 먼저 확인하는 것이 좋다는 것이다. 왜냐하면 방식 1에서 1등하여 500만 원을 지급받을 경우 다른 것을 안 보더라도 확정적으로 가장 유리한 방식이 되기 때문이다.

* 실제로 해보면 丙이 1등을 하여 500만 원을 지급받으므로, 〈보기 ㄴ〉은 옳은 선지가 된다.
그리고 이미 방식 1을 푸는 과정에서 甲의 광고비도 도출했을 것이므로 〈보기 ㄷ〉 역시 한 번에 처리할 수 있다.

Tip ❷ 보기 ㄱ에서 을의 광고비를 '방식 3'에 따라 계산 시 $1000\times\frac{3}{8}$을 꼭 할 필요는 없다. ㄱ은 을에게 가장 '유리한' 방법을 묻고 있다. '방식 2'에 따라 받을 돈이 400 이므로, $\frac{4}{10}$ vs $\frac{3}{8}$을 비교하는 게 보다 간편할 것이다.

Tip ❸

(1) 보기 ㄷ과 ㄹ을 먼저 접근하는 것이 시간을 단축할 수도 있다. 가령 ㄱ과 ㄴ의 경우 가장 유리한 방식을 찾는 것이기 때문에 구체적으로 계산을 꼭 하지 않아도 모든 방식을 한 번씩 살펴봐야할 수밖에 없다. 하지만 보기 ㄷ과 ㄹ의 경우, ㄷ은 甲의 방식 1만 계산하면 되며 ㄹ의 경우 방식 2 안에서 甲과 丙을 비교하면 된다.

(2) 또한, 문제에서 단서가 나오는 경우 사용될 확률이 높으므로 눈 여겨 보는 것이 좋다. 사안의 경우는 방식 1에서의 "80점 미만인 신문사에는 지급하지 않는다"라는 조항이 해당된다. 대체적으로 단서 조항은 〈보기〉에서 높은 확률로 사용되며 ㄷ의 경우 굳이 乙과 丙을 계산하지 않고 甲만을 계산하는 것만으로도 甲이 광고비를 받을 수 없다는 것을 알 수 있다.

* 해설을 본 경우에 이 문제를 푸는 것이 지나치게 복잡해 보일 수 있다. 그러나 실제로 문제 푸는 과정에서 필요한 표는 가장 마지막에 그려진 (4) **총 정리** 표뿐이다. 실제 계산은 복잡하지 않으므로 최종 광고비 금액만을 표로 정리하여 문제를 풀면 소요 시간을 줄일 수 있을 것이다.

321 정답 ❷ 난이도 ●●○

주어진 〈조건〉을 표로 정리하면 다음과 같다.

	월	화	수	목	금
A	×				×
B		×		×	×
C	×	×			×
D	×	×	×	×	○
E	×	×		×	×

이때 문제의 〈조건〉을 구분하기 위해, 위에서부터 순서대로 조건 ㄱ~ㅁ라 하자.

(1) 조건 ㅁ에 따라 E는 수요일이나 금요일에 당직을 서야 한다. 그런데 금요일 당직은 D이므로 E는 수요일에 당직을 서게 된다.

(2) 조건 ㄴ에 따라 B는 월요일이나 수요일에 당직을 서야 한다. 그런데 수요일 당직은 E이므로 B는 월요일에 당직을 서게 된다.

(3) 조건 ㄷ에 따라 C는 수요일, 목요일, 금요일에 당직을 서야 한다. 그런데 수요일 당직은 E, 금요일 당직은 D이므로 C는 목요일에 당직을 서게 된다.

(4) 따라서 마지막 남은 A가 화요일에 당직을 서게 된다.

합격자의 시간단축 Tip

Tip ❶ 이 문제 역시 확정적인 정보부터 차근차근 파악해야 하는 문제이다. 확정적 정보를 파악했다면, 이를 활용했을 때 확정되는 경우가 무엇이 있는지 위주로 살펴보며 조건을 사용한다.

Tip ❷ 요일을 기준으로 사람을 배치할 수도 있고, 사람을 기준으로 요일을 배치할 수도 있다.
어떤 기준을 따르든지 항상 복수의 경우가 주어지므로 두 방법에는 큰 차이가 없다. 필자의 경우 요일의 경우 획수가 많아 쓰는 데에 시간이 많이 소요되어, 주로 요일을 기준으로 사람을 배치하는 방법을 사용한다. 따라서 요일을 기준으로 두고, 각 요일 아래에 해당하는 사람을 순서대로 배치하면 보다 빠르게 정리할 수 있을 것이다.

Tip ❸ 이 문제의 경우 확정정보만 찾아서 풀어도 쉽지만, '일대일 대응관계'를 인지하고 풀면 훨씬 효율적인 접근이 가능하다. 가령 조건 ㄹ의 'D가 금요일에 당직을 서야 한다.'의 명제는, 'B, C, D, E는 금요일에 당직을 서지 않는다.'는 의미를 내포한다는 점이다.
이를 본 순간 조건 ㄷ의 'C는 월요일, 화요일에 당직을 설 수 없다'는 정보에 금요일 또한 당직을 서지 않는다고 추가하여야 한다. 그렇다면 수, 목 중 하나만 확정이 되어도 나머지 자리는 C가 된다는 것이 보다 확실하게 인지될 것이다.

Tip ❹ 해설과 같이 주어진 〈조건〉을 표로 정리하면, 보다 시각적으로 대응관계를 확인할 수 있어 효율적인 풀이가 가능하다. 우선 주어진 〈조건〉을 시각적으로 표현하면 아래와 같다.

	월	화	수	목	금
A	×				×
B		×		×	×
C	×	×			
D					○
E	×	×		×	

이때, 발문의 조건인 '하루에 한 사람만 당직을 서며, A~E 모두가 한 번씩 당직을 선다'를 적용하면 아래의 표와 같다.

	월	화	수	목	금
A	×				×
B		×		×	×
C	×	×			×
D	×	×	×	×	○
E	×	×		×	×

그러면 표 상에서 월요일과 화요일에 당직을 설 수 있는 사람은 각각 B와 A 뿐이므로, **A-화요일, B-월요일**이 자동적으로 짝지어지게 된다. 그 다음, 다시 '하루에 한 사람만, 한 번씩'이라는 조건을 적용하면 다음과 같다.

	월	화	수	목	금
A	×	○	×	×	×
B	○	×	×	×	×
C	×	×			×
D	×	×	×	×	○
E	×	×		×	×

따라서 C-목요일이 되며 자동적으로 E-수요일이 된다. 시각적으로 표를 그린다면 한눈에 정답을 찾기도 편할 뿐만 아니라, 검토 시 조건을 다시 대입해 정오를 가리기도 편하다. 실수도 줄일 수 있다.

* 표를 그려 문제를 푸는 경우에 표의 범주를 어떻게 설정하느냐가 실력이라고 볼 수 있다. 이 문제의 경우 위 방법과 같이 표를 그리는 것이 아니라, 월~금까지 요일을 써두고 첫 번째 조건을 읽은 뒤 월요일과 금요일에 A를 쓴 뒤 엑스 표를 쳐서 표시한 수험생도 있을 것이다.
이 방법은 표를 그리는 것에 시간이 적게 드는 방법일 수 있지만, 익숙하지 않다면 실수할 가능성도 높다. 따라서 본인이 기존에 사용하던 방법이었다면 계속 사용해도 좋으나, 본 해설을 통해 표 그리는 방법을 처음 접하게 되었다면 **Tip ❹**와 같이 전체 표를 그리는 방법을 추천한다.

따라서 이를 정리하면 다음과 같다.

	월	화	수	목	금
A	×	○	×	×	×
B	○	×	×	×	×
C	×	×	×	○	×
D	×	×	×	×	○
E	×	×	○	×	×

322 정답 ❺ 난이도 ●●○

기업 A에서 각 기업까지의 최단거리를 구하면 다음과 같다.

A→B: 16km
A→C: 9km
A→D: 9km(A→C)+15km(C→D)=24km
A→E: 9km(A→C)+15km(C→D)+14km(D→E)=38km
A→F: 9km(A→C)+22km(C→F)=31km
A→G: 9km(A→C)+15km(C→D)+19km(D→G)=43km

ㄱ. (×) 재술이가 인터뷰를 하기 위해 6주 동안 이동한 총 거리는 ~~161km이다.~~
➜ 재술이는 인터뷰가 끝나는 즉시 다시 기업 A로 돌아와야 한다. 기업 A에서 각 기업까지의 최단거리를 모두 더하면 16+9+24+38+31+43 = 161km이고, 재술이는 각 기업을 왕복했다.
따라서 재술이가 인터뷰를 하기 위해 6주 동안 이동한 총 거리는 161km의 2배인 322km이다.

ㄴ. (×) 재술이는 기업 E를 방문할 때, 기업 A를 출발하여 ~~기업 B를 거쳐 도착한다.~~
➜ 재술이는 기업 E를 방문할 때, 기업 A를 출발하여 기업 C, 기업 D를 거쳐 도착한다.

ㄷ. (O) 재술이는 기업 G를 방문할 때, 기업 A를 출발하여 기업 C와 D를 순차적으로 거쳐 도착한다.

→ 재술이는 기업 G를 방문할 때, 이동거리를 최소화하기 위해 기업 A를 출발하여 기업 C, 기업 D를 순차적으로 거쳐 도착한다.

ㄹ. (O) 재술이가 기업 E를 방문할 때의 이동 거리는 기업 F를 방문할 때의 이동 거리보다 길다.

→ 재술이가 기업 E를 방문할 때의 이동 거리는 왕복 76km이며, 기업 F를 방문할 때의 이동 거리는 왕복 62km이다. 따라서 기업 E를 방문할 때의 이동 거리가 기업 F를 방문할 때의 이동 거리보다 길다.

합격자의 시간단축 Tip

Tip ❶ 발문을 잘 확인하도록 한다. 각 기업을 방문하여 인터뷰한 후에 즉시 다시 기업 A로 돌아오므로, 전체 이동 거리는 각 기업까지의 최단거리의 두 배이다. 이를 확인하지 못하면 보기 ㄱ을 틀릴 가능성이 높다. 또한, 보기를 꼭 주어진 순서대로만 풀어야 하는 것은 아니다. 각 보기에서 요구하는 계산이 무엇인지 파악한 후 우선순위를 결정하도록 한다. 계산 순서 상 보기 ㄱ을 먼저 풀 이유가 없다.
보기 ㄱ을 풀기 위해서는 기업 E, 기업 G에 도달하는 최단거리를 알아야 하므로 ㄴ, ㄷ, ㄹ부터 푸는 것이 좋다.

Tip ❷ 기업 간 최단 거리를 구할 때는 이전에 구해 둔 값을 적극적으로 활용하는 것이 좋다.
가령 '기업 A → 기업 D'로 갈 때 기업 C를 거쳐야 한다는 것을 확인했으므로, 이후 다른 도시로 갈 때 역시 기업 D로 곧바로 가지 않고 기업 C를 거쳐가야 한다는 것을 활용할 수 있다.
예를 들어, 기업 F로 갈 때 역시 기업 A에서 D까지의 직선거리가 35km로 매우 멀기 때문에, 우회하더라도 거리가 상대적으로 가까운 기업 C를 거쳐 가는 방안을 선택하는 것이다.
기업 E와 기업 G의 경우도 마찬가지다.

＊ 시각적인 함정에서 벗어나야 한다. 이 문제의 경우 기업 A부터 기업 G까지 가는 최단거리를 구할 때, 많은 수험생이 ABEG, ADG, ACFG의 경로만을 비교했을 수 있다. 그러나 실제로 최단거리는 ACDG이다.
"최단거리"를 구할 때 우리는 보통 직선경로를 의식해 길이 꺾이는 경우를 배제하기 쉬운데, 이 문제는 이를 의도한 함정을 파 두었으므로 주의하자.

323 정답 ③ 난이도 ●●○

(1) 甲, 乙, 丙, 丁의 이동거리는 다음과 같다.
(이동거리) = (바퀴 수) × (원의 둘레)

(단위: m)

甲	乙	丙	丁
7(바퀴)×10π =70π	5(바퀴)×30π =150π	3(바퀴)×50π =150π	1(바퀴)×70π =70π

(2) 이때, (평균속력) = $\frac{(이동\ 거리)(m)}{(걸린\ 시간)(min)}$이고 걸린시간은 10분이므로, 甲~丁의 평균속력(m/min)을 정리하면 다음과 같다.

甲	乙	丙	丁
$\frac{70\pi}{10}=7\pi$	$\frac{150\pi}{10}$ $=15\pi$	$\frac{150\pi}{10}$ $=15\pi$	$\frac{70\pi}{10}=7\pi$

(3) 따라서 평균속력이 가장 빠른 사람부터 순서대로 나열하면 '乙=丙'과 '甲=丁'이다.

합격자의 시간단축 Tip

Tip ❶ 속력의 공식상 이동시간이 동일하다면 이동 거리만 확인하면 된다. 속력이 빠르다는 것은 동일한 시간 동안 더 많은 거리를 움직였다는 의미인데, 甲~丁 모두 동일하게 10분 이동하였기 때문에 이동 거리가 길수록 속력이 빠르다는 결론을 내릴 수 있기 때문이다.
따라서 실제로 속력을 구하였다면 비효율적인 풀이이다.

(1) 문제를 다시 쓰면 "이동 거리가 긴 사람부터 순서대로 나열한 것은?"이 된다.
이때, 甲, 乙, 丙, 丁이 이동하는 원의 둘레와 바퀴 수가 각자 다르므로 각 이동거리는 다음과 같이 구할 수 있다.
(이동거리) = (바퀴 수) × (원의 둘레)

(2) 각 바퀴 수를 구할 때 유의할 점은 지름이 10m씩 늘어나는 것이 아니라 20m씩 늘어난다는 점이다. 따라서 甲, 乙, 丙, 丁이 각각 이동해야 하는 원의 둘레는 10π, 30π, 50π, 70π이다.
이때, 거리를 π를 써가면서 구할 필요는 전혀 없다. 어차피 동일하게 적용되는 값이므로 단순히 (지름)×(바퀴 수)로만 비교하면 된다. 즉, 甲=10×7=70, 乙=30×5=150, 丙=50×3=150, 丁=70×1=70이므로 甲=丁과 乙=丙이 된다.

(3) 한 걸음 더 나아가 10m를 한 단위로 볼 때 甲, 乙, 丙, 丁으로 갈수록 지름이 두 단위씩 늘어난다는 것을 알 수 있다. 甲의 지름을 1로 두고 乙은 3, 丙은

5, 丁은 7로 환산하여 甲 (= 1×7), 乙 (= 3×5), 丙 (= 5×3), 丁 (= 7×1)으로 나타낸다면 더 쉽게 계산할 수 있을 것이다. 반지름을 기준으로 두더라도 동일하게 계산된다.

• 문제 풀이에 필요한 공식 정리 및 관련 공식

① $(\text{속력})=\dfrac{(\text{이동 거리})}{(\text{시간})}$

② (이동거리) = (속력) × (시간)

③ $(\text{시간})=\dfrac{(\text{이동 거리})}{(\text{속력})}$

④ (원의 둘레) = $2\pi r$[r = (반지름), $2r$ = (지름), π = (원주율)]

⑤ (원의 넓이) = πr^2

324 정답 ③ 난이도 ●○○

〈상황〉에 나타난 바에 따르면, 지붕의 수선이 필요하므로 '대보수'에 해당하고, 소득인정액이 중위소득의 40%이므로 지원율은 80%이다. 따라서 950만 원×0.8= 760만 원이 미란이가 받을 수 있는 주택보수비용의 최대 액수이다.

합격자의 시간단축 Tip

Tip ❶

(1) 매우 쉬운 계산문제이지만, 시간을 조금이나마 단축하고자 한다면 950만 원과 80%를 확인하자마자 ③을 정답으로 체크할 수 있다. 지원율이 80%이므로 950만 원을 전부 받을 수 없고, 950만 원의 20% 역시 1의 자리가 0이므로 정답은 1의자리가 5는 아닐 것이므로 ④, ⑤가 소거된다.
80%를 계산할 때는 0.8배를 하지 않고 10%를 두 번 빼는 게 좋다. 950의 10%는 95이므로 이의 두 배는 190이다. 거꾸로 190을 각 선지에 더해 950이 되는지 확인해도 좋으며, 이 경우 십의 자리수가 6이어야 한다는 걸 알 수 있으므로 정확한 계산 없이도 ③번이 답이라는 걸 알 수 있다.

(2) 혹은 900의 80%와 50의 80%를 각각 구해 더하는 방법도 있다. 다만, 문제의 경우, 선지 간 주어진 액수의 차이가 큰 편에 속하므로, 정확한 계산 없이도 900의 80%만을 구하면 정답이 ③번임을 쉽게 알 수 있다.

Tip ❷ 필기시험에는 이와 같이 빠르게 풀 수 있는 쉬운 문제들이 몇 개 존재한다. 다만 실제 시험장에서는 쉽게 풀리는 문제의 경우 자신이 실수하지는 않았나 하는 생각이 들어 여러 번 검토를 하게 될 것이다.

이때, 처음 문제를 풀 때부터 〈상황〉에 대응되는 내용을 주어진 〈주택보수비용 지원 내용〉에 크게 동그라미 같은 기호로 표기해두는 연습을 하는 것이 좋다. 기호의 사용은 시각적으로도 좋고 또 검토 시간도 단축시켜 주기 때문이다.

325 정답 ③ 난이도 ●○○

선거방송 시간을 최대로 하기 위해서는 가능한 광고/연설 횟수와 시간을 최대로 하여야 한다.

(1) 방송광고는 텔레비전 방송사 1개, 라디오 방송사 1개에 각 15회씩 1분 이내로 할 수 있으므로, 총 2×15=30분의 방송광고를 할 수 있다.

(2) 비례대표의원 선거의 방송연설은 대표 2인이 각 1회씩 10분 이내로 방송매체별로 각 1회 실시할 수 있으므로, 총 2×10×2=40분의 방송연설을 할 수 있다.

(3) 지역구의원 선거의 방송연설은 100명의 지역구의원 후보자가 텔레비전 방송사 1개, 라디오 방송사 1개에 10분 이내로 각 2회까지 실시할 수 있으므로, 총 100×2×10×2 = 4,000분의 방송연설을 할 수 있다.

(4) 선거방송은 방송광고와 방송연설로 이루어져 있으므로, 이를 모두 더한 30+40+ 4,000=4,070분이 정답이다.

합격자의 시간단축 Tip

Tip ❶ 쉬운 문제인 경우 실수하지 않는 것이 중요하다. 이 문제의 경우 방송매체가 두 개 주어져 있으므로 '방송매체별로'라는 문구의 의미가 경우의 수를 구할 때 ×2를 하라는 의미가 되지만 풀어서 서술되어 있어 자칫하면 놓칠 수 있다.

Tip ❷ 큰 숫자부터 확인하는 것이 좋다. 가장 많은 시간을 사용하게 되는 것은 지역구의원 후보자의 방송 연설이다. 해당 연설에 총 4000분이 소요되므로 ①, ⑤를 지울 수 있고, 남은 부분들이 100분 이상이 나오기 힘들기 때문에 ④번도 소거할 수 있다.
큰 수부터 확인하는 과정은 해당 문제에서는 큰 차이가 나지 않을 수 있으나, 시간이 없어서 문제를 넘겼을 경우 정답을 고르는 폭을 줄여줄 수 있으며 때에 따라서는 정답을 빠르게 고르는 실마리가 될 수 있으므로 습관처럼 시행하면 좋다.

326 정답 ③ 난이도 ●●○

(1) 〈조건〉 ㅂ에 따라 보라 스위치는 켠다. 보라 스위치를 켜므로 〈조건〉 ㄴ의 대우에 의하면 초록 스위치는 켜지 않는다.

(2) 초록 스위치를 켜지 않으므로 〈조건〉 ㄷ의 대우에 의하면 주황 스위치와 파랑 스위치는 켜지 않는다.

(3) 파랑 스위치를 켜지 않으므로 〈조건〉 ㄱ의 대우에 따라 빨강 스위치는 켜지 않는다.

(4) 이상으로부터 반드시 켜는 스위치는 보라 스위치의 1개이며 반드시 켜지 않는 스위치는 빨강, 주황, 초록, 파랑 스위치의 4개이다.

(5) 따라서 확정되지 않은 노랑 스위치와 남색 스위치를 모두 켠다고 할 때 최대 3개의 스위치를 켤 수 있다.

합격자의 시간단축 Tip

Tip ① 해설과 같이, 확정된 조건인 조건 ㅂ부터 시작해서 보라색과 관련된 조건들을 우선 검토하면 보다 빠르게 문제를 풀 수 있다.

Tip ② 본 문제의 〈조건〉을 논리 기호를 활용하여 표현하면 다음과 같다.

조건	명제	명제의 대우
ㄱ	(빨강) → (파랑)	~(파랑) → ~(빨강)
ㄴ	(초록) → ~(보라)	(보라) → ~(초록)
ㄷ	(주황) ∨ (파랑) → (초록)	~(초록) → ~(주황) ∧ ~(파랑)
ㄹ	~(노랑) → ~(빨랑)	(빨강) → (노랑)
ㅁ	~(남색) → (보라)	~(보라) → (남색)
ㅂ	∃(보라)	

(1) 조건 ㅂ에서 보라를 켜는 것은 확정되었다. (보라)를 기준으로 위의 정보들을 서로 연결하여 다음 그림과 같이 정리하면 빠른 풀이가 가능하다.

이상에서 초록, 주황, 파랑, 빨강을 켜지 않는 것은 확정된다.

(2) 남은 색은 노랑, 남색이다.

① 노랑의 경우 **조건** ㄹ에 나와 있으나, 노랑이 켜져 있지 않은 경우가 전건으로 나와 있을 뿐이라서 켜져 있는 경우에도 해당 조건에 모순이 발생하지 않는다. 따라서 노랑은 켜져 있을 수 있다.

② 남색의 경우 **조건** ㅁ에 나오는데, 이 역시 남색이 켜지지 않은 경우가 전건으로 나와 있을 뿐이라서 켜져 있는 경우에도 해당 조건에는 모순이 발생하지 않는다. 따라서 남색도 켜져 있을 수 있다.

따라서 두 가지는 모두 켜져 있을 수 있다. 최종적으로 켜져 있을 수 있는 것은 **노랑, 남색, 보라**이므로 최대 세 가지를 켤 수 있다.

* 굳이 논리기호를 활용할 필요는 없다. 각 색의 스위치를 켤 것인지 안 켤 것인지의 경우뿐이므로, 각 색을 나열한 뒤 동그라미와 엑스 표시를 하며 문제에 접근하는 것도 훌륭한 풀이가 될 수 있다.

Tip ③ 7가지 색을 모두 한글로 적는 것보다 빨강, 주황, 노랑, 초록, 파랑, 남색, 보라를 각각 R, O, Y, G, B, N, V로 적고 논리기호를 활용하거나, ㅃ, ㅈ, ㄴ, ㅊ, ㅍ, ㄴ, ㅂ 정도로만 간단히 표기하는 것이 보다 편할 수 있다.

327 정답 ③ 난이도 ●●○

(1) 가랑의 첫 번째 진술이 거짓이라면 가랑은 범인이다. 이 경우 가랑의 두 번째 진술은 거짓이 되어 가랑의 모든 진술은 거짓이 된다. 따라서 가랑의 첫 번째 진술은 참이며, 가랑은 범인이 아니다.

(2) 한편, 나연의 두 번째 진술과 라준의 첫 번째 진술은 모순된다. 라준이 사건현장에 있지 않았다면 나연의 두 번째 진술은 거짓이고, 각자는 참인 진술을 적어도 하나 이상 말했으므로 나연의 첫 번째 진술은 참이어야 한다. 이 경우 나연과 라준은 범인이 아니다.
그런데 라준이 사건현장에 있지 않았다면 마진의 첫 번째 진술은 거짓이므로 마진의 두 번째 진술은 참이다.
이 경우 나연은 범인이 되므로 나연의 첫 번째 진술과 마진의 두 번째 진술이 모순된다.
따라서 라준은 사건현장에 있었다.

(3) 라준은 사건현장에 있었으므로 라준의 첫 번째 진술은 거짓이고, 각자는 참인 진술을 적어도 하나 이상 말했으므로 라준의 두 번째 진술은 참이어야 한다. 그런데 가랑은 범인이 아니므로 범인은 다솜이다.

합격자의 시간단축 Tip

Tip ❶

(1) 두 개의 진술을 한 사람들을 우선 검토하는 것이 좋으며, 이 때 임의의 한 진술을 참이라고 가정해도 되지만 임의의 진술을 거짓이라고 가정하는 것이 좋다. 가랑의 진술은 예외적으로 '다솜이 범인이다'라는 진술을 참이라고 가정했을 때 자연스레 '나는 범인이 아니다'라는 진술 역시 참으로 확정된다.

(2) 그러나 만일 반대로 '나는 범인이 아니다'라는 진술을 참이라고 가정하고 시작할 경우, 가랑이의 다른 진술인 '다솜이 범인이다'라는 진술에 대한 참 거짓 여부는 확정할 수 없다. 문제에서는 '적어도 하나의 진술은 참'이라고 했을 뿐이기 때문이다.
따라서 두 개의 진술 중 하나를 우선 임의로 거짓이라고 가정하고 문제를 푼 후, 모순이 생기면 해당 진술이 참일 것이라는 점을 활용해 문제를 푸는 것이 훨씬 유리할 것이다.

Tip ❷ 사소한 팁이기는 하나, 위처럼 각 인물의 이름이 주어진 경우에는 굳이 풀이 과정에서 전체 이름을 사용하지 않고 가, 나, 다, 라, 마 등으로 축약해서 사용해도 무방하다.

328 정답 ⑤ 난이도 ●●●

① (O) ㄱ→ㄹ→ㄷ→ㅂ의 순서로 원칙을 적용하는 경우 C, D, G는 같은 차량에 승차한다.
➜ 첫 번째로 <ㄱ 원칙>에 따라 운전자는 B, A 그리고 D 또는 F가 된다.
두 번째로 <ㄹ 원칙>에 따라 이미 운전자로 확정된 B와 A는 남성이므로 여성인 F가 운전자가 되며, 운전자는 최종적으로 B, A, F가 된다.
세 번째로 <ㄷ 원칙>에 따라 여성인 E는 여성 운전자인 F의 차량에 탑승해야 한다.
네 번째로 <ㅂ 원칙>에 따라 운전자만 승차하는 차량이 존재해야 하므로, 차량이 확정되지 않은 C, D, G는 B가 운전하는 차량 또는 A가 운전하는 차량에 모두 함께 승차하게 된다.

	나이	성별	면허보유기간	운전기간	키
A	33	남	4년	4년	큼
B	32	남	7년	7년	큼
C	30	남	5년	0년	작음
D	28	남	3년	3년	작음
E	26	여	5년	2년	큼
F	31	여	8년	3년	큼
G	25	남	1년	1년	작음

② (O) ㄱ→ㄷ 의 순서로 원칙을 적용하는 경우 F가 운전하게 된다.
➜ 첫 번째로 <ㄱ 원칙>에 따라 운전자는 B, A 그리고 D 또는 F가 된다.
두 번째로 <ㄷ 원칙>에 따라 여성만 승차하는 차량이 존재해야 하고, 여성만 승차할 경우 여성이 운전자가 되어야 한다. 따라서 이 경우 D가 아닌 F가 운전자가 된다.

③ (O) ㄹ→ㅅ→ㅂ의 순서로 원칙을 적용하는 경우 남성 운전자 혼자 타는 차량이 존재한다.
➜ 첫 번째로 <ㄹ 원칙>에 따라 여성이 운전하는 차량이 존재하여야 하는데, 여성 2명이 전부 운전하는 경우와 여성 1명이 운전하는 경우로 나뉘어 판단하도록 한다.
우선 여성 2명이 전부 운전하는 경우, 두 번째로 <ㅅ 원칙>에 따라 여성이 운전하는 두 차량에 남성이 각 두 명씩 탑승하게 된다. 이 경우 7명 중 6명이 두 차량에 탑승하고, 자동적으로 마지막 남성 1명이 마지막 차량에 탑승하여 운전을 하게 된다.
세 번째로 <ㅂ 원칙>에 따라 운전자만 승차하는 차량은 존재하고, 이 때 운전자는 남성이다.
다음으로 여성 1명이 운전하는 경우, 남은 여성 1명이 여성 운전자와 다른 차에 탑승할 수도 있고 같은 차에 탑승할 수도 있다. 다른 차에 탑승할 경우, 두 번째로 <ㅅ 원칙>에 따라 여성 운전자의 차량에도 남성이 두 명 탑승하고, 운전자가 아닌 여성이 탑승하는 차량에도 남성이 두 명 탑승하며 자동적으로 마지막 남성 1명이 마지막 차량에 탑승하여 운전을 하게 된다.
세 번째로 <ㅂ 원칙>에 따라 운전자만 승차하는 차량은 존재하고, 이 때 운전자는 남성이다.
한편, 남은 여성 1명이 여성 운전자와 같은 차에 탑승할 경우, 두 번째로 <ㅅ 원칙>에 따라 여성 운전자의 차량에 남성이 두 명 탑승하여 총 4명이 같은 차량에 탑승하고, 남은 인원은 3명이며 남은 차량은 2대이다. 이 경우 누가 어느 차량에 탑승하는 지와 무관하게 차량 한 대에는 남성 2명이 탑승하고 차량 한 대에는 남성 1명이 탑승한다. 따라서 세 번째로 <ㅂ 원칙>에 따라 운전자만 승차하는 차량은 존재하고, 이 때 운전자는 남성이다.
결과적으로 여성 2명이 전부 운전하는 경우와 여성 1명이 운전하는 경우 모두 남성 운전자 혼자 타는 차량이 존재한다.

④ (O) ㄷ 원칙을 우선 적용하면, ㄱ 과 ㅁ 중 어떤 원칙이 적용되어도 F가 운전하는 차량이 존재한다.
➜ <ㄷ 원칙>을 우선 적용하면 여성만 승차하는 차량이 존재해야 한다. 만약 <ㄱ 원칙>이 적용될 경우 F의 운전기간은 3년으로 E의 2년에 비해 길다. 따

라서 F가 운전하게 된다.

한편, 〈ㅁ 원칙〉이 적용될 경우 F의 면허보유기간은 8년으로 E의 5년에 비해 길다.

따라서 F가 운전하게 된다.

⑤ (×) ㅁ → ㅇ → ㄴ → ㅅ의 순서로 원칙을 적용하는 경우 F의 차량에는 ~~4명이 승차한다.~~

➜ 첫 번째로 〈ㅁ 원칙〉에 따라 운전자는 F, B 그리고 C 또는 E가 된다.

두 번째로 〈ㅇ 원칙〉을 적용하면 운전자인 F, B 그리고 C 또는 E만 앞쪽 좌석에 탑승할 수 있다(이것은 한 차량에 5명이 탑승할 수 없다는 의미이기도 하다).

세 번째로 〈ㄴ 원칙〉을 적용하면 앞쪽 좌석, 즉 운전자는 키가 큰 사람이어야 하므로 C는 운전자가 될 수 없으며 운전자는 최종적으로 F, B, E가 된다.

네 번째로 〈ㅅ 원칙〉을 적용하면 여성이 탄 차량에는 반드시 남성 두 명이 탑승하여야 하므로 여성인 F와 E가 운전하는 차량에는 남성이 각각 두 명씩 탑승하여야 한다. 이 경우 F와 E의 차량에는 각 3명, B의 차량에는 1명이 승차하게 된다.

	나이	성별	면허보유기간	운전기간	키
A	33	남	4년	4년	큼
B	32	남	7년	7년	큼
C	30	남	5년	0년	작음
D	28	남	3년	3년	작음
E	26	여	5년	2년	큼
F	31	여	8년	3년	큼
G	25	남	1년	1년	작음

합격자의 시간단축 Tip

(1) 고려해야 할 것이 많은 문제처럼 보인다. 그러나 〈조건 ㅅ〉을 잘 읽어보면, 다른 조건과는 달리 승차인원을 확정해준다. 차량에 여성이 한 명 있다면, 그 차에는 총 3명이 승차하고, 차량에 여성이 두 명 있다면 그 차에는 총 4명이 승차할 것이다.
이를 파악했다면 바로 차량 탑승인원수를 묻고 있는 선지 ⑤를 해결하러 가면 된다.
이때, 지문을 바꿔서 이해하면 F의 차량에 여성이 2명 탑승하는가? 를 묻고 있는 것이다.

(2) 그러나 조건 ㅇ과 ㄴ에 따라 앞쪽 좌석에 승차하는 운전자는 항상 키가 큰 사람이어야 하므로 C는 E와 면허보유기간이 동일하나 C는 운전자가 될 수 없다. 따라서 운전자는 면허보유기간이 긴 순서대로 F, B, E로 확정되어 F와 E가 각각 다른 차에 탑승하게 되므로 ⑤는 틀린 선지가 되는 것이다.
즉, 이 문제는 조건을 읽고 확정된 정보를 활용할 수 있다면 1분 안에도 풀 수 있는 문제지만, 이를 발견하지 못했다면 여러 조건들을 고려하느라 상당한 시간을 쓰게 되는 문제이다. 그렇기 때문에 앞으로 여러 조건들이 나오는 문제를 만난다면 바로 확정될 수 있는 정보를 담고 있는 조건이 무엇인지부터 생각해보는 연습을 해보는 것이 좋다.

(3) 하지만 바로 확정될 수 있는 정보를 찾지 못할 때, 과감하게 넘어가는 것도 필요하다. 연습으로 풀 때에는 확정될 수 있는 정보를 담고 있는 조건을 찾는 연습을 하는 것이 중요하다. 하지만 실전에서는 한 문제에 너무 오랜 시간을 잡는다면 나머지 문제를 풀어야 한다는 심적 압박과 동시에 마음이 급해 실수를 할 가능성이 높다. 그렇기 때문에 문제에 대한 연습을 하되 실전에서 조건이 잘 보이지 않거나 시간이 너무 오래 걸린다는 판단이 든다면 과감하게 넘길 수도 있어야 한다.

* 문제를 풀 때 어떻게 풀이를 시작해야 할지 모르겠다면, 〈원칙〉을 가장 적게 적용하는 선지부터 확인하는 것도 한 방법이다. 해당 문제의 경우 ④ → ② → ③ → ① → ⑤의 순서로 확인할 수 있다. 또한, 선지 ①번까지 확인하였으나 모두 옳은 선지였다면, 과감하게 ⑤번을 정답으로 체크하고 넘어갈 수도 있어야 한다. 시간이 부족한 상황에서는 오히려 효율적인 선택일 것이다.

Tip ❷ 이 문제의 난이도를 높이는 것은 문제의 발문에 있다. 평범한 문제라면 7명의 여행자가 승용차 3대에 나눠 탈 경우 3명 - 2명 - 2명으로 나눠 타는 것이 일반적이다. 그런데 문제를 보면, 7명의 여행자가 5인승 승용차 3대에 나눠 탄다고 하였다.
즉, 특정한 차량에 탑승하는 인원수까지 도출해야 함을 짐작할 수 있다. 특히 〈원칙 ㅂ〉를 보면 운전자만 승차하는 차량이 존재한다고 하여 승용차 1대에는 단 1명만 탑승하도록 설정하였다. 따라서 이 문제에 진입할 경우 시간이 조금 걸리거나 난이도가 있음을 감안하여야 한다.

329 정답 ❷ 난이도 ●●○

➜ 〈상황〉을 정리하면 다음과 같다.

	가구 수	월 평균소득	맞벌이 가구 수 (가구 유형의 30%)	빈곤 가구 수 (가구 유형의 20%)
무자녀	300	200만 원	90	60
한 자녀	600		180	120
두 자녀	500		150	100
세 자녀 이상	100		30	20
합계	1,500	-	450	300

(1) A안의 월 소요 예산
① (월 소요 예산)=(해당 가구수)×(가구당 지원 금액)이다.
② 이때 빈곤 가구수는 300가구이고, 가구당 지원 금액은 200만 원×25%=50만 원이다.
③ 따라서 (A안의 월 소요 예산)=300(가구)×50(만 원/가구)=15,000만 원이다.

(2) B안의 월 소요 예산
① 한 자녀 가구 수는 600가구, 가구당 지원 금액은 10만 원이다.
② 두 자녀 가구 수는 500가구, 가구당 지원 금액은 20만 원이다.
③ 세 자녀 이상 가수 수는 100가구, 가구당 지원 금액은 30만 원이다.
④ 따라서 B안의 월 소요 예산은 600×10+500×20+100×30=6,000+10,000+3,000=19,000만 원이다.

(3) C안의 월 소요 예산
① 한 자녀 가구 수는 180가구, 가구당 지원 금액은 30만 원이다.
② 두 자녀 가구 수는 150가구, 가구당 지원 금액은 30×2= 60만 원이다.
③ 세 자녀 이상 가수 수는 30가구, 가구당 지원 금액은 100만 원이다.
④ 따라서 C안의 월 소요 예산은 180×30+150×60+30×100=5,400+9,000+3,000= 17,400만 원이다.

따라서 A < C < B이다.

합격자의 시간단축 Tip

Tip ❶ 난이도보다는 시간 소모가 문제되는 유형이다. 이러한 유형은 무작정 계산을 시작하기 보다는 방향성 또는 예측을 해보고 시작하는 것이 좋다.
예를 들어, 소요 예산은 해당 가구수와 가구당 지원 금액의 곱으로 구성되어 있으므로, 각 변수의 값이 클수록 소요 예산이 클 개연성이 켜진다.
확인해보면 B안의 경우 가구 수가 많으며, C안의 경우 가구당 지원 금액이 크다.
따라서 B나 C 중 1개가 가장 크고, 다른 하나가 그 다음으로 클 개연성이 높다는 것을 알 수 있다. 이처럼 방향성을 잡고 확인할 경우, 보다 빠른 문제 해결이 가능할 것이다.

Tip ❷
(1) C안의 경우 구체적인 계산은 피하는 것이 좋다. A안이 15,000, B안이 19,000으로 깔끔하게 나온 상태에서 C안이 어느정도 수준인지만 파악하면 되기 때문이다. 복잡하게 나온 것 같지만 묶음으로 계산하면 쉽게 계산할 수 있게 출제되었다. 구체적으로 보면
① (한 자녀 가구수)=180×30
② (두 자녀 가구)=150×(30×2)
③ (세 자녀 가구)=30×100
각 가구가 30으로 묶이며, 이는 {180+(150×2)+100}×30=580×30이다. 이는 600×30인 18,000 보다 작다.
따라서 A < C < B가 된다고 판단하였다.
(2) 또는, 전체 가구를 대상으로 소요되는 예산을 계산한 후 마지막에 30%를 적용하는 방법도 가능하다. 즉, 전체 가구에 대해 자녀 수에 따라 각각 30만 원(세 자녀 가구의 경우 100만 원)을 지급한다고 가정하면, (한 자녀 가구수)=30×600, (두 자녀 가구수)=30×2×500, (세 자녀 가구수)=100×100이므로 전체 합은 30×1,600+100×100=48,000+10,000=58,000이다.
맞벌이 가구는 각 가구 유형의 30%이므로 C의 소요 예산은 58,000×0.3이다.
위와 마찬가지로 58,000×0.3 < 60,000×0.3=18,000이므로 A < C < B 임을 알 수 있다.

330 정답 ⑤ 난이도 ●○○

이동수단	비용	경제성 등급
렌터카	(50$+10$)×3=180$	하
택시	1$×(100+50+50)=200$	중
대중교통	40$×4=160$	상

이를 반영한 각 고려요소의 평가점수와 이를 합산한 최종점수는 다음과 같다.

이동수단	경제성	용이성	안전성	최종점수
렌터카	2	3	2	7
택시	1	2	4	7
대중교통	3	1	4	8

따라서 대중교통의 최종점수가 가장 높고, 그 비용은 160$이다.

합격자의 시간단축 Tip

Tip ❶ 쉬운 문제의 경우 실수하지 않는 것이 가장 중요하다. 이 문제에서 실수할 수 있는 포인트는 안전성의 점수가 2배로 계산된다는 부분이다. 이러한 특수한 조건이 있는 경우에는 우선적으로 처리해주는 것이 좋다.

순서대로 각각 2점, 4점, 4점 순으로 써 놓는 등의 각자만의 표시를 통해 실수하지 않도록 주의한다.

Tip ❷ 굳이 상, 중, 하를 점수로 치환하지 않더라도 어떤 이동수단의 최소비용이 적을지 쉽게 도출 가능하다. 안전성 점수는 2배로 계산하므로, 안정성 항목 옆에 렌터카, 택시, 대중교통 각각 하, 중, 중을 한 번 더 써넣어 고려해주면 안전성 점수를 2배로 계산한 것이 된다.
확인해보면, (경제성, 용이성, 안정성1, 안정성2)는 각각 렌터카=(중, 상, 하, 하) 택시=(하, 중, 중, 중) 대중교통=(상, 하, 중, 중)이므로, 상, 중, 하 순서대로 높은 점수이고 등급 별 점수의 간격이 1점으로 동일함을 고려할 때, 렌터카보다 대중교통이 '하'가 하나 적고 '중'이 하나 많으며, 택시에 비해 대중교통이 '중'이 하나 적고 '상'이 하나 많으므로, 대중교통이 가장 높은 점수임을 바로 확인할 수 있다.
계산 실수가 잦은 사람이나 시간을 단축하고 싶은 사람이라면 이러한 방법을 활용해도 좋을 것이다.

331 정답 ③ 난이도 ●●○

문제의 〈조건〉을 구분하기 위해, 위에서부터 순서대로 조건 ㄱ~ㅂ라 하자.

(1) 조건 ㄹ에 의하면 나민과 다민은 경영학 전공자가 아니므로 가민은 경영학 전공자이다.
반면, 조건 ㄱ에 의하면 경영학 전공자는 재무학 전공자로부터 과외를 받았으므로, 경영학 전공자인 가민은 재무학 전공자가 아니다. 조건 ㅂ에 의하면 경제학 전공자는 경영학 전공자의 부모님과 아는 사이이므로 가민은 경제학 전공자도 아니다.

(2) 또한, 조건 ㄴ에 의하면 행정학 전공자, 물리학 전공자와 가민은 같은 아파트에 살고 있으므로 가민은 행정학 전공자도 물리학 전공자도 아니다.
이상을 정리하면 가민은 재무학, 경제학, 행정학, 물리학 전공자가 아니므로 경영학과 회계학 전공자이다.

(3) 조건 ㄷ에 의하면 물리학 전공자로부터 생일 선물을 받은 나민은 물리학 전공자일 수 없다. 이에 따라 다민이 물리학 전공자가 된다.
또한, 조건 ㄴ에 의하면 행정학 전자와 물리학 전공자는 다른 사람이므로 물리학 전공자가 아닌 나민은 행정학 전공자이다. 마지막으로 조건 ㅁ에 의하면 행정학 전공자는 경제학 전공자와 만났으므로 행정학 전공자인 나민은 경제학 전공자가 아니다.

(4) 이상을 정리하면 나민은 경영학, 회계학, 물리학, 경제학 전공자가 각각 아니므로 행정학과 재무학 전공자이며, 이에 따라 다민은 물리학과 경제학 전공자이다.

	가	나	다
경영학	○(ㄹ)	×	×
회계학	○	×	×
재무학	×(ㄱ)	○	×
경제학	×(ㅂ)	×(ㅁ)	○
물리학	×(ㄴ)	×(ㄷ)	○
행정학	×(ㄴ)	○(ㄴ)	×(ㄴ)

합격자의 시간단축 Tip

Tip ❶ 확정적인 정보부터 확인해야 한다.

(1) 가장 많은 정보를 내포하는 조건은 ㄴ과 ㄹ로, 동시에 세 명의 사람에 대한 정보를 주고 있다. 따라서 해당 조건부터 시작하여 빈칸을 채워 나가도록 한다. 본 문제의 포인트는 다민의 전공이므로, 최대한 이를 빠르게 알아내는 방향으로 문제에 접근해야 한다.

(2) 다른 사람에 대한 정보를 아예 고려하지 않고 접근하는 것은 불가능하므로, 가장 정보가 많은 가민의 전공을 알아낸 후 곧바로 이를 다민에 적용한다. 조건 ㄴ과 조건 ㄹ을 종합하면 행정학과 물리학을 전공하지 않으며 경영학을 전공한다는 사실을 알 수 있어 세 과목에 대한 전공 여부를 알 수 있다. 이로부터 출발하면 가장 빠르게 많은 정보를 획득할 수 있다.
① ㄹ로부터 다민은 경영학 전공자가 아니며, 가민이 경영학과 회계학을 전공하므로 회계학 역시 전공하지 않는다.
② ㄴ에서 나민이 물리학 전공자로부터 생일 선물을 받았는데 가민은 물리학을 전공하지 않으므로 '다'는 물리학 전공자이다. 따라서 ㄴ에서 다민은 행정학 역시 전공하지 않음을 알 수 있다.
③ 이상의 정보를 통해 선지를 확인해보면 물리학이 포함된 선지는 ①, ③, ⑤인데, 그 중 회계학과 행정학은 전공하지 않는다고 했으므로 답이 될 수 있는 선지는 ③이다.
위 방법을 따라갈 경우, 가민의 전공이 무엇인지는 구체적으로 구해야 하나, 나민의 전공이 무엇인지는 구하지 않아도 다민의 전공을 구할 수 있다. 해설의 방법보다 풀이 시간이 단축될 것이다.

Tip ❷ 직접적으로 언급되는 부분이 아니어도 확정정보를 도출해낼 수 있다. 대표적으로 '나머지가 모두 부정되는 것'이다. 가민~다민 세 명이 있다고 할 때, 어떤 과목이 가민의 전공도 아니고, 나민의 전공도 아니라면 다민의 전공이 되는 식이다.
이를 인지한다면 조건 ㄴ, ㄷ에 접근할 때도 '물리학'이 바로 눈에 띄어야 한다. 조건 ㄴ을 통해 가민은 물리학 전공자가 아니며, ㄷ을 통해 나민 또한 물리학 전공자가 아님이 도출된다. 그렇다면 물리학 전공자는 다민일 수 밖에 없으며, 행정학 전공자는 나민임을 알 수 있다. 이런 방식으로 확정정보를 구성하는 문제는 매우 흔하니 숙지하도록 한다.

332 정답 ⑤

난이도 ●●○

간호사 별 첫 당직시간을 표로 정리하면 다음과 같다.

이름	수현	승환	주아	재협
당직시간	00시~06시	06시~12시	12시~18시	18시~24시

[원칙 2]와 [원칙 3]을 순서대로 적용한 후의 간호사 별 당직시간을 정리하면 다음과 같다.
([원칙 3]과 [원칙 2]의 순서대로 적용하더라도 결과는 동일하다.)

이름	주아	재협	수현	승환
당직시간	00시~06시	06시~12시	12시~18시	18시~24시

따라서 답은 ⑤다.

합격자의 시간단축 Tip

Tip ❶ 각 조건을 적용하기에 앞서 어떠한 조건을 우선적으로 고려해야 할지 판단해야 한다.

(1) 승환은 남자 간호사로, [원칙 3]에는 적용을 받지 않는다. 따라서 승환을 움직이는 것은 [원칙 1] 또는 [원칙 2]이다.

(2) 승환은 최종적으로 06~12시에서 18~24시로 이동해야 한다. 그러나 만일 [원칙 1]을 먼저 적용할 경우, 승환은 00~06시로 이동하게 되어 남아있는 [원칙 2]와 [원칙 3]에 따라서는 18~24시에 근무할 수가 없다. 따라서 [원칙 2]가 먼저 적용될 것이고, 그 경우 이미 승환은 18~24시에 당직을 서게 되기 때문에 더 이상의 이동은 없어야 한다.

(3) 승환의 이동이 없기 위해서는 마지막으로 적용되는 원칙이 그와 상관없는 [원칙 3]이어야 한다. 원칙 적용에 따른 당직 순서 변경을 표로 나타내면 다음과 같다.
참고로 [원칙 3] 적용 후, [원칙 2]를 적용해도 결과는 같다. 결국 [원칙 1]이 적용되지 않는다는 점이 중요하다.

	첫 배정	1차 재배정	2차 재배정
적용된 원칙		[원칙 2]	[원칙 3]
00~06시	수현	수현	주아
06~12시	승환	재협	재협
12~18시	주아	주아	수현
18~24시	재협	승환	승환

Tip ❷

(1) 시간대를 기준으로 적용되는 원칙들인 [원칙 1]과 [원칙 2] 간의 관계를 자세히 살펴보자. 현재 승환은 18~24시로 이동해야 하므로 문제 풀이에서 집중해야 할 것은 06~12시와 18~24시의 당직 순서 변경에 영향을 줄 요소들이다.
[원칙 1]은 모든 시간대에 적용되는 반면 [원칙 2]는 06~12시와 18~24시에 근무한 간호사에게만 적용된다. 즉 시간대를 크게 두 개로 나누면 두 원칙에 모두 적용을 받는 '06~12시, 18~24시'가 하나, 그렇지 않은 시간대인 '00~06시, 12~18시'가 하나로 묶일 수 있다.

(2) 만일 두 원칙이 함께 적용된다면 원칙의 적용 순서와 무관하게 결론적으로 두 그룹의 간호사는 서로 시간을 교환하게 된다. 이는 다시 말해 두 원칙이 모두 적용된다면 '06~12시, 18~24시'그룹에서 시작한 승환은 무조건 그룹이 바뀌어, '00~06시, 12~18시' 둘 중 하나에 배정될 것이라는 뜻이다. 이를 나타내면 아래 표와 같다. '00~06시, 12~18시' 그룹의 간호사는 색 으로, '06~12시, 18~24시'그룹의 간호사 c와 d는 체크무늬으로 칠하였다. [원칙 1]과 [원칙 2]를 체크무늬 가 들어간 시간대에 각각 한 번씩 적용한 결과, 각 그룹의 간호사들이 서로 그룹을 바꾸었다.

	초기 배정	[원칙 1] 적용	[원칙 2] 적용	원칙 적용 효과
00~06시	수현	승환	승환	승환
06~12시	승환	수현	주아	주아
12~18시	주아	재협	재협	재협
18~24시	재협	주아	수현	수현

(3) 따라서 승환이 계속해서 '06~18시, 18~24시'의 그룹에 머무르기 위해서는 두 그룹 간 교체를 야기하는 [원칙 1]의 적용이 없어야 한다.

Tip ❸ 역으로 생각해보자. 우선 현재 승환은 6시~12시 당직이며 두 번의 재배정을 거쳐 18시~24시가 되었다. 이때 바로 직전에 적용된 원칙으로 무엇이 가능할지를 생각해 볼 수 있다.
이때 가능한 것은 [원칙 2]이다. 그렇다면 [원칙 2]를 적용하기 전 승환은 6시~12시에 있어야 할 것이다. 이는 첫번째 재배정 후에도 승환이 6시~12시에 있어야 함을 의미한다.
따라서 [원칙 1]은 승환이 대상이 되기 때문에 적용되기 어려우며, 처음엔 [원칙 3]이 적용됨을 알 수 있다. 두 번의 재배정이 있다고 해서 당황할 필요가 없다. 확정된 결과를 기준으로 두고 거꾸로 가능한 원칙들을 적용해 보면 된다.

333 정답 ④ 난이도 ●●○

ㄱ. (O) 공휴일인 어린이날에는 출발지에서 13 : 00에 버스가 출발한다.
➜ 시간대별 배차 간격에 따르면 13 : 00은 B시간대에 해당한다. 공휴일에는 B시간대의 배차 간격이 60분이므로 어린이날의 B시간대 버스 출발 시간은 12 : 00, 13 : 00, 14 : 00이다.
따라서 공휴일인 어린이날에는 출발지에서 13:00에 버스가 출발한다.

ㄴ. (O) 막차는 출발지에서 반드시 22 : 00 이전에 출발한다.
➜ 한 대의 버스가 1회 운행하는 데 소요되는 총 시간은 2시간으로 고정되어 있으므로, 24 : 00 이내에 모든 버스가 운행을 마치고 종착지에 들어오기 위해서는 늦어도 24:00의 2시간 전인 22 : 00에는 출발해야 한다.

ㄷ. (×) 일요일에 막차가 종착지에 도착하는 시간은 ~~23 : 00이다.~~
➜ 일요일 C시간대의 배차 간격은 75분이며, 이를 바탕으로 버스 출발 시간을 정리하면 다음과 같다.

	출발 시간 (C 시간대)						
일요일	14:00	15:15	16:30	17:45	19:00	20:15	21:30

한 대의 버스가 1회 운행하는 데 소요되는 총 시간은 2시간이므로, 막차인 21 : 30에 출발하는 버스가 종착지에 도착하는 시간은 21 : 30으로부터 2시간 후인 23:30이다.

ㄹ. (O) 출발지에서 09 : 30에 버스가 출발한다면, 이 날은 토요일이다.
➜ 요일 별 배차 간격을 적용하여 A시간대의 버스 출발 시간을 정리하면 다음과 같다.

	출발 시간 (A 시간대)								
평일	06:00	06:20	06:40	07:00	…	09:00	09:20	09:40	…
토요일	06:00	06:30	07:00	07:30	…	08:30	09:00	09:30	…
일요일(공휴일)	06:00	06:40	07:20	08:00	…	09:20	10:00	10:40	…

따라서 출발지에서 버스가 09 : 30에 출발한다면, 이 날은 토요일이다.

합격자의 시간단축 Tip

보기 ㄱ. 주어진 13 : 00가 옳다고 보고, 공휴일의 배차 간격이 60분인지 확인한다.
이처럼 선지를 옳다고 보고 모순이 발생하는지 확인하는 '대입-모순 확인법'을 활용하면 좋다.

보기 ㄴ. 첫 번째, 두 번째 조건의 조합에 따라 24시 마감을 하기 위해선 22 : 00 이전에는 출발해야 한다. 이때, 총 운행 **소요시간을 보는 것이 핵심이며, 운영시간표를 보면서 헷갈리면 안 된다.**

> * 헷갈리지 않기 위해서 미리 소요시간인 '2시간'에 동그라미를 치는 것과 같은 표시를 해 두는 것이 좋다.

보기 ㄷ. 해설처럼 모든 출발 시간을 확인하는 것은 매우 비효율적이다.
여기서 시간 계산이 어려운 이유는 배차시간이 75분으로 직관적이지 않기 때문이다.
따라서 익숙한 1시간, 1시간 30분과 같은 형태로 전환해주는 것이 좋다.
예를 들어, 〈보기 ㄷ〉의 경우 75분을 2배하면 150분으로 2시간 30분이며, 4배하면 5시간이다.
이를 통해 '대입-모순 확인법'을 활용하여 주어진 23 : 20의 2시간 전인 21 : 20 과 유사한 시간을 만들어 보자. 14 : 00의 7시간 30분(2배+4배) 후는 21 : 30이므로, 21 : 20이 아님을 쉽게 알 수 있다.
이러한 방법을 곧바로 생각해내기 힘들다면 75분을 60분과 15분으로 나누어 생각하는 것도 좋은 방법이다. 60분과 15분으로 나누었을 때 15분은 60분의 1/4이며 15분이 네 개 모이면 60분이므로, 75분을 네 번 더하면 60(분) × 4 + 60(분) = 5(시간)임을 빠르게 생각해낼 수 있다.

> * 시간 문제가 나오는 경우 60진법에 익숙해지는 것도 좋은 방법이다. 막차가 종착지에 도착하는 시간이 23:20이므로, 막차는 21:20에 출발하여야 한다.
> 이때 C시간대의 첫 출발시간인 14:00과의 차이는 7시간 20분이다. 이를 '분' 단위로 변환하면 440분이고, 이는 75의 배수가 아니므로 틀리다고 판단해도 좋다.

보기 ㄹ. 모든 출발 시간을 확인해볼 필요가 없다. 보기 ㄷ과 마찬가지로 형태만 가볍게 확인하면 된다. 다만 문제에서 요구하는 바에 따라, 정확한 시간을 도출하기 보다는 'n시 30분' 형태가 도출되는지 검토하는 형태로 처리하는 것이 바람직하다.

① 평일: 배차간격상 20분 – 40분 – 60분의 형태만 만들어지므로 30분은 나올 수 없다.
② 토요일: 배차간격상 30분 – 60분의 형태만 만들어지므로 30분은 나올 수 있다.
③ 일요일: 배차간격상 40분 – 20분 – 00분의 형태만 만들어지므로 30분은 나올 수 없다.
따라서 09 : 30에 버스가 출발한다면 항상 토요일에 해당한다.
혹은 첫차 출발 시간인 06 : 00부터 09 : 30은 3시간 30분이 지난 상황이므로, '분' 단위로 변환한 210분이 평일(= 20분), 토요일(= 30분), 일요일(= 40분)의 배차간격 중 어느 배차간격의 배수가 될 수 있는지 확인하는 방식으로 풀어도 된다.
위 두 방법들을 활용하면 출발 시간을 고려하지 않아도 되어 보다 빠르게 문제를 풀 수 있다.

334 정답 ②

난이도 ●○○

(1) 설립방식: (고객만족도 효과의 현재가치) – (비용의 현재가치)의 값을 방식 별로 계산하면 다음과 같다.

(가)방식	(나)방식
5억 원 – 3억 원 = 2억 원	4.5억 원 – 2억 원 – 1억 원 – 0.5억 원 = 1억 원

따라서 (가) 방식이 선택된다.

(2) 설립위치: 조건에 따라 20~30대 비율이 50% 이하이므로 乙은 선택되지 않는다.
A사의 공식에 따라 계산하면
• 甲: $80 \times \frac{75}{3} = 2,000$
• 丙: $75 \times \frac{60}{2} = 2,250$
따라서 값이 큰 丙이 선택된다.

합격자의 시간단축 Tip

Tip ①

(1) 甲과 丙을 비교할 때, 두 값을 직접 계산할 필요는 없다. 문제해결 파트 또한 자료해석에서 공부한 대소비교방법이 종종 유용하게 쓰일 때가 있다. 비교를 위해 곱해야 할 값은 각각 甲이 80, 25이고 丙은 75, 30이다. 두 경우 모두 두수의 합이 105이므로 두 값이 더 가까운 丙의 값이 더 큼을 알 수 있다. 이는 $(a + b)(a - b) = a^2 - b^2$를 응용한 대소비교 방법이다.

(2) 예를 들어, 10×20과 14×16을 비교한다고 해보자. 전자의 경우 $(15 - 5) \times (15 + 5) = 225 - 25$이고, 후자의 경우 $(15 - 1) \times (15 + 1) = 225 - 1$ 이다.
즉, 곱셈으로 이루어진 두 수를 비교할 때, 각 항의 합이 동일한 수끼리 비교하는 경우에는 두 값이 두 값의 평균으로부터 떨어진 정도가 클수록 결과 값은 작아진다.
이러한 대소비교를 하지 않아도 다양한 방법으로 대소비교가 가능하니, 이해가 되지 않는다면 넘어가도 좋다. 여기서는 $\frac{80 \times 75}{3}$ vs $\frac{75 \times 60}{2}$이므로, 75를 빼고 $\frac{80}{3}$과 30 만 비교하면 더 쉽다.

Tip ② 비용 계산 방식에서 (가) 방식의 경우 5억–3억=2억으로 계산이 쉽다. (나)에서는 로열티 비용을 추가로 계산해주어야 하는데, 당해년도는 2억원, 그 다음 해부터는 직전년도의 $\frac{1}{2}$이라고 했으므로 1억 원과 0.5억 원을 더해주어야 한다.
그러나 4.5억 원에서 2억 원을 뺐을 때 이미 2.5억 원으로 (가)와 0.5억 원밖에 차이 나지 않고, 앞으로 뺄 값이 0.5보다는 크다는 게 확실하므로 구체적인 계산을 해주지 않고 (가)를 골라도 좋다.

335 정답 ②

난이도 ●○○

ㄱ. (O) 甲이 총 3번의 대결을 하면서 각 대결에서 승리할 확률이 가장 높은 전략부터 순서대로 선택한다면, 3가지 전략을 각각 1회씩 사용해야 한다.
① 첫 번째 대결의 경우, 승률이 가장 높은 전략인 C전략(90%)을 채택한다.
② 두 번째 대결의 경우 앞서 C전략은 1번 활용되었으므로 승률이 40%가 되어 승률이 가장 높은 전략인 B전략(70%)을 채택한다.
③ 세 번째 대결의 경우 B전략은 1번 활용되었으므로 승률이 30%가 되어 승률이 가장 높은 전략인 A전략(60%)을 채택한다.
따라서 3가지 전략을 각각 1회씩 사용한다.

ㄴ. (X) 甲이 총 5번의 대결을 하면서 각 대결에서 승리할 확률이 가장 높은 전략부터 순서대로 선택한다면, 5번째 대결에서는 ~~B전략을 사용해야 한다.~~
① 3번까지의 대결은 보기 ㄱ과 동일하게 C → B → A이다.

② 네 번째 대결의 경우 승률이 가장 높은 전략인 A전략(50%)을 채택한다.

③ 다섯 번째 대결의 경우 A는 총 2회 활용되었으므로 승률이 40%가 되어, 승률이 가장 높은 전략인 A전략(40%) 또는 C전략(40%)을 채택한다. 둘 중 어떤 전략을 채택할지는 제시된 조건만으로는 알 수 없으나, B전략을 채택하지 않음은 알 수 있다.

ㄷ. (O) 甲이 1개의 전략만을 사용하여 총 3번의 대결을 하면서 3번 모두 승리할 확률을 가장 높이려면, A전략을 선택해야 한다.

→ 각 전략의 3번 모두 승리할 확률을 도출하면 다음과 같다.

① A전략: 60%×50%×40% = 12%

② B전략: 70%×30%×20% = 4.2%

③ C전략: 90%×40%×10% = 3.6%

따라서 가장 높은 전략은 A전략이다.

ㄹ. (×) 甲이 1개의 전략만을 사용하여 총 2번의 대결을 하면서 2번 모두 패배할 확률을 가장 낮추려면, ~~A전략을 선택해야 한다.~~

→ 각 전략을 사용했을 때 2번 모두 패배할 확률을 도출하면 다음과 같다.

① A전략: 40%×50% = 20%

② B전략: 30%×70% = 21%

③ C전략: 10%×60% = 6%

따라서 가장 낮은 전략은 C전략이다.

합격자의 시간단축 Tip

Tip ❶ 이 문제의 핵심은 순서대로 풀 필요가 전혀 없다는 점이다.

	1회	2회	3회	4회
A전략	60→③	50→④	40→⑤	0
B전략	70→②	30	20	0
C전략	90→①	40→⑤	10	0

보기 ㄱ. 간단히 생각해보면, 승리할 확률이 가장 높은 전략만 선택한다는 것은 곧, 해당 〈표〉에서 가장 큰 숫자 3개를 선택하는 것과 같다. 왜냐하면 각각의 대결은 독립적이어서 이전 대결에서 어떤 전략을 사용하고 승률이 얼마였든 간에 이번 대결에서의 승률은 주어진 표를 따르기 때문이다. 따라서 숫자가 가장 큰 90, 70, 60을 선택할 것이므로 A, B, C 전략을 한 번씩 활용함을 쉽게 알 수 있다.

보기 ㄴ. 보기 ㄱ과 마찬가지이다. 90, 70, 60, 50, 40 순으로 맞게 될 것이므로 당연히 B전략을 5번째에서 선택하지 않는다. 이때 굳이 5번째에 어떤 전략을 사용할지 고려할 필요가 전혀 없음을 염두에 두어야 한다. B전략이 선택되지 않음을 확인했다면 바로 다음 선지로 넘어간다.

* 위 표에서 이해의 편의상 선택 순서를 적시하였으나, 실제 풀 때는 순서를 알 필요가 없다. 단순히 큰 숫자 개수만 체크하는 것으로 충분하다.

Tip ❷ 〈보기 ㄷ, ㄹ〉을 해결할 때 소수 값으로 접근하지 않아도 무방하다. 단순 대소비교가 목표이기 때문에 단위만 동일하게 잡아주면 별다른 문제없이 풀 수 있기 때문이다.

즉, 앞자리 숫자만 따서 계산하면 된다. 예를 들어, 〈보기 ㄷ〉은 다음과 같이 풀 수 있다.

① A전략: 6×5×4 = 120, ② B전략: 7×3×2 = 42, ③ C전략: 9×4×1 = 36

* 단, 주의할 점은 10단위의 %만 주어진 것이 아니라 1의 자리 %값도 주어진 경우와 같이, 횟수 별 단위가 다를 수 있다는 것이다. 예를 들어, A전략의 승률이 60%→50%→4%라면, 위와 같이 곱하는 것이 아니라 6×5×0.4가 되어야 한다는 점을 유념해야 한다. (또는 3회의 경우에만 전체 숫자를 곱하는 방식으로 해결할 수 있다. B전략의 경우 7×3×20의 식으로 계산하면 된다.)

Tip ❸ 만약 검토를 하고 싶다면 위와 같은 문제들은 반례를 찾으면 된다. 대체적으로 보기에서 '~할 수 있다'와 '~한다'의 표현을 유념해서 읽을 필요가 있다. '~한다'의 경우 반례를 찾기가 더 쉬운데, 그 이유는 확정된 어조로 작성되었기 때문이다. 하나라도 반례가 나온다면 틀린 보기가 된다. 문제의 경우 ㄱ, ㄴ, ㄷ, ㄹ가 전부 '~해야 한다'로 끝나므로 그러지 않았을 경우 중 가장 극단적인 경우를 가정해보면 된다.

* 〈보기 ㄷ〉과 〈보기 ㄹ〉은 사실상 같은 내용이다. 승리할 확률을 가장 높이는 것과 패배할 확률을 가장 낮추는 것은 같은 의미이기 때문이다. 따라서 두 선지를 푸는 과정에서 반복되는 과정은 생략하여 최대한 시간을 줄이는 것이 필요하다.

독끝 12일차 (336~365)

정답

336	④	337	⑤	338	③	339	①	340	④
341	③	342	⑤	343	③	344	③	345	③
346	⑤	347	③	348	⑤	349	④	350	⑤
351	④	352	③	353	⑤	354	①	355	③
356	③	357	③	358	①	359	③	360	②
361	②	362	①	363	④	364	⑤	365	⑤

336 정답 ❹ 난이도 ●●○

(1) (A)

① 〈그림〉에 따르면 2018년 다른 직업군을 선호하다가 2019년 (A)를 선호하게 된 응답자 수는 공기업에서 15명, 대기업에서 11명, 국가기관에서 4명으로 총 30명이다.
한편, 2018년 (A)를 선호하다가 2019년 다른 직업군을 선호하게 된 응답자 수는 공기업으로 26명, 대기업으로 6명으로 총 32명이다. 따라서 2019년 (A) 직업군을 선호하는 응답자 수는 2018년에 비해 2명 감소하였다.

② 〈표〉에 따르면 외국계기업의 경우 2018년 126명의 응답자가 선호하는 직업군이었으나 2019년 124명의 응답자가 선호하는 직업군이 되어 2018년에 비해 2명 감소하였다. 따라서 (A)는 외국계기업이다.

(2) (a)

① (B)는 전문계기업으로, 〈표〉에 따르면 2018년 99명의 응답자가 선호하는 직업군이었으나 2019년 125명의 응답자가 선호하는 직업군이 되어 2018년에 비해 26명 증가하였다. 〈그림〉에 따르면 2018년 전문계기업을 선호하다가 2019년 다른 직업군을 선호하게 된 응답자 수는 공기업으로 5명, 대기업으로 7명, 자영업으로 3명으로 총 15명이다.

② 한편, 2018년 다른 직업군을 선호하다가 2019년 전문계기업을 선호하게 된 응답자 수는 대기업에서 (a)명, 국가기관에서 19명, 자영업에서 9명으로 총 (a) + 28명이다.

③ 2019년 전문계기업을 선호하는 응답자 수는 2018년에 비해 26명 증가하였으므로 2018년 대기업을 선호하다가 2019년 전문계기업을 선호하게 된 응답자 수(a)는 13명이다.

합격자의 시간단축 Tip

Tip ❶ 구체적인 수치를 도출하지 않고 선지와 비교해 확인만 해보는 것으로도 충분하다.
선지를 보면 (A)는 전문직기업 또는 외국계기업이고 〈표〉에서 전문직 기업은 응답자 수가 증가했고 외국계기업은 감소했으므로, (A)의 유출된 인원이 유입된 인원보다 많은지(응답자 수의 증감여부)만 확인해도 된다.
마찬가지로, (A)가 외국계기업임을 알았다면 답은 ④번 또는 ⑤번이므로 (a)는 13명 또는 14명일 것이다. 둘 중 하나를 〈그림〉에 대입해 모순이 없는지 확인하고, 모순이 없다면 해당 선지는 정답, 모순이 있다면 다른 선지가 답일 것이다.

Tip ❷ 문제에서 주어진 응답자 수가 100명, 1,000명으로 나와 있을 때는 계산을 용이하게 할 수 있도록 하기 위한 힌트라고 생각하면 좋다. 백분율은 그 분모를 100으로 하고 있기 때문에 응답자 수가 1,000명일 경우 자연스레 백분율에 10을 곱한 것이 응답자 수, 또는 선호하는 사람 수가 될 것이다. 즉 응답자가 1,000명인 경우 소수점 첫째자리가 한 명과 대응된다.
(예를 들어, 0.1%는 1명, 0.7%는 7명이다.) 이러한 관계를 확인했다면 〈그림〉에서의 수치를 다시 백분율로 환산하는 절차는 거치지 않아도 문제가 없을 것이다.

Tip ❸ (a)를 구하는 또다른 방법으로,
(2018년에 다른 기업을 선택했으나 2019년에 대기업을 선택한 인원수)−(2018년에 대기업을 선택했으나 2019년에는 다른 기업을 선택한 인원수)=36−(43+a)=20의 식을 활용할 수 있다. 이때, 20은 (15.2% − 13.2%)×100 을 통해서 구할 수 있다.

* 문제를 처음 접할 때에는, 문제에서 요구하는 바가 2018년 조사결과 중 국가기관과 공기업에 표시된 "?"일 것이라고 착각할 수 있다. 그러나 실제로 첫 번째 문제를 푸는 것에는 전혀 필요가 없는 정보이므로 괜한 표현에 현혹되지 않아야 한다.

337 정답 ❺ 난이도 ●●○

〈그림〉을 바탕으로 주어진 〈표〉를 완성하면 다음과 같다.

(단위: %)

구분	2018년	2019년	변화분(%p)
자영업	8.6	8.8	+0.2
국가기관	21.3	24.3	+3.0
전문직기업	9.9	12.5	+2.6
외국계기업	12.6	12.4	−0.2
대기업	15.2	13.2	−2.0
공기업	32.4	28.8	−3.6
계	100	100	-

〈표〉에 따르면 2019년의 선호도가 2018년에 비해 가장 많이 감소한 직업군은 2018년 대비 3.6%p 감소한 공기업이다.

합격자의 시간단축 Tip

Tip ❶

(1) 반드시 모든 기업의 변화를 구할 필요는 없다. 가장 먼저 숫자가 주어진 기업들 중 가장 큰 선호도 감소를 보인 기업은 대기업임을 쉽게 알 수 있다. 따라서 대기업과 2018년의 선호도가 나와 있지 않은 국가기관 및 공기업 간의 선호도 변화만을 비교하면 된다.
그러나 국가기관의 경우 국가기관을 새로이 선호하게 된 사람이 32명과 21명, 더 이상 선호하지 않게 된 자는 19명과 4명으로 각각의 숫자를 비교해 보았을 때 32명이 19명보다, 21명이 4명보다 커 선호하는 사람이 증가했음을 알 수 있다. 따라서 구체적인 비교는 대기업과 공기업 간에만 이루어지면 된다.

(2) 이때, 역시 최대한 계산을 줄이기 위해서는 숫자를 각각 비교하는 것이 좋다.
대기업은 23 + 7 + 6명이 증가, 공기업은 26 + 5명이 증가한다. 대기업의 23명 중 20과 공기업의 26명 중 20을 소거하고, 대기업의 6과 공기업의 26명 중 6을 소거하면 남은 것은 대기업의 3 + 7과 공기업의 5로 대기업이 공기업보다 5명 많음을 알 수 있다.

(3) 다음으로, 대기업은 11 + 32 + 13이 감소, 공기업은 15+23+29 감소한다. 십의 자리끼리만 더하면 대기업은 1+3+1 = 5, 공기업은 1+2+2 = 5로 소거된다. 남은 수는 대기업 1+2+3, 공기업 5+3+9인데 계산하지 않아도 공기업이 더 크다는 것을 알 수 있다.
따라서 새로이 선호하는 자가 많은 곳은 대기업, 더 이상 선호하지 않게 된 자가 많은 곳은 공기업이므로 자연스레 선호도가 가장 많이 감소한 곳은 공기업이 된다.

＊ 물론 숫자를 다시 식으로 정리해 계산할 경우, 계산이 어려운 편은 아니기 때문에 곧바로 암산할 수도 있을 것이다. 그러나 〈그림〉에서 곧바로 숫자들을 소거할 경우, 위처럼 큰 숫자 또는 비슷한 숫자들끼리 순차적으로 소거하면서 남은 숫자만 기록하는 방식을 사용하는 것이 실수를 줄이는 방법일 것이다.

Tip ❷

(1) 〈그림〉에서 유입된 인원과 유출된 인원을 매번 모두 계산하는 대신, 〈표〉에 주어진 수치를 최대한 활용함으로써 계산에 들어가는 시간을 줄일 수 있다. 예를 들면, 〈표〉에서 자영업, 전문직기업은 응답자 수가 증가했으므로 제외하는 것이다. 또한, 외국계기업보다 대기업의 응답자 수 감소가 크므로 외국계기업을 제외한다. 〈표〉에 나와있지 않은 국가기관과 공기업을 〈그림〉에서 살펴보면, 국가기관은 새로 유입된 응답자 수가 더 크므로(32+21 > 19+4) 선호도가 증가한 경우이므로 제외한다.

(2) 따라서, 공기업과 대기업의 선호도 변화를 비교하면 된다. 이때, 〈표〉에서 대기업의 선호하는 사람 수의 감소가 −20으로 주어져 있으므로 이를 기준으로 공기업이 20보다 더 많이 감소했는지만 확인하면 된다. 공기업의 경우 유입된 응답자 수가 26 + 5이고, 유출된 응답자 수가 23 + 15 + 29 이므로 20이상 유출되었다. 따라서 정답은 ⑤ 공기업이다.

Tip ❸ 2018년의 선호도(a)와 2019년의 선호도(b)를 비교할 때, 변화분(%p)을 구하는 것이지 변화율(%)이 아니라는 점에 주의하자.
변화율은 기존의 값에서 얼마만큼 증가(감소)했는지 백분율로 나타낸 것으로, 일반적으로 $\frac{b-a}{a}\times100(\%)$의 식으로 계산한다. 반면, 변화분은 '변화량'으로 해석되며, (b−a)의 식으로 계산한다.
문제에서는 '2018년 대비 2019년 선호도 감소분이 가장 큰 직업군'을 물어보고 있으므로, 변화분을 구하는 식을 사용해 풀어야 한다. 이때, 모든 선호도 조사는 대학생 1,000명을 대상으로 하므로, 해설과 같이 선호도(%) 값의 차(−)를 구하거나 각 직업군의 응답자 수(명)를 구해 그 차이를 구할 수도 있다.

338 정답 ③ 난이도 ●●●

ㄱ. (○) 1, 4, 6, 7, 8번의 진술이 "옆에 범인이 있다"이고, 2, 3, 5, 9번의 진술이 "옆에 범인이 없다" 일 때, 8번이 시민임을 알면 범인들을 모두 찾아낼 수 있다.

➜ 8번이 시민임을 알면 8번의 진술인 "옆에 범인이 있다"는 참말이므로 7번 또는 9번이 범인이어야 한다.

이때, 먼저 7번이 범인이라고 가정해 보자. 그러면, 7번의 진술인 "옆에 범인이 있다"는 거짓말이므로 6번은 시민이다. 6번의 진술인 "옆에 범인이 있다"는 참말이나, 7번이 범인이라고 가정하였으므로 5번은 범인일 수도, 시민일 수도 있다.

(1) 이를 알아보기 위해 5번이 범인이라고 가정해 보자. 만약 5번이 범인이라면 5번의 진술인 "옆에 범인이 없다"는 거짓말이며 6번은 시민이므로 4번도 범인이 된다. 4번의 진술인 "옆에 범인이 있다"는 거짓말이므로 4번의 양 옆인 3번과 5번은 시민이어야 한다. 그런데 5번이 범인이므로 4번의 진술에 모순이 발생하고, 따라서 5번은 시민이 된다.

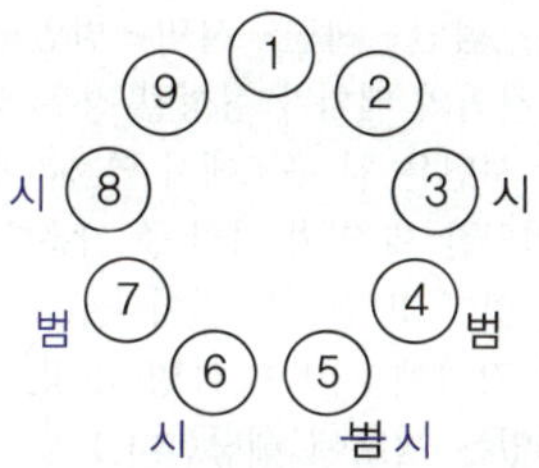

(2) 5번은 시민이므로 5번의 진술인 "옆에 범인이 없다"는 참말이다. 따라서 4번은 시민이 된다. 4번의 진술인 "옆에 범인이 있다"는 참말이며 5번은 시민이므로 3번이 범인이 된다. 3번의 진술인 "옆에 범인이 없다"는 거짓말이며 4번은 시민이므로 2번도 범인이 된다. 따라서 이 경우 범인이 부여받은 번호의 조합은 (2, 3, 7)이 된다. 이것이 성립하는지 확인하기 위하여 나머지 사람들의 진술을 확인해 보자.

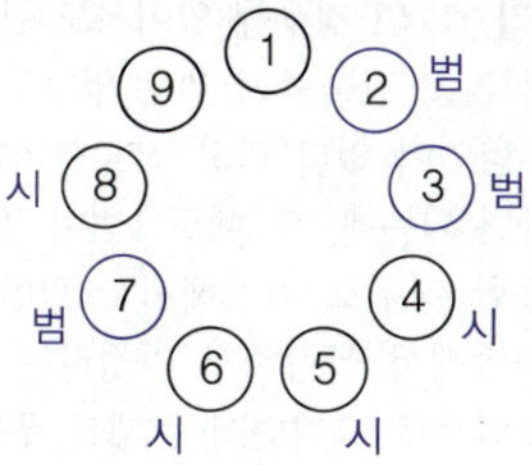

(3) 2번의 진술인 "옆에 범인이 없다"는 거짓말이며 3번이 범인이므로 1번은 범인일수도 시민일 수도 있다. 1번이 시민이라면 1번의 진술인 "옆에 범인이 있다"는 참말이며 2번이 범인이므로 이는 성립한다. 또한, 9번의 진술인 "옆에 범인이 없다"는 참말이며 8번과 1번이 시민이므로 이는 성립한다.

결과적으로 1, 4, 6, 7, 8번의 진술이 "옆에 범인이 있다"이고, 2, 3, 5, 9번의 진술이 "옆에 범인이 없다"일 때, 8번이 시민임을 알면 2, 3, 7번이 범인이고 나머지 번호가 시민이며 이들의 진술에 모순이 존재하지 않으므로 범인을 모두 찾아낼 수 있다.

ㄴ. (○) 만약 모두가 "옆에 범인이 있다"라고 진술한 경우, 범인이 부여받은 번호의 조합은 (1, 4, 7)/(2, 5, 8)/(3, 6, 9) 3가지이다.

➜ 만약 〈보기 ㄴ〉이 틀린 보기라면 3가지의 조합 중 범인의 조합이 아닌 경우가 존재하여야 한다. 따라서 반례가 성립하는지 살펴본다. (1, 4, 7) 조합의 경우를 예로 들자. 해당 조합이 범인의 조합이 아니기 위해서는 1번에 범인이 있는 경우 4번 또는 7번 중 하나 이상의 번호에 범인이 존재하지 않아야 한다. 1번과 4번, 1번과 7번은 방향은 다르나 간격이 동일하므로 4번이 시민일 경우와 7번이 시민일 경우는 동일한 결과를 발생시킨다. 따라서 이하에서는 4번이 시민인 경우를 가정한다.

(1) 4번이 범인이 아니라 시민이라고 가정하자. 1번에 범인이 있는 경우 범인의 진술에 따라 2번과 9번은 반드시 시민이고, 4번이 시민이기 위해서는 3번이 범인이어야 한다. 3번이 시민일 경우 3번의 양 옆인 2번과 4번 중에 범인이 있어야 하기 때문이다.

3번이 범인이라는 것을 확정지은 다음에는 5번이 시민인 경우와 범인인 경우로 나뉘어 판단한다. 만약 5번이 범인이라면 범인의 조합은 (1, 3, 5)가 되어 나머지 6, 7, 8, 9번이 모두 시민이 된다. 이 경우 7번과 8번의 양 옆은 모두 시민이므로 "옆에 범인이 있다"라는 진술에 부합하지 않게 된다.

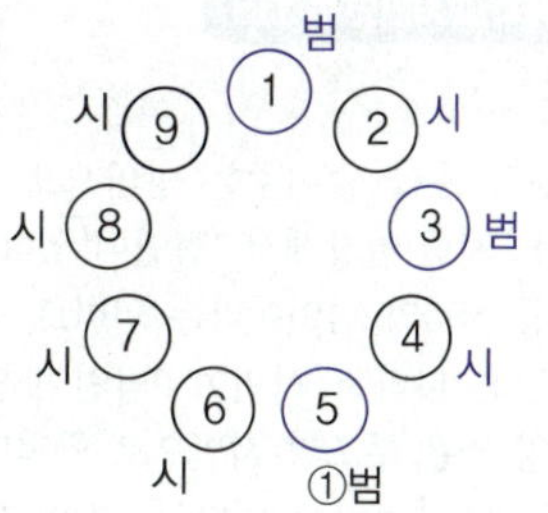

(2) 만약 5번이 시민이라면 5번의 양 옆에는 범인이 존재하여야 한다. 그런데 4번은 시민이라고 하였으므로 6번이 범인이 된다. 이때, 범인의 조합은 (1, 3, 6)이 되어 나머지 7, 8, 9번이 모두 시민이 된다. 이 경우 8번의 양 옆은 모두 시민이므로 "옆에 범인이 있다"라는 진술에 부합하지 않게 된다.

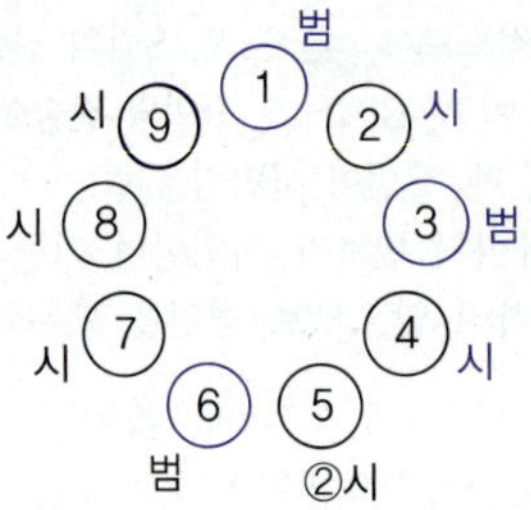

결과적으로 1번과 3번이 범인일 경우, 5번이 범인인 경우와 시민인 경우 모두 성립하지 않으므로 (1, 4, 7) 조합은 범인의 조합이다.
한편, (1, 4, 7) 조합이 범인일 때 참가자 전원이 오른쪽으로 한 칸 이동할 경우 범인의 조합은 (2, 5, 8)이 되며, 참가자 전원이 왼쪽으로 한 칸 이동할 경우 범인의 조합은 (3, 6, 9)가 된다. 따라서 모두가 "옆에 범인이 있다"라고 진술한 경우 범인이 부여 받은 번호의 조합은 (1, 4, 7)/(2, 5, 8)/(3, 6, 9)의 3가지이다.

ㄷ. (×) 한 명만이 "옆에 범인이 없다"라고 ~~진술할 경우는 없다.~~
→ (반례) 1, 2, 4, 6, 7, 9번이 시민이고, 3, 5, 8번이 범인인 경우 1번만이 옆에 범인이 없다고 진술하게 된다.

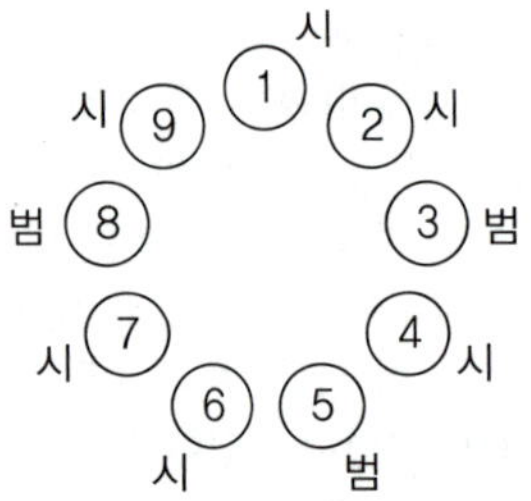

합격자의 시간단축 Tip

Tip ❶

(1) 경우의 수를 줄여주는 방안으로 조건을 해석해야 한다. 시민 입장에서 "범인이 있다"는 발언은 양 옆 둘 중 하나가 범인이라는 의미로, 경우의 수를 발생시킨다. 따라서 시민이 "범인이 없다"라고 말한다면 양 옆은 무조건 시민으로 확정된다. 반대로 범인 입장에서 "범인이 있다"는 발언은 양 옆을 무조건 시민으로 확정시킨다.

(2) 이를 파악했다면 범인이 "옆에 범인이 있다"고 진술하는 경우를 중심으로 예시를 들기 편하다. 이 경우 범인을 중심으로 (시민, 범인, 시민)의 나열이 정해지기 때문에 3명의 속성이 확정되기 때문이다. 말하자면 ㄱ을 해결할 때, 8번이 시민이라고 가정하는 경우 7번을 범인이라고 놓고 문제풀이를 시작하는 것이 자연스러워진다는 의미이다.

(3) 이러한 특성을 활용한다면 〈보기 ㄴ〉도 보다 간단하게 풀 수 있다. 모든 사람이 "옆에 범인이 있다"고 진술하였다면, 범인이 세 명이므로 (시민, 범인, 시민)이 세 개 배치되어야 한다. 다시 말해 범인의 양옆으로 시민이 배치되어야 하는데, 만일 시민 – 범인–시민–범인–시민–범인 – …과 같이 번갈아 가며 배치될 경우 마지막 세 자리에 시민이 몰리게 되어 모순이 생긴다.
즉, 유일하게 가능한 배치는 시민–범인–시민–시민–범인–시민–시민–범인–시민이라는 것을 알 수 있다. (또는 세 명의 범인들 사이 각각에 시민이 (2명, 2명, 2명)의 조합으로 앉아있는 경우에 해당한다.)

(4) 〈보기 ㄷ〉에서 반례를 찾을 때 〈보기 ㄴ〉을 활용하면 좋다. 〈보기 ㄴ〉에서 모순이 생기는 배치는 시민이 세 명 이상 연달아 위치하는 경우이다. 그 중 시민–범인–시민–시민–범인–시민–범인–시민–시민의 배치가 형성될 경우(첫 번째 시민과 마지막 시민은 원 구조에서 옆자리에 위치한다) 연달아 위치한 세 명의 시민 중 가운데 사람만 "옆에 범인이 없다"고 진술할 것이다. (또는 세 명의 범인들 사이 각각에 시민이 (1명, 2명, 3명)의 조합으로 앉아있는 경우에 해당한다.)
이처럼 앞의 보기를 푸는 과정에서 사용한 배치나 예시를 활용하면 문제 풀이에 걸리는 시간을 단축할 수 있다.

Tip ❷ 위의 **Tip ❶**처럼 접근하되 머릿속으로 그림이 잘 그려지지 않는다면 직접 둘러앉은 모습을 시각적으로 그려서 유추하면 된다. 둘러 앉아 1, 2, 3, … 숫자를 적고 〈보기〉에서 진술자를 확정한 경우 진술자에 동그라미를 쳐서 구분하면 된다. 그리고 숫자 하단 혹은 상단부에 범인, 시민 여부를 적어주면 된다.
가령 〈보기 ㄷ〉의 경우에 있어서도 한 명만이 "옆에 범인이 없다"라고 진술할 경우는 없다고 적힌 경우 한 명이 "옆에 범인이 없다"라고 진술할 경우가 존재하는지만 입증하면 되는데, 이 때도 1번이 "옆에 범인이 없다"라고 진술한 경우로 가정해서 그림안에서 풀면 된다. 직접 머릿속에서 상상해서 가정하는 것보다 둘러앉은 모습을 그림으로 그리면서 문제를 푸는 것이 헷갈림을 방지할 수 있다.

Tip ❸

(1) 불행히도 실전에서 이 문제를 접한다면, 중단하고 넘어가기로 결정해야하는 지점을 찾아야 한다. 지문만 읽고는 어려운 문제인지 파악하는 것이 쉽지 않으나, 〈보기 ㄱ〉을 읽고 다음 문제로 넘어간다면 늦지 않은 결정이다. 해설을 봐도, **Tip**을 봐도 특정 상황을 가정한 후에 시작하는 것이 최선이다.

(2) 〈보기 ㄴ〉 의 경우에도, 〈보기 ㄱ〉을 통해 문제의 구조를 직관적으로 파악하였다면 범인 옆에는 반드시 범인이 없고 시민 옆에는 반드시 범인이 있으므로 읽자마자 맞는 선지임을 확인할 수 있다. 그러나 필자가 생각하기에는 이것이 가능하다면 문제해결 파트를 더 이상 공부하지 않아도 고득점이 가능하다.

(3) 설문과 같이 경우의 수를 나누고 하나의 경우에서 또 다시 경우의 수가 나눠지는 경우, 문제 구조는 어렵지 않을 수 있으나 문제 이해가 어렵거나 시간이 많이 소모된다. 따라서 시간을 재고 시험을 볼 때 이러한 유형을 접한 경우 중단하고 다음 문제로 넘어갈 수 있도록 연습하는 것이 좋다. 풀어야 할 문제와 버려야 할 문제를 구분하는 것도 실력임을 잊지 말자.

339 정답 ①

난이도 ●●●

항목	결혼당사자 선호도	양가 부모 선호도	종합 선호도
예물	1.5 (4)	1 (5)	1.25 (6)
예단	1 (5)	2 (2)	1.4 (4)
폐백	1 (5)	1.5 (4)	1.17 (7)
스튜디오 촬영	1.8 (3)	1 (5)	1.67 (2)
신혼여행	2 (2)	0.5 (6)	1.4 (4)
예식장	1 (5)	2 (2)	1.5 (3)
신혼집	3 (1)	3 (1)	3 (1)

이때, 표의 괄호( ) 안의 숫자는 종합 선호도 순위를 의미한다.

ㄱ. (O) 결혼 당사자와 양가 부모의 종합 선호도에 따른 우선순위 상위 3가지에는 '스튜디오 촬영'과 '신혼집'이 모두 포함된다.

➜ 종합선호도에 따른 우선순위 상위 3가지는, 순서대로 신혼집, 스튜디오 촬영, 예식장이다.

ㄴ. (O) 결혼 당사자의 우선순위 상위 3가지와 양가 부모의 우선순위 상위 3가지 중 일치하는 항목은 '신혼집'이다.

➜ 결혼 당사자 우선순위 상위 3가지는 신혼집, 신혼여행, 스튜디오 촬영이고, 양가부모 우선순위 상위 3가지는 신혼집, 예식장, 예단이다. 신혼집 외에 일치하는 항목은 없다.

ㄷ. (×) '예물'과 '폐백' 모두 결혼 당사자의 선호도보다 ~~양가 부모의 선호도가 더 높다.~~

➜ 예물의 경우 각각 1.5와 1이므로 결혼당사자의 선호도보다 양가부모의 선호도가 더 높지만, 폐백의 경우 1과 1.5이므로 그렇지 않다.

ㄹ. (×) 양가 부모에게 우선순위가 가장 낮은 항목은 ~~'스튜디오 촬영'이다.~~

➜ 신혼여행이 0.5로 우선순위가 가장 낮다.

합격자의 시간단축 Tip

Tip ❶ 해결하기 쉬운 보기부터 해결해서 선지를 소거해가며 판단해야 할 보기의 수를 줄이면서 문제를 해결해야한다. 보기 ㄱ은 계산이 추가적으로 필요한 '종합 선호도'를 활용한 보기이므로 첫번째로 해결하지 않는 것이 시간 단축의 핵심이다.

Tip ❷ '선호도'가 '투입 대비 만족도' 이므로 표에서 투입을 기준으로 만족도가 투입의 몇 배 인가? 를 생각하며 대략적으로 순위를 산정하는 것도 좋다. 구체적으로 1.5배 이렇게까지 알진 않아도 1배, 2배, 3배 선상에서 분류만 하는 것으로 대략적인 순위를 추측할 수 있다. 표기는 1↑ 또는 1과 같은 표기가 가능하다.

Tip ❸

(1) 보기 ㄱ을 해결할 때 가중평균 개념을 이용하면 편리하다. 단, 가중평균 개념에 익숙하지 않은 사람이라면 바로 계산을 하는 것이 오히려 더 쉬울 수 있음을 유념해야 한다. 가중평균이란, 보다 수치가 큰 쪽에 수치가 큰 만큼 가중치를 두고 계산하는 것을 의미한다.
예를 들어, 스튜디오 촬영 항목에서 결혼당사자의 선호는 90/ 50이고, 양가부모의 선호는 10/10이다. 종합 선호도는 이 둘을 합쳐서 계산해야 하는데, 분모에 들어가는 결혼당사자의 투입은 50으로 양가부모의 투입 10보다 다섯 배 크다는 것을 알 수 있다.

(2) 90/50과 10/10의 가중평균 시, 결혼당사자의 선호가 다섯 배 더 크게 반영되어야 함을 의미한다. 구체적으로 계산하면, 결혼당사자의 선호 1.8(90/50)와 양가 부모님의 선호 1(10/10)에서 결혼당사자의 선호가 5만큼, 양가 부모님의 선호가 1만큼 반영되어야 하므로, $\frac{(1.8\times5)+(1\times1)}{6}=1.67$ 로 계산 가능하다. 다만, 이렇게 구체적인 계산은

전혀 필요하지 않고, 1.8과 1 사이에서 1.8에 보다 가깝게 종합 선호도가 도출될 것이라고 인지하는 것으로 족하다.

(3) 예식장의 경우, 결혼 당사자의 선호도 50/50와 양가 부모의 선호도 100/50은 분모가 50으로 동일하므로, 각 선호도에 대해 가중치가 동일할 것이고, 1(50/50)과 2(100/50)의 정확한 절반 값인 1.5에서 종합 선호도가 도출될 것임을 인지할 수 있다.

(4) 가중평균 개념을 이용한다면 스튜디오 촬영과 예식장의 종합 선호도를 비교할 때, 스튜디오 촬영은 1과 1.8 사이에서 1.8에 5배의 가중치를 둘 것이므로, 구체적인 계산 없이도 예식장 종합 선호도인 1.5보다 클 것임을 어림잡아 바로 판단할 수 있다.

340 정답 ④ 난이도 ●●●

도시락 반찬의 재료비와 열량은 다음과 같다.

	재료비(원)	열량(Kcal)
두부구이	1,600	100 + 80 + 5 = 185
닭불고기	1,500 + 500 = 2,000	109 + 20 + 80 + 30 + 20 = 259
돼지 불고기	800 + 500 = 1,300	223 + 20 + 80 + 7.5 + 40 = 370.5

① (×) 현미밥 200g, 닭불고기
➜ 현미밥 200g의 재료비와 열량은 각각 1,200원, 300Kcal 이므로
• 총 재료비: 1,200+2,000=3,200원
• 총 열량: 300+259=559kcal
따라서 총 재료비와 열량 모두 기준치를 초과한다.

② (×) 돼지불고기, 상추 100g
➜ 상추 100g의 재료비와 열량은 각각 700원, 11Kcal 이므로
• 총 재료비: 1,300 +700=2,000원
• 총 열량: 370.5 +11=381.5kcal
따라서 총 재료비와 열량 모두 기준치를 만족한다. 그러나 탄수화물이 포함되어 있지 않으므로 정답이 될 수 없다.

③ (×) 현미밥 300g, 두부구이
➜ 현미밥 300g의 재료비와 열량은 각각 1,800원, 450Kcal 이므로
• 총 재료비: 1,800+1,600=3,400원
• 총 열량: 450+185=635kcal
따라서 총 재료비와 열량 모두 기준치를 초과한다. 또한, 채소도 포함되어 있지 않으므로 정답이 될 수 없다.

④ (○) 통밀빵 100g, 돼지불고기
➜ 통밀빵 100g의 재료비와 열량은 각각 850원, 100Kcal 이므로
• 총 재료비: 850+1,300=2,150원
• 총 열량: 100+370.5=470.5kcal
따라서 총 재료비와 열량 모두 기준치를 만족한다. 또한 탄수화물, 단백질, 채소가 모두 포함되므로 정답이다.

⑤ (×) 고구마 2개, 우유 200ml, 토마토 2개

	재료비(원)	열량(Kcal)
고구마 2개	1,000	256
우유 200ml	900	100
토마토 2개	1,400	28
총합	3,300	384

총 재료비가 기준치를 초과하므로 정답이 될 수 없다.

합격자의 시간단축 Tip

Tip ❶ 세부 항목의 계산을 요하는 문제 유형은 자주 출제된다. 계산이 어렵지는 않으나 다양한 항목이 포함되어 있어 값을 구하는 과정에서 실수가 생기기 쉽고 시간이 많이 들기 때문에 처음부터 풀지 않는 것이 좋다. 이러한 유형은 조건을 활용하여 최대한 계산을 줄이는 방향으로 접근해야 문제풀이 시간을 단축시킬 수 있다. 계산 없이 처리할 수 있는 조건 1부터 접근하면 선지 ②, ③이 소거된다. 선지를 소거한 후, 남은 선지를 보면 두부구이가 선지에 남아있지 않으므로 두부구이에 대한 비용과 칼로리는 전혀 계산할 필요가 없다.

Tip ❷ 또한 위의 **Tip ❶**처럼 선지 ②, ③ 을 제거한 뒤에도 1과 4를 중심으로 살펴보는 것이 좋다. 그 이유는 문제에서 도시락 반찬으로 두부구이, 닭불고기, 돼지불고기의 구체적인 조리과정을 설명했기 때문이다. 문제에서 구체적으로 언급한 사항들은 답을 도출할 때 사용될 확률이 굉장히 높다. 그렇기 때문에 선지 ⑤번을 확인해서 제거하기 보다는 닭불고기와 돼지불고기가 포함된 선지 ①, ④번을 먼저 확인하는 것이 좋다.

Tip ❸

(1) 이러한 유형의 문제의 경우 한 가지에 집중하면 시간을 단축할 수 있다. 설문의 경우 열량이 특정 칼로리 이하, 재료비가 특정 가격 이하가 되어야 한다. 따라서 칼로리가 많이 나가거나 가격이 비싼 재료가 포함된 선지는 정답이 아닐 확률이 높다. 반대로 특정 칼로리 이상, 특정 가격 이상이어야 할 경

우 칼로리가 적게 나가거나 가격이 저렴한 재료가 포함된 선지가 정답이 아닐 확률이 높다.

(2) 이를 바탕으로 설문을 살펴보면, 가격이 비싼 어린잎, 두부, 닭가슴살이 포함될 경우 한 번에 재료비 상한의 50% 이상이 들기 때문에 가격을 초과할 가능성이 높다. 따라서 이들이 포함되지 않은 선지 ②, ④, ⑤ 번을 우선적으로 확인한다.
한편, 열량의 경우 돼지고기가 상대적으로 많이 차지하긴 하나 50%가 되지 않으므로 밥을 더했을 때의 열량을 살펴본다. 예컨대 선지 ② 번의 경우 돼지고기가 사용되나 밥이 사용되지 않는 반면, 선지 ① 번과 ③ 번의 경우 반찬에 더해 150 kcal의 현미밥을 2~3번 더해 주어야 하는 만큼 열량이 많아질 것임을 추론할 수 있다.

341 정답 ③

난이도 ●●○

甲과 丙은 甲이 물건을 훔쳤는지 여부에 대해 모순되는 주장을 하고 있다.
즉, 둘 중 한 명은 거짓이 포함된 말을 하고 있다. 따라서 乙과 丁은 진실만을 말한 직원이다.
그런데 乙과 丁은 乙, 丙, 丁이 물건을 훔치지 않았다고 진술하였으므로, 물건을 훔친 범인은 甲이다.

합격자의 시간단축 Tip

Tip ①

(1) 여러 명의 진술이 주어지고 그 중 몇 명은 진실을, 몇 명은 거짓을 말하는 문제의 경우 서로 모순되는 진술이 있는지 여부가 곧 문제 해결의 실마리가 된다. 모순되는 진술이 있는 경우 두 사람 중 한 명은 진실이고 한 명은 거짓일 것이며, 만일 모순되지 않고 동일한 발언을 하고 있다면 둘은 동시에 거짓이거나 동시에 참일 것이기 때문이다.

(2) 다만, 하나 유의해야 할 것은 해당 문제처럼 한 사람이 여러 발언을 하는 경우 그 중 하나만 거짓이어도 그 사람은 거짓말을 한 게 된다는 점이다.
이를 논리 기호로 나타내면 다음과 같다.
어떤 사람이 $A \cap B \cap C$ 라고 주장했고 이것이 거짓이라면, $\sim(A \cap B \cap C) \Leftrightarrow \sim A \cup \sim B \cup \sim C$가 된다. 즉, 여러 가지 주장 중 하나만 거짓이어도 그 주장 전체가 거짓이 되기 때문에, 모든 발언이 참인 경우가 아닌 한, 해당 주장은 거짓이 될 수밖에 없다.

(3) 예를 들어, 위에서 甲은 자신이 훔치지 않았다고 이야기하고 있으나 甲이 범인이므로 이는 거짓이다. 그러나, 甲이 거짓이 포함된 말을 했다는 것이 곧 甲의 모든 말이 거짓이라는 것은 아니므로, 乙이 훔치지 않았다는 부분이 진실이어도 모순이 생기지 않는다.

* 이 문제에서 헷갈리지 않아야 할 것은 진술의 참 거짓과 범인인지 여부가 독립적으로 결정된다는 점이다. 그러므로 혹 표를 그려 문제를 해결하는 경우에는 범주 설정에 있어 진술의 참 거짓과 범인 여부를 별개의 항목으로 구성하는 것이 좋다.

342 정답 ⑤

난이도 ●●○

주어진 자료를 통해 B기업과 C기업에 제품 한 개를 납품할 때의 비용을 계산해보면 다음과 같다.

(단위: 원)

	생산비	운송비	총비용
B기업	20,000	10,000	30,000
C기업	20,000	24,000	44,000

ㄱ. (O) A제품 1개의 가격이 50,000원일 경우 제품을 제작하여 B기업에 납품할 것이다.
➜ A제품 한 개의 가격이 50,000원인 경우 B기업에 납품할 때의 개당 이윤은 50,000−30,000=20,000 이며 C기업에 납품할 때의 개당 이윤은 50,000−44,000 = 6,000이다.
즉, K씨는 B기업에 납품할 때의 이윤이 크므로 B기업에 납품할 것이다.

ㄴ. (O) 10톤 트럭의 운송비는 변하지 않고, 1톤 트럭의 운송비만 100원/km으로 감소하면, 제품 1개의 가격이 30,000원일 경우에도 제품을 제작하여 B기업에 납품할 것이다.
➜ 1톤 트럭의 운송비만 100원/km로 감소하면 운송비는 5,000원으로 감소한다. 그 경우 B기업에 납품할 때 A제품 1개당 총비용은 25,000원이기 때문에, A제품의 가격이 이보다 높은 30,000원일 경우 여전히 이윤을 볼 수 있다. 반면, C기업의 경우 손실이 발생하기에 납품하지 않을 것이다.
따라서 K씨는 B기업에 납품할 것이다.

ㄷ. (×) 1톤 트럭의 운송비는 변하지 않고, 10톤 트럭의 운송비가 100원/km로 감소하면, 제품 1개당 가격이 30, 000원일 경우라도 제품을 제작하여 ~~B기업에 납품할 것이다.~~
➜ 10톤 트럭의 운송비만 100원/km로 감소하면, C기업에 A제품 1개당 총 운송비는 8,000원으로 감소한다. 그 경우 C기업에 납품할 때의 개당 총비용은 28,000원이기 때문에 A제품 가격이 30,000원이면 2,000원의 이윤을 볼 수 있다. 반면, B기업

에 납품할 때 A제품 1개당 이윤은 30,000－30,000＝0 이다. 따라서 K씨는 납품할 때의 이윤이 큰 C기업에 납품할 것이다.

ㄹ. (×) 제품 1개의 가격이 25,000원일 경우 제품을 제작하여 B기업에 ~~납품할 것이다.~~

➜ 제품 한 개의 가격이 25,000원일 경우 B기업에 납품할 때의 개당 총비용인 30,000원보다 낮다. 따라서 K씨는 B기업에 A제품을 납품하지 않을 것이다.

합격자의 시간단축 Tip

Tip ❶ 발문에 따르면 K씨는 이윤극대화를 추구하는 동시에 손실이 발생하는 경우 제품을 납품하지 않는다. 이때 문제의 〈보기〉는 A제품 1개의 가격이 주어지고, K씨가 B기업에 납품할 것인지를 묻는 공통된 형식으로 구성되어 있다. 따라서 문제를 풀 때 판단해야 하는 것은 두 가지다.

(ⅰ) **K씨가 A제품을 납품할 것인지 여부와,**

(ⅱ) **납품하기로 결정했다면 어디에 납품할 것인지**이다.

(1) A제품을 납품할 것인지 여부는 제품의 개당 가격과 각 기업별 납품시 총비용을 비교하여 판단한다. 이때 각 기업에 납품했을 때의 이윤은 구체적인 값으로 계산하지 않아도 된다. 예를 들어, 보기 ㄹ에서는 제품의 개당 가격이 25,000원으로 주어져 있어, B기업과 C기업에 납품할 때의 총 비용인 30,000원과 44,000원보다 작음을 쉽게 알 수 있다. 따라서 K씨가 어디에도 제품을 납품하지 않음을 도출할 수 있으며, 납품시의 이윤/손실은 계산하지 않아도 된다.

(2) 납품하기로 결정했다면, 어느 기업에 납품할 것인지는 개당 이윤을 비교해 구한다. 예를 들어, 보기 ㄱ에서는 제품의 개당 가격이 50,000원으로 주어져 있어, 각 기업에 납품시 총 비용보다 큼을 쉽게 알 수 있다. 그 다음, B기업과 C기업에 납품할 때의 개당 이윤인 20,000원과 6,000원을 도출, 비교하는 과정을 거쳐 최종적으로 B기업에 납품할 것임을 구할 수 있다.

(3) 본 문제의 경우 그 내용과 계산이 단순하여 풀이가 어렵지 않다. 그러나 비슷한 유형으로 보다 어려운 문제가 출제될 가능성은 충분히 높다. 이윤을 구하는 식이 무엇인지 그리고 손실이 발생하는 경우에도 계속 생산·납품한다는 조건이 주어져 있는지 등에 유의하면서 문제를 풀도록 하자.

Tip ❷ B기업과 C기업의 운송 수단이 각각 1톤 트럭과 10톤 트럭으로 다르게 주어져 있으나, 이는 문제 풀이와 무관한 변수임을 알아차려야 한다. 제품의 무게가 별도로 주어져 있지 않은 상황에서 비용을 구하기 위해 필요한 것은 제품 1개의 운송비와 생산비로 충분하기 때문이다. 문제에 제시되지 않은 추가적인 변수를 고려하여 고민하는 것은 시간 낭비에 불과하다.

343 정답 ❸ 난이도 ●●○

(1) 첫 번째 게임: (술래)＝A

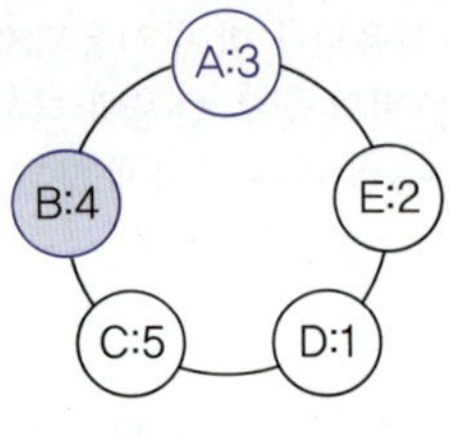

➜ 술래가 A일 때 4를 호명하면, 다음 게임은 B가 술래를 담당한다.

(2) 두 번째 게임: (술래)＝B

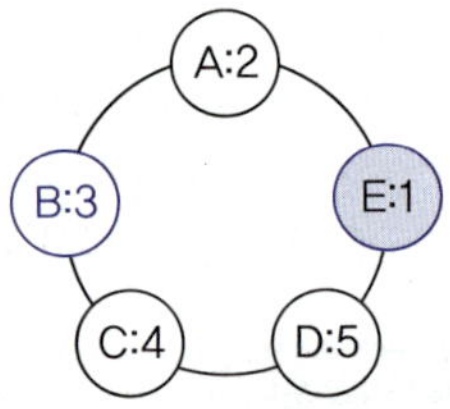

➜ 술래가 B일 때 1을 호명하면, 다음 게임은 E가 술래를 담당한다.

(3) 세 번째 게임: (술래)＝E

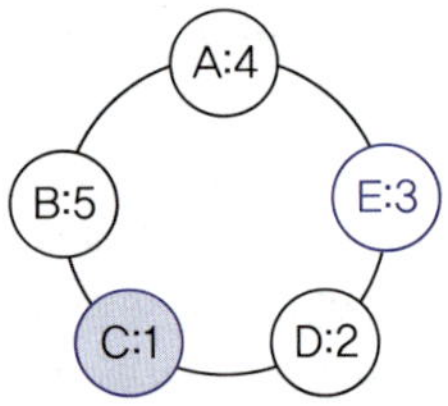

➜ 술래가 E일 때 1을 호명하면, 다음 게임은 C가 술래를 담당한다.

따라서 네 번째 술래는 C이다.

합격자의 시간단축 Tip

Tip ❶ 많은 수험생들이 위 해설처럼 그림을 그려보면서 해결했을 것이라 생각한다.
그러나 알파벳과 숫자의 관계만 이해하면 그림으로 풀 필요가 없다.
특히 발문을 보면 4→1→1의 순서로 숫자가 호명되

었기 때문에, 1과 4의 관계만 파악하면 된다.

① 숫자 1과 술래의 관계: 1=(술래 알파벳)+3
: 숫자 1은 술래로부터 반시계 방향으로 3번째 위치이다. 이때 반시계 방향으로 3번째 위치는, 알파벳 순서상으로는 술래로부터 +3이다. 예를 들어, A가 술래라면 A에서 3번째 알파벳인 D가 숫자1을 배정받는 것이다.

② 숫자 4와 술래의 관계: 4=(술래 알파벳)+1
: 숫자 4는 술래로부터 반시계 방향으로 1번째 위치이다. 이때 반시계 방향으로 1번째 위치는 알파벳 순서상으로는 술래로부터 +1이다.
예를 들어, A가 술래라면 A에서 1번째 알파벳인 B가 숫자4를 배정받는 것이다.
이 내용을 조합하면 풀이는 다음과 같다.

- 1번째 게임: A의 4는 A+1이므로 B가 다음 술래이다.
- 2번째 게임: B의 1은 B+3이므로 E가 다음 술래이다.
- 3번째 게임: E의 1은 E+3이므로 C가 다음 술래이다.

따라서 정답은 ③ 번이다.

Tip ❷ 위의 **Tip ❶**이 이해가 안돼서 그림을 그려서 풀 때, 굳이 그림을 여러 번 그릴 필요는 없다. 현재 술래를 기준으로 숫자는 고정되어 있고, 지목에 따라 사람만 바뀌는 것이다.
4→1→1의 순서로 게임이 진행되었으므로, 숫자 4와 1에 해당되는 자리만 표기를 해 두고 알파벳만 상황에 따라 맞춰주면 된다.

Tip ❸ 보통 반시계 방향으로 쭉 번호를 주는 것에 비해, 이 문항의 경우 술래를 기준으로 술래 오른쪽 사람 두 명과 술래 왼쪽 사람 두 명의 번호를 각각 주고 있으므로 발문에 유의해야 한다.
또한, 이런 문제에서 자주 나오는 실수는 문제를 잘 해결해 놓고 구하는 사람을 잘못 정하는 것이다. 예를 들어, 문제에서는 네 번째 술래를 물어봤는데 세 번째 술래를 답으로 구하는 경우가 있다. 항상 구하고자 하는 순서/대상이 어떤 것인지 체크해두는 습관을 기르자.

344 정답 ③ 난이도 ●○○

각 선수의 점수를 도출하면 다음과 같다.

(1) A선수
노멀힐 경기에서 100m를 비행하여 기준거리를 초과하였다. 따라서 가산된다.

① (거리점수)=(기본점수)+(가산점수)
=60+(100−98)×2=64

② 자세점수: 최저 점수를 준 심판 2와 최고 점수를 준 심판 4를 제외한 점수로, 17+17+17=51 이다.

③ 따라서 (A선수의 총점)=(거리점수)+(자세점수)
=64+51=115

(2) B선수
라지힐 경기에서 123m를 비행하여 기준거리에 미달하였다. 따라서 차감된다.

① (거리점수)=(기본점수)+(가산점수)
= 60−(125−123)×1.8=56.4

② 자세점수: 최저 점수를 준 심판 2와 최고 점수를 준 심판 3을 제외한 점수로, 19+19.5+17.5=56이다.

③ 따라서 (B선수의 총점)=(거리점수)+(자세점수)
=56.4+56=112.4

(3) 합계점수
(합계 점수)=(A선수 총점)+(B선수 총점)
= 115+112.4=227.4 (점)

합격자의 시간단축 Tip

Tip ❶ '거리 계산'에 주의해야 한다는 점을 제외하면 어려울 것이 없는 문제이다. 난이도가 낮은 만큼 빨리 푸는 것이 가장 중요하다. 이때 어차피 합계 점수를 도출해야 하므로 A, B로 나누지 않고 한 번에 계산하는 것이 시간적으로 효율적이라 생각한다.
즉, (합계 점수)=(기본점수)+(가산 및 차감점수)+(자세점수)= 60×2+2×(2−1.8)+(17+17+17)+(19+19.5+17.5)=227.4 이다.
계산을 할 때에도 최대한 비슷한 숫자끼리 묶어준다. 예를 들어, 19=17+2, 19.5=17+2+0.5이므로 17+17+17+19+19.5+ 17.5=(17×6)+(2×2)+(0.5×2)로 계산 가능하다.

Tip ❷ 위 **Tip ❶**의 풀이에 더하여 보다 단순화하는 방법이다.
사실 위와 같이 모든 계산을 할 필요는 없다. **Tip ❶**과 같이 한 번에 구할 때의 가장 큰 장점은 특정 자릿수만 확인하기 좋다는 점이다. 선지를 보면 소수점이 0, 4, 6인 경우와 다시 1의 자리가 4, 6, 7로 나뉜다. 따라서 전체를 다 더할 필요 없이 소수점과 1의 자리만 확인하면 된다.
가산점의 경우 4−3.6=0.4이며, 일의 자리의 경우 17×6의 끝자리는 2, 2×2의 끝자리는 4, 0.5×2의 끝자리는 1로 이를 합하면 일의 자리는 7임을 알 수 있다. 따라서 7.4가 끝자리인 ③ 이 정답이다.

Tip ❸ 합하는 문제는 일일이 다 더하지 않아도 되는 경우가 대다수이다. 이 문제 역시 합계점수의 식을 구하지 않아도 다음과 같이 풀면 쉽게 답을 도출할 수 있다.

(1) 먼저 A와 B의 합계 점수이니 구분하여 구할 필요가 없다

(2) 거리점수에서 A는 가산 (2×2 =) 4점, B는 감산 (1.8×2 =)3.6점이므로 거리점수 총점의 소수점은 (4−3.6 =) 0.4점이다. 자세점수에서 소수점이 발생하지 않으므로 정답은 ③ 아니면 ⑤가 될 것이다.

(3) 거리점수 기본점수는 각각 60점이므로 60×2=120점이 확보된다.

또한, 자세점수는 모두 20점에 가까운 수들이다. 심판점수를 모두 더해도 각각 60점 조금 안되는 점수일 것이므로 둘의 자세점수를 합하면 120 점보다 낮을 것이다. 따라서 300점을 훌쩍 넘기는 ⑤는 답이 되기 어렵다. 따라서 ③이 답이 된다.

> * 문제를 풀어보고 해설을 보면 알겠지만, 난이도 자체는 상당히 쉬운 문제이다. 이런 문제일수록 단순히 정답을 맞힌 것에 그치지 말고 시간을 줄이는 방법과 실수하지 않는 방법들을 꼭 **Tip**에 있는 여러 방법들을 통해 연습해야 한다. 이런 문제에서 시간을 줄여야만 어려운 문제에서 사용할 시간을 확보할 수 있다.

345 정답 ❸ 난이도 ●○○

ㄱ. (O) 1일 평균 수입은 700만 원이다.

① 벌금으로 징수된 금액: 모조품일 확률은 1%, 검수율은 10%이므로 그 둘을 곱한 값이 모조품이 검거될 기대확률이다.
따라서 벌금에 (통관 물량)×(기대확률)을 곱하면 벌금으로 징수될 금액이 된다.
(벌금으로 징수될 금액)=1,000(만 원/건)×1,000(건)×1%×10%=1,000(만 원)

② 1일 인건비: 투입되는 조사인력은 10명이고 각각 30만 원의 인건비를 지급받으므로(1일 총 인건비)=10(명)×30(만 원/명)=300(만 원)

③ 1일 평균 수입
=(벌금으로 징수된 금액)−(인건비)=1,000만 원−300만 원 = 700만 원

ㄴ. (O) 모든 통관 물량에 대해 전수조사를 한다면 수입보다 인건비가 더 클 것이다.

① 벌금으로 징수된 금액: 모조품은 1,000건×1%=10건이므로 이를 모두 적발할 경우 10(건)×1,000(만/건)=10,000(만 원) 만큼 벌금으로 징수한다.

② 인건비: 검수율을 10%p 상승시키는데 20명의 추가 조사인력이 요구되므로, 90%p를 올리기 위해서는 20×9=180명의 조사인력을 추가로 고용해야 한다. 즉, 180+10=190명의 인건비를 구하면(190명의 인건비)=190(명)×30(만 원/명)=5,700(만 원)

③ 수입과 비교: 수입은 (벌금으로 징수된 금액)−(인건비)=10,000만 원−5,700만 원=4,300만 원이다.
따라서 인건비(5,700)가 수입(4,300)보다 크다.

ㄷ. (×) 검수율이 40%면 1일 평균 수입은 현재의 ~~4배 이상일 것이다.~~

① 벌금으로 징수된 금액: 1,000(만 원)×1,000(건) ×1%×40%=4,000(만 원)

② 인건비: 40%가 되기 위해선 30%p만큼 상승시켜야 하므로 20명×3=60명을 추가 고용해야 한다.
따라서 (인건비)=70(명)×30(만 원/명)=2,100(만 원)

③ 수입: (벌금으로 징수된 금액)−(인건비)=4,000−2,100=1,900(만 원)
따라서 현재의 수입인 700만 원의 4배인 2,800만 원보다는 작다.

ㄹ. (O) 검수율을 30%로 하는 방안과 검수율을 10%로 유지한 채 벌금을 2배로 인상하는 방안을 비교하면 벌금을 인상하는 방안의 1일 평균 수입이 더 많을 것이다.

① 검수율을 30%로 하는 방안
(벌금으로 징수될 금액)=1,000(만 원)×1,000(건)×1%×30%=3,000(만 원)
(인건비)=30(만 원/명)×{10(명)+20(명)×2}=1,500(만 원)
∴ (수입)=3,000−1,500=1,500(만 원)

② 벌금을 2배로 인상하는 방안
(벌금으로 징수될 금액)=2,000(만 원)×1,000(건)×1%×10%=2,000(만 원)
(인건비)=30(만 원/명)×10(명)=300(만 원)
∴ (수입)=2,000−300=1,700(만 원)
(또는 〈보기 ㄱ〉에서 도출된 1일 평균수입 700만 원에 추가로 인상된 벌금 1,000만 원을 더해 1,700만 원을 계산할 수 있다.)
따라서 벌금을 인상하는 방안의 수입이 더 크다.

합격자의 시간단축 Tip

Tip ❶

(1) 〈보기〉의 구조가 모두 동일하다. 따라서 같은 행위를 계속 반복해야 하는 구조이므로, 규칙성을 발견하는 것이 좋다. 모든 선지는 〈보기 ㄹ〉의 벌금 2배 인상을 제외하면, 검수율을 변화시키고 그에 따른 수입을 묻고 있으므로, 검수율과 수입의 관련성을 확인하면 된다.

(2) 검수율 10%p 상승 시 1건이 추가로 적발되므로 벌금징수액은 1,000만 원은 증가한다.
반면, 인건비는 20명의 증가로 20명×30만 원/명=600만 원 증가한다.

(3) 따라서 검수율 10%p 상승 시 수입은 1,000−600=400만 원 증가한다는 규칙을 찾을 수 있다.

> **❗주의**
>
> 단어 해석 시 일반적인 의미로 받아들여 실수하는 경우가 종종 있다. 문제에서 '수입'이 그러하다. 특히 ㄴ을 풀 때 자칫 수입을 벌금수입으로 받아들일 수 있다. 하지만 지문에서 엄연히 '수입' 은 벌금에서 인건비를 차감한 금액이라고 정의되어 있다. 이는 이윤에 보다 가까운 개념일 것이다. 이와 같이 문제에서 별도로 정의를 주는 경우 기존의 의미와 헷갈리지 않도록 명확히 인지하고 있어야 한다.

* 해당 문제에서는 '통관 물량', '검수율' 등 다소 일상에서는 접하기 어려운 단어들이 제시되어 있다. 지문에 용어들의 정의가 주어졌기 때문에 천천히 읽으면 어려운 개념이 아니나, 만약 아직 개념이 정리되지 않았다면 다음의 설명을 참고해보도록 하자.

> [검수율]은 통관 물량 중 실제로 조사하는 물량의 비율을 의미하며, 식으로 나타내면
>
> $$(\text{검수율})(\%)=\frac{(\text{조사 물량})}{(\text{통관 물량})}\times 100 \text{ 이다.}$$
>
> 모조품의 경우 통관 물량 중 1%의 확률로 존재한다. 이때, 모조품은 평균적으로 통관 물량 전체에 고르게 분포되어 있는 것으로 보아야 한다.
> 예를 들어, 1,000건의 통관 물량 중에서 100개를 실제 조사하여 검수율이 10%라 하자.
> 이때, 모조품은 전체 통관 물량 중 10개가 존재하게 되는데, 조사하지 않은 900개의 통관 물량에만 모조품 10개가 포함될 수 있다고 보는 것은 잘못된 해석이다.
> 조사 물량에도 동일하게 모조품일 확률 1%가 적용되는 것이기 때문에, 100개의 조사 물량 중 평균적으로 1개의 모조품이 존재하게 된다고 해석해야 한다. 이를 바탕으로, 해설에서 모조품이 검거될 기대확률을 (모조품일 확률 1%) ×(검수율)의 식으로 계산하는 것이다.

Tip ❷ 문제에서는 검수율과 인건비가 변화하고 있다. 그러므로 벌금의 식과 인건비의 식을 별도로 기재한 뒤 변화하는 부분만 숫자를 바꿔서 그때그때 계산한다면 계산 실수를 할 가능성도 줄어들고 매번 계산 식을 다시 쓸 필요도 없을 것이다.
가령 벌금의 경우 1000(만 원)×1000(건)×1%는 고정되어 있으며 검수율에 의해서만 벌금이 달라진다. 인건비의 경우 30만원은 고정되어 있으며 인원에 따라 인건비가 달라진다.
이때, **'1000(만 원)×1000(건)×1%×(검수율)−30(만 원)×(인력)=(수입)'**의 틀을 미리 잡아 놓고 보기에 따라 숫자만 대입해주면 훨씬 빠르게 문제를 풀 수 있다.

346 정답 ⑤ 　　난이도 ●●○

(1) B의 진술이 거짓이라면 C는 남자이고 B도 남자이다. 남자는 거짓말을 하였으므로 C의 진술도 거짓이고, C의 진술에 따라 A와 C는 다른 학년이다.
이때, A의 진술이 참일 경우 D는 남자이며 A는 여자이고, 그에 따라 B, C, D는 남자이며 A, E, F는 여자이다.
E와 F의 진술은 참이므로 B와 C는 2학년이어야 한다. 그런데 한 학년은 여자 1명과 남자 1명으로 구성되어 있으므로 이는 모순이며, A의 진술은 참이 아니다.

(2) 만약 A의 진술이 거짓일 경우 D는 여자이며 A는 남자이고, 그에 따라 A, B, C는 남자이며 D, E, F는 여자이다. 이 때 E와 F의 진술은 참이므로 B와 C는 2학년이어야 한다.
그런데 한 학년은 여자 1명과 남자 1명으로 구성되어 있으므로 이는 모순이고, A의 진술은 거짓이 아니다. 따라서 B의 진술은 거짓이 아닌 참이다.

(3) B의 진술이 참이므로 C는 여자이고 B도 여자이다. 여자는 참말을 하였으므로 C의 진술도 참이고, C의 진술에 따라 A와 C는 같은 학년이다.
그런데 한 학년은 여자 1명과 남자 1명으로 구성되어 있으므로 A는 남자다. 남자는 거짓말을 하였으므로 A의 진술도 거짓이고, A의 진술에 따라 D는 여자이다.

이 경우 B, C, D는 여자이며 A, E, F는 남자이다. 그런데 D의 진술이 참이므로 B와 F는 같은 학년이고, 나머지 D와 E는 같은 학년이다. 이때, E와 F의 진술은 거짓이므로 B와 C는 2학년이 아니다.

(4) 따라서 2학년 여자 학생은 D이며, D와 E가 같은 학년이므로 2학년 남자 학생은 E이다.

합격자의 시간단축 Tip

Tip ❶ 실전에서는 B를 참이라고 가정하고 문제를 풀었을 때 모순이 나오지 않는 경우 다른 경우를 검토하지 않고 바로 답을 고르면 된다.
발문이 '항상 참인 것'을 물어본다면 경우가 다를 수도 있겠으나, '항상 참인 것'을 물어봤다 해도 답이 될 수 있는 경우가 여러 개 나오는 것이 아닌 이상 곧바로 답을 골라도 무방하다.

Tip ❷

(1) 어떤 조건부터 검토해도 무방하나, 만일 A부터 검토했을 경우 조금 더 많은 경우를 가정해야 했을 수도 있다. 만약 A가 참이라고 가정할 경우 A는 여자, D는 남자이다. 이는 D가 거짓말임을 의미하므로 F와 B는 학년이 다를 것이다.
(2) 그러나 이 이상으로 나아가기 위해서는 추가적인 가정들이 필요할 것이다. 따라서 해당 문제에서는 검토하는 경우의 수를 최소화하기 위해선 성별과 관련된 내용을 확정할 수 있는 가정을 먼저 하는 것이 좋다. 앞서 해설에서 살펴보았듯이 B를 참이라고 가정할 경우, B, C, A의 성별까지 한 번에 확정할 수 있기 때문에 검토해야 할 경우의 수를 줄일 수 있다.
(3) 그러나 실전에서 이와 같은 정보를 한 번에 파악하기는 어려울 수 있다. 실제로 각 진술을 확인해보면 거의 같은 의미의 진술이기 때문이다. 따라서 A의 진술을 참으로 가정하고 문제를 푸는 과정 역시 복잡하더라도 연습해보는 것이 좋다. 이때 그 과정에서 지나치게 복잡한 경우 다음 사람의 진술을 참으로 가정하는 것으로 넘어가는 방법 역시 연습을 통해 체득하는 것이 필요하다.

Tip ❸ 하나의 가정을 통해서 최대한 많은 변수가 결정되는 것이 문제 해결에 있어서 유리하다. 이 문제의 경우, 해설의 B 이외에도 C가 그러한 역할을 한다.
C가 여자이며 참말을 한다고 가정할 경우, 같은 학년인 A는 자동적으로 남자이고 거짓말을 하게 되며, 그에 따라 D가 여자이고 참말을 하게 됨이 확정되기 때문이다.
따라서 C가 참일 경우를 가정하며 문제를 풀면 다음과 같다.

(1) C가 참일 경우, A와 C는 같은 학년이며 서로 성별이 다를 것이다.(C가 여자, A가 남자)
또한 A가 남자일 경우, 거짓말을 하므로 D가 여자일 것이다.
(2) D가 여자일 경우, 참말을 하므로 B와 F가 같은 학년이며 서로 성별이 다를 것이다. 이때, B가 남자이고 거짓말을 할 경우, C가 남자가 되어 거짓말을 하므로 C가 참이라는 가정에 모순된다. (즉, C가 여자라는 가정이 성립하기 위해서는 B도 여자이며 참말을 해야 한다.) 따라서 B는 여자이고 참말을 한다. 따라서 F는 남자이고 거짓말을 한다.
(3) 현재까지 구한 결과를 나타내면, (C여자&A남자), (B여자&F남자), (D여자&E남자) 이다.
E와 F가 모두 거짓말을 하므로, (D&E)가 2학년임을 알 수 있다.

Tip ❹

(1) 대립되는 진술이 있는지 먼저 살펴보는 것이 중요하다. 이 문항의 경우 C가 '나는 A와 같은 학년이다'라고 진술했으므로, C가 참이라면 C가 여자가 되고, 한 학년에 남자 1명, 여자 1명이 존재하므로 같은 학년의 A는 자연히 남자가 되어 A가 거짓을 말한 것이 된다.
즉, B(C가 참이라고 진술함)와 C가 참이라면 A가 거짓이 되어 B와 C의 진술과 A의 진술이 대립되는 것이다. 따라서 경우의 수를 A가 참이고 B와 C가 거짓인 경우와 B와 C가 참이고 A가 거짓인 경우로 나누어 살피면 쉽게 답이 도출된다.
(2) 보통 대립되는 진술은 직관적으로 파악이 가능하도록 주어지기도 하지만, 이 문항과 같이 우회적으로 주어지기도 하므로 대립되는 진술을 먼저 파악 가능하다면 이를 토대로 문제에 접근할 수 있어야 한다. 다만, 대립되는 진술 파악이 어려운 수험생이라면 그냥 바로 대입해 푸는 것이 오히려 시간 절약에 효과적일 수도 있다.

Tip ❺ 위 문제와 같이 단순히 진술의 참/거짓을 구분하는 것이 아니라, 역할마다 참/거짓이 존재하는 경우가 있다. 문제에서는 여자와 남자가 참/거짓 발화 인물로 나뉘어져 있는데, 이때 상대방의 성별에 대해 설명하는 사람을 기준으로 잡는 것이 편하다.
위 문제의 경우에는 A와 B의 진술이 그에 해당된다.

347 정답 ③ 난이도 ●●○

(1) A의 진술이 참일 경우 A는 점수가 가장 높은 학생인데, 이 경우 C가 A보다 점수가 높다는 자신의 진술에 모순되므로 A의 진술은 참이 아니다.

B의 진술이 참일 경우 A는 점수가 가장 낮은 학생인데, 이 경우 거짓을 말한 A에 의하면 A가 C보다 점수가 높다는 것에 모순되므로 B의 진술은 참이 아니다.

C의 진술이 참일 경우 C는 점수가 가장 높은 학생인데, 이 경우 거짓을 말한 A와 E에 의하면 A와 D가 C보다 점수가 높다는 것에 각각 모순되므로 C의 진술은 참이 아니다.

D의 진술이 참일 경우 D는 점수가 가장 높은 학생인데, 이 경우 A가 점수가 가장 높다는 자신의 진술에 모순되므로 D의 진술은 참이 아니다. A~D의 진술은 모두 거짓이므로 E의 진술이 참이고, 따라서 점수가 가장 높은 학생은 E이다.

(2) E의 진술이 참이므로 C는 D보다 점수가 높다. 그런데 A와 C의 진술은 거짓이므로 A와 B는 C보다 점수가 높으며, E는 점수가 가장 높으므로 E도 C보다 점수가 높다.

(3) 따라서 점수가 가장 낮은 학생은 D이고 두 번째로 낮은 학생은 C이며, 내일 재시험을 볼 두 학생은 C와 D이다.

합격자의 시간단축 Tip

Tip ❶

(1) 선지를 소거하면서 푸는 방법도 있다. 가장 먼저 A의 진술이 참인지 확인하고 A > C라는 사실을 알았을 때, A는 포함되었으나 C는 포함되지 않은 선지들을 소거할 수 있다.
만일 A가 시험 점수가 두 번째로 낮은 학생일 경우, 그보다 점수가 낮은 학생인 C는 반드시 재시험을 봐야 할 것이기 때문이다. 따라서 선지 ①, ⑤가 소거된다.

(2) 그 다음, C의 진술을 확인하고 B > C인 것을 알았을 때 같은 논리로 B는 포함되었으나 C는 포함되지 않은 선지를 소거할 수 있다.
선지 ①은 이미 소거되었으므로 해당되는 선지가 없어 넘어간다. 마지막으로 E가 성적 1등이기 때문에 E가 포함된 선지인 ④를 소거하고, E의 진술에 따라 C는 포함되었으나 D는 포함되지 않은 선지를 소거하면 ②까지 소거되어 ③만 남는다.

(3) 이러한 방식과 해설의 풀이는 결과적으로는 큰 차이가 없을 수 있으나, 정보를 한 번에 일목요연하게 정리하지 않고 그 때 그 때 단편적인 정보들을 가지고 문제에 접근할 수 있기 때문에 체감 난이도는 조금 더 쉽게 느껴질 수 있다.

Tip ❷ 여러 진술들의 참/거짓을 나누어 생각해야 하는 문제의 경우 반드시 참이거나 거짓일 수밖에 없는 진술부터 확정하고 시작하는 것이 좋다.
이 문제의 경우 D가 반드시 거짓인 진술이므로 D의 진술에서부터 시작하는 것이 경우의 수를 줄이는 방법이다. D의 진술은 가장 점수가 높은 사람만이 참이라는 문제의 조건을 이용해 참/거짓을 판별할 수 있다.

Tip ❸ 부등호를 이용하여 점수가 높은 순서대로 나열할 때, 5명의 진술이 참인 경우와 거짓인 경우를 나누어 비교하는 방법도 있다. 이를 나타내면 다음과 같다. 단, '~X'는 X가 아니라는 의미이다.

학생 \ 진술	참인 경우	거짓인 경우
A	C > A	A > C
B	A는 5등	~(A는 5등)
C	C > B	B > C
D	A는 1등	~(A는 1등)
E	C > D	D > C

예컨대 C의 진술이 참이라면 C는 1등인데 A > C, D > C와 모순되므로 C의 진술은 거짓이라고 판단하는 것이다.

348 정답 ⑤ 난이도 ●●●

㉠~㉣이 주어지기 전인 09:45까지의 상태를 정리하면 다음과 같다.

A		B	
	09:10 - 17마리 09:18 - 22마리(C → A)		09:30 - 8마리
C	09:45 - 11마리	D	09:22 - 21마리 09:32 - 20마리(D → C)

→ 09 : 45 이후의 상황을 〈페터의 기록표〉에 따라 정리하면 다음과 같다.

A		B	
	09:45 - 22마리 09:48 - 18마리(A → C)		09:45 - 8마리 09:50 - 9마리(D → B) 10:05 - 11마리(C → B)
C	09:45 - 11마리 09:48 - 15마리(A → C) 09:52 - 12마리(C → D) 10:05 - 10마리(C → B)	D	09:45 - 20마리 09:50 - 19마리(D → B) 09:52 - 22마리(C → D)

이를 바탕으로 ㉠~㉣과 총 마리 수를 정리해보자.
㉠: 09 : 58에 D에는 22마리가 있다.
㉡: 10 : 04에 A에는 18마리가 있다.
㉢: 10 : 10에 B에는 11마리가 있다.
㉣: 10 : 15에 C에는 10마리가 있다.

∴ (총 마리 수)=18(A)+11(B)+10(C)+22(D)=61 (마리)

따라서 정답은 ⑤ 번이다.

합격자의 시간단축 Tip

Tip ❶ 하이디와 페터 각각의 기록은 순차적으로 되어 있으나, 하이디와 페터 간의 기록은 순차적이지 않다. 따라서 두 사람의 기록을 통합하여 순서를 적어 둘 경우(예: 페터의 기록표에서 9 : 08 옆에 1, 하이디의 기록표에서 9 : 10 옆에 2, 다시 페터의 기록표에서 9 : 15 옆에 3, …) 양의 이동 시기와 그에 따른 각 영역의 양의 마리 수 변화를 헷갈리지 않고 파악할 수 있을 것이다.

Tip ❷ 얼핏 보기에는 매우 복잡해 보이지만, 목표지향적으로 필요한 부분만 확인하면 생각보다 간단한 문제이다.

(1) 먼저 '총 마리 수'의 경우 새로 양이 추가되거나 빠지지 않기 때문에 가장 편한 시간대를 기준으로 도출하면 된다. 문제의 조건에 따르면 09 : 45까지는 오류 없이 각 영역의 마리 수가 기록되어 있다. 따라서 09 : 45에서의 총 마리 수를 도출하는 것이 가장 간단하다.

이 시간대의 각 영역별 마리 수를 구해보면 다음과 같다.

① A 구역의 마리 수는 9 : 10 이후로 9 : 18에 5마리가 추가된다. 따라서 A=17+5=22 마리이다.

② D 구역의 마리 수는 9 : 22 이후 9 : 32에 한 마리가 빠지므로, D=21−1=20 마리이다.

③ B 구역의 마리 수는 9 : 30 이후에 바뀌지 않으므로 8마리 그대로이다.

④ C는 9 : 45에 11이다. 이를 모두 합해보면 22+20+8+11= 61 마리임을 알 수 있다.

이때, 유의할 점은 각 구역의 마리 수를 구하기 위해서는 하이디의 기록표에 표기되어 있는 각 구역의 기록 시간 이후의 변화만 확인하면 된다. 그 이전 시간대에 페터의 기록표에 기록되어 있는 변화의 경우 이미 하이디의 기록표에 반영이 된 상태일 것이기 때문이다.

(2) 61마리를 기준으로 선지를 확인하면 ④, ⑤ 번 중 하나이다. 선지 상 차이가 나는 부분은 ㉠과 ㉣이므로 가장 빠른 시간대인 ㉠의 정오만 확인하면 바로 정답을 도출할 수 있다.

①에서의 설명에 따르면, 9:22 이후에 페터의 기록표에 기록된 D 구역 관련 구역 이동만 살펴보면 된다. 9:22 이후 9:32에 한 마리가 빠지며, 9:50에 한 마리가 더 빠지고, 9:52에 세 마리가 들어오므로 9:58에 총 마리 수는 21−1−1+3=22 마리이다.

또는 앞서 9:45에 D 구역의 마리 수를 도출하였기 때문에 9 : 45에서 9:58 사이에 이동한 기록 중에서도 구역 D와 관련된 이동만 체크하면 정답을 구할 수 있다. (이 경우 20−1+3=22 마리로 계산된다.) 따라서 ㉠은 옳지 않다.

이처럼 풀 경우 이 문제에서 가장 귀찮은 ㉠~㉣의 도출을 최소화할 수 있어 문제의 난이도를 낮춤은 물론, 소모되는 시간 역시 줄일 수 있다.

Tip ❸ 하나하나 적용하기보단 큰 틀로 묶으면서 적용해 나가는 것이 보다 바람직하다. 가령 9:10 ~ 9:22사이인 9:15과 9:18경 패티의 기록은 사실상 동일 시간에 이루어진 것과 다를 바가 없다. 따라서 두 기록을 한 번에 적용하고 9:22을 확인하는 것이 보다 편하다. 마찬가지로 9:18과 9:32 사이에는 아무런 변동이 없으므로 9:22과 9:30의 하이디의 기록은 사실상 동일 시간에 이루어진 것과 다를 바가 없다. 타임라인을 좀 더 유기적으로 볼 것을 추천한다.

Tip ❹ 복잡하게 시간이 적혀 있지만 타임라인대로만 따라간다면 어렵지 않은 문제다. A, B, C, D로 표를 만든 뒤 하이디의 기록표와 패터의 기록표를 시간에 따라 차근차근 계산한다면 오류도 줄이고 정답도 바로 구할 수 있다.

A 구역을 먼저 풀어보자. 하이디의 기록표에 적혀 있는 09:10 '17마리'로부터 출발해 페터의 기록표에 09:10 이후 A에 더해지는 부분인 09:18 +5 마리, 09:48 −4마리를 고려하면 최종 값이 18마리임을 파악할 수 있다. 이때, 하이디의 기록표에 마지막으로 A가 적힌 10:04 이후로 페터의 기록표를 살펴보면 A에는 변화가 없으므로, ㉡ 값이 18마리임을 알 수 있다.

Tip ❺

(1) 실전에서 이 문제를 접하게 된다면 어느 지점에서 과감하게 끊고 넘어가야 하는지 알아보자. 지문을 읽어보니 양이 구역을 자유롭게 넘나들며, 하이디의 기록표에 의하면 09시 10분 구역 A의 17마리는 맨 처음 상태가 아니라 이미 양이 이동한 뒤의 기록인 것을 확인할 수 있다. 그리고 하이디의 기록표 중 2개는 옳고 2개는 틀린 기록이므로 ㉠~㉣의 구체적인 값을 각각 구해야 할 것처럼 보인다. 즉, 문제의 구조를 파악하는 데만 많은 정보가 필요하다.

(2) 만약 '맨 처음 각 구역별 양의 수'를 구해야 한다는 생각을 했거나, 양의 총 마리 수를 구할 때 어느 시간을 기준으로 해야 할 지 막막했거나, 페터와 하이디의 기록표 간 어떤 관계가 있는지 감이 오지 않았다면 과감하게 다음 문제로 넘어갈 수 있어야 한다.

적어도 30초, 늦어도 1분 안에는 이 단계까지 도달할 것이며 다른 문제를 최선을 다해서 푼다면 고득점이 가능하다. 이 문제를 처음 접했다면 풀지 않고 넘어가는 연습도 같이 하길 바란다.

349 정답 ④ 난이도 ●●○

모임	총 지원금
A	구성원 수가 5인이므로 지원을 받을 수 없다.
B	1,500+(100×6)=2,100 (천 원)
C	{1,500+(120×8)}×1.3=3,198 (천 원)
D	2,000+(100×7)=2,700 (천 원)
E	구성원 수가 9인이므로 지원을 받을 수 없다.

두 번째로 총 지원금을 많이 지급받는 모임은 D이다.

합격자의 시간단축 Tip

Tip ①

(1) 특정 기준과 조건을 충족하는 대상을 선택하는 문제 유형은 구체적으로 점수, 금액 등을 계산하지 않고도 대상의 일부를 판단 대상에서 제외할 수 있는 것이 일반적이다. 이러한 유형을 만난다면 우선적으로 고려해야 하는 것은 대상 수를 줄이는 조건부터 체크하는 것이다. 이 문제의 경우, 구성원 수 제한을 통해서 A와 E를 계산하지 않고 해결하도록 되어있다.

(2) 두 번째로 많은 총 지원금을 받는 모임을 묻고 있다. 즉, 구체적인 지원금의 액수는 크게 중요하지 않다. B와 D를 비교하는 경우, 상품개발여부와 구성원 수만 보더라도 D가 B보다 많은 지원금을 받는 것을 알 수 있다. 또한 C와 D를 비교하는 경우 C의 지원금을 구성원 수와 연구계획 사전평가결과까지만 고려하여 2,460(천 원)으로 계산하더라도 30%의 추가지원금이 있다면 C의 지원금이 가장 많을 것으로 추측할 수 있다. 따라서 여기까지만 계산하고, 이후의 불필요한 계산은 하지 않도록 한다.

(3) 이외에도, 구체적 계산 없이도 풀 수 있는데, 도움이 될 수도 있어서 필자의 사고과정을 구체적으로 적는다.

- 상품개발에서 D가 C보다 500이 많다.
- 궁금한 것은 (추가지원금)+(협업장려금)으로 C가 더 받을 수 있는 금액이 500을 넘어가는지 여부이다.
- 그런데 기본지원금 1500에 협업장려금 30%를 받는다고 해도 450을 받게 된다.
- 추가지원금으로 C가 D보다 50만 원 정도는 충분히 더 받을 수 있을 것으로 보인다.
- 따라서 C는 D보다 더 많은 지원금을 받는다.

(4) 가장 많은 총 지원금을 받는 모임을 고르는 것이 아님에도 C가 가장 큰 지원금을 받는다는 것을 판단한 직후에 무의식적으로 ③을 답으로 선택할 수 있다. 이러한 실수를 자주 하는 수험생이라면 문제를 읽고 나서 선지 옆에 크게 '두 번째' 등의 표시를 해놓는 것이 실수하지 않는데 도움이 된다.

> **❶ 주의**
> 점수나 금액비교 시 차이 값만 비교하는 경우가 종종 있다. 다만 이 문제와 같이 '합한 금액의 30%'를 별도로 지원하는 식의 추가금이 있는 경우 실수해서는 안 된다. 이 문제로 예를 들면 기본지원금 계산 시 1,500과 2,000으로 계산을 하지 않고 'D가 500을 더 받는다'는 방식으로 계산하면 추가지원금 계산 시 실수할 수 있다. 이 점을 주의하면서 풀어야 한다.

Tip ② 자주 나오는 단어로, 이상, 이하, 초과, 미만, 과반 등의 개념을 잘 구분할 필요가 있다.
6명 이상은 6명이 포함되는 개념이나, 6명 초과는 6명이 넘어야 한다. 6명 이하는 6명이 포함되는 개념이나, 6명 미만은 6명이 되지 않아야 한다. 과반은 절반 초과를 의미한다.

Tip ③ 아주 쉬운 축에 속하는 문제이며, 만약 본인이 해당 문제를 맞추지 못한 경우 지원계획의 첫번째 동그라미의 '6명 이상 9명 미만'을 고려하지 못했거나 문제의 '두 번째로 많은'을 고려하지 못했기 때문일 것이라고 생각한다. 문제의 어느 부분도 불필요한 부분이 없으므로 조금 느리더라도 꼼꼼하게 체크하는 습관을 들이도록 하자.

350 정답 ⑤ 난이도 ●●○

구분	휴양림 입장료	야영시설 및 숙박시설 이용료
甲일행	입장료 면제 (5인실 숙박)	85,000×3=255,000 (비수기 요건 x)
乙일행	입장료 면제 (동절기(12월))	$30{,}000\times\frac{1}{2}\times6=90{,}000$ (장애인+비수기)
丙일행	1,000×4×10 =40,000	10,000×9=90,000

따라서 가장 큰 금액은 甲일행의 255,000원, 가장 작은 금액은 乙일행의 90,000원이다.
그 차이는 255,000−90,000=165,000원이다.

합격자의 시간단축 Tip

Tip ❶ 조건이 표로 주어져 있는 경우 전체 내용을 암기하려고 하기보다 제목 위주로 흐름만 우선 파악해두면 좋다. '휴양림 입장료'라는 항목과 '야영시설 및 숙박시설'항목이 있으며, 숙박시설 이용 시 휴양림 입장료가 면제된다는 사실 정도만 파악한 후 〈상황〉으로 내려간다.

(1) 총 요금은 휴양림 입장료와 야영시설 또는 숙박시설요금의 합으로 도출된다. 앞서 이를 파악했다면 〈상황〉을 읽으면서도 우선적으로 각 항목의 요금 할인/면제 여부를 나눠서 체크해야 한다. 또한 요금에 영향을 줄 수 있는 성수기/비성수기 인지도 체크해야 한다.
甲의 경우 자녀 3명을 읽고 '다자녀'에 해당하는지, 乙의 경우 일행에 장애인이 있는데, 12월이 비수기인지를 중점적으로 확인해야 한다는 의미이다.

(2) 요금의 구조도 살펴보면 숙박시설이 성수기일때 이용요금이 특히 비싼 것을 알 수 있다. 따라서 甲의 총 요금이 가장 비쌀 것으로 추측할 수 있다. 비록 숙박시설에 묵을 시 휴양림 입장료가 면제되기는 하나, 휴양림의 입장료는 어른 기준 1,000원 단위인 것에 비해 숙박시설은 야영시설보다 최소 10,000원 이상 비싸며, 성수기일 경우 훨씬 더 비싸다.
즉 할인되는 휴양림 입장료보다 숙박시설 이용에 따라 지불하게 되는 추가적인 비용이 더 크다는 것이다. 乙의 경우 할인사유가 있으며 숙박 일수가 가장 적으므로 비용 또한 적을 것임을 추측할 수 있다. 이러한 추측을 통해서 대략적인 대소관계를 짐작할 수 있으며, 문제풀이 시간을 단축시킬 수 있다. 다만, 실전에서 활용하기 위해서는 많은 문제풀이를 통해 추측의 정확도를 높이는 연습이 필수적이다.

Tip ❷ 甲, 乙, 丙의 순서대로 계산했다면, 乙까지 구했을 때 甲과의 금액 차이가 165,000원임을 알 수 있다. 이는 주어진 선지 중 가장 큰 차이 값(⑤165,000원)이므로, 굳이 丙을 계산하지 않더라도 가장 큰 금액과 가장 작은 금액의 차이를 바로 알 수 있다. 이와 같이 운 좋은 상황은 실전에서도 만날 수 있으니, 구체적인 답을 계산해야 하는 문제라도 풀면서 중간에 선지를 한 번쯤은 꼭 체크해보자.

> * 체크할 것이 많아 나중에 푸는 것을 추천한다. 요금구조는 휴양림+숙박시설로 간단하다.
> 하지만 입장료 면제인지 체크하기 위해 "동절기-몇 월인지", "다자녀-자녀가 몇 명인지", "숙박시설 비교"까지 파악해야 하며, 숙박시설의 요금도 성수기, 비성수기, 장애인유무 등 조건이 매우 다양하다. 차분히 풀면 쉽게 풀릴 수 있으나, 시간 압박이 있는 현장에서는 나중에 푸는 것을 추천한다.

351 정답 ④ 난이도 ●●○

문제의 〈조건〉을 구분하기 위해, 위에서부터 순서대로 조건 ㄱ, ㄴ, ㄷ이라 하자.

> ㄱ. A선물을 고르면, B선물과 C선물을 모두 고를 수는 없다.
> ㄴ. C선물과 D선물을 모두 고르면, B선물을 포기해야 한다.
> ㄷ. A선물이나 B선물을 고르면, D선물도 골라야 한다.

① (O) B선물을 고르지 않고 C선물을 고르면, A선물을 고를 수 있다.
→ 철수가 B선물을 고르지 않고 A선물과 C선물을 골랐다고 하자. A선물을 고르고 B선물을 고르지 않았으므로 조건 ㄱ에 모순되지 않는다. A선물을 골랐으므로 조건 ㄷ에 따라 D선물도 골라야 한다. 이 경우 C선물과 D선물을 동시에 골랐으므로 조건 ㄴ에 따라 B선물을 고르지 않아야 하는데, B선물을 고르지 않았으므로 모순되지 않는다. 따라서 모든 조건에 모순되지 않는다.

② (O) A선물을 고르면, C선물도 같이 고를 수 있다.
→ 철수가 A선물과 C선물을 골랐다고 하자. A선물을 골랐으므로 조건 ㄷ에 따라 D선물도 골라야 한다. 이 경우 C선물과 D선물을 동시에 골랐으므로 조건 ㄴ에 따라 B선물을 고르지 않아야 한다. 이때, 조건 ㄱ에 따르면 A선물을 골랐을 경우 B선물과 C선물 중 적어도 하나를 고르지 않아야 하는데, A선물과 C선물을 고르고 B선물을 고르지 않았으므로 모순되지 않는다.
따라서 모든 조건에 모순되지 않는다.

③ (O) A선물과 B선물을 모두 고르지 않으면, D선물을 고를 수 있다.
→ 철수가 A선물과 B선물을 고르지 않고 D선물을 골랐다고 하자. A선물을 고르지 않았으므로 조건 ㄱ에 모순되지 않는다. 또한, A선물과 B선물을 모두 고르지 않았으므로 조건 ㄷ에도 모순되지 않는다. 만약 철수가 C선물을 고르지 않았다면, 조건 ㄴ에도 모순되지 않는다. 반면 철수가 C선물을 골랐다면, 조건 ㄴ에 따라 B선물을 고르지 않아야 하는데 B선물을 고르지 않았으므로 모순되지 않는다.
따라서 모든 조건에 모순되지 않는다.

④ (×) B선물을 고르면, C선물도 같이 ~~고를 수 있다.~~
→ 철수가 B선물과 C선물을 골랐다고 하자. B선물을 골랐으므로 조건 ㄷ에 따라 D선물도 골라야 한

다. 이 경우 C선물과 D선물을 동시에 골랐으므로 조건 ㄴ에 따라 B선물을 고르지 않아야 한다. 그런데 철수는 B선물을 골랐으므로 모순된다. 따라서 옳지 않은 선지이다.

⑤ (O) C선물을 고르면, D선물도 같이 고를 수 있다.
→ 철수가 C선물과 D선물을 골랐다고 하자. 조건 ㄴ에 따라 B선물을 고르지 않아야 한다.
만약 철수가 A선물을 고르지 않았다면 조건 ㄱ과 조건 ㄷ에 모순되지 않는다. 반면 철수가 A선물을 골랐다면 조건 ㄱ에 따라 B선물과 C선물을 모두 고르지는 않아야 하는데, B선물을 고르지 않으므로 모순되지 않는다. 또한, D선물을 골랐으므로 조건 ㄷ에 모순되지 않는다. 따라서 모든 조건에 모순되지 않는다.

합격자의 시간단축 Tip

Tip ❶ 선지를 적극 활용해야 하는 문제이다. 선지를 잘 읽어보면 고를 '수 있다'라고 표현하고 있어 반드시 그러한 경우를 상정하는 것이 아니라 가능한지 여부를 묻고 있다.
따라서 문제를 푸는 입장에서는 해당 선지가 반드시 성립하는지, 반례는 없는지 위주로 검토하는 것이 아니라 해당 선지에서 언급한 조건들이 모두 성립한다고 했을 때 모순이 생기지 않는지 여부를 위주로 검토해주어야 한다.

Tip ❷ 가언명제는 가정이 부정이거나, 결론이 참일 때 참이 된다. 간단히 말해서 A→B라는 가언명제는 ~A가 참이거나 B가 참인 경우 참이다. 그래서 A→B와 ~A∨B는 동치이다. 자세한 설명은 논리적인 약속과 더불어 몇 가지 설명이 필요하므로, 별도로 논리 기본서를 참고하는 것을 추천한다. 이제 이 규칙을 활용하여 문제를 접근하면 더욱 체계적인 문제풀이가 가능하다.

선지 ① ~B가 성립하면 조건 ㄴ의 결론이 참이다. 따라서 조건 ㄴ은 참이 되므로 이제 볼 필요가 없다. 이제 A가 성립하면 조건 ㄱ에 따라 ~(B∧C)=~B∨~C이 참이 되고(~B 또는 ~C 둘 중 하나만 참이 되면 되므로), 조건 ㄷ에 따라 D가 참이 된다. ~B∧C와 충돌되는 조건이 없으므로 가능하다.

선지 ② 선지 ①에서 A와 C가 동시에 성립하므로 생략한다.

선지 ③ ~A 가 성립하면 조건 ㄱ의 가정이 거짓이다. 따라서 조건 ㄱ은 이제 참이다.
~B가 성립하면 선지 ①에서와 같이 조건 ㄴ이 참이 된다. D가 성립하면 조건 ㄷ의 결론이 참이므로 조건 ㄷ은 참이 된다. 즉, 모든 조건이 참이 되므로 모순이 없다.

선지 ④ B가 성립하면 조건 ㄷ에 의해 D도 성립한다. 이때, C가 성립하면 조건 ㄴ에 의해 ~B가 참이 되어야 하는데 B와 ~B가 모두 참이어야 하므로 모순이 된다. 따라서 옳지 않다.

선지 ⑤ C가 성립할 때 D도 성립한다면(C∧D가 성립한다면), 조건 ㄴ에 의해 ~B가 참이어야 한다. 이때, A가 성립한다면, 조건 ㄱ에서 ~B∨~C이 참이 된다. (~B와 ~C 중 하나만 참이면 되므로) 또한, A가 성립할 때 조건 ㄷ의 결론도 참이 되므로 조건 ㄷ도 참이 된다. 즉, C∧D와 충돌하는 조건이 없으므로 가능하다.

Tip ❸ (A∨B)→D의 경우와 같이 가정이 ∨로 연결되어 있는 경우, A와 B 중 하나만 성립해도 D가 참이 되므로 이를 분리해서 적어 두는 편이 훨씬 헷갈리지 않는다. 즉, (A∨B)→D는 A→D와 B→D로 나누어 적어 두는 것이 좋다.
단, 결론이 ∨로 연결되어 있는 경우라면 이처럼 분리할 수 없음에 주의해야 한다.

Tip ❹ 이 문제 역시 표를 그려 해결할 수 있다. 이때, 가로축은 A~D를 설정하고, 세로축에는 가능한 경우를 설정하여 표를 그리면 쉽게 문제를 해결할 수 있다.
조건 ㄷ에 따르면 가능한 경우를 A와 B를 각각 고르거나 포기하는 경우로 나눠 볼 수 있다.

	A	B	C	D
경우1	○	○		○
경우2	○	×		○
경우3	×	○		○
경우4	×	×		

이때, 조건 ㄴ을 적용하면 B를 고른 경우에는 C와 D를 동시에 고를 수 없으므로 경우1과 경우3에서 C항목이 채워진다.

	A	B	C	D
경우1	○	○	×	○
경우2	○	×		○
경우3	×	○	×	○
경우4	×	×		

이때, 여기에 조건 ㄱ을 적용하더라도 위 표에서 새로 채워질 내용은 없다. 이 말은 표에서 빈칸인 부분은 O, X 모두 들어갈 수 있다는 의미이다. 따라서 위의 표를 참고하여 선지를 점검해보면

선지 ① B선물을 고르지 않고 C선물을 고르면, A선물을 고를 수 있다.
– 경우 2에서 C선물을 고른다고 할 때 조건에 위배되지 않으므로 가능한 선지다.

선지 ② A선물을 고르면, C선물도 같이 고를 수 있다.
– 경우 2에서 C선물을 고른다면 가능한 선지가 된다.

선지 ③ A선물과 B선물을 모두 고르지 않으면, D선물을 고를 수 있다.
– 경우 4에서 D선물을 고르는 것은 조건에 위배되지 않는다.

선지 ④ B선물을 고르면, C선물도 같이 고를 수 있다.
– 경우 1과 경우 3에서 B를 고르는 경우 모두 C를 고르지 않고 있다. 따라서 선지 ④는 항상 옳지 않다.

선지 ⑤ C선물을 고르면, D선물도 같이 고를 수 있다.
– 경우 2와 경우 4에서 C를 고른다면 가능한 선지가 된다.

이처럼 표를 그려서도 문제를 해결할 수 있으므로 기호화가 어려운 수험생의 경우 위 풀이를 활용하도록 하자.

Tip ❺ 조건을 기호화하면 다음과 같다.

ㄱ. $A \rightarrow \sim(B \wedge C) \Leftrightarrow A \rightarrow \sim B \vee \sim C$
ㄴ. $(C \wedge D) \rightarrow \sim B$
ㄷ. $(A \vee B) \rightarrow D \Leftrightarrow (A \rightarrow D) \wedge (B \rightarrow D)$

이를 토대로 각 선지를 검토해보자.

선지 ① $\sim B \wedge C \wedge A$가 가능한지 묻고 있다. 조건 ㄱ에 따라 A이면 ~B 또는 ~C여야 하는데 ~B이므로 조건에 위배되지 않으며, 조건 ㄷ에 따라 A이므로 가정이 참이 되어 D여야 한다. 따라서 조건 ㄴ에서 $C \wedge D$ 이므로 가정이 참이 되어 ~B여야 하는데 이 역시 위배되지 않는다. 따라서 가능하다.

선지 ② $A \wedge C$가 가능한지 묻고 있다. 앞서 선지 ①에서 $A \wedge \sim B \wedge C \wedge D$ 인 경우가 있음을 확인했으므로 A와 C를 동시에 고르는 것 역시 당연히 가능하다.

선지 ③ $\sim A \wedge \sim B \wedge D$가 가능한지 묻고 있다. 이것이 가능한지 혹은 모순이 있는지 확정하기 위해서는 가정이 참이거나 결론이 부정이어야 하는데, 이 경우 어느 것에도 해당하지 않는다. 만일 C인 경우 조건 ㄴ에 따라 가정이 참이 되어 ~B가 성립되어야 하나 역시 모순이 없고, ~C인 경우 역시 모순 없이 성립한다. 따라서 가능하다.

선지 ④ $B \wedge C$가 가능한지 묻고 있다. 조건 ㄴ에서 D 선물을 고를 경우 가정이 참이 되어 ~B여야 하는데, 이는 모순이므로 D 선물은 고르지 않아야 한다. 즉, ~D이다. 따라서 조건 ㄷ의 결론이 부정되어 전건인 $A \vee B$가 부정되어야 한다. 이때, $\sim(A \vee B)$는 $\sim A \wedge \sim B$ 이므로 역시 선지의 가정과 모순이다. 따라서 어떻게 해도 모순이 생기므로 해당 선지는 성립 불가능하다.

선지 ⑤ $C \wedge D$가 가능한지 묻고 있다. $C \wedge D$가 참인 경우 조건 ㄴ에서 ~B가 도출되는데, 이 경우 조건 ㄱ과 조건 ㄷ의 결론이 참이 된다. 따라서 이 선지는 어떠한 조건에도 모순되지 않아 성립 가능하다.

352 정답 ❸ 난이도 ●●○

ㄱ. (×) P건설사가 리모델링 공사를 완료할 수 있는 건물의 수는 최대 ~~4채이다.~~
➜ 공사 완료 건물의 수를 최대로 하는 공사 진행은 다음과 같다. 단, 소요기간이 적게 걸리는 건물부터 공사한다고 가정한다.

	날짜	건물	근로자의 수
1~10일	1~5일	A	20명
	1~10일	B	30명
		C	50명
11~25일	11~25일	D	40명
		E	60명

따라서 P건설사는 최대 5채의 건물의 리모델링 공사를 완료할 수 있다.

ㄴ. (O) P건설사가 벌어들일 수 있는 수익은 최대 160억 원이다.
➜ 수익을 극대화할 수 있는 공사 진행은 다음과 같다. 단, 소요기간이 적게 걸리는 건물부터 공사한다고 가정한다. 따라서 P건설사는 최대 160억 원의 수익을 벌어들일 수 있다.

	기간	건물	근로자의 수	수익
1~10일	1~5일	A	20명	15억 원
	1~10일	B	30명	20억 원
		C	50명	40억 원
11~30일	11~30일	F	70명	85억 원

ㄷ. (O) 계획한 기간이 15일 연장된다면 계획한 모든 건물의 리모델링 공사를 마칠 수 있다.
➜ 계획한 기간이 15일 연장되어 45일이 될 경우의 공사 진행은 다음과 같다. 단, 소요기간이 적게 걸리는 건물부터 공사한다고 가정한다. 따라서 모든 건물의 리모델링 공사를 마칠 수 있다.

	날짜	건물	근로자의 수
1~10일	1~5일	A	20명
	1~10일	B	30명
		C	50명
11~25일	11~25일	D	40명
		E	60명
25일~45일	25일~45일	F	70명

ㄹ. (×) 하루 최대투입가능 근로자 수를 120명으로 증가시킨다면 계획한 기간 내에 모든 건물의 리모델링 공사를 ~~마칠 수 있다.~~

➜ 하루 최대투입가능 근로자 수가 120명이 될 경우의 공사 진행은 다음과 같다.

	날짜	건물	근로자의 수
1~20일	1~20일	F	70명
	1~10일	C	50명
	11~20일	B	30명
21~35일	21~35일	D	40명
		E	60명
	21~25일	A	20명

따라서 계획한 기간인 30일 이내에 모든 건물의 리모델링 공사를 마칠 수 없다.

합격자의 시간단축 Tip

Tip ❶

(1) 이러한 문제의 핵심은 동시에 진행될 수 있는 것과 그렇지 않은 것을 구분하는 데 있다. 동시에 진행될 수 있는지 여부는 1일 필요 근로자 수가 100명 이하인지로 결정할 수 있고, 동시에 진행하지 않고도 주어진 기간 내 공사가 완료되는지 여부는 소요기간의 합이 30일 이하인지 여부로 결정할 수 있다.

(2) 문제에서 주어진 1일 필요 근로자 수가 A, B, C를 합했을 때 100명, D, E를 합했을 때 100명으로 최대투입가능 근로자 수와 동일하다.
즉, A, B, C와 D, E는 각각 동시에 공사가 가능하며 소요기간도 같다.
앞서 살펴보았듯 A의 공사가 단독으로 먼저 끝나도 추가적으로 진행 가능한 공사가 없으므로, B, C와 동시에 공사할 때는 A의 소요기간이 5일이든 10일이든 문제풀이에 지장을 주지 않기 때문이다.
따라서 (A+B+C)의 각 건물과 (D+E)의 각 건물들은 동시에 공사가 시작되고 끝난다는 것을 알 수 있다.

(3) 반면, 20일이 걸리는 F 건물의 경우 15일이 걸리는 (D+ E)와의 소요기간 합이 35일로 둘 중 하나는 기간 내에 공사할 수 없으며, F 건물의 1일 필요 근로자 수는 70명으로 A, B외에는 동시에 공사가 가능한 건물이 없으므로 역시 (D+E)와 동시에 진행은 불가능함을 알 수 있다.

Tip ❷ 보기 ㄱ(최대 4채를 건설할 수 있다.)와 같이 조건이 단정적인 명제로 주어진 경우 반례를 찾기 위해 접근해야 한다. '최대 4채'의 반례를 찾기 위해 5채를 건설할 수 있는 경우의 수는 없는지 접근하는 것이다. 즉, 모든 경우의 수 중에서 최대로 건설할 수 있는 경우를 찾는 것이 아니라 '최대 4채가 아닌 5채일 수 있을까?'로 접근하는 것이 시간을 줄이는 사고방식이다.

353 정답 ⑤ 난이도 ●●●

ㄱ. (×) a=b=c=d=25 라면, 甲회사가 전체 관객을 A기차역에서 B공연장으로 수송하는 데 필요한 버스는 ~~최소 20대이다.~~

➜ a, b, c, d가 모두 25%라면, 매시간 당 40,000×0.25 =10,000명을 수송해야 한다는 의미이다.
이때, 1대의 버스가 1시간 동안 수송할 수 있는 관객 수는 $\frac{60(분)}{6\ (분/회)}\times 40(명/회)=400(명)$ 이다.
(이는 이하의 보기 풀이에서도 동일하게 적용된다.)
$\frac{10,000}{400}=25$ 이므로 최소 25대가 필요하다.

ㄴ. (○) a=10, b=20, c=30, d=40 이라면, 甲회사가 전체 관객을 A기차역에서 B공연장으로 수송하는 데 필요한 버스는 최소 40대이다.

➜ 가장 백분율이 큰 d를 고려할 때 마지막 1시간 동안 적어도 40,000×40%=16,000명을 수송할 수 있어야 한다. 이때, 1대의 버스가 1시간 동안 수송할 수 있는 관객 수는 400명이므로 $\frac{16,000}{400}=40$에서 최소 40대가 필요하다.

ㄷ. (○) 만일 콘서트가 끝난 후 2시간 이내에 전체 관객을 B공연장에서 A기차역까지 버스로 수송해야 한다면, 이때 甲회사에게 필요한 버스는 최소 50대이다.

➜ 2시간 이내에 40,000명을 수송하기 위해서는 1시간에 20,000명을 수송할 수 있어야 한다.
$\frac{20,000}{400}=50$이므로 최소 50대의 버스가 필요하다.

합격자의 시간단축 Tip

Tip ❶ 이 문제는 '단위당 값'을 빠르게 도출 후, 적용하는 것이 좋다.
왜냐하면 동일한 과정의 도출 방법을 반복적으로 질문하는 유형으로, 당초에 해당 과정을 단순화한 후 접근하는 것이 훨씬 효율적이기 때문이다.
따라서 1대의 버스가 시간당 수송 가능한 관객 수가 400명(버스 한 대 당 왕복 시간 6분으로 한 시간 내 총 10번 운행 가능, 한 번 운행 당 40명 관객 수송하므로 10×40=400명) 임을 도출 후, 문제를 해결하면 '단순 나눗셈 문제'로 전환되어 쉽게 해결할 수 있다.

Tip ❷ ㄱ, ㄴ, ㄷ 전부 필요한 버스의 최소 대수를 물어보고 있다. 따라서 a, b, c, d를 모두 다 고려할 필요 없이 a, b, c, d 중 가장 큰 값 만을 고려해서 버스 수를 계산하면 된다. 예를 들면, ㄴ 항목의 경우 d=40이므로 40,000명의 40%를 1시간 안에 수송해야 한다는 뜻인데, d 만큼의 승객을 수송할 정도의 버스가 있다면 a, b, c 만큼의 승객의 수송이 당연히 가능할 것이기 때문이다.
이때, 수송에 필요한 버스 대수를 구함에 있어, 1시간에 버스 한 대당 400명 수송이 가능하다는 것을 알 때 다음 식을 이해하면 문제가 훨씬 쉽게 풀릴 것이다.

- (1시간 전 수송해야 하는 관객 비율)

$$=40,000\times\frac{d}{100}$$

- (1시간에 수송 가능한 관객 인원)=(버스 대수)×400

조건에 맞게 수송하기 위해서는 두 식이 같아야 한다.
따라서 (버스대수)=d 이다.
이것을 캐치한다면 문제를 훨씬 빠르게 풀 수 있을 것이다.

Tip ❸ **Tip ❶**에 따른 선지 접근법을 익힌 후, 선지를 푸는 순서를 정할 때, 선지 ㄴ을 마지막에 보는 것이 가장 효과적이다. 선지 ㄱ을 풀면 선지 ㄷ을 쉽게 해결할 수 있기 때문이다.
선지 ㄱ에서 a=b=c=d=25, 즉, 시간당 관객 수가 1만 명일 때 필요한 버스가 최소 25대라는 것을 인지했다면, 선지 ㄷ에서 1시간에 2만 명의 관객을 수송해야 하므로, 필요한 버스가 최소 50대라는 것을 바로 알 수 있다.

* 문제의 풀이 방법을 처음부터 확실히 파악하기는 어려울 수 있다. 그러므로 이런 경우 제시문만을 읽고 계속해서 의미를 파악하려 하기보다는 보기 ㄱ을 풀며 직접 숫자를 대입하여 a, b, c, d의 의미를 파악하는 것이 필요하다.

354 정답 ①　　난이도 ●●●

ㄱ. (O) A와 B는 비(非)공무원 부부이며 공무원 C(37세)와 공무원 D(32세)를 자녀로 두고 있다. 공무원 D가 부모님을 부양하던 상황에서 A가 사망하였다면, 사망조위금 최우선 순위 수급권자는 D이다.
→ 공무원의 부모 중 한 명인 A가 사망한 상황으로, 그 배우자인 B는 비공무원이므로 1순위 수급권자가 아니다.
따라서 그 다음 순위를 보면 '사망한 자를 부양하던 직계비속인 공무원'으로 자녀 D는 공무원이자 부모님을 부양하였으므로 해당 기준에 부합한다.
즉, 최우선 순위 수급권자는 D이다.

ㄴ. (×) A와 B는 공무원 부부로 비공무원 C를 아들로 두고 있으며, 공무원 D는 C의 아내이다. 만약 C가 사망하였다면, 사망조위금 최우선 순위 수급권자는 ~~A이다.~~
→ 공무원의 남편인 비공무원 C가 사망한 상황으로, 수급권자가 되는 공무원이 A, B, C 로 2인 이상인 경우에 해당한다. 이때, 1순위는 사망한 자의 배우자인 공무원으로, 아내인 D가 최우선 순위 수급권자이다.

ㄷ. (×) 공무원 A와 비공무원 B는 부부이며 비공무원 C(37세)와 비공무원 D(32세)를 자녀로 두고 있다. A가 사망하고 C와 D가 장례와 제사를 모시는 경우, 사망조위금 최우선 순위 수급권자는 ~~C이다.~~
→ A의 사망은 공무원 본인의 사망에 해당하므로, 1순위는 사망한 공무원의 배우자로 배우자인 B가 최우선 순위 수급권자가 된다.

합격자의 시간단축 Tip

Tip ❶ 간단한 문제로 차근차근 확인하면 쉽게 해결할 수 있다.
다만 〈지급 기준〉에 있어 수험생들은 '공무원의 배우자-부모'와 괄호 안의 '배우자의 부모'까지는 잘 확인하나, 그의 '자녀'가 마지막에 붙어 있다는 사실은 간과하기 쉽다.
이를 놓칠 경우 보기 ㄴ에서 해당 공무원이 1인인 경우로 착각하게 된다.
(물론 이 문제는 착각해도 답은 정확하게 도출할 수 있도록 친절하게 구성하였다.)

Tip ❷ 용어가 헷갈린다면 아래 용어 정도는 정리해두는 것이 좋다.
다만, 구체적인 법적 용어로 알 필요는 없고, 예시 정도로 알아 두면 충분하다.
① 직계존속: 부모, 조부모, 고조부모 등 본인의 직계 손윗사람
② 직계비속: 자녀, 손자녀 등 본인의 직계 손아랫사람
여기서 주의할 점은 형제, 자매는 직계존속, 비속에 해당하지 않는다.

Tip ❸ 위와 같은 문제는 제시문에는 일반적인 법적 용어들을 통한 기준들을 제시하며 〈보기〉에는 여러가지 상황들이 제시된다.
이때, 상황의 사람들이 제시문에서 각각 어떤 법적 용어에 해당되는지 미리 파악한다면 문제를 수월하게 풀 수 있다. 가령 ㄱ의 경우 A가 사망자인데, A가 〈지급기준〉의 '공무원의 배우자, 부모(배우자의 부모 포함), 자

녀' 인지 '공무원 본인'인지를 구별하는 것이 우선이다. A의 경우 공무원의 부모이며, 그 뒤 D, C가 수급권자 순위에 해당하는지를 확인하면 된다. 상황의 인물들이 지급 기준의 어떤 대상에 해당하는지 일반화만 한다면 어렵지 않게 문제를 풀 수 있다.

Tip ❹ 이러한 유형은 빈출유형이기 때문에 풀이 패턴을 익혀 두어야 한다. 설문의 경우 사망조위금이 나왔으나, 어떤 형태로든 금전 지급기준을 제시하고 누가 지급받을 수 있는지 묻는 문제가 나오는 경우 지문을 생략하고 바로 보기로 넘어가도록 연습하자.
어차피 지문을 읽어도 제대로 이해하기 어렵고, 보기 ㄱ을 해결하는 과정에서 보기 ㄴ과 보기 ㄷ의 해결 방법에 대한 아이디어를 얻을 수 있기 때문이다.

355 정답 ③

난이도 ●●○

丁만 2명의 선택을 받았고 다른 선수들은 1표만을 받았다는 점을 염두에 두고 조건에 맞는 성적들을 선택해야 한다.
丁의 일부 성적을 정확하게 알 수 없는 상황에서 투표자들의 선택은 다음과 같다.

- 가영: 평균 자책점이 가장 낮은 선수를 뽑았어.
  – 甲을 선택한다.
- 나리: 승리한 경기수가 가장 많은 선수를 뽑았어.
  – 乙 또는 丁을 선택한다.
- 다해: 완투한 경기 수가 가장 많은 선수를 뽑았어.
  – 丙 또는 丁을 선택한다.
- 라라: 탈삼진 수가 가장 많은 선수를 뽑았어.
  – 甲 또는 丁을 선택한다.
- 마철: 승률이 가장 높은 선수를 뽑았어.
  – 乙 또는 丁을 선택한다.

(1) 라라를 보면, 甲은 이미 한 표를 획득했기 때문에 丁을 선택하도록 해야 한다. 따라서 丁의 탈삼진이 가장 많아야 하므로, 丁의 탈삼진 수가 甲의 205개보다 적은 선지 ④가 소거된다.

(2) 다해를 보면, 丙은 다해에게만 선택될 수 있으므로 丙의 완투 수가 가장 많아야 한다. 따라서 丁의 완투한 경기 수가 丙의 13경기보다 많은 선지 ①이 소거된다.

(3) 남은 나리와 마철을 보면 한 명은 乙을 선택하고 한 명은 丁을 선택해야 한다. 선지 ⑤의 경우 승리한 경기 수가 23경기로 4명의 선수 중 가장 많다. 따라서 나리는 丁을 뽑게 된다. 그런데 이 경우 丁의 승률도 $23 \div 26 \times 100 \approx 88.5\%$로 4명의 선수 중 가장 높게 되어 마철 또한 丁을 뽑게 된다. 이는 조건에 부합하지 않는다.

(4) 선지 ②와 ③은 모두 승리한 경기 수가 20경기로 乙의 21경기보다 적다.
따라서 나리는 乙을 뽑게 된다. 이 경우 조건에 부합하려면 마철은 丁을 뽑아야 한다.
즉, 丁의 승률이 4명의 선수 중 가장 높아야 한다.
丁의 승률은 선지 ②의 경우 $\frac{20}{30} \times 100 \approx 66.7\%$,
선지 ③의 경우 $\frac{20}{25} \times 100 = 80\%$이며, 甲, 乙, 丙 중 승률이 가장 높은 乙의 승률은 $\frac{21}{29} \times 100 \approx 72.4\%$이다.

(5) 따라서 조건에 부합하는 선지 ③이 정답이 된다.

합격자의 시간단축 Tip

Tip ❶

(1) '가능한 것'을 묻고 있는 문제이다. 이 역시 선지를 활용하여 적절하지 않은 것을 골라내는 방식으로 풀어 나가는 것이 좋다.
(2) 승률 조건을 판단할 때, 구체적인 승률이 몇 퍼센트인지 계산하는 것은 시간을 낭비하는 것이다. 자료해석에서 공부한 것을 활용하여 승리한 경기수와 패배한 경기수의 비율로 대소비교를 하도록 한다. 구체적으로 필자의 경우 패배한 경기 수에서 몇을 곱해야 승리한 경기수가 되는지를 파악했다.
높은 수를 곱할수록 승률이 높다. 가령 "20승 5패"의 경우 5에서 4를 곱해야 20이 되지만, "21승 8패"의 경우 8에 3보다 작은 숫자를 곱해야 21이 될 것이다. 따라서 20승 5패의 승률이 높다는 결론을 도출하는 것이다.
(3) 이 방법을 문제에 적용해보면 다음과 같다. 甲, 乙, 丙 중 승률이 가장 높은 乙의 경우 21을 8로 나눈 값은 2와 3 사이의 값이 나오게 된다.
선지에 주어진 값들을 계산하면 ①과 ⑤는 7 이상, ②는 2, ③과 ④는 4로 도출된다. 따라서 乙보다 높은 승률을 보이는 경우는 선지 ①, ③, ④, ⑤이며, 낮은 승률을 보이는 경우는 선지 ②임을 쉽게 구분할 수 있다.

Tip ❷ 선지에서 숫자를 준 경우 선지의 숫자를 최대한 이용하는 것이 좋다. 선지의 숫자를 보며 선지를 소거하고 가정해야 하는 상황에서는 선지의 숫자들을 대입해 보는 것이 좋다. 위의 해설처럼 나리, 다해, 라라, 마철이 누구와 丁을 뽑을 수 있는지 밝힌 후 〈대화〉와 '丁만 2명의 선택을 받았다'는 것을 잘 이용하면 된다.

356 정답 ③

난이도 ●●○

주어진 정보를 바탕으로 각 직원의 전공 여부를 대칭표로 나타내면 다음과 같다.
이 문제는 직원들의 입사 순서(A~F)와 전공(경영학~도시공학)이라는 2개의 그룹 간에 일대일 대응관계가 존재하므로, 대응표로 풀기에 적합하다.

직원 / 전공	A	B	C	D	E	F
경영학		×	×			
행정학		×	×			
통계학		×	×			
건축학		×	×		×	×
토목공학	×	×	O	×	×	×
도시공학	×	O	×	×	×	×

ㄱ. (×) 건축학을 전공한 직원은 경영학을 전공한 직원보다 ~~입사시기가 빠르다.~~

➜ 건축학을 전공한 사람은 A 또는 D이다. 만약 A가 경영학을 전공하였고 D가 건축학을 전공하였다면 건축학을 전공한 직원은 경영학을 전공한 직원보다 입사시기가 늦다.

반면, A가 건축학을 전공하였다면 D, E, F 중 누가 경영학을 전공하는지와 무관하게 건축학을 전공한 직원이 경영학을 전공한 직원보다 입사시기가 빠르다. 따라서 주어진 정보만 가지고 보기 ㄱ을 반드시 참이라고 할 수는 없다.

ㄴ. (×) A, E, F 중 누군가는 ~~경영학을 전공하였다.~~

➜ 경영학을 전공한 직원은 A, D, E, F 중 하나이다. 주어진 정보에 따르면 직원 D가 경영학을 전공할 수도 있으므로 보기 ㄴ은 반드시 참이라고 할 수 없다.

ㄷ. (O) C, D는 도시공학을 전공하지 않았다.

➜ 도시공학을 전공한 직원은 B이다. 따라서 보기 ㄷ은 반드시 참이다.

합격자의 시간단축 Tip

Tip ① 선지에서 힌트를 많이 찾아야한다. '건축학, 토목공학, 도시공학을 전공한 직원은 모두 직원 E보다 입사시기가 빠르다'의 경우 직원 E가 건축학, 토목공학, 도시공학을 전공하지 않음을 알 수 있다. 그리고 자동적으로 E보다 입사시기가 느린 F도 건축학, 토목공학, 도시공학을 전공하지 않음을 알 수 있다.
이와 같이 주어진 조건 안에서 최대한 활용할 수 있는 정보를 찾는 것이 필요하다.

Tip ②

(1) 우선 문제에 주어진 조건을 정리하면 다음과 같다. 네 번째 조건에 따라 건축학, 토목공학, 도시공학을 전공한 직원은 모두 직원 E보다 입사시기가 빠르므로 A, B, C, D 중에 있을 것이다.

(2) 또한, 다섯 번째 조건에 따라 도시공학을 전공한 직원은 토목공학을 전공한 직원보다 입사시기가 빠르다. 첫 번째~세 번째 조건을 정리해보면 토목공학을 전공할 수 있는 사람은 A~D 중 A 또는 C인데 A가 토목공학을 전공하였을 경우 도시공학을 전공한 사람의 입사시기가 더 빠를 수 없으므로 C가 토목공학을 전공했을 것이다.
C가 토목공학을 전공했을 경우 A는 첫 번째 조건에 따라 도시공학을 전공할 수 없으므로 도시공학을 전공한 직원은 B이다.

Tip ③ 문제의 조건을 해설과 같이 대응표로 정리할 경우 보다 효율적으로 문제를 풀 수 있다.
또한, 해당되는지 안 되는지를 확실하게 표시할 수 있어 실수를 줄이는 데에 큰 도움이 된다.

Tip ④ 반드시 참인 진술을 고르는 문제이므로 〈보기〉별로 반례가 존재할 수 있는지 확인하는 방식으로 접근해야 한다.

357 정답 ③

난이도 ●●○

〈조건〉 ㉢, ㉣에 따라 1팀에는 A를 포함한 해외영업부 직원 2명과 생산관리부 직원 I로 구성된다. 한편, 〈조건〉 ㉤에 따라 H가 속한 팀은 해외영업부 직원 1명, 연구개발부 직원 1명, 생산관리부 직원 H로 구성된다. 따라서 마지막 팀은 연구개발부 직원 2명, 생산관리부 직원 G로 구성되며, 이때 TF팀으로 가능한 조합을 표로 나타내면 다음과 같다.

1팀	2팀, 3팀	
A, B, I	C, D, H	E, F, G
A, B, I	C, E, H	D, F, G
A, B, I	C, F, H	D, E, G
A, C, I	B, D, H	E, F, G
A, C, I	B, E, H	D, F, G
A, C, I	B, F, H	D, E, G

합격자의 시간단축 Tip

Tip ① 문제에서 '가능한 팀 구성'을 물어보고 있다. 그렇기 때문에 모든 경우의 수를 구해 팀을 확정하려 하기

보다는, 선지를 적극적으로 활용하는 것이 효율적인 풀이이다. 따라서 각 조건을 검토하면서 그와 모순되는 선지들을 순차적으로 소거해가도록 한다.

[방법 1]
조건 ㉢에 따라 1팀에는 A와 B 또는 C 중 한 명이 확정적으로 포함되며, ㉣에서 A와 I는 같은 팀에 배치한다고 했으므로 1팀은 A, B/C, I로 구성될 것이다.
그렇다면 ㉤에 따라 서로 다른 팀에 배치되어야 하는 G와 H는 각각 2팀 또는 3팀에 배치될 것을 알 수 있다.
이상을 만족하는 선지는 ②와 ③이다.
이 중 ②에서는 3팀에 H와 함께 속해 있는 직원이 모두 연구개발부로 동일하여 조건 ㉤에 모순된다. 따라서 ②도 소거되며 답은 ③이다.

[방법 2]
조건 ㉢에 따라 1팀에 A가 포함되지 않은 ④, ⑤를 소거한다. ㉣에 따라 A와 I가 같은 팀에 배치되지 않은 ①을 소거한다. ㉤에 따르면 H가 속한 팀에 모두 다른 부서 직원들로 구성되어야 하므로 해외영업부 직원 중 1팀에 속하지 않은 B나 C가 H와 같은 팀이어야 한다.
따라서 ②도 소거되며 답은 ③이다.

* 이처럼 문제에서 답으로 가능한 경우의 수가 많은 경우, 선지는 문제 외에 또 다른 힌트로 기능한다. 문제해결 파트는 이러한 유형의 문제가 많으므로, 선지를 소거해 나가며 정답을 확정 짓는 풀이에 익숙해지도록 하자.

358 정답 ①

난이도 ●●●

주어진 〈상황〉을 정리해보자. 1~2번째 종목의 승점을 각각 A, B라고 하자.
이때, 〈상황〉에 따라 각 종목의 승점을 도출하면 다음과 같다.

1번	A	5번	4(A+B)+40
2번	B	6번	8(A+B)+80
3번	A+B+10	7번	16(A+B)+160
4번	2(A+B)+20	8번	32(A+B)+320

ㄱ. (O) 1번째 종목과 2번째 종목의 승점이 각각 10점, 20점이라면 8번째 종목의 승점은 1,000점을 넘게 된다.
→ A=10, B=20이라면, 8번째 종목의 승점은 32(10+20)+320=1,280점이다.

ㄴ. (×) 1번째 종목과 2번째 종목의 승점이 각각 100점, 200점이라면 8번째 종목의 승점은 ~~10,000점을 넘게 된다.~~
→ A=100, B=200이라면, 8번째 종목의 승점은 32(100+200)+320=9,920점이다.

ㄷ. (O) 1번째 종목과 2번째 종목의 승점에 상관없이 8번째 종목의 승점은 6번째 종목 승점의 네 배이다.
→ 6번째 종목의 승점은 8(A+B)+80 으로 그 4배는 32(A+B)+320이다.
따라서 8번째 종목의 승점과 일치한다.

ㄹ. (×) 만약 3번째 종목부터 각 종목 우승 시 받는 승점이 그 이전 종목들의 승점을 모두 합한 점수보다 10점 더 적도록 구성한다면, 1번째 종목과 2번째 종목의 승점에 상관없이 8번째 종목의 승점은 6번째 종목 승점의 ~~네 배보다 적다.~~
→ 규칙을 변화시켜 내용을 정리하면 다음과 같다.

1번	A	5번	4(A+B)−40
2번	B	6번	8(A+B)−80
3번	A+B−10	7번	16(A+B)−160
4번	2(A+B)−20	8번	32(A+B)−320

이때, 6번째 종목의 승점은 8(A+B)−80 으로 그 4배는 32(A+B)−320 이다.
따라서 8번째 종목의 승점과 일치한다.

합격자의 시간단축 Tip

이 문제의 핵심은 '2의 거듭제곱 구조'를 알고 있는지 여부이다. 왜 2의 거듭제곱이 핵심인지는 그 구조를 직접 살펴봄으로써 확인하도록 하자.

[2의 거듭제곱]
① $2^0=1$
② $2^1=2=2^0+1$
③ $2^2=4=2^0+2^1+1$
④ $2^3=8=2^0+2^1+2^2+1$
이처럼 2의 거듭제곱은 이전의 모든 거듭제곱 값을 합한 값에 +1을 한 값과 같다는 특성을 지니고 있다.
이는 꽤 유명한 성질이므로 외워두는 것이 좋다.

[참고]
이와 같은 특성의 이유는 $2^0=1$이라는 점에 기인한다. 예를 들어 2^3을 만들기 위해 2^2에 2를 곱했다고 생각해보자.
$2^2\times2=2^0\times2+2^1\times2+1\times2=2^1+2^2+2$
이때, $2^0=1$이므로 $2^1+2^2+2=2^0+2^1+2^2+1$이 된다.

이 문제 〈상황〉에서 준 상황들은 2의 거듭제곱의 특성과 동일하다는 것을 알 수 있다.
심지어 〈보기〉를 보면 1, 2번째 숫자를 10, 20으로 주어 2^0, 2^1의 역할을 부여하여 힌트를 주고 있다. 따라서 위 해설처럼 〈표〉로 도출하지 않아도, 그 자체로 2의 거듭제곱 구조임을 알 수 있다. 이를 이용해 문제를 풀면 다음과 같다.

보기 ㄱ. 1, 2번째 숫자가 10, 20으로 2의 거듭제곱에 10을 곱한 값이므로, 8번째 종목의 승점은 2^7이 100을 넘는지 묻는 것과 같다. $2^7=128$로 100을 넘으므로 옳은 선지임을 알 수 있다.

보기 ㄴ. ㄴ은 ㄱ을 이용하여 실수를 유발한다. ㄱ이 옳은 선지이기 때문에 당연히 동일한 구조인 ㄴ도 옳다고 생각하여 틀리기 쉽다. 출제자가 오답을 유도하는 대표적인 전략 중의 하나이니 주의하자. 만약 더해지는 숫자가 100이었다면 ㄱ과 동일하게 2^7을 활용해 풀면 된다. 그러나 ㄴ에서 승점과 더해지는 숫자는 세 자릿수와 두 자릿수로 그 단위가 달라 일반적인 거듭제곱 구조 만으로는 풀기 어렵다. 따라서 해설과 같이 표를 작성하는 것이 좋다.

보기 ㄷ. 두 개 종목의 승점 차이를 묻는 것은 2^2의 차이를 물은 것과 같으므로 당연히 4배 차이 난다.

보기 ㄹ. 이 문제에서 유일한 응용선지이다. 그러나 +1, +2, …, +32에 해당하는 값들의 부호가 음(−)으로 바뀌는 것과 같다. 왜냐하면 마지막에 +1을 하던 과정에서 −1을 하는 과정으로 변화한 것에 불과하여 사실상 부호만 다를 뿐 더하고 빼는 숫자 구조는 동일하기 때문이다.
따라서 보기 ㄷ과 동일한 질문으로 당연히 4배 차이 난다. 이처럼 해결 시 매우 간단한 문제임을 알 수 있다.

> *** Tip**에서 제시하고 있는 거듭제곱의 형태를 미리 알지 못했거나, 알고 있었더라도 적용하지 못한 경우가 많을 것이다. 그 경우 현실적인 풀이 방법은 보기 ㄱ과 ㄴ 정도를 직접 해당 숫자를 적어보며 푼 뒤에 규칙성을 찾는 것이다. 실제로 보기 ㄱ과 ㄴ을 푼 뒤 규칙을 찾는 것은 충분히 가능하므로 미리 연습을 해보는 것도 좋다.

359 정답 ③ 난이도 ●●○

(1) 수요일 날씨 예측 점수의 평균은 7점 이하여야 한다. 2월 8일의 예측점수를 x라 놓고 1일, 8일, 15일의 예측 점수의 평균을 구하면 $\frac{10+x+10}{3} \le 7$,

$20+x \le 21 \quad \therefore x \le 1$

2월 8일의 예측이 '맑음'이므로 실제 날씨가 '눈·비'인 경우에만 조건을 만족한다.

(2) 주중 날씨 예측 점수의 평균은 5점 이상이어야 한다. 2월 16일의 예측점수를 y라 놓고 13일~17일의 예측 점수의 평균을 구하면 $\frac{0+0+10+y+10}{5}$

≥ 5, $20+y \ge 25 \quad \therefore y \ge 5$

2월 16일의 예측이 '눈·비'이므로 실제 날씨로 가능한 것은 '흐림' 또는 '눈·비'이다.

(3) 따라서 가능한 보기는 ③ 뿐이므로 ③이 정답이다.

합격자의 시간단축 Tip

(1) 접근방법
① 문제는 두 가지 기준을 주고 있다. 주중 예측점수의 평균(가로)과 요일 별 예측점수의 평균(세로) 이다. 세로 접근이 일수가 적으므로, 먼저 적용해보는 것을 추천한다.
② 또한, 평균점수를 총점으로 해석하는 것도 중요하다. 가령 자료해석에서 공부한 것을 활용하여, '수요일의 날씨 예측 점수 평균이 7점 이하이다'='수요일의 날씨 예측 점수의 합이 21점 이하이다.' 라고 해석하면 문제풀이 시간을 줄일 수 있다. 이로부터 8일의 실제 날씨를 알 수 있다.

(2) 다음은 이상, 이하에 대한 해석이다. 구체적으로 예측점수의 평균에 관한 계산을 할 필요가 없다. 왜냐하면 주중과 목요일의 예측점수 평균이 모두 5점 '이상' 이기만 하면 되므로, 2월 16일의 점수는 높으면 높을수록 답이 될 확률이 높다. 또한 2월 8일 점수의 경우, 수요일의 예측점수 평균이 7점 '이하'여야 하므로 가장 높은 점수인 맑음은 답이 아닐 것임을 점수를 계산하지 않더라도 바로 유추할 수 있다. 동시에 가장 낮은 점수인 '눈, 비'는 답에 무조건 해당될 것임을 유추 가능하다.

(3) 세로 접근을 통해 8일의 실제 날씨를 알았다면 답은 ③번과 ④번 중 하나인데, 만일 '맑음'을 선택했을 때 주중 예측점수 평균이 5점 이상이라면 점수가 더 높은 '흐림'을 선택했을 때도 그렇다는 의미이므로 답이 두 개가 된다. 이는 모순이므로 수험생 입장에서는 무조건 '흐림'을 선택하는 것이 합리적이다. 따라서 수험생 입장에서 굳이 '맑음'을 선택하여 0점을 얻을 유인이 전혀 없으므로 바로 ③으로 답을 선택하면 된다.

(4) 헷갈림을 유발하는 포인트들이 문제에 많다. 예를 들어 위에서 말한 이상, 이하의 문제나 한 주의 평균을 제시하는 것이 아니라 '주중'의 점수를 제시하는 등이다. 문제 자체의 난이도가 낮은 경우에는 특히 이렇게 함정을 파는 경우가 많으니 주의하자.

360 정답 ②　　　　난이도 ●●○

학생	쓰기	읽기	듣기	말하기	기준1	기준2
A	10	10	6	3	29	9
B	7	8	7	8	30	15
C	5	4	4	3	16	7
D	5	4	4	6	19	10
E	8	7	6	5	26	11
F	x	6	5	y	x+y+11	y+5

(기준1) F의 점수에 관계없이 A, B은 심화반, C, D는 기초반에 편성된다.

(기준2) F의 점수에 관계없이 B, E는 심화반, A, C는 기초반에 편성된다.

ㄱ. (×) B와 D는 ~~어떤 경우에도 같은 반이 될 수 없다.~~
➜ (반례) y=1이라면, 기준 2에 따랐을 때, B, D, E가 심화반, A, C, F가 기초반에 편성된다.

ㄴ. (×) 채점 결과 F의 말하기 점수가 5점 이하라면, ~~어떤 기준에 따라 반을 편성하더라도 F는 기초반에 편성된다.~~
➜ (반례) y=5 라면, 기준 2에 따랐을 때, F의 총점수는 10점이 되어 D와 동점이 된다. 이때, 네 번째 조건에 따라 듣기 점수가 더 높은 학생을 상위 등수로 간주하므로 F는 D보다 상위 등수가 된다. 따라서 B, E, F가 심화반, A, C, D가 기초반에 편성된다.

ㄷ. (○) 채점 결과 F의 말하기 점수가 6점 이상이라면, 어떤 기준에 따라 반을 편성하더라도 C와 D는 같은 반에 편성된다.
➜ (기준1) C와 D는 F의 점수에 관계없이 항상 기초반에 편성된다.
(기준2) y가 6보다 크다고 가정하면 F의 총점은 11점 이상, 15점 이하가 된다. 이때, A, C, D가 기초반 편성이 확정된다. 따라서 C와 D는 같은 반에 편성된다.

합격자의 시간단축 Tip

Tip ① (기준1)과 (기준2)를 비교해보면 (기준2)에 따라서 반을 편성하는 것이 조금 더 계산하기 수월함을 알 수 있다. 〈보기〉에서 '어떤 경우에도' 라는 말을 사용하여 묻고 있으므로 반례를 찾는 방식으로 접근하는 것이 좋은데, 반례를 (기준2)에서 먼저 찾아보는 것이 시간 단축에 도움이 될 것이다.

Tip ②

(1) 문제와 같은 범주화 유형에서는 가능성을 따지는 것이 핵심이다. 가령 (기준 1)에 따라 총점을 비교해보면 C와 D의 점수 위로 A, B, E 가 있다. 이 말은 (기준 1)에 따라 상위그룹을 범주화 할 때, C와 D는 3등 안에 들 가능성이 없으므로 절대 상위그룹이 될 수 없다는 뜻이다. 이렇게 바로 해석이 되어야 불필요한 시간을 단축할 수 있다.
구체적으로 보기 ㄷ은 "어떤 기준에 따라 반을 편성하더라도"라고 묻고 있다. 앞서 말한 것처럼 (기준 1)에 의한 가능성을 배제하였다면 이 보기는 결국 (기준 2)만을 고려하여 풀 수 있다는 것을 빠르게 파악할 수 있는 것이다.

(2) 다른 방식으로 범주화를 활용할 수도 있다. 현재 F의 점수를 모르는 상황에서 (기준 1)에 따르면 B가 1등, A가 2등으로 상위반에 해당한다. F의 점수는 11+a 점이며 그 범위는 13점부터 31점까지 가능하다. 만일 F의 점수가 A보다 낮다면 B와 A는 여전히 상위반일 것이며, F의 점수가 A보다 높더라도(심지어 B보다도 높더라도) 여전히 B와 A는 2등 혹은 3등으로 상위반이다. 즉 F의 점수와 무관하게 현재 알려진 점수 분포 중 1등과 2등은 무슨 일이 있어도 상위반에 해당하게 되는 것이다. 이는 기초반 역시 동일하다.

(3) A~E 중 하위 두 명은 C와 D이며, 이 둘은 어떠한 경우에도 무조건 기초반에 해당하게 된다. 즉 순위에 따라 배정되는 반이 바뀌는 것은 가운데 위치한 E뿐이라는 것이다. (기준 2)에 동일하게 적용하면 B와 E는 무조건 상위반에 배정되며, C와 A는 기초반에 배정된다. D는 알 수 없다. 이를 활용하면, 보기 ㄱ에서 B와 D는 (기준 2)에 따를 때 동일한 반에 속하게 될 가능성이 있다. 그러면 선지가 ② 번과 ⑤ 번만 남아 ㄴ만 확인해주면 된다. 보기 ㄴ에서 F의 말하기 점수가 5점이라면 (기준 2)에 따라 점수가 D와 동점이며, 동점일 경우 듣기 점수가 높을수록 순위가 높아지므로 F는 상위반에 속하게 된다. 따라서 ㄴ은 옳지 않으며 답은 ② 번이다.

(4) 참고로 이와 같은 풀이는 여러 곳에 사용될 수 있다. 만일 해당 문제에서 점수를 모르는 사람이 두 명이었다면, 점수를 아는 자들 중 상위 한 명과 하위 한 명은 각각 상위반과 기초반에 배정되는 것이 확정이었을 것이다. 이는 점수가 정해지지 않은 자들의 점수 분포가 아예 주어지지 않더라도 동일하다.

Tip ③ (기준1)과 (기준2)에 따라 해설처럼 여백에 미리 계산을 해 둔다면, 〈보기〉를 푸는 것이 편할 수도 있다. 특정한 값이 아닌 범위가 주어진 경우, 문제를 가장 풀기 쉽게 범위 안에서 가정을 하면 되므로 너무 어렵게 생각할 필요가 없다.

예를 들면, ㄱ의 경우 B와 D가 같은 반이 되는 경우를 구하면 ㄱ이 아니라는 것을 입증할 수 있다. 이때, F에 미지수가 존재하므로 F의 x 와 y를 가장 극단적인 값으로 조정해 B와 D가 같은 반이 되는 경우로 조정해보면 된다. 자신이 값을 도출하기 가장 편한 극단적인 값을 설정하면서 문제를 푸는 것이다.
이때, 본 문제의 경우에는 점수의 범위가 "1점 이상 10점 이하"이기 때문에 점수의 자유로운 설정이 가능했지만 만약 3점 이상 8점 이하와 같이 범위가 제한적으로 설정된 경우 실수를 할 수도 있으니 이 점을 유의해야 한다.

361 정답 ②

난이도 ●●○

ㄱ. (×) 평가기준 중 외교 및 안보 측면에서 후보자 선호도 값을 비교하면 ~~C-A-B 순서로 높다.~~
➜ 외교 및 안보 측면에서 후보자 선호도는 B(0.5) > C(0.3) > A(0.2) 이다.

ㄴ. (○) 교육은 B와 C 두 후보자 간의 종합점수 순위에 영향을 주지 않는다.
➜ '교육' 평가기준에서 B후보자와 C후보자에 대한 선호도는 0.1로 동일하다. 따라서 종합점수에서 교육 측면이 차지하는 점수는 동일하므로 교육은 두 후보자 간의 종합점수 순위에 영향을 주지 않는다.

ㄷ. (×) 평가기준 중 복지를 제외하고, 복지 가중치를 부동산 가중치에 합산하여 종합점수를 계산하면 ~~A-C-B 순서로 높다.~~
➜ 복지 가중치를 부동산 가중치에 합산하여 종합점수를 계산하면 다음과 같다.

가중치 조사		후보자 선호도 조사		
평가기준	가중치	A후보자	B후보자	C후보자
부동산	0.3	0.6	0.2	0.2
경제	0.5	0.6	0.2	0.2
교육	0.1	0.8	0.1	0.1
외교 및 안보	0.1	0.2	0.5	0.3
종합점수		0.58	0.22	0.20

이때, 종합점수는 A > B > C의 순서로 높다.

ㄹ. (○) 5,000명의 시민들은 경제가 후보자 선정의 가장 중요한 요소라고 판단하고 있다.
➜ 경제 측면의 가중치는 0.5로 다섯 가지 측면 중 가장 가중치가 높다. 따라서 경제가 후보자 선정의 가장 중요한 요소가 된다.

ㅁ. (○) 가중치를 고려하지 않는다면 후보자B와 C의 경우에는 외교 및 안보 측면에서 선호도가 높은 편이고, A의 경우 교육의 측면에서 선호도가 가장 높다.
➜ B후보자와 C후보자의 경우 외교 및 안보 측면의 선호도가 각각 0.5와 0.3으로 가장 높다. 반면, A 후보자의 경우 교육 측면의 선호도가 0.8로 가장 높다.

합격자의 시간단축 Tip

Tip ❶ 반드시 모든 보기를 순서대로 볼 필요는 없다. 눈으로 확인 가능한 ㄱ, ㄴ, ㄹ, ㅁ을 먼저 본 후 마지막에 ㄷ을 확인하도록 한다.

Tip ❷

(1) 〈보기 ㄷ〉을 확인하기 위해 구체적인 종합 점수의 변화량을 구하는 것은 비효율적이다. 복지를 제외하고 복지 가중치를 부동산 가중치에 합친다는 말은 복지 측면의 선호도에 부동산 측면의 선호도를 대신 넣어 종합점수를 다시 계산한다는 의미와 같다. 이 경우 A의 종합점수는 상승할 것임이 명백하므로 바뀐 기준에 따라 계산해도 여전히 1등일 것이다. C 역시 복지와 부동산 선호도가 동일해 변화가 없을 것이다.

(2) 문제는 B인데, 만일 종합점수가 C보다 작아졌다면 이는 최소 기존의 종합점수에서 0.03점보다 많은 점수를 깎인다는 뜻이다. 그러나 복지 측면의 선호도 자리에 부동산 측면의 선호도가 대신 들어간다 해도 선호도가 겨우 0.1만큼만 작아지는 것이기 때문에 변화되는 점수는 $0.1 \times 0.1 = 0.01$로, 0.03보다 작을 것임을 알 수 있다. 따라서 A > B > C의 순서는 그대로 유지될 것이다.

(3) 이때, 문제에서 판단 기준이 되는 것은 $0.03 = 0.3 \times 0.1$이다. 이는 곧 B 후보자에 대한 복지 선호도와 복지 가중치의 곱으로, 0.03점만큼 종합점수가 감소하기 위해선 복지가 제외되고 해당 부분의 가중치 역시 계산되지 않을 때의 변화크기임을 알 수 있다.
그러나 문제에서 주어졌듯 복지 측면의 가중치는 부동산 측면에 합해져 계산되므로 이는 당연히 옳지 않다. 이러한 방식의 오답 만들기는 다른 기출문항에서도 흔히 사용된다.
이외에도 A가 1등임을 도출한 후에 B와 C 비교 시, 복지를 제외하고 보면, B는 각각 0.2, 0.2, 0.1, 0.5점이고, C는 각각 0.2, 0.2, 0.1, 0.3이므로, 구체적 계산 없이도 바로 B가 C 보다 높은 점수를 기록할 것임을 알 수 있다.

* 가중치가 부여된 계산의 경우 어려움을 겪는 수험생이 많다. 물론 실제 계산의 경우 직접 정확한 계산을 해야 하는 경우가 많으나, 계산을 하기에 앞서 이 문제와 같이 A가 나머지 후보에 비해 한 영역을 제외하면 다른 모든 영역에서 크게 높은 점수를 보이고, 동시에 그 한 영역의 가중치가 아주 크지 않다면, A가 1등일 것이라는 직관적 판단으로 계산을 최대한 줄일 수 있을 것이다.

362 정답 ❶ 난이도 ●●○

최소 금액으로 7곳의 관광명소를 방문하는 방법 중의 하나는 다음과 같다.

	일	월	화	수
관광명소	안압지 불국사	국립경주 박물관 무열왕릉	석굴암 보문관광단지	내물왕릉 첨성대 국립박물관
관람료	3,200원		1,600원	2,100원
비고	시티투어 2일 패스권		-	경주역사유적지구 평일 1일권

따라서 7곳의 관광명소를 모두 관람하는 데 필요한 최소 금액은 6,900원이다.

(1) 패스 사용이 불가능한 곳은 석굴암과 보문관광단지로, 두 관광명소는 하루에 동시에 관람하는 것이 가장 유리하다. 만일 이를 다른 날 각각 방문할 경우, 패스권을 사용해서 갈 수 있는 곳들을 갈 기회가 줄어들기 때문이다. 이때, 보문관광단지가 일요일에 휴관하므로 월, 화, 수 중 하루에 관람할 것이다.

(2) 만일 석굴암과 보문관광단지를 하루 동안 가게 된다면, 경주역사유적지구를 제외하고 패스권을 사용해 갈 수 있는 곳은 안압지, 불국사, 국립경주박물관, 무열왕릉 네 곳이다. 하루에 두 관광명소를 관람할 수 있으므로 총 2일이 필요하다. 따라서 2일 패스권을 구매한다.

(3) 시티투어 패스권을 월~화에 쓰게 될 경우, 보문관광단지는 일요일에 휴관이므로 수요일에 관람해야 할 것이다. 그러나 일요일에 경주역사유적지구를 가게 되면 평일보다 400원 비싼 가격에 1일권을 구매해야 한다.
시티투어 패스권을 화~수에 쓰게 될 경우 역시 마찬가지로, 보문관광단지를 월요일에 관람해야 할 것이므로 일요일에 경주역사유적지구를 가게 된다. 따라서 시티투어 패스권을 일~월에 쓰고, 보문관광단지와 석굴암을 화요일 또는 수요일에, 남은 하루에 경주역사유적지구를 관람을 위한 1일권을 구매하는 것이 가장 바람직하다.

(4) 이상의 정보를 취합해보면, 시티투어 2일 패스권 구매 가격인 3,200원, 석굴암과 보문관광단지 관람료인 900원과 700원, 경주역사유적지구 평일 1일권인 2,100원을 소비하게 되어 최소 6,900원이 필요하다. 답은 ①이다.

합격자의 시간단축 Tip

Tip ❶ 경주유적지구는 해당 문제에서 가장 많은 조건이 주어진 부분이다. 총 세 곳을 방문해야 하는데 1일이 소요되며, 경주유적지구를 제외한 관광명소는 총 6곳이기 때문에 매일 2 곳을 갈 수 있으므로 3일이 소요된다. 즉, 경주유적지구를 하루에, 나머지 관광명소를 3일에 걸쳐 가야 총 4일 내에 모든 곳을 관광할 수 있다.

Tip ❷ 경주역사유적지구의 경우, 그냥 갈 수도, 시티투어 패스권을 사용할 수도, 1일권을 별도로 사용할 수도 있으므로 어떤 방식이 최저가격인지 파악하기 어려울 수 있다.
이때 각 방법의 대소비교를 해보면 된다. 우선, 패스 사용이 가능한 곳은 안압지, 불국사, 국립경주박물관, 무열왕릉의 네 곳으로, 네 곳의 경우 그냥 가는 것 보다(3,300원) 2일 패스권을 사용하는 것(3,200원)이 더 저렴하다.
이때 경주역사유적지구에 시티투어 패스권을 사용하게 되면, 2일 패스권 대신 4일 패스권을 구매해야 하므로 1,600원(4,800원−3,200원)+800원(첨성대)=2,400원을 더 부담해야 한다. 이는 월~금 1일권 가격인 2,100원 보다 높은 가격이므로, 월~금 1일권으로 2,100원을 경주역사유적지구에 사용해야 가장 낮은 비용을 실현할 수 있음을 알 수 있다.

Tip ❸ 시티투어 패스권이 있으므로 시티투어 패스권을 사용할지 여부를 생각해볼 수 있다.
이때, 2일치나 4일치를 생각해볼 수 있는데, 여행지 중에서 패스 사용이 안되는 곳이 있기 때문에 4일치 패스 사용은 손해일 것이라는 점을 짐작할 수 있다. 경주유적지구의 경우 1일권을 사는 것이 더 저렴한데 주말보다는 평일 가격이 저렴함에 따라 경주유적지구를 월~수 중에 가야함을 알 수 있다.
그 후에는 패스가 가능한 유적지를 모아 패스 사용일을 추측한다. 패스 사용이 불가한 보문관광단지가 일요일에 휴무이기 때문에 자동적으로 2일 패스는 일-월로 생각해볼 수밖에 없다. 그 후에는 패스 사용시에는 휴무일이 겹치지 않게 잘 조절하면 된다. 꼭 조합을 완성시키지 않아도 휴무일이 겹치지 않는 지만 확인하면 된다.

Tip ❹ 최소 금액을 찾는 문제의 경우 틀리기 쉬운 유형이라고 할 수 있다. 가장 괜찮은 접근방법은 선지에 주어진 최소 금액부터 가능한지 확인하는 것이다. 예컨대 선지의 최소 금액이 6,900원이므로 6,900원이 나오도록 대략적인 입장료를 맞춰 보는 것이다.
설문의 경우 동일한 가격으로 무려 6개 조합이 존재하기 때문에 이렇게 선지를 활용하는 방법이 더욱 효과적일 수 있다. 다만 이 방법은 정답이 앞쪽에 나오지 않을 경우 시간이 오래 걸리니 시간을 너무 소모하지 않도록 주의하자.

363 정답 ❹

난이도 ●●●

각 라운드 상황을 정리하면 다음과 같다. (단, 모두의 점수가 동일한 라운드를 4라운드로 가정하고, 그 점수를 A로 보자.)

	점수합	1~3 라운드 합	4~5 라운드 합	4라운드	5라운드
甲	16	9	16−9=7	A	7−A
乙	17	11	17−11=6	A	6−A
丙	18	13	18−13=5	A	5−A

ㄱ. (○) 4라운드와 5라운드만을 합하여 바둑돌을 튕긴 횟수가 가장 많은 사람은 甲이다.
➜ 4~5라운드의 합은 甲이 7점으로 가장 높다. 따라서 甲이 튕긴 횟수가 가장 많다.

ㄴ. (×) 바둑돌을 한 번 튕겨서 목표지점에 넣은 사람은 ~~乙이다.~~
➜ 5라운드에서 1명이 1점이어야 한다. 이때 甲이 1점이라면 A가 6이 되어, 5라운드에서 乙은 0, 丙은 음수가 되어 모순되며, 乙이 1점이라면 A는 5가 되어 甲은 2로 문제가 없으나 丙은 0이 되어 모순된다. 따라서 丙이 5라운드에서 1번 튕겨서 목표지점에 넣은 사람이다.
이에 따라 <표>를 다시 정리하면 다음과 같다.

	점수합	1~3 라운드 합	4~5 라운드 합	4라운드	5라운드
甲	16	9	16−9=7	4	3
乙	17	11	17−11=6	4	2
丙	18	13	18−13=5	4	1

ㄷ. (○) 丙의 점수는 라운드마다 달랐다.
➜ 丙의 점수는 다음과 같다.

	1라운드	2라운드	3라운드	4라운드	5라운드
丙	5	2	6	4	1

따라서 라운드마다 달랐다.

ㄹ. (○) 만약 각 라운드에서 단독으로 1위를 한 횟수가 가장 많은 사람이 우승하는 것으로 규칙을 변경한다면, 丙이 우승한다.
➜ 각 라운드에서 단독 1위가 누구인지 정리하면 다음과 같다.

1라운드	2라운드	3라운드	4라운드	5라운드
甲	丙	乙	−	丙

따라서 2회 동안 1위하여 丙이 우승한다. (4라운드를 공동 1위로 처리하더라도 '단독' 1위는 없기 때문에 차이는 없다.)

합격자의 시간단축 Tip

Tip ❶ 특정 라운드에서 모두 똑같은 점수를 얻었다는 것(4라운드라 가정)은 승부에 영향을 주지 못하는 라운드라는 것이다. 따라서 중요한 건 똑같은 점수를 받지 않은 라운드(5라운드라 가정)의 점수 구성이다.
문제를 보면 3라운드 까지의 점수차는 甲, 乙, 丙 순서대로 9, 11, 13이지만 최종 점수의 합은 16, 17, 18로 줄어들어 그 차이는 순서대로 7, 6, 5점이다. 이 말은 점수 차이가 발생한 5라운드에서 丙, 乙, 甲 순서대로 1점차이의 적은 점수를 확보했다는 의미이다.
(보다 직관적으로 4, 5라운드에서 가장 낮은 합산 점수를 기록한 丙이 1점, 乙은 2점, 甲은 3점을 받았다고 적어 두고 풀어도 무방하다. 계산이 복잡할 경우 이렇게 구체적인 수치를 구하는 것이 시간 절약에 해가 되겠지만, 이 경우 숫자들이 비교적 단순하기 때문에 적어 놓더라도 큰 무리가 없다.) 따라서 승부의 구도만 파악해도 보기 ㄱ, ㄹ은 쉽게 풀릴 수 있다는 것을 알 수 있을 것이다.

Tip ❷ 게임의 룰이 나오고 룰에 따라 승자 및 플레이를 유추하는 문제의 경우, ① 점수는 어떻게 계산하는지 ② 승자는 결국 누구인지가 가장 큰 중심축이다. 이에 더해 위와 같이 플레이 중간 점수를 유추하는 문제의 경우 필연적으로 힌트를 줄 수밖에 없는데, 게임의 룰 부분은 속독하되 힌트를 주는 부분에서는 정독하거나 특정 표기를 해놓는 것이 필요하다. 문제의 경우
(1) 한 라운드에서 甲, 乙, 丙이 모두 점수가 같았다.
(2) 다른 한 라운드에서 바둑돌을 한 번 튕겨서 목표지점에 넣은 사람이 있었다.
이 힌트들을 중심으로 각자의 점수를 알 수 있다. 점수의 합이 주어진 것으로 보아
(4라운드+5라운드)의 점수를 구할 수 있는데, 4라운드와 5라운드의 점수 합이 가장 작은 사람이 바둑돌을 한 번 튕겨서 목표 지점에 넣은 사람이라는 것을 유추할 수 있다.

Tip ❸ '점수'라는 단어만 보고 점수 합이 높을수록 고득점자라고 인식하기 쉽다. 문제의 경우 점수 합이 낮을수록 순위가 높은 사람임을 반드시 체크해 두어야 한다.

Tip ❹ PSAT에서 배경지식이 도움이 되는 것은 바로 설문과 같은 문제가 출제된 경우이다.
설문의 경우 5홀짜리 골프 게임 1일차를 진행하는 것과 유사하다.
甲의 점수 합인 16점은 하루에 16타를 친 것과 유사하다. 따라서 甲은 4라운드와 5라운드를 합해서 7타를 기록했다는 것을 빠르게 파악할 수 있다. 이처럼 골프를 알고 있을 경우 해당 문제의 구조를 파악하는 것이 한결 용이하다. 이처럼 배경지식이 은연중에 문제 풀이에 도움이 되는 경우도 있으니 참고하도록 하자.

364 정답 ⑤ 난이도 ●●●

ㄱ. (×) 甲이 98쪽과 99쪽을 펼치고, 乙은 198쪽과 199쪽을 펼치면 乙이 승리한다.
→ 甲과 乙이 각각 도출할 수 있는 값을 정리하면 다음과 같다.

甲	왼쪽	오른쪽
	98	99
합	17	18
곱	72	81

乙	왼쪽	오른쪽
	198	199
합	18	19
곱	72	81

따라서 甲과 乙 모두 81점으로 무승부가 된다.

ㄴ. (○) 甲이 120쪽과 121쪽을 펼치고, 乙은 210쪽과 211쪽을 펼치면 무승부이다.

甲	왼쪽	오른쪽
	120	121
합	3	4
곱	2	2

乙	왼쪽	오른쪽
	210	211
합	3	4
곱	2	2

따라서 甲과 乙 모두 4점으로 무승부가 된다.

ㄷ. (×) 甲이 369쪽을 펼치면 반드시 승리한다.
甲이 369쪽을 폈을 때 내용을 정리하면 다음과 같다.

甲	왼쪽	오른쪽
	368	369
합	17	18
곱	144	162

따라서 甲의 점수는 162점이 된다. 이때, 162이 도출된 것을 3×6×9로 이를 변형해보면
$3 \times 6 \times 9 = 3 \times 3 \times 2 \times 9 = 2 \times 3 \times 3 \times 9 = 2 \times 9 \times 9$
로, 乙이 299페이지를 편다면 162점이 된다.
따라서 무승부일 수 있다.

ㄹ. (○) 乙이 100쪽을 펼치면 승리할 수 없다.
① 乙이 100쪽을 폈을 때 내용을 정리하면 다음과 같다.

甲	왼쪽	오른쪽
	100	101
합	1	2
곱	0	0

따라서 乙의 점수는 2점이 된다.
② 이때, 반례가 되려면 2점보다 작은 1점이 나와야 한다. 책의 시작 면을 펼치는 것이 아닌 한 1은 만들 수 없으나 시작면을 펼칠 수 없다는 제약 조건이 있으므로 甲은 1점을 받을 수 없다.
그러므로 乙은 100쪽을 펼쳤을 때 승리할 수 없다.

합격자의 시간단축 Tip

Tip ❶
(1) 퀴즈 문제의 핵심은 출제자가 수험생으로 하여금 어떤 문제인지 파악하지 못하도록 씌운 '포장지'를 얼마나 잘 벗겨내는가에 있다. 포장지만 즉각적으로 이해할 수 있다면 문제가 매우 단순해지므로, 평소 연습 시 무작정 많이 푸는 것보다는 어떻게 '포장지'를 숨겼는지 생각해보는 것이 더 도움될 것이라 생각한다.
(2) 이 문제의 경우 '책 페이지'가 포장지에 해당한다. 그렇다면 이 장치를 벗겨 냈을 때 나오는 이 문제의 본질은 무엇일까? 바로 '소인수분해'이다. 보기 ㄹ과 같이 가장 작은 것을 찾는 경우가 아니라면(이 경우는 간단하므로 큰 문제없을 것이라 생각한다), 보기 ㄱ~ㄷ까지 모두 소인수분해로 해결하면 편하게 해결할 수 있다.
(3) 이 포장지를 벗겨낼 수 있는 포인트는 '한 자리 숫자의 곱셈 간 크기 비교'를 한다는 점이다.
특히 단순 대소 비교가 아니라, 해당 값과 비교할 특정 값을 떠올려야 하는 문제라면 소인수분해로 접근 시 새로운 숫자를 만들어 내기 매우 좋다는 점에서 포장지를 벗겨낼 수 있다.

* 표현에 속아 실수하면 안 된다. 보기 ㄷ에 나온 "반드시 승리한다"의 반례는 무승부이거나 지는 경우를 의미한다. 즉, "반드시 승리한다"(=무승부 미포함) 와 "질 수 없다"(=무승부 포함)는 무승부가 존재하는 한 엄연히 다른 표현임에 주의해야 한다. 마찬가지로 보기 ㄹ에 나온 "승리할 수 없다"의 반례는 승리할 수 있는 경우만을 의미한다.

Tip ❷ 언제나 주어진 조건에 유의해야 한다. 문제의 경우, 시작 면은 1쪽이나 책을 펼쳤을 때 왼쪽 면이 짝수이며, 두 사람이 항상 서로 다른 면을 펼친다는 것을 체크해 두어야 한다.

> * 시작 면이나 마지막 면이 나오게 책을 펼치지 않는다는 조건은 활용되지 않았다. 그러나 378쪽의 경우 보기 ㄷ 에서의 369쪽보다 더 큰 값을 만들어내는 반례가 될 수 있으므로 추가적인 조건(300쪽 이상의 경우 반드시 승리한다 등)이 있는 경우 적극적으로 활용할 수 있어야 한다.
> 즉, 활용하든 안 하든 모든 조건은 표시해두고 언제든지 써먹을 수 있도록 준비해야 한다.

365 정답 ❺ 난이도 ●●○

주어진 조건과 제약들을 고려하여 일정을 정리하면 다음과 같다.

금연교육 4회는 화, 수 목 중 한 달 동안 4일 교육이 가능한 화요일에 해야 한다.

금주교육 3회는 화, 수, 목 중에서 주 1회 시행해야 한다. 성교육 2회 일정을 고려하여 4월 3일에 1회, (10, 11)일 중에서 1회, (17, 18)일 중에서 1회 하여 총 3회 시행한다.

성교육 2회는 이틀 연속으로 실시해야 하므로 4일, 5일에 실시한다. 만약 성교육을 3일, 4일에 실시한다면 금주교육을 주 1회씩 3주간 할 수 없기 때문이다.

월요일	화요일	수요일	목요일	금요일	토요일	일요일
1	2 금연	3 금주	4 성교육	5 성교육	6	7
8	9 금연	10 금주	11 금주	12	13	14
15	16 금연	17 금주	18 금주	19	20	21
22	23	24	25	26	27	28
29	30 금연					

① (×) 금연교육이 가능한 요일은 화요일과 ~~수요일이다.~~
→ 수요일은 교육할 수 있는 기간이 3회뿐이므로 선택될 수 없다.

② (×) 금주교육은 ~~같은 요일에 실시되어야 한다.~~
→ 4.3의 금주교육은 수요일에 실시되었지만, 이후의 금주 교육은 목요일에 실시될 수도 있다.

③ (×) 금주교육은 4월 ~~마지막 주에도 실시된다.~~
→ 4월의 마지막 주에는 금연교육만이 실시된다.

④ (×) 성교육이 가능한 일정 조합은 ~~두 가지 이상이다.~~
→ 4일, 5일 외에 실시될 수 있는 경우의 수가 없다.

⑤ (○) 4월 30일에도 교육이 있다.
→ 4월 30일에 금연 교육이 실시된다.

합격자의 시간단축 Tip

Tip ❶

(1) 날짜, 요일 문제의 경우 달력을 그리는 것이 편한 문제가 있고, 그리지 않고 숫자 계산만을 통해서 답을 도출하는 것이 빠른 문제가 있다.
이 문제 같은 경우 여러 조건에 따라 교육일을 배열해야 하는 문제이므로 달력을 그려 놓고 푸는 것이 시각적인 도움을 받을 수 있어, 달력을 그리는 풀이를 추천한다. 다만 달력을 그릴 때에는, 문제 풀이에 필요한 월/일만 간략하게 적는 것이 효율적인 방법이다.

(2) 만일 달력을 그리지 않는다면 다음과 같은 계산을 활용해 풀 수 있다. 2월을 제외하면 한달은 30일 또는 31일이다. 1주일이 7일이므로 한달은 4주+ α 로 구성되어 있다고 할 수 있다.
즉, 한 달에 4번 있는 요일이 있고, 5번 있는 요일이 있다는 사실을 염두에 두고 있어야 한다.
1일이 월요일이라면 7의 배수값들을 더한 일도 월요일이다.

(3) 한편, 1일이 월요일이므로 +21일을 한 22일도 월요일일 것이고, 22~26일 5일간은 시험기간이다. 따라서 4번 실시해야 하는 교육은 한 달에 5번 있는 요일에 해야 4회를 채울 수가 있다.
4월에 5번 있는 요일은 1+28일인 29일(월)과 30일(화)이다. 조건에 따라 금연 교육은 화, 수, 목요일 중에 해야 하므로 화요일에 하게 된다. 따라서 4월 30일에도 교육이 있다는 것이 쉽게 도출된다.

Tip ❷ 다양한 조건이 주어져 있지만 금연교육을 기준으로 두고 문제를 푸는 것이 가장 효율적이다. 해당 문제는 각 교육을 실시할 시기를 정하는 문제로, 해당 교육 실시 횟수가 많을수록, 제약 조건이 많을수록 빠른 확정이 가능하다. 주어진 조건을 보면 금연 교육은 월 4회, 같은 요일에만 주 1회, 화/수/목 중에 해야 하기 때문에 이를 기준으로 문제를 푸는 것이 가장 빠른 방법임을 알 수 있다.
또, 금연 교육이 23일을 제외한 매 화요일 진행된다는 것을 알아냈다면, 이를 통해 소거/확신할 수 있는 선지가 있는지 최대한 살펴보아야 한다.

Tip ❸ 다소 난이도가 약간 있는 문제이다. 일반적인 요일 계산 문제와 달리 교육 일정이 한가지로 확정되지 않고 여러가지 경우의 수가 존재하기 때문이다. 그나마 선지가 경우의 수를 전부 따져야 하는 것은 아니며, 두 번째 조건과 다섯 번째 조건을 결합하면 금주교육 또한 금연교육과 마찬가지로 화, 수, 목요일 중에 해야 한다는 결론이 도출되기 때문에 난이도가 조절된 것으로 보인다.

Tip ❹ 달력을 그린 후 오지선다를 최대한 활용해 문제를 해결할 수도 있다.
예를 들어, ① 번에서 금연교육이 가능한 요일은 화요일과 수요일이라고 했다면 금연교육이 가능한 요일을 화요일과 수요일이 맞다고 가정하고 모순이 없는지를 확인하는 것이다. 문제에서 '옳은 것'을 찾으라고 했기 때문에 선지가 유용한 정보로 활용될 수 있다.

독끝 13일차 (366~395)

정답

366	①	367	①	368	④	369	④	370	①
371	⑤	372	②	373	④	374	①	375	①
376	⑤	377	③	378	②	379	①	380	⑤
381	③	382	④	383	⑤	384	⑤	385	②
386	③	387	③	388	⑤	389	⑤	390	③
391	①	392	②	393	④	394	②	395	③

366 정답 ❶

난이도 ●●○

(1) 주혁의 진술이 참이라면 자신보다 점수가 낮은 사람에 대한 진술이 참이므로 정현은 주혁보다 점수가 낮고, 주혁의 진술에 따라 정현은 4명 중 점수가 가장 높거나 두 번째로 높다.
이 경우 정현은 4명 중 점수가 두 번째로 높으며 주혁은 가장 높다.

(2) 한편, 정현의 진술은 거짓이므로 재훈은 정현보다 점수가 높고, 정현의 진술에 따라 재훈은 4명 중 점수가 두 번째로 높거나 가장 낮다. 그러나 점수가 두 번째로 높은 사람은 정현이므로 재훈은 점수가 가장 낮은데, 이는 재훈이 정현보다 점수가 높다는 사실에 모순된다.

(3) 주혁의 진술은 거짓이므로 정현은 주혁보다 점수가 높고, 주혁의 진술에 따라 정현은 4명 중 점수가 세 번째로 높거나 가장 낮다. 이 경우 정현은 4명 중 점수가 세 번째로 높으며 주혁은 가장 낮다. 주혁의 점수가 4명 중 가장 낮으므로 소민의 진술이 참이 되며 재훈의 진술은 거짓이다.

(4) 재훈의 진술은 거짓이므로 소민은 재훈보다 점수가 높고, 재훈의 진술에 따라 소민은 4명 중 점수가 가장 높거나 가장 낮다. 그런데 점수가 가장 낮은 사람은 주혁이므로 소민은 점수가 가장 높으며 재훈은 두 번째로 높다.

(5) 따라서 4명의 시험 점수는 '소민－재훈－정현－주혁'의 순으로 높다.

합격자의 시간단축 Tip

Tip ❶ 가장 빠르게 문제를 해결할 수 있는 조건을 찾아야 한다.

(1) 해당 문제의 경우 주혁의 진술이 그에 해당한다. 문제에 따르면 각 학생은 자신보다 점수가 높은 사람에 대해서는 거짓말을 하며, 자신보다 점수가 낮은 사람에 대해서는 진실을 말한다.
주혁의 말이 참인 경우는 주혁이 1등, 정현이 2등인 경우가 유일하기 때문에, 참임을 가정하고 접근한다면, 모순이 생기는지를 검토하기 편하다.

(2) 반면, 다른 학생들의 발언은 다양한 경우를 가정해야 한다. 가령 소민의 진술이 참인 경우를 검토하고자 한다면
① 소민이 1등, 주혁이 2등인 경우,
② 소민이 1등, 주혁이 4등인 경우,
③ 소민이 2등, 주혁이 4등인 경우,
④ 소민이 3등, 주혁이 4등인 경우
를 모두 검토해야 한다. 이는 매우 비효율적이기 때문에 해당 조건을 먼저 검토하는 것은 좋은 방법이 아닐 것이다.

＊ 가장 극단적인 경우를 가정하는 진술을 기준으로 삼는다는 원칙을 갖는 것도 좋다.
이 문제 역시 1등과 2등을 말하고 있는 주혁의 진술이 그러한 진술이 될 것이다.

Tip ❷

(1) 자신보다 점수가 낮은 사람에 대한 진술은 참이지만, 자신보다 점수가 높은 사람에 대한 진술은 거짓이고, 4명 중 1명의 진술만이 참이기 위해서는 점수가 가장 높은 사람의 진술만이 참이다. 1등은 어떤 사람에 대해 진술하든 자신보다 점수가 낮은 사람에 대한 진술이 되어 항상 참일 수밖에 없기 때문이다.

(2) 만약 소민이 1등이고, 소민의 진술만이 참이라고 가정한다면 정현, 주혁, 재훈의 진술은 모두 거짓이다. 소민의 진술이 참이므로 주혁은 2등 또는 4등이다. 정현의 진술이 거짓이므로 재훈은 2등 또는 4등이다. 주혁의 진술이 거짓이므로 정현은 3등 또는 4등이다. 따라서 정현이 3등이다.
만약 주혁이 2등이라고 가정한다면, 주혁은 정현에 대해서 참인 진술을 하게 되는데 이는 '4명 중 1명의 진술만이 참'이라는 조건에 모순된다. 따라서 주혁이 4등이다.

> * 참고로 주혁을 4등이라고 가정한다면, 주혁이 정현에 대해서 거짓인 진술을 하므로 조건에 모순되지 않는다. 재훈도 2등이지만 1등인 소민에 대해서 거짓인 진술을 하므로 조건에 모순되지 않는다.

Tip ❸ 선지를 적극적으로 활용하여 풀 수도 있다. **Tip ❷**에서 1등만이 참인 진술을 한다는 결론을 참고하여, 선지에 따라 소민 또는 주혁을 우선 1등으로 두는 것이다. 선지 ①, ②와 같이 소민이 1등이라면 소민이의 진술만 참이고 나머지는 거짓이다. 이 조건을 만족하는 경우는 '소민 > 재훈 > 정현 > 주혁'의 순서이다.
이를 구한 후, 정현, 주혁, 재훈의 진술들이 각각 자신보다 점수가 높은 사람에 대한 진술인지 확인하면 모순되지 않음을 알 수 있다. 따라서 답은 ①이다.

367 정답 ❶ 난이도 ●●○

(1) 병수와 정한의 진술은 모순되므로 병수와 정한 중 한 명은 진실을 말했고 한 명은 거짓을 말했다. 합격한 3명은 진실을 말했고 불합격한 2명은 거짓을 말했기 때문에 만약 병수의 진술이 진실이라면 병수는 합격하였고 정한은 불합격하였다.
① 정한이 불합격하였으므로 을동의 진술은 거짓이고 을동은 불합격하였다.
② 을동이 불합격하였으므로 무현의 진술은 진실이고 무현은 합격하였다.
③ 무현이 합격하였으므로 갑순의 진술은 거짓이고 갑순은 불합격하였다.
그러나 이 경우 갑순, 을동, 정한의 3명이 불합격했으므로 2명이 불합격했다는 사실에 배치된다. 따라서 병수의 진술은 거짓이다.

(2) 병수의 진술이 거짓이므로 병수는 불합격하였고 정한은 합격하였다.
① 정한이 합격하였으므로 을동의 진술은 진실이고 을동은 합격하였다.
② 을동이 합격하였으므로 무현의 진술은 거짓이고 무현은 불합격하였다.
③ 무현이 불합격하였으므로 갑순의 진술은 진실이고 갑순은 합격하였다.

(3) 따라서 합격한 3명은 갑순, 을동, 정한이다.

합격자의 시간단축 Tip

Tip ❶ 이 문제의 경우 누구의 진술로부터 출발해도 문제의 체감 난이도가 크게 달라지지는 않으나 일종의 기준을 세우고 싶다면 병수와 같이 자신에 대해 진술하는 사람을 기준으로 삼는 것도 좋다. 문제에 따라 그러한 진술이 가장 큰 실마리가 되는 경우가 종종 있기 때문이다.
또한, 갑순의 진술이 참인 경우를 가정해서 갑순, 을동, 정한이 합격했다는 사실을 알아낸 경우, 갑순의 진술이 거짓인 경우는 검토하지 않고 곧바로 답을 선지 ①로 고른다.
반대로, 만일 갑순의 진술이 거짓인 경우를 먼저 가정해 모순이 발생함을 알아냈다면 갑순의 진술은 참일 것이므로 선지 ①과 ② 중 답이 나올 거라는 걸 알 수 있다. 이런 경우 다시 갑순이 참인 경우에서 차근차근 추리하여 문제를 푸는 대신, 두 선지 중 하나를 정해 대입한 다음 모순이 생기는지 확인하는 순서로 문제를 풀도록 한다.

> * 어떠한 순서로 진술을 검토해도 무방하므로, 해설과는 달리 갑순의 진술부터 검토하는 풀이를 소개한다.

(1) 갑순의 진술이 참인 경우
갑순의 진술이 참인 경우 갑순은 합격을 했을 것이며, 무현은 탈락했을 것이므로 거짓을 말했을 것이다. 무현은 을동이 면접에 불합격했다고 진술했으므로 을동은 면접에 합격했을 것이며, 그의 진술은 참일 것이다. 그에 따라 정한 역시 면접에 합격했을 것이며, 정한의 진술은 참이므로 병수는 면접에 불합격했을 것이다. 병수는 자신이 면접에 합격했다고 하였으므로 이는 거짓이며, 탈락한 자는 거짓을 말한다는 문제의 조건과 일치한다.
이상에서 탈락한 두 명은 무현과 병수이며, 합격한 세 명은 갑순, 을동, 정한이다.

(2) 갑순의 진술이 거짓인 경우
갑순의 진술이 거짓인 경우 갑순은 불합격했을 것이며 무현은 면접에 합격했을 것이다.
이에 따라 무현의 진술은 참이므로, 을동은 면접에 불합격했을 것이며 그의 진술은 거짓이다. 을동은 정한이 면접에 합격했다고 진술하고 있으므로 정한 역시 면접에 불합격했을 것이다. 이상에서 이미 면접에 탈락한 자가 갑순, 을동, 정한 세 명으로 탈락한 사람이 2명이라는 문제의 조건에 어긋난다. 갑순의 진술은 거짓일 수 없다.
따라서 갑순의 진술은 참이며, 합격한 3명은 갑순, 을동, 정한으로 답은 ①이다.

Tip ❷
(1) 쉬운 문제의 경우 **Tip ❶**과 같이 누구의 진술을 출발점으로 삼아도 괜찮으나, 하나의 기준만을 활용하고 싶다면 해설과 같이 '모순되는 진술'부터 시작하는 것을 추천한다. 모순되는 진술의 하나는 참이고 나머지 하나는 거짓이기 때문이다.

(2) 문제의 경우 병수의 합격여부에 대해 모순되는 진술을 하는 병수와 정한의 진술을 출발점으로 삼을 수 있다. 참고로 병수와 정한이 모두 합격한 것으로 표시되는 ③, ⑤는 바로 소거할 수 있다.
(3) 남은 선택지 중 병수가 거짓&불합격인 경우가 더 많으므로(①, ④) 병수가 거짓&불합격, 정한이 참&합격이라고 가정한다면, 을동이 참&합격이 되고 무현이 거짓&불합격이 된다. 또한 갑순이 참&합격이 된다. 따라서 갑순, 을동, 정한의 ①이 답이다.

Tip ❸ 이 문항의 경우, 각각의 진술에 모두 대립되는 진술이 존재하므로 그를 통해 3명 vs 2명의 구도를 파악한다면 쉽게 답을 도출할 수 있다. 'A가 합격했다'는 진술은 곧 'A의 진술이 참이다'라는 의미이고, 'A가 불합격했다'는 진술은 곧 'A의 진술이 거짓이다'라는 의미가 되기 때문이다.
대립되는 진술일 경우, 두 사람의 합격/불합격 여부는 다르며 지지하는 진술일 경우 두 사람의 합격/불합격 여부는 같을 것이다. 정리하자면,
① 갑순: 무현은 면접에 불합격했다. = 무현과 대립
② 을동: 정한은 면접에 합격했다. = 정한 지지
③ 병수: 나는 면접에 합격했다. = 정한과 대립
④ 정한: 병수는 면접에 불합격했다. = 병수와 대립
⑤ 무현: 을동은 면접에 불합격했다. = 을동과 대립 (→ 정한과 대립 → 병수와 같은 입장)
이므로, '갑순 vs 무현'의 구도를 기준으로 대립 구도를 파악한다면, 갑순, 을동, 정한 vs 병수, 무현의 구도로 진술이 대립됨을 파악 가능하다.
따라서 누구의 진술이 참인지 여부를 파악하지 않더라도, 3명이 진실이고 2명이 거짓이라고 했으므로 주어진 구도만을 토대로 ①이 답임을 빠르게 파악 가능하다.

368 정답 ④ 난이도 ●●●

주어진 식을 부피에 관한 식으로 정리하면 다음과 같다. 이때, 왕관의 질량은 1kg, 즉 1,000g이며 왕관을 물이 가득 찬 용기에 완전히 잠기도록 넣었을 때 넘친 물의 부피는 왕관의 부피와 동일하다.

$$\text{부피}(cm^3) = \frac{\text{질량}(g)}{\text{밀도}(g/cm^3)} = \frac{1,000(g)}{\text{밀도}(g/cm^3)}$$

ㄱ. (O) 대장장이가 왕관을 금으로만 만들었다면, 넘친 물의 부피는 $50cm^3$이다.
➜ 금의 밀도는 $20g/cm^3$이므로, 대장장이가 왕관을 금으로만 만들었다면 왕관의 부피는 $\frac{1,000(g)}{20(g/cm^3)} = 50cm^3$이다. 따라서 넘친 물의 부피도 $50cm^3$이다.

ㄴ. (O) 넘친 물의 부피가 $80cm^3$이고 왕관이 금과 은으로만 만들어졌다면, 왕관에 포함된 은의 부피는 왕관에 포함된 금 부피의 3배이다.
➜ 금과 은의 밀도가 각각 $20g/cm^3$, $10g/cm^3$이므로, 대장장이가 왕관을 금으로만 만들었다면 왕관의 부피는 $50cm^3$이고, 은으로만 만들었다면 왕관의 부피는 $100cm^3$이다. 둘 이상의 금속을 합해 만든 왕관의 부피는 각 금속의 부피의 합과 같으므로, 왕관에 포함된 금과 은의 비중을 각각 α, $1-\alpha$ $(0 \le \alpha \le 1)$라고 할 때 $\alpha \times 50(cm^3) + (1-\alpha) \times 100(cm^3) = 80(cm^3)$이 성립한다. 이를 계산하면 $\alpha = 0.4$이며, 이를 대입하면 왕관에 포함된 금과 은의 부피는 각각 $20cm^3$, $60cm^3$이다. 따라서 왕관에 포함된 은의 부피는 왕관에 포함된 금 부피의 3배이다.

ㄷ. (×) 넘친 물의 부피가 $80cm^3$이고 왕관이 금과 구리로만 만들어졌다면, 왕관에 포함된 구리의 부피는 왕관에 포함된 금 부피의 3배 ~~이상이다.~~
➜ 금과 구리의 밀도가 각각 $20g/cm^3$, $9g/cm^3$이므로, 대장장이가 왕관을 금으로만 만들었다면 왕관의 부피는 $50cm^3$이고, 구리로만 만들었다면 왕관의 부피는 $\frac{1,000}{9}cm^3$이다. 둘 이상의 금속을 합해 만든 왕관의 부피는 각 금속의 부피의 합과 같으므로, 왕관에 포함된 금과 구리의 비중을 각각 β, $1-\beta$ $(0 \le \beta \le 1)$라고 할 때 $\beta \times 50(cm^3) + (1-\beta) \times \frac{1,000}{9}(cm^3) = 80(cm^3)$이 성립한다. 이를 계산하면 $\beta = \frac{28}{55}$이며, 이를 대입하면 왕관에 포함된 금과 구리의 부피는 각각 $\frac{280}{11}cm^3$, $\frac{600}{11}cm^3$이다. 따라서 왕관에 포함된 구리의 부피는 왕관에 포함된 금 부피의 3배 미만이다.

ㄹ. (O) 넘친 물의 부피가 $120cm^3$보다 크다면, 왕관은 철을 포함하고 있다.
➜ 부피가 큰 금속일수록 밀도가 작다. 따라서 넘친 물의 부피가 $120cm^3$보다 크다면, 왕관의 밀도는 $\frac{1,000(g)}{120(cm^3)} \approx 8.3g/cm^3$보다 작다.
그런데 금, 은, 구리의 밀도는 각각 $20g/cm^3$, $10g/cm^3$, $9g/cm^3$로 왕관의 밀도보다 크기 때문에 이들 금속만으로는 밀도가 약 $8.3g/cm^3$보다 작은 왕관을 만들 수 없다. 따라서 왕관은 철을 포함하고 있다

합격자의 시간단축 Tip

Tip ❶ 해당 문제는 가중평균을 활용하면 복잡한 계산 없이 쉽게 풀 수 있다. 그러나 〈보기〉에서는 부피에 대해서 묻고 있으나, 문제의 지문에는 밀도에 대한 정보만 주어져 있다.

문제를 풀 때에는 둘 중 한 가지를 기준으로 삼아 정리하는 것이 좋으며, 본 해설에서는 보기 ㄴ, ㄷ은 부피를, 보기 ㄹ은 밀도를 기준으로 하여 풀이하였다. 따라서 먼저 가중평균의 기본 원리를 간단하게 살펴본 후, 밀도와 부피 각각을 기준으로 할 때 무엇을 중점으로 고려해야 하는지를 살펴보자.

(1) 가중평균은 자료의 평균을 구할 때, 자료 값의 가중치를 반영하여 구한 평균값을 의미한다. 가중평균의 특징은, 첫째 두 자료 값 사이의 수로 계산되며, 둘째보다 가중치가 높은 자료 값에 가깝다는 것이다.
   ① 예를 들어, 어느 학교의 1학년 1반과 2반의 수학 성적을 비교해보도록 하자. 1반의 학생 수는 20명이며 평균은 40점이다. 2반의 학생 수는 30명이며 평균은 60점이다. 이때, 두 반 전체 50명 학생의 평균을 구해보면 다음과 같다.
   ② 먼저, 구하고자 하는 값은 점수의 평균이므로 점수가 자료 값이 되며, 각 반의 학생 수는 가중치가 된다. 가중치는 전체 자료의 개수에서 해당 그룹의 비중을 의미하므로, 전체 50명의 자료에서 1반은 20명의 자료를 가지고 있으므로 가중치는 0.4가 된다. 가중평균은 (1반 가중치) ×(1반 평균점수)+(2반 가중치)×(2반 평균점수)$=0.4\times40+0.6\times60=52$의 식으로 계산된다.
   ③ 이때, 가중평균의 특징을 적용해보면, 첫째 가중평균 52는 40과 60 사이의 수로 계산된다. 둘째, 보다 가중치가 높은 2반(혹은 보다 학생수가 많은 2반)의 점수와 가중평균은 8점 차이로, 1반의 12점 차이보다 적어, 보다 2반의 평균에 가깝게 도출되었다는 것을 알 수 있다.

(2) 이처럼 가중평균의 기본 원리를 알았다면, 본 문제에 적용해보도록 하자.

[방법 1] 부피를 기준으로 푸는 경우
   ① 지문의 관계식을 활용하여, 밀도 정보를 부피 정보로 변환해야 한다. 금, 은, 구리, 철의 밀도와 질량 1kg을 관계식에 대입하면, 각각 50, 100, $\frac{1,000}{9}$, 125(cm^3)이 부피로 계산된다.
   부피를 기준으로 푸는 경우, 부피의 값이 자료값이 되며, 왕관에 얼마나 포함되었는지, 그 비중이 가중치가 된다. 위 해설에서 검토하지 않은 〈보기 ㄹ〉을 검토하면 다음과 같다.
   ② 넘친 물의 부피는 왕관의 부피와 같으므로, 왕관의 부피는 120cm^3이며, 왕관은 1개 이상의 금속으로 만들어졌다. 즉, 1개 이상의 금속의 부피를 가중평균 했을 때 120cm^3보다 큰 값이 나오는 경우를 살펴보아야 한다. 가중평균의 첫 번째 특징에 따르면, 가중평균의 값은 자료 값보다 크게 계산되지 않는다. 따라서 120cm^3보다 큰 값이 도출되기 위해서는, 120cm^3 이상인 125cm^3의 부피를 가진 철이 반드시 포함되어야 한다.

[방법 2] 밀도를 기준으로 푸는 경우
   ① 지문의 관계식을 활용하여, 부피 정보를 밀도로 변환해야 한다. 위 해설에서 검토하지 않은 보기 ㄴ과 ㄷ의 왕관은 부피 80cm^3, 질량 1kg일 때 밀도는 12.5(g/cm^3)로 계산된다.
   금과 은, 그리고 금과 구리의 가중평균을 구할 때, 밀도의 값은 자료 값이 되며, 왕관에 얼마나 포함되었는지, 그 비중이 가중치가 된다.
   ② 〈보기 ㄴ〉의 경우, 금과 은의 밀도는 각각 20, 10(g/cm^3)이므로 이를 가중평균한 값이 12.5가 되어야 하고, 〈보기 ㄷ〉의 경우, 금과 구리의 밀도는 각각 20, 9(g/cm^3) 이며, 이를 가중평균한 값이 12.5(g/cm^3)가 되어야 한다. 이때 금과 구리가 왕관에 포함된 비중은 해설과 같이 가중평균의 식을 활용해도 좋으나, 가정을 해서 푸는 방법을 소개해보고자 한다.
   ③ 만약 왕관에 포함된 구리의 부피가 금 부피의 3배라면, 가중평균은 $\frac{1}{4}\times20+\frac{3}{4}\times9=\frac{47}{4}$로, 12.5보다 작다. 즉, 계산된 값이 보다 커져야 하므로 금의 가중치가 보다 커져야 함을 알 수 있다.
   이는 가중평균의 두 번째 특징을 활용한 것으로, 가중평균의 값이 보다 커지기 위해서는 상대적으로 큰 자료 값의 가중치를 높여야 하고, 낮추기 위해서는 상대적으로 작은 자료 값의 가중치를 높여야 한다는 것이다. 따라서 왕관에 포함된 구리의 부피는 금 부피의 3배보다 작음이 도출된다.

Tip ❷

(1) 보기 ㄷ은 보기 ㄴ을 활용한다면 보다 편리하게 풀 수 있다. 구리는 은보다 밀도가 낮다. 그럼에도 불구하고 두 보기에서 넘친 물의 부피는 동일하다. 즉, 왕관의 밀도가 같다는 것을 의미하는데, 구리는 은보다 밀도가 낮기 때문에, 만일 은과 동일한

양만큼의 구리를 금과 섞었다면 해당 왕관의 밀도는 은을 섞었을 때 보다 구리를 섞었을 때 더 낮았을 것이다.

따라서 두 왕관의 밀도가 같기 위해서는 금과 은을 섞었을 때의 은의 양보다 금과 구리를 섞었을 때의 구리의 양이 더 적어야 할 것이다.

(2) 보기 ㄴ에서 부피가 80이기 위해서는 금과 은이 1 : 3의 비율로 섞여야 했으므로, 보기 ㄷ에서 부피가 80이기 위해서는 구리가 금의 3배보다 적게 섞여야 한다는 의미이다.

따라서, 보기 ㄴ이 옳다면, 구체적으로 계산하지 않더라도 보기 ㄷ 이 바로 틀린 선지가 된다는 것을 알 수 있다.

Tip ❸ 결국 답 도출이 중요하다. 그렇기 때문에 구체적으로 수치를 계산할 필요가 없다.

예를 들어 〈보기 ㄹ〉에서는 넘친 물의 부피가 $120cm^3$ 보다 크다는 점에서 단순히 밀도가 8이상 9이하라는 것만 파악하면 되며, 구체적인 수치를 계산하지 않아도 된다.

369 정답 ④ 난이도 ●○○

① (×) 평가표에 의할 때 대상자가 받을 수 있는 최저점수는 ~~70점이다.~~

➜ 각 항목의 최저 점수의 합은 다음과 같다.
15(연령)+25(학력)+10(A국 어학능력)+5(연간소득)=55

② (×) 평가표에 의할 때 대상자가 가점으로 받을 수 있는 최고점수는 ~~52점이다.~~

➜ 가점 항목의 각주를 보면 A국 유학경험은 해당되는 세부항목 중에서 최고 점수만을 부여한다. 따라서 가점으로 받을 수 있는 최고 점수는 10+5+5=20점이다. (52점은 가점 항목에 쓰여 있는 모든 점수를 더할 경우 도출되는 숫자이다.)

③ (×) 가점항목을 제외한 4개의 항목 중 배점이 두 번째로 작은 항목은 ~~연령이다.~~

➜ '배점'은 각 항목의 최고 점수를 기준으로 판단해야 한다. 각 항목의 최고항목을 모두 더했을 때 만점이 되기 때문이다. 배점이 작은 항목부터 나열하면 다음과 같다.
연간소득(10)－A국 어학능력(20)－연령(25)－학력(35)이다.
따라서 옳지 않다.

④ (○) 대상자 甲은 가점을 획득하지 못해도 연령, 학력, A국 어학능력에서 최고점을 받는다면, 연간소득 항목에서 최저점수를 받더라도 거주자격을 부여받을 수 있다.

➜ 조건대로 점수를 계산하면 25+35+20+5=85이다.
총점이 80점 이상인 경우 A국 에서의 거주자격을 부여받게 되므로, 甲은 거주자격을 부여받을 수 있다.

⑤ (×) 박사학위를 소지한 33세 대상자 乙은 A국 대학에서 다른 분야의 박사학위를 취득하고 기본적인 의사소통을 한다면 거주자격을 ~~부여받지 못한다.~~

➜ 각 조건에 따라 점수를 합산하면 다음과 같다.
25(33세)+35(학력)+10(A국 어학능력)+10(박사학위 가점)=80
이는 연간소득을 포함하지 않은 점수이므로 연간소득을 포함하면 총점이 80점 이상이 된다. 따라서 乙은 거주자격을 부여받을 수 있다.

합격자의 시간단축 Tip

Tip ❶ 〈평가표〉에 주어진 점수가 오름차순, 또는 내림차순으로 주어진다는 편견을 버려야 헷갈리지 않고 풀 수 있는 문제이다. 자료해석에서도 자료의 연도가 거꾸로 주어지는 경우가 있는 것처럼, 문제해결파트에서도 점수가 항상 보기 순서대로 주어지는 것은 아니다.

Tip ❷ 가점의 경우 각주의 "2개 이상의 세부항목에 해당된다면 가장 높은 점수만을 부여한다"에 유의한다. 또한, 이러한 문제의 경우 선지 ④ 번이나 ⑤ 번처럼 케이스를 가정하고 조건에 들어맞는지를 질문하는 경우가 대부분이다. 이 경우 만약 조건 충족 여부를 오지선다에서 물어봤다면 조건 충족이 안되는 경우(반례)를 구해야 하므로 기본 가정에 더해 언급되지 않은 조건들을 최저로 맞춘다. 반대로 미해당을 물어보는 경우 조건을 최대로 맞춰서 해당되는지를 찾아보면 된다. 상황에 따라 조건들을 유연하게 사용해야 한다.

Tip ❸

(1) 선지에 주어진 상황을 평가표에 대입했을 때 점수를 묻는 문제이므로 선지를 먼저 읽고 지문 및 평가표에 적용하도록 하자. 예컨대 선지 ① 번의 경우 대상자가 받을 수 있는 최저점수가 70점이라면, 연령에서 51세 이상, 학력에서 2년제 이상 전문대학 졸업, A국 어학능력에서 기본적인 의사소통, 연간소득에서 3천만 미만, 가점 없음을 가정할 경우 55점이 도출된다.

(2) 이렇게 가정했을 때 지문에서 단서에 어긋나는 경우가 없는지 확인하고, 이상이 없을 경우 최저점수는 55점으로 선지 ① 번은 틀린 선지가 된다. 이때

만들어야 할 점수는 '70점'이 아닌 '최저점수'임을 명심하자.

한편, 지문의 첫 번째 문단 일곱 번째 줄에는 "평가표 기준에 해당하지 않을 경우 자격이 주어지지 않는다"라고 되어 있는데, 이것을 기본 가정으로 여기는 습관을 들이면 좋다. 예컨대 연령의 경우 51세 이상이면 모두 15점을 부여하므로, 100세의 경우에도 15점이 부여된다.

(3) 반면, 17세 이하의 경우 표에 나타나 있지 않은데, 이것은 17세는 표에 없으므로 0점을 부여하겠다는 것이 아니라 17세 이하의 연령은 자격이 되지 않는 것이다.

아주 가끔 '평가표 기준에 해당하지 않을 경우 0점을 부여함'과 같은 조건이 주어지는 경우가 있으나 그것은 특별한 케이스로, 이 경우 지문에 명시된 대로 따라가면 된다.

370 정답 ① 난이도 ●○○

조건에 따라 프로그램들의 점수의 합계를 구하면 다음과 같다.

분야	프로그램명	전문가 점수	학생점수	합산점수	가중치 30%합산
미술	내 손으로 만드는 동물	26	32	142	
인문	세상을 바꾼 생각들	31	18	129	
무용	스스로 창작	37	25	161	209.3
인문	역사랑 놀자	36	28	164	
음악	연주하는 교실	34	34	170	221
연극	연출노트	32	30	156	202.8
미술	창의 예술학교	40	25	170	
진로	항공체험 캠프	30	35	160	208

따라서 점수가 가장 높은 '① 연주하는 교실'이 선정된다.

합격자의 시간단축 Tip

Tip ❶ 전문가 점수와 학생점수의 반영비율을 3 : 2로 적용하여 합산한 후에 각 분야의 점수비교를 하는 문제이다. 그러나 이를 반드시 합산 비교할 필요는 없다. 핵심은 '전문가 점수와 학생점수를 반영 비율'이기 때문에 가중평균을 이용한 값을 가지고 대소비교를 하여도 대소관계에 변함이 없다. 이를 활용하여 판단하면 다음과 같은 풀이가 가능하다.

㉠: 30% 가산점 받는 분야부터 판단한다. 모두 30% 가산점이 부여되므로 이들끼리 대소비교를 할 때에는 가산점을 고려할 필요가 없다.

해당 분야에는 〈무용, 음악, 연극, 진로〉가 있다. 대략인 계산으로도 〈음악〉 분야 과목의 가중평균인 34가 이들 중에서 가장 큰 것을 알 수 있다.

㉡: 〈음악〉 분야 과목의 가중평균인 34에 가산점 30%를 적용하면 34+10.2=44.2이다. (정확히 계산할 필요 없이 '40이상' 정도만 파악해도 무방하다.)

이제 가산점이 없는 〈미술, 인문〉 분야 중 가중평균이 40이상인 것이 있는지를 확인하면 된다. 그러나 각 점수의 만점이 40점이므로 40 이상의 값을 갖는 것은 불가능하다. 따라서 〈음악〉 분야의 과목이 선정된다.

Tip ❷

(1) 전문가 점수와 학생 점수의 반영 비율을 3 : 2로 적용한다고 하였으므로, 간단하게 전문가 점수의 3배와 학생 점수의 2배를 합산해서 최종 선정한다고 가정해보자. 주어진 선지에서 유일하게 가산점이 부여되지 않는 프로그램이 〈창의 예술학교〉이다.

(2) 〈연주하는 교실〉이 전문가 점수와 학생 점수가 같아 가장 기준으로 용이해 보이므로, 이를 기준으로 전문가 점수와 학생 점수의 차이를 구하면 +6점, −9점이다. 6×3+(−9)×2=0이므로 가산점을 부여하기 이전 점수는 동일하나, 가산점이 부여될 것이기 때문에 〈연주하는 교실〉의 점수가 더 높다.

(3) 남은 프로그램들 중 〈연출노트〉는 전문가와 학생 점수 모두 〈연주하는 교실〉보다 낮아 소거된다. 나머지 선지도 〈창의 예술학교〉와 같이 차이를 구하여 각각의 가중치를 곱해서 더해보면 모두 음수가 나와 〈연주하는 교실〉의 점수가 가장 높다는 것을 알 수 있다.

예를 들어, 스스로 창작의 경우 연주하는 교실보다 전문가 점수가 3점 높으나, 학생점수는 9점 낮다. 따라서 3×3+(−9) ×2=−9 이므로 연주하는 교실의 점수가 더 높다.

Tip ❸ A시가 〈창의 테마파크〉에서 운영할 프로그램을 구한다고 해서 모든 프로그램의 점수를 계산하고 비교할 필요가 없다. 정답을 구하는 것이 목적이기 때문에 오지선다의 다섯개의 프로그램만 비교하면 된다.

또한 가중치가 3 : 2로 적용되므로 전문가 점수가 높은 쪽+취득점수의 30%의 가산점 부여를 눈 여겨 보는 것이 좋다. 예를 들어 선지에서 가산점을 받는 프로그램인 ①, ②, ③, ④ 중, 취득점수가 높은 ①과 ③을 먼저 비교한다.

다음으로 그 중 점수가 높은 프로그램과 가산점을 받지 않는 프로그램인 ⑤를 비교하면, 최소한의 계산으로 정답을 구할 수 있다.

Tip ❹ 각각의 집단 별 점수의 편차가 크지 않으므로 가산점 30%가 중요한 역할을 할 것이라고 짐작할 수 있다. 따라서 가산점을 받지 못한 선지 ⑤ 번의 〈창의예술학교〉는 과감하게 배제해도 좋다.
만약 과감하게 배제하는 것이 불안할 경우, **Tip ❶**의 ㉠과 같이 가산점을 받는 4개의 선지 가운데 최고 점수를 받은 프로그램과 가산점을 받지 않는 선지 ⑤ 번을 최종적으로 비교할 수 있다. (그러나 시간 소모가 크므로, 이러한 유형의 문제들에 있어 과감하게 정확한 판단을 내릴 수 있도록 연습하는 것이 좋다.)
물론 이 **Tip**은 '가장 높은 점수를 받은 프로그램'을 선정하기 때문에 활용할 수 있다.
두 번째나 세 번째로 높은 점수를 받은 프로그램을 선정할 경우 직접적으로 활용하기는 어렵다.

371 정답 ⑤ 난이도 ●●○

① (×) ○○백화점 식품관에서 10,000원이 적힌 상품권을 사용하여 9,000원짜리 식사를 하면 ~~1,000원은 돌려받지 못한다.~~
→ ○○백화점 상품권은 현금교환이 불가하나, 권면금액의 80% 이상 사용한 경우 그 잔액을 돌려받을 수 있다. ○○백화점 식품관에서 10,000원이 적힌 상품권의 90%인 9,000원짜리 식사를 하는 경우, 그 잔액인 1,000원을 돌려받을 수 있다.

② (×) 현재 갖고 있는 ○○백화점 상품권만으로는 ○○백화점에서 최대 ~~20,000원밖에 사용하지 못한다.~~
→ ○○백화점 상품권의 유효기간은 발행일로부터 5년이다. 따라서 2006년 9월 20일 발행된 5,000원 상품권은 2012년 2월 1일 현재 유효기간이 지나 사용할 수 없다. 한편 포인트 전환 후에는 오프라인 ○○백화점에서 사용할 수 없으므로, 5개의 상품권 중 포인트로 전환된 2개의 상품권은 ○○백화점에서 사용하지 못한다. 따라서 ○○백화점에서 현재 사용할 수 있는 ○○백화점 상품권의 금액은 총 15,000원이다.

③ (×) 현재 갖고 있는 ○○백화점 상품권만으로는 온라인 ○○쇼핑몰 또는 ○○인터넷면세점에서 최대 ~~15,000원밖에 사용하지 못한다.~~
→ ○○백화점 상품권의 유효기간은 발행일로부터 5년이다. 따라서 2006년 9월 20일 발행된 5,000원 상품권은 2012년 2월 1일 현재 유효기간이 지나 사용할 수 없다. 한편 포인트 전환 후에는 온라인○○쇼핑몰 또는 ○○인터넷면세점에서만 사용 가능하므로, 5개의 상품권 중 포인트로 전환된 2개의 상품권을 온라인○○쇼핑몰 또는 ○○인터넷면세점에서 사용할 수 있다.
따라서 온라인○○쇼핑몰 또는 ○○인터넷면세점에서 현재 사용할 수 있는 ○○백화점 상품권의 금액은 총 30,000원이다.

④ (×) 현재 갖고 있는 ○○백화점 상품권 가운데 2015년 12월 16일에 온라인○○쇼핑몰에서 사용할 수 있는 상품권은 ~~없다.~~
→ ○○백화점 상품권의 유효기간은 발행일로부터 5년이다.
따라서 2011년 9월 10일 발행된 5,000원 상품권은 2015년 12월 16일에 유효기간이 지나지 않아 온라인○○쇼핑몰에서 사용할 수 있다.

⑤ (○) 현재 갖고 있는 ○○백화점 상품권 2매로 온라인○○쇼핑몰에서 가격이 15,500원인 제품을 사면 잔액을 돌려받지 못한다.
→ 온라인○○쇼핑몰에서 가격이 15,500원인 제품을 사려면 적어도 20,000원의 상품권이 필요하다. 또한 ○○백화점 상품권은 현금교환이 불가하나, 권면금액의 80% 이상 사용한 경우 그 잔액을 돌려받을 수 있다. 현재 갖고 있는 ○○백화점 10,000원 상품권 2매로 가격이 15,500원인 제품을 살 경우 권면금액인 20,000원의 77.5%를 사용하게 되어 잔액을 돌려받지 못한다.

합격자의 시간단축 Tip

Tip ❶ 해당 문제는 주어진 조건을 차근차근 적용하기만 하면 되는 문제이다.
유효기간이 주어지는 경우, 발행일로부터 현재까지 얼마나 지났는지를 계산하기 보다는 사용 가능한 기간을 적어 두고 현재 일자와 비교하는 것이 좋다.

* 상품권을 어디서 사용하든지, 유효기간이 지나서는 안 된다. 이에 더해 오프라인에서 사용되기 위해서는 포인트로 전환되어서는 안 된다는 조건이 추가되므로, 두 가지 경우를 기준으로 분류해서 문제를 푼다면 보다 문제 이해가 쉬워질 것이다.

Tip ❷ 어디서 사용할 수 있는지, 언제까지 사용할 수 있는지, 포인트 전환이 가능한지 등 주어진 정보가 많아서 혼란스러울 수 있다.
처음에 문제를 읽을 때는 대략적으로 내가 구별해야 하는 정보의 개수들만 확인을 하고, 오히려 선지를 먼저 읽은 후 선지의 정보를 활용하여 푸는 것이 좋다.

372 정답 ②　　　　난이도 ●●○

(1) 비용 대비 매출을 감소시키는 조건을 살펴보면 다음과 같다. 먼저 〈조건2〉의 첫 번째 조건에 따라 가 이벤트를 나 이벤트 이후에 실시하면 가 이벤트의 매출이 감소하므로, 가 이벤트를 나 이벤트 이전에 실시해야 한다.
또한, 〈조건2〉의 두 번째 조건에 따라 라 이벤트를 가 이벤트 이전에 실시하면 라 이벤트의 매출이 0이 되므로, 가 이벤트를 라 이벤트 이전에 실시해야 한다. 그리고 〈조건2〉의 세 번째 조건에 따라 가 이벤트와 나 이벤트를 바로 이어서 실시하면 두 이벤트의 비용이 증가하므로, 두 이벤트를 바로 이어서 실시하면 안 된다.

(2) 비용 대비 매출을 증가시키는 조건을 살펴보면 다음과 같다.
먼저 〈조건2〉의 네 번째 조건에 따라 가 이벤트와 다 이벤트를 바로 이어서 실시하면 두 이벤트의 비용이 감소하므로, 두 이벤트를 바로 이어서 실시해야 한다.
또한, 〈조건2〉의 다섯 번째 조건에 따라 가 이벤트와 라 이벤트를 다른 이벤트 하나를 사이에 두고 실시하면 두 이벤트의 매출이 증가하므로, 가 이벤트와 라 이벤트를 다른 이벤트 하나를 사이에 두고 실시해야 한다.

(3) 이상의 조건들을 정리하여 비용 대비 매출이 가장 큰 이벤트 실시 순서를 도출하면 다음과 같다.

	가	다	라	나
비용	0.5a	0.5a	a	a
매출	2a	a	2a	a
비용 대비 매출	$\frac{6a}{3a}=2$			

합격자의 시간단축 Tip

Tip ①

(1) 어떤 조건부터 고려해야 할지 정하기 어렵다면, 해설의 표와 같이 비용과 매출에 a원을 직접 대입해서 풀어도 좋다. 다만, 이와 같은 풀이 방식은 다소 시간이 걸릴 수 있기 때문에 조건 간의 우선순위를 파악하여 순서대로 적용하는 것이 훨씬 유리할 것이다.

(2) 이때, 조건을 활용함에 있어, 해설과 같이 비용 대비 매출을 감소/증가시키는 조건을 구분하여 적용하는 방법을 사용해도 좋고, 비용과 매출로 구분하여 적용하는 방법도 있다.
비용 대비 매출은 비용이 작을수록, 매출이 클수록 그 크기가 커진다. 따라서 〈조건2〉에서 매출에 관한 조건들은 매출을 증가시키기 위해서 어떻게 해야 하는지, 비용에 관한 조건들은 비용을 줄이기 위해서 어떻게 해야 하는지를 중심으로 해석하는 것이다.

(3) 구체적으로 살펴보면, 〈조건2〉의 첫 번째, 두 번째, 다섯 번째 조건이 매출에 관한 조건이며, 나머지 조건들은 비용에 관한 조건이다. 비용 대비 매출을 증가시키기 위해서는 조건들을 다음과 같이 해석해야 한다.
① 첫 번째 조건: 가 이벤트를 나 이벤트 이전에 실시해야 한다. (또는 '이후에 실시하면 안 된다.')
② 두 번째 조건: 라 이벤트를 가 이벤트 이후에 실시해야 한다.
③ 세 번째 조건: 가 이벤트와 나 이벤트를 바로 이어서 실시하면 안 된다.
④ 네 번째 조건: 가 이벤트와 다 이벤트를 바로 이어서 실시해야 한다.
⑤ 다섯 번째 조건: 가 이벤트와 나 이벤트를 다른 이벤트 하나를 사이에 두고 실시해야 한다.

Tip ② 주관식이 아니라 객관식 시험이기 때문에 선지를 적극적으로 활용해서 문제를 풀 수 있다. 비용 대비 매출이 가장 큰 이벤트 순서를 구하는 것이 우선이기 때문에 문제에서 매출이 0이 된다는 것과 같은 극단적인 조건이 적용되는 선지가 존재한다면 소거해 나가면서 정답을 구하는 것이 시간단축의 길이 된다.

Tip ③ 본 문제에서는 〈조건2〉의 모든 조건들을 만족하는 선지가 정답으로 제시되었으나, 문제에 따라 일부 조건만을 만족하는 선지가 정답이 되는 경우가 있다. 만약 해설과 같이 주어진 조건들을 모두 만족하는 이벤트 실시 순서를 구하였음에도 그것이 선지에 없다면, 선지의 모든 경우들을 대입하여 비용 대비 매출의 크기를 직접 구하는 것이 최선의 풀이 방법일 것이다.

373 정답 ④　　　　난이도 ●○○

ㄱ. (O) input 명령문은 레코드에서 위치를 지정하여 변수에 수를 저장할 수 있다.
→ 2번째 문단의 1번째 문장에 따라 input은 레코드를 이용해 변수에 수를 저장하는 명령문이다. 3번째 문장에 '레코드 1~3번째 위치에 있는 수를 저장'한다는 것에 따라 레코드에서 위치를 지정할 수 있음을 알 수 있다. 따라서 옳은 선지이다.

ㄴ. (×) 두 개의 input 명령문은 같은 레코드를 이용하여 ~~변수에 수를 저장할 수 없다.~~

➜ 2번째 문단의 6번째 문장에 따르면, 어느 한 input 명령문에 @가 있으면 바로 다음 input 명령문은 @가 있는 input 명령문과 같은 레코드를 이용한다.

따라서 두 개의 input 명령문이 같은 레코드를 이용하여 변수에 수를 저장할 수 있다.

ㄷ. (○) 하나의 input 명령문이 다수의 레코드를 이용하여 변수에 수를 저장할 수 있다.

➜ 2번째 문단의 5번째 문장에 따르면, input 명령문이 하나일 때 여러 개의 레코드가 있을 경우 모든 레코드를 차례대로 이용한다 하였으므로, 하나의 input 명령문이 다수의 레코드를 이용하여 변수에 수를 저장할 수 있음을 알 수 있다.

합격자의 시간단축 Tip

Tip ❶
간단한 내용일치 유형이다. 선지를 변수화하여, 해당 부분만 찾는 것이 비교적 빠른 풀이 방법이다. 예를 들어, 보기 ㄱ은 'input-위치 지정', 보기 ㄴ은 '2개의 input, 1개의 레코드', 보기 ㄷ은 '1개의 input, 다수의 레코드'가 키워드로, 해당 단어만 글에서 찾아내는 형태로 처리하면 된다.

Tip ❷ 알고리즘에 대한 기본적인 지식이 있을 경우 시간을 상당히 아낄 수 있으나, 그렇지 않을 경우 텍스트가 이해가 가지 않을 수 있다. 과학, 기술 영역에서 주로 발생하는 상황으로, 이를 고려하여 출제자 또한 적절한 예시를 더하는 경우가 많다.
설문의 경우에도 텍스트를 바로 이해하려고 하는 대신 아래쪽의 프로그램 1, 2라는 예시를 바탕으로 지문을 이해하는 것도 하나의 방법이다.
해당 방법은 지문의 예시와 유사한 적용 문제가 나왔을 경우 더욱 효과적이다. 다만 처음 풀 때 확실하게 이해하여 문제를 풀 때 지문을 보지 않고도 풀 수 있도록 하자.

Tip ❸ 문제해결 파트 지문형에서는 특히 핵심어의 의미를 잘 파악해야 한다. 선지 역시 "명령문", "레코드", "변수" 등의 단어를 쓰고 있는데, 이게 구체적으로 무엇을 의미하는지 명확히 파악하며 독해하는 연습이 중요하다. 대부분 첫 문단~둘째 문단 초반에 글의 핵심 단어의 정의가 나타나 있으므로 해당 부분의 경우 밑줄을 치거나 크게 표시해 두는 것도 좋은 방안이다.

374 정답 ❶ 난이도 ●●●

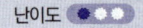

input 명령문과 레코드가 모두 다수인 경우이다.
따라서 기본적으로 input 명령문은 레코드를 순서대로 이용하되, @가 있는 경우에만 동일한 레코드를 이용한다.

(1) 1번째 input 명령문은 1번째 레코드인 020824를 이용한다.
a는 1번째 레코드의 1~6번째 위치를 저장하므로, 20824이며, b는 1번째 레코드의 3~4번째 위치를 저장하므로 8이다.

(2) 2번째 input 명령문은 2번째 레코드인 701102를 이용한다.
c는 2번째 레코드의 5~6번째 위치를 저장하므로 2이다.

(3) 3번째 input 명령문은 2번째 input 명령문 끝에 '@'가 있으므로 동일하게 2번째 레코드를 이용한다.
이때, d는 2번째 레코드의 3~4번째 위치를 저장하므로 11이다.

(4) 4번째 input 명령문은 3번째 레코드인 720508을 이용한다.
e는 3~5번째 위치를 저장하므로 50이다.

(5) 이를 바탕으로 print로 〈결과〉를 채우면 다음과 같다.

a	b	C	d	e
20824	8	2	11	50

따라서 출력된 수를 모두 더하면 20,824+8+2+11+50=20,895이다.

합격자의 시간단축 Tip

Tip ❶ 1지문 2문항의 경우 첫 번째 문항은 주로 내용에 대한 문제로 지문의 전반적인 이해를 요하며, 두번째 문항에서는 지문의 특정 부분을 활용한 상황 적용 능력을 요한다. 이경우 내용에 대한 이해는 첫번째 문항에서 마무리했어야 하며, 두번째 문항에서는 단순 적용만 빠르게 하면 된다. 또한, 두번째 문항의 경우 특정 문단에서 계산법 등을 자세히 설명해주는데 그 가이드 라인을 따라 그대로 주어진 문제 상황에 대입하면 문제가 쉽게 풀리는 경우가 많다. 위의 보기의 경우에도 주어진 표나 그림 등을 활용해 파악한 계산 매커니즘을 문제에 그대로 적용하면 된다.

Tip ❷ 지문에서 @와 같이 독특한 조건이 나올 때에는 거의 대부분 적용 문제에서 활용되므로 반드시 표시해 두고 놓치지 않고 적용한다.

Tip ❸ 〈프로그램〉의 각 input 명령문 별로 몇 번째 레코드를 사용하는지 옆에 적어 두면 실수를 줄일 수 있다. 예를 들어, 첫 번째 input 명령문(input a 1-6 b 3-4 ;) 옆에 ① 이라고 적어 두는 것 등이다. 특히 이러한 작업을 첫번째 문제를 풀면서 함께 해 두면 지문을 두 번 읽는 것을 방지하여 시간을 단축할 수 있다.

375 정답 ①

난이도 ●●○

ㄱ. (○) 짝이 확정되기 위한 최소의 거절 횟수와 최대의 거절 횟수를 합하면 총 7회이다.

→ [최대 거절 횟수-6회] 甲, 乙 丙에게 주어진 거절 기회는 각각 3, 2, 1회이다. 따라서 이 거절 횟수를 모두 사용하는 것이 최대 거절 횟수이다.

[최소 거절 횟수-1회] 甲, 乙 丙이 원하는 사람은 각각 (A, C), A, C이다. 즉, 누구든지 B를 만나면 거절하고 싶어한다는 의미이다. 즉, 거절 기회가 가장 적은 丙에게 B가 배정되는 경우, B는 거절하게 되며, 이 거절 횟수를 한번 사용한 이후에 다시 丙에게 B가 배정되면 丙은 거절할 수 없다. 이때, 甲, 乙에게 C, A가 배정되었다면 그대로 확정된다. 따라서 최소 거절 횟수는 1회이다.

ㄴ. (×) 甲, 甲, 乙, 乙 순으로 거절한 이후 짝이 확정되었다면 ~~乙의 짝은 A이다.~~

→ 甲과 丙에게 아직 거절 기회가 남은 상태에서 짝이 확정되었다는 것은, 甲과 丙은 자신이 원하는 짝을 만났음을 의미한다. 이때 丙 은 C를, 甲은 A를 짝으로 만난 것이어야 하므로 乙은 B를 짝으로 만나게 된다.

ㄷ. (○) 甲, 乙, 丙, 甲 순으로 거절한 이후 짝이 확정되었다면 丙의 짝은 B이다.

→ 선순위인 甲과 乙이 아직 거절 기회가 남았음에도 거절하지 않았으므로 甲은 C, 乙은 A를 배정받았음을 알 수 있다. 丙은 이미 한 번 거절하여 주어진 거절 기회를 모두 소진했으므로, B가 배정된다.

ㄹ. (×) 甲, 乙, 甲, 丙 순으로 거절한 이후 짝이 확정되었다면, 丙이 거절했을 당시 甲의 짝 ~~후보는 A이었을 것이다.~~

→ 丙은 A, B가 배정된 경우 거절한다. 丙이 거절한 당시 乙은 거절 기회가 아직 1번 남아있으나 짝후보를 수락한 상황이므로, 乙이 A를 배정받아 수락했음을 알 수 있다. 따라서 丙은 B를 배정받았을 것이고, 甲의 짝 후보는 C이었을 것이다.

합격자의 시간단축 Tip

Tip ❶ 문제를 풀다 자칫 헷갈릴 수 있는 내용들은 실수할 가능성을 줄이기 위해 의역하여 적어 두는 것이 좋다. 문제의 '~이상 거절하지 않는다'가 대표적이다. 선지 접근 시 결국 가능한 최대 거절 횟수가 몇 번인지가 중요하기 때문이다. 甲은 '네 번 이상 거절하지 않는다'고 했으므로 총 세 번 거절할 수 있다. 마찬가지로 乙은 두 번, 丙은 한 번 거절할 수 있다. 문제를 풀면서 네 번까지 거절할 수 있다고 잘못 생각할 수 있으므로 이처럼 확정적인 언어로 다시 표시해두면 실수를 줄일 수 있을 것이다.

Tip ❶ 주어진 정보를 반대로 해석할 때 정리가 잘되는 문제가 종종 나온다. 이 문제 역시 마찬가지이다. "짝으로 삼고 싶은 사람은 A뿐이다."는 말은 "B, C가 내 짝이 아니면 된다고 생각한다."와 같은 의미가 된다.
각 후보가 원하는 사람들을 정리해 보았을 때, B가 보이지 않는다. 따라서 B는 아무도 원하지 않으며, B가 배정된 경우 무조건 거절하게 된다는 것을 파악해야 한다.
甲, 乙, 丙 순으로 거절 여부를 선택한다는 정보는 선순위가 거절하지 않았다면 그에게 원하는 상대가 배정된 것을 의미한다. 따라서 〈보기 ㄴ~ㄹ〉을 판단할 때 주어진 순서가 의미하고 있는 것을 잘 활용할 수 있어야 한다.

* 거절횟수가 정해져 있다는 것을 파악했다면 거절 순서는 상관이 없다. 가령 〈보기 ㄴ〉을 판단할 때 甲, 甲, 乙, 乙 순으로 거절했다는 것이 중요한 게 아니라, 甲은 2번, 乙은 2번 거절했다는 것이 보다 중요하다. 그렇다면 乙은 거절 횟수를 다 사용했으므로, 丙이 거절하지 않고 짝이 확정되었다면 B의 짝은 乙이 될 것이다. 반대로, 아직 거절 횟수가 남아 있는데 거절하지 않았다는 뜻은 자신이 원하는 대로 짝이 이루어졌다는 것을 의미한다. 이렇게 볼 수 있다면 〈보기 ㄷ, ㄹ〉역시 매우 쉽게 풀 수 있을 것이다.
** 만약 문제를 풀 때 보기 ㄱ의 거절 횟수를 구하는 것이 어렵다고 느껴진다면, 보기 ㄴ~ㄹ을 먼저 확인해보도록 한다. 다른 보기들을 검토하면서 거절 횟수를 구하는 방법에 익숙해질 수 있을 것이다.

Tip ❸ 甲, 乙, 丙이 모두 자신이 원하는 짝을 만날 수 없음을 캐치한 뒤, 짝이 확정된 경우에 분명 甲, 乙, 丙의 거절 한도를 초과해 자신이 원하지 않는 짝을 수용한 경우가 존재할 것이라는 것을 예측할 수 있으면 문제를 더 수월하게 풀 수 있다. 즉, 甲, 乙, 丙 모두의 선호가 수용되는 경우가 존재하지 않는다는 것을 가장 먼저 캐치하는 것이 중요하다.

376 정답 ⑤ 난이도 ●●○

〈조건〉에 따라 시리즈물 각각의 책을 개발하는 데 소요된 기간과 편집자를 표로 나타내면 다음과 같다.

소요 기간 \ 시리즈물	1권	2권	3권	4권	5권
1개월	×	×	×	×	다솜
2개월	가인	×	×	×	×
3개월	×	나은	×	×	×
4개월	×	×	가인, 다솜	×	×
6개월	×	×	×	나은	×

소요된 기간이 가장 긴 책은 나은이 개발한 6개월의 4권이며, 소요된 기간이 가장 짧은 책은 다솜이 개발한 1개월의 5권이다.

합격자의 시간단축 Tip

Tip ❶ 구체적인 풀이는 아래와 같다.

(1) ㉢에 따라 1권은 가장 짧은 기간이 소요되는 1개월의 두 배 기간이 소요되었으므로 2개월이 소요되었을 것이다. 또한, 2권은 4권 개발의 절반의 기간이 소요되었는데, 이를 만족할 수 있는 것은 1개월~2개월, 2개월~4개월, 3개월~6개월뿐이다.
그러나 이미 1권에 2개월이 소요되었다고 했으므로 가능한 경우는 세 번째밖에 없다.
따라서 2권은 3개월, 4권은 6개월의 개발 기간이 소요되었을 것이다.

(2) ㉤에 따라 다솜은 3권 개발에 참여하게 되며, ㉡에 따라 다솜은 2권 또는 4권 개발에는 참여할 수 없고, 3권에서만 공동 개발이 이뤄졌으므로 5권 개발에 참여하였을 것임을 알 수 있다. 그렇다면 다솜이 개발 소요한 기간은 (3권 개발 기간)+(5권 개발 기간)일 것이고, 가인은 1권과 3권 개발에 참여하였으므로(㉣, ㉤) 가인이 개발에 소요한 기간은 2개월+(3권 개발 기간)일 것이다. 3권 개발이 공통될 때, ㉥에서 후자의 기간이 전자보다 길다고 했으므로 5권의 개발 기간이 1권의 개발 기간인 2개월보다 짧아야 함을 알 수 있다.
이로써 3권 개발 기간은 4개월, 5권 개발 기간은 1개월임을 알 수 있다.

(3) 가인이 1권, 3권, 다솜이 3권, 5권을 개발하므로 나은은 2권, 4권을 개발할 것이다.
이상에서 소요된 기간이 가장 긴 책은 6개월이 걸린 4권이며, 소요된 기간이 가장 짧은 책은 1개월이 걸린 5권으로 답은 ⑤다.

Tip ❷ 모든 정보를 찾은 후 선지를 확인하지 말고, 정보를 조합하는 과정에서 선지를 적극적으로 소거하며 문제를 풀어야 시간을 줄일 수 있다. 이 문제의 경우 **Tip ❶**의 (1) 까지만 풀었을 때 답을 고를 수 있다. 개발에 6개월이 걸린 책은 4권이므로 선지 ①, ②, ③이 소거되며, 1권과 5권 중 1권은 이미 조건 ㉢에 따라 개발 기간이 가장 짧은 책이 아니라는 것을 알 수 있다.
따라서 ④도 소거되며 답은 ⑤라는 것이 쉽게 도출된다.

377 정답 ❸ 난이도 ●●○

본 문제는 순서(1번째~7번째) – 입은 옷의 색상(빨강~보라)이라는 2개 그룹 간에 일대일 대응관계가 존재한다. 즉, 대응표를 사용하여 시각적으로 풀이가 가능한 대응관계 유형이다. 순서를 가로축, 색상을 세로축으로 두어 대응표를 그리면 다음과 같다.

	1	2	3	4	5	6	7
빨강							
주황							
노랑							
초록							
파랑							
남색							
보라							

이제 대응표에 〈조건〉에서 제공하는 정보들을 정리하며 문제를 풀어 보자.

(1) 〈조건〉에서 직접 제공하는 정보들
〈조건〉 ㉠에 의하면 빨강 옷을 입은 모델은 4, 5, 6, 7번째에 설 수 없으며, 주황 옷을 입은 모델은 1, 2, 3, 4번째에 설 수 없다.
〈조건〉 ㉡에 의하면 노랑 옷을 입은 모델은 3번째로 순서가 확정된다. 이로부터 다른 모델들이 3번째에 설 수 없는 것은 당연하다.
〈조건〉 ㉢에 의하면 파랑 옷을 입은 모델은 4 또는 5번째로 서며, ㉣에 의하면 초록 옷을 입은 모델은 1, 2, 3, 4번째에 설 수 없다.
〈조건〉 ㉤과 ㉥에 의하면 보라 옷을 입은 모델은 7번째에, 남색 옷을 입은 모델은 6, 7번째에 설 수 없다. 여기까지 대응표에 정리하면 아래와 같다.

	1	2	3	4	5	6	7
빨강			×	×	×	×	×
주황	×	×	×	×			
노랑	×	×	○	×	×	×	×
초록	×	×	×	×			
파랑	×	×	×			×	×
남색			×			×	×
보라	×		×				×

(2) 〈조건〉으로부터 추론할 수 있는 정보들

〈조건〉 ㉠에 의하면 주황 옷을 입은 모델이 마지막으로 쇼에 설 경우 빨강 옷을 입은 모델이 세 번째로 쇼에 서게 되는데, 〈조건〉 ㉡에 따라 노랑 옷을 입은 모델이 세 번째로 쇼에 서므로 주황 옷을 입은 모델은 마지막으로 쇼에 서지 않는다.

또한, 〈조건〉 ㉣, ㉤에 의하면 파랑 옷을 입은 모델과 남색 옷을 입은 모델은 각각 마지막으로 쇼에 서지 않으며 〈조건〉 ㉥에 따라 보라 옷을 입은 모델도 마지막으로 쇼에 서지 않는다. 따라서 마지막으로 쇼에 서는 모델은 초록 옷을 입은 모델이다. 여기까지 대응표에 정리하면 아래와 같다.

	1	2	3	4	5	6	7
빨강			×	×	×	×	×
주황	×	×	×	×			×
노랑	×	×	○	×	×	×	×
초록	×	×	×	×	×	×	○
파랑	×	×	×			×	×
남색			×			×	×
보라	×		×				×

여기서 추후 풀이의 기준이 될 모델을 결정하여야 한다. 가능한 경우의 수가 2가지뿐인 빨강, 주황, 남색 옷을 입은 모델이 기준으로 고려될 수 있다. 이 중에서 주황 옷을 입은 모델은 〈보기〉 ㉠에 따라 빨강 옷을 입은 모델의 순서가 결정되면 자동으로 결정되므로, 빨강 옷을 입은 모델을 기준으로 풀이를 이어가도록 하자.

(3)-1. 빨강 옷을 입은 모델이 첫 번째로 쇼에 서는 경우

〈조건〉 ㉠에 따라 주황 옷을 입은 모델은 다섯 번째로 쇼에 선다. 주황 옷을 입은 모델이 다섯 번째로 쇼에 서므로 〈조건〉 ㉢에 따라 파랑 옷을 입은 모델은 네 번째로 쇼에 선다. 이 때 〈조건〉 ㉤에 따라 남색 옷을 입은 모델이 보라 옷을 입은 모델보다 먼저 쇼에 서므로 남색 옷을 입은 모델과 보라 옷을 입은 모델은 각각 두 번째와 여섯 번째로 쇼에 선다. 이 경우 옷의 색깔에 따른 패션쇼의 순서는 (**빨강－남색－노랑－파랑－주황－보라－초록**)이다.

	1	2	3	4	5	6	7
빨강	○	×	×	×	×	×	×
주황	×	×	×	×	○	×	×
노랑	×	×	○	×	×	×	×
초록	×	×	×	×	×	×	○
파랑	×	×	×	○	×	×	×
남색	×	○	×	×	×	×	×
보라	×	×	×	×	×	○	×

(3)-2. 빨강 옷을 입은 모델이 두 번째로 쇼에 서는 경우

〈조건〉 ㉠에 따라 주황 옷을 입은 모델은 여섯 번째로 쇼에 선다. 〈조건〉 ㉢에 따라 파랑 옷을 입은 모델은 네 번째 또는 다섯 번째로 쇼에 서는데, 이 때 〈조건〉 ㉤에 따라 남색 옷을 입은 모델이 보라 옷을 입은 모델보다 먼저 쇼에 서므로 남색 옷을 입은 모델은 반드시 첫 번째로 쇼에 선다.

이 경우 옷의 색깔에 따른 패션쇼의 순서는 (**남색－빨강－노랑－파랑－보라－주황－초록**)

	1	2	3	4	5	6	7
빨강	×	○	×	×	×	×	×
주황	×	×	×	×	×	○	×
노랑	×	×	○	×	×	×	×
초록	×	×	×	×	×	×	○
파랑	×	×	×	○	×	×	×
남색	○	×	×	×	×	×	×
보라	×	×	×	×	○	×	×

또는 (**남색－빨강－노랑－보라－파랑－주황－초록**)이다.

	1	2	3	4	5	6	7
빨강	×	○	×	×	×	×	×
주황	×	×	×	×	×	○	×
노랑	×	×	○	×	×	×	×
초록	×	×	×	×	×	×	○
파랑	×	×	×	×	○	×	×
남색	○	×	×	○	×	×	×
보라	×	×	×	×	○	×	×

① (○) 초록 옷을 입은 모델은 마지막 순서이다.

➜ 패션쇼로 가능한 세 가지 경우 중에서 초록 옷을 입은 모델은 항상 마지막 순서이다.

② (○) 남색 옷을 입은 모델은 첫 번째 또는 두 번째 순서이다.

➜ 패션쇼로 가능한 세 가지 경우 중에서 남색 옷을 입은 모델은 첫 번째 또는 두 번째 순서이다.

③ (×) 노랑 옷을 입은 모델은 남색 옷을 입은 모델 바로 ~~다음 순서가 아니다.~~

➜ 패션쇼로 가능한 세 가지 경우 중에서 빨강－남색－노랑－파랑－주황－보라－초록의 순서로 패션쇼가 진행될 경우 노랑 옷을 입은 모델은 남색 옷을 입은 모델 바로 다음 순서이다.

④ (○) 파랑 옷을 입은 모델은 남색 옷을 입은 모델 바로 다음 순서가 아니다.

➜ 패션쇼로 가능한 세 가지 경우 중에서 남색 옷을 입은 모델 바로 다음 순서로 파랑 옷을 입은 모델이 쇼에 서는 경우는 없다.

⑤ (○) 빨강 옷을 입은 모델은 보라 옷을 입은 모델 바로 다음 순서가 아니다.

➜ 패션쇼로 가능한 세 가지 경우 중에서 보라 옷을 입은 모델 바로 다음 순서로 빨강 옷을 입은 모델이 쇼에 서는 경우는 없다.

합격자의 시간단축 Tip

Tip ① 이 문제에서는 해설의 첫 번째 경우인 '빨강이 첫 번째 순서에 올 경우'에서 바로 선지 ③이 옳지 않은 것임을 알 수 있다.
따라서 실전에서는 '빨강이 두 번째 순서에 올 경우'를 확인하지 않고 넘어가야 할 것이다.

Tip ② 이런 문제를 풀 땐 기준점을 무엇으로 잡을지를 우선 생각해야한다.
위 문제의 경우에는 빨강과 주황 사이에 3명의 모델이 있다고 주어졌기 때문에 빨강을 1) 첫 번째에 두는지 2) 두 번째에 두는지를 기준으로 잡고 문제를 풀어야 한다.
이와 같이 경우의 수가 가장 작은 것으로 기준점을 골라야 효율적인 풀이가 된다.

378 정답 ② 난이도 ●●●

(1) 먼저 조건을 정리해보자.

첫째, 〈잃어버리기 전〉 의 첫 번째 조건에 의하면, 여성 인물카드를 a장이라고 할 때 남성 인물카드는 (a+2)장이다. 따라서 총 인물카드는 (2a+2)장으로 짝수이다.

둘째, 〈잃어버리기 전〉의 세 번째 조건에 의하면, 가수 직업의 인물카드는 1장으로 홀수이다. 〈잃어버리기 전〉의 두 번째 조건에 의하면 직업은 총 5종류이며 인물카드는 직업별로 최대 2장이므로, 특정 직업의 인물카드가 홀수 개 있다면 이는 1장이다. 한편 총 인물카드의 개수가 짝수이므로, 가수가 아닌 다른 직업의 인물카드 중 홀수인 1장만 있는 직업은 1개이거나 3개이다.

셋째, 〈잃어버린 후〉의 첫 번째 조건에 의하면, 甲은 최소 2장의 카드를 잃어버렸다. 또한 소방관 직업의 인물카드를 2장 잃어버렸으므로 잃어버리기 전 소방관 직업의 인물카드는 2장으로 짝수이다.

넷째, 〈잃어버린 후〉의 세 번째 조건에 의하면, 잃어버린 후 가지고 있는 직업은 네 종류이다. 잃어버리기 전 가지고 있는 직업은 총 5종류였으므로, 2장 모두 잃어버린 소방관 직업의 인물카드를 제외하면 모든 카드를 잃어버린 직업의 인물카드는 없다.

(2) 잃어버리기 전 가지고 있는 인물카드의 직업은 총 5종류이므로 소방관과 가수를 제외한 나머지 임의의 직업을 각각 A, B, C라고 하자. 가수가 아닌 다른 직업의 인물카드 중 홀수인 1장만 있는 직업은 1개이거나 3개인데, 소방관 직업의 인물카드는 2장으로 짝수이다.

① A, B, C 모두의 인물카드가 1장일 경우: 잃어버리기 전 甲은 소방관 직업의 인물카드 2장과 가수 직업의 인물카드 1장을 더해 총 6장의 인물카드를 가지고 있었다. 그런데 소방관 직업의 인물카드 2장을 잃어버릴 경우 총 4장의 인물카드를 가지게 되는데, 잃어버린 후 甲이 가지고 있는 인물카드는 총 5장이다. 따라서 A, B, C 모두의 인물카드가 1장인 것은 아니다.

② A, B, C 중 하나의 직업의 인물카드가 1장일 경우: 나머지 두 개의 직업의 인물카드는 2장이므로, 잃어버리기 전 甲은 소방관 직업의 인물카드 2장과 가수 직업의 인물카드 1장을 더해 총 8장의 인물카드를 가지고 있었다. 이때, 소방관 직업의 인물카드 2장과 2장을 가지고 있는 직업의 인물카드 중 1장을 잃어버릴 경우, 잃어버린 후 甲이 가지고 있는 인물카드는 총 5장이 된다.

따라서 甲이 잃어버린 인물카드의 수는 총 3장이다.

합격자의 시간단축 Tip

Tip ① 조건이 왜 주어졌는지를 파악하는 것이 문제 풀이의 실마리가 될 수 있다. 이 문제의 경우 다른 조건들과 달리 유일하게 〈잃어버리기 전〉의 첫 번째 조건만 성별에 대한 이야기를 하고 있다. 따라서 이를 넘기지 않고 어떻게 사용할 수 있을지를 고민할 필요가 있다.

Tip ② 해설에 따라 각각의 조건이 의미하는 바를 파악한 후, 다음과 같은 방법으로 선지를 활용해 풀이할 수도 있다. 남은 카드를 기준으로 할 때, 총 5장의 카드, 4종류의 직업이 존재한다. 따라서 하나의 직업은 두 장, 나머지 직업들은 한 장씩 존재함을 알 수 있다.

카드1	카드2	카드3	가수	소방관
2	1	1	1	0

이때, 해설의 첫째 조건과 같이, 총 인물카드는 짝수 개였을 것이므로, 남은 카드 5개와 잃어버린 카드를 합쳐서 짝수가 되기 위해서는 선지 ①, ③, ⑤를 소거해야 함을 알 수 있다.
따라서 소방관 카드 2장을 잃은 것은 주어져 있으므로, 다른 카드 중 1장을 더 잃었다면 정답은 ③일 것이고, 다른 카드 중 3장을 더 잃었다면 정답은 ⑤일 것이다.
이때, 가수 카드는 원래부터 1장으로 잃어버리지 않았고, 카드1은 2장이 존재해 잃어버리지 않았음을 알 수 있다. 잃어버리기 전에 직업 당 가질 수 있는 카드 수가 최대 2장이었기 때문이다.
즉, 소방관 카드에 더해 잃어버릴 수 있는 카드는 카드2에서 1장과 카드3에서 1장뿐인데, 선지 ⑤는 애초에 불가능함을 알 수 있다. 따라서 정답은 ②이다.

Tip ❸ 우선 직업의 이름이 뭔지는 구할 필요가 없으며 조건에도 정보가 나와있지 않아 다 아는 것은 불가능하다. 우리는 지문에 나온 잃어버린 인물카드의 '수'만 구하면 된다.

〈잃어버리기 전〉

가수 1장			소방관 2장

〈잃어버린 후〉

가수 1장			X소방관 2장

이때, 잃어버린 후 인물카드는 총 5장 이므로 가수를 제외한 두 번째 칸부터 네 번째 칸까지의 카드 개수가 4장임을 알 수 있다. 또한, 인물카드는 직업별로 최대 2장이기 때문에 어떤 직업인지와 상관없이 조합은 2장, 1장, 1장이 됨을 알 수 있다.
이때 남성 인물카드는 여성 인물카드보다 2장 더 많이 가지고 있어야 하므로 여성이 2명, 3명, 4명일 경우 전체 카드 6명, 8명, 10명을 생각해볼 수 있다. 이 때 인물카드는 최대 10장인데 이미 가수가 1장이기 때문에 불가하다. 6명의 경우도 잃어버리기 전 가수와 소방관을 빼면 두 번째~네 번째 칸이 총 3장인데 그렇게 되면 잃어버린 후의 두 번째~네 번째 칸의 4장보다 작아지게 된다. 이때 정답은 총 8명임을 생각할 수 있고 5장을 빼면 잃어버린 카드는 3장이다.

Tip ❹

(1) 설문의 경우 치밀하지 못한 문제라고 평가할 수 있다. 우선 〈잃어버리기 전〉의 첫 번째 조건, 즉 성별과 관련된 조건이 문제에서 전혀 활용되지 않았다. 같은 이름, 성별, 직업이 기재된 인물카드를 모으고 있는데 정답을 도출하기 위하여 성별을 고려하지 않아도 된다는 것은 치밀하지 못하면서 문제의 난이도를 확 떨어뜨리는 역할을 한다.
또한, 잃어버리기 전 직업은 총 5종류이며 소방관 직업은 모두를 잃어버렸으므로, 〈잃어버린 후〉의 세 번째 조건에 따라 잃어버린 후 직업이 총 4종류라고 한다면 가수 직업의 인물카드는 잃어버리지 않았다. 따라서 〈잃어버린 후〉의 두 번째 조건은 불필요하다.

(2) 정리하면 주어진 조건은 6개이나 사용되는 조건은 4개밖에 존재하지 않는다. 이것이 어떤 게임의 규칙을 소개하는 조건도 아니고 정답 도출에 활용해야 하는 조건인데 전혀 불필요하다는 것은 문제의 치밀함을 떨어뜨리는 결과를 가져온다.
혹자는 문제의 이해를 위하여 명시하였다고 주장할 수도 있으나, 문제의 이해를 위하여 필요한 것과 문제 해결에 전혀 불필요한 것은 다르다.
어찌됐건 문제에 주어진 모든 조건을 사용하려는 목적의식을 가지도록 하자.

379 정답 ①　　난이도 ●●○

ㄱ. (O) 현재 투표한 인원은 총 투표인원의 64%를 넘는다.
➜ 투표권자 1명은 총 8점의 점수를 부여할 수 있다. 중간집계 결과 점수의 총합은 640점이다. 따라서 현재 80명이 투표했음을 알 수 있다. 총 투표인원이 120명이므로 현재 투표한 인원은 총 투표인원의 $\frac{80}{120}\times100(\%) \fallingdotseq 66.6\%(>64\%)$이다.

ㄴ. (X) 중간집계 결과로 볼 때, '올해의 체육인상'을 받을 수 있는 사람은 ~~甲뿐이다.~~
➜ (반례) 현재 투표하지 않은 사람은 총 40명이다. 40명이 모두 같은 사람을 1순위자로 뽑는 경우 총 200점을 부여할 수 있다. 현재 2위인 丙(170점)에게 모두 1순위자 점수를 부여하여 370점으로 만들고, 甲을 아무도 1, 2순위자로 뽑지 않는다면 甲(360점)보다 丙(370점)의 점수가 더 높다.

ㄷ. (X) 중간집계 결과로 볼 때, 8명이 丁을 1순위로 적었다면 최대 60명이 甲을 1순위로 적었을 것이다.
➜ 1순위 점수는 5점이고, 2순위 점수는 3점이므로 점수가 최종 배분된 상황에서 1순위표 3표와 2순위표 5표를 서로 교환하여 결과를 조작할 수 있다. 우선 甲이 1순위표를 60개 받았다고 가정하고 다음과 같은 점수를 임의로 배분한 결과를 생각해 볼 수 있다.

후보자	1순위(5점)	2순위(3점)	점수
甲	60명(300점) → 63명(315점)	20명(60점) → 15명(45점)	360점
乙	3명(15점) → 0명(0점)	0명(0점) → 5명(15점)	15점
丙	4명(20점)	50명(150점)	170점
丁	8명(40점)	10명(30점)	70점
戊	5명(25점)	0명(0점)	25점
합계	80명(400점)	80명(240점)	640점

점수를 임의로 배분한 후, 甲과 乙에 배정된 인원을 3:5의 비율로 교환할 수 있다. 따라서 甲을 1순위로 적은 투표권자는 최대 60명이 아니다.

[참고]

다른 인원의 1순위 표도 같은 방식으로 교환해주면 최대 69명이 甲을 1순위로 적을 수 있다.

합격자의 시간단축 Tip

Tip ❶

(1) 점수를 줄 수 있는 사람들이 모두 점수를 줬을 때의 점수의 총합을 염두에 두고 문제를 푸는 것이 좋다. 현재 상황의 총점과 가능한 점수의 총합을 비교하여 현재 몇 명이 점수를 줬는지 추론할 수 있기 때문이다.

(2) 〈보기 ㄱ〉에서 총 투표인원 대비 현재 투표인원의 정확한 퍼센트를 구할 필요는 없다. 총점을 기준으로 비교해 봤을 때, 분자가 640이고, 분모는 120×8=960으로 1,000이하이다.

따라서 그 값은 당연히 64% 이상이다. (또는 $\frac{320}{960}=\frac{2}{3}$이라는 것을 바로 도출하여, $\frac{2}{3}$가 대략 66%라는 사실을 이용해 풀 수도 있다.)

(3) 올해의 체육인상은 총 점수가 가장 높은 후보자가 수상하게 되므로, 〈보기 ㄴ〉의 반례를 찾을 때는 현재 2등인 丙을 중심으로 찾는 것이 좋다. 이때, 반례를 찾는 것이므로 극단적인 경우를 가정하는 것이 좋다. 이에 따라 해설에서는 남은 40명이 모두 1순위로는 丙을 적고, 2순위에는 甲을 적지 않는 경우를 가정하였다.

(4) 〈보기 ㄷ〉을 풀 때는 점수가 적은 후보자부터 가정을 하는게 편하다. 주어진 내용에 따라 甲 1순위가 60명, 丁 1순위가 8명이라 할 때, 각각의 2순위는 20명, 10명이 된다는 것은 쉽게 알 수 있다. 그 다음 乙, 丙, 丁, 戊의 1순위, 2순위를 가정하는 경우 점수가 적은 후보자부터 정해두는 것이 편하다는 의미이다.

왜냐하면 점수가 큰 후보자의 극단값은 주어진 범위를 초과하는 경우가 발생하기 때문이다. 구체적으로 현재 2순위 표는 80−30=50표가 남았을 것이다. 그러나 丙의 점수를 최대 수준의 2순위 표로 구성하기 위해서는 55표가 필요하다. (5(점)×3+3(점)×55=170)

이렇듯 범위 제약에 걸리기 때문에 가정이 복잡해 질 수밖에 없다. 따라서 극단적인 표 구성을 가정해도 범위제약을 받지 않는 乙, 戊부터 가정하는 것이 계산할 때보다 편리하다.

이후의 풀이는 해설 혹은 아래 (5)를 참고하도록 하자.

(5) 만약 〈보기 ㄷ〉을 풀 때 해설과 달리 주어진 60명을 전제로 하지 않고 최대 몇 명이 甲을 1순위로 적었는지 바로 구하고 싶다면 다음과 같은 방법을 사용할 수 있다. 이 방법 또한 다른 문제에서도 여러 번 사용했던 '극단값을 대입하는 방법'에 해당한다. 甲을 1순위로 적은 사람이 최대한 많으려면 甲의 투표 점수 중 2순위 점수(3점)의 비중이 최소가 되어야 한다. 이는 甲을 제외한 乙, 丙, 丁, 戊의 점수에 2순위 점수의 비중이 최대가 되어야 한다는 것이다. 따라서 甲을 제외한 나머지 4인의 점수를 최대 수준의 2순위 표로 구성하여 계산하면 아래의 표와 같다.

후보자	1순위(5점)	2순위(3점)	점수
甲	?	?	360점
乙	0명 (0점)	5명 (15점)	15점
丙	1명 (5점)	55명 (165점)	170점
丁	8명 (40점)	10명 (30점)	70점
戊	2명 (10점)	5명 (15점)	25점
합계	80명(400점)	80명(240점)	640점

4인의 2순위표의 합은 75개 이므로, 甲 은 최소 5개의 2순위표를 받게 됨을 알 수 있다. 따라서 甲이 받을 수 있는 1순위 표의 최대 개수는

$\frac{360-15}{5}=69$개 임이 도출된다.

Tip ❷ 문제를 스캔했을 때, 보기에서 '중간집계 결과', '올해의 체육인상' 등의 정보를 확인해야 할 필요가 있으므로 지문을 먼저 파악한 후 이를 바탕으로 보기를 빠르게 풀이해 나가야 한다. 지문에 따르면, '올해의 체육인상'을 선정하며, 120명의 기자단이 각각 1순위에게 5점, 2순위에게 3점 총 8점을 부여할 수 있다.

따라서 총점은 960점이며, 중간집계 상으로는 총점이 960점에 한참 미치지 못하므로 중간집계 시점까지의 투표인원, 중간집계를 바탕으로 최종집계 결과 추측 등을 물어볼 수 있을 것이라는 정보는 〈보기〉를 해결하기

전에 생각해 놓을 수 있어야 한다.

380 정답 ⑤ 난이도 ●●●

시	학교참가도	환경개선도	평가점수
A	$\frac{12}{50\times0.3}\times100=80$	$\frac{9}{12}\times100=75$	$80\times0.6+75\times0.4=78$
B	$\frac{21}{70\times0.3}\times100=100$	$\frac{21}{21}\times100=100$	$100\times0.6+100\times0.4=100$
C	$\frac{20}{60\times3}\times100 ≒ 111$ (100으로 간주)	$\frac{15}{20}\times100=75$	$100\times0.6+75\times0.4=90$

ㄱ. (O) A시와 C시의 환경개선도는 같다.
→ A시와 C시의 환경개선도는 각각 75로 같다.

ㄴ. (×) 아동안전지도 제작 사업 평가점수가 가장 높은 시는 ~~C시이다.~~
→ B시의 평가 점수가 가장 높다.

ㄷ. (O) 2014년에 A시 관내 3개 초등학교가 추가로 아동안전지도를 제작했다면, A시와 C시의 학교참가도는 동일했을 것이다.
→ A시의 학교참가도는 $\frac{15}{50\times0.3}\times100=100$ 이다. 따라서 A시와 C시의 학교참가도는 동일하다.

합격자의 시간단축 Tip

Tip ❶

(1) 위와 같은 단순한 문제에서는 실수하지 않도록 조건을 꼼꼼히 읽는 것이 중요하다. 특히 각주들은 문제풀이의 결정적인 힌트가 될 때가 많으므로, 각주가 적용되는 상황을 각별히 신경 써서 처리하도록 한다. 실제 학교참가도가 100을 초과하는 경우 100으로 간주됨을 읽지 않고 오답을 선택하는 경우가 종종 있다.

(2) (관내 초등학교 수)×0.3이 분모에 있으므로 관내 초등학교 수 표에 미리 0.3을 곱해서 적어주면 좋다. 또한, 〈보기 ㄴ〉의 경우 '평가 점수'가 필요하고 〈보기 ㄱ〉이나 〈보기 ㄷ〉의 경우 학교 참가도만 필요하다. 그렇기 때문에 〈보기 ㄴ〉은 가장 복잡하므로 마지막에 비교하는 것이 좋다.
실제로 〈보기 ㄱ〉과 〈보기 ㄷ〉만 비교해봐도 답이 금방 도출된다. 꼭 보기를 순서대로 해결할 필요는 없으며 가장 덜 복잡하게 해결할 수 있는 선지부터 해결하는 것이 좋다.

(3) 〈보기 ㄴ〉을 비교하는 경우에도 무작정 모든 시의 평가점수를 계산하여 비교하려 하지 말고, 우선 어림으로 더 높은 시가 있는지를 살피는 것이 중요하다. B시의 경우, 학교참가도와 환경개선도가 모두 만점이므로 굳이 별다른 계산 없이도 B시가 가장 평가점수가 높을 것임을 파악 가능하다.

(4) 만약 모든 시의 평가점수를 계산해 비교하고자 한다면, 최대한 계산을 단순화하는 것이 효율적인 풀이방법이다. 이때, 정확한 평가점수를 구하는 것이 아니기 때문에, 학교참가도와 환경개선도의 가중치인 0.6과 0.4를 3과 2로 바꾸어 계산하는 것이 좋다. 숫자는 보다 간단해지나 그 비율은 변함이 없으므로, 문제의 정오 판단에 영향은 없을 것이다.

381 정답 ③ 난이도 ●●●

여섯 사람 각각의 이용 장소 및 소요시간을 정리하면 다음과 같다.
① 소은: 면세점, 30분
② 다연: 카페, 10분
③ 주현: 빵집과 화장실, 25+20=45분
④ 하늘: 약국과 화장실, 20+20=40분
가장 오래 걸리는 주현이 볼일을 마치고 돌아올 때의 시각은 오후 12시 35분이다. 이때, 일본을 출발하는 가장 빠른 비행기는 12 : 45 비행기인데, 해당 비행기의 잔여 좌석 수는 5석으로 여섯 사람이 같은 비행기를 탈 수 없다. 따라서 이들이 탑승하는 비행기는 13 : 00에 일본을 출발하여 15 : 00에 인천에 도착하는 비행기이며, 가장 이른 도착 예정시각은 15 : 00이다.

합격자의 시간단축 Tip

Tip ❶ 매우 쉬운 난이도의 문제이다. 단, 도착 예정시각과 출발시각을 헷갈리지 않도록 유의해야 한다. 선지 구조 상 헷갈리더라도 답을 다시 제대로 고를 수 있으나, 괜히 시간 낭비가 될 수 있으니 발문을 읽을 때부터 따로 동그라미 표시를 해 두는 등 주의할 수 있을 것이다.
또한, 이 문제에서 사실상 유일한 함정은 잔여 좌석 수와 사람 수의 비교이다. 모든 작업이 끝나는 12시 35분 이후인 12시 45분에 비행기를 타는 것이 가장 빠르기는 하나 잔여 좌석 수가 사람 수보다 적은 5개이므로 탈 수 없다. 이러한 함정에 빠지지 않도록 유의하자.

Tip ❷ 일일이 각 인물들의 시간을 다 계산할 필요가 없다. 가장 긴 시간이 걸리는 인물을 찾으면 되기 때문에 두 개 이상의 장소에 들르는 인물을 중심으로 시간을 계산해 보면 된다.
또한 하나의 장소에 들른 사람의 경우 면세점이 소요시간이 가장 기므로, 면세점을 중심으로 살펴보면 된다.

382 정답 ④ 난이도 ●●○

주어진 〈조건〉을 정리하면 다음과 같다.

> ㉠ 가→바, 라→다
> ㉡ 가→나, 라→바
> ㉢ 가와 바, 다와 라가 연이어 올 수 없다.
> ㉣ 가와 나, 다와 마, 라와 바가 연이어 올 수 없다.
> ㉤ 가와 라가 연이어 올 수 없다.

이때, 〈조건〉 ㉠, ㉡에 의하면 P씨가 첫 번째로 전화를 걸 수 있는 대상은 가, 라, 마 중 한 명이다. 각각의 경우에 두 번째로 전화를 걸 대상을 구하면 다음과 같다.

(1) 가에게 첫 번째로 전화를 거는 경우
→ 〈조건〉 ㉢~㉤에 따라 가 직후에는 나, 라, 바에게 전화를 걸 수 없다. 만약 다에게 두 번째로 전화를 거는 경우 〈조건〉 ㉠에 위배된다. 따라서 가에게 첫 번째로 전화를 거는 경우 마에게 두 번째로 전화를 걸어야 한다.

(2) 라에게 첫 번째로 전화를 거는 경우
→ 〈조건〉 ㉢~㉤에 따라 라 직후에는 가, 다, 바에게 전화를 걸 수 없다. 만약 나에게 두 번째로 전화를 거는 경우 〈조건〉 ㉡에 위배된다. 따라서 라에게 첫 번째로 전화를 거는 경우 마에게 두 번째로 전화를 걸어야 한다.

(3) 마에게 첫 번째로 전화를 거는 경우
→ 〈조건〉 ㉣에 따라 마 직후에는 다에게 전화를 걸 수 없다. 만약 가 또는 라에게 두 번째로 전화를 거는 경우 그 다음에 전화를 걸 수 있는 사람은 마밖에 없는데 마에게 이미 전화를 걸었으므로 불가능하다. 또한 나 또는 바에게 두 번째로 전화를 거는 경우 〈조건〉 ㉡에 위배된다. 따라서 마에게 첫 번째로 전화를 걸 수 없다.
이를 종합하면, 회의진행 담당자 P씨가 두 번째로 전화를 걸 대상은 언제나 마이다.

합격자의 시간단축 Tip

Tip ① 해설과 같이 가능한 모든 경우의 수를 구해 풀어도 좋지만, 발문의 뜻을 추론하여 효율적인 풀이방법이 무엇인지를 우선 고민해보아야 한다.
문제에서는 두 번째로 전화를 걸 대상을 묻고 있으므로, 가 또는 라에게 가장 먼저 전화하는 경우 중 한 경우라도 도출하여 마가 두 번째라는 것을 알았다면 더 이상 문제를 풀지 않고 곧바로 ④를 정답으로 체크하도록 한다. 만일 발문에서 '두 번째에 올 수 없는 사람'을 묻는 경우 한 가지 이상의 경우의 수를 확인해야 함을 의미하지만, 그렇지 않은 경우에는 어떠한 경우를 구해봐도 결국 두 번째에 전화할 수 있는 사람은 고정되어 있다는 의미이기 때문이다.

Tip ② 문제에 제시된 선지들 중 다른 것들과 구분되는 특이한 선지가 있다면, 그에 주목하며 문제를 풀어야 한다.
해당 문제의 경우, '④ 마'는 다른 사람과 소속이 겹치지도 않고, 다와 분야는 국가재난대응으로 겹치지만 다른 분야와는 달리 참석경험자가 존재하지도 않는다. 따라서 마가 다른 가, 다, 라 등과 조금 다르다는 것을 파악한 후, 이를 적극적으로 활용할 수 있는 방법을 생각해보아야 한다.

383 정답 ⑤ 난이도 ●●○

① (×) 2012년 12월에 사회통합프로그램을 신청한 결혼이민자 A는 ~~한국어과정을 최소 200시간 이수하여야 한다.~~
→ 2012년 12월에 결혼이민자의 점수가 50점~100점 사이에 있는 경우에는 바로 '한국사회의 이해'를 이수할 수 있으므로 한국어과정을 이수하지 않아도 된다.

② (×) 2013년 1월에 사회통합프로그램을 신청하여 사전평가에서 95점을 받은 외국인근로자 B는 ~~한국어과정을 이수하여야 한다.~~
→ 사전평가점수가 95점인 일반이민자는 6단계에 배정되어 '한국사회이해' 과정만 이수하면 된다. 따라서 B는 한국어 과정을 이수할 필요가 없다.

③ (×) 난민 인정을 받은 후 2012년 11월에 사회통합프로그램을 신청한 C는 한국어과정과 한국사회이해과정을 ~~동시에 이수할 수 있다.~~
→ '난민'도 일반이민자에 포함된다. 일반이민자는 사전평가 점수에 의해 배정된 단계로부터 6단계까지 '순차적으로' 교육과정을 이수해야 하므로 두 과정을 동시에 이수할 수는 없다.

④ (×) 2013년 2월에 사회통합프로그램 참여를 신청한 결혼이민자 D는 한국어과정 3단계를 완료한 직후 ~~한국사회이해과정을 이수하면 된다.~~

➜ 2013년 1월 1일부터 결혼이민자에 대한 한국어과정 면제제도가 폐지되었다. 따라서 일반이민자와 동일한 과정을 거쳐야 한다. 따라서 한국어과정 3단계를 완료한 D는 한국어과정 4단계를 이수해야 한다.

⑤ (○) 2012년 12월에 사회통합프로그램을 신청하여 사전평가에서 77점을 받은 유학생 E는 사회통합프로그램 교육과정을 총 150시간 이수하여야 한다.

➜ 유학생은 일반이민자이다. 사전평가에서 77점을 받은 E는 5단계에 배정된다. E는 5단계와 6단계를 이수해야 하는데 두 과정의 이수시간의 합은 150시간이므로 정답이다.

합격자의 시간단축 Tip

Tip ❶

(1) 지문이 길게 주어지는 문제는 제대로 읽어야 할 부분과 훑고 넘어가야 할 부분을 구분하여 읽어야 한다. 훑고 넘어가는 부분은 보통 글의 도입 부분에 제도의 취지나 주의 환기를 위한 예시 등이 있다. 이러한 부분은 대강 훑어본 후에 선지를 확인하여 조금이라도 문제 해결에 필요한 부분이 있는지를 살펴보는 것이 좋다.
이 문제의 경우 크게 핵심적인 부분은 없지만, 간혹 문제 풀이의 답이 갈리는 조건이 나오는 경우가 있다. 주로 값을 계산해야 하는 문제들에서 그러하므로 주의할 필요가 있다.

(2) 지문 중간에 '결혼이민자'에 관한 부분이 나왔을 때, 필자는 바로 선지로 내려가서 결혼이민자에 해당하는 선지 ①, ④부터 확인하였다. 이 문제에서는 해당 조건이 답이 되는 선지가 아니었지만, <u>특정 유형에 관한 서술이 있는 경우에는 관련된 부분부터 찾아서 해결하는 것이 대체로 좋다</u>.

(3) 이해가 안된다면 주어진 예시를 정독하면서 규칙을 이해할 수 있다. 예시를 읽는 것이 시간이 오래 걸린다고 생각될 수 있지만, 이러한 유형의 문제는 오히려 주어진 규칙을 정확하게 파악한 다음 오지선다에 접근하는 것이 가장 시간을 단축하는 길이기 때문에 주어진 제시문을 먼저 이해하고 들어가는 것이 좋다.

* 제시문 하단부에 나온 2013년 1월 1일부터의 변경사항이나 결혼이민자인 경우 면제받는 예외 사항 등은 선지화되기 너무나도 좋은 정보들이다. 그러므로 문제를 읽어나갈 때에 동일한 집중도로 책 읽듯이 읽을 것이 아니라 선지화되기 좋은 정보에 집중하여 읽는 연습을 한다면 선지를 파악하는 속도가 높아질 것이다. 이러한 방법은 문제해결 파트 뿐만 아니라 의사소통 파트에도 적용된다.

384 정답 ⑤ 난이도 ●●○

참석자 수가 3인 이상일 때만 이들을 대상으로 회식을 실시하므로, (회식참석 · 선약취소, 실시)의 편익은 참석자 수에 따라서 각각9, 12, 15가 가능하다. 반면, (회식불참 · 선약실행)의 편익은 참석자 수에 따라서 각각 8, 9가 가능하다. 이를 염두에 두고 문제를 해결해야 한다.

① (×) A의 최대편익과 최소편익의 차이는 ~~12이다.~~

➜ A의 최소 편익은 (회식참석 · 선약취소, 취소)에 얻는 0이다. 반면 A의 최대편익은 참석자수가 5일 때 (회식참석 · 선약취소, 실시)의 15이다. 따라서 양자의 차이는 15이다.

② (×) 다른 부서원들의 결정과 ~~무관하게 불참을 결정하는 것이 A에게 유리하다.~~

➜ 다른 부서원들이 모두 회식에 참석한다면 회식이 실시된다. 이때, A도 회식에 참석하면 최대 편익인 15를 얻을 수 있으므로, 무조건 불참을 결정하는 것은 A에게 유리하지 않다.

③ (×) A의 편익이 최대가 되는 경우는 ~~불참을 결정하고 회식도 취소되는 경우이다.~~

➜ A의 편익이 최대가 되는 경우는 참석을 결정하고 회식이 실시될 때, 다른 부서원들이 모두 참석하는 경우이다.

④ (×) 다른 부서원 2명이 회식에 참석하겠다고 결정하면, ~~A도 참석하는 것이 유리하다.~~

➜ 다른 부서원 2명과 A가 회식에 참석하면 회식이 실시되고, A는 9의 편익을 얻을 수 있다. 그러나 이는 A가 회식에 불참하여 회식이 취소될 때 얻는 편익인 12보다 낮으므로 A에게 유리하지 않은 결정이다.

⑤ (○) 다른 부서원 3명 이상이 회식에 참석하겠다고 결정하면, A도 참석하는 것이 유리하다.

➜ 다른 부서원 3명 이상이 회식에 참석한다면 회식은 반드시 실시된다. 이때 A가 참석하면 참여자 수에 따라 12또는 15의 편익을 얻을 수 있다. 그러나 A가 불참하는 경우 A는 8또는 9의 편익을 얻는다. 따라서 A는 회식에 참석하는 것이 유리하다.

합격자의 시간단축 Tip

Tip ❶

(1) 참석자 수에 따라서 편익이 유동적으로 달라지는 문제이다. 어떤 값이 일정한 범위를 가지고 있는 경우, 이를 표시하고 문제를 풀어 실수하지 않도록 해야 한다.

(2) 선지 ④, ⑤는 〈표〉에 나와있는 모든 편익을 고려하는 것이 아니다. 앞의 전제조건에 따라 회식이 실시되는지, 취소될 수 있는지를 파악해야 한다.

Tip ❷ 선지 ② 번을 부등호로 나타내면 다음과 같다.

(1) 다른 부서원들의 결정과 무관하게 불참을 결정하는 것이 유리한지 판단하기 위해서 회식이 실시되는 경우와 취소되는 경우 각각에서 A의 편익이 어떻게 달라지는지 비교해보면

① 회식이 실시되는 경우: A가 회식에 불참하는 것이 참여하는 것보다 편익이 크기 위해서는 12−(참석자 수) > (참석자 수)×3 이 성립해야 한다.
이를 정리하면
12 > (참석자 수)×4 ∴ (참석자 수) < 3

② 회식이 취소되는 경우: A가 회식에 참여할 경우 편익은 0, 불참할 경우 편익은 12이므로 항상 불참할 경우가 더 크다.

(2) 위의 결과에 따르면 회식 참석자 수가 3명 미만이어야 회식이 실시되었을 때 A가 회식에 불참하는 것이 참여하는 것보다 더 편익이 크다. 그러나 회식은 참석 희망자가 3명 이상이어야 실시되므로, 회식 참석자 수가 3명 미만인 경우에는 애초에 회식이 열리지 않는다. 따라서 회식이 실시되는 이상 A는 참석하는 것이 불참하는 것보다 효용이 높다.

(3) 위의 결과를 선지 ⑤번에 적용해보면 다른 부서원 3명 이상이 회식에 참석하겠다고 하면 회식이 실시되므로, 이 경우 선약을 취소하고 회식에 참석하는 것의 편익이 더 높다.

(4) 이러한 〈표〉의 편익 비교는 전형적으로 자주 출제되는 유형 중 하나이다.
두 행위자 A, B와 그들이 할 수 있는 행동 a, b가 있을 경우, 각각 더 높은 편익을 얻을 수 있는 행동이 무엇인지 아래의 표를 활용해 설명할 수 있다.

B의 행동 / A의 행동	a	b
A	(U^1_A, U^1_B)	(U^2_A, U^2_B)
B	(U^3_A, U^3_B)	(U^4_A, U^4_B)

A의 행동과 무관하게 B가 더 높은 편익을 얻을 수 있는 행동이 정해져 있는지 여부를 알기 위해서는, A가 a, b 행동을 취할 때 B가 더 높은 편익을 얻기 위해서는 어떤 행동을 할 것인지를 살펴보면 된다. 만일 두 경우에서 모두 B의 편익이 더 높다면, 즉 $U^1_B > U^2_B$ 이고 $U^3_B > U^4_B$ 이면, B는 A의 선택과 무관하게 무조건 a를 선택하는 것이 좋으며 이를 B의 '우월전략'이라고 한다.
동일한 논리로, A의 경우에는 $U^1_A > U^3_A$ 이고 $U^2_B > U^4_B$ 이면 A는 B의 선택과 무관하게 a를 선택하는 것이 좋으며, 이를 A의 '우월전략'이라고 한다.
또한 해당 문제의 경우 경우의 수가 많지 않고 범위도 넓지 않아 대입을 통해 푸는 방법이 사용되었지만, 그렇지 않을 경우 어떻게 부등호 비교를 해야 하는지 알아두는 것이 좋다.

* 이 문제에서는 4번째와 5번째 조건을 친절하게 〈표〉형식으로 제시하고 있다. 이 때문에 난이도가 상당히 낮아졌다고 할 수 있다. 그러나 만약 문제에서 〈표〉를 제시하지 않는다고 해도 주어진 조건만으로도 표를 직접 그릴 수 있어야 한다. 따라서 표를 가리고 조건만 읽은 뒤 표를 깔끔하게 그릴 수 있도록 연습하는 것이 필요하다.

385 정답 ❷ 난이도 ●●○

〈조건〉을 바탕으로 각 팀의 훈련일정을 표로 나타내면 다음과 같다.

(1) 〈조건〉 ㉣에 따라 A→B→C, D, E이며, ㉤에 따라 E→F이다. 또한, ㉢에 따라 F와 G팀의 훈련은 같은 날이다.

(2) ㉥에 따라 만일 G팀 훈련이 마지막 날이고 A팀의 훈련은 두 번째 날이라면, ㉦에 따라 두 번째 날에는 1회의 훈련만 있으므로 3일차에 두 팀이 훈련해야 하고, 4일차에 G팀과 F팀이 훈련해야 한다. 그러나 A 뒤에는 G와 F를 제외하고도 B, C, D, E가 모두 들어가야 하는데 이는 불가능하다. 따라서 G팀 훈련은 마지막 날이 아니다. 2일차에는 G팀과 F팀이 같이 훈련할 수 없으므로 (㉦)이 역시 불가능하며, 1일차에 G팀과 F팀이 훈련할 경우 ㉤과 모순된다.
따라서 G팀과 F팀은 3일차에 훈련해야 함을 알 수 있다.

(3) 앞서 살펴본 바와 같이 A팀이 2일차에 훈련하는 경우 모순이 생기므로 A는 1일차에 훈련해야 하며(4일차에 A가 훈련하는 것은 불가능하다), 오전에 훈련해야만 그 뒤에 나머지 팀들이 훈련할 수 있다. (A보다 먼저 훈련을 받을 수 있는 팀은 남은 팀 중

에서 없기 때문이다.) 이상의 정보를 표로 나타내면 다음과 같다. 단, 오전과 오후로 구분되지 않은 경우 훈련일정이 오전 또는 오후로 확정되지 않았음을 의미한다.

	1일차	2일차	3일차	4일차
오전	A		F, G	
오후				

(4) 남은 자리를 채워보면, A→B→C, D, E가 성립하므로 1일차 오후에는 B팀이 훈련하게 된다. 만일 2일차에 C팀 또는 D팀이 훈련하게 되면 ㉤과 모순되므로, 2일차에는 E팀이 훈련을 받게 될 것이다. 따라서 마지막으로 남은 C, D 팀은 4일차에 훈련을 받게 된다.

	1일차	2일차	3일차	4일차
오전	A	E	F, G	C, D
오후	B			

(5) 따라서 답은 ② 다.

합격자의 시간단축 Tip

Tip ❶ A→B→C, D, E라는 조건과 E→F라는 조건을 합쳐 A→B→C, D, E→F로 표기하는 실수를 범하지 않도록 한다. C, D, E 간의 순서는 알 수 없기 때문에 F보다 C, D가 뒤로 배치된다 해도 문제없기 때문이다. 이 문제의 핵심은 A팀이 1일차 오전에 훈련을 해야 한다는 것을 얼마나 빨리 알아낼 수 있는가 이며, 이를 위해서는 조건 ㉥을 적절히 활용하는 것이 중요하다.

Tip ❷

(1) 항상 모든 정보를 조합한 이후 선지에서 답을 찾기보다는, 특정 정보가 확정될 때 바로 선지를 적극적으로 활용하거나 소거법을 활용하는 습관을 만들면 시간을 줄일 수 있다. 모든 경우의 수를 파악하는 것 보다 '문제에서 묻는 바를 찾는 것'에 우선순위를 두어야 하는 것이다.
이 문항 역시 굳이 A, B, C, D, E, F가 언제 훈련을 하는지 정확하게 도출하지 않더라도, 묻는 바에 충실하면 정답을 도출할 수 있다.

(2) 우선 ㉢과 ㉥에 따라 F팀과 G팀 훈련이 마지막 날이면 A팀이 두 번째 날에 훈련을 하게 됨을 알 수 있다. 그러나 해설과 같이 이 경우 모순이 발생하기에, ⑤가 답이 아님을 확인 가능하다.
㉤에 따라 E가 F보다 먼저 훈련을 받으므로 E가 포함된 ③, ④을 소거한다. 또한, ㉣에 의해 B는 E보다 먼저 훈련을 받으므로 역시 4일차가 아니므로 ①이 소거되어 답은 ②다.

(3) 따라서 A, B, C, D, E, F가 '언제' 훈련을 하는지는 정답을 찾는 것과 직결되는 부분이 아니므로 도출하지 않아도 무관하다.

Tip ❸ '훈련을 먼저 받는다'라는 의미가 두 가지임을 파악하자. 훈련은 오전과 오후로 나누므로 꼭 일수에서의 차이가 아니라 시간적 차이도 있음을 파악하는 것이 중요하다. 예를 들어 A가 오전에 훈련을 받고 B가 오후에 훈련을 받는다면 A가 B보다 먼저 훈련을 받는 것이 된다. 이 점을 헷갈리지 않도록 한다.

386 정답 ❸

난이도 ●●○

ㄱ. (○) 甲의 말의 〈우의정〉에, 乙의 말이 〈봉조하〉에 있고 甲이 윤목을 굴릴 차례이다. 甲이 먼저 퇴임하기 위해서는 윤목을 최소한 2회 이상 굴려야 한다.
➜ 甲이 현재 〈우의정〉에 있는데, 윤목을 1회만 굴려서 '퇴임'에 이를 수 없다. 따라서 최소한 2회 이상 윤목을 굴려야 한다(1회에서 4 또는 5가 나와서 〈영의정〉으로 가고, 2회에서 5가 나오면 2회만에 퇴임이 가능하다.).

ㄴ. (○) 甲의 말이 〈좌의정〉에, 乙의 말이 〈사궤장〉에 있고 乙이 윤목을 굴릴 차례이다. 乙이 이번 차례와 다음 차례에 굴려 나온 값의 합이 3 이하라면 甲이 이기는 경우도 있다.
➜ 乙이 이번 차례에 2, 다음 차례에 1이 나온다면, 乙은 사약을 받게 되고 甲이 승리한다.

ㄷ. (×) 甲의 말이 〈좌의정〉에, 乙의 말이 〈사궤장〉에 있고 乙이 윤목을 굴릴 차례이다. 乙이 이번 차례와 다음 차례에 굴려 나온 값의 합이 6 이상이라면 ~~乙이 이긴다.~~
➜ (반례) 乙이 윤목을 굴릴 차례이므로, 甲은 乙 이후의 순서가 된다. 따라서 乙이 '이번 차례와 다음 차례에 굴려 나온 값의 합이 6 이상이면 이긴다'는 말은 甲과 乙 각각 두 차례 이상 게임을 하게 된다는 말이며, 보기의 반례를 구하기 위해서는 乙의 두 차례 시도에서 나온 값의 합이 6 이상임에도 불구하고 甲이 두번째 차례에서 퇴임하여 甲이 이기는 경우를 확인해야 한다.
예를 들어, 乙이 이번 차례에 2, 다음 차례에 4가 나온다면 乙은 〈사궤장〉에 있게 된다.
이때, 甲이 첫 번째에서 5, 두 번째에서 4가 나오면 〈사궤장〉→〈퇴임〉을 거치게 되어 甲이 승리하게 된다. (다른 경우도 존재한다.)

합격자의 시간단축 Tip

Tip ❶

(1) 처음 보는 게임이 주어지면 게임의 승리 조건부터 명확하게 파악한 후, 게임의 규칙들을 읽어 보면 이해가 조금 더 쉬울 수 있다. 혹여 게임이 충분히 이해가 잘 되지 않더라도, 〈보기〉의 첫번째 선지가 시키는 대로 따라하면서 문제가 이해되는 경우가 있다. 따라서 규칙들을 읽고도 잘 이해가 안된다면, 승리 조건만 명확하게 파악하고, 첫번째 선지에 바로 접근하는 것도 나쁘지 않다.

(2) 필자가 주어진 승경도놀이표를 보고 표 아래에 있는 규칙을 읽자 든 생각은 '도, 개'가 나오면 게임이 크게 불리해진다는 것이다. 이러한 생각은 극단적인 반례를 만들 때 사용하기 좋다.
한 쪽 말 만을 사용해서 보기를 검토할 수 있는 경우, 굳이 상대편의 말까지 고려하지 않도록 하는 것이 시간 절약에 효과적이다. 〈보기 ㄱ〉의 경우 乙의 말을 고려할 필요가 없으므로 굳이 乙의 경우의 수를 고려해 시간을 낭비하는 일이 없도록 해야 한다. 〈보기 ㄴ〉 역시 굳이 甲의 경우와 乙의 경우를 모두 살피지 말고, 乙이 3 이하일 때 사약을 받는 경우가 있는지 확인하는 식으로 검토하는 것이 효율적이다.

(3) 〈보기 ㄷ〉에서 "乙이 이긴다." 는 "반드시"가 생략됐다는 점을 명심하면 좋다. 즉 "乙이 반드시 이긴다"라는 의미이다. 따라서 반드시 이길지 아닐지 반례를 찾는 식으로 접근하는 것이 보다 바람직하다. 우의정, 봉조화, 윤목 등의 단어가 나오지만 결국은 우리가 알고 있는 '윷놀이'라는 것을 빠르게 캐치해 친숙감을 느끼는 것이 중요하다. 이와 같이 문제해결 파트에서는 다양한 종류의 게임이 등장하기 때문에 어떤 게임이 나올지 예측하는 것은 불가능에 가깝다. 하지만 주어지는 게임들은 우리의 상식 안에서 풀 수 있는 것이며 차근차근 규칙을 읽고 규칙대로 풀어나간다면 오히려 가볍게 풀 수 있는 문제들이 많다.

Tip ❷ 가끔씩 설문과 같이 줄글형 퀴즈 문제가 출제되는 경우가 있다. 이 때에는 보기에 아무리 상황이 주어졌더라도 지문을 어느 정도 읽어야 하는 것이 일반적이다. 언어논리에 다소 고전하는 수험생의 경우 이러한 줄글형 퀴즈 문제를 나중으로 미루는 것도 좋은 방법이 될 수 있다.
설문의 경우 윷놀이가 제시되었다. 윷놀이를 한번이라도 해 본 경험이 있다면 윷놀이가 일반적으로 빨리 끝나지 않는다는 것을 잘 알 것이다. 설문의 경우에도 파직이 걸렸으나 윷이나 모를 통하여 환용이 되면 원위치로 돌아간다. 따라서 보기와 같이 경우의 수를 묻는 경우가 많으며, 이는 가정을 통해 범위를 좁혀나갈 수 있다는 점에서 오히려 난이도가 하락하는 결과를 가져올 수 있다. 특히 보기의 발문을 통해 힌트를 얻는 경우가 많다. 예컨대 '반드시' 같은 단어가 포함될 경우 반례를 단 하나만 찾아도 거짓인 보기가 되며, '~ 경우가 있다'같은 발문이 포함될 경우 예시를 단 하나만 찾아도 참인 보기가 된다.

387 정답 ③ 난이도 ●●○

甲은 항상 '보'만 내므로 각 규칙에 따라 乙이 가위, 바위, 보를 내는 각 경우의 승패여부를 표로 나타내면 다음과 같다.

甲+乙	A규칙	B규칙	C규칙
보+가	乙	甲	乙
보+바	甲	甲	乙
보+보	무	무	무

이를 중심으로 각각 1, 2, 3경기에서 나올 수 있는 경우를 한 가지씩 골라서 조합하면 보기의 정오판단을 쉽게 할 수 있다.

ㄱ. (×) 甲이 1승 1무 1패를 한 경우, ~~첫 번째 경기에 A규칙 또는 C규칙이 적용되었다.~~
➜ (반례) 'B규칙'-'C규칙'-'A규칙' 순으로 규칙이 적용될 경우 1승-1패-1무 가 기록되면서 첫 번째 경기에 B규칙이 적용된다. 즉, 첫 번째 경기에 B규칙이 적용되었음에도 甲이 1승 1무 1패를 하는 경우가 있으므로 보기 ㄱ의 서술은 옳지 않다.

ㄴ. (○) 甲이 2승 1무를 한 경우, 두 번째 경기에 A규칙이 적용되었다.
➜ 앞서 정리한 바에 따르면 어떠한 규칙을 적용하더라도 세 번째 경기에서만 무승부가 발생한다. 따라서 甲이 2승 1무를 하기 위해서는 첫 번째 경기와 두 번째 경기 모두 이겨야 한다.
첫 번째 경기에서 이기는 경우는 B규칙이 적용된 경우밖에 없으므로 첫 번째 경기에는 B규칙이 적용된다. 두 번째 경기에서 이기기 위해서는 A규칙 또는 B규칙이 적용되어야 하는데, 첫 번째 경기에서 B규칙이 적용되었고 각 규칙은 한 번씩 적용되었기 때문에 두 번째 경기에서는 A규칙이 적용되었음을 알 수 있다.

ㄷ. (×) 甲은 3번의 경기 중 ~~최소한 1승은 할 수 있다.~~
➜ (반례) 'A규칙'-'C규칙'-'B규칙' 순으로 규칙이 적용될 경우, 앞서 정리한 바에 따르면 甲의 경기

결과는 1무 2패가 된다. 이 경우 甲은 1승을 할 수 없으므로 보기 ㄷ의 서술은 옳지 않다.

ㄹ. (O) 만약 乙이 세 번째 경기에서 보가 아닌 가위나 바위를 낸다고 하더라도 甲은 3승을 할 수 없다.
→ C규칙이 첫 번째 경기 또는 두 번째 경기에 적용되었을 경우 甲은 경기에서 패배한다. 따라서 甲이 3승을 하기 위해서는 C규칙이 세 번째 경기에 적용되어야 한다. C규칙이 세 번째 경기에 적용될 경우, 甲은 5가 된다.
그런데 乙이 세 번째 경기에서 보가 아닌 가위나 바위를 낼 경우, 乙은 2 또는 0이 된다. 이 경우 乙이 언제나 작은 숫자 쪽이 되므로 乙이 승리하며 甲은 패배한다. 따라서 乙이 세 번째 경기에서 보가 아닌 가위나 바위를 낸다고 하더라도 甲은 3승을 할 수 없다.

합격자의 시간단축 Tip

Tip ❶

(1) 〈규칙〉에서 가장 유불리한 경우가 무엇인지 한 번 정도 체크해보는 게 좋다. B, C규칙은 일반적인 가위바위보처럼 물고 물리는 관계가 아니다. 이미 정해진 숫자에 따라 승패가 정해지므로 다음과 같이 이해하면 적용하기 쉽다.
① B규칙: 비기는 경우를 제외하면, 〈보〉는 무조건 승리한다. 〈바위〉는 무조건 패배한다.
② C규칙: B규칙과 반대.
따라서 甲이 〈보〉를 3번 냈다는 것을 확인했을 때, B규칙에서는 절대 유리하며 C규칙에서는 절대 불리하다는 점을 인지하면 보다 쉽게 풀어나갈 수 있다

(2) 〈보기〉문제를 풀 때에는 먼저 모든 보기들을 훑어보고 해결을 시작하는 것이 좋다. 조건을 읽으면서 자신이 단서를 찾은 부분을 묻고 있는 보기부터 해결한다든지, 선지 구성과 동시에 생각하여 최소한의 보기만 판단하여 문제를 해결할 것인지, 보기중에 결국 같은 상황에 대해서 묻고 있는 것이 있는지 등을 생각해보는 것이 좋다.

(3) 〈보기〉에서 문제를 풀 땐 습관적으로 반례를 찾는 연습을 해야 한다. 예를 들어,
① ㄱ의 경우 'A규칙 또는 C규칙이 적용되었다.'라고 나온다면 A규칙 또는 C 규칙을 적용하는 것이 아니고 첫 번째 경기에 B 규칙이 적용되었을 때 甲이 1승 1무 1패를 한 경우가 있는지 점검하는 것이 시간을 더 단축시키는 길이다.
② ㄴ의 경우 두 번째 경기에 A규칙이 적용되었다고 한다면 甲이 2승 1무를 한 경우 두 번째 경기에 A규칙이 적용되었다는 것을 검토하기보다는 甲이 2승 1무를 한 경우 두 번째 경기에 B나 C 규칙이 적용될 수 있는지를 검토해보아야 한다.
③ ㄷ의 경우에는 甲이 3번의 경기 중 0승을 할 수 있는지를 검토해보아야 한다.
④ ㄹ의 경우에는 乙이 세 번째 경기에서 보가 아닌 가위나 바위를 낸다고 할 때 甲이 3승을 할 수 있는지를 검토해봐야 한다.

* 모든 보기를 접근함에 있어 있는 그대로 접근할 것이 아니라 글을 읽으면서 반대로 접근해야 겠다는 마인드 셋이 필요하다. 왜냐하면 ㄷ의 경우 甲이 3번의 경기 중 1승, 2승, 3승을 하더라도 0승을 하는 경우가 한 번이라도 존재한다면 ㄷ은 오답이 되기 때문이다. 그렇기 때문에 각 조건별로 오답인 경우를 찾는 것이 오히려 시간을 단축하는 길이다. 다른 문제를 풀 때에도 반대를 찾자는 마인드로 접근하는 것이 중요하다.

388 정답 ⑤ 난이도 ●●●

발문에서 남녀 각 한 명씩 2명은 대기업, 2명은 중소기업, 2명은 스타트업에 근무한다는 조건은 곧 남자 3명의 회사 규모가 모두 다르며, 여자 3명의 회사 규모가 모두 다르다는 것을 의미한다. 이를 토대로 두 가지 경우로 나누면 다음과 같다.

(1) A의 진술이 참(여자)인 경우
① D는 남자이므로 F와 B의 회사 규모는 다르다. 만일 B 역시 참이라면 B와 C는 모두 여자일 것이며, C의 진술에 따라 A와 C의 회사 규모는 같을 것이다. 이 때 발문에 따르면 여자 3명은 각각 다른 규모의 회사에 다녀야 한다. 따라서 모순이 발생하므로, B의 진술은 거짓(남자)이며 C는 남자이다.
② 이상에서 B, C, D가 남자, A, E, F가 여자이다. 그렇다면 E와 F의 진술에 따라 B와 C는 모두 중소기업에서 근무중인데, 이는 남자 두 명이 같은 규모의 회사에 다닌다는 결론이 도출되므로 발문의 조건과 모순된다. 이처럼 A의 진술이 참이라고 가정하면 항상 모순이 생기기 때문에 A의 진술은 거짓이며 남자임을 알 수 있다.

(2) A의 진술이 거짓(남자)인 경우
① D는 여자이므로 F와 B는 동일한 규모의 회사에 근무한다. 이는 둘 중 한 명은 여자, 다른 한 명은 남자임을 의미한다.
② B가 여자인 경우 그 진술은 참이므로 C 역시 여자이다. 자동으로 E와 F는 남자이며, 그들의 진술에 따라 B, C 모두 중소기업에 근무하지 않으므로 남은 여자인 D가 중소기업에 근무한

다는 것을 알 수 있다.

또한, C의 진술에 따라 A와 C는 같은 규모의 회사에, D의 진술에 따라 B와 F는 같은 규모의 회사에 근무한다. 즉 D와 같은 규모의 회사에 근무하는 사람은 E라는 뜻이므로, 중소기업에 다니는 남자는 E이다.

③ B가 남자인 경우 그 진술은 거짓이므로 C 역시 남자이다. 자동으로 E, F는 여자이며 B와 C가 근무하는 회사는 중소기업이 된다. 그러나 B와 C는 모두 남자로 둘은 같은 규모의 회사에 근무할 수 없어 모순이다. 따라서 B는 남자일 수 없다.

A~F의 진술을 바탕으로 6명이 다니는 회사 규모와 성별을 표로 정리하면 다음과 같다.

	A	B	C	D	E	F
성별	남	여	여	여	남	남
회사 규모				중소 기업	중소 기업	

따라서 중소기업에 다니는 남자는 E이다.

합격자의 시간단축 Tip

Tip ❶ 여러 경우를 따져야 하는 다소 난이도가 높은 논리 문제이다. 이런 경우 주어진 정보를 최대한 활용해야 하며, 해당 문제에서는 남자 3명과 여자 3명이 각각 다른 규모의 회사에 다닌다는 해석이 가장 큰 힌트가 된다. 또한, 회사의 규모별로 참과 거짓이 하나씩 있다는 것도 힌트가 된다.

본 문제와 같이, 주어지는 정보값이 많은 문항의 경우 일단 건너뛰는 것도 효과적인 문제풀이 방법이 될 수 있다. 단 건너뛰기 전략을 사용할 때는 뚜렷한 기준이 있어야 한다. 기준은 타인의 추천을 그대로 따르기보다는 수험생 자신만의 경험에 의해 세우도록 한다. 수험생마다 적성에 맞는 유형과 맞지 않는 유형이 모두 다르기 때문이다.

즉, 건너뛰기 전략을 효과적으로 사용하기 위해서는 다양한 문제를 최대한 많이 접해 보고, 자신에게 어떤 유형이 쉽고 또 어떤 유형이 유독 어려운지 파악하여야 한다. 본 교재를 푸는 수험생들은 그러한 과정의 한복판에 있을 것이므로, 연습문제가 까다롭고 복잡하더라도 최대한 끝까지 풀어 보자. 건너뛰기 전략은 실전이 임박한 모의고사나 실제 시험장에서 사용되어야 의미있는 것이다. 본 교재에서 사용한다면 시기상조다.

Tip ❷ 해설에서는 A 진술의 참/거짓 여부를 기준으로 하여 문제를 풀이하였다. 그 외에 다른 사람의 진술을 기준으로 하는 두 가지 방법을 소개한다.

[방법 1]

하나의 가정을 통해서 최대한 많은 변수가 결정되는 것이 문제 해결에 있어서 유리하다. 이 문제의 경우, C가 그러한 역할을 한다. C가 여자라고 가정할 경우 추가적인 가정 없이도 한 번에 모든 사람의 성별을 구할 수 있다. 이를 위해서는 C의 진술이 참이라고 가정하는 경우와 B의 진술이 참이라고 가정하는 경우 2가지가 출발점이 된다.

우선 C의 진술이 참이라고 가정해 보자.

① C의 진술이 참일 경우, A와 C는 같은 회사에 다니며 서로 성별이 다를 것이다(C가 여자, A가 남자). 또한 A가 남자일 경우 거짓말을 하므로, D는 여자일 것이다.

② D가 여자일 경우 진실만을 말하므로, B와 F가 같은 회사에 다니며 서로 성별이 다를 것이다. 이때, B는 C가 여자라는 진실을 말하였으므로 여자이다. 따라서 F는 남자이고 거짓말을 한다.
현재까지 구한 결과를 기업 규모별로 정리하면, (C여자&A남자), (B여자&F남자), (D여자&E남자)이다.

③ E와 F가 모두 거짓말을 하므로, (D&E)가 중소기업에 다니는 중임을 알 수 있다.

[방법 2]

여자의 진술은 참이고, 남자의 진술은 거짓이므로, 회사 규모별로 여자와 남자가 1명씩 존재한다는 것은 그 진술의 참과 거짓도 1명씩 존재함을 의미한다. 이를 토대로 6가지 진술 중 하나를 정해서 참인 경우와 거짓인 경우를 가정해보고, 모순이 없는 경우가 답이 될 것이다. A나 B의 진술을 먼저 가정하면, D나 C의 진술의 참/거짓 여부가 결정되므로 둘 중 하나를 가정한다. 해설과 달리, B의 진술의 참/거짓 여부를 기준으로 풀면 다음과 같다.

① B의 진술이 참일 경우, C는 여자이고 C의 진술은 참이어야 한다. C의 진술이 참이라면 C와 A의 회사는 규모가 같고 1명은 참이고 1명은 거짓이어야 한다. C의 진술이 참이라고 가정했으므로 A의 진술은 거짓이고 남자이다.

② A의 진술이 거짓이면 D는 남자가 아닌 여자이고, D는 참이다. 즉, F회사와 B회사는 규모가 같고 1명은 참(여자)이고 1명은 거짓(남자)이어야 한다. 위에서 B의 진술이 참이므로 B가 여자이고 F가 남자이며 거짓이다. 정리하면, B, C, D의 진술이 참이고 A, F의 진술이 거짓이 되었으므로 E는 거짓이고 남자이며 D회사와 E회사의 규모가 같다.

③ F-B, A-C, D-E가 각각 근무하는 기업 규모가 동일할 때, E와 F의 진술이 거짓이므로 D-E가 중소기업에 근무중이다. 따라서 중소기업에 다니는 남

자는 E이다.
B의 진술이 참일 경우 모순이 발생하지 않으므로 선지 ⑤가 답이 되고, 그의 진술이 거짓일 경우는 확인하지 않아도 된다.

* 해설의 풀이 방법과 **Tip**의 두 가지 방법을 비교해 보면, 그 내용은 크게 다르지 않으나 누구의 진술을 기준으로 하는 지에 따라 과정의 복잡성과 풀이의 길이에 차이가 있다.
이때, 세 가지의 방법 중 C의 진술이 참이라고 가정하는 경우가 가장 효율적인 풀이임을 쉽게 알 수 있다.
따라서 시험장에서 해당 문제와 비슷한 유형의 문제를 만나게 될 경우, 방법1에서와 같이 하나의 가정으로 확정되는 정보가 가장 많은 진술이 무엇인지 우선 파악하는 것이 가장 중요하다.
그러나 이 방법이 바로 떠오르지 않는다면, 가장 먼저 나온 진술이나 판단하기 쉬워 보이는 진술을 참으로 가정하고 경우의 수를 전개해보는 것도 하나의 방법이다 된다.

389 정답 ⑤

난이도 ●○○

〈업체 평가기준〉에 따라 점수를 부여하면 다음과 같다.

업체	품질 점수	가격 점수	직원규모 점수	총점
甲	88	96	97	88×0.5+96×0.4+97×0.1=92.1
乙	85	100	97	85×0.5+100×0.4+97×0.1=92.2
丙	87	96	94	87×0.5+96×0.4+94×0.1=91.3

ㄱ. (O) 총점이 가장 높은 업체는 乙이며 가장 낮은 업체는 丙이다.
➜ 표에 따르면 乙은 92.2점으로 1등, 丙은 91.3점으로 3등이므로 옳은 선지이다.

ㄴ. (O) 甲이 현재보다 가격을 30만 원 더 낮게 제시한다면, 乙보다 더 높은 총점을 얻을 수 있을 것이다.
➜ 甲이 현재보다 가격을 30만 원 더 낮게 제시한다면 甲의 가격은 545만 원으로 가격점수는 98점이 되며, 이때, 甲의 총점은 0.8점 증가해 92.9점이 된다. 따라서 甲은 92.2점의 乙보다 더 높은 총점을 얻게 되므로 옳은 선지이다.

ㄷ. (×) 丙이 현재보다 직원규모를 10명 더 늘린다면, 甲보다 ~~더 높은 총점을 얻을 수 있을 것이다.~~
➜ 丙이 현재보다 직원규모를 10명 더 늘린다면 직원 규모가 95명이 되고 직원규모 점수는 97점이 된다. 이때, 丙의 총점은 0.3점 증가해 91.4점이 되며 이는 甲의 92.1점에 비해 여전히 낮다.
따라서 틀린 선지이다.

ㄹ. (O) 丙이 현재보다 가격을 100만 원 더 낮춘다면, A회사는 丙을 협력업체로 선정할 것이다.
➜ 丙이 현재보다 가격을 100만 원 더 낮춘다면 丙의 가격은 480만 원으로 가격점수는 100점이 된다. 이때, 丙의 총점은 1.6점 증가해 92.6점이 된다. 따라서 丙은 甲, 乙, 丙 중 가장 높은 점수를 획득하여 협력업체로 선정되므로 옳은 선지이다.

합격자의 시간단축 Tip

Tip ❶

(1) 가중치가 있고 특정 대상들의 점수를 비교해야 하는 경우에는 한 대상의 점수를 기준으로 하여, 다른 대상들의 점수의 차이 값 만을 계산해 점수의 대소 비교를 하는 것이 좋다.
예를 들어 〈보기 ㄱ〉의 경우, 甲과 乙을 우선 비교하면 甲의 품질 점수가 3점 더 높고 가격 점수는 乙이 4점 더 높다. 직원규모 점수는 동일하므로 각 차이 값에 가중치를 곱해주면, 甲은 3×0.5=1.5, 乙은 4×0.4=1.6만큼 상대적으로 높으므로, 총점은 乙이 더 높다.
다음으로 丙과 비교해야 하는데, 丙은 甲에 비해 품질 점수는 1점이 낮고 직원규모 점수는 3점이 낮아서 甲보다 무조건 총점이 낮다. 따라서 총점의 크기 순서는 乙 > 甲 > 丙이다.

(2) 〈보기 ㄴ〉의 경우 다음과 같은 방식으로 비교해야 한다. 앞서 〈보기 ㄱ〉의 풀이에서 보았듯이 甲이 乙보다 가중치를 고려한 점수가 0.1점 낮다. 이러한 상황에서 甲이 가격을 30만 원 더 낮게 제시하면 가격 점수가 96점에서 98점으로 2점이 상승한다. 이는 가중치를 고려하면 2×0.4=0.8점이 상승하는 것이므로 甲의 총점이 乙보다 더 높아진다.
〈보기 ㄷ, ㄹ〉의 경우에도 같은 방식으로 점수를 비교하면 된다.

(3) 위와 같은 방식이 익숙하다면 〈보기 ㄴ~ㄹ〉을 해결하면서 자연스럽게 甲, 乙, 丙의 점수 순위가 도출된다. 따라서 〈보기 ㄱ〉을 먼저 해결할 필요가 없다는 것을 알 수 있다. 다른 보기들을 먼저 해결하여 선지를 소거하는 방식으로 문제를 해결하는 것이 시간 단축에 도움이 될 수 있다.

Tip ❷ 품질점수의 경우 굳이 점수를 다시 적을 필요가 없지만 가격과 직원규모는 표의 점수로 변환해서 옮겨야 하며, 가중치까지 적용해야만 정확한 점수가 된다. 이때 혼돈을 방지하기 위해 〈지원업체 정보〉의 표의 가격과 직원규모 옆에 점수를 찾아 적어주는 것이 실수를 방지하는데 도움이 될 수 있다.

대체적으로 점수화를 하는 문제는 〈보기〉에서 ① 총점이 높은 대상을 물어보거나 ② 특정 정보를 바꾸었을 때 순위가 바뀌는지를 물어본다.

본 문제의 경우 품질과 가격의 비율이 50%와 40%임을 유념하도록 한다. 직원규모가 바뀌는 경우는 10%의 비중밖에 되지 않으므로 크게 점수가 오르지 않거나 둘의 점수차가 적지 않은 한 순위가 잘 바뀌지 않을 것이라는 걸 추측할 수 있다.

> * 품질 점수의 가중치인 50%를 구할 때에 0.5를 곱하는 것이 아니라 반으로 나누는 것(÷2)이 계산에 있어 더 간편할 것이다.

390 정답 ③ 난이도 ●●○

		최우수 등급	우수 등급
에너지 효율 1등급	비용	1억 7,000만 원 +4,000만 원 =2억 1,000만 원	7,000만 원 +4,000만 원 =1억 1,000만 원
	감면액	20억 원×0.12 =2억 4,000만 원	20억 원×0.08 =1억 6,000만 원
에너지 효율 2등급	비용	1억 7,000만 원 + 2,000만 원 =1억 9,000만 원	7,000만 원 +2,000만 원 =9,000만 원
	감면액	20억 원×0.08 =1억 6,000만 원	20억 원×0.04 = 8,000만 원

- 1억 7,000만 원: 최우수 등급을 받기 위한 최소한의 추가적 투자비용 (= 1,000만 원×17점)
- 7,000만 원: 우수 등급을 받기 위한 최소한의 추가적 투자비용 (= 1,000만 원×7점)
- 4,000만 원: 에너지효율 1등급을 받기 위한 추가적 투자비용 (= 2,000만 원×2개 등급)
- 2,000만 원: 에너지효율 2등급을 받기 위한 추가적 투자비용 (= 2,000만 원×1개 등급)

ㄱ. (O) 추가 투자함으로써 경제적 이익을 얻을 수 있는 최소 투자금액은 1억 1,000만 원이다.

➜ 추가 투자 비용의 분기점은 9,000만 원(우수 등급, 에너지효율 2등급), 1억 1,000만 원(우수 등급, 에너지효율 1등급), 1억 9,000만 원(최우수 등급, 에너지효율 2등급), 2억 1,000만 원(최우수 등급, 에너지효율1등급)이다. 친환경 건축물이 우수 등급이면서 건축물 에너지효율 2등급을 달성하기 위하여 9,000만 원을 투자하는 경우 감면액은 8,000만 원이므로 8,000만 원−9,000만 원= 1,000만 원의 경제적 손실을 본다.

다음으로 1억 1,000만 원을 투자하는 경우 감면액은 1억 6,000만 원이므로 5,000만 원의 경제적 이익을 얻을 수 있다. 따라서 甲이 경제적 이익을 얻기 위한 최소 투자금액은 1억 1,000만 원이다.

ㄴ. (O) 친환경 건축물 우수 등급, 에너지효율 1등급을 받기 위해 추가 투자할 경우 경제적 이익이 가장 크다.

➜ 경제적 이익, 즉 취·등록세 감면액에서 추가 투자액을 뺀 액수가 가장 큰 등급의 조합은 5,000만 원의 친환경 건축물 우수 등급 및 건축물 에너지효율 1등급이다. 3,000만 원의 친환경 건축물 최우수 등급 및 건축물 에너지효율 1등급이 뒤를 이으며, 건축물 에너지효율 2등급을 받을 경우 친환경 건축물 등급과 무관하게 취·등록세 감면액보다 추가 투자액이 더 크기 때문에 경제적 손실을 본다.

ㄷ. (×) 에너지효율 2등급을 받기 위해 추가 투자하는 것이 3등급을 받는 것보다 ~~甲에게 경제적으로 더 이익이다.~~

➜ 설령 친환경 건축물 평가점수를 높여 최우수, 우수 등급을 받기 위해 추가 투자하더라도 에너지효율 2등급을 받기 위해 추가 투자한다면 취·등록세액 감면 혜택을 받아도 어느 경우에서나 경제적 손실을 가져온다. 반면, 에너지효율 3등급을 유지한다면 감면 혜택 대상이 아니나 추가 투자액 또한 발생하지 않으므로 경제적 이익 또는 손실이 발생하지 않는다.

따라서 에너지효율 2등급을 받기 위해 추가 투자하는 것은 甲에게 경제적으로 더 손실이 크며, 보기 ㄷ은 틀린 선지이다.

합격자의 시간단축 Tip

Tip ①

(1) 〈보기 ㄱ〉을 판단한 후에 선지를 소거하면 남는 선지는 ①, ③, ⑤가 된다. 이와 같이 선지가 남았을 경우 〈보기 ㄴ〉이 아니라 〈보기 ㄷ〉 부터 판단하는 습관을 들여야 선지를 최소한으로 해결하고 넘어갈 수 있다.

(2) 각주가 나와 있는 문제는 거의 그 각주가 문제풀이의 핵심인 경우가 많으니 이를 활용하여 문제를 해결할 생각부터 해야 한다. 이 문제의 경우 취·등록세 감면액이 효율/등급별로 얼마인지, 현재 상황에서 그 등급을 달성하기 위해 투자해야 할 금액이 얼마인지를 적어 놓고 풀면 확실하게 풀 수 있다.

(3) 표에서 (1등급, 우수 등급)과 (2등급, 최우수 등급)의 감면액이 동일함을 알 수 있다. 이때, 우수(70점)에서 최우수로 인증등급을 높이기 위해서는 점

수 10점을 더 높여야 한다. 즉 1억 원을 추가로 필요로 한다. 그러나 에너지효율등급을 올리기 위해서는 2천만 원의 추가 비용만 지불하면 되므로, 양자를 비교한다면 경제적 이익 극대화를 위해서 전자가 선택되어야 한다는 것을 파악할 수 있어야 한다.

Tip ❷ 이러한 유형의 문제에서 가끔 계산 문제의 탈을 쓰고 개념을 정확히 파악하는 지 물을 때가 있다. 대표적으로 이 문제가 그러한데, 〈보기 ㄱ, ㄷ〉을 보면 의도적으로 "경제적 이익"이 무엇인지를 가지고 함정을 파놓는 것을 알 수 있다. 보통의 문제들은 경제적 이익이 무엇인지 명확히 개념을 정의해준다. 따라서 개념 정의 부분은 꼭 잘 체크하고 넘어가는 것을 추천한다.

Tip ❸ 해당 문제와 같은 금액 계산 문제에서 액수의 단위가 크나 계산이 복잡하지 않은 경우에는 단위를 단순화시켜 풀어주는 것이 좋다. 특히 〈보기 ㄴ〉과 〈보기 ㄷ〉은 단순히 경제적 손익을 비교하는 것이므로 더욱 유용하다.
필자는 1,000만 원 단위로 계산하여 풀었으며, 이 경우 1,000만 원은 1, 그리고 2,000만 원은 2, 그리고 20억 원은 200으로 놓고 풀면 200의 경우 문제에 주어진 취등록세액 감면비율을 적용하여 계산하기에도 용이하다. 또한 실전에서 문제를 풀 때 '억 원', '만 원' 등 단위를 일일이 적어가며 푸는 것은 시간이 다소 소모될 수 있으니, 미리 계속 어떤 단위로 적을지 표시해둔 다음 1,000 등의 숫자만 기입하며 문제를 푸는 것이 도움이 될 것이다.

* 해설과 같이 모든 경우의 금액을 미리 구해 놓는 것은 비효율적이고 시간 소모도 크다.
그러므로 〈보기〉를 풀어가며 필요한 계산만을 하는 것이 바람직하다.

391 정답 ①

난이도 ●●○

(1) 〈조건〉 ㉢에 따라 주한은 C자동차에 탑승하고, 〈조건〉 ㉣에 따라 준성은 A자동차에 탑승하게 된다. 이때, B자동차에 지현과 재혁이 탑승할 경우, 이를 표로 나타내면 다음과 같다.

A 자동차	B 자동차	C 자동차
준성(남)	지현(여)	주한(남)
	재혁(남)	

(2) 각 차량에는 세 명씩 탑승하는데, 〈조건〉 ㉡ 에 따라 수현은 반드시 두 명의 남자 회원과 같은 자동차에 탑승해야 하므로 한 명의 남자 회원과 한 명의 여자 회원이 탑승하는 B자동차에 탑승할 수 없다. 또한, 〈조건〉 ㉤ 에 따라 수현은 주한과 같은 차량에 탑승하지 않으므로 C자동차에도 탑승할 수 없다. 따라서 수현은 A자동차에 탑승한다. 이를 표로 나타내면 다음과 같다.

A 자동차	B 자동차	C 자동차
준성(남)	지현(여)	주한(남)
수현(여)	재혁(남)	

(3) 〈조건〉 ㉤ 에 따라 혜인과 형식도 주한과 같은 차량에 탑승하지 않으므로 이들은 C자동차에 탑승하지 않는다. 그런데 수현이 탑승한 A자동차에는 남자 회원이 두 명 있어야 하므로 여자 회원인 혜인은 B자동차에 탑승하게 되고, 따라서 남자 회원인 형식이 A자동차에 탑승한다. 아라와 승인은 자동적으로 남은 자리인 C 자동차에 탑승하게 된다. 이를 표로 정리하면 다음과 같다.

A 자동차	B 자동차	C 자동차
준성(남)	지현(여)	주한(남)
수현(여)	재혁(남)	아라(여)
형식(남)	혜인(여)	승인(남)

합격자의 시간단축 Tip

Tip ❶ 선지를 적절히 대입하면 보다 빠르게 문제를 풀 수 있다.
조건 ㉡과 ㉤에 따라 수현이 A 자동차에 타야 한다는 것을 알았다면, 답이 될 수 있는 선지는 ①, ② 두 개이다. 따라서 두 개를 차례대로 대입해서 모순이 생기지 않는지 확인해보는 것도 방법이다.
답인 ① 번 선지의 경우 앞서 확인한 바 있으므로, 해설 두번째 표의 상황에서 ② 번 선지의 모순점을 확인해보면 A 자동차에 수현, 준성, 승인이 타게 됐을 때 남는 사람은 아라, 혜인, 형식인데 그 중 아라와 형식은 ㉤에 따라 주한과 같은 차를 타지 않는다.
따라서 C 자동차에 탈 수 있는 사람은 혜인뿐이라는 모순이 발생하며, ① 번 선지를 대입해보지 않아도 옳은 선지인 것을 알 수 있다.

* 확실하게 채울 수 있는 경우를 먼저 해결해야만 문제에 더 쉽게 접근할 수 있다.
이 문제의 경우 해설과 같이 발문과 〈조건〉 ㉢, ㉣에 따라 자동차 A와 C의 운전자, B에 탑승하는 두 명의 사람을 먼저 채우고 나서 문제를 풀어야만 보다 빠른 문제 해결이 가능하다.

Tip ❷ 자동차나 숙소 등에 여러 명의 사람을 조건에 맞게 채우는 문제 유형은 종종 출제된다. 이 경우 확인해봐야 하는 것은 자동차 A, B, C가 구별되는지 아닌지 여부이다.
이 문제의 경우 각 자동차는 구별된다. 즉, 각 자동차가 A, B, C로 라벨링이 되었을 뿐 아니라 발문에서 'A자동차에 탑승할 회원'을 묻고 있다.
이와 달리 동일한 조건에서 각 자동차가 구별되지 않는 경우, 발문은 '같은 자동차에 탑승할 회원'을 묻는 등 자동차들 간의 차이를 주지 않을 것이다.
문제를 풀 때 항상 이부분을 의식하고 푸는 습관을 갖도록 하자.

392 정답 ❷ 난이도 ●●○

(1) 먼저 〈조건〉 ⓜ에 의하면 B국의 GDP 순위가 1위, E국이 7위이다. 다음으로 〈조건〉 ⓡ에 따라 C국과 F국의 순위는 인접해 있는데, 〈조건〉 ⓑ에 의하면 C국의 GDP가 F국의 GDP보다 높으므로 C국의 GDP 순위 바로 다음 순위가 F국이다. 이를 정리하면 C-F이다.

(2) 또한, 〈조건〉 ⓑ에 의하면 C국의 GDP가 A국의 GDP보다 높은데, C국의 바로 다음 순위가 F국이므로 A국의 GDP 순위는 F국보다도 낮다. 이를 정리하면 C-F-A이다.

(3) 마지막으로 〈조건〉 ⓛ에 의하면 D국의 GDP 순위는 C국보다 높고, 〈조건〉 ⓒ에 의하면 G국의 GDP 순위는 F국보다 높다. 그런데 F국의 GDP 순위 바로 이전 순위가 C국이므로 G국의 GDP 순위는 C국보다도 높다.

(4) 이를 정리하면, C국의 GDP 순위보다 높은 국가는 B국, G국, D국이며 C국보다 낮은 국가는 F국, A국, E국이다. 따라서 C국의 GDP 순위는 4위, F국과 A국의 GDP 순위는 각각 5위와 6위가 된다.

1위	2위	3위	4위	5위	6위	7위
B			C	F	A	E

(5) 이상으로부터 순위가 확정되지 않은 나라는 D국과 G국이다. 만약 C국과 D국이 GDP 순위에서 바로 인접해 있다는 정보가 추가될 경우 D국의 GDP 순위는 3위로 확정되고, 이에 따라 G국의 GDP 순위는 2위가 되어 모든 국가의 GDP 순위가 확정된다.

합격자의 시간단축 Tip

Tip ❶

(1) 해당 문제와 같이 국가들 간 순위를 매겨야 하는 경우, 기준으로 삼을 국가를 정하면 좋다.
조건에서 자주 반복되는 국가가 있는 경우에는, 그를 중심에 두고 조건들을 재조합하는 것이 좋다. 본 문제의 경우 구체적인 순위가 주어진 B국과 E국을 먼저 배치하고, 자주 언급되는 C국과 F국을 기준으로 국가들의 순위를 배열하도록 한다.

(2) 또한 직접적으로 드러나지 않은 정보를 빠르게 알아채는 것이 중요하다. 예를 들어, 〈조건〉 ⓑ의 C > A+F는 C > A, C > F임을 의미하며, ⓡ과 결합하면 C > F > A라는 것까지 도출할 수 있다. (단, 이 경우 부등호는 GDP의 규모를 의미하므로 순위와는 정반대가 된다.)
이 경우에도 C국이 기준이 되어 순위를 비교하는 것이므로, 문제의 7개국 중 C국이 기준국가가 됨을 쉽게 알 수 있다.

Tip ❷ 추가로 필요한 정보를 고르는 문제는 난이도가 천차만별이다.
본 문제와 같이 주어진 정보를 정리하는 과정에서 추가로 필요한 정보가 눈에 띄는 경우가 있는 반면, 그렇지 않은 경우도 있다. 따라서 주어진 정보를 정리해보았을 때 곧바로 답을 고르기 힘들다면 우선은 넘어 가는 것이 현명하다.

* 이러한 유형의 문제에서 제시되는 선지는 두 가지 유형으로 좁혀볼 수 있다. 첫번째는 새로운 정보이면서 문제를 해결할 수 있는 경우이고, 두번째는 기존의 조건들을 조합하여 도출할 수 있는 정보인 경우다.
첫 번째 유형의 경우가 정답이 되는 선지이다. 따라서 문제에 제시된 정보를 최대한 활용하여, 그를 통해 선지의 정보를 도출하여 두번째 유형에 해당되는지 여부를 판단하는 것도 하나의 풀이 방법이 된다.
** 어떤 정보가 추가적으로 필요한지를 예측한 뒤 선지를 읽는다면 정답 확률이 높아진다. 물론 쉬운 방법은 아니나 연습하여 활용한다면, 정답에 높은 확신을 가질 수 있을 것이다.

Tip ❸ 순위가 우선적으로 확정된 국가는 동그라미를 치고, 확정되지 않은 국가들을 모아 선지에서 확인하면 보다 편하게 문제를 풀 수 있을 것이다.

393 정답 ④ 난이도 ●●○

ㄱ. (×) 석봉이가 1월 한 달 동안 먹을 수 있는 꽁치는 최대 15마리이다.

일	월	화	수	목	금	토
			1	2	3	4
5	6	7	8	9	10	11
12	13	14	15	16	17	18
19	20	21	22	23	24	25
26	27	28	29	30	31	

→ 홀수일마다 꽁치를 먹는다면 석봉이는 한 달에 최대 16마리의 꽁치를 먹을 수 있다.

ㄴ. (○) 석봉이가 1월 한 달 동안 먹을 수 있는 삼치는 최대 14마리이다.

일	월	화	수	목	금	토
			1	2	3	4
5	6	7	8	9	10	11
12	13	14	15	16	17	18
19	20	21	22	23	24	25
26	27	28	29	30	31	

→ 매주 화요일에는 삼치를 먹을 수 없으므로 화요일의 양 옆 요일에 삼치를 먹도록 해야 최대한으로 삼치를 먹을 수 있다. 단, 17일이 포함된 주에는 17일의 양 옆에 삼치를 먹어야 최대한으로 삼치를 먹을 수 있다. 따라서 짙게 표시된 날들은 모두 14일이므로, 14마리의 삼치를 먹을 수 있다.

ㄷ. (×) 석봉이가 1월 한 달 동안 먹을 수 있는 고등어는 ~~최대 14마리이다.~~

일	월	화	수	목	금	토
			1	2	3	4
5	6	7	8	9	10	11
12	13	14	15	16	17	18
19	20	21	22	23	24	25
26	27	28	29	30	31	

→ 짝수일마다 고등어를 먹는다면 석봉이는 한 달에 최대 15마리의 고등어를 먹을 수 있다.

ㄹ. (○) 석봉이가 1월6일에 꽁치를 먹어야 한다는 조건을 포함하면, 석봉이는 1월 한 달 동안 삼치, 꽁치, 고등어를 1마리 이상씩 먹는다.

일	월	화	수	목	금	토
			1	2	3	4
5	6(꽁)	7(삼X)	8	9	10	11
12	13	14(삼X)	15	16	17(꽁)	18
19	20	21(삼X)	22	23	24	25
26	27	28(삼X)	29	30	31	

→ 반례를 찾기 위해, 한 달 동안 두 가지의 생선만 먹을 수 있는지를 살펴보아야 한다. 화요일마다 삼치를 먹을 수 없다. 따라서 고등어와 꽁치만 먹을 수 있어야 한다. 6일에 꽁치를 먹어야 하므로, 꽁치를 짝수일에, 고등어를 홀수일에 먹어야 한다. 그러나 17일에 꽁치를 먹어야 하므로 16일에는 꽁치와 고등어 모두 먹을 수 없는 상황이 나온다. 그러므로 석봉이는 한 달 동안 두 가지의 생선만을 먹을 수 없다.

따라서 한 달 동안 모든 종류의 생선을 1마리 이상씩은 먹어야 한다.

합격자의 시간단축 Tip

Tip ①

(1) 같은 생선을 연속해서 이틀 이상 먹을 수 없는 조건으로부터, 한 종류의 생선은 격일로 먹을 때 최대로 먹을 수 있다는 것을 파악할 수 있어야 한다. 마침 달력이 그려져 있는데, 31일까지 있으므로 홀수는 16개, 짝수는 15개 있다. 이를 토대로 홀수일에 먹는 생선은 최대 16개, 짝수일에 먹는 생선은 최대 15개를 먹을 수 있다는 것을 베이스로 깔고 가야한다. 다만, 17일에는 반드시 꽁치를 먹어야 하므로, 홀수일에 먹게 되는 생선이 꽁치인 경우에는 최대치인 16일 동안 꽁치를 먹을 수 있지만, 그 외의 생선일 경우 짝수일 홀수일 중 언제 먹는지 여부와 무관하게 15일이 최대라는 것을 알 수 있다.

(2) 위의 설명을 이해했다면, 〈보기 ㄹ〉을 보고 바로 옳다고 판단할 수 있다. 두 가지 생선으로 한 달을 먹어야 한다면 짝수일과 홀수일을 격일로 해서 반드시 다른 생선을 먹어야 한다. 만일 짝수일을 a생선, 홀수일을 b생선으로 채워 둔 상태에서 특정 짝수일에 b생선을 먹게 된다면, 해당 날짜를 전후(전후 날짜는 홀수일 것이다)로 b생선이 아닌 다른 생선을 먹어야 한다.
그러나 이미 짝수일에 a생선이 채워져 있는 상태에서 해당 날짜 전후에도 a 생선을 먹게 된다면 a생선을 연달아 먹게 되므로 모순이 생긴다. 따라서 하루라도 규칙이 어긋날 경우 반드시 세 가지 생선을 모두 섭취해야 하는 상황이 발생하는 것이다.
이를 활용하면 〈보기 ㄹ〉에서 짝수일과 홀수일에

모두 꽁치를 먹어야 하므로(6일, 17일) 1월 한 달 동안은 세 가지 생선을 모두 한 마리 이상씩 먹어야 함을 알 수 있다.

Tip ② 〈보기 ㄴ〉이 생각보다 까다로울 수 있다. 다만 생각을 단순화하면 보다 쉽게 접근이 가능하다.

(1) 일단 이틀 연속 같은 생선을 못 먹으므로, 꽁치는 최대 16마리(홀수날), 고등어는 최대 15마리 (짝수날)를 먹을 수 있다는 것은 쉽게 알 수 있다. 하지만 삼치의 경우 화요일에 못 먹으므로 홀수나 짝수일만 먹는 전략이 어렵다.
따라서 15일, 16일은 어려울 것이다. 여기서 포커스를 '14일이나 먹을 수 있을까' 라고 생각해보는 것이다. 필자의 경우 화요일을 제거했을 때 달력을 세로로 접근하면 5일이 되는 요일 2개, 4일이 되는 요일 1개면 쉽게 14가 만들어진다는 점에 주목했다.

(2) 즉, 수, 금, 월이나 수, 금, 일을 선택하면 14일이 쉽게 만들어진다. 다만 17일은 꽁치를 먹어야 하므로 해당 주차에만 목, 토를 먹는다고 가정하면 토, 일은 연속하여 먹게 되므로 "(수, 금, 월)+(3주차만 월, 목, 토)"로 구성하면 된다고 판단하였다. 14일을 채운다고 생각하면 이렇게 달력을 시각적으로 바라보는 접근도 가능하므로 한번씩 연습해보는 것을 추천한다.

394 정답 ②

난이도 ●●○

ㄱ. (○) 만들 수 있는 가장 큰 수에서 가장 작은 수를 뺀 값은 7158이다.
➜ 만들 수 있는 가장 큰 수는 9,872이다. 만들 수 있는 가장 작은 수는 2,714이다.
따라서 두 값의 차이는 9,872−2,714=8,157이다.

ㄴ. (○) 천의 자리가 5이거나 일의 자리가 5인 네 자리 수는 만들 수 없다.
➜ 5의 배수의 마지막 자리 숫자는 0 또는 5이고, 마지막 자리 숫자가 5인 수는 5의 배수이다. 숫자카드에 0이 없고, 숫자카드는 각각 한 장뿐이므로 5가 2개 이상 들어갈 수 없다.

ㄷ. (×) 천의 자리에 9를 넣을 때 만들 수 있는 네 자리 수의 개수는 ~~천의 자리에 다른 어떤 수를 넣을 때 보다 많다.~~
➜ 천의 자리에 9를 넣을 때 만들 수 있는 수는 9,218 / 9,327 / 9,436 / 9,654 / 9,763 / 9,872로 총 6개이다. 한편, 7을 넣을 때 만들 수 있는 수는 7,214 / 7,321 / 7,428 / 7,642 / 7,856 / 7,963으로 총 6개이다. 7을 넣을 때 만들 수 있는 네 자리 수의 개수와 9를 넣을 때 만들 수 있는 네 자리 수의 개수는 같으므로 틀린 선지이다.

ㄹ. (○) 숫자 1이 적힌 카드가 한 장 추가되어도 만들 수 있는 네 자리 수의 총 개수에는 변화가 없다.
➜ 숫자 1은 다른 숫자와 곱해도 두 자리 수가 나올 수 없다. 따라서 1이 천의 자리나 백의 자리에 온다면 십의 자리와 일의 자리에 다른 카드들이 올 수 없다. 따라서 1은 천의 자리나 백의 자리에 사용될 수 없다.
또한, 만들 수 있는 네 자리 수의 총 개수에 변화가 있으려면 십, 일의 자리에 11이 들어가는 경우가 있어야 한다. 그러나 11은 소수이므로 남은 숫자카드들의 곱으로 표현할 수 없다. 따라서 네 자리 수의 총 개수에는 변화가 없다.

ㅁ. (×) 숫자 9가 적힌 카드가 한 장 추가되어도 만들 수 있는 네 자리 수의 총 개수에는 ~~변화가 없다.~~
➜ (반례) 9가 한 장 추가되면 9,981을 만들 수 있다.

합격자의 시간단축 Tip

Tip ①

(1) 이 문제는 선지를 보면 〈보기 ㄱ〉이 4개가 들어가 있다. 보통 이러한 경우는 〈보기 ㄱ〉이 판단하기 아주 쉬울 때가 많다. 그러나 이 문제의 〈보기 ㄱ〉을 해결하기 위해서는 만들 수 있는 가장 큰 수와 가장 작은 수 두 가지를 직접 찾아서 그것을 또 계산해야 판단할 수 있다. 따라서 이 선지는 바로 판단하지 않고 다른 선지로 넘어가는 것이 시간 단축에 도움이 된다.

(2) 〈보기 ㄷ〉 역시 마찬가지이다. 구구단을 떠올려보면 9에 1~9까지 곱했을 때 나오는 숫자들은 모두 십의 자리와 일의 자리가 다르다. 따라서 천의 자리에 9가 들어갈 때 만들 수 있는 네 자리 수는 모두 6개 이므로(1단 5단 제외), 9와 마찬가지로 곱했을 때 항상 십의 자리와 일의 자리가 다르게 나오는 숫자를 생각해내야 한다.
곧바로 안된다는 걸 쉽게 알 수 있는 1, 2, 5 등의 숫자를 제외하더라도 직관적인 해답이 나오는 경우가 아니기 때문에 다른 보기를 먼저 푸는 것이 좋다.

(3) 천, 백의 자리의 숫자에 따라서 십, 일의 자리의 숫자가 정해지는 문제이다. 굉장히 낯선 문제 같지만 사실은 구구단을 이용한 아주 간단한 문제이다.
카드들이 1장씩 밖에 없으므로 천, 백의 자리에는 1, 5가 절대 올 수 없다. 1이 들어가는 경우 천, 백의 자리의 숫자들의 곱은 한자리여서 십의 자리에 0이 들어가야 하는데, 0카드가 없기 때문이다.

(4) 따라서 〈보기 ㄱ〉에서 가장 작은 수를 만들 때는 천의 자리가 1인 숫자가 아니라 2인 숫자부터 찾아야 하며, 0이 없기 때문에 2를 곱해서 두 자리수가 되는 최솟값인 6부터 가능한지 여부를 생각하면 된다. 또한, 5가 들어가는 경우 5의 배수들의 일의 자리는 0또는 5이다. 그러나 0카드는 없고, 5카드는 이미 쓰이고 있으므로 5 역시 사용될 수 없다. 따라서 〈보기 ㄴ〉은 옳은 보기임을 알 수 있다.

Tip ❷ 〈보기 ㄷ〉을 보면, 9단을 떠올리며 일의 자리수가 모두 다르다는 것을 쉽게 떠올릴 것이다. 그러나 일의 자리가 반복되지 않는 이유는 9단이기 때문이 아니라 '홀수' 이기 때문에 더 가깝다.
짝수의 경우 5를 곱했을 때 0이 되므로 구구단에서 5를 기점으로 일의 자리수가 반복된다.
(가령×1 이나 ×6에서 일의 자리수가 같은 식이다.)
하지만 홀수의 경우 10을 곱해야만 일의 자리수가 0이 되므로 10을 기점으로 1의 자리수가 반복될 것이다.
(물론 5단은 제외다.)
이를 생각한다면 ×2 부터 십의 자리가 만들어지는 7이 반례가 됨을 쉽게 알 수 있다.

395 정답 ③

난이도 ●●○

(1) 〈조건〉 다섯 번째에 따라 수험번호 1011, 1015인 학생은 가형 시험지를 받았으며 〈조건〉 네 번째에 따라 수험번호 1012, 1016인 학생은 나형 시험지를 받았다. 이때, 〈조건〉 세 번째에 따라 다형 시험지를 받은 학생의 자리는 모두 복도 쪽이므로 수험번호 1017, 1018인 학생은 다형 시험지를 받았다. 나머지 수험번호 1013, 1014인 학생은 〈조건〉 네 번째에 따라 각각 가형 시험지와 나형 시험지를 받았다.

(2) 〈조건〉 열 번째에 따라 다형 시험지를 받은 B의 수험번호는 1017 또는 1018이다. 그런데 B의 수험번호가 1017일 경우 B의 왼쪽에 앉은 사람은 〈조건〉 일곱 번째에 따라 H가 아닌 C이다. 따라서 B의 수험번호는 1018이며 B의 왼쪽에 앉은 H의 수험번호와 시험지의 유형은 각각 1014, 나형이다.

(3) 이때, 〈조건〉 여섯 번째에 따라 다형 시험지를 받은 A의 수험번호는 1015이다. 한편 〈조건〉 여덟 번째에 따라 창가 자리이면서 가형 시험지를 받지 않은 D의 시험지 유형과 수험번호는 각각 나형과 1012이다.

(4) 그런데 〈조건〉 아홉 번째에 따라 G의 뒷자리에 앉은 학생은 F이므로 G와 F의 수험번호는 각각 1015, 1016이며 나머지 학생 E의 수험번호는 1011이다.

(5) 이상의 결과를 표로 정리하면 다음과 같다.

수험번호	이름	시험지 유형	수험번호	이름	시험지 유형
1011	E	가	1015	G	가
1012	D	나	1016	F	나
1013	C	가	1017	A	다
1014	H	나	1018	B	다

표의 내용을 바탕으로 선지의 내용을 확인해보자.

① (O) A는 C의 오른쪽에 앉는다.
➜ A의 수험번호는 1017로, 수험번호 1013인 C의 오른쪽에 앉는다.

② (O) B는 가장 뒷자리에 앉는다.
➜ B의 수험번호는 1018로, 가장 뒷자리에 앉는다.

③ (×) D의 수험번호는 ~~1014이다.~~
➜ D의 수험번호는 1012이다.

④ (O) E는 가형 시험지를 받았다.
➜ E의 수험번호는 1011로, 가형 시험지를 받았다.

⑤ (O) F는 나형 시험지를 받았다.
➜ F의 수험번호는 1016으로, 나형 시험지를 받았다.

합격자의 시간단축 Tip

Tip ❶ 때에 따라 필요조건 또는 충분조건으로 주어진 정보가 실제로는 필요충분조건일 때가 있다. 해당 문제에서는 〈조건〉 네 번째에서 주어진 정보는 〈나형 시험지를 받은 학생의 앞자리 학생은 가형 시험지를 받았다는 것〉뿐이기 때문에 가형 시험지를 받은 학생의 뒷자리 학생이 반드시 나형 시험지를 받았을 것이라고 확신할 수 없으나, 〈조건〉 두 번째에 따라 실제로는 가형과 나형 시험지를 받은 학생은 언제나 앞뒤로 붙어있어야 한다는 사실을 알 수 있다.
가형 시험지를 받은 학생과 나형 시험지를 받은 학생이 각각 3명으로 동일하기 때문이다.

Tip ❷ 〈조건〉 중 가형, 나형, 다형에 관한 정보를 먼저 확정지은 후 A~H를 배치해야 한다. 또한, 조건들 중 가장 확정적인 조건부터 먼저 대입하는 습관을 들여야 한다. 예를 들어, 다섯 번째 조건이 세 번째와 네 번째 조건보다 확정적인 정보를 담고 있으므로 우선적으로 배치한다.

독끝 14일차 (396~427)

정답

396	②	397	①	398	④	399	①	400	⑤
401	②	402	①	403	①	404	④	405	⑤
406	②	407	①	408	②	409	①	410	⑤
411	②	412	④	413	①	414	②	415	③
416	⑤	417	①	418	③	419	⑤	420	①
421	④	422	④	423	④	424	①	425	③
426	④	427	③						

396 정답 ❷ 난이도 ●●○

각 기준의 점수를 표시하면 다음과 같다.

귀농가구	연령	주소지	전입일	가족수	영농규모	주택노후도	사업시급성	총점
甲	49	A	10	4	4	8	10	36
乙	48	B	4	8	10	6	10	38
丙	56	B	6	6	8	10	10	40
丁	60	C	–	–	–	–	–	–
戊	33	D	8	6	10	8	4	36

丁은 거주기간이 신청마감일 현재 전입일부터 6개월 미만이므로(4개월) 신청자격이 없다. 또한, 乙과 丙은 동일한 B읍·면에 주소를 두고 있으므로, 총점이 높은 丙만이 지원 대상이 된다.
또한, 甲과 戊는 동점인데, 연령이 높은 가구를 지원하는 조건에 의하여 甲이 선정된다.

합격자의 시간단축 Tip

Tip ❶
(1) 점수계산형 문제에서 한 명이 아니라 여러 명을 골라야 하는 경우에는 조건을 잘 활용하여 선지를 제거하면서 문제를 해결하는 것이 좋다. 이 문제에서는 전입일 기준에 따라서 丁은 신청자격이 없다. 따라서 ④가 소거된다. 또한 하나의 읍·면당 1가구만 지원 가능하므로 乙, 丙이 동시에 있는 ③도 소거된다.
(2) 가구별로 점수를 계산하기보다는 항목별로 점수를 쭉 표시한 후에, 가구별로 합산하는 것이 시간이 더 적게 걸린다. 이때 거주기간은 표에서 전입일 칸에, 가족 수, 영농규모, 주택노후도, 사업시급성은 각 칸에 점수를 표시해서 계산하면 실수를 줄일 수 있다.

Tip ❷ 필자의 경우 각 항목별로 점수를 구할 때 만점을 기준으로 몇 점이 감점됐는지를 체크하는 편이다. 가령 전입일의 경우 甲은 10점으로 만점이다. 이 때 乙은 −6점, 丙은 −4점, 戊는 −2점으로 표시하는 식이다. 감점된 점수로 비교하는 게 보다 편리한 경우가 있으며 항목별로 점수 차이가 두드러지게 나는 경우 그 항목에서 얼마나 감점됐는지가 중요한 경우가 종종 있기 때문이다.

Tip ❸ '지원대상'에서 '단, 하나의 읍·면당 1가구만 지원 가능' 하다는 요건으로 보아 乙, 丙 둘 중 하나만 선정된다는 것을 알 수 있다. 이에 乙, 丙을 비교해 우위를 찾는다면 丙이 우세하기 때문에 ①, ③, ④가 한번에 소거된다.
그 후에는 甲, 戊만 비교해준다면 바로 정답을 찾을 수 있다. 점수를 일일이 구하지 않고 두 개의 대소만 비교하면 되기 때문에 부여한 점수를 카테고리별로 각각 비교하면서 +, −를 해주면 된다. 일례로 乙과 丙을 비교할 때, 乙은 丙에 비해 가족 수에서 +2, 영농규모에서 +2이나, 丙은 乙에 비해 주택 노후도에서 +4임을 적어 놓고 비교 가능하다.

Tip ❹ 전입일을 기준으로 거주기간을 계산할 때 현재가 2014. 4. 30.이므로 헷갈릴 수 있다.
이 경우에는 주어진 거주기간의 구간 중 각각의 최고값을 대입하면 쉽게 판단 가능하다.
일례로, 전입일이 2012. 7. 30.인 丙은 2년을 더했을 때 2014. 7. 30.이 되므로, 현재가 2014. 4. 30.인 점을 고려 시, 아직 거주 기간이 2년이 되지 않았다는 것을 쉽게 알 수 있다.

397 정답 ❶ 난이도 ●●○

ㄱ. (O) 甲은 5km²의 면적에서 재배기간 동안 농약을 전혀 사용하지 않고 20t의 화학비료를 사용하여 사과를 재배하였으며, 이 사과를 수확하여 무농약농산물 인증신청을 하였다.
→ 1km=1,000m 이므로 1km²=1,000,000 m²=100ha 이다. 따라서 5km²=500ha 이다. 해당 면적에서 재배기간 내 화학비료 권장량은 500× 100kg=50,000kg=50t 이다.
甲이 무농약농산물 인증을 받기 위해서는 화학비료 25t이하, 농약 살포 0회여야하고, 甲은 이를 충족하므로 인증이 가능하다.

ㄴ. (×) 乙은 3ha의 면적에서 재배기간 동안 농약을 1회 살포하고 50kg의 화학비료를 사용하여 복숭아를 재배하였다. 하지만 수확시기가 다가오면서 병충해 피해가 나타나자 농약을 추가로 1회 살포하였고, 열흘 뒤 수확하여 저농약농산물 인증신청을 하였다.

➜ 乙이 저농약농산물 인증을 받기 위해서는 화학비료 75kg 이하, 살포시기를 지켜 농약살포 2회이하여야 한다. 화학비료 사용량과 살포횟수는 충족하나 복숭아의 농약 살포시기는 수확 14일 전까지만 가능하다. 그러나 乙은 농약 살포 이후 열흘 뒤 수확했으므로 수확 10일 전에 농약을 살포하여 살포시기 기준을 충족하지 못한다. 따라서 乙은 인증을 받을 수 없다.

ㄷ. (×) 丙은 지름이 1km인 원 모양의 농장에서 작년부터 농약을 전혀 사용하지 않고 감귤을 재배하였다. 작년에는 5t의 화학비료를 사용하였으나, 올해는 전혀 사용하지 않고 감귤을 수확하여 유기농산물 인증신청을 하였다.

➜ 丙이 유기농산물 인증을 받으려면 일정기간(다년생 작물 3년, 그 외 작물 2년) 농약과 화학비료를 사용하지 않고 재배하여야 한다. 그러나 작년에 5t의 화학비료를 사용하였으므로 丙은 유기농산물 인증을 받을 수 없다.

ㄹ. (○) 丁은 가로와 세로가 각각 100m, 500m인 과수원에서 감을 재배하였다. 재배기간 동안 총 2회(올해 4월 말과 8월 초) 화학비료 100kg씩을 뿌리면서 병충해 방지를 위해 농약도 함께 살포하였다. 丁은 추석을 맞아 9월 말에 감을 수확하여 저농약농산물 인증신청을 하였다.

➜ 丁이 저농약농산물 인증을 받으려면 화학비료 300kg 이하, 살포시기를 지켜 2회 이하의 농약을 살포해야 한다. 丁은 화학비료 200kg을 사용했고, 농약을 2회 살포했다. 살포 시기도 수확 14일 전에 하였으므로 조건을 충족한다. 따라서 丁은 저농약농산물 인증을 받을 수 있다.

합격자의 시간단축 Tip

Tip ❶

(1) 계산없이 인증기준 충족 여부를 판단할 수 있는 농약 살포 횟수와 살포 시기를 우선적으로 검토하는 것이 좋다.

(2) 재배기간 내 화학비료 권장량의 기준이 ha로 주어져 있으므로, km^2으로 주어져 있는 〈보기 ㄱ〉보다 〈보기 ㄴ〉을 먼저 푸는 것이 효율적이다. 〈보기 ㄴ〉은 옳지 않으므로 선지 ②, ③, ⑤가 소거되며, 추가로 〈보기 ㄷ〉만 확인해주면 된다. 만일 확인해야 하는 보기가 더 많았다면, 확인해야 할 조건이 적은 순서(유기농산물 → 무기농산물 → 저농약농산물)대로 확인하는 것이 좋다.

(3) 최근의 문제들은 선지 플레이를 차단하려는 시도들이 종종 발견되기 때문에, 선지 플레이가 막혀 시간을 소모해도 당황하지 않고 문제를 해결할 수 있는 강한 멘탈을 가진 사람이 아니라면 최대한 활용하지 않고 해결하도록 하자. 특히 〈보기 ㄱ〉이 옳은 보기일 경우 선지 ①, ③, ④번을 해결하기 위해 〈보기 ㄴ〉과 〈보기 ㄷ〉을 모두 판단해야 하므로 〈보기 ㄱ〉을 나중에 판단하자 라며 선지를 분석하는 행위는 시간낭비라고 생각한다. 아직 확률이 높은 유일한 선지 플레이는, 설문의 〈보기 ㄹ〉 처럼 5개의 선지 중 4개의 선지에 포함되어 있는 경우다.

Tip ❷

(1) 문제를 스캔했을 때 유기농산물, 무농약농산물, 저농약농산물의 세 가지 재배방법이 있음을 알았다면, 친환경농산물의 종류에 따라 보기를 정리할 수 있다. 〈보기 ㄷ〉의 경우 유기농산물, 〈보기 ㄱ〉의 경우 무농약농산물, 〈보기 ㄴ〉과 〈보기 ㄹ〉의 경우 저농약농산물 인증신청을 하였다. 따라서 두 가지 보기를 한번에 처리할 수 있는 저농약농산물을 먼저 확인하는 것이 좋다.

(2) 이에 따라 〈보기 ㄴ〉을 확인하자. 저농약농산물의 경우 화학비료의 사용량, 농약의 살포시기, 농약의 살포횟수 등 3가지 기준이 존재한다. 그런데 〈보기 ㄴ〉은 3가지 기준 중에 농약의 살포시기를 충족하지 못하므로 乙은 저농약농산물 인증을 받을 수 없다. 따라서 선지 ①번과 ④번만 남게 되고, 이를 판단하기 위해 〈보기 ㄷ〉만 추가로 확인하면 정답이 도출된다.

Tip ❸ 이 문제의 경우 권장량을 구체적으로 계산하지 않아도 농약 살포, 화학 비료 사용 여부와 농약 살포 시기만으로도 문제를 풀 수 있다. 더 어렵게 문제가 나온다면 면적을 이용해 오답을 고를 수도 있을 것이다. 하지만 문제의 경우 복잡한 계산 없이도 문제를 해결할 수 있게 되었다. 문제를 접근할 때는 언제나 자신이 가장 직관적으로, 한번에 파악할 수 있는 조건부터 최대한 활용해 문제를 풀어야 한다. 복잡한 계산 문제는 최대한 검토에 있어 마지막으로 두는 것이 좋다.

398 정답 ④ 난이도 ●●●

〈조건〉 ㉣, ㉤에 따라 방의 크기를 정리하면 다음과 같다.

101호 (2인실/6인실)	102호 (2인실)	103호	104호
통로			
105호	106호	107호 (6인실)	108호

(1) 〈조건〉 ㉠에 따라 맞은편이 아닌 바로 옆에 이웃한 방 간의 크기는 서로 다르므로, 101호는 2인실이 될 수 없다. 따라서 101호는 6인실이다. 이때, 〈조건〉 ㉡에 따라 6인실의 맞은편 방은 6인실이 아니므로 103호와 105호는 2인실 또는 4인실이다.

(2) 그런데 〈조건〉 ㉢에 따라 2인실인 102호의 바로 옆에 이웃한 101호와 103호 중 적어도 하나는 4인실이어야 하는데, 101호는 4인실이 아니므로 103호는 4인실이다. 또한, 〈조건〉 ㉠에 따라 6인실인 107호의 바로 옆에 이웃한 106호와 108호는 6인실이 될 수 없으므로 106호와 108호는 2인실 또는 4인실이다. 이때, 108호와 유일하게 이웃한 107호는 6인실이므로 〈조건〉 ㉢에 따라 108호는 4인실이다.

(3) 〈조건〉 ㉠에 따라 4인실인 103호의 바로 옆에 이웃한 104호는 4인실이 될 수 없으므로 104호는 2인실 또는 6인실이다.
또한, 105호가 2인실이라면 〈조건〉 ㉠과 ㉢에 따라 바로 옆에 이웃한 방인 106호는 4인실이어야 하고, 106호가 2인실이라면 107호는 6인실이므로 〈조건〉 ㉠과 ㉢에 따라 바로 옆에 이웃한 다른 방인 105호는 4인실이어야 한다.

(4) 이상의 내용을 정리하면 아래의 표와 같다.

101호 (6인실)	102호 (2인실)	103호(4인실)	104호 (2인실/ 6인실)
통로			
105호 (2인실/ 4인실)	106호 (4인실/ 2인실)	107호 (6인실)	108호 (4인실)

① (×) 104호는 ~~6인실이다.~~
→ 104호는 2인실 또는 6인실이다.

② (×) 105호는 ~~4인실이다.~~
→ 105호는 2인실 또는 4인실이다.

③ (×) 106호는 ~~2인실이다.~~
→ 106호는 4인실 또는 2인실이다.

④ (○) 8개의 방 중에서 4인실은 3개이다.
→ 4인실은 103호, 108호, (105호 또는 106호)의 3개이다.

⑤ (×) 8개의 방 중에서 2인실은 ~~3개이다.~~
→ 104호가 2인실일 경우 2인실은 102호, 104호, (105호 또는 106호)의 3개이다.
그러나 104호가 6인실일 경우 2인실은 102호, (105호 또는 106호)의 2개이다.

합격자의 시간단축 Tip

Tip ❶ 확정적인 정보부터 순차적으로 채워간다.
해설과 같이 101호~108호의 정보를 채워 나가는 것이 정석 풀이 방법이다.
이때 확정되지 않은 정보의 표현 방식을 고민해볼 필요가 있다.
예를 들어 104호의 경우 2인실 혹은 6인실인데, 2와 6을 모두 써 놓을 것인지, 2 or 6이라고 써 놓을 것인지 4X라고 써 놓을 것인지 등이다.
모두 같은 의미지만 시험장에서는 본인에게 가장 직관적으로 다가오는 표현을 사용해야 한다. 그러므로 가장 직관적으로 다가오는 표현을 미리 고민해봐야 한다.

Tip ❷ '반드시 참인 것'을 묻는 문제의 경우 100% 확실한 하나의 답이 도출될 수도 있지만, 가능한 경우의 수가 여러 개인데 그 중 공통점을 찾도록 할 수도 있다. 본 문제는 후자에 속한다. 이런 문제에서 만약 선지의 내용 중 일부가 지문과 상충된다면, 해당 선지는 절대 '반드시 참인 것'이 될 수 없다. 따라서 선지와 상충되지 않는 경우의 수를 찾아내려 할 필요 없이 관련 선지를 지워주면 된다.
이는 Tip ❶에서 '확정되지 않은 정보'와 동일한 내용이다. 예를 들어, 105호의 경우 2인실 또는 4인실이므로 선지 ②는 참일 수 있으나 '반드시 참'은 아니기에 정답이 아니다. 이때 105호의 크기가 확정되지 않는다는 사실로부터 바로 선지를 지울 수 있는 것이며, (105호, 106호)=(2인실, 4인실), (4인실, 2인실)과 같이 모든 경우의 수를 구해야 하는 것은 아니다.

Tip ❸ 설문의 경우, 어떤 방에 경우의 수가 2가지 존재하면서 다른 방의 경우의 수에 따라 방의 크기가 결정되는 형태이다. 하나를 결정하는 데 다른 하나가 영향을 주는 패턴의 경우 헷갈리거나 난이도가 상승할 수 있으므로, 해설을 보고도 이해가 가지 않는다면 패스해도 좋다. 다만 이러한 패턴은 겉으로는 잘 드러나지 않으니, 만약 본인이 문제에 진입했는데 헤맸다면 어느 지점에서 도망가야 하는지를 고민해 보자.

399 정답 ①

난이도 ●●○

달력에 반납과 대여일을 표시하면 다음과 같다.

토	일	월	화	수	목	금
9.17	9.18	9.19	9.20	9.21	9.22	9.23
1편 대여	휴관일	1편 반납 2~3편 대여		2~3편 반납 4~6편 대여		
9.24	9.25	9.26	9.27	9.28	9.29	9.30
	휴관일	4~6편 반납 7~10편 대여				
10.1	10.2	10.3	10.4	10.5	10.6	10.7
	휴관일	7~10편 반납				

甲이 마지막 편을 도서관에 반납하는 날짜는 10월 3일이며 이는 월요일이다.

합격자의 시간단축 Tip

Tip ① 반납할 요일 계산이 어렵다면 주어진 예시를 활용하는 방안도 있다. 주어진 예시에서 3월 1일(월)에 1편을 빌렸다면 3월 2일(화)에 1편을 반납하고 그날 2, 3편을 빌려 3월 4일(목)에 반납한다고 제시되어 있다. 이를 활용해보면, 甲이 토요일부터 책을 대여하기 시작했으므로 제시된 요일을 모두 5일씩 뒤로 미루어 적용하면 된다.

3월 1일(월)을 (토)로 치환하고, 3월 2일(화)는 (일)이 되나, 다음의 반납가능일인 (월)로 치환한다. 3월 4일(목)은 2권 대여 시 '일요일' 조건에 의해 1일이 더 미루어 졌으므로, 6일을 미루어 (수)로 치환된다. 이런 식으로 예시를 주어진 상황으로 치환해 적어가면서 따라가면 요일 계산이 한결 수월하다.

Tip ② 주의해야 할 점은 지문의 가장 마지막 문단이다. 일요일이 대여 일수에 포함되지 않는 경우는 '일요일에 반납과 대여를 할 경우'에 한한다. 대여기간 중간에 일요일이 포함되는 경우는 예외에 해당되지 않는다. 따라서 요일 계산 문제임에도 불구하고 일요일을 제외하고 주 6일로 계산하거나, 전체 대여일수를 계산하여 포함되는 일요일의 수를 빼는 등의 방법은 본 문제에 적용하기 어렵다. 따라서 책을 빌릴 때마다 반납, 대여일이 일요일에 해당되는지 각각 계산해야 한다. 해당 문제의 경우 도서관 방문일이 많지 않기 때문에 문제 해결에 긴 시간이 걸리지는 않을 것이다.

Tip ③ 요일 계산 문제에도 여러 가지 유형이 있는데, 설문의 경우 날짜를 계산하지 않아도 되어 요일 계산 문제 중에서는 난이도가 낮은 편에 속한다. 특히 휴관일이 공휴일이나 특별한 날짜 없이 일요일에만 적용되기 때문에 문제의 난이도는 더 하락한다. 요일 계산 문제 중에서는 가장 쉬운 축에 속한다고 할 수 있다.

400 정답 ⑤

난이도 ●○○

주어진 상황을 정리하면 다음과 같다.

	총 금액	소유권 취득시점	수리비 부담
A은행	1,120만 원	즉시	X
B은행	1,200만 원	1년 후	O
C은행	1,080만 원	1년 후	O

ㄱ. (O) 자동차 소유권을 얻기까지 은행에 내야 하는 총 금액은 A은행의 경우가 가장 적다.
➜ B은행의 경우 1년 후 은행에 1,200만 원을 상환하는 시점에 소유권을 얻게 되므로, 소유권을 얻기까지 은행에 내야 하는 총 금액은 1,200만 원이다. C은행의 경우 1년 동안 임대료를 낸 후 소유권을 얻게 되므로, 소유권을 얻기까지 은행에 내야 하는 총 금액은 1,080만 원이다.
반면 A은행의 경우 소유권을 취득한 뒤 은행에 상환하는 방식이다. 따라서 소유권을 얻기까지 은행에 내야 하는 금액은 A은행이 0원으로 가장 적다.

ㄴ. (X) 1년 내에 사고가 발생해 50만 원의 수리비가 소요될 것으로 예상된다면 총비용 측면에서 ~~A은행보다 B, C은행을 선택하는 것이 유리하다.~~
➜ 수리비를 포함한 총 금액은 A은행의 경우 1,170만 원이다.
그러나 B은행은 1,200만 원, C은행은 1,080만 원이므로 C은행을 선택하는 것이 유리하다.
따라서 B은행이 포함된 선지는 틀린 설명이다.

ㄷ. (O) 최대한 빨리 자동차 소유권을 얻고 싶다면 A은행을 선택하는 것이 가장 유리하다.
➜ 은행 B, C는 1년 후에 소유권을 획득하게 된다. 따라서 소유권을 빨리 얻고 싶다면 A은행을 선택해야 한다.

ㄹ. (O) 사고 여부와 관계없이 자동차 소유권 취득 시까지의 총비용 측면에서 B은행보다 C은행을 선택하는 것이 유리하다.
➜ B은행보다 C은행의 총 비용이 저렴하므로, C은행을 선택하는 것이 유리하다.

합격자의 시간단축 Tip

Tip ① 항상 강조하지만 쉬운 문제는 실수하지 않는 것이 가장 중요하다. 특히 〈보기 ㄱ〉의 경우 소유권을 얻기까지의 금액과 총 금액을 구분하여 판단하여야 한다.

(1) A은행의 경우 소유권을 취득하기 전까지는 甲은 비용을 지불하지는 않으나, 소유권 취득일 이후에는 1년 동안 이자와 자동차 구입금액을 상환해야 한다. 따라서 소유권을 얻기까지 은행에 내야 하는 금액은 0원이나, 은행에 상환하는 총 금액은 1,120만 원이다. 또한 총 금액을 계산할 때 1년 동안의 금액을 12가 아니라 10을 곱해서 도출하지 않도록 주의한다.

(2) 실수를 최소화하기 위해서는 각 은행의 조건들을 공통점과 차이점을 중심으로 기억해둘 필요가 있다. 크게 ① 소유권 취득 시기, ② 수리비 언급 여부, ③ 상환 시기 등에 대해 각기 다른 조건들을 내세우고 있으므로, 선지 역시 이러한 부분들을 위주로 나올 가능성이 높다.

Tip ❷ 조건이나 지문의 내용이 길 때, 〈보기〉나 선택지를 먼저 보고 필요한 정보를 조건이나 지문에서 찾는 것이 시간을 단축시켜 줄 수 있다.

필자는 이 문제를 풀 때, 〈보기 ㄱ〉을 먼저 보고 A~C은행 각각에 따른 자동차의 소유권 취득시점을 지문에서 파악하였다. 그 후, 〈보기 ㄴ〉을 보았으나, 계산이 복잡해보여 바로 〈보기 ㄷ〉을 확인하였고, 〈보기 ㄱ〉과 〈보기 ㄷ〉의 내용이 사실상 동일하여 보다 빠르게 해결할 수 있었다. 특히 이 문제는 〈보기 ㄱ〉과 〈보기 ㄷ〉이 옳다는 것을 찾으면 바로 ⑤번이 정답임을 찾을 수 있다.

401 정답 ❷

난이도 ●●○

ㄱ. (O) A와 C는 5월 27일에 함께 약국에 방문하여 각자의 공적마스크를 구매하였다.

➜ 27을 5로 나눈 나머지는 2이므로, 태어난 년도 끝자리 수가 2 또는 7인 사람은 구매할 수 없다. A가 태어난 년도의 끝자리 수는 3, C는 1이므로 둘 다 구매가 가능하다.

ㄴ. (O) B는 7월 31일에 혼자 약국에 들러 공적마스크를 구매하였다.

➜ 공적마스크 5부제는 31일에는 시행되지 않는다. 따라서 B는 7월 31일에 공적마스크를 구매할 수 있다.

ㄷ. (×) C는 2월 13일에 D의 공적마스크를 ~~대리구매 하였다.~~

➜ 13을 5로 나눈 나머지는 3이므로, 태어난 년도 끝자리 수가 3 또는 8인 사람은 구매할 수 없다. D가 태어난 년도의 끝자리 수는 8이므로 D의 공적마스크를 구매할 수 없다.

또한, 부모는 자녀의 공적마스크를 대리구매 할 수 있으나 C는 D의 부모가 아니므로 D의 공적마스크를 대리구매 할 수 없다.

ㄹ. (×) 5부제로 인해 D의 공적마스크를 구매하지 못하는 날에는 ~~A가 공적마스크를 구매하여 이용하였다.~~

➜ 날짜를 5로 나눈 나머지가 3인 날에는 태어난 년도 끝자리 수가 3 또는 8인 사람이 공적마스크를 구매할 수 없다. 따라서 태어난 년도의 끝자리 수가 8인 D와 3인 A 모두 공적마스크 구매가 불가능하다.

ㅁ. (O) 어느 날 B가 자신의 공적마스크를 구매하면서 C의 공적마스크도 대리구매 하였다.

➜ B는 C의 부모이므로 C의 공적마스크를 대리구매 할 수 있다. 또한 B가 태어난 년도의 끝자리 수는 6이고 C가 태어난 년도의 끝자리 수는 1이므로 날짜를 5로 나눈 나머지가 1인 날에는 B와 C의 공적마스크를 구매할 수 없다. 따라서 날짜를 5로 나눈 나머지가 1인 날을 제외한 다른 날에는 B가 자신의 공적마스크를 구매하면서 C의 공적마스크도 대리구매 할 수 있다.

합격자의 시간단축 Tip

Tip ❶ 숨겨진 규칙성을 찾으면 문제를 보다 간단하게 정리할 수 있다.

〈공적마스크 5부제 적용 규칙〉을 적용하다 보면 날짜를 5로 나눈 나머지가 a인 날에 구매할 수 없는 사람은 태어난 년도를 5로 나눈 나머지가 a인 사람이라는 것을 알 수 있다.

예를 들어 날짜를 5로 나눈 나머지가 1인 날에는 태어난 년도 끝자리 수가 1 또는 6인 사람은 구매할 수 없는데, 해당 연도들은 결국 5로 나눈 나머지가 1인 경우를 가리킨다.

Tip ❷ 굳이 보기를 순서대로 확인하지 않아도 좋다.

(1) 가장 강력한 규칙(조건)들부터 확인하는 것이 좋다. 해당 문제에서 주어진 마지막 규칙에 따르면 5부제는 31일에 시행되지 않는다. 즉, 31일에는 마스크를 구매할 수 없는 사람이 별도로 존재하지 않는다는 것을 의미한다. 이는 아주 강력한 조건으로, 31일에 자신의 마스크를 구매한다는 보기가 있다면 이는 구매자가 누구인지를 막론하고 항상 옳은 선지가 된다.

보기 ㄴ에서 B는 7월 31일에 공적마스크를 구매했으며, 해당 선지는 항상 옳다. 따라서 선지 ①과 ⑤를 소거한다.

(2) 남은 선지는 ②, ③, ⑤로, 모든 선지에 ㄹ이 포함되어 있으므로 보기 ㄷ 또는 보기 ㅁ을 확인해야 한다. 보기 ㄷ에서 C는 D의 공적마스크를 대리구매하였는데, C와 D는 모두 자녀이다. 공적마스크 5

부제 적용 규칙에 따르면 부모는 자녀의 공적마스크를 대리구매 할 수 있으며 그 외에는 대리구매에 대한 규칙이 별도로 존재하지 않으므로 ㄷ은 성립하지 않는다.
따라서 ㄷ은 옳지 않다.

(3) 이상의 내용만으로도 정답을 구할 수 있으나, 보다 정확한 풀이를 위해서는 보기 ㅁ가 옳은지 여부까지 확인해야 한다. B는 자녀 C의 공적마스크를 대리구매 할 수 있으며, 두 사람이 태어난 년도의 끝자리 수는 각각 6과 1로, 두 사람은 날짜를 5로 나눈 나머지가 1이 아닌 날에 마스크를 구매할 수 있다. 따라서 보기 ㅁ은 가능한 경우이므로, 결과적으로 선지 ②가 정답이다.

* 위 풀이는 가장 강력한 규칙인 '대리구매' 규칙과 '시행 기간' 규칙을 적용한 풀이법이다.
이 때 강력한 규칙이란, 여러가지를 고려하지 않아도 곧바로 적용이 가능하며 그 적용이 절대적인 규칙을 의미한다. 대부분의 이러한 규칙은 단서에 포함되어 있는 경우가 많기 때문에, 규칙이 주어지고 그에 따른 예외나 단서가 마지막에 달린 경우에는 그 부분부터 우선적으로 확인하도록 한다.
** 이 문제에서의 함정은 A, B, C, D의 생년월일을 모두 제시한 뒤 구매 조건에서는 '출생연도'만을 요구한다는 점이다. 혹여라도 출생연도가 아닌 출생일의 끝자리 수를 조건에 대입하는 실수를 범하지 않도록 주의하자.

Tip ❸ 실제로 시행되었던 마스크 5부제의 경우 문제와 달리 조건에 해당하는 경우 마스크를 구매할 수 '있다.' 이처럼 현실과는 다르게 문제의 조건을 구성하는 경우가 많으므로 본인이 기존에 알고 있는 내용과 다른 부분이 있다면 꼭 표시해 두도록 하자.

402 정답 ❶

난이도 ●●○

K씨는 매일 10시간 분량의 동영상을 편집할 수 있으므로, 고객사 A와 C의 동영상을 편집하기 위해서는 1일이, 고객사 B의 동영상을 편집하기 위해서는 2일이 소요된다. 이에 따라 세 고객사가 의뢰하는 날과 K씨가 편집하는 동영상의 고객사를 표로 정리하면 다음과 같다.

	1일차	2일차	3일차	4일차	5일차	6일차	7일차	8일차	9일차	10일차
의뢰	A, B, C			A	B	C	A		B	A
잔여	A, B, C	B, C	B, C	A, C	A, B	B, C	A, B, C	A, C	B, C	A, B
편집	A	B	B	C	A	B	B	A	C	B

ㄱ. (O) K씨는 첫 번째 의뢰를 받은 날부터 5일째 되는 날에 고객사 A의 두 번째 동영상을 편집한다.
➜ 5일차에는 남아 있는 고객사 A, B의 동영상 중 제출 기한까지 남은 기간이 2일로 가장 짧은 고객사 A의 동영상을 편집한다. 이는 1일차에 이은 고객사 A의 두 번째 동영상이다.

ㄴ. (×) K씨는 첫 번째 의뢰를 받은 날부터 8일째 되는 날에 고객사 ~~C의 동영상을 편집한다.~~
➜ 8일차에는 남아 있는 고객사 A, C의 동영상 중 제출 기한까지 남은 기간이 2일로 가장 짧은 고객사 A의 동영상을 편집한다.

ㄷ. (×) K씨는 첫 번째 의뢰를 받은 날부터 60일째 되는 날, 그날까지 고객사 A, B, C에게 의뢰받은 모든 동영상의 편집을 ~~완료할 수 있다.~~
➜ K씨가 60일차까지 의뢰받은 동영상 수는 고객사 A, B, C가 각각 20개, 15개, 12개이다. K씨가 이들의 동영상을 편집하는 데 소요되는 일수는 고객사 A, B, C가 각각 20일, 30일, 12일로 총 62일이다. 따라서 K씨가 첫 번째 의뢰를 받은 날부터 60일째 되는 날에는 모든 동영상의 편집을 완료할 수 없다.

합격자의 시간단축 Tip

Tip ❶

(1) 〈보기 ㄷ〉의 경우 60일이 되는 날까지 의뢰받는 동영상과 해당 동영상이 번역되는 날을 구체적으로 세는 것은 너무 오랜 시간이 걸린다. 여기에서 파악해야 할 것은, 각 고객사의 동영상이 언제 번역되는지는 중요한 사실이 아니라는 점이다.

(2) 〈보기 ㄱ〉과 〈보기 ㄴ〉은 각각 며칠 차에 어떤 동영상을 편집하는지 묻고 있는 반면, 〈보기 ㄷ〉은 정해진 기간 내에 모든 동영상을 편집할 수 있는지 여부만 묻고 있기 때문이다.
따라서 정확히 어떠한 순서로 편집이 이루어졌는지를 파악하는 것은 중요하지 않으며, 단순히 해당 기간 내에 의뢰받은 동영상을 모두 편집할 수 있는 시간적 여유가 있는지 여부를 파악하면 그만이다.

* 〈보기 ㄷ〉에서 60일을 제시하고 있다는 점에서 문제 풀이의 힌트를 찾을 수 있다. 고객사 A, B, C의 제출 기한은 각각 3일, 4일, 5일이며 3, 4, 5의 최소공배수는 60이다. 즉, 해설지와 같이 표를 그려 문제를 푸는 방법을 활용해서 〈보기 ㄱ과 ㄴ〉을 해결할 수 있을지 몰라도 ㄷ의 경우에는 단순히 표를 그리는 것이 아니라 규칙성을 찾든, 원리를 파악하든 다른 방법을 찾아야만 한다. 이처럼 〈보기〉를 보고 적절한 풀이 방법을 정할 수 있어야 한다.

Tip ❷ 문제를 풀다 보면, K씨가 편집하는 동영상의 순서가 일정한 규칙성을 가진다는 것을 알 수 있다. 그러나 〈보기〉를 해결하기 위해 구체적인 규칙을 구하는 것은 매우 비효율적인 풀이이다. 〈보기 ㄱ과 ㄴ〉을 해결할 수 있는 8일차 까지의 편집 순서만 파악하면 되며, 〈보기 ㄷ〉의 경우 **Tip ❶** 의 풀이가 효율적인 방법이다. 만약 문제를 풀면서 8일차 이후의 경우까지도 구했다면, 문제의 의도를 다시 한번 생각해보자.

403 정답 ❶ 난이도 ●●○

① (○) 상업지역 35만 m^2에 레저시설을 설치하려는 개인사업자 甲

➜ 상업지역의 지역계수는 2이므로 甲에게 부과되는 생태계보전협력금은 35(만)×250×2=17,500만 원이다. 부과금액이 2억 원 이하일 경우 2회 분할납부가 가능하므로 1회 분할납부금은

$\frac{17,500}{2}$=8,750만 원이다.

② (×) 농림지역 20만 m^2에 골프장 사업을 추진 중인 건설회사 乙

➜ 농림지역의 지역계수는 4이므로 乙에게 부과되는 생태계보전협력금은 20×250×4=20,000만 원이다. 부과금액이 2억 원 이하일 경우 2회 분할납부가 가능하므로 1회 분할납부금은

$\frac{20,000}{2}$=10,000만 원이다.

③ (×) 녹지지역 30만m^2에 관광단지를 조성하려는 공공기관 丙

➜ 녹지지역의 지역계수는 3이므로 甲에게 부과되는 생태계보전협력금은 30(만)×250×3=22,500만 원이다. 부과금액이 2억 원을 초과하지만 丙은 공공기관이므로 2회 분할납부만 가능하다. 따라서 1회 분할납부금은 $\frac{22,500}{2}$=11,250만 원이다.

④ (×) 주거지역 20만m^2와 녹지지역 20만m^2를 개발하여 새로운 복합주거상업지구를 조성하려는 지방자치단체 丁

➜ 주거지역의 지역계수는 1, 녹지지역의 지역계수는 3이므로 甲에게 부과되는 생태계보전협력금은 20(만)×250×1+20(만)×250×3=20,000(만 원)이다.

부과금액이 2억 원 이하일 경우 2회 분할납부가 가능하므로 1회 분할납부금은 $\frac{20,000}{2}$=10,000만 원이다.

⑤ (×) 주거지역 25만m^2와 자연환경보전지역 25만m^2를 묶어 염전체험박물관을 건립하려는 개인사업자 戊

➜ 주거지역의 지역계수는 1, 자연환경보전지역의 지역계수는 5이므로 甲에게 부과되는 생태계보전협력금은 25(만)×250×1+25(만)×250×5=37,500만 원이다.

부과금액이 2억 원을 초과하는 경우 3회 분할납부가 가능하다.

따라서 1회 분할납부금은 $\frac{37,500}{3}$=12,500만 원이다.

합격자의 시간단축 Tip

Tip ❶ 해설과 달리, 면적에 지역계수만 곱해서 비교하여도 문제를 풀 수 있다.

(1) 가장 적은 분할납부금액을 내는 사업이 무엇인지만 구하면 되는 문제이므로, 전체 사업에 공통적으로 적용되는 단위면적당 부과금액인 250원을 곱하는 복잡한 계산을 생략하고 정답을 구할 수 있다.

(2) 문제는 납부횟수가 2회인지 3회인지를 파악하기 위해서는 2억 이하인지 초과인지에 대한 판단이 필요하다. 따라서 약간의 숫자 센스가 필요한데, 다음 2가지를 알면 좀 더 쉽게 접근이 가능하다.

- 250원=1/4×1000원
- 1억 원=10만×1000원

단위면적 부과금액이 250원이다. 이를 (1/4×1000)원으로 볼 때, 총 금액이 2억 원이 되기 위해서는 (훼손면적)×(지역계수)= 4×2×10(만) =80(만)이 되어야 한다. 따라서 '80(만)'이 기준이 된다.

(3) 보기를 예시로 들어 1회분 분할납부금을 계산하면 다음과 같다.

① 35×2=70 이므로, 2억 이하이다. 따라서 70/2 =35

② 20×4=80 이므로, 2억 이하이다. 따라서 80/2 =40

③ 30×3=90 이므로, 2억 초과이다. 다만 공공기관이므로 90/2=45이다.

④ (20×1)+(20×3)=80 이므로, 2억 이하이다. 따라서 80/2 =40이다.

⑤ (25×1)+(25×5)=150 이므로, 2억 초과이다. 따라서 150/3=50이다.

Tip ❷ 구하고자 하는 질문이 '1회분 분할납부금액'이다. 이 점에 유의해 '분할납부'부분에 포커스를 두고 읽을 필요가 있다. 또한, 분할 납부 단서 중에서 국가, 지방자치단체 및 공공기관의 분할 납부 횟수는 2회 이하로 한다는 점에 유의하도록 한다. 이런 경우 오지선다로 내려가 미리 국가, 지방자치단체 및 공공기관의 경우 크게 동그라미를 치는 등 표기를 해 두면 실수할 확률이 적다.

Tip ❸

(1) 이 문제는 금액이 가장 적은 사람을 고르는 문제이기 때문에 지역계수가 높은 농림지역이나 자연환경보전지역이 포함된 곳을 선지에서 배제하는 전략을 사용하고 싶을 것이다. 그러나 설문의 경우 선지 ⑤번과 같이 두 지역이 혼재된 선지도 있으며, 물어보는 것이 총액이 아닌 1회분 분할납부금액이기 때문에 함부로 단정하긴 힘들다.(결과적으로 정답은 지역계수가 낮은 선지 ① 번이지만) 따라서 이 경우에는 5가지 선지의 값을 전부 도출할 필요가 있다.
(2) 다만 지문의 가장 마지막 문장에 따르면 국가, 지방자치단체 및 공공기관은 최대 2분할까지 가능하므로 최대 3분할까지 가능한 민간의 1회분 분할납부금액이 상대적으로 적을 것임을 생각할 수 있다. 문제에서는 풀이에 적극적으로 사용되지 않은 방법이나, 그래도 이와 같은 '단서' 부분은 항상 주의하여 읽도록 하자.

404 정답 ④ 난이도 ●●○

ㄱ. (○) 상추에 살포되는 농약들은 사과나 포도에 살포되는 농약들보다 초기 잔류량은 많지만, 농약 잔류량이 절반이 되기까지의 시간은 짧다.
➜ 상추에 살포되는 농약들 중 살포 직후의 잔류량이 가장 적은 농약은 B로 6.63이다.
사과나 포도에 살포되는 농약들 중 살포 직후의 잔류량이 가장 많은 농약은 F로 1.48이다. 따라서 상추에 살포되는 농약들이 사과나 포도에 살포되는 농약들보다 초기 잔류량이 더 많다.
한편, 상추에 살포되는 농약들 중 농약 잔류량이 절반이 되기까지의 시간, 즉 반감기가 가장 긴 것은 A로 2.8일이다. 사과나 포도에 살포되는 농약들 중 반감기가 가장 짧은 것은 C로 2.9일이다. 따라서 상추에 살포되는 농약들이 사과나 포도에 살포되는 농약들보다 반감기가 더 짧다.

ㄴ. (○) 상추에 B를 살포하고 2일 후에 한 번 더 B를 살포한 경우, 그로부터 2일이 지났다면 수확할 수 있다.
➜ 상추에 B를 처음 살포하고 2일이 지나게 되면 현재 3.315만큼이 잔류해 있다.
이때, B를 한 번 더 살포한다면 잔류량은 6.63+3.315=9.945이다. 여기서 2일이 또 지나게 되면 잔류량은 9.945의 절반인 4.9725이므로 허용기준인 5 미만이다.
따라서 상추를 수확할 수 있다.

ㄷ. (×) 상추에는 A를, 사과에는 D를 ~~동시에 살포했다면~~, 사과보다 상추를 더 일찍 수확할 수 있다.
➜ 상추에 A를 살포했다면 54.19−27.095(1반감기)−13.5475(2반감기)−6.77375(3반감기)−3.386875(4반감기) 순으로 잔류량이 줄어든다. 따라서 잔류 허용기준인 5미만으로 떨어지는 시점은 3반감기와 4반감기 사이이다. 즉, 8.4일~11.2일 사이에 수확한다.
반면, 사과에 D를 살포했다면 0.97−0.485(1반감기) 순으로 잔류량이 줄어든다. 따라서 잔류 허용기준인 0.5 미만으로 떨어지는 시점은 1반감기 이전이다. 따라서 8.4일 이전에 수확한다.
정리하면 사과는 8.4일 이전에, 상추는 8.4일 이후에 수확하므로 사과를 상추보다 더 일찍 수확한다.

ㄹ. (○) 포도는 농약 살포 직후에 수확하더라도 농약 잔류량이 허용기준을 초과할 가능성은 없다.
➜ 포도는 각 농약들의 농약 살포 직후의 잔류량이 각 농약의 잔류 허용기준 미만이다. 농약 살포량과 그 외 조건이 일정하다는 각주의 설명을 보았을 때, 특별히 고려할 만한 다른 요소가 없으므로 옳은 선지이다.

합격자의 시간단축 Tip

Tip ❶

(1) 〈보기 ㄴ〉을 해결할 때, 구체적인 잔류량 수치를 구하기보다는 잔류허용기준을 통해 '확인'만 하고 넘어가는 것이 좋다. 상추의 반감기가 2일이므로 2일이 지난 후에 수확할 수 있다면 2일 전에는 잔류허용기준의 2배 미만의 농약이 잔류해 있어야 한다. 즉, 2일 전의 잔류량이 10 미만이어야 한다는 뜻이다. 따라서 6.63+3.315를 계산하여 그 이후에 추가적인 계산을 하는 것 보다는, 6.63+3.315가 10 미만인 것만 확인하고 옳다고 체크하면 된다.
(2) 〈보기 ㄷ〉을 해결할 때, A와 D를 비교하게 되는데, 각각의 반감기인 2.8일과 8.4의 관계(2.8×3=8.4)가 눈에 보인다면 문제를 빠르게 해결할 수 있다.

D는 반감기가 8.4이고 현재 0.97이 잔류해 있으므로 반감기 이전에 0.5미만으로 내려가게 된다. 즉, 8.4일 이전에 수확이 가능하다는 말이다. 그렇다면 A가 반감기를 3번 거치고 난 후에는 어떠한지를 살펴보면 된다. A가 반감기를 3번 거쳤을 때의 잔류량은 54.19를 8로 나누어 구할 수 있다. 그 값은 6.xxx이다. 이 값은 잔류허용기준인 5보다 크므로 8.4일 이전에 수확할 수 없다. 따라서 A를 뿌린 상추의 수확이 D를 뿌린 사과보다 더 느리다.

Tip ❷ 〈보기〉를 순서대로 볼 필요 없이 복잡한 계산이 덜한 순으로 확인하면 된다.
가령 〈보기 ㄱ〉이나 〈보기 ㄹ〉의 경우 잔류량을 구체적으로 계산하지 않아도 직관적으로 문제를 해결할 수 있다. 다음은 ㄴ과 ㄷ인데 〈보기 ㄷ〉의 경우 상추에 A, 사과에 D로 비교를 해야 하는 반면, 〈보기 ㄴ〉의 경우 B를 살포하고 2일 후에 한 번 더 B를 살포한 경우이므로 B 하나만 비교하면 된다. 이에 〈보기 ㄴ〉을 선택했다.
물론 위의 방법들처럼 ㄷ이 해결하기 더 편하다면 ㄷ을 먼저 해결해도 상관없다. 언제까지나 **Tip**일 뿐이며 여러가지 시행착오, 문제풀이를 통해 자신의 가장 편한 접근법이 무엇인지를 알아가는 것이 더 중요하다.

405 정답 ❺ 난이도 ●●○

〈조건〉 다섯 번째에 따라 D는 인디언핑크 색상의 식기세척기를 구매하였고 사은품으로 에어프라이어를 선택하였다. 또한, 〈조건〉 여섯 번째와 열 번째에 따라 E는 블랙 색상의 식기세척기를 구매하였고 사은품으로 청소기를 선택하였다.
이때, 〈조건〉을 바탕으로 각 구매자가 구매한 식기세척기의 색상과 선택한 사은품을 표로 정리하면 다음과 같다. (단, X 표시된 칸은 해당 색상의 식기세척기와 사은품을 선택할 수 없음을 의미한다.)

색상 \ 사은품	커피머신	청소기	안마기	에어프라이어	그릇세트
화이트		X		X	X
블랙	X	E	X	X	X
메탈		X		X	
인디언핑크	X	X	X	D	X
스카이블루		X	X	X	

① (×) A는 ~~화이트 색상~~의 식기세척기를 구매하였다.
→ 〈조건〉 일곱 번째에 따라 A는 메탈 색상의 식기세척기를 구입하지 않았다. 따라서 A는 화이트 색상 또는 스카이블루 색상의 식기세척기를 구매하였다.

② (×) 메탈 색상의 식기세척기를 구매한 사람은 사은품으로 ~~안마기를 선택하지 않았다.~~
→ 메탈 색상의 식기세척기를 구매한 사람은 사은품으로 커피머신, 안마기, 그릇세트 중 하나를 선택했다.

③ (×) 스카이블루 색상의 식기세척기를 구매한 사람이 사은품으로 그릇세트를 선택하면 블랙 색상의 식기세척기를 구매한 사람은 사은품으로 ~~커피머신을 선택한다.~~
→ 블랙 색상의 식기세척기를 구매한 E는 사은품으로 청소기를 선택했다.

④ (×) E가 사은품으로 청소기를 선택하면 C는 사은품으로 ~~커피머신을 선택한다.~~
→ 블랙 색상의 식기세척기를 구매한 E는 사은품으로 청소기를 선택했다. 이때, C는 사은품으로 커피머신, 안마기, 그릇세트 중 하나를 선택했다.

⑤ (O) 화이트 색상의 식기세척기를 구매한 사람이 사은품으로 커피머신을 선택하면 스카이블루 색상의 식기세척기를 구매한 사람은 사은품으로 그릇세트를 선택한다.
→ 〈조건〉 아홉 번째에 따라 스카이블루 색상의 식기세척기를 구매한 사람은 사은품으로 안마기를 선택하지 않았다. 따라서 화이트 색상의 식기세척기를 구매한 사람이 사은품으로 커피머신을 선택하면, 스카이블루 색상의 식기세척기를 구매한 사람이 사은품으로 선택할 수 있는 것은 그릇세트 뿐이다.

합격자의 시간단축 Tip

실제 시험장에서 이 문제를 만났다면 우월전략은 넘기는 것이라고 판단된다. 또한 평소 자신만의 기준을 마련해두는 것이 좋다. 예를 들어 지문의 〈조건〉이 7개 이상이라면 일단 넘어가고, 시간이 남는 경우 돌아오는 등이다.
그러나 연습을 위해 이 문제를 푼다면 우선 최대한 간단한 표를 작성하여 빠르게 답에 대한 힌트를 찾는 연습을 해 두는 것이 좋다. 이보다 간단하지만 같은 유형의 문제가 나온다면 확실하게 풀어서 점수를 얻을 수 있어야 하기 때문이다.

406 정답 ❷ 난이도 ●●○

ㄱ. (O) A를 구하는 계산식의 분모는 20이다.
→ 무승부는 존재하지 않으므로 최종 우승한 팀은 1차전에서 승리하거나 패배한다.
즉, A의 분모는 20년간 치러진 결승전의 횟수이다.

ㄴ. (×) A와 B 모두 ~~50보다 작을 수는 없다.~~

➜ (반례) 20년간 모든 우승팀이 1차전에서 패배했다면, A= B=0이다.

ㄷ. (×) A > B가 될 수는 ~~없다.~~

➜ (반례) 20년간 모든 우승팀이 1차전에서 승리하고 2차전에서 패배했다면 A=100, B=0이 되므로 A > B이 된다.

ㄹ. (○) △△일보 기사에 따르면, 1·2차전을 모두 패배한 팀의 우승확률은 (100－B)% 이다.

➜ B의 계산식에서 '1·2차전을 모두 승리한 팀의 우승 횟수'와 '1·2차전을 모두 패배한 팀의 우승 횟수'가 분모이므로, 1·2차전을 모두 패배한 팀이 우승하는 사건은 1·2차전을 모두 승리한 팀이 우승하는 사건의 여사건이다. 따라서 두 사건이 일어날 확률을 더하면 1이 되어야 하므로 1·2차전을 모두 패배한 팀의 우승 확률은 (100－B)%이다.

합격자의 시간단축 Tip

Tip ❶

(1) 확률 문제가 나오는 경우 주어진 사건과, 그 사건의 여사건이 무엇인지 파악할 수 있어야 한다. 반례를 들 때는 한쪽에 값을 몰아주는 예시를 드는 등, 극단적인 값(최소, 최대값)을 생각해보는 것이 좋다. 특히 확률 문제의 경우 범위가 0부터 1까지로 정해져 있다는 점을 염두에 두고 있어야 한다.

(2) A의 분자와 B의 분모, 분자값은 모두 독립사건이다. 즉, 서로에게 영향을 주지 않는 숫자들이다. 따라서 A와 B 모두 0~100까지 모두 가능하며, A가 B보다 항상 작거나 반대로 B가 A보다 항상 작을 것이라는 추론 자체가 성립하지 않는다.

Tip ❷ 이 문제는 야구, 농구, 배구 등의 플레이오프 경기에서 지문과 같은 기사를 자주 접한 사람의 경우 배경지식을 바탕으로 문제를 보다 빠르게 이해할 수 있는 문제다. 하지만 그렇지 않더라도 주제가 스포츠라서 어렵거나 부담을 느끼지 않는 것이 중요하다.
문제를 풀 때 용어가 이해가 되지 않을 경우 보기에서 힌트를 얻는 것도 방법이다. 〈보기 ㄴ〉의 경우 '작을 수는 없다'라고 되어 있으므로 작을 수 있는지 숫자를 대입하여 확인하거나, 〈보기 ㄷ〉의 경우 '될 수는 없다'라고 되어 있으므로 될 수 있는지 확인한다면 문제 해결의 아이디어를 얻을 수 있다.

* 반례를 설정하는 것에 어려움을 느끼고 있는 수험생에게 좋은 연습이 될 문제다.
만약 〈보기 ㄴ〉이나 〈보기 ㄷ〉의 반례를 구하는 과정에서 해설과 같이 극단적인 값이 아니라, 〈보기 ㄱ〉을 활용하여 숫자를 하나씩 바꿔보는 방식으로 반례를 구하게 되면 큰 혼란에 빠질 수 있다.
선지 풀이 시 어떤 문제에서는 앞선 보기를 활용해야 하고, 어떤 경우에는 활용하는 것이 오히려 혼란을 일으킬 때가 있어 구별에 어려움이 있을 수 있다. <u>그러나 반례를 구하는 경우에는 극단적인 값을 대입한다는 원칙이 가장 우선시되어야 한다.</u>

407 정답 ① 난이도 ●●○

(1) 학생들은 모두 하나씩만 정확하게 맞혔으므로, 다른 하나는 틀린 진술이 된다. 이를 활용하여 특정 진술이 참이라고 가정하고 다른 진술들에 모순이 발생하는지를 판단한다. 이를 통해 가정이 참인지 거짓인지를 활용해서 문제를 해결할 수 있다.

(2) 참이라고 가정할 대상을 선택할 때는 공통된 진술이 있는 대상을 선택하는 것이 좋다.
길원, 수연의 'A＝육각형'이라는 진술을 참이라고 가정하자. 그렇다면 B는 삼각형이 아니고 E는 사각형이 아니다. 이때, 종형의 진술 중 'E＝사각형'이 있으므로, 가정에 따르면 이는 틀렸고, 'B＝오각형'이 참이 된다.

(3) 이에 따라 미석의 D＝오각형 진술은 거짓이 되고, 'C＝원'이 참이 된다.
'C＝원'이라면 지영의 'C＝삼각형' 진술은 틀렸고, 'D＝사각형'이 참인 진술이 된다.
여기까지 'A＝육각형', 'B＝오각형', 'C＝원', 'D＝사각형', 'E＝삼각형'이 도출되었는데 결론에 모순이 없다. 따라서 이를 기준으로 판단하면 된다. ①이 정답으로 도출된다.

합격자의 시간단축 Tip

Tip ❶

(1) 진술에 동그라미와 빗금을 통해서 확실하게 참인 것들을 표시하면서 풀면 간단하게 해결할 수 있다. 혹은 선지에 나와있는 조합을 대입해서 모순이 있는지 없는지를 판단하는 것도 괜찮은 풀이이다. 선지의 조합을 대입해서 모든 학생들이 한가지의 진술만 참이라고 도출되면 그 선지를 정답으로 판단할 수 있다.

(2) 길원의 진술에서 'E＝사각형'을 참이라고 가정하는 경우 'A＝육각형'은 틀린 진술이 되고, 그에 따라 수연의 진술에서 'B＝삼각형'은 옳은 진술이 된다.

따라서 지영의 'C=삼각형'은 틀린 진술이 되고 'D=사각형'이 옳은 진술이 된다. 이는 'E=사각형'이라고 한 가정에 모순된다. 따라서 'E=사각형'은 참이 아니다.

(3) 지영과 미석을 활용하는 방법도 있다. 두 사람 모두 C와 D에 대해서 이야기하고 있는데 각각을 다른 도형이라고 말하고 있으며, 두 사람 모두가 C에 대해 틀리게 얘기했다면 D는 둘 다 맞게 이야기한 것이 되어 모순이 생기므로 각각 둘 중 하나는 옳게 이야기한 게 된다. 이를 활용해 확인해보면 답이 하나 도출되며, 더 이상 확인해보지 않아도 모순이 발생하지 않음을 알 수 있다.

Tip ❷ 시각적인 접근이 가능하다. **Tip ❶**의 (3)처럼 지영과 미석을 활용한다.

(1) 지영 'C=삼각형', 미석 'D=오각형'이 옳은 진술인 경우

	삼각형	사각형	오각형	육각형	원
A	×	(1)×	×	(2)×	(2)○
B	×, (3) ○(모순)	(1)×	×		(2)×
C	○	×	×	×	×
D	×	×	○	×	×
E	×	(1)○	×		(2)×

① 종형의 B에 대한 진술은 거짓이므로, 'E=사각형'이 진실이다.

② 길원 'A=육각형'이 거짓이 된다. 그러면 (3) 수연 'B=삼각형'이 진실이 되어야 하는데 'C=삼각형'과 모순이 된다.

(2) 지영 'D=사각형', 미석 'C=원'이 옳은 진술인 경우

	삼각형	사각형	오각형	육각형	원
A	(2)×	×	(1)×	(2)○	×
B	(1)×	×	(1)○	(1)×	×
C	×	×	×	×	○
D	×	○	×	×	×
E	(2)○	×	(1)×	(2)×	×

① 종형의 E에 대한 진술은 거짓이므로, 'B=오각형'이 진실이다.

② 길원과 수원의 A=육각형이 진실이 된다.

* 다만 실전에서 이렇게 표를 각각 두 개씩 그릴 필요는 없다. 하나의 표만 그린 뒤 연하게 표기를 하고 확정된 것에만 진하게 표기를 하면 된다. 표를 사용할 수 있을 때 자주 사용하면 좋다. 시각적인 효과가 있을뿐만 아니라 검토할 때도 용이하다.

Tip ❸ 왜 'A=육각형'을 가장 먼저 가정하였는지에 대해 의문이 생길 수 있다. 이유는 다음과 같다. 'A=육각형'을 가정할 경우, 'A=육각형', 'B ≠ 삼각형', 'E ≠ 사각형'이 되므로 하나의 가정을 통해 세 가지 알파벳에 대해서 관여할 수 있게 되기 때문이다.
이 문제의 경우, 경우의 수가 적어서 다른 알파벳에 대해서 먼저 가정하더라도 빨리 모순점을 찾아서 문제를 해결할 수 있다. 그러나 경우의 수가 많아지거나 더 어려운 문제의 경우, 'A=육각형'의 가정처럼 다양한 알파벳에 대해서 관여할 수 있는 가정을 먼저 두는 것이 빠른 문제해결을 위해서 필요하다.

408 정답 ②

난이도 ●●●

편의상 기둥을 직사각형으로 나타내자. 이 경우, 직사각형의 각 변은 기둥의 각 면이며 기둥의 각 면과 맞닿은 칸은 해당 면을 칠한 사람과 그 색깔을 의미한다. 기둥의 임의의 한 면을 A가 칠한 면이라고 할 때, 조건 ㉢은 다음과 같이 나타낼 수 있다

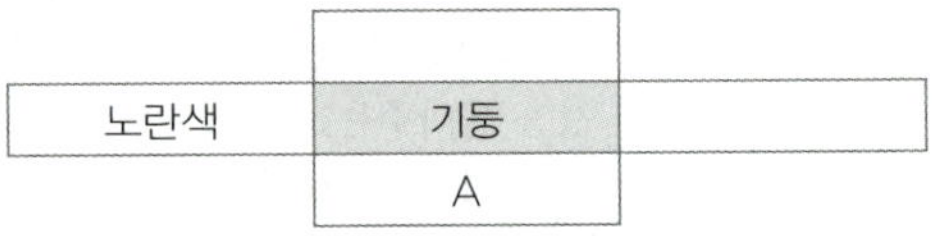

조건 ㉦에 따라 초록색을 칠한 사람과 파란색을 칠한 사람 중 한 명은 여자이고 다른 한 명은 남자이다. ㉠에 따라 빨간색, 노란색, 초록색, 파란색이 칠해졌으므로, 조건 ㉦을 반대로 해석하면 빨간색과 노란색을 칠한 사람 중 한 명은 여자이고 다른 한 명은 남자라는 뜻이다.
㉤에 따라 C의 반대쪽 면에는 빨간색이 칠해지므로 A의 오른쪽에는 C가 올 수 없다. 따라서 C는 A의 맞은편 또는 왼쪽에 위치하게 되는데, 각각의 경우를 나누어 생각해보면 다음과 같다.

(1) C가 A의 맞은편에 위치할 경우

① ㉤에 따라 A는 빨간색을 칠하며, ㉦의 반대해석에 따라 빨간색과 노란색을 칠한 사람 중 한 명은 남자여야 하므로 노란색을 칠한 사람은 남자여야 한다. 따라서 A의 왼쪽에는 남자인 D가 위치하게 된다. 자연스레 여자인 B는 A의 오른쪽에 위치하게 된다.

② 남은 조건들을 검토해보면, ㉣에서 B의 왼쪽에는 A가 위치하며 A는 빨간색을 칠했기 때문에 해당 조건에 모순되지 않는다. ㉥에서 D의 반대쪽에는 B가 위치하게 되는데, B가 초록색을 칠하지 않았다면 그는 파란색을 칠했을 것이다.

따라서 초록색은 C가 칠했을 것이며 이는 ㉦에 위배되지 않는다. 이를 그림으로 나타내면 다음과 같다.

	C, 초록색	
D, 노란색	기둥	B, 파란색
	A, 빨간색	

(2) C가 A의 왼쪽에 위치할 경우

① C가 A의 왼쪽에 위치한다면 C는 노란색을 칠했을 것이며, ㉤에 따라 A의 오른쪽 사람은 빨간색을 칠했을 것이다. 또한 ㉦의 반대해석에 따라 빨간색과 노란색을 칠한 사람 중 한 명은 여자여야 하므로 빨간색을 칠한 사람은 여자인 B다. 마지막으로 A의 맞은편에는 D가 위치하게 된다.

② 남은 조건들을 검토해보면, ㉣에서 B의 바로 왼쪽면을 칠한 사람은 파란색을 칠하지 않았으므로 A는 초록색을 칠하게 된다. 그러나 ㉥에 따르면 D의 맞은편에 있는 사람은 초록색을 칠하지 않았어야 하므로 해당 조건에 모순된다. 따라서 C는 A의 왼쪽에 위치할 수 없다.

① (×) A는 ~~초록색을 칠했다.~~
➜ A는 빨간색을 칠했다.

② (○) B는 파란색을 칠했다.
➜ B는 파란색을 칠했다.

③ (×) C는 ~~노란색을 칠했다.~~
➜ C는 초록색을 칠했다.

④ (×) D의 바로 왼쪽 면을 칠한 사람은 ~~B이다.~~
➜ D의 바로 왼쪽 면을 칠한 사람은 C이다.

⑤ (×) A의 바로 왼쪽 면을 칠한 사람은 ~~C이다.~~
➜ A의 바로 왼쪽 면을 칠한 사람은 D이다.

합격자의 시간단축 Tip

Tip ❶ 해설과 같은 순서로 문제를 풀 때, C가 A의 맞은편에 위치한 경우를 검토하고 답이 ②로 나왔다면, 다른 경우의 수는 고려하지 않고 곧바로 답을 체크하고 넘어가야 한다.

Tip ❷ 원형으로 인물 등을 배치해야 할 경우 기준을 하나 고정해야 한다. 이때, 기준은 ㉢이나 ㉤처럼 다른 조건에 비해 보다 많은 부분을 확정할 수 있는 조건을 활용하는 것이 유리하다.

＊이 문제에서 확실하게 정할 수 있는 것은 A의 위치를 임의로 정한 뒤 그 왼쪽이 노란색이라는 것뿐이다. 그러므로 이 다음 바로 여러 경우의 수를 고려해야 한다. 확실하게 정할 수 있는 정보들을 먼저 나열하고 정해 놓는 것이 중요하긴 하나, 이 문제처럼 확정적인 정보가 적은 문제도 있으므로 빠르게 경우의 수를 구분하는 단계로 넘어가는 것 역시 중요하다.

Tip ❸ 설문의 경우 도망가는 포인트를 찾자면 <보기> ㉣과 ㉥이다. 하나를 가정한 상태에서 또 하나를 가정해야 풀리는 구조이므로 시간이 많이 걸릴 수밖에 없으며, 가정해야 하는 조건이 많다는 것은 문제를 매우 귀찮게 만드는 요소이기 때문이다.

Tip ❹ 만약 도망가지 못하고 설문을 해결하기로 결심하였다면 다음과 같은 방법을 생각해 볼 수 있다. 해설에서는 C의 위치를 기준으로 문제를 풀어나갔지만 A가 칠한 면의 오른쪽 면을 칠한 사람이 C가 아니므로 그 사람이 B인지 D인지를 기준으로 문제를 풀어나갈 수도 있다.
이런 유형의 문제는 선지를 활용하는 방법도 좋을 수 있다. 예컨대 선지 ①이 정답이라면 A는 초록색을 칠했고, 이를 중심으로 조건을 대입하면 하나의 세트는 금방 도출된다.
물론 정답이 뒤쪽에 존재할 경우 시간이 많이 걸린다는 것은 단점이나, 시간이 넉넉하고 접근이 어려울 경우에는 최선의 선택이라고 할 수 있다.

409 정답 ①

난이도 ●●○

① (○) 피자 2개, 아이스크림 2개, 도넛 1개
➜ <오늘의 행사>에 의하여 아이스크림 한 개와 콜라 한 캔도 얻게 된다. 물건들의 총 가격은 10,000원으로 예산을 초과하지 않는다. 총 칼로리는 600×2+350×3+250+150=2,650 kcal 이다.

② (×) 돈가스 2개, 피자 1개, 콜라 1개
➜ 물건들의 총 가격은 11,000원 이므로 예산을 초과하여 구입할 수 없다.

③ (×) 아이스크림 2개, 도넛 6개
➜ <오늘의 행사>에 의하여 아이스크림 한 개를 얻게 된다. 물건들의 총 가격은 10,000원으로 예산을 초과하지 않는다. 총 칼로리는 350×3+250×6 =2,550 kcal이다.

④ (×) 돈가스 2개, 도넛 2개
➜ <오늘의 행사>에 의하여 돈가스 한 개를 얻게 된

다. 물건들의 총 가격은 10,000원으로 예산을 초과하지 않는다. 총 칼로리는 650×3+250×2=2,450 kcal 이다.

⑤ (×) 피자 4개

➔ 〈오늘의 행사〉에 의하여 콜라 두 캔을 얻게 된다. 물건들의 총 가격은 10,000원으로 예산을 초과하지 않는다. 총 칼로리는 600×4+150=2,550 kcal 이다. 총 칼로리가 가장 높은 것은 피자 2개, 아이스크림 2개, 도넛 1개의 조합이다.

합격자의 시간단축 Tip

Tip ❶

(1) 가격의 총합이 만 원을 넘지 않는지, 칼로리가 가장 높은 것이 어떤 것인지를 판단하기 위하여 선지마다 계산을 두 번 해야 한다. 이런 문제는 억지로 시간을 줄이려고 하지 말고, 계산 실수를 하지 않도록 꼼꼼하게 계산을 해주는 것이 좋다.

(2) 계산을 많이 시키는 문제에서는, 칼로리 계산보다는 예산 제약을 초과하지 않는지를 먼저 판단해서 칼로리 계산을 해야 하는 경우를 최대한 줄이는 방법도 있다.
혹은 1~5번까지 칼로리를 계산한 다음 가장 합이 높은 조합이 예산 안에 들어가는지를 파악하는 방법도 있다. 이 경우 다른 조합이 예산에 들어가는지를 굳이 계산하지 않아도 되기 때문이다. 여러 가지 방법이 있으니 상황에 따라 자신 있는 것으로 취하도록 한다.

Tip ❷ 모든 선지의 칼로리를 계산해둔 다음 비교를 해도 좋지만, 선지 간 비교를 통해 계산할 것을 줄이는 것도 좋다. 예를 들어, 선지 ① 번과 선지 ③ 번을 비교하면, 아이스크림 2개와 도넛 1개가 소거되어 (피자 2개) vs (도넛 5개)의 칼로리만 비교하면 된다.
이를 수월하게 하기 위해서는 각 선지의 칼로리 총합을 미리 계산해두지 않고 곱셈 형식으로 써 놓는 것이 좋다. 그럴 경우 필요에 따라 부분적으로만 계산하여 비교할 수 있기 때문이다.

410 정답 ⑤ 난이도 ●●○

도로 1km당 건설비용을 x라고 할 때 직선도로의 전체 거리는 90km로 도로의 총 건설비용은 90x이다. 이 때, 비용 분담안에 따른 각 도시의 부담 비용을 도출하면 다음과 같다.

- **Ⅰ안** : 각 도시가 균등하게 비용을 부담하므로 세 도시의 비용 부담 비율은 A : B : C=1 : 1 : 1 이다. 따라서 각 도시의 부담 비용은 30x로 동일하다.
- **Ⅱ안** : 각 도시 주민은 O로의 이동을 위해서만 도로를 이용한다. 도시 O, A, B, C는 순서대로 동일 직선상에 배치되어 있으므로 $\overline{OA}$=30km, $\overline{OB}$=60km, $\overline{OC}$=90km이다. 각 도시는 이용구간의 길이에 비례하여 비용을 부담하므로 세 도시의 비용 부담 비율은 A : B : C=1 : 2 : 3이다. 도로의 총 건설비용이 90x이므로 각 도시의 부담 비용은 A가 15x, B가 30x, C가 45x이다.
- **Ⅲ안** : 도로 구간별 이용자를 구분해보면, $\overline{OA}$는 도시 A, B, C주민 모두가, $\overline{AB}$는 도시 B, C 주민이, $\overline{BC}$는 도시 C 주민이 사용한다.

한편, 각 구간의 거리는 30km이므로 각 구간의 건설비용은 30x로 동일하다. 해당 구간을 이용하는 시가 해당 구간 건설비용을 균등하게 부담하므로 $\overline{OA}$에서는 도시 A, B, C가 각각 10x씩, $\overline{AB}$에서는 도시 B, C가 각각 15x씩, $\overline{BC}$에서는 도시 C가 30x를 부담한다. 이를 도시별로 정리하면 각 도시의 부담 비용은 A가 10x, B가 10x+15x=25x, C가 10x+15x+30x=55x이다.

	A	B	C
Ⅰ안	30x	30x	30x
Ⅱ안	15x	30x	45x
Ⅲ안	10x	25x	55x

① (O) A에게는 Ⅲ안이 가장 부담 비용이 낮다.

➔ A의 부담 비용은 Ⅰ안의 경우 30x, Ⅱ안의 경우 15x, Ⅲ안의 경우 10x이다.
따라서 A에게 가장 부담 비용이 낮은 안은 Ⅲ안이다.

② (O) B의 부담 비용은 Ⅰ안과 Ⅱ안에서 같다.

➔ B의 부담 비용은 Ⅰ안의 경우 30x, Ⅱ안의 경우 30x 이다.
따라서 B에게 Ⅰ안과 Ⅱ안의 부담 비용은 같다.

③ (O) Ⅱ안에서 A와 B의 부담 비용의 합은 C의 부담 비용과 같다.

➔ Ⅱ안에서 A의 부담 비용은 15x, B의 부담 비용은 30x로 이들의 합은 45x이다. 이는 C의 부담 비용과 같다.

④ (O) Ⅰ안에 비해 부담 비용이 낮아지는 도시의 수는 Ⅱ안보다 Ⅲ안에서 더 많다.

➔ Ⅰ안에 비해 Ⅱ안에서 부담 비용이 낮아지는 도시의 수는 30x에서 15x로 낮아지는 도시 A로 1개이다. 반면, Ⅰ안에 비해 Ⅲ안에서 부담 비용이 낮아지는 도시의 수는 30x에서 10x로 낮아지는 도시 A와 30x에서 25x로 낮아지는 도시 B로 2개이다.

⑤ (×) C의 부담 비용은 Ⅲ안이 Ⅰ안의 ~~2배 이상이다.~~
→ C의 부담 비용은 Ⅲ안의 경우 55x, Ⅰ안의 경우 30x이다.
따라서 Ⅲ안의 부담 비용은 Ⅰ안의 2배 미만이다.

합격자의 시간단축 Tip

Tip ❶

(1) 가장 계산이 복잡한 Ⅲ안을 계산하지 않고 풀 수 있다면 가장 좋을 것이다. 각 도시가 부담하게 되는 비용을 시각적으로 표현해보자.
O에서부터 C까지 연결하는 직선도로는 A와 B에 의해 균등하게 삼등분이 된다. 따라서 Ⅰ안의 경우, 각 도시가 균등하게 비용을 부담하므로 삼등분된 각 구간에 대해 비용을 부담한다고 볼 수 있다. 이를 그림으로 표현하면 다음과 같다.

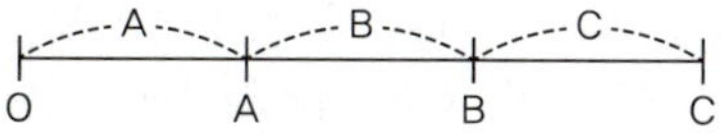

(2) 다음으로 Ⅱ안의 경우, 각 도시가 이용 구간의 길이에 비례하여 비용을 부담하므로 그 부담 비율이 1 : 2 : 3이라는 것을 쉽게 알 수 있다. 이를 표현하기 위해 삼등분된 구간을 각각 다시 두 개씩 나누어 표현하면 다음과 같이 그릴 수 있다.

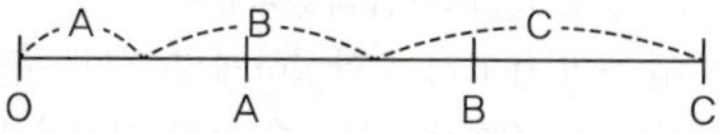

(3) 마지막으로 Ⅲ안의 경우, 각 도시는 자신이 이용하는 구간에 대해서 건설비용을 균등하게 부담하게 된다. 각 도시가 이용하게 되는 구간을 그림으로 표현하면 다음과 같다.

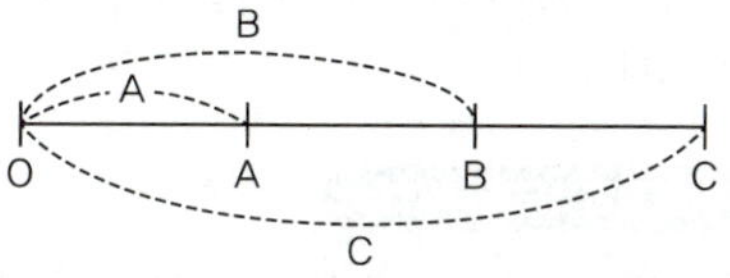

다만, 이때 주의할 점은 다른 그림들과 달리 Ⅲ안 그림의 경우 각자가 부담하게 되는 정확한 비율을 나타낸 그림이 아니라, 각자가 이용하게 되는 구간을 표시한 것뿐이라는 점이다. 비용을 부담할 시에는 각 영역, 즉 $\overline{OA}$, $\overline{AB}$, $\overline{BC}$에 걸쳐 있는 자가 비용을 부담하게 될 것이다.

(4) $\overline{OA}$에는 A, B, C가 모두 걸쳐 있으므로 셋이 부담을 하게 되고, $\overline{AB}$에는 B와 C만 걸쳐 있으므로 둘이, 마지막으로 $\overline{BC}$에는 C만 걸쳐 있으므로 C만 부담하게 된다.

(5) 여기까지 파악한 후 문제를 풀도록 한다.
선지 ① A의 부담 비율을 비교해보면, 우선 Ⅱ안에서 Ⅰ안의 절반만을 부담하는 것을 알 수 있다. 다음으로 Ⅲ안을 비교해보면, 앞서 살펴보았듯 A는 $\overline{OA}$에만 걸쳐 있고, 해당 구간에는 A, B, C가 모두 걸쳐 있어 $\overline{OA}$ 구간에 드는 비용 중 1/3만 A가 부담하게 될 것이다. 따라서 Ⅱ안보다 Ⅲ안에서 A의 부담 비율이 더 적다.

선지 ② Ⅱ안에서는 삼등분된 각 구간을 다시 두 개씩 나눈 것이므로, 해당 그림에서의 두 칸은 곧 Ⅰ안에서 B가 부담하는 구간의 크기와 동일하다.

선지 ③ Ⅱ안에서 A는 한 칸, B는 두 칸으로 이를 합치면 세 칸을 부담하는 C와 부담 비율이 동일하다.

선지 ④ 도시별로 살펴보자.
(i) 우선 A의 경우, 선지 ①에서 살펴보았듯이 Ⅰ안보다 Ⅱ안에서, Ⅱ안보다 Ⅲ안에서 부담 비율이 줄어들기 때문에 Ⅰ안에 비해서는 Ⅱ안과 Ⅲ안 모두에서 부담 비율이 줄어든다는 것을 알 수 있다.
(ii) 두 번째로, B의 경우 선지 ②에서 살펴보았듯 Ⅰ안과 Ⅱ안에서의 부담 비율이 동일하다. Ⅲ안에서 B는 $\overline{OA}$의 1/3, $\overline{AB}$의 1/2을 부담하게 된다. 이는 결국 $\overline{AB}$의 1/3과 1/2을 부담하는 것과 같으므로 Ⅰ안보다 부담 비율이 적어진다는 것을 알 수 있다.
(iii) 마지막으로 C의 경우 Ⅰ안이 Ⅱ안보다 부담 비율이 적다는 것은 쉽게 알 수 있다. Ⅲ안에서는 $\overline{BC}$에 더해 앞의 구간들에서까지 일정 부분 부담하게 되는데, 이는 $\overline{BC}$만 부담하면 되는 Ⅰ안과 비교했을 때 부담 비율이 당연히 더 늘어난 것과 같다. 최종적으로 Ⅱ안에서 부담 비율이 줄어드는 것은 A, Ⅲ안에서 부담 비율이 줄어드는 것은 A, B로 후자가 더 많다.

선지 ⑤ Ⅲ안에서 C는 $\overline{BC}$와 더불어 $\overline{OA}$의 1/3, $\overline{AB}$의 1/2을 부담하게 된다. 선지 ④의 B 부담 비율을 살펴볼 때 보았듯이 $\overline{OA}$의 1/3, $\overline{AB}$의 1/2은 $\overline{AB}$(=$\overline{BC}$)보다 작을 수밖에 없으므로 Ⅲ안의 C의 부담 비율은 Ⅰ안의 두 배일 수 없다.

(6) 결국 위의 풀이는 구체적인 비용 계산을 한 후 문제를 풀지 않고 삼등분된 각 부분을 1로 두었을 때 각 도시가 부담하게 되는 비율을 분수 덧셈으로 풀어 쓴 후 비교하는 방식이라고 할 수 있다. 선지 ⑤를 예로 들면, $\overline{OA}$를 전체로 볼 때 Ⅲ안에서 C가 부담하는 비율은 $\frac{11}{18}$이겠지만, 삼등분된 각 부분

을 1로 보았을 때 C는 $\frac{1}{2}+\frac{1}{3}+1$ 이 되며, Ⅰ안에서 C의 부담 비율은 1이므로 1의 두 배인 2보다 $\frac{1}{2}+\frac{1}{3}+1$ 이 작다는 것은 계산을 하지 않아도 아주 쉽게 알 수 있다.

Tip ❷

(1) 각 비용 분담안의 경향성을 먼저 파악하면 의심스러운 선지에 접근하는 것이 보다 쉬워질 수 있다. Ⅰ안의 경우, 각 도시가 1 : 1 : 1로 비용을 부담하는 반면 Ⅱ안과 Ⅲ안에서는 이용 정도에 따라 비용 부담이 달라지므로, 가장 적게 이용을 하는 A는 자연히 Ⅱ안과 Ⅲ안에서 비용 부담이 적어지고, 가장 많이 이용을 하는 C는 자연히 Ⅱ안과 Ⅲ안에서 비용 부담이 많아질 것임을 예측할 수 있다. 하나가 적어지면 그를 상쇄하는 만큼 다른 하나의 비용 부담이 커져야 하기 때문이다.

(2) 이때 A가 이용하는 도로 OA는 A, B, C가 모두 이용하는 반면, B, C는 C만이 이용하는 점을 고려한다면 Ⅱ안 보다 Ⅲ안에서 보다 C의 비용부담이 높아질 것임을 알 수 있다.
즉, Ⅰ안 < Ⅱ안 < Ⅲ안 순서로 이용에 따른 비용 부담이 강화될 것이다. 이러한 경향성을 가지고 가장 의심스러운 선지가 무엇인지 살펴볼 수 있다.

(3) 우선, 선지 ①의 경우, 앞서 살핀 경향성과 일치하므로 굳이 구체적 계산 없이도 옳은 선지일 것임을 알 수 있다.
선지 ②와 ③은 구체적 계산이 필요해 보이므로 일단 넘어간다. 선지 ④의 경우, 앞서 본 선지 ②가 옳다면 선지 ④가 옳은 선지가 될 것이다.
Ⅰ안 < Ⅱ안 < Ⅲ안 순서로 이용에 따른 비용 부담이 강화되는데 이때 선지 ②가 옳다면, Ⅱ안에서 B는 그대로이나 A는 증가, C는 감소할 것이고, 그렇다면 보다 비례성이 강화된 Ⅲ안에서는 A, B가 모두 감소하고 C가 보다 크게 증가할 것이기 때문이다. 따라서 선지 ②와 선지 ④의 연관성을 고려해 두 선지는 일단 의심스럽지 않다고 판단한다.

(4) 선지 ⑤는 구체적 계산이 필요한 선지이다. 즉, 주어진 대안의 경향성을 통해 선지를 살폈을 때, 의심스러운 것은 선지 ③과 선지 ⑤이므로, 이 둘을 먼저 확인하는 것이 효율적인 풀이방법일 것이다.

* 이 문제의 경우 도시가 순서대로 동일 직선상에 배치되어 있으므로 이를 **Tip**과 같이 그림으로 그려 놓는 것이 문제 풀이에 도움이 된다. 물론 제시문의 첫 문단을 정확히 파악해야만 그릴 수 있기는 하나, 그리는 시간보다 다시 글을 읽고 문제를 푸는 시간이 훨씬 길 것이므로 시각적으로 표현할 수 있는 경우 빠르고 정확한 그림을 그릴 수 있는 연습을 하는 것이 좋다.

Tip ❸ 도시 간 거리도 동일하고 건설비용도 일정하며, 이용객 수를 가중하여 고려하는 문제도 아니므로 계산을 하지 않으려면 머리 속에서 그림을 그리고도 2분 안에 해결할 수 있다.
그러나 그 정도 실력이 되지 않는다면 굳이 계산하지 않고 푸는 방법을 생각하지 말고 직접 계산하자. 변수가 없는 문제일수록 반드시 맞추고 가는 것이 중요하다.

411 정답 ②

난이도 ●●○

(1) 지혜와 정호의 진술은 서로 모순되므로 둘 중 한 명이 거짓을 말했다면 다른 한 명은 진실을 말했다. 이 경우 수현, 호연, 서윤은 거짓을 말했다. 따라서 수현, 호연, 서윤의 진술에 따라 호연은 임용고시에 합격했으며 수현과 정호는 불합격했다.

(2) 만일 지혜가 진실을 말했다면 지혜는 임용고시에 불합격했다. 이 경우 임용고시에 확실하게 합격한 사람은 호연이다. 반면 정호가 진실을 말했다면 지혜는 임용고시에 합격했다.
이 경우 임용고시에 확실하게 합격한 사람은 호연과 지혜이다. 지혜와 정호 중 누가 진실을 말했는지는 알 수 없으므로, 합격이 확실한 사람은 호연이다.

(3) 서윤이 임용고시에 합격했는지 여부는 언급된 바 없으므로, 합격이 확실하지 않다.

(4) 따라서 합격이 확실한 사람은 호연뿐이며, 정답은 ②이다.

합격자의 시간단축 Tip

Tip ❶ 문제에서 충족해야 할 조건들을 짧게 정리해두면 좋다. 예를 들어, 1명 이상 합격한 것과 1명의 진실, 4명의 거짓 조건을 충족해야 하므로 1↑/1T 4F 로 정리해 놓고, 상자 안에 진술들 역시 수현/~지혜/~호연/정호/지혜 로 정리해두면 헷갈리는 일을 줄일 수 있다.

Tip ❷ 참 거짓의 문제를 풀 땐, 참 거짓 중 그 수가 적은 쪽을 이용하는 것이 좋다. 문제의 경우는 해설처럼 1명만 진실을 말하기 때문에 지혜와 정호의 진술을 활용하였다. 특히 본 문제의 경우는 1명이 진실이면 나머지가 자동으로 거짓이기 때문에 이점을 확실히 활용하도록 한다.

Tip ③ 상충하는 진술들을 활용한 풀이

(1) 참 거짓 문제를 풀 때 가장 큰 단서가 되는 것은 외견상 상충되는 진술이다. 맨 처음 서로 부딪치는 내용을 담은 둘 이상의 진술이 있는지 찾는다. 찾았다면, 진술들이 모순 관계에 있는지 반대 관계에 있는지 구별하는 것이 다음이다.
본 문제에는 지혜의 합격 여부에 대한 지혜의 진술과 정호의 진술이 외견상 상충된다.
또한, 지혜는 합격하거나 불합격하거나 둘 중 하나이므로 지혜와 정호의 진술이 동시에 거짓이 될 수는 없다. 따라서 지혜와 정호의 진술은 모순 관계에 해당한다.

(2) 다만 모순되는 진술인지가 명확하지 않은 문제 역시 존재한다. 이 문제에서도 지혜와 정호의 진술이 모순된다는 점을 문제 푸는 과정에서 파악하지 못한 수험생도 여럿 있을 것이다.
그런 경우에는 당황하지 말고 주어진 조건에 따라 우선 수현의 말이 참이라고 가정하고 문제에 접근하자. 수현의 말이 참이라고 가정하는 경우 지혜와 정호의 진술이 모두 거짓일 수는 없음을 쉽게 파악하게 되어 모순되는 진술을 찾을 수 있다.

(3) 모순되는 진술이 있으면, 참 거짓이 확정되기 때문에 효율적으로 문제를 풀 수 있다. 해당 문제에서는 지혜와 정호의 진술이 서로 모순된다. 이 때 둘 중 하나는 참이며, 그 외의 사람은 모두 거짓이기 때문에 수현, 호연, 서윤은 어떠한 경우에도 거짓말을 했을 것이 확실하다.
이에 따라 우선 세 명의 진술을 확인해보면, 호연이 합격하지 못했다는 진술은 언제나 거짓이므로 호연의 합격은 확실하다는 것을 알 수 있다. 따라서 선지 ②, ⑤ 중 하나가 답임을 알 수 있다. 다음으로 고려해보아야 할 것은 지혜의 합격 여부인데, 이는 지혜의 진술이 참일 때와 거짓일 때 결론이 달라지므로 확신할 수 없다. 따라서 답은 ② 임을 알 수 있다.

＊ 합격이 '확실한' 사람을 고르는 문제에서는 지혜와 같이 상황에 따라 합격 여부가 달라지는 경우, 그 결과를 정확하게 확인하지 않고 틀렸음을 파악하면 된다. 예컨대 지혜의 진술이 참이라고 가정했을 경우 임용고시에 확실히 합격한 사람은 호연뿐이다.
이 경우 다른 사람들은 합격이 확실하지 않다는 것을 의미하므로 바로 정답이 ②로 도출된다. 정호의 진술이 참인 경우 지혜도 합격했다고 할 수 있으나, 그의 합격 여부는 확실하지 않으므로 정답에 지혜도 포함되는지 고민하는 데에 시간을 많이 소모하지 말자.

Tip ④ 경우의 수 모두 찾기 풀이

Tip ③의 상충하는 진술을 활용한 풀이가 어렵다면, 가능한 경우의 수를 모두 찾는 방법을 사용할 수 있다. 이는 본 문제에서 진실을 말한 사람이 단 1명이기에, 가능한 경우의 수가 비교적 적으므로 활용가능한 방법이다. 이때 아래와 같이 표를 활용하면 보다 쉽게 문제를 풀 수 있다. (빈칸은 모순되어 더 이상 문제해결이 불가한 경우를 의미한다.)

합격 여부 / 진실	수현	지혜	호연	서윤	정호
1) 수현	○	○	○		×
2) 지혜	×	×	○	○/×	×
3) 호연	×	○	×		×
4) 서윤	×	○	○		○
5) 정호	×	○	○	○/×	×

1) 수현부터 **5) 정호**의 순서대로 한 명씩 진실을 말하고 있다고 가정하고, 각각의 진술을 순서대로 검토하면서 표를 채운다. 먼저 수현의 진술이 진실이라면 정호의 진술은 거짓으로, 지혜의 합격 여부와 관련해 다른 진술들과 모순된다. 이는 호연, 서윤의 진술이 진실이라 가정하는 경우에도 마찬가지다.
반면 지혜의 진술이 진실이라 가정하는 경우, 모든 진술은 양립 가능하다. 정호의 경우에도 동일하다. 따라서 지혜, 정호의 진술이 진실이라 가정한 경우 모두에서 합격이 확실한 사람은 호연임을 쉽게 파악할 수 있다.
다만 이 방법은 문제에서 진실을 말한 사람이 2명 이상인 경우 활용하기 어려울 것이다. 경우의 수가 너무 많아지기 때문이다.

412 정답 ④

난이도 ●●○

〈조건〉에 따라 5명이 각각 배정받은 방의 위치를 구하면 다음과 같다.

(1) 〈조건〉 ㉢에 따라 안치홍이 배정받은 방은 계단실과 가장 가까운 가장 오른쪽 방이며, 〈조건〉 ㉡에 따라 하선빈이 배정받은 방은 안치홍의 왼쪽 방이 된다. 이때, 〈조건〉 ㉣에 따라 추민하가 배정받은 방은 장겨울이 배정받은 방과 용석민이 배정받은 방 사이에 있으므로 추민하가 배정받은 방은 남은 3개의 방 중 가운데에 위치한 방, 즉 왼쪽에서 두 번째 방이다.

엘리베이터		추민하		하선빈	안치홍	계단실

(2) 한편, 〈조건〉 ㉠과 ㉦에 의하면 용석민은 학기 성적이 두 번째로 높은 학생이므로 엘리베이터와 가장 가까운 방에 배정받지 않았다. 따라서 엘리베이터와 가장 가까운 방에 배정받은 학생은 장겨울이며,

용석민이 배정받은 방은 왼쪽에서 세 번째 방이다.

엘리베이터	장겨울	추민하	용석민	하선빈	안치홍	계단실

(3) 〈조건〉 ㉥에 의하면 계단실에 가장 가까운 방을 배정받은 안치홍은 학기 성적이 세 번째로 높으며, 〈조건〉 ㉦에 의하면 엘리베이터에 가장 가까운 방을 배정받은 장겨울은 학기 성적이 네 번째로 높다. 그런데 〈조건〉 ㉤에 의하면 학기 성적이 가장 낮은 학생이 배정받은 방은 학기 성적이 두 번째로 높은 용석민이 배정받은 방과 두 번째로 낮은 장겨울이 배정받은 방 옆에 위치하므로 학기 성적이 다섯 번째로 높은 학생은 추민하이다. 따라서 학기 성적이 가장 높은 학생은 하선빈이며, 〈조건〉 ㉠에 따라 하선빈의 전공은 마취통증의학과이다.

(4) 이를 정리하면 다음과 같다.

엘리베이터	장겨울	추민하	용석민	하선빈	안치홍	계단실
학기 성적	4등	5등	2등	1등	3등	
전공	-	-	-	마취통증의학과	-	

① (○) 학기 성적이 가장 높은 학생은 하선빈이다.
➜ 하선빈의 전공은 마취통증의학과이며, 5명 중에서 학기 성적이 가장 높은 학생이다.

② (○) 학기 성적이 가장 낮은 학생은 추민하이다.
➜ 추민하는 엘리베이터에 두 번째로 가까운 방에 배정된 학생이며, 5명 중 학기 성적이 가장 낮은 학생이다.

③ (○) 추민하가 배정받은 방은 하선빈이 배정받은 방보다 엘리베이터에 더 가깝다.
➜ 추민하가 배정받은 방은 엘리베이터에서 두 번째로 가까운 방이며, 하선빈이 배정받은 방은 엘리베이터에서 네 번째로 가까운 방이다.

④ (×) 엘리베이터에 두 번째로 가까운 방에 배정된 학생은 ~~용석민이다.~~
➜ 엘리베이터에 두 번째로 가까운 방에 배정된 학생은 추민하이다.

⑤ (○) 계단실에 두 번째로 가까운 방에 배정된 학생은 마취통증의학과이다.
➜ 계단실에 두 번째로 가까운 방에 배정된 학생은 하선빈이며, 하선빈의 전공은 마취통증의학과이다.

합격자의 시간단축 Tip

Tip ❶ 확정적인 정보를 주는 조건부터 우선 적용한다.
해당 문제의 경우 방 배정에 관해서는 〈조건 ㉢〉이 가장 확정적인 정보를 주고 있으므로, 이부터 시작해 빈칸을 채워가도록 한다.
성적에 관하여는 ㉥, ㉦이 ㉤보다 확정적인 정보이므로 우선 적용한다.

Tip ❷ 본 문제는 전공(신경외과~재활의학과)-성적(1등~5등)-방(맨 왼쪽 ~ 맨 오른쪽)의 3개 그룹이 각각 일대일 대응관계를 이루는 대응관계 유형의 문항이다. 이 중 성적에 대한 정보가 많이 주어져 있기 때문에 이를 활용해도 좋으나, 문제에서 이미 시각적으로 방의 배치를 보여주고 있으며, 〈조건 ㉢〉과 같이 방 배정에 대한 확정적인 정보가 나와 있기 때문에 이를 적용하는 것이 훨씬 직관적일 것이다. 직관적인 정보를 우선적으로 활용해야 하는 이유는 문제를 보다 빠르게 풀어나갈 수 있기 때문이기도 하나, 실수를 줄이는 방법 중 하나라는 이유도 있다.

Tip ❸ 굳이 모든 자리 배정 및 성적을 파악한 다음 선지를 볼 필요는 없다. 정보가 어느 정도만 확정되더라도 선지를 읽고 소거할 수 있는 선지는 소거하고, 혹시 정답이 빠르게 도출된다면 정답을 도출하고 넘어가는 것이 효율적이다. 설문의 경우, 해설의 첫번째 문단까지만 풀이하여도 정답이 ④임을 확인할 수 있다.

Tip ❹ 본 문제의 경우 발문에 전공 정보가 주어져, 전공과 사람까지 일치시켜야 한다는 생각을 가질 수 있다. 하지만 〈조건〉과 선지를 읽어보면 방의 위치와 인물의 매칭이 중심이며 전공 정보는 거의 활용되지 않는다는 것을 알 수 있다. 문항에서 묻는 정보 외에도 모든 그룹을 매치시키는 것은 연습하는 과정에서 시도해볼 만하지만, 실전에서는 절대 피해야 할 행동이다. 이와 같이 실전에서는 정보의 필요성 여부를 잘 구별해 문제를 풀어나가는 것이 중요하다.

413 정답 ①

난이도 ●●○

두 번째 조건에 따라 다음이 도출된다.

A	B	C	D
	은정		
	치통, 피부		

세 번째, 네 번째 조건에 따라 다음이 도출된다.

A	B	C	D
	은정		
몸살, 치통, 피부	치통, 피부		피부

D가 피부병약으로 확정되었으므로 B는 피부병약이 아니고, 따라서 B는 치통약이다. 이 경우 A는 피부병약도

아니고 치통약도 아니므로 몸살약이다. 이를 정리하면 다음과 같다.

A	B	C	D
	은정		
몸살	치통		피부병

남은 병은 배탈밖에 없으므로 배탈이 C에 들어가고, 다섯 번째 조건에서 A와 D를 임산부인 희경이 복용할 수 없으므로 희경은 C를 처방받았다는 것을 알 수 있다. 또한, 여섯 번째 조건에서 소미는 몸살이 아니므로 소미는 D를 처방받았다. 이를 정리하면 다음과 같다. 따라서 답은 ① 이다.

A	B	C	D
정선	은정	희경	소미
몸살	치통	배탈	피부병

합격자의 시간단축 Tip

Tip ❶ 매칭형 문제는 차근차근 조건에 쓰여진 경우의 수들을 나열하고, 조건에 따라서 안되는 것들을 소거하다 보면 답이 도출된다. 문제는 조건을 다 보았는데도 확정이 안 되는 정보가 남아있는 경우이다. 이 때는 다시 한번 빠뜨린 조건이 있지는 않은지 차근차근 검토를 하는 것이 우선이다. 그럼에도 보이지 않을 때에는 조건들을 결합하여 숨겨진 정보가 있는지 파악해야 한다. 한 가지 조건만가지고 판단할 수 없는 부분도 다른 조건과 결합하여 판단할 때 답이 보이는 경우가 있다. 이 문제의 경우 〈2, 3, 4〉번 조건을 활용하면 A가 몸살 약이라는 것이 확정된다.

Tip ❷ 매칭형 문제는 확정정보를 기점으로 접근 순서만 잘 지켜도 쉽게 해결이 된다. 이 문제 역시 생각보다 간단하다. 참고사항으로 필자의 접근을 기술한다. 분명 필자보다 더 빨리 접근하는 방식도 존재할 것이다.

(1) 먼저 "2번째 조건"에 따라 은정 B는 확정이다. 이 때, B는 ~몸살, ~배탈 이므로 치통 or 피부병일 것이다. 따라서 다음 확인해야 할 정보는 치통이나 피부병에 대한 확정정보이다.
"4번째 조건"에 따라 D가 피부병에 사용된다고 나왔으므로 B는 치통에 쓰이는 약이다.
또한, "2번째 조건"에 따라 A는 배탈이 아니므로 몸살일 수밖에 없고, C는 자동적으로 배탈에 쓰이는 약이다.

(2) 이제 문제는 간단하다. 먼저 "5번째 조건"에서 희경이는 ~A, ~D이다. 그리고 ~B이다.
여기서 ~B를 바로 볼 수 있는지가 중요하다. 은정이가 B이므로 당연히 다른 손님들은 ~B가 적용된다. 따라서 희경이는 C가 된다. 그렇다면 동일한 논리로 "6번째 조건"을 적용하기 전에 소미는 ~B, ~C가 자동 적용된다.

(3) 이에 더해 몸살 환자가 아니라 했으므로 ~A이다. 따라서 소미는 D이며 남은 정선이가 A가 될 것이다. 글로 적어서 길어 보이지만 실제로 풀어보면 금방 적용이 된다는 것을 알 수 있다.

414 정답 ❷ 난이도 ●●○

ㄱ. (O) 세 글자인 pop는 모두 26×26개이다.
➜ 세 글자인 pop를 만들기 위해서는 대칭축이 되는 2번째 글자 1개와 양옆에 놓일 글자 1개가 필요하다. 따라서 모든 경우의 수는 26×26 개이다.

ㄴ. (×) 네 글자인 pop가 ~~세 글자인 pop보다 많다.~~
➜ 네 글자인 pop를 만들기 위해서는 1, 4번 째에 올 글자 1개와 2, 3번 째에 올 글자 1개가 필요하다. 따라서 모든 경우의 수는 26×26개로 세 글자인 경우와 같다.

ㄷ. (O) 다섯 글자인 pop 개수는 세 글자인 pop 개수의 25배 이상이다.
➜ 다섯 글자인 pop는 대칭축이 되는 글자 1개와 양 옆에 놓일 글자 2개가 필요하다. 따라서 모든 경우의 수는 26×26×26개이다. 따라서 세 글자인 pop 개수의 26배이다. 따라서 옳은 선지이다.

ㄹ. (×) 모든 알파벳을 사용할 경우의 세 글자 pop 개수는 알파벳 13자만 사용하여 만든 다섯 글자 pop 개수 보다 많다.
➜ 모든 알파벳을 사용할 경우의 세 글자 pop 개수는 26×26개다. 13자만 사용하여 만든 다섯 글자 pop 개수는 13×13×13 이다. $26^2=13^2\times2^2$ 이고 $13^3=13^2\times13$이므로 다섯 글자 pop 개수가 더 많다. 따라서 틀린 선지이다.

합격자의 시간단축 Tip

Tip ❶ 예시에 있는 'aaabaaa'를 보고 문자의 중복이 가능하다는 것을 캐치한다면, 〈보기 ㄱ〉을 해결할 때 자칫하면 26×25로 생각해 실수하는 것을 방지할 수 있다.
핵심은 '몇 개의 알파벳을 뽑아 경우의 수를 계산하는가'이다. n글자의 pop를 만들 때, n이 짝수일 때와 홀수일 때의 규칙을 나누어 생각해 볼 수 있어야 한다.

만일 n이 짝수인 경우 앞에서부터 $\frac{2}{n}$개가 대칭으로 나타나기 때문에 $\frac{2}{n}$개를 뽑아야 하지만, n이 홀수인 경우엔 가운데를 기점으로 대칭이기 때문에 $\frac{(n+1)}{2}$개를 뽑아야 할 것이다.
굳이 일반화된 식을 쓸 정도로 복잡한 문제는 아니지만 이렇게 구분해 놓는 것이 여러 문제에 접근하는데 용이할 것이다.

* 〈보기 ㄷ〉의 '25배 이상'이라는 표현이 어색하게 느껴질 수 있다. 의도적인 함정처럼 느껴질 수 있으나 위 **Tip ❶**에서 서술한 것처럼 25배이냐 26배이냐의 차이는 있을 수 있지만 25배 이상은 명확하므로 과하게 함정에 빠지지 않도록 해야 한다.

415 정답 ③ 난이도 ●●○

(1) 〈조건〉 네 번째에 따라 R&D부 바로 위층에 영업마케팅부가 배정되는데, 〈조건〉 세 번째에 따라 영업마케팅부와 생산품질부는 한 층 차이이다. 따라서 생산품질부는 영업마케팅부 바로 위층에 배정된다.

(2) 그런데 〈조건〉 첫 번째와 다섯 번째에 따라 디자인부와 기획부는 생산품질부보다 아래층에 배정되었다. 따라서 1층에 배정된 경영지원부를 포함하여 나머지 모든 부서가 생산품질부보다 아래층에 배정되었으므로, 이에 따라 생산품질부는 6층에 배정되었다. 이상의 결과를 표로 정리하면 다음과 같다.

층수	1층	2층	3층	4층	5층	6층
부서	경영지원부	디자인부	기획부	R&D부	영업마케팅부	생산품질부

(3) 따라서 3층에 배정된 기획부의 바로 아래층인 2층에 배정된 부서는 디자인부다.

합격자의 시간단축 Tip

Tip ❶

(1) 선지를 소거하는 방식으로 접근하는 것도 좋다. 마지막 조건에 따라 생산품질부는 기획부 아래 위치할 수 없으므로 선지 ①이 소거된다. 또, 세 번째와 네 번째 조건에 따라 R&D부 < 영업마케팅부 < 생산품질부가 연속으로 배정되었다는 사실을 알 수 있으며, 생산품질부가 기획부보다 위층에 있다고 했으므로 그 위치와 무관하게 세 부서는 무조건 기획부보다 위층에 배치될 것이므로 선지 ②, ⑤도 소거된다.

(2) 두 번째 조건에서 경영지원부는 1층에 배치되는데, 만일 기획부 바로 아래가 경영지원부라면 첫 번째 조건을 만족할 수 없다. 따라서 기획부 아래는 디자인부가 위치할 것이다.
이러한 풀이는 결국 모든 조건을 살펴본다는 점에서 정석 해설과 크게 다를 바 없으나, 부서별로 배치되는 정확한 층을 고려하지 않아도 되고, 조건들을 파편적으로 살펴보아도 문제가 없어 눈으로 풀 수 있다는 점에서 장점이 있다.
이러한 방식의 풀이를 연습하다 보면 정석 풀이보다 빠르게 답을 도출할 수 있는 문제들이 많아질 것이다.

416 정답 ⑤ 난이도 ●●○

ㄱ. (×) 70명이 기권하여도 71명이 찬성하면 안건이 ~~가결된다.~~
➜ 첫 번째 규칙에 따르면, 기권표가 전체의 3분의 1 이상이면 안건이 부결된다. 전체 재적의원이 210명이므로, 전체의 3분의 1인 70명이 기권하는 경우 안건은 반드시 부결된다.

ㄴ. (×) 104명이 반대하면 기권표에 관계없이 안건이 ~~부결된다.~~
➜ (반례) 기권표가 없을 때, 104명이 반대하고 106명이 찬성하면 안건은 가결된다.

ㄷ. (○) 141명이 찬성하면 기권표에 관계없이 안건이 가결된다.
➜ 141명이 찬성하면 나올 수 있는 최대 반대 또는 기권표는 69표이다. 따라서 반드시 안건이 가결된다.

ㄹ. (○) 안건이 가결될 수 있는 최소 찬성표는 71표이다.
➜ 기권표가 70표이상 나오면 안건이 반드시 부결되므로, 기권표가 69표인 경우를 가정하면 남은 표는 141표이다. 따라서 남은 표의 50%를 초과하는 가장 적은 표인 찬성 71표를 확보하면 안건은 가결된다. 만약 찬성표가 70표인 경우 반대표가 71표가 되어 안건이 부결된다.

합격자의 시간단축 Tip

Tip ❶ 투표문제에는 여러 유형이 있지만, 의결정족수 등을 묻는 문제에서는 그 기준이 되는 인원 수, 득표 수 등을 미리 계산해 놓고 문제에 접근하는 것이 좋다. 두 번째 조건의 50% 초과를 보고 복잡하게 생각할 필요가 없다. 기권표를 제외하고 찬성이 반대보다 많으면 가결된다는 의미이다.

Tip ❷ 가장 적은 계산으로 문제를 해결하기 위해서 기권표를 적극 활용하면 좋다. 기권표가 70명 이상이라면 찬성, 반대 표에 무관하게 안건이 부결되므로 가장 강력한 조건이라고 볼 수 있다. 따라서 기권표 70표를 최대한 많이 적용할 수 있는 선지 위주로 확인하면 헷갈리지 않고 빠르게 풀 수 있다. 각 보기별로 설명을 하자면,

보기 ㄱ. 70명이 기권할 경우 찬반표와 무관하게 안건은 부결되므로 ㄱ은 옳지 않다.

보기 ㄴ., **보기 ㄷ.** 모두 기권표에 관계없이 안건이 부/가결되는지 여부를 묻고 있다. 기권표는 부결을 이끌어내는 장치이므로 기권표에 관계없이 안건이 가결되는지 여부를 먼저 확인하는 것이 직관적이다.

보기 ㄷ. 141표에 70표를 더했을 때 210이 넘으므로 기권표에 의해 부결되지는 않는다.
(보기 ㄴ에서는 이미 구해 둔 기권 70표 기준 이외에 반례를 다시 찾아야 한다.)
부결조건으로는 반대표에 관련된 조건도 있으므로, 이 다음으로 찬성표가 기권표를 제외한 표 중 50%를 초과하는지 여부를 적용하면 답을 도출할 수 있다.

보기 ㄹ. 안건이 가결될 수 있는 최소 찬성표는 71표라고 했다. 여기에 기권표 69표(70표 미만)를 더하면 남은 표는 반대표로, 70표가 된다. 따라서 옳다.

417 정답 ①　　　난이도 ●●○

ㄱ. (×) 혜민이와 은이 모두 경제 문제를 ~~틀린 경우가 있을 수 있다.~~
➜ 두 사람이 같은 문제를 틀렸다면 그 문제는 두 사람의 선택이 같은 1, 3, 5, 8번 문제 중에 하나일 것이다. 이때, 그 문제가 20점 배점인 경제문제이고, 혜민은 총점이 80점이므로 다른 문제는 모두 정답이다. 그러나 이렇게 되면 은이는 두 사람의 선택이 다른 2, 4, 6, 7번을 모두 틀리게 되어 총점이 70점이 될 수 없다.

ㄴ. (○) 혜민이만 경제 문제를 틀렸다면, 예술 문제는 혜민이와 은이 모두 맞혔다.
➜ 한 사람만 경제 문제를 틀렸으므로 경제 문제는 2, 4, 6, 7 중에 한 문제이다. 따라서 혜민이는 1, 3, 5, 8번 문제는 모두 정답이고 2, 4, 6, 7번 문제 중에 3문제가 정답이다. 이때, 은이 역시 1, 3, 5, 8번 문제는 정답이지만, 2, 4, 6, 7번 문제 중 경제 문제를 제외하고 3문제를 틀리게 된다. 은이의 총점은 70점이므로 틀린 세 문제는 모두 역사문제여야 한다. 따라서 20점 배점인 예술 문제는 1, 3, 5, 8번 중에 있고 두 사람 모두 정답이다.

ㄷ. (×) 혜민이가 역사 문제 두 문제를 틀렸다면, ~~은이는 예술 문제와 경제 문제를 모두 맞혔다.~~
➜ (반례) 2, 4, 6, 7번 문제 중 세 문제가 역사 문제이고, 한 문제가 예술 또는 경제 문제인 경우에 혜민이가 역사 두 문제를 틀렸을 때, 은이가 혜민이와 다른 두 문제를 틀린다면, 역사 한 문제와 예술 또는 경제문제인 한 문제를 틀린 것이 되어 총점조건을 만족하는 반례가 된다.

합격자의 시간단축 Tip

Tip ❶

(1) 문제의 개수와 시험점수가 같이 나오는 문제 유형은 최종 점수가 나올 수 있는 문제 조합을 염두에 두고 푸는 것이 좋다. 여기서 문제 조합이란 맞히거나 틀린 문제의 종류, 개수 등을 말하는 것이다. 예를 들자면 혜민이의 80점은 20점짜리 문제 하나를 틀리는 경우이거나, 10점짜리 문제 두 개를 틀리는 경우에만 가능하다. 은이의 70점은 20점짜리 문제 하나와 10점짜리 문제 하나를 틀릴 때, 10점짜리 문제 세 개를 틀릴 때만 가능하다.

(2) 이 문제처럼 문제의 정답이 아니라 각자가 선택한 답을 보여줄 때에는 개별 문제의 정답이 무엇인지가 중요하지 않다. 중요한 것은 두 사람이 해당 문제를 동시에 맞히거나 틀리는지, 아니면 한 사람은 맞고 한 사람은 틀리는지를 구분하는 것이다. 즉, (1, 3, 5, 8)번 문제와 (2, 4, 6, 7)번 문제의 특성을 구분할 수 있어야 한다.
이때, 1, 3, 5, 8번 문제 혹은 2, 4, 6, 7번 문제에 별도로 동그라미 등 표시를 해 놓거나 각각의 개수를 구분하여 문제 옆에 적어 둔다면 문제 풀이 시 시각적으로 헷갈리는 일을 사전에 방지할 수 있다.
(EX. 같은 것→4개, 다른 것→4개)

(3) 위의 조건들을 활용하면 다음과 같은 풀이가 가능하다. 혜민은 80점, 은이는 70점으로 혜민이 은이보다 10점이 높다. 또한, 두 사람의 점수의 차이는 서로 답이 다른 (2, 4, 6, 7)번 문제에서 발생한다. 이 네 문제는 모두 10점 또는 20점일텐데, 이를 활용해서 10점의 차이를 내는 방법은 네 문제 중 세 문제가 10점, 한 문제가 20점인 경우뿐이다. 이때, 혜민이는 그 중 30점을, 은이는 20점을 맞게 된다. (또는 혜민이가 그 중 20점을, 은이가 30점을 틀리는 경우로 풀이해도 동일한 의미이다.) 이때,
① 혜민이가 10점짜리 세 문제를 맞히고 은이가 20점짜리 한 문제를 맞힌 경우
② 혜민이가 20점짜리 한 문제와 10점짜리 한 문제를 맞히고 은이가 10점짜리 두 문제를 맞힌

경우에 조건을 만족하게 된다. 그리고 나머지 1, 3, 5, 8번은 모두 맞아야 한다.

(만약 나머지 4개 문제 중 혜민이와 은이가 동시에 틀린 문제가 적어도 하나 이상 존재하게 된다면, 2, 4, 6, 7번의 문제의 답이 서로 다르다는 점을 고려할 때, 혜민이와 은이가 틀린 문제수의 합은 적어도 6개 이상이 된다. 이 경우 혜민이와 은이는 적어도 60점 이상 감점되어 문제에서 주어진 총점과 모순된다.)

(4) 이를 보기에 적용하면

보기 ㄱ. 혜민이와 은이가 동일한 답을 제출한 것은 1, 3, 5, 8번인데 해당 문제들은 모두 맞았으므로 〈보기 ㄱ〉은 성립할 수 없다.

보기 ㄴ. 혜민이만 경제 문제를 틀렸다면 위의 두 경우 중 첫 번째 경우이다. 그렇다면 남은 20점짜리 문제는 1, 3, 5, 8번 중에 있을 것이며 두 사람 모두 맞았을 것이다. (사실 이 경우에는 첫 번째에 해당하는지 두 번째에 해당하는지 확인할 필요가 없다. 2, 4, 6, 7번 문제 중 20점은 하나뿐이라는 것을 확인했으므로 나머지 20점은 1, 3, 5, 8번 중에 해당할 것이고, 해당 문제들은 두 사람 모두 맞았기 때문이다.)

보기 ㄷ. 혜민이가 역사 두 문제를 틀린 경우는 위의 두 경우 중 두 번째 경우이다. 이 경우 은이는 혜민이가 맞힌 20점짜리 한 문제를 틀렸을 것이므로 보기 ㄷ은 성립할 수 없다.

따라서 답은 ① 번이다.

Tip ❷ 〈보기 ㄷ〉을 정석적으로 해결하기 위해서는 경우의 수를 나누어 생각해보아야 한다.
즉, 역사 두 문제가 1, 3, 5, 8과 2, 4, 6, 7에 몇 문제씩 속해 있는지에 대하여 (2, 0), (1, 1), (0, 2)로 나누어 생각해보아야 한다는 것이다. 그러나 반례를 하나만 찾으면 선지판단이 가능하다는 점에서 반례가 나올 수 있는 조건만을 고려하여 경우의 수를 압축하는 것이 좋다. 반례는 혜민이가 역사 두 문제를 틀렸음에도 은이가 예술과 경제 문제 모두 맞히지는 않은 경우에 해당한다. 즉, 은이가 예술과 경제 문제 중에서 하나만 맞히거나 둘 다 틀려야 한다는 것이다. 그러나 배점 20점짜리 문제를 둘 다 틀리면 총점 조건을 만족할 수 없으므로 둘 중 하나는 맞히고 하나는 틀리는 상황에서 반례를 찾아야 한다.

418 정답 ③ 난이도 ●●○

甲이 가진 전자식 체중계는 소수점 이하 첫째 자리에서 반올림하여 kg 단위의 자연수로 무게를 표시한다. 따라서 甲의 몸무게를 x, A물건 1개의 무게를 y라고 하면 다음이 성립한다.

① 甲이 체중계에 올라갔더니 66이 표시되었다. $\rightarrow 65.5 \le x < 66.5$
② 甲이 A물건을 2개 들고 체중계에 올라갔지만 66이 그대로 표시되었다. $\rightarrow 65.5 \le x+2y < 66.5$
③ 甲이 A물건을 3개 들고 체중계에 올라갔더니 67이 표시되었다. $\rightarrow 66.5 \le x+3y < 67.5$
④ 甲이 A물건을 4개 들고 체중계에 올라갔을 때에도 67이 표시되었다. $\rightarrow 66.5 \le x+4y < 67.5$
⑤ 甲이 A물건을 5개 들고 체중계에 올라갔더니 68이 표시되었다. $\rightarrow 67.5 \le x+5y < 68.5$

②에서 ①을 뺄 경우 $0 \le 2y < 1$이다. 따라서 y의 범위는 $0 \le y < 0.5$이다.
⑤에서 ②를 뺄 경우 $1 < 3y < 3$이다. 따라서 y의 범위는 $\frac{1}{3} < y < 1$이다.

이를 정리하면, y의 범위는 $\frac{1}{3} < y < 0.5$이다. 이때, y의 단위는 kg이므로 이를 g으로 고치면 $\frac{1,000}{3}\text{g} < y < 500\text{g}$ 이다.

따라서 A물건 1개의 무게로 가능한 것은 400g이다.

합격자의 시간단축 Tip

Tip ❶

(1) 선지의 값을 대입해 불가능한 것을 소거하는 방식으로 접근한다. 우선 A가 600g이나 500g일 경우 A물건 두 개의 무게가 1kg 이상이 되어 두 번째 조건에서 반드시 체중계의 무게가 67kg이 나왔을 것이다. 따라서 ④ 번과 ⑤ 번이 소거된다.
(2) 다음으로, A가 200g일 경우 5개를 들어야 1kg이기 때문에 A물건 5개를 들고 체중계에 올라갔을 때 아무것도 들지 않았을 때보다 1kg만 늘어 67kg가 표시될 것이다. 따라서 5개를 들고 올라갔을 때 68이 표시되었다는 문제의 조건은 틀린 것이 되며 ① 번도 소거된다.
만약 A가 300g일 경우, A물건을 5개 들면 총 무게는 1.5kg일 것이다. 甲이 정확히 66kg였을 때 A를 5개 들면 67.5kg이므로 체중계에는 68이 표시될 것이고, 甲이 66kg보다 가볍다면 A를 5개 들어도 67.5kg보다 가벼워 체중계에는 67이 표시될 것이다.

따라서 甲은 66kg 이상일 수밖에 없는데, 그 경우 300g을 두 개 들면 최소 66.6kg으로 체중계에는 67이라고 표시되어야 해서 문제의 조건에 모순이 생긴다.

따라서 A는 300g일 수 없으며 ② 번도 지워진다.

(3) 따라서 답은 ③ 이다. 가능한 경우를 가정해보면, 甲이 65.5kg일 때 A를 2개 들면 66.3kg으로 66이 표시될 것이고, 3개 들면 66.7kg으로 67이, 4개 들면 67.1kg으로 67이, 5개 들면 67.5kg으로 68이 표시될 것이다. 이 문제의 경우 극단의 값에서 답이 나올 가능성이 적기 때문에 가운데 수보다 나머지를 먼저 검토해서 반례를 찾는 것이 효율적인 풀이법이라고 할 수 있다.

Tip ❷ 甲이 체중계에 올라갔을 때 66kg이라고 주어져 있는 것이 65.5kg 이상, 66.5kg 미만의 값이라는 것을 유념해야 한다. 보통 66kg에서 66.5kg 사이라는 것은 잘 파악하지만, 65.5kg 부터 기준에 해당한다는 점은 쉽게 놓칠 수 있다.

Tip ❸ 우선 甲이 체중계에 올라갔더니 66이 표시된 것을 보아 무게가 65.5kg~66.5kg미만 사이에 있다는 것을 알 수 있다. 그리고 A물건을 2개 들고 올라가도 66인 것을 보아 둘 다 위 범위 사이에 있는 것임을 알 수 있다.

이때, 최소인 65.5kg임을 가정한다면 500g과 600g은 2개를 들면 66.5kg이상이 되므로 자동적으로 제외된다. 반대로 200g이라면 5개를 들면 1kg이므로 66.5kg로 67이 되므로 제외된다.

300g도 3개를 들면 66이 표시되므로 제외된다. 쉽게 정답이 3번임을 구할 수 있다. 또는 최대에 가까운 66.49kg으로 가정하고 계산해도 동일한 결과를 도출할 수 있다. 이처럼 가장 극단의 상황을 가정해 문제를 푼다면 쉽게 풀릴 것이다.

* 선지를 활용하여 푸는 해설의 방법이 주먹구구식으로 푸는 것 같아 보일 수도 있다. 그러나 이 문제의 경우 실제로 미지수를 설정하여 푸는 것보다는 선지를 이용하여 푸는 것이 정석 풀이라고 봐야 한다. 이와 같이 문제를 정확히 풀어 답을 맞히는 것이 중요할 뿐이지, 그럴듯한 풀이가 필요한 것이 아니라는 점을 명심해야 한다.

419 정답 ⑤ 난이도 ●●●

주어진 자료를 바탕으로 각 숙소의 총점을 계산하면 다음과 같다.

구분	연식	회사와의 거리	옵션	월세	총점
A	4점	5점	2점	1점	12점
B	2점	2점	1점	4점	9점
C	5점	1점	3점	2점	11점
D	1점	3점	2점	5점	11점
E	3점	4점	2점	3점	12점

숙소 A와 E의 총점이 동일하며, 총점이 동일한 경우 일 년간 총 납입할 금액의 합이 가장 저렴한 숙소를 선택한다. 일 년간 총 납입할 금액은 월세 12번과 보증금으로 이루어져 있으며, 숙소 A는 44×12+140=668만 원, 숙소 E는 40×12+180=660만 원을 각각 납입해야 한다.

따라서 K씨는 일 년간 총 납입할 금액의 합이 더 저렴한 숙소 E를 선택한다.

합격자의 시간단축 Tip

Tip ❶

(1) 계산이 필요한 문제에서는 계산을 최대한 단순화하는 것이 중요하다.
우선 총점이 높은 숙소를 구하고자 할 때, A를 기준으로 각 숙소의 점수를 비교하는 것이 좋다. 반드시 A를 기준으로 비교할 필요는 없으며, 중요한 것은 기준을 세워 비교할 경우 총점을 계산하지 않고도 가장 높은 점수의 숙소를 구할 수 있다는 것이다.

(2) 가령 A와 B를 비교하면 4점, 2점, 1점이 각 하나씩 있다는 것은 동일하나 남은 점수가 A는 5점, B는 2점으로 A가 더 높으므로 B는 소거된다.
C와는 2점, 1점, 5점이 동일하나 남은 점수가 A는 4점, C는 3점으로 A가 더 높으므로 C는 소거된다. 이러한 방식으로 점수들을 비교하면 A와 E의 점수가 가장 높다는 것을 알 수 있다. 다만 설문의 경우 총점 계산이 어렵거나 복잡하지 않기 때문에 그냥 진행하여도 무방하다.

(3) 다음으로는 납입금이다. A의 월세는 44만 원, E의 월세는 40만 원으로 A의 월세가 4만 원 더 높다. A의 보증금은 140만 원, E의 보증금은 180만 원으로 E의 보증금이 40만 원 더 높다. 따라서 A는 E보다 납입해야 하는 월세금이 4×12=48만 원 더 많고, E는 A보다 납입해야 하는 보증금이 40만 원 더 많으므로, 최종적으로 납입해야 하는 금액이 더 높은 숙소는 A라는 것을 알 수 있다.

Tip ❷ 물론 비교를 가지고 문제를 풀 수도 있지만 비교를 하는 것이 헷갈린다면 망설이지 않고 바로 점수를 적어 더하는 방법이 좋다. 계산을 단순화하는 방법을 숙지하고 연습해 실전에서 빠르게 사용할 수 있다면 좋지만, 실전에서 너무 긴장을 해 자꾸 틀리는 경우 과감히 모든 점수를 기입해 직접 답을 구해야 한다.
실제로 한 묶음씩 점수를 매겨 나간다면 그렇게 오랜 시간이 걸리지 않는다. 다만 모든 문제를 처음부터 일일이 계산하겠다고 마음먹으면 비슷한 유형의 어려운 문제가 나올 경우 시간은 시간대로 쓰고 정답을 도출하지 못할 수 있다. 따라서 연습할 때에는 문제의 의도와 패턴을 파악하려는 노력을 하자.

420 정답 ❶ 난이도 ●●●

공연장 A~F를 모두 거치면서 각 공연장을 한 번만 지날 수 있을 때, [그림]과 [표]를 바탕으로 전국투어 일정으로 가능한 경로는 다음과 같다.

경로	이동거리(km)
집-A-D-B-C-F-E-집	650
집-A-D-F-E-C-B-집	620
집-A-E-C-F-D-B-집	590
집-B-C-F-D-A-E-집	580
집-B-D-F-C-E-A-집	590
집-E-A-D-F-C-B-집	580
집-E-F-C-B-D-A-집	650

따라서 P씨가 갈 수 있는 최단거리는
(집－B－C－F－D－A－E－집) 또는 (집－E－A－D－F－C－B－집)을 경로로 하는 580km이다.

합격자의 시간단축 Tip

Tip ❶ 580km가 선지에 주어진 가장 짧은 거리이므로, 해당 거리가 나온 이상 더 이상의 경로를 검토하지 않는다.

Tip ❶

(1) 최단거리 유형의 문제는 여러 가지 경우의 수 중에서 하나를 골라내는 풀이를 사용한다. 빠른 해결을 위해 첫째로 '기본 방침'을 세우고, 둘째로 선지를 적극적으로 활용해야 한다.
예를 들어 가장 짧은 거리는 반드시 지나고, 가장 긴 거리는 반드시 지나지 않는다는 것을 기본 방침으로 삼으면 좋다. 최단거리를 찾는 문제이므로 모든 경우의 수를 고려하기보다는 <u>유독 짧게 주어진 거리들을 연결할 수 있는 경우를 기준으로 경로를 도출하는 것이다</u>.

(2) 이 문항의 경우, C－F(20), B－C(40), D－F(50), A－E(60)가 유독 짧게 주어졌으므로, 이들의 조합을 최대한 연결한 B－C－F－D와 A－E를 어떻게 연결시킬 수 있는지를 중심으로 경로를 짜야 한다.

반면, 집－D(170)은 유독 길게 주어졌으므로 최대한 연결을 피해야 하고, 이때 최단거리를 쉽게 도출할 수 있을 것이다. 나머지는 문제에 따라 다르지만 최단거리와 최장거리(또는 가격 등)는 거의 모든 문제에서 적용되므로 기억해 두도록 하자.

421 정답 ❹ 난이도 ●●●

(1) B의 두 번째 진술과 C의 첫 번째 진술은 모두 C가 105호에 거주하고 있다는 것이므로 B와 C는 진실만을 말했다. 이 때 B와 C의 진술을 바탕으로 A~E의 차량과 호수를 정리하면 다음과 같다.

	A	B	C	D	E
차량		승용차			
호수		101호	105호		

(2) 만약 A가 거짓만을 말했을 경우 E의 두 번째 진술에 따라 A는 102호에 거주하며 D의 두 번째 진술에 따라 D는 A의 왼쪽 방인 101호에 거주한다. 그러나 101호에는 B가 거주하므로 모순이 발생한다. 따라서 A는 진실만을 말했다.

(3) 또한, 만약 E가 거짓만을 말했을 경우 A의 두 번째 진술에 따라 E는 103호에 거주하는데 이 경우 102호와 104호만 남게 되어 D의 두 번째 진술에 따라 D가 A의 바로 왼쪽 방에 거주할 수 없다. 따라서 E도 진실만을 말했고, 거짓만을 말한 사람은 D가 된다.

(4) 한편, D가 거짓만을 말했을 경우 A의 두 번째 진술에 따라 E는 103호에 거주하고, E의 두 번째 진술에 따라 A는 102호에 거주한다. 이 경우 D는 104호에 거주하게 된다.
차량의 경우, A의 첫번째 진술에 따라 C는 오토바이를, E는 그의 진술에 따라 승용차를 보유하고 있다. 이 경우 D는 트럭을 보유하고 있지 않으므로, 승용차를 보유하고 있음을 알 수 있다.

(5) A와 E의 진술을 바탕으로 A~E의 차량과 호수를 정리하면 다음과 같다.

	A	B	C	D	E
차량	트럭	승용차	오토바이	승용차	승용차
호수	102호	101호	105호	104호	103호

(6) 이때, 거짓만을 말한 D가 보유한 차량은 승용차이며 그 사람이 거주중인 호수는 104호이다.

합격자의 시간단축 Tip

Tip ❶ A, D, E 진술의 참 거짓을 순서대로 판단하는 과정에서, 만일 D의 진술이 거짓인 경우를 먼저 검토했을 경우 답이 곧바로 ④임을 알 수 있다. 이때, 더 이상 E의 진술이 거짓인 경우를 검토할 필요는 없다. E의 진술이 거짓인 경우에서 모순이 나오지 않는다 하더라도 답은 하나일 수밖에 없으므로 그 경우에도 E의 보유 차량은 승용차, 거주하는 세대는 104호인 것으로 도출될 것이기 때문이다.
이는 문제의 발문 및 선지를 꼼꼼히 살펴봄으로써 얻을 수 있는 정보다. 문항들 중에는 둘 이상의 경우의 수를 열어 두고, 가능한 경우들이 공통적으로 갖는 특징을 고르도록 하는 유형도 있다. 그러나 본 문제의 경우 '거짓만을 말한 사람이 보유한 차량과 거주중인 호수'를 묻고 있다.
즉, 거짓말을 한 사람이 단 한 명이라는 뜻을 내포하고 있다. 이 경우 확실한 정답이 하나 도출되었다면 더 이상의 경우의 수를 탐색할 필요 없이 풀이를 종료할 수 있다.

Tip ❷ D와 E의 진술에서 '왼쪽'의 의미를 시각적으로 파악하기 위하여 아래와 같이 '호수'를 기준으로 표를 그리는 방법도 있다. B의 두 번째 진술과 C의 첫 번째 진술이 동일하므로 B와 C는 진실만을 말했고, 이를 반영하여 표를 작성하면 다음과 같다. 이후의 풀이는 해설과 동일하며 표의 작성 방법만 상이하다.

101호	102호	103호	104호	105호
B				C
승용차				

Tip ❸ 〈진술〉에서 연결되는 내용을 따라가며 상충되는 진술을 찾아 답을 구할 수 있다. 먼저 각각의 진술이 모두 참이라 가정한다.
A의 진술에 따라 E는 103호에 거주, E에 따라 A는 102호에 거주, D에 따라 D는 101호에 거주한다. 그러나 이는 B의 진술과 상충되므로 둘 중 한 명이 거짓만을 말하고 있음을 알 수 있다. 이때, B와 C의 진술에서 C가 105호에 거주함이 공통되므로, 둘 모두 진실만을 말하고 있다. 따라서 거짓만을 말한 사람은 D로, 그는 남은 세대인 104호에 거주하고, 트럭을 보유하고 있지 않아 정답은 ④번이 된다.

422 정답 ④ 난이도 ●●○

주어진 〈조건〉을 바탕으로 4명의 전공을 표로 정리하면 다음과 같다. (단, 공란은 〈조건〉 만으로 확정할 수 없음을 의미한다.)

	수현	주아	한성	제혁
경영학과	○	○	×	×
통계학과	×		○	
경제학과	○	○	×	○
심리학과	×	×	○	○

① (×) 수현은 ~~심리학과를 전공하였다.~~
➜ 〈조건〉 ㉢에 따라 수현이 전공한 과는 주아도 전공하였는데, 〈조건〉 ㉣에 따라 주아는 심리학과를 전공하지 않았으므로 수현은 심리학과를 전공하지 않았다.

② (×) 주아는 ~~통계학과를 전공하였다.~~
➜ 주어진 〈조건〉만으로는 주아가 통계학과를 전공하였는지 여부를 알 수 없다.

③ (×) 한성은 ~~경제학과를 전공하였다.~~
➜ 〈조건〉 ㉢과 ㉣에 따라 수현과 주아는 심리학과를 전공하지 않았다. 그런데 〈조건〉 ㉤에 따라 심리학과를 전공한 사람은 2명이므로 한성과 제혁은 심리학과를 전공했다. 한편, 〈조건〉 ㉠과 ㉡에 의하면 한성이 통계학과를 전공했으므로 수현은 통계학과와 심리학과를 전공하지 않았다. 이때, 각 사람의 전공은 2가지 이상이므로 수현은 경제학과를 전공했고, 〈조건〉 ㉡에 따라 한성은 경제학과를 전공하지 않았다.

④ (○) 제혁은 경영학과를 전공하지 않았다.
➜ 〈조건〉 ㉠에 따라 수현은 경영학과를 전공했다. 이때, 〈조건〉 ㉡에 의하면 한성은 경영학과를 전공하지 않았고 〈조건〉 ㉢에 의하면 주아는 경영학과를 전공했다. 그런데 〈조건〉 ㉤에 따라 경영학과를 전공한 사람은 2명이므로 제혁은 경영학과를 전공하지 않았다.

⑤ (×) 수현은 경제학과를 ~~전공하지 않았다.~~
➜ 〈조건〉 ㉢과 ㉣에 따라 수현과 주아는 심리학과를 전공하지 않았다. 그런데 〈조건〉 ㉤에 따라 심리학과를 전공한 사람은 2명이므로 한성과 제혁은 심리학과를 전공했다. 한편, 〈조건〉 ㉠과 ㉡에 의하면 한성이 통계학과를 전공했으므로 수현은 통계학과와 심리학과를 전공하지 않았다. 이때, 각 사람의 전공은 2가지 이상이므로 수현은 경제학과를 전공했다.

합격자의 시간단축 Tip

Tip ❶ 〈조건〉으로부터 각각의 전공을 구하는 과정을 구체적으로 설명하면 다음과 같다.

(1) 조건 ㉠에서 수현은 경영학과, 한성은 통계학과, 제혁은 경제학과를 전공하며 ㉡에서 수현과 한성은 서로 다른 과를 전공하므로 수현은 통계학과를 전공하지 않고 한성은 경영학과를 전공하지 않는다.

(2) 조건 ㉢에서 수현이 전공한 과는 주아도 전공하므로, 주아가 전공하지 않은 과는 수현 역시 전공하지 않았음을 의미한다. ㉣에서 주아는 심리학과를 전공하지 않기 때문에 수현 역시 심리학과를 전공하지 않는다. 이상에서 수현은 경영학과와 경제학과를 전공한다는 것을 알 수 있으며, 주아 역시 동일하게 경영학과와 경제학과를 전공한다. 다만 주아가 통계학과를 전공했는지 여부는 알 수 없다.

(3) 다시 조건 ㉡에 따라 한성은 수현이 전공하는 경영학과와 경제학과를 제외한 통계학과와 심리학과를 전공한다는 것을 알 수 있다. 조건 ㉤에서 심리학과를 전공한 사람은 두 명이며, 수현과 주아는 심리학과를 전공하지 않았으므로 자연스레 제혁은 심리학과를 전공하였다. 이상에서 제혁은 경제학과와 심리학과를 전공한다는 것을 알 수 있으나, 제혁이 통계학과를 전공했는지 여부는 알 수 없다.

(4) 정리하면, 수현과 주아는 경영학과와 경제학과를, 한성은 통계학과와 심리학과를, 제혁은 경제학과와 심리학과를 전공했음을 확실하게 알 수 있다. 다만 주아와 제혁이 통계학과를 전공했는지 여부는 알 수 없다.

* 이 문제 또한 다른 퀴즈 문제처럼 가장 확실한 정보들을 먼저 기입한 뒤, 관계 속에서 도출되는 정보들을 나중에 활용해주는 것이 시간을 단축하는데 효율적이다.

Tip ❷ 문제 중에서는 주어진 정보로도 전부다 확정될 수 없는 내용들이 존재한다. 모든 정보가 확정되지 않아도 선지를 살펴 문제를 충분히 풀 수 있다.
그러므로 모든 정보를 다 사용하더라도 확정되지 않는 정보가 있을 경우 당황하지 말고 선지를 최대한 활용하도록 한다.
또한 문제에서 '항상 옳은 것은'이라고 물어봤기 때문에 조금이라도 확정되지 않은 정보들은 다 틀렸다 볼 수 있다. 발문을 잘못 읽으면 정답이 여러 개인 문제처럼 보일 수도 있으니 주의하자.

423 정답 ❹ 난이도 ●●○

ㄱ. 18개의 막대 사용: 97−10=87
ㄴ. 19개의 막대 사용: 95−10=85
ㄷ. 20개의 막대 사용: 96−10=86 or 98−12=86
ㄹ. 21개의 막대 사용: 98−10=88
따라서 가장 높은 점수를 받게 되는 순서는 ㄹ > ㄱ > ㄷ > ㄴ 순서이다.

합격자의 시간단축 Tip

Tip ❶

(1) 이 문제를 많은 수험생들이 다음과 같은 방식으로 접근한다.
① 우선 각 빈칸에 숫자들을 1회만 사용해야 하므로 가장 큰 숫자인 98을 떠올린다.
② 두 자리 숫자 중 가장 작은 숫자인 10을 떠올린다.
③ 98을 만들기 위해서 몇 개의 성냥개비가 필요한지, 10을 만들기 위해서 몇 개의 성냥개비가 필요한지 계산한다. 그리고 98−10=88 이라는 값 옆에 '21개'라고 적는다.
④ 그 다음엔 98-12, 98−13, 98−14를 쭉 나열하다가 97−10, 97−12 등으로 여러가지 수를 일일이 나열하여 계산한다. 이는 성냥개비 수 계산에서 18~20개의 막대를 사용한 수가 나올 때까지 계속된다. 그러나 이러한 풀이는 풀면서도 스스로 비효율적인 풀이라고 느껴질 것이다.
이처럼 개수를 세어야 하는 문제는 가능한 후보군들의 개수를 미리 세놓고 그것들을 조합하는 방식으로 푸는 것이 편하다. 구체적인 풀이는 다음과 같다.

(2) 이 놀이의 규칙은 가장 높은 값을 만드는 것이 목적이다. 따라서 공식 앞부분에 들어갈 수는 98, 97, 96, 95등과 같은 수들 일 것이고, 뒷부분에 들어갈 수는 10, 12, 13, 14같은 수들이다. 그렇다면 이 수들을 만들 때 필요한 성냥개비를 미리 계산해 놓자. 계산 값은 다음과 같다.
(94와 13, 15는 사용될 일이 없을 것이다.)

98	97	96	95	94
13개	10개	12개	11개	10개
10	12	13	14	15
8개	7개	7개	6개	7개

(3) 이제 남은 것은 가장 큰 숫자를 계산하여 그것을 만드는데 필요한 성냥개비 개수를 세는 것이다. 98−10=88은 21개, 97−10=87은 18개, 96−10

=86, 98−12=86은 20개이다. 가장 큰 숫자 순서대로 개수를 세기 시작해서 21개, 18개, 20개가 나왔으므로, 19개를 사용해 만든 숫자가 가장 작은 수일 것이라는 것만 판단하고 구체적으로 어떤 수인지 계산하지 않는다.

따라서 답은 〈ㄹ－ㄱ－ㄷ－ㄴ〉이다.

424 정답 ① 난이도 ●●○

ㄱ. (○) 누구든 ⑦카드를 2장 갖고 있으면 반드시 우승할 수 있다.

➜ ⑦카드를 2장 가진 사람은 甲이 ⑦카드를 냈을 때 ⑦카드를 낼 수 있다. 나머지 한 참가자는 7과 같거나 7보다 큰 숫자 카드가 없으므로 낼 수 있는 카드가 없다. 따라서 누구든 ⑦카드를 2장 갖고 있으면 반드시 우승한다.

ㄴ. (×) 甲이 게임 시작과 동시에 ⑦카드를 냈을 때 ~~우승할 확률은 약 33%이다.~~

➜ 甲이 게임 시작과 동시에 ⑦카드를 낸 경우 乙또는 丙은 ⑦카드 총 2장을 반드시 가지고 있으므로 둘 중 적어도 한 명은 ⑦카드를 낸다. 만약 순서가 甲까지 다시 돌아온다면 甲은 자신의 차례에서 남은 ⑦카드가 없으므로 게임에서 빠진다. 이때 이전에 ⑦카드를 낸 乙또는 丙은 아직 게임에 남아있게 된다. 따라서 甲이 게임 시작과 동시에 ⑦카드를 냈을 때 우승할 확률은 0%이다.

ㄷ. (×) 甲이 게임 시작과 동시에 ⑥카드를 냈을 때 ~~우승할 확률은 약 33%이다.~~

(1) 〈보기 ㄱ〉과 같은 이치로 甲 외에 다른 참가자가 ⑦카드를 2장 가지고 있을 때에는 甲은 우승할 수 없다. 이하에서는 모든 참가자가 ⑦카드를 1장씩 가지고 있다고 가정하자.
그렇다면 참가자 중 한 명은 ⑦카드 1장, ⑥카드 1장을, 한 명은 ⑦카드 1장만을 가지고 있다. 이때, 참가자들의 순서에 따라서 우승자가 바뀔 수 있다. 乙이 ⑥카드, ⑦카드 한 장씩을 가지고 있는 경우 게임의 흐름은 다음과 같다.
'甲⑥→乙⑥→丙⑦→甲⑦→乙⑦'
이 경우 甲은 우승할 수 없다. 乙이 ⑦카드 한 장만 가지고 있는 경우 게임의 흐름은 다음과 같다. '甲⑥→乙⑦→丙⑦ →甲⑦' 이 경우 甲이 우승하게 된다.

(2) 현재 甲이 ⑥카드 2장, ⑦카드 1장을 가지고 있는 상황에서, ⑥카드 1장, ⑦카드 2장을 乙, 丙에게 나누어 주는 경우의 수를 나열해보면 다음과 같다.

① 乙에게 ⑦카드 2장이 주어진 경우 ⑥카드의 분배의 경우의 수 2가지
② 丙에게 ⑦카드 2장이 주어진 경우 ⑥카드의 분배의 경우의 수 2가지
③ 乙과 丙에게 ⑦카드가 각 1장씩 주어진 경우 ⑥카드 분배의 경우의 수 2가지

이상의 6가지 경우의 수 중에서 乙에게 ⑦ 카드 1장만이 주어진 경우에만 甲이 우승할 수 있으므로, 甲이 게임 시작과 동시에 ⑥카드를 냈을 때 우승할 확률은 약 16.7%이다.

합격자의 시간단축 Tip

Tip ①

(1) 게임 문제는 특정 참가자가 반드시 이길 수 있는 상황이 무엇인지 빠르게 파악할 수 있도록 연습해 두는 것이 문제를 쉽게 푸는데 도움이 된다. 이 게임은 특정 참가자가 반드시 이기기 위해서는 그 참가자가 ⑦을 두 장 이상 들고 있으면 된다는 것이다. 이 문제는 〈보기 ㄱ〉에서 바로 필승 조건을 제시해 주었다.

(2) 모든 참가자가 ⑦을 한 장씩 가지고 있을 때에는 참가자가 언제 ⑦카드를 내는지에 따라 달라진다. 가장 늦게까지 게임에 남아 있는 사람이 우승자가 되는 조건을 생각해보면, 빨리 낼수록 불리하다는 것을 알 수 있다.
〈보기 ㄴ〉과 〈보기 ㄷ〉을 비교해 보면, 〈보기 ㄴ〉에서는 게임 시작과 동시에 甲이 ⑦을 내면서 최고의 카드를 곧바로 소진해 버리지만, 〈보기 ㄷ〉에서는 ⑥을 먼저 냄으로써 乙과 丙이 자신의 최고의 카드들을 먼저 쓸 수 있는 가능성을 열어 둔다. 만일 乙과 丙이 그 뒤에 이어서 ⑦을 낸다면, 甲은 최고의 카드인 ⑦을 모두가 소진했을 때 마지막으로 내게 되면서 승리할 수 있게 된다.

(3) 게임 문제의 경우, 게임의 규칙이 이해하기 어렵거나 숨겨진 의도를 파악하기 어렵다면, 주어진 보기를 ㄱ부터 차근차근 풀어나가는 것이 유리하다. 보통 첫 번째 보기에 게임의 이해를 돕거나 숨겨진 의도를 보여주는 내용이 담겨있기 때문이다.

＊〈보기 ㄴ〉과 〈보기 ㄷ〉을 풀어갈 때 구체적인 확률이 어떻게 나올 지가 의문인 수험생이 많았을 것이다. 33%라는 확률을 처음 보면 '3가지 중에 한 가지'가 가장 먼저 떠오르므로 이보다 더 많은 경우가 가능하다면 혼란에 빠지기 쉽다. 따라서 이때는 당황하지 말고 확률 개념보다는 경우의 수 개념으로 접근하여 가능한 경우를 모두 생각해보는 것이 좋다.

425 정답 ③ 난이도 ●●○

ㄱ. (×) 2013년에 신규 인증대학으로 선정된 A대학이 2016년에 핵심지표평가만을 받는 경우는 ~~없다.~~
→ 네 번째 조건에 따라 기존 인증대학에 대해서는 핵심지표평가만을 실시하며, 두 번째 조건에 따라 신규 인증의 유효기간은 3년이다. 따라서 2013년에 신규 인증대학으로 선정된 A대학이 지속적으로 기존 인증대학에 포함된다면, 2016년 2월에 인증 유효기간이 종료되어 2016년 3월에 신규 인증을 신청해 핵심지표평가와 현장평가를 모두 받아야 할 것이다.
그러나, A 대학이 2014년 3월에 기준을 충족하지 못해 인증이 취소되고, 2015년 3월에 다시 신규 인증대학으로 선정된다면 2016년에는 핵심지표평가만을 받을 수 있다. 따라서 옳지 않다.

ㄴ. (○) 2015년 3월까지 인증대학으로 1번 이상 선정된 대학은 최대 51개이다.
→ 2015년 3월까지의 신규 인증대학이 과거에 인증 받았던 적이 없는 대학들로만 구성될 때 1번 이상 선정된 대학의 개수가 최대가 된다. 따라서 3년간 인증대학 중 신규 인증대학을 모두 더한 12+18+21=51이 최대값이다.

ㄷ. (×) 2015년 3월까지 인증대학으로 1번 이상 선정된 대학은 최소 ~~46개이다.~~
→ 2015년 3월의 신규 인증대학에 과거에 인증을 받았던 대학들이 최대한 많이 포함될수록 '인증대학으로 1번 이상 선정된 대학'이 최소가 된다. 2013년 신규 인증대학이 12개이고 2014년 기존 인증대학이 10개이므로 2013년에 인증을 받았다가 2014년에 인증이 취소된 대학은 2개이다. 이 경우 2015년 3월에 다시 신규 인증을 신청할 수 있다. 그러나 다섯 번째 조건에 따라, 2014년에 신규/기존 인증되었으나 2015년 취소된 대학의 경우는 고려하지 않는다.
따라서 모두 신규대학인 경우 '인증대학으로 1번 이상 선정된 대학'은 51개이므로 최솟값은 51−2=49 개다.

ㄹ. (○) 2016년 2월 현재 23개월 이상 인증을 유지하고 있는 대학은 25개이다.
→ 2016년 2월 현재 23개월 이상 인증을 유지하고 있다면 이는 2013년 또는 2014년에 신규로 인증을 받고 계속 그 상태를 유지하고 있는 대학들이다. 이는 2015년 3월의 기존인증대학들을 말하므로 25개이다.

Tip ❶
(1) 〈조건 4〉와 〈조건 5〉를 보면 인증이 취소될 수 있는 가능성에 대해 시사하고 있지만, 주어진 표만 보면 인증취소에 관한 내용이 잘 보이지 않는다. 즉, 〈조건 4, 5〉의 '인증 취소 대학'을 염두에 두고 경우의 수를 생각하는 것이 문제 풀이의 핵심임을 알 수 있다.
(2) 〈보기 ㄷ〉을 판단할 때, 2015년 3월의 합계가 46이다. 2014년 3월에 인증대학이 총 28개인데 2015년 기존 인증대학은 25개이다. 즉, 2014년의 인증대학 중 세 곳이 2015년에 인증이 취소된 것이므로, 최솟값은 최소 이를 포함한 49곳 이상일 것이라는 걸 알 수 있다.
(3) 2014년에 인증이 취소된 대학을 고려할 때 최솟값은 이보다 클 가능성도 있으나, 실전에서는 더 이상의 구체적인 최솟값을 도출할 필요 없이 이 선지를 틀리다고 판단할 수 있다.
<u>이처럼 보기에 주어진 숫자가 문제에도 동일하게 주어진 경우 해당 부분이 문제 풀이의 실마리가 되는 경우가 많다.</u>

Tip ❷ 연도별로 변화량을 보여주는 유형이다. 언제 빠지고 언제 유입이 되는지를 가지고 장난치기 좋은 문제이다. 만약 보기 ㄹ에서 16년 2월 기준 "23개월 유지하는 대학" 과 "35개월 유지하는 대학"을 구분할 수도 있다.
이 경우에는 14년 3월 기준 신규대학 18개와 기존대학 10개 중 15년에 탈락하게 되는 3개의 대학이 어디에 해당하는지에 따라 달라진다. 3개의 대학이 14년 신규대학이었다면, 16년 2월 기준 23개월 유지대학은 15개, 35개월 유지하는 대학은 10개 이런 식이다.
말로 표현하기가 어렵지만 결국 표에 해당하는 수치가 어떤 의미를 내포하는지 묻는 문제이다.

Tip ❸ 〈보기〉에 주어진 '최소'와 '최대' 및 〈조건 4, 5〉를 미루어 보아 어느 정도의 가정을 통한 문제 해결이 필요함을 유추할 수 있다. 문제 전반에서 최소, 최대의 경우 조건 안에서 가장 극단적인 값을 설정해 푸는 것이 시간 단축에 도움이 될 것이다.

426 정답 ④ 난이도 ●●○

• 최솟값
최솟값을 구하기 위해서는 이웃하는 숫자의 합산 값의 일의 자리가 0이 되는 것이 바람직하다. 즉, (1, 9), (2, 8), (3, 7), (4, 6)의 짝이 만들어 진다.
이때, 점수가 최소가 되도록 나열하려면 일의 자리가

0 또는 1이 최대한 많이 나오게 해야 한다.
즉, 1, 9, 2, 8, 3, 7, 4, 6, 5로 나열할 수 있으며(혹은 이 역순도 가능하다), A는 4점, B는 0점을 득점한다. 따라서 두 사람의 점수 합계의 최솟값은 4이다.

• 최댓값
최댓값을 구하기 위해서는 이웃하는 숫자의 합산 값의 일의 자리가 9가 되는 것이 바람직하다. 즉, (1, 8), (2, 7), (3, 6), (4, 5)가 짝이 된다.
점수가 최대가 되도록 나열하려면 일의 자리가 9또는 8이 최대한 많이 나오게 해야 한다.
즉, 9, 8, 1, 7, 2, 6, 3, 5, 4로 나열할 수 있으며 (혹은 이 역순도 가능하다), 이때 두 사람의 점수 합계는 67이 된다.

합격자의 시간단축 Tip

Tip ❶

(1) 일의 자리 수를 곧 점수로 한다는 규칙을 보고, 1부터 9까지의 숫자를 짝지어 나열해야 한다는 것을 파악해야 한다.
(2) A는 자신이 뽑은 첫 번째 공으로 득점할 수 없다는 조건에 따라, A가 4번, B가 4번 득점할 기회가 있음을 알 수 있다. 여기서 최솟값의 힌트를 얻을 수 있다. 선지에 있는 3은 하나뿐이므로 보다 정답일 확률이 높은 4, 5의 다른 선지들을 우선 확인해보자.
최솟값이 4 또는 5라는 것은 각각 한 사람은 0점만 획득하고 다른 한 사람이 1점씩 4번 획득할 수 있는지, 한 사람이 최소 1점은 획득해야만 하는지를 판단해야 한다는 것을 의미한다.
이에 해설 대로 짝을 지어서 나열하면 전자의 경우에 해당함을 알 수 있다.

> * A와 B의 득점 기회를 활용하여 쉽게 알 수 있다. 일의 자리가 0이 되도록 주어진 숫자의 짝을 짓는 경우는 최대 4가지로, 총 8번의 득점 기회 중 적어도 4번 이상 1 이상의 점수가 나오게 된다. 따라서 점수 합계는 적어도 4 이상이 됨을 알 수 있다.

(3) 점수의 합을 물어보고 있으므로 A의 득점인지 B의 득점인지는 크게 중요하지 않다.
최댓값을 구하는 과정에서 67의 값이 바로 도출되지 않도록 나열했을 수도 있다. 그러나 이러한 경우에도 그 값이 61보다 큰 값인 경우 곧바로 67이 나오는지 확인하지 못했더라도 답을 도출할 수 있다. 실제로 필자는 64라는 값이 도출되어 67을 구하지는 못했지만 정답은 구할 수 있었다. 이를 보면 이 문제의 경우 선지에서 간격이 촘촘한 '최솟값'이 정답 도출의 핵심임을 알 수 있다.

Tip ❷

(1) 전체적인 관점은 늘 중요하다. 이 문제 역시 전체 8라운드임을 파악해야 한다.
문제에서 n=2, 3, 4, 5, 6, 7, 8, 9로 아주 친절하게 8회 동안 득점이 이루어질 것을 알려주고 있다. 이를 파악하고 들어가면 보다 구조적으로 문제를 풀 수 있다.
최소득점 구성 시 일의 자리가 0으로 끝나게 만드는 경우는 (1, 9), (2, 8), (3, 7), (4, 6) 4가지이다. 따라서 0으로 끝나는 짝이 없는 5는 맨 처음 혹은 맨 마지막에 위치시켜야 함을 알 수 있다. 중요한 건 나머지 4라운드를 어떻게 최소로 만드는지이다.
(9, 2), (8, 3), (7, 4)로 1이 3개 만들어지며 아직 안 쓰였던 5가 6이랑 합쳐져 1을 만든다. 따라서 나머지 4라운드 득점은 4가 된다.
(2) 마찬가지로 최대값 역시 9를 만들어야 하는 경우의 수 (1, 8), (2, 7), (3, 8), (4, 5) 4가지를 떠올리긴 쉬웠을 것이다. 따라서 누구와 더해도 최대값인 9를 만들 수 없는 숫자 9를 맨 앞 혹은 맨 마지막에 위치시켜야 함을 추론할 수 있다.
또한, 여기까지 고려했을 때 4라운드 득점은 9×4 =36 이다. 문제는 9 다음 큰 수인 8을 만드는 것인데 (1, 7), (2, 6), (3, 5)로 8이 3개 만들어지나 아직 안 쓰였던 9와 8이 더해지면 7밖에 만들지 못한다. 따라서 나머지 4라운드 득점은 8×3+ 7 =31이 된다. 따라서 최대값은 67이다.
문제가 만약 67과 68을 비교하는 것이었다면 난이도가 좀 더 높아졌을 수 있는 문제이다.

427 정답 ❸ 난이도 ●●○

(1) 축제가 최장 18일동안 열리기 위해서는 10월 1일이 일요일이므로 축제가 10월 3일까지 연장되어야 한다. 문제에서 '최단 16일, 최장 18일'이라고 했으며, 10월 1일이 일요일이어서 2일 연장하는 것 외에는 다른 연장될 수 있는 조건이 보이지 않기 때문이다.
(2) 10월 1일이 일요일이라면 9월 15일은 금요일이다. 즉, 9월 15일이 금요일이 되는 연도를 찾아야 한다. (또는, 9월 15일이 화요일인 경우 10월 1일은 목요일이므로 이를 기준으로 10월 1일 또는 2일이 일요일이 되는 경우를 찾아도 좋다.)
(3) 2015년 9월 15일이 화요일이므로 각 연도의 요일을 나열해보면 다음과 같다. (**Tip** 참고)

2015년	2016년	2017년	2018년	2019년	2020년	2021년	2022년	2023년
화	목	금	토	일	화	수	목	금

합격자의 시간단축 Tip

Tip ①

(1) 달력, 요일 문제는 빈출 유형이므로 시간을 한번 들여서 풀이법을 숙지하고 들어가는 것이 좋다. 요일 문제는 요일의 날짜를 7로 나눈 나머지를 활용할 수 있다. 일주일은 7일을 주기로 같은 요일이 반복되기 때문이다. 이해하기 쉽게 월요일이 1일이라고 하면 월, 화, 수, 목, 금, 토, 일요일은 각각 1, 2, 3, 4, 5, 6, 7일이고 이들을 7로 나눈 나머지는 1, 2, 3, 4, 5, 6, 0 이다.

즉, 나머지들은 1, 2, 3, 4, 5, 6, 0, 1, 2, 3, 4, … 와 같이 주기적으로 반복되어 난다. 이는 요일의 성질과 같으므로 이를 활용하는 것이다.

(2) 예를 들어, 5일이 수요일일 때 29일의 요일을 묻는다고 하자. 5를 7로 나누면 나머지가 5이다. 29를 7로 나누면 나머지가 1이다. 나머지가 나오는 순서를 나열해보면 5, 6, 0, 1, … 이므로 5=수요일이라면 6=목요일, 0=금요일, 1=토요일이다. 따라서 29일은 토요일이다.

다만, 이와 같은 계산을 적용할 때, '월'이 다른 경우에 유의하도록 하자.

(3) 연도 문제 풀이 시에는, 이 문제의 윤년 규칙을 알아 두는 것이 좋다. 문제가 나올 때 마다 주어지는 경우가 많지만, 그 때마다 매번 새로 이해하기에는 시간이 다소 걸릴 수 있기 때문이다.

1년은 365일이다. 이를 7로 나누면 나머지가 1이 된다. 즉, 올해의 ×월 ×일이 월요일이라면, 내년의 ×월 ×일은 화요일이 된다. 반면, 윤년은 366일이다. 이를 7로 나누면 나머지가 2이다.

즉, 윤년의 경우 평소와 달리 요일이 하나가 밀리는 것이 아니라 두 개가 밀린다는 것이다.

(4) 해당 문제에서는 윤년으로 2016년과 2020년을 고려해야 한다. 유의해야 할 것은, 윤년인 경우에 하루가 늘어나는 달이 2월이므로 2월 이전의 요일을 계산하는 경우라면 평년인 경우와 동일하게 계산해야 하며, 2월 29일 이후의 요일을 계산하는 경우에만 윤년으로 계산해주어야 한다는 점이다. 예를 들어, 2019년 9월 15일에서 2020년 9월 15일은 366일 차이가 맞지만, 2019년 2월 3일에서 2020년 2월 3일은 여전히 365일이며, 2021년 2월 3일이 되어야 2020년 2월 3일과 366일 차이가 나는 것이다.

* 365일 뒤에 요일이 하나 밀리고, 366일 뒤에 요일이 2개 밀린다는 것을 알았다면 하나하나 세는 것도 줄여야 된다. 즉, 15년에서 20년이 되었을 때 9/15의 요일정도는 빠르게 나오면 좋다. 15년에서 20년까지는 5년이 걸리며 윤년은 16년, 20년 2번이 있다. 따라서 요일은 5+1+1=7번 밀리게 된다. 결국 20년의 요일은 15년의 요일과 똑같은 화요일이 될 것이다.

** 날짜나 시간 문제 유형을 넘기는 것으로 기준을 세운 수험생이 많을 것으로 생각한다. 그러나 이 문제의 **Tip**에 제시된 방법들 정도는 최소한으로 알아 두는 것이 필요하다. 혹 시험장에서 다른 문제를 풀고 나서 시간이 남게 되는 경우에 어려운 문제일지라도 풀어야 하는 경우가 있을 수 있고, 날짜나 시간 유형의 문제일지라도 난이도가 쉬울 수 있기 때문이다. 본인이 약한 유형에서도 최소한의 수준으로는 대비해 놓는 것이 필요하다.

독끝 15일차 (428~460)

정답

428	⑤	429	④	430	①	431	①	432	③
433	④	434	⑤	435	④	436	②	437	④
438	①	439	②	440	①	441	②	442	④
443	③	444	②	445	①	446	②	447	①
448	②	449	②	450	①	451	③	452	③
453	⑤	454	①	455	②	456	②	457	④
458	③	459	②	460	③				

428 정답 ⑤

난이도 ●●●

〈조건〉 세 번째에 따라 로나는 바닐라맛을 선택하지 않았고, 〈조건〉 여섯 번째에 따라 제니는 초코맛을 선택하지 않았다. 한편 〈조건〉 다섯 번째에 따라 딸기맛은 4명이 선택했고 1명만이 선택하지 않았다. 또한 각자는 2가지 맛을 선택하므로 〈조건〉 두 번째에 의하면 석훈과 민혁이 선택한 메뉴는 동일하다. 그런데 민혁이 딸기맛을 선택하지 않을 경우 석훈도 선택하지 않아 딸기맛을 2명이 선택하지 않게 된다.
따라서 석훈과 민혁은 딸기맛을 선택했다. 이를 표로 정리하면 다음과 같다.

	딸기맛	초코맛	바닐라맛	커피맛	선택 맛 수
로나			×		2
제니		×			2
은별					2
석훈	○				2
민혁	○				2
선택 인원	4			2	10

① (×) 로나만 초코맛을 선택하면 제니는 ~~커피맛을 선택한다.~~
→ 로나만 초코맛을 선택하면 은별, 석훈, 민혁은 초코맛을 선택하지 않는다. 그러나 제니가 커피맛을 선택하는지는 알 수 없다.
이를 바탕으로 표를 완성하면 다음과 같다. 단, 빈칸은 확정되지 않았음을 의미한다.

	딸기맛	초코맛	바닐라맛	커피맛	선택 맛 수
로나		○	×		2
제니		×			2
은별		×			2
석훈	○	×			2
민혁	○	×			2
선택 인원	4			2	10

② (×) 은별이 초코맛을 선택하면 초코맛을 선택한 사람은 ~~3명이다.~~
→ 은별이 초코맛을 선택하더라도 초코맛을 선택한 사람이 확정되지 않는다.
이를 바탕으로 표를 완성하면 다음과 같다. 단, 빈칸은 확정되지 않았음을 의미한다.

	딸기맛	초코맛	바닐라맛	커피맛	선택 맛 수
로나			×		2
제니		×			2
은별		○			2
석훈	○				2
민혁	○				2
선택 인원	4			2	10

③ (×) 은별이 커피맛을 선택하면 제니는 ~~커피맛을 선택한다.~~
→ 커피맛은 2명이 선택했는데, 은별이 커피맛을 선택하면 〈조건〉 두 번째에 의하면 석훈과 민혁은 커피맛을 선택하지 않는다. 그러나 이때, 제니가 커피맛을 선택하는지는 알 수 없다.
이를 바탕으로 표를 완성하면 다음과 같다. 단, 빈칸은 확정되지 않았음을 의미한다.

	딸기맛	초코맛	바닐라맛	커피맛	선택 맛 수
로나			×		2
제니		×			2
은별				○	2
석훈	○			×	2
민혁	○			×	2
선택 인원	4			2	10

④ (×) 로나가 초코맛, 커피맛을 선택하면 은별은 ~~바닐라맛을 선택한다.~~
→ 로나가 초코맛, 커피맛을 선택하면 딸기맛을 선택하지 않고, 〈조건〉 다섯 번째에 따라 제니, 은별, 석훈은 딸기맛을 선택한다. 이때, 〈조건〉 일곱 번째에 따라 로나와 은별이 동시에 선택한 메뉴가 한 가

지이므로 은별은 딸기맛 이외에 초코맛 또는 커피맛을 선택한다.
이를 바탕으로 표를 완성하면 다음과 같다. 단, 빈칸은 확정되지 않았음을 의미한다.

	딸기맛	초코맛	바닐라맛	커피맛	선택 맛 수
로나	×	○	×	○	2
제니	○	×			2
은별	○		×		2
석훈	○			×	2
민혁	○			×	2
선택 인원	4			2	10

⑤ (○) 석훈이 커피맛을 선택하면 제니는 바닐라맛을 선택한다.
➜ 석훈이 커피맛을 선택하면 〈조건〉 두 번째에 따라 민혁도 커피맛을 선택하고, 〈조건〉 다섯 번째에 따라 로나, 제니, 은별은 커피맛을 선택하지 않는다. 각자 2가지 맛을 선택하므로 민혁은 초코맛과 바닐라맛을 선택하지 않고, 로나는 딸기맛과 초코맛을 선택하며, 제니는 딸기맛과 바닐라맛을 선택한다. 이를 바탕으로 표를 완성하면 다음과 같다.

	딸기맛	초코맛	바닐라맛	커피맛	선택 맛 수
로나	○	○	×	×	2
제니	○	×	○	×	2
은별	×	○	○	×	2
석훈	○	×	×	○	2
민혁	○	×	×	○	2
선택 인원	4			2	10

합격자의 시간단축 Tip

Tip ❶ 해당 문제의 경우 따져야 하는 조건이 많고 반례 역시 다양할 수 있는 문제로, 푸는 것이 쉽지 않다. 따라서 경우의 수가 너무 다양한 문제나 주어진 조건을 모두 표시해보았을 때 확정되는 부분이 적은 문제의 경우 후순위로 미뤄두고 다른 문제들을 우선 푸는 것이 효율적이다.

Tip ❷ 두 번째 조건에서 석훈이 주문한 메뉴는 민혁도 주문했다고 했으므로, 이를 제대로 해석할 수 있어야 한다. 발문에서 모든 사람이 아이스크림을 두 가지 맛 골랐다고 했으므로, 석훈이도 두 가지 맛을 골랐을 것이고, 이는 곧 민혁이가 고른 두 가지 맛이 된다. 즉, 민혁이와 석훈이가 고른 맛이 동일하다고 치환해 인식해야 한다.

Tip ❸ 'A이면 B이다'에 대한 상황의 반례는, 'A인데 B가 아닌' 상황이다. 논리 기호로 나타내자면, 'A ⊂ B'의 반례는 'A ∩ ~B'이다. 전건과 후건이 주어진 상황에서 반례를 찾는 경우, 전건을 확정해 두고 후건을 부정한 경우가 성립하는지 확인해보면 된다.

Tip ❹
(1) 해설의 경우, 각 선지에 대한 반례를 구하지 않고 주문이 확정되는지 여부만을 판단하는 방식으로 풀이하였다. 이 경우 확실한 반례가 없어 불안감을 느낄 수험생이 있을 수 있다.
만약 해설의 풀이가 부족하다 생각된다면 직접 표를 그려가면서 반례를 하나씩 구해보는 것도 좋은 방법이다.
(2) 이때, 표를 그려서 푸는 문제에서 가장 핵심이 되는 것은 '표를 얼마나 정확하게 잘 그리는가' 다. 이 문제에서 가로축에 아이스크림 맛의 종류를 그리고, 세로축에 사람 이름을 그리는 것은 쉽게 파악할 수 있었을 것이다. 그러나 문제에서 딸기맛은 4명이 선택했고, 커피맛은 2명이 선택했다는 정보가 주어졌음에도 이를 표에 표시하지 않는다면 계속해서 조건을 확인해야만 하고 실수가 유발되기 쉽다. 그러므로 해설과 같이 숫자로 해당 인원수를 적어두어 표만 보고서도 가능한 많은 정보가 확인되도록 그리는 것이 필요하다.

429 정답 ④ 난이도 ●●●

(1) 주어진 기준을 바탕으로 각 기업에 대한 2020년 지원자금을 도출하면 다음과 같다.

기업	2019년 지원자금	2019년 총점	2019년 총점 순위	2020년 증가 금액	비고	2020년 지원자금
A	20억 원	271	2	+3억 원	+1억 원	24억 원
B	18억 원	268	4	+1억 원	-	19억 원
C	15억 원	273	1	+4억 원	-	19억 원
D	19억 원	264	5	+0	-	19억 원
E	17억 원	269	3	+2억 원	-1억 원	18억 원

(2) 2020년 지원자금 및 주어진 기준을 바탕으로 각 기업에 대한 2021년 지원자금을 도출하면 다음과 같다.

기업	2020년 지원자금	2020년 총점	2020년 총점 순위	2021년 증가 금액	비고	2021년 지원자금
A	24억 원	270	3	+2억 원	-1억 원	25억 원
B	19억 원	282	1	+4억 원	+1억 원	24억 원
C	19억 원	279	2	+3억 원	+1억 원	23억 원
D	19억 원	257	5	+0	-1억 원	18억 원
E	18억 원	269	4	+1억 원	-	19억 원

(3) 따라서 2021년 지원자금이 두 번째로 많은 기업은 B이며 기업 B의 2021년 지원자금은 24억 원이다.

합격자의 시간단축 Tip

Tip ❶ 해당 문제에서 2021년의 지원자금에 대해 묻고 있으므로 두 번의 계산이 필요하다.
이때, 2020년의 지원자금을 기준으로 답을 고르는 실수를 하지 않아야 할 것이다.
또한, 해설에서는 2020년의 지원자금과 2021년의 지원자금을 구분하여 계산하였으나, 시간을 아껴야 하는 실전에서까지 정석대로 계산할 필요는 없다. 2020년의 증감액과 2021년의 증감액을 모두 적은 후 한 번에 계산하여 답을 구하는 것이 보다 효율적이다.

Tip ❷
(1) 총점을 비교할 때 기준을 두고 계산을 단순화하는 것이 좋다. 가령 90점을 기준으로 잡는다면 89점은 -1점, 93점은 +3점과 같이 표시할 수 있을 것이다. 이렇게 할 수 있는 이유는 총점의 구체적인 값이 문제에서 필요하지 않으며, 총점 간의 비교를 통해 증액, 감액이 이루어지는 것이기 때문이다.
(2) 만약 상대적 기준이 아닌 절대적 기준으로 증액 감액을 한다면 다음과 같이 문제를 접근해볼 수도 있다. 만약 위의 문제를 토대로 3 과목 총합이 270점 이상이어야 증액이 된다고 조건이 주어졌다면, 우선 270점을 3 과목, 즉 3으로 나눠 평균을 구해준다. 이때 각각 90점이 나오는데, 각 점수와 90점이 얼마나 차이가 나는지 살핀다.
(3) 가령 B의 경우 2019년 점수가 각각 92, 91, 85점이다. 90점과는 +2, +1, -5의 차이가 난다.
도합을 구하면 (2+1-5)=-2가 되며 이는 3개의 총합이 270보다 낮다는 것을 의미한다.
만약 양수라면 총합이 270보다 큰 것이다. 이처럼 문제 조건 상황에 따라 기준을 다양하게 활용할 수 있다.

430 정답 ① 난이도 ●●○

각 투자안의 효과는 다음과 같다.

투자안	Project A	Project B	Project C	Project D	Project E
예상비용	42억 원	45억 원	12억 원	53억 원	14억 원
기대수익	39억 원	42억 원	14억 원	52억 원	12억 원
효과	-3억 원	-3억 원	2억 원	-1억 원	-2억 원

① (O) 어떤 투자안도 선택하지 않는 것이 최선의 투자 대안이다.
→ 어떤 투자안도 선택하지 않을 경우 투자 대안의 효과는 0이다. 한편 유일하게 효과가 0보다 큰 투자안은 Project C인데, 〈선택기준〉 ㉢에 따라 Project C를 채택할 경우 Project A도 동시에 채택해야 한다. Project A와 Project C만 선택했을 경우 해당 투자 대안의 효과는 -1억 원으로 0보다 작다. 이외에 다른 투자안을 추가로 선택한다면 투자 대안의 효과는 더 작아지게 된다. 따라서 서울시 입장에서는 어떤 투자안도 선택하지 않는 것이 최선의 투자 대안이다.

② (×) Project A, Project B, Project E를 선택하여 ~~투자 대안을 구성하였다.~~
→ 〈선택기준〉 ㉡에 따라 Project A와 Project B는 동시에 선택할 수 없다. 따라서 Project A, Project B, Project E의 투자 대안을 구성할 수 없다.

③ (×) Project C, Project D, Project E를 선택하여 ~~투자 대안을 구성하였다.~~
→ 〈선택기준〉 ㉢에 따라 Project C를 채택할 경우 Project A도 동시에 채택해야 한다. 따라서 Project C만 선택하여 투자 대안을 구성할 수 없다.

④ (×) ~~손해가 없는 투자 대안~~을 구성하기 위하여 Project A, Project C, Project E를 선택하였다.
→ Project A, Project C, Project E 각 투자안의 효과는 -3억 원, 2억 원, -2억 원이다. 투자 대안의 효과는 -3+2-2=-3(억 원) < 0으로, 손해가 발생하는 투자 대안에 해당한다.

⑤ (×) 손해를 보는 투자 대안 중 가장 적은 손해를 낳는 것은 ~~Project A, Project C, Project D이다.~~
→ Project A, Project C, Project D 각 투자안의 효과는 -3억 원, 2억 원, -1억 원으로, 투자 대안의 효과는 -3+2-1=-2억 원이다. 이때, Project A와 Project C만 선택한 투자 대안의 효과는 -1억 원이다. 따라서 Project A, Project C, Project D의 투자대안은 손해를 보는 투자 대안 중 가장 적은 손해를 낳는 것이 아니다.

합격자의 시간단축 Tip

Tip ❶ 옳지 않은 선지를 하나씩 제거함으로써, 투자 대안의 효과를 굳이 전부 구하지 않아도 문제를 풀 수 있다.

- 선지 ②: 〈선택기준〉 ㉡을 사용해 직관적으로 문제를 해결할 수 있다.
- 선지 ③: ㉢을 이용해 직관적으로 문제를 해결할 수 있다.
- 선지 ④: Project C의 경우 이윤이 남지만 Project A의 경우 Project C의 이윤보다 더 손해가 크기에 결국 손해가 생긴다. Project E는 굳이 계산하지 않아도 비용이 더 크므로 손해다.
- 선지 ⑤: Project A와 Project C만 선택하는 것이 Project A, Project C, Project D의 조합보다 더 손해가 적다. 따라서 자동적으로 선지 ①이 정답이 된다.

Tip ❷ 문제에서 대안의 효과는 기대수익에서 예상비용을 뺀 값으로 구하는데, 제시된 표는 예상비용이 기대수익보다 위에 있어 계산실수가 발생할 수 있다.
또한, 발문에서 관광사업의 규모가 최대 100억원으로 제한되어 있다는 것에 주의하자.
해설에는 언급되지 않았으나, 선지 ②과 ⑤의 경우, 각 투자안의 예상비용 총 합이 100억 원을 초과하여 투자 대안을 구성할 수 없는 경우에 해당하기도 한다. 이처럼 문제를 처음 읽을 때에는 사소해 보이는 것들이 풀이에는 중요한 영향을 미칠 수 있다는 것에 유념하자.

431 정답 ①

난이도 ●●○

(1) 〈조건〉 ㉢과 ㉣에 의하면 '경석'과 '재호'는 연달아 도착했으며 '수영'과 '하늘'은 연달아 도착했다. 따라서 출근 첫날 도착한 순서는 '경석'이 회사에 가장 먼저 도착했을 경우 ('경석' → '재호' → '수영' → '하늘')이며, '수영'이 가장 먼저 도착했을 경우 ('수영' → '하늘' → '경석' → '재호')이다.
그런데 이씨 성을 가진 사람이 하늘보다 나중에 회사에 도착했으므로 하늘은 가장 마지막으로 도착하지 않았다. 따라서 수영이 회사에 가장 먼저 도착했으며, 출근 첫날 도착한 순서는 ('수영' → '하늘' → '경석' → '재호')이다.

(2) 한편, 〈조건〉 ㉣에 의하면 이씨 성을 가진 사람은 하늘보다 나중에 회사에 도착했으므로 세 번째 또는 네 번째로 회사에 도착했다. 그런데 〈조건〉 ㉡에 따라 최씨 성을 가진 사람은 회사에 첫 번째로 도착하지 않았으며, 〈조건〉 ㉤에 따라 김씨 성을 가진 사람은 최씨 성을 가진 사람보다 나중에 도착했으므로 최씨 성을 가진 사람이 두 번째로 회사에 도착했다.
이때, 〈조건〉 ㉥에 의하면 이씨 성을 가진 사람이 세 번째로 회사에 도착하지 않았으므로 이씨 성을 가진 사람은 네 번째로 회사에 도착했다.

(3) 이상을 정리하면, 출근 첫날 도착한 순서는 (박수영 → 최하늘 → 김경석 → 이재호)이다.

합격자의 시간단축 Tip

Tip ❶ 성씨에 관련된 조건을 먼저 배열해보면 다음과 같다.

(1) ㉤에서 김씨 성을 가진 사람이 최씨 성을 가진 사람보다 나중에 도착했으며, ㉥에서는 최씨 성을 가진 사람과 이씨 성을 가진 사람은 연달아 도착하지 않았다.
만일 김씨 성을 가진 사람과 최씨 성을 가진 사람이 연달아 도착하지 않았다면 회사에 가장 먼저 도착한 사람은 최씨가 아니므로(㉡) 최씨 앞뒤로 박씨 또는 이씨가 위치해야 하는데, 이는 ㉥에 모순되는 결과이므로 김씨와 최씨는 연달아 도착했을 것이다.

(2) 남은 사람은 박씨와 이씨인데, ㉣에서 하늘이는 이씨 성을 가진 사람보다 먼저 도착한다.
즉, 이는 이씨보다 최소 한 명 이상 먼저 도착한다는 의미이므로 이씨는 1등으로 도착할 수 없다. 따라서 1등은 박씨이며, 2등은 최씨, 3등은 김씨, 4등은 이씨이다. (이씨가 2등으로 들어갈 경우 최씨와 연달아 도착하게 되어 ㉥에 모순된다)

(3) ㉢에 따라 경석과 재호는 연달아 도착하며, ㉣에 따라 하늘과 수영은 연달아 도착한다. 하늘은 이씨 성을 가질 수 없으므로(㉣) 수영 → 하늘 → 경석 → 재호 순으로 도착한다는 것을 알 수 있다.

(4) 이상의 정보를 조합해보면 박수영 → 최하늘 → 김경석 → 이재호 순으로 회사에 도착한다는 것을 알 수 있다. 답은 ①이다.

* 굳이 이름을 매칭하지 않아도 된다. (2)까지 풀었을 때 박 → 최 → 김 → 이씨 순서대로 회사에 도착한다는 것을 알 수 있으며, 구하고자 하는 2등과 3등은 각각 최씨, 김씨일 것이다. 이 조건을 만족하는 선지는 ①뿐이므로 이름을 매치하지 않고 곧바로 해당 선지를 고르면 된다.
** 해설과 **Tip ❶**에서 각각 이름과 성씨를 기준으로 먼저 배열하는 방법을 제시하고 있으나, 실제로는 어떤 방법을 먼저 사용하든지 큰 차이는 없다. 그러므로 본인이 문제 푸는 과정에서 더 편한 방법을 선택하면 된다.

Tip ❷ 해당 문제와 같이, 선지의 값이 확정적으로 주어져 경우의 수를 줄일 수 있는 문제에서는 선지를 직접 대입한 후 조건들 사이에 모순이 있으면 제거하는 방식을 활용할 수 있다.

432 정답 ③

난이도 ●●○

〈조건〉을 바탕으로 가연, 아윤, 다현, 하준이 졸업한 대학과 전공을 표로 정리하면 다음의 세 가지 경우가 존재한다.

대학＼전공	정치외교학과	과학교육과	건축학과	무용학과
A	하준			
B			가연	
C		아윤		
D				다현

대학＼전공	정치외교학과	과학교육과	건축학과	무용학과
A		아윤		
B			가연	
C	하준			
D				다현

대학＼전공	정치외교학과	과학교육과	건축학과	무용학과
A		아윤		
B			가연	
C	다현			
D				하준

① (×) 가연은 ~~정치외교학과를 전공하였다.~~
➜ 〈조건〉 ㉣에 따라 가연이의 전공은 정치외교학과도 아니고 무용학과도 아니며, 〈조건〉 ㉠에 의하면 과학교육과도 아니다. 따라서 가연은 건축학과를 전공했다.

② (×) 다현은 ~~무용학과를 전공하였다.~~
➜ 다현은 무용학과 또는 정치외교학과를 전공하였다.

③ (○) 가연은 B대학을 졸업하였다.
➜ 〈조건〉 ㉣에 따라 가연이의 전공은 정치외교학과도 아니고 무용학과도 아니며, 〈조건〉 ㉠에 의하면 과학교육과도 아니다. 따라서 가연은 건축학과를 전공했다. 그런데 〈조건〉 ㉠에 따라 B대학을 졸업한 사람은 과학교육과가 아니며, 〈조건〉 ㉡에 따라 정치외교학과도 아니고, 〈조건〉 ㉢에 의하면 무용학과도 아니다. 따라서 B대학을 졸업한 사람은 건축학과를 전공한 가연이다.

④ (×) 아윤은 ~~A대학을 졸업하였다.~~
➜ 아윤은 A대학 또는 C대학을 졸업하였다.

⑤ (×) 하준은 ~~D대학을 졸업하였다.~~
➜ 하준은 A대학, C대학 또는 D대학을 졸업하였다.

합격자의 시간단축 Tip

Tip ❶

(1) A, C 대학과 정치외교학과, 과학교육학과를 각각 매치해 두 가지 경우로 나누어 보면 모든 경우의 수를 구할 수 있다. 그러나 문제에서는 '반드시 참인 것'을 물었으므로, 바뀌는 경우의 수와 무관하게 고정된 공통점을 도출하면 그만이다.
따라서 우선 주어진 조건들을 최대한 활용하여 확정된 정보로 답을 고를 수 있는지 살펴보고, 그 후에 구해지지 않는다면 경우를 나누어 각 경우에 공통되는 사항을 고르면 된다.

(2) 주어진 〈조건〉에 따라 확정되는 정보가 있는지, 소거되는 선지는 없는지부터 확인하자.
우선 〈조건〉 ㉣에 따라 선지 ①이 소거된다. 또한 ㉠에 따르면 아윤의 전공이 과학교육과이기 때문에 가연, 다현, 하준은 과학교육과 전공이 아니다. 즉, 정치외교학과, 무용학과, 과학교육과가 아닌 가연의 전공은 건축학과가 된다.
선지 1개를 소거하였고, 가연의 전공을 확정하였다.

(3) 이때 무용학과의 경우 〈조건〉 ㉢에 따라 D대학과 연결되며, 과학교육과의 경우 〈조건〉 ㉠에 따라 A 또는 C대학 중 하나와 연결된다. 그리고 〈조건〉 ㉡에 따라 정치외교학과의 경우 A 또는 C 대학과 연결된다.
그렇다면 이 모든 〈조건〉과 양립 가능한 매칭을 찾아보자. 〈조건〉에 의해 무용학과－D대학, 과학교육과－A 또는 C 대학으로 제한되어 있으므로, 한 번도 언급되지 않은 학과와 대학을 연결한다면 양립 가능한 매칭이 될 것이다.

(4) 한 번도 언급되지 않은 건축학과가 마찬가지로 언급이 없었던 B 대학과 연결된다는 것은 모든 경우에 공통점이 됨을 알 수 있다.
본 문제의 경우, 건축학과－B대학을 엮은 보기가 존재한다. 따라서 이를 선택함으로써 바로 문제를 해결할 수 있다. 정답은 ③이다.

Tip ❷ 본 문제에서는 사람(가연~하준)－대학(A~D)－전공(정치외교학과~무용학과)의 3개 그룹 간 일대일 대응 관계가 존재한다. 때문에 대응표를 그리기가 애매할 수 있다. 이를 나타낼 수 있는 방법으로 몇 가지를 소개한다.

(1) 2개 그룹을 변수로 표를 그리는 방법

이를 선택하면 기본적인 2단 대응표가 그려진다. 예를 들어 세로축에 대학, 가로축에 전공을 쓴다면 다음과 같은 표가 만들어질 것이다.

3개 그룹 중 대응표로 다룰 2개는 수험생의 판단에 따라 선택하면 된다. 문제를 읽어 보니 정보가 더 많은 그룹 2개라든지, 연관된 정보가 많은 그룹 2개라든지 등 여러 기준에 따라 판단할 수 있다.

전공 / 대학	정치외교학과	과학교육과	건축학과	무용학과
A				
B				
C				
D				

그렇다면 위의 대응표에서 표시되지 못한 사람 그룹의 정보는 어떻게 추가할 수 있을까? 아래의 두 대응표를 비교해 보자.

(ⅰ) 덧붙이기

전공 / 대학	정치외교학과	과학교육과	건축학과	무용학과
A	○	×	×	×
B	×	×	○	×
C	×	○	×	×
D	×	×	×	○

대학과 전공을 우선 매칭하지만, 사람 그룹의 개체들도 매칭되는 대로 표 옆에 괄호를 넣어 덧붙여 주는 방식이다.

(ⅱ) ○ 대신 표기하기

전공 / 대학	정치외교학과	과학교육과	건축학과	무용학과
A	하준	×	×	×
B	×	×	가연	×
C	×	아윤	×	×
D	×	×	×	다현

대응표에서 사용되는 ○표 대신, 아예 사람 그룹의 각 개체를 적을 수도 있다. 이 방법은 가독성이 좋지만, 3개 그룹의 매칭을 동시에 진행해야 하므로 까다롭다는 문제가 있다.

(2) 3개 그룹을 모두 사용해 대응표를 그리는 방법

3단 대응표를 통하여 3개의 그룹을 모두 변수로 활용할 수 있다. 3단 대응표는 개념서의 논리퍼즐 파트에서 보다 자세히 다루고 있다.

방법 (1)과 동일한 내용을 3단 대응표로 나타내면 아래와 같다.

	정치외교학과	과학교육과	건축학과	무용학과	가연	다현	아윤	하준
A	○	×	×	×	×	×	×	○
B	×	×	○	×	○	×	×	×
C	×	○	×	×	×	×	○	×
D	×	×	×	○	×	○	×	×
가연	×	×	○	×				
다현	×	×	×	○				
아윤	×	○	×	×				
하준	○	×	×	×				

3단 대응표를 익혀 두면 그룹이 3개인 대응관계 유형에서 활용할 수 있다. 다만, 3단 대응표는 그리는 데에 시간이 상당히 걸리므로 주의하여야 한다. 3단 대응표를 적용 가능한 문제는 그 자체로 충분히 고난도이므로, 수험생 개개인의 시간관리 방법에 따라 차이가 있겠지만, 시간에 여유가 있는 상황에서만 사용하자.

433 정답 ④ 난이도 ●●○

각 공정에 따른 각 회사의 리터 당 세균 마리 수를 계산할 수 있어야 한다.

	甲회사－A균	乙회사－B균
공정 (1)	1,000×0.1=100	1000×0.2=200
공정 (2)	100×0.1=10	200×0.2=40

(1) 최초 甲회사의 물에는 A균이, 乙회사의 물에는 B균이 리터(L)당 각각 1,000마리씩 균일하게 존재한다. 이러한 상황에서 공정 (1)을 거쳤을 때 자외선을 이용한 10분간 살균으로 A균의 90%, B균의 80%가 죽는다. 따라서 甲회사의 물에는 A균이 리터(L)당 100마리 존재하며, 乙회사의 물에는 B균이 리터(L)당 200마리 존재한다.

(2) 이후 공정 (2-1)을 거쳤을 때 甲회사의 물은 70℃가 넘는 100℃ 이상에서 10분간 가열되어 A균의 90%가 죽게 되고, 따라서 甲회사의 물에는 A균이 리터(L)당 10마리 존재한다.

한편, 공정 (2-2)를 거쳤을 때 乙회사의 물은 10분간 필터로 걸러지므로 B균의 80%가 걸러지게 되고, 따라서 乙회사의 물에는 B균이 리터(L)당 40마리 존재한다.

(3) 마지막으로 공정 (3)을 거친 물의 온도가 60℃이므로, 40℃ 이상일 때 10% 증식하는 B균은 리터(L)당 40×1.1 = 44마리가 존재하게 된다. 또한,

공정 (3)에서 甲회사의 물과 乙회사의 물이 1 : 1의 비율로 배합되므로 최종적으로 생산된 물 1L에는 甲회사의 물 500ml, 乙회사의 물 500ml가 존재한다.

(4) 모든 공정을 거친 후 甲회사의 물에는 A균이 리터(L)당 10마리 존재하며 乙회사의 물에는 B균이 리터(L)당 44마리가 존재한다. A균과 B균이 균일하게 존재한다고 하였으므로 甲회사의 물 500ml에는 A균이 5마리, 乙회사의 물 500ml에는 B균이 22마리 존재한다.

합격자의 시간단축 Tip

Tip ①

(1) 이 문제는 기계적으로 해결하다 보면 발문을 놓치게 되어 실수하기 매우 쉽다. 선지의 구성이 배수로 되어있거나 자릿수만 다를 때에는 문제에서 놓친 조건이 있는지 다시 한번 점검하거나, 단위가 맞는지 확인하는 등 실수에 유의해야 한다.
특히 '리터(L)당' 세균 마리 수를 묻고 있음을 잊어서는 안 된다. 〈공정 3〉을 거친 후 전체 물의 양이 2리터(L)이므로, 이를 2로 나눠주는 것을 놓치기 쉽다.

(2) 이러한 유형의 문제에서는 각 공정에 소요되는 시간을 놓치지 않도록 주의하자.
이 문제해서는 일관적으로 '10분'의 단위로 이루어지고 있으나, 지문에서 10분으로 설명하고 있어도 실제 〈물 처리공정〉은 공정별 20분 단위로 이루어지는 등 복잡하게 출제될 수 있으므로 문제를 꼼꼼하게 읽도록 하자.

* 이 문제에서 ①번을 답으로 선택한 수험생의 경우 해설을 자세히 읽지 않고서는 ④번이 답임을 쉽게 알아차리기 어려울 것이다. 간혹 문제를 풀다 보면 이처럼 자신이 실수한 것조차 알아차리기 어려운 경우가 많다. 이런 실수를 유발하는 문제들을 모아놓고 발문을 놓친 것인지 각주를 놓친 것인지 등을 알아 두는 것이 좋다.

434 정답 ⑤ 난이도 ●●○

〈조건 1〉에 따르면 F보다 A에게, C보다 D에게 먼저 전화를 걸어야 한다. 또한 〈조건 2〉에 따르면 B보다 A에게, F보다 D에게 전화를 걸어야 한다. 즉, A, D, E가 첫 번째 전화 대상이 될 수 있다.

(1) A에게 먼저 전화를 하는 경우 – 두 번째 전화 대상은 E가 될 수밖에 없다.
다른 자문위원이 두 번째 대상이 될 수 없는 이유는 다음과 같다.

B	C	D	E	F
분야	D가 우선순위	참석 경험	–	D가 우선순위

(2) D에게 먼저 전화를 하는 경우 – 두 번째 전화 대상은 E가 될 수밖에 없다.
다른 자문위원이 두 번째 대상이 될 수 없는 이유는 다음과 같다.

A	B	C	E	F
참석 경험	A가 우선순위	소속	–	A가 우선순위

(3) E에게 먼저 전화를 하는 경우 두 번째 전화 대상은 A 또는 D가 되어야 한다. 그러나 앞서 A 또는 D에게 전화를 한 다음에는 반드시 E에게 전화를 걸어야 한다는 것을 밝혔기 때문에, E에게 먼저 전화를 하는 경우 세 번째 전화 대상을 선정할 수 없다. 따라서 E에게 먼저 전화를 걸 수는 없다.

(4) 종합하면 A 또는 D가 첫 번째 전화 대상이고, E가 두 번째로 전화를 걸 대상이다.

따라서 답은 ⑤이다.

합격자의 시간단축 Tip

(1) 이 문제같이 우선순위에 대하여 제약 조건이 많은 문제는 생각보다 경우의 수가 크지 않은 경우가 많다. 조건의 수에 겁먹지 말고 첫 번째로 올 수 있는 자문위원부터 골라내는 것이 중요하다.

(2) 조건들의 형태를 살펴보면 모두 유사한 구조로 이루어져 있음을 알 수 있다. 조건들을 살펴보면 소속, 분야, 참석경험 유무가 연속되지 않도록 전화를 걸어야 한다는 것을 파악해야 한다.
이때 E가 눈에 띄는데, 그 다음 〈조건〉들을 조합해 보면 E가 바로 활용됨을 알 수 있다. 따라서 여러 명이 나열되고 조건도 여러가지라서 지레 겁먹기보다는 어떤 항목이 제일 이질적인지 파악하고 〈조건〉을 적용했을 때 나오는 예외사항을 유념하는 것이 도움이 될 것이다.

(3) 문제를 해결할 때 E 이후에 남은 네 사람의 배열까지 구체적으로 도출하려는 수험생이 있을 수 있다. 그러나 모든 경우의 수를 다 구해보지 않아도 된다. 발문에서는 두 번째로 전화를 걸 대상을 묻고 있으며, 이는 그 대상이 고정되어 있다는 것을 의미한다. 만일 두 명 이상이 두 번째로 전화를 걸 대상이

될 수 있었다면 선지에서 두 명 이상씩 묶여서 제시되었을 것이고, 발문 역시 '두 번째로 전화를 걸 수 있는 대상은?'이라고 물었을 것이다.

(4) 또한, 〈A, D, E〉에게 먼저 전화를 걸어야 한다는 사실을 파악한 이후, 누구를 먼저 시작해야 할지 고민하다가 시간을 낭비하는 경우도 있을 것이다. 첫 접근을 어떤 식으로 해야 할지 어느 정도 문제 파악이 되었다면, 그 후에는 더 고민하지 말고 일단 대입해보는 식으로 부딪히는 것이 중요하다.
예를 들어, A든 D든 우선 대입해 보면 바로 두 번째 대상으로 E가 도출되고, 하나의 상황에서 두 번째 자리에 E가 오는 것을 확인했다면 곧바로 답을 체크하고 빠르게 넘어가면 된다.

* 이러한 유형의 문제에서 유독 다른 항목이 존재하는 경우가 종종 있다. 문제 설계상 그 항목이 문제의 핵심이 되는 경우가 대다수이다. 이 문제 역시 '연이어 전화를 걸 수 없다.'에 포커스를 맞춰 A~F 사이에 소속도 분야도 겹치지 않는 사람이 있는지 찾아보아야 한다.)

** 문제를 풀다 보면 본인이 빼먹은 경우의 수가 있는지 의문이 드는 수험생이 있을 것이다. 물론 문제에서 두 번째로 전화를 걸 대상이라고 물어봤으므로 가능한 경우가 하나만이라도 있다면 답으로 찍고 넘어가는 것이 맞다. 다만 그러한 의문 자체가 생기지 않도록 가능한 경우의 수를 최대한으로 생각하여 조건에 위배되는지를 체크해보는 것도 좋은 방법일 수 있다.

435 정답 ④ 난이도 ●●○

甲은 10~12일, 28~30일의 기간 동안 60시간의 가용시간을 갖는다. 모든 교과목을 이수하기 위해 필요한 시간은 67+5(필수Ⅱ의 온라인 시험 시간)=72시간이다.

ㄱ. (O) 甲은 계획대로라면 교육성적에서 최소 3점 감점을 받을 것이다.
➜ 甲은 주어진 시간 내에 모든 교과목을 수강할 수는 없다. 다만 甲이 '사이버 청렴교육'을 수강하지 않는다면, 총 수강시간이 57시간이 되어 다른 강의들을 모두 수강할 수 있으므로, 甲은 최소 3점 감점을 받는다. 필수Ⅱ의 경우 한 과목당 감점되는 점수는 2점으로 더 적으나, 두 과목을 포기해야 하므로 총 4점이 감점되게 되어 더 많이 감점된다.

ㄴ. (X) ~~甲이 하루 일찍 귀국하면 이러닝 교과목을 모두 이수할 수 있을 것이다.~~
➜ 甲이 하루 일찍 귀국하는 경우 甲은 사용 가능한 시간이 70시간이 된다. 그러나 모든 교과목을 이수하기 위해서는 67시간+5시간(온라인 시험시간)=72시간이 필요하다.
따라서 甲은 이러닝 교과목을 모두 이수할 수 없다.

ㄷ. (O) '판례와 사례로 다가가는 헌법', '쉽게 배우는 공무원 인사실무'를 여행 중 이수할 수 있다면, 출·귀국일을 변경하지 않고도 교육성적에서 감점을 받지 않을 것이다.
➜ 해당 교과목을 이수하기 위해서는 시험 시간을 포함하여 각각 7시간, 6시간이 필요하다. 따라서 여행 중 해당 교과목을 이수한다면, 남은 교과목들을 이수하기 위한 필요 시간은 72−7−6=59 시간이 된다. 따라서 甲은 남은 교과목들을 모두 이수할 수 있으므로 교육성적에서 감점을 받지 않는다.

합격자의 시간단축 Tip

Tip ①

(1) 제한된 자원(시간, 금액, 총 점수 등) 내에서 조건에 맞추어 적절한 항목들을 선택하는 유형이다. 이러한 유형은 우선적으로 활용할 수 있는 자원의 총합과, 조건에 의하여 어떠한 경우에도 선택될 수 없는 항목이 있는지 등을 확인하는 것이 좋다.

(2) 다음으로 확인해야 할 것은 특수한 조건이 적용되는 항목이다. 이 문제의 경우 특수한 조건은 필수Ⅱ의 온라인 시험이다. 표에 주어진 시간은 총 67시간이지만, 시험시간을 포함하면 필수Ⅰ과 필수Ⅱ를 모두 이수하기 위한 필요시간은 각각 36시간씩이며, 총 72시간이 된다.

(3) 보기 ㄱ을 해결할 때에는 반례를 생각해보는 것이 좋다. 甲의 최소 감점이 3점인지 아닌지를 판단하기 위해서, 모두 이수를 할 수 있는지, 2점만 감점될 수 있는지를 나누어 생각한다. 전자의 경우 수강 필요시간이 가용시간보다 많다는 점에서 쉽게 판단할 수 있다. 후자의 경우 필수Ⅱ의 과목 중에서 이수를 위해 필요한 시간이 '12시간 이상'인 과목이 있는지 만을 살펴보면 된다. 이는 甲의 가용시간인 60시간과 모두 이수를 위한 필요시간인 72시간의 차이이다.
필수Ⅱ에는 그러한 과목이 없으므로 2점만 감점될 수는 없다.

Tip ② 답을 정하고 검토하는 과정에서 언제나 '반례' 찾기를 유념해두면 좋다. 가령 ㄱ 외에도 ㄴ의 경우에는 하루 일찍 귀국하더라도 이러닝 교과목을 모두 이수할 수 없는 경우를 염두해두면 되고, ㄷ의 경우에도 두 과목을 미리 이수해도 교육성적에서 감점을 받게 되는 경우가 있는지를 생각하면서 문제를 접근하면 답을 찾기가 더 쉽다.

Tip ❸ 설문과 같이 강의를 이수하는 유형의 문제는 풀어도 틀리기 쉬운 문제라고 할 수 있다. 이러한 유형에서 묻는 것은 정해진 강의를 모두 이수하는 데 가장 빨리 걸리는 날짜, 정해진 기간 내에 가장 많이 수강하기 위한 강의 제목 등이다. 이러한 문제를 정확하게 해결하기 위해서는 보기를 적극적으로 활용하는 것이 좋다. 예컨대 보기 ㄱ의 경우 '최소 3점 감점'을 물어봤으므로 2점 감점, 즉 필수Ⅱ의 1과목만 이수하지 않을 수 있는지 반례를 찾아보는 것이다. 이 때 주의할 점은, 세 번째 동그라미의 온라인 시험 1시간을 더하는 것을 빠트리지 않는 것이다. 이렇듯 경우의 수를 찾다가 지문에 주어진 조건을 포함하지 않을 경우 시험장에서 문제의 난이도가 어렵다고 착각하기 쉽다.

* 보기 ㄷ의 경우 '이수'의 의미를 확실히 파악해야 실수하지 않을 수 있다. 필수Ⅰ 과목의 경우 이수는 강의를 모두 수강하는 것이지만, 필수Ⅱ 과목의 경우 이수는 강의 수강에 더해 온라인 시험까지 응시하는 것을 의미한다. 만약 보기 ㄷ에서 '이수'의 의미를 강의 수강에만 국한하는 경우 총 11시간이 줄어들어 틀린 보기로 판단할 수 있으므로 주의해야 한다.

436 정답 ❷

난이도 ●●○

구체적인 해설은 시간 단축 Tip으로 대체하도록 하겠다.

이름(글자 수)	종류	메모리 사용량(MB)
★바나나톡(4)	메신저	400
★나인(2)	메신저	300
모노그램(4)	메신저	150
★쿠키워크(4)	게임	350
★레일런(3)	게임	150
녹색지도(4)	지도	300
고글지도(4)	지도	100
★컨트리은행(5)	뱅킹	90
★구한은행(4)	뱅킹	260

조건을 만족시키기 위해서는 위의 ★표시가 된 어플을 사용해야 한다. 따라서 답은 ② 번이다.

합격자의 시간단축 Tip

Tip ❶

(1) 주어진 조건과 현재 상황으로부터 다음을 알 수 있다.
첫째, 메신저 애플리케이션은 최대 두 개까지 실행할 수 있다. (조건 1)
둘째, 바나나톡과 구한은행을 제외한 나머지 4개 애플리케이션의 메모리 사용량의 합이 978.4(MB) 이하이다. (조건 2)
셋째, 4개 애플리케이션 이름의 글자 수 합은 14 이하이다. (조건 3)

(2) 이때, 세번째 조건을 활용하여 현재 실행중인 애플리케이션으로 가능한 글자 수 조합을 대략적으로 추론할 수 있다. 4개의 애플리케이션 이름의 글자 수 합이 14자인 경우에, 활용할 수 있는 숫자(2, 4, 4, 3, 4, 4, 5)를 고려하여 대략적인 조합을 구상하면 다음과 같다. (5, 4, 3, 2), (4, 4, 4, 2) 마찬가지로 글자 수 합이 13자인 경우에는 (4, 4, 3, 2)이다.

(3) 첫 번째 조합인 (5, 4, 3, 2)는 각각 컨트리은행, (?), 레일런, 나인에 해당한다. (조건 4)에 의하여 모든 종류의 애플리케이션이 실행 중일 수 없고, 조건 1에 의하여 모노그램은 실행할 수 없으므로 (현재 나인이 실행 중이라고 가정하고 있다.), 글자 수가 4자인 애플리케이션은 쿠키워크여야만 한다. 이를 바탕으로 (조건 3)을 확인해보면, 위배되지 않아 이 조합이 정답이 된다. 이 문제의 경우 첫 번째 시도에 바로 정답인 조합이 도출되었지만, 비슷한 유형의 문제가 출제되었을 때 동일한 풀이방식을 활용할 수 있다.

[참고]
(4, 4, 4, 2), (4, 4, 3, 2)는 메신저를 모두 실행해야 하거나, 종류가 다른 4가지의 애플리케이션을 실행해야 하므로 불가능하다.

Tip ❷

(1) 규칙을 하나하나 파악하기에 앞서 총체적인 관점을 갖는 것이 도움이 된다. 현재 설치된 어플리케이션은 총 9개이며, 실행중인 것은 6개이다. 따라서 3개가 제외됨을 알 수 있다.
이제 무엇이 제외될지 생각하는 게 효율적이다.
조건을 다시보면 이름/종류/메모리 별로 제한이 있는 것을 확인할 수 있다. 이 중 가장 쉬운 것부터 접근한다고 생각하면 된다. 필자는 '4가지 종류가 동시에 실행될 수 없다'에 먼저 눈이 갔다. 왜냐하면 이미 바나나톡(메신저), 구한은행(뱅킹)이 실행되고 있었기 때문에 해당 조건에 부합하기 위해서는 "게임" 과 "지도" 중 한 종류는 아예 포함이 되지 않아야 하기 때문이다. 따라서 제외될 3개 중 2개는 "게임" 혹은 "지도" 어플일 것이다.

(2) 이 때 메신저는 3개 이상 동시 실행이 불가능하니 나머지 1개는 메신저일 것이다. 여기에서 더 나아가 생각해보면, 게임이나 지도 중 한 종류는 실행되지 않고 메신저에서 한 앱이 실행되지 않는다면 반대로 컨트리은행은 반드시 실행될 것임을 알 수 있다.

(3) 해당 추론에 따라 애플리케이션 이름의 글자 수 합 조건에 하나씩 적용해보자. 컨트리은행이 5글자이고 게임의 총 글자 수는 7개, 지도는 8개이므로 어떤 것을 선택하더라도 메신저 앱 중 '모노그램'이 실행되면 22자 제한을 만족할 수 없다. 따라서 나인과 컨트리은행은 반드시 실행된다는 것을 알 수 있다. 뿐만 아니라, 만일 게임 어플 두 개가 시행되지 않고 있다면 지도 어플 두 개가 시행 중이게 된다.
(4) 그렇다면 남은 글자 수 자리 14개 중 8개가 빠지므로 6개가 남는데, 메신저 중 가장 이름이 짧은 나인과 컨트리은행을 실행하더라도 7글자이기 때문에 조건에 위배된다. 따라서 게임 앱을 실행해야 한다는 것을 알 수 있다.

＊ Tip ❷와 같이 풀게 된다면, 종류와 이름의 조건 만으로도 어떤 애플리케이션이 실행 중인지 도출할 수 있다. 메모리 사용량 조건의 경우 GB를 MB로 변환하고 총 사용량을 계산하는 과정이 복잡해 시간 소모가 크고 중간에 계산실수가 발생할 수 있기 때문에, 해당 조건을 만족하는지는 가장 나중에 판단하는 것이 좋다. 본 문제의 경우에도 답이 선지 ②로, 메모리 사용량을 계산하지 않아도 충분히 풀 수 있다. 선지 ⑤ 검토시에만 활용하는 것이 바람직하다.

Tip ❸

(1) 〈조건〉과 〈상황〉을 가지고 어떤 앱이 실행되고 있는지 직접 구하지 않아도 오지선다를 사용하는 방법도 있다. 문제의 경우는 '옳지 않은 것'을 고르는 것으로 4개의 선지는 옳은 것이라는 뜻이다.
이는 우리에게 문제를 푸는 힌트가 되기도 한다. 현재 '바나나톡', '구한은행'이 실행되고 있으므로 메신저와 뱅킹 영역 앱은 실행되고 있다는 것을 알 수 있으며 4개 영역의 앱이 전부 다 실행 중일 수는 없으므로 게임, 지도 둘 중 하나는 실행되고 있지 않다는 것을 알 수 있다.
이때, 6개의 애플리케이션이 실행 중이기 때문에 메신저 어플이 3개 이상 동시 실행 중일 수 없다는 것을 감안한다면 다른 영역의 경우 모든 앱이 작동 중 일 수밖에 없다.
(2) 예를 들어, 메신저, 지도, 뱅킹 영역의 앱이 실행 중이라면 메신저에서 최대 2개, 지도 2개, 뱅킹 2개로 〈상황〉의 6개의 애플리케이션을 만들 수 있는 가능성이 1개 밖에 없게 된다. 이는 메신저, 게임, 뱅킹 앱이 실행 중 이어도 마찬가지이다.
(3) 그러므로 '컨트리은행'은 어떤 경우든 필연적으로 실행 중일 수밖에 없다. 이처럼 굳이 글자수, 메모리 용량을 계산하지 않아도 오지선다를 잘 활용하여 2번이 정답이라는 것을 도출할 수 있다. '옳은 것'을 고르는 문제보다는 '옳지 않은 것'을 고르라는 문제의 경우 4개의 선지가 참이라는 뜻이므로 오지선다를 잘 활용하면 쉽게 답을 도출할 수 있다.

437 정답 ④ 난이도 ●●○

(1) 8 : 00에 A도시에서 출발하여 B도시에 도착했을 때, A시의 시각으로는 11 : 00에, C시의 시각으로는 11 : 10에 열차가 도착한 것이다.
(2) C시 시각을 기준으로 15분에 열차가 출발할 것이므로 5분을 대기해야 한다.
(3) 그 후에 4시간 30분이 걸려서 C도시에 도착했을 때 C시의 시각으로는 15 : 45이므로, A시의 시각으로는 15 : 35에 도착한 것이다.

합격자의 시간단축 Tip

Tip ❶

(1) 문제는 〈A도시 시간 기준〉의 시각을 묻고 있으므로 문제에 나온 시각들을 A도시의 시간으로 바꾸고 시작하면 편하게 문제를 풀 수 있다. B도시 발 C도시 행 열차는 'A도시의 시간을 기준으로' 5분과 35분에 출발한다.
(2) 시간, 시각을 계산하는 문제는 대기시간, 소요 시간, 시차를 나눠서 고려하면 쉽게 풀 수 있다.
이 문제는 '시각'을 묻고 있으므로, 시차는 고려할 필요가 없다. 우선, 순수하게 기차를 타고 가야하는 '소요 시간'은 3시간+4시간 30분=7시간 30분이다.
즉, A도시에서 8시에 출발했을 때, 대기시간이 없다면 15시 30분에 도착해야 하는 것이다.
(3) 〈상황〉에서, A도시 발 B도시 행 열차는 정각에 출발하고, 운행시간도 깔끔하게 '3시간' 이므로 도착도 ××시 00분에 하게 된다. 따라서 매시 5분과 35분에 출발하는 열차를 타기 위해서는 5분을 대기하여야 한다는 것을 알 수 있다. 따라서, 甲은 8시에 출발해서 7시간 30분(소요 시간)+5분(대기시간) 후에 C도시에 도착하므로, 정답은 15시 35분이다.

＊ 시간과 관련된 문제에서 시간이 ~분 빠르다/느리다라는 표현이 적용하기 어려울 수 있다.
A도시는 C도시보다는 10분 늦게 정오가 된다고 하였으므로 C도시가 12 : 00일 때 A도시는 아직 정오가 되지 않은 11 : 50분이다. 즉, C 도시 시간에서 10분 모자라다는 의미이므로 열차 출발 시간도 각각 10분씩 빼서 생각하면 된다. 이처럼 시간 환산이 헷갈릴 때에는 주어진 조건에 따라 시간을 적어보고 비교하는 것도 좋은 방법이다.

** 앞의 풀이에서처럼 순차적으로 문제를 풀 경우에는 시간 환산을 두 번 해야 하지만, 이와 같이 풀 경우에는 C 도시의 출발 시각을 A도시의 출발 시각으로 환산하는 과정만 거치면 되어 보다 간편하다. 따라서 시간과 관련된 문제에서는 발문에서 어떤 곳의 시간을 기점으로 하는지 (이 경우 A도시) 살핀 후, 문제 풀이 과정에서도 해당 지역의 시간을 기준으로 하여 풀이하는 것이 좋다.

Tip ❷ 시각적인 접근이 가능하다.

A도시	B도시	C도시
오전 8시		
오전 11시		오전 11시 10분
		오전 11시 15분
오후 15시 35분		오후 15시 45분

어려워 보이지만 시간 기준 축을 잘 잡아서 상황대로 풀어나간다면 어려울 것이 없는 문제다. 구체적으로 직접 실선을 그어 표를 만들라는 것이 아니라 A B C를 적어 놓고 시작 시간부터 해당 도시에 따른 시간을 채워 넣으면 된다. 필요한 부분만 채워 넣으면 되기 때문에 꼭 일일이 B도시의 시간까지 구할 필요는 없다. 위 문제의 경우에는 크게 두 부분으로 나눌 수 있다.

(1) A도시 역에서 A도시 시간을 기준으로 '○○레일웨이' 열차 타기 (3시간 소요)
(2) B도시에서 '△△캐리어' 열차 타고 C도시까지 가기 (4시간 30분 소요)

이때, 출발 시간을 잘 유념해서 도시 하단부에 시간만 기재하면 된다. 자세한 사고 과정은 아래와 같다.

[STEP 1] 오전 7시 40분에 도착했지만 '○○레일웨이'는 매시 정각과 30분에 출발하기 때문에 오전 8시에 출발해 3시간 후인 오전 11시에 도착할 것을 생각할 수 있다.
따라서 A도시 아래에 오전 8시, 오전 11시를 적어준다.

[STEP 2] '△△캐리어' 열차는 C도시 시간을 기준으로 열차를 운행한다. 이때 B도시 발 C도시 행이기 때문에 B도시가 언급되어서 B도시 시간과 헷갈릴 수 있다. 하지만 시차 계산에 있어 기준이 어느 도시인가가 중요하지 어느 도시에서 출발하는지는 중요하지 않다. 그러므로 C도시의 시간을 기준으로 생각한다.
A도시 오전 11시의 같은 선상 C도시 하단부에 오전 11시 10분을 적어준다.

[STEP 3] '△△캐리어'는 매시 15분과 45분에 출발하기 때문에 오전 11시 15분에 출발하게 된다. 운행시간이 4시간 30분이므로 C 도시 하단부에 오전 11시 15분과 오후 15시 45분을 적어준다.

[STEP 4] 이때, 문제에서 물어보는 건 A도시 시간 기준이므로 오후 15시 45분에서 다시 10분을 빼 준다.

* 시차 계산에서 가장 중요한 건 1) 경과 시간 2) 시차 계산 기준 도시이다.
여러 도시를 왔다갔다해서 시차를 계산하는 경우 일렬로 도시를 적어준 뒤 상황에 따라 차근차근 위의 STEP처럼 문제를 풀어나가면 쉽다.

438 정답 ①

난이도 ●●●

편의상 양궁 경기를 하기 전 각 국가를 다음과 같이 왼쪽부터 A~G라고 하자.

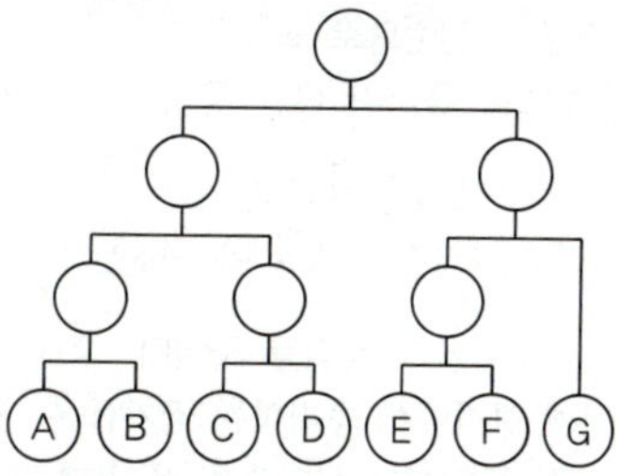

〈조건〉 두 번째와 네 번째에 따라 대한민국은 적어도 2승을 기록했으며, 결승전에 올라갔음을 알 수 있다. 이를 바탕으로 토너먼트에서 대한민국의 위치를 구한다.

(1) 대한민국이 E 또는 F인 경우
대한민국의 첫 번째 상대팀과 두 번째 상대팀은 각각 첫 경기에 대한민국에게 지게 되므로 0승 1패를 하였으며, 세 번째 상대팀인 결승전 상대팀은 2승을 하고 결승전에 진출하였다. 이는 대한민국에게 패배한 영국과 중국이 각각 1승 1패를 기록하였다는 〈조건〉에 위배되므로 대한민국은 E 또는 F가 아니다.

(2) 대한민국이 G인 경우
대한민국이 G일 때, 적어도 2승을 기록했으므로 토너먼트 우승국이 된다. 이 경우 대한민국의 두 번째 상대팀인 결승전 상대팀은 총 2승을 하고 결승전에 진출하였기 때문에 (1)과 마찬가지로 〈조건〉에 위배된다. 따라서 대한민국은 G가 아니다.

(3) 대한민국이 A~D 중 하나인 경우
대한민국의 첫 번째 상대팀은 대한민국에게 패배함으로써 0승 1패로 올림픽을 마감했다.
이는 1승 1패를 기록한 영국도, 중국도 아니므로 대한민국은 영국, 중국에게 추가로 승리하여 토너먼트에서 우승하였다. 이때, 대한민국의 결승전 상대팀은 1승 1패를 거둔 국가여야 하는데, 해당 국가가 E 또는 F인 경우 2승을 거둔 후 결승전에 진출하게 되므로 〈조건〉에 위배된다. 따라서 대한민국의 결승전 상대는 G이다.
한편, 〈조건〉 세 번째에서 독일의 경우 1승 1패하였으나 대한민국과 경기를 치르지 않는다. A~D 중 첫 번째 경기에서 1승을 거두는 국가는 대한민국과 영국(또는 중국)이며, 결승전을 치르는 G는 중국(또는 영국)이 되므로, 독일은 E 또는 F이며 첫 번째 경기에서 승리하였다.

① (×) 미국은 ~~독일과 경기를 하였다.~~
➜ 〈조건〉 첫 번째에 따르면, 미국은 대한민국에 패배한 나라에게 패배하였으며 1경기만 치렀다. 따라서 미국은 영국 또는 중국과 경기를 하였다.

② (○) 중국은 부전승으로 올라갔다.
➜ 부전승으로 올라간 G는 중국 또는 영국이다.

③ (○) 대한민국이 우승하였다.
➜ 대한민국은 3승 0패로 우승하였다.

④ (○) 독일은 일본과 경기를 하였다.
➜ 첫 번째 경기에서 승리하는 국가들은 대한민국과 영국, 중국, 독일이므로 일본은 첫 번째 경기에서 패배하게 된다. 이때 일본이 첫 번째로 경기할 팀은 확정되지 않는다. 만약 일본이 E 또는 F라면 독일은 일본과 경기를 하였지만, 일본이 A~D 중 하나라면 독일은 일본과 경기를 하지 않았다.

⑤ (○) 영국과 대한민국은 4강에서 만났다.
➜ 중국이 G라면 영국과 대한민국은 4강에서 만났지만, 영국이 G라면 영국과 대한민국은 결승에서 만났다.

합격자의 시간단축 Tip

Tip ❶ 토너먼트 문제 중에서도 쉽지는 않은 문제이다. 다양한 경우의 수를 생각해내야 하는데, 이를 위해선 토너먼트 구조를 완전히 이해해야 한다. 따라서 이런 문제를 풀 때에는 머릿속으로 생각하는 것보다 <u>직접 구조도를 그려서 경우를 따지는 것이 보다 효율적이다</u>.
이때, 주어진 〈조건〉을 바탕으로 여러 경우의 수를 생각해보아야 하는 문제의 경우, 〈조건〉에서 가장 많이 언급된 대상을 기준으로 두고 문제를 푸는 것이 좋다. 따라서 해설에서도 대한민국을 기준으로 문제를 풀이하였다.

Tip ❷
(1) 4강에 진출한 네 국가를 먼저 찾아 접근할 수도 있다. 1승을 거둔 국가는 모두 최소 4강 혹은 부전승을 통해 최대 결승까지 진출하게 되므로, 1승 1패인 국가는 모두 최소 4강까지 진출했음을 확신할 수 있다. 이때 1승 1패가 제시된 국가가 영국, 독일, 중국이고, 한국 역시 2승을 거뒀으므로, 영국, 독일, 한국, 중국이 4강에 진출했음을 바로 알 수 있다.
(2) 또한 영국과 중국이 대한민국에 패배하였기 때문에, 대한민국의 4강, 결승 상대국이 영국과 중국이 됨을 알 수 있다. 이때 부전승으로 올라간 국가로, 부전승을 승이나 패로 여기지 않는다는 조건에 의해, 대한민국과 경기를 치르지 않은 독일은 해당되지 않는다. 따라서 영국이나 중국이 부전승을 했음을 추론 가능하다.

Tip ❸ 부전승이 1회 존재하고, 승이나 패로 여기지 않는다는 조건과 같이 문제별로 특수하게 주어진 조건의 경우 특히 유의하며 경우의 수를 생각할 수 있어야 한다. 이러한 특수 조건이 답을 결정짓거나 답을 찾는 과정에 중요한 요소로 작용하는 경우가 많기 때문이다.

439 정답 ②

난이도 ●●○

제품 A를 300kg 생산할 때 필요한 개별 금속의 양과 제품 A를 생산한 후 남은 개별 금속의 양은 다음과 같다.

(단위: kg)

구분	구리	철	주석	아연	망간
보유	710	15	33	155	30
A 300kg	180	15	0	75	30
나머지	530	0	33	80	0

이때, B제품 10kg를 만드는데 필요한 개별 금속의 양은 다음과 같다.

구분	구리	철	주석	아연	망간
B	8kg	0	0.5kg	1.5kg	0

B제품을 최대한으로 생산하기 위해서, 각 재료를 기준으로 생산 가능한 B제품의 무게는 다음과 같다.

- 구리를 기준으로 할 경우: $\frac{530}{8}$=66.25이므로 660kg,
- 주석을 기준으로 할 경우: $\frac{33}{0.5}$=66이므로 660kg,
- 아연을 기준으로 할 경우: $\frac{80}{1.5}$=53.333이므로 530kg이다.

B제품을 생산하기 위해서는 모든 재료가 필요하므로 최대 530kg의 B제품을 만들 수 있다.
따라서 甲회사는 제품 A 300kg과 제품 B 530kg을 생산하게 되며, 이를 판매한 금액은 (300×300)+(530×200)=196,000(원)이다.

합격자의 시간단축 Tip

Tip ❶ 질량 배합 비율이 주어져 있지만, 조건 2에 의하여 제품들이 10kg 단위로 생산된다는 사실을 바탕으로 각 제품의 1단위당 필요한 개별 금속들을 바로 도출해 낼 수 있다.
또한, 제품 A가 90,000원어치에 해당한다는 것을 판단했다면, 선지 ①, ③, ⑤는 답이 될 수 없음을 알 수 있다. 왜냐하면 제품 B의 10kg당 가격은 2천 원이므로 천의 자리가 홀수일 수 없기 때문이다. 따라서 선지 ②, ④가 남는데, 남은 비용이 각각 106,000원, 108,000원 이므로 역산하면 제품 B가 각각 530kg, 540kg인 경우에 해당함을 알 수 있다. 문제에서 '최대 금액'을 묻고 있으므로 제품 B를 540kg 생산할 수 있는지, 없는지를 판단하면 쉽게 답을 도출할 수 있다.

Tip ❷ 약간의 숫자센스도 유용하다. 가령 $\frac{80}{1.5}$를 실제로 계산하는 것은 비효율적이며 역산을 통해 1.5를 53 또는 54에 곱했을 때의 수를 80과 비교해야 한다. 1.5=1+0.5이므로 곱하는 수에 그 숫자의 반을 더하게 되는데, 짝수인 54의 반을 계산하는 게 더 쉬우므로 이를 활용하면 54×1.5=54+27=81로 80을 초과한다. 따라서 53개가 최대임을 알 수 있다. 이를 통해 53개가 최대가 됨을 도출하면 더욱 간편하다.

440 정답 ❶ 난이도 ●●○

주어진 조건에 따라 빈칸을 메우면 다음과 같다.

	3	ⓜ	1
ⓔ 2	1	4	3
1	ⓒ 2	3	4
3	4	ⓛ 1	ⓖ 2

(1) 두 번째 조건에 의하여 각 행에는 1, 2, 3, 4가 각각 하나씩 들어가야 한다. 따라서 ⓒ과 ⓔ에는 각각 2가 들어간다.

(2) 네 번째 조건에 따라 동일 구획을 구성하는 셀의 숫자를 곱한 값을 맞춰주기 위해서 ⓖ에는 2, ⓛ에는 1이 들어간다.

(3) 1~4월에는 1~4행의 1에 쓰레기가 매립되고, 5~8월에는 1~4행의 2에 쓰레기가 매립될 것이다. 따라서 8월의 쓰레기는 4행의 2에 해당하는 ⓖ에 매립된다.

합격자의 시간단축 Tip

Tip ❶ 이러한 유형은 조건에 따라 최종적으로 구해야 할 값이 어디인지를 먼저 파악하면 시간을 단축할 수 있는 경우가 많다.
8월에 쓰레기를 매립할 셀은 마지막 조건에 따라, 4행의 2가 쓰인 셀로 정해진다.
따라서 4행에 있는 ⓖ 또는 ⓛ으로 답이 좁혀진다. 여기서 네 번째 조건에 따라 ⓖ에 2가 들어가게 된다. 따라서 답은 ①이다.

Tip ❷

(1) 문제가 어려워 보이지만 실상 문제를 파악해본다면 오히려 쉬운 문제에 속한다.
〈조건〉에서 "A매립지는 4×4셀로 구성되어 있다."와 같은 조건은 시각적으로 알 수 있고 그렇게 중요하지 않기 때문에 정독할 이유가 없다.
3번째 조건의 "A매립지는 효율적인 관리를 위해 ~ 두꺼운 테두리로 표현한다." 역시 정독해서 읽을 필요가 없다. 가장 중요한 것은 4번째 조건과 5번째 조건인데, 예시까지 친절하게 적혀 있으므로 이해가 안된다면 예시를 통해 이해하면 된다.

(2) 주어진 조건이나 줄글에서도 무엇이 중요한 메인 정보인지, 중요한 사용 가능 정보가 무엇인지를 판단하면서 문제를 접근하는 연습을 하면 문제를 더 빨리 풀 수 있을 것이다.
문제를 빠르게 훑어보았을 때 제한 요건을 규정하고 있거나, 아니면 예시가 달려있는 조건들이 보통 중요한 정보가 될 것이다. 다만 모든 문제에 해당되는 것은 아니므로, 여러 문제들을 풀어보면서 정보의 중요도를 판별하는 능력을 기르는 것이 좋다.

441 정답 ❷ 난이도 ●●○

(1) A~F의 걸음 속도는 동일하므로 개발팀 – 영업팀 – 총무팀 – 회계팀 – 마케팅팀 – 생산팀의 순서로 사무실에 빨리 도착한다. 이 때 〈조건〉을 바탕으로 6명이 소속된 팀을 표로 정리해 보자.

(2) 〈조건〉 ⓛ에 따라 D보다 늦게 사무실에 도착한 사람이 두 명이므로 D는 회의실에서 네 번째로 가까

운 회계팀이다. 이 때 〈조건〉 ㉢에 따라 C는 영업팀 또는 생산팀이 되는데, 〈조건〉 ㉤에 의하면 C가 회의실에서 가장 먼 생산팀은 아니므로 C는 회의실에서 두 번째로 가까운 영업팀이다. 따라서 F는 영업팀보다 회의실에서 먼 총무팀, 마케팅팀 또는 생산팀이다.

(3) 그런데 〈조건〉 ㉣에 따라 A와 F는 연달아서 사무실에 도착했으므로 F는 총무팀이 아니며 A와 F는 각각 마케팅팀 또는 생산팀 중 하나이다. 이상의 결과를 표로 정리하면 다음과 같다.

회의실	개발팀	영업팀	총무팀	회계팀	마케팅팀	생산팀
	B/E	C	E/B	D	A/F	F/A

① (×) B는 ~~총무팀이다.~~
→ 주어진 〈조건〉에 따르면 D는 회계팀, C는 영업팀, A와 F는 마케팅팀 또는 생산팀이므로 B는 개발팀 또는 총무팀이다.

② (○) C가 두 번째로 사무실에 도착했다.
→ 〈조건〉 ㉡에 따라 D보다 늦게 사무실에 도착한 사람이 두 명이므로 D는 회의실에서 네 번째로 가까운 회계팀이다. 이때, 〈조건〉 ㉢에 따라 C는 영업팀 또는 생산팀이 되는데, 〈조건〉 ㉤에 의하면 C가 회의실에서 가장 먼 생산팀은 아니므로 C는 회의실에서 두 번째로 가까운 영업팀이다.

③ (×) F는 ~~생산팀이다.~~
→ 〈조건〉 ㉡에 의하면 D는 회계팀이며, 〈조건〉 ㉢과 ㉤에 의하면 C는 영업팀이다.
이때, 〈조건〉 ㉤에 의하면 F는 생산팀보다 회의실에서 먼 총무팀 또는 마케팅팀 또는 생산팀이다. 그런데 〈조건〉 ㉣에 따라 A와 F는 연달아서 사무실에 도착했으므로 F는 총무팀이 아니며 생산팀 또는 마케팅팀이다.

④ (×) E가 ~~가장 나중에 도착할 수 있다.~~
→ 주어진 〈조건〉에 따르면 D는 회계팀, C는 영업팀, A와 F는 마케팅팀 또는 생산팀이므로 E는 총무팀 또는 개발팀이다. 따라서 E는 사무실에 세 번째로 도착하거나 첫 번째로 도착한다.

⑤ (×) A가 ~~가장 먼저 도착할 수 있다.~~
→ 〈조건〉 ㉡에 의하면 D는 회계팀이며, 〈조건〉 ㉢과 ㉤에 의하면 C는 영업팀이다.
이때, 〈조건〉 ㉤에 의하면 F는 생산팀보다 회의실에서 먼 총무팀 또는 마케팅팀 또는 생산팀이다. 그런데 〈조건〉 ㉣에 따라 A와 F는 연달아서 사무실에 도착했으므로 A는 생산팀 또는 마케팅팀이다.
따라서 A는 사무실에 다섯 번째로 도착하거나 여섯 번째로 도착한다.

합격자의 시간단축 Tip

Tip ❶ '항상 참인 것'을 물었을 경우, 어떤 것이 확정될 때마다 해당 정보가 포함되어 있는 선지가 있는지 여부를 확인하는 것이 좋다. 가령 C가 영업팀에 속할 수 밖에 없다는 것을 알아냈을 때 그 이상의 정보를 추가적으로 고민해보기 이전에 한 번 선지를 확인해보는 것이 좋다.

Tip ❷ '항상 참인 것'을 묻는 문제는 오히려 다른 문제보다 쉬울 수 있다. 경우의 수가 있거나 불확실한 정보의 경우 특별히 확인해보지 않은 채 바로 틀린 선지로 표기하면 되기 때문이다.
선지의 구성을 보면, '~할 수 있다'라는 선지와 '~이다'라는 선지가 존재한다.
후자의 경우 반례가 단 하나라도 존재하면 정답이 아니지만 전자의 경우 모든 경우가 다 반례가 되어야 정답이 아니다.
따라서 항상 참을 고르는 문제에서는 '~이다'와 같이 확정적인 선지부터 접근하는 것이 좋다.
반대로 항상 거짓을 고르는 문제에서는 예시 하나만 찾더라도 정답이 아니기 때문에 '~할 수 있다'라는 선지부터 접근하는 것이 좋다.

442 정답 ④

난이도 ●●○

(1) 〈조건〉 ㉡에 의하면 C출판사의 책의 출간 횟수는 가장 많지도, 가장 적지도 않으므로 2쇄 또는 3쇄이다. 그런데 〈조건〉 ㉢에 따라 C출판사의 책과 D출판사의 책의 출간 횟수는 3쇄 차이가 나므로, C출판사와 D출판사의 출간 횟수는 각각 2쇄와 5쇄이다.

(2) 한편, 〈조건〉 ㉠, ㉣에 의하면 A출판사, B출판사, C출판사에서 출판한 책 분야는 인문 분야가 아니므로 D출판사에서 출판한 책 분야가 인문 분야이다. 이때, 〈조건〉 ㉡에 의하면 C출판사에서 출판한 책 분야는 수험서와 여행 분야가 아니므로 C출판사에서 출판한 책 분야는 사회·정치 분야이다.

(3) 주어진 〈조건〉을 바탕으로 4개의 출판사에서 출판한 책 분야 및 출간 횟수를 표로 정리하면 아래와 같다.

출판사	A	B	C	D
분야	여행, 수험서		사회·정치	인문
출간 횟수	1쇄, 3쇄		2쇄	5쇄

(4) 따라서 C출판사가 출판한 책 분야는 사회·정치이며, 출간 횟수는 2쇄이다.

합격자의 시간단축 Tip

Tip ❶ 관련 있는 조건들끼리 한 번에 처리하도록 한다. 조건 ㉡과 ㉢은 출간 횟수에 대한 내용이고, 조건 ㉠과 ㉣은 출간 순서에 대한 내용이므로 같이 처리해 주도록 한다.

Tip ❷ 선지를 최대한 활용할 수 있으면 좋다. 예를 들어, C 출판사의 출간 횟수가 2쇄라는 것을 알았다면, 답은 ①, ④ 중 하나이다. ㉣에 따르면 C출판사의 책은 인문 분야 책보다 먼저 출간되었으므로, C가 출판한 책은 인문 분야가 아닌 사회·정치 분야이고 답은 ④다.

Tip ❸

(1) 본 문제는 일대일 대응 유형의 문제이다.
〈조건〉을 보면 출판사(A~D)－분야(인문~여행)－출간 횟수(1쇄~5쇄)－출간 순서(1등~5등)의 4개 그룹 간에 일대일 대응 관계가 존재함을 알 수 있다.
주어진 그룹이 셋 이상인 대응관계 유형의 문항은 처음 읽고 나서 일견 혼란스러울 수 있다.
이 경우 가장 먼저 해야 할 것은 그룹이 몇 개인지, 그룹에 속한 개체가 무엇인지 명확히 밝히는 것이다. 둘째로는, 그 중 발문이 직접적으로 묻고 있는 정보를 찾아야 한다.

(2) 본 문제에 적용해 보자. 〈조건〉에 따르면 제시된 그룹은 총 4개이다. 그러나 발문 및 선지에서 요구하는 것은 C출판사에서 출간한 책의 분야와 출간 횟수이다. 즉, 직접적으로 대응관계를 밝혀내야 하는 것은 3개 그룹이며, 그 중에서도 C출판사를 중심으로 두고 풀어야 함을 알 수 있다.
이런 문제의 경우 조건들을 활용하여 단순한 표로 그리기 어려움을 겪는 수험생들이 많을 것이다. 확실하게 정해진 정보들을 우선 적은 뒤 차분하게 표를 채워 넣는 것이 문제풀이의 핵심이다.
이때 표의 범주는 1행은 출판사 이름, 1열은 책의 분야 등으로 구성하는 것이 간단하다.

(3) 표를 그리는 방법 중 하나로, 대응표의 가로축과 세로축에 2개의 변수만을 넣고 나머지 하나의 변수를 가로나 세로에 ( ) 등으로 표기하는 방법을 통해 문제를 풀 수도 있다.

출판사	A	B	C (2쇄)	D (5쇄)
인문	×	×	×	○
사회·정치	×	×	○	×
수험서			×	
여행			×	

우선 〈조건〉에는 많은 정보가 숨겨져 있다. 예를 들어 '㉠ 인문 분야 책은 A출판사의 책보다 먼저 출간되었고, B출판사의 책보다는 나중에 출간되었다.'를 보면 출간 시기에 대한 문장 같지만 그 외에도 A출판사의 책과 B출판사의 책은 인문이 아님을 내포하고 있다.
이러한 점을 이용해 표를 채우면 위와 같으며, C 출판사를 물어보고 있기 때문에 굳이 A와 B의 내용까지 채울 필요는 없다.

(4) 이제 출간 횟수의 경우 '㉡ C출판사의 책의 출간 횟수는 수험서 분야 책보다 많고 여행 분야 책보다는 적다. ㉢ C출판사의 책과 D출판사의 책의 출간 횟수는 3쇄 차이가 난다.'의 조건이 있다. 이때 가능한 경우는 (C, D)＝(2쇄, 5쇄)＝(5쇄, 2쇄)인데, C 출판사의 출간 횟수가 가장 큰 수가 아님을 ㉡을 통해 알 수 있으므로 C는 2쇄가 된다.

(5) 출간 순서를 기준으로 표를 작성하는 방법 또한 좋은 방법이다.
물론 설문의 경우 〈조건〉 두개에서 출간 순서가 나옴에도 정답에 전혀 반영되지 않아 문제풀이에 직접적인 효용은 낮다. 다만, 시간 순서에 따라 정보를 정리할 수 있다는 점에서 가독성이 좋다. 조건 ㉠과 ㉣에 따라 B와 D의 순서는 확정되나 A와 C의 순서가 확정되지 않는다. 다만 그럼에도 책 분야와 출판사 및 출간 횟수는 도출되니 이를 활용하여도 좋다.

(6) 출간 순서를 기준으로 표를 작성하면 다음과 같다.

출간 순서	1	2	3	4	미확정
분야	수험서	인문	−	−	여행, A, 3쇄 사회·정치, C, 2쇄
출판사	B	D			
출간 횟수	1쇄	5쇄			

443 정답 ❸ 난이도 ●●○

(1) 검찰사무직의 경우 채용목표인원 규정에 따르면 '단계별' 합격예정인원의 최소 20%를 성별 최소 채용목표인원으로 한다. 또한, 합격자 결정방법에 따르면 선발예정인원의 150%를 합격자로 결정한다. 이에 따르면 선발예정인원이 30명이므로 1차시험 합격자는 30×150%＝45명이다.

따라서 45명의 20%인 9명이 성별 최소 채용목표 인원이 된다.

(2) 상황에 따르면 제1차시험에서 남성 39명이 합격했으므로 합격자 45명 중 6명은 여성이다. 그러나 이는 성별 최소 채용목표인원인 9명에 미달하므로 성적 조건을 충족하는 경우 3명을 추가로 더 합격시킬 수 있다. 따라서 제1차시험의 최대합격자 수는 48명이다.

합격자의 시간단축 Tip

(1) 문제의 〈양성평등채용목표제〉-1. 채용목표인원 규정의 '단계별'이라는 키워드를 읽고 1차 합격인원인 45명의 20%를 계산해야 한다. 이를 파악하지 못했다면 30명의 20%를 계산하여 최소 채용목표 인원을 6명으로 도출했을 것이다.
6명으로 도출되었다면 답이 45로 도출되어버린다. 이러한 실수를 줄이기 위해서는 다른 조건이 전혀 활용되지 않을 때, 잘못 적용한 조건이 있는지 다시 한 번 검토를 하는 습관을 들이는 것이 좋다.

(2) 1차시험의 성적 조건을 구체적으로 적용시킬 필요는 없다. 문제는 1차시험의 최대 합격자 수를 묻고 있기 때문에, 최대한 유리하게 다 적용된다고 생각해도 무방하다. 즉, 이처럼 문제에 조건으로 주어지기는 했으나 실질적으로 답을 도출하는데 필요 없는 조건이 있을 경우 이를 빨리 파악해서 일찍이 해당 정보를 꼼꼼히 검토하지 않을 필요가 있다.

(3) 이것이 가능하기 위해서는 어느 정도 조건의 구조가 파악되었을 때 문제의 양상을 먼저 보고 필요 없는 정보가 있는지 고려하는 과정이 필요하다. 해당 문제 역시 점수에 대한 다양한 조건이 제시되나, 문제의 〈상황〉이나 발문에서 그와 관련된 내용은 찾아볼 수 없기 때문에, 이를 우선 파악하고 관련된 부분들은 읽지 않고 넘길 수 있다.

444 정답 ②

난이도 ●●○

ㄱ. (O) $W\beta$(양성)형의 경우 매 세대 존재할 수 있다.
➜ 현재 세대에는 개구리4가 $W\beta$이고 β형은 무성생식이 가능하다. 무성생식의 결과 $W\beta$형을 낳게 되므로 개구리4와 그 자식들이 무성생식만 하게 되면 $W\beta$형은 매 세대 존재할 수 있다.

ㄴ. (O) 개구리5의 자식과 개구리4의 생식의 결과로 $Q\alpha$(암컷)형이 가능하다.
➜ 개구리5의 자식으로 가능한 것은 $E\beta$(양성), $E\gamma$(무성)형이다. $E\gamma$(무성)형은 무성생식만 가능하므로 고려 대상이 아니다.
$E\beta$(양성)와 개구리4($W\beta$-양성)의 유성생식을 고려해야 한다. E형과 W형이 유성생식을 하게 되면 Q형이 나오며, β형이 유성생식을 하게 되면 α형이 나온다. 따라서 $Q\alpha$형이 가능하다.(암컷, 수컷 모두 가능하다.)

ㄷ. (×) 실험실에 개구리3과 개구리5 두 마리만 있다면, ~~더 이상 α 형 개구리는 실험실 내에서 만들어낼 수 없다.~~
➜ (반례)개구리3이 무성생식을 하게 되면 $W\beta$(양성)형이 나올 수 있다. $W\beta$(양성)형 두 마리를 교배한다면 유성생식의 결과로 $W\alpha$을 낳을 수 있다.

합격자의 시간단축 Tip

Tip ①

(1) 조건이 다소 복잡하게 주어지는 경우에는 시간을 약간 써서라도 확실하게 정리해두는 것이 오히려 시간 단축에 도움이 될 수 있다. 실전에서는 QWE 혈액형은 쉬운 조건이므로 따로 정리할 필요는 없으며, α β γ 혈액형이 각각 어떤 생식이 가능한지, 그 결과는 어떠한지 간략하게 정리해 놓는 것이 좋다.

(2) 주어진 조건에는 명시적으로 표시되어 있지는 않지만, 〈보기 ㄴ〉으로부터 기존의 개구리와 자식 개구리의 생식도 고려해야 된다는 것을 알 수 있다. 따라서 〈보기 ㄷ〉을 해결할 때 이를 활용해야 한다.

(3) 〈보기 ㄴ〉을 해결함에 있어서 개구리5의 '자식'과 개구리4의 생식의 결과를 묻고 있음을 주의해야한다. 개구리5와 개구리4의 직접 생식이 불가능하다는 점을 파악했다면 실수를 방지할 수 있었을 것이다.

Tip ② 문제를 풀기 위해 분류가 필요한데, 그 분류 기준이 난해하여 처음 접근할 때 매우 어려울 수 있다. 다만 사후적으로라도 이 문제를 통해 분류해보는 연습을 할 것을 추천한다. 복잡한 구도를 한 번 잡아 두는 연습을 하면 비슷한 분류 문제가 나왔을 때 보다 수월하게 문제가 보이기 때문이다.

(1) Q, W, E 형(다른 혈액형도 가능)
① 유성생식 방식: (Q-W=E), (Q-E=W), (W-E=Q)+동일 혈액형 간→그대로 물려받음
② 무성생식 방식: 그대로 물려받음

(2) α, β, γ 형(동일 혈액형만 가능)
① α형(수컷, 암컷): 유성생식만→α or γ형
② β형(양성): 유성생식→α형+무성생식→β형
③ γ형(무성): 무성생식→β or γ형

Tip ❸ 이 문제 역시 조건이 잘 이해되지 않는다면 〈보기 ㄱ〉부터 차근차근 풀어나가는 것이 효과적이다. 보통 이해도가 어느정도 요구되는 문제의 경우 첫 번째 보기가 디딤돌 역할을 해주는 경우가 많다. 이 문제의 경우에도 〈보기 ㄱ〉은 무성생식에 대한 내용이며 다른 〈보기〉보다 가장 이해하기 쉬운 부분이므로, 〈보기〉를 순서대로 따라간다면 어렵지 않게 풀이 가능하다.

* 문제 자체가 이해되지 않은 수험생도 많을 것이다. 물론 주어진 예시나 〈보기 ㄱ〉을 풀어가며 문제가 이해된다면 좋겠지만 그렇지 않은 경우에는 넘어가는 것이 좋다. 본인만의 느낌을 잘 파악하는 것이 중요한데, 본인의 문제 이해 정도에 따라 예시나 보기를 통해 보다 높은 이해를 시도할지, 아니면 차라리 넘어갈 것인지 등을 시험장에서 정할 수 있어야 한다.

445 정답 ①

난이도 ●●○

ㄱ. (O) 乙의 최종 점수의 최댓값과 丁의 최종 점수의 최댓값은 같다.
→ 乙과 丁 모두 점수를 최대한 많이 얻기 위해서는 빨간색 칸을 명중시켜야 한다.
이때, 두 사람의 점수는 각각 20점으로 같다.

ㄴ. (×) 甲과 丙의 최종 점수가 10점으로 같았다면, ~~노란색 화살들은 모두 초록색 칸에 명중한 것이다.~~
→ (반례) 丙의 노란색 화살이 파란색 칸에 명중하여 3점을 얻고 초록색 화살이 초록색 칸에 명중하여 7점을 얻은 경우에도 丙은 최종 점수가 10점이다.

ㄷ. (O) 乙의 최종 점수의 최솟값은 甲의 최종 점수와는 다를 것이다.
→ 乙의 최종 점수의 최솟값은 초록색 화살이 모두 파란색 칸에 명중하여 총 8점을 얻는 경우이다. 그러나 甲은 노란색 화살을 하나 가지고 있으므로, 乙과 같이 모두 파란색 칸에 명중시켰다고 하더라도 조건 4에 의하여 1점이 감점되어 최종 점수는 7점이 된다.

ㄹ. (×) 丙과 丁의 화살 4개가 모두 같은 칸에 명중했고 최종 점수가 같았다면, ~~그 칸은 파란색 일 수 있다.~~
→ 모든 화살이 파란색 칸에 명중했다면, 丙은 7점의 점수를 얻고, 丁은 9점의 점수를 얻게 되므로 두 사람의 최종 점수는 같아질 수 없다. 따라서 모든 화살이 같은 칸에 명중했을 때 최종 점수가 같았다면, 그 칸은 파란색 일 수 없다.

합격자의 시간단축 Tip

Tip ❶ (조건3)과 (조건4)에 집중하면 문제를 쉽게 해결할 수 있다. 각 사람이 가진 화살의 색깔에 따라, 해당 화살로 얻을 수 있는 점수가 정해져 있으므로, 이 점수들을 조합하여 생각하는 것이 좋다. 이때, 가장 주목해야 할 조건은 네 번째 조건이다. 다른 경우와 달리 노란색 화살만 점수를 덜 받을 수 있는 가능성이 생길 수 있다는 조건이므로 예외를 만들기 좋은 조건이다.
따라서 노란색 화살을 가진 甲과 丙, 그 중에서도 점수의 최솟값과 관련된 보기가 나올 때 유의해서 문제를 풀도록 한다.

(1) 보기 ㄷ에서는 乙의 최종점수의 최솟값과 甲의 최종점수를 묻고 있다. 계산해볼 필요 없이 甲은 노란색 화살을 가지고 있으므로 예외사항에 해당되기 때문에 甲의 최종점수와 乙의 최솟값은 다를 수밖에 없다.
(2) 보기 ㄹ에서는 최솟값을 묻고 있지는 않지만 예외사항의 조건에 해당하는 파란색 칸을 언급하고 있다. 이 때 역시 마찬가지로 굳이 점수 계산을 해볼 필요 없이 파란색 칸에 맞을 경우 丙과 丁 중 丙만 예외가 생기므로 두 사람의 점수가 같을 수 없다는 걸 알 수 있다.

Tip ❷ '~이다'와 '~일 수 있다'의 경우 예외 찾기를 다르게 접근해야 한다.
예를 들어, **ㄴ의 경우** 노란색 화살들이 모두 초록색 칸에 명중하지 않아도 甲과 丙의 최종 점수가 10점으로 같은 경우를 찾으면 된다.
반대로 **ㄹ의 경우** 丙과 丁의 화살 4개가 모두 파란색 칸에 명중한 경우 최종 점수가 같은 경우만을 찾으면 된다.
두 접근이 다른 이유는 '~이다'와 같은 확정적인 어조로 문장이 끝날 경우 하나라도 이 경우가 해당되지 않는 반례를 찾는다면 본 문장은 바로 틀린 것이 된다. 하지만 '~일 수 있다'와 같이 가능성을 열어놓은 문장의 경우 하나의 사례라도 해당이 되면 바로 그 문장은 맞는 것이 된다. '~일 수 있다'의 경우 반례를 찾는 것은 의미가 없다. 반례를 찾아도 가능한 사례가 하나라도 있다면 문장은 옳은 것이 되기 때문이다.

* 본 문제와 같이 화살을 쏘고 점수를 계산하는 문제는 다트나 양궁을 아는 사람에게 익숙하게 느껴질 수 있다. 다만 조심해야 하는 것은, 문제의 첫 번째 단락에 '화살은 반드시 4개의 칸 중 하나의 칸에 명중한다'는 것이다. 따라서 보기의 옳고 그름 여부를 판단할 때 화살이 과녁 경계선에 맞거나, 과녁에 맞지 않아 0점으로 계산되는 경우는 없다는 것에 유의해야 한다.

446 정답 ❷ 난이도 ●●○

1 2:10	2 2:30	3 2:50	23, 24, 25 9:00, 9:30, 10:00	4 3:10	5 3:30	6 3:50	7 4:10	8 4:30	26, 27, 28 10:30, 11:00, 11:30	9 4:40	10 4:50	11 5:00
22 8:30	21 8:00	20 7:30		19 7:00	18 6:30	17 6:00	16 5:50	15 5:40		14 5:30	13 5:20	12 5:10

① (×) 우측 계단에 앉은 관람객이 중앙 좌석에 앉기 위해서는 지금보다 ~~적어도 3시간, 최대 4시간은 일찍 도착해야 한다.~~

→ 우측 계단에 앉은 관람객은 오전 10:30, 11:00, 11:30에 도착한 관객이다. 이들 중 가장 일찍 도착한 26번째 관객(10:30 도착)이 19번 좌석에 앉기 위해서는 3시간 30분 전에 도착해야 한다. 또한, 가장 마지막에 도착한 28번째 관객(11:30 도착)이 4번 좌석에 앉기 위해서는 8시간 20분 전에 도착해야 한다.

따라서 우측 계단에 앉은 관람객이 중앙 좌석에 앉기 위해서는 지금보다 적어도 3시간 30분, 최대 8시간 20분은 일찍 도착해야 한다.

② (○) 공연일 오전 9:00부터 공연일 오전 10:00까지 도착한 관람객은 모두 좌측 계단에 앉는다.

→ 이들은 23, 24, 25번째 관객이므로 좌측 계단에 앉게 된다.

③ (×) A에 앉은 관람객과 B에 앉은 관람객의 도착시간은 ~~50분 차이가 난다.~~

→ A좌석은 4 : 30에 도착한 관객에게, B좌석은 5 : 10에 도착한 관객에게 배정되므로 두 관람객의 도착시간은 40분 차이가 난다.

④ (×) 공연일 오전 6:00에 도착한 관람객은 ~~앞줄 좌석에 앉는다.~~

→ B좌석이 5:10에 도착한 관객에게 배정되므로, 6:00에 도착한 관객은 앞줄에 앉을 수 없다.

⑤ (×) ~~총 30명의~~ 관람객이 공연장에 도착하였다.

→ 총 28명의 관람객이 공연장에 도착한다.

합격자의 시간단축 Tip

Tip ❶

(1) 시간대에 따라 관객이 도착하는 주기가 다르다. 이를 활용하여 관객들을 그룹으로 묶어서 판단하는 것이 좋다. 2 : 10부터 4 : 30까지는 20분 간격으로 관객들이 도착하므로 2 : 10에 최초 1명, 주어진 시간인 2시간 20분동안 도착한 관객은 7명으로 총 8명이 도착한다.

4 : 30부터 6 : 00까지는 10분 간격으로 관객들이 도착하므로 이 시간대에는 9명이 도착하여 총 17명이 도착한다. 6 : 00부터는 30분 간격으로 관객들이 도착한다.

이때, 조건에 관람객이 22명을 초과하는 경우 좌석을 특별하게 계단에 배치하므로 22명째 관객이 도착하는 시간을 기준으로 한번 잘라준다. 즉, 6 : 00 현재 17명에서 5명이 더 오는 시간은 8 : 30이고, 이후에 11 : 30까지 6명이 더 오므로 총 28명이 도착하게 된다.

(2) 해설의 표처럼 좌석에 번호를 매기면, 1~8번 좌석은 20분 주기, 9~17번 좌석은 10분 주기, 이후에는 30분 주기이므로 관객들을 쉽게 구분할 수 있다. 이렇게 주기별로 구분하면 선지 ③을 쉽게 판단할 수 있다. A는 8번, B는 12번 좌석이므로, 각 좌석에 앉은 관람객의 도착시간을 정확하게는 몰라도 10분(주기) × (12 − 8) = 40분 차이가 남을 도출할 수 있다.

(3) 선지를 확인할 때 〈상황〉에서 곧바로 정오를 판단할 수 있는 선지부터 확인한다.

①번 선지의 경우 우측 계단에 앉은 관람객이 중앙 좌석에 앉기 위해 앞당겨야 하는 최대, 최소 시간을 추가적으로 확인해야 하므로 처음부터 계산하지 않고 ②번부터 확인하도록 한다.

Tip ❷ 위의 **Tip ❶**처럼 계산하되 〈관람 위치 배정방식〉에 나타난 좌석 그림에 시간을 기입한다면 문제를 더 시각적으로 접근할 수 있다. 일일이 좌석마다 시간을 기입하라는 것이 아니라 A, B 그리고 좌석이 앞줄에서 뒷줄로 바뀔 때의 시간 등 상황이 구분되는 경우를 잘라 그때의 시간이 언제인지 기입하는 것이다. 이렇게 되면 〈상황〉을 시각적으로 표현할 수 있고 오지선다도 빠르게 접근할 수 있으며 검토에도 용이할 것이다.

* 문제 자체가 시간을 많이 필요로 하는 문제이다. 그러므로 이런 문제를 푸는 경우에 본인이 한 문제를 푸는 데에 정해 놓은 시간(가령 2분)을 지난다 해도 너무 부담을 갖지 말고 차근차근 푸는 것이 좋다. 따라서 첫 바퀴에는 넘기고 다음 순서에 푸는 것도 좋은 전략이다.

447 정답 ❶ 난이도 ●●○

각 인원의 진술을 정리하면 다음과 같다.

	사과 사탕	포도 사탕	딸기 사탕
甲		X	
乙	O	X	X
丙	X		
丁	1개의 사탕만 먹음		
戊	딸기사탕을 먹는 경우의 수가 2개 이상임		

(1) 현재 무엇을 먹었는지 확실한 사람은 '乙'이다. 乙은 사과 사탕을 먹었으므로, 사과 사탕을 먹은 다른 사람은 '사과 사탕과 딸기 사탕을 1개씩' 먹은 사람이 된다.
이때, 丙은 사과 사탕을 먹지 않았고, 丁은 1개의 사탕만 먹었으므로 사과 사탕과 딸기 사탕을 먹은 사람이 될 수 없다. 즉, '甲과 戊' 중 1명이 그 사람에 해당한다.

(2) 만약 '戊'가 사과 사탕과 딸기 사탕을 먹은 사람이라고 가정해보자.
그렇다면 더 이상 사과 사탕은 남아있지 않으므로 '甲'은 딸기 사탕을 먹은 사람이 될 수밖에 없다. 이 경우 '戊'는 본인의 발언과 달리 딸기 사탕을 먹은 사람이 누구인지 정확히 알 수 있다. 따라서 사과 사탕과 딸기 사탕을 먹은 사람은 '甲'이다.

(3) 사과 사탕은 이미 2개가 모두 배분되었으며, '戊'의 경우 딸기 사탕을 먹은 사람이 누구인지 알 수 없다 했으므로 본인이 딸기 사탕을 먹었을 수는 없다. 따라서 '戊'는 포도 사탕을 먹었다.
이를 표로 다시 정리하면 다음과 같다.

	사과 사탕	포도 사탕	딸기 사탕
甲	○	×	○
乙	○	×	×
丙	×		
丁	×		
戊	×	○	×

즉, 경우의 수는 크게 2가지로, ('丙'=포도, '丁'=딸기)인 경우와 ('丙'=딸기, '丁'=포도)인 경우로만 나뉜다는 것을 알 수 있다. 따라서 정답은 ① 번이다.

합격자의 시간단축 Tip

Tip ❶ 모든 인원들의 진술이 '진실'이라는 점에서 굳이 위 해설과 같은 전체 과정을 거칠 필요 없이 선지만을 이용해 문제를 풀 수도 있다.
이하에서는 각 진술을 바탕으로 '대입-모순 확인법'을 활용하여 살펴보겠다.

(1) 甲, 포도 사탕 1개
➜ 甲이 사과와 딸기 사탕을 먹었고, 戊가 포도 사탕을 먹었다면 戊는 딸기 사탕을 먹은 사람이 丙과 丁 중 누구인지를 한 번에 알 수 없으므로 모순이 없다.

(2) 甲, 딸기 사탕 1개
➜ 戊가 딸기 사탕을 먹었다면 사과 사탕과 딸기사탕을 함께 먹은 사람은 甲이 될 수밖에 없다. 戊는 딸기 사탕을 먹은 사람이 누구인지 알 수밖에 없으므로 모순된다. 따라서 틀린 선지이다. (선지 ② 의 풀이를 통해 선지 ④ 가 틀린 선지라는 것 또한 알 수 있다.)

(3) 丙, 포도 사탕 1개
➜ 丙은 사과 사탕을 먹지 않았다고 하였으므로 사과 사탕과 딸기 사탕을 먹은 사람이 될 수 없다. 따라서 틀린 선지이다.
(선지 ③ 의 풀이를 통해 선지 ④ 가 틀린 선지라는 것 또한 알 수 있다.)

(4) 丙, 딸기 사탕 1개
➜ 丙은 사과 사탕을 먹지 않았다고 하였으므로 사과 사탕과 딸기 사탕을 먹은 사람이 될 수 없다. 따라서 틀린 선지이다.

(5) 戊, 사과 사탕 1개와 딸기 사탕 1개
➜ 戊가 사과 사탕 1개와 딸기 사탕 1개를 먹었다면, 乙이 이미 사과 사탕을 먹었기에 사과 사탕 2개가 모두 배분되었다. 따라서 甲은 사과와 포도를 제외하면, 딸기 사탕을 먹을 수밖에 없다. 이에 戊는 딸기 사탕을 먹은 사람이 누구인지 알 수밖에 없으므로 모순된다.
따라서 틀린 선지이다.

* 이처럼 해결할 경우, 정석적 풀이와 달리 쉽게 답을 찾을 수 있다. 다만, 이때 대입하는 순서에 대한 고민이 필요하다. 현재 戊는 자신은 딸기 사탕을 먹은 사람을 두 명 다 알 수 없다고 이야기하고 있다.
딸기 사탕은 두 개이므로, 만일 戊가 딸기 사탕을 먹은 경우 딸기 사탕을 먹은 다른 한 명만 알아내면 되기 때문에 보다 유추하기가 쉬워질 것이다. 따라서 戊가 딸기 사탕이 아닌 다른 사탕을 먹은 경우인 선지 ①, ③을 먼저 검토하는 것이 문제풀이 시간 단축에 도움이 될 것이다. 실제로 이 문제의 답은 선지 ①이다.

Tip ❷
(1) 선지를 활용하는 방법에 익숙해진 경우 반복과정을 줄이기 위해서 한 번에 두 가지 선지를 동시에 처리할 수 있다. 기준을 사과 사탕과 딸기 사탕을 먹은 사람으로 둘 것인지, 戊가 먹은 사탕에 둘 것인지에 따라 다양한 풀이 방법이 있다.
(2) 예를 들어, 甲이 사과 사탕 1개와 딸기 사탕 1개를 먹었다고 가정할 경우 남은 사과 사탕 1개, 딸기 사탕 1개, 포도 사탕 2개를 4명에게 각각 1개씩 배정하여 선지 ①과 ②를 동시에 처리할 수 있다.

또는 戊가 포도 사탕 1개를 먹었다고 가정할 경우 선지 ①과 ③를 동시에 처리할 수 있다. 문제에 따라 기준을 유연하게 바꾸면서 푼다면 풀이시간 단축에 도움이 될 것이다.

* **Tip**과 같이 선지를 활용하는 방법이 익숙하지 않은 경우, 해설과 같이 표를 그려 문제를 푸는 것이 보다 효율적일 수 있다. 이때 범주를 정확하게 설정하는 것이 중요한데 세로축은 사람 이름, 가로 축은 사탕 종류로 하는 것이 적절하다. 물론 해설과 같이 정에게 '1개의 사탕만 먹음'과 같은 문구를 쓸 필요는 없고 확실한 정보만을 표시하면 충분하다.

448 정답 ❷ 난이도 ●●○

ㄱ. (O) 甲팀은 2라운드에서 가장 먼저 선수를 선발할 것이다.

➜ 2라운드의 선발 순위는 1라운드의 선발 순위 역순이므로, 2라운드에서 1순위 선발권을 가지기 위해선 1라운드 선발 순위가 마지막이어야 하며 2018 시즌 1등이어야 한다.

甲, 乙팀의 경우 총 60경기 중 1경기만 남은 상황이고, 丙과 丁팀의 경우 2경기가 남은 상황이다.

이때 甲은 이미 50승을 거둔 상태로, 甲이 남은 경기를 패배하고 다른 팀들은 모두 승리한다 하더라도 역전될 수 없다. 즉 甲은 시즌 1등이므로 2라운드에서 1순위 선발권을 가질 것이다.

ㄴ. (×) 乙팀이 2등으로 2018 시즌을 종료할 경우, ~~H 선수를 선발할 것이다.~~

➜ 乙팀이 2등으로 시즌을 종료하면, 현재 승수 상 결과가 뒤집힐 수 없으므로 丙팀이 3등, 丁팀이 4등이 된다. 따라서 1라운드 선발권은 3, 4등 중 누가 먼저인지에 따라 2가지 경우의 수로 나뉜다.

① 丙이 1순위인 경우: 丙(H) → 丁(A) → 乙(G) → 甲(B)

② 丁이 1순위인 경우: 丁(A) → 丙(H) → 乙(G) → 甲(B)

따라서 H는 丙에게 선발될 것이다.

ㄷ. (O) 丙팀이 2등으로 2018 시즌을 종료할 경우, C 선수와 F선수를 선발할 것이다.

➜ 丙팀이 2등으로 2018 시즌을 종료하게되면, 甲팀이 1등, 乙팀이 3등, 丁팀이 4등이 된다.

따라서 1라운드 선발은 (乙 또는 丁) → 丙 → 甲, 2라운드 선발은 甲 → 丙 → (乙 또는 丁)순이 된다.

ㄴ의 경우와는 달리 2라운드까지의 선발결과를 확인해야 정오 판단이 가능하다.

1라운드에서는 乙과 丁의 제1희망선수가 다른 관계로 선발 순서에 상관없이 乙(H), 丁(A)가 되고 丙(C) → 甲(B)가 된다.

2라운드에서는 甲(D) → 丙(F)를 뽑은 후, 乙과 丁은 남은 E선수와 G선수에 대한 선호도가 서로 반대이므로 선발 순서에 상관없이 순서에 乙(G), 丁(E)를 뽑게 된다.

팀명	등수	희망 선수 선호도	선발 선수
甲	1	A-Ⓑ-C-[D]-E-F-G-H	
乙	3	Ⓗ-[G]-C-A-E-B-D-F	1라운드: ○
丙	2	H-A-Ⓒ-D-[F]-E-B-G	2라운드: □
丁	4	Ⓐ-B-F-H-D-C-[E]-G	

따라서 두 경우 모두 丙팀은 C, F선수를 선발한다.

ㄹ. (×) 丁팀은 남은 경기의 결과에 따라 1라운드 1순위 선발 권한을 확보하기 위한 ~~추첨에 참여하지 못할 수도 있다.~~

➜ 丁팀의 승수는 8승으로 보기 ㄱ과 마찬가지로 남은 경기로는 결과를 절대 뒤집을 수 없다. 따라서 丁팀은 4등으로 확정되므로, 항상 1라운드 1순위 선발 권한 추첨에 참여한다.

합격자의 시간단축 Tip

Tip ❶ 그냥 읽기엔 보기 ㄱ, ㄹ은 난이도가 낮고, 보기 ㄴ, ㄷ은 난이도가 높아 보일 수 있다.

그러나 위 해설과 달리 보기 ㄴ, ㄷ 역시 경우의 수를 나눌 필요 없는 문제로 유사한 난이도의 보기에 해당한다. 그 이유는 다음과 같다.

순서를 주의해야 하는 경우는 서로 원하는 것이 겹칠 때이다. 즉, 서로 겹칠 때 비로소 순서가 중요해지므로, 무작정 경우를 나누기 전에 겹치는지 여부를 먼저 확인하는 것이 좋다.

보기 ㄴ의 경우 丙과 丁은 서로 겹치지 않으며, 보기 ㄷ의 경우 乙과 丁은 서로 겹치지 않는다.

따라서 각각을 3등 또는 4등인 경우로 굳이 나누지 않고, 한 번에 처리해도 되는 문제가 된다.

Tip ❷ 설문의 경우 농구 또는 야구의 신인 드래프트 제도를 알고 있다면 2라운드 역순 선발에 대하여 별도로 이해할 필요가 없을 것이다. 이처럼 어떠한 문제에 배경지식이 있을 경우 문제의 구조를 이해하는 데 도움이 된다.

또한, 친숙한 소재로 인해 문제를 풀 때 재미와 자신감을 얻을 수 있다는 장점도 있다. 그러나 문제에는 해결하기 위한 모든 정보가 주어지므로 문제를 풀기 위해 배경지식을 쌓으려는 노력을 하지 않도록 한다. 이러한 문제가 나올 때마다 제공된 글을 읽어보며 익숙해지는 것만으로도 충분하다.

449 정답 ② 난이도 ●●○

ㄱ. (○) 甲, 乙, 丙

① 甲과 乙은 초등학교 입학년도가 같고, 생년월일의 차가 1년 미만이므로 '동갑관계'이다.

② 乙과 丙은 태어난 연도가 같으므로 '동갑관계'이다.

③ 甲과 丙은 초등학교 입학년도가 같으나, 생년월일의 차가 1년 이상이므로 '위아래 관계'이다.

따라서 乙을 기준으로 3명의 관계가 완전히 일치하지 않으므로 '모호한 관계'이다.

ㄴ. (×) 甲, 乙, 丁

① 甲과 乙은 초등학교 입학년도가 같고, 생년월일의 차가 1년 미만이므로 '동갑관계'이다.

② 乙과 丁은 초등학교 입학년도가 같고, 생년월일의 차가 1년 미만이므로 '동갑관계'이다.

③ 甲과 丁은 태어난 연도가 같으므로 '동갑관계'이다.

따라서 모든 관계가 일치하므로 '명확한 관계'이다.

ㄷ. (○) 甲, 丙, 丁

① 甲과 丙은 초등학교 입학년도가 같으나 생년월일의 차가 1년 이상이므로 '위아래 관계'이다.

② 甲과 丁은 태어난 연도가 같으므로 '동갑관계'이다.

③ 丙과 丁은 초등학교 입학년도가 같고 생년월일의 차가 1년 미만이므로 '동갑관계'이다.

따라서 丁을 기준으로 3명의 관계가 완전히 일치하지 않으므로 '모호한 관계'이다.

ㄹ. (×) 乙, 丁, 戊

① 乙과 丁은 초등학교 입학년도가 같고, 생년월일의 차가 1년 미만이므로 '동갑관계'이다.

② 乙과 戊는 초등학교 입학년도가 다르고, 생년월일의 차가 1년 이상이므로 '위아래 관계'이다.

③ 丁과 戊는 초등학교 입학년도가 다르고, 생년월일의 차가 1년 이상이므로 '위아래 관계'이다.

따라서 모든 관계가 일치하므로 '명확한 관계'이다.

합격자의 시간단축 Tip

Tip ① 선지를 보기 전에 '확정 정보'가 있는지 확인한 후 접근하는 것이 좋다.

戊의 경우 다른 모든 사람보다 ① 초등학교 입학연도가 늦고 ② 태어난 연도 역시 가장 늦으므로 굳이 생년월일 등을 고려하지 않더라도 戊이 가장 아랫사람임을 알 수 있다. 따라서 戊가 포함되면 항상 '명확한 관계'가 되므로 보기 ㄹ이 틀렸음을 확인 후, 보기 ㄴ이나 ㄷ 중 하나만 확인하면 정답을 바로 도출할 수 있다.

Tip ② 정보가 많아 보일수록 무엇을 물어보는지에 초점을 맞춰야 한다.

(1) 풀어야 할 것은 "모호"한 관계이다. 그렇다면 '모호'의 정의를 무엇보다 가장 먼저 그리고 많이 생각해봐야 한다. 모호한 관계에서 중요한 것은 A, B, C 중 A를 결정하는 것이다. A가 중간다리 역할을 하기 때문이다.
즉, B와 C는 각각 A와 동갑이지만, A를 기점으로 B와 C의 관계는 위아래로 바뀌는 것이다. 따라서 보기를 볼 때 생년월일이 중간인 A와 같은 "중간자"가 누구인지에 포커스를 맞춰야 한다.
① 보기 ㄱ: A=乙
② 보기 ㄴ: A=丁
③ 보기 ㄷ: A=丁
④ 보기 ㄹ: A=丁

(2) 중간자가 누군지 파악했다면 풀이는 간단하다. 두 가지만 확인하면 된다. '중간자와 B, C가 동갑인지 여부'+'B와 C가 동갑이 아닌지 여부'이다. 가령 보기 ㄱ의 경우 다음과 같이 간단하게 풀린다.
① 丙과의 관계: 출생년도 동일 → 동갑
② 甲과의 관계: 입학년도 동일, 출생년도 약 6개월 차이 → 동갑
③ 丙, 甲의 관계: 입학년도 동일, 丙의 출생년도에서 약 1년 1개월 차이 → 위아래
풀이가 길어 보이지만, 풀다 보면 결국 甲, 乙, 丙, 丁 은 입학년도가 같아 이들 간의 비교에서는 중간자를 기점으로 출생년도가 1년 이상 차이 나는지 여부만 파악하면 된다는 것을 쉽게 알 수 있을 것이다.

Tip ③ 해당 문제에서 제시하는 동갑의 기준은 크게 생년이 같은 경우와 초등학교 입학년도가 같은 경우이다. 이에 따라 동갑이 되는 경우를 나열해보면 다음과 같다.

① 생년이 같아 동갑인 경우: 甲, 丁/乙, 丙

② 초등학교 입학년도가 같고 생년월일 차이가 1년 미만이라 동갑인 경우: 甲, 乙, 丁/乙, 丙, 丁
문제에서는 '모호'한 경우를 묻고 있다. 이때, 곧바로 주어진 보기들이 모호한지 여부를 따져도 좋지만, 문제에서 관계는 모호하거나 명확할 것이므로 모호하지 않은 경우는 명확할 것이라는 걸 활용하는 방법도 있다. 이에 따라 앞서 구한 동갑인 경우들 중 보기에 주어진 것을 소거하면 ㄴ이 소거되므로 ① 번, ③ 번, ⑤ 번이 소거되며, ㄹ의 경우 戊 때문에 관계가 명확하므로 소거된다. 따라서 답은 ② 번이다.

이는 모호한 관계보다 상대적으로 파악이 용이한 명확한 관계를 적극적으로 활용하여 보기를 소거하여 문제를 푸는 방식으로, 실수를 줄이고 문제풀이 시간을 단축할 수 있다.

Tip ❹ 헷갈리는 경우 시각적으로 접근하는 방법도 있다.

① 첫번째 줄에는 1991년생, 두번째 줄에는 1992년생, 세번째 줄에는 1993년생을 배치한다.

② 두 사람 사이의 관계가 '동갑'인 경우에만 사람과 사람 사이에 실선을 긋는다.

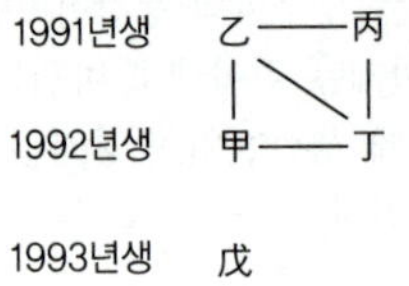

이렇게 시각적으로 그림을 그려서 표현한다면 누가 누구와 동갑이고 관계가 모호한지를 쉽게 알 수 있다. 그림을 그리는 것이 시간을 오래 잡아먹는다고 생각할 수도 있겠지만 그림을 제대로 그려 놓는다면 주어진 상황을 다시 읽을 필요도 없으며, 〈보기〉의 답을 바로 골라낼 수도 있다. 또한, 풀고 나서 빠른 검토도 가능하다. 복잡하거나 어렵다고 생각될 때는 시각화를 통해 간단해지는 경우가 대부분이므로 한 번 문제를 그림으로 표현하는 연습을 해보는 것도 좋다.

* 이 문제를 보고 느낀 수험생도 많겠지만, 대놓고 헷갈리고 어렵게 만든 문제라고 생각한다. 조건의 수만 해도 상당히 많고, 사람도 5명이나 등장한다.
그러므로 사실 가장 좋은 방법은 이 문제를 우선 넘기는 것이라고 생각한다. 물론 실제로 문제를 풀 때면 쉬운 문제인 경우도 종종 있으나 대부분은 어려운 경우가 많으므로 넘기는 것이 효율적인 전략이라고 생각한다.

450 정답 ❶ 난이도 ●●○

ㄱ. (O) 손바닥이 보이는 채로, 손가락 다섯 개가 세 번 모두 펴져 있으면, 셈의 합은 A부족이 15이고 B부족은 12일 것이다.

① A부족의 경우 손바닥이 보인다면 펴져 있는 손가락 개수만큼 더해 계산하므로 5×3=15이다.

② B부족의 경우 엄지를 기준으로 엄지가 펴져 있다면 엄지를 제외한 손가락 개수만큼 계산하므로 4×3=12이다.

ㄴ. (O) B부족의 셈법에 따르면, 세 번 다 엄지만이 펴져 있는 것의 셈의 합과 세 번 다 주먹이 쥐어져 있는 것의 셈의 합은 동일하다.

➜ B부족의 경우 엄지가 펴진 경우 엄지를 제외하고 펴진 손가락 개수만큼 더하며, 엄지가 접혀 있으면, 펴져 있는 손가락 개수만큼 빼는 것으로 계산한다. 이때, 엄지만 3번 펴져 있으면 모두 0을 더하는 것이고, 주먹을 3번 쥔다면 0을 세번 빼는 것과 같으므로 두 셈법의 결과는 모두 0으로 동일하다.

ㄷ. (×) 손바닥이 보이는 채로, 첫 번째는 엄지, 검지, 중지만이 펴져 있고, 두 번째는 엄지가 접혀 있고 검지, 중지만 펴져 있고, 세 번째는 다른 손가락은 접혀 있고 엄지만 펴져 있다. 이 경우 셈의 합은 A부족이 6이고 ~~B부족은 3일 것이다.~~

➜ 서로 다른 상황이 3가지 주어져 있으므로 정리하면 다음과 같다.

	첫 번째	두 번째	세 번째	총합
A부족	+3	+2	+1	6
B부족	+2	−2	0	0

따라서 틀린 선지이다.

ㄹ. (×) 세 번 동안 손가락이 몇 개씩 펴져 있는지는 알 수 없으나 세 번 내내 엄지는 꼭 펴져 있었다. 이를 A부족, B부족 각각의 셈법에 따라 셈을 하였을 때, 셈의 합이 ~~똑같이 9가 나올 수 있다.~~

엄지를 제외하고 펴져 있는 손가락 개수를 순서대로 a, b, c라고 가정하자.

B부족의 경우 엄지가 펴져 있다면 엄지를 제외한 손가락 개수를 더하면 되므로 a+b+c 이다.

A부족의 경우 손바닥이 보이는지 손등이 보이는지 여부에 따라 그 값이 달라진다.

(단, 순서는 상관없으므로 순서와 무관하게 작성한다.)

	1번째	2번째	3번째	총 합
경우 1	손바닥	손바닥	손바닥	$(a+1)+(b+1)+(c+1)$ $=a+b+c+3$
경우 2	손바닥	손바닥	손등	$(a+1)+(b+1)-(c+1)$ $=a+b-c+1$
경우 3	손바닥	손등	손등	$(a+1)-(b+1)-(c+1)$ $=a-b-c-1$
경우 4	손등	손등	손등	$-(a+1)-(b+1)-(c+1)$ $=-a-b-c-3$

어떤 경우에도 양자는 동일할 수 없으므로 틀린 선지이다.

합격자의 시간단축 Tip

Tip ❶ 보기 ㄹ 정도를 제외하면 평이한 문제이다. 다만, 보기 ㄹ은 어느 정도의 사고를 요구하므로 별도로 생각해보자.

보기 ㄹ을 풀 때 위 해설처럼 모든 경우의 수를 미지수로 두고 고려해보는 것은 바람직하지도 않고, 시간적으로 실현 가능하지도 않다. 따라서 원리적으로 접근해보아야 한다.

(1) 보기 ㄹ을 풀 때 가장 핵심은 '9'라는 숫자에 얽매이지 않아야 한다는 점이다. 9를 만들 수 있는지에 집중하기 보다는 우선적으로 '같을 수 있는지'를 의심하는 것이 좋다.

(2) 이와 같은 의심을 하는 이유는 '엄지'를 세는지 여부가 다르기 때문이다. 즉 A는 엄지를 포함하고, B는 엄지를 포함하지 않는다. 유일하게 두 부족이 같은 계산을 하는 경우는 '엄지가 접혀 있는 상태에서 손등이 보이는 경우'인데, 해당 보기에서는 엄지가 항상 펴져 있다고 가정했으므로 어떠한 방식으로 손가락을 펴더라도 두 값은 기본적으로 숫자가 같을 수 없다.

(3) 따라서 세 번, 즉 홀수 번 서로 1이 차이나는 값을 어떻게 더하고 빼도 그 값은 같아질 수 없다는 것을 알 수 있다. (손을 직접 사용하여 풀어내는 방식도 직관적이기 때문에 유용하다.)

Tip ❷ ㄹ의 경우 사람마다 풀이가 다양할 것으로 보인다. 필자의 경우 문제 접근 시 다음과 같이 경우의 수를 모두 구하는 방안이 가장 효율적이라 생각했다. 본 해설과 같이 엄지를 제외하고 펴져 있는 손가락 개수를 순서대로 a, b, c라고 가정한다. (1 ≤ a, b, c ≤ 4)

(1) 9가 되는 경우의 수: (a, b, c)=(4, 4, 1), (4, 3, 2), (3, 3, 3)

(2) A셈법에 따를 경우: (5, 5, 2), (5, 4, 3), (4, 4, 4)

경우의 수가 3가지 밖에 되지 않는다. 따라서 손바닥이 보이든 안보이든, 어떤 조합으로도 9를 만들 수 없다고 쉽게 판단할 수 있었다.

Tip ❸ 설문과 같이 손으로 직접 하면서 풀 수 있는 문제의 경우 특별히 주의하여야 한다. 연필로 풀다가 손가락을 사용하게 되면 기존의 흐름이 깨져 집중력이 흐트러질 수도 있고, 정신없이 하다가 시간이 훌쩍 지나갈 수도 있기 때문이다. 따라서 두어 번 시도해 보고 잘 되지 않을 경우 반드시 패스하고 다음 문제로 넘어가야 한다.

* 보기 ㄹ의 경우 해설이나 **Tip**과 같이 시험장에서도 정확히 푼 사람보다는 그렇지 않은 경우가 더 많을 것이다. 그러나 중요한 것은 이 문제만을 맞혀야 하는 것이 아니므로 손을 사용하든 원리를 사용하든, 미지수를 사용하든지 간에 본인이 사용한 방법으로 똑같이 9가 나오기 어렵다는 생각이 들었다면 ㄹ을 틀렸다고 하고 넘어가는 것이 중요하다.

451 정답 ③ 난이도 ●●○

시간에 따라 감정도를 정리하면 다음과 같다.

접수 시각	접수한 직원	민원 종류	甲의 감정도		乙의 감정도	
09:30	甲	Y민원	80		100	
10:00	乙	X민원	85		115	
11:40	甲	Y민원	70		120	
13:20	乙	Y민원	100		80	
14:10	甲	Y민원	85		85	
14:20	乙	Y민원	85		65	
15:10	甲	㉠	100 (X인 경우)	70 (Y인 경우)	70	
16:10	乙	Y민원	105	75	55	
16:50	乙	㉡	105	75	65 (X인 경우)	35 (Y인 경우)
17:00	甲	X민원	120	90	70	40
17:40	乙	X민원	120	90	80	50
18:00			120	90	80	50

ㄱ. (O) ㉠, ㉡에 상관없이 18 : 00에 甲의 감정도는 乙의 감정도보다 높다.

→ 甲의 감정도는 120 또는 90인 반면, 乙의 감정도는 80 또는 50으로 언제나 甲의 감정도가 더 높다.

ㄴ. (×) ㉡이 'Y민원'이라면, 乙은 1일의 ~~월차를 부여받는다.~~

→ 1일의 월차를 부여받기 위해서는 18시에 감정도가 50 미만이어야 한다. 그러나 Y민원이라 하더라도 乙의 감정도는 50이므로 1일의 월차를 부여받지 못한다.

ㄷ. (O) 12 : 30에 乙의 감정도는 125이다.

→ 11 : 40에 乙의 감정도는 120이다. 따라서 12 : 00 정각에 5의 감정도가 추가된 후 12 : 30까지 별도의 민원이 없으므로 감정도는 120+5=125이다.

합격자의 시간단축 Tip

Tip ❶ '의심스러운 부분'을 적극 이용하는 것이 좋다. 이 문제에서 가장 특이하다고 생각된 부분은 '13 : 00에 초기화 된다'는 점이다. 따라서 보기 ㄷ을 제외하면 나머지 보기는 13 : 00 이전을 생각하지 않아도 된다.

Tip ❷ 이 문제에서 '시간'을 매우 강조하다 보니 위 해설처럼 시간 순으로 따라가야 한다고 착각하기 쉽다. 그러나 이것은 출제자가 수험생으로 하여금 시간을 많이 소모하도록 유도하기 위한 장치로, 한 번에 덩어리로 계산해도 전혀 상관없다.
예를 들어, 보기 ㄷ을 해결해보자.

① 매 정각마다 주어지는 감정도를 먼저 계산하면, 12시 30분이면 그 사이에 정각이 3번이므로 $5\times3=15$만큼 추가된다.
② 12 : 30 전에 乙은 X민원을 한 번 받았으므로 10이 추가된다.
③ 따라서 시간 순으로 따라가지 않더라도, $100+15+10=125$임을 쉽게 알 수 있다.

Tip ❸ 많은 수험생들이 보기 ㄱ을 풀 때 18 : 00 감정도를 직접 계산해서 풀 것이라 생각한다.
그러나 보기 ㄱ은 결과 값을 직접 요구하지 않았고 단순히 그 대소만 비교하면 되는 문제이다.
따라서 크게 2가지 측면에서 매우 단순한 문제로 치환된다.

(1) 정각마다 부여되는 5점의 감정도를 무시해도 된다. 왜냐하면 매 정각마다 5점을 받는다는 점에 있어서 甲과 乙이 동일하기 때문이다.
(2) 동일한 민원이 있었다면 이는 무시하고 다른 값만 확인하면 된다. 왜냐하면 양자가 동일한 민원을 겪었다면 그게 몇 시에 있었는지와 무관하게 상쇄될 것이기 때문이다.
(3) 甲은 최솟값인 Y민원으로 乙은 최댓값인 X민원으로 ㉠, ㉡을 상정하고 해결한다.

왜냐하면 甲에게 불리한 게임을 했음에도 불구하고 甲의 감정도가 더 크다면 ㉠, ㉡ 값과 무관하게 큰 것이 맞기 때문이다. 보기 ㄱ과 같이 ㉠, ㉡을 직접 가정해야 하는 경우 가장 불리한 극단적인 상황을 가정하는 것이 좋다. '상관없이'라는 말이 있기 때문에 오히려 자유롭게 가정해 문제를 풀 수 있다.

* 이처럼 해결 시 사실상 계산은 거의 필요 없으며, 경우의 수가 아닌 단일 상황 해결로 전환된다.
** 필자는 위와 같이 문제를 해결하였으나 실전에서 이 방식으로 하려면 많은 연습이 필요하기 때문에 초심자에게 추천하는 방법은 아니다. PSAT을 어느 정도 공부했으며 한 단계 실력 향상이 필요한 사람에게 추천하는 방법이다.

Tip ❹ 설문의 경우 주어진 표 이외에 13시에 초기화되는 것, 매시 정각 직원의 감정도가 변화하는 것까지 체크하여야 하므로 고려할 것이 많은 문제이다. 뿐만 아니라, 설문과 같이 시간에 따라 점수나 만족도 등이 변화하는 유형의 문제의 경우 기본적으로 난이도 중 이상이며 실수도 많이 나오고 풀이에 걸리는 시간도 상당하다.
따라서 가장 좋은 전략은 패스하고 넘어가는 것이다. 시간이 많이 걸리는 문제를 사전에 파악하고 마지막에 시간이 남을 때 진입하는 것은 고득점을 받기 위한 필수적인 전략이므로 내가 어떤 유형을 어려워하며 시간이 많이 걸리는지 잘 파악하도록 하자.

* PSAT에는 표를 이용하여 푸는 문제가 많고, 표를 활용할 때 보다 쉽고 빠르게 풀 수 있는 경우가 많다. 이에 따라 문제를 가리지 않고 무턱대고 표를 그리는 수험생들이 많다. 그러나 이 문제를 만약 해설과 같이 표를 그린 수험생이 있다면 문제를 맞힌 것과 별도로 잘못된 풀이라고 봐야 한다.
해설과 같이 모든 경우를 자세히 나열해야만 풀리는 문제가 아니기 때문이다.
물론 처음부터 어떤 문제가 표를 이용해야 하는지를 확실히 구별하기는 어려울 것이다. 그럴수록 기출문제에 대한 연습을 통해 자신만의 유형화를 하는 것이 필요하다.

452 정답 ③ 난이도 ●●○

3번째 문단이 문제 풀이에 필요한 부분이다. 해당 부분만 잘 읽어 확인하면 된다.

㉠: 〈상황〉 2번째 줄에 따라 도조액은 수확량의 1/4이다.
따라서 $(\text{도조액})=(\text{수확량})\times\frac{1}{4}=20(\text{말})\times\frac{1}{4}=5(\text{말})$이다.
이때, 발문의 단서에 따라 '1말=5냥'이므로 $5(\text{말})\times5(\text{냥/말})=25(\text{냥})$이다.

㉡: ㉠과 마찬가지로 25냥을 납부해야 하므로, 25냥을 납부하고 25냥을 남기기 위해서는 $25+25=50$냥을 받아야 한다.

㉢: 3번째 문단의 2번째 문장에 따라 도지권의 매매가격은 소유권의 50%이므로 달리 말하면
(소유권 가격)=(도지권 가격)×2가 된다. 즉,
(전체 가격)=(도지권 가격)+(소유권 가격)=(도지권 가격)+(도지권 가격)×2=(도지권 가격)×3이다. 따라서 900(냥)=(도지권 가격)×3으로, 도지권 가격은 300냥이다.

㉣: 〈상황〉에 따라 작년과 올해의 도조를 지급하지 않은 상황이다. 2년치의 도조액은 $25\times2=50$냥으로, 300냥에 2년치 도조액 50냥을 제외한 250냥을 반환하면 된다.

합격자의 시간단축 Tip

Tip ❶ 차분히 따라가면 쉽게 풀 수 있는 문제이다. 다만 주의해야 할 부분이 2개 정도 있다.

(1) 1번째는 '乙'이 2년치 도조를 납부하지 않았다는 점이다. 이 부분을 제대로 읽지 않아 1년치의 도조만 제외하게 되면 문제를 다 풀었음에도 한 끝 차이로 틀리게 된다.

(2) 2번째는 도지권을 '甲'이 판매했다는 점이다.
3번째 단락에서의 내용을 상식적인 측면에서 생각해보면, '도지권'을 보유한 소작농은 지주의 의사와 무관하게 매매, 양도, 저당 등을 모두 할 수 있어 소작농 '乙'이 직접 거래하는 것이 맞아 보인다.
그러나 특이하게도 〈상황〉은 '甲'이 '乙'의 동의를 역으로 얻어 도지권을 매매한 상황이다. 따라서 자칫 '乙'이 판매한 것으로 생각하여, ㉣을 납부하지 못한 2년치의 도조액인 것으로 착각하여 50으로 답하기 쉬운 구조이다.
언제나 주체가 누구인지는 주의해서 확인하자.

453 정답 ⑤ 난이도 ●●○

생존지수의 변화는 총 2일에 걸쳐 이루어지므로, 만들 수 있는 적절한 숫자 구조는 다음과 같다.

	A	B	C	D
변화량	−2	1	−4	−1
가능 구조	−2+0	+3−2	−2−2	+3−4
관계	기피, 천적(강세)	공생, 기피	기피, 기피	공생, 천적(약세)

따라서 가능한 조합은 (A, C), (B, D)/(A, B), (C, D) 이다.

ㄱ. (×) 실험기간 동안 천적관계에 있는 세균끼리 짝을 지어 하나의 수조에서 ~~실험한 적은 없다.~~
➜ A와 D가 짝 지어진 적이 있어, 천적관계 간 실험이 이루어졌다.

ㄴ. (○) 실험기간 동안 독립관계에 있는 세균끼리 짝을 지어 하나의 수조에서 실험한 적은 없다.
➜ 나타난 조합은 기피, 공생, 천적으로 독립관계는 실험한 적이 없다.

ㄷ. (○) 1일차와 2일차 모두 적어도 1개의 수조에는 기피관계에 있는 세균끼리 짝을 지어 실험했다.
➜ 기피관계는 (A, C)와 (B, C)로 C가 겹치기 때문에 2일에 걸쳐 실험된다.

ㄹ. (○) 한 종류의 세균에 대해서는 1일차와 2일차 모두 동일한 '관계'에 있는 세균끼리 짝을 지어 실험했다.
➜ 기피관계는 (A, C)와 (B, C)로 C가 겹치기 때문에, C는 2일에 걸쳐 동일한 기피 관계로 실험했다.

합격자의 시간단축 Tip

Tip ❶ 이 문제를 효율적으로 풀기 위해서는 선지 구조상 실제 조합을 알 필요가 없는 만큼 관계가 존재하는지 여부만 확인해야 한다. 즉 (A, C), (A, D), (B, C), (B, D)를 실제로 구할 필요 없이, 어떤 관계가 있는지만 찾으면 된다.
즉, A는 (기피, 천적), B는 (공생, 기피), C는 (기피, 기피), D는 (공생, 천적)이라는 것만 확인하면 보기 ㄱ~ㄹ 모두 해결할 수 있다.

Tip ❷ 문제 조건이 긴 만큼 목적의식이 매우 중요하다. 4종류의 세균 간 관계를 다 인지하고 문제를 풀려고 하면 시간이 굉장히 오래 걸린다. 필자는 다른 건 다 무시하고 먼저 '실험이 2일 간 진행이 되며' + '2일 후의 변화' 가 주어졌다는 점에 주목했다. 이때, 잊지 말고 1일차와 2일차 실험에서 각 세균의 짝이 달라지게 됨을 놓치지 말자.

Tip ❸ A, B, C, D는 각각 −2, +1, −4, −1 의 변화가 나타났음이 확인된다. 생존지수 변화량을 고려할 때, 홀수의 조합은 한번에 확정된다는 것을 알 수 있다. B와 D는 각각 (+1, −1) 로, (+3, −2), (−4, +3)의 조합만이 유일하게 도출된다. 결국 우리가 판단해야 하는 것은 A와 C의 조합이다.

(1) 첫 번째, A의 조합 (−2, 0)에서 0이 독립관계를 의미하는지, 천적관계의 강세측임을 의미하는지 문제된다. 만약 독립관계를 의미한다면, A가 유일하게 독립관계에 있는 B에 0의 값이 있어야 한다. 그러나 B는 (+3, −2)의 조합임이 확정되었으므로, A의 조합에서 0은 천적관계의 강세측을 의미하며 D와의 관계에서 도출된 값임을 알 수 있다.

(2) 두 번째, C가 (−4, 0)의 조합일지, (−2, −2)의 조합일지가 문제된다. A, B, D의 1일차, 2일차 관계를 확인하여 C의 조합이 무언인지 알 수 있다. A(기피, 천적(강세)), B(기피, 공생), D(천적(약세), 공생) 이므로, 이루어질 수 있는 조합을 모두 소거하였을 때 남는 것이 (기피, 기피)임을 알 수 있다. 4종류의 세균들은 서로 관련이 있기 때문에, A, B, D가 하나의 경우의 수로 확정된다면 자동적으로 C의 조합이 (−2, −2)로 도출된다.

(3) 세균 간 관계만을 이용하여 C의 조합을 도출할 수도 있다. C가 (−4, 0)의 조합을 갖기 위한 경우의 수는 (천적, 천적) 또는 (천적, 독립)의 관계 2가지이다. 그러나 문제에 주어진 정보에 따르면, C는

다른 세균과 기피(A), 기피(B), 천적(D)의 관계만 을 가진다. 1일차와 2일차 실험에서의 짝은 다르므로, 두 가지의 경우의 수 모두 충족되지 못함을 알 수 있다.

(4) 마지막 방법은 직접 수를 대입하여 조합을 찾아내는 것이다. C의 가능한 조합 (-4, 0)에서 0을 천적관계의 강세측의 값으로 보면, A, B, C, D의 관계가 구분은 된다. A(-2 ,0), B(-2, +3), C(-4, 0), D(-4, +3)이므로 (A0, C-4), (B+3, D+3)/(A-2, B-2), (C0, D-4)의 조합이 가능하다. 그러나 (A0, C-4) 의 조합은 문제에서 주어진 세균 간 관계에 위배된다. 따라서 C가 (-2, -2)의 조합임이 증명된다. 그러나 이렇게 A, B, C, D의 조합을 하나하나 써보면서 푸는 방법은 시간이 오래 걸려 효율적이지 않은 풀이이기에 추천하지 않는다.

454 정답 ❶ 난이도 ●●○

① (×) 甲이 '명종'까지 외쳤다면, 甲은 '인조'를 ~~외칠 수 없다.~~

➜ 甲이 '명종'을 외친 다음 乙이 '선조'와 '광해군'까지 외쳤을 때, 甲은 '인조'를 외칠 수 있다.

② (○) 甲과 乙이 각각 6번씩 외치는 것으로 놀이가 종료될 수 있다.

➜ 甲과 乙이 다음과 같이 외친다면 각각 6번씩 외치는 것으로 놀이가 종료될 수 있다.
甲('태조, 정종, 태종') → 乙('세종, 문종, 단종') → 甲('세조, 예종, 성종') → 乙('연산군') → 甲('중종, 인종, 명종') → 乙('선조, 광해군') → 甲('인조, 효종, 현종') → 乙('숙종, 경종, 영조') → 甲('정조') → 乙('순조, 헌종, 철종') → 甲('고종') → 乙('순종')

③ (○) 甲이 '인종, 명종, 선조'를 외쳤다면, '연산군'은 甲이 외친 것이다.

➜ 반정에 성공한 왕은 해당 반정으로 폐위된 왕과 함께 외칠 수 없으므로 연산군과 중종을 함께 외칠 수 없다. 甲이 '인종, 명종, 선조'를 외쳤다면, 그 전에 乙은 '중종'을 외쳐야 한다.
그런데 중종과 연산군을 함께 외칠 수 없으므로 乙은 '중종'만 외쳤다. 乙이 '중종'만 외쳤으므로 그 전에 甲은 '연산군'을 외쳤다.

④ (○) 甲이 첫 차례에 3명의 왕을 외친다면, 甲은 자신의 다음 차례에 '세조'를 외칠 수 있다.

➜ 甲이 '태조, 정종, 태종', 乙이 '세종, 문종, 단종'을 외친다면 甲은 자신의 다음 차례에서 '세조'를 외칠 수 있다.

⑤ (○) '순종'을 외치는 사람이 지는 게임이라면, 甲이 '영조'를 외쳤을 때 乙은 甲의 선택에 관계없이 승리할 수 있다.

➜ 甲이 '영조'를 외쳤을 때 '조'로 끝나는 왕 2명 이상을 한 번에 외칠 수 없으므로 乙은 '정조'를 외친다. 乙이 '정조'를 외쳤을 때 甲이 외칠 수 있는 선택지는 3개이며 그에 따른 경기 결과는 다음과 같다. 따라서 甲이 '영조'를 외쳤을 때 乙은 甲의 선택에 관계없이 甲이 '순종'을 외치게 하여 승리할 수 있다.

甲이 '순조'를 외침	乙이 '헌종, 철종, 고종'을 외침	甲이 '순종'을 외침
甲이 '순조, 헌종'을 외침	乙이 '철종, 고종'을 외침	
甲이 '순조, 헌종, 철종'을 외침	乙이 '고종'을 외침	

합격자의 시간단축 Tip

Tip ❶ 선지들이 공통적으로 '가능한지' 여부를 묻고 있다는 것을 잊지 말아야 한다. 반드시 그러한가를 물을 때와는 달리 이 경우에는 가능한 경우가 단 하나라도 존재한다면 옳은 선지가 되기 때문에 반례를 찾을 필요 없이 해당하는 경우만 살피면 된다.

Tip ❷ 선지 ⑤에서 모든 경우를 다 해 볼 필요는 없다. 乙이 '정조'만을 외쳐야 한다는 것까지 알았다면, 그 다음 남은 왕은 '순종'을 제외하고 총 4명이다. 즉, 甲이 어떠한 명수의 왕을 외쳐도 그 다음 乙이 외치는 왕의 수를 합해서 4가 된다면 甲은 반드시 '순종'을 외치게 된다.
甲과 乙은 최소 한 명에서 최대 세 명을 외칠 수 있으므로 乙은 직전에 甲이 부른 왕의 명수와 합해서 4명이 되게끔 항상 외칠 수 있다. 이러한 논리는 유사한 문제들에서 자주 사용되기 때문에 알아 두도록 한다.

Tip ❸ 가장 마지막 조건에서 "반정에 성공한 왕은 해당 반정으로 폐위된 왕과 함께 외칠 수 없다"에서 중종 반정: 연산군 폐위, 인조 반정: 광해군 폐위가 제시되었다. 이러한 단서 조건들의 경우 〈조선시대 왕의 계보〉에서 중종과 연산군, 인조와 광해군을 미리 표기해두는 것이 실수를 방지할 수 있다.

* 선지 ①번의 정오를 가리는 것은 대부분의 수험생이 쉽게 할 수 있을 것이다. 문제는 선지 ①번이 틀리다는 것을 파악한 뒤 이를 '정답으로 찍고 바로 넘어갈 수 있는가'일 것이다. 정답이 있는 것은 아니지만 자신의 풀이에 확신이 있는 정도에 따라 다를 것이다. 그러나 이 경우에도 항상 ⑤번까지 점검해보는 것은 비효율적이므로 불안하다면 ②번이나 ③번까지만 점검해보고 넘어가는 것이 좋다.

** 선지 ②번의 경우 해설과 같이 끝까지 해보는 것은 실제 시험장에서는 실수할 가능성이 높다. 그러므로 나머지 선지를 확인하는 것이 보다 좋은 방법이며, 선지 ②번은 '예외가 있기는 하나 최대 3회를 외칠 수 있으므로 12번의 기회라면 가능하겠다.'라는 정도의 대략적인 감만 잡는 것이 좋다.

Tip ❹ 이하의 설명은 문제를 풀 때 다음과 같이 분석하라는 것이 아닌, 문제를 스캔하면서 아이디어가 떠오르도록 돕는 **Tip**이다. '베스킨라빈스31' 게임을 해 본 경험이 있을 경우 문제를 이해하는 것이 보다 용이할 수 있다.

(1) 베스킨라빈스31 게임은 31을 외치는 사람이 지는 게임으로, 1 : 1을 가정했을 때 26을 외친다면 반드시 승리할 수 있다. 또한 22를 외친다면 어떠한 경우에도 26을 외칠 수 있다. 이와 같이 내가 특정 숫자를 외쳤을 때 반드시 이기게 되는 숫자구성이 존재한다.

(2) 이를 바탕으로 설문을 이해하면, '순종'을 외치는 사람이 진다고 할 때 우월전략은 '정조'를 외치는 것이다. 따라서 甲이 '영조'를 외쳤다면 乙이 '정조'를 외칠 수 있으므로 경우의 수를 생각하지 않고 乙이 항상 이긴다. 물론 자유롭게 외칠 수 있는 것은 아니고 제한규정이 존재하지만, 순조 이후로는 제한규정에 해당하는 왕이 존재하지 않으므로 편하게 활용할 수 있다.

455 정답 ②

난이도 ●●○

(1) 첫 번째 점등: 18 : 25 : 00에 1명이 도착했으므로, **18 : 26 : 30**까지 점등 대기 후 30초간 점등이 이루어진다. 세 번째 조건에 따라 보행신호가 점등되기 전까지 횡단보도 앞에 도착한 사람만 모두 건너므로, 18 : 27 : 00에 도착한 인원은 건너지 못할 것이다.

(2) 두 번째 점등: 18 : 27 : 00까지 점등 후, 차량통행 보장을 위해 18 : 29 : 00까지 보행신호는 점등되지 않는다. 그 후 18 : 27 : 00에 도착한 보행자를 인식하여 1분 30초의 대기 후 **18 : 30 : 30**부터 18 : 31 : 00까지 보행신호가 점등된다. 이때, 보행신호가 점등되기 전인 18 : 30 : 00에 도착한 2명의 인원도 18 : 27 : 00에 도착한 인원과 함께 건너게 된다. 반면, 세 번째 조건에 따라 보행신호가 점등되기 전까지 횡단보도 앞에 도착한 사람만 모두 건너므로, 18 : 31 : 00에 도착한 인원은 건너지 못할 것이다.

(3) 세 번째 점등: 18 : 31 : 00까지 점등된 후, 차량통행 보장을 위해 18 : 33 : 00까지 보행신호는 점등되지 않는다. 그 후 18 : 31 : 00에 도착한 보행자를 인식하여 1분 30초 대기한 후 **18 : 34 : 30**부터 18 : 35 : 00까지 보행신호가 점등된다. 이때, 31분에 도착한 5명이 횡단보도를 건너게 된다.

(4) 네 번째 점등: 18 : 35 : 00 이후 18 : 43 : 00까지 점등되지 않다가, 18 : 43 : 00에 보행자를 인식해 **18 : 44 : 30**까지 대기 후 30초간 점등하게 된다. 이때, 18 : 44 : 00에 도착한 3명의 인원도 함께 건너게 된다.

(5) 다섯 번째 점등: 18 : 45 : 00 이후 18 : 59 : 00까지 점등되지 않다가, 18 : 59 : 00에 보행자를 인식해 **19 : 00 : 30**까지 대기 후 30초간 점등하게 된다. 이때, 18 : 59 : 00에 도착한 4명의 인원이 건너게 된다. 세 번째 조건에 따라 보행신호가 점등되기 전까지 횡단보도 앞에 도착한 사람만 모두 건너므로, 19 : 01 : 00에 도착한 인원은 건너지 못할 것이다.

(6) 여섯 번째 점등: 19 : 01 : 00까지 점등 후, 차량통행 보장을 위해 19 : 03 : 00까지 보행신호는 점등되지 않는다. 그 후 19 : 01 : 00에 도착한 보행자를 인식하여 1분 30초의 대기 후 **19 : 04 : 30**부터 19 : 05 : 00까지 보행신호가 점등된다. 이때, 19 : 01 : 00에 도착한 2명이 횡단보도를 건너게 된다.

(7) 일곱 번째 점등: 19 : 05 : 00 이후 점등되지 않다가, 19 : 48 : 00에 보행자를 인식한 후 1분 30초간 점등 대기, **19 : 49 : 30**부터 30초간 보행신호가 점등된다. 이때, 19 : 49 : 00에 도착한 인원은 보행신호가 점등되기 전에 도착한 인원이므로 이들도 함께 횡단보도를 건너게 된다.
따라서 18시부터 20시 사이에 보행신호가 점등된 횟수는 일곱 번이다.

합격자의 시간단축 Tip

Tip ❶ 세 번째 조건에 유의하도록 한다. 보행신호가 점등되기 전에 횡단보도 앞에 도착한 사람만 건널 수 있으므로, 보행신호가 점등되어 있는 상태에서 횡단보도에 도착한 인원은 다음 점등 때 건너게 된다.

Tip ❷

(1) 큰 뭉치를 나누어 놓고 접근할 수도 있다.
보행신호가 연이어 점등되는 경우, 보행신호 점등 시간과 차량통행 보장 시간, 그리고 그 다음의 점등 대기 시간(총 4분)에 도착한 사람들은 다 같이 횡단보도를 건너게 된다. 만약 사람의 도착 시각 간

4분 이상 차이 날 경우, 보행신호가 연달아 점등되는 경우가 아님을 알 수 있다.

(2) 따라서 눈에 띄는 큰 간격을 기준으로 인원을 나눠보면, 18 : 25 ~ 18 : 31의 묶음1/18 : 43 ~ 18 : 44의 묶음2 / 18 : 59 ~ 19 : 01의 묶음3/19 : 48 ~ 19 : 49의 묶음4로 나눌 수 있다. 묶음2와 묶음4는 각각의 간격이 1분 30초 미만이므로 그대로 같이 건널 수 있을 것이다.
묶음3의 경우, 18 : 59 ~ 19 : 01의 간격이 1분 30초 이상이므로 같이 건널 수 없어 두 번으로 쪼개져 건너야 할 것이다.
묶음1의 경우, 18 : 25와 18 : 27의 간격이 1분 30초 이상이므로 같이 건널 수 없다. 따라서 18 : 25에 도착한 사람이 먼저 건널 것이다.

(3) 이 다음으로는 보행신호 점등 시간부터 그 다음 점등 대기 시간 사이인 18 : 26 : 30 ~ 18 : 30 : 30에 도착한 사람들이 건널 수 있다. 이후 18 : 31에 도착한 사람들이 건널 것이므로, 총 세 번으로 쪼개져 건너야 한다.

(4) 정리하면, 묶음2, 묶음4는 각각 한 번씩 점등하고, 묶음3에서 두 번, 묶음1에서 세 번 점등될 것이므로, 총 7번 점등될 것임을 알 수 있다. 이렇게 먼저 헷갈리지 않을 경계를 확실하게 나눠준 다음 구체적으로 쪼개어 접근하는 방법도 존재한다.

Tip ❸ 설문과 같은 유형은 풀지 않고 넘어가는 것도 한 방법이다. 결국 점등 시간을 일일이 도출해야 하며, 최댓값이나 최솟값을 묻는 것도 아니고, 선지에서 힌트를 얻을 수 있는 것도 아니다. 중간 과정에서 한 번만 실수해도 오답이 발생하며, 풀더라도 많은 시간이 걸린다. 문제를 보고 별 다른 힌트가 보이지 않고 하나하나 진행해야 할 것으로 보인다면 다음 문제로 넘어가는 전략도 활용해 보자.(물론 평소 연습할때는 꼼꼼히 풀도록 하자.)

456 정답 ❷ 난이도 ●●○

(1) 시계 A는 시침과 분침이 멈춰버린 시계다. 이 경우 항상 일정한 시각을 가리키게 된다.
일정한 시각은 하루에 오전 한 번, 오후 한 번 존재하므로 정확한 시계와는 하루에 두 번 일치한다. 편의상 시계 A가 정확한 시계와 일치하기 위해 걸리는 일수를 0.5일이라 하자.

(2) 시계 B는 정확한 시계보다 하루에 1분씩 느려지는 시계다. 시계 B의 한 바퀴는 12시간이므로 정확한 시계와 일치하려면 총 12시간이 느려져야 한다. 1시간은 60분이므로 시계 B가 정확한 시계와 일치하기 위해 걸리는 일수는 12×60 = 720일이다.

(3) 시계 C는 정확한 시계보다 하루에 1시간씩 느려지는 시계다. 시계 C의 한 바퀴는 12시간이므로 정확한 시계와 일치하려면 총 12시간이 느려져야 한다. 따라서 시계 C가 정확한 시계와 일치하기 위해 걸리는 일수는 12일이다.

(4) 시계 D는 정확한 시계보다 하루에 2시간씩 느려지는 시계다. 시계 D의 한 바퀴는 12시간이므로 정확한 시계와 일치하려면 총 12시간이 느려져야 한다. 따라서 시계 D가 정확한 시계와 일치하기 위해 걸리는 일수는 6일이다.

(5) 시계 E는 정확한 시계보다 하루에 5분씩 빨라지는 시계다. 시계 E의 한 바퀴는 12시간이므로 정확한 시계와 일치하려면 총 12시간이 빨라져야 한다. 1시간은 60분이므로 시계 E가 정확한 시계와 일치하기 위해 걸리는 일수는 12×60 ÷ 5=144일이다.

(6) 이를 정리하면, 정확한 시계와 일치하기 위해 걸리는 일수가 적은 순서대로 A−D−C−E−B이다. 정확한 시계와 일치하기 위해 걸리는 일수가 적을수록 정확한 시계와 일치하는 횟수가 많다. 따라서 정확한 시계와 일치하는 횟수가 적을 시계부터 순서대로 교체한다고 할 때 가장 먼저 교체될 시계는 B이고, 가장 나중에 교체될 시계는 A이다.

합격자의 시간단축 Tip

(1) 각 시계가 1년 동안 정확한 시계와 일치하는 횟수를 구할 필요는 없다.
느려지고 있거나 빨라지고 있는 시계가 정확한 시계와 일치하기 위해서는 정확히 12시간이 느려지거나 빨라져야 한다.
왜냐하면 느려지는 시계가 정확한 시계와 일치하려면 정확한 시계가 1바퀴를 앞질러야 하고, 빨라지는 시계가 정확한 시계와 일치하려면 빨라지는 시계가 1바퀴를 앞질러야 하기 때문이다.
즉, 방향과 관계없이 정확한 시계와의 시간 간격이 빨리 벌어질수록 빨리 1바퀴를 추월하게 된다. 따라서 1분씩 느려지고 있는 B가 가장 오래 걸릴 것이고, 2시간씩 느려지고 있는 D가 가장 짧게 걸릴 것이다.

(2) 그와 달리 A는 시침과 분침이 모두 멈춰버려서 더 이상 작동하지 않는 상태다. 이 경우 시계를 고치지 않은 상태에서도 하루에 최소 두 번은 맞게 된다. 따라서 해당 시계는 느려지고 있거나 빨라지고 있는 시계들보다 정확한 시계와 일치하는 횟수가 훨

썬 많을 것이다.

따라서 가장 먼저 교체될 시계는 B, 가장 나중에 교체될 시계는 A로 답은 ② 이다.

* 주의해야 하는 것은, 문제에서 묻고 있는 것이 '정확한 시계와 시침, 분침이 일치하는 횟수'이지 '시간'이 일치하는 횟수가 아니다. 각 시계에는 1~12시 눈금표시만 되어있기 때문에, 디지털 시계를 생각하면서 시간이 일치하는 경우를 생각하면 안 된다.
물론 24시간을 기준으로 계산해도 정확한 시계와 일치하는데 걸리는 시간은 해설의 값에 ×2가 된 것에 불과해 정답이 도출되기는 한다. 다만 계산할 때 숫자의 단위가 커지기 때문에 처음부터 문제의 의도를 정확하게 파악하는 것이 효율적인 풀이방법이다.

457 정답 ❹ 난이도 ●●○

주어진 대화 내용으로부터 다음을 유추할 수 있다.

① 甲의 말에 따라 서울에는 눈이 내린 날이 있었다.
② 乙의 말에 따라 서울과 강릉에는 같은 날에 눈이 내렸다.
③ 丙의 말에 따라 부산과 강릉에는 각각 해가 쨍쨍했으며, 이는 다른 날의 일이다.
④ 丁의 말에 따라 부산과 광주에는 같은 날에 해가 쨍쨍했다.
⑤ 마지막의 甲의 말에 따라 서울에 눈이 내린 날에는 광주에도 눈이 내렸다.

구체적인 요일을 특정할 수 없기 때문에, ⑤ 에 따라 서울과 광주에 눈이 내린 요일을 A라고 하고, ④ 에 따라 부산과 광주에 해가 쨍쨍한 요일을 B라고 하자. 현재까지의 상황을 정리하면 다음과 같다.

	A	B
부산		해
강릉		
서울	눈	
광주	눈	해

ㄱ. (O) 광주에는 지난 주말 중 하루만 눈이 내렸다.
➜ 광주에는 A요일에 눈이 내렸고 B요일에 해가 쨍쨍했다. 따라서 주말 중 하루만 눈이 내렸다.

ㄴ. (×) 지난 주말 중 하루만 서울에 눈이 내렸다면 부산에도 지난 주말 중 하루만 ~~눈이 내렸다.~~
➜ 지난 주말 중 하루만 서울에 눈이 내렸다면 그 날은 A요일이다. 따라서 B요일에 서울은 해가 쨍쨍했다. 이 경우 ② 에 따라 A요일에 강릉에도 눈이 내렸으며, ③ 에 따라 B요일에 강릉은 해가 쨍쨍했고 A요일에 부산은 해가 쨍쨍했다. 이를 정리하면 다음과 같다.

	A	B
부산	해	해
강릉	눈	해
서울	눈	해
광주	눈	해

따라서 지난 주말 중 하루만 서울에 눈이 내렸다면 부산에는 지난 주말 내내 해가 쨍쨍했다.

ㄷ. (O) 지난 주말 중 하루만 부산에 눈이 내렸다면 甲과 乙이 서울에 있었던 날은 다른 날이다.
➜ 지난 주말 중 하루만 부산에 눈이 내렸다면 그 날은 A요일이다. 이 경우 ③ 에 따라 A요일에 강릉은 해가 쨍쨍했고 ② 에 따라 B요일에 서울과 강릉은 눈이 내렸다.
이를 정리하면 다음과 같다.

	A	B
부산	눈	해
강릉	해	눈
서울	눈	눈
광주	눈	해

② 에 따르면 乙은 서울과 강릉에 모두 눈이 온 날에 서울에 있었으므로 乙이 서울에 있었던 요일은 B이다. 반면 ① 과 ⑤에 따르면 甲은 서울과 광주에 모두 눈이 온 날에 서울에 있었으므로 甲이 서울에 있었던 요일은 A이다. 따라서 甲과 乙이 서울에 있었던 날은 다른 날이다.

ㄹ. (O) 지난 주말 중 하루만 서울에 눈이 내렸다면 丙이 부산에 있었던 날과 丁이 광주에 있었던 날은 다른 날이다.
➜ 지난 주말 중 하루만 서울에 눈이 내렸다면 그 날은 A요일이다. 따라서 B요일에 서울은 해가 쨍쨍했다. 이 경우 ② 에 따라 A요일에 강릉에도 눈이 내렸으며, ③ 에 따라 B요일에 강릉은 해가 쨍쨍했고 A요일에 부산은 해가 쨍쨍했다. 이를 정리하면 다음과 같다.

	A	B
부산	해	해
강릉	눈	해
서울	눈	해
광주	눈	해

③ 에 따라 丙이 강릉에 있었던 날은 눈이 내리지 않은 요일인 B이므로, 부산에 있었던 요일은 A이다.

반면 ④에 따라 丁이 광주에 있었던 날은 눈이 내리지 않은 요일인 B이다.

따라서 丙이 부산에 있었던 날과 丁이 광주에 있었던 날은 다른 날이다.

합격자의 시간단축 Tip

확정적인 정보와 그렇지 않은 정보를 잘 구별해야 한다. 이틀 모두 눈이 올 수도, 해가 쨍쨍할 수도 있으므로 가능한 경우가 정말 하나밖에 없는지 끊임없이 검토하는 것이 요구되는 문제이다.

* 〈보기〉를 보면 알겠지만 토요일과 일요일은 이 문제에서 아무 의미가 없다. 그러므로 굳이 요일 이름을 써서 헷갈리는 것보다는 차라리 해설과 같이 A, B나 ㄱ, ㄴ 등으로 표시하여 문제 푸는 과정에서 불필요한 실수를 방지하는 것이 좋다.

458 정답 ③

난이도 ●●○

乙, 丙, 丁의 진술을 표로 정리하면 다음과 같다.

	법령집 (3권)	백서 (3권)	판례집 (1권)	민원 사례집(2권)
甲			×	
乙	○	○	○	○
丙	○		×	
丁	×	×	×	×
戊	○		×	

(1) 판례집은 총 1권인데 乙이 이를 받았으므로 나머지 직원은 판례집을 받지 못했다. 한편, 戊의 진술에 따르면 戊는 丙이 받은 책은 모두 받았으므로, 戊 또한 법령집을 받았을 것이다. 법령집은 총 3권인데 乙, 丙, 戊가 이를 받았으므로 甲은 법령집은 받지 못했음을 알 수 있다.

(2) 민원 사례집의 경우 총 2권이 배부되었다. 만일 丙이 민원 사례집을 배부 받았다면 戊의 진술에 따라 戊도 배부 받게 되는데, 이 경우 최소 세 명이 민원 사례집을 배부 받은 것이 되어 모순이다.

(3) 따라서 두 사람 모두 민원 사례집을 받지 않았으며, 민원 사례집을 받은 사람은 甲과 乙임을 알 수 있다. 甲은 책을 1권만 받았으므로 민원 사례집만 받은 것이 되어, 백서는 남은 丙과 戊가 받았을 것이다. 이를 정리하면 다음과 같다.

	법령집 (3권)	백서 (3권)	판례집 (1권)	민원 사례집(2권)
甲	×	×	×	○
乙	○	○	○	○
丙	○	○	×	×
丁	×	×	×	×
戊	○	○	×	×

① (○) 법령집을 받은 사람은 백서도 받았다.
➜ 법령집을 받은 사람은 乙, 丙, 戊로 이들은 모두 백서도 받았다.

② (○) 甲은 丙보다 민원업무가 많다.
➜ 민원 사례집은 민원업무가 많은 사람부터 1권씩 나누어 주었다. 민원 사례집을 받은 사람은 甲과 乙로, 이들은 민원 사례집을 받지 않은 丙, 丁, 戊에 비해 민원업무가 많다.

③ (×) 甲은 戊보다 ~~많은 도서를 받았다.~~
➜ 甲은 민원 사례집 1권을 받았으며, 戊는 법령집과 백서 2권을 받았다.
따라서 甲은 戊보다 적은 도서를 받았다.

④ (○) 丁은 乙보다 근속연수가 길다.
➜ 백서는 근속연수가 짧은 사람부터 1권씩 나누어 주었다. 백서를 받은 사람은 乙, 丙, 戊로 이들은 백서를 받지 않은 甲, 丁보다 근속연수가 짧다. 따라서 丁은 乙보다 근속연수가 길다

⑤ (○) 乙이 보유하고 있던 법령집은 甲이 보유하고 있던 법령집보다 발행연도가 빠르다.
➜ 법령집은 보유하고 있던 법령집의 발행연도가 빠른 사람부터 1권씩 나누어 주었다. 법령집을 받은 사람은 乙, 丙, 戊로 이들은 법령집을 받지 않은 甲, 丁보다 보유하고 있던 법령집의 발행연도가 빠르다. 따라서 乙이 보유하고 있던 법령집은 甲이 보유하고 있던 법령집보다 발행연도가 빠르다.

합격자의 시간단축 Tip

Tip ❶ 가장 많은 정보를 함축하고 있는 조건부터 살펴야 한다. 해당 문제의 경우 乙은 4권의 책을 모두 받았고 丁은 책을 한 권도 받지 못했다는 것이 가장 많은 정보를 함축하고 있다고 볼 수 있다.
또한, 戊의 진술과 같이 주어질 경우 이것이 의미하는 바를 빠르게 이해해야 한다. 戊에 따르면 丙과 戊는 필요충분조건으로, 둘은 동시에 책을 받았거나 받지 않았을 것임을 알 수 있다.

Tip ❷ 해설처럼 도표를 그리고 문제를 접근하는 것이 제일 편한 방법이다. 여기에서 모든 표를 채울 수 있는 핵심 조건은 '丙이 받은 책은 모두 받았고, 丙이 받지 못한 책은 받지 못했다'는 戊의 말이다.
戊의 말을 통해 丙과 戊는 민원사례집을, 甲은 백서를 못 받았음을 유추할 수 있다. 乙, 丁과 같이 많은 정보를 확정하는 대화도 중요하지만 戊와 같은 대화 조건을 잘 활용하는 것도 중요하다.

459 정답 ❷ 난이도 ●●○

① (×) 사업물자 계약방법을 개선하여 2019년 12월 주요사업비 8천만 원을 절약한 A시 사무관 甲
➜ 〈A시 예산성과금 공고문〉에 따르면 예산절감 및 수입증대 발생시기가 2020년일 경우에 한하여 예산성과금이 지급된다. 甲의 예산절감 시기는 2019년 12월이므로 甲은 예산성과금 지급대상이 아니다.

② (○) 제도 개선을 통해 2020년 5월 주요사업비 3천 5백만 원을 절약하여 개선된 제도가 A시청 전 부서에 확대 시행되는 데 기여한 A시 사무관 乙
➜ 乙은 A시 공무원으로, 제도 개선을 통해 주요사업비 3천 5백만 원을 절약하였으므로 절약액의 20%인 7백만 원이 기본으로 지급된다.
그런데 개선된 제도가 타 부서로 확산되었으므로 지급액의 30%인 2백 1십만 원이 가산된다. 따라서 乙이 지급받는 예산성과금의 규모는 9백 1십만 원이다.

③ (×) A시 지역축제에 관한 제안을 제출하여 2020년 7월 8천만 원의 수입증대에 기여한 국민 丙
➜ 丙은 A시의 수입증대에 기여한 국민으로, 8천만 원의 수입증대에 기여하였으므로 증대액의 10%인 8백만 원이 예산성과금으로 지급된다.

④ (×) A시 위임사무를 수행하면서 제도 개선을 통해 2020년 8월 경상적 경비 1천 8백만 원을 절약한 B기관 이사 丁
➜ 丁은 A시 사무를 위임받아 수행하는 기관의 임직원으로, 경상적 경비 1천 8백만 원을 절약하였으므로 절약액의 50%인 9백만 원이 예산성과금으로 지급된다.

⑤ (×) A시장의 지시를 받아 사무용품 조달방법을 개선하여 2020년 9월 경상적 경비 1천만 원을 절약한 A시 사무관 戊
➜ 〈A시 예산성과금 공고문〉에 따르면 자발적 노력을 통한 제도 개선 또는 세입원 발굴이 이루어져야 예산성과금이 지급된다. 戊는 자발적 노력이 아닌 A시장의 지시를 받아 예산을 절감하였으므로 예산성과금 지급대상이 아니다.

따라서 가장 많은 예산성과금을 받는 사람은 9백 1십만 원을 받는 사무관 乙이다.

합격자의 시간단축 Tip

Tip ❶ 지급이 되지 않는 경우가 있는지를 우선 살펴보아야 한다. 위와 같이 '가장 많이 받는 사람'을 묻는 문제는 〈A시 예산성과금 공고문〉의 '지급 요건 및 대상', '지급 기준'과 같이 '요건'과 '기준'이 나눠져 있는 경우가 대부분이다.
이럴 때는 각 선지가 요건에 부합하는지를 우선 살펴봐야한다. 요건의 경우는 대부분 계산하지 않고 직관적으로 파악할 수 있는 경우가 대부분이기 때문에 검토하는 데 오랜 시간이 걸리지 않을 것이다.
본 문제의 경우 ① 번과 ⑤ 번은 지급요건에 해당하지 않으므로 해당 선지들을 먼저 소거할 수 있다. 이렇게 먼저 확실히 배제를 한 다음 '지급 기준'을 적용한다면, 실수를 줄이고 풀이시간도 줄일 수 있다.

Tip ❷ 선지에 나오는 각 키워드에 동그라미를 표기하는 등 표시를 즉각적으로 해 둔다면 문제 풀이 시 헷갈릴 일이 적을 것이다. 선지 ② 의 경우, '주요사업비'와 '확대시행', 선지 ③의 경우, '수입증대', 선지 ④ 의 경우, '경상적 경비'에 동그라미를 쳐 둘 수 있다.

Tip ❸ 설문의 경우 타 부서나 타 사업으로 확산 시 가산 조항이 존재한다. 1등을 고르는 유형이므로, 이러한 가산 조항에 해당될 경우 유력한 선택지가 된다. 실제로 가산 조항에 해당하는 선지 ② 번이 정답이다. 물론 ② 번을 답으로 확신하라는 말은 아니지만, 결격요건에 해당되지 않는 한 선지 ② 번을 기준으로 삼아 성과금이 많은지 적은지만 살펴보아도 충분하다.

460 정답 ❸ 난이도 ●●○

(1) 甲이 乙의 집까지 가는 데 걸린 시간을 2a(단위: 분)라고 하자. 甲이 乙의 집에서 돌아올 때는 갈 때와 같은 길을 2배의 빠르기로 걸었으므로 걸린 시간은 절반이 된다. 따라서 甲이 乙의 집에서 오는 데 걸린 시간은 a이다. 따라서 甲이 乙의 집까지 갔다가 오는 데 걸린 시간은 총 3a이다.

(2) 甲이 시계 X의 시각을 정오로 맞춘 직후 乙의 집에 갔다가 왔을 때 X가 14시 정각을 가리키고 있었으므로 총 2시간이 걸렸다. 甲이 乙의 집에서 1시간 동안 이야기를 나누었으므로 甲이 乙의 집까지 갔

다가 오는 데 걸린 시간은 총 1시간이다. 따라서 3a가 1시간, 즉 60분이므로 a는 20분이다.

(3) 甲이 乙의 집까지 가는 데 40분이 걸렸으므로 甲이 乙의 집에 도착했을 때 시계 X의 시각은 12시 40분이다. 이때, 乙의 집 시계 Y는 10시 30분을 가리키고 있었다. 그런데 시계 Y는 정확한 시각보다 10분 느리게 설정되어 있으므로 정확한 시각은 10시 40분이다. 따라서 시계 X의 시각은 정확한 시각보다 2시간 빠르게 설정되어 있다.

(4) 甲이 귀가했을 때 시계 X는 14시 정각을 가리키고 있었는데 이는 정확한 시각보다 2시간 빠른 시각이다. 따라서 甲이 귀가했을 때의 정확한 시각은 12시 정각이다.

합격자의 시간단축 Tip

Tip ❶

(1) 甲은 乙의 집에서 한 시간 동안 이야기했으며, 갈 때는 2a만큼, 올 때는 a만큼 걸렸으므로 甲이 집에서 나가 다시 들어올 때까지 걸린 시간은 총 (3a+1)시간이다. X는 12시에서 14시가 되었으며, 이는 3a+1=2가 성립함을 의미한다. 결국 a=20분이라는 것을 쉽게 알 수 있다.

(2) Y를 이용해 귀가했을 때의 정확한 시간을 구하면 다음과 같다. a=20분이므로, Y시계가 11 : 30을 가리킬 때 집으로 출발한 甲은 자신의 집에 20분 후인 11 : 50에 도착할 것이다. 그러나 Y는 정확한 시각보다 10분 느리므로, 실제 시간은 11 : 50이 아닌 12 : 00일 것임을 알 수 있다.

(3) 시간 계산이 헷갈린다면, X보다 Y를 이용해 푸는 방식을 추천한다. 해설과 같이 X를 이용하는 경우, 시계 X가 정확한 시각과 얼마나 차이 나는지도 계산해야 하지만, Y를 이용하는 경우 a의 값을 구했다면 X를 고려하지 않고 제일 마지막에 Y가 10분 느리다는 것을 한 번만 적용해주면 되기 때문이다. 시간 계산이 헷갈리는 경우 우선 시간의 차이 등에 따라 값을 도출한 후, 제일 마지막에 시차나 오차 등을 적용해 그를 정정해주는 방식이 혼동을 최소화할 수 있다.

Tip ❷ 시간대가 헷갈린다면 표 사용이 가능하다.

	시계 X	시계 Y	원래 시간
乙의 집으로 출발	12 : 00		10 : 00
乙의 집에 도착		10 : 30	10 : 40
甲의 집으로 출발		11 : 30	11 : 40
甲의 집에 도착	14 : 00		12 : 00

이렇게 각 시간을 세로로 나눠 적은 표를 만들면 시각적으로 헷갈리지 않을 수 있다.

＊해설에서 甲이 乙의 집까지 갈 때 걸린 시간을 2a라고 둔 것에 의문을 갖는 수험생이 있을 수 있다. 이는 甲이 집으로 돌아올 때는 2배의 빠르기로 걸었기 때문이다. 그래서 이 시간을 a라고 두기 위해서 의도적으로 설정한 것이다. 2a가 아니라 a로 설정하는 경우 집으로 돌아올 때는 0.5a가 되어 버리므로 실수가 생기기 좋은 소수가 만들어지게 된다.
이렇게 계산이 간편하도록 미지수를 설정하는 것 역시 실수를 줄이는 데에 효과적이므로 꼭 연습해보도록 하자.

MEMO

독끝 한 눈에 보는 Daily 460제 정답

1일차 001~030

001	①	002	④	003	④	004	①	005	③
006	①	007	③	008	④	009	③	010	⑤
011	②	012	⑤	013	②	014	④	015	⑤
016	④	017	②	018	④	019	②	020	④
021	④	022	②	023	④	024	①	025	②
026	③	027	①	028	③	029	④	030	③

2일차 031~060

031	③	032	③	033	①	034	②	035	③
036	⑤	037	③	038	③	039	⑤	040	③
041	③	042	①	043	③	044	④	045	③
046	③	047	⑤	048	④	049	⑤	050	②
051	②	052	①	053	①	054	①	055	②
056	①	057	④	058	①	059	①	060	①

3일차 061~090

061	⑤	062	①	063	③	064	③	065	③
066	④	067	③	068	⑤	069	④	070	⑤
071	⑤	072	④	073	③	074	①	075	①
076	③	077	⑤	078	②	079	③	080	②
081	⑤	082	③	083	④	084	①	085	③
086	④	087	④	088	①	089	②	090	③

4일차 091~120

091	③	092	③	093	①	094	④	095	②
096	③	097	③	098	④	099	④	100	⑤
101	⑤	102	②	103	④	104	⑤	105	②
106	②	107	①	108	④	109	④	110	①
111	①	112	③	113	②	114	①	115	⑤
116	②	117	④	118	③	119	⑤	120	③

5일차 121~150

121	①	122	⑤	123	②	124	②	125	②
126	①	127	③	128	④	129	①	130	③
131	③	132	①	133	④	134	⑤	135	③
136	②	137	①	138	⑤	139	⑤	140	②
141	①	142	⑤	143	①	144	③	145	①
146	④	147	④	148	①	149	⑤	150	③

6일차 151~180

151	②	152	①	153	⑤	154	②	155	⑤
156	③	157	⑤	158	⑤	159	①	160	③
161	⑤	162	②	163	⑤	164	③	165	⑤
166	①	167	④	168	⑤	169	④	170	③
171	⑤	172	①	173	⑤	174	④	175	⑤
176	③	177	②	178	①	179	③	180	③

독끝 한 눈에 보는 Daily 460제 정답

7일차 181~212

181	③	182	⑤	183	④	184	①	185	④
186	⑤	187	④	188	③	189	②	190	②
191	③	192	③	193	③	194	①	195	①
196	①	197	②	198	③	199	④	200	④
201	④	202	②	203	③	204	①	205	②
206	⑤	207	①	208	①	209	⑤	210	①
211	①	212	①						

8일차 213~245

213	②	214	③	215	④	216	②	217	⑤
218	①	219	③	220	③	221	②	222	③
223	④	224	①	225	⑤	226	⑤	227	③
228	④	229	②	230	①	231	①	232	④
233	③	234	②	235	⑤	236	①	237	⑤
238	③	239	②	240	①	241	③	242	④
243	③	244	⑤	245	②				

9일차 246~275

246	④	247	④	248	②	249	⑤	250	②
251	⑤	252	①	253	②	254	③	255	②
256	②	257	④	258	④	259	②	260	③
261	①	262	③	263	④	264	⑤	265	④
266	②	267	④	268	②	269	③	270	②
271	③	272	②	273	⑤	274	④	275	④

10일차 276~305

276	②	277	④	278	④	279	⑤	280	④
281	②	282	④	283	④	284	②	285	④
286	①	287	④	288	⑤	289	④	290	②
291	④	292	①	293	③	294	⑤	295	②
296	②	297	③	298	④	299	②	300	②
301	①	302	②	303	④	304	③	305	⑤

11일차 306~335

306	④	307	②	308	①	309	①	310	⑤
311	③	312	④	313	②	314	⑤	315	④
316	④	317	①	318	⑤	319	④	320	④
321	②	322	⑤	323	③	324	③	325	③
326	③	327	③	328	⑤	329	②	330	⑤
331	③	332	⑤	333	④	334	②	335	②

12일차 336~365

336	④	337	⑤	338	③	339	①	340	④
341	③	342	⑤	343	③	344	③	345	③
346	⑤	347	③	348	⑤	349	④	350	⑤
351	④	352	③	353	⑤	354	①	355	③
356	③	357	③	358	①	359	③	360	②
361	②	362	①	363	④	364	⑤	365	⑤

독끝 한 눈에 보는 (Daily 460제) 정답

13일차 366~395

366	①	367	①	368	④	369	④	370	①
371	⑤	372	②	373	④	374	①	375	①
376	⑤	377	③	378	②	379	①	380	⑤
381	③	382	④	383	⑤	384	⑤	385	②
386	③	387	③	388	⑤	389	⑤	390	③
391	①	392	②	393	④	394	②	395	③

14일차 396~427

396	②	397	①	398	④	399	①	400	⑤
401	②	402	①	403	①	404	④	405	⑤
406	②	407	①	408	②	409	①	410	⑤
411	②	412	④	413	①	414	②	415	③
416	⑤	417	①	418	③	419	⑤	420	①
421	④	422	④	423	④	424	①	425	③
426	④	427	③						

15일차 428~460

428	⑤	429	④	430	①	431	①	432	③
433	④	434	⑤	435	④	436	②	437	④
438	①	439	②	440	①	441	②	442	④
443	③	444	②	445	①	446	②	447	①
448	②	449	②	450	①	451	③	452	③
453	⑤	454	①	455	②	456	②	457	④
458	③	459	②	460	③				

MEMO

MEMO

MEMO

공기업·공사·공단 채용시험 대비

독끝 NCS 문제해결능력 · 자원관리능력 PSAT

460제 + 시간단축비법

* 정오표 확인은 애드투(www.addto.co.kr) 사이트 내 [교재정보]메뉴에서 확인 가능합니다.

초판 발행 : 2022년 9월 5일
2판 2쇄 발행 : 2025년 11월 3일
발행인 : 박경식
저자 : 길잡이연구소, 애드투북스 공저
편집자 : 조재필, 심재훈, 한단비
발행처 : (주)애드투
등록번호 : 제 2022-000008호
이메일 : books@addto.co.kr
교재정오표 : addto.co.kr

저자와
협의하에
인지를 생략함

ISBN 979-11-93369-06-7
정가 33,000원